單縣精神

争先 和谐

First Harmonious

单县名片

中国长寿之乡
中国西红柿之乡
中国武术之乡
中国青山羊之乡
中国楹联之乡
中国民间文化艺术之乡
国家园林县城
国家卫生县城
全国科技进步先进县
国家知识产权强县工程示范县
全国群众体育先进县
国家绿色能源示范县
国家新能源产业百强县
国家平安畅通模范县
全国平原绿化达标县
全国经济林建设先进县
国家优质专用小麦示范县
国家慢性病综合防控示范区
国家计划生育优质服务先进县
国家火炬计划太阳能光伏光热特色产业基地
国家火炬计划玻璃纤维特色产业基地
国家火炬计划医用缝合线特色产业基地

单县志

（1986 — 2010）

单县地方史志编纂委员会　编

图书在版编目（CIP）数据

单县志 ： 1986—2010 / 单县地方史志编纂委员会编 .
-- 北京 ： 方志出版社， 2016.11
ISBN 978-7-5144-2188-0

Ⅰ. ①单… Ⅱ. ①单… Ⅲ. ①单县－地方志－ 1986-
2010 Ⅳ. ① K295.24

中国版本图书馆 CIP 数据核字（2016）第 281790 号

单县志（1986—2010）

编　　者：单县地方史志编纂委员会
责任编辑：徐　宏
出 版 人：冀祥德
出 版 者：方志出版社
地址　北京市朝阳区潘家园东里 9 号（国家方志馆 4 层）
邮编　100021
网址　http://www.fzph.org
发　　行：方志出版社发行中心
电话（010）67110500
经　　销：各地新华书店
印　　刷：山东麦德森文化传媒有限公司 （0531-82666659）
开　　本：889×1194　　1/16
印　　张：81.5
字　　数：2062 千字
版　　次：2017 年 12 月第 1 版　　2017 年 12 月第 1 次印刷
印　　数：0001—3000 册

ISBN 978-7-5144-2188-0　　**定价**：1260.00 元

百寿坊
原汁羊肉汤
百寿坊
中华名吃
百寿坊
全味羊肉汤

中华第一汤
——单县羊肉汤

单县百狮坊

单县百寿坊

古韵遗风
——单县牌坊

AAAA
国家级旅游景区
NATIONAL TOURIST ATTRACTION
全国旅游景区质量等级评定委员会

孟渚泽新姿
——浮龙湖风光

老城新貌

文化中心

新城崛起

中共单县县委书记　穆 杰

序

《单县志（1986—2010）》，历经十余载，广征资料，净化存真；查阅文献，精心取舍；数易其稿，终于付梓。这是全县人民政治文化生活中的一件大事，可喜可贺！

编修地方志是中华民族优秀文化传统，历史悠久，连绵不断。明隆庆之后，单县曾七次修志。《单县志（1986—2010）》是1996年版《单县志》的续志。编者运用辩证唯物主义和历史唯物主义的观点，横排竖写，事以类聚。全志200余万字，首设概述、大事记，后置人物、附录和编后记，中列31编专志，实事求是地记述了1986年至2010年间，单县在全国改革开放的大潮中，政治、经济、文化和社会各方面的发展变化。1986年以来，全县人民以经济建设为中心，解放思想，深化改革，抢抓机遇，艰苦创业，县域经济快速发展，各项事业不断进步，城乡面貌日新月异，社会安定和谐，人民物质文化生活得到较大改善，单县先后被国家命名为中国西红柿之乡、中国武术之乡、中国青山羊之乡、中国楹联之乡、中国长寿之乡、国家园林县城、国家卫生县城。这些历史的闪光点，均已载入单县史册。此志观点正确，体例严谨，内容全面，特色鲜明，记述准确，资料翔实，图文并茂，是一部包罗万象的单县百科全书，具有“存史、资政、教化”的作用。

修志工作是一项艰苦的综合性系统工程。《单县志（1986—2010）》的出版，凝聚了党委、政府和全县人民的智慧与心血，得益于省、市史志部门的精心指导和大力支持。在县志编修期间，全体编纂人员呕心沥血，倾其才智，精益求精，辛勤耕耘，终成此志。值出版之际，谨向全体编纂人员，以及关

中共单县县委副书记、单县人民政府县长　张庆国

心、支持本志编纂出版工作的专家、学者和社会各界人士表示感谢！

“治天下者以史为鉴，治郡国者以志为鉴”。我们相信此志的出版，会对单县的发展起到一定的作用。全县人民要以史为鉴，全面了解单县25年发展的辉煌历程，激发爱家乡、建家园的壮志豪情。全县各级干部要以史为镜，做到知长短，明得失，晓地情，察民意，善决策，创业绩。县外人士可以从中领略单县的独特魅力与风采，从而关心、支持单县的发展。希望本志能够成为展示单县、宣传单县、推介单县的重要窗口。

修志问道，以启未来。我们坚信，全县人民将以志为鉴、开拓创新，用勤劳、智慧和汗水不断开创单县更好更快发展的新局面，谱写建设健康美丽新单县的绚丽篇章。

谨以为序。

中共单县县委书记 穆杰

中共单县县委副书记
单县人民政府县长 张庆国

二〇一七年十一月

单县行政区划图

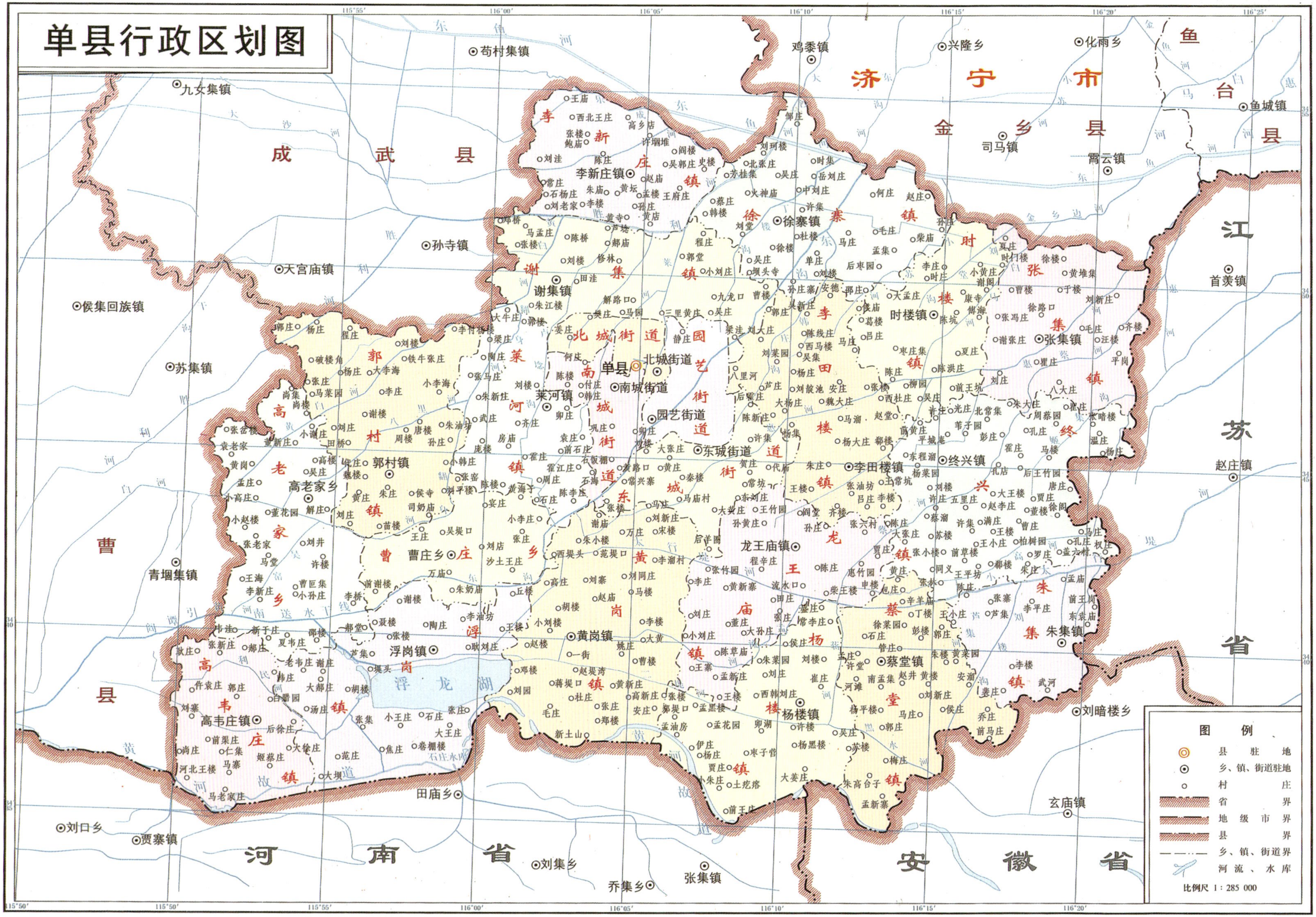

鲁SN(2010)269号

山东省地图出版社 编制

单县水系图

鲁SN(2010)269号

山东省地图出版社 编制

单县交通图

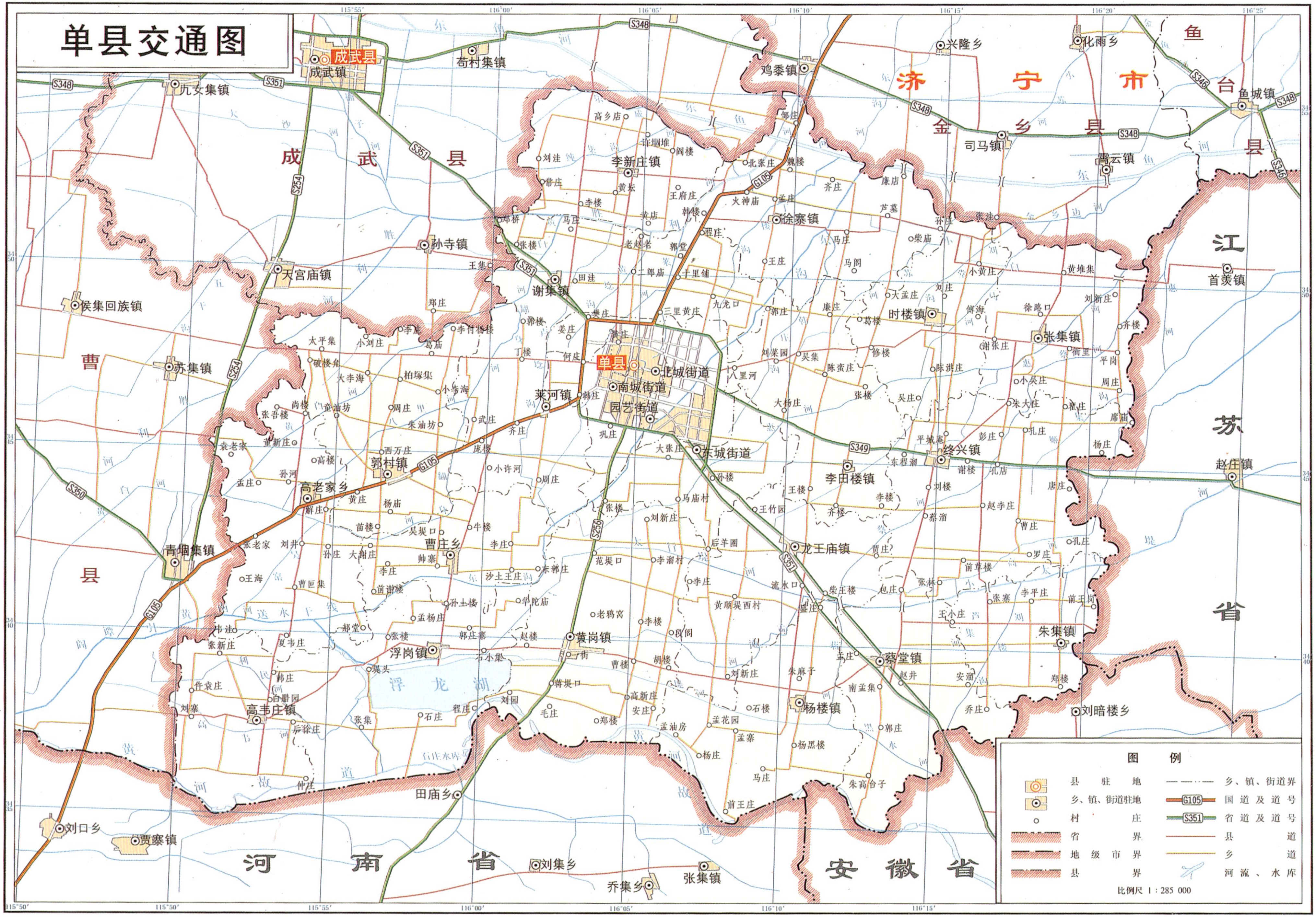

鲁SN(2010)269号

山东省地图出版社 编制

2016 年 7 月 21—22 日，中共山东省委副书记、省长郭树清（中）到单县调研

2017 年 4 月 5 日，中共菏泽市委书记孙爱军（左二），中共菏泽市委副书记、市长解维俊（右二）到单县调研

单县开发区鸟瞰

城区夜景

展览馆

新华书店

东沟河绿色长廊

科技馆

体育场

湖西人民广场

阡山公园

生态公园

慧光公园

[illegible]公园

湖西路

舜师路

君子路

湖西公园

山东省单县第一中学

单县第二中学

山东省单县第五中学

菏泽家政职业学院

菏泽学院单县校区

单县职业中专

单县中心医院

单县中心医院北院区

单县中医院

单县人民医院

单县疾病预防控制中心

单县妇幼保健院

综合楼

住院楼

单县正大医院

正大康复研究院
正大疼痛研究院
正大肿瘤研究院
正大医院
住院部
菏泽市抗癌协会
疼痛协作单位

院
YUAN
门诊部

单县海吉亚医院
单县海吉亚医院
海吉亚医院

湖西革命烈士陵园

平原省湖西革命历史纪念馆

英雄阁

烈士塔

吴大名烈士墓

李贞乾烈士墓

湖西红色教育基地

单县红色文化教育基地——张寨

谢集镇史园烈士陵园

单县黄堆集革命烈士陵园

单县曹马集红色文化教育基地

生产厂区

大倾角采煤工作面

陈蛮庄煤矿

张集煤矿

山东朱氏药业集团

生产车间

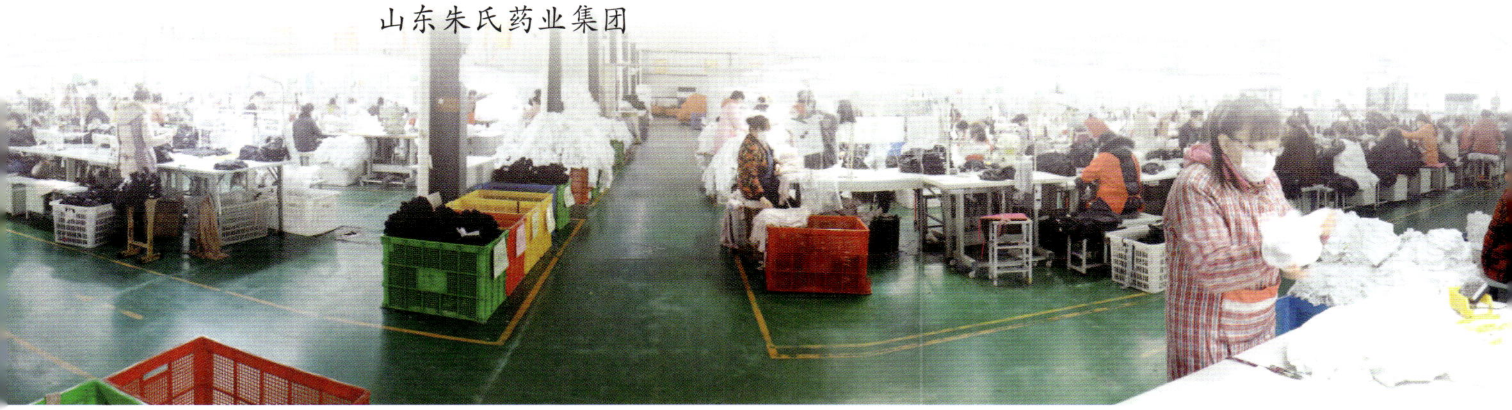

山东可加可服饰有限公司

山东尚舜化工有限公司

山东宇太光电科技有限公司

山东天元集团生物发电有限公司

四君子集团

国能单县生物发电有限公司

湖西王集团铸造车间静压造型线

银座商城单县店

单县建材大市场

鲁南商贸城

府前温州商贸城

环亚商城

真得利购物中心

万德福购物广场

巴黎城商业步行街

白马服装城

舜师步行街

山东中岭国际酒店

大棚西红柿栽培

罗汉参种植

大蒜种植

大棚瓜菜种植

芦笋种植

单县青山羊

山药种植

粉条加工

植桑养蚕

洋香瓜

洋香瓜交易市场

民间舞蹈《精灵皮》表演场景

鼓吹乐演奏

山东渔鼓传人赵明新表演渔鼓

山东落子传承人张元秀表演落子

农村文化艺术节

豫剧《大汉英后》剧照

◀太极拳演练

千人太极

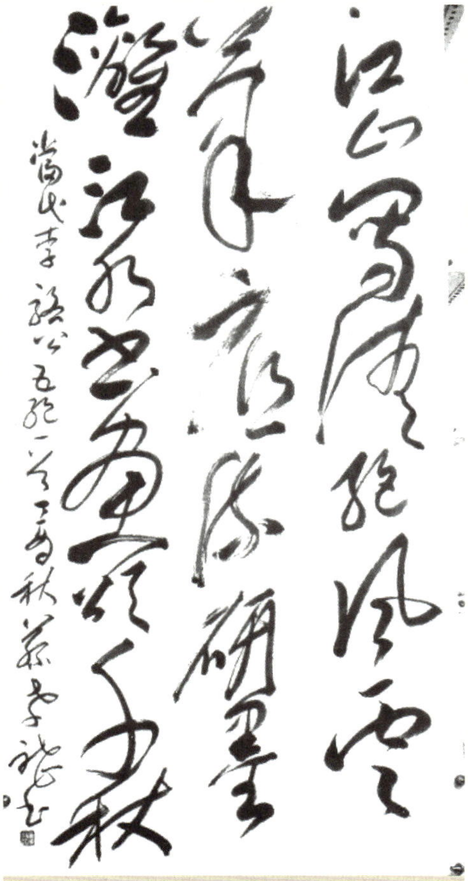

蔡孝斌书法

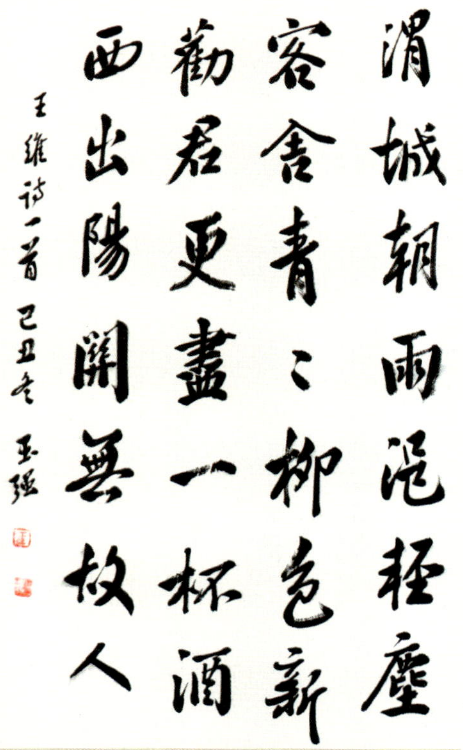

王玉强书法

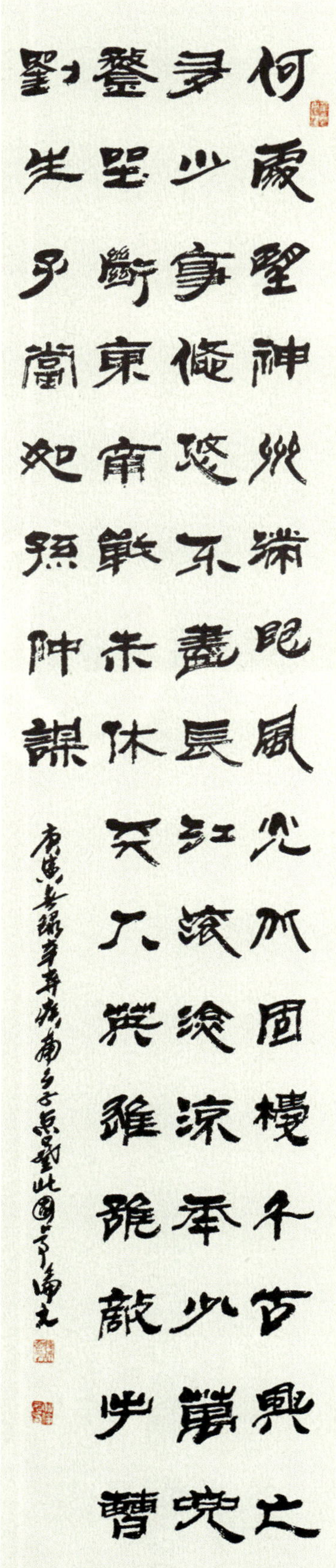

耿伦元书法

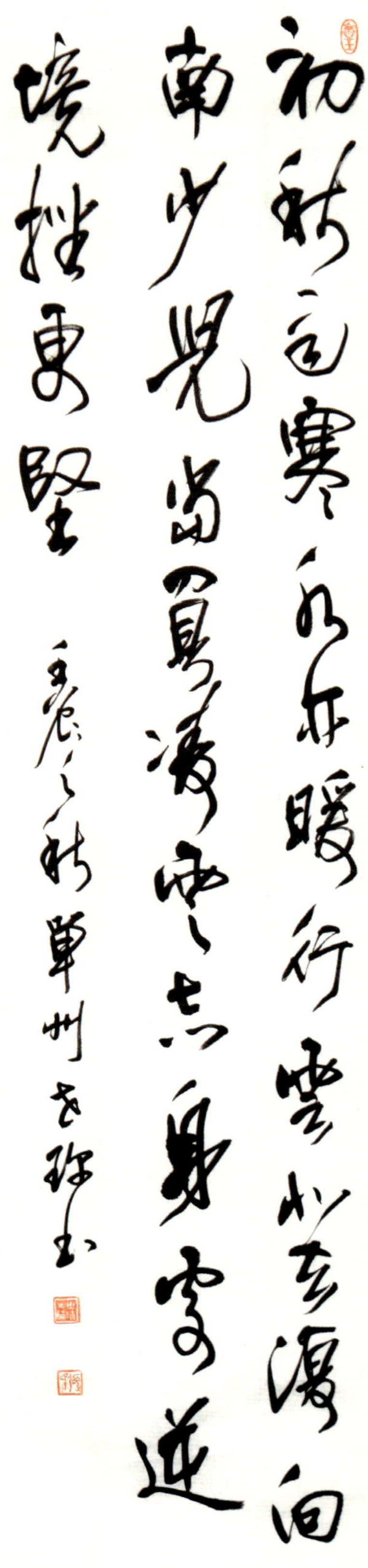

张士珍书法

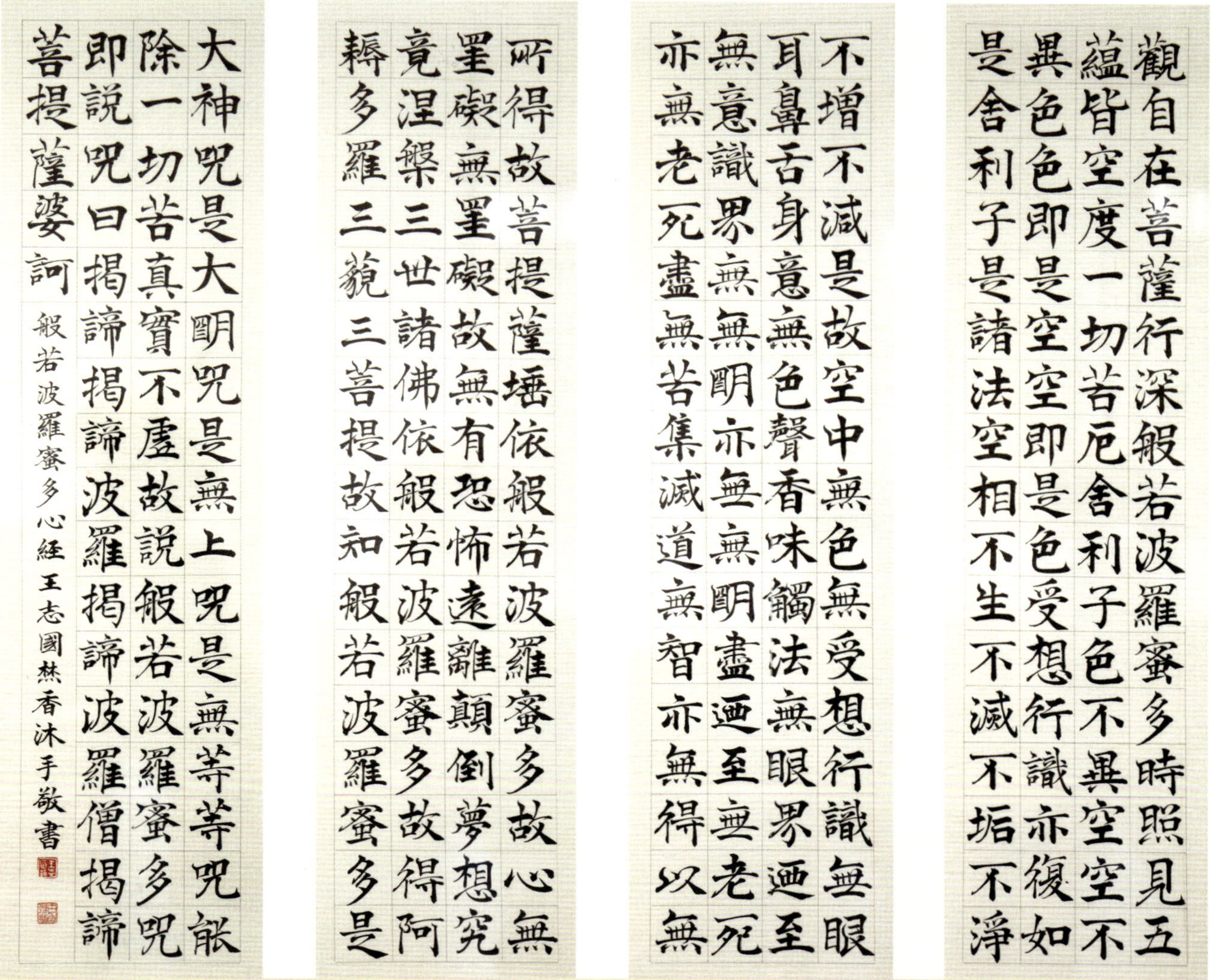

王志国书法

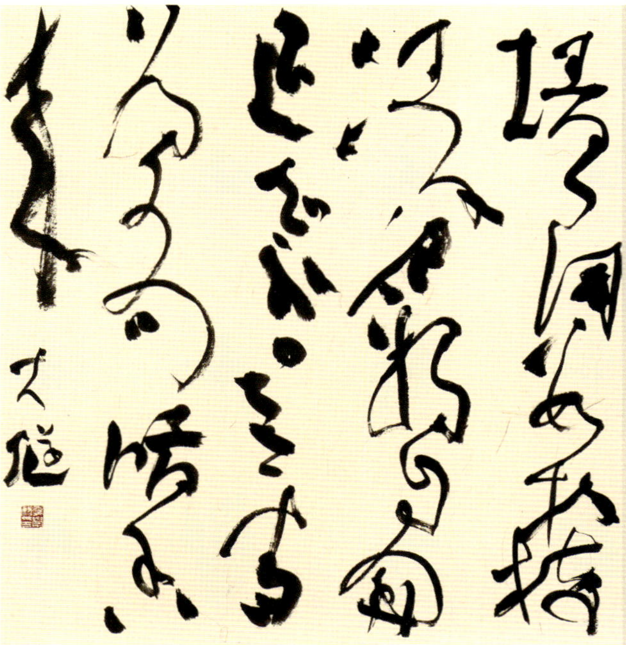

李学敏书法

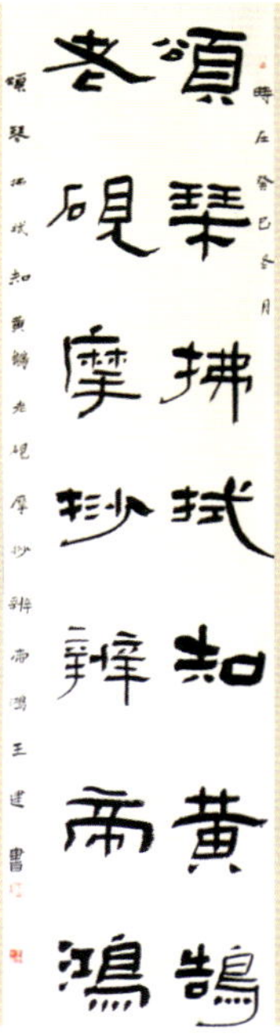

王建书法

曹明冉画作

马成连画作

许汝良木板彩拓版画《诱人的大冰糖葫芦》

陈培伦作品

高永谦作品《万壑松泉》

苏健作品《引蔓花开欲透云》

吴玉善油画

谢集镇朱江楼村乡村大舞台

谢集镇朱江楼村宣传栏

李田楼镇中心社区服务中心

李田楼镇中心社区全貌

郭村镇万庄村村民委员会

杨楼镇尤庄新村

北城街道四里埠新村

徐寨镇安庄村文化广场

园艺街道张溜村

东方国际新城

凤来邑

时代广场

时代花园

舜和雅苑

舜师名园

第一排（左起） 丁　华　王　涛　李天程　李　坤　李少华　翟世林　刘爱军　任仲义　李　刚　穆　杰　郑玉民　苏春英　徐荣光

第二排（左起） 李　雁　乔方辉　李兴亮　丁养会　李文存　张汉祥　郭能勇　王笃银　朱佩峰　王光辉　邵鸿志　赵玉梅　王　茹　杨　俊

第三排（左起） 窦颖瑞　赵淏琛　苏兆翟　贾新勇　吴延灵　王新春　王志良　赵　锤　王　瑞　朱向勇　赵永超　高谦绍　黄贤清

第四排（左起） 杨依丰　陈清茂　惠正法　张守库　王同光　杨海涛　刘　刚　李丙新　任东方　杨晓娟　吕艳丽

《单县志（1986—2010）》编纂人员

前排（左起） 陈清茂 惠正法 尹 颖 丁 华 陈向阳

后排（左起） 窦颖瑞 杨晓娟 吕艳丽 张守库 杨依丰 赵 锤

凡　例

一、本志以马列主义、毛泽东思想、邓小平理论、“三个代表”重要思想和科学发展观为指导，深入贯彻习近平总书记系列重要讲话精神和治国理政新理念新思想新战略，坚持辩证唯物主义和历史唯物主义的立场、观点和方法，全面客观地记述单县自然、政治、经济、文化和社会诸方面的历史与现状，着重记述改革开放中出现的新变化、新成就，突出时代特点和地方特色，力求思想性与科学性、著述性与资料性相统一。

二、本志为《单县志》（1996 年出版）的续志，上限 1986 年，下限 2010 年。为保持事物发展的连续性与完整性，部分内容适当上溯。

三、本志采用编章节目体，节、条目为基本记述单元，个别条目下视情况设子目。编下设无题序，部分章下根据需要设无题简述，以求完整地反映事物的发展脉络及全貌。

四、本志设专志 31 编、151 章，前置概述、大事记、后缀人物、附录、索引。

五、本志采用述、记、志、传、图、表、录等体裁，以志为主。横排竖写，述而不论。除卷前集中设置照片外，图、表随文而设。大事记以编年体为主，兼用纪事本末体。

六、本志采用现代语体文、记述体。行文力求严谨、朴实、通俗、流畅，用字、用词执行《中华人民共和国国家通用语言文字法》《简化字总表》《现代汉语通用字表》等规定。标点符号执行《中华人民共和国国家标准标点符号用法（GBT15834 — 2011）》。

七、本志组织机构编各部门（单位）党政主要领导更迭表，仅限于县委、县人大、县政府、县政协、县纪委及所直属的正科级工作部门和独立核算的正科级以上企事业单位。县直工作部门内设的正科级单位负责人均不列入。

八、本志坚持生不立传、生可入志的原则。人物部分以人物传略、人物简介、人物表三种形式记述，收录标准及排序方式在人物部分前的无题序中详述。本志人物的籍贯均用所在地的 2010 年区域名称，单县籍人物记到乡镇（街道），本省外县籍人物记到所在的县市（区），外省籍人物记到“× 省 × 县（市）”。

九、本志所用数据除注明外，以县统计局资料为准，部分数字由相关部门（单位）提供。计量单位一般使用法定计量单位，个别地方为了便于叙述仍沿用习惯用法。数字用法执行《中华人民共和国国家标准 GBT15835 — 2011 出版物上数字用法的规定》。

十、本志中，“境内”指2010年底的单县全境域，“党”指中国共产党，“团”指中国共产主义青年团，“省”指山东省，“市”指菏泽市，“地委”指中共菏泽地区委员会，“行署”指菏泽地区行署，“建国”“新中国”指 1949 年成立的中华人民共和国。各种机构、部门、社会团体和会议名称等，首次出现用全称，再次出现在不引起歧义的情况下使用常用的规范简称。地名，使用事件发生时标准地名，如有变化，加注今地名。

十一、志中涉及单县经济开发区、浮龙湖生态旅游经济开发区，两个开发区虽不是国务院批准设置的政区，但作为新生事物，实际存在，志文中据实作了记述。

十二、本志采用公元纪年，使用历史纪年的，均括注公元纪年。

十三、本志资料主要由县直各单位、各乡镇（街道）、中央省市驻单县各单位提供，部分资料来自档案、文献、报刊、函调和社会调查，均考证有据，本志不再注明出处。

目 录

上 册

第四编　基础设施

第五编　经济综述

第六编 农 业

第七编　工　业

第八编　商业贸易

第九编 名优特色产品

第十编 开发区

第十一编 综合经济管理

第十二编　安全监督 环境保护

第十三编　财政 税务

第十四编　金　融

第十五编 中共单县地方组织

第十六编 地方国家权力机关

第十七编 地方国家行政机关

第十八编　政协地方组织

第十九编　群众团体

下 册

第二十编 法 治

第二十一编 军 事

第二十二编　人力资源 社会保障

第二十三编　民政 信访

第二十四编　科学技术

第二十五编　教　育

第二十六编 文 化

第二十七编 卫生 医药

第二十八编　精神文明建设

第二十九编　社会生活

第三十编　乡镇 街道

第三十一编　组织机构

人　物

附　录

索　引

编后记

Contents

The First Volume

Part III Population and Family Planning

Part IV Infrastructure

Part V Overview of Economy

Part VI Agriculture

Part VII Industry

Part VIII Commercial Trade

Part XI Comprehensive Economic Management

Part XV Shanxian County Local Organization of CPC

Part XVI Local Organs of State Power

Part XVII Local State Administrative Organs

Part XVIII CPPCC Local Organizations

Part XIX Mass Organizations

The Second Volume

Part XX Governed by Law

Part XXI Military

Part XXII Human Resource & Social Security

Part XXIII Civil Petition

Part XXIV Science and Technology

Part XXV Education

Part XXVI Culture

Part XXVII Health Medicine

Part XXVIII Spiritual Civilization Construction

Part XXIX Social Life

Part XXX Township Streets

Part XXXI Institutional Framework

Figures

Appendixes

Index

Afterword

概述

概 述

一

单县位于山东省西南部，鲁苏豫皖四省结合部，隶属山东省菏泽市。地理坐标为北纬34° 34′—34° 56′，东经115° 48′—116° 24′。东邻江苏省丰县，东南接安徽省砀山县，南隔黄河故道与河南省商丘市虞城县、梁园区相望，西、西北与曹县、成武县毗邻，东北与济宁市金乡县接壤，东西最长56.6公里，南北最长43.8公里，总面积1670平方公里。2010年，辖单县经济开发区、浮龙湖生态旅游开发区、4个街道、2个乡、16个镇，共6个社区、502个行政村。有汉族、回族、满族、蒙古族、苗族等16个民族，总人口122.45万人。其中，少数民族2535人，占全县总人口的2.07‰。人口密度为733人/平方公里。

单县地属黄河冲积平原，境内南部黄河故道，绵亘百里，北部膏腴沃土，广袤万顷。地势西南高、东北低，最高点在高韦庄镇二郎庙村，海拔59.4米，最低点在张集镇田老家村，海拔38.7米。除临黄河故道堤沿线的高滩区与滩下区有7米～8米的落差外，其余坡降平缓，地势平坦。境内有流域面积30平方公里以上的河道21条，分属东鱼河、复新河、黄河故道三大水系，年平均宣泄地面径流1.61亿立方米。单县属暖温带半湿润季风区大陆性气候，光照充足，热量丰富，雨量适中，四季分明，光热资源丰富。年平均气温14.5℃，年平均日照总时间2108.9小时，年平均无霜期207天，年平均降水量694.5毫米，年平均风速2.1米/秒，年平均雾日数15.5天。

单县资源丰富。全县土地面积16.7万公顷，其中农用地面积13.15万公顷，建设用地3.29万公顷。水资源总量3.4亿立方米，人均占有量为277.7立方米，低于全省平均水平。植物资源500余种，动物资源200余种。境内有煤、铁、铜、银矿及优质矿泉水等矿产资源。其中煤炭资源丰富，属优质炼焦用煤和动力用煤，预测总储量38.6亿吨。金属矿预测资源量3.5亿吨，矿泉水资源面积约167平方公里。农林牧资源丰富，单县是中国西红柿之乡、中国青山羊之乡、全国平原绿化达标县、全国经济林建设先进县、国家优质专用小麦示范县。单县西红柿、罗汉参、羊肉汤闻名遐迩。境内旅游资源丰富，有2处文物古迹列为国家级文物保护单位，4处列为省级文物保护单位，9处列为市级文物保护单位，10处列为县级文物保护单位。拥有浮龙湖生态旅游区、湖西公园、节孝牌坊、开山公园、湖西财富广场等多处旅游景点。生态旅游、红色旅游开发潜力巨大。

二

单县，古称单父，千年古县，历史名邑。因舜师单卷曾居住此地而得名。

西周成王时，置单子国；春秋中期，置单父邑；秦时，置单父县；唐武德四年（621年）设戴州，治所为单父城，辖单父、成武、楚丘等县；唐光化二年（899 年）在砀山置辉州，次年辉州治所由砀山移至单父城，后唐同光二年（924 年）改辉州为单州。之后，宋、元两代，均置单州；明洪武二年（1369 年），降单州为单县。清道光二年（1822 年）在单县设参将署。中华人民共和国成立初期，单县县城是中共湖西地委、专署所在地。

单县历史悠久，人物辈出。汉朝有跟随刘邦东征西伐、辅国安邦的吕后；晋代有威严明断、不徇私情、深得四方赞誉的郄诜；明代有不畏权贵、犯颜直谏的户部尚书秦纮，户部侍郎陈勖；清代有兴利除害、威振边陲的兵部尚书刘峨，有冒死进京书呈饥民诗画为民请命的著名画家赵树屏；近代有北洋政府国务总理周自齐等。在抗日战争和解放战争时期，单县统计在册的革命烈士就有 1700 名，他们为民族的独立和人民的解放献出了保贵的生命。先烈们浩气长存，永远活在人民心中。当代，又涌现出众多专家、学者、先进模范人物和担任国家部门、军队及省级重要职务的领导干部。其中，有身经百战的老将军韦统泰，新一代将军有上将黄献中，少将孙启祥、彭训厚、黄义昌、蔡忠军、李德义、孟昭斌、李茂林、牛跃光；国家农业部畜牧总局局长张子敬；国家林业局副局长李育才；贵州省政协原主席苗春亭，检察院检察长李玲；河南省人民检察院检察长王尚宇；重庆市委常委、政法委书记刘光磊；天津市人大副主任白化岭；著名作家蓝翎；国家一级作曲家田歌；国家一级演员贾世骏、刘翠芳；全国劳动模范谢龙飞、周玉启、孙宝来、徐承秋；全国人大代表任忠宽、李格森；脚蹬三轮车，辗转 1700 多公里，送无腿湘女回故乡的“山东好汉”孟昭良；几十年如一日，坚持捐资救助贫困学生的山东省道德模范朱瑞方等。他们都是单县人的骄傲。

三

1986 年以来，全县人民以经济建设为中心，解放思想，深化改革，抢抓机遇，艰苦创业，县域经济快速发展，综合实力明显增强。1986 年，全县完成国内生产总值 4.23 亿元，地方财政收入 1307 万元。2001 年，全县财政收入 1.07 亿元，突破亿元大关。2010 年，全县完成地区生产总值 144.84 亿元，是 1986 年的 34.2 倍；地方财政收入 10.1 亿元，是 1986 年的 77.27 倍，在全省的位次由 2005 年的 109 位提高到 65 位；一、二、三产业比由 1986 年的 61.51 ∶ 18.79 ∶ 19.7 调整为 21.58 ∶ 50.07 ∶ 28.35，其增加值分别为 31.3 亿元、72.5 亿元、41.1 亿元。2010 年，在菏泽市科学发展综合考核中取得第一名，实现“三连冠”目标。

农业基础地位更加稳固。1978 年中共十一届三中全会后，全县农村普遍实行家庭联产承包责任制，极大地调动了农民的生产积极性，促进了农村生产力的发展。1985 年，完成以联产承包责任制为主要内容的第一步改革。1986 年，开始大力发展农村商品经济的第二步改革。同年，全县农业总产值 3.91 亿元，人均收入 333 元。1993 年，发展高产高效农业，实施商品粮生产基地开发建设。2001 年制定《单县农业产业化经营五年发展规划》。之后，按照全县农村产业结构调整的总体规划，大力压减粮食种植面积，扩大以蔬菜为主的经济作物面积，大力发展以青山羊为主的畜牧业生产。2003 年始，国家实施惠农政策，逐步取消和减免各种税费，落实粮食、良种、农机等各项补贴政策，调动了广大农民的生产积极性，全县农村经济进入快速发展轨道。至 2005 年，粮食、棉花、油料、蔬菜、林业、果品、畜牧、花卉八大产业的发展初具规模，全县农业增加值 22.77 亿元，农民人均纯收入 3058 元。2010 年，农业实现规模化生产、区域化布局，形成南桑、北蒜、西芦笋、东山药、中部瓜菜的五大特色板块种植格局；全县标准化生产基地发展到 2.33 万公顷，无公害认证面积 1.87 万公顷，“三品”（无公害、绿色、有机农产品）认证发展到 8 个；规模以上农副产品加工企业达到 131 家，省市级龙头企业达到27家；全县各类农民专业合作经济组织发展到到244个；全县粮食总产68.14万吨，棉花总产2.95万吨，瓜菜总产196.47万吨；全县林木蓄积量221.44万立方米，有林地面积33994公顷，农田林网面积9.62万公顷，“四旁”植树2036万株，森林覆盖率32.6%；全县牛存栏5.88万头，生猪存栏52.4万头，羊存栏182.29万只，鸡存栏542.71万只，鸭存栏44.14万只；全县鱼、藕生产形成产业化，水产养殖面积2900公顷，水产品总量1.4万吨，渔业产值8179万元；全县农机总动力220.53万千瓦，有拖拉机17542台、农用运输车102429辆，机引配套农机具29084台（套），小麦、玉米联合收获机2720台，基本实现农业机械化。全县农业总产值54.77亿元，是1986年的14.01倍；农民人均纯收入5798元，是1986年的17.41倍。

工业经济全面振兴。1986年，全县工业企业166家，其中全民所有制企业15家，集体所有制企业151家，工业总产值1.65亿元，产品销售收入1.74亿元。1986年后，按照县委《关于搞活经济若干问题的暂行规定》，围绕开发利用本地资源，重点抓工业技术改造和基本建设，通过引进联合，工业规模不断扩大，至1994年，工业总产值达到13.25亿元。“湖西”牌麻袋、涂塑窗纱、陈曲酒等49种产品分别获得地优、省优、部优或国际金奖。1997年5月，县委、县政府批转县企业改革领导小组办公室《关于企业改制的实施意见》，对全县国有中小企业、集体企业进行改制。通过改制，产权明晰、责任明确的现代企业制度逐步建立。2001年，实施“工业立县”战略。集中力量实施招商引资，加快培植主导工业产业、产品、骨干企业。2004年，建立单县经济开发区，单县化工有限公司、山东四君子集团有限公司、山东泰信纺织有限公司、菏泽奇峰纺织有限公司等一大批中型企业先后入驻园区。2005年，实现工业总产值74.86亿元。医药化工、塑料加工、农副产品加工等工业产业初具规模。2008年，单县被评为山东省民营经济工作先进县，全市工业经济发展先进县、节能工作先进县。2009年，单县被授予中国新能源产业百强县。至2010年，单县先后建成投产全国第一家生物质能发电厂、全国第一家造纸污泥发电厂、全国第一家清洁制浆造纸企业、全国第一家碳经营交易所。全县工业已形成化工、农副产品加工、造纸、机械、能源、纺织等产业体系。有山东省名牌产品5个，山东省著名商标4件，全国驰名商标1件。规模以上工业企业达305家，位居全市第一位；实现工业总产值305.43亿元，主营业务收入309.95亿元，利税总额43.43亿元；规模以下工业企业952家，个体工业5069家，工业总产值66.55亿元。

商业贸易繁荣兴旺。1979年后，随着改革开放的深入，商贸业逐步向市场经济转轨，形成以国营商业为主导、多种经济成分、多种流通渠道、多种经营方式并存的开放式商业体系。1987年，全县商业机构7260个，其中，全民商业机构172个，供销商业439个，其他集体所有制商业1071个，个体有证商业5578个。商业机构从业人员32840人。全年商业零售额14271万元。集贸市场50处，集市贸易成交额6554万元。之后，除关系国计民生的石油、食盐等商品由国家控制外，全县商业、供销、物资、粮油等商品贸易实行市场、经营、价格三放开，打破主要商品由商贸部门独家经营的局面，个体商户逐年增多。1997年后，国营、集体商业采取资产重组、租赁兼并等形式，实行股份制改造和个体经营，全县个体私营经济占主导地位，社会商品零售总额显著增加。2000年、2005年，社会商品零售总额分别为9.12亿元和29.16亿元。2010年，全县社会消费品零售额82.5亿元，为1986年的50.43倍。

四

城乡面貌日新月异。单县古城护城堤内面积2.25平方公里，其中城区面积0.42平方公里。

中华人民共和国成立后，特别是中共十一届三中全会全会以来，随着经济的发展，市场的繁荣，市区面积日益扩大，至1986年，市区面积约10平方公里，人口3.5万人。1986年后，随着改革开放的不断深入，县城建设速度逐渐加快，至2004年，城区面积扩大到27平方公里，人口约13.5万人。2005年起，实施第三轮城市规划。经济开发区新建高标准道路10条，形成五纵六横的道路网。对老城区进行改造、完善、配套基础设施。至2010年，县城面积扩大到43平方公里，为1986年的4.3倍；城市人口增加到21.3万，为1986年的6.09倍。城区道路增加到25条，道路总长由1986年的35公里增加到120.45公里，增长2.44倍。城区人均道路达25平方米，全部硬化、绿化、亮化。有路灯7000余株，景观灯1万余盏，道路亮灯率95%以上。建成住宅或商住小区15个，在建32个。新建、扩建公园、广场10余处。建成区绿化面积857.26万平方米，绿化覆盖率为35.6%，绿地率为34.18%，人均公共绿地10.57平方米。

2006年，县委、县政府制定《关于社会主义新农村建设实施意见》和《单县村镇布局总体规划》，确定小城镇、中心村、基础村的总体布局，并在全省率先完成乡镇驻地总体规划和186个重点村的建设规划。新村建设分城中村、城郊村融合型、小城镇聚集型、重点村培育型、空心村改造型等五种类型。新房建设按照统一规划、统一设置纵横街道、统一住房规格标准、统一配备基本设施，达到村成方、房成排，基本设施齐全。村民房屋多为二层楼房，村中街道均进行硬化，街两旁设有排水沟、绿化带，安装路灯。村村均建有村委会办公楼、卫生室、幼儿园、文化院、文体活动广场等。至2010年年底，全县先后建成李田楼镇李田楼新村，南城街道黄小楼新村，园艺街道张知楼新村，蔡堂镇管庄新村，杨楼镇尤庄、苏门楼新村，浮岗镇北村、林庄新村，高韦庄镇大徐庄新村等。节约大量耕地，农民的居住环境和生活质量得到较大改善和提高。

公路交通运输事业快速发展。1986年，境内有干线公路4条，县道12条，乡道21条，通车总里程378公里。1988年后，对境内干线公路进行升级改造。2002年后，县、乡公路建设速度加快。2003年，启动“村村通”（这里指村村通公路）工程。2005年，实现村村通柏油路。2010年，境内干线公路全部完成升级改造或扩建、改建，总长度144.6公里。县乡公路76条，通车里程709.8公里。其中，县道14条、246.1公里，乡道62条、463.7公里，县乡道路总长度分别为1986年的3.9倍和2.57倍。年客运量1677.49万人次，货运量3012.8万吨。

电力事业发展迅速。1982年8月，单县第一座110千伏变电站——菜园变电站投入运行。至1987年，驻县城各单位全部通电，95%的乡镇和50%的行政村通电。1994年7月，行政村全部通电。1995年10月，自然村全部通电。1996年2月，全县户户通电。1999年后，经过一、二期城农网建设与改造，电网结构进一步优化。至2010年，境内有220千伏变电站1座，110千伏变电站6座，35千伏变电站15座，基本形成以220千伏变电站为中心，110千伏变电站和35千伏变电站为骨架，10千伏线路为脉络的、安全可靠的现代化供电网络。2010年，全年用电量9.4亿千瓦时，为1986年的16.1倍。

邮政、通讯业变化巨大。1986年，县内邮路长度332公里，投递线路2822公里，拥有交换机32台、1830门，邮电业务收入80.34万元。1990年，淘汰磁石式电话交换机，全部改用纵横制自动电话，“摇把子”话机彻底退出。1992年，开办无线寻呼业务。1994年，开通移动通信、用户传真等电信新业务。1996年，实现数字化传输。1997年，境内互联网业务等相继开通。2001—2003年，完成宽带网络延伸。2010年，开通3G网络。单县通信步入信息化、数字化、多媒体时代。当年，全县固定电话用户9.3万户，移动电话用户48.23万户，互联网用户3.53万户。邮政业务总量4120万元，电信业务总量27999.7万元。

水利建设成绩显著。1986年后，水利工作坚持走“建管并重，讲求效益，依法治水，全面服务”的路子，按照“南河、北闸、中间井”的农田水利基本建设总体规划，坚持以井保丰、以河补源、拦蓄结合、旱涝兼治的治水方针，实行水、旱、风、沙、碱、渍综合治理。先后对全县主要河道进行疏通治理，进一步提高防洪排涝标准；徐寨灌区投入运行，恢复启用浮岗水库，围绕引黄灌溉，南北灌区完成大量配套工程，全县抗灾保丰能力显著提高。至2010年，全县共开挖、疏浚流域面积在30平方公里以上的干、支河道12条，总长351.6公里，修建节制闸37座、桥梁450座、涵洞121座，开挖一、二、三级排灌沟渠1388条，总长2970公里，改造涝洼地面积3.2万公顷，累计打井46507眼，现有配套机井19020眼，拥有水利机械19866台（套）。全县有效灌溉面积达到7.2万公顷。

五

全县经济快速发展，促进了科教文卫等社会事业全面进步，人民生产条件和居住环境显著改善，生活水平大幅度提高。

科技事业成就显著。1986—1990年，全县共引进新技术、新成果120项，完成科技攻关项目64项，获得59项科研成果，其中28项获地区以上科技成果奖。1990年后，实施“科教兴单”战略，发展壮大高新技术产业，全县科技事业取得新的突破。1998年5月，获“全国科技工作先进县”称号。至2000年，累计引进推广科技成果351项，取得科技成果76项。2010年，全县列入高新技术产业统计口径的企业达70家，其中，省级高新技术企业3家，市级高新技术企业23家。全年实现高新技术产业产值97.38亿元，占规模以上工业总产值的31.88%。1986—2010年，单县共鉴定科技成果629项。其中，省、市级245项，县级384项。1990—2010年，累计申请专利1100项，获发明专利200余项，实用新型专利400项。

教育事业硕果累累。1986年后，落实《中华人民共和国义务教育法》，全县基础教育以德、智、体、美、劳全面发展为目标，开展基础知识、基本技能的“双基”教学。1999年年底，单县“双基”教学工作顺利通过省政府验收。进入21世纪，以“打造教育强县，积极推进教育现代化”为目标，着力深化体制改革，推进素质教育，建设“六大校园”，提升办学档次。2004年，完成全县“五改六”工作。2006年，全县学校校园网络实现“校校通”。2007年3月，境内设立全国第一所国办高等家政职业院校——菏泽家政职业学院。1999—2010年，单县教学质量一直居菏泽市第一位，高考录取本科人数实现全市“十二连冠”，成为鲁苏豫皖四省交界区域的教育高地。1986—2010年，全县共培养高中毕业生137220人，其中，考取高等院校本科生26705人，专科生33900人。2010年末，单县有大中专3所，在校学生1.7万余人；普通中学53所，在校学生72938人；普通小学198所，在校学生105659人；幼儿园237所，在园儿童17945人。

卫生事业再上新台阶。1986年，全县共有卫生事业机构44所（个）。其中县直9所（个），县分院5所，乡镇医院21所，工业及其他卫生机构9所，卫生技术人员1753人，病床948张。农村卫生室694个。1989年5月，单县被省政府授予全省基本消灭疟疾先进县。1998年，被评为全省初级卫生保健达标县。2005年10月，被确定为全省新型农村合作医疗试点县。2008年，建立按服务人口3000～5000人、服务半径不超过1.5公里的农村群众就医圈，实行乡村医疗站室“一体化管理”。2010年3月，在全市县区中率先实施国家基本药物制度，基本解决群众看病难，看病贵的问题。12月，单县顺利通过省级卫生县评审验收。年底，全县公办、民营卫生机构31所，其中医院、卫生院26所，妇幼保健院1所，结防所1所，疾控中心1所，卫生服务中心2所。共有卫生技术人员3532人，为1986年的2.01倍，其中执业医师1226人，注册护士2022人。各类卫生机构病床达到3285张，为1986年的3.47倍。全县参加新型农村合作医疗农民1038311人，参合率100%。

文化事业更加繁荣。单县文化底蕴深厚，素有书画之乡、戏曲之乡、中国楹联之乡、中国民间文化艺术之乡、中国武术之乡等称誉。1986—2010年，全县文学创作、戏剧、音乐、舞蹈、美术、书法、摄影成果丰硕，群众性文化活动丰富多彩，广播电视事业、群众体育、全民健身活动、竞技体育蓬勃发展，非物质文化遗产保护成效显著，文化设施不断完善。共创作各类文学作品3万余篇，在各级各类报刊杂志发表作品3600余篇，出版各类文学作品书籍400余部；举办各类画展100余次，参展作品1万余幅，获奖作品1000余幅；创作书法作品2890余幅，获奖52幅，其中，国家级奖27幅，省级11幅，市级14幅；全县共组织较大规模的文艺活动200余场，登台演出5万余人次；1991—2010年，共举办全国楹联大赛20届，累计征集参赛作品50余万副；广播电视普及，有线电视覆盖率100%；非物质文化遗产获国家级名录项目2项，省级5项，市级6项，县级162项。全县从事美术创作人员发展到500余人；文学创作队伍发展到1000余人；有中国书协会员5人，省书协会员10人，市书协会员36人；中国摄协会员1人，山东省摄协会员8人。1986—2010年，单长辉、陶祥飞、帅飞、冯西、高宇驰分别获得全国田径、柔道、青少年乒乓球、古典式摔跤、武术比赛冠军。2010年，高宇驰获世界青少年武术锦标赛冠军。

人民生活水平显著提高。随着国民经济的快速发展和社会事业的全面进步，人民群众生活水平逐年提高。2010年，城镇在岗职工年均工资19802元，为1986年的18.34倍。农民人均纯收入5798元，为1986年的17.41倍；农民人均住房面积28.8平方米；农村彩电普及率达96%；农村电脑普及率达19.5%；农民人均年生活消费支出3144元，为1986年的17.41倍。全县城乡居民存款余额85.65亿元，为1986年的110.78倍，人均储蓄存款8639元。社会保障体系逐步完善，城乡居民养老保险参保人数10.3万人，享受最低生活保障人数6.03万人。

六

党的思想、组织、作风和制度建设不断加强。1986后，在全县党组织和全体党员中先后开展了“三讲”教育，以实践“三个代表”重要思想为主要内容的保持共产党员先进性教育活动和学习实践科学发展观活动；开展了民主评议党员和处置不合格党员活动、“一个党员一杆旗”活动、党员“双带”（党员带头致富、带领群众共同致富）活动、“三级联创”活动和“千名乡镇干部进万家”活动等；建立健全了村财乡管制度、村干部依职联绩计酬制度。全县党员、干部的干事创业意识、执政能力、群众观念和组织纪律观念不断提高。2008年，单县被省委表彰为山东省农村基层组织建设先进县。2010年，全县有乡镇、街道党委22个，市属单位党委2个，县直单位党委4个，工委3个，企业党委4个，县直单位党组53个，党总支56个，党支部1240个，中共党员44407人，党政机关干部2596人。

深入开展党风廉政建设和反腐败斗争。坚持标本兼治、综合治理、惩防并举、注重预防的方针，加强廉洁从政教育，有针对性地开展示范教育、警示教育和岗位廉政教育，建立健全领导干部廉洁自律制度，落实党风廉政建设责任制，加大查处违纪、违法案件的力度，严肃查办发生在领导机关和领导干部中以权谋私、失职渎职、挥霍浪费、贪占国家资产案件，严肃查办违反财经纪律、重点工程建设中的腐败案件，严肃查办行政执法机关、司法机关、经济管理部门违法违纪案件。1986—2010年，单县纪检监察机关累计查结案件3071起，处理党员干部2447人。党纪处分1821人，其中，开除党籍309人，留党察看274人，撤销党内职务101人，党内严重警告516人，党内警告621人；政纪处分673人，其中，行政开除19人，开除留用16人，撤职180人，降级降职32人，记大过142人，记过169人，警告115人。刑事处罚39人。

法制建设日益增强。1986年后，县委政法部门相继开展“一五”到“五五”的普法教育。1988年、1995年，单县被评为全省社会治安综合治理先进县。2001年，被评为全省普法和依法治理先进县、社会治安综合治理模范县。2004年，被评为全省普法和依法治理先进县。2006年、2009年，被评为平安山东建设先进县。

七

1986年以来，历届县委、县政府领导和带领全县人民以经济建设为中心，不断深化改革、扩大开放，聚精会神搞建设，一心一意谋发展，全县经济社会发展取得巨大成就，城乡面貌发生翻天覆地的变化，人民群众生活水平显著提高，实现由温饱到小康的历史性跨越。但是，全县经济社会发展还面临许多困难和问题，如经济总量小，产业结构仍不够合理，资源环境制约日益突出，社会保障体系不够健全，维护和谐稳定的任务依然十分繁重等。科学发展，和谐发展，跨越发展，更好更快发展，进一步解放思想、更新观念，扩大对外开放，增强综合实力，全面提高全县人民物质文化生活水平，是单县经济社会发展的必然选择。

在新的历史时期，全县人民在县委、县政府的坚强领导下，高举中国特色社会主义伟大旗帜，以邓小平理论和“三个代表”重要思想为指导，全面贯彻落实科学发展观，大力弘扬“务实、创新、争先、和谐”的单县精神，紧紧围绕转方式、调结构、增投入、谋跨越这一中心任务，坚持工业化、城镇化、农业产业化三化互动共同发展，大力发展社会事业，强力打造鲁苏豫皖交界地区科学发展高地，凝心聚力，坚定信心，攻坚克难，顽强拼搏，用自己的双手和智慧谱写单县新的更加壮丽的篇章，一个富足、文明、和谐、幸福的新单县，不久将展现在世人面前。

大事记

1986年

2月8日 中共山东省委书记梁步庭视察单县，省委副秘书长田健、中共菏泽地委书记于波海陪同视察。

3月8日 以普及新宪法为主的普法教育在全县展开。

春 单县被定为山东省14个扶贫县之一，县组织扶贫工作队下乡镇进行为期三年的扶贫、脱贫工作。

4月25日 举行湖西革命烈士纪念塔落成典礼。在原湖西区战斗工作过的部分老干部及单县干部群众代表3000余人参加典礼，县委书记刘广新主持仪式，中共山东省委书记梁步庭、省人大常委会主任秦和珍参加揭幕仪式并讲话。

同月 王冠举任单县人民政府县长。

7月1日 县人民武装部改归地方建制，1996年，恢复部队建制。

同月底 东鱼河单县徐寨闸竣工运行。徐寨闸于1984年12月开工建设，历时19个月建成。1988年11月11日，徐寨闸被省城乡建设委员会、省建筑工程总公司、省建筑业联合会授予“山东省施工工程优质奖”。

10月 县乡组织学习《中共中央关于社会主义精神文明建设指导方针的决议》。

同月 县采取多种形式纪念红军长征胜利50周年。

12月中旬 县委书记刘广新、县长王冠举，分别带队到北京、贵州召开党史资料征集座谈会，邀请曾在湖西老区和单县战斗工作过的老干部座谈单县建国前党史情况。

同月 单县红十字会被中国红十字总会授予“全国先进集体”称号。

1987年

3月26—28日 中共单县第七次代表大会在县委党校礼堂召开。

4月2—8日 政协单县第七届委员会第一次会议在县委党校礼堂召开。

4月3—7日 单县第十次人民代表大会第一次会议在湖西礼堂召开。

7月 开展坚持党的四项基本原则，反对资产阶级自由化教育活动。老干部宣讲团在教育活动中发挥重要作用。

9月30日—10月2日 在湖西礼堂举办“首届单县艺术节”。

9月 建立单县老年人体育协会，至1994年，37个乡镇和24个县直单位建立了老年体协分会。

11月5日 成立单县台胞接待站，接待、联系陆续回乡探亲的台湾同胞。

同月 全面开展专业技术人员职称评定和聘任工作。

同年 县棉麻公司王树全研制的尘龙布袋组合式除尘装置获山东省科技成果三等奖。

同年 单县一中初二学生苏雪亮制作的车模绕标，在全国“宝塔杯”汽车模型花样比赛中获一等奖第四名。

同年 单县麻纺织厂生产的“湖西”牌中粒麻袋在山东省同行业实物质量评比中获得第一，被评为省优质产品。

同年 单县棉纺织厂生产的21支纯棉纱，被评为山东省优质产品，纯棉平布评为优良产品。

同年 单县酒厂生产的湖西陈曲酒被评为山东省优质产品。之后，生产的半月台优级特曲，获首届中国食品博览会铜牌，并被评为山东省优质产品。

同年 单县水泵厂生产的“鲁波”牌QS型湿式潜水电泵，被评为山东省优质产品。

同年 单县玻璃纤维厂生产的“白鸥”牌4514B玻璃纤维涂塑窗纱被评为山东省优质产品。

1988 年

1 月 23 日 全县农村商品生产经验交流会在单县剧院召开。

2 月 开始颁发居民身份证。

8 月 全县开展“生产力标准”大讨论。

9 月 县委书记刘广新调任菏泽地区人大工委副主任，菏泽地区乡镇企业局局长温新月调任中共单县县委书记。

10 月 16 日 成立单县老干部协会。

10 月 19 日 境内开展形式多样、丰富多彩的活动庆祝第一个中国老人节。

同月 中顾委委员、前湖西地委书记、原铁道部部长陈璞如及曾在湖西老区和单县工作、战斗过的老干部朱煜如、张子敬、李文、左守善、阎学增、李克、张金波、王传忠等 20 余人到单县瞻仰湖西革命烈士陵园。

1989 年

3 月下旬 县委从县直部门抽调 393 名干部，组成 37 个工作队，分 131 个工作组下乡包村，帮助落后困难行政村整建领导班子，发展经济，维护社会秩序。此次包村实行每个县直单位对所包行政村一包 3 年，工作队员实行一年一轮换。

4 月 3 日 撤销中共单县县委农村工作部，设立单县农业委员会，属县政府工作部门。

4 月 14 日 在单县剧院召开全省社会治安综合治理表彰大会，会议对 43 个县市区和企业单位进行表彰，省政府特邀顾问韩邦聚代表省委、省政府参加会议。单县被授予“1988 年度山东省社会治安综合治理先进单位”称号。

5 月 26 日 单县工商联第三次代表大会在县委党校礼堂召开。大会选举产生单县工商联第三届执行委员会，王培民当选为主任委员。

7 月 17 日 中共单县七届三次全委（扩大）会议在县委党校礼堂召开，传达贯彻中共十三届四中全会、中共山东省五届二次全委（扩大）会议、中共菏泽地区全委（扩大）会议精神，研究贯彻落实的意见和措施。

8 月 14 日 县政府印发《单县土地管理实施办法》，加强全县土地统一管理。

同月 县长王冠举调任菏泽地区商业局局长，周书运任单县人民政府代县长。

9 月 11 日 县委召开惩治腐败工作会议，动员全县党员、干部和群众，参与到反腐败斗争中来。

10 月 13 日 县委、县政府制定《关于奋战三年全县基本实现水利化的意见》，加快全县水利建设。

同月 单县工会第九次代表大会在湖西礼堂召开。大会选举产生单县总工会第九届委员会，陶吉彬当选单县总工会主席。

12 月 25 日 中共单县七届四次全委（扩大）会议在湖西礼堂召开，传达贯彻中共十三届五中全会、中共山东省五届三次全委（扩大）会议精神，部署搞好治理整顿和深化改革，确保单县经济持续稳定协调发展。

1990 年

2 月 21—22 日 中共单县第八次代表大会在县委党校礼堂召开。

3 月 7—11 日 政协单县第八届委员会在湖西礼堂召开。

3 月 8 日 单县第十一届人民代表大会在湖西礼堂召开，会议选举温新月为县人大常委会主任，周书运为县长。

5 月 中国书法家协会在北京军事博物馆为单县人民武装部副部长谢培哲主办“谢培哲书法艺术展”，杨得志题写展名，马文瑞作贺词，杨成武参加开幕式。30 多家新闻媒体进行报道。

7 月 黄岗镇后黄庄村黄中言一家，被山东省教育委员会、省教育工会评为山东省优秀教育世家。黄中言一家四代有12人从事教育事业，其中，有8人多次出席县教育系统表彰会，3人多次出席地区教育系统表彰会，2人出席省教育系统表彰会。1985年，在县召开的教育系统表彰大会上，全家有5人同时登台领奖。《中国教育报》《大众日报》《山东教育报》、山东人民广播电台等先后多次报道他们家庭先进事迹。

8月 某日，从下午6时开始，单县天空出现几十颗类似星星但比星星又大又亮的物体，从东南向西北缓缓飘移，直至夜幕降临才逐渐隐去。

同月 省政府确定单县为初级卫生保健示范县，目标是人人享有卫生保健，要求1991年达标。

9月 单县第一届残疾人代表大会在湖西礼堂召开。

12月 全县首次选拔县级专业技术拔尖人才，并进行表彰。

1991年

1月 县委在常委会议室召开县四大班子（县委、人大、政府、政协）联席会议，传达贯彻中共十三届七中全会精神，制定单县十年规划和“八五”计划。

6月上旬 单县城镇开展以“两讲”（讲文明，讲道德）“三创”（创优美环境、创优良秩序、创优质服务、为中心内容的文明城市知识竞赛活动。

11月8日 副省长马连礼到单县视察。

12月29日 中共单县八届三次全委（扩大）会议在湖西礼堂召开，提出到本世纪末单县实现小康的目标任务，并制定了相应措施。

同年 单县民族武馆（校）组织的蓓蕾武术表演队，参加济南国际传统武术表演大会和北京第一届世界武术锦标赛的开幕式表演，受到国内外武术名家的高度赞赏。

同年 单县楹联学会建立，推举张健为会长。

1992年

2月2日 县委、县政府作出《关于湖西革命烈士陵园改建扩建的决定》，并开展募捐活动。

2月27日 山东省副省长王建功到单县视察。

6月12日 县委、县政府印发《关于机关、事业单位创办经济实体，强化服务的实施意见》，鼓励机关和行政事业单位创办经济实体。

夏 副省长马世忠到单县视察。

10月 为开拓远东市场，以副县长华振亭为团长的单县代表团赴俄罗斯，就建立中方商场、保税仓库等贸易合作问题进行考察洽谈。

1993年

1月1日 县委、县政府公布《单县城镇住房制度改革试行方案》，提出“八五”“九五”和长期房改目标。

同月 落实上级要求，解决农民负担过重问题，全县人均负担一律控制在上年纯收入的5%以内，并于5月印制、发放农民负担卡。

同月 县委书记温新月调任中共菏泽地委委员、地区纪委书记，县委副书记、县长周书运任县委书记。

3月9—14日 政协单县第九届委员会在湖西礼堂召开，会议选举张立亭为县政协主席。

3月10—13日 单县第十二届人民代表大会在单县剧院召开，会议选举龚彦海为县人大常委会主任，侯宪秀为县长。

同月 筹建单县有线电视台，5月1日开通试播。

6月6日 县乡机构改革开始启动。12月，菏泽地委、行署同意《单县机构改革方案》。这次机构改革，县属党政群机关由107个减少到44个，精减人员740人。即县委设7个工作部门，县政府设27个工作部门，人大、政协、群众团体及其他机构10个，编制控制在740人以内，全县37个乡镇党政机关编制限额1165人。

同月 中共中央政治局委员、中共山东省委书记姜春云到单县视察。

7月31日 根据省、地要求，县委、县政府决定将境内的7个区党委、区公所撤销。

11月20日 县委、县政府首次选拔农村优秀科技人才25人，并进行表彰奖励。

同年冬 境内粮油实行价格、市场、经营三放开，城镇非农业人口粮油计划供应取消，所用粮油全部进入市场购买。

1994年

1月 单县被批准为山东省经济欠发达地区改革开放试点县，省邮电局、诸城市与单县挂钩帮扶。

4月16日 县6000门程控电话开通，翌年5月1日达到1万门。

4月23日 单县人民政府副县长、红十字会长安文焕参加全国红十字会第六次会员代表大会，受到中共中央总书记江泽民的接见。

5月22日 省委副书记、省长赵志浩视察单县。

8月10日 孙溜乡周楼行政村南刘庄民兵排长刘延停下井救人，献出生命。被中国人民解放军总政治部追授一等功。

10月9日 山东省首届民间武术馆校武术比赛在单县举行。山东省副省长吴爱英、中共菏泽地委书记林廷生、菏泽行署专员李明先、中华武院的领导参加了开幕式，单县电视台进行现场直播。

同月 撤销朱集乡，设置朱集镇。

11月1日 新编《单县志》志稿评审会议在湖西宾馆召开。

11月22日 全国黄麻纺织企业生产技术管理经验交流会在单县召开。

12月 撤销李新庄乡，设置李新庄镇；撤销孙溜乡，设置孙溜镇。

1995年

1月 中共单县县委书记周书运调任菏泽地区农委主任，中共单县县委副书记、县长侯宪秀任中共单县县委书记。

同月 副省长吴爱英到单县走访慰问贫困户。

3月24—25日 中共单县第九次代表大会在湖西礼堂召开。

同月 张存金任单县人民政府县长。

4月3日 单县籍在京工作人员座谈会在北京召开，林业部副部长李育才等领导出席会议。

4月24日 山东省副省长吴爱英到单县现场办公，对单县具体指导和帮扶。

5月20日 县委、县政府制定《关于实施〈中国教育改革和发展纲要〉的决定》，提出到本世纪末，单县教育发展的总目标和具体措施。

7月20日 根据国务院《关于职工工作时间的规定》，全县党政机关事业单位实行5天工作制。

10月 省委书记赵志浩视察单县。

11月4日 单县民族武校被国家体育委员会、国家民族事务委员会授予“全国民族体育先进单位”称号。

1996年

1月24日 副省长吴爱英等到单县慰问老党员、特困户、革命残疾军人。

1月30日 中共单县九届二次全委（扩大）会议召开，会议通过《单县国民经济和社会发展第九个五年计划及2010年远景目标纲要（草案）》。

同月 单县被省委、省政府授予“全省社会治安综合治理先进县”称号。

2月8日 中共山东省委常委、省政法委书记张惠来，到单县视察开展创建社会治安综合治理模范县活动情况。

3月 单县被农业部授予“中国西红柿之乡”称号。

4月1日 县委、县政府举行湖西革命烈士陵园改建扩建竣工剪彩仪式。

4月5日 菏泽日报社驻单县记者站成立。

5月13日 县委、县政府制定《关于促进个体私营经济发展的规定》。

5月29日 中共中央组织部原副部长赵忠奶和中共山东省委常委、省委组织部长王克玉到单县视察。

同月 新编《单县志》出版发行。

6月12日 省长李春亭到单县调研并参加麦收。

7月5日 省委副书记陈建国到单县考察扶贫工作。

8月4日 龙卷风袭击陈蛮庄乡，最大风力达10级，县、乡积极组织救灾。

8月21日 全县开始推行国家公务员制度。

10月25日 省委书记赵志浩到单县视察工农业生产。

11月 县委、县政府集中整顿农村基层组织，建立村级组织新机制，翌年5月结束。

12月5日 单县被国家体委授予“中国武术之乡”称号。单县民族武校被授予“全国先进武术学校”称号。

同月 撤销浮岗乡，设置浮岗镇。

1997年

1月9日 中共单县九届三次全委（扩大）会议召开，审议并通过《单县“九五”期间社会主义精神文明建设的规定》和《关于村级组织建设中几个问题的决议》。

3月25日 苏鲁豫皖四省结合部的单县、丰县、虞城县、砀山县的公安系统在单县召开治安联防会议。

4月21日 省委常委、省委宣传部长董凤基到单县考察。

5月 全县开展创建“文明城市、文明村镇、文明行业”“十星级文明户”活动。

6月18日 省委书记吴官正到单县视察工作。

7月1日 凌晨，县城内鞭炮齐鸣，庆祝香港回归祖国。

8月3日 省委副书记、省长李春亭视察单县。

8月26日 以主管土地事务的国务部长埃尔哈吉·拉西德莫·夏拉夫为团长的孟加拉国高级代表团，在中国土畜产品进出口公司副总裁陈淑兰（女）陪同下，到单县参观考察，就黄麻贸易进行洽谈。

同月 单县被农业部命名为“中国青山羊之乡”。

9月 全县安排部署学习贯彻中共十五大精神活动。

12月 县委书记侯宪秀调任菏泽地区行署秘书长，宋绍先任中共单县县委书记。

同年 单县被省委、省政府命名为全省计划生育“三为主”先进县。

1998年

3月2—6日 政协单县十届委员会第一次全体会议在湖西礼堂召开，会议选举陶继田为县政协主席。

3月3—6日 县十三届人民代表大会第一次会议在单县剧院召开，会议选举宋占良为县人大常委会主任，李学军为单县人民政府县长。

3月18日 单城镇第一小学412名小学生因服用不合格碘钙营养片出现不良反映，中共中央总书记江泽民闻讯，分别打电话给中央有关领导、卫生部负责人和中共山东省委书记吴官正，指示迅速采取措施，抢救小学生，惩处不法分子。要求领导干部要对人民高度负责，对少年儿童的身心健康要十分关心。

3 月 24—25 日 中共单县第十次代表大会在湖西礼堂召开。

4 月 5 日 加拿大安大略省盖尔夫大学农学系教授史迪家博士作为加拿大咨询志愿者协会组织的专家，到单县指导小麦生产，被称为当代“白求恩”。

4 月 29 日 单城镇一中被教育部确定为“构建素质教育立体教学新体系试验基地”。

5 月 12 日 县委制定《单县小康村建设试点工作方案》，并开始组织实施。

5 月 27 日 菏泽地区希望工程志愿者劝募活动在单县启动。

6 月 单县开始房产改革，清理多占公房。

8 月 12 日 中共菏泽地委书记李明先致信，祝贺单县考生周玮在本年度高考中以满分 900 分（标准分）的成绩获得山东省理工科总分第一名。

10 月 8 日 单县被山东省人民政府列为第四批改革开放试点县，省计划委员会、省保险公司、高密市、胜利油田石油管理局等省内五大企业、四所高等院校、科研单位帮扶单县。

同年 撤销李半庄乡，设置莱河镇。

同年 浮岗水库一期工程启动，总投资 5234 万元，完成了水库大坝垂直铺塑防渗和 52 米高程的水泥护坡工程。翌年 4 月砼网格梁护坡开工建设。

1999 年

2 月底 全县 502 个行政村全部通电话。

4 月 19 日 韩国星州郡代表团到单县友好访问。双方签署了单县与星州郡友好合作关系协议书和经济协作项目协议书等。

5 月 单县开始对县、乡机关事业单位超编人员进行分流，共分流人员 4524 人，其中县直分流 2420 人，乡镇分流 2104 人。清退临时用工 2860 人。《中国青年报》《大众日报》、山东电视台、山东人民广播电台等媒体进行了报道。

6 月 在单县籍台胞刘巍捐资赞助下，单县地方史志编纂委员会办公室点校的民国版《单县志》付梓。

7 月 3 日 山东省军区副司令员张明友到单县考核县人武部党委班子。

7 月 9 日 单县人民政府网站正式开通。

7 月上旬 县委副书记、县人大主任宋占良，率慰问团到郑州、西安、太原、北京、济南等地，慰问单县籍私营企业家。

同月 单县康利达医用制品有限公司的医用可吸收性缝合线系列产品开发，被列入“国家级火炬计划项目”。

8 月 8 日 电视剧《小城警察》开机典礼在单县举行，由济南电视台、山东艺术研究所和单县公安局联合拍摄。

9 月 1 日 单县中日友好慧光学校、慧光公园举行开学开园仪式。该学校和公园是由日本名古屋妙春园株式会社社长田中富治郎投资 8000 万日元兴建。

9 月 22 日 县委为曾担任过实职县级以上的 18 位离休老干部颁发“建国五十周年功勋章”。

10 月 15 日 县委、县政府召开治理经济发展环境动员大会，会上宣读了县委、县政府制定的《关于治理经济发展环境的若干规定（试行）》。

10 月 21 日 山东省原省长、中顾委委员赵健民到单县考察。

11 月 17 日 省委常委、省委组织部部长姜大明到单县召开现场办公会，指导和帮扶单县发展经济。

12 月 2—3 日 中共中央政治局常委、书记处书记、国家副主席、中央军委副主席胡锦涛，在中共山东省委副书记陈建国，省委常委、省委组织部部长姜大明，中共菏泽地委书记李明先，地委副书记、行署专员陈光陪同下，视察单县。6 日，在徐州召开鲁、苏、皖三省交界地区部分县座谈会，中共单县县委书记宋绍先参加了座谈会。

12月20日 全县开展庆祝澳门回归祖国活动。

同月 撤销杨楼乡，设置杨楼镇。

2000年

1月1日 县政府决定，即日起县直机关事业单位人员工资委托金融部门发放。

1月3日 县政府印发《单县烟尘控制区管理办法》，规定北至北环路，西至西环路，南至南环路，东至东沟河的范围内，各类炉、窑、灶的烟尘污染防治措施，必须达到环境保护部规定的标准。

2月25日 单县“三讲”（讲学习、讲政治、讲正气）教育动员大会召开。会议决定在全县县级及县直有关部门领导班子和领导干部中开展“三讲”教育活动。为期70天，2月下旬开始，5月上旬结束。

3月 单县顺利通过山东省“普九”（普及九年制义务教育）工作检查验收。

4月5日 依据县制定的《关于治理经济发展环境的若干规定》和《关于广泛开展招商引资的若干规定》，建立治理经济发展环境督查网络，共同治理发展经济的内外环境。

4月11日 在全县实行领导干部个人重大事项申报制度。县委、县政府印发《关于实行党风廉政建设责任制考核的通知》。

5月17日 全县党委、政府系统开始建立信息网站，7月底全部开通。

同月 单县国家粮食储备库更名为中央储备粮单县直属库，归属山东分公司直接管辖。

12月6日 县政府印发《单县实行乡镇财政所人员委派制办法》，并组织实施。

2001年

2月14日 县政府决定在国内经济发达地区或沿边城市设立单县招商引资办事处。

同月 单县进行乡镇规模调整，由37个乡镇调整为14个镇和6个乡。

4月 王永华任单县人民政府县长。

5月18日 单县博物馆建成开馆。

8月8日 单城镇东关新村共青团员孙敦友为抓获持刀杀人凶手负伤。被中宣部、中央综治委、公安部和中华见义勇为基金会授予“全国见义勇为先进分子”称号，并在10月30日第七次全国人民群众见义勇为先进分子暨首次见义勇为工作先进单位和先进工作者表彰大会上受到表彰。

8月29日 县委、县政府决定在单县园艺场内设立单县经济园区，总面积24.3平方公里，后改名为单县经济开发区。

10月 撤销张集乡，设置张集镇。

12月18日 县政府制定《单县城镇职工基本医疗保险实施办法》，并组织实施。

12月 投资330万元的单县广播电视发射塔建成使用。该塔高188米，有效半径50公里，是单县周边八县高度最高、功率最大的广播电视发射塔。

同月 单县公安局被山东省公安厅评为全省“严打”整治斗争先进集体，被单县人民政府记集体三等功一次。张传亮、刘言宽被公安部授予“全国优秀人民警察”称号。

同年 建立县委、县政府领导成员公开接待群众来访制度，并印发《单县信访工作十项制度》。

2002年

2月28日 中国楹联学会命名单县为“中国楹联之乡”，副会长常江到单县授牌，中共菏泽市委宣传部部长韩广洁参加授牌仪式。

5月 撤销龙王庙乡，设置龙王庙镇。

6月17日 县委制定《单县农村税费改革（试点）实施方案》，并开始组织实施。这次单县农村税费改革，取消“三提五统”（村级三项提留，即公积金、公益金和管理费；五项乡统筹，指农村教育事业费附加、计划生育、优抚、民兵训练、修建乡村道路等民办公助事业的款项），一律改征农业税，由征实物改折征代金，实行户交户结算，减轻了农民负担。

6月 单县被省政府确定为省级生态示范区。

7月初 开始进行县级机构改革，重点是理顺关系，转变职能，根据各部门的职责任务，重新核定编制。这次机构改革，县委工作部门调整为9个，编制149人，县政府工作部门调整为26个，编制精简为377人。

7月24日 单县行政审批服务中心建立，开启行政审批事项审批。

11月29日 县委印发《关于认真学习贯彻十六大精神的通知》，动员全县学习落实中共十六大精神。

12月 县委副书记、县长王永华调任菏泽市政府副秘书长，定陶县县长赵传山调任中共单县县委副书记、单县人民政府代县长。

同年 千里迢迢，历尽千辛万苦护送湘女（湖南女子）回家的“平民英雄”孟昭良，被评为山东省道德模范，并入围中央电视台2002年度“感动中国新闻人物”候选人。

2003年

1月18—22日 政协单县第十一届委员会第一次会议在湖西礼堂召开，会议选举孙培超为县政协主席。

1月19—21日 单县第十四届人民代表大会第一次会议在单县剧院召开。

2月12—13日 中共单县第十一次代表大会在湖西礼堂召开。

4月25日 县委、县政府印发《关于切实加强非典型肺炎防治工作的紧急通知》，成立县防治非典型肺炎（简称“非典”）指挥部和工作机构，建立防治工作综合监测控制体系。全县未发生疫情。

5月 单县防治“非典”医院建成并投入使用。

7—11月 菏泽市文物事业管理处和单县博物馆组成联合考古发掘队，对单县城区东南部张堌堆旁大型汉墓群进行抢救性发掘清理。汉墓群面积1800平方米，清理汉墓61座，出土文物500件，其中陶器360件，铜器77件，铁器45件，玉器18件，五铢钱1000枚。发掘清理规模之大，出土文物之多，是菏泽市考古史上发掘古墓葬之最。单县汉墓群上下叠压、分布散乱，墓下有墓，墓上有墓，墓地存在跨度有二三百年，年代在西汉初年至新朝王莽时期之间。

11月1日 县政府授权县国有资产经营中心，统一经营县直机关事业单位占用的全部国有资产。

12月15日 县委决定，全县党政领导干部实行述职述廉制度，对党政领导班子成员进行廉政测评。

2004年

1月 省委、省政府实施“突破菏泽，带动西部，促进全省发展”战略决策。省委决定，中共龙口市委副书记、市长朱培吉调任中共单县县委书记。原中共单县县委书记宋绍先调任中共菏泽市委党校副书记。

2月3—4日 省委、省政府在菏泽市召开加快菏泽发展现场办公会。省发改委、龙口市、东营市、胜利油田石油管理局对口帮扶单县。

3月18日 为贯彻落实省委、省政府“突破菏泽”战略决策，县委、县政府印发《单县2004年招商引资工作考核及奖惩办法》，进一步调动全县干部群众干事创业的积极性。

同月 根据省委、省政府要求，进行干部东西交流。中共龙口市委副书记孙为富任中共单县县委副书记、副县长；省发改委处长邵伟任中共单县县委副书记；青岛市城阳区副区长王本兵任中共单县县委常委、副县长。任职期限两年。单县同时派干部到青岛市和龙口市任职。

5 月 17 日 中共中央办公厅督查组专员马继民，到单县调查研究国家有关农村政策贯彻落实情况，对单县粮食直补、税费改革、农资价格监管给予充分肯定。

6 月 县委副书记、县长赵传山调任菏泽市财政局局长，菏泽市外经贸委主任王永江调任县委副书记、代县长。

同月 王志国书法作品入展全国第八届书法篆刻作品展并获奖。

8 月 18 日 中国驻丹麦大使甄建国、外交部西欧司处长李健、龙基电力有限公司董事长蒋大龙，到单县考察秸秆发电厂项目。

9 月 23 日 县委常委（扩大）会议召开，学习贯彻中共中央十六届四中全会精神和中共山东省委书记张高丽 9 月 9 日对“突破菏泽”的重要批示，研究贯彻落实意见。

11 月 3 日 单县楹联学会被授予“全国弘扬楹联文化先进单位”称号，会长张健被授予“全国弘扬楹联文化先进个人”称号，并被推选为中国楹联学会名誉理事。

年底 县委、县政府组织实施“3451”建设工程。“三个四”工程：即老城区湖西路、纪元路、胜利路、单父路的配套工程，开发区平乐路、行政路、孟渚路、滨河路的铺筑工程，城区东沟河、莱河、嘉单河、外堤河治理工程；“五个一”工程：即大型灌区工程、城区供水工程、护城河治理工程、休闲小区建设工程、一批大树进城工程。翌年秋，基本完成。

2005 年

1月3日 单县在北京举行经济发展恳谈会，国家林业局副局长李育才等 200 多位单县籍在北京工作的老乡参加会议。

1 月 29 日 县发出通知，动员全县干部群众做好防控高致病性禽流感工作。

同月 根据中共中央决定，县委确定用一年半左右的时间，分三批开展以实践“三个代表”重要思想为主要内容的保持共产党员先进性教育。24 日，县开始第一批次保持共产党员先进性教育活动。

同月 王永江任单县人民政府县长。

年初 县委、县政府组织实施“富民强县·十百千万”工程（到 2007 年，实现销售收入过亿元的企业确保达到 10 家；销售收入过千万元的企业确保达到 100 家；上缴税金过万元的企业或民营业户确保达到 1000 家；个体工商户确保达到 1 万家）和“碧水蓝天·十百千万”工程（即城区新建 10 处健身休闲场所和对城区内几十处坑塘贯通治理，开展城区百条巷道和百条烟囱治理工作，开展评选千家文明商户活动，开展评选万户文明居民活动）。年底，“富民强县”工程取得明显成效，“碧水蓝天”工程全部完成。

2 月 16 日 全县 2004 年度奖惩兑现大会召开。根据全县岗位目标责任制、招商引资、民营经济、对外经贸工作考核结果，对有关单位和责任人分别进行表彰奖励和处罚。2004 年岗位目标责任制考核先进乡镇：第一名单城镇，第二名孙溜镇，第三名莱河镇。先进县直单位：第一名司法局，第二名纪委监察局，第三名民政局，第四名组织部，第五名宣传部。先进市属以上驻单单位：第一名地方税务局，第二名农村信用合作社联合社。县经济开发区获特殊贡献奖。

3 月 9 日 省委常委、省总工会主席阎启俊到单县调查研究保持共产党员先进性教育活动和“对口帮扶”工作。

3 月 20—26 日 单县在北京、上海、深圳等地举行投资环境暨项目推介会，共签订合同和协议 30 个，总投资 14.26 亿元。

4 月 14 日 中国饲草促进会会长、国务院原副秘书长安成信等到单县考察牧草种植加工情况。

6月1日 全县优化经济环境工作会议召开，会上宣布了县委、县政府制定的《关于对损坏经济发展软环境行为处理的暂行规定》《关于实行优化经济社会发展环境工作责任制的通知》。

同日 德国朗盛化学公司全球负责人WOLFGANGFICHTNER一行到山东省单县化工有限公司考察。

6月7日 百条巷道整治工作会议召开，动员城内100个单位自筹资金，对城内100条巷道分工包干治理，集中清理巷道内垃圾，疏通积水点、排水沟，硬化固化巷道路面，并对这些路面进行绿化美化净化，受到群众好评。

9月9日 省委常委、常务副省长林廷生到单县视察。

11月2日 县委十一届九次全委（扩大）会议召开，学习贯彻中共十六届五中全会精神，提出遵照科学发展观搞好单县“十一五”规划的要求。

11月11—12日 中国农科院原副院长许越先、中国农科院科技管理局局长叶志华博士带领中国治理荒漠化基金会专家考察团，到单县调查研究黄河故道综合开发规划。

11月16—25日 单县举办十月文化物资交流大会，与往届物交会相比，这次突出了文化方面的内容。

11月28日 城市总体规划成果评审会召开，山东省建设规划设计院、山东省建筑工程学院、菏泽市规划局等单位的教授、工程师对新编制的《单县城市总体规划》进行评审。

同月 部署开展以“群众创家业、能人创企业、干部创事业”为内容的全民创业活动。

12月14日 副省长王军民到单县视察。

同年 农业税税率由上一年的3%降为1%。较上年减轻农民负担3280万元。翌年，农业税全部取消。

同年 单县经济开发区24平方公里的发展框架基本形成，发展成为初具规模和档次的省级经济开发区，位居菏泽市前列。在全市经济实绩考核中，单县上升为第二名。

2006年

3月8日 全县新型农村合作医疗工作动员会召开，动员全县农民参加新型农村合作医疗。

4月19日 山东嘉林华服饰正式投产运营。该项目由美国SZS国际贸易有限投资公司投资兴建，主要加工生产梭织、针织、牛仔三大系列服装，产品出口韩国、美国、中东等国家和地区。美国ISM 公司总裁威廉姆·蒙帝、美国SZS国际贸易公司总裁沈嘉民等参加了该项目投产庆典仪式。

5月10—11日 省发改委、东营市、胜利石油管理局、龙口市结对帮扶单县工作调度会在单县召开。

6月 单县2006年高考取得菏泽市四个第一：本科上线人数1326人，居全市各县区之首；单县一中以高考本科上线993人的成绩，居全市22所重点高中之首；单县一中考生杨娟以636分的优异成绩获菏泽市高考文科状元；单县五中考生郭祥坤以663分的优异成绩获菏泽市高考理科状元，填补菏泽市农村中学无高考状元的历史空白。

9月 单县污水处理厂试运行，日处理污水4万吨。

11月20日 省委书记、省人大常委会主任张高丽到单县视察。

12月1日 县政府举行国能单县生物发电有限公司竣工投产庆典仪式，国家发改委能源局副局长吴贵辉，国家电网党组成员、副总经理曹志安为“国家生物质发电示范项目”揭牌。

12月13日 续修《单县志》动员大会在湖西礼堂召开。

2007年

1月27—29日 中共单县第十二次代表大会在单县剧院召开。

同月 县委书记朱培吉调任菏泽市副市长，县委副书记、县长王永江任县委书记。

同月 王忠想任单县人民政府县长。

2月1日 单县第一座地质GPS卫星测试基站建成运行。

2月3日 单县在北京召开经济发展恳谈会。国家林业局副局长李育才等近百名单县籍在京工作的干部、专家和企业家参加会议。

3月14日 日本妙香园株式会社与单县人民政府达成再捐资1000万元扩建慧光公园的意向。4月，首批资金100万元汇入单县。

4月6日 全国人大环资委主任委员毛如柏带领部分全国人大环境与资源保护委员会委员、北京军区原副政委吕志中将、山东省人大常委会副主任时立军等到单县调研再生能源利用，实地察看了国能单县生物发电有限公司。对该企业生产经营成绩予以充分肯定。

5月10日 单县被中国红十字总会确定为全国农村新型合作医疗及医疗救助试点县，为山东省唯一受总会资金支持的县。

5月21日 县委、县政府印发《关于进一步关注和改善民生构建和谐单县的实施意见》，决定采取大力发展农村经济，完善社会保障制度，搞好污染治理和环境保护等十一项措施。

5月30日 中共东营市委书记、市人大常委会主任张秋波，东营市副市长、胜利石油管理局副局长李中树等11人到单县考察对口帮扶工作。

5月下旬 通过笔试、面试、考察等程序，单县首次公开选拔10名正副科级领导干部，6月中旬结束。

5月31日—6月1日 单县党政考察团一行近百人赴临沂、胶南、青岛城阳区参观考察。并在城阳区举行了单县—城阳区经贸对接洽谈会签约仪式。

同月 投资8000万元的单（县）虞（城）公路单县段（全长29公里）开工建设。

6月23日 丹麦议会议长克里斯蒂安·麦达尔等一行15人到单县考察国能单县生物发电有限公司。

7月5日 山东省单县化工有限公司发行的中国尚舜化工股票在新加坡成功上市。实现菏泽市境外上市零的突破。

10月9日 中共山东省委书记、省人大常委会主任姜异康视察单县节约用地情况。

12月10—13日 政协单县十二届委员会第一次会议在湖西礼堂召开，选举孙培超为单县政协主席。

12月11—14日 单县第十五届人大第一次会议在单县剧院召开。

同月 单县被评为山东省投资环境十佳县市和山东省最具发展潜力十佳县市。

同月 单县获“山东省适宜人居环境奖”。

同月 撤销单城镇，设置北城街道、南城街道和园艺街道。

同月 山东四君子酒业有限公司的“四君子商标”被评为“中国驰名商标”。翌年1月14日，山东四君子酒业有限公司在北京人民大会堂举行新闻发布会。

同年 张元秀被认定为山东省省级非物质文化遗产——山东落子传承人。

同年 单县获2007年菏泽市经济工作实绩考核先进奖和赶超奖。

2008年

1月 设置单县煤炭局，承担境内煤炭开采、营运、加工等方面的管理工作。

2月28日 国家环保总局污染控制司司长樊元生带领国家淮河流域水污染防治考核组到单县检查工作。对单县在国家淮河流域水污染防治工作中取得的成绩给予充分肯定。

3月9日 菏泽市政府在单县召开大项目建设现场办公会议，市长刘士合带领市直有关部门及市各银行负责人察看了湖西铸造、阳光嘉园、开山公园、四君子工业园、中承纸业等过亿元大项目建设情况。刘士合对单县的发展给予高度评价。

4月 单县陈蛮庄煤矿地质钻探出煤样。勘探主井在934.13米处钻探到煤层，并提取煤样。勘探队工程师介绍，煤层厚度5.45米，比预先探测的煤层厚度高出3.45米，煤储量大于预测，特别适宜开采。

6月6日 单县举行首批援建四川地震灾区施工队伍赴川出征仪式，县领导出席仪式。32名首批援建施工队队员，30套活动板房、安装器材、生活必备品分装8车，一起奔赴四川援建第一线。27日，援建北川工作队高标准、高质量完成任务返回单县。

7月16—18日 国务院发展研究中心农村部副部长、研究员谢扬带领调研组到单县调研。座谈会上，谢扬听取单县基本情况的汇报，并结合国家有关政策，针对单县的8个项目提出合理化意见和建议。随后，参观考察单县经济开发区、浮龙湖、黄河故道和高韦庄镇大徐庄村等。

9月16—18日 中国煤炭科学总院北京煤化工研究分院洁净煤技术发展研究所副所长吴立新到单县调研。实地考察北部煤化工园区和张集、陈蛮庄矿区，参观单县经济开发区。

10月 县中心医院获"2008年百姓信赖的山东十大品牌医院"称号，是菏泽市唯一一家获此殊荣的医院。

11月13日 单县举行开山公园开园仪式，市、县有关领导为开山公园揭牌。

同年 百寿坊固体羊肉汤先后被评为"山东名牌产品""中国名牌产品""中华著名特产"等。

2009年

1月13日 单县被菏泽市政府授予"全市教育工作先进县"称号。副县长王效彤代表单县在表彰会上作典型发言。

1月15日 副省长王随莲到单县调研基层卫生和食品安全工作。

2月26日—3月1日 单县组织党政考察团赴茌平、高唐等10县（市）参观学习。

春 境内干旱严重，连续3个月无有效降雨，造成农业受损，部分乡镇人畜饮水困难。

8月12日 国家林业局党组副书记、副局长李育才到单县调研林业有害生物防控工作。

10月20日 在湖西广场举行"单县——山东省长寿之乡"授牌仪式。

11月28—29日 菏泽市城镇化工作现场会在单县召开。

同年 "湖西王"牌推力球轴承被山东省名牌产品推荐委员会评为山东省名牌产品。

2010年

1月 县政府机构改革，设定政府工作部门24个，县经贸局更名为县经济和信息化局，挂县商务局牌子；组建县人力资源和社会保障局，将县人事局、县劳动和社会保障局的职责，整合划入县人力资源和社会保障局；县建设局更名为县住房和城乡建设局，挂县城市管理局牌子；县交通局更名为县交通运输局；县食品药品监督管理局列入县政府工作部门；县文化局更名为县文化体育局。

3月19日 副省长王随莲到单县调研深化医药卫生体制改革和重点卫生工作。

4月2日 中共山东省委书记、省人大常委会主任姜异康到单县舜亦新能源有限公司、国能单县生物发电有限公司和山东省单县化工有限公司调研。

5月 撤销孙溜镇，设置东城街道。

6月 撤销谢集乡，设置谢集镇。

7月6日 山东单县·义乌小商品城加盟义乌中国小商品城暨单县·义乌财富广场经营管理合作签约仪式举行。市、县有关领导出席签约仪式。

同月 撤销李田楼乡，设置李田楼镇。

8月4日 13岁的单县少年王征，以548分的成绩考入河北科技大学。因他从未上过学，平时靠只有高中文化程度的父亲王亚光在家辅导，完成高中学业，在县城内引起不小的轰动。四年大学毕业后，他又以优异成绩考上北京航空航天大学硕士研究生。

8月21日 中央党校国际战略研究所所长、教授、博士生导师宫力带领“后发地区科学发展与转变发展方式路径探索”高层理论研讨会观摩团到山东湖西王集团有限公司、山东宇泰光电科技有限公司、山东舜亦新能源有限公司、国能单县生物发电有限公司考察。

9月14日 中共重庆市委常委、政法委书记刘光磊到单县湖西财富广场、展览馆、山东舜亦新能源有限公司、湖西公园调研。

10月9日 全省转方式调结构现场会观摩团到单县观摩，观摩团实地到舜亦新能源察看，听取了总体情况汇报，对企业生产建设及经营状况给予充分肯定。

10月22日 中国地方志指导小组办公室副主任邱新立、山东省史志办主任刘秋增带领全省各市史志办主任到单县展览馆、山东宇泰光电科技有限公司、湖西财富广场、浮龙湖生态旅游开发区参观考察。

10月 中共山东省委书记姜异康到单县视察。

12月 县委副书记、县长王忠想调任中共曹县县委书记，县委常委、常务副县长穆杰任县委副书记、代县长。

同月 单县人民法院被中华人民共和国最高法院评为全国优秀法院。

年底 县委、县人大、县政府、县政协、县纪委机关及所属的大部分部委办局迁入湖西大厦办公。

同年 单县被省发展和改革委员会命名为“山东省高新技术产业基地”。

同年 “尚舜”牌橡胶助剂通过中国橡胶工业协会的质量授信，成为行业内首批通过授信的产品。

同年 单县地税局办税服务厅被中华全国妇女联合会授予“全国巾帼文明岗”称号。

第一编

建置 区划

单县行政区划图
济宁市
金乡县
成武县
江苏省
司马镇
霄云镇
鱼城镇
首羡镇
赵庄镇
孙寺镇
天宫庙镇
李新庄镇
徐寨镇
谢集镇
时楼镇
张集镇
单县
北城街道
南城街道
莱河镇
园艺街道
东城街道
李田楼镇
终兴镇
郭村镇
高老家乡
曹庄乡
龙王庙镇
黄岗镇
朱集镇
浮岗镇
浮龙湖
蔡堂镇
杨楼镇
高韦庄镇
刘暗楼乡
玄庙镇
田庙乡
图例
县驻地
乡、镇、街道驻地
村庄
省界
地级市界
县界
乡、镇、街道界
河流、水库
比例尺 1：285 000
鲁SN(2010)269号
山东省地图出版社 编制

单县行政区划图

单县位于山东省西南部，鲁苏豫皖四省八县结合部，总面积1670平方公里，隶属于菏泽市。

早在6000多年前，伏羲氏就曾在单县一带采集、渔猎。公元前11世纪，周成王时建单父城邑。秦始皇统一中国后，设单父县。汉代单县曾三次被封为侯国，并于东部析置平乐县。唐末于单父置辉州，后改为单州。明朝降单州为单县。1940年3月以后，境内先后建立单县、金曹县、单虞县抗日县政府。中华人民共和国成立初期，单县划为12个区。1953年8月，改设为13个区、1个镇、221个乡。同年秋，第六区划归砀山县。1956年3月撤销复程县，划归单县2个区，单县设14个区、1个镇、107个乡。1958年4月撤区并乡，全县设29个乡、1个镇。9月，改设13处人民公社。1979年改设为27处人民公社。1984年2月改设为7个区共8个镇、30个乡。1985年7月，撤销单溜乡。1993年7月，撤销区建制。2001年2月，全县设20个乡镇。至2010年，全县有16个镇、2个乡和4个街道，502个行政村，6个社区。

第一章　建　置

第一节　位置 境域

单县位于山东省西南部，菏泽市最东南，苏鲁豫皖四省结合部。介于北纬34°34′—34°56′，东经115°48′—116°24′之间。东邻江苏省丰县，东南接安徽省砀山县，南隔黄河故道与河南省商丘市虞城县、梁园区相望，西、西北与曹县、成武县相连，东北与济宁市金乡县接壤。东西56.6公里，南北43.8公里，总面积1670平方公里，约占山东省总面积的1%。县政府驻地单县城，县城位于县境偏西北部，距首都北京580公里，距省会济南240公里，距菏泽市区80公里。

第二节　建置沿革

单县古称单父，是原始社会后期帝舜之师单卷及其部落所居之地，故名单父。

西周周成王封少子臻于此，为单子国。

春秋时期，单父先属宋国，后属鲁国，为鲁国的单父邑。春秋末，孔子的弟子宓子贱、巫马施相继为单父宰，“鸣琴”“戴月”而治传为历史佳话。

战国时期，单父先后属宋国和齐国。

秦，单父邑改为单父县，属砀郡。此为单县建县之始。

西汉，境内有单父县及平乐县（故址在今终兴镇平城庵一带），先后属梁国、山阳国、山阴郡、昌邑国、山阳郡。宣帝年间，便乐成封为爰氏肃侯，其封地单父为侯国。

王莽新朝改单父县为利父县。

东汉，改利父县为单父县，单父先属山阳郡，后属济阴郡。建武十三年（37年），中山王刘茂封为单父侯，单父再为侯国。永元九年（97年），外戚梁翟为单父侯，单父第三次为侯国。

三国，单父县属魏国兖州济阴郡。

西晋，单父县仍属济阴郡。今单县北部则属山阳郡昌邑县。

东晋“永嘉之乱”后，渐次形成东晋与十六

国对立局面。匈奴、鲜卑、羯、氐、羌等少数民族，先后建立国家，单父先后属后赵、冉魏、前燕、前秦、后燕等国。其间，人民不堪少数民族贵族的残暴统治，纷纷南逃，为安置流亡，东晋王朝乃于江淮间侨置单父县，属侨置的南兖州济阴郡。单父县故地侨置离狐县，属北济阴郡。

隋开皇六年（586），恢复单父县，单父县先后属济阴郡、戴州。

唐，单父先后属宋州、戴州、辉州、单州，其中辉州、单州治所均在单父城。

宋，北宋建隆元年（960），升单州为团练州，辖单父、砀山、鱼台、成武四县，属京东路。熙宁二年（1069年），属京西路。宋名将高琼、李刚、韩世忠都曾任过单州防御使或团练使。

金南宋，建炎元年（1127），单州为金将迪虎攻陷，金降单州为散州，属南京路。金贞祐四年（1216），升单州为防御州，防御使治所设在单父城。

元南宋，端平元年（1234），蒙古灭金，单州、单父县先后属济州、东平府、济宁府、济宁路。

明，洪武元年（1368），裁单父县，其地属单州。次年7月，降单州为单县，单县由此定名，至今未变，属山东省济宁府。洪武十八年（1385），改属兖州府。

清，单县先后属兖州府、曹州府。道光二年（1822），单县设置参将署，驻兵一营，分防单县、曹县、成武一带。

民国，先后属曹州府、岱南道、济宁道、曹濮道。1928年，废道制，单县直属于省。1934年，为乡村建设实验县之一。1935年，属济宁行政督察专员公署。1936年，属国民党山东省第二行政督察区。

抗日战争时期，1938年，国民党山东省第十一专署设在单县城，辖单县、曹县、成武、金乡、鱼台等县。7月2日，日本侵略军占领单县城，7月30日撤出。1939年2月28日，单县第二次沦陷，日本侵略军建立伪政权，属伪鲁西道，后改属曹州道。国民党第十一专署和单县政府退居于单县西南和南部边缘地区。中共在单县东南部建立抗日根据地和抗日民主政权，单县形成共产党、国民党和日伪三方对峙的局面。1940年3月，单县抗日县政府建立。之后，中共在单县东北部先后建立曹芳办事处、金曹县；在西南部先后建立西南办事处、临河县、单虞县。1945年7月5日，单城解放，日伪政权垮台。

解放战争时期，国民党与共产党在单县展开争夺战、拉锯战。1948年10月，单县全境解放，国民党地方政权覆灭。其间，单县分属单县、单虞、砀山、复程四县，隶属中共冀鲁豫三专区，专署驻单县。

中华人民共和国成立前后，1949年8月，平原省建立，三专区改为湖西专区，专区机关驻单县城，单县属之。1952年11月，平原省撤销，湖西专区划归山东省。1953年8月，撤销湖西专区，单县归属菏泽专区。1958年10月，撤销菏泽专区，单县归属济宁专区。1959年，恢复菏泽专区，单县属菏泽专区。1967年，菏泽专区更名为菏泽地区，2000年6月，撤菏泽地区建菏泽市，单县仍属之。

第二章　区　划

第一节　行政区划

1986年，全县区划为7个区，共8个镇、29个乡。即：

单城镇（区级）。

城郊区：辖李半庄乡、孙溜乡、陈蛮庄乡、十里铺乡、谢集乡、丁楼乡共6个乡。

终兴区：辖终兴镇、李田楼乡、时楼乡、黄堆乡、张集乡、马楼乡、王小庄乡共1个镇6个乡。

蔡堂区：辖蔡堂镇、龙王庙乡、朱集乡、杨楼乡、孔集乡共1个镇4个乡。

黄岗区：辖黄岗镇、罗庄乡、花园乡、毛庄乡、浮岗乡、孟寨乡共1个镇5个乡。

高韦庄区：辖高韦庄镇、李新集乡、聂傅庄乡、曹叵集乡共1个镇3个乡。

郭村区：辖郭村镇、曹庄乡、高老家乡、大李海乡共1个镇3个乡。

徐寨区：辖徐寨镇、曹马镇、芦墓乡、李新庄乡共2个镇2个乡。

1993年7月，撤销城郊区、终兴区、蔡堂区、黄岗区、高韦庄区、郭村区、徐寨区7个区建制。1994年10月，撤销孙溜乡，设立孙溜镇；撤销朱集乡，设立朱集镇。1997年4月，撤销浮岗乡，设立浮岗镇；撤销李新庄乡，设立李新庄镇。1998年12月，撤销李半庄乡，设立莱河镇。1999年12月，撤销杨楼乡，设立杨楼镇。

2001年2月，经省政府批准，撤销17个乡镇，并入14个乡镇，全县乡镇由原来的37个合并为20个，同时，时楼乡改为时楼镇。撤并的乡镇分别是：撤销丁楼乡，并入莱河镇；撤销十里铺乡，并入谢集乡；撤销马楼乡、王小庄乡，并入终兴镇；撤销花园乡、毛庄乡，并入黄岗镇；撤销大李海乡，并入郭村镇；撤销曹叵集乡，并入高老家乡；撤销李新集乡、聂傅庄乡，并入浮岗镇；撤销孔集乡，并入蔡堂镇；撤销孟寨乡，并入杨楼镇；撤销罗庄乡，并入龙王庙乡；撤销芦墓乡，并入徐寨镇；撤销黄堆乡，并入张集乡；撤销曹马镇，并入时楼镇；撤销陈蛮庄乡，并入李田楼乡。合并后的20个乡镇分别是单城镇、黄岗镇、杨楼镇、蔡堂镇、朱集镇、终兴镇、时楼镇、孙溜镇、徐寨镇、李新庄镇、莱河镇、郭村镇、高韦庄镇、浮岗镇、谢集乡、龙王庙乡、张集乡、李田楼乡、高老家乡、曹庄乡。

2001年10月，撤销张集乡，设立张集镇。2002年5月，撤销龙王庙乡，设立龙王庙镇。

2007年12月，撤销单城镇，以原单城镇的行政区域和谢集乡、孙溜镇的部分行政区域设立北城街道、南城街道和园艺街道。将原单城镇的北关、西关两个社区和北郊、单溜、孙草庙、四里埠、三官庙、吴溜、赵土楼、广圣殿东堤、西关、北关11个行政村，共48个自然村，划归北城街道管辖，街道党政机关设在原单城镇人民政府驻地；将原单城镇的东郊、南旧关、刘海、七里庄、魏溜、单楼、郭黄庄、权楼、鹿湾、郭庄、董庄、马溜、西郊13个行政村，共48个自然村，划归南城街道管辖，街道办事处机关设在南外环路南侧；将原单城镇的单庄、张知楼、黄楼3个行政村，13个自然村，谢集乡的南王庄、武圣庙2个行政村，18个自然村和孙溜镇的樊楼、五里井2个行政村，11个自然村及国营园艺场划归园艺街道管辖，街道党政机关驻东城新区。

2010年5月，撤销孙溜镇，设立东城街道；撤销李田楼乡，设立李田楼镇；撤销谢集乡，设立谢集镇。至年底，全县设16个建制镇、2个乡和4个街道，即：谢集镇、郭村镇、莱河镇、高韦庄镇、浮岗镇、黄岗镇、杨楼镇、蔡堂镇、龙王庙镇、朱集镇、终兴镇、张集镇、时楼镇、李田楼镇、徐寨镇、李新庄镇、高老家乡、曹庄乡、北城街道、南城街道、园艺街道和东城街道。辖502个行政村、6个社区，总人口122.45万人，总面积1670平方公里。

第二节　县　城

县城位于境内偏西北部，北纬34° 47′，东经116° 05′。西距曹县城48公里，南距虞城县城60公里，东南距砀山县城55公里，东距丰县城52公里，东北距金乡县城35公里，西北距成武县城25公里，距菏泽市区80公里，是单县政治、经济、文化中心。老城在历史上曾为县治、济阴郡治、单州治所在地。今城，明嘉靖以后，一直为县治，1948年10月，单县解放后一度为湖西地委、专署、军分区驻地。

明嘉靖二年（1523），黄河决口，单县旧城淹没，嘉靖五年（1526）迁建于现址，位于今县城中偏西部位、老护城堤内。城略成方形，东、西、南、北均一里四十六步，四周砌城墙，有拱形城门四座，城墙外有护城河，四门外跨河建有桥梁。距城一里一十一步，有护城堤环绕。明清两代，单县城垣曾多次整修。护城堤内面积2.25平方公里，其中县城面积0.42平方公里。城墙根内为马道，城中街巷纵横，略呈棋盘状，四关中间各有街道通过，两边大小街、巷，略呈“非”字形分布。中华人民共和国成立前，县城计有大小自然街41条、小巷7条、隅首11个、“丁”字路口17个。

中华人民共和国成立后，特别是中共十一届三中全会以后，市区日益扩大，堤内低洼空地，已大部填平，铺设马路，建设街道，成为机关工厂驻地和居民区。至1986年，单县城已由原来的老城向外扩展到老护城堤以外，南到纱厂，西到纪元路（现白云路），北到北环路（现北园路），东到东沟河以西，城区面积约10平方公里，人口3.5万人。主要街道纵向有：南关街、文化路、湖西路、纪元路（后改为白云路）、北关街；横向有：胜利街、西关街、东关街、向阳路、健康路。街道均较窄，城区房屋多平房，楼房较少。大的建筑物有：大众影院、百货公司大楼、湖西宾馆、西关汽车站、新剧院、图书馆、烈士陵园、中心医院、单县第一中学、单县师范、麻纺厂、纱厂等。中共单县县委设在老城内西南角原朱家大院，单县人民政府设在胜利街中段路北。

湖西宾馆

1986—1995年，随着改革开放的不断深入，县城建设速度逐渐加快。拓宽修建文化路，道路宽度由原来的7.5米扩建到24米，红线控制宽度30米，一板块改为三板块；重修东关街（刘隅首—东护城河）；拓宽、修建湖西路中段（向阳路—单父路），新修城区段；拓宽、改造南关街（武装部—南护城河）；拆迁、新修单父路（砀定路—白云路）；开通湖西北路（党校—105国道）；修建东关街（东护城河—老外环即君子路）。先后扩建烈士陵园，兴建翔麟影院，建成电视转播台，开始开发西关大街，县城范围略有扩大。

1996—2004年，先后修建东、西、南、北四条外环路，红线控制宽度60米，柏油路面宽15米；拓宽改建西关大街，街面拓宽到28米，柏油路面拓宽到18米，街两边房屋一律建起三至四层的楼房；贯通湖西南路和湖西北路；拓宽、改造白云路；新修单父路；再次开发、重修东关街。开发建设居民小区，实施城区绿化、亮化和美化工程。至2004年，城区面积扩大到27平方公里，人口约13.5万人。

路灯

2005年起，实施第三轮城市规划。经济开发区新建高标准道路10余条，形成五纵六横的道路网。对老城区进行改造、完善、配套基础设施。其中对单父路、胜利路、湖西路、白云路、健康路、向阳路、文化路等道路进行硬化、绿化、亮化。新建北园路，对湖西路中段、胜利路中段和舜师路西段进行翻新铺油，新建单州路和向阳路东段。至2009年，先后建成北关休闲广场公园、开山公园、环堤公园、湖西公园。此外，还先后建设湖西人民广场、湖西财富广场等6个广场，建设东沟河绿色长廊，建设舜师步行街、巴黎步

舜师名园一角

行街、府前步行街、义乌小商品城等商业区，建设舜师名园、舜和雅苑、锦绣花园、上海花园、淮海现代城等10多个居民小区。至2010年年底，城区面积达到43平方公里，人口21.3万人，绿化覆盖率达到35.6%。

2007年，单县被评为山东省投资环境十佳县，并获得山东省适宜人居环境奖。2010年12月，开始创建省级园林城市。同年底，县委、县人大、县政府、县政协、县纪委等党政群机关由老城区迁进新城区湖西大厦。

环堤公园仙人湖

第二编

自然环境

浮龙湖生态湿地

单县地处中纬度地区，属暖温带半湿润季风区大陆性气候。境内地势平坦，土地肥沃，气候适宜，雨量适中，光照充足，适合多种农作物生长。个别季节发生的暴雨、冰雹、龙卷风等恶劣天气，会给农业生产造成一定的损失。单县水、土、矿产资源较为丰富。水资源总量3.4亿立方米，人均占有量277.7立方米；土地总面积16.7万公顷；矿产资源主要有煤炭、矿泉水、铁矿、地热、煤层气、石膏等。其中，已探明地下煤炭总储量约38.6亿吨，铁矿1亿吨，矿泉水资源167平方公里。

第一章　地质 地貌

第一节　地　质

单县大地构造属华北台坳的一部分——单县凸起。上部为第四系地层所覆盖，其厚度一般在500米以上，基岩没有出露。境内各地层，自第三系以下，为横向和纵向的断层所断裂，一些地区的地层中，矿产资源丰富。

地层　据物理探测和局部钻探资料，已知地层有太古界、寒武系、奥陶系、石炭系、二迭系、侏罗系、第三系和第四系。

太古界，为最古老的地层，仅在孙溜以南的县境中部呈东西向分布，岩性主要为混合花岗石。

寒武系—奥陶系，分布在高老家一带，岩性主要为碳酸盐岩和部分砂岩、页岩。另外，在县东北部的时楼、张集一带，分布有奥陶系，以白云岩和石灰岩为主要岩性。

石炭系，单县只发育中、上统，为海陆交互相含煤沉积。它是一套深灰色、灰黑色粉砂岩，杂色黏土页岩，薄层灰岩的含煤地层，主要分布在县城以西和西南，面积很小。

二迭系，为陆相含煤地层，主要分布在县城东李田楼、张集一带及县城西南和黄岗集西南的边境地区。岩性，灰色、灰白色砂岩，深灰色粉砂岩夹杂色页岩组成，下部夹有煤层。

侏罗系，单县缺中、下统，只有侏罗系上统蒙阴组。岩性变化较大，以紫红色的细砂岩、砂岩、砾岩为主，厚度300米～500米。

第三系，下第三系发育不好。主要分布在朱集、蔡堂、杨楼、龙王庙、张集、徐寨等镇。岩性以杂色黏土岩、粉砂岩夹泥灰岩、砾岩为主，下部普遍含有厚度不等的石膏层。上第三系与第四系界限不易区分。岩性为棕黄色和棕红色黏土层、泥灰岩、粉细砂岩，下部有薄煤层，底部有砂砾岩。第三系加第四系的厚度达1000米～1500米。

第四系，下部多为冲积、洪积层及河湖相堆积。由于黄河的搬运和分选作用，形成今日的黄泛平原。在现代河流两岸则多为浅黄、灰黄色黏质砂土，砂质黏土及细粉砂层，含小砾石，夹中细砂及中粗砂的冲积层。第四系厚度达500米以上。

构造　在大地构造上，单县地层均以单科层或水平层存在，褶皱很少见。二迭纪后期，第三纪后期，地壳沉降，由于沉降的不均匀，造成地层断裂，在境内形成东西向及北东向两组断层。东西向断层，有三条：由北向南依次为，单县—时楼断层；孙溜—终兴断层；高老家—蔡堂断层。东北向断层，主要有两条：东部断层在孙溜与时楼之间通过，走向约为北东30°；西部断层通过县城附近，走向为北东40°～50°，另外，在西南部还有一条北东30°的断层；从钻探及物探资料分析，东西向断层形成在前，东北向断层形成在后，因为它断开全部东西向断层。

基岩 由于巨厚的第四系覆盖，除东部个别地点外，基岩均在500米以下。

单县第三系、第四系沉积层深厚，有丰富的生油物质，第三系岩层为黏土岩、粉砂岩夹石灰岩、砾岩，既有良好的空隙度和渗透性，又有渗透性差、油气不易外逸的坚硬顶盖和底板，便于油气在储油层中运动、聚集。在地质构造上，虽无背斜构造，但有纵横断层，有良好的储油构造。

第二节 地貌

地貌特征 境内地势西南高东北低，最高点在高韦庄镇二郎庙，海拔59.4米；最低点在张集镇田老家，海拔38.7米，高差20.7米。除临黄河故道北堤沿线的高滩区与滩下区有7米～8米的落差外，其余均坡降平缓，地势平坦，地面比降在1/8000～1/10000之间。

地貌类型及分布 县境南临黄河故道，历史上因受黄河决口泛滥的影响，形成河、滩、岗、坡、洼相间的6种微地貌类型。

河槽地 分布在县境南部边缘的黄河故道河底，随古黄河的自然流势呈弯曲的带状，地势较高滩区低洼，大涝年份，往往形成断断续续、长短不一的沼泽，总面积0.25万公顷，占全县土地总面积的1.5%。

河滩高地 分布在黄河故道北大堤以南，为黄河漫滩沉积而成，地势较高，海拔高程在53.7米～59.4米之间。表层土壤由南向北依次为松砂、紧砂、砂壤、中壤、重壤。总面积1.4万公顷，占全县土地总面积的8.5%。因地势较高，地下水位较深，常因干旱导致群众吃水困难。

背河槽状洼地 位于黄河故道北大堤和遥堤之间，东西呈带状分布，地势低洼，与河滩高地相对高差5米～8米，表层土壤呈岗砂、洼淤、二坡碱的分布规律，总面积0.48万公顷，占全县土地总面积的2.9%。

决口扇形地 为黄河决口所形成的冲积扇，海拔高程45米左右，土质以沙土为主。该地形自西南向东北沿东沟河及其支流呈扇状向两侧延伸，包括今高老家、浮岗、曹庄、黄岗、莱河、南城、东城、园艺、李田楼、谢集等乡镇、街道的部分地区。总面积1.7万公顷，占全县总面积的10.6%。

缓平坡地 分布于决口扇形地两侧，为黄河决口泛滥沉积而成，地势缓平，土质较好，宜于种植粮、棉、瓜、菜等作物，面积12.24万公顷，占全县总面积的74.3%。

浅平洼地 为黄河决口时河水冲刷漫流所形成的积水坑或滞洪地带，由于静水沉积作用，表层土质多重壤土或黏土，分布在浅平坡地的低洼处。如李新庄镇西北部的北大洼，谢集镇西部和西北部地区。面积0.36万公顷，占全县总面积的2.2%。

第二章　气候 物候

第一节　气候特征

单县地处北温带，属季风区域大陆性气候，光照充足，热量丰富，雨量适中，四季分明。

春季，日照时间增多，白天渐长，夜间渐短，太阳辐射增强，气温回升快，风多雨少，蒸发快，湿度小，常造成春旱。由于寒潮侵袭，气候温差为常年最大，常出现冰霜和春寒。夏季，温度高，气压低，湿度大，降雨多而集中，多出现短时间过湿和内涝，也间有伏旱、冰雹和龙卷风。秋季，降温较快，雨量大减，形成秋高气爽的特点。降水减少，常出现秋旱（有些年份也出现秋雨连绵、过湿和秋涝）。冬季，受寒潮影响，天气干冷，雨雪稀少，偶有些年份雪较大。

第二节　气象要素

日照　1986—2010 年，年平均日照时数为 2108.9 小时，最多为 2303.0 小时（1986 年），最少为 1874.0 小时（2003 年）。年平均日照百分率为 48%。最大值为 52%（1986 年、1995 年），最小值 42%（2003 年）。历年中，月平均日照百分率最大值为 53%，出现于 4 月，最小值为 41%，出现于 7 月。月日照百分率最大值为 68%，出现在 1987 年 9 月，最小值为 20%，出现在 2008 年 7 月。

气温　平均气温　1986—2010 年，全县累年平均气温为 14.5℃，年平均最高气温为 19.6℃，年平均最低气温为 9.5℃。年较差 27.2℃，年际间热量差异明显，四季分明，冷热交替。

日较差　全年气温平均日较差为 10.1℃，最大值为 11.8℃，出现在 5 月；最小值 8.4℃，出现在 7 月。春、秋季日较差较大，为 11.1℃～11.9℃，冬、夏日较差较小，为 8.4℃～10.6℃。

极端温度　1986—2010 年，全县气温极端值最高为 40.5℃，出现于 2005 年 6 月 23 日，极端值最低为 -15.3℃，出现于 1990 年 1 月 31 日，与 1957 年以后所出现的气温极端值相比（1966 年 7 月 19 日极大值为 43.7℃，1957 年 1 月 15 日极小值 -18.1℃），均未突破。全年 7 月份温度最高，月平均温度为 27.2℃。1 月份温度最低，平均温度为 1.9℃。

1986—2010 年单县各月平均气温统计表

表 2-2-1　　单位：℃

项目＼月	1月	2月	3月	4月	5月	6月	7月	8月	9月	10月	11月	12月	年均
平均气温	1.9	3.3	8.4	15.5	20.6	25.4	27.2	25.7	21.3	14.9	8.0	2.3	14.5
平均最高	4.7	7.7	13.5	21.1	26.5	31.1	31.5	30.5	26.7	21.3	13.6	7.1	19.6

续表 2-2-1

单位：℃

月 项目	1月	2月	3月	4月	5月	6月	7月	8月	9月	10月	11月	12月	年均
平均最低	-4.1	-1.8	3.0	9.5	14.7	19.9	23.1	22.0	16.4	10.1	3.2	-2.3	9.5
日较差	8.8	9.5	10.5	11.6	11.8	11.2	8.4	8.5	10.3	11.2	10.4	9.4	10.1

1986—2010 年单县各月极端温度统计表

表 2-2-2

单位：℃

月		1月	2月	3月	4月	5月	6月	7月	8月	9月	10月	11月	12月
极端最高	气温	16.9	25.4	28.8	33.2	36.2	40.5	39.6	37.0	34.9	35.3	26.4	21
	日	11	13	30	30	21	23	7	7	2T（天）	1	2	3
	年	2002	1996	2003	1994	2000	2005	1988	1981	2N（年）	1998	1991	1989
极端最低	气温	-15.3	-12.4	-7.4	-1.6	4.2	11.8	17.3	12.1	5.9	-2	-11.4	-14.3
	日	31	1	7	1	3	8	24	30	26	29	21	2T（次）
	年	1990	1990	1988	1991	1987	1987	1993	2003	1987	1986	1993	1991

地温 年平均地面温度 16.0℃，7 月最高 30.6℃，1 月最低 -0.4℃。地面极端最高 69.0℃（2002 年 7 月 14 日），极端最低 -22.8℃（1991 年 12 月 27 日），平均最高为 31.1℃，平均最低为 7.4℃。5 厘米地温（冬季无观测）累年平均为 21.2℃。

降水 1986—2010 年，全县年平均降雨量为 694.5 毫米，最大降水为 1135.9 毫米，出现在 2003 年，最少为 356.7 毫米，出现在 1988 年。均突破 1958 年出现的最大值 1089 毫米和 1966 年 445.3 毫米的最小值。年较差 779 毫米。各季各月降水量分布不均，降水变率大。夏季最多，平均为 408.1 毫米，降水量占全年 58.76%，夏季又以 7 月降水量最多，为 182 毫米，占夏季平均降水量的 44.6%，占全年年降水量的 26.21%；秋季次之，为 122.2 毫米，占年降水量的 17.6%；冬季最少，为 43.5 毫米，占年降水量的 6.26%；春季为 120.6 毫米，占全年降水量 17.37%。冬、春季降水实际变幅最大，整个冬、春季无雨情况也并不鲜见。一日降水量最大为 125.5 毫米（2003 年 6 月 22 日）。

境内雨季的年际变化较大。雨季平均开始日期为 5 月 24 日，平均结束日期为 8 月 13 日，雨季持续时间平均 48.6 天，雨季降水量平均 368.2 毫米。雨量不均还表现在暴雨出现的状况，平均每年暴雨 2.6 天，最多 7 天（2003 年），个别年份无暴雨。由于雨季降水集中、暴雨较多、强度较大，雨水大部分作为地面径流流失，易造成涝灾。个别年份雨季开始较晚，雨量较少，出现严重夏旱。

1986—2010年单县降雨量统计表

表 2-2-3　　单位：毫米

年份＼月份	1月	2月	3月	4月	5月	6月	7月	8月	9月	10月	11月	12月	全年
1986	0.6	1.1	21.1	9	28.1	70.4	134.2	121.7	46.6	37.1	2.4	10.6	482.9
1987	15.1	42.4	37.4	31.7	11.9	104.3	105.9	202.1	79.6	66.9	34.3	0	731.6
1988	3.3	1.2	30.8	12.8	64.8	3.3	148.4	20.2	24.8	31.8	0	15.3	356.7
1989	60.4	25.7	33.1	19.4	48.1	75.5	162.4	33.8	67.6	1.2	15.5	14.5	557.2
1990	29	47.4	68.6	31.7	112.9	125.7	216.2	133.3	16	2.2	36.4	4.4	823.8
1991	19.9	11.9	79.5	23.4	88	118.3	141.3	43.3	77.1	1	11	23.2	637.9
1992	8.2	34.1	43.7	23.6	56.1	16.5	190	87.3	67.6	29.1	8.2	19.7	584.1
1993	21	18.8	9.4	42.9	25.3	45.2	187	206.1	34.8	29	78.4	0	697.9
1994	0.3	15.8	8.1	74.4	23	145	123.7	208.8	18.9	45	27.1	30.7	720.8
1995	0	0.6	21.5	29.1	22	60.9	320.8	349.8	40.4	74	0	0.5	919.6
1996	2.7	23.6	25.7	42.4	31.4	62.5	161.3	76.6	91.8	74.1	42.9	0.5	635.5
1997	5.9	15.3	38.6	37.3	75.1	12	63.4	113.3	47.2	28.2	55.2	8.6	500.1
1998	13.4	39.6	93.5	20.5	131.2	39.3	167.2	190.6	0.9	18.3	0.4	7.2	722.1
1999	1	3.8	36.6	36.9	100.1	74.4	74.5	55.2	134.7	62.8	8.5	0.2	588.7
2000	37.8	6.9	0.6	8.6	41	144.6	156.9	120.2	88.2	58.6	49	10.3	722.7
2001	51.2	30.9	0	9.1	1.0	61.7	224.0	104.5	14.1	13.1	0	35.1	544.7
2002	7.1	0	13.6	34.1	107.5	101.9	76.3	39.5	33	18.6	5	38.6	475.2
2003	7.8	17.2	33.6	102.1	68.6	143.9	270.2	182.9	107.2	103.6	80.4	18.4	1135.9
2004	3.8	24.5	8.7	12.6	62.3	98.4	298.4	305.1	84.8	9.9	28.3	16.4	953.2
2005	0	16.9	19.5	30.8	60.1	137.7	200.9	217.3	297.6	37.8	27.7	3.7	1050
2006	8.7	13.2	0	31.9	43.5	91.1	252.1	164.4	34.4	0.8	57.3	18.4	715.8
2007	0	25	71.5	10.1	25.2	154.2	178.2	169.3	10.8	27.4	6.1	12.5	690.3
2008	20.2	6.5	1.1	77	84.2	100.2	232.9	167.5	60.7	22.5	3.5	2.3	778.6
2009	0	25.9	13.6	43	84	71.2	241	143.8	49.1	13	23.7	4.2	712.5
2010	0.5	24.1	17.6	53.9	45	13.6	222.9	122.5	120.1	0.1	2.1	1.6	624

1986—2010 年单县累年各季、月平均降水量统计表

表 2-2-4　　　　　　　　　　　　　　　　　　　　　　　　单位：毫米

项目＼月份	春			夏			秋			冬			年
	3	4	5	6	7	8	9	10	11	12	1	2	
月平均降水	29.1	33.9	57.6	82.9	182	143.2	65.9	32.2	24.1	11.9	12.7	18.9	694.5
季平均降水	120.6			408.1			122.2			43.5			
月最多降水	93.5	102.1	131.2	145.0	320.8	349.8	297.6	103.6	80.4	38.6	60.4	47.4	1135.9
年　份	1998	2003	1998	1994	1995	1995	2005	2003	2003	2002	1989	1990	2003
月最少降水	0	8.6	1	3.3	63.4	20.2	0.9	0.1	0	0	0	0	356.9
年　份	2 年	2000	2001	1988	1997	1988	1998	2010	3 年	2 年	4 年	2002	1988

风　全年最多风向为南风，多发生在春、夏季，频率为 10%；其次为北风，多发生在秋、冬季，频率为 8%。平均风速 2.1 米 / 秒。最大风速 16.0 米 / 秒（风向东南，出现在 1986 年 1 月 1 日）。

湿度　全年各月平均相对湿度为 72%，夏季湿度较大，在 80% 左右，秋季次之，在 70% 左右，冬、春季最小，为 65% 左右。年平均相对湿度最大值为 77%（1989 年、1990 年），最小值为 65%（2010 年），全年湿度的季节变化及年度差异与其降水量差异相关。1986—2010 年，最小相对湿度为 6%，出现日期分别为 1988 年 2 月 17 日和 1996 年 1 月 8 日。

蒸发　1986—2010 年，年平均蒸发量为 1373.5 毫米，年最大蒸发量为 1665.9 毫米（1988 年），年最小蒸发量为 1156.1 毫米（2003 年）。一年中蒸发量最大的时节在春季和初夏，6 月份最大，月平均蒸发量 207.5 毫米，最大值 290.2 毫米，冬季蒸发量锐减，1 月份年平均蒸发量为 35.7 毫米，历年最小值 19.9 毫米。

雾　1986—2010 年，年平均雾日数 15.5 天，最多的一年有 25 天，出现在 1989 年。一年中，大雾主要发生在冬季，12 月和 1 月平均雾日数为 4 天、3 天，最多年份月达 11 天（1992 年 1 月、1997 年 12 月）。

霜　最早初霜日 10 月 17 日（1989 年），最晚初霜日 11 月 1 日（1999 年）；最早终霜日 3 月 7 日（1999 年），最晚终霜日 4 月 26 日（1991 年）。年平均无霜期 207 天，最长 226 天（1999 年 3 月 8 日—10 月 31 日），最短 175 天（1991 年 4 月 27 日—10 月 18 日）。最多霜日 100 天，最少霜日 45 天。

雪　最早初雪日 10 月 16 日（1986 年），最晚初雪日 12 月 27 日（1992 年）；最早终雪日 1 月 23 日（1997 年），最晚终雪日 4 月 9 日（1994 年）。最大积雪深度 22 厘米，出现在 1996 年 2 月 17 日。

冻土　最大冻土深度 42 厘米，出现在 2003 年 1 月 9 日。

1986—2010年单县气候状况统计表

表 2-2-5

年份	年日照时数	年日照百分率	年平均温度（℃）	年平均地面温度（℃）	年降水量（毫米）	年平均相对湿度（%）	年蒸发量（毫米）	年雾日数（天）
1986	2303.0	52	13.6	15.7	482.9	72	1545.6	22
1987	2208.8	50	14.1	15.9	731.6	76	1509.2	20
1988	2206.8	50	14.0	16.4	356.7	69	1665.9	12
1989	1975.1	45	14.0	16.0	557.2	77	1365.5	25
1990	2015.8	45	14.3	15.9	823.8	77	1324.3	20
1991	2041.4	46	13.7	15.4	637.9	76	1262.9	19
1992	2256.8	51	13.9	15.9	584.1	73	1391.1	19
1993	1988.4	45	14.0	15.9	698.4	73	1304.3	18
1994	1968.3	44	15.0	17.1	720.8	73	1362.3	19
1995	2284.1	52	14.4	15.7	919.6	69	1548.1	7
1996	1945.4	44	14.0	15.3	635.5	70	1335.1	16
1997	2180.6	49	14.6	16.7	500.1	71	1521.9	23
1998	1942.7	44	15.1	16.1	722.1	76	1382.2	14
1999	2233.5	50	15.0	16.3	588.7	70	1498.2	14
2000	2234.3	50	14.7	16.2	722.7	73	1478.5	18
2001	2259.0	51	14.6	16.5	544.7	70	1517.0	18
2002	2277.2	51	15.3	17.1	475.2	69	1475.3	17
2003	1874.0	42	14.1	15.2	1135.9	75	1156.1	16
2004	2272.1	51	15.0	16.2	953.2	73	1337.9	10
2005	2160.1	49	14.4	15.2	1050	71	1228.8	7
2006	1902.6	43	15.5	16.6	715.8	73	1240.2	16
2007	1948.2	44	15.3	16.1	690.3	73	1132.0	16
2008	2092.3	47	14.7	15.5	778.6	69	1147.1	8
2009	2002.9	45	14.8	16.3	712.5	68	1266.6	12
2010	2147.5	48	14.8	16.1	624	65	1340.6	2

第三节　物候

春季　柳树最早发芽变绿；大雁经县境上空由南往北飞；家燕清明前后始见，筑巢在房檩上；蛇和昆虫惊蛰出蛰；清明前后，冬小麦开始拔节；杏树清明前后首先开花，梨树、桃树接着开花；枣树谷雨前后发芽；谷雨前后止霜；荷叶谷雨后出水。谷雨开始蛙鸣。相关农谚有：九九杨花开，十九燕子来。枣树发芽种棉花，谷雨前后把种下。杨叶拍呱嗒，满地瞎哈啦。蛤蟆打哇哇，四十天喝疙瘩。三月清明榆不老，二月清明老了榆。桃花开，杏花败，李子开花杏下来。谷雨前后，种瓜点豆。

夏季　立夏前后，布谷鸟鸣。小满前后，冬小麦开始成熟变黄，楝树开花，桑椹成熟变黑，有“小满椹子黑，楝子开花吃燎麦”的农谚。6月5日前后，芒种节气，冬小麦开始成熟收获。有农谚：芒种忙，乱打场。布谷叫，麦收到。夏至，蝉猴出洞，始有蝉鸣。伏天，天气炎热，蝉鸣不止。

秋季　立秋后，杂草普遍结籽，梧桐树开始落叶。有“立秋十八天寸草结籽”和“梧桐一叶落，天下尽知秋”之说。枣、梨、柿子果实相继成熟，有“七月枣，八月梨，九月的柿子红了皮”和“七月十五枣红圈，八月十五晒半干”的农谚。晚秋阴历九月，菊花开放；霜降前后，开始有霜。

秋色

冬季　初冬，蛇与昆虫入蛰，进入冬眠，有“九月九，封虫口”农谚；多数树叶黄落，野草枯黄。

第三章　水　系

第一节　河流

境内属淮河流域，河道源近流短，皆为间歇性排水河道，流域面积30平方公里以上的河道有22条，总长472.57公里，其中较大的骨干河道9条，分属黄河故道、复新河、东鱼河3大水系，年平均宣泄量地面径流1.61亿立方米。20世纪80年代中期，随着引黄灌溉工程的实施

河流

和不断扩大，河流均成排灌两用河。通过对河流清淤疏浚、设施配套、封沙固堤等治理，基本上达到水流畅通、桥涵齐备、堤坝完整、两岸绿化。

黄河故道水系 境内黄河故道西起高韦庄镇二郎庙村南，向东经高韦庄、浮岗、黄岗、杨楼、蔡堂5个镇，在蔡堂镇义和村南入安徽境，横贯单县南境，形成大部分与安徽砀山县、河南商丘市、虞城县的自然分界线。全长51公里，平均宽5公里，流域面积180平方公里，主要支流有利民河、高韦河、张贺庄沟、焦庄沟。

利民河 原名曾樊庄沟，是高滩区高韦庄镇的重要排水河道。源于曹县境内西李集，经高韦庄镇北部至三坝口入浮岗小水库（堤头水库），漫过格堤东流入二堤河。浮岗水库停蓄还耕后，在新石庄东南与黄河故道疏通，将利民河调至黄河故道水系。境内全长13.7公里，流域面积90平方公里。

焦庄沟 焦庄沟在浮岗镇的焦庄东南与黄河故道相连，长度3.6公里，经焦庄、新河南至张集跌水，入浮岗堤头小水库。

复新河水系 境内复新河支流有太行堤河、小高河（亦称西支河）和姬集沟。

太行堤河 境内南部主要河道，由历史上治黄筑太行堤取土而成河得名。上起浮岗镇石小集南六干渠，流经浮岗、黄岗、龙王庙、蔡堂、朱集等镇，在朱集镇芦堤口入丰县境。全长39.98公里，流域面积467平方公里，主要支流有蒋河、二堤河、刘楼沟、小杨河、孟流河和银河。

二堤河 由故黄河二堤得名。上起浮岗水库东堤出库闸，向东流经黄岗镇、杨楼镇，在杨楼镇王集村北折转向北后称为蒋河，在蔡堂镇陈溜村西北入太行堤河。全长26.2公里，流域面积80.5平方公里。

刘楼沟 由安徽砀山县马良集西，向东北流经蔡堂镇、朱集镇，在朱集镇刘楼村入太行堤河，境内长13.4公里，流域面积62平方公里，主要支流有黑水河。

黑水河 系历史上黄河决口冲刷而成，上起杨楼镇的齐楼南，流经蔡堂镇的南部，在文庄东南入砀山县刘楼沟。1998年进行治理时将流势作了调整，上在杨楼镇的王集村北与二堤河相接，在蔡堂镇的文庄村西折而向北，于蔡堂镇薛杨楼西入刘楼沟。全长11.43公里，流域面积30平方公里。

小杨河 由蔡堂镇的安楼村西北，至朱集镇的陈庄西入太行堤河，南北走向，因流经蔡堂镇的杨瓦屋、杨庄、大杨树等村，故名小杨河。全长13.4公里，流域面积55.1平方公里。

孟流河 源于龙王庙镇刘新庄大洼，至孟楼村北流水口入太行堤河，系故黄河决口冲刷而成，全长5.6公里。通过历次治理，逐渐延伸到黄岗镇前段楼，全长12公里，流域面积98平方公里。

银河 孟流河支流，上起黄岗镇黄后楼北，下至龙王庙镇贾庄村东入孟流河，全长18公里，流域面积58平方公里。

小高河 源于蔡堂镇辛羊庙村西北，1995年上游接长与蔡河相连，西南东北流向，流经龙王庙镇、终兴镇，在终兴镇安庄东北出单境入丰县，再由终兴镇杨庄东入单境，在单丰边界丰县境内与姬集沟交汇后流入西支河，然后入复新河，境内全长20.5公里，流域面积86平方公里。

东鱼河水系 境内东鱼河由徐寨镇的徐庄村西北入境，至廉店村东北出境，全长9公里，流域面积733.3平方公里，主要支流有胜利河、东沟河、惠河等。

胜利河 原名大沙河，源于曹县阎店楼镇，经成武县，在单县谢集镇郑桥村入境，至徐寨镇刘珂楼西入东鱼河。境内全长18公里，流域面积586平方公里，支流主要有黄白河、卢埝沟、莱河、乐成河等。

乐成河 历史古河，今成武县与单县的边界河。源于成武，从李新庄镇王庙北入境，在徐寨镇芳桂集东北入胜利河。境内长9.4公里，流域面积 57 平方公里。

黄白河 起于曹县，从高老家乡西高庄西南入单境，流经高老家乡、郭村镇、谢集镇，在谢集镇北马庄西北入胜利河。境内长 27 公里，流域面积 210 平方公里，支流主要有翻身河。

翻身河 系黄河冲决而成。起于高老家乡西高庄南，流经高老家乡、郭村镇、曹庄乡、莱河镇、谢集镇，在谢集镇周楼南入黄白河，是黄白河最大的一条支流，全长 28.7 公里，流域面积 161 平方公里，支流主要有八里河。

八里河 系一古河道，因在单城西北八里而得名。康熙元年（1662 年）河决，被翻身河所截，翻身河以西即今天的八里河。该河起于高老家乡刘菜园村南翻身河，流经高老家、郭村、莱河 3 个乡镇，在郭村镇小李海南岔开两道，分别在莱河镇的李庄南和丁冯庄入翻身河，全长 12.5 公里，流域面积 31 平方公里。

卢埝沟 起于曹庄乡黄海子，流经曹庄、莱河、北城、谢集 4 个乡镇、街道，在谢集镇卢埝村东北入胜利河。全长 15 公里，流域面积 32 平方公里。

嘉单河 起自单城东北堤角，经北城街道、谢集镇，在谢集镇张楼入胜利河。全长 8.4 公里，流域面积 56.4 平方公里。支流，莱河。

莱河 嘉单河支流，曾名汉王河。源于曹庄乡黄海子，流经莱河镇、南城街道、北城街道、谢集镇，在谢集镇麻楼东入嘉单河。全长 19 公里，流域面积 30.4 平方公里。

东沟河 为黄河决口冲刷而成。源于浮岗镇王楼东，西南东北流向，贯穿单县中部。20 世纪 90 年代初，在该河上游沿曹庄乡和浮岗边界线向西延伸至高老家乡，在于楼南与引黄干渠相接，流经浮岗、曹庄、黄岗、南城、东城、园艺、李田楼、谢集、徐寨等 10 个乡镇、街道，在徐寨镇商楼附近入东鱼河。全长 47 公里，流域面积 217.3 平方公里，支流有刘堂沟和韩庄沟。

东沟河湿地荷花

惠河 源于东城街道马庙附近，西南东北流向，流经东城街道、李田楼镇、时楼镇、张集镇，在张集镇田黑楼东北入金乡县境至东鱼河。今惠河上游通过向上延伸，在黄岗镇土岗寺西与东沟河相连。境内长 38.5 公里，流域面积 283 平方公里。

蔡河 惠河支流，源于龙王庙镇柴王楼村东，向东北流经龙王庙镇、终兴镇、张集镇，在张集镇东白楼南出境，过丰县和金乡县境入惠河。境内长 20.5 公里，流域面积 58 平方公里。

第二节 浮龙湖

原名浮岗水库。位于单县西南浮岗镇境内的黄河故道以北，历史上为古孟渚泽遗址。库区面积 19.13 平方公里，设计总库容 1.04 亿立方米，调节库容 9877 万立方米，属大 II 型平原水库。始建于 1958 年，利用原洼地，纯人工开发筑堤而成。蓄水后因造成库周围大面积次生盐碱化，被迫于 1961 年春停蓄还耕。1994 年，为了单县南部农业灌溉需要，对水库陆续恢复建设。1997 年，省计划委员会批准水库复建。经 1998 年、1999 年两年的施工，至 2001 年正式蓄水运行。蓄水后，发现存在问题和隐患，2008 年经水利部淮河水利委员会和省发改委（发展改革委员会）批准，于 2009 年至 2010 年，又对水库进行除险加固维修。

由于浮岗水库建立在古孟渚泽遗址之上，

浮龙湖月亮湾湿地

库区周围有许多古遗址和相关故事传说，蓄水后，水深3米～6米，水面辽阔，相当于杭州西湖的5倍，而且紧靠黄河故道，有丰富的文化和生态旅游资源，县委、县政府确定除发挥水库蓄水灌溉的功能外，同时开发其旅游资源，将库区开发为旅游景区，并将水库于2001年改名为浮龙湖。

第四章　土壤 植被

第一节　土　壤

据1993年土壤普查，境内有潮土、盐土、风沙土3个土类，褐土化潮土、潮土、盐化潮土、盐土、固定风沙土5个亚类，11个土属，68个土种，其中潮土土类面积最大。土壤呈中性至微碱性，pH值7.5～8.5。耕层土壤容重1.26克～1.59克／立方厘米，平均1.38克／立方厘米。

土壤类型　潮土土类　土壤呈中性至微碱性，pH值7～8.5。境内绝大部分土地属潮土土类，广泛分布于全县各乡镇，占可利用面积的99.59%。它有褐土化潮土、潮土和盐化潮土3个亚类。

盐土土类　土壤地力较差，主要分布在高老家、浮岗、黄岗、杨楼等乡镇的背河槽状洼地或洼坡地的下端，处于低洼地区，占全县可利用土地面积的0.35%。

风沙土二类　主要分布在东沟河两岸，占全县可利用土地面积的0.06%。该土壤的耕层与土地构型均为沙质土，养分含量极低，保水保肥性能差，作物产量低，较适于植树和经济林木。

土壤养分　境内土壤耕层质地良好。据1993年土壤普查数字，全县有机质含量0.85%，全氮平均含量0.078%，碱解氮平均含量60.1PPM，速效磷含量10.87PPM，速效钾平均含量为128.4PPM。

根据全国土地分级标准，1994年，按土地肥力和可利用价值综合评价结果，全县适于耕作和种植粮、棉等多种作物的二级和三级地，分别占可利用土地总面积的29.88%和57.64%，土地比较瘠薄、养分含量低、限制性因素较多的四级地，占可利用土地总面积的7.03%；农业条件较差的五级地，仅占可利用土地面积的5.45%。

1997年，在全县普遍实施沃土工程，推广秸秆还田，增施有机肥料，提高土壤有机质，增加土壤肥力，全县土壤有机质含量为0.9%。

2007年、2008年、2009年测定全县6600份土样，0～20厘米土壤pH值7.7～8.5，平均8.15；有机质含量平均11.6克/公斤；碱解氮平均82.4毫克/公斤，有效磷平均24.73毫克/公斤；有效钾平均100.41毫克/公斤；全氮0.78克/公斤。

第二节　植被

境内植被主要是人工栽培的农作物、林木、花卉、藤条、牧草等，自然植被很少。

农作物占植被的绝大部分，其中主要是粮食作物小麦、玉米、高粱、地瓜等；经济作物主要有棉花、花生、大豆、油菜籽、芝麻等；瓜果蔬菜类品种繁多，有西瓜、甜瓜、黄瓜、冬瓜、南瓜、丝瓜、白菜、萝卜、大葱、大蒜、辣椒、茄子等。

林木面积仅次于农作物，有用材林、经济林、防护林、农田林网、农林间作、“四旁”植树（村旁、宅旁、路旁、水旁）等，树种主要是杨树，其次是桐、槐、榆、柳、桑、松、柏等；果树有苹果、桃、梨、杏、李、葡萄、柿子、山楂等。

花卉植物有牡丹、月季、芍药、菊花、玫瑰、木槿、美人蕉、百日红等。

荆条类有簸箕柳、紫穗槐、白蜡条等。

牧草有苜蓿草、松香草等。

自然野生植物现只有草本类，多年生或一年生野草，有茅草、芦草、节节草、抓地秧、葛巴草、马齿苋、蒲公英、车前草等，分布在河边、路旁和个别闲置的农田里。

第五章　自然资源

第一节　土地资源

耕地　1991年为12.04万公顷，占土地总面积的72.93%；2010年为11.25万公顷，占总面积的68.31%，减少4.62%，减少面积7893.68公顷。

园地　1991年为3418.8公顷，占总面积的2.07%；2010年为3180.57公顷，占总面积的1.93%，减少0.14%，减少面积238.23公顷。

林地　1991年为1.01万公顷，占总面积的6.11%；2010年为8377.87公顷，占5.09%，减少1.02%，减少面积1708.03公顷。

牧草地　1991年无，2010年为75.65公顷，占总面积的0.05%。

城镇村及工矿用地　1991年为2.19万公顷，占总面积的13%；2010年为2.78万公顷，占总面积的17%，增加4%，增加面积5871.97公顷。

交通运输用地　1991年为3737.62公顷，占总面积的2.26%；2010年为5142.89公顷，占总面积的3.12%，增加0.86%，增加面积1405.27公顷。

水域及水利设施用地　1991年为4580.85公顷，占总面积的2.77%；2010年为7397.06公顷，占总面积的4.49%，增加1.72%，增加面积2816.21公顷。

未利用地　1991年为929.58公顷，占总面积的0.56%；2010年，土地全部利用。

第二节　水资源

境内水资源主要包括：地表水、地下水、引黄水和入境客水。多年平均水资源总量为3.40亿立方米，其中径流1.04亿立方米，浅层淡水8296.8万立方米，深层地下水430.78万立方米，引黄1.34亿立方米，黄河故道河南客水约1500万立方米，人均占有水资源量277.7立方米。

地下水　包气带及潜水变幅带，是以亚砂土、亚黏土、礓石等为主的强透水层所组成，以水质划分，含水层可分为上、中、下三层结构。上层为浅层淡水，中间为咸水层，下部为淡水层。

浅层淡水　地下水的流向总的趋势是自西南向东北，与地表水的自然流势基本一致，地下水平径流微弱，坡度在1/5000左右。除郭村南和终兴镇王小庄附近，部分地块因缺乏潜水含水构造而无浅层淡水外，其余普遍分布浅层淡水。1986年后，境内连续出现干旱，加上全县种植业结构的不断调整，需水量大的高产农作物逐年增多，特别是蔬菜种植面积扩大和种植大量的越冬菜，地下水开采量逐年增加，客水补源又不足，至2002年，境内地下水埋深呈下降趋势，并出现大面积漏斗区。2003—2009年，由于降雨量较大，加上引蓄黄河水补源，地下水埋深有所回升。2010年，又有所下降。

1986—2010年，全县浅层地下水平均埋深为6.73米，平均变幅2.72米。1986年平均埋深为4.10米，平均变幅2.00米。2002年，全县平均埋深为10.51米，比1986年增加6.41米，年平均变幅为3.36米。2006年，全县地下水平均埋深4.76米，比2002年全县地下水埋深减少5.75米，年变幅降至平均2.89米。2010年，全县地下水平均埋深4.03米，比2006年全县地下水埋深减少0.73米，年变幅降至平均1.74米。

地下水埋深的分布大致分为四个类型：①高滩地，埋深平均在8.95米；②滩下区为6.25米；③引黄灌区（如徐寨、黄寺等）埋深平均在5.10米；④漏斗区（城西菜区、陈蛮庄、终兴、龙王庙、马楼的部分地区）平均埋深在12米以上。底板埋深一般在10米～60米之间，含水层又分很多层，一般单层厚2米～4米，总厚度在11米～56米之间。

全县浅层淡水静储量24.09亿立方米，其中滩上区4.07亿立方米，滩下区20.02亿立方米，储存模数，滩上区225.9万立方米/平方公里，滩下区138.06万立方米/平方公里，水温在14℃～16℃之间，水化学类型属HCO3——Na＋型，矿化度在0.7克～1.5克/升，大于2克/升的仅76平方公里，总硬度在20左右，pH值6.8～7.3，除含氟量超生活饮水标准外，一般水质都适于农业灌溉和生活饮用。单井出水量20立方米/小时以内的89.03平方公里，占总面积的5.33%；40立方米～60立方米/小时的306.07平方公里，占总面积的18.33%；20立方米～40立方米/小时的1274.56平方公里，占总面积的76.34%。

浅层地下淡水的综合补给量，多年平均值为2.98亿立方米，其中丰水年3.57亿立方米，平水年2.91亿立方米，偏枯年2.43亿立方米，特枯年1.86亿立方米。允许开采量（安全抽水量）年平均8296.8万立方米，偏枯和特枯年只能开采7215.2万立方米和6117万立方米。

1986—2010 年单县地下水埋深统计表

表 2-5-1　　单位：米

年份	平均埋深	平均变幅	年份	平均埋深	平均变幅
1986	4.10	2.00	1999	9.24	2.86
1987	4.75	1.24	2000	10.16	4.63
1988	4.98	1.92	2001	9.44	3.98
1989	5.40	1.89	2002	10.51	3.36
1990	5.70	1.61	2003	10.10	3.12
1991	5.92	1.85	2004	8.10	3.72
1992	6.46	2.52	2005	6.48	4.52
1993	6.91	2.70	2006	4.76	2.89
1994	7.19	2.50	2007	4.45	2.30
1995	6.44	2.78	2008	3.97	1.83
1996	7.92	2.93	2009	3.94	1.60
1997	9.17	5.38	2010	4.03	1.74
1998	8.13	2.23	—	—	—

中层咸水　浅层淡水层下有咸水层，埋深一般在 100 米左右，部分地区底板在 200 米以上，浅的顶板埋深仅数十米。水质属矿化度大于 2 克 / 升的咸水，不适于开发利用。

深层淡水　咸水层下面的深层淡水，遍布境内各地，其顶板埋深，刘草庙—谢集西部—丁楼—郭村—高老家一线以西地区，终兴—李田楼—孙溜一斜长地带，均大于 200 米，其余地区 100 米～ 200 米即可见到淡水。

深部淡水层为承压含水层，承压水可在低洼地区以 1 米～ 2 米的高度涌出地面。李新庄镇、谢集镇、徐寨镇、郭村东北部（成武东部、巨野的大义、营里、金乡西南边境）形成一个区域性的自流水分布区。李新庄镇刘草庙附近的 485 号井，孔深 347.8 米，自流量每日曾经 600 立方米；谢集镇西部的 492 号井，孔深 333.4 米，日自流量曾经 345 立方米。

深层淡水的富水性可分为强、中、弱三级。县城—黄寺—成武县白浮图一带，富水性强，水量大于 1000 立方米 / 小时，县城西南的 500 号井，井深 283 米，日出水量 2400 立方米，自此向东，富水性稍弱，徐寨东南的 510 号井，井深 362.5 米，日出水量 810 立方米。单县及沛县鹿楼以南，水位标高在 37 米以上。深层淡水等压线及地下水总的流向由西向东。深层淡水的化学类型，由西部的重碳酸盐型，向东逐步过渡到重碳酸硫酸盐型和硫酸重碳酸盐型。矿化度 0.563 克～ 1.7 克 / 升。深层淡水资源的补给较难，深层淡水含水层的岩性主要为粉细砂，顶板为巨厚的黏土层，上面有咸水覆盖，与浅层淡水无水力联系，越流补给极其微弱。补给来源，主要是开采条件下靠水平方向的径流作微弱的补给。因而只有一部分弹性储存量可以开采利用。估计每平方公里每年只能开采2531立方米，深层地下淡水只可做补充水源。

地表水 境内地表水主要是大气降水所形成的径流，根据全县1986—2010年降雨资料统计，多年平均降雨量694.5毫米，折合降水总量11.61亿立方米，多年平均径流深61毫米，多年平均地表水资源总量1.04亿立方米。各年型的径流量分别为：丰水年（P=20%）1.63亿立方米；平水年(P=50%)8199.37万立方米；偏枯年(P=75%)4258.59万立方米；特枯年（P=95%）1144.1万立方米。

年度降水量分布不均，降水变率大。降水多集中在夏季，平均降水量占全年的58.76%，夏季降水又以7月最多，占夏季平均降水量的44.6%，暴雨较多，强度较大，虽然河道、坑塘留蓄部分径流，但量偏少，不到径流量的一半，大部分作为洪水流出境外。

引黄水和入境客水 1983年按照菏泽地区统一规划，贯通阎潭引黄干渠。单县平均每年引水7581.63万立方米。东鱼河徐寨闸于1984年10月开工建设，1986年7月竣工，一次可调蓄水量1030万立方米，年平均为单县徐寨灌区提供水源5812.83万立方米。

入境客水主要是来自黄河故道河南省来水及汛期上游入境客水。1973年，河南省利用黄河故道兴建三义寨引黄工程。黄河故道通过焦庄沟与堤头小水库相连，平均每年入境客水在1500万立方米左右。

水质 境内主要河道黄河故道、太行堤河、二堤河、引黄渠、东鱼河、胜利河、黄白河、翻身河、惠河、蔡河等水质无明显污染，达到地表水环境治理标准(GB3838-2002)Ⅱ类或Ⅲ类标准，可用于农业灌溉。东沟河污染严重，水质较差，2010年，投资2231.54万元，在县城北园路舜兴桥至梁洼桥下，长2.3公里的河道内，建设人工湿地水质净化工程，工程采用橡胶坝+生态滞留塘+表面流湿地+生态护坡组合工艺，处理规模为1.018×104立方米/天，每天可削减化学需氧量（COD）37.2公斤，五日化学需氧量(BOD)9.3公斤，氨氮14.9公斤，使东沟河水质明显改善，稳定达到地表水环境治理标准（GB3838-2002）Ⅴ类标准。

境内地下水平均总硬度27.72毫克/升，矿化度平均657.25毫克/升。大于2克/升的面积76平方公里，水资源量1330.9万立方米，其余均小于2克/升。水化学类型是：碳酸钠型1115.7平方公里，碳酸镁型404.8平方公里，碳酸钙型19.5平方公里，硫酸钠型57平方公里，氯化钠型29平方公里。

水质平均酸碱度7.17，溶解氧3.14毫克/升，耗氧量2.35毫克/升，氨氮0.127毫克/升，氯化物106.03毫克/升。有毒物质，酚有两处发现，含量分别为0.003毫克/升和0.005毫克/升；氰有7处发现，含量分别为0.003毫克/升1处，0.002毫克/升1处，0.001毫克/升5处；砷有10处发现，均在0.008毫克/升；汞有5处发现，含量均在0.0002毫克/升以下；六价铬有6处发现，含量均在0.002毫克/升以下。除酚含量符合国家二级标准外，其余含量均符合国家一级标准。

境内地下水含氟量普遍超标，1毫克/升以上的分布在94个村，分布范围最大最广的是张集镇，水中含氟量最高的是终兴镇的楚庄村，达到7.8毫克/升，人畜不能饮用。

第三节 矿产资源

境内矿产资源较为丰富，主要有砖瓦黏土、粉砂土、火硝、硝盐、矿泉水、煤炭、铁矿、砂金、地热、煤层气、石膏等。已开发利用的有砖瓦黏土、矿泉水、煤炭；已进行勘探普查的有铁矿、砂金；未探明储量的有地热、煤层气、石膏等。

煤炭 境内煤炭资源丰富，已查明的均属石炭—二叠系，主要分布在东北部李田楼、时楼、张集、徐寨等乡镇，预测含煤区270平方公里，煤炭总储量约38.6亿吨，可采煤为山西组和太原组。陈蛮庄、张集、时楼、徐寨、十里铺等区域地下1200米，以浅煤炭储量约10亿吨，3煤层为主采层，煤炭埋深在地下850米～950米，煤层厚度约3.1米～7.1米。煤种主要是主焦煤、少量1/3焦煤和肥煤。煤质特征为低中灰分、中挥发分、强粘结性、成焦率高、特高热值、低硫、低磷、低氯、中等流动温度灰，属优质炼焦用煤和动力用煤。另外，黄岗、朱集、大李海、高韦庄、蔡堂等区域，煤炭储量预测在20亿吨左右，但埋藏较深，以国内现有技术水平，还无法开采。该区域煤层气蕴藏丰富，可利用先进技术开发煤层气。

铁矿 2007年8月，省地质调查院开始对孙溜地区铁矿资源进行勘查，推断该地区赋存泰山群山草峪组磁铁石英岩，区内主要矿化带位于东周楼—大刘庄—东刘庄—苏庄—朱破楼—前张楼—龙王庙一线，总长度6000米以上。对大刘庄—龙王庙磁异常进行远景资源量估算，规模1亿吨，平均品位ＴＦe27.63%，mFe21.86%，厚度0.88米～16.23米，平均厚度4.98米。2010年，孙溜铁矿项目区已经初步纳入国家重点矿区，与曹县、河南省商丘市等地形成整装勘查区。孙溜项目区同时富含铁、铜、银等金属矿产，预测资源量3.5亿吨，资源开发潜力巨大。

矿泉水 位于李新庄镇周围，1995年3月经省物化探勘查院查明，属碳酸—偏锶碘型饮用矿泉水，面积约167平方公里，可建一中型矿泉水厂，也可以作为健康饮料、优质啤酒、白酒原料用水。

砂金 境内黄河故道北侧4公里处黄岗集村南，有一村民曾在打压水井时发现一处砂金异常点。省地质科学实验研究院于1999年对王楼、朱堤口、侯堤口、蒋堤口、周新庄、杜庄等6平方公里范围内施工17个浅钻孔，其中12个孔见有砂金颗粒，地层属黄河组。砂金颗粒呈金黄色，少数呈浅黄色，个别金黄色颗粒表面常有红褐色锈斑或溶蚀边，表面金属光泽。砂金以片状为主，周边园滑，大小在0.10毫米～0.40毫米之间，少数小于0.10毫米，个别大者0.48毫米。砂金伴生重矿物为黄铜矿、黄铁矿、钨砂矿等，且黄铁矿颗粒磨园度较好，表面多已氧化成红褐色的锈斑。从砂金重矿物组合及金颗粒形态分析，该区砂金供源地可能是黄河上游泥沙携带而来，该砂金异常点不具备开采价值。

黏土、粉沙 高滩区和平洼地黏土丰富，是烧制砖瓦陶器的重要材料。大沙河两岸和黄河故道有大量粉沙分布，其成分主要是细小的石英颗粒，兼有长石、云母和其他物质，是烧制沙砖的主要原料。

另外，单县南部边境地区有大片二叠系地层，蔡堂、杨楼等地第三系地层有油气赋集。东南、东北的第三系地层下部，有石膏层存在，尚未勘探。

盐碱地区表层土壤中含有硝、盐，中华人民共和国成立前贫民土法熬制火硝、硝盐者很多。随着土壤改良，盐碱地减少，土法熬盐绝迹。

第四节　生物资源

单县地处暖温带，气候温和湿润，土地深厚肥沃，适合多种动植物生长发育，生物资源丰富。

植物资源 经过多年人工栽培、引进的农作物、林木、花卉等成为境内主要植物资源，野生植物多是野草，未开发利用。

农作物　粮食作物有小麦、玉米、大豆、高粱、谷子、地瓜、绿豆、红小豆等；经济作物有棉花、花生、芝麻等；瓜果蔬菜有西瓜、甜瓜、香瓜、黄瓜、冬瓜、南瓜、苦瓜、丝瓜；西红柿、土豆、豆角、茄子、辣椒、大葱、白菜、菠菜、韭菜、卷心菜、大蒜、圆葱、萝卜、山药、茼蒿等。

林木　共有46个科，99属、205种。主要是落叶乔木和灌木，其中杨树最多，而且引进新品种较多，有毛白杨、欧美杨、土耳其杨、69杨、46杨、中菏1号、中菏2号。其次有泡桐、刺槐、国槐、榆树、柳树、桑树、椿树、楝子树等。果树有蔷薇科、石榴科、柿科等7个科300个品种。主要树种有苹果、梨、桃、杏、枣、李子、山楂、葡萄等。1986年后，引进的果树新品种较多，苹果有新红星、首红、乔纳金、红富士、早生富士、滕牧一号等；梨有黄金梨、水晶梨；桃有油桃、中华寿桃、春艳、峰王、新川中岛；凯特杏；葡萄有户太8号、美国红提等。绿化树发展较快，主要分布在城镇街道两旁和公园里，有法桐、银杏、栾树、国槐、大叶女贞、松柏等。稀有树种有丝棉木、朴树、柘树、车梁木、水杉、枸杞树和400余年树龄的银杏树。

花卉类　有木槿、紫荆、海棠、月季、紫薇、玫瑰、牡丹、芍药、美人蕉、山茶花、杜鹃、君子兰、滴水观音、倒挂金钟、虞美人、朱顶红、紫茉莉等。

水生植物　有芦苇、蒲草、菱角、藕荷、浮萍、荸荠、水葫芦、水花生、金鱼藻等。

野生植物　主要是草本植物，多生长在河渠、地边、路旁和荒地中，有茅草、芦草、地锦草、葛巴草、墩子草、三棱草、抓抓秧、黄蒿棵、狼尾巴棵、星星草、蒲公英、荠荠菜、苦柳、苦苦菜、扫帚菜、车前草、蒺藜、龙葵、菟丝子、藜菜、牛筋草、节节草、葎草（拉拉秧）、小蓬草、喇叭花、铁苋菜、播娘蒿、薄荷等。

动物资源　主要有兽类、鸟类、昆虫类、爬行、两栖、节肢类、鱼类7种。

兽类　饲养的主要有牛、马、驴、骡、猪、羊、狗、家兔、猫、貂、鹿等；野生兽类有19种：分属于食虫目、翼手目、食肉目、兔形目、啮齿目5个目。主要有刺猬、麝鼹，有须鼠耳蝠、黄鼬、狗獾、猪獾、豹猫、草兔、大家鼠、小家鼠、大苍鼠、黑线苍鼠、黑红姬鼠、鼢鼠、狐狸、黄鼠狼等。

鸟类　饲养的主要有鸡、鸭、鹅、鸽子、鹌鹑、画眉、百灵等；野生的有150余种，分属于鹈形目、鹳形目、隼形目、雁形目、鸡形目等14个目、42个科。其中受国家一、二级保护的鸟20余种，对人类有益的食虫益鸟100余种，经济鸟类20余种。从居留状况分，有留鸟30余种，夏候鸟50余种，冬候鸟20余种，其余为旅鸟。主要有家燕、麻雀、乌鸦、喜鹊、啄木鸟、布谷鸟、斑鸠、猫头鹰、黄鹂鸟、黄雀、云雀、蝙蝠、水鸡、野鸭、野鸡等。

昆虫类　主要有桑蚕、蜜蜂、蝴蝶、蜻蜓、蝉、天牛、蟋蟀、螳螂、瓢虫、蜘蛛、蝗虫、蝼蛄、地老虎、金针虫、棉铃虫、红蜘蛛、钻心虫、苍蝇、蚊子等。

爬行、两栖、节肢类　主要有无蹼壁虎、丽斑麻晰、赤链蛇、黄脊游蛇、白条锦蛇、红点锦蛇、团花锦蛇、黑眉锦蛇、虎斑游蛇、双斑锦蛇、蝎子、蜈蚣、蜥蜴、螃蟹、虾、河蟹、土鳖（土元）、中华蟾蜍、花背蟾蜍、黑斑蛙、泽蛙、金线蛙、中国林蛙、北方狭口蛙、雨蛙等。

鱼类　有8纲、17目、33科、44属60余种，多为人工饲养。主要鱼种有鲤鱼、鲢鱼、草鱼、鲫鱼、鲶鱼、鲂鱼、乌鱼、鳜鱼、黄鳝、泥鳅等；野杂鱼有麦穗、棒花、黄桑、鮥鱼、狗鱼、餐条；甲壳类有甲鱼、米虾、小龙虾、罗氏沼虾、秀丽白虾、螃蟹、大耳螺、中华园田螺、河蚌、河砚等。

药材资源　动物类　鸡内金、蝉蜕、僵蚕、蜂房、蟾酥、土元、全虫、黄鳝、蜂蜜等。

植物类　白芷、生地、半夏、桔梗、丹参、黄芪、山药、山楂、银杏、瓜蒌、天花粉、丹皮、白芍、菊花、益母草、香附、黑芝麻、绿豆、赤小豆、茵陈、茅根、马齿苋、蒲公英、艾蒿、苍耳子、小蓟、车前子、冬瓜皮、莱菔子、桑叶等。

第六章　自然灾害

1986—2010年，境内自然灾害主要是干旱、雨涝、冰雹、龙卷风、高温、霜冻及病虫害，偶尔也发生地质灾害。

第一节　旱灾

在单县历史上，旱灾是发生最为频繁、危害最大的自然灾害。民间有“十年九旱”“春雨贵如油”之说。自古春、夏、秋、冬四季均有干旱发生。进入21世纪，随着引黄灌溉和人工降雨等科学技术的发展，抵御干旱灾害的能力增强。

1986—2010年，单县发生不同干旱的年份有18年，其中成灾12年。按季节分，发生春旱11年，秋旱10年，夏旱6年，春、夏、秋连旱3年。旱情一般最早出现在高滩区，其次为南引黄灌区，最后为东鱼河、胜利河沿岸的徐寨灌区。

1986年，全年降雨量482.9毫米，较常年偏少211.6毫米，雨雪少且分布不均，1—5月5个月降雨量不足60毫米，农作物受旱严重，高滩区和风沙区农作物大部分停止生长，全县农作物受旱面积4.67万公顷，成灾面积1333.3公顷。

1988年全年降雨量356.9毫米，较常年偏少337.8毫米，为干旱少雨年，10月中旬至年底全县大部分地区基本无雨，全县受旱面积8万公顷，其中重旱面积1.69万公顷，成灾面积333.3公顷。

1989年8、9两个月降雨量少，降雨间隔时间长，蒸发量大，正是农作物生长的关键时期，干旱严重，全县农作物全部受旱，其中重旱面积4.67万公顷，粮食减产三成以上。

1991年9月中旬至11月，降雨稀少，旱情严重，秋种困难。

1995年春旱、秋旱较重，全县农作物受旱面积8万公顷，其中重旱面积2万公顷，粮食减产4.67万吨。

1997年，全年降水量偏少，汛期降雨量263.8毫米，仅为常年降雨量的6成，发生伏旱。

1998年9月至1999年3月上旬，6个多月全县平均降雨量31.6毫米，旱情严重，农作物减产3成以上。7月中旬以后，天气持续高温无雨，旱情加剧，全县8万公顷农作物全部受旱，其中重旱面积4666.7公顷，成灾面积2666.7公顷，机井出水不足6000余眼，吊空1000余眼。30个村庄、2万人饮水困难。

2000年2月至6月中旬，全县平均降雨量57.1毫米，全县农作物全部受旱，小麦减产。入夏，气温升高，持续干旱，境内河流全部断流干涸，机井出水不足1.1万余眼，吊空3500余眼，农作物重旱面积5.33万公顷，成灾面积1.33万公顷。30个村庄人畜饮水困难。

2001年遭遇特大干旱，3月至6月中旬，全县平均降雨量10.1毫米，全县农作物受旱面积8万公顷，其中成灾面积1.42万公顷，部分地块小麦绝收。9～10月份干旱少雨，影响秋种。

2002年少雨，全年降雨量475.2毫米，较常年偏少219.3毫米，春、夏、秋连旱，全县农作物成灾面积2万公顷，粮食减产27万吨，农业经济损失1.6亿元。城乡饮水困难人数11.01万人。

2005年春旱，受旱面积4.07万公顷，其中成灾面积1.87万公顷，粮食减产17.1万吨，农业经济损失1.02亿元。城乡饮水困难人数8.5万人。

2009年春旱严重，连续3个多月无有效降雨，全县受旱面积5.6万公顷，其中成灾面积2.4万公顷，粮食减产14.06万吨，农业经济损失1.21亿元。10.4万人饮水困难。

2010年9月中旬至12月，全县平均降雨量仅有3.8毫米，全县7.56万公顷小麦全部受旱。

第二节　涝 灾

20世纪80～90年代，境内涝灾发生次数较少，程度较轻。进入21世纪后，涝灾发生次数增多，程度有加重趋势。

1987年6月10日16时，徐寨、芦墓、陈蛮庄、十里铺、单城镇、孙溜、杨楼等7个乡镇降大到暴雨，风力5级，阵风6级，最大降雨量250毫米。8月31日晚9时15分至9时40分，全县37处乡镇同时降大到暴雨，朱集等乡镇伴有冰雹。上述两次暴风雨和冰雹袭击，倒塌房屋41间，受灾人口33.63万人，大面积农作物受灾。

1995年7、8两月降雨量670.6毫米，比历年平均降雨量还多，发生严重渍涝灾害，境内80%的农作物受灾。后秋阴雨绵绵月余，全县大部分耕地田间持水量处于饱和或超饱和状态，低洼地及黏质土地八成以上小麦没能及时播种。

2000年7月15日，境内普降大雨，城区降雨量为74.7毫米，因降雨历时短、强度大，低洼地段积水较多。2001年8月7日，单城镇降雨100.5毫米，莱河镇降雨93毫米，孙溜镇降雨97毫米，由于降雨时伴有大风，玉米、棉花倒伏较多。

2003年，降雨次数多，雨量大。汛期共有41次降雨过程，全县平均降雨量为734.48毫米。由于雨量大，雨期长，黄白河、胜利河等边界河道，上游泄洪达每秒40立方米以上，河道下泄不及发生倒灌，致使沿河两岸大面积农田受淹，造成较重的洪涝灾害。全县20个乡镇，502个行政村，105万人不同程度受灾，其中受灾较重的12个乡镇，156个行政村，84.5万人，受灾严重的23万人。倒塌房屋9197间，损毁树木2.25万棵，损毁桥、涵、闸153座，冲毁堤防3处共4.12公里。直接经济损失3.45亿元，其中农林牧渔业2.85亿元，水利设施800万元，其他5200万元。东鱼河沿岸的徐寨灌区地势低洼，受灾最重。

2004年汛期降雨集中，大的降雨过程有4次，7月10—11日，境内平均降雨量46.35毫米，造成6个乡镇5.6万人受灾，直接经济损失3000万元。7月15—21日，连续6天降雨，降雨量184.59毫米，造成16个乡镇40万人受灾，直接经济损失8600万元。8月16—17日，平均降雨量为48.16毫米，李新庄、徐寨两乡镇受灾。8月27—28日，平均降雨量164.73毫米，徐寨、时楼两镇降雨量超过265毫米，高老家、龙王庙、曹庄、单城、莱河、高韦庄、蔡堂、张集等乡镇降雨量都在170毫米以上，造成2.8万公顷农田积水，2.2万公顷受灾。倒塌房屋525间，损坏桥、涵38座，损毁公路25.2公里，被水围困村庄76个，供电通讯线路中断6000米，粮食减产约8万吨，直接经济损失9600万元，其中农业损失8400万元。

2005年，境内降雨较大，汛期延长12天，汛期共有24次降雨过程，降雨天数50天，平均降雨量774.4毫米。降雨强度大，持续时间长，致使全县20个乡镇全部受灾，受灾人口42万。倒塌房屋430间，损坏房屋2863间，农作物受灾面积2.87万公顷，1.47万公顷农田积水，绝收5300公顷，损坏公路6公里，损坏桥、涵、闸84座，直接经济损失1.86亿元。其中黄白河流域涝灾偏重发生，由于黄白河上游曹县段进行了清淤治理，下游的单县、成武县河段未经治理，曹县的客水大量涌入，黄白河宣泄不及，河水倒灌，高老家乡的西高庄、黄岗集等村，被水围困，田间行洪，两天后河水逐渐退去，低洼处积水，发生渍涝。

2006年汛期，黄白河流域高老家乡降雨偏多偏大，孙河、郑庄、孟庄、黄岗集平地汪洋，发生渍涝。

2008年，全年降水总量781.6毫米，降雨分布不均，主要集中在7、8月份，造成18个乡镇受灾，农作物受灾面积2.67万公顷，农田积水1.28万公顷，受灾人口38.7万，绝收面积3400公顷，直接经济损失8300万元。

2010年，降雨不均匀，强度大，导致全县16个乡镇受灾，受灾人口达35万，损坏房屋1986间，农作物受灾面积2.76万公顷，农田积水1.24万公顷，经济损失6500万元。

第三节　风灾 雹灾

风灾　1988年8月22日7时40分，境内东部的终兴、张集、黄堆、时楼、曹马、李田楼6个乡镇遭龙卷风袭击，中心风力12级，农作物受灾面积2333.33公顷，直接经济损失3500万元。

1990年7月9日21时40分，全县普遭暴风雨袭击，风力8级，中心风力达10级，平均降雨量48毫米。27个乡镇、659个行政村、1956个自然村受灾。损毁房屋5739间，砸伤114人（重伤29人）、死亡3人，刮倒折断树木190万棵，果树落果3750吨，农作物受灾40620.3公顷。7月21日早晨6时许，境内西部和北部的曹庄、李半庄、丁楼、大李海、谢集、李新庄、徐寨和单城8个乡镇，再次遭受龙卷风及暴雨袭击，风向由东南向西北，跨度6公里，中心风力11级以上，历时5分钟，平均降雨量60毫米。8个乡镇、47个行政村、51628人受灾，损毁房屋2650间，砸伤48人，其中重伤6人，死伤家畜462头，刮倒树木75.6万棵，农作物受灾2.2万公顷，成灾1.03万公顷，绝产2067公顷，损毁广播、通讯水泥杆3500余根，果树落果率30%以上，经济损失4759.73万元。

1992年4月21日零时5分，境内东南部的王小庄、朱集、蔡堂、杨楼、罗庄、孟寨6个乡镇遭受狂风袭击。中心风力8级、阵风10级，持续45分钟，受灾较严重的有58个行政村，89个自然村，1.57万户，7.1万人，受灾面积6900公顷，倒折树木4万余棵，刮断刮倒高压电线杆21棵，砸毁变压器3台，死伤家禽5000余只。7月11日17时30分，郭村镇和十里铺乡遭受暴风雨袭击，中心风力8级，阵风10级，暴雨持续30分钟。

1994年5月中旬，正值小麦灌浆期，境内遭受干热风侵袭，气温高达36℃。全县大部分麦田叶片、秸秆枯萎，部分地块绝产。1995年5月12日，连续两三天出现干热风天气，致使高韦庄、曹巨集、李新集等22个乡镇小麦受灾严重，减产41250吨。

风灾

1996年5月27日，15个乡镇遭受暴风雨危害，小麦大面积倒伏。8月4日，东北部7个乡镇2次遭受暴风雨、龙卷风袭击。农作物受灾面积5.27万公顷，减产粮食6万吨、棉花1700吨、油料1.03万吨，倒塌损毁民房736间，因灾死亡1人，伤54人，死亡大牲畜23头，直接经济损失1.3亿元。

1998年8月4日14时30分，风力8级、阵风12级，持续降雨40分钟，降雨量105毫米。孔集、蔡堂、孟寨、朱集、芦墓、杨楼、毛庄等7个乡镇2333.33公顷农作物受灾，直接经济损失达3500万元。8月22日早晨7时许，持续近20分钟的强烈龙卷风袭击张集、黄堆两个乡的部分村庄，损坏房屋700余间、高低压线路600余米、树木2万余株，200公顷玉米严重倒伏，33.33公顷果园遭受损害，50人受伤，其中重伤6人。

直接经济损失1亿元左右。

雹灾　1986年8月4日，曹庄乡、李新集乡降大雨，雨中夹带冰雹，大者如枣，部分农作物、房屋受损。1987年6月10日16时、8月31日21时40分，两次雷雨大风都伴有冰雹，很多农作物被砸坏。1991年6月21日下午，黄堆、曹马、张集3个乡镇，突然遭到狂风、冰雹和暴雨的袭击，受灾范围东西长15公里，南北宽5公里，17时，大风从东北刮起，风力大约10级，10分钟后下起冰雹，持续20分钟，地面积雹厚度10公分。冰雹过后，又下暴雨，平均降雨100毫米左右，中心地区降雨量150毫米，棉花、大豆、红麻、西瓜、玉米等农作物严重受灾，树折房毁，部分人员被砸伤，家畜家禽被砸死，损失严重。1992年4月21日零时5分、7月11日17时30分，两次雷雨大风均伴有冰雹，降雹时间有的长达10分钟，雹径1厘米多，雹线宽1公里，长近2公里。1993年7月中旬以后，境内曾多次遭受雹灾，玉米、谷子、棉花大面积被砸伤。2000年6月16日、8月13日，大李海、聂傅庄等13个乡镇两次遭受大风、冰雹袭击，受灾面积2000公顷，减产粮食3000吨。2006年4月27日，徐寨、时楼、张集、终兴4个乡镇遭受大风、冰雹袭击，冰雹单体最大直径约3厘米，持续时间15分钟，农作物受灾面积达4000公顷，成灾面积3333.33公顷。

第四节　高温 霜冻

1988年，霜冻灾害减产粮食12万吨，油料4950吨，棉花3775吨。1993年4月11日，蔡堂等5个乡镇遭霜冻侵害，大面积小麦停止孕穗，空棵绝产。4月下旬，连续3天出现高温，气温36℃左右，加剧旱情发展。1994年5月中旬出现高温天气，气温近37℃，大部分麦田叶片、秸秆枯萎，部分地块麦苗死亡，造成绝产。

第五节　病虫灾害

农作物病虫灾害　小麦蚜虫　常发。除1994年中等发生外，其他年份均中等偏重至大发生。特别是1995年以后均为大发生。2001年、2002年、2004年、2009年、2010年，发生盛期百株蚜量万头以上，每年发生面积7万公顷以上，经防治后，一般年份仍损失产量3500吨以上。

小麦红蜘蛛　常发。发生密度一般400～700头/尺行，每年发生面积1.5万公顷左右，经防治后，一般年份损失产量8000吨左右。

小麦叶锈病　常发。小麦后期常发病害，一般年份为中等偏重发生。1991年严重度最高，除2003年发生较轻外，均发生较重，发病普遍率一般35%～57.5%，最高100%。每年发生面积2万～5万公顷。经化学防治后，每年仍损失产量5000吨。

小麦条锈病　常发。1990年大发生，盛期普遍率78.5%，最高地块100%，2001—2003年，中等偏轻至中等发生，普遍率高、严重度低，每年发生面积3万公顷。经化学防治后，每年产量仍损失1万吨。

小麦白粉病　常发。1990年、1991年发生较重，面积分别为3万公顷和4万公顷，经化学防治后，仍损失产量9000吨和4000吨。1992—1994年为中等偏轻，1995—2010年为中等发生，经化学防治后，一般年份仍损失产量3000吨。

小麦纹枯病　常发。1995年后，危害逐年加重，一般地块减产10%～20%，严重地块达50%，年发生面积4万公顷左右。虽经化学防治，一般年份仍损失产量3000吨以上。

小麦全蚀病　1998年发现，后有加重之势。

三代玉米螟　常发。1990年发生严重，发生面积2.5万公顷。1991—2010年中等发生，每年发生面积1万～1.5万公顷。经化学防治后，每年仍损失产量400吨以上。

二代棉铃虫　常发。1992—2003年发生较重，特别是1992—1998年，每年约发生1万公顷。经化学防治后，每年仍损失产量100吨以上。

三代棉铃虫　常发。1992—2003年重发生，最重的1992年发生2万公顷，经化学防治后，仍损失产量200多吨。

四代棉铃虫　常发。1992—1997年重发生，每年发生面积2万公顷。经化学防治后，每年约损失产量百吨左右。

花生叶斑病　常发。2000年、2001年重发生，达5级，发生面积分别是1.5万公顷和2万公顷。经化学防治后，损失产量500吨以上。

棉盲蝽象　2002年以前发生较轻，2003年、2004年连续两年危害程度加重。主要有绿盲蝽、中黑盲蝽、苜蓿盲蝽、三点盲蝽、牧草盲蝽等。除危害棉花外，还危害豆类、蔬菜、果树、玉米及杂草。被害田株率达30%～40%，严重的60%以上。蕾铃脱落率为10%～30%，严重的达40%。

斑潜蝇　1995年传入单县。1995年10月至1997年3月，境内22个乡镇遭受危害。危害的作物有33科140种。主要是豆科、茄科、十字花科、葫芦种、伞形花科等。其中斑潜蝇最喜食的作物是豆角、豌豆、菠菜等30多种。发生的斑潜蝇有南美斑潜蝇和美洲斑潜蝇两种，以南美斑潜蝇为主。发生面积占种植面积的20%～50%。

棉花病害　1992年、1993年连续两年大旱，造成棉花枯叶病大面积发生，棉株出现黄叶、干边、脱落、枯死，造成全县棉花减产。1993年7月中旬后，境内大旱转大涝，阴雨绵绵，连月不断，烂根病、黑斑病高发，棉花枯死。2003年7、8月，大雨致田间积水，烂根病致使很多棉田减产，有的甚至绝产。

林木病虫灾害　榆蓝金花虫　1986年，境内榆蓝金花虫发生面积3066.67公顷，其中重度发生866.67公顷。1988年，虫害面积4933.33公顷，重度发生面积减少。

大袋蛾　1987年，个别乡镇爆发成灾，虫害迅速传播蔓延。1989年，大袋蛾虫害面积3.33万公顷，占泡桐种植面积的87.5%。1992年、1993年，大袋蛾在全县爆发成灾。

杨尺蠖　2003年，杨尺蠖发生面积1400公顷。2005年，杨尺蠖发生面积3466.67公顷。

杨树黑斑病　2004年，杨树黑斑病发生面积2000公顷，其中重度发生面积800公顷。病害导致杨树提前落叶，中林46杨树发病率较高。

杨树溃疡病　2004年中度发生，发病面积1533.34公顷。2005年，发病面积2533.33公顷，其中重度发生面积1800公顷。

苹果绵蚜　2000年传入单县，2000—2004年发生严重，年发生面积占苹果种植面积的28%。

第六节　地质灾害

1992年7月下旬，高韦庄镇赵集村，杨楼乡马庄、朱庄、岳寨村及孟寨乡张平房村连续遭受地质灾害。高韦庄镇赵集村出现裂缝5条，东南、西北走向的4条，东西走向1条，全长700余米，最宽处40厘米，最窄处15厘米，最深处10米。这次地质灾害涉及3个乡镇，受灾群众162户，受损房屋566间。

第三编

人口与计划生育

1986 年，全县出生 14613 人，死亡 3906 人，人口自然增长率 11.3‰。1990 年出生 21904 人，死亡 5007 人，人口自然增长率高达 16.06‰，为历年来最高。2000 年，65 周岁及以上人口 88597 人，占总人口的 8.43%，步入老龄化社会。

2010 年出生人口最多，为 23311 人，死亡 13014 人，人口自然增长率为 8.4‰。该年，全县共有 1224470 人。25 年间，除 1986—1991 年人口自然增长率超过 10‰以外，其他年份均在 10‰以下。随着人们生活水平和医疗条件的不断提高，全县人均寿命逐年提高，2009 年，单县被命名为山东省长寿之乡。2010 年年底，单县百岁以上老人达 144 人。

第一章　人口状况

第一节　人口数量

1986 年，全县户籍总人口 929178 人。1987—1990 年，全县总人口增长较快。1990 年全县总人口 1073717 人，4 年增加 144539 人，平均每年增加 36134 人，年均增长 36.8‰。1991 年起，计划生育管理工作的力度加强，人口自然增长速度下降。至 2000 年，全县总人口为 1140579 人，比 1990 年增加 66862 人，年均增长 6.1‰。2010 年，全县总人口为 1224470 人，比 2000 年增加 83891 人，年均增长 7.1‰。

1986—2010 年单县人口数量统计表

表 3-1-1　　　　单位：人

年份	人口数	年份	人口数
1986	929178	1999	1134337
1987	942074	2000	1140579
1988	951664	2001	1148787
1989	1037002	2002	1161729
1990	1073717	2003	1166375
1991	1095302	2004	1171031
1992	1105845	2005	1177816
1993	1111103	2006	1187628
1994	1115236	2007	1190055
1995	1119506	2008	1202888
1996	1120885	2009	1214070
1997	1125700	2010	1224470
1998	1129612	—	—

说明：以上数据来源于《单县统计年鉴》，为全县户籍人口

第二节 人口分布与密度

人口分布 单县是农业大县，人口主要分布在农村。1986年，全县农业人口873484人，占总人口的94%，主要分布在全县37个乡镇的949个行政村；非农业人口55694人，占总人口的6%，主要分布在县城和乡镇政府驻地的党政机关、企事业单位和工厂、学校。

1986年后，随着商品经济的发展、市场经济的兴起，城镇和非农业人口逐渐增加，农村和农业人口逐渐减少。2000年，全县农业人口103.53万人，占总人口的91%，比1986年减少3%；非农业人口10.53万人，比1986年增加4.96万人。乡村人口101.27万人，占总人口的89%；城镇人口12.78万人，占总人口的11%。至2010年，全县农业人口98.32万人，占总人口的80%，比2000年减少9%；非农业人口24.13万人，比2000年增加13.6万人。

人口密度 1986年，单县人口密度为559人/平方公里；1990年，为646人/平方公里，比1986年增加87人/平方公里；2000年，为691人/平方公里，比1990年增加45人/平方公里；2010年，为733人/平方公里，比2000年增加42人/平方公里。

2010年单县各乡镇、街道人口统计表

表3-1-2

乡镇街道	总户数(户)	乡村户数(户)	总人口(人)	其中			
				男	女	农业人口	非农业人口
北城街道	17288	6304	53793	27252	26541	14253	39540
南城街道	23094	7342	72418	36636	35782	15254	57164
园艺街道	5742	4595	18270	9210	9060	7499	10771
东城街道	9941	7210	35140	17865	17275	17172	17968
郭村镇	18044	17989	72894	37274	35620	68977	3917
黄岗镇	20264	20193	84823	43819	41004	66850	17973
终兴镇	22288	22146	82435	41971	40464	44232	38203
高韦庄镇	11451	10935	44822	23074	21748	40542	4280
徐寨镇	17132	17025	67035	34179	32856	62963	4072
蔡堂镇	14630	13754	56575	28878	27697	50716	5859
朱集镇	10315	9658	38723	19858	18865	35347	3376
李新庄镇	11815	11783	41820	21331	20489	39465	2355
浮岗镇	16209	16155	68583	35432	33151	65296	3287
莱河镇	13797	11592	56361	28718	27643	51020	5341
时楼镇	11622	11276	46767	24083	22684	44452	2315

续表 3-1-2

乡镇街道	总户数（户）	乡村户数（户）	总人口（人）	其中			
				男	女	农业人口	非农业人口
杨楼镇	13250	12461	54783	28139	26644	48808	5975
张集镇	14198	13505	54492	27981	26511	50301	4191
龙王庙镇	14881	14694	56207	28659	27548	49752	6455
谢集镇	18593	17542	65198	33079	32119	61103	4095
李田楼镇	13079	12659	51578	26299	25279	47424	4154
高老家乡	16499	16390	66866	34428	32438	66866	—
曹庄乡	7959	7889	34887	18311	16576	34887	—

说明：以上数据来源于《单县统计年鉴》，为全县户籍人口

第二章　人口变动

第一节　自然变动

1986—1991 年，是单县人口的高增长期，6 年间，单县共出生 100913 人，死亡 26935 人，净增 73978 人，年均出生 12330 人，平均出生率 16.96‰，人口死亡率 4.52‰，人口自然增长率 12.4‰。其中 1990 年出生 21904 人，出生率 20.76‰，是单县人口出生率最高的年份。1992—2010 年，19 年共出生 240327 人，年平均出生 12649 人，平均出生率 10.91‰，人口死亡率 5.75‰，人口自然增长率 5.16‰。

1986—2010 年单县人口自然变动统计表

表 3-2-1

年份	出生		死亡		净增人口（人）	自然增长率（‰）
	人	‰	人	‰		
1986	14613	15.8	3906	4.2	10707	11.6
1987	18219	19.5	4029	4.3	14190	15.2
1988	14564	15.4	4032	4.3	10532	11.1
1989	14461	14.5	4483	4.5	9978	10.0

续表 3-2-1

年份	出生		死亡		净增人口（人）	自然增长率（‰）
	人	‰	人	‰		
1990	21904	20.76	5007	4.74	16897	16.02
1991	17152	15.8	5478	5.1	11674	10.7
1992	13084	11.9	4124	3.7	8960	8.2
1993	10008	9.03	3637	3.28	6371	5.75
1994	10045	9.0	5074	4.6	4971	4.4
1995	9669	8.65	5227	4.68	4442	3.97
1996	10651	9.51	5748	5.13	4903	4.38
1997	11585	10.29	5797	5.15	5788	5.14
1998	10834	9.61	5843	5.18	4991	4.43
1999	10350	9.14	6115	5.40	4235	3.74
2000	11806	10.38	6851	6.02	4955	4.36
2001	10829	9.43	6374	5.55	4455	3.88
2002	15233	13.1	7904	6.63	7329	6.47
2003	12837	11.00	7107	6.00	5730	5.00
2004	11704	9.99	7330	6.26	4374	3.73
2005	12146	10.3	7013	5.90	5133	4.40
2006	12852	10.82	7306	6.15	5546	4.67
2007	11200	9.41	7417	6.23	3783	3.18
2008	13887	11.5	7389	6.1	6498	5.4
2009	18296	15.1	7896	6.5	10400	8.6
2010	23311	19.1	13014	10.7	10297	8.4

说明：以上数据来源于《单县统计年鉴》

第二节　机械变动

1986—1992 年，每年人口净迁入均为正数。之后，随着升学率提升、毕业生返回原籍人员较少及三投靠（夫妻投靠、未婚子女投靠父母、父母投靠子女）政策放宽，迁出人口数量逐渐增加，人口机械变动呈负增长。

1986—2010年单县人口机械变动统计表

表 3-2-2　　单位：人

年份	迁入		迁出		净迁入
	省内迁入	省外迁入	省内迁出	省外迁出	
1986	2669	272	1876	509	556
1987	2887	299	1989	521	676
1988	3009	351	1909	896	555
1989	3221	367	2024	951	613
1990	5676	589	3661	977	1627
1991	4003	407	2949	929	532
1992	4521	466	3004	1504	479
1993	4477	489	4071	1086	-191
1994	5926	494	4896	1687	-163
1995	5518	521	4384	1799	-144
1996	5699	595	3789	2458	47
1997	4226	592	3921	1534	-637
1998	4322	494	4719	1722	-1625
1999	4461	507	4882	1976	-1890
2000	4524	546	5001	1802	-1733
2001	4398	460	5199	1937	-2278
2002	4711	982	5525	2890	-2722
2003	5665	645	7213	2833	-3736
2004	6129	692	6139	2730	-2048
2005	6223	861	6015	2617	-1548
2006	6357	1056	5741	2208	-536
2007	9296	1331	9449	2319	-1141
2008	7999	2378	6645	2060	1672
2009	5523	2018	5873	3763	-2095
2010	7928	2248	8152	4337	-2313

第三节　流动人口

流入　1986 年，全县暂住人口 857 人。之后，暂住人口逐渐增多。1989 年，暂住人口 2244 人。1990 年，建立单县暂住人口管理站，乡镇设在派出所，城区设在居委会，负责暂住人口的登记、暂住证办理及日常管理、查验等工作。当年，全县登记暂住人口 2339 人，办理暂住证 2116 人。至 1999 年年底，全县 37 个乡镇全部实行联网管理，暂住人口 4886 人。2000 年后，随着单县经济的发展和对外开放的深入，暂住人口逐年增多。2010 年，全县暂住人口 12922 人，比 2000 年增加 4876 人，为 1986 年的 15.08 倍。流入县内暂住人口主要是在单县经商或打工的县外人口。

流出　1986 年，全县外出人口 5884 人。此后，外出人口逐渐增多。1990 年，全县外出人口 11968 人。1998 年，全县外出人口超过 10 万人。2006 年，超过 20 万人。2010 年，外出人口 24.5 万人。单县外出人口主要是到北京经营建材和到东部及南部沿海发达地区务工。

第三章　人口构成

第一节　性别构成

1986 年，全县男性人口 468561 人，占总人口的 50.43%，女性人口 460617 人，占总人口的 49.57%，男女性别比为 101.72。1990 年，男性 539243 人，占总人口的 50.22%，女性 534474 人，占总人口的 49.78%，男女性别比为 100.88。2000 年，男性 577238 人，占总人口的 50.61%，女性 563341 人，占总人口的 49.39%，男女性别比为 102.47。2010 年，男性 626476 人，占总人口的 51.16%，女性 597994 人，占总人口的 48.84%，男女性别比为 104.76。

第二节　年龄构成

1990 年，全国第四次人口普查，单县常住人口为 1058593 人，其中 0～14 周岁人口 354642 人，占总人口的 33.5%；15～64 周岁人口 633679 人，占总人口的 59.86%；65 周岁及以上人口 70254 人，占总人口的 6.64%。

2000 年，全国第五次人口普查，单县常住人口为 1050701 人，其中 0～14 周岁人口 253325 人，占总人口的 24.11%，比 1990 年全国第四次人口普查减少 9.39%；15～64 周岁人口 708779 人，占总人口的 67.46%；65 周岁及以上人口 88597 人，占总人口的 8.43%。

2010 年，全国第六次人口普查，单县常住人口 1063243 人，其中 0～14 周岁人口 187894 人，占总人口的 17.67%，比 2000 年下降 6.44%；15～64 周岁人口 764886 人，占总人口的 71.94%，比 2000 年上升 4.48%；65 周岁及以上人口 110463 人，占总人口的 10.39%，比 2000 年增加 21866 人，占比增加 1.96%。

1990 年第四次人口普查单县人口年龄、性别构成统计表

表 3-3-1　　　　单位：人

组别	总人口	占比（%）	男	女	性别比（女 =100）
0—4 岁	133462	12.61	69213	64249	107.73
5—9 岁	116688	11.02	60048	56640	106.02
10—14 岁	104492	9.87	53469	51023	104.79
15—19 岁	109094	10.31	54258	54836	98.95
20—24 岁	108754	10.27	52615	56139	93.72
25—29 岁	81023	7.65	40414	40609	99.52
30—34 岁	59983	5.67	31024	28959	107.13
35—39 岁	75363	7.12	38209	37154	102.84
40—44 岁	53597	5.06	27512	26085	105.47
45—49 岁	39238	3.71	20054	19184	104.54
50—54 岁	34964	3.30	17748	17216	103.09
55—59 岁	38049	3.59	18808	19241	97.75
60—64 岁	33632	3.18	16132	17500	92.18
65—69 岁	27713	2.62	12525	15188	82.48
70—74 岁	19210	1.81	8255	10955	75.35
75—79 岁	11755	1.11	4831	6924	69.77
80—84 岁	7325	0.69	2626	4699	55.88
85—89 岁	3446	0.33	1076	2370	45.40
90—94 岁	662	0.06	150	512	29.30
95—99 岁	137	0.01	24	113	21.24
100 岁及以上	6	0.00	0	6	—
总计	1058593	100	528991	529602	99.88

2000 年第五次人口普查单县常住人口年龄、性别构成统计表

表 3-3-2　　　　单位：人

组别	总人口	占比（%）	男	女	性别比（女 =100）
0—4 岁	54363	5.17	31388	22975	136.62
5—9 岁	59013	5.62	32768	26245	124.85
10—14 岁	139949	13.32	72082	67867	106.21

续表 3-3-2 单位：人

组别	总人口	占比（%）	男	女	性别比（女=100）
15—19 岁	106303	10.12	52582	53721	97.88
20—24 岁	68039	6.48	33849	34190	99.00
25—29 岁	81206	7.73	40039	41167	97.26
30—34 岁	113925	10.84	58043	55882	103.87
35—39 岁	85413	8.13	40639	44774	90.76
40—44 岁	55714	5.30	28110	27604	101.83
45—49 岁	71424	6.80	35801	35623	100.50
50—54 岁	54386	5.18	27580	26806	102.89
55—59 岁	38071	3.62	19294	18777	102.75
60—64 岁	34298	3.26	17165	17133	100.19
65—69 岁	31303	2.98	14851	16452	90.27
70—74 岁	25880	2.46	11530	14350	80.35
75—79 岁	17352	1.65	7192	10160	70.79
80—84 岁	9226	0.88	3274	5952	55.01
85—89 岁	3403	0.32	1078	2325	46.37
90—94 岁	1101	0.10	296	805	36.77
95—99 岁	304	0.03	73	231	31.60
100 岁及以上	28	0.00	7	21	33.33
总计	1050701	100	527641	523060	100.88

2010 年第六次人口普查单县常住人口年龄、性别构成统计表

表 3-3-3 单位：人

组别	总人口	占比（%）	男	女	性别比（女=100）
0—4 岁	69052	6.49	40555	28497	142.31
5—9 岁	57901	5.45	33006	24895	132.58
10—14 岁	60941	5.73	34159	26782	127.54
15—19 岁	72635	6.83	36244	36391	99.6
20—24 岁	100183	9.42	47211	52972	89.12
25—29 岁	78950	7.43	38637	40313	95.84
30—34 岁	73734	6.93	37831	35903	105.37
35—39 岁	79547	7.48	40093	39454	101.62

续表 3-3-3　　单位：人

组别	总人口	占比（%）	男	女	性别比（女 =100）
40—44 岁	105355	9.91	53830	51525	104.47
45—49 岁	81559	7.67	39042	42517	91.83
50—54 岁	55174	5.19	27808	27366	101.62
55—59 岁	67276	6.33	33431	33845	98.78
60—64 岁	50473	4.75	25222	25251	99.89
65—69 岁	34209	3.22	16673	17536	95.08
70—74 岁	27018	2.54	12824	14194	90.35
75—79 岁	23744	2.23	10191	13553	75.19
80—84 岁	15294	1.44	5887	9407	62.58
85—89 岁	7246	0.68	2450	4796	51.08
90—94 岁	2214	0.21	602	1612	37.34
95—99 岁	618	0.06	138	480	28.75
100 岁及以上	120	0.01	18	102	17.65
总计	1063243	100	535852	527391	101.6

第三节　文化构成

1990 年，全县总人口中，具有大专以上文化程度的 2712 人，具有高中（含中专）文化程度的 43348 人，具有初中文化程度的 181216 人，具有小学文化程度的 334086 人（以上各种文化程度的人分别包括各类学校的毕业生、肄业生和在校生）。文盲、半文盲人口（15 岁及 15 岁以上不识字或识字很少的人）为 303682 人，文盲、半文盲人口占 15 岁以上人口的 43.14%。

2000 年，全县接受大专以上教育的 10870 人，占总人口的 1.03%；接受高中（含中专）教育的 73383 人，占总人口 6.98%；接受初中教育的 362032 人，占总人口 34.46%；接受小学教育的 398746 人，占总人口 37.95%。与 1990 年相比，每 10 万人中，具有大专以上文化的由 301 人上升为 1103 人，具有高中文化的由 4810 人上升为 7447 人，具有初中文化的由 20112 人上升为 36741 人，具有小学文化的由 37078 人上升为 40467 人。各种受教育人口中增长幅度最大的是接受大专及大专以上教育的人口。2000 年全县人口中有文盲、半文盲人口 112590 人，由 1990 年的 43.14% 下降到 14.12%。在文盲人口中，女性占 72.27%，男性占 27.73%。低年龄组的文盲人口明显减少，15 ～ 49 岁文盲人口占全部文盲人口的 19.39%；高年龄组文盲人口相对较多，50 岁及以上的文盲人口所占比例达 80.61%。

2010 年，全县 6 岁及以上常住人口 982321 人。其中具有大专及以上文化的人口为 39853 人，具有高中（含口专）文化的人口为 117394 人，具有初中文化的人口为 417357 人，具有小学文化的人口为 296595 人。同 2000 年相比，每 10 万人中具有大学文化的由 1103 人上升为 4057 人，具有高中文化的由7447人上升为11951人，具有初中文化的由36741人上升为42489人，具有小学文化的由40467人下降为30193人。文盲人口为105356人，同2000年相比，文盲人口减少7234人，文盲人口占15岁及以上人口比重由2000年的14.12%下降到12.04%。

第四节 行业构成

1990年，全县在业人口593484人，占总人口的56.06%，其中，男性301936人，占50.88%；女性291548人，占49.12%。按行业分，从事农、林、牧、渔业的人数最多，共553220人，占在业人口的93.22%；从事工业、建筑业13368人，占2.25%；从事其他行业26896人，占4.53%。2000年，15岁及以上人口中，全县在业人口66048人，占84.66%，各行业在业人口中，从事第一产业占91.71%，第二产业占2.9%，第三产业占5.39%，与1990年三大产业在业人口的比例构成没有发生根本性变化。2010年，16岁及以上人口中，全县在业人口66378人，占81.77%。按行业分，从事第一产业55414人，占83.48%；第二产业5443人，占8.2%；第三产业5521人，占8.32%。与2000年相比，从事第一产业减少8.23个百分点，第二、第三产业分别增加5.3个和2.93个百分点。

第五节 民族构成

1990年，全县共有19个民族，其中，汉族占全县常住人口的99.84%，少数民族18个，总人口1696人，占全县常住人口的0.16%。少数民族中人口最多的是回族，1317人，占少数民族总数的76.79%；其次是满族，171人，占少数民族总数的9.97%。

2000年，全县共有18个民族，其中，汉族占全县常住人口的99.82%。2010年，全县共有16个民族，其中，汉族占全县常住人口的99.85%，少数民族人数较多的是回族和满族。

1990年、2000年、2010年单县民族构成及数量统计表

表3-3-4　　单位：人

民族	1990年			2000年			2010年		
	合计	男（人）	女（人）	合计	男（人）	女（人）	合计	男（人）	女（人）
汉族	1056878	528216	528662	1048836	526754	522082	1061595	534983	526612
蒙古族	11	—	11	144	21	123	15	—	15
回族	1317	669	648	1395	710	685	1426	760	666
藏族	8	1	7	15	4	11	6	1	5
苗族	68	3	65	38	11	27	13	—	13
维吾尔族	—	—	—	12	6	6	3	—	3
彝族	15	—	15	40	12	28	—	—	—
壮族	34	3	31	10	4	6	—	—	—
布依族	19	2	17	11	3	8	1	—	1

续表 3-3-4　　　　单位：人

民族	1990 年			2000 年			2010 年		
	合计	男（人）	女（人）	合计	男（人）	女（人）	合计	男（人）	女（人）
朝鲜族	13	3	10	16	9	7	3	—	3
满族	171	92	79	164	103	61	141	82	59
侗族	4	—	4	8	2	6	—	—	—
瑶族	1	—	1	—	—	—	—	—	—
白族	8	—	8	1		1	24	23	1
土家族	5	—	5	1		1	7	2	5
哈尼族	1	—	1	—	—	—	—	—	—
哈萨克族	1	—	1	—	—	—	1	—	1
傣族	2	—	2	—	—	—	—	—	—
黎族	3	—	3	—	—	—	—	—	—
水族	15	—	15	3	—	3	1	—	1
土族	—	—	—	2	—	2	2	—	2
达斡尔族	—	—	—	1	—	1	—	—	—
塔吉克族	—	—	—	3	2	1	—	—	—
佤族	—	—	—	—	—	—	1	1	—
怒族	—	—	—	—	—	—	2	—	2
其他未识别民族	—	—	—	1	—	1	2	—	2

说明：2000 年、2010 年为常住人口数

第六节　姓氏构成

1987 年，全县有姓氏 325 个。至 2010 年，全县姓氏增加到 508 个，其中超过 10 万人的有张、王、刘 3 姓，超过 5 万人的有李姓，超过 2 万人的有马、朱、孙、杨、陈、吴、孟、赵、郭、黄 10 姓，超过 1 万人的有石、许、时、周、徐、高、谢、曹、董、魏 10 姓，千人以上的有 91 姓，百人以上的有 127 姓，百人以下的有 266 姓。

2010年单县姓氏一览表

表3-3-5

姓氏笔画	个数	姓氏
二笔	3	丁 卜 刁
三笔	8	于 才 万 凡 门 卫 习 马
四笔	33	丰 王 亓 井 开 元 韦 木 支 历 尤 车 戈 水 牛 毛 仁 仇 仉 化 从 公 乌 勾 卞 文 方 计 户 尹 孔 邓 双
五笔	42	玉 甘 艾 古 左 厉 石 布 龙 平 东 占 卢 帅 叶 申 田 史 冉 丘 付 代 仪 白 仝 丛 印 乐 卯 包 冯 玄 兰 宁 记 司 弗 皮 边 圣 台 母
六笔	59	匡 刑 邢 吉 巩 扬 亚 朴 权 成 毕 师 尘 光 曲 同 吕 回 刚 朱 乔 伍 仲 仵 任 华 伊 向 似 后 全 会 危 旭 各 邬 庄 庆 刘 齐 衣 闫 关 米 江 池 汤 安 祁 许 农 寻 阮 孙 阳 阴 牟 纪 佀
七笔	56	贡 芷 芮 花 苍 芳 严 芦 苏 杜 巫 李 杨 豆 来 连 步 肖 呈 时 吴 岑 针 利 邱 何 佐 伯 佟 位 佘 余 希 谷 邸 狄 邹 冷 辛 冶 闰 闵 汪 沙 沈 宋 良 初 迟 张 陆 阿 陈 邵 郎 纵
八笔	52	奉 武 苗 英 茌 苟 苑 范 林 郁 欧 郅 卓 尚 果 国 畅 明 易 固 呼 罗 和 季 岳 岱 郈 金 朋 周 郇 庞 庙 於 郑 单 油 泮 泥 泽 宗 官 郎 房 录 居 屈 承 孟 练 绍 荀
九笔	54	封 项 赵 郝 荆 茬 荣 胡 茹 南 柯 查 相 柏 柳 树 郦 咸 战 钞 钟 郜 种 秋 科 段 修 保 信 禹 侯 俞 郗 胜 逄 饶 将 彦 施 闻 阁 姜 娄 洪 宫 冠 祝 费 胥 院 姚 贺 羿 骆
十笔	51	秦 班 敖 袁 都 耿 聂 莲 莫 晋 真 桂 桥 桃 格 索 栗 贾 夏 原 顾 柴 党 晓 晁 晏 钱 铁 候 倪 徐 殷 奚 翁 凌 栾 高 郭 席 唐 益 海 涂 宴 朗 诸 展 陶 姬 桑 继
十一笔	42	理 职 黄 菜 菊 菅 营 萧 梅 曹 戚 龚 盛 雪 堂 常 崔 银 符 麻 康 鹿 章 商 阎 盖 渠 淦 梁 寇 宿 密 扈 逯 尉 屠 隋 随 续 绳 绿 谢
十二笔	34	颉 揭 彭 斯 联 葛 董 敬 蒋 韩 朝 惠 覃 粟 戢 景 喻 黑 智 程 税 傅 焦 储 舒 鲁 童 普 曾 湛 温 游 禄 强
十三笔	26	鄢 靳 蓝 蒲 蒙 楚 楼 赖 甄 雷 訾 鉴 路 简 腾 詹 鲍 解 廉 靖 满 溪 粱 窦 褚 福
十四笔	15	静 赫 蔡 蔺 臧 裴 管 鲜 廖 阚 察 谭 翟 熊 缪
十五笔	13	慧 撒 增 樊 暴 黎 德 滕 颜 潭 潘 懂 憨
十六笔	8	燕 薛 薄 霍 冀 穆 衡 懈
十七笔及以上	7	戴 鞠 藏 檀 魏 藤 瞿
复姓	5	上官 欧阳 呼延 皇甫 诸葛

第四章　婚姻 家庭

第一节　婚 姻

1990年，全县15周岁及以上人口703951人。其中，男性346261人，女性357690人；未婚180548人，占25.65%；有配偶476091人，占67.63%，其中男性235455人，女性240636人；丧偶45233人，占6.43%，其中男性12903人，女性32330人；离婚2079人，占0.30%，其中男性1513人，女性566人。

2000年全国第五次人口普查，婚姻状况采取在调查的户中按10%的比例进行抽样调查。抽查结果显示：在全县15岁及15岁以上78015人抽样中，男性38239人，女性39776人；未婚17548人，占被抽查人口的22.49%，其中男性9348人，女性8200人；初婚有配偶55332人，占被抽查人口的70.92%，其中男性27105人，女性28182人；再婚有配偶623人，占被抽查人口的0.80%，其中男性273人，女性350人；离婚285人，占被抽查人口的0.37%，其中男性230人，女性55人；丧偶4227人，占被抽查人口的5.42%，其中男性1238人，女性2989人。与1990年第四次人口普查相比，未婚人口和丧偶人口的比例有所下降，有配偶人口和离婚人口的比例略有上升。

2010年全国第六次人口普查，对婚姻状况继续采取10%的抽样方法。在15岁及以上的82447人抽样中，男性为39800人，占被抽查人数的48.27%。其中未婚17911人，占被抽查人口的21.72%，男性9382人，占未婚人口的52.38%；有配偶的58579人，占被抽查人口的71.05%，男性28319人，占有配偶人口的48.34%；丧偶5299人，占被抽查人口的6.43%，男性1685人，占丧偶人口的31.80%；离婚658人，占被抽查人数的0.80%，男性414人，占离婚人数的62.93%。与2000年第五次人口普查相比，未婚人口比例略有下降，初婚有配偶人口、丧偶人口和离婚人口比例上升。

第二节　家 庭

家庭规模　1986年，全县204251户，户均4.55人。

1990年，全县231422户，户均4.52人。家庭户规模中，1人户10697户，2人户23666户，3人户30346户，4人户48227户，5人户58353户，6人户30853户，7人户16191户，8人户7619户，9人户3149户，10人及以上户2321户。

2000年，全县291034户，家庭户人口1037882人，占总人口的98.7%，家庭规模为户均3.57人，比1990年下降0.95人。家庭户规模：1人户20725户，2人户50155户，3人户79450户，4人户66427户，5人户46773户，6人户18007户，7人户6561户，8人户1990户，9人户613户，10人及以上户333户。家庭户规模构成呈现“中间大，两头小”的特点，即2人户、3人户、4人户、5人户所占比重较大，占家庭户总数的83.43%，其中3人户和4人户占家庭户总数的50.12%；1人户只占7.12%，6人及以上户占9.45%。

2010年，全县307865户。其中，1人户33150户，2人户74161户，3人户80890户，4

人户68866户，5人户30993户，6人户11646户，7人户4629户，8人户1967户，9人户902户，10人及以上户661户。2人户、3人户、4人户所占比例较大，占家庭户总数的72.73%；1人户、5人户占20.83%；6人及以上户占6.43%。

家庭类别 1990年，1代户28053户，2代户160190户，3代户40593户，4代户1798户，5代户2户，其他户786户。2代户最多，占家庭户总数的69.22%，其次是3代户，占家庭户总数的17.54%。

2000年，1代户62250户，2代户189262户，3代户37862户，4代户1654户，5代户及以上6户。一对夫妻与其未婚子女所组成的2代户家庭最多，占全县总户数的65.03%，其次是一对夫妇户家庭，占21.39%，3代户家庭列第三位，占13.01%，4代及以上多代户仅占0.57%。按民族分，单一民族户有290596户，占总户数99.85%，两个民族户437户，占总户数0.15%，三个民族户1户。

2010年，1代户91526户，2代户165425户，3代户48456户，4代户2457户，5代户及以上1户。2代户最多，占总户数的53.73%，其次是1代户，占29.73%。

第五章 计划生育

第一节 管理措施

1980年，县委、县政府制定《关于计划生育的若干规定》，全县人口增长开始从无序发展向有计划管理转变。至1988年，人口出生率仍然较高。1988—1991年，单县被省委、省政府纳入重点管理。县委、县政府多次修改、重申计划生育政策规定，先后提出：计划生育工作要以宣传教育为主，避孕节育为主，经常工作为主；各级党政“一把手”要亲自抓，负总责，落实人口计划要实行政策和计划“双轨”制，层层落实人口目标责任制，逐级签订人口目标责任书，年终考核，兑现奖惩等要求；在全县开展“看单县人口形势，学文登先进经验，誓打计划生育翻身仗”的宣传讨论，把计划生育工作作为全年工作的重点，狠抓先、后进单位和个人典型，通过采取两女户结扎，新婚不到晚育年龄不生孩子和农村独女户不到间隔年龄不准生二胎等多项措施，从而使计划生育工作走上经常化、规范化、深入化的轨道，跳出了落后县圈子。1991年，全县人口出生率由1990年的20.76‰下降到15.8‰，计划生育率由1990年的80%上升到94.7%。1994年，获全区一等奖。1995年后，全面落实“三为主”（宣传教育为主、避孕节育为主、经常性工作为主），推行“三结合”（计划生育与发展农村经济相结合、与帮助农民勤劳致富相结合、与建设文明幸福家庭相结合），加强“两化”建设促进“两个转变”（即由仅就计划生育抓计划生育向与经济、社会发展紧密结合，采取综合措施解决人口问题转变；由以社会制约为主，向逐步建立利益导向与社会制约相结合，宣传教育、综合服务、科学管理相统一的机制转变），做到责任、投入、措施“三到位”，形成各级党政“一把手”亲自抓，负总责，各有关部门齐抓共管，综合治理人口问题的管理新格局。1997年，单县被省委、省政府授予“计划生育‘三为主’先进县”称号，与20世纪80年代相比，1991—1999年，全县少生人口近10万，人口出生率降至1999年的9.14‰，自然增长率降至3.74‰，实现低出生、低死亡、低自然增长的现代生育模式。2005年，建立计划生育工作“季检查、季处理、季通报”制度。及时解决工作中的热点、难点问题，对出现违法生育的单位和行政村每季度处理一次，加大计划生育工作考核力度，将考核结果排出名次，在县电视台公布，同时以文件的形式向各单位通报。对一些重大问题，党政两个“一把手”都亲自听汇报、拿意见，保证全县计划生育工作健康有序地开展。2006年，实施避孕节育优质服务、出生缺陷干预和生殖道感染干预“三大工程”。县财政投入资金300万元，建设标准化计划生育服务站、室。2007年，落实人口出生计划、季度孕查、节育措施、性别比控制、流动人口管理和社会抚养费征收等六项计划生育常规措施。开展城区计划生育规范化管理和计生队伍的作风整顿工作，建立健全计划生育规范化工作机制。

计划生育女专职主任培训

2006年12月17日摄影

2008年，县成立人口计生公益事业促进会，通过政府支持、社会参与、企业冠名捐助的方式，设立人口关爱公益金，对因病、因灾或因意外伤害而使生活陷入困境的计划生育困难家庭进行救助，建立社会化、市场化、公益化的人口关爱新机制，架起政府和社会各界联手救助困难家庭的桥梁，探索出对计划生育家庭帮扶救助的新模式，收到很好的社会效果，在全省推广。2009年，县委、县政府在全面落实计划生育奖励和优惠政策的基础上，探索建立新型计划生育利益导向机制，相继制定《关于建立健全计划生育利益导向机制的意见》《关于进一步加强人口计生公益事业的意见》等文件，先后实施农村计划生育家庭子女免费接受中等职业技术培训，部分计划生育家庭免费享受健康查体服务以及减收住院费用、增加新农合报销比例等一系列针对计划生育家庭的优先优惠政策。2005年、2006年，单县分别被市委、市政府和省委、省政府授予“计划生育优质服务先进县”称号。

第二节　计划生育政策

基本生育政策　1986年后，实行国家提倡的一对夫妇只生育一个孩子的政策，在农村，从1990年起，按照《山东省计划生育条例》的规定，第一胎是女孩的，育龄妇女年满30周岁，由本人申请，经县计划生育主管部门批准，可以生育第二胎，但无论什么情况，都不允许生育第三胎。

晚婚晚育政策　20世纪80年代初期，落实国家提倡和鼓励的晚婚晚育、少生优生政策。男年满25周岁、女年满23周岁以上结婚为晚婚，晚婚后生育为晚育。1988年7月，按照《山东省计划生育条例》规定，对晚婚者增加婚假2周，晚育者增加产假2个月，所增假期视为出勤；农村居民免一年集体义务工。2002年，对晚育者，增加男方护理假7天，护理假视为出勤，工资、福利待遇不变。

独生子女优惠政策　1988年，报名领取“独生子女证”者至孩子14周岁止，每月发给10元独生子女费。1993年起，对已报名领取“独生子女证”的夫妇，办理独生子女父母养老保险，一次性缴纳保险金600元，资金来源由乡镇、村、个人按3∶2∶1的比例分担。2008年起，机关、事业单位的独生子女父母退休后，加发5%

的退休金（退休金为100%的不再加发）。独生子女优先入托、入学、就医、招工。城镇分配住房，中考，独生子女加分。农村划分宅基地、责任田，优先照顾独生子女户。严格落实国家的计划生育奖励优惠政策：农民的独生子女父母奖励费由乡级财政负担70%，县财政补助30%，由县级财政委托金融机构发放。2006年，对自愿放弃二孩生育指标终生只要一个孩子的家庭，每户奖现金3000元。2009年，为农村55岁以上的计划生育奖励扶助对象，每人每月发放50元的奖励扶助金；为参加新农合的计划生育奖励扶助对象、放弃二孩生育指标的夫妻和双女绝育户夫妻办理计划生育优惠证，在医院报销时，在原来报销比例的基础上凭证增加30%的报销比例；农村计划生育家庭子女免费接受中等职业技术培训。2009年起，两女户在规定时间内落实绝育措施的，一次性奖励1000元；县财政每年为54周岁以下的两女绝育户夫妻和子女年龄满14周岁以上的独生子女父母代交10元的参加新农合费用。2010年，落实计划生育利益导向政策，为符合中考加分条件的计划生育家庭子女升学加10分，救助100名贫困大学生。

拓宽计划生育奖励优惠范围。从对计划生育户的现金奖励逐步扩展到子女教育、养老、生产、生活等领域，使实行计划生育的家庭经济上得实惠，政治上有荣誉，生活上有优待，养老上有保障。

第三节 节育措施

1986年，已生育子女的妇女，多数采取放置节育环（简称放环）避孕，由管理区放环员到其家中放环。1987年，乡镇服务站配备10毫安X光机，巡回为各村育龄妇女检查服务，每年两次。1989年4月起，实施男、女结扎手术（泛指男女绝育手术）。男性推广输精管注射粘堵和可复性输精管注射栓堵绝育术，后采取两侧输精管小切口近端包埋法。1991年，实施“一放二扎”（放环，做男、女扎）避孕节育措施，以女扎为主，女扎不合格的再做男扎。1993年起，对已婚育龄妇女进行季度查体，男扎、女扎等手术在县计划生育技术服务站，放环到乡镇服务站。1999年，全县在60个村试行避孕节育措施知情选择试点，指导群众自愿选择适合自身特点的避孕节育措施。2001年10月，国务院《计划生育技术服务管理条例》颁布实施，全县坚持计划生育服务实行国家指导和个人自愿相结合的原则，采取保障育龄夫妇知情选择安全有效、适宜的避孕措施。对农村实行计划生育的育龄夫妇和流入单县的已婚育龄夫妇，免费提供查环、查孕、放取环、流引产、男女绝育手术等技术服务。所需经费由县财政支付。2006—2009年，县筹资6000万元，按照国家规定标准，建成1所县级服务站和21所乡级服务站，购买20台新型B超机，为全县广大育龄妇女提供优质节育技术服务。2010年起，实行分类定点施行节育手术。其中，放环及绝育、流产手术分别由乡镇中心服务站、县计划生育服务站施行，

计划生育奖励扶助金发放仪式

免费查体

引产手术由县计划生育服务站统一转到定点医院施行，确保手术安全，防止弄虚作假。

第四节　优生优育

2002 年，执行《山东省人口和计划生育条例》，提倡优生优育。提倡婚前医学检查，凡申请结婚登记的男女双方，到县服务站免费查体，然后到婚姻登记处办理结婚登记手续。对直系血亲和三代以内旁系血亲以及患有医学上认为不适合结婚的患者，为其提出合理建议。各乡镇负责组织申请结婚的男女青年和申请生育的育龄夫妇到人口学校接受培训，学习婚育、优生、优育和生殖保健知识。对已领取结婚证的青年夫妇，指导他们选择最佳生育年龄、最佳受孕期等；对持有生育证的育龄夫妇，及时组织到服务站查体，从怀孕 3 个月起，建立孕期保健档案，填写孕期保健卡和孕期保健手册，纳入孕期保健管理与服务体系；怀孕 4 ～ 6 个月，到县计生服务站做一次胎儿 B 超检查、监测；怀孕 7 ～ 9 个月，每月一次孕期保健检查。该年，全县有 7129 名孕妇参加孕期保健，参保率 90%。县计生服务站增设孕前优生“四项病毒检测”（风疹病毒、单纯疱疹、巨细胞病毒、弓形体）项目，开展病残儿家庭二胎优生监护。同时，为控制胎儿出生性别比例失调，与 B 超室工作人员签订责任书，严禁非医学需要鉴定胎儿性别和选择性别终止妊娠。在孕情监控中发现异常情况者，及时到县服务站诊治，由县计生局审批后，实行终止妊娠术。2010 年，全县有 95% 以上的孕妇到医院或保健院分娩。医院、保健院及时为婴儿免疫接种，全县婴幼儿免疫预防接种率达到 100%。

第五节　宣传教育

1986 年后，计划生育工作继续落实宣传教育为主的“三为主”工作方针。1990 年 12 月，陈蛮庄乡廉庄村退休教师廉培芝在家开办菏泽地区第一所村级人口计划生育人口学校，为青春期、新婚期、孕产期、育儿期、更年期“五期”育龄人群提供不同的义务教育服务。在他的影响和教育下，他的女儿廉艳菊和该村 12 名女青年联名向全县青年发出晚婚晚育倡议书。之后，全县各乡镇、行政村相继建立人口学校，对群众开展面对面地宣传教育。1996 年 10 月，新修正的《山东省计划生育条例》颁布实施后，在全县开展学习、宣传、贯彻活动。组织宣讲队伍，由县委、县政府、县人大、县政协主要领导和县人口与计划生育领导小组成员，带领群众团体、县直各部门、企事业单位以及县计生委和驻城全体计划生育工作人员，身披彩带、手持彩旗，在鼓乐声中，走上街头，散发并宣讲新《山东省计划生育条例》。并在城区设立 7 个咨询点，由法规宣传人员和医务人员向过往群众进行新《条例》宣传和提供避孕节育、优生、优育、优教咨询服务，共发放各种宣传品9500余份，参加咨询人数达2万人。同时安排四辆彩车到闹市区进行巡回宣传。2000年，县计生委印发《单县计划生育宣传教育工作规范的通知》，全县502个行政村均建立一室多用的人口学校，对育龄妇女分“五期”分别进行培训，学习晚婚晚育、优生优育、避孕节育、人口理论知识和政策法规等。该年，全县参加学习的人数达50万人次，参学率达99%。2007年，在全县开展计划生育宣传年活动，各村《山东省人口和计划生育条例》、计划生育基础知识宣传单张贴上墙，在人口集中的地方布置计划生育图片宣传一条街。县广播电视台开辟《人口之窗》栏目。全年，共印发《人口与计划生育基础知识》手册4万本，悬挂永久性过街宣传横幅256幅，宣传知识版面628块，计划生育宣传一条街66条，计划生育知识内容张贴上墙7000幅。县计生委把人口与计划生育基础知识打印成册，每个育龄妇女人手一册。建立学习档案，抽查育龄妇女应知应会情况，将成绩记入每年的人口责任目标考核。2009年起，建立单县计划生育培训中心，开始培训乡镇、村及县直部门计划生育干部，每年培训1400人次。2010年，进一步加强计划生育基层基础宣传教育工作，将培训范围扩展到村级支部书记和计生女专职副主任。

第四编

基础设施

SANY

1986年后，随着经济的快速发展，单县对城乡建设、交通、邮电、电力、水利等基础设施建设的投资不断加大。1989年，实现行政村村村通电，1996年，户户通电。1994年后，移动通信、数字化传输、互联网业务相继开通。至2010年，城区共新建、扩建城市公园、广场10余处；新建住宅小区和商住区16处，在建32处；城区道路由1986年的6条增加到25条，总长由35公里增加到120.45公里，增长2.44倍。乡镇驻地街道两旁多建起2～3层商住楼房，建筑面积达96.62万平方米，初步形成区域性行政、文化、商业中心。小康村建设成效显著，新农村建设蓬勃兴起。按照统一规划、统一住房规格标准、统一配备基本设施的要求，全县先后建起李田楼镇李田楼新村、南城街道黄小楼新村等9处新村，节约大量耕地，农民的居住环境、生活质量得以优化和提高。境内干线公路全部完成升级改造或扩建、改建。县乡公路里程达到709.8公里，其中县道246.1公里，乡道463.7公里，分别为1986年的3.9倍和2.57倍。年客运量1677.49万人次，货运量3012.8万吨。全县共开挖、疏浚流域面积在30平方公里以上的干、支河道12条，总长351.6公里，修建节制闸37座，桥梁450座，涵洞121座，开挖一、二、三级排灌沟渠1388条，总长2970公里，改造涝洼地面积3.2万公顷，累计打井46507眼，配套机井19020眼，拥有水利机械19866台（套）。全县有效灌溉面积7.2万公顷。

第一章　城乡建设

1984年后，单县先后编制完成三轮城市总体规划并付诸实施，城市建设逐渐进入快速发展时期，城市面貌日新月异，功能日臻完善。至2010年，城区建成区面积35平方公里；道路总长120.45公里，为1986年的3.44倍，城区人均道路达25平方米；城区排水管网总长150公里；建成区绿化面积857万平方米，人均占有绿地10.57平方米，绿化覆盖率35.6%；城区有路灯7000余盏，景观灯1万余盏，埋设电缆近30万米。公园、广场从无到有，先后建成慧光公园、湖西公园、玕山公园、湖西人民广场等公园、广场10余处。房地产开发蓬勃兴起，累计完成商住建筑面积96.58万平方米，城区居民的居住条件得到较大改善。

“世纪之光”雕塑

1989年后，小城镇、小康村和新农村建设相继实施。2001年，乡镇驻地建筑面积185.49万平方米，其中楼房面积10.89万平方米；总人口12.3万人。2007年，编制完成村镇体系规划。至2010年，乡镇驻地建筑面积增加到436.82万平方米，其中楼房面积增加到96.62万平方米；乡镇驻地总人口增加到32.7万人。农村房屋建筑面积3480.8万平方米，人均居住面积28.8平方米，为1987年的2.4倍。

第一节 城乡规划

县城规划 1982年，单县第一轮城市总体规划编制完成，1984年6月21日，经山东省人民政府批复实施。规划确定县城以发展农副产品加工业为主，主要向东、向南发展，到2000年，城市人口规模达到6万人，面积8平方公里。随着县城的快速发展，第一轮城市总体规划已失去指导意义，1995年年底，县政府委托山东省城乡规划设计研究院在第一轮总体规划的基础上，编制完成第二轮《单县城市总体规划（1996—2010年）》。规划确定县城是以农副产品加工业为主的商贸城市。规划近期到2000年，远期到2010年。城市人口规模：近期17万人，远期25万人；用地规模：近期20.4平方公里，远期28平方公里；中心城用地发展方向：南部完善（以南环路为界），东沟河以东防止污染、控制发展为主，向北为城市主要发展方向。城市用地布局：古城新城、内环外环；北工南文、行政东迁；一圈商业、八处公园；生活居住分六片。

2004年6月，经菏泽市政府批准、菏泽市规划局同意，对第二轮《单县城市总体规划》进行调整。7月，成立城市总体规划编制领导小组，委托山东省城乡规划设计研究院修编完成第三轮《单县城市总体规划（2004—2020年）》。2005年11月，菏泽市人民政府批复实施。规划确定县城的性质是以地产资源加工为支撑的商贸城市。规划近期到2010年，远期到2020年，远景到2050年。近期规划范围以东、西、南、北环城路为界。规划到2010年，县城人口规模为22万人，城市建设用地26.09平方公里，人均建设用地为118.61平方米；到2020年，人口规模为35万人，城市建设用地41.27平方公里，人均建设用地为117.31平方米。

县城布局结构：一环、两轴、三带、三片区。一环：城市四周外环路。两轴：以君子路为南北发展轴；以胜利路为东西发展轴。南北发展轴主要串联新城区的生活居住、公共设施中心和新城北部工业区。是以生活为主要特征的城市发展轴线。东西发展轴线主要串联城市的老城、工业仓储和科教研发等功能。从西向东依次为老城、新城组团，产业和科教研发组团。是以产业为主要特征的城市发展轴线。三带：三条绿化景观带。即莱河绿化景观带、东沟河绿化景观带以及连接两条绿化带及老城的城区中心绿化景观带。三片区：即老城片区，以现状老城区为核心，东至君子路，东北至嘉单河，北、西、南至城市用地边缘；新城片区，嘉单河以东，北外环以南，东沟河以西所形成的以行政办公、商务金融、文化体育、生活居住为主的综合新城区，是单县的政治、文化、经济中心；东部工业区片区，东沟河以东，南外环以北的区域，主要以布置生产生活用地为主，并结合现状形成城市的文教科研中心，以后将成为单县的产业发展重点，是单县城区经济发展的支柱。

县城发展形态：以故城为心，以君子路、胜利路两路为轴，以城内水系与周围东沟河、莱河、嘉单河三条河流联成的水系为辐，以新城做轩，新旧结合，协调发展。即以老城现有基础为发展依托，重点发展新城建设。城市向东、向北延伸，形成以新城和东部工业区为载体，老城为车轮，滚动展开的城市发展模式。

县城居住用地规划：城区以二类居住用地为主。按照利用河流和城市主要道路的分隔，中心城形成9个大小不等的居住区。即：城北居住区、老城居住区、城西居住区、西南居住区、城中居住区、城南居住区、东部居住区、东部工业区居住南区、东部工业区居住北区。规划城市居住用地面积为1036.02公顷。

远期规划范围包括单城镇全部，谢集镇、莱河镇、孙溜镇、李田楼乡的部分用地，具体为北到胜利河，南至孙溜镇、莱河镇界，西到翻身河与黄白河，东至李田楼乡界，面积322.6平方公里。

此外，为便于规划控制和管理，将22.9平方公里的浮岗水库划入规划区范围，城市规划区面积共计345.5平方公里。

村镇规划 乡镇规划 2006年9月，县政府开始组织编制乡镇规划。县政府从建设管理局乡村建设股、规划技术服务中心、水利局等部门抽调技术人员，组成规划队伍实地丈量，专业绘制，配合山东省城镇规划建筑设计院的规划编制工作。2007年12月，19个乡镇的规划编制完成并获得县政府批复。

2007年8月，县政府委托山东省城镇规划建筑设计院编制完成《菏泽市单县村镇体系规划（2007—2020年）》。规划确定单县县域发展战略为：立足菏泽，面向鲁西南，抓住“突破菏泽”战略机遇，发挥区位和资源优势，依托中心城镇，推进工业化进程，繁荣旅游和商贸服务业，建设现代化的新兴工业县。规划单县村镇规模分为四级：县城、中心镇、一般镇、中心村。县城规划建成区2020年人口规模为35万人，郭村、黄岗、终兴、徐寨和蔡堂5个中心镇建成区2020年人口规模为2万人以上，规划莱河、高韦庄、浮岗、杨楼、朱集、时楼、李新庄、张集、龙王庙、谢集、高老家、曹庄、李田楼13个一般镇规划建成区2020年人口规模为1万～2万人。规划全县共100个中心村，人口规模在2000人以上。

村庄规划 2005年1月，县政府委托山东省城镇规划建筑设计院、菏泽市鑫源规划设计院开始进行村庄规划编制工作，至2006年底，共完成44个村庄的规划编制工作。2009年4月，县政府委托菏泽市鑫源村镇规划建筑设计院编制完成《单县农村住房和危房改造规划（2009—2013）》。7月，菏泽市政府批准实施。规划2009年全面启动100个中心村的整体改造工作，至2011年利用3年时间全面完成该改造任务。规划体现节约土地、布局合理的特点。

第二节 城区基础建设

道路 1985年，城区只有东关街、西关街、南关街、北关街4条大街和湖西路、向阳路、健康路、文化路、济商路、会馆西路6条大路。之后，陆续进行拓宽和延伸，不断进行升级改造。

1986年4月至1987年10月，拓宽修建文化路，道路宽度由原来的7.5米扩建到24米，红线控制宽度30米。1987年，重修东关街（刘隅首至东护城河），将道路宽度拓宽至18米，柏油路面宽为12米。1988年，拓宽、修建湖西路中段（向阳路至单父路），并延伸至单父路。道路红线宽度28米，柏油路面宽16米。1989年，新修湖西路城区段，路宽16米。1990年，拓宽、改造南关街（武装部至南护城河），红线宽度18米，柏油路面宽12米。1991年，拆迁、新修单

向阳路

父路（原砀定路至纪元路），单侧铺柏油路面宽9米。1992年，打通湖西北路（党校至原105国道），红线宽度28米，道路宽16米。1993年，修建东关街（东护城河至老外环即君子路），柏油路面宽12米。1996年，修建南外环路及西外环路，红线控制宽度60米，柏油路面宽15米。1997年，依靠沿街开发，拓宽改建西关大街（湖西路至纪元路），红线宽度28米，柏油路面宽18米。1998年，新修北外环路及东外环路，红线控制宽度60米，柏油路面宽15米。1999年，贯通湖西南路（单父路至南外环路），道路红线宽度40米，柏油路面宽15米。2000年，贯通湖西北路（原105国道至北外环路），红线宽度40米，柏油路面宽15米。2001年，拓宽、改造纪元路，并向北延至北外环路，城区段（健康路至物资局）红线宽度35米，物资局至北外环路道路红线宽度40米，新修柏油路面宽21米。新修单父路（原砀定路至西外环路），红线宽度40米，柏油路面宽21米。2002年，开发东关街，重修东关街（南关街至东外环路），道路红线宽度40米，柏油路面宽24米。2003—2009年，经济开发区新建道路10余条，形成五纵六横的道路网。2003—2004年，修建单父路（东外环路—君子路）、樊楼路。2004—2005年，修建创新路、平乐路、行政路、孟清路和滨河路。2006—2007年，修建兴元路、向阳东路（君子路—园艺路，创新路—东外环路）和南樊路。2004—2006年，老城区改造完善、配套道路建设，对胜利路、单父路、湖西路、纪元路、健康路、向阳路、文化路等道路进行硬化、绿化、亮化。2006年9月，对城区道路和街道进行更名：单父路改为舜师路；纪元路改为白云路；平乐路改为君子路；行政路改为人民路；东关街、西关街和胜利街均改为胜利路；单曹路白云路至西外环段改为胜利西路；原孟清路北外环路至向阳东路段改为平原路；原孟清路向阳东路至南外环段改为园艺路。2009年，建设北园路，对湖西路中段、胜利路中段和舜师路西段进行翻新铺油。2010年，建设单州路，全长3.4公里，道路红线宽度40米，路面宽24米。建设向阳路东段长700米，道路红线宽度50米，路面宽24米。当年年底，城区道路增加到25条，其中新建道路（主要在经济开发区）10条。城区道路总长由1986年的35公里增加到120.45公里，增长2.44倍，城区人均道路达25平方米。新建城市主干道全部为沥青路面，快车道宽度都在30米以上，最宽达40米以上。城区主次干道红绿灯、交通隔离护栏、交通标示线、交通岗亭、交通站亭等交通设施齐全。2009年12月30日，公安部、工业和信息化部、住房和城乡建设部、交通运输部、国家安全生产监督管理总局六个部委授予单县2009年度“全国平安畅通模范县”称号。

湖西路　　2010年摄影

舜师路

1986—2010 年单县城区主要道路一览表

表 4-1-1

道路名称	2006 年前名称	起止范围	红线宽度（米）	长度（米）	断面形式	现状宽度（米）	道路性质	柏油面积（万平方米）	人行道面积（万平方米）	修建年份	备注
北外环路	北外环路	西外环路—东外环路	35	8457	1 板块	60	主干道	15.8	—	1998	2005 年加宽 8 米，面积 3 万平方米
外贸路	外贸路	白云路—湖西路	25	880	1 板块	18	次干道	0.62	—	1993	—
牌坊街	牌坊街	湖西路—南大街 城隍庙街—胜利路	18	700	1 板块	18	支路	0.85	0.42	1994	—
胜利路	西关街	湖西路—白云路	50	860	1 板块	35	主干道	1.55	1.50	1997	—
胜利路	胜利街	南关街—湖西路	50	450	1 板块	40	主干道	0.81	0.99	1998	—
胜利路	东关街	南关街—东外环路	50	3250	1 板块	40	主干道	7.80	5.50	2002	—
胜利西路	单曹路	白云路—西外环路	50	1800	1 板块	40	主干道	4.15	—	2005	—
文馆庙街	文馆庙街	湖西路—南关街	18	460	1 板块	15	支路	0.46	0.69	1999	—
健康路	健康路	白云路—酒厂	25	1780	1 板块	40	次干道	3.70	3.60	2003	—
舜师路	单父路	原砀定路—西外环路	50	3100	1 板块	40	主干道	6.50	3.50	2001	—
舜师路	单父路	原砀定路—君子路	50	670	1 板块	48	主干道	1.70	0.70	2003	—
单州路	单州路	文化路—湖西路	45	650	1 板块	40	次干道	0.98	—	1999、2005	2005 年修师范段
南外环路	南外环路	西外环路—东外环路	35	8600	1 板块	60	主干道	13.9	—	1996、2006	2006 年修开发区段
西外环路	西外环路	南外环路—北外环路	35	4620	1 板块	60	主干道	9.50	—	1996	2005 年加宽 8 米（北外环—五叉路口）

续表 4-1-1

道路名称	2006 年前名称	起止范围	红线宽度（米）	长度（米）	断面形式	现状宽度（米）	道路性质	柏油面积（万平方米）	人行道面积（万平方米）	修建年份	备注
白云路	纪元路	北外环路—南外环路	45	6100	1 板块	40	主干道	15.0	3.50	2001（北段）2003（中段）2005（南段）	—
湖西路	湖西路	北外环路—南外环路	45	6710	1 板块	40	主干道	16.1	8.00	1998（中段）1999（南段）2000（北段）	—
南关街	南关街	武装部—向阳路	18	780	1 板块	18	支路	0.94	0.50	1990	—
文化路	文化路	南外环路—健康路	35	2650	3 板块	30（局部 40）	次干道	5.70	—	1986	—
东外环路	东外环路	北外环路—南外环路	35	5220	1 板块	60	主干道	7.90	—	1998	—
君子路	平乐路	北外环路—南外环路	50	6780	1 板块	120（绿线）	主干道	20.5	—	2005	—
人民路	行政路	北外环路—舜师路	35	4150	1 板块	40（绿线）	次干道	10.4	—	2005	—
平原路	孟清路	北外环路—向阳东路	50	3450	1 板块	120（绿线）	主干道	8.7	—	2005	—
滨河路	滨河路	北外环路—胜利东路	35	3350	1 板块	60（绿线）	次干道	8.4	—	2005	—
园艺路	孟清路	向阳东路—南外环路	50	2580	1 板块	120（绿线）	主干道	6.5	—	2005	—
创新路	创新路	南外环路—兴元路	35	3200	1 板块	60（绿线）	支路	4.8	1.5	2004、2005	—
南樊路	—	东外环路—48 号路	45	2400	1 板块	60（绿线）	次干道	3.6	—	2006、2007	—
樊楼路	樊楼路	东外环路—南外环路	25	3510	1 板块	60（绿线）	支路	5.3	4.0	2003、2004	—
舜师路	单父路	东外环路—君子路	50	3300	3 板块	90（绿线）	主干道	12.5	3.5	2003、2004	—
向阳路	向阳东路	君子路—园艺路 创新路—东外环路	50	3070	1 板块	60（绿线）	主干道	7.7	1.2	2006	—

桥梁　1986年，县城区有四门桥、四堤桥和向阳东桥、向阳西桥、东风桥、外贸桥等桥梁12座，全为单孔拱桥，砖石结构。1987年，修建湖西桥（湖西路）。1990年，南关桥改建为石拱桥，更名阜兴桥。1992年，改建湖西路桥2座，北为迎宾桥，南为湖西桥，均为石拱桥。1994年，修建仙人桥（石砌拱桥）。1996年，改建西关街西护城河桥、西堤河桥。2002年，改建东护城河桥（胜利路），更名为八景桥。跨东沟河大桥重新修建（胜利路）。2003年8月，建成舜师路跨东沟河舜师大桥。2004年，西护城河新建石拱桥两座，即：金桥、玉桥。2005年，建向阳东路跨东沟河舜通大桥和君子路跨东沟河桥。2006年，建兴元路跨东沟河兴元桥。2007年，改建北护城河桥（北关街）。2008年，修跨东沟河沈窑桥。2010年，修单州路跨东沟河桥，北园路跨莱河桥。城区共有桥梁19座，其中新修、改建18座。

舜通大桥

城区照明　1985年，单县路灯管理所刚成立时，只有老南关街有60余盏马路弯灯，没有专门灯杆，均安装在电线杆上，且时常断电。2000年城区路灯增加到624株，主要集中在城区主干道南关街、西关街、湖西路中段、向阳路西段、胜利街中段（县委、政府周围）、文化路（一中附近）等。2004年，开发区舜师路、园艺路、南园路、创新路、向阳路东段新装路灯609株。当年，城区路灯数量增加到1400余株，照明街道20余条，供电线路200余公里，城区主次干道均有安装。2005年，老城区胜利街、文化路、湖西路南段、纪元路、健康路以及百条巷道新装路灯，更换向阳路西段、湖西路中段路灯共计2000株。2006年，按照“路通到哪里、灯就亮到哪里”的原则，南樊路、南环路、天使路、天舜路、滨河路、人民路、高新区、舜亦新能源、君子路和北外环等10条道路新装路灯1178株。至此，城区道路照明装置率98%以上，路灯数量增加到3000余株2万余盏。2009年，响应国家节能减排号召，对湖西路中段、北段，北外环西段路灯进行改造，共安装LED节能灯868株，太阳能灯120盏。6月，全市路灯节能现场会在单县召开，会议介绍推广单县在路灯节能方面的做法和经验。2010年，单虞路、单州路、西外环、迎宾大道、北外环东段等路段新增LED路灯652株、高压钠灯502株。至年底，单县城区有路灯7000余株，景观灯1万余盏，地埋电缆近30万米，配变压器98台、控制柜99台。

城区照明在追求亮化的同时追求美化。路灯造型各异，灯型根据道路周围环境、道路宽窄、地理位置及城市现代化发展要求，由原来的简易马路弯灯、鹅脖式短管灯改为配套的单、双臂灯；白炽灯改为照明效果更好，节能降耗的高效应、高质量、高品位的高压钠灯、LED节能灯及太阳能灯和风能灯；杆座式悬空变压器改为落地箱式变压器；使强弱电管线入地，提高了照明设施档次。路灯品种基本上“一路一景”。主要造型有水晶灯、五火路灯、中华灯、高杆射灯等。并在街头绿地、城市出入口等节点大量设置景观灯，主要造型有七彩灯柱、中国结灯、奥运之星、槐花灯、草坪灯、树灯、五火庭院灯、灯光小品、景观灯柱等。2010年，公园、广场、主要区段绿地、城区主要跨河桥梁、东沟河、护城河等实施景观亮化建设。同时，主次干道两侧高层建筑物、企事业单位、沿街门市门头广告、行道树、广播电视塔、开发区居住小区建筑等全部实施美化、亮化立体包装。每到春节、元宵节等传统节日，街头绿地、城市重要出入口等城市节点被流星雨、LED灯光等装饰一新，烘托了节日气氛。城区路灯控制开关由原来的手动改为微电脑自动开关，能根据日落日出时刻自动控制开关时间。

福鑫花园　　2010年摄影

住宅小区建设　1986—1997年，县城住宅分两种，一种是市民个人住宅，一种是党政机关、工厂、学校等较大企事业单位的家属院。住房多为平房，间或有二、三层小楼，多为砖混结构，自建或单位筹建，较散乱分布在城市街道以外、老护城堤以里和城郊区。1998年房改后，住宅和房地产业发展迅速，县城住宅建设均按照城建统一规划、合理布局、综合开发、配套建设的方针，由政府或开发商投资，以居民小区的形式布局，房屋建设模式、结构为多层或小高层楼房，钢筋混凝土框架式结构，分保障房和普通商品房两个体系。2001—2010年，先后建起南华苑小区、杏坛雅苑、天使花园、滨河小区等15个小区，另有绿洲湾花园、乾隆御街、上东名府等32个小区正在建设中。

舜师名园

2001—2010年单县建成小区统计表

表4-1-2

小区名称	坐落位置	建筑面积（万平方米）	投资规模（万元）	建成时间	类别
南华苑	舜师路路南	5	5500	2005.07	住宅
杏坛雅苑	创新路路西	3.2	4800	2007.01	住宅
天使花园	单州路路南	2	2000	2007.09	住宅
滨河小区	湖西北路路东	1.28	1500	2008.05	住宅
鲁南商贸城	白云路路东、单县长途汽车站南	2.94	3600	2008.07	商住
景新苑	胜利东路路南	2.6	3000	2009.01	住宅

续表 4-1-2

小区名称	坐落位置	建筑面积（万平方米）	投资规模（万元）	建成时间	类别
佳裕花园	健康路路北	4.5	6000	2009.03	商住
堤香水岸一期	北园路路南、湖西北路路西	3.9	5000	2009.06	住宅
福鑫花园	湖西北路路东	5	8000	2009.07	商住
上海花苑	舜师东路路南	4.68	12000	2009.08	商住
正大花园	胜利路路南	3.8	5700	2009.12	住宅
阳光嘉园	向阳东路路北	17.3	24000	2010.02	住宅
巴黎商贸城一期	健康路路北、文化路路西	2.8	4000	2010.06	商住
舜师名园	舜师东路路北、东沟河西	22.28	24000	2010.07	商住
淮海现代城	舜师东路路南、园艺路路西	15.3	15000	2010.12	商住
锦绣花园	湖西北路路东、北园路路南	11.3	15000	2010.12	住宅

2010 年单县在建小区基本统计表

表 4-1-3

小区名称	坐落位置	规划建筑面积（万平方米）	投资规模（万元）	预计建成时间	类别
东大佳苑	舜师东路路南	20	40000	2014.09	商住
名仕豪庭	单州路路北、君子路路西	4.3	12000	2013.02	住宅
东方国际新城	园艺路路西、单州路路南	30	46000	2013.11	住宅
浙江商贸城	舜师西路路南、白云路路西	11.33	28000	2013.12	商业
中央花园	君子路路东、向阳路路南	44.8	74000	2013.08	住宅
天成帝景	文化路路东	16.21	42000	2012.12	商住
东城美地	舜师东路路北、园艺路路东	12.7	22000	2013.12	住宅
学府佳苑	舜师东路路南	4.44	12000	2013.07	商住
凤来邑水景花园	向阳东路路北、东沟河西	15.6	38200	2014.10	住宅
博雅苑	舜师东路路南	5	15000	2014.08	商住
清华园	向阳东路路南、园艺路路东	24.66	53000	2014.11	住宅
九瑞花园	舜师西路路北	12.8	22200	2013.09	商住
乾隆御街	胜利路路北	3.42	10000	2012.11	商住
府东商城	舜师路东路北、人民路路东	8.6	19750	2013.06	商住
时代广场	舜师东路路南、东沟河东	46	110000	2014.12	住宅
绿洲湾花园	湖西南路路东	14.7	20000	2012.07	商住
上东名府	向阳东路路南、人民路路东	8	15700	2012.11	住宅

续表 4-1-3

小区名称	坐落位置	规划建筑面积（万平方米）	投资规模（万元）	预计建成时间	类别
万隆国际批发城	西环路路东、北环路路南	87	174000	2013.11	商住
阳光水岸	东沟河以东、南园路路西	17	37000	2014.06	住宅
大名城	胜利路路北	30	36000	2014.05	商住
府前温州商城	胜利路路南、南关街街西	17.21	45000	2012.12	商住
书香苑	舜师东路路南、创新路路西	3.9	4600	2012.12	商住
铂金湾	单州路路南、东沟河东侧	30.8	50000	2014.07	住宅
北辰新都	湖西北路路东	20.66	43000	2013.10	商住
堤香水岸二期	北园路路南、湖西北路路西	2.7	6000	2012.11	住宅
永顺国际花园	向阳东路路北、创新路路西	85	110000	2014.11	住宅
御景园	胜利东路路南、滨河路路西	9.3	18300	2013.12	住宅
凤凰城	文化路路东、舜师路路南	135	250000	2014.12	商住
万达御花园	健康路路北	22.26	60000	2014.11	商住
万德福购物广场及锦绣华庭	向阳路路北	21.5	30000	2014.12	商住
丰泰单州华府	白云南路路西	33	82500	2014.12	住宅
惠民小区	平原路路西	8.7	12000	2012.11	住宅

供水 城区供水全部依靠地下水资源。供水系统分为统一供水（自来水供水）和企业自备水井供水。1986年，城区统一供水有深井2眼，管网长度6公里，供水管道以石棉管、铸铁管、水泥管为主，多为1976年自来水公司成立后铺设，管网铺设不合理，且管径偏小，管段流速高，水损严重，水费回收率30%。1990年，有供水深井3眼，管网长度增加到10公里，能满足城区30%居民用水。1999年，供水深井增加到7眼，年供水能力达到255万吨，供水管道长度增加到14公里，基本满足城区居民生活用水，供水普及率50%。2001年，由于持续干旱和地下水资源超量开采，城区地下水位不断下降，自来水公司南井、黄塘井等3眼井报废，其余5眼深井经常出现打空泵、抽不出水现象，城区实行间歇供水。自来水公司将烟草公司、邮政局两眼自备井并入城区供水管网，并新打深井1眼，新增用水户1860户，更换跑水、漏水管道3000余米，延伸各街道供水主干线，供水管道长度增至18公里。2004年供水管网增至26公里，年供水量250万吨。2007年管网长度增至50公里。2010年，共有供水深井11眼，城区管网总长度增加到67公里，日供水能力1万吨，年供水量328万吨，城区供水普及率60%。

排水 河道排水 主要有莱河、嘉单河、东沟河、护堤河、护城河。其中东沟河是新城区、

护城河

白云路以东及老城区（护城堤内除外）大部分区域的排水通道；莱河是白云路以西城区排水河道；嘉单河是老护城堤内及城区北部部分区域的排水通道。排水管道有管网排水管道、砖砌排水管道、管网砖砌相结合排水管道三种。

机械排水　历史上因黄河泥沙的经常淤积，逐渐使护城堤内的老城区变成低洼地和涝洼区。老城区与护城堤外内低外高，雨水无法自流排出，护城堤内汛期雨水均汇集到护城河、仙人湖及22处大小不等的坑塘，再由提排站排出城外。

1992年，县水利局在城内东北堤角建一处防汛提排站，流量为3500 立方米/小时（轴流泵），1999年，改造为电机作动力。1995年，在南堤建一处泵站，流量1760立方米/小时（混流泵）。2003年，在东北堤角增加2台潜污泵，每台流量1200立方米/小时。2007年，在井道街及北家后各增加一处提排站，流量均为500立方米/小时（轴流泵）；在南堤增设一处提排站，流量2000立方米/小时（轴流泵）。至2010年，城区共设北堤（井道街坑塘群）、西堤（西关街以南大坑塘）、南堤（仙人湖）、东北堤角（护城河）、莱河污水提排站和家政学院西北角（东沟河）共6处提排站，在顺河街设临时移动泵1台。每到汛期，各提排站有专人24小时值守。每降大雨，各提排站满功率向堤外提水排洪，确保城区安全度汛，没有发生严重内涝现象。

管网排水　1986年以前，城区排水设施简陋，断面小，不系统，排水不畅，经常淤塞。1999年，城市下水道总长度50公里。2004年起，城区道路建设和排水网络一并纳入建设规划，实行同时规划、同时建设、同时施工。2006年，新建从北外环污水处理厂至东沟河第一条污水管网。2007年，建设君子路污水管网（东沟河至宇泰光电）。同年，为提高污水收集率，净化河道水质，建设20处污水入河拦截闸。2008年后，新建道路均铺设大管径混凝土管道，城区基本实现雨污分流，至2010年年底，城区排水管道总长约150公里。管网排水管道分布在君子路、健康路、人民路、平原路、园艺路、创新路、南园路、舜师路、南樊路、单州路、煤炭工业园、晟天工业园、舜亦太阳能；砖砌排水管道分布在牌方街、白云路、北园路、北关街、北马路、南关街、顺河街、胜利路；管网砖砌相结合排水管道分布在湖西路、文化路、向阳路等。

公园　1998—2010年，城区共新建、扩建慧光公园、湖西公园、开山公园、北关休闲广场公园、环堤公园、仙人湖公园、湖西生态公园等城市公园7处。

慧光公园　位于城区西北，占地近20公顷。1999年由日本友人田中富治郎投资近400万元兴建。园内建有景观石、廊架、景观亭、人造湖等。绿树成荫、繁花似锦、细草茸茸、落英缤纷，是人们旅游观光的佳境妙地。

湖西公园　位于老城东南角，原为烈士陵园，占地10公顷，始建于1945年，历经多次修缮。

湖西公园

开山公园　　2010 年摄影

2009 年开始重新修建，更名湖西公园。园内苍松翠柏、鲜花芳草、环境优美，是缅怀先烈和休闲的好处所。

开山公园　2007 年兴建，2008 年建成。位于县经济开发区中心，由天津园林规划设计院设计，占地面积 78 公顷，其中水面面积 13 公顷，工程投资近 4000 万元。公园取意古单八景之开山积雪，含牡丹园、夏秀园、开山古韵、春华秋实四大景区，布有大小景点近百处。公园集中反映“单父”“吕后”“堌堆”与“包公捉妖”“四君子”等地域文化，突出地域文化内涵同自然生态景观特色的全面融合，满足不同年龄层次游人的活动需求，同时对南北穿越公园的东沟河河道进行开挖整治，设坝拦蓄水面，改善水质，形成富有活力、生机盎然的水景空间。

北关休闲广场公园　2005 年建成，位于湖西路北段东侧，占地 7.53 公顷。公园内设有绿地、广场、景观叠泉、廊架等，为北关居民休闲健身提供一个良好场所。

环堤公园　2008 年建成，由山东省山水园林设计院规划设计，环城堤总长 6500 米，总投资 2000 万元。对堤顶进行硬化、亮化，对堤肩堤坡进行绿化，同时布设具有历史文化内涵的梁王亭、赏月亭、千年文化故事墙、汉白玉雕塑景点及休闲设施等。

生态公园　位于君子路路东，东沟河以西。总投资 5000 余万元，占地 21 万平方米，其中绿化面积 11 万平方米，道路广场等硬化 3 万平方米，水体面积 7 万平方米。由同济大学规划设计，2010 年 5 月开工建设，当年 10 月建成并投入使用。

环堤公园

生态公园一角　　2010 年摄影

公园内的景点主要由植物群落、假山瀑布、儿童乐园、景观抛石、栈桥湖亭、湖面风光、景观亮化、喷淋和休闲小亭等组成，为广大群众提供一个休闲娱乐的场所。

广场　1997年以前，城区大型广场只有一个体育广场，全县大型集会和大型群众体育活动均在此举行。1997—2010年，城区相继建成一批新广场，主要有湖西人民广场、湖西财富广场、世纪景观广场等。

湖西人民广场

湖西人民广场　2009年建成，投资1.5亿元。广场位于新老城区结合部，北依湖西大厦，南接义乌商贸城。玉泽湖、玉泽台、玉泽桥沿南北中轴线纵向排列。现代化建筑、自然园林、生态水上景观融为一体。钟楼、旗台、小品景观天然合璧。蓝天、碧水、绿树、游人，和谐共处。广场空间开阔，气势恢宏。自然生态，人文荟萃，实属园林建筑的上乘之作。

湖西财富广场　单县2009年、2010年"十大民心工程"之一，位于新老城区交界处，君子路以东、舜师路以南，北临湖西人民广场，东靠东大医院。投资23.5亿元，占地74.2公顷，是集景观、购物、休闲、娱乐、旅游、餐饮、酒店等多功能于一体的商业广场。广场基础景观建设由北段、中段、商业区三部分组成。北段入口广场占地面积37844平方米，投资5000万元，有动感广场、下沉广场、激情广场、钟楼广场、音乐喷泉、水景喷泉、钟楼、玉泽河、玉润湖、绿化及亮化等，其中硬质铺装面积26431平方米，绿化面积9861平方米，水体面积1552平方米。中段为景观长廊，南北长约600米，包括河道水面、石砌护坡、亲水步道、两岸绿地、景观亮化、人车道路、休闲广场、单州路跨河景观桥等，其中河道水体面积3万平方米，绿化面积2.4万平方米、植树2000余棵，硬质铺装面积3.1万平方米。商业区投资22亿元，建筑面积100万平方米，由浙江江融房地产开发有限公司兴建，分3个区域建设。商业区集义乌小商品市场、大型商场、专业步行街、星级酒店、空中别墅、高层建筑、多层建筑、饮食一条街和配套物流于一体，中国单县义乌小商品市场，远景规划定位是辐射中原地区的小商品集散中心、物流中心、信息中心和采购中心。商业区建成后可容纳商贸从业人员5万人，年交易额可达100亿元，实现税收2亿元，并拉动县三产服务业的快速发展。

湖西财富广场　　2010年摄影

世纪景观广场　位于单县城区西北部，占地面积4.5万平方米，总投资1500万元，于2010年2月规划设计并建设，10月建设完成。该广场硬化面积1.5万平方米，绿化面积近3万平方米，景点10余处，主要有景观喷泉、人文雕塑、景观树木、休闲广场、休闲步道、各类景观灯、奇石、廊架、绿地花卉等配置。

世纪景观广场

城区绿化　1986年前，城区绿化只是在部分路段栽植行道树，绿化形式简单，无专业的管理队伍，道路行道树以柳树、法桐、国槐为主。1986年沿街单位、商店实行门前“三包”（包卫生、包绿化、包秩序）。1999年3月，在县城西北角重要出入口处建设1200平方米北环岛和大型现代雕塑——世纪之光。2004年，县政府印发《单县城市总体规划（2004—2020年）》，确定城市重点绿化工程和社会绿化工程，规定每年开展全民义务植树活动和“爱绿、护绿、洁城”主体宣传活动，提高群众的绿化保护意识。2005年1月，实施“万棵大树进县城”工程，栽植冠大荫浓、生长较快、病虫害较少的法桐、国槐、白蜡、柳树、栾树等5万棵阔叶树，鼓励行道树双排或多排种植。2007年，单县获山东省适宜人居环境奖。2008年，聘请山东省城乡规划设计研究院编制完成《单县城市绿地系统规划（2008—2020年）》。2010年，制定《单县城市绿线管理办法》，实施“绿线管理、绿色图章”制度，严格审查建设项目绿化规划，实行绿化工程与主体工程同步规划、同步建设、同步验收，园林工程验收合格率达100%。2008年、2009年、2010年，园林绿化养护经费分别为80万元、227万元、348万元，年均增长108.57%。对凤来邑小区南侧、丰怡管业附近等十几起私开路口，毁绿、占绿及破坏行道树案件进行严厉查处。2010年，建成区绿化面积857.26万平方米，建成区绿化覆盖率为35.6%，绿地率为34.18%，人均公共绿地10.57平方米，公众对园林绿化的满意率88.17%。

道路绿化　1986年以前，城区行道树以柳树、法桐、国槐为主，缺失严重。1987年，在向阳路部分路段开始种植绿化带。20世纪90年代后期，老城区行道树进入老化期，病虫害严重，尤其是钻心虫、天牛等最为猖獗，行道树大量死亡，经园林部门进行病虫害防治，并大量补栽树木，城区行道树逐年增加。2000年后，按照《城市道路绿化规划与设计规范》的绿色通道计划要求，对城市主干道按照规划控制绿线

道路绿化

范围宽度，进行拆墙增绿。城区道路建设本着“新开一条、绿化一条”的原则，行道树栽植高标准、高规格，配有道路绿化带，突出乡土特色，立体复层配置，乔灌花草相结合，基本达到“四季常青”“三季有花”。至2010年年底，建成湖西路、君子路等26条绿色景观城市中心大道。县城道路绿化面积达110.36万平方米，行道树3.6万余棵，城市道路绿化普及率达到93%，林荫路推广率达80%，城区主干道绿化面积占道路总用地面积的50%以上。

小区绿化

居住区绿化　1986年，县城区庭院、居地绿化为自由栽种。市民家庭院内多种植葡萄、丝瓜、葫芦、花木及槐、桐树等，部分单位家属院进行简单的绿化。2005年，政府把居住小区绿化提上日程，强调绿化、建设同时进行，将庭院、居地绿化纳入全县精神文明建设范畴，规定单位庭院及居地绿化面积不少于30%，先后完成舜师名园、淮海现代城、锦绣花园等9个居住小区的绿化建设。至2010年年底，城区居住区绿地面积达36.66万平方米，新建绿地面积占总用地面积30%以上。居住区绿化养护明确部门和专人负责，资金、措施到位，绿化种植维护管理良好，设施保持完好。舜师名园、东方国际新城、舜和雅苑等多个小区被命名为市级园林小区。

单位绿化　2005年起，城市主干道沿街单位开始实施拆墙透绿或无围墙绿化。县工商局、新一中、供电局等单位将庭院绿化与道路绿化融为一体。同年6月，县一中被山东省环保局命名为省级绿色学校。之后，慧光学校、县实验小学被命名为市级园林学校，县公路局、县工商局、山东省单县化工有限公司等10余个单位先后被命名为市级园林单位（企业）。

公共绿地建设　1996年前，城区无大面积公共绿地。1997年后，按照500米服务半径要求，植物配置以乔木为主，乔灌花草藤合理搭配，绿化以冷季型草坪和三叶草草坪为主，少量栽植鸢尾、麦冬、地被石竹、二月兰等草本植物，灌木图案组成苗木主要有瓜子黄杨、金叶女贞、红叶

公共绿地　　2010年摄影

小檗、小龙柏、月季等，乔木主要有雪松、女贞、紫叶李、木瓜等观赏性植物。2010年，城区共建成公共绿地26处。

东沟河绿色长廊　长廊沿东沟河两侧，北起北外环、南至南外环，总长7170米，总面积200公顷，始建于2006年。2007年，第一、二期工程完成。完成河道清淤、拓宽护坡；绿化面积70公顷，栽植树木1万余棵；建成园路、休闲健身广场、入口广场、儿童乐园、亲水栈台、陶然亭、怡亭、假山置石、月亮湖等景观点。

引黄入城工程　2006年，县委、县政府决定利用东沟河和莱河，将黄河水引入城区仙人湖及护城河。黄河水通过于楼分水涵洞入东沟河后，经过邓庙涵洞引入莱河，在105国道南侧150米，修建吴堌堆水闸1座。吴堌堆闸集拦河抬高水位与向城区送水于一体，闸前水位达到一定的高度后，通过内径1米的涵管，将水送入仙人湖和护城河。该工程2006年3月中旬开工，9月底竣工。共修建水闸1座，倒虹吸1座，穿路、穿堤顶管3处200米，埋设送水涵管2632米，恢复柏油路面4300平方米，清淤河道2公里，筑堤4公里，完成土方3万立方米，砌石325立方米，混凝土和钢筋混凝土187立方米，投资300万元。每年向城区送水80余万立方米。

第三节　城建管理

规划管理　1986年，城市建设管理工作由城建委城建股负责。1989年7月，城建委成立城市管理监察大队，主要负责零征零建的监察管理工作。1992年4月，县政府印发《关于加强城区管理，整顿市容市貌的通知》，城建委负责违章建筑的查处拆除工作。2001年8月，县政府印发《关于禁止在县城规划区内非法买卖土地零星建设住房的通知》，城区零征零建的查处力度进一步加大。2005年9月，城市管理监察大队撤销，组建城市管理行政执法局，集中行使城市规划管理方面的行政处罚权。2006年2月，成立制止城市规划区内零征零建乱搭乱建工作领导小组，指导规划区内零征零建管理工作。2007年3月，《单县城市规划区内零星建设办理规程》发布实施，当年共立案查处违法建设案件380余起，依法拆除违法搭建110余起。9月，县政府印发《进一步规范县城规划区内零星建设管理工作的意见》，对零星建设管理工作提出更高的目标和要求。2008年1月，县政府印发《关于同意单县城市管理行政执法局行使强制措施权的批复》，城市管理行政执法局可以对违章建筑予以强制拆除。当年，警察中队接出警30余起，配合执法20余次，调解执法纠纷4起，治安拘留4人，警告罚款6人，批捕2人，城区乱搭乱建的势头得到有效遏制，市民合法建房的意识进一步增强，城市建设走上依法建设、有序建设的良性轨道。2010年2月，县政府印发《关于严肃查处在城市规划区进行违法建设的通告》，规定在待开发地段突击强建套取补偿的，拆迁时一律不予补偿，交通、交警等部门依法暂扣运输建筑材料的车辆、设备及用于违法建设的物料；有开发意向或完成建设不足50%的临街出让建设带禁止建设，允许建设路段限期填空补齐，并严格按照设计建筑物高度、层高、造型、色彩等进行建设。

市容市貌管理　1992年4月，县政府下发《关于加强城区管理、整顿市容市貌的通告》，县城建委负责街面违章建筑、乱放物料的管理。1993年10月，《单县县城管理办法》发布，进一步明确市容市貌管理人员的职责。1995年10月，县政府下发《关于集中整治城区市场、交通、治安秩序的通告》，对城区马路市场、市场外溢、交通堵塞进行集中整治。1998年，成立城市管理监察大队市容监察中队，主要负责市容市貌脏乱差和店外经营现象的治理。2005年成立城市管理行政执法局直属（市容）中队，对市容市貌进行专项管理，并开通“12319”城市管理服务热线，方便群众咨询、投诉。2006年，对流动摊点实行

“初犯不罚”，进行喷号管理。2007年3月，与城区内3000余户沿街门市及企事业单位逐一签订门前包卫生、包绿化、包秩序“三包”责任书，共出动执法车辆1680辆次，发放《致广大市民和工商业户告知书》6000份，下发限期整改通知书2000份，治理占道经营、店外经营行为2000起，取缔流动摊贩450个，规范摊点120个。

2009年，实行定岗位、定任务、定目标、定奖惩“四定”管理办法，使“流动摊点固定化、固定摊点规范化、规范摊点长效化”，推动城市管理工作上水平。规范摊点实行人性化管理，在文化路、单州路、东大医院门口、淮海现代城等人流密集部分路段设置便民摊点7处，严格按路段、区域、开闭市时间进行经营。

对城市“牛皮癣”（是指在公共场合非法张贴或者涂写小广告的现象）进行长期清理，对流动摊点、店外经营、市场外溢、露天烧烤等进行集中清理，使市容市貌得到很大改观。2009年，对治理城市“牛皮癣”进行市场化运作，聘请社会保洁人员对城区主要街道的野广告进行长期专人定路段清理，取得较好效果。

户外广告管理　户外广告最初由城建委城市管理监察大队市容监察中队管理，后改为环境卫生管理处代管。2006年9月，成立城市管理行政执法局户外广告管理科，将户外广告纳入专项管理。2007年4月，县政府印发《关于对城市户外广告实行统一管理的通告》，集中清理整治城区户外广告，对未经审批擅自设立或不符合标准的户外广告由设置单位或个人自行清理，否则予以强制拆除。2007年5月，县政府印发《单县城区户外广告设置技术标准》，要求户外广告设置应采用新技术、新材料、新光源，力求美化、亮化、高档化、高品位，提高城市品位。规定户外广告牌要上不遮窗，下不挡门，上平下齐，左右一致，一店一牌，二楼及以上禁设广告。当年，拆除违规设置的户外广告牌1200块，面积1万平方米，清理二楼以上违规设置户外广告699块，初审报批广告牌200份，完成整改安装700块。禁止在电线杆、路灯杆等公用设施及行道树设置广告牌、悬挂商业广告条幅（横幅）；禁止在人行道摆放落地广告灯箱。进一步规范各种节日促销、庆典、演出等商业广告宣传活动，禁止用高音广播喇叭招揽顾客，做到“不扰民、不堵塞”。2010年，开展户外广告宣传车专项治理活动，禁止使用车载高音喇叭巡回播放，查扣非法改装宣传车10辆，监督拆除非法改装宣传车6辆，从重处罚“广告列车”4辆。实施城市亮化工程，鼓励主要道路、路段、城市节点沿街门头广告亮化，引导使用霓虹灯等高档亮化材料。

环境卫生管理　1985年以前，城区卫生无专人管理，粪便由粪便管理所（隶属县卫生局）组织粪组（粪便清理小组）负责收集、清运。1986年，成立单城卫生管理所，为股级事业单位，隶属县环境保护办公室。同年7月，县政府印发《处理城市垃圾，改善卫生环境的通知》，加大城市垃圾清运力度，改善居民居住环境。11月，县政府制定《单城建设管理暂行条例》，划定驻城各机关单位卫生区，沿街单位、商店实行门前“三包”（包卫生，包绿化，包秩序）。1987年6月，县政府制定《单城卫生管理暂行办法》，城区卫生由单城卫生管理所负责打扫、清运，各单位配合。1989年9月，县政府作出恢复星期六为义务劳动日决定，要求各机关单位组织人员，实行全民大扫除，消灭卫生死角。1992年11月，县政府印发《关于印发〈县城区征收生活垃圾管理费实施办法〉的通知》，规范生活垃圾管理费征管工作。1994年4月，县政府制定《单县城市市容和环境卫生管理办法》，市容管理有了执法依据。1995年后，单县有机化工厂、环亚超市、四君子酒厂、园艺场等企事业单位相继成为环卫事业共建单位。2002年，在城东北园艺场划出6.67公顷土地，集中堆放、管理城区垃圾。2005年6月，制定并实施《单县城市环卫体制改革实施方案》，城区环境卫生工作由环卫处统一管理。7月，环卫作业引入市场化模式运作，组建12个作业公司，作业公司具有独立法人资格。2008年3月，制定《单县城区环境卫生精细化管理实施方案》和《单县城区环境卫生量化办法》。2010年，城区保洁面积560万平方米，共有环卫人员460人，其中行政管理人员30人。全年共投入环卫资金500万元。12月，单县顺利通过省级卫生县城评审验收。

垃圾清运

环卫设施　1986年后，环卫工人使用的运输工具为地排车，1994年前后，城区约有地排车30辆左右。1998年，改为人力三轮车。之后，相继购置拖拉机6辆，机动三轮车3辆。2001年，城区新建地下式垃圾中转站30座，购置摆臂车3辆。至2010年，城区有旱厕11座，水冲式公共厕所5座，地下式垃圾中转站94座，垃圾回收站29处，垃圾箱（果皮箱）400余个，大型垃圾清运压缩车9辆，大型城市道路高压洒水车2辆，垃圾清扫车2辆，基本达到生活垃圾日产日清。

洒水保洁　至2010年，有大型高压洒水车2辆。每年5月1日至10月1日，每天早7点前对湖西路、君子路、舜师路等重点路段洒水保洁，高温季节每天洒水2～3次。

垃圾处理　2010年6月，单县生活垃圾无害化处理场（卫生填埋场）建成并投入使用。该处理场位于城区东北3.7公里处，利用原十里铺窑厂取土坑兴建。项目总投资5500万元，建设用地12.67公顷，有效库容150万立方米，使用年限12年，日处理城市垃圾260吨。处理工艺为厌氧型卫生填埋，渗滤液处理站处理规模为每小时100立方米。生活垃圾无害化处理场严格按国家标准建设，污水处理达到国家规定的排放标准。

路灯管理　1985年前，城区路灯由城建委城建股管理。1985年5月，成立县路灯管理所，为股级事业单位，隶属城建委，共13人，其中，长期临时工8人，有高空作业工程车3辆。2004年后，路灯数量急剧增加，维修任务日益繁重。路灯管理所人员白天检修、排除故障，夜间巡视、带电作业维修。建立健全日常管理、巡查、抢修抢险、安全管理等规章制度，城区亮灯率95%，主次干道亮灯率98%，维修及时率95%，设备完好率100%。

市政管理　1983年6月，成立市政工程队，后更名市政公司，主要担负城区的市政基础设施建设、管理、维修、养护和城市排水防汛等工作。

环卫降尘车

道路除雪

1993年10月，《单县县城管理办法》发布，市政管理落实每日市政设施巡查制度，实行分片、分段专人进行日常检查、定期清理、及时养护修补，严格按照国家市政设施养护维修行业标准和作业标准巡查考核，确保市政设施完好率95%以上。2000年，市政管理部门与公安部门联合开展打击偷窃、破坏市政设施专项活动。2008年7月，市政公司更名县市政工程管理处，2010年有工作人员143人（含退休人员12人）。至年底，纳入日常管理的城区道路总长度116公里，交通隔离护栏17公里，城区雨水排水管道106公里。城区道路养护完好率达96%。

第四节　城市经营

为解决城市建设资金不足，建立多形式、多渠道的城市建设资金投入机制，形成合理的管理体制和激励机制，2005年2月，成立单县城市开发经营委员会，负责制定城市开发规划和年度计划，确立开发项目库，讨论审查开发项目方案，研究解决城市开发经营中出现的困难和问题。同时，成立单县城市资产经营中心，主要职责是负责城市开发项目的策划、招商运作和开发建设的协调服务工作；研究拟订开发规划，组织实施开发计划，论证筛选开发项目。2007年，县政府成立城市开发经营领导小组，主要负责制订开发计划，储备开发项目，研究供地政策，制定项目用地综合地价或政府收益，督促项目落地。

2005年年初，县委、县政府提出实施城市统一开发经营战略。2月，县政府制定《关于加强城市统一开发经营工作的意见》。提出城市开发由政府总揽，统一规划，统一招商，统一出让，成片开发，配套建设的指导思想和坚持市场化运作，坚持公开、公平、公正，坚持经济效益、社会效益和环境效益相统一的原则。在实施过程中，县城市资产经营中心会同计划、城建、国土、房管等部门依据国民经济发展规划和城市总体规划，制订城市开发计划，实行成方连片开发。同时发挥城市规划的调控和引导作用，对建设用地实行总量控制、非饱和适量供应；实行联合办公，推行一条龙服务。县政府从城建、土管、房管、单城镇各抽调1名副职及2～3名工作人员，统一组织在县城市资产经营中心集中办公。各部门抽调的集中办公人员由部门授权，独立代表本单位工作；实行“阳光开发”，依法出让。开发项目确立后，由城市资产经营中心组织有关部门进行项目价款测算，拟定项目价款底价及相关政策，报县政府研究审定后，依法统一组织项目开发权和土地使用权的招标、拍卖或挂牌出让活动。2005年，完成北关休闲广场开发建设。2006年，完成单县首座经济适用住房——滨河小区开发建设。整个小区建筑面积1万平方米，入住120户。2005—2010年，相继完成开山公园、东沟河绿色长廊、湖西公园、环堤公园、湖西财富广场等重点城建工程，带动了土地成方连片推介。如2007年通过开山公园、东沟河景观带的建设，带动周边的舜师名园、淮海现代城、上海花园、东城美地、清华园、凤来邑、御景园、舜和雅苑、时代广场等十几处房产开发。2008年环堤公园的建成，带动大名城、名城国际、北辰新都等房地产开发。2010年生态广场建设，带动湖西财富广场、名仕豪庭、阳光水岸等房产项目的开发。同年，通过莱河景观带和教育综合体建设，西北部新城初具规模。至2010年年底，全县共完成三产项目27个，总投资30.5亿元，用地面积112.4公顷，建设面积170万平方米。在建三产项目21个，计划总投资135亿元，占地面积311.07公顷，规划建设面积648万平方米。土地已出让未开工三产项目19个，计划总投资95亿元，占地面积211.87公顷，规划建设面积480万平方米。

第五节　乡村建设

乡镇驻地建设　1986年，全县乡镇驻地建设较好的有黄岗、终兴、蔡堂、徐寨、郭村、曹马等镇，镇驻地人口、街道较多，规模较大，又是历史上的集贸市场，市场繁荣，但街道普遍狭窄弯曲，柏油路面较少，房屋多为砖木结构的平房，楼房极少，沿街店铺参差不齐。

1989年后，实施小城镇建设，乡镇驻地纷纷拓宽、硬化街路，将平房改建为楼房。1996年5月，蔡堂镇在菏泽地区率先公开拍卖小集镇国有土地使用权，开辟农村小城镇建设的新路子。当年，该镇驻地兴建4条大街和街两旁商住楼房，吸纳商户100余家。2007年，乡镇驻地实有建筑面积290.55万平方米，其中，楼房面积59.3万平方米；街道总长度101公里，总面积156.5万平方米；路灯总数645盏；公共绿地面积48公顷；驻地总人口增加到23.3万人。2010年，乡镇驻地实有建筑面积增加到422.8万平方米，其中楼房面积增加到83.62万平方米；街道总长度增加到206公里，总面积增加到309万平方米；路灯总数增加到2068盏；公共绿地面积增加到400公顷；排水管道总长度86.7公里；驻地总人口增加到32.7万人。

重点镇驻地建设选介　黄岗镇　位于单县城南17公里处，256省道纵贯南北。1987年，镇驻地建成区面积1.35平方公里，人口7400人，有机器制造、农机修理、饮食服务以及各种农副产品加工等厂家100余家。1995年，拓宽镇驻地东西大街。1999年，拓宽建设黄金街、白银街、顺河街。2000年2月，被省政府确定为全省中心镇。2007年，向镇驻地聚集村庄5个，完成小城镇商住开发面积5万平方米，新增人口5000人。至2010年，先后完成黄金街商住一体化改造、西城新区、西环路商业街、银河锦园、富民商业街等建设项目。以单虞路黄岗南北中心大街为起点，向北延伸安装架设路灯12公里、360盏；安装高标准护栏2400米，更新黄岗南北大街沿街门市标牌350个、总长2000余米；铺设水泥花砖2.8万平方米，栽植绿化树木300余棵。有3纵3横街道6条，安装路灯300余盏；建有初中2所，医院1所；驻地工业企业40余家。镇驻地常住人口达1.8万人，面积8平方公里。

郭村镇　位于县城西南15公里处，105国道穿境而过。1998年，镇政府制定小城镇建设中长期规划，提出小城镇建设“四条道路、两个片区、聚集一村”的建设目标。2000年2月，被省政府确定为全省中心镇。2005年，聘请山东省城镇规划建筑设计院编制完成新一轮《郭村镇总体规划》和《小区建设详细规划》。2006—2010年，先后建成凌云小区、郭村镇中学家属区、政通西街小区、五中家属院、杏林院小区、育贤苑、学子广场、学子公园等。累计完成建筑面积18.8万平方米，万庄向城镇聚集建设4万平方米，总建筑面积22.8万平方米。2004—2010年，先后修建政通路、张宅路、赵云路、中心街、北外环路、五中路和东村路，总长11公里。2010年，镇驻地规模以上工业企业达15家；拥有5纵4横街道9条，安装路灯300余盏；有自来水厂1座，日供水量4000余吨；有高中1所，初中2所，医院1所；镇驻地建成区面积5平方公里，常住人口1.8万人。

终兴镇　位于单城东22.5公里处，349省道穿境而过。1987年，镇驻地建成区面积1.5平方公里，人口3000人。1989年，主要街道安装路灯30盏。1992年，完成沿单丰公路商业街建设。1998年后，先后拓宽桃园大街和复兴南街，新建占地面积13.33公顷的农贸大市场1处，修整开拓6条商业街和2处农贸大市场。2000年2月，被省政府确定为全省中心镇。2008年，完成政通街南段建设，各街道栽植绿化树1200余棵，安装路灯120盏，开挖铺设排水管道400余米。至2010年，总投资1.2亿元，占地8公顷的终兴集贸大市场建成启用；总投资0.95亿元，占地6.67公顷的平安社区建成；规划建筑面积5万平方米的中兴·福临花园已建成200套、3.2万平方米；府前商业街完成建筑面积2.55万平方米。镇驻地拥有4纵4横街道8条，农贸市场3处，辖后王庄、郭楼、终兴北村、终兴南村、六合村5个自然村。

村庄建设　1987年，全县农村住房110万间，砖瓦房、土房各占50%，人均12平方米。建房用砖为机砖或手工砖，瓦为小青瓦或机制大瓦；土墙厚50厘米，砖墙多为“二五墙”（25厘米宽），也有部分富裕户建“三八墙”（38厘米宽）。开间多为3.3米×5米为多，屋架多用三角木屋架，室内为土地面或砖铺地。1990年后，正房仍为起脊房，配房开始用水泥预制板做成平顶，房屋进深由4米～5米逐渐增加到6米～7米，木框玻璃窗户，水刷石外墙面。部分户正房用楼板出厦1.5米，谓之“前出厦”。2000年后，随着农村经济的发展，农民建房开始采用铝合金门窗，地面铺地板砖，墙面贴瓷砖。亦有部分富裕农民建起二层楼房。2010年，全县农村房屋建筑面积达到3480.8万平方米（其中楼房15.62万平方米），人均居住面积28.8平方米。村道总长1633.7公里，全部为柏油或混凝土路面。

小康村建设　1998年3月，县委、县政府提出农村小康村建设的六条措施。5月，开始进行小康村建设试点工作。1999年5月，经检查验收，单城镇董庄村、西关村，曹叵集乡韦洼村，浮岗镇李油坊村、三里井村，蔡堂镇蔡堂村，徐寨镇徐寨村，孙溜镇段楼村，郭村镇郭村西村共9个村首批达到小康村标准。

新农村建设　2006年，落实中央提出的“生产发展、生活富裕、乡风文明、村容整洁、管理民主”20字新农村建设方针，县委、县政府成立由县委副书记、县长任组长的社会主义新农村建设领导小组，研究制定《关于社会主义新农村建设实施意见》和《单县村镇布局总体规划》，确定小城镇、中心村、基础村的总体布局，并在全省率先完成乡镇驻地总体规划和186个重点村的建设规划，对新农村建设任务，进行层层分解，实行县领导包乡镇、县直部门包试点村责任制。实施“四四四一”工程。即“四洁”：洁粪堆、洁柴草堆、洁垃圾堆、洁土堆；“四改”：改厕、改灶、改水、改路；“四学”：组织村民学政策、学文化、学技术、学法律；“一”：一规划。根据不同情况，全县分城中村、城郊村融合型、小城镇聚集型、重点村培育型、空心村改造型等五种类型，因地制宜进行建设。

县委、县政府综合利用国家和山东省关于城乡建设用地挂钩置换的办法和农村住房建设危房改造政策，充分发挥各职能部门作用，积极向上级争取政策扶持资金，把各种惠农项目资金捆绑使用，将改水、改灶、改厕、改电、绿化、亮化、硬化和党员活动室、孤寡老人周转房、卫生室、计划生育服务室等建设资金和项目，向试点村集中倾斜。另外，采取群众自筹一部分、协调贷款一部分、建筑商垫资一部分等方法解决。

新村新房建设按照统一规划，统一设置纵横街道，统一住房规格标准，统一配备基本设施，达到村成方、房成排，基本设施齐全。村民房屋多为二层楼房，村中街道均进行硬化，街两旁设有排水沟、绿化带，安装路灯。村村均建有村委会办公楼、卫生室、幼儿园、文化院、文体活动广场等。

旧房拆迁由政府按原房屋质量标准、面积大小评估作价，给予补贴。旧房面积丈量、作价评估张榜公布、民主监督。新房建设方式尊重群众意愿，可以自拆自建，也可由开发商统一承建。

至2010年年底，全县先后建起李田楼镇李田楼新村，南城街道黄小楼新村，园艺街道张知楼新村，蔡堂镇管庄新村，杨楼镇尤庄、苏门楼新村，浮岗镇北村、林庄新村，高韦庄镇大徐庄新村。

杨楼镇尤庄新村　该村是2007年度全省土地增减挂钩8个试点村之一，属空心村改造型

尤庄村文化长廊

大徐庄新村

新农村，2008年年底建成。位于县城东南22公里处，距镇政府驻地约3公里，由原尤庄、王楼、苏刘庄3个村合并而成。新村建设二层居民楼16排、546户、13万平方米，有三纵四横街道7条，建有村办公楼、文化广场、休闲广场、小学、卫生室等设施。新村建设完成后，节约土地34.3公顷。

李田楼镇李田楼新村　该村由李田楼村和周边10个村庄整合而成，共1002户，5100人。2009年6月动工兴建，2010年建成。项目建设按照“发挥城镇聚集功能，实施合村并点，建设中心村、打造新农村建设样板”的工作思路，由县政府组织全县各乡镇（街道）以大会战的形式，作为新农村建设示范点项目建设。资金来源采取群众集资、银行贷款、政府筹集、建筑公司垫资等办法，筹集投资1.2亿元，首期建设用地33.33公顷，总建筑面积10.7万平方米，共906户，其中大户型375户，每户建筑面积131.7平方米；中户型369户，每户112.59平方米；小户型162户，每户100.7平方米。房屋均为成排二层小楼。村内建有社区办公室大楼、群众文体大院、党建活动室、文化站、小学、幼儿园、卫生室、超市等，配有绿化、美化、亮化等设施。

高韦庄镇大徐庄新村　该村位于单县西南30公里处，黄河故道岸边，属空心村改造型新农村，由原大徐庄、范集、种庄、后唐庄、苗庄5个自然村合并而成。原5个村共732户，2709人，土地173.47公顷。改造前，旧村占地80余公顷。合并后，占地23.33公顷，节约土地50余公顷。新村统一规划，房屋统一设计、统一样式、统一标准、统一验收，采取村民自拆自建的方式，均为二层楼房，成排成行，高低一致。建有村委会、文体活动广场、幼儿园、卫生室等。腾出的土地用于发展高效生态农业，一部分发展蔬菜，一部分与香港投资商合作开发种植优质大棚葡萄，增加了农民收入。

杨楼镇苏门楼新村　该村由原苏门楼、苏暗楼、高李庄、修庄、盛庄、魏庄、王院、孟楼8个自然村合并而成，属空心村改造型。总人口2807人，1103户，耕地229.73公顷。原村占地104.67公顷，新村占地28公顷，节约土地76.67公顷。新村建设采取自拆自建的方式，统一规划、统一标准、统一验收。村内街道四纵一横，十二条胡同，均设有下水道、绿

苏门楼社区服务中心

化带、太阳能路灯。房屋建设一种是二层楼房，一种是适于老人居住的平房。户户实现了改厕、改灶、改水。村内建有村民委员会办公楼、文体活动广场、卫生室、幼儿园、超市等。

园艺街道张知楼新村　该村属城中村改造试点村。原张知楼村位于县城东南角郊区，后规划于县城中。新村于2009年建成，占地7公顷，共339套二层住宅楼，比原村节约土地7.33公顷。在腾出的土地上，建设起新的商业区。

张知楼新村

第六节　房地产业

住房制度改革　*公房清理与出售*　1998年前，城镇干部职工住房实行财政统包住房建设投资，低租金使用，无偿分配或公征私建的制度。1998年6月，县委、县政府组织召开房改动员大会，县住房委员会、县政府分别印发《关于住房制度改革若干问题的处理意见》《关于加快城镇住房制度改革的实施方案》，针对全县一户占多套公房的清退及公房分配中一些特殊问题的处理作出具体规定，明确全县房改工作指导思想、工作目标及主要政策措施。全县住房制度改革全面启动。开始进行房屋登记，并预收购房款。之后，由县纪委牵头，县房管局、土管局、财政局、国有资产管理局等参加，抽调干部45人，组成清房办公室。制定一系列文件及配套政策，采取抓领导带群众的方法清理房屋。至年底，通过调查核实，澄清各产权单位现有住房、宅基、发放建房补助款的数量、分配对象、建造形式、分配对象调动单位及配偶公房情况等底子，全县共建造家属住房8017套，登记公房8697套，其中多占公房680套，涉及632户，其中4套的3户，3套的42户，2套的587户，全部退出，并严肃查处10起违纪建房、多占公房的案件。1999年3月10日，单县住房委员会下发《关于出售公有住房的实施细则》《关于房改中对土地实行有偿使用的实施细则》，规定出售公房的范围、售价（共分三等九级，最高成本价496元／平方米）、出售办法和优惠标准，土地有偿出让的范围、地段划分、基准地价和出让金收取标准（县城内根据不同区域划分三级地段，出让金分别为48元／平方米、29元／平方米、21元／平方米）。明确实行成本价出售和房改、地改、清房同步进行。

1998年6月，全县共统计申报参改单位157个，至2002年年底，共完成152个单位7759户（包括公征公建、合作建房、集资建房、公征私建等）的售房评估、收款、发证工作，累计收集房改资金4000余万元（包括地改资金）。清退多占的公房全部分配给符合条件的无房职工重新进行房改。职工以成本价购买的住房拥有全部产权。城镇住房制度改革以后，职工住房建设投资体制由之前国家和单位统包，转变为国家、单位、个人三者合理负担，住房管理体制转变成社会化管理，同时，建立以中低收入家庭为对象的、具有社会保障性质的经济适用住房供应体系和以高收入家庭为对象的商品房供应体系。

住房公积金制度 住房公积金归职工个人所有，专户储存、统一管理、专项使用。县财政负担工资人员缴交率为单位和个人各5%，其他单位缴交率为单位和个人各5%～12%。1999年，县气象局、国税局、人寿保险公司三家单位开始实行住房公积金制度。2004年8月至2006年，县直、乡镇财政统发工资人员、县直差额单位和部分企业相继实行住房公积金制度。2004年，全县住房公积金缴存人数5669人，缴存金额293万元，余额356万元。至2010年，全县住房公积金缴存人数达21996人，缴存金额5672万元，余额达17287万元。

房地产开发 1998年后，随着城市住房建设和分配管理体制的改革，境内房地产业迅速兴起，逐步建立并完善面对低收入住房困难家庭的住房保障体系和普通商品房市场供应体系。2006—2010年，全县普通商品房开发、竣工面积总计580万平方米，完成投资105亿元。至2010年年底，已建成的住宅和商住小区主要有滨河小区、鲁南商贸城、佳裕花园、正大花园、上海花苑、舜师名园、淮海现代城等10余处，在建的住宅和商住小区有30余处。

保障性住房建设 “十一五”期间（2006—2010年），全县住房保障体系逐步完善。2006年后，采取政府自建和开发项目配建的方式，共建设经济适用房6.3万平方米，廉租房3万平方米（600套），发放廉租补帖119万元。2008年年底，争取到第一期廉租房建设指标1万平方米（200套），在君子路南段路西实施建设，2009年、2010年建设2万平方米（400套），解决600户低收入困难家庭的住房问题。

2007年、2010年，先后启动堤香水岸小区、开发区和谐小区两个经济适用房建设项目。堤香水岸小区位于湖西北路路西，占地2.47万平方米，总投资约6000万元，总建筑面积3.8万平方米，376套；开发区和谐小区位于君子路南段路西，占地1.8万平方米，总建筑面积2.7万平方米，300套。项目建设综合配套设施齐全，物业运行良好，有效改善了中低收入家庭的住房条件。

房地产管理 1998年6月，单县房地产交易监理所成立，负责城区内房屋权属登记和交易管理工作。2006年4月，迁至县行政审批服务中心办公，对房地产管理业务实行一门受理、一站式服务。业务涉及房屋权属登记、房产交易、房产抵押、房屋测绘、金融保险、中介服务、房产信息咨询等。至2010年年底，累计办理房产转让、抵押登记8560宗，面积480万平方米，交易额48亿元。整理房产档案4.9万件，产权产籍归档率100%，为群众和企业提供房产信息查询9800次，协助司法部门进行房产档案调查980次。2007年，县房地产交易监理所被评为全省房地产交易与权属登记规范管理单位。

上海花苑　　2010年摄影

2006—2010 年单县房地产开发统计表

表 4-1-4

年份	投资额（亿元）	竣工面积（万平方米）	销售面积（万平方米）	平均价格（元 / 平方米）	
				住房	商用房
2006	2.59	25	20	1800	2650
2007	3.92	35	32	2000	3000
2008	16.5	92	102	2200	3450
2009	32.4	180	140	2500	3700
2010	49.59	245	187	2800	4000

第七节　建筑业

建筑设计　县建筑设计院为单县唯一的建筑设计单位，其前身为 1977 年成立的县建筑设计室。1997 年，县建筑设计室改为县建筑设计院，是以建筑工程、市政工程设计为主的综合设计单位。2010 年，全院各专业技术人员和管理人员共 20 人，其中工程硕士 1 人，学士 4 人，技术人员全部为本科学历；二级注册建筑师 4 人，一级注册结构师 1 人，二级注册结构师 3 人，注册设备师 1 人；高级工程师 5 人，工程师 15 人。

境内建筑物的抗震设防烈度为七度，设计基本地震加速度值为 0.10g，所属地震设计分组为第一组。工程结构设计使用年限大多为 50 年。1995 年以前的建筑大多以 3、4 层为主。随着县域经济发展，建筑物也越来越高，6 层以上和高层建筑已成为趋势。

全县较大建筑物大多由县设计院设计。至 2010 年，完成的大中型项目主要有：南华苑住宅小区、县公路局住宅小区、时代花园住宅小区、锦绣花园住宅小区、正大花园住宅小区、鲁西南商贸城部分工程等住宅小区；县二中新校、县五中校区、菏泽家政职业学院办公楼、学生公寓、图书馆、县职业中专教学楼、学生宿舍楼等学校工程；东大医院、县中心医院和部分乡镇医院门诊楼等。其中，县二中住宅楼、县交警队办公楼、县人寿保险公司营业楼、南华苑小区 3# 楼分别获省、市优秀设计奖。

建筑队伍　1986 年，有单县建筑安装工程公司和单县二建建筑工程有限公司两家县属建筑企业，从业人员 1800 人；有乡镇建筑队（公司）22 个，常年从业人员 1.6 万人。其中，单城、谢集、徐寨、张集、龙王庙、马楼、终兴、陈蛮庄等 10 余家建筑公司，获得四级资质。1987 年，单县第一建筑安装工程总公司成立，管理单城镇以外的所有乡镇建筑队伍。1993 年，有国有和城镇集体建筑企业 3 家，从业人员 1522 人。1998 年，全县有建筑企业 4 家，从业人员 1200 余人，其中高级职称 18 人，中级职称 100 余人，技术员 1000 余人。2003 年，有各类建筑企业 8 家，其中建筑施工总承包企业 5 家（其中二级资质企业 2 家，三级资质企业 3 家）。2009 年，全县有各类建筑企业 16 家，其中，施工总承包企业 7 家（二级资质企业 4 家，三级资质企业 3 家），专业承包企业 4 家，劳务分包企业 5 家。建筑系统各类专业技术人员 200 人，其中：高级工程师 20 人，中级工程师 80 人，初级职称 100 人；有各类建筑技术工人 1400 人，其中：高级工 100 人，中级工 300 人，初级工 1000 人，涉及木工、瓦工、钢筋工、电工、油漆工、安装钳工、防水工、抹灰工、水暖工、管道工、电焊工等10余个岗位。业务承揽范围涉及房屋建筑总承包、市政工程、交通、水利、钢结构、路桥、防腐、保温、装饰装修、起重设备拆装等建筑专业，常年从业人员2万人，形成以总承包企业为龙头，以专业承包和劳务分包企业为依托的建筑业队伍体系。至2010年，全县共有施工总承包公司11家，其中二级资质企业5家，三级资质企业6家；有劳务分包企业6家。

建筑设备 1986年，全县建筑企业共有各种机械设备100余台（部）。1988年后，建筑工地普遍使用钢管脚手架和钢模板、塔式起重机、铲车、挖掘机等操作工具。1990年起，县属建筑企业建筑施工以机械操作为主，场外材料运输使用拖拉机、汽车，场内用小翻斗车和井字架；用拌和机制作混凝土砂浆；打夯机、振捣器、水泵、磨石机普遍使用；钢筋工使用电焊机、切割机、调直机、弯曲机和卷扬机；木工使用圆盘机、刨板机、凿孔机和电钻。1998年，有各种机械设备420台（部），2004年，各种机械设备增加到600台（部）。2009年，建筑工程普遍使用预混商品混凝土，新增混凝土运输浇灌设备10台（套）。全县建筑业共有施工机械设备1800台（部），资产原值5亿元。

质量管理 1985年10月，单县建筑工程质量监督站成立，工作人员4人，监督管理全县建筑工程质量。1990年成立试验室，对工程原材料、构造配件质量检测。2001年，改进监督管理模式，由企业自评为主、监督核准制，改为“政府监督、企业内控、社会监理”，并建立健全工程质量责任制度、工程质量巡查制度、质量事故报告处理制度、竣工验收备案制度等。全县工程质量合格率由原来的60%提高到100%。2004年，质量监管改为“备案制”，对五大责任主体（建设、监理、设计、勘察、施工）的行为重点监督。2006年，对住宅工程实行分户验收制度。2009年1月1日，根据国务院精神，取消工程质量监督费。

建筑企业选介 单县建筑安装工程总公司 该公司创建于1949年12月，名称先后为单县建筑合作社、山东省单县建筑公司等。1984年10月，更名单县建筑工程公司，隶属县城乡建设环境保护委员会，为县属集体企业。1996年5月，更名单县建筑安装工程总公司，隶属县住房和城乡建设局，企业性质未变。公司注册资金2068万元，二级资质等级。具有高、中级职称的工程经济技术人员48人，初级120人，二级建造师18人，持证上岗的特殊工种150人，施工员34人，资料员57人。公司拥有雄厚的施工机械设备，有塔吊30台、井架龙门架20台、混凝土搅拌机50台、砂浆搅拌机24台，另有各种电焊机、对焊机等小型配套机械。

县建筑安装工程总公司基本承担了县城大型工业及民用建筑工程的施工，先后被省、市评为先进企业，连续20年获“重合同、守信用”企业称号。2005年以后，连续被评为“建筑业AAA级资信企业”。

第二章　交　通

1986年前，单县交通事业发展缓慢。1988年后，对境内干线公路进行升级改造。2002年后，县、乡公路建设速度加快。2003年，启动“村村通”（这里指村村通公路）工程。2010年，境内干线公路全部完成升级改造或扩建、改建，总长度144.6公里。县乡公路里程达到709.8公里，其中县道246.1公里，乡道463.7公里，分别为1986年的3.9倍和2.57倍。年客运量1677.49万人次，货运量3012.8万吨。

第一节　交通设施

道路　干线公路（国道、省道）　境内干线公路有国道1条，省道3条，通车里程共计144.6公里。其中，105国道（北京至珠海）单县段47.1公里，省道256线29公里，省道349线28公里，省道351线单县段40.5公里。

国道105线（北京至珠海）。105国道在单县境内原称济（宁）商（丘）公路，始建于1925年。境内全长47.1公里，北起徐寨镇宗庄村，经谢集镇、北城街道、南城街道、莱河镇、郭村镇，由高老家乡张老家村出境。1982年升级改造，沥青路面由6米拓宽至9米。1999年10月，105国道升级改造，路面由原来的9米加宽至15米，路基由原来的12米加宽至21米。质量、标准为二级公路。

省道351线。原称砀定路，始建于1925年，路面宽5米，为土筑。1953年，拓宽取直，路面展宽至10米。1971年，铺设沥青路面45公里。1995—1997年，对砀定路进行升级改造，路基展宽至15米，新建路面宽12米，为二级公路，两侧设有1米绿化平台。境内道路自单县与成武县交界处，经谢集、北城、南城、园艺、东城、龙王庙、杨楼、蔡堂等8个乡镇、街道，至单县东南境安楼南省界出境，全长40.5公里，是连接京九、陇海铁路干线的主动脉线路。

省道256线。原称单虞路，始建于清代，路面狭窄，车辙如沟。抗日战争中遭到破坏，1975年复修，铺设沥青路面25公里。境内线路北起单县县城，南至鲁豫省界，穿越南城、东城两个街道和黄岗镇，全长29公里。1999—2000年8月，完成升级改造，路基由原来的8.5米展宽至12米，路面由原来的7米展宽至9米，由三级公路升为

105国道

349省道

二级省道，成为连接鲁豫两省单虞间的主要通道。

省道349线。原称单丰路，始建于清代，毁于抗战期间，重修于解放战争后期，为土筑大车道。1972年，铺设沥青路面26公里，为三级路，路基宽12米、路面宽9米。2002年至2003年，升级改造，晋升为二级省道。境内线路西起105国道，经北城、园艺、东城、李田楼、终兴5个乡镇、街道，东至苏鲁省界出境，全长28公里。路面宽16米，两侧各设3米绿化平台，是单县通往徐州，连接陇海铁路的主要交通干线。

1986—2010年单县干线公路重大工程建设统计表

表4-2-1

干线公路名称	改建时间	里程（公里）	总投资（万元）	改建前标准	改建后标准
单丰公路	1988.05	23	980	二级/9米	二级/12米
单虞公路	1989.01	23	1000	三级/7米	三级/7～9米
砀定公路	1995.11	31	5000	二级/9米	二级/12～15米
单丰公路	1998	24.4	4100	二级/12 米	二级/12～15米
单虞公路	2000.01	23	1800	三级/7～9米	二级/9～12米
105国道单县北段	2000.01	16.6	3500	二级/9米	二级/15～24米
105国道单县南段	2002	24.4	5000	二级/9米	二级/15～24米
单丰公路	2002.05	28	5600	二级/12～15米	二级/15～18米
105国道文明样板路	2005.04—2006.11	47.1	4600	二级/15～24米	二级/15～24米
单虞公路	2007.05—2009.10	29	8000	二级/9～12米	二级/15～18米
105国道菏泽段罩面	2010.08	62.9	4411	二级/15～24米	二级/15～24米

县级公路　1986年，境内县级公路长62.7公里。1987—2002年，县级公路没有大规模建设。2006年，姬浮路（姬庄—浮岗）改建成三级路，全长14.2公里。2007年，单曹路改建成三级路，全长18.5公里。2008年，徐皇路（徐寨—皇亲府）改建成三级路，全长28.9公里。2009年，光芦路（光明集—芦集）改建成三级路，全长15.5公里。2010年，完成广圣殿至李新庄路10公里，县城至张集路26.8公里。至年底，境内共有县道14条，总长246.1公里。

县道

乡村道路　1986年，境内有乡道长180.2公里，其中，沥青路面165.2公里，土路15公里。2003年，启动“村村通”工程，当年修村道314公里，2004年，修村道356.8公里，2005年，修村道325.9公里，实现村村通公路。2006年、2007年、2008年，分别修村道132公里、89.8公里和135公里。2009年，新修农村公路109.5公里。至2010年，境内共有乡道62条，总长463.7公里；共有村道1633.7公里。以上道路均为沥青或混凝土路面。

2010年单县县乡公路统计表

表4-2-2

路线名称	编号	起点	止点	技术等级	路面宽度（米）	行政等级	道路长度（公里）
姬庄—浮岗	X041	姬庄	浮岗	二级	10	县道	14.2
县城—张保楼	X042	县城	张保楼	二、三级	7	县道	18.5
曹马—皇亲府	X043	曹马	皇亲府	三级	7	县道	12.9
徐寨—曹马	X044	105国道	曹马集	三级	7	县道	17.3
芳桂集—陈楼	X045	105国道	陈楼	三、四级	5.5、7	县道	9.2
县城—李新庄	X046	广圣殿	李新庄	三级	7	县道	10
高老家—后张楼	X047	高老家	后张楼	四级	5.5	县道	8
柴王楼—杨楼	X048	原砀定路	杨楼	三级	7	县道	8
谢集—李新庄	X049	李新庄镇	谢集	三级	7	县道	12.3
吴楼—王李庄	X050	王李庄	吴楼	三级	7	县道	11.2
高老家—高韦庄	X051	高老家	高韦庄	三、四级	7、5.5	县道	17.1
光明集—芦集	X052	光明集	芦集	三级	7	县道	9.7
县城—张集	X053	单丰路	齐楼、姬集	四级	7	县道	25.2
黄堆集—刘寨	X054	黄堆集	刘寨西	三、四级	7、5.5、10	县道	72.5
张下庄—常溜庄	Y136	张下庄	贾水口	四级	4	乡道	5
韦关庄—姬浮路	Y137	姬浮路	韦关庄	四级	4	乡道	6.3
华佗庙—姬浮路	Y138	姬浮路	华佗庙	四级	4	乡道	6
351省道—姜马庄	Y139	351省道	姜马庄	四级	5.5	乡道	4.3
孙溜—杨楼	Y140	孙溜	杨楼	四级	5.5	乡道	21.7
徐楼—张楼	Y141	东外环	256省道	四级	5.5	乡道	8.9
大李海—郭村	Y142	大李海	郭村	四级	5.5	乡道	8.1
351省道—鹿湾	Y143	351省道	鹿湾	四级	5.5	乡道	2.6
姬浮路—256省道	Y144	姬浮路	256省道	四级	5.5	乡道	7.3
戚集—花园	Y145	戚集	花园	四级	5.5	乡道	7.4
黄堆集—朱集	Y146	黄堆集	朱集	四级	5.5	乡道	21
蔡堂—孔集	Y147	351省道	化工厂	四级	5.5	乡道	8.9
李新庄—孟楼	Y148	成武界	李新庄	四级	5.5	乡道	4.3
曹亘集—韦洼	Y150	韦洼	曹亘集	四级	5.5	乡道	5.1
高韦庄—高高路	Y151	高韦庄	高高路	四级	5.5	乡道	16.9

续表 4-2-2

路线名称	编号	起点	止点	技术等级	路面宽度（米）	行政等级	道路长度（公里）
高老家—德商路	Y152	高老家	德商路	四级	4	乡道	8.5
廉店—修楼	Y153	廉店	单张路	四级	5.5	乡道	12.4
郭任庄—陈柳行	Y154	胜利西路	陈柳行	四级	5.5	乡道	2.9
孟寨—尘嘴王庄	Y155	孟寨南	尘嘴王庄	四级	5.5	乡道	5.1
杨楼—马庄	Y156	杨楼	马庄	四级	4	乡道	5.7
陈蛮庄乡级路	Y157	单张路	单张路	四级	5.5	乡道	4.1
曹马—张堂	Y158	曹马	张堂	四级	5.5	乡道	5.9
李新集—窑范庄	Y159	堤头	窑范庄	四级	5.5	乡道	6.7
时楼—终兴	Y160	单张路	终兴	四级	5.5	乡道	7.4
刘草庙—常庄	Y161	刘草庙	常庄	四级	4	乡道	8.1
大高庄—包河	Y162	包河	大高庄	四级	4	乡道	3.7
仇楼—南王庄	Y163	南王庄	仇楼	四级	4	乡道	6.9
刑庄—十里铺	Y164	邢庄	十里铺	四级	5.5	乡道	8.5
牛楼—火神庙	Y165	芦墓	105 国道	四级	5	乡道	8
芳桂—刘寨	Y166	刘寨	芳桂	四级	5	乡道	5
赵井—郑楼	Y167	郑楼	乡界	四级	5.5	乡道	9
王楼—双庙	Y168	王楼	双庙	四级	4	乡道	3.9
毛庄—柴庄	Y169	柴庄	毛庄	四级	5.5	乡道	4.8
曹叵集—聂潘楼	Y170	聂潘楼	曹叵集	四级	4	乡道	6.1
朱庄—刘陈庄	Y171	朱庄	刘陈庄	四级	4	乡道	8.9
105 国道—袁楼	Y172	徐园	袁楼	四级	4	乡道	10.5
齐楼—姬集	Y173	黑楼	席庙	四级	4	乡道	7
大张庄—罗庄	Y174	大张庄	罗庄	四级	5.5	乡道	9.5
蔡堂—卢集	Y175	蔡堂	卢集	四级	4	乡道	9.7
孔庄—许庄	Y176	孔庄	郭曹庄	四级	4	乡道	7.2
三王庙—谢张庄	Y177	单张路	皇刘路	四级	4	乡道	8.3
陈蛮庄—张楼	Y178	陈蛮庄	张楼	四级	5.5	乡道	3.1
张寨—王岗	Y179	王岗	张寨	四级	4	乡道	6.6
陈桥—包河	Y180	陈桥	包河	四级	5.5	乡道	4.4
105 国道—十里铺	Y181	105 国道	嘉祥楼	四级	5.5	乡道	4.2

续表 4-2-2

路线名称	编号	起点	止点	技术等级	路面宽度（米）	行政等级	道路长度（公里）
毛庄—高韦庄	Y182	256 省道	高韦庄	四级	5.5	乡道	18.4
石庄—姬浮路	Y184	105 国道	石庄	四级	5.5	乡道	5.1
曹马大街	Y185	金乡界	曹马集	四级	5.5	乡道	2.8
张寨—南赵庄	Y186	刘楼	姜双楼	四级	4	乡道	5.5
曹庄—老赵庄	Y187	351 省道	老赵庄	四级	4	乡道	5.3
牛庄—刘老家	Y356	刘老家	牛庄	四级	4	乡道	8.2
徐寨敬老院—坝头寺	Y357	坝头寺	105 国道	四级	4	乡道	7.9
杨庙—刘楼	Y359	杨庙	刘楼	四级	4	乡道	11.8
赵家寨—罗庄	Y360	赵家寨	罗庄	四级	4	乡道	7.4
龙王庙—东大孟庄	Y361	原砀定路	东大孟庄	四级	4	乡道	5.5
闫楼—河里王	Y362	河里王	闫楼	四级	4	乡道	3.3
许堌集—潘庄	Y363	许堌集	潘庄	四级	4	乡道	6.2
黄庄—朱庙	Y371	349 省道	朱庙	四级	4	乡道	10.9
张三官庙—大徐楼	Y387	105 国道	单曹路	四级	4	乡道	5.9
贾水口—大赵庄	Y388	256 省道	贾水口	四级	4	乡道	7.2

公路桥涵　桥梁　1986 年，境内有载重量 5 吨以上的桥梁 46 座，总长 1796 米。2000 年，国道东渔河桥（全长 261.2 米）改建为东、西两桥。2002 年后，乡、村公路建设步伐加快，配套桥梁不断增加。2005 年，境内公路桥梁增加到 134 座，总长 4494 米。至 2010 年，境内各级公路共有桥梁 317 座，总长 10004 米。其中，国道有桥梁 10 座，长 445 米；省道有桥梁 33 座，长 1206 米；县级公路有桥梁 52 座，长 1690 米；乡级公路有桥梁 88 座，长 2658 米；村级道路有桥梁 134 座，长 4005 米。按跨径分，国道桥梁有大桥 1 座、中桥 2 座、小桥 7 座；省道桥梁有大桥 1 座、中桥 9 座、小桥 23 座；县级公路桥梁有大桥 2 座、中桥 21 座、小桥 29 座；乡级公路桥梁有大桥 2 座、中桥 35 座、小桥 51 座；村级道路桥梁有中桥 60 座、小桥 74 座。

舜师大桥

涵洞　2003 年后，启动“村村通”工程，境内各级公路涵洞数量不断增加。至 2010 年，境内各级公路共有涵洞 933 道，总长 9791 米。其中国道有涵洞 51 道、长 1173 米，省道有涵洞 162 道、长 3383 米，县级公路有涵洞 105 道、长 961 米，乡级公路有涵洞 184 道、长 1472 米，村级道路有涵洞 431 道、长 2802 米。

车站　长途汽车站　1986 年，单县汽车站为二级客运站，位于胜利街与纪元路（现为白云路）

长途汽车站　　2000年摄影

交叉口东南角。1990年，投资240万元翻建新站。新汽车站占地1.5万平方米，建筑面积3600平方米。站内设停车区、下客区、待发区、发车区。停车场面积9500平方米，候车室面积2100平方米，建有8个发车位。1992年10月，新汽车站正式运营，下设办公室、企管科、财务科、统计科、安全科、保卫科、稽查科、客运科、调度科、分站等。实行微机售票、检票。候车大厅配置电视机、空调、服务总台、饮水处、寄存处、商品店等服务设施。

顺达公用型汽车站　1999年建成，位于纪元路（现为白云路）与西关街（现为胜利路）交叉口西北角。后由于客运业务不断扩大，于2008年底又在原站的南边一路之隔（胜利西路）征地4535.6平方米，新增建筑面积1056平方米。站内设有办公室、售票处、候车室、停车场、治安室等。

乡镇交管所客运站　1986—2010年，在张集、终兴、黄岗、高韦庄、郭村、徐寨、谢集等乡镇仍保留交管所客运站，停车场、候车室等设施齐全。

第二节　公路运输

客运　*长途客运*　1986年，单县客运汽车日发班次110个，主要发往北京、天津、济南、郑州、青岛、淄博、东营、菏泽等地。1998年，36部老东风、老解放客车全部更新为亚星客车，另增加5部依维柯客车。2005年，有跨县区、省际客车110部，年客运量达110余万人次，客运周转量5620万人公里。2006年，更新高、中级豪华客车56部，新开辟单县至上海、石家庄、东莞、江阴、无锡、张家港、黄岛等线路。直达线有单县至北京、上海、天津、济南、青岛、郑州、石家庄、东莞等城市。社会客车全部进站经营，实行统一管理，规范客运交通秩序。2010年，单县汽车站和汽车七公司共有员工336人，投运客车112部，经营42条客运线路，日发班次294个；单县顺达公用型汽车站县际以上客车12部，客运线路6条，日发班次18个。全县日均发送客量4140余人次。

城乡客运　1986—1989年，城乡客运市场尚未形成，仅有一些个体运输业户利用三轮车、农用车从事客运经营。1990年，境内有县城至徐寨、黄寺、郭村、高韦庄、黄岗、孔集、朱集、马楼、张集9条线路，车辆归个体户所有，年客运量约3万人次。1999年，顺达站建成投入运营，有进站班车40余部，年均客运量2万人次，主要有县城至大李海、黄寺、曹庄等地线路。2001年始，老式客运车辆逐渐更新为19座中巴客车。之后，随着客运市场的需求，客运线路逐年增多。至2010年，县城乡客运班车有高韦庄、终兴、浮岗、朱集、杨楼、曹马、孟寨、郭村、黄岗、龙王庙至菏泽，蔡堂至河南商丘，终兴至济宁，单县至曹县青堌集、成武县大田集等跨省、市、县客运线路21条；县城至朱集镇、马楼、孟寨、黄岗镇、张集镇、李新庄镇、芦墓、李田楼镇矿区、高韦庄镇、孔集、曹马镇、李新集、杨楼镇、郭村镇、张保楼、廉店、后张楼、潘庄、李庄、鲍苏楼、乔集、贾水口、刘寨、莱河镇等县内城乡客运线路24条。全县设置客运停靠站点380个，有客车224部，年客运量1677.5万人次，全县有98%的行政村通客车。

城区公交车　1998年10月，单县市内公共汽车有限责任公司成立，投入松花江面包车60

辆，开辟5条公交线路（1至5路），结束单县无公交车的历史。2007年，公交客车相继更新为江淮和中通中型客车。2009年，增加公交6路线。2010年，提升公交服务质量，城区建站亭66个，站牌124个。至年底，单县有公交车66辆，全部为长6.6米和7.3米的高档次、低排放的大型公交客车。有公交线路6条，站点160余个，通车里程142.1公里。每天早班车6：30，晚班车8：00，班次间隔10分钟～15分钟。

出租车　1986—1995年，城区旅客运输主要以人力三轮车、机动三轮车及“摩的”（摩托车载客）为主，共有300余辆。2004年9月，单县宏达出租汽车有限公司成立。2005年4月，单县天运出租汽车有限公司成立。两公司共投入千里马、夏利轿车120辆，2006年又投入60辆羚羊轿车。自此，单县出租车运营市场实现轿车化。2009年年底，出租车更新为捷达轿车，统一出租车车型、颜色、计价器、顶灯等，规范出租车辆标志，安装驾驶员监督卡，并喷涂服务电话及监督电话。2010年，县城有出租车180辆。

2010年单县客运线路一览表

表4-2-3

客运区域	线路名称	主要途经站点	里程（公里）	客车数量
城市公交	一路：慧光公园—飞跃物流	人民医院、三台商场、中心医院、单县一中	13.8	16
	二路：单父中学—新二中	正大医院、交警大队、府前商贸城、湖西高中	14.4	10
	三路：赵阁—东城街道办事处	锦绣花园、汽车站、交通局、百寿坊食品有限公司	26.4	10
	四路：希望小学—郑桥	南城人民医院、交通局、汽车站、世纪之光	20	8
	五路：西外北加油站—舜师路东头	西关派出所、交警队、湖西人民广场、新一中	13.3	12
	六路：董庄南头—北外环中成木业	西关派出所、石马、开山公园、罗庄	17	10
城乡班车	县城—朱集	龙王庙、蔡堂	40	19
	县城—马楼	李田楼、终兴	27	18
	县城—孟寨	花园、罗庄	32	9
	县城—黄岗	七里庄、刘寨	19	14
	县城—张集	陈蛮庄、时楼	26	17
	县城—李新庄	黄寺	12	9
	县城—芦墓	十里铺、徐寨	25	9
	县城—李田楼矿区	杨集、李田楼	24	8
	县城—高韦庄	郭村、高老家	35	19
	县城—孔集	龙王庙、蔡堂	33	8
	县城—曹马	庵堆、王堂	27	6
	县城—张保楼	丁楼、葛庄、大李海	18.5	9
	县城—廉店	十里铺、大蒜市场	30	6

续表 4-2-3

客运区域	线路名称	主要途经站点	里程（公里）	客车数量
城乡班车	县城—李新集	曹庄、浮岗	34	19
	县城—杨楼	龙王庙	27	9
	县城—后张楼	朱油坊、童油坊、朱楼	27	7
	县城—潘庄	刘张庄、东李楼、刘洼	22	7
	县城—鲍苏楼	龙王庙	26	5
	县城—李庄	莱河、石庄、黄海子	22	4
	县城—郭村	莱河	16	3
	县城—刘寨	戚集、黄顺堤	21	3
	县城—乔集	罗庄、孟寨、	39	2
	县城—贾水口	张楼、傅寨	29	3
	县城—青堌集	莱河、郭村、高老家	32	7
	县城—大田集	孙庙、白浮图	53	3
	终兴—济宁	金乡	110	1
	龙王庙—菏泽	成武、定陶	114	1
	浮岗—菏泽	单县、成武、定陶	117	1
	终兴—菏泽	成武、定陶	122	2
	朱集—菏泽	成武、定陶	136	1
	高韦庄—菏泽	成武、定陶	134	1
	孟寨—菏泽	成武、定陶	128	1
	曹马—菏泽	成武、定陶	123	1
	郭村—菏泽	成武、定陶	112	1
	黄岗—菏泽	成武、定陶	115	1
	杨楼—菏泽	成武、定陶	123	1
县外客运	单县—巨野	成武	85	1
	单县—郓城	巨野	120	1
	单县—丰县	马楼、大刘集、赵庄	52	2
	单县—北京	德州、任丘	767	7
	单县—天津	德州、沧州	650	2
	单县—大连	德州、天津	1530	3
	单县—上海	徐州、江阴	830	3
	单县—西安	郑州、渭南	823	2

续表 4-2-3

客运区域	线路名称	主要途经站点	里程（公里）	客车数量
县外客运	单县—苏州	徐州、江阴	751	1
	单县—无锡	徐州、江阴	680	1
	单县—张家港	徐州、高邮	639	1
	单县—石家庄	梁山、聊城	554	1
	单县—郑州	曹县、开封	296	2
	单县—虞城	黄岗、利民	60	1
	单县—砀山	龙王庙、蔡堂、马良	68	3
	单县—徐州	丰县、敬安	154	2
	单县—商丘	青堌集、刘口	64	9
	单县—南京	宿迁、六合	550	1
	单县—江阴	淮阴、江都	603	1
	单县—蓬莱	淄博、莱州	790	2
	单县—黄城	青州、潍坊	711	1
	单县—烟台	青州、平度	800	2
	单县—威海	东港、乳山	829	2
	单县—青岛	诸城、城阳	633	3
	单县—荣城	东港、乳山	835	1
	单县—黄岛	诸城	480	1
	单县—东营	兖州、淄博	527	1
	单县—淄博	济宁、莱芜	394	2
	单县—滨州	兖州、淄博	420	1
	单县—潍坊	曲阜	550	1
	单县—寿光	兖州、曲阜	520	1
	单县—济南	济宁、曲阜	318	8
	单县—泰安	兖州、曲阜	234	1
	单县—兖州	济宁	137	4
	单县—济宁	金乡	96	7
	单县—临沂	丰县、微山	321	2
	单县—枣庄	丰县、欢城	202	1
	单县—微山	丰县	135	1
	单县—日照	兖州、泗水	400	1

续表 4-2-3

客运区域	线路名称	主要途经站点	里程（公里）	客车数量
县外客运	单县—郓城	成武、巨野	133	2
	单县—曹县	青堌集	70	5
	单县—菏泽	成武、定陶	96	39

货运 1986年，全县有个体户货运车辆157部，主要经营沙、石子、水泥等建筑材料运输。1991年后，经营范围扩展到运输生活用品、农用物资、工业原料、木材、建材、饲料、蔬菜瓜果等。2008年，根据交通部、省交通厅文件精神，运输业向集约化、规模化、现代化方向发展，8吨以上载重车辆纳入公司化经营。至2010年，规模以上专业货运公司发展到20余家，拥有营运货车1080辆，16800吨位。全县货运车辆10740部，其中三轮车及农用车7560部，货运汽车3180部，年总货运量3012.8万吨，货运周转量为74.25亿吨公里。

菏泽交通集团第十三运输公司 1986年，县运输公司隶属县交通局。1990年，县运输公司更名菏泽交通集团第十三运输公司，隶属菏泽交通集团。2010年，公司拥有AAA运输企业经营场所两处，分别位于健康路中段路南136号和白云路路西，总占地面积39960平方米，在职职工256人。主要经营客货运输、汽车修理、仓储、国际货运代理、物流信息化服务等。有货运车辆60部，主要经营普通货运、大型货物运输及集装箱运输；客运车辆5部，经营线路为北京、青岛、济南、黄岛等地。

第三节 公路管理

运政管理 市场管理 1986年，公路运输管理由县交通局业务股、联运办公室负责，具体协调全县运输业务，管理运输车辆相关证件的发放、车站及货物集散地的物资搬运装卸。1988年，联运办公室更名县交通局运输管理所，原各基层运管所改称交通管理所，行政隶属关系改由交通局直接管理。1996年，县交通局成立客运管理站，主要负责全县客运市场管理，规范客运秩序。1997年，成立出租车、摩托车管理站，2002年，更名为城乡客运管理办公室，具体负责全县出租车、公交车及城乡客运班车的运营和市场管理。2004年，成立朱集、张集交通管理所。2008年，为精细化管理，县客运管理站分为驻汽车站管理办公室和客运管理站，分别负责汽车站源头管理、汽车站及进站车辆的运营秩序、各类路牌的发放管理和站外车辆的运营秩序、违章查处等。2009年，县交通局成立驻顺达公用型汽车站管理办公室，具体负责该站及进出站客运车辆的安全监管及运营秩序。至此，全县有客运管理站、驻站办、汽车维修管理所、城乡客运管理办公室等及中心（北城街道）、黄岗、高韦庄、郭村、徐寨、终兴、蔡堂等9个基层交通管理所，负责全县交通市场的管理。

证照办理 2002年，县交通局运输管理所把各业务股室行政许可项目的咨询、受理、审核以及服务等职能纳入县行政审批服务中心，实行一个窗口受理和一站式服务，简化办事程序，公开办事流程，方便服务对象。至2010年年底，共办理发放各类运输证照19433个，其中，货运汽车证照2727个，低速载货汽车、三轮汽车证照7251个，客运车辆证照379个，道路运输经营许可证9076个。

规费征收 1985年7月，专业运输部门费率由14%提高到15%（每吨每月195元）。1986年10月1日起，落实交通部、财政部《关于发布公路运输管理费征收和使用规定的通知》精神，对从事营业性公路客货运输、搬运装卸、运输服务的单位和个人，均按照营业收入计征。2007年年初，交通局实行微机征收。2009年1月1日起，根据国务院决定实施成品油税费改革，取消公路养路费、航道养护费、公路运输管理费、公路客货运附加费、水路运输管理费、水运客货运附加费等6项收费，逐步有序取消已审批的政府还贷二级公路收费；同时，将价内征收的汽油消费税单位税额每升提高0.8元，即由每升0.2元提高到1元；柴油消费税单位税额每升提高0.7元，即由每升0.1元提高到0.8元；其他成品油消费税单位税额相应提高。2009年收费职能取消后，县交通运输局直属所撤销，城区及乡镇基层交管所收费人员逐步转岗分流。

国道105线单县收费站

车辆维修管理 20世纪80年代，随着道路运输市场的开放，各种车辆大量增加，车辆维修业迅速兴起。1986年，县运输管理部门对县内车辆维修厂家进行调查登记、考核、发证。1990年，成立车辆维修管理所，2004年年底，建立汽车综合性能检测站，车辆维修开始步入正常轨道。2010年年底，县交通局汽车综合性能检测站搬迁至单县飞跃物流院内。

路政管理 根据公路管理体制，县内干线公路（国道、省道）由公路局管理；县乡村道，由交通局管理。其主要职责是维护公路路产路权不受侵犯，办理有关涉路事项的审批，超限超载车辆的查处，服务出行群众和过往车辆，保障公路的安全畅通。

1991年3月，公路局设养护路政股，有路政管理人员6人（后改为路政管理科），主要负责日常道路巡查，处理损害公路事件，道路清障等。1996年，完成全县干线公路用地的土地确权工作。1997年，路政管理科更名路政大队，路政管理人员增加到13人。1998年1月，《中华人民共和国公路法》颁布实施，路政管理工作由单纯路政管理转向保护路产、维护路权和提供服务；由季节性管理转向常年管理。2004年10月，县公路局路政服务大厅建成并投入使用。同时，在单丰路马楼设立治超点1处，在105国道十里铺设立超限超载稽查站1处，设置开通“96660”路政服务专线，对超限超载车辆实行长效治理。路政管理和服务人员增加到35人，均为大专以上学历。配备路政管理车辆6辆。

2010年1月，县交通局成立路政管理大队，内设3个中队，共有队员21人，具体负责县乡村公路路政管理。

超限超载检测站

公路养护 干线公路养护 20世纪80年代，干线公路养护实行小道班管理，公路站共设置12个道班，以日常保养为主，全靠人工养路，养护用工劳务支出以天工核算。90年代，养护模式改革，部分养护工程劳务费改用计量支付。养护任务开始采用承包模式，小型养护机具开始使用。日常养护工作主要是保持路面整洁、边坡稳定、桥涵构造物完好、标志完善鲜明、行道树齐全等。2000年以后，公路养护逐步市场化。2004年3月，县公路局在全市率先实行大道班管理，精简养护人员，将原有12个公路管理所合并组建为城关北管理站和城关南管理站两个管理站。2010年，继续对养护、路政管理体制进行改革，实现公路养护和路政管理资源共享，优势互补，推行养护路政一体化运营。

县乡公路养护 1986年，县交通局业务股具体负责公路养护，内设公路养护小组，有养护管理人员2名，管理县道里程62.7公里，乡道180.2公里。1990年，公路养护管理人员增加到5人。2007年，县交通局在谢集乡、徐寨镇、终兴镇等乡镇培养发展义务养护工36人。2010年1月，县交通局成立养护科，有专兼职人员270人，管理县道里程246.1公里，乡道463.7公里，村道1633.7公里。

公路养护　　2006年摄影

航政管理 2008年7月，县交通运输局设立地方海事处，级别为股级，有执法人员5人，主要管理浮龙湖客运船只。2010年，在浮龙湖北岸建设浮龙湖海事处办公大楼，建筑面积5000平方米。

第四节　交通安全管理

交通安全设施 1987年4月前，交通设施由县交通局交通队管理。1989年，在健康路和文化路交叉路口，建成境内第一座交通岗亭，并设置交通信号灯。1990年，在湖西路全段设置水泥隔离墩。1993年，在健康路全段和105国道城区全段设置水泥隔离墩。1996年，在西关街设置铁质高隔离护栏。2001年，投资100万元将湖西路水泥隔离墩置换为不锈钢高隔离护栏，首次实现人车分流，同时美化了城区环境。2004年，在湖西路、舜师路交叉路口建成6座高标准交通信号灯，在城区安装限速标志、交通标志牌124块，并在西外环、北外环、砀定路城区路段的平交路口安装太阳能自动黄闪警示灯7台，在105国道、砀定路;单丰路建设3处卡口监控系统。2009年后，在省、国道设立永久性固定大型安全宣传标牌56块；在城区主要街道湖西路建立交通安全宣传一条街，设交通安全宣传版170面；在君子路、舜师路、白云路、创新路安装交通信号灯11座和7套电子警察监控系统；在17个路口安装电子监控系统；建设智能化道路交通管控信息系统和集接处警、信息采集、交通控制于一体的交通指挥中心，形成全方位、立体化的交通、治安防控体系。

2009年，单县被公安部等六部委和国家安全生产监督管理总局授予“全国平安畅通模范县”

国道交通秩序整治　　2007年摄影

称号，是菏泽市唯一获此殊荣的县区。

交通安全稽查管理　1987—2010年，全县因交通违法行为行政拘留450人，吊扣机动车驾驶证2817本，处置道路治安案件116件，打击车匪路霸团伙11个，年平均查纠道路交通违法机动车辆及驾驶员21500起，依法教育、警告、经济处罚13700次。至2010年，全县主要道路日车流量由1987—1995年间的4000辆次增加到9000～10000辆次，万车交通违法率由1987—1995年间的55%下降到35%以下。

机动车辆及驾驶员管理　1986年，全县有机动车462辆，驾驶员512人，机动车辆及驾驶员由县交通局管理，交通监理站负责全县机动车辆的注册、登记、挂牌、检审及驾驶员的考核培训。1987年，机动车及驾驶员管理职能划归县交警大队。2001年10月起，机动车管理依据公安部《中华人民共和国机动车登记办法》执行。2002年，县交警大队建立被盗抢机动车核查数据库，及时将公安部公布的被盗抢机动车信息录入微机；取消沿用多年的人工加盖审验印章的方法，采用专用防伪打印机打印审验印章，增强印章的防伪性。2004年后，依照《中华人民共和国道路交通安全法》和公安部颁布的《机动车登记规定》，对机动车和机动车驾驶人管理工作进行规范。机动车审验集中在每年3、4月进行，按车辆单位和乡镇分片对车辆进行检验。该年，新建1条机动车检测线。2007年起，机动车不再进行集中年审，年审时间变计划分配为周期循环，减少了因车辆集中年审而对生产经营带来的影响。同年8月，交警大队车管所建设车管服务大厅，公开岗位职责、服务承诺、服务项目、办事依据、工作流程、办结时限，完善各项便民利民措施，全面推行“一窗式”业务综合受理服务。2008年6月起，实行小型汽车和“三小车辆”（即摩托车、三轮汽车、低速载货汽车）号牌自编选号。

2010年年底，全县机动车保有量达到11万余辆，各类机动车驾驶人12万人。

1988—2010年单县机动车拥有情况统计表

表4-2-4　　单位：辆

年份	合计	摩托车	农用车	小型汽车	大型汽车
1988	599	122	230	27	220
1989	786	208	307	31	240
1990	847	220	320	37	270
1991	981	261	390	45	285
1992	1150	313	402	113	322
1993	1330	369	409	191	361
1994	1671	473	467	283	448
1995	3481	1837	689	443	512
1996	6682	4729	745	625	583
1997	11709	8197	1992	868	652
1998	16702	11976	2822	1174	730
1999	21800	15581	3873	1503	843
2000	27508	19403	5296	1837	972
2001	34150	23367	7415	2247	1121

续表 4-2-4 单位：辆

年份	合计	摩托车	农用车	小型汽车	大型汽车
2002	41750	28065	9591	2788	1306
2003	46791	30306	11510	3432	1543
2004	53242	34469	12659	4283	1831
2005	64798	42253	15324	5267	1954
2006	74478	47786	18106	6440	2146
2007	81430	50297	20969	7808	2356
2008	85673	51710	21940	9399	2624
2009	95086	55826	23300	13144	2816
2010	113256	66447	24098	19521	3190

交通事故处理 1986 年，一般交通事故由县交通监理站处理，重大事故联合公安机关处理。1987 年 4 月，县交警大队成立，交通事故由县交警大队处理。严重交通事故涉及犯罪的，移送县检察院和县人民法院处理。1989 年，《山东省交通事故处理规定》颁布实施，对交通事故实行以责论处。1991 年，落实国务院《道路交通事故处理办法》，公安交警依法对交通事故现场进行勘查，认定责任并进行处理，当事人对处理结果不满意的，可向人民法院提起诉讼。

1996 年前，发生交通事故，多数为当事人到县交警大队报案，少数拨打县交警大队门岗电话。1996 年，县交警大队根据支队安排，学习漳州“110”经验，设立“122”报警电话，建立“122”接处警制度。2004 年，加强执法监督，聘请执法执纪监督员，设立评警箱、监督台、监督电话和法律咨询处。2005 年 6 月，县交警大队事故处理股设立 4 个事故处理组，实现由最初的接警后全队出警到接警 4 班备勤正副班出警的转变。2007 年，县交警大队先后筹资近百万元，租地 1.1 万平方米，建设新的办公区，设有备勤室、勘查室、调解室、技术室、法医室、物证室、内勤室、阅卷室、群众等候室等。2010 年，增设便民服务室、信息采集室、讯问室、询问室、阅览室、洗衣房、健身房、食堂和浴室，共有人员 11 人，出警车辆 4 部。

特大交通事故选录 2000 年 4 月 12 日 6 时，在单丰路 7km+824m 处，濮阳市运输公司董某某驾驶豫 J12299 号大客车与单县王小庄乡王楼王某某驾驶农用三轮车发生交通事故，造成驾驶员王某某及乘车人 3 人死亡、13 人受伤，车辆损坏。

2004 年 9 月 3 日 21 时 35 分，在 105 国道单县段 679km + 900m 处，单县黄岗镇汤楼黄某驾驶无牌农用四轮车与潍坊市政工程处李某某驾驶鲁 VS9222 号轿车发生交通事故，造成驾驶员李某某等 3 人死亡，车辆损坏。

2008 年 2 月 17 日 4 时 15 分，在单县胜利东路与君子路交叉口处，龙口市徐福镇四农村肖某某驾驶鲁 FK7656 号大客车与王某某驾驶京 GUD777 号轿车发生交通事故，造成王某某、肖某某及乘车人 2 人当场死亡、2 人经医院抢救无效死亡，车辆损坏。

2009 年 10 月 15 日 4 时 52 分，在 105 国道单县段 673km + 525m 处，宋某某驾驶鲁 H85682 号货车与徐某某驾驶无牌二轮摩托车发生交通事故，造成乘车人张某某等 3 人死亡，车辆损坏。

2010 年 2 月 25 日 6 时 50 分，在 351 省道单县段 37km + 400m 处，常某驾驶京 PVJ763 号小型普通客车与董某某驾驶鲁 R90963 号中型货车发生交通事故，造成常某、董某某及乘车人 4 人死亡，车辆损坏。

第三章　邮　政

1986 年前，邮政业务以函件、包裹、报刊发行等邮务类业务为主。1986 年后，全县邮政事业得到较快发展，相继开办邮政储蓄、代理保险、电子汇兑、中间业务等金融类及速递物流类等业务。至 2010 年，全县邮政支局（所）发展到 24 处；邮路发展到 5 条，投递线路发展到 124 条，邮路总长度 3267 公里（包括农村、单程），投递员发展到 124 人。全年函件业务量达 460.41 万件，汇票业务量 6.54 万笔，订售报刊 65.22 万份，邮政业务总收入达 4120 万元。

第一节　邮政网络

县外邮路　1986 年，县邮电局出口邮件发兖州局经转，设单县至兖州长途汽车邮路一条。1994 年年底，出口邮件改发菏泽地区邮电局经转，长途汽车邮路改为单县经成武、定陶至菏泽。1999 年，实行进出口邮件临时直封，长途汽车邮路由单县经成武、 定陶至菏泽，每天 2 个班次。2010 年，专门增加速递汽车邮路一条，由单县经成武、定陶至菏泽。

县内邮路　1989 年，支线机动车邮路由 1983 年的 5 条减为 4 条，并全部改用机动三轮车运送。分别是：县局至南关、黄岗，返回县局后再至谢集、黄寺、徐寨；县局至陈蛮庄、张集、时楼、芦墓；县局至终兴、朱集、蔡堂、杨楼、龙王庙、孙溜；县局至李半庄、郭村、高老家、高韦庄、大李海。1994 年年底，县内支线邮路全部实现汽车运输，邮路裁减为 3 条：县局至莱河、郭村、高老家、高韦庄、曹庄、浮岗、黄岗、南关；县局至孙溜、龙王庙、杨楼、蔡堂、朱集、终兴、李田楼、西关；县局至谢集、李新庄、徐寨、芦墓、张集、时楼。支线邮路总长度 350 公里，至 2010 年未变。

投递邮路　城区投递　1985—2000 年，市内投递划分成 11 个段区，投递员增至 11 人，大部分是委托办理人员，自行车由投递员自备，均是当日往返。2001 年，市内投递划分成 18 个段区，投递员增至 20 人，全部为委托办理人员，投递工具为摩托车和自行车，由投递员自备。2010 年，市内投递段道依然是 18 个，投递员 18 人，其中劳务用工人员 12 人，委托办理人员 6 人，并统一配备投递用电动车，实行每天两次投递：早班投递《人民日报》《齐鲁晚报》《牡丹晚报》等党报党刊和早报，中班投递其他报刊、信件和汇票等邮件。

农村投递　1986—2002 年，全县 19 个支局 50 条投递路线，实行隔日班投递，投递工具三分之二是摩托车，三分之一是自行车。2002 年 10 月，县邮政局在全市率先实行投递体制改革，采取划小段道，段道由原来的 50 个扩充到 106 个，每个投递段道 1 个投递员。所有段道全部改为每周 6 班，当日落地邮件报刊当日投送，不管是挂号还是平信一律投递到户，并加载特快送汇、物流配送、协办储蓄、代办保险、代放号等业务。全部实行摩托车或电动三轮车投递。

第二节 邮件分拣封发

1988年10月，开始推行使用邮政编码。1990年后，开始推行使用标准信封，实行机械化分拣。1994年，配置邮袋传送带，使装、卸车工序更加迅速简便。1995年，配置邮袋捆扎机、平信捆扎机、挂号电脑扫描器等先进设备。邮袋捆扎机使用塑料袋扣，并在袋扣上显示封发局名。平信捆扎机要求厚度在10厘米以内，最大不超过15厘米，并尽量不损伤信件。挂号逐件扫描，并输入操作员工号、日期、清单号等，打印一式二页，一页封入挂号袋内，一页留局备查。1998年，平信、挂号分拣作业台席换成铁制框格，恰好能容下报纸折叠宽度，提高了分拣速度。包裹分设经转局口和支局口，倒袋后马上归位，迅速登列清单封袋发寄。1999年，实行进出口包裹直封，符合直封条件的包裹，不用倒袋，直接登列清单发寄。至2010年未变。

第三节 邮政业务

1986年，邮政主要经营函件、包裹、汇兑、报刊发行、集邮、邮政储蓄等业务。1987年，代办保险业务。1994年，开办特快专递业务。1999年起，陆续增办邮政物流、电子汇兑、代办代理信息等新型业务。2005年后，陆续开办特快送汇、户外广告、中邮广告、物流配送、同城礼仪、代办电信、代收代缴等业务。至2010年，县邮政局经营以函件、包裹、报刊发行、集邮业务为核心的邮务类业务，以速递、物流为支撑的速递物流类业务，以邮政储蓄、代理保险、邮政汇兑、中间业务为主的邮政金融类业务，集实物流、资金流、信息流三流为一体的邮政通信服务。

邮政储蓄业务 1986年8月，开办邮政储蓄业务。其性质是为人民银行代吸储，所吸纳的储蓄资金全部缴存各级人民银行，由人民银行支付手续费作为业务收入。至年底，全县储蓄点达到15个，储蓄余额56.56万元。1990年1月1日以后，邮政储蓄改为自办，邮政储蓄吸纳的储蓄存款全部转存入人民银行，人民银行支付给邮政储蓄转存款利率，停止支付手续费和提供备用金。邮政储蓄的业务收入为人民银行利息与支付给储户利息之差。2004年7月，人民银行对邮政储蓄进行改革，执行老余额利率、新余额利率的政策，继而不再吸纳邮政储蓄资金，鼓励邮政系统自主运用所吸纳的资金。7月以后，邮政储蓄吸纳的储蓄资金全部上划，由省局、国家局统一安排，自主运作。2007年3月27日，县邮政中心储蓄所开办小额质押贷款业务。之后，逐步推广到各网点。2010年，邮政储蓄经营的主要业务有：存款、贷款、绿卡、银联卡、ATM、POS、预存代扣农电费、代理保险、代发工资养老金、人民币理财、网上银行等。当年底，全县共有邮政邮储网点20个，年底存款余额达到15.06亿元。

函件业务 有信函、明信片、印刷品、邮资封、拜年卡、企业金卡、中邮广告、商业信函、账单等寄递业务。1990年，函件业务量233.12万件。2005年，函件业务量210.13万件。2010年，函件业务量达到460.41万件。

包件业务 有国际包裹、国内包裹（普通包裹、快递包裹）。1990年办理包件业务26097件，2000年办理包件业务21850件，2005年，办理包件业务20243件，2010年，办理包件业务17169件，业务量逐年下降。

汇兑业务 1986年，县邮电局办理普通和电报汇款两项业务，每笔汇款最高限额不超过5000元，1996年、1999年分别提高到1万元和5万元。1997年，各邮政营业网点配备1台微机，实现业务处理微机化。2001年，县邮政局设电子汇兑中心，开通电子汇兑业务。之后，20个支局相继开通电子汇兑业务。2005年办理电子汇款1.7万笔，2010年增加到6.5万笔。

发行业务 有报刊订阅、报刊零售、报刊代投、教材发行、教辅类图书等。1990 年，订售报刊 539.11 万份，2000 年，订售报刊 507 万份，2005 年，订售报刊 558.22 万份，2010 年，订售报刊 65.22 万份。

速递、物流业务　1994 年，县邮电局开办特快专递业务。2000 年，开办邮政物流业务。2009 年 4 月，山东省邮政速递物流有限公司菏泽市分公司单县营业部成立，成为独立机构。速递、物流开始专业化运营。

速递业务包括国内速递、国际速递、同城速递（特快送汇、鲜花礼仪、单证照邮寄）。1998 年，速递收入 13.8 万元。2005 年，速递收入 128 万元。

邮政物流业务主要从事农资分销和生产生活用品配送。2004 年 5 月，成立县物流配送中心，设立 21 处乡镇物流配送中心站和 225 处村级邮政三农服务站，基本覆盖全县村庄。实行“连锁经营＋配送到户＋科技服务”、服务“三农”的工作模式，为全县广大群众提供优质、高效、快捷的农资、日用品等生产、生活所需产品。当年，邮政物流累计配送种子 10.5 吨、肥料 2980 吨。之后，每年逐渐上升。2010 年，邮政分销物流全年配送种子 23 吨、肥料 7700 吨、酒水 5000 箱。

第四节　资　费

1950 年 5 月—1990 年 7 月，外埠平信的基本邮资为 0.08 元，外埠挂号信的基本邮资为 0.20 元。1990 年 7 月 31 日，对保持 40 年的国内邮政业务资费进行调整。平信每 20 克为其零数，本埠由 4 分调整为 0.1 元，外埠由 8 分调整为 0.2 元；外埠挂号信调整到 0.50 元；函件挂号费由 0.12 元调整为 1.00 元。邮政包裹资费和机要邮件资费提高 150%，其中商品包裹按民用包裹资费调整后再加 50%；邮政汇款汇费由每笔汇款最低汇费 0.10 元调整为 0.30 元。其他邮政资费、附带费随上述资费相应提高。1996 年 12 月 1 日，外埠平信的基本邮资调整到 0.50 元，外埠挂号信调整到 1.50 元。1999 年，外埠平信基本邮资调升至 0.80 元，外埠挂号信的基本邮资调整到 2.80 元。国际航空基本邮资未变。2006 年 11 月，对国内信函和明信片资费做如下调整：信函资费：首重 100 克以内，由每重 20 克或其零数本埠（县）0.6 元、外埠 0.8 元调整为本埠（县）0.8 元、外埠 1.2 元；100 克以上的续重资费不变。明信片资费：由每件 0.6 元调整为 0.8 元。

第五节　电子化建设

1997 年，各邮政营业网点配备 1 台综合业务处理微机，业务处理手段开始由手工向电子化发展。1999 年 3 月，县邮政中心储蓄所联入省网，10 月，联入全国网。2000 年 1 月，邮政储蓄网点全部连入全国邮储网，实现本地活期邮政储蓄业务在全国联网网点的通存通兑和业务查询。2001 年，开通电子汇兑业务，县邮政局设电子汇兑中心。之后，电子汇兑业务在农村支局相继开通，各营业网点可以向用户提供两小时加急汇款、两分钟实时汇款等业务，提高了汇兑业务的处理精度和速度。2004 年底至 2005 年上半年，农村支局利用电子汇兑终端开通电子化支局系统，实现邮政业务处理电子化。全县邮政系统共有服务主机 2 台，营业终端 60 台，票据打印机 60 台，激光打印机 2 台，微型计算机 20 台。2010 年，全县邮政营业网点有终端 80 台、打印机 80 台、复印机 20 台，20 个邮储网点装有 ATM、LED 屏、网银终端、补登折机等配套设备。

第四章 电信

1985年后，全县通信业快速发展。1990年，淘汰磁石式电话交换机，全部改用纵横制自动电话，彻底甩掉新中国成立后一直沿用的手工“摇把子”。1991年，实施户线工程和村村通电话工程。1992年，开办无线寻呼业务，1994年，开通移动通信、用户传真等电信新业务。1996年，实现数字化传输，1997年，互联网业务等相继开通。2001—2003年完成宽带网络延伸。2010年，开通3G网络。单县通信步入信息化、数字化、多媒体时代。当年，全县固定电话用户9.3万户，移动电话用户48.23万户，互联网用户3.53万户。电信业务总量27999.7万元。

第一节 电报

有线电报 1986年，电信业务归属邮电局，当年电报出口 9.9万份。1987年，单县至菏泽、单县至济南电报电路各1条，单县进入全区自动转报网，各支局为话传电报电路。全年电报业务总量41.81万份，为历年之最。1994年年底，开通县局至10个支局的传真机传报，替代话传电报，县局进入全省自动传报网。1995年，启用载报机4线，实占1线。1996年，改为光纤传输电报电路，开通公众电报分集器6线，实占1线，单县至菏泽、单县至济南电报电路2条。全县支局全部进入全省自动传报系统。全面实现光纤传输、自动化传真电报电路。1998年，邮政电信分营，电报业务归属电信局，当年电报业务总量20677份。之后，随着固定和移动电话业务的发展，电报业务量逐年下降。2000年，县电信局报房撤销，业务转至营业大厅。2002年，全年电报业务量仅1462份。2010年，全年电报业务量4745份。

无线电报 1974年，根据战备需要，增配15瓦八一C型短波收发机1台，用于单县至菏泽间的联系，其主要作用是战备、抢险、救灾或有线电路阻断等特殊情况下的应急使用，每天两次定时与菏泽报房联络，2000年停止使用。

第二节 固定电话

1986年，全县有固定电话交换机32台，交换机容量1830门，电话线路562对公里，有固定电话1281部。1990年，市话淘汰磁石式电话交换机，全部改用纵横制自动电话，市内电话交换机总容量2000门，电话机总数达到2508部，进入快速发展时期。1992年，实现乡乡通电话。1994年4月16日，单县6000门程控电话开通，有长途交换机容量120个路端，新增微机10台，铺设电缆44.1皮长公里，电话机用户4009户。1995年5月1日，又增容4000门，成为菏泽地区第一个程控电话万门县。1996年，撤销长话台。1998年，完成乡镇至行政村的光缆架设，共架设光缆600皮长公里。市农话程控总容量35056门，全县户装电话19330部。1999年，全县502个行政村实现农话村村通。2001年，全县固话121526部，平均入户率42.09%，其中市话31441部，农话90085部。2005年，全县固定电话用户17.6万户，普及率为每百人15.3部。2007年后，随着移动电话的普及，固话用户逐年减少，至2010年，本地固定电话年末用户93374户。

固定电话机

长途电话　线路设备　1986 年，增开 12 路载波电路。1992 年 3 月 14 日，开通长途自动交换机，单县长途电路 26 路，其中单县至菏泽电路 19 路，单县至济南 2 路，单县至济宁、金乡、巨野、曹县、成武各 1 路。1993 年，建设 88 米微波塔 1 座。1994 年，开通数字微波，实现单县到菏泽长途传输数字化，长途电路具备模拟和数字两种传输手段，长途电路达 109 路，实占来、去各 15 路，基本缓解了打长途电话难的状况。1995 年年底，完成 C4 本地电话网，至本地网电路达 120 路，实占长途电路来、去各 30 路。1996 年年底，完成 C3 本地网的升级，至本地网中继线可达 304 路，其中公众通信网中单县至菏泽为 211 路数字全自动电路。1998 年 9 月，本地公众网 300 路，本地移动通信电路 390 路，本地

通信机房

无线网电路 4 路，出租电路 1 路，共 695 路，其中实占长途电路 122 路。2002 年，长途、市话、农话合一，交换程控化，传输数字化，全县所有电话用户可直拨国内、国际长途电话。

业务　1986 年，拨打国内国际长途电话须到邮电局营业厅办理手续，排队等候。1994 年 4 月 16 日，县邮电局程控电话开通，凡具有“国内、国外长途全自动权”的电话用户，均可利用自己的电话机直拨国际、国内长途电话。1995 年年底，C4 本地网建成，长途直播区号统一使用“0530”。至 2010 年，区号未变。

市内电话　线路　1979—1989 年，市内电话发展较快，市话杆路 34 公里，电缆长度 19 公里，出局用户线 2400 对。1990 年，建南关街电缆管道，完成拓宽南关街杆路迁移和管道铺设工程，铺电缆 5405 米。1989 年、1991 年，大修更新全县市话电缆，完成向阳路、文化路、北关街、北环路、单父路电缆工程，架设钢线 1 万米，新架电缆 15 条，放电缆 2.5 万米。1992 年，完成刘隅首至湖西路的电缆管道工程，铺放管道 5.42 孔公里，完成 2400 对出局电缆，放电缆 720 米；完成东关街、胜利街、湖西路、单父路、向阳路、健康路等 6 处电缆工程，共放电缆 15610 米。1993 年，市话杆路长度 44 公里，其中水泥杆路 35 公里，电缆长度 44.1 皮长公里，地下电缆 1 公里。1995—1998 年，开展市话线路二期工程会战，架

电缆24.95条公里，装交接箱11只，分线箱86只，铺设管道5.87孔公里，完成两条1600对出局电缆，出局电缆增加到9600对。1998年9月，完成部分市话线路及主干电缆的改造。2001年，全县主杆电缆327165线。2010年，市话管道512孔公里，其中光缆总长度3950皮长公里。

设备 1986年，县邮电局市话有6台磁石交换机共800门。1987年，磁石交换机增加到10台共1200门。1989年年底，市话交换机改制，开通HJ921自动电话2000门。1990年，增加用户中继线5对。1992年，市内自动电话增加至4000门。设环路载波设备10部共40路，增加地下管道5.7孔公里，市话电缆1.1皮长公里，出局用户线2400对。1994年4月16日，6000门程控交换设备开通，完成市话由纵横制向程控制的转变，直拨全国各地。1995年，随着C4本地电话网的建成，市话完成升7位联网工作，市话完成4000门扩容到10240门，成为菏泽地区第一个万门县。1998年，达到16384门。2010年，市话两中心端局总容量10.8万线。

业务 1986年，市内电话门业务主要是电话语音，电话号码为4位。1988年3月1日，邮电部电信总局颁布新的《市内电话业务规程》，对部分业务进行调整。调整后的市内电话业务包括15个类别。1990年，电话号码升为6位。1994年4月，全县程控电话交换机开通使用后，电话用户可办理缩位拨号、呼叫等待、转移呼叫、三方通话、遇忙回叫、呼叫限制、追查恶意呼叫、热线服务、缺席用户服务、免打扰服务、“114”自动查号等新业务，并开办闹钟服务、“168”天气预报、“117”报时和“110”“112”“122”等服务性公益电话业务。1995年，电话号码升为7位。

农村电话 1986—1988年，陆续延伸乡镇电话通信杆路。至1989年，全县有农村电话中继电路40条，与县有直达电路的乡镇17个，装农话交换机的乡镇24个，通电话的乡镇28个。杆路长度251公里，架空明线线条长度588公里。1990年，新建乡电话交换点1处，完成县城到谢集中继线路更新改造和黄寺至李新庄中继杆路迁移工程，增开农话半自动电路1条。1993年，乡乡通电话建设步伐加快，农村自动交换点9处，中继线路97条，基本实现乡乡通电话。1996年，本地网内36个乡镇设29个交换点，全部实现自动化。1998年，乡镇至行政村的光缆架设完成，共架设光缆600皮长公里。市农话程控总容量35056门。1999年起，围绕建设“电话县”目标，全县启动“电话乡镇”“电话村”建设。至2001年，全县农话网络建设总投资近3亿元，网络规模、传输技术手段得到提升，实现光缆到村。2007年10月，网通公司研制的农村“平安互助网”电话报警系统，引起中央部委和省市领导的高度重视，并在全国推广。2008年，村村通光缆普及率达到100%，交换设备全部采用数字程控交换机。2010年，联通公司全县农村中继光缆为912.28皮长公里，光芯12612.82芯公里。

1985—2010年市话主要设备表

表4-4-1　　单位：对

年份	出局电缆对数	实占对数	年份	出局电缆对数	实占对数
1985	650	450	1989	2400	773
1986	650	530	1990	1159	1159
1987	1170	650	1991	2400	1757
1988	1170	872	1992	4800	2371

续表 4-4-1

单位：对

年份	出局电缆对数	实占对数	年份	出局电缆对数	实占对数
1993	5000	3394	2002	271000	175200
1994	8000	3955	2003	272000	172100
1995	9600	5639	2004	272500	168200
1996	17000	8789	2005	272600	158200
1997	22000	11850	2006	272800	132800
1998	238000	119620	2007	272800	125480
1999	258000	138400	2008	272800	115420
2000	268000	145800	2009	272900	105255
2001	270000	178500	2010	272900	9540

会议电话　会议电话始于 1958 年。分为长途会议电话和农村会议电话两种。会议电话原来分别利用长话载波电路和农话载波电路进行。1978 年，有两条电话会议专线，一条设在县革委会会议室，一条设在邮电局会议室。1987 年起，电话会议专线只设在邮电局会议室。2010 年，联通公司视频会议室为政府、行业提供视频会议服务。

公用电话　公用电话包括市内公用电话和农村公用电话两种，分别利用市、农话线路通话。1994 年，开始办理公用电话。1995 年，开通磁卡电话。1997 年，城区内增设 IC 卡电话机，同时开通虚拟网业务。

第三节　移动电话

网络　1994 年，建模拟移动基站 1 个，8 个模拟信道。1996 年，建数字基站 1 个，3 个数字信道。1997 年，增建终兴模拟基站 1 个，达到 2 个模拟基站，36 个模拟蜂窝通信信道，数字信道达到 7 个。1998 年，模拟信道达到 96 个，其中县局 88 个。同时又增加蔡堂、黄岗、终兴、徐寨 4 个数字基站，数字信道达到 17 个，全县基本实现移动通信无缝覆盖。1999 年 7 月至 2000 年年底，县移动公司建设模拟基站 4 处，采用微波光纤传输方式。2001 年起，采用数据信号，并相继建立直放站、微蜂窝和小区分布等多种形式的无线发射系统。至 2004 年 8 月，共建设宏基站 38 座。2005 年，与世界 240 多个国家和地区的 350 个运营商开通国际漫游业务。2010 年，移动公司基站总数增加到 310 座，全球通网络覆盖全县城乡各个角落，达到无缝覆盖，实现了高话务区域的立体覆盖及主要交通干线的连续覆盖，与中国电信、中国联通等运营公司实现互联互通，形成以业务支撑系统为保障，以自建营业厅遍布全县各乡镇和“10086”客服中心为核心，以代销代办点为主体，以掌上营业厅、网上营业厅、短信营业厅等为补充的覆盖全县城乡的立体营销服务网络。

2004 年 1 月，县联通公司成立，拥有 GSM、CDMA 两个移动通信网络，建设基站 37 处，同年 8 月，GSM 网络九期工程竣工，实现全县无缝隙覆盖。2008 年 10 月，国家电信重组，原联通 CDMA 网整体划归电信公司，原联通 GSM 网整体与原网通合并。2009 年 1 月，单县新联通融合成立后，累计建成 GSM 基站 286 处。同年年初，开始建设 3G-WCDMA，当年全县建成开通 3G 基站 127 处，实现 3G 信号全覆盖。

业务　1994 年，模拟信号网开通，为客户提供最基本的语音通话和缩位拨号、热线服务、呼叫等

联通 2G 基站

联通 3G 基站

模拟移动通信网退出服务。2002 年后，移动公司相继开通手机证券（2002 年）、有线通和无线宽带业务（2003 年）、手机报（2004 年）、无线音乐俱乐部（2005 年）、飞信（2006 年）、全时通（2006 年）、手机钱包(2007 年)、移动网信(2007 年）、中国移动集团铁通宽带（2010 年）等新业务。

2003 年 1 月，单县网通无线市话(小灵通)建成开通，4 月放号。至 2006 年，先后开通小灵通基站 520 处，因其健康环保，资费低廉、时尚，当年发展用户 3000 户。2004 年后，陆续在黄岗、终兴、谢集等乡镇驻地开通 PHS 无线市话业务。至 2009 年，小灵通用户达到 1.8 万部。之后，随着联通 2G 手机业务的快速发展和 3G 业务的推出，小灵通业务逐步被联通 2G 手机业务所替代。

待、三方通话、呼叫转移，以及漫游服务。模拟信号手机俗称“大哥大”。1996 年 6 月，开通 GSM 网数字移动通信电话业务。除具备模拟业务的各项功能外，还相继开发短信、彩信等各种功能，数字移动手机开始普及。1998 年，全县移动用户达到 3909 户。1999 年 7 月，移动业务从电信局析出，成立中国移动通信有限公司单县分公司。语音通信主要从事移动话音、数据、IP 电话、多媒体及互联网接入业务。用户号码段包括“134（0 至 8 号段）”“135”“136”“137”“138”“139”和“147”“150”“151”“152”“157”“158”“159”“182”“187”“188”等。数据通信有“全球通”“神州行”“动感地带”三大服务品牌。2001 年 12 月，

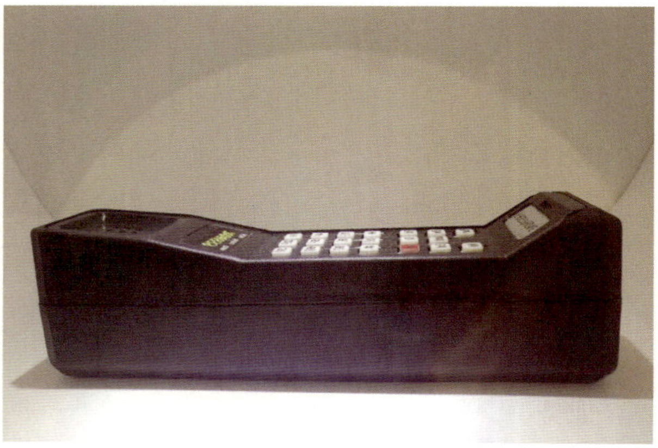

移动电话机

小灵通基站

2004 年 1 月，成立中国联合通信公司单县分公司（单县联通公司），经营 GSM 和 CDMA 两个移动通信网络，拥有“130”“131”“132”“155”“156”5 个号段。相继开通和推出新时空、如意通、联通新资讯、呼叫中心、定位之星、彩铃、GPRS 手机上网等业务。该年，移动公司用户增加到 5.5 万户，联通公司用户 3 万户。

2009 年 5 月 17 日，新联通正式启动 3G 试用。同日，网上营业厅开通“3G 在线客服”，提供包括 3G 产品、资费标准、网络覆盖、增值业务、国际漫游等咨询，并为首批 186 号段体验用户提供话费查询、交费充值、业务办理等服务。10 月 1 日，3G 业务正式商用。

2010 年，全县移动电话用户达到 48.23 万户，其中县移动公司移动电话 32.23 万户，县联通公司移动电话 15 万户（其中 3G 用户 3 万户），县电信公司移动电话 1 万户。

第四节 无线寻呼

1992 年，县网通公司开通无线寻呼（BP 机）业务，使用特服号码“126”，实行昼夜服务。当年建基站 1 座，放号 270 部。1993 年，开通“127”自动寻呼台，无线寻呼系统在菏泽地区实现联网。寻呼机有数字式和汉字式两种，数字式只能传递数字编码，根据预先编好的代码信息解读内容。汉字式可以编写短语，传递信息。1997 年，开通鸿雁寻呼台，无线寻呼用户 1800 户。同年，寻呼业务从主业分离，实行单独核算。1998 年，建终兴基站，全县共有基站 4 座。当年，无线寻呼用户发展到 7884 户。之后，随着移动电话的增加，无线寻呼逐渐减少，至 2002 年，全县已无无线寻呼用户。

第五节 互联网

1997 年，单县开通互联网业务，首次采用 163/169 拨号上网，当年发展用户 538 户。1998 年开通 DDN。1999 年，综合业务数字网 LSDN 推出，互联网用户迅速增加。2001 年下半年，推出宽带业务，由于其速度快，稳定性好，技术先进，功能强大，基本上取代拨号上网和 LSDN 等窄带业务。2003 年，宽带延伸至乡镇驻地。2005 年，宽带用户 12300 户。随着科学技术的快速发展，互联网广泛适用于全县政府信息化、企业信息化、教育信息化、办公自动化、网上缴费、电子商务及多媒体通信的会议电话、可视电话，远程教育、医疗等各个行业、各个领域。2009 年年底，开通 GPS 卫星定位系统。2010 年年底，全县宽带互联网用户达 4 万余户，其中联通宽带互联网用户 3.2 万户。

第五章 电 力

1986 年，境内有 110 千伏变电站 1 座，35 千伏变电站 4 座，主供电源为国家电网成武白庄 220 千伏变电站。1987 年，全县 37 个乡镇中有 35 个通电，通电率 95%，954 个行政村中，通电 477 个，通电率 50%，驻县城各单位通电率 100%。1989 年后，全县电力进入快速发展阶段。同年 7 月 1 日，全县行政村实现村村通电。1995 年 10 月，实现自然村村村通电。1996 年 2 月，全县户户通电。至 2010 年，境内电网有 220 千伏变电站 1 座，110 千伏变电站 6 座，35 千伏变电站 15 座，基本形成以 220 千伏变电站为中心，110 千伏变电站和 35 千伏变电站为骨架，10 千伏线路为脉络的、安全可靠的现代化供电网络。

第一节　发 电

国能单县生物发电有限公司　位于单县经济开发区，是国家发改委首批核准的国家生物质发电示范项目，由国能生物发电集团有限公司投资兴建，占地 7.27 公顷，总投资 3.4 亿元。2005 年 10 月，该公司主体工程开工建设，建设规模为 1×25 兆瓦单级抽凝式汽轮发电机组，配一台 130 吨／小时生物质专用振动炉排高温高压锅炉，该锅炉是引进丹麦先进生物发电技术，技术先进，成熟可靠，在国外具有良好的运行业绩。2006 年 12 月，正式投产发电。机组每年运行时间达 8000 小时以上。至 2010 年年底，累计发电 8.8 亿千瓦时，耗用秸秆约 131 万吨，减排二氧化碳 60 万吨。

生物发电燃料为农林废弃物。国能单县生物发电有限公司运营的 2.5 万千瓦生物质发电机组，与同类型火电机组相比，每年可减少二氧化碳排放约 11 万吨，节约标准煤约 10 万吨，燃烧产生的灰分每年 5000 吨左右，作为较好的草木灰钾肥可以加工后还田使用。同时，生物发电每年消耗农林废弃物量 30 余万吨，可为农民带来 7000 万元以上的收入。

山东天元集团生物发电有限公司　位于单县大沙河林场南单虞路西侧，占地面积 20 公顷。2008 年 1 月开工建设，2009 年 12 月竣工，建筑面积 15 万平方米，配置 0.6 万千瓦发电机组 1 台，1.5 万千瓦发电机组 3 台，总投资 2.76 亿元。

生物发电以该公司在造纸过程中产生的大量造纸污泥为燃料，通过高效燃烧新技术发电，使企业的造纸污泥得到再利用，变废为宝，不产生二次污染。其灰渣可作为制砖的优质原料。该项目实行热电联产，使用的循环流化床锅炉由中科院专门设计，不但可以掺烧造纸污泥，且具有燃料适应性广、炉内脱硫和环保性能好等优点。该设备工艺可掺烧 70% ～ 80% 的造纸污泥，按 3 吨污泥折合 1 吨标煤计算，年可节约煤约 20 万吨。

第二节　供 电

输电线路　220 千伏输电线路　1999 年前，境内没有 220 千伏电压等级的输电线路。1999 年 9 月，菏泽供电公司新建 220 千伏白单线（成武白庄站—单县单城站），全长 39.54 公里、单县境内长 16.16 公里。2004 年 4 月，220 千伏单蔡线（单县单城站—曹县蔡庄站）建成投入运行，全长 52.68 公里、单县境内长 8.77 公里。均由菏泽供电公司直接管理。至 2010 年年底，境内有 220 千伏输电线路 2 条，长 24.93 公里。

110 千伏输电线路　1986 年前，境内有 110 千伏线路 1 条，全长 39.2 公里，电杆为铁塔和水泥杆。1999—2003 年，先后架设 110 千伏线路 4 条，长 40.54 公里。2010 年，新架设 110 千伏线路 2 条，长 16.73 公里。至年底，境内共有 110 千伏输电线路 7 条，总长 96.47 公里，分别是 1986 年的 7 倍和 2.46 倍。

110 千伏线路　　2010 年摄影

2010 年单县 110 千伏输电线路统计表

表 4-5-1

线路名称	起止点	线路长度（公里）	杆塔基数（基）	投运年月
白园线	白庄站—菜园站	39.2	225	1978.09
单园线	单城站—菜园站	5.47	37	2001.09
单楼线	单城站—李田楼站	9.85	45	1999.11
单帅线	单城站—帅楼站	18.82	150	2001.09
单北线	单城站—北辰站	6.4	36	2003.12
单舜线	单城站—舜师站	4.9	50	2010.04
单平线	单城站—平原站	11.83	47	2010.04

35 千伏输电线路　1986 年，境内有 35 千伏线路 5 条，长 123.1 公里，电杆以水泥杆为主。1992—1997 年，架设 35 千伏线路 9 条，长 36.1 公里。1998—2006 年，架设 35 千伏线路 13 条，长 66.78 公里。其间，停运拆除 35 千伏线路 2 条。2010 年，架设 35 千伏线路 1 条，长 1.66 公里。至此，境内有 35 千伏输电线路 26 条，总长 227.65 公里，分别是 1986 年的 5.2 倍和 1.85 倍。

2010 年单县 35 千伏输电线路统计表

表 4-5-2

线路名称	起止点	线路长度（公里）	塔基数量（基）	投运年月
杨楼线	菜园站—杨楼站	25	146	1984.11
黄岗线	菜园站—黄岗站	12.4	98	1992.01
杨楼 T1 线	杨楼线 97# 杆—龙王庙站	0.5	4	1994.01
时楼线	李田楼站—时楼站	9.3	78	1994.01
张寨线	李田楼站—张寨站	13.61	112	1998.11
东楼线	单城站—李田楼站	9.8	96	1999.11
菜帅联络线	菜园站—帅楼站	12.5	104	2000.11
帅郭线	帅楼站—郭村站	5.5	37	2001.06
帅高线	帅楼站—高韦庄站	25.4	187	2001.06
李新庄线	单城站—李新庄站	13.15	106	2001.08
龙王庙线	李田楼站—龙王庙站	7.96	67	2002.01
徐寨线	单城站—徐寨站	9.5	88	2002.03
黄浮线	黄岗站—浮岗站	8.4	68	2003.12
帅浮线	帅楼站—浮岗站	9.96	51	2003.12
张集线	李田楼站—张集站	14.2	117	2003.12

续表 4-5-2

线路名称	起止点	线路长度（公里）	塔基数量（基）	投运年月
终兴线	李田楼站—终兴站	5	44	2003.05
浮高线	浮岗站—高韦庄站	11.81	87	2004.07
杨蔡线	杨楼站—蔡堂站	5.75	47	2005.01
帅高 T2 线	帅高线 53# 杆—高老家站	5.08	40	2005.01
李新庄 T2 线	李新庄线 31# 杆—徐寨站	6.9	76	2005.01
东城线	单城站—东城站	2.3	15	2005.12
帅高 T1 线	帅高线 53# 杆—郭村站	1	9	2006.01
张寨 T1 线	张寨线 21# 杆—终兴站	2.9	28	2006.01
李新庄 T1 线	李新庄线 14# 杆—东城站	0.09	1	2006.02
蔡张线	蔡堂站—张寨站	7.98	55	2006.03
东环线	单城站—东环站	1.66	14	2010.05

10 千伏输电线路 1986 年，境内有 10 千伏线路 24 条，长 671.7 公里，电杆全部是水泥杆。1986—1997 年，架设 10 千伏线路 31 条，长 421.5 公里。1998 年后，先后进行第一、二期城农网改造，电网规模迅速扩大。至 2010 年底，境内有 10 千伏线路 110 条，长 2151.23 公里，分别是 1986 年的 4.58 倍和 3.2 倍。城区 10 千伏供电网络实现“手拉手”（一种保证供电的措施）供电。

2010 年单县 10 千伏配电线路统计表

表 4-5-3

输出电站	条数（条）/ 总长（公里）	线路名称 / 线路长度（公里）
菜园站	8/59.09	1 号工业线 /4.54、2 号工业线 /5.81、3 号工业线 /9.51、4 号工业线 /19.76、5 号工业线 /10.15、开发区 1 号线 /3.07、开发区 2 号线 /4.45、玻纤厂线（专线）/1.8
北辰站	15/225.74	北辰 1 号线 /16.4、北辰 2 号线 /8.4、北辰 3 号线 /2.3、北郊线 /8.64、北环线 /4.93、西郊线 /39.1、董庄线 /15.26、十里铺线 /26.5、谢集线 /47.71、丁楼线 /36.7、北宇 1 号线（专线）/4.5、北宇 2 号线（专线）/4.5、轴承厂 1# 线（专线）/3.6、轴承厂 2# 线（专线）/3.6、轴承厂 3# 线（专线）/3.6
舜师站	9/139.13	孙溜线 /33.66、舜师 1 号线 /4.74、舜师 2 号线 /5.91、创新 1 号线 /10.2、创新 2 号线 /22.06、南环 1 号线 /16.13、南环 2# 线 /3.89、南环 3# 线 /3.89、东环 1 号线 /38.65
东城站	12/67.46	东城 1 号线 /14.02、东城 2 号线 /1.61、东城 3 号线 /15.33、滨河 1 号线 /3、滨河 2 号线 /16.83、东宇 1 号线 /2.81、东宇 2 号线 /6.69、宁丰 1 号线 /1.46、宁丰 2# 线 /1.51、中承 1 号线 /0.74、中承 2 号线 /0.96、化工厂线 /2.5
李田楼站	4/108.04	田北线 /20.67、陈蛮庄线 /51.76、田南线 /21.3、李田楼镇直线 /14.31
徐寨站	5/107.09	芦墓线 /42.91、徐寨镇直线 /2.72、岳刘庄线 /15.35、徐南线 /22.73、徐寨窑厂线 /23.38
李新庄站	4/80.64	李北线 /25.56、李西线 /28.64、李南线 /21.24、镍厂线（专线）/5.2

续表 4-5-3

输出电站	条数（条）/ 总长（公里）	线路名称 / 线路长度（公里）
时楼站	3/47.4	时南线 /11、曹马线 /17.5、时楼镇直线 /18.9
终兴站	7/149.91	王小庄东线 /31.75、王小庄西线 /29.92、终兴镇直线 /7.94、终兴线 /21.42、马北线 /29.24、马南线 /28.24、终兴棉厂线 /1.4
张寨站	3/126.94	朱集线 /59.9、吴溜线 /29.92、朱集蔡堂线 /37.12
龙王庙站	3/106.5	龙北线 /23.8、龙王庙镇直线 /28.3、罗庄线 /54.4
杨楼站	3/69.49	孟寨线 /31.48、杨楼南线 /26.65、杨楼蔡堂线 /11.36
黄岗站	5/156.62	花园线 /48.66、毛庄线 /36.41、黄岗镇直线 /5.41、黄岗东线 /52.84、黄岗棉厂线（专线）/13.3
郭村站	5/157.75	郭村镇直线 /9.21、李海线 /54.77、高老家线 /9.85、郭南线 /15.74、郭北线 /68.18
高韦庄站	5/112.35	高韦庄镇直线 /15.43、韦北线 /27.39、聂傅线 /2.91、韦南线 /27.29、李新集线 /39.33
浮岗站	5/98.68	曹叵集线 /18.89、浮岗镇直线 /35.5、浮岗东线 /19.71、浮北线 /8.37、曹庄线 /16.21
帅楼站	3/45.3	莱南线 /20.52、莱河线 /16.88、天元线（专线）/7.9
蔡堂站	4/82.57	蔡堂西线 /14.6、孔集线 /41.94、蔡堂东线 /13.25、蔡堂镇直线 /12.78
高老家站	3/87.87	高南线 /33.81、高北线 /39.37、高西线 /14.69
张集站	4/122.66	张集南线 /30.96、张集东线 /25.4、黄堆线 /33.44、张集镇直线 /32.86

变电站　220 千伏变电站　1998 年 12 月，菏泽供电公司筹建单县第一座 220 千伏变电站——单城站。1999 年 9 月 29 日一期工程验收送电，主变容量 150000 千伏安。2005 年年初，进行二期扩建，当年 10 月 9 日，二期工程竣工投运。新增 150000 千伏安主变 1 台。该站位于单县东环路东侧，由菏泽地调统一管辖。

110 千伏变电站　1986 年，境内有 1 座 110 千伏变电站——莱园站，拥有主变 1 台，变电容量 20000 千伏安。1989 年筹建二期工程，1991 年 8 月 20 日二号主变投运，容量 31500 千伏安。2003 年一号主变更换为容量为 20000 千伏安的有载调压变压器。1999 年 11 月，110 千伏李田楼变电站建成投运，安装 31500 千伏安主变 1 台。2002 年底进行二期增容，

单城变电站　　2010 年摄影

舜师变电站　　2010年摄影

2003年4月，二号主变（31500千伏安）投入运行。2010年1月，增容50000千伏安主变1台。2001年1月，110千伏帅楼变电站建成投运，安装31500千伏安主变1台。2006年2月，二期增容31500千伏安主变1台。2002年4月，筹建110千伏北辰变电站，2003年12月正式投运，主变2台，总容量51500千伏安。2008年4月，开工建成110千伏舜师变电站，同年11月建成投运，主变2台，总容量80000千伏安。为保障单县东北部两座煤矿可靠供电，2010年5月，建成投运110千伏平原变电站，主变2台，容量70000千伏安。至年底，全县共有110千伏变电站6座，主变12台，变电总容量397500千伏安。

2010年单县110千伏变电站统计表

表4-5-4

站名	占地面积（万平方米）	变压器		投运日期	位置
		容量（千伏安）	台数（台）		
菜园站	1.29	31500	1	1991.08.20	舜师路中段路南
		20000	1	2003.05.03	
李田楼站	0.85	31500	1	1999.11.04	李田楼镇李田楼村
		50000	1	2010.01.26	
帅楼站	0.77	31500	1	2000.11.22	莱河镇帅楼村
		31500	1	2006.02.16	
北辰站	0.48	31500	1	2003.12.26	北城街道广圣殿村
		20000	1	2003.12.21	
舜师站	0.7	40000	1	2008.12	开发区创新路南段
		40000	1		
平原站	0.82	50000	1	2010.05	时楼镇关黄庄村
		20000	1		

35千伏变电站　1986年，境内有35千伏变电站4座，主变4台，变电容量10650千伏安。1988—1994年，先后建成投运郭村、黄岗、时楼、龙王庙、高韦庄5座35千伏变电站，主变共6台，容量15750千伏安。1998—1999年，分别建成李新庄、张寨2座变电站，主变各1台，总容量7150千伏安。2003—2006年，先后建成投运张集、浮岗（原曹庄变电站异地改造）、蔡堂、高老家、东城5座变电站，均为双主变，总容量42600千伏安。

2001—2008年，对郭村、杨楼、终兴、徐寨、黄岗、时楼、龙王庙、高韦庄、李新庄、东城10座变电站进行增容改造，增加主变9台，容量92700千伏安。至2010年年底，全县共有35千伏变电站15座，主变30台，容量180950千伏安。

2010年单县35千伏变电站统计表

表4-5-5

站名	占地面积（万平方米）	变压器		投运日期	位置
		容量（千伏安）	台数		
杨楼站	0.24	4000	1	1993.07	杨楼镇杨楼村
		5000	1	2002.08	
郭村站	0.21	4000	1	1994.12.30	郭村镇郭村集西
		6300	1	2001.12	
终兴站	0.38	6300	1	2001.11	终兴镇终兴村
		4000	1	2008.01.16	
徐寨站	0.26	10000	1	2008.04.28	徐寨镇董庄村
		5000	1	2002.03.27	
黄岗站	0.2	6300	1	2001.12	黄岗镇四街村
		10000	1	2007.07.17	
时楼站	0.29	3150	1	1994.05.24	时楼镇东平楼村
		4000	1	2007.03.16	
龙王庙站	0.25	3150	1	1995.03.31	龙王庙镇龙王庙村
		5000	1	2002.10.20	
高韦庄站	0.23	5000	1	2007.07.03	高韦庄镇高韦庄村
		5000	1	2007.06.17	
李新庄站	0.25	10000	1	2008.01.16	李新庄镇孟楼村
		3150	1	2008.01.08	
张寨站	0.31	3150	1	1998.11.22	朱集镇张宅村
		5000	1	2002.09.14	
张集站	0.34	5000	1	2003.12.27	张集镇宋庄村
		4000	1	2007.03.16	
浮岗站	0.34	5000	1	2003.12.28	浮岗镇浮岗北村
		3150	1	2004.07.27	
蔡堂站	0.4	5000	1	2006.01.22	蔡堂镇蔡堂村
		3150	1	2008.04.28	
高老家站	0.45	5000	1	2006.09.13	高老家乡高老家村
		3150	1	2006.09.13	
东城站	0.52	20000	1	2007.06.17	滨河路北段路东
		20000	1	2007.07.06	

第三节 用 电

用电量 1987年，全县用电量6242.7万千瓦时。其中，农村用电量为3297万千瓦时，占全县用电量的52.81%。农村用电包括农业排灌用电、生活用电、乡村工业用电、农副产品加工用电、临时用电等。1999—2010年，随着110千伏帅楼、北辰、舜师、平原变电站及35千伏浮岗、张集、蔡堂、高老家、东城变电站的投入运行，供电能力大大提高，为全县工农业生产和居民生活用电量快速增长奠定了基础。2010年，农村用电量达到37060万千瓦时，为1999年的3.31倍。县城用电量达到51101.3万千瓦时，为1999年的7.93倍。

2004年后，一批大项目相继在县经济开发区建成投产，工业用电量迅速增长。2004年，全县工业用电量为7461万千瓦时，仅占全社会用电量的25.9%，至2009年，工业电量比重首次突破50%，2010年达到48392万千瓦时，为2004年的6.49倍。

1991—2010年单县城乡用电及所占比例统计表

表4-5-6　　　　单位：万千瓦时

年份	售电量	农村用电		县城用电	
		电量	占售电量比例（%）	电量	占售电量比例（%）
1991	8478	4368	51.52	4110	48.48
1992	10164	5696	56.04	4468	43.96
1993	10561	6284	59.50	4277	40.50
1994	12245	7949	64.92	4296	35.08
1995	13408	8365	62.39	5043	37.61
1996	13867	8365	60.32	5502	39.68
1997	16897	10453	61.86	6444	38.14
1998	15405	9358	60.75	6047	39.25
1999	17619	11177	63.43	6442	36.56
2000	20496	13893	67.78	6603	32.22
2001	23258	15373	66.10	7885	33.90
2002	27261	20784	76.24	6477	23.76
2003	27080	17543	64.78	9537	35.22
2004	28740	19712	68.59	9028	31.41
2005	35737	21632	60.53	14105	39.47
2006	42222	24853	58.86	17369	41.14
2007	48743	26247	53.85	22496	46.15
2008	63757	29597	46.42	34160	53.58
2009	80769	36536	45.24	44233	54.76
2010	88162	37061	42.04	51101	57.96

1991—2010 年单县农村用电统计表

表 4-5-7　　单位：万千瓦时

年份	总用电量	其中				
		排灌	副业生产	乡镇工业	照明	其他
1991	4213	1755	1634	569	225	30
1992	5444	2035	2047	834	460	68
1993	6259	1374	2694	891	1245	55
1994	7924	1502	3317	1061	1967	77
1995	8350	1514	4306	883	1574	73
1996	8365	1380	4598	1089	1166	132
1997	10453	1146	5032	1137	2833	305
1998	9358	1205	4299	871	2517	466
1999	11177	2500	4393	892	2869	523
2000	13893	2848	5968	982	3523	572
2001	15373	4095	6137	990	3496	655
2002	20784	5729	3923	1031	9455	646
2003	17543	2681	3354	1464	9249	795
2004	19722	6360	—	1587	10878	897
2005	21632	8080	—	1998	10572	982
2006	24854	9617	—	2402	11709	1126
2007	26247	9743	—	2706	12670	1128
2008	29597	10772	—	3124	14276	1425
2009	36536	12803	—	6806	16927	—
2010	37061	10636	—	7226	19199	—

1991—2010 年单县县城用电统计表

表 4-5-8　　单位：万千瓦时

年份	县城用电量	其中					
		工业		生活		其他	
		用电量	所占比重（%）	用电量	所占比重（%）	用电量	所占比重（%）
1991	4110	3287	79.98	285	6.93	538	13.09
1992	4468	3540	79.23	320	7.16	608	13.61
1993	4277	3184	74.44	458	10.71	635	14.85

续表 4-5-8　　单位：万千瓦时

年份	县城用电量	其中					
		工业		生活		其他	
		用电量	所占比重（%）	用电量	所占比重（%）	用电量	所占比重（%）
1994	4296	3154	73.42	552	12.85	590	13.73
1995	5043	3915	77.63	571	11.32	557	11.05
1996	5502	3849	69.96	1058	19.23	595	10.81
1997	6444	4578	71.04	1539	23.88	327	5.07
1998	6047	4348	71.90	1198	19.81	501	8.29
1999	6442	4558	70.75	1155	17.93	729	11.32
2000	6603	4661	70.59	1148	17.39	794	12.02
2001	7885	5499	69.74	1407	17.84	979	12.42
2002	6477	4152	64.10	1357	20.95	968	14.95
2003	9543	6373	66.78	1967	20.61	1203	12.61
2004	9028	5874	65.06	2094	23.19	1060	11.74
2005	14105	9867	69.95	2753	19.52	1485	10.53
2006	17369	12113	69.74	3540	20.38	1716	9.88
2007	22496	14781	65.71	5997	26.66	1718	7.64
2008	34160	23345	68.34	8638	25.29	2177	6.37
2009	44234	34407	77.78	9827	22.22	—	—
2010	51101	41166	80.56	9935	19.44	—	—

用电价格　1987年，农业用电每千瓦时0.058元（用户装有变压器的），县城机关、学校、居民凡使用共用变压器用电照明的，每千瓦时按0.20元收费，工业用电按0.11元计收电费。2001年3月，到户电价：居民照明电价每千瓦时0.67元；非普工业用电不满1千伏每千瓦时0.7395元；非居民生活照明每千瓦时0.8311元；农业生产每千瓦时0.6067元。2002年4月，依据省物价局、电力集团公司《关于实行城乡居民生活用电同价的通知》，城乡居民生活用电实行同网同价。居民生活用电，不满1千伏每千瓦时0.52元。2005年农业生产用电每千瓦时0.6067元，非普工业用电每千瓦时0.7613元，居民生活用电每千瓦时0.5354元，非居民生活用电每千瓦时0.8496元。2008年农业生产用电每千瓦时0.4350元，非普工业用电每千瓦时0.6175元，居民生活用电每千瓦时0.5469元，非居民生活用电每千瓦时0.6439元。2010年农业生产用电每千瓦时0.4955元，一般工商业用电每千瓦时0.7063元，居民生活用电每千瓦时0.5469元。

用电服务　*新增用户业务办理*　2000年前，非生活照明客户和城乡居民的用电安装由各辖区供电所负责，施工水平较低，电网运行存在安全隐患。2000年3月，县供电局成立电力客户服务中心，用电安装由客户服务中心统一管理，降低了初装成本，提高了安装效率和工艺水平。2005年，县供电公司制定《业扩报装管理办法》，业扩报装服务更趋规范化。2006年9月，县供电公司加快营销技术支持系统建设和应用，提高对服务过程的在线控制水平，业务办理时限大大缩短。

电力调控中心　　2010年摄影

抄表、核算、收费　1986—1997年，对用户实行每月手工抄表、核算、收费，结算效率低。1998年始，抄表后录入微机，实行电脑核算收费。2000年，对30万用电户实行“五统一”（统一电价、统一发票、统一抄表、统一核算、统一考核）、“四到户”（销售到户、抄表到户、收费到户、服务到户）、“三公开”（电量公开、电价公开、电费公开）管理制度。至2005年年底，电费全部实现微机制单，农村电费张榜公布率100%。2010年年底，全县38万用电户信息集中割接至省电力公司营销系统，电力营销业务实现在省级层面上的统一管理，各项工作流程更加规范高效。

第四节　供电调度

调度管理　1986—2010年，全县电力调度由县供电公司（供电局）调度所负责，隶属菏泽地区（市）供电公司地调所领导。每年1月，县调度所编制年度电网运行方案，经相关单位会审批准后，报菏泽地区（市）供电公司地调所备案，并于当月下发有关单位执行。

调度通信　1986年，开通单城至杨楼变、徐寨变、曹庄变、终兴变载波通信。随着电力系统自动化程度的提高，单一讯道不能满足自动化的要求，1988年，各变电站陆续安装JZD-316型无线电台，提高了信道的可靠性。2004年4月，开始建设光纤通信系统。光纤通信具有全数字、容量大、误码率低、可靠性高等显著优点，无线电台逐步退出运行。至2005年1月，全县变电站光纤通信网络实现全覆盖。

调度自动化　1989年，调度自动化开始起步，利用WJ-210型主站及RS型分站进行电网调度。2001年7月，帅楼变电所调试并投运第一套由南瑞公司研制的微机保护装置。至2004年，所有变电站陆续完成“四遥”（遥测、遥信、遥调、遥控）功能改造。2006年，全县变电站全部实现数据上传，能够自动显示电网实时运行状态。

负荷调度　1986年，电力供需矛盾突出，负荷调度严格按计划实施，经常出现拉闸限电的情况。1996年后，随着国家供电形势的好转，拉闸限电的次数逐渐减少。1997年，电力供应放开，负荷增长加快，至2010年，全县电网最高负荷达18.96万千瓦。

第六章　水　利

1986年后，水利工作坚持走“建管并重，讲求效益，依法治水，全面服务”的路子，按照“南河、北闸、中间井”的农田水利基本建设总体规划，坚持以井保丰、以河补源、拦蓄结合、旱涝兼治的治水方针，实行水、旱、风、沙、碱、渍综合治理。先后对全县主要河道进行疏通治理，进一步提高防洪排涝标准；徐寨灌区投入运行，恢复启用浮岗水库，围绕引黄灌溉，南北灌区完成大量配套工程，全县抗灾保丰能力显著提高。建管并重，水利设施得到较好的管理和保护，水土保持工作力度逐年加大，水土流失状况得到有效控制，水政、水资源管理逐步走上法制轨道，有力推动了整个水利事业的发展。至2010年年底，全县共开挖、疏浚流域面积在30平方公里以上的干、支河道12条，总长351.6公里，修建节制闸37座、桥梁450座、涵洞121座，开挖一、二、三级排灌沟渠1388条，总长2970公里，改造涝洼地面积3.2万公顷，累计打井46507眼，现有配套机井19020眼，拥有水利机械19866台（套）。全县有效灌溉面积达到72008公顷。

第一节　水利工程建设

河道治理　太行堤河治理　2004年，对太行堤河进行清淤治理。3月10日土方工程开工，6月5日竣工，动用挖掘机45台，推土机25台，完成土方169.45万立方米，投资700万元。太行堤河经治理后，其上游在浮岗镇的石小集与六干沟相连，境内长度由之前的30.7公里增加到39.98公里。

二堤河治理　1996年，对二堤河进行清淤治理，长度26.2公里，完成土方39.3万立方米，投资98.25万元。

黑水河治理　1998年10月，按照5年一遇排涝标准，对黑水河进行治理。黑水河系历史上黄河决口冲积形成的一条河道，因长期未治理，很多地方已经淤平。此次治理，上起二堤河、蒋河转弯处，向东经杨楼镇的齐楼南，蔡堂镇的朱老家南，至周堤湾东折而向北，穿过砀定路向东，在蔡堂镇的侯庄东南入刘楼沟。全长11.43公里，河底宽4米，比降1/10000，过水流量15立方米/秒，完成土方54.5万立方米，投资119.9万元。

刘楼沟治理　1998年10月，在黑水河治理的同时，对刘楼沟上游进行清淤治理，从蔡堂镇的薛杨楼桥至朱集镇的马桥生产桥，长3.71公里。河底宽7米，边坡1∶2.5，完成土方17.1万立方米。

东鱼河治理　东鱼河1967年开挖后，经过33年的运行，淤积非常严重，防洪除涝和引水能力大大降低。2000年，由菏泽地区统一组织，全

河道治理　　2004年摄影

地区9县1市全部出工，对东鱼河菏泽段进行清淤治理。单县施工段位于全区最下游，长6138米。工程于2000年10月20日开工，共出动铲运机156台，推土机72台，挖掘机75台，自卸车550辆，昼夜施工，于12月23日竣工。完成土方218.08万立方米，投资1500万元。同时，将东沟河后牛楼闸至东鱼河入口2.1公里进行削坡治理。

东沟河治理　2003年至2005年，分三次四段对东沟河进行清淤治理。2003年春季治理了上游，从渠首的于楼引水涵洞到曹庄闸，长9.8公里，按10年一遇除涝，20年一遇防洪，既满足防洪除涝，又兼顾引黄蓄水，完成土方48万立方米，投资258万元。2004年夏季，治理土岗寺闸至梁洼桥段，长14.3公里，治理标准按5年一遇除涝，20年一遇防洪，于5月5日开工，6月5日完工，完成土方85万立方米，投资200万元。2004年，治理曹庄闸至土岗寺闸段，长9.51公里，11月15日开工，12月15日完工，完成土方56.85万立方米，投资144.97万元。同年，治理梁洼桥至牛楼闸段，长10.6公里，12月15日开工，翌年1月15日完工，完成土方58.16万立方米，投资145.4万元。

黄白河治理　2005年，黄白河流域洪涝灾害严重，县委、县政府决定对境内黄白河清淤治理。按照5年一遇除涝，20年一遇防洪标准，11月8日开工，12月30日竣工，完成土方164.7万立方米，投资609.4万元。

八里河治理　1998年10月，对八里河进行清淤治理，完成土方43.7万立方米，投资96万元，扩大和改善灌溉面积3000公顷。

惠河治理　1996年，对惠河上游进行清淤，治理长度7公里，完成土方12.6万立方米，投入工日4.2万个。

西支河治理　1998年对西支河（小高河）进行治理，长15.2公里，完成土方37.3万立方米，投资82万元。2006年和2007年分两期对西支河进行治理，河道清淤长20.8公里，完成土方74.3万立方米，投资353万元。

治理后的惠河

焦庄沟治理　2003年10月，对焦庄沟进行清淤疏浚，完成土方8.15万立方米，投资39.12万元。

其他沟河治理　1995年，完成徐寨灌区东干渠接长至曹马东，西支河至蔡河接长，吴窑沟清淤，黄扬灌区第二、三、四、六、七干沟拓宽加深，以及小苏河、黄埝沟、程常沟清淤等，共完成土方379.3万立方米，投入工日157.76万个。

1996年，开挖治理曹马南干渠、刘堂沟、程庄沟、常坑沟、卢埝沟、姬集沟等引水沟渠，总长度118.6公里，完成土方387万立方米。

建筑物配套　1986年后，境内主要河道桥、涵、闸等建筑物建设速度逐渐加快。当年，分别投入资金500万元、45.1万元，新建徐寨和陈溜节制闸2座。至1990年，累计投入资金769.47万元，新建常老家节制闸，改建陈洪庄节制闸，新建张楼涵洞、王溜涵洞、朱集涵洞等12座。1991—2000年，共投入资金788.08万元，修建建筑物28座。其中，投资41万元，新建郭庄、朱老家、齐庄、周堤湾、侯庄、高豹庄、溪庙、周庄、小李海生产桥9座，投资377.4万元，修建于楼引水闸、向阳节制闸、孔店节制闸、尘庄节制闸、小苏河节制闸、孙庄节制闸、黄尔庄节制闸7座，投资369.68万元，修建浮岗水库入库涵洞、浮岗水库出库涵洞、王集涵洞、薛杨楼涵洞、芦埝引水涵洞、黄埝涵洞、石庄涵洞等12座。2001—2010年，共投入资金1713.21万元修建建筑物62座。其中，投资32.8万元，改建李

东沟河后牛楼节制闸

新集生产桥；投资313.5万元，新建生产桥23座；投资930万元，新建、改建节制闸9座；投资436.91万元，新建涵洞29座。

徐寨节制闸　位于105国道东约300米的东鱼河上。1984年12月26日开工建设，1986年7月底竣工运行。该闸26孔，每孔净跨6米，全长178.5米，结构形式为钢筋混凝土框架式，井柱桩基础，分体式大小底板，透空型钢筋混凝土重力闸墩，透空为3米×3.5米弧型，闸门为3.8米×5.96米双曲薄壳钢丝网混凝土，底板高程36.4米，两头建有桥头堡，主堡5层，高15.1米，副堡4层，高10.7米。主体工程完成土方54.2万立方米，砌石8320立方米，混凝土及钢筋混凝土10034立方米，总投资500万元，系菏泽地区内河最大工程。年调蓄水量3090万立方米，扩大和改善灌溉面积1.33万公顷。1986年12月12日，东鱼河单县徐寨节制闸由山东省水利厅等有关单位验收通过，并被评为山东省优质工程。

陈溜节制闸　1986年4月，开工兴建太行堤河陈溜闸，9月竣工。该闸7孔，为钢筋混凝土井柱桩框架结构。单孔净宽3.8米，闸门高3.3米，5年一遇设计除涝流量138立方米/秒。闸底高程39.15米，完成土方3.1万立方米，混凝土及钢筋混凝土697.6立方米，砌石1559.3立方米，工日3.56万个，投资45.1万元。

向阳节制闸　原址位于东沟河现牛庄橡胶坝处。1993年3月27日开工建设，共6孔，每孔净宽3.8米，钢筋混凝土框架结构，桩基小底板，闸底高度39.5米，最高蓄水位42.3米，年调蓄水量600万立方米。工程投资110万元，完成土方1.8万立方米，砌石1706.3立方米，混凝土及钢筋混凝土695.2立方米。扩大和改善灌溉面积0.37万公顷。2007年建牛庄橡胶坝时拆除。

黄尔庄节制闸　1999年修建，位于二堤河下游蒋河段的黄尔庄北。该闸3孔，每孔净宽3米，重力墩结构，底板高程40.55米，闸门高3.3米，流量48.1立方米/秒，完成土方3000立方米，砌石1760立方米，混凝土及钢筋混凝土432立方米，投资91.2万元。

孟庙节制闸　位于太行堤河朱集镇孟庙村北。2001年3月开工，9月竣工。投资394.63万元，共完成砌石2876立方米，混凝土及钢筋混凝土1710立方米，土方3.75万立方米。该闸6孔，为开敞式重力墩，桩基小底板结构，平面

徐寨节制闸

孟庙节制闸　2003年摄影

钢闸门，闸门尺寸4×6米，交通桥为汽—10级，设计闸底高程37.3米，正常蓄水位40.8米，相应蓄水量750万立方米，年调蓄水量1517万立方米，新增灌溉面积3333.3公顷，改善灌溉面积12666.7公顷。

曹庄节制闸　位于曹庄至浮岗公路东约850米处的东沟河上。建于2003年2月6日—7月30日，5孔，净孔6米，平面钢制闸门，机、电双动力卷扬启闭，底板高程42.6米，设计流量86立方米/秒。投资306万元，完成土方3.49万立方米，砌石1693立方米，混凝土及钢筋混凝土1400立方米。年调蓄水量1243万立方米，扩大和改善灌溉面积1.08万公顷。

曹庄节制闸　　2004年摄影

橡胶坝　2007年，东沟河城区段建设景观带，在下游牛庄修建橡胶坝取代此处的向阳闸。该坝位于舜兴桥以南100米处，一孔，坝长27米，底板、边墩为钢筋混凝土，上下游护坡为浆砌石结构，铺盖为砌石上覆盖混凝土，下游消力池及海漫为浆砌石结构，坝顶高程41.8米，坝高2.6米，内压比1.45，底板高程为39.2米。投资66.6万元，完成混凝二及钢筋混凝土402立方米，砌石761立方米。

太行堤河配套建筑物工程　2004年5月6日开工，10月5日竣工。修建节制闸3座，涵洞2座，公路桥1座，排架生产桥5座，砌石拱生产桥17座。投资370.73万元，共完成土方3.13万立方米，砌石2604立方米，混凝土及钢筋混凝土2405立方米。

黄白河配套工程　第一期工程2007年5月9日开工，7月20日竣工，投资214.5万元，新建涵洞8座，改建涵洞7座，新建生产桥1座，维修生产桥8座，维修水闸2座，完成混凝土及钢筋混凝土594立方米，砌石5600立方米。第二期工程2008年5月31日开工，7月31日竣工，投资236.5万元，新建涵洞8座，改建涵洞9座，新建生产桥1座，完成混凝土及钢筋混凝土444立方米，砌石7110立方米。

1986—2010年单县主要河道桥梁建设统计表

表4-6-1

河道名称	工程名称	结构型式	跨度（米）	孔数（孔）	桥面宽（米）	投资（万元）	建设性质	建设年份
焦庄沟	李新集公路桥	预制空心板	13	2	7	32.8	改建	2004
太行堤河	石小集公路桥	重力墩实心板	8	2	7	15.3	新建	2004
黑水河	郭庄生产桥	砌石拱	10	1	5	4.5	新建	1999
	朱老家生产桥	砌石拱	10	1	5	4.5	新建	1999
	齐庄生产桥	砌石拱	10	1	5	4.5	新建	1999
	周堤湾生产桥	砌石拱	10	1	5	4.5	新建	1999
	侯庄生产桥	砌石拱	10	1	5	4.5	新建	1999

续表 4-6-1

河道名称	工程名称	结构型式	跨度（米）	孔数（孔）	桥面宽（米）	投资（万元）	建设性质	建设年份
刘楼沟	刘楼生产桥	砌石拱	8	3	5	16.5	新建	2007
	同庄生产桥	砌石拱	8	3	5	16.5	新建	2007
东沟河	郭院生产桥	砼排架	6.6	6	4.5	19.7	新建	2005
	高庄生产桥	砼排架	8	5	4.5	19.7	新建	2005
	高店生产桥	砼排架	8	5	4.5	19.7	新建	2005
黄白河	王庄生产桥	砼排架	8	5	5	22	新建	2007
	黄岗生产桥	砼排架	8	5	5	22	新建	2008
八里河	高豹庄生产桥	砌石拱	10	1	4.5	4.5	新建	2000
	溪庙生产桥	砌石拱	10	1	4.5	4.5	新建	2000
	周庄生产桥	砌石拱	10	1	4.5	4.5	新建	2000
	小李海生产桥	砌石拱	10	1	5	5	新建	2000
西支河	席庙生产桥	砌石拱	8	3	5	16.5	新建	2007
	张庄生产桥	砌石拱	8	3	5	16.5	新建	2007
	郝楼生产桥	砌石拱	8	3	5	16.5	新建	2006
	王平房生产桥	砌石拱	8	3	5	16.5	新建	2006
	张林生产桥	砌石拱	10	1	5	7.5	新建	2006
	楚庄生产桥	砌石拱	10	1	5	7.5	新建	2006
	辛羊庙公路桥	砌石拱	10	1	5	7.5	新建	2006
	申楼生产桥	砌石拱	10	1	5	7.5	新建	2006
	谢海	砌石拱	10	1	5	7.5	新建	2006
	周押口	砌石拱	10	1	5	7.5	新建	2006
	小权庄	砼排架	8	4	5	20.5	新建	2006
	罗庄	砼排架	8	3	5	15.6	新建	2006
	万楼	砌石拱	10	1	5	7.5	新建	2006
	苏庄	砌石拱	10	1	5	7.5	新建	2006

1986—2010 年单县主要河道节制闸建设统计表

表 4-6-2

河道名称	建筑物名称	所在位置	建造年月	孔数（孔）	投资（万元）	备注
东鱼河	徐寨节制闸	徐寨镇	1986.07	26	500	—
东沟河	于楼引水闸	高老家乡	1991.06	2	34	—
	向阳节制闸	园艺街道	1993.08	6	110	—
	曹庄节制闸	曹庄乡	2003.08	5	306	—
惠河	陈洪庄节制闸	时楼镇	1989.08	4	80	改建
蔡河	孔店节制闸	终兴镇	1993.05	3	51.9	—
	尘庄节制闸	终兴镇	1999.06	2	63	—
小苏河	小苏河节制闸	徐寨镇	1992.01	3	20.1	—
东干渠	孙庄节制闸	徐寨镇	1992.01	1	7.3	—
嘉单河	常老家节制闸	谢集镇	1988.08	3	51.82	—
白马河	白马河节制闸	时楼镇	2001	2	21.09	—
太行堤河	陈溜节制闸	蔡堂镇	1986.09	7	45.1	—
	孟庙节制闸	朱集镇	2001.08	6	394.6	—
	东堤头节制闸	黄岗镇	2004.06	2	32	—
	刀张庄节制闸	龙王庙镇	2004.06	5	69.6	—
蒋河	黄尔庄节制闸	杨楼镇	1999.08	3	91.12	—
刘楼沟	刘楼沟节制闸	朱集镇	2004.06	2	18.8	改建
焦庄沟	李新集节制闸	浮岗镇	2004.04	2	38.2	—
西支河	姜寨节制闸	终兴镇	2004.04	2	40	—
莱河	吴堌堆节制闸	南城街道	2006.07	1	9.8	—

1986—2010 年单县主要河道涵洞建设统计表

表 4-6-3

河道名称	建筑物名称	所在位置	建造年月	孔数（孔）	投资（万元）
东沟	邓庙引水涵	莱河镇	2002.06	2	22
	王堂涵洞	曹庄乡	2003.08	1	18.5
	郭院涵洞	曹庄乡	2000.06	1	14.99
	秦庄涵洞	曹庄乡	2003.08	1	15.8
嘉单河	张楼引水涵洞	谢集镇	1988.08	1	20

续表 4-6-3

河道名称	建筑物名称	所在位置	建造年月	孔数（孔）	投资（万元）
卢埝沟	芦埝引水涵洞	李新庄镇	1995.07	1	28
黄埝沟	黄埝涵洞	李新庄镇	1995.11	1	20
八里河	石庄涵洞	郭村镇	1999.08	1	18.15
翻身河	时集涵洞	曹庄乡	2006.05	1	15.5
太行堤河	王溜涵洞	朱集镇	1987.08	2	9.03
	朱集涵洞	朱集镇	1987.08	2	9.94
	韩溜涵洞	朱集镇	1987.08	1	5.89
	张寨涵洞	朱集镇	1987.08	1	6.06
	鲁集涵洞	蔡堂镇	1987.08	2	10.89
	大杨树涵洞	蔡堂镇	1987.08	1	4.51
	李井涵洞	蔡堂镇	1987.08	1	6.73
	丁庄涵洞	蔡堂镇	1987.08	1	6.74
	楚庄涵洞	终兴镇	1999.07	1	19
	石小集涵洞	浮岗镇	2001.12	1	3.9
	张寨涵洞	朱集镇	2004.06	1	15
	杨河口涵洞	蔡堂镇	2004.06	2	22
西支河	杨庄涵洞	终兴镇	2006.08	1	19.5
	席庙涵洞	终兴镇	1987.08	1	4.26
	温庄右涵洞	终兴镇	1987.08	1	4.26
	温庄左涵洞	终兴镇	1987.08	1	4.26
	姜寨涵洞	终兴镇	2006.08	1	19.5
	王平房涵洞	终兴镇	2006.08	1	19.5
引黄干渠	吴窑沟引水涵洞	高老家乡	1991.04	1	9.31
	韦洼涵洞	高老家乡	1991.06	2	9.6
	浮岗水库入库涵	浮岗镇	1994.10	3	89.39
	浮岗水库出库涵	浮岗镇	1994.10	3	106.16
	王楼涵洞	高老家乡	2001.11	1	6.55
	邵楼涵洞	高老家乡	2001.11	1	6.55
六干沟	程庄涵洞	浮岗镇	2001.12	1	7.81
	堤头涵洞	浮岗镇	2000.06	1	16.9
黑水河	王集涵洞	杨楼镇	1999.08	1	19.53

续表 4-6-3

河道名称	建筑物名称	所在位置	建造年月	孔数（孔）	投资（万元）
刘楼沟	薛杨楼涵洞	蔡堂镇	1999.06	1	18.65
黄白河	新村涵洞	谢集镇	2007.05	2	18.3
	陈桥涵洞	谢集镇	2007.05	1	13.5
	魏湾涵洞	谢集镇	2007.05	2	18.3
	前张楼涵洞	郭村镇	2007.05	1	13.5
	王庄涵洞（一）	郭村镇	2007.05	1	13.5
	王庄涵洞（二）	郭村镇	2007.05	1	13.5
	大李海东涵洞	郭村镇	2007.05	1	13.5
	大李海南涵洞	郭村镇	2007.05	1	13.5
	后顺河店涵洞	郭村镇	2008.05	2	18.3
	大马楼涵洞	郭村镇	2008.05	2	18.3
	大谢庄涵洞	郭村镇	2008.05	2	18.3
	潘桥涵洞	郭村镇	2008.05	1	13.5
	朱楼东涵洞	郭村镇	2008.05	1	13.5
	朱楼南涵洞	郭村镇	2008.05	1	13.5
	黄岗集涵洞	郭村镇	2008.05	2	18.3
	高庄涵洞	郭村镇	2008.05	1	13.5

浮岗水库建设 **基本建设** 浮岗水库即今浮龙湖，1958年7月建成，南靠黄河故道高滩地，东、西、北三面由人工筑土围坝构成，为山东省第二大平原水库，是单县南部、东部重要的水源工程。9月初蓄水运行，最大蓄水量达到7700万立方米。由于当时缺乏平原水库建设经验，水库大坝没有进行护坡和防渗处理，蓄水后造成库外大面积次生盐碱化，1961年春，被迫停蓄还耕。

改革开放以后，单县经济迅速发展，由于缺水，给农业生产和农村经济的发展带来严重影响，且随着黄河来水量逐年减少，黄河断流时间增加，使引用黄河水本来就困难的状况变得更加严峻。恢复启用浮岗水库，扩大调蓄黄河水的能力，是解决单县水资源紧缺的根本措施。1993年，省计划委员会、省水利厅下达单县南部粮棉基地投资计划，安排浮岗水库进、出库涵和东沟引水涵工程。浮岗水库进、出库涵均为钢筋混凝土箱式涵，3孔，孔径为2×2米，洞身长度分别为22米和28米，闸底高度分别为45.7米和45.14米，设计过水流量30立方米/秒。东沟引水涵为砌石拱结构，2孔，每孔净宽2米。工程于1994年10月开工，1995年7月全部竣工，投资223.37万元，共完成砌石1770立方米，混凝土及钢筋混凝土1776立方米，土方13万立方米。

1995年，落实《菏泽地区南部粮棉基地引黄灌溉工程一九九三年施工计划》，实施浮岗水库土方工程。工程于1995年11月4日动工，1996年1月10日竣工。竣工后的坝顶高程从原来的52.5米提高到55.0米，坝顶宽12米，坝脚外开挖截渗沟，沟底宽4米，截渗沟中心线距围坝轴线65米～75米。库区面积19.13平方公里，周长20.40公里，其中水库南岸为黄河故道滩地，长8.58公里，其他部分为原有围坝，长11.82公里。

1997年，经地区向省呈报《菏泽地区单县浮岗水库可行性研究报告》。1998年，经山东省水利厅批复，核定水库规模为大二型，工程等别二等，主要建筑物为II级建筑物；总库容1.04亿立方米，调节库容9877万立方米，死库容540万立方米；最高蓄水位52.9米，死水位47.56米，年供水量1.765亿立方米；工程投资5234万元，其中国家投资2080万元，其余资金自筹解决。10月1日，浮岗水库扩建工程开工，1999年9月12日竣工。完成围坝迎水面削坡、垂直防渗铺塑和东、北两面52.0米高程以下大坝迎水面混凝土护坡。削坡长10公里，垂直防渗铺塑面积11.18万平方米，护坡长9.776公里，面积13.34万平方米，完成混凝土22763立方米，土方34.04万立方米，维修加固进出库涵洞和放水洞，共投资2796万元。浮岗水库以农业灌溉为主，水库灌区范围主要分布在黄河故道到东鱼河之间的贫水区。扩建后的浮岗水库，灌溉面积由31000公顷增加到72333公顷。浮岗水库的输水线路有两条，均系利用已有工程。一条是阎潭输入水线路，自东明县的阎潭引黄闸引水，利用阎潭引黄南干渠送水至浮岗水库。该线路，当水库水位低于50.0米时可自流入库。另一条是三义寨输水线路，由河南省的三义寨闸引水，利用黄河故道输水。此输水线路虽能完全自流引水入浮岗水库，但主要输水工程在河南境内，用水主动权小，只能作为第二水源。工程于1999年10月通过省水利厅验收，2001年1月17日开始蓄水试运行，蓄水量最高达4900万立方米。

1997年浮岗水库重新启用设计时，为利用黄河故道河南来水向浮岗水库送水，将连库闸工程列入改建计划。2002年3月完成改建，改建后的连库闸为4孔闸，设计流量40立方米／秒，交通桥为汽一20级，桥面宽6米。

2008年9月，县委、县政府决定对水库进行提升改造，开闸放水，腾空库容。10月，全县22个乡镇、街道全部出工，对库区进行清淤，在南部修通环湖路，开挖4条航道，构筑6个岛屿，大的面积6.67公顷，小的面积1公顷，岛屿高52米。2009年3月，拆除库区原有的砖瓦窑烟囱，对之前由个人经营的龙潭水寨，重新进行扩大和加高，将原来的1个小岛，扩展为3个，面积扩大10余倍，顶部高程增加到52米。5月，将废砖瓦窑全部推平，整平库区。2010年2月12日，水库恢复蓄水，3月13日停止蓄水，历时1个月，蓄水约3500万立方米。

浮岗水库

2001—2010 年浮岗水库蓄水高度、蓄水量统计表

表 4-6-4

年份	蓄水高度（米）	蓄水量（万立方米）	备注
2001	50.00	4900	—
2002	49.4	3600	—
2003	49.2	3300	—
2004	49.3	3500	—
2005	49.5	3950	—
2006	49.1	3200	—
2007	48.9	2800	—
2008	0	0	水库清淤、除险加固施工
2009	0	0	水库清淤、除险加固施工
2010	49.3	3500	—

除险加固工程　2001年1月浮岗水库蓄水后，经过几年的运行，出现大坝坝顶高程不符合规范要求；上游混凝土护坡及坝体防渗膜顶高程低于正常蓄水位；大坝填筑质量差，渗透系数不满足规范要求；围坝上游坝体沉陷变形，部分护坡混凝土网格梁、板断裂严重，下游坡面和坡脚无排水设施；大坝坝基渗漏较严重，已做土工膜垂直截渗工程效果不明显，坝后浸没、土壤盐碱化，下游坡出逸坡降大于允许值，且无反滤保护，渗流不安全；出、入库涵洞机架桥排架柱与桥板强度不足，闸门漏水，启闭不灵，连库闸交通桥标准低，泄水洞存在严重质量问题；防汛道路不通畅，大坝无观测设施，管理设施不完善等问题。2007 年 5 月，省水利厅评定该水库大坝为三类坝。12 月，省水利勘测设计院完成单县浮岗水库除险加固工程勘测设计和《山东省单县浮岗水库除险加固工程初步设计报告》。2008 年 11 月，省发展和改革委员会批复工程总投资 9416 万元、总工期 2 年。工程建设内容主要包括大坝加固工程，入库、出库涵洞加固工程，连库闸改建工程，泄水洞改建工程，排水泵站工程，金属结构工程，电气工程等。设计主要工程量：土方开挖 37.83 万立方米，土方回填 40.5 万立方米，砌石 3.3 万立方米，混凝土 1.65 万立方米，防渗板墙 17.86 万立方米。2009 年 4 月起，水库除险加固工程项目相继开工，

浮岗水库大堤及进库闸　　2004 年摄影

山东黄河工程集团有限公司、山东临沂水利总公司、山东水利工程总公司、中国水电基础局有限公司、山东大禹工程建设有限公司等参加施工。至2010年7月底，建设项目基本完成，8月4日，通过工程竣工投入使用验收。

库区移民安置 2006年8月，根据国务院《大中型水利水电工程建设征地和移民安置条例》及国务院《关于完善大中型水库移民后期扶持政策的意见》，成立单县浮岗水库移民后期扶持工作领导小组。领导小组下设办公室，工作人员11人。县移民工作领导小组与有关乡镇签订责任书，村民委员会与乡镇政府签订保证书。抽调县公安、水务、发展计划等部门和有关乡镇的工作人员组成20个驻村工作组，成立5个人口核定工作队，各级共抽调干部26人，参与工作的移民村干部达162人，对移民进行核查登记。

单县大中型水库农村移民经核定登记10949人，其中浮岗水库移民10865人（原迁移民3320人），跨县以上行政区安置水库移民84人（曹县太行堤水库迁入单县移民83人，外省大中型水库原迁移民婚入单县分散安置村1人）。按行政区域划分，所有移民共涉及7个乡（镇）、77个行政村、117个自然村、3027户。其中浮岗镇31个行政村、2467户、9126人，黄岗镇16个行政村、309户、959人，高韦庄镇24个行政村、228户、776人，曹庄乡3个行政村、20户、65人，莱河镇1个行政村、1户、17人，高老家乡1个行政村、1户、4人，郭村镇1个行政村、1户、2人。按移民安置类型划分，整体安置的有浮岗镇的石小洼、石老家两个行政村、共3103人，分散安置的有75个行政村、共7846人。

至2010年年初，共发放移民直补资金1253.96万元，后期扶持资金1021.98万元。完成2008年中央后期扶持结余资金工程项目黄岗镇安庄交通桥、常溜交通桥2座及移民培训投资73万元；完成2009年中央后期扶持结余资金工程项目高韦庄镇仵袁庄、曾凡庄、安韩庄、潘庄、高庄、赵集、曾邵庄砌石拱桥9座，投资116.78万元；完成山东省后期扶持结余资金浮岗镇石老家饮水工程投资71万元。

第二节 农田水利建设

20世纪80年代始，全县农田水利基本建设在整修河道、疏通三沟、提高抗洪排涝的同时，按照井灌为主、河灌为辅、以井保丰、以河补源的方针和南黄、北闸、中间井的建设布局，重点开展井泉建设。进入21世纪，以排、灌、路、林、井相结合的农田水利基本建设趋于完善，机井灌溉、引黄灌溉、节水灌溉等相结合的灌溉体系基本形成。

机井建设 1986年年底，境内有机井13391眼，配套9142眼，井灌面积36933公顷。机井配套以机配为主（机配井6426眼），电配井（电配井2716眼）为辅。之后，新增配套机井以电配为主，井灌面积增长较快。1988年，新打机井1850眼，年底机井总数15521眼，井灌面积40733.3公顷。当年，境内全年降雨量356.7毫米，仅为上年降雨量的48.76%，地下水位下降幅度较大，形成以终兴、马楼为中心的东部漏斗区和以单城镇、丁楼乡为中心的西部漏斗区，许多机井被吊空。1989年5月，县委、县政府决定大搞井泉建设，提出大干三年，基本实现水利化。当年全县新打机井5637眼，为1986年的9.7倍，新增灌溉面积2200公顷。至1991年年底，3年共打机井12783眼，全县机井数量达到22071眼；新增井灌面积16599.9公顷，井灌面积达到57333.3公顷。1992年，随着地下水位不断下降，部分机井报废，全县井灌面积减少1067公顷。1993年后，井灌面积逐年增长，1996年年底，全县井灌面积61247公顷，机井配套由原来的机配为主逐渐发展为以电配为主。1997年，全境大旱，全县新增井灌面积2240公顷，年末，井灌面积63487公顷。1998年后，机井建设资金一般采取群众联户自筹，各级政府补助，自打、自管、自用的建设方式。至2010年，境内有机井20002眼，配套19020眼，井灌面积72008公顷。

1986—2010年单县井灌情况统计表

表4-6-5

年份	当年新打（眼）	当年报废（眼）	当年配套（眼）			井灌面积（公顷）		年末井数（眼）		年末配套井数（眼）			年末井灌面积（公顷）
			小计	机配	电配	新增	改善	机井	对口抽	小计	机配	电配	
1986	580	100	859	712	147	1333.3	666.7	13391	132	9142	6426	2716	36933.3
1987	824	344	1172	1050	122	2133.3	1200	13871	427	9354	6516	2838	39066.7
1988	1850	200	2150	1400	750	1666.7	3333.3	15521	1360	10322	6734	3588	40733.3
1989	5637	621	3900	2000	1900	2200	10000	20537	430	12978	7090	5888	44266.7
1990	4700	1777	3080	2020	1060	4266.6	5733.3	23460	142	13585	7462	6123	48533.3
1991	2446	3835	3165	1925	1240	10133.3	2133.3	22071	47	14959	7497	7462	57333.3
1992	1356	2020	1520	860	660	1066.7	6333.3	21407	—	16345	8497	7848	56266.7
1993	950	277	1650	520	1130	400	4266.6	22080	—	16870	8886	7984	56666.7
1994	1310	729	1427	567	860	1466.7	1000	22661	—	17484	9480	8004	58133.3
1995	1058	674	1324	860	464	2060	1000	23045	—	18255	10233	8022	60193.3
1996	974	670	1155	320	835	386.7	2000	23349	—	18827	10615	8212	61246.7
1997	3680	2158	3700	200	3500	2240	8000	24871	—	20380	11634	8746	63486.7
1998	2399	1234	2399	210	2189	2180	4466.7	26027	—	21534	12298	9236	65666.7
1999	2400	2369	2400	120	2280	466.7	6866.7	26058	—	21565	12329	9236	66133.3
2000	2099	2096	2300	100	2200	533.3	6866.7	26061	—	21658	12434	9224	66666.7
2001	2170	2025	2170	80	2090	666.7	6000	26206	—	21843	9358	12485	67333.3
2002	2184	2000	2184	100	2084	671	6038.7	26387	—	22584	9458	13126	70000
2003	2070	1984	2070	120	1950	636	5723.5	26473	—	22670	9478	13192	70666.7
2004	2010	2000	2010	110	1900	500	4800	26483	—	22678	9590	13088	71000
2005	2050	2010	2050	100	1950	433	4900	26523	—	22700	9590	13110	71333.3
2006	750	2160	750	—	750	125	1500	25113	—	21290	7430	13860	71458.3
2007	686	2182	686	—	686	130	1372	23617	—	19794	5248	14546	71588.3
2008	712	2016	712	—	712	136	1424	22313	—	18490	3232	15258	71724.3
2009	752	2056	752	—	752	140	1504	21009	—	18245	2235	16010	71864.3
2010	860	1867	860	—	860	144	1720	20002	—	19020	2150	16870	72008.3

引黄工程 境内引黄有南北两条渠道，南为阎潭引黄送水干线，简称南干线或南引黄干渠，控制灌区称为南灌区，北为东鱼河，控制灌区称为北灌区或徐寨灌区。

引黄干渠

阎潭引黄送水干线 上起东明县焦园乡阎潭，引黄闸兴建于1971年7月，设计灌溉引水流量50立方米/秒，经东明通往曹县。1983年，单县段开挖，上与曹县贯通，下与二堤河相连。浮岗水库恢复启用后，阎潭引黄送水干线至浮岗水库进库闸，全长133公里。境内南灌区控制面积66666.7公顷，包括北城、南城、园艺、东城、莱河、郭村、高老家、曹庄、朱集、龙王庙、终兴、李田楼等乡镇、街道的全部耕地面积，谢集、黄岗、蔡堂、杨楼、时楼、张集等乡镇的部分耕地面积。

南灌区共有流域面积在30平方公里以上的河道16条，中小型涵闸31座。主要送水路线有三条：一条在韦洼闸前，通过吴窑沟、翻身河、八里河、黄白河等，向高老家、郭村、莱河和谢集等乡镇送水；一条通过于楼分水涵分水东沟河，通过莱河、卢埝沟、惠河、蔡河，向曹庄、浮岗、黄岗、莱河、谢集、李田楼、时楼、张集、南城、北城、园艺、东城等乡镇、街道送水；一条通过邵楼闸分水太行堤河、二堤河、银河、孟流河、黑水河、蔡河、小高河、杨河、刘楼沟等，向浮岗、黄岗、杨楼、蔡堂、龙王庙、终兴、朱集、张集等乡镇送水和向浮岗水库供水。

泥沙含量大的黄河水致使引黄渠道淤积严重，一般二至三年清淤一次。清淤工程按照谁受益谁负担的原则，由市水利局组织、协调、监督和验收，东明县、曹县、单县出资、出工施工。分别于1989年、1994年、1997年、1999年、2002年和2007年对南引黄干渠进行清淤治理。1994年和2002年进行全线清淤和筑堤治理，1989年、1997年、1999年对曹县三格堤闸以上70公里的干渠进行清淤，2007年对渠首至东明县三春镇大营闸下，长度18公里的干渠进行清淤。

2001年2月9日，浮岗水库蓄水过程中，浮岗镇王楼村北的引黄干渠右岸大堤决口，部分村庄被淹。5月，对引黄干渠缺口堵复，同时对堤头公路桥以上8公里渠道清淤，对两岸大堤加高、加宽，完成土方28万立方米。

南干渠2002年清淤治理后，至2010年，除2007年对上游局部进行清淤外，一直未进行有效治理，渠道逐渐淤积抬高，杂草生长茂密，阻水较为严重。黄河经过不断调沙冲沙，下游的河床下切，阎潭引黄闸闸底相对较高，对引黄流量造成较大影响，远达不到设计引水量。从2009年始，春、夏、秋三季，单县引水困难，灌区用水主要在冬季，而冬季引黄又受黄河水量、凌汛等其他因素的制约。2009年后，单县最大引水量不超过15立方米/秒。

东鱼河引黄 1967年春，为解决鲁西南水涝灾害，开掘东鱼河。该河上起东明县沙窝乡东谢寨，下至鱼台县入昭阳湖。1980年，菏泽地区修建谢寨引黄闸，东鱼河兼顾引黄灌溉，成为排灌双用河道。因缺少拦蓄工程，单县引黄灌溉主要靠扬水站和群众临时沿河安装机械设备提灌，灌溉面积较小。1986年，单县在东鱼河建成徐寨节制闸，将东鱼河水位抬高3米多，年拦蓄调节水量3090万立方米，徐寨灌区（北灌区）面积扩大。1988年，修建常老家扬水站，1990年，修建火神庙扬水站，开挖东引水干渠，灌区控制面积21333.3公顷。灌区包括徐寨、李新庄两镇全部耕地面积，谢集、张集、时楼3个乡镇部分耕地面积。

东鱼河水位经徐寨闸抬高后，通过胜利河向上延伸，形成灌溉水网。胜利河以东，通过火神庙扬水站，将河水送入长 25.62 公里的东引水干渠，经小苏河、东沟河、韩庄沟、丁楼沟、刘堂沟、白马河、惠河等，为徐寨、张集、时楼等乡镇供水。胜利河以北通过芳李干沟（徐寨镇芳桂集至李新庄公路沟）和 6 条支沟，为李新庄镇供水。胜利河以南通过嘉单河、黄埝沟、李埝沟、卢埝沟、黄白河等沟河和常老家扬水站向谢集镇、郭村镇和莱河镇供水。北引黄灌区配套建筑物主要有扬水站 2 座，节制闸 5 座，涵洞 13 座。

黄河故道客水　浮岗水库属于三义寨引黄灌区配套工程之一。单虞边境黄河故道有少量客水，通过焦庄沟进入堤头小水库，过连库闸进入浮岗水库。2003 年，对焦庄沟清淤，改建节制闸，通畅黄河故道来水，平均每年入境客水 1500 万立方米左右。

1997—2010 年单县引黄水量统计表

表 4-6-6

年份	引水量（万立方米）	年份	引水量（万立方米）
1997	12062	2004	12293
1998	11684	2005	13650
1999	11262	2006	12638
2000	9552	2007	11848
2001	8620	2008	13600
2002	15143	2009	12874
2003	15301	2010	12461.4

扬水站建设　1958 年，浮岗水库建成蓄水后，单县开始在沿黄河故道和胜利河等水源充足的河道上，修建扬水站，至 1989 年，全县共修建扬水站 47 座。1979 年后，黄河故道水源枯竭，对扬水站的管理逐渐松懈，以致扬水站遭到不同程度的损坏。至 1983 年，尚能运行使用的仅剩 23 座。经过 1984 年和 1985 年的撤并、改造维修，1986 年年初，能利用的扬水站增加到 38 座，有效灌溉面积 1.07 万公顷。后又修建常老家和火神庙扬水站，使扬水站数量达到 40 座。由于水源、资金、管理等诸多问题的困扰，至 1990 年年底，相继报废 37 座，仅剩韦洼、常老家和火神庙 3 座扬水站。至 2010 年年底，可正常运行的仅剩常老家和火神庙 2 座扬水站。

韦洼扬水站　1983 年，为解决高韦庄、曹巨集、李新集 3 个公社高滩区的农业灌溉用水问题，在曹巨集公社韦洼村东北、南引黄干渠韦洼闸南 200 米处，修建韦洼扬水站，设计灌溉面积 1333 公顷。1999 年 11 月，对韦洼扬水站进行改建，除利用原有进水池、上游铺盖、护坡外，其他全部拆除重建。改建后装机容量为 155 千瓦 70 轴流泵 2 台，320 千伏安变压器 1 台，配电启动柜 2 台，扬程 8.077 米，最大出水量为 7000 立方米 / 小时。共完成砌石 400 立方米，混凝土及钢筋混凝土 178 立方米，土方 2000 立方米，投资 53.01 万元，扩大和改善灌溉面积 1667 公顷。2001 年 2 月扬水站交由受益乡镇管理后，因相关乡镇达成的《共同使用管理韦洼扬水站的协议》没有得到很好的执行，加上运行费用较高，一个阶段后，无法维持运行而被闲置。2008 年后，扬水站处于半报废状态。

常老家扬水站（带水闸） 位于单县北部胜利河支流嘉单河上，为徐寨灌区主要配套工程之一，安装95千瓦70型立式轴流水泵2台，最大扬程为6米，单机抽水量3600～5000立方米/小时。进水池为浆砌石，出水池为混凝土结构，出水池后建有长30米，深3.5米，宽2.5米的浆砌石引水渠道至控制闸前。该扬水站于1987年完成设计，1988年3月中旬开工建设，8月底竣工。完成土方4.0万立方米，砌石1572立方米，砌砖200立方米，混凝土及钢筋混凝土574立方米，工日4.52万个，总投资51.82万元。控制单城、谢集、李半庄3个乡镇灌溉面积2000公顷。

火神庙扬水站 位于徐寨镇火神庙村北胜利河上，为徐寨灌区主要配套工程之一，安装160千瓦70型轴流泵2台，最大扬程4.53米，最大提水流量2.8立方米/秒。在水泵与出水口之间建一净孔3米的控制水闸。1990年3月动工建设，8月底竣工。完成砌石1130立方米，混凝土及钢筋混凝土177立方米，工日2.27万个，投资50万元。胜利河水位高时，将控制闸门打开，通过自流向徐寨灌区东干渠输水，当胜利河水位低时，将控制闸门关闭，利用扬水站提水，扩大和改善灌溉面积1867公顷。

内河灌溉工程 境内除高滩区外，河道均为灌排双用，即汛期用于防洪除涝，其他时期引蓄水用于农业灌溉和补源。

徐寨闸灌区配套工程 1989年开始建设，至2002年全部完成。灌区共开挖引水沟渠39条，总长170公里，修建节制闸7座，引水涵洞6座，生产桥68座，扬水站1座，共完成土方590万立方米，砌砖石15694立方米，混凝土及钢筋混凝土1435立方米。总投资1556.4万元，其中国家投资482万元，地方自筹1074.4万元。

菏泽地区南部粮棉基地引黄灌溉项目 1991年，修建于楼、韦洼两座引水涵洞，引黄河水入东沟河、翻身河、卢埝沟、莱河、八里河等，扩大灌溉面积1666.2公顷，补源2000公顷。1992年，建成东沟河向阳闸、蔡河口柴王楼引水涵洞和蔡河孔店节制闸，年调蓄水量500万立方米，通过蔡河、惠河、西支河、姬集沟、常坑沟等，扩大灌溉面积3333.3公顷，补源2666.7公顷。2003年，完成曹庄节制闸，年调蓄水量300万立方米，扩大灌溉面积1333公顷，改善灌溉面积2000公顷。

复新河流域灌溉工程 1986年，修建太行堤河陈溜闸，年调蓄水量520万立方米，通过拦蓄，抬高水位，将水送往蔡河、孟流河等，扩大灌溉面积2000公顷，改善灌溉面积、补源4000公顷。

太行堤河拦蓄工程项目——孟庙节制闸 位于朱集镇孟庙村北的太行堤河上。2001年3月，开工建设，9月底竣工。孟庙闸年调蓄水量1517万立方米，通过刘楼沟、杨河、楚庄沟等扩大灌溉面积3333.3公顷，改善灌溉面积12666.7公顷。

节水灌溉示范项目 位于原单城镇后黄楼及孙溜镇韩庙、樊楼区域，2001年建成并投入使用。该项目节水灌溉面积360公顷，其中半固定式喷灌280公顷，移动式喷灌80公顷，总投资270万元（国债补助资金90万元，群众自筹180万元）。项目在实施中建立法人责任制，由县水利局负责人任项目经理，实行公开招标投标制，委托菏泽市水利设计院监理公司全程监理。项目建成后，经过运行，达到节约用水、促进农业种植结构调整、增加农民收入的效果。

现代农业小麦产业项目 2010年7月，单县获得山东省2010—2012年度现代农业小麦产业项目县资格。项目规划建设高效节水灌溉农田8667公顷，涉及终兴、浮岗、高韦庄、高老家、郭村、曹庄、时楼、徐寨8个乡镇、54个行政村，受益人口9.27万。项目为节水型机井管道灌溉，总投资10582.92万元，其中，中央财政资金4300万元，省财政资金900万元，市财政配套940万元，县财政配套2460万元，受益群众投劳折资1982.92万元。

水土保持 水土流失状况 单县属于黄泛平

原，历史上由于黄河多次决口泛滥，冲刷沉积而形成高滩地、背河槽状洼地、决口扇形地、缓平坡地等地形地貌。土体构型差，土层表面多为粉细沙，风蚀、水蚀程度大。一般4级风即可扬沙，境内每年4级风以上的天数达100多天，且具有旱季和风季同发的特点，加剧了土壤的风蚀程度。

中华人民共和国成立初期，全县水土流失面积760平方公里，占全县总面积的44.65%。至1985年底，已治理263平方公里，占水土流失面积的34.6%，尚有497平方公里没有得到治理，占水土流失面积的65.4%。在未治理的497平方公里的水土流失区中，强度流失区面积290平方公里，占水土流失面积的58.35%，主要分布在黄河故道以及东沟沿岸的高韦庄、浮岗、黄岗、蔡堂、杨楼、曹庄、李半庄、李田楼、单城等乡镇；中度流失区面积157平方公里，占水土流失面积的31.59%，主要分布在太行堤河、惠河、蔡河、刘楼沟、翻身河沿岸的各乡镇；轻度流失区面积50平方公里，占水土流失面积的10.06%，主要分布在黄白河两岸，单城镇的北部，李新庄、谢集等乡镇。

区域治理　李新集小流域治理。1986年，国家投资2万元，群众自筹4万元，对李新集乡黄河故道小流域进行治理。该流域包括8个行政村，治理面积5.4平方公里，建提排站3处，小型节制闸2座，过路涵2座，植树2.1万棵，插条12万墩，育苗1公顷。完成土方14.2万立方米，工日3.54万个。小流域治理后，每年增加收入20余万元。

高韦庄小流域治理。1987年，国家投资2万元，群众集资4万元，对高韦庄镇境内黄河故道小流域进行治理，治理河槽内面积20公顷。小流域内，在与河南省的边界处修筑一条东西围堤，长4750米，顶宽4米，迎水面坡度1∶3，背水面坡度1∶2.5，堤顶高程按多年最大洪水位加0.7米。为尽量多围出土地，修建三条拦河堤，总长1050米，顶宽3米，边坡1∶1.5，并在堤外角挖一条防渗沟，长4000米，沟底宽1米，沟深1.5米，边坡1∶2，整修东西路1条，南北路2条，根据实际需要，在路沟交叉处建小型过路涵9座，建小型提排站2座。在围堤、防渗沟及道路上，共植树7200棵，插条5.96万墩，共完成土方17.44万立方米，工日6.7万个。治理效果明显，水土流失得到有效遏制，流域内年人均增加收入65元。

曹庄乡东沟河小流域治理。1988年、1990年，对曹庄乡东沟河小流域进行两期治理，国家投资3.8万元，群众集资7.195万元，治理流域面积3.7平方公里。1988年，修建小型过路涵12座，简易生产桥1座，植树3.6万棵，栽果树2.75万棵，插条3.6万墩。1990年，沿东沟河堤北岸营造长2000米、宽16米的防风林带，并在树间插条1万墩，在河滩发展灌木林7公顷，经济林13公顷，植树3.4万棵，灌木3.1万墩，果树1.1万棵。

聂傅庄小流域治理。1990年、1991年，对聂傅庄小流域进行两期治理，国家投资1.9万元，群众集资4.42万元，治理面积2平方公里。1990年，营造太行堤、陈吴庄堤头水库及利民河河堤三条防风林带，总长15公里，共植树3.15万棵，树间插条3.15万墩。1991年，整修聂傅庄至王柳行生产路1条，长1公里、宽8米，一路一沟植树2000棵，树间插条4000墩，发展果园6.7公顷，植果树5500棵，建排水站1座，打深井1眼，完成土方4000立方米，工日1000个。

曹庄乡郭堤口小流域治理。1991年、1993年，对曹庄乡郭堤口小流域进行两期治理，国家投资2万元，群众集资1.51万元，两期共治理面积2平方公里。1991年，治理1平方公里，整修道路3条，长2.2公里、宽5米，植杨树2200棵，插条4400墩，植果树10公顷、7860棵，打机井4眼。1993年，治理1平方公里，植果树14公顷、1.1万棵，打机井2眼，疏林补植杨树1000棵，插条2000墩，并首次在单县种植麦茬旱稻4公顷，获得成功。

花园小流域治理。1994年，省拨给单县水保经费1.5万元，群众集资4.6万元，对花园小流域进行治理。沿太行堤河两侧，植杨树两行，长度42公里，植树8400棵，插条8400墩，在单虞公路两侧栽植经济林70公顷，果园内打机井5眼。经治理，群众每年增加收入200万元。

李半庄小流域治理。1994年，地区拨款2万元，1995年、1996年，省每年拨款1.5万元，群众集资12.8万元，对李半庄小流域进行三期治理，治理面积6.6平方公里。共建林网134公顷、桐粮间作100公顷，植杨树1.4万棵、桐树0.75万棵，建果园30公顷，植果树2.2万棵，发展桑园30公顷，新打、配套机井10眼，平整土地134公顷，共投工8000个，年人均增加收入1200元。

毛庄小流域治理。1996年，地区投资2.8万元，群众集资3.94万元，对毛庄小流域进行治理。沿黄河故道建一条防风林带，植杨树880棵，发展果园20公顷，植果树1.6万棵，新打机井5眼，平整土地134公顷，投工500个。治理后小流域每年增加收入40万元。

曹叵集小流域治理。曹叵集小流域综合开发示范项目是山东省唯一平原风沙区示范项目，总投资110万元，其中省投资24万元，群众集资86万元。治理时间为1997—2001年。在治理过程中，本着治理与开发相结合的原则，在项目示范区建立银杏、芦笋基地，种植银杏林110公顷，年产值396万元、芦笋334公顷，年产值750万元。两项年净效益107万元。

莱河小流域治理。2000年，由中央投资50万元，地方集资56万元，对莱河小流域进行开发、治理，治理面积9平方公里。建桑园200公顷，形成鲁西南最大的桑苗基地，年产桑苗3000万棵，年产桑蚕茧22.5万公斤。栽植红提葡萄35公顷，蒙阳红石榴35公顷。挖排灌沟渠14.6公里，建生产桥10座。年净效益500万元。

张集小流域治理。2001年，国家专项资金投资20万元，群众集资20万元，治理张集小流域，治理面积6平方公里。治沙改土133.3公顷，建基本农田266.7公顷，以沟带路开挖沟渠12公里，建石拱桥2座，新打机井35眼，发展经济林6.67公顷、水保林32.4公顷。开发6平方公里，建生产桥2座，挖排灌沟渠6公里，建水保林35公顷，发展药用牡丹7公顷（1年后药用牡丹亩产值即达4000元）。2002年，栽植药用牡丹134公顷。同年，完成张集小流域综合治理工程并通过验收。

李田楼乡小流域治理。2002年、2003年，利用省补助水土保持项目资金，分别完成李田楼乡陈蛮庄小流域综合治理一、二期工程，治理面积共7平方公里。共治沙改土、建基本农田233.3公顷，开挖沟渠10公里，新打机井20眼，栽植经济林70公顷（其中栽植石榴20公顷），植水保林26.6公顷，修路10公里。共完成投资25.15万元，其中，省补助资金9万元，地方配套及群众自筹资金16.15万元。同年，由中央专项资金投资20万元，省补助10万元，群众集资20万元，对陈蛮庄风沙片区进行治理，治理面积3平方公里。整地改土200公顷，营建水保林46.7公顷，发展经济林13.3公顷，新打机井52眼，建生产桥2座，开挖沟渠2.6公里，修路3公里。

杨楼镇小流域综合治理。2003年，利用省补助水土保持项目资金，完成杨楼镇小流域综合治理工程，治理面积6平方公里。治沙改土100公顷，开挖沟渠6公里，修路5公里，新打机井30眼，发展经济林20公顷、水保林133.3公顷。完成投资14.05万元，其中省补助资金4万元，地方配套资金4万元，群众自筹资金6.05万元。

2004—2006年，利用省补助水土保持项目资金90.15万元，分三个阶段对李田楼风沙片区进行治理，治理面积6平方公里。共整地改土400公顷，清淤排灌沟渠1公里，整修道路4公里，建生产桥6座，新打机井50眼，营建经济林10公顷、水保林30公顷、农田林网160公顷，栽植柿子树8466棵，杨树34880棵。完成土方102．9万立方米，砌石462立方米。

2006年，利用省补助水土保持项目资金，对高韦庄风沙片区进行治理，面积5平方公里。清淤排灌沟渠6公里，整修道路12公里，修建生产桥4座，新打机井50眼，整地改土300公顷，建经济林20公顷、水保林20公顷、农田林网160公顷，投入工日1.04万个。总投资107.24万元，其中省补助资金30万元，乡镇配套72.68万元，群众投工折资4.56万元。

时楼镇风沙片区治理。2008年，投资74.58万元，治理面积4平方公里。清淤排灌沟渠2公里，整修道路2公里，修建生产桥3座，新打机井30眼，整地改土70公顷，建水保林30公顷，发展农田林网240公顷、经济林50公顷，投入工日82710个。

第三节　改　水

饮水状况　1980年前，境内农村人畜饮水全靠用水桶等工具从水井中提取地下水。由于水源极易污染，加上饮用水在家中储存时间较长，容易变质滋生细菌，常导致肠道传染病发生。20世纪80年代初，农村兴起手压井，逐渐发展到每户一眼，随用随取，方便卫生。进入90年代，随着农业生产用水量的不断增加，地下水位逐年下降，受地下水位变化影响较小的拉水井逐渐取代手压井，至今在农村仍普遍使用。

压水井

1987年始，实施人畜饮水工程，至2004年年底，累计完成人畜饮水工程124处，打吃水井183眼，建供水塔86座，安装压力罐6套、变频3套，埋设供水管道787公里，解决138个村庄、11.85万人、2.35万头大牲畜用水问题，总投资1514万元，其中国家投资637万元，地方和群众自筹877万元。全县农村自来水普及率为11.45%。2005年1月20日至3月10日，县水务局组织力量对全县农村饮水状况进行详查。调查结果显示：全县有336个行政村、407029人存在饮水安全问题。其中，氟、盐同时超标的有29个村，氟超标的有111个村，苦咸水172个村，水源保证率不达标的有8个村，污染严重的有9个村，其他水质有害物超标的有7个村。同年起，相继启动国债饮水项目、村村通自来水项目、农村饮水安全项目等。至2010年，共打机井24眼，建管理房18间，埋设干支管道3085.9公里，安装供水压力罐26套、变压器2台，配提水设备20台，建净水厂1处，累计投资8746.74万元，解决782个村、25.84万人的饮水安全问题。

工程建设　1987年起，将人畜饮水工程建设列为水利建设的一项重要工作内容，相继启动国债饮水项目、村村通自来水工程项目、农村饮水安全工程项目等，解决农村饮水问题。

1988年，完成单城镇权楼、单溜，李新集乡石小洼，李半庄乡宋阁，聂傅庄乡苗西5个村的人畜饮水工程。打井5眼，建水塔5座，完成投资17.3万元，其中，国家补助8.5万元，群众自筹8.8万元。解决5个村、5946人、898头大牲畜的吃水问题。1989年，完成马楼乡马楼，蔡堂镇朱楼，曹叵集乡韦洼3个村的人畜饮水工程。打井3眼，建水塔3座，完成投资9.5万元，其中国家补助5.6万元，群众自筹3.9万元。解决3个村、4361人、964头大牲畜的吃水问题。1990年，完成单城镇孟菜园，马楼乡吴集，朱集乡张庄3个村的人畜饮水工程。打井3眼，建水塔3座，完成投资10.8万元，其中国家补助5.1万元，群众自筹5.7万元。解决3个村、2933人、500头大牲畜的吃水问题。

1996年，完成单城镇刘海、后黄楼、刘五楼、南旧关、郭黄庄，时楼乡周庄，王小庄乡王小庄、枣园，马楼乡霍庄，孙溜乡花园、孟寨11个村的人畜饮水工程。打井11眼，建水塔11座，完成投资76.9万元，其中国家补助47.6万元，群众自筹29.3万元。解决11个村、10879人、2837头大牲畜的吃水问题。1997年，完成单城镇孙窑、东鹿湾、吴溜，时楼乡王坑、郭庄、张堂、杨庄，王小庄乡袁庄，陈蛮庄乡陈蛮庄、田庙，李新庄乡赵庄、李坑，高韦庄镇范集、顺河集，杨楼乡吴庄，终兴镇程楼、光明集，李田楼乡孙楼、马庄，谢集乡李村寺，大李海乡刘庄，孙溜乡西周楼，丁楼乡文庄23个村的人畜饮水工程。打井46眼，建水塔18座、压力罐1个，完成投资157.1万元，其中，国家补助92万元，群众自筹65.1万元。解决23个村、24151人、9083头大牲畜的吃水问题。1998年，完成单城镇北刘庄，杨楼乡蒋楼，大李海乡大李海，浮岗乡孟杨庄，黄岗镇黄岗5个村的人畜饮水工程。打井29眼，建水塔2座，完成投资36.4万元，其中，国家补助25万元，群众自筹11.4万元。解决5个村、5598人、1894头大牲畜的吃水问题。1999年，完成单城镇段楼、前黄楼，时楼乡周楼、枣庄集、关黄庄，王小庄乡柴溜、李庄、张寨，高韦庄镇任集，终兴镇杨庄，大李海乡袁窑，郭村镇郭村、王庄，蔡堂镇姜马庄，李新集乡后瞿庄，马楼乡孙楼16个村的人畜饮水工程。打井22眼，建水塔15座，完成投资130.8万元，其中，国家补助80万元，群众自筹50.8万元。解决16个村、13423人、4171头大牲畜的吃水问题。2000年，完成单城镇朱花园，莱河镇徐庄、前小庄，孙溜镇贾庄、孟庄，十里铺乡南王庄，郭村镇马庄，高老家乡解庄，高韦庄镇赵庄，蔡堂镇朱老家，终兴镇永镇集、李庄、王楼、董楼、陈庙、东竹园，张集乡彭杨庄、国王庄，徐寨镇李庄，李新庄乡石桥、陈楼21个村的人畜饮水工程。打井21眼，建水塔21座，完成投资253.93万元，其中国家补助105万元，群众自筹148.93万元。解决21个村、13421人、5625头大牲畜的吃水问题。

2001年，国债饮水项目分两批完成22处人畜饮水工程。共打机井22眼，建水塔20座、压力罐1套，安装微机变频1台，配提水设备11套，埋设干、支管道185.26公里，完成工程投资184.9万元，其中中央补助130万元，群众自筹54.9万元。解决35个村、15677人的人畜饮水问题。2002—2003年国债饮水项目，完成终兴镇曹店、朱郭庄、高楼寨，孙溜镇秦庄、张黄庄，高韦庄镇大赵集，张集镇邢楼、玉皇庙、徐路口，李田楼乡李田楼、前杨庄，莱河镇袁堂、邓庙，时楼镇前王坑，浮岗镇耿刘庄、浮岗北村，曹庄乡何庄、霍庄、梁庄，蔡堂镇干李庄、安溜，徐寨镇袁湾、杜楼，郭村镇魏楼、路南黄庄、郭村西村、张宅、侯寺、王庄等29个村21处人畜饮水工程。共打吃水井21眼，建水塔14座，安装恒压变频7套，埋设干、支管道240.86公里，完成工程投资257.93万元，其中，中央补助167万元，群众自筹90.93万元。解决29个村、20126人的饮水问题，其中，历史性在册饮水困难村庄13个、8797人，新增饮水困难村庄14个、10311人，季节性缺水村庄2个、1018人。2004年国债饮水项目，完成终兴镇小阁子、楚庄、草楼、黑楼、郗楼，杨楼镇朱麻子，朱集镇裴庄，莱河镇帅楼，谢集乡朱江楼等9个村5处人畜饮水工程。共打吃水井5眼，建水塔2座，建管理房3间，安装恒压变频3套，埋设干、支管道54.7公里，完成工程投资90.9万元，其中，中央补助50万元，群众自筹40.9万元。解决9个村、6104人的饮水安全问题。至年底，全县累计完成人畜饮水工程124处，打吃水井183眼，修建供水塔86座，安装压力罐6套、变频3套，埋设供水管道787公里，解决138个

安全饮水除氟设备　　2008 年摄影

村庄、11.85 万人、2.35 万头大牲畜的用水问题。总投资 1514 万元，其中国家投资 637 万元，地方和群众自筹 877 万元。

2005 年，国家启动农村饮水安全应急工程。当年国债饮水项目完成黄岗镇段阁、后段楼、张下庄、大黄庄、耿许庄，时楼镇时家庙、时楼、王门楼，浮岗镇小王庄等 9 个村 5 处饮水安全工程。打吃水井 1 眼，建管理房 1 间，安装供水压力罐 2 套，埋设干、支管道 66.8 公里，完成工程投资 100.5 万元，其中，中央补助 60 万元，群众自筹 40.5 万元。解决 9 个村、6537 人的农村饮水安全问题。村村通自来水工程项目，在蔡堂东村和朱老家打 500 米深吃水井 2 眼，解决 24 个村、15513 人的吃水问题。2006 年，国债饮水项目完成郭村镇高杨庄降氟饮水工程 1 处，打吃水井 1 眼，建设清水池及回水池各 1 座，建管理房 84 平方米，安装除氟设备 1 套，安装供水压力罐 1 套，埋设干、支管道 187.4 公里。完成工程投资 312.3 万元，其中，中央补助 70 万元，省配套 45.85 万元，群众自筹 196.45 万元。解决 25 个村、12492 人的饮水安全问题。村村通自来水工程项目，完成终兴镇终兴村、谢集乡谢集村、莱河镇宋阁村、郭村镇田桥村、孙溜镇张黄庄村、李田楼乡廉庄村饮水工程。共打吃水井 5 眼，建管理房 5 间，安装供水压力罐 5 套，配提水设备 5 台，铺设干、支管道 324 公里。完成投资 2077.19 万元，其中，省补助 314.15 万元，市配套 190 万元，县配套 280 万元，群众自筹 1293.04 万元。解决 96 个自然村、4.54 万人的自来水问题。2007 年，把国债资金和村村通省补助资金相结合进行工程建设，完成莱河镇莱河村、张集镇许楼村、李新庄镇刘老家村 3 处高氟区饮水工程。共打吃水井 3 眼，建管理房 3 间，安装供水压力罐 3 套，配套潜水泵 3 台，埋设干、支管道 252.6 公里，挖填土方 10.1 万立方米。完成工程投资 433.58 万元，其中，中央补助 125 万元，省配套 10.19 万元，群众自筹 298.39 万元。解决 56 个村、20070 人的饮水安全问题。

2008 年农村饮水安全工程，共打深水井 7 眼，建管理房 7 间，安装供水压力罐 6 套、变频 1 套，配提水设备 7 台，配多功能水位控制柜 6 台，埋设 PE 干、支管道 530 公里，完成土方 42.4 万立方米，供水能力达 2800 立方米 / 日。完成工程投资 1231.17 万元，其中，中央预算内资金 98 万元，省财政配套资金 272 万元，群众自筹资金 844.17 万元，社会融资 17 万元。解决 146 个自然村、38979 人的饮水问题。村村通自来水工程完成终兴镇、谢集乡、李新庄镇、张集镇、李田楼乡、莱河镇等 6 个乡镇 7 处村村通自来水工程，解决 217 个自然村、11.1 万人的自来水问题。中央新增投资农村饮水安全项目，利用已建农村饮水工程的 24 处水源进行管网延伸，完成莱河镇贾楼、谢集乡刘楼、时楼镇张瓦屋、终兴镇枣园、蔡堂镇安楼、浮岗镇石海、曹庄乡张武庄等 7 处管网延伸农村饮水安全工程。共安装供水压力罐 7 台，埋设干、支管道 547 公里，挖填土方 29 万立方米，入户立杆、水龙头、闸阀等 11546 套。

压力罐

干、支管道90公里，挖填土方7.2万立方米。完成投资130万元，其中中央投资40万元，省投资30万元，地方配套资金60万元。解决高韦庄镇9个自然村、2651人的饮水安全问题。同年，在浮岗水库南岸石小洼，从浮岗水库取水，建日处理5000吨的一体化净水厂1处。浮岗水库净水厂打深井2眼，安装净化水处理设备1套，建处理车间1301.3平方米，控制室、办公室108.4平方米，化验室50.9平方米。项目总投资1225万元，其中中央补助资金410万元，省级补助资金245万元，地方配套资金570万元。解决152个自然村、6.66万人的饮水安全问题。

完成投资619万元，其中，中央补助资金201万元，省配套资金123万元，县配套资金289万元，市场融资6万元。解决157个自然村、40413人的饮水安全问题。

2009年，第二批新增农村饮水安全项目，共安装地表水处理设备1套，打深水井3眼，安装潜水泵3台、变压器2台、变频柜3台，埋设干、支管道330公里，挖填土方26.4万立方米，入户立杆、水龙头、闸阀等7174套。完成工程投资1225万元，其中，中央补助资金410万元，省配套资金245万元，县配套资金123万元，群众自筹资金447万元。解决53个自然村、25110人的饮水安全问题。第三批扩大内需农村饮水安全项目，建设农村饮水安全工程1处，共铺设PE

浮岗净水厂净化设备

2010年农村饮水安全项目，共打深水井2眼，建管理房2间，安装供水压力罐2套，提水设备2台，多功能水位控制柜2台，埋设PE干、支管道824.9公里，完成土方49.5万立方米。工程总投资1462万元，其中，中央预算内资金487万元，省财政配套资金293万元，群众自筹资金677万元，社会融资5万元。解决3个乡镇、89个自然村、30002人的饮水安全问题。

第四节　防汛抗旱

境内防汛抗旱工作按照“防重于抢、抢重于救”“一手抓防汛，一手抓抗旱，两手抓两手都要硬”的指导思想，层层抓贯彻落实。针对区域内大涝灾后容易伴发大旱的气候特点，既严格落实安全度汛计划，又保证河道、坑塘安全蓄水以确保必需的灌溉用水，作好抗大旱准备。历次旱涝灾害发生，各级党政领导和有关部门，都到第一线指挥抗灾救灾。

防汛　1986—2010年，境内发生较重的涝灾7次，分别是1990年、1995年、2003年、2004年、

2005年、2008年和2009年。其中，发生全县范围的有2次，分别是2003年和2005年。

每年汛期之前，县乡两级防汛抗旱指挥部和水利部门，对境内水利工程进行认真检查，发现险工隐患，及时组织抢修，打开河道节制闸并落实安保措施。防汛队伍实行专业队伍和群众队伍相结合，根据防汛需要，一般每年组建专业队123人，抢险队39600人，后备队59400人，赴黄河抢险队1万人。防汛料物按照国家、集体、群众相结合，集中与分散相结合的原则备齐，登记造册，实行专人管理，定期检查。

在防汛工作中，县乡两级实行行政首长负责制，实行统一调度、统一决策、统一指挥，并对防汛任务进行分解，实行各级领导包河道、包堤防、包城镇的防汛承包责任制，各单位、各部门主要负责人负责本单位防汛工作。

根据气象部门预报，凡大雨以上级别降雨之前，县防汛指挥部根据可能发生的汛情，按照防洪预案，对洪水进行排、分、引、泄现场决策。对超标准、跨流域洪水，由县防汛指挥部统一决策、调度安排。每年6月1日至9月30日，县防汛办公室和乡镇防汛办公室实行24小时值班制度，将雨情、汛情、险情、灾情及时上传下达。

1990年7月9日晚9时40分和7月21日凌晨6时许，发生两次暴风雨，全县有30个乡镇不同程度受灾。灾情发生后，县委、县政府立即启动防汛抢险预案，迅速组织力量抢险救灾。卫生部门组织救治受伤群众，受灾的乡镇、村妥善安置房屋倒塌的群众，民政部门筹措救灾物资、资金，做好救灾物资发放工作，妥善安排灾民生活，通讯、电力部门迅速恢复通讯和供电。

2003年8月20日后，阴雨连连，暴雨不断，至9月9日，全县平均降雨量272.2毫米，加上客水的大量流入，使全县20个乡镇不同程度受灾。全县有196个村庄严重积水，7个村庄被水围困，倒塌房屋9197间，损毁房屋30572间，损毁树木2.25万棵，冲毁堤防3处、4.12公里，损毁桥、涵、闸153座，损坏机井173眼、高压线路8公里，直接经济损失3.5亿元，农业经济损失2.35亿元。东鱼河沿岸的徐寨灌区因地势低洼，受灾最重。灾情发生后，县主要领导到一线指挥，了解灾情，慰问受灾群众，安排抢险救灾、群众安置、恢复生产、学生复课、社会稳定等工作。并与乡镇负责人一道组织各种排水机械，昼夜排除积水，降低灾害损失。

2005年汛期雨量较大，汛期延长12天。汛期共有24次降雨过程，降雨天数达50天，全县平均降雨量853.5毫米，全县20个乡镇全部受灾。7月的一次大暴雨，强度大，范围广，黄白河流域涝灾偏重。黄白河上游曹县段已经清淤治理，流水通畅，下游单县成武段没有治理，阻水严重，从曹县涌入的客水，量大、水急、来势凶猛，致使河水倒灌，田地行洪，沿河两岸许多农田和村庄被淹。县立即从县直各部门抽调人员成立抗灾工作组，分赴各乡镇与群众一起抗洪救灾，转移被困群众。县水务局工程技术人员，分赴各险工险段，进行技术指导和灾情调查，对水毁工程，提出抢修应急方案和措施；电力、通讯部门抢修水毁通讯，电力线路；交通部门整修水毁道路。各级领导、组织和社会各界深入灾区安置灾民，组织恢复生产和重建家园。

抗旱　1986—2010年，境内几乎每年都有干旱发生。其中成灾12年，分别是1986年、1988年、1995年、1999年、2000年、2001年、2002年、2003年、2005年、2006年、2009年和2010年。每遇旱情，县委、县政府都组织各乡镇（街道）和县直部门，多方筹集资金，加大抗旱投入，合理调配水资源，把干旱造成的损失降低到最低限度。

1986年1—5月，5个月降雨量不足60毫米，农作物受旱严重，高滩区和风沙区作物大部分停止生长，全县受旱面积46667公顷。全县共投入抗旱劳力56.2万人次，抗旱资金520余万元，新打机井580眼。1988年，全年降雨总量356.9毫米，受旱面积大，干旱持续时间长。全县累计投入抗旱劳力105.3万人次，动用机械12700余台（套），新打机井1800余眼，投入抗旱资金1740余万元。1995年，春旱、秋旱较重发生，县委、县政府组织打井队打井抗旱，千方百计引调黄河水灌溉补源。全县共投入抗旱劳力78.5万人次，引水4500余万立方米，投入抗旱资金1340余万元。

1998年9月至1999年3月上旬，全县平均降雨量31.6毫米，因旱造成机井出水不足的有6000余眼，吊空的有1000余眼，造成饮水困难的村庄有30个，人口2万人。县委、县政府动员全县人民迅速投入到抗旱工作中。各乡镇均派出抗旱工作组，实行干部党员包村、包地块的承包责任制，整合社会各方面力量，多方面筹集资金抗旱。水利系统先后组织百余名干部职工深入抗旱第一线，组织应急打井1860余眼，引水5200余万立方米，全县投入抗旱劳力51.6万人次。

2000年入夏，气温升高，天气持续干旱，河道全部断流干涸，1.1万余眼机井出水不足，0.35万眼机井吊空，30个村庄出现饮水困难，5.33万公顷作物受旱，1.33万公顷作物受灾。县委、县政府召开乡镇主要负责人会议，安排部署抗旱工作。各乡镇多方筹集资金，开展抗旱救灾工作。县组织农口（与农业结合比较紧密的部门）有关部门包乡镇，深入抗旱第一线，了解旱情，指导抗旱。县水利局抗旱服务队深入乡镇村庄，提供技术服务和指导，打机井65眼，灌溉农田466.7公顷、果树1300株。同时，各乡镇均建立以乡镇水利站人员为骨干的抗旱服务体系。

2001年，全县遭遇50年一遇的特大干旱，从3月初至5月底，全县平均降雨量仅10.1毫米，8万公顷农作物受灾。县委、县政府召开抗旱双保会议，采取县领导及县直有关部门包乡镇、乡镇领导包村、村干部党员包户的层层承包责任制，利用一切可利用的水源和机具，抗旱保苗。县水利局抗旱服务队组织27个打井经验丰富、成井率高的打井队，分赴张集、高老家、郭村、时楼、蔡堂、曹庄等乡镇，突击打井，从6月13日至7月15日，全县新打机井627眼，其中抗旱服务队打井300眼。2002年少雨，全年降雨量只有475.2毫米，春、夏、秋连旱，全县不同程度受旱，成灾面积2万公顷，饮水困难人数11.01万人。全县投入抗旱劳力75万人次，抗旱应急打井176眼。2003年，春旱严重，受旱面积3.33万公顷，成灾面积1.34万公顷，饮水困难人数10.3万人。全县投入抗旱劳力50万人次。新打机井2070眼，配套2070眼，修复旧井920眼，新增和改善灌溉面积5300公顷。完成10处人畜饮水工程，解决14个村、9202人的饮水困难。2005年，受旱面积4.07万公顷，成灾面积1.87万公顷，饮水困难人数8.5万人，投入抗旱劳力57万人次。2009年上半年，连续3个多月无有效降雨，全县旱灾严重，其中，干旱面积5.6万公顷，成灾面积2.4万公顷。全县共新打机井1864眼，维修机井356眼，投入抗旱人数69万人次，投入抗旱资金200万元。

小麦浇水

2010年9月中旬至2011年2月上旬，境内连续140余天没有有效降雨。2月下旬全县平均降雨27.8毫米，3月无雨，4月全县平均降雨9.3毫米，旱情非常严重，全县7.56万公顷小麦全部受旱，其中重旱面积3.34万公顷。全县投入抗旱劳力56.3万人次，引蓄黄河水3620万立方米，利用机井22000余眼，动用各类灌溉机械21522台（套），投入抗旱资金1050余万元，其中，国家和省抗旱资金330万元。县水务局购置潜水泵502台，水龙带和塑料软管各15000余米，发放到全县502个行政村，帮助困难群众抗旱，购置8套打井机充实到县抗旱服务队。县财政筹集资金130余万元，滩上区新打机井每眼补助1000元，滩下区新打机井每眼补助500元。山东省国土资源厅紧急支援单县高滩区高标准机井40眼，并且全部配套。

指挥机构　1986年后，防汛抗旱工作继续实行县、乡镇（街道）和村三级领导，县设立防汛抗旱指挥部，领导全县的防汛和抗旱工作。县防汛抗旱指挥部指挥长由县长担任，副指挥长由分管农业、城市管理的副县长担任，成员由水利、商业、物资、农业、林业、武装、公安、交通、电力、邮电、气象等单位负责人组成。指挥部设内河防汛抗旱办公室和城市防汛办公室。内河防汛抗旱办公室设在县水利（务）局，城市防汛办公室设在县建设局、后设在城市管理局。乡镇（街道）成立相应的防汛抗旱领导小组，由乡镇长（街道办事处主任）担任组长，配备1名联络员，负责本乡镇（街道）防汛抗旱的上传下达等工作。各行政村成立防汛机构，由村委会主任担任负责人。全县各乡镇（街道）设雨量站，每次降雨后，及时上下传递水情，遇有大雨、暴雨发生洪灾，立即组织人员抢救。各级指挥部领导成员，汛期实行包河道、包险工责任制。每遇旱情，县通过召开动员会、现场会、电视电话会等形式，布置和督导抗旱工作。实行县领导成员包乡镇（街道）、乡镇（街道）领导包村责任制，组织带领工作队，到第一线带领群众抗旱救灾。

第五节　水务管理

水资源管理　1988年1月，成立县水资源管理委员会。7月1日，《中华人民共和国水法》施行后，全县对水资源实行统一规划、统一调度、统一审核发放取水许可证、统一征收水资源费和统一管理水质水量的“五统一”管理办法。1992年11月，编制《单县水资源中长期供求计划》，全县实施计划用水。各用水户按规定安装量水设施，并正常运转。按照行业用水标准，制订用水计划，在每年的第三季度将下一年的用水计划报送县水资源管理办公室。对超计划开采用水的给予处罚，按照《山东省超计划（定额）用水累进加价征收水资源费暂行办法》征收水资源费。1999年1月，制定《单县水资源管理办法》。2003年7月，制定《单县水资源费征收使用管理办法》，开始征收水资源费。征收范围为辖区内直接从河流、水库、地下取水的单位和个人（农业灌溉、农村非经营性取水暂不征收）。对新建、改建、扩建建设项目，进行水资源论证，对通过环评但未进行水资源论证的建设项目，水政监察大队及时督促建设单位补做水资源论证。在审批取水许可证过程中，严把“三条红线”关：明确水资源开发利用红线，严格实行用水总量控制；明确用水效率控制红线，坚决遏制用水浪费；明确水功能区限制纳污红线，严格控制入河排污总量。对不符合取水许可条件的单位和个人不予审批。

2010年，县水政监察大队50余人，分成5个组，对境内305家规模以上企业取用水情况，进行拉网式普查，逐一登记造册，发放有关水法律法规，填写《单县规模以上企业自备井情况统计表》《单县规模以上企业取用水情况统计表》，做好检查统计，摸清实情，掌握基础性数据并及

水政执法人员在企业检查取水情况 2009年摄影

时录入微机管理系统，建立执法检查基础资料库。此次普查，新办取水许可证43件，对未按规定安装计量设施和已损计量设施的单位和个人，责令其安装和更换，共新装水表50块，更换旧表20块，水表安装率95%以上，为全县用水计划的编制和水资源费的征收提供了可靠的依据。

工程管理 1979年以前，全县河道、扬水站、机电井等水利工程，根据工程性质，实行集体和国营两种管理办法。凡小型、国家辅以少量资金补助的集体所有制工程，均由生产大队或人民公社派专人管理。管理人员工资采取记工分或工分加补贴办法。工程的维修保养、防汛抗旱、用水管理等，大多数实行行政性的管理办法。凡属国家兴办的国营水利工程，则由县水利主管部门管理。1979年后，机电井等小型水利设施，由村民小组或联户管理，一些小型的涵闸和引排水沟等由乡镇或村委会负责管理，大中型的涵闸、骨干河道、扬水站等水利设施由县水利主管部门管理。

河道堤防、闸坝管理 境内有防洪排涝骨干河道10条，防洪堤防全长131公里，建有主要节制闸22座。1986年，县水利局工管股更名为工程管理公司，编制由之前的3人扩大到7人，1998年，由7人增加到13人。实行定岗负责制。除按照县委统一布置，分段委托给沿河行政村护理外，水利局又在河道堤防上配备20名护堤巡视员，在主要拦河节制闸上配备15名闸管员。1992年，对境内10条骨干河道、3座扬水站（常老家、火神庙、城区扬水站）、10座大中型节制闸确权划界，明确管理责任范围。2006—2010年，工程管理公司对全县水利工程进行定期或不定期巡查，拆除河滩内违法建筑民房1处、拦河土坝1座、鱼网126张，处理破坏水利工程案件48起，维修、养护水闸322座次，提落水闸524座次，建排水涵闸1座。

水库管理 2001年6月，成立浮岗水库管理处，为副科级事业单位，隶属县水利局。2002年8月，管理处配主任1人，副主任3人，工作人员18人。为确保浮岗水库大坝安全，1996年6月、2001年8月，县政府先后两次下发《关于加强浮岗水库管理的通告》。2001年，浮岗水库更名为浮龙湖。2010年6月，设立浮龙湖生态旅游经济开发区，成立区工委和区管理委员会。

灌区管理 1996年9月，成立阎潭送水干线单县工程管理段，设主任1人，副主任3人，管理人员25人，负责管理南引黄灌区。灌区河道均为灌排兼用。每年汛前对灌区内骨干排水河道进行一次普查，对险工缺口及时加固堵复，落实责任，对所有的涵洞启闭设施进行一次养护，确保启闭灵活正常运行。涵闸等较重要的建筑物，就近固定1名群众看管，付以报酬。在引黄分配上，由管理段制定分水方案，统一调度，本着先下游后上游的原则，协调各乡镇用水，避免随意堵截。

1990年1月，设立徐寨灌区（北灌区）工程管理所，为股级事业单位，有工程管理人员11人，管理人员全部实行岗位责任制。火神庙、常老家2处扬水站各设管理人员4人，负责扬水站的看管、维护和运行。灌区内的桥、涵、闸有专人负责，定时进行保养维修。同时做好各乡镇用水工作，协调各乡镇用水关系，及时查处阻水、跑水事件，最大限度引用黄河水及时输送到灌区各乡镇。

水政执法 1996年，成立县水政监察大队，辖4个中队，总人数70人，集执法管理、检查监督、取水许可审批、依法收费为一体，具体负责全县行政区域内的水行政执法工作。按照《中华人民共和国水法》《中华人民共和国水土保持法》《中华人民共和国河道管理条例》《山东省水资源管理条例》等有关规定，结合单县的实际情况，县政府先后制定《单县水资源管理办法》《乡镇供水工程管理办法》等10个规范性文件，为水利行政执法提供了保障。2010年，与县公安局联合成立单县水务公安联合执法办公室，查处全县重点水事违法案件。至2010年，累计查处各类水事违法案件50余起，挽回经济损失100余万元。

第五编

经济综述

1986–2010 年单县国内生产总值第一、二、三产业分布状况示意图

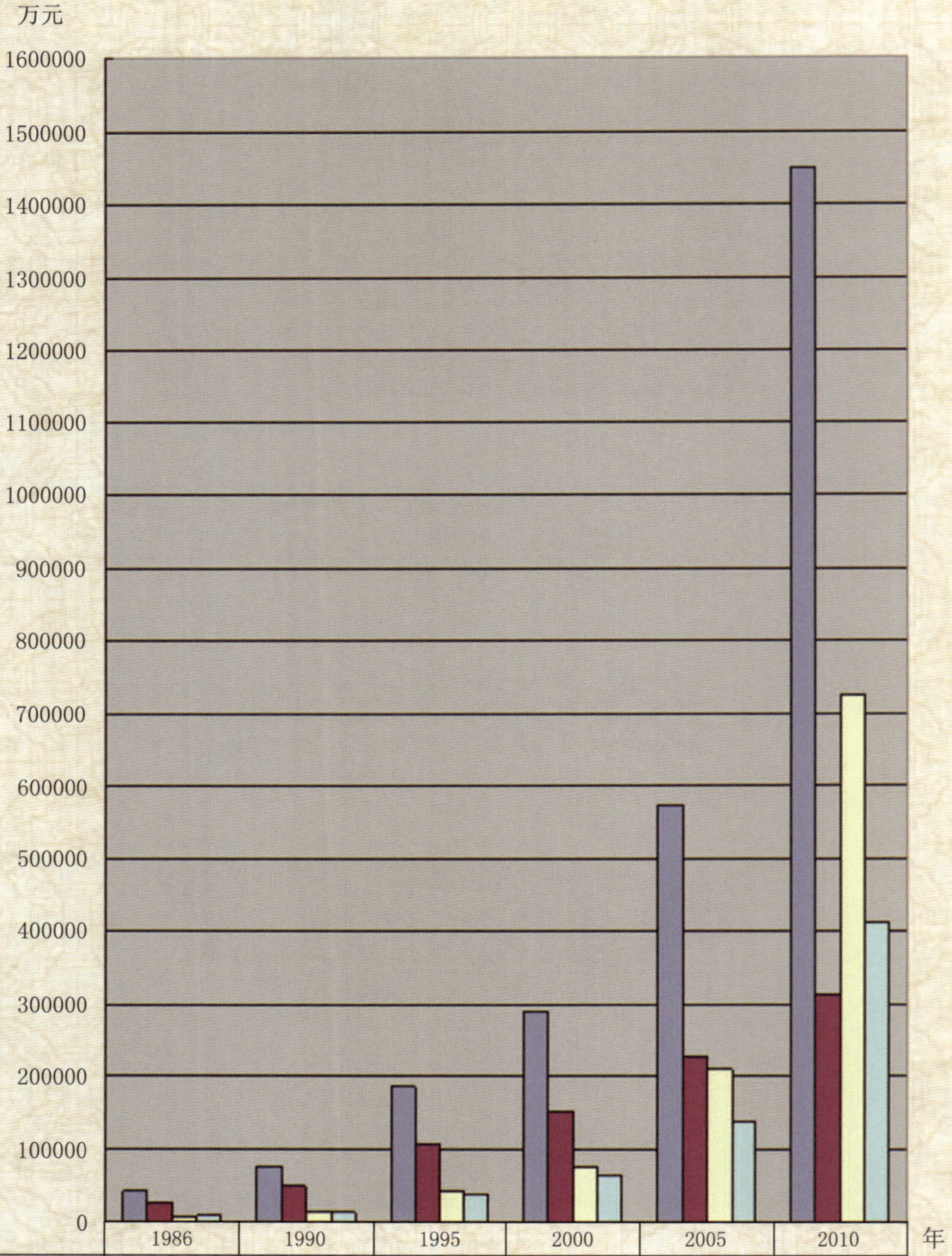

	1986	1990	1995	2000	2005	2010
国内生产总值	42319	76422	185212	288335	571836	1448415
第一产业	26031	48471	106648	150370	227679	312548
第二产业	7951	12954	41540	74305	208628	725175
第三产业	8337	14997	37024	63660	135529	410692

国内生产总值　第一产业　第二产业　第三产业

单县历史上为农业县，工商业相对落后。中华人民共和国成立后，实行土地集体所有制，农业发展步伐加快。后由于受“左”的错误和“文化大革命”的影响，农业发展徘徊不前，农民的温饱问题一直没有得到解决。中共十一届三中全会以后，全县农村普遍实行土地承包责任制，极大地调动了农民的生产积极性，农业生产出现了前所未有的大好局面；工业通过推行各种形式的责任制，冲破长期封闭型、生产型的禁锢，开始向开放型、生产经营型方向转化。1986 年，全县实现地区生产总值 4.23 亿元，人均 455 元，三次产业的比例为 61.5 ∶ 18.8 ∶ 19.7。1986 年后，通过推进以城市为重点的经济体制改革和“稳一、上二、加快三”（这里指一、二、三产业）经济战略的实施，产业结构不尽合理的状况得到改善。1990 年，全县工农业总产值 12.91 亿元，由过去的“三靠”（吃粮靠返销，用钱靠救济，生产靠贷款）县而成为工业初具规模，农业较为发达、并为国家作出一定贡献的商品粮生产基地县。但经济基础仍较薄弱，在全省仍属欠发达县。“九五”期间，县委、县政府确定“全党抓经济，重点抓工业”的指导思想，及时提出抢抓东西结合和改革开放试点县政策机遇、大力发展民营经济、治理经济发展环境、全方位招商引资等符合单县实际的发展思路，促进了全县经济健康发展。2000 年，全县地区生产总值 28.83 亿元，人均 2828 元，三次产业比为 52.15 ∶ 25.77 ∶ 22.08，第一产业比重逐年下降，二、三产业稳步增长。进入 21 世纪，通过实施科教兴单、开放兴县、工业立县、民营经济富县、农业产业化和城镇化战略，全县经济综合实力明显增强。2006 年，第二产业的比重首次超过第一产业，改变了以农业为主的单一产业结构，实现由一、二、三产业向二、一、三产业的历史性转变。2010 年，全县地区生产总值 144.8 亿元，比 1986 年增长 33.23 倍，三次产业比为 21.58 ∶ 50.07 ∶ 28.35。三次产业结构逐渐趋于合理，全县经济增长质量有新的提高。

第一章　国民经济发展概况

第一节　“七五”期间经济和社会发展

1986—1990 年，实施第七个五年计划时期（简称“七五”时期），通过推进以城市为重点的经济体制改革，使全县工业初具规模，农业较为发达，群众的温饱问题基本得到解决。1990 年，全县国内生产总值 7.64 亿元；全县工农业总产值 12.91 亿元，按可比价格计算，“七五”期间年均增长 15.11%；人均国民生产总值 611 元，人均国民收入 622 元，分别为 1985 年的 1.44 倍和 1.76 倍。5 年累计完成固定资产投资 6895 万元。

农业　“七五”期间，全县农业生产条件有较大改善，主要农作物持续丰收。1990 年，粮食总产 36.17 万吨，比 1985 年增加 3990 吨，创历史最好水平；棉花总产 2.13 万吨，减少 545 吨；油料总产 2.49 万吨。乡镇企业、多种经营和林、牧、渔业有较大发展。1990 年，农产品商品率 60%；多种经营收入 2.89 亿元。林木覆盖率由 1985 年的 9.8% 上升到 1990 年的 17.8%，达到国家平原绿化县的标准；经济林面积 1.01 万公顷，果品产量 3350 万公斤。大牲畜存栏量 12.94 万头，比 1985 年增加 2.2 万头；生猪存养量 12.99 万头，增加 2.22 万头；羊存养量 108.91 万只，增加 71.02 万只。畜牧业总收入 7899 万元，占农业总收入的21%。肉类总产量2438万公斤，增加1636.5万公斤；瓜菜面积8666.67公顷，增加2800公顷，总收入8699万元；水产养殖面积733.33公顷，减少433.33公顷，总产量120万公斤。全县农业总产值7.04亿元，比1985年增长18.9%，按可比价格计算，“七五”期间年均增长4.3%。

工业 通过改革企业经营管理体制，实行企业经营承包责任制、厂长（经理）负责制，逐步进行财政、金融、税务、工商管理等配套改革，初步形成以轻纺工业为主的多门类工业体系。1990年，全县工业总产值5.86亿元，比1985年增长2.4倍，按可比价格计算，“七五”期间年均增长30.66%。全县共有国家二级先进企业2个，省级先进企业8个，地区级先进企业14个；部优产品6个，省优产品8个，地区级优良产品14个。“七五”期间，全民所有制企业共完成基建和技改投资1.34亿元。

基础设施建设 “七五”期间，公路建设投资3462万元，新铺和修复柏油路面187.8公里。1990年，汽车货运量39.5万吨，比1985年增长50.8%；货运周转量3650万吨公里，增长1.9倍。县乡公路建设被评为全省先进单位。1990年，全县供电总量8060万千瓦时，比1985年增长53.4%；邮电业务总量125万元，增长35.9%。城区电话实现自动化。拓修南关街、东关街、湖西路，新开单父路，在主要街道设置交通安全和社会治安设施，城区绿化、美化，市容市貌有较大改观，城市功能日趋完善。

内外贸易 1990年，地方财政收入3022.8万元，“七五”期间年均增长23.3%。社会商品零售总额22718万元，比1985年增长58.2%，年均增长9.6%。外贸出口商品收购总值1779万元，比1985年增加703万元。

科技教育 “七五”期间，全县引进新技术、新成果120项，完成科技攻关项目64项，获得59项科研成果，其中有28项获地区以上科技成果奖。1990年，科技进步在经济增长中的比重为30%。农村中小学和公办中学校舍改造投资3650万元，新建、改建校舍13540间，向大中专院校输送新生3390名，向社会输送中专、高初中毕业生5.5万名。1990年，全县普通中小学在校生16.6万人，比1985年增加1.1万人。

居民生活 1990年，全县职工年平均工资由1985年的991元增加到1759元，农民人均纯收入由289元增加到432元，群众的温饱问题基本解决。城乡居民储蓄余额18816万元，“七五”期间年均增长24.9%。

第二节 “八五”期间经济和社会发展

1995年，全县地区生产总值18.52亿元，为1990年的2.42倍，按可比价计算，“八五”期间（1991—1995年）年均增长9.66%。工农业总产值43.46亿元，比“七五”末增长2.37倍。固定资产投资累计完成2.65亿元，建成一批大中型项目。

农业 1995年，农业总产值23.97亿元，粮食总产49.83万吨，棉花总产1.06万吨，油料总产8.01万吨，果品总产3.42万吨，肉类总产9.16万吨，水产品产量4000吨，除棉花外，均比1990年有幅度不等的增加。乡镇企业、个体私营企业发展势头良好，1995年，全县乡镇工业和村及村以下工业总产值分别为2.78亿元和11.12亿元，分别比1990年增长3.5倍和2.4倍。

工业 经历初创阶段，已进入大发展时期。1995年，全县工业总产值19.49亿元，按可比价格计算，“八五”期间年均增长21.65%，其中，乡及乡以上工业总产值8.37亿元，年均增长12.5%，利税总额5091万元，年均增长16.6%。

内外贸易 1995年，完成社会消费品零售总额4.03亿元，年均增长13.13%。“八五”期间，共兴办“三资”企业（中外合资经营企业、中外合作经营企业和外资企业）16 家，实际利用外资 281 万美元，出口创汇 510 万美元。

基础设施建设　县乡道路通车里程 392 公里，实现乡乡通柏油路，货运量 80 万吨，货物周转量 6500 万吨公里。开通 1 万门程控电话和移动电话，实现国际国内直拨电话，长途电话线路 240 路，电话号码升为 7 位，进入 C3 本地网，邮电业务总量 1250 万元。新增 35 千伏输变电站 6 座，实现村村通电。

科技教育　“八五”期间累计取得重要科技成果 24 项，引进推广科技成果 180 项，科技进步因素在经济增长中的比重为 30%。多层次、多渠道、多形式办学取得较大进展，九年制义务教育普及率 46%，小学、初中升学率 1995 年分别是 88.5% 和 32%，中小学在校生 21.5 万人。

居民生活　1995 年，农民人均纯收入 1294 元，比 1990 年增加 862 元；在岗职工年均工资 3441 元，比 1990 年增加 1682 元。城乡居民储蓄存款余额 52399 万元，比 1990 年增加 33583 万元，增长 1.78 倍。城乡人民居住条件、食品结构、消费结构明显改善，家用电器拥有量迅速增加。

产业结构　通过“稳一、上二、加快三”经济战略的实施，产业结构不尽合理的状况明显改善。一、二、三产业的比例由 1990 年的 63.43 ∶ 16.95 ∶ 19.62 调整为 1995 年的 57.58 ∶ 22.43 ∶ 19.99；二、三产业增加值提高 5.85%。农村经济结构突破以种植为主的传统模式，多业并举的局面蓬勃兴起。在农业总产值中，林、牧、渔业比重由 1990 年的 36% 提高到 50%。乡村工业产值占全县工业总产值的比重达到 77%。

第三节　“九五”期间经济和社会发展

“九五”期间（1996—2000 年），县委、县政府确定“全党抓经济，重点抓工业”的指导思想，及时提出抢抓东西结合和改革开放试点县政策机遇、大力发展民营经济、治理经济发展环境、全方位招商引资等符合单县实际的发展思路，促进了全县经济健康发展。2000 年，全县国内生产总值 28.83 亿元，按可比价格计算，比 1995 年年均增长 2.79%，其中，第二产业增加值年均增长 11.03%。人均国内生产总值 2534 元，“九五”期间年均增长 6.93%。全县地方财政收入达到 9676 万元，年均增长 11.53%。

经济结构　2000 年，三次产业的比例由 1995 年的 57.58 ∶ 22.43 ∶ 19.99 调整为 52.15 ∶ 25.77 ∶ 22.08。“九五”时期，突破以种植业为主的传统模式，开始向多元化的现代农业结构转变，主导产业初步形成，产业化水平逐渐提高。工业在困难中实现新的增长，发展势头良好，效益明显提高，一批骨干企业正在崛起，民营经济实现新的突破。通讯、商贸流通、服务业发展加快，已逐步成为经济增长的重要力量。

基础设施建设　全社会固定资产投资累计完成 24.66 亿元，比“八五”期间增长 8.31 倍。完成砀定路、单虞路、105 国道北段的升级改造，全县通车里程 1000 公里，公路密度 0.61 公里 / 平方公里。建设 220 千伏变电站 3 座。全县用电量 2.17 亿千瓦时，年均增长 9.8%，供电能力、供电质量明显提高。新建电信综合大楼，实现村村通电话，电话总容量 7.55 万线，移动电话 1 万部。广播、电视覆盖率分别为 95%、90%，有线电视用户 1.9 万户。计算机网络用户 1256 家。完成湖西路、西关街的综合开发，完善了单父路，纪元路、胜利街的综合开发正在进行，启动南华苑居住小区建设。小城镇建设步伐加快，城镇化水平 19.8%。

外向型经济　5 年出口总额 1160 万美元，累计引进外资项目 3 个，实际利用外资 518 万美元。引进县外合作项目 20 个，资金 7000 万元。

科技教育　5 年共取得科技成果 52 项，推广应用 171 项。教育事业发展加快，普及九年义务教育，民办教育、职业教育发展较快，办学质量明显提高。

居民收入 2000 年，在岗职工年平均工资 5104 元，农民人均纯收入 2089 元，年末城乡居民储蓄余额 15.5 亿元，“九五”期间年均分别增长 6.84%、5.57% 和 13.53%。完成“四五”扶贫攻坚计划，全县 52 个特困村基本实现脱贫，农村小康进程为 86%。

第四节 “十五”期间经济和社会发展

“十五”期间（2001—2005 年），通过实施科教兴县、开放兴县、工业立县、民营经济富县、农业产业化和城镇化战略，全县经济综合实力明显增强。2005 年，实现国内生产总值 57.18 亿元，是 2000 年的 1.98 倍，按可比价格计算，“十五”期间年均增长 11.42%；人均生产总值 4668 元，比 2000 年增加 2478 元；财政收入 1.76 亿元，比“九五”末增长 81.9%，“十五”期间年均增长 13.14%。

经济结构 产业结构调整步伐加快，农业规模化、标准化、产业化取得新进展，初步形成一批以瓜菜、林果、畜牧为主的特色产业基地。2005 年，第一产业增加值 22.77 亿元，按可比价格计算，“十五”期间年均增长 6.52%。医药化工、塑料加工、农副产品加工等工业产业初具规模，骨干企业支撑作用明显加强。第二产业增加值 20.86 亿元，年均增长 20.97%。商贸物流、房地产开发等发展迅速，第三产业增加值 13.55 亿元，年均增长 9.02%。三次产业比重由 2000 年的 52.15 ∶ 25.77 ∶ 22.08 调整为 2005 年的 39.82 ∶ 36.48 ∶ 23.7。民营经济发展较快，初步形成一批较具活力的民营特色产业集群。

基础设施建设 交通更加便捷，105 国道、单丰公路单县段经拓宽改造为二级路，实现村村通柏油路，全县通车里程 2218 公里。完成农村电网和县城电网改造，供电保障能力进一步加强。通讯网络实现无缝隙覆盖，全县固定电话和移动电话用户分别为 16 万户、11 万户。

内外贸易 2005 年，全社会消费品零售总额 29.2 亿元，年均增长 30.43%；进出口总额 3500 万美元，比“九五”末增长 2.3 倍；5 年实际利用外资累计 3859 万美元，比“九五”期间增长 6.45 倍；全社会固定资产投资累计 63.85 亿元，比“九五”期间增长 1.59 倍，年均增长 61.57%。

城市建设 编制完成县城第三轮总体规划。县城 20 平方公里中心区域的详细规划覆盖率 40%，城镇化水平 23%。实施“3451”和“碧水蓝天、十百千万”工程（“三个四”工程：即老城区湖西路、纪元路、胜利路、单父路的配套工程，开发区平乐路、行政路、孟渚路、滨河路的铺筑工程，城区东沟河、莱河、嘉单河、外堤河治理工程；“五个一”工程：即大型灌区工程、城区供水工程、护城河治理工程、休闲小区建设工程、一批大树进城工程。“碧水蓝天、十百千万”工程即城区新建 10 处健身休闲场所和对城区内几十处坑塘贯通治理，开展城区百条巷道和百条烟囱治理工作，开展评选千家文明商户活动，开展评选万户文明居民活动），市容市貌焕然一新。完成城区主要街道的绿化、亮化工程，建设改造刘隅首小广场、北关休闲广场和 10 个健身小区，疏通治理护城河、城区坑塘与河道，整治完善老城区的胜利路、湖西路、单父路、纪元路 4 条主干道和百条巷道，移栽万棵树木进城。新区（开发区）基础设施建设初具规模，载体功能日益完善，10 平方公里实现“五通一平”（通水、通电、通路、通气、通讯、平整土地），初步构建起 24 平方公里的发展框架。

科技教育 获市以上科技进步奖 95 项，获国家专利 42 项。教育事业健康发展。“两基”（基本普及九年义务教育、基本扫除青壮年文盲）成果进一步巩固和提高，高考本科上线人数连年位居全市第一位。

居民生活　2005年，全县农民人均纯收入3058元，城镇居民人均可支配收入7250元，分别比2000年增加969元和2450元。城乡居民储蓄存款余额31.8亿元。实现村村通电、通电话。

第五节　“十一五”期间经济和社会发展

“十一五”期间（2006—2010年），按照“三个转变”（需求结构上的转变、产业结构上的转变、生产要素投入上的转变）的指导思想和“一三三一”（即一个奋斗目标，三个集中：农民要向小城镇集中、工业项目要向经济开发区主导产业集中、三产要向优势产业集中，三个着重：着重企业创新、着重节能减排、着重土地集约节约利用，全市争第一）的工作思路，坚持“转方式、调结构、增投入、谋跨越”，坚持工业化、城镇化、农业产业化协调发展，全县经济和社会发展迅速。2010年，全县地区生产总值144.8亿元，按可比价格计算，“十一五”期间年均增长17.64%；地方财政收入10.1亿元，年均增长40.1%；全社会固定资产投资104.76亿元，年均增长31.11%；社会消费品零售总额82.52亿元，年均增长24.92%；农民人均纯收入5798元，年均增长13.91%。2007—2010年，全市县区科学发展综合考核综合成绩单县连续四年位居第一位。

产业结构　2010年，三次产业比例调整为21.58∶50.07∶28.35，二、三产业比重比2005年提高18.24%，三次产业结构实现由二、一、三向二、三、一的历史性转变。推进农业产业化。农业实现规模化生产、区域化布局，形成南桑、北蒜、西芦笋、东山药、中部瓜菜的五大特色板块种植格局。推进标准化生产，推行农产品准入制度。全县标准化生产基地2.33万公顷，无公害认证面积1.87万公顷，“三品”（无公害农产品、绿色食品、有机食品）认证8个。规模以上农副产品加工企业131家，省市级龙头企业27家，全县农民专业合作经济组织244个。实施工业立县战略。规模以上工业企业由2005年的96家增加到2010年的305家，年均增加42家；主营业务收入由2005年的37.5亿元增加到2010年的309.94亿元，年均增长52.56%；利税总额由2005年的3.4亿元增加到2010年的43.43亿元，年均增长66.44%。三产服务业发展加快。以项目为平台，加快打造区域商贸物流中心；相继建设开山公园、展览馆、东沟河绿色长廊、环堤公园、文化中心、湖西公园、湖西人民广场、湖西财富广场、生态公园等一批精品旅游工程；加大浮龙湖旅游开发区建设力度，旅游开发区项目承载能力进一步提高。服务业完成增加值41.07亿元，按可比价格计算，“十一五”期间年均增长28.14%，占地区生产总值比重28.35%，成为拉动经济增长的重要力量。

科技创新　2010年，列入高新技术产业统计口径的企业70家，比2005年增加53家。市级以上高新技术企业23家，省级高新技术企业3家。2010年，高新技术产业产值97.38亿元，“十一五”期间年均增长62%。5年共取得专利521项，科技成果615项，获市级科技进步奖励215项。

城镇建设　“一城两区”、乡镇驻地小城镇、新型农村社区建设三位一体共同推进，城镇化水平40%。实施“碧水蓝天”、引黄入城、公园建设和绿化亮化工程，在建房地产项目规划建筑面积1460万平方米。全面启动乡镇驻地小城镇建设，新上、在建房地产开发和市场建设项目46个。将全县502个行政村规划为200个新型农村社区，2009年建成新型农村社区44个，2010年建设44个，部分农民过上社区生活。

外向型经济　2010年，进出口总额9319万美元，其中，出口总额6804万美元，“十一五”期间年均增长20.16%；累计利用外资7865万美元，是“十五”期间的2.04倍。

第二章　经济结构

第一节　三次产业结构

结构变化　2010 年，实现地区生产总值 144.84 亿元，其中，第一、二、三产业增加值分别为 31.25 亿元、72.52 亿元和 41.07 亿元。与 1986 年相比，第一产业增加 28.65 亿元，第二产业增加 71.72 亿元，第三产业增加 40.24 亿元。三次产业增加值在经济总量中的比例由 1986 年的 61.5 ∶ 18.8 ∶ 19.7，调整到 2010 年的 21.58 ∶ 50.07 ∶ 28.35。第一产业所占比重由高到低，下降 39.9%；第二产业比重稳步上升，增长 31.3%；第三产业在徘徊中发展，由低到高，上升 8.65%。产业结构实现由“一、二、三”型到“二、三、一”型的历史性转变。

结构特征　2010 年，全县一、二、三产业结构分别为 21.6 ∶ 50.1 ∶ 28.3，与“十五”末相比，第一产业下降 18.2%，第二产业上升 13.6%，第三产业上升 4.6%。

1986—2010 年单县产业结构构成统计表

表 5-2-1

年份	生产总值构成（100%）			年份	生产总值构成（100%）		
	第一产业	第二产业	第三产业		第一产业	第二产业	第三产业
1986	61.51	18.79	19.70	1999	53.71	24.79	21.50
1987	59.59	18.60	21.81	2000	52.15	25.77	22.08
1988	56.4	20.98	22.61	2001	49.99	26.91	23.10
1989	55.93	21.02	23.05	2002	49.80	25.63	24.57
1990	63.43	16.95	19.62	2003	46.11	29.48	24.41
1991	58.47	20.31	21.22	2004	41.55	36.38	22.07
1992	56.27	20.05	23.68	2005	39.82	36.48	23.7
1993	53.40	22.80	23.80	2006	37.46	42.51	20.03
1994	57.60	22.44	19.96	2007	32.39	42.30	25.31
1995	57.58	22.43	19.99	2008	27.65	46.37	25.98
1996	58.94	21.57	19.48	2009	25.02	48.27	26.72
1997	57.08	22.74	20.18	2010	21.58	50.07	28.35
1998	56.15	22.67	21.19	—	—	—	—

说明：表内三次产业比例数均按当年价格计算所得

第二节　企业规模

1986年，境内有全民和集体所有制企业166家，其中，全民所有制15家，集体所有制企业151家。工业总产值为16534万元，其中，全民所有制企业6440万元，集体所有制企业10094万元。独立核算工业企业全部从业人员年平均人数为15602人。1990年，境内有工业企业171家（不包括村及村以下工业），其中，全民所有制20家，集体所有制企业151家。工业总产值为36566万元，其中，全民所有制企业15250万元，集体所有制企业21316万元。独立核算工业企业全部从业人员年平均人数为19471人。1995年，境内有工业企业174家（不包括村及村以下办工业），其中，国有企业25家，集体企业147家，中外合资经营企业2家。工业总产值为83668万元，其中，国有企业33966万元，集体企业49008万元，中外合资经营企业694万元。2000年，境内有工业企业7856家，工业总产值32.59亿元。其中，国有及规模以上独立核算工业企业20家，工业总产值5.91亿元；规模以下非国有工业企业7836家，工业总产值26.68亿元。国有及规模以上工业企业全部职工平均人数7680人，规模以下县属工业企业全部从业人员平均人数1900人，乡镇工业从业人员7936人。2005年，境内有工业企业7250家，工业总产值74.86亿元。其中，国有及规模以上独立核算工业企业93家，工业总产值39.83亿元；规模以下非国有工业企业7157家，工业总产值35.03亿元。国有及规模以上工业企业全部职工平均人数15191人。2010年，境内有工业企业6326家，工业总产值371.97亿元。其中，规模以上独立核算工业企业305家，工业总产值305.43亿元；规模以下工业企业952家，工业总产值35.81亿元；个体工业5069家，工业总产值30.73亿元。规模以上工业企业全部从业人员年平均人数48579人。

1986—2010年单县工业企业从业人员年平均人数统计表

表5-2-2

年份	从业人员（人）	企业性质	年份	从业人员（人）	企业性质
1986	15602	独立核算	1999	9903	国有及规模以上
1987	16970	独立核算	2000	7680	国有及规模以上
1988	18577	独立核算	2001	7970	国有及规模以上
1989	18897	独立核算	2002	6990	国有及规模以上
1990	19471	独立核算	2003	7864	国有及规模以上
1991	24106	独立核算	2004	10377	国有及规模以上
1992	22439	独立核算	2005	15191	国有及规模以上
1993	25239	独立核算	2006	17051	国有及规模以上
1994	22464	独立核算	2007	20498	规模以上
1995	—	—	2008	38672	规模以上
1996	25428	独立核算	2009	41590	规模以上
1997	23130	独立核算	2010	48579	规模以上
1998	11715	国有及规模以上	—	—	—

第三章　经济总量

第一节　国内生产总值

1986年，全县国内生产总值4.23亿元。1990年，全县国内生产总值7.64亿元，人均国内生产总值623元。乡镇企业迅速发展，乡村工业占工业总产值的一半以上。1995年，全县国内生产总值18.52亿元，人均国内生产总值1658元。按可比价格计算，“八五”时期，全县生产总值年均增长9.66%。2000年，全县国内生产总值28.83亿元，人均国内生产总值2828元。按可比价计算，比1995年年均增长2.79%。2005年，全县地区生产总值57.18亿元，比上年增长17.54%，人均生产总值4668元，比2000年增加1840元。按可比价格计算，“十五”期间全县生产总值年均增长11.42%。2010年，全县地区生产总值144.84亿元，比“十五”末增长1.64倍，按可比价格计算，“十一五”期间年均增长17.64%。

第二节　三次产业增加值

第一产业增加值　“七五”时期，普遍实行和完善家庭联产承包责任制，采取倾斜政策，强化农业综合生产能力，实现农村经济的全面发展。小麦、玉米、棉花等主要农业连年丰收，林、牧、渔业发展较快。1990年，第一产业增加值4.85亿元，占国内生产总值的63.43%，比1986年增加2.09亿元。“八五”时期，农村经济结构由种植业为主的传统模式向多业并举转变。1995年，第一产业增加值10.66亿元，比上年增长18.55%，占国内生产总值的比重下降到57.58%。“九五”时期，农业开始向多元化的现代农业结构转变，主导产业逐步形成，产业化水平有了一定提高。2000年，第一产业增加值15.04亿元，比上年增加8.5%，占国内生产总值的比重下降到52.15%。“十五”时期，农业结构调整步伐加快，农业规模化、标准化、产业化取得新进展，初步形成一批瓜菜、林果、畜牧业为主的特色生产基地。2005年，第一产业增加值22.77亿元，年均增长6.25%。2010年，全县第一产业增加值31.25亿元，占地区生产总值的比重由2005年的39.8%下降到21.6%。

第二产业增加值　“七五”时期，境内工业持续、稳定发展。1986年，第二产业增加值7951万元，1990年12954万元。1991—1995年（“八五”时期），境内工业发展速度不断加快，乡镇企业异军突起，个体私营经济发展势头强劲，全县工业经历初创阶段后，已进入大发展时期。1995年，第二产业增加值4.15亿元，比上年增长18.5%，占国内生产总值的比重上升到22.43%。“九五”期间，工业在困难中实现新的增长，发展势头良好，效益明显提高，一批骨干企业正在崛起，民营经济实现新的突破。2000年，第二产业增加值7.43亿元，占国内生产总值的25.77%，按可比价计算，“九五”期间年均增长10.22%。“十五”时期，医药化工、塑料加工、农副产品加工等工业产业初具规模，骨干企业支撑作用明显加强。2005年，第二产业增加值20.86亿元，年均增长20.97%。“十一五”期间，大力实施工业立县战略，强化调度和服务，促进工业经济快速发展。2006 年，全县第二产业增加值 27.51 亿元，占国内生产总值的比重首次超过第一产业增加值，实现由一、二、三产业向二、一、三产业的历史性转变。2010 年，第二产业增加值 72.52 亿元，比上年增长 27.8%，“十一五”期间年均增长 22.67%，第二产业在国民经济中占主导地位。

第三产业增加值 “七五”时期，随着改革的进一步深入，第三产业快速发展，在国民经济中占重要地位。1990 年，第三产业增加值 14997 万元，占国内生产总值的 19.62%，比 1986 年增加 6660 万元。“八五”期间，积极发展多成分、多形式、多渠道的商品流通体制，大力加强市场建设，以商贸业为主的第三产业蓬勃发展。1995 年，第三产业增加值 3.7 亿元，按可比价格计算，“八五”期间年均增长 25.1%。“九五”时期，通讯、商贸物流、服务业发展加快，已逐步成为经济增长的重要力量。2000 年，第三产业增加值 6.37 亿元，占国内生产总值比重的 22.08%。“十五”时期，商贸物流、房地产开发等发展迅速，2005 年，第三产业增加值 13.55 亿元，占国内生产总值比重的 23.7%，按可比价格计算，“十五”期间，年均增长 9.02%。进入“十一五”时期，第三产业保持快速增长，年均增长 28.14%。2010 年，第三产业完成增加值 41.07 亿元，占地区生产总值的比重达到 28.35%，成为拉动经济增长的重要力量。

1986—2010 年单县地区生产总值统计表

表 5-3-1 单位：万元

年份	地区生产总值	其中			年份	地区生产总值	其中		
		第一产业增加值	第二产业增加值	第三产业增加值			第一产业增加值	第二产业增加值	第三产业增加值
1986	42319	26031	7951	8337	1999	257906	138528	63930	55448
1987	48536	28923	9027	10586	2000	288335	150370	74305	63660
1988	56817	32047	11921	12849	2001	308828	154382	83099	71347
1989	64912	36309	13644	14959	2002	326732	162708	83752	80272
1990	76422	48471	12954	14997	2003	380096	175272	112053	92771
1991	87291	51039	17732	18520	2004	486497	202142	177004	107351
1992	98030	55163	19655	23212	2005	571836	227679	208628	135529
1993	120538	64367	27483	28688	2006	681107	245630	275059	160418
1994	156181	89959	35049	31173	2007	832065	269542	351966	210557
1995	185212	106648	41540	37024	2008	1017643	281373	471922	264348
1996	212483	125245	45840	41398	2009	1175994	294219	567605	314170
1997	217130	123930	49385	43815	2010	1448415	312548	725175	410692
1998	225587	126656	51131	47800	—	—	—	—	—

1986—2010 年单县经济和社会发展主要指标统计表

附表 1

项目 / 年份	全县总人口（人）	GDP 总量(万元)	第一产业增加值（万元）	第二产业增加值（万元）	第三产业增加值（万元）	农林牧渔业总产值（万元）	工业总产值(万元)	地方财政收入（万元）	金融机构存款余额（万元）	城乡居民存款余额（万元）	在岗职工年均工资（元）	农民人均纯收入（元）	固定资产投资（万元）	社会商品零售总额（万元）
1986	929178	42319	26031	7951	8337	39078	18351	1307	11500	7732	1194	333	778	16365
1987	942074	48536	28923	9027	10586	43116	29532	1828	15673	10370	1200	323	1208	18336
1988	951664	56817	32047	11921	12849	46257	36690	2255	17992	13221	1446	310	2438	20610
1989	1037002	64912	36309	13644	14959	52770	44913	2935	19677	14715	1660	323	1453	23441
1990	1073717	76422	48471	12954	14997	70447	58614	3023	22945	18816	1759	432	1018	22718
1991	1095302	87291	51039	17732	18520	83378	80723	3302	28214	23765	1822	573	378	24620
1992	1105845	98030	55163	19655	23212	92352	90219	3644	31249	27409	2092	516	2298	30806
1993	1111103	120538	64367	27483	28688	112211	116642	5376	40106	35146	2525	676	5771	30227
1994	1115236	156181	89959	35049	31173	185434	132478	2831	50654	44502	2623	975	6382	30453
1995	1119506	185212	106648	41540	37024	239644	194941	4016	60354	52399	3441	1294	11634	40328
1996	1120885	212483	125245	45840	41398	288287	313596	6254	77084	64290	3945	1682	25927	51993
1997	1125700	217130	123930	49385	43815	221430	338031	7499	130892	111721	4170	1843	35684	60749
1998	1129612	225587	126656	51131	47800	227710	275174	8212	152591	129558	4243	1894	55319	70491

续附表 1

项目/年份	全县总人口（人）	GDP 总量(万元)	第一产业增加值（万元）	第二产业增加值（万元）	第三产业增加值（万元）	农林牧渔业总产值（万元）	工业总产值(万元)	地方财政收入（万元）	金融机构存款余额（万元）	城乡居民存款余额（万元）	在岗职工年均工资（元）	农民人均纯收入（元）	固定资产投资（万元）	社会商品零售总额（万元）
1999	1134337	257906	138528	63930	55448	235094	297735	8709	165545	139642	4913	1974	57365	82294
2000	1140579	288335	150370	74305	63660	253085	325858	9676	177554	154980	5104	2089	72343	91173
2001	1148787	308828	154382	83099	71347	263730	355111	10742	195982	172397	5500	2190	40211	100765
2002	1161729	326732	162708	83752	80272	276691	320599	13312	233194	200367	6199	2318	64334	111909
2003	1166375	380096	175114	112211	92711	307525	357460	15052	272298	236057	6446	2228	165938	169127
2004	1171031	486497	202142	177004	107351	353474	538815	14341	306545	269353	7795	2630	93982	215595
2005	1177816	571836	227679	208628	135529	411843	748578	17601	367161	317913	8869	3058	274047	291580
2006	1187628	681107	245630	275059	160418	446825	996240	26216	436103	374154	9829	3444	354541	338938
2007	1190055	832065	269542	351966	210557	492300	1403060	38536	521425	428951	13814	3992	578871	404780
2008	1202888	1017643	281373	471922	264348	516033	1909216	49012	638910	528076	15470	4556	650159	500385
2009	1214070	1175994	294219	567605	314170	535276	2676220	63332	824119	653993	17531	5020	851681	596794
2010	1224470	1448415	312548	725175	410692	547668	3719798	101004	1057054	856545	19802	5798	1047633	825238

单县经济社会发展情况示意图

单县人口增长状况示意图

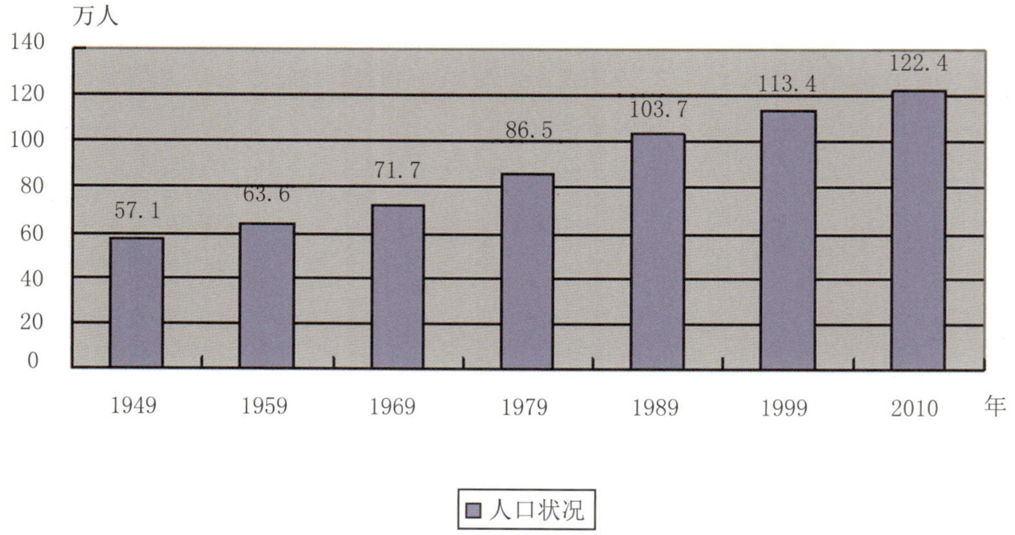

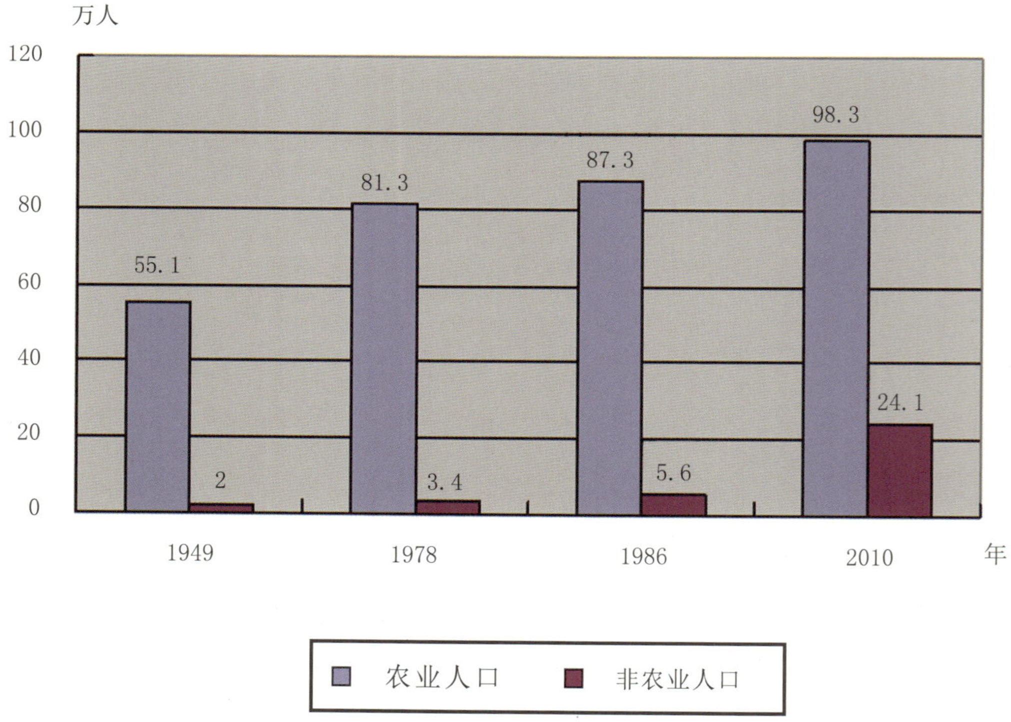

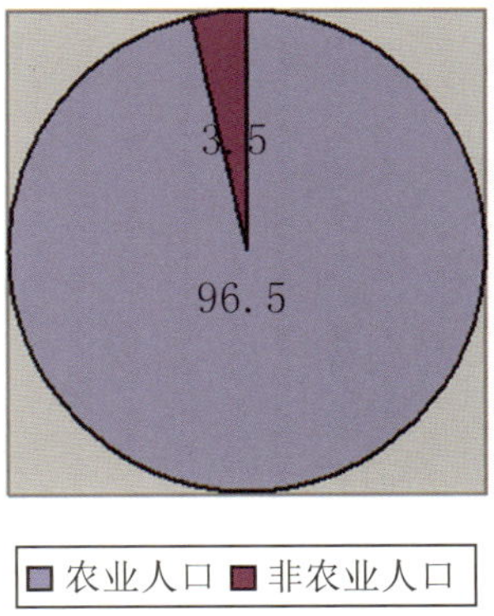

1949 年人口构成（%）

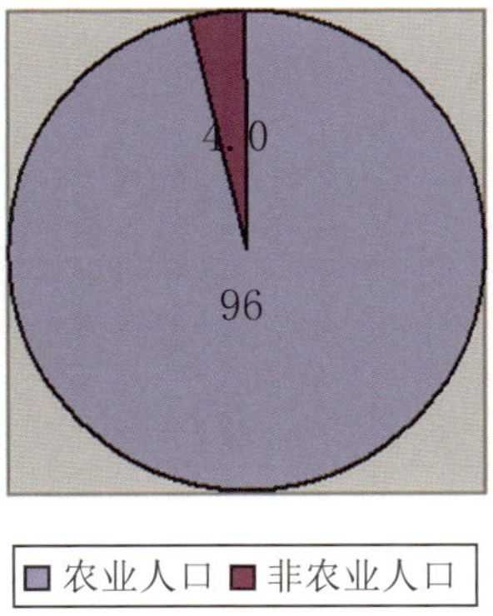

1978 年人口构成（%）

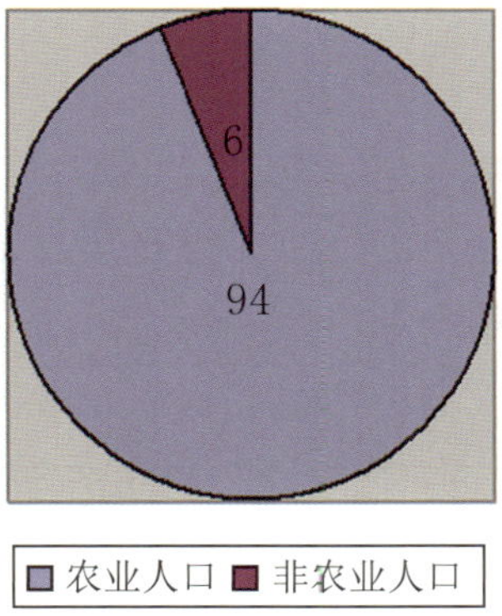

1986 年人口构成（%）

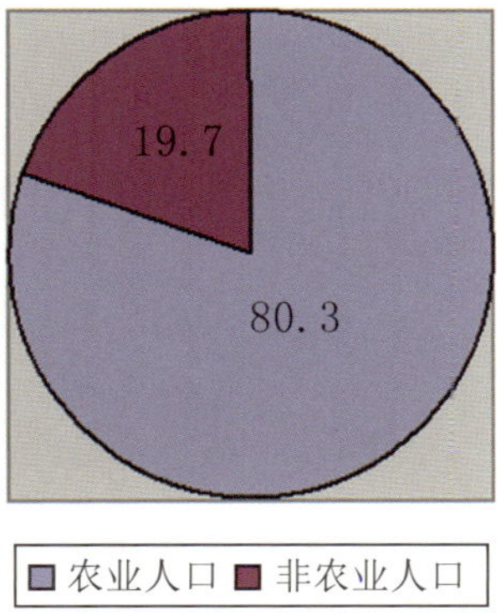

2010 年人口构成（%）

1986—2010 年单县工业总产值与农林牧渔业总产值增长状况示意图

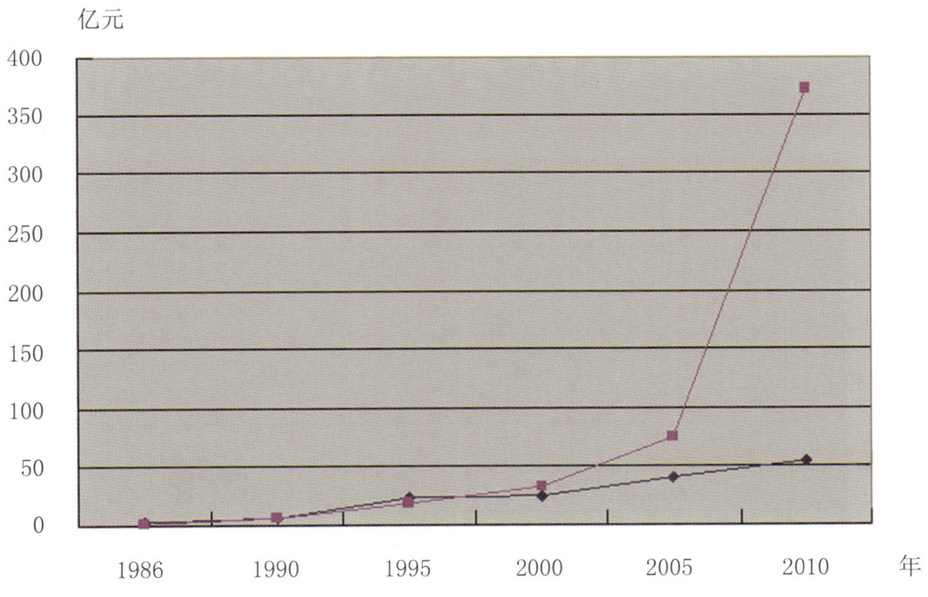

	1986	1990	1995	2000	2005	2010
农林牧渔业总产值	3.9	7	24	25.3	41.2	54.8
工业总产值	1.8	5.9	19.5	32.6	74.9	371

农林牧渔业总产值 工业总产值

1986—2010 年单县地方财政收入示意图

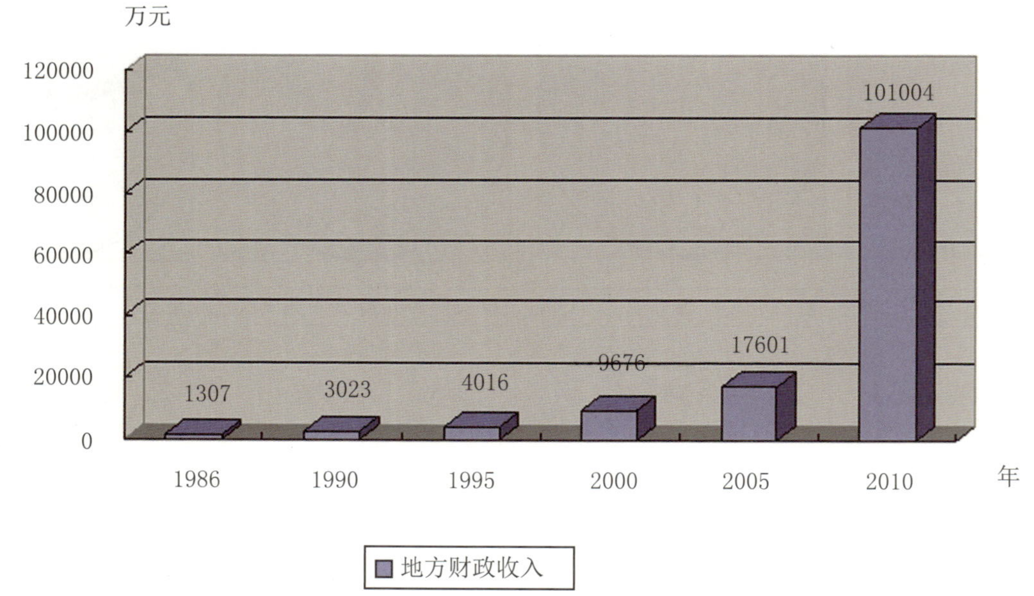

1986—2010 年单县城乡居民储蓄存款余额示意图

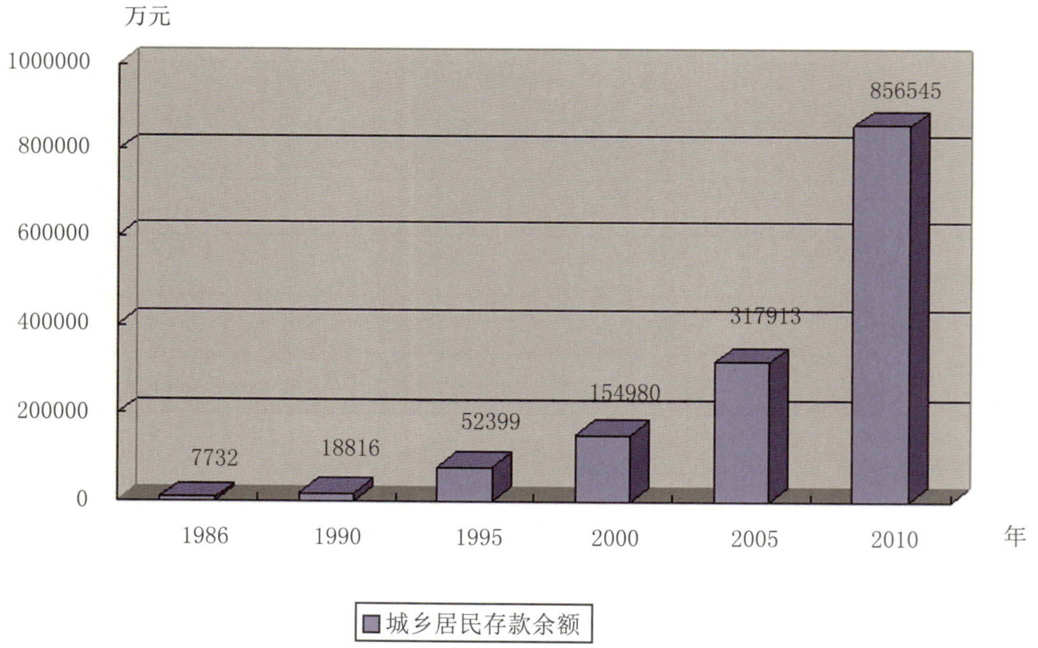

1986—2010 年单县农民人均纯收入状况示意图

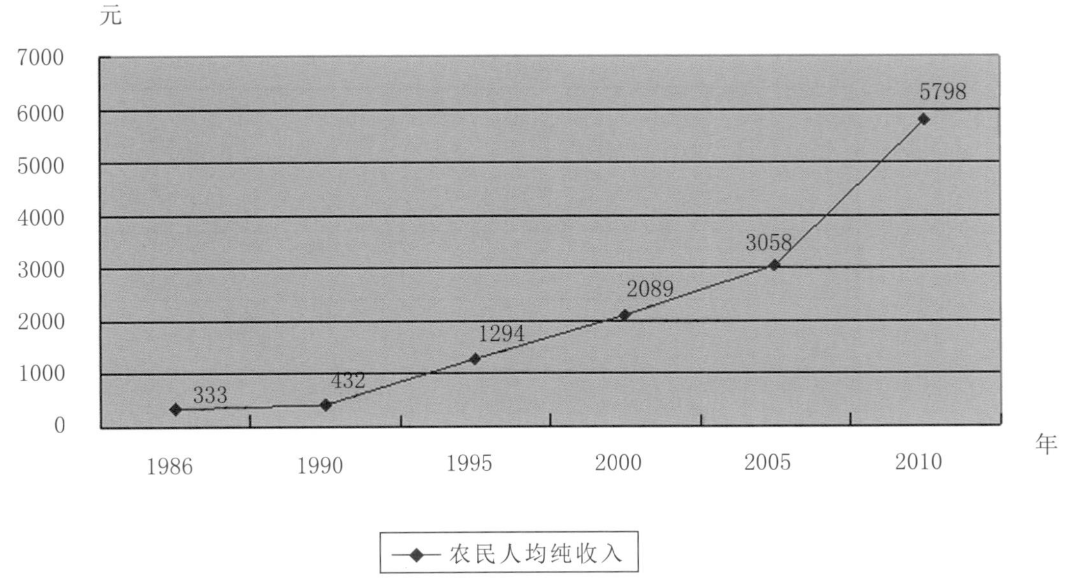

1986—2010 年单县在岗职工年均工资状况示意图

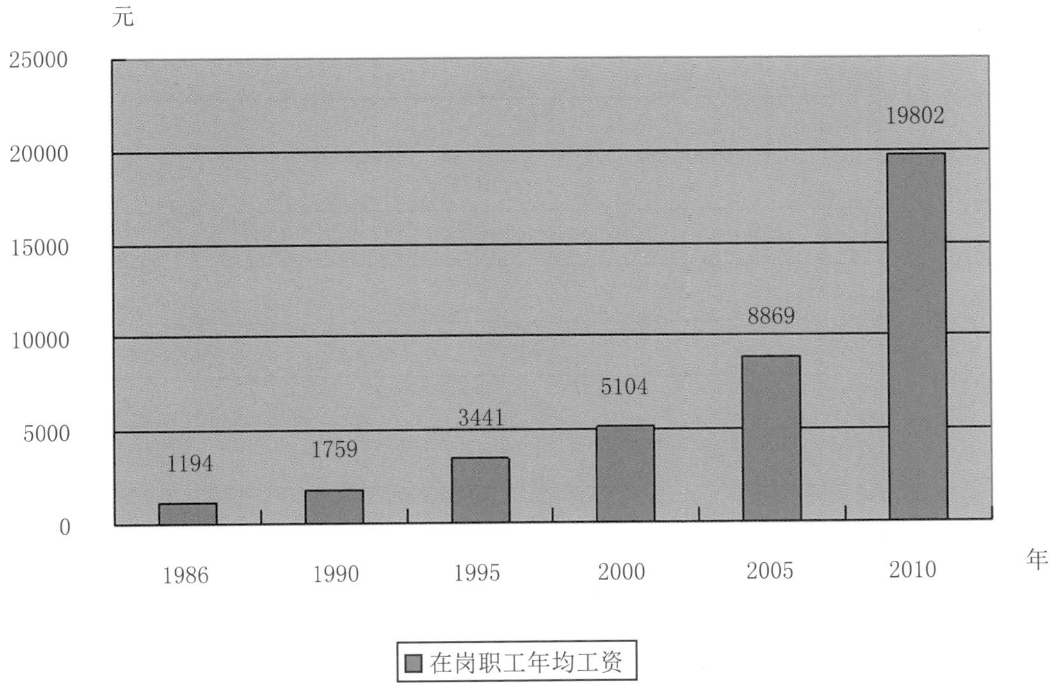

1986—2010 年单县固定资产投资状况示意图

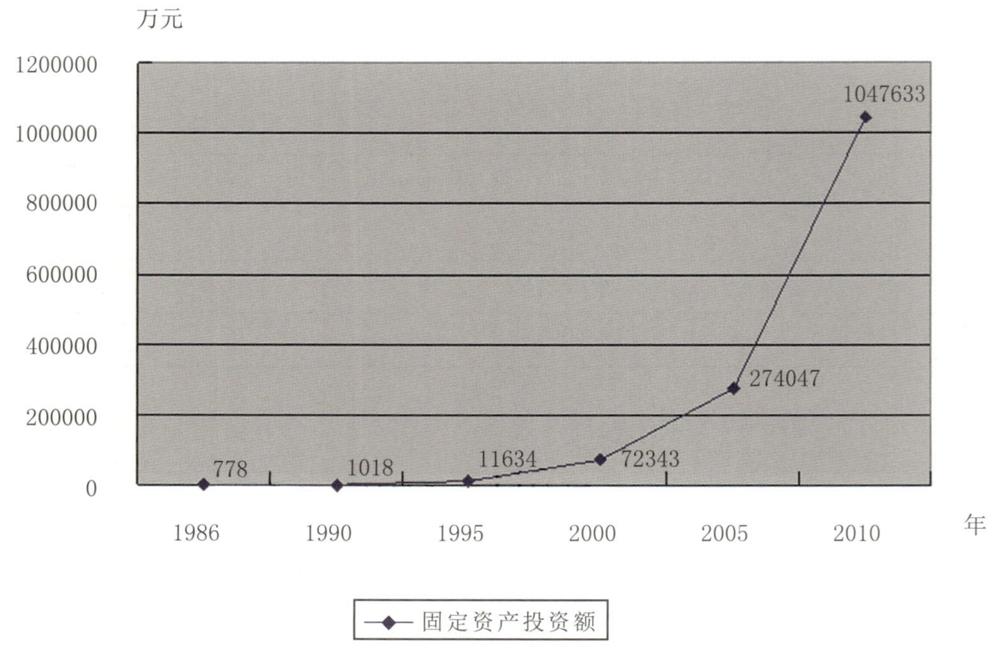

1986—2010 年单县社会商品零售总额变化状况示意图

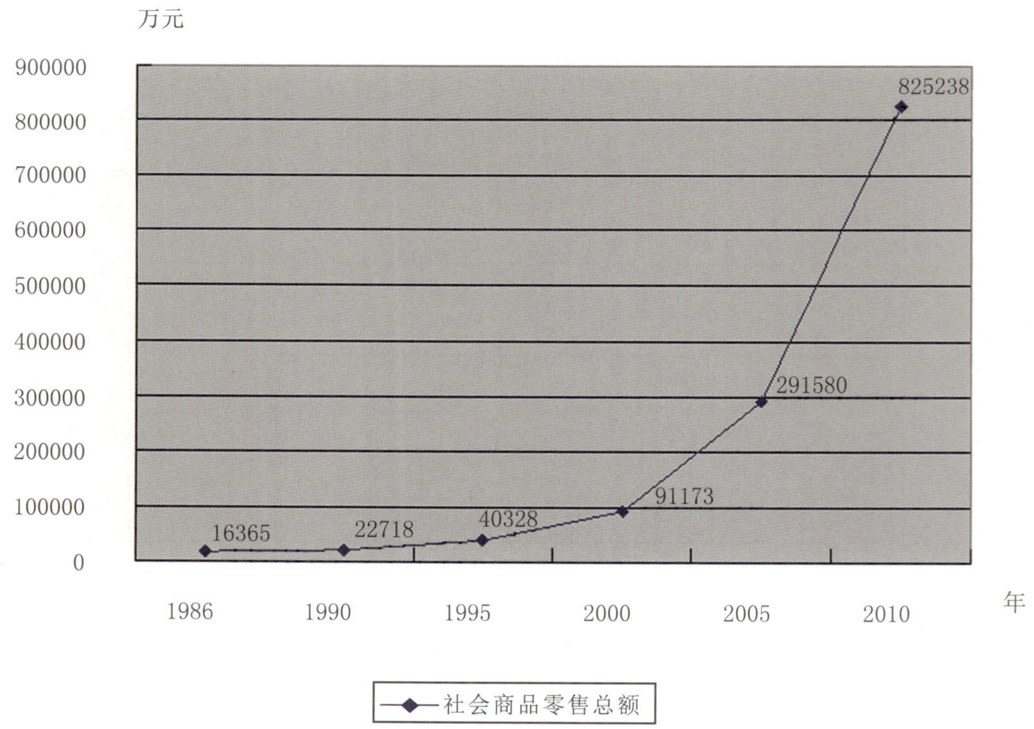

第六编

农　业

农 业

新中国成立前，由于封建土地所有制的束缚，科技相对落后，农业发展缓慢。新中国成立后，经过土地改革、人民公社化，科技不断进步，全县农业生产逐步得到发展。后由于受“左”的错误和“文化大革命”的影响，农业发展徘徊不前。1978年中共十一届三中全会后，全县农村普遍实行家庭联产承包责任制，极大地调动了农民的生产积极性，促进了农村生产力的发展。1985年，完成以联产承包责任制为主要内容的第一步改革。1986年，开始大力发展农村商品经济的第二步改革。该年，县委、县政府注重调整农村产业结构和改善农业生产条件，促进农业生产发展，全县农业总产值3.91亿元，人均收入333元。1993年，发展高产高效农业，实施商品粮生产基地开发建设。1996年，单县被农业部命名为“中国西红柿之乡”，1997年被农业部命名为“中国青山羊之乡”。

1996—1998年，全县农村经济全面发展，初步形成区域化布局、专业化生产、一体化经营、社会化服务、企业化管理、产供销一条龙、贸工农一体化的农业生产新格局。2001年制定《单县农业产业化经营五年发展规划》。之后，按照全县农村产业结构调整的总体规划，大力压减粮食种植面积，扩大以蔬菜为主的经济作物面积，大力发展以青山羊为主的畜牧业生产，初步形成区域化、规模化生产格局。2003年始，国家实施惠农政策，逐步取消和减免各种税费，落实粮食、良种、农机等各项补贴政策，调动农民生产积极性，全县农村经济进入快速发展轨道。至2005年，粮食、棉花、油料、蔬菜、林业、果品、畜牧、花卉八大产业的发展初具规模，全县农业增加值22.77亿元，农民人均纯收入3058元，农业和农村经济主要指标达到历史最高水平。2010年，全县农业总产值54.77亿元，是1986年的14.01倍；农民人均纯收入5798元，是1986年的17.41倍。

第一章 农村经济体制改革

1980年，开始推行家庭联产承包责任制。土地所有权和经营权分离，采取“保证国家的，留够集体的，剩下是自己的”分配办法。到1981年，全县有99.76%的生产队实行了包干到户。1994年，根据中共中央、国务院《关于当前农业和农村经济发展的若干政策措施》精神，完善家庭联产承包为主的责任制和统分结合的双层经营体制，其重点是明确所有权，稳定承包权，搞活经营权。1995—1999年，以发展农村社会主义市场经济为目标，深化农村改革。稳定农业政策，改革完善农村土地承包制度；推行农村股份合作制，加快股份制在农村各业的建立和推广；完善农村社会化服务体系，强化服务功能。2007年，规范完善劳务中介组织，推进农村剩余劳动力的有序转移，发展劳务经济；发展农村二三产业，加快农民向产业工人转移步伐。2010年，根据省政府《关于批转省深化经济体制改革试点工作领导小组〈关于2010年深化经济体制改革工作的意见〉的通知》，进一步规范土地流转工作，健全土地流转长效机制，推进农村土地向种养大户、家庭农场、农民专业合作社和农业产业化龙头企业快速流转，实现传统农业向现代农业的转变。

第一节 农村土地使用制度改革

1980 年，开始实行家庭联产承包责任制（简称包干到户），即土地归集体所有，按人包给社员，社员在自己承包的土地上坚持国家指导和市场调节相结合的原则进行种植，费用归已，完成国家订购和集体统筹提留任务后的剩余归己，调动农民的生产积极性。至 1981 年，全县 8347 个生产队，实行包干到户的 8327 个，占总队数的 99.76%。当年，实现粮食单产 204 公斤，棉花单产 50 公斤，同比分别提高 18.6% 和 20.5%。1983 年，对全县零星地块进行调整合并，每个农户的承包地块平均由原来的 9 块合并到 3.1 块。1986 年，签订承包合同 192113 户，占全县农业户数的 99.5%。1991 年，把稳定完善土地承包制作为稳定家庭联产承包责任制的一项基本内容，新一轮土地承包通过完善承包合同，把农民应向国家和集体上交粮棉油订购任务和各项提留等义务同承包土地的权利相联系，把发包方应向承包者提供的各种服务进行明确，进一步发挥集体统一经营的优越性，调动农户分散经营的积极性。

1994 年，根据中央和省、地委指示精神，县委制定《关于深化农村改革，加快农村社会主义市场经济发展的实施意见》，提出在原定的土地承包期到期以后，再延长 30 年不变，开垦荒地、营造林地、治沙改土等从事开发性生产的，延长承包期。提倡在承包期内实行“增人不增地，减人不减地”的办法。在坚持土地集体所有和不改变土地用途的前提下，经发包方同意，允许土地的使用权入股、转让、租赁、转包，实现土地合理流动和集中。1995 年，开展以“强化所有权、明确发包权、稳定承包权、放活使用权”为主要特征的土地调整工作。制定《关于进一步稳定和完善农村土地承包责任制的试行规定》。1998 年，县政府制定《关于做好延长土地承包期的意见》，第二轮土地延包工作启动，土地承包期 30 年。同时，坚持在土地承包期不变的基础上，建立健全土地流转机制。

2004 年，探索土地合理流转的新路子，鼓励农民通过出租、转包、转让等形式合并地块，向种田能手、种田大户集中，逐步推行规模经营。

2010 年，按照《中华人民共和国农村土地承包法》的规定，在保障农民利益的前提下，按照“发展生产，推进土地规模化、集约化经营，增加农民收入”的要求，围绕土地流转主体（农民），采取转包、互换、入股、租赁、再租赁、转让等多种模式进行。全县农村土地承包经营权流转面积 1426.7 公顷，其中，以转包形式流转 706.7 公顷，以互换形式流转 346.7 公顷，以出租形式流转 340 公顷，以股份合作形式流转 33.3 公顷。

第二节 农村经营管理改革

土地承包合同管理 1988 年，全县共签订土地承包合同 20 万份。1989 年，加强合同管理，使合同的签订、鉴证、兑现、变更、解除等手续规范化、制度化，依法维护合同的严肃性。1995 年，制定《单县实施〈山东省农村集体经济承包合同管理条例〉细则》，利用两个月的时间在全县进行土地调整和签订合同。2004—2010 年，按照《山东省实施〈中华人民共和国土地承包法〉办法》，做好农村土地承包经营权证书换发补发工作，鼓励土地承包经营权的合理流转，签订土地流转合同，实行洽谈、审查、批准相对独立、互相制约的原则，承包方、发包方、乡镇（街道）农村土地流转服务中心分工负责。服务中心由一名合同管理员，统一管理土地承包经营权流转合同档案。合同的签订，统一使用省农业厅监制的合同文本并加盖合同专用章，纳入微机管理。

农民负担管理 1986 年 4 月 10 日，县委、县政府印发《关于实行农民负担大包干的意见》，对农民负担实行大包干，全县统一核算，将农民负担控制在人均纯收入的6%～7%，人均20元以内，一定两年不变，中间不任意追加和另行摊派。1990年，农村各项统筹和提留的预算方案由乡政府编制，报乡人代会审议通过，乡镇确定预算方案，报县政府办公室审核后，再报乡人代会审议通过。1991年5月，县政府印发《关于加强乡镇统筹费和村提留款管理的通知》，明确规定：乡镇统筹包括教育费附加、优抚费、交通费、民兵训练费、广播费、水费、畜禽防疫费和文化费，村提留包括公积金、公益金和管理费。各项提留定项限额，提留总额控制在上年人均收入的6%，最高不超过7%。该年，全县农民各项负担总额3724.9万元，人均负担44.2元，占农民人均收入的7.7%。1992—1993年，依照县政府《单县贯彻〈国务院农民承担费用和劳务管理条例〉及〈山东省农民负担管理条例实施细则〉的补充规定》，乡镇统筹和村提留人均负担比例，以乡镇为单位控制在上年人均纯收入的5%以内，全县统一使用县农民负担监督管理办公室统一印制的农民负担卡。全县农民的提留、统筹费、以资代劳、集资等费用开始降低。1996年，中共中央、国务院下发《关于切实做好减轻农民负担工作的决定》，1998年5月，菏泽地委、地区行署下发《关于进一步做好减轻农民负担工作的决定》，根据上级文件精神，从1998年起，全县37个乡镇全部与农户签订《农民负担合同书》，具体做法是：乡镇政府、村民委员会与各农户代表人签订合同书，把农民应承担的费用，乡（镇）、村及农户的权利义务固定下来，合同经三方签字，并由公证机关进行公证。当年发放农民负担卡27.2万份，并对全县37处乡镇农民负担情况进行专项审计。根据上级规定，农民负担以1998年为基数，一定三年不变。

2001年，实施农村税费改革，全县人均“三提”（农户上交给村级行政单位的三种提留费用，即公积金、公益金和行管费）、“五统”（农民上交给乡镇一级政府的五项统筹费，即教育附加费、计划生育费、民兵训练费、乡镇道路建设费和优抚费）负担总额控制在118.70元。2002年，取消教育集资，禁止公路集资，取消涉及村集体和农民出钱、出物、出工的达标升级活动，两税（农业税、农业特产税）附加和公益事业金足额、全部返还村级使用。2003年，县委、县政府制定《关于进一步做好2003年减轻农民负担工作的意见》，加强对农村“两工”（农村义务工、劳动积累工）的管理。农村“两工”主要用于乡村兴办农田水利工程、植树造林、修建乡村公路等。使用农村“两工”以出劳为主，严格界定出工对象，严格控制用工范围，不准按人头均摊“两工”，不准强迫以资代劳，搞变相集资。村级兴办农田水利、道路、沼气等一些与村民生产生活密切相关的公益事业，除政府补助和市场运作外，由村民通过“一事一议”的方式筹集部分资金和劳务来解决。禁止把“一事一议”变成农民负担的固定项目，必须在两税附加返还到位且不足的情况下进行。从2003年起，免收公益事业金和农业特产税。各乡镇均建立农税征收服务大厅，全县有专职农税征管员220人，村级协税员3600人。全县共核实计税面积95940公顷，农业税依率计征10603万元，农业税社会减免961万元，应征农业税及其附加9741万元，减负总额为3391万元，人均减少43元。2004年，根据省委办公厅、省政府办公厅《关于进一步做好减轻农民负担工作的意见》，农业税税率按3%执行，农业税附加仍占农业税正税的40%；农村每个劳动力承担“两工”不得超过10个；严格执行村级“一事一议”筹资筹劳政策。水费的收取和管理实行收益交费，计量收费。2005年，农业税税率按1%执行，农业税附加为现行农业税正税的40%。一类地每亩征收农业税正税9.17元、附加3.66元；二类地每亩征收农业税正税7.50元、附加3.00元；三类地每亩征收农业税正税5.83元、附加2.34元。“一事一议”筹资筹劳，每个劳动力负担的劳务不超过10个工，在不筹劳的情况下，劳动力可以负担不超过15元的筹资义务。筹劳范围之外的非劳动力一年内每人所负担的"一事一议"资金不超过15元。2006年，取消农业税，结束延续四千年的皇粮国税历史。

2010年，严把村级"一事一议"筹资筹劳审批关口；全面落实粮食直补、农资综合补贴、玉米良种补贴、棉花良种补贴、花生良种补贴、农业政策性保险等各项支农惠农政策。粮食直补每公顷210元，农资综合补贴每公顷1037.25元，玉米良种补贴每公顷150元，棉花良种补贴每公顷225元，花生良种补贴每公顷2100元。

农村财务管理 1986年，各行政村和其他集体经济独立核算均配备专职会计，根据生产项目和经济业务的多少配备专职或兼职的现金出纳和实物保管等财务管理人员。各村均建立5～10人的理财小组，理财小组负责监督、检查财务管理工作，审核和处理有关财务问题，理财小组长由村委会主任兼任，吸收三分之二的群众代表参加，实行经济民主、财务公开。乡镇建立财务管理领导小组，由分管农业的副书记或副乡镇长兼任组长，吸收经营管理员、财政、银行部门的人员参加，具体领导、检查、督促财务管理工作。1988年，在全县954个行政村中，98%的村建立"三账一簿"（总账、明细分类账、现金日记账和固定资产登记簿），各乡镇均健全财务管理制度。1992年，建立健全村级财务监督管理机构，制定审计制度和集体办公制度，加强经管队伍和村级会计队伍建设。1996年，县委、县政府制定《关于在全县农村建立实行村财乡管制度的意见》，蔡堂、朱集、聂傅庄等部分乡镇相继制定落实村财乡管工作的具体措施和方法。村财乡管制度包括钱账分离制度、开支审批制度、集体审账制度、招待费每年不超过全村人均1元的规定、村账目向乡镇村财乡管办公室每月一报账制度等。同时对全县886个行政村的会计及村财乡管工作人员分三期进行培训。村财乡管制度的实施，解决了多年来农村财务管理混乱的局面。1998—1999年，全县37处乡镇全部实行村财乡管，各乡镇村财乡管办公室及502个行政村全部结束旧账，建立新账。

2004年，根据《山东省农村集体资产管理条例》《山东省农村集体经济审计条例》的规定，加强对农村集体经济审计和村级财务的监督管理，对农税附加及"两工"以资代劳款的管理使用进行审计，历时3年审计全县502个行政村。2010年，落实全市农村经济经营管理制度建设现场会精神，实行农村财务会计委托代理制；开展村"三资"（资金、资产、资源）管理、村级财务审计、农村中小工程招投标试点工作。

农村集体三资管理工作现场会　　2009年摄影

第三节　农业社会化服务体系建设

1986年后，随着农村改革的不断深入，各种形式的农业服务组织应运而生，"双层经营体制"逐步完善，为农民提供生产生活中的多种服务。1989年，在一类行政村和部分二类行政村中建立服务组织。各乡镇创建1～2个村的村级服务试点。蔡堂镇从1987年起以镇直有关部门为依托，建立镇级服务体系，开展系列化服务，逐步形成以农资、农机、农技、水利、资金为主的系列服务体系。谢集乡陈桥行政村针对包干到户出现的一家一户耕地难、浇水难、脱粒难、家庭副业购料销货难等问题，成立服务组织，统一组织实施农田基本建设，组建村农机服务队、农资服务站，定期举办农业技术培训班，提供工副业原料、产品购销服务等。1990年5月，县委在全县推广蔡堂镇和谢集乡陈桥村开展社会化服务的经验。该年，坚持县、乡、村三级齐抓共管，国家、集体、个体一齐上的原则，积极发展农村社会化服务组织，逐步形成以村集体统一服务为主题，以县、乡职能部门服务为依托，联合体、个体服务为补充，县、乡、村、联户、个体相结合的综合服务体系。全县37个乡镇全部建立农业综合服务站，建立农机服务站28个，畜牧兽医服务站27个，水利管理服务站37个。服务活动实现“三个转变”，季节性服务转向长年服务、单向服务转向综合系列服务、有偿服务转向无偿或低偿服务转变。服务内容是农业生产必需的农资供应、农副产品加工和销售、农业技术推广、农机作业、培训技术人员等。联合体服务组织发展到877个，个体服务农户13098个。1991年后，县级服务组织重点搞好各业务部门的综合协调，逐步完善四个服务体系：以农、林、水、机等部门为主，建立为农业生产各环节服务的体系，搞好良种、植保、农机、排灌、疫病防治等服务；以商业、粮食、供销、物资、外贸、农行等部门为主，建立购销服务体系，搞好农用生产资料的供应和农副产品的加工销售；以科委、农委、科协为主，建立科技服务体系，组织有关部门搞好科技兴农；以经委为主，组织乡镇经委，建立信息服务体系，搞好农业和乡村企业信息的搜集、整理、传递和反馈，指导农民发展生产。乡镇服务组织采取有偿服务与无偿服务相结合、技术咨询与技术承包相结合，拓宽服务领域，为农户提供力所能及的服务。在服务上进行分类指导，对于集体经济实力较强，生产水平较高的村，逐步形成贸工农、农工商一体化，生产、加工、销售一条龙的服务体系；对于集体经济发展状况一般的村，形成统一组织排灌、统一农机作业、统一技术指导、统一供应良种、统一购买农用生产资料；对于集体经济薄弱的村，主要围绕农民生产、生活的迫切要求做一些服务方面的组织协调工作。至1992年，全县有各类服务组织5.3万个，其中，县级52个。全县推广农作物良种110万公斤，推广农药30种250吨，发布病虫测报12期，防治病虫面积20万公顷，向全县供应专用肥2500吨，培训带头户1万户，印发秋种技术意见20万份。1994年，县农口转体的几大服务中心，以转轨变型为契机，兴办各种类型的服务实体，重点围绕农副产品加工、运销等，建立龙头企业，实行贸工农牧一体化经营。服务内容由生产环节上统一服务扩大到产前、产中、产后全程服务，由第一产业扩大到二、三产业，由生产性服务扩大到信息、技术、原材料供应、产品销售等系列化服务。1997年7月，菏泽地区组建农村经济信息协会，单县成立单县农村经济信息分会，乡镇建立农村经济信息服务站，为各涉农部门和广大农户提供准确及时的信息服务。

1998年，开展清理农民负担工作，全县停止统一小麦供种、畜禽防疫服务，将两项服务转向市场化运作。至2010年，全县农村社会化服务组织全部实行市场化运作。该年，县农业局充分利用各种服务组织，常年开展科技下乡活动，共举办农民技术培训班50期，科技下乡200次，接待咨询群众5万人次，推广小麦、玉米、棉花、瓜菜等农作物良种20个350万公斤，推广小麦精播、半精播技术，宽幅播种技术，秸秆还田技术，玉米“一增四改”技术等新技术10余项。

第四节　农业产业化

农业产业化经营　1986—1994年，通过调整农村产业结构，着力发展优质、高产、高效农业，农林牧渔业发展较快，农业各主导产业基本形成。1995年，推行农业生产区域化、产业化。按照一乡一业、一村一品规模化生产的要求，加快粮棉、林果、蚕桑、蔬菜、油料、畜牧等八大生产区域建设。培植加工能力大、辐射作用强、产品销路好的龙头企业，逐步实现龙头带基地、基地联农户、产供销一条龙、贸工农一体化的农业生产新格局。至2000年，培植粮食、棉花、花生、畜牧、果品、瓜菜、桐木7大支柱产业，建设14个专业生产基地，培植10个县级龙头企业，建设粮油、果品、蔬菜、家禽、桐木、工业品6个专业批发市场。同时，变革传统农业生产经营方式，建立龙头企业加农户、股份合作户、科技实体加农户、市场加农户的经营方式，实现由小农经济向现代农业的转变。

2001—2004年，制定《单县农业产业化经营五年发展规划》《推进农业产业化经营的意见》《农业产业化经营实施方案》。对纯属农产品加工的企业在用地、税收、规费、资金方面给予优惠政策，县财政每年安排100万元资金，用于对龙头企业的贷款贴息；采取多种形式，建立行业协会、专业合作社等经济组织和中介机构；建立无公害种植示范区，创建无公害果蔬出口创汇基地，推进标准化体系建设；围绕果蔬、林业、畜牧三大主导产业，创办农副产品加工龙头企业，通过龙头企业带动全县蔬菜生产基地、林果生产基地、棉花生产基地、畜牧生产基地建设。

2005年，扶持龙头企业，对已落户单县的农产品加工龙头企业在政策上重点扶持；对已有的农产品加工企业进行技术改造，加快机制创新；创建新型龙头加工企业，结合优质专用小麦示范项目，县粮食收储公司创办优质专用小麦深加工企业。2007年，对已批复的西红柿、大蒜、香酥梨、罗汉参、鲜桃、西瓜、芦笋、洋香瓜等1.87万公顷无公害农产品生产基地，按照标准化技术操作规程进行生产管理，确保产品质量安全，提高农产品信誉等级和市场竞争力。2008年1—9月，新增规模以上农副产品加工企业12家，达到90家；新增市级农业产业化龙头企业3家，达到15家；新增省级农业产业化重点龙头企业2家；新登记注册农民专业合作社9家，农民专业协会总数103个。

2010年，以农副产品加工企业为龙头，以专业合作经济组织为纽带，以专业大户为生产单元，以山药、芦笋、蚕桑、大蒜、蔬菜五大特色板块和畜禽养殖小区为种养殖基地，促进农业规模集约发展。全县新增规模以上农副产品加工企业16家，达到131家，其中，省级龙头企业3家，市级龙头企业24家，农副产品生产加工基地销售收入132亿元。

农村合作经济　1986年后，逐步完善以家庭经营为基础，以服务为中心的合作制。完善合作制度从服务入手，采取多种形式，积极扶持各类专业户和联合体的发展，支持农民在自愿互利的基础上实行经济联合，建立各种联合协调组织，向农民提供社会化服务。1997—1998年，推行股份合作制，发展多种形式的农村合作经济组织和中介组织。供销合作社、农村信用合作社、各种专业合作社、季节性服务合作社、股份合作制企业等农村合作经济组织194个，其中，县级合作经济组织2个，乡镇级合作经济组织12个，村级合作经济组织20个，农户联办合作经济组织160个。效益、管理较好的有单县第六棉花加工厂、张集化肥专业合作社、徐寨化肥专业合作社、孙溜镇黄牛养殖场、高韦庄供销合作社、杨楼供销合作社、时楼辣椒专业合作社、浮岗农民合作基金会等。这些组织提供信息、融资、销售、代购、代销、协调组织生产、资金配置和扶持、帮困等，在农民自愿、平等、互利的基础上使农民自身从产前（市场信息、良种供应）、产中（化肥、农药、资金、科技服务、灌溉、机耕）、产后（销售、加工）建立农业生产组织体系，奠定新农村经济制度的基本框架。2002年，引导农民建立生产、加工、销售等多种类型的合作经济组织，各乡镇组织专门的农副产品销售队伍，增加农副产品的外销率。2005年，全县农村合作经济组织62家。销售收入500万元以上的农业龙头企业26家。新增市级龙头企业8家。2007年，县委、县政府制定《关于加快发展农民专业合作经济组织的实施意见》。至2010年，全县创办各类农民专业合作经济组织276家（其中专业协会97家，在工商部门登记注册的农民专业合作社179家），有会（社）员3.46万人，入会（社）户数占全县农户总数的12.3%，带动农户7.86万户，成员出资总额10173.5万元；按产业分：涉及种植业107家，养殖业62家，特色产品41家，农机26家，其他类型40家。

单县天祥罗汉参专业合作社

第二章 种植业

1986年，全县农作物播种面积15.79万公顷，粮经比为75 ∶ 25，种植业产值2.87亿元。1993年，面向市场，调整结构，扩大规模，提高效益，针对农业大县的实际，继续调整和优化种植业结构。2001年，以改革耕作制度为突破口，在确保粮食总产稳定的前提下，进一步压减粮食作物面积，走订单农业的路子，扩种以瓜菜、杂果、桑园、牧草等为主的经济作物，扩大间作套种面积，扩种优质专用小麦，实行良种良法配套，实现农机农艺结合，提高整体效益。当年，农作物播种面积17.01万公顷，粮经比43 ∶ 57。种植业产值17.52亿元，占农业总产值的66.64%。2003年，单县被农业部确定为优质专用小麦示范县。2010年，全县农作物播种面积19.24万公顷，粮经比63 ∶ 27。种植业产值35.41亿元，占农业总产值的62.23%。

第一节 结构调整

1986年，境内粮食作物以小麦、玉米为主，经济作物以棉花、花生为主。粮经比75 ∶ 25。之后，根据市场需求和原生产基础调整作物布局，改革种植制度，逐步实现麦棉两熟制，粮棉生产同步增长，在有水浇条件的地块进行麦棉套种，1988年，麦棉种套面积8000公顷。1993年，全县粮经作物面积比例72 ∶ 28，农作物复种指数161%。1994年后，粮棉生产坚持“稳定粮棉、调整结构、综合开发、提高效益”的方针，在确保粮棉生产稳定增长的基础上，走发展高产优质高效农业之路。1995年，在稳定粮田面积的基础上，推广区域化种植。当年，棉花、花生、玉米、蔬菜瓜果种植面积分别为1.22万公顷、2.3万公顷、3.03万公顷、9825公顷，形成“南果北粮东棉西油中菜”的发展格局，土地复种指数156%，粮经作物比例69 ∶ 31。1996年，在稳定已有果园面积基础上，大力发展蔬菜生产，增加蔬菜种植面积，扩大以冬暖式大棚为主的保护地栽培面积。1998年，单县的东部和北部以粮食、棉花为主，西部和西南部以粮食、花生为主，黄河故道和大沙河沿线以林果为主，中部城郊区周围以蔬菜生产为主。至2000年，种植业结构调整不断优化升级，先后推广冬小麦套种越冬蔬菜种植，大蒜、圆葱间套立体种植，幼龄果园间套瓜菜（或食用菌）种植等模式，发展高产、优质、高效农业。

2001年始，按照“调大、调优、调强、调好”的原则，压减小麦种植面积，搞好小麦良种统供；继续发展瓜菜生产；发展以干鲜杂果为主的林果业；发展植桑养蚕；发展种草养畜。至2004年，粮经作物比例41 ∶ 59，土地复种指数175%。

间作

2006年后，粮食生产按照稳定面积、提高质量、猛攻单产、增加总产的要求，扩大优质专用小麦种植面积；不断引进推广棉花、花生优质高产新品种；瓜菜生产充分发挥“中国西红柿之乡”的品牌优势，带动西红柿、香芋、西瓜、芦笋、大蒜、圆葱、食用菌、山药、洋香瓜等优势品种瓜菜生产。至2010年，实现规模化生产、区域化布局，形成南桑、北蒜、西芦笋、东山药、中瓜菜的五大特色版块与粮棉油作物协调并重的种植格局。当年，全县五大特色板块发展到5.33万公顷，标准化生产基地2.33万公顷。全县粮食总产68.14万吨，其中，小麦总产45.51万吨，秋粮总产22.63万吨，创历史最高水平；油料总产3.98万吨，棉花总产2.95万吨，瓜菜总产196.47万吨。全县农业增加值21.76亿元。土地复种指数193%。

第二节　粮食油料作物

粮食作物　境内粮食作物主要是小麦、玉米，其次有大豆、高粱、谷子、地瓜、绿豆、红小豆等。1986年，粮食作物播种面积11.9万公顷，平均亩产200公斤，总产35.68万吨，被列为全国商品粮生产基地县。1990年，粮食播种面积11.87万公顷，总产36.17万吨。1996年，粮食播种面积10.31万公顷，总产51万吨。2004年始，国家对农民种粮实行直补政策，粮食种植面积逐年增加。2008年，建设4.67万公顷优质专用小麦良种补贴项目，推广保优节本技术。实行玉米良种补贴，重点发展优质专用玉米及青贮饲料玉米，全县玉米面积2.98万公顷。2010年，粮食作物种植面积12.19万公顷，总产68.14万吨。

小麦　1986年，全县小麦种植面积6.34万公顷，单产3735公斤/公顷（亩产249公斤），总产23.68万吨。1987年被列为优质小麦生产基地县。1992年，全县的小麦种植折纯面积6万公顷。其中，亩产200公斤以下的有1.62万公顷；亩产201公斤～300公斤的有2.88万公顷；亩产301公斤～400公斤的有1.5万公顷。全县小麦平均亩产287公斤，总产25.84万吨。之后，小麦种植面积基本稳定在5万～6万公顷，产量逐年提高。1995年，小麦平均亩产突破300公斤，达到314.7公斤。2001年后，调整种植业结构，全县逐年压减小麦种植面积。至2003年，全县小麦种植面积4.55万公顷，全部实行间作套种，总产23.25万吨。2004年始，国家对小麦生产实行直补政策，农民种植小麦的积极性提高。2006年，小麦种植面积8.06万公顷，平均亩产357.3公斤，总产43.21万吨。2010年，在蔡堂、终兴、谢集、莱河镇创建现代农业小麦高产示范区，示范区平均亩产609.5公斤。当年全县小麦种植面积7.79万公顷，总产45.5万吨。

玉米　1986年，全县玉米种植面积1.52万公顷，平均亩产198公斤，总产4.5万吨。1988年，承担农业部安排的10万亩（6666.67公顷）夏玉米“丰收计划”，在芦墓、徐寨等8个连片乡镇种植夏玉米6833.3公顷，平均亩产347公斤。1989年，夏玉米“丰收计划”获省农业厅三等奖。1994年，全县种植玉米3.08万公顷，平均亩产

玉米

351公斤，总产16.26万吨。1997年，推广紧凑型玉米品种，严格控制平展型品种，采取种子包衣和药剂拌种的方法，在麦收前10天适时套种，种植密度每亩4000株以上。2000年，玉米种植面积2万公顷，总产11.8万吨，平均亩产392.7公斤。2001年，玉米多以农大108、掖单23、农单50、登海9号和豫玉22号等紧凑型品种为主，属饲料生产型，而鲜食、甜玉米等特种玉米品种稀少，种植面积不大，主要以地膜覆盖和大棚生产为主。玉米种植主要分布在杨楼、蔡堂、朱集、张集、谢集、李新庄等乡镇。2005年，全县玉米种植面积2.5万公顷。2010年，夏玉米改套种为直播，利于苗全、匀、壮和机械化作业。玉米整齐度高，病虫害减轻。当年，全县玉米播种面积3.84万公顷，平均亩产355.9公斤，总产20.49万吨。

地瓜　1986年后，随着人们生活水平的提高，地瓜主要以鲜食、粉条加工为主。当年全县地瓜种植面积1.14万公顷，单产3045公斤／公顷（亩产203公斤），总产3.45万吨。1994年后，地瓜成为一种高效经济作物。1997年，推广麦田套栽地瓜和脱毒地瓜，县农技站帮助乡镇购买脱毒地瓜种11.5万公斤，并多次到孔集、孙溜、浮岗等乡镇讲解地瓜快速繁殖技术。1998年后，由于种植业结构调整和市场价格的影响，地瓜种植面积逐年减少。地瓜品种以徐州18为主，主要分布在单城镇和莱河、孙溜、谢集、浮岗、黄岗、终兴、杨楼、龙王庙等乡镇。该年，地瓜种植面积4765公顷，单产6726公斤／公顷（亩产448.4公斤），总产3.2万吨。2010年，地瓜种植面积减少到1690公顷，单产6180公斤／公顷（亩产412公斤），总产10444吨。

地瓜

大豆

大豆　1986年，大豆种植面积2.14万公顷，平均亩产78公斤，总产25054吨。2000年，大豆种植面积4410公顷，总产1.07万吨，亩产提高到162.4公斤。2010年，大豆种植面积3787公顷，单产2766公斤/公顷（亩产184.4公斤），总产1.05万吨。

杂粮　种植品种主要有高粱、谷子、绿豆、红小豆等。1986年，全县种植谷子2558.7公顷，单产2580公斤/公顷（亩产172公斤），总产6589吨；高粱1577.5公顷，总产2687万吨；其他杂粮306.67公顷，单产1710公斤/公顷（亩产114公斤），总产301吨。主要分布在高韦庄、高老家、龙王庙、朱集、孙溜、陈蛮庄等乡镇。2000年，杂粮种植面积880公顷，总产4654吨。2001年后，小杂粮种植面积减少，均是零星种植，主要分布在莱河、龙王庙、徐寨、谢集、黄岗、杨楼等乡镇。2005年，全县种植谷子42公顷，总产189吨；高粱36公顷，总产139吨；绿豆144公顷，总产383吨。2010年，全县种植绿豆147.5公顷，单产2302.5公斤/公顷（亩产153.5公斤），总产339.8吨；种植红小豆30.27公顷，总产67.4吨，单产2227.5公斤/公顷（亩产148.5公斤）。

油料作物　境内油料作物以花生为主，其他有油菜籽、芝麻等。1986年，全县油料作物播种面积1.11万公顷，平均亩产140公斤，总产2.33万吨。1995年2.42万公顷，总产8.01万吨。2005年1.42万公顷。2010年，全县油料作物播种面积9703.7公顷，平均亩产273.6公斤，总产3.98万吨。

花生　花生是境内主要油料作物。1986年，全县花生种植面积9727公顷，单产2280公斤/公顷（亩产152公斤），总产2.2万吨。主要分布在曹庄、花园、陈蛮庄、曹叵集等乡镇。1993年，种植面积13527公顷，1994年18437公顷。此后，花生种植面积稳步增长。至1995年，种植面积22974公顷。当年实施优质花生综合示范工程，推广面积1200公顷，平均亩产296公斤。1998年，种植面积25359公顷，总产93069吨，主要分布在曹庄、浮岗、曹叵集、花园、孙溜、陈蛮庄等乡镇。至2001年，种植面积33307公顷，平均亩产277公斤，总产13.85万吨。主要分布于东沟河两岸的高老家乡、浮岗镇、曹庄乡、黄岗镇、孙溜镇、李田楼乡、徐寨镇和谢集乡。该年，单县成为全国花生生产大县之一。2010年，种植面积8993公顷，平均亩产273.6公斤，总产3.98万吨。

花生

油菜　境内三大油料作物之一，种植面积不稳定。1986年，全县油菜种植面积140公顷，单产1620公斤/公顷（亩产108公斤），总产227吨。1988年，种植面积1859公顷。1992年，种植面积30公顷，为历年最少。1996年2321公顷，为历年最多。1996年后，平均亩产量150公斤左右。2010年，种植面积704.6公顷，平均亩产187.4公斤，总产1980吨。

油菜

芝麻 种植历史悠久，为传统油料作物。大都是农民自产自用，零星种植。1986年、1987年种植面积较大，其中，1986年1218.5公顷，1987年1019公顷。之后，芝麻种植面积呈下降趋势，至2002年，每年种植面积200公顷～700公顷，亩产44公斤～140公斤。2010年，全县芝麻种植面积5.6公顷，单产1347公斤/公顷（亩产89.8公斤），总产7.5吨。

1986—2010年单县主要粮食作物生产统计表

表6-2-1

年份	小麦			玉米			大豆		
	面积（公顷）	总产量（吨）	亩产（公斤）	面积（公顷）	总产量（吨）	亩产（公斤）	面积（公顷）	总产量（吨）	亩产（公斤）
1986	63425	236829	249	15217	45194	198	21413	25054	78
1987	64487	158638	164	19874	84961	285	18890	24935	88
1988	65209	175086	179	19710	60608	205	15918	10745	45
1989	65849	187670	190	23547	100310	284	12365	10387	56
1990	66686	168049	168	26869	122120	303	10161	11584	76
1991	65957	229530	232	23237	98641	283	5965	6621	74
1992	60000	258390	287.1	19866	102389	343.6	4306	7318	113.3
1993	60000	258570	287.3	27177	141579	347.3	6560	12448	126.5
1994	63332	261624	275.4	30847	162641	351.5	7537	15093	133.5
1995	56521	266807	314.7	30253	158737	349.8	6658	13393	134.1
1996	53426	274956	343.1	34323	170465	331.1	5390	10907	134.9
1997	53941	290068	358.5	31357	121305	257.9	6991	12028	114.7
1998	54613	224541	274.1	27141	129300	317.6	6096	11933	130.5
1999	59521	285076	319.3	27956	142282	339.3	5830	13214	151.1
2000	50372	239972	317.6	20039	118040	392.7	4410	10743	162.4
2001	48143	213755	296	18080	111192	410	3338	9488	189.5
2002	47740	240252	335.5	14932	91765	409.7	1902	5190	181.9
2003	45539	232454	340.3	12740	71586	374.6	1864	4524	161.8
2004	50240	242132	321.3	16758	96300	383.1	1548	4451	191.7
2005	67094	342179	340	25036	128435	342	2269	6654	195.5
2006	80615	432056	357.3	25088	140932	374.5	2233	6763	201.9
2007	78115	433773	370.2	26372	153525	388.1	2705	8078	199.1

续表 6-2-1

年份	小麦			玉米			大豆		
	面积（公顷）	总产量（吨）	亩产（公斤）	面积（公顷）	总产量（吨）	亩产（公斤）	面积（公顷）	总产量（吨）	亩产（公斤）
2008	77665	443972	381.1	29735	176358	395.4	2703	7505	185.1
2009	79438	454346	381.3	35749	188701	351.9	3935	11032	186.9
2010	77866	455166	389.7	38382	204902	355.9	3787	10475	184.4

1986—2010 年单县油料作物生产情况表

表 6-2-2

年份	面积（公顷）	亩产（公斤）	总产（吨）	年份	面积（公顷）	亩产（公斤）	总产（吨）
1986	11107.9	140	23327	1999	29861	246.8	110545
1987	9813.8	141	20756	2000	32187	264.6	127750
1988	10399.7	94	14664	2001	34378	273.5	141036
1989	8662.7	148	19231	2002	32355	278.1	134969
1990	9386	177	24920	2003	19998	229.3	68783
1991	8912.7	193	25802	2004	15383	259.3	59832
1992	10629	164.5	26227	2005	14229	267.6	57115
1993	14104	213.4	45147	2006	12073	276.3	50037
1994	20913	212	66503	2007	10546	272.7	43138
1995	24198	220.7	80107	2008	12068	275	49781
1996	20382	229.5	70165	2009	9561.1	286.8	41132
1997	22435	235.7	79319	2010	9703.7	273.6	39823
1998	26680	239.3	95768	—	—	—	—

第三节 棉 花

1985—1986 年，属棉花生产的降落阶段。由于前几年全国棉花连年大增产，收购、加工、纺纱能力相对不足，棉花出现暂时的“过剩”。受此影响，1986 年，全县棉花种植面积由 1984 年的 3.92 万公顷下降到 1.97 万公顷。1987—1991 年，属棉花生产的回升阶段。1987 年后，国家针对棉花产量下降幅度过大过快的情况，重新调整棉花收购价格，1988 年，棉花收购价格由上年的每担 176.42 元，提高到每担 196.42 元。全县棉花种植面积 2.91 万公顷。1990 年，县委、县政府制定六项鼓励和扶持棉花生产的奖励措施，包括植棉物资扶持奖、棉花育苗移栽奖、棉花超售奖、植棉高产多贡献奖、棉花良种补贴和麦棉两熟高产开发奖。至 1991 年，全县植棉面积 3.2 万公顷。1992 年后，受棉铃虫灾害等因素的影响，棉花产量下滑，面积减少。1993 年，全县棉花种植面积 1.57 万公顷，不到 1991 年种植面积的一半。国家不断上调棉花价格，鼓励扶持棉花生产。1994 年，每公斤 327 标准皮棉由上年的 6.6 元提高到 8.58 元。之后，随着抗虫棉的推广，棉花产量提高，到 1998 年，全县植棉 7916.1 公顷。2004 年，全县棉花种植面积 3.51 万公顷。面积与总产，为历年之最。2010 年，全县棉花种植面积 2.29 万公顷。

棉花

棉花品种　单县是棉花优良品种基地县。1987 年，山东棉花研究中心在单县建立棉花良种繁育基地。1988 年，在陈蛮庄、十里铺、李新庄 3 个乡和张寨、陈楼 2 个国营农场重点繁殖省种子公司示范良种 42 系 1066.7 公顷，生产种子 150 万公斤；在杨楼、罗庄、高韦庄 3 个乡镇种植鲁棉 6 号原种一代 1200 公顷，生产种子 170 万公斤。改革种植制度，全县麦棉两熟面积逐年扩大，纯春棉逐年减少，至 1989 年，全县纯春棉面积不足 1.33 万公顷，且枯黄萎病严重。1989 年，选择有发展前途的抗病棉种和中早熟品种，在无病区重点种植鲁棉 6 号和 42 系品种，在病区重点种植中棉 12 号，在水浇条件较好的乡镇推广种植中 375、中棉 10 号等早熟品种。1993 年，在单城镇、孙溜乡、李田楼乡和陈蛮庄乡南半部、龙王庙乡北半部建立良种繁育区，重点繁育中 12、中 17、427、8392-27 等优良品种，以逐步实现全县统一供种。1994 年后，引进并繁育推广抗虫棉系列品种。1997 年，重点繁育推广美棉 1 号、3 号、中 12、中 19、鲁 14 和杂交棉 028，夏棉重点繁育中 16 棉种。

1996—1997 年，引进菏棉 1 号、菏棉 3 号进行繁育，在全县 6 个棉厂每个厂繁育 40 公顷。1998 年，扩大繁育面积，除全县 6 个棉厂每个厂繁育 33.3 公顷以外，还在 27 个基层供销社每个点繁育 33.3 公顷，同时，在黄堆乡、张集乡、马楼乡、孟寨乡、杨楼乡每个点繁育 33.3 公顷。当年，全县良种繁育面积 800 公顷，完全满足全县的用种量需求，棉花种植面积 7916.1 公顷。至 2000 年，菏棉 1 号、菏棉 3 号品种得到推广和普及。2004 年，引进中 45、鲁棉研 21、鲁棉研 15 等高产优质品种。落实常规棉繁育面积 266.7 公顷，杂交棉制种面积 46.7 公顷。2008 年，完成 16666.67 公顷棉花良种推广补贴项目，供应棉花良种 31 万公斤，补贴资金 375 万元。2010 年，选择高产潜力大、抗病性强的优质新品种瑞杂 816 号、国欣 3 号、国欣 8 号等品种。

面积与产量　1986—1992 年，全县棉花种植面积呈逐年增长趋势。1986 年，全县棉花种植面积 1.97 万公顷，平均亩产 60 公斤，总产 1.78 万吨，单县被列为国家棉花出口基地县。1989 年，全县棉花面积 29781 公顷，其中，春棉面积 11984.4 公顷，麦棉套 1.33 万公顷，营养钵育苗移栽面积 4496.6 公顷，总产 1.72 万吨。1992 年，全县棉花种植面积 33658 公顷，是 1986 年的 1.7 倍。当年棉铃虫爆发，棉花产量大幅下滑，广大棉农“谈虫变色”，生产积极性受挫。1993 年，尽管县供销社与棉农逐户签订棉花生产收购合同，全县棉花种植面积依然下降到 15702 公顷。1994 年后，在全县推广转基因抗虫棉系列品种，棉花产量得以提高。1996 年，全县共植棉 12052 公顷，平均亩产 53 公斤，总产 9579 吨，棉田种植面积位于菏泽地区各县第二位。2000 年，全县棉花种植面积 13468 公顷，其中，春棉面积 2134.7 公顷，麦棉套种面积 8000 公顷，蒜棉套种面积 3333.3 公顷，总产 1.68 万吨。2005—2009 年，实施科技入户、配方施肥、种子工程、地膜覆盖等措施，棉花单产逐年提高。2010年，全县棉花种植面积22885公顷，亩产86公斤，总产2.95万吨。

科技植棉 1986年，应用棉花育苗移栽技术。1988年，改革棉花栽培方式，推广营养钵育苗移栽。全县棉花营养钵育苗移栽4000公顷。1991年，每5000亩（333.33公顷）棉田招聘1名技术员，从农民技术员和农业广播学校毕业生中招聘。1993年，推广应用常规技术：适期早播，纯春棉在4月20日前播种，麦套夏棉在4月底5月初育苗，5月底6月初移栽完毕；推广地膜覆盖和营养钵育苗移栽；合理密植，纯春棉每亩3500株，麦套春棉4000株，夏棉5000～7000株。1995—1998年，采取蒜—西瓜—棉花的套种模式，由一年两作两收改为三作三收，效益显著提高。1999年，推行化学调控技术，合理施用化学调节剂（缩节胺、矮壮素），提高根系活力，促进棉铃发育。2000年后，转基因常规抗虫棉配套栽培技术、转基因杂交抗虫棉栽培技术、菜（瓜）棉立体种植高产优质栽培技术、化学药剂调控技术等全面推广。至2010年，初步形成以地膜覆盖、配方施肥、合理密植、适时化控、病虫害综合防治等措施为主要内容的栽培技术体系。

1986—2010年单县棉花生产情况统计表

表6-2-3

年份	面积（公顷）	亩产（公斤）	总产（吨）	年份	面积（公顷）	亩产（公斤）	总产（吨）
1986	19699.5	60	17751	1999	6407.8	66.5	6390
1987	21694.6	64	20850	2000	13468.3	82.9	16752
1988	29133.1	48	21119	2001	28254.9	66.7	28269
1989	29780.7	38	17150	2002	21607.2	94.2	30523
1990	28480.7	50	21255	2003	34542.7	70.8	36709
1991	32033.3	61	29365	2004	35072.5	80.1	42129
1992	33658.2	25.4	12812	2005	29223.4	77.4	33916
1993	15702.1	49.32	11616	2006	26524.7	84.7	33699
1994	16894.5	46	11646	2007	28254.9	85.5	36254
1995	12149.9	58.3	10619	2008	28382	84.6	36037
1996	12052	53	9579	2009	22246.7	89.2	29776
1997	9199.4	59.3	8184	2010	22884.5	86	29525
1998	7916.1	61.7	7325	—	—	—	—

第四节 蔬 菜

境内蔬菜种类主要有白菜、油菜、甘蓝、油麦菜、空心菜、生菜、菠菜、芹菜、芫荽、韭菜、萝卜、胡萝卜、马铃薯、山药、芦笋、西红柿、菜椒、辣椒、茄子、葱、蒜、圆葱、菜花、莴笋、黄瓜、笋瓜、南瓜、冬瓜、丝瓜、西葫芦、苦瓜、瓠子、芸豆、豆角、莲藕等。1986年，全县种植各种蔬菜3202.26公顷，总产1.75万吨，产值960万元。主要集中在城郊区。之后，蔬菜生产逐步打破以往的季节常规种植，向塑棚化、立体化、常年化、高档化发展。1994年，蔬菜生产以单城镇西郊为基础，逐步形成专业化、区域化种植，面积9057公顷，总产32.4万吨，总产值12960万元。1995年，实施蔬菜规模生产试点工程，落实生产面积2333.3公顷，冬暖式大棚146.7公顷。1996年，蔬菜生产成为全县农村经济主导产业。其总体布局：以单城镇为中心，辐射带动丁楼乡、谢集乡、李新庄乡、十里铺乡、陈蛮庄乡的蔬菜种植；以时楼乡为中心，辐射带动周围的芦墓乡、陈蛮庄乡、黄堆乡、张集乡、终兴镇、曹马集镇的辣椒种植；徐寨镇、芦墓乡、黄堆乡、十里铺乡、曹马集镇、李新庄乡的大蒜种植；以马楼乡为主的韭菜种植；高老家乡、郭村镇、大李海乡、曹庄乡、高韦庄镇的土豆、芦笋种植；郭村镇、张集乡的大葱种植；高老家乡、孟寨乡、毛庄乡、浮岗乡的西瓜种植；大路菜、野菜的种植。同年，县委、县政府印发《关于发展蔬菜生产的意见》，明确发展蔬菜生产的优惠政策，凡新建标准大棚（450平方米）的户，每棚由县、乡负责帮助解决一年期贴息贷款3000元；新建拱棚（450平方米以上）的户，每棚由县、乡负责帮助解决一年期贴息贷款1000元。1997—1998年，在原有的基础上，按照区域化种植、规模化发展的原则，逐步建立起六大蔬菜生产区域，即以城郊为中心的保护地反季节蔬菜区6666.7公顷，以徐寨镇为中心的大蒜区9333.3公顷，以时楼乡为中心的辣椒区6666.7公顷，以高老家乡为中心的芦笋区6666.7公顷，黄河故道沿线的优质西瓜区和城东多元化蔬菜区。当年全县蔬菜种植面积18711公顷，有冬暖式大棚6100个，拱棚4.5万个，全年蔬菜总产量69.08万吨，总产值4.15亿元。1998年，成立县蔬菜生产营销办公室，建设单县蔬菜批发市场，全县有蔬菜运销专业合作社20个，专业户500户。2000年始，按照省、市部署，调整种植结构，压缩粮食作物面积，发展蔬菜生产，全县蔬菜产业发展较快。全县蔬菜种植面积26379公顷，有冬暖棚10600个，拱棚7.1万个，食用菌面积15.4万平方米。蔬菜总产105.96万吨，产值5.46亿元。品种主要有西红柿、大蒜、芦笋、辣椒、土豆、芸豆、豆角、黄瓜、甘蓝、芹菜、西芹、西瓜等40余个。2003—2006年，蔬菜种植面积34687公顷，总产量153.74万吨。有冬暖大棚10500个，大中拱棚10万个。2008年，不断提高蔬菜生产科技含量，科技贡献率85%以上，蔬菜总产161.89万吨，商品率85%，销售率85%以上，总产值10.62亿元。2009年，根据山东省农业厅《关于2009年标准化生产示范基地建设项目实施方案的批复》，开始实施标准化蔬菜生产示范基地建设项目。2010年，全县蔬菜种植总面积3.27万公顷，平均亩产3431.7公斤，总产168.3万吨，总产值12.23亿元。

西红柿 单县西红柿以其品优质佳、肉多、无籽、沙瓤而享誉全国。1986年前，单县率先在全国研究开发出“冬暖大棚西红柿科学整枝、周年高效栽培技术”等多种先进栽培技术模式，促进了西红柿生产的长足发展。1989年，西红柿高产优质栽培技术研究获省农业厅技术进步奖。1996年3月，单县被中国特产之乡命名暨宣传活动组织委员会评定为“中国西红柿之乡”。1998年，依托传统优势和“中国西红柿之乡”的称号，成立单县西红柿研究所，引进红珍珠、玛瑙、美国亨氏1号、荷兰大红、泰国美味、上海小可爱、以色列小樱桃等西红柿新品种60个，繁育出柿王1号、柿王2号优质品种。同时推广新技术、新成果18项。全县西红柿种植面积1万公顷，主要分布在单城镇、谢集乡和黄岗镇。为实施名牌战略，在全县推广西红柿多次换头周年栽培模式，单棚产量超过1万公斤，效益过万元。推广麦茬越夏西红柿近万亩，提高西红柿的产量和效益，亩效益3000元。1999年，西红柿种植面积3333.3公顷。2002年，在全县推广维生70、中杂9号、TF412、L-402、以色列的加茜亚等良种，西红柿种植面积4000公顷。全县西红柿均实现

西红柿

圆葱

单株结果 10～15 穗，上市 8～10 个月，标准棚产量 1 万公斤，效益过万元。2002 年，中国加入世界贸易组织（WTO）后，对蔬菜质量的要求提高。为解决西红柿种植规模小、品种老化、种植模式单一和西红柿果形差、上色差、口感差等问题，2003 年后，新开发越夏西红柿和夏秋西红柿品种，亩效益 2000～3000 元。2010 年，北城街道西郊蔬菜基地建立西红柿生产基地。该年，全县西红柿种植面积 1933.33 公顷。

葱蒜韭 1993 年，大蒜的种植主要分布在徐寨、芦墓两个乡镇。1996 年，徐寨镇种植大蒜 1333.3 公顷，形成临近金乡的大蒜批发市场。马楼乡以韭菜生产为主，发展拱棚韭菜 200 公顷，亩效益 3500 元。1997 年，徐寨镇在 105 国道两侧建立 3 个基地，占地 8.67 公顷，用于大蒜的加工、储存和销售。设施包括投资 700 万元、单库容量 500 吨的 4 座恒温库及投资 35 万元的 1 座大蒜脱水加工厂。1998 年，大蒜品种有金乡改良大蒜、苍山白皮蒜、脱毒蒜，全县大蒜种植面积 8000 公顷。

2003 年，种植大蒜 1 万公顷，大葱 1000 公顷，圆葱 1733.3 公顷。2004 年，扩种大蒜、圆葱 3333.3 公顷，主要分布在徐寨、谢集、时楼、张集等乡镇。2009 年，种植大蒜 1 万公顷。2010 年，在徐寨镇建立 666.67 公顷的大蒜生产基地。该年，全县大蒜、圆葱面积 2 万公顷。

芦笋 1987 年，郭村镇开始种植芦笋。1996 年，高老家乡种植芦笋 666.7 公顷。1998 年，全县芦笋种植面积 3333.33 公顷，其中，高老家乡种植芦笋 1333.33 公顷。1999 年，郭村镇芦笋种植面积 1466.67 公顷，亩产 1000 公斤～1250 公斤，亩收入 6000 元，芦笋收入占全镇农业总产值的 60%。2004 年，全县芦笋种植面积 3333.33 公顷，主要分布在郭村、高老家、莱河、曹庄、浮岗等

大蒜

芦笋

乡镇。2007年，芦笋市场行情看好，亩收益在万元以上，种植面积6666.67公顷。2010年，在郭村镇建立1万亩的芦笋生产基地。该年，全县芦笋种植面积3333.33公顷。

辣椒

山药 山药种植主要分布于终兴、龙王庙、李田楼、朱集等乡镇。1998年，全县山药种植面积800公顷。2002年后，山药作为单县板块经济之一，种植面积逐年增加。2006年种植面积2666.67公顷，占全国山药种植面积的0.8%，山药价格走高，效益较好。2007年，重视山药生产基地建设、商标注册、产品包装和无公害品牌的认证和宣传。2009年，山药种植面积5333.33公顷，亩效益2.5万元。2010年，终兴镇建立333.33公顷的山药生产基地。全县山药种植面积3333.33公顷，品种有九斤黄、铁棍、日本白等。

罗汉参 罗汉参，境内也称香芋、地栗子。2003年4月，单县“华福”罗汉参开发中心送展的“华福”罗汉参系列产品获首届中国（菏泽）林产品交易会金奖。2008年，成立单县天祥罗汉参专业合作社。2009年4月，单县天祥罗汉参专业合作社“华福”牌罗汉参，被中国食品暨地方名吃博览会组委会授予“百姓最喜爱的品牌”“菏泽十大名吃”称号。2010年，全县罗汉参种植面积60余公顷。罗汉参生产保护地分布在莱河镇、李田楼乡、朱集镇、时楼镇、谢集镇、终兴镇和东城街道。

辣椒 1991年，辣椒种植主要分布在时楼、陈蛮庄等乡镇。1996年，时楼乡蔬菜种植面积2133.33公顷，其中，辣椒面积就达2000公顷，仅辣椒生产一项人均收入1550元，辣椒生产成为时楼乡农民收入的主要来源和农村经济的主导产业。1998年，全县辣椒种植面积3333.3公顷，其中，时楼乡种植面积1666.7公顷，总产6000万公斤，产值5000万元。辣椒品种主要是湘研六号、湘研十号等。1999年，时楼乡共种植夏季辣椒1066.7公顷，秋延迟辣椒33.3公顷，早春辣椒3.3公顷，总产4500万公斤，年销售额4000万元，纯效益2600万元。该乡关黄庄村以秋延迟反季节辣椒生产为主，主要措施是推迟育苗，用遮阳网防止幼苗灼伤，霜降后产品开始上市，持续到春节前后，整个销售季节都是蔬菜淡季，所产辣椒此时上市，价格看好，亩收入5000元以上。由于连年种植，辣椒病害发生呈上升趋势。2000年，辣椒病毒病大发生，辣椒种植效益骤降。该年，时楼乡辣椒种植面积1100公顷，2001年500公顷，2002年100公顷，全县仅300公顷。2003—2010年，全县辣椒种植面积每年在200公顷左右。

芸豆 主要分布在徐寨、李新庄等乡镇，其中，徐寨镇北张庄村属全县闻名的芸豆生产专业村，1999年，芸豆一项人均纯收入2000元。2003年，全县种植芸豆800公顷。之后，全县芸豆种植面积逐年增长，至2010年，全县芸豆种植面积2000公顷。

大白菜 1991年，大白菜种植主要分布在时楼、张集、终兴、陈蛮庄等乡镇。1998年，徐寨

大棚芸豆

大棚黄瓜

镇、十里铺乡种植越夏大白菜，反季节种植、反季节销售，经济效益较好。2000—2010 年，全县大白菜种植面积 700 公顷～ 800 公顷。

藕 主要有白莲藕、红莲藕、采仔藕、观赏荷等。1986 年前，主要分布于黄河故道的二夹堤区，品种以白莲菜藕为主。1990 年，引进鱼台白莲藕，在境内北半部栽培较多。2000—2005 年，相继引进宝应红、南京白莲、泰国胖大藕、鄂莲 1、2、4 号、湘莲等高产品种。全县形成植藕热潮。

高产池藕收获

芹菜

另外，境内芹菜种植主要集中在城区西郊和时楼镇。黄瓜种植以城区西郊、李新庄镇和高老家乡面积较大。种植模式有冬暖大棚、大拱棚和露地栽培。

第五节 瓜 果

1986 年，境内瓜类（果用瓜）种类主要有西瓜、甜瓜、艮瓜等，以西瓜种植为主。1987 年，全县瓜类种植面积 2850.8 公顷，平均亩产 1411 公斤，总产 6.03 万吨。1995 年，种植 1766 公顷，总产 40937 吨。同年，李新庄镇开始发展洋香瓜生产。2005 年，瓜类种植面积 6345 公顷，平均亩产 4411 公斤，总产 41.98 万吨。2010 年，种植 5101.8 公顷，平均亩产 3677 公斤，总产 28.14 万吨。

西瓜 1991 年，全县西瓜种植面积 2666.7 公顷，平均亩产 3000 公斤，集中产区在高老家、毛庄、龙王庙、张集等乡镇。1993 年，早熟、优质、高产西瓜主要集中在三大区种植。其中，早熟西瓜栽培区以高老家乡为重点，优质西瓜栽培区以龙王庙乡为重点，高产西瓜栽培区以张集乡、毛庄乡为重点。当年，全县西瓜种植面积

西瓜

2738公顷，总产7.13万吨。1994年，全部采取优良品种，稳定中熟面积，扩大早熟和晚熟面积。1998年，西瓜种植面积7860公顷，总产30.84万吨。2003年，西瓜种植面积8023公顷，亩产2694公斤，总产32.42万吨。2007年，西瓜种植面积5562公顷，亩产3089公斤，总产25.77万吨，主要分布在徐寨、李新庄、黄岗、孙溜、龙王庙等乡镇。2010年，西瓜种植面积4890.9公顷，总产27万吨，主要分布在黄岗、徐寨、莱河等乡镇。

洋香瓜　1995年，李新庄镇开始种植洋香瓜，品种有状元、蜜世界等优良品种。李坑村种植面积最大。1998年，李新庄镇种植洋香瓜塑料大棚1500个，折面积133.3公顷，总产4000吨，成为菏泽地区最大的洋香瓜生产基地。2003年，全县洋香瓜种植面积333.33公顷，2010年，种植面积400公顷，平均亩产3500公斤。

洋香瓜

第六节　种　子

1988年，农业经营引入竞争机制，对县种子站实行公开招标承包。县种子站销售各种作物良种500吨，其中，小麦良种175吨，玉米种200吨，棉花种60吨，花生、大豆等良种63.85吨，各种蔬菜种子1.15吨。1989年，县种子站全年经营良种1100吨。1995年，推广2000吨小麦良种，全县2万公顷麦棉大套行全部实行统一供种。全县小麦、棉花、玉米等主要作物良种覆盖率95%以上。1996年，按照《中华人民共和国种子管理条例》和《山东省种子管理条例》以及农业部、国家工商管理局有关规定，对“三证一照”（种子生产许可证、经营许可证、种子质量合格证和营业执照）不齐全的，超范围经营和经营未经审定品种的，以及经营假冒伪劣种子的，依法进行严肃查处，共查处27起，查获伪劣种子15吨。该年，实现县、乡联合统一供种，推广玉米良种600吨，小麦良种6000吨，棉花良种300吨。1997年，共查处假冒伪劣种子案件30起，查获伪劣种子10吨。全年共经营各种良种5000吨，其中，玉米种845吨。1999年，全年推广各类农作物良种1290吨。2000年12月1日，《中华人民共和国种子法》颁布实施。该年，全县农作物良种覆盖率90%以上。至2010年，全县主要农作物良种覆盖率98%以上。

小麦良种　良种推广　1986—1987年，以鲁麦1号、鲁麦5号为主要种植品种，114427、陕农7859为推广品种，晋麦21号、鲁麦7号、鲁麦8号为搭配品种，淘汰百字号品种。1989年，小麦高产田选用7951-25、215953和鲁麦8号、鲁麦5号，低、中产田适当搭配种植311303和晋麦21；晚茬麦选用鲁麦1号、鲁麦11号、徐州2111，低产田选用鲁麦4号。1992年，扩大鲁麦15号播种面积，示范种植济核02及85中33两个品系。对晚茬麦，则选用鲁麦1号、鲁麦4号、城辐752、百泉3039、豫麦4号、郑州

831 和鲁熟早等品种。1999—2000 年，推广品种有泰山 021、济南 17、PH85-16 和 PH85-14。2002 年，除 2000 年种植的品种外，还有济麦 19、济南 17、稳千 1 号、兰考 906、鲁麦 1 号。2007 年，推广品种为济麦 20、烟农 19、济麦 19、潍麦 8、山农 8355 等。2010 年，主要推广济麦 20、济麦 22、良星 99、山农 15、矮抗 58 等优良品种。

良种繁育　1988 年，设徐寨镇、单城镇、陈楼农科所 3 个繁育基地，重点安排鲁麦 1 号、83-1、215953、鲁麦 11 号 4 个品种。1989 年，全年繁育小麦良种 133.3 公顷，品种有 114427、聊 33-1、鲁麦 1 号等。1999 年安排县 3 个农场和 6 处乡镇 12 个重点科技繁种村的良种繁育，共繁育小麦良种 1333.3 公顷，品种有鲁麦 21、鲁麦 22、泰山 021 和 PH85-16，质量均达国家标准，产种量 1 万吨。2000 年，引进的小麦良种有济宁 12、济宁 13、泰山 241、山优 168、烟优 361、莱州 137、935031、924122、98-52、S201、95021、941267 等。2005 年，争取国家优质专用小麦良种推广补贴项目 26666.7 公顷，并把项目落实到谢集、李新庄、李田楼、终兴、蔡堂、杨楼、浮岗等 10 个乡镇的 36 个行政村及县 3 个农场，安排繁育 3225.3 公顷良种小麦（济麦 20、烟农 19、淄麦 12 等），产种量 1.75 万吨。2008 年，对小麦良种繁育田，每个繁种村均组织机械收割，一台收割机统一收割一个品种，收割后单晒、单贮，严防混杂，确保种子纯度。同年，完成 4.67 万公顷国家优质专用小麦良种补贴项目，供应良种 5250 吨，补贴资金 700 万元。2010 年，县种子公司在莱河、高韦庄、谢集、终兴 4 个镇及 3 个农场共安排小麦良种繁育面积 1333.3 公顷。

小麦良种繁育基地

玉米良种　种子推广　1988 年，玉米杂交种有丹玉 13 和沈单 7 号；夏玉米种植以掖单 2 号、掖单 4 号为主。1992 年，引进推广良种 510 吨。1993 年后，推广种植丹玉 13、掖单 2 号、掖单 12 号、掖单 13 号品种。1998—1999 年，推广玉米杂交种有掖单 2 号、掖单 13 号、掖单 11 号、掖单 19 号、掖单 23 号、沈单 7 号、丹玉 13 号、西玉 3 号、鲁单 50、农大 108、3138、农单 5 号、豫玉 22 号等新品种。2000—2009 年，推广的大穗、晚熟杂交玉米品种有豫玉 22、农大 108、临奥 1 号、蠡玉 16、先行 2 号、五岳 97-1、连玉 15 等；紧凑型品种有登海 9 号、郑单 958、浚单 20 等。2010 年，推广耐密紧凑型玉米品种，有郑单 958、浚单 20、鲁单 984、聊玉 18 号、鲁单 9002、天泰 10 号、天塔 5 号；推广的紧凑大穗型品种有鲁单 981、农大 108、金海 5 号、登海 11 号、登海 3 号、泰玉 2 号、东单 60 号。

良种繁育　1989 年，委托外地代繁玉米杂交种丹玉 13、掖单 2 号。1992 年，全县玉米制种面积 33.3 公顷。1996 年，在聂傅庄乡双庙行政村配制玉米杂交种掖单 13 号 66.7 公顷。1997 年后，平原地区已不适合玉米制种。2000 年后，玉米制种集中到国内西北及东北地区，境内无玉米制种。

花生良种　1992 年，引进推广良种 7500 公斤。1993 年，推广种植海花 1 号、花 39、花 17、鲁花 10 品种。1998 年，引进高产优质新品种鲁花 9 号、14 号、8130、花选 1 号等，建立 666.67 公顷的示范基地。2000 年，引进鲁花 11 号、花玉 16、516。推广花生良种 2 万公斤。2001 年，种植品种主要以海花 1 号为主，占全县花生种植面积的 75%，其他多为鲁花 14、鲁花 11、花 27、8130 等品种。2005 年，丰花 1 号代替海花 1 号成为境内的主栽品种，占全县花生种植面积的

80%，搭配种植花育16、鲁花11、花育22等。

第七节 肥 料

境内施用的有机肥料主要有人粪尿、草木灰、圈肥、堆肥、沤肥、饼肥等。无机肥料主要有氮、磷、钾及锌、硼肥等。1986年后，无机肥料施用量逐年增加。1988年，推广配方施肥。1992年，土肥部门从菏泽引进“301”菌种，安排县级试验、示范点5个，召开全县大积大造有机肥工作现场会，全面推广利用“301”菌种快速沤制有机肥技术，全县积造有机肥500万立方米。1995年，农用化肥施用量20公斤/亩（折存量），为1986年的2.33倍。2001—2010年，施用量40公斤～43公斤/亩（折存量）之间，氮、磷、钾等肥料施用比例趋于合理。2010年，境内施用的无机肥种类主要有化学肥料、生物肥料以及其他肥料。化学肥料主要有氮肥、磷肥、钾肥、专用肥、复合肥、复混肥等；生物肥料主要有菌肥或菌制肥等；其他肥料主要有二氧化碳气体肥、微肥和部分生长激素类调控剂等。施肥方法主要有沟施、穴施、撒施、随水冲施、叶面喷施及温室内密闭条件下施二氧化碳气肥等。在生产中多采用底肥和追肥方式施肥。

秸秆还田 境内还田秸秆以小麦秸秆和玉米秸秆为主，采用方式为小麦高留茬和玉米秸粉碎后翻压还田。1990年前，秸秆还田在施用上多为农民把玉米秸、麦秸铡碎撒在地面上进行耕翻。1990年后，随着秸秆粉碎还田机的推广使用，秸秆还田面积逐年增加，农家肥施用量减少，逐渐被秸秆还田取代。1995年，全县秸秆粉碎还田面积1333.33公顷。2000年，秸秆粉碎还田面积1.2万公顷。2005年，秸秆粉碎还田面积6.66万公顷。随着农作物产量的不断提高，秸秆还田量相应增加，地力水平发生明显变化，土壤得到改良，肥力提高。2010年，秸秆粉碎还田面积10.47万公顷。

秸秆还田

配方施肥 1986年，受传统施肥习惯的影响，农民普遍存在重氮肥、轻磷肥、不施钾肥和微肥的施肥习惯，施肥比例长期严重失调，肥效差，影响农作物产量。1988年，11处乡镇进行小麦、玉米、棉花、西瓜等作物配方施肥示范1200公顷，推广面积29533.3公顷。1992年，申请款项3万元购置定氮仪、7230分光光度计等大型精密仪器，具备承担十几种化验项目的能力。1996年，与菏泽地区磁化肥厂建立业务关系，在全县推广磁化肥。5月，县土肥站承包的省土肥总站风沙化土壤改良栽培模式研究取得成功，小麦亩产390公斤，为单县的风沙土壤改良及农技推广提供了技术保障。

1998年，开展肥料试验，提出各种作物不同地力标准的配方施肥方案。全县配方施肥小麦4万公顷、玉米2万公顷、花生2万公顷、棉花3333.33公顷、蔬菜5333.33公顷。1999—2000年，进行地力监测和土壤化验，提供合理施肥依据。2005年后，主要是进行粮、棉、油等大宗作物测土配方施肥。至2008年，检验分析全县所有自然村的4000份土样，建立数据库，共推广配方施肥面积26666.67公顷，其中，小麦面积13333.33公顷，棉花3333.33公顷，玉米1万公顷。

2010年，在继续抓好粮、棉、油等大宗作物测土配方施肥的基础上，推进蔬菜、果树等经济、园艺作物应用测土配方施肥技术。该年，测土配方肥施用面积23333.33公顷，推广有机肥2300

吨，配方肥3000吨，实现小麦亩节本增收26.2元。对亩产要求达到600公斤以上的小麦，推广配方施肥，在亩施优质土杂肥3000公斤的基础上，亩施纯氮16公斤，五氧化二磷9公斤～10公斤，氧化钾7公斤～9公斤；对亩产要求达到600公斤以上的玉米高产田，亩施纯氮15公斤～17公斤、磷6公斤、钾8公斤，施用配方肥30公斤～40公斤，锌肥2公斤，在苗期灭茬后一次追施，大喇叭口期追施尿素15公斤～20公斤；对亩产要求达到1100公斤～1300公斤的大蒜，底肥亩施优质土杂肥3000公斤或商品有机肥75公斤～100公斤，氮磷钾复合肥（16∶12∶20）110公斤/亩，或尿素25公斤、磷酸二铵27.5公斤、硫酸钾40公斤/亩。

1986—2010年单县农用化肥施用情况统计表

表6-2-4　　　　单位：吨

年份	合计		氮肥		磷肥		钾肥		复合肥		亩均（公斤）	
	实物量	折纯量	实物量	折纯量	实物量	折纯量	实物量	折纯量	实物量	折纯量	实物量	折纯量
1986	59851	13269	25365	7102	30163	4524	453	172	3870	1471	41	9
1987	48205	13227	21421	7676	24728	4451	103	26	1953	1074	33	9
1988	50238	14575	26644	8932	20052	3609	13	3	3529	2031	34	10
1989	57862	16775	35477	10820	17221	3100	73	18	5091	2837	39	11
1990	55177	18490	31855	11008	14881	2679	105	26	8336	4777	37	13
1991	64529	21759	37591	12862	16941	3049	15	4	9982	5844	44	15
1992	50464	18105	30242	10907	11282	2031	234	59	8706	5108	34	12
1993	—	15547	—	10658	—	2537	—	145	—	2207	—	11
1994	113105	30741	52409	17224	43227	6226	5762	1448	11707	5843	77	21
1995	104663	30151	49282	17265	38425	5357	5388	1177	11568	6352	71	20
1996	84300	27017	39149	16068	30359	4519	4533	1235	10259	5195	57	18
1997	122890	39671	56511	24483	42169	6213	9032	2480	15178	6495	84	27
1998	125417	39835	53493	23262	43300	6295	12620	3465	16004	6813	85	27
1999	128509	43490	54654	24055	39259	7103	15645	4300	18951	8032	87	30
2000	133613	43726	55798	24838	40778	6998	18025	4444	19012	7446	91	30
2001	184600	58497	70942	29762	49805	7557	21871	5235	41982	15943	126	40
2002	183076	58532	66209	28348	47845	7357	23406	5586	45616	17241	125	40
2003	182315	58451	65872	28359	48294	7544	23616	5702	44533	16846	124	40
2004	182254	58219	69244	30276	48554	6333	24605	5958	39851	15652	124	40

续表 6-2-4　　　　单位：吨

年份	合计		氮肥		磷肥		钾肥		复合肥		亩均（公斤）	
	实物量	折纯量	实物量	折纯量	实物量	折纯量	实物量	折纯量	实物量	折纯量	实物量	折纯量
2005	193168	61404	68814	29346	51230	7541	24988	6036	48136	18481	132	42
2006	196408	63212	70302	30200	51467	7353	25360	6125	49279	19535	134	43
2007	200713	63546	73398	36850	51641	7404	27252	5823	48421	19469	135	43
2008	187231	60271	68870	29577	48232	6922	23894	5392	46235	18380	—	—
2009	186378	59929	68216	29326	48234	6905	24137	5455	45791	18243	125	40
2010	184668	59060	64565	27763	48647	6957	24378	5509	47078	18831	124	40

第八节　耕　作

耕作制度　熟制　1986 年后，境内农作物熟制多为一年二熟、二年三熟或一年一熟，菜园或温室大棚一年三熟或多熟。一年二熟制占 75%，多为小麦—玉米、小麦—花生、小麦—棉花、小麦—大豆等。其中，小麦—玉米种植方式遍布全县各地。一年一熟制占 10%，主要有春棉花、春花生、春地瓜等。二年三熟制占 14.5%，主要有小麦、大豆、高粱、春谷、春玉米、芝麻等轮作种植。一年三熟以上的多熟制占 0.5%，主要是一年多季的蔬菜种植。2005 年，一年二熟制占 75%，一年一熟制占 7%，一年三熟或多熟制占 6%，二年三熟制占 12%。2010 年，一年二熟制占 75%，一年一熟制占 10%，一年三熟或多熟制占 7%，二年三熟制占 8%。

间作套种　1983 年，开始实行以麦套棉为主的耕作制度改革。1987 年，麦棉套种面积和麦瓜菜、油菜套种面积均为 6000 余公顷。至 1993 年，麦棉两熟比例一直稳定在 70% 左右。1993 年，进一步改革种植方式，留足套种行。实行麦油间作和麦菜间作等。1994 年，全县套种面积 2.33 万公顷，其中，麦油棉套种 1 万公顷，麦棉套科行面积 1.33 万公顷。1995 年后，随着农业机械化程度的提高，农作物间作、套种面积逐年减少。2010 年，蒜棉间作 1 万公顷，麦油套种 3000 公顷，麦棉套种 1000 公顷。

耕作技术　1986 年后，境内耕种和收获机械化程度逐年提高。当年全县机耕面积 4.9 万公顷，占耕地面积总数的 49.9%；机播面积 686.67 公顷，机收面积 173.33 公顷，面积较小。1989 年，小麦种植推行机耕，适当加深活土层，增强保水保肥能力，促进根系发育，坚持适墒整地，耕前平整土地，耕耙后随即打畦平整畦面。1993 年，鉴于全县耕层普遍较浅的问题，提倡机械深耕，耕深 20 厘米～25 厘米。当年深耕面积 3.73 万公顷，占机耕作业面积的 58.91%。同时推广机播耧，提高播种质量。1996 年，全县机耕面积 6.6 万公顷，其中，深耕面积 50%。精播、半精播面积 3.33 万公顷。2005 年，全县机耕面积 7 万公顷，占耕地面积总数的 72.41%；机播、机收面积分别为 6.3 万公顷和 7.83 万公顷。2010 年，全县机耕面积 7.67 万公顷，占耕地面积总数的 77.2%；机播面积 10.93 万公顷，机收面积 9.67 万公顷，分别为 1986 年的 159 倍和 558 倍。

第九节　农作物病虫害防治

病虫害种类　1986—2010年，危害农作物的害虫主要有地老虎、蝼蛄、蛴螬、金针虫、玉米螟、粘虫、红蜘蛛、蚜虫、桃蛀螟、棉铃虫、菜叶蜂、蓟马等；病害主要有全蚀病、纹枯病、立枯病、锈病、白粉病、黄叶病、小叶病、根腐病、黑穗病、玉米粗缩病、小麦赤霉病、褐斑病、大（小）斑病、弯孢菌叶斑病、炭疽病、丝黑穗病、玉米纹枯病、锈病等。

综合防治　1986年，危害小麦的病虫害主要是蚜虫和红蜘蛛。麦蚜虫用40%氧化乐果或用50%增效有机磷防治；红蜘蛛用40%氧化乐果或用60%增效有机磷，或者用50%久效磷防治。1988—1989年，加强植保体系建设，开办植物医院，指导农民科学治理病虫害，提供技术指导与物质供应配套服务。机防专业户发展到250户，供药户260户，共经营农药35种70吨。病虫测报主要采用糖醋盆诱蛾，定点系统观察与大田普查相结合，专业测报与农民测报员相结合，综合分析病虫害发生情况，及时有效地指导病虫害防治。全县共发生各种病虫草鼠害面积 350340公顷次，防治面积215640公顷次，共挽回粮食损失56711吨。1991年，提供咨询服务1800次，发布病虫测报12期1200份，指导农民防治病虫面积20万公顷次，推广农药30种25吨。至1992年，乡镇植物医院发展到30所，植保专业户185个。全年共坐诊、出诊3000次。

20世纪90年代初期，连续单一使用某些农药，致使棉田主要害虫棉蚜对菊酯类农药、棉铃虫对部分有机磷农药的抗药性持续增强，棉蚜、棉铃虫大发生，开始使用农药复配制剂，害虫抗药性在一定程度上得到抑制。1992年，县植保站推广对抗药性害虫有防治效果的新农药有20%灭多威乳油，20%面案磷乳油，21%灭杀毙乳油，20%氰杀乳油，20%菊杀乳油等。1993年，防治第四代棉铃虫用混配剂型棉虫净、灭铃灵、棉铃宝，有机磷类甲胺磷、久效磷、甲基1605、辛硫磷，德国进口35%赛丹乳油，Bt乳剂。

1997年5月，植物检疫在全县展开，小麦产地检疫780公顷。1999年，依据《中华人民共和国农药管理条例》，组建农业行政执法队伍，查处假冒伪劣产品、标签不合格产品，查处制售国家禁用产品，检查农药广告内容，规范农药广告行为等。通过执法检查，共计验查农药经营单位200余家，查处无农药登记证和经营假冒伪劣农药179个品种，没收假劣农药4000瓶（袋）。2000年，进行棉铃虫、甜菜夜蛾和小麦、花生、蔬菜等病虫害的测报，挽回粮食、棉花、油料和蔬菜损失分别为2.55万吨、3764吨、9003吨和13.09万吨。2004年，为解决由于大量、长期使用毒性高、残留期长、污染严重的有机磷农药，造成农田天敌被杀，生态环境恶化等问题，国家决定从当年6月30日起，甲胺磷、久效磷、氧化乐果、对硫磷、磷胺等五种农药，逐步限制其登记和使用范围，至2007年1月1日起，全面禁止其登记、生产和使用，境内遵照执行。2008—2010年，灰飞虱危害致使玉米粗缩病发生，全县实行统一防治时间、统一防治药剂、统一连片防治。

2010年，境内常年病虫害发生种类200种，常发病虫72种。各种病虫草鼠等农业有害生物年发生面积累计426666.7公顷次，危害造成的农作物损失10万吨左右，其中，粮食、棉花、油料、瓜菜等作物年损失分别为2万吨、0.8万吨、0.3万吨、7万吨。及时采取防治措施，一定程度上减轻了病虫危害。

第十节　农业技术推广

综合技术推广　1986年后，通过开办农业技术训练班，结合农时在电视台举办技术讲座，利用广播、提供咨询服务和印发技术材料等形式向农民群众传授农业技术。1991—1992年，加强农业技术推广网络建设，形成以县农技推广服务中心为龙头，以乡镇农技综合服务站为纽带，以村科技服务小组为基础的农业技术推广服务体系。1992年小麦秋种，推广麦棉间套，麦、玉米间套。播种小麦时，有计划地留足玉米套种行。1993年，套种玉米推广种植紧凑型品种。该年，推广新技术、新成果100项。1995年，建立科技示范村40个，科技示范户2378户。1996年，加强农技站室建设，先后投资175万元，改善乡镇农技站经营、办公条件，充实、调整科技人员。1999年，引进玉米新品种8个，小麦新品种20个，花生新品种3个。8月，开通农技服务热线电话。2001年，推广“20+40”间作套种模式，即小麦行距20厘米，预留40厘米套种行，明春在套种行内套种多种作物。2008年，推行夏玉米“一增四改”技术（即增加密度，改种耐密型品种、改套种为直播、改粗放用肥为配方施肥、改人工种植为机械化作业）。

2010年，全县共设置农技推广机构32个，其中，县级12个，乡级20个。县级推广机构包括县农技推广中心、农技站、经作站、土肥站、植保站、能源办、经管站、农环站、果树站、棉办、农业广播学校、蔬菜办。

套种　　2008年摄影

农广校技术推广　1981年，创办单县农业广播电视学校。至1996年，学校专职教学人员13人，兼职教学人员20人，设中专班、大专班、初农教育班等。先后开办农学、果树、畜牧兽医、农产品加工、水产、经管、会计、乡镇企业、蔬菜等10多个专业。共招收中专学历生1654人，一年制初农教育生4000人，举办实用技术培训班360期，培训人员7万人次。1999年，多次组织专家对农村基层干部以区为单位进行集中培训，同时，根据群众的不同需求，分别传授芦笋、大蒜、大棚菜等栽培管理技术。2000年，招收村级计生专职人员中专班450人，大专班100人。在教学中，采用现场与声像相结合、高新与普通相结合，进行现场教学20次，向学员印发芦笋、夏花生、山药、地瓜、夏玉米栽培技术及茴香、香芋种植技术等明白纸2万份。同年，县农广校被农业部确定为全国育才兴农示范学校。2004—2010年，利用“阳光工程”培训项目和劳动技能免费培训政策，共培训各类农民2.5万人。其间，对农业局全体干部职工分期分批培训，每年选拔数十名符合条件的干部职工到山东农业大学在职培训。

产业开发示范园　　2010年摄影

第三章　林果业

第一节　林业资源

林木种类　单县地处暖温带落叶阔叶林区，现有树种均为人工栽培。根据分类有46个科，99个属205种。

主要乔木树种有杨树、泡桐、刺槐、旱柳、苦楝、白榆等；绿化树种有法桐、国槐、栾树、松柏等；主要花卉有牡丹、木槿、紫荆、紫薇等；稀有树种有丝棉木、朴树、柘树、车梁木、水杉等。1986年后，引进的优良品种主要有杨属的中菏1号、中菏2号、I-102、I-107、中林46、L323、L324、T26、中洛759等；泡桐属的鄄优1号、2号，睢优1号、2号、毛白23、毛白33等；刺槐属的鲁刺1号、鲁刺59号、菏刺2号等。果树主要有蔷薇科、石榴科、柿科等7个科300个种。主要树种有苹果、梨、桃、杏、葡萄、枣、山楂等。2000年后引进的果树品种有：苹果属的新红星、首红、红富士、乔纳金、早生富士、腾牧一号等；梨属的黄金梨、水晶梨等；李属的中华寿桃、春艳、峰王、新川中岛、凯特杏等；葡萄属的户太8号、美国红提等。

林木面积与覆盖率　1986年，全县共有林地面积8428公顷，其中，用材林4533.33公顷，经济林3413.33公顷，防护林173.33公顷，其他林308公顷。实有宜林地面积2666.67公顷，“四旁”植树1700万株，农田林网化面积7.33万公顷，桐粮间作面积7.8万公顷。全县树木总量3700万株，人均39.8株，林木覆盖率13.5%，基本达到平原绿化县标准。1995年年底，全县共有林地面积24010公顷，农田林网化面积88653公顷，桐粮间作面积20876公顷，“四旁”植树3371万株。全县林木覆盖率15.8%。1996年后，利用世界银行贷款杨树造林形成高潮，林木面积、林木蓄积量逐年增加。至2000年，全县有林地面积34717公顷，农田林网化面积增加到91723公顷，农桐间作面积2733公顷，农桐间作面积逐年减少。林木覆盖率17.2%。2005年年底，有林地面积28030公顷，农田林网化面积96113公顷，桐粮间作面积8465公顷。林木覆盖率25.1%。至2010年年底，全县共有林地面积33994公顷，农田林网化面积96210公顷。林木覆盖率32.6%，比1986年提高19.1个百分点。

林木蓄积量　1986年，全县木材蓄积量110万立方米，人均占有1.18立方米。1995年，全县木材蓄积量171.1万立方米，人均占有1.53立方米。2000年，全县木材蓄积量167.8万立方米，人均占有1.47立方米。杨树蓄积量逐年增加，刺槐、泡桐、榆、旱柳等其他树种逐年减少。2005年，全县木材蓄积量219.43万立方米，人均占有1.86立方米。2010年，全县林木蓄积量221.44万立方米。其中，用材林林木蓄积量72.48万立方米，防护林林木蓄积量71.61万立方米，农田林网林木蓄积量9.62万立方米，村镇树木410.26万株，林木蓄积量67.73万立方米。全县人均占有林木1.8立方米。

1986—2010 年单县林业生产情况统计表

表 6-3-1

年份	林业产值（万元）	当年造林面积（公顷）	农田林网新增面积（公顷）	本年四旁植树（万株）	育苗面积（公顷）	年末实有林地面积（公顷）	年末实有林网面积（公顷）	年末实有农桐间作面积（公顷）	年末实有四旁植树（万株）	编条产量(吨)	木材蓄积（万立方米）
1986	1886	4067	29333	400	433	8428	73333	78000	1700	6000	110
1987	2008	2767	8000	360	167	13200	94000	79333	2357	37500	110
1988	2185	3873	7667	320	213	15600	63200	67533	2677	10000	117
1989	2513	1080	267	410	233	16613	63467	68533	3087	3000	110
1990	3339	880	3333	250	207	—	—	—	3187	10240	113.2
1991	4612	447	3874	200	207	14380	61333	60000	3337	12000	139.8
1992	2452	2047	2020	210	140	16396	63354	60000	3547	750	—
1993	3026	1540	9380	170	202	17936	75400	60250	—	2000	169.66
1994	4249	4500	5333	160	172	22270	90067	20923	3850	2000	173.65
1995	5884	7262	2333	255	194	24010	88653	20867	3371	4350	171.1
1996	6878	5553	4000	200	203	—	93333	21533	3521	5400	180.03
1997	11009	2450	2667	250	275	—	94003	22200	3771	6000	188.63
1998	8805	1985	1400	250	280	29351	95333	24015	3920	5500	190.33
1999	9049	2666	9000	150	230	32017	93333	20000	3678	5563	200
2000	8808	2700	1300	166	238	34717	91723	2733	—	2700	167.8
2001	4730	2400	1400	260	533	37117	93125	2922	—	2800	180.37
2002	4735	1133	600	342	577	19670	93105	3733	—	465	180.37
2003	7126	6333	2666	158	600	20866	95578	5733	1249	3600	190.15
2004	7267	5666	1300	506	546	27759	95578	8233	1379	3850	204.46
2005	7094	1350	700	290	560	28030	96113	8465	2065	3900	219.43
2006	7498	1350	720	300	600	30423	96233	—	2365	1230	220.05
2007	8437	1620	533	460	1250	31717	96113	—	2525	—	220.78
2008	7497	1600	345	136	1264	34615	96458	—	2201	—	221.52
2009	6374	1740	—	110	1065	33869	96483	—	2179	—	222.28
2010	6794	1333	—	98	959	33994	96210	—	2036	—	221.44

古树名木　至2010年，县境内古树名木仅有几株。

枸杞树　1株，320年树龄，国家二级保护等级，生长在衙门西街路北一居民家中，树高2.5米，冠幅1.5米，生长正常。

枸杞树

银杏树　2株，360年树龄，生长在高老家乡董邵楼村外。东边1株胸径100厘米，高20.5米，冠幅南北19米，东西10米，多数顶梢有干枯现象，长势偏弱；西边1株，胸径120厘米，高21.5米，冠幅南北20米，东西长22米，长势一般。

银杏树

柘树　1株，1000年树龄，国家一级保护等级，生长在李田楼镇马草庙村复垦区内，高4.5米，胸径55厘米，冠幅5.5米，根裸露，枝呈龙爪形伸展。

柘树

第二节　林木种苗

良种引进与推广　1990年，落实地区林业局提出的实现主栽树种造林良种化的目标。1992年，实施“菏泽地区实现主栽树种良种化开发试验”方案，开展良种繁育和推广工作。至1995年，先后在大沙河林场建立生产性采穗圃7公顷，在高韦庄、蔡堂、李半庄、大李海、徐寨、陈蛮庄等乡镇建立良种繁育圃103公顷，在大沙河林场建立良种示范林13.3公顷，在高韦庄、终兴、徐寨等15处乡镇建立示范林网4850公顷，示范间作200公顷，主栽树种有黑杨、泡桐、刺槐等。1997年11月，省林业厅验收小组对“菏泽地区实现主栽树种良种化开发试验”课题现场验收。先后验收了大沙河林场的良种育苗和试验林、示范林，李半庄乡成片造林和农田林网，李新庄镇、陈蛮庄乡的农桐间作和农田林网，徐寨镇、芦墓乡的农田林网和村镇植树。验收结果表明，全县良种使用率95.1%，实现主栽树种造林良种化，达到各项技术和经济指标的标准。1999年，该项成果获山东省科技星火一等奖。1986—2010年，引进与推广的优良树种主要有黑杨、泡桐、刺槐、毛白杨、白榆、苦楝系列等。

黑杨　1988年，引进黑杨类新品种中林46、中林23等，并在大沙河林场建立中林46、中林23等杨树新品种示范林。1990年，推广的主要品种有 I-69、I-214、中林 46 等。1996 年，引进中菏 1 号种条在大沙河林场繁育，生长表现突出，2000 年后，在全县各乡镇大面积推广。1997 年 3 月，引进 L35、L323、L324、L-107 等优良无性系种条，在大沙河林场繁育，并在国有林场和部分乡镇的造林中推广应用，生长表现突出，成为全县“十一五”期间重点推广的优良品种。2000 年后，大面积推广黑杨派新品种。主要品种有中菏 1 号、L35、L-107、L-102 等。至 2007 年，县林业站引进土耳其杨、中菏 2 号、鲁林 1 号等优良无性系的种条，在大沙河林场繁育，并在国有林场和部分乡镇的造林中推广应用。通过几年的造林试验，中菏 2 号、鲁林 1 号等品种生长表现突出，成为重点推广的优良品种。2008—2010 年，推广引进京 2 杨、L-759、W1-141 等新品种。

杨树

泡桐　1986—1987 年，农桐间作新增面积 4 万公顷。主要品种为兰考泡桐、豫林 1 号、豫杂 1 号，其生长表现良好。至 1990 年，随着树木的增大，豫林 1 号、豫杂 1 号枝叶稠密，与农作物争肥严重的问题显现。1991 年，从菏泽调入鄄优 1 号、2 号，睢优 1 号、2 号种根，在沙河林场、徐寨、芦墓等地繁育推广。1993 年，引进 C125 新品种在陈蛮庄、芦墓等乡镇推广。2000 年，引进抗丛枝病较强的毛白 23、毛白 33 泡桐新品种，逐步更换原有品种。

刺槐　1988 年，从定陶县引进鲁刺 1 号、鲁刺 7 号、鲁刺 10 号、59 号等 10 多个品种，在大沙河林场繁育。其中，鲁刺 1 号、59 号生长表现较好。1992 年，选出蒙贷 64、嘉矿 64-2、郓何 39-2、郓何 68-2 四个无性系作为优良无性系推广，并分别定名为菏刺 1 号、2 号、3 号、4 号。该成果获菏泽地区科技进步一等奖。

毛白杨　1989 年，引进毛白杨新品种——鲁毛 50，成为全县道路绿化的主要树种。1991 年，李半庄乡从泰安引进山东林校培育的窄冠白杨 3 号、5 号，生长速度高于其他毛白杨，在乡镇道路绿化中开始应用。1994 年，县林业站开始对毛白杨优良无性系选择研究。通过 8 年的试验，选出生长快、形质指标好、抗病虫能力和适应能力强的憨白杨、38 号、T17 三个优良无性系，实现毛白杨良种的更新换代。2001 年，该成果获菏泽市科技进步二等奖。

育苗　县政府每年把育苗任务分配到乡镇，由县林业局督促检查。1986—1991 年，全县累计育苗 1460 公顷。这一时期的育苗重数量轻质量。一些育苗户用弱苗、病苗作为育苗材料，育苗密度大，管理粗放，造成苗木规格小，影响造林质量。1992 年后，实现育苗良种化，推广育苗技术，根据造林的需要，确定育苗密度。1996 年，各乡镇建立乡镇长育苗点。1998 年，在大沙河林场、黄河故道林场、单县苗圃，设立省长育苗点 133.3 公顷。2000 年后，黑杨类杨树新品种成为广大农户争相繁育的热点，种条紧缺，价格大幅度上涨，育苗规模随之不断扩大，至 2003 年，

苗圃

全县育苗面积由2000年的238公顷增加到600公顷。蔡堂镇杨平楼村、高韦庄镇张贺庄村等专业村的杨树育苗面积在26公顷以上，育苗成为这些村的一项重要产业。他们自发地成立苗木公司或其他形式的组织，与外地建立苗木销售关系，有的户苗木经营收入在10万元以上。良种化育苗为这一时期育苗的主要特点。2008年，育苗面积1264公顷，为历年之最。2010年，全县育苗面积959公顷。至年底，全县共有苗木生产基地（苗圃）25个，其中，国有苗木生产基地（苗圃）3个，个人独资苗木生产基地（苗圃）22个。经营总面积为474.67公顷，可育苗总面积459.33公顷，年产苗木884万株。培育树种主要为杨树。

第三节　植树造林

农田林网与桐粮间作　1986年5月，全国平原绿化会议在河南省商丘地区召开后，全县掀起绿化高潮。县委、县政府作出“今冬大干，明春完善，1987年实现平原绿化县”的决定，并与各乡镇长签订绿化责任状。当年全县完成农田林网2.93万公顷，改善1.67万公顷，年末实有面积7.33万公顷；完成桐粮间作3.8万公顷，年末实有7.8万公顷。1987年，全县新增和完善农田林网化面积分别为8000公顷、1.33万公顷，年末实有面积9.4万公顷；新增桐粮间作面积2000公顷。该年底，省林业厅、地区林业局对单县绿化情况进行全面检查验收，认为各项指标均达到平原绿化县标准。1989年2月，县委、县政府召开全县林业生产工作会议，提出并制定向高标准平原绿化县迈进的意见和措施。1994年，单县平原绿化通过省检查组的检查验收，并得到高度评价。1993—1996年，全县林业生产以完善农田林网为主，共补植完善农田林网3.21万公顷。1999年，以农田林网建设为重点，在砀定公路、105国道、单丰公路、单虞公路沿线沟渠，路、林统一规划、统一苗木、统一施工，建设高标准

农田林网

农田林网。孙溜镇规划农田林网1333.3公顷，选用二年生壮苗，挖大穴，统一栽植后浇水一遍；高韦庄镇修复道路31公里，选用二年生I-69杨树大苗在路两侧建设高标准林网，成活率90%以上。当年，全县营造和改善农田林网面积分别为9000公顷和7666公顷。年末实有农田林网面积9.33万公顷，桐粮间作面积2万公顷。至2000年，全县农田林网化面积为9.17万公顷；桐粮间作面积2733公顷，为历年最低。2005年，全县农田林网化面积9.61万公顷，桐粮间作面积8465公顷。之后，结合土地平整、村村通工程、农田水利建设等进行农田林网建设。至2010年年底，全县农田林网化面积9.62万公顷。

用材林　1985年后，群众利用村庄周围的间散荒地营造小片用材林，改变传统的造林方法，采用黑杨I-69、I-214等优良品种。至1986年，全县用材林面积4533.33公顷，主要以小片用材林的形式分布在村庄周围。1990年，全县用材林6973.33公顷，比1986年增加2440公顷。之后，由于杨树丰产林出现大面积低产林分，经济效益低，影响群众造林的积极性，用材林发展缓慢。至1995年年底，全县用材林面积仅6966.67公顷。

1996年，承担世界银行贷款森林资源发展和保护项目。该项目于1996年启动，1999年结束，累计造林面积3350公顷，造林成活率95%以上，良种使用率100%。项目管理中重点推广“以耕代抚”为主的幼林抚育管理技术措施，使项目林林

相整齐，生长旺盛，一类林分 93.1%，连年被省项目办评为一类项目县。2002 年 2 月，单县代表山东省世界银行贷款森林资源发展和保护项目接受世界银行专家组的验收。专家组评定：项目林生长情况超过预定目标，造林质量符合要求，提高了科技含量。

世界银行贷款造林的成功，提高了群众营造用材林的热情，村庄周围的空地新造的小片用材林迅速发展。2000—2002 年，全县累计造林面积 6233 公顷。2002 年，黄岗镇、杨楼镇分别在黄河故道建设杨树丰产林示范方 333.33 公顷，李田楼乡、县国有林场分别在大沙河沿线建设丰产林 133.33 公顷，并重点推广“以耕代抚”抚育措施，即在造林结束后，林内间种农作物，促进幼树的生长。

丰产林 2005 年摄影

2004 年 3 月，县委、县政府作出《关于加快林业发展的决定》，提出 2004 年新建丰产林基地 1.83 万公顷、果品基地 1333.33 公顷的任务目标。当年春季完成丰产林任务 2266.67 公顷。杨楼镇与上海世华科技投资有限公司达成协议，租地造林发展速生丰产林 320 公顷。2010 年，共完成丰产林 664.87 公顷。

生态林 1986 年，全县防护林面积 1533 公顷。1988—1990 年，单丰路、105 国道县城至高老家段道路林带更新为毛白杨，一路 4 行，道路总长度 50 公里。1995 年，开挖莱河和卢埝沟，两侧营造 4～6 行护岸林 4 公里。同年，浮岗水库北大堤营造杨树护堤林 3 公里，同时，绿化二堤河从浮岗水库至杨楼段和蒋河段全长 32 公里。1999 年，朱集镇绿化太行堤河 2.5 公里，张集乡在蔡河建护堤防护林 1.5 公里。2001 年，全县生态公益林面积 2242.66 公顷。其中，黄河故道防风固沙林、水渠涵养林 350 公顷，大沙河防风固沙、水源涵养林 238 公顷，护岸林 1537.33 公顷，护路林 117.33 公顷。2002 年，对东渔河大堤绿化权进行拍卖。徐寨镇组织专业队统一规划，统一苗木，统一栽植，营造护堤林 100 公顷。2009 年，全县共完成防护林 482.67 公顷，防沙治沙造林 200 公顷。2010 年，启动黄河故道湿地水系生态造林工程。全县形成以乡村和城镇绿化为“点”，以沟渠路绿化为“线”，以水系生态建设为“面”，点、线、面相结合的防护林体系。

村镇植树 境内农村自古就有在房前屋后及庭院植树的习惯。1986 年，农村植树树种以榆树、刺槐、泡桐、楝树、柳树、桑树、香椿树、枣树为主。当年，广大群众利用房前屋后和村庄的空闲地栽植树木 300 万株。至 1987 年，村镇树总株数 1300 万株。1990 年，村镇树总株数 655.3 万株，平均每户 29.8 株，立木蓄积量 40.57 万立方米，占全县总蓄积量的 35.84%。1991 年 8 月，县委、县政府作出《关于全党动员，全民动手，三年栽满树，五年上水平的决定》，指出凡是过去按照各级规定，在房前屋后和集体指定的零星空闲地上栽植的树木权属永远不变，允许继承和作价转让，不收树木占地费和立木费。农民植树的积极性提高，由于栽植密度大，管理粗放，成林不成材的现象普遍，经济效益低。1995 年 2 月，孙溜镇实施围村林造林树种、造林密度等改造。1995 年后，村镇树总株数减少，但活立木蓄积量大量提高，造林、营林技术得到普及，大批林木新品种应用到村镇植树中。

1998 年后，随着杨木加工业的迅速发展，黑杨类杨树新品种在村镇树造林中迅速推广，造林苗木规格越来越高，胸径 4 厘米以上的二年生壮苗在苗木市场上供不应求，大穴、深栽、浇水、疏枝、打头等造林技术得到普及，树木追肥、松土、浇水已成为广大农民的自觉行动，村镇树的生长量大幅度提高。其他树种逐年减少。

2010年，山东省森林二类调查结果，全县村镇树总株数410.26万株，户均16.2株。其中，黑杨株数289.9万株，占村镇树总株数的70.6%；泡桐22.86万株，占5.6%；刺槐75.32万株，占18.4%；其他树种22.18万株，占5.4%。

第四节　经济林

果树生产　1986年起，全县出现果树热，果园面积发展迅速。当年底，全县果园面积5916.67公顷，其中，苹果园4400公顷，梨园533.33公顷，葡萄园200公顷，桃园666.67公顷，其他果园116.67公顷；果品产量15790吨，其中，苹果8750吨，梨1300吨，葡萄750吨，桃2750吨，杏550吨，枣（鲜）1600吨，柿子（鲜）70吨，山楂20吨。蔡堂镇投资3.6万元，新建果园300公顷；高韦庄镇高标准栽植果树400公顷，全镇人均200平方米果园；马楼乡果园面积933.3公顷，1988年，果品总收入360万元，人均136元。至1988年年底，全县果园面积10923.6公顷，比1985年增加8436.9公顷。1989年后，由于水果价格下降，出现砍树毁园的现象，果园面积大幅度减少。至1990年，全县果园面积4833.3公顷。1992年，县政府把发展果园作为农业结构调整的重要内容，制定发展1.33万公顷果园的规划。当年新建果园1026.7公顷。其中，毛庄乡新建苹果园170.7公顷，蔡堂镇、杨楼乡分别新建果园140公顷和125.3公顷。1994年，全县果树专业村75个，人均果品收入500元以上的村21个。蔡堂镇薛杨楼村有村民616人，果园34.5公顷，人均果品收入1000余元。孙溜乡樊楼村有村民1303人，果园53.3公顷，果品产量184万公斤，人均果品收入1400元，人均收入超万元的31户，超过3万元的9户，其中2户收入超过5万元。全县果品产量3.18万吨，水果生产成为农村经济的重要产业。

1995—1996年，全县果树种植形成高潮。两年新增果园面积4183公顷，全县万亩果园乡镇5个。全县各乡镇均创办了林果技术学校和多种形式的技术培训班，其中，19个重点林果乡镇建立果树培训中心。孙溜镇聘请日本著名果树专家营井功到孙溜现场传授技术。全县选派80名有一定实践经验的技术骨干到省林校脱产培训80天，58人参加地区举办的苹果技术培训班。对幼果园普遍进行清理树盘、开沟埋草、浇水施肥、拉枝定形、合理修剪；对中龄果园增加投入，推广果树套袋、人工授粉、疏花疏果等技术措施。同年3月，菏泽地委、行署在单县召开全区林果生产现场会。1997年，孙溜镇生产的黄皮酥梨和乔纳金苹果分获省金、银奖；蔡堂镇的砀山酥梨获菏泽地区金奖。

技术指导

1997年后，水果生产向高标准、名特优方向发展，大力发展名特优、干、鲜杂果。1999年，孔集乡发展油桃、李子、杏，终兴镇发展油桃。2000年，花园乡栽植泰山红石榴200公顷；陈蛮庄乡营造石榴66.7公顷、日本甜柿13.3公顷。2002年，蔡堂镇新栽和补植黄金梨200公顷，高接梨园333.3公顷。2005年，全县果园面积7158公顷，其中，苹果园2311公顷，梨园3191公顷，桃园1095公顷，葡萄园495公顷，其他果园66公顷；水果产量234590吨，其中，苹果76856吨，梨94494吨，桃42743吨，葡萄

苹果

大棚葡萄

杏

油桃

梨

樱桃

石榴

19005 吨，杏 216 吨，红枣 184 吨，柿子 170 吨，樱桃 900 吨，其他水果 22 吨。蔡堂镇的果园面积全县最大，2493 公顷，占全县果园面积的 34.83%；全县苹果园、梨园、葡萄园、桃园面积最大的乡镇分别是孙溜镇、蔡堂镇、时楼镇和终兴镇，面积分别是 420 公顷、2048 公顷、120 公顷和 900 公顷。

随着人们对无公害、绿色、有机果品需求量的增加，县组织果农先后从山东省果树研究所、山东农业大学、河南农业大学、菏泽市果树站引进果树新品种。同时，果树新技术应用和设施栽培开始发展，部分乡镇开展大棚设施栽培，提前和延长供应鲜果。2010 年年底，全县果园面积 4205.07 公顷，其中，苹果园 2179.07 公顷，梨园 1053.13 公顷，桃园 598.8 公顷，葡萄园 329.07 公顷，其他果园 45 公顷；水果产量 262856 吨，其中，苹果 96963 吨，梨 94577 吨，桃 52793 吨，葡萄 17186 吨，杏 291 吨，红枣 594 吨，柿子 169 吨，樱桃 280 吨，其他水果 3 吨。

果园选介 终兴镇栽培桃树历史悠久。1986 年，终兴镇桃园主要集中在光明集行政村及周围村庄，品种以水蜜桃为主。1998 年，镇政府制定“建设万亩桃园，一年四季见桃”发展规划。1999 年，从胶东、泰安引进中华寿桃、源乐白桃、早红珠、港白桃、曙光甜油桃等新品种在全镇推广，当年，桃园面积 322 公顷，总产 3894 吨。2000 年，推广新、特、优品种大棚种植，提前鲜桃的上市时间，增加果农的经济效益。2001 年，引进中华寿桃、沙红桃、重阳红和油桃系列新品种 20 个，桃园面积 629 公顷。

桃园

同时，开发温室油桃和盆景桃花生产，建立鲜桃批发市场，引进鲜桃储藏和桃汁桃脯加工项目。2005年，全镇桃园面积900公顷，总产3.8万吨，分别占全县总面积和总产的88.93%和82.19%。后因鲜桃价格下降，桃园面积减少，2010年，桃园面积368公顷，总产3.57万吨。

植桑养蚕 1989年，全县有桑苗苗圃4公顷。同年7月，成立县丝绸公司，负责全县蚕桑生产的管理、规划、发展、技术服务、蚕茧收购等工作。1990年春，公司通过技术人员分片包干、无偿上门技术服务、重点扶持、以点带面等方式，在莱河、郭村、曹庄、浮岗等乡镇推广植桑建园。桑苗主要选用“胡桑32”和“选792”两个优良品种，采用嫁接体方式，年底建成桑园100余亩，全年生产鲜茧3000公斤。1991年春，公司采取为专用桑园配备机井等扶持措施，在罗庄乡向阳村建成13.3公顷的专用桑园。至年底，植桑扩展到谢集、龙王庙、终兴、李新庄、黄岗等乡镇，全县桑园33.3公顷。1993年，全县桑园93.3公顷，鲜茧产量11万公斤。1995年起，丝绸公司多次组织相关乡镇领导和村支部书记先后到宁阳、日照、浙江杭州等地参观学习，学习大棚养蚕技术。2000年，全县桑园面积666.7公顷，年产鲜茧105万公斤。2007年，全县桑园面积2666.7公顷，鲜茧年产量450万公斤，蚕茧总产值1.6亿元，蚕桑种植成为单县种植业的四大板块之一，成为山东省蚕桑大县。2008年，受国际金融危机的影响，蚕茧价格大幅度降低，植桑养蚕业受到严重冲击，全县桑园毁掉三分之一。2008年后，全县桑园面积稳定在1700公顷左右。

第五节 林产品加工

1987年，全县有12家木器加工企业，其中，县办2家，乡镇企业10家。木器加工是个体加工的主体。李田楼乡常坑村木器加工年收入32万元，成为木器加工专业村；浮岗乡三里井村木镜条加工专业户50家，年生产镜条700万米，纯利润12万元。1990年后，桐木加工兴起，全县有县办桐木加工厂5家，乡镇桐木加工厂5家，从业人员580人，年加工能力2.1万立方米，产值3300万元。有个体和联合体加工企业980家，年加工能力1.7万立方米，年产值1800万元。加工产品以桐木拼板为主，产品销往日本、韩国等。1991—1993年，出口桐木拼板1.4万立方米，创汇折合人民币4800万元。单柳桐木拼板厂与韩国合资，年生产桐木拼板6000立方米，产品销往韩国、日本，年产值1200万元；县钢木家具厂年加工桐木0.5万立方米，产品销往日本。

桑园

1993年春，浮岗乡三里井村开始从事桐木装饰条加工，至年底，全村投入加工机械近百台，生产木线条品种70余个，年加工桐木8000立方米，年产值1000万元，人均收入近万元，有的户收入15万元以上。在三里井村的带动下，李油坊、韦新庄等附近村庄装饰条加工业迅速发展。1994年，三里井村木线条加工专业户增加到104家，全村98%的家庭从事木线条加工，年产值6950万元，利税720万元，人均1.35万元。1996年，浮岗乡木线条生产专业户2275家，从业人员1.2万人。在浮岗乡的带动下，聂傅庄乡、曹庄乡、高韦庄镇桐木加工业迅速发展，当年生产木线装饰条30万米。产品销往全国各大、中城市，并在北京、上海、广州、武汉、拉萨等城市设立销售网点近500个。同时，根据市场的需求，一批专业户纷纷到外地办厂，除加工桐木木线条外，开始生产榉木、椴木等木线条。至1998年年底，在北京、西安、上海、长春、重庆等地开办的木线装饰条加工厂达47家，年生产装饰条4.2万立方米。

1993年，县木器厂年加工能力3000立方米，年产值200万元。浮岗、黄岗两镇以生产杨木拼板为主的加工个体户开始出现。1996年，全县杨木加工个体户160余家，加工产品有拼板、细木工板、刨切单板、胶合板。年生产胶合板5万立方米，刨花板1.32万立方米，拼板6.08万立方米，刨切单板2万立方米。1999年，全县杨木加工企业300余家，联合体30余家，从业人员1万余人。黄岗、朱集、莱河等乡镇的木材加工群体初具规模。

2005年，全县有木材加工企业1143家。其中，投资500万元以上的有4家，300万元～490万元的3家，100万元～290万元的11家，50万元～99万元的13家。全县木材加工量22万立方米，其中，杨木9.3万立方米，桐木2.3万立方米，其他树种10.4万立方米。木材加工年产值1.8亿元，从业人员1万人。当年新增菏泽木升木业有限公司等一批投资5000万元以上的科技含量高的深加工企业，人造板产量15万立方米。

至2010年，全县有木材加工企业380家，其中，投资10万元～50万元327家，投资50万元以上的53家。木材加工个体户715家。全县木材加工量100万立方米，其中，杨木80万立方米，桐木15万立方米，其他树种5万立方米。木材加工年产值16亿元，从业人员1万余人。成立单县林产工业协会和单县高韦庄镇木业加工协会。

第六节 国有林业场圃

林场 1986年，单县有大沙河林场和黄河故道林场两处国有林场，分别位于大沙河中游和单县东南边境黄河故道北岸。

土地面积 1987年，大沙河林场将李桥林区（面积112.33公顷）承包给蔡范庄苗圃经营管理。1990年，县政府为大沙河、黄河故道林场确权发证，其中，大沙河林场确权面积521公顷（含李桥林区112.33公顷），黄河故道林场确权面积669.2公顷。1998年5月，建设500千伏杨淮高压输电线路占用大沙河林场林地6.51公顷。2000年8月，经省林业局批准，大沙河林场出售给山东省单县天元纸业有限公司林地20公顷。另外，该公司还租赁大沙河林场林地19.87公顷（租期30年）。

经营管理 1986—2010年，平均每年营造丰产林、采伐成材林6.67公顷。对重点林分进行重点抚育，年蓄积量增长速度为12%～15%。年采伐林木1000立方米左右，采伐收入40万元～50万元。1997—2000年，黄河故道林场利用世界银行贷款85万元造林233.33公顷。

1987年，全面推广场长负责制。1989年，普遍建立以提高经济效益为中心的多种形式责任制，80%的管理人员实行岗位责任制和任期目标责任制，全部职工实行多种形式的承包经营责任制。领导班子成员对分管的工作实行量化管理，定造林面积，定成活保存率，定育苗面积，定苗木质量，定多种经营收入等，并规定奖惩标准。林场对承包职工也制定相应的承包指标。该年，大沙河林场投资35万元，建成塑料编织厂。1996年后，采取优惠政策，吸引场外资金来场兴办中小型企业，先后办起养牛场、养猪场、养鸡场、林场饭店、商店、木材收购、加工站、水泵厂、液化气站等，年增加收入7万元。黄河故道林场在搞好造林营林的同时，大量种植棉花、花生、山药、油桃、牛蒡、瓜菜等经济作物。1998年10月，经菏泽地区行署办公室批准，大沙河林场和黄河故道林场被定为生态公益型林场。

单县国营林场1986—2010年部分年份林木资源统计表

表6-3-2

年份	大沙河林场				黄河故道林场			
	总面积（公顷）	果树面积（公顷）	丰产林用材林面积（公顷）	林木蓄积量（立方米）	总面积（公顷）	果树面积（公顷）	丰产林用材林面积（公顷）	林木蓄积量（立方米）
1986	408.67	20	313.33	7500	669.2	20	233.33	6000
1990	408.67	20	313.33	8300	669.2	20	213.33	7000
1995	408.67	20	313.33	10000	669.2	23.33	133.33	7000
2000	382	—	273.33	15500	669.2	18	366.67	8000
2005	382	—	273.33	16600	669.2	13.33	400	18000
2010	382	15.33	366.67	20000	669.2	6.67	400	21000

园艺场　山东省国营单县园艺场始建于1956年，位于东沟河两侧，占地面积643.33公顷。1986年11月，园艺场升格为正科级单位，有干部职工583人。场内划分为5个果业队，设有果工商联合公司、果酒厂、奶牛场、良种兔场等经营机构。果园面积306.67公顷，植苹果、葡萄、梨等果树12.56万株。苹果品种有元帅、金帅、国光、印度等；葡萄有玫瑰香、马奶等；梨主要是砀山酥梨。1988年，年产苹果4000吨，葡萄1000吨，梨750吨。产品销往黑龙江、内蒙古、福建、广东、上海、江苏、江西、浙江、香港等地区和东南亚等地。同年，建1000吨苹果保鲜恒温库1座。1989年，栽植红富士、短枝新红星等新品种。1990年，受自然灾害和病虫害的影响，葡萄基本绝产，苹果、梨大幅减产，各种果品共损失3248.5吨，价值280万元。1994年，在完成第二期果业承包合同的基础上，建立健全场、队、方片的科技网络，精细管理、科学施药，使老果园的树势有所恢复，结果量增加。1997年，将果业队改为分场，果业组改为果业队，实行自主经营，独立核算。采用优质高效栽培技术，改植新品种桃树和杏树266.67公顷。同年，关停葡萄酒厂。2000年，在职干部职工457人，社会承包人员240人。2003年，县政府以园艺场土地为依托，建立单县经济开发区。

梨园

苗圃　蔡范庄苗圃位于县城西南，黄河故道北岸，面积25.13公顷。1987年，承包大沙河林场李桥林区土地112.33公顷，以种植农作物为主，另培育I-69、I-214等杨树苗木。1996年前，以种植苹果为主，面积20公顷，育苗3.3万多平方米。1996年后，培育中菏1号、2号等杨树壮苗。1997年、1998年，利用世界银行贷款营造杨树丰产林86.67公顷。1998年10月，被菏泽地区行署办公室划定为生态公益型苗圃。2005年年底，杨树丰产林林木蓄积量4800立方米。2010年，有固定资产82万元，林木资产196万元，在职职工67人。

第七节　林政管理

“三证一费”管理　1986年，林政管理实行“三证一费”（木材采伐许可证、木材运输许可证、木材经营加工许可证，育林费）制度，使用省林业厅统一印制的“山东省林木采伐许可证”“山东省个体运输许可证”和地区林业局印制的“山东省菏泽地区木材及林产品运输许可证”“菏泽地区木材经营加工许可证”，由县林政执法人员签证办理。同年，全县开展育林费征收工作，每个乡镇聘用1名代征员负责育林费征收。后又在终兴、徐寨、浮岗、高韦庄等乡镇设立育林费征收点。1987年，实行森林采伐限额管理制度，限额每5年修订一次。林政执法人员严格执行凭证采伐，采取专人负责、设立台账、伐中监督、伐后验收的办法，将采伐量严格控制在限额之内。1990—1998年，每年发放木材采伐许可证10～20份，采伐林木6000立方米左右。1990年，在浮岗、高韦庄、徐寨、终兴等乡镇设立林产品运输证签证点。1998年后，林业部门的“行政”审批、签证统一集中到县审批中心办理。同时，各执法小分队也能办理。1999年8月，经省政府批准，在105国道单城镇吴庄村西设立山东省第32号木材检查站，配备检查人员15人，对过往木材运输车辆进行执法检查。2009年，按行政区划，县林政站组织3个巡逻执法小分队，划片包干，责任到人，深入乡村，检查“三证”落实情况，查处无证采伐、无证运输和无证经营现象。至2010年，林政执法部门每年签发木材运输许可证500～1000份，每年征收育林费10万余元。

林业案件查处　1982年，根据省政府万亩以上林场设立林业公安派出所的要求，单县设立黄河故道林场派出所，隶属县林业局和县公安局双重领导，履行维护国有林业场圃治安、打击毁林犯罪活动等职责。1990年，全县因农村承包土地调整，乱砍滥伐林木、损毁林网现象蔓延。县政府印发《关于制止乱砍滥伐林木、巩固造林绿化成果的通知》，林业公安严厉打击毁林案件，毁林现象得到有效遏制。1991年，县林业局组织执法人员深入基层，全面调查，对毁林案件采取发现一起、查处一起，提高全民林业法制观念，制止了乱砍滥伐现象。至2005年，共查处各类林木案件92起。其中，林业刑事案件12起，治安案件15起，共批捕4人，刑事拘留20人，行政拘留12人，治安罚款10人；林业行政处罚案件65起，行政处罚70人，行政罚款9万元。2006—2010年，县森林公安局共查处各类林木案件128起。其中，林业刑事案件9起，治安案件11起，刑事拘留8人，行政拘留3人，治安罚款3人；林业行政处罚案件108起，行政处罚121人，行政罚款13万元。

森林消防　1988年，县政府成立县森林防火指挥部，指挥长由县政府分管林业的副县长担任。1990年，省防火办投资3万余元在县林业局建立森林防火通讯塔，配备电台1部；大沙河林场配备风力灭火机2部。1991年，大沙河林场被评为省级无森林火灾先进单位。至2010年，全县未发生过森林火灾。

第八节　林木病虫害防治

1986—2010年，境内发生的林木病虫害有榆蓝金花虫、大袋蛾、泡桐丛枝病、杨尺蠖、舞毒蛾、

药物防治

杨树黑斑病、杨树溃疡病、杨树腐烂病、锈色粒肩天牛、光肩星天牛、桑天牛、黑绒金龟子、铜绿金龟子、蚜虫、红蜘蛛、蚱蝉、桃蛀螟、桃小食心虫、美国白蛾等43种。其中1986—1995年主要病虫害为榆蓝金花虫、大袋蛾、泡桐丛枝病等；1996—2005年主要病虫害为杨尺蠖、杨小舟蛾、杨树黑斑病、杨树溃疡病等。2009—2010年，主要病虫害为美国白蛾等。

林木病虫害预测预报 1985年，县中心测报站建成并投入使用。1986年，设立基层测报点13个，配备测报设备，培训基层测报员。1987年，县、乡测报网建成。1991年，根据林木病虫害发生趋势，县森保站于3月、4月组织基层测报人员，设点27个，调查标准树314株，采袋（大袋蛾）解剖3500个，预报出该虫将在全县大发生，有效提供防治依据。2003年，县森保站与国家林业局、省林业局、市林业局实现微机联网，安装森林病虫害防治信息系统和森林植物检疫信息系统，实现森防检疫信息处理、传输的电子化，为全面控制病虫害奠定信息管理基础。

2004年2—12月，组织开展全县第三次林业有害生物普查，查出新传入林业有害生物33种，其中，害虫21种，病害7种，有害植物5种。对普查的病虫害划定疫区和保护区。另外，还对主要林业有害生物进行病原观察，对病虫的发生规律、生物学特性及防治进行研究和试验。

主要林木病虫害发生及防治 榆蓝金花虫 1986年前，境内曾大面积爆发，经过连年防治，虫口密度降低。1986年，该虫又呈上升趋势，虫害发生面积3066.67公顷，其中，重度发生面积866.67公顷。推广应用40%乐果乳剂树干涂环防治，效果较好。1988年，境内榆蓝金花虫发生较普遍，虫害面积4933.33公顷，重度发生面积比往年明显减少。开始推行新的昆虫生长调节剂灭幼脲防治技术，杀虫率85%以上。1989年，全县榆蓝金花虫虫口密度明显下降，虫害得到控制，达到有虫不成灾的目的。至2010年，榆蓝金花虫基本绝迹。

大袋蛾 又名“吊死鬼”。1987年，境内个别乡镇爆发成灾，虫害迅速传播蔓延。1988年，全县农桐间作、丰产林面积3.3万余公顷，大袋蛾虫害发生面积2.6万余公顷，其中，严重发生的有1.3万多公顷。全县筹集资金10多万元，出动劳力8万多人，摘袋1.3万多公顷，降低虫害危害程度。1989年，大袋蛾虫害面积3.33万公顷，占泡桐种植面积的87.5%，形势严峻。全县备足农药，集中化防，在最佳时期（6月20日—7月10日）进行久效磷注射和敌百虫树冠喷雾，化防2万多公顷。1990年，病虫害稍有降低。1992年、1993年，大袋蛾在全县爆发成灾。对大树推广根基打孔注射久效磷或甲胺磷防治；对低矮幼树，采用机动弥雾机或常规喷雾器进行90%晶体敌百虫600倍～800倍液树冠喷雾防治和人工摘袋防治，防治面积3.3万多公顷，杀虫率79%。1994—1995年，大袋蛾在全县发生面积虽大，但没有成灾。1996年，全县发生面积大幅度下降，虫害得到控制。至2010年，大袋蛾虫害基本被消灭。

泡桐丛枝病 是境内泡桐树一大病害。1986年，全县推广“春环剥，秋修枝”技术，即在春分前后各10天环剥，在秋分前后各10天一次性修除病枝，防治效果比较明显。之后每年开展一场大规模的防治泡桐丛枝病行动，全县85%的泡桐得到防治。经过多年连续不断防治，泡桐丛枝病在全县发病率逐年减少，达到有病不成灾。

杨尺蠖 2003年，全县杨尺蠖发生面积1400公顷，严重威胁杨树生长。县成立多个专业防治队，利用6HY-25型烟雾机在全县进行全面防治。该年，受降雨量大、地块积水虫蛹被淹、鸟类天敌取食成虫的影响和全县积极有效防治，杨尺蠖的发生量大大减少。2005年，杨尺蠖发生面积增多，全县3466.67公顷。防治方法：对大树推广6HY-25型系列烟雾机防治技术，时间选择早5时～8时和晚18时～20时，在无风条件下最佳。药物用5%高效氯氰菊脂1份+80%敌敌畏1份+柴油10份，防治效果明显。对低矮幼树，药物用90%晶体敌百虫600倍～800倍液以及无公害农药，如1.8%虫螨克星1500倍液。

杨树黑斑病　2003年开始发生，导致提前落叶，中林46杨树发病率较高。2004年，全县杨树黑斑病发生面积2000公顷，其中，重度发生面积800公顷。防治方法：采用6HY-25型烟雾机集中进行施烟防治，药物选用10%百菌清烟雾剂或2.5%氟硅唑油烟剂。时间选在早5时～7时和晚18时～20时，在无风条件下进行。2005年，全县发生面积733.33公顷，大部分属轻度发生，病害得到有效控制。

杨树溃疡病　20世纪80年代在境内出现。2003—2004年，因单县降雨量大，持续时间长，林地积水潮湿，根系腐烂，造成杨树溃疡病大发生。2004年，全县发病面积1533.34公顷。其中，轻度发生1200公顷，中度发生266.67公顷，重度66.67公顷，总体呈中度发生。2005年，全县发病面积2533.33公顷，其中，重度发生面积1800公顷，呈上升趋势。采取以化学防治为主，在发病高峰前，用1%溃腐灵稀释50倍～80倍液，涂抹病斑或用注射器直接注射病斑处，防治效果较好。

美国白蛾　2009年，郓城县、鄄城县、菏泽市牡丹区先后发生美国白蛾疫情。6月6日，召开全县美国白蛾防控工作会议，通报疫情，分析单县的防控形式，县政府与各乡镇（街道）签订防控责任书，县森保站专家对各乡镇（街道）分管负责人进行美国白蛾防治技术培训。之后，发动群众，全面开展疫情普查。同时，单县电视台每天在黄金时段播放专题片，各乡镇（街道）采取出动宣传车、发放明白纸、村镇广播、悬挂标语等多种形式，发动群众群防群治。实行零报告制度，各行政村监管员每天将疫情监测情况上报乡镇（街道），由乡镇（街道）汇总后报县林业中心，县林业中心与县政府督察室每天通报全县疫情情况。县乡村层层签订责任状，实行首责负责制。各乡镇（街道）成立美国白蛾防控指挥部，乡镇、村责任人实行24小时值班制度，确保疫情不扩散、不蔓延。同年6月中旬，在城区舜师东路法桐树上发现美国白蛾疑似虫情，县林业中心立即组织技术人员赶赴现场，经鉴定确认为第二代美国白蛾幼虫，将疫情上报县政府和市林业局。县林业中心及时组织防治人员剪除病枝，并对南环路以北、君子路以东、向阳路以南、园艺路以西，包括琴山公园在内的所有树木进行喷药防治，有效控制了疫情。至2010年，境内没有发生大的美国白蛾疫情。

第九节　野生动物保护

境内野生动物有鸟类150余种，兽类19种，两栖类8种，爬行类10种。其中，受国家一、二级保护的鸟类有20余种。

1982年起，把每年的4月23—29日定为爱鸟宣传周，在全县组织开展“爱鸟周”宣传活动。1986年，毛庄乡农民娄可柱把一只受伤落到自家院内的大天鹅进行救助饲养，然后与本村的两位村民一起把大天鹅送到济南金牛公园。1991年，林业部把每年的11月定为“野生动物保护宣传月”。在“野生动物保护宣传月”期间，县林业局通过广播、电视、图版、图片、发放宣传材料和组织路游宣传等形式，宣传《中华人民共和国野生动物保护法》，向群众普及保护野生动物知识。2001年3月，农民刘来启在自家麦田里发现一只受伤的白枕鹤（国家二级保护动物），便抱回家救治饲养，后送到县林业局保护部门。至2010年，全县每年救助受伤落难的大天鹅、灰鹤、白枕鹤等国家及省重点保护动物10余只。本着回归大自然的宗旨，对饲养一段时间后能飞的就放飞到大自然中去，实在不能飞的就送往“菏泽地区珍稀野生动物救助中心”。

第四章　畜牧业

1986年前，境内畜牧业一直处于农民家庭式的自给、半自给的小生产状态，处于副业地位。1986年，全县大牲畜存栏10.66万头，猪存栏8.6万头，羊存栏46.7万只，家禽存栏184.3万只，猪牛羊肉年总产801.38万公斤，牧业产值6272万元，占农业总产值的16%。被山东省确定为“山羊板皮出口基地县”，被农业部定为全国黄牛生产基地，1996年，被列为“国家秸秆养羊示范县”，1997年，被中国特产评审委员会命名为“中国青山羊之乡”。2002年，全县存栏大牲畜11.92万头，羊229.3万只，猪43.76万头，家禽440万只，分别为1986年1.12倍、4.91倍、5.09倍和2.39倍。实现牧业产值8.37亿元，占农业总产值的30.27%，比1986年增加14.27%，为单县畜牧业小规模养殖最好时期。2002年后，境内畜牧业生产进入转型期，开始由一家一户式的散养模式向规模化、产业化方面发展。很多生猪、蛋鸡养殖大户购置自动化生产设备，实现标准化饲养。在这些示范户的带动下，全县出现许多养殖专业小区、养殖专业村。2008—2010年，连续3年生猪出栏量70万头以上，获得国家生猪调出大县奖励。至2010年，全县存栏大牲畜5.94万头，猪52.4万头，羊182.29万只，家禽590.19万只；肉、蛋、奶产量分别为10.62万吨、6.66万吨和7089吨；实现牧业产值18.87亿元，占农业总产值的33.16%。

第一节　畜禽品种

境内饲养的畜禽品种主要有：牛、马、骡、驴、猪、羊、兔、猫、狗、鸡、鸭、鹅等10余种，主要以牛、羊、猪、鸡、鸭为主，骡、驴、狗、猫、兔、鹅次之，另有少量马、鹿、貂、鸵鸟、肉鸽、鹧鸪、七彩山鸡等。

家畜品种　牛　境内饲养的主要品种有鲁西黄牛、荷斯坦奶牛、夏洛莱牛、杂交牛等。

鲁西黄牛。国内著名的“五大名牛”（秦川牛、南阳牛、鲁西黄牛、延边牛、晋南牛）之一，又名山东膘肉牛，主产于山东西部，单县是鲁西黄牛的主产区之一。鲁西黄牛被毛呈棕红或浅黄色，以黄色居多，故名鲁西黄牛。鲁西黄牛以其体躯大、遗传性能稳定、挽力强、耐粗饲、宜管理、皮肤干燥富有弹性、役肉兼用而著称。20世纪80年代以前是当地农户重要的役用牛，是重要的生产资料，后随着农业机械化的逐渐普及而转为肉用。

鲁西黄牛

荷斯坦奶牛。1998年前，境内虽有奶牛饲养，但数量较少。1999年，莱河酒厂从山西引进奶牛140头，奶牛品种为当地奶牛与荷斯坦奶牛的杂交品种。2010年，全县奶牛存栏3800头，主要集中饲养在莱河奶牛场、绿保奶业及几个大型奶牛养殖场（户）。

猪　1986 年以前，境内主要饲养土种黑猪，该品种全身被毛黑色，两耳向前上方直立或平伸，常被称作“曹州黑猪”，与莱芜黑猪为同宗。这种猪一般多在半年以上方能长成。由于生长期长、生长速度慢、经济效益低逐渐被淘汰。1986 年以后，先后引进长白、大约克夏、杜洛克等国外瘦肉型种猪。至 2010 年，境内饲养的猪多为上述品种的二元、三元杂交品种。

羊　境内群众饲养的品种主要有青山羊、黄淮山羊、小尾寒羊和波尔山羊等。

青山羊。青山羊具有“四青一黑”，即被毛、嘴唇、角和蹄为青色，前膝为黑色，是世界著名的三大毛皮品种之一，尤其羔皮最为出名。青山羊所产青猾皮的毛色黑、白毛相间，人工不能仿制，毛色好、光润，又有美丽的花纹，在国际市场上很受欢迎。1987 年，全县饲养青山羊 83 万只。1990 年前，因青滑皮收购按大小分级，级差 1 元，农民卖大留小，久而久之，造成青山羊个体越来越小。2000 年后，随着染色工业的发展和狐狸、貉子、麝鼠等高档毛皮动物人工饲养的成功，青猾皮优势下降，再加上青山羊个体小，生长慢，产肉性能低，效益差等原因，多数人改养其他收益高的羊，青山羊的存栏量逐年下降，有被黄淮白山羊取代的趋势。

单县青山羊

黄淮山羊。存栏数量最多，2010 年，全县山羊存栏量为 260 万只，其中，黄淮山羊 220 万只。黄淮山羊毛色以白色为主，体格较大，生长较快。

小尾寒羊。小尾寒羊个体高大（公羊最大 182 公斤），肉裘兼用，繁殖率高，适应性强，被专家称为“国宝”“扶贫之星”。2000 年，引进 300 余只放养到李田楼、高韦庄等乡镇，之后发展较快。2010 年，存栏量 5300 多只。

波尔山羊。2001 年，从新西兰引进 16 只波尔山羊。该山羊全身呈圆桶状，背腰平直，肋骨形状良好，臀部圆滑，全身肌肉丰满。性情温顺，四肢发达。成年公羊体重 60 公斤～ 70 公斤，母羊 30 公斤～ 45 公斤。母羊一年四季发情，年产两胎。肉羊屠宰率 48% ～ 60%，且肉质细嫩，瘦肉多，脂肪少，膻味小。皮张质地柔软结实。

波尔山羊

兔　本地兔体型小而紧凑，动作敏捷灵活，被毛洁白或纯黑，以白色居多，头小嘴尖，红眼睛。两耳短小竖立，颈短。臀部、后肢健壮，善于跳跃，耐粗饲，适应性强。繁殖力好，母兔年繁殖 6 ～ 7 胎，每胎产仔 6 ～ 9 只。成年兔体重 1.5 公斤～ 2.5 公斤，产肉 1 公斤～ 1.5 公斤。1990 年后，随着皮毛价格上扬，有部分养殖户从外地引进优良品种和杂种兔。2010 年年底，存栏 10.79 万只。

除上述家畜品种外，马、驴、骡等在境内均有饲养，但数量较少。

家禽品种　鸡　境内饲养最普遍的家禽。20 世纪 80 年代以前，农户所养多为本地土鸡，羽毛颜色有黄、黑、白、灰、花等。1986年后，先后引进来航鸡、九斤黄、星杂288、星杂579等良种蛋鸡和爱拔益加（AA）、爱维茵、罗斯等良种肉鸡品种。2000年后，又引进肉杂、“817”等良种肉鸡品种。

鸭、鹅　肉鸭品种主要为樱桃谷鸭，生长快、瘦肉率高、净肉率高和饲料转化率高、抗病力强等。鹅主要为豁眼鹅，多为农户散养，大型规模饲养较少。

鹌鹑　境内鹌鹑饲养有十几年历史，饲养品种为引进品种——日本鹌鹑。一般饲养在小笼子里。日本鹌鹑大约6周成熟，通常在50日龄时达到高产期。只要照顾适当，鹌鹑能够在产蛋第一年产200个蛋。生命周期2～2.5年。

良种繁育　境内畜禽良种繁育体系建设工作起步较早。1986年后，随着乡镇配种站的逐步建立和设施设备的不断完善，全县畜禽良种繁育和推广工作发展较快。2000年，从新西兰引进16只波尔山羊，对境内的山羊品种进行杂交改良。之后，又陆续从国内外引进畜禽良种6个，选育开发地方良种4个，大规模应用于生产的主要畜禽品种8个。至2010年年底，全县备案的种畜禽场22个，其中，蛋鸡1个，肉鸡2个，肉鸭2个，种禽存栏100万套；生猪10个，良种种猪存栏5万头；肉羊7个，种羊存栏4000只。全县22个镇级基层兽医站有42个配种站点，每年改良中低产奶牛1000头以上，改良本地黄牛5000头，实施肉羊杂交改良20万只，畜禽良种化程度逐年提高。全县羊的改良率80%以上，牛的改良率85%以上，牛羊生产性能分别提高30%和42.1%。全县二元、三元猪覆盖率近100%。蛋禽、肉禽实现100%良种化。出栏1头三元杂交猪比本地猪多卖80元；出栏1只波尔山羊杂交羊多获纯收入60元；饲养1头年产4吨鲜奶的奶牛，比低产奶牛每年多收入2000元。良种养殖效益明显。

第二节　畜禽饲养

家畜饲养　20世纪80年代及90年代早期，境内多为一家一户式饲养，饲料为家庭生产生活的副产品，饲养管理粗放。喂猪用剩饭剩菜、麦麸等，有时喂青草、菜叶等，饲喂方式简单，不讲究营养搭配，饲养周期较长，一般1头猪育肥的饲养周期在1年左右。牛的饲料以麦秸为主，配以青草或干草。羊以树叶、青草、干草或作物秸秆为饲料，配合放牧。1986年，全县牛存栏量7.06万头，猪8.57万头，羊46.72万只。马、驴、骡（分马骡和驴骡）役使为主。当年，饲养马8033匹，驴2.45万头，骡3524匹。之后，随着农业机械化程度的不断提高，役畜饲养量逐渐减少。90年代以后，随着科学养殖技术的推广，养殖户逐步开始科学养殖，养猪用全价配合饲料，养牛、养羊也开始计算其营养需要，按需饲喂，饲养水平不断提高，1头猪育肥周期缩短到3个月左右，饲养方式以规模化、标准化饲养较多。1990年，全县存栏马1450匹，驴10161头，骡2994匹。1995年，全县养牛24.28万头，猪42.84万头，羊217.76万只，分别比1986年增加2.44倍、4倍和3.66倍。至2000年，存栏马327匹，驴994头，骡1006匹。2005年，存栏牛12.44万头，猪53.6万头，羊261.36万只。2008年后，落实国家惠农政策，25家规模养猪

山羊放养

场实施标准化改造，在全县范围内对能繁母猪进行补贴，并开展能繁母猪保险工作，全县推广自然养猪法等养猪新技术。20世纪90年代，引进荷斯坦奶牛饲喂，多采取根据营养标准配制饲料，实行人工授精技术。2006年后，全县黄牛饲养数量下降，奶牛数量增加。2008年，对全县的奶牛能繁母牛实行冻精补贴政策，奶牛的良种繁育和饲养管理水平逐步提升。至2010年，全县牛存栏量5.88万头（其中，肉牛5.72万头，奶牛1584头），出栏9.33万头；猪存栏52.4万头（其中，能繁母猪3.19万头），出栏73.37万头；羊存栏182.29万只（其中，山羊176.99万只，绵羊5.3万只），出栏335.67万只。马、驴、骡存栏量分别降至332匹、51头和159匹。

家禽饲养 境内饲养的家禽主要为鸡、鸭，其次为鹅、鹌鹑等。1978年前，境内农户养鸡较为普遍，户均散养10只左右。饲喂以麦麸及作物颗粒为主，喂配合饲料者较少。1978年后，农村开始出现养鸡专业户、专业村。1986年，全县家禽存栏184.26万只，其中，鸡165.57万只。20世纪90年代，境内养鸡专业户逐年增多，饲养数量几百只到几千只不等，有专人饲喂，饲料以全价配合饲料为主。家庭式少量饲养越来越少，专业户饲养规模不断扩大，饲养条件和技术水平不断提高，并逐步向标准化、产业化转变。1995年，全县家禽存栏865万只，其中，鸡823万只，鸭33万只，鹅9万只。2005年起，大力推广林下柴鸡放养。放养的柴鸡利用林地天然的青饲料和昆虫、蚯蚓等动物性饲料，放牧为主、补饲为辅，使家鸡符合绿色食品要求，深受消费者青睐。当年，全县家禽存栏582.4万只，其中，鸡547.46万只，鸭26.33万只，鹅8.61万只。2008年，5家蛋鸡养殖场实施标准化改造。2010年，新增林下规模养殖小区31个，标准化养殖大棚237个，在全市林下养殖观摩评比中获得第一名。全县家禽存栏590.2万只，其中，鸡542.71万只，鸭44.14万只，鹅3.35万只；家禽出栏869.41万只，其中，鸡829.79万只，鸭37.52万只，鹅2.11万只。

特种养殖 土元 境内的特种养殖开始较早，20世纪80年代，农户开始养殖土元，专门建有饲养棚架。后由于销售跟不上，没有好的深加工企业，养殖的土元价格低，逐渐停止养殖。

兔 1970年前，境内家兔饲养量较少。1980年后，家庭养兔快速发展。1981—1985年，引进西德长毛兔，以生产兔毛为主，全县形成“养兔热”，最多时全县有60万只。后因兔毛价格不稳，养兔数量骤减，1986—1987年，全县仅存5万只。1998年，皮肉兼用的獭兔饲养量开始增加。当年兔存养15.39万只，其中，毛兔2.31万只；出栏兔16.18万只，其中，肉兔10.59万只；兔毛产量2.04吨。单城镇吴堌堆建有种兔场，出售种兔、回收商品兔，最多时近万只。2005年，兔毛、兔肉价格走低，养兔效益下降，数量减少，年底，兔存养11.87万只，其中，毛兔3.9万只；出栏兔19.36万只，其中，肉兔13.27万只；兔毛产量10吨。2010年，兔存栏10.79万只，出栏22.94万只。

貂与狐 水貂皮与狐皮是其产品。貂皮与狐皮经济价值大，换汇率高，以出口为主。境内一直有少量农户饲养，饲养数量从几十只到上百只不等。由于饲养管理技术要求较高和国际市场上皮张价格不稳，全县养殖数量一般维持在几百只到上千只。

养狐场

鹌鹑　境内鹌鹑养殖主要以蛋用型的日本鹌鹑为主，养殖户主要集中在朱集镇，养殖规模较小，养殖效益不高。

鹧鸪　人工饲养的鹧鸪适应能力强、疾病少，主食五谷杂粮，饲喂普通饲料加青草、菜叶。养殖方式可利用旧房进行圈养或笼养。2007年，李田楼乡村民开始饲养鹧鸪，取得较好的经济效益，并带动周边群众发展鹧鸪养殖，中央、省、市、县的新闻媒体多次采访报道。

规模饲养　1998年后，境内涌现出一批较大的养殖企业。至2010年年底，莱河奶牛养殖小区饲养荷斯坦奶牛1000余头，生产的鲜奶经加工后销往省内外；绿保奶业亦属于奶牛饲养及牛奶加工企业，养殖奶牛240余头；菏泽华英禽业有限公司在单县投资建成的樱桃谷种鸭孵化场，存栏樱桃谷种鸭10万套，年可提供优质商品鸭苗1000万只；高老家乡利民种兔场有种兔2600套，是全县最大的种兔饲养场；龙王庙镇的李志军种鸡场饲养AA肉种鸡6万套；闫宪忠种鸡场饲养有肉种鸡1500套，同时拥有存栏樱桃谷种鸭6万套的和晟种禽场。

至2010年，全县规模养殖小区80多个，生猪存栏200头以上规模养猪场86个，牛、羊养殖专业村28个，特种动物养殖专业村36个，家禽养殖专业村150多个，专业户近5000户，注册成立畜牧经济合作组织23个。养鸭专业村有莱河镇陈李庄村、李田楼镇的九楼村；养鸡专业村有李新庄镇的李井村、黄坛村，杨楼镇的孟新楼村；养羊专业村有黄岗镇的范堤口村、朱小楼村。全县存栏2万只以上蛋鸡的规模养殖户有杨楼镇孟新楼村的孟庆杰、终兴镇光明集村的张金全等10户；柴鸡养殖户有曹庄乡魏庄的杨公超等12户；存栏生猪200头以上的规模养殖户有徐寨镇的李宗英、牛宏强，高老家乡的司海涛等86户；东城街道杨庄村养牛户戴洪田，专门做肉牛育肥，常年存栏肉用牛100头。

养殖企业、专业村、专业户选介　莱河奶牛养殖小区　该养殖小区存栏奶牛1000头，有养殖户40余户。有优质牧场6.7万多平方米，青贮池9座，年青贮秸秆饲料1.4万多吨，有现代化挤奶大厅1座，饲喂、医疗、防疫等管理制度齐全。2003年年底，被定为农业部万枚胚胎移植富民工程试验基地。养殖小区实行统一配料、统一防疫、统一配种、统一挤奶、统一收购原奶“五统一”服务。2009年3月，成立单县莱河惠农奶牛专业合作社，辐射带动周边50余家奶牛户共同致富，取得明显的经济效益和社会效益。

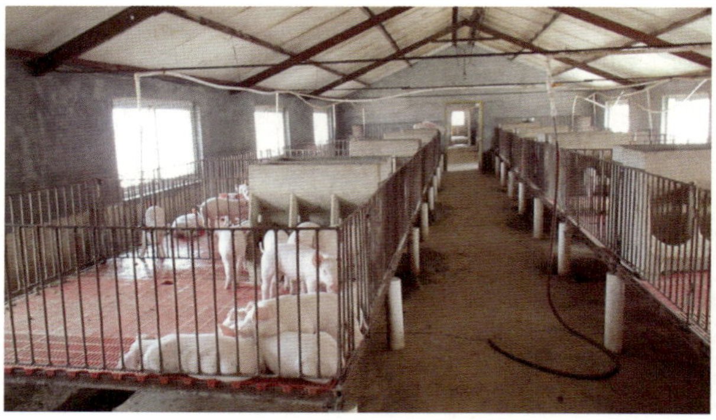

规模化养猪厂

山羊养殖

李志军肉种鸡场　位于龙王庙镇向阳村，是集种鸡养殖、孵化、肉鸡养殖为一体的大规模肉种鸡养殖场。2009年6月建成并投入使用，占地面积26万多平方米，总投资400余万元，建有全封闭式鸡舍8栋，每栋1200平方米，存栏肉种鸡6万套，有8套全自动孵化设备，年可孵化鸡苗400万羽。

华英禽业有限公司种鸭场　菏泽华英禽业有

华英种鸭孵化场

限公司种鸭孵化场是菏泽华英禽业有限公司直属养殖分场，是菏泽市养鸭业龙头企业之一。该场地处单县经济开发区，一期工程始建于2008年5月，占地面积14.67公顷，建筑面积12万平方米，共投资8000多万元，当年年底投产。场内分设养殖和孵化两个车间，其中，养殖车间占地9.33公顷，存栏鸭10万只；孵化车间占地5.33公顷，有高科技电子孵化机100台，年提供优质商品鸭苗1000万只，带动单县及周边县区养殖户2000户。从业人员76人，其中，大中专毕业生18人，科研人员8人。2010年3月，二期种鸭孵化场奠基启动。

林下肉鸭养殖专业村——李田楼镇九楼村 2006年起，该村利用充足的林地资源，发展肉鸭养殖大棚。镇政府帮助养殖户通水、通电、通路，并协调信用社为每个养殖大棚提供2万元小额贷款，先后与单县六和饲料有限公司、菏泽华英禽业有限公司、县畜牧局等单位协商，签订供料、供种、成品回收、防疫协议、技术服务协议，为养殖户实行“五统一”服务，即统一供鸭苗、统一供给饲料、统一技术服务、统一防疫、统一成品回收。至2009年年底，该养殖专业村已建成标准养殖大棚50余座，肉鸭存栏量27万只，年收益180万元。

曹庄乡魏庄柴鸡养殖专业户杨公超 2009年5月，乡、村为其协调魏庄村林地100亩，在县畜牧局专家指导下，按照标准建起养殖大棚，从潍坊引进柴公鸡3万只，开始柴鸡养殖。中秋节期间，出售柴公鸡7000只，盈利5.6万元。10月，出栏柴鸡1万只，每公斤30元，为普通肉鸡价格的4倍多，收益可观。在杨公超的带动下，附近村民纷纷利用林地发展柴鸡养殖。

肉鸭养殖

林下养鸡

1986—2010年单县家畜家禽饲养情况统计表

表6-4-1

年份	大牲畜（万头、万匹）					家畜（万只）		家禽（万只）			
	合计	牛	马	驴	骡	猪	羊	合计	鸡	鸭	鹅
1986	10.66	7.06	0.80	2.45	0.35	8.57	46.72	184.26	165.57	—	—
1987	12.61	9.46	0.42	2.50	0.23	10.96	83.94	204.49	201.30	—	—
1988	12.41	9.17	0.36	2.66	0.22	11.46	84.29	328.80	327.84	0.82	0.14
1989	13.64	11.85	0.34	1.13	0.32	11.53	104.74	344.36	343.40	0.48	0.48
1990	12.95	11.48	0.15	1.02	0.30	12.99	108.91	349.09	348.05	0.57	0.47
1991	12.48	11.60	0.13	0.60	0.15	13.68	105.00	265.68	261.00	3.74	0.94
1992	14.22	13.17	0.17	0.53	0.35	15.93	111.90	372.24	364.07	4.93	3.24
1993	16.31	15.11	0.27	0.64	0.29	18.22	134.17	398.00	388.69	5.63	3.68
1994	17.79	16.29	0.24	0.90	0.36	33.93	130.64	655.42	609.46	31.99	13.97
1995	26.33	24.28	0.58	1.10	0.37	42.84	217.76	865	823	33	9
1996	27.35	26.16	0.39	0.53	0.27	49.25	236.03	864	822	34	8
1997	25.73	24.65	0.35	0.48	0.25	48.21	271.34	756.33	717.33	30	9
1998	10.40	10.29	0.05	0.04	0.02	31.33	98.35	240.20	217.2	17.3	5.7
1999	11.06	10.84	0.08	0.09	0.05	34.45	142.10	331.42	297.83	27.29	6.30
2000	11.56	11.33	0.03	0.10	0.10	39.62	180.00	381.12	345.02	29.10	7.00
2001	11.52	11.33	0.03	0.10	0.06	40.52	199.00	382.34	358.63	16.70	7.01
2002	11.92	11.72	0.04	0.10	0.06	43.76	229.30	440.00	415.78	16.94	7.28
2003	12.41	12.20	0.05	0.10	0.06	47.67	261.40	505.99	476.69	21.00	8.30
2004	12.50	12.42	0.01	0.05	0.02	49.00	262.00	520.00	490.69	21.01	8.30
2005	12.50	12.44	0.01	0.03	0.02	53.60	261.36	582.40	547.46	26.33	8.61
2006	10.68	10.66	0.00	0.02	0.00	53.10	260.03	582.43	545.73	28.00	8.70
2007	7.30	7.28	0.00	0.02	0.00	53.23	235.76	446.16	415.42	24.41	6.33
2008	6.13	6.02	0.06	0.01	0.04	54.44	193.38	519.84	484.67	28.80	6.37
2009	6.02	5.95	0.04	0.01	0.02	53.51	182.00	569.38	522.49	43.07	3.82
2010	5.94	5.88	0.03	0.01	0.02	52.40	182.29	590.20	542.71	44.14	3.35

第三节　饲草饲料

饲草饲料资源　饲草　境内天然草场面积3030公顷，主要集中在河道两岸和滩涂等，牧草种类有马齿苋、银银菜、狗尾草、荠菜、狼尾草、虎尾草、茵陈蒿、蒲公英等。

可作饲草的作物秸秆主要有麦秸、麦糠、玉米秸、豆秸、谷草、地瓜秧、花生秧、棉花叶等，其中，麦秸、玉米秸产量较大，其他如地瓜秧、花生秧等数量较少，一般不经加工直接饲喂家畜。境内有大沙河林场、黄河故道林场等林地面积3万多公顷，树叶产量大，树叶可以喂羊、牛等，每年可收集树叶近亿公斤。黄河故道滩地、堤岸、林下、农田、果园等生长的野草收割后可用作备用饲草。20世纪80年代，境内牧草种植主要有苜蓿、沙打旺、聚合草等，数量较少。90年代，县畜牧局从北京购进三叶草、籽粒苋、紫花苜蓿、黑麦草、冬牧70、串叶松香草等牧草品种。单县确立"种草养畜，发展养羊"战略后，牧草种植面积逐渐扩大。

饲料　饲料作物主要为玉米、高粱、地瓜等；加工副产品为麦麸、米糠、豆饼、棉籽饼、豆腐渣、酒糟等；蔬菜有菠菜、白菜等；动物性饲料有鱼粉、骨粉、羽毛粉、血粉，境内产量较少，主要从外地购进。

20世纪90年代以后，鸡、猪及奶牛的养殖多以配合饲料为主，即依据动物营养标准配制的全价营养饲料，以豆粕、玉米为主，配以其他维生素、微量元素等，以满足畜禽的营养需要。

饲草饲料收贮加工　秸秆青贮　饲草青贮以玉米秸为主。秸秆含水量70%为宜，收割后切碎、压实、封严，一般在30小时～40小时内装满封好都能取得很好的效果。青贮窖大多采取半地下式的土窖或水泥窖。莱河奶牛场、徐寨窑场养牛场等均建有大型青贮池，年可贮存玉米秸秆500多万吨。

饲料加工　20世纪80年代后期，开始使用饲料粉碎机，90年代，实现配合饲料、粉碎混合配制一机完成。2010年，全县有年加工生产秸秆饲料2.4万吨的山东派力饲料有限公司、年产配合饲料18万吨的单县六和饲料有限公司和年产配合饲料15万吨的东方希望菏泽动物营养公司3家饲料加工企业，另有配合饲料年产能力27万吨的菏泽华英饲料厂正在建设中。

六和饲料厂

东方希望饲料厂

第四节　疫病防治

疫病疫情　影响单县畜牧业发展的传染病较多，1986—2010年，境内发生过的传染病主要有猪瘟、猪圆环病毒病、猪无名高热、羊快疫、禽霍乱、鸡新城疫等。

猪瘟　在20世纪80年代曾大面积流行，给养殖户带来很大的经济损失。后经加强流行病防控，实施强制免疫，防控效果较好。2003—2004年，境内发生猪圆环病毒病，2006年，发生猪无名高热病，影响了养殖户的积极性。

羊的疫病　主要有羊猝死，即羊快疫。死亡前症状不明显，患羊鸣叫几声后突然死亡，经推行注射羊快疫疫苗，有效控制了该病的发生和蔓延。

其他家畜传染病　破伤风、口蹄疫、布氏杆菌病、猪传染性胃肠炎、猪细小病毒病、猪传染性水泡病、猪流行性腹泻、猪乙型脑炎、猪流感、猪巴氏杆菌病、仔猪副伤寒、仔猪白痢病、仔猪黄痢、仔猪红痢病、猪弓形虫病、猪蛔虫病等。家禽传染病：禽流感、马立克氏病、鸡传染性法氏囊病、鸡白血病、鸡传染性喉气管炎、禽痘、鸡白痢、鸡球虫病等。

防治体系　2002年前，畜禽疫病的防治体系是以县畜牧兽医站领导各乡镇畜牧兽医站进行防疫为主，另有村卫生室及民间个体兽医配合。县畜牧兽医部门负责制订畜禽防疫计划，各乡镇畜牧兽医站组织实施。养殖户自愿防疫，因防疫服务属有偿服务，防疫率不高，常造成疫病经常性流行和小规模爆发。2002年，县畜牧服务中心成立动物防疫监督所，下设8个分所，负责对全县的动物防疫、检疫及防疫监督。同年，国家把防治口蹄疫、禽流感等烈性传染病列入国家强制免疫疫病，并有专项资金支持动物防疫工作。以后，相关部门每年组织春秋两次全县普防。2003年年底，禽流感、猪瘟、蓝耳病的防疫亦纳入国家强制免疫疫病目录，防疫工作量增加。2005年，建立县、乡、村三级动物防疫网络。县建立动物卫生监督所，乡镇建立畜牧兽医服务部，村建立动物防疫点。县畜牧服务中心负责对防疫员的业务培训。2010年，县畜牧服务中心有高级职称畜牧技术人员5人，中级26人，初级112人；全县乡镇（街道）共有畜牧防疫员502人。

第五节　科技兴牧

20世纪80年代后期，境内畜牧业逐步发展，养殖渐趋规模化，养殖技术日趋科学、规范，养殖设备日趋先进。90年代后期，50%以上的生猪、蛋鸡规模养殖场配备全自动上水、上料、出粪设备，节省人力、物力，提高了饲养、管理水平。2006年后，随着国家惠农政策落实和畜牧科技的不断进步，县畜牧服务中心不断加强对养殖户的技术指导和培训，提高动物疫病检疫检测水平，对有一定规模的畜禽养殖场实施标准化改造，开展华英肉鸭新品种选育技术研究和优质肉牛技术推广项目，对新建的畜禽养殖场区布局进行科学规划，提高防疫水平，并从节约能源和保护环境入手，建立青贮池和沼气池（处理粪便）等设施，开展生态畜禽养殖，实现资源化、可循环发展。随着畜禽合作经济组织的不断建立完善和龙头企业的带动，单县畜禽产品的市场份额、科技含量和养殖效益不断提高，畜禽养殖数量逐年增加，形成产业化发展模式。

第六节　畜产品加工

2010年，全县有500吨位以上冷库5座（其中，

华英鸭加工车间

菏泽华英禽业的冷库容量2000吨），万吨精选羊肉生产线1条。菏泽华英禽业有限公司是单县大型畜牧龙头企业。该公司集种鸭养殖、孵化、饲料生产、屠宰加工为一体，形成年屠宰加工肉鸭4000万只，生产肉鸭系列冷冻产品及熟制品12万吨的生产能力，年产值30亿元。山东百寿坊食品有限公司年加工牛羊肉100吨，年产值5000余万元，利税470万元。单县医用制品厂以青山羊肠衣为原料，生产医用缝合线和球拍线，年生产医用缝合线500万支，出口量300万支，出口十几个国家和地区。

第五章 水产业

1986年，全县水产养殖面积633.3公顷，产量2940吨；水产种植面积193.3公顷，产量2320吨。至1988年，沿黄9个乡镇全面开发黄河故道水域。1991年，县政府把鱼塘开发纳入农田水利基本建设，并予以资金奖励。2000年，推广硬化池、隔离法植藕养鱼高产技术，在全县形成植藕养鱼热潮。2008年，顺利实施省水利厅千亩水产开发计划。2010年，全县水产养殖面积2900公顷，产量1.4万吨；水产种植面积1166.7公顷，产量19750吨。

第一节 水产资源

境内水产资源比较丰富，以“南北两条线，中间一大片”为分布格局。“两条线”即南部黄河故道，面积1867.6公顷；北部东鱼河境内8公里，面积333.5公顷。“中间一大片”即中部有浮龙湖，面积2334.5公顷；农村坑塘4884个，面积890.3公顷；废旧窑坑1467.4公顷；纵横交错的大小河道22条，面积1600.8公顷；可开发的村头荒、碱、涝、洼地2001公顷。全县水产总资源面积1万多公顷。各类水生动、植物较丰富，现有鱼类8纲，17目，33科，44属，60余种。

浮龙湖产30多斤大头鱼

养殖鱼类 草鱼、鲤鱼、鲂鱼、鲫鱼、鲢鱼、鳙鱼、鳊鱼、鲶鱼、黄鳝、乌鳢、鳜鱼、泥鳅等。

野杂鱼 麦穗、棒花、狗鱼、黄桑（鲿也）、餐条、赤眼鳟（马连钻子）、蒙古红鲌、翘咀红鲌（撅嘴鲢子）、鳑皮等。

甲壳类 甲鱼、螃蟹、米虾、秀丽白虾、罗

浮龙湖产大闸蟹

氏沼虾、小龙虾、大耳螺、中华园田螺、河蚌、河蚬。

水生植物 藕、苇、蒲、菱、荸荠、水芹、慈姑、茭白、菹草、浮萍、浮莲、水花生、水葫芦、金鱼藻、大小茨藻、柳叶杂、牛毛杂、轮叶黑藻、各类眼子菜等。

高产池藕种植

第二节 水产开发

1986年，全县水产业发展迅速，大河拦网、围网养殖和坑塘、河沟养殖总面积633.3公顷，总产2940吨。当年年底，单县在全省水产工作会议上做题为《开发利用自然资源，积极发展渔业生产》的典型发言。1987年，县委综合全县水产养殖情况，首次在菏泽地区提出“三网”（拦网、围网、网箱）和水产开发的“五个结合”（水产开发与农田基本建设结合、废窑坑开发与搞活窑业结合、坑塘开发与改变村容村貌结合、荒地开发与农林果业结合、养殖开发与种植开发结合），得到地委、行署的充分肯定，地委在内部刊物《菏泽信息》上介绍单县的先进经验并在全区推广。至1988年，全县水产养殖面积833.33公顷，鱼类总产1450吨。黄河故道水域开发，国家无偿投资百万元，扶助沿黄乡镇拦网养鱼。县水产公司分别从曹县、成武县和江苏仪征市、丰县调运鱼种上千万尾，实现养殖每亩单产50公斤～75公斤。山东省副省长朱启民、省水产厅厅长张程震、副厅长周志久到单县黄河故道视察，给予充分肯定。1991年，县政府把鱼塘开发纳入农田水利基本建设，规定凡开发50亩给予每亩100元奖励。同时，县财政每年拿出20万元～30万元，作为开发奖励基金。2000年，全县水产养殖面积1733公顷，总产8060吨。2008年，蔡堂镇曾庄、文庄两个村完成省水产厅下达的千亩连片窑坑开发计划。该工程由省水产厅扶持资金80万元（每亩直补800元），地方配套30万元，动土方100万立方米。工程完成后，相继成立庆民水产养殖有限公司和庆民渔业合作社。2010年，全县水产养殖面积2900公顷，总产1.4万吨，分别为1986年的2.56倍和15.56倍。

第三节 水产养殖

养殖模式 1986年前，水产养殖以粗放粗养或人放天养为主要模式，属于“一把麸子、一把面”“割把青草喂草鲢”的粗养方式。1986—1988年，沿黄河故道高韦庄、李新集、毛庄、黄岗、杨楼、孟寨、孔集、蔡堂等9个乡镇采取拦网养鱼模式，养殖单产50公斤～75公斤/亩。1989年，全县20多个乡镇采用标准水泥池养殖甲鱼，面积800.4公顷。1990年，曹巨集乡韦洼村、谢集乡陈桥村、黄岗镇任庄村利用荒废窑坑进行“水、陆、空”（上果树、中粮菜、下鱼藕）立体开发，每亩获效益上万元，在全地区推广。

网箱养殖　　2010年摄影

第二年春投放。

1986—1990年，相继引进罗非鱼、淡水白鲳、彭泽鲫、高背鲫、湘云鲫等新品种，分别在农村坑塘、黄河故道水域推广。1991—1996年，相继引进中华鳖、罗氏沼虾、埃及革胡子鲶。1997—2010年，相继引进鲁鲤、建鲤、黄河鲤、团头鲂（武昌鱼）、黄鳝、泥鳅、黄桑、水蛭（蚂蟥）、美国加州鲈、南美白对虾、观赏金鱼系列等。

1996年，县水产服务中心研究员段培旭“庭院养殖革胡子鲶折合亩产7000公斤高产试验”获得成功，在全县推广。全县形成养鲶鱼热，养殖面积1334公顷。1986—1998年，黄河故道1867.6公顷，东鱼河、胜利河大面积拦网养鱼获得成功。2010年，县水产服务中心研究员段培旭主持实施的“废旧窑坑高密度集约化网箱养殖乌鳢高产试验”在李新庄镇获得成功。

良种引进　境内无水产良种繁育场，鱼种多从周边的成武县、曹县、江苏丰县、安徽砀山、河南商丘等地引进，品种大多为鲤、鲫、鳊、鲂、草、鲢、鳙鱼等常规品种。投放方式，一类属于直接春运春放，秋进秋放；一类属春、夏引进水花或乌仔进行二级培育至3寸～4寸大规格鱼种，

第四节　水产种植

苇　分为芦苇、家苇、铜皮苇、黄皮苇等，其中，铜皮苇为上好品质，主要分布在黄河故道、浮龙湖、水库、荒碱涝洼地。1986年，全县植苇面积530多公顷。1990年，由于黄河故道断水，大搞植树造林，植苇面积减少到330多公顷。2010年，全县芦苇面积160公顷。

蒲　又分为窄叶蒲（株高1米～1.5米，简称细蒲）和宽叶蒲（株高2米～3米），主要分布于河道、河沟坑塘内，多为自然繁殖、自然生长，产量不高。1986年，蒲草面积130多公顷，多用

罗非鱼鱼种

藕采收

于各类水果包装。1990年后，蒲包逐渐被包装箱替代，仅少量作为喂鱼饲料或包装材料用。2010年，资源面积60多公顷。

藕 主要有白莲藕、红莲藕、采仔藕、观赏荷等。1986年前，主要分布于黄河故道的二夹堤区，品种以白莲菜藕为主，粗放自然栽培，产量不高。1990年，引进鱼台白莲藕，在境内北半部栽培较多。2000—2005年，相继引进宝应红、南京白莲、泰国胖大藕、鄂莲1、2、4号、湘莲等高产品种。同时，采取并推广硬化池、隔离法植藕养鱼高产技术，全县形成植藕养鱼热潮。该技术在人为创造丰厚肥、高积温、防徒长条件下，亩产可达6吨～7吨。全县植藕面积最多时3300公顷。其中，孟寨乡土疙瘩村、陈蛮庄乡杨集村、杨楼镇孟新庄村、徐寨镇火神庙村、谢集乡陈桥村、黄岗镇任庄村、蔡堂镇黄菜园村、莱河镇陈李庄村、单县水产高科技开发园区等达到上百亩的规模。

水生植物“八仙”部分品种 2000—2005年，相继引进荸荠、慈姑、水芹、茭白、菱角等。部分小面积栽培，部分与鱼藕混作。2010年，浮龙湖浅水区引植高产盘菱200多公顷，亩产1000公斤～1500公斤，售价6元～10元/公斤。

渔用饲草 境内有苜蓿、苏旦、聚合、黑麦等高产草，种植面积较小。

1986—2010年单县水产业生产情况统计表

表6-5-1

年份	种植、养殖面积（公顷）			产量（吨）			产值（万元）		
	养殖	种植	合计	养殖	种植	合计	养殖	种植	合计
1986	633.3	193.3	826.6	2940	2320	5260	588	92	680
1987	733.3	220	953.3	3520	2640	6160	704	105	809
1988	833.3	246.7	1080	4000	2960	6960	880	148	1028
1989	933.3	266.7	1200	4480	3400	7880	985	170	1155
1990	1033.3	286.7	1320	4960	3650	8610	1090	219	1309
1991	1133.3	313.3	1446.6	5270	4180	9450	1580	250	1830
1992	1200	340	1540	5580	4590	10170	1674	413	2087
1993	1280	366.7	1646.7	5955	5225	11180	1786	470	2256
1994	1353.3	386.7	1740	6290	5800	12090	1887	696	2583
1995	1400	413.3	1813.3	6510	6820	13330	2083	818	2901
1996	1460	440	1900	6789	7261	14050	2172	1089	3261
1997	1533.3	480	2013.3	7130	7920	15050	2353	1188	3541
1998	1613.3	513.3	2126.6	7500	8470	15970	2550	1524	4074
1999	1673.3	546.7	2220	7780	9020	16800	3112	1623	4735
2000	1733.3	600	2333.3	8060	9900	17960	3224	1980	5204
2001	1806.7	800	2606.7	8400	18000	26400	4200	3600	7800

续表 6-5-1

年份	种植、养殖面积（公顷）			产量（吨）			产值（万元）		
	养殖	种植	合计	养殖	种植	合计	养殖	种植	合计
2002	1880	1000	2880	8740	22500	31240	4350	4500	8850
2003	1933.3	1166.7	3100	8990	26250	35240	5395	7875	13270
2004	2033.3	1200	3233.3	9450	27000	36450	6615	8100	14715
2005	2100	1100	3200	9260	18150	27410	9542	5808	15350
2006	2200	1033.3	3233.3	10000	17050	27050	8470	5456	13926
2007	2400	1040	3440	11200	17160	28360	9200	5834	15034
2008	2600	1066.7	3666.7	12500	17600	30100	9920	5984	15904
2009	2735	1100	3835	13000	18150	31150	11620	7260	18880
2010	2900	1166.7	4066.7	14000	19750	33750	12100	7900	20000

第五节 鱼病防治

鱼病 境内常见鱼类疾病：细菌病毒传染性疾病有赤皮、烂鳃、肠炎、水霉、肤霉、鳃霉、出血热、竖鳞、打印等病种。寄生性疾病有瓜虫、孢子、绦虫、线虫、中华蚤、锚头蚤、鱼虱、鱼怪等病种。非生物性疾病有营养不良症、气泡病、跑马病、弯体病、理化因子作用引进的水质恶化、缺氧等病种。

防治 1986—1996年，全县鱼类养殖规模小，密度不大，鱼病泛滥机率较小，常用防治药物有生石灰、漂白粉、敌百虫、高锰酸钾、硫酸铜、硫酸亚铁等；中草药有大蒜、苦楝、地黄、马齿苋等。1996年后，由于引进外来品种逐年增多，新病原体、新病种陆续增加，主要表现在鱼、虾、蟹、鳖、幼鱼的生长阶段，以夏秋高温季节为甚。2010年，因细菌性疾病蔓延，造成草食性鱼类损失几十吨。

第六节 捕捞与渔政执法

捕捞 1986年，捕捞形式多为传统自行捕捞，常见方式有赶、栏、刺、网、钓以及竭泽而渔。单县国社联营渔场有专业捕捞队员22人，小木船6只；黄河故道、浮岗水库沿岸有业余捕捞人员500人，木机动船300只，年捕捞量500吨。1990年后，出现电扑器、电船等非法捕捞工具。电鱼、药鱼、炸鱼等违法捕鱼时有发生。2003年，浮岗水库2333.33公顷水面实行租赁承包。之后，拦围网发展到466.67公顷，沿库周边增加机动船百余只，年捕捞量上千吨。2008年，因浮龙湖放水加固整修，拦围网全部拆除。后承包给湖北、上海外商，成立浮龙湖水产养殖有限公司，购置5吨以上机动船10余艘、治安巡逻艇5艘，有专业捕捞人员200人，年捕捞量1500吨。

渔政执法 1986—1989年，渔政执法由水产公司技术站、办公室共同负责。1990年，县水产局设立渔政站，负责渔业法规宣传，调解渔业纠纷，维持渔业生产秩序，对偷、抢、毒、炸鱼等违法案件配合政法机关依法提起诉讼。1996—2010年，先后对东鱼河污染毒鱼案、龙王庙毒鱼案、曹庄拦河养鱼毒鱼案、高老家坑塘毒鱼、炸鱼案、李新集偷、抢、电鱼案等，配合公安机关依照《中华人民共和国渔业法》给予严惩。至2010年，渔政站共查处偷、电、毒、抢、炸鱼案件百余起，查获船、网50余台（套）。

第七节 科研成果

2000年，县水产服务中心研究员段培旭经过十几年研究，在国内独创“硬化池、隔离法、植藕养鱼高产新技术模式”，亩产5000公斤以上，技术推广辐射至华中、华东、华北十几个省、市、地区，面积几百万亩，获山东省科技进步三等奖。中央电视台军事农业频道、山东电视台农科频道《乡村季风》栏目、菏泽电视台《田园风》栏目等多次报道。2006年，段培旭作为特邀嘉宾参加在北京人民大会堂召开的科学家论坛会，受到党和国家领导人的亲切接见。2010年，由段培旭主持实施的“废旧窑坑高密度集约化网箱养殖乌鳢高产试验”，在无增氧条件下，全投喂海、淡杂鱼动物蛋白进行饲养，亩产13吨，产值近30万元。获市级科技成果及科技进步奖，填补菏泽市空白。另外，由段培旭主持的“百亩荒废窑坑当年开发鱼藕高产试验”“庭院小区养鲶高产试验”“双苦液防治寄生性鱼病”获市级奖励；“野地黄防治水生寄生性病害研究”获市级科研成果，填补国内单项研究空白。

2002—2009年，县水产服务中心研究员段培旭获国家发明专利8项。其中，捕捞器具2项，增氧器具1项，防病器具2项，民用器具3项。

第六章 农业机械

第一节 农业机械化进程

1986—2000年，为迅速发展期。这一时期随着农业改革的不断深化和农村经济的日益繁荣，农业机械拥有量迅速增加。农用拖拉机、农用运输车、柴油机以及与之配套的耕翻犁、旋耕机、小麦播种机、小麦割晒机、排灌水泵和农副产品加工等农业机械数量与品种迅速增加，农业机械化服务项目，由耕种发展到收获，由种植业扩展到农、林、牧、副、渔等业各环节，由农田作业延伸到农村运输、农副产品加工、农田水利基本建设、设施农业等农村经济各方面。油料供应、维修网点、农机整机、配件销售服务网络遍布全县各个乡镇，农机经营服务范围迅速扩大。小麦生产、玉米生产、农村运输、农田水利基本建设基本实现机械化。2001—2010年，为优化调整、稳步发展期。这一时期，农业机械化的发展经历了由重数量到重质量、由小型到大型、由分散到集约等结构调整和优化升级的过程。在机具数量稳步增加的同时，大中型与小型、动力机械与作业机械、通用与专用机械等整体装备结构及配比进一步优化，产品的科技含量、安全性、适用性、可靠性等进一步提升。联合收获机械小麦联合收割机、玉米联合收获机械等大中型机具和弥雾机、玉米秸秆还田机等节本增效机具得到快速发展。

2000年起，农机经营体制进一步健全和完善，经营规模迅速扩大，逐步涌现出一批农机经营大户、农机合作组织、农机作业服务队等新型产业化农机服务组织，适应了农业产业结构调整和农业机械化的产业化、标准化、社会化发展的要求。

2005—2010年，重点推广保护性耕作机械，小麦免耕播种机、深松机逐步被农民认可和使用。

1986—2010 年单县农业机械化作业统计表

表 6-6-1　　　　　　　　　　　　　　　　　　　　单位：公顷

年份	机耕面积	机播面积	机收面积	机械植保面积
1986	49027	687	173	—
1987	47880	1393	4060	—
1988	54700	5453	14333	—
1989	59000	6333	22133	—
1990	69073	6527	27467	2267
1991	71167	20067	31200	8200
1992	56300	11013	40013	27093
1993	56300	13800	32000	33000
1994	57313	16667	36267	33333
1995	63333	20000	50000	33333
1996	66000	26667	52000	15333
1997	65333	18667	58400	24007
1998	65333	42060	62253	59873
1999	65333	46667	63333	59873
2000	68000	36000	60040	60000
2001	68000	41933	57293	61333
2002	68000	56293	62473	63333
2003	68000	56953	58473	63360
2004	68000	56953	62473	63373
2005	70000	63000	78333	63400
2006	80000	70000	84113	63427
2007	80000	88000	84667	66000
2008	84000	96000	89000	71400
2009	86667	98667	92400	71333
2010	76667	10933	96667	71333

第二节　农机种类

动力机械　*固定作业动力机械*　包括柴油机、汽油机和电动机，以柴油机为主。用于为排灌机械、场间作业机械、农副产品加工机械及其他工副业加工机械提供动力。主导机型有莱动、常柴、潍柴等厂家生产的95、100、115系列柴油机。

随着电力工业的发展，供给农村的用电量逐年增加，农用电动机发展较快，主要用于农田排灌和农副产品加工。

行走作业动力机械　主要包括拖拉机、三轮农用运输车和四轮农用运输车。单县保有量较多的拖拉机有第一拖拉机厂生产的东方红系列拖拉机、福田雷沃农业装备公司生产的欧豹系列和山拖农装公司生产的泰山系列拖拉机；机动三轮车主要有时风、五征等品牌；农用运输车主要是福田、北京等品牌。

1986年，全县农机总动力231280千瓦，1995年439046千瓦，2010年2205303千瓦，为1986年的9.5倍，年均增长9.85%；1986年，全县各种拖拉机4143台，1995年为8500台，2010年17542台，为1986年的4.2倍，年均增长6.2%。

耕种机械　主要包括与拖拉机等动力机械配套的耕翻犁、旋耕机和播种机等。耕翻犁有与各种型号拖拉机配套的单铧、双铧、三铧、四铧耕翻犁和深耕犁，以及汽动、液动翻转犁；旋耕机主要有120型、150型、180型、200型旋耕机。1986年后推广应用的播种机主要有1行、3行人畜力小麦播种机，4行、6行、8行、10行小麦机引播种和精播半精播机，小麦免耕播种机等，多数机型通过更换调整播种装置，可以通用兼容，既能播小麦，也能播玉米、大豆等作物，有些还装有施肥装置，在播种的同时可播施种肥。

1986年，全县有机引犁2804台、旋耕机915台、播种机70台，1995年，分别为8120台、2137台、788台，2010年，分别为10300台、3299台、4985台，分别是1986年的3.7倍、3.6倍、71.2倍，年均增长分别为5.57%、5.49%和19.45%。

耕作

玉米播种　　2008年摄影

小麦播种

田间管理机械　用于排灌、施肥、中耕锄草和病虫害防治机械及田园管理机。排灌机械有各类离心泵、潜水泵、喷灌机等，品牌型号较多，以杭州、湖西泵为主；施肥机具主要有各种品牌型号的单行人力施肥耧；中耕锄草机具主要有单行、双行、三行人畜力和机引中耕机、耘锄等；植保机械主要有泰山-18、工农-18型背负式机动弥雾机和各种品牌型号的手动背负式喷雾器；田园管理机是近几年为适应设施农业需求，开发引进的一种通过更换作业装置可实现中耕、施肥、旋耕、播种、喷药、收割等多项作业的一种微型手扶拖拉机，主要有潍坊、武城等地生产的多功能田园管理机。

收获机械　1988—1995年，主要推广应用的是与小型拖拉机配套的割晒机，以及与柴油机、电动机配套的脱粒机。1995年始，引进、推广、应用与大中小型拖拉机配套的背负式小麦联合收割机和各种型号的自走式小麦联合收割机，并迅速发展。2005—2010年，玉米联合收割机、玉米秸秆粉碎还田机、玉米脱粒机推广发展。主导品牌主要有淄博巨明、兖州大丰、福田谷神、新疆-2号和兖州国丰等。1993年，全县有小麦联合收割机2台，2010年2100台；2005年，有玉米联合收割机16台，2010年620台；1989年，有秸秆粉碎还田机4台，2010年3411台。

小麦收割机

玉米收获机

运输机械　主要包括与大中小型拖拉机配套的各类挂车、机动三轮车和农用汽车等，主导品牌有梁山、郓城挂车厂生产的各类挂车，五征、时风三轮运输车，福田、北京等四轮农用运输车。1986年，全县有农用机动运输车133辆，2010年10.24万辆，年均增长31.91%。

1986—2010年单县农机具拥有量统计表

表6-6-2　　单位：台

年份	农机总动力（千瓦）	拖拉机	机引犁	旋耕机	深松机	播种机	水泵	机动喷雾机	小麦联合收割机	玉米联合收割机	割晒机	秸秆粉碎还田机	农产品初加工作业机械	农用运输车
1986	231280	4143	2804	915	—	70	—	—	—	—	128	—	5087	133
1987	256823	4830	7506	877	—	164	—	—	—	—	300	—	5281	159
1988	295850	5907	4348	1314	—	218	—	58	—	—	598	—	5466	696
1989	331358	7555	6261	1745	—	282	—	58	—	—	1062	4	5779	1261
1990	355576	8513	7123	1891	—	302	—	760	—	—	1462	4	5249	1825
1991	360007	8156	6829	2093	—	359	14866	760	—	—	1840	6	5199	2401

续表 6-6-2

单位：台

年份	农机总动力（千瓦）	拖拉机	机引犁	旋耕机	深松机	播种机	水泵	机动喷雾机	小麦联合收割机	玉米联合收割机	割晒机	秸秆粉碎还田机	农产品初加工作业机械	农用运输车
1992	373749	8199	6855	2094	—	373	15360	820	—	—	2069	6	5210	2560
1993	386512	8220	7267	2094	—	428	16317	939	2	—	2213	6	5335	2780
1994	406798	8230	7617	2094	—	468	18317	1139	4	—	2513	6	4747	4420
1995	439046	8500	8120	2137	—	788	19417	1539	4	—	3013	6	4807	3774
1996	461932	8900	8983	2458	—	1143	20262	1957	9	—	3322	10	4885	6971
1997	491233	9130	9065	2473	—	1493	20462	1992	47	—	3422	140	5045	8031
1998	543939	9518	9205	2573	—	1833	20913	2036	67	—	3802	220	5177	11800
1999	655094	9568	9249	2583	—	1913	21113	2036	92	—	4022	295	5193	24318
2000	823396	10268	9704	2596	—	1963	21613	2141	108	—	4107	360	5230	35220
2001	922698	10568	9704	2600	—	2003	22729	2192	301	—	4233	360	5276	45721
2002	1123741	11177	9762	2616	—	2020	23522	2199	461	—	4564	382	5347	48769
2003	1237787	11920	9894	1855	—	2363	23522	2199	696	—	4214	634	44508	56737
2004	1764656	16214	9952	1938	—	2802	26931	3049	1077	—	4214	2581	34441	94136
2005	1842962	16777	10100	2420	—	2811	27062	3059	1112	16	4214	2581	5685	97636
2006	1896086	17088	10106	2782	—	2853	27139	3074	1511	79	4204	2626	5693	99706
2007	1928276	17396	10138	3062	—	2895	27199	3074	1737	145	4204	2716	5777	100826
2008	2069627	16827	10258	3218	16	4373	27210	3074	1849	281	4204	3217	5781	102833
2009	2092318	17038	10298	3224	26	4605	27210	3102	1985	492	4204	3329	5781	102337
2010	2205303	17542	10300	3299	26	4985	27210	4288	2100	620	4204	3411	5781	102429

第三节　农机经营与农机购置补贴

农机经营　1986—2010年，随着农村改革和农村经济的日益繁荣和发展，农机经营服务业发展较快，其经营体制、经营方式、经营规模、经营范围经历一个由国营、集体到民营、个体，再由分散到集约，由自主到规范，由小到大，由单一到综合，由本区域到跨区域的发展过程。1998年后，随着跨区作业市场的逐渐形成，农机产业化迅速发展。至2010年年底，全县有农机经销企业8家，农机经销点123个，并涌现出一批农机大户、农机作业服务队、农机专业协会等新型农机经营服务组织。

农机购置补贴　2005年起，实行农机购置补贴，当年补贴资金30万元。以后逐年增加，2010年1120万元。补贴额度为购机额的30%。至2010年年底，累计使用补贴资金2930万元，补贴机具3769台。补贴机具种类包括耕整地机械、种植施肥机械、田间管理机械、收获机械、收获后处理机械、农产品初加工机械、排灌机械、畜牧水产养殖机械、动力机械、农田基本建设机械、设施农业设备、其他机械共12类。

2005—2010 年单县农机购置补贴情况统计表

表 6-6-3

年份	补贴资金额（万元）	补贴机具数量（台）
2005	30	53
2006	100	139
2007	240	292
2008	400	417
2009	1040	756
2010	1120	2112
合计	2930	3769

第四节　农机修配

1986 年，农机修配附属于农机服务组织内部，如县拖拉机站和乡镇拖拉机站。1988 年起，乡镇成立农机管理服务站，组建一批农机供应维修点。随着市场经济的发展，陆续涌现出一批个体农机供应门市和维修点。1995 年后，随着农机数量的快速增加和服务需求量的增长，农机修配服务业务迅速发展，经营数量、经营规模、经营范围逐步扩大，并形成产业。1995 年，成立县农机修配管理站，负责全县修配网点的管理、技术培训、证书审批、市场监督等工作。至 2010 年，全县从事农机供应修配服务的农机维修厂及维修点 195 个，从业人数 349 人。

第五节　农机监理

农机监理业务由县农机监理站承担。业务主要有农用拖拉机、联合收割机等农业机械的落户登记、挂牌发证、年度检验；农机驾驶操作人员的考核颁证、年度检验、安全教育；农机安全生产监督检查、事故处理和统计上报等。1989 年 12 月，从事农业生产运输的拖拉机，由县交警部门委托县农机监理部门管理。1990 年，统一换发有效期为 4 年的驾驶证。1996 年，驾驶证有效期改为 6 年，每年验证 1 次。1998 年，对从事农田作业的拖拉机换发“山东 R”字头的号牌。2005 年起，对从事农田作业的拖拉机、联合收割机，换发“鲁 17-7”字头的新号牌。至 2010 年年底，全县共换发拖拉机新号牌 2310 副，联合收割机号牌 830 副。办理拖拉机驾驶证 2230 本，联合收割机驾驶证 740 本。

第六节　技术培训

农机技术培训工作由县农业机械化技术学校承担，主要培训农用拖拉机驾驶员、农机供应人员、农机维修工、基层农机管理人员和各类农机手。培训形式主要采取校内集中培训和乡镇分散办班相结合，长班与短班相结合。1998 年，该校被省树为鲁西南农机培训一面红旗，泰安、临沂等市地曾组织人员到农机校参观学习。1986—2010 年，累计培训各类农机人员 3.6 万余人。

第七节　农机跨区作业与服务组织

跨区作业　农机跨区作业始于1996年，始称农机“东进西征”“东机西调”，作业内容由初期的小麦机收、秋季耕翻逐步发展到玉米收获、秸秆还田、花生收刨、农田水利作业等，作业范围也由原来的县市区内、省区内，逐步扩展到跨省区作业。1998年后，参与跨区作业的机种越来越多，数量大幅度增加，组织程度进一步提高，效益更加明显。2010年，参加跨区作业的小麦联合收割机、玉米收割机、耕地机械、播种机械等各类农业机械5500台（套），分赴安徽、江苏、河南、河北、湖北等地作业，作业面积23.83万公顷，实现作业收入1.65亿元。

农机合作社　单县农机合作社建设始于2008年，当年注册合作社5个。至2010年，全县注册合作社38个，其中，达到运营企业化、库房标准化、管理规范化、作业规模化、生产科技化五化要求，实行统一订单作业的合作社4个。全县农机合作社社员760户，拥有大中型机械1140台、配套机具2100台（件），作业面积占全县机械作业面积的21%。全县有农机原值20万元～50万元农机化作业服务组织276个，农机原值50万元以上的农机化作业服务组织99个，农机原值20万元以上的农机大户318个。

第八节　农机具推广

1986年后，累计实施农机新技术推广26项，推广各类农机新机具19850台(套)。1988—1998年，围绕小麦种植全过程，先后引进推广人畜力小麦播种机、机引播种机、精播半精播机具、小拖深耕犁、旋耕机、机引割晒机、联合收获机、小麦精选脱粒机和播种镇压器，至1999年，全县小麦种植从土壤耕翻、种植到收获等主要生产环节已全部实现机械化。1995—2005年，主要围绕玉米生产开展农机推广工作，先后推广点播耧、贴茬播种机、脱粒机、秸秆还田机和玉米联合收获机等机具。2006—2010年，重点推广保护性耕作机械，农机购置补贴政策对购买玉米联合收获机、小麦免耕播种机、深松机的农民给予优先补贴，调动农民购买保护性耕作机械的积极性。2008—2010年，单县建立两个农机科技示范园和一个经济作物机械化示范点，通过示范带动作用，提高农民购买和使用农机新技术、新机具的自觉性和积极性。玉米联合收获机械、小麦免耕播种机械、深松机械等新机具被广泛应用。

菏泽市暨单县小麦机收跨区作业出征仪式　　2009年摄影

第七章 农业开发

第一节 农业综合开发

1988—2010年，严格按照国家计划实施农业综合开发项目，累计完成投资8506万元，增产粮食17818吨，棉花1452吨，蔬菜125吨，油料172吨。增加产值17916万元。

1988—1990年，黄淮海开发治理中低产田933公顷，涉及大李海、丁楼、谢集、李新庄、徐寨5个乡镇，总投资387万元，其中省以上财政资金157万元，县财政100万元，银行借款130万元。

1991—1993年，争取中低产田改造、农技推广、土地整改和农田林网建设项目4个。涉及朱集、王小庄、马楼、终兴、张集5个乡镇，治理中低产田2000公顷。总投资937万元，其中中央财政287万元，省财政289万元，市财政22万元，县财政339万元。建设内容：完成节水工程 1800公顷，打机井40眼，井房配套250套，新增变压器10台，架设高压线路9.7公里，埋设管道76.1公里；农技推广新建小麦、玉米、棉花良种示范区1166.67公顷，BT菌剂配制推广3333.33公顷，技术培训1万人次；土地整改1800公顷，机械深翻整地80公顷，优化配方施肥1400公顷，地力监测、土样化验120个；完善农田林网2000公顷，植树8.75万株。通过开发，项目区共增产粮食2283吨，棉花29吨。增加总产值662万元。

1994—1996年，谢集、丁楼、大李海、单城等乡镇治理中低产田2666.67公顷。财政总投资663万元，其中，中央财政108万元，省财政434万元，市财政30万元，县财政91万元。项目区新打机井31眼，砌护井台150个，埋设管道7万米，建桥涵16座、小型扬水站8座、支渠斗门10处；农业科技推广373.34公顷，小麦高产示范133.33公顷，蔬菜高产栽培示范1.67公顷，无公害蔬菜试验5公顷，不同类型土壤培肥示范100公顷，BT菌剂推广33.33公顷；良种繁育400公顷，其中，小麦良种繁育100公顷，玉米良种繁育33.33公顷，棉花良种繁育266.67公顷；新建农田林网1200公顷，完善866.67公顷；土壤改良深翻整平133.33公顷，配方施肥140公顷，土样化验50个；单城镇建蔬菜批发市场3.36万平方米，建冬暖式蔬菜大棚10个；技术培训1300人次。

1997年，李新庄镇洋香瓜基地建设1000公顷，总投资327万元，其中，中央财政270万元，市财政18万元，县财政39万元。

1998—2002年，农业开发总投资1381万元，其中，财政资金1043万元。项目涉及陈蛮庄、孙溜、黄岗、花园、徐寨、黄堆、曹马、芦墓、单城、李田楼、时楼等11个乡镇。5年共完成中低产田改造3066.67公顷。开挖引水沟渠157公里，建设防渗渠36.7公里，建石桥、涵、闸277座，打机井2023眼；整修田间道路441公里，平整土地6634公顷，深耕5655公顷，秸秆还田1000公顷，平整施肥666公顷；建设种子仓库2695平方米，检验室120平方米，种子加工车间1250平方米，建晒场7410平方米，购置检验仪器60台；建培训教室300平方米，实验室200平方米；购置中型拖拉机10台，秸秆还田机4台，仪器16台；新品种、新技术推广2259.6公顷；新建林网225公顷，苗圃13公顷；发展高效节水硬化池藕6.67公顷；技术培训1.99万人次，外出考察1008人次。共增产粮食3297吨，棉花42吨，蔬菜48吨。增加总产值1368万元。

2003—2005年，完成农业开发项目3个，总投资899万元，其中，省以上财政850万元，市财政23万元，县财政26万元，涉及郭村、李田楼、高老家、李新庄、谢集5个乡镇。完成中低产田改造2400公顷；开挖引水沟渠59.5公里，建设防渗渠22.5公里，埋设管道18公里；建设石桥48座、涵洞4座，建设田间小型配套工程140座，打机井370眼，砌护井台190眼，发展喷灌266.67公顷；购置变压器4台，架设输变电线路15公里，低压线路10.5公里；修机耕路66公里；植树10万株，发展林网1333.33公顷，苗圃3.33公顷，大叶桑66.67公顷，冬枣33.33公顷；推广小麦示范区400公顷，小麦良种示范区53.33公顷，发展优质芦笋400公顷；培训3500人次。项目区共增产粮食917吨，棉花73吨，蔬菜25吨。增加总产值2169万元。

2007年，郭村镇、曹庄乡农业综合开发总投资414万元，其中，省以上财政393万元，市财政21万元。2008—2009年，农业综合开发总投资2679万元，其中，省以上财政投资2075万元，市财政投资109万元，群众自筹495万元。项目涉及终兴、蔡堂、时楼、黄岗、浮岗、李新庄、谢集等7个乡镇。项目区中低产田改造2000公顷；改良土壤1333.33公顷；发展优质芦笋基地233.33公顷，建设芦笋示范区20公顷；发展优质小麦生产基地466.67公顷；引进优质梨新品种示范推广133.33公顷，无核葡萄新品种示范推广166.67公顷；架设低压输变电线路40公里；整修机耕路180公里；建石拱桥、水闸37座，生产桥9座，涵管桥513座，涵洞48座；打机井及井台、井盖配套546眼；建设田间小工程26项，埋设管道42公里；开挖疏浚引排水沟渠101.6公里，引水沟渠15公里，扩大和改善灌溉面积2666.67公顷；埋设PE、PVC管道237.5公里，发展节水灌溉1740公顷；修建防渗斗渠7.25公里、防渗渠17.4公里，发展防渗渠节水灌溉373.33公顷；发展农田林网2080公顷，植树20万株；技术培训1.3万人次。共增产粮食3249吨，棉花104吨，瓜菜656吨，油料240吨，蚕茧70吨，大棚菜520吨。增加总产值5262万元。

2010年，农业开发总投资819万元，其中，财政资金635万元，农民自筹及劳务折资184万元。项目涉及莱河、谢集2个镇，完成中低产田改造600公顷。项目建设内容：新打机井130眼，建排灌站2座，开挖疏浚沟渠30公里，建石涵洞137座、桥23座、倒虹吸42座，埋管48.6公里，修防渗渠2.5公里，新增灌溉面积353.33公顷，改善灌溉面积246.67公顷；架设输变电线路6.5公里，安装变压器8台；新修田间道路20公里，新修砂石路8.5公里；新栽补植林网33.33公顷；技术培训5000人次。项目区作物复种指数由原来的1.71提高到1.78。增产粮食1411吨，棉花22吨，粮食年增产值280.38万元。年平均节水量67.48万立方米。

第二节　扶贫开发

1986—2010年，扶贫开发累计投入资金5092.1万元，扶贫效益2.53亿元。

1986—1990年，省下拨单县专项扶贫资金200万元，安排项目50个，涉及34个乡镇。其中，村办企业项目34个，投放资金152万元；村办养殖项目9个，投放资金10万元；种植业项目5个，投放资金13.5万元；建筑业项目2个，投放资金12万元；用于贴息贷款12.5万元。本期扶贫效益1000万元。

1991—2000年，省下拨单县专项扶贫资金2852.1万元，涉及全县37个乡镇，覆盖158个村，

33.4 万贫困人口。扶持种植业项目 45 个，养殖业项目 41 个，加工业项目 10 个，农田水利基础设施项目 52 个。本期扶贫效益 14260 万元。

2001 年，省下拨扶贫资金 170 万元。涉及 17 个乡镇，覆盖 21 个贫困村，人口 30004 人。发展山羊养殖 2.18 万只，养牛 250 头，种植牧草 33.33 公顷，植桑 38.67 公顷，种植池藕 20 公顷，种植优质大豆 13.33 公顷，建设沼气池 20 个，购买沼气模具 1 套，修 4 米宽柏油路 7.5 公里。本期扶贫效益 850 万元。

2002—2004 年，共投入扶贫资金 571 万元，其中，省下拨扶贫专项资金 566 万元，县投资 5 万元。项目涉及曹庄、杨楼、终兴、浮岗、高韦庄 5 个乡镇 67 个村庄。发展青山羊养殖 11.36 万只，种植牧草 784.67 公顷；植杨树苗 333.33 公顷，购杨树苗 15 万株，栽植中华寿桃 440 公顷，建油桃大棚 55 个，盆景桃花大棚 55 个，冬暖式大棚 300 座，购桃苗 20 万株，建桃花大棚 110 个，栽植杂果 100 公顷、50 万株，栽植玫瑰 106.67 公顷、64 万株；种植山药 266.67 公顷，种植胡萝卜 200 公顷、白莲池藕 20 公顷；架设高低压线路 3 公里，打井 710 眼，修公路 17 公里，建桥涵 31 座；建设沼气池 600 个，发展新型沼气推广应用示范村 2 个；建牧草养殖示范点 1 处；建市场 2 处。本期扶贫效益 3350 万元。

2005—2007 年，中央及省财政投资 470 万元，重点围绕家禽养殖、特色种植和农田水利基本建设进行开发扶贫。项目涉及高韦庄、浮岗、张集 3 个镇。发展肉鹅饲养 80 万只，配套建鹅舍 28 万平方米，鹅种养殖 2 处；建设 600 平方米大棚 100 个，养殖肉鸭 150 万只，肉鹅 20 万只；种植牧草 9.33 公顷，种植辣椒、圆葱 400 公顷，轮作种植韩国 007 辣椒 186.67 公顷，金蒜 1 号大蒜 186.67 公顷；新打机井 254 眼，建石生产桥 2 座，配套打 50 米深配套机井 70 眼，修生产路 3 公里；技术培训 3200 人次。本期扶贫效益 3200 万元。

2008—2010 年，中央及省财政总投资 530 万元，项目涉及莱河、孙溜、李田楼 3 个镇，覆盖 22 个贫困村。新建 600 平方米大棚 560 个，发展蛋鸡 9 万只；新建养鸭大棚 180 个，补贴养鸭 64.6 万只、鸡 4 万只；新打机井 49 眼，建石生产桥 1 座，整修生产路 4600 米，架设低压线路 6600 米；养殖实用技术培训 3400 人次。本期扶贫效益 2650 万元。

第七编 工业

工 业

1986年，全县工业企业166家，其中全民所有制企业15家，集体所有制企业151家，工业总产值1.65亿元，产品销售收入1.74亿元。1986年后，按照县委《关于搞活经济若干问题的暂行规定》，围绕开发利用本地资源，重点抓工业技术改造和基本建设，通过引进联合，工业规模不断扩大，至1994年，工业总产值达到13.25亿元。“湖西”牌麻袋、涂塑窗纱、陈曲酒等49种产品分别获得地优、省优、部优或国际金奖。1998年起，工业企业改制，原国有和县、乡集体企业大多改为股份制、股份合作制或个人买断、租赁等民营企业。

2001年，实施“工业立县”战略。集中力量实施招商引资，加快培植主导工业产业、产品、骨干企业。2004年，建立单县经济开发区，单县化工、四君子酒业、泰信纺织、奇峰纺织等一大批中型企业先后入驻园区。2005年，实现工业总产值74.86亿元。医药化工、塑料加工、农副产品加工等工业产业初具规模，骨干企业支撑作用明显增强。2008年，围绕企业的膨胀和大项目建设，完善《关于扶持全县25家重点企业加快发展的意见》，25家重点企业完成增加值13.2亿元，实现主营业务收入48亿元，入库税金2亿元。在全市经济综合指标考核评比中名列第一，被市政府评为全市工业经济发展先进县和全市节能工作先进县。2009年，单县被授予中国新能源产业百强县。至2010年，全县工业已形成化工、农副产品加工、造纸、机械、能源、纺织等产业体系；山东省名牌产品5个，山东省著名商标4件，全国驰名商标1件，其中“尚舜”牌系列橡胶促进剂、“湖西王”牌推力球轴承等产品在国内外市场有较高的知名度；规模以上工业企业305家，其中产能过50亿元的企业1家，产能过10亿元的企业达到6家，产能过亿元的企业达到60家；实现工业总产值305.43亿元，主营业务收入309.95亿元，利税总额43.43亿元。工业已成为单县区域经济的主要支柱。

第一章　工业体制改革

1986—2010年，单县工业经济体制通过经营机制和产权体制改革，从传统的计划经济管理体制，逐步转变到社会主义市场经济体制，建立起现代企业制度，为工业经济持续、快速、健康发展创造良好的机遇和条件。

第一节　管理体制改革

1983年4月，县工交办公室撤销，成立单县经济委员会（简称县经委），负责全县工业企业的调度和监控，对县属工业企业进行监督管理。1984年4月，全县行政机构改革，县工业局改为县一轻公司，县二轻局分为多种经营乡镇企业局和二轻公司。1986年8月，将县工业公司、二轻工业公司由副局级改为局级企业行政管理机构。12月，多种经营乡镇企业局改称乡镇企业局，担负着对全县乡镇企业的指导、管理、监督和服务的职能。1987年11月，成立县体制改革办公室，负责贯彻落实上级关于经济体制改革的方针政策，具体组织开展全县企业一、二轮承包。该年，县工业公司下辖12家企业，其中，国营10家，集体2家；县二轻公司下辖15家集体企业；县乡镇企业局下辖131家乡镇（街道）办集体企业，村办以下工业企业13546家。

1989年11月，县工业公司、二轻工业公司分别恢复为工业局、二轻工业局。县二轻工业局改为单县二轻工业集团总公司，县工业局改为单县工业集团总公司，原行政管理职能归属县经委。

1999年，设立单县个体私营经济管理局，设在县乡镇企业局，主要职责是对全县个体及民营经济“规划、协调、管理、服务”。县乡镇企业局和县个体私营经济管理局两块牌子、一套班子。2002年5月，县经济委员会改称单县经济贸易局（简称经贸局），县财贸委员会并入；县二轻工业集团总公司更名为单县轻工业协会；县工业集团总公司更名为单县工业协会。2005年1月，撤销县工业协会、县轻工业协会，其编制、职能并入县经贸局。2007年9月，县乡镇企业局（县个体私营经济管理局）改称单县民营经济发展管理办公室，挂单县中小企业管理局牌子。2010年1月，县经贸局改称单县经济和信息化局（简称经信局）。

第二节　经营体制改革

1983年，政府对企业实行以税代利、税收包干、自负盈亏的责任制。1987年，在厂长、经理负责制的基础上，承包经营责任制全面推开，实行政企分开，所有权和经营权适当分离。1988年2月，国务院对国有企业实行经营承包责任制作出具体规定，并纳入《中华人民共和国全民所有制企业法》，境内企业开始推行第一轮承包。1989年，各企业对承包合同进行充实完善，进一步明确责、权、利关系；企业内部实行风险抵押金制度，把职工的利益与企业的利益相捆绑；企业内部实行层层承包并引入竞争机制，形成下包保上包的承包体系；在分配制度上实行工效挂钩，按劳分配。1990年10月，县委、县政府印发《关于工业企业第二轮承包的意见》，全县国有、集体工业企业进行第二轮承包，本着“大稳定、小调整和领导班子集体承包”的原则，采取以“续聘为主，选聘为辅”的方法，稳定和优选经营者。具体办法是：承包前，成立县企业承包基数测算小组，合理确定承包基数，然后由企业主管局拟定承包方案。承包内容是“两包一挂”，即包上交利润，包技术改造任务，实行工资总额与经济效益挂钩。承包期限，原则上一定3年，技术改造周期长的企业与项目周期相一致。为保证企业完成承包任务，建立健全承包指标考核体系和自我约束机制，防止企业的短期行为。承包年度结束后，由发包方根据考核结果对照有关规定，组织兑现。按此办法，全县工业企业普遍进行了第二轮承包。1991年，企业领导实行聘用制。县属以上企业，工人身份担任厂长（经理）的人数占32.3%。在分配制度上，实行工资分配与企业效益挂钩。1992年，落实国务院《全民所有制工业企业转换经营机制条例》，进一步简政放权，完善机制，深化企业内部三项制度改革，加快企业经营机制的转换。1998—1999年，县属工业企业除自来水公司和供电集团总公司外，全部进行经营体制改革。2000年起，限额以上企业实行“一书四制”（聘任书，年度经济目标责任制、年度经济成果综合审计评价制、风险抵押制、年薪制）。在企业内部，实行干部聘用、劳动用工、工资分配三项制度改革，赋予企业完全的经营自主权。至2010年，县属工业企业伴随者产权制度改革，大多进行破产重组，实行股份经营或租赁经营。

第三节　产权制度改革

1994年，在县棉纺织厂、县文体用品厂等企业进行股份制试点，对县造纸厂、木器厂、服装厂、肉联厂、圆钉厂等7家企业实行租赁经营。1998年，按照菏泽地委、行署《关于加强国有工业企业产权改革的决定》，县委、县政府以产权转让为中心，以股份制改造、产权出售、租赁、联营等为主要形式，集中推进工业企业产权制度改革。在企业改制过程中，坚持“五个确保”和“六个同步”的原则。“五个确保”是确保国有和集体资产不流失，银行和其他债务不悬空；确保有利于停产企业恢复生产；确保职工再就业和职工收入的增长；确保财政收入逐步增加；确保社会的稳定。“六个同步”是改制与企业内部三项制度改革同步；改制与技术改造同步；改制与提高企业整体素质同步；改制与造就企业家同步；改制与提高企业管理水平同步；改制与提高职工收入同步。另外，在劳动用工方面，凡改制的企业，出资人必须全员接收原企业的在册职工和离退休职工。在劳动保险方面，改制企业必须向劳保部门按期足额交纳职工养老保险金和失业保险金。在债权债务处理方面，原企业所欠个人、银行、财政的债务，除个人债务优先偿还外，剩余部份按比例偿还；不够偿还的，由非经营性资产抵偿；偿还还不够的，由改制企业产生的所得税上交后再返还原企业补偿。

至1998年年底，县四君子酒厂、县麻纺厂、县轴承厂、县化工厂先后完成股份合作制试点工作。之后，因企制宜、一厂一策，全面推开。在企业改制过程中，对有净资产的企业实行股份制改造，并鼓励个人控大股；对资不抵债的企业，经评估后确定合理价格由个人一次性买断；资不抵债又难以出售的企业，按能盘活多少资产就盘活多少的原则实行租赁经营；对产品有较好发展前景又有外联对象的企业，努力促成与外地优势企业联营。至1999年年底，38家县属工业企业已有31家完成改制，占整个县属工业企业的81.6%。其中，股份制改造的企业3家：县麻纺织厂、酒厂、轴承厂；股份合作制的企业5家：有机化工厂、文体用品厂、玻璃纤维厂、针织厂、塑料复制品厂；产权出售的企业3家：砂轮厂、肠衣制品厂、皮件厂；租赁经营的企业13家：棉纺织厂、印刷厂、被服厂、造纸厂、纺机厂、美术厂、木器厂、圆钉厂、毛纺织厂、华达公司、皮鞋厂、皮革厂、油漆厂；联营的企业2家：磷肥厂与云南昆明海口白塔化工厂联营，桐木拼板厂与山东星源实业公司联营；实行民营的企业1家：森源拼板厂；抵贷返租的企业1家：菏泽鲁安制革有限公司；破产重组的企业1家：电器厂；其他改制形式2家：工具厂（改建为下岗职工再就业市场）、美术公司（企业改办为湖西高级中学）。2001年，县机械厂、县磷肥厂等企业完成改制。至此，全县工业企业改制工作基本完成。2001年后，继续深化企业产权制度改革，对改制企业进行规范和完善，优化股权配置，使多数企业的经营者持大股。2003年，县供销社所属6家棉厂相继依法破产。2005年，县棉纺织厂破产重组。

通过产权制度改革，改制前90%的停产半停产企业恢复生产，2万名下岗职工实现再就业，让职工（股东）和企业的利益捆在一起，使职工（股东）成为企业的主人，参与企业管理。

第二章 工业规模 结构

第一节 规 模

企业规模 1986年，全县有棉纤维初加工、纺织、缝纫、食品、饮料酒制造、皮毛制品、木器制造、造纸、印刷、文体、工艺美术品制造、电力、自来水、饲料、化工、建材、金属制品、机械等工业门类。有独立核算工业企业166家，其中，全民企业15家，集体企业151家，企业固定资产净值5950万元。在能源资金紧张和原材料涨价的情况下，完成工业总产值16534万元（不包括城镇个体、城镇合作经营、农村村办工业产值），其中，全民工业产值6440万元，集体工业产值10094万元。县棉纺织厂、县麻纺织厂、县酒厂是全县的三大支柱企业，3家企业完成工业产值4489万元。至1989年，全县乡镇以上工业企业发展到181家，其中，县属工业企业50家，乡镇办131家，有固定资产11581万元（全民所有制企业拥有5701万元，集体所有制企业5880万元），从业人数18887人（全民所有制8207人，集体所有制10680人）。全县初步形成以轻纺、机械、棉花加工、塑料制品、皮革、羊肠弦、化工等32个行业，172种产品为主的工业生产体系。1990年，全县完成工业总产值45670万元，其中，县属工业企业完成产值14079万元，棉花加工完成产值5012.9万元，乡镇办工业完成产值4904万元，村办工业完成产值4974万元，村办以下工业完成产值1.67亿元。1993—1994年，工业生产经历资金紧张，原材料涨价，产品结构不合理，企业基础管理薄弱，棉花歉收等方面的困难。1994年，乡镇以上独立核算工业企业140家，工业总产值13.25亿元，占工农业总产值的53%。1995年，骨干企业县棉纺织厂、麻纺织厂、酒厂、有机化工厂、玻璃纤维厂、文体用品厂6家企业共完成产值1.77亿元，占全部县直纯工业的65.5%，实现利税2100万元，占县直纯工业实现利税的85%。1996年，全县工业企业8757家；独立核算工业企业增加到188家，从业人员2.54万人，固定资产净值48469万元。全年完成工业总产值26.8亿元（1990年不变价），其中，国有工业31344万元，其他经济类型工业870万元，集体工业44895万元（其中乡办工业28202万元），村及村以下办工业190927万元。

1998年起，随着企业产权制度的改革，股份制企业、民营企业成为单县工业的主体。至2000年，全县工业企业个数达到7856家，全年完成工业总产值32.59亿元。其中，国有及年销售收入500万元以上的独立核算工业企业20家，工业产值5.91亿元，销售收入5.51亿元；500万元以下非国有工业企业7836家，工业总产值26.68亿元。2000年始，打破以往依靠棉、麻、酒的格局，培植增加支柱产业和骨干企业。2004年后，全县工业快速发展，化工、纺织、服装、农副产品加工、机械电子、造纸、能源等支柱产业逐步形成，菏泽奇峰纺织有限公司、单县嘉林华服饰有限公司、山东千奥化工有限公司、山东泰信纺织有限公司等招商引资过亿元的企业和项目发展良好，山东省单县化工有限公司、山东省单县天元纸业有限公司、山东单县四君子酒业有限公司、山东湖西轴承有限公司等一大批骨干企业规模进一步膨胀。2005年，全县工业企业7250家，实现工业总产值74.86亿元，其中，国有及年销售收入500万元以上独立核算企业93家，工业总产值39.83亿元，规模以下非国有工业企业7157家，工业总产值35.03亿元。2006年，25家重点企业实现税金1.47亿元，占国税、地税总量的45%。2007—2008年，入围菏泽市60强企业的有山东省单县化工有限公司、山东四君子集团有限公司、国能单县生物发电有限公司、山东省单县天元纸业有限公司、山东立兴罐头食品有限公司。2008年，全县新增规模以上企业58家，达210家；规模以上企业完成增加值39.07亿元；完成主营业收入142.94亿元，比上年增收49.7%；实现利税18.8亿元，比上年增长55%，增幅居全市第一位。被市政府评为全市工业经济发展先进县和全市节能工作先进县，在全市经济综合指标考核评比中名列第一。2010年，全县工业企业6542家，实现工业总产值371.98亿元。其中，规模以上工业企业305家，比2008年增加95家，居全市第一位；实现工业总产值305.43亿元，主营业务收入309.95亿元。重点企业的规模不断膨胀，2010年，产能过50亿元的企业1家，产能过10亿元的企业6家，产能过亿元的企业60家。骨干企业的支撑作用增强。山东省单县化工有限公司、山东四君子集团有限公司、单县供电公司、国能单县生物发电有限公司、山东省单县天元纸业有限公司、山东湖西王集团有限公司、山东泰信纺织有限公司等7家企业完成主营业务收入34亿元、增加值7.9亿元、税收1.7亿元，被纳入全市60强企业。

经济效益 工业增加值 1986年，全县工业净产值3888万元，比1985年增长13.9%。1990年，全县独立核算工业企业净产值8523万元，比1986年增长119%。1997年，深化企业改革，乡及乡以上工业累计完成增加值2.44亿元。1999年工业增加值完成5.57亿元。2000年，全县国有及年销售收入500万元以上工业企业工业增加值14.72亿元，占工业总产值24.9%。2004年，全县限额以上工业企业实现增加值10.8亿元，销售收入38.8亿元，利税27.5亿元，分别比上年增长43.5%、56%和63%。2004年后，随着实施“工业强县”战略和技术改造力度的加大，经济效益逐渐提高。2005年，全县国有及年销售收入500万元以上工业企业93家，增加值10.11亿元，占工业总产值的25.4%。2008年，规模以上工业企业实现主营业务收入140亿元，增加值36亿元，利税18亿元，比上年分别增长49.7%、30%和55%。

2010年，新增规模以上工业企业45家，达305家，居全市第一位。规模以上企业主营业务收入309.95亿元，实现利税43.43亿元，完成增加值60.82亿元，分别比上年增长39.4%、53.2%和25.7%。全市工业经济综合考核名列第一名。

工业利税 1986年，全县独立核算工业企业利税总额1217万元，其中，利润859万元，税金358万元。1987—1997年，随着工业的发展和企业经济效益的提高，利税总额随之增长。1997年，全县独立核算工业企业利税总额6.21亿元，比1986年增长50倍。其中，利润2.1亿元，增长23.7倍，税金4.09亿元，增长113倍。1998—2000年，工业企业经济效益下滑，利税总额下降。2000年，国有及年销售收入500万元以上工业企业利税总额5.05亿元，其中，利润1.77亿元，税金3.29亿元。2004年后，工业企业快速发展，企业利税迅速增长。2005年，国有及年销售收入500万元以上工业企业利税总额33.77亿元，其中利润16.74亿元，税金17.03亿元。2010年，规模以上工业企业利税总额43.43亿元，其中利润25.99亿元，税金17.44亿元。

主要产品产量 1986年，全县工业规模小，以农副产品加工为主，产品种类少，档次低。主要产品产量：食用植物油1100吨、罐头200吨、白酒2400吨、麻袋485万条、纱5744吨、布

1515万米、丝织品8万米、服装5.3万件、家具1.14万件、机制纸及纸板200吨、磷肥6000吨、塑料制品118吨。1989年，县麻纺织厂完成产值1978万元，实现利税149万元。1986—1996年，经过10年发展，全县工业企业初具规模，产品种类和产量大幅度增加。1996年，全县工业主要产品产量为：小麦粉465.25万吨、食用植物油3700吨、混合饲料26200吨、白酒7775吨、棉纱2106吨、棉布526万米、麻袋1022.29万条、服装25.03万件、布鞋174万双、鞣制皮革（折合牛皮）4.25万张、锯材10.39万立方米、人造板3.73万立方米、家具28.78万件、机制纸及纸品1.06万吨、磷肥6766吨、橡胶助剂699吨、塑料制品6729吨、玻璃纤维纱1149吨、玻璃纤维布785万米、轴承48万套、铁制小农具92万件。1997年，因企业经营体制及产权制度改革，部分企业转产停产。主要产品小麦粉、食用植物油、白酒、服装、人造板、家具等均比上年有不同程度的下降。2000年，规模以上工业企业主要产品产量：食用植物油1512吨，鲜、冻畜肉1546吨，糖果558吨，白酒4427吨，纱9445吨，布1875.38万米，麻袋522.01万条，人造板2956立方米，橡胶助剂3638吨，轴承205万套。

2010年，工业企业主要产品产量为：小麦粉17.86万吨、配合饲料29.55万吨、饼干3582吨、乳制品1.77万吨、罐头3.45万吨、味精8822吨、白酒（折65度，商品量）27445千升、棉纱6.71万吨、布8803万米、蚕丝被24.3万条、服装5458.34万件、人造板72.28万立方米、家具47.53万件、新闻纸7.47万吨、玩具货值1.45亿元、磷肥3.49万吨、催化剂1.6万吨、合成纤维2.54万吨、塑料制品11.16万吨、玻璃纤维纱19.58万吨、滚动轴承698.5万套、变压器120.24万千瓦、发电量22009.8万千瓦小时。

技改投资 1986年，技术改造工作主要特点是投资主体由国家向企业转移，技改资金由财政拨款改为银行贷款和企业自筹资金。重点围绕名优产品和骨干企业，推进技术改造。当年，全县完成技改项目13项，财务支出695万元。1986—1987年，两年共开发新产品26项，其中，通过地区级以上技术鉴定的4项。1988年，全县共完成技术开发项目15项，其中，县电器厂研制开发的多功能电风扇调速器，纺机厂研制开发的FA801双面摇纱机两种产品通过省级鉴定。棉机厂与郑州棉麻加工研究所共同研制生产的棉花清理机，达到国内先进水平。

1989年后，全县技术改造成效显著，每年新增工业利税的70%以上来自技术改造；投资效益不断上升，对国民经济的促进作用愈加明显，1989年与1985年相比，万元产值综合耗能折标准煤降低0.23吨，全员劳动生产率提高11%，资金利税率增长4.4%。1992年，全县在建和新立项目共66个，总投资1.4亿元。在建和新立项目有县酒厂的罐装线二期改造工程和酒精塔改造，制革厂扩大50万张羊皮革生产能力和新上的皮鞋生产线，塑料厂新增的50台宽幅织机，棉纺织厂续建的精纺改造，粮局食品厂新上的饼干生产线，供销食品厂的方便面生产线，南店子化工厂的扩大四羟基物生产能力等。1995年，共新上15个基建和技改项目，总投资达1.4亿元，技改投入为前5年的总和。县属工业技改重点项目如电磁线厂投资3700万元的制革生产项目，玻璃纤维厂投资750万元的无捻粗纱生产项目，有机化工厂投资880万元的橡胶促进剂开发项目。1998年，县有机化工厂1500吨巯基乙酸及1000吨异辛脂项目为技改工作的重点。2000年后，通过扩大招商引资，加强银企合作，发展民营经济，广开投资渠道，促进技改投资的大幅度增长。至2004年，全县工业共完成技改投资3.9亿元，同比增长136%，重点在建和续建项目10个，计划投资4.8亿元，完成投资3.7亿元，分别是：山东省单县化工有限公司橡胶促进剂扩产项目，总投资1.5亿元；山东省单县天元纸业有限公司3150纸机生产线项目，总投资2.5亿元；山东湖西轴承有限公司汽车零部件总投资6500万元；山东百寿坊食品有限公司总投资5000万元、5000吨牛羊宰杀生产线项目。2008—2010年，督促重点耗能企业加强技术改造，重点是县化工有限公司的8000吨硫磺回收项目，天元纸业中水回用项目。2010年，全县共完成技改投资27亿元，比上年增长19%。新增市级以上企业研发中心3家，新增市级高新技术企业4家，省级名牌产品达到5个。山东湖西王集团有限公司、山东莱河电磁线有限公司和山东泰信纺织有限公司被评为2010年度山东省管理创新优秀企业。

节能降耗　1986年，工业企业万元产值耗能由1985年的2.76吨下降到2.26吨，下降18.1%。1986年后，加强能源供应和管理，注重产品节能降耗，开展增收节支，提高经济效益。1987年，县酒厂在生产中采用低温蒸煮浓发酵和白酒熟化先进技术，使白酒生产周期缩短3个月，产品能耗大幅度降低。1989年，全县能源消耗总量16831.7万吨（折标准煤），万元产值综合耗能1.69吨（折标准煤），全县节约能源6620吨（折标准煤）。节能措施主要有：把节能降耗工作贯穿于经营管理、加工生产的全过程；依靠技术进步，降低产品单耗；从抓定额和计量管理工作入手，各企业增加能源计量仪表、蒸汽流量计、地台磅等计量器具；开展节能升级和锅炉房定级活动。

1991年，能源消耗量折标煤20144吨，万元产值综合耗能1.60吨，全县节约标准煤7600吨。2006年，按照县委、县政府《综合考核指标体系构成及责任分工》的要求，开展节能降耗工作，万元GDP下降4.6%。2008年，全面落实节能目标责任制，39户重点耗能企业万元工业增加值能耗下降8%，全面完成省、市下达的各项节能降耗指标，单县被评为全市节能工作先进县，国能单县生物发电有限公司、山东省单县化工有限公司分别获得市节能先进企业及节能成果奖。2009年，依据国家《产业结构调整指导目录》以及国家公布的淘汰机电产品目录，加快产业结构调整，淘汰各类设备473台（套），节约标准煤4000吨，循环经济试点企业1家，再生资源示范企业1家，再生资源企业4家，资源综合利用企业3家。2010年，加强节能降耗预警调控，加快推进节能技改项目建设，对不能达标的高耗能企业采取强制措施，全县共淘汰高耗能设备91台（套）。全县综合能源消耗量折标煤28.69万吨。

第二节　结　构

所有制结构　全民所有制工业　1986年，境内全民所有制工业企业15家，从业人员4757人，实现工业总产值6440万元，固定资产净值2787万元。至1997年，境内全民所有制工业企业22家，总资产7.43亿元，实现产值3.52亿元，产品销售收入3.6亿元，利税总额2354.6万元，从业人员10941人。随着企业产权制度的改革，全县国有企业大多改为股份制企业。2001年，全县国有企业有棉纺织厂、供电总公司、电磁线厂、磷肥厂和自来水公司5家，总资产5.84亿元，实现产值24.36亿元，产品销售收入2.73亿元，利税总额2019.5万元，从业人员3335人。至2010年，全县规模以上国有企业仅有县供电公司1家，总产值4.41亿元，总资产3.37亿元，利税总额2204万元。

集体所有制工业　1986年，境内集体所有制工业企业151家，其中，县属企业31家，街道工业10家，农村乡（镇）工业110家；企业固定资产3163万元，产值10094万元，产品销售收入10353万元，利润总额426万元，从业人员10845人。1996年，境内集体所有制独立核算工业企业发展到164家，其中，县属33家，乡镇办131家。实现总产值5.47亿元，产品销售收入5.7亿元，利税总额4858万元，从业人员13944人。1998—2001年，工业企业产权制度改革，企业内多种资本并存，股份制企业逐步代替集体企业。2001年，境内有限额以上集体所有制企业6家（县棉花加工一至六厂），总资产4.62亿元，产值1.25亿元，产品销售收入1.43亿元，利税总额12万元，从业人员1271人。至2003年，境内集体所有制企业全部完成企业改制。

个体工业　1986年后，境内个体工业发展逐渐加快。1987年，联户和个体工业实现总产值5596万元。1992年，个体工业实现工业总产值2.6亿元。1998年，个体工业6787家，实现工业总产值15.69亿元。2005年，个体工业6547家，实现工业总产值20.4亿元。2007年，个体工业7139家，实现工业总产值26.61亿元。2008—2010年，全县个体工业发展较慢，并且主要集中在以工业原料供应为主的低层次加工行业。结构不合理、产业层次低，仍然是制约单县个体工业发展的主要因素。2010年，全县个体工业5069家，工业总产值30.73亿元。

其他工业　包括股份合作企业、股份制企业、外商及港澳台投资企业等。2001年，境内有规模以上股份合作企业2家，工业总产值7.21亿元；有限责任公司4家，工业总产值12.73亿元；股份有限公司6家，工业总产值7.04亿元；港澳台商投资企业1家，总产值7502万元。2010年，全县有规模以上股份有限公司1家；规模以上有限责任公司299家，总资产123.8亿元，工业总产值286.09亿元，利税总额40.59亿元，从业人员45262人；港澳台商投资企业3家，总资产9905万元，总产值1.51亿元，主营业务收入1.5亿元，利税总额1536万元，从业人员490人。

行业结构　一轻工业系统　1986年，境内一轻工业系统有县农机厂、砂轮厂、汽车玻璃厂、酒厂、印刷厂、造纸厂、麻纺厂、针织厂、织毯厂、纺织机械厂、有机化工厂和磷肥厂12家企业。主要产品有棉布、麻袋、“湖西陈曲”白酒、麻织机、化学试剂、针织袜、磷肥等。完成产值2368.8万元，实现利税432.2万元。1988年，全系统12家企业先后实行目标承包责任制。1989年，各企业的产品质量提高，花色品种增多，12家企业的15种主要产品都完成全年生产计划。全系统工业总产值达3748.8万元，比1986年增长1380万元，年均增长16.53%。1990年，县毛纺织厂兼并县织毯厂。1997年起，实施经济体制和产权制度改革。至2000年，一轻工业系统体制改革基本完成。

二轻工业系统　1986年，二轻工业系统有县电器厂、木器厂、工具厂、塑料厂、被服厂、制鞋厂、工贸合资文体用品厂、塑料复制品厂、保温厂、自行车配件厂、木螺钉厂、建材厂、工艺美术总厂、钢木家具厂、汽酒厂、东安皮革开发公司16家企业。主要产品有电风扇、钢木家具、涂塑窗纱、服装、布鞋、自行车配件、医用缝合线、工艺美术品等。该年，有1家企业实行个人承包制，9家企业实行厂长负责制。完成工业总产值681.1万元，实现销售收入593.6万元，上缴税金30.6万元，实现利润10.8万元。1988年，全系统14家工业企业和2家商业企业全部实行个人承包、集体承包、租赁经营等多种形式的承包经营责任制。1991年12月，关闭县汽酒厂。1994年3月，县毛纺织厂倒闭。同年，完成工业总产值4803万元，销售收入4141万元，实现利税253万元。1995年，二轻系统共有20家考核企业，分别是县皮革厂、皮件厂、皮鞋厂、木器厂、桐木制品厂、美术厂、美术公司、塑料厂、塑料复制品厂、菏泽华达装饰材料有限公司、工具厂、木螺钉厂、鞋厂、自行车配件厂、养殖用品厂、保温厂、文体用品厂、毛纺织厂、玻纤制品厂、油漆厂。1997年1月，成立单县发展集团公司，下属12家企业：木螺钉厂、工具厂、自行车配件厂、养殖用品厂、玻纤制品厂、木器厂、毛纺织厂、菏泽华达装饰材料有限公司、皮鞋厂、华新总公司、塑料复制品厂、工艺美术公司。6月，县桐木制品厂与山东星源实业公司合资经营成立菏泽精优木制品有限责任公司。全系统完成工业产值4002万元，销售收入3923万元，实现税收230万元。2000年，二轻系统工业企业实行股份制改造、产权出售、租赁经营或破产等产权制度改革。

乡镇企业系统　1986年，境内乡镇企业6668家，其中，乡镇办工业110家，村办工业88家，联户办工业774家，个体办工业5694家，其他2家。乡镇企业完成工业总产值9111万元（1980年不变价）。1991年，乡镇工业企业发展到9898家，其中，乡镇办112家，村办99家，联合办922家，个体办8765家。乡镇工业企业实现产值42348万元（1990年不变价）。1996年，乡镇工业8689家，工业产值6.2亿元。其中，乡镇办企业131家，产值3.16亿元。1997年起，民营企业发展壮大。至1999年，乡镇企业大多改制为民营企业。

商业系统　1986年，商业系统有县肉联厂、县酿造厂、县食品厂3家工业企业。全系统工业企业从业人员212人，固定资产（净值）181万元，工业产值172.5万元，实现利润29万元，上交税金2.4万元。1994年4月，食品厂改为单县聚酯家具总厂。1995年5月，酱菜厂从蔬菜公司析出。1997年，商办工业企业总资产2117.7万元，产值745.7万元，产品销售收入644.7万元，利税总额7.9万元，从业人员228人。1998年后，商办工业企业改制为股份制企业或租赁经营。2000年10月，聚酯家具总厂（原食品厂）依法破产。

供销系统　1986年，供销系统有县一至五棉厂、县棉机厂、城关糕点厂7家工业企业。全系统工业企业从业人员512人，固定资产（净值）1011万元，工业产值6116万元。1989—1992年，先后成立单县第六棉厂、印刷厂、副食品加工厂、纸箱厂等工业企业。1997年，供销系统有工业企业9家，总资产4.35亿元，从业人员2564人，工业产值9377.9万元，亏损总额1016.6万元。同年，对棉机厂、食品厂及棉厂所属的部分企业等进行股份制改造。2003年，县供销社所属6家棉厂相继依法破产。

粮食系统　1986年，粮食系统有县面粉厂、县植物油厂、县食品加工厂、县饲料厂4家工业企业。全系统工业企业从业人员168人，固定资产（净值）109万元，工业产值916万元。1997年，总资产3840.3万元，从业人员483人，工业产值3276.6万元。全系统4家企业1家盈利、3家亏损，其中，县面粉厂实现利润100万元，植物油厂、食品加工厂、饲料厂3家企业共亏损200万元。1998年后，县粮局直属工业企业先后改制为民营企业。

第三章　工业门类

1986年，境内有棉纤维初加工、纺织、缝纫、食品、饮料酒制造、皮毛制品、木器制造、造纸、印刷、文体、工艺品制造、电力、自来水、饲料、化工、建材、金属制品、机械、电器机械制造等工业门类。以农副产品加工为主，企业规模小，产品档次低。之后十几年，单县骨干企业以“棉、麻、酒”为主。2003年后，重点发展造纸、化工、农副产品加工3大优势产业，提高机械制造、纺织服装等传统产业，打造羊肠线、塑料玻纤和皮毛等特色产业。2010年，有纺织、化工、机械、酿造、食品、建筑材料等20余个行业，形成门类比较齐全的工业体系。污泥发电、太阳能光伏发电、太阳能热利用、LED节能照明等一批新能源和节能环保项目相继建成投产，被授予“全国绿色能源示范县”和“山东省新能源高技术产业基地”称号，新能源产业正成为单县工业的主导产业，工业产业结构调整实现重大突破。

第一节　化学与煤炭工业

化工　1987年，境内有化工企业10家，其中，县属企业4家，即县磷肥厂、县有机化工厂、县塑料复制品厂、县塑料厂；乡镇办6家。年产磷肥6400吨，塑料制品155吨，年工业总产值479万元。同年，县有机化工厂新上无水酒精、化学试剂产品。1996年，化工企业发展到16家，其中，化学原料及化学制品制造业7家，塑料制品业9家。实现工业总产值5365万元。1997年，单县稀土化工X-V稀土系列产品投产。1998年，单县油漆厂建成投产，年产各种氨基烘漆、滋漆2万吨。县有机化工厂改制为山东省单县化工有限公司。2000年2月，成立单县缝合材料有限公司，位于单城镇北城工业园区，占地面积6414平方米，建筑面积1911平方米，有医用羊肠线生产线1条，年生产能力70万米。2002年后，化工行业依靠科技进步，加大研发投入，加快产品结构调整，加强企业管理，开拓国内外市场，形成医用缝合线、无机化学品、基本有机原料、精细化工等4大类、60多个产品品种的行业体系，成为单县工业经济的主导产业之一。2005年1月，建立单县鲁顺糠醛有限公司。8月，成立山东郑大肥业有限公司。同年，规模以上化工企业15家。其中，化学原料及化学制品制造业8家，总资产3.08亿元，产值6.69亿元，主营业务收入6.01亿元，利税总额7896.6万元，从业人员1786人；医药制造业3家，总资产4932.3万元，产值4962.4万元，主营业务收入4899.1万元，利税总额514.1万元，从业人员343人；塑料制品业4家，总资产3624万元，产值9184.7万元，主营业务收入9363.6万元，利税总额555.2万元，从业人员430人。2010年，全县规模以上化工企业41家，产值44.41亿元，占全县工业总产值的14.54%。其中化学原料及化学制品制造业25家，总资产14.04亿元，产值30.97亿元，出口交货值4.21亿元，主营业务收入30.94亿元，利税总额4.95亿元，从业人员4064人；医药制造业8家，总资产1.7亿元，产值7.81亿元，主营业务收入7.79亿元，利税总额1.1亿元，从业人员785人；塑料制品业8家，总资产1.28亿元，产值5.63亿元，主营业务收入5.65亿元，利税总额8206万元，从业人员787人。

羊肠线加工　　2006年5月摄影

化工企业选介　山东省单县化工有限公司原为县有机化工厂，始建于1977年，位于单县城东南4公里处，属县办集体企业。1987年10月，改为国营企业。1995年，固定资产1000万元，厂区面积2.67公顷，职工310人。1996年，主要有橡胶助剂、化学试剂和食品添加剂三大系列产品。1998年，实行股份制改造，更名为山东省单县化工有限公司。2005年，公司在县经济开发区建设新厂区。至2010年，新厂区总面积40.65公顷，共有干部职工1682人。

1994年以前，公司生产先后以溶剂、试剂、精细化工品和食品添加剂为主，生产规模小，效益差。1994年起，企业转向橡胶助剂生产，至1997年，先后开发生产橡胶促进剂M、DM、CBS、NOBS等产品。之后，又相继开发生产橡胶促进剂TMTD、NS、DPG、DZ，防焦剂CTP，橡胶硫化剂高热稳定性不溶性硫黄（IS），橡胶防老剂RD、6PPD（4020）等新产品。其中，公司自主开发的不溶性硫黄产品在高含量、高热稳定性、高分散性方面均可以与国外产品相媲美。

山东省单县化工有限公司一角

1998年企业改制后，公司各种产品产量1740吨。1998—2007年10年间，公司产量年均增长38%。2003年，产量突破万吨达到10189吨；2006年，产量突破2万吨达到23206吨；2009年，年产量达到44212吨。至2010年，公司产销量连续8年居全国同行业第一位。

2000年，公司成为中国橡胶工业协会会员单位。2001年，成为中国橡胶协会主席团成员单位。同年3月，被菏泽市经济贸易委员会认定为市级企业技术开发中心。2004年起，企业橡胶助剂产品连续获得“山东省名牌产品”称号，并进入山东省橡胶助剂行业综合实力50强企业。2005年12月，被山东省经济贸易委员会认定为省级企业技术中心。2007年7月，公司在新加坡主板成功上市，成为菏泽市首家境外上市企业。2008年，被列入福布斯中国10亿元规模之下的200家最佳公司之一。获国家发明专利3项、实用新型专利5项。

单县磷肥厂　始建于1980年，位于城南宋庄，占地面积2.13公顷，生产区面积1.73公顷，建筑面积7000平方米。1984年后，通过推行企业内部改革，完善各项承包责任制和对磷肥车间进行全面技术改造，形成年产3万吨生产能力，质量达到部颁4级以上标准。1986年，实现工业总产值96万元，产品销售收入94万元，从业人员40人。1990年，县磷肥厂在单城东后黄楼、单丰路南侧征地2.4公顷，总投资45万元，建成年产1.5万吨硫酸生产线，填补菏泽地区化工行业的空白，成为菏泽地区第一家酸肥配套的普钙生产厂家。1994年，县磷肥厂开发“复合专用肥”新品种，年生产复合专用肥1万吨。该年，完成工业总产值410万元，销售产值426万元，利税总额4万元。1996年，与云南昆明复肥厂联营，成立云南昆明复肥厂单县分厂，生产优质普钙肥料。后由于农业生产结构变化，特别是全县大面积种植蔬菜、果树，致使二熟制的作物面积逐年减少，同时由于价格肥效等因素，普钙磷肥销售滑坡。2002年，单县磷肥厂停产。

单县鲁顺糠醛有限公司　位于单县经济开发区，始建于2005年1月，占地面积5.35公顷，注册资本500万元，总投资2500余万元，从业人员110人。年产能力4000余吨，主要销往山东淄博等省内外客户。原料为玉米芯，年收购玉米芯5万余吨。2010年，销售收入1800万元，实现利税286万元，其中上缴税金110万元。

山东郑大肥业有限公司　始建于2005年8月，位于湖西北路路西，占地面积1.5公顷，是国家测土配方定点生产企业。主要生产经营各种复混肥、控释肥、微肥、冲施肥、有机肥等优质肥料，产品销往苏鲁豫皖等地，2009年被评为“中国质量万里行质量信誉跟踪产品”。公司先后被评为菏泽市守合同重信用企业、山东省第三届消费者满意单位。

煤炭工业企业　陈蛮庄井田　位于单县东

建设中的陈蛮庄煤矿　　2008年摄影

部，井田中心距单县城区16公里。由肥城矿业集团投资建设，2009年4月开工建设。该井田勘查面积为54.12平方公里，划定矿区范围面积为25.69平方公里，煤炭资源总储量为10792万吨，可供开采量5076.6万吨。井田含煤地层为一北北西向倾斜的单斜构造，石炭系一二叠系山西组3煤层为主采煤层，平均厚度3.49米，厚度大，连续性好，结构简单，属稳定煤层。煤质好，为优质焦煤、少量1/3焦煤和肥煤，是优质炼焦用煤，同时可做为发电、普通燃料锅炉等用煤。

张集井田　位于单县煤田东部，距单县县城22公里。由山东丰源煤电股份有限公司于2003年4月取得探矿权。项目概算总投资约20亿元，矿井设计生产能力为120万吨/年，服务年限为51年。登记面积57.01平方公里，含煤面积约24.4平方公里，已探明储量1.78亿吨，可开采资源量7321.7万吨。煤种主要为主焦煤和肥煤。地质环境良好，矿区附近无污染源，地表、地下水质良好，矿井属低瓦斯。煤炭主要为焦煤和肥煤，可作为炼焦用煤、炼焦配煤、动力用煤。该煤矿设计建主、副两个井筒，井深在600米左右。2010年5月开工建设。

2010年5月19日，张集煤矿开工仪式

第二节　纺织工业

1986年，境内有纺织工业企业15家，其中，县属企业9家，包括棉纺织业、麻纺织业、针织品业和棉花加工业。县属企业实现工业总产值10697万元，产品销售收入11461万元，职工3915人。2002年后，通过招商引资，单县鑫和纺织有限公司、单县宏宇纺织有限公司、单县天汇纺织有限公司等相继落地单县。至2005年，境内国有及规模以上的纺织工业企业由2000年的8家发展到14家，实现工业产值3.61亿元，主营业务收入3.59亿元，利税总额2579.8万元，从业人员2697人。2010年，规模以上纺织工业企业39家，企业总资产16.53亿元，实现工业总产值36.69亿元，主营业收入38.49亿元，利税总额5.07亿元，从业人员7301人。

棉花加工　1986年，全县有县棉花加工一厂、棉花加工二厂、棉花加工三厂、棉花加工四厂和棉花加工五厂5家县属棉花加工企业，职工334人，加工皮棉14906吨，完成产值5879万元，销售收入6926万元。1989年，在花园乡新建棉花加工六厂。1991年5月，县棉花加工一厂升格为小型I企业，二厂、五厂升格为小型II企业，棉花加工一厂的“棉短绒”被评为部优产品。全县棉花加工业工业产值达到13710万元，销售收入14639万元。1994年后，受多种自然灾害及其他因素的影响，棉花大幅度减产，部分棉花加工厂设备、设施闲置，经济效益滑坡。2000年，6家棉花加工企业生产皮棉3512吨，完成工业产值7805万元，产品销售收入11687万元，有职工1334人。2001年后，棉花市场放开，大量民营企业进入棉花市场。2003年，6家棉厂全部实行破产改制。同年8月，成立山东高棉棉业有限公司，主营业务为棉花收购、加工、销售和染色棉。

棉花加工企业选介　山东高棉棉业有限公司创办于2003年8月，位于单县经济开发区，占地9公顷，拥有固定资产1460万元，职工102人。主营业务为棉花收购、加工、销售和染色棉。产品销往上海、广东、浙江、江苏、河南、辽宁等省市。2010年，营业收入4525万元，利润总额460万元，上缴税金59万元。

公司被评为“菏泽市农业产业化重点龙头企业”。2010年，被山东省工商局授予“守合同，重信用企业”称号。

棉纺织 1986年，境内有棉纺织业3家，其中，全民1家（县棉纺织厂），集体2家（徐寨纺纱厂、街道棉织厂）。县棉纺织厂固定资产净值1401万元，职工2176人，工业产值3245万元，产品销售收入3093万元，实现利润229万元，上交利税159万元。1987年，县棉麻公司新兴纺织厂建成投产。至1990年，境内棉纺织业增至10家，实现产值7896万元。2000年，规模以上棉纺织业仅有县棉纺织厂1家，工业总产值1.97亿元，产品销售收入13139万元，利税1232万元，职工2106人。2002年9月，成立单县鑫和纺织有限公司，占地面积3公顷，建筑面积1万平方米，拥有喷汽织机48台，主要生产坯布，年生产能力480万米。至2005年，先后成立单县宏宇纺织有限公司、单县天汇纺织有限公司、单县翔宇纺织有限公司、单县安顺纺织有限公司、菏泽东兴纺织有限公司、单县宇航纺织有限公司、菏泽奇峰纺织有限公司、山东泰信纺织有限公司等。2007年，单县鲁纱纺织有限公司成立，总投资10亿元，占地面积14.67公顷，总建筑面积6万平方米，拥有先进的纺纱设备和意大利自动络筒机，可生产16s～80s各种普梳纱和精梳纱，年生产能力30万枚纱锭。产品50%销往国内，50%出口欧美及东南亚地区。至2010年，境内规模以上棉纺织企业发展到19家，总资产11.36亿元，产值22.6亿元，主营业务收入23.74亿元，利税总额3.13亿元，从业人员4012人。

鲁纱纺织

纺织企业选介 单县棉纺织厂 国有大型Ⅱ企业。占地面积18.7公顷，主厂房建筑面积2.39万平方米。1977年建成投产。1986年实现利税422.6万元。1987年，拥有固定资产原值1744万元，各种设备1320台；有3.06万枚纱锭，5700枚线锭；主要产品是中支纱和棉布。全厂设有清花、前纺、细纱、后纺、准备、织布、整理7个主要生产车间和动力、机修2个辅助车间。职工2361人，产值3601万元。1990年兼并织毯厂。1993年，新上精纺设备1万纱锭，96台日本丰田JAT610型喷气织机以及日本村田自动络筒机、粗纱机，瑞士贝宁格高速整经机，西德祖克高速浆纱机，瑞典阿特拉斯空压机等61台（套）具有国际先进水平的生产设备，年产棉纱1600吨，高档布1000万米，产品主要品种有纯棉、绦棉、涤粘、粘棉、纯涤五大系列。1994年打包整合现有的企业资源，筹建山东银海（集团）股份有限

县纱厂女工

公司，后在济南募股上市。1998年起，纺部、织部分别由实信和馨泰公司租赁经营。2000年，县棉纺织厂有50320枚纱锭，630台1515-56″有梭织机，48台（套）TAT600-190型喷气织机，固定资产26357万元，实现利税1100万元。2004年4月依法破产。

山东泰信纺织有限公司 位于单县经济开发区，始建于2005年，是东营市人民政府和胜利石油管理局落实省委、省政府“突破菏泽”战略建立的帮扶项目。由东营天信纺织集团公司投资兴建，占地面积13.33公顷，建筑面积6万平方米。2010年，高档家纺面料产量1430.21万米，销售收入1.78亿元，缴纳税金730万元，实现利润2800万元。

单县宇航纺织有限公司 创办于2005年3月，位于单县经济开发区。占地面积3.47公顷，建筑面积2.6万平方米，有资产1550万元，职工180人。年产棉纱4000吨，销往青岛、淄博、南通、宁波、常州、象山、昆山、香港和日本、韩国等地。2010年，销售收入9757万元，实现利税800万元，其中上缴税金260万元。

菏泽奇峰纺织有限公司 始建于2005年5月，是香港替普国际贸易公司独资创办的纺织企业，项目总投资220万美元，注册资本190万美元。位于文化路南端路西，占地面积9.45公顷，建筑面积5000平方米。主要产品为棉纱和棉布，年生产能力分别为9800吨和2440万米。2010年，拥有纱锭5.6万枚，1515-56有梭纺机576台，JAT190型日本丰田喷气纺机48台，企业总资产2329万元，从业人员1200人，年产棉纱1万吨，棉布2600万米，实现销售收入12774万元，利税234万元。

麻纺织 1986年，境内从事麻纺织业的工业企业是单县麻纺织厂。该厂属国家二级企业，始建于1969年，1971年正式投产。1987年，厂区占地面积4.4公顷，主厂房面积5000平方米，职工1129人，固定资产原值489万元，有生产主机84台，其中，麻袋织机60台，麻布织机8台，提花织机16台，设计能力年生产标准麻袋600万条。企业分前纺、后纺两大部分，是一家从原麻投放，经梳、并、纺、准备、织造、整理直到麻袋成品出厂的全能性麻纺企业。产品有12种，为山东省最大的麻袋定点生产厂家。该年，6632型中粒麻袋被评为山东省优质产品。年产麻袋577万条，完成工业产值1361万元，实现利税250万元，被评为省级先进企业。1988年1月，县麻纺厂实行集体承包。1994年，县麻纺织厂实现利税603.6万元，占整个县属纯工业利税的34.7%。1995年，麻袋织机150台，年产麻

泰信纺织

袋2000万条，占全国麻袋生产总量的七分之一。1997年，“湖西”牌麻袋获省优、部优、中国名牌产品。县麻纺厂被评为中国明星企业。1998年5月，县麻纺厂由国营改为个体。同年，企业实行股份制改造，成立单县麻纺（集团）有限公司。后随着国家粮食储存设施的健全和塑料编织袋等替代产品的推广，麻袋逐步退出市场。2000年1月，单县麻纺（集团）有限公司停产。

第三节　服装工业

1986年，境内服装生产企业有县被服厂和县塑料复制品厂。县被服厂有电动裁衣机、压领机、领角机、圆领机、钉扣机等设备和流水线生产1条，主要生产高档呢大衣、西装、中山装等。1987年，县塑料复制品厂拥有服装生产设备50台（套）。1990年，县被服厂高档毛呢服装产能达到3万件。1991年，县皮革厂购置电动缝纫机等设备，生产以羊皮革为面料的各种服装，产品远销俄罗斯等西方国家。2002年8月，成立单县民辉制衣有限公司，占地面积1.5公顷，建筑面积4500平方米，拥有服装加工设备88台，年生产能力30万件。2003年后，单县嘉林华服饰有限公司、单县百顺制衣有限公司、单县锦恒泰制衣有限公司等大型现代化服装加工厂相继建成投产。产品品种繁多，年产各种服装8000万套。2008年后，重点培育山东典和生福万胜制衣有限公司。2010年，全县规模以上纺织服装制造企业11家，总产值10.59亿元，主营业务收入11.22亿元。

第四节　食品工业

食品加工　1986年，境内有粮油、糕点、糖果、酿造、屠宰及肉类等食品工业企业19家，其中县属企业有县面粉厂、县肉联厂、县植物油厂、县糕点厂、县粮食食品厂、县酿造厂和城关糕点厂。全县食品工业完成产值1216万元。1987年，除县面粉厂年加工原粮1.13万吨外，还有郭村、高韦庄、大李海、曹庄、黄岗、时楼、张集、徐寨、李新庄、龙王庙、毛庄等11个乡镇办起的日产万斤的面粉厂，另有村办面粉厂2家，乡镇面粉厂年生产面粉4.1万吨。全县糕点、糖果加工业由1985年的3家增加到6家，完成产值258万元，品种10余种。其中县供销食品厂规模最大，质量最优，产品“蜜三刀”获部优产品称号，浆皮月饼获省优良产品称号。1991年，县供销社食品厂的“金钱饼”“素油桃酥”“精致蜜角”产品获省供销社优良产品。1994年，县棉花加工五厂通过技术改造改建饼干生产线，形成年产各种饼干600吨的生产能力。县罐头厂改建肉制品深加工项目。1996年，山东省单县琴台食品有限公司成立。该公司是鲁西南地区较大型的牛羊屠宰、加工一体化企业。日宰杀活牛200头，青山羊2000只，年加工精选冷冻肉1.3万吨，各种熟肉制品3000吨。至年底，全县食品工业企业发展到33家，产值7802万元。1999年，山东百寿坊食品有限公司开发出固体羊肉汤，年生产能力5000吨。2000年9月，山东莱河酒业有限公司与上海大学生物研究开发中心联合，购进国内一流乳品加工设备，利用自有奶源生产纯鲜奶、酸奶、学生奶及乳饮料。2004年，福建漳州客商投资3000万元，建立山东立兴罐头食品有限公司，主要生产芦笋、双孢菇及黄桃罐头，年加工生产能力2万吨，产品出口欧美市场。2005年，规模以上食品工业企业8家，总资产2.05亿元，产值3.44亿元，主营业务收入3.38亿元，利税2496.4万元，从业人员1228人。2006年，山东瑞方食品有限公司成立，主要从事脱水蔬菜生产，产品全部出口。2010年，境内规模以上食品工业企业34家，总资产7.52亿元，产值30.58亿元，主营业务收入31.12亿元，利税3.77亿元，从业人员6817人，分别比2005年增加3.25倍、2.67倍、7.89倍、8.21倍、14.1倍和4.55倍。

食品加工企业选介　山东百寿坊食品有限公

司　始建于1999年，位于单县北城街道经济园区。占地面积2.66公顷，建筑面积4000平方米，固定资产1200万元，职工320人。主要产品是百寿坊羊肉汤系列及肉类加工食品。固体百寿坊羊肉汤是公司研制的快捷方便名吃食品，被列入中华名吃菜谱，其生产配方、制作方法获得国家和国际发明专利，产品的外观设计、外包装箱、精品、简品、软包装及碗盖分别被国家知识产权局授予外观图形专利权。产品获1999年山东农业科技博览会“优秀项目奖”。同年，被第五届中国国际食品博览会评为“中国名牌产品”。“百寿坊”“百狮坊”商标已经在国家工商局注册，享有商标专用权，“百寿坊”商标被评为山东省著名商标。公司是菏泽市“食品卫生先进单位”和“重合同守信用企业”。2010年，销售收入8116万元，实现利税616万元，其中上缴税金240万元。

山东百寿坊食品有限公司南厂区

山东瑞方食品工业有限公司　2006年1月成立，位于单县经济开发区，占地面积5.87公顷，建筑面积2万平方米，是脱水蔬菜深加工的外贸出口食品生产加工企业，主要产品有脱水西兰花、大蒜、蘑菇、胡萝卜、芦笋、菠菜、青红椒、西红柿、圆葱、黄瓜、甜玉米等20余个品种、几十种规格，产品全部出口欧盟、美国、俄罗斯、东南亚等国家和地区。2010年，销售收入5065万元，利税537万元，固定资产总额6500万元，从业人员500余人。

山东立兴罐头食品有限公司　位于105国道郭村段路北，由漳州立兴集团和厦门市电力投资发展总公司共同投资兴建。2004年5月建成投产，占地8.52公顷，建筑面积2.83万平方米，罐头生产线6条，主要生产芦笋、双孢菇、青刀豆、黄桃等罐头食品，年加工能力1.5万吨，产品销往欧洲、南美洲、东南亚、美国、加拿大、日本、韩国等地。2010年，实现产值1.8亿多元，利税2000余万元，上缴税金850余万元，从业人员1000余人。

山东立兴罐头食品有限公司加工车间

酿酒业　单县酿酒历史悠久。1986年，有白酒制造业4家，其中全民1家（县酒厂），集体3家（莱河酒厂、毛庄乡酒厂、忠恕堂酒厂），年生产白酒2400吨，产值533万元。1995年，年产白酒4948吨，产值3429万元，分别是1986年的2.06倍和6.43倍。1998年，县酒厂、莱河酒厂相继改制为股份制公司。单县白酒开始走向全国，产值、利税成倍增长，成为单县的支柱产业。2005年，规模以上酿酒企业2家，固定资产1.48亿元，年产白酒653.5万升（折65度，商品量），工业总产值3.33亿元，主营业务收入2.35亿元，利税总额4.9亿元，从业人员535人。2010年，境内规模以上酿酒企业3家，固定资产6285万元，年产白酒2744.5万升（折65度，商品量），工业总产值7.28亿元，主营业务收入7.2亿元，利税总额1.47亿元，从业人员763人。

酿酒企业选介　**山东四君子集团有限公司**　原名国营单县酒厂。1986年有职工286人，年生产能力2500吨，主要产品有湖西陈曲、半月台、高粱大曲和湖西老窖等。当年完成工业产值485

山东四君子集团窖池群

山东四君子集团灌装车间

万元，产品销售收入625万元，上交利税129万元。1987年，"湖西陈曲"获山东省优质产品称号。1991年，开发单府贡酒、单南春、单父特曲、台上春、台上窖等新产品，产值500万元，利税115.2万元。1998年，改制为山东省单县四君子酒业有限公司，当年生产"四君子"系列白酒1万吨。之后，企业先后研制开发出36°四君子粮液、36°精品粮液、三星四君子、君子红、四君子老酒系列等新产品。产品结构优化，市场竞争力提升，主导产品的年产销增长率保持在25%以上。2004年，组建山东四君子集团，母公司为山东四君子集团有限公司，下辖四个子公司，经营范围涉及白酒、饮料、葡萄酒、皮革、蓄电池等领域。同年，集团投资1.2亿元，在单县经济开发区建设山东四君子集团工业园，占地16公顷，2007年竣工投产，年产白酒2万吨，成为鲁西南地区最大的粮食酒生产基地。2010年，白酒销售收入2.8亿元，上交税金4100万元。2003年，山东四君子集团有限公司被国家税务总局列"中国私营企业纳税50强"。2004年，企业跻身中国白酒百强企业，获"中国优秀企业"称号。"四君子"系列白酒被评为"中国消费者基金会消费者品牌""山东名牌"产品、"中国历史文化名酒"。至2010年，连续12年保持全市同行业第一位。集团先后获得"山东省低度浓香型白酒著名企业""山东省消费者满意单位"等称号。"四君子"商标获"中国驰名商标"。

山东莱河酒业有限公司　原为单县莱河酒厂，始建于1979年3月，位于单县莱河镇工业园区，占地24公顷，拥有固定资产3400多万元，职工450人。

1983年后，酒厂相继聘请6位国家级酿酒专家任名誉厂长和技术顾问，培养出各类专业技术人员120余人，在全国同行业首创"分段摘酒、分级贮存、分味管理"的白酒工艺"三分法"。同时，用改良淀粉和大分子树脂吸附法，解决低度白酒在低温下浑浊问题；利用多伦地发酵法与低度酒勾兑，解决低而不淡问题，在全省率先应用乙酸菌新工艺培养窖泥技术，增加酵醇的梨酯成分，使优质酒出酒率居全省同行业之首，优质品95%以上。"莱河老窖""莱河大曲"等6种产品相继获"中国首届食品博览会银牌奖""山东省优质产品奖""山东省最佳产品质量奖"和"布鲁塞尔世界金奖"等。至1997年，先后成为菏

山东莱河酒厂原酒

泽市“明星企业”“山东省先进企业”“国家中型企业”，并顺利通过ISO9001：2000国际质量管理体系认证。1998年，改制为民营股份制企业，成立山东莱河酒业有限公司。2005年，实现产值2575万元，销售收入2476万元，利税258万元。

1994年进入全省白酒综合实力百强。2005年，被列入山东省白酒行业综合实力五十强企业。多次被山东省工商行政管理局授予“重合同守信用企业”称号。

第五节 机械工业

1986年，境内有机械工业企业9家，产值572万元。1987年，机械工业企业增加到14家，产值782万元。其中县属企业3家，即县纺织机械厂、县农机厂、县棉机厂，实现产值426万元，销售收入449万元，从业人员716人。同年，县农机厂更名为县机械厂。1995年，县纺织机械厂因设备落后、管理不善等原因，设备和厂房均承包给本厂职工经营。1998年，县机械厂改制为湖西电器有限公司。同年，成立单县亚龙有限公司，占地面积1.9公顷，建筑面积1890平方米，有冲床、电镀9台（套），汽装钉生产线1条，主要产品有球承、角轨、汽装钉等，年产能1000万套。县轴承厂改制为山东湖西轴承有限公司。2001年6月，山东科信轴承有限公司成立，占地4公顷，建筑面积1万平方米，有冷凝机、磨球机等设备19台，产品为钢球，年生产能力1亿粒。2003年，规模以上通用设备制造业2家（湖西轴承有限公司、单县亚龙有限公司），总资产3753万元，产值3025.9万元，销售收入2820.9万元，从业人员221人。湖西轴承有限公司通过技改投入，2005年轴承年生产能力由2003年的180万套增加到500万套，当年实际生产“8”类型平面轴承400万套，产销量居全国第一位。机械工业产品品种由原来的农机配件、机械修理发展到轴承及其配件、电磁线及通讯电缆，彩钢板、钢管、汽车零配件、变压器、水泵、拖拉机、洗衣机等40多个品种的产品格局。2010年，全县机械制造工业涉及通用设备、专用设备、交通运输设备制造等领域，规模以上企业17家，企业总资产8.62亿元，实现产值14.44亿元，主营业务收入14.75亿元，利税总额2.01亿元。其中，通用设备制造业9家，总资产5.2亿元，实现工业产值8.35亿元，主营业务收入8.94亿元，利税总额1.2亿元；专用设备制造业3家，总资产1.8亿元，实现工业产值3.47亿元，主营业务收入3.1亿元，利税总额4321万元；交通运输设备制造业5家，总资产1.62亿元，实现工业产值2.62亿元，主营业务收入2.71亿元，利税总额3830万元。

机械工业企业选介 山东湖西王集团有限公司 其前身为单城镇汽车配件厂，1970年建立。1989年和梁山轴承厂联营，开始生产经营推力球轴承。1990年升格为县直集体企业，更名为单县轴承厂。之后，开发198905和588911K品种，产品质量达到GB307-84标准，填补山东省轴承行业的空白。1998年11月，县轴承厂改制为山东湖西轴承有限公司。2000年，注册商标HXW（湖西王）。2005年5月，成立山东湖西王集团有限公司，投资设立山东湖西王集团铸业有限公司。2010年，公司发展成为一个集科、工、贸为一体的现代化大型企业，拥有设备800余台（套），固定资产3.6亿元，员工1300人，其中工程技术人员149人。主要生产推力轴承、汽车专用轴承及液压件三大系统、300余种规格型号，产品广泛用于汽车、电机、机床、工程机械等领域。“8”类型轴承产销量居全国同行业第一位。是国内规模最大的推力球轴承生产企业。产品主要为美国伊顿、北汽福田、金杯汽车、义和车桥、时风集团、临工集团等60余家大中型企业配套，并出口美国、日本、韩国、欧洲等国家和地区。通过4项省级成果鉴定（国际先进1项，国内领先3项）。有专利9项，发明专利1项。2010年，生产铸件10万吨，销售收入13亿元，利税1.5亿元。

山东湖西王集团车间一角

单县金鑫铜业有限公司　2004年9月成立，位于黄岗镇经济园区，占地1.67公顷，厂房建筑面积2000平方米。有资产680万元，职工120人。产品有黄铜铸造水龙头、各种阀杆、各类中高档卫生洁具及抛光品，出口澳大利亚、美国、英国、南非等国家和地区。2010年，实现产值4000万元，利税440万元，其中上缴税金135万元。

菏泽乾坤有色铸业金属有限公司　2002年5月成立，位于单县北城街道经济园区，是从事铜、铝等有色金属制造、机械加工、电镀及表面处理的民营企业。产品有变压器用各种型号及规模的导电杆、铜铝过渡排、高压开关用各种接线板、接线端子、软连接等，机械设备用各种铜套、铜瓦、铜涡轮等，部分产品出口美国、韩国。2010年，年销售收入1200万元，利税180万元。

2001年，通过ISO 9002、QS 9000质量管理体系认证。2003年，被山东省工商行政管理局授予重合同守信用企业。2007年，通过ISO-TS16949体系认证。10月，"湖西王"品牌评为山东省著名商标。2008年12月，被山东省科技厅认定为山东省高新技术企业。2009年9月，建立省级企业技术中心。12月，"湖西王"牌轴承产品被评为山东省名牌产品。同年，被山东省经信委评为管理创新优秀企业。2010年，被山东省轴承协会确定为汽车轴承重点生产企业，并评为轴承行业先进单位。

山东科信轴承有限公司　2003年4月成立，位于单县北城街道经济园区，占地4.5公顷，建筑面积1.2万平方米。固定资产1000万元，职工78人。主导业务为钢球生产和轴承销售，与河南省洛阳市、黑龙江省哈尔滨市等地轴承厂家建立互惠互利关系链，以自产钢球兑换洛阳、哈尔滨厂家的轴承予以销售，先后在潍坊、济南、鲁西南等地设有3处销售分公司。系洛阳、哈尔滨轴承厂在山东省的主要代理商。2010年，销售收入3420万元，实现利税698万元，其中上缴税金191万元。

第六节　建材工业

砖瓦　1986年，境内砖瓦生产企业28家，年产砖4亿块、瓦0.15亿片。1987年，增加砖瓦厂和灰砂砖厂各1家。1990年，砖瓦年产量分别为5.62亿块和0.34亿片，产值1786万元。1995年，砖瓦生产企业25家，年产砖9.33亿块，瓦0.48亿片，产值5136万元。2000年，砖瓦制造企业43家。2010年，砖瓦制造企业年产砖21.56亿块，瓦0.39亿片。

水泥　2007年7月，单县首家水泥生产企业——山东中固水泥有限公司在徐寨镇经济园区成立，占地面积1.67公顷，注册资金210万元，总投资3000万元。同月，单县山水水泥有限公司建成投产。2010年1月，单县苏建水泥粉磨有限公司建成投产，位于县城东外环路南段路东，由江苏省徐州市枣泰水泥粉磨有限公司投资兴建，占地5公顷，总投资1.2亿元。至年底，境内规模以上水泥生产企业3家，总资产1.92亿元，实现总产值2.08亿元，主营业务收入6.35亿元，利税总额6379万元，从业人员639人。

第七节 造纸与印刷工业

造纸及纸制品业 1986年，境内有造纸及纸制品企业3家，其中，造纸业1家，纸制品业2家。县造纸厂为国营企业，主要生产高中低档文化用纸，年麦草制浆能力1万吨。当年完成工业产值33万元，产品销售收入30万元，从业人员120人。1989年，县造纸厂受压缩信贷的影响，无力恢复正常生产，由县供销社管理。1990年8月，移交县工业局管理。1994年始，将停产多年的原造纸厂租赁给4家个体企业经营。1995年，全县造纸及纸制品业增加到6家，全年完成工业总产值3093万元（1990年不变价），比1986年增加60倍。1996年，根据中央关于深化企业改革、改造、改组精神，单县造纸厂、新华造纸厂、神州造纸厂、鲁南造纸厂、鑫达造纸厂5家造纸厂联合起来，组建单县纸业集团。1997年，单县新华造纸有限公司与美国美宝国际有限公司合资经营单县新宝纸塑包装制品有限公司，主要生产经营高档高性能纸塑复合材料包装制品，年生产能力1500万条。2000年6月，成立菏泽胜利包装有限公司，占地面积2.9公顷，建筑面积9420平方米，2001年建成投产。主要生产高档瓦楞纸箱，年生产能力5000万平方米。2001年，山东省单县天元纸业有限公司成立。2005年，全县规模以上造纸及纸制品业发展到8家，其中，造纸业3家，纸制品业5家，总资产3.25亿元，实现产值6.35亿元，主营业务收入6.11亿元，利税总额5214万元。当年，共生产机制纸及纸板116724吨，其中，新闻纸53786吨；生产纸制品20401吨，其中，瓦楞纸箱15821吨。至2010年，全县规模以上造纸及纸制品业增加到13家，其中，造纸2家，纸浆制造1家，纸制品制造10家。企业总资产9.68亿元，实现工业总产值10.88亿元，主营业务收入11.75亿元，利税总额1.39亿元，从业人员2721人。

造纸及纸制品企业选介 **山东省单县天元纸业有限公司** 2001年，单县麻纺（集团）有限公司兼并原国营单县造纸厂，成立山东省单县天元纸业有限公司，转产新闻再生纸。2007年，该公司分为南、东两个生产区，累计投资3.6亿元，新增造纸生产线4条，新建2万吨污水处理厂1座，生产规模达到15万吨。

2001年1月，与江中集团联合投资兴建天元工业园。项目总投资45亿元，建筑面积25万平方米。2010年，建成年产15万吨再生新闻纸项目一期工程，2条2400高速纸机生产线和污水处理厂开始运营，当年新开工建设的14万平方米的4条3150、2条4300生产线车间和2条300吨脱墨浆车间及其配套设施主体工程基本完成，设备全部到厂并开始安装，项目达产后年可生产新闻纸60万吨，每年可实现销售收入35亿元，上缴税收2.2亿元，新增就业3000人。2010年，公司实现销售收入21963万元，实现利税1794万元。

天元纸业新闻纸

菏泽胜利包装有限公司　2000年6月，县供销社、胜利油田中胜实业集团有限公司与香港东方国际机械公司合资成立，投资总额2041万元，注册资本2041万元。注册资本中，县供销社投资300万元，占14.69%；胜利油田中胜实业集团有限公司投资1000万元，占49%；香港东方国际机械公司投资892742美元（折合人民币741万元），占36.31%。公司位于单县北外环路20号，占地面积2.9公顷，建筑面积9420平方米，2001年建成投产。公司拥有北京航天机械公司2.2米高速重型瓦楞生产线、瑞典EMBA244型印刷成型生产线、台湾财益五色印刷线和美国杜邦公司制版系统，主要生产高档瓦楞纸箱，年生产能力5000万平方米。公司先后成为蒙牛、百事可乐、上好佳、百隆、步长、白象、华丰等国内知名厂家定点包装生产企业。2010年，完成产量2040万平方米，实现产值4943万元，销售收入4225万元，利税168万元，从业人员130人。

印刷业　1986年，全县有印刷工业企业5家，其中，全民所有制企业1家（单县印刷厂），集体所有制企业4家。当年，县印刷厂完成工业产值76万元，销售收入70万元，从业人员155人。1987年，县印刷厂新上彩印项目，1988年，完成彩印配套的技术改造，并形成生产能力。1990年，全县印刷业工业企业增加到7家，完成工业总产值394万元。1997年，印刷企业只有县印刷厂1家。1998年，县印刷厂改制后实行租赁经营。

第八节　新能源工业

山东舜亦新能源有限公司　2008年6月成立，位于单县经济开发区，是集太阳能光伏产品研发与制造为一体的高科技企业。公司注册资本1亿元，占地54.4公顷，主要从事高转换率、抗衰减的高效太阳能电池，太阳能电池组件及相关光伏产品的研发与生产制造，是山东省政府重点扶持的100个重点高科技项目之一，2010年山东省第一批战略性新兴产业重点项目。

2009年投产，当年实现销售额19139万元。2010年，实现销售收入101262万元，税金6075万元，利润11286万元，完成出口交货值12292万美元。同年，将销售收入的5%投入研发，设立专项科研资金。研发团队290人，其中，高级工程师16人，工程师33人，台湾电池片技术专家13人。引进GTSOLAR、ECT、MB、NTC等国内外先进的光伏生产线及检测设

舜亦新能源生产车间

山东舜亦新能源有限公司

备；注重联合科研和科技创新平台的建设，先后与山东大学、香港协鑫集团旗下的江苏中能硅业科技有限公司建立产学研合作关系，聚集国内外光伏领域顶尖高级科研人才，在产品开发、项目申报、知识产权合作等方面建立全面的合作伙伴关系，实现人才、资源、科研成果共享。该年，公司资产总额88799万元，资产负债率25.56%。为恒丰银行股份有限公司济南分行“AAA级信用企业”。

公司获得ISO9001质量管理体系认证、ISO14001环境管理体系认证和GB/T28001职业健康安全管理体系认证。有自主知识产权15项，其中，发明专利9项，实用新型专利6项。获授权专利1项，科技成果3项，其中，“N型多晶硅太阳能电池片生产新工艺及应用”技术达到国际先进水平。“大功率太阳能电池生产装备技术创新与应用”项目通过省科技厅组织的专家鉴定，并获得菏泽市科学技术进步一等奖，被评为菏泽市技术创新提升工程重大专项项目。公司产品已取得行业内最具权威的德国TUV认证、CE、金太阳等国际国内权威认证证书。

公司为国家火炬计划新能源特色产业基地龙头企业、山东省太阳能行业协会理事单位。公司项目被列为“山东省十二五规划战略性新兴产业重点项目”“山东省科技成果转换重大专项”。2010年，获菏泽市科学进步一等奖等奖项。

山东宇泰光电科技有限公司　2008年5月成立，占地面积53.36公顷，项目总投资20亿元，是山东山泰集团在单县投资兴建的高新技术企业。专业致力于发光二极管（LED）封装、太阳能制片、太阳能转换板、太阳能发电、太阳能与新型半导体（LED）电光源相结合的半导体照明系列产品的研发、生产与销售。2010年，投资8000万元，重点建设办公室、营销楼、展览馆、专家公寓楼、职工宿舍楼及餐厅，投资6000万元建立中央空调系统。该年，生产LED灯具8万套，光伏组件2.5兆瓦，实现销售收入43590万元，利税10582万元。该公司产品广泛用于太阳能发电、城市景观、街道、企业办公、园林公园、消防警示、商业卖场、居民小区、汽车尾灯、医用、矿山、航空、家用、野游、应急等领域。公司先后从中国香港、台湾地区和美国、日本、新加坡等地引进全球最先进的大小功率LED封装线20条，灯具组装线10条，光伏组件生产线20条，电池片生产线10条。公司年生产太阳能电池片350兆瓦，光伏组件600兆瓦，LED路灯系列产品38万套和室内灯500万件（套），LED发光源30亿粒。

太阳能电池板冲压生产线

2009年，获山东省优秀节能成果奖，菏泽市高新技术企业。2010年，获全市对外贸易先进企业、中国新能源产业最具影响力企业、中国专利·

山东明星企业和山东省太阳能技术创新十佳品牌等称号。拥有“大功率LED高效节能灯的研究开发及应用”技术成果和“山东省优秀节能成果奖”。企业通过ISO 9001、ISO 14001、OHSMS 28001、TUV、UL等多项国际认证。被列入“省十二五战略新型重点项目”和国家“863计划项目”，进入省级和国家级新能源发展战略规划。

第九节　皮毛制品工业

1986年，皮革制品制造有县皮革厂1家，属县直集体企业，当年产值116万元，销售收入41万元，从业人员65人。至1996年，增加县皮鞋厂、县皮件厂2家县直集体企业。该年，生产皮革服装2054件，鞣制皮革（折合牛皮）4.25万元张，完成产值1374万元，销售收入542万元，从业人员120人。1999年，县皮件厂产权出售，县皮革厂、皮鞋厂实行租赁经营。2004—2005年，皮毛制品民营企业快速发展，仅郭村镇和高老家乡就相继成立山东华澳绒毛有限公司、单县银建纺织原料有限公司、单县雪山绒毛有限公司、单县东强皮毛有限公司、单县兴旺毛纺有限公司、单县翔达毛纺有限公司等。全县规模以上皮毛鞣制加工企业2家，总资产2434.6万元，产值7652.6万元，主营业务收入7962.6万元，利税460.9万元，从业人员131人。2010年，全县规模以上皮革、毛皮及其制品业7家，其中，皮革制品制造企业3家，毛皮鞣制加工企业4家，总资产2.28亿元，产值5.37亿元，主营业务收入5.48亿元，利税总额1291万元，从业人员932人。

第十节　玻纤及制品制造工业

1997年前，境内玻纤制造企业仅有县玻璃纤维厂1家。当年完成产值983.3万元，产品销售收入377.5万元，利税15.1万元，总资产4908.9万元，从业人员950人。同年7月，单县桂芝玻纤有限公司成立，占地面积6000平方米，建筑面积4000平方米，有各种设备110余台，产品有玻纤窗纱、丝网、网格布和网袋等，年生产能力900万平方米。之后，玻纤及制品制造业发展逐年加快。2000年6月，单县天成玻纤有限公司成立，占地面积2公顷，建筑面积1.6万平方米，有织布机械260台，产品有玻纤增强网布和白粘带，年生产能力2500万米。2001年8月、2002年7月，单县信远玻纤有限公司、单县恒昌网布有限公司先后成立。2003年9月，单县鑫城玻纤有限公司成立，占地面积1.06公顷，建筑面积5900平方米，产品有玻璃纤维纱和网布，年产能分别为1万吨和900万平方米。2005年，单县鑫城玻纤有限公司实现产值6160万元，销售收入6241万元，利税215.1万元；单县天成玻纤有限公司实现产值2600万元，销售收入2407万元，利税186万元。全县规模以

玻纤制品生产车间　　2006年摄影

上玻璃纤维及制品制造企业6家，总资产6631万元，产值2.11亿元，主营业务收入2.04亿元，利税959万元，从业人员2156人。2010年，全县规模以上玻璃纤维及制品制造企业47家，总资产13.3亿元，总产值40.01亿元，主营业务收入39.98亿元，利税5.5亿元，从业人员6250人。

第四章　乡镇民营企业

1980年起，农村经济体制改革全面启动，农村经济成分走向多元化，乡镇企业和民营经济焕发生机。县委、县政府按照“积极扶持，合理规划，正确引导，加强管理”发展乡镇企业的方针，放宽政策，加大投入，“四轮”（乡镇办、村办、联户办、个体办）驱动，多轨运行，推动乡镇企业和民营经济的发展。1986年，全县有乡镇企业6668家，工业总产值9111万元（1980年不变价）。1997年后，实施《中华人民共和国乡镇企业法》，各级党委、政府相继制定乡镇企业改革与发展的意见，乡镇企业以改革促发展，以招商促投入，以激励政策和环境优化搭建发展平台，全县民营经济实行一、二、三产业一齐上，专业、兼业一齐上，个体、群体一齐上，内向外向一齐上，初步形成15个主导产业和部分重点企业，乡镇企业和民营经济取得突破性发展，其经济总量和上交税金占全县三分之一。2001年，省委、省政府作出大力发展民营经济的战略决策，特别是2004年“突破菏泽”决策的出台，为单县民营经济的发展注入新的活力，经济园区建设、主导产业和重点企业发展、提升、招商引资进展，都取得前所未有的好成绩。2008年，单县被评为山东省民营经济工作先进县。2009年后，单县民营经济以科学发展观统揽全局，围绕“转方式，调结构，增投入，谋跨越”，实现新突破。

第一节　乡镇企业

1986年，全县乡镇工业迅速发展，但多是手工、作坊式生产经营，规模小，技术含量低。主要行业有砖瓦、面粉加工、农具制造、建材等。全县有乡镇企业6668家，从业人员2.65万人，其中，乡镇办工业110家，村办工业88家，联户办工业774家，个体办工业5694家，其他2家。完成工业总产值9111万元（1980年不变价），其中，乡镇办工业产值2156万元；村办工业产值1670万元；个体、联户办工业产值5285万元。1990年，县委、县政府制定《大力发展乡镇企业的意见》，全县乡镇企业按照“结合实际，量力而行，发挥优势，注重效益”的原则，大力发展符合国家产业政策的农副产品加工业、建筑建材业和刺绣、绣花、扎花、条柳编、玉米皮编织、地毯加工等劳动密集型企业。至1991年，全县乡镇工业企业9898家，其中乡镇办112家，村办99家，联合办922家，个体办8765家，从业人员48237人。乡镇工业产值42348万元（1990年不变价格），其中，乡办工业产值7302万元，村办工业产值7254万元，联户办工业产值8906万元，农村个体办工业产值18886万元。全县总产值过亿元的乡镇1个（单城镇），过千万元的乡镇5个（谢集乡、高韦庄镇、黄岗镇、朱集乡、王小庄乡）。单城镇有320个产品品种的工业群体和专业村、专业片、专业街，形成区域性、专业化生产，被地委、行署授予“发展乡镇企业先进单位”“致富先进乡镇”称号。该镇水泵厂被评为省级先进企业；橡塑厂开发的线型水带产品，达到省内同类产品先进水平。李半庄乡莱河酒厂生产的“莱河老窖酒”评为省优质产品，“三年陈老窖”获国际食品博览会铜奖，“今古春”“莱河老窖”获首届中国食品博览会铜奖；汽车配件厂生产的无触点闪光器，获国家专利，填补省内空白。1992年，单城镇水泵厂生产的QS60-20-5.5型潜水电泵获部优产品称号；丝织厂开发、研制缎类、皮类、涤丝纺类3大系列13个品种。曹马镇相继创办金属门窗厂、津达装饰工程公司和气流纺织厂3家企业，完成工业产值100.8万元，实现利税77万元。

1994年，县委、县政府制定《关于促进乡镇企业发展的补充意见》，确定“个体起步、股份突破、小区开发、规模经营、点面结合、重点带动”的指导思想，坚持“四轮”驱动、多轨运行、市场导向、规模多样、突出效益、区域放宽的原则，重点抓五大系列生产：即单城镇、时楼、马楼、孙溜、张集等乡镇的蔬菜、水果、中药材种植，形成种植加工、贮运销售一条龙的格局；浮岗、蔡堂、曹庄、花园等乡镇的畜产业、桐木加工业、养殖业、种植业，走贸工农一体化的路子；曹庄、杨楼、李半庄、龙王庙、曹巨集等乡镇的条柳编、食用菌、刺绣等一村一品、一乡一业的专业化、区域化经济；单城镇、黄岗镇、花园乡、杨楼乡等乡镇的塑料加工、石棉制品、玻璃制品形成的专业市场；蔡堂、杨楼、张集等乡镇的建筑业。同时深化企业改革，推行股份合作制，搞好弱小、微利企业的租赁、兼并、拍卖。该年，全县乡镇工业企业实现总产值14.09亿元，总收入14.29亿元，工业利税1.45亿元，上缴税金2984万元。其中乡镇办工业产值2.15亿元，总收入2.27亿元，利税2489万元，上缴税金516万元。

1996年，县委、县政府制定《关于进一步加快发展乡镇企业的决定》和《关于促进个体、私营经济发展的规定》，对个体私营经济放开政策，涌现出菏泽地区琴台集团公司、回民雪糕厂、湖西网袋厂、茂伟糕点厂、北京雷力化学有限公司单县实验厂、单县新华造纸有限公司、单县康利达医用制品有限公司、单县金利汽车配件有限公司、单县玻璃工艺厂、单县利达保温材料有限公司、八里河机筛厂、李田楼印刷厂、利民冷冻厂、兴联商行、郝庄养鸡场等15家县级“明星企业”和单城镇、李半庄乡、曹马集镇、蔡堂镇、黄岗镇、孙溜镇6个县级乡镇企业先进乡镇。菏泽地区华东集团有限公司被评为省级重合同守信用企业、先进纳税单位、商品质量信得过单位、消费者满意商店。

宁丰木业

单城镇被评为全区发展乡镇企业明星乡镇，曹庄乡、十里铺乡被评为全区发展乡镇企业先进乡镇，单城镇董庄村、回汉村，浮岗乡李油坊村被评为全区乡镇企业明星村，山东亚星集团总公司、山东莱河酒厂被评为全区明星乡镇企业。同年，乡镇开始建设工业小区，向集约化经营、规模经营发展。

1997年，县委、县政府作出《关于认真贯彻执行地委、行署关于进一步加快发展乡镇企业的决定》，实施乡镇党委书记“一把手”工程，年终考核实行乡镇企业“一票否决”。该年，全县乡镇企业初步形成4个工业示范小区，即以塑料、窗纱、镀镜等制品为主的单城镇工业示范小区，以农副产品加工业为主的孙溜镇工业示范小区，以食品加工业和农副产品加工业为主的李半庄工业示范小区和以肉食品加工业为主的十里铺乡工业示范小区。1998年，曹叵集乡投资100万元新上银杏茶厂，生产的银杏茶叶被定为国际风筝节专用品；李田楼乡引进个体大户投资210万元，建立新保制塑厂；浮岗镇投资100万元新上股份制塑料厂；毛庄乡土山村50多户村民家家办起作坊式的肠衣加工厂，年获利60多万元；黄岗镇有资产50万元以上的个体联合拼板厂7家；朱集镇先后兴建19家胶合板厂；曹叵集乡、花园乡大力发展起花生加工业，年加工花生10万余吨。该年，全县乡镇办工业企业121家，从业人员14357人，总产值4.8亿元（1990年不变价）。全县有个体工业（8人以下）的行政村417个，企业总数6787家，从业人员30256人，工业总产值15.69亿元，上缴税金3315万元。

第二节　民营企业

1998年，县委、县政府制定《关于加快单县乡镇企业改革的试行意见》和《关于加快单县个体私营经济发展的决定》。对全县223家乡、村集体企业，采取股份合作制、租赁、拍卖、破产等多种形式进行改革。1999年，县委、县政府制定《关于加快民营经济发展的意见》《关于设立县个体私营经济服务中心的意见（试行）》《关于对重点民营企业发挂保护牌的决定》，进一步放宽政策，增加优惠条件，营造良好的发展环境。单县保艳食品有限公司投资200万元，新上真空包装系列食品，打入胜利油田、东濮油田市场。山东百寿坊食品有限公司成功研发出方便盒装固体羊肉汤项目，获国家发明专利。终兴镇孟集村村民王爱举投资90万元，兴建腾飞翻砂厂，产品全部出口。张集乡李瑞平投资200余万元，兴办张集玻璃纤维厂。该年，全县乡办、个体工业企业共有5390家，实现工业总产值19.87亿元。其中，乡镇办工业121家，工业产值2.51亿元，个体工业5269家，工业产值17.36亿元。

2004年，县委、县政府制定《关于进一步加快发展民营经济的意见》，按照“县域经济民营化，民营经济特色化，特色经济产业化，产业发展聚集化”的科学理念，大力实施中小企业成长计划、特色产业提升计划和中小企业培训计划，努力促进民营经济持续健康发展。至2007年，玻纤、木材、皮毛3个民营经济小区入驻企业26家，其中投资过千万元的11家。民营经济园区实现营业收入18亿元，增加值5.2亿元，上缴税金3700万元。全县规模以上民营工业企业132家，实现工业总产值69.53亿元，主营业务收入67.47亿元，利税5.61亿元；规模以下民营企业674家，工业总产值20.2亿元；个体工业7139家，工业总产值26.61亿元。2008年，单县被评为山东省民营经济工作先进县。

2009年、2010年，全县民营工业实现跨越式发展。2009年，县委、县政府制定《关于进一步促进中小企业发展的决定》和《关于进一步促进中小企业发展的办法》，构建“以大项目为龙头，众多中小企业为支撑”的经济发展新格局。重点发展玻纤、木材、皮毛三个产业集群。全县玻纤业发展到632家，其中玻纤加工企业56家，拥有自营出口权的企业6家，取得市级以上名牌产品的企业5家，从业人员2.4万人。窗纱、网格布占全国市场份额的40%以上。北城街道鹿湾村生产的渔网及水产品晾晒用玻纤布约占全国市场的60%，被称为“中国渔网第一村”。木材加工主要集中在黄岗镇、高韦庄镇。黄岗镇有木材加工专业村8个，专业户1200个，木材加工龙头企业10家。高韦庄镇有木材加工专业村5个，木材加工专业户1000多户。郭村等乡镇有皮毛加工企业12家，从业人员1.5万人，年产值14亿元。全县三大产业有龙头企业78家，辐射带动2832家小型加工企业，形成3个工业园，30多个专业村。2010年，全县民营工业企业达6317家，实现工业总产值344.01亿元。其中规模以上民营工业企业296家，工业总产值277.47亿元，固定资产88.37亿元，主营业务收入239.76亿元，利税39.04亿元，从业人员4.41万人；规模以下952家，产值35.81亿元；个体5069家，产值30.73亿元。

第三节 经济园区

1994年，为发挥区域化、规模化经营的优势，改变乡镇企业、民营经济零星分散、单打独斗的局面，单县提出建设乡镇工业经济园区的工作思路。1996年，单城镇在县城西关外，以塑料、窗纱、镀镜生产为主，开始建设工业经济园区。1997年，县重点扶持4个乡镇工业经济园区建设。即：以发展塑料、窗纱、镀镜等制品为主的单城镇工业经济园区，以农副产品加工业为主的孙溜镇经济园区，以食品加工和农副产品加工业为主的李半庄工业园区，以肉食加工业为主的十里铺乡工业经济园区。新增曹庄乡以双扶化工厂为龙头，徐寨镇、黄岗镇以发展拼板、刨花板等农副产品加工项目为主的3个经济园区。全县共有乡镇工业经济园区7个。2004年，乡镇民营经济园区发展到10个，园区内实有企业310家，从业人员11095人，总产值9.86亿元，营业收入9.66亿元，利润总额5763万元，上缴税金2122万元，出口交货值6784万元，固定资产投资额6.16亿元。单城镇北城工业园占地面积3.5平方公里，年末实有企业32家，从业人员2817人，营业收入3.88亿元，总产值3.96亿元，利润总额2568万元，上缴税金1302万元，出口交货值4300万元，固定资产投资额3亿元。单城镇董庄工业园，占地2.5平方公里，年末实有企业144家，从业人员3568人，营业收入2.19亿元，总产值2.24亿元，利润总额1163万元，上缴税金439万元，出口交货值1484万元，固定资产投资额1.06亿元。2010年，全县民营经济园区达到17个，园区内实有企业730家，从业人员6.28万人，总产值110.77亿元。

2010年部分乡镇民营经济园区统计表

表7-4-1

乡镇名	经济园区数（个）	企业数（个）	从业人员数（人）	企业总产值（万元）
北城街道	2	194	10746	218983
南城街道	2	386	7068	58987
莱河镇	1	19	922	52463
郭村镇	1	48	3986	32689
浮岗镇	1	12	850	1250
蔡堂镇	1	5	300	10000

续表 7-4-1

乡镇名	经济园区数（个）	企业数（个）	从业人员数（人）	企业总产值（万元）
李田楼镇	1	8	350	36840
终兴镇	1	5	720	34600
徐寨镇	1	5	400	6000
张集镇	1	12	1200	130000
时楼镇	1	4	386	17500
李新庄镇	2	5	586	33887
黄岗镇	1	10	954	42500

第四节　专业镇村

特色产业镇　黄岗镇木材加工产业　黄岗木材加工有近30年的历史。2010年，有一街村、前阁村等木材加工专业村8个，专业户1400户，金亿木业、万都木业、龙腾木业等木材加工企业10家，从业人员1.6万人。主要产品有毛木条、旋皮、细木工板、胶合板、木地板等，年加工木材30余万立方米。

徐寨镇大蒜产业　该镇有耕地6772公顷，主导产业为大蒜、圆葱、大棚蔬菜等。1996年，该镇开始发展大蒜种植。2002年、2004年，该镇大蒜先后被山东省农业厅、国家农业部评定为优质无公害农产品。2006年，在刘寨村建成大蒜等蔬菜交易市场，市场有交易区、储存区、服务区。交易区建有销售房屋50间，设摊位100个，交易面积1万平方米；储存区建有500吨的恒温库30栋，总储量1.5万吨。先后与广东、江苏、吉林、辽宁等20余个省市的客户建立业务联系，并由客商经青岛、大连等地远销马来西亚、菲律宾、韩国等国家。年销售大蒜等各类瓜菜近5万吨，交易总额5000余万元。同年4月，在山东省注册“绿源”牌大蒜商标。2007年6月，成立徐寨镇大蒜农民专业合作社。9月，大蒜种植获山东省无公害农产品产地认证。2010年，全镇种植大蒜的有22个行政村、6000余户（其中种植百亩以上的10户），种植面积达4000多公顷，年产蒜头6万吨，蒜薹1.5万吨，实现总产值6400万元，户均纯收入6000余元。齐庄、岳刘庄、魏庄、关帝庙、许集、牛杨楼等6个行政村建成大蒜标准化基地。

终兴镇山药产业　该镇有耕地8754公顷。2000年开始种植山药，品种有九斤黄、花山药、日本白、钢棍等。2010年全镇山药种植面积2600公顷，每公顷效益30万元。建成以程溜、朱庄、朱大庄、北常集为中心的万亩优质山药基地。成立农业合作社和山药协会，产品实现农超对接，并以各种形式销往全国各地。

经济专业村　南城街道董庄窗纱生产专业村　董庄行政村位于县城西部，以生产窗纱、渔网、网格布、玻璃纤维为主，是全国闻名的窗纱生产专业村。全村规模以上企业7家，有涂塑炉9座，拉丝机31台，丝机3000余台，玻纤拉丝厂4家，生产品种30余个，产品涉及渔业、建筑、交通等20多个行业。2010年，从业人员3500人，其中，外来务工人员2500人。全村固定资产2.2亿元，总产值3.2亿元，人均收入8200元。

谢集镇郝庙木材加工专业村　2003年春，成立锨把协会，以杠子加工产业为主导，大力发展工副业生产。2010年，从事杠子、木材

木材加工

加工的500余户，从业人员占全村劳动力的95%以上，年生产各种杠子、镐把等5500万把，年销售额过亿元。成为全镇“精神文明先进村”和“经济发展强村”。

黄岗镇一街木材加工专业村　黄岗镇一街有木材加工企业6家，其中，规模以上企业2家。专业户100多个。从业人员712人。产品有木条、粘板（半成品）、细木工板、家具等。2010年，销售收入1.65亿元，实现利税1352万元。

第五章　招商引资

1992年10月29日，中外合资菏泽单柳木制品有限公司成立，是单县引进的第一家县外投资企业。2001年2月，县政府决定在经济发达地区或沿边城市设立招商引资办事处。6月，设立单县招商办公室，为正科级事业单位，专门协调管理全县招商引资工作。同年，县委、县政府先后编制《单县招商引资项目规划》《单县重点对外推介项目》，把招商引资列为一项重要工作。2003年后，县委、县政府印发《关于招商引资的奖励规定》等有关文件。严格奖惩，促进全县招商引资工作，一些外地客商到单县投资建设了一批大项目、好项目。

第一节　政策环境

1991年6月28日，县政府印发《台湾同胞来单县投资的优惠规定》。规定台湾同胞到单县投资，除举办合资经营企业、合作经营企业或采取加工、装配、补偿等方式外，还有法律法规允许的其他投资形式等20项优惠政策。1992年6月，县委、县政府作出《关于进一步深化改革，扩大对外开放的决定》，在解放思想、扩大开放、引进人才和改善投资环境等方面提出12条意见。1994年8月28日，县政府制定《关于加快外向型经济发展的意见》，提出外向型经济发展的指导思想和奋斗目标、工作措施及加强外向型经济工作的领导等3条意见。1999年5月，县政府印发《单县招商引资及引进人才的优惠规定》，规定外来投资者在单县兴办企业，可通过出租、出让方式取得土地使用权；兴办企业所需水、电、通讯等设施，优先安排解决；新办的生产性企业，经营期10年以上的，从投资之日起3年内，企业所得税先征后返。10月，制定《关于治理经济发展环境的若干规定（试行）》。2000年1月，县委、县政府制定《关于广泛开展招商引资的若干规定（试行）》，即“招商引资20条”。规定对外商投资者、企业及引进项目的优惠政策，引进人才的优惠政策，引资奖励政策，引进项目奖励，优化招商引资环境、搞好对投资者服务的规定，以及加强领导、严格奖惩的措施。2001年3月，县政府印发《单县招商引资优惠政策规定》《单县对外开放招商引资工作考核奖惩办法》。

主要在税收、收费、建设土地、奖励制度、服务环境等方面提出9条优惠政策。2002年4月，县委、县政府制定《关于加快经济发展的意见》，放宽用地，减免缓税费，加快工业园区建设，引进人才，鼓励机关干部职工兴办经济实体；清理收费项目，规范收费行为，严禁乱检查乱摊派，治理公路“三乱”，公开办事程序提高办事效率，实行审批限时制度，建立健全社会服务承诺制度；重奖上缴税金大户，加大招商引资奖惩力度。2002年8月9日，县政府印发《单县经济园区招商引资优惠政策》，对园区内兴办企业的土地使用、税费缴纳、服务、奖励等方面提出8条优惠政策。对依法通过出让方式获得土地使用权的企业，按固定资产一次投入数额（100万元以上）的多少，部分或全部返还土地出让金；通过租赁方式获得土地出让权的，租金分10年付清；对入园的高科技含量、高附加值、高市场占有率、高利税项目，无偿提供土地使用权10年；对固定资产一次性投入1000万元以上的生产性企业，从投产之日起，5年内实际缴纳的企业所得税、增值税地方留成部分，政府当年全部奖励给企业；对新建企业所需的一切手续，实行“一门受理、共同认可、一口收费、限时办结”承诺；对投资数额大的企业，按照“特事特办、一事一议”的原则，根据外商的特殊需求，制定相应的优惠政策。2003年，设立外来投资者服务中心和投诉中心，解决外商在投资过程中遇到的问题。2003年后，县委、县政府下发《关于招商引资的奖励规定》等有关文件。实行招商引资与单位办公经费、年终考核、评优树先、干部使用挂钩，对完成和超额完成招商引资任务的县直部门前5名，乡镇前3名进行奖励。完不成任务且排列后3名的乡镇，主要负责人就地免职、不得参评年终综合奖、不得提拔干部。2004年5月28日，县政府印发《单县经济开发区招商引资优惠规定》，对进入开发区的项目，从用地、税收、收费和经营环境等方面作出优惠规定。2005年，县工商局发出《单县工商局招商引资服务年承诺书》，加大红盾帮扶、服务招商引资工作的力度，提出“两全一亲”的工作思路，即凡招商引资的企业需到省、市局办理登记注册的，由县工商局企业注册局派员全程陪同办理；凡县、镇招商引资企业需到县局办理注册登记的，由工商所派员全程陪同办理；实行亲情服务、延时服务，公布服务电话，24小时开通。当年有单县佳裕电器有限公司等10家企业冠以省级名称。通过延时服务、并联审批，帮助310家企业办理注册登记。服务热线提供咨询服务1110次。2006年，是单县“大项目建设年”，实现领导精力、物力财力、考核权重向大项目倾斜。2008年9月，县委召开全县招商引资工作动员大会，推进大推介、大招商、大落地、大建设工作的开展。

2009年，县委成立优化发展环境和廉政建设督导工作领导小组，推行“首违不罚”制度。向20个重点企业和20个项目派驻监察员，主要负责监督行政机关办事效率和服务质量，帮助协调解决项目建设中的具体问题，及时受理和查处影响投资环境的人和事。组织55个部门和单位参加全县优化投资环境公开承诺。对全县20个重点企业和20个重大项目工程进行挂牌保护，要求在企业生产期间除安全检查、税收征管、环境监测和违法违纪案件调查外，其他行政执法部门对重点项目和企业检查时，必须经县优化投资环境领导小组同意，办理检查、收费报批手续后方可进行，否则重点项目建设单位和企业有权拒绝。2010年，实行“企业联系110投诉卡”制度，由县纠风办印制并向部分企业和个体户发放200余张“企业联系110投诉卡”。该年8月，实行重点项目“绿卡”制度，向100家重点企业和项目发放“绿卡”，对持有“绿卡”的重点项目保证“五个优先”，即优先办理有关手续，优先供给建设用地，优先保障环境容量，优先保障建设资金，优先保障资源开发利用。

第二节　重要活动及成果

1999年4月下旬第八届菏泽国际牡丹花会期间，单县向中外客商发布招商项目41个，散发对外合作项目册子1000余份。签订利用外资和对外贸易合同2项，合同利用外资额800万美元；签订利用外资协议10项，协议利用外资额6289万美元；达成出口商品意向3项。2000年，引进县外项目20个，资金7000万元。改革开放试点县项目落实资金1.1亿元，其中，争取到位无偿资金1500万元。2001年后，每年组织乡镇和有关部门多次到深圳、厦门、温州、福州、北京、济南、广州、上海召开投资环境说明会。每年4月组织各乡镇和有关部门参加菏泽国际牡丹花会，9月参加中国林产品交易会。该年，全县引进项目152个，利用县外资金2.9亿元；合同利用外资1229万美元，实际利用537万美元。实施东西结合和改革开放试点项目26个，到位资金6586万元。2002年，全年与国内外客商洽谈项目239个，落实项目110个。合同利用内外资7.2亿元，实际到位2.2亿元。2003年，县委、县政府确定为“招商引资年”。实行主要领导负责制，开展争取一个项目，引进一批资金，联络一个客商的“三个一”活动。当年引进招商项目451个，实际利用县外资金8.6亿元，境外资金1124万美元。2004年，招商引资实际到位资金21.7亿元，实际利用境外资金1529万美元。汽车专用轴承、立兴食品、天汇精纺选等投资过3000万元的项目建成投产。2005年，突出远中近距离三大重点区域招商。从4月上旬起，县主要领导先后12次带队分赴北京、上海、青岛、深圳、东莞、宁波、温州、福州、义乌、香港以及韩国、泰国开展招商引资活动。在东莞、宁波、温州、福州、义乌等地设立招商引资办事处。当年，开展12次集中外出招商和牡丹花会、林交会、半年、年底4次集中签约活动。全年共落实招商引资项目538个，新增在建投资过千万元的项目160个，过亿元项目18个。2006年，全年共进行5次集中签约活动，实际到位资金50.9亿元，其中，境外资金3703万元。新增投资过千万元的项目128个，在建投资过亿元的项目29个。食品加工、木材加工、纺织服装、房地产等一批重要招商引资项目相继开工或竣工投产。2008年，全年共进行6次集中签约活动，实际到位资金52.3亿元，其中，境外资金1600万美元，新增投资过千万元的项目119个，在建和新上投资过亿元的项目73个，其中，投资过10亿元的项目12个。2009年，建立大项目“在谈签约一批、落地建设一批、竣工投产（运营）一批、储备推介一批”良性循环机制，广泛开展大推介、大招商、大落地、大建设活动，全年共进行12次集中签约活动，签约项目133个，合同金额共计338.5亿元。全县共落地94个项目，总投资106.83亿元，其中3000万元至1亿元项目38个，过亿元项目45个，过10亿元项目2个。

2010年2月，县委、县政府成立6个招商引资领导小组，分别由县级领导任组长、副组长。全年共举办北京、济南、春季、秋季等集中签约活动12次，签约项目113个，总投资820亿元。当年，全县新开工及续建过亿元大项目87个，总投资692亿元，完成投资117亿元。

第八编

商业贸易

商业贸易

建国后，对私营商业进行改造，新建国营和供销合作商业，商贸业以计划经济为主，市场调节为辅。1979年后，随着改革开放的深入，商贸业逐步向市场经济转轨，形成以国营商业为主导、多种经济成分、多种流通渠道、多种经营方式并存的开放式商业体系。1987年，全县商业机构7260个，其中，全民商业机构172个，供销商业439个，其他集体所有制商业1071个，个体有证商业5578个。商业机构从业人员32840人，全年商业零售额14271万元。有集贸市场50处，集市贸易成交额6554万元。之后，除关系国计民生的石油、食盐等商品由国家控制外，全县商业、供销、物资、粮油等商品贸易实行市场、经营、价格三放开，打破主要商品由商贸部门独家经营的局面，个体商户逐年增多。1997年后，国营、集体商业采取资产重组、租赁兼并等形式，实行股份制改造和个体经营，全县个体私营经济占主导地位。至2010年，全县共有股份制商业企业6家，经营方式全部是租赁经营。个体私营商业企业占据市场主导地位。全县社会消费品零售总额82.52亿元，是1986年的50.4倍。

第一章　商　业

1986年，境内有国营商业企业10家，集体商业企业3家，商品销售额5744万元。1992年，全部取消计划商品。1993年，推行“国有民营”，国有、集体商业逐渐萎缩。至1997年，国有、集体商业销售额仅3809.1万元，亏损194.3万元。1998年后，国有、集体商业大多改制为私营企业或实行租赁经营。

第一节　商业体制改革

1986年，商业企业继续实行不同形式的经营承包责任制。小企业放开搞活，以自然门市网点为单独核算单位，对10个大的网点实行“国家所有、集体经营、照章纳税、自负盈亏”的经营方式。1987年，对9个工业品零售小企业实行国家所有、集体承包、独立核算；2个饭店、1个旅社继续实行租赁经营；16个食品站全部单独核算，工资全浮动；对39个集体门市（店）实行定网点、定人员、定资金，签订集体承包责任制合同书。至1988年，商业系统所属10个企业全部与县政府签订承包经营合同书，全系统有9个单位完成或超额完成全年的承包指标。1990年，受市场大气候的影响和一些客观因素的制约，全县商业企业销售减少，费用上升，资金周转缓慢，效益不佳。该年商品购进总额6334万元，比上年同期下降1.4%；商品销售总额6947万元，比上年同期下降4%；全年亏损90.2万元。12月，第一轮承包结束。1991年1月，商业系统实施第二轮承包。商业主管部门在认真总结第一轮承包情况的基础上，科学确定承包基数，确定首席承包代表，针对所属11个企业的不同情况，分别签订第二轮承包合同书和经营目标管理书。1992年，引进个体户竞争机制，对大型零售商店，在充实完善“四放开”（放开经营范围、放开经营方式、放开组织形式和放开价格）经营的基础上，继续做好“联销计酬百分计奖”的分配兑现工作，对微利或亏损的小零售门市部全部引入个体经营机制，交够国家的，留够集体的，剩余全部归自己，当年有6个门市部、29个柜组、4个食品站实行这种经营机制。同年，全部取消计划商品。1993年8月，县商业局印发《关于推行和完善“国有民营”

的意见》。除商业大楼、湖西商厦两个较大的零售网点外，对其他较小的零售门店全部推行“国有民营”。批发企业搞“细胞裂变”，组建单体公司。在原百货公司的基础上组建单县百货总公司和单县纺织品总公司。12 月，第二轮承包结束。当年，完成商品购进总额 3444 万元，同比下降 24%；商品销售总额 4186 万元，同比下降 22%；上缴税金 75 万元，全系统亏损 152 万元。1996 年 8 月，县商业局制定《商业企业内部改革中四项具体规定的意见》，在工资分配、激励机制建立、人才兴商和实行总会计师制度四个方面进行全系统内部改革。打破工资界限，全面推行工效挂钩。工业品经营单位实行工效挂钩；商办工业实行计件工资；食品公司实行包死上交、留足积累、尔后分配的办法；饮食服务公司湖西酒楼实行公司直接经营，工效挂钩，小店实行包死上交，尔后分配的办法。另外，凡连续 3 年完成公司下达经济指标标准的各企业经营部、食品站，其主要负责人一律享受企业副经理的政治、经济待遇，并发放奖金。1997 年后，由于各商业企业对市场经济的新形势适应性差、观念不新以及经营资金枯竭等原因，销售下降，亏损增加，费用上升。全系统 16 个单位中盈利单位 4 个，持平 1 个，实现利润 4.2 万元；亏损单位 11 个，亏损额 197.5 万元。至 1998 年上半年，全系统负债总额 1.37 亿元，负债率 180%。7 月，对商业企业实施股份制改造。先后对副食品公司、商业大楼、纺织品公司、蔬菜公司、湖西商业大厦进行改制，分别创立糖茶烟酒公司有限公司、商贸大楼有限责任公司、华联有限责任公司、恒大蔬菜食品有限责任公司和众城有限责任公司。至 1999 年 5 月，商业系统完成改制企业 10 个，其中，股份制改造企业 5 个，分别是恒大蔬菜食品有限责任公司、糖茶烟酒有限责任公司、商贸大楼有限责任公司、华联有限责任公司和众城有限责任公司；实行租赁承包经营的企业 5 个，分别是凌云商厦、食品公司、金鑫商城、百货公司和商业综合公司（集体企业）。6 月，商业局机关精减分流 15 人。2002 年 2 月，县食品公司对所属 27 个乡镇食品站实行股份制改造，成立 23 个股份制企业。其中，城关食品站更名为城关食品有限公司，其余 22 个乡镇食品站更名为食品经营部。2005 年 6 月，撤销物资协会、商业协会，组建县商贸协会。至 2010 年，商业系统所属企业逐渐萎缩，仅有少数网点对外实行租赁经营。

第二节　商品经营

商品购进　1986 年，县商业局所属企业购进商品，在把好进货关口和抓好骨干商品购进的同时，发展横向联系，拓宽进货渠道，直接从厂方进货，全年完成商品购进额 5183 万元。1988 年，商品购进总额 5556 万元，其中，直接从厂方购进商品 3000 万元，占商品购进总额的 54%。与省内外建立常年业务联系的厂家增加到 410 家。随着国家计划分配物资的减少，市场调节物资增加，国有商业所占的市场份额下降。同时，各种所有制、各种成分的经济组织和个人参与经营，工业品自销比例扩大，除计划分配的商品按计划渠道根据调拨方案落实外，其他商品可直接进入市场，批发与零售已无严格限制，三级批发、零售亦可到厂家直接进货，县内商品购销渠道日趋畅通，商贸市场更加活跃，市场竞争日趋加剧。1992 年，商业系统商品购进总额 4529 万元，比上年同期下降 21%。批发企业经营萎缩，百货、五金交电和副食品公司 3 个批发企业销售额 2254.8 万元。1998 年后，随着企业产权制度的改革，商业系统所属各公司或成为私营企业，或进行租赁经营，商品购进渠道更加畅通。

商品销售　1986 年，商业企业完成商品销售额 5246.7 万元，比上年增加 1104 万元。1987 年，开展“争当顾客贴心人”“百日优质服务竞赛”活动。零售单位通过增加经营品种，延长营业时间，实行预约服务、定点服务、送货上门，参加物资交流大会，举办供货会、展销会和采取商品代销、店外设摊、赶集赶会等措施，扩大商品销售量。当年，全系统到机关、工厂、学校、乡镇送货1749人次，销售金额46万元；全年为142个厂家、单位代销商品近千种，销售金额187万元；通过十月古会和物资交流大会销售额110万元。该年，商业系统完成销售总额5892万元，实现利润51.8万元，上缴税金119.2万元。1988年，市场出现抢购风，县国有商业增加采购力量，积极组织货源，严格执行国家定价和指导价格，稳定县内市场。1990年，随着“三多一少”（即多种经济形式、多条流通渠道、多种经营方式和少环节）流通体制的形成，工业自销，不同性质的批发部、商店一拥而上，市场竞争激烈，全年商品销售总额6716.7万元，较上年减少174.9万元。1992年，县商业大楼、县百货公司华联商场、综合公司等企业通过举办有奖销售活动，促进商品销售。其中，商业大楼全年商品销售额1231万元，比上年增加215万元，增长21%；实现利润35.1万元，增长28%。1993年，全县棉花减产，农民收入下降，加上集体、个体商业、机关单位开办的实体迅速增多、竞争激烈等因素，全年商品销售额下降到4186万元，商业系统亏损152.3万元。1993年起，副食品公司、湖西商厦、商业大楼等单位先后开展总经销、代销业务。至1995年，全系统与厂家建立总经销、总代理关系的12个，涉及品种达70余个。同年，通过以购促销、扩大经营和开展优质服务活动，销售扩大，缴税增加，利润扭亏为盈。全系统完成商品销售总额6189万元，同比增加3029万元，增长1倍。其中工业品经营企业完成销售额4098万元，较上年同期增长1593万元。1997年后，由于城市建设，商业经营网点急剧减少和商业企业经营资金枯竭等原因，国有商业销售额大幅下降。该年完成商品销售总额3809.1万元，比上年同期减少2853.4万元，减幅为42.8%。1998年后，大部分商业企业实行股份制改造或租赁经营，国有商业基本退出市场。

1986—1999年单县商业企业经营统计表

表8-1-1　　　　单位　万元

年份	商品购进额	商品销售额	税金	利润
1986	5183	5246.7	84.7	60.4
1987	5380	5892.1	119.2	51.8
1988	5556	6238	160	140
1989	5966	6891.6	134.9	5.7
1990	6334	6716.7	176	-90.2
1991	5861	6342.4	141	15.8
1992	4529	4919.5	104.6	14.9
1993	3444	4186	72.3	-152.3
1994	3500	4500	76.4	-18.9
1995	5970	6189.1	96.4	3.5
1996	—	6662.5	207.3	22.2
1997	4030	3809.1	74	-194.3
1998	—	1074.4	18.5	-4687.9
1999	—	1200	30	-95

说明：1998年利润—4687.9万元为历年潜亏挂账合计

商品种类 1986年，全县商业企业经营商品有11类8000余种。到90年代，商业市场日益繁荣，一些传统的日用工业品和副食品逐渐被一些新颖、廉价、实用的商品所取代。日用百货类玻璃器皿、铝制品和塑料制品品种增多，化妆类护肤、美容及芳香用品丰富多彩，纺织品特别是成衣类品种销量大增，鞋类品种型号应有尽有，家用电器如洗衣机、彩电、冰箱、电饭锅等商品货源充足。文化办公用品如笔、纸张等商品更新换代频繁，电子计算器等商品普及。进入21世纪，商品流通渠道便捷畅通，一些高科技电器如环保冰箱、液晶电视、变频空调、全自动洗衣机、智能手机，以及微机、打印机等现代化办公设备，还有微波炉、电磁炉等实用性炊具成为各商场的主要商品。

第三节　网点建设

20世纪50～80年代，全县商业系统商业零售网点共有77个，营业面积1.9万平方米。1988年，新建湖西酒楼、百货批发部、商业综合门市部3处新的营业点，共增加营业面积800多平方米。1989年，新增百货公司中心商场（投资50万元，建筑面积1800多平方米）、副食品公司2个批发部、食品公司2个肉食门市部等6处网点。1993年1月，湖西商业大厦竣工营业，总投资150万元，建筑面积1450平方米。同年，饮食服务公司湖西酒楼，鸿达贸易公司、百货公司的营业大楼，纺织品总公司的华联商场等先后开业。副食品公司、五金公司在西马路、南郊市场大棚租赁3个门点。1995年1月18日，凌云商业大厦建成开业。1997年2月，百货公司投资240万元兴建日用品批发商城，建筑面积3200平方米。1999年，建立湖西自立市场。该项目由单县恒大蔬菜食品有限公司和百货公司筹建，建筑面积7100平方米，营业面积6000平方米，设摊位360个，投资500万元。2000年1月8日，新世纪市场建成并正式开业。该项目由单县糖茶烟酒有限公司筹建，投资65万元，建筑面积2400平方米，设摊位160个，共安置200名下岗职工进入市场经营。

1991—1998年，城区旧城改造街道拓宽，商业系统共计拆除网点32处、212间、8730平方米。1999年，胜利大街拓宽，商业系统共有27处、151间、3970平方米的营业网点被拆迁。2002年，东关大街改造，商业综合公司经营部3个，第二百货公司部分及肉联厂和副食品公司全部被拆迁。至2010年年底，商贸协会所属企业有经营网点20处。

单县商业大楼 位于向阳路与湖西路交叉处西南侧。1985年筹建，投资200万元，建筑面积4380平方米。1987年10月1日正式开业。为单县国营商业中最大的批零兼营的综合性商场。1994年，实施第二期扩建工程，建筑面积增加到8000平方米，营业面积6000平方米，增设自

单县商业大楼　　2008年摄影

动扶梯、螺旋楼梯、通天窗及喷水池等。当年实现销售收入1045.9万元，盈利18.7万元，比上年亏损18.3万元，亏转盈增加利润37万元。至1995年，有干部职工320人，经营10大类2万多种商品，年销售额1076.8万元。1998年，改制为商贸大楼有限责任公司。

凌云商业大厦　位于湖西路与向阳路交叉处西北侧。1995年1月18日，投资2000万元、建筑面积9800平方米的凌云商业大厦竣工开业。当年完成销售1669万元，实现利润12.8万元。1999年，实行对外租赁经营。2003年10月破产。

湖西商业大厦　位于湖西路与胜利路交叉处东北侧。投资150万元兴建，1993年1月建成开业，建筑面积3800平方米。至1997年9月，实有资产约950万元，实际负债约1500万元，资不抵债。1998年11月，湖西商业大厦改制为股份制企业——众城有限公司。

金鑫商城　位于胜利路中段路北。1996年3月15日动工，由五金交电公司投资500万元兴建，建筑面积3800平方米。1997年1月竣工，9月26日开业。当年完成销售额151万元，实现利税3万元。1999年，对外租赁经营。2003年8月依法破产。

湖西商业大厦　　2008年摄影

第四节　商业企业

1986年，全县有商业企业13家。其中，国有商业企业有10家（包括商办工业企业3家），集体商业企业3家。国有商业企业有县百货公司、县第二百货公司、县五金交电公司、县副食品公司、县食品公司、县饮食服务公司、县石油支公司。商办工业企业有县肉联厂、县食品厂和县酿造厂。集体商业企业有县第三百货公司、县第二饮食服务公司、县第二副食品公司。县百货公司、第二百货公司、五金公司、副食品公司有小型零售企业10家，职工390人。县食品公司辖乡镇食品站16个。同年10月，县石油支公司划出，归并菏泽地区石油分公司。1987年4月，撤销县第三百货公司、县第二副食品公司、县第二饮食服务公司3个集体公司建制，恢复设立单县商业综合公司，性质为集体综合企业。1988年，成立县劳动服务公司商业贸易公司和县商业日用品公司。4月，食品公司新增食品站10处，全县食品站增加到26处。5月，单县蔬菜公司恢复办公。1989年5月，单县劳动服务公司商业油脂化工厂建成投产。1993年7月，县百货公司分设为县百货公司和县第二百货公司。恢复县第三百货公司、县第二副食品公司、县第二饮食服务公司，成立县杂品公司共四个集体商业企业，隶属县商业综合公司。9月，组建单县商业集团总公司，辖百货公司、纺织品公司、五金交电公司、副食品公司、第二百货公司、商业日用工业品公司、蔬菜公司、饮食服务公司、肉联厂、食品加工厂、商业综合公司等12个商业企业，共有干部职工2500人，固定资产1596万元。1994年4月，单县聚酯家具总厂成立。同年，湖西商业大厦、华联商场先后分别从第二百货公司、县纺织品公司析出，成为独立法人企业，隶属县商业局。1995年5月，酱菜厂从蔬菜公司析出。同年，增加1处乡镇食品站，全县乡镇食品站27处。商办工业新上凌云商厦服装厂和蔬菜公司饴糖厂两个工业项目，均实现当年立项、当年投资、当年收益。1998年7月，酱菜厂又归并到蔬菜公司。11月，成立糖茶烟酒有限公司、华联有限公司、恒大蔬菜食品有限公司、食品有限责任公司、商贸大楼和众城有限公司。2000年10月，聚酯家具总厂（原食品厂）依法破产。至2002年年底，商业系统所属的16家企业，有8家停业，8家对外租赁经营，大批职工下岗。2003年年初，恒大食品有限公司归并县蔬菜公司。8月，五金交电公司、金鑫商城依法破产。10月，凌云商厦依法破产。至2010年年底，全县共有股份制商业企业6个，全部为租赁经营。

单县百货公司　1986年，百货公司下辖针纺经营部、文体用品部、百货楼，有干部职工175人，经营商品4大类1万多个品种，年销售额2358万元，纯利润28.8万元。1990年因商品不全、价格等因素，年销售总额1865.9万元，比上年下降16.12%，亏损21.3万元。1999年，百货公司对外租赁经营。

单县第二百货公司　1986年，县第二百货公司下辖综合零售门市部5个，有干部职工150人，经营商品有棉布、化纤布、大百货、小百货、成衣、鞋帽、文具、烟酒副食、五金交电几大类6000多个品种。年销售额538.8万元，实现利润11万元。1990年后，因网点陈旧，缺乏竞争能力等原因，年销售额下降。至1992年，全年仅销售49.6万元，亏损19.6万元。1993年后，年销售总额上升。1996年，受国家紧缩银根、企业资金短缺影响，销售额下降。1997年，全年完成销售115.2万元，较上年同期下降346.4万元，亏损104.9万元。1999年，胜利街拓宽时拆迁。

单县五金交电公司　1973年成立，主要经营五金、交电、交通、化工4大类商品。1986年下辖4个批发部，3个零售门市部，商品销售总额977.6万元，纯利润12.1万元。1989年，完成销售额856万元。1993年，受企业包袱重、缺资金、转换机制困难等影响，商品销售收入总额357.8万元，比上年下降48.33%，亏损29.2万元。1999年，实行租赁承包经营。2003年8月，依法实施破产。

单县副食品公司　1986年，县副食品公司有干部职工116人，下辖4个批发部，6个门市部，商品销售总额930.5万元。1989年，完成销售额907万元，同比增加13万元。1993年，企业亏损。1997年，由饮食服务公司整体托管，实行两个企业一个法人，经营状况好转。1998年，实行股份制改造，从原副食品公司剥离成立糖茶烟酒有限责任公司，有经营网点3处。2000年，胜利街开发，所有网点拆迁。

单县食品公司　1986年，县食品公司下辖12个中心站、4个分站、1个综合经营部，有干部职工180人。当年收购生猪1.88万头，牛7600头，羊6800只，家禽34.7万只，鲜蛋1.05万公斤。全年完成农副产品收购总额1354万元，占计划的146.4%；纯销售1021万元，其中，省内调拨715万元。1988年，全县乡镇食品站增加到26个。1989年，食品公司实现销售额1529万元，同比增加771万元，增长101.7%。农副产品收购1714万元，比上年增加482万元，递增39.1%，创历史新高。全年收购生猪3.07万头；购销植物油1200多吨，经营额500余万元。1993年，因其他组织加价收购，运费、检疫费增加等原因，年调拨生猪21880头，同比减少6864头，全系统亏损34.7万元。1994年，食品公司争取到“生猪管理”政策，亏损减少。1995年，全年经营生猪2.5万头，实现销售收入1701万元，比上年增加542.9万元，缴纳税金20.8万元。1998年11月，单县食品有限责任公司从县食品公司剥离，改制为两个独立法人企业。

第二章　供　销

第一节　经营体制改革

1986 年，供销社系统全面推行经营责任制。1987 年，试行农资经营体制改革，县供销社建立服务中心，基层社以生产经理部为基础建立农资服务部。1988 年，针对生产资料市场不稳定，渠道乱、价格乱的问题，根据上级文件精神，实行化肥、农药、农膜专营。

1992 年，先后制定《单县供销社深化企业改革，转换经营机制试行方案》《单县供销社内部租赁经营承包责任制试行办法》，零售企业推行退库租赁经营，棉麻企业进行劳动分配、用工、干部人事制度“三项制度”改革。把推行经营、价格、分配、用工“四放开”作为深化供销社改革的突破口，促使企业转换经营机制。全县共精减机构 218 个，企业中层领导由过去的 588 人压缩到 270 人，行管人员由 320 人精简到 240 人，优化后待岗 160 人。

1994 年，转换企业经营机制，采取公有民营、多指标考核、母体裂变、股份制改造等多种模式，深化企业改革。

由于棉花业务萎缩，各棉厂根据县供销社“一业为主，多业并举”的要求，发展多种经营项目。1996 年，棉三厂投资 280 万元建立塑料厂，棉四厂投资 85 万元建立饮料厂，棉五厂投资 60 万元建立芯板厂。

1997 年，普遍采用多指标考核的责任制经营，实行效益工资。按照先试点后推广的稳妥原则，于 9 月成功将原单县棉花加工一厂改组为鲁玉集团公司。集团公司对所辖棉花加工厂、玉米淀粉厂、巾被厂实行厂长公开招聘、竞争上岗，打破传统的干部任命制，充分发挥职工参与管理、自主选择企业领导的意愿，体现公开、民主、公平和择优的竞争原则。该年，棉机厂、供销食品厂、棉三厂塑料厂、棉五厂分别进行了股份制改革。

县供销社　　2010 年摄影

2000 年，根据国务院、省政府“对未经省级人民政府批准擅自从事棉花收购、加工、经营的单位或个人要严肃查处”的规定，棉花收购由供销社系统的所属 6 个棉厂统一组织收购、加工。基层社场地、设施由棉厂根据需要设置收购站或联合收购站，各基层社、县直各单位一律不准将场地租给系统外单位或与系统外单位、个人联合收购。供销社系统全体干部职工一律不准擅自收购棉花，否则，一律停发工资。

2003年5—6月，根据《国务院办公厅转发国家经贸委等部门〈关于供销社与棉花企业分开实施意见〉的通知》精神，县供销社所属6个棉厂相继依法破产。之后，在原棉厂的基础上分别成立6个股份制棉花企业。“社企分开”后，按照省政府文件要求，县供销社机关进行机构改革，精简机构和人员，机关行政经费于2005年6月纳入县级财政。

供销社庄稼医院　　2009年摄影

2004年，分别注册成立单县农资协会和单县棉花协会，2006年，组建单县合作经济组织联合会。

2010年，服务社会主义新农村建设，全面推进供销社改革发展与体制创新，把社区服务中心建设和基层社改造、新农村建设紧密结合起来，引导基础较好的基层供销社积极创办社区服务中心。

第二节　农业生产资料经营

1986年后，在做好计划内物资调拨的同时，重点放在计划外商品的采购上。1987年，县供销社成立农技服务科，生产资料公司建立农技服务中心，实行化肥、农药、农膜专营。全年购进计划外化肥23142吨，柴油252吨，农药211吨。农业生产资料销售量占总销售量的比重逐年增长。1988年，县生产资料公司与各基层供销社签订全年化肥、农药、农膜经营合同，基层供销社负责搞好储备和供应，县供销社负责合同鉴证，搞好检查和监督。1999年，进一步理顺农资专营渠道，对农资经营进行清理和整顿，吊销非专营单位的营业执照，对未经批准擅自经营的个体工商户依法进行取缔，对非经营单位的库存进行清理和移交，全县共移交各种化肥1276吨，农药20吨。采购计划外化肥35062标准吨，农药260吨，农资销售总额4697万元。供应各种化肥74725标准吨，农药418吨。1995年，继续执行国家农资专营政策，县供销社配合工商、计量、公安部门，组成农资专营稽查大队，深入乡镇、集镇开展农资专营稽查，净化县内农资市场。全年共出动3200人次，取缔非法农资经营点406个，查处非法经营化肥1100吨，农药50吨。全年共计划外采购化肥10.5万吨，全系统共销售各种化肥8.6万吨，农药700吨。1996年，农业生产机械需求增加，扩大农机具、大型机械和零配件经营。全年共销售农业生产机械3000台（辆），农机配件5万件。1999年，国家取消指令性计划，价格放开，农资市场竞争加剧，供销社农资零售额比重下降。

2000年，生产资料公司利用自身的资金、信誉、设施等方面的优势，与全国20家大型生产厂家建立稳固的合作关系，经营品种200个，全年共购进各种化肥7万吨。在市场竞争愈演愈烈的不利形势下，供销社农资商品销售仍占据市场主导地位，全县共销售各种化肥13万标准吨，农药345吨，农用车辆1100辆。2002年，生产资料公司在全县设立大型农资批发市场5处，发展营销网点58个。基层社农资经营以农资专业合作社为载体，以村级服务站和“庄稼医院”为依托开展农资经营业务。全系统共销售各种化肥11.24万标准吨，农药615吨，各种农业机械469台（套）。

2006年，加强农资网络建设，积极与国内名优农资生产厂家和知名大型农资经营企业合作，大搞总经销、总代理业务。加盟农资连锁经营网络的农资店，重新进行工商登记，实行统一商品进货、统一商品配送、统一区域经销价格、统一建立台账制度、统一店面装饰、统一人员的培训及服务承诺，实行统一管理和规范经营。全系统购进各种化肥5.6万自然吨，完成销售额1.2亿元。

2007年，全年投资460万元，新建营业设施6000平方米，建成4家乡村购物超市。生产资料公司在20个乡镇发展加盟店76个，龙王庙镇、单城镇、张集镇3个专业合作社的配送网点分别为450个、180个和120个，全县农资经营初步形成以县区为龙头，乡镇为骨干，村级为终端的现代流通网络体系。

2010年，全县供销社农资企业依托“新网”工程，按照农资连锁网络建设标准，建立以集中采购、统一配送为核心的新型农业生产资料连锁营销体系，全县共建成农资超市17家，发展农资连锁店463家，基本形成覆盖全县乡村的农资经营服务网络。全系统销售各类农资商品14.1万吨，占全县社会销售量的80%。

第三节 生活资料经营

1986年，各基层单位按照县供销社提出的“零售不让、批发大上、巩固阵地、占领市场”的要求，业务经营较为活跃。进货渠道不拘一格，把重点放在扩大从厂方进货上。县综合贸易公司在全国十几个厂家建立生活用品采购基地，1987年，与150个厂家签订各类运销生活用品购销合同140份，总金额达280万元。1991年，个体商业迅速发展，供销社流通主渠道作用受到影响。供销社采取扩大购销、提高整体效益的措施，宜统则统，宜分则分，统分结合，开展日用工业品的联购分销活动。土产杂品公司迎季购进25万元夏凉商品，由县供销社统一下达分销指标给各基层供销社。1992年，建立完善工业品批发体系，重点对黑白电视机、金龙电风扇、各种农药实行统一进货经营。凡规定统一进货的商品，县供销社实行指令性计划控制，下达分销数额，规定分销品种，各分销单位对统一经营的商品不准随便到外系统进货。以古楼商场为基地成立工业品公司，改变单县工业品经营纷乱的局面。全年从省外购进工业品金额960万元，与厂家代销商品金额850万元，联购分销商品金额320万元。1994年后，市场、价格放开，供销社职能弱化，生活资料销售额比重逐年下降。当年，白云大厦销售各种电视机2000台，三台商场销售电视机5000台、各种家具2000套。2005年，改造经营设施，调整业态，通过各种形式创办小型超市，带动全县农村日用消费品市场的发展。以日用杂品公司为龙头的烟花爆竹经营网络初见雏形，全年销售烟花爆竹200万元。2006年，各基层供销社通过招商引资、职工集资等多种方式，对原有营业设施进行更新改造，建成一批小型超市和商场。2008—2010年，共发展日用品连锁店24家，建设日用品超市4家，其中，终兴供销社建筑面积4400平方米超市，为全县最大。全县已建成日用品超市19家，发展日用品连锁店133家，逐步形成以县城和乡镇超市为骨干，村级日用消费品连锁店为依托的经营网络。日用杂品公司加强烟花爆竹安全管理，在全县建设较为规范的连锁门店60家，各类烟花爆竹年销售额达280万元，占全县销售总额的60%。

第四节　农副产品购销

境内农副产品购销主要有棉花、粮食、油料、木材、羊皮、蘑菇、蜂蜜等。1985年，县供销社在县综合贸易公司设立畜产股，负责组织全县供销系统的畜产品经营，当年推销畜产品总值1674万元，实现纯利润81万元。收购盐渍菇50吨。1987年，经营范围扩大到粮棉油、畜禽蛋、瓜果菜丝药杂等。经营方式更加灵活，实行代购代销，议购议销，联购联销，深购远销，还采取换购的方式，让农民用自己的农副产品换购自己需要的工业品或其他物资。该年，农副产品购进总值完成10869.5万元。收购蒜薹115吨，苹果425吨，鲜蛋10吨，肉类160吨。1989年，收购羊皮83万张，大蒜223吨，蒜薹285吨。1994年，收购粮食3640吨，油料1800吨。皮张获利19.1万元，为年计划的159.1%。1995年，推销各类粮食1280吨，推销畜产品价值1200万元，各种皮张40万张。1996年，为农民推销各种杂粮1993吨、470万元，收购各种皮张货值716.3万元。1997年，收购粮油2516吨，蔬菜5325吨，羊皮8244张。2010年，农产品价格不断上涨，及时组建两个以农产品种植、购销为主的专业合作社，其中，徐寨供销社大蒜生产专业合作社发展农户3000户，种植大蒜530多公顷，帮助农民推销大蒜1.8万吨；终兴供销社山药专业合作社为农民推销山药、胡萝卜等农产品2万吨，农民增收60万元。

棉花购销　1986年，棉花由供销社统一经营，全县5处棉厂设14个直收口，直收22个乡镇的棉花；下设13个棉站，收购15个乡镇的棉花。当年，棉花收购为合同收购，共收购皮棉16505吨，棉农每交售1担棉花奖售标准化肥20公斤。1987年，全县收购皮棉22500吨，占定购任务的116%。1988年，国家把化肥奖售提高到35公斤，再奖售柴油2.5公斤。1989年，棉花资源大幅度减少，收购皮棉12650吨，占定购任务的65%。1990年，棉花生产滑坡，市场出现抢购风，共收皮棉13502万吨，调出棉花396批14079吨。1993年，国家取消棉花调拨指令性计划。1997年，受东南亚金融危机的影响，纺织品出口受阻，纺织企业经营困难，棉花调销不畅，各棉厂棉花大量积压，企业亏损严重。1999年起，全国棉花流通体制改革，棉花市场放开，棉花价格由市场调节。棉花市场放开后，国家不再提供棉花收购专项贷款，收购多家并举。供销社和棉厂多采取股份制形式进行收购，收购数量逐步减少。2000年，国际、国内棉花供不应求，棉花价格大幅攀升，个体经营户大量收购，供销社收籽棉1450万公斤，折皮棉10万担。之后，棉花种植面积减少，加之棉纺企业不断壮大，至2005年，棉花产量已不能满足需求，转而从外地产棉区购销棉花。2006年，共有3家棉花企业启动生产经营，共收购籽棉100万公斤，实现毛利10万元。

1986—1999 年单县棉麻公司棉花收购、加工、调拨统计表

表 8-2-1　　　　单位：吨、万元

年份	棉花收购	工业总产值	加工皮棉	产棉短绒	产棉籽油	棉花调拨
1986	16505	6177	14906	2141	3095	17500
1987	22500	7595	20623	3085	4014	44000
1988	26500	7148	19099	2937	4721	20500
1989	12650	5475	14820	2320	3212	19500
1990	13502	4080	5366	1001	1383	14079
1991	24781	15282	16747	2645	3439	24377
1992	8900	12270	1417	2344	3534	9076
1993	1969	7641	9417	1830	1647	1675
1994	2650	1854	2500	209	300	4238
1995	9600	5241	6847	1316	768	7876
1996	3600	5435	7228	1485	1799	3350
1997	4132	3619	3854	778	1320	4130
1998	4818	3460	4953	947	1008	4800
1999	4606	3935	4387	728	972	4600

蜂蜜购销　1987 年收购蜂蜜 225 吨。1989 年，蜂群饲养量有所减少，当年收购蜂蜜 184 吨。1991 年后，蜂蜜收购数量逐年增加。2000 年，全系统共收购蜂蜜 200 吨，实现销售收入 130 万元，毛利 30 万元。2005 年，农副土特公司利用农副产品分购联销网络，积极联系蜂农和厂家，落实资金和容器，各基层供销社负责勘察蜜源，落实放峰场地。虽然受天气影响，仍收购蜂蜜 32 吨，获毛利 2 万元。2006 年，蜂蜜收购受到自然灾害影响，但农副产品分购联销网络得到发展和完善。

第五节　废旧物资回收

供销社收购的废旧物资主要有废金属、废纸张等。1988 年前，经营量很小。1989 年，采取广泛发动、突击回收等措施，全县废品收购额完成 85.8 万元，占年计划的 143%，为 1988 年的 107%。1992 年，各基层社把送货下乡与上门收购结合起来，边送货边收购，各类废品收购额 400 万元。1993 年，县土产公司以废品股为基础成立再生资源公司。1996 年，针对废品收购工作人员青黄不接的现状，举办培训班，多数单位都按照有场地、有招牌、有库房、有人员的要求，恢复和重建采购站，全县废旧物资回收额101万元。1997年，县供销社明确采购站的恢复时间和标准，并下达购销计划，各基层供销社发挥场地、人员、资金和信息等优势，重新开展购销业务。全县恢复重建或扩建采购站20处，废旧物资回收额149.8万元。1998年后，系统内再生资源收购停业，业务被个体户取代，废旧物资回收完全市场化。2010年，县供销社启动再生资源网络建设，从基层供销社收购站建设抓起，由点到面，逐步发展。有6个基层社开展此项业务，交易额194万元。

第三章 粮油

1985年，国家压缩统销粮油供应范围，粮食购销实行计划和市场双重调节，粮食收购由统购改为合同定购。1993年冬，粮油实行价格、市场、经营三放开，商品粮油计划供应取消。粮食实行计划供应与市场调剂“双轨”运行。1994年，实行政策性业务与商业性经营“两条线”运行政策。1995年，实行粮食各级行政首长负责制。粮食系统企业推行经营、价格、分配、用工为主要内容的“四放开”改革，实行经营承包责任制。承包企业实行全员风险抵押，缴纳风险抵押金，在经营上坚持本业为主，多种经营。1998年，深化粮食流通体制改革，执行国务院“三项政策，一项改革”，即按保护价敞开收购农民余粮政策，实行粮食顺价销售政策，资金封闭运行政策和粮食企业自身改革的措施。县直企业植物油厂、面粉厂、食品厂先后进行股份制改革。2000年，国家取消粮食合同定购基数。2001年5月10日，国家取消城镇居民粮食供应转移证明。2002年，粮价完全放开，对粮农按小麦、玉米种植面积实行补贴。粮食系统因陈化粮，形成购销价格倒挂，无法顺价销售，造成政策性亏损，加之人员多，银行对亏损企业贷款控制，使粮食企业陷入困境，企业经营困难，职工大部分下岗。2004年，国家取消粮油定购任务，粮油收购全面实行市场化运作。2005年，粮食系统通过改革，全县27家国有粮食购销企业（粮食管理所）全部改制为股份制企业。

第一节 粮油经营体制改革

1985年，夏季粮食统购改为合同定购。平价粮油经营实行费用包干，全年统算。粮油加工企业实行税后利润留成，企业留成部分用于生产发展基金、奖励基金和职工福利。县辖区内生产的小麦、玉米等主要粮种除完成定购任务外，对农户剩余粮食按保护价敞开收购，不限收、不拒收。1989年，全县粮食系统实行租赁经营，期限3年。1993年，取消平价粮油供应，粮油票证退出流通领域，食用油料脱离国家定购。计划供应成为历史，粮食经营企业开始推行以经营、价格、分配、用工为主要内容的“四放开”政策，打破干部职工界限，实行全员劳动合同制、干部聘任制、内部待业制和在岗、试岗、待岗的“三制三岗”制度。工资与企业盈利挂钩。1995年春，开始实行政策性和商业性粮油经营“两条线”运营。对定购粮实行奖售政策，按每交售50公斤定购粮奖给尿素（化肥）5公斤。粮油调拨实行全省统一价格，以定购价为依据，实行先款后货。1998年后，对县粮局直属企业先后进行改制。商办粮油企业全部实行承包经营，自负盈亏。1999年，国家取消合同粮油定购基数。2001年，全县粮食收购实行户交户结，资金封闭运行，粮食顺价销售。2002年3月，国家推行购销市场化，粮价完全放开。粮食补贴直补到户。由于粮食收购价格逐年增长，销售价格下降，形成购销价格倒挂，顺价销售必然造成政策性亏损，资金不能回笼，因此企业政策性亏损额连年大幅度增加，企业难以经营，造成企业停产，职工下岗。2005年，落实国务院《关于进一步深化粮食流通体制改革的意见》，相继对国有粮食购销企业改革，全县27家国家粮食购销企业除城关粮所整体出售，其他粮所全部实行股份制经营，参改人数2878人，企业评估有效资产2202万元，省拨付改革资金390万元。

第二节　粮油购销

粮食收购　1985年，取消粮食统购，对小麦、玉米实行定购，按“倒三七”（30%按原收购价，70%按原超购价）比例收购，对售粮户按售粮数量给予奖励平价化肥、柴油，合同外可自由购销。粮食部门收购价高于市场价格，农民售粮积极性高，分别在1985年、1991年、1994年、1995年，一度出现卖粮难，储粮难。后由于外调任务减少，粮价下滑，1997年，牌市价格倒挂。为保护农民利益，满足农民出售余粮要求，1998年，国务院出台按保护价敞开收购的政策。1999年取消粮食合同定购基数，全部实行保护价收购。2006年，执行国家托市收购。

城镇粮油供应　1986年，城镇非农业人口凭证、凭票、定量、平价供应，粗细粮比例为3∶7。粮食定量标准：特重体力劳动者每人每月成品粮24.5公斤～28公斤，重体力劳动者19.5公斤～23公斤，轻体力劳动者16公斤～18公斤，脑力劳动者15公斤～16.5公斤，大中专学生15公斤～17.5公斤，居民（包括10周岁儿童）13.5公斤，1～9周岁儿童4.5公斤～13公斤，不满1周岁3.5公斤。食油每人每月按0.25公斤，国庆节、春节补助0.5公斤。1987年，对工商行业控制平价粮油销售，对饮食酿造业用粮，根据省核定粮食销售计划内予以安排，对食品、糕点业用粮指标可酌情增拨。1993年后，取消粮食计划供应。

农业人口供应　主要是对农村缺粮人口口粮供应。1986年，供应农村统销粮价格按平价70%、议价30%的比例执行。1986—1992年，供应统销粮67393吨，平均每年9627.57吨。1993—1997年，供应统销粮69210吨，平均每年13842吨。1998年后，不再对农村实行粮食统销。

粮油议购议销　1986年，粮油议价经营由县粮油议价购销公司负责。粮油议购议销价格随行就市，有升有降，以质论价，按照购得进销得出的原则，由县粮油议价购销公司确定。各基层粮管所与县粮油议价购销公司之间，属代购代销关系。该年，全县议购粮食2.98万吨，议销粮食1.34万吨。至1990年，累计议购粮食17.44万吨，议销粮食11.83万吨。1992年，国家放开粮价，粮食企业全部融入市场，议购议销范围扩大。同年，议购粮食2.05万吨，议销粮食1.85万吨。1991—2005年，共议购粮食59.7万吨，议销粮食62.46万吨。2006年，实行托市收购。

第三节　粮油仓储调拨

仓储　1986—1997年，全县粮食分储在27个粮食管理所和8个粮站。仓储容量6万吨。1997年后，修建仓库资金难以筹措，报废仓房逐年增加，至2010年，全县报废仓房占70%左右，仓容不足3万吨。2009年，收储公司新建仓房4栋，仓容2万吨。

1999年，粮食收购实行库贷挂钩，库存粮食实行银企共管。地方储粮由几个粮所代储，2010年，全部集中到粮食收储公司储存。

为确保粮食安全，解决修缮仓房资金不足的矛盾，各保粮单位主要依靠自筹资金，自己动手修缮。在保粮中各基层粮所坚持“以防为主，防治并举”的保粮方针，落实保粮的各项规章制度，在仓房条件较差的情况下，粮食储存没有出现坏粮事故。

调拨 1986年，粮食调拨仍实行国家指令性计划，由国家统一下达调拨计划，县粮局负责组织实施。粮油调入调出经县粮食局驻砀山粮食转运站及粮食系统驻商丘、菏泽、济宁等转运站通过铁路运输完成。1992年，不再下达指令性调拨计划，实行市场调节。

1986—2010年单县粮食系统粮食收购统计表

表8-3-1　　单位：吨

年份	总计	国家定购			议价收购		
		小麦	秋粮	（其中农业税）	从生产者购进	系统内购进	托市收购
1986	68805	39003	25	13454	29777	—	—
1987	84363	32171	7829	13454	44363	—	—
1988	74575	32339	3409	13454	38827	—	—
1989	60305	32339	7121	13454	20845	—	—
1990	73860	22750	6390	13454	40600	4120	—
1991	60231	40516	3527	13454	13420	2768	—
1992	69863	39680	4065	13454	20468	5650	—
1993	195260	38000	2762	13454	86484	68014	—
1994	87385	38000	2530	13454	46855	—	—
1995	54735	38000	—	13454	14103	2632	—
1996	56666	33000	—	13454	16469	7197	—
1997	29225	22500	—	12500	6725	—	—
1998	35896	22500	—	12500	13396	—	—
1999	81000	22500	—	12500	58500	—	—
2000	93128	22500	—	12500	70628	—	—
2001	107182	22500	—	12500	84682	—	—
2002	38700	22500	—	12500	16200	—	—
2003	72797	22500	—	12500	50297	—	—
2004	17420	—	—	—	17420	—	—
2005	81307	—	—	—	81307	—	—
2006	58368	—	—	—	—	—	58368

续表 8-3-1 单位：吨

年份	总计	国家定购			议价收购		
		小麦	秋粮	（其中农业税）	从生产者购进	系统内购进	托市收购
2007	37117	—	—	—	—	—	37117
2008	33490	—	—	—	—	—	33490
2009	72739	—	—	—	—	—	72739
2010	9468	—	—	—	—	—	9468

1986—2005 年单县粮食系统粮食销售统计表

表 8-3-2 单位：吨

年份	合计	财政供应	城镇定量人口	农业口粮	转化用粮	议价销售	系统内销售
1986	42416	12	15185	6749	7051	13419	—
1987	85349	12	16906	15999	8845	14073	29514
1988	83786	14	18438	16350	8217	30267	10500
1989	54456	14	20650	8427	6577	18788	—
1990	88833	9	21843	7920	7241	41800	10020
1991	50806	8	22336	5237	8005	15220	—
1992	70869	13	22297	6711	8586	18507	14755
1993	140244	13	12300	31532	7911	31822	56666
1994	100039	14	3580	23462	8127	51548	13308
1995	58885	12	19954	5849	8955	10000	14115
1996	41769	12	18624	4627	6725	11781	—
1997	33909	14	4760	3740	8854	16541	—
1998	23898	13	1974	—	10123	11788	—
1999	70000	14	2327	—	12045	45614	10000
2000	99500	13	1540	—	9547	60719	27681
2001	134419	13	1210	—	10628	85143	37425
2002	15300	13	—	—	12587	10900	38500
2003	141988	13	—	—	14623	127352	—
2004	64620	13	—	—	12895	51712	—
2005	89236	13	—	—	13277	75946	—

1988—2010年单县粮食系统储备粮统计表

表8-3-3　　单位：吨

年份	国储	地储	省储
1988	2500	—	—
1989	2500	—	—
1990	2500	—	—
1991	7500	—	—
1992	15000	1500	600
1993	15000	1500	600
1994	15000	1500	600
1995	15000	1500	600
1996	6717	5000	600
1997	6717	5000	600
1998	7131	5000	600
1999	2500	3500	600
2000	2500	3500	600
2001	2500	3500	—
2002	—	3500	—
2003	—	3500	—
2004	—	5000	—
2005	—	5000	—
2006	—	5000	—
2007	—	5000	—
2008	—	5000	—
2009	—	5000	—
2010	—	5000	—

第四节　中央储备粮单县直属库

1998年，建设中央储备粮单县直属库，项目总投资4500万元，是国家250亿公斤粮库建设项目的新建库，系国家中型一类企业，主要从事中央储备粮管理、轮换经营业务。库址位于县经济开发区，隶属于中国储备粮管理总公司山东分公司。单县直属库先后进行5期建设，至2010年，库区占地面积14.7公顷，库内建有平房仓37栋，机械罩棚1个，仓房容量16.5万吨；库外建设杨楼、黄岗两个收储库点，建设简易仓房库容分别为0.75万吨和2.5万吨。有固定资产6200万元。配套建有综合楼、单身宿舍楼、职工食堂、锅炉房、水泵房、器材库、药品库、机械库、配电室等附属设施。设综合、财务、仓储、业务、安全保卫5个科室和1个监管办公室，有员工41人。同时，对储存在定陶、巨野县的中央储备粮实施监管。

单县直属库采用国际上较为先进的环流熏蒸、机械通风、电子测温和谷物冷却四项技术，实行科学保粮、绿色储粮。同时，存储粮食适时轮换，常储常新。仓储基础工作坚持“五个统一”（即工作程序统一、账卡与实物统一、“两卡三簿”规范统一、粮面平整统一、机械设备摆放统一），做到各项仓储记录完备、各种仓储牌簿达标；粮食入库、储存、出库实行“五定、五包”责任制（“五定”，即定仓库、定岗位、定人员、定责任、定奖惩；“五包”，即包数量、包质量、包“四无”、包安全、包器材），明确每个保管员的责任；推广应用先进储粮技术，企业连续10年实现“四无”粮仓100%、科学保粮率100%，被中储粮山东分公司授予“仓储精细化管理工作先进直属库”称号。

中储粮单县分库

2006年，开展小麦托市收购，当年收购小麦27.88万吨，占山东分公司总托市量的3.18%。至2010年，累计托市收购小麦230.88万吨，占山东省收购总量的17.92%。

2004年4月，县直属库被菏泽市委、市政府授予“市级文明单位”称号。2008年3月，县直属库仓储科获“中央企业青年文明号”称号。

第四章　物　资

1978年前，县物资部门所经营的物资都是计划内统配的国家主要物资。对金属材料、煤炭、化工、建材、机电五大类物资实行统一管理，统一分配，各种供应物资要由下而上层层编制申报计划，再由上而下分配指标，按品种规格组织定货。中共十一届三中全会后，计划调节范围逐渐缩小，市场调节范围逐渐扩大，1994年后，县物资系统所属企业全部实行租赁经营。

第一节　物资流通体制改革

1986年，物资供应以计划调拨为主。同年10月，全县有18个乡镇自己动手办起农村物资供应站，与县物资管理部门建立业务关系，代销煤炭、金属、木材、建化等物资，并开展多种经营。业务上接受县物资部门的管理、指导和监督。1991年，国家指令性计划取消，实行物资经营范围、价格、用工、分配“四放开”，把经营企业推向市场。7月，从木材公司抽出一部分业务骨干，成立单县基建配套公司，主要经营建材及配套设施（该公司人、财物于1998年又合并到木材公司），提高了企业竞争力。1992年1月，成立单县驻满洲里市物资贸易公司（从机电公司分立，1998年又合并到该公司），发展对俄罗斯贸易，用单县农副产品和轻工业产品换取补缺物资，主要有俄罗斯产化肥、钢材、木材、化工产品、建材等。1992年4月，物资管理系统开始转换经营机制，经营范围以市场为导向，自主选择，实行跨地区、跨行业经营；价格上除国家和省管商品价格外，其他商品随行就市，价格自定；劳动部门对物资系统不再制定招工计划，由物资部门根据需要，自主确定用工人员；劳动报酬根据实际经营效益，确定工资分配。1994年5月，成立单县物资供销公司，1996年7月，改为无滴薄膜塑料大棚布生产。1998年10月，燃料公司改制为燃料开发、燃料和金利冷制品3个股份制企业；物资服务公司改制为单县物资贸易有限公司。2000年后，物资流通出现多元化形式。

第二节　物资经营

1986年，物资管理公司下辖金属材料公司、机电设备公司、木材公司、燃料公司、建化公司、物资服务公司6个专业公司。

金属材料公司主要经营生铁、钢材、铜、铝、铅、锌，其中钢材又分为小型、线材、薄板、焊管等，主要供应县工业、建筑业。1986—1992年，共分配计划生铁493吨、钢材4499吨、铜81吨、锌85吨、铝50吨。1993年取消计划分配，实行自购、自销、盈亏自负。1995年停业，实行租赁经营。

机电设备公司承担电工仪表、工具轴承、机械等材料的供应任务。有机电营业室1处，1986年经营额为486.4万元，1994年停业租赁。

木材公司经营品种为原木、板方材、纤维板、胶合板等。1986—1988年，计划供应木材2464方。1989年，停止计划供应，1995年，停业租赁。

燃料公司辖时楼、龙王庙两个供应站和砀山转运站及蜂窝煤厂，主要经营工业和市场、居民生活用煤。1986—1992年，分配计划用煤422647吨。1993年，计划取消。1998年，燃料公司改制为燃料开发公司、燃料有限公司、金利冷制品有限公司3个股份有限公司。2008年9月，金利冷制品有限公司变更为众鑫建材有限公司，实行租赁经营。

建材化轻公司主要经营水泥、玻璃、沥青、油毡、橡胶制品、化工原料、轻工产品。1986—1992年，水泥计划供应量为11925吨。1995年停业。

物资服务公司主营木材、水泥，无计划供应任务。1998年，实行股份制改造，改制为物资贸易有限公司。

第五章　石　油

第一节　经营体制

1985年1月，单县石油分站改称山东省石油公司单县支公司，由县商业局代管。同年起，平价油计划逐年减少。石油供应严格执行保、压、停的供应原则，不足部分通过多渠道自采。1986年10月，县石油支公司从县商业局析出，隶属菏泽地区石油分公司。至1988年年底，县石油支公司拥有固定资产259.4万元，总库容量2500立方米，从业人员64人，年销量1万吨，销售额400万元，实现利税20万元，被认定为国家中型二类企业。1989年5月，县石油支公司，由股级升格为正科级国有企业。1992年起，成品油购进中基本以自采为主，价格上实行“双轨制”（平价、高价），成品油流通渠道增加。当年年底，县石油支公司有加油站2座，固定资产346万元，从业人员138人，年销量2万吨，销售额900万元，实现利税38万元。1993年3月，县石油支公司更名为山东省石油集团单县公司。1994年7月，全县成品油流通体制改革，成立县成品油流通体制改革领导小组和成品油市场整顿办公室。1995年，取消计划内供应，石油供应全面市场化。1998年6月起，国内油价与国际油价接轨，由石油、石化两个集团公司负责国内全部成品油的批发业务，其他单位、公司不得参与，炼油企业不得自行销售成品油，两个公司统一组织油品销售。同年，县石油公司随山东省石油集团整体划归中国石油化工集团总公司。石油经营开始实行“五统一”管理，即：统一资源配置、统一调运、统一价格、统一结算、统一资金运作。2000年4月，中国石化进行重组改制，按照统一要求，菏泽石油总公司将优良资产剥离组建中国石油化工股份有限公司山东菏泽石油分公司（股份公司）和中国石化集团山东石油总公司菏泽石油分公司(存续公司）并行。县石油公司改为中国石化菏泽石油分公司第七经营管理处。股份公司集中了大部分经营资产和人员，负责经营管理工作；存续公司保留少数人员，负责固定资产管理、关联交易、清欠、离退休人员管理等工作，此后各项工作逐渐向股份公司移交，至2005年存续公司已无专门机构，无专职人员。2005年年底，中国石化菏泽石油分公司第七经营管理处更改为单县片区。2010年8月单县片区恢复县公司职能。

第二节 经营网点

1986年，社会上其他部门亦开始建设加油站，开展成品油零售经营业务。1990年起，零售网点发展迅速，石油系统市场占有率大幅下降。至1997年，全县共有加油站28座，其中，石油系统2座，供销系统4座，农机系统6座，个体经营16座。1999年起，石油系统加大网点建设力度，统一悬挂“SINOPEC ＋中国石化集团”的形象标识，石油公司先后收购4座，新建5座。2010年12月，全县具有零售经营资格的加油站（点）共有78座，在营64座。其中石油系统11座，在营11座；其他单位和个人53座，在营53座。全县石油成品油总供应量约8万吨，其中，石油系统区内纯销量约4万吨。

2000年9月建成启用的加油站

第三节 石油购销

1978年，石油产品的分配供应原则，按照国务院关于石油产品统购统配、定量供应的规定执行。1980年7月起，根据国家计委、经委《关于节约成品油的措施》规定，在不增加农民负担的前提下，对农用柴油一律按牌价供应，国家给予定额补贴。1983年，撤销对拖拉机营业运输和个人承包车辆不供应用油的规定，纳入统一供应渠道，定量供应。1985年起，平价油计划逐年减少，高价油资源相当紧张，全县每年供需缺口3000多吨。石油系统通过多种渠道广泛自采，计划外购销业务量不断增大。至1992年，成品油购进中基本以自采为主，主要进货渠道为齐鲁石化公司辛店炼油厂和济南石化厂。随着计划外油品进入市场和价格上“双轨制”（平价、议价）

的实行，石油市场管理有所放松，成品油流通渠道急剧增加。至1994年，全县成品油经营单位20多个，由于多家经营和地方小炼油、土炼油的低价倾销，致使市场疲软，石油系统库存饱和，销量锐减，年销售量仅0.7万吨，市场占有量不足30%。1995年，随着石油成品油流通体制改革的逐步深入，全县成品油市场秩序趋于好转，石油系统通过采取落实经济目标责任制，开展全员促销和增加网点等措施，提高市场占有率和控制力，销售量回升到1.6万吨。至2010年，石油系统成品油销售首次突破4万吨大关，零售市场占有率稳定在60%左右。

第四节　油政管理

1984年后，计划外油品进入市场。特别是小炼油厂产品低价进入流通领域，乱设摊点，倒买倒卖，掺杂使假现象严重，成品油销售市场出现混乱。县政府成立清理整顿石油市场领导小组（办公室），对成品油市场进行清理整顿。取缔无证经营摊点，查处销毁劣质油品。1998年上半年，中国石油产销体制进行改革后，境内经营单位按集团公司规定的零售价代销石油公司的成品油。

1999年，落实省经贸委等七部门《关于印发清理整顿成品油流通企业和规范成品油流通秩序的实施方案的通知》，对境内所有从事成品油批发、仓储、零售以及外商投资成品油流通企业进行清理整顿。县成立清理整顿成品油流通秩序办事机构，将所有从事成品油批发、仓储、零售及其他成品油流通企业有关情况上报地区清理整顿办公室，经省整顿办公室审核后，核发有关“批准证书”，企业据此到工商管理、税务部门重新办理工商、税务登记手续。加油站（点）的清理整顿工作在2000年6月底前基本完成。至2000年年底，有24座加油站取得零售经营资格。此后，石油系统逐步退出成品油市场管理，完全致力于经营工作。

第六章　烟　草

第一节　烟草购销

20世纪80年代末至90年代中期，县内卷烟品种少，档次结构单一，省外卷烟的购进受上级部门控制，卷烟销售须严格审批，供需矛盾比较突出。90年代中后期，卷烟购进计划放松，供需矛盾缓解。2001年，根据需要可直接向菏泽市烟草公司提交计划，由市公司将货配送到县，县烟草公司撤销周转站，卷烟购进实施大物流、大配送。通过整合零售网点，形成城乡一体、统一运行、集中配送的购销模式。2005年，县烟草行业配专业客户经理12名，配送服务车14辆。该年，全县销售卷烟2.62万箱，实现利税2340.17万元。2010年，全县销售卷烟3.38万箱，实现利税9285.34万元。

1986—2010 年单县卷烟销售情况统计表

表 8-6-1

年份	销售量（箱）	销售收入（万元）	利税总额（万元）	年份	销售量（箱）	销售收入（万元）	利税总额（万元）
1986	16015	1108	11	1999	19630	7602	214.9
1987	16120	1313	12.51	2000	20225	8070	321
1988	16231	1574	14338	2001	20643	8483	927.7
1989	16345	1701	19.48	2002	22493	9311	889
1990	16487	1809	16.5	2003	22552	10203	820
1991	17504	2205	34	2004	23120	12679	1592.6
1992	19006	2693	24.2	2005	26235	17654	2340.17
1993	16321	2886	25.62	2006	29243	21695	3379.19
1994	14123	3003	36.79	2007	30102	26787	4613.8
1995	10584	3102	27.8	2008	30183	31272	5972.16
1996	11793	4302	62.6	2009	32230	36961	7164.93
1997	14794	5636	124.6	2010	33788	45377	9235.34
1998	15854	6223	116.8	—	—	—	—

第二节 烟草经营网点

1986 年，县烟草公司委托乡镇基层供销社代批卷烟。全县有城区批发网点 3 处，乡镇代批点 37 个，零售网点 1608 个。1994 年 9 月至 1995 年 11 月，根据颐中烟草（菏泽）有限公司要求，相继成立张集、徐寨、城区西郊、郭村、黄岗、高韦庄、终兴、蔡堂等 8 个卷烟批发部（简称网点）。1999 年，县烟草公司设立城区第一卷烟批发部、西郊第二卷烟批发部、南郊第三卷烟批发部，县内零售 2982 户。随着经营形势的发展，网点经营模式逐渐不适应经营发展的需要，2002 年 11 月，将各网点统一撤销，成立营销中心。2005 年，卷烟营销直接送货上门，完成由网点到网络的过渡。

第三节 烟草购销模式

国家对烟草行业实行垂直领导、专卖专营的管理体制。根据国家规定，卷烟批发由烟草公司负责，卷烟零售业务由国营、集体或个体经营，经营卷烟零售业务必须取得烟草专卖零售许可证。县烟草公司为三级批发单位，负责全县卷烟的购销调存业务。1983 年，县烟草公司成立后，卷烟购销严格按照卷烟专营的原则，严格批发渠道的管理，按照分配卷烟计划购销卷烟，烟草批发业务统一由烟草公司批发，其他任何单位无权批发卷烟。卷烟购进按计划执行，省烟草公司给各烟厂下达生产计划，县公司到烟厂协商签订订购计划，主要供货单位是菏泽卷烟厂、滕州卷烟厂、青岛卷烟厂和济南卷烟厂，各烟厂下设卷烟调拨站，公司业务人员根据市场需求，以销定购，定期、不定期到烟厂采购卷烟，自备车辆运输。20世纪80年代末到90年代中期，适销对路产品紧缺，供需矛盾比较突出，业务人员要到各烟厂协调购货计划，卷烟购进没有主动权。这一时期，卷烟品种少、档次结构低，市场为卖方市场，卷烟购进实行准购、准运证制度，除执行省公司下达的计划外，由菏泽地区烟草专卖局开具准运证，县公司可到省内其他烟草公司调剂卷烟。90年代中后期，卖方市场逐渐向买方市场转变，供需矛盾逐渐缓解，卷烟购进计划不再受到严格限制，烟草公司在各烟厂之间的选择性越来越大。烟草公司购进卷烟的销售严格按照国家价格政策，按照不同对象分别执行调拨价、批发价、零售价。

1994年前，烟草公司设业务科和批发部。业务科针对乡镇供销社和集团单位批发卷烟，并在乡镇设代批点；批发部针对个体户批发卷烟。无论国营还是集体，均在烟草公司提货。

1994年9月至1995年11月，县烟草分公司的8个批发部，逐步由坐门等客改为上门送货。县公司购进卷烟，再配送到各网点，网点按照配送的卷烟和规定的批发价格，在所辖区域内搞好市场供应，开展卷烟批零业务，实行送货服务。

2002年11月，批发网点统一撤销，成立营销中心，实行“全面访销，集中配送，访送分离，城乡一体”的经营模式。卷烟购进仍然由县公司统一购进，每天向菏泽市烟草分公司提报卷烟需求计划，从市局（公司）配送库购进，存放到县公司仓库；由访销员深入到卷烟零售户采集订单，汇总后，由送货员直接送到零售户门市。

2004年3月，县烟草分公司根据全市集中电话订货经营的要求，正式运行集中电话订货模式。全市统一从工业企业订购卷烟，全市统一实行电话订货，由电访员集中在菏泽烟草有限公司电访中心向零售户电话订货，县烟草分公司客户经理负责零售户的经营指导和服务，根据电话订单采集的卷烟信息汇总后，由市局（公司）总配库统一配送卷烟到县分公司仓库，县分公司仓库再进行二次分拣，由县分公司送货员送货到零售户。8月，按照市局（公司）“全市集中电话订货、一库式配送”的统一部署，县烟草分公司实现仓库零库存，仓库内不再储存卷烟。2006年起，推行电话访销、网上订货、电子结算、现代物流改革。至2010年，客户可通过电话订货、手机订货、网上订货，订单提交后可通过工商银行、农业银行、农村信用社、邮政银行等即时交易结算，卷烟经市局（公司）分拣系统分拣后，一户一码，塑包包装，隔日送到客户手中。

第四节　烟草专卖市场管理

县烟草专卖局负责辖内卷烟市场管理与治理整顿。1983年，县烟草专卖局有稽查人员5人。1994年9月至1995年11月，先后成立张集、徐寨、城区西郊、郭村、黄岗、高韦庄、终兴、蔡堂等8个稽查中队。各卷烟网点负责辖区内卷烟市场的监督检查和管理，案件处理由县烟草专卖局负责。2000年，有稽查车16辆，稽查人员108名。2001年，结合全国卷烟市场秩序整顿，县烟草专卖局对烟草市场进行集中整治。同时利用“3•15”消费者权益日等进行多种形式的烟草专卖法规宣传活动，普及烟草专卖法，提高消费者辨别假冒伪劣卷烟的能力。2002年3月，县政府成立全县清理整顿烟草市场综合执

烟草专卖市场执法检查

法大队，彻底取缔湖西商贸城内的非法卷烟交易市场。11 月，监督检查站撤销，专卖管理权由县烟草专卖局承担。2005 年 7 月，县烟草专卖局设专卖监督管理科和专卖管理稽查大队。专卖管理稽查大队下设 12 个稽查中队。同年，县政府成立打假办，从县公安局、检察院、法院、工商行政管理局、电视台抽调 9 人常驻烟草专卖局，进行卷烟打假综合治理。2006 年 9 月，队所分离，成立 4 个管理所，6 个稽查中队。2008 年 11 月至 2009 年 2 月，开展烟草专卖零售许可证的换证工作，共换证 4239 户。2010 年 5 月，查获“3•01”非法经营假烟案。

第七章　盐　业

第一节　经营体制

1986—2001 年，盐业经营由县供销社主管和经营。2002 年后，改为县盐务局和菏泽盐业公司单县分公司主管和经营，为省垂直单位。2005 年，由批销改为送销。完善销区考核管理办法，对原监销站及任务进行调整，实行按劳取酬，奖优罚劣。2006 年后，取消县级分装，由菏泽盐业物流配送中心直送到县配送站。2008 年，规范盐业市场流通秩序，防止大包装盐冲销入口食盐市场，对大包装盐用户签订购销合同，办理购盐证，凭购盐证送货。其他工业用盐实行计划和统一经营管理。

盐业公司

第二节　经营情况

1995 年前，境内以食用大粒盐为主。1996 年，加碘精盐进入境内市场，盐业经营实行统一计划、统一渠道、统一品种、统一包装、统一价格“五统一”。2000 年，县盐业公司强化内部管理，加大盐政法令法规的宣传和市场稽查力度，完善食盐销售网络，全面实行送销制度，全年共销售各种食盐 5430 吨，比上年增加 1298 吨；完成商品销售总额 374.4 万元，比上年增加 133.6 万元。2001 年，采取电话预约和送货相结合方式，盐业公司安排专人接听要货电话，编制《购货记录表》，送货人员按记录的用户地址、盐种、数量和供货时间，送货上门。全年送销盐量占总销量的 98% 以上。2006 年，江苏省丰县私盐进入境内饭店、熟食店、宾馆、学校等单位，境内食盐市场受到冲击，小包装食盐销售量下降，当年共销售食盐 3408 吨，比上年下降 24.5%。2007 年，开始销售营养盐（即添加一种或几种营养强化剂的食盐）。2009 年，县盐业公司抽调行管科室、稽查队和监销站人员先后利用“3•15”消费者权益日和“单县一月物资交流大会”，在集市上向广大消费者宣传营养盐知识，发放宣传单 3 万份，受教育群众 10 万人。当年，全县 1800 个零售网点均销售营养盐。2009年，盐业公司完善加碘盐购进、仓储和销售环节的质量管理，对每批购进的食盐抽样进行碘含量检测，合格后方可入库；对库存加碘食盐每月进行两次检测，检测合格后才能销售。2010年，全年销售各种食盐5943吨，实现销售收入924万元，利税70万元。

1989—2010年单县食盐经营情况统计表

表8-7-1

年份	销售数量（吨）	销售收入（万元）	利润（万元）	上交税金（万元）
1989	5523	149	-3	—
1990	4815	191	-3	—
1991	4588	184	0	—
1992	4546	176	10	—
1993	5398	194	14	—
1994	5006	160	-11	—
1995	4311	147	-30	—
1996	2597	135	-20	—
1997	2780	142	-1	—
1998	1756	125	-24	—
1999	4132	241	-8	—
2000	5430	374	-48	—
2001	7001	538	6	—
2002	5583	647	-21	—
2003	5177	695	5	23
2004	3728	481	-61	26
2005	4513	674	-6	28
2006	3408	530	-72	23
2007	4990	789	13	35
2008	5228	850	9	44
2009	5585	958	28	35
2010	5943	924	37	33

第三节　经营网点

1986年，县盐业批发部负责盐产品批发供应业务，零售环节依托基层供销社组织销售。2000年，在单县的南部（黄岗）、东部（终兴）和北部（徐寨）建立3个监销站，具体负责盐产品的供应和市场监管工作。2001年，建立健全县、乡、村三级销售服务网络，在全县发放食盐零售许可证。城区零售点本着方便群众、合理布局、便于管理的原则，控制发放数量。各乡镇中心代批发点，在原有设置的基础上重新进行审核确定，每个乡镇1～2处。自然村零售点根据各村人口进行设点，每村1～3处。2006年，县盐业公司下设城关、终兴、徐寨、黄岗、蔡堂、郭村6个监销站，全部实行直送到村。2008年、2009年，严格食盐零售网点许可证制度，进一步规范“四个一”（一证、一本、一簿、一合同）管理。全县建立食盐零售网点1700个，在省、市组织的两次检查验收中，网点管理合格率达95%以上。2010年，建立健全网点销售基础数据库，每月进行市场分析，促进网点全面完成供应任务。

第四节　盐业市场管理

单县位于四省八县结合部，私盐极易流入，也有部分私盐途经单县流入到其他县市。1986—1988年，全县盐业市场管理与检查主要由工商行政管理部门和税务部门负责。1990年8月，设盐业专营管理员，具体负责辖区内盐业市场监督检查工作。1993年，成立盐政管理办公室。同时设立盐业稽查中队，具体负责辖区内的盐政执法工作。2000年，全年共查处涉盐案件110起，其中，与公安部门配合查处41起，工商、技术监督部门移交5起。2001年，盐业公司对供应的盐种、盐价进行全面清理，规范自身经营行为，食用盐供应小包装合格碘盐，食品加工用盐供应合格碘盐，并严格执行国家定价。对酿造用盐、工业用盐严格按照用途供应，同时监督、检查使用情况，严防流入食盐市场。1—8月，稽查队共查处私盐案件50起，配合公安部门抓获在逃盐贩2人。2002年，盐业专营工作进一步向代批点和零售环节延伸。所有销售的小袋复合膜盐和工业用盐、食品加工用盐全部分别结算。食品加工用盐和工业用盐全部由县公司直接供应。该年起，每年根据不同季节的不同特点，开展几次规模较大的集中整治活动。春季开展整治以小工业用盐用户和饭店、熟食店、机关食堂为主要内容的春季“严打”活动；夏季开展以整治食盐经营秩序、取缔无证经营为重点的专项清理整治活动；秋季开展以打击非法购销为主要内容的秋季大行动；冬季开展以查源头、查边界、查内部、查网点、查用盐大户为主要内容的“五查”活动。该年，在徐寨、时楼、高韦庄、朱集4个乡镇重点布岗稽查。依靠群众举报，查获几个大的私盐窝点。2004年，发放食盐零售许可证，取缔无证经营户。该年起，凡食品加工和工业用盐户确须用盐的，报监销站或稽查队实地考察，然后由监销站提报计划，监销站不给提报计划的不予销售。6、7月和12月两次集中对全县食盐市场进行清理整顿，对境内所有用盐单位和个人进行全面清查，建立健全盐产品用户档案。2005年4月，县盐务局配合公安部门，在时楼镇曹马集附近抓获私盐贩运私销犯罪嫌疑人。6月，县盐政稽查大队在高老家乡刘庄集村端掉1个非法加工食盐窝点。12月，县盐务局与金乡县盐务局联合行动，端掉1个私盐窝点，查获私盐9吨，抓获盐贩3人。2007年，换发食盐零售许可证。2008年，推广多品种盐，继续实行许可证制度和稽查队考察、监销站提报、业务科把关的办法。2008年后，县盐务局先后与河南省、江苏省、安徽省相邻县的盐业部门多次召开联席会议，开展边界市场专项整治行动。针对春节期间食盐市场管理容易松动，私盐冲销食盐市场较为严重的状况，2008—2009年，在全县开展清理整顿盐业市场春季大行动。2009年2月，以3个稽查队为主，以监销站为辅，联合公安局、卫生食品监督管理所、电视台，对全县的饭店、宾馆、熟食店、食品加工业、学校和企事业单位食堂、流动性夜市摊点等进行拉网式清理检查。共查处涉盐案件52起，没收私盐0.96吨，罚款16410元。又以清理整顿为契机，清理整顿食盐零售网点，共查零售点2000个，取缔无证经营户100个，对个别经营不规范的食盐零售网点进行整顿。2010年，对2007年发放的食盐零售许可证重新换发新证。此次换证，遵循“合理布局、适当增加、方便群众、便于管理”的原则，对现有食盐零售网点进行全面清理整顿，取消违法经营业户，规范零售网店的经营行为；在严格考查符合食盐经营标准的前提下，适当增加发放数量；建立健全所有食盐零售业户档案和销售台账。至年底，破获一批数量大、影响广、危害重的重大涉盐案件，刑事拘留暴力抗法者多人。

第八章　市　场

第一节　专业市场

1987年，城区有北关木材市场、北关粮食市场、北关农贸市场、西马路布匹成衣市场、西关建材市场和南郊蔬菜市场。北关木材市场，上市木材500立方米，各式成品家具100余套，每集成交额5万元～6万元；北关粮食市场，每集上市粮食1万多公斤；西马路布匹成衣市场，日成交量2万余元；南郊蔬菜市场，平均每集上市瓜果5000公斤以上，青菜1万公斤左右，肉及熟食品5000公斤以上，粉条近5000公斤，家禽1000余只，蛋500余公斤，鱼250公斤以上，食用油250公斤，日成交额1.8万余元。1990—1992年，先后增加湖西市场和西郊塑料市场2个专业批发市场。其中，湖西市场总投资130万元，建玻璃钢瓦屋顶7300平方米，售货房100间，柜台货架150米，主要经营日用百货、小商品、副食品批发，商品种类近千种，日成交额5万余元。西郊塑料市场有塑料管加工业60户，从业人员200人，年产塑料管3600吨，产值1800万元，获利60万元。塑料窗纱加工业120家，从业人员800人，年产窗纱100万米，产值760万元，利润20万元。以上产品主要销往苏鲁豫皖冀及东北三省。1995年，新增西郊蔬菜批发市场。该市场位于土产公司西、单曹路南，占地面积2万多平方米。1998年，西郊蔬菜批发市场迁至单溜村南，砀定路西，更名为鲁西南蔬菜瓜果批发市场。市场设蔬菜收购、外销网点20多个，有商贩1500多户，蔬菜远销济南、河北、北京、天津、黑龙江、吉林、辽宁等省市，年外销蔬菜2.5万吨。2001年，南郊蔬菜批发市场南迁至湖西路南段路西（单城镇刘海行政村东），建立刘海农副产品批发市场，上市商品有蔬菜、瓜果、水产品、干杂货、熟食、肉类、禽类、蛋类、油脂类等。2002—2005年，先后增加徐寨大蒜批发市场、时楼辣椒批发市场、花园花生市场、湖西自立市场4个专业批发市场，全县有专业批发市场11个。2006年，时楼辣椒批发市场、花园花生市场、湖西自立市场停市。2008年9月，单县鲁南商贸城建成开业。该市场位于白云路中段（县汽车站南邻），项目投资3080万元，占地面积1.98公顷，上市商品有服装、鞋帽、床上用品、化妆用品、五金工具、

湖西市场

电动车、防盗门等。2010年4月，刘海农副产品批发市场二期扩建工程启动。该工程计划投资1.5亿元，占地面积6.87公顷。同年5月，投资5000万元，占地面积15公顷，在县城君子路北段路西，成立家佳美家居广场，上市商品主要有家具、家居装修材料、五金电料等。

第二节　商场 超市

商场　1986年，城区有县商业局西关街百货楼、胜利街门市部，县供销社西关、南店子门市部等几家商场。1987年10月，位于湖西路、向阳路交叉路口西南侧的县商业大楼竣工开业，总投资200万元，建筑面积4380平方米，主要经营家电、副食、烟酒、百货、纺织品、家具等。1987年11月，位于刘隅首的三台商场建成开业，总投资160万元，建筑面积5570平方米，经营商品有家电、服装、鞋帽、日用百货、五金交电、家具等。1989年11月，单县供销社古楼商场建成开业。该商场位于向阳路西端，占地面积4333平方米，建筑面积5000平方米，主体工程投资200万元。主营农副产品和日用工业品。品种有百货文具、针棉织品、土产杂品、家用电器、五金交化、烟酒副食等24个大类1.5万多个品种。1993年1月，湖西大厦综合商场建成开业。该大厦位于湖西路与胜利路交叉处东北侧，由单县商业第二百货公司立项，总投资150万元，建筑面积3800平方米。1995年1月，投资2000万元、建筑面积9800平方米的凌云商业大厦竣工开业，全国人大副委员长田纪云题写大厦名称。1996年3月15日，县商业局五金交电公司商业楼翻建的金鑫商城营业大楼开工建设。该大楼位于西关街路北（现胜利路），总投资500万元，建筑面积3800平方米。1997年9月26日开业。1999年，建立再就业湖西自立商场。该项目由单县恒大蔬菜食品有限公司和百货公司筹建，总投资500万元，建筑面积7100平方米，营业面积6000平方米，设摊位360个，可安置下岗职工500人。2000年1月8日，在单城南关街，单县糖茶烟酒有限公司改建的下岗再就业新世纪市场正式开业。该项目总投资65万元，建筑面积2400平方米，设摊位160个，共安置200名下岗职工进入市场经营。后改为家佳福超市。

华联超市

三台商场

家得利超市

单县工业品有限公司

超市　2002年1月，登记注册华联、家得利2家超市。家得利超市的前身是1995年注册成立的单县工业品有限公司，主营批发，有2个批发部，1个零售组柜。同年，新增翔空礼品、苏果、顺达、千惠洗化4家超市。2003年，新增超市7家，其中，规模较大的有鲁能、汇鑫、汇源超市等。至2005年，全县共有商场、超市7090家，其中个体6011家，私营156家，内资923家。2010年，全县商场、超市增加到13725家。

2005—2010年单县商场、超市统计表

表8-8-1　　单位：家

年份	个体	私营	内资
2005	6011	156	923
2006	7282	207	998
2007	8271	218	963
2008	9917	758	561
2009	10849	868	583
2010	12130	1005	590

第三节　夜　市

20世纪90年代初期，城区夜市属自发形成，主要分布在县汽车站、县商业大楼、刘隅首和西关大桥附近。其中，县汽车站附近共有饮食摊点23个，水果摊点11个，副食摊点9个；刘隅首附近共有饮食摊点27个，水果摊点6个，副食摊点8个；县商业大楼附近共有饮食摊点25个，水果摊点8个，副食摊点5个；西关大桥附近共有饮食摊点17个，水果摊点8个，副食摊点5个。1995—1999年，新增县中心医院附近的夜市摊点，主要经营饮食、副食、水果等。有饮食摊点20个，水果摊点5个，副食摊点6个。2000—2005年，新增北关桥夜市、北关外灯塔夜市、古楼商场夜市、王桥夜市、南华小区夜市和石马夜市等。城区夜市多为自发形成，未经主管部门审批，存在卫生条件差，占道经营等现象。纳入市场规范管理后，问题得到解决。至2010年，一些乡镇集贸市场夜市，也逐渐发展起来。

第四节　农村集贸市场

1986年，全县农村集市有时楼、李半庄、罗庄、

集贸市场

曹亘集、帅楼、郭村、高老家、高韦庄、浮岗、李新集、黄岗、杨楼、戚集、龙王庙、蔡堂、朱集、终兴、王小庄、谢集、张集、曹马、陈蛮庄、徐寨、黄寺、曹庄、大李海、葛庙、张保楼、大黄岗、谢寨、大王庄、傅寨、孟寨、李田楼、辛羊庙、黄堆、杨集、姬集、廉店、林庄、花园、孙溜、黄顺堤、马楼、芦墓、安德、李新庄、郑新庄、聂傅庄、张靳楼、孔集共51个，上市商品有粮食、蔬菜、水果、牲畜、百货、木料、农具、禽、蛋、水产品等，年市场成交额5901万元。1991年，全县乡村集贸市场增加到57个，新增集市有丁楼、崔口、北常集、陈桥、刘寨、郭村庙。上市商品中服装、家具开始大量上市，年市场成交额8384万元。1994年，又增加枣庄集农贸市场，全县乡村集贸市场58个，年市场成交额13763万元。1995—1998年，先后注销北常集、廉店、大黄岗、郑新主、林庄5个乡村集市，全县乡村集市减少到53个，年市场成交额32463万元。1998年，李半庄改名为莱河。2000年后，注销安德、崔口两个集贸市场。至2010年，全县共有农村集贸市场51个。

2010年单县农村集贸市场集日一栏表

表8-8-2

乡镇名称	集会地点	集会日期（农历）	乡镇名称	集会地点	集会日期（农历）
莱河镇	莱河	四、九	东城街道	孙溜村	四、九
	帅楼村	三、八	李田楼镇	杨集村	一、六
	丁楼	三、八			
郭村镇	郭村	一、三、六、八		陈蛮庄村	三、八
	张靳楼村	五、十		李田楼村	四、九
	大李海村	二、七	张集镇	张集村	一、四、七
	葛庙村	四、九		黄堆村	二、五、十
	张保楼村	五、十		姬集村	三、六、八
高老家乡	高老家村	二、七、九	徐寨镇	芦墓村	二、七
	曹亘集村	三、五、八、十		徐寨村	一、六
浮岗镇	大王庄村	二、九		郭村庙	二、七
浮岗镇	李新集村	一、五、八	时楼镇	时楼村	五、九
	浮岗集村	一、三、六		曹马村	三、八
	聂傅庄村	三、六、十		枣庄集	一、六
曹庄乡	谢寨村	二、七	李新庄镇	李新庄村	三、六、九
	曹庄村	四、九		黄寺村	一、四、八
黄岗镇	黄岗集村	二、四、六、八、十	谢集镇	谢集村	二、七
	傅寨村	二、七		陈桥	三、六、九
	花园村	四、九	高韦庄镇	高韦庄村	二、四、七、九
龙王庙镇	戚集村	三、八	高韦庄镇	刘寨	一、三、六、八
	罗庄	一、六	朱集镇	朱集村	二、四、六、八、十
	龙王庙村	二、七	杨楼镇	杨楼村	三、五、八、十
	黄顺堤	四、九		孟寨村	二、四、七、九

续表 8-8-2

乡镇名称	集会地点	集会日期（农历）	乡镇名称	集会地点	集会日期（农历）
蔡堂镇	蔡堂村	一、四、六、九	终兴镇	终兴村	二、四、六、八、十
	孔集村	二、七		王小庄村	五、九
	辛羊庙	五、十		马楼	一、五、九

说明：表中集会日期指每月的上中下旬逢集的农历日期。如四、九，指每月的初四、初九、十四、十九、二十四、二十九

第五节　单县十月物资交流大会

1978年，单城十月古会恢复，会址设在向阳路，之后一年一度。为办好大会，每年由县政府牵头，成立大会筹委会和大会领导小组。领导小组下设办公室，分设秘书组、业务组、保卫组、供电组、交通组，分别办理大会的有关事宜。并通过电视、向周边省市邮寄邀请函件、张贴宣传材料等方式，发布大会相关信息。1986年，应邀参加十月物资交流大会的有8省31个县市的700多个单位和工商业户，商品4500多种，成交额800多万元。1988年，高韦庄、郭村、蔡堂、黄岗、终兴等乡镇开始举办物资交流大会。1996年后，又有朱集、杨楼、张集、时楼等乡镇举办物资交流大会。2005年起，单县十月物资交流大会改名为“单县十月文化物资交流大会”。主会场共分为5个区，即文化交流区、餐饮服务区、商品展销区、商品贸易区、咨询服务区。下设商品贸易部等5个部，分别由副县长兼任部长，实行24小时值班。2010年，县安监局、县技术监督局、南城街道办事处参加大会管理。

十月物资交流大会

1987—2010年单县单城十月物资交流大会统计表

表 8-8-3

年份	大会起止日期	大会地址	出席大会的单位户数		赶会总人数（万人次）	大会成交额（万元）
			国营集体单位数	个体工商户数		
1987	12.05—12.24	向阳路	250	620	60	1106
1988	11.23—12.02	向阳路	260	668	72	1430
1989	11.12—11.21	向阳路	261	650	70	1400
1990	11.01—11.10	单父路	260	668	74.5	1545
1991	11.20—11.29	向阳路	252	680	76	1630
1992	11.09—11.18	湖西路南	200	821	79	1652
1993	11.28—12.07	单父路	123	890	94	1690

续表 8-8-3

年份	大会起止日期	大会地址	出席大会的单位户数		赶会总人数（万人次）	大会成交额（万元）
			国营集体单位数	个体工商户数		
1994	11.17—11.26	湖西路	63	934	160	2000
1995	12.06—12.15	湖西路	49	966	250	1700
1996	11.25—12.04	单父路	21	970	250	1800
1997	11.14—11.23	健康路	13	980	240	1900
1998	12.03—12.12	向阳路东段	9	900	230	1700
1999	11.22—12.01	向阳路东段	5	860	220	1900
2000	11.10—11.19	健康路	3	800	260	1680
2001	11.29—12.08	健康路	1	820	255	1740
2002	11.19—11.28	单父路	1	560	243	1807
2003	11.8—11.17	东关街	1	540	256	1800
2004	11.26—12.05	单丰路	1	610	270	2000
2005	11.16—11.25	单父、纪元路	13	520	285	2000
2006	12.05—12.14	白云路	10	660	310	2200
2007	11.24—12.03	白云路	12	680	330	2410
2008	11.12—11.21	白云路	7	710	250	2100
2009	12.01—12.10	白云路	4	750	300	2000
2010	11.20—11.29	白云路	2	700	280	2000

第九章　饮食服务业

第一节　餐饮业

1986年，境内饮食业户1681家，其中，全民4家、集体43家、个体有证饮食业1634家，从业人员共3101人。县城较大的饭店有单县饭店、青年饭店、城关供销社西郊饭店、同乐饭店、清河楼酒店、县政府招待所（兼营饮食）、县供销社招待所（兼营饮食）等。1990年后，随着国有、集体企业改制并逐步退出市场，个体饮食业快速发展并占据饮食业主导地位。1996年，有饮食业户2011家，从业人员7307人。除2家国有及1家集体饮食业外，其余均为私营或个体饮食业户。之后，湖西酒楼、鸿雁饭店、东洲大酒店、伊斯兰大酒店、海联大酒店、状元楼等相继开业。同时，在城区汽车站、商业大楼、湖西桥、北关灯塔、中心医院、刘隅首等多处形成早点、夜市饮食摊点群，成为单县城区的一大特色。饮食摊点早晨一般经营到8点左右，晚上一般经营到11点左右。2010年，全县有证饮食业户1036家，从业人员3208人，注册资金1891万元。

第二节　旅馆业

1986年，境内旅馆120家，从业人员335人，规模较大的旅馆有政府招待所、县供销社招待所、国营大众旅社、国营南店子大众旅社、桃园旅社等。1993年，旅社115家，从业人员144人。1996年后，县政府招待所、县社招待所分别更名为湖西宾馆、白云宾馆。城区新建金龙宾馆、信天游宾馆。2010年，旅社225家，从业人员681人，注册资金249万元。

第三节　美容美发业

1986年，境内有理发店（摊）205家，从业人员234人，除商业局饮食服务公司下辖的胜利街理发店外，其余均为个体经营，经营场所大多分布在机关、学校、企业或主要集镇，有的走村串户流动经营。1996年后，美容业发展起来，特别兴盛时形成单城西关美容美发按摩一条街。2000年，美容美发业124家，从业人员192人，较有名的美容美发店有胜利街小军理发店、天姿美容店、亚美美发店、亚细亚美容厅等。2010年，美容美发业608家，从业人员1824人，注册资金928万元。服务项目由单一理发发展到理发、剪发、削发、干洗、吹风、冷烫、热烫、焗油、美容、修面、按摩等。

第四节　洗浴业

1986年，境内仅有西关浴池1家，且规模小，不能满足群众的洗浴要求。1990年后，洗浴业快速发展，城区大型浴池有清华浴池、向阳浴池、北关浴池等。1996年后，新增碧波浴池、东风浴池。2000年后，随着足浴、足疗、保健、按摩等兴起，新增东方洗浴中心、大浪淘沙洗浴中心、良子足浴、丫丫洗足城等。2010年，境内浴池56家，从业人员224人，注册资金186万元。

第五节　其他服务业

摄影　1986年，境内照相馆117家，从业人员242人，大型照相馆有国营湖西照相馆、胜利街白家照相馆等。1993年，从事摄影业有150家，从业人员175人。大型照相馆有白家照相馆、小康婚纱摄影、南店子照相馆等。1996年后，婚纱摄影、艺术摄影、照片冲洗、翻拍逐步发展起来，并在西关顺河街渐成规模。2010年，境内照相馆87家，从业人员269人，注册资金354万元。

小康彩扩　　1994年摄影

修理　1986年，境内有日用品修理业户871家，从业人员891人。多为修理自行车、修鞋、补锅、配钥匙等小型日用品修理。20 世纪 90 年代后，彩电、冰箱、洗衣机等大型电器逐步普及，三联家电、海尔电器、格力电器销售单位实行跟踪服务。2000 年后，汽车、微机等在全县逐渐增多，汽车修理、电脑维修发展起来。2010 年，境内修理业 982 家，从业人员 2966 人，注册资金 556 万元。

娱乐　1996 年，娱乐业开始兴起，境内有文化体育及娱乐业 12 家，从业人员 24 人。2010 年，有金碧辉煌娱乐公司、满江红练歌厅、天上人间歌厅、星光灿烂歌舞厅、东方明珠娱乐城等 5 家，注册资金 61 万元，从业人员 18 人。

第十章　对外贸易

第一节　经营体制改革

1986 年，对外贸易经营体制为计划经济体制，由国家统负盈亏。1988 年后，国家取消外贸出口财政补贴，由省各专业公司统负盈亏，县对外出口直接与省发生业务关系。1992 年起，外贸经营权限逐步放开，企业自营进出口权由省审批。1996 年 6 月 4 日，山东省单县进出口公司成立。进出口商品主要是粮油食品、土畜产品、轻工业品、工艺品、针织品、服装、化工产品、仪器仪表、有色金属、非金属矿产品等，并开展进出口代理业务。1994—2001 年，深化外贸管理体制改革。改革税制，由包干制改为分税制，实行出口退税；降低关税水平，放宽生产企业经营外贸审批标准，逐步由审批制过渡到登记制；逐步放开商品经营范围；建立现代化企业制度；实行企业股份制改革试点；大型外贸企业走实业化、集团化、国际化道路。

第二节　进出口贸易

出口贸易　出口企业　1992 年前，出口业务由国家、省统一负责，出口企业仅有县对外贸易公司 1 家。1992 年，韩国客商柳寅焕在单县设立菏泽单柳木制品有限公司，直接往韩国出口木制工艺品，成为单县第一家自营进出口企业。1997 年，单县麻纺厂、单县有机化工厂申办报批了自营进出口权。2000 年，全县自营进出口企业发展到 6 家。2005 年，全县自营进出口企业增加到 23 家，其中有出口业务的企业 14 家。主要有单县进出口公司、山东省单县化工有限公司、山东省单县琴台食品有限公司、单县福祥制革有限公司、山东立兴罐头食品有限公司、单县康利达医用制品有限公司、单县运通木业有限公司、单县美术公司等。2008 年，新批自营进出口权的企业 11 家（山东莱河电磁线厂、山东富瑞斯网业有限公司、单县德发玻纤有限公司、山东菏泽项蓝纸业有限公司、菏泽凯峰制衣有限公司、单县永兴纱网有限公司、单县华民工艺品有限公司、单县大友农副产品有限公司、菏泽盈峰制衣有限公司、山东信龙织造有限公司）。2009 年，新增有进出口实绩企业 6 家，达到 23 家。2010 年，全县有自营进出口权的企业 49 家，比 2005 年增加 26 家，其中有进出口实绩的企业 32 家。出口业务量较大的企业有山东省单县化工有限公司、菏泽盈峰制衣有限公司、单县华民工艺品有限公司、山东富瑞斯网业有限公司、山东湖西轴承有限公司、山东湖西铸业有限公司、单县青之华玻纤有限公司、单县康利达医用制品有限公司等。

出口商品 1987年，麻袋、涤棉布、山羊皮、兔毛、窗纱、羊肠弦、绣花鞋、大豆、玉米、杂粮、饲料为单县骨干出口商品。当年，县麻纺厂出口麻袋240万条，成为菏泽地区创汇百万美元的八大商品之一。至2006年，全县初步形成以高韦庄、黄岗等乡镇为中心的木材加工，以郭村、徐寨等乡镇为中心的芦笋、果蔬、大蒜加工，以浮岗、郭村等乡镇为中心的皮毛加工，以嘉林华服饰、菏泽奇峰纺织等企业为重点的纺织品服装加工，以单县化工、康利达等企业为重点的医药化工加工，以湖西轴承等企业为重点的机械加工等6个加工、出口产品体系。2010年，出口产品有化工产品、服装、工艺品、木制品、医用羊肠线、网格布、食品、蔬菜、轴承、节能灯、太阳能光伏产品等10多个种类，100多个品种。

2010年单县主要出口商品一览表

表8-10-1

类别	商品名称
化工类	橡胶助剂、精细化工产品
纺织类	针织服装、家纺用品
工艺品类	彩蛋、毛绒玩具
木制品类	木鼓、木制礼品盒、小型家居、脚踏板
医用品类	医用羊肠线、网球弦
食品类	芦笋罐头、黄桃罐头、双孢菇罐头、脱水蔬菜
新能源产品类	太阳能极板、LED产品
蔬菜类	大蒜、芦笋、大葱、辣椒、圆葱
铸造类	铜、铝、钢、不锈钢铸件
木材加工类	地板、桐杨木拼板、指接板、家具部件、枣木锯材
体育用品类	球拍、篮球、体育器材

出口方式 20世纪80年代，外贸出口按上级外贸部门下达的商品出口计划组织收购，执行计划价格收购商品。1992年后，外贸经营权放开，出口方式由传统的专业外贸公司代理出口向自营出口转变。至2010年，自营出口商品占总出口商品的78%，专业外贸公司代理的出口商品占总出口商品的12%。

出口国家和地区 20世纪90年代初，与单县有进出口贸易业务的有日本、韩国、俄罗斯等16个国家和地区，1998年，有32个国家和地区。2005年，产品出口国家和地区主要有韩国、俄罗斯、日本、美国等。至2010年年底，发展到5大洲60多个国家和地区。主要有美国、日本、韩国、德国、荷兰、芬兰、意大利、印度、巴基斯坦、比利时、俄罗斯和东南亚地区等。

出口贸易额 1986年，全县外贸商品出口总值2219万元。1989—1991年，外贸出口商品收购总值6313万元。1992年，县委提出“立足现实、以内向型经济打基础，以外向型经济求发展，以内促外，以外保内”的工作思路。各生产企业根据县委要求，充分发挥其产业和产品优势，走多元化出口的路子，积极组织产品出口。1—8月，全县外贸出口额4465万元，比上年同期增长93%。1993年，外贸出口商品收购总值1850

万元。1994年，实施外向带动战略，大力发展外向型经济，全年完成外贸出口供货总值5860万元，“三资”企业出口创汇111万美元。1995年，外贸出口商品收购额完成6850万元。1995—2002年，出口创汇总额6233万美元。2004年，组织企业参加广交会、青交会、牡丹花会、林交会、韩国进口商品交易会和日本大阪商品交易会等国内外大型的经贸洽谈和展销会，对外贸易重点突破欧美市场，实现对欧美贸易额超过日本、韩国，达到1498万美元，占当年出口贸易总额3257万美元的46%。之后，年出口总额总体呈上升趋势。2009年，受国际金融危机影响，出口产品价格平均比上年同期下降40%。当年，全县完成出口总额5347万美元，比上年下降4%。2010年，出口总额6804万美元。2004—2010年，出口贸易总额为32326万美元，年均增长13.06%。

1998年后，山东省单县化工有限公司一直是单县外贸出口的大户。该公司自1997年获得自营进出口权后，橡胶助剂出口一直呈稳步增长趋势。1998年，公司出口产品524吨，出口交货值778.4万元。2005年出口产品9231吨，出口交货值2.21亿元。2010年出口产品2.06万吨，出口交货值达4.21亿元，分别是1998年的39倍和54倍。

进口贸易 20世纪80—90年代，单县依托外贸口岸进出口公司进口钢材、木材、化肥等产品，贸易额较小。2000年后，随着自营进出口企业的增加，进口贸易额逐年增加。进口商品主要是山东省单县化工有限公司进口的叔丁胺，菏泽盈峰制衣有限公司进口的布料等。2005年，全县进口贸易额294万美元。其中山东省单县化工有限公司进口贸易额219万美元，占全县进口总额的74.5%。2010年，全县进口贸易额2515万美元。1986—2010年，县中心医院先后从美国、日本、德国、法国、丹麦、以色列、意大利、瑞典、韩国、巴西、澳大利亚等国家引进医用遥控诊断X线、X线计算机断层扫描仪、ICU综合监护仪、呼吸机、胃肠诊断仪、核磁共振装置、C臂、ECT、全自动生化分析仪、CR、DR、彩超、螺旋CT等万元以上仪器设备210台（套），总价值6900万元。

政策规定 1991年6月，县政府印发《外商来单县投资兴办企业的暂行规定》。1994年，为进一步贯彻实施外向带动战略，加快单县外向型经济的发展，8月28日，县政府印发《关于加快外向型经济发展的意见》。2001年3月，县委、县政府制定《关于鼓励出口创汇和利用外资的规定》，对引进外资、出口创汇企业单位和个人及出口贸易联系人根据确定的基数实施奖励。同时对年出口创汇500万美元以上（含500万美元）的企业，授予该企业“国际化经营先进企业”称号；乡镇年出口创汇100万美元以上的，授予“县出口创汇先进单位”称号。2008年年初，制定《2008年度全县外经贸工作实绩考核办法》，将进出口贸易目标分解到各乡镇、县直有关部门和企业，并根据进出口任务完成情况实施奖惩。2009年，制定《单县对外开放工作奖励办法》，鼓励社会各界积极应对国际金融危机，促进单县外经贸平稳较快发展。

第三节 对外经济合作

对外劳务输出 1992年，县文具用品厂向土耳其输出肠衣技术人员两批计110人。2005年，国外劳务输出236人次。2008年，劳务输出536人，完成对外承包劳务合同额1200万美元，完成劳务承包营业额400万美元。2010年，劳务输出65人。2005—2010年，全县累计劳务输出2327人次。劳务输出国家主要有日本、韩国、缅甸、新加坡、新西兰、沙特阿拉伯、俄罗斯等。

境外办企业 2010年，有2家境外投资企业，总投资120万美元。其中，单县运通木业有限公司在韩国设立运通木业有限公司，投资20万美元；山东莱河电磁线有限公司在韩国设立莱河电磁线有限公司，投资100万美元。

企业境外上市 2007年7月5日，中国尚舜化工控股有限公司（山东省单县化工有限公司）在新加坡主板上市，实现菏泽市企业境外上市“零”的突破。尚舜化工共发行1.2亿新股票，超额配售2400万股，发行价为0.39新元，共融资5616万新元。尚舜化工开盘价0.555新元，较发行价上扬42%，市值2.74亿新元。

第四节 利用外资

1988年后，单县利用外资发展较快。1990年，全县呈报和争取利用外资的项目种类有国际民间组织无偿援助项目、利用外国政府贷款项目和“三来一补”（来料加工、来样加工、来件装配和补偿贸易）项目等。县玻璃纤维厂采用补偿贸易形式，引进美国某公司玻纤短切毡生产技术及设备，改建一条短切毡生产线。该项目总投资744万元，其中，外汇113万美元，国内配套人民币210万元，外汇部分由美方提供86万元（设备折款），用产品返销偿还。1994年，全年引进外资项目3个，合同利用外资150万美元，实际到位43万美元。全年“三资”企业创汇达400万美元。外资项目累计达到15个，合同利用外资1594万美元，实际利用275万美元。1995年，全县引进利用外资项目2个，合同利用外资181万美元，实际到位241万美元。至年底，累计批准“三资”企业项目17个，合同外资金额1775万美元，实际到位519万美元，“三资”企业全年出口创汇510万美元。该年，先后达成利用外资意向协议10余个，签订一批出口供货协议，如县皮鞋厂与台湾成福鞋业有限公司合资生产羊皮鞋项目，总投资100万美元；县凌云商厦与香港亚洲企业联合投资发展公司合资经营商场项目，总投资320万美元；单县畜禽有限公司与英国樱桃畜牧公司补偿贸易项目，期限10年，补偿金额777万英磅；县工商联与台湾天梓企业有限公司合资生产棉针织手套项目，外商投入26万美元；县印刷厂与香港乾盛实业公司合资250万元塑料彩印项目。菏泽牡丹花会期间，签订引进外资合同2份，其中，县电磁线厂与韩国宇昶产业株式会社合资生产电缆用“热缩套管”项目，当场颁发了批准证书；县电磁线厂与韩国安全自动车工业社合资兴建的菏泽鲁安皮革制品有限公司项目，总投资250万美元。1996年，新批准“三资”企业1家，合同外资14.4万美元，外资实际投入150万美元。1998年4月22—26日菏泽牡丹花会对外经贸洽谈会期间，签订利用外资合同2项，合同外资额266万美元；签订利用外资协议9项，协议外资额383万美元；达成合作意向8项；签订出口商品合同贸易额180万元。1999年1—8月，合同利用外资1665万美元，实际利用外资300万美元，县外经委被评为1999年度全区利用外资工作先进单位。2005年，合同利用外资2415万美元，实际到位外资792万美元，居全市第一位。2010年，合同利用外资4142万美元，实际利用外资75万美元。2001—2010年，合同利用外资总额24154万美元，实际使用外资总额12195万美元。

第九编

名优特色产品

名优特色产品

单县物产丰富，名优特色产品较多。单县羊肉汤，以其独特的风味闻名全国，被誉为“天下第一汤”。单县青山羊、青山羊板皮、滑子皮、羊肠线闻名国内外，一直是单县的重要出口产品。小磨香油、红薯粉条、吊炉烧饼、油酥火烧、兴隆糕点、黄岗馓子、丁万庄狗肉、民间三品等一直是单县的名产、名吃。

新中国成立后，随着工业生产的发展，工业类名优产品不断增多。至1988年，相继有“湖西”牌麻袋、精炼棉籽油、湖西陈曲、21支纯棉纱、“鲁波”牌QS型湿式潜水电泵、“白鸥”牌4514B玻璃纤维涂塑窗纱、纯棉平布等产品被评为部优或省优产品；莱河老窖酒、FA801双面摇纱机、“湖西”牌陶瓷砂轮等产品被评为地区级优良产品。至1994年，单县获部优、省优、地优或国际金奖的工业产品达到49种。至2010年，境内名牌产品主要有“尚舜”牌橡胶促进剂、“四君子”牌白酒、“湖西王”牌推力轴承、“百寿坊”牌固体羊肉汤等；地方特色产品主要有西红柿、罗汉参、双孢菇、红薯粉条、彩蛋等。

第一章　特色与名牌产品

第一节　特色产品

青山羊　单县是优良品种青山羊的产地。因其具有“四青一黑”（毛、蹄、角、嘴青色，前膝黑色）的特点，故名青山羊。其皮柔韧，毛细密，颜色协调而有光泽，初生羔毛有波浪、流云等美丽花型。以毛色青、白混生比例不同，分为正青、粉青、铁青3种。所产滑皮、板皮深受外商欢迎，是单县传统出口物资。其肉质好、味美、宜作汤菜，是单县名吃“羊肉汤”的基本原料。羊的小肠可以制作羊肠线，是医用缝合线、球拍弦的主要原料。1986年后，单县青山羊逐渐由家庭散养转向规模化、专业化饲养，管理由粗放经营逐渐走向科学化、良种化。至2010年，境内山羊存栏量达177万只，年出栏量334万只。

1986年，单县被山东省确定为“山羊板皮出口基地县”，1996年被列为“国家秸秆养羊示范县”，1997年8月，被中国特产评审委员会命名为“中国青山羊之乡”。

单县青山羊产品主要有山羊绒、肠衣、猾子皮、肉制品等。毛皮制品是世界著名的三大毛皮品种之一，山羊皮、猾子皮是单县传统的出口商品。单县青山羊猾子皮毛色好、光润，又有美丽的花纹，而且面积大、弹性强、质量好、销路广，在国际市场上倍受青睐，在对外贸易中经久不衰。以单县为中心的周边地区是青猾皮的中心产区，每年产青猾皮300万张。出口东南亚、欧美等国家和地区每年150万张。单县康利达医用制品有限公司（原单县文体用品厂）生产的可吸收性医用缝合线，采用地产青山羊优质肠衣制作而成，属高科技产品，其光洁度、均匀度、断裂强力、线体洁净度及吸收期等各项技术指标均优于国家标准，产品大部分出口。

单县羊肉，加工历史悠久，已成为规模较大的产业，以琴台肉食品加工厂、凤翔集团为龙头，形成产业群。单县青山羊系列肉制品，除供加工生产单县羊肉汤外，还开发出羊肉脯、肉干、脂肉、青酱羊、无膻羊肉发酵香肠、冰鲜羊肉、五香酱羊肉、快餐全羊、快餐单县羊肉汤等十多种制品，并将微波干燥制熟工艺、真空软包装生产技术等国际上最先进的技术应用于羊肉干、肉松、肉脯等系列产品的生产。

西红柿 境内种植西红柿历史悠久，栽培经验丰富。20世纪七八十年代，单城镇赵花园村民任忠宽等在多年试验摸索的基础上，率先试种成功双季无籽西红柿。其特点是果大、肉多、早熟、无籽、高产。后发展到一年五种五收。据营养学家鉴定，单县无籽西红柿色鲜味美，营养丰富，不仅含有大量维生素和钙、铁、硫、磷、钠、镁等多种矿物质，还含有丰富的有机酸（苹果酸、柠檬酸、胺基酸），既可生吃，又可熟食；既可以作为水果、零食，又可以加工成餐桌上的佳肴。经常食用可以满足人体对维生素和钙、磷等矿物质的需求，还能调节肠胃功能，有助于消化、增进食欲。1982年，中共中央总书记胡耀邦视察单县时，赞扬“单县双季无籽西红柿”，并称赞任忠宽为“西红柿大王”。《人民日报》等多家媒体予以报导，从此单县西红柿享誉全国，畅销国内各地。1996年3月，单县被命名为“中国西红柿之乡”。2010年，全县西红柿种植面积1933.33公顷，亩产4281公斤，总产12.25万吨，主要分布在北城街道及周边乡镇。

西红柿

罗汉参 原名香芋，又名地栗子，豆科类植物，是单县具有数百年栽培历史的稀有名贵特产。它喜欢沙质土壤，怕雨涝，春种秋收。食用部分为地下生长的球形根块，营养丰富，清甜芬芳，风味独特。含有大量的淀粉、蛋白质、糖及多种维生素。可蒸或煮熟揭皮食用，亦可蜜饯、拔丝、糖溜或加工成罐头。新中国成立前，只有富贵官宦人家食用，一般人家很少品尝。1956年前，只有单城西北部的吴大楼、徐花园、孙草庙、三官庙、樊庄等十几个村庄种植，面积不过百亩。由于该植物比较娇气，且产量低、难管理，至1961年，境内濒临绝迹。1962年后，城关公社黄小楼村（现属南城街道）村民袁福君又开始试种。1986年后，为挽救这一稀有名贵特产，县拨出资金予以开发。市（地）、省和国家农业科技部门相继多次拨付资金支持，境内先后建起罗汉参开发有限公司、罗汉参产业协会、罗汉参专业生产合作社。通过对原品种进行不断改良，研发出产量高、品质好、抗病强的新品种“华福二号”。袁福君编写的《罗汉参高产栽培方法》，获市科技局2007年科技进步成果奖，2008年，获国家发明专利。至2010年，境内罗汉参种植面积60多公顷，平均亩产250公斤。罗汉参先后被评为“菏泽十大名吃”“山东名优产品”“单县三宝”（羊肉汤、西红柿、罗汉参）之一和“国家地理标志保护产品”，注册了“华福牌”商标。盒装“华福”牌罗汉参，已成为人们外出探亲访友、礼尚往来的珍贵礼品。

罗汉参

银杏 20世纪80年代，高老家乡韦洼村村民率先种植银杏，带动全乡及周边地域，形成银杏经济林带。1998年，韦洼村村民投资50万元建起银杏茶厂，年加工销售银杏茶叶120余吨。

2000年后，境内行道绿化时有少量栽植。2010年，高老家乡银杏种植面积121.67公顷，年产银杏茶180吨。

玫瑰　境内有140多年的栽培历史。主要栽植品种为中华玫瑰，其品优、色艳、花大、瓣厚、香味浓、含油多，是制作玫瑰油、玫瑰酒、玫瑰酱、玫瑰汽水的上等材料。1986年后，随着黄河故道开发，玫瑰种植发展到万余亩，是全国重点玫瑰产区之一，主要分布在浮岗、高韦庄、曹庄、莱河等乡镇。每年5月玫瑰花期，上海、天津、河南、河北的客商云集单县，观赏收购玫瑰。至2010年，高韦庄、浮岗等乡镇和农户先后投资兴建玫瑰加工厂，生产玫瑰油等产品，提高经济效益。

樱桃　单县的特色水果之一，因成熟期早，享有早春第一果的美誉。单县樱桃种植主要集中在高韦庄镇袁瓦房村一带。2010年，该镇樱桃产量279吨，占全县樱桃总产量的99.64%。

樱桃

双孢菇　单县的特色食用菌类之一。2007年，山东立兴罐头食品有限公司在郭村镇投资700余万元，兴建4.67公顷的双孢菇生产示范基地，总生产面积3.5万平方米，年产量1600多吨，产值1100多万元。并逐步向杨庙、张宅、万庄等村扩展。2010年，该镇双孢菇栽培面积5.4万平方米，年产值2000多万元。

辣椒　时楼镇是远近闻名的辣椒种植之乡，2001年前，年栽培面积1000公顷以上。辣椒加工企业主要有八小庄村单县时楼庆奥酱菜厂、单县乡旮旯食品加工厂等，年产值100多万元，实现利税20多万元，产品销售周边省、县。其生产的油浸酱辣椒选料精细，腌制工艺考究。加工方法为选用初霜后的辣椒，配以优质酱油、香油、糖、生姜及多种原料，精心腌制而成。具有香、辣、脆、甜等特点，辣度适中，爽口宜人，富含多种维生素及微量元素，长期食用，可开胃健脾、增进食欲，是佐餐进食佳品。2010年，时楼镇辣椒获菏泽国际牡丹花会地方名吃最佳品牌。

时楼镇酱辣椒

红薯粉条　以红薯淀粉为原料，富含碳水化合物、膳食纤维、蛋白质、烟酸和钙、镁，有良好的附味性，它能吸收各种鲜美汤料的味道，再加上粉条本身的柔润嫩滑，更加爽口宜人。单县南城街道的权楼行政村、蔡堂镇朱高台子行政村，以生产加工粉条闻名，制作的粉条以丝条均匀、口感柔韧、耐嚼劲道和耐煮畅销全国各地。2010年，南城街道权楼行政村有粉条生产及冷藏设备300余台（套），粉条生产企业及专业户120余家，从业人员600余人，年产粉条1050吨，产值360万元。

彩蛋　在禽鸟类蛋壳上采用涂色、绘画、雕刻等艺术手段制成的民间工艺品，主要分为水墨画、滴晶、图纹、刻制、浮雕、剪贴、浑蛋等七

彩蛋

四君子酒

大类。起初，人们只是用颜料在蛋壳上绘制简单的图案供幼童玩耍，后来，民间艺术家受此启发在蛋壳上面展示艺术技艺，使蛋壳彩绘艺术有所提高。20世纪六七十年代，一些工艺品生产厂家开始挖掘整理民间彩蛋制作工艺，并进一步研制、开发、生产彩蛋，作为商品流向国内外市场。2010年，境内彩蛋生产企业有单县华民工艺品有限公司和单县工艺品有限公司。其中单县华民工艺品有限公司生产的彩蛋及圣诞玩具出口创汇百万美元。

单县工艺品有限公司 原为单县城关街道工艺美术社，1974年3月成立，主要生产玻璃盒双立彩蛋，单平蛋等。1976年转为县集体企业，更名为单县工艺美术厂。1980年在单城南建新厂，占地面积7326平方米，建筑面积1545平方米。1981年更名为单县工艺美术总厂。1999年，注册成立单县工艺品有限公司。主要生产圣诞礼品、复活节彩蛋、情人节礼品等种类60余个品种，年产值200多万元，产品出口到美国、德国、意大利、英国、荷兰、波兰等国家。

第二节 名牌产品

四君子酒 山东四君子集团有限公司生产。唐天宝年间，著名诗人李白、杜甫、高适、陶沔联袂登单县古迹半月台，饮酒赋诗，乐而忘返，留下诸多脍炙人口的诗篇，被后人誉为“四君子”。四君子酒由此而得名。四君子酒无色被评为中国知名品牌，首届中国林产品交易会接待专用酒，2005年，被评为中国消费者基金会消费者满意品牌、中国历史文化名酒、山东省名牌产品。2007年，“四君子”商标被评为“中国驰名商标”。

“尚舜”牌橡胶促进剂 山东省单县化工有限公司研发生产，产品主要有橡胶促进剂M、DM、CBS、NS、TMTD、D、DZ，橡胶硫化剂不溶性硫黄，橡胶预分散体，橡胶防老剂4020，橡胶防老剂中间体RT培司等5大系列十几个橡胶助剂品种。1996年，公司获菏泽市“出口商品质量信得过单位”。2000年，产品通过ISO 9000标准认证。2004年，“尚舜”牌系列橡胶促进剂产品被评为山东名牌产品。2005年，“尚舜”牌商标被评为山东省著名商标。2010年，“尚舜”牌橡胶助剂通过中国橡胶工业协会的质量授信，成为行业内首批通过授信的产品。该年，公司总产量达5.36万吨，实现销售收入10.86亿元。“尚舜”牌产品除占据国内大多数大型轮胎企业市场外，出口量占整个销售收入的50%，产品远销世界30多个国家和地区，与全球排名前75强的大型橡胶轮胎企业中的70家企业建立了供货关系。

“湖西王”牌推力球轴承 由山东湖西王集团有限公司生产。该产品广泛用于汽车、电机、机床、工程机械等领域。共有三大系列、300余种规格型号，其中“8”类型轴承产销量居全国同行业第一位。2009年，被山东省名牌

“52”系列轴承

“百寿坊”牌固体羊肉汤

产品推荐委员会评为山东省名牌产品。通过四项省级成果鉴定，其中，国际先进一项，国内领先3项。拥有专利9项，其中，发明专利1项。产品与美国伊顿、北汽福田、金杯汽车、义和汽车、时风集团、临工集团等60余家大中型企业配套，并出口美国、日本、韩国、欧洲等国家和地区。

“百寿坊”牌单县固体羊肉汤　山东（单县）百寿坊食品有限公司1999年研制成功，投入生产，并获得国家专利。该产品分全味羊肉汤（白汤）和家常羊肉汤（红汤）两种，食用时只需每份兑入500毫升的开水，稍停即可食用，色、香、味均保持单县羊肉汤的传统风味，又方便携带。常温下保质期12个月。2007年后，先后被评为“山东省名牌产品”“中国名牌产品”“中华著名特产”。

第二章　地方名吃

第一节　单县羊肉汤

单县羊肉汤已有200多年的历史，因色香味俱佳，可口宜人，营养价值高而长盛不衰，享誉四方，成为单县饮食业一大骄傲。

单县羊肉汤呈白色乳状，鲜洁清香，不腥不膻，不粘不腻，独具特色。单县羊肉汤名目繁多，品种各异。肥的油泛脂溢，瘦的白中透红。天花汤健脑明目，适合老年人和神经衰弱者食用；口条汤壮身补血，最宜病愈大补；肚丝汤可细嚼慢饮，眼窝汤肉烂如泥，奶渣汤沙酥带甜，还有马蜂窝汤、三孔桥汤、腰花汤、肺叶汤、肥瘦汤等70多种，皆风味独特，各具其妙。

单县羊肉汤选料和烧制极其讲究，它选用本地产2～4年的肥青山羊为主要原料。尤其是单县东南大沙河两岸的“骟羯”（去势公山羊）“蒙羊”（没下过崽的母山羊）最佳。主要制作过程是先将25公斤冷水添入锅内，水响后加入羊的全身骨架垫底，再放入12.5公斤～15公斤鲜羊肉和各种羊杂（羊杂下锅前须分别用开水汆），然后用大火烧开。去血沫后，再加入冷水5公斤，开锅后撇去浮沫，再用1.5公斤羊网油覆盖在羊肉上面，片刻再撇去一次血沫，尔后将佐料（白

三義春传承人窦桂明熬制羊肉汤

芷3两、桂皮1两、草果半两、良姜1两及陈皮、杏仁等20余种）下锅，熬40分钟～60分钟即可。盛碗时加少许香油、桂子、丁香面、香菜、蒜苗沫即可食用。

此外，烧制时锅内羊肉汤除保持沸腾外，还有两条关键：一是要大火急攻使羊油融化，后与水互相撞击，达到水脂交融才能成乳状。如火候达不到，则水是水，油是油，水下而油上。凡熬制好的羊肉汤，勺子在锅里打个花，往下一舀，朝桌面一滴即凝成油块。

《本草纲目》记载：羊肉亦菜亦汤有补身之功效。单县羊肉汤配以水壮馍，被收入中国菜谱。

单县羊肉汤始创于1807年。初由徐桂立、曹西胜、朱克勋三人开设“三义和汤馆”。1939年，三家分裂。由于徐桂立制作精细，投料要求严格，再加上徐家弟子不断改进，他家的羊肉汤汁色鲜美可口，在竞争中占了上风，远近驰名，慢慢成了单县羊肉汤的正宗。

1951年，周永歧、吕运法、窦宝德三人在单县刘隅首开办“三义春羊肉汤馆”，又使单县羊肉汤发扬光大，得以多方位延续。

周永歧是徐家的徒弟，他13岁就学制“单县羊肉汤”，手艺不断提高。周永歧又先后培养王德田、刘允魁、韩令臣、谢成礼、毛献文等正式徒弟，为单县羊肉汤的发展做出了贡献。

单县羊肉汤色香味具佳，在国内享有盛誉，党和国家领导人胡锦涛、胡耀邦、刘伯承、陈毅、杨得志等到单县，单县人民都以羊肉汤招待。1986年，“三義春”羊肉汤在全国餐饮大赛中获优秀奖，被商业部全国餐饮大赛展评委员会收录《中国名菜谱》中；1997年10月、2006年7月，先后被山东省贸易厅、山东省贸易委员会命名为“山东名小吃”；2008年7月，被中国食文化研究会命名为“中国饮食文化特色精品”；2009年12月，被中国名牌产品培育委员会、中国名牌产品统计中心命名为“中华名吃”；2010年7月，被中国诚信调查工作委员会、中国产品质量安全监督中心命名为“中国著名品牌”。

第二节 面食 糕点 肉食

吊炉烧饼 单县传统名吃之一，因其用具、做工、造型、口味与其他面食不同而享誉四方。吊炉烧饼始创于20世纪初，已有百余年历史。一般制作烧饼是烧饼在上面，炭火在下面烤。而

吊炉烧饼

吊炉则是烧饼在下面，炭火在上面烤。制作时先用炭火将炉烤热，用杠杆将火炉吊起，然后将烧饼放入烤炉，上烤下烘而成。吊炉烧饼外观呈圆形，比一般烧饼直径小，选料讲究，用精白粉、精选食用油、核桃、花生仁、肉丁、芝麻及各种佐料精制而成。因制作精良，用料考究，外酥里嫩，香酥可口，外形美观，深受大众喜爱。单县吊炉烧饼，以县城徐家、段家的最好。

油酥火烧　单县传统名吃之一，是一种多层合成的圆形面食。其做法是将和好的面（不发酵）擀成薄饼，抹上香油、葱花、佐料，再卷起，用手按扁成圆形，放在鏊子上烙至半熟，再放入炉内烤焦而成。火烧外焦里嫩，香酥可口，别具风味。

油酥火烧

水煎包　单县名吃之一，分荤素两种。荤馅包，以羊肉泥为主馅，配以各种辅料，包成月牙形。

水煎包

素馅包，用韭菜、鸡蛋、豆腐片调馅，包成椭圆形。荤素两种包子，都是用发酵的面做皮。包好馇后，摆在平底锅内，浇上水糊，用火烧开熬干后，加上香油煎成，外表油光发亮，入口焦香酥软。单城张家煎包、浮岗镇李新集煎包较有名。

馓子　单县传统名吃之一，尤其是黄岗生产的馓子久负盛名。它以盐水和面，然后沾油搓成环形细条盘于盆中，并逐层加油防粘连。待油烧至五成热时，一人一手将“醒”好的面坯从一头拉出，缠绕在另一手的食指和中指之上；另一人用苇杆将馓子坯取下，慢慢拉长至12厘米～15厘米，放入油锅中适当摆动，稍炸后，将苇杆抽出按压馓坯中间，使之成瓦状，待色泽金黄时捞出即成。馓子造型美观，酥脆可口，直接食用、泡食均可，尤以佐粥为佳，可作早点食用。

黄岗馓子

王家糖糕　糖糕一般以白面做皮，包入糖馅，放在油锅中炸焦出锅即成。单县西城河外刘胡同

糖糕

的王家糖糕则选用具有黏性、甜味及过油后起泡效果较好的黍子面做皮。制作方法：先用滚开水烫面，再上笼蒸，晾凉后盘揉成“熟面”。糕馅以大枣为主。选用本地产的上等圆红大枣，去核，煮熟，滤去渣皮，捣成“枣泥”，掺入玫瑰酱，滴上几滴姜汁、香精或加入少许红砂糖，调匀。待油温适中，逐个适量放入糕坯，炸至层层起“泡”，颜色焦黄时捞出即可。王家糖糕色泽鲜美，玲珑剔透，香酥可口，久负盛名。

“兴隆”回民糕点　新中国成立前后，单县的“恒隆”糕点以形状美观，制作精细，味道香甜，营养丰富而驰名县内外。

1978 年改革开放后，西关马家办起“兴隆”回民糕点厂，他们聘请当年“恒隆”的老师傅，继承“恒隆”糕点传统工艺，其产品仍具“恒隆”糕点的特点和风味。

“兴隆”回民糕点有 20 多个品种。除一些传统糕点之外，还研制一些“特产型”糕点。像“兴隆”的桂花酥，如果拆开纸包，轻轻一放，就会粉碎。它的特点是清香爽口，无渣酥化，有助消化。

兴隆回民糕点

单县传统的“大三刀”，经过“兴隆”师傅的研发，使用独特配方、配料，加之精细的制作工艺，其口味更加沙浓、酥香，放置一段时间也不会变质变样。“蜂糕”更是家喻户晓。“兴隆”的蜂糕向顾客承诺，用开水一沏就化，成为地道的“蜂糕饮料”，特别适宜老年人饮用。另外，“梅花饼”“莲花饼”也颇具特色，外形美观大方，色彩鲜艳夺目，见之就会使人垂涎欲滴。

“兴隆”回民糕点，已成为单城人的一道美食。一些外地人到单县探亲访友、旅游观光，都乐意带点“兴隆”回民糕点回去。其产品已远销福建、北京、青岛、黑龙江等地。

浆皮月饼　又名提浆月饼。由原单县城关供销社糕点厂创制生产。其产品选用精白粉、绵细白糖、高级植物油、桂花酱、小磨香油等主料，配以橘饼、瓜子、青红丝作辅料，精工制作而成。产品外形饱满，色泽金黄有光，皮馅丰满相贴，味道酥松甜美，形色味恰到好处，在鲁西南及周边地区享有颇高的声誉。该产品 1985 年和 1990 年分别被山东省供销系统评为优良产品。

浆皮月饼

酥皮月饼　也叫水饼。由原单县城关供销社糕点厂创制生产。它以精富强粉、上等白砂糖、高级植物油、饴糖、玫瑰酱为主要原料，辅以芝麻、花生仁、橘饼等，经过合皮、擦酥、配芯、包馅成型烘烤等工序精做而成。成品外形圆正如鼓、起酥层次分明，皮薄馅厚，味美纯正。1985 年被

酥皮月饼

山东省供销社评为优良产品。1990 年被商业部授予优质产品称号。

麻片　也叫焦切，境内生产历史悠久。选用优质白芝麻、绵白糖、饴糖等多种原料，采用传统工艺——芝麻去皮、熬浆、上浆、压片、切片等工序精制而成。该产品薄如白纸，洁晶透明，香酥可口，脆而不黏，回味悠长。营养丰富，有润肺、养胃之功能。

麻片

蜜三刀　县供销社食品厂生产的蜜三刀，以精白粉、植物油、精制白糖、纯净蜂蜜、桂花、芝麻等为原料，采用传统工艺精工制作而成，该产品呈长方形，中间有两道刀痕，表面棕黄色，挂浆和粘附芝麻均匀，有光泽，内部组织炸得透，上浆足，呈半透明状，不粘不板，食之香甜可口，

蜜三刀

酥脆不腻，芝麻桂花香味适中。

浮岗镇李新集烧鸡　传统名吃，肉嫩松软，熟烂脱骨。美味里外一致，清香爽口，久负盛名。其中，以石家烧鸡为最，石家制作烧鸡的手艺世代相传，已有百年历史。

在制作上首选健康的当年小公鸡，加工成白条鸡，盘好凉透，涂上蜂蜜，放入油锅烹炸，待鸡呈金黄时捞出放入另一锅内，倒入老汤，佐以按比例配制的香料以及适当的水、盐等。先以旺火煮，再以文火焖，起锅后即为成品。

谢集镇丁万庄村“丁四”狗肉　该村狗肉制作历史悠久，早在清雍正年间（1723—1735），丁万庄村村民便开始屠宰和加工熟食，已有近 300 年的历史。主要屠宰和加工牛、驴和狗肉，尤以狗肉为最佳。相传乾隆年间（1736—1795），一钦差大臣南巡回京，途经阜县，品尝了丁万庄村的狗肉后便捎带一只熟狗肉献给皇

丁四狗肉

上，乾隆品尝后龙颜大喜，赞曰："此乃天犬也"。从此遂成贡品。

狗肉烹煮前要经过腌制，再配以名贵中草药进行烹煮。烹煮中必须掌握准火候，急火和文火恰当运用。其功能不仅营养丰富，且有宽中和胃、滋阴壮阳、消石化水、强筋健体之功效。

近年来，该村村民"丁四"（丁书钦）在传统配方和工艺的基础上，通过技术改进，制出风味更独特的"无硝狗肉"，香浓味美、色泽鲜艳、透熟而不腻。2008 年被单县工商局评为地方名吃。

陶家红油羊肉　陶家红油羊肉起源于清朝同治九年（1870），为当时陶家大掌柜陶新荣采用食疗方式给母亲治病在自己的饭庄的创作的菜肴，至今已传承四代。陶家红油羊肉主料是单县老青山羊的羊肉及羊油、辣椒，配制香料有花椒、丁香、白芷、白蔻、草果等十几种。制作方法：1、把羊肉分割成大块，放入清水中浸泡；2、将羊肉放进开水锅内，大火烧开去浮沫，然后下佐料，改中火煮羊肉至八成熟捞出，去骨头、改刀，放葱、蒜苗、红羊油出锅。陶家红油羊肉选用纯天然香料为佐料，色泽鲜艳，味道纯正，既是营养丰富的美食，又有药膳的功效。

陶家红油羊肉

第三节　民间传统三品

腊肉　因多在腊月（农历十二月）制作，故称腊肉。制作方法：选用猪肥膘肉切成大块，入开水中煮至八成熟捞出，撒上适量细盐，码放到坛内腌制月余即可。食用时，切成薄片，蘸上鸡蛋面糊，放在平底锅内用油煎。煎得外皮焦脆黄亮，里边的肉片浸出油来，即可食用。

煎腊肉

家常红椒羊肉汤　其做法是将清水泡过的羊肉，逐块放入开水锅内，待水再开后撇去浮沫，加入佐料，同时将洗净去蒂籽的大红辣椒入锅同煮。待羊油、辣椒煮好，一同捞出，用刀剁成碎浆备用。羊肉煮熟后捞出，去骨，切成薄片，与剁好的羊油一并放入锅内，煮到油化即可。也可将煮好的辣椒和生羊油一同放入绞肉机内，将辣椒和羊油绞成细泥，味道更好。

黏面团子　面皮用发酵好的黍子米面，馅是由煮熟的大枣、豇豆、红小豆、地瓜等捣制而成，也可放少许红糖、玫瑰酱等用来调味。包制方法：将面揪剂擀成饼皮，包上馅，上锅蒸熟即可。新团子存放一定时间，待其"后熟"之后更好吃。如将"后熟"的团子放在暗火中烧，待焦黄时，吃起来又焦、又香、又甜、又沙。黏面团子存放时间长，腊月做的团子，吃到来年二月二，不仅不坏，味道反而更好。

第十编

开发区

开发区

2004年3月，县委、县政府以国营单县园艺场为基础设立单县经济开发区。开发区东至东环路、西至君子路、南至学院路、北至北环路，东沟河自西南向东北贯穿全境，境域面积24平方公里。2006年，单县经济开发区升格为省级经济开发区。至2010年，开发区面积扩大到34.3平方公里，入区项目189个，其中过亿元项目78个，完成投资153.8亿元，形成“一心、三园、一长廊”的“集人居生活、医疗教育、商贸物流、工业园区为一体”的布局。开发区项目承载能力进一步提高，招商引资环境得到优化。工业总产值、固定资产投资和财政收入等主要经济指标年均保持40%左右的增长速度，2010年，实现工业产品销售收入173亿元，工业增加值45.6亿元，完成财政收入7.7亿元。

2008年10月，设立浮龙湖生态旅游经济开发区。南部以黄河故道及鲁豫省界为界，东部以单虞公路为界，北部以黄岗—浮岗—高韦庄公路为界，西部以聂傅庄—王许庄公路为界，将浮岗镇南部、黄岗镇西部、高韦庄镇东部的镇域纳入，开发区总面积76.2平方公里，其中，水域面积21平方公里。系集观光游览、休闲娱乐、运动健身和文化教育多种功能为一体的综合性旅游度假区。2010年，被市环保局、市文明办评为市级“绿色社区”；被中国城乡小康发展促进中心命名为“小康影视浮龙湖基地”。

第一章 单县经济开发区

第一节 规划和基础设施建设

规划 按照单县城市规划和土地利用总体规划，完善开发区“一心三园一长廊”（一心，即行政商业服务中心；三园，即高新技术产业园、农副产品加工园、油煤化工园；一长廊，即东沟河绿色长廊）的总体规划和控制性详规，区内规划紧紧围绕重点发展新能源和节能环保新兴产业这一目标，着力打造新能源、农副产品深加工和油煤化工三大产业基地，形成基地引领、集群跟进、项目支撑的新型工业化格局。开发区总体规划布局为：南部形成新能源产业基地；中部形成农产品加工产业基地；北部形成油煤化工产业基地。入区项目按照产业布局规划，向三大产业基地集中，实现产业聚集。

基础设施建设 2004年，投资2000多万元，铺筑单父路（现舜师路）开发区段、创新路中段、樊楼路，全长12.9公里，面积16.5万平方米；投资150多万元，安装路灯300余盏；投资800多万元，完成东沟河拓宽清淤、电网改造和通讯设施建设。2005年，投入2.4亿元，打通铺筑行政路、孟渚路、滨河路、创新路、兴元路东段、向阳路东段、南樊路、南环路段8条道路，全长21.57公里，铺油面积47.8万平方米；完成平乐路（即君子路）二步灰土工程，全长6.1公里，铺筑面积18.3万平方米；完善单父路供排水、路沿石、绿化配套等设施建设；安装路灯260盏；完成孟渚大桥主体工程建设。新建3.5万伏变电站1座；对区内22万伏变电站进行增容扩建；完成八里河变电站至单父路的11万伏供电线路、八里河变电站至李新庄的3.5万伏供电线路以及区内单帅线路改迁工程；埋设单父路、胜利路段有线电视、宽带、网通等信息设施。2006年，投入1.2亿元，先后铺筑南环路东段、向阳路西段、徐楼北路、北园东路等4条道路，完成平乐路水稳和铺油工程，全长9公里，铺油面积23万平方米；对创新路、南园路、园艺路、南环路等主要干道相继进行供排水、绿化、亮化、硬化等配套设施建设，安装路灯200余盏，区内路灯全部通电运行；向阳路大桥、平乐路大桥和北园大桥建成通车；相继完成供电线路改迁和架设工程，共架设线路12公里；埋设有线电视、宽带、网通等公共线路管道8000米。同年，开发区南扩2平方公里后，投资2000万元，完成新扩区内的天元路、天使路、天舜路的水稳、铺油工程和配套设施建设。2007年，投资3500万元，进一步完善道路的供排水、绿化亮化、天然气等设施建设。2008年，投资9000万元，完成对开山公园景区的绿化和亮化工程，农副产品加工区内五处交通安全警示工程和创新路南端11万伏变电站建设，完善园艺路南端设施配套、园内高压线路、广电和电信设施建设，并修建了丽阳路。同年，东沟河绿色生态景观长廊建成使用。2009年，湖西人民广场竣工使用；投资1000余万元，实施向阳路张溜段贯通工程。2010年，东沟河治理工程基本完工，全年共完成土方70万立方米、绿化面积25万平方米；投资2200万元，完成北环路提升改造，伟创路至天元路两路贯通，北园路东段贯通，平原路广场建设和东外环升级改造工程。至年底，开发区建成“六纵八横”柏油路交通网络；有1座22万伏、4座11万伏变电站，电力充足；通讯和广电网络全区覆盖；污水处理厂、供水处理厂正式运行；天然气管道、供暖供热管道均已畅通运营，逐步向各住宅区辐射；区内实现“七通一平”（即通给水、通排水、通电、通讯、通路、通燃气、通热力以及场地平整）；湖西大厦、东大医院、菏泽家政职业学院、一中新校等相继建成并投入使用；开山公园、东沟河绿色生态景观长廊、生态公园等相继建成。

东沟河

第二节　区内企业

2004年，开工建设项目28个，合同投资14.1亿元，完成固定资产投资3.8亿元；签约待建项目12个，合同投资8.1亿元。其中，过亿元的项目有龙瑞置业、龙基发电、奋航钢材、化工工业园、四君子工业园、香港复合肥、宁波纺织品等7个，过千万元的27个。招商引资实现较大突破。2005年，为开发区“项目建设年”，新入区项目76个，其中，过亿元的项目有泰信纺织、华荣纺织材料、尚舜工业园等15个，过千万元的项目有嘉林华服饰、宇航纺织、豪泰木业、天一橡胶等60个。奋航钢材、糠醛制品、百寿坊食品、宇航纺织等一批项目相继建成投产。同年，区内共有入驻项目135个，新增固定资产投资22.2亿元，其中，在建项目87个，固定资产投资 11.3 亿元；投产项目 48 个，技改、扩建等固定资产投资 10.9 亿元。2006 年，举全县之力建设开发区的氛围已形成。15 个乡镇、5 个县直部门陆续为开发区引进的项目有裕源纺织、蓝天果蔬、飞跃物流等 40 个。2007 年，新入区项目 60 个，其中，过亿元的项目有奇峰纺织、宁丰木业、蓝天造纸等 15 个，过 3000 万元的项目有天汇纺织、开山大酒店、豪派服装等 45 个，新增固定资产投资 30 亿元。2008 年，22 个乡镇（街道）和县直重点招商单位陆续为开发区引进项目 50 个，其中，过亿元的项目 20 个，过 3000 万元的项目 30 个，新增固定资产投资 26 亿元。投资 64 亿元的舜亦新能源、投资 25 亿元的天元工业园、投资 20 亿元的宇泰光电、投资 12 亿元的晟天太阳能工业园等大项目正式建设。2009 年，乡镇（街道）和县直单位陆续为开发区引进项目 54 个，其中，过 10 亿元的项目 2 个，过亿元项目 35 个，合同投资 76.03 亿元。2010 年，新入区过亿元工业项目 35 个，其中，过 10 亿元的项目 8 个，合同投资计 160.18 亿元。舜亦新能源、宇泰光电、天元工业园、湖西铸造、尚舜化工二期扩产、鲁纱纺织等重点项目已投产或试产；深圳工业城、皓宇服装、鑫泽铜业等重点在建项目建设进展顺利。同年，全区实现工业产品销售收入 173 亿元，工业增加值 45.6 亿元，完成财政收入 7.7 亿元，初步形成新能源、农副产品加工和油煤化工三大主导产业，成为县域经济发展的隆起带和增长极。

签约仪式　　2007 年 8 月摄影

第三节　园　区

产业基地　*新能源产业基地*　位于开发区南部，主要有山东舜亦新能源有限公司、菏泽昌佳车业有限公司、单县天元生物热电厂、单县晟天太阳能工业园等高新技术企业，依托舜亦新能源、宇泰光电、国能生物发电、昌佳车业等企业或项目，培植新能源产业群。

农副产品加工产业基地　位于开发区中部，主要有山东四君子集团有限公司、菏泽市宁丰木业有限公司、单县六和饲料有限公司、山东瑞方食品有限公司、菏泽华英禽业有限公司、深圳振鹏达食品有限公司、菏泽蓝天果蔬有限公司、山东舜邦生物科技有限公司、山东泰信纺织有限公司、单县鲁纱纺织有限公司、菏泽圣源丝制品有限公司等企业。依托华英禽业等企业，重点发展肉鸭种鸭、孵化、饲料、养殖、宰杀、熟食"一条龙"生产，打造全国著名的肉鸭养殖、加工、销售产业基地。

油煤化工产业基地　位于开发区北部，主要有山东湖西王集团有限公司、山东鑫泽铜业有限公司、山东源润石油化工有限公司、山东北方明星轴承有限公司、单县亚威纸板纸箱有限公司等企业，依托源润石化等项目，培植油煤化工产业；依托湖西王集团、明星轴承等企业，培植机电设备制造产业；依托亚威纸板、鑫泽铜业等企业，培植循环经济产业。

商贸物流　主要有义乌商品城、飞跃物流、鲁能超市环亚（开发区）店、淮海商贸城、湖西商业广场、湖西商务中心、家佳美家具批发市场、府东商城。

住宅小区　主要有东方国际新城、舜和雅苑、舜师名园、淮海现代城、上海花苑、阳光嘉园、东大佳苑、御景园。

风景区　主要有开山公园、湖西生态园、东沟河绿色生态景观长廊、湖西人民广场、玉泽湖

湖西人民广场、湖西财富广场夜景

风景区。

文化教育 主要有菏泽家政学院、单县一中（开发区校区）、单县职业技术培训中心、单县龙翔中学、开发区实验中学、开发区实验小学、开发区幼儿园。

医疗卫生 东大医院、现代医院。

商务服务 湖西大厦、单县人民法院、单县人民检察院、单县民政局、单县工商管理局、单县供电公司、单县行政审批中心大厅、单县人力资源市场、单县老年公寓、幵山公园大酒店。

东沟河绿色长廊

第二章 浮龙湖生态旅游经济开发区

第一节 浮龙湖

浮龙湖为中国四大古名泽之一的孟渚泽遗址，位于单县西南部，南临黄河故道，属历史上黄河冲积形成的半自然、半人工湖泊。浮龙湖原名浮岗水库，因位于单县南部黄河故道与二堤之间的浮岗而得名，始建于1958年。东西长8.6公里，南北宽2.5公里，水库周长20.4公里，库区面积近21平方公里，最大库容1.04亿立方米。1958年4月，全县投入民工6万多人，以李集黑龙潭为基础，历经3个多月，共完成土石方817万立方米，工日572万个，库区移迁村庄21个。此项工程浩大，水库南岸为高出地平面5米多的

浮龙湖日出

废黄河高滩，新筑的北堤，底宽75米，顶宽7米，筑高7米。筑堤的艰巨之处在于层土层夯，层层夯实，临水坡实行1.5米厚的包淤，以防水流冲刷。9月，水库第一次接纳来水，当年冬最大蓄水量为7700万立方米，灌溉农田1.6万余公顷。

经过几年的运行实践，由于缺少截渗工程，使水库周围和渠道两侧的地下水位大幅度上升，导致1000米～1200米范围的土地盐碱化；加上灌区工程不配套，加重了涝灾。1961年春停蓄还耕。1994年后，为解决农业灌溉问题陆续恢复建设，2000年重新蓄水运行。2001年，浮岗水库更名为浮龙湖。浮龙湖平均水深3米～6米，蓄水量5000万立方米，整体水位西浅东深，水面面积达2000余公顷。浮龙湖内有浮龙半岛、生态岛、钓鱼岛、孟渚岛、龙潭岛、龙聚岛、仙游岛、东堤半岛等8个小岛。

第二节　旅游区规划与建设

规划　2004年下半年，县委、县政府开始规划筹建浮龙湖生态旅游经济开发区。2005年10月，县政府委托中国科学院地理科学与资源研究所旅游研究与规划设计中心编制《单县旅游发展总体规划（2006—2020）》及《单县浮龙湖旅游区控制性详细规划》，博士刘家明主持。2008年8月，通过专家评审。规划提出单县旅游业发展的总体目标和发展战略，确立了近期、中期、远期三个发展阶段和“一心两区一带”即县城旅游接待服务中心、浮龙湖休闲度假旅游区、吕后故里文化旅游区和黄河故道生态旅游带的旅游发展战略格局。提出浮龙湖是单县的核心旅游资源。它拥有三类资源：以浮龙湖、月亮湾为核心的生态资源；以老子道家文化、孟渚古泽历史文化、黄河故道农耕文化为主体的文化资源；大量的土地资源。2008年10月起，组建浮龙湖生态旅游经济开发区筹委会，划定区域范围。并聘请北京同和时代旅游规划设计院编制《浮龙湖旅游度假区总体规划》，规划总面积58.6平方公里，后相继实施建设。

建设　为把浮龙湖风景区打造成为淮海经济区内的“江北西湖，故道明珠”，集观光游览、休闲娱乐、运动健身和文化教育多种功能为一体的综合性旅游度假区、水利风景名胜亮点、黄河故道生态文化胜地，达到国家级旅游区标准，县委、县政府举全县之力推进浮龙湖开发区建设，全面启动浮龙湖基础设施建设。2008年，湖区清淤。2009年，建设和完善浮龙湖旅游区的交通道路、光缆通信、岛屿码头绿化亮化等基础设施。2010年，修建湖西水上会务中心、浮龙广场、生态岛、生态茶楼、老君庙、南岸环堤生态景观长廊、

游船

浮龙湖周边配套用房、游船服务区、钓鱼岛园林别墅等一批景点。

第三节 旅游区景点

浮龙湖景区景点众多，具备主题观光、娱乐休闲、度假餐饮、运动健身、文化教育、会务培训等多项旅游功能。

浮龙广场 浮龙广场位置与堤北迎宾大道相映，构筑半圆形与北堤相连，顶部面积约1万平方米，建有主广场、亲水平台、休息连廊等，使游客从迎宾大道进入浮龙湖旅游区后，有“豁然开朗，耳目一新”的感觉。

栈桥 长350米、宽3米，桥架为钢筋混凝土结构，桥面和栏杆用进口木材制作，每隔50米，在栈桥一侧增加宽1米、长5米的外出平台，供游客驻足观赏浮龙湖风光。通观栈桥如一条黄龙横卧在浮龙湖上，将生态岛和浮龙广场连接起来，便利游人登岛观光。

生态岛、生态茶楼 生态岛位于浮龙广场南500米处，构筑椭圆形，顶部面积约2万平方米。有护坡、茶楼、绿化、亮化等设施。绿化设计是四季常青，三季有花，两季有果，高大乔木与低矮乔木交相辉映，其间多种灌木星罗棋布，1.7万平方米冷季型草坪为整个岛屿披上绿装。生态茶楼采用北方古典建筑样式，建筑面积为600平方米，能同时容纳100余人观景、品茶。用棋、琴、书、画、诗、茶营造氛围，传承文化。

湖西水上会务中心 坐落在浮龙湖中心岛上，距北堤530米，构筑椭圆形，通过宽11米的直线平台与北堤相连，会务中心共占用土地6.15公顷，其中，3.6公顷为湖心岛占用地，2.55公顷为进岛道路占用地。建筑面积14000多平方米，主要包括餐厅1处，2569平方米；会议中心1处，5744平方米；宾馆1处，3807平方米；下沉广场1处，3000平方米。宾馆套房8套，标准客房70套，可同时容纳近150人住宿。会务中心分为两部分，西半部分为会务部分，主要包括300人大会议室1个，90人中会议室1个，50人和30人会议室及贵宾休息室等；东半部分为休

浮龙湖栈桥

湖西水上会务中心

闲娱乐部分，主要包括运动室、棋牌室、休息大厅等；餐厅主要包括一楼 180 人大餐厅，二楼 48 人中餐厅，10 ～ 16 人小餐厅 22 套，可同时容纳 500 人就餐。会务中心室内水电暖、中央空调及网络、电视等配套齐全。附属建筑有下沉广场、沙滩广场、中心广场、宾馆前广场、餐厅前广场、停车场、游船码头等。浮龙湖水上会务中心“湖波荡漾、绿意宜人”的滨湖特色风光，是游人度假游乐好去处。

生态水乡　位于浮龙湖区东南角，面积约 80 公顷（含水面、湿地），分为生态水乡区、水上游乐区、休闲度假区。生态水乡区，位于浮龙湖南岸，环线自然曲折，富有诗意；水质优良，驳岸与水体关系良好，域内有众多浮龙湖原生态动植物，利于游人亲水、观水。水上游乐区，湖面宽阔，波浪起伏平稳，建有多种大型水上游乐项目。休闲度假区内，宾馆酒店有休闲、娱乐、健身的多种设施，环境优美，风景宜人。

老君庙　为祭祀老子而建。传说老子骑牛路经单父孟渚泽畔的李集，见四周清幽古朴，地势起伏有致，暗合九五之阳，天倾地陷之兆；望孟渚泽水，烟波浩淼，云蒸霞蔚，负阴而抱阳，中气以为和，遂安居李集。“上善若水”就是在此悟出的哲理。老子常骑板青牛来往于阡陌之中传道、授业、解惑、施药、除病，教庶民百姓修桥补路，掘玄井，续缕堤，疏田渠，打围寨，劝农桑，施教化，筑寨墙，顺流水。又照九五之阳建设村宅，暗合太极八卦。老子在老君寨隐居 9 年后离去。百姓念其德高，建庙以祭之。李集遂称老君寨，庙被称为“老君庙”。抗日战争期间，老君庙遭遇战火，损毁严重，新中国成立后，破除迷信将老君庙建筑群全部摧毁。2007 年秋，筹集资金，重新修建老君庙。新建老君庙大殿高 12.5 米，东西长 31 米，南北进深 21 米。重檐九脊，斗拱交错，戗角翘起，上饰飞禽走兽玲珑剔透，活灵活现。檐周彩绘，色彩鲜明，富丽堂皇，殿内塑像，栩栩如生。正殿名为三清宫，正中塑老子全身坐像，端庄伟岸。左右两边尹喜手捧太极，徐甲手握拂尘，恭敬侍候。东间置一金光闪闪、高大宏伟的炼丹炉，有一童子在一旁，边煽火一边观察火候，旁边放一个紫巍巍、圆溜溜、亮灼灼的大亚腰葫芦，里面装的定是包治百病的金丹。西间卧着板青牛，侍牛童子静静地站在一旁。西边三间叫娘娘殿，殿内中间塑的是女娲娘娘，女娲娘娘右边的是泰山老母，左边的是峨媚姑娘。东山墙坐东面西的是南海观音，西山墙坐西面东的是西天老母。正殿往东还有三间大殿，名为财神殿，内塑财神和药王像。东侧九间配殿为炼丹房、书画展厅。西侧配殿为老子养生馆、客房、餐厅。老子文化研究院临水而建，花木繁茂，道云高筑。

钓鱼岛园林别墅　占地 2 公顷，建有 3 栋别墅、钓鱼台、园林景观等，均系江南水乡的建筑风格。

钓鱼岛

生态湿地 位于浮龙湖西南部和南部，约千余公顷。芦苇蒲草成方连片，荷叶莲花婆娑摇曳，亭亭玉立，灰鹤、白鹳、野鸭争相觅食，筑巢栖息。置身其中，犹如天然氧吧。景区有流青淌翠的玫瑰园林、广袤丰富的生态湿地和富裕和谐的新农村。

生态湿地

第十一编 综合经济管理

1978年前，实行计划经济体制。中共十一届三中全会后，计划经济体制向社会主义市场经济体制转变，各经济管理部门的职能有较大变化。至2010年，计划管理实现由“计划经济为主，市场经济为辅”到“计划经济与市场调节”相结合，再到市场经济体制建立的转变，指令性计划向研究战略、制定规划、宏观调控、总量平衡、培育市场、重点建设、协调服务转变，向运用经济杠杆和经济政策进行间接管理转变。统计业务范围不断扩大，统计工作日趋规范。已形成国家审计、内部审计、社会审计和经济责任审计较完整的审计体系。除对商品价格、农村电价和非商品收费等进行管理外，加强物价监督检查，推行明码标价。规范工商企业登记、经济合同、商标广告管理和市场监督、执法经济检查、消费者权益保护等。质量技术监督从一般的工业标准化管理和计量管理，扩展到标准化、计量法制、产品质量监督管理、食品安全和特种设备安全监察等方面。实施土地使用制度改革和土地调查规划评估，加强土地保护与开发利用，同时做好土地执法和矿产资源管理工作。

第一章　计　划

第一节　计划体制改革

单县计划体制改革经历3个阶段。

1986—1988年，采取“计划经济为主，市场经济为辅”的原则，改善宏观控制，进行微观搞活，开始实行计划内与计划外物资品种的相互调剂。加强基建管理，结合县经济情况，严格控制基建规模。加强物资管理，保障计划内物资供应，保证重点生产急需。

1989—1992年，以“治理、整顿”为中心，实行“计划经济与市场调节”相结合。树立市场经济观念，进一步减少指令性计划，工作重心向计划的落实和综合平衡倾斜。压缩固定资产投资，控制基建过热及重复建设。

1993年起，实行社会主义市场经济体制。切实转变政府的经济管理职能，计划职能向研究战略、制定规划、宏观调控、总量平衡、培育市场、重点建设、协调服务转变，向运用经济杠杆和经济政策进行间接管理转变。制定计划以市场为基础，逐步建立与市场经济体制相适应的宏观调控体系，完善社会主义市场经济体制，建立以市场价格为主的价格形成机制。

第二节　计划编制

年度计划　1986年，单县实行计划经济和市场经济相结合。国民经济和社会发展计划包括综合、工交生产、农业经济、物资分配、人口教育、主要商品订购、土地环保、财政金融、建设投资、毕业生分配等10项，结合主管部门意见，进行详细分解后一并下达。1990年后，计划指标逐步改为宏观性和指导性。1992年，计划指标全部改为指导性指标，只对农业总产值、粮食总产、工业总产值、土地开发利用、工业利税等几项主要指标分解下达。1995年，年度计划提出实施外向带动战略，提高经济素质和运行质量。1997年，指标体系进一步调整变动，减少生产规模性和微观性指标，增设效益性和宏观性指标。增设国内生产总值、农民人均纯收入、工业效益综合指数等指标，减少各种农作物的播种面积、工业产品产量等指标。2000年，年度计划突出优化个体私营经济发展环境，提高对外开放水平。2002年，年度计划重点加强园区建设，扩大工业规模，加大招商力度，提高农业产业化水平。2004年，年度计划按照“重点抓工业，突出抓招商，大力抓环境”的指导思想，重点实施工业发展、招商引资、开发区建设、城市建设、服务业发展、农业发展等。2008年，年度计划围绕“三个转变”的指导思想和“一三三一”的工作思路，加快实施工业立县、三产富县、城乡统筹发展战略，重点实施财政增收、农民增收、投资增加、重点项目建设、招商引资、城市建设、产业结构调整等。2010年，年度计划围绕贯彻落实科学发展观思想，坚持“转方式、调结构、增投入、谋跨越”的战略主题，全面推进工业化、城镇化、农业产业化三化互动共同发展，切实保障和改善民生。

中长期规划 中期计划期限一般为5年，10年及10年以上为长期计划（或远景规划）。一般在提出5年计划的同时，从战略的高度对10年计划作出一个远景目标规划。1986—2010年，全县共实施“七五”“八五”“九五”“十五”“十一五”5个五年计划。

1986年年初，编制《单县国民经济和社会发展第七个五年计划纲要》(1986—1990)，内容包括工业生产、农业生产、建设项目、财政收入等方面，体制较单一。1990年，编制《单县国民经济和社会发展第八个五年计划及十年规划纲要》（1991—2000）。提出“八五”期间及其以后十年单县国民经济和社会发展的总任务是实现四个方面的转变。即：由粗放经营为主向集约经营为主转变，由资源的粗加工为主向资源的精、深加工和市场导向型转变，由单一的传统产业为主向改造传统产业、开发新兴产业转变，由内向型经济为主向外向型经济转变。使全县经济总量居于全区前列，主要人均占有力争达到全区先进水平。至1995年，国民生产总值9亿元，年均递增11.6%；国民收入6.5亿元，年递增10.2%；工农业总产值15亿元，年递增12.6%。其中，工业总产值10亿元，年递增17.0%；农业总产值5亿元，年递增6.1%；地方财政收入5000万元，年均递增10.6%；农民人均纯收入700元；职工工资年均增长4%；人口自然增长率控制在10‰以内。至2000年，国民生产总值15亿元，国民收入10亿元，工农业总产值24亿元，农民人均纯收入1000元。

1995年，编制《单县国民经济和社会发展第九个五年计划及2010年远景目标纲要》（1996—2010），确立“九五”期间的主要任务是加快经济总量增长，转变经济增长方式，优化产业结构，提高经济整体素质和效益，将单县建设成为全省重要的农业商品基地、农副产品综合加工基地、鲁西南商贸中心，人民生活达到小康水平。到2000年，国民生产总值26.6亿元，年均增长13.6%；地方财政收入1亿元，年均增长18.4%；固定资产投资5年累计37亿元，投资率保持在35%左右；全社会外贸出口总值7亿元，实际利用外资累计2000万美元；人口自然增长率控制在8‰以内，总人口不突破118万。在实现“九五”目标的基础上，再经过10年的努力，初步实现工业化和农业现代化。

2000年，编制《单县国民经济和社会发展第十个五年计划纲要》（2001—2005）。计划提出“十五”期间的主要任务是按照“科教兴单，开放兴县，工业立县，农业稳县，商贸富县”的发展思路，加快农业产业化、工业现代化、城乡一体化进程，大力发展第三产业，努力提高经济素质和竞争能力，增加居民收入，改善人民生活，促进国民经济快速健康发展和社会全面进步，尽快实现由“农业大县、工业小县、财政穷县”向“农业强县、工业大县、财政富县”的跨越。至2005

年，国内生产总值50亿元，年均增长12%；固定资产投资累计完成50亿元以上，年均增长15%以上；全县社会消费品零售额19.2亿元，年均增长15%；进出口总额5000万美元，占GDP的比重提高到8%，其中出口创汇3500万美元，工业制成品占全部出口总额的比重80%以上，5年实际利用外资6000万美元；城镇居民人均可支配收入6000元，农民人均纯收入3000元，年均分别增长8.7%和7.5%；人口自然增长率控制在5‰左右，总人口控制在117万以内。

2005年，编制《单县国民经济和社会发展第十一个五年总体规划纲要》。提出“十一五”期间，按照省委、省政府“突破菏泽”“三三一一”目标的总体要求，突出招商引资、开发区建设、发展民营经济、优化经济发展环境“四个重点”，努力实现工业化、市场建设、农业产业化、城市建设“四个突破”，大力发展各项社会事业。至2010年，全县生产总值125亿元，年均增长18%，其中一、二、三产业增加值年均分别增长4%、27%和20%；地方财政收入4.4亿元，年均增长20%；固定资产投资年均增长35%，累计630亿元；高新技术产业产值占规模以上工业总产值的比重为26%，万元生产总值综合消耗每年降低2.5%，工业用水重复利用率提高到95%；进出口总额年均增长30%，达到1.3亿美元；城镇居民人均可支配收入11400元，农民人均纯收入4500元，年均分别增长9%和8%；人口自然增长率控制在5‰以内，总人口控制在121万以内。

2010年，编制《单县国民经济和社会发展第十二个五年规划纲要》。提出“十二五”期间，以“转方式、调结构、增投入、谋跨越”为指导，大力推进工业化、城镇化、农业产业化三化互动共同发展，形成山东省重要的新能源产业基地、煤电化工基地、农副产品生产加工基地、商贸物流基地、具有特色的文化旅游产业，成为鲁苏豫皖四省交界地区科学发展高地、辐射中原地区的宜居宜商生态园林城市。至2015年，地区生产总值320亿元，年均增长16%；三次产业比例调整为9∶55∶36；地方财政收入27亿元，年均增长22%；全社会固定资产投资170亿元，累计达到600亿元，年均增长20%；社会消费品零售额200亿元，累计达到700亿元，年均增长20%；农村居民人均纯收入9900元，年均增长12%。通过经济社会更好更快发展，实现“四个确保”的奋斗目标：确保在全市始终保持第一方阵位置，确保在全省140个县市区中不断争先进位，确保在四省八县交界邻边区域经济竞争中长期保持领先地位，确保到2015年经济社会发展平均水平全面跨入全省第二方阵。

第三节　计划实施

1986年，开始实施“七五”计划。至1990年，全县完成工农业总产值12.91亿元，按可比价格计算，年均增长15.1%。其中，工业总产值5.86亿元，年均增长30.66%；农业总产值7.04亿元，年均增长4.3%。粮食总产36.17万吨，比1985年增加3990吨；棉花总产2.13万吨，比1985年减少545吨；农民人均纯收入432元，是1986年的1.3倍；财政收入3022.7万元，比1985年增长1.9倍；社会商品零售额2.27亿元，是1985年的1.58倍。

1991年，开始实施“八五”计划。至1995年，全县国内生产总值达到18.52亿元，完成计划的159.3%，按可比价格计算，年均增长9.66%；工业总产值19.5亿元，年均增长21.65%；农业总产值23.96亿元，完成“八五”计划的271.4%，年均增长9.73%；粮食总产49.33万吨，比1990年增加13.66万吨；棉花总产1.06万吨，比1990年减少1.07万吨；农民人均纯收入1294元，比1990年增加862元；职工人均收入3441元，比1990年增加1682元；社会商品零售额4.032亿元，年均增长13.13%。

1996年，开始实施“九五”计划。至2000年，全县国内生产总值达到28.83亿元，按可比价格计算，比1995年年均增长2.79%，其中第二产业增加值年均增长11.03%。人均国内生产总值2534元，“九五”期间年均增长6.93%；财政收入9676万元，年均增长11.53%；社会消费品零售总额91173万元；粮食总产40.35万吨，比1995年减少9.48万吨；棉花总产1.68万吨，比1995年增加6133吨；在岗职工年平均工资5140元，农民人均纯收入2089元，城乡居民储蓄余额15.5亿元，“九五”期间年均分别增长6.84%、5.57%和13.53%。

2001年，开始实施“十五”计划。至2005年，全县生产总值达到54.82亿元，按可比价格计算，“十五”期间年均增长11.42%，其中一、二、三产业年均分别增长6.52%、20.97%、9.02%；地方财政收入达到1.76亿元，年均增长13.14%；累计利用外资5728万美元，比“九五”期间增长2.2倍；2005年出口总额3980万美元，“十五”期间年均增长76.19%；全县农民人均纯收入3058元，城镇居民人均可支配收入7250元，分别比2000年增加969元和2450元。

2006年，开始实施“十一五”计划。至2010年，全县地区生产总值达到144.84亿元，按可比价格计算，“十一五”期间年均增长17.64%；地方财政收入达到10.1亿元，年均增长40.1%；实现社会消费品零售总额82.52亿元，年均增长24.92%；农民人均纯收入5798元，年均增长13.9%；出口总额6804万美元，年均增长20.14%；5年累计利用境外直接投资8990万美元；年均人口自然增长率稳定在6‰以内。

第四节　固定资产投资

1986—1990年，全县固定资产总投资6895万元元，主要有化肥厂、棉纺厂、麻纺厂、国营酒厂等实施的项目。1991—1995年，全县固定资产总投资2.65亿元，主要有医用羊肠线、县皮革厂、真空速冻蔬菜、一棉厂玉米淀粉项目、县纱厂、玻璃纤维厂、西关街综合开发项目、县磷肥厂、县城教学楼建设等项目。1996—2000年，全县固定资产投资达24.66亿元，主要有单县轴承有限公司新增PP-R管材管件生产、农村电网改造、山东宏顺纸业有限公司材浆一体化工程、李田楼印刷厂、3000吨聚丙烯生产装置项目、电信网改造、农村公路建设、国家粮食储备库及县粮食储备库、单县凤祥集团肉食鸡加工、县城单位楼房建设等项目。2001—2005年，固定资产投资累计完成63.85亿元，规模以上企业达93家，重点项目有医用缝合线、山东湖西轴承有限公司、山东百寿坊食品有限公司、山东省单县化工有限公司、国能单县生物发电有限公司、山东省单县天元纸业有限公司、山东省单县四君子酒业有限公司、山东泰信纺织有限公司、单县桂鲁玉米发展有限公司、菏泽奇峰纺织有限公司、山东豪泰木业有限公司、单县嘉年华服饰有限公司、单县宇航纺织有限公司、菏泽木升木业有限公司、舜师名园、上海花苑、福鑫花园、南华苑小区等项目。2006—2010年，固定资产总投资348.29亿元，规模以上企业达到305家，重点项目有湖西财富广场、九瑞花园、淮海现代城、锦绣花园、北辰新都、中央花园片区、浮龙湖生态旅游开发项目、山东宇泰光电科技有限公司、单县中承纸业有限公司、山东鑫泽铜业有限公司、山东舜亦新能源有限公司、山东皓宇服装有限公司、菏泽市宁丰木业有限公司、单县中润纺织有限公司、菏泽昌佳车业有限公司、单县隆海能源科技有限公司、山东四君子集团、河北健泰钢结构有限公司单县分公司、菏泽盛源制衣有限公司、山东泰信纺织有限公司、单县鲁纱纺织有限公司、山东高棉棉业有限公司、山东可加可服饰有限公司、单县苏建水泥磨粉有限公司、菏泽华英禽业有限公司、山东立兴罐头食品有限公司、山东省单县化工有限公司、山东省单县天元纸业有限公司、单县家佳美家居有限公司、绿洲湾花园建材大市场项目、府前温州商贸城项目、巴黎商贸城项目、山东湖西铸业有限公司、单县山水水泥有限公司等。

第二章　统　计

第一节　统计改革

1987 年，根据国家统计局《关于不具备规定学历的统计人员评审聘任（任命）统计专业职务的暂行规定》，对统计局人员进行逐一评审，强化工作人员业务素质。1991 年，全国农村统计方法制度进行重大改革，实行农业基层一套表制度，内容涉及农、林、牧、副、渔生产情况及农田水利、农业机械和农村科技、文教、卫生等方面，农村基层统计指标逐步系统化、科学化、规范化。1992 年，落实国务院《关于实施新国民经济核算体系方案的通知》精神，按照地区统计局的要求开始分步实施新国民经济核算体系。新体系主要分社会生产核算表和经济循环账户两部分。1993 年，根据国家和省统计局的部署，推行新统计报表制度。新统计报表制度由基层表和各专业综合表两部分组成，基层表由企业、行政单位填报，综合表由计算机汇总形成。1995 年，落实国家新报表制度，规范企业原始统计记录和统计台账，在企业和行政单位建立劳动工资统计台账。1998 年起，工业、商贸业由全面统计改为规模（限额）以上企业全面统计和规模（限额）以下企业抽样调查。2000 年、2002 年，先后增加房地产开发统计，县经济情况（县卡）、乡镇基本情况（乡卡）监测。2006 年，增加服务业抽样调查统计。

第二节　统计项目

1986 年，县统计部门直接调查汇总的统计项目主要有农业、工业、交通邮电、物资、基本建设、商业财政金融、劳动工资、文教卫生广播等。1993—1994 年，执行国家统计局制发的国家统计报表制度。2002 年起，执行省统计局制发的统计报表制度。至 2010 年，主要有农业、工业、交通运输及邮电、固定资产投资、贸易财政金融、劳动工资、文教卫生广播、地区生产总值等。

农业统计　1986—1990 年，农业统计主要包括农产品产量、农业总产值、农村经济收入分配和收益、新经济联合体、畜牧业生产等方面的内容。1991 年，新增农村基层组织及人口情况，1993年，改为农村基本情况及生产条件；2001 年，增加乡（镇）社会经济基本情况；2008 年，增加畜禽（生猪调出大县）监测。

住户调查　*农村住户调查*　1986 年，从每个乡镇选 3 个村，每村选 10 户，全县共抽选 111 个村、1110 户进行常年记账，形成乡级调查网点，简称农经大样本。1994 年，在乡级网点的基础上，全县抽选 10 个村、100 户作为调查对象，简称农经小样本。主要项目有住户家庭基本情况、住户总收入与总支出、人均纯收入、人均总支出，衣、食、住、行及其他消费等反映农村经济发展的多项数据。

城镇住户调查　2009年，全县在北城、南城、园艺3个街道随机抽选50户进行常年记账。内容主要包括城镇住户基本情况、收入与支出、城镇居民可支配收入等。

工业统计　1986年，统计范围是国有及集体独立核算工业企业，主要统计工业总产值、产品产量、财务成本等。1998年，统计范围变为国有及销售收入500万元以上独立核算工业企业；2007年，统计范围变为年销售收入500万元以上独立核算工业企业。2010年，全县共有年销售收入500万元以上独立核算工业企业305家，统计项目主要有总产值、销售产值、增加值、主营业务收入、产品产量、销售收入、利润、税金、能源购进与消费等。对规模以下工业及个体户实行抽样调查。

商业贸易统计　1986年，商业主要统计社会商品零售额和主要消费品、农副产品收购、商业机构、人员等。1993年，统计内容变为社会消费品零售总额、批发零售贸易业商品购销存、批发零售贸易及餐饮业财务状况等；1998年起，统计对限额以上即年销售收入批发业2000万元及以上、零售业500万元及以上、住宿餐饮业200万元及以上的企业实行全面统计，对限额以下的企业及个体户实行抽样调查。

劳动工资统计　1986年，主要统计全民、集体所有制单位职工人数与工资情况。2006年，劳动工资统计范围变为非私营单位职工人数与工资情况；2007年始，统计范围变为单位从业人员和劳动报酬情况，统计范围为国有、城镇集体和其他经济类型的单位，2008年，将部分私营单位纳入统计范围。报表的主要内容包括单位的人数、工资、离职人数、生活费、职工增减变化等。

固定资产投资统计　1986年，主要统计全民所有制单位基本建设和更新改造投资完成情况、城镇集体所有制单位固定资产投资完成情况。1988年，增加城镇和工矿区私人建房情况。1992年、1993年，又分别增加农村集体固定资产投资统计和房地产开发公司固定资产投资统计。1998年，新增其他经济单位更新改造完成情况。2004年始，主要统计城市及农村50万元以上固定资产投资完成情况、房地产投资完成情况、房地产面积及销售情况等。

国民经济核算统计　1988年，县统计局开始计算社会总产值和国民收入，按支出法计算国内生产总值。1992年起，对全县季度国内生产总值进行测算。1993年，县国民经济核算全面实施新国民经济核算体系（SNA），执行一套国内生产总值统计报表制度。2008年，除国家称国内生产总值外，省市县一律称地区生产总值（GDP）。

其他统计　包括财政、金融、保险、物价、交通、邮政、电信、科技、环保、教育、文化、卫生、计划生育等，由有关业务主管部门负责统计，统计资料在报送上级主管部门的同时报送县统计局。

第三节　统计普查

人口普查　第四次全国人口普查　全县7000多名工作人员参加。普查标准时间为1990年7月1日零时。普查内容包括对年龄、性别、民族、文化程度、职业、健康状况、婚姻等21项指标进行调查统计。普查结果显示：境内总户数231422户，总人口1058593人，其中男性528991人，占49.97%；女性529602人，占50.03%。全县总人口比第三次人口普查增加163257人，增长18.23%，平均每年增加20407人，年平均增长率为2.12%。全县总人口中，汉族人口1056878人，占99.84%；各少数民族人口为1715人，占0.16%。

第五次全国人口普查　2000年，第五次全国人口普查，普查时点为2000年11月1日零时。此次人口普查全县有8000余名工作人员参加，普查内容包括人口总量、年龄结构、民族、家庭、婚姻、生育、死亡、迁移、受教育程度、行职业分类、住房等100多项指标。普查结果：全县291034户，总人口1147062人，其中常住人口1050701人。常住人口中，男性人口527641人，女性人口523060人，人口性别比为100.88（以女性为100，男性对女性的比例）；汉族1048836人，占总人口的99.82%，各少数民族人口为1865人，占0.18%。少数民族中，人口最多的回族，占少数民族的74.80%，不超过5个人的少数民族为水族、塔吉克族、土族、达斡尔族、白族、土家族。全县接受大专以上教育的有10870人，接受高中教育的（含中专）73383人，接受初中教育的362032人，接受小学教育的398726人。全县共有家庭户291034户，家庭户人口1037882人，户均3.57人。

第六次全国人口普查　2010年，第六次全国人口普查，普查时点为2010年11月1日零时。普查结果：境内常住人口1063243人，其中男性535852人，女性527391人；共有家庭户307865户，家庭户人口为988079人，户均3.21人；大专以上文化程度39853人，高中（含中专）117349人，初中417357人，小学296595人，文盲人口（15岁及15岁以上不识字的人）为105356人，文盲率为12.04%。

工业普查　第二次全国工业普查　1985年，第二次全国工业普查，普查时点为1985年12月31日。普查内容涉及县以上独立核算和非独立核算工业企业、农村乡镇工业、村办工业、城市个体工业的产供销、人财物经营活动的全过程。经普查，1985年年末，境内工业企业159家，其中全民所有制企业15家，集体所有制企业144家。实现工业总产值1.82亿元，从业人员17745人。

第三次全国工业普查　1995年，全国第三次工业普查。普查范围为县内国有工业、集体所有制工业、外资工业和乡镇工业等。普查内容主要对工业企业的产品生产、销售与库存、固定资产、流动资产、利税和生产费用、工业设备、能源消费量、职工人数和工资福利等300多个指标进行统计调查。此次调查于1996年年底结束。普查结果：1995年年末，境内工业企业4744家。其中，乡及乡以上工业企业174家，实现总产值8.37亿元；村及村以下工业企业4570家，实现工业总产值11.17亿元。通过普查，摸清了全县工业经济基本情况，对加强宏观调控、制定"九五"经济发展规化和2010年的长远发展规化起到重要作用。

第三产业普查　1993年下半年，全国第一次第三产业普查，以1991年和1992年为普查年度，普查范围为从事第三产业的所有单位和个体经营户。普查的主要内容为反映第三产业的机构、人员、生产经营活动和实物资产。经普查，1991年，境内第三产业单位2160个，个体经营户30_2户，增加值1.85亿元；1992年，第三产业单位2174个，个体经营户10039户，增加值2.32亿元。

农业普查　全国第一次农业普查　1996年，第一次全国农业普查，普查时点1996年12月31日，时期指标时间1996年1月1日至1996年12月31日。普查对象是全县范围内各种类型的农业生产经营单位、农村住户、行政村、乡镇和乡镇企业。普查内容分为10个类型，共计33个项目，687个指标。普查工作历时3年多，分为普查准备（1996年）、普查登记（1997年上半年）和数据处理、数据分析及普查总结（1997年7月至1998年年底）三个阶段。经普查，1996年年末，农村住户23.09万户，其中农业户22.69万户；农村人口95.48万人，其中，从业人员62.4_万人；耕地8.83万公顷；大牲畜存栏6.8万头、生猪存栏40.37万头、家禽存栏498.03万只、羊存栏122.26万只；农业生产经营单位22.69万个（包括农户），其中，非住户类农业生产经营单位35家；非农乡镇企业569家，农村住户中个体工商户9244户。

第二次全国农业普查　2006年，第二次全国农业普查，普查的标准时点2006年12月31日，时期资料为2006年度。普查对象为境内农村住户、城镇农业生产经营户、农业生产经营单位、村民委员会和乡镇人民政府。普查主要内容包括：农业生产条件、农业生产经营活动、农业土地利用、农村劳动力及就业、农村基础设施、农村社会服务、农村居民生活，以及乡镇、村民委员会和社区环境等方面的情况。农业普查采用全面调查的方法，对所有普查对象由普查员进行逐个查点和填报。普查工作历时3年多，分准备（2006年）、普查登记（2007年上半年）、数据处理、数据分析和普查总结三个阶段（2007年7月至2008年年底）。经普查：2006年年末，农村住户27.33万户，其中，农业户24.45万户；乡镇年末户籍人口119.26万人，其中，从业人员63.49万人；耕地9.57万公顷；大牲畜存栏9.92万头、生猪存栏49.69万头、家禽存栏642.56万只、羊存栏223.89万只；农业生产经营户26.58万户，农业生产经营单位30家；乡镇企业2826家，其中，工业1366家。

基本单位普查 第一次全国基本单位普查 1996年，全国第一次基本单位普查，普查对象为全县所有的法人单位、产业活动单位及个体经营户，包括各类企业法人、事业法人、机关法人和社会团体法人。普查的主要内容为单位的基本信息、主要属性、基本经济活动、其他信息等四项内容。普查时点是1996年11月1日。其普查资料调查年度为1996年。

第二次全国基本单位普查 2002年，第二次基本单位普查。普查的标准时点2001年12月31日，普查的对象为全县除城乡住户和个体经营户外所有从事社会经济活动的法人单位和产业活动单位。至2002年12月底，普查登记和数据汇总工作完成，并通过上级普查机构数据质量检查验收。

经济普查 第一次全国经济普查 2004年，第一次全国经济普查，普查标准时点2004年12月31日，时期资料为2004年度。普查对象为从事第二产业、第三产业活动的全部法人单位、产业活动单位和个体经营户。普查的主要内容包括单位基本属性、就业人员、财务状况、生产经营情况、生产能力、原材料和能源消耗、科技活动情况等。经普查，2004年年末，全县从事二、三产业的法人单位1757个，产业活动单位2282个，个体经营户22359户。

第二次全国经济普查 2008年，第二次经济普查。标准时点2008年12月31日，时期资料为2008年度。普查对象为在县境内从事第二产业和第三产业的全部法人单位、产业活动单位和个体经营户。普查内容包括单位基本属性、从业人员、财务状况、生产经营情况、生产能力、能源消耗、科技活动情况等。经普查，2008年年末，全县从事二、三产业的法人单位3174个，产业活动单位1194个，个体经营户32537户。

第四节 统计办公自动化

1987年前，数据处理主要靠人工书写，数据输送用纸张、信函、电话。资料保管及统计信息发布皆用纸张。1987年，县统计局配备24小型微处理机1台。1993年，换成联想386微机，实现点对点计算机远程传送业务，统计数据自动转换。1995年，开始应用计算机处理统计业务，内容包括工业、农业、交通物资、能源、商贸、年报、季报、月报等。同时，还利用计算机完成投入产业调查、工业调查、第三产业普查等大型普查和抽样处理任务。2002年，微机增加到8台，有激光打印机1台，针式打印机4台。建立单县统计信息网，实现省、市、县三级联网、统计数据自动化处理与网上统计信息动态发布、国家、省、市、县统计信息四级联网。2010年，县统计局有微机20台，打印机4台，针式打印机1台，实现国家、省、市、县、乡五级联网和统计数据自动化处理与网上统计信息的动态发布。

第五节 统计服务与监督

统计服务 1986年后，县统计局继续按年份

统计年鉴

统计法宣传

编印《单县统计年鉴》，发布年度国民经济和社会发展公报。1990年后，先后编印《山东省菏泽地区单县1990年人口普查资料》《单县第三产业普查资料》《2000年人口普查资料》等大型普查资料。2008年，编印出版《单县统计规范化建设制度汇编》。自2008年起，编印《单县统计月报》手册，内容包括农业、工业、贸易、固定资产、财政、金融等主要经济指标。同时，利用统计部门掌握的信息资源，对全县经济社会发展情况进行分析，提出发展意见和建议，为县委、县政府宏观经济决策提供统计服务。

统计监督　1986年起，每年开展统计执法检查。1994年，配合市统计执法小组对工业、农业、商业等50个企事业单位进行检查，对屡次迟报和拒报统计资料的单位进行重点查处，立案4起，结案4起，对问题较严重的2家进行处罚并责令改正。2001年、2009年，县统计局组织两次规模较大的统计执法检查。2000年后，围绕提高统计数据质量，加强统计法制宣传，开展统计巡查，加大统计行政执法检查力度，营造统计工作良好环境，维护统计工作正常秩序，推进统计改革与发展，更好地为全县经济建设服务。

第三章　审　计

1984年起，实行审计监督制度。1986—1989年，在行政部门及企事业单位内部设立审计科室，配备专兼职审计人员，实行“自审自”。1989年，成立审计事务所，基本形成国家审计、内部审计、社会审计三位一体的审计监督体系。同年，审计范围延伸到乡镇，开始对乡镇财政财务收支实施审计监督。1994年起，实行经济责任审计，对党政及事业单位领导干部实行先审计后离任，参照审计结论，决定干部的任用。1997年，按照《中华人民共和国审计法》《中华人民共和国预算法》《山东省本级预算执行情况审计监督暂行办法》的要求，对全县财政预算执行情况进行审计。

第一节　国家审计

1985年起，国家审计逐步展开。至2010年年底，共完成审计项目1790个，查出违纪违规金额934687万元，应缴财政8734万元，实缴财政8039万元，提出审计建议6250条，完成党政领导和有关部门交办事项515个。

财政审计 1990年，根据审计署提出的审计工作重点，开展对乡镇财政收支审计工作。当年，在2个乡镇进行财务收支及预决算审计试点，查出违纪金额76万元。1991年，对19个乡镇进行定期审计，审计资金总额2200多万元，查出违纪金额126万元。1993年，对5个乡镇财政财务收支进行审计，查出违纪违规金额64万元。1994—1996年，每年重点或全部对乡镇财务收支进行审计。累计审计乡镇63个，审计资金总额21687万元，查出各种违纪违规金额2978万元，挖出“小金库”2个。

1997年起，按照《中华人民共和国审计法》《中华人民共和国预算法》《山东省本级预算执行情况审计监督暂行办法》的要求，开始对全县财政预算执行情况进行审计。审计单位包括地税局、财政局、地方金库、部分一级预算执行单位和全部或部分乡镇。当年，对地税局、财政局、地方金库，以及19个一级预算执行单位、37个乡镇进行审计，对财政局投资公司和支农周转金进行审计。至2001年，除每年对地税局、财政局和地方金库进行审计外，还累计审计一级预算单位57个，审计乡镇56个，查出违规金额3128万元，应缴财政46万元，应当还原渠道资金147万元，决定处理处罚金额68万元，指明要求纠正金额432万元。2002—2005年，对财政局、地税局、地方金库和17个预算执行单位（累计）及13个乡镇（累计）财政决算进行审计，完成财政审计项目12个，查出违规违纪金额2760万元，损失浪费金额297万元，管理不规范金额4574万元。应归还原渠道资金201万元，应自行纠正金额7845万元，应上缴财政87万元。2006年，对财政局、地税局、地方金库，以及教育局、计划生育局、民政局等5个预算执行部门进行审计，审计查出违纪违规金额2988万元，损失、浪费金额14万元，管理不规范金额52906万元，应自行纠正金额1260万元。2008年，对财政局、地税局、地方金库，以及水务局、房管局、县一中、公安局、教育局等8个预算执行部门进行审计，审计查出违纪违规金额161766万元，管理不规范金额4584万元，应自行纠正金额3191万元。2010年，对财政局、地税局、地方金库，以及粮食局、物价局、卫生监督所、建设局等预算执行部门进行审计，审计查出违纪违规金额268405万元，管理不规范金额25697万元，应自行纠正金额190万元。

金融审计 1990年，开始对金融单位年度财务收支情况进行审计。当年，审计2个金融单位，查出违纪金额47万元。1991年，审计项目3个，查出违纪金额65万元。1994年，对金融系统5个单位的财政收支进行审计，审计金额21626万元，查出违纪违规金额180万元。1996年，审计4个金融单位，查出违纪金额86万元。1998年，审计6个金融单位，查出违纪金额195万元，提出审计建议25条。1999年，审计5个金融单位，查出违纪金额173万元。2001年，审计金融单位7个，查出违规金额219万元，决定处罚金额16万元。2002年，审计单位3个，查出违规金额186万元，决定处罚金额80万元。2004年，审计金融单位6个，延伸审计单位12个，查出违规金额17624万元，管理不规范金额23527万元，损失浪费金额63万元，建议纠正部门不当规定15条。2005年，审计项目6个，查出违纪金额21650万元，应上缴财政20万元，提出审计建议8条。

企业审计 1987年，对县棉纺织厂、麻纺织厂、酒厂等5家企业进行财务收支审计，查出违纪金额64万元。1988年，对粮食和棉花加工等6家企业进行审计，查出违纪金额56万元。1990年，对粮食行业的5个单位进行财务收支审计，审计资金总额5560万元，查出有问题资金244万元。1992年，对县酒厂、塑料厂、印刷厂、供电局、棉花加工三厂、棉花加工五厂、面粉厂进行审计，查出各类违纪金额184万元，增加财政收入121万元，促进增收节支64万元。1994年，围绕转换经营机制，建立现代企业制度，不断深化重点企业审计，对化工厂、供电局、石油公司、新华书店等16家企业财务收支情况进行审计，审计资金总额7030万元，查出违纪金额148万元，促进增收节支129万元，提高经济效益132万元，提出审计建议30条。1995年，对22家重点企业进行审计，共查出违纪金额521万元，增加财政收入66万元。1996年，对机械厂、造纸厂、供销社、粮所、棉厂等企业的资产、负债、损益和执行国家政策情况进行审计，共查出违纪金额266万元，追还被挪用资金60万元，促进增收节支132万元。1997年，对棉麻行业及医药企业进行审计，查处违纪金额246万元，促进增收节支125万元，提出审计建议70条。1998年，贯彻落实国务院《关于进一步深化粮食流通体制改革的决定》，按照地区审计局统一部署，对37家政策性粮食企业1992年4月至1998年5月的会计账目、凭证、报表及指标进行认真核对，填报上报数据近万个。同年，审计商业系统、县社系统和棉麻系统18家企业。2000年，审计企业17家，查出违规金额1636万元，决定处罚金额802万元，要求纠正金额834万元。2002年，审计6家企业，查出违规金额120万元，损失、浪费金额45万元，管理不规范金额6439万元，应自行纠正金额612万元。2008—2010年，共审计企业13家，查出违规金额3466万元，管理不规范金额374万元，应自行纠正金额292万元，损失、浪费金额2523万元。

行政事业审计　1988年，对教育局、卫生局、民政局等12个行政事业单位实行按季度定期审计。当年，查出违纪金额18万元，提出审计建议22条。1989年，行政事业单位实行定期审计制度。当年共审计事业单位10个，查出违纪金额38万元，其中，收缴财政3万元，应调整账务14万元，其他问题21万元。为压缩和控制费用开支，1994年，对30个政府机关、执法执纪和经济管理部门财务收支进行审计，审计金额9036万元，查出违纪违规金额290万元，应缴财政20万元。1995年，对20多个政府部门进行审计，审计资金总额8600余万元，查出违纪违规金额408万元，提出审计建议46条，促进增收节支98万元。1996年，对政府部门及事业单位在执行国家法律法规及财经法纪方面进行审计，审计金额9500万元，查出违纪金额216万元。1997年，对教育、卫生、交通、计生等12个行政事业单位进行审计，查出违纪金额791万元。1998年，对16个单位进行审计，查出违纪金额605万元。2000—2004年，累计审计单位104个，查出违规金额2954万元，管理不规范金额1532万元，损失、浪费金额302万元，要求纠正金额1160万元，决定处理处罚金额316万元。2005—2010年，累计审计项目217个，查出违纪金额22979万元，管理不规范金额13258万元，应自行纠正金额2521万元，上缴财政72万元，应交财政金额427万元，提出合理化建议25条。

固定资产投资审计　1987年，对燃料公司、棉麻公司、县面粉厂、粮食局，一、二、三、四、五棉厂固定资产投资情况进行审计调查。1989年，对县人民银行和县棉麻公司的基建资金来源、建设计划、建设规模、工程预算进行逐项审计，查出应补缴建筑税6万余元，核减工程预算8万元。1990年，开工前审计项目6个，工程预决算项目审计2个。审计查出应补缴建筑税2万元，核减工程预算6万元。1992年，审计基建项目7个，查出违纪金额19万元。1994年，围绕投资体制改革，先后对8个单位开展基本建设审计，开工前审计项目10个，竣工项目审计2个。1995年，对21个基建项目进行开工前审计和预决算审计，查出违纪金额249万元。2002年，对全县农网改造资金审计，审计资金总额1.24亿元，查出各类违纪金额2473万元。2004年，审计项目5个。通过审计，发现在建设过程中存在违纪违规问题，其中，在项目投资建设管理方面存在投资计划编报不实，招标投标制、监理制执行不力，合同管理不规范；资金管理方面存在建设资金不到位557万元，挪用国债资金80万元，偷逃税费66万元，建设资金未专户储存2627万元，挤占挪用收取配套资金397万元等。分析评价项目的建设效果和投资效益，提出完善管理的意见和建议，提高项目资金的使用效益。2005年，对“三四五一”市政工程项目进行审计，审计资金总额2000万元，审减工程造价200余万元。2006年，对市政工程配套项目进行审计，审计资金总额4000余万元，审减工程造价400余万元。2007年，对市政工程配套项目进行审计，审计资金总额3000余万元，审减工程造价300余万元。2008年，审计单城镇道路建设工程、开山公园项目、县中心医院病房楼工程、君子路、南外环市政等工程项目53个，审计建设资金6899万元，审减工程造价951万元。2009年，审计本年度市政配套工程、北堤景观治理工程、县一中教职工宿舍楼建设工程、县人力资源大厦等工程项目86个，审计建设资金15392万元，审减工程造价1782万元。2010年，审计经济开发区市政配套工程、城区景观亮化工程、李田楼新农村改造项目、环堤公园建设项目、湖西公园建设项目、湖西人民广场等工程项目125个，审计建设资金43616万元，审减工程造价4619万元。

专项审计　1985年，对公路养路费征收和使用情况进行调查，查出挪用公路养路费18万元；同年，对棉花收购加价补贴进行调查，核减棉花加价补贴10万元。1986年，对棉花加价款进行调查。1988年，对科技三项事业费、小型农田水利设施和防疫事业费专项审计；对印刷厂及副食品公司进行专项调查；对粮食生产专项基金和企业招待费进行审计调查，涉及7个单位，查出违纪金额15万元。1990年，对支农资金进行专项审计，查出违纪金额4万元。同年，对地方电力建设基金和计划生育收入及使用情况进行审计调查。1995年，先后对农业资金、教育资金、“希望工程”“科技三项经费”等进行专项资金审计。1996年，对养老保险金和失业保险金进行审计，查出部分单位欠缴严重，多者达60万余元。同年，对县5家大中型企业的资产、负债、损益的真实性及国有存量资产的家底情况进行审计调查。1997年，对国外援助贷款及农业综合开发资金审计，审计资金总额7008万元。1998年，对养老保险金及失业保险金进行审计调查。2002年，对民政局福利彩票资金进行审计，审计资金总额260万元，应自行纠正金额22万元。2003年，对社会保障资金进行审计，查出违规金额65万元，应自行纠正金额50万元。同年，对“非典”专项资金进行审计，未发现违纪问题。2006年，对科技专项经费和环保资金进行审计调查，查出挤占挪用70余万元，配套资金落实不到位2208万元。2007年，对社保和科技资金进行专项审计调查，查出违规金额25万元，损失浪费金额45万元。2008年，对支农专项资金、大中型水库移民后期扶持资金、农村义务教育经费、农村公路建设及管理养护资金进行专项审计，查出违规金额3267万元，管理不规范资金4334万元，应上交财政资金25万元。2009年，对社会保险基金进行专项审计，查出违规金额1408万元，管理不规范资金1682万元。2010年，对残疾人就业保障金进行专项审计，查出违规金额324万元。

第二节　内部审计

1985年，建立内审机构，开展内审工作。1988年，随着经济形势的不断发展和对审计工作的要求，内审机构增加到18个，配备内审人员29人。同年，内审机构共审计单位161个，查出违纪金额153万元，纠正差错86笔，减少损失浪费60万元，查出有问题资金1206万元。1990年，内审机构、人员分别增加到42个、141人。至1996年，审计单位392个，累计完成审计项目2331，查出违纪金额515万元，有问题资金

324万元，损失浪费金额1395万元，促进增收节支1605万元，纠正违纪金额149万元，提出合理化建议166条，被采纳153条。1997—2000年，完成审计项目1324个，查出损失浪费金额1123万元，促进增收节支640余万元，纠正各类违纪金额390余万元。2008—2010年，完成审计项目122个，为单位增加效益2710万元。2010年，全县有内审机构10个，从业人员39人。

第三节　社会审计

1989年，单县审计事务所成立。1990年，审计鉴证和验资项目90个，资金8110万元；接受委托审计项目14个。1991—1993年，验资金额达9200万元；完成各种审计事项56个，审计金额达1.1亿元；接受委托事项96个，查证总金额1.4亿元，查出各种违纪金额664万元。1994—1996年，完成各种委托事项520个，查证总额7.9亿元，为委托单位挽回经济损失46万元，核减虚假注册资金260万元。1997—2000年，完成各种委托事项830个，查证总额达13.6亿元，查出各种违纪金额2460余万元，为委托单位挽回经济损失500余万元，核减注册资金960余万元，核减工程造价1000余万元，促进增收节支800万元。2001—2007年，完成各种委托事项1420个，查证总额达24.3亿元，查出各种违纪金额4260余万元，为委托单位挽回经济损失980余万元，核减注册资金1610余万元，核减工程造价2200余万元，促进增收节支1600万元。

第四节　经济责任审计

1988年，对造纸厂承包经营情况进行审计。1989年，对棉纺织厂、麻纺织厂、酒厂承包经营情况进行审计。1990年，对棉纺织厂、麻纺织厂、酒厂等88个单位进行第一轮承包经营终结审计。查处违纪金额339万元，促进增收节支23_万元，提出审计建议39条。1997年，对棉纺织厂厂长和部分乡镇干部实施离任审计。中纪委、省、地有关部门领导和新闻单位对单县离任审计工作进行专题调研，对单县离任审计工作给予充分肯定，并在《人民日报》、山东电视台、菏泽电视台进行专题报道。1998年，完成任职审计项目33个，审计查出违纪金额808万元。2000年，完成任职审计项目13个。2002年，完成领导交办事项30个，查出违规金额630万元。同年，审计局成立经济责任审计办公室，经济责任审计工作初步实现规范化。2003—2004年，完成任职审计项目41个，查出违纪金额2992万元。2005年完成经济责任审计项目16个，组织部门根据审计结果，对11人予以职务平调，5人晋升。2006—2009年，累计完成任职审计项目109个，查出违纪金额10478万元，管理不规范金额20241万元。2010年，完成任职审计项目28个，查出违纪金额3908万元，管理不规范金额5353万元。

1986—2010年单县审计局审计情况统计表

表11-3-1

年份	审计单位数（个）	查出违纪违规金额（万元）	应缴财政金额（万元）	实缴财政金额（万元）
1986	35	158	80	76
1987	32	145	107	19
1988	38	202	106	56

续表 11-3-1

年份	审计单位数（个）	查出违纪违规金额（万元）	应缴财政金额（万元）	实缴财政金额（万元）
1989	91	338	112	108
1990	93	443	114	94
1991	93	756	163	149
1992	78	795	163	103
1993	81	828	179	170
1994	102	896	167	164
1995	85	1995	140	138
1996	70	3325	309	307
1997	65	4086	229	229
1998	99	13826	188	149
1999	92	36378	207	153
2000	93	24740	130	105
2001	58	48114	140	138
2002	66	4930	202	200
2003	48	22399	62	50
2004	65	30200	135	134
2005	62	7727	120	118
2006	58	6600	102	98
2007	56	73240	623	541
2008	65	172286	1951	1885
2009	35	204030	743	597
2010	96	276099	2193	2193

第四章　物价管理

第一节　价格管理

商品价格调整与管理　1986年9月，根据国家物价局《关于放开七种商品价格的通知》精神，境内陆续放开自行车、黑白电视机、电冰箱、洗衣机、收录机、80支以上纯棉纱及其织物、中长纤维布等7种工业消费品价格。1988年，适当提高肥皂和洗衣粉价格。放开13种名烟、名酒价格。名烟有中华、云烟、玉溪、红塔山、红山茶、茶花、阿诗码等；名酒有茅台、五粮液、郎酒、泸州特曲、古井贡酒、洋河大曲等。国产彩色电视机价格上浮。同时对农膜、化肥、农药实行专营，非专营部门销售的碳酸氢铵、磷肥，一律交专营单位销售。农用薄膜零售价格以出厂价格为基础加11%。综合差率制订：农膜每吨6780元，地膜每吨7000元。从省外自行购进的农药，按进货价格加运杂费、保管费、采购人员的差旅费等直接费用，再加银行利息2%，合理损耗最高不超过1%和5%的手续费核定销售价格。弥补并解决了计划内农药的不足、价格不一、不便进行管理的问题。1990年，较大幅度提高油脂、油料定购价格。花生油每50公斤提高47.1元，精炼棉籽油提高44.5元。以销定购的豆油收购价格，每50公斤提高50元，大豆提高10.50元。提价幅度是新中国成立之后最大，对缓解供需矛盾、促进油料生产起到积极作用。1997年，加强对照明电、自来水、教育、医疗、公交、房租等与居民生活关系密切，以及具有垄断性的商品价格和服务收费的管理。加强对土地价格、商品房价格的管理，搞好房地产价格评估，严防搭车涨价。开展涉农产品的价格管理以及涉农收费管理，制止侵害农民利益的乱涨价、乱收费行为，解决农产品收购、农业生产资料供应和农业用水用电等农民反映强烈的乱涨价和压级压价问题。1998年5月1日，《中华人民共和国价格法》颁布实施，物价管理开始走向法制化、规范化。2002年，加强对通讯、电力、药品、自来水等居民生活必需品价格的调整和监管工作，特别是在药品集中采购方面，有效制止某些医疗服务行业靠提高药品差价保工资养人行为，扼制在药品购销当中靠回报谋私利、吃回扣等违法行为。通过对调控价格的监管，确保实现2002年度调控目标。全年居民消费价格总指数为100.8，比上年同期上升0.1，市场物价呈小幅回升态势，全县价格总水平相对稳定。2003年，配合“非典”防治工作，抑制相关商品和服务价格上涨，对各种药方配制的中药，实行最高限价管理，凡境内零售药店和医疗机构销售按各种药方配制的中药，每副零售价格最高不超过9元；代煎剂每副零售价格最高不超过12元。凡是属于政府指导价和政府定价的与防治“非典”相关的商品和药品、医疗服务，严格执行政府规定的现行价格。2005年，贯彻落实药品价格政策，降低部分药品价格，对山东朱氏堂医疗器械有限公司生产远外颈椎病贴等29种医疗器械的成本价格进行核定。制定菏泽交通集团单县汽车客运运价。同年，根据市物价局要求，在原来对农资价格监测的基础上，重点对化肥等农资市场批发、零售环节的价格进行监测调控，确保其销售价格的进销差率控制在规定的范围（20%）之内。

农村电价管理 1991年，对全县农村用户电价上调情况进行摸底调查，找准农村电价升高的原因，对电费价格及时调整。1992年，农村电价管理采取三项措施：严格电价政策，各用户均不得超过最高限价，把过高的电费价格降到限价以内；实行电费公开，采取三联单收费和三级张榜公布，提高电价透明度；严格收费手续，电工收电费严格使用三联单。1996年，简化电费收取手续，达到全县统一收费标准，执行农村用电综合电价，农村变压器的综合结交价为每千瓦时0.5828元。

1997年，针对农村用电管理混乱，电费电价管理制度落实不到位，低压设备缺陷，技术性损耗大，致使电价偏高的现象，建立健全各级管电组织，加强对村电工的管理，推行统一抄表、统一核算、统一开三联单、统一张榜公布、统一收费的“五统一”管理办法，同时降低用电损耗，降低农村电价。1998年，全县电价整改分安装集装箱、村电工统管和农村低压电网改造三步走。县政府下发《关于取消随电费收取的四项集资项目的通知》《关于进一步治理整顿农村电费电价的通知》，成立县管电委员会。经过电费电价整顿，全县实行电度表集装箱的用户达16万多户，占用电总户数的四分之三，黄岗、王小庄等乡镇全部实行集装箱微机管理和电工统管。全县每千瓦时平均电价基本降至1元以内，较整顿前平均下降0.41元。至2001年，居民照明电价每千瓦时降至0.67元。2010年，农业生产用电每千瓦时0.4955元，一般工商业用电每千瓦时0.7063元，居民生活用电每千瓦时0.5469元。

平抑物价 1987年，境内零售物价总指数为107.3%，超省定（104.3%）指标3%。1988年，境内零售物价总指数较上年同期上升11.4%。单县通过采取三项措施控制物价：加强市场物价的监督检查，坚决制止乱涨价，对计划内供应物资，严格执行国家规定的牌价，严禁计划内转计划外高价倒卖；对已放开的商品价格加强指导，对价格上涨过高的生活必需品实行最高限价；粮、棉、油收购同肥料挂购政策切实兑现。1989年，根据国务院、省政府严格控制物价上涨，使物价指数上升幅度“明显低于1988年”的要求，对县管新产品的定价，认真进行成本核算，合理确定价格。对企业要求提价的产品（商品），坚持未经国务院批准的不准提，无进货发票以及进货渠道不合理的不准提，对放开价格的重要商品，如名牌自行车、电风扇、电冰箱、黑白电视机、洗衣机等实行提价申报制度。在此前提下，调整部分商品价格和收费标准，如提高小麦、油脂油料、棉花、蚕茧、红麻等28种农副产品的合同定购价格。1994年，落实“自查从宽、被查从严、实事求是、宽严适度”的政策，对与人民生活关系密切的基本生活必需品和服务价格进行大检查，对物价违法单位和个人非法所得，能退还给购买者或用户的，限期退还，不能退还的，由物价检查机构予以没收，并根据情节轻重给予处罚。

1997年，把对市场物价影响大、国家定价及群众反映强烈的商品价格和服务收费价格作为调控的重点，跟踪监测。整顿农电价格，印发粮价改革政策，对农资部门外采化肥价格按保本微利的原则进行逐笔审批，并由专人负责对物价控制目标考核，对监测商品实地采价，按月汇总填报指数资料。1—12月，全县平均零售价格总水平比上年同期上升4.0%，涨幅比上年同期低4.1%，居民消费价格总水平比上年同期上升5.1%，涨幅比上年同期低6.4%，商品零售价格总水平和居民消费价格总水平全部控制在调控目标之内。

1998年，制定单县自来水价格的调整方案和市内公共汽车票价的定价方案。1—11月，全县零售价格总水平比上年同期下降0.3%，涨幅比上年同期低5%。

2006年，实施国家发展和改革委员会新修订的《政府制定价格行为规则》《政府制定价格成本监审办法》和《山东省政府制定价格成本监审目录》，规范政府价格管理行为。在实行政府定价、政府指导价和服务项目的价格调整过程中全面推行价格听证制度。2006 年单县自来水价格调整，2007 年，县二中、县五中教育学杂费收费标准调整均召开了价格听证会。

2008 年，“三鹿”牌婴幼儿奶粉重大安全事故发生后，单县下发《关于切实加强奶粉、液态奶价格监管，维护市场稳定的提醒函》，加强市场价格监管，保护消费者和经营者的合法权益。2009 年，按照政府应对突发事件的相关要求，及时启动应急预案，实行防范甲型 H1N1 流感相关商品价格巡查制度，充分运用调查、提醒、告诫、劝阻、发放价格自律告诫书等多种方式，稳定防治甲型 H1N1 流感相关商品的价格。

2010 年，单县是乡镇医疗机构实行基本药物零差价试点县。为确保乡镇医疗机构实行基本药物零差价工作的顺利开展，采集药品 3000 余种和批次，掌握第一手价格资料，为省物价局在单县的试点工作提供了基础数据。

第二节 价格鉴证

单县价格鉴证始于 1997 年，主要开展涉案物品价值认定、物品价格评估工作和提供价格咨询服务。1998 年，开展国家执法机关、行政部门及社会组织和其他企事业单位委托的赃物、纠纷物及无形资产的评估等工作。1999 年后，业务范围逐步向交通车损、旧机动车评估、银行抵押物、法院理赔、索赔价值等领域扩展和延伸。当年共办理各种价格事务 66 起，认定金额 130 万元，咨询服务 130 多人次，市场覆盖山东、河南、安徽、江苏等省，为司法机关提供了法律依据。2000 年，开展企业破产涉及物品的价值认定工作，对单县华东实业总公司、单县农机综合公司破产涉及物品进行价值鉴定。认定农机小型配件 2489 种，家电 2179 台，存货 100 余种，大型固定设备 15 台架，认定物价值 127 万余元。2002 年 9 月，《山东省涉案物品价格鉴证条例》实施后，相继开展法院受理的企业破产、民事纠纷案件所涉及的资产价格认证，交警队交通事故车物定损，银行以物抵债及烟草价格鉴证等。全年共受理案件 376 件，认定金额 318.29 万元；认证 15 件，认证金额 61.8 万元。2003 年，成立旧机动车辆交易价值评估办公室，开始对旧机动车辆交易价值评估。至 2005 年，相继开展涉案资产价值认定、交通肇事车物损价值认定、贷款抵押物价认证、企业破产价值认定、定调价可行性论证及成本预算；罚没物、应税物、信访案件价格纠纷物、开发区项目用地地面附属物、城区道路建设用地、房屋拆迁价格认证等业务。该年，共办理价格鉴证案件 1500 余起，鉴证总金额 8500 万元。2008 年，县物价局被国家发改委命名为“国家级认证机构规范化建设达标单位”。2009 年，先后对开发区建设项目——蔡堂制衣、天舜新型建材、张黄庄纺织、家佳美家居广场及新增 4 条道路地面附着物进行认证评估。同时，对因化工园扩建需搬迁的亚威板纸厂、江北莲花商砼、鲁顺康醒等 8 家企业的厂房、机械设备及新址地面附着物进行认证。全年共认证项目用地地面附着物金额 1.7 亿元。

2010 年，全年共出具开发区项目用地地面附着物认证书 986 份，认证金额 1.37 亿元。小城镇和新农村建设出具认证书 486 份，认证金额 7000 余万元。

第三节 收费管理

1987 年 8 月，重点开展对行政、事业性收费的清理整顿工作。1989 年，对全县 26 个系统、176 个单位核发收费许可证。清理收费项目 846 项。10 月 1 日起，使用由财政局统一印刷的收费票据。1992 年 7 月，根据省物价局《关于换发收费许可证的通知》精神，原收费许可证统一换发为行政事业性收费许可证或临时收费许可证。8 月，先后分六期举办全县行政事业性共 36 个系统 410 个单位收费执收人员培训班。参训人员经考试合格后，颁发收费员证，执收人员持证上岗。

1993年，行政事业性收费实行年审制度。年审工作从每年3月份开始，审查上年度或本年度收费执行情况。至1994年，分三批取消公安、劳动、人事、交通、民政、城建、电力、教育等部门不合理收费项目。1994年4月，实行亮证收费和挂牌服务。1997年3月，全县统一换发收费许可证。在换发新证中，共审核各种收费项目标准1.8万项次，审出应废止项目6项，变更调整项目8项，办理收费许可证518个。收费许可证年度审验工作采取与财政局预算外、物价检查所联席办公的方法，对执收单位的收费项目、标准、支出及票据使用情况进行全面审验，共审验收费金额3800万元，其中违价金额100多万元。1998年，印发《单县收费管理办法》，实行进企业收费"两证、一书、一卡"制度，规定进企业收费的单位必须到物价局办理进企业收费批准通知书，持收费许可证、收费员证进行收费，收费需填写企业交费登记卡由企业定期报收费管理办公室审核。2001年，推行收费公示制度。首批推出公安、交通、民政、计生等14个在社会上影响较大的系统和单位，作为收费公示工作的示范单位。全县做公示牌78个，公示项目2676项，执收的重点项目、标准公示率达85%。2003年，在上年收费公示的基础上，对全县各个单位的收费项目和标准进行逐一核对，编制成册，通过单县电视台公示和在县城各主要街道及公共场所张贴，扩大公示范围，增强收费工作的透明度。在防治"非典"期间，根据省、市物价局指示精神，对部分行业减免行政事业性收费，5月9日至9月30日，对餐饮、旅店、旅游、娱乐、集贸市场、公路客运、出租汽车行业，全部免征企业注册登记中的年检费、排污费、卫生质量检验费、预防性体检费、疫情处理费。2005年，收费审验依据国家规定的收费项目、收费标准，审总账，对分账，查凭证，核小票，共审验收费许可证481个，审验收费项目标准16897项次，审验收费金额7671万元，其中违规收费金额223万元，吊销收费许可证7个，取消收费项目9项，变更收费标准218个。全年办理收费许可证315个，培训65个单位收费人员180人。2006年，取消和降低针对出租汽车的公路客运附加、治安联防等6项收费项目和标准。严格义务教育"一费制"管理办法，落实农村义务教育收费减免政策。2008年，针对开发区各类企业的应缴费情况，编印《单县开发区企业现行收费项目标准手册》200本，免费发放到开发区各企业。制定《优化经济发展环境，变进企业收费为企业缴费实施方案》。2009年，共审验收费许可证258个，审验收费标准3563项次，收费额9780多万元。撤销收费许可证2个，取消收费项目52项，降低收费项目8项，调整收费项目28项。通过《单县声屏报》公布国家取消和停止征收的100项、省取消的74项收费项目和收费标准，并及时办理收费许可证的注销和变更手续。2010年，审验收费许可证238个，审验收费标准3215个次，收费金额9890多万元，撤销收费许可证1个，取消收费项目2项，调整收费项目9项。

第四节　物价监督检查

1986年，重点检查群众意见大、人民生活关系密切的电价收费，夏粮征购、棉花收购中的压级压价，名烟、酒类等日用工业品价格，彩电等高档消费品的价格和医疗收费等。全年共查处违价案件584起，罚没款21.33万元。10月，开始实行三色标价签。规定凡是经营商品的国营、集体单位和有固定商铺的个体商户，必须实行三色标价签。凡属国家定价、不准变动的用红色标价签，国家指导价用蓝色标价签，市场调节价商品用绿色标价签。改革和完善明码标价制度，便于群众选购和监督物价执行情况，1987年，物价检查重点是群众反映强烈，同国计民生关系密切的生活必需品、高档耐用消费品、工农业生产资料和重要的非商品收费等，共查处违价案件293起，罚没款42.2万元。1987—1993年，共开展物价检查1500余次，查处单位300余个，个体500余户。1994年，企业、行政事业单位和个体工商户，在其收购、销售商品或收取费用时，实行明码标价制度。从事批发、零售业务的，实行商品标价签，凡提供有偿服务的单位和个人，均在其经营场所或交缴费用的地点醒目位置公布其收费项目明细价目表。1997年春，对全县27处基层供销社经营的化肥、农药等生产资料价格进行检查，共查处价格违法行为30余起，违价金额3.5万余元，收缴入库2.1万元。夏粮征购期间，对全县粮食系统夏粮征购情况进行全面检查，查处压级压价情况，罚款5万余元。同年，根据省委书记吴官正的批示，按照省物价局《关于立即在全省开展中小学收费专项检查的通知》精神，采取集中调账、边检查边处理的办法对全县164所学校进行全面普查，共查出非法收费624万元，退还学生家长11万元，收缴入库84.21万元，制止学校乱收费行为。1998年5月1日，《中华人民共和国价格法》实施。当年共查处各类价格违法案件585起，查出违价金额372万余元，收缴财政110.3万元。1999年，以涉农检查为重点，对全县27个供电所、185个新农电改造村进行检查，使农电价降至每千瓦时1元以内，全年减轻农民不合理电费支出3200万元。春耕、秋种时对涉农物资价格进行检查，规范农资价格秩序。夏粮征购期间进行粮价专项检查，共查处11个单位，违法金额12.5万元，收缴财政3万元。针对交警、环卫部门收取农用三轮车费用进行检查，查处乱收费行为。2000年5月，单县物价局物价检查所被国家发展计划委员会授予“规范化基层物价检查所”称号。2003年，在全县开展涉及“非典”相关商品和服务价格的专项检查，检查范围为所有相关生产经营单位。2005年，对全县医疗服务及药品招标代理机构进行检查，共查处价格违法案件18起，查处违法所得14.6万元，收缴财政3.99万元。2007年，粮、油、肉等食品价格波动较大，为防止出现通货膨胀及哄抬物价等价格违法现象，对县城几大超市进行检查。针对成品油、液化气价格上涨，且出现柴油供不应求现象，立即派检查组进行检查，并将检查情况通过日报、月报上报上级业务部门，为领导科学决策提供可靠依据。2008年，实行价格临时干预措施。春节期间，猪肉价格上涨，引发生活必需品价格上涨过快。对全县市场与群众生活密切相关的食用油、猪牛羊肉、牛奶、方便面、液化气等商品实行价格临时干预措施，并对全县几大超市和部分其他经营网点进行检查，同时实行商品提价备案制度，遏制春节期间市场物价过快上涨的势头，保证市场物价基本稳定。2009年，针对实行新农合以后，部分医疗机构擅自提高药品和医疗服务收费价格，对全县医疗服务机构及药品销售点进行检查。对查出的药品价格超差率、医疗服务收费中的自立项目、自定收费标准以及提高收费标准进行严肃查处。2010年，围绕全县社会关注的价格热点难点问题，加大监管力度，全年共检查收费单位38个，查处违法所得金额1323万元。

第五章　工商行政管理

1986年，工商行政管理的职能是管理集贸市场、规范市场交易行为和登记注册管理工商企业、个体工商户。1992年后，工商行政管理逐步转变为用法律、行政手段对市场进行宏观调控和规范化管理。1998年，工商行政管理实行垂直管理，人、财、物上挂到山东省工商行政管理局，实行“分级管理、以条为主、条块结合”的垂直管理体制。至2010年，工商行政管理范围扩展到监管生产、交换、消费各个领域，涉及国有、集体、个体、私营、外商投资等多种经济成分和工业、农业、建筑业、贸易业、服务业等各个行业。

第一节　工商企业登记管理

1985年，国家工商局颁布实施《工商企业名称登记管理暂行规定》《公司登记管理暂行规定》，县工商局对全县工商企业进行全面登记发证，建立“企业经济户口”，工商企业开、歇、并、转、迁，必须向工商行政管理部门办理变更登记手续。至1987年年底，全县登记发证的国营集体工商户2031户，从业人员53514人，个体工商户5578户，7231人。1988年，国务院颁布实施《中华人民共和国企业法人登记管理条例》，国家工商局颁布实施《中华人民共和国企业法人登记管理条例实施细则》，单县工商局对全县具备法人条件的企业换发企业法人营业执照，不具备企业法人条件的换发营业执照。同年，县工商局贯彻《中共中央、国务院关于清理整顿公司的决定》，成立专门清查班子，对全县93家公司进行清理整顿，撤销26家，变更经济性质2家，变更经营范围12家，办理人财物脱钩手续的2家。1993年，根据《中共中央、国务院关于进一步清理整顿公司的决定》，对64家公司重新进行清理整顿，清查出不符合条件的15家，党政机关办的3家，经营重要生产资料的20家。2002年，县工商局将内设机构个体股、企业股合并成企业注册分局，负责全县个体工商户、各类企业的注册登记工作，并进入县行政审批中心办公。同时启用新版营业执照。2003年，个体工商户登记权限下放到各工商所。2004年，基层工商所建立经济户口，对企业实行属地监管。2005年，县工商局发出单县工商局招商引资服务年承诺书，加大红盾帮扶、服务招商引资工作的力度，提出“两全一亲”工作思路，即凡招商引资企业需到省、市局办理登记注册的，由县工商局企业注册局派员全程陪同办理；凡县镇招商引资企业需到县局办理注册登记的，由工商所派员全程陪同办理；实行亲情服务、延时服务，公布服务电话，并24小时开通。当年有单县佳裕电器有限公司等10家企业冠以省级名称。通过延时服务、并联审批，帮助310家企业办理注册登记。服务热线提供咨询服务1110多次。

2006年，工商部门审批收费全部进入县行政审批大厅，实行全天候、全过程亲情服务，注册登记实行一审一核制，只要手续齐全，当天受理、当天发照。企业年检开始推行网上年检。至年底，办理全县内资企业1266家，其中，国有企业274家，集体企业748家，公司244家。2009年，开展企业大走访活动，共走访企业150家，征求意见和建议200条。开展上门服务、预约服务、外出办公共计16次，帮助企业现场办理股权登记转让和变更登记13次，陪同企业到省、市局办理登记32次。全县新增内资企业45家。2010年，全县工商系统服务窗口围绕招商引资工作，落实“一条龙”服务措施，全县大项目企业增加到290家。发展农民专业合作社170家，农村经纪人350人，帮助企业和农户签订订单合同535本。

第二节　经济合同管理

1986年，县工商局对经济合同管理比较单一，主要解决合同纠纷和合同签证。1987年，建立全县经济合同管理网，县政府成立经济合同管理领导小组，县工商局成立经济合同管理委员会，配备合同管理员108人。当年，共举办《中华人民共和国经济合同法》培训班4期，参训人员240人次。1988年、1989年，举办企业负责人和合同管理人员培训班、学习班8期，参加企业30家、500多人次。印发《中华人民共和国经济合同法》宣传材料5000余份。1990年，推行规范合同文本。1991年，开展省级“重合同，守信用”企业认定。1996年，举办《中华人民共和国担保法》培训班5期，参加人员400多人次。1999年，《中华人民共和国合同法》颁布实施。出动宣传车150台次，印发宣传材料3000余份。组织培训班3期，参加人数141人。2003—2005年，开展“订单帮扶”农业工作，查处利用订单和农资购销合同损害农户和涉农企业合法权益的欺诈行为，共规范涉农合同文本1100份。通过帮扶，至2005年，培育有竞争优势和带动能力的龙头企业71家。2006年，全县共评出“重合同、守信用”企业省级10家、市级13家。2007—2010年，加大全县诚信体系建设力度，开展“三押一推”（股权质押、动产抵押、商标权质押和推荐诚信文明企业）助企融资活动。2010年，帮助企业融资9.16亿元。评出市级诚信企业100家，文明诚信企业标兵20家，文明诚信个体工商户100家。累计培育国家级“守合同、重信用”企业10家，省级123家，市级108家。

第三节　商标管理

商标注册　1991年前，商标注册实行核转制度，全县商标注册通过县工商局核转注册的商标共82件。至1994年，全县共有注册商标140件，主要涉及糕点、饮料、白酒、电工、机械等行业，居菏泽地区第二位。同时建立商标验证和注册商标备案制度。1994年7月，国家工商行政管理局《商标代理组织管理暂行办法》发布实施，商标注册实行代理制。1997年，单县在省注册商标176件。1999年，在省注册商标207件。2000年后，人们的注册商标意识不断提高，商标注册数量迅速增加。2003年，山东百寿坊食品有限公司的“百寿坊”商标被评为山东省著名商标。2004年，山东四君子集团有限公司的“四君子”商标被评为山东省著名商标。2005年，全县注册商标近300件，涉及食品、饮料、白酒、木材加工、农副产品、餐饮、服务等10余个行业。仅单县羊肉汤馆就有“三义春”“三盛和”“文义和”3家注册。2007年，“四君子”商标被认定为全国驰名商标，山东湖西轴承有限公司“湖西王”商标、山东省单县化工有限公司“尚舜”商标被认定为山东省著名商标。2008年，帮助企业注册商标15件。至2010年，全县共注册商标755件，其中全国驰名商标1件，山东省著名商标4件。

商标监管　1987年，查处制假窝点7处，没收假白酒4000公斤。1994年，开展商标侵权专项整治，查处假白酒2800瓶，香烟1000余条；商标侵权糖果纸100公斤，假冒商品价值40万元。2000年，立案查处商标侵权案件8起，罚没款4万元。2005年，查处商标侵权案件37起。2009年，查处商标违法案件11起，扣留商标侵权商品475件，没收商标标识36100件。

2010 年单县省著名商标、全国驰名商标一览表

表 11-5-1

品名	商标	单位	认定及复审时间	类别
肉、肉汤	百寿坊及图	山东百寿坊食品有限公司	2003 年认定 2006 年、2009 年复审	山东省著名商标
轴承（机器零件）、机器轴、滚珠轴承	湖西王及图	山东湖西王集团	2007 年认定 2010 年复审	山东省著名商标
硫化剂、橡胶化学增强剂、促进剂	尚舜化工及图	山东省单县化工有限公司	2007 年认定 2010 年复审	山东省著名商标
四君子酒	—	山东四君子集团有限公司	2007 年 10 月认定	全国驰名商标
牛奶制品	莱河及图	山东莱河乳业有限公司	2008 年认定	山东省著名商标

第四节　广告管理

1984—1988 年，共审查文字广告 332 份，其中，广播广告 300 份，电台广告 2 份，报纸广告 20 份，邮寄广告 10 份。1988 年，在城区建立“广告一条街” 2 个、“广告群”1 个、广告栏 5 个，监制墙壁广告 100 平方米、路牌广告 16 块。同年，县工商局下发《关于加强城镇广告管理的通知》《关于认真做好企业广告宣传工作的通知》，除鼓励企事业单位和个体工商户发布广告外，要求广告需向县工商机关申请登记，获得“广告张贴许可证”后，方可到广告栏内张贴广告。1991 年，建立户外广告登记台账，审查户外广告 33 条次。1994 年，在城区主要街道设立户外广告栏 6 处，清理乱张贴广告 2000 份。2004 年，对全县范围内经营单位进行摸底普查，督促 4 家广告经营企业、16 家个体经营户建立广告承接登记台账，实行广告承接审查制度。2005 年实行户外广告网络统一登记，审查户外广告发布申请 700 份，核准发布户外广告 620 份。查处擅自发布广告 23 条，拆除户外广告 14 条次。共检测各类电视广告 1200 条，发现涉嫌违法广告 140 条，发出限期整改通知书 6 份，责令改正 100 次。2008 年，重点查处虚假广告行为，共查处违法发布医疗广告案 3 起，查处非法印刷的医疗广告 7000 张。2009 年，跟踪监测媒体广告 513 条次，检查广告经营单位 160 家，查处虚假广告案件 11 起。2010 年，检查广告经营单位 220 家，查处虚假广告案件 10 起，罚款 5 万余元。

第五节　市场监管

集贸市场管理　境内集贸市场交易商品主要有农副产品、工业品、日用商品等。随着个体手工业、服务业户不断增加，坚持“管而不死、活而不乱”的方针，引导和规范全县集贸市场。1987 年，全县有 51 处集贸市场。集贸市场管理采取“分行划市、编号定位、对号入市、亮证经营”的管理办法，并开展“五好市场”创建活动，当年有 8 处市场被评为“五好市场”。1988 年，全县集贸市场落实“三定”（定人员、定岗位、定任务）、“五包”（包管理、包卫生、包宣传、包服务、包秩序）责任制，要求市场管理达到分行划市清楚，摊位摆放整齐，明码标价，公平交易。各集市均设立公平尺、公平秤、服务台，专人值班。1990 年，全县有 15 个集贸市场被评为“五好市场”。1991 年，全县集贸市场增加到 59 处，其中，年上市 10 万人以上的有 10 处，5 万人以上的有 12 处，5000 人以上的有 37 处。其中，湖

西市场为钢架、玻璃钢瓦全封闭专业批发市场。1993年，全县市场管理以治理“脏乱差”为重点，对城区和重点市场综合整治，规范市场交易行为，打击强买强卖、掺杂使假、缺斤短两等市场违章行为，保护消费者和上市群众的合法权益。1995年，投资90万元对湖西市场进行二期改造，建木板房80间，硬化路面面积1000平方米。1997年，开始受理市场开办、变更、注销登记手续，符合条件的颁发市场登记证，并对领取市场登记证的市场实行年度检验。在市场管理中，推行市场巡查制。1998年，有9个市场被评为文明市场，其中湖西市场、南郊市场被评为省级文明市场，其余7处市场被评为县级文明市场。1999年，全县有各类市场63处，其中，专业批发市场11处，综合市场5处。市场管理实行市场预警制，全年共发出市场预警通知书15次。2000年，全县市场管理实行市场监督公示制和执法不作为追究制，做到分工清楚、职责明确，实现市场管理的经常性和有效性。2004年，县工商局购置检测车和检测设备，对全县农贸市场的蔬菜、米、面、豆制品等农产品的有毒有害物质进行定期不定期抽查，及时下达市场预警，并向县政府上报行政建议。2005年，黄岗市场被评为省级文明市场。2008年后，取消集贸市场收费，工商人员主要工作是集贸市场管理，治理集贸市场“脏乱差”、市场外溢和市场占道。先后对3处市场进行改造整治，向占压国道、省道的市场所在乡镇党委政府提出搬迁建议。2010年，全县各类市场68处，其中工业品市场8处，消费品市场60处。

重要商品市场管理　*粮食市场管理*　1987—1997年，全县粮食市场关闭。1987—1990年，共查处倒卖粮食案件10余起，罚款105万元。1991年后，撤销粮、棉、油检查站，由原来上路堵查改为集中经济检查和监督。至1995年，共查处倒卖粮食案件17起，罚款20余万元。1996—1997年，共查处非法经营粮食50余吨，罚款24万元。1998年6月6日，国务院颁布实施《粮食收购条例》。在实行粮食准运证的基础上，粮食产销单位可以利用自己的优势开展代购、代销、代储或联合经营。凡具备合法粮食经营资格者可以跨地区到产粮地区委托收购农民的余粮，但必须建立粮食加工（或购销）企业收支总台账、粮食构成明细账、代农加工代农储存台账。具有增值税、一般纳税人资格的粮食经营加工企业销售粮食时，一律使用七联增值税专用发票，对跨县市运销小麦、玉米的必须持有随货同行联（承运联），否则视为非法贩运，工商机关没收粮食，并按照规定予以处罚。对入市收购列入保护价收购范围粮食的国有和其他企业，实行粮食收购资格证，按规定收购粮食，否则，要严查重罚，工商部门收回粮食收购资格证，取消粮食收购资格，并吊销营业执照。1995—1998年，共查处非法收购粮食案件30余起，依法查处非法粮站（点）13个，罚款11万余元。1998年后，国务院确定三项政策，粮食流通体制发生变化。粮食收购渠道逐步拓宽，销售市场完全放开，国有粮食购销企业实行自主经营，自负盈亏。实行粮食准运制度。1999—2003年，共办理粮食收购营业执照200余份，查处非法收购粮食案件160余起，罚款80万元。2004年5月，国务院《粮食流通管理条例》颁布后，单县重新确定粮食（指小麦、玉米、稻谷、杂粮及其成品粮）收购资格，办理营业执照，督促饲料、工业用粮企业建立经营台账，同时规定陈化粮管理办法。取消粮食准运证、粮食备案证、代农加工代农储存台账、粮食加工或购销企业收支总台账等，改由工商部门发放粮食资格证书，县级粮食主管部门颁发粮食收购许可证。

棉花市场管理　1986年，国家对棉花购销实行统一经营，统一质量标准，统一由供销社经营的政策。1987—1989年，棉花调运实行准运证制度。全县设立终兴、朱集、蔡堂、黄岗、郭村、单城镇等8个棉花检查站，严禁棉花外流。其间，取缔棉花市场3处，查封小轧花车8套，查处非

法倒卖棉花100余吨。1990—1998年，增设张集、终兴、马楼、蔡堂、朱集、杨楼、罗庄、黄岗、李新集、高韦庄等10处棉花市场临时检查站，查扣非法外流棉花300余吨，处理非法经营棉花案件150余起。1999—2001年，加大棉花市场管理力度，罚款20万元，查封土打包机、小轧花机4台，取缔不法棉贩86个，查获籽棉7吨，皮棉5吨。2002—2004年，棉花收购加工须持有省级部门核发的棉花收购加工资格认定书，并到工商部门办理营业执照后方可经营。全县有棉花收购加工资格的国有棉花加工厂6个，私有棉花加工厂16个。其间，查处无照擅自收购棉花个体和单位80余户，罚款50余万元。

成品油市场管理　1986—1993年，主要对成品油批发、零售企业和专项用油进行管理。取缔私人加油站（点）13个，立案10起，依法没收成品油13吨，罚没款2.5万元。1994年8月，山东省人民政府关于印发《山东省原油成品油流通体制改革实施办法》的通知，对成品油流通体制实施改革。规定炼油厂不得直接向市场销售成品油，经营成品油必须具有危险化学品经营许可证。单县依法规范成品油经营行为，打击成品油经营中无照经营、走私贩私、缺斤短两、掺杂使假等违法经营行为。2002年后，依据国务院办公厅《关于开展加油站专项整治工作的通知》精神，对成品油市场坚持整治与发展并重，严格市场准入和备案制度，对未经批准擅自设立的加油站，以及非法占地、违章建设的加油站（点）一律关闭；对取得成品油零售经营批准证书和营业执照的，经检查存在安全隐患整改后仍未达到规定的加油站一律关闭；对掺杂使假、无照经营的加油站，坚决予以取缔。建立成品油备案制度，每个加油站均悬挂商品备案登记表，标明商品名称、产地、油品标号、供货单位、进货时间、凭证编号及进、销货台账，工商部门对全县加油站进行定期不定期抽查，并建立成品油市场举报电话18处。该年，取缔加油站2处，无照加油站点23处，查处劣质成品油60余吨，罚款50余万元。

农资市场管理　1986年前，农资由供销系统专营专供，县工商局主要负责办理农资经营企业的营业执照，为农资企业办理开业、变更、注销等手续。1987年后，对全县农资经营加强监管，严查农资经营中的投机倒把行为。1988年，查获劣质化肥600余吨，假冒六六六粉农药72吨，久效磷等农药32951瓶。1990年后，农资市场逐步放开搞活，县工商局监管重点为打击制售假劣农资、保护农民合法权益等。1995年，工商、公安、物价、技术监督、供销等部门，联合对全县农资经营单位进行清理整顿，清理出不具备农资经营资格的企业25家，查获假劣农药、化肥250吨。1996年4月，农业部、国家工商行政管理局《农作物种子生产经营管理暂行办法》发布实施后，单县对农作物种子实行许可经营。1997年，加强种子市场管理，严格执行农作物种子“三证一照”（农作物种子生产许可证、农作物种子经营许可证、农作物种子质量合格证和营业执照）制度。1998年，对农资经营实行统一进货、统一报价、统一调拨、统一核算，并推行农资供货信誉卡制度，稳定农资市场秩序，保证农资市场供应安全。2000—2004年，每年开展“打假保农耕、打假保秋种”农资市场专项整治活动，共查处假劣化肥900吨，农药100吨，种子20吨。2005年，建立健全农资监管制度，农资经营业户进出有台账，流向清楚，责任明确。并在全县开展“红盾护农”行动，查处假劣农资案件50起，查获假劣化肥300余吨，农药1500瓶，种子2000公斤，劣质农膜5000公斤。2007年，在农资市场监管中落实“两账、两票、一书、一卡、一留样”（“两账”即进货台账、销货台账，“两票”即进货发票、销货发票，“一书”即工商部门与农资经营户签订的责任书，“一卡”即经营者发放的销货信誉卡、“一留样”即同批次农资商品留样品备查）制度，全年进行5次专项检查整顿活动，出动执法人员526人次，出动车辆63台次，检查农资经营企业26家，个体工商户52户，查处化肥、农药、种子违法经营案件36起，查获不合格化肥70吨，种子800公斤，查处和取缔无照经营农资4户。2010年，依法对全县农资经营主体资格进行全面清理，坚持从农资商品源头监管为基础，侧重从规范农资经营登记注册向农资信用体系管理转变，推行农资网格监管工作模式，落实定片区、定人员、定责任、定目标的“四定”工作制度。县工商局与工商所，工商所所长与监管工作人员层层签订农资监管责任书，工商所与辖区农资经营户签订农资诚信经营承诺书，做到“监管不断层、责任不缺失”，全年共查处农资违法案件154起，扣留封存假劣化肥87吨。

机动车管理　1989年，成立单县工商局车管所，当年办理个体临时营业执照240个，办理国有、集体从事营运的营业执照300个。1999年起，将打击假农机配件的不法行为作为打假护农活动的重点，当年出动执法车辆300余台次，共检查农机配件门市260户，查扣伪劣农机配件1500余件。2004年，在县个体劳动者协会的指导帮助下，成立单县个体劳动者协会运输分会，在全县运输行业举办“文明标兵车”评选活动，共评出“文明标兵车”20户，颁发铜质奖牌。单县电视台、《单县声屏报》《山东省个体私营经济导刊》予以报道。2005年，办理全县个体运输户临时营业执照2000个。2005年后，个体运输户登记呈逐年下降趋势。2010年，办理全县个体运输户临时营业执照1000个。

第六节　经济检查执法

1986年，经济检查以打击投机倒把案件为重点。除各工商所每月对辖区进行一次检查外，县工商局组织全县范围的大检查7次，查处违法案件24起，违章案件889起。1987年，加大经济检查工作力度，组织全县大规模经济检查12次，专项检查7次，处结投机倒把案件34起，查获物资折款50多万元。1994年，落实《中华人民共和国反不正当竞争法》《山东省惩治生产、销售假冒伪劣商品违法行为条例》，开展打击制假售假、坑害消费者的违法行为。全年开展大规模经济检查10次，查处经济违法案件50起，罚没款10万元。1998年，开展“公平交易执法年”活动，县政府成立公平交易检查领导小组，捣毁制假窝点2处，查处不正当竞争案件6起。2001年，开展“打假保平安、打假保农业、打假保健康、打假保名优”等专项整治。全年查处不正当竞争案件53起，其他案件27起，总案值400万元。2002年，开展集贸市场专项检查，净化市场环境，重点查处食品、药品、家用电器、农资等与人民群众息息相关的行业和商品。2003年，开展抗击“非典”商品市场专项治理，加大餐饮服务行业的检查力度。2005年，重点开展打假维权活动，查获假劣白酒1.4万瓶，假烟4500条，不合格啤酒1.2万瓶，病死畜禽2500公斤，劣质饮料900箱。2006年，重点查处商业贿赂案件，检查企业30多家，查处涉案线索2起，立案1起。2007年，整顿和规范市场秩序，相继开展无证液化气站点、黑网吧清理和小污染企业专项治理，关停无证照液化气站点9个；取缔黑网吧2家，查扣电脑10台；取缔小造纸、小化工厂4家，蒜干厂18家。2010年，坚持创新执法模式与构建长效监管相结合，实现发挥职能、工作职责、监管力度三个到位，办理各类案件2419起。

第七节　消费者权益保护

2000年6月，县工商局在经济检查所开通“12315”申诉举报电话。2001年5月，县工商局成立消费者权益保护科（简称消保科）和“12315”申诉举报中心。消保科与消协合并办公，其职责是依法保护消费者合法权益，组织查处侵犯消费者合法权益案件，指挥调度“315”投诉举报网络的运行，受理消费者投诉举报。当年，共查处侵害消费者权益案件10起，案值16.7万元。受理消费者申诉案件8起，调解成功1件，为消费者挽回经济损失6.2万元。2005年，开展“12315”进农村、进社区、进学校、进商店、进超市的“五进”活动。同时将国家工商行政管理总局制定的《工商行政管理所食品安全监督管理工作规范》印成手册，发放到各工商所，人手一册，要求每个工商人员按照《规范》要求开展食品安全日常监管。当年受理消费者咨询申诉举报电话256次，其中咨询类204次，申诉类32次，举报类20次，处结率98%。全年查处侵害消费者权益案件18起，案值20.5万元，罚款17.5万元。实施食品放心工程，成立由县工商局长任组长、其他党组成员和科室负责人为成员的食品监管领导小组，制定《单县工商局重大食品安全事故应急预案》《单县工商局食品安全监管责任追究暂行办法》。2007年，把食品安全整治工作作为“一把手”工程，采取局长分片把关、科室包所、工商人员包户的方法，食品安全整治落实“四制”（从业人员登记制、市场属实证明制、散裸食品标牌公示制、一户多档制），悬挂宣传条幅220条，印发明白纸7200张，播发公益广告25条次，帮助1200多户小杂店、食品店、超市建立“台账”，完善索证索票制度。取缔无证经营568户。检查集贸市场58处，超市49家，食品经营户1259户，立案查处5起，实现有照经营、食品经营户进货台账、散装食品标牌公示三个100%。2008年1月，单县工商局代表菏泽市工商系统接受山东省工商行政管理局组织的“四制”检查验收，获得较好成绩。2009年，落实“四制”“账票合一”制度，实行食品网格化监管，实现食品监管关口的前移。帮助企业和商户建立购销台账2200余份，返厂问题食品760件，下架乳制品3吨，查扣不合格食品1750公斤，办理流通领域食品经营许可证519个。同年，建立“12315”投诉网点62个，受理各类投诉2367起，处结2286件。调解各类消费纠纷323起，为消费者挽回经济损失49万元。2010年，以工商所为单位，推进食品监管和市场监管四项制度规范化、精细化，完善经济户口网络建设。规范食品经营企业和商户经营行为，构建食品安全监管五结合工作模式。全年帮助企业和商户建立购销货台账2.5万册，返厂问题食品430件，下架乳制品200箱，查扣不合格食品980公斤，取缔无照经营作坊5家，办理食品类违法案件13起。全县“12315”维权联络点263个，处理消费者投诉46起，提供案件线索38条。“12315”咨询服务提供咨询200次，受理消费者投诉、举报125起，其中投诉44件，举报81件，为消费者挽回经济损失8.5万元。

第六章　质量技术监督

第一节　标准化管理

1984年，单县开始开展标准化工作。1986年后，通过加强产品质量监督检验，带动标准化工作开展，重点对库存标准文献进行清理、分类、归档。1989年4月1日，《中华人民共和国标准化法》颁布实施。单县在宣传贯彻《标准化法》的同时，主要开展对全县所有企业执行原山东省鲁Q标准、原菏泽地区标准等地方标准的清理整顿工作，帮助县水泵厂、电线厂等企业转化、制订企业标准7个；先后举办《工业企业标准化》等标准化培训班19期；宣传贯彻GB7718《食品标签通用标准》等国家重点标准37个；为企业培训标准化技术和管理人员800多人次。1990年，帮助企业制订标准34个，全县有两种产品采用国家标准并验收合格。县属企业标准覆盖率达到95%，乡镇企业重点产品标准覆盖率达80%。1994年，推动企业采用国际标准和国外先进标准，共有5家企业7种产品采用国际标准或国外先进标准，并验收合格。其中，县文体用品厂制订的《羊肠线标准》获得省采用国际标准先进奖（三等奖）。1995年，开始实行企业产品执行标准登记制度。1996年，开始在全县党政机关、企（事）业单位、社会团体、部分个体工商户等推行、办理组织机构代码和帮助企业申办商品条码。

1997年，单县被山东省技术监督局批准为“全省消灭无标准生产活动试点县”。1998年，通过山东省技术监督局对单县开展消灭无标准生产活动的验收，单县技术监督局被山东省技术监督局评为标准化工作先进集体。同年，单县农业标准化工作开始实施，分别为单县的罗汉参、西红柿等农产品种植户制订企业标准，并提供大量相关资料，指导生产、加工。2002年后，山东莱河酒业有限公司生产的鲜奶、乳饮料，山东百寿坊食品有限公司生产的固体羊肉汤，单县淮海优质葡萄有限公司生产的无核葡萄等4个产品，获得国家质量技术监督局颁发的无公害农产品使用标志证书。2004年后，开展企业标准化良好行为试点工作，山东四君子酒业有限公司、山东省单县化工有限公司2家企业获得山东省质监局颁发的二级标准化体系证书，并被评为山东省标准化先进单位；山东省单县化工有限公司、山东湖西轴承有限公司等8家企业分别采用国际标准或国外先进标准。至2005年，先后帮助百寿坊食品有限公司、四君子饮料有限公司等130多家生产企业，制作修订150多份企业标准，完成企业标准备案170份，并为企业查询标准资料650份。全县共办理组织机构代码证书2600个。先后发展山东省单县四君子酒业有限公司、山东百寿坊食品有限公司等商品条码成员企业14家。先后为500家企业600种产品进行产品执行标准登记。

2007年，在郭村、终兴、徐寨3个镇分别建立芦笋、双胞菇，山药，大蒜种植基地和农业标准化示范区。2008年，帮助山东莱河电磁线有限公司采用国际标准，并办理采标证书。帮助山东百寿坊食品有限公司、单县华福罗汉参有限公司分别制（修）订山东省地方标准和菏泽地方标准；帮助东方希望菏泽动物营养有限公司等6家企业制定企业标准和标准备案；进行标准登记154家。山东省单县化工有限公司获得AAA级标准化良好行为企业。2009年，帮助山东菏泽青苛电缆有限公司采用国际标准；帮助东方希望菏泽动物营养有限公司、单县六和饲料有限公司修订执行标准；帮助山东省单县天元纸业有限公司、单县绿安化工有限公司、单县万丰石油设备有限公司等企业制定企业标准。

2010年，加强对工业产品生产许可证的日常管理工作。组织有关人员定期不定期深入到已经取证的31家企业进行年度审查帮扶工作，特别是列入工业产品许可目录的单县经济开发区在建项目，帮助做好企业厂房、实验室设计、设备安装，仪器购置，人员培训管理，制度制定等工作；督促企业采用国际标准或国外先进标准。制定《关于推进农业标准化工作的实施意见》。年底，郭村镇国家级无公害芦笋农业标准化示范区顺利通过国家标准化管理委员会验收。

第二节　计量管理

计量检定　1986年前，单县计量检定项目较少，主要以检定、修理衡器、木杆秤、血压计、压力表、天平为主。1986年7月，《中华人民共和国计量法》颁布实施后，重新对全县强检计量器具进行建档立卡，按使用单位和计量器具的类型分别建档，并在此基础上制定计量器具检定计划，完善和增添计量检定设备，扩大检定项目。1990年，对全县10种强检器具12681台（件）依法进行强制检定。1992年检定修理各类计量器具16947台（件），其中地中衡器97台，台案秤1558台，压力表392块，天平26架，木杆秤14874支。协同地区计测所检定心电图机9台，脑电图机3台，酸度计1台，分光光度计5台，色普仪2台，加油机27台。1994年，增加加油机检定项目，购置二等金属量罐1台。至2001年，累计投入资金80万元，购置检定测试计量仪器50种，可对8项计量标准、16种计量器具进行检定，年检定各类计量器具2万台（件）。2003年，全市质监系统进行技术机构整合，单县计量检定业务工作由菏泽市计量检定测试所负责。2008年，全市计量检定测试所管理模式调整，由市所代管改为由县局管理，全年共检定各类计量器具1.5万余台次。2009年，加大与群众生活密切相关的贸易用计量器具、燃油加油机的强检工作力度，强检计量器具2859台（件），燃油加油机190台次。开展对白酒、面粉、奶制品等定量包装商品的专项计量检定，共抽查定量包装商品25批次，合格25批次，合格率100%。2010年，强检计量器具1134台（件），燃油加油机236台次。对白酒、面粉、奶制品等定量包装商品开展专项计量执法，共抽查定量包装商品 12批次，合格12批次，合格率100%。

计量监督　1986—1989年，利用广播、电视、举办学习班等形式宣传贯彻《中华人民共和国计量法》，制定《关于在全县推行法定计量单位的实施意见》，印发《关于在全县推行公制秤、废除旧制秤和非定量砣秤的通告》及各种宣传材料1万份；加强对全县木杆秤制修工生产的管理，举办公制木杆秤学习班2期，编写《公制秤制作规范》等讲义10篇，并对全县70户木杆秤制修户进行考核。

1990—1993年，对推行法定计量的单位进行大检查，没收处理不符合法定计量单位的计量器具7000台（件），纠正广播、单位公文、报表等不符合法定计量单位的行为100起次；对非法定计量器具进行改制，先后改制压力表、血压计、衡器等6000余台（件）；帮助企业计量定级升级：全县有2家企业定为国家二级企业，1家企业通过二级（合格）计量定级，28家企业通过三级（合格）计量定级，8家企业获“山东省先进企业”称号，14家企业获“菏泽地区先进企业”称号，1家企业被评为全省“十佳商店”。单县塑料厂通过加强计量工作，原丝支数合格率由过去的54%提高到95%，年生产250吨纱就多出窗纱40.7万平方米，仅此一项每年多增加收入50万元。开展“物价、计量信得过先进单位”评选活动，评选出“双信”先进单位36个。

1994年，对全县加油机、车速里程表和销售的电度表进行计量监督检查。共检查加油机70台，检查车速里程表23套，没收不合格电度表400块，对检定合格的52个加油站颁发计量合格牌。1995年，有4个单位被评为地区级质量、计量信得过单位，5个单位被评为地区级计量工作先进单位。对全县40个集贸市场检查250次，没收不合格杆秤5000支，查处计量违法行为1200起。1997年，对强检计量器具年审；对122家企业使用的计量器具进行登记备案，共登记5000多台（件）；为18个定量包装企业颁发计量合格证。2000年，对全县38所医院和100个医疗站（点）使用的血压计（表）进行强检，对供电系统9个供电所的电表校验台进行监督检查。2002年，对生产企业的计量管理人员100人进行《定量包装商品计量监督规定》《定量包装商品检验规则》培训。2003年，印发《加油站计量监督管理办法》《加油站计量法制管理手册》等宣传材料，对全县70家加油站的加油控制装置进行突击检查。2004年，对山东莱河酒业有限公司、山东百寿坊食品有限公司、单县飘乐日化公司3家定量包装商品生产企业产品净含量进行省级抽查、抽样、送样，全部检验合格。

2005年，制订《定包装商品生产企业的定量包装商品净含量检验计划》，对山东省单县四君子酒业有限公司、单县盐业公司、单县飘乐日化公司等14家定量包装商品生产企业进行督促检查。2006年，加强计量器具许可证管理，对不符合电子计价秤产品制造许可证考核必备条件的生产企业，吊销其制造计量器具许可证。2007年，对全县22家生产企业、6家服务企业等重点用能企业相关人员进行节能降耗计量技术培训。2008年，开展“向计量要效益”活动。选择山东省单县化工有限公司、山东四君子集团有限公司等几家耗能大户作为计量节能帮扶重点，对企业的计量器具进行全面普查登记和检测，保证企业计量器具处于良好状态。对重点企业定量包装产品组织专项抽查，抽查产品76批次，合格率为80%；对全县加油站在用加油机进行全面强制检定，合格率有效控制在95.6%；6月6日，组织“爱眼日”活动，开展视力和眼镜免费检测。2010年，规范市场计量行为，打击缺斤短两、欺诈消费者行为，加大对定量包装商品净含量的监督管理力度。组织定量包装商品净含量监督检查两次，计量合格率为98%。开展加油机计量性能专项检查、粮食收购期间计量器具和医疗器械器具专项检查活动。加强计量器具档案管理工作。共建立各类企业计量器具台账46家，普查各类计量器具362台（件）。

第三节　质量监督管理

质量监督检验　1986年，加强综合化验室建设。1990年1月，成立单县产品质量监督检验所，负责全县产品定期检验和日常监督检查。1992年，对全县240家企业的40种产品进行700批次的监督检验，批次合格率82%。1996年，投资10万元，增加震动筛、挠度仪等检验设备。2001年，通过山东省质量技术监督局计量认证。2002年，通过山东省质量技术监督局组织的检验能力验证，验收合格。2006年，共对35家企业的38个产品进行定期监督检验，产品合格率为98.5%，定检完成率为100%。2008年、2009年，对25家企业49批次产品检验，工业产品定检完成率为100%。完成食品企业定期监督检验28家54批次产品，51批次合格，合格率为94%。2010年，共完成食品企业定期监督检验24家26批次产品，25批次合格，合格率为96%。

质量管理　1986—1992年，重点加强产品质量监督检验，搞好企业定级升级。全县重点企业产品质量明显好转。其间，县酒厂定为三级计量企业后，创省优产品1个，省优良产品2个，地区优良产品3个，企业产值、利税每年分别以10%和30%的速度递增。其产品湖西陈曲酒被列为省“免检产品”，单父特曲酒在曼谷国际名酒博览会上获特别金奖。1993年9月1日，《中华人民共和国产品质量法》颁布实施后，帮促企业在质量管理等方面加强技术基础工作，帮助企业提高管理水平，促进企业整体素质的提高。县麻纺织厂等4家企业生产的“湖西”牌麻袋等6种产品获国家部优产品称号，县酒厂等7家企业生产的陈曲白酒等8个产品获“山东省优质产品”称号，莱河酒厂等11家企业生产的莱河老窖酒等12个产品获“菏泽地区优质产品”称号。1997年，培训企业质量管理人员700人。在“3·15”消费者权益日和“产品质量月”期间，均组织路游车队30余辆进行宣传，开展“质量兴县”宣传活动。2002年，实施“质量兴县”战略。县政府成立“质量兴县”工作领导小组，制定“质量兴县”实施方案。帮助指导山东省单县化工有限公司、山东省单县四君子酒业有限公司等3家企业获得ISO 9000质量体系认证证书。当年底，全面落实食品质量安全市场准入制度，组织食品生产企业申办食品生产许可证（QS证）。2003年，在开展“质量兴县”工作的基础上，实施“名牌战略”，制订名牌培育计划，并组织推动有实力、发展前景好的企业和产品申办名牌产品。2004年，山东省单县化工有限公司生产的“尚舜”牌橡胶促进剂获“山东省名牌产品”称号，是单县获得的第一个省名牌产品。山东莱河电磁线有限公司获得工业产品生产许可证。单县龙东面粉厂、单县莱河面粉厂等8家企业获得食品生产许可证。山东莱河酒业有限公司等2家企业获得ISO 9000质量体系认证证书。2005年，建立健全全县生产企业数据库，有232家企业信息输入微机，实行电子档案动态管理。山东省单县四君子酒业有限公司生产的四君子酒获“山东省名牌产品”称号。单县通达磷业有限公司取得工业产品生产许可证。山东四君子集团饮料有限公司和山东百寿坊食品有限公司等8家食品生产企业取得食品生产许可证。2006年，县政府成立名牌战略推进委员会。2008年，培训企业质量管理人员100余人次，帮助企业建立健全质量管理体系，提高企业质量管理水平；加强企业产品定检工作，并将定检结果及时向企业反馈，帮助企业提升产品质量档次。2010年，积极开展省名牌产品培育申报和中国名牌产品培育工作。培育申报5家企业创省名牌产品。山东百寿坊食品有限公司申报“单县百寿坊羊肉汤”山东省地理标志产品。同时，县政府对获得山东省名牌产品的企业给予奖励。

纤维质量监督检验　1986年，县成立纤维质量监督检验组，对全县棉花收购情况进行监督检查，防止压级压价和抬级抬价，维护国家和棉农的利益。1990年，成立单县纤维质量监督检验所。在棉花收购期间，集中时间对全县6个棉厂和53个棉花收购点进行检查指导，对个别收购单位一级降为二级、衣分不符等损害国家和棉农利益的行为及时进行处理。1991年，针对单县棉纺织厂反映购进的原棉质量、重量不符的情况，县质检局派8名工作人员进驻该厂，批批检验，严把质量关，7个月共检原棉138批2843吨，为县棉纺织厂直接增加经济效益200余万元。1992年，加强企业纤维产品监督指导工作，对全县10个纺织生产厂家12种纺织产品进行检查检验，有10个产品达到标准，2个产品不合格。如县针织厂生产的丝袜理化指标不合格，达不到标准要求。县纤维质量监督检验所帮助其制定改进措施，并进行技术指导。经过6个月整改，使该厂生产的各种产品均达到国家标准。1995年，加强棉花市场的管理，共查处不法棉花商贩26起，查获籽棉1万多公斤。1997年，加大对6家棉厂35个棉花收购站（点）棉花收购的监督检查力度，共检小包棉15个，品长相符率85%，衣分相符率75%；查大垛5个，品长相符率95%，衣分相符率95%以上，各项指标符合国家标准要求。1998年，加强对市场布匹、成衣的监督检查，共检查布匹15匹、成衣230件，平均合格率为73%。2000—2005年，对全县13家从事废旧棉回收站（点）进行专项整治，规范其收购行为；加强对全县9家蚕茧收购企业的监督检查；加大对“两小一土”（小皮辊轧花机、小锯齿轧花机和土打包机）棉花加工点的打击力度，清理、关停10家非法棉花加工点，维护棉花市场秩序。

第四节　食品安全监督

2006年，对25家企业27种产品的食品生产许可证年度审查。对全县食品小作坊专项整治，严格落实食品安全监管责任和责任追究制，加大打击假冒伪劣食品和查处无证生产食品的工作力度。全年共查处无证生产企业30家。其中，面粉生产企业23家，植物油生产企业3家，纯净水生产企业2家，罐头、冷冻饮品生产企业各1家。2007年，针对影响人民群众身体健康安全的、实行生产许可证的食品，特别是对已经列入查处范围的食品，从春节前开始，进行重点检查；开展重点食品及重点区域食品加工企业的专项整治工作，重点加强对“粉条”产品生产企业及使用非食用原料加工食品违法行为的查处力度。2008年，加大企业准入审查力度，依据准入标准严格审查企业生产条件，从严控制许可证申报和年审。食品企业定检计划的覆盖率和定检完成率均达到100%。河北石家庄“三鹿奶粉事件”发生后，根据上级指示精神，对全县奶、奶制品及相关食品等产品开展全面排查和监督检查，派专人进驻乳饮料生产企业，实施驻厂监管。2009年，开展食品生产加工企业普查建档工作。全县登记建档的食品生产加工企业（加工点）共43家，其中获取QS证书的企业31家，食品小作坊10家，无证2家。严格食品生产许可制度，对28家（到期）获得食品生产许可证的食品生产企业和9家食品小作坊进行年度审查。实行乡镇政府、街道办事处对辖区内食品安全负责制。会同南城和北城街道办事处，分别对其辖内权楼村、四里埠村粉条加工小作坊（共67户）进行专项整治。同时，对18家无证食品生产加工企业（点）纳入一类管理7家、三类管理11家。

2010年，培训食品生产企业化验员和全县20家食品生产企业主要负责人。食品生产企业化验人员实行持证上岗。对18家获证食品生产企业提交的自查报告进行核查，并对3家企业进行现场核查。指导监管站对4家乳制品、涉乳企业、肉制品生产企业开展落实好企业主体责任核查工作，与所有获证企业签订主体责任告知书。

第五节　特种设备安全监察

2001年6月，特种设备安全监察工作由县劳动局划转到县质量技术监督局。县质量技术监督局成立锅炉股（2004年11月更名为特种设备安全监察科），正式开展特种设备安全监察工作。当年，对全县在用特种设备调查摸底、登记造册，共登记锅炉41台、压力容器30台、电梯13台，发放使用证50个，处理事故隐患10处，培训司炉、水处理工130人。2002年，重点对全县特种设备使用状况摸底排查。共普查整治锅炉153台，压力容器136台，电梯17部，起重机械10台，厂内机动车辆9辆，压力管道4000米，发放监察意见书120份，对已普查的特种设备全部录入微机，实行电子监管。2003年，集中开展“土锅炉”专项整治工作，共查封、拆除“土锅炉” 00台。2004年，治理规范8家液化气充装站，为1万个液化气瓶建档登记，将6000个液化气瓶的产权转移到相应的液化气站，初步建立起液化气瓶安全使用新模式。2005年，开展“特种设备百日整治活动”，加强特种设备的动态监管，推动和完善特种设备安全监察网络及信息化建设，使特种设备安全监管工作精细化、流程化、制度化、标准化、规范化。2006年，结合开展“平安山东”“安全生产月”等活动，对城乡150余台锅炉、60余台压力容器和10余部电梯开展以“抓隐患、促落实”为中心的集中整治活动。共查处特种设备安全隐患50处，落实整治措施100项；特种设备的定检率达到99%，注册登记率和持证上网率均达到95%以上。全年未出现特种设备安全责任事故。

2009年，排查治理特种设备隐患，共检查使用单位171家，检查锅炉121台、压力容器160台、电梯22部、起重机械45部、厂车13辆、压力管道19条，发现一般隐患8处，发出监察指令书8份。特种设备定检率、注册登记率和持证上岗率均达到98%以上。

2010年，成立9个特种设备安全检查小组，共检查特种设备使用单位216家，检查锅炉118台，压力容器186台，电梯32台，起重机械45部，厂车4辆，压力管道19条，发放特种设备安全监察指令书12份，消除特种设备安全事故隐患12处。在用设备的安全状况显著提高。特种设备定检率、注册登记率和持证上岗率均达到98%以上。建立各区域监管站、执法队，细化分解安全监管，明确区域监管员和每个企业监管员。对山东省单县化工有限公司和菏泽市宁丰木业有限公司等多家单位80余名特种设备作业人员进行集中培训。加强特种设备动态管理和信息化工作，对新增的196台特种设备（锅炉14台、起重机械18辆、压力容器150台、电梯14部）办理注册登记，并上传到山东金质特种设备管理系统。对新登记的特种设备使用单位发放安全主体责任书，安全主体责任告知率达到100%。当年，共立案查处特种设备违法行为4起，特种设备重大隐患整改督查率、无证生产查处率和事故调查结案率均达到100%。

第六节　质监执法

1986—1991年，技术监督机构设置股、所合一，没有专职的行政执法机构，行政执法工作与管理工作同时进行，大部分工作与其他职能部门联合完成。重点对计量不足、改变计量器具准确度等违法行为进行查处。没收不合格计量器具1万台（件），查处计量违法案件30起。技术监督机构与物价、卫生防疫部门联合查处质量违法案件20起。1992年年初，县技术监督局组建10人的专职行政执法队伍，专门从事行政执法工作。重点查处生产和流通领域标识不符、以次充好、掺杂使假、缺斤短两和假冒伪劣商品。3月底至4月初，技术监督专职行政执法队伍会同法制局、工商局、公安局、司法局、广电局等11个执法部门，组成70多人的检查队伍，利用一周时间，对县城主要商业街道和6个较大乡镇进行突击检查。共查商店80家，个体工商户300户，经销商品10个种类100个品种。查处违法经销户60家，假冒伪劣商品总价值20万元。下半年，打假重点以大案要案为主，立案查处7起，查处假冒茅台酒1080瓶，假磷肥60吨，劣质柴油16吨，劣质洗发香波5万瓶。1993—1996年，每年开展两次专项行政执法大检查活动。春、夏季以农药化肥为主，元旦、春节期间以食品安全为主。1994年，重点检查电器电料。共办理质量、计量违法案件200多起，查获假冒伪劣商品20大类100个品种，为群众挽回经济损失数百万元。1997年年初，技术监督行政执法机构设1所6站1股（局设立法制股），执法人员增加到50多人。1998—2000年，累计办理计量、质量违法案件2000起，其中，立案查处200起，结案率100%，无行政复议和诉讼案件。2000年，推行区域监管责任制，先后成立城区、黄岗、郭村、高韦庄、徐寨、蔡堂、终兴7个监管站。至2003年，先后开展农资产品专项打假和食品集中打假工作，查处农资造假窝点2处，查办食品违法案件30起。抗击“非典”期间，查处无任何标识的口罩和“84”消毒液一大宗。2004年，组建专职稽查队伍，开展行政执法人员“执法大比武”活动，并对所有执法人员进行业务技能综合测试。当年，共查处4个品牌货值达5000元的劣质奶粉。对食品及相关产品开展专项调查，严厉打击无证生产销售“老五类”（米、面、油、酱油、醋）食品，查处无证食品生产加工企业20家，查处“黑心棉”“地条钢”违法生产加工企业10家，开展对化肥产品的专项执法打假活动，全年共完成对35种产品的监督检验工作。2005年，城区监管站分为东城和西城两个监管站。先后开展强制性认证产品的专项执法检查，人造板、消防产品、液态奶、小麦粉、车用乙醇汽油等产品的专项整治，加油站在用加油机的计量执法专项检查，肉制品等10类食品的无证查处等活动。对全县30家在经营性活动中使用未经认证电脑的业户进行检查，同时对列入查处目录的“3C”认证产品进行全面检查。2006年，集中开展食品、建材、桶装饮用水、农资、地条钢等专项治理活动。共办理各类案件220起。2007年，对建材、加油站、化工产品开展专项检查。重点检查2家在建工程，查处无证安装铝合金门窗2家。专职稽查队伍会同工商、国税等部门检查加油站26家，查处使用过期未检验加油机的加油站2家。农资专项检查共检查化肥生产企业3家，经销单位96个，抽样检验106个批次，立案查处违法案件59起，查处违法物品货值300万元，没收假冒伪劣物品货值5万元，为消费者挽回经济损失100万元。检查眼镜店4家、焦度计5台、验光机8台、验光镜片800片，以及学生用镜、夏季配戴太阳镜等，对配镜人员执业资格证、生产许可证、产品合格证等相关情况进行登记、检查、备案。通过电视台电视滚动字幕、悬挂条幅、发放眼镜认购知识手册等多种宣传形式，提醒广大消费者健康消费。2010年，除按上级要求对烟花爆竹、农资、加油站、建筑材料等专项检查活动外，自行组织对小麦粉制品、纯净水等开展专项整治和专项执法活动。全年共办理行政执法案件198起，没有出现行政诉讼和行政复议败诉案件。

第七章　国土资源管理

第一节　土地使用制度改革

1990年5月，贯彻国务院《城镇国有土地使用权出让和转让暂行条例》和省政府文件精神，推行农村宅基地有偿使用，按农民住宅面积和所定收费标准每年收取使用费（后为减轻农民负担而停止）。1992年10月，县政府制定《关于非农业建设用地有偿使用的暂行规定》，改过去一些非农业建设用地无偿使用为有偿使用，对城镇居民住宅，制定面积标准和交费标准。1994年5月，县政府制定《关于划拨土地使用权出租管理的暂行规定》。规定土地使用权出租、转让，必须办理相关手续，并按规定缴纳土地出让金。11月，单县在全区率先进行国有土地使用权招标拍卖，将位于湖西路北段的5宗国有商业综合用地进行拍卖，面积3651平方米，出让期50年。5宗土地共拍卖63.1万元，比拟定协议价高出43.1万元。12月24日，单县在全省率先把集体“四荒”（荒山、荒沟、荒丘、荒滩）地推向市场，将孔集乡段庄村一个2574.6平方米集体废坑塘，面向市场发包成功，使用期限10年，使用性质为养殖。1996年4月25日，在全县实行房地产权和土地使用权质押贷款的办法。6月，县政府作出《关于进一步深化国有土地使用制度改革的决定》，全面推行国有土地“五统一”管理（即统一规划、统一征地、统一开发、统一出让、统一管理）；街道两侧的划拨土地一律收归政府，统一开发；转让土地使用权的当事人，必须办理转让手续和土地变更登记。非法转让、出租、抵押划拨土地使用权的，其行为无效，由县主管部门没收其非法所得，并处以非法收入50%以上的罚款。同时，县政府作出《关于进一步深化集体土地使用制度改革的决定》，规定任何单位和个人不经县级以上人民政府批准，不得在基本农田保护区内办厂、建校、建住宅、取土、烧窑；农村住宅地最多不得超过200平方米。11月，进行乡镇企业建设用地改革，将全县210家乡镇企业建设用地，全部实行“征为国有，统一出让”改革。当年，共收取土地出让金5000多万元，有偿使用费370多万元。

1998年，全县住房制度改革的同时，全面推行划拨土地有偿使用。至2002年，共完成房地改革单位161个，出让土地5326宗，收取出让金1600余万元。2001年，县政府制定《单县土地储备管理暂行办法》，成立土地储备委员会，县土管局成立土地储备中心，把境内国有存量土地和城市规划区内的集体土地，全部纳入土地储备范围。2002年，县储备中心共收储城区闲置、撂荒及破产倒闭企业土地18宗，面积45.09公顷，并全部出让。同年，建立市场配置土地资源新机制，对国家建设用地除法律规定可以划拨的项目外，全部实行有偿使用。1999—2002年，共审批国家建设项目76宗，其中，出让52宗，面积39.56公顷。旧城改造和小城镇建设由过去的协议出让转变为投标、拍卖、挂牌出让（简称投、拍、挂）。其间，城区新开辟街道7条，出让土地1091宗，面积11.96公顷，收取出让金9703万元。其中，挂牌出让土地47宗，面积1.17公顷，收取出让金524万元。2002年6月，在小城镇建设中，对农村集体土地进行变通使用，试行集体土地流转，也实行投、拍、挂等交易方式，允许集体土地进行抵押、出租。先后在蔡堂镇、终兴镇、高老家乡进行试点，解决了小城镇建设中投资者的后顾之忧，优化了投资环境。同年，建立“一个渠道进，一个池子蓄，一个口子出”的土地经营管理模式，成立土地交易中心，政府垄断土地收购、土地储蓄、土地供应。2006—2010年，单县试行城乡建设土地使用挂钩政策，将乡镇开展空心村改造、新农村建设腾出的土地指标，用于城市开发建设和工业建设所需的土地占压指标，既相互促进发展，又达到土地的占补平衡。

第二节　土地调查

土地资源调查　1988年12月至1990年12月，按照山东省土地资源办公室和菏泽地区土地资源办公室统一部署，开展全县土地资源调查工作。主要调查核实县、乡（镇）、行政村和企事业单位土地行政界线和权属界线，查清各类土地面积，进行土地初始登记统计和变更登记统计，编写县土地资源调查报告和乡镇土地资源调查说明书。编制土地利用现状图、地籍图、县乡（镇）土地边界接合图表等1080余幅。1991年1月，经省土地资源调查办公室全面检查验收，总评成绩优秀，获省土地管理局应用科学技术三等奖。1999年起，每年开展一次土地利用现状变更调查。1999—2002年，4年共变更土地面积9980.19公顷，涉及图斑23962个，图件598幅，建立变更调查档案463卷。

地籍调查登记测绘　调查登记　1989年8月，县土管局抽调8人，在单城镇南店子村进行宗地调查试点。试点面积34.46公顷，412个用地单位，416宗地。其中，农民住宅313宗，国家机关用地26宗，村办企业用地5宗，城镇非农业用地72宗。通过试点，收集地籍资料4676份，地籍数据163项。1991年8月至1993年6月，在全县范围内开展农村宅基地有偿使用工作地籍调查，共调查登记222857宗土地，发证222375宗，发证率99.8%。1992年10月至1993年6月，开展城镇地籍调查工作和清理土地市场，共调查单城镇规划区内495个单位，土地24822宗。其中，国有土地18062宗，集体土地6820宗。处理各类违法占地115起，解决土地纠纷2316起，登记发证率100%。1996年8—12月，完成城区2.5平方公里全解析地籍调查，共测量图根点212个，界址点7784个，2083宗土地，绘制图标69幅。同时组织120人的专业队伍，利用2个月时间，完成全县土地变更调查，变更图斑11162个，面积2418.55公顷。1997年2—12月，完成城区4平方公里碎部测量任务，将4平方公里内每个单位及居民用地，全部纳入国家坐标系。同年8—9月，土管局组织90余人，历时40天，完成全县土地变更调查任务，对境内土地全部检查核对一遍，共变更图斑11586个，面积5933.46公顷，制作图件225幅，建立变更档案741卷，顺利通过地区土管局检查验收。

测绘　2001年前，单县地籍测绘采用勘丈法，手工绘制图件，测量精度不精确，绘制图件达不到要求。2001年5月，成立县土地管理局测绘队，设队长1人，成员3人，并投资6万余元，购置微机和拓普康5秒全站仪各1台，提高测绘质量，结束用尺子丈量土地的历史。2002年年初，测绘队更名金土地测绘服务公司，可以提供工程测量、微机制图、清绘制图、彩喷出图、打印、复印等一体化服务。当年，完成105国道南段20余公里拓宽改造和新建道路解析测量，以及80宗土地测量任务，清绘、编绘、打印图件870余幅。2007年，县国土资源局在原金土地公司的基础上成立单县国土资源局服务中心，下设测绘队。投资20万元购置电脑和华测GPS全球定位系统1套。至2010年，单县国土资源局服务中心测绘队共为单县经济开发区、各乡镇测绘土地500宗，面积2600公顷；测量道路200公里。为单县大项目建设、新农村建设、土地开发整理提供准确的数据资料。

第三节　土地规划与评估

土地规划　1991年12月至1993年12月，第一次编制单县土地利用整体规划（1991—2000），1994年，经地区行署批复实施。1999年2—12月，根据第一次规划的实施情况和《单县国民经济和社会发展第九个五年计划及2010年远景规划》，对土地利用总体规划进行重新编修。县土管局组织20多人的技术骨干队伍，分组到各乡镇，实地收集资料，然后对土地利用现状、自然条件和自然资源、社会经济发展水平进行分析比较，采取多种形式，全方位对各部门、各行业的规划用地进行定性、定量分析，本着优先安排农业用地，优先安排交通、水利、能源、原材料等重点建设项目用地，林牧渔业充分利用荒地、荒水、荒滩地，各部门、各行业之间进行平衡协调等原则，重新编制第二个单县土地利用总体规划（2000—2010）。同时编制单县基本农田保护区规划、单县整理开发复垦规划，形成《单县城镇土地利用问题研究报告》《单县耕地总量动态平衡方案》两个专题研究报告，绘制单县土地利用总体规划图185幅、土地开发复垦规划图5幅。2001年2月，菏泽市土管局组织市纪委、市建委、市农业局等有关单位专家、领导，对规划进行评审，认为规划的指导思想和遵循的原则正确，规划目标、任务明确，各类用地安排合理，依据充分，切实可行。此后，单县土地利用即按此规划执行。

2003年9月，制订2003—2010年土地开发整理规划。至2010年，利用国家土地开发项目专项资金，对黄河故道等荒沙滩地进行开发整理，新增大量耕地。仅蔡堂镇就开发平整黄河故道滩地1841.13公顷，新增耕地328.2公顷，投入资金3994万元。

地价评估　1995年12月，完成企业清产核资中土地估价工作，清查估价72家企业，261宗土地，估价国有企业土地资产总价值8098万元。同时，历时3个多月，按照国家土地管理局颁布的《城镇土地定级规程》《城镇土地估价规程》，完成城区25平方公里的土地定级估价工作，经地区土管局验收，评定为优秀水平。1996年3月，县土管局成立单县土地估价事务所。1997年3月，全部完成建制镇土地定级估价任务。

1998年6月，配合城区房地产制度改革，组织48人的调查队伍，把城区划分为四大片，进行1个月的地价调查。共采集有代表性的调查样点400余个，汇总上图后，参考上年地价评估成果，合理调整一、二、三级土地等级区段，确定基准价格并予以公布。其中，一级基准地价每亩8万元，二级4.9万元，三级3.6万元。建立健全土地价格评估制度，规范土地市场，维护土地所有者和使用者的合法权益，同年12月，县政府制定《单县土地估价管理暂行办法》。规定县土管局为全县土地估价管理的行政主管部门，具体负责土地估价结果的审查确认工作，未经土管局审查确认的，其评估结果一律无效。土地使用权出让价格，由政府控制，出让底价依土地估价事务所评估结果确定，土地使用权转让、出租、抵押等交易价格，在政策允许范围内充分发挥市场调节作用，由交易双方协商确定。

第四节　土地保护与开发

耕地保护　1986年，清查境内非农业建设占地。共清查非农业建设单位1408个，占地2212.73公顷，其中，属非法占用单位191个，占地245.69公顷；清查1982年后农民占耕地建房21170户，占地601.85公顷；国家工作人员买地建房618户，占地13.67公顷。1988年3月，清查农村违法建房占地，退还耕地27.07公顷。1989年9月，县土管局组织30多人的工作队，集中查处朱集乡乱占耕地建窑厂，退耕地20.53公顷。各乡镇处理违法占地207宗，收回土地2.67公顷。1992年10月，县政府制定《关于非农业建设用地有偿使用的暂行规定》，对各种非农业建设用地范围、占地交费标准，特别是对城镇居民住宅的占地面积和交费标准，做出严格规定，对超标多占的，加倍收费或罚款，收回土地。1994年4—8月，全县完成基本农田保护区划定工作。共划定基本农田保护区117331公顷，其中，一级保护区97458公顷（一级一类79553公顷、二类17905公顷），二级保护区19873公顷，将保护区逐级落实到全县37个乡镇、938个行政村、2480个自然村、18280个地块。

1996年，县政府制定《关于进一步深化农村集体土地使用制度改革的决定》，规定任何单位和个人，不经县级以上人民政府的批准，不准在基本农田保护区内办厂、建校、建住宅、取土、烧窑等。对非法占用土地的单位主管人员和直接责任人，除依法给予经济处罚外，同时移交纪检、监察部门，给予党纪、政纪处分。12月，全县落实基本农田保护目标制，县、乡、村、户层层签订基本农田保护目标责任书，将基本农田保护，责任到户、到人。县政府同时制定《基本农田保护办法》《基本农田保护公约》，发放到每个行政村。1997年4月，县政府组织专门班子，对全县基本农田保护情况进行检查验收，同时对第一次划定的基本农田保护区进行调整，一级基本农田调整为102704.8公顷，占总面积的86%，二级基本农田取消，调为一般农田16719.4公顷。绘制乡镇和全县基本农田保护区地图，制作505块水泥标志牌，重新签订责任书，完善基本农田保护措施。1999年1月，新的《中华人民共和国土地管理法》实施后，全县执行耕地占补平衡制度。严格贯彻用养结合、先补后占、占一补一的土地使用原则，确保占补平衡，不减少耕地。对建设占用耕地，涉及农用地转为建设用地的，及时办理农用地转用审批手续。2006年后，共进行四批挂钩项目，乡镇建起高韦庄镇大徐庄、杨楼镇尤庄、浮岗镇林庄、蔡堂镇管庄等12个新农村。至2010年，利用新农村建设和空心村改造，节约腾出土地382.05公顷，安排建设舜亦新能

2010年城乡建设用地增减挂钩项目高韦庄镇大徐庄新村

2010年10月，单县蔡堂镇管庄村城乡建设用地增减挂钩项目拆旧复垦区

源、宇泰光电、中承纸业等10余个过10亿元的工业项目。年末，全县耕地面积11.25万公顷，基本农田面积10.27万公顷，耕地占补动态平衡并略有增加。

土地复垦开发　1999年6月，县土管局成立土地开发整理办公室，负责全县土地开发整理工作。同年，争取省扶持资金40万元，开发整理曹叵集废旧窑厂213.33公顷。2001年，争取国家资金180万元，开发杨楼镇的黄河故道荒地；实施孟寨乡土地整理项目，投资320万元，整理土地1014公顷，新增土地300公顷。至2002年，全县共开发整理土地1464.9公顷，与各类建设用地相抵，耕地面积并未减少。2002年，105国道、单丰公路（S349）拓宽，占用耕地100多公顷，国土资源局与单城镇、时楼镇、杨楼镇签订复垦协议，开发耕地113.4公顷，实现占补平衡。2003年，对李田楼、徐寨、蔡堂等18个乡镇的59个废弃窑厂进行开垦，新增加耕地984.5公顷。同年，投资360.5万元，实施李新庄、朱集镇土地整理项目，整理土地200公顷，新增土地92公顷。2005年，争取国家土地开发整理项目资金3091万元，开发整理高韦庄镇、浮岗镇的黄河故道，平整土地1935公顷，新增土地266公顷。投资2226万元，实施李新庄镇土地整理项目，平整土地1085.16公顷，新增土地110.51公顷。2006年，投资3994万元，实施蔡堂镇土地整理项目，平整土地1841.13公顷，增加土地328.2公顷。2008年，实施李田楼镇、徐寨镇土地整理项目，投资3279万元，整理土地1539.1公顷，新增耕地面积176.9公顷。

2001—2009年单县土地整理情况统计表

表11-7-1

时间	单位	平整总数（公顷）	新增数（公顷）	总投资额（万元）
2001—2002年	孟寨乡、杨楼镇	1578.3	513.4	540
2003年	李田楼、徐寨、蔡堂、李新庄镇、朱集镇	2200	1076.5	1360.5
2005—2006年	高韦庄镇、浮岗镇、李新庄镇	3020.24	376.66	5317
2006—2007年	蔡堂镇	1841.13	328.2	3994
2008—2009年	李田楼镇、徐寨镇	1539.1	176.9	3279

第五节　土地执法

1986 年 11—12 月，查处非法占地单位 191 个。1988 年 3 月，全县查处农村违法建房 11067 户，拆除房屋 7680 平方米。1989 年 9 月，查处朱集乡乱占耕地建砖瓦窑厂，依法拆窑 38 座。1990 年 12 月，查处县城规划区内违法占地 753 户，占地 10.47 公顷，其中城郊耕地 6.89 公顷，拆除房屋 42 间，收回土地 2.67 公顷。同时各乡镇共查处违法占地 390 起，拆除违法建筑 5691 平方米。1992 年 10 月，开展城镇地籍调查，同时调查土地市场，处理非法转让、出租土地使用权案 375 起，处理各类违法占地 115 起，收取国有土地有偿使用费和各类罚金 80 万元。1999—2002 年，全县开展第二次非农业建设用地大清查，对违法建设各类园区、市场的乡镇进行清理整顿，关停 27 座，拆除 3 座，整顿规划 80 座。2003 年，开展土地“四查”，一查有无土地使用证书；二查有无改变土地用途；三查有无少批多用；四查土地登记是否完整、规范。共查处各类违法用地和非法交易 365 宗，追缴各类应交税费 375 万元。2009 年，全面落实执法动态查询制度，坚持“预防为主、事前防范和事后处理相结合”的原则，要求相关人员第一时间将违法用地案件报到县国土资源局和当地政府，否则，按失职问责。采取“天上看、网上管、地上查、图上对”，确保对违法行为管得早、管得严、管得住、管得好。2010 年，开展土地违法违规综合整治百日行动，共调查出各类违法用地 96 宗，面积 279.11 公顷。对各类违法占地进行处罚，对责任人进行处理，凡不符合用地利用总体规划的进行拆除复耕，复耕面积 8.03 公顷。因制止窑厂违法取土不力引起群众上访，问责国土所所长 1 人、副所长 2 人、中队长 1 人。

第六节　矿产资源管理

1989 年 11 月，县计划委员会设立矿产资源监督管理办公室，主要负责境内矿产资源的普查、勘察、监督、管理及砖瓦窑厂用黏土资源费的征收工作。1998 年，整顿矿产资源开采秩序，对全县采矿企业重新登记，建立健全企业档案。2003 年 10 月，建立矿产资源开发管理数据库，全部档案资料输入微机，实现采矿企业基本情况储存登记、采矿权登记和矿费收缴情况的自动化查询。2006 年，完成全县采矿企业全国统一申请配号。2008 年 11 月，县政府制定《矿产资源整合方案》，规范矿产资源开发秩序，整合、节约、集约利用矿产资源。2009 年，查处无证、越界开采窑厂 24 家。引进肥城矿务集团，完成徐寨、十里铺煤炭资源探矿钻探 2626 米，完成单县城市中心规划区压矿评估和灾害评估协助调查、材料搜集等工作，完成天元纸业等 3 个项目的压矿证明和地质灾害备案工作。征收采矿权登记费、使用费、矿产资源补偿费 11.1 万元，与企业签订责任书并全部收取地质环境治理保证金。2010 年，开展矿法宣传教育，对矿区集中的 8 个乡镇矿产负责人进行法律培训。当年，对违法违规开采企业发出行政处罚告知书、整改通知书 22 份。征收矿费 19.95 万元，矿产资源补偿费 4.9 万元。

第十二编

安全监督 环境保护

1986 年后，县安全生产监督管理部门通过加强安全生产监管网络建设和安全检查，实行安全生产目标管理，至 2010 年，全县未发生较大以上安全生产事故。

境内环境污染主要有烟尘污染和废水污染。随着城市建设和工农业的发展，环境问题日益突出。1990 年后，单县通过对污染企业限期治理、污染物排放总量控制和关停污染严重的企业，使城乡环境质量明显好转。经过多年努力，至 2010 年，全县工业废水排放达标率、工业烟尘排放达标率和城镇生活污水处理率分别为 98.46%、99.13% 和 89.47%。

第一章　安全生产监督

第一节　安全生产宣传教育

1989 年后，国务院、省政府制定的各项规定和条例由县安全生产委员会办公室负责宣传。1994—2000 年，县劳动局通过对司炉工、电工、焊工、电梯操作工和特种作业人员的技术培训，提高职工的安全生产意识和作业技能。同时，相关部门还采取多种形式进行安全生产宣传教育。1991—2001 年，为贯彻落实党和国家领导人对安全工作的重要指示，每年 5 月，县安全生产委员会办公室、县劳动局先后组织开展“安全生产周”活动。利用广播、电视等宣传媒体，采取散发传单、张贴标语、举办知识竞赛等形式，向公民宣传安全生产知识。从 2002 年起，将每年 5 月的“安全生产周”改为每年 6 月为“安全生产月”。通过开展一系列活动，使安全教育进企业、进校园、进乡村、进社区、进家庭（简称“五进”）。2004 年，开展“以人为本、安全第一”为主题的宣传教育活动。2007 年 6 月，在主要街道、公共场所，张贴悬挂安全标语、口号 80 幅，设置安全生产主题宣传栏 40 个，组织宣传车辆 10 辆，秧歌队 40 人。同时，在三台广场、汽车站等人员密集场所设置咨询台 9 处，布置安全知识展板 35 个，发放安全生产法律、法规和安全生产常识等宣传材料 1 万份。2008 年，以“治理隐患、防范事故”为主题，面向基层，面向企业，面向生产第一线，面向社会，开展以“隐患治理年”“百日安全督查专项行动”“迎奥运、治隐患、保安全”等为重点的宣传活动。2009 年 6 月，以“关爱生命、安全发展”为主题，邀请县人大、县政府、县政协有关领导参加安全生产月活动。2010 年 6 月，以“安全发展、预防为主”为主题，开展“安全生产月”宣传活动。

第二节　安全生产综合管理

安全生产监管网络建设　1986 年，县劳动局设安全监察股，负责全县安全生产监管工作。1987 年，落实国务院、省政府关于安全生产文件精神，工业企业成立厂级安全生产委员会，明确 1 名厂级领导负责此项工作，较大企业设立安全科，配备专职安全管理员 2 ～ 3 人，小型企业至少配备 1 名专职安全管理人员，形成厂、车间、班组三级安全网。1991 年，县经济委员会设 1 名副主任分管安全工作，生产科设专职安全人员，各主管局成立以分管局长为组长的安全生产管理领导小组，所属各企业均建立 5 ～ 7 人的安全生产领导小组。2003年3月，全县 20个乡镇全部建立安监站。安监站设站长1人，工作人员2～3人，由乡经委有关人员兼任。2004年，加强“三级机构、四级网络”建设。县安监局成立安全生产监察管理大队，对安全生产违法行为实施行政执法，加强乡镇安监站安全监督力量，明确专职安监站人员。2006年，开展“安全生产规范化乡镇”创建活动，至2007年年底，完成3个执法中队建设和13个规范化乡镇的创建工作。同时，各安监站全部实行安全生产台账化管理，安全管理制度、主要生产经营单位分布图全部上墙，安全执法文书、企业管理台账规范。各乡镇明确村（居）委会安全管理员，并将安全生产列入驻村干部日常工作重要内容。2008年，各乡镇（街道办事处）明确安监站站长，成立安全生产执法中队，并统一配备服装，明确界定安全生产执法监察管辖范围，并委托乡镇开展安全生产执法监察。2009年，开展村居安全生产规范化试点创建活动。当年，创建北城和南城街道两个安全生产规范化试点，并通过市级验收。2010年，创建蔡堂、李田楼、浮岗、终兴、园艺5个乡镇（街道）市级安全社区。同年，县政府列支100多万元专项资金为22个乡镇（街道）安监站配置安全监察专用车，并明确安全生产专职人员3～5人。

安全生产目标管理 1995年始，每年年初，县政府与各乡镇、县直部门、重点企业签订安全生产目标管理责任书，各乡镇、各行业系统、各企业层层分解目标，签订安全生产责任状。2005年，县政府制定《单县安全生产责任目标考核办法》，与乡镇、县直部门、重点企业签订安全目标责任书。当年共有20个乡镇、56个部门、17个企业与县政府签订年度安全生产责任书。2007年年初，县政府与全县20个乡镇、1个经济开发区及59个安委会成员单位签订安全生产责任书，同时下达年度安全生产目标管理责任制考核目标。相关企业和部门亦与隶属单位层层签订安全生产目标管理责任状，并将安全生产责任逐一分解落实。2009年，县政府制定《关于落实生产经营单位安全生产主体责任实施方案》，对建设施工、交通运输、烟花爆竹批发、非煤矿山、危险化学品生产等重点生产经营单位主体责任落实工作进行等级评定，至2010年年底，有22家企业达到A级，30家企业达到B级，14家企业达到C级。

安全检查 1986—1999年，县劳动部门主要针对企业的锅炉、压力容器、电梯等特种设备进行安全监管。1991年，县经委、安委、劳动和保险等部门对全县工业企业进行3次全面安全生产大检查，发现事故隐患673处，责成相关部门立即整改，不能立即整改的均采取防范措施。抓好冬、夏两季“四防”和棉花收购期间的安全检查。9月下旬，县经委、县供销社、县棉麻公司对全县各棉花加工厂的消防设施进行检查。供销系统新增干粉灭火机200多台，棉麻系统明确专人负责消防器材及设施的维修、保养和管理，实行挂牌管理。至2003年，处理事故隐患10处，发出监察意见书120份，查封、拆除“土锅炉”100台。2004年后，每年开展安全生产执法检查，检查范围扩大到道路交通、危险化学品、建筑施工、特种设备、消防等行业和领域。2005年，“五一”“十一”等重大节日期间，开展安全大检查和危险化学品、人员密集场所、道路交通等重点领域的专项整治。2006年，多次召开专项整治联席工作会议，建立联合执法工作制度，组织开展建筑施工、危险化学品、烟花爆竹、特种设备、道路交通、人员密集场所消防安全等专项整治。全年检查各类生产经营单位930余个次，排查整改各类安全隐患1520余处。2007年，道路交通检查整治以机动车超载、超限运输，事故多发路段排查，道路运输安全监控和驾驶员管理为重点，共排查出安全隐患56处并及时整改。2月，县安监局会同公安、质监、工商、交通等单位，集中整治危险化学品生产经营单位，关停无证经营企业3家，查处无证经营户2家，责令3家限期整改。6月，安监、工商、质监及乡镇政府联合执法，排查冷库、恒温库安全隐患150多处，均及时整改。对境内65家砖瓦窑厂，县安监局每季度、乡镇安监站每月至少开展一次安全检查。全年共排查安全隐患200多处，发出监察指令书50多份，取缔非法砖瓦窑厂5处。对烟花爆竹批发单位、经营网点、集贸市场开展联合执法检查，集中查处非法生产、经营、运输行为。全县共取缔无证经营网点13家，查封烟花爆竹成品65件。消防安全专项整治活动共组织7个检查组，重点对人员密集场所、“三合一”建筑（指在设有车间或者仓库的建筑物内设置员工集体宿舍的建筑）和“九小场所”（指达不到《消防安全重点单位界定标准》，但又具有一定规模的餐饮、购物、住宿、公共娱乐、休闲健身、医疗、教学、生产加工、易燃易爆危险品销售储存等场所）全面开展清查，严格落实消防安全责任制。检查26次，对18处“三合一”建筑下达停业整顿意见书，对792处“九小”场所存在的236处隐患立即整改。开展防高空坠落、防坍塌、防触电、防风及施工机械等建筑施工安全专项检查，重点检查施工临时用电、脚手架搭设、架体防护、“三宝”（安全网、安全帽、安全带）使用、“四口”（楼梯口、电梯口、通道口、预留洞口）、塔机、场料提升机及机械设备运行是否安全等方面。共检查在建工程30余次，涉及25个施工单位，检查建筑施工特种设备40余台。特种设备安全专项整治共检查锅炉31台，压力容器19台，电梯7部，压力管道5条，拆除土锅炉6台，发出整改意见书39份。

2008年奥运会期间，开展“迎奥运、保安全”活动。实行县级领导包重点危化企业负责制。县公安、安监、建设、质监、交通、工商等部门加大安全生产行政执法力度，对排查出的隐患，能立即整改的责令企业立即整改；不能立即整改的，下达“整改指令书”，督促企业采取措施限期整改；对存在较严重隐患和过期整改仍达不到要求的企业，实施停产停业强制措施；对无照生产经营的场所立即取缔。2009年，开展“安全生产责任落实年”活动。县安委会印发《关于认真开展“安全生产责任落实年”打好春季战役确保“两会”和春节期间安全稳定的通知》和《单县“安全生产责任落实年”夏季战役实施方案》等四个战役（春、夏、秋、冬）实施方案，县安监、工商、公安、建设等部门成立15个检查组。县安委会成立10督查组，督查各部门、各单位安全生产工作开展情况。县安委会每半个月对各部门、各单位调度一次，了解工作开展情况和存在问题，对不能解决的重大问题，及时向县领导汇报，研究制定并落实解决方案。全年共检查各类生产经营单位及业户1500家，查出事故隐患825项，当场整改778项，限期整改47项。“两会”及重大节日期间，对重点行业、重点领域、重点生产经营单位进行重点检查，并向重点企业派驻13个驻厂安全监管员。检查组共检查300余次，取缔无证经营15户，查处非法经营储存运输等20余起，查出安全隐患217处，提出整改意见117条，停产整顿经营单位2个。检查生产经营单位150余个，查出安全隐患108处，整改96处，查处非法承包租赁生产经营2家，检查特种作业人员55人。

2010年，开展“安全生产基层基础年”活动。县安委会组织成立县公安、安监、城建、交通等部门牵头的10个督查组，全年开展4次集中安全检查活动。第一次在春节和“两会”期间，对烟花爆竹、化工企业、加油站、加汽站、商场超市、汽车站等重点行业领域进行检查，及时消除安全隐患。第二次在牡丹花会和“五一”黄金周期间，检查重点以危险化学品、非煤矿山、道路交通、学校、公共聚集场所、建筑施工等领域为主，共检查315个单位，排查安全隐患489项，现场整改448项，责令限期整改41项。第三次针对汛期安全生产。围绕非煤矿山、危险化学品、建筑施工、人员密集场所等重点行业和领域，采取企业、单位自查，乡镇（街道）、部门拉网式检查相结合，隐患排查不留死角。汛期期间排查各类企业450余家，查出隐患240余处。第四次冬季集中检查整治重点：危险化学品防冻、防泄漏，车辆超员、超速及酒后驾驶，非法生产经营烟花爆竹及人员密集场所消防隐患排查等。根据菏安发《关于集中开展严厉打击非法违法生产经营建设行为专项行动的通知》要求，县安监、煤炭、国土资源、经信、公安、交通运输、建设、质监等部门联合执法，共检查企业345家，排查隐患110处，打击违法非法生产经营企业15家。危险化学品集中整治共检查生产经营单位35家，查出安全隐患24处，发出责令书1份，取缔非法经营3家。

教育培训与安全资格考核　从2002年安全生产法实施起，安监部门开始对安全生产管理人员进行培训和资格考核，督促企业严格执行安全培训制度并保证培训考核质量，不断加强对危险化学品生产企业、经营企业及非煤矿山企业主要负责人、安全管理人员及特种作业人员的培训、考核工作。企业主要负责人、安全管理人员和特种作业人员接受培训后，经考试合格后，为其颁发安全资格证书。2007—2008年，分两期举办安全知识培训班，对乡镇所有分管安全生产的领导及专职安监人员进行培训。

安全事故责任处理　1986—2010年，全县安全生产形势基本稳定，没有发生较大以上安全生产事故。对于一般性安全生产事故，成立事故调查组，及时介入，严格按照“四不放过”（事故原因查不清不放过、责任人得不到处理不放过、没有落实防范措施不放过、职工群众受不到教育不放过）原则进行调查处理，分析原因，督促企业及时整改，落实防范措施。

2004年前，生产安全事故只对企业进行统计，2004年后，交通和火灾事故及社会性事故纳入生产安全事故统计范围。2007年，全县共发生各类事故81起，死亡39人，受伤40人，比上年分别下降40.4%、7.1%、54%。2008年，全县共发生各类事故61起，死亡37人，受伤28人，比上年分别下降24.7%、5.1%、30%。

第二章　环境保护

第一节　环境监测

1998年，县环境保护监测站通过山东省质量技术监督局、山东省环保局计量认证，2004年、2010年，分别通过计量认证复审。2010年，该站有监测人员15人，其中，高级职称1人，中级职称5人，初级职称6人。主要仪器有万分之一电光分析天平、721分光光度计、6218B噪声统计分析仪、林格曼黑度仪、流速仪等仪器设备22台（套），价值约55万元。可对水（地面水、地下水）和废水、空气和废气、环境噪声等29个项目进行监测。

水质监测　工业废水监测　1982年，开始对工业废水实施监测，主要监测化学需氧量（COD）、酸碱度、悬浮物3个常规项目，每季度监测一次，后改为每月一次。从2007年起，山东省单县化工有限公司、山东省单县天元纸业有限公司、山东省单县四君子酒业有限公司等10个市控企业先后安装在线监测装置，并实现省、市、县联网，可时时对企业排污情况进行监测。对重点污染企业的排放废水情况监测，由原来的每月监测 1 次改为每周监测 1 次。2010 年，加大监管力度，对全县所有工业污染源进行监测。监测项目为酸碱度值、悬浮物、化学需氧量、氨氮、挥发酚、六价铬等。

2002—2010 年单县重点企业废水监测统计表

表 12-2-1　　　　单位：毫克 / 升

监测点位	年份	监测因子	
		化学需氧量（COD）	氨氮
山东省单县四君子酒业有限公司	2002	78.4	7.65
	2003	66.3	6.24
	2004	65.9	6.32
	2005	58.4	5.44
	2006	55.1	5.81
	2007	62.0	3.84
	2008	54.7	3.67
	2009	52.5	1.54
	2010	36.0	1.30
山东省单县化工有限公司	2002	84.6	8.22
	2003	77.0	7.63
	2004	72.6	7.15
	2005	76.8	7.94
	2006	55.9	6.35
	2007	54.7	5.84
	2008	45.1	5.13
	2009	47.2	4.86
	2010	23.2	3.05
山东省单县天元纸业有限公司	2002	82.3	4.65
	2003	88.7	3.67
	2004	85.4	4.06
	2005	72.1	3.78
	2006	77.6	1.04
	2007	64.8	1.44
	2008	48.9	1.40
	2009	50.6	2.62
	2010	35.7	1.73

河水监测　1990年起，监测境内主要河流水质。2010年，共设东鱼河徐寨大闸、东沟河后牛楼、胜利河刘寨、嘉单河北外环桥等4个地面水水质监测点位，监测项目有水温、酸碱度值、悬浮物、电导率、化学需氧量、氨氮、挥发酚、六价铬等。监测频率为每月2次。

2002—2010年单县主要河流断面监测统计表

表12-2-2　　　　单位：毫克/升

河流名称	监测点位	年份	监测因子（年均）		
			pH值	化学需氧量（COD）	氨氮
东鱼河	徐寨闸断面	2002	6.02	31.3	1.17
东鱼河	徐寨闸断面	2003	6.06	42.0	1.39
		2004	6.02	42.6	1.46
		2005	6.16	34.7	1.35
		2006	7.04	41.4	1.46
		2007	7.06	46.0	2.01
		2008	7.04	49.5	2.16
		2009	7.04	53.0	1.73
		2010	7.06	47.5	1.68
胜利河	刘寨断面	2002	6.10	46.3	1.23
		2003	6.02	47.1	1.59
		2004	6.04	47.1	1.62
		2005	6.05	40.3	1.54
		2006	7.06	47.6	1.62
		2007	7.10	51.0	1.86
		2008	7.02	58.1	2.11
		2009	7.04	59.9	1.81
		2010	7.02	56.9	1.60
东沟河	后牛楼闸断面	2002	6.12	43.0	1.86
		2003	6.10	44.2	1.73
		2004	6.22	41.1	1.68
		2005	7.04	47.3	1.23
		2006	7.06	48.7	1.59
		2007	7.10	47.4	1.62
		2008	7.08	52.3	2.54
		2009	7.06	50.4	2.21
		2010	7.06	49.8	1.80

地下水监测　1990年起，监测境内地下水。监测项目主要有水温、酸碱度值、悬浮物、电导率、化学需氧量、氨氮、挥发酚、六价铬等。监测频率通常为每月1次。

2002—2010年地下水监测统计表

表12-2-3　　单位：毫克/升

监测点位	年份	监测因子（年均）			
		pH值	总硬度	氨氮	氟化物
监测站内自来水	2002	7.86	222	0.04	0.3[illegible]
	2003	7.64	226	0.03	0.33
	2004	7.62	224	0.02	0.27
	2005	7.84	218	0.03	0.24
	2006	7.66	216	0.01	0.25
	2007	7.82	219	0.02	0.25
	2008	7.84	217	0.01	0.27
	2009	7.82	213	0.03	0.25
	2010	7.86	217	0.01	0.23

废气监测　1990年起，先后配备烟尘烟气测试仪、24小时恒温恒流大气采样器、智能综合大气采样器、格林曼黑度计等先进仪器，对二氧化硫、氮氧化物、空气总悬浮颗粒物、可吸入颗粒物、氨、硫化氢、林格曼黑度、烟尘等常规项目监测。至2010年，对全县所有工业锅炉实行每季度监测1次，对城区大气环境质量每周监测1次。

2002—2010年单县工业企业废气排放统计表

表12-2-4　　单位：万立方米/年

年份	废气排放量	年份	废气排放量
2002	17486.62	2007	15767.16
2003	17224.20	2008	15251.69
2004	16890.43	2009	15[illegible]78.32
2005	16626.58	2010	13513.45
2006	16202.06	—	—

噪声监测　2002—2010年，环境噪声监测由例行监测项目发展为功能区噪声、交通噪声、工业企业厂界噪声、建筑施工噪声、环境现状噪声等监测项目。功能区噪声监测点位分别是环保局家属院、三台商场和南旧关。交通噪声监测点位分别是湖西路、105国道和健康路。单县多年功能区噪声质量达标天数平均347天，达标率95%，交通噪声质量达标天数平均340天，达标率94%。

2002—2010 年单县功能区、交通噪声点位监测统计表

表 12-2-5　　单位：dB

年份	区域环境噪声		交通干线噪声	
	昼间	夜间	昼间	夜间
2002	50.4	43.1	56.7	47.7
2003	52.3	39.7	55.4	49.2
2004	51.6	44.2	57.2	46.4
2005	52.1	41.4	58.1	48.3
2006	54.4	42.5	58.5	48.0
2007	53.7	43.7	59.2	49.4
2008	57.2	47.2	57.1	50.8
2009	56.7	47.7	59.6	48.6
2010	57.6	46.9	61.2	49.3

第二节　环境治理

废水治理　1986—1989 年，境内尚无治理污染物设施，单县棉纺织厂、单县麻纺织厂、单县酒厂、单县有机化工厂、单县造纸厂等主要水污染源产生的废水，直接排放，地表水污染严重。1990—1994 年，《中华人民共和国环境保护法》颁布后，环保工作得到加强，执法力度加大，对企业实施限期治理，要求其建立治污设施，对违规企业进行关停，实行主要污染物总量控制制度，县政府与各乡镇、重点企业、县直有关单位签订年度环境目标责任书，定期进行考核并通报考核结果。1994 年，取缔单县饲料厂内的麦草浆造纸厂和单城镇赵阁的麦草浆造纸厂。1995—2001 年，实施“一控双达标”，严格执行“三同时”（项目主体工程与环保工程同时设计、同时施工、同时投产使用）制度，控制新污染源产生；对老污染源实施限期治理，要求其达标排放。2000 年，取缔终兴与丰县交界的麦草浆造纸厂。2001—2005 年，关停谢集、终兴和浮岗镇大坝林庄制浆厂、福祥制革有限公司 4 家污染严重的制浆、制革企业及神州造纸有限公司制浆生产线。重点污染源实施限期治理。2006 年，对天元纸业有限公司等 10 家企业进行限期治理，关停新华造纸有限公司、神州纸业有限公司、蔡堂炼焦厂等企业。

1997 年，单县酒厂、单县有机化工厂废水治理设施建成并投入运行。2001 年，山东省单县化工有限公司投资 240 余万元，建成一套日处理能力 1000 吨的废水治理设施。该项目通过菏泽市环境监测中心站连续 24 小时监测：总排污口的 PH 值、悬浮物、化学需氧量、五日生化需氧量、硫化物、苯胺和排水量都已实现达标排放。2001 年，山东省单县天元纸业有限公司东厂建设 1 套日处理能力 4000 吨的废水治理设施，2004 年增建 1 套日处理能力 8000 吨的废水治理设施。2005 年，南厂建成 1 套日处理能力 2 万吨的废水治理设施。2004 年，山东省单县化工有限公司对日处理能力 1500 吨的废水治理设施实施治理再提高工程；山东省单县四君子酒业有限公司实施废水治理再提高工程，并通过市环保局验收。2005—2006 年，山东省单县化工有限公司、山东省单县天元纸业有限公司、山东四君子集团有

限公司实施污水治理再提高工程；山东省单县化工有限公司完成清洁生产审核工作。2005年、2008年，县中心医院（投资30万元）、东大医院先后建设医疗废水消毒设施，用二氧化氯发生器对医疗废水进行处理后进城市污水处理厂进行二次处理。2009年后，对山东省单县化工有限公司、山东四君子集团有限公司工业园、单县华康纸业有限公司等重点水污染企业的污水处理设施进行升级改造，每年减少化学需氧量（COD）排放580吨，氨氮22吨；对国电银河水务（单县）有限公司进行升级改造，出水稳定达到城镇污水处理厂污染物排放标准一级A标准；以BOT模式投资9000万元建设日处理污水4万吨的工业园区污水处理厂，每年减少化学需氧量排放2640吨，氨氮400吨。

城区生活污水日产生量约2万吨。2005年2月，青岛银河集团投资4500万元建设嘉单河城市生活污水处理厂，2006年建成。该厂占地4公顷，采用BOT模式，日处理废水能力4万立方米，主要对城区生活污水和部分工业废水进行处理。2007年，菏泽市代表山东省迎接国家淮河流域水污染防治核查，单县在国家核查时取得第一名。2008年，中水处理厂建成，日回用废水1万吨。2010年，投资2000万元，建设东沟河人工湿地。

污水处理厂

2001—2005年单县重点水污染治理项目一览表

表12-2-6

单位	项目内容	治理工艺	投资（万元）	完成年份
天元纸业有限公司东厂	日处理4000吨废水治理项目	气浮	200	2001
天元纸业有限公司东厂	日处理8000吨废水治理项目	生化	250	2004
天元纸业有限公司南厂	日处理8000吨废水治理项目	气浮	300	2003
天元纸业有限公司南厂	日处理20000吨废水治理项目	生化	260	2005
天元纸业有限公司三、四分厂	日处理8000吨废水治理项目	生化	300	2004
单县化工有限公司	日处理1000吨废水治理项目	生化	243	2001
单县化工有限公司	日处理1500吨废水治理项目	二级生化二级物化	100	2005
四君子集团酒业有限公司	日处理400吨废水治理项目	生化	118	2005
四君子集团皮革有限公司	日处理400吨废水治理项目	物化加生化	200	2004
单县中心医院	HQ-2000型二氧化氯发生器	消毒	20	2005
嘉单河城市污水处理厂	日处理40000吨废水治理项目	生化	4500	2006

空气净化　2001年，山东省单县化工有限公司采用克劳斯炉回收硫黄的工艺处理废气硫化氢，硫化氢回收率93%。2005年，实施“碧水蓝天·十百千万”工程，印发《单县“百条烟囱治理”专项行动实施方案》《关于对城区内锅炉、窑炉、茶水炉、食堂大灶进行综合整治的通告》《单县大气污染防治管理办法》，对城区内的锅炉、窑炉、茶水炉及食堂大灶分类进行治理改造。对2吨以上的锅炉进行脱硫除尘治理改造，1吨以下的锅炉、茶炉更换为环保型“煤制汽”锅炉，餐饮大灶改用清洁燃料。共治理改造锅炉126台、窑炉3台、大灶80余个，城区大气环境质量明显改善。同年，建设28平方公里城区烟尘控制区，之后，逐步扩大。至2010年，建成四环内烟尘控制区46平方公里。

2008—2010年，对重点大气污染企业进行治理，拆除天元纸业有限公司二分厂的锅炉。单县鲁顺糠醛有限公司投资300万元对锅炉除尘设施进行升级改造，增加重力沉降室、多管、水膜三级除尘设施。山东省单县化工有限公司对工艺废气和厂区异味进行治理，投资1000万元完成8000吨/年的废气治理回收硫黄项目，投资2700万元完成封闭污水处理系统、露天废液池调节池，实施雨污分流等。开展大气污染防治活动期间，对辖区内所有大气污染源进行排查和治理，共治理工业窑炉83家、生活锅炉67家、粉煤灰厂11家、面粉厂17家、砖瓦厂4家、水泥粉磨站3家、木板厂9家、企业物料堆场11家、工业异味企业8家。对25家企业储煤场、水泥粉磨站等重点粉尘产生企业开展专项治理，建设密闭料场2.8万平方米、防风抑尘网6000平方米。

实施集中供热，淘汰分散燃煤锅炉。2010年，山东龙盛供热有限公司集中供热项目建成并投入使用。该项目由黑龙江鸡西大盛供热集团投资兴建，项目总投资6亿元，供热能力1500万平方米，可替代各类小锅炉100余座，年节约标准煤约6.1万吨，减少烟尘排放量约0.2万吨、二氧化硫排放量约0.4万吨、灰渣排放量约2.4万吨。

噪声治理　1986—1994年，境内尚未采取噪声治理措施，工业、建筑、交通等噪声源，对其附近居民污染较重。1995年，建立噪声控制区，实行人车分流，设定禁鸣喇叭区，交通干线两侧进行绿化，降低交通噪声。在重大节日和中、高考期间，加强对噪声控制区的监督管理，防止建筑施工、商业噪声扰民。至2010年，噪声控制区46平方公里。

固体废弃物处理　1986—1998年，境内工业固体废物主要是燃烧产生的炉渣，年排放量1万吨，大部分综合利用，没有造成环境污染。随着全县工业发展速度的加快，工业固体废物种类增多，排放量逐年增大，至2009年，全县工业固体废物年排放量为8万吨。对无毒固体废物，采取废物利用，用作发电、铺路和建筑材料等。如山东省单县天元纸业有限公司利用本公司在造纸过程中产生的大量造纸污泥焚烧发电，变废为宝。对有毒工业固体废物进行专业处理，如山东省单县化工有限公司产生的工业危险废物，收集后运往青岛，由青岛新天地废物处置中心集中处置；集龙燃油添加剂有限公司铅渣转移到安徽华鑫铅业有限公司进行回收利用，并严格实施铅渣转移“五联单”制度；医院产生的医疗废物，集中收集送往菏泽市医疗废物处置中心集中处置。2010年，投资5500万元建设垃圾处理厂，对固体废物进行集中处理，日处理固体废物260吨。

第三节　环境管理

1993年3月，经省环保局推荐，单县被列为全国县级环境监理试点单位。通过开展环境监理试点工作，加强县环境监理队伍和制度建设，进一步提高监理执法能力，使环境监理工作走上规范化、科学化轨道。2003年，实行县环保部门领导包企业和派员驻厂监管。每名党组成员根据分工承包企业，负责企业的污染治理和清洁生产，每个重点企业派3～5人监管污染治理设施运行情况、外排废水达标情况。2007年，建设在线监控平台，省、市、县三级联网，对企业在线监测数据24小时监管，保证治污设施正常运行。同时，加大对重点污染企业的监测和监管力度，对重点污染企业排放废水情况由原来每月监测1次改为每周监测1次，县政府组织环保、工商、公安、安监等部门对重点污染企业进行定期不定期检查和突击抽查，发现问题，及时进行纠正和处理。

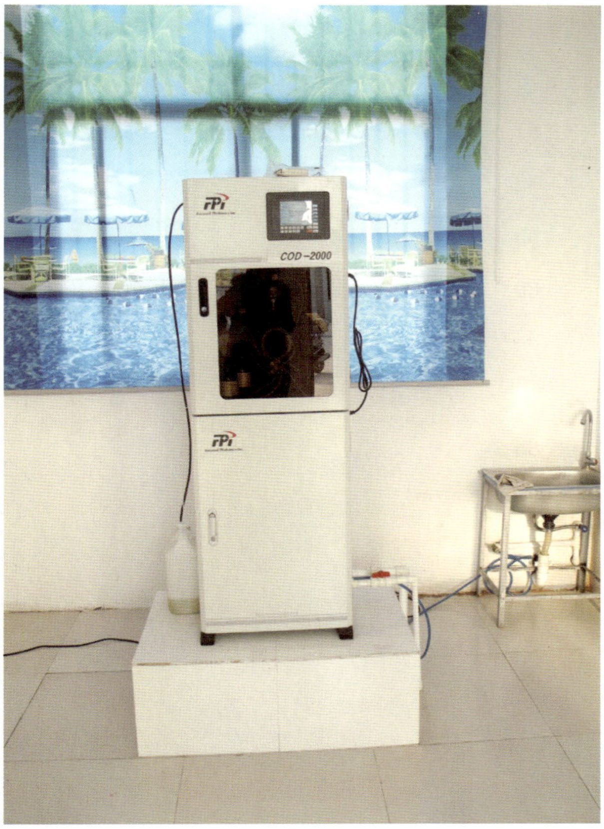

在线监测设备

环境影响评价　《中华人民共和国环境影响评价法》于2002年10月28日发布，自2003年9月1日施行。境内环境影响评价工作从2003年开始实施，在新建项目审批过程中，对不符合国家产业政策和环保政策的小造纸、小制革、小染料、小漂染、小农药等“十五小”项目，“新六小”（小水泥、小玻璃、小炼焦、小火电、小炼铁、小煤矿）项目，以及可能对环境有严重污染而又不能建立治污设施的小型建设项目（如小蒜干、小塑料等）拒绝审批。2003年，全县共有9个新建项目办理环境影响评价手续，其中，制作报告表3份，填写登记表6份。2004年，组织有关人员到企业现场服务，全年共办理新建项目环境影响评价手续18份，其中，制作报告表4份，填写登记表14份。2005年，全县共有50个新建项目办理环境影响评价手续，其中，制作报告表11份，填写登记表39份。2006—2010年，累计出具报告书22份，制作报告表358份，填写登记表152份。

环保宣传　1990年后，每年6月5日（世界环境日）前后，组织开展多种形式的环保宣传活动。在城区、乡镇主要街道粉刷永久墙体环保宣传标语，在城区主要街道设立环保法律法规咨询点，现场接受群众咨询，散发宣传材料，悬挂、张贴环保宣传条幅、标语等，与各企事业单位和社会团体共同开展环保宣传活动，宣传环保法律法规。世界环境日这天，县委、县政府、县人大分管领导在单县电视台作环保工作电视讲话。2004年起，县环保局与县电视台联合摄制《环保天地》节目，在县电视台专题栏目播出，每期15分钟，共播出108期。2007年起，每周编辑一期《环保简讯》，共编发110期。2008年起，县环保局、团县委、县义工协会、国能单县生物发电有限公司、县二中、时代广场等单位联合先后组织举办县“环保杯”书画、书法展和楹联比赛共7场次。至2010年，共粉刷永久墙体宣传标语1000余平方米，散发宣传材料1万余份，设立环保法律法规宣传咨询点30个次，现场接受群众咨询1000余人次；共出动宣传车500余辆次，悬挂宣传挂图、条幅、展板300幅次；在新闻媒体发表环保宣传文章36篇。

环保教育　1990—2010年，环保部门共举办环保干部培训班8期，培训人员500人次；举办企业厂长经理、环保干部培训班3期，培训人员100人次。国家开展“绿色创建”活动后，单县在加大环保教育力度的同时，致力于环保教育入校园、进企业，共创建4所省级绿色学校、13所市级绿色学校、1个省级环境教育基地、2个市级环境教育基地、2个省级绿色社区、10个市级绿色社区、2个市级绿色企业和2个市级绿色家族。

污染源调查 2007—2009年，全县完成第一次污染源普查工作。此次普查，省、县先后投入资金20万元，选聘普查员165人、指导员80人培训上岗，入户普查。经过清查摸底、入户调查、填报、审核录入、上报等程序，形成较为规范、完整、合理的数据库。共普查工业源78个，农业源22个，生活源365个，集中式污染治理设施1个。

排污费征收 1986年，开始对排污严重的企业和个体工商户征收排污费，一定程度上抑制了废水、废气、废渣等对环境的污染，提高了人们的环境保护意识。1989—2010年，累计征收排污超标企业和个体工商户排污费1670.8万元。

1989—2010年排污费征收统计表

表12-2-7　　单位：万元

年份	征收排污费金额	年份	征收排污费金额	年份	征收排污费金额
1989	71	1997	85	2005	55.2
1990	70.2	1998	32	2006	63
1991	65	1999	93	2007	70
1992	60	2000	80	2008	82
1993	75	2001	84	2009	80
1994	81	2002	124	2010	106
1995	75	2003	88	—	—
1996	77	2004	54.4	—	—

第十三编

财政 税务

税法宣传

1986年后，全县财政收入稳步增长，财政支出逐年增加。当年全县财政收入1307万元，支出3007万元；实现税收1356万元。1988年，地区财政对各县实行“收入全留，定额补助”的财政体制。1994年国、地税分设。1995年，县对乡镇实行“划分收支，核定基数，定额上交或补助，一定三年”的财政管理体制。1996年，全县财政收入6254万元；财政支出首次超过亿元达到1.29亿元。2000年，实行“乡财、乡用、县管”的乡镇财政管理模式，并在全省推广。进入21世纪后，全县经济快速发展，经济总量大幅增长，财政收入不断增加，用于农业、科教文卫、社会保障、公共服务和环境保护事业的支出明显增多。2001年，全县财政收入首次超过亿元达到1.07亿元。2002年，实行农村税费改革，农民负担逐年减轻，至2006年，农民税费全部取消。2010年，全县共完成地方财政收入10.1亿元，是1986年的77倍，年均增长21.02%；全县地方财政支出21.93亿元，是1986年的72.94倍，年均增长19.57%。全县实现税收11.36亿元，是1986年的83.76倍，年均增长20.26%。

第一章　财税体制改革

第一节　财政体制改革

1988年，执行地区财政对各县实行“收入全留，定额补助”（即各县的收入全部留归各县财政，不足支出部分地区财政按照核定的补助数给予定额补助）的财政体制。1994年，在“收入全留，定额补助”财政体制的基础上，执行市财政对各县实行分税制（即将各县增值税75%、消费税上缴中央，中央给各县税收返还，以后每年对“两税”完成比上年超收部分按1∶0.3系数增加返还）财政管理体制。1995年，县对乡镇实行“划分收支，核定基数，定额上交或补助，一定三年”的财政管理体制。乡镇范围内实现的财政收入全部留给乡镇，即国税县分成部分、地税、农业税收、其他收入等。1998年，县财政局成立资金内部结算中心，取消局内各股在银行开设的账户，统一开户，集中管理。同年，在总结前三年县乡财政体制运行情况的基础上，重新确定乡镇财政收支基数，制订“核定收支基数，收支包干，定额上解或补助，超收全留，超支自负，一定五年”的乡镇财政管理体制。2000年，单县率先实行“乡财、乡用、县管”的乡镇财政管理模式，并委托银行统一发放工资，保证全县干部职工工资正常发放。此后，这种乡镇财政管理模式在山东省推广。2001年，将乡镇财政所长和现金出纳员人事关系转入县财政管理，实行委派制。2002年，落实国务院和省政府决定，企业所得税分享比例为中央50%、省10%、市县40%，个人所得税分享比例为中央50%、市县50%，营业税分享比例为省20%、市县80%。实施农村税费改革，取消三提五统，按常年产量、税率6%征收农业税，同时按正税的40%征收农业税附加。在农业银行设立县级罚没款专柜，罚没款票据由专柜代开，实行罚收分离。实行财政供养人员年检制度，将不属于财政供养人员清理出供养范围。2003年11月，县成立会计集中核算中心，取消单位在银行开设的所有账户，由会计集中核算中心统一在银行开设总账户，在中心内部为各单位设分账户，实行统一开户，分户管理；单位设专职报账员，负责单位会计业务的报账工作。企业所得税分享比例改为中央60%、省8%、市县32%，个人所得税分享比例改为中央60%、市县40%；市开始对县区经济实绩工作考核，财政收入指标包括地方财政收入和乡镇工商税收。2004年，中央决定改革出口退税机制，对超基数部分的应退税额，由中央和地方按75∶25的比例共同负担，当年影响单县财政收入442万元。取消农业特产税、降低农业税率为3%。2005年，改革预算编制办法，在县直全面推行部门预算，将部门单位所有预算内外收支全部纳入预算，按业务工作需求，综合分配预算内外财力。出口退税中央和地方共同负担的比例改为92.5∶7.5；个人所得税分享比例改为中央60%、省15%、市县25%；烟草公司应上缴的增值税、企业所得税、城建税、教育费附加上划到市缴纳；中央、省实施缓解县乡财政困难政策，单县进入中央财政困难县范围，当年增加缓解县乡财政困难转移支付补助5468万元，县乡工资水平首次达到国标。3月，按照全市统一要求，将乡镇及所属行政、全额事业单位的财务收支全部纳入县会计集中核算中心，实行报账制监管，统一管理，统一核算。2009年，市级开始将县区增值税、企业所得税、营业税（100%口径）分别按2%、3%、5%集中上划市级财政，当年上划单县财力1743万元。2010年7月，乡镇与县直执行同等工资标准。12月，提高取暖补贴标准，人均达到1100元。同年，省对单县取消增值税和消费税1∶0.3增加返还结算项目。

第二节　税务体制改革

1983年，对国营企业实行第一步“利改税”，以向国家缴纳所得税取代向国家上缴利润。主要是对有盈利的国营企业普遍征收所得税。对小型国营企业，缴纳所得税后，由企业自负盈亏，个别税后利润较多的，由财政部门确定再上交部分承包费。单县按菏泽行署规定对小型企业免交承包费，对大中型国营企业缴纳所得税后的利润，除给企业合理留利外，再缴纳调节税。1984年第4季度，在“利改税”第一步改革的基础上，菏泽地区根据国务院《批转财政部关于在国营企业推行利改税第二步的报告的通知》，实施第二步“利改税”，主要是对国营企业的“税利并存”逐步过渡到完全的“以税代利”。相继恢复和开始征收产品税、营业税、增值税、资源税、国营企业所得税、国营企业调节税、集体企业所得税等。之后，又进行一些充实和调整，逐步形成一个多税种、多环节、多层次调节的税收新体系。1994年，按照统一税法，公平税负，简化税制，合理分权的原则，国家对原有税制格局进行保留、改进、完善、合并、取消以及新设，涉及的范围概括为四个方面，即流转税改革、企业所得税改革、个人所得税改革和其他税的改革。并把征管机关分为国税、地税两个部门，把征管范围进行划分。同时，国税系统由中央垂直管理，地税系统主要由地方管理，形成分税制的基本框架。至2010年年底未变。

第三节　农村税费改革

2001年，全县农民负担总额16015万元，人均负担174元。2002年，单县按照国家规定实行农村税费改革，主要内容是“三取消、两调整、一改革”，“三取消”即取消乡统筹费、农村教育集资等专门面向农民征收的行政性收费和政府性基金、集资；取消屠宰税；取消义务工，逐步取消统一规定的劳动积累工，严格控制以资代劳。“两调整”即调整农业税政策，将农业税税率调整为6%，并实行“轻灾少减、重灾多减、特重灾全免、分级负担”的灾歉减免政策和社会减免政策；调整农业特产税范围和税率。“一改革”即改革村提留征收使用办法，农民按人均上缴的村提留，改为按新的农业税和农业特产税附加的形式收取，农业税附加比例为正税的40%，农业特产税附加比例暂定10%，两项附加是村集体资金，纳入乡（镇）财政专户，村委会安排使用，乡镇经管部门实施监督管理。改革后，行政村内兴办集体公益事业所用资金，不再向农民固定收取，全县农村实行“一事一议”，由村民大会讨论决定。同时，各行政村实行村务公开，县乡对行政村财务进行定期审计。2002年始，农村税费改革主要围绕“三个确保”进行。即确保农民负担逐年合理减轻。2002年取消乡统筹费、农村教育集资、屠宰税，2003年停征农业特产税及公益事业金，劳动积累工、义务工逐年减少，2002年为20个，2003年降为15个，2004年降为10个，2005年全部取消，农业税税率逐年降低，2002年、2003年农业税税率为6%，2004年降为3%，2005年降为1%，2006年全部取消。确保乡村基层组织的正常运转。随着农村税费改革、农业税税率的逐步降低和取消农税政策的实施，国家对影响地方收入部分相应给予补助，一方面管好用好税费改革转移支付资金，2002—2006年，上级共分配单县农村转移支付资金40164万元。单县按照上级的分配办法和原则，将补助相应分配给乡、村两级，另一方面通过会计委派、乡财县管、村财乡管、集中核算、节约开支等措施减少收支矛盾。确保农村义务教育等重点事业的发展。县将农村教育经费支出纳入地方财政预算管理，将中小学教师工资上划县管理，加强农村中小学收费和财务管理，对中小学进行布局调整，撤点并校，优化资源配置，减少财政支出。

第二章　财　政

第一节　财政收入

1986年，单县地方财政收入1307万元。之后，随着经济体制改革的深入，经济结构的调整，对外开放程度的扩大，先进科学技术的推进，单县的经济实力不断增强，地方财政收入连年攀升。1990年3023万元，1995年4016万元，2000年9676万元。2001年10742万元，突破亿元。2005年17601万元。2010年101004万元，单县财政收入首次突破10亿元，是1986年的77.28倍，年均增长18.99%。

1986—2010年单县地方财政收入统计表

表13-2-1　　单位：万元

年份	财政收入	其中							
		工商税	农业税	农业特产税	耕地占用税、契税	行政性收费	罚没款	专项收入	其他收入
1986	1307	1223	301	—	—	—	62	—	-279
1987	1828	1566	321	—	—	—	29	—	-88
1988	2255	2095	319	10	21（未征契税）	—	40	—	-230
1989	2935	2488	378	44	16（未征契税）	—	128	—	-119

续表 13-2-1

年份	财政收入	其中							
		工商税	农业税	农业特产税	耕地占用税、契税	行政性收费	罚没款	专项收入	其他收入
1990	3023	2616	362	38	10（未征契税）	—	125	—	-128
1991	3302	2682	384	48	36（未征契税）	—	242	—	-90
1992	3644	2965	468	46	20（未征契税）	—	217	—	-72
1993	5376	4683	518	52	9（未征契税）	—	119	—	-5
1994	2831	1490	657	580	27	—	74	—	3
1995	4016	3001	757	500	43	—	13	—	-298
1996	6254	3251	1273	611	547	607	70	—	-105
1997	7499	4033	1028	684	74	1556	128	—	-4
1998	8212	3479	1187	1916	33	1166	231	140	60
1999	8709	3874	1006	1521	467	647	1031	161	2
2000	9676	4215	930	1602	134	822	1764	209	0
2001	10742	5893	859	1693	23	566	1502	206	0
2002	13312	4179	6474	33	52	485	1896	193	0
2003	15052	5406	6659	—	193	894	1425	461	14
2004	14341	7060	3620	—	615	943	1381	559	163
2005	17601	11185	1079	—	728	1555	1196	917	941
2006	26216	17698	—	—	1556	1216	3415	1144	1187
2007	38536	29107	—	—	1058	2127	4782	1394	68
2008	49012	35320	—	—	3125	4591	3088	1034	1854
2009	63332	50699	—	—	2674	4939	1904	1128	1988
2010	101004	72488	—	—	13065	5006	6927	1872	1646

第二节 财政支出

1986 年，单县财政支出为 3007 万元。1996 年，全县财政支出为 12853 万元，首次突破亿元。1999 年，落实中央财政政策，采取“有保有压、确保重点”方针，一方面，科学调度资金，确保全县干部职工工资按时发放和正常经费及时拨付；另一方面，积极协调、筹措各方面资金，支持企业高新技术开发和“两高一优”（即高产、高效、优质）农业发展，促进全县经济运行质量的进一步提高。2007 年，财政开支记账科目实行改革，由原来的 10 项（即农业支出、教育支出、卫生支出、文体广播支出、离退休支出、抚恤和社会福利救济支出、社保支出、行政管理支出、公检法支出、其他支出）改为 13 项（即一般公共服务支出、公共安全支出、教育支出、科学技术支出、文体与传媒支出、社会保障和就业支出、医疗卫生支出、环境保护支出、城乡社区事务支出、农林水事务支出、交通运输支出、工业商业金融等事务支出、其他支出等）。同年，全县财政支出为104962万元，首次突破10亿元。2010年，全县地方财政支出219337万元，是1986年的72.94倍。

1986—2006年单县地方财政支出统计表

表13-2-2 单位：万元

年份	财政支出	其中									
		农业	教育	卫生	文体广播	离退休费	抚恤和社会福利救济	社保	行政管理	公安、司法	其他
1986	3007	224	934	296	101	—	274	—	438	79	661
1987	4435	587	947	355	93	—	286	—	492	98	1577
1988	4956	543	1214	424	132	—	272	—	565	181	1625
1989	5278	530	1500	466	175	—	365	—	635	186	1421
1990	5616	493	1588	472	186	—	375	—	677	184	1641
1991	5833	763	1562	569	165	—	372	—	770	186	1446
1992	7080	739	2259	592	207	—	445	—	921	253	1664
1993	8768	807	3221	676	212	—	502	—	1149	312	1889
1994	8514	797	3312	658	194	—	596	—	1165	403	1389
1995	9260	1148	3517	735	406	—	645	—	1429	479	901
1996	12853	1696	3904	953	436	220	518	—	2389	662	2075
1997	15890	2922	3082	773	710	2731	573	—	2388	938	1773
1998	17758	2738	3529	782	724	2802	593	584	2463	976	2567
1999	19111	1556	3849	789	755	3428	879	711	3116	1118	2910
2000	20291	1438	4284	1061	929	3743	818	159	3562	1643	2654
2001	24979	2034	6524	1334	1016	4015	846	757	3839	1764	2850
2002	30103	2050	7364	1423	2069	4943	1680	410	4711	2093	3360
2003	34453	2552	7808	1561	2516	5423	2210	365	5642	1956	4420
2004	39658	3237	8710	1524	2706	5924	2065	869	5835	1818	6970
2005	52314	4544	10583	1896	2697	6429	2433	466	6975	2180	14111
2006	73937	6211	13386	4339	4099	7831	2685	411	9486	2381	23108

2007—2010年单县地方财政支出统计表

表13-2-3 单位：万元

科目＼年份	2007	2008	2009	2010
一般性公共服务支出	19019	21741	24583	27196
公共安全支出	3380	3772	4824	7484
教育支出	24039	30988	32137	39898
科学技术支出	147	128	504	190
文化体育与传媒支出	1131	1468	2566	2283
社会保障与就业支出	16807	20248	25775	30214
医疗卫生支出	6944	11906	14441	20967
环境保护支出	1639	1908	2204	1499
城乡社区事务支出	5670	2275	2965	18379
农林水事务支出	12190	23052	40986	58664
交通运输支出	467	694	2353	3301
工业商业金融等事务支出	12206	1152	—	4992
采掘电力信息等事务支出	—	—	2911	353
粮油物资储备管理等事务支出	—	—	3479	188
国土资源气象支出	—	—	—	1128
住房保障支出	—	—	—	2046
其他支出	1323	1439	1657	555
合计	104962	120771	161385	219337

第三节　财政管理

行政事业财务管理　1986—1996年，各单位经费预算编制实行基数加增长法。在上年经费预算的基础上，考虑增人增资和政策性增资因素，核定本年度预算。公用经费实行定额包干，并在上年基础上压减10%，预算确定后，严格按预算分月拨付单位。特殊事项由单位申请，经县领导批准后追加临时预算，不作基数。1998年，财政局设立社会保障股，卫生、民政、劳动、残联从行政文教卫生事业财务股分离。实行财政支出管理改革，单县在全市县区率先推行政府采购制度。全县行政事业单位实行车辆统一保险、定点加油、定点文印，大宗商品和公共服务统一采购。由行财股统一监管，节约财政支出，增加财政财务透明度。2000年1月，单县在全市县区率先实行县财政局统一发放工资制度。县财政局在指定代发银行设置“财政统一发放工资专户”，发放县直单位和乡镇人员的工资，从源头上杜绝单位挤占、挪用工资，保证全县行政事业单位工资统一及时发放。2004年，单县在全市县区率先推行预算管理改革试点，实行部门综合预算管理。部门综合预算采用零基预算的办法，将单位预算内外资金统一编入部门综合预算，实现预算外资金从进“笼子”到进“盘子”的过渡。增加了政府对预算外资金的调控能力，使政府能集中财力办大事，同时避免了单位之间由于预算外资金收入多寡而形成的支出不均的问题。2006年1月，将乡镇农村中小学财务及工资统一纳入县级管理。2007年，实行农村中小学义务教育经费保障机制改革，全部免除农村中小学学杂费和课本费。初中阶段补助公用经费，2007年，县财政按每生每年45元拨付资金，2008年，提高到145元，2009年，提高到300元；小学阶段补助公用经费，2007年，县财政按每生每年35元，2008年，提高到85元，2009年，提高到190元。2010年，义务教育免杂费县财政按初中每生每年300元、小学每生每年210元。农村中小学免杂费及补助公用经费和课本费，由中央（含省）、市、县财政按80∶2∶18的比例共同负担。同年，县乡教师工资统一标准发放。

2008年，县直行政事业单位公用经费水平，由执行多年的人均每年70元，提高到人均每年1500元。汽车燃修费由原来的每辆每年5000元提高到每辆每年25000元，并统一纳入年初预算，按时间进度及时拨付。对公检法等政法部门车辆燃修费制定分类保障标准，高于一般行政事业单位1万至2万元。

对企业财务管理　1987年起，县财政局主要对国有工业企业、商业企业、物资企业、文化企业、粮食企业、供销企业、五小企业七大系统进行财务管理。2002年，企财股取消税收财务大检查业务，增加债务金融管理业务。2007年始，实行企业在“山东企业信息网”每个月填报企业快报，单县网上快报有企业22家。

农业专项财务管理　*农业综合开发*　1988—1990年，黄淮海开发治理中低产田933公顷，涉及大李海、丁楼、谢集、李新庄、徐寨5个乡镇，总投资387万元，其中，省以上财政资金157万元，县财政100万元，银行借款130万元。1991—1993年，治理中低产田2000公顷，涉及朱集、王小庄、马楼、张集、终兴5个乡镇，总投资937万元，其中，中央287万元，省财政289万元，市财政22万元，县财政339万元。1994年，大李海乡、丁楼乡、谢集乡、单城镇治理中低产田733公顷，财政总投资255万元，其中，省财政191万元，市财政19万元，县财政45万元。1995年，大李海乡、丁楼乡、单城镇治理中低产田867公顷，总投资275万元，其中，省财政233万元，市财政11万元，县财政31万元。1996年，全县中低产田改造1067公顷，总投资133万元，其中，中央财政108万元，省财政10万元，县财政15万元。1997年，李新庄镇洋香瓜基地建设1000公顷，总投资327万元，其中，中央财政270万元，市财政18万元，县财政39万元。2003年，郭村镇、李田楼乡综合开发总投资230万元，其中，省以上财政192万元，市财政12万元，县财政26万元。2004年，郭村镇、高老家乡综合开发总投资223万元，其中，中央212万元，市财政11万元。2005年，李新庄镇、谢集乡综合开发总投资446万元，其中，中央226万元，省财政220万元。2007年，郭村镇、曹庄乡综合开发总投资414万元，其中，省以上财政393万元，市财政21万元。2008年，时楼镇、终兴镇、蔡堂镇综合开发总投资1180万元，其中，省以上财政1121万元，市财政59万元。2009年，黄岗镇、浮岗镇、李新庄镇、谢集乡治理中低产田1333公顷，总投资1004万元，其中，省以上财政954万元，市财政50万元。2010年，莱河镇、谢集乡治理中低产田600公顷，总投资635万元，其中，省以上财政598万元，市财政37万元。

农业世行贷款　1991—1994年，一期世界银行贷款项目涉及谢寨灌区的谢集、丁楼、大李海、李新庄、徐寨5个乡镇，118个自然村，9.4万人，耕地面积10600公顷，农业、水利总投资3168万元，其中，世行贷款1681万元，国内配套1487万元。1998—2003年，二期世界银行贷

款加强灌溉农业项目，涉及徐寨、谢集乡、时楼、李田楼、孙溜、黄岗、城关7个乡镇，64个行政村，人口11.5万人，耕地12667公顷，农业、水利、林网总投资5381万元，其中，世行贷款1583万元，省财政资金1235万元，市财政资金182万元，县财政资金372万元，农户自筹2009万元。1997—2001年，世界森林发展保护项目涉及高韦庄、蔡堂、杨楼、黄岗、浮岗、朱集、张集、终兴、徐寨、莱河、孙溜、龙王庙、高老家、郭村、谢集、城关16个乡镇，涉及林场、故道林场、苗圃林场、繁育建设森林面积3000公顷，总投资635.4万元，其中，亚洲鲁兴银行贷款551.7万元，省财政配套83.7万元。

农业扶贫开发　2002—2004年，一期扶贫开发，涉及曹庄、终兴、杨楼、高韦庄、浮岗5个乡镇，总投资571万元，其中，省财政566万元，县财政5万元。2005—2007年，二期扶贫开发，涉及高韦庄镇、浮岗镇、张集镇，中央及省财政投资470万元。2008—2010年，三期扶贫开发涉及孙溜镇、莱河镇、李田楼镇，中央及省财政总投资530万元。

预算外资金管理　1994年，县财政局建立财政第二预算，即地方政府对行政事业单位和企业主管部门未纳入国家预算管理的各种预算外资金，实行预算外规范化、制度化财政预算管理，各单位进入财政第二预算的资金，所有权仍属原单位所有。1997年，县政府印发《关于加强预算外资金和行政性收费管理的通知》，明确预算外资金和行政性收费都是国家财政性资金，不是部门和单位的自有资金，所有权归政府，管理权归财政。1998年，县政府印发《单县预算外资金管理暂行办法》。2001年，县财政局对预算外资金实行“收支两条线”管理，清理各行政事业单位银行账户，除中央和省明文规定需要单独开立专用存款账户外，县属各行政事业单位只保留一个基本支出账户，用于预算内外资金的领取和支出及本单位内部往来资金的核算。同年5月，县财局印发《关于进一步加强行政事业性收费和政府性基金、罚款票据管理的通知》，进一步规范票据管理，明确财政部门是收费、罚款票据管理的主要机关。收费票据实行分级管理，资金在哪一级管理，收费、罚款票据由哪一级财政部门发放和稽核。乡镇财政所负责所属乡直部门收费票据的发放和稽核。从源头上杜绝“三乱”现象。同年，县财政局印发《关于乡镇预算外资金实行零户统管的实施意见》，取消乡镇所属行政事业单位的所有银行账户，其资金全部纳入乡镇财政统一管理和核算，单位或部门设置报账员。实行“零户统管”，解决部门资金管理分散，游离于财政之外，影响资金使用效益问题；明确乡镇部门收取的各项预算外资金，均属财政性资金，其所有权归乡镇政府，管理权归乡镇财政，建立有效的监督约束机制，从源头上预防和治理腐败。2004年，落实财政部《关于加强非税收入管理的通知》，重新界定非税收入的范围，以前所谓的预算外资金，均称为政府非税收入。县财政局对86个收费单位的900多个收费项目，逐一进行核实登记，并将其录入微机，报省财政厅。省财政厅对各收费单位的收费项目逐一设置收费编码。实现财政系统省、市、县非税收入征收情况资源共享，执收单位征收的每一笔非税收入，三级财政都能时时监控、查询，深化了“收支两条线”管理。2008年，县政府印发《关于进一步加强非税收入管理的通知》。自此，全县非税收入管理工作走上良性发展的轨道。同年，单县被省财政厅授予“全省非税收入规范管理示范县”称号。

2000—2007 年单县非税收入（预算外收入）统计表

表 13-2-4

年份	收入（万元）	年份	收入（万元）
2000	8672	2004	9535
2001	8681	2005	8499
2002	9400	2006	8024
2003	10393	2007.01—07	6815

说明：自 2007 年 8 月非税收入移交各职能股室管理

会计管理　2002 年 5 月，成立会计中心，负责监督检查全县机关企事业单位会计对国家财经法律、法规、规章和国家统一会计制度的执行情况，指导各单位会计业务工作，会计从业资格证报名、考试、申报、注册登记（含变更、调离）、IC 卡管理及组织会计从业人员的业务知识、会计制度、准则培训等。至 2010 年，全县共培训会计人员 2000 余人次。

第四节　基　金

住房公积金　1997 年，成立单县财政局住房资金管理中心，负责公有住房出售收入和住房公积金的管理。1999 年，气象局、国税局、人寿保险公司 3 家单位开始实行住房公积金制度。2004 年 7 月，成立菏泽市住房公积金管理中心单县管理部，由县财政局代管，负责全县住房公积金的管理。2004 年 8 月，县直财政统发工资人员开始实行住房公积金制度，2005 年 11 月，乡镇统发工资人员开始实行住房公积金制度，2006 年 1 月，县直差额单位开始实行住房公积金制度。至 2006 年，全县行政事业单位及中央、省驻单县单位和部分企业实行住房公积金制度。县财政负担工资人员缴交率为单位和个人各 5%，其他单位缴交率为单位和个人各 5% ～ 12%。2006 年 1 月 1 日，单县管理部人、财、物及管理职能，上划到市住房公积金管理中心统一管理。2010 年 8 月，菏泽市开始实行统一决策、统一管理、统一制度、统一核算的四统一管理模式。

1999—2010 年单县住房公积金情况统计表

表 13-2-5

项目＼年份	1999—2003	2004	2005	2006	2007	2008	2009	2010
缴存人数（人）	322	5669	10572	19376	21170	21111	21990	21996
缴存金额（万元）	63	293	1167	2490	3539	4397	4862	5672
提取金额（万元）	0	0	5	100	376	1327	1018	2370
公积金余额（万元）	63	356	1518	3908	7071	10141	13985	17287

粮食风险基金 粮食企业粮食风险基金的管理，主要是按照省核定各县区粮食基金规模，对各县区的粮食企业进行补助。1995年，省核定单县的粮食基金规模1674万元，地方配套资金351万元，粮食地方储备350万公斤，2008年增加到500万公斤。对地方储备按照核定的每公斤粮食每年费用利息为0.16元进行补贴。做好粮食风险金的计算和监管，防止挪用和浪费。县财政局会同县粮食局每季度对全县各粮库和粮食风险金账目进行检查。

粮食及农资综合补贴资金 2004年，改革粮食补贴方式，把粮食流通环节的间接补贴改为对种粮农民的直接补贴。补贴范围为小麦种植面积，补贴标准由省政府确定。小麦补贴遵循准确、及时、公平、公正、公开的原则，通过自报、核实、公示、确定、统计上报录入微机5个环节，县财政局根据上报面积拨付补贴资金到乡镇。该年，县财局拨付乡镇小麦直补资金1387.06万元，粮食直接补贴资金标准为每亩补贴13元。2006年，在单县农村信用联社为农民开设“惠农一卡通”，县财局把补贴资金通过粮食直补专户直接拨付到种粮农民“惠农一卡通”存折上。当年，因柴油、化肥涨价，又对种粮农民实行化肥柴油综合补贴，补贴标准为每亩14.2元，粮食直补标准提高到每亩14元。2007年，农资综合补贴标准提高到每亩30.5元。2009年，省政府对种粮大户（种植小麦100亩以上者）进行补贴。2010年，全县粮食直补、综合补资金共计9902.49万元。

2004—2010年全县小麦直接补贴和综合补贴资金情况表

表13-2-6

年份	上级拨入（万元）	拨付乡镇（元）	价位（元/公顷）	面积（公顷）	结余（元）
2004	小麦直补1387.1	13870583	195.00	71131.20	—
2005	小麦直补1387.1	13870594	195.00	71131.20	—
2006	小麦直补1587.5	小麦直补15873705	210.00	75589.07	—
	综合补1610.2	综合补16102000	213.00		
2007	小麦直补1535	小麦直补15349615	210.00	73093.33	—
	综合补3344.1	综合补33440224	457.50		
2008	小麦直补 综合补共8749.32	小麦直补 综合补共87487852	210.00	73647.33	5347.75
			978.00		
2009	直补1677.53	直补、综合补 大户补共计 100578313.84	210.00	79394.82	—
	综合补8384.03 大户补1.38		1049.55		
2010	粮食直补1665.15	粮食直补、综合补共 99024855.51	210.00	79394.82	—
	综合直补8224.64		1037.25		

水库移民补贴资金 2007年起，落实国务院《关于完善大中型水库移民后期扶持政策的意见》，对水库移民进行后期扶持。经过对全县水库移民基础资料的统计核实，水库移民涉及浮岗、高韦庄、黄岗、曹庄、莱河、郭村、高老家7个乡镇，81个村庄，10761人。按照每年每人600元（包括个人补贴和项目补贴）的补贴标准，当年共发放补贴资金645.66万元。其中，个人补

贴354.57万元，项目补贴291.09万元。

农民购买家电补贴资金　2007年，国家在山东、四川、河南、青岛等省市进行试点，对农民购买家电等进行补贴。单县落实有关规定，家电补贴按照国家商务部门的招标价按销售价格的13%给予补贴。当年纳入补贴范围的产品包括彩电、冰箱（含冰柜）、手机、洗衣机四类，最高限价分别为2000元、2500元、1000元、2000元。后又增加电脑、空调、电磁炉、微波炉、热水器等家电。并实行家电以旧换新、汽车以旧换新。该补贴使用网络操作，按照农户购买产品的标示卡号录入微机认证，将补贴打入农户的账号。

国家投资项目资金　2008年，单县争取到第一批中央预算内投资项目8个，即单县廉租居住小区项目、农村公路改造工程、安全饮水工程、黄岗风沙片区综合治理、高老家乡卫生院综合病房楼、李田楼乡卫生院门诊楼、单县新华造纸有限公司污水治理与资源化工程和乡镇兽医站基础设施建设项目，总投资4152万元，其中，中央投资938万元，省投资 123万元，地方自筹配套资金3091万元。至2010年年底，8个项目全部竣工。

2009年，单县争取到第二批中央投资项目11个，即农村饮水安全工程项目、3000户农村户用沼气项目、莱河乳业有限公司大中型沼气建设项目、浮岗南堤—李新集农村公路12.5公里项目、终兴镇后王楼—陈庙农村公路5公里项目、定砀路—孟寨农村公路16.5公里项目、李新庄中心卫生院项目、终兴镇中心卫生院项目、蔡堂镇中心卫生院项目、开发区廉租房一区项目和乡村沼气服务体系建设项目，总投资4786.89万元，其中，中央投资1512.5万元，省投资 342.5万元，地方自筹配套资金2931.89万元。2010年年底，11个项目全部竣工。

2009年下半年，单县争取到第三批中央投资项目5个，即浮岗水库项目、单县动物防疫站建设项目、单县农产品质检站项目（项目分仪器购置和实验室改造）、安全饮水项目和单县郭村卫生院病房楼项目，总投资6327万元，其中 中央投资2144万元，省投资 1543万元，地方自筹配套资金2640万元。2010年年底，项目全部竣工。

2009年10月，单县争取到第四批中央投资项目4个，总投资1383.7万元，其中，中央投资655.7万元，地方自筹配套资金728万元。至2010年年底，项目正在建设中。

土地出让金　土地出让金收入是城市建设资金的主要来源。2003年后，随着招商引资力度的加大，企业项目不断落地，老城区改造项目纷纷落成，土地出让金收入逐年增加。该年，收取土地出让金3890万元。2005年后，县政府先后印发《关于切实做好被征地农民补偿费用兑付工作的通知》《关于土地出让金征收管理办法》《关于加强城市建设资金管理的通知》《关于城市建设指挥部财务实行统一管理的通知》等文件，土地出让金收支管理趋于规范。2003—2010年，累计收取土地出让金20.47亿元。

2003—2010年单县土地出让金收支统计表

表13-2-7　　单位：万元

年份	收入	支出	年份	收入	支出
2003	3890	3709	2007	17617	15206
2004	2019	1601	2008	26920	43903
2005	8220	69124	2009	36208	28890
2006	5702	9889	2010	104074	99520

第五节 国有资产管理与经营

国有资产管理 1991年8月，设立单县国有资产管理局。1998年，成立国有企业改革领导小组，对全县89家国有企业进行改革，实现产权出售收入1142万元。2002年，撤销国有资产管理局，成立国有资产管理办公室。2003年10月，对县直机关事业单位国有资产管理体制进行改革，实行县国有资产管理办公室代表县政府行使所有权，单位有偿使用的管理体制。规定自2003年11月1日起，对全县县直机关事业单位进行全面清查核资，并逐一办理产权移交手续。2004年6月，成立国有资产运营中心，为正科级全额事业单位。主要职责是代表政府统一管理和经营企业、行政事业单位的国有资产。至2010年年底，全县实有国有企业和行政事业单位130家，总资产10.19亿元，其中，县属国有企业及国有控股企业7家，总资产3.6亿元，固定资产2.1亿元；行政事业单位及兴办实体123家，总资产6.59亿元，固定资产5.9亿元。

国有资产运营 2004年6月，单县国有资产运营中心成立，对国有资产的经营进行管理。2005年8月，县政府印发《单县县直机关事业单位国有资产经营暂行办法》，规定即月起，对所有办公用房产实行有偿使用，人均标准用房面积内的部分（党政群机关人均18平方米、事业单位人均16平方米），年收取资产价值2%的国有资产占用费，超过部分由国有资产运营中心运用市场手段进行经营，因工作需要确需由单位继续使用的，按4%～6%收取国有资产占用费。门面房的经营，对单位移交的门面房已对外承租且合同未到期的，经营主体愿继续经营，原合同继续有效，租金由经营中心负责收缴。如原经营主体不愿意继续经营，则进行公开拍卖或招租，按照高价中标的方式进行阳光操作，确保门面房租金足额征收。对行政事业单位申请处理的国有资产，本着公平、公正、公开的原则，坚持所有的交易按照拍卖、招标、协议出让等几种法律许可的方式进行，实行阳光操作，确保国有资产的保值、增值。至2010年年底，国有资产经营中心共实现收入1500余万元。

第六节 债券 债务 挂账

国债 1998年始，中央对地方发行国债。

1998—2006年国债转贷及应付利息统计表

表13-2-8

单位	金额（万元）	应付利息（元）
供电公司	4343	1253195
自来水公司	100	29679
污水处理厂	400	110075
村村通（2003）	430	109650
村村通（2005）	1000	302458
合计	6273	1805057

政府担保债务　1986—2010 年，县政府担保了部分债务。

政府担保债务一览表

表 13-2-9

项目	单位	应还本金（万元）
供销社股金	单县供销社联合社	30.00
城市信用社贷款	单县城市信用社	255．25
北欧贷款	包装厂	301.00

粮食挂账　2007 年，对全县的粮食购销企业财务挂账进行研究认定。1998 年以前，粮食挂账 18784 万元；1998—2007 年，粮食政策性财务挂账 6080.64 万元，其中，2005 年菏泽市审计局《关于单县粮食挂账金额批复的通知》批复额：5292.69 万元（其中，欠拨政策性补贴形成的挂账 4507.04 万元，合理周转库存形成的财务挂账 362.35 万元，农发行费用贷款 423.3 万元），2006 年，追加挂账 787.95 万元。2004 年 6 月 1 日至 2005 年 11 月 30 日利息为 443.61 万元，由于当时县财政困难，无力偿还，进行挂账。2007 年，根据菏泽市政府统一要求，将此项利息一并列入挂账余额。

第七节　财务监督

1986—1989 年，每年末从财政、税务、物价、审计等部门抽调人员组成专门班子，在全县进行一次税收、财务、物价大检查。1990 年 1 月，成立单县税收、财务、物价大检查办公室，为正科级事业单位，专门负责一年一度税收、财务、物价大检查工作。2000 年 11 月，设立单县财政监督检查办公室（简称县财监办），为副科级行政单位，隶属县财政局。2002 年 9 月至 2003 年 5 月，按照《中华人民共和国会计法》和《财政部门实施会计监督办法》，对全县各单位的会计部门实行监督检查。查处违规人员 3 人，违规金额 17 万元。2003 年 7 月始，利用 1 年的时间，在全县开展会计信息质量检查，加强会计监管，规范会计事务所执业行为工作。在检查过程中，发现多个单位的信息披露存在漏洞，共查处相关违规金额 6 万元。针对存在的问题，县财监办提出 13 项建议，责成有关单位贯彻执行，收到良好效果。2004 年 8 月，县财监办会同国地税务部门在全县对纳税单位及纳税个人进行检查。经检查，共查处违规人员 6 人，偷税金额 12.5 万元。2005—2006 年，县财监办查处违反财经纪律案件 11 件。2006 年 8 月至 2008 年 12 月，县财监办与财政、审计、监察、国税、地税 5 个部门抽调人员 15 人，组成 5 个检查小组，对年纳税额 10 万元以上的 23 家企业的 2004 年和 2005 年 1—6 月的会计资料及纳税情况，实施重点检查。2006 年，共查出应补缴各项税款 44.7 万元，入库 35.4 万元，入库率 79%。2007 年，查出应补缴税款 32.5 万元，入库 26.7 万元，入库率 82%。2008 年，查出应补缴税款 3263 万元，入库 1979 万元，入库率 60%。2009 年 4 月，按照上级部署，县财监办与纪委、审计、监察联合对全县 213 个单位“小金库”自查情况进行检查。6 月底，全县自查结束，共自查有问题 1 户，自查出“小金库”金额 26.4 万元。7 月 1 日至 10 月底，抽调 18 人组成 6 个组，采取突击盘库与账面结合的方式，重点检查全县 60 个单位的“小金库”情况，共查出“小金库”金额约 19 万元。专项治理后建立健全防治“小金库”

长效机制。2010年2月，检查土地使用权的配置情况。发现8.5%的土地使用权的配置存在问题，后经与有关部门协调，问题得到解决。3月，开展土地收支管理情况专项检查，对不合格的土地占用情况进行及时登记与反馈，检查发现，不合格的土地占用率约为7.3%，同比有所下降，对不合格者限期整改。7月，响应国家“扩大内需，经济建设速度保证8%”号召，县财审监办的工作重点转移到监督检查扩大内需资金使用情况。一方面，对上级拨付及地方配套资金的支付进度进行及时统计上报，另一方面，对小麦、玉米良种补贴，购买家用电器补贴和经济项目款项使用情况进行详细地审计检查。经审查，资金使用情况良好。

第三章　税　务

第一节　税种税制

1986年，境内征收的税种有13个，即产品税、增值税、营业税、国营企业所得税、国营企业调节税、集体企业所得税、奖金税、建筑税、屠宰税、牲畜交易税、城市维护建设税、盐税、集市交易税。已确立但暂缓征收的3个，即车船使用税、土地使用税、房产税。单县无税源未征收的有2种，即资源税、烯油特别税。1991年，停征建筑税。1993年，境内征收的税种有16个，即产品税、增值税、营业税、国营企业所得税、国营企业调节税、集体企业所得税、奖金税、建筑税、屠宰税、牲畜交易税、集市交易税、城市维护建设税、盐税、城镇土地使用税、车船使用税、印花税。产品税、牲畜交易税和集市交易税1994年1月停征。

国税税种税制　1994年，国、地税分设后，境内国税征收的税种有：增值税、消费税、企业所得税、外商投资企业和外国企业所得税、利息所得税、车辆购置税。存款利息所得税1999年1月1日开始征收，2008年10月免征。至2010年，境内国税税种无变化，个别税种税率略有调整。

增值税　1984年10月1日，境内对机器机械及其零配件、轴承、农业机具及其零配件、印染绸缎及其他印染机织丝品等12个税目开始征收增值税。1986年，单县增值税产品扩大到纺织行业的全部产品及其日用机械、日用电器、电子产品、搪瓷制品、保温瓶等。1988年1月，单县将原征产品税的部分轻工业产品和其他产品改征增值税。1994年1月1日，按照国务院规定，单县增值税以在中国境内销售、进口货物，提供加工、修理、修配劳务的各类企业、单位、个体经营者和其他个人为纳税人，增值税税目扩大到20余个，基本税率17%，低税率13%，出口货物一般适用零税率。1994年5月1日起，对各类农业产品均改按13%的低税率征收增值税，对金属矿采选产品、非金属矿采选产品和煤炭均改按13%的低税率征收增值税。2009年1月1日起，金属矿采选产品、非金属矿采选产品增值税税率由13%又恢复到17%。

消费税　1994年1月1日，按照国务院要求，单县开始征收消费税。征收范围涉及烟、酒及酒精、化妆品、护肤护发品、贵重首饰及珠宝玉石、鞭炮焰火、汽油、柴油、汽车轮胎、摩托车、小汽车等11个。大部分应税消费品实行从价定率征税，税率从3%到45%不等，小部分应税消费品实行从量定额征税，一般出口应税消费品免征消费税。

企业所得税　1984年9月，对境内国营企业开始征收国有企业所得税。其税率，国营大中型企业为55%，国营小型企业分8级超额累进税率，最高为55%，最低为10%。征收办法是按年征收，按期预缴，按期结算，年终汇算清缴，多退少补。1985年，境内开始征收集体企业所得税。其税率，不分城乡，不分行业，统一实行8级超额累进税率，最低一级年所得税额1000元以下的部分，税率为10%，最高一级，年所得额20万元以上的部分，税率为55%。集体企业所得税采取“按年计征、按月或按季预缴、年终汇算清缴、多退少补”方法征收。1988年，根据国家规定，境内开始征收私营企业所得税，依照35%的税率，采取按年计算，分月或者分季预缴，年终汇算清缴，多退少补的方法征收。1994年，税制改革，把国营企业所得税、集体企业所得税、私营企业所得税、股份制及其他企业所得税统一合并为企业所得税，税率33%。从2002年1月1日起，新办开业登记的企业，其企业所得税由国家税务局负责征收管理。2008年1月1日，单县执行新的企业所得税税率，即国内所有内、外资企业，税率统一降低至25%，取消地区性优惠税率。

外商投资企业和外国企业所得税　1991年7月1日，境内开始征收外商投资企业和外国企业所得税，征税对象包括生产、经营所得和其他所得两类。对外商投资企业和外国企业在中国设立的机构、场所所取得的经营所得税率为30%，地方所得税税率为3%，总体税率是33%。对外国企业在中国境内未设立机构、场所而有来源于中国境内的所得，或者虽然设立机构、场所，但其所得与其机构、场所没有实际联系的，税率20%。

利息所得税　1999年1月1日，境内对个人储蓄存款利息征收个人所得税，税率20%。2007年8月15日，税率5%。2008年10月9日后，暂免征收此税。

车辆购置税　2001年1月1日起，按《中华人民共和国车辆购置税暂行条例》规定，境内开始征收车辆购置税，征收范围包括汽车、摩托车、电车、挂车、农用运输车，税率10%。2004年10月1日起，按照财政部、国家税务总局通知，免征农用三轮车车辆购置税。农用三轮车是指：柴油发动机，功率不大于7.4千瓦，载重量不大于500公斤，最高车速不大于40公里/小时的三个车轮的机动车。

地税税种税制　1994年，单县地税局成立后，征收的税种主要有13种，即营业税、企业所得税、个人所得税、城镇土地使用税、城市维护建设税、房产税、印花税、车船使用税、土地增值税、资源税、固定资产投资方向调节税、屠宰税、教育附加费。2000年1月、2003年7月，分别停止征收固定资产投资方向调节税和屠宰税。2003年8月，境内有地方税种11种，至2010年年底未变。其间，只是个别税种税率略有调整。

营业税　1984年10月1日，境内开始征收营业税。该税种以在中国境内从事商业、物资供销、交通运输、建筑安装、金融保险、邮政电讯、公用事业、出版社、娱乐业、加工修理业和其他服务业的单位和个人为纳税人。共设11个税目，税率从3%到15%不等。1993年12月，国务院颁布的《中华人民共和国营业税暂行条例》规定，营业税税目减至9个，税率3%、5%、8%、20%。根据这一规定，单县将金融保险业营业税的税率由5%提高到8%。税率提高后，5%税率征收的部分归地方财政收入，3%税率征收的部分归中央财政收入。

1994—2010 年单县地方税务局营业税税目税率一览表

表 13-3-1

税目	征收范围	税率
交通运输业	陆路运输、水路运输航空运输、管道运输、装卸搬运	3%
建筑业	建筑、安装、修缮装饰及其他工程作业	3%
金融保险业	—	8%
邮电通信业	—	3%
文化体育业	—	3%
娱乐业	歌厅、舞厅、 OK 歌舞厅、音乐茶座、台球高尔夫球、保龄球、游艺	5% ～ 20%
服务业	代理业、旅店业、饮食业旅游业、仓储业、租赁业广告业及其他服务业	5%
转让无形资产	转让土地使用权、专利权非专利技术、商标权、著作权、商誉	5%
销售不动产	销售建筑物及其他土地附着物	5%

企业所得税 1994 年 1 月 1 日，境内开始征收企业所得税，税率 33%，优惠税率：年应纳税所得额 3 万元以下的 18%，年应纳税所得额 3 万元～ 10 万元的 27%。2008 年 1 月 1 日起，执行新的《中华人民共和国企业所得税法》，税率 25%。

个人所得税 1994 年 1 月 1 日，境内开始征收个人所得税。共分 11 个税目。工资薪金所得，适用 5% ～ 45% 的九级超额累进税率；个体工商户生产、经营所得和企事业单位承包经营、承租经营所得，适用 5% ～ 35% 的五级超额累进税率；稿酬所得、劳务报酬所得、特许权使用费所得、利息、股息、红利所得、财产转让所得、财产租赁所得、偶然所得和其他所得，均适用 20% 比例税率。

城镇土地使用税 境内征税额分县城和建制镇两档：1994 年起，县城每平方米 0.35 元、建制镇每平方米 0.2 元；1998 年起，县城每平方米 0.8 元、建制镇每平方米 0.5 元；2002 年起，县城每平方米 1.6 元、建制镇每平方米 1 元；2006 年 10 月 1 日起，县城每平方米 2.2 元、建制镇每平方米 1.2 元；2007 年 1 月 1 日起，县城每平方米 4.4 元、建制镇每平方米 2.4 元，至 2010 年未变。

城市维护建设税 1985 年 1 月 1 日，境内开始征收城市维护建设税。税率：县城和建制镇 5%，其他地区 1%。

房产税 1994 年，境内开始征收房产税，范围是企业办公用房、个体经营户用房、出租门市房。以房产余值为计税依据，税率 1.2%，以房产租金为计税依据，税率 12%。

印花税 1988 年 10 月 1 日，境内恢复征收印花税。税率：借款合同为万分之零点五；购销合同、建筑安装工程合同、技术合同为万分之三；加工承揽合同、建设工程勘察设计合同、货物运输合同、产权转移数据为万分之五；财产租赁合同、仓储保管合同、财产保险合同为千分之一；权利许可证照按 5 元 / 件贴花；营业账簿、记载资金账簿，按实收资本和资本公积总额万分之零点五计税；其他账簿按 5 元 / 件贴花。

车船使用税 1994 年，境内开始征收车船使用税。征收标准：乘人汽车 10 座以下 108 元 / 年 / 辆，11 ～ 20 座 120 元 / 年 / 辆，21 ～ 30 座 144 元 / 年 / 辆，31 ～ 40 座 204

元／年／辆，40座以上240元／年／辆；载货汽车42元／年／净吨位；二轮摩托车36元／年／辆，三轮摩托车48元／年／辆。1999年8月1日起，载货汽车60元／年／净吨位；三轮摩托车72元／年／辆；二轮摩托车56元／年／辆；小型客车260元／年／辆；大型客车300元／年／辆。

土地增值税　1994年1月1日，境内开始征收土地增值税。土地增值税以转让国有土地使用权、地上的建筑物及其附着物取得收入的单位和个人为纳税人。以土地增值额与扣除项目金额的比率为税率划分依据，实行四级超率累进税率。土地增值额未超过扣除项目金额50%的，税率30%，速算扣除系数为0；土地增值额超过扣除项目金额50%～100%税率为40%，速算扣除系数为5%；土地增值额超过扣除项目金额100%～200%的，税率为50%，速算扣除系数为15%；土地增值额超过扣除项目金额200%的部分，税率为60%，速算扣除系数为35%。

资源税　1994年1月开始征收。单县只对砖瓦黏土和矿泉水征收，税率是1元／立方米和3元／立方米。

固定资产投资方向调节税　1991年开始征收。税目分基本建设项目和更新改造项目两大类，税率分别有0%、5%、10%、15%和30%。2000年1月1日暂停征收。

屠宰税　凡屠宰猪、羊、牛等牲畜者，均按规定交纳屠宰税。1994年，由屠宰大牲畜每头4元，猪、羊每头（只）2元，改为牛、马、驴、骡20元／头（匹），猪10元／头，羊2元／只。2003年7月1日，屠宰税停止征收。

教育费附加　1986年1月1日开始征收。教育费附加是按实际缴纳的增值税、消费税、营业税额征收。税率3%。

第二节　税收征管

国税税收征管　1986年，对一切纳税单位和个人均按税收规定期限建立纳税申报制度，统一填写“工商业纳税申报表”一式两份。1987年，推行税务征管人员划片管理，分为个体、集体部分，个体按定税征收，集体按查账征收。1988年，在税收征管上继续推行纳税申报制度。对重点税源实行分级控制，重点抓好农村砖瓦窑的税收征管和驻厂征收、征查两条线的试点。1990年，按照省政府《关于严格申报纳税的布告》和省税务局制定的《山东省税收征收管理工作规程》有关要求，实行上门缴税，使纳税申报工作走上法制化道路。同年，换发税务登记证结束，换发税务登记证3475户，其中，集体企业243户，个体工商户3232户。1991年，重点抓好国营、集体企业的税款征收，个体工商户税收的管理，逐渐走向正规，均以“双定”（即定期、定额）的形式征收。1992年9月，《中华人民共和国税收征收管理法》颁布，在管理形式上，进一步完善纳税申报制度。1996年，在国税系统各分局建立标准的办税服务厅，设置税务登记、发票管理、申报征收、咨询服务等窗口。同年，国税系统推行使用stmis（山东省税收管理信息系统）征管软件，税收征管走上信息化管理轨道。1997年，国税系统建立纳税人自行申报纳税制度。申报方式，纳税人可任选直接申报、邮寄申报和电子申报（电话申报、微机申报）等方式。同年，税务代理工作开始起步运行。1998年，省局统一制定产品税、增值税和营业税纳税申报表，地区局补充制定土地使用税、个体收入调节税、扣缴个人收入调节税、个体工商业户定税四种纳税申报表开始启用。2001年3月，全县大规模开展由工商、国地税、财政、公安等部门参加的集中税源普查活动，历时近半年。

7月，推行使用CTAIS（中国税收征管信息系统）软件，征管数据全部集中到市局，提高了征管效率。10月，实行银行网点申报、邮政网点申报、网上申报、电话申报的多元化申报方式。2002年，全县开展以砖瓦窑厂、加油站、集贸市场和工业加工生产户的“四项整治”工程，增加税收收入160多万元。同年，国税系统推行“个体双定户定额核定管理系统”，实现计算机定税。2003年7月，在张集镇中心街，建立菏泽市首个“税收征管规范街”，临街门面挂上“纳税公示牌”，推行“阳光国税”。同年，推行税收征收改革，实现“无纸化”征收。并实行“简易申报、简并征期”申报纳税方式，简化申报征收程序，方便了纳税人。2004年，单县国税局将纳税公示调整为“三色”公示，即红牌公示达到起征点户，黄牌公示临界起征点户，绿牌公示不到起征点户。2005年8月，单县国税系统规范机构设置，税收征管科确定为正股级单位，主要负责税务登记、纳税申报、普通发票管理、征管质量考核、纳税服务工作。2006年8月2日，根据国家税务总局的要求，首次由国税局、地税局联合换发税务登记证。全县国税系统共换发税务登记证4978户，其中，各类企业547家，个体工商户4431户。同年，全县共完成国家税收收入13961万元，同比增长38.15%，增收3855万元，税收规模是1996年的4.96倍，10年间税收增量突破亿元。2007年6月21日，县国税系统开展小规模企业、个体工商户核实税负，调整定额活动。历时3个月，调查核实小规模企业113户，个体工商户2100余户，增加税收收入240多万元。8月16日，成立行政审批中心，县国税局税务登记证和普通发票销售业务，迁至审批中心集中受理。同年，境内65个点火生产窑场，入库增值税222.77万元，同比增收83.7万元，增长62%，单窑平均入库3.43万元，单窑最高入库7.4万元，总体税收和单窑收入均创历史新高。2008年10月22日，县国税局制定《关于开展个体税源“四项增长”专项活动实施方案》，从10月22日至11月20日实施“四项增长”活动，月增税收106186元，达到起征点比例由48%提高至51.9%，个体月均税额由388元增加至449元，个体工商户两税收入1257.19万元，同比增收295.7万元，增长24.8%。2009年11月26日至12月20日，单县国税局开展突击清理漏征漏管户，强化户籍管理活动，通过活动新增个体登记445户。2010年3月，县国税局印发《注销税务登记考核办法》和《双定户停歇业管理办法》，促进个体双定户注销、停歇业管理，有效堵塞税收流失漏洞。11月，县国税局成立3个工作小组，将加油站、窑场和电动车制造组装行业普查一遍，增加税收50多万元。

国地税联合办税服务厅

1986—1993 年单县税务局税务收入统计表

表 13-3-2　　　　单位：万元

年份	1986	1987	1988	1989	1990	1991	1992	1993
税收	1356	1602	1854	2150	2648	2694	3105	2664

1994—2010 年单县国税局国税收入统计表

表 13-3-3

年份	税收（万元）	比上年增长（%）	年份	税收（万元）	比上年增长（%）
1994	2349	—	2003	7045	19.41
1995	3050	29.84	2004	8768	24.46
1996	2812	-7.80	2005	10106	15.26
1997	3143	11.77	2006	13961	38.15
1998	3504	11.49	2007	18414	31.89
1999	4024	14.84	2008	25104	36.33
2000	4803	19.36	2009	27032	7.68
2001	5196	8.18	2010	34990	29.11
2002	5900	13.55	—	—	—

地税税收征管　1994 年 8 月，国税、地税机构分设后，地税局管辖纳税户 1180 户。1996 年，实行各所、分局负责所辖乡镇集体、个体工商业户日常税收征管。1997 年 6 月，全县统一使用由地税监制的地税发票。种类分服务业统一发票、建筑业专用发票等。1998 年，个体业户实行建账建制分类分级管理。当年底，全县共有纳税户 4218 户（家）。其中，企业 510 家，个体工商业户 3708 户。1999 年，对全县内资企业、私营企业和个体工商户进行税务登记验证。实行纳税人委托银行代缴税款，税务机关委托银行代征税款的“双委托”制。当年实行“双委托”的纳税户达 3100 余户。2003 年年初，县政府成立社会综合治税领导小组，建立“政府领导，地税主管，部门配合，司法保障，社会参与”的地方税收综合治税管理体系。推行全省统一发票，餐饮服务业实行定额防伪无碳压感即开即奖、举报有奖或摇奖发票，其他行业实行机打或税务机关代开发票。2004 年，税收征管实行责任区，县地税局为一级责任区，地税分局为二级责任区，征管片为三级责任

区。全县共划分一级责任区1个，二级责任区12个，三级责任区46个。同年，县地税局对纳税人纳税信用等级进行评定。共评出A类企业5家，B类企业580家，C类企业61家。以后，每两年评定一次。2005年，对个体工商业户“实行微机定税”。2006年10月起，对税收征管数据管理和数据质量按职责分工落实岗位责任，从数据采集、录入、审核到数据的维护、使用、存储，实行严格监控考核。2007年，结合信息化管理应用，实行“信息管税”。2008年，山东地税社会综合治税系统正式开通运行。至2009年，单县通过社会综合治税系统共采集各类信息11855条，其中涉税信息2392条，累计入库税款1180.6万元。2010年6月，实行财税库银横向联网。同年，在县政府外部网站搭建“社会综合治税信息工作平台”。全年共采集各类信息7843条，其中涉税信息1600条，累计入库税款1034.26万元。年底，全县共有纳税户数6359户（家），其中，企业1012家，个体5347户，年纳税额在50万元以上的有80户，10万元以上50万元以下的有366户。

1994—2010 年单县地方税务局税收情况统计表

表 13-3-4 单位：万元

年份	营业税	企业所得税	个人所得税	资源税	城建税	房产税	印花税	土地使用税	车船使用税	屠宰税	固定资产投资税	土地增值税	滞补罚	文化事业费	教育费附加	地方教育费附加	合计
1994	215.33	73.87	50.63	—	42.55	56.56	5.88	33.89	20.74	45.12	81	—	—	—	32.58	—	658.15
1995	371.21	112.07	98.57	—	69.33	87.05	6.59	42.08	41.01	122.2	88	—	—	—	77.62	—	1115.73
1996	166.79	387.53	274.41	—	122.71	104.71	5.36	59.66	38.47	332.3	91	10	276	—	120	—	2288.94
1997	672.63	92.23	441.35	—	140.4	153.86	10.3	71.11	81.05	436.4	68	10	154	—	49.14	—	2380.47
1998	932.43	424.91	560.62	—	150.76	111.06	10.31	80.49	98.29	460.3	115	20	—	—	70.78	—	3034.95
1999	1080.96	373.44	583.31	—	205.22	156.66	5.96	67.59	200.99	272.2	283	0.05	—	3.44	104.8	—	3337.62
2000	711.26	796.63	550.43	23.88	325.41	166.39	5.21	88.24	327.75	401.2	5.5	0.3	—	1.99	147.6	—	3551.79
2001	1108.08	2416.6	708.12	11.96	255.4	135.6	5.11	64.75	405.42	112.2	—	5	—	1.58	166.2	—	5396.02
2002	1228.45	888.85	631.17	74.37	384.07	178.96	5.32	172.32	502.62	—	—	—	—	4.95	160	—	4231.08
2003	1658.37	563.41	755.49	251	281.7	271.61	14.97	345.4	908.4	—	—	151	—	2.26	168.6	—	5372.21
2004	2880.27	601.83	892.79	330.9	413.03	398.11	15.89	362.99	1019.6	—	—	281	0.9	3.89	242.9	—	7444.1
2005	1614.35	936.11	1086.5	911.8	553.72	746.73	61.77	824.54	1377.2	—	—	128	3.62	11.1	357.7	84.62	11698.09
2006	2133.28	1506.3	925.62	174.6	547.76	546.81	73.4	558.32	0.65	—	—	13.4	0.55	0.01	344.5	108.82	6934.01
2007	4119.15	708	1576.1	232.7	653.22	840.41	115	2043.3	3.95	—	—	157	0.7	0.01	388.2	129.44	10967.18
2008	14319.1	1265.1	1859.1	3684	1408.9	1597.7	179.2	6278.7	2897.3	—	—	697	4.03	16.4	878.6	293.23	35378.36
2009	22586.7	1318.1	2327.9	6185	1689.7	4464.8	168.6	7480.2	4136.5	—	—	598	3.11	23.8	1073	361.09	52417.01
2010	40840.9	1957.2	3316.4	6258	2716.2	3159.2	454.4	9472.5	5894.1	—	—	2177	2.44	23.5	1705	606.14	78583.29

第三节 税收稽查

国税稽查 1994年，县国税局有专职稽查人员25人，内设办公室、选案科、审理科、检查科、执行科。实行“选案、审理、检查、执行”四分离的稽查方式，严厉查处重大欠税、偷税、漏税、使用假发票、虚开或接受虚开增值税抵扣凭证，以及利用做假账、两套账、账外经营等手段偷、逃、骗税等涉税案件。至2010年，全县稽查立案454起，税案定时办结率100%。国税稽查每年都开展稽查活动，查处一批偷、漏税重大案件。2001—2010年，稽查分局共稽查补缴税款2196.75万元，加收滞纳金211.05万元，实施罚款341.89万元。

2001—2010年单县国税稽查情况统计表

表13-3-5

年份	稽查户数（户）	稽查税款（万元）	滞纳金（万元）	罚款（万元）
2001	39	110.76	7.80	19.50
2002	36	115.83	8.65	21.48
2003	41	135.67	10.24	32.65
2004	37	146.85	9.86	33.69
2005	40	179.76	15.45	42.53
2006	43	209.72	19.78	35.67
2007	115	211.98	6.46	20.59
2008	41	259.70	18.19	22.37
2009	27	191.57	49.41	42.61
2010	35	634.91	65.21	70.80
合计	454	2196.75	211.05	341.89

地税稽查 1994年，县地税局有专职稽查人员8人。1996年，稽查工作推行“选案、稽查、审理、执行”四分离的稽查模式，严厉查处重大欠税、偷税、漏税、开据使用假发票、做假账、搞账外账等涉税违法案件。对各类偷逃骗税行为，除追缴税款外，按照税法还加罚滞纳金。2002年，稽查人员增至16人。2003年起，地税稽查局先后开展金融、化工、农产品加工、纺织、建筑、供电、货物运输业、土地转让、房地产开发、文化娱乐等重点行业和企业的专项检查。1994—2010年，共稽查626户，其中，有问题的532户，占稽查户数的84.98%。共查补税款1490万元，罚款150万元。

税务检查　　2004年摄影

第十四编 金融

中國人民銀行

1986年，县境内有中国人民银行单县支行、中国农业银行单县支行、中国建设银行单县支行和中国工商银行单县支行4家专业银行。1988年，成立单县城市信用社。1990年12月，中国银行单县支行成立。1994年，单县农村信用合作社联合社与农行分门办公。1996年10月，成立中国农业发展银行单县支行。2000年，中国银行单县支行撤销。2001年，单县城市信用社划归单县农村信用合作社联合社。2008年，成立中国邮政储蓄银行单县支行。2010年，成立莱芜商业银行单县支行。至年底，全县有金融机构8家，存贷款余额分别由1986年的11500万元、30396万元增加到1057493万元、839250万元。

1986年，境内有中国人民保险公司单县支公司1家保险公司。1996年3月，县保险公司分设为中国人民财产保险有限公司单县支公司和中国人寿保险有限公司单县营业部（后改为单县支公司）。2006年后，中国太平洋保险公司、太平保险公司、阳光保险公司等相继进驻单县，全县保险业进入竞相发展时期。2010年，境内保险机构发展到12家。全县共实现保险业务收入13128.2万元，是1986年81.3万元的161.48倍；保险赔付总额1130.55万元，是1986年49万元的23.07倍。

第一章　银行业

第一节　管理体制改革

人民银行体制改革　1986年1月7日，国务院颁布《中华人民共和国银行管理暂行条例》，确定人民银行是国务院领导和管理全国金融事业的国家机关，是国家中央银行，具有制定货币政策、金融监管和货币发行等12项职能，代表国家统一管理国营企业流动资金。1989年，人民银行单县支行按照“一级财政，一级国库”的要求，在辖区内先后组建37个乡镇国库。1993年，根据中共十四届三中全会“建立社会主义市场经济体制”的要求，县人行工作重点转向加强金融监管、金融宏观调控和金融服务。1995年，《中华人民共和国中国人民银行法》颁布实施。根据法律规定，县人行不再向非银行金融机构和非金融部门贷款，不对任何单位和个人提供担保。1998年，县人行由人民银行菏泽分行对其内部管理架构实施重大改革，实行垂直管理。单县支行工作重点转向加强金融服务和对农村信用社的监管。2001年，乡镇行政区划调整，乡镇国库重组为20个。2004年1月，单县银监办事处成立。2008年1月，随着单城镇撤销，设置北城街道、南城街道和园艺街道，乡镇国库调整为22个。

商业银行体制改革　1986年，境内国有专业银行有工商银行、农业银行、建设银行3家。

中国建设银行单县支行

中国农业银行单县支行

1990年12月，中国银行单县支行成立，为正科级金融企业单位。中国银行单县支行自成立起，先后由孙金宽、范继华、田忠勤、崔索连、赵志任行长。因不良贷款的拖累，致使亏损严重，2000年下半年被撤销。1996年，县人行对境内各商业银行实行以资产负债比例管理为基础的贷款规模管理。1998年1月1日，取消对国有商业银行贷款规模管理，国有商业银行向自主经营、自担风险、自求资金平衡的商业银行迈出具有决定意义的一步。3月，商业银行在人行的准备金存款和备付金存款账户，统一称为存款准备金账户，同时，法定准备金率由13%下调到8%，1999年，下调至6%。2001年，县人行要求全县各商业银行的不良贷款比例每年下降2至3个百分点，

中国工商银行单县支行

以此提高竞争能力。2009年，中国农业银行股份有限公司成立，中国农业银行单县三农金融事业部挂牌运作，股改后县农行内设综合管理部、财会运营部、公司业务部、个人金融部、资产处置组等，下辖营业部、城关分理处、文化路分理处、东城分理处、南郊分理处和郭村办事处、黄岗办事处、蔡堂办事处8个营业网点，同时，建立覆盖全县、贯通全国的计算机网络，所属机构全部实现微机化处理业务，做到结算便捷，到账迅速。2010年，县农村信用合作联社通过调整经营策略，突出发展主题，转变增长方式，巩固存款基础地位，实现信贷效益新突破，年末，各项存款余额

单县农村信用社

402083万元，各项贷款余额305101.31万元，实现经营利润11643万元。

外汇管理体制改革　1985年，外汇管理采取汇率并轨的办法，统一实行1美元兑换2.8元人民币的汇率。对外汇收支采取计划管理，实行贸易和非贸易外汇留成。1986年10月，国家外汇局单县支局成立。1994年1月1日，改革外汇管理体制，实行汇率并轨，建立以市场供求为基础的、单一的、有管理的浮动汇率制度和银行结售汇制度，取消外汇留成和上缴，建立全国统一的银行间外汇市场。1998年后，人民币汇率基本保持在1美元兑换6.00元～8.50元人民币之间。

第二节 货 币

货币发行 县人行建立就设中国人民银行发行库单县支库，2006 年，撤销单县支库，改为各商业银行从其上级行提取现金。1986 年，境内使用 1962 年 4 月 15 日发行的第三套人民币，人民币券别有 1 分（硬）、2 分（硬）、5 分（硬）、1 角券、2 角券、5 角券、1 元券、2 元券、5 元券、10 元券等 10 种券别。1987 年 4 月 27 日，第四套人民币发行，境内三、四套人民币混合流通。1987 年 4 月 27 日至 1988 年 9 月 22 日，陆续发行 1 元券、2 元券、5 元券、10 元券、50 元券、100 元券、1 角（硬）、5 角（硬）、1 元（硬）等 9 种券别。1992 年 6 月 1 日，发行 1991 年版 1 角、5 角、1 元流通金属币。8 月 20 日，发行 1990 年版 50 元、100 元券。1996 年 4 月 10 日，发行 1990 年版 2 元券，1997 年 4 月 1 日，发行 1996 年版 1 元券。1999 年 10 月 1 日起，开始发行第五套人民币，发行券别有 1 元券、5 元券、10 元券、20 元券、50 元券、100 元券、1 角（硬）、5 角（硬）、1 元（硬）等 9 种券别，采取一次公告，分次发行的办法。2000 年 7 月 1 日，境内停止第三套人民币流通使用。2002 年 11 月 18 日，发行纸 5 元、金属 5 角人民币，同时完成第五套人民币 100 元、50 元、20 元、10 元、5 元和金属 1 元、5 角、1 角共 8 个券别、8 个版别的发行。

货币流通 单县长期为货币投放大县，2001 年转为回笼县。

1986—2010 年单县市场货币流通情况统计表

表 14-1-1　　　　单位：万元

年份	现金收入	现金支出	年份	货币投放（+）回笼（-）	现金收入	现金支出
1986	5982	6731	1999	—	761858	775614
1987	60070	69012	2000	+14804	798053	812857
1988	88745	99183	2001	-1379	929910	928531
1989	10573	10908	2002	-1602	1088119	1086517
1990	109178	111870	2003	-23935	1470029	1446094
1991	124696	127996	2004	-23448	1693725	1670277
1992	145125	153552	2005	-27737	1986544	1958807
1993	189684	183309	2006	-56148	2047603	1991455
1994	310880	297537	2007	-74423	2222425	2148002
1995	40178	33766	2008	-81000	2456265	2375265
1996	225195	235363	2009	-62038	2669943	2607905
1997	611806	601692	2010	—	—	—
1998	606788	609076	—	—	—	—

说明：2010 年始，金融机构的货币投放、回笼，现金收支等数据不再作为统计事项

纪念币 1984年，境内发行面值1元金属纪念币，庆祝新中国成立35周年。1993年，毛泽东诞辰100周年，1996年，朱德诞辰110周年，1998年，周恩来诞辰100周年，均发行面值1元金属纪念币。1999年9月20日，发行面值50元纸制纪念币，庆祝新中国成立50周年。2000年11月28日，发行面值100元塑料纪念币。2004年，邓小平诞辰100周年，发行面值1元金属纪念币。2008年，第二十九届（北京）奥林匹克运动会，发行举重、游泳、体操、射箭、乒乓球、足球、击剑等7项面值1元金属纪念币，并发行第二十九届（北京）奥林匹克运动会现代五项面值1元普通纪念币和面值10元纸制纪念钞。1986—2010年，境内共发行各类流通纪念币85套、122枚，其中，金属纪念币82套、119枚，纸质纪念钞2套、2张，塑料纪念币1套、1张。

第三节 存 款

1986年末，全县各项存款11500万元，各项贷款30396万元，现金收入48275万元，现金支出58155万元，净投放资金9880万元。1986—1989年，国民经济发展出现波折，单位存款增长缓慢，以后各年份除1992年和1993年因金融秩序混乱而影响单位存款以外，均呈现增长势头。1994年，整顿金融秩序后，各金融机构主要通过优质金融服务吸取存款，储蓄业务逐步走上规范化的轨道。1996年后，县人行强化企事业单位账户管理，对单位基本账户进行审查清理，不定期开展“公款私存”和“多头开户”等稽查工作，及时处理违规违纪行为，确保单位存款的数量和质量。1997年，各金融机构陆续实现储蓄业务电子化，开办通存通兑业务和银行卡业务，促进储蓄业务开展。2010年末，全县各项存款1057054万元，是1986年11500万元的92倍，其中，企业存款104979万元，财政存款2918万元，储蓄存款856546万元，农业存款15311万元，机关团体存款67745万元，其他存款9555万元。2010年，莱商银行单县支行存款余额4504万元。

1986—2010年单县各项存款余额统计表

表14-1-2 单位：万元

年份	存款合计	企业存款	财政存款	机关团体	储蓄存款	农业存款	信托、委托存款	其他存款
1986	11500	2653	165	185	3103	4653	170	571
1987	15673	3393	142	234	5597	4786	244	1277
1988	17992	3876	41	373	8344	4899	-3	462
1989	19677	3348	55	735	11131	3601	256	551
1990	22945	2499	207	692	14746	4092	19	690
1991	28214	3399	-514	749	19721	4081	-93	871
1992	31249	3269	-907	452	23230	4246	-192	1151
1993	40106	3548	437	223	30238	4908	3	749
1994	50654	5058	756	377	39518	4984	-39	—
1995	60354	8149	-596	405	52399	35	-38	—
1996	77084	11733	371	653	64290	37	—	—

续表 14-1-2

年份	存款合计	企业存款	财政存款	机关团体	储蓄存款	农业存款	信托、委托存款	其他存款
1997	130892	14580	1025	642	114431	214	—	—
1998	152591	19238	45	—	129694	644	-677	3647
1999	165545	19733	241	—	139642	1025	-492	5396
2000	177554	16926	938	862	154980	862	-510	3496
2001	195982	13515	903	1751	172397	3221	-503	4698
2002	233194	20078	2908	2581	200367	2896	-510	4874
2003	272298	20082	1472	6993	236057	3470	-469	4693
2004	306545	18587	1373	7450	269353	4803	-522	5501
2005	367161	23274	2529	10293	317913	4028	—	9124
2006	436103	25507	4936	10769	374154	4402	14	16321
2007	521425	32450	11053	22583	428952	11000	—	15387
2008	638910	43574	12920	30611	528077	7223	—	16505
2009	824119	84634	8103	43409	653993	9963	—	24017
2010	1057054	104979	2918	67745	856546	15311	—	9555

1986—2010 年单县金融机构存款余额统计表

表 14-1-3　　单位　万元

年份	人行	工行	农行	建行	中行	农发行	城信	农信	邮政行	莱商银行
1986	35	3597	7419	449	—	—	—	—	—	—
1987	203	4637	10473	360	—	—	—	—	—	—
1988	626	6226	10494	1146	—	—	—	—	—	—
1989	1106	7605	9718	1248	—	—	—	—	—	—
1990	1393	8948	10867	1670	67	—	—	—	—	—
1991	235	11343	12405	2620	403	—	—	—	1208	—
1992	-455	12672	13439	3516	944	—	—	—	1133	—
1993	660	15793	15087	4569	2347	—	—	—	1650	—
1994	1133	17737	18190	6513	4552	233	—	—	2296	—
1995	191	22037	19444	9158	6667	189	—	—	3050	—
1996	374	26319	20700	14089	8644	3600	—	—	3358	—
1997	92549						5621	32722	—	—
1998	1533	37609	29648	16078	—	529	7351	39640	6441	—

续表 14-1-3

年份	人行	工行	农行	建行	中行	农发行	城信	农信	邮政行	莱商银行
1999	239	44131	28665	17774	—	1004	7267	43837	10627	—
2000	938	52222	33632	18502	—	591	7119	48293	16767	—
2001	903	55827	40152	15062	—	491	—	59251	24799	—
2002	2093	61488	51918	18037	—	3743	—	67007	29418	—
2003	1010	71908	62627	20900	—	798	—	80860	34664	—
2004	1022	71141	66485	21865	—	1439	—	103464	41651	—
2005	2116	71599	73852	30680	—	5604	—	132220	51090	—
2006	4886	79613	89378	32753	—	4733	—	166313	58427	—
2007	11029	89138	107969	38606	—	4878	—	207338	62467	—
2008	12793	113662	129777	46323	—	5479	—	252472	78404	—
2009	7011	148509	161525	70743	—	6028	—	303305	126998	—
2010	2918	177691	191325	72268	—	16436	—	402083	189829	4504

第四节　贷　款

1986年，工商信贷管理由“企业资金包干”“区别对待、择优扶持”发展到对重点支柱产业进行支持。1987—1989年，随着信贷管理体制的变革，农业贷款的重点是支持科技推广和农业机械购置、农业技术应用和创办农副业。1989—1992年，实行信贷向农业倾斜政策，支持农业产业结构调整，实行农产品收购资金封闭运行，保证粮、棉、油收购资金足额到位并及时兑付。同期，是乡镇企业发展的高峰期，境内金融机构采取“区别对待、择优扶持”等政策，支持全县乡镇企业上档次、上规模。1994年后，重点支持企业技术改造。1998—2010年，境内各金融机构坚持“有保有压”的信贷原则，不断加大信贷投入，支持有效资金需求。在宏观调控形势下，商业银行落实信贷政策，拓展服务领域，贷款适度增长。2010年12月末，全县各项贷款余额839250万元（其中短期贷款618907万元，中长期贷款220343万元），是1986年30396万元的27.6倍。

1986—2009年单县各项贷款余额统计表

表 14-1-4　　单位：万元

年份	各项贷款合计	其中					
		工业	商业	农业	基建	技改	其他
1986	30396	2950	25231	1175	75	745	220
1987	29708	3773	23018	1704	8	875	330
1988	30692	4706	22549	1291	8	1010	1128

续表 14-1-4

年份	各项贷款合计	其中					
		工业	商业	农业	基建	技改	其他
1989	33721	5639	24431	1427	30	985	1209
1990	41462	7229	29923	2014	90	849	1357
1991	52153	8710	37446	2464	338	1227	1963
1992	53368	9704	36962	2685	573	1232	2212
1993	58419	10996	40537	3040	440	1231	2175
1994	71677	12153	48826	2096	2255	1246	5101
1995	96057	12505	70781	2904	2299	1628	5940
1996	125692	20487	83247	3000	852	2130	15976
1997	189837	20859	104481	13738	20907	2126	27726
1998	207807	20578	116002	17125	16945	2274	34883
1999	186483	20092	108396	19891	8917	1348	27839
2000	177550	17434	105429	26506	2383	2002	23796
2001	188424	16085	102022	35852	4476	2002	27937
2002	220406	16853	109243	47926	9970	99	36315
2003	236398	14509	106100	59436	12430	99	43824
2004	213714	12143	88279	65434	12850	—	35008
2005	231338	1565	88576	81187	24708	—	35302
2006	303184	7909	123281	99066	33252	—	39676
2007	375049	14525	158943	115568	42466	—	43547
2008	431709	10474	187276	141368	40817	—	51774
2009	658649	21041	285329	197311	42083	3000	109385

1986—2010 年单县金融机构人民币贷款余额统计表

表 14-1-5　　单位：万元

年份	各项贷款	人行	工行	农行	建行	农发行	农信	邮政行	中行	诚信
1986	30396	—	6038	23988	370	—	—	—	—	—
1987	29708	—	6932	22367	409	—	—	—	—	—
1988	30692	—	8014	22073	605	—	—	—	—	—

续表 14-1-5

年份	各项贷款	人行	工行	农行	建行	农发行	农信	邮政行	中行	城信
1989	33721	30	8932	24204	555	—	—	—	—	—
1990	41462	90	10101	30084	707	—	—	—	480	—
1991	52153	268	11268	38665	1236	—	—	—	716	—
1992	53368	503	12618	37680	1471	—	—	—	1096	—
1993	58419	328	14591	40295	1820	—	—	—	1385	—
1994	71677	275	15917	13989	1871	37875	—	—	1750	—
1995	96057	275	16843	14909	3221	58309	—	—	2500	—
1996	125692	220	30318	18599	6860	67169	—	—	2526	—
1997	189837	165381					21141	—	—	3315
1998	207807	—	30567	19761	10128	93990	25144	—	22466	5751
1999	186483	—	28769	20630	4535	83398	26249	—	17102	5800
2000	177550	—	21543	28107	3656	83799	34137	—	—	6308
2001	188424	—	22955	28586	3355	82591	50937	—	—	—
2002	220406	—	32017	31011	4131	89443	63804	—	—	—
2003	236398	1030	31083	34991	4874	86326	78094	—	—	—
2004	213714	—	29044	8959	1296	86067	88348	—	—	—
2005	231338	—	19151	7133	1147	87051	116856	—	—	—
2006	303184	—	19591	28130	5241	110089	140133	—	—	—
2007	375049	—	23686	29411	12029	146774	163074	75	—	—
2008	431709	—	21890	9068	16548	188516	195596	91	—	—
2009	658649	—	58658	29072	31498	285569	243726	10126	—	—
2010	839250	—	111016	66035	50643	293583	305101	12872	—	—

第五节　金融管理

信贷资金管理　1986 年，县人行实行“统一计划、划分资金、实存实贷、相互融通”的信贷资金管理办法，金融宏观调控以控制贷款总规模为主。1988 年，贯彻中国人民银行《关于深化信贷资金管理体制改革意见》，建立专业银行自我发展、自我约束机制及地区监控指标体系。同年，全县发放短期贷款 28184 万元，年底贷款余额 30692 万元。至 2010 年年底，这种信贷资金管理方式未变。

现金管理　1986 年，县人行贯彻中国人民银行、中国工商银行、中国农业银行、中国建设银行行 4 家银行《关于加强现金管理的通知》，规定工商企业不得超现金库存限额，未经允许不得坐支现金、租借银行账户或编造假用途从银行套取资金。1990 年，要求各专业银行按月编制现金计划。人民银行现金管理人员，持中国人民银行山东省分行统一印制的“现金管理检查证”，监督各开户单位现金收支业务。1997 年 8 月，要求凡在国家工商行政管理机关登记注册的企业，只能选择一家银行的营业场所开立一个基本存款账户，办理现金收付业务。对一日一次性从储蓄账户提取现金 5 万元以上的，储蓄机构柜台人员请取款人提供有效身份证件，并经储蓄机构负责人核实后予以支付。任何单位和个人不得将单位资金以个人名义开立账户存储，严禁公款私存。2002 年始，金融机构大额现金提取实行备案制度。现金管理制度至 2010 年继续执行。

利率管理　1984 年，境内各金融机构一年期整存整取储蓄存款利率 5.76%，国营集体工业、商业、外贸和乡镇企业流动资金贷款利率 7.2%。1985 年，人民银行两次提高定期存款利率和企业存款利率，提高流动资金贷款和基本建设贷款利率。1988 年 9 月 1 日，提高存贷款利率，并将企业、事业单位存款利率同个人存款利率拉平。1989 年 2 月 1 日，再次提高存贷款利率，一年期整存整取城乡居民和单位存款利率 11.34%，一般流动资金贷款利率 11.34%。1990 年 3 月 21 日，适当降低存贷款利率，8 月 7 日，再次降低存贷款利率。1991 年 4 月 21 日，又一次降低存贷款利率，一年期整存整取城乡居民和单位存款利率 7.56%，流动资金贷款利率 8.64%。1993 年 5 月 5 日、7 月 11 日，各金融机构连续两次提高存贷款利率，一年期整存整取城乡居民和单位存款利率 10.98%，流动资金贷款利率 10.98%。之后，分别在 1996 年 5 月 1 日和 8 月 23 日，1997 年 10 月 2 日，1998 年 3 月 25 日、7 月 1 日和 12 月 7 日，1999 年 6 月 1 日，2002 年 2 月 21 日先后 8 次降低存贷款利率。至此，一年期整存整取城乡居民和单位存款利率为 1.98%，流动资金贷款利率 5.31%。2003—2010 年，存贷款利率调整 10 余次。2010 年一年期整存整取城乡居民和单位存款利率 2.75%，流动资金贷款利率 5.81%。

金银管理　1986 年，境内执行国家对金银实行统一管理、统购统配政策。2000 年，国家取消对白银的管理，境内随之放开市场。2002 年，取消对黄金的管理，至 2010 年未变。

外汇管理　1986 年至 2008 年，境内经营外汇业务的金融机构有中国工商银行单县支行一家。2009 年 6 月，中国外汇管理局菏泽市中心支局下放部分经常项目外汇管理工作。设置国家外汇管理局单县支局，负责外汇业务管理。当年，审批境内 2 家银行业金融机构为结售汇银行。此时，单县外汇结售指定银行达到 3 家，分别为中国工商银行单县支行、中国农业银行单县支行、中国邮政储蓄银行单县支行。2010 年，国家实行货物贸易外汇管理制度改革，12 月 1 日起，取消进出口贸易核销业务。同年，单县外向型企业共进口 277 单，金额 18350 万美元，其中，山东鑫泽铜业有限公司进口 60 单，金额 16283 万美元，占总进口总额的 88.74%；出口 2446 单，金额 9173 万美元，其中，山东省单县化工有限公司出口 1841 单，金额 7554 万美元，占总出口额的 82.35%。1991—2010 年，单县累计利用国外资金 1.2 亿美元。

第二章　保险业

第一节　保险体制改革

1980年，组建单县保险公司，恢复多种国内保险业务。1984年4月，单县保险公司升格为正科级金融单位。1996年3月，单县保险公司脱离县人行领导。4月，原中国人民保险公司单县支公司改为中保财险单县支公司，原公司人险科改为中保寿险单县营业部。中保财险单县支公司和中保寿险单县营业部，分别经营财产保险业务和人寿保险业务。1997年8月25日，根据山东省人寿分公司《关于在全省系统实行劳动合同制通知》要求，单县营业部于9月1日推行劳动合同制。1999年9月，单县营业部保费管理和财务管理，统一上收到地区公司管理，单县营业部有单独核算变成报账单位。2003年4月，单县营业部改为中国人寿保险股份有限公司单县支公司。2006年2月1日，公司制定《中国人寿保险股份有限公司单县支公司司务执行督察问责实施办法》，境内人寿保险系统实行问责制。2006年后，中国太平洋保险公司、太平保险公司、阳光保险公司等相继进驻单县营业，2010年，境内保险业发展到12家。

中国人寿保险股份有限公司单县支公司

第二节　财产保险

财产保险险种与收入　1986年，财险种类有企业财产险、家庭财产普通险、家庭财产两全险、家庭财产长效还本险、机动车车损及第三者责任险、自行车被盗险、麦场火灾险、棉花雹灾险、生猪死亡险等20多个险种。1991年，增加农业险、小麦火灾两全险和农业综合险、农业综合财产一揽子还本险、厂长经理责任险4个险种。1995年，开展涉外业务，主要险种有企业财产险、货运险、机动车辆及第三者责任险。翌年，增加蔬菜大棚农业险。1997年，涉外业务停办。新开展业务有现金险、雇主责任险、变压器险、建筑工程险等。

2000 年，新增个人抵押贷款房屋险、货运险、机损险。2003 年，新开办财险业务有一般家财险、金锁家财险、金牛投资型家财储金险及各种附加险等 20 多个险种。2009 年 3 月 26 日，中国人民财产保险股份有限公司向中国保监会申报的车险电话投保专用产品——“直通车”全面获批，中国人保财险可以在全国范围内通过电话直销渠道销售车险产品。为便于客户记忆，当年总公司把直通车电话由 4008195518 更改为 4001234567。车主只需拨打直通车电话即可轻松购买该产品。2010 年，中国人民财产保险股份有限公司单县支公司正式开通车保电话投保直通车，适合家庭自用车车主选择。至 2010 年，中人财险单县支公司主要经营企事业单位财产保险、家庭财产保险、机动车辆保险、船舶保险、货物运输保险、航空航天保险、建筑安装工程保险、出口信用保险、农业保险、人身意外保险、健康保险、安康保险和各种责任保险等，险种达 200 余个。保费收入由 1986 年的 81 万元，到 2010 年上升为 1980 万元。

财产保险赔付　1986 年，财产保险赔付额 49 万元。1990 年，理赔 1430 件，财产保险赔付额 164.2 万元。1995 年，理赔 3893 件，财产保险赔付额 568.7 万元。2000 年，理赔 3500 件，财产保险赔付额 678 万元。2005 年，理赔 3980 件，财产保险赔付额 482 万元。2010 年，理赔 2600 件，财产保险赔付额 850 万元。2005—2010 年，赔付 10 万元以上的重大个案 3 件，赔付金额共计 34.49 万元。

1986—2010 年中国人民财产保险股份有限公司单县支公司财产保险收入和理赔统计表

表 14-2-1

年份	承保		理赔	
	保险金额（万元）	保费收入（万元）	件数（件）	赔款金额（万元）
1986	8114.8	81.3	—	49
1987	12056.9	111.5	470	56.1
1988	17324.4	160.7	530	62.3
1989	24925.1	249.9	1000	111.2
1990	36628.7	356.4	1430	164.2
1991	51937.9	608.8	2000	228.1
1992	52943.3	600	1900	351.1
1993	70369.7	696	3000	445.3
1994	84541.6	835.2	3501	513.86
1995	98267.6	918	3893	568.7
1996	59321.1	593	1890	412
1997	65265.4	652.3	2100	463.1
1998	68410.2	684.6	2300	535
1999	73849	718.8	3100	618.2
2000	87168.3	861.6	3500	678

续表 14-2-1

年份	承保		理赔	
	保险金额（万元）	保费收入（万元）	件数（件）	赔款金额（万元）
2001	86551.9	850	3200	613.12
2002	89058.3	882.4	4020	648.32
2003	71114	701	4120	666.5
2004	75439.8	740	4500	687.01
2005	73511.8	734	3980	482
2006	1546.8	798	3900	590
2007	1831	915	4300	419
2008	1907.8	956.9	2740	558.5
2009	2457.6	1228	3670	679.6
2010	3960.4	1980	2600	850

第三节　人寿保险

人寿保险收入　1984—1988年，投保者主要投保财险，人身意外险才刚起步。1989—1995年，人们对人寿保险还处于认识了解阶段。1996年，中保人寿保险有限公司单县营业部保费收入270万元，占计划110.2%，其中，寿险保费收入185万元，短险人身险保费收入85万元。1997年，单县营业部经营险种概括为三大类，即人寿险保险、健康保险和意外伤害保险。主要险种14种：学生团体平安保险、驾驶员意外伤害保险、福寿安康保险、简易人身保险、团体福利保险、个人养老保险、养老金还本保险、鸿寿养老金保险、66鸿运终身保险（A、B型）、88鸿利终身保险、99鸿福终身保险、重大疾病定期保险、重大疾病终身保险、人身意外伤害保险等。同年，境内逐步展开师生团体保险，当年收取学生平安险保费90万元。1998年，全县师生投保率85%，共8.5万人参加保险，收取学生平安险保费80万元。1998年10月，单县营业部与中国农业银行单县支行、中国工商银行单县支行、中国建设单县支行和中国银行单县支行签订保险代理业务协议书，人寿单县营业部委托上述几家银行代理销售人寿保险、意外伤害保险、健康保险业务，并代理收取保费。签单、理赔等有关手续仍由人寿单县营业部办理。同年，开设续期保险业务。1999年9月，地区公司对各县营业部实行报账制，财务、保费集中上收地区公司统一管理，单县营业部当天发生的业务当天报地区公司。2000年2月，国寿总公司下发《关于恢复办理国寿人险养老保险趸缴业务的通知》，2月1日起，单县营业部办理趸交保险业务。2005年，保费总收入5728.1万元，保费总量和新单总量均跨入菏泽市寿险系统前列。保费收入在山东省107个县域公司排名中，由2003年的第86位前移到47位。2006年，实现保费收入7421.7万元，同比增长29.57%，保费收入在全省排第42位。2008年，实现保费总量10695.61万元，同比增长35.47%，增幅位居菏泽市第三名。2010年，实现总保费11148.2万元，同比增长16.64%。

1989—1995 年单县人寿保险业务收入统计表

表 14-2-2

年份	投保人数（人）	保费收入（万元）	年份	投保人数（人）	保费收入（万元）
1989	19	0.1320	1993	5221	87.97
1990	655	16.6	1994	1558	14.92
1991	787	24.8	1995	180	14.12
1992	240	2.6	—	—	—

1996—2010 年中国人寿单县支公司人寿保险业务收入统计表

表 14-2-3　　单位：万元

年份	市公司计划数	实际完成数	其中保费收入金额		
			寿险	续期保险	短险
1996	245	270	185	—	85
1997	460	540.7	370.1	—	170.6
1998	870.3	870.3	346	399.3	125
1999	1168.3	999	654.3	125.8	218.9
2000	1224	1005.8	324	464	217.8
2001	1320	1418	774.4	453.1	190.5
2002	1410	1502	923.5	498.2	80.3
2003	1450	1560.3	1048.68	449.7	61.3
2004	2950	4876.60	3781.6	1011.1	83.80
2005	3500	5728.10	4394.78	1205.3	105.5
2006	4540	7421.7	5111.53	2180	130.17
2007	6200	7895	5324	2421	150
2008	7500	10695.6	6279	4136.6	230
2009	8200	10965.7	4902.5	5803.2	260
2010	9300	11148.2	4719.4	6213.5	215.3

人寿保险赔付　1997 年，境内各类学校师生出险 1302 起，伤残 38 人，药物中毒 276 人，因疾病和意外事故死亡 36 人，支付赔款 76 万元。1998 年 4 月 12 日，单城镇一完小学发生集体药物中毒案件，共 400 多名学生出险。人险单县营业部接到报案后，迅速赶赴现场进行勘查，协助救治学生，这次事故共赔付 3 万多元。至年底，境内各类学校师生出险 1346 起，伤残 27 人，药物中毒 432 人，因疾病和意外事故死亡 35 人，支付赔款 58.7 万元。2004 年 3 月 8 日，李田楼

乡村民贺某某在公司投保康宁终身保险，共交保费1920元。2005年9月30日晚7时许，被一辆农用五征三轮车撞倒致死，肇事者逃逸。经勘查，情况属实，人险单县支公司理赔3万元。2005—2010年，人险单县支公司共受理人寿保险案件5324起，赔付金额1193.52万元。

2005—2010年中国人寿单县支公司人寿保险理赔情况统计表

表14-2-4

年度	受理案件（起）	理赔金额（万元）	其中：受理			
			意外险、健康险案件（起）	赔付金额（万元）	寿险案件（起）	赔付金额（万元）
2005	889	118	867	59.1	22	58.9
2006	605	198.6	562	73	43	125.6
2007	1675	246	1614	70.7	61	175.3
2008	940	128.07	920	78.16	20	49.90
2009	571	222.3	491	69.9	80	152.5
2010	644	280.55	567	94.26	77	186.29

第十五编 中共单县地方组织

中国共产党单县第十二次代表大会
凝心聚力 同舟共济 开创
励精图治 团结协作 谱写湖西壮丽篇章

1986年，全县有区党委7个，乡镇党委37个，县直党委1个，企业党委1个，总支45个，党支部1574个，党员2.86万人。1986年后，中共单县县委带领全县人民，以经济建设为中心，坚持改革开放搞活的方针，不断深化政治体制和经济体制改革，全县呈现出百业兴旺、蓬勃发展的新局面。1990年后，坚持以经济效益为中心，积极深化企业改革，推进技术进步，大力发展乡镇企业，工业生产在困境中保持较好的发展势头。1998年，全县工业企业进行改制，逐步建立起与市场经济相适应的现代企业经营管理机制和科学管理体系，促进单县工业快速发展。2000年，县委、县政府制定《关于广泛开展招商引资的若干规定（试行）》，使全县各级领导班子和广大党员干部进一步解放思想，迅速掀起“大推介、大招商、大落地、大建设”的高潮。2004年10月，县委、县政府制定《关于加快经济开发区建设和发展的意见》，以工业园区为目标，以基础设施建设为重点，以优化环境为保障，坚持高起点规划、高标准建设、高效能管理，走市场化运作、多元化投入的路子，强力推进开发区建设。2006年，县委、县政府制定《关于社会主义新农村建设的实施意见》，加快社会主义新农村建设步伐，使农村水、电、路等生产生活条件逐步改善，进一步提高农村居民生活质量。2010年，县委大力弘扬“务实、创新、争先、和谐”的单县精神，以转方式、调结构为重点，聚精会神搞建设，一心一意谋发展，全心全意谋民生，人民群众收入水平不断提高，物质文化生活水平明显改善。该年，单县有乡镇（街道）党委22个，市属单位党委2个，县直单位党委4个，党工委3个，县直党组53个，总支56个，支部1240个，党员队伍发展到4.44万人。

第一章　中共单县代表大会

1984年5月，中共单县第六次代表大会召开。至2007年1月，相继召开中共单县第七次、八次、九次、十次、十一次、十二次次代表大会，每次代表大会都听取、审议并通过中共单县县委、中共单县纪律检查委员会的工作报告，选举产生新一届单县委员会、中共单县纪律检查委员会。

第一节　代表选举

1986—2010年，全县共进行6次党代表大会选举，代表任期和中国共产党单县委员会任期相同，为3～5年，每次均依照《中国共产党基层组织选举工作暂行条例》规定，由党员直接选举代表，县委根据《中国共产党章程》规定和全县党员数量确定代表总名额，将名额分到各选举单位。选举单位党组织采取由下而上、自上而下的方法，酝酿出多于应选代表20%的候选人名单。选举单位党组织对初选名单进行考察，确定候选人预备人选，填写“代表候选人预备人选登记表”，报县委组织部审查。审查后，选举单位召开党员大会对候选人预备人选进行充分酝酿，直接选举代表。每次代表分配，少数民族和妇女代表都占一定的比例。对代表过于集中的县领导机构的部分代表，分派到各选区参加选举，一般每乡镇一个选区，县直单位划分为3～5个选区。

中共单县第七至十二次代表大会代表组成情况统计表

表 15-1-1　　单位：人

届次	年份	代表总数	工人代表	农民代表	干部代表	知识分子代表	妇女代表	少数民族代表
七	1987	401	25	22	269	35	46	4
八	1990	400	25	22	270	35	44	4
九	1995	323	25	20	197	34	44	3
十	1998	345	27	21	215	34	44	4
十一	2003	345	27	21	214	35	44	4
十二	2007	345	31	22	205	37	46	4

第二节　代表大会

中共单县第七次代表大会　1987 年 3 月 26—28 日，在县委党校礼堂召开，出席会议代表 401 人。会议听取、审议并通过刘广新代表中共单县第六届委员会所作《坚持四项基本原则，坚持改革开放搞活，为振兴单县而努力奋斗》的工作报告；听取、审议并通过丁继民代表单县纪律检查委员会所作《加强党的纪律，整顿党的作风，促进和保证改革顺利进行》的工作报告。会议选举产生中共单县第七届委员会和中共单县纪律检查委员会，选出县委委员 35 人、候补委员 5 人，县纪委委员 13 人。

中共单县第八次代表大会　1990 年 2 月 21—22 日，在单县湖西礼堂召开，出席会议代表 400 人。会议听取、审议并通过温新月代表中共单县第七届委员会所作《坚持党的基本路线，切实加强党的建设，为夺取单县社会主义现代化建设的新胜利而奋斗》的工作报告；听取、审议并通过马春生代表中共单县纪律检查委员会所作的工作报告。会议选举产生中共单县第八届委员会和中共单县纪律检查委员会，选出县委委员 29 人、候补委员 6 人，县纪委委员 13 人。

中共单县第九次代表大会　1995 年 3 月 24—25 日，在湖西礼堂召开，出席会议代表 323 人。大会听取、审议并通过侯宪秀代表中共第八届委员会所作的工作报告和瞿印庭代表中共单县纪律检查委员会所作的工作报告。会议选举产生中共单县第九届委员会和中共单县纪律检查委员会，选出县委委员 27 人、候补委员 6 人，县纪委委员 15 人。

中共单县第十次代表大会　1998 年 3 月 24—25 日，在单县湖西礼堂召开，出席会议代表 345 人。大会听取、审议并通过宋绍先代表中共单县第九届委员会所作的工作报告和张忠江代表中共单县纪律检查委员会所作的工作报告。会议选举产生中共单县第十届委员会和中共单县纪律检查委员会，选出县委委员 27 人、候补委员 6 人，县纪委委员 15 人。

中共单县第十一次代表大会　2003 年 2 月 12—13 日，在单县湖西礼堂召开，出席会议代表 345 人。大会听取、审议并通过宋绍先代表中共单县第十届委员会所作的工作报告；听取、审议并通过成伟代表中共单县纪律检查委员会所作的工作报告。会议选举产生中共单县第十一届委员会和中共单县纪律检查委员会，选出县委委员 27 人、候补委员 6 人，县纪委委员 13 人；选举产生出席中共菏泽市第十次代表大会的代表 54 人。

中共单县第十二次代表大会　2007年1月27—29日，在单县剧院召开，出席会议代表345人。大会听取、审议并通过王永江代表中共单县第十一届委员会所作《全面贯彻落实科学发展观，为建设富裕文明开放和谐新单县而团结奋斗》的工作报告；听取、审议并通过刘照进代表县纪律检查委员会所作的工作报告。会议选举产生中共单县第十二届委员会和中共单县纪律检查委员会，选出县委委员45人、候补委员10人，县纪委委员29人；选举产生单县出席中共菏泽市第十一次党代会的代表47人。

中共单县第七至十二届委员、候补委员一览表

表15-1-2

届次	委员	候补委员
第七届	王保举　王冠举　王培民　韦昌俭　尹正仁　邓桂立 史汉山　司建民　任　君　任兰才　任兰亭　刘广新 刘玉平（女）　孙宝来　李存义　李海云（女） 李新魁　吴吉美　张秀长　张明亮　张洪祥　陈　杰 李松柏　周元海　周存英　单衍进　袁宜玲（女） 郭本让　陶兴民　陶继田　黄启祥　崔玉金　谢朴君 谢忠富　瞿印庭	王翠平（女）　许德常　王希圣 徐学法　陶吉彬
第八届	马春生　王恩盛　尹正仁　邓桂立　任　君　任兰才 任兰亭　华振亭　刘玉平（女）　刘德信　孙宝来 李新魁　杨令存　吴吉美　张存金　张明亮　陈　杰 周元海　周书运　周存英　胡慈亮　徐学法　郭庆朴 陶吉彬　陶兴民　陶继田　崔玉金　温新月　瞿印庭	王翠平（女）　石　松　田云川 许德常　孙文英　孙继善
第九届	王泽启　石常恩　田云川　朱瑞东　任　君　任兰才 华振亭　刘清先　安文焕　李　民　李　超　李学军 吴吉美　吴兆端　宋占良　张立亭　张存启　张存金 胡慈亮　侯宪秀　姜守民　夏冬青（女）　陶继田 桑世允　龚彦海　梁法民　瞿印庭	王作启　王锁军　孙守兰（女） 孙继善　孙培超　徐学法
第十届	马年桥　王锁军　牛翠阁（女）　石常恩　刘光亮 孙怀荣　李　超　李学军　李峰志　谷瑞灵　宋占良 宋绍先　张进忠　张明珠　张忠江　张金亮　邵　军 段文喜　袁洪升　夏冬青（女）　徐淑珍　高　慧（女） 高金华　陶继田　黄福平　曹忠印　谢忠富	王作启　孙运堂　何茂洪 孟庆魁　戚保胜　樊廷海
第十一届	王永江　成　伟　刘启同　刘照进　关兆科　孙培超 李忠海　李峰志　何茂洪　谷瑞灵　宋茂民　宋绍先 张忠江　张金亮　张捍民　张新雷　张福龙　赵传山 段文喜　袁洪升　夏冬青（女）　高　慧（女） 高金华　黄汝杰　梁惠民（女）　韩雪慧　潘月林	田　民　李俊华　张存合 周在宇　孟庆魁　黄正光

续表 15-1-2

届次	委员	候补委员
第十二届	王　伟　王占华　王永江　王忠想　王桂荣（女） 王留建　王瑞宇　邓合勇　石　松　田　民　付道俭 司昌民　朱启军　刘义成　刘仰成　刘守进　刘照进 关兆科　许金友　许爱峰　孙培超　李　军　李少华（女） 李忠海　李俊华　时圣才　谷瑞灵　宋茂民　张忠江 张捍民　张福龙　陈允全　罗衍宽　周在宇　孟庆召 孟庆魁　孟祥巨　孟繁文　赵　琦　姜成跃　高　慧（女） 高金华　黄正光　黄福常　曹丰月	王　敏　朱继仁　任继忠 李　磊　李胜芹　高鹏程 常　华　韩瑞焕　景新明 瞿效坤

说明：表内人名按姓氏笔画排序

第二章　中共单县委员会

第一节　领导机构

中共单县历次代表大会选举出的中共单县委员会是全县党的领导机构，委员会选举本届常务委员会委员和书记、副书记，在委员会闭会期间行使委员会职权。

1986—2010 年，中共单县委员会共产生第七届、第八届、第九届、第十届、第十一届、第十二届委员会。

第二节　重大决策

党的建设　1986 年 1 月初至 5 月底，单县县委在全县开展第二批整党工作，涉及县直没有参加第一批整党的单位和各区、乡、镇党委及乡镇直属部门党组织，党委 45 个、党组 1 个、党总支 18 个、党支部 454 个，参加党员 7171 人。通过学习文件、对照检查、集中整改、组织处理和党员登记几个阶段，统一思想、整顿作风、加强纪律、纯洁组织。10 月 10 日，县委决定从 10 月下旬开始，利用 3 个月的时间，开展全县第三批（村级）整党，全县 973 个支部，18533 名党员参加。通过整顿，广大党员对党的根本宗旨认识进一步提高，党的基层领导班子建设得到进一步加强。1989 年 2 月至 3 月底，在全县开展民主评议和处置不合格党员活动。通过学习动员、民主评议、教育处理等阶段，处理少数不合格党员。1994 年 12 月，县委制定《关于农村基层组织建设集中活动的意见》，决定从 1995 年 1 月至 3 月中旬，在全县集中开展农村基层组织建设活动。此次集中活动的主要内容是对农村广大党员、干部深入进行党的十四届四中全会精神、爱国主义、社会主义道德法制、市场经济知识和奔小康的教育，提高广大党员、干部的思想政治素质；整顿调整农村基层组织领导班子，特别是整顿后进村瘫痪半瘫痪的班子；建立健全行政村各种规章制度，制定 1995—1997 年 3 年发展规划。1995 年 11 月，县委以整顿软弱涣散班子为重点，采取整顿党支部和整顿其他村级组织相结合的方法，对全县农村基层组织进行思想、组织全面整顿。通过整顿，合并部分行政村，整顿169个村支部班子，调整充实216名村干部，建立和完善“六位一体”的村级组织和各项规章制度。同时，扎实开展学习建设有中国特色的社会主义理论和党章的“双学活动”，完成对农村党员、基层干部的集中培训任务；理清发展经济的路子；广泛开展群众性学科技、用科技活动，树立健康、文明、进步的思想风尚。1996年12月，县委制定《关于今冬村级组织集中整顿的意见》。对村级组织进行集中整顿：改革行政村管理体制，合并行政村，扩大行政村规模；调整健全以党支部为核心的村级组织；改革村级干部选拔任用办法，采取“三推三考”（组织推荐、群众推荐、自我推荐、文化考试、面试、组织考察）的办法公开选拔村级干部；改革村级组织管理办法，完善激励监督机制，实行规范化管理；理清发展经济的路子，找准强村富民奔小康的突破口和发展壮大集体经济的切入点。2003年2月，县委、县政府决定在全县深入开展以创建“五个好”村党支部（好领导班子，好党员、干部队伍，发展经济好路子，好经营机制，好民主管理制度）、“六个好”乡镇党委（好领导班子、好干部队伍、加快经济发展好路子、好工作制度、好工作作风、好工作格局）和农村基层组织建设先进县为主要内容的“三级联创”活动。2005年1月，县委决定用一年半的时间，在全县各级党组织和党员中，深入开展保持共产党员先进性教育活动。2007年9月，县委、县政府决定实行村“两委”换届选举县级领导干部包乡镇和县直部门驻乡镇蹲点制度，指导村“两委”换届选举工作。11月，县委制定《关于进一步加强农村基层党组织建设的意见》，要求在充分认识加强农村基层党组织建设重大意义的前提下，重点提高农村基层党组织各方面的能力，建立加强农村基层党组织建设的长效机制。2008年7月，县委制定《关于进一步加强乡镇（街道）党委建设的实施意见》，把推动区域经济更好更快发展作为乡镇（街道）党委建设的第一要务，高标准制定本乡镇（街道）区域发展规划，明确2008年和以后5年的目标任务，确保主要经济指标每年保持较高增幅。同时，根据党中央有关规定和工作需要，设立中国共产党山东省单县第一中学、水务局、教育局、交通局、建设管理局、卫生局委员会，隶属县委管理，同时分别设置党的纪律检查委员会。2009年12月，县委成立党的建设工作领导小组，加强对党建工作的领导。

改革开放　1992年6月，县委、县政府作出《关于进一步深化改革，扩大对外开放的决定》，要求进一步解放思想，树立大开放意识，抓住机遇，加快外向型经济的发展；强化对外开放，扩大对外联络；实施重点启动，创办经济开发区；广开筹资渠道，支持经济发展；积极引进先进技术和人才，重奖重用有功人员；进一步优化产品结构，增加创汇能力；发挥本地资源优势，积极发展创汇农业；广泛招商引资，努力搞好房地产开发；深化流通、经济体制改革，全方位拓宽国内国际市场；外放内联相结合，加强经济技术合作；进一步改善投资环境，促进外向型经济的发展；加强领导，全力推行对外开放。

机构改革　1993年12月，县乡机构改革，县政府部门中的7个企业主管部门改为企业集团；5个农业主管部门改为事业性服务中心；县属党政群机关由107个减少到42个，人员精减740人；县直部门设在乡镇的15个分支机构下放到乡镇管理。乡镇机构分别定编，总编制1[illegible]65人。压缩机构，精减人员，减少财政开支。1999年4月，县委、县政府制定《关于乡镇党政群机关和事业单位超编人员分流工作实施意见》，明确人员分流工作的指导思想、目标任务和原则、实施范围和分流对象，人员分流工作的方法步骤、人员分流的主要渠道和人员分流工作的一二项配套政策。6月，县委、县政府制定《关于县直党政群机关超编人员分流工作试行意见》，明确人员分流工作的指导思想、人员编制现状和分流工作的目标任务，制定了人员分流工作的原则、实施范围和分流对象，进行的方法步骤、人员分流的主要渠道和十五项配套政策。按照县委部署，县直51个党政群机关和18个执行机关工资标准事业单位共分流干部职工878人。

招商引资 2000年1月，县委、县政府制定《关于广泛开展招商引资的若干规定（试行）》，即“招商引资20条”，向县直各部门、各乡镇及每个干部职工下达招商引资责任和任务。同时鼓励民间组织和个人，利用各种关系，采取各种方式招商引资；鼓励机关干部职工创办经济实体。规定对外商投资者、企业及引进项目的优惠政策，引进人才的优惠政策，引资奖励政策，引进项目奖励和优化招商引资环境、搞好对投资者服务的规定以及加强领导、严格奖惩的措施。2002年4月，根据国家和省、市有关规定，结合单县实际，县委、县政府制定《关于加快经济发展的意见》，放宽用地，减免缓税费，加快工业园区建设，引进人才，鼓励机关干部职工兴办经济实体；清理收费项目，规范收费行为，严禁乱检查乱摊派，治理公路“三乱”（是指在公路上乱设站卡、乱罚款、乱收费的行为），公开办事程序，提高办事效率，实行审批限时制度，建立健全社会服务承诺制度；重奖上缴税金大户，加大招商引资奖惩力度。2004年3月，县委、县政府制定外经贸招商引资工作的实施意见，要求全县完成进口贸易额1030万美元，出口贸易额1500万美元，实际利用县外资金16亿元。2006年，单县把当年确立为“大项目建设年”，实现领导精力、物力财力、考核权重向大项目倾斜。要求年内每个乡镇和县直一类招商单位引进一个固定资产投资过3000万元工业或市场项目；县委、县政府班子成员、单城镇、三个中心镇各引进一个固定资产投资过亿元的工业或市场项目，实现大项目招商的突破。确保年内实际利用县外国内资金35亿元，新上固定资产投资过亿元的工业或市场项目20个。2007年，县委要求以提高招商引资档次为重点，以大项目建设为主攻方向。年内，单城镇、黄岗镇、郭村镇、终兴镇分别引进一个固定资产投资过亿元的项目，其余乡镇和12个县直部门分别引进一个固定资产投资过3000万元的项目，全力实现大项目招商的新突破。2008年9月，县委召开全县招商引资工作动员大会，要求全县各级领导班子和广大党员干部进一步解放思想，提高认识，统一行动，迅速掀起“大推介、大招商、大落地、大建设”的新高潮。2010年2月，县委、县政府成立6个招商引资领导小组，分别由县级领导任组长、副组长，开展好集中招商活动。

稳定完善土地承包制 1987年12月，县委、县政府制定《关于稳定和完善土地承包制的意见》。在坚持土地分户承包制长期不变、原发包单位土地不变、承包田大稳定小调整的原则下完善措施。完善土地承包合同。承包合同以农户家庭为承包方、生产队为发包方签订，一般每3年签订一次，承包土地每3年调整一次，承包金每3年变动一次。农户承包土地交纳土地承包金，承包金主要包括农业税、乡镇统筹费、村队提留三大项。承包金数额控制在人均纯收入的6%～8%，绝对值限制在人均30元以内。健全村合作经济组织，为农户提供水利排灌、机械耕作、植物保护、疫病防治、生产资料供应和经营咨询等服务。加强土地承包管理，搞好人口变动、零星地块合并和农田基本建设用地调整等。1995年8月，县委、县政府制定《关于进一步稳定和完善农村土地承包责任制的试行规定》。合并零星地块，在全县进行全面土地调整。同时，延长土地承包期，重新签订土地承包合同。1998年5月，县委、县政府制定《关于切实做好延长土地承包期工作的意见》。把土地承包期再延长30年，进一步强化所有权，稳定承包权，放活经营权，明确发包权，以达到充分调动农民生产积极性，保持党在农村基本政策的连续性、长期性和稳定性。2008年6月，县委、县政府印发《关于妥善解决农村新增人口承包土地的意见》，明确新增人口可获得承包地的条件：本村（组）集体经济成员所生子女；与本村（组）集体经济组织成员结婚且户口迁入本村的；本村（组）集体经济组织成员依法办理领养手续且户口已迁入本村的子女；其他将户口依法迁入本村，并经村民会议三分之二以上成员或三分之二以上成员代表的同意，接纳为本集体经济组织成员的，有资格获得承包地。

减轻农民负担　1986 年 4 月，县委、县政府制定《关于实行农民负担大包干的意见》。对农民负担实行大包干，一定两年不变。提留范围共 8 项：农业税、农村教育附加费、村组行政管理费、农田水利费、优抚费、民兵训练费、广播事业费、交通事业费。提留以县为单位统筹，限额控制在人均纯收入的 6% ～ 7%、人均负担 20 元以内。提留方法，由村民小组召开村民大会，公布包干数额，落实到户，最后上交县财政局再行分配。各项经费实行分级管理、专款专用。对于村级干部的设置、补助，义务工、基建工的数额，对贫困村及特殊困难户的照顾、五保户的供给，因公伤亡人员的抚恤，兴办福利事业、组织文体活动等支出问题都作出明确规定。1993 年 1 月，县委、县政府联合下发紧急通知，要求各单位、各乡镇切实解决农民负担过重问题，并要求自通知之日起，全县各部门所有集资、收费、评比、达标活动一律停止，不准任何部门、以任何理由向农民收费。并规定，若出现违法乱纪现象，要追究领导人的责任。1997 年 5 月，县委、县政府下达《关于切实做好减轻农民负担工作的意见》，实行“三不变”（国家的农业税收政策稳定不变；村提留、乡统筹不超过上年人均纯收入 5% 的政策稳定不变；农民承担义务工和劳动积累工制度稳定不变）、“五严禁”（严禁一切由农民出钱、出物、出工的达标升级活动；严禁在农村搞法律规定以外的任何形式的集资活动；严禁对农民的一切乱收费、乱涨价、乱罚款；严禁各种摊派行为；严禁动用专政工具和手段向农民收取钱物）、“三减”（减免贫困户的税费负担；减轻乡镇企业的负担；减少乡镇机构和人员开支）、“两加强”（加强领导、加强监督检查）。2000 年 5 月，县委、县政府制定《关于进一步做好 2000 年减轻农民负担工作的意见》。进一步落实农民合理负担一定三年不变的政策，实行夏秋两季提取；严格执行农业税收法规政策；严禁向农民乱收费、乱集资、乱罚款；对农村“两工”严格按上级规定执行，不得强行以资代劳；严肃查处加重农民负担的违法违纪案件；对农民负担继续实行党政“一把手”亲自抓和“一票否决”制度。2006 年 7 月，为进一步巩固税费改革成果，县委、县政府强化监督管理，建立减负工作的长效机制，确保农民负担不反弹，要求各级各部门落实和完善‘四项制度”建设，即：落实健全涉农税收、价格及收费“公示制”，适时更新公示内容。落实农村义务教育收费“一费制”，由政府兴办的农村小学和初中全部执行省政府规定的收费办法和标准；乡镇、村级组织和农村中小学公费订阅报刊严格执行“限额制”，不准借助行政手段和管理权限强行摊派；落实涉及农民负担案件“责任追究制”，加大处置涉及农民负担案件的工作力度。2008 年 6 月，县委、县政府办公室制定《关于进一步做好农村低保工作的实施意见》。要求开展农村低保普查清理整顿活动，明确条件，遵守程序，加强领导，实施动态管理和分类施保。

企业体制改革　1986 年 8 月，县委、县政府制定《关于搞活经济若干问题的暂行规定》。国营工业企业，按照年产值和利税同步增长的数额，可向上级申报定为县级企业、副县级企业。企业的厂长、书记、主要技术人员，可向上浮动工资，其家属子女可办理农转非。集体工业企业，按年产值和利税同步增长的数额，可定为副县级、局级企业。企业厂长、书记和做出突出贡献的其他干部、职工、技术人员可给予浮动工资和家属子女农转非的奖励。乡镇企业根据年产值和上交税金数额，企业书记、厂长，可享受县属以上集体企业合同制职工的待遇，可办理农转非户口，可转为国家干部，其家属子女也可办农转非户口，其职工也可享受县属以上集体企业合同制职工待遇和办理农转非户口。对为乡镇企业引进资金和自愿到乡镇企业工作的科技人员给予重奖和优厚待遇。1997年5月，县委、县政府批转县企业改革领导小组办公室《关于企业改制的实施意见》，决定对全县国有中小企业、集体企业进行改制。要求改制工作做到：坚持产权清晰、权责分明、政企分开、管理科学的原则；坚持确保国有、集体资产保值增值的原则；坚持优势膨胀、以强并弱、强强联合的原则；坚持因企制宜、一厂一策的原则；坚持盘活存量和优化投入相结合的原则。要求以推行股份合作制为主，多种改制形式并存，实行一厂一策。改制的主要形式有股份合作制、租赁、兼并、联营和联合、组建企业集团、抵贷返租、委托经营、出售、一厂多制、破产。

经济环境治理 1988年10月，县委认真贯彻中共十三届三中全会精神，在全县范围内治理经济环境，整顿经济秩序，进一步深化改革，推动全县经济持续稳定发展。至12月中旬，全县治理、整顿工作已初见成效：停建、缓建一批生产项目和非生产项目；严格控制社会集团购买力，查出一批自行购买的商品；撤销和变更一批不符合政策规定和不符合条件的公司；检查、整顿了市场物价；认真组织税收检查，偷漏税款多数补交入库；查处一批假冒伪劣商品。1999年10月，县委、县政府制定《关于治理经济发展环境的若干规定》，并召开规模较大的全县经济发展环境治理动员大会，成立强有力的领导班子，认真贯彻落实各项规定，收到较好效果。2007年3月，成立由县委副书记任组长，县纪委书记、县政法委书记、县政府分管工业的副县长、县监察局局长任副组长，县委办公室、县政府办公室、纠风办、行政审批、审计、广电等部门负责人为成员的县优化经济发展环境领导小组。组织开展对全县经济发展环境的治理，加强对执纪执法部门的监督，严格实行进企业收费、检查、罚款的会审制度，严肃查处影响经济发展环境的行为。2008年8月，县委、县政府在《关于进一步优化经济发展环境的意见》中要求各级各部门统一思想，进一步增强优化经济发展环境工作的责任感和紧迫感；认真贯彻《中华人民共和国行政许可法》，依法规范行政审批行为；全面规范执法行为，营造社会公正的法制环境；进一步规范进入企业的检查、收费等行政行为，减轻企业负担；开展对公路“三乱”专项治理，打造良好的路域环境；“打黑除恶”（打击黑社会性质的恶势力），创造良好的社会治安环境；建立社会信用体系，提高全民的信用意识；加强制度建设，构建优化经济发展环境的长效机制。2010年7月，县委组织召开全县优化发展环境大会，各乡镇（街道）和县直各部门主要负责人签订了《优化经济发展环境及廉政建设承诺书》，要求要从严格落实“四项制度”（行政审批中心集中办公制度、限时办结制度、首问负责制度、行风评议制度）入手，推进政府职能部门提速增效；要从严格落实“八不准”（不准推诿扯皮，对工作不负责任；不准拖延办结时限，故意刁难服务对象；不准违背扎口管理规定乱检查、乱收费、乱罚款、乱摊派，增加企业负担；不准强制为企业提供有偿服务，变相收取服务费用；不准违犯规定插手干预工程建设，谋求个人不正当利益；不准利用职权借机敛财、收受贿赂、索要不义之财，败坏党和政府形象；不准村级财务政务暗箱操作，优亲厚友损害群众利益；不准包庇纵容违法乱纪和黑恶势力，充当保护伞）入手，对不作为、慢作为、乱作为和胡作非为案件严肃查处；要从严格落实责任制入手，抓好班子，带好队伍。

发展乡镇企业 1990年4月，县委、县政府制定《关于大力发展乡镇企业的意见》。提出发展乡镇企业的指导思想和基本思路：在扩大经营领域上做文章，在劳动密集型企业上搞突破，在搞好服务型企业上下功夫。要求切实抓好对现有企业的整顿，重点抓好乡村集体企业。1990年起，对乡镇企业升级、产品创优等方面的奖励，同县属工业同等对待。乡镇政府对乡镇企业只提取税前利润总额的10%用于补助社会性开支。对发展乡镇企业较好的乡镇领导、分管领导、厂长经理和科技人员，根据年产值和年利润，在工资、福利待遇上给予相应的增加和特别奖励。1992年6月，县委、县政府制定《关于扶持乡镇企业发展的暂行规定》。规定对现有乡村集体企业，除按照国家税收政策照章交纳税金外，3年之内（1992年7月1日—1995年7月1日）任何单位和部门不得以任何事由向企业进行社会性收费和罚收；凡在1992年1月1日至1993年12月31日内新办的乡村集体企业，3年内免去所有税收；乡村集体企业办理营业执照，可以省略乡村名称，直接写"单县XXX厂"；各有关监督管理部门对乡村集体企业的监督检查，由县经济委员会、乡镇企业局牵头组织联合进行，要为企业提供切实有效的指导服务。乡镇党委和政府对现有企业的上缴利润和提成，要严格执行国家有关规定，不准随意增加提取项目和数额；对新办企业3年内不收任何规定以外的费用。

经济发展　1990年7月，县委、县政府作出《关于依靠科技进步振兴单县经济的决定》。把依靠科技进步确立为振兴单县经济的战略指导思想，建立起依靠科技进步发展经济的运行机制，确定以先进的科学技术和现代化管理，促进全县经济持续、稳定、协调发展。确定"八五"期间科技进步的总体目标：科技进步在全县经济增长中的比例，在30%的基础上提高到45%以上；农业生产主要作物良种覆盖率达到95%，良种自给率达到80%以上。建立起具有单县特点的高产、稳产、优质、高效、低耗的大农业生产体系。主要工业产品经济技术指标赶上或超过省内同行业水平，居地区领先地位；部分产品达到省内同行业水平，居地区领先地位；部分产品达到省内、国内或国际先进水平。社会文明建设提高到一个新水平。1994年，是单县被确定为改革开放试点县的第一年，县委抓住这一机遇，制定《单县改革开放和经济发展的实施方案》，签订单县、省邮电管理局、诸城市三方协议书，确定三方结合的工作措施和奋斗目标。1998年5月，县委、县政府作出《关于加快发展个体私营经济的决定》。放宽从业人员。鼓励、支持机关、事业单位的公职人员（包括公务员），离职从事个体、私营经营，或者在私营企业参股、任职；放宽经营范围。除国家明令禁止的行业和商品外，都允许个体、私营业户经营；放开登记注册条件。除《中华人民共和国公司法》规定的注册资金数额并验资外，其他注册登记不受注册资金和验资的限制；拓宽融资渠道；切实安排好个体工商户、私营企业的经营场地；鼓励下岗职工和失业人员兴办个体私营企业；鼓励、支持个体工商户、私营企业承包、租赁、兼并或购买中、小型国有或集体企业；对个体工商户，私营企业实行年初一次性定税，对账目健全、准确提供纳税资料的个体工商户，与国有企业一样，视为一般纳税人，允许使用增值税发票；严格实行"收费明白卡"制度，坚决制止乱收费、乱摊派、乱罚款。支持私营企业申请技改项目；个体、私营企业者参加养老、失业、医疗保险的，享受相应的保险待遇，其费用在税前列支；鼓励农民进城务工经商和外地人到单县从事个体私营经营。2006年4月，经县委、县政府同意，在全县开展治理商业贿赂专项工作。一方面纠正在经营活动中违反商业道德和市场规则、影响公平竞争的不正当交易行为；另一方面依法严肃查处违反法律法规、给予和收受财物或其他利益的商业贿赂案件。通过开展专项治理，遏制商业贿赂蔓延的势头，逐步规范市场秩序。同时，深化体制机制改革，建立健全相关法律制度体系，不断铲除商业贿赂滋生的土壤和条件。2008年，县委确立加快实现经济发展由追赶型向超越型、由粗放型向集约型、由数量型向质量型"三个转变"的指导思想，提出"紧紧围绕到2010年基本跨入全省经济发展第二方阵这一奋斗目标，加快推进工业项目向主导产业、服务业向优势产业、农民向小城镇‘三个集中’，突出抓好节能减排、土地集约节约利用、企业自主创新三个重点环节，大力弘扬‘务实、创新、争先、和谐’新时期单县精神”的“一三三一”工作思路。解放思想，大胆实践，逐步探索出一条“大力实施工业立县、三产富县、统筹建县、和谐兴县战略，积极推进开发区建设与工业经济重点突破、城市建设与三产服务同步提升、村镇规划建设与农业产业化一体发展、经济发展与社会建设和谐共进”“四大战略、八位一体”的科学发展模式，经济社会走上科学发展、又好又快发展的轨道。2010年1月，县委提出全县经济发展的总体要求。即：坚持以科学发展观统揽全局，把转变发展方式、调整经济结构、关注改善民生作为跨越发展的重大任务，按照“三个转变”的指导思想和“一三三一”的工作思路，进一步打造一城两区三大发展平台，做大五大基地产业支撑，夯实社会主义新农村建设基础，大力推进工业化、城镇化和农业产业化三化互动共同发展，加快建设和谐幸福单县，经济发展整体水平跨入全省第二方阵。明确了“四个突破、四个力争、三个确保”的主要奋斗目标，即：地区生产总值、规模以上工业销售收入、地方财政收入和农民人均纯收入四项主要经济指标分别突破131亿元、270亿、7.6亿元和5500元，同比增长16%、33%、20%和10%；力争达到135亿元、300亿元、8亿元和5600元，同比增长19%、48%、26%和12%；确保在全市八县一区中继续保持第一方阵位置，确保在全省140个县市中区中不断争先进位；确保在四省八县交界邻边区域经济竞争中始终处于领先地位。

基础设施建设 1994年4月，县委、县政府制定《关于深化农村改革，加快农村社会主义市场经济发展的实施意见》，其主要内容为：坚持和深化农村改革，稳定完善农村基本政策；培育农村市场主体，健全农村市场体系；调整优化农村产业结构，大力发展高产优质高效农业；全面实施科教兴农战略；建立健全农业社会化服务体系；加强基础设施建设，增强农业发展后劲；加强对农村工作的领导等。5月，县委、县政府作出《关于交通事业发展的决定》。决定从全县经济发展的需要出发，坚持高起点、高标准、高速度、高质量加快交通基础设施建设。自1994年起，逐步建成全县“一横”“一十字”公路干线和“五横”“六纵”县乡公路网络，力争2000年达到75%的行政村通油路，2010年自然村村村通柏油路。1998年2月，县委、县政府决定为单县人民扎扎实实地办好10件大事，即“十大民心工程”：浮岗水库二期工程。投资2800万元，完成大堤垂直铺塑防渗和52米高的护坡工程。西红柿开发工程。投资100万元，建成一处西红柿研究所，发展名、特、优西红柿，搞好西红柿开发示范园和示范区。扶贫攻坚工程。电话增容和有线电视二期改造工程。变电站建设工程。市场建设工程。依法治理工程。职教中心改建工程。城区基础设施建设工程。湖西路综合开发工程。2008年6月，县委、县政府办公室在《关于加强村容镇貌治理工作的实施意见》中着重强调加强乡镇驻地基础设施建设，搞好村庄美化、绿化，建立乡镇执法和环卫制度，加强路域环境治理和绿色通道建设。

开发区建设 2001年8月，在县园艺场内设立单县经济园区，总面积24.3平方公里。2004年10月，县委、县政府制定《关于加快经济开发区建设和发展的意见》，确定开发区以工业园区为目标，以招商引资为核心，以基础设施建设为重点，以优化环境为保障，坚持高起点规划、高标准建设、高效能管理，走市场化运作、多元化投入的路子，强力推进开发区建设，尽快把开发区建成经济发展的龙头、对外开放的窗口、体制创新的示范、城市建设的样板，带动全县经济跨越发展。2007年7月，设立中国共产党单县经济开发区工作委员会（县委直接管理）和管委会（县政府直接管理）。

新农村建设　2006年5月，县委、县政府制定《关于社会主义新农村建设的实施意见》。确定全县社会主义新农村建设的总体目标和阶段任务，重点搞好新农村建设规划和重点示范工作，着重抓好单城、黄岗、郭村、终兴4个试点镇的40个试点村以及单城镇的两个城中村改造建设，探索经验，逐步推开。2007年4月，县委、县政府在《关于积极发展现代农业，扎实推进社会主义新农村建设的实施意见》中提出新的预期目标：农业标准化示范基地发展到2.33万公顷，规模以上农业产业化龙头企业发展到78家以上，农业增加值增长6%，达到26亿元；农民人均纯收入增长10%，达到3788元；粮食总产56万吨；抓好8个乡镇、80个行政村的新农村建设试点，确保社会主义新农村建设取得更大成效。2009年2月，县委、县政府确定启动空心村改造，全面铺开小城镇建设亮点工程。

第三节　组织工作

基层组织建设　1986年，全县共有党委39个，党总支45个，党支部1574个，党员28607人。1987年5月，对847个任期已满的农村党支部全部进行改选。全县农村支部成员，平均职数由之前的3.44职减少为3.38职，平均年龄由之前的41.9岁下降为39.5岁，具有初中以上文化程度达到67.8%，提高37.8%。1993年，县乡机构改革，撤销7个区及区党委。县委、县政府机关部门，按照撤、并、转、改的办法，进行精简。对全县37个乡镇相继进行换届选举。对乡镇干部的德、能、勤、绩、廉情况进行全面考察。在调整中注意选拔使用青年干部、妇女干部和非中共党员干部。党委成员年龄由36.2岁降到35.9岁，政府成员由41.5岁降到35.5岁，大专以上文化程度占42%。1996年11月至1997年5月，落实全国、全省农村基层组织建设会议精神，对全县农村党支部、村委会进行综合改革：合并行政村，扩大行政村规模。全县行政村由886个合并成502个。采取“三推三考”的办法公开选拔村干部。县委选派169名政治素质好，组织能力强，有带领群众致富能力的县乡干部职工，进村担任党支部书记。选好配齐村党支部、村委会、共青团、妇女等六位一体的村级班子。建章立制，完善村级组织各项管理制度。如村财乡管制度、村干部实行依职联绩计酬制度等。这次农村基层组织整顿和改革，全县村干部由以原来的4993人减少到3072人，其中妇女干部由原来的350人增加到401人；村支部书记的平均年龄由原来的41.4岁降到35.7岁；30岁以下的村干部由原来的350人增加到869人；高中以上文化的村干部由原来的1163人增加到1820人。2001年2月，全县乡镇由原来的37个合并成20个，减少乡镇党委17个。12月，中共单县公安局党组改设为党委。2002年，县委制发《农村基层组织建设制度与规范》《村级规范化管理工作细则》等一系列文件，召开农村基层组织规范化建设经验交流会，健全落实一事一议、村务决策、村务公开等制度。全县502个行政村党支部、村委会顺利完成换届选举。2003年2月，县委在全县开展“三级联创”活动。同年，成立中央储备粮单县直属库党委。2005年，加大基层党建工作的力度，层层签订目标责任书，形成一级抓一级，层层抓落实的新格局。加强新型经济、社会组织和社区党建工作，6家企业被县命名为党建工作示范点，1家被市确定为市级示范点。单城镇南店子、南关两社区被市委组织部评为2004年先进社区党支部。同年，按照村委会组织法和省、市委要求，组织502个行政村进行村“两委”换届选举。共选举产生村“两委”成员3034人，比前届减少901人，村“两委”成员兼职的比例达到87.6%，进一步优化了村级班子结构。2006年，实行副科级以上干部包村责任制，加大对后进村班子的整治力度，共治理后进村班子19个，新选配党支部书记7人，充实支部成员16人。开展由中央、省、市补助资金的村级组织活动场所建设和建国前入党的农村老党员调查登记工作，提高补贴标准。对502名行政村特派员进行年度考核，兑现奖惩，发放奖金20余万元，对32名实绩不明显的特派员提出警示，扣发绩效工资。2006年2月，新设县经济开发区党工委。2007年12月，撤销单城镇，设置北城、南城、园艺3个街道，同时全县改设为3个街道党委，15个镇党委，4个乡党委。2008年，四川省汶川县“5•12”特大地震发生后，单县迅速成立援川抗震救灾前沿指挥部党组织。许多非党队员主动向组织靠拢，纷纷递交入党申请书，要求在援建工作中对其考验。援建指挥部党支部严格履行培养程序，并报县委组织部批准，有13人加入党组织。为支援地震灾区，全县党员缴纳“特殊党费”108万元。该年，经省、市委考核验收，单县被省委表彰为山东省农村基层组织建设先进县（全省共38个）。2009年，农村干部实行“基本报酬＋绩效报酬＋养老保险”制度。规范报酬标准，在职村干部报酬提高50%，将新增加的部分作为绩效报酬，纳入村干部的报酬总额，年底考核后统一核算、集中发放。在全面提高报酬的基础上，将任职期间的行政村党支部书记、村民委员会主任、村会计全部纳入参保范围，保险金由县财政、乡镇财政、干部本人共同负担。同时，按照任职年限，适当提高离任村干部补贴标准。全县22个乡镇（街道）全部落实县委要求。该做法得到中央和省市组织部门的肯定，7月8日，中组部《全国基层组织建设工作情况通报》刊发单县的经验做法。2010年5月，撤销孙溜镇党委，成立东城街道党委。7月，成立浮龙湖开发区党工委。至年底，全县共有乡镇、街道党委22个，市属单位党委2个，县直单位党委4个，党工委3个，县直单位党组53个，党总支56个，全县党支部共有1240个。

1986—2010年部分年份单县基层党组织统计表

表15-2-1

年份	党委	党总支	党支部	年份	党委	党总支	党支部
1986	39	45	1574	2005	29	41	1175
1987	39	51	1614	2006	29	41	1175
2001	28	61	1366	2007	43	49	1203
2002	30	59	1258	2008	31	52	1207
2003	29	41	1233	2009	31	51	1208
2004	30	51	1174	2010	31	56	1240

党员队伍建设 在发展党员中，按照“坚持标准、保证质量、改善结构、慎重发展”的方针和工作程序，成熟一批，发展一批。注重从各项改革的带头人中、从先进分子中发展，注重从党的力量较薄弱的企业中、从贫困后进村和长期发展党员较少的村发展。1986年，全县党员28607人，至2010年，发展到44407人，增长55%，平均每年增加632人。党员队伍构成发生很大变化。2010年和1988年相比，女党员比例增加3%，大专以上文化的增加14%，高中、中专文化的增加7%，初中文化以下的减少21%，农民党员减少5%。

职业构成 2010年，全县有公有制经济单位党员11308人，占党员总数的25.46%；非公有制经济单位党员812人，占党员总数的1.83%；农牧渔民党员25318人，占党员总数的57.01%；离退休人员党员4487人，占党员总数的10.1%；其他党员2482人，占党员总数的5.59%。

年龄构成 2010年，全县有35岁及以下党员 5079 人，占党员总数的 11.44%；36 ～ 45 岁党员 10228 人，占党员总数的 23.03%；46 ～ 54 岁党员 8915 人，占党员总数的 20.08%；55 ～ 59 岁党员 5837 人，占党员总数的 13.14%；60 岁及以上党员 14348 人，占党员总数的 32.31%。

学历构成　2010 年，全县有大专以上学历党员 7880 人，占党员总数的 17.74%；高中中专学历党员 14320 人，占党员总数的 32.25%；初中及以下学历党员 22207 人，占党员总数约 50%。

1986—2010 年单县中共党员基本情况统计表

表 15-2-2　　单位：人

年度	党员总数	其中		年龄					学历			职业				
		女	少数民族	35 以下	36～45	46～54	55～59	60 以上	大专以上	高中以上	初中以上	公有经济单位	非公有经济单位	农牧渔民	离退休人员	其他
1986	28607	—	—	—	—	—	—	—	—	—	—	—	—	—	—	—
1987	30056	—	—	—	—	—	—	—	—	—	—	—	—	—	—	—
1988	30884	3232	60	10122	8548	7622	2137	2455	1339	7598	21947	9520	625	19205	937	597
1989	31693	3326	64	9653	9202	7827	2497	2514	1490	8329	21874	10069	576	19434	942	672
1990	32270	3454	59	9555	9587	8037	2555	2536	1603	8960	21707	10572	514	19569	948	667
1991	32914	3508	67	9687	10057	7915	2709	2546	1733	9383	21798	11189	499	19572	1009	645
1992	33950	3619	68	10573	10136	7962	2659	2620	1799	9787	22364	12112	488	19722	938	640
1993	34081	3817	76	10288	10446	8094	2710	2543	1877	10026	22178	11974	460	19912	1081	654
1994	35242	3820	76	11082	10786	8192	2727	2455	2063	10752	22427	12375	1018	20106	1070	673
1995	36006	4005	75	11255	10919	8219	3029	2584	2200	11324	22482	12935	1134	20054	1098	785
1996	37850	4403	68	12485	11457	8202	3088	2618	2461	12367	23022	13504	1023	21363	994	966
1997	39203	4822	79	13692	11675	8166	1314	4356	2775	13472	22956	13693	1308	21737	1115	1350
1998	39987	5108	24	14229	11702	8086	3076	2894	2944	13972	23071	14266	866	22731	921	1203
1999	40903	5199	82	15055	11694	8046	3185	2923	3217	14618	23068	14487	835	23173	1254	1154
2000	41403	5373	86	15464	11638	8047	3163	3091	3652	15243	22508	14682	844	23217	1407	1253
2001	41842	5282	92	15825	11726	8144	3191	2956	4538	14954	22350	12088	1960	22789	2700	2305
2002	42076	5439	96	14788	11585	8037	3737	3929	4748	15333	21995	11980	1744	23065	3075	2211
2003	42716	5767	84	14500	11830	8317	3916	4153	5400	16324	20992	12513	516	23793	2781	3113
2004	41682	5415	108	12877	11233	8438	4118	5016	5754	16478	19450	11866	573	23392	2926	2925
2005	42481	5457	76	12906	11481	8518	4445	5131	6253	17029	19199	11436	836	24506	3141	2562

续表 15-2-2

年度	党员总数	其中		年龄					学历			职业				
		女	少数民族	35以下	36～45	46～54	55～59	60以上	大专以上	高中以上	初中以上	公有经济单位	非公有经济单位	农牧渔民	离退休人员	其他
2006	42352	5321	76	12669	11230	8466	4461	5526	6404	17021	18927	10812	925	25014	3334	2267
2007	42749	5451	93	5483	11021	8692	5799	11754	6835	13416	22498	10867	706	21881	4221	5074
2008	43171	5598	96	5172	10738	8809	5998	12454	7014	13706	22451	10921	730	25023	4238	2259
2009	43650	5748	87	5131	10271	8903	6068	13277	7244	14038	22368	10789	738	25145	4422	2556
2010	44407	5893	90	5079	10228	8915	5837	14348	7880	14320	22207	11308	812	25318	4487	2482

党员教育 *教育活动* 1985年，健全农村党员生活，办好“党员活动室”。每个村均落实了活动场地、学习材料、管理人员。结合中心工作、党员思想、工作实际开展活动，除学习党的知识外，还学习商品知识、生产知识、经营管理知识、科学文化知识等。1987—1990年，开展坚持四项基本原则、反对资产阶级自由化教育。1994年，以增强党员的市场经济意识、提高带领群众致富奔小康的本领为教育重点，通过建立流动党校、巡回演讲开展对党员的教育，该做法在《领导科学报》《菏泽组织工作》、省委《组工通讯》上得到肯定和推广。在单县电视台开办《党员电教之窗》《一个党员一面旗》专题栏目，定期播放电教节目和党建动态。注重培养宣传致富典型，引导党员走上发展经济之路。1999年，学习贯彻胡锦涛考察单县农村基层组织建设时的讲话精神，提高基层组织的凝聚力、战斗力，加快小康村建设。2000年，广泛开展“三讲”（讲学习、讲政治、讲正气）教育活动和“三整顿”（整顿思想、整顿作风、整顿纪律）活动，并将整顿活动同人员分流、优化组合、创办示范服务基地等具体工作结合起来，改进广大党员思想作风、工作作风。

2001年，以邓小平理论和“三个代表”重要思想为主要内容开展党员教育。2006年，组织全县所有党组织、所有党员，开展保持共产党员先进性教育活动。活动中坚持先进性教育活动与新农村建设示范村创建活动相结合，与无职党员“设岗评星”活动相结合，与“全民创业”活动相结合，增强互动性和实效性。省委先进性教育活动领导小组转发单县《开展无职党员“设岗评星”活动，建立保持农村党员先进性长效机制》的经验做法，并被省委组织部作为基层组织建设三大经验之一进行推广，中央电视台专题报道。县委认真总结活动中创造的好经验、好做法，研究制定《关于加强党员经常性教育的意见》等14个规范性文件，建立起保持党员先进性的长效机制。2009年，按照省、市、县委统一部署，组织全县437个党组织、8913名党员开展第二批学习实践科学发展观活动。组织21个乡镇（街道）党委、633个基层党组织、32047名党员参加第三批学习实践活动。以“科学发展，富民强县”为主题，根据参学单位不同的特点，采取专题报告辅导学、会议集中系统学、开展活动促进学等形式，共举办专题报告会166场，开展大讨论557次，召开座谈会387次，组织调研336次，撰写调研报告484篇，开展调研成果交流55次。召开领导班子专题民主生活会113次，专题组织生活会470次，召开民主评议会727次。同时注重把学习实践活动与大项目建设、城市建设、民心工程建设紧密结合，把推动经济社会发展作为检验活动效果的首要标准，突出实践特色、时代特色、单县特色。组织开展“百个单位办好千件实事”主题实践活动。在“设岗评星”活动的基础上，组织开展“双向承诺”活动（村级党组织向乡镇党委、村党员、群众承诺，党员向村级党组织、党员、群众承诺），增强活动实效。

电化教育　2003 年 3 月，县委印发《单县党员电化教育规范化管理工作细则》。2005 年，加强党员电教和农村远教工作，健全完善以电教中心为龙头、基层党委电教站为主体、行政村播放点为基础的三级党员电教网。在单县电视台开辟《先锋颂》《三个代表实践者》《双带之窗》等栏目，举办电教片观摩评比，办好“湖西党建”网站。加强对远程教育管理人员的培训，建立健全工作运行机制，对接收站点实行户口式管理，完善 30 个党员电教示范规范点建设。2006 年后，农村党员干部现代远程教育工作逐步规范、深入。对各乡镇站点进行全面普查，实行终端接收站点设备月检制度，召开规范化管理工作现场会，完成社区站点建设任务。加强站点管理，建立县级样板站点 40 个。2008 年，建立健全领导责任、联席会议、目标考核三项制度，全县共有 10 个站点被授予“市级远程教育规范化站点”，17 个站点被市远教中心命名为“五星级”站点，建立市级省际边界打假护农维权站点 5 个，制作《涉农法律访谈》《真情化解促和谐》《“渔网书记”梁建新》《老赵和他的秧歌队》《技术员老田》等专题片，被菏泽电视台采用，并推荐到省远教中心。其中，《“渔网书记”梁建新》《老赵和他的秧歌队》《技术员老田》获市级课件观摩展评二、三等奖。9 月 19 日，全市远程教育学用工作经验交流会在单县召开。2009 年，以“科技致富工程”“文化共享工程”为载体，组织开展“远程教育科技致富图片展”“三下乡”（课件、信息、人员下乡）等活动。坚持“五统一”（统一调试设备、统一站点电视机、同一线路整理、统一制作播放示意图、统一播放时间），健全完善示范站点管理标准。组织专门人员对全县 529 个远教终端接收站点设备进行彻底排查，确保各站点设备正常运行。组织参与全市远教知识竞赛活动，并获组织奖，个人一、二、三等奖的总量及档次在全市处于领先地位。组织撰写的《充分发挥远教站点有效载体，搭建学习实践活动平台》，被省委、市委学习实践科学发展观活动简报采用。单县的做法被省学习实践科学发展观办公室确定为全省四家典型之一，进行集中宣传报道。

2010 年，利用远程教育“一体化网站”开辟《学习实践科学发展观活动、科学发展创先争优》栏目，宣传上级指示精神。拍摄制作的《远教网络拓富路》被省远教课件库采用，《待遇好了，积极性高了》专题片被省远教中心采用，《“五学”模式别样红》代表菏泽市参加全省远教工作会议并作经验交流。拍摄反映支部书记、富民党员、乡村干部、创先争优大讲坛专题片 10 余部，在山东电视台、菏泽电视台及报刊播发新闻稿件 16 篇。同年，单县获全市远程教育工作检查第一名。

重大组织活动　1985 年，开展党员比贡献活动，激励党员自觉发挥先锋模范作用。为记录党员在比贡献中的表现，建立党员活动手册，一时出现“群众富得快，全靠党员带，穷户变富户，全靠党员助”的好局面。1989 年 2 月，开展民主评议党员和处置不合格党员活动。首先在十里铺乡和县酒厂两个单位 808 名党员中进行试点，评出不合格党员 28 人，占党员总数的 3.5%。其中，开除党籍 2 人，限期改正错误 4 人。随后，民主评议党员和处置不合格党员活动在全县推开。1993 年，开展“一个党员一杆旗”活动，在农村开展“学科技，用科技，比贡献，争当奔小康带头人”的活动；在企业开展“岗位练兵”“增产节约”活动。2002 年，开展党员“双带”（党员带头致富、带领群众共同致富）活动。2004 年，围绕实施“突破菏泽”战略和促进单县经济实现跨越式发展，以“三级联创”活动为龙头，开展具有特色的党性实践活动。在农村开展“学一门农业实用技术，培植一个示范点，带动一个村经济发展”的“学、帮、带”活动和开展“比服务、比贡献”双比活动。2005年，进一步把保持共产党员先进性教育活动引向深入，在全县党员中开展以“人人都有岗位目标，党旗永远心中飘”为主题的“十星级”党员争创评比活动。对农村无职党员，设岗定责，使每个党员都有岗位目标。考评办法实行一季度一初评，半年一小结，年终一总评。对于年终获得六星以上的党员，给予精神和物质奖励，在年终评议中可评为优秀等次；特别优秀的党员，由县委和乡镇党委在每年“七一”进行表彰。对素质好、有培养前途的农村年轻党员，可以优先考虑作为村级后备干部或集体经济组织负责人。县委每年表彰一批“十星级党员”。对于四星以下的党员年度内不能评为先进，连续两年或连续三年四星以下的党员，采取组织处理。2009年，开展“千名乡镇干部进万家”活动，2000多名干部先后深入到2.1万个家庭围绕群众关心的问题进行深入调研。2010年，组队参加菏泽市农村党员干部学习贯彻落实科学发展观知识竞赛，获全市第二名，并作为唯一代表队代表菏泽市参加全省科学发展观知识竞赛，获三等奖。

干部工作　1986—2010年，县委组织部按照上级要求，积极探索和完善干部选拔任用工作的科学性、合理性，不断加强领导班子和干部队伍建设，努力把组织部建成党员之家、干部之家、知识分子之家，促进了单县经济建设和社会的稳定。

干部选拔任用　县委组织部在执行干部“四化”（革命化、知识化、专业化、年轻化）方针中，坚持德才兼备，注重选拔政治可靠，有业务能力，肯干事，有成就的干部，尤其大胆使用文化层次较高、有发展前途的年轻干部、女干部、非党干部。坚持走群众路线，坚持从经过实践锻炼有成绩的人员中择优任用。严格按照民主推荐提出选拔对象，并通过个别谈话、民主评议、民意测验等方式，考察核实。赞成人数必须达到投票与推荐双过半数以上，方可定为选拔对象，选定后必须经过预告、任前公示和试用期，严格履行程序。1997年，县委制定《科级干部选拔任用工作操作细则》《股级干部选拔任用工作操作细则》，进一步完善按照程序选拔干部的制度。做到对本级管理的干部，不符合程序的不提交；对上级管理的干部不符合程序的不上报；对下级报来的干部，不符合程序的不审批。推行公开选拔领导干部和竞争上岗。

2006年，坚持凭实绩用干部，把岗位目标责任制完成情况和经济实绩考核作为选人用人的重要依据。同等条件下，经济实绩考核名列前茅的优先提拔重用，单位招商引资为零及处于后5名的单位干部不予提拔重用。当年，共调整正副科级干部293人。其中，提拔83人，重用38人，均是德才良好、经济实绩考核突出、群众公认度高的人员。认真做好县、乡党委换届工作，在精心考察的基础上，对乡镇党委班子进行充实调整，班子的年龄、性别、文化结构均符合上级换届要求，并精减副书记28人、人大主席14人。同时，配合市委考察组对县委领导班子及成员进行换届考察。

推行公开选拔领导干部和竞争上岗。2007年6月，对县直10个正副科级职位，按照公平、平等、竞争、择优的原则，面向全县公开考选，共有453人报考，最高报考率达1∶71，新选拔任职的干部平均年龄32岁，均具有大专以上学历。9月，面向县内外公开招聘18名招商局工作人员，严格程序，精心操作，确保公开、公平、公正。

2010年，建立健全县直部门、乡镇（街道）正职和中层干部竞争性选拔任用工作机制，采用公开选拔、差额竞争的方式选拔干部。同时把单位的经济实绩考核和个人的争先创优结果作为选拔任用干部的重要依据，把个人工作政绩优劣、群众口碑好坏、素质能力强弱作为选人用人的具体尺度，增强选人用人的公信度和满意度，获得良好的社会效果。当年，全县共分14批次调整正副科级干部349人。其中，提拔正科级35人、副科级74人，重用54人，平职调整118人，免职68人。集中组织6次演讲答辩，竞争性差额选拔科级干部62人。其中，按照“两公开四差额”（公开空缺职位及职位要求，公开选任方法及选任程序，差额推荐、差额考察、差额酝酿、差额表决）的方式选拔乡镇书记2人、乡镇长（办事处主任）6人，县直部门负责人3人。公开考选团县委副书记2人，办事处副主任1人，法检两院竞争上岗12人。

后备干部队伍建设　根据中央和省、市有关文件会议精神和各时期党政领导班子建设规划的需求，组织部研究制定一整套培养选拔年轻干部、女干部、党外干部的措施和办法，平时注意抓好后备干部的培养提高，建立后备干部实绩档案，对其能力潜力进行多方面考察，在乡镇换届和机构改革时，选拔充实优秀年轻干部、女干部、党外干部。

2005年11月2日，组织部制订《单县培养选拔女干部工作规划》，加强妇女干部队伍建设，改善妇女工作状况，提高妇女参政议政能力。在后备干部队伍中，女干部保持在20%以上。当年农村“十星级党员”争创评选活动中，特别强调对素质好、有培养前途的年轻党员，可以优先考虑作为村级后备干部或集体经济组织的负责人。

领导班子建设　开展考察预告和任前公示。2002年，严格按照《党政领导干部选拔任用工作条例》（简称《干部任用条例》）要求，抓好县直部门领导班子的调整配备和干部选用工作。对到龄科级干部的年龄进行认真审核，先后调整县直科级干部427人次，免去230名到龄科级干部的领导职务，对113人进行考察预告，对提拔重用的147名干部实行任前公示。同时，配合市委组织部做好副县级干部的考选工作，有2名科级干部被录用到市直部门担任领导职务。2004年1月，对20个乡镇领导班子进行全面考察和调整，共调整181人，留任79人，提拔正科级干部15人，交流26人，精减副书记以上领导职数61人。9月，调整县直干部26人，重用13人。10月，调整县直干部22人，重用、平调8人，提拔正副科级14人。12月初，调整公、检、法、司系统干部对33人，重用12人，提拔副科级21人。12月底，调整部分县直负责人及到龄内退人员，涉及49人。配合上级组织部门推荐提拔重用县级干部8人。对于提拔重用干部进行考察预告和任前公示，进一步扩大群众对干部选拔任用工作的参与权、知情权、选择权和监督权。

改革考察考核方法，扩大干部选用中的民主。坚持民主推荐和民主评议制度，努力扩大考察考核面，实行全方位动态考察，不仅考察干部8小时以内的工作圈，还考察8小时以外的生活圈、社交圈，增强干部考察考核的客观性和准确性。采取对干部“四见面一测评”的办法（即：考核小组与上级领导、本班子领导、群众、本人见面座谈，民主测评），促进干部工作的民主化、科学化。

废除干部终身制，解决干部能上不能下的问题。加大干部调整力度，依据考察考核结果，将不能胜任的现职领导干部调整下来。新提拔的非选举产生的，不合格的取消试用职务。实行干部任期制，规定干部任职年限，打破一任定终身的局面。推行聘任制度，辞职辞退制度，待岗制度，严格执行干部退休制度，努力开拓“下”的渠道。全方位推进干部交流，完善互补性交流、需求性交流、调整性交流、培养性交流等制度措施。

2010年，县委以身作则抓领导班子作风建设，在创先争优中率先垂范，领导干部带头深入项目建设工地，带头深入农村基层，带头发扬“白加黑”（白天加黑夜）、“五加二”（5天工作日加2天休息日）、“晴加雨”（晴天加雨天）工作精神，带动党员干部群众干事创业。县人大常委会副主任张金亮，在推进大项目建设、城市建设中成绩显著，被县委树立为县级领导干部的先进典型。全县形成一级干给一级看、一级带头一级干的氛围。县委对重点项目和乡镇（街道）发展每季度观摩一次，每次观摩评比前5名的记三等功、授银质奖章1枚，全年4次得奖章最多的，评为单县发展功臣，名次在后3名的予以通报批评直至组织处理。开展以“看发展、比贡献，看民心、比口碑，看素质、比能力”为内容的“三看三比”活动，创建一流班子，打造一流队伍，全县形成有冠军就夺、有红旗就抗、有第一就拿、有荣誉就争的良好氛围。县开发区管委会主任周在宇等10人被县委、县政府表彰为单县经济发展突出贡献十佳人物，颁发银质奖章，重奖创先争优先进典型。

干部培训　1995—1998年，县委加大对干部的教育培训力度，逐步形成脱产进修、党委中心组学习、在职自学三位一体新格局，并定期举行考试，以考查学，以考促学。对乡镇基层干部每年举办几期培训班、知识研讨班。同时挑选年轻有潜力的干部，保送省、地大专院校学习。2002年，配合“学教”活动的开展，以“三个代表”重要思想为核心，加大力度，强化措施，多层次推进干部培训工作。1月，选调62名乡镇年轻干部到山东农业大学进行为期半年的脱产培训学习。对1000余名副科级以上干部进行政纪法规知识考试。7月，中央颁布的《党政领导干部选拔任用工作条例》正式实施后，对40余名没经过党校、行政院校及3个月以上正式培训的提拔对象，进行政治理论考试。11月，在党校分批举办全县所有行政村党支部书记培训班。先后两次召开全县计算机培训考核工作会议，制定培训规划、目标和管理办法。组织全县公务员、企事业管理人员和专业技术人员，开展更新知识培训，并进行考试。按上级统一安排，推荐6名县级干部、30名科级干部参加市举办的培训班。2007年，以十七大精神、胡锦涛重要讲话为主要内容，先后举办行政村党支部书记、乡镇纪委书记、人大主席等培训班。组织县级领导干部参加市委举办的学习辅导班；选送6名县级干部、20名科级干部参加省、市组织的专题培训班。2008年，开展“干部上讲台”活动，促使工作人员学以致用。开设以“学习科学发展观、促进社会大发展”为主题的“湖西讲坛”，组织广大党员干部选定一个专题，轮流登坛讲授，做专题业务知识讲座。聘请有关专家学者现场讲授中共十七大精神，进行系统学习。2009年，选调部分县级、县直科级领导干部和乡镇（街道）党委书记，参加在各级党校和行政院校举办的专题培训班，圆满完成调训任务。聘请专家教授举办学习实践科学发展观培训班、中共十七届四中全会精神辅导班等主题班次9期3000余人次。县委党校分3批对农村党支部书记培训一遍。

2010年，以十七大和十七届五中全会精神、科学发展观、招商引资等为专题，先后举办新任职科级干部培训班2期和全县农村党支部书记创先争优工作培训班。组织开展“名师送教”活动2期。

干部监督　县委坚持从严治党的方针，加强对干部特别是党政领导干部的监督。监督检查的原则是实事求是，客观公正；发扬民主，群众参与；预防为主，违规必纠。通过考察考核，举报受理，分析研究领导干部思想、工作、生活中出现的问题，用好谈话、函询、诫免等制度。强化对领导干部，特别是“一把手”在遵守政治纪律、选人用人上、工作作风和廉洁从政方面的监督管理。1987年，坚持对领导干部“8小时”以外监督管理，领导的权力行使到哪里，监督就跟到哪里，形成干部监督全天式工作机制。2001年，认真贯彻执行中共中央组织部《关于加强组织部门干部监督工作若干意见（试行）》。加强对党政“一把手”、年轻领导干部、掌管人财物部门领导干部及执法党纪部门领导干部等重点对象的监督管理。制定完善评议制度、考察制度、报告制度、举报制度、联席制度等监督管理措施，及时掌握了解每个领导干部“生活圈”“社交圈”“娱乐圈”及“家庭、邻里圈”的信息和动态，考查其圈子中表现出的政治品质和伦理道德。对个别存在的问题，及时通过谈话打招呼等形式，早提醒，早敲警钟，促进领导干部的自身建设。进一步抓好对《党政领导干部选拔任用条例》执行情况的监督检查，在干部推荐提名、考察考核、讨论决定等各个环节，严格把关，明确责任，促进干部选拔任用工作的科学、公正、合理。同时，开展自查活动，针对发现的问题妥善处理在萌芽状态，受到省市领导的好评。

2003年6月19日，中共中央办公厅下发《党政领导干部选拔任用工作监督检查办法（试行）》。县委依照文件精神，从民主推荐、公开选拔、考察酝酿、任用决策等环节上，科学界定干部选拔任用工作的责任主体、责任内容和责任追究，真正把选拔任用工作的权力同责任统一起来。2005年，建立选拔任用工作纪实全过程的存档制度。民主推荐票存档，个别谈话推荐记录存档，考察谈话、记录存档，执纪、执法部门证明材料存档，考察材料汇报材料存档，调查记录处理情况存档，会访记录存档等8项纪实制度。每一个程序都有详细记录。

2007年，对有关干部选拔任用的信访案件认真进行调查处理，对所有拟提拔重用的干部人选征求执纪执法部门的意见。认真做好首次集中报告个人有关事项工作，组织51名市管干部对个人重大事项进行集中申报。按照市委组织部统一要求，组织开展全县财经纪律执行情况大检查。继续深化经济责任审计工作，对有关单位主要负责人进行离任经济责任审计。

2010年，学习贯彻中共中央组织部“四项监督制度”［《党政领导干部选拔任用工作责任追究办法（试行）》《党政领导干部选拔任用工作有关事项报告办法（试行）》《地方党委常委会向全委会报告选拔任用工作并接受民主评议办法（试行）》《市县党委书记履行干部选拔任用工作职责离任检查办法（试行）》］，向全县科级以上领导干部发放单县县委组织部致全县领导干部函、四项监督制度学习材料和自测题2000余份。举办专题培训班3期，对县、科级领导干部及组织、纪检干部进行闭卷测试，低于90分的进行补考，并把考试成绩记入干部档案，确保学习效果。开展“干部选拔任用工作回头看”活动，对照“四项监督制度”，查找不足，整改提高。配合市委组织部建立健全举报网络，开通举报电话（4612380），畅通干部举报监督渠道。

老干部工作　1989年5月，县委老干部科更名县委老干部局，主管全县老干部工作。下辖干休所、老干部活动中心。县直各部门和各乡镇分别设立老干部工作机构，建立老干部党支部。县委认真落实老干部“两项待遇”，积极做好老干部服务工作，并根据老干部见多识广、经验丰富、熟悉政策、信息灵通的优势，采取多种形式，组织老干部发挥作用。

中共单县县委老干部局　　2008年摄影

政治待遇 1987年，全县有离休支部46个，党小组142个。建立学习小组145个，各小组每月集中学习1次。对驻城18级以上的老干部，每月集中学习两次，对行动不便者，送资料上门。重要会议、重大节日活动请老干部参加。同年4月，有7位老干部作为特邀代表参加单县第十届人民代表大会。每年召开两次老干部座谈会（亦称情况通报会），邀请离退休老干部代表参加，县委、县政府主要领导向与会老干部通报工作情况和下步工作打算，并征求意见和建议。1993年，以支部为核心，加强老干部学习组织建设，并配发学习材料；开展“尊老敬老”和“送敬意送温暖，为党争光为民造福”活动。在老干部中开展“在党内做个好党员，在协会做个好会员，在家庭做个好长辈，在单位做个好参谋，在社会做个好公民”的五好活动。1994年，增建3个老年支部。为老干部订阅《支部生活》《老干部之家》等刊物。制定和完善重大活动请老干部参加，重大决策请老干部参谋等参政议政制度。并从老干部中聘请88名廉政监督员。1999年，新中国成立50周年之际，为离休干部每人颁发一枚功勋章。2004年，为老干部学习室购置新型音响，订阅多种书报杂志。2005年后，确定每月20日为老干部集中学习日。2006年后，每年组织老干部代表观摩新农村、城市和大项目建设。至2010年，定期组织老干部学习，重要会议、重大活动邀请老干部代表参加已形成制度。

生活待遇 1989年，研究解决老干部生活中存在的实际问题，提高老干部办公费，为企业单位的老干部提高生活费，解决老干部看病难问题，督促各单位改善老干部住房条件和粮食、物资等方面的供应。1993年，优先发放老干部工资，解决其子女农转非，解决百名老干部生活中的实际问题。1999年，对老干部实行工资补贴制度和大病统筹、小病包干制度。2001年，以解决老干部“两费”（离休费、医药费）拖欠为重点，认真落实老干部的经济生活待遇，成立“两费”清欠领导小组，对1993年以后增资未兑现部分、工资发放不足额部分、企业老干部护理费、离休干部的医药费进行调查，多方筹资予以落实兑现，解决拖欠资金140万元。并筹措资金为千名老干部进行健康查体。2002年，多方筹集资金使企业离休干部执行全额工资，解决离休费拖欠问题。组织900多名老干部健康查体，对行动不便的，组织医护人员上门为老干部查体治病。2004年，把企业老干部的离休费纳入县财政预算，建立完善离休干部医保机制。严格按规定使用上级拨付的“两费”专项资金。每年组织老干部查体形成制度。2005年，贯彻落实中组部《关于做好国有改制和调整重组企业离休干部工作的意见》，分两年、分两次拉平企业离休干部与机关离休干部待遇的差距。2006年，为老干部每人每年增加医保统筹金400元，老干部人均每年医保统筹金4000元。2007年后，实行企业与机关离休干部待遇同步增长。2008年，进一步健全完

九九重阳节庆祝活动　　2010年摄影

善离休干部“三个机制”（离休费保障机制、医药费保障机制、财政支持机制）。离休干部新增生活补贴人均每月 200 元，医疗统筹金标准，由每年 4000 元增加到 6000 元，护理费标准由每人每月 300 元提高到 600 元，死亡一次性抚恤金标准由本人生前 10 个月基本工资提高到 20 个月。2009 年 1 月起，为机关事业单位离休干部每月发放人均 157 元住房补贴。2010 年 9 月，组织全县 650 名离休干部和县级实职退休干部在县中心医院健康查体。

老年门球邀请赛　　2004 年摄影

认真组织开展“亲情服务”活动，适时组织演出活动慰问老干部，定期走访和电话问询，定期看望住院老干部。

文体活动　每年组织老干部开展健康有益的文体活动，活跃老干部的文化生活。1989 年，根据老干部的兴趣爱好及身体状况，组织门球比赛。县门球队在地区举办的老干部“长寿杯”比赛中获得第一名，并代表地区参加全省老干部门球比赛，取得较好的成绩。举办由 400 多名老干部参加的气功培训班。通过考核，选拔 27 名老干部任气功教师。开展文艺活动，参加全县国庆歌咏比赛，并获得一等奖。为庆祝第二个老人节，举办象棋、乒乓球、健美操、武术、斗鸡、钓鱼比赛和鸟、花、书、画展等活动。开展尊老、敬老宣传月活动，宣传老干部的历史功绩和社会贡献，在全社会营造尊老、爱老的社会风气。为庆祝中国共产党建党八十周年，举办文艺晚会、书画展、门球比赛等。筹措资金进一步完善活动中心夕阳红公园的设施。2002 年，组织成立老年秧歌队；出资购票，让老干部观看梨园春演出；在活动中心增设麻将室、羽毛球场、新购活动器材；为夕阳红公园放置石桌石凳、种植花草树木；积极为老干部体育运动队与企业牵线搭桥，保证活动的正常开展。2004 年，修建改造夕阳红公园。同年 10 月，举办单县“卫校杯”苏鲁豫皖老年门球邀请赛。2006 年，加强老年大学、老年活动中心基础设施建设，开展以送医、送药、送学、送乐、送祝福、送家政、送问候、送平台为主要内容的“八送活动”，扩大亲情服务效果，受到老干部的欢迎和拥护，

门球比赛　　2010 年摄影

省、市新闻媒体对此作了报道。2007年，为老干部活动中心建设1800平方米的健身广场和2个羽毛球场。2009年，举办老年大学舞蹈班重阳节舞蹈演出。同年，参加“菏泽市第三届老干部艺术节”会演，单县老年大学参演节目山东柳琴《晒幸福》、鼓乐合奏《笑笛》获奖。2010年3月8—10日，在单县老干部活动中心成功举办菏泽市老年门球选拔赛。全市各县区及市直11支代表队、130余人参加。

知识分子工作 1989年，开展地县级技术拔尖人才的选拔工作。1994年，印发《关于增加地县级专业技术拔尖人才的技术（业务）津贴的通知》。地区专业技术拔尖人才技术（业务）津贴由每人每月30元提高到50元，县级专业技术拔尖人才技术（业务）津贴由每人每月20元提高到40元。2001年，授予第三批县级专业技术拔尖人才称号25人。评选出第二批农村优秀拔尖人才。向市委组织部推荐市级专业技术人才拔尖人才，5人入选。2004年，县委组织部召开全县人才工作会议，对全县人才队伍现状进行调查统计，完成“单县人才战略研究”课题。开展“党员和人才双培养”“人才建功”活动。选拔第四批县级专业技术拔尖人才，并推荐11名专业技术人员参加市级拔尖人才评选，4人入选，领先于其他各县。2007年，研究制定单县“十一五”人才队伍建设总体思路和实施意见，与单位主要负责人签订人才工作目标责任书，建立县领导联系专家和优秀人才制度。评选出第一届优秀创新型科技人才29人、第三批优秀农村实用人才27人。在单县电视台开辟专题栏目，定期宣传各类优秀人才的典型事迹，营造“尊重知识、尊重劳动、尊重创造、尊重人才”的浓厚氛围。2009年，全县共引进硕士以上高层次人才31人，首次引进海外人才2人，推荐评选市级专业技术拔尖人才7人、县级专业技术拔尖人才19人，取得市级以上科研成果37项。2010年，全县共有大学生村官27人，其中，2009级大学生村官18人，工作期间就业、深造5人，2010级大学生村官14人。通过建立工作机制，组织他们适应基层新岗位、新环境，提高其实际工作能力。

第四节　宣传工作

理论宣教 *正规化理论教育* 1986年，在全县党员、干部和职工中进行政治理论学习和教育。全县统一制定县机关每周二、四下午、乡镇机关每周一天的政治学习制度，并采取定期或不定期抽查的办法保证制度的落实。学习政治经济形势、“七五”规划、精神文明建设、干部新老交替、团结奋斗再展宏图五个专题。县委宣传部印发《国内外时事问答百题》等学习材料，同时到县直各单位和乡镇进行巡回宣讲。按照上级部署，对全县高中文化程度、年龄在50岁以下的在职干部，从当年起，进行正规化理论教育。同年，有401人分3批在县委党校进行脱产学习，每期一个半月，学习教材为规定的《政治经济学概论》，并参加全省统一组织的考试，及格率96.2%。县级领导学习《国民经济管理》《领导与科学》两书。集中县直各科局副科级以上领导干部，在县委党校分批进行形势和改革的学习。1987—1990年，继续进行干部正规化理论培训，学习教材为《科学社会主义概论》《中国社会主义建设概论》《马克思主义哲学概论》等，1990年完成全部学习任务，经考试全部合格，颁发结业证书。同时，全县重点开展坚持四项基本原则、反对资产阶自由化的正面教育，组织干部职工认真学习《坚持四项基本原则、反对资产阶级自由化》《建设有中国特色的社会主义》《关于苏联、东欧局势的宣讲题纲》《警惕国际敌对势力的“和平演变”阴谋》《中国一定要走社会主义道路》等学习材料。

1995年始，组织山东干部函授大学招生工作。当年，全县有75名党员干部报考，17人录取为本科学员，34人被录取为专科学员。之后，相继完成95级、96级、97级3个年级的面授和期末考试任务，县干部函授站被评为全省先进函授站。1997年，全县有390人报考，255人录取，录取人数居菏泽地区第一。2010年，在全县开展领导干部带头学习，领导班子带动学习，争做学习型党员，争创学习型党组织的“两带两争”活动，编发简报12期；组织学习《七个怎么看理论热点面对面，2010》。

党的重要理论教育　1992年，组织全县党员、干部和群众，深入学习中央政治局全体会议精神和邓小平重要谈话，深刻认识和领会邓小平关于“三个有利于”是判断姓“资”、姓“社”的论述。在提高认识的基础上，在全县开展解放思想大讨论，推动干群思想的大解放、大转变、大提高。1993年，分三期五个班次举办县直副科级以上领导干部培训班，共培训650人。学习《邓小平关于建设有中国特色的社会主义的论述摘编》《社会主义市场经济知识读本》。1994年，举办学习邓小平文选第三卷培训班，分两期4个班次，培训县直正副科级领导干部470人。安排部署全县干部、职工，利用学习日，集中学习《邓小平文选》第三卷和中共十四届三中全会通过的《中共中央关于建立社会主义市场经济体制若干问题的决定》、中共十四届四中全会通过的《关于加强党的建设的几个重大问题的决定》。组织1000名党员干部参加省、地举办的学习邓小平文选第三卷知识竞赛活动。1995年，组织全县干部职工分专题学习《邓小平同志建设有中国特色的社会主义理论学习纲要》。统一出题、统一阅卷，进行两次闭卷考试。1996年，组织党员及入党积极分子5000人参加省、地举办的学习建设有中国特色的社会主义理论和党章知识竞赛活动。，1997年，组织学习《邓小平论社会主义精神文明建设》《邓小平经济理论学习纲要》。1998年，采取分层次、突出重点的方法组织学习《邓小平文选》1～3卷。县委中心组，采取分散自学为主、自学与集中学习讨论相结合的方式；一般干部、职工，采取定期检查的形式促进学习；各级各类学校，把邓小平理论作为政治课的一项重要内容纳入教学计划，使之进教材、进课堂。县委党校举办6期学习培训班，对县乡正副科级干部和村支书进行政治轮训。

2000年，开展“三讲”（讲学习、讲政治、讲正气）教育和“三查三改”活动。县委宣传部制定《关于加强全县干部群众理论学习的安排意见》，要求县直单位和各乡镇都要建立学习档案，包括集体学习记录、学习点名册、培训计划、培训教案、典型材料等；每个副科级以上党员干部和小型I以上企业的负责人，都要建立个人读书笔记，每年的读书笔记不少于5万字。同时，县委宣传部编发《政治理论学习材料汇编》。在10—11月，分4次对全县副科级以上领导干部统一组织学习考试。2001年，重点组织学习江泽民“七一”讲话和十五届六中全会精神　举办全县副科级以上领导干部参加的县委理论学习中心组扩大读书会，请市委讲师团团长和县委书记宋绍先为读书会作辅导报告。举办为期3天的全县学习江泽民“七一”讲话理论骨干培训班，230人参加培训。组织“七一”讲话报告团深入到县直和乡镇进行巡回报告。全年共组织各种类型学习培训活动15场次，累计受教育者2万人次。2005年，在全县开展的一、二批次保持共产党员先进性教育中，认真学习“三个代表”重要思想和科学发展观；举办3次县委理论学习中心组学习交流会；举办3次理论学习考试。邀请山东省行政学院教授和市委讲师团成员作辅导报告20多场次。2006年，县委中心组通过举办讲座、请专家作报告、参观考察等多种形式，全年集中学习4次，学习专题12个。组织演讲团，深入到20个乡镇举办演讲报告482场次，受教育人员40万人次。先后聘请5位省市专家、教授就落实科学发展观、“十一五”规划纲要、社会主义新农村等热点问题作辅导报告。2007—2010年，按照中央提出的“武装头脑、指导实践、推动工作”要求，坚持学习增智，学以致用，学有实效，使理论学习成果不断转化为广大干部群众富民强县的巨大力量。其间，围绕落实科学发展观、实施“十一五”规划、建设社会主义新农村等内容，规划和确立一批重大课题，组织理论工作者进行调研攻关。

党的文件学习宣传 1997年，利用多种形式，搞好十五大精神学习宣传，其中，县委党校举办三期培训班，培训乡镇党委书记、乡镇长、党委宣传委员和县直副科级以上领导干部700多人。1998年，采取分层次、突出重点的方法组织学习中共十五大、十五届三中全会文件。把中共十五届三中全会精神作为政治课的一项重要内容纳入教学计划，使之进教材、进课堂。县委党校举办6期学习培训班，对县乡正副科级干部和村支书进行轮训。1999年，重点组织企业干部职工学习中共十五届四中全会通过的《中共中央关于国有企业改革和发展若干重大问题的决议》。2003—2005年，学习中共十六大精神。2003年，召开学习十六届三中全会精神座谈会，举办培训班6期，组织20个宣讲队，分赴全县20个乡镇进行宣讲和培训乡镇宣讲骨干。2004年，全县党员、干部学习中共十六届四中全会通过的《中共中央关于加强党的执政能力建设的决定》。2007年，聘请省市专家、教授作中共十七大精神演讲报告4次。采取报告会、座谈会、演讲比赛、知识竞赛等形式开展中共十七大精神的学习宣传活动。2009年，聘请市专家、教授举办中共十七届四中、五中全会精神报告会。

理论研讨 1989年起，全县开始理论研究工作。1997年，组织开展全县第三次解放思想大讨论活动；开展理论武装工作调研活动，县委宣传部派出2名理论骨干，深入到各部门和基层单位开展调查，并写出调查报告。2004—2005年，开展理论精品创作和理论武装工作调研活动。2004年，在全市社会科学优秀成果评选中，单县有3篇理论文章获市级三等奖。在全市邓小平诞辰100周年理论文章征集活动中，有1篇入选市邓小平研讨会论文集。2005年，有10篇优秀理论文章参加全市的评奖。2006年，县委理论中心组成员开展调研100多次，撰写理论文章52篇，其中，在市级以上报刊发表16篇。开展社科成果评选申报工作，12篇优秀成果在全市获奖。2007年，组织开展构建和谐单县征文活动，征集理论文章50篇。组织开展社会科学优秀成果的评选申报工作，有7篇优秀成果在全市获奖。2008年，开设“湖西讲坛”，邀请省市专家讲课。成功举办“坚持‘四高’（高境界、高标准、高效率、高效益）要求，争创一流业绩”理论研讨会、改革开放30周年理论研讨会。2009年，举办中华人民共和国成立60周年理论研讨会、座谈会；在全县开展中华人民共和国成立60周年理论文章征集活动；组织学习《理论热点面对面，2009》。

社会宣教 *结合时政宣教* 1986年，宣传县委、县政府制定的《关于搞活经济若干问题的暂行规定》和《关于农民负担实行大包干的意见》，推动全县工农业深化改革。1992年，宣传贯彻中央政治局全体会议和邓小平视察南方重要谈话精神。1993—1995年，组织干部群众深入学习中共十四大文件，主要学习《中共中央关于建立社会主义市场经济体制若干问题的决定》，向群众宣传社会主义市场经济知识；开展学习孔繁森、王廷江、韩素云的“三学”活动，宣传他们的先进事迹。1998年，宣传县委、县政府印发的《关于加快发展个体私营经济的决定》《关于做好延长土地承包期工作的意见》。2000—2002年，宣传贯彻江泽民关于“讲学习、讲政治、讲正气”的“三讲”指示和“三个代表”重要思想，在县委党校举办大型培训班，组织报告团作巡回报告。宣传县委、县政府制定的《关于治理经济发展环境的若干规定》和《关于广泛开展招商引资的若干规定》，推动全县招商引资工作。2004年，设立全县新闻信息中心。加大经济宣传力度，在县内媒体开辟《工业立县看亮点》《走出县外看招商》《创业先锋》等10多个专题栏目，紧紧围绕县委、县政府招商引资、优化环境等中心工作开展宣传。2005年，围绕创建文明城市和在城区实施“3451”“碧水蓝天”工程开展宣传。4月，召开“文明单县——从我做起主题活动暨创建文明单县”动员大会，有5000人参加。农历十月，筹办单县首届文化物资交流大会，利用大会开展各种社会宣传和群众文化娱乐活动。2007年，重点开展招商引资、建设社会主义新农村等重大主题的宣传和典型宣传，全县有12个不同类型的典型在全县及市级以上新闻媒体上进行了宣传报道，其中新华社《国内动态清样》宣传1人，省委宣传部重大宣传典型1人，市委宣传部重大宣传典型3人。2009年，围绕招商引资，大力宣传单县，在上级媒体刊发《“幸福单县”解读》《踏石留印抓铁留痕》《跳出城建看单县》等大量有深度、有力度的稿件，及时把全县各项工作取得的新成就、新成果宣传出去。2010年，宣传贯彻中共十七届四中、五中全会精神。

爱国主义教育　1986年，组织南疆凯旋战斗英雄先进事迹报告会，对广大群众进行爱国主义教育。1999年5月，组织动员全县人民采取游行、集会等不同形式，愤怒声讨北约集团轰炸中国驻南联盟大使馆的暴行。

反对资产阶级自由化教育　1987—1989年，针对资产阶级自由化思潮，开展坚持四项基本原则、反对资产阶级自由化的宣传教育。县委宣传部编写《坚定不移地走社会主义道路》《旗帜鲜明的反对资产阶级自由化》等大量宣传材料，采取举办学习班、广播讲座、组织离休老干部报告团深入工厂、学校、机关、农村作巡回报告等多种形式，大讲中华人民共和国成立以后特别是改革开放后的巨大成就，大讲没有共产党就没有新中国，用铁的事实驳斥资产阶级自由化思潮提出的“全盘西化”的谬论，使人们澄清模糊认识，明辨是非，自觉抵制资产阶级自由化思潮，维护全县政治局势的稳定。

典型宣传　1994年，大力宣传菏泽地区“棉花状元”——蔡堂镇河滩村陈文友。2000—2002年，宣传全国见义勇为先进分子孙敦友事迹，宣传脚蹬三轮车辗转三千里送无腿湘女回故乡的农民孟昭良的先进事迹，在社会上引起强烈反响。2006年，宣传山东四君子集团有限公司、浮岗镇李油坊村、县供电公司、县中心医院等文明建设先进典型。2007年，在全市典型宣传工作会议上，单县作典型发言，并获典型宣传工作先进县。

防治“非典”宣传　2003年，在单县电视台、广播电台、《单县声屏报》开设“非典”防治专题宣传栏目，举办科学防治“非典”展览、咨询、电视晚会和抢救“非典”病人模拟演练等，让群众了解“非典”症状和科学防治知识。同时，发动全县人民，开展“爱心捐赠、共抗‘非典’”活动。全县人民积极响应，纷纷捐款、捐物，共捐款25万元。其中，孙溜镇韩庙村农民万玉生捐款1万元。

重要宣教活动　1986年，开展纪念红军长征胜利50周年系列活动，对广大干群进行革命传统教育。1987—1989年，连续三年举办单城镇第二届、第三届、第四届歌咏比赛，大唱歌颂党、歌颂社会主义、歌颂改革的革命歌曲，县领导带头参加，群众积极参加，规模宏大，场面热烈，干群深受教育。1990—1991年，在全县广泛开展社会主义思想集中教育活动；开展学雷锋活动；开展建党70周年献礼片电影放映活动，放映《开天辟地》《毛泽东和他的儿子》等献礼片12部，1251场，观众达100万人次。1993年，举办纪念毛泽东诞辰100周年大型文艺晚会，200名文艺工作者奉献30个精彩节目，2000多人参加。1995年，举办抗日战争胜利50周年纪念活动。1997年6月，开展迎香港回归宣传活动，先后举办“少儿画展”“中老年书画展”“中老年男女秧歌队表演”“迎回归文艺晚会”等。7月1日凌晨，组织全县干部、群众观看中央电视台迎回归特别节目，当中华人民共和国国旗在香港升起时，全县城乡鞭炮齐鸣，人们欢呼雀跃。2006年，开展以“八荣八耻”为中心的社会主义思想道德教育和实践活动。2007年，在第五个公民道德宣传日期间开展集中宣传活动，发放宣传资料2万份。2008年，开展十个“十佳”（感动单县十佳人物、十佳公务员、十佳平安卫士、十佳健康卫士、十佳园丁、十佳青少年、十佳孝亲敬老楷模、十佳巾帼创业带头人、十佳和谐文明企业、十佳文明服务窗口）评选宣传活动。2009年，对未成年人组织开展“瑞年经典朗诵”、爱国主义歌曲展读、“四爱”（爱祖国、爱社会、爱人民、爱父母）主题教育等活动；开展“迎和谐全运，树文明新风”为主题的道德实践活动。龙王庙镇农民朱瑞方被评为全省第二届道德模范。2010年，组织开展“供电杯”新闻报导百日竞赛；在未成年人中开展“放飞梦想，导航人生”绿色手机文化主题教育活动；开展清明节祭奠革命先烈集中活动和节约一滴水、一张纸、一度电的“三个一”节约活动；组织单县选手参加全国青少年“辉煌六十年”演讲（讲故事）比赛和征文比赛，单县选手王佳阳同学获得全国征文比赛一等奖，单县获全市青少年“辉煌六十年”读书活动组织优秀奖。

对外宣传 1988年，在《大众日报》鲁志新编专栏，专门组织编发单县专页，集中宣传单县。1994年1月，单县被省委、省政府确定为“经济欠发达地区改革开放试点县”。该年，“山东省首届民间武术馆校比赛”和“全国黄麻生产管理经验交流会”在单县召开，同时，单县举办第三届全民运动会，利用“三会”大力开展对外宣传。先后邀请中央、省、地新闻单位13家，记者33名，主动为他们准备资料，提供报道线索，陪同他们作深度采访，并成功举办新闻发布会。同时，组织单县广播电台、电视台开辟专题节目，形成强大的宣传攻势。各级新闻记者发宣传单县的稿件160多件，拍摄新闻图片140余幅，从不同角度宣传单县，提高了单县的知名度。同年，十月物资交流大会期间，对外来客商大力宣传单县的经济优势、投资环境、丰富资源、名优物产等。1995年，在菏泽国际牡丹花会期间，组织编发《菏泽日报》单县专号，对单县众多的名胜古迹、优越的地理位置、便捷的通讯条件、名优土特产品和工业名牌产品，如单县羊肉汤、青山羊滑皮、涂塑窗纱、羊肠线、麻袋等，进行详细介绍。花会期间，还选送反映单县改革开放和经济发展的书画作品参加牡丹花会书画展。以后，每年在菏泽牡丹花会期间，都编发《菏泽日报》单县专版，后又增加《曹州晚报》单县专号。2000年，县委、县政府定为对外宣传和招商引资年。该年，印刷《单县简介》《县委、县政府〈关于治理经济发展环境的若干规定〉》《关于广泛开展招商引资的若干规定》《单县文物介绍》《项目资料》等精美小册子3万余份，广为散发、外寄。在省级以上报刊发表新闻稿件35篇。山东省单县四君子酒业有限公司、单县麻纺集团有限公司、山东百寿坊食品有限公司等企业分别制作本企业宣传折页。县领导组团带队开展涉外活动，先后6次赴深圳、广洲、福建、上海、济宁、洛阳国际牡丹花会、菏泽国际牡丹花会、青岛国际交流会等各种国际项目洽淡会，大力推介单县，招商引资，开拓市场，共达成合作协议46项。与韩国的星洲郡、红川郡建立良好合作关系，韩方6次组团到单县考察项目，达成皮革加工、葡萄、芦笋栽培、农产品市场开发及劳务输出合作开发项目。同香港、台湾客商达成饲料加工、房地产开发、黄河故道开发等5个项目的合作意向书。县麻纺集团与加拿大多顺公司合作投资2900万美元，生产杨木浆一体化产品。广东、海南在单县投资办厂，成立汇祥实业有限公司，生产高档轻型建材。广东新丰实业公司投资1300万元，改造单县南郊市场。河南驻马店单县籍老乡回家乡投资650万元，成立单县富民公交有限公司。洛阳永胜摩托有限责任公司投资700万元，在单县建立摩托车厂。2002年，在《大众日报》、香港《大公报》制作单县专版。2003年，制作介绍单县林业、畜牧业、劳务输出等优势内容的外宣专题片，利用单县信息网、菏泽信息港等网站开展对外宣传。2004年，摄制《山东单县外宣电视片》。2005年，在菏泽国际牡丹花会和林交会期间，开办“单县信息港”宣传网站。2006—2007年，筹办“中国单县网”网站。2007年3月8日，中国单县网（http://ww.shanxian.cc）正式开通运行。网站设有24个主栏目，分为三大板块，链接20个乡镇的网站和部分县直部门的网站，基本形成以“中国单县网站”为中心站点、以各乡镇和县直部门为站点的网站群。同时与29个省市、42个国家部委网站实现对等链接。单县网站开通后，制作外宣精品，畅通外宣渠道，先后采编、拍摄、刻录电视外宣专题片《突破的春天》、大型综合性画册《中国单县》等。2008年，制作外宣形象片《魅力单县》。

2010年，加强中国单县网建设，适时开辟相应专题栏目，充分报道主题活动。积极充实县委宣传部重大宣传活动影视资料库，搜集保存单县宣传工作的第一手影视资料。该年共收集图片120多幅、视频信息50多部。配合市委宣传部开展的“网览菏泽”大型新闻采风活动，邀请省市媒体记者到单县采访，通过多种形式拓展宣传单县的渠道和途径。

新闻宣传　宣传报道　1986年，宣传报道连续四年被省、地、县评为先进党支部的谢集乡陈桥村党支部的先进事迹和调整农业产业结构较好的典型——单城镇窗纱加工专业村董庄、粉条加工专业村权楼等。1988年，完成《大众日报》鲁志新编《单县专项》的编辑出版工作，向中央和省、地新闻单位发送电视和文字稿件85篇，被采用56篇，用稿率比上年提高20%。1989年，县广播站自办节目播发稿件1800多篇。1990年，围绕全县中心工作，县广播站、电视差转台开辟《学雷锋》《严打》《社教》等专题栏目，举办广播讲座20多期，拍摄专题录像片3部，发专题节目稿件600余篇。有2件电视新闻被推荐为1990年度山东电视好新闻，单县广播电台被评为集体记者一等奖。1993年，县广播电台、电视台发稿3907件，全县被地区以上新闻单位用稿达600件，用稿率比上年提高21%。1994年，新闻稿件数量和质量比往年都有较大提高，被地区以上新闻单位采用1100多件，比上年增长29%。县委宣传部本身稿件，比上年增长38%。其中，《大众日报》头版3条，《农村大众》头版6条，《菏泽日报》头版头条7篇。1996年菏泽国际牡丹花会期间，组织出版《菏泽日报》单县专版和《曹州晚报》单县专页。集中开展“四君子杯”新闻报道百日竞赛活动。活动期间，被《大众日报》采用稿件17篇，《菏泽日报》用稿120篇，其他报刊用稿750篇。1997年，突出对先进典型的宣传报道。报道在发展经济中艰苦创业、勇于开拓并取得较大成效的县酒厂、县供电总公司、单城镇、浮岗镇、蔡堂镇等先进典型，报道带领群众大干、苦干奔小康的谢集乡李村寺支部书记陈建蒙，报道陈蛮庄乡田庙村支部书记吴本香，报道为抢救人民生命财产上房救火而英勇牺牲的聂傅庄籍在山西服役的解放军战士许广波的模范事迹，在社会上引起强烈反响。1998年5月16日至8月26日，在全县举办“莱河杯”新闻报道百日竞赛活动，近百名报道人员参加，在《人民日报》《菏泽日报》及电台、电视台发稿660多篇，使全县新闻工作的位次在全区明显提高，出现一些分量重、反映较好的稿件。全年被上级各类新闻单位采用稿件2127篇。1999年，重点开展经济新闻宣传。大力宣传东西结合、国有企业深化改革、农业产业结构调整、发展个体私营经济等有关政策、措施和先进典型。2001年，《大众日报》《农村大众》头版头条，分别报道单县两个文明建设的先进事迹。其中，《大众日报》头版头条《单县干部过紧日子，让群众得实惠》，《农村大众》头版头条《单县农民喜过学习年》，在全省引起很大反响。在《菏泽日报》头版头条发稿2篇，其中，《白酒业龙头昂起来》《生命在工作岗位上闪光》

在全市引起反响。及时报道见义勇为浴血斗歹徒的青年农民孙敦友的英雄事迹，并将其事迹推向全市、全省、全国，孙敦友被命名为“全国见义勇为先进分子”，出席全国见义勇为先进分子表彰大会，受到党和国家领导人接见，市委、市政府专门召开孙敦友和曹县王洪娥先进事迹报告表彰大会。同年，在中央和省、市、新闻单位发表稿件2800多篇。其中，文字稿居全市前列，广播、电视上稿被评为省、市一等奖。2002年，发稿总量在全市名列前茅。在《菏泽日报》发稿量名列全市第三，其中，头版头条18篇。单县广播电台在山东、菏泽广播电台发稿量分别名列第二、第三，单县电视台在全市电视台名列第二。同年，社会影响较大的作品有县委宣传部采写的《一心为民的村主任孟凡敏》，被《菏泽日报》头版头条刊发，其事迹材料被全国“三个代表”学教活动领导小组编印了简报。县委宣传部采写的《三轮辗转七千里，无腿湘女回故乡》《旷世真情感天地》，介绍孟昭良见义勇为感人事迹的稿件，被多家新闻媒体刊登和转载。其事迹被中央电视台、山东卫视、上海卫视、湖南卫视、香港凤凰卫视、香港《大公报》《大众日报》《齐鲁晚报》《知音》杂志、《辽宁青年》等诸多新闻媒体报道。2003年，孙溜镇农民万玉生为抗击“非典”捐款1万元的事迹和单县抗击“非典”模拟演示稿件，被市、省、中央和海外新闻媒体报道。2004年，在省市主流媒体发表稿件1500多件。其中，《大众日报》头版头条15篇，基本实现主流媒体用稿量位居全市前三名的目标。县内媒体播发各类稿件3700篇，营造全县解放思想、干事创业、加快发展的舆论环境。2005年，制定《关于做好典型宣传工作的意见》。在全市率先开设新闻热线，使新闻宣传更加贴近实际、贴近生活、贴近群众，更具有针对性和时效性。2006年，突出经济宣传。全年在中央级、省、市级媒体发稿1500篇。在《菏泽日报》上稿736篇，其中头版头条17篇。在《菏泽日报》、菏泽电视台上稿实现双第一。2007年，制定《“湖西之歌”宣传工作奖励办法》。全年在中央、省、市级主流媒体发表新闻稿件1200件（篇）。其中，《人民日报》2篇，中央电视台2件，中央广播电视台1篇，《经济日报》1篇，《光明日报》1篇；在《大众日报》发稿18篇；获得山东人民广播电台集体记者一等奖；《菏泽日报》发稿641篇，其中《菏泽日报》头版头条稿件23篇，位居全市第一；在菏泽电视台《菏泽新闻》栏目发稿420件，位居全市第二。重大主题的宣传报道，围绕落实科学发展观、构建社会主义和谐社会、建设社会主义新农村、菏泽国际牡丹花会、招商引资等主题，在县内外媒体刊发大量有深度、有力度的稿件，及时把全县各项工作取得的新成就宣传出去。在县内媒体开辟《弘扬单县精神——实现新突破》《落实科学发展观访谈录》《建设文明单县》《外地人看单县》《聚焦新农村》等新闻栏目，为全县经济社会发展营造了良好的舆论氛围。2009年，在上级媒体刊登《“幸福单县”解读》《单县工业用电量增长43%的背后》《踏石留印抓铁有痕》《跳出城建看单县》等大量有深度、有力度的稿件。在中央、省、市级新闻媒体发表稿件1800余篇。其中，《菏泽日报》稿件1200余篇，《菏泽日报》头版头条稿件18篇，均居全市前列。在《菏泽日报》“全球通杯”头条新闻大赛中，《“幸福单县”解读》获一等奖，《“一线工作法”带来的嬗变》《单县：“快”与“慢”中看发展》等稿件获二、三等奖，单县获奖稿件篇数位居全市各县区之首。2010年，在省级以上主流及涉外媒体发表稿件348件，在市级主流媒体发表稿件1200件，在《菏泽日报》头版发稿数量位居全市第一名，头条发稿居全市第二名，在菏泽电视台《菏泽新闻》栏目发表头条稿件60件，位居全市第一。同年，在山东电视台新闻联播栏目发表头条稿件20件。其中，头条稿件4件，在省广播电台发稿位居全省第一。

新闻通讯　1986年，县广播站记者向上级新闻单位投稿150篇，被采用98篇。其中，中央一级电台采用稿件5篇，省人民广播电台采用稿件45篇，被列为专题头条新闻3篇，重要新闻15篇，评论1篇，达到山东广播电台集体记者一等奖标准。1987年，县广播站向山东广播电台投稿193篇，被采用75篇；向《大众日报》社投稿185篇，被采用71篇。1996年，《大众日报》用稿8篇，《菏泽日报》用稿48篇，山东广播电台用稿26篇，菏泽广播电台用稿135篇。1998年，田卫华拍摄的《单县李新庄依法减轻农民负担》获山东省记者协会、山东省新闻协会三等奖。同年，上投地区级以上新闻稿件699篇，先后在中央台、省台进行报道。其中，《铺就幸福路》《剑胆琴心铸警魂》《单县牌坊》《农机服务到田头》《单县羊肉汤热了单县经济》在《人民日报》《大众日报》《时代潮》上予以刊登。1999年，田卫华拍摄的《老上访村的变迁》获全国基层电视台农业节目评奖特等奖；石瑜、程建华获山东电台模范通讯员；吴华风获全国首届农业电视节目评比最佳编导奖。同年，向上级新闻单位供稿取得较大进步，山东电台用稿163篇，获山东省集体记者二等奖；菏泽广播电台用稿400篇，获菏泽地区集体记者一等奖；菏泽电视台用新闻稿件238件，在菏泽地区各县市中排列第二位；采编制作的电视专题片在《社会经纬》节目采用8件，获菏泽地区电视宣传先进集体一等奖；山东电视台用稿19件，中央电视台用稿6件。同年，总编室获山东广播电台集体记者二等奖；新闻部获全国首届农业电视节目评比特等奖。2000年，新闻部获山东省电台集体记者一等奖；石瑜、张继海获山东省电台模范通讯员二等奖，朱海山获三等奖；李宪寅的《县级广播电视新闻宣传与产业化》获第三届山东省新闻学术年会新闻论文评选优秀作品奖。2001年，张继海获山东省电台优秀通讯员一等奖；石瑜、朱海山获二等奖；刘牧、孙颖获三等奖。2002年，山东电视台用稿508件，居菏泽市九县区第二位，获省集体记者一等奖。同年，张继海获山东广播电台模范通讯员一等奖。2003年，24篇广播电视作品分别在全国、省、市评比活动中获奖，19篇业务论文在省、市级以上刊物发表，其中，电视片《老上访村的变迁》在全国首届农村电视节目评选中获特等奖、全省好新闻一等奖；电视专题片《湖西革命烈士陵园》在山东省爱国主义教育基地巡礼活动中获二等奖，同时被评为菏泽市精品工程奖。同年，单县广播电视中心获山东省电台集体记者一等奖；单县广播电视中心新闻部、专题部获山东人民广播电台2003年度先进集体一等奖；吴华风获山东电视台模范通讯员一等奖；吴国光获三等奖；吴晨获山东省广播电视系统先进个人三等奖；孟林的《十八青年农民外出打工迎入世》获山东省青年新闻评选一等奖；田卫华被省人事厅、省广播电视局授予全省广播电视系统先进个人，记三等功一次。2005年，新闻稿件在中央电视台上稿4件，在山东电视台《新闻联播》《今日报道》栏目和齐鲁电视台播出56件，在菏泽电视台《菏泽新闻》栏目用稿量居全市第二名。2008年，在菏泽电视台《菏泽新闻》中播出稿件469条，其中，《市县工作组化解矛盾力度大、效果好》《单县多措并举促大项目发展》《开山公园带动周边经济发展》等20多条重点稿件均作为头条菏泽新闻播出；在山东电视台《新闻联播》《今日报道》和齐鲁电视台播出新闻稿件19条，《兴水利，解民忧，得民心》等30多件专题片在菏泽电视台《百姓天天看》《花坛连线》等栏目播出，专题片供稿在菏泽市各县区位居第一名。2010年，单县广电中心新闻部在菏泽广播电台播发稿件403篇；在山东广播电台播放稿件87篇，获山东广播电台集体记者一等奖。在菏泽市电视台《菏泽新闻》节目中播发稿件210件。其中，《改造空心村建设新农村》《适当提高报酬待遇激发村官干事热情》等10多件稿件在全省《新闻联播》和《早新闻》等栏目中播发。

新闻宣传管理　2002年，对县直、乡镇新闻上稿情况实行一月一调度，一日一通报，变一般号召为“抓领导、领导抓”，同时举办“计生杯”“三个代表在基层”新闻报道百日竞赛活动，全县上稿量和稿件质量都大大提高。2004年，县委制定《进一步加强新闻宣传工作的意见》。2009年，制定、实行新闻稿件集体策划制、责任制，推行销号制、责任追究制和重点稿件集体阅稿、定稿制等一系列新闻宣传工作制度，新闻宣传管理机制进一步完善。

通讯员队伍建设　1986年，全县有专职记者20人，骨干业余通讯员52人，一般业余通讯员60人，基本达到区区有专职记者，乡乡有通讯员。为搞好新闻宣传，对专职记者定任务，超奖少罚。对业余通讯员要求一方面积极写稿，一方面提供报道线索。举办为期10天的县直机关和企事业单位骨干业余通讯员培训班，参加人员45人。1988年，招聘农民记者12人，颁发农民业余通讯员证书63人。1993年，县委、县政府制定《关于加强新闻宣传工作的意见》，成立新闻宣传工作领导小组，提出在全县建立健全县、乡、村三级通讯报道网络。同年起，列支专项经费，设立新闻奖励基金，对做出突出贡献的新闻报道人员和单位进行奖励。对获得突出贡献奖的农民通讯员和农民记者，可聘为乡镇专职新闻干事，有条件时，可转为农民合同制工人。对做出突出贡献的新闻工作者纳入县级专业技术拔尖人才和农村科技人才评选工作序列。1993年，在全县新闻宣传工作暨1992年度新闻宣传总结表彰大会上，对1992年度新闻宣传8个先进单位和11名先进个人进行颁奖。对全县30名摄像人员进行集中培训。1994年，按照县委宣传部制定的《单县新闻宣传工作暂行奖励办法》，为新闻报道人员兑现稿酬奖，并以县委的名义对13个新闻宣传先进集体和11名先进个人进行表彰。1995年，举办大型新闻报道培训班，请《大众日报》记者、《菏泽日报》总编、副总编等10多人授课，对全县130多名新闻报道人员进行系统的业务知识培训。1998年，兑现激励政策，对获得三等奖以上的前5名农村通讯员办理农转非手续，试用一年合格后，吸收为合同制工人，安排在乡镇工作；对获得三等奖以上前3名工人身份的通讯员办理聘干手续；对做出突出贡献的干部提拔重用。2004年，县委宣传部新闻科科长张安、县广电中心新闻部副主任单发强分别获全市“十佳新闻通讯员”“十佳新闻工作者”称号，受到市委表彰。2009年，评聘新闻特邀通讯员，制定《关于对特邀新闻通讯员的奖励办法》。2010年，邀请《菏泽日报》资深记者给县新闻通讯员授课，定期召开新闻通讯员写作例会。

专题制作　1990年，成立摄像报导组。1998年，拍摄纪念单县改革开放20周年大型电视专题片《桑沧巨变铸辉煌》，全方位、多角度、多层次地展示单县改革开放20年来所取得的巨大成就，在地区电视台和单县电视台播出后，引起较大反响。1999年，拍摄庆祝中华人民共和国成立50周年电视专题片《单县在改革中奋进》。2000年，制作《单县在改革中奋进》电视专题片2部。2002年，县委宣传部采写的《一心为民的村主任孟凡敏》被多家媒体报道，菏泽、单县电视台均把他的模范事迹摄制成专题片，在全市农村引起强烈反响。其事迹后被改编为大型现代戏剧《梨花魂》。

企业思想政治工作　1986年，开展“战士在我心中、祖国在我心中、企业在我心中”活动；举办“振兴中华、兴我企业、强我素质”等各种类型的演讲会、读书会。1987年，组织离休老干部报告团到工业企业作报告，开展坚持四项基本原则，反对资产阶级自由化教育。1988年，县委召开全县企业思想政治工作专题会议，传达《中共中央关于加强和改进企业思想政治工作的通知》及山东省委关于贯彻《通知》的意见，确立企业在实行厂长（经理）负责制之后，厂长（经理）全面负责企业思想政治工作，形成党政群团通力合作，思想政治工作与经济工作互相融洽的新体制。1989年，运用广播、电视、宣传栏、黑板报等，宣传新中国国成立40周年，特别是改革开放10年来的巨大成就。在全县企业中组织开展“忆十年话改革”演讲比赛活动。1990—1991年，在全县企业中，开展“国家有困难，我们怎么办”大讨论，开展“学雷锋、学先进、比奉献”社会主义劳动竞赛。对全县35岁以下青年职工，进行基本国情、党的基本路线的“双基”教育，采取脱产轮训的方式，历时一年半，对全县万余名职工普遍轮训一遍。1992年，组织干部职工学习中央政治局全体会议精神和邓小平重要讲话，开展解放思想大讨论。1993—1996年，围绕贯彻落实中共十四大会议精神和县委、县政府关于深化企业改革、发展企业的政策措施开展工作。1993年，举办3期企业思想政治工作与现代经营知识培训班，培训全县企业政工人员560人。在全县企业中开展“五优评选”活动，评选出职工思想政治工作先进单位10个，优秀职工思想政治工作者46人，优秀职工思想政治工作研究会11个，思想政治工作研究积极分子40人，优秀职工思想政治工作研究论文30篇。1996年，对万名职工的思想状况进行座谈和问卷调查。开展“爱岗敬业、比做贡献”及学习孔繁森、学习张家港和城乡社会主义思想集中教育活动。县直工业企业开展“战高温、平低谷、夺高产”百日劳动竞赛和机关干部捐款为一线工人“送凉爽”活动。1997—2001年，围绕贯彻落实中共十五大会议精神，深化企业改革和发展开展思想政治工作。1998年，对广大职工进行企业改制、节支增效和下岗再就业教育。1999年，组织干部职工学习中共中央《关于国有企业改革和发展若干重大问题的决定》和县委、县政府作出的《关于加快发展个体私营经济的决定》，使广大干部职工进一步解放思想、转变观念、提高认识，坚定打好国有企业改革攻坚战的信心和决心。2002—2003年，在全县企业干部职工中进行世界贸易组织（WTO）知识教育。组织学习《中共中央关于完善社会主义市场经济体制若干问题的决定》，开展“解放思想、干事创业”大讨论，动员干部职工为实现全县各类企业的突破性发展多做奉献。2004年，举办首届单县民营经济发展论坛，邀请北京企业管理咨询公司济南分公司经理、希望集团菏泽金豆饲料公司总经理、山东省单县化工有限公司副总经理等专家、学者和民企老板演讲，搭建民营企业学习交流平台，转变民企老板经营管理理念，推动民营企业发展。2005年，按照县委统一部署，开展“保持共产党员先进性”集中教育活动，组织学习实践“三个代表”重要思想，推动企业和全县经济实现超常规、跨越发展。2006年，开展以“加强企业文化建设，推动思想政治工作创新”为主题的大型调研活动。采用发放问卷、个别采访等多种调查形式，了解新形势下企业职工的思想状况，为企业在政治工作方式方法上的创新提供客观可靠的依据。2008年，开展新形势下各类企业在企业文化建设方面的调查活动，形成调查报告《企业基层政工人员的心理剖析》《单县非公企业思想政治工作现状》2篇。其中，《单县非公企业思想政治工作现状》，市委宣传部给予高度评价。2009年，在全县企业中开展“我同企业共成长”为主题的庆祝中华人民共和国成立60周年企业成长故事征集活动，共征集企业故事180多篇，择优在中国单县网进行刊登，并挑选出部分精品在《单县声屏报》上刊发。2010年，开展“百城万店无假货”活动，加强对全县各类示范店的日常监督和管理。鲁能、三信、家得利3家超市分别获得省级、市级“百城万店无假货”活动示范店称号。

第五节　统战工作

民主党派工作　1986年后，单县民主党派工作严格执行政治协商、民主监督制度，定期召开民主党派、无党派知名人士政治协商会议。采取走访、座谈、交知心朋友等方式，不定期的小范围的召开党委主要领导人同民主党派负责人、无党派代表人士座谈会，听取他们的意见和建议。积极推荐民主党派成员成为单县特约监察员，增加他们参政议政的机会。

1989年，单县有民革（中国国民党革命委员会）、民盟（中国民主同盟）、九三学社3个民主党派，其成员主要分布在单县一中、县中心医院、县林业局、县文化馆等单位。5月25日、12月20日，民盟、民革先后建立支部。1998年，民革单县支部主委李行宏撰写提案“我的山羊梦”受到县领导重视。同年，民革单县支部、民盟单县支部和九三学社单县支部顺利完成换届工作。2008年，民革单县支部、民盟单县支部为四川省汶川县捐款6800元。2009年11月，致公党山东省委员会一行4人到单县开展关于加强农村宅基地使用和管理的专题调研。2010年，民革单县支部有党员11人，民盟单县支部有成员8人，九三学社已不存在。

党外干部工作 1989年始，每年定期举办党外干部培训班、党外干部座谈会和情况通报会；定期开展无党派人士主题教育活动；定期对党外干部进行摸底、考察，按照“一职二备”要求，建立党外干部人才储备库。1991年7月，统战部、组织部联合制定《关于培养选拔党外干部的工作规划》，确定选拔、使用党外干部的指导思想、标准条件和近期目标。1998年3月，利用县十三届人大和十届政协换届的契机，做好党外干部的政治安排和实职安排，党外干部当选为副县长1人、人大常委会副主任1人、政协副主席2人，举荐党外省人大代表1人、省政协委员1人。2007年，县十二届政协选举产生党外副主席3人，推荐党外省政协委员1人。2008年，组织5名党外代表人士参加全市党外干部培训班。

党外知识分子工作 1982—1987年，提拔党外知识分子为县级领导干部的23人、科级干部的215人，录用“五大”（广播电视大学、职工大学、职工业余大学、函授大学、夜大）毕业生、民办教师、闲散科技人员396人为国家干部。发展2428名优秀知识分子入党，占同期发展党员总数的48%。调整学、用专业不对口的专业技术人员13人，安排学习深造的知识分子138人，引进技术人才107人，晋升为中、高级技术职称的知识分子170人，为625名知识分子解决住房困难等。同时，落实知识分子待遇，制定知识分子工作规划，建立知识分子考绩档案和工作联络员制度，解决其子女农转非问题等。1987年，全县共有党外知识分子5700名。在落实党外知识分子政策中，对“文化大革命”前及“文化大革命”中687起冤假错案进行平反，解决286起因冤假错案造成的家属子女受株连问题，对个别在“文化大革命”中被查抄的财物，及时进行清理和退还。补发32人在“文化大革命”中停发的工资，为306人清理了人事档案。同年，建立党外人士双月座谈会制度。组织各界人士认真学习和讨论中国共产党十三次代表大会文件和十三届一中全会公报。1989年，全县有非党知识分子4696人，其中，高级知识分子37人，中级知识分子601人，民主党派知识分子8人。1997年起，每季度召开一次党外知识分子、各民主党派和各界人士代表工作交流会。对具有窗口作用和社会舆论传播中心特点的单位，不定期召开由单位党组负责人和党外知识分子代表参加的思想交流会。2007年，每名科级干部结交5名不同层次、不同界别有代表性的党外知识分子，认真倾听他们的心声，及时向县委、县政府反映。3月，全县范围内普查党外知识分子队伍基本情况。2010年，全县共有党外知识分子9634人，重点掌握其中中介组织、非公企业、教育等单位有代表性的知识分子854人，全面调查登记其特长、政绩、专业成果等并建立档案卡。

民族宗教工作 1986年，境内有伊斯兰教、天主教、基督教三个教派，有中心活动场所40个，信教群众22500人。其中，伊斯兰教清真寺1处，信教群众1396人；天主教教堂1处，信徒1291人；基督教活动场所38处，信教群众19813人。基督教三自（自治、自传、自养）爱国会领导班子由主任1人、副主任3人和委员7人组成；天主教三自爱国会领导班子由主任1人和委员4人组成。境内有回族、满族、苗族、壮族等少数民族10个，其中，回族1200人左右，满族200人。

每年10月，定为民族团结进步宣传月，充分利用各种媒体和召开各种座谈会，宣传民族政策、民族理论和法律法规。每年定期举办4期由宗教活动点主要负责人参加的宗教培训班；加强宗教团体自身建设，协助宗教爱国会换届选举。1989年，县统战部、县宗教办、县司法局联合举办各基督教活动点负责人义工培训班。对信教人员进行登记建卡，实行“三定”（定人、定片、定点）管理。落实基督教团体在城区活动场所。调整县宗教工作领导小组，县委副书记任组长。1992年，县政府印发《关于加强宗教管理工作的通知》。1996年，单县民族体育工作被国家民委、国家体委评为全国先进集体，被省政府评为民族团结先进单位。1997年，对宗教活动点进行整顿。开展农业知识、法律政策、宗教政策进教堂活动。改选三自爱委会成员。加大对邪教、地下宗教势力和封建迷信活动的打击力度，清理大李海乡张保楼村非法集资建道观活动，逮捕呼喊派骨干成员13人。宗教工作分别受到省、地宗教管理部门表彰。帮助回汉村考察论证1个肉食储存加工厂、1个催化剂工厂。争取银行贷款60万元，争取省民委资金10万元，解决回民制镜厂资金难问题。向省、市、县有关部门争取资金和支持，帮助罗庄乡惠王庄满族村解决缺水、缺电、道路不通等问题，帮助打机井3眼。支援回民办起糕点加工厂。安排好一年一度的开斋节。1998年6月，对全县乱建庙宇和露天佛像进行专项治理，清理带有封建迷信色彩的宗教活动场所5处；清理未登记的宗教活动，发现孟寨乡有邪教活动，拘留审查邪教人员6人。1997年度宗教点年审验证，对符合规定的宗教活动点换发证书。加强信教人员的政治思想教育和宗教法律法规教育，在县城西关教堂举办为期1周的全县各教点负责人学习班。

2007年，落实省委统战部民族宗教“培训年”活动，单县共举办各类培训班7次共160人次。2月，查封4家假冒清真食品标志的糕点厂。2008年，做好境内天主教信众佘山朝圣的管理服务工作。民族宗教界人士为四川省汶川地震捐款共计14.5万余元。2009年，全面落实“05专项”工作，解决部分天主教信徒要求归还天主教教堂及原址土地所有权的问题。规范宗教场所、人员管理，推行“五簿三册一账”（宗教大事记录簿、奉献情况记录簿、好人好事记录簿、宗教仪式（活动）记录簿、会议记录簿，受洗礼受浸教徒花名册、教职人员花名册、慕道友望友花名册，活动场所财务账）管理模式，完善三级宗教信息网络，全面落实民族宗教月报制和“三级督查制度”。每年，统战部、民族宗教事务局及南城街道领导均参加回族开斋节。

对港澳台及海外统战工作　1985年，全县台胞260人，港澳同胞21人，华侨、外籍华人95人，台属250户、2013人。当年春，协助侨胞投资兴办单县益侨贸易公司。后又帮助台属建立食品加工厂1处，安置台属侨属就业34人。至1988年，落实台属政策56起。政治安排台属21人，其中，省人大代表1人，县人大代表2人，县政协委员17人，有5人被选拔到各级领导岗位。帮助解决台属生活中遇到的问题，鼓励和引导其勤劳致富，并对致富典型及时总结推广。1989年5月，调整充实县对台工作领导小组，设立对台工作办公室。8月，召开全县侨、台属代表会议，成立11人的“全县台属侨属联谊会”，发出倡议书，动员大家为建设单县贡献力量。12月，建立“单县台胞接待处”，培训接待人员。1990年，县政府转发台办《关于做好台胞接待和大陆人员赴台工作意见的报告》。1991年，县委、县政府分别制定《关于进一步加强对台工作的意见》和《台湾同胞来单投资的优惠规定》。1992年，对全县“三胞”及其眷属逐户逐人进行全面摸底调查，并建档立卡。春节和中秋节期间，对8名在单县定居台胞走访慰问。促成3名台胞投资216万元建起3个面粉加工厂，促成4名台胞为单县教育事业捐资41.5万元。1987—1998年，共接待到单县台胞107人。2006年，香港商人在单县投资1.2亿元，建成山东千奥化工有限公司。台商吴耀投资2000多万元，在单县孙溜镇兴建台达化工厂。2007年，山西台达化工有限公司菏泽分公司在单县孙溜镇正式成立，实现对台招商零的突破。10月，2名单县籍台胞在台去世后，帮助其寻找到失散多年的直系亲属及旁系亲属，并协助解决遗产继承问题。同年，制作单县宣传资料片，通过单县籍台胞台湾辅仁大学教授薛德修向广大台胞发放宣传片，扩大宣传力度，鼓励台胞回家乡探亲、创业。

第六节　党校教育

教师队伍　1986年，县委党校有专兼职教师11人。1989年起，选调优秀教师和部分优秀大学毕业生到党校任教。1990年起，聘任高级讲师授课，组织教师参加政治学习和培训，开展教学评比竞赛活动。2010年，县委党校共有专兼职教师20人。其中，大学本科学历19人，有高级职称11人、中级职称8人、初级职称1人。

基础设施　1986年，县委党校拥有办公室、教室、学员宿舍等房屋125间，建筑面积3770.17平方米。拥有可容纳200人的礼堂1座。1998年9月，因城市建设需要，县委党校由湖西路北段搬迁至北环路东端（现为北园路）。新党校占地面积1.42公顷，建筑面积2700平方米，总投资210万元。2009年年初，在原校址的基础上新征地2公顷，扩建建筑面积5500平方米的教学楼1座。同年7月至2010年9月，新建培训综合楼1座，建筑面积6000平方米。

2004年，党校开通中央党校远程教学网；2005年，开通农村党员干部远程教育网，建成远程教学系统。

干部培训　1986年，县委党校举办干部正规化理论培训班6期，培训科级干部565人。1987年，培训区乡镇副科级干部326人。1988年，举办干部岗位职务培训班8期，630人接受培训。1989年，举办微机培训班，对全县科级、股级、专业技术人员进行培训。至2010年，累计举办各类干部培训班、轮训班285期，培训人员2.1万余人次。

学历教育　1986—1989年，县委党校连续举办四届两年制党员干部中专班，有331名党员干部获中专文凭。1991年始，开设中央党校专科学历函授班。1994年始，开设山东省委党校本、专科学历函授教育班，设政治、经济管理、行政管理、法律4个专业，学制2年半或3年。设马克思主义基础理论、市场经济理论、国际贸易等25门课程。至2010年，党校累计招收中央党校、山东省委党校函授教育本、专科学员2643人，全部顺利毕业。

教研工作　1986年，建立科研基地2个。1989年前，重点对干部进行马列主义基本理论教育。1990—1996年，干部培训重点转向中国特色社会主义理论。主要内容包括马克思列宁主义、毛泽东思想、邓小平理论基本论述和当代国际政治、经济、军事、法律、文化等。1999年，撰写中华人民共和国成立50周年课题和邓小平理论与中国现代化等论文18篇，有11篇获地级以上奖。2000年后，干部培训重点转向“三个代表”重要思想、科学发展观等理论的学习。2009年，撰写中华人民共和国成立60周年论文20篇，其中，12篇获市级以上奖。至2010年，党校教师共发表理论文章236篇，其中，省级以上69篇。编写教材、专著28篇。大批专著和论文进入党校课堂，有多篇调研报告成为县委、县政府的决策依据。

基层党校教育　1988年，加强基层党校建设，达到乡乡有党校，并基本达到组织、校舍、教具、计划、内容五落实。全县乡镇党校办培训班400期，培训党员6.4万人次。2006年，利用基层党校对广大党员干部进行学习培训，全年共举办各种理论学习培训班20期，受训人数4万多人次。

第三章　纪检监察

1986年以后，落实中央、省、地（市）纪委全会精神，坚持标本兼治、综合治理、惩防并举、注重预防。

2009年4月16日，鲁豫皖苏七县（市）反腐倡廉建设合作组织第三次会议

第一节　信访举报

1978年纪委恢复重建后，设立信访室，负责处理群众来信、来访，解决信访问题。随着改革开放和社会经济的发展，纪检信访案件逐渐增多。1981—1985年，全县纪检部门共受理群众来信来访1000余起，扣除重复访和转办案件，共结案440余起。之后，县纪委每年均在年初制定当年信访工作要点和意见，并将纪检信访工作纳入工作实绩考核内容，对各乡镇和县直单位纪检信访工作进行专项检查，奖优罚劣。

1986年，实行纪检信访举报工作目标管理制度。当年，县纪委共受理信访案件252起，其中，控告195起，申诉57起；重信重访8起，越级信访2起。在这些案件中，省地县要结果的74起，办结69起，结案率93%，县纪委自办183起，占受理案件总数的73%，处结176起，结案率96%。排查信访老户3起，查结率100%。全部案件结案率97%。1987年，县纪委转发省纪委《县级纪检信访工作试行条例》，建立分级负责、归口办案机制。在全县推广龙王庙乡党委纪检信访工作经验，使全县纪检信访工作走向程序化、规范化。该年，全县纪检机构受理来信来访191件次，其中，申诉35件次，控告156件次。至年底，办结185件，办结率97%。1989年，在全县各区、乡镇、管区、行政村开展纪检信访工作竞赛活动，陈蛮庄乡党委做好纪检信访工作的经验被菏泽地区纪委向全区推介。5月，开展纪检信访工作业务理论研究活动，围绕"新时期纪检信访工作如何为从严治党和改革开放服务""如何加强信访监督，促进党的机关和党政干部的廉洁""如何做好新时期的纪检信访工作"三个专题，各乡镇纪检委员和县直单位的纪检书记，均撰写理论文章。1990年，单县在全省纪检信访工作会议上以《继续落实〈条例〉要求，全面深化县级纪检信访工作》为题作典型发言，介绍做好纪检信访工作的经验。1988—1990年，共受理来信来访488件，其中，申诉26件，控告462件。纪检机关直接办结132件，办结率为100%，其余转非纪检部门办理。1991年，建立健全来信来访登记制度和领导定期接访制度，采取定期召开基层负责人会议和职工群众座谈会，设立意见箱、举报箱、定期排查等形式，拓宽信访渠道，全年共受理来信来访239件，其中，申诉6件，控告218件，其他15件，结案率100%。

1993年后，按照中纪委的要求和部署，采取多种形式，维护上访秩序。建立健全集体上访和突发性事件应急处理机制，加强与有关部门和单位的协调配合，有效控制化解各种突发性事件、群体性事件。集中排查化解一批多年的信访积案和影响社会和谐稳定的突出问题。经过努力，无序上访大幅度减少，信访秩序明显好转。1995年，受理人民来信来访106件（次）。1996年，受理信访案件208起，立查案件118起，结案110起，结案率93%。1997年，推行电话举报，当年共接受群众来信来访和电话举报187件（次），其中，来信128件，来访50次，电话举报9次，来信来访和举报电话涉及党员153人，监察对象57人。其中，涉及乡科级干部34人，一般干部60人，其他人员116人。1998年，农民负担过重、公安干警违法乱纪、民师转招、征兵、整顿农村电价等方面的问题成为信访重点，县纪委全面分析信访案件情况，采取措施进行化解。

1999年，受理来信来访140件次，其中，来信90件，来访42次，举报电话8件，当年全部处结。2002年，受理来信来访162件（次），其中，来信105件，来访43次，举报电话14件。反映贪污贿赂33件，其他经济类26件，欺压群众类18件，违反金融法规类14件，违反计生政策10件，索贿和违规从事赢利活动5件，失职和违反社会主义道德各4件，政治类、挥霍浪费公款、贿赂各1件，其他检控类45件。从中筛选提供案件线索81件，占立案总数的75.6%。2004年，党政领导信访接待日制度延伸至县直单位和乡镇一级；建立健全信访网络，配齐县、乡、村三级信访专职人员；认真处理好极易引发群众上访的农村宅基地审批以及土地承包等苗头性问题；坚持副书记、常委包案和挂牌督办制度；转变工作作风，变上访为下访，深入基层化解矛盾纠纷；加大责任追究力度，增强信访举报工作的严肃性和责任感。该年，针对重复访、越级访问题，建立信访"会诊"制度；针对实名信访举报件，根据不同情况由受理者和信访者签订双向书面承诺书，推行信访举报双向承诺制，并在全县基层纪委全部建立起信访接待室；开展"信访举报质量年"活动。

2005年5月，大力宣传国务院新修订的《信访条例》，引导上访人依法有序上访。推行信访办事公开，建立信访举报工作联系点，实行信访举报办理双向承诺制度等，规范信访工作人员和信访人的行为。建立领导接待群众来访、领导包案制度。开展不同形式的下访活动，为群众信访举报创造良好环境。该年，全县纪检监察机关接受信访举报151件（次）（均为检举控告类），其中，违反政治纪律行为4件，违反组织人事纪律行为12件，违反廉洁自律规定行为35件，贪污贿赂行为34件，破坏社会主义经济秩序行为

31件，违反财经纪律行为8件，失职渎职行为3件，侵犯党员权利公民权利行为12件，严重违反社会主义道德行为2件，妨害社会秩序管理行为8件，其他2件。信访形式：来信93件，来访32次，来电16次，其他方式10件。署名举报26件。2006年，对信访矛盾进行集中排查调处，利用《单县声屏报》和单县电视台向社会公布单县治理商业贿赂举报投诉电话和电子邮箱及办公地址，动员社会各界群众及时发现并提供商业贿赂案件线索。该年，接受信访举报142件（次），均为检举控告类。其中，违反政治纪律行为3件，违反组织人事纪律行为8件，违反廉洁自律规定行为16件，贪污贿赂行为26件，破坏社会主义经济秩序行为33件，违反财经纪律行为12件，失职渎职行为2件，侵犯党员权利公民权利行为24件，严重违反社会主义道德行为1件，妨害社会秩序管理行为14件，其他3件。信访形式：来信83件，来访31次，来电19次，其他方式9件。署名举报24件，重复访8件。

2008年，县纪委开通全国统一举报电话“12388”和单县纪检监察举报网站，建立纪检监察信访举报信息系统，运用现代通信、网络技术开辟信访举报新渠道。开创“信访检查一体化”机制，其做法在全省信访举报工作会议上作典型发言，受到省纪委的表彰并被推广。2009年，推行从简单反映向综合分析延伸，从转办交办向督办直办延伸，从来信来电举报向网络举报延伸，从被动受理向主动下访、靠前化解矛盾延伸的“四个延伸”工作法，促进信访举报工作的开展。该年，全县纪检监察机关接受信访举报131件（次）。其中，来信76件，来访33次，来电14次，其他方式8件。署名举报29件，重复访5件。县纪委“四个延伸”工作经验被省纪委向全省推介。2010年，县纪委监察局印发《单县纪检监察信访监督工作暂行办法》，规定信访监督的主体、对象、原则、内容和范围、方式方法、实施程序和纪律要求。

第二节　案件审查

案件查处　1986—1989年，结合新时期整党，重点查处经济领域案件，领导干部以权谋私、失职渎职、挥霍浪费、贪占国家资产案件，累计处结案件325起，处分党员147人，其中，县级干部1人，区（乡）科级干部18人，党员干部44人，一般党员84人。受处分人员中，开除党籍14人，留党察看26人，撤销党内职务5人，党内严重警告35人，党内警告67人。1987年，处结案件38起，处分违纪干部15人，其中，科局级干部5人，股级干部4人，一般干部6人。受处分干部中，行政开除留用2人，记大过3人，记过7人，警告3人。1989年9月，单县供销社“严肃党的纪律、认真查处违纪案件”的做法和经验，被菏泽地区纪委在《菏泽纪检工作》转发，在全地区推广。

1990—1992年，重点查处贪污、行贿受贿、违反财经纪律，特别是违反计划生育政策的案件。纪检系统累计处结案件565起，处分党员372人，其中，乡科（营）级干部30人，党员干部74人，一般党员268人。受处分人员中，开除党籍118人，留党察看125人，撤销党内职务5人，党内严重警告72人，党内警告52人。县监察局处结案件31起，处分违纪干部34人。其中，开除1人，开除留用2人，撤职2人，降级6人，记大过10人，记过8人，警告3人，通报批评2人。1992年11月，单县纪委在菏泽地区纪检系统查处重点案件经验交流会上，以《突出重点狠抓经济案件的查处》为题介绍经验。

1993—1998年，结合廉洁自律各项规定的执行，重点查处违反财经纪律、重点工程建设中的腐败案件。推行全员办案、领导包案，累计查结案件638起，涉及科级以上干部183人，处理党员干部332人。党纪处分271人，其中，开除党籍68人，留党察看28人，撤销党内职务8人，党内严重警告84人，党内警告83人；政纪处分

61人，其中，行政开除4人，开除留用4人，撤职16人，降级8人，记大过和记过29人。挽回经济损失1910万元。

1999年起，把党政领导机关、行政执法机关、司法机关、经济管理部门和副科级以上领导干部的违法违纪案件作为办案工作重点，做到五个必查，即：群众反映的热点问题必查，涉及重大建设项目的案件必查，涉及群众集资项目的案件必查，涉及领导干部的案件必查，在社会上有影响的案件必查。同时，加强对乡镇纪委办案工作的督导。1999年2月，县纪委加强案件管理工作，指定一名副书记和一名常委专门负责此项工作，并将责任分解到人，建立办案奖惩制和错案追究制。7月，菏泽地区纪检监察系统案件检查工作现场会在单县召开。1999年上半年，单县办案总数、查处的大案要案数，均位于全区前列。2000年5月，单县纪委监察局在全省案件查办经验交流会上介绍经验。2002年4月19日—5月3日，市纪委纪监一室与单县纪委组成联合调查组，成功查处单县南华苑小区建筑工程中97万元的特大行贿受贿案件。2005年5月，省纪委常委徐东萌到单县调研，对单县纪委坚持敢用、慎用、善用“两规”措施的总体原则以及运用“两规”措施重点把握的六个环节等经验给予高度评价，并被省纪委发专刊推广，查办经济违纪案件的“十个盘查”工作经验被省纪委明镜信息网推广。至2006年，共查结案件1038起，处理党员干部1070人。党纪处分636人，其中，开除党籍65人，留党察看75人，撤销党内职务64人，党内严重警告173人，党内警告259人；政纪处分434人，其中，行政开除8人，开除留用8人，撤职145人，降级降职9人，记大过70人，记过119人，警告75人。受处分人员中，科级干部73人，一般干部207人，其他人员758人。刑事处理23人。

2007年起，通过采取联合办案、独立办案、督导乡镇办案等多项措施，增强查办案件工作的科学性、系统性和有效性。依纪依法严肃查处一批以权谋私、与民争利、干扰改革、破坏发展等违纪违规案件。先后查处单县鑫和纺织有限公司原董事长、法人代表李某特大抽逃资金案件，单县第三中学原校长许某受贿案等一批贪污、贿赂、侵犯群众利益、破坏经济发展环境等案件。2010年3月，建立联合办案协调机制，实行办案线索统一管理、办案资源统一整合、办案人员统一调度，集中力量查办大要案。查办案件工作组织协调小组与检察、公安、审计等相关部门联合，形成多位一体的联办机制，加快案件突破的速度。当年，县纪委案件检查工作在市纪委考核中获得第一名。2007—2010年，累计查结案件505起，其中，大要案101起，处理党员干部526人。党纪处分395人，其中，开除党籍44人，留党察看20人，撤销党内职务19人，党内严重警告152人，党内警告160人；政纪处分131人，其中，行政开除6人，撤职17人，降级降职9人，记大过30人，记过35人，警告34人。移交司法机关20人，判处有期徒刑以上刑罚16人。

1986—2010年单县纪检监察案件查处情况统计表

表15-3-1

年份	处结案件起数	处分党员干部人数	党纪处分人数					行政处分人数							
			开除党籍	留党察看	撤销党内职务	严重警告	警告	开除公职	开除留用	撤职	降职	记大过	记过	警告	刑事处罚
1986—1989	325	147	14	26	5	35	67	0	2	0	0	3	7	3	0

续表 15-3-1

年份	处结案件起数	处分党员干部人数	党纪处分人数					行政处分人数							
			开除党籍	留党察看	撤销党内职务	严重警告	警告	开除公职	开除留用	撤职	降职	记大过	记过	警告	刑事处罚
1990—1992	565	372	118	125	5	72	52	1	2	2	6	10	8	3	0
1993—1998	638	332	68	28	8	84	83	4	4	16	8	29	—	—	—
1999—2006	1038	1070	65	75	64	173	259	8	8	145	9	70	119	75	23
2007—2010	505	526	44	20	19	152	160	6	0	17	9	30	35	34	16

案件审理　1986—1989 年，案件审理工作主要是落实干部政策，解决好历史遗留问题；贯彻落实中共中央纪律检查委员会印发的《党的纪律检查机关案件审理工作条例》，实现案件审理规范化；做好受处分人回访工作，促其思想转化。4 年累计审结复议案件 99 起，复查人数 149 人，结案 116 人，维持原处分的 40 人，减轻原处分的 20 人，撤销原处分的 56 人，其中，恢复党籍 56 人。1986 年 4 月，根据中共山东省委批转省委统一战线工作部等七部门《关于全省落实统战政策的情况和今后意见的报告》文件精神，为时维新等 21 人在错划右派后，职级低于处分前职级的情况进行复议更正，为这些人分别恢复错划右派前的区级或副区级待遇。同期，基层案件审理队伍建设不断加强，至 1987 年 12 月，全县各区乡镇均建起案件审理小组，负责审理区乡镇党委、纪委直接查处的或基层支部报批的党员违纪案件以及报县纪委审批的案件。

1990 年 6 月，县纪委对 8 起案件公开征求处理意见。1991 年，县纪委监察局制定《案件审理工作程序》，采取“看、诊、纠”的办法，严把基层纪委所查案件的审理关。全年共纠正基层备案案件 150 多起。2001 年 4 月起，县纪委监察局对 1998 年以来党政纪处分执行情况进行检查，对存在问题进行纠正：对受撤销行政职务处分的人员，有的单位未按规定撤职后的工资标准执行；在企、事业单位的一般工作人员，受开除党籍或留党察看处分后，多数单位没有给予相应的政纪处分；被判处拘役、缓刑人员中，党籍虽然受到处理，但拘、缓期间大多数单位未按规定标准把工资降级。

2004 年 9 月，贯彻菏泽市纪委关于乡镇党委书记党纪处分批准权限下放的决定，乡镇党委书记处分批准权限由县委、县纪委管理；需追究党纪责任的，按协审案件相关规定办理。10 月，县纪委对全县乡（镇）纪委查处的 136 案 65 人的党纪处分决定执行情况进行全面检查。内容包括：被处分人员违纪款收缴退赔的财务凭证是否入卷；对处分人员的批复是否装入本人的党员档案，是否按规定撤销原任职务等。在检查中发现，有 2 个乡（镇）3 人受处分人员的处分决定未宣布执行，3 个乡（镇）存在老党员无档案、丢失档案、断线档案的问题，县纪委责成这些乡（镇）限期办理纠正。

2005 年 1 月，执行省纪委、省监察厅《关于乡镇所办案件交由上一级纪检监察机关审理工作的实施意见》，将乡镇纪委所办案件统一交由县纪委审理。2006 年 9 月，县纪委监察局制定《关于乡镇纪委所办案件由县纪委统一审理的暂行办法》。2007 年 7 月，县纪委监察局、组织部、人事局等部门组成联合检查组，对全县 2004 年以后纪律处分决定落实情况进行专项检查，重点检查受处分人员的年度考核、工资发放、处分决定入档等情况。对检查中发现的问题，及时纠正，并对相关责任人进行组织处理。2009 年 7 月，县纪委审理室撰写的《实行内部辩护，严把定性量纪关》经验材料，在全市案件审理和政策法规工作会议上进行书面交流。2010 年，县纪委审理室制定《处分决定执行情况回执单》，落实、规范对降级以上处分决定执行情况，

第三节　党风廉政建设

廉政教育　1986—1989 年，采取组织集中教育和开办培训班等多种形式，对党员干部进行理想信念、四项基本原则、党章和艰苦奋斗教育；组织开展学习湖北省秭归县县纪委副书记甘德华先进事迹活动，先后在县内推出一批正面典型人物，号召全县党员干部深入学习；组织观看教育片，剖析县内典型案例，加强警示教育；编发党纪教育讲课材料、创办《单县纪检工作》、学习省纪委汇编的《前车之鉴》，强化党性党纪教育；先后举办县直单位政工干部纪检知识培训班、全县纪检干部函授培训班、监察干部培训班、县直单位会计培训班、执纪执法办案人员培训班等。其中，函授纪检干部的经验做法被地区纪委转发。1989 年 11 月，单县纪委在全区党风党纪教育经验交流会上作题为《从廉政建设入手搞好党纪教育》的经验介绍。1990—1993 年，先后举办纪检干部业务培训班和行政村党支部书记轮训班；组织学习菏泽市人民法院纪检书记柴学进先进事迹；组织观看戏剧《焦裕禄》，电影《白求恩大夫》，录像教育片《案与纪》《灯岛》，进行忠诚党的事业、全心全意为人民服务的教育；先后 3 次召开公开处理违纪党员大会，处理违纪党员 32 人，通报典型案件 5 起，对 8 起案件公开征求处理意见；先后开展“学党章、正党风”教育、农村社会主义思想集中教育、城市社会主义思想集中教育、党规党法教育、反腐败防演变教育等一系列教育活动，提高党员干部的思想境界和遵规守纪意识。1994 年，开展学习孔繁森、王廷江和韩素云活动。组织全县纪检监察干部进行为期 10 天的政治业务培训，组织全县 100 多名纪检监察干部分两批参加地区纪委、监察局举办的全区纪检监察干部学习班。1994—1996 年，连续三次召开全县公开处理违规违纪案件大会，处理典型案例 45 起。1995 年 9 月，举办反腐倡廉教育图片展览，4100 多人参观展览。树立 6 个清正廉洁的正面典型，组织 3 次英模事迹报告会，连续在单县电视台播放 14 部反腐倡廉录像片。1997 年，在县直机关领导干部中开展“进农家、察实情”活动，516 名副科级以上领导干部，深入到 13 个乡镇的 32 个特困村，共走访群众 258 户，为群众捐衣物 1200 件，给小麦追肥浇水 40 公顷，维修房屋 26 间，栽树 500 棵，干其他农活 1080 件次。开展“如何做一名合格党员”的大讨论和“三比三看”（比党性强不强，看能否自觉地用党章、《准则》规范自己的言行；比廉洁不廉洁，看能否自觉按廉洁自律规定办事；比政绩怎么样，看能否真正摆正自己的位置，脚踏实地干工作）活动。1998 年 3 月，单城镇一完小碘钙营养片事件发生后，全县各级各单位吸取碘钙营养片事件教训，深入开展行业作风整顿，配合此次整顿活动，利用新闻媒介开办“党风廉政法律法规”讲座，开辟《宗旨天天讲》专题栏目，针对碘钙营养片事件中暴露出来的职业道德意识不强、拜金主义倾向严重的问题，从理论到实践进行有力的批驳，使大家进一步划清是非界限，牢固树立起正确的人生观、价值观。8 月，县纪委监察局、县检察院联合在单县电视台开办《警钟长鸣》专题栏目，每周三晚上播放县内外典型案例，共播放 20 多部典型案例片，引起强烈反响。组织“师德报告团”和“以案论纪”巡回演讲活动，共举行 10 场报告会，听众 1 万余人。

1999 年起，进一步加强党风廉政建设和反腐败宣传力度，聘任 162 名新闻报道员。当年，

单县加强廉政建设举措两次被中央人民广播电台报道。2003年，单县纪委长篇通讯《风正好扬帆》被评为《中国纪检监察报》优秀稿件。2005年，《菏泽日报》头版以《反腐壁垒，倡廉典范》为题对全国纪检监察系统先进集体单县纪委监察局的先进事迹进行系统全面的报道。至2005年，先后开展“三讲”教育、“学党章、守纪律、正党风”教育、学习实践“三个代表”重要思想教育、“艰苦奋斗、廉洁从政”教育、“端正思想、纠风反腐”集中教育整顿、保持共产党员先进性教育，进一步提升党员干部的思想道德素养、政策理论水平和廉洁从政意识。

2006—2010年，先后开展“勤政廉政、科学发展”“加强作风建设、促进社会和谐”“做勤廉表率、促科学发展”“加强党性修养、弘扬优良作风”“增强制度意识、争做执行表率”“以人为本、执政为民”等主题教育活动。2010年6月，举办“移动杯”《廉政准则》等反腐倡廉法规知识竞赛；全县各单位举办廉政党课500多堂，党员干部受教育面95%以上；播放一批党风廉政教育专题片。开办《反腐倡廉之声》电视专题栏目，组织党员干部观看电教片760多场次。

2007年4月11日，党风廉政建设与反腐败工作会议

廉政文化建设　2006年起，单县大力推进廉政文化建设，先后将县城向阳路、湖西路、白云路建成廉政文化街。深入开展廉政文化进机关、进学校、进企业、进家庭、进社区、进农村活动，在全县营造浓厚的崇廉尚洁氛围。2006年8月，菏泽市廉政文化现场会在单县召开，向全市推广单县廉政文化建设工作经验。2007年，制定《关于加强廉政文化建设的实施意见》《关于进一步搞好廉政文化建设工作的实施方案》，明确全县廉政文化建设的思路、原则、目标和任务。2008年，承办“牡丹杯”全国廉政楹联大赛，征集除西藏、澳门外全国31个省区市（含港台地区）楹联作品22139幅。经过初评、复评和终评，产生一等奖2名，二等奖6名，三等奖9名，优秀奖100名。同年，对全县50个廉政文化示范单位进行评星定级，授牌表彰。

领导干部廉洁自律　1986年，县纪委在全县开展机关作风整顿。12月，在全县开展党风检查工作，对全县7个区、37个乡镇和76个县直单位进行党风自查和检查。1987年4月，县委、县政府分别制定《县委常委关于加强自身建设的规定》和《关于加强领导班子自身建设的决定》。同时开展“狠刹利用公款请客送礼之风”活动。按照要求，各单位对公款请客送礼、吃请受礼情况进行清查，单位负责人将清查情况向县纪委汇报，6月起，抽查部分单位。1988—1990年，重点学习贯彻中共中央纪委《关于印发三个暂行规定的通知》精神。制定《关于为政清廉的规定》《县级领导干部廉洁勤政十项规定》《关于严禁利用公款请客送礼、大吃大喝的规定》《关于干部、职工带头搞好移风易俗的几项规定》。1989年，清理公职人员私人借欠挪用公款，通过学习发动、排查摸底、还款、组织处理和健全制度、检查验收等阶段的工作，至11月底，全部收回462万元欠借公款，其中，县直干部382万元，乡镇干部80万元。1990年，清理纠正干部利用职权侵占公款供子女上学，共清理出1986年以后用公款上学的523人，报销金额586965元，均按省、地有关文件要求进行处理。1991年至1999年，先后印发《关于加强廉政建设的规定》《关于坚决制止春节期间大吃大喝和请客送礼的通知》《关于党政机关干部廉洁自律的若干规定》《县委常委加强自身建设的规定》《关于县级党政干部廉洁勤政的十项规定》《关于建立领导干部生活重大事项申报制度的暂行规定》《关于领导干部抓党风廉政建设工作的实施意见》《关于对领导班子廉政、领导干部廉洁自律进行民主评议的意见》《关于查处干部职工在婚丧嫁娶中动用公车问题的暂行规定》《关于党政机关在公务活动中严禁用公款大吃大喝、烟酒招待的暂行规定》《关于进一步加强领导干部任职审计的意见》等文件，对违规购买小汽车、领导干部多占公房、公款吃喝、公费安装使用住宅电话和移动电话等进行清理，均按规定处理。根据中纪委关于领导干部廉洁自律的规定，全县领导干部签订廉洁自律保证书，存入本人廉政档案。1998年，县委、县政府制定《改进公务活动餐饮接待的规定》，总量控制各单位业务招待费用。2001年，制定《关于共产党员、国家工作人员在殡葬事务中大操大办搞封建迷信活动的处理意见》，监督管理科级领导干部“八小时外”。2002年，对全县85个县直单位和20个乡镇的28095名财政供养人员进行清理和年检，查处虚报冒领工资补助。共清理出不合格人员424人，其中，死亡247人，调离34人，超龄84人，其他问题59人，收回多领工资补助5万多元，党政纪处分8人，其做法在全市推广。2003年，清理公款购买个人商业保险，制止公费旅游和变相公费旅游。2004年，党政领导班子成员实行廉洁自律日记制度。建立县纪委常委对乡镇、县直主要负责人家访制度。严格控制非招商引资性的外出参观考察活动。2005年，全县党政机关实行禁酒令。县委、县政府印发《关于严禁党政机关和党政干部个人经商、办企业和在经济实体中兼职入股的通知》。2007年，制定《关于纪检监察干部严格遵守党的纪律加强廉洁自律的若干规定》《关于加强公务用车购置管理的意见》。2008年，对公职人员拖欠银行贷款和在县城规划区内违规建私房现象进行清收和清理。2009年，建立制止婚丧喜庆事务大操大办监督员制度。县纪委监察局要求各单位，凡本单位人员（包括离退休人员）发生婚丧喜庆事务，单位必须派出由一名班子成员带队、不少于3人的监督员小组到场，对整个婚丧喜庆事务的办理情况全程监督，凡下属单位人员发生婚丧喜庆事务的，除下属单位应及时向主管部门报告并派出监督员外，主管部门也必须派出不少于2人的监督员，以监督下属单位监督员的工作。各单位必须制作“制止大操大办监督员”胸牌。胸牌注明单位，加盖单位公章，监督员必须佩挂胸牌上岗。县纪委监察局印发《关于认真贯彻执行市纪委关于转发省纪委〈关于严格禁止领导干部驾驶公务用车的通知〉的通知的通知》，

廉政档案信息管理员培训　　2007年11月22日摄影

禁止领导干部驾驶公务用车。如有违犯，视情节轻重给予党政纪处分，发生交通事故的，从严追究纪律责任，触犯刑律的交司法机关处置，造成财产损失和人员伤亡的，一律由个人承担所有费用。凡因管理不力造成上述情况的，除追究当事人的责任外，还要严肃追究单位主要领导的责任。2010年，按照市纪委、监察局、财政局、公安局、审计局《关于对公务用车进行清理规范的通知》精神，查清全县586个党政事业单位有各种公务用车423辆，并录入公务用车管理系统。

2008年7月18日，召开全县清贷暨清房工作会议

每年对各单位党风廉政建设各项规定的贯彻执行情况进行综合检查，检查的内容主要有：公务招待费的使用管理情况，通信工具和住宅电话费的使用管理情况，制止公款旅游情况，公务小汽车的购置、使用、管理情况等。同时实行领导干部双休日节假日活动纪实制度。

农村基层党风廉政建设　1986年11月，县纪委组织有关职能部门，对全县949个行政村的财务账目进行清理。共清出有问题资金1123593元，涉及977人，其中，党员占90%。查出25人贪污公款9160元，952人挪用公款508260元，挥霍浪费和其他损失计款606173元。上述款项中，应退赔资金517420元，退赔421220元。1987—1996年，通过农村整党，加强村级班子建设，集中整顿村级组织。2002年，县纪委监察局制定《关于加强乡镇干部廉洁自律工作的意见》。其主要内容为12个“不准”：坚守工作岗位，不准早出晚归搞“走读”；不准乘坐小汽车下村检查工作；不准用强迫命令方法简单粗暴地处理群众问题；不准用冷、横、硬的态度对待来访群众；下村检查工作一般不准在村就餐；下村工作禁止饮酒，不准酒后到群众中开展工作；乡镇接待不准使用高档烟酒；到农民群众中工作的着装不准与农民形象形成较大反差；不准以任何理由收取农民群众的礼品礼金；与农民群众交流时不准出现脏话、粗话；不准出入歌舞、桑拿等不适合党员干部身份的场所；不准在群众中散布不利于党委、政府工作的言论。2004年，县委、县政府把村务公开、民主管理作为党风廉政建设、预防腐败发生的一项重要措施，11月9日，印发《关于进一步做好村务公开民主管理工作的实施意见》，利用3年时间，使全县村务公开民主管理工作达到先进县水平。2006年，县纪委制定《农村党支部、村委会成员行为规范》，提出“六不准”规范农村干部行为，即不准用集体资金购买个人商业保险；不准用集体资金报销个人手机和住宅电话费；不准向上级领导机关及工作人员赠送土特产品或其他礼品；不准大操大办婚丧事宜；宅基地划分、集体副业承包等事项中，不准优亲厚友、弄虚作假；不准违法施政，侮辱或谩骂群众。违者视情节给予组织处理或政纪处分。2008—2010年，全县乡镇（街道）行政村全部实行党务、政务、财务三公开。先后制定《关于加强农村基层党风廉政建设的实施意见》《关于进一步推行农村党务政务财务公开的实施意见》《单县农村党务政务财务公开责任追究办法》等一系列文件。确定浮岗镇、莱河镇帅楼村等群众基础较好的乡镇和行政村为“三务”公开的典型。组织召开由全县22个乡镇（街道）纪委书记参加的全县“三务”公开工作现场会，明确乡镇（街道）和行政村各自需要公开的内容、形式、地点，要求各乡镇（街道）都要在规定的时间内建立起乡镇（街道）和全部行政村的“三务”公开栏，做到日常性工作每季度公开，阶段性工作按阶段公开，临时性工作既时公开。至2010年6月底，全县22个乡镇（街道）和502个行政村“三务”公开工作全部完成。

落实党风廉政建设责任制 1986年后，县委提出实现全县党风根本好转的七项措施，落实好党风廉政建设责任制。1987年8月，县委制定《关于县级领导班子实行抓党风责任制的意见》。1988—1989年，细化党风和廉政建设责任制。1990—1997年，逐年民主评议考核乡镇、县直领导班子和领导干部。1998年，县委、县政府印发《关于贯彻中共中央、国务院〈关于实行党风廉政建设责任制的规定〉的通知》，强化落实党风廉政建设责任制领导体制和工作机制，完善配套制度，并加强监督检查。1999年6月，县纪委举办党风廉政建设责任制学习班。学习班分系统组织学习，最后分20个考场对32名县级干部和1200名正副科级干部进行测试，县电视台公布测试成绩。2000年4月，县委印发《关于实行党风廉政建设责任制考核的通知》，对乡镇、县直单位的领导班子和领导干部履行党风廉政建设责任制情况实行考核，明确考核的范围、内容、方法和责任追究。2001年4月，县委、县政府制定《县委、县政府领导成员党风廉政建设岗位职责细则》，明确县委书记、县长、县委副书记、县委常委、副县长党风廉政建设的岗位职责。在此基础上，将两大领导班子每个成员的责任分工范围以表格形式列出。同时，县纪委以量化计分的方式研究制定《关于对县直有关党政职能部门落实反腐倡廉责任制情况的考核办法》。县委、县政府与31个部门的主要负责人签订党风廉政建设工作任务目标责任状。2002—2006年，逐年考核全县党政领导班子及其成员党风廉政建设责任制情况。2007年，依据党风廉政建设责任制查处“9•22”火灾事故和违法违纪网吧相关责任人。2008年4月，县纪委制定《部门党风廉政建设责任制工作规范》《部门落实党风廉政建设责任制检查考核评分标准》。2009年，制定《单县党政领导干部问责的暂行规定》。2010年5月，县委、县政府制定《关于在全县推进问责制工作的实施意见》。

第四节　纠风治乱

1992年3月，县政府成立单县纠正行业不正之风领导小组，在县监察局设办公室。1993年，在纪委廉政室设纠正行业不正之风办公室。该年，纠风办对县直党政机关、人民团体1990年以后违反规定长期无偿占用企业人财物等问题逐一专项清理整顿。1994—2000年，围绕治理乱收费开展纠风工作，制定《单县收费管理办法》《进企业收费审批制度》《企业交费登记制度》，查处全县有收费职能的单位和部门，重点检查中小学收费情况。民主评议执纪执法部门。2001年，纠正医药购销不正之风，对全县范围的8种大宗药品和县中心医院80余种小宗药品进行公开招标，采购药品价格比传统采购方法降低8.6%。

2002年3月，县纪委监察局分别召集县内13家个体民营企业大户和16家工商个体户进行座谈，听取治理经济发展环境的意见和建议。召开45个执法执纪、监督管理、综合服务部门的座谈会，反馈民营企业会议收集到的意见和建议，提出改进措施和要求。5月31日，县纪委监察局召集31个具有执纪执法、监督管理职能的部门和单位主要负责人会议，重点对这些部门和单位，从依法行政、文明执法、按规定着装、持证上岗、收支两条线等方面，一一提出明确的要求。6月上旬，全县31个执纪执法、监督管理、综合服务部门按照上级有关规定要求，结合本部门业务工作特点，围绕“政府提速、优化环境”，逐一在县电视台公开服务承诺。同时，将31个单位和部门的服务承诺措施编印成册，发放到部分省、市、县人大代表和政协委员，以及乡镇、国有和民营企业、县直有关单位，让社会各界予以监督。3—6月，继续把治理公路“三乱”作为工作重点，县纠风办坚持24小时值班制，定期不定期地在全县主要路段进行明察暗访。先后查处交通、交警等单位工作人员制造公路“三乱”案件10起，处分12人，其中，撤职2人，行政记大过4人，行政记过4人，下岗处理2人。7月20日—8月20日，根据市委统一部署，县委在全县执法执纪、行政管理、窗口服务部门和单位，组织开展“端正思想、纠风反腐”集中教育整顿活动。活动分为学习提高、查摆问题、整改规范、落实责任四个阶段。全县37个县直单位、20个乡镇13616人参加。通过查摆，共梳理出各类问题9大类300余条。各单位、各部门制定整改措施283条，建立和完善规章制度1300余条，对照整改意见层层签订责任状14638份，向社会做出公开承诺62份。该年，县纪委监察局成立医疗机构药品器械统一采购管理领导小组，设立办公室，全年共举行大型药品采购招标1次、小型招标3次，集中洽淡20次，招标品种136种，总金额887万元，占药品购进总额的48%。同时，严肃查处医药购销中的各类违法违纪问题。共检查涉药单位1120个，查处假药12个品种、17批次，查出违法所得金额12万余元，收缴财政8万元。

2004年2月25日—3月底，县纠风办在全县范围内开展公路“三乱”集中专项整治活动，规范检查站点和执法行为。6月17日，县委、县政府召开全县加快民营经济发展暨发展环境综合整治动员大会，以着力解决危害经济发展环境的突出问题，彻底优化经济发展环境为目标，动员全县上下各行各业开展经济发展环境综合整治活动。活动中，全县有56个单位查摆出460多个阻碍全县经济发展的问题，有272名副科级以上干部、840多名副股级以上干部、3000多名一般干部，围绕在优化经济环境工作中自身存在的问题写出剖析材料，制定整改方案。有53个单位做出转变职能、提高工作效能等服务承诺，其中15个单位通过电视公开承诺。同时，将48个单位确定为重点整治单位。在此基础上还确定200家重点企业，200家个体工商户作为随机走访、回访的对象，向他们发放调查问卷表200份。至9月中旬，共收到群众来信80多件，来电来访200多人次，热线电话1300多个；与全县39个单位中层以上干部签订责任状507份，与53个单位“一把手”签订责任状；查处干扰经济发展、破坏党和政府形象的违纪违规人员20人。8月，落实国务院办公厅《关于整顿统一着装的通知》精神，清理整顿统一着装的部门和单位，收回各种标志642套，制服1028件，仿制制服642件，收缴应由个人承担的费用12万元。10月，制止教育乱收费，规定全县教育收费实行月报告制度：县教育局各股室向各学校教师及学生收取费用的项目、依据、标准、对象、人数及金额逐月上报县纪委、纠风办；各学校向学生收取费用情况，及有关部门向学校和教师收取的各种费用情况均逐月上报县教育局纪检组和县纪委、县纠风办；采取逐月零报告制度，任何股室、学校不得漏报、迟报、瞒报，更不得借故不报，否则将追究有关人员责任。同月，县纪委将涉农收费的15个部门的52个收费项目、117个收费标准公示到各乡（镇）、各行政村及各中小学，方便群众对收费价格和收费执行单位的有效监督。11月20日，成立规范检查、收费会审委员会，审定各类检查、收费情况。县委、县政府专门下发通知，从8个方面规定会审委员会工作职权和范围，同时对企业和执纪执法部门提出相应的要求。

2005年5月31日，县纪委监察局印发《关于单县国税局等单位有关人员“三乱”问题的通报》，对国税局人员作风粗暴问题、地税局人员吃请和随意调税问题、环卫处人员收费不开票问题、牲畜定点屠宰办乱收费和挥霍浪费问题、孙溜乡土管所违规收费和乱收乱支问题，以及对有关责任人员的党政纪处分情况发出通报。6月1

日—9月10日，在全县开展“经济发展环境百日整治”活动。活动期间，共召开座谈会29次，走访乡镇20个，各类企业、个体户260家；查处违纪违规人员16人，其中，撤职1人，行政记大过3人，记过2人，警告6人，免职2人，下岗2人。10月中旬至11月底，县纪委监察局根据市监察局、纠风办等七部门《转发〈关于开展全国教育收费专项检查的通知〉的通知》精神，组织财政、物价、教育、审计等部门，对全县教育收费进行专项检查。共查处12所（个）中小学和乡镇教委的违纪金额420万元，退还学生14.2万元，减轻学生家长经济负担336万元。

2006年3月25日起，开展春季道路集中整治月活动，处理县交通局工作人员8人，交警大队协警4人。5月底，从中共党员、人大代表、政协委员、各民主党派、企业界代表及其他社会各界人士中聘请政风行风监督员55人，颁发聘书和监督员证。8月始，利用3个月时间专项治理中小学乱收费现象，实行中小学乱收费一票否决制。凡出现一起乱收费的，该校校长、分管副乡镇长、县教育局局长要引咎辞职，并追究有关人员的责任。

2007年4月，向全县农民发放《农村涉农价格和收费手册》。该手册主要收录与群众日常生活联系密切、反映强烈的热点难点问题，包括中小学生就学、幼儿入托、农民建房、结婚登记、计划生育、治安管理、殡葬服务、农村水电等方面具体收费项目的收费标准和依据。同时，还就农民要求收费单位出示收费许可证和出具统一收费票据等事项详细说明，并公布举报电话。2009年，县纠风办组织有年检职能的13个部门统一在3—6月对企业实行集中年检。县纠风办加强对年检过程中的监督检查，杜绝搭车收费、推销物品、指定中介机构等问题，减轻企业负担。8月1日—11月30日，根据菏泽市人民政府办公室《关于加强政策性财政专项资金管理的通知》要求，对上级补贴资金的落实情况开展专项整改活动。通过听取汇报、查验账务、翻阅档案、召开座谈会、深入现场检查等形式，重点检查扶贫开发资金、粮食直补和综合补贴资金、良种补贴资金、新型农村合作医疗补助资金、能繁母猪饲料补贴资金、农村沼气项目资金、农村劳动力转移培训资金、农村居民最低生活保障资金、家电下乡补贴资金、汽车摩托车下乡补贴资金等11项专项政策性资金，保证专项补贴资金安全、正确使用。8月，县委、县政府从五个方面加大优化投资环境力度：在全县各级各部门推行“一个项目一名领导挂帅、一个工作班子、一套考核办法、一抓到底”的工作机制，从项目准备、包装策划、资金落实到建设管理全程抓起，确保全县各类项目顺利实施。向20家重点企业和20个项目派驻监察员，负责监督行政机关办事效率和服务质量，帮助协调解决项目建设中的具体问题，及时受理和查处影响投资环境的人和事。组织55个部门和单位参加全县优化投资环境公开承诺。对全县20家重点企业和20个重大项目工程进行挂牌保护。规定公民、法人或者其他组织，认为行政执法机关及其执法人员的行政行为违法或不当，可以向县政府法制办和县监察局投诉举报，受理单位在自受理投诉举报事项之日起30日内调查办理完毕，并将办理结果反馈投诉举报人。9月下旬，成立治理“六乱”办公室，对乱收费、乱罚款、乱评比、乱检查、乱拉赞助、乱借人财物的“六乱”行为进行集中整治。11月10日，县成立优化发展环境和廉政建设督导工作领导小组。领导小组组长由县委书记兼任，副组长由县人大主任、县纪委书记、县委组织部长、县委办公室主任兼任，县纪委、县委办、县政府办等11个部门为成员单位。其职责是以检查监督、教育预防、落实处理为工作重点，突出抓好全县各单位各级干部和执法执纪人员在优化环境工作中的不作为、慢作为、乱作为、胡作非为等各类破坏发展环境行为的检查、监督、教育、纠正和处理。

2010年5月，县强农惠农专项检查工作领导小组组成4个检查组对县直涉农资金有关单位和22个乡镇（街道），采取明察暗访、进村入户等方式进行重点检查。9月，检查新农合资金使用情况。

第五节　优化经济发展环境

行政审批改革　2001年起，以清理审批事项、减少审批数量、简化审批程序、坚持依法审批、杜绝重复审批为重点，推行行政审批制度改革。至2004年，先后制定《单县县级行政审批实施方案》《单县行政审批改革实施方案》《关于建立行政审批服务中心的意见》等文件，成立审批和收费清理办公室，全面清理单县现行行政性审批和行政性收费项目，对55个有行政审批权的县政府部门602项审批事项进行清理，经审查保留362项，取消240项，减幅39.87%；原有行政性事业收费项目6360项，清理后保留4264项，减幅33%。后又对原保留的362项行政审批事项，按照《中华人民共和国行政许可法》规定和上下结合、互相对照的方法，进行再精减。在此基础上，进一步规范审批程序、审批时限和收费标准。2002年7月24日，建立单县行政审批服务中心，304项行政性审批项目、540项行政性事业性收费项目集中到中心统一办理，分别占保留行政审批事项和收费项目的84%和12%。

2005—2010年，规范行政审批事项、程序、审批时限和收费标准，强化行政审批服务职能。2009年，制定《单县行政审批事项集中整顿活动实施方案》《单县行政审批违规责任追究办法》等文件，将所有针对企业、民政方面的审批事项全部纳入“服务中心”集中办理，做到人员到位、职权到位，谁审核、谁批准、谁负责，单位领导只负责监督，不再签字审核，严禁“体外循环”，建立高效服务流程。健全完善告知服务制、首问负责制、限时办结制、超时默认制等制度。2010年，精减、下放、废止行政审批项目12项，最终保留142项。10月，行政审批服务中心迁址，入驻服务窗口39个，承担144项行政审批事项和77项行政事业性收费事项。大厅安装电子监控系统，加强工作纪律、工作效率、依法行政等方面的监督。

优化环境制度建设　1991—1994年，先后制定《关于维护政治稳定、促进经济发展的意见》《关于对侵犯企业合法权益行为专项举报办法》《关于深入改革，促进经济发展的若干政策界限》等文件，分别对“关于改革创新与有禁不止的问题”“关于工作失误与失职读职的问题”“关于企业营销手段问题”“关于经济活动中的应酬接待问题”“关于回扣问题”“关于合理报酬与谋取非法收入问题”“关于企业干部的取酬问题”“关于执行政策中出现的问题与擅自做主的问题的区别”“关于处理企业改革劳动、人事、分配制度中的问题”“关于企业人员外出考察问题”“关于支持保护搞改革、干实事有政绩的企业领导干部问题”“关于保护企业合法权益问题”“关于现行规定与历史行为问题”等13个方面的情况，作出“政策界定”。

1995—2000年，采取措施对全县重点企业实施有效保护。1995年，县纪委制定《关于对重点企业实施保护的决定》，对县麻纺织厂等6家骨干企业实施重点保护，实行“一牌（保护牌）、一卡（保护卡）、一簿（收费、罚款、集资、摊派登记簿）”的保护措施，有效制止向企业乱收费、乱罚款、乱摊派和向企业吃拿卡要的行为。1996年，扩大保护范围，对县有机化工厂等24家企业实施重点保护。1997年，组织人员对24家被保护的重点企业逐一进行调查，查处乱收费案件6起，取消收费项目10个，减少收费60余万元。1999年6月，县纪委监察局发出《关于坚决制止“三乱”，为企业创造良好发展环境的通知》。10月，制定《关于治理经济发展环境的若干规定（试行）》。县纪委监察局制定《进企业收费审批制度》《企业交费登记制度》两项制度，规定进企业收费，事前必须向县收费管理办公室申报，并填明收费项目、标准、依据、金额等内容。进企业收费必须按照县收费管理办公室签发的《进企业收费标准通知书》中规定的收费项目、标准、范围、时间等。11月17日，菏泽地区纪委向全区推介单县治理经济发展环境的做法和成效。

2003—2005年，先后制定《治理经济发展环境十条禁令》《关于对损害经济发展软环境行为处理的十条规定》《关于进一步优化经济发展软环境工作的意见》《关于对损害经济发展软环境行为处理的七条规定》《关于对损害经济发展软环境行为处理的暂行规定》等文件，明令禁止违规上路设卡收费、搞行政审批"体外循环"、乱收费、乱罚款、乱摊派等违法行为，特别是对若干种损害经济发展环境的行为应当给予的党政纪处分作出详细规定。

2006—2008年，先后制定《单县投资环境行政问责制度》《单县首查先行责令改正制度》《单县重大投资项目服务效率跟踪制度》《单县优化经济发展环境监督制度》《关于进一步优化经济发展环境的意见》，针对县内一些部门对企业乱检查、乱收费、乱罚款、粗暴执法、行政效率低下、承诺不兑现，影响招商引资和大项目建设，损害单县形象等问题的处理作出详细规定。实行领导干部联系企业制度。向部分企业和个体户颁发"优化环境企业投诉卡"。该卡规定，如发现执法执纪部门工作人员在执法活动中有门难进脸难看话难听、工作作风粗暴或擅自到企业检查收费罚款吃拿卡要、搞公路"三乱"等行为时，可及时向纠风办反映、投诉。

2009年，县委成立优化发展环境和廉政建设督导工作领导小组，推行"首违不罚"制度，涉及处罚项目125项，主要包括法律法规规定可罚可不罚的行为；违法情节轻微，没有造成较大后果的行为；不是主观故意，通过警告和批评教育能够尽快消除影响的行为。对企业首次违反以上规定的行为不作处罚。向20家重点企业和20个项目派驻监察员，主要负责监督行政机关办事效率和服务质量，帮助协调解决项目建设中的具体问题，及时受理和查处影响投资环境的人和事。组织55个部门和单位参加全县优化投资环境公开承诺。对全县20家重点企业和20个重大项目工程进行挂牌保护，要求在企业生产期间除安全检查、税收征管、环境监测和违法违纪案件调查外，其他行政执法部门对重点项目和企业检查时，必须经县优化投资环境领导小组同意，办理检查、收费报批手续后方可进行，否则重点项目建设单位和企业有权拒绝。公民、法人或者其他组织，认为行政执法机关及其执法人员的行政行为违法或不当，可以向县政府法制办和县监察局投诉举报，受理单位在自受理投诉举报事项之日起30日调查办理完毕，并将办理结果反馈投诉举报人。2010年，实行"企业联系'110'投诉卡"制度，由县纠风办印制并向部分企业和个体户发放200余张"企业联系'110'投诉卡"。8月，实行重点项目"绿卡"制度，向100家重点企业和项目发放"绿卡"，对持有"绿卡"的重点项目保证"五个优先"，即优先办理有关手续，优先供给建设用地，优先保障环境容量，优先保障建设资金，优先保障资源开发利用。

政风行风民主评议　1997年，县纠风办组织对11个职能部门行风和公开服务承诺实行情况进行民主评议。1998年5月，对51个执法执纪和窗口服务行业单位执行中央"八条规定"情况进行民主评议。共发出评议票3万张，筛选出问题较多的23个部门和单位作为集中整改的重点。1999年，县委、县政府制定《关于对执纪执法部门的评议试行办法》，分别就评议目的、评议范围、参评人员、评议时间、评议内容、评议标准做出规定和要求，并明确该工作由县纪委监察局负责组织实施。9—10月，县纪委监察局按照该办法对县公安、工商、国税、地税四个系统的行业作风状况在全县范围内进行民主评议。参评人员为各级人大代表、政协委员、民主党派、企业职工、离退休干部、基层群众和个体、私营企业的代表以及党政机关、企事业单位的主要负责人。评议结果为国税、地税并列第一，其次为公安系统，最后为工商系统。

2000—2004年，先后制定《关于开展对行政执法部门为经济发展服务情况进行民主评议活动的实施意见》《关于开展加强行业作风建设优化经济发展环境民主评议活动的实施意见》等文件，采取发放评议问卷、召开座谈会、走访群众等办法组织开展年度民主评议政风行风活动，配合全省“万家企业评行风活动”，组织企业代表参评，对有关部门和单位贯彻执行国家各项方针、政策、规定情况，主动为经济发展服务、为群众服务情况，落实承诺、提高工作质量和效率情况，治理乱收乱罚、吃拿卡要和廉政建设情况等进行评议。评议结束后，对在行风评议活动中连续两年位居前列的部门和单位，由县委、县政府授予“创建文明行业、行风建设先进单位”称号，并给予表彰奖励；对在行风建设中有突出表现、作风扎实、群众反映较好的个人，由县委、县政府授予“行风建设先进个人”称号，并给予表彰奖励；对在行风评议活动中位居后3名的部门和单位，责令主要负责人写出检查，由县委、县政府进行通报批评，并限期整改；对在行风评议活动中连续2年位居最后一名的，部门和单位主要负责人予以免职。属垂直管理单位的，书面建议上级主管部门将其免职或调离。

2005年，建立并完善民主评议及考核奖惩机制。6月，县委、县政府制定《关于在全县开展民主评议行风活动的实施意见》，决定每年7月和12月在全县范围内各进行一次民主评议行风活动。被评议的共有管理、执法、公共服务等49个部门、单位和行业。评议的内容为依法行政、履行职责情况，政务公开情况，治理吃拿卡要和“三乱”情况，优质服务情况。评议的方法主要是由相关部门组成评议调查小组，深入到社会各界通过召开座谈会、明察暗访、个别了解、听取汇报、发放问卷的形式进行。对两次评议均居前10名的，县委、县政府授予“行风建设先进单位”称号，予以表彰，成绩突出的个人，县委、县政府授予“行风建设先进工作者”称号，予以表彰奖励。两次评议均居后3名的单位，主要负责人写出检查，全县通报批评、并限期整改，下次比上次名次排序前移10个以上的予以通报表扬，后移5个位次以上的通报批评，对两次评议均居后3名且不满意率超过30%，或连续两年均倒数第一的，单位负责人予以免职或建议免职，连续3年位居前2名的单位，两年内免评并在免评期内视为第一名。

2007年，启动全县百家企业评议行风活动，全县150家规模以上企业对与企业发展密切相关的经济管理、行政执法、公共服务等54个部门和单位进行民主测评，测评内容涉及有无乱检查、乱收费、乱罚款、乱集资的问题，有无收费不开票的问题，有无吃拿卡要的问题，有无婚丧嫁娶通知企业的问题，有无部门作出的承诺不兑现的问题，有无工作作风简单粗暴的

2007年11月30日，全县民主评议政风行风活动动员大会

问题，有无执法不规范的问题等。

2008年起，开展“抓党风、促政风、带行风”活动，对位居后3名的单位予以通报批评，纳入政风行风重点管理单位。2009年，市纪委介绍推广单县“抓党风、促政风、带行风”的经验。2010年，县民主评议政风行风工作领导小组组织规模以上企业对38个部门和26个审批大厅窗口进行民主评议。大部分企业反映发展经济环境进一步优化，部门和行业作风建设进一步加强，同时对17个部门和行业提出问题148条，对15个窗口提出问题66条。

第六节　执法监察

行政行为监察　1986年始，先后对涉外经济合同、群众教育集资、黄淮海平原开发资金、减轻农民负担“四清三整顿”工作、农副产品收购、机构改革中撤并单位资产清理移交、整顿金融财税秩序、行政性事业性收费及罚款、高考及大中专毕业生分配、公务员考核录用、减轻企业负担、征兵、环保、粮食流通体制改革、收支两条线管理、医药购销市场、新型农村合作医疗、住房公积金管理、经营性土地使用权招标拍卖挂牌出让、政府采购、财政供养人员清理、离退休人员和遗属补助清理、有形建筑市场、工程建设领域突出问题专项治理等100多个项目开展执法监察。至2010年年底，共检查单位2184个，走访、座谈群众2572余人次，涉及各类资金734.6亿元，避免、挽回经济损失2472.37万元，向被检查单位提出整改建议3117条，协助有关部门建章立制1194项。发现案件线索645个，立案查处508起，通报反面典型110个，给予党政纪处分310人，移交司法机关11人。

重点项目监察　2007—2010年，全县争取中央、省级扩大内需促进经济增长项目共36个，总投资25112.59万元，其中，投资额100万元以上项目26个。2007年起，对扩大内需促进经济增长政策落实情况进行监督检查，共发现项目存在问题520余个，下发整改通知书230余份。2009年至2010年5月，县纪委监察局根据中共中央办公厅、国务院办公厅印发的《关于开展工程建设领域突出问题专项治理工作的意见》，纪检监察、发改、国土、环保、城建、规划、安监、财政等部门业务人员，对全县2008年以后规模以上政府投资和使用国有资金项目及其他投资项目的项目决策、招投标、土地使用权出让、规划审批、资金安排使用等8个方面38个小项进行排查。共排查项目79个，其中，政府投资和扩大内需项目13个，其他投资项目66个。抽查重点项目，发现项目决策、土地出让、规划审批、招投标等方面的问题32个。对这些问题责成有关职能部门和建设单位处理和整改，并因违法占地给予1名副科级干部行政记大过处分。

热点问题监察　对减轻农民负担、支农惠农资金的管理和使用、机构改革中资产清理和人员安置、招标投标、城市拆迁中危害被拆迁户利益、计划生育等领域，群众反映的热点难点问题调查处理246个，解决各类矛盾350多个，为群众挽回经济损失240多万元，对23名责任人给予党政纪处分，解决群众上访问题76次。

对统计执法、中小学乱收费、计划生育社会抚养费的征收管理和使用、安全生产、支农惠农资金的管理和使用、城市拆迁、国有土地使用权出让、节约集约用地等自主立项，开展执法检查。至2010年年底，共自主立项72个，检查单位998个，涉及各类资金22.56亿元，避免、挽回经济损失473.76万元，向被检查单位提出整改建议809条，协助有关部门建章立制633项，发现违纪违规问题2323个，收缴各类违规资金609万元，给予党政纪处分140人。

预算外资金监察　1998年4月，县政府制定《单县预算外资金管理暂行办法》。该年起，县纪委监察局会同县财政、审计等部门对全县行政、事业单位和社会团体预算外资金和行政收费情况进行检查。共检查8次，查出违规违纪金额31562万元，及时纠正未纳入财政专户管理资金2307万元，收缴违纪资金129.6万元，挽回经济损失4139万元，作出处罚决定243件，提出监察建议125份。

第七节　效能监察

2004年起，加强对行政乱作为和不作为的查处，在全县政府机关中开展学习国务院《全面推进依法行政实施纲要》活动，总结推广有关部门改善机关作风、改进办事效率、坚持依法行政和廉洁行政的典型经验，推行行政过错责任追究办法，查处以权谋私、吃拿卡要、办事拖拉和敷衍塞责的行为，对有倾向性的问题及时开展专项治理。2004年1—4月，县行政效能投诉中心共受理有关群众投诉89起，党政纪处分7人，其中，科级干部2人。同时，加强行政审批服务中心建设。同年9月，推行政府“不作为”行为责任追究制。

2007年7月，单县抽调专门人员，组成暗访组对88个重点县直职能部门进行效能暗访，并制定《行政效能告诫暂行办法》《关于促进效能提升进一步优化经济发展环境的实施意见》等文件。对违反规定、存在影响机关工作效能和形象的5个单位的13名工作人员当场实施行政告诫，并通过新闻媒体曝光。2009年10月，县电视台设立《机关效能曝光台》专题栏目，1个月内曝光违禁干部5人。

2010年5月，县委、县政府印发《关于在全县推进问责制工作的实施意见》。就问责工作的指导思想和原则，问责的范围、对象和内容，问责的主体、程序和方式，工作要求等几个方面分别提出具体要求。成立由县委书记任组长、县纪委书记等任副组长，相关部门负责人为成员的问责工作领导小组，全县22个乡镇（街道）、71个县直单位均成立责任追究领导小组，制定问责工作实施细则，构建以领导干部问责为重点，覆盖各乡镇（街道）、县直各单位的问责制度框架体系。该年，共到行政审批大厅明察暗访26次，抽查审批事项8次，内部通报批评工作中存在问题的窗口工作人员5人，查办问责案件43起，组织处理和党政纪处分56人，重点对“2•25”交通事故、县国土局监察大队工作人员失职、东沟河污染、乡镇中心校校长管理失职等案件实施问责。

2006—2010年，县行政效能投诉中心共受理群众各类投诉297人次，立案查处39起，共有56人受到纪律处分，其中，副科级以上干部9人。开展全县网吧整治、东沟河治污、行政许可法贯彻执行情况、新农村建设及土地增减挂钩项目等专项效能监察活动，涉及资金19216万元，查出各类问题16个，责任追究10人，其中，党政纪处分9人，向各单位发出整改意见21条。

第十六编

地方国家权力机关

单县第十五届人民代表大会第二次会议

1981年，恢复人民代表大会制度，建立单县人民代表大会常务委员会。1981—1993年，县人民代表大会三年一次换届；1993年始，改为五年一次换届。1986—2010年，县人大经历五次换届，即从第十届至第十五届。

每次人民代表大会，听取并审议县人大常委会、县政府、县法院、县检察院工作报告，听取并审议县财政预算，县国民经济和社会发展计划报告，并做出相应决议。每届县人民代表大会第一次会议还依法选举县人大常委会主任、副主任、委员长；选举县政府县长、副县长、县法院院长、县检察院院长。

1986年后，县人大及其常委会把加强社会主义民主法治建设作为根本任务，履行宪法和法律赋予的决定权、监督权、人事任免权，适时决定全县政治、经济、教育、科技、文化、卫生、环境保护等工作的重大事项，强化对“一府两院”（县政府、县法院、县检察院）的法律监督和工作监督，增强人大代表和人民群众的联系。至2010年，县人大常委会共召开全体代表会议26次、常委会156次，对重大事宜做出决议、决定237项，组织人大代表进行调查研究95次、视察检查163次，任免“一府两院”及人大机关干部1895人次，任命单县人民法院人民陪审员62名，纠正错案4起。

第一章　人大代表

第一节　代表选举

按照《中华人民共和国地方各级人民代表大会和地方各级人民政府组织法》和《中华人民共和国地方各级人民代表大会和地方各级人民政府选举法》的规定，建立机构、培训骨干，宣传发动，划分选区、登记选民。之后，历经提名、推荐、协商、确定候选人、选举代表5个阶段产生县人大代表。1986年11月至1987年3月，全县共划分选区196个，登记选民528002人，参加选举的504079人，占选民总数的98.5%。选出县人大代表359人。其中，工人代表14人，占代表总数的3.9%；农民代表186人，占代表总数的51.8%；知识分子代表89人，占代表总数的24.79%；干部代表70人，占代表总数的19.5%；党员代表176人，占代表总数的49%；妇女代表95人，占代表总数的26.5%。1989年11月至1990年2月，全县共划分选区204个，登记选民582249人，参加选举的517618人，占选民总数的88.9%。通过反复讨论，酝酿协商，确定正式候选人，采取差额选举、无记名投票的方式，产生县十一届人大代表390人。其中，工农代表占63.6%，干部代表占21%，知识分子代表占15.4%。中共党员代表占64.6%；妇女代表占24.6%；少数民族代表1名。1992年11月至1993年2月，全县共选出县十二届人大代表390人。其中，工农代表占62.8%，干部代表占20.8%，知识分子代表占16.4%；中共党员代表占63%；妇女代表占22.8%。经代表资格审查委员会审查，390名代表有388人资格有效，有2名代表的选举，不符合法定程序，代表资格无效，县十二届人民代表大会实有代

表388人。1997年11月至1998年2月，参选率96%。全县共选出县十三届人大代表343人。2002年11月至2003年1月上旬，全县共划分选区172个，其中，乡镇选区155个，县直选区17个。各选区于2003年1月5日组织选民投票，选出县十四届人大代表333人。其中，工农代表187人，占56%，干部、军人代表89人，占27%，知识分子代表57人，占17%。中共党员代表224人，占67%；妇女代表83人，占25%；少数民族代表3人，占1%。2007年11月6日至月底，全县共划分选区155个，其中，乡镇选区135个，县直选区20个。全县选出县十五届人大代表334人。其中，工农代表200人，占60%；干部、军人代表67人，占20%；知识分子代表50人，占15%；中共党员代表217人，占65%；妇女代表83人，占25%；少数民族代表5人，占1.5%。

第二节 代表联系与活动

1986年始，以乡镇为单位建立代表联系小组，陆续配备乡镇人大代表联络员。1989年4月，各乡镇成立人大工作处。1996年后改称人大主席团。县人大常委会通过乡镇人大给代表邮寄文件和学习材料，组织代表进行视察，检查、督办代表建议案的处理。1987年，县人大常委会统一印制《单县第十届人民代表大会代表视察证》，并在常委会第五次会议上作出《关于县第十届人大代表持证视察的决定》。自1990年，县人大常委会制定《单县人大常委会联系代表办法》，全县建设省级代表活动小组1个，县代表联络小组9个，乡镇代表小组185个，县直代表活动小组41个。1999年，县人大常委会印发《单县人大常委会关于县代表小组划分》和《单县人大常委会组成人员分工联系代表》等文件，将全县345名县人大代表划分为9个片，42个代表活动小组。2003年，县人大代表划分为6个片，24个代表小组。县人大常委会主任、副主任分别联系一个片，常委会其他组成人员负责联系1～4个代表小组，要求在集中活动室与每位省市县代表见面，通报全县经济和社会发展形势，帮助代表知情知政，听取代表对常委会工作和“一府两院”工作的建议，调动代表参政议政的积极性。2003年，县人大常委会组织开展在县人大代表中评选优秀人大代表活动，授予24人“优秀县人大代表”称号。2009年，县人大常委会加强各级代表小组建设，全县建立100个代表小组，代表小组活动室建设全部达到“六有”标准，即有场所、有器材、有制度、有计划、有活动、有档案；做到“五上墙三归档”，即代表简介、代表职责、活动制度、活动计划、活动剪影上墙，活动记录、视察调研材料、代表履职登记表归档。从九届一次会议到十五届四次会议，共收到代表建议、批评和意见2186件。大会议案审查委员会认真审查，及时转交“一府两院”有关部门办理。1986年至2010年，共形成代表议案1件。即1989年县十届人大三次会议期间，收到张益修等代表提出的“关于县城内建一所初级中学”的议案，经大会议案审查委员会研究，提交大会主席团，大会主席团认真审议后，提请大会审议，与会代表一致同意，由县政府组织投资120万元，占地15公顷，兴建单县实验中学，并于1990年8月建成招生。1986—2010年，办结代表来信800余件，受理人民来信2100多件，来访9500多人次。2010年，县人大在全县各级代表中开展“万件矛盾化解”活动，共化解基层矛盾纠纷2061件。

第二章　代表大会

第一节　第九届人代会

1984年5月18—22日，在县委党校礼堂召开第一次会议。出席会议代表417人，特邀代表7人。会议听取审议县政府工作报告，县计委《1983年国民经济和社会发展计划执行情况及1984年国民经济和社会发展计划的报告》、县财政局《单县1983年财政决算和1984年财政预算的报告》，县人大常委会、县法院、县检察院工作报告。选举王笃信为单县第九届人大常委会主任，袁学义、郭育普、张汉卿、朱道川、白敬芝（女）为副主任；选举夏树生为单县第九届人民政府县长，张保夫、周岐峻、刘玉平（女）、张启鸿为副县长；选举任兰亭为单县人民法院院长、韦昌俭为单县人民检察院检察长。1986年4月1—5日，在湖西礼堂召开第三次会议，补选王冠举为单县人民政府县长；补选李宝贵为第九届人民代表大会常务委员会副主任。

第二节　第十届人代会

1987年4月3—7日，在湖西礼堂召开第一次会议。到会代表359人。大会听取、审议并通过县长王冠举作的《政府工作报告》，单县计划委员会主任孙文英作的《单县1986年国民经济和社会发展执行情况与1987年计划安排意见的报告》，县财政局局长郭成海作的《单县1986年财政预算执行情况和1987年财政预算（草案）报告》，单县人大常委会主任王笃信作的《单县人大常委会工作报告》，县法院院长任兰亭作的《单县人民法院工作报告》，县检察院检察长韦昌俭作的《单县人民检察院工作报告》。选举王笃信为单县第十届人民代表大会常务委员会主任，袁学义、郭育普、张汉卿、朱道川、周岐峻、李保贵、刘景修为副主任，选举产生单县第十届人民代表大会常务委员会委员12人；选举王冠举为单县人民政府县长，黄启祥、刘玉平（女）、崔王金、陶继田、任兰才为副县长；选举任兰亭为单县人民法院院长，韦昌俭为单县人民检察院检察长。1988年1月5—7日，在湖西礼堂召开第二次会议，选举马秀春（女）、王冠举、田德全、毕可文、吕忠荣、任忠宽、杨兴富、苏光亮为单县出席省第七届人民代表大会代表。

第三节　第十一届人代会

1990年3月8—10日，在湖西礼堂召开第一次会议，到会代表390人。大会听取、审议并通过代县长周书运作的《政府工作报告》，县计划委员会主任孙文英作的《1989年国民经济和社会发展计划执行情况及今后三年国民经济与社会发展计划安排意见（草案）报告》，县财政局局长郭成海作的《单县1989年财政决算和1990年财政预算的报告》，单县人大常委会副主任袁学义作的《单县人大常委会工作报告》，县法院副院长谢美勤作的《单县人民法院工作报告》，县检察院副检察长刘恩旭作的《单县人民检察院工作报告》。会议选举温新月为单县第十一届人民代表大会常务委员会主任，袁学义、郭育普、张汉卿、周岐峻、李保贵、刘景修为副主任，选举产生单县第十一届人民代表大会常务委员会委员16人；选举周书运为单县人民政府县长，崔玉金、陶继田、任兰才、华振亭为副县长；选举胡慈亮为单县人民法院院长，任兰亭为单县人民检察院检察长。选举出席省八届人民代表大会的代表。1992年4月2—5日，在单县剧院召开第三次会议，补选黄启祥为单县第十一届人民代表大会常务委员会副主任。

第四节　第十二届人代会

1993年3月10—13日，在单县剧院召开第一次会议。到会代表388人。大会听取、审议并通过代县长侯宪秀作的《政府工作报告》，单县计划委员会主任桑世允作的《单县1992年国民经济和社会发展执行情况与1993年国民经济和社会发展计划（草案）报告》，县财政局局长郭成海作的《单县1992年财政预算执行情况和1993年财政预算（草案）报告》，单县人大常委会代主任郭育普作的《单县人大常委会工作报告》，县法院院长胡慈亮作的《单县人民法院工作报告》，县检察院检察长任兰亭作的《单县人民检察院工作报告》。选举龚彦海为单县第十二届人民代表大会常务委员主任，张汉卿、黄启祥、陶吉彬、韦昌俭、刘景修、李保山为副主任，选举产生常委会委员18人；选举侯宪秀为单县人民政府县长，陶继田、任兰才、华振亭、田云川、刘元军为副县长；选举胡慈亮为县法院院长、梁法民为县检察院检察长。1994年3月16—18日，在单县剧院召开第二次会议，补选张保夫为单县第十二届人民代表大会常务委员副主任。1995年3月14—16日，在单县剧院召开第三次会议，补选张存金为单县人民政府县长，补选李新魁为单县第十二届人民代表大会常务委员副主任。1997年3月12—14日，在单县剧院召开第五次会议，补选张存启为单县第十二届人民代表大会常务委员副主任；补选张明珠为县法院院长、曹忠印为县检察院检察长。

第五节　第十三届人代会

1998年3月3—6日，在单县剧院召开第一次会议，到会代表343人，大会听取、审议并通过代县长李学军作的《政府工作报告》，县长助理、县计委主任桑世允作的《单县1997年国民经济和社会发展计划执行情况与1998年计划（草案）报告》，县财政局局长孟庆魁作的《单县1997年财政决算执行情况和1998年财政预算（草案）报告》，单县人大常委会主任龚彦海作的《单县人大常委会工作报告》，县法院院长张明珠作的《单县人民法院工作报告》，县检察院检察长曹忠印作的《单县人民检察院工作报告》。选举宋占良为单县第十三届人民代表大会常务委员会主任，瞿印庭、黄启祥、韦昌俭、李新魁、任兰才、张存启、郭祥海为副主任，选举单县第十三届人民代表大会常务委员会委员18人；选举李学军为单县人民政府县长，李超、夏冬青（女）、徐淑珍、张进忠、马年桥、何茂远为副县长；选举张明珠为县法院院长；选举曹忠印为县检察院检察长。选举出席省九届人代会的代表。1999年3月23—25日，在单县剧院召开第二次会议，补选田云川为单县人大常委会副主任。2000年12月21—22日，在湖西礼堂召开第四次会议，选举产生出席菏泽市第十五届人民代表大会的代表72人。2001年4月9—11日，在单县剧院召开第五次会议，补选段文喜为单县第十三届人民代表大会常委会主任，孙守兰（女）、樊廷海为单县第十三届人民代表大会常委会副主任；补选王永华为单县人民政府县长，补选张金亮、黄福平为副县长。

第六节　第十四届人代会

2003 年 1 月 19—22 日，在单县剧院召开第一次会议。到会代表 333 人。大会听取审议批准代县长赵传山作的《政府工作报告》，审议批准单县发展计划局局长孟祥巨提交的《单县 2002 年国民经济和社会发展执行情况与 2003 年国民经济和社会发展计划（草案）报告》、县财政局局长孟庆魁提交的《单县 2002 年财政预算执行情况和 2003 年财政预算（草案）报告》，听取、审议并通过单县人大常委会主任段文喜作的《单县人大常委会工作报告》，单县人民法院代院长李忠海作的《单县人民法院工作报告》，单县人民检察院代检察长张捍民作的《单县人民检察院工作报告》。选举段文喜为单县第十四届人民代表大会常务委员会主任，孙守兰（女）、郭祥海、樊廷海、刘守坤、孟繁文为副主任，选举产生单县第十四届人民代表大会常务委员会委员 19 人；选举赵传山为单县人民政府县长，赵汝坤、夏冬青（女）、韩雪慧、张金亮、宋茂民、王效彤为副县长；选举李忠海为县法院院长；选举张捍民为县检察院检察长；选出出席菏泽市第十六届人民代表大会的代表 72 人。2004 年 2 月 8—10 日，在单县剧院召开第二次会议，补选吴吉美为单县第十四届人民代表大会常务委员会副主任。2005 年 1 月 10—12 日，在单县剧院召开第三次会议，补选张忠江为单县第十四届人民代表大会常务委员会主任，张金亮为单县第十四届人民代表大会常务委员会副主任；补选王永江为单县人民政府县长，王瑞宇为副县长。2007 年 1 月 18—20 日，在单县剧院召开第五次会议。补选王忠想为单县人民政府县长，张福龙、王桂荣为单县人民政府副县长。

第七节　第十五届人代会

2007 年 12 月 11—14 日，在单县剧院召开第一次会议，到会代表 334 人。大会听取、审议并通过县长王忠想作的《政府工作报告》，审议批准单县发展计划局局长孟祥三提交的《单县 2007 年国民经济和社会发展执行情况与 2008 年国民经济和社会发展计划（草案）报告》、县财政局局长孟庆魁提交的《单县 2007 年财政预算执行情况和 2008 年财政预算（草案）报告》，听取、审议并通过单县人大常委会主任张忠江作的《单县人大常委会工作报告》，县法院代院长陈文法作的《单县人民法院工作报告》，县检察院代检察长许澎涛作的《单县人民检察院工作报告》。选举张忠江为单县第十五届人民代表大会常务委员会主任，选举孙守兰（女）、郭祥海、张金亮、黄正光为单县第十五届人民代表大会常务委员会副主任，选举单县第十五届人民代表大会常务委员会委员 27 人；选举王忠想为单县人民政府县长，张福龙、王桂荣、宋茂民、王效彤、王瑞宇、杨彬为单县人民政府副县长；选举陈文法为单县人民法院院长；选举许澎涛为单县人民检察院检察长。选举产生出席菏泽市第十七届人民代表大会代表 73 人。2010 年 2 月 2—4 日，在单县湖西会议中心召开第三次会议，补选孟庆魁为单县第十五届人民代表大会常务委员会副主任。

第三章　人大履职

第一节　人事任免

县人大常委会任免县人民政府行政部门正职和法院、检察院及县人大常委会机关行政科级干部。决定代理县长、副县长，法院、检察院的代理院长、代理检察长。1998年，制定《单县人大常委会人事任免办法》，规定任命前先进行法律知识考试，再在县人大常委会会上做供职报告，之后，常委会组成人员采取无记名投票方式进行表决，最后，由主任颁发任命书。2008年，县人大常委会第四次修订完善《单县人大常委会人事任免办法》，规定任命前要严把“四关”，即离任审计关，离任审计结果符合任命条件后，才能进入任命程序；法律考试关，考试合格方可提请任命；供职报告关，拟任职人员必须到会作供职报告；审议表决关，常委会组成人员三分之二以上人员赞成方可通过。2005年5月，单县第十四届人大常委会依法任命人民陪审员18人；单县第十五届常委会于2009年9月、2010年8月两次依法任命人民陪审员44人。

1986—2010年，单县九至十五届常委会共任免“一府两院”及人大机关干部1895人次，接受辞职63人，撤职1人。

第二节　工作监督

“一府两院”工作监督　2000年4—6月，县人大代表对县“一府两院”（政府、检察院、法院）35名领导干部1999年度贯彻落实党的路线、方针、政策，执行纪律、法规和县人大常委会决议，完成年度工作目标，工作作风及廉政建设等方面的情况进行评议，有5人被授予1999年度人民满意的公务员称号，并颁发证书和奖牌。2001年10—12月，县人大代表和驻单县省、市人大代表，对20个执纪执法部门进行评议，对获前3名的单位授予“2001年度人民满意单位”称号。2003年，驻单县省、市、县人大代表对县政府部门及县法院、县检察进行评议，授予6个单位“人民满意单位”称号。2005年，十四届人大常委会第22次会议决定，组织驻单县省市代表和县代表对县政府26个组成部门进行评议，经过评议前调研、组织代表座谈、组织代表评议三个阶段，收集代表评议建议318条，常委会及时将评议建议反馈到政府。2010年，常委会组成人员和驻单县省、市人大代表、县人大代表对县政府25个组成部门进行评议。28名常委会组成人员、301名省、市、县代表参加评议。1986—2010年，县人大常委会针对“一府两院”监督工作，组织人大代表实施调查研究95次，视察检查163次。

财经工作监督　1986年，县人大常委会针对群众反映的“售棉难”问题，向县政府提出不搞硬性规定的整顿建议，县政府认真落实，受到棉农赞扬。1992年，围绕群众反映强烈的农民负担过重问题，听取、审议县政府关于贯彻执行国务院《农民负担费用和劳务管理条例》和《山东省农民负担管理条例》减轻农民负担的报告，提出有针对性的建议，有效减轻了农民负担。1997年，县人大常委会第十二届四次会议上，审议通过《单县“九五”计划和2010年远景目标纲要》，确定单县经济社会发展蓝图。2004年，县人大常委会会同垂直部门省、市、县代表听取“村村通”工程建设情况汇报，针对工程建设问题提出建议和意见，促进“村村通”工程的顺利进展。2005年，县人大常委会主任、副主任分三组围绕招商引资、发展民营经济、加快开发区建设、城市建设和优化经济环境进行调查研究，提出建议16条。2011年，县第十五届人大常委会第二十四次会议在听取审议《单县2010年财政决算的报告》和县政府《关于2010年度单县预算执行和其他财政收支的审计工作报告》后，提出强化预算管理和进一步完善财政资金管理制度的审议意见。要求政府将财政预算细化到部门和单位，增强部门预算的透明度；严格控制“三公支出”，增加财政对公益性和保障性领域的投入，使广大人民群众切实享受到经济发展的成果。对此，县政府高度重视，及时制定落实意见和整改措施。

科教文卫工作监督　1986年起，每届常委会都对《义务教育法》贯彻落实情况进行调研，听取政府专项汇报，不断促进教育资源均衡发展。第九届人大常委会听取审议教育改革汇报2次，审议通过《关于民师待遇的意见》《关于普及初等教育的规定》《关于校舍改造集资办法》三个报告。2004年起，督导素质教育各项措施的落实和义务教育经费保障机制的建立。2007年起，督导建立教师补充机制、县经济开发区学校建设、城区学校规划布局、城乡教育均衡发展。2010年，开展单县人大“十万册图书进校园”活动，筹集资金60多万元，购置图书12万册，赠送给全县各中小学校。常委会筹集资金4万元，救助大学贫困新生10人，解决贫困大学新生入学难问题。

对医疗卫生、新型农村合作医疗、农村环境卫生、食品安全、计划生育等关系民生的工作，历届常委会不断加大监督力度，推动各项民生工程的顺利实施和各项惠民政策的落实。

第三节　执法检查

1988年10月至1989年4月，县人大常委会执法大检查，检查51个单位，涉及法律法规80条，查出违法案件1483件，其中违犯《中华人民共和国税法》301件，违犯《中华人民共和国经济合同法》115件，违犯《中华人民共和国土地管理法》303件，查出经济犯罪50起，推动普法教育和依法治理工作开展。1989年，常委会听取相关部门《中华人民共和国税法》《中华人民共和国刑法》《中华人民共和国刑事诉讼法》的贯彻执行情况汇报。1998年，县人大办公室编印《常用法律选编》，作为干部、群众学法教材。同年，常委会对个案监督和执法过错追究工作，采取以下措施：把执法检查和个案监督相结合，发现违法案件，及时纠正；通过信访工作实施监督；调阅公检法案卷，发现问题及时纠正解决。2000年，第十三届人大常委会第23次会议通过《单县2001—2005年依法治县规划》。2002年，常委会根据群众反映，筛选4个比较典型的案件实施监督。经主任会议研究，对个别案件下发个案监督通知或书面监督函。有关部门接到个案监督通知或监督函后，立即组织精干力量，对案件进行复查和审理，予以纠正。2008年，在消费者权益日、环境日、土地日、禁毒日、税法宣传月等特定时日，常委会及相关部门开展相关法律法规的宣传学习，在全社会掀起“学法、守法、用法”热潮。

1986—2010年，先后围绕《中华人民共和国民法通则》《中华人民共和国治安管理处罚条例》《中华人民共和国劳动法》《中华人民共和国义务教育法》《中华人民共和国食品卫生法》《中华人民共和国经济合同法》《中华人民共和国审计法》《中华人民共和国企业法》《中华人民共和国环保法》《中华人民共和国土地管理法》《中华人民共和国农业法》《中华人民共和国林业法》

《中华人民共和国水法》《中华人民共和国种子法》《中华人民共和国计划生育法》、国务院《全民所有制工业企业转换经营机制条例》《农民负担管理条例》和山东省《计划生育条例》等40余部法律、法规贯彻落实情况，每年开展3～5次执法检查。对检查中发现的问题，向有关单位和部门提出了意见和建议，并督促其整改。其中，1998—2010年，常委会先后针对20部法律法规执行情况组织执法检查和视察56次，听取审议执法情况和工作汇报68次。

第四章　人大机构

第一节　常务委员会

县人民代表大会常务委员会（以下简称常委会）是县人民代表大会的常设机关，常委会主任、副主任、委员由县人民代表大会选举产生。第九届常委会由主任1人，副主任5人，委员19人组成；第十届常委会由主任1人，副主任7人，委员19人组成；第十一届常委会由主任1人，副主任6人，委员23人组成；第十二届常委会由主任1人，副主任6人，委员25人组成；第十三届常委会由主任1人，副主任7人，委员26人组成；第十四届常委会由主任1人，副主任5人，委员25人组成；第十五届常委会由主任1人，副主任4人，委员32人组成。

单县第九至十五届人民代表大会常务委员会委员一览表

表16-4-1

届次	姓名
第九届	马秀春（女）　王笃信　王恩平　韦　珏（女）　白敬芝（女，回族）　司建民　朱道川　任兰才　刘志学　李福进　杨厚君　杨　蕾　张玉芝（女）　张汉卿　陈彦磊　袁宜玲（女）　袁学义　郭育普　梁爱兰（女）
第十届	王笃信　王敬侠（女）　石济跃（女）　司建民　朱道川　任立用　刘景修　李保贵　杨厚君　张汉卿　周岐峻　孟宪钊　侯兆菊（女）　袁秀真（女）　袁学义　袁宜玲（女）　郭育真（女）　郭育普　陶吉彬
第十一届	王敬侠（女）　王新忠　石　松　石济跃（女）　田桂英（女）　包亚杰　刘维敬　刘景修　许怀轩　李保贵　李海云（女）　杨厚君　宋爱英（女）　张汉卿　张彦梅（女）　陈艳玲（女）　周岐峻　庞乐天　种代云（女）　袁学义　贾佑存　郭育普　温新月
第十二届	马巧美（女）　马成伦（回族）　韦昌俭　韦　珏（女）　石济跃（女）　包亚杰　朱信一　刘桂荣（女）　刘维敬　刘景修　许怀轩　李秀芝（女）　李保山　杨厚君　张汉卿　张存启　胡洪河　种代云（女）　姜守民　贾佑存　徐长普　陶吉彬　黄启元　黄启祥　龚彦海

续表 16-4-1

届次	姓名
第十三届	马成伦（回族）　韦昌俭　韦　珏（女）　牛玉霞（女）　包亚杰　任兰才　齐继坤　李秀芝（女） 李逢志　李新魁　杨雪芳（女）　沈景雷　宋占良　张存启　张怀举　林伟光　庞全岭 赵规文　种代云（女）　袁　冰　贾佑存　徐长普　高　慧（女）　郭祥海　黄启祥 瞿印庭
第十四届	韦　珏（女）　牛玉霞（女）　史宝亮　付道俭　刘守坤　孙守兰（女）　李秀芝（女） 李建民　李逢志　杨雪芳（女）　吴吉利　陈德才　林伟光　周建云　庞全岭　孟繁文 段文喜　徐长普　徐林光　高　慧（女）　郭祥海　黄世翠　黄汝航　谢启创　樊廷海
第十五届	王光文　王　伟　王　超　王慧敏　史宝亮　刘瑞芳（女）　许　涛　孙少青　孙守兰（女） 李秀芝（女）　吴吉利　张守文　张忠江　张金亮　林伟光　周建云　庞全岭　孟庆召 孟　皓　赵志魁　秦庆涛　徐长普　徐　均　高鹏程　高　慧（女）　郭祥海　黄正光 黄汝航　蒋振华　韩瑞焕　谢启创　满全祥

说明：此名录为同届一次会议选举产生的常务委员，按姓氏笔画排序

制度建设　1986 年后，县人大常委会先后修订和完善《单县人大常委会会议制度》《单县人大常委会主任会议制度》《单县人大常委会监督工作制度》《单县人大常委会人事任免制度》《单县人大常委会议事规定》《单县人大常委会学习制度》《单县人大常委会廉政勤政守则》《单县人大常委会联系代表办法》《单县人大常委会信访工作办法》《单县人大常委会办理代表建议、批评和意见的暂行规定》《单县人大常委会评议“一府两院”工作的暂行规定》《单县人大常委会关于加强自身建设的规定》《单县人大常委会关于县人大常委会会议审议事项实行票决制的暂行办法》等规章制度。2007 年后，县人大常委会机关积极开展创建“四型”（即学习型、服务型、创新型、实干型）机关活动，切实加强自身建设，使人大机关各项制度建设逐步规范化、程序化、法制化，确保县人大机关工作良好、规范、高效运行。

第二节　乡镇人大

工作机构　1986 年，乡镇配备人大工作联络员，1989 年，设立乡镇人大工作处，1996 年，改称乡镇人大主席团。1990 年 3 月，乡镇人大工作交流会召开，8 个乡镇人大工作处发言。1997 年后，乡镇人大通过制定规章制度，乡镇人大负责人定期培训、外出学习考察，列席县人大常委会会议等，提高依法办事的工作能力。2008 年 7 月，北城街道、南城街道设置人大联络处，2009 年 2 月，园艺街道设置联络处，2010 年 7 月，东城街道设置联络处，配备联络处主任、副主任。2010 年，县委转发《中共菏泽市委关于加强全市乡镇人大工作的意见》，各乡镇（街道）配齐人大主席（主任）、专职副主席（副主任）、专职工作人员。乡镇人大活动经费列入同级乡镇（街道）财政预算。

换届选举　1986—2010 年，全县先后 8 次开展乡（镇）人民代表大会换届选举工作。2007 年前，乡（镇）人民代表大会 3 年换届 1 次，2007 年后，改为 5 年换届 1 次。各乡（镇）于 1987 年、1990 年、1993 年、1996 年、1999 年、2002 年、2005 年、2008 年，分别召开人民代表大会，选举产生各乡（镇）人大主席团主席、副主席，选举产生各乡（镇）人民政府乡（镇）长、副乡（镇）长。

第十七编
地方国家行政机关

单县行政审批服务中心

1949 年 9 月，单虞县撤销并入单县，单县民主政府改称单县人民政府。1955 年 12 月改称单县人民委员会。1967 年 3 月，县人委被造反组织夺权，成立单县革命委员会。1981 年，撤销单县革命委员会，成立单县人民政府。

中共十一届三中全会以后，县政府坚持以经济建设为中心，不断深化政治体制和经济体制改革，大力发展城市和农村经济，全县呈现出百业兴旺、蓬勃发展的新局面。1985 年，全县实现国内生产总值 3.89 亿元、财政收入 1039 万元，人均国民生产总值 424 元，分别是 1978 年的 3.06 倍、1.29 倍和 2.83 倍。

1986 年后，县政府按照强化农业、突出工业、加快发展第三产业的发展战略，努力推进国民经济社会各项事业快速、持续、健康发展。农业的基础地位不断巩固和提升，工业的主体地位进一步加强，基础设施建设突飞猛进，三次产业结构趋于合理，外向型经济快速发展，城市建设日新月异，社会事业全面进步，人民生活持续改善，社会大局和谐稳定，历届人民代表大会确定的全县经济和社会事业发展目标及各项工作任务全面完成。2010 年，实现地区生产总值 144.84 亿元，地方财政收入 10.1 亿元，农民人均纯收入 5798 元，城镇在岗职工年平均工资 19802 元，比 1986 年分别增长 33.23 倍、75.28 倍、16.4 倍和 15.58 倍。

第一章　单县人民政府工作机构

第一节　政府领导构成

县政府由县长、副县长及行政部门主要负责人组成，县长、副县长由县人民代表大会选举产生，行政部门主要负责人由县人大常委会任命。县政府实行县长负责制，县长主持县政府全面工作。副县长、县政府办公室主任协助县长工作。1986—2010 年，县政府历经第九、十、十一、十二、十三、十四、十五届。1993 年前，每届任期 3 年；之后，每届任期 5 年。

第二节　政府工作部门

1986 年，县政府设工作部门 46 个：办公室、县民政局、县公安局、县司法局、县人事局、县地方史志编纂委员会办公室、县计划委员会、县劳动局、县统计局、县物资管理公司、县物价局、县经济委员会、县经济研究中心、县交通局、县供电局、县工业公司、县二轻公司、县多种经营办公室、县乡镇企业局、县职工教育管理委员会办公室、县城乡建设委员会、县环境保护办公室、县财政局、县税务局、县商业局、县供销合作社联社、县工商局、县审计局、县粮食局、县农业局、县农业区划办委员会公室、县土地管理办公室、县林业局、县水利局、县棉花办公室、县农机公司、县科学技术委员会、县标准计量管理所、县对外贸易综合公司、县体育运动委员会、县教育局、县文化局、县广播电视局、县卫生局、县爱国卫生运动委员会、县计划生育委员会。

1987 年 11 月，设立县体制改革办公室、县监察局，均为正科级行政单位。1988 年 3 月，撤销县政府土地管理办公室，设立县土地管理局，列入政府工作部门序列。1989年4月，设立县农业委员会，为正科级行政单位。1989年5月，设立县安全委员会办公室、县对外经济委员会、县农业委员会、县黄淮海平原农业开发办公室、县农业机械管理局，均为正科级事业单位；县老龄问题委员会（1987年12月设立）更名为县老龄问题委员会办公室，县物资管理公司更名县物资管理局，县对外贸易综合公司更名对外贸易局。7月，县水产公司由副科级升格为正科级。11月，县工业公司、县二轻工业公司分别恢复为工业局、县二轻工业局。县外事侨务办公室由副科级升格为正科级单位。1989年7月，县对外贸易综合公司改称县对外贸易局。1990年2月，撤销县水产公司，设立县水产局。3月，县标准计量管理所改称县技术监督局，为正科级事业单位；县环境保护办公室更名为县环境保护局。6月，设立县政府法制局。1991年6月，县体制改革办公室更名为县经济体制改革委员会；设立县畜牧局，为正科级事业单位。1992年7月，设立菏泽进出口商品检验局单县办事处，为正科级事业单位。1992年12月，县对外经济委员会与外贸局合并改称为对外经济贸易委员会。1993年7月，县监察局与县纪委合署。12月机构改革，县教育局改称县教育委员会，县档案局改建为县档案馆，县技术监督局改建为县标准技术监督中心，菏泽进出口商品检验局单县办事处改建为单县进出口商品检验中心，县职工教育管理委员会办公室改建为县职工教育培训中心（事业，隶属于经济委员会），县信访办公室更名为县信访局（隶属县委办公室）；县城建委与县环保局合并为县城乡建设环境保护委员会，县文化局与县体委合并为县文化体育委员会；县农业局、县水产局、县林业局、县农机局、县畜牧局分别改建为县农业服务中心、县水产服务中心、县林业服务中心、县农业机械服务中心、县畜牧服务中心，原行政管理职级归属县农业委员会，其中县林业服务中心、县畜牧服务中心为事业性服务实体，其余为事业单位；县工业局、县二轻工业局、县供电局、县商业局、县粮食局、县物资局转体为各自集团总公司，县供销合作社联合社加挂供销集团总公司牌子，均转体为企业单位；撤销县经济体制改革委员会、县法制局、县安全委员会办公室（人员、职能归并县劳动局）、县物价局（人员、职能归并县工商行政管理局）、县农业区划委员会办公室、县爱国卫生运动委员会等单位；设立县财贸委员会。

1994年5月，县党史资料征集研究委员会和地方史志编纂委员会办公室合并为县党史县志办公室。7月，撤销县税务局，设立国家税务局和地方税务局。1996年9月，县广播电视服务中心改称县广播电视局，县标准技术监督中心改称为县技术监督局；撤销县农业服务中心、县林业服务中心、县畜牧服务中心，恢复县农业局、县林业局、县畜牧局，均由事业改为行政；撤销县城乡建设环境保护委员会，分设为县城乡建设委员会和县环境保护局；重设县爱国卫生运动委员会办公室；设立县民族宗教事务办公室，为正科级行政单位。县进出口商品检验中心又改为菏泽进出口商品检验局单县办事处。1997年4月，设立县蔬菜局。行政，正科级。1997年8月，县物价局从县工商行政管理局分离设立。1997年8月，县文化体育局分设为县文化局和县体育运动委员会。1998年4月，设立县城市房地产管理局。1998年9月，菏泽进出口商品检验局单县办事处撤销。10月，县黄淮海平原农业开发办公室改为县农业综合开发办公室。1999年4月，设立县个体私营经济发展局，与县乡镇企业局一个机构两块牌子。1999年5月，县劳动局改为县劳动和社会保障局。2001年6月，设立县安全生产委员会办公室、县招商办公室。2002年3月，县水利局改称县水务局。4月，县老龄委员会办公室更名为县老龄工作委员会办公室。5月，县计划委员会改称县计划发展局，县计划生育委员会改称县计划生育局，县城乡建设委员会改称县建设局，县土地管理局更名为县国土资源局，县对外贸易委员会更名为县对外贸易经济合作局，县体育运动委员会改称为县体育服务中心，县物价局改称为县物价管理办公室，县林业局改称为县林业服务中心，县畜牧局改称为县畜牧服务中心，县乡镇企业局改称为县民营经济发展管理办公室，县房地产管理局改称为县房地产服务中心，县广播电视局改称为县广播电视服务中心，县物资集团总公司改名为县物资协会，县商业集团总公司改名为县商业协会。2002年5月，撤销县体制改革委员会办公室、县经济研究中心、县蔬菜局、县多种经营办公室（并入到农业局）、县财贸委员会（职能并入经贸局）；县经济委员会改称县经济贸易局，县工业集团公司更名为县工业协会，县二轻工业集团总公司更名为县轻工业协会，县教育委员会改称为县教育局，县科学技术委员会改称县科学技术局，县农业委员会改称县农村工作领导小组办公室。县棉花生产办公室改为副科级，归并农业局。7月，根据省、市机构改革精神以及《单县县级党政机构设置和人员编制方案》，县政府设工作部门25个，即县政府办公室、县发展计划局（挂物价局牌子）、县经济贸易局、县教育局、县科学技术局、县民政局、县公安局、县司法局、县财政局、县人事局、县劳动和社会保障局、县交通局、县水务局、县农业局（挂林业局牌子）、县文化局、县卫生局、县计划生育局、县审计局、县统计局、县建设局、县国土资源局、县环境保护局、县粮食局、县民族宗教事务局、县对外贸易经济合作局。

2004年6月，设立县安全生产监督管理局，为正科级行政单位。9月，设立县行政审批服务中心管理办公室，为正科级行政单位；县建设局更名为县建设管理局，挂县人民防空办公室牌子。2005年1月，撤销县职工教育培训中心；撤销县物资协会、县商业协会，成立县商贸协会；撤销县工业协会、县轻工业协会，并入经济贸易局；撤销县农村工作领导小组办公室，职能归并县农业局。3月，设立县城市资产经营中心。9月，设立县城市管理行政执法局，为正科级行政单位。2006年2月，设立县经济开发区管理委员会，正科级行政机构，为县政府派出机构。12月，县发展计划局更名为县发展和改革局，加挂县物价局牌子。县计划生育局更名为县人口和计划生育局。2008年1月，设立县煤炭管理局，为正科级事业单位。4月，设立开山公园管理办公室，为正科级事业单位。

2010年1月，县经济贸易局更名为县经济和信息化局，县城市管理行政执法局更名为县城市管理局，县对外贸易经济合作局更名为县商务局，县物价管理办公室改为县物价局，县林业服务中心更名为县林业局，县交通局更名为县交通运输局，县文化局更名为县文化体育局，县建设管理局更名为县住房和城乡建设局；撤销县人事局、县劳动和社会保障局，并建为县人力资源和社会保障局。该年底，县政府设工作部门24个：县政府办公室、县发展和改革局（挂县物价局牌子）、县经济和信息化局（挂县商务局牌子）、县教育局、县科学技术局、县公安局、县民政局、县司法局、县财政局、县人力资源和社会保障局、县安全生产监督管理局、县国土资源局、县住房和城乡建设局（挂县城市管理局牌子）、县交通运输局、县水务局、县农业局（挂县林业局牌子）、县文化体育局、县卫生局、县食品药品监督管理局、县人口和计划生育局、县审计局、县环境保护局、县统计局和县民族宗教事务局。

第三节　政府职能

政府职能　执行本级人民代表大会及其常务委员会的决议，以及上级行政机关的决议和命令，规定行政措施，发布决议和命令。领导和监督所属各工作部门和下级人民政府的工作。执行经济计划和预算，管理本行政区域内经济文化建设、民政和公安等工作。依法任免和奖惩国家行政机关工作人员。保护公共财产，维护社会秩序，保障公民权利，保障少数民族的平等权利。监督所属各部门和下级人民政府的工作。办理上级国家行政机关交办的其他事项。

职能转变 1986年，重点是工业体制改革，县政府开始简政放权。1987年，围绕简政放权、搞活企业，推行厂长负责制，完善企业内部经济责任制。当年11月，对县属国营工商企业和部分集体工商企业实行承包经营。1986年前，财政管理仍是全县统收统支，“吃大锅饭”，乡镇收入上缴，花钱伸手要，限制了乡镇政府当家理财积极性的充分发挥。1986年7月，根据上级要求，单县分期分批建立乡级财政。1987年11月，成立县体制改革委员会。同年，改革卫生院管理体制，将乡镇卫生院划归乡镇政府管理。1993年4月，积极推进县级综合改革，彻底转变政府职能，在发挥市场对资源配置的基础性作用的同时，改进和完善计划手段，把该管的管住、管好，该放开的放开、放活，改善和加强宏观调控。县乡机构改革按照“精简、统一、效能”的原则和“政企分开、转变职能、理顺关系、强化服务”的指导思想，选择经济管理部门为突破口，采取“撤、并、转、放、分、控”的方法，逐步建立起适应市场经济发展的管理体制。撤销不适应市场经济发展的机构；合并职能交叉，业务重叠的机构；将部分经济技术管理部门转为自主经营、自负盈亏的经济实体；把宜于放到乡镇的县直分支机构或派出机构的人、财、物放下去；对机构改革中的富余人员，按其专长，合理分流。2002年，成立单县行政审批服务中心，大力推进行政审批制度改革。突出抓好行政审批权清理工作，做到“该除尽除”“应减必减”，以行政执法“窗口”单位为重点，凡面向群众的行政审批、登记、办证、收费等事项一律公开，为群众提供高效快捷的服务。2007年1月，县政府印发《单县人民政府工作规则》，要求县政府及各部门要加快政府职能转变，全面履行经济调节、市场监督、社会管理和公共服务职能。同年，单县对行政许可审批事项进行清理，取消、调整一批行政审批项目。2008年，对保留的行政审批事项，进一步规范审批程序和审批方式，明确各个审批环节的标准、条件、时限和相应的责任，做到分工合理、职责明晰、相互制约、相互监督。2007年8月10日起，县政府建立服务企业联席办公会议制度，即：每月的10日、20日、30日为县政府服务企业联席办公会议日。督查室安排专人参加，对会议上所提问题及时汇总，以督办单的形式下发到有关负责部门和乡镇，并进行跟踪督查，要求责任部门每月的7日、17日、27日报送办理进度。问题解决后，在下次办公会议上及时通报，做到事事有回音，件件有结果。

第二章 政府施政方式

第一节 会 议

会议类型 县长办公会议 县长办公会议由县长、副县长和政府办公室主任组成并吸收县人武部负责人参加，由县长召集和主持。县长不在家需要召开县长办公会议时，由常务副县长召集和主持。一般每半个月召开一次。县长办公会议的内容：主要是研究贯彻党中央、国务院的路线、方针、政策和省委、省政府、市委、市政府、县委的决定、决议；听取各副县长和县政府部门的重要工作汇报；审议通过向上级报告请示的重大内容；审议通过县政府的指示、决定和县长的重要讲话稿；审议关系全县国民经济和社会发展的重大问题及长远规划、年度计划、财政预决算等；研究制定重大改革方案和措施；制定县政府职权范围内的重要法规和政策规定；研究处理县政府各部门和乡镇政府报请解决问题的请示、报告；讨论需要由县长办公会议集体规定的其他事项。

政府党组会议　政府党组会议由县政府全体党组成员组成，由县政府党组书记召集和主持，党组书记不在需要召开时，由党组副书记召集和主持，一般每两个月召开一次。政府党组会议的内容：主要是研究干部任免、干部奖惩及需要由政府党组会研究决定的事项。

政府成员会议　由县长、副县长、县政府办公室主任和政府序列的委、办、局主任、局长组成，由县长召集和主持，一般每半年召开一次。政府成员会议的内容：传达贯彻党中央、国务院、省委、省政府、市委、市政府和县委的重要指示；通报重要工作情况；研究部署一年或半年的政府工作；讨论需要由政府成员会议决定的其他事项。

府务工作会议　由县长、副县长、县政府办公室主任和政府序列的委、办、局主任、局长和各区乡镇长组成，由县长召集和主持，一般一年召开一次。府务工作会议的内容：全面总结政府年度工作，研究部署下年度政府工作任务，讨论需要由府务工作会议决定的其他事项。专题会议。专题会议由县长、副县长、县长助理或县长、副县长委托县政府办公室主任或副主任召集，研究协调解决县政府工作中的一些专题问题和分工范围内的重要问题。

全县会议　根据工作需要，召开有关人员参加的或综合类或专题会议，将县政府工作安排部署到有关部门行业。

会议制度　凡应参加会议的人员要按时参加会议，特殊情况不能参加者，要事先向会议召集人请假；各部门需要提交县长办公会议和政府党组会议审议的议题，事前必须做好调查研究和充分准备，议题材料要简明、扼要、准确，不仅要提出问题，而且还要提出解决问题的意见和办法，对需要会议决定的事项，其内容涉及有关部门的，要在会前协商一致，经过协商，意见不一致时，汇报单位在会上要将分歧意见如实汇报；县政府部门向政府会议汇报工作，一般由主要负责人参加，必要时可带一至两名助手。汇报时间一般不得超过半个小时；会议期间非工作人员不得随便进入会议室，不准随便叫人，外来电话一般不予传递，需要领导阅批的急电和紧急事项，需经会议工作人员请示有关领导同意后方可送批；对会议决定和需传达事项，要以正式文件、会议纪要或文字通知为准。政府办公室对会议决定或需传达事项，会后要及时撰写文稿，送领导签发后，及时送达有关部门，并抓紧催办工作，有关部门要及时办

县政府全体（扩大）会议

理，并将执行办理情况及时报送县政府办公室。

第二节　公　文

县政府行文制度　县政府对各乡镇政府（街道办事处）、县政府各部门、直属事业单位和重点企业直接行文，并受理上述单位的请示、报告。县政府严格控制发文数量，属部门职权范围内的事务，由部门自行发文或县政府办公室转发；确需由县政府或县政府办公室发文的，由部门草拟文稿，并提前5个工作日送达县政府办公室，由县政府办公室按程序办理。未经县政府批准，县政府各部门、各直属机构不得直接向乡、镇政府正式行文。属于业务性较强或行业性的重要工作，或其他需县政府同意的事项，报经县政府领导审定后，可加“经县政府同意”字样，由部门行文。

公文审批制度　各乡镇、各部门报送县政府审批的公文，按照《国家行政机关公文处理办法》和《山东省实施〈国家行政机关公文处理办法〉细则》的规定程序办理。由县政府办公室按照程序呈批，重大事项报县长审批。县政府报送上级政府审批的公文和县政府发布的规章、决定、命令、向县人民代表大会及其常务委员会提出的议案、人员任免等，由县长签署。以县政府名义发文，经县政府分管副县长审核后，由县长签发或委托副县长签发。以政府办公室名义发文，由县政府办公室主任签发，如有需要，可核报县长签发。县政府领导审批公文，对有具体请示事项的，应签署明确意见；对一般报告性公文，圈阅表示“已阅知”。

第三节　政务信息与调研

政务信息　政务信息包括经济活动、科技成果、新闻报道、社会动态等。1986年，县政府编发《政府工作简报》38期。1988年，县直各部门、各区公所、乡镇政府、部分县属企业均配备一名兼职信息员，负责本单位信息的搜集、整理和反馈工作。同年，编发《政府工作简报》42期。1998年4月，县政府办公室印发《关于印发1998年政务信息工作要点的通知》，规定县政府信息科负责全县政府信息工作，并制定当年政务信息工作的6个要点。2001年，共上报信息425条，被市政府采用237条，被省政府采用7条。2001年、2002年连续两年被定为省政府直接联系县，可直接往省政府报送信息。2006年，共上报信息521条，被市政府采用326条，被省政府采用3条。同年，编写《国能单县生物质发电项目在山东菏泽实现零的突破》《我国首个生物质发电示范项目国能单县生物发电项目运行良好》信息，被省、市政府采用。2007年，共上报信息486条，被市政府采用227条，被省政府采用6条。2008年，共上报信息410条，被市政府采用246条，被省政府采用5条，编发《政务信息》290期。同年，在全省政务信息质量评审会上，《单县着力加快村镇建设和环境整治》《单县三条措施拉动工业经济快速发展》两条参评信息获得二等奖。2009年，全年共上报信息463条，被市政府采用193条，被省政府采用3条，编发《政务信息》232期。2010年，共编写信息497条，上报信息319条，被市政府采用184条，编发《政务信息》251期、《工作简报》216期。当年作为国家基本药物制度试点县，编写上报的《国家基本药物制度对农村卫生室的影响不容乐观》信息被省政府、国务院办公厅分别采用，为上级领导在国家基本药物制度方面科学决策提供依据。

调查研究　2000年，随着改革开放的深入和经济的不断发展，新情况、新问题不断出现，为加强调研信息工作，县政府办公室印发《关于进一步加强调研信息工作的通知》，在县政府各部门和各乡镇政府设立调研信息工作直报站，各部门、各乡镇政府办公室主任为调研信息站长，直报站配备调研信息员，具体负责政府工作调研信息的搜集、整理和上报工作。2002年，按照“贴进中心、贴近领导、贴近实际”的原则，重点针对那些具有全局性、战略性、方向性、政策性的重大问题，以及社会关注、群众关心的焦点问题，精心确定调研课题，及时组织调研。对确定调研的课题，除县政府综合调研室直接调研外，还落实到责任部门和责任人完成调研任务。对领导临时安排的调研任务，实行牵头人或牵头部门负责制，集中力量开展调研，确保高标准、高质量地完成任务。2002—2005年，县政府综合调研室每年完成调研课题15个；各乡镇政府及县政府各部门主要负责人每月开展一次调研活动，每季度写出1篇有针对性的调研报告，报送县政府综合调研室，由县政府综合调研室汇总、筛选、整理后报县领导参阅。2006年，县政府调研室经过调查研究，形成高质量的调研报告，其中，在报刊上发表15篇。在国家级报刊发表3篇，《整合社会资源，综合治理计划生育》在人民日报《共产党人》专刊发表，《统筹城乡经济发展，构建和谐社会》在国家计委《中国区域经济专刊》发表，《关于单县农业产业化经营情况的调查》在《发现》杂志上发表。在省级报刊发表2篇，《强化四个支撑扎实推进新农村建设》在山东《经济战略研究》发表，《坚持五个强化扎实推进新农合》在山东省人民政府《决策参考》上刊登。在市级报刊上发表10篇。《关于统筹农村经济发展的调查与思考》获2006年菏泽市政府系统优秀调研成果二等奖。2007年上半年，对全县乡村“空心化”现状进行调研，形成《单县乡村人才“空心化”的现状》的调研报告。县政府调研室与国土局、经济开发区、经贸局等有关单位对经济开发区项目进行为期10天的调研，对项目调查的数据统计分析，撰写《开发区项目基本情况的调查报告》。全年共组织调研活动23次，撰写调查报告22篇，编发《内部情况通讯》7期，为领导科学决策提供依据。2010年，综合调研室针对方向性、苗头性、全局性问题，广泛开展调查研究，全年组织各类大型调研活动16次，共完成各类调研报告26篇。其中，《落实四高要求、推动经济又好又快发展》《创优环境、打造平台、促进县域经济发展》等9篇调研报告在《菏泽政务》《经济战略研究》等杂志上发表，《关于单县农业产业化发展情况的调研》《关于加速推进大项目建设的调查与思考》等22篇调研报告，纳入领导决策。

第四节　政务督查

1990年，县政府办公室印发《关于认真做好人大代表建议和政协委员提案办理工作的通知》，此后，对于人大代表建议和政协委员提案，每年都督查办理。2003—2007年，共办复人大代表建议326件、政协委员提案552件。2010年，共承办县人大代表建议41件，县政协委员提案95件，主要涉及城市建设、交通运输、文教卫生、工业经济、新农村建设、广电网络、人力资源等问题。按照工作程序和要求，各承办单位全部予以办理答复，答复率为100%。1992年10月，县政府办公室设立督查科，配备专职人员。1993年，县政府办公室印发《单县政府系统督促检查工作暂行规定》，督查工作主要任务：对上级和本级政府重要会议、决定和重要文件精神贯彻落实情况督促检查；对上级和本级政府日常会议决定事项催办；对上级和本级政府领导同志重要批示和交办事项催促落实；新闻媒介对本县的重要批评和建议，按照领导批示要求，检查承办部门落实情况；负责政府系统承办的人大代表建议和政协委员提案的组织、协调、催办答复工作。1999年10月，各乡镇政府、县直各部门均配备兼职督查员1人。2002年5月，督查科改为县政府督查办公室，规格为正科级行政机构，督查工作逐步走向规范化、制度化、科学化。2006年7月，县政府印发《关于进一步加强政务督查工作的意见》，明确督查工作重点。2007年，县政府重点工作和中心工作全部实行月或半月督查。督查工作分四个程序：①每月的13日和27日，向承办单位下发督查通知，上报工作任务完成情况；②县政府督查室把每个承办单位的工程进度情况整理后，组织人员现场查看，结合各单位上报和现场查看情况，汇总向县长汇报；③按县政府领导的工作要求，督查室跟随县政府领导到每个项目现场进行督查调度；④根据现场督查调度情况进行通报。全年共编发《政务督查》29 期。2010 年，督查室以人代会通过的《政府工作报告》和县委、县政府《2010 年重点工作目标任务》及《单县人民政府关于 2010 年政府工作意见》作为全年督查工作的主线，对 100 项重点工作分解立项、明确任务目标和完成时限，确定承办单位及责任人，以县政府办公室文件形式下发到各乡镇、县直各部门。同时利用《单县政务督查》进行通报，表彰先进，鞭策落后。全年共发《单县政务督查》通报 56 期，其中，对重点工作事项督查通报 32 期，其他工作事项通报 24 期。

第五节　县长公开电话

机构设置　2003 年 3 月，设立“县长公开电话”办公室，配备政治素质高、政策观念强、业务精通的工作人员，制定工作原则和工作制度。4 月 1 日 8 时，县长公开电话准时开通。2006 年 3 月，县政府办公室印发《关于进一步加强县长公开电话工作的通知》。县政府安排专项资金新增微机、传真机、录音电话等硬件设备，安装多功能专线电话，开通计算机网络，通过电子政务专网与市长公开电话联系，保证县长公开电话畅通。9 月，市公开电话受理中心领导到单县检查指导县长公开电话升级联网工作时，对县长公开电话工作给予充分肯定。10 月，按照市公开电话受理中心的要求，在乡镇和县政府各部门建立市长公开电话三级网络，成立相应机构，配备专职人员，负责群众来电的接听、办理工作，县长公开电话在全县形成一个联动的网络系统。

来电办理　对于来电人反映的意见和要求，工作人员进行详细接话、认真受理、准确记录，并区别不同情况，及时向领导报告；承办单位接到群众反映的急、险事件给予立即处理，当日办结。特殊超时限的，经有关领导批准，并向群众说明，待处理完后及时反馈。2003 年共接听群众电话 2046 个，反映问题 1753 件，电话中当即解答 563 件，通过《县长公开电话处理单》办理 446 件，接办市长公开电话转办 103 件，县政府领导批示件 220 件，县政府办公室领导批示件 421 件，如期结办率 98.8%，反馈率 100%。2006 年，县长公开电话共受理群众反映和咨询的问题 1487 件，其中，转办市长公开电话 193 件，传真 106 件，直接答复群众 762 件，转批有关单位处理 725 件，向县政府领导反馈 22 件，群众反映强烈的问题，通过县领导阅批，得到圆满解决，全年结办率 100%。2010 年，配备 2 名政治素质好、责任心强、接听技能高的专职人员到公话办工作，确保电话 24 小时有人接、及时接、文明接。同年，县长公开电话受理中心共受理群众来电反映及咨询问题 2985 件，其中，由市长公开电话转办 466 件，市长信箱 36 件，县长信箱 88 件，办结率达到 100%，群众满意率、基本满意率达到 99%。根据反映问题的轻重缓急，上报领导批示 96 件，直接答复群众 872 件，交有关部门办理 2007 件。

第六节　行政审批

审批中心　2002 年 7 月 24 日，成立县行政审批服务中心管理委员会。8 月 28 日，单县行政审批服务中心（以下简称中心）挂牌成立。2004 年 6 月 20 日，设立单县行政审批服务中心管理办公室，为正科级全额事业单位，编制 8 人，隶属县政府办公室。中心管理办公室，设主任 1 人，副主任 2 人，内设办公室、业务部、督查部 3 个部室，主要职责是代表县政府负责中心的日常管理、监督、协调、服务及部门派驻人员考核等方面的工作。2004 年 9 月，单县行政审批服务中心成立党支部。2005 年 3 月 30 日，中心组建团委。2005 年 5 月，团省委授予中心“青年文明号”称号。8 月，成立中心妇委会。2006 年 1 月，市政府授予中心“2005 年度行政审批工作先进集体”称号。2007 年 1 月，市妇联授予中心“三八红旗集体”称号。12 月，省法制办授予中心“全省行政审批工作先进集体”。2008 年 12 月 30 日，县委、县政府联合授予中心“十佳文明服务窗口”称号。2009 年 1 月，市妇女“双学双比”“巾帼建功”竞赛活动领导小组授予中心“全市城镇妇女巾帼建功竞赛活动先进单位”称号。2010 年 3 月，市政府授予中心“全市行政审批工作先进集体”称号。

行政审批中心揭牌仪式

规章制度　2005 年 1 月 12 日，县委组织部、县人事局、县行政审批服务中心联合印发《关于加强县行政审批服务中心工作人员人事管理工作的意见》。2005 年 7 月，县行政审批服务中心建立健全 29 项规章制度，编印《规章制度汇编》。2007 年 2 月，制定“红旗窗口”评选办法。2008 年 8 月，制定“保姆式服务办法”。2010 年 3 月 1 日，制定窗口工作人员年度考核办法。3 月 16 日，制定办公室内部管理制度。全年共完善制定了 18 项管理制度。

进驻单位及审批事项　2002 年 8 月，县行政审批服务中心成立，进驻单位 26 个，审批项目 359 项，共有工作人员 80 余名。2004 年 4 月，县行政审批服务中心联合有关部门对行政审批事项进行集中清理，审批项目调整为 138 项。2010 年 10 月，进驻单位增加到 39 个，行政审批事项 144 个，共有工作人员 108 名。

厅内审批窗口

优质服务　2004 年 10 月 6 日，举行 10 名特邀监督员聘任仪式。2006 年 4 月，印制“审批指南”，服务招商引资。7 月，在实施政务公开、推行授权承诺制工作中，印制“便民服务卡”“服务质量评议卡”“办事格式样本”等。设立监督台、温馨提示牌，工作人员统一挂牌上岗，打造 8 个服务品牌。2007 年 4 月，开展《中华人民共和国行政许可法》《中华人民共和国行政诉讼法》《中华人民共和国行政复议法》《中华人民共和国行政赔偿法》等行政法律法规系列学习活动。2010 年，编印《六项目审批须知》《重大投资项目服务手册》和印发《重点工业项目手续办理一览表》，为领导决策提供参考资料。

第三章　政府施政辑要

第一节　经济建设

1986年7月，县政府印发《关于分批建立乡级财政的通知》，全县分期分批建立乡级财政。乡级财政实行“定收定支、定额补助、超收分成、减收分担、超支不补、结余留用、同奖同罚、一年一定”的办法，超收分成和减收分担的比例均实行乡镇与县五五分成的办法，凡发生在乡镇范围内的收支，由乡镇财政负责管理，并与乡镇利益挂钩。1989年8月，颁布《单县土地管理办法》，强调土地实行社会主义公有制，即全民所有制和劳动群众集体所有制。任何单位和个人不得侵占、买卖或者以其他形式非法转让土地。对国家建设用地、村庄建设用地、县城居民用地以及农村窑厂用地等做出明确规定。1990年5月，印发《关于农村宅基地有偿使用的规定》，明确规定农村土地由乡镇政府和村民委员会统一管理。明确宅基地有偿使用的范围、有偿使用费征收、使用和管理办法。1994年8月，印发《关于加快外向型经济发展的意见》。主要奋斗目标是：从1994年起，全县外资项目的发展力争每年不少于24个；要求每个县经济主管部门每年发展两个以上，非经济主管部门每年也要发展一个；每个乡镇都要在1～2年内创办1～2个外资项目。1994年11月，印发《关于开展农村社会养老保险工作的通知》，从1994年开始，在单县开展农村社会养老保险工作。1995年年底前，农村适龄人口投保覆盖面达到50%；1996年年底前，投保率达到农村适龄人口的80%；1997年年底前，全县农村适龄人口投保率达到100%，并建立健全单县农村社会养老保险制度。1995年4月，印发《关于恢复和推行合作医疗制度的意见》。农村合作医疗实行分级合作，即资金由乡镇政府统一提取，交卫生院组织实施。在资金落实方面，按年人均3～5元筹集，用于本乡镇的合作医疗费用。同月，印发《关于加强乡镇财政建设完善财政管理体制的通知》，规定乡镇财政具体负责乡镇财政预算内资金、预算外资金和自筹资金的管理，负责征收本乡镇范围内的农业税、农业特产税、耕地占用税、契税及罚没收入等。在管理体制上，农业税、耕地占用税属县财政固定收入，由乡镇征收，全额上缴县财政；农业特产税、工商税收、契税、罚没收入等属乡镇财政固定收入，全额留乡镇。支出按现行乡镇管理的范围由乡镇统筹安排，收支基数以1995年核定为准。1996年7月，印发《关于进一步深化国有土地使用制度改革的决定》，决定强化政府职能，全面推行土地“五统一”管理，即县政府对各类非农业建设项目用地实行统一规划、统一征用、统一开发、统一出让和统一管理。1999年5月，印发《单县招商引资及引进人才的优惠规定》，规定外来投资者在单县兴办企业，可通过出租、出让方式取得土地使用权；兴办企业所需水、电、通讯等设施，优先安排解决；新办的生产性企业，经营期10年以上的，从投资之日起3年内，企业所得税先征后返。《规定》对于为单县引进资金的中介人明确了奖励政策。2001年3月，印发《关于进一步加强土地管理切实保护耕地的通知》，明确土地使用制度改革的主要任务。①建立国有土地储备制度。大力推行政府统一征用、统一储备、统一开发、统一配置、统一管理的土地配置管理模式，通过依法征用、收回、收购等途径，实现国有土地所有权的经济价值。②建立土地有偿使用制度。要采取行政、经济、法律等手段，引导各种土地交易入市，消除土地隐形市场和非法交易，禁止非法买卖、转让土地现象。③各类建设要统筹规划，小城镇建设要以旧城改造成方连片开发为主，鼓励各项建设向城市规划区内集中，乡镇办园区、市场向乡镇驻地集中，农民建房向中心镇、中心村集中。2002年7月，印发《关于提高行政效率优化发展环境的意见》，要求进一步压缩行政审批事项。凡与WTO规则相抵触，不符合政企分开和政事分开原则，妨碍公平竞争，以及实际上难以发挥有效作用的行政审批，要全部取消。对上级取消的审批事项，单县一律取消。行政审批项目清理工作完成后，保留和取消的行政审批项目，都要向社会公布，不经公布的保留项目一律无效，县政府各部门执行的行政审批事项，要报县行政审批制度改革领导小组审批。可以用市场机制替代行政审批的，要通过市场机制运作。2003年3月，印发《单县整顿和规范土地市场秩序工作实施方案》，整顿和规范的重点分为6个方面：①非法占用、转让土地；②各类园区、市场、加工厂、加油站用地；③土地市场管理；④土地审批和规划管理；⑤土地执法监察；⑥财务管理。2004年3月，印发《关于进一步加强林木资源保护工作的通知》，要求加大对林木资源的管理力度，加大对破坏林木资源行为的打击力度，以确保单县木材加工企业的原料供应和林木资源的储备。7月，印发《关于进一步加快市场建设的意见》，确定2004年完成西郊农副产品批发市场、纺织品批发市场、日用百货批发市场建设；2005年完成农用车辆批发市场、木材家具批发市场、建筑装饰材料市场建设；2007年前完成小商品和果品等市场建设。2010年3月，印发《关于规范用地程序的意见》，规定了项目用地程序：有意向用地者向县国土资源局提出申请，国土资源局受理后，填写项目用地申请表，申请者到县行政审批中心，由县发展和改革局、县经济和信息化局、县规划办公室、县环境保护局等部门按照职能分工，分别对行业准入条件、集约用地控制标准、规划条件及环境保护指标等进行审核，提出审核意见，交县国土资源局，报县政府审批。4月，印发《关于进一步加强县乡行政事业单位财政财务管理的意见》，规定各乡镇（街道）一切开支要实行乡镇长（主任）“一支笔”签批制度；各单位资金支付业务必须由本单位经办人经手，证明人证明复核，报单位领导审批，再经会计主管人员进行复核无误后交出纳人员办理支付手续。

第二节　社会事业

1987年8月，印发《关于认真做好村民委员会改选工作的通知》，全县村民委员会改选原则是，在各乡镇政府的领导下，由本届村民委员会主持，召开村民大会，让全体选民直接参加选举，参选率不能少于年满十八岁村民的半数以上，当选者必须获得参选人数一半以上的选票方可生效。改选要求在9月15日以前全部结束。1988年2月，印发《关于进一步做好农村卫生工作的通知》，通知要求搞好乡镇卫生院的改革，逐步推行院长负责制、干部招聘制、工人合同制，把企业的承包管理机制引入卫生系统，进行公开招标，实行个人或集体承包经营。把村卫生组织的整顿和建设纳入工作日程，做到村村有卫生室。1991年5月，印发《关于做好劳动就业工作的通知》，解决城镇就业问题，除全民所有制单位按照国家计划招工外，发展多种形式的集体经济和个体经济加以安置。要求办好劳动服务公司集体企业；解决好乡镇待业人员就业问题；发展街居企业，安置待业人员；鼓励待业人员自谋职业。1993年6月，印发《关于实施九年制义务教育运行机制的意见》，决定1995年之前在全县范围内实现小学五年义务教育，到20世纪末实现九年义务教育。当年10个乡镇基本实现小学五年义务教育。要求2万人以下的乡镇1993年内必须建起3所以上义务教育学校，2万人以上的乡镇必须建起5所以上义务教育学校。1997年5月，印发《关于分解落实全县农村奔小康工作任务的通知》，按照通知精神，实现2000年全县农村达到小康的奋斗目标。确保到2000年全县农民人均纯收入达到1200元以上，农村用电比例达到95%以上，通电话的行政村比例70%以上，通公路的行政村比例85%以上，安全卫生水普及率95%以上，钢筋混凝土及砖木结构住房面积比例达到80%以上，享受五保户人口占应享受者的比例达到90%以上，人均地方财力达到小康标准（年人均190元）。1997年12月，印发《关于建立城乡最低生活保障制度的决定》。自1997年12月起，在全县城乡建立最低生活保障线制度。保障标准是，城镇居民最低生活保障标准为每月人均收入100元；农村村民最低生活保障标准为年人均收入500元。1999年4月，印发《单县村庄规划建设的意见》，至2000年年底，编制完成全县所有村庄的规划。通过实施规划，争取用10年的时间，把单县多数村庄建设成布局合理，水、电、路等基础设施配套齐全，经济繁荣，环境优美，有地方特色的现代村庄。在规划建设上，有针对性地推广村庄合并和旧村改造两种形式。2000年8月，印发《关于进一步加快全县社会救助制度建设的通知》，对城镇月人均收入在最低工资标准以下的家庭、农村人均收入低于当地上年人均收入1/3的家庭实行社会救助。推行社会救助制度，实行社会部门联户、企业联户、党员干部联户、富裕户联户，为贫困户指路子、助资金、教技术、上项目、供信息，帮其尽快脱贫。要把经常性的捐赠活动作为社会互助制度在全县开展起来。各有关部门，要为社会救助对象在生产、生活、经营、加工、技术培训、上学、治病等方面提供各项优质服务。2002年11月，印发《关于进一步完善城镇职工基本医疗保险制度改革的通知》，继续完善城镇职工基本医疗保险制度。职工个人缴纳的基本医疗保险金，全部计入个人账户。用人单位缴纳的基本医疗保险金的30%左右划入职工个人账户，并根据职工的年龄，分别确定划入个人账户的比例：在职职工以本人月缴费工资为基数，35岁及以下的，按0.7%划入；36岁至45岁的，按1%划入；46岁及以上的，按1.3%划入。退休人员以本人养老金为基数，按4.5%划入。2003年3月，印发《单县城市管理规定》，要求所有单位和个人在城市的一切建设活动，凭计划部门批准的有关文件到县建设主管部门办理选址意见书、建设用地规划许可证、建设工程规划许可证。城区中的建筑物、公共设施、园林绿化、环境卫生等要符合国家规定的城市容貌标准。县城环境卫生的清扫、保洁，要符合规定的清洁质量标准。进入城区主要道路的机动车，必须遵守交通警察的指挥。任何单位和个人必须自觉管理维护城区道路。2005年12月，印发《关于做好大中专毕业生就业工作的意见》，规定：企业单位通过毕业生就业市场，按照“供需见面、双向选择”的办法接收毕业生；财政拨款事业单位坚持“逢进必考”，采取“公开、公平、竞争、择优”的办法接收毕业生；自收自支事业单位，可以面向社会公开招考，也可以通过“供需见面、双向选择”的办法接收毕业生。2006年3月，印发《单县新型农村合作医疗实施办法（试行）》，新型农村合作医疗基金每人每年40元，主要由各级政府资助资金、参合农民个人缴纳资金、集体扶持资金和社会捐助资金构成。新型农村合作医疗基金支出有门诊支出、住院支出和其他支出。参合农民住院期间的药费、床位费、手术费、材料费、处置费、输液费、输血费、输氧费、常规影像检查以及常规化验费用均可按规定补偿。2007年10月，印发《单县村镇规划建设管理规定》，规定村镇规划在县建设行政主管部门的指导下，由各乡镇人民政府负责组织编制并监督实施，县人民政府组织编制村镇建设体系规划。县建设行政主管部门在村镇规划区内依据有关法律、法规，对村镇的各项建设用地和建设活动进行统一安排和控制，引导和调节村镇的各项建设事业有计划、有秩序地协调发展，保证村镇规划的实施。12月，印发《关于加强廉政建设的意见》，要求："进一步深化体制、制度改革；继续认真解决损害群众利益的突出问题；坚决查办违法违纪案件；继续深入开展治理商业贿赂专项工作；大力优化经济发展环境；进一步加强对行政权力运行的制约和监督；切实加强政风建设"。2008年4月，印发《贯彻实施〈中华人民共和国义务教育法〉扎实推进素质教育的意见》，加强和改进学校德育工作。教师实行一岗双责，既教书又育人，形成全员育人、全程育人的德育工作机制；各学校建立自己的校外教育场所，并充分发挥未成年人校外活动场所和社会实践基地的作用；根据不同年龄阶段学生的特点，有针对性地培养社会主义法制观念与法律素质。8月，印发《关于开展城市社区卫生服务的实施意见》，要求有计划、有步骤地建立健全社区卫生服务网络。建立南城卫生服务中心和北城卫生服务中心。按1万～1.5万人口设置1处社区卫生服务站，使居民步行15分钟即可获得医疗服务。

第三节　重要会议

1986年11月6日，县委、县政府在党校礼堂召开深入企业改革动员会议，中心议题是贯彻和部署实行企业承包经营责任制。对县属国营工商企业和集体工商企业承包工作，先进行试点，然后再进行全面铺开。1993年6月1日，县委、县政府召开全县乡镇企业工作会议，县委书记周书运在会上讲话。这次会议主要是传达贯彻中央和省、地加快发展乡镇企业会议精神，对发展乡镇企业进行再认识、再发动、再加温、再加压，努力实现单县乡镇企业的跨越式发展。1996年2月4日，省邮电局、诸城市和单县三方第四次联席会议在单县召开，参加会议的有省邮电局纪检书臧庆云、办公室主任刘训灿，诸城市副市长戚丙顺、诸城市粮油集团总公司副总经理、党委书记王法人，单县县委书记侯宪秀、副书记李学军等。三方对已完成的合作项目剪彩。之后，在湖西宾馆第二会议室召开联席会议。会议肯定三方合作所取得的巨大成绩，研究确定以后省邮电局、诸城市帮扶单县的若干项目。1997年5月17日，全县企业改制工作动员大会召开，县委副书记李学军到会讲话。会议内容是研究部署如何进一步解放思想，加大力度，加快全县企业改制步伐，为全县经济的健康、稳定、快速发展增添新的活力。1998年12月25日，召开贯彻省东西结合会议精神动员大会，县委副书记、县长李学军到会讲话。会议肯定东西结合和改革试点县工作为单县经济发展带来的前所未有的发展机遇；回顾单县经济运行情况；明确下一步奋斗目标：1999年全县生产总值达到20.26亿元，增长12%。农民年均收入达到2250元。2000年3月23日，全县城市经济和个体私营经济工作会议召开，县委副书记、县长李学军出席会议并作题为"开拓进取，乘势而上，努力开创经济工作新局面"的报告。会议的主要任务是对城市经济和个体私营经济的发展进行一次再动员、再布置，推动全县经济更快更好地发展。5月23日，全县招商引资发展个体私营经济和优化经济环境动员大会召开。会上，下发了县委、县政府制定的《关于广泛开展招商引资的若干规定(试行)》(即"招商引资二十条")。这次会议，对于增强广大干部群众的事业心、责任感和危机感，抢抓机遇，齐心协力搞好招商引资，发展个体私有经济起到巨大推动作用。2004年9月22日，召开全县第一次经济普查工作动员会。会议要求各乡、镇、规模以上企业、县直有关部门迅速组建经济普查机构，拨付专项用费，切实做好第一次经济普查工作。2005年1月7日，全县经济工作会议在剧院召开。县委副书记、代县长王永江传达省市经济工作会议精神。县委书记朱培吉讲话，会议提出2005年全县经济发展的预期指标：全县总产值达到55.8亿元，比上年增长18%；农民年人均纯收入2840元。2006年3月8日，全县新型农村合作医疗动员会在县剧院召开。县委副书记、县长王永江出席会议并讲话。会议要求各乡镇、县直有关部门，做好合作医疗资金的筹集工作；管好、用好合作医疗资金，保证全县新型农村合作医疗工作正常启动。副县长李少华与各乡镇签订新型农村合作医疗责任书。2007年3月19日，召开全县加快工业和服务业发展大会，要求高度重视工业和服务业发展，进一步明确工业及服务业发展的任务目标，不断加大投入，促进骨干企业迅速膨胀。2008年5月17日，全县加强四项管理工作会议召开，会议强调加强财政规范化管理、乡镇政府债务管理、固定资产投资统计管理和农资市场管理的四个实施意见。会议要求各乡镇（街道）、各相关部门研究制定更加具体的落实措施，把会议精神切实落到实处。2009年3月27日，召开春季环境卫生集中治理会议，会议要求：加强对学校、医院、农村、社区等人群密集地方的卫生科普宣传，广泛宣传预防传染病的基本常识，防止传染病发生。开展全县春季环境卫生集中治理活动。在城区，组织群众铲除“四害”（蟑螂、蚊子、老鼠、苍蝇）滋生场所，消除卫生死角；在农村，以创建卫生村镇为载体，以农村改厕为重点，做好“四清”工作，有效降低“四害”密度。4月9日，召开全县林下养殖、春季重大动物疫病防控暨沼气池建设工作会议，会议要求：开展林下养殖技术培训活动；提高做好动物防疫工作的责任感和紧迫感，全县各级各部门抓好强制免疫工作，认真开展疫情普查，全面开展消毒灭源工作，严控外疫传入。做好沼气池建设工作。2010年1月20日，召开工业经济、安全生产暨消防工作会议，要求全县经贸、安全生产、消防部门及各乡镇（街道）、各有关生产企业，全力推进工业发展，坚持安全生产和消防工作常抓不懈；明确责任，坚持每周一调度，每月一通报，实现安全生产无缝隙覆盖，全面完成工业发展、安全生产、消防工作任务。

第四章　外事侨务

第一节　侨情及港澳台事务

侨情与港澳台胞　1987年、1991年、1997年进行三次全县归侨侨眷、港澳同胞眷属普查。1987年侨情与港澳台同胞普查情况：华侨和外籍华人86户，304人；港澳同胞23户，87人；台胞168户，651人；侨眷698户，2763人。共有68户侨眷未能彻底解决温饱问题，其中，有24户长期“吃统销粮，花救济款”。1991年侨情与港澳台同胞普查情况：华侨、华人117户，414人；港澳同胞28户，147人；重点人物21人；侨眷842户，4200人。1997年侨情与港澳台同胞普查情况：华侨、华人、港澳同胞123户588人。其中，1978年后新移民27户86人。华侨29户116人，外籍华人94户472人，政治上有影响、经济上有实力、学术上有造诣的重点侨胞9人。主要分布在美国、日本、加拿大、新加坡、俄罗斯、澳大利亚、韩国、德国、英国、泰国、匈牙利、印度12个国家。他们多数从事科技、教育、医疗、商业等工作；归侨1户2人，侨眷246户1260人，其中，居住在农村的195户1080人，分布在全县各个乡镇。1998年，完成第一批侨属身份证认定及发放工作，为86人发放第一批侨属身份证。2006年，县侨办完成对全县中小学、乡镇卫生院危房改造项目的调查，掌握危房级别状况及改造需求资金缺口等基本情况，从中选出程度严重的3所卫生院、6所乡镇中小学校上报省侨办，以备海外侨胞为贫困地区的教育卫生事业奉献爱心。

接待联络　1986—1990年，接待台胞93人次。接待归侨、侨眷和华侨来信28件，侨眷来访457人次；接待侨胞、港澳同胞探亲、旅游、洽谈贸易56人次；走访侨眷305人次。指导帮助侨眷写信424人次。为侨眷提供致富信息36条。至2010年，侨务部门接待回国探亲、旅游华侨455人次。在接待中，坚持“热情、友好、交流、提供方便”的原则，认真组织接待，注意保护他们的爱国、爱家乡热忱，宣传党的各项侨务政策，介绍家乡变化、对外经济合作领域及优惠政策。向海外、港澳发信680余封；寄送风光挂历《齐鲁乡情》《单县投资指南》《单县》多彩折页近1000本，寄贺年片800余张，扩大对外宣传。

捐资　1991年，祖籍单县马楼乡美籍华人薛德修一次向家乡捐款25万元，在马楼乡新建一所完全小学。1996年，香港大业制造有限公司董事长沈炳麟一次性向蔡堂镇捐款26万元，兴建教学楼一座；并捐赠1.5万元，资助贫困侨眷和蔡堂镇鳏寡孤独老人。1999年，台胞刘魏捐款12万，出版民国《单县志》。2008年，通过市侨联，接受国际关怀组织捐赠的价值1.8万美元的儿童玩具和学习生活用品，发放给单县莱河镇中心小学学生。

第二节　侨　务

落实侨务政策　1984—1989年，按照“政治上一视同仁，工作上放手使用，生活上适当照顾”的原则，共平反纠正“文化大革命”中冤假错案7件；清退在农村土改、城市私房社会主义改造和“文化大革命”中没收、征用、挤占的华侨私房59间739平方米；清理归侨、侨眷职工档案16人16件480页；20世纪60年代被精减下放归侨、侨眷职工2人复职，1人办理退休。解决3户侨眷住房，为4人办理“农转非”；在侨眷中发展中共党员4人，提干晋职32人，先后推选任县政协委员的12人；为他们解决子女升学8人，就业12人，分房31人，出境签证21人次，评定职称15人。受县以上表彰的归侨侨眷先进人物25人次。

1986—1991年，县政府组建侨汇物资供应领导小组，优惠供应侨眷属计划内面粉、食油、化肥、自行车等生活生产资料。对生活贫困户，从各方面进行扶持，引导他们开办企业，兴办商店，帮助89户侨眷走上致富之路。

1990—2010年，为32名侨眷子女升学、就业给予照顾；有4名侨眷被评为菏泽市归侨侨眷先进个人。2006—2010年，有13户贫困归侨、侨眷得到菏泽市侨联、市慈善总会、市民政局发起的“情系贫侨”爱心救助工程的救助，救助金额9500余元；解答侨务政策咨询2000余人次，受理来信来访1000余人次，先后为9名侨眷办理出国探亲手续；为归侨侨眷办实事1000余件。

1986—2010年，先后18次召开全县归侨侨眷代表会议，宣传贯彻《山东省实施〈中华人民共和国归侨侨眷权益保护法〉办法》。

侨汇　1985年，县侨办利用侨汇券帮助侨属解决计划面粉2万公斤，食油3600公斤，柴油、煤油3000公斤。1986年，全县解付侨汇32598元，供应侨汇粮食3804.5公斤，食油3500公斤，自行车60辆。1987年，解付侨汇86笔，77811元，供应侨汇粮食3965.5公斤，食油368公斤，化肥10吨。1988年，全县累计解付侨汇83笔，收入12.036万元。1989年，供应侨汇粮食7199公斤，食油601公斤，标准化肥4吨。1990年，侨汇收入10603元，供应侨汇标准化肥10吨，粮食6428公斤，食油343.9公斤，基本满足了侨汇物资供应市场的需求。1991年，全县银行解付侨汇220笔，折合人民币165722元。全县供应侨汇标准化肥8吨，粮食10881.5公斤，食油589.3公斤。

第三节　侨资港资企业

1985年10月，侨属集资23000元成立益侨贸易公司。到1988年，发展到2个商店、1个饭店、1个食品厂、1个塑料厂。从业人员由1985年的4人增加到68人，其中，侨台属57人。总营业额18.5万元，利税1.35万元，解决就业人员47人。1985年至1988年，侨办帮助侨属企业累计贷款20万元，筹集闲散资金1.2万元。1988年，境内有个体侨属企业11个，主要经营塑料加工、饮食服务、运输、养猪、养鸡等行业。侨办帮助解决资金、提供货源累计达1万余元。1989年，侨属企业有1处侨联商店和1处侨联食品厂。年营业额12.8万元，固定资产1.3万元，利税0.93万元，侨属就业人员13人。同年，兴办12处个体侨属企业。1990年6月，筹办单县侨联地毯厂，投资额5万元，有织机17台，安排侨台属、城镇待业青年50人。1991年，帮助侨属企业累计贷款2万元，筹集社会闲散资金3万元，扶植侨眷发展个体侨属企业14家。同年，按照山东省人民政府《关于侨属企业减免税收》文件规定，县侨办帮助侨属企业减免税金。1991年后，单县部分侨属企业由于多种原因，经营状况每况愈下，最终解体。2006—2010年，在单县投资的侨资企业有6家。

山东千奥化工有限公司　2006年3月注册，注册资金1750万港元，位于单县经济开发区创新路。香港姜全记投资创建，投资金额1.7亿港元，2010年实现销售收入5000万元。

菏泽丰怡管业有限公司　2008年9月注册，注册资金300万港元，位于单县经济开发区高新区。香港赵勇杰投资创建，投资金额8000万港元。2011年7月试投产。

单县集龙燃油添加剂有限公司　2008年10月注册，注册资金35万港元，位于单县徐寨工业园。香港徐建斌投资创建，投资金额1200万港元，2010年产量1000万吨，完成销售收入8000万元。

菏泽盈峰制衣有限公司　2009年11月注册，注册资金300万美元，位于单县经济开发区创新路。香港崔燊意投资创建，投资金额800万美元，2010年销售收入1600万元。

山东金玻节能玻璃有限公司　2010年6月注册，注册资金1000万美元，位于单县经济开发区。美国林逸寒投资创建，投资金额5亿元。

菏泽开胜生物复合肥有限公司　2010年8月注册。注册资金300万美元，位于单县经济开发区高新区。香港芦荣财投资创建，投资金额1000万美元。

第四节　外　事

外事接待　1983年以前，单县外事活动很少。1984年、1986年以英国、美国为主的学术考察团和日本学者佐佐木卫到单考察大刀会及其首领刘世端。1987年，单县定为对外开放县后，外事活动渐多。1987年9月，日本SD8-7山东之旅访华团到单县旅游。1992年8月，澳大利亚客商到县工贸合资文体用品厂考察羊肠衣制品。1993—1997年，先后由韩国某公司经理到单柳公司洽谈贸易业务；世界卫生组织专家两次到单县考察计划免疫工作；以包忠信为团长的美国科罗拉多州故旧访问团到单县，包氏及其后人瞻望其前辈的旧居，参观单城市容市貌；韩国技术人员到县电磁线厂帮助安装引进设备；世界银行组织两位专家对单县“黄淮海开发”世行贷款项目进行终期考察。1998年7月，以孟加拉国土地国务部长为团长的孟加拉国高级代表团到单县，与单县麻纺织厂签订进口孟加拉国7000吨黄麻销售合同。

日本妙香园株式会社社长田中富治郎，早年得益于慧光法师的教诲，受益匪浅，经营茶叶加工、食品加工、光缆生产等多家企业。为报答慧光法师的教诲之恩，1998年11月，田中富治郎首次捐资7000万日元（折合人民币420万元），在单城镇广圣殿村兴建慧光学校和慧光公园。2001年，慧光公园进行二期扩建，田中富治郎投资120万元，扩建面积1.85公顷。2006年11月，田中富治郎计划对慧光公园进行第三期扩建，但后来由于受国际金融危机的影响，未能履行投资计划。2009年10月，田中富治郎到单县考察，由于单县慧光公园存有年久失修、设施老化、景观匮乏、配套不全等问题，为了提升公园品位，优化公园环境，并结合2006年11月有关进行慧光公园第三期扩建的意向，将慧光公园除原有纪念碑、太湖石及部分树木外的其他设施予以拆除，重新规划、设计和建设。建设内容主要包括：入口广场、公园大门、休闲广场、管理和服务用房、主体建筑及庭院、临水廊、住宿区、景观湖、景观大树、景观竖石、管理人员住宿及休息用房、高亭、平亭、花架、厕所、停车场、小品、枫树与桩景景观区、围墙等。2010年5月25日，田中富治郎率团一行25人到单县举行慧光公园改扩建奠基仪式，拟投资额1350万元，2010年年底开工建设，次年10月竣工。1998—2010年，每年田中富治郎亲自或委派人员到单县访问视察两次以上，并向慧光学校、慧光公园每年另捐200万日元作为管理费用。

1999年4月，韩国庆尚北道星州郡大型政府代表团45人访问单县。与单县建立友好城市关系，签订经贸合作协议11项。1999年以后的三四年间，双方积极开展粮棉、林果、蔬菜、畜牧、油料等农业项目的开发、合作与交流，双方互派代表团，进行工业项目洽谈。双方技术人员、政府代表团互访频繁，单县政府代表团对韩国蔬菜种植、芦笋加工、拼版出口等方面进行考察。韩国星州郡向单县无偿捐赠部分产量高、质量好的洋香瓜、辣椒、春（秋）白菜、大萝卜等新品种种子，价值2万余元。韩方农业技术员多次驻足单县，传播洋香瓜种植技术，并对桃、梨、葡萄等果树的管理、剪枝技术进行指导。洋香瓜试种成功，产量高、色泽好、含糖量达到20个，在全县推广种植。2007年，接待陪伴英国广播公司（BBC）“新闻采集”记者的采访报道工作。同年，接待由丹麦议会议长麦达尔率领的13人组成的丹麦议会主席团，外宾加上陪同的中央、省、市领导共50余人，该接待人数多、规模大、礼宾规格高。

1986—2010年，县外事部门先后接待来自美国、英国、日本、澳大利亚、韩国、巴西、丹麦、印度、孟加拉国、西班牙、加蓬、瑞士、奥地利13个国家的87批外宾，982人次。此外，1986—2010年，县侨办组织企业负责人参加国外经贸洽谈会、工业技术展览会等10起，70余人次。

出国管理　对因公出国人员严格把关，做好初步审理工作，杜绝无关人员搭车出国和公费旅游现象。强化护照收缴制度，凡到期的都做到及时、全部收回，护照回收率100%。1986—2010年，单县到韩国、日本、美国、俄罗斯、新加坡、马来西亚等国家因公出国考察、经贸洽谈、学术技术交流人员300余人次。

第十八编
政协地方组织

政治协商会议
单县委员会第一次会议

1981年5月，恢复县政协活动，建立中国人民政治协商会议单县委员会。1981—1993年，县政协3年1次换届；1993年始，改为5年1次换届。1986—2010年，县政协经历六次换届。其间，政协主席第六届、第七届、第八届届中各易人1次。

1986年后，县政协按照《中国人民政治协商会议章程》，建立完善组织机构，加强政协各项制度建设，不断强化政治协商、民主监督、参政议政的基本职能，卓有成效地开展文史资料征集研究和祖国统一联谊工作，为单县经济社会健康快速发展发挥重要作用。

第一章　政协委员

第一节　委员产生

每届政协委员产生，均根据上级要求和县委批准的委员安排方案，由县委召开专门会议进行部署。各乡镇（街道）、县直各有关部门根据委员安排方案，在本乡镇（街道）、本部门进行充分酝酿协商，广泛征求意见，集体研究决定，提出建议人选。县委组织部对中共党员建议人选进行考察，县委统战部对非中共党员建议人选进行考察，并征求纪委、监察、计划生育等部门的意见。根据考察情况，分别审定后，由县委统战部统一提交县政协常委会协商通过。

第二节　委员结构

政协单县第六届委员会　共有委员174人，其中，男委员140人，占80.5%；女委员34人，占19.5%；常委32人，占18.4%。委员中党员62人，占35.6%；常委中党员9人，占28%。委员中驻城111人，占64%；50岁以上的62人，占35.6%。委员中大专程度55人，占31.6%；中专程度的24人，占14%。其中，中共6人，教育界39人，卫生界18人，科技界30人，文化界8人，宗教界4人，台属界5人，侨属界5人，妇女界7人，共青团界4人，工会界8人，农民界15人，少数民族界2人，工商界1人，特邀22人。

政协单县第七届委员会　共有委员245人，其中，党员96人，占39.2%；党外人士149人，占60.8%。平均年龄47.5岁，50岁以下的161人，占65.3%。具有大专以上文化程度的81人，占33%；具有助理工程师以上技术职称的64人，占26.1%。该届政协共分18个界别。其中，中共7人，占3%；教育界48人，占20%；医药卫生界22人，占9%；科技界49人，占20%；文艺界5人，占2%；体育界2人，占0.8%；宗教界4人，占1.6%；港澳台同胞家属7人，占3%；侨属界8人，占3.3%；妇女界9人，占3.7%；共青团界4人，占1.6%；工会界4人，占1.6%；农民界10人，占4%；少数民族界5人，占2%；工商者37人，占15.1%；特邀18人，占7.3%；新闻出版界3人，占1.2%；民主党派3人，1.2%。

政协单县第八届委员会　共有委员248人，代表全县18个界别。其中：中共8人，工会界2人，共青团界18人，妇女界5人，农民界31人，科技界37人，教育界41人，医药卫生界20人，新闻出版界4人，文艺界8人，体育界

2 人，民主党派界 5 人，少数民族界 2 人，侨属界 3 人，港澳台属界 11 人，工商界 40 人，宗教界 5 人，特邀 10 人。各界中党员委员共 99 人，占总数的 39.9%；党外人士 149 人，占委员总数的 60.1%。委员平均年龄 47.2 岁，比七届平均年龄下降 0.3 岁。知识结构方面，具有大专以上文化程度的委员 73 人，占委员总数的 29.4%，有初级以上技术职称的 131 人，占委员总数的 52.8%。

政协单县第九届委员会　共有委员 251 人，其中，新任委员 93 人，占委员总数的 37.1%。该届委员新增经济界，界别由上届的 19 个增加到 20 个。其中，中共 15 人，中国国民党革命委员会 2 人，中国民主同盟 4 人，九三学社 2 人，共青团 4 人，工会 3 人，妇女界 12 人，工商界 22 人，科技界 35 人，文化艺术界 8 人，经济界 15 人，农民界 36 人，教育界 36 人，体育界 2 人，新闻出版界 7 人，医药卫生界 17 人，少数民族 4 人，宗教界 5 人，港澳台属 13 人，特邀 9 人。委员中，共产党员 97 人，占委员总数的 38.6%；民主党派和无党派民主人士 154 人，占委员总数的 61.4%。妇女委员 45 人，占委员总数的 17.9%。

政协单县第十届委员会　共有委员 246 人，比上届委员会减少 5 人。共设界别 19 个，比上届少九三学社界。其中，中共 22 人，民革 3 人，民盟 3 人，共青团 3 人，工会 3 人，妇女界 15 人，工商界 23 人，科技界 26 人，文化艺术界 5 人，经济界 16 人，农民界 31 人，教育界 36 人，体育界 2 人，新闻出版界 7 人，医药卫生界 17 人，少数民族 6 人，宗教界 5 人，港澳台侨属 15 人，特邀 8 人。其中，中共党员 92 人，占 37.4%；民主党派和无党派民主人士 151 人，占 61.4%；妇女 51 人，占 20.7%；少数民族 6 人，占 2.4%，比上届高 0.1%；委员平均年龄 43.2 岁，比上届委员平均下降 3.7 岁；在知识结构上，中专（高中）以上文化程度的 178 人，占 72.4%（其中大专以上文化程度的 91 人，占 37%）；中级以上职称的 98 人，占 39.8%；上届委员连任的 103 人，占 41.9%；新进入的 143 人，占 58.1%。

政协单县第十一届委员会　共有委员 272 人。其中，中共 32 人，民革 3 人，民盟 4 人，青年团 2 人，工会 5 人，妇女界 16 人，特邀 18 人，社会福利和社会保障界 5 人，文化艺术界 6 人，新闻出版界 5 人，教育界 30 人，体育界 2 人，医药卫生界 17 人，科学技术界 24 人，经济界 25 人，工商界 28 人，农业界 27 人，港澳台侨属界 13 人，少数民族 7 人，宗教界 3 人。

政协单县第十二届委员会　共有委员 287 人，其中，中共 112 人，占委员总数的 39%，非中共党员 175 人，占 61%；民主党派成员 7 人，妇女委员 64 人，少数民族委员 6 人。在界别设置上保持十一届设置的 20 个界别，其组成：中共 29 人，民革 3 人，民盟 4 人，共青团 3 人，工会 3 人，妇女界 18 人，工商界 30 人，科技界 30 人，文化艺术界 6 人，经济界 27 人，农民界 29 人，教育界 29 人，体育界 2 人，新闻出版界 5 人，医药卫生界 21 人，少数民族 6 人，宗教界 4 人，台侨属 10 人，社会福利与社会保障界 5 人，特邀 23 人。

第二章　政协会议

1984年5月至2007年12月，中国人民政治协商会议单县委员会共换届7次，其中，1993年前，每3年换届一次；之后，每5年换届一次。政协单县委员会主席第六届、第七届、第八届各易人一次。

第一节　第六届会议

1984年5月17—23日，政协单县第六届委员会第一次全体会议在县委党校礼堂召开，出席会议174人。会议听取县委书记刘广新的讲话，听取并审议刘承恩代表政协单县第五届常委会的工作报告；与会委员列席单县第九届人民代表大会第一次会议，听取并讨论县长夏树生所作的《政府工作报告》、财政局《关于1983年财政决算和1984年财政预算的报告》；选举刘承恩为政协单县第六届委员会主席，陈永福、李登水、单衍进、林与连（女）、王子云、刘景修为副主席，常务委员25名。1986年3月31日至4月4日，政协单县第六届委员会第三次全体会议上，刘承恩离休，补选李松柏为政协单县第六届委员会主席。

第二节　第七届会议

1987年4月2—8日，政协单县第七届委员会第一次全体会议在县委党校礼堂召开，出席会议委员245名。会议听取县委书记刘广新的讲话，听取并审议李松柏代表政协单县第七届常委会的工作报告；与会委员列席单县第十届人民代表大会第一次会议，听取并讨论王冠举县长所作的《政府工作报告》和县法院、县检察院的工作报告；会议审议通过政协第七届委员会第一次会议决议；会议选举李松柏为政协单县第七届委员会主席，陈永福、李登水、单衍进、林与连（女）、王子云、孔凡楷为副主席，常务委员38名。1989年3月20—24日，政协单县第七届委员会第三次全体会议上，李松柏调离，补选周书运为政协单县第七届委员会主席。

第三节　第八届会议

1990年3月7—11日，政协单县第八届委员会第一次全体会议在湖西礼堂召开，出席会议委员245名。会议听取县委书记温新月的讲话，听取并审议陈永福代表第七届常委会所作的工作报告；听取并审议通过学习提案委员报告；全体委员列席单县第十一届人民代表大会第一次会议，听取并讨论县长周书运所作的《政府工作报告》和县法院、检察院工作报告；会议通过政协第八届委员会第一次会议决议。会议选举周书运为政协单县第八届委员会主席，单衍进、袁宜玲（女）、林与连（女）、王子云、孔凡楷为副主席，常务委员39名。1992年4月1—6日，政协单县第八届委员会第三次全体会议上，选举张立亭为政协单县第八届委员会主席。

第四节　第九届会议

1993年3月9—14日，政协单县第九届委员会第一次全体会议在湖西礼堂召开，出席会议委员251名。会议听取县委书记周书运的讲话，听取并审议张立亭代表第八届常委会所作的工作报告；听取并审议通过学习提案委员报告；全体委员列席单县第十二届人民代表大会第一次会议，听取并讨论县长侯宪秀所作的《政府工作报告》和县法院、检察院工作报告；会议通过政协第九届委员会第一次会议决议。会议选举张立亭为政协单县第九届委员会主席，袁宜玲（女）、王培民、王子云、孔凡楷、刘新兰（女）为副主席，常务委员39名。

第五节　第十届会议

1998年3月2—6日，政协单县第十届委员会第一次全体会议在湖西礼堂召开，出席会议委员246名。会议听取县委书记宋绍先的讲话，听取并审议陶继田代表第九届常委会所作的工作报告；听取并审议通过学习提案委员报告；全体委员列席单县第十三届人民代表大会第一次会议，听取并讨论县长李学军所作的《政府工作报告》和县法院、检察院工作报告；会议通过政协第十届委员会第一次会议决议。会议选举陶继田为政协单县第十届委员会主席，袁宜玲（女）、刘新兰（女）、徐学法、黄汝杰、檀兴民、孙秀云（女）为副主席，常务委员39名。

第六节　第十一届会议

2003年1月18—22日，政协单县第十一届委员会第一次全体会议在湖西礼堂召开，出席会议委员271名。会议听取县委书记宋绍先的讲话，听取并审议孙培超代表第十届常委会所作的工作报告；听取并审议通过学习提案委员报告；全体委员列席单县第十四届人民代表大会第一次会议，听取并讨论县长赵传山所作的《政府工作报告》和县法院、检察院工作报告；会议通过政协第十一届委员会第一次会议决议。会议选举孙培超为政协单县第十一届委员会主席，袁宜玲（女）、刘新兰（女）、黄汝杰、孙秀云（女）、孙怀荣、吴基因为副主席，常务委员43名。

第七节　第十二届会议

2007年12月10—13日，政协单县第十二届委员会第一次全体会议在湖西礼堂召开，出席会议委员287名。会议听取县委书记王永江的讲话，听取并审议孙培超代表第十一届常委会所作的工作报告；听取并审议通过学习提案委员报告；全体委员列席单县第十五届人民代表大会第一次会议，听取并讨论县长王忠想所作的《政府工作报告》和县法院、检察院工作报告；会议通过政协第十二届委员会第一次会议决议。会议选举孙培超为政协单县第十二届委员会主席，孙怀荣、吴基因、王占华、刘守进、曹凤琳（女）、张伟为副主席，常务委员46名。

第三章　政协履职

第一节　政治协商

政治协商主要形式有每年召开一次全体委员会议、每季度召开一次常委会议和每月召开一次主席会议等。

政协全体委员会议主要就《政府工作报告》、国民经济和社会发展计划、财政预决算及人民群众关心的重点问题等进行协商讨论，并提出意见建议。1986年4月，审议《单县国民经济“七五”规划草案》时，提出十几条意见和建议，得到县委、县政府的肯定。5月，县政协和县委统战部共同主持召开全县首次各界人士为四化服务经验交流会，吸引和集聚各届人士，为加快单县双文明建设献计出力。1987—1989年，县政协紧紧围绕改革开放和经济建设，组织委员撰写论文，有十几篇论文在地级以上刊物发表。1993年县政协关于棉花生产情况的建议、1994年关于畜牧养殖业发展的建议、1995年关于林果生产的建议、1996年关于蔬菜生产的建议、1997年关于农业和依法减轻农民负担工作的建议等，通过政治协商，均被县委县政府采纳，以县委文件转发全县贯彻执行。1998—2002年年底，县政协组织政协委员重点围绕发展民营经济，进行政治协商。先后写出《关于单县个体私营经济发展情况的调查报告》等35篇调查报告，受到县委、县政府的高度重视和支持。2003年起，连续5年在全县政协委员中开展“我为单县发展和人民政协添光彩”活动，出现一大批招商引资、发展经济、服务社会的先进典型。据统计，政协委员领办企业58家，总资产6亿多元，新上项目31个，总投资3亿余元，年产值10亿元，利税过亿元。2003—2007年，县政协5年共引进8个项目，合同资金8.03亿元。其中，东大医院、瑞方食品、开山房地产、天汇房地产均是过亿元项目。2008年1月起，连续3年在全县政协委员中开展以关注民生、保障民生、服务民生为主题的“五个一”活动。即：联系一户基层群众，开展一次谈心交流，反映一条社情民意，提出一条有益建议，办好一件利民实事。全县政协委员在这一活动中，共走访企业和住户1663家，接触基层群众8892人，反映社情民意413条，办好实事292件，提出建议316条，解决问题676个。2010年，县政协围

2003年9月9日，政协委员下乡义诊送药

绕制定《单县“十二五”规划》，召开专题会议，精选个体私营经济、农业产业化、小城镇建设、招商引资、环境污染及治理、“三农”问题等42个调研题目，引导委员在深入调查研究的基础上，进行协商讨论，积极建言献策。年底，全市政协委员建言献策建功立业现场会在单县召开，单县政协作典型发言，得到市政协领导和各县区政协的高度赞誉。

第二节　民主监督

民主监督主要形式有政协例会、委员提案、专题调研、行风评议等。1984—2010年，县政协组织政协委员开展不定期视察调研活动。在活动中，针对一些部门和单位的工作提出的合理化建议，县政协提案委员会都及时地跟踪督办。1995年，为制订好单县“九五”计划及2010年远景目标规划，县政协专门召开常委会议，邀请县计划委员会主任通报情况，大家边听取，边提建议。1996年始，按照县委部署，县政协在每年7月和年底两次组织政协委员，对54个单位进行民主评议。按照部门需求，县政协选派100多名委员，担任县法院人民陪审员、县检察院特邀检察员、县审计局特邀审计员和其他执纪执法部门的廉政建设监督员，拓宽民主监督渠道。

政协委员学习　　2002年摄影

第三节　参政议政

提案征集与办理　1984—1986年六届县政协期间，共收到委员提案180余件，经过催办，提案中的一些重大问题，如城镇建设、卖棉难、社会治安等已基本得到解决，成效明显。

1987—1990年年初七届县政协期间，认真贯彻落实全国政协对提案工作提出的“三性”（严肃性、科学性、可行性）要求，鼓励委员多提提案，提好提案。届时政协共收到委员提案457件，提出提案的委员176人，占委员人数的72%。1989年5月，县政协设立学习提案委员会专门办事机构，制定工作条例，对七届二、三次会议的提案，逐件逐案地进行清理，并主动与有关单位联系，互相沟通，加快了提案办理的速度。至1989年末，这些提案已办复420件，占提案总数的99.2%，其中63%的提案所提意见和建议，获得承办单位的采纳。特别是关于制止假冒伪劣商品和乱涨价的提案，县政府及有关单位十分重视，数次组织检查组对商业重点单位和个体户突击检查，查出违犯物价政策的单位162家，违犯金额170万元，罚款7154元；查获假冒伪劣商品如烟酒、化肥、农药等20余种，挖掉制造销售假冒伪劣商品的窝点20余个，没收款10万多元，查扣物资折款50多万元，杜绝假冒伪劣商品进入市场。

1990年至1993年年初八届县政协期间，共征集提案375件。其中，关系到经济建设的185件，关系到精神文明和法制建设的73件，关系到市政、医药卫生、文化教育等方面的117件。这些政协提案，经过协商基本上得到办结。

1993年至1998年年初九届县政协期间，共收到提案696件，其中，立案683件，参与提出提案的委员达900余人次。提案的内容涉及加强农业和农村工作，建立现代工业企业制度，搞好农业、工业、教育、卫生、财税、金融、物价、住房、经济体制和干部人事制度改革等各个方面。在县政协学习提案委员会的督导下，提案相继得到落实。

1998—2003年年初，十届政协紧紧围绕党委和政府的中心工作，组织委员积极建言献策，共征集提案539件，立案516件，其中有关经济建设方面的242件，科教文卫体方面的135件，政治法律、民族宗教、人事福利等方面的139件。县委、县政府和县政协领导对政协提案非常重视，亲自批阅办理事关全局的重要提案。为使提案落到实处，县政协在电视台开辟《提案追踪》栏目。至届末，所有提案全部办复完毕，委员满意率达98%。

2003—2007年，十一届县政协在总结继承以往办理提案经验的基础上，完善《单县政协提案工作细则》《提案委员会工作规则》等制度，实行从提案征集到提案审查、登记、交办、督办、办理、答复、表彰、归档九个步骤的工作程序，统一三单两纸一表（即立案通知单、提案交办单、提案催办单、提案撰写纸、提案答复纸、提案跟踪办理情况登记表），使提案工作达到制度化运作、规范化操作。并通过采取电话问办、书面督办、登门促办、会议商办等形式进行催办，通过《提案追踪》、带案视察、召开提案办理工作经验交流会等措施，多方面促进提案的办理和落实。届时，县政协共收到提案653件，经审查、立案602件。其中有关经济建设方面的提案320件，有关科教文卫体方面的提案146件，有关政治法律、公共福利事业及其他方面的提案136件。至2007年年底，这些提案全部办复，办复率100%，委员满意率98%。

2008—2010年，十二届县政协围绕县委县政府的中心工作和群众关注的社会热点难点问题，发动全体委员积极为单县经济社会建设建言献策。3年间，共收集提案280件，经审查、立案263件。其中有关经济建设方面的提案137件，有关科教文卫体方面的提案55件，有关政治法律、公共福利事业及其他方面的提案71件。至2010年年底，这些提案全部办复，办复率100%，委员满意率98%，提案产生明显的经济效益和社会效益。其中，民革支部关于加快浮龙湖旅游开发的提案，县委县政府积极采纳，设立浮龙湖生态旅游开发区，编制《单县浮龙湖旅游区控制性详细规划》，组织全县22个乡镇（街道）开展浮龙湖基础设施建设大会战，在湖内筑建观景平台、水上广场、水上乐园、欢乐岛、民俗文化岛等9个岛屿；基督教牧师田素良等委员关于解决城市公厕的建议，

2010年11月18日，全市政协委员建言献策建功立业现场会在单县召开

被县政府纳入2009年城市建设重点工程，投资100万元，新建10座高标准公厕。

调研视察 1985年，县政协组织委员向县委、县政府写出3份有建设性、科学性的调查报告，针对人民群众关心的问题，提出60多项建议。1986年7月，县政协组织部分常委和委员，深入到农村进行专题调查研究，就调整农村产业结构、加快农村商品生产问题，向县委、县政府提出建设性意见，受到有关部门的重视。1989年，县政协组织相关委员进行“如何增强农业后劲，提高农业经济效益”“全县棉花枯萎病发生情况及解决办法”“发展棉花生产需要解决的问题”“关于开发利用废旧窑坑”等四个项目的调查。并将调查情况及时印发给县委、政府和有关部门，引起各级领导重视。其中，关于棉花枯萎病和废旧窑坑的开发利用两份调查报告，被菏泽地区政协工委转发全区各县。

1990—1992年，县政协先后围绕工业、农业、城镇建设、计划生育和文教卫生工作，进行20多次专题调研和视察，写出调查报告20多篇，提出合理化建议1000余条，为县委、县政府对一些重大问题的决策提供科学依据。1993—1998年年初，县政协组织委员先后就工业、农业、文教卫生、计划生育、城镇建设、社会治安、民族经济、个体私营经济、乡镇企业、“三资”企业、扶贫开发、科技人才的利用等项工作，开展系列专题调查，形成近50篇比较有分量的调查报告。这些调查选题准确，所提意见和建议富有针对性、建设性，被县委、县政府采纳。1998—2003年，县政协组织政协委员围绕民营经济、市场秩序、电网改造、税费改革等重点工作和热点问题，有针对性地选择题目，先后组织19次委员视察活动，写出35份调查报告。

2003—2007年，县政协把调研视察作为委员履行职能的基础和前提，开展主题突出的调研视察活动。在视察方面，2003年4月，两次组织委员对文化路交通状况视察；5月，两次组织委员对防治“非典”工作视察，看望慰问奋战在一线的工作人员，向他们赠送消毒器材和生活用品；6月，视察“三夏”生产、农业产业结构调整、广播电视工作；9月，视察抗洪救灾工作；11月，视察“村村通”柏油路工程、工商行政管理和公路局工作。2004年11月，视察供电、土地管理、公安工作、县政府8件实事及提案落实情况。2005年7月，视察县经济开发区、东大医院及城市建设情况；9月，视察县工商局工作；10月，视察政协提案落实情况；11月，视察山东省单县化工有限公司工作；12月，视察全县水务工作，均收到较好的社会效果。2006年，先后18次组织委员对小城镇建设、开发区建设、重点项目建设、水利建设、公路建设、基础教育、提案落实等专题视察。特别是组织20个乡镇和5个专委

2004年11月3日，视察县国土资源管理工作

会173名委员，集中开展“新农村建设全县行”活动，参加人员之多、涉及区域之广、活动形式之新，前所未有。在调研方面，2003年4月，调研全县招商引资工作情况、台属企业情况；5月，调研经济园区建设情况、畜牧养殖业发展情况；8月，调研全县林业生产发展状况。2004年3月，调研全县计划生育情况；4月，调研依法行政工作、旅游业开发；6月，调研少数民族教育情况、文化产业、文化设施建设、市县政协委员领办的企业和县经济园区。11月，县政协组织部分委员视察县国土资源管理工作。2005年3月，调研全县优化农业产业结构、增加农民收入情况；5月，调研全县“完善解困济难机制、增进社会和谐”情况；6月，调研单县房地产开发建设情况；7月，调研单县部分基督教活动点情况；8—9月，调研包装2005年单县十月物资交流大会情况。2006年，先后32次组织委员对新农村建设、产业结构、旅游开发、生态建设、招商引资、宗教管理等进行调研，撰写调研报告93篇，提出《关于进一步搞好城区环境的建议案》《关于街路命名的建议案》《关于启动民间资本的建议案》《关于包装宣传单县十月文化物资交流大会的建议案》等12份建议案。特别是启动民间资本的调研活动，县政协利用月余时间，调查20个县直企事业单位，走访9个乡镇、26个行政村、近千名干部群众，召开8次调度会，11次论证会。在此基础上，于10月举办由县政府县长主持，有关副县长、各乡镇和县直各职能部门主要负责人参加的全县启动民间资本座谈会，15名委员发言，赢得社会各界的高度赞誉。2009年，县政协围绕单县“建设一城两区、打造五大基地、统筹城乡发展、实施民心工程”四大战略的实施，组织政协委员深入进行调查研究，积极建言献策，先后形成9份建议案和调研报告。2007—2010年，县政协围绕文化旅游产业、科技自主创新、商贸物流业等题目，组织政协委员进行调查研究，并形成调研报告23篇，为县委政府决策提供有力依据。

2005年9月8日，视察县工商工作

第四节　文史资料征集与研究

1987—1990年年初七届县政协期间，出版发行《单县文史资料》第一期。创办拥有40多名会员的琴台诗社，出版第一期《琴台诗刊》，繁荣单县诗词创作。1990—1993年年初八届县政协期间，经过广泛征集稿件，精心编写，出版《文史资料》和《琴台诗刊》各3期。其间，注重文史队伍建设。全县各乡镇都建立文史工作组，选聘文史研究员，形成文史网络。1991年，创建湖西书画联谊会，举办会员书画展4次，有的作品还在济南、青岛展出，受到业界人士的好评。1992年元旦，县政协与有关单位配合，举办会员书画展销，尝试把书画作品推向市场。

1993—1998年年初九届县政协期间，县政协文史委本着广征博采、重在抢救的原则，征集建国前后文史资料，排查重要人物、重大事件和重要线索，开展文史资料征集，编写出版《单县文史资料》和《琴台诗刊》各3期。1994年，组织编写县政协组织史，并为《牡丹之乡书画精选》征稿。编写出版悼念烈士诗词专辑《忠魂颂》，配合陵园扩建工作。1995年，编写出版《血沃湖西》一书，庆祝抗战胜利五十周年。向省政协提供《抗日英雄李贞乾》《王文彬》和《国民党抗战殉国将领朱世勤》等史料，编入《山东抗日殉国将士》一书。1996年，收集、整理、编写文史资料41篇，8万余字。5年间，县政协先后成功举办"单县书画展"和"单县二代半月台酒会书法展"，参加"苏鲁豫皖四省结合部十七县市政协书画展""名人书画展""老干部书画展"，与嘉祥、金乡等周边县市开展书画创作交流活动。

1998—2003年年初十届县政协期间，县政协文史委共征集文史资料360篇，103万字，图片资料600余幅，诗词6000余首，编辑出版《琴台诗词》《单县风物》《主宰中国命运的第一个妇女政治家——吕后》等刊物。《琴台诗词》被评为全省优秀文史资料图书并获优秀奖。

2003—2007年十一届县政协期间，县政协文史资料委员会共征集文史资料300余篇，100余万字，图片资料1000余幅，声像资料50余盘。其间，为发掘浮龙湖文化，开发旅游资源，县政协组织聘请文史研究专家进行多次论证，到浮龙湖及周边乡村实地勘查，考察40余处文化遗址，走访群众千余人次，收集近200篇翔实资料。在此基础上，编印《江北明珠——浮龙湖》一书。2008—2010年，县政协文史委创建老子文化研究会，撰写并出版《老子在单县》《改革开放的新单县》（2009年挂历）等。2009年，县政协文史专辑《江北名珠——浮龙湖》《走向辉煌》（上、下册）在第十九届全国图书交易博览会上展出，得到著名专家、学者赞誉。

第五节　祖国统一联谊

1987—1989年，县政协会同有关部门共接待来访探亲的"三胞"（台湾同胞、港澳同胞、海外侨胞）233人次。同期，协助统战部、工商联开办单县工商联台联商场，为侨台属子女就业解决困难。1990—1992年，县政协认真贯彻落实中央、省、地统战工作会议精神，秉持联络感情、广交朋友原则，开展"三胞"和"三胞"眷属工作。通过"感情交流牵线搭桥"当"红娘"，鼓励他们为家乡建设投资，为和平统一祖国做贡献。其间，会同有关部门为单县联系引进"三资"项目11个，累计引进外资343万美元。

1993—1997年，九届县政协在"三胞眷属"中开展向海外亲人"发一封信、通一次电话、提供一条信息、引进一个项目、引进一项技术、引进一笔资金"为内容的"六个一"活动。5年间接待"三胞"89人次，促成经济和社会发展项目25个，引进资金750万美元。1998—2003年年初，县政协共接待港澳同胞、台湾同胞、侨胞87人次，发动其亲属向海外发信376封，为知名港澳同胞、台湾同胞、侨胞建档立卡22份。通过联谊交友工作，激发他们热爱祖国，支持家乡建设的热情。

2003—2007年，先后组织民营企业委员赴外地进行经济考察，邀请外地政协企业家委员到单县考察对接；先后与16个市县区政协开展书画诗词、民风民俗、名人古迹等文化交流；先后与6省37个市县区政协组织进行工作交流。2008—2010年，县政协在联谊交友工作中，每年利用春节、中秋节，组织召开由民主党派、无党派、民族宗教和港澳台侨属界委员参加的座谈会，共话单县发展；组织政协科级以上干部与外县市区政协进行全方位交流，扩大单县影响，增加单县魅力。

第四章　政协机构

第一节　常务委员会

中国人民政治协商会议单县委员会（简称县政协）设置主席、副主席、秘书长、常务委员会委员。县政协主席、副主席、秘书长、常务委员由全体委员会议举手表决产生。

单县第六至十二届政协委员会常务委员会委员一览表

表 18-4-1

届次	姓名
第六届	丁书东　于平增　王子云　王蕊德（女）　从道元（回族）　孔凡楷　付友权　吕学进　刘承恩　刘景修　孙华昌　李桂云（女）　李登水　李新传　杨子平　杨智慧　沙德胜（回族）　张　中　陈永福　林　杰　林与连（女）　郑　燕（女）　单衍进　赵贵敏　胡伯彦　段才顺　骆养池　徐国榜　高启兰（女）　郭志尧　蒋一农　韩敬堂
第七届	丁书东　王子云　王世哲　王蕊德（女）　从道元（回族）　孔凡楷　孔亚萍（女）　付友权　白敬芝（女，回族）　吕学进　朱德东（女）　刘桂莲（女）　刘继周　刘培清　刘敦昌　许丙芝（女）　孙华昌　孙善友　李松柏　李宗美（女）　李桂云（女）　李登水　李新传　杨子平　杨守朴　杨振威　肖玉真（女）　何秀然（女）　张桂荣（女）　陈永福　林与连（女）　郑　燕（女）　单衍进　胡伯彦　高　超　高启兰（女）　郭志尧　梁立琛　梁超娥（女）　蒋一农　韩敬堂　程福银（女）　谢怀宾　蔡敬超　谭　沛
第八届	丁书东　王子云　王曰先　王世哲　王存忠　王培民　王道朋　王蕊德（女）　从道元（回族）　孔凡楷　孔亚萍（女）　付友权　付春江　白敬芝（女，回族）　冯福来　朱德东　刘桂莲（女）　刘继周　刘培清　刘敦昌　孙秀云（女）　孙华昌　孙华德　孙善友　李希圣　李宗美（女）　李桂云（女）　李新传　杨守朴　肖玉真　张桂荣（女）　林与连（女）　周书运　郑　燕（女）　单衍进　胡伯彦　胡忠怀　姜永安　袁宜玲（女）　徐继贞　高　超　郭志尧　梁立琛　梁超娥（女）　蒋一农　韩敬堂
第九届	丁书东　马秀芝（女，回族）　王子云　王凤勤（女）　王存忠　王更轩　王彦林　王培民　从道宗（回族）　孔凡林　孔凡楷　付春江　冯福来　刘桂莲（女）　刘培清　刘敦昌　刘新兰（女）　刘翠芳（女）　闫万东（回族）　孙玉民　孙华昌　孙运洲　孙秀云（女）　李生琦　李守君　李宗美（女）　李新传　杨守朴　杨振威　肖玉真（女）　何存义（回族）　何茂远　张立亭　周继忠　郝尔均　胡伯彦　胡忠怀　袁宜玲（女）　徐继贞　高超　高建军　崔行生　梁立琛　韩敬堂　程元星
第十届	马先营　马秀芝（女，回族）　王宁新　王更轩　从道宗（回族）　田素良　付春江　冯福来　任忠信　刘凤云（女）　刘延祥　刘庆韬　刘培清　刘勤河　刘新兰（女）　刘翠芳（女）　闫万东（回族）　闫明礼　孙秀云（女）　孙怀荣　李　锋　李生琦　李行宏　李守君　李宗美（女）　李衍珂　李登义　李鹏冲　李新民　吴基因　胡传才　袁宜玲（女）　徐学法　陶继田　黄汝杰　曹凤琳（女）　常远生　梁立琛　蒋瑞云（女）　谢圣稳　谢吉龙　解传忍　蔡可东　蔡孝斌　樊洪喜　檀兴民

续表 18-4-1

届次	姓名
第十一届	马秀芝（女，回族） 王占华 王进龙 王更轩 王新玉 从 敏（回族） 田素良 朱艳霞（女） 任惠平（女） 刘凤玲（女） 刘庆韬 刘守进 刘新兰（女） 刘翠芳（女） 许俊杰 许新民 孙守江 孙秀云（女） 孙怀荣 孙培超 李 伟 李 锋 李宗美（女） 李衍珂 李登义 李鹏冲 李新民 李德平 时圣存（女） 吴基因 张庆刚 张兴华 张建华 夏东升 徐文华 高金华 高俊海 郭凤玲（女） 郭洪光 唐 杰 唐学勤 黄汝杰 黄绍通 黄腾坤 常远生 梁法民 蒋瑞云（女） 景新明 谢吉龙 蔡可东 樊洪喜 魏荣超
第十二届	王占华 王进龙 王更轩 王京华 王法勤 从 敏（回族） 田素良 司建民 朱艳霞（女） 任惠平（女） 刘凤玲（女） 刘文桓（女） 刘守进 刘秀真（女） 刘德超 许俊杰 许新民 孙中华 孙玉芹（女） 孙守江 孙怀荣 孙培超 李 伟 李 锋 李新民 杨金强 肖桂亮 时冬花（女） 时圣存（女） 吴孟祥 吴基因 宋卫红（女） 张 伟 张长锁 张永慈张西震 张庆刚 张新强 陈 勉 陈少微（女） 陈保翠（女） 金业军（回族） 徐文华高金华 郭洪光 唐学勤 黄绍通 曹凤琳（女） 常远生 蒋瑞云（女） 谢吉龙 谢寅玲 蔡可东

说明：此名录为同届一次会议选举产生的常务委员，按姓氏笔画排序

第二节 乡镇政协

1986年，县政协在重点乡镇设置政协联络员。1989年5月，撤销在部分乡镇所设的政协联络员，统一在全县37处乡镇设置政协工作办公室，规格为正科级行政机构。2002年1月，根据1990年全国政协办公厅《关于不在乡镇一级设立政协委员会的通知》精神，全县各乡镇政协工作办公室撤销。

第十九编
群众团体

城乡少年手拉手联谊大会

庆“三八”妇女健身活动展演　　2008年摄影

1949年1月，建立中国新民主主义青年团单县委员会（1957年改名为中国共产主义青年团单县委员会）。10月，建立单县民主妇女联合会（1957年改称单县妇女联合会）。1951年4月，成立单县总工会。1952年11月，建立单县工商联合会（1969年9月撤销）。1981年2月，单县科学技术协会业务不再受科委管理，为党领导下的群众团体。1989年5月，恢复县工商联合会。1990年8月，建立单县残疾人联合会。1991年8月，建立单县计划生育协会。2000年9月，建立单县文学艺术界联合会和单县社会科学界联合会。2005年9月，建立单县关心下一代工作委员会。

总工会、共青团、妇联、科协、残联、工商联等群众团体自成立以来，注重组织建设和队伍建设，组织各界群众，围绕县委、县政府不同时期的中心工作，按照各自的章程开展活动，拓展各自领域的工作，自觉当好党联系人民群众的桥梁和纽带，为单县政治经济和社会发展发挥重要作用。

第一章　工　会

第一节　职工之家建设

1984年9月，单县总工会在县委党校礼堂召开工会系统动员大会，在全县开展“整顿基层工会组织，建设职工之家”活动。1986年，单县总工会被菏泽地区工会办事处授予“全区整顿基层工会组织，建设职工之家活动先进单位”。1988年，单县总工会在省总工会在临沂召开的“整顿基层工会组织，建设职工之家”活动经验交流会上作典型发言。同年，单县总工会被山东省总工会授予“全省整顿基层工会组织，建设职工之家活动先进单位”。至1992年，全县建成职工之家168个，优秀基层职工俱乐部37个，文化宫联系点17个。至此，历时8年的“整顿基层工会组织，建设职工之家”活动结束。

第二节　民主管理

1986年，全县126家企事业单位建立职工代表大会制度。1990年，建立职工代表大会制度的企事业单位发展到219家。1996年，开展职工之家建设达标升级活动，单县文化宫被评为全国优秀职工之家。1999年，全县试点推行厂务公开民主管理工作，县委成立推行厂务公开民主管理工作领导小组，办公室设在县总工会，整个工作由县纪委牵头，县委组织部、县委宣传部、县经贸局、县房产局、县国有资产管理局、县总工会等为成员单位。至2002年，在全县76家事业单位推行厂务公开民主管理工作。2003年，民主管理工作逐步向国有企业推进，2005年，全县国有企业基本完成厂务公开民主管理制度建设。2008年年初，在非公企业试点推行厂务公开民主管理工作。同年，市委、市政府将民主管理工作纳入全市科学发展观考核体系。2010年，厂务公开民主管理工作，在全县非公企业普遍展开。

第三节　维护职工合法权益

1986—1991年，全县企业生产运营稳定，工会维权职能三要是职工福利方面的监督检查。其间，协助处理侵权事件7起，化解因分配不公、

标准，2003年，供电公司等20家企业工会被菏泽市总工会授予基层工会工作规范化A级达标单位。2004年，开展职工代表大会创建活动。2005年年底，山东四君子集团有限公司等50家企业职代会达到菏泽市总工会优秀星标准。2007年，单县供电公司职代会达到山东省总工会优秀星标准。2008年，加大基层工会组建力度，至2010年年底，全县工会基层组织612个。其中，国有及其控股企业31个，集体及其控股企业41个，事业单位80个，机关单位69个，非公企业391个，工会会员58285人。

1986—2010年单县总工会基层工会统计表

表19-1-1

年度	基层工会数（个）	专职干部人数（人）	职工数（人）	女职工人数（人）	会员人数（人）	女会员人数（人）
1986	156	105	14386	4589	10798	3256
1987	168	108	15879	4698	10956	3298
1988	175	117	16749	4964	11089	3368
1989	181	120	17221	5241	11250	4091
1990	198	123	18025	6215	11675	4987
1991	201	126	18789	6879	11786	5541
1992	206	129	19857	7245	11949	5679
1993	209	130	21896	7782	13188	6001
1994	227	137	22579	8967	13256	6245
1995	211	137	23078	9134	13567	7231
1996	219	141	24763	9548	14814	7531
1997	224	142	25704	9857	15186	7863
1998	226	144	28769	10245	16985	7985
1999	260	151	33276	11984	22189	8536
2000	254	158	35675	12259	23202	9297
2001	267	167	36780	12891	24755	10580
2002	279	179	38598	13579	27495	11363
2003	302	180	43143	14789	30547	12986
2004	378	189	45000	15673	33830	13589
2005	396	190	47473	15890	37580	14873
2006	415	187	49870	16558	40848	15074
2007	446	176	52690	18790	45359	16759
2008	502	176	55470	19045	49335	17849
2009	548	183	58284	19367	53622	17957
2010	612	185	61352	20376	58285	18619

第二章　共产主义青年团

第一节　青少年教育

1986年，在全县团员、青少年中开展“立志建功”理想教育活动，在青少年中形成“学英雄、立志向、树新风、比贡献”的热潮。1987—1990年，举办法制道德教育培训班24期，受教育4万多人次。1991年6月，建立学雷锋示范区，开展“学雷锋、学赖宁”活动。1992年9月，在全县青少年中开展“赠书赠言、读书成才”活动，共收到捐赠书刊4.5万余册。驻城各团委捐赠的2.3万余册书刊，分别赠给十里铺乡、蔡堂镇、谢集乡的6个行政村的青少年文化活动中心。1993年，团县委举办农村实用新技术知识竞赛；企业团组织以“双岗双提高”为主题开展建功成才达标竞赛活动，同时在窗口行业开展“青年文明号”活动。1994年1月，全县各级团组织开展“我的马克思主义观”演讲比赛。3月，团县委组织“94青年热心志愿者”奉献周活动。1995年，开展“党爱青年、青年爱党、爱社会主义”征文活动；同年，举行“爱祖国知团情”知识竞赛。1993—1995年，全县有100多名团员青年获得多种技术能手称号，50个集体获“青年文明号”称号。1997年，团县委确定湖西革命烈士陵园为全县青少年爱国主义教育基地。1998年，举办少年军校夏令营，作为新时期向少年儿童进行爱国主义教育、国防教育和素质教育的阵地。2000年，举办《中华人民共和国未成年人保护法》和《中华人民共和国预防青少年犯罪法》等专题报告会，3000名青少年接受教育。2002—2005年，利用入队、入团、入党等时机，广泛开展“民族精神代代传”活动，进行国情、党史和团史教育。2006年，开展暑期少年军校、邀请老红军讲革命故事、组织中小学生分批到湖西革命烈士陵园参观等活动，培养青少年爱祖国、爱单县的美好情怀。2007年，邀请法律专家为中小学生讲解《中华人民共和国道路交通安全法》《中华人民共和国治安管理处罚法》等法律知识，听众6万余人次。2008年，开展“唱响爱国歌曲，我为奥运加油”活动，激发学生爱国热情。2009年，举行全县中小学生中华经典诵读比赛；开展“闲书送人彰显爱心”活动；举办纪念五四运动90周年图片展。2010年8月，在全县开展“五四”青年演讲比赛，宣传单县、推介单县，组织动员团员青年服务于单县工业化、

青少年讲故事比赛

城镇化和农业产业化建设。

第二节　青少年权益维护

1986年，根据“一五”（1986—1990年第一个五年普法规划年）普法宣传要求，注重加强青少年普法工作，引导青少年学法、知法、守法。1988年，成立帮教小组，开展“三帮一关心”（帮思想、帮学法、帮致富，关心婚姻、家庭、成长）活动和法律宣传活动，并举办“法律知识竞赛”。1990年，县、乡成立未成年人保护委员会，团县委增设维护青少年权益部，配备维权工作专职干部。1999年，宣传《中华人民共和国预防未成年人犯罪法》，开展创建“优秀青少年维权岗”活动。2001年，开展“小黄帽指引中小学生平安回家”活动，免费发放1万余顶小黄帽。2002—2005年，团县委、宣传、教育、政法等部门先后开展4次法制宣传周活动，邀请有关专家学者到中心学校举办法制讲座35场次，发放教育宣传资料3万余份。2009年，举办法制教育、革命传统教育和理想道德教育报告会15场。以青少年法制教育基地为依托，深化“模拟法庭”“法制教育中队会”“法制小品”等品牌活动，切实提高青少年法律意识。2010年，团县委、县法院少年刑事审判庭，在全省乃至全国法院系统率先推行并实施“圆桌审判模式”“适合成年人参与未成人犯罪案件的审理制度”等一系列适合青少年刑事审判的制度和模式，得到团省委和省法院的高度认可。

第三节　青年活动开展

1986年，在企业中开展争夺“七五功勋杯”活动，在农村开展实用技术培训达标活动，在学校开展“奋飞之鹰”活动。至1990年，全县有70多名青工（青年工人）获得各种能手称号；有100多项青工科研成果分别被评为全国和省、地、县级“五小”（小发明、小设计、小革新、小改造、小建议）优秀成果；12个单位夺得“七五功勋杯”；25名团干部和青工获省、地“七五建功奖章”。1991年，在首届中国青年科技成果博览会上，单县参展的“五小”科研成果有3项获新星奖。1995年，成立创建青年文明号活动领导小组，印发《单县“青年文明号”管理试行办法》，开展青年文明号活动和青年志愿者活动。1996—2002年，启动“青年致富”工程，举办农村青年科技培训班，建立农村青年科技书库，创办农业示范项目，促进农民增产、增收，帮助农民科技致富。2003年，启动青春创业行动。2004年，开展以“青年文明服务卡”为载体的“承诺”服务活动。2006年，在全县青年中，广泛开展“干事创业·青年先行”活动，营造青年干事创业气氛，推动招商引资等中心工作开展。2007年，组织开展首届“青春创业风云人物”及“青春创业先进个人”评选活动。2008年，积极培养和推报典型，开展“优秀团干部和新长征突击手”“单县十佳青年文明号和青年岗位能手”评选表彰活动。2009年，建立青年就业培训基地，免费培训青年农民工，全年培训学员600人。建立青年就业创业见习基地，有1000多名应届毕业生、下岗失业青年、青年农民工在见习基地进行见习。2010年，开展农村青年暨返乡农民工创业小额贷款工作，贷款利率在农村信用社同期执行利率基础上给予15%的优惠，发放贷款近3000万元。同年，境内10家企事业单位建立“青年就业创业见习基地”。其中，东大医院见习基地被评为省级青年就业创业见习基地。当年，有1300余人在10家见习基地实习，涌现出青年岗位能手120多人。

第四节　学校共青团工作

1986年，团县委联合教育部门，加强对学校共青团工作的管理，着手组建各学校团委班子，年底全部完成。1987—1990年，团县委多次组织开展大规模学雷锋活动，全县学校团员开展便民服务活动，掀起学雷锋活动高潮。1996年，中学团组织利用暑期集中开展“热爱祖国、热爱家乡”实践教育活动。2001年，开展“远离邪教”校园演讲比赛、漫画比赛，向青少年发出反对邪教，崇尚科学，传播文明倡议。2005年，全县53个中学配备专职团委书记。2006—2007年，组织5次少年军校、暑期夏令营活动。2009年3月，在全县各学校开展“爱祖国、爱家乡、爱父母、爱老师”（以下简称“四爱”）进课堂感恩教育。“五四”青年节，举办驻城学生十八岁成人仪式。2010年，组织各学校团委进行换届。

第五节　少先队工作

1986年，全县有少先队员15万人，少先队辅导员3200人。1988年，召开中国少年先锋队单县第一次代表大会，出席代表219人，选举产生中国少年先锋队单县第一届工作委员会。1990年，响应全国少工委向英雄少年赖宁学习的号召，开展一系列“学赖宁、学十佳、争做优秀少先队员”活动。1993年9月，在湖西礼堂召开第二次少代会，出席代表140人，大会选举产生中国少年先锋队单县第二届工作委员会。同时，实施希望工程，至1995年，有1120名贫困失学少年重返校园。1994年，举办以提高少年儿童生活能力、劳动能力、创造能力为宗旨的“五自”（自理、自学、自律、自护、自强）活动。2001—2005年，每年举办一次少先队辅导员培训班，并评选出一大批优秀辅导员。2006年，开展“同在一片蓝天下，手拉手共同成长”活动，关爱进城务工人员子女。2007年，在全县小学中开展“红领巾心向党”主题活动。2008年，汶川地震后，举办“抗震救灾献爱心”捐赠、义卖、缴纳特殊队费、“心手相牵、奉献大爱”书信等一系列抗震救灾活动。奥运会期间，开展写奥运日记、讲奥运故事、绘奥运图画、赛奥运项目等活动。2009年“六一”期间，举办“爱祖国、爱家乡、爱老师、爱父母”希望杯少儿书画展和全县中小学生中华经典诵读比赛。同年，共青团单县县委被评为山东省少先队工作红旗单位。2010年5月，组织开展全县中小学生“经典诵读”比赛、五四青年演讲比赛和青年歌手大奖赛。6月，在单县二中举行“万名青少年学生远离网吧，健康成长签名”活动。

第六节　关心下一代工作

教育活动　2005年10月，确立单县博物馆、单县展览馆、湖西革命烈士陵园3处青少年爱国主义教育基地。2007年，组织境内各中小学师生与家长集体观看著名演讲家邹越“让世界充满爱”光碟。2008年6月，邀请菏泽市关工委副秘书长、市委原宣讲团团长吕复伦为学生做“理想、道德、奋斗”专题报告2场，听众6000人次。2009年，成立有县委常委、政法委书记为组长的“关爱明天、普法先行”青少年普法教育领导小组。并制定印发普法教育实施方案。编印学习提纲，为青少年购买《全国青少年普法教育读本》。组织学生重点学习《中华人民共和国未成年人保护法》和《中华人民共和国预防青少年犯罪法》，在此基础上组织全县中小学生进行法律知识测试。同年，成立法制教育报告团，分片包乡镇（街道）到学校宣讲法律知识。2010年，为全县各中学聘任法制副校长，小学聘任法制教育辅导员，明确职责，定期讲授法律知识。12月3日，县关工委与县政法委共同举办东方国际新城杯全县中小学生法律知识竞赛。2005—2010年，县关工委革命传统报告团到学校作传统教育报告80多次，受教育学生25万人次。

三项活动　2009年4月，在县关工委协调下，各中小学都成立“三项活动”（2007年1月，由山东省关工委发起，在全省开展的感恩教育、中华诗文诵读、才艺培养三项活动）领导小组。同月，县关工委印发《关于全县中小学大力开展“三项活动”的意见》，并在南城一校召开“三项活动”现场会，把“三项活动”的开展纳入年终考核学校工作的重要内容。5月，组织4万多名中小学生在母亲节为母亲邮寄贺卡活动；同时，开展少年儿童书信比赛；8月，组织开展“四爱”文艺演出进校园活动及“四爱”教育演讲大赛和征文大赛。9月，举办“四爱”希望杯少儿书画展。全年，县关工委共组织开展各种类型活动30多次。2010年3月，在全县中小学生中开展给父母端一次碗、洗一次脚，帮父母刷一次碗、扫一次地、洗一次衣服的“五个一”活动。5月，开展文明礼仪进校园活动。同月，单县一中被中国关爱成长行动组织委员会办公室批准为“全国青少年文明礼仪教育示范基地”。6月12日，省关工委主任王克玉等一行到单县调研“三项活动”。在南城一校实地考察“三项活动”开展情况，并观看学生才艺表演，对单县的“三项活动”予以高度评价，欣然题写“关爱成绩辉煌”的赞语。

救助特困学生　2005年始，每年对全县特困学生调查摸底登记造册，提供给民政部门按名单给予救助。2007年起，每逢节日都为留守儿童专门进行文艺演出，为留守儿童发放节日礼物、生活用品等。2008年，联合县残联在慧光学校对县聋哑学校特困学生募捐3万元。2008年始，发倡议书一万多份，动员县内外知名企业家、成功人士捐资助学。2009年，县关工委成功推广南城街道、时楼镇党委政府每位副科级干部结对帮扶一个特困生，直到他们生活自立的做法。2010年5月，县关工委在单县希望学校建立留守儿童教育示范基地，并总结推广单县希望学校为留守儿童建档，找代理家长“一帮一”的经验和做法。至2010年，共举行企业家、有关单位捐资助学仪式10多次，筹资100余万元，资助困难学生1000多名。

“五老”队伍建设　2005年起，县关工委注重宣传和培养一批“五老”（老干部、老战士、老专家、老教师、老模范）典型。如龙王庙镇关工委副主任朱瑞方，四十年如一日，千方百计筹资22.5万元捐助贫困学生213人，其中79人考上大学，43人走上工作岗位，16人成为专家和科级以上干部。为筹钱朱瑞芳省吃俭用，节衣缩食，苦了自己和家人，不图名，不为利，无怨无悔，用爱心助学铸造光辉人生。《关爱》《齐鲁晚报》《菏泽日报》等多家杂志、报纸登载报道他的事迹。2009年11月，在全县各乡镇（街道）聘任176名“五老”志愿者担任网吧义务监督员，定期对网吧检查，开展对学生“远离网吧，健康成长”教育活动。用典型人典型事带动“五老”队伍建设，至2010年年底，单县“五老”队伍发展到9200多人。

第七节　共青团组织

共青团单县县委　1986年，共青团单县委员会下辖51个团委、113个团总支、1832个团支部，有团员50026人。2010年始，共青团单县县委积极开展新建非公有制企业、新建民办非企业单位团组织建设。当年，全县有41家新建企业建立团组织。2010年年底，共青团单县委员会下辖56个团委、165个团总支、2065团支部，有团员76623人。

历次团代会　1986—2010年，先后召开第十二次至第十六次单县共青团代表大会。

共青团单县第十二次代表大会　1988年7月20日，共青团单县第十二次代表大会召开，出席会议代表406人。会议听取审议并通过司建民代表共青团单县第十一届委员会所作的工作报告。选举石松为第十二届共青团单县委员会书记，同时选举产生副书记3人，常委7人，委员31人，候补委员7人。

共青团单县第十三次代表大会　1992年5月27日，共青团单县第十三次代表大会召开，出席会议代表205人。会议听取审议并通过石松代表共青团单县第十二届委员会所作的工作报告。选举姜守民为第十三届共青团单县委员会书记，同时选举产生副书记 3 人，常委 7 人，委员 23 人，候补委员 5 人。

共青团单县第十四次代表大会　1995 年 5 月 4 日，共青团单县第十四次代表大会召开，出席会议代表 180 人。会议听取审议并通过姜守民代表共青团单县第十三届委员会所作的工作报告。会议选举姜守民为第十四届共青团单县委员会书记，同时选举产生副书记 3 人，常委 7 人，委员 21 人，候补委员 5 人。

共青团单县第十五次代表大会　1998 年 5 月 6 日，共青团单县第十五次代表大会召开，出席会议代表 200 人。会议听取审议并通过高慧（女）代表共青团单县第十四届委员会所作的工作报告。选举高慧（女）为第十五届共青团单县委员会书记，同时选举产生副书记 3 人，常委 7 人，委员 19 人，候补委员 5 人。

共青团单县第十六次代表大会　2010 年 11 月 17 日，共青团单县第十六次代表大会召开，出席会议代表 175 人。会议听取审议并通过张守文代表共青团单县第十五届委员会所作的工作报告。选举张守文为第十六届共青团单县委员会书记，同时选举产生副书记 2 人，常委 5 人，委员 27 人，候补委员 12 人。

第三章　妇女联合会

第一节　维护妇女儿童权益

普法教育　1986 年，通过制定和实施“一五”（1986—1990 年）普法规划，大力宣传普及《中华人民共和国宪法》《中华人民共和国婚姻法》等法律法规，开展“法律进万家”“法律进校园”等活动。1990 年，县妇联、县总工会、团县委联合在全县职工、团员青年和妇女中积极开展争做“社会治安卫士”活动。“一五”普法期间，全县妇联系统表彰学法用法先进集体 4 个，学法用法先进个人 11 人。1992 年 10 月 1 日，《中华人民共和国妇女权益保障法》颁布实施，全县妇女组织迅速掀起学习宣传高潮。通过培训班、广播讲座、知识竞赛等多种形式的宣传，使 70% 以上的妇女群众能运用法律武器，维护自己的合法权益。2001 年，新《中华人民共和国婚姻法》颁布后，通过举办法律知识讲座、以会代训等形式，帮助妇女群众有效利用新《中华人民共和国婚姻法》维护自己的婚姻家庭权益。2007 年，在全县妇联系统开展“巾帼维权”活动，鼓励全县妇女自觉拿起法律武器，维护自身合法权益。至 2010 年，县妇联先后被山东省妇联授予全省“三五”“四五”普法工作先进集体、全省妇联系统信访工作先进集体和全省妇联系统宣传工作先进集体等称号。

社会地位　1986 年，全县有副县级女干部 4 人，正副科级妇女干部 40 人。1993 年，县妇联培养推荐 27 名女干部走上领导岗位，全县 37 个乡镇党政领导班子中均配 1 名妇女领导干部。县人大、县政协两会中女代表、女委员比例 25%。1994 年年底，全县女党员 3820 人，占党员总数的 10.8%。1995 年，全县 14181 名在职干部中，女干部 3630 人，占干部总数的 25.6%；副科级以上妇女干部 95 人，占全县领导干部总数的 7%，其中，副县级干部 3 人，正科级干部 12 人，副科级干部80人，比1986年增加51人。1998年，县女人大代表、女政协委员的比例分别是26.5%和20.7%。2000年，发展女党员人数占全县发展总数的20%以上，比往年大有提高。2005年，全县女干部人数占干部总数的25.24%。2007年，县人大女代表、政协女委员的比例分别是26.7%和22.3%。同年，全县有中共女党员5451人，占党员总数的12.8%。2010年，全县党员总数为44407人，其中，女党员5893人，占全县党员总数的13.3%；全县有副科级以上干部1407人，其中，女干部138人，占全县副科级以上干部总数的9.8%。

维权工作　1986年，县妇联和全县37个乡镇妇联都成立了法律顾问处，80%的行政村建立法律咨询小组。1991—1994年，县妇联共接待群众来信来访388件，案结369件，结案率95%。1997年，单县被定为山东省NPA儿童监测评估试点县，对《单县儿童事业"九五"发展规划》实施情况进行监测评估，推动儿童事业规划目标贯彻落实。1998年、2000年，省妇联分别对《单县妇女发展纲要（1996—2000年）》和《单县儿童事业"九五"发展规划（1996—2000年）》进行中期及终期监测评估。评估结果显示大部分指标已达到目标要求。同年，在县妇联设立妇女信访联络站，开通妇女维权热线；10名妇联维权干部担任人民陪审员参与各类案件的审理。2001年年初，县政府颁布《单县妇女事业发展规划（2001—2010年）》和《单县儿童事业发展规划（2001—2010年）》。2003年始，县妇联、县劳保局、县工商局、县总工会联合开展下岗女工再就业工作。通过对女职工进行再就业培训、建再就业市场、开展劳务输出等途径安置下岗女工再就业。至2005年，已有85%的下岗女工接受不同种类的技术培训，60%以上的下岗女工找到新的工作岗位。2004年，单县南店子社区被授予山东省"零家庭暴力社区"。2007年，单县公安局刑警大队副大队长龙翔一家被评为全国"平安家庭"标兵户。2008年，是实施2001—2010年单县妇女、儿童工作两个规划的第八年，通过监测评估，两个规划各项指标均已达到年度目标要求。12月，单县代表菏泽市接受山东省妇女儿童事业发展纲要监测评估检查组的检查，省检查组对单县妇女儿童工作取得的成绩给予充分肯定。同年，进一步建立完善县、乡、村三级维权协调组织和信访接待站，在全县22个乡镇（街道）配齐妇女维权信息员、联络员、调解员。2009年和2010年，为全县7万农村妇女进行"宫颈癌"免费筛查。2010年，单县北城街道北关社区妇女维权服务站被授予山东省妇女维权服务示范站。1986—2010年，共接待群众来信来访914件，处结881件，结案率96%。

贫困救助　1986—2010年年底，向发生重大灾祸和生活困难的310户计划生育家庭共发放人口关爱公益金123万元。1997—2010年，县妇联累计募集捐款10万余元，救助特困"春蕾"女童300余人；2007—2010年，共帮助80余名孤贫女童重返校园学习。

关爱女童　　2010年摄影

第二节　服务经济建设

1986年“三八”妇女节，县妇联表彰“三八”红旗手120人，“三八”红旗集体20个，先进乡镇妇联5个，优秀妇女工作者6名。1987年，全县有女农民技术员300余人。同年起，在全县农村妇女中开展“十项养殖”“十项加工”的“双十”竞赛活动，经过宣传发动、典型引路、检查评比，至1989年，全县投入多种经营的农民43万人，其中，妇女占60%；各类专业户13417户，其中，以妇女为主的专业户9392户。1990年，在农村妇女中开展以学文化、学技术、比成绩、比贡献为主的“双学双比”竞赛活动。至1994年，全县各级妇女组织举办各类技术培训班5338期，参训妇女85755人次，参赛妇女21万人。其间，县妇联共表彰“双学双比”女能手659人，“双学双比”先进协调组织30个。受省妇联表彰的“双学双比”女能手4人。1990—1994年，县妇联表彰“三八”红旗手642人，“三八”红旗集体81个，先进妇女组织161个，优秀妇女干部97人；受地区妇联表彰“三八”红旗手59人、“三八”红旗集体15个；受省妇联表彰“三八”红旗手6人，“三八”红旗集体1个。1996年，开展为“九五”计划建功立业竞赛活动，全县近万名妇女参加，县妇联表彰先进集体30个，先进个人100人。1997年始，开展“十百千”科技致富竞赛活动，通过健全组织、宣传发动、培训推动、典型示范、定点帮扶、结对互助、政策激励、评比督促等措施，活动开展深入扎实，年底评选表彰科技致富女状元10人、科技致富女标兵100人、科技致富女能手1000人。1996—2000年“九五”期间，在农村妇女中实施“十万农家女、十项新技术”培训计划，推行绿色证书和农民技术培训及技术职称评定工作，激发广大农村妇女学习农业实用技术的积极性，有1000余名妇女获农民技术职称证书，2000名妇女获绿色证书，8万余名妇女接受农业实用技术培训，农村涌现一批具有现代农业科技知识和生产经营知识的新型女农民。如单城镇单溜村女农艺师高秀英，承接10多家科研部门的试验项目及作物种植试验15项，先后进行小麦、大豆、玉米高产攻关试验并获单县科技攻关奖，其大豆良种繁育等新技术受到专家认可并在全县推广种植2万亩。2007年，实施“巾帼牵手”工程，搭建“城乡共建”平台，按照“一帮一”的形式，动员组织“巾帼创业带头人”与“巾帼示范村”结对子，实施“万名新型女农民培训计划”，鼓励妇女自主创业与发展家庭工副业相结合，引导妇女发展手工编织、刺绣、来料加工等家庭工副业，为农民增收致富提供全方位服务，多角度指导。全县涌现出一大批种植、养殖、加工、营销等农村妇女创业典型，张集镇玉皇庙村养猪专业户朱瑞荣、李田楼镇九楼村农资营销专业户赵利英、浮岗镇韦新庄村养鱼专业户刘莲允等被县委、县政府命名为“十佳巾帼创业带头人”。2010年年初，县妇联印发《关于开展“巾帼文明

庆“三八”表彰会暨先进事迹报告会

全市农村妇女巾帼增收倍增行动现场推进会在单县召开

2010年摄影

岗”创建活动的通知》，要求有关单位组织各服务窗口开展文明、示范服务，树行业形象，展巾帼风采，创“巾帼文明岗”活动。同年，单县地税局办税服务厅被被中华全国妇女联合会授予“全国巾帼文明岗”称号。

第三节 妇女组织

县妇联 全县各界妇女的群众组织，也是中华妇女联合会的地方组织，代表和维护全县妇女权益，服务全县各项建设。1989年，县妇联成立妇女儿童活动中心，为股级事业单位。1991年5月，召开单县妇女联合会第七次代表大会，参会代表363人，选出第七届委员会委员43人。1995年，成立单县妇女儿童工作委员会办公室，为股级事业单位。1996年12月，召开单县妇女联合会第八次代表大会，参会代表217人，选出第八届委员会委员54人。2010年，单县妇女联合会有工作人员7人。

单县妇女第六次代表大会

乡镇妇联 1986年，全县37个乡镇妇联主任全部配齐，平均年龄31.4岁，中专以上学历占60%。1990年，对全县党政机关和事业单位推荐的23名乡镇妇联专职干部进行考选，录用21人，充实到乡镇妇联工作。2000年，全县37个乡镇配备妇联正副主任53人，平均年龄为25.8岁。2005年，全县20个乡镇共配备妇联正副主任50人，年龄在35岁以下的占90%，大专以上学历占50%。2010年，全县22个乡镇（街道）妇联组织健全，正、副主任全部配齐。

村级妇女组织 1986年，全县949个行政村，有865个村建立妇代会，占90.67%，其中，能够较好发挥作用的有597个，占69%。1990年，对全县农村基层妇女组织进行全面调整，900多个行政村普遍建立妇代会，成员2858人，平均年龄33岁。同年，全县建妇女之家429个。1994年年底，全县妇女之家621个。1997年，按照“三荐三考”（三荐，即群众举荐、组织推荐、个人自荐；三考，即素质考核、组织考察、试用考验）

公开选拔妇女干部的方式改革基层妇女组织，选拔一批素质好、能力强、热心妇女工作、能带领妇女致富的优秀妇女担任村妇代会主任。全县502个村全部配齐妇代会主任，平均年龄31.5岁，全部初中以上文化程度，全部进入村级“两委班子”（即村支部委员会、村委会）。同年，单县妇联被山东省妇联评为全省基层妇女组织建设工作先进单位。1998年，按照村妇代会主任与计生专职主任“两位一体”的方式改革村妇代会班子，提高村妇代会主任的地位和报酬。2005年，全县村妇代会主任共有487人，进村级“两委班子”的占71%。2010年，全县502个行政村妇联主任全部配齐，均进村级“两委班子”。

城镇妇女组织　2007年始，县妇联与县委组织部联合先后印发《关于加强妇女组织建设的意见》和《关于加强中央、省、市驻单单位，县直各单位、非公有制企业、民办非企业单位妇女组织建设的意见》，至2008年年底，在中央、省、市驻单县单位，县直党政机关、事业单位，非公有制企业和民办非企业中建立妇委会和女工委会79个，按照规定和程序配备妇委会专（兼）职主任及委员，健全和完善城镇基层妇女组织。

第四章　科学技术协会

第一节　科技服务

参见本志二十四编科学技术。

第二节　科协机构

1986年，除单县科学技术协会（简称县科协）作为全县科学技术工作者的群众组织外，全县37个乡镇均设有科协组织，有专职干部44人。1987年4月，单县第二次科协代表大会召开，大会选出委员51人，常委11人。选举主任、副主任。同年，全县各乡镇科委与科协合署办公。全县37个乡镇科协有专职干部52人，全县专业研究会64个，会员5900人。1997年10月，召开单县科学技术协会第四次代表大会，选举协会主任、副主任。2006年年底，成立单县老科技工作者协会。2007年，新组建企业科协组织5个，吸纳科技人员27人。至此，全县40%以上的企业建立科协组织。至2010年年底，有县直学会23个，企业科协20个，乡镇（街道）科协22个。

第五章　残疾人联合会

第一节　残疾人康复

白内障复明　1992年，在单县中心医院组织实施白内障患者复明手术，至1995年，全县共完成白内障复明手术1010例，脱盲率100%。1998年10月，国际红十字会与中国政府合作开展的“视觉第一、中国行动”在单县实施，专家医疗队与单县中心医院密切配合，共实施白内障复明手术316例。此次白内障复明活动，县残联为316例患者发放补助3.1万元。至2000年，全县共施行白内障复明手术2230例，人工晶体植入1215例。2004年9月中旬至10月底，在全县范围内开展残疾人白内障复明工程，为全县白内障患者实施复明手术400例。2005年6月6日第十届全国“爱眼日”，县残联依托单县第三人民医院（黄岗镇医院），成立白内障复明中心，聘请眼科专家到单县实施手术。筛选白内障患者1580例，实施手术500例，脱盲率100%，脱残率96%。县残联为白内障患者提供人工晶体200例，解决贫困白内障患者经济负担。2006年，经单县残联，单县第三人民医院，山西省眼科医院院长、著名眼科专家、全国防盲领导小组成员石正琦三方共同协商，在单县第三人民医院成立单县残联白内障复明中心。10月，集中财力、人力开展以帮助白内障患者重见光明为目的的“爱心复明”活动，整个活动实施手术100例，免费提供人工晶体80例，脱盲率100%，为患者减轻直接经济负担15万元，收到“康复一人，救活一家，影响一方”的社会效果。2008年，充分发挥白内障复明中心的技术优势，集中开展白内障复明手术600例。2009年6月，启动贫困白内障患者“光明工程”，在单县第一人民医院实施手术，为100例白内障患者实施免费复明手术。11月初，全面落实国家“百万贫困白内障患者复明工程”项目，县残联与卫生部门联合启动单县贫困白内障患者复明项目，在单县中心医院实施白内障复明手术，年底完成180例减费复明手术。

儿麻矫治　1992年，县残联与县中心医院结合，成立小儿麻痹后遗症（简称儿麻）矫治领导班子，设立儿麻专科门诊和儿麻病区，聘请江苏徐州93医院外科专家配合单县中心医院儿麻专家进行手术54例，显效率95%。1993—1995年，共完成儿麻手术165例，占任务的106%。

聋儿语训　1992年，以县聋哑学校为依托，设立聋儿语训班，共招收8名3～9岁聋儿。派专人到济宁、威海参观学习和师资培训，提高办班质量。语训班设语言训练、美工、体操、计算、常识、思想品德6门课程。2002年，招收聋儿14人。2005年，培训聋儿家长20人。此后，县聋哑学校不再举办语训班，境内聋儿在菏泽市残联语训学校进行培训，每年参加5～8人。

精神病康复　1993年，开展社区精神病康复工作，制定《单县精神卫生工作“八五”实施方案》，并将年度计划层层分解到乡镇，落实到村，对全县乡镇卫生院进行分期分批改貌建设，总投资405万元，将全县4216名精神病患者纳入规定的管理程序，社区康复普及率100%，其中，纳入正常管理的3373人，管理率80%。社区精神病患者的劳动能力恢复由1992年的46.3%提高到

72.6%。1995年，每个行政村都配备1～2名兼职精神防治乡村医生，并组织进行精神病防治培训，初步实现对社区精神病患者的早发现、早诊断、早治疗，取得较好的社会效益。同年，县卫生局、县残联联合印发《关于搞好精神病防治康复工作的意见》。2001年6月，成立县精神病防治康复工作领导小组。2005年，建立县、乡、村三级防控网，精神病监护率、显好率、社会参与率均达到和超过国家规定标准。2008年10月，争取国家专项彩票公益金救助款4.5万元，在单县精神病医院（孙溜镇卫生院）开启贫困精神病患者康复救助工程，为单县100名贫困精神病患者实施免费服药。享受此项救助工程的患者，每人每年可以获得400元的药品救助；对单县15名贫困精神病重症患者，在菏泽市第三人民医院进行免费住院项目医疗救助。

社区康复　1991年8月，全县社区康复工作全面启动。残疾人社区康复的主要内容包括康复的医疗护理、训练指导、心理疏导、知识普及、用品用具提供等。1992年，单县被省残联评为全省社区康复先进单位。1993年，成立县社区康复领导小组，全县37处乡镇和938个行政村都建立相应组织，在全县乡镇卫生院增设社区康复科，实现社区康复工作的科学化、目标化管理。根据《中国残疾人事业“八五”计划纲要》配套实施方案的要求，1995年6月，县政府投资96万元，设立康复中心。2006年，国家发改委、省发改委下拨10万元，全部用于县残疾人综合服务设施建设。2010年，开展“康复进社区，服务进家庭”活动，在南城街道、莱河镇、终兴镇组织实施社区康复试点工作。县残联为各级康复站、点统一配备偏瘫康复器、站立架、牵引训练器、滑轮吊环训练器等康复训练器材达200余种。

康复扶贫　1992年，单县被列为全国康复扶贫试点县，上级残联拨付的30万元康复扶贫贷款和县财政筹集配套资金30万元，分别贷给工艺品厂和单城镇政府，用于搞好残疾人生产自救。1995年，扶持贫困残疾人1600人，使1100名残疾人摆脱贫困，887人得到康复。1996年，将扶贫贷款支持单县残联利达食品厂（利达食品厂残疾人比例占80%以上，税金享受全免待遇）。1998年，开始解决缺乏劳动能力的特困残疾人的温饱问题。2005年，县残联建立年存栏母山羊1000只的良种繁育基地1处和技术服务中心1处，为1000户贫困残疾人提供2000只母山羊，帮助贫困残疾人脱贫致富。2009年，县残联采用以山东莱河乳业有限公司、山东百寿坊食品有限公司为龙头企业，带动农村贫困残疾人开展种植业、养殖业的扶贫模式。以“公司带农户”，帮助1200户残疾人摆脱家庭贫困。2010年，为单县湖西劳动技校争取5万元扶持资金，用于残疾人培训基地建设，当年培训残疾人200余人，150余人获得就业职位。同年，单县湖西劳动技校被省残联定为山东省残疾人培训示范基地。

第二节　残疾人帮扶

残疾人教育　1996年后，对于被普通高等院校或特殊教育学院录取的贫困残疾大专生、本科生实施补助及奖励政策，有些年份把中专生也列入其内。1996—2000年，救助贫困残疾学生56人，资金5.3万元，帮助考取大中专残疾学生完成学业。2004年，对贫困残疾大专生、本科生，每人给予一次性资助2000元，用于补助学生在校的学习、生活费用。2001—2005年，把残疾人义务教育纳入单县普及义务教育规划，加大投入，落实贫困残疾学生减免学费、学杂费优惠政策，残疾儿童入学率95.3%。2006年，为贫困残疾学生发放补助款1万元。2008年，加大对残疾大中专学生的救助力度，县残联对考上大中专院校的10名残疾学生实施救助，发放救助款15500元。2010年，在第十九个助残日期间，县残联投入万余元，资助单县聋哑学校，为60名聋哑儿童添置计算机、床铺、被褥、桌椅和图书等10余种学习生活用品。

在助残日期间，分别为单县一中、单县二中残疾学生发放救济金5000元。

残疾人培训 1996—2000年，县残联共投资62500元，开展残疾人技能培训。其间，共举办残疾人养殖、种植、微机、缝纫等技术培训班20期，培训残疾人640人。2001—2005年，县残联依托山东省残疾人就业培训基地、单县爱华技校、山东省百寿坊养殖基地，开展残疾人职业技能培训，共举办各种劳动技能培训班8期，培训残疾人226人。对85名有生活自理能力的残疾人进行艺术蛋糕裱花、面点制作、书画装裱、手工编艺等职业培训。通过省培训基地介绍就业6人；与企业签订劳务合同30人；个体从业45人，收到“安置一人，救活一家，影响一片”的良好效果。2006年3月，依托单县爱华技校，培训各类残疾人336人，其中，160残疾人输出到青岛、威海、烟台等经济发达的地区打工，148人从事个体服装业。2009年，在单县湖西劳动技校举办免费技能培训班，培训内容包括电气焊、缝纫、微机操作课程。同年，举办种植、养殖培训班2期，免费培训农村残疾人3000余人。

残疾人就业 1990年，创办单县鲁鹰福利汽修厂，开始招收残疾人就业。1992年，根据菏泽地区残联《关于加强地区残联系统直属福利企业工作的意见》文件精神，县残联印发《关于加强全县残联系统直属福利企业工作的意见》，先后办起工艺品厂、丝线绳网厂、制镜厂、汽修厂、能源设备厂5家残联直属福利企业，有固定资产200万元，流动资金70万元，安置残疾职工116人。1993年2月，县残联制定《单县残联直属福利企业管理条例》。《条例》规定：福利企业要坚持为残疾人服务的办厂方向，按比例安排残疾人；按规定缴纳福利基金和管理费，每季度缴纳一次，不得拖欠。凡不交福利基金、管理费者，不予换发福利企业新证书。当年安排残疾人就业136人，创产值430万元，利税41.2万元。1995年10月，县残联在全县全面布置残疾人就业调查、就业登记、能力评估、职业培训、就业介绍、咨询等工作。1997年，县政府印发《关于做好分散按比例安置残疾人就业工作的通知》，为全县残疾人按比例就业提供政策依据。至2000年，按比例安排残疾人就业263人，扶持残疾人个体从业45人，创造农村残疾人就业岗位3746个。2001年7月，县政府印发《单县按比例安排残疾人就业办法》，成立县残疾人劳动就业领导小组，负责全县残疾人就业工作领导和协调工作。2008年，推荐130名残疾人就业。2009年，全年扶持自主创业11户，每户扶持自主创业救助资金2600元，共计28600元。2010年，开展“五小”（小按摩店、小维修店、小美发店、小吃店、小裁缝店）创业活动，扶助有就业创业愿望和能力的贫困残疾人8户，每户发放救助资金1500元。同年，推荐269名残疾人就业。

第三节 残疾人合法权益维护

残疾人权益保护 1995年，将《中华人民共和国残疾人保障法》列入全县普法规划，成立单县残疾人法律援助服务中心，为360名残疾人提供法律咨询，为76名残疾人提供法律援助，减少经济负担5000多元。2001年5月，建立残疾人法律援助联络站，其业务范围：解答法律咨询；代拟法律文书；非诉讼法律事务调解与代理；组织年度残疾人涉法积案排查；接受法律援助中心的指派，进行民事诉讼代理。2002年，介绍法律援助受助人员46人。2003年，介绍法律援助受助人员32人。2006年，利用“全国助残日”活动，宣传《中华人民共和国残疾人保障法》，为175名残疾人提供法律咨询，为24名残疾人提供法律援助。2007—2010年，单县残疾人法律援助服务中心为残疾人提供法律咨询800余人次，法律援助156人次。

残疾人社会保障 1994年，实施社会减负工程。当年，根据残疾人的残疾程度和家庭经济状况，分全额减免和部分减免两个档次，对持有残疾人证的残疾人减免提留、义务工、公益事业费和其他社会负担，由乡镇政府颁发减免证书。1995 年，为残疾人特困户减免提留、义务工 16.5 万元；为残疾学生减免学费、学杂费 6.3 万元。至 2000 年，共为残疾人减免义务工 46130 个，减免公益事业费 16 万元，减免其他社会负担费用 3.75 万元。1996—2000 年，全县共实施肢体残疾矫治手术 389 例，假肢装配 124 名；康复训练 46 名；供应残疾人用品用具 820 件。为手术患者救助、减免医疗费 13.5 万元。2002 年，根据上级有关文件规定，单县在农村税收中实行对残疾人减免农业税政策（对农村丧失劳动力的残疾人实行减负照顾，最多不超过 50%）。同年，在全县启动“残疾人助行工程”“康复助残爱心工程”，包括假肢装配、白内障复明、儿麻矫形、听力助残 4 个项目。2004 年 8 月，全县 20 个乡镇遭受百年罕见的洪涝灾害，全县有 320 户贫困残疾人住房存在不同程度的安全隐患。同年，全县投资 10 万元，用于贫困残疾人危房改造。2005 年，投入 36.25 万元，使 30 户贫困残疾人住上新房。同年，台湾曹氏基金会为单县肢体残疾人捐赠轮椅 60 辆，单县佳裕置业有限公司捐赠轮椅 20 辆。2009 年，对专项彩票公益金农村贫困残疾人危房改造项目 40 户督促检查，针对工程进度、施工质量、建设标准、资金落实等方面实地检查验收，户均 4000 元兑付到残疾人手中。2010 年，完善落实残疾人保障政策，把符合条件的贫困重度残疾人作为重点扶持对象，纳入最低生活保障，实现应保尽保。对 931 名符合条件的低保重度残疾人发放每月 30 元生活补助，总金额 22.3 万元。同年，对 45 户残疾人危房进行维修改造，进一步改善残疾人的住房条件。

第四节　残疾人组织

1990 年 1 月，单县残疾人联合会定编 10 人。9 月，召开单县第一届残疾人代表大会，选举产生单县残疾人联合会第一届执行理事会。1991 年，组建乡镇残疾人联合会，设理事长、副理事长各 1 人，配备专职干部 1 人；理事长由分管民政工作的副乡（镇）长兼任，副理事长由民政助理员兼任，专职干部从乡镇内部调剂。1992 年 1 月，对全县残疾人进行普遍调查摸底，全县共有残疾人 46002 人，占全县总人口的 4.2%。其中，肢残 10350 人，占残疾人总数的 22.5%；听力语言残疾 12236 人，占残疾人总数的 26.6%；视力残疾 11316 人，占残疾人总数的 24.6%；智力残疾 4278 人，占残疾人总数的 9.3%；精神残疾 1518 人，占残疾人总数的 3.3%；综合残疾 6304 人，占残疾人总数的 13.7%。1994 年 1 月，根据中共中央组织部和人事部决定，中国残疾人联合会机关属于参照国家公务员制度管理的单位，其工资制度、工资标准按国家机关工作人员工资制度和标准执行，县残联以此而行。8 月，县残联召开第二届残疾人代表大会，出席代表 160 人，选举产生单县残疾人联合会第二届执行理事会。1994 年 9 月，设立单县残疾人劳动服务办公室，为股级事业单位。1996 年 5 月，单县残疾人劳动服务办公室改名为单县残疾人劳动服务所。1998 年 2 月，设立单县残疾人服务社，为股级差额补贴事业单位，定编 8 人，同时各乡镇建立残疾人服务分社。1999 年 10 月，成立单县残疾人评残委员会。2000 年 6 月，成立单县残疾人用品用具供应服务站。

第六章 工商业联合会

第一节 服务企业与会员

服务企业 1989年恢复工商联后，县工商联奉行“服务立会、服务兴会”的宗旨，从融资、法律、维权和信息技术等方面为会员企业和会员服务。1995年后，县工商联在单县电视台开辟《前进中的民营企业》专栏，在《单县声屏》《新湖西》等报刊开辟《民营企业家风采录》专栏，共办30期，宣传报道优秀企业及其先进事迹，提升民营企业公众形象。1998—2005年，县工商联先后编写160期商会信息，及时宣传单县工商企业发展状况及典型事迹。其间，共组织各种形式的企业培训26次，参训人数978人。2004年，县工商联组织召开个体经营企业吸收下岗工人再就业座谈会。当年，会员民营企业共安置下岗工人318人。2010年，成立单县商家诚信联盟，开展品牌宣传、诚信宣传。先后组织会员企业参加中国家纺博览会、上海针棉织品展销会、香港经贸洽谈会、台湾经贸洽谈会等产品展示活动，扩大单县产品在国内外市场的影响。同年，县工商联邀请中国诚信网总部、北京大学电子商务研究室知名人士专题授课，举办“电子商务与中小企业发展战略讲座”。同年，县工商联选派26名企业家参加在北京大学举办的民营企业高级经营管理人员培训班，组织50多家企业的档案管理人员参加省工商联和档案局举办的档案知识培训。2005—2010年，配合市委统战部、市工商联，先后组织全国性的经贸洽谈活动6次，全省性的经贸洽谈活动8次，企业参加人数198人次。

服务会员 1990年，县工商联举办工商企业会员法律培训班4期，参训会员180人。1993年，举办企业法律培训班6期，参训会员300余人。1998年，与金融部门协商沟通，积极为会员融资。2004年，通过“诚信网”给企业与个人建立信用档案，把分散在各个银行、职能部门中的企业、个人信用和信誉信息汇集起来进行加工储存，形成企业、个人信用档案信息数据库，并利用这些资料进行企业、个人信用评级，为银行和有关方面了解企业、个人的信誉状况提供服务。2005年，配合县人事局，在非公有制企业专业技术人员中开展技术职称评审工作。经过协调非公有制企业职称评审，可不受名额限制，不受时间限制，符合条件者人事部门随时接收上报材料。当年，全县非公有制企业推荐高级7人，中级28人，评审初级专业技术职务61人。 2008年2月，成立单县工商联友好企业协会。之后，利用这个合作平台，使各个民营企业间在人力资源、物力管理、财力资源和多元化信息等方面得到深层次互补，促进全县民营企业发展。2010年10月，邀请深圳教育集团金牌内训讲师，举行“西点管理模式之执行力”精英特训班，参训企业103家，参训人员463人。

第二节 维护会员合法权益

1997年，县工商联建立与各执法执纪职能部门协商对话制度，协调会员与各部门之间的关系，在法律和政策范围内维护会员的合法权益。2000年，帮助会员维权13次，提供法律服务7

次，协助会员企业贷款300万元。2004年，县工商联与“诚信网”、《诚信快报》合作，对企业实行有效监管，及时对一些失信活动进行曝光，有效地遏制一些商家、企业不法经营、不诚信经营现象的发生。2009年，县工商联进一步扩大商会与会员企业双向交流，及时解决企业在生产经营过程中困难和问题，不断提高商会活动的吸引力。2010年，县委宣传部、县工商联、县工商局、县技术监督局、县税务局、县药监局、县安监局、县卫生局和县文明办，联合开展企业、商户诚信自律联盟建设，进行诚信自律教育，让企业、商户在政府监管部门、职能部门的监督监管下，规范自身经营生产行为。同年，县工商联会同县劳动和社会保障局、县法院、县总工会等部门，开展《中华人民共和国劳动合同法》专题讲座；与县环保局联合举办企业节能减排专题讲座。1989—2010年，县工商联协助会员企业调解各种矛盾纠纷200起，其中重大矛盾纠纷40起，为会员企业挽回直接经济损失2000万元。

第三节　建言献策

1989年，县工商联根据自身职能，做好县政协委员和县人大代表的推荐工作。此外，每年组织工商联会员中的人大代表、政协委员进行调查研究，撰写调查报告，为民营经济发展建言献策。2001年6月，县工商联撰写的《民营企业亟待解决的若干问题》调研报告，在《齐鲁工商》杂志上发表，获得好评。2008年，围绕全县政治、经济和社会生活中的热点、难点、焦点问题，精心选择课题，组织专项调研，为政府建言献策。2010年，按照全国工商联的要求，对2009年度上规模的营业收入过亿元的山东省单县化工有限公司、山东四君子集团有限公司、山东莱河酒业有限公司、山东湖西王集团有限公司、山东省单县天元纸业有限公司、单县环亚家电有限责任公司等8家民营企业，上报省进入全省民营企业500强。同年，组织“民营企业实践科学发展观、转变发展方式”座谈会，安排山东四君子集团有限公司、山东莱河集团有限公司、单县环亚家电有限责任公司、单县宇航纺织有限公司、单县工业品有限公司、单县东升木业有限公司和部分行业商会负责人进行交流发言，实地参观山东莱河集团有限公司、山东四君子集团有限公司、鲁能超市、家得利超市等企业。至2010年年底，全县非公有制经济代表人士中，有县以上人大代表、政协委员72人，其中，省人大代表2人，市人大代表7人，市政协委员6人；有省工商联执委2人，市工商联副主席、副会长各1人，市工商联执委8人。2005—2010年，县工商联组织会员县内调查研究16次，县外调查研究8次，形成有思路、有见解、有解决方案的调研报告33篇。在每年“两会”期间，会员企业中的人大代表、政协委员共撰写提案、建议350篇，积极发挥参政议政作用。

第四节　工商联组织

1989年1月，恢复撤销20年的单县工商业联合会（总商会），有工作人员8人，工商会会员5000人。黄岗、终兴、郭村、蔡堂、徐寨、高韦庄等大型集镇设有6个分会，县城设有家具、家电、机械电子、农药化肥、种子、运输等行业委员会18个。1994年3月，单县湖西典当服务行划归县工商业联合会管理。1998年2月，黄岗、单城镇、高老家、浮岗集、蔡堂、大李海、高韦庄、徐寨、罗庄、终兴等10处乡镇，相继召开商会成立大会暨第一届会员代表大会，产生第一届商会领导班子。2010年，在完善与规范单县商贸服饰协会、单县生物制品研究发展协会、单县木业协会、单县窗纱协会的基础上，新成立单县北城街道商会，筹建单县浙商投资研究协会。年底，县工商联有在编工作人员11人，全县有工商业联合会会员1368人。1989—2010年，先后召开单县工商业联合会第三、四、五、六次会员代表大会。

1989—2010年单县工商联会员代表大会情况一览表

表19-6-1

届次	时间	代表人数（人）	会议内容	选举结果
三	1989.5.17	155	听取审议县工商联工作报告，部署下步工作任务，讨论制定单县工商联章程，选举单县工商业联合会领导人。	主任委员：王培民 副主任委员：赵守院 苏永秀 周继忠 常务委员：9人
四	1992.6.20	189	听取审议县工商联工作报告，部署今后的工作任务，选举产生新一届单县工商业联合会领导班子。	主任委员：孙运洲 副主任委员：赵守院 艾广金 常务委员：13人
五	1997.8.9	235	听取审议县工商联工作报告，部署下一届的工作任务，选举产生新一届单县工商业联合会领导班子。	主任委员：胡传才 副主任委员：赵守院 艾广金 李彦德 秘书长：张 伟
六	2007.6.23	271	听取审议县工商联工作报告，部署下一届的工作任务，选举产生新一届单县工商业联合会领导班子。	主任委员：李 伟 副主任委员：张 波 渠爱刚 秘书长：张 伟

目　录

下　册

第二十编　法　治

第二十一编　军　事

第二十二编　人力资源 社会保障

第二十三编　民政 信访

第二十四编　科学技术

第二十五编　教　育

第二十六编　文　化

第二十七编　卫生　医药

第二十八编　精神文明建设

第二十九编　社会生活

第三十编　乡镇 街道

第三十一编　组织机构

人 物

附 录

索 引

编后记

Contents

The Second Volume

Part XX Governed by Law

Part XXI Military

Part XXII Human Resource & Social Security

Part XXV Education

Part XXVI Culture

Part XXVII Health Medicine

Part XXIX Social Life

Part XXX Township Streets

Part XXXI Institutional Framework

Figures

Appendixes

Index

Afterword

第二十编
法　治

城区治安巡逻

街头法律宣传　　2008 年摄影

巡回法庭进社区以案讲法　　2009 年摄影

1983年3月，设立中共单县县委政法委员会。组织协调公安、司法各部门工作。1986年，全县实施第一个五年普法规划。1988年、1995年，单县被评为全省社会治安综合治理先进县。2001年，被评为全省普法和依法治理先进县、社会治安综合治理模范县。2004年，被评为全省普法和依法治理先进县。2006年、2009年，被评为平安山东建设先进县。至2010年，公安司法机关先后组织开展多次“严打”整治斗争，严厉打击刑事犯罪、经济犯罪，保护人民生命财产安全，维护社会稳定，充分发挥了公安司法部门为经济发展保驾护航的作用。

第一章 政法委及综治工作

第一节 社会治安综合治理

组织建设 1986年，各乡镇均成立由党委书记任组长的社会治安综合治理领导小组。1987年，普遍建立村级治保、调解组织，全县治保委员会952个，调解委员会1003个。1989年4月，成立城区综合治理领导小组办公室，1991年8月，改设为社会治安综合治理委员会办公室。1992年，健全完善基层政法组织，健全内部保卫组织，全县有保卫科股48个，保卫人员164人；县、乡镇、村有不同形式的治安防范队伍；加强基层两委组织建设，组建民间纠纷信息网，有纠纷信息员4200人。1996年，全县37处乡镇全部建立综合治理委员会、预防经济犯罪领导小组和民间纠纷调处中心。乡镇综治办主任由乡镇党委政法委员担任，配备专职人员2～3人；乡镇预防经济犯罪办公室主任由党委纪检书记担任；乡镇民间纠纷排查调处中心主任由司法所长担任。行政村配备1名专抓综合治理工作的副主任。2002年，结合村级“两委”换届选举，调整充实治保主任176人，占总数的33.85%。同年，分8期对全县502名村治保主任和148名县直单位内保干部进行培训。培训一周经统一考试合格后，发放结业证书和保卫人员工作证。2008年，乡镇（街道）调解中心主任由乡镇（街道）副书记担任，派出所所长、司法所所长、武装部部长兼任副主任，并配备1名副科级专职副主任。全县22个乡镇（街道）全部建立调解中心。6月，按照“因村制宜”的原则组建治安巡逻队，由乡镇（街道）综治办和辖区派出所管理，开展治安巡逻，化解矛盾纠纷，协助公安机关预防、制止违法犯罪活动，维护社会治安。2010年，开展社会治安综合治理“基层基础规范化建设年”活动，全县80%以上的乡镇（街道）、村居社会治安综合治理基层基础建设达到组织建设、办事程序、队伍管理、办公设施、经费保障规范化标准。

防范措施 1986年后，县、乡镇、村在狠抓“两项打击”的同时，建立健全乡镇、村基层治保组织，提高对社会治安问题的防范能力。1996年，对城区治安秩序进行集中治理。在公共复杂场所、车站和集贸市场设立治安室，配备治安保卫人员；在城区设立“110”报警点100余处；取缔城区各级各类中小学周围100米以内的所有电子游艺室。2002年，在城区、郊区、边界的主要交通路口和治安复杂地段组建27个警务工作站，统一标志，配备头盔、袖标和半自动10米路障设施。形成以城区主中心、郊区为依托、边界为屏障的

“三道防线”。全县50支“110”机动队、32个联动单位机动队均配备“110”接处警专用车辆。接警后，城区出警5分钟以内，郊区10分钟以内。村级设有专业巡逻队186支，报酬巡逻队78支，义务巡逻队238支。2004年，建立以“110”“122”为龙头，“点、线、面、片”相结合，人防、物防、技防相配套，打击、防范、震慑于一体的治安防控体系。2007年8月，以完善治安防控体系建设，提高社会治安综合治理水平，增强各单位、有关场所防控能力和建设平安单县为目标，建成以公安机关指挥中心为龙头，相关部门及实战单位为基础平台，覆盖整个社会面的社会治安动态监控系统。加强社会治安监控系统建设，县直各单位、重点要害部位、金融网点门口、城区主要交通路口、公共复杂场所、大型商场超市门口、新建住宅小区等部位，实行24小时实时监控，预防、发现、控制、打击违法犯罪和维护社会治安秩序的能力得到进一步提高。2008年，按照“全面排查，突出重点，预防为主，防范在先”的原则，重点对可能发生重大治安问题和群体性事件的矛盾纠纷进行排查调处，特别是对社会矛盾、信访苗头和消防、安全生产等方面存在的问题和隐患，以及涉法上访案件的排查，做到排深排细并加以解决。2010年，充分发挥城区治安岗亭的作用，加大巡逻密度，100余名巡（协）警24小时不间断在城区主要街道巡逻。各乡镇按照不低于总人口万分之五的比例，配备派出所治安协勤人员，按照不低于总人口千分之十二的比例，在农村组建2954支、1.2万余人的打更巡逻队，各巡逻队之间相互策应，常年坚持夜间巡逻，充分发挥第一道防线的作用。将技防设施建设列入“十大民心工程”，投入1000余万元，不断完善城乡社会治安动态监控体系，建立起互联互通、全面覆盖的治安动态监控网络。公安局“110”指挥中心进行升级改造，22个派出所建立技防平台，在城区单位、金融部门、公共场所和主要交通路口安装1000余部监控设施。在农村安装有线、无线报警装置，治安防范的技术含量进一步提高。全力推进治安保险，推动基层治安防范工作的开展。

“严打”整治 1987年8—10月，开展打击拐卖妇女儿童、卖淫嫖娼专项斗争，摧毁6个拐卖妇女儿童的犯罪团伙，抓获犯罪嫌疑人36人，解救受害妇女79人，儿童7人。1990年，开展除“六害”、打团伙专项“严打”活动。重点打击抢劫、重大盗窃、拐卖人口等团伙犯罪。摧毁各类犯罪团伙101个，成员600人。1999年，开展打霸专项斗争，共抓获各类霸头324人，破获涉霸案件217起，打掉霸头团伙40个、共155人。2000年，重点打击抢劫、强奸、拐卖人口、绑架等暴力犯罪和带有黑社会性质的团伙犯罪。继续开展“打霸”专项斗争，从严惩处一批霸头和流氓恶势力。全年共审结霸头案件13起，判处霸头16人。2001年后，相继开展“春季攻势”“夏季平安夜”“反盗打窜”“破积案追逃犯”“打击两抢”“治爆缉枪”“百日会战”等一系列专项斗争和10余次集中行动。2004年后，对黑恶势力犯罪，杀人、爆炸等严重暴力犯罪，抢劫、抢夺、盗窃等严重影响群众安全感的多发性犯罪以及流窜犯罪，依法进行从重从快惩处。2007年，开展百日“严打农村盗抢牛羊犯罪专项行动”。2008—2010年，每年开展“百日严打整治”专项斗争。以“反盗窃、打流窜”“夏季平安”“打黑除恶”等为重点，“稳、准、狠”地打击各类刑事犯罪。2010年，共破获各类刑事案件1123起，逮捕279人，劳教129人，抓获网上逃犯309人，打掉犯罪团伙48个、171人。

综治维稳 1986年，开展第一个五年普法教育。县委成立普法工作领导小组，制定《普法工作实施方案》。至1987年，有43.3万人参加普法学习，占全县普法对象的61.86%。1990年，大规模开展“扫黄”和“除六害”斗争，净化社会环境，保持社会稳定。1995年，在坚持“严打”的基础上，动员广大干部群众，开展创建社会治安综合治理模范县活动。针对境内特殊的地理环境和社会环境，把争当社会治安综合治理守法户、守法模范户和评定帮教户作为创建社会治安综合治理模范县的主题来抓，依法治理延伸到户，延伸到人。让帮教户、守法户和模范守法户家家亮门牌，增强群众自我教育、自我约束、自我管理的守法意识，形成多数人监督、管理和孤立少数违法犯罪的治安格局。同时，全县各乡镇派出所实行农村户口城市化管理，健全农户档案制度，编制各种形式的图片，使各村各户的基本情况一目了然，方便基础管理和各类案件的侦破工作。同年7月10日，全区社会治安基层基础工作经验交流会在单县召开，总结推广单县开展创建社会治安综合治理模范县的经验。8月4日，中央电视台在《新闻联播》《东方时空》等节目中，多次报道单县创建社会治安综合治理模范县活动的经验和做法。1998年4月，县委政法委向全县政法部门印发《关于处理群众来信来访的规定》，明确受理的范围、方法及受理群众来信来访的具体要求。政法各部门均建立健全信访工作领导小组，认真做好群众来信来访的阅信、接待、登记、转发、交办处理工作。并坚持文明接访，防止矛盾激化。1999年4月，政法机关组织警力，分成7个小组，在深入调查、细致摸排线索的基础上，严密组织抓捕行动，共投入警力400人次，车辆600辆次，摸排线索300条，摧毁犯罪团伙2个，抓捕犯罪嫌疑人24人。2000年，狠抓事关全县稳定的集体上访、越级上访等重点案件的处理。2002年，对公共复杂场所、出租房屋和特种行业实行规范化管理。2003年，强化枪支弹药等危险物品、剧毒物品的管理，定期开展多层次拉网式宣传、排查和收缴，全年共收缴各类枪支234支、子弹1466发，炸药3812公斤，手榴弹9枚。12月，开展建设“平安单县”活动。2004年4月，开展创建“平安乡镇”“平安单位”“平安村”“平安社区”活动。至2005年年底，全县90%以上的乡镇、村居、单位达到平安标准。2006年，加强全县学校安全和周边治安环境治理工作，创建平安校园。2008年后，严格落实维护稳定工作领导责任制，加强侦察控制和情报信息工作，开展预防和处置突发群体性事件工作，做好有关方面人员的稳定工作。2010年，进一步加强县、乡、村三级调解网络建设，着力构建矛盾纠纷大调处格局，建立化解矛盾纠纷的长效机制。在县法院设立县综治维稳调解中心，做到矛盾纠纷村级初步调解、乡镇重点调解、县综治维稳调解中心终结调解，有效将各类矛盾纠纷化解在萌芽状态和初始阶段。同年，坚持“严打”与整治相结合，相继开展企业学校周边环境专项治理活动，农村治安混乱区域、突出部位的集中整治，电力设施保护和反窃电斗争，公共复杂娱乐场所的集中清查等一系列活动，确保了治安秩序的持续稳定。

1988年、1995年，单县被评为全省社会治安综合治理先进县。2001年，被评为全省普法和依法治理先进县、社会治安综合治理模范县。2004年，被评为全省普法和依法治理先进县。2006年、2009年，被评为平安山东建设先进县。

第二节　执法监督

1990年，县委政法委成立政法工作咨询小组，县法院设立县、乡两级执法监督委员会，聘请部分人大代表和政协委员及各界知名人士担任执法监督员。政法系统各部门分别建立并实施错案追究制、赔偿制。1996年5月，从全县37处乡镇各聘请1名农民担任执法监督联络员。1998年2月，县委政法委制定《关于冤案错案责任追究规定》《关于协调重大疑难案件的规定》《关于处理群众来信来访的规定》等执法监督规定。12月，县委政法委设立执法督查科，公、检、法、司相应成立执法督查科、股，配备专职人员2～3人，各乡镇政法委员兼任执法督查联络员，协助分管书记具体负责本乡镇的执法督查工作，达到组织、人员、办公地点、规章制度四落实。主要开展重大疑难案件协调、执法执纪监督、人民来信来访工作。至2001年，共查出政法干警违法违纪案件14起，依法依纪处理8人，清理出政法队伍13人。2003年7月20日—8月20日，在全县政法机关开展“坚持从严治警、惩治司法腐败、维护执法公正、服务经济发展”集中教育整治活动。同时开展专门评警活动，向乡镇副科级以上领导干部、行政村主要负责人、人大代表、政协委员征求意见，对政法机关、基层政法组织和干警的执法活动进行评议，对全县的派出所、法庭进行评议。2010年，开展警务纠察、执法大检查等活动。为每位干警建立执法档案，干警违法违纪现象明显减少。

第二章　政府法制

第一节　行政执法监督

1991年10—12月，开展行政执法大检查。1992年3月，法制办、质监、工商等部门开展全县市场商品质量大检查活动。1992年7月，法制办、卫生局等单位开展全县医药市场大检查活动。1999年1月，举办行政执法证件首发仪式。2001年10月，首次开展行政执法证件审验工作。2003年10月，开展第二次行政执法证件审验工作。之后，对行政执法证件每两年进行一次审验。2006年5月，公布行政执法主体。2007年9—10月，对行政执法责任制落实情况进行检查。同时，开展行政执法证件审验换发工作。2009年4月，制定《行政执法案卷评查制度》。2010年12月，开展行政执法案卷评查活动。

第二节　清理规范性文件

1991年9月，对1990年以前的规范性文件进行清理，共清理规范性文件144件，确定继续有效的55件，需要修改的24件，废止65件。1999年12月，对1990—1998年的规范性文件进行清理，共审查清理规范性文件237件，确定继续有效的91件，需要修改的26件，废止120件。2001年7月，制定《单县规范性文件清理办法》。11月，开展规范性文件和其他政策措施清理活动。2006年7月，对1998—2006年的规范性文件进行清理，共审查清理规范性文件39件，确定继续有效的24件，需要修改的2件，废止13件。2007年12月，单县被定为山东省规范性文件备案审查工作示范点。2009年2月，制定《规范性文件备案审查办法》。3月，单县法制办撰写的论文《浅议县级法制部门如何做好规范性文件备案审查工作》被省政府法制办公室、省法学学会评为优秀奖。12月，省政府法制办公室授予单县“山东省规范性文件备案审查工作示范单位”牌匾。2010年11月，印发《单县人民政府关于公布规范性文件清理结果的通知》，对1991年至2009年期间印发的规范性文件的清理结果进行公布。

第三节　行政复议

1991年10月，举办《中华人民共和国行政复议条例》考试，县直各部门、各乡镇政府主要负责人和分管法制工作的负责人参加考试。1991年11月，举办行政诉讼和行政复议应诉培训班。

1997年9月，对全县行政复议应诉人员资格证件持证人员进行审验培训。2009年9月16日，单县法制办被评为全省行政复议工作先进单位。2010年11月，单县法制办编撰的《县劳动局工伤认定决定行政复议案》和《县政府土地权属争议处理决定行政复议案》两篇行政复议典型案例被收录到菏泽市行政复议应诉案例汇编。

第四节 法制宣传培训

1996年5月，举办全县行政执法培训班，各乡镇、县直各部门分管负责人和具体工作人员参加培训班。9月，举办全县行政执法人员《中华人民共和国行政处罚法》培训班。1998年7月，举办行政执法人员公共法律培训班。2004年5月，法制办、信访局开展信访法规集中宣传教育活动。6月，开展《中华人民共和国行政许可法》宣传活动。7月，市政府法制办公室授予单县行政许可法知识竞赛优秀组织奖。2010年5月，对全县行政执法人员进行培训，邀请市政府法制办党组成员、副主任任敬陶，法制监督科科长韩允谦授课，1500余名行政执法人员参加。11月18日，省政府法制办公室党组书记、主任高存山到单县作“依法行政、建设法治政府”专题报告，县四大班子领导成员及各乡镇（街道）、县直机关副科级以上干部1000余人参加。12月中旬，开展县政府法制机构成立二一周年系列庆祝活动，参加市政府法制办公室组织的“我与政府法制工作”征文系列活动并获三等奖。12月下旬，县法制办举办行政执法培训班，市政府法制办党组成员、副主任任敬陶，法制监督科科长韩允谦授课。

全县行政执法人员培训 2010年5月22日摄影

第三章 公 安

第一节 治安管理

治安防控 1985—1998年，全面推行企事业单位、机关团体安全保卫责任制，机关、工厂、学校、基层财贸单位会计室、门市部、重要仓库等分别确定各自专管安全责任人，由责任人分别和单位负责人、派出所、公安特派员、保卫科（股）订立防盗、防火、防破坏安全合同。重点仓库、门市部、营业室安装防盗报警设备47台。以治安、内保股为主，组织专门力量，对全县196个单位600多处重点部位进行安全检查，基本做到一月一抽查，一季度一普查，半年一大查，一年一评比，落实各项安全措施。全县有103个单位落实岗位责任制，设立保卫科（股）43个，配备保卫干部103人，组建护厂巡逻队13个，队员87人，预防各类案件和重大事故的发生。在全县954个行政村建立600余支近4000人治安巡逻队打更放哨。1999年，开展安全文明社区创建活动，全年新建安全文明社区40处，社区防范、控制能力加强，促进城区稳定。2000年6月，成立由50人组成的防暴队，以应付和迅速处置各种突发事件，保证快速出警。2003年5月17日，县公安局在单城镇牛楼村组织由14个专业队、400余人参加的全县抗击“非典”专业队伍综合演练。中央电视台《新闻30分》栏目对此进行报道。8月，省公安厅对单县公安局警务评议报告显示，社会各界认为社会治安状况好的占78.98%，较好的占17.46%。2004年，健全以“110”快速反应机制为主体，以“人防、物防、技防”为基本手段，以城区为中心、以郊区为依托、以边界为屏障的“三道”防线建设，在城郊结合部入城8个主要路口设置治安卡点，在与外省、县接壤边界地区26个进出单县路口设置堵截卡点。推行县、乡镇和行政村三级防范机制，形成专职巡逻、义务巡逻、治安承包等多种模式治安防范体系。2005年，在城区采取“点线面结合、步车巡结合、动静结合、人技防结合”巡逻防范模式，构建治安防控网络。“点线面结合”即以城区5个治安服务室为点，5条主要街道为线，各治安服务室巡区为面，构成守点、巡线、控面防控格局；“步车巡结合”即以3辆依维柯巡逻车、2辆敞篷吉普巡逻车、8辆巡逻摩托车、40辆巡逻自行车、90名巡（协）警为依托，在不同时段、不同地域采取不同巡逻方式，提高群众见警率、巡警管事率和现行抓获率；“动静结合”即在实施“点线面结合”巡逻防控基础上，将1辆依维柯改装成配备GPS卫星定位系统、车载电脑、自动升降式勘查灯、电子监控系统“流动治安卡点”，在城区形成严密堵控网；“人技防结合”即成立技防报警服务中心，安装“街面防控网络系统”“社区防控网络系统”“内部单位防控网络系统”等软件，在城区主要街道两侧商户、社区、内部单位安装防盗门磁、红外线防盗报警器等技防设施136套，与技防报警服务中心联网。在农村和城郊推广使用变压器安装防盗锁、农机具安装“气死贼”等设备。同年，城区可防性案件发案同比下降43%。同时，城区有2辆巡逻车还承担随时为携款3万元以上城区居民、企事业单位人员提供无偿护送活动，每年无偿护送钱款6000余万元，巡逻车被群众誉为“爱民专列”。

武装治安巡逻

2006年，县委印发《2006年全县稳定工作实施意见》，县公安局将治安防控体系建设目标和责任逐级分解落实到人，分阶段制定《单县公安局治安防控工作实施细则》《单县公安局治安防控体系建设工作考核细则》和《“两站一点”建设三年规划实施细则》，编印《治安防控体系建设材料汇编》《基层基础建设工作部分资料汇编》等文件资料，强化各项措施，打造人防工程、加固物防屏障、提升技防水平。2008年，单县公安局被山东省公安厅评为全省公安机关治安防控工作先进集体；在2009年度山东省县级公安机关治安防控工作考核中，取得优秀等次。2010年，强化电子监控“天网工程”建设，完成28个监控平台和520个监控探头安装，使全县党政机关、主要商贸企业、关键路口路段等基本实现全覆盖。

特种行业管理　1986年，县公安局加强对旅店、刻字、旧货“三业”管理，全年查处治安案件264起，行政处罚503人。其中，对违犯治安管理人员行政拘留412人，罚款55人，警告36人。1989年，公安局配合文化局、工商局、工业公司对全县印刷行业进行集中检查整顿，凡从事印刷行业单位或个人，重新办理审批、核准登记、注册手续。1994年，按照省文化厅、省公安厅《关于加强电子游戏经营活动管理的暂行规定》，对不符合规定要求的电子游戏机经营单位和个人限时整改。1998年，各派出所对本辖区内刻字业进行清理整顿，对无证非法刻制印章的个体刻字人员予以取缔，经批准的个体刻字人员在指定的地点经营刻字业务。同年，为防范私刻、伪造印章进行犯罪活动，在全县范围内推广和使用防伪印章。2000年，对“网吧”安全管理作出新的处理规定：对未经批准、擅自经营网吧的，根据《计算机信息系统国际联网管理办法》，对单位处以15000元以下罚款，对个人处以5000元以下罚款。对利用网吧从事违法犯罪活动的，追究其刑事责任，并处以15000元以下罚款。2001年，对民警及其家属参与经营公共娱乐场所或为不法活动充当保护伞问题进行专项治理。2008年，围绕奥运会期间社会稳定，在全县范围内开展对旅店行业集中清理整治行动。至2010年，境内特殊行业管理完善，未有违法犯罪案件发生。

枪支弹药管理　1987年，对枪支管理作出严格规定：全体公安干警所配枪支严格保管，随身携带；严禁带枪喝酒、酗酒；严禁枪支外借和存放家中。1989年9月，为保卫新中国成立四十周年庆祝活动，对全县列管的枪支进行检验，严格按照《中华人民共和国枪支管理办法》规定范围配置、配带枪支，凡不符合配枪条件的一律追回。1989—1991年，两次彻底清理收缴散失在社会上的各类枪支弹药，对个人持有猎枪、气枪换发新持枪证。1991年，党政干部不再配发枪支，已经配发的限期收回。1992年，查办涉枪案件41起，收缴各类枪支2200支，包括单位和个人拥有的猎枪、汽枪、土枪、火药枪等。1997年8月，县公安局印发《关于进一步加强自卫枪支管理的通知》，要求所有持枪民警一律写出保证书，保证做到人不离枪，枪不离人，不随意存放，不带枪喝酒，不转借他人；凡配枪民警，在请病假、事假和离职学习期间，所配枪支一律交治安科保管。带枪执行任务时，要做到枪不离身。1999年，清理收缴非法枪支，打击非法制造爆炸物品行为。全年共收缴非法枪支192支，炸药35公斤。之后，境内枪支弹药实行规范化管理，至2010年未发生漏管事件。

危险物品管理　1988年1月，大李海乡潘庄村刘某使用氯酸钾作原料非法生产鞭炮引起爆炸。据此，对烟花爆竹生产、销售重新作出规定：凡申请生产烟花爆竹的单位和个人，需经公安局办理生产许可证，工商局办理登记手续，领取营业执照方准开业；对私自使用氯酸钾生产烟花爆竹的一律视为非法生产；烟花爆竹销售，各乡镇派出所会同工商、商业等部门协商定点，由县公安局发给烟花爆竹销售许可证方准销售。1993年，对烟花爆竹批发业务统一由县土产杂品公司经营，其他单位和个人不准从事烟花爆竹的批发业务。节日期间举办烟花晚会，须经当地公安部门审查同意在指定地点举办，并采取相应防范措施。1994—2010年，每年春节前夕，根据《山东省烟花爆竹安全管理办法》规定，加强对烟花爆竹生产、运输、储存、销售和燃放管理，从重打击非法生产、运输、储存烟花爆竹不法行为，并依法没收其生产工具、原料、半成品、成品。2010年10月，在开发区射击场内对当年依法收缴的非法储存、运输的560件烟花爆竹进行集中销毁。

第二节　出入境及往来港澳台管理

1986年，县公安局政保股承担出入境管理工作，设外事接待室，负责出境人员材料受理和进入单县的境外人员管理工作。1998年，遣返非法入境朝鲜妇女1人。1999年，加强外管法规宣传，印发200份出国出境宣传提纲，制作便民服务卡。按照审批规定和程序，全年办理各类出国、出境76人次，办证合格率100%。2001年，将出入境管理工作纳入派出所日常工作并作为年底考核一项内容。2002年，开展集中清理整顿非法入境、非法居留、非法就业（简称“三非”）外国人专项行动。报备不批准出入境人员265人，接收录入特殊身份人员4230人。2004年，实行按需申领护照。2005年，启用单县公安局出入境接待大厅，面积67平方米。2010年，受理出国申请1650人次，办理赴香港、澳门通行证1383人次，赴台湾证件98人次。1997—2010年，县公安局出入境管理科人员践行“出入有境、服务无境”的工作理念，推出“微笑服务、延时服务、提醒服务、预约服务”等便民措施。该科先后被菏泽市公安局评为人民满意窗口单位；被山东省公安厅评为全省公安机关省级文明窗口、全省公安出入境管理工作先进集体。

第三节　户政管理

户籍管理　1986年，全县户籍管理由县公安局治安股和各乡镇派出所户籍员负责，实行户口卡管理。1987年，为第一批民办教师选招为公办教师办理“农转非”，女民办教师选招后，其农村户口子女也同时“农转非”。1988年，落实知识分子政策办公室撤销后，知识分子家属“农转非”户口交由公安机关统一审批。1991年，对常住非农业人口户口，单位（村、街道）实行“常住人口登记簿”。1994年，进一步完善常住人口变更登记手续，并对农村户口实行城市化管理。1997年前，村（居）级户籍管理由村（居）委会会计监管，实践证明，在派出所指导村级人口管理关系上存有不理顺的现象。1997年后，村（居）户口由会计移交治保主任（村综治主任）管理。1999年，境内各派出所购置微机、操作软件，人口资料输入微机，推行前台办公，全县户籍实行微机化管理。当年，共办理各类落户3823人，迁出1698人。2002年，规范村（居）居委会户口管理，治保主任为户口协管员，村（居）居委会集体户口簿，由治保主任统一掌管，村（居）居委会协管专用章，由治保主任掌管并行使职权。公民办理户口、身份证、出具证明等户口方面的手续时，一律由治保主任办理。2003年，县政府驻地及各建制镇开展城镇户籍管理制度改革：凡拥有合法固定住所、且具有稳定职业或生活源居民，本人愿意的，可办理城镇居民户口；在单

县公安局户政服务大厅

县工作的县外大专以上学历及县内中专学历的毕业生，联系到就业单位的可以先予落户，后办理就业手续。2010年，结合第六次人口普查和全国户口整顿，深入村队，解决一些户籍存在的问题。

身份证管理　1988年3月10日，制发居民身份证工作在南店子、胜利街进行试点。5月11日在全县铺开。1989年国庆节前夕，公安机关在办理常住户口、暂住户口手续和户籍调查以及管理流动人口时，开始查验或核查公民居民身份证。1997年，境内身份证管理按照农村95%的发证率和城区98%的发证率的要求，开展居民身份证申领、发放工作。1999年，完成10年有效期满身份证的换发工作，全年办理居民身份证26672张。2001年，随着群众办理身份证的意识和积极性不断提高，只办理慢证远远不能满足群众公私活动需要，县公安局开始办理快捷居民身份证业务。2005年下半年，正式启动换发第二代身份证工作。至2008年年初，全县“二代证”全部换发完毕，第一代身份证随之作废。

人口管理　1986年，县公安局制定《单城镇暂住人口管理的暂行规定》，规定暂住时间拟超过3个月的16岁人员，须办理暂住证，当年办发暂住证1567个。1992年，按照不漏管、不失控的原则，对重点人口进行管理，全县列管重点人口2284人。1993年，新列管重点人口291人，控制这类人员重新犯罪。1997年9月，开展人口管理突击月活动，常住人口坚持属地管理原则，最大限度减少人户分离，充实和完善农村户口城市化管理和城区人口规范化管理。常住人口登记达到一人一表，户口簿达到一户一簿。暂住人口坚持证件管理原则，凡年满16周岁、居住30日以上暂住人口，除从事保姆、环卫、殡葬劳务外，均征收暂住人口管理费。至1998年，全县37个乡镇购置微机、软件，提高人口管理控制水平。全县登记暂住人口5216人，发放暂住证4486人。1999年5月，在全县范围内开展强化重点人口管理专项活动，把下列人员列为重点人口：有危害国家安全活动嫌疑的；有严重刑事犯罪活动嫌疑的；因矛盾纠纷激化，有闹事行凶报复苗头、可能铤而走险的；因故意违法犯罪被刑满释放、解除劳动教养不满五年的。重点人口管理以现住地公安派出所管理为主，根据不同对象，采取相应工作方法。2003年，对辖区所有常住户重新装订门牌号35万个，绘制居民方位图2500份，并全部输入微机。2006年3月，境内开展暂住人口、重点人口管理“百日大清查”行动。2010年，全年办理暂住证6231个。

第四节　打击犯罪

打击刑事犯罪　1986年，把打击各类刑事犯罪分子破坏活动放在首位，全年抓获各类刑事犯罪嫌疑人329人；破获各类刑事案件92起；挖出犯罪团伙38个，成员313人；受理刑拘30案、38人。1987年、1988年、1989年，境内刑事案件分别为75件、107件、272件，重大刑事案件呈上升趋势，杀人、抢劫、盗窃、流氓滋扰等案件较为突出。1989年，境内各类刑事案件是历史上立案最多的一年。县公安局采取5项措施：抓重大案件的突破；摧垮犯罪团伙；通力协作抓现案、带积案；发挥刑侦技术力量的作用，用科学的方法打击犯罪。1990年，公安机关在全县范围内开展“除六害、打团伙”（即打击和查禁取缔卖淫嫖娼、制作贩卖传播淫秽物品、拐卖妇女儿童、私种吸食贩运毒品、聚众赌博和利用封建迷信骗财害人）专项斗争，矛头直指团伙犯罪，打击重点是：抢劫犯罪分子、重大盗窃分子、拐卖人口犯罪分子。经过“严打”斗争，打击了各类刑事犯罪分子的嚣张气焰，遏制了大案、要案上升的势头。全年抓获各类犯罪嫌疑人957人，破获各类刑事案件1644起，摧毁各类犯罪团伙101个，成员600人，缴获赃款及赃物折款25万元。1991年后，社会治安秩序好转。1993年，全县公安干警确立大侦察观念，加强对杀人、抢劫、重大盗窃、流氓滋扰、车匪路霸和称霸一方的团伙恶势力的打击力度，打击的重点是城区和边缘结合部以及案发较多的落后村队和单位。1997年，县公安局将预审科归并到刑警大队，刑警大队下设预审中队，使刑警大队担负起承办案件、打击犯罪的全部责任。形成在县公安局统一领导下，以刑警大队为骨干、以派出所为依托，各警种参与，共同打击刑事犯罪整体作战格局。1998年，充分发挥刑事特情在侦察破案中的作用，刑事特情提供线索235条，破案378起。1999年，县公安局开展打霸专项斗争，抓获各类霸头324人，破获涉霸案件217起，打掉霸头团伙40个、155人。开展追逃专项斗争，重点抓获在逃重大犯罪嫌疑人和监管场所脱逃重大罪犯，通过规劝投降、架网守候、跟踪追捕等措施，抓获逃犯65人，投案自首3人。为新中国成立50周年大庆和澳门回归创造良好治安环境。2003年，开展以“追逃”为重点的“飓风行动”，全年抓获逃犯67人。2004年，“严打”重点对象是杀人逃犯，各片区、各派出所对2000年以后杀人案件和2000年以前杀死2人以上案件，逐案梳理排队，逐一分析潜逃规律和可能潜逃方向，将逃犯缉拿归案。2006年，开展打击街头抢夺犯罪和追捕网上逃犯专项行动。2007年7月，开展为期100天“严打农村盗抢牛羊犯罪专项行动”，维护农村社会治安稳定。2008—2010年，每年开展为期100天的“百日严打整治”专项斗争：重点打击街头两抢、入室盗窃、盗抢机动车等6类犯罪，开展抓逃犯斗争，开展打击组织强迫妇女卖淫和拐卖妇女儿童等犯罪活动。2010年，立案查处各类刑事案件247件、389人，破获235件、315人，追捕逃犯案件20件、20人。

打击经济犯罪　1988年起，重点打击贪污、受贿索贿、偷税抗税以及假冒骗等违法犯罪行为。1999年，侦破单县典当行被骗资金940万元一案，抓获犯罪嫌疑人，追回现金540万元。2000年，经侦大队适时采取各种侦察手段和措施，受理经济犯罪案件183起，立刑事案件134起，破案132起，抓获犯罪嫌疑人236人，为国家和人民群众挽回经济损失970万元，追回赃款及赃物折款490万元。2004年2月，县公安局经济犯罪侦察大队破获一起销售假冒伪劣“四君子”白酒案，抓获犯罪嫌疑人马某。4月，速破一起特大贩卖假币案，当场抓获犯罪嫌疑人5人，收缴假美钞（百元版）392张，折合人民币30万元。2009年7月，开展为期6周的打击传销、假币、假发票三项重点工作攻坚会战。2010年6月，打掉一重大传销团伙。年内，先后查破经济案件42起，挽回直接经济损失3606万元。

第五节　监所管理

看守所管理　1985年，单县看守所迁往单城镇东关，占地1.33公顷（包括武警中队用地）。自建所始，单县看守所一直坚持对在押人员不打骂体罚、不虐待、不侮辱人格，实行人性化管理，保证在押人员饭菜熟热、量足、卫生，定时为在押人员理发、洗澡、通风、晒被褥，监室内每周消毒一次。2003年6月，县公安局新建看守所1处，位于县城东6公里单丰路北，占地3公顷，建筑面积5100平方米，看守所设计关押量为350人。2004年4月投入使用。2010年，开辟在押人员就医“绿色通道”24小时医疗服务模式。

1997年，在公安部统一组织的看守所等级化管理活动中，单县看守所是菏泽地区唯一达到“二级标准”的单位，并连续保持四年。2005年，单县看守所被省公安厅授予“全省双加强、双保障示范单位创建活动先进单位”称号。2006年，被省公安厅监管部门授予“全省深挖犯罪工作先进集体”称号。2009年，被省公安厅授予“全省公安机关三基工程建设工作先进集体”称号，并记“集体二等功”。2004—2010年，单县看守所连续七年被公安部评为“二级看守所”，实现监所18年安全无事故。

拘留所管理　1980年4月，设立单县公安局行政拘留所，位于县城东6公里单丰路北。1981年12月，搬迁至单丰路南侧（今景新园小区），占地2000平方米。1986年后，拘留所不断强化监所安全管理，重点把握入所、会见、出所、就医、请假等执法环节，建全完善被拘留人员的奖惩制度、就医制度、通信管理制度、暂扣财物保管制度、出入所制度等规章制度。同时，规范落实民警双人值班巡视制度和民警主协管制度，做到巡视有记录、情况有处置、结果有移交，并与民警签订安全责任书，将安全责任落实到每个岗位、每位民警。2000年6月，新建单县拘留所，位于县城东6公里单丰路北侧，占地1.1公顷，总建筑面积1600平方米，设50个床位，属小型拘留所。2004年5月投入使用。当年，单县拘留所严格按照公安部《拘留所建设标准》和《拘留所等级评定办法》要求，狠抓规范化建设，设置拘留区、办公区和劳动区，还设置值班室、会见室、询问室、医务室、监控室、图书室、管教室、文体活动室、餐厅、男女浴室等。2010年，单县拘留所有民警10人。全年拘留人员1260人。其中，治安拘留1160人，司法拘留100人，转刑拘劳教74人。1986—2010年，未发生过安全事故。

1990—1995年，县公安局行政拘留所以“干在实处，干出成效，走在前列”为目标，全力推行管理教育新模式和“理性、平和、文明、规范”的执法理念，先后被省、地区公安部门评为监所管理先进单位，立集体二等功2次、集体三等功3次。1998年，单县拘留所被评为山东省先进拘留所。2005年，单县拘留所被公安部评为全国优秀公安基层单位。2006—2010年，单县拘留所连续5年被评为全国一级拘留所。2006年10月，省公安厅副厅长秦黎到单县主持单县拘留所“全国一级拘留所”挂牌仪式。

第六节　“110”报警服务

1996年8月，县公安局“110”指挥中心成立。1997年，开始推行“110”社会联动。1998年，县公安局印发《关于1998年巩固提高全县“110”报警服务工作的意见》，制定《“110”误警追究制度》《“110”量化记分标准》，加强“110”工作管理。同时，着重完善“110”建设延伸工程：向农村延伸，向多警种延伸，向社会延伸。1999年，在已有23个规范化联动单位基础上，又组建包括税务、农业、水利、物价等部门在内的9个联动单位，并加强各联动机动队的制度化、规范化、实战化建设。2005年，实现“110”“119”“122”三台合一。2007年，全面推行“110”接处警规范化建设。2009年，推进“110”接处警机制改革，打破警种界限，建立以“110”指挥平台为龙头，以情报信息研判为主导，特巡警、刑警、治安和城区6个派出所紧密配合、打防互动、快速高效多警种联动警务机制，实现由无到有、由简单到规范、由被动打击到主动作战的打防格局。同年，城区违法案件同比下降39.6%，刑事案件发案数同比下降60%。2010年，单县公安局进行多警联动演练35次，出动警力4265人次，车辆895辆次。

第七节　特巡警队伍建设

县公安局特巡警大队前身为单县公安局巡警大队。1995年9月，成立单县公安局巡警大队。11月，改建为单县公安局特巡警大队，为副科级建制，有35名民警。建队后，始终坚持“抓管理、强素质、重实效、创一流”，不断创新服务群众模式，维护政治稳定、社会安定、保护人民生命财产安全和服务群众等。2002年后，先后在城区繁华地段、交通枢纽和治安复杂区域建造7座高标准治安服务室，陆续招录130名高素质退伍军人作为专职巡逻力量入驻治安服务室，形成24小时屯警街面、“点线面”结合、全天候管控的新型巡防工作模式，开创城区治安防控体系建设新路子。同时，巡特警大队不断拓展服务领域，陆续开展“创建平安路”“无偿护送大额存取款”“护送小学生过马路”等便民利民活动，以优质服务赢得“爱民专列”“群众的保护神”“小学生的保护伞”等美誉。2003年4月1日，省公安厅厅长曲植凡视察单县公安工作时称赞单县巡警是“巡警系统的排头兵”。2004—2008年，县公安局特巡警大队立集体二等功1次，连续5年在菏泽市特巡警系统业务综合考评中位列第一，连续4年被省公安厅评为山东省一级巡警大队，2007年，被共青团山东省委评为省级青年文明号单位，2008年，被省公安厅评定为山东省特级巡警大队。2009年，特巡警大队又面向社会招录30名高素质特警队员，新配备1辆特警防暴车、1辆特警指挥车和一批精良警务装备，组建以防暴处突、安保维稳为中心职责的特警中队。2010年年底，县特巡警大队专职巡逻力量160人，配备24辆机动车（包括14辆摩托车）和大批先进警务装备，应急能力和实战水平显著提高。

特警实战演练

第八节　重大案件

张某某致死人命案　1986年1月14日17时许，朱集乡郝平房村张某某与沈某某因宅基纠纷发生矛盾，继而争吵殴斗，张用拳头击中沈头部，致使沈头部遭外力打击死亡，张犯畏罪潜逃。单县公安局副局长陶继元带领破案人员走访3个村100余名群众，日夜奋战，16日凌晨5点在终兴镇车站将犯罪嫌疑人张某某抓获归案。

万某某劫持人质案　2001年4月10日23时4分，单县公安局“110”指挥中心接到黄岗镇万庄村村民付某某报案称：本村杀人犯罪嫌疑人万某某及另一名陌生男子窜至其家中，持刀将其11岁女儿劫持藏匿他家中堂屋最东边一间房内。接报案后，单县公安局立即成立专案组开展解救人质工作，菏泽市公安局、市武警支队也赶赴现场指导。经过16个小时斗智斗勇，11日17时12分，成功将付某某女儿解救，当场将负隅顽抗犯罪嫌疑人万某某（男，33岁，住单县黄岗镇潘店行政村万庄村）击毙，其同伙畏罪自杀。

张某某系列强奸杀人案　2001年5月25日上午，谢集乡中心小学五年级13岁女生司某放学途中被强奸杀害，县公安局及时向周边县市公安局发出案情通报，拓宽破案渠道，经信息反馈：曹县、河南省民权县曾发生过类似案件。9月25日，犯罪嫌疑人张某某（男，36岁，黑龙江省双鸭山市岭东区人，暂住于曹县城区）落入法网，并供认：5月25日上午，流窜至单县谢集乡小孔楼村西，采取给钱手段，将该女骗入桑园内强奸后扼颈杀死。同时，张某某还供认其流窜河南省民权、兰考县，山东省曹县、成武县、东明县强奸作案30余起，杀死9名幼女犯罪事实。

丰某某系列重大强奸杀人案　2002年11月26日6时许，杨楼镇孟花园村北发生一起凶杀案，受害人刘某（女，42岁，黄岗镇贾水口村人）被强奸后杀害，尸体惨不忍睹，整个尸体50余处刀伤，主要在面部、上腹部和臀部。2003年1月16日下午6时许，又一名受害人薛某（女，29岁，杨楼镇朱寨村朱菜园人）在其村西约500米苹果园里搂叶子时被人奸杀。从发案至2003年1月19日，县公安局刑警大队在市局刑警支队指导下，艰苦奋战54天，将犯罪嫌疑人丰某某（男，27岁，杨楼镇韩刘庄村人）抓获归案。犯罪嫌疑人丰某某对上述两起犯罪事实供认不讳。

盛某某、时某某绑架杀人案　2004年10月26日，单县发生一起特大绑架人质案，两名17岁高中生王某某、李某某遭人绑架，分别索要赎金10万元、3万元。县公安局迅速成立专案组，开展侦破工作。专案组民警在菏泽市牡丹区，济宁市任城区、嘉祥县来回追踪。经三昼夜的全力攻坚，于10月29日晚，在金乡县汽车站将准备外逃犯罪嫌疑人盛某某（男，20岁，住时楼镇后黄庄行政村陈部庄）抓获，根据其交待又将团伙成员赵某（男，17岁，住徐寨镇许庄）抓获，犯罪嫌疑人时某某（男，20岁，时楼镇时楼村人）迫于强大侦破攻势，于11月2日到刑警大队投案自首。据同案所有犯罪嫌疑人一致供述，他们于10月26日晚将所绑架两名人质均残忍杀害，并投入机井中。

鲁豫皖交界地区系列抢劫、强奸、杀人案　1999年4月至2006年3月间，发生在河南省商丘市梁园区、虞城县，安徽省砀山县，山东省单县刘某某系列抢劫、强奸、杀人案件，时间跨度之长，流窜作案范围之广，社会危害之严重，警方投入人力、物力之大，为鲁豫皖交界地区历史前所未有。此系列案件引起公安部高度重视，挂牌督办，先后于2004年8月、2005年1月、2006年1月，分别在山东省单县、河南省商丘市梁园区、安徽省砀山县，组织三省公安机关三次召开侦查工作协调会。在公安部、省厅、市局指挥下，单县公安局立足本地，实行班子领导包片、警种负责人包村、民警包户办法，制定详细排查、巡逻、布控方案，其间，三次调整和细化巡控方案，举全局之力，多措并举。2006年3月8日晚，将伺机再次作案犯罪嫌疑人刘某某抓获。经过两昼夜审讯，犯罪嫌疑人刘某某交待在河南省虞城县作案8起、杀死1人，在安徽省砀山县作案5起、杀死2人，在河南省商丘市梁园区作案1起、强奸并杀死1人，在江苏省丰县作案1起，在单县作案10起、杀死1人的犯罪事实。

张某某杀人案　2006年5月19日凌晨6时50分，郭村镇张寨村发生一起重大杀人案，受害人谢某某（女，70岁）及其3岁孙女张某被杀死在自家屋内。专案组全体民警坚持吃住案发一线，立足本村，围绕受害人家庭，逐人开展排查工作。随着排查深入，犯罪嫌疑人张某某（男，27岁，系死者谢某某的堂侄，其家与死者一墙之隔）纳入侦查视线。6月11日，通过DNA比对认定“2006.5.19”故意杀人案系张某某所为，并将其抓获。

第四章 检 察

第一节 反贪污贿赂

1986—1987年，县人民检察院（简称县检察院）坚持“一要坚决，二要慎重”工作方针，积极推广“抓系统、系统抓”和点面结合、以点带面成功经验，向粮食、供销、棉麻系统分别派出强有力办案人员，立查经济犯罪案件40起，审查起诉14人，为国家挽回经济损失68万多元。1988年，全年立查案件50起，为国家挽回经济损失75万多元。1989年8月15日，最高人民法院、最高人民检察院发布《关于贪污、受贿、投机倒把等犯罪人员必须在限期内自首坦白的通告》后，先后有14人到检察机关投案自首，有19人已立案被告人主动坦白交待犯罪事实。全年立查经济犯罪案件40件48人，依法惩处涉案犯罪分子并追缴赃款赃物，为国家挽回经济损失90万元。1990—1992年，县检察院正确处理打击与保护、办案与服务关系，综合治理，社会效果良好，先后协同有关单位治理整顿53个企业单位，提出检察建议53份，建立健全121条规章制度，使19个濒临倒闭国有企业起死回生。1995年，全年查办“三机关一部门”（即党政机关、行政执法机关、司法机关、经济管理部门）经济犯罪案件46件57人，挽回经济损失583万元。1996年年初，县检察院提出“预防开路，打防结合，综合治理，促进发展”新思路。选派骨干力量，深入到龙王庙、朱集、浮岗等乡镇，坚持打防并举、标本兼治，结合办案抓预防，探索出一条依法建制、依制理财、村账乡管、村财民管预防犯罪路子。年底，县检察院与县财政局在朱集镇召开“村账乡管、村财民管”经验交流会。单县“村账乡管、村财民管”行政村财务管理制度实施，被省检察院称为“民心工程”。之后，县检察院在全省预防犯罪经验交流会上作典型发言，制成的专题片《农村社区预防绽新花》在大会上播放。同时，《中国检察报》《人民权利报》分别以头版头条大篇幅文字介绍单县检察院经验，中央电视台、山东电视台也先后予以报道。相继有江苏、河南、安徽、新疆、云南等省36个县区检察院到单县学习考察。1997—2000年，立案查处职务犯罪案件115件141人。其中，大要案及“三机关一部门”案件占86%，挽回经济损失2152万元。2001年后，县检察院认真实践最高检察院“强化法律监督，维护公平正义”检察主题，重点查办党政机关工作人员利用企业改制之机贪污受贿、中饱私囊，造成国有资产流失案件，实现由数量规模向质量效果转变。2001—2005年年底，立案查处贪污贿赂职务犯罪案件77件91人，挽回直接经济损失1051.44万元。2006年，县检察院强化侦查一体化意识，创新自侦办案机制，严查商业贿赂案件。全年立查贪污贿赂案件9件16人，其中，贪污案件6件10人，挪用公款案件3件6人。侦查终结并提起公诉10件17人，法院作有罪判决7件11人，为国家挽回经济损失148万余元。同年，立案查处副处级以上干部要案4件4人。其中，中石油菏泽分公司经理申某某受贿210余万元案，是县检察院历史上查办的受贿数额最大的案件。2008年，全年立查贪污贿赂案件18件19人，侦查终结并提起公诉16件18人，法院作有罪判决

15 件 16 人。2009 年，县检察院按照上级对反贪工作总体部署，依法查办一批发生在重点领域、特殊行业有碍经济发展、涉及国计民生、影响社会稳定的贪污贿赂案件。全年立查贪污、贿赂、挪用公款等职务犯罪案件 17 件 17 人。其中，贪污受贿 10 万元以上案件 1 件 1 人，20 万元以上案件 2 件 2 人，50 万元以上大案 2 件 2 人；挪用公款 50 万元以上大案 2 件 2 人，100 万元以上大案 2 件 2 人；县级领导干部 2 人，科级干部 5 人。经法院作有罪判决 10 件 10 人。为国家挽回经济损失 500 万余元。2010 年，县检察院辖区内立案查处贪污、贿赂、挪用公款案件 13 件 15 人，其中，科级干部 3 人。法院作出有罪判决 4 件 4 人。

核查职务犯罪资料　　2010 年摄影

1986—2010 年单县人民检察院反贪立查案件统计表

表 20-4-1

年份	立案		贪污		贿赂		挪用公款		起诉		挽回损失（万元）
	件	人	件	人	件	人	件	人	件	人	
1986	18	26	15	22	1	1	—	—	5	10	23.1
1987	22	24	16	18	—	—	—	—	4	4	45.5
1988	50	59	19	24	3	3	5	5	7	7	75.15
1989	40	48	7	9	6	6	11	12	5	6	90
1990	38	47	16	22	1	1	18	21	21	28	50
1991	40	59	22	35	4	8	12	12	7	10	30
1992	64	84	34	52	9	9	18	20	11	20	400
1993	55	63	23	26	4	4	24	24	9	9	583
1994	38	57	17	24	1	1	15	18	32	47	400
1995	46	57	33	42	—	—	9	9	27	46	583
1996	47	52	27	33	—	—	—	—	9	10	250
1997	43	61	29	39	—	—	—	—	22	36	600
1998	21	24	15	16	1	1	5	7	9	17	277

续表 20-4-1

年份	立案		贪污		贿赂		挪用公款		起诉		挽回损失（万元）
	件	人	件	人	件	人	件	人	件	人	
1999	29	32	25	28	—	—	4	4	27	30	238
2000	22	24	10	11	4	4	8	9	—	—	1037
2001	33	37	10	10	8	10	14	16	15	17	450
2002	13	13	5	5	—	—	8	8	10	12	340
2003	7	7	5	5	2	2	—	—	4	4	37.96
2004	12	16	5	9	4	4	3	3	12	16	138.03
2005	12	18	3	5	6	6	2	2	9	15	85.45
2006	9	16	6	10	—	—	3	6	10	17	148.69
2007	10	15	3	4	4	4	3	7	5	9	121.20
2008	18	19	10	11	3	3	1	1	16	18	280
2009	17	17	5	5	2	2	4	4	11	11	500
2010	13	15	4	4	1	2	1	1	8	10	400

第二节　反渎职侵权

1986 年，县检察院设有法纪检察科，当年立案查处法纪案件 2 件 3 人，逮捕犯罪嫌疑人 2 人，移交起诉 3 人。1987—1996 年，立案查处各类法纪案件 132 件 163 人，逮捕犯罪嫌疑人 13 人，移交起诉 24 件 29 人。其中，1993 年立案侦查刑讯逼供、非法拘禁、徇私舞弊、玩忽职守、重大责任事故五类重点案件 7 件。1997—2000 年，贯彻最高人民检察院“公正执法、加强监督、依法办案、从严治检、服务大局”的工作方针，立案侦查法纪案件 41 件 51 人，为国家挽回经济损失 100 余万元。2001 年后，渎职犯罪侦查部门多方位开辟侦查方式和渠道，严把初查、立案、强制措施和案件处理“四道关口”，促进案件由数量向质量效果转变。至 2004 年，共立案查处各类渎职犯罪案件 38 件 41 人，移送起诉 7 件 10 人。2005 年，立案查处各类渎职侵权案件 4 件 7 人，查处利用职权侵犯人权案件 2 件 5 人。2006 年，协助外县区检察院办案 4 起。至 2010 年，累计立案查处各类渎职侵权案件 16 件 28 人，逮捕犯罪嫌疑人 28 人，移送起诉 16 件 28 人，法院全部作出有罪判决。其中，非法拘禁案件 2 件 3 人，失职致使在押人员脱逃案件 2 件 2 人，计生系统非法搜查案 1 件 3 人，公安干警等非法拘禁案 1 件 4 人，非法批准征用、占用土地案件 3 件 3 人，其他 7 件 13 人。2008 年、2010 年，反渎职侵权实现立案正确率、提起公诉率、有罪判决率和办案安全率 4 个 100%。2010 年，在山东省检察机关反渎职侵权工作阶段性考评中，单县人民检察院以 99 分获全省第一名。

1986—2010年单县人民检察院反渎职侵权立查案件统计表

表 20-4-2

年份	立案		逮捕		起诉	
	件	人	件	人	件	人
1986	2	3	—	2	—	3
1987	11	13	—	5	3	3
1988	12	18	—	3	4	5
1989	8	10	—	3	4	5
1990	9	14	—	—	—	—
1991	16	17	—	2	3	3
1992	11	12	—	—	1	1
1993	10	17	—	—	—	—
1994	22	25	—	—	—	—
1995	17	18	—	—	—	—
1996	16	19	—	—	9	12
1997	14	21	—	—	—	—
1998	6	8	—	—	—	—
1999	7	8	—	—	—	—
2000	14	14	—	6	—	—
2001	13	14	—	—	—	—
2002	9	9	—	—	—	—
2003	9	11	—	—	6	7
2004	7	7	—	—	1	3
2005	4	7	—	—	2	5
2006	4	5	4	5	4	5
2007	2	7	2	7	1	3
2008	2	5	2	5	3	9
2009	3	3	3	3	3	3
2010	5	8	5	8	5	8

第三节　刑事检察

审查批捕与起诉　1986年，县检察院按照中央、最高检和省、市检察院统一部署，坚持依法“从重从快”方针，坚持以“准”为核心的稳、准、狠办案原则，与公安、法院、司法等部门密切配合，重点打击杀人、抢劫、重大盗窃和诈骗、拐卖妇女等严重犯罪。1987年1月“严打”结束后，受理公安机关提请批准逮捕人犯122人，批准逮捕76人。1989年，县检察院组织专门力量，集中行动，投入“打流窜、挖团伙”斗争。10月，县检察院配合公安等部门开展“打击拐卖人口犯罪”和“扫黄”“除六害”等专项斗争与专项治理。全年批捕犯罪嫌疑人220人，起诉135人。1990年5月，集中开展“严打”斗争，至10月底，抓获各类犯罪嫌疑人316人，摧毁犯罪团伙68个，侦破重大积案12起，追捕逃犯49人，仅县检察院批捕科就追捕逃犯7人，起诉各类罪犯216人。1993年，坚持依法从重从快方针，重点对杀人、抢劫、爆炸等严重刑事犯罪和带有黑社会性质犯罪集团批捕和起诉。全年批捕232人，起诉201人。1996年，全国范围“严打”斗争展开。县检察机关审查起诉案件增至216起，涉案人员420人，对245名嫌疑人提起公诉。1999年，县检察院配合公安、法院、司法部门在“严打”和“打霸”专项斗争中，把“打霸”案件作为刑检工作重点。2000年，重点打击杀人、爆炸、抢劫、绑架、拐卖妇女儿童、涉枪、带有黑社会性质等严重危害社会秩序刑事犯罪，快速审查、快速起诉，弘扬法制、震慑犯罪。2003—2005年，县检察院着重提高队伍整体素质，提高办案质量。检察机关所办批捕案件做到批捕起诉准确率100%，有罪判决率100%。2006年，受理提请批捕各类刑事案件192件248人，批准逮捕143件183人。受理移送起诉案件163件230人，提起公诉135件194人，上呈菏泽市人民检察院审查起诉9件13人。其中，批捕故意杀人案6件7人，批捕、起诉“两抢一盗”案60件86人，强奸案15件19人。2007年，受理提请批捕各类刑事案件204件294人，批准逮捕148件223人；受理移送起诉案件161件245人；经审查，提起公诉101件158人；上呈菏泽市人民检察院审查起诉8件9人；依法决定不捕56件71人，不诉2件2人。2008年，受理各类刑事案件226件353人，经审查批准逮捕199件307人，受理移送起诉案件212件319人，提起公诉187件280人，其中，重特大案件23件38人。2009年，重点围绕国庆60周年和全运会维稳安保，依法从重从快打击影响群众安全感严重暴力犯罪、黑恶势力犯罪、毒品犯罪、多发性侵财犯罪等严重刑事犯罪。全年受理各类刑事犯罪案件227件343人，批捕199件309人，依法不批准逮捕28件34人；受理移送起诉案件271件370人，提起公诉201件277人。2010年，全年受理各类刑事犯罪案件290件389人，批捕235件315人；依法不批准逮捕犯罪嫌疑人55件74人，该年受理案件和批捕人数创单县历史新高；受理移送起诉案件267件387人，提起公诉228件331人。2006—2010年，县检察院批捕、起诉案件，其按期结案率、批捕起诉准确率、有罪判决率均为100%。

1986—2010年单县人民检察院审查批捕统计表

表 20-4-3

年份	受理		批捕		不捕		退查		追捕	
	件	人	件	人	件	人	件	人	件	人
1986	—	129	—	83	—	36	—	8	—	—
1987	75	122	54	76	13	22	1	3	2	2
1988	107	164	80	114	—	29	13	20	2	2
1989	138	258	126	220	22	26	6	12	4	6
1990	196	376	173	316	12	40	5	13	—	7
1991	209	389	170	313	20	53	13	21	—	—
1992	216	383	178	306	—	34	17	32	—	—
1993	151	264	129	232	11	19	4	6	7	12
1994	234	449	193	353	14	19	19	60	—	9
1995	182	303	134	215	—	37	15	39	—	10
1996	237	420	192	301	21	52	19	62	—	—
1997	178	225	142	176	25	33	11	16	—	—
1998	174	220	152	187	22	33	—	—	—	—
1999	275	284	218	223	25	37	22	24	—	—
2000	214	248	158	229	29	—	27	—	—	6
2001	351	386	246	271	27	32	31	39	—	7
2002	287	316	231	251	29	31	27	34	—	6
2003	175	201	162	186	13	15	9	11	—	—
2004	137	192	124	173	13	19	5	7	3	6
2005	211	278	182	236	29	42	18	26	9	13
2006	192	248	143	183	49	65	13	22	12	12
2007	204	294	148	223	56	71	25	32	8	11
2008	226	353	199	307	27	46	7	11	19	45
2009	227	343	199	309	28	34	8	9	10	45
2010	290	389	235	315	55	74	22	31	20	20

1986—2010年单县人民检察院审查起诉统计表

表 20-4-4

年份	受理		起诉		免诉		不诉		抗诉		追诉	
	件	人	件	人	件	人	件	人	件	人	件	人
1986	71	84	61	69	8	12	—	—	—	—	—	4
1987	68	88	56	67	7	15	—	—	—	—	—	—
1988	81	105	60	70	5	8	—	1	—	—	2	2
1989	164	251	93	135	27	40	3	6	—	—	—	—
1990	173	289	140	216	39	72	2	9	—	—	—	—
1991	245	393	153	240	57	68	1	2	—	—	—	—
1992	198	303	121	181	43	62	—	—	—	—	—	—
1993	156	294	117	201	12	34	—	—	—	—	—	—
1994	242	344	152	225	45	54	—	—	—	—	—	—
1995	193	296	142	214	14	17	—	—	—	—	—	—
1996	216	316	166	245	21	22	1	1	—	—	—	11
1997	182	248	137	186	—	—	2	2	—	—	—	—
1998	170	201	129	159	—	—	—	—	—	—	—	—
1999	205	245	142	169	—	—	—	—	—	—	—	2
2000	201	258	145	207	—	—	—	—	—	—	—	—
2001	256	314	188	244	—	—	—	—	1	1	—	2
2002	220	273	170	212	—	—	—	—	—	—	—	—
2003	156	197	132	165	—	—	2	2	—	—	1	1
2004	139	202	103	146	—	—	2	4	1	8	—	—
2005	201	273	165	201	—	—	1	1	—	—	—	—
2006	163	230	135	194	—	—	1	1	—	—	—	—
2007	161	245	101	158	—	—	2	2	—	—	—	1
2008	212	319	187	280	—	—	—	—	—	—	—	—
2009	271	370	201	277	—	—	—	—	1	2	4	4
2010	267	387	228	331	—	—	1	2	4	4	3	13

侦查监督与审判监督 1986—1992年，检察机关强化法律监督职能，开展侦查活动监督和审判活动监督。对公安机关遗漏提请逮捕、起诉人犯进行追捕追诉；对违反程序或逼供、诱供、私改证据、乱用赃款赃物、乱罚款以及在刑事技术鉴定方面重大失误，提出各类纠正意见31条，追捕人犯17人，追诉案犯6人。1996年，检察机关把法律监督摆到重要位置，注意防止和纠

正打击不力现象，追诉被告人 11 人，对侦查审判活动中违法行为提出纠正意见 33 条。1986—1996 年，县检察院共免诉 278 件 404 人。1997 年，取消免诉制度。同年，重点依法纠正有案不立、有罪不纠、以罚代刑等问题。对侦查活动中违法行为，提出检察建议 50 多条，对审判活动中违法行为提出纠正意见 14 条。1999 年，检察机关把侦查、审判监督作为保证司法公正重要手段，追诉漏犯 2 人，发现漏罪 9 条，纠正侦查活动违法 8 件次，纠正庭审活动违法 13 次。2000—2002 年，县检察院监督公安机关在 3 日内执行批捕、不捕决定 287 件 316 人；纠正不批捕而不释放犯罪嫌疑人 11 件次，对公安侦查活动违法行为，依法提出书面、口头纠正意见 33 件次。2003—2005 年年底，办理立案监督 48 件 49 人，审判监督 13 件 13 人。2006 年，以防止漏罪漏犯为重点，严把关口，全年追诉漏罪 21 项，漏犯 36 人，纠正违法 15 次。连续 3 年未出现不起诉、撤回起诉和判决无罪的案件。全年对应当批捕而未提请批捕的，依法追捕 15 人，同比增长 80%；追诉 2 人，改变定性 6 件，纠正违法 30 余件。2007 年，依法追捕 7 人，追诉漏犯 1 人，改变定性 8 件，纠正违法 40 余件。从受理案件源头入手，强化侦查监督效果，向公安机关发出书面纠正违法 19 份，改变侦查机关定性或增减罪名 7 件，退回补充侦查 16 件。对于提起公诉案件，送达法院后重点监督审理期限，防止法院将 7 天审查期计算在审理期限之外。对于适用普通程序起诉案件，重点监督合议庭人员组成是否合法，庭审过程中是否充分保障被告人诉讼权利，发现审判人员违法情形及时采取适当方式纠正。2008 年，追捕漏犯 44 人，追诉漏犯 5 人，追诉漏罪 3 件，改变侦查机关定性 5 件，纠正违法 20 余次。实现抗诉零突破，成功抗诉两起案件。2009 年，追捕 10 件 45 人，追诉 4 件 4 人。2010 年，全年追捕各类犯罪嫌疑人 20 件 20 人，共追诉漏犯 25 人，追诉漏罪 42 次，改变侦查机关定性 11 件 26 人，向侦查机关提出纠正违法 57 次，向审判机关提出纠正违法 47 次，刑事抗诉 5 件 7 人，改判 2 件 3 人，抗诉数量是前 10 年的总和，超额完成菏泽市人民检察院交给的抗诉任务，实现历史性突破。

第四节　监所检察

看守所检察　1987 年，根据最高人民检察院要求，县检察院在单县看守所设立检察室，常年驻所检察，受理犯人及家属申诉和控告，对看守所检察逐步形成经常化、制度化。1990—1995 年，依法对看守所监管、羁押期限和刑罚执行是否合法进行监管，维护监管秩序和在押人犯合法权益。其间，重点纠正超期羁押和个别干警打骂体罚犯人现象。1996 年，全国范围“严打”展开，看守所在押人员急剧增加。监所检察部门针对看守所在押人员暴满情况进行调查，提出建议，开展清案、清监工作，纠正超期羁押 7 人，清理 37 人已判决罪犯出所，全年检察监室 216 次，县检察院会同公安、武警、法院联合检察 48 次，集体上课 12 次，个别教育在押人犯 112 人次，在押人犯坦白交待和检举他人 19 人次。1997—2000 年，看守所检察室加大纠正超期羁押力度，向办案单位发出《纠正违法通知书》12 份，解决超期羁押 11 案 13 人，其中，超期 3 年以上 1 案 1 人。2002 年，根据菏泽市人民检察院《预防和纠正超期羁押的五项制度》，县检察院监所科纠正各类违法行为 9 起。2003 年，驻所检察室推行 24 小时值班制度，实行一岗双责制度。严格会见制度，对留所服刑人员规定固定接见时间，对律师会见在押人员要求“三证一书”（即身份证、律师执业证、律师事务所证明，当事人委托书）必须齐全；强化责任追究制度，要求做到三个清楚，即：看守所带班领导清楚，值班干警清楚，驻所检察人员清楚。2004 年 2 月，县检察院看守所检察室被山东省人民检察院命名为二级规范化检察室，成为菏泽市9县区检察院派驻检察室唯一的二级规范化检察室。2006年，监所科在工作中实行人性化执法，推出“三项制度”（即检察长接待日制度，约见检察官制度，驻所检察官谈心制度）、“三项规范”（即会见前有准备，会见中作好记录卡，会见后有总结）、“三办”（即要求和申诉、检举揭发问题，紧急事情作为急件，专题办；重要事情作为要件，专人办；申诉和检举揭发问题作为特件，专案办）驻所检察新举措。2007年11月5日，最高人民检察院下发《关于评定第二届全国检察机关派驻监管场所一级规范化检察室的决定》。当年，县检察院驻所检察室被评定为一级驻所检察室。2008年，县检察院采取联合检查与自行检查相结合方式，对看守所安全防范实施检察：每月召开一次由监所科、看守所、武警中队负责人参加联席会议，研究加强教育和安全防范措施；驻所人员配合看守所对重点部位进行彻底清查；对羁押期限进行专项检查；开展打击“牢头狱霸”专项活动。7月8日，县监所检察室正式启用“驻所检察羁押期限预警管理系统”。 8月29日，菏泽市监所检察部门看守所检察办法实施情况经验交流会在县检察院召开，单县监所检察室作典型经验介绍。2009年10月，参照最高检一级规范化检察室标准，制定《单县检察院驻所检察室看守所工作制度》，将各项标准细化为19项工作制度，规范驻所检察工作。2010年，监所检察科按照“微机联网、动态监督”要求，各项检察业务均实行微机化管理，推行电子、纸质“双备份”制度。积极开展驻所安全防范检察，定期对重点场所、在押人员生活用品及人身进行全面检查和巡视，保障在押人员合法权益。

监外执行罪犯检察　1987年，全县有监外执行罪犯（简称外执犯）81人。县检察院监所检察科采取自行检察与联合检察相结合，重点检察与普遍检察相结合，检察与教育和解决实际问题相结合等方法，开展监外执行检察工作。2002年，全县有各类外执犯87人，其中，宣告缓刑53人，保外就医26人，判管制5人，假释3人，分布在20个乡镇、71个单位。监所检察科通过对全县所有外执犯进行检察，发现表现好的22人，表现一般的46人，表现差的14人，脱管失控的5人。在检察中帮助建立帮教组织12个，落实帮教措施19条，排忧解难4次，纠正违法1次，发现死亡2人，已到期应解除10人，实有外执犯75人。单城镇广圣店村贾某某，1970年因盗窃罪被判刑8年，刑释后不思悔改，1993年又因盗窃罪被判刑10年，后因患肺气肿被保外就医。监所检察科干警多次到所在村，主动与村委会联系，成立帮教小组，对其进行教育，并协调村委会帮其喂养母猪、奶羊等家畜，使其年收入超过万元。在监所检察科和村委会帮教下，他表示痛改前非，重新做人，并积极同违法犯罪作斗争，将一名盗窃犯举报被公安机关抓获。其事迹被《菏泽日报》头版报道。2005年，对全县165名监外执行罪犯进行全面检察，发现脱管、漏管、失控监外执行罪犯7人，经监督对违反管理规定行政拘留3人，对丧失监外执行条件重新收监2人，向有关执行单位提出检察建议5份，口头检察建议18次，口头纠正违法9起，书面纠正违法2件。2008—2009年，对监外执行人员清理、登记、建档，纳入微机管理。对脱管、漏管人员进行清理，县检察院与公安机关、法院交换监外执行人员档案信息70余份，补充派出所监外执行档案60份。与公安机关联合制定《监外执行人员联合考察实施方案》，并每年利用1个月时间，对全县监外执行人员进行联合检察。 2010年，县检察院制定《单县检察院社区矫正检察监督工作制度（试行）》，联合公安机关、司法行政机关制定《单县社区矫正工作制度》《社区矫正对象外出务工管理办法》《社区矫正对象请销假审批制度》，印发《社区矫正对象权利义务告知手册》，对社区矫正对象进行有效的监督管理。当年5月20日，菏泽市社区矫正法律监督现场会在单县召开。

6月11日，山东省检察机关社区矫正法律监督工作联系点座谈会在单县召开。9月21日，在青州市召开的全省检察机关社区矫正法律监督工作联系点座谈会上，县检察院监所检察科作社区矫正工作经验典型发言。

办理被监管人员又犯罪案件　1987年，县检察院监所检察室成立后，把"严厉打击，加强监管，抑制被监管人员又犯罪"作为重点工作。1987—2003年，县检察院办理被监管人员又犯罪案件153件153人，批捕151件151人，提起公诉151件151人，法院作有罪判决151件151人。2004年，初查监外执行罪犯又犯罪11案11人，立案监督8案8人，起诉1案1人。2005年，初查监外执行罪犯又犯罪案件5案5人，立案监督5案5人，审查批捕1案2人；受理审查起诉3案10人，全部审查终结。2006年，初查监外执行罪犯又犯罪4案4人，立案监督案4案4人，批捕1案1人；受理审查起诉又犯罪案件2案8人，全部审查终结。2007年，初查监外执行罪犯又犯罪案件7案7人，立案1案1人，作出有罪判决。2008年，办理监外执行罪犯又犯罪案件3案8人，起诉2案4人，全部作出有罪判决。2009年，办理监外执行罪犯又犯罪案件3案3人，全部审结。2010年，受理批捕又犯罪案件6件12人，全部审结；受理审查起诉又犯罪案件7件9人，全部作出有罪判决。

第五节　控告申诉检察

举报与控告　1986年，控告申诉检察主要承办受理、接待报案、控告和举报，接受犯罪嫌疑人自首；受理不服人民检察院不批准逮捕、不起诉、撤销案件及其他处理决定申诉；受理不服人民法院已经发生法律效力刑事判决、裁定申诉。1988年，县检察机关全面落实《人民检察院控告申诉检察工作细则》，实行来信来访登记、处理制度，检察长接访阅信制度和办理案件备案、结案报告制度。全年受理来信78件，来访73次，自办案件11件，转其他机关办理119件。10月，成立单县人民检察院举报中心，实行人民检察举报制度。至年末，受理案件线索31件，其中，经济案件30件，法纪案件1件。初查案件8件，立案3件，转办8件，当面答复4件，待初查8件。1990年，共受理举报线索254件，其中，贪污贿赂犯罪线索99件，职务犯罪案件41件。举报中心初查举报线索29件。1991年，贯彻落实最高人民检察院《举报工作若干规定》，举报工作归控告申诉部门统一领导，对举报人采取奖励制度，加强查处打击举报人案件。1993年，根据省人民检察院《关于评选全省检察机关文明接待室的通知》精神，县检察院开展创建文明接待室活动，妥善处理案件上访。《山东法制报》详细报道单县检察院创建文明接待室情况。1997年，县检察院信访接待室被山东省人民检察院评为全省第一批文明接待室。1998年，全年初查案件32件，向侦查部门移送大量案件线索。1999年，最高人民检察院规定每年6月最后一周为举报宣传周，县检察院制作展览宣传牌10余块，印制宣传材料5000份，开展宣传活动30余次，出动宣传车40余辆次，并在县城西关大桥装置高10余米，20余平方米的大型宣传栏。宣传周教育群众10万余人次，答复群众现场法律咨询800余人次。2002年，县检察院首次推行首办责任制，按照"谁主管、谁负责"的原则，全程解决群众反映的实际问题，力求将问题解决在基层、解决在首办环节。2004年，根据上访实际情况，县检察院对排查出的案件实行"四定一包"（定领导、定人员、定方案、定期限，有包案领导和责任人）责任制，采取"四个一"（对上访案件普遍复查一次，对上访人普遍谈一次话，对上访案件普遍调研一次，对上访人落实一个稳控措施）的处理办法，有效减少无理缠诉现象发生。2005年11月18日，菏泽市检察信访工作现场会在单县检察院召开，单县经验被介绍推广。2006年，全年受理群众来信来访44件。其中，来信18件，来访23件，其他方式3件；受理的来信来访中，转反贪局5件，转反渎局9件，转其他部门19件，举报初查10件，刑事申诉立案复查1件，为国家和集体挽回经济损失20余万元。2007年，受理群众来信来访38件。其中，来信15件，来访19件，电话和网络等其他方式4件；受理的来信来访中，转反贪局12件，转反渎局1件，转其他部门16件，为国家和集体挽回经济损失50余万元。2008年6月23—27日，开展以“依靠群众，惩防并举”为主题的举报宣传周活动，向群众散发宣传资料1000余份，提供法律咨询服务48人次，帮助解决实际问题12件，受理举报线索1件。全年受理群众来信来访55件。其中，来信10件，来访37件，电话及网络等其他方式8件。在来信来访中，举报案件线索22件，全部在规定时间内分流，转反贪局6件，转反渎局10件，举报初查6件。其中，初查的单县移动公司一案为国家和集体挽回经济损失3.9万余元。2009年，全年受理群众来信来访62件。其中，来信8件，来访47件，电话及网络等其他方式7件。在来信来访中，举报案件线索18件。其中，转反贪污贿赂局6件，转反渎职侵权局6件，举报初查（核）6件。2010年，全年受理群众来信来访81件。其中，群众来信16件，来访56件，电话及网络等其他方式9件。在来信来访中，举报案件线索23件，群众控告申诉56件，刑事申诉2件。

刑事申诉　1987年，县检察院根据中央有关精神，对新中国成立后到检察院重建所办理的免诉案件、定罪作不起诉处理案件、审理中死亡和取保候审未作结论案件，抽调15名人员进行全面复查。查阅历史原档37本，公安档案8643人卷，查出经检察机关处理的上述“四类”案件39件，其中，3人免诉，15人不诉；找出18个卷宗，从中立案复查1人，免诉1人，定罪不起诉处理4人，完成复查纠正历史冤假错案任务。1988—1992年，县检察院控申检察科重点办理不服逮捕、不服不捕、不服免予起诉申诉案件7起，撤销免予起诉决定3起，撤销不捕决定2起，部分上访老户得以息诉。1998年，《中华人民共和国刑法》《中华人民共和国刑事诉讼法》修改实施后，刑事申诉案件数量有所增加，控申检察部门贯彻执行最高人民检察院《复查刑事申诉案件规定》，立案复查刑事申诉案件3件，纠正2件。2005年，立查刑事申诉案件1件，纠正1件。2006年，郭某某不服县检察院原税务检察室对其扣押款的处理决定，到县检察院申诉，受理后经检察长批准立案复查，在调阅原案卷和调查相关人员后，按照实事求是、有错必纠原则，将扣押款退还给申诉人，申诉人表示息诉罢访。2006—2010年，办理刑事申诉案件4起，均得到客观合法解决。

第六节　民事行政检察

1995年，县检察院设立民事行政（简称民行）检察科。当年受理民事行政申诉案23件，立案6件，建议4件，纠正3件。提请菏泽地区人民检察院抗诉1件，成为单县首例行政抗诉案件，被菏泽地区中级人民法院发回再审，再审后改判。1996年，受理民事行政申诉案件52件。其中，立案15件；提请抗诉4件（含分院提出抗诉3件）；提出检察建议27件；法院开庭再审3件，改判3件；出庭支持抗诉3件。2000年，按照最高人民检察院指示精神，试行民事行政案件公开审查制度和主诉检察官制度。当年受理案件35件，立案24件，提请抗诉18件，占立案数75%，取得民事行政案件办理最高水平，受到省市两级检察院充分肯定。县民事行政检察工作经验在全市推行。同年，实行律师代理制。2001年，县民事行政抗诉案件的再审改判率高达80%。2002年，依据上级规定，民事行政检察科制定民事行政工作办案流程。2003年，受理案件30件。其中，立案20件，提出再审建议2件，提请抗诉12件，调解息诉6件，改判10件，维持2件，原审改变率为83%，抗诉案件质量比往年有较大提高。2002年、2003年，县检察院被省人民检察院评为全省民行工作先进单位。2004—2005年，实行民行检察顾问制，聘请知名律师为民行检察顾问，20个乡镇司法所长为民行检察联络员。对重大疑难案件，实行3家会诊制度。两年受理案件93起，立案46件，提请抗诉28件，并与县法院就再审检察建议实施达成共识，会签文件。2006年，采用个案检察建议督促启动再审程序。全年立案审查民行申诉案件35件，建议7件，提请抗诉7件，全部被菏泽市人民检察院采纳；法院审结改变5件，改变率为100%；建议法院再审6件；息诉服判15件。2007年，针对案源少实际，采取定时召开律师联席会议，向人大代表、政协委员寄发资料等方式，宣传民事行政检察工作；推出3项便民措施，即："选办制""速办制""联络制"，并实行网上办案，使案件线索明显增多。推行民行申诉和解，成功主持和解5起民行申诉案件，省人民检察院以《单县人民检察院探索以和解方式处理民行申诉案件取得初步成效》为题在全省检察系统转发。同年，受理各类民行申诉案件24件，立案审查22件。其中，提请抗诉2件，被市人民检察院采纳2件。向县法院提出再审检察建议17件，县法院裁定再审15件，裁定再审案件中改判7件。2008年，受理各类民行申诉案件21件，立案审查21件；提请抗诉7件，建议法院再审7件，法院裁定再审7件，息诉服判21件，为国家挽回经济损失250余万元。2009年，积极探索服务民营企业经济发展新途径，采取与民营企业建立联系制度、印发工作联系卡、定期走访、提供法律咨询、优先办理民营企业申诉案件等6项措施，为服务民营经济科学发展开辟"绿色通道"。办理民营企业申诉案件8件，受到民营企业家一致好评。实施"农民工维权工程"，开展农民工权益专项调查，帮助解决实际困难31件；办理督促单县农村信用联社和单县农业发展银行起诉案件11起，涉案金额150余万元；办理行政执法监督案件11件，内容涉及税务人员收税不开票，交通稽查人员违规上路查车，林业执法人员非法收取育林金，文化稽查人员违规收取"网吧守法经营保证金"，卫生系统人员虚抬药价，乡镇部分干部虚报小麦种植面积、套取小麦直补款等。2010年，探索"检调对接"机制，以"检察和解优先，调抗结合"为切入点，圆满解决18起行政拆迁争议。省人民检察院检察长国家森称赞这是"检调对接"化解社会矛盾的成功案例，是利用检察职能服务大局的生动体现。同年，根据最高人民法院、最高人民检察院《关于人民检察院检察长列席人民法院审判委员会会议的实施意见》规定，单县在全市率先开展检察长列席县法院审委会会议。当年，对8起提请抗诉后市中级人民法院裁定再审案件，支持抗诉，得以改判。全年办理民事督促起诉案件11起，收缴拖欠土地出让金3720万元；配合国、地税务部门，参与收缴税款522万余元。

1995—2010年单县人民检察院民行立案统计表

表20-4-5

年份	受理	立案	建议	纠正	抗诉	年份	受理	立案	建议	纠正	抗诉
	件	件	件	件	件		件	件	件	件	件
1995	23	6	4	3	1	1998	28	10	—	—	3
1996	52	15	—	—	4	1999	24	18	4	—	7
1997	26	5	3	—	2	2000	35	24	—	—	18

续表 20-4-5

年份	受理	立案	建议	纠正	抗诉	年份	受理	立案	建议	纠正	抗诉
	件	件	件	件	件		件	件	件	件	件
2001	37	25	—	—	17	2006	35	35	7	—	7
2002	36	20	11	—	—	2007	24	22	1	—	2
2003	30	20	2	—	12	2008	21	21	0	—	7
2004	45	23	—	—	14	2009	18	18	1	—	10
2005	48	23	—	—	14	2010	33	31	1	4	8

第五章 法 院

第一节 立 案

1986—1994年，立案工作由各审判庭根据各自职能范围及相关法律规定确定立案，再由分管院长批准即可立案。这种方法使立案权分散，导致立审工作的随意性，弊端太多。1995年，县人民法院（简称县法院）设立立案庭，对所有案件由立案庭统一登记立案。2001年，对立案工作进行改革，除刑事案件、行政案件等少数案件外，全部民商事案件、执行案件均由立案庭进行审查，确定立案后，分送所属业务庭审理；刑事案件、行政案件仍由刑事审判庭、行政审判庭审查确定立案后，报立案庭统一登记，方可审理。立案工作改革后，剔除诸多弊端，加之立案庭对已立案件的审判期限跟踪，案件超审判期限的情况得以减少。至此，立案工作实行规范化管理。2008年始，县法院根据形势需要，相继制定《统一立案规定》《首问负责制度》等规章制度，立案工作走上专门化、正规化轨道。2010年，按照“功能完善、制度健全、设施齐备、服务到位”的要求，在新启用审判大楼内创立全市首个“便民诉讼服务中心”，设置12个服务窗口、8个相对独立的功能区，配备休息座椅、大屏幕液晶电

诉讼服务中心

视、写字桌椅、饮水器具、卫生设施、诉讼指南、笔墨纸张等服务设施用品，为到访群众提供“一站式”服务。同时，会同司法、民政、残联等部门，建立救助制度，让经济困难当事人打得起官司，依法保护困难群体合法权益。同年，为80余名当事人办理缓、减、免诉讼费近20万元，协调有关部门为8名当事人发放救助金4万余元。

2001—2010年单县人民法院立案统计表

表20-5-1　　单位：件

年份	刑事案件	民事案件	商事案件	行政案件	执行立案	行政非诉案件
2001	213	2348	1038	118	945	252
2002	201	2644	1030	75	841	101
2003	134	1460	2064	107	841	131
2004	102	1612	2634	143	845	97
2005	160	1480	2012	106	773	150
2006	128	1573	1562	102	538	170
2007	150	1521	756	167	703	116
2008	173	民商事案件：3365		198	797	385
2009	193	4236		157	973	140
2010	212	4346		102	753	81

第二节　刑事审判

社会治安案件审判　1983—1985年，全国集中开展“严打”活动。“严打”期间，公、检、法联合办案，按照诉讼程序公、检、法各负其责，各司其职，严厉打击杀人、强奸、抢劫、盗窃等严重破坏社会治安犯罪分子。1986年始，破坏社会治安案件审判活动由集中“严打”转入正常刑事审判，刑事审判工作逐步走向正规化。1996年3月、1997年3月，全国人大对《中华人民共和国刑事诉讼法》《中华人民共和国刑法》进行重大修改。修改后的《中华人民共和国刑事诉讼法》改“纠问式”庭审为“控辩式”庭审，法官处于主导地位，突出法官在庭审中主导作用和中立地位。同时对公开审判作出专门规定，保障诉讼参与人依法享有诉讼权利。县法院严格执行修改后的《中华人民共和国刑事诉讼法》设置的简易程序适用范围，做到程序上不违法，审判人员不越权，切实保证案件质量。1996年10月31日，县法院刑事审判庭率先在全区法院系统适用新《中华人民共和国刑事诉讼法》公开开庭审理“赵某某故意伤害”一案。菏泽地区中级人民法院副院长赵普到场指导，全区地县两级法院从事刑事审判及检察院从事公诉人员参加旁听。同年，县法院按照新《中华人民共和国刑法》《中华人民共和国刑事诉讼法》规定程序和量刑规则，共审结各类刑事犯罪案件207件，判处各类犯罪分子333人，是单县历史上审结各类刑事犯罪案件、判处各类犯罪分子最多的一年。1997年，全年审结各类刑事犯罪案件134件，判处各类犯罪分子175人。1998年始，根据社会影响大、群众反映强烈的案件，及时开展“打霸”等专项斗争。1998—2002年，审结各类霸头案件53件，惩处霸头64人，全县社会治安明显好转。2000年，县法院刑事审判庭被省高级人民法院记二等功。2001年、2003年，县法院被市委、市政府评为“严打整治”先进集体。1990—2008年，全县审结各类刑事公诉案件2878件，共判处各类刑事犯罪分子4037人，其中，杀人37件48人，强奸305件362人，抢劫194件342人，盗窃937件1400人，诈骗73件112人，贪污118件215人，其他1214件1558人。判处5年以下有期徒刑3104人，6至10年及10年以上933人。2009—2010年，县法院刑事审判庭重点通过适度适用缓刑、妥善处理刑事附带民事案件等途径，全力促进社会和谐。一方面，认真贯彻“宽严相济”的刑事政策，实行“当宽则宽、当严则严、宽严相济、罚当其罪”，适度适用缓刑，减少社会对立面；对犯罪较轻的初犯、偶犯，对具有自首、立功表现的罪犯，对能积极施救、主动赔偿的罪犯依法适用缓刑。另一方面，通过调解方式，妥善处理刑事附带民事案件。把握当事人之间利益平衡点，引导当事人进行换位思考，将调解工作贯穿于庭前、庭中、庭后各个环节，将是否积极主动赔偿作为对被告量刑一个重要情节，促使被告人自觉地认识到其行为的社会危害性，积极主动赔偿受害方损失，以此赢得受害方谅解。在调解方法上，坚持依法、依据事实和情节进行，既充分考虑当事人双方诉愿，又坚持定罪量刑标准，切实避免“拿钱买刑”问题。两年审理各类刑事案件406件，其中，危害公共安全犯罪45件，破坏社会主义市场经济秩序犯罪12件，侵犯人身权犯罪129件，侵犯财产权犯罪158件，妨害社会管理秩序犯罪46件，职务犯罪16件。审理的刑事附带民事案件中，调解率达90%，所有赔偿都得到充分履行，无矛盾激化，无申诉上访。

刑事审判庭审现场　　2009年摄影

贪污贿赂和破坏经济秩序案件审理　1986年后，经济领域犯罪案件增多，走私、诈骗、贪污、行贿、受贿、投机倒把、非法吸收公共存款等经济犯罪活动呈多发态势。县法院加强对经济领域内犯罪案件审判力度，严厉打击经济犯罪。1986—1989年，审理贪污案件26件。1990—2008年，审结各类经济犯罪案件191件，判处犯罪分子327人。其中，诈骗73件112人，诈骗金额600余万元；贪污114件215人，挽回经济损失400余万元。2009—2010年，对滥用职权收受贿赂、为谋私利侵吞国家财产、严重败坏党和国家形象腐败分子，坚持依法审理，从严从重惩处。两年间，审结贪污贿赂案件9件，渎职案件7件。2010年，在烟草市场秩序集中整治活动中，县法院刑事审判庭被菏泽市委、市政府评为全市烟草市场秩序集中整治“利剑行动”先进集体。

1986—2010年，县法院刑事审判庭审结刑事案件3747件，判处犯罪分子5059人。

1986—2010年单县人民法院刑事审判统计表

表 20-5-2

年份	公诉类（件）									自诉类（件）			刑期（人）	
	杀人	强奸	抢劫	盗窃	诈骗	贪污	其他	小计	其中少年犯罪	故意伤害	重婚	其他	5年以下	6至10年以上
1986	4	14	15	53	—	11	58	155	—	—	—	—	76	41
1987	1	12	7	27	—	4	46	97	—	—	—	—	43	33
1988	6	12	9	26	—	8	54	115	—	—	—	—	49	36
1989	1	9	8	50	—	3	26	97	—	—	—	—	119	42
1990	2	17	22	56	1	2	60	160	8	—	—	1	180	69
1991	2	16	11	55	5	7	56	152	11	2	2	1	153	84
1992	4	22	16	44	2	13	37	138	9	12	2	2	140	65
1993	3	19	9	43	5	2	34	115	6	4	4	2	91	68
1994	2	14	13	66	4	19	43	161	3	6	5	—	165	64
1995	1	14	13	77	2	14	52	173	5	—	—	—	186	70
1996	2	19	20	81	4	10	71	207	6	—	—	—	262	71
1997	2	19	7	48	5	3	50	134	6	—	—	—	125	50
1998	2	24	8	55	2	6	59	156	8	—	—	—	165	29
1999	2	16	6	38	6	4	74	146	6	—	—	—	140	31
2000	3	10	3	40	7	5	73	141	4	—	—	—	136	48
2001	1	29	13	50	6	3	103	205	10	—	—	—	203	65
2002	2	22	8	58	6	1	98	195	15	—	—	—	182	64
2003	—	19	2	44	3	3	61	132	6	—	—	—	147	23
2004	—	10	8	24	2	3	58	105	15	—	—	—	122	29
2005	1	11	9	41	3	3	83	151	20	—	—	—	165	28
2006	2	9	10	44	3	6	55	129	11	—	—	—	157	31
2007	5	7	7	24	4	2	56	105	29	—	—	—	145	18
2008	1	8	13	49	3	8	91	173	14	—	—	—	240	26
2009	1	11	22	42	7	5	105	193	4	—	—	—	241	35

续表 20-5-2

年份	公诉类（件）									自诉类（件）			刑期（人）	
	杀人	强奸	抢劫	盗窃	诈骗	贪污	其他	小计	其中少年犯罪	故意伤害	重婚	其他	5年以下	6至10年以上
2010		13	16	41	8	3	131	212	5	—	—	—	267	40
合计	50	376	271	1176	88	152	1634	3747	201	25	13	6	3899	1160

第三节　民事审判

1987年1月1日，《中华人民共和国民法通则》正式实施，民事审判从程序和实体上均进入有法可依的历史阶段，民事纠纷由依靠政策解决改革为依靠法律判决。

婚姻家庭案件审判　婚姻家庭案件在民事审判中占较大比例。县法院认真贯彻《中华人民共和国婚姻法》，按照民事审判工作原则，1986—2010年，审结婚姻家庭案件14636件。

巡回法庭到乡村院落开庭　　2008年摄影

1986—2010年单县人民法院审结婚姻家庭案件统计表

表 20-5-3　　单位：件

年份	审结婚姻家庭案件数	年份	审结婚姻家庭案件数	年份	审结婚姻家庭案件数
1986	206	1995	347	2004	518
1987	242	1996	457	2005	456
1988	242	1997	750	2006	537
1989	124	1998	709	2007	950
1990	260	1999	788	2008	1270
1991	327	2000	698	2009	1253
1992	379	2001	687	2010	1532
1993	256	2002	757	合计	14636
1994	316	2003	575	—	—

权属、侵权案件审判 1986年前，所有权及所有权相关权利纠纷，以土地、宅基纠纷为主，由县、乡土地管理部门处理。1986年后，财产所有权纠纷、相邻关系纠纷成为法院民事调解主要对象。1995年前，人身权纠纷主要是一般伤害赔偿。之后，交通事故造成人身伤害赔偿、电击伤害赔偿、雇员伤害赔偿以及医疗事故和一般伤害赔偿成为民事审判工作主要案件，其数量位居县法院各类案件每年总数之首。进入21世纪，涉及房地产纠纷案件逐步增多，2001—2010年，县法院先后审结涉房地产纠纷案件53件。2003年之后，大民事格局形成，经济庭、民事庭合为一体，合同案件、借贷案件统为民事收案范围。2007年10月、2009年12月，《中华人民共和国物权法》《中华人民共和国侵权责任法》先后颁布实施，县法院认真开展学习宣传工作，民事审判工作步入新阶段。1986—2010年年底，县法院先后审结权属、侵权案件23330件。

2009年5月，法官走进乡村开庭

1986—2010年单县人民法院审判权属、侵权案件统计表

表20-5-4 单位：件

年份	审结权属、侵权案件数	年份	审结权属、侵权案件数	年份	审结权属、侵权案件数
1986	258	1995	990	2004	1489
1987	288	1996	1306	2005	494
1988	320	1997	2083	2006	1143
1989	346	1998	2050	2007	262
1990	262	1999	2244	2008	385
1991	400	2000	1762	2009	337
1992	411	2001	1728	2010	611
1993	279	2002	2003	合计	23330
1994	900	2003	979	—	—

第四节 经济审判

1985年下半年，县法院在县二轻系统搞经济审判试点。1986年4月，县法院从院机关庭室抽调12名审判业务骨干，经短期培训，组成4个巡回法庭分赴各乡镇集中审理乡镇企业经济案件，当年结案2115件，争议标的额516万元，结案数为前5年160件结案总数的13.2倍，经济审判工作进入菏泽地区先进行列。10月7日，菏泽地区经济审判工作现场会在单县召开，省高级人民法院向全省法院推介单县人民法院经济审判工作经验。1987年，县法院经济审判庭和巡回法庭在集中理顺乡镇企业经济法律关系基础上，又深入乡镇农信联社和供销系统，依法帮助他们清理沉淀信贷资金和私人借款。通过就地开庭和法律宣传，不少赖账户主动到两社和解，主动交清拖欠贷款和私人借款，自行和解案件4100余件，资金6400万元，为集体直接挽回经济损失数千万元。1988年，巡回法庭部分撤回，经济审判案件大幅度下降。1992年，应县内一些单位邀请，县法院从机关各庭室抽调14名业务骨干，分别进驻县工商银行、县农业银行、县城市信用社、县烟草公司、县酒厂和县棉纺织厂，当年审结各类经济案件879件，争议标的额2120万元。1993年8月，县法院以经济审判庭和经济纠纷调解中心为主，抽调34名业务骨干，组成14个巡回法庭，先后派驻11个单位、20多家企业，开展经济审判工作。县酒厂、县棉纺织厂两个巡回法庭当年为企业收回资金837万元。之后9年，县法院在各类经济案件的审理中，为企业清收资金达13279.4万元，盘活资金2000余万元。1995年，部分巡回法庭撤回，人员除部分回各庭室外，其余人员分到经济审判庭和经济纠纷调解中心，两个单位审判人员增至24人，经济审判工作走上正轨。1997年，县法院要求全县各法庭试办经济案件，扩大经济审判覆盖面。当年，审结经济案件965件，争议标的额4060万元。2003年5—12月，县法院受理单县棉花加工一厂、二厂、三厂、四厂、五厂、六厂和单县金鑫商城、单县五金交电公司、单县白云大厦、单县医药公司、单县凌云商业大厦等11家企业破产案件，破产金额4.2亿元。同年，根据上级要求经济审判纳入大民事统一管理，建立大民事格局。县法院将民事审判二庭、小额债务审判庭、经济审判一庭、经济审判二庭撤销，组建为民商事审判庭。2004年4月，受理单县最大国有企业单县棉纺织厂破产案件，破产金额为4.32亿元。2008年，按照省高级人民法院要求，经济审判明确界定为商事审判。2010年，县法院制定《服务经济发展十六项措施》，积极为开发区重点项目理清、盘活资产，为金融企业回笼资金、化解风险。1986—2010年年底，县法院审结经济案件27789件，解决争议标的额9.49亿元。

1986—2010年单县人民法院经济案件审结情况统计表

表20-5-5

年份	审结案件数（件）	争议标的额（万元）	年份	审结案件数（件）	争议标的额（万元）
1986	2115	516	1994	1405	3000
1987	2581	510	1995	711	3314.33
1988	623	531.4	1996	808	3626
1989	234	216	1997	965	4060
1990	95	309	1998	326	4060
1991	123	137.2	1999	393	2709.7
1992	879	2120	2000	754	5780
1993	784	1930	2001	1015	7231

续表 20-5-5

年份	审结案件数（件）	争议标的额（万元）	年份	审结案件数（件）	争议标的额（万元）
2002	1030	2100	2007	640	22990.6
2003	2958	3300	2008	496	5300
2004	2634	2983	2009	1204	6760
2005	2012	3109	2010	1442	6297
2006	1562	1989.3	合计	27789	94879.53

第五节　行政审判

1987 年 9 月 12 日，县法院根据《中华人民共和国民事诉讼法（试行）》第三条第二款规定，由民事审判庭负责试办行政案件。由分管副院长索玉如担任审判长，审理刘某某不服菏泽地区公安处治安处罚决定提起诉讼的第一起治安行政案件。1988 年 4 月，民事审判庭又相继审理两起行政案件。1988 年 5 月 30 日，县法院设立行政审判庭，由 3 人组成，负责审理行政案件，行政审判工作开始走向正规化。1990 年 10 月 1 日，《中华人民共和国行政诉讼法》开始施行。1991 年，全年共审结行政案件 11 件，支持行政机关依法行使行政职权，保护当事人合法权益。同时，纠正行政机关某些错误决定，为行政审判总结经验。1994 年，县法院制定《关于进一步加强行政审判工作的意见》，上报县委，县委转发全县，为行政审判工作开展创造良好舆论环境。1996 年，县法院被菏泽地区中级人民法院确定为行政审判方式改革试点法院。同年，县法院在菏泽地区首家制定《一审行政案件庭审操作规程》，使庭审有规可依。全年审结行政案件 307 件，占行政审判庭建庭后审结案件总数的 20.6%。1997 年后，行政诉讼案件数量开始回落，逐渐走向平稳、正常。1988—2010 年，县法院共审结各类行政案件 2232 件，其中治安 73 件，工商 270 件，税务 2 件，土地 465 件，卫生 24 件，其他 1398 件。

1988—2010 年单县行政审判结案统计表

表 20-5-6　　单位：件

年份	治安件数	工商件数	税务件数	土地件数	卫生	其他件数	合计
1988	—	—	—	1	1	—	2
1989	2	—	—	2	—	1	5
1990	—	—	—	—	1	—	1
1991	1	—	—	1	1	—	3
1992	2	—	—	—	2	5	9
1993	1	—	—	—	1	4	6
1994	1	—	—	—	1	19	21
1995	1	—	—	6	1	98	106

续表 20-5-6

年份	治安件数	工商件数	税务件数	土地件数	卫生	其他件数	合计
1996	3	—	—	34	13	257	307
1997	3	3	—	8	3	29	46
1998	3	5	1	130	—	—	139
1999	5	—	—	9	—	109	123
2000	—	156	—	7	—	14	177
2001	30	3	—	39	—	17	89
2002	—	41	—	23	—	11	75
2003	8	54	—	18	—	21	101
2004	3	—	—	84	—	18	105
2005	3	5	—	13	—	49	70
2006	—	—	—	71	—	31	102
2007	1	1	1	13	—	152	168
2008	3	1	—	2	—	91	97
2009	—	—	—	4	—	293	297
2010	3	1	—	—	—	179	183
合计	73	270	2	465	24	1398	2232

第六节　案件执行

1986 年，县法院成功执结案件 84 件，并总结出“三查”“四讲”“三结合”执行工作经验。“三查”，即一查据以执行法律依据，二查被执行人履行义务态度及原因，三查被执行人执行能力；“四讲”，即一讲据以执行法律依据，使被执行人晓以义务，二讲法院执行决心，使被执行人去掉侥幸心理，三讲正反案例，使被执行人晓以利害，四讲拒不执行法律后果；“三结合”，即执行人员同被执行人员单位负责人工作相结合；做被执行人工作与做其亲属、知情人的工作相结合；做被执行人工作与解决其实际困难相结合。省高级人民法院《法院简报》介绍并推广单县人民法院执行工作经验。1987 年 5 月，县法院执行庭正式独立办公。1986—1987 年，执结各类案件 246 件，执行标的额 148 万元。1988 年后，“执行难”问题开始出现，被执行人自履情况越来越差，转移财产甚至外逃情况很普遍。1992 年 7—9 月，县法院充实执行力量，开展“执行大会战”，实施“查封”36 次，依法拘留 17 名被执行人，执结案件 376 件，执行标的额 287 万元，扭转执行难被动局面。1993—1994 年，执行庭制定《申请举证制度》，编制被执行人《可供执行财产表》，并派出两个执行小组，随业务庭的办案人员分别进驻案件较为集中的单县酒厂和湖西典当行就地执行。两个执行小组仅一个半月就执结案件50余件，执行标的额100多万元。1995年，根据执行工作需要，县法院将执行庭干警增加到17人，在菏泽地区第一个达到执行人员占全体干警1/10要求。1997年10—12月，县法院组织集中执行活动，集中执结案件280件。1998年9—12月，按照上级法院统一部署，县法院集中开展清理积案活动，3个月执结各类案件503件，执行标的额1362万元，被省高级人民法院评为全省执行工作先进集体。1999年7月，中共中央转发《中共最高人民法院党组关于解决人民法院“执行难”问题的报告》的通知。县法院认真贯彻落实中央文件精神，开展“执行年活动”，制定“你举报，我奖励”“指定执行法官执行案件”及“分庭、分片包干、责任到人”制度，当年执结各类执行案件978件，执行标的额3824万元。2000年，积极探索新的执行方式，采取集中执行、公告执行、开庭执行等措施，强化执行力度。当年，执结案件1178件，执行标的额4217万元，年执结案件第一次突破千件大关。同年，异地执行案件193件，执行标的额913万元。2001年4月，设立单县法院执行局。同年，县法院制定并印发《执行工作暂行规定》，对执行机构、人员编制、执行措施、执行纪律等全面规范，对两个执行庭下达硬性执行指标，形成执行局、法警队、法庭联动配合强大执行网络。同年，执结各类案件1231件，执行标的额2100万元。2003年，县法院将3名涉嫌拒不执行法院判决裁定罪的被执行人移送到县公安局，侦终后依法施以刑罚，收到良好的社会效果。当年，执行案件1158件，执行标的额1500万元，第一次实现结案率113.2%。2008—2010年，县法院积极推进执行工作改革，逐步建立执行威慑和执行联动机制，形成全社会参与、关心和支持执行工作的强大合力。同时，成立执行局办公室、执行三庭，形成执行实施权和执行裁决权分权行使格局。通过采取强制执行与执行和解并用、集中行动与日常执行并举、灵活执行措施与创新执行方法并用等举措，形成强大的执行威慑力。3年共执结案件2381件，执行标的额4754.8万元，一大批“骨头案”“钉子案”得以顺利执结。

1986—2010年单县人民法院执行案件结案统计表

表20-5-7

年份	执结案件数（件）	执行标的额（万元）	年份	执结案件数（件）	执行标的额（万元）
1986	84	36	1996	390	705
1987	162	112.2	1997	380	682
1988	214	36.8	1998	879	1362
1989	146	76.1	1999	978	3824
1990	73	38	2000	1178	4217
1991	59	40.1	2001	1231	2100
1992	432	300	2002	841	2497
1993	679	1182	2003	1158	1500
1994	132	250	2004	899	1000
1995	284	678	2005	713	1400

续表 20-5-7

年份	执结案件数（件）	执行标的额（万元）	年份	执结案件数（件）	执行标的额（万元）
2006	703	800	2009	973	2242.4
2007	775	878.7	2010	753	1712.4
2008	655	800	合计	14771	28469.7

第七节　审判监督

1986—1988年，审判监督工作未设专门机构，申诉复查工作由2名审判经验丰富的老庭长负责。1988年11月，设立刑事审判二庭，主要配合复查较为集中的历史刑事案件申诉。1989年5月，设立告诉申诉审判庭。1995年5月，设立督察室，对每起案件从程序到实体以及采用每个证据进行评查，发现问题逐案逐步通报，每个月对各业务庭案件评查排名，印发到院长和各庭室。年底进行全面总结，其结果作为创先评优重要条件。2001年6月，告诉申诉审判庭更名为审判监督庭。1986—2002年，累计审结各类申诉案件(含决定再审和指令再审案件)364件。2003年8月，县法院在菏泽市法院案件质量监督管理经验交流会上以《构筑大审监格局，实施全流程监督》为题作典型发言。至2004年，共审结本院决定再审民商事案件13件，改判6件；指令再审民商事9件，改判6件；行政7件，改判5件；审结民商事抗诉案件13件，改判4件，维持2件，调解6件，其他1件。2005—2006年，审结本院决定再审民商事案件12件，改判5件，维持2件，调解4件，作其他处理1件；指令再审1件，维持1件；民商事抗诉案件11件，改判4件，调解1件，作其他处理6件。2005年，县法院被省高级人民法院评为全省审判监督先进单位。2006年5月、8月，分别在省审判监督座谈会上和市审判监督工作会议上作题为《强化审判监督职能，严格案件质量管理》典型经验介绍。同年，县法院审判监督庭被省高级人民法院记集体二等功。2007—2010年，共审结民商事抗诉案件50件，改判18件。

第六章　司法行政

第一节　普　法

1986—1990 年，“一五”普法重点是普及法律常识，扫除法盲。根据中共中央宣传部、司法部《关于向全体公民基本普及法律常识的五年规划》，单县用 5 年时间在全县公民中普及法律常识，开展扫除法盲活动。县成立普及法律常识领导小组，下设普法办公室，选定普法试点，编写普法材料，培训普法骨干，开设普法讲座。全县各乡镇、企事业单位相应成立普法机构。这次普法教育对象为一切有接受能力的公民，重点是干部和青少年。普法教育内容为《中华人民共和国宪法》《中华人民共和国刑法》《中华人民共和国刑事诉讼法》《中华人民共和国民事诉讼法》《中华人民共和国婚姻法》《中华人民共和国继承法》《中华人民共和国经济合同法》《中华人民共和国森林法》《中华人民共和国兵役法》《中华人民共和国治安管理处罚条例》《中华人民共和国民族区域自治法》，简称“十法一条例”。其间，全县编印和购买干部、职工、农民普法读本2.7万册，“十法一条例”通俗讲话1.8万册，编写普法材料1.3万份，培训普法骨干12560人，举办普法讲座650场次，受教育30多万人次。

1991—1995年，实施开展“二五”普法。普法重点是系统学习。在普法过程中，积极采取大力宣传、广泛发动、党员干部带头、学以致用贯穿始终等措施，达到预期目的。先后培训普法骨干2万人次，系统学习“十五法一条例一决定”（即《中华人民共和国选举法》《中华人民共和国行政诉讼法》《中华人民共和国国旗法》《中华人民共和国集体游行示威法》《中华人民共和国义务教育法》《中华人民共和国土地管理法》《中华人民共和国森林法》《中华人民共和国水法》《中华人民共和国矿产资源法》《中华人民共和国环境保护法》《中华人民共和国食品卫生法》《中华人民共和国文物保护法》《中华人民共和国军事设施保护法》《中华人民共和国残疾人保障法》《中华人民共和国民事诉讼法》《山东省计划生育条例》和《全国人大常委会关于加强社会治安综合治理的决定》）。全县75万名普法对象，全部参加普法学习，有70.5万人基本学完“十五法一条例一决定”，普及率94%。通过这次普法，人民群众法制观念增强，依法办事的自觉性提高，至1995年年底，全县涌现出依法治理模范乡镇10个，模范村307个，遵纪守法户27万户，模范户3223户。

1996—2000年，“三五”普法重点是学用结合。1996年，开展“法律进万家”工程，拉开“三五”普法序幕，这一经验先后在菏泽地区、山东省推广。其间，组织编写20万字《全民学法读本选编》，印刷3万多套发给干部群众学习。1998年，全县有5125名干部（其中，县级35人，科级1571人，股级3519人）参加“三五”普法考试，及格率99%。2000年，在城区向阳路段和乡镇主要街道建立高标准法律一条街，并在各行政村开设法律宣传栏，受到广大群众认可和欢迎。2001年，单县被省委、省政府授予“1996—2000年普法全省先进县”称号。

2001—2005年“四五”普法，依据中共中央宣传部、司法部《关于在公民中开展法制宣传教育的第四个五年规划》和全国人大常委会《关于继续开展法制宣传教育的决议》，普法重点对象是各级领导干部、司法和行政执法人员、青少年、企业经营管理人员。2001年，县普法办公室印发“严打”整治斗争专题宣传资料4000份，在全县范围内举办两次大规模法律咨询活动，营造“严打”整治斗争强大声势；2003年4月，按照上级统一部署，县普法办公室印发《关于全县迅速开展〈中华人民共和国传染病防治法〉宣传活动的意见》，对全县防治“非典”法制宣传提出明确要求，先后发放“防非”手册近万册，宣传单30万份。2006年，单县被省委、省政府授予“2001—2005年普法全省先进县”称号。同年，单县普法办公室被市委、市政府评为2001—2005年全市普法依法治理先进集体。

2006—2010年“五五”普法，以领导干部、公务员、青少年、企业经营管理人员和农民为对象，先后举办领导干部公务员法、物权法、行政许可法等法制讲座9次；对全县公务员每年进行法律知识测试，参考率98%以上，及格率100%；全县中小学校上法制课3200多场次，累计受教育学生70万人次；出动宣传车46台次，印制标语129幅，发放相关法律法规等宣传资

法制宣传教育进校园　　2009年摄影

料7万余份。2011年年初，单县普法办公室被省委、省政府评为2006—2010年全省普法依法治理先进单位。

第二节　人民调解

1986年，50%基层调解组织实行岗位责任制，建乡镇法律服务站15个，招聘法律服务员25名。当年，法律服务站调解各种民事纠纷659件，进行法制宣传551场次，接待群众来信来访302人次，代写法律文书61份，解答法律咨询328人次，介绍协助办理公证业务64件，帮助当事人审查修订经济合同53份，发现制止违法合同8份，使乡镇企业、专业户避免经济损失近10万元。1987年6月，县司法局印发《关于转发〈谢集乡调解工作岗位责任制试行办法〉的通知》，全县37个乡镇司法工作全部实行岗位责任制。1989年11月，县司法局印发《关于1989年冬季基层调委会整训工作的通知》。至1990年年初，对全县行政村、居委会民事纠纷调解委员会调整、培训全部结束。调整后，全县建村级民事纠纷调解委员会959个，有人民调解员2517人。当年，全县调解各类矛盾纠纷1753件。1992年后，人民调解主要涉及经济合同、婚姻、产权确认等。1995年，单县人民调解工作指导委员会成立，县委副书记李学军任主任，相关单位负责人为成员，办公室设在县司法局。1999年9月，县政府将10月定为“民间纠纷集中排查调处月”，并印发《关于组织开展“民间纠纷集中排查调处月”活动的通知》，县司法局制定《关于组织开展民间纠纷集中排查调处月活动的实施方案》。在集中调处月活动中，全县排查调处民间矛盾纠纷1897件。2003年3月，县委印发《关于转发〈单县社会治安综合治理委员会关于进一步做好矛盾纠纷排查调处工作的意见〉的通知》。4月，县委办公室印发《关于成立单县人民调解工作指导委员会的通知》。7月，县委、县政府“两办”印发《关于转发〈单县人民调解工作指导委员会关于加强人民调解工作的实施意见〉的通知》。此后几年中，全县人民调解组织做了大量民间纠纷调解工作，在维护社会安定团结，和谐发展中作出努力。2008年9月，县委印发《关于进一步加强新时期人民调解工作的意见（试行）》。同时，县人民调解工作指导委员会制定印发《人民调解员等级管理暂行办法》《人民调解员培训工作细则》《优秀人民调解员评选工作细则》《人民调解经费补助工作细则》《关于明确“大调解”格局部门任务分工的意见》等5个配套文件，基本解决人民调解的组织领导、网络建设、经费保障等长期制约人民调解工作开展的关键问题。2009年4月，曹庄乡调委会调解员郭志良被评为全国开展的“我为和谐做贡献”人民调解主题实践活动十佳人民调解员。5月，曹庄乡人民调解委员会被授予“全省优秀人民调解委员会”称号。8月，县法院、县司法局联合印发

《关于建立诉讼调解与人民调解的对接机制的意见》，实现新形势下诉讼调解与人民调解互补。2010年4月，以郭志良和黄绍立两人冠名的品牌个人调解工作室正式挂牌成立，这是单县首批以个人名字命名的人民调解工作室。5月，县交通事故人民调解委员会开始试运行。6月中旬，县医患纠纷调解办公室开始试运行，8月10日，全市医患纠纷调解工作现场会在单县召开，单县医患纠纷调解办公室正式揭牌成立。至此，全县初步形成人民调解、行政调解、司法调解相互衔接、配合“大调解”工作格局。同年，全县有3名调解员受到省级以上表彰奖励。2010年年底，全县共有人民调解委员会527个，人民调解员2912人，其中，村级人民调解员2680人，乡镇（街道）人民调解员232人。每个调委会配1名女委员，共有女委员527人。人民调解员中，首席调解员27人、一级54人、二级708人、三级2123人。2003—2010年，全县各级调解组织调解各类矛盾纠纷23500件，调解成功率97%，切实发挥“第一道防线”重要作用。

第三节 法律服务

法律援助 1998年12月7日，成立单县法律援助中心。至2010年年底，单县法律援助中心共办理民事案件1200余件，刑事案件300余件，非诉讼案件1300余件，维护了社会弱势群体的合法权益。

“148”法律服务专线 1998年9月9日，单县“148”法律服务专线开通，全县37个乡镇均设立“148”法律服务专线，形成自上而下法律服务网络。单县“148”法律服务专线坚持常年值班、上门服务、来访接待、配套联动等4项制度，将其纳入社会治安综合治理工作体系，防止矛盾激化，减少“民转刑”案件的发生。至2010年年底，单县“148”法律服务专线接受咨询电话22575个，其中当场解答解决17640件，根据业务分工移交有关部门处理3742件，分流到律师事务所472件、公证处296件、法律服务所425件。接待来访2351人次，当场解答解决1256件，移交有关部门处理598件，分流到律师事务所172件、公证处157件、法律服务所168件。为当事人避免和挽回经济损失1176万元。

第四节 律 师

1980年7月，恢复重建单县法律顾问处。1987年，共有律师7人，法律工作者3人。1991年，单县法律顾问处更名为单县律师事务所。1993年，从单县律师事务所划分部分人员，成立单县经济律师事务所。1994年，单县律师事务所更名为菏泽贞观律师事务所，1997年更名为山东荣清律师事务所。1998年，单县经济律师事务所更名为山东法运律师事务所。2000年，根据司法部脱钩改制要求，法运律师事务所改为合伙制法律事务所。2010年，全县共有法律事务所2家，执业律师14人。其中，山东荣清律师事务所有专职律师7人，实习律师1人，山东法运律师事务所有专职律师6人。

山东荣清律师事务所主要业务有房地产、公司、金融、刑事、民事、行政、仲裁等，主要提供民事代理、刑事辩护和代理、行政代理、法律咨询等服务。同时，还担任县工商局、县国土局、县执法局、县农业局、县公路局、县供电公司、县农村信用合作联社、山东省单县化工有限公司等40余家法律顾问。山东法运律师事务所其业务范围涵盖刑事、民事、行政、非诉、顾问、咨询6大类，尤其擅长解决民事经济类、公司、房地产、刑事辩护等案件。曾担任县卫生局、县粮食局、单县汽车站、鲁能环亚超市、湖西轴承有限公司、县供销社、国能单县生物发电有限公司、单县建筑安装工程总公司、山东百寿坊食品有限公司、单县新华书店、单县益民机电公司、山东省单县四君子酒业有限公司、单县棉纺织厂、单县药材公司等企事业单位常年法律顾问。

1998—2010年，山东荣清律师事务所累计代理诉讼案件3030件。其中，民事案件2616件，刑事案件357件，行政案件57件。解答法律咨询9439件。为委托人与顾问单位挽回经济损失24538万元。山东法运律师事务所办理各类案件3887件。其中，代理民事案件3514件，刑事案件264件，行政案件109件。所办理的经济案件，为委托单位和个人挽回经济损失3.6亿多元。

1998—2010年山东荣清律师事务所业务统计表

表20-6-1

年份	律师人数（人）	诉讼案件数				顾问单位（个）	接待法律咨询（件）	挽回经济损失（万元）
		民事代理（件）	刑事辩护及代理（件）	行政代理（件）	合计（件）			
1998	10	90	17	2	109	9	335	832
1999	10	117	22	0	139	11	383	965
2000	8	138	29	4	171	11	456	1023
2001	12	193	14	1	208	15	489	1260
2002	16	171	21	1	193	18	658	1120
2003	10	197	19	5	221	18	691	1485
2004	10	220	25	0	245	20	750	1495
2005	8	242	34	4	280	23	882	1749
2006	8	216	21	9	246	29	1010	2360
2007	6	274	39	6	319	34	908	2676
2008	4	221	29	11	261	39	658	2930
2009	6	254	47	8	309	41	994	3225
2010	7	283	40	6	329	44	1225	3418

1998—2010年山东法运律师事务所业务统计表

表20-6-2

年份	律师人数（人）	诉讼案件数				顾问单位（个）	挽回经济损失（万元）
		民事代理（件）	刑事辩护及代理（件）	行政代理（件）	合计（件）		
1998	12	290	16	11	317	33	2450
1999	11	270	12	12	294	29	2670
2000	9	268	15	9	292	27	2560
2001	9	258	18	10	286	27	3060
2002	10	276	24	9	309	24	2760
2003	11	267	25	11	303	22	2950

续表 20-6-2

年份	律师人数（人）	诉讼案件数				顾问单位（个）	挽回经济损失（万元）
		民事代理（件）	刑事辩护及代理（件）	行政代理（件）	合计（件）		
2004	11	285	28	15	328	22	2860
2005	11	276	32	6	314	18	2650
2006	10	287	16	5	308	18	2750
2007	8	266	18	4	288	18	2677
2008	8	270	21	7	298	19	2866
2009	9	245	17	6	268	20	2988
2010	8	256	22	4	282	20	3220
合计	—	3514	264	109	3887	—	36461

第五节　公　证

1981 年 4 月，成立单县公证处，有公证员 3 人。1987 年年底，公证员增加到 8 人，其业务主要涉及合同、协议、遗嘱、继承、宅基地使用权等。1988 年，增加涉外、涉港澳台公证业务，主要为出国留学、出国（境）探亲、继承办理公证。1991 年，增加老年人赡养协议公证业务。公证老年人家庭子女赡养协议 3.4 万多户、17 万余份。1993 年，增加计划生育、国土使用权出让、贷款、劳务等合同公证。1998 年，公证处开始参与城市开发建设，主要是提供法律服务和办理拆迁补偿安置协议。2005 年 7 月，根据省、市要求，再次开展农村老年人与其子女签订家庭赡养协议书活动，为 9.9 万多农村老年人公证家庭赡养协议书。当年，县公证处被评为省级文明公证处、山东省县域公证业务发展强处。2006 年 12 月，县公证处被省司法厅授予“2006 年全省公证岗位培训活动先进单位”称号，被省公证员协会评为山东省县域十强公证处。同年，在省司法厅召开的服务社会主义新农村现场会上，县公证处主任孙少青作《充分发挥公证职能作用促进农村社会和谐发展》经验介绍。孙少青的《锐意改革开新路团结奋斗创新高》一文在《公证业务通讯》上发表；《关于公证质量控制机制的探索》《论公证员的审查责任与职业保障》两篇论文在《公证业务理论与实践》上发表。2007 年，单县公证处更名为山东省单县公证处。2008 年 12 月 19 日，在山东省公证员协会举办“单县公证发展模式”研讨会上，县公证处作典型经验介绍，这是省公证协会首次针对某一公证处发展模式举办研讨会。2009 年，县公证处被市司法局评为全市优秀公证处，记集体三等功。1986—2010 年，县公证处民间公证总办证量近 4 万件；办理经济公证近 2 万件，累计办证涉及金额近百亿元，累计拒绝违法经济公证 100 多件，为企业挽回经济损失近 2000 万元；办理涉外及涉港澳台公证近 5000 件，公证书发往近百个国家和地区，为单县境内人民群众出国（境）探亲、定居、结婚、务工等事项提供法律服务，为单县涉外经济合作提供法律保障。

第六节　安置帮教

1996年前，刑满释放人员和劳教解教人员的安置帮教工作由公安部门负责，1996年，移交到县司法局。移交后，县成立安置帮教领导小组，各乡镇建立安置帮教工作站，行政村建立安置帮教小组，启动全县安置帮教工作。1998年，对家在农村服刑、劳教期满人员，帮助落实责任田；对家在城镇服刑、劳教期满人员，鼓励扶持他们自谋职业。1999—2000年，积极引导、扶助刑满释放、解除劳教人员就业或解决生活出路问题。2001年，建立安置帮教人员电子档案，一人一档，实行微机管理。2002—2005年，宣传国家有关法律法规，让全社会充分理解和尊重刑释解教人员回归社会，与普通公民一样享有劳动就业权利，做到不歧视、不嫌弃、不纠缠旧罪过。2006—2008年，完善登记、档案管理制度和帮教制度。2009年，县司法局不断加强对重点回归人员帮教工作，与监狱及时沟通，通知乡镇司法所、村干部或重点回归人员家属派人将其接回，减少他们对社会抵触情绪，让他们早日感受到社会关爱和家庭温暖。2010年6月，县司法局专门设立安置帮教股，加强安置帮教工作。同年，对刑释解教人员实行网络化管理，将所有刑释解教人员的出生年月、籍贯、住址、案由、判刑（劳教）时间、刑（教）期、释放日期、安置情况、是否列入重点管控等信息，录入系统进行分类管理。1996—2010年年底，县司法局接纳的1207名刑满释放、解除劳教人员，全部得到就业安置。

1996—2010年单县司法局接收安置帮教人员统计表

表20-6-3

年份	刑满释放人数	劳教解教人数	合计	年份	刑满释放人数	劳教解教人数	合计
1996	42	26	68	2004	55	29	84
1997	45	24	69	2005	60	27	87
1998	43	25	68	2006	63	29	92
1999	44	25	69	2007	52	36	88
2000	55	23	78	2008	51	35	86
2001	49	29	78	2009	53	32	85
2002	51	36	87	2010	57	32	89
2003	56	23	79	合计	776	431	1207

第二十一编

军 事

民兵点验

1951年6月，单县人民武装部列入军队序列，称中国人民解放军山东省单县人民武装部。1986年6月，县人武部改归地方建制，称山东省单县人民武装部，隶属县委、县政府领导。1996年4月，单县人民武装部收归部队建制。2010年，县人武部辖基层武装部24个，专职武装干部47人。

中共十一届三中全会以后，单县人武部认真贯彻党的“一个中心，两个基本点”的基本路线，坚决执行中央军委新时期军事战略方针，加强战备训练，民兵预备役人员的战斗力不断增强；积极开展科技练兵活动，有效提高了高科技条件下局部战争的组织指挥能力；强化战备执勤，确保了辖区内的安全稳定；以条令、条例为准绳，严格规范“四个秩序”，人武部正规化建设不断加强；开展了民兵带建、扶贫帮困活动；组织民兵应急分队进行防空袭、抗“非典”、防汛等演练，提高了民兵遂行多样化军事任务的能力。2010年9月，单县“一兵带四邻，一连带全村，促经济发展，促社会和谐”活动经验，被省政府、省军区在全省推广。2008年，单县被中共山东省委、省政府、省军区命名为“山东省双拥模范县”。

1990年4月，成立以县委书记为组长的国防教育领导小组，颁布实施了《单县全民国防教育暂行办法》。通过落实教育计划制度、领导干部过军事日制度、刊授制度、检查评比制度，使全县国防教育工作走上法制化、制度化、正规化的轨道。

1983年1月，成立中国人民武装警察部队单县中队，隶属中国人民武装警察部队菏泽地区（市）支队领导。同年，成立中国人民武装警察部队菏泽消防支队单县中队，受地方公安和武警部队双重领导。2004年、2006年，武警单县中队先后2次被武警山东省总队评为“基层建设先进中队”。1986—2010年，单县公安消防大队灭火抢险4950次，承担社会救援280余次，处理毒气泄漏事件15起，保护财产价值2.54亿元。

第一章　武装部

第一节　县武装部

1986年6月18日，县武装部改归地方建制，1996年3月17日，中共中央、国务院、中央军委下发《关于县（市、区）人民武装部收归军队建制的通知》，4月1日，县武装部重新收归军队建制，为正团级单位。县武装部负责全县的军事工作，领导全县民兵组织建设、政治教育、军事训练和武器装备管理。开展全民国防教育，做好拥军优属和拥政爱民工作。组织带领民兵完成战备执勤、防汛、抢险、救灾等任务，配合公安部门维护社会治安。负责全县民兵和预备役人员登记、统计工作，保质保量完成征兵任务。负责国防动员工作。加强自身正规化建设，建立良好的战备、工作、学习和生活秩序。协助开展国防教育，做好退伍军人的安置和烈军属的优抚工作。

第二节　基层武装部

1986—2010年，乡镇（街道）武装部的设置，随全县地方机构增减而相应变化。1986 年，设城郊、郭村、高韦庄、黄岗、蔡堂、终兴、徐寨等 7 个区武装部；单城、郭村、高韦庄、黄岗、蔡堂、终兴、徐寨、曹马等 8 个镇武装部；李半庄、丁楼、谢集、十里铺、陈蛮庄、孙溜、大李海、高老家、曹庄、浮岗、曹叵集、聂傅庄、李新集、毛庄、花园、孟寨、罗庄、龙王庙、孔集、朱集、杨楼、王小庄、马楼、李田楼、黄堆、张集、时楼、芦墓、李新庄等 29 个乡武装部。设棉纺织厂、麻纺织厂、园艺场、县直机关 4 个企事业、机关武装部。全县基层武装部长均按副科（乡）级干部配备，乡镇武装部长是党委委员，乡镇武装部不是部队建制，是乡镇党委军事部，乡镇兵役机关。1993 年 7 月，撤销 7 个区武装部。1998 年，李半庄乡武装部改称莱河镇武装部。2001 年 2 月合乡并镇，乡镇武装部随乡镇合并为 20 个，即单城、孙溜、莱河、郭村、浮岗、高韦庄、黄岗、蔡堂、杨楼、朱集、终兴、张集、时楼、徐寨、李新庄等 15 个镇武装部；谢集、高老家、曹庄、龙王庙、李田楼等 5 个乡武装部。2002 年 5 月，龙王庙乡武装部改称龙王庙镇武装部。2004 年，国营单县麻纺织厂、棉纺织厂破产改组，2 个企业武装部随之撤销。2007 年 12 月，撤销单城镇武装部，设立北城、南城、园艺 3 个街道武装部。2010 年，孙溜镇、谢集乡、李田楼乡武装部分别改称为东城街道、谢集镇、李田楼镇武装部。

第二章　驻　军

第一节　武装警察部队单县中队

1983 年 1 月 1 日，单县武装民警中队改称中国人民武装警察部队单县中队（简称武警单县中队），隶属于中国人民武装警察部队菏泽地区（市）支队领导。主要担负单县看守所外围武装警戒，处置各类突发事件和执行反恐任务。2000 年、2001 年，先后成功处置“5•27”单县皮革厂劫持人质事件，“4•11”单县花园乡万庄劫持人质事件，其事迹被《人民武警报》《齐鲁晚报》《菏泽日报》等新闻媒体报导。先后被武警山东省总队和武警菏泽支队表彰为先进基层党组织、学雷锋先进集体、先进团支部、军事训练先进单位和一级执勤中队。2004 年、2006 年，先后 2 次被武警山东省总队评为基层建设先进中队。中队官兵先后有 25 人荣立三等功。

2003 年，县财政拨出专款 160 万元建设中队营房楼。2005 年为官兵宿舍、学习室、哨位、食堂、接待室安装了空调，2010 年为中队建设了网络学习室，中队基础设施建设进一步完善。

第二节　单县公安消防大队

1983 年，县公安局消防股列入武警序列，改称中国人民武装警察部队菏泽消防支队单县中队，受地方公安机关和武警部队双重领导。1987 年 10 月编制为 20 人，属正连级单位。1990 年，根据省公安厅《关于改进消防机构和管理体制的实施方案》，省、市（地）、县（市、区）公安消防机构统一实行一个机构两个名称，改称中国人民武装警察部队菏泽消防支队单县中队，又称

参加抗洪抢险救灾　　1993年摄影

单县公安局消防科。1992年，从公安局消防科析出，成立单县公安消防大队，下辖1个中队。2005年，菏泽市公安消防支队为单县公安消防大队统招消防文职雇员、合同制消防员一批。2010年，单县公安消防大队人数增加到35人，下辖1个中队，担负着全县公安消防保卫和社会抢险救援的双重职能。

1993年，县公安消防大队在参加单县抗洪抢险救灾中立集体三等功。1992—2001年，先后四次被省公安消防总队评为山东省公安消防系统先进单位。2003—2005年，连续三年被评为省级先进单位。2005年，单县公安消防大队被山东省公安消防总队记集体三等功一次。

营区建设　1991年，消防中队队址由健康路中段迁至北园路东段路北。营区占地面积6600平方米，共有平房4排。2006年8月，消防中队综合执勤楼建成启用。2009年，修缮训练塔，整修输电线路和供水、供暖管道，增设压力罐，对营区进行绿化和硬化，同时装修荣誉室、阅览室和储藏室。2010年，征地1.4公顷，营区面积扩大到2.4公顷。升级改造“119”接处警中心，开工建设大队公寓楼、办公楼和综合训练馆，设计总建筑面积5000平方米。

军事训练　1986年以来，县消防中队坚持从实战需要出发，严格训练，从难从严、苦练精兵，全面提升中队官兵的技战术水平和攻坚打赢能力。1986年，获全省业务比赛车操第二名。1987年，在全区业务对抗赛中夺得总分第一名，车操第一名。2002年，被评为全市执勤岗位练兵先进中队。2004年，在全市消防部队体能比武中获第二名。2010年，获全市消防监督业务大比武先进大队。在支队组织的“打造公安消防铁军万人百项大练兵大比武”活动中，以总分高出第二名140分的成绩，取得团体总分第一名，指挥员岗位、战术操法等科目取得单项第一。

战备执勤　1986—2010年，配合公安机关参加“严打”行动20余次，灭火抢险4950余次，

2008年10月5日，西关垃圾回收厂火灾处置

西关白云路冷库液氨泄漏事故处置　　2009 年 10 月摄影

出动车辆 9218 次，出动警力 83628 人次，承担社会救援 280 余次，救助被困、遇险群众 1190 余人，处理毒气泄漏事件 15 起，保护财产价值约 2.54 亿元。先后有 19 名官兵荣立个人三等功，120 余名士兵被评为优秀士兵，收到群众表扬信和锦旗 100 余件。

宣传教育　1986—2010 年，县消防大队以“119”消防安全宣传日、安全生产月、重大节日及重大活动为契机，利用广播、电视等新闻媒体，通过标语、设立宣传站点、开展现场咨询和发放宣传材料等方式，累计向社会发放消防安全宣传资料 5 万余份，手机短信 8 万多条，为全县各中小学免费发放消防教学光盘 200 余套，举办消防重点单位责任人培训班 10 余期，对 60 余家纺织、玻纤等劳动密集型企业的 300 余名消防安全管理人员进行消防安全培训。协调单县电视台、城区楼宇视频、企事业单位、商户电子显示屏、公交车等媒介进行消防安全公益宣传；在中央、省、市级媒体刊发稿件 300 余篇，宣传消防法律法规和防火灭火、逃生自救常识，不断提高群众的消防安全意识。

2010 年 11 月 9 日，消防官兵街头开展消防安全宣传

第三章　民　兵

第一节　民兵组织

1985 年，根据中共中央、国务院、中央军委有关文件精神，对民兵组织进行调整，基干民兵编组本着合理负担、提高质量的原则扩大组建面。1986 年，民兵整组工作根据“减少数量、提高质量、抓好重点、打好基础”原则，落实基干民兵

调整规划，使基干民兵组织更加适应国家经济建设和战备工作需要。1988 年 7 月 13 日，山东省民兵整组现场会在单县召开，省军区号召全省人民武装系统学习单县民兵整组工作经验。1990 年 12 月，国务院、中央军委颁布新的《民兵工作条例》。当年民兵整组工作按照新条例要求，全县组建民兵治安应急分队，县人武部为民兵营授营旗，乡镇为值勤民兵配发值勤袖章。1997 年，中国人民解放军总参谋部、总政治部下发《关于深化民兵工作调整改革的意见》，要求基干民兵编组要本着有利于领导、有利于提高质量、有利于开展活动、有利于执行任务、有利于平衡负担原则进行调整。全县民兵连、营经过调整符合上级要求。1999 年、2000 年民兵整组工作，着眼于适应战场需要和“市场”要求，进一步调整基干民兵编组布局，抓好民兵应急分队和民兵专业技术分队编组，搞好城镇和农村基干民兵编组。经过多次调整，至 2010 年年底，境内民兵营、连结构合理，建设规范。

第二节　政治教育

1986—1999 年，民兵教育采取全民教育与民兵单独教育相结合方法进行。民兵单独教育主要是利用青年民兵之家，结合各阶段工作，坚持每月一堂政治课，其主要内容是：进行党的基本理论、基本路线和形势任务教育，保证民兵在思想上、政治上同党中央保持高度一致；进行以共产主义思想为核心的社会主义精神文明教育和遵纪守法教育；进行国防观念教育和爱国主义、革命英雄主义教育；进行民兵革命光荣传统教育和依法服兵役教育。2000—2010 年，先后进行“三个代表”重要思想教育、保持共产党员先进性教育和科学发展观教育。

第三节　军事训练

训练基地建设　1985 年 9 月，县民兵训练基地建成使用。基地包括五层住宿教学楼一座和二层楼的伙房餐厅。基地占地面积 3500 平方米，建筑面积 3278 平方米，使用面积 2193.17 平方米，基建投资 68.4 万元，配装投资 9.3 万元，一次可容纳 270 人住宿训练。训练教学场地主要有电教室 1 个，普通教室 1 个，占地 5600 平方米操场 1 个；另配有教研室、专修室、器材库、资料室、办公室各 1 个；生活配套设施主要有宿舍 68 间，床铺 270 套。县民兵训练基地投入使用后，民兵训练开始由社区分片集中训练，改为县人武部基地训练，实行正规化训练。同年冬，县人武部组织第一次民兵集中训练，参训人员统一编为一个大队，下辖两个民兵连，实行周期训练。训练内容为步枪射击、投弹爆破、队列、敌火力下运动、利用地形地物和科技致富知识；专业分队以专业技术为主，其次是队列、科技致富等共同科目，训练时间 20 天。民兵训练经费由县按乡（镇）人口统一提留解决；企事业单位民兵由本单位照发工资、奖金、补助。1986—1990 年，训练民兵 14 期，计 3612 人。1991 年，县人武部被省军区评为民兵训练基地达标单位。1996 年，训练基地随民兵装备仓库一起迁往孙溜镇（现为园艺街道）徐楼村东南，建筑面积 2600 平方米，有民兵宿舍 24 间，伙房餐厅 8 间。

规范化训练　1991 年，济南军区印发《民兵预备役工作五年规划（1991—1995）》，规定县级人武部负责民兵连排长训练，每年按干部编制人数五分之一安排，5 年内必须将各类干部轮训一遍。1992 年，总参谋部下发《民兵军事训练若干规定》，对民兵训练进行规范。主要内容包括：

规范化训练　　2010 年摄影

专武干部训练

必须在军事训练基地实施集中训练，由县人武部统一组织实施；必须坚持依法治训，按纲施训，严格训练，严格要求，保证人员、时间、内容、质量、指标的落实；必须建立健全各项规章制度，进行严格的管理，保持正常的训练秩序；必须建立一支以县人武部为主体，人武干部、专武干部和民兵干部相结合的，相对稳定的“四会”（会讲、会做、会教、会做思想工作）教练员队伍；必须坚持按级负责、勤俭练兵、注重效益的原则，实施训练保障。1991—1995 年，训练民兵 4300 人，干部 775 人，学生 4270 人。1995 年后，民兵训练形成制度化。

应急分队训练　1996 年，单县组建民兵应急分队。县直所属科局编一个连，为民兵应急分队一连；应急分队二连由单城镇、李半庄乡、孙溜镇、谢集乡 4 乡镇组成。民兵应急连连长、指导员由县人武部指派相应职务军官兼任，副连长、副指导员由专武干部和组建单位党政干部兼任，排长由专职武装干部或民兵专职教练员兼任。民兵应急分队基础训练以班排为单位进行，应用训练以连为单位进行，年度训练时间为 15 天。当年，按照管理连队化、民兵战士化、训练规范化、一日生活条令化进行集训。训练内容主要有队列、战术、轻武器、擒敌拳。6 月底，通过菏泽军分

民兵训练　　2009 年摄影

2003 年 5 月 17 日，民兵应急分队参加全县抗击“非典”专业队伍综合演练

区对民兵应急分队进行的集结演练和考核。1998年后，按照菏泽军分区要求，民兵应急分队训练按两年一个周期组织训练。至2010年，已完成6个周期民兵应急分队训练。

专业分队训练 专业技术分队是在地方与军事专业对口单位成建制地编组对口专业技术分队。1997年，根据菏泽军分区指示精神，在县直5个单位组建对口专业分队（邮电通信、工程检修、汽车运输、医疗救护、车辆修理分队）。主要单位有邮电局、汽车七队、公路局、卫生局、交通局等。编组按照单位人员多少，分别编班、排，然后按行业系统编排、连。参加人员必须具备与军事专业对口的专业技能，政治方面符合新兵征集条件，身体健康，年龄在35岁以下。适合女性特点专业吸收女技术人员参加，年龄控制在28岁以内，数量不受限制。全县符合要求的有关专业技术人员编入对口专业分队，并进行为期10天的对口专业分队军事训练。1997年后，专业分队训练由以基础训练为主，改为以应用训练为主，每年进行为期10天的训练。1998—2010年，专业技术分队训练4000余人次。

2002年7月3日，专业分队进行道桥抢修演习

第四章 拥政爱民

第一节 民兵带建

1984年，县人武部在全县民兵中开展带头发展商品生产，带头勤劳致富活动，全县民兵中“两户”（专业户、个体户）14600户，其中，专业户3124户。全县建民兵“带建点”53个。1986年，在全县开展民兵先进户、民兵联系户和争创红旗民兵青年之家活动。县人武部在县广播站开办15分钟“民兵生活”节目，定期为民兵宣传党的方针、政策，讲授科技知识和致富经验，介绍先进典型，各乡镇武装部利用“民兵青年之家”组织民兵开展文体娱乐活动，举办科技讲座．传播致富经验，取得良好效果。张集乡武装部举办两期蘑菇种植学习班，培训民兵技术人员60人，并使他们成为蘑菇种植专业户。同年．全县涌现出8个地区级“红旗民兵青年之家”，8个地区级“先进民兵青年之家”，30个县级“先进民兵青年之家”。1989年，根据省军区《山东省民兵带建计划》和菏泽军分

区要求，民兵“带建”重点围绕黄淮海平原开发，在开发利用黄河故道上作文章，发动组织民兵带头学科学、用科学，带头治沙、治荒、治碱。全年利用“民兵青年之家”举办培训班198期，培训致富人才2745人，成立“五队”（即民兵科技服务队、购销服务队、信息服务队、助耕帮工队、治安巡逻队）153个，新建“民兵青年之家”21处，评出“治愚致富”先进民兵连46个，“治愚致富”红旗单位10个，民兵先进户1320户，县级民兵标兵81人。全县民兵“带建点”发展到63个。1993年，全县建立民兵活动阵地936个，其中，一类连队321个，二类连队538个，达标229个。1995年，民兵义务帮工队为军烈属、困难户收割、耕种达1000多个工日。1996年，认真贯彻上级关于民兵“带建”和“双争”工作指示精神，实施“富民工程、安民工程、司春玉工程”。全县成立科技服务队110个，信息服务队80个，义务帮工队602个，治安巡逻队984个，急难险重任务突击队83个。2007年，县人武部在全县民兵预备役人员中开展“一兵带四邻、一连带全村，促经济发展、促社会和谐”的“双带双促”活动，组织民兵科学种田、科学养殖、勤劳致富。举办培训班300余场次，重点培育“土状元”“小能人”“田秀才”等科技带头人，建各式蔬菜、瓜果大棚3000余个，植树造林1.35万棵，帮助863家贫困户脱贫。同年，先后组织民兵5万余人次，参加李田楼中心社区、杨楼镇苏门楼社区、高韦庄镇大徐庄社区等38个新农村建设项目大会战，修整道路30多公里，修建水利工程29个。2009年12月23日，省军区冬训拉练路过单县，政委南兵军到单县人武部听取工作汇报，对单县开展的“一兵带四邻、一连带全村”活动给予肯定。2010年9月20日，省政府、省军区在单县召开“山东省组织民兵预备役人员带头参加社会主义新农村建设暨推广单县‘双带双促’经验观摩交流会”，单县的做法受到副省长郭兆信、省军区司令员谈文虎、政委南兵军一致肯定，并将“单县经验”在全省推广。

第二节　军民共建

1986年，县人武部选派5人到基层扶贫，帮助扶贫点办起了一个绣花厂，使村里的剩余女劳动力得到安置。2001年，县人武部贯彻军分区“一部一村、一人一户”的总体要求，对全县21个自然村进行帮扶。县人武部、乡（镇）武装部均成立了帮扶工作领导小组，制定了扶贫工作计划。扶贫工作队员通过深入细致的调查研究，充分利用政策、技术优势，帮助所在村调整产业结构，培植出一批专业村和种、养殖大户，使所包村的经济收入人均增长百元以上。2002年，县人武部出资1500元，为帮扶村修建生产桥一座；协调资金2万余元，建成一个百亩桑园基地。2003年，县人武部选派2人到终兴镇光明集村帮扶，他们根据该村多年种植桃树的传统优势，邀请县农艺师对群众进行技术培训，使该村的桃园种植面积增加到2000余亩，成为远近闻名的桃树种植专业村。2005年起，县人武部每年都参加县组织的义务植树活动，当年植树600余棵。2008年，组织46人抗震援建突击队，奔赴地震灾区——四川省汶川县映秀镇进行帮扶重建，搭建防震板房63套。同年，为四川汶川大地震捐款4次，南方冰雪灾害捐款2次，青海玉树地震捐款2次，共捐款3.14万元。2005—2010年，每年都进行抗洪演习，修订黄河防汛方案。其间，组织民兵先后参加向阳路开发、东沟河十里绿色长廊、大沙河防沙绿化带等工程建设。先后与菏泽家政学院、北关社区等5个单位结成共建对子。每年八一建军节，举行形式多样的军民联谊活动。春节、八一建军节，县委、县政府及乡镇都到人武部进行节日慰问，县人武部主要领导与地方领导共同到军烈属、老革命家庭慰问。2008年，单县被省委、省政府、省军区命名为“山东省双拥模范县”。

第五章　兵　役

第一节　兵役登记

兵役登记

1986 年后，单县兵役登记工作每年安排在 7 月 1 日至 9 月 30 日进行。兵役登记机构对当年 12 月 31 日年满 18 周岁男性公民进行兵役登记。当年年满 17 周岁应届高中毕业生（含相当高中学历），本人自愿，也可以进行登记。各基层武装部根据兵役机关预分征集数量，按照 1 ∶ 3 的比例确定预征对象。1996 年，根据《山东省兵役登记办法》，对适龄男性公民因病住院、出境涉嫌犯罪受国家司法机关监控、有严重生理缺陷或严重残疾，本人不能参加兵役登记的，经兵役登记机关批准，可暂缓登记。兵役登记表、预征通知书、兵役登记花名册、预征对象花名册执行全省统一格式。当年，全县有 6804 人进行兵役登记，占适龄青年总数的 96%。2002 年，兵役登记工作按照“一站三处”（兵役登记站、登记处、核对处、体检处）要求，全县 20 个乡镇、县直机关单位和 6 所高中（一、二、三、四、五中和湖西中学）均设立兵役登记站。当年，有 6542 名适龄青年上站登记，占应征公民总数的 33%。2003 年，适龄公民兵役登记 6450 人，其中，6 所高中登记 663 人。2004 年，全县各基层武装部配备微机，安装兵役登记管理系统，确保兵役登记质量和各项信息及时采集。2005—2010 年，每年登记率均占适龄青年总数的 96% 以上。

第二节　兵员征集

1986 年，单县兵员征集依据《中华人民共和国兵役法》《中华人民共和国征兵工作条例》及当年征兵命令，在县委、县政府领导下，成立征兵工作领导小组，从公安、卫生等部门抽调人员，同人武部门组成办事机构，共同组织实施。经过应征青年志愿报名、体检、政治考察、定兵等程序确定兵员。当年，仍实行地方送兵。1987 年起，恢复由部队到地方接兵。1991 年始，单县兵员征集实行行政村“两委”推荐，县、乡、村“三级”政审，老干部、老党员、老模范、老退伍军人“四老评议”；征集条件、标准、政策，兵员分配方案、名额，进站体检人员，体检合格人员，预定兵员“五个公开”。同年，征兵在体检、入伍手续上有新规定。体检增加尿样化验和心电图等项目，对身高、体重、血压、肝功等要求提高。在入伍手续上，《应征公民入伍批准书》一律由省征兵工作办公室印制、发放和管理。启用新的《应征公民入伍通知书》，按“非农”“农业”户口分别编号。并实行接受新兵专用卡制度。当年，所征新兵整体素质比以前有较大提高，受到上级和接兵部队好评。1996年，为加强廉洁征兵，纠正不正之风，专门成立县征兵纪检组，制定印发《单县征兵工作奖惩制度》和《关于搞好廉洁征兵的实施办法》，提出征兵工作“八不准”和征兵工作“禁酒令”，设立举报电话、举报箱。县人武部党委成员分片包乡镇、深入基层，检查指导征兵工作，确保政令、军令畅通，受到接兵部队好评。1997年征兵政策规定：新兵体检化验对乙型肝炎表面抗原检查，一律使用酸联免疫法检测，对视力要求有所放宽。

2000年，对征兵政策作个别调整：更注重新征兵员文化素质，要求高中以上文化程度的必须达到50%以上；调整女青年的征集条件，征集女兵文化程度由应届高中毕业生（含同等学历）改为只征集应届普通高中毕业生；要求从企事业单位多征集一些具有军地通用专业技术青年入伍。2003年9月，县人武部被省政府评为征兵工作先进单位。2005年，增加艾滋病、吗啡、冰毒检查。至2010年，兵员征集政策未作重大调整，单县兵员征集工作如期保质保量完成。

1998年起，军事院校每年在单县进行招生，与普通高等学校招生同时进行，并首先录取军校生。

第三节　预备役登记

1985年，按照要求，单县把民兵组织调整与预备役登记相结合，对符合条件民兵进行预备役登记。同时，还对退出现役义务兵进行预备役登记。之后，每年义务兵退出现役，由本人持义务兵退出现役证，到县人武部办理预备役登记手续。另外，对每年由部队复员、转业的志愿兵（士官），适合服预备役的，亦按照上述办法进行登记、统计。1991年始，根据《中华人民共和国兵役法》《中华人民共和国预备役军官法》和上级有关加强预备役军官队伍建设的有关文件精神，单县对预备役军官进行登记、建卡、立档。并对1988年9月以后被授予军官军衔转业干部进行补登。之后，每年7—8月，在转业干部单位、职务确定并报到后，对军转干部进行预备役登记、统计。1996—1997年，对确定服预备役的军官军衔评定工作，由县委、县政府、县人武部以及组织部、人事局等部门领导组成评定领导小组，根据上级军事机关关于评定改授、授予预备役军官军衔的有关规定进行评定。1997年以后转业的部队军官军衔，在批准转业地方工作的同时，办理转服预备役，改授预备役军官军衔。2005年，预备役登记实行微机化管理。2010年后，退伍军人预备役登记实行网上登记。

全县民兵预备役工作会议

第六章　国防动员与人民防空

1979 年，根据中央决定，恢复县（区）人民武装委员会。同年 12 月 8 日，成立中共单县人民武装委员会（简称县武委会），委员会主任由县委书记兼任，副主任由有关县领导兼任。1998 年 6 月 4 日，成立国防动员委员会（简称国动委），为主管全县国防动员工作的议事协调机构，与县人民武装委员会一个机构两块牌子。委员会第一主任由县委书记兼任，主任、副主任由有关县领导兼任。国防动员委员会下设 3 个办公室（即人民武装动员办公室、经济动员办公室、交通战备动员办公室）和 1 个秘书组。2003 年 5 月 30 日，根据中共山东省委《关于进一步加强国防动员工作的决定》和国家国防动员委员会《关于明确国防教育工作领导关系的通知》精神，县武委会与国动委合并为单县国防动员委员会，撤销县国防动员委员会秘书组，设立国防动员办公室和政治动员办公室。单县国防动员委员会办事机构由原来的“四室一组”调整为“六室”，即综合办公室、政治动员办公室、人民武装动员办公室、国民经济动员办公室、人民防空办公室、交通战备办公室。

第一节　国防动员

党管武装　1986 年 6 月 18 日，县人武部改归地方建制。根据军队精简整编要求，县委书记由兼任县人武部第一政委改为兼任党委书记。同时，县人武部有 1 名主要领导任县委常委。1996 年 4 月，县人武部收归军队建制，由副县级改为正团级。县人武部设党委第一书记，由县委书记兼任。县人武部政委参加县委常委会议，部长参加县政府常务会议。各乡镇党委书记兼任民兵营教导员。2002 年，县委书记、人武部党委第一书记宋绍先被省委、省政府、省军区评为关心国防建设“十佳”个人。1986—2010 年，县委在党管武装的工作实践中，相继建立起县委议军会议制度、人武部党委第一书记办公制度、地方领导干部“军事日”制度和乡镇党委书记向县人武部党委述职制度，不断加强党对人民武装的领导，研究解决武装工作遇到的困难和问题。

国防教育　*宣传教育*　1988 年，县委宣传部、县人武部联合印发《关于认真搞好全民国防教育的意见》，对教育层次、内容、形式等作出具体规定。1990 年 4 月，根据中共中央、国务院、中央军委和省委关于加强国防教育一系列指示精神，单县成立由县委书记为主任，人武部、宣传、教育、民政、工会、共青团、妇联等部门参加的国防教育委员会，并颁布实施《单县全民国防教育暂行办法》，对教育的内容、方法、机构、经费和部门职责等作出明确规定。国防教育内容大体上分为党政企业干部、民兵预备役人员、中小学生、普通群众四个层次，根据不同对象在教育内容上有所侧重。1991 年，国防教育工作主要是深入贯彻《山东省国防教育条例》和《单县国防教育暂行办法》。同时，开展《中国民兵》和《黄河民兵》订刊用刊活动，全县订阅《中国民兵》1334 份，当年获《中国民兵》杂志社订刊用刊工作一等奖。同时，对全县农村党支部书记进行国防知识培训，在全县重点中学开设国防教育课。1995 年，利用全县第六个国防教育宣传月，结合纪念抗日战争、反法西斯战争胜利50周年，县人武部组织全县专职武装干部瞻仰湖西革命烈士陵园，倾听红军老战士革命传统报告，并举行“献身国防”宣誓活动；组织全县民兵、青年、团员、学生开展为军烈属做好事活动等。1996年，湖西革命烈士陵园被列为省级国防教育基地。1998年6月4日，县国防教育委员会与国防动员委员会合并为县国防动员委员会，领导全县国防动员和国防教育工作。之后，每年国防教育活动由国防动员委员会组织实施，开展一系列国防动员和国防教育活动。1999年，县人武部被省国防教育委员会表彰为“全国万校国防教育活动先进单位”。2001年9月15日是第一个全民国防教育日。当天，县国防教育委员会开展丰富多彩的宣传教育活动：单县电视台、单县广播电台分别开办专题节目，宣传《中华人民共和国国防法》《中华人民共和国兵役法》《山东省国防教育条例》和《菏泽市国防教育实施细则》；县委、人武部主要领导发表电视讲话；县一中、二中、师范、卫校、武校、职业中学组织学生学习《中华人民共和国国防法》，观看国防教育录像，参观湖西革命烈士陵园；县人武部举行国防教育演讲比赛；县文化局放映国防教育电影等。12月，单县被省国防教育委员会评为山东省国防教育先进县。2005年9月18日，在湖西革命烈士陵园开展以“勿忘国耻，强我国防”为主题的国防教育宣传教育活动。2006年，湖西革命烈士陵园被省国防教育委员会正式命名为“山东省国防教育基地”。2007年9月16、17日，在全县城乡30所中小学举办国防科技成果宣传巡回展，有近3万名中、小学生观看图展。2008—2010年，组织全县干部职工系统学习《职工国防教育读本》。至2010年年底，参加系统学习干部职工2万余人，干部职工的国防意识普遍提升。

国防教育演讲比赛

少年国防教育学校　1991年4月，在县师范创办单县少年国防教育学校，并对第一期学员进行为期10天的军训。其内容主要包括：教育培训。讲授《中华人民共和国国防法》等法规知识，对学员进行以爱国主义为核心的国防精神、公民的权力和义务、国防基础知识教育和时事政治教育；队列训练。主要训练操作队列中三种步法及立正、稍息、停止间转法等；射击练习。掌握56式半自动步枪射击原理，进行射击预习和实弹射击。在训练方法上，少年国防教育学校注重采取形象直观、生动活泼教育形式，寓教于乐，营造良好的训练氛围，提高教育效果。自此，少年国防教育学校每年组织一次军事训练活动，形成惯例。

学生军训　1990年县国防教育委员会成立之后，学生军训工作随之展开。参加军训学校主要有县一中、二中、职业中专、师范、卫校、民族武校等，训练时间为7～10天。1995年后，单县学生军训形成高潮，每年除高级中学进行学生军训外，部分初级中学也进行军训。学生军训由县人武部、县教育局负责组织实施。主要在高中、职业中专、师范、卫校及部分初级中学进行。参训对象以新生为主，一般安排在新生入校后进行，训练时间为7～10天。训练内容以队列、内务卫生、国防教育课等为主。由县人武部负责选派教员，抽调民兵教练员及军事素质较好的人武学校毕业学员、专职武装干部、武警战士、优秀退伍军人等担任教员。1990—2010 年，每年军训学生均在 1 万人以上。

学生军训

第二节　人民防空

2002 年 12 月，单县战备防空领导小组战备办公室改建为单县人民防空委员会办公室（简称人防办）。2004 年 8 月，县政府依据《中华人民共和国人民防空法》关于“县级以上地方各级人民政府应当根据人民防空的需要，组织有关部门建立群众组织”规定，以民兵为骨干，分别组建抢险抢修、医疗救护、治安、防化、消防、通信、运输 7 支人防专业队伍，由县人防指挥部统一指挥。9 月 23 日，菏泽市政府、军分区为单县人防专业队举行授旗仪式，县国防动员委员会为 55 名人防专业队伍营、连、排长颁发任命书。

人防教育　1980 年，开始进行有计划地普及系统性“三防”（即防核武器、化学武器、生物武器）教育，使群众能懂一般空防知识，了解原子、化学、细菌武器性能，一般防护方法和简单防护器材的制作、使用方法。2003 年，开始在县一中、二中、实验中学、城关二中 4 所学校 22 个初中班开设人民防空教育课，并逐渐走向正规化、制度化。2004 年，县教育局成立人防教育领导小组。城区初级中学二年级以上班级全部开设人防教育课，各学校把人防课纳入学校总课程表和班级课程表，人防办购买教材 1120 本，配备人民防空教育教师，规范教学计划、内容和方法。5 月，市人防办、教育部门联合检查全市各县（区）城区初级中学人防教育情况，单县人防知识期中、期末考试成绩优秀率 80%，及格率 100%。至 2010 年，单县城区各学校人防教育进入常态化、制度化。

防空训练　防空训练，为民兵军事训练课目一项重要内容。2002 年 6 月，县人武部组织防化、医疗救护、运输、道桥抢修专业分队进行一个月训练。训练内容主要有：空袭报警、打击敌机、人员组织、救护伤员、车辆维修、道路抢修、清除化学沾染和转场等。动用救护车、消防车、轧路机、推土机、翻斗车、运输车等车辆。7 月 3 日，县人武部组织各专业分队，在单城北 105 国道 679 公里处举行道桥抢修演习，菏泽军分区领导、各县（区）人武部主官及县委、县政府领导现场观摩，演习取得圆满成功。2004 年 8 月，对新组建的 7 支人防专业队伍，根据其专业特点，分别组织 7～10 天短期训练。2005 年，对专业分队分别组织疏散隐蔽、城市防空管制、打击敌机、战场救护、消防、道桥抢修等专业训练和防空袭演练。2006 年后，专业分队防空训练由以基础训练为主，改为以应用训练为主，每年进行一次防空训练。

通信警报　1976 年，在县城石隅首照相馆楼上安装全县第一台报警装置，并制定报警信号，平时承担城区险灾报警任务，战时承担防空袭警报任务。2003年3月，建立防空警报网，在县建设局办公楼、电信大楼、湖西宾馆各安装一台防空警报器。配备无线遥控装置和投影设备，顺利完成防空警报第一期建设任务。2004年，对个别警报点进行调整，新增报警器5台，实现城区无缝隙覆盖。并制定警报信号，确定试鸣日和试鸣时间。警报信号分为防空警报和灾情警报两种，依次为：预先警报、空袭警报（灾情警报）解除警报。规定空袭警报：预先警报鸣36秒，停24秒，反复3遍，时间3分钟；空袭警报鸣6秒，停6秒，反复15遍，时间3分钟；解除警报连续鸣3分钟。灾情警报：预先警报鸣36秒，停24秒，反复3遍，时间3分钟；灾情警报鸣15秒，停10秒，鸣5秒，停10秒，反复3遍，时间2分钟；解除警报连续鸣3分钟。试鸣时间：每年9月18日上午10时整。

专业队授旗仪式

第二十二编

人力资源 社会保障

人力资源市场
人力资源和社会保障
综合服务中心

1986年后，单县党政机构历经1993年县乡机构改革，1999年全县党政机关、事业单位超编人员分流和2002年、2010年两次县乡机构改革。机关事业单位用人由单一的吸收录用制，发展到录用制、聘用制并存。2000年后，机关事业单位用人一律实行考试录用制。大、中专毕业生由分配制改为“不包分配，双向选择，自主择业”。

1985年，企事业单位新招用人员全部实行劳动合同制。1992年，企业进行人事、工资两项制度改革，废除国家统包统配的用工制度。1993年年底，企业用工全部实行劳动合同制。社会保障工作单县先后建立失业保险、企业保险、机关单位和城镇居民医疗保险、机关事业单位社会保险、农村社会保险、工伤保险等制度。至2010年，境内各项社会保障制度完善，运行良好。

第一章　机构编制管理

第一节　机构编制

1987年，全县党政群机构、事业单位、行政性专业公司106个。乡镇党政编制1148人，实有1181人，超编33人；县直行政编制835人，实有1094人，超编259人。1988年，对调入行政事业单位的工作人员实行工资划拨制度。1990年，实行劳动工资计划与人员编制统一管理。1991年，改变工资划拨制度，实行增加工作人员通知单（即五联单制度），建立行政事业单位机构卡和人员编制卡片。1992年，县乡机构改革，清退县乡所属单位的临时工。全县清退临时工2022人。其中，县直182人，乡镇1840人。1993年7月，撤销7个区建制。1997年，启动事业单位登记工作，共办理事业法人登记150个，事业单位登记396个。1999年，对县乡机关事业单位超编人员分流，分流人员4524人。其中，县直分流2420人，乡镇分流2104人。《中国青年报》《大众日报》、山东电视台、山东人民广播电台等媒体分别报道单县人员分流情况。12月，开展县直事业单位分类管理和全额事业单位定编工作，有32个全额事业单位转为差额事业单位，分流1076人；有3个全额事业单位转为自收自支事业单位，分流58人；有10个差额事业单位转为自收自支事业单位，分流1051人。分类管理后，全额事业单位保留84个，编制955人，超编的414人通过退休、内退、分流到差额事业单位和自收自支事业单位等途径，全部分流。2001年，合乡并镇，全县37个乡镇合并为20个。2002年，菏泽市核定单县党政机构35个，人大、政协、法院、检察院等机构8个。核定县直行政编制581人，政法系统编制539人。菏泽市核定单城镇、终兴镇、黄岗镇、郭村镇编制各45人，其他16处乡镇核定行政编制各40人。2004年，菏泽市核定全县普通中小学教职工编制总数10155人。2010年1月机构改革后，全县党政群机关55个，乡镇（街道）22个。县政府工作部门由26个精简至24个，县直党政群机关行政编制665人；公检法司政法专项编制740人；乡镇（街道）核定行政编制893人，财政拨款事业编制870人。5月，设立中共单县纪委（监察局）派驻县直单位8个纪检组（监察室），规格均为行政正科级单位，隶属县纪委监察局。

第二节 机构改革

县级机构改革 1993年12月，县级机构改革按照政企分开、政事分开的原则，重点转变职能、理顺关系、完善管理机制，对机构进行撤、留、并、转。县直党政群机关由107个减少到42个，精减60.7%。2002年7月，县级机构改革，重点理顺关系，转变职能，根据各部门的职责任务，重新核定编制，县委工作部门调整为9个，编制149人，县政府工作部门调整为26个，编制377人。2010年1月，县级机构改革以整合职能、理顺关系、提高办事效率为重点，县委工作部门增加县机构编制委员会办公室，其他未变；县政府工作部门由26个减为24个：组建县经济和信息化局，挂县商务局牌子；撤销县人事局、县劳动和社会保障局，组建县人力资源和社会保障局，将县人事局、县劳动和社会保障局的职责，整合划入县人力资源和社会保障局；组建县住房和城乡建设局，挂县城市管理局牌子；县发展和改革局挂县物价局牌子；县农业局挂县林业局牌子；县交通局更名为县交通运输局；县食品药品监督管理局列入县政府工作部门；县文化局更名为县文化体育局，将体育、广播电视、新闻出版的行政管理职责划入县文化体育局；撤销县体育服务中心加挂的县体育总会牌子；将县农业综合开发办公室划入县财政局；县民族宗教事务局、县统计局、县审计局、县环境保护局、县人口和计划生育局、县卫生局、县水务局、县国土资源局、县安全生产监督管理局、县财政局、县司法局、县民政局、县监察局（与县纪律检查委员会机关合署办公，列入县政府工作部门序列，不计入县政府机构个数）、县公安局、县科学技术局、县教育局、县政府办公室机构设置未变。

乡镇机构改革 1993年12月，乡镇行政机构改革，行政机构由370个减少到222个，精减40%。2010年，按照《山东省乡镇分类办法和机构编制核定标准》，全县22个乡镇（街道）分为三类8档。具体分类如下：一类3档乡镇2个：黄岗镇、终兴镇；二类4档乡镇（街道）8个：南城街道、郭村镇、谢集镇、高老家乡、浮岗镇、杨楼镇、龙王庙镇、徐寨镇；二类5档乡镇（街道）8个：北城街道、莱河镇、蔡堂镇、李田楼镇、张集镇、高韦庄镇、时楼镇、李新庄镇；二类6档乡镇（街道）3个：东城街道、曹庄乡、朱集镇；三类7档乡镇（街道）1个：园艺街道。一类乡镇（街道）统一设置5个党政工作机构，即党政办公室、计划生育办公室、经济发展办公室、社会事务办公室（加挂社会治安综合治理办公室牌子）、农业办公室。统一设置6个股级财政拨款事业单位（不含教育、卫生事业机构），即计划生育服务中心、社会事业服务中心、农业综合服务中心、经济贸易服务中心、建设服务中心、财务结算中心。二、三类乡镇（街道）统一设置4个党政工作机构，即党政办公室（加挂计划生育办公室牌子）、经济发展办公室、社会事务办公室（加挂社会治安综合治理办公室牌子）、农业办公室。统一设置5个股级财政拨款事业单位，即计划生育服务中心、社会事业服务中心、农业综合服务中心、经济贸易服务中心、财务结算中心。乡镇（街道）原设置的科技文化广播服务中心职能归并到社会事业服务中心，建设服务中心职能归并到经济贸易服务中心，法律服务中心职能归并到司法所（县司法局派出机构）。

1993年单县乡镇类别及编制统计表

表22-1-1　　单位：人

序号	乡镇名称	所属类别	限定编制数	序号	乡镇名称	所属类别	限定编制数
1	单城镇	一类（甲）	50	20	曹庄乡	二类（甲）	30
2	孙溜乡	一类（乙）	35	21	李新集乡	二类（甲）	30
3	十里铺乡	一类（乙）	35	22	曹巨集乡	二类（甲）	30
4	郭村镇	一类（乙）	35	23	罗庄乡	二类（甲）	30
5	大李海乡	一类（乙）	35	24	浮岗乡	二类（甲）	30
6	高韦庄镇	一类（乙）	35	25	龙王庙乡	二类（甲）	30
7	黄岗镇	一类（乙）	35	26	终兴镇	二类（甲）	30
8	花园乡	一类（乙）	35	27	王小庄乡	二类（甲）	30
9	蔡堂镇	一类（乙）	35	28	时楼乡	二类（甲）	30
10	杨楼乡	一类（乙）	35	29	李田楼乡	二类（甲）	30
11	朱集乡	一类（乙）	35	30	芦墓乡	二类（甲）	30
12	马楼乡	一类（乙）	35	31	丁楼乡	二类（乙）	25
13	张集乡	一类（乙）	35	32	聂傅庄乡	二类（乙）	25
14	徐寨镇	一类（乙）	35	33	毛庄乡	二类（乙）	25
15	李新庄乡	一类（乙）	35	34	孟寨乡	二类（乙）	25
16	李半庄乡	二类（甲）	30	35	孔集乡	二类（乙）	25
17	陈蛮庄乡	二类（甲）	30	36	黄堆乡	二类（乙）	25
18	谢集乡	二类（甲）	30	37	曹马集镇	二类（乙）	25
19	高老家乡	二类（甲）	30	—	—	—	—

2002年单县县直、乡镇行政机构编制一览表

表22-1-2　　单位：人

单位名称	编制人数	单位名称	编制人数	单位名称	编制人数
单县县委办公室	37	单县纪律检查委员会	29	单县国土资源局	12
单县县委组织部	21	单县县直机关工作委员会	5	单县人口和计划生育局	18
单县县委老干部局	10	单县安全生产管理局	5	单县对外贸易经济合作局	9
单县县委宣传部	15	单县发展和改革局	27	单县司法局	61
单县县委统战部	8	单县民政局	14	单县科学技术局	9
单县县委政法委员会	10	单县审计局	14	单县教育局	13
单县信访局	10	单县统计局	12	单县水务局	12

续表 22-1-2

单位名称	编制人数	单位名称	编制人数	单位名称	编制人数
单县财政局	20	单县人事局	21	李田楼乡	40
单县卫生局	13	单县公安局	258	李新庄镇	40
单县建设管理局	18	单城镇	45	谢集乡	40
单县环境保护局	16	终兴镇	45	高老家乡	40
单县民族宗教局	4	郭村镇	45	龙王庙乡	40
单县文化局	7	黄岗镇	45	时楼镇	40
单县农业局	33	杨楼镇	40	徐寨镇	40
单县经济贸易局	17	浮岗镇	40	莱河镇	40
单县劳动和社会保障局	17	朱集镇	40	孙溜镇	40
单县交通局	11	蔡堂镇	40	曹庄乡	40
单县人民政府办公室	42	张集镇	40	高韦庄镇	40

2010年单县乡镇机构设置和编制统计表

表 22-1-3

序号	乡镇名称	类别	档次	乡镇领导职数（人）	党政工作机构数（个）	行政编制数（人）	事业机构数（个）	事业编制数（人）
1	终兴镇	1	3	9	5	49	6	45
2	黄岗镇	1	3	9	5	49	6	45
3	南城街道	2	4	8	4	44	5	44
4	浮岗镇	2	4	8	4	44	5	39
5	高老家乡	2	4	8	4	44	5	39
6	郭村镇	2	4	8	4	44	5	39
7	龙王庙镇	2	4	8	4	44	5	39
8	谢集镇	2	4	8	4	44	5	39
9	徐寨镇	2	4	8	4	44	5	39
10	杨楼镇	2	4	8	4	44	5	39
11	蔡堂镇	2	5	8	4	39	5	39
12	高韦庄镇	2	5	8	4	39	5	39
13	莱河镇	2	5	8	4	39	5	39
14	李田楼镇	2	5	8	4	39	5	39
15	李新庄镇	2	5	8	4	39	5	39
16	时楼镇	2	5	8	4	39	5	39

续表 22-1-3

序号	乡镇名称	类别	档次	乡镇领导职数（人）	党政工作机构数（个）	行政编制数（人）	事业机构数（个）	事业编制数（人）
17	张集镇	2	5	8	4	39	5	39
18	北城街道	2	5	8	4	39	5	39
19	曹庄乡	2	6	8	4	34	5	39
20	朱集镇	2	6	8	4	34	5	39
21	东城街道	2	6	8	4	34	5	39
22	园艺街道	3	7	7	4	29	5	34

第二章　人事管理

第一节　人事制度改革

聘任制　1989年，改革单一任命制为任命制和聘任制并存。同年，县人事局为49个企事业单位171名领导干部办理聘任手续。1990年，为11个企事业单位112名领导干部办理聘任手续。1992年，推行干部人事制度改革，研究制定企事业单位补充干部实行聘任制意见，对聘任制干部实行平时和年终考核。同年，聘任朱瑞银为单城镇副镇长，这是单县聘任的第一个科级干部。1993年3月，聘任庞全岭为李半庄乡副乡长，孙宝来为谢集乡副乡长。1995年5月，对县农业局股级干部推行聘任制，聘期3年。1992—2000年，全县办理6476名聘任制干部。2002年，县委、县政府印发《关于事业单位新进人员实行聘用制的决定》，对事业单位人事制度改革。当年，县人才交流中心为170名新进事业单位人员办理人事代理手续。2003年始，根据省市有关文件精神，推行事业单位股级干部聘用制。2005年，县人事局制定印发《关于进一步做好人事代理工作的意见》《事业单位新进人员聘用期满考核续聘工作的通知》等文件。至2010年年底，为63名事业单位股级干部办理聘用手续，为1500余名新进事业单位人员办理人事代理手续。

试用制　1988年始，对新提拔副科级以上领导干部实行试用制度，试用期一年；试用期满后，经考察胜任者按任免程序正式任命，否则免去其试用职务。这项制度一直延续下来。

考任制　1990年，县人事局对县直机关补充工作人员推行考任制，通过公开笔试，面试答辩和组织考察等程序，从乡镇机关、企事业单位200余名参加考试在职人员中，遴选30名优秀干部充实到县直党政机关。1991年为7个县直部门考选20名干部。2000年后，机关事业单位用人实行“逢进必考”。在人事考试中，县人事局按照“公开、公平、竞争、择优”原则，根据用人单位编制和增人计划，通过报名、考试、体检、考核等程序，采取聘请外地专家出题，外地人员监考、阅卷，外地考官面试等措施，进行严格考选。

至2010年，招考21次，为事业单位考选大学本科以上学历工作人员1553人。

机关岗位责任制 1991年，成立单县岗位目标责任制领导小组，下设办公室，具体负责全县机关事业单位岗位目标责任制考核，实施奖惩。1995年，考核分半年初评、年终总评。半年初评作为年终总评重要参考依据，年终综合考评奖惩实行一票否决制度。乡镇一票否决项目先后有：棉花生产、计划生育、乡镇企业、社会治安综合治理、财政收入。县直一票否决项目先后有：计划生育、社会治安综合治理。2003—2010年，一直实行以招商引资为主的经济工作实绩考评。

任职回避与职位轮换制度 1997年，根据《国家公务员暂行条例》规定，在全县党政机关实行任职回避和职位轮换制度。当年，有21名工作人员实行回避，346名工作人员进行职位轮换。1998年7月，县政府印发《关于实行机关人员职位轮换的通知》。同月，县人事局在全局8个股室中率先开展竞争上岗和职位轮换工作。9月，县财政局在全局11个股室中开展竞争上岗和职位轮换工作。1999年，全县有18个单位、128个中层职位通过竞争上岗选配合适人选。同年，对各部门担任正、副科（股）长，在同一科（股）室连续任职满4年的，在直接从事人、财、物管理等岗位的同一科（股）室连续任职满3年的，非领导职务人员在某些工作性质特殊岗位上（如会计、出纳）工作满4年的，实行职位轮换。全县轮岗交流干部54人。

第二节 干部管理

干部队伍 1986年，全县有干部5807人（不含教师4034人）。其中，县直4482人，乡镇1325人；女干部909人；党员3416人；中专学历以上2421人。1994年，全县有干部13610人（含教师，下同）。其中，县直12720人，乡镇890人；女干部3546人；党员6066人；大专学历以上6966人。2005年，全县有干部15143人。其中，县直6809人，乡镇8334人；女干部3846人；党员6766人；大学学历以上1898人，大专学历7816人，中专学历4810人，高中以下学历619人；少数民族21人。2010年年底，全县有干部15979人。其中，县直7717人，乡镇8262人；女干部4787人；党员7768人；大学学历以上2420人，大专学历7219人，中专学历5622人，高中以下学历718人；少数民族28人。

干部来源 1986—1996年，从在编工人中招收录用干部154人；从优秀企业领导中吸收录用干部4人；采取直接转正或进师范院校学习后转正的办法，由民办教师转为公办教师2542人，为法院、检察院、公安局吸收、考试录用政法干警87人。1997—1999年，县人事局接管非师范类大中专毕业生就业工作后，接收分配国家统招统配毕业生1267人。2000年后，招考21次，为事业单位考选大学本科以上学历工作人员1553人。至2010年，为全县企事业单位引进、培养高层次人才90人，其中院士2人、博士生导师2人、博士研究生4人、硕士研究生79人，培养高层次职业经理3人。

干部调配和任免 1986年，全县调整干部163人，其中，为解决夫妇两地分居，接受外地干部42人，调往外地干部31人，县内充实调整90人。按照干部“革命化、知识化、专业化、年轻化”的“四化”要求，通过全面考察，办理正、副股级干部任免手续278人。1987年，县内干部调整135人。按照干部“四化”要求，经过测评考察，办理正、副股级干部任免手续304人。1989年，为解决部分干部夫妇两地分居问题，接收外地干部14人，调往外地干部23人。根据中央统一部署，接收分配单县从西藏内返干部6人，并进行妥善安置。按照干部任免程序，办理正、副股级干部任免手续210人。1990年，县内调整一般干部152人。根据工作需要，按照有关程序，任免正、副股级干部526人。1991年，县内干部调整90人。办理正、副股级干部任免手续483人。1993年7月，根据省、地要求，结合单县实际，撤销全县7个区派出机构，县人事局会同县委组织部、劳动局合理分流区机关工作人员86人。1995年，办理任免政府序列正、副科级工作人员38人，正、副股级工作人员621人。县内调整干部23人。1996年，共办理任免政府序列正、副科级工作人员92人；任免正、副股级工作人员135人，其中，聘任职务107人。县内调整干部17人。1997年，办理任免政府序列正、副科级工作人员46人；任免正、副股级工作人员63人，其中，聘任职务26人。县内调整干部82人。1998年，县政府印发《批转〈单县人事局关于加强行政机构事业单位中层干部职务任免工作意见〉的通知》，对干部任免程序和条件进一步规范和明确。县人事局严格按照单位推荐、组织干部职工测评、与群众座谈测评、与单位领导座谈测评、组织考察等程序进行任免。全年任免正股级干部88人，副股级干部79人。2005年，对卫生系统、城建系统20余名中层干部，严格按照标准和程序进行考察任免。同年，县委组织部、县人事局在全县调集3931人，组建100多个招商引资小分队，115名副科级以上领导干部带队奔赴经济发达地区，全力以赴开展招商引资工作。这一做法得到省、市充分肯定，并作为典型经验在全省推广。2006年，完成原棉纺织厂厂办学校75名教职工移交教育系统工作。同年，考察任免审计局等5个单位的下属事业单位正、副股级干部55人。2009年，考察、任免股级干部58人。1998—2010年年底，调整干部480人；县委同意、县长提名、县人大常委会任免工作人员76人；县委同意、县政府任免工作人员154人；任免正、副股级干部1350人；办理事业单位聘用股级干部63人。

军转安置　1986年、1987年、1988年3年全县安置军转干部314人，安排随军家属149人，接转在校学生204人。之后，单县每年都有军转干部安置任务。1999年是全国3年裁军50万的第二年，县内军转安置任务较大，又恰逢县乡机关事业单位超编人员分流，军转安置难度增大。当年，接收安置军转干部22人，随军家属8人，基本做到军队、地方和军转干部“三满意”。2002年，单县被市委、市政府授予“军转安置先进单位”称号。2003年，接收军转干部7人。单县率先在全市推行考试、考核相结合的安置办法，在规定时间内全部安置到位，受到有关部门表扬，并向全市推广。2004年，根据市有关文件要求，为符合条件的129名企业军转干部办理提前退休手续；为符合条件的13人办理内退手续；将256名困难企业军转干部纳入基本医疗保险，全面解决企业军转干部老有所养、老有所医的问题。8月，召开军队转业干部自主选择安置现场会，在县纪委、组织部和新闻媒体监督下，9名军转干部在7个单位的10个职位中依次自主选择到自己称心的岗位。在具体操作中，采取打分公开、名次公开、接收单位公开、摘牌程序公开的“四个公开”方式，阳光操作，公开透明，军转干部、接收单位和安置部门三方面满意。之后，每年按照上述办法安置军转干部。至2010年年底，单县安置军转干部496人，随军家属198人，接转在校学生264人。

离退休干部管理　1985年与1993年两次工资制度改革期间，随着国家粮油统购统销制度的取消，离退休人员增加离退休费主要是发放物价补贴、生活补贴、职务补贴、地方福利补贴。1993年工资制度改革，离退休人员按同职务同条件在职人员模拟套改工资后相应增加离退休费。至2006年工资制度改革前，离退休人员随在职人员工资调整相应增加11次离退休费。2006年工资制度改革，离退休人员未按同职务同条件在职人员模拟套改增加离退休费，而是按职务直接增加离退休费。2006—2010年，规范离退休人员津贴补贴，增发住房补贴，离退休费全部按标准发放。

1986—2010 年部分年份单县机关事业单位离退休人员统计表

表 22-2-1　　单位：人

年份	离退休人员总数	其中	
		离休人数	退休人数
1986	901	389	512
1993	1413	482	931
1998	2695	542	2153
2006	4811	532	4279
2010	8892	369	8523

干部档案管理　1990 年，抽调 7 名干部，利用 3 个月时间，对县人事局管理的 7000 余份干部档案进行整理，对应该入档的 2 万余份表格资料归档入橱。建立档案查阅借阅制度、转递制度、保密制度、销毁制度、立卷归档制度，实行分管领导和档案工作人员岗位责任制，“两表、八簿”（“两表”，即档案查阅审批表、借阅审批表；“八簿”，即档案查阅登记簿、借阅登记簿、卡片簿、利用效果登记簿、移交转递登记簿、销毁登记簿、接受档案材料登记簿、档案索引登记簿）建立齐全。配备专用档案室、阅档室，添置防盗报警器、降温去湿机、电风扇、温湿度自动控制仪、文书卷盒和铁橱等设备。整理后的干部档案分类准确，编排有序，目录清晰，装订整齐。2002 年，县人事局干部档案室被山东省档案局评定为二级档案管理部门。2006 年，利用 5 个月的时间，完成干部档案“三龄一历”（年龄、党龄、工龄，学历、学位）清查核实工作。1993—2010 年，先后抽调人员 40 余人，整理档案 6 次，整理归档干部任职考察表、年度考核表、职称评审表、工资审批表等档案材料 15 万余份。其间，办理干部档案查阅、借阅、转递 2 万余人次。至 2010 年年底，县人社局干部档案室管理干部档案 4760 份。

第三节　公务员管理

公务员队伍建设　1996 年 8 月，印发《单县推行国家公务员制度实施方案》。9 月，全县有 2124 人参加过渡考试。1997 年，全县有 41 个县直单位和 37 个乡镇、1821 名机关工作人员参加首批过渡。其中，县直 659 人，乡镇 1162 人。2005 年，组织参加“全球通杯”山东省公务员法知识竞赛，全县 86 个单位共上报答题卡 2506 份，是菏泽市参与人数最多的县。2006 年 11 月，根据《中华人民共和国公务员法》和省、市有关文件要求，在全县党政机关开展公务员登记工作。登记前，制定《单县实施〈中华人民共和国公务员法〉工作方案》。登记阶段，各机关单位，严格按照规定程序，认真确定登记对象，进行上报审核。按照机关管理权限，经县委组织部或县人事局进行审核后，报省、市备案。全县时有行政编制 2124 个，登记在职人员 1733 人，离岗人员 585 人，暂缓登记人员 14 人。2008 年，省、市审批单县参照公务员法管理单位 16 个。经过考试，对 159 名参照公务员管理人员进行登记。同年，对经省组织招考的 30 名公务员，及时按规定进行分配。2010 年，根据省、市统一部署，对 15 名公务员进行资格审查、录用考察和派遣分配。

至2010年年底，全县有行政编制2308个，公务员登记备案在职人员2004人，离岗人员587人，暂缓登记人员22人。

机关事业人员考核　1994年12月，根据《国家公务员暂行条例》规定和省、地文件要求，单县开始对党政机关事业单位工作人员德、能、勤、绩进行考核。考核分为平时考核和年度考核，平时考核作为年度考核的基础。考核中始终贯彻客观公正的原则，实行领导与群众相结合，平时考核与定期考核相结合。年度考核等次，党政机关工作人员考核分优秀、称职、不称职三个等次，事业单位工作人员考核分优秀、合格、不合格三个等次。根据上级文件规定，年度考核的优秀等次，按单位人数10%掌握。在考核中，始终做到"两个坚持"，即坚持定性考核与定量考核相结合，完善考核指标体系，将"德、能、勤、绩、学"五个方面按比例量化，并通过加权和综合，得出考核结果；坚持领导与群众相结合，使被考核人的领导、同级、下属等不同层次人员，通过多种途径参与考核，使考核结果综合反映各方面的意见。同时，对副科级以上干部按优秀10%的比例，实行分口考核。当年，应参加党政机关工作人员考核人数3085人，实际参加人数3074人，考核结果为优秀等次306人，称职等次2767人，未确定等次的1人；应参加事业单位工作人员考核的13577人，实际参加13558人，考核结果为优秀等次1356人，合格等次12198人，未确定等次的4人。1997年，开始对党政机关事业单位人员考核建立档案。至2000年，全县参加年度考核人员考核档案基本建齐。2001年，根据省、市文件精神，国家公务员考核新增基本称职等次，事业单位人员考核新增基本合格等次。2002年，注重考核结果使用，对党政群机关1999年、2000年、2001年连续3年优秀人员和3年优秀1年称职人员共78人，1997—2001年连续5年考核称职以上等次人员367人，分别晋升一级级别工资；对在年度考核中被确定为不称职（不合格）、不定等次、未参加考核等14人取消其晋升职务工资、级别工资资格；取消年度考核存在问题的5名工作人员晋升职务资格；表彰奖励先进个人必须从优秀等次人员中产生，凡是年度考核未被确定为优秀等次的人员，一律不予表彰。同时，对2001年度考核被确定为优秀等次的人员，县财政拨付5万余元发放奖金，加大考核工作力度。2003年，综合使用考核结果，对党政群机关2000年、2001年、2002年连续3年优秀人员和3年优秀一年称职人员共35人，1998—2002年连续5年考核称职以上等次人员221人，分别晋升一级级别工资。2003年，对党政群机关2001年、2002年、2003年连续3年优秀人员64人晋升一级级别工资。2005年，优秀等次比例提高到12%。2008年，年度考核优秀比例由12%提高到15%。在扩大优秀比例同时，优化完善优秀等次评选制度，在政风、行风民主评议中排名前3名的单位，以及在经济和社会发展等综合工作中做出突出贡献受到党委、政府表彰奖励的单位，优秀等次比例可适当增加，但最多不得超过20%。工作人员有不良行政行为被投诉查实或因工作失误、失职造成重大损失或者恶劣社会影响以及受到上级机关通报批评的单位，年度考核优秀等次比例不得高于10%。2010年，全县应参加党政机关事业单位年度考核22255人，实际参加考核22166人。其中，优秀等次2185人，称职（合格）等次19728人，不称职（不合格）等次3人，未定考核等次250人。

1994—2010年单县党政群机关事业单位工作人员年度考核情况统计表

表22-2-2　　单位：人

年份	应参加考核人数	实参加考核人数	考核等次				不定等次人数
			优秀人数	称职或合格人数	基本称职或基本合格人数	不称职或不合格人数	
1994	16662	16632	1662	14965	—	—	5
1995	—	—	—	—	—	—	—
1996	—	—	—	—	—	—	—
1997	21438	21304	1996	18845	—	2	461
1998	23633	23008	2302	20164	—	6	536
1999	22987	22360	2168	19724	—	3	465
2000	21965	21716	2114	19197	—	—	405
2001	22377	22190	2161	19956	1	1	71
2002	23629	23584	2305	21174	—	—	100
2003	24611	24517	2330	21774	—	2	411
2004	23121	22989	2322	20606	—	1	60
2005	21448	21344	2314	19021	—	1	8
2006	23136	23078	2300	20712	—	1	65
2007	22079	21960	2228	19622	1	14	95
2008	21962	21903	2275	19443	—	6	179
2009	22346	22299	2354	19534	—	2	409
2010	22255	22166	2185	19728	—	3	250

说明：缺少1995年度、1996年度的考核情况

表彰奖励　1986年，根据全县机关岗位责任制考评办法，对全县44个区、乡、镇，59个部、委、办、局逐个考评。通过严格考评，受物资奖的区、乡、镇有6个，受荣誉奖的9个，受罚的6个；县直单位受物资奖的有3个，受荣誉奖的有7个。同时，对评出的276名模范干部进行表彰。1987年，对全县102个单位进行严格考核，评出先进单位14个，其中乡镇4个，县直单位10个；受罚单位3个；评出模范干部389人，在全县四级干部大会上兑现奖励。1989年，在全县考核评比中，评选出模范乡镇10个，县直模范单位10个，模范干部397名。1990年，对全县108个单位1989年度岗位责任制实施情况考核评比，评出先进单位20个，模范干部256名，并召开全县大会进行奖惩兑现。1991年，对全县150个单位的1990年度岗位责任制实施情况进行全方位、立体式考核评比，对评出的22个先进单位，276名模范干部进行表彰兑现。1992年，对1991年度纳入岗位责任制目标管理的169个单位进行全方位、多层次考评，评出59个先进单位，43名立功人员，601名先进工作者，并进行表彰，发放奖金57万余元，对23个没完成任务的单位及69名个人，

进行“黄牌”警告，罚款22.56万元。1993年，对1992年度纳入岗位责任制的目标管理的169个单位进行全方位、多层次考评，评出先进单位28个，立功人员28人，先进工作者289人，发放奖金17万余元。对没完成任务的2个单位，“黄牌”警告。1994年，对1993年度纳入岗位责任制目标管理的162个单位进行考评，评出先进单位39个，先进工作者308人，县委、县政府予以表彰。1996年，对全县各乡镇、县直各单位上年度目标管理责任制落实情况进行考评，评比出全面工作和畜牧生产、林业生产、党建工作等单项工作先进单位82个，先进个人196人。3月1日，县委、县政府专门召开奖惩兑现大会，兑现奖金151.73万元，奖励上浮工资的186人；对6个落后单位的主要负责人施行诫勉，下浮一级工资。1997年，对全县各乡镇、县直各单位上年度目标管理责任制落实情况进行考评，评比出全面工作和畜牧生产、林业生产、党建工作等单项工作先进单位28个，先进个人186人。县委、县政府专门召开奖惩兑现大会，兑现奖金63万元，奖励上浮工资的224人；对6个落后单位的主要负责人施行诫勉，下浮一级工资。1999年，县政府印发《单县行政奖励表彰规定》，规范化管理表彰奖励工作。2000—2010年，县委、县政府每年对评选出的发展经济的先进单位和个人进行表彰，11年间共表彰先进集体1205个，先进个人3700人；上报市以上表彰的先进集体293个，先进个人1188人。

2000—2010年表彰奖励情况统计表

表22-2-3

年份	县级奖励表彰		市级以上奖励表彰	
	先进集体（个）	先进个人（人）	先进集体（个）	先进个人（人）
2000	88	268	21	96
2001	85	256	19	92
2002	91	292	26	109
2003	90	280	22	90
2004	108	322	28	110
2005	101	366	25	99
2006	111	372	27	102
2007	120	390	33	102
2008	136	370	29	130
2009	135	388	30	120
2010	140	396	33	138

第四节　专业技术人员管理

职称评聘　1987年5月，成立单县职称改革工作领导小组，下设办公室，办公室设在县科学技术委员会。5—6月，开始搞职称评审聘用试点。在总结经验的基础上，7月全面展开，10月结束。全县共评出高级职称152人，中级职称1585人，初级职称3860人。1987—1994年，在全县教育、卫生、农业、水利、广播等21个系统中开展职称评审工作。1994年，职称评审职能移交县人事局，县人事局设立科技干部股，处理移交后的一些遗留问题，对移交的15000余份档案资料和有关资料分类整理；对已评审出的1562名高、中、初级专业技术职称人员，上报地区进行聘任验收。同时，开展上年度和本年度的专业技术职务评审工作，两个年度共评审出高、中、初级专业技术职称1307人；按照省、地统一部署，对具备专业技术职称任职资格的人员近1.4万人，重新颁发全省统一的资格证书，并对聘任期满的6700多名专业技术人员进行考核续聘。1995年，对325个基层单位核发《专业技术人员设岗管理册》，要求各单位专业技术职称评聘工作严格按照本单位岗位设置数量进行。1996年，单县专业技术职称评审工作，在山东省首次实行“量化计分，密码评审”办法，保证评审工作公正、合理。之后，该办法相继在菏泽地区、山东省推广。同年，开展农民技术人员职称评定工作，推荐评定高级农民技师11人，评审农民技师62人、农民技术员321人。1997年，职称评聘工作推行“六公开”制度，即岗位数、参评条件、打分办法、参评人员、基本情况、评审结果全部公开。1998年4月，科技干部股更名为职称专家管理办公室，属股级单位。1999年，在孙溜镇教委、县中心医院、县林业局、县水务局开展评聘分开试点工作。通过考试、述职、答辩、民主评议等程序，1名高级、10名中级专业技术人员落聘。2000年，评聘分开工作在全县展开。2002年，设立专业技术人员管理办公室，为副科级行政单位，隶属县人事局。同年，对全县80个事业单位164名高级、2163名中级专业技术人员开展竞聘工作。通过考试、考核、民主评议、答辩等程序，1名高级、105名中级、45名初级专业技术人员落聘。2005年，通过评聘分开，竞争上岗，为4126名中高级专业技术人员办理聘任手续，为694名专业技术人员办理待聘手续，为75名专业技术人员办理低聘一级职务手续，为38名申请到龄专业技术人员办理不参加竞争聘任手续。2006年，开展专业技术岗位竞争聘任工作，通过考试、答辩、民主评议、领导评议等程序，聘任高级专业技术人员565人，中级专业技术人员4462人；符合政策规定申请不竞聘的高级专业技术人员323人，中级专业技术人员871人；待聘（低聘）高中级专业技术人员142人。2007年，全县聘任高级专业技术人员623人，中级专业技术人员4386人；符合政策规定申请不竞聘的高级专业技术人员383人，中级专业技术人员1025人；高职低聘高中级专业技术人员125人。1995—2010年，全县共评审专业技术职称16915人。其中，高级职称1772人，中级职称6752人，初级职称8391人。2010年年底，全县在职专业技术人员25319人。其中，正高级职称50人，副高级职称1574人，中级职称9202人，初级职称14493人。

继续教育 1995年，根据省、地有关文件精神，在全县专业技术人员中开始继续教育工作，全年参训人数8860人。当年，为全县1.2万名专业技术人员核发继续教育证书，为1893名专业技术人员办理学分登记手续。1996年，专业技术人员继续教育培训科目是“创造学与创造性经营”，全县5000余名专业技术人员参加学习。1997年，全市统一组织机关事业单位继续教育培训，单县参加培训专业技术人员6000余人。1998年，根据省、地要求，单县设立县行政学校、教师进修学校、会计师事务所3个继续教育培训点。当年，继续教育学习科目是“创业与成功”，全县参加继续教育培训的人员11100余人。1999年，根据专业需要设置继续教育培训科目，组织全县行政机关人员参加“知识经济”和“国家公务员行为规范”培训；卫生系统人员参加“远程医学继续教育”培训；教育系统人员参加“现代教学思想与实践”培训；农、林、水系统人员参加各自科目的业务技术培训；组织全县各单位320名工作人员参加计算机能力培训。5次培训活动，参训人员12682人。2000年，继续教育学习科目是“WTO 知识读本”，全县参加继续教育培训的专业技术人员 11000 余人。2005 年，《山东省专业技术人员继续教育条例》颁布实施，根据省市规定，专业技术人员继续教育与晋级、续聘、考核等进行挂钩，形成有效的激励约束机制。对组织完成培训任务不好的部门和单位，年度考核时降低“优秀”等次比例，对不参加培训或培训考试成绩不合格人员，年度考核不能评为“称职（合格）”以上等次，通过一系列激励约束机制，促进继续教育工作。2006 年，对全县企事业单位 1.5 万余名专业技术人员统一换发新的山东省专业技术人员继续教育证书，并对 2006 年度继续教育完成情况进行验证审核。1995—2010 年，全县党政群机关事业单位参加继续教育培训的人数累计为 11 万人次，国家公务员行政能力和专业技术人员专业技术能力得到提升。

2001—2010 年全县继续教育培训情况一览表

表 22-2-4　　单位：人

年份	学习课题	参加培训人数
2001	知识产权保护概论	9786
2002	创新理论与创新经营	10042
2003	医学信息检索及应用、教学激励最优策略论、国家公务员创新知识读本、科学技术的新发展与现代化建设	10378
2004	终身教育与学习型社会	10456
2005	科学发展观	10879
2006	专业技术人员权益保护	11576
2007	保护人类生存环境是我们共同的责任	13142
2008	心态决定成败	13265
2009	做人做事有能力	14283
2010	低碳经济与可持续发展	15526

人事考试　1991 年始，国家逐步将经济、会计、审计、医疗、护理、医药、资产评估等类中、初级专业技术资格评审工作改为以考代评，各类执业资格证书及职称外语、计算机应用能力考核等也都纳入国家人事考试范围。在各类人事考试报名中，县人事考试中心认真执行有关规定，严格报考资格审查，将报名时需要的各种证件原件和复印件整理后，统一报送市（地区）人事局审验。至 2010 年年底，全县参加各类人事考试人数 78600 余人次，取得各类合格证书 5300 余本。

第五节　人才工作

人才交流　1987 年 7 月，在县人事局设立单县人才交流中心，开启全县人才交流工作。当年，县人才交流中心为 9 个重点乡镇企业调配急需技术人员和企业管理人员 9 人，培训技术人员 315 人，从外地引进各类专业技术干部 24 人，动员 35 名离退休技术干部发挥余热，被聘到乡镇企业服务。1993 年 4 月，单县人才市场建立。当年，有 56 个单位需求人才，184 名求职者在人才市场报名登记，推荐介绍成功 22 人。1999 年，为县医药公司、山东省单县琴台食品有限公司等骨干企业招聘各类人员62人。2006年，县人事局先后组织县农业局、县林业局、县水务局、县卫生局、县中心医院、山东省单县化工有限公司、山东省单县四君子酒业有限公司等42个企事业单位到济南、兰州、沈阳、菏泽等地人才交流大会上招聘人才，共接待咨询4000余人，达成就业意向500余人，当场签订就业协议42人。9月，在单县师范举办"相约在湖西"单县首届人才交流暨大中专毕业生洽谈会。接待求职人员10471人次，初步达成意向1338人，现场签约629人。2008年，为国能单县生物发电有限公司等单位从温州、青岛等地招聘急需人才200余人。2009年，引进中科院院士吴祖泽，对提高单县的科技水平，促进黄河资源充分利用和造福人民群众具有重要意义。2010年，县委、县政府制定《关于实施人才强县战略，进一步加强人才工作的意见》。当年，引进上海电线电缆研究所中科院院士黄崇祺到莱河电磁线有限公司工作。1987—2010年年底，全县引进各类人才1212人，调整交流人才385人。

毕业生就业　1997年，非师范院校毕业生就业工作由县计划委员会划归县人事局管理。根据国家统一分配政策，县人事局将1997—1999年到单县报到的非师范院校大中专毕业生1267人，按照"专业对口、面向基层"原则，派遣到各有关单位。自2000年起，国家对普通院校毕业生就业由之前的统一分配改为市场配置，实行"不包分配，自主择业"，机关事业单位用人，坚持"公开、公平、竞争、择优"原则，采取"逢进必考"；企业用人，采取"双向选择"。县人事局发挥政府职能作用，运用市场手段为毕业生就业提供各项服务，顺利完成毕业生就业由计划分配体制到市场就业体制过渡。工作中，既为毕业生提供企业用人信息，又为企业提供毕业生资源信息，组织大中专毕业生和用人单位参加各类毕业生供需见面会，最大限度地促进毕业生就业。2006年12月，单县毕业生就业办公室启用单县毕业生就业信息网站，与省、市联网，各类用人单位凡接收毕业生均需先在信息网上发布毕业生需求信息，进行双向选择。毕业生就业手续全部实行网络办理。2000—2010年，全县接收非师范类大中专毕业生9842人。其中，有3292名毕业生在单县实现正式就业，有5284名毕业生实现自由择业和灵活就业，就业率达86.12%。

2000—2010年单县非师范类大中专毕业生就业统计表

表22-2-5　　单位：人

年份	毕业人数	正式就业人数	自由择业和灵活就业人数	年份	毕业人数	正式就业人数	自由择业和灵活就业人数
2000	540	188	278	2006	740	145	539
2001	661	477	86	2007	1260	397	687
2002	630	136	419	2008	1560	616	789
2003	508	266	169	2009	1090	375	552
2004	756	57	587	2010	1457	514	750
2005	640	121	428	合计	9842	3292	5284

智力引进　1993年年初，开启引进人才智力工作。当年，引进各类人才智力97人次。其中，高级职称15人，中级职称82人。这些引进人才通过聘用、兼职、星期日工程师等形式，开展技术服务86次，技术咨询38次，提供信息23条，举办理论技术讲座14期，培训人员1000余人。

1997年，选派孙溜镇石常恩到日本学习红富士苹果栽培与管理技术。回国后，石常恩举办四期红富士最新栽培技术和管理技术培训班，培训果农300余人次。1998年3月，孙溜镇引进日本著名果树专家菅井宫，在田间地头上课，现场示范果树管理技术，效果良好。4月，引进加拿大小麦专家史迪加博士，到单县5个小麦生产重点乡镇实地传播小麦种植技术，听众1万余人次。下半年，先后组织20余人参加1998年度蒋氏基金涉外培训班、以色列“现代奶牛生产技术”培训班和第一次全国工商企业出国培训班。1999年1月，菅井宫第二次到孙溜镇指导红富士苹果树栽培和管理工作。这次培训，采用技术讲授和现场示范相结合方式进行，吸引5万余人听讲，百里之外安徽省砀山县果农也到场听课。10月，引进加拿大蔬菜专家张为政博士，到单城镇、马楼乡等5个蔬菜生产重点乡镇授课，受训人员1万余人。2002年，设立单县引进国外智力办公室，专门负责全县引进国外智力工作。2007年3月，引进以色列畜牧专家舒末·弗里得曼博士，到单县进行为期半个月的畜牧养殖技术指导，受到广大养殖户的好评。2008年11月，加拿大农业专家卡里奥博士，到单县讲授山药种植与管理技术，参加培训农民2万余人。2009年8月，结合当地芦笋生产种植实际，引进荷兰农业专家安德烈博士到高老家、郭村、曹庄等乡镇进行“芦笋增产与病虫害综合防治”技术培训，参训人员5000余人。2010年，引进德国著名骨科专家察哈亚斯，向境内骨科医疗人员传授有关骨科伤病治疗技术，提高单县骨科医疗技术水平。

第六节　机关事业单位工资

工资制度改革　第二次工资制度改革（1985年）　主要是在机关、事业单位建立以职务工资为主的结构工资制，即按照工资的不同职能，将工资分为基础工资、职务工资、工龄津贴和奖励工资4部分。实现企业工资制度与机关、事业单位工资制度脱钩，解决职级不符问题。全县参加这次工资改革的单位225个、10518人。改革后平均每个职工月增资20.08元。教师实行教龄津贴，护士实行护龄津贴，全县每月发放教龄津贴23099元，护龄津贴797元。1990年，按照国务院《关于批转＜人事部、国家计委、财政部1989年调整国家机关、事业单位工作人员工资实施方案＞的通知》规定，为列入普调的12696人晋升一级工资。根据省人事厅《关于印发＜机关事业单位工作人员工资制度改革若干问题的处理意见＞的通知》精神，为7864人增加工资。1991年，工龄津贴由每年0.5元增加到1元。

第三次工资制度改革（1993年）　这次改革，机关人员改为职级工资制，由基础工资、职务工资、级别工资、工龄工资4部分组成，再加保留的津贴补贴；事业单位改为岗位津贴工资制，由职务工资和津贴两部分组成，再加保留的津贴补贴。这次工资改革后比改革前人均月增80余元。全县参加这次工资制度改革机关事业工作人员18045人。这次工资制度改革确定了正常的工资晋升制度。

第四次工资制度改革（2006年）　根据中央、省、市统一部署，全县机关事业单位进行工资改革。这次改革，机关公务员实行职级工资制，其工资有职务工资、级别工资和津贴补贴3部分构成，其中职务工资和级别工资为基本工资；机关工人实行岗位技术等级（岗位）工资制，其工资由岗位工资、技术等级（职务）工资和津贴补贴3部分构成，其中岗位工资和技术等级（职务）工资为基本工资。事业单位实行岗位绩效工资制，其工资由岗位工资、薪级工资和绩效工资3部分构成，其中岗位工资和薪级工资为基本工资。这次工资改革，为全县机关事业单位26668人进行工资套改和预发。全县机关事业单位在职工作人员和离退休人员月增资总计696.79万元，人均月增230余元。其后，机关事业单位工作人员实行正常工资晋升制度，即机关公务员经年度考核获称职以上等次者，每两年晋升1个级别工资档次，每5年晋升1个级别工资；事业单位专业技术人员和管理人员经年度考核获合格以上等次者，每年晋升1个薪级工资档次；机关事业单位工勤人员正常晋升工资也作相应规定。2007年8月，全县干部职工及退休人员人均增加74.7元，乡镇机关事业单位工作人员（包括乡镇教育）人均月增加101元，全部执行现行档案工资和档案离退休费。2009年，为全县近800名公务员晋升级别工资，人均增资近20元；为全县近2万名事业单位工作人员晋升薪级工资，人均增资22元。2010年，为全县26600余人名机关事业工作人员分别晋升级别工资档次或薪级工资档次，人均增资30余元。从4月开始，人均增加津贴补贴100元。至2010年，全县机关事业工作人员人均月工资超过2000元。

工资管理 1986年，单县机关事业单位工资实行工资审批表和花名册管理。1991年，为14949名机关事业人员建立工资卡片，共组装97卷，实行工资卡片管理。2003年4月，县工资办配置工资软件，处理工资实行电子化办公，至2010年未变。

第三章 劳 动

第一节 用工制度改革

用工制度 1985年，企事业单位新招用人员实行劳动合同制度。1992年，企业进行人事、工资两项制度改革，国家对用工制度实行宏观调控、企业自主的全员劳动合同制度，废除统包统配用工制度，用工时间、数量、方式、条件完全由企业自行决定。1993年年底，全县企业全部实行全员劳动合同制度。之后，全县企业用工全部放开，至2010年未变。

职业介绍 1993年，单县实行企业自主用工制度，统包统配被废除，人们就业开始由政府统配转向市场。同年，成立职业介绍所，面向社会、公开招收、全面考核、择优录用，为用工单位和个人办理职工招聘介绍手续。2000年后，改革不断深入，职业介绍中心业务范围扩大，先后成立劳务输出中心、档案托管中心、劳务代理中心，办理各项劳动业务。至2010年，全县有劳务输出中心11个，档案托管中心1个，劳务代理中心8个，职业介绍所17个。

劳服企业管理 劳服企业是安置城镇待业青年，由国家和社会扶持，进行生产经营自救的集体所有制经济组织。1988年，单县开始稳步发展劳服企业（劳动就业服务企业的简称），并定期对劳服企业进行检查、整改、验收，促使劳服企业经济发展。劳服企业生产经营中享受一定的政策优惠。1990年，发展到鼎盛时期，境内劳服企业37家，从业人员360多人。

第二节 劳动培训

1984年，单县开始实行先培训后就业制度。1988年，建立单县劳动技校。技校设置纺织保全工、钳工、计算机、统计、烹饪、电工等6个专业，开办8个班。1998年，单县劳动技校停止招生。

至此，县劳动技校为社会培养输送毕业生近4000人。2002年，单县劳动就业训练中心成立后，全面实行先培训后就业制度。2006年，建立以就业训练中心为主再就业培训基地。2007年，围绕促进就业再就业工作，全县各培训机构根据市场需求，灵活设置专业，面向市场办学，开展定向培训和定单式培训，提高培训针对性和实用性。全年培训农村劳动力7340人，职业技能鉴定2520人，分别完成年度任务的100.4%和97%。同年，开展下岗职工再就业培训，提高下岗职工就业竞争能力。全年培训下岗职工1570人，占年度任务的102.4%。2008—2010年，全县培训农民工46260人；培训安置下岗失业人员28000余人；职业技能鉴定5866人，合格5538人，合格率94.4%。

第三节　劳动就业

就业服务　1981年，成立单县劳动服务公司，主要任务是统筹、协调、组织、指导青年就业，开展就业前训练和发展城镇集体经济等工作。遵循“组织介绍就业，自愿组织起来就业和自谋职业”三结合就业方针，至1987年，全县先后建立待业青年网点175处，安置待业青年5679人。同年，网点经营额547.2万元，实现利润7.1万元，上交税金19.4万元。1988年，单县劳动服务公司继续开展劳动服务企业网点建设工作，最大限度地安置城镇待业青年就业。至1992年年底，全县新增劳服企业网点30余家，新增就业人员300多人。1993—1999年，通过职业介绍所办理职工招聘手续7800余人。2002年7月，单县劳动服务公司更名为单县劳动就业服务中心。当年，单县劳动就业服务中心在广州、青岛、上海等沿海发达城市设立驻外劳务工作机构，建立劳务输出基地10个，着力打造“爱岗、敬业、诚信、守法”的“单县民工”品牌。2002—2004年，累计组织劳务输出39.4万余人次。2007年，完成新增县外劳务输出2.9万人，占年度任务的117%，当年全县在外务工人员22万人。同年，完善就业服务体系建设，大力开发就业岗位，规范整顿劳动力市场，拓宽就业再就业渠道，全年完成城镇新增就业1.2万人，占年度任务的101.6%。2008年，全县新增农村劳动力转移就业2.5万人，占年度计划165.8%。完成新增城镇就业1.4万人，占年度计划的141.45%。2009年6月，单县人力资源市场建成启用，为全县劳动就业工作创建一个新的平台。当年，全县新增农村劳动力转移就业2.9万人，占年度计划120%。完成新增城镇就业1.36万人，占年度计划的113.3%。2010年，实现农村劳动力转移就业35万人（含县内）。开展境外劳务输出，组织到日本、韩国、澳大利亚等国家务工人员300多人。全县新增城镇就业1.5万人、农村劳动力转移就业3.9万人，分别完成年度任务的128%和161%。当年，单县人力资源和社会保障局获菏泽市就业和社会保险工作一等奖。

“春风行动”用工招聘会

就业援助 2004年始，实行就业援助送岗位活动，每年定期召开4次大型促进就业招聘大会，至2010年，累计到场求职者30万人，达成就业意向11万人，被用人单位录用4.8万人，有效地满足县内企业用工。2005—2008年年底，全县发放下岗职工再就业优惠证25477本，享受减免税费和社会保险补贴1268.2万元；建立社区就业服务中心，开发社区岗位，全县下岗失业人员依托社区服务业实现再就业1万余人。2010年，开展“就业援助月”活动，全县帮扶“零就业家庭”等困难群体就业826人，占全年任务的120.6%。至年底，劳服企业12家，安置城镇失业、下岗职工及企业富余人员11033人。为970名下岗失业人员办理劳务代理档案托管服务，代缴养老保险金240万元，发放小额担保贷款515万元。

第四节 企业工资

企业工资制度改革 1985年前，单县实行计划经济体制下工资制度，国家固定工人实行八级工资制，企业没有自主权。1985年7月，改革企业工资制度，实行工资总额同经济效益挂钩。同时，企业出现计件工资、计时工资等多种形式效益工资制度。1989年，全县企业基本上实行工效挂钩工资制度。“等级工资制”被“岗位技能和企业效益工资制”代替。1993年起，企业实行自主分配，政府监督调控。2000年后，企业仍然实行以按劳分配为主体、多种分配形式并存的工资分配制度。企业完全按照市场经济体制在政府规定范围内自主调配工资标准。

企业工资调整 1985年前，在计划经济体制下，企业工资调整按照中央有关文件执行。1985年7月，改革企业工资制度，企业有了一定自主权。1986年，企业干部实行职务工资制；全县企业职工按六类区提高工资标准。1987年，由企业自行制定办法，进行小范围工资调整，部分职工增加工资，人均月增资5.6元。1988年，企业部分专业技术人员增加一级工资或半级工资，人均月增资7元。同年，国有企业实行工资同经济效益挂钩，审批36家企业工资。1989年，对企业实行考核晋级，通过应知、应会、劳动贡献三方面综合考核，全县有6517 名职工晋升工资等级。同年，企业聘任的专业技术人员执行职务工资。1990年，全县企业职工普调一级，人均月增资14元。1991年，因粮油价格调整，企业职工相应提高工资标准，每人每月增资6元。1993年10月，企业职工实行工龄工资，工龄工资按每年1元计发。1994年8月，将企业职工等级工资套改为技能工资，人均月增资85元。1997年，单县酒厂、单县有机化工厂等企业试行岗位技能工资。1999年，企业全面推行岗位技能工资制，人均月增资225元。2000年，企业部分职工晋升工资，人均月增资22元。2001年，企业工资实行工资指导线和劳动力市场工资指导价位制度，在生产发展、经济效益提高的基础上，合理确定工资增长和工资水平。2002年，调整岗位技能工资标准起点，为17256人套改工资标准，人均月增资87元。2003年，为9219名企业职工增加工资，人均月增资22元。2003年之后，全县企业职工工资主要靠国家宏观调控，工资发放由企业根据各自经济效益情况确定，至2010年未变。

企业最低工资标准 1995年始，根据上级有关规定，职工连续3个月领不到工资的，由企业支付职工每人每月140元生活费用，确定为最低工资标准。1997年增至160元；1999年，增至220元；2001年，增至260元；2002年，增至290元；2005年，增至350元；2006年10月，增至390元；2008年1月，增至500元；2010年5月，增至600元，至当年底未变动。

第五节 劳动监察

1996年12月，成立单县劳动保障监察处。

2004年7月，成立单县劳动保障监察大队，隶属县劳动保障监察处。2006年，县劳动保障监察机构受理举报投诉案件76件，查处70件，结案率 92.1%。为劳动者追回工资、抵押金、保证金、服装费等经济损失12.56万元，责令用人单位与职工补签劳动合同6784份，补缴社会保险费272.5万元。2007年，先后组织开展农民工工资支付、劳动用工、禁止使用童工、未成年工特殊劳动保护等专项执法检查活动，检查用人单位1773户次，涉及职工35945人次；对涉及违反劳动保障法规行为近200个用人单位分别下发限期整改指令，责令用人单位补发拖欠工资628.85万元，补签劳动合同10927份，社会保险清欠、扩面825.25万元，清退童工1人。2008年3月，县劳动保障监察处被菏泽市妇联、市劳动保障局授予优秀“妇女维权岗”称号。2008—2010年，县劳动保障监察机构处理各类劳动保障案件617起。其中，处理日常投诉举报479起，群访事件27起，承办上级部门转交案件49起，处理其他部门移交案件62起。为工人讨回所欠工资400余万元，责令违规企业支付加班工资80余万元。

第六节　争议仲裁

1988年，县劳动局、县总工会、县经委联合组成劳动争议仲裁委员会，下设劳动争议仲裁办公室，办公室设在县劳动局。1988—2010年，县劳动争议仲裁办公室培训基层仲裁员15人，调解员62人，成立企业劳动争议调解中心42个，基层劳动争议调解委员会136个，均挂牌开展工作。1988—2010年年底，县劳动争议仲裁办公室处理各类仲裁案件270件。其中，立案裁决76件，调解194件。提供政策咨询5200余人次，办理合同鉴证2万余份。

第四章　社会保险

第一节　机关事业养老保险

1999年5月，原人事部门承担的机关事业单位养老保险划归劳动和社会保障局。2000年8月，启动县直机关事业单位养老保险费征缴工作。2005年7月，启动乡镇机关事业养老保险费征缴工作。2007年，通过实行目标责任制、组织人员对欠缴单位突击征缴等措施，全年征缴机关事业单位养老保险基金10112万元，占全年计划的149%。至2010年年底，全县机关、事业单位实现参保人员全覆盖，参保单位202个，参保人员30212人，离退休人员8548人，基金滚存结余5066万元，确保全县机关事业单位离退休人员养老金按时足额发放。

第二节　企业养老保险

1987年，成立单县劳动保险事业处，负责全县合同制工人养老保险费收缴工作。1988年5月，开始对全民企业离退休金社会统筹。1989年12月，开始对集体企业离退休金社会统筹，实行离退休费差额结算。1997年，单县劳动保险事业处负责全县企业职工养老保险费收缴和离退休职工金发放。2000年8月始，企业劳动保险基金管理实行收支两条线，企业离退休职工离退休金实行社会化发放。2008年起，每年在全县范围内开展统筹企业养老保险费征缴追欠和灵活就业人员扩面工作，实现养老保险基金征额连年增长，基金逐年结余。2010年，全县企业劳动保险基金年征收额11453万元，是1987年的20倍，参保人数从1987年的2100人增加到40851人，其中，个体工商户和灵活就业人员3070人。至2010年年底，全县企业劳动保险基金累计结余1亿多元，6100名离退休人员按时足额领到养老金，养老金发放率和社会化发放率均100%。

1987—2010年部分年份单县企业养老保险基金征收、发放统计表

表22-4-1

年份	参保人数（人）	离退休人数（人）	征收保险费（万元）	发放养老金（万元）
1987	2100	—	56	12
1989	18090	—	95	102
1999	22067	3420	1520	1596
2000	24800	3780	1680	1895
2002	26800	4010	1768	2328
2005	30024	5300	3868	4120
2007	34450	5600	9095	5372
2008	36750	6100	11045	6482
2009	38560	6360	9649	7679
2010	40851	7010	11453	10078

第三节　城乡居民社会保险

1994年6月，单县开始实行农村社会养老保险。当年，县民政局收缴养老金565.42万元，参保2.02万人。1995年，收缴养老金622.68万元，参保2.26万人。1996年9月，成立单县农村社会养老保险事业处（简称县农保处），隶属县民政局。同年，收缴养老金653.76万元，参保2.35万人。1997年，收缴养老金788.42万元，参保2.6万人。同年，国务院决定对已有农村社会基本养老保险业务实行清理整顿，停止接收新业务，提出有条件的地方向商业保险过渡。1998年年初，按照国务院通知精神，县农保处停止农村社会养老金参保收费工作，对历年养老金征缴、发放、基金保值增值、档案进行全面清理。1999年5月，农村社会养老金征缴、发放职能划归单县劳动和社会保障局。至2003年年底，县农保处完成清理整顿任务。2004年，国务院决定农村社会养老保险工作要在“有条件的地区探索建立新型农村社会养老保险制度”。基本原则：个人交纳为主，集体补助为辅，国家给予政策支持。2005年，为探索实施农村社会养老保险新路子，县农保处着手进行全县农村人口调查摸底和测算工作。2007年，加大宣传和征缴力度，农民参加养老保险积极性提高，新增农民参保1157人，占年度计划的100%。征缴保险费55万元，占年度任务的100%。同年，对到达退休年龄的参保农民发放养老金，社会化发放率100%。2010年6月，单县农村社会养老保险事业处更名为单县城乡居民社会养老保险事业处。8月，启动城乡居民养老保险工作。年底，全县参保人数589010人，征缴基金5498万元；领取养老金的城乡居民141953人，发放养老金2342.22万元。

社会保险法宣传

第四节　城镇医疗保险

1992年5月，成立单县公费医疗管理办公室，隶属县卫生局。主要负责县直、乡镇行政事业在编人员的公费医疗，单县中心医院和单县慢性病院分别为县直人员和乡镇人员的定点就医医疗机构。公职人员个人不缴费，由县财政代缴，住院医疗费用实行限额报销，享保标准偏低。1999年5月，机关事业单位职工医疗社会保险由县卫生局划归县劳动和社会保障局，单县公费医疗管理办公室改为单县公费医疗保险事业处。2001年6月，单县公费医疗保险事业处更名为单县医疗保险事业处。年底，进行县直单位医疗保险制度改革，实行统账结合模式，建立个人账户，提高享保标准，方便参保人员就医购药。2002年后，县医疗保险事业处相继制订和完善城镇职工、城镇居民、离休干部等参保就医政策。引入竞争机制，扩大定点医院和定点药店数量，实行目标规范化管理和等级考核评定制度，逐步提升医疗机构服务水平，基本做到操作规范化、服务标准化、制度人性化。2003年后，县医疗保险事业处连续6年被评为菏泽市医疗保险扩面征缴工作先进单位和基金管理先进单位。2004年1月，离休干部和二等乙级以上伤残军人，实行单独统筹，单独列账管理，享受医疗保险待遇。2005年，菏泽市第一次医疗保险规范化服务工作现场会在单县召开。2006年8月，根据山东省劳动和社会保障厅统一部署，医保、药监、物价等部门对市、县两级定点医院、药店开展医保基金支付大检查，检查医保定点医院16家、定点零售药店28家。建立医疗保险基金监督管理长效机制，先后制定《定点医疗机构管理暂行办法》《定点零售药店管理暂行办法》和《定点医疗机构资格年度考核试行办法》《定点零售药店资格年度考核试行办法》，将定点医疗机构和定点零售药店监管纳入规范化、制度化管理。同年，企业军转干部纳入医疗保险范围。2007年，城镇基本医疗保险新增参保人员6520人，占年度计划的100%。2009年年初，启动城镇居民医疗保险和企业职工生育保险，扩大医疗保险覆盖面。同年，把对越参战人员纳入医疗保险范围。至2010年年底，城镇职工参保人数56263人，城镇居民参保人数50087人，生育保险参保人数8386人。城镇职工基本医疗保险最高支付限额由2.4万元提高到3万元，大额医疗救助金由10万元提高到15万元，基本解决因病致穷、致困问题。

1997—2010 年单县城镇医疗保险基金征缴统计表

表 22-4-2

年份	基本医疗保险				生育保险	
	城镇职工基本医疗保险		城镇居民基本医疗保险			
	参保人数(人)	征收保险费(万元)	参保人数（人）	征收保险费（万元）	参保人数(人)	征收保险费（万元）
1997	18569	350	—	—	—	—
1998	19354	370	—	—	—	—
1999	19796	400	—	—	—	—
2000	19982	450	—	—	—	—
2001	20865	500	—	—	—	—
2002	22476	600	—	—	—	—
2003	26612	620	—	—	—	—
2004	28318	750	—	—	—	—
2005	33398	870	—	—	—	—
2006	37235	1395	—	—	—	—
2007	42810	1831	—	—	—	—
2008	51195	2187	—	—	—	—
2009	55003	2660	40891	700	4026	31
2010	56263	3649	50087	823	8386	91

第五节　失业保险

1986 年 10 月，按照国务院、省政府有关文件精神，单县劳动服务公司启动企事业单位失业保险工作，对失业保险基金进行收缴、管理与使用。1999 年，国务院颁布《失业保险条例》，将失业保险工作纳入规范化管理。单县劳动服务公司设立失业保险股具体负责失业保险工作。企事业单位按全部职工标准工资总额的 2% 缴纳，个人按工资总额的 1% 缴纳，实行专户储存、专款专用、年终结转下年度使用。享受对象是：宣告破产企业职工；企业濒临破产在整顿期间被精减职工；企业终止、解除劳动合同职工；其他符合规定人员。1988—2010 年，失业保险工作围绕扩面增收，加强宣传和劳动监察督导，全县失业保险覆盖范围不断扩大，参保人数稳步增长。2010 年，全县参保人数 30047 人，征缴失业保险金 428 万元，收缴率 94%；发放失业金 356 万元，发放率 100%。

1988—2010年单县失业保险基金征缴、发放统计表

表22-4-3

年份	参保人数（人）	缴费总额（万元）	收缴率（%）	发放失业金额（万元）	发放率(%)
1988	17057	20	78	7	95
1989	17989	26	78	15	96
1990	18606	30	79	26	96
1991	19750	38	79	34	96
1992	21097	45	79	40	96
1993	21974	51	79	45	97
1994	22416	59	80	56	97
1995	23000	69	80	64	97
1996	23219	78	80	69	98
1997	23580	89	81	75	98
1998	23616	93	81	79	98
1999	23920	97	81	84	99
2000	24199	104	82	87	100
2001	24480	107	82	93	100
2002	24798	112	82	99	100
2003	25000	116	82	106	100
2004	26003	198	84	149	100
2005	26619	219	85	175	100
2006	27429	269	87	204	100
2007	28001	312	89	251	100
2008	28607	354	92	280	100
2009	29758	398	93	301	100
2010	30047	428	94	356	100

第六节 工伤保险

2003年4月，国务院颁布《工伤保险条例》。2004年，单县启动工伤保险工作，单县劳动保险事业处（企业养老保险处）成立工伤保险股，具体负责实施。2007年，以高风险单位为重点，扩大参保范围，全县参保人数1.65万人。收缴工伤保险费88万元，完成年度计划的100%。2008年，成立单县工伤保险处，直属县劳动

和社会保障局。2004—2010年，县社会保障部门不断加大执法力度，工伤保险实施范围随之扩大。建立工伤保险基金，实行社会化管理。工伤保险制度日趋完善，促进工伤预防和职业康复。

2008—2010年单县工伤保险基金征缴、支出统计表

表22-4-4

年份	基金征缴（万元）	待遇支出（万元）	受理案件（件）	认定案件（件）
2008	102	24	132	130
2009	101	104	138	138
2010	148	125	154	151

第二十三编

民政 信访

县民政公寓

1965 年，县政府民政科改称民政局，负责民政工作。1984 年社改乡，全县建立村民委员会 940 个。1996 年第五届全县村民委员会换届选举，采取“三推三考”方法，将一批有知识、懂科学、事业心强的年轻人选进村委会班子。1997 年，实行城乡居民最低生活保障制度。1992 年、2008 年，先后 2 次对湖西革命烈士陵园进行改建和扩建。2008 年，单县被省委、省政府、省军区命名为“山东省双拥模范县”。2010 年，实现“五保”供养费用县财政统筹，全县 20 处敬老院有 6 处达到省一级标准，9 处达到省二级标准，2 处达到省三级标准。1986—2010 年，县民政部门共下拨救灾款 2412 万元；共接收安置城镇义务兵 7303 人，志愿兵 975 人。地名、社团、婚姻、殡葬等专项事务管理及社会救助、福利企业等社会福利事业管理逐步规范，各项优抚政策得到全面落实。1984 年，建立“分级负责，归口管理”的信访工作制度和领导接访制度。1999 年，县委、县政府制定《关于县级领导干部公开接待群众来访的实施意见》，建立领导接访日和领导处理信访问题制度。2002 年起，全县逐步建立县、乡、村三级信访网络。2004 年、2010 年，县委、县政府被省委、省政府授予“全省信访工作先进单位”。1986—2010 年，共接到来信案件 5513 件，接待来访案件 9927 件，处结 13569 件，处结率 87.88%。

第一章　民　政

第一节　基层自治组织建设

村民委员会建设　1984 年，随着乡镇体制改革的进行，全县农村生产大队改建为 940 个行政村，相继成立首届村民委员会。1987 年 9 月 2—25 日，全县村民委员会改选，村委会成员由 5137 人改选为 3926 人，减少 1211 人，享受固定补贴的比改造前少 152 人，初中以上文化程度成员由 2267 人上升到 2670 人，平均年龄由 42 岁下降至 36.5 岁。1988 年，以谢集乡陈桥为试点，摸索简政放权的路子，然后全县推广。1995 年，根据中共中央《关于加强农村基层组织建设的通知》精神，将原浮岗乡 28 个行政村合并为 14 个行政村，原毛庄乡 14 个行政村合并为 11 个行政村，朱集镇 39 个行政村合并为 20 个行政村。为贯彻落实《中华人民共和国村民委员会组织法（试行）》，1996 年 11 月，全县进行第五届村民委员会换届选举。这次换届选举采取“三推三考”（“三推”，即组织推荐、群众推荐、自我推荐；“三考”，即文化考试、面试、组织考察）方法，将一批有知识、懂科学、事业心强的年轻人选进村委会班子。年底，完成陈蛮庄乡合并行政村、调整村级班子的试点工作。1997 年年初，在全县范围内推行陈蛮庄乡经验，普遍进行合并行政村、重新建立村级班子工作。换届选举后，全县行政村由 886 个合并至 502 个，并全部建立村民代表议事会。同年，对全县村委会主任集中培训 3 次，培训内容为村委会的性质、任务，村委会主任的职责、工作方法和需要注意的问题。2003 年，开始推行村务公开。至 2004 年，全县有 189 个行政村实行村政务公开。同时，单县的村务公开与民主管理经验入选《中国基层民政创新理论与实践》一书。2004 年，完成第八届村委会换届选举工作。2007 年，完成第九届村委会换届选举工作。至 2010 年，全县 502 个行政村全部实行村务公开。

居民委员会建设 1985年4月，撤销单县城关镇，设置单城镇。单城镇城区设置西关街、东关街、南关街、北关街、胜利街5个街道（镇辖街道），继而设立5个街道居民委员会。1997年，又增设回汉、南店子、南华、东关外街4个街道，并组建上述街道居民委员会。2001年8月，县民政局成立单县社区建设工作办公室。年底，撤销西关街、东关街、南关街、北关街、胜利街、回汉、南店子、南华、东关外街9个街道，设置南店子、西关、南关、北关、老山顶、西郊6个社区，组建6个社区居民委员会。同年，县投资300万元，兴建社区服务大楼。2003年，南店子社区被省民政厅命名为山东省示范社区。2006年，西郊、西关社区被市民政局确定为菏泽市示范社区。至2010年，城区内建社区服务站、便民服务网点84处，社区医疗示范点16处，社区图书馆6处，建立完善社区娱乐健身服务场所8处。

第二节 抚恤优待

抚恤 *“三属”抚恤* 1985年1月起，境内革命烈士家属、因公牺牲军人家属、病故军人家属的定期定量补助改为定期抚恤金。1986年，全县享受国家定期抚恤金人员3461人，年发放总额66.4万元，年人均192元。1989年，调整抚恤标准：革命烈士家属、因公牺牲军人家属居住农村的，每人每月不低于35元～40元；居住城镇的，每人每月不低于45元～55元。病故军人家属居住农村的，每人每月不低于30元～40元；居住城镇的，每人每月不低于40元～48元。1996年，“三属”抚恤金标准调整为：革命烈士家属、因公牺牲军人家属居住农村的，每人每月77元；居住城镇的，每人每月87元。病故军人家属居住农村的，每人每月72元；居住城镇的，每人每月不低于83元。1999年，全县革命烈士家属、因公牺牲军人家属、病故军人家属，每人每月提高抚恤金27元。2003年，全县“三属”每人每月提高抚恤金30元。2004年，每人每月提高抚恤金25元。2010年，单县执行的“三属”抚恤金标准为：烈属居住农村的年补5360元，居住城镇的年补8850元；因公牺牲军人家属居住农村的年补5130元，居住城镇的年补7940元；病故军人家属居住农村的年补4910元，居住城镇的年补7480元。同年，全县“三属”人数787人，年发放总额438万余元，年人均5566元。

伤残抚恤 1985年，全县发放伤残抚恤金20.1万元，并按规定发给特等、一等残疾军人护理费每月40元。配备手摇三轮车22辆，假肢35支，病理鞋384双，大小拐杖102副，助听器20套。1986年，全年共发放伤残抚恤金和保健金26万元。

1986年在乡伤残军人抚恤标准一览表

表23-1-1　　　　单位：元/年

特等		一等		二等甲		二等乙		三等甲		三等乙	
因战	因公	因战	因公	因战	因公	因战	因公	因战	因公	因战	因公
570	518	498	464	390	350	296	268	180	180	140	140

1986 年在职伤残军人抚恤标准一览表

表 23-1-2　　单位：元 / 年

特等		一等		二等甲		二等乙		三等甲		三等乙	
因战	因公	因战	因公	因战	因公	因战	因公	因战	因公	因战	因公
132	120	118	108	96	86	84	76	70	64	60	56

1988 年 2 月，二等乙级以上因病评残和因公评残执行同一个抚恤标准。1988 年、1991 年、1994 年，革命伤残人员抚恤标准进行 3 次调整。1996 年 7 月 1 日，提高在职革命伤残人员保健金。1998 年，提高在乡革命伤残人员抚恤标准。2000 年，提高在乡和在职革命伤残人员伤残抚恤金标准。2001—2010 年，国家 7 次提高伤残抚恤标准。2006 年，境内有革命伤残人员 1076 人，全年发放伤残抚恤金 398 万元。2010 年，全县共有革命伤残人员 1102 人，全年发放伤残抚恤金 595 万元。

2010 年伤残军人抚恤标准一览表

表 23-1-3　　单位：元 / 年

等级	因战	因公	因病	等级	因战	因公	因病
一级	26080	25250	24430	六级	10350	9800	8280
二级	23600	22360	21530	七级	7870	7040	—
三级	20700	19460	18220	八级	4970	4550	—
四级	16970	15320	14080	九级	4140	3310	—
五级	13250	11590	10760	十级	2900	2480	—

军烈属优待　单县是革命老区，兵源大县，优抚对象多。1986 年，全县有军属 5321 户，烈属 459 户，伤残军人 236 人，复员军人 1449 人，带病回乡退伍军人 334 人。同年，改粮款定额优待为现金优待。1987 年，单县全面落实“三位一体”（征兵、优待、退伍安置）的优待制度。对立功受奖者，在原优待基础上进行奖励：获大军区以上荣誉称号的，奖励 300 元；立一等功的，奖励 200 元；立二等功的，奖励 150 元；立三等功的，奖励 100 元。超期服役的义务兵，优待金增加 20%。1997 年 7 月，在李新庄镇召开全县优待兑现现场会，促进群众优待工作开展。同年，全县共优待农村义务兵家属 4352 户，户均 500 元，优待烈属、伤、残、复员军人 3080 人，人均 263 元，同时筹集 25 万余元，对 80 户生活困难户、332 户治病困难户、46 户住房困难户进行帮扶救济。同年，基层优抚安置保障服务网络“四个一”建设（即建设一个优扶基金会、一个优抚医疗中心、一个退伍军人劳务介绍所、一个拥军优属指导站）在全县全面铺开。各乡镇成立由乡镇长任组长，民政、财政、武装、共青团、卫生、金融等部门负责人为成员的优抚安置保障服务网络领导小组。县下拨 25 万元，各乡镇筹措 20 万元成立优抚医疗基金会。优抚对象治病实行“三优先”（即优先就诊、优先取药、优先住院）、“三减免”（即免挂号费、减检查费、减住院费）。1999 年，全县共优待农村义务兵 1950 户，户均 600 元，优待烈、复、荣、退 3206 人，人均 200 元。同时，开展“爱心献功臣行动”。全县共下拨解“三难”（即生活困难、医疗困难、住房困难）专款 49 万元，

在县中心医院和各乡镇医院成立优抚医疗中心，发放医疗证卡3万多份。优抚对象凭卡就诊治病，实行“三优先”“三减免”。在乡镇敬老院建立“光荣室”99间，安排166名孤老优抚对象住进“光荣室”集中供养。同年，单县被菏泽地区行署授于“爱心献功臣行动”先进单位。2003年，单县建立优抚对象抚恤补助标准自然增长机制。2005年，县政府制定《单县优抚医疗保障暂行办法》。2008年，县政府印发实施《单县抚恤定补优抚对象医疗保障办法》，使广大优抚对象的医疗问题得到解决。

烈士陵园 湖西革命烈士陵园 始建于1945年，1947年遭国民党反动派破坏，1953年重修。陵园内建有：湖西抗日战争烈士纪念塔、2个房屋式单墓、4个房屋式公墓、1个亭式公墓，安葬革命烈士2649人。胡耀邦、刘伯承、杨得志、舒同、潘复生、宋任穷、梁步庭等领导人先后为湖西革命烈士陵园题词、题字。1980年，在单县古天台旧址修建湖西革命烈士纪念堂。纪念堂设3个展室，详细介绍湖西革命斗争史，展示王文彬、李贞乾、吴大名、常俊婷、肖明等13位著名烈士的70余幅照片、画片，陈列60余件革命历史文物。1985年3月，投资82万元重修烈士纪念塔，并更名为湖西革命烈士纪念塔。中共中央总书记胡耀邦题写塔名。1986年4月25日，举行湖西革命烈士纪念塔落成典礼。在原湖西区战斗工作过的部分老干部及单县干部群众代表3000余人参加典礼，县委书记刘广新主持仪式，省委书记梁步庭、省人大常委会主任秦和珍参加揭幕仪式并讲话。1987年，投资30万元，栽种各种树木9207棵，美化烈士陵园环境。1988年1月，湖西革命烈士陵园被省人民政府批准为省级烈士纪念建筑物重点保护单位。1992年，县委、县政府根据各界人士的要求，组织发动全县干部群众捐资216.46万元改建、扩建烈士陵园，1995年9月竣工。1996年1月，被省政府批准为全省国防教育基地。同年，对烈士陵园再次进行绿化、美化。1998年5月，被省政府确定为全省爱国主义教育基地。2000年，投资10万元对烈士塔平台和护坡进行整修，并对南大门、西大门等建筑设施进行综合加固，购进各种花木20多种，增加绿化面积1300多平方米。园内建筑物有纪念塔、纪念堂各1座、纪念亭2座、公墓4座、单墓2座、拱桥2座、长廊1条，成为陵园、公园为一体的园林风景区。2001年4月30日，被国务院批准为全国烈士纪念建筑物重点保护单位。2006年1月，被省政府正式命名为“山东省国防教育基地”。2008年4月，单县成立湖西公园暨红色旅游基地建设指挥部，负责湖西革命烈士陵园改扩建工作，至2010年年底，完成改扩建工程。2010年，全年共接待瞻仰群众40万人次。

湖西革命烈士陵园

谢集革命烈士陵园 位于谢集镇史园村西，当地村民俗称“八路林”。墓地东西长193米，南北宽38米，占地0.73公顷，四周柏树环绕，陵园内 5 排齐整的钻天杨挺拔伟岸，树下 4 排 122 个革命烈士单墓排列整齐，紧紧相依。长眠于谢集陵园的烈士，均是在 1947 年 1 月晋冀鲁豫野战军第三纵队攻克单县城时牺牲的。当时，墓前立一片瓦，用银珠写上烈士姓名、籍贯、职务等。烈士大都是山西籍的。新中国建立后，县乡政府重修烈士墓，栽植树木，委派专人管理。每年清明节，县、乡各单位和当地村民、学生在这里开会，祭扫陵墓。

黄堆集革命烈士陵园　位于原黄堆乡乡政府对面路南，东西长约 40 米，南北宽约 30 米，北面和西面靠路，东边和南边有高约 1 米的围墙，陵园内植有 2 排白杨和 5 排柏树。陵园中最引人注目的是碑碣楼，碑碣高约 2 米，石碑正面顶端刻有“永垂不朽”，下面大书“抗战殉国烈士公墓”，左下为“中华民国三十四年四月榖旦立”。石碑背面顶端刻有“抗战光荣”，下面刻有专员李贞乾、团长肖明、政委刘仁贵、王云飞等 67 名烈士英名。黄堆集革命烈士陵园长眠着 1940 年 6 月八路军 115 师黄河支队 2 团在孙庄战斗中牺牲的 50 名烈士，1942 年 12 月 21 日反日军扫荡中在单东马桥牺牲的湖西专署专员李贞乾、公安局长王鼎成、10 团团长肖明等 40 多名烈士。1945 年 4 月，湖西军民立碑纪念。抗战胜利后，李贞乾和湖西区妇女部长常俊亭等人的忠骨迁往单县湖西革命烈士陵园。1946 年春，墓遭国民党军队破坏。1948 年春，单县人民政府修复。每年清明节，当地政府工作人员、周边学校师生到陵园集会，祭扫烈士墓。

黄堆集革命烈士陵园

第三节　安　置

退伍安置　1986 年，根据义务兵、志愿兵安置的有关法律、法规及有关文件精神，县政府制定具体安置办法：每年地区民政局下达安置计划后，企业单位分配计划由劳动部门负责编制，事业单位分配计划由人事部门编制（事业单位分配比例按照不低于安置总数 10% 掌握）。计划编制后，由民政部门负责按计划派遣。1992 年，为体现安置公开、公正、公平，县政府印发《关于一九九二年冬季退伍军人安置工作的实施意见》，对退伍士兵实行档案考核、评分安置的办法。根据退役士兵的军龄、军衔、学历、职称和技术专长划分，由退伍安置办公室根据本人得分，由高分对应分段后的接受单位名次，择优分配。并将安置计划、档案分数、分配结果三张榜三公开。2002 年 10 月 7 日，省政府发布《山东省城镇退役士兵自谋职业办法》，规定对城镇义务兵及转业士官，在个人自愿、政府扶持的原则下，可实行自谋职业。自谋职业的退役士兵，可领取一次性经济补助金。2002—2010 年，单县对自谋职业的城镇退役士兵补助金标准，按照本县上年度职工平均工资额的 2.5 倍左右发放。另外，自谋职业的退役士兵，按照国家有关规定，在就业服务、社会保障、个体经营、税收、贷款、户籍方面享有优惠政策。1986—2010 年，单县共接收安置城镇义务兵 7303 人，志愿兵 975 人，伤残 225 人，立功 1266 人。

军地两用人才 1985—2010年，全县共接受军地两用人才7272人，使用5817人，使用率为80%。其中，成为企业技术骨干的1678人，在村、居委会任职972人，兴办经济实体125人，通过劳动部门、市退役士兵安置基地、市总工会等单位向外输送安置军地两用人才3042人。

1993—2010年单县退伍军人安置统计表

表23-1-4 单位：人

年份	城镇义务兵	士官	总数	年份	城镇义务兵	士官	总数
1993	296	106	402	2002	200	110	310
1994	284	102	386	2003	171	125	296
1995	269	104	373	2004	133	72	205
1996	200	95	295	2005	169	53	222
1997	247	88	335	2006	157	73	230
1998	271	105	376	2007	115	65	180
1999	326	201	527	2008	112	73	185
2000	308	114	422	2009	105	62	167
2001	276	101	377	2010	99	45	144

军队离退休干部安置 1987年，接受离退休老干部10人，其中，师级2人，团级5人，营级以下3人。帮助他们修建住房21间，并为其办理公费医疗证和物资供应优待证及子女入学、工作调动等，解决他们的后顾之忧。1988—1990年，接受军队离退休人员16户，其中在军休所居住7户。1992年，在向阳路东段新建1幢军休所办公楼。1991—2010年，单县共接收军队离退休人员30人，其中，离休5人，退休19人，军工6人；副师级2人，团职8人，营职以下20人。1997年，根据管理第一、服务在先原则，不断完善服务设施，在军休所开设娱乐室和乒乓室，建设6个老年门球场和2个健身活动广场，军休所成为军休干部之家。

第四节 拥军优属

1986年，利用单县参加对越自卫反击战立功人员回家探亲之机，开展“战士在我心中”活动，组成英模报告团深入到各乡镇、工厂、学校巡回报告25场次，5万多人受到具体生动的爱国主义教育。每年的“八一”建军节、元旦、春节等重大节日，县委、县政府组织慰问团到驻单武警中队、消防中队、军休所、烈军属家中走访慰问，并举办茶话会、座谈会、文娱晚会进行庆祝或纪念活动。2002—2010年，县委、县政府从维护“改革、发展、稳定”的大局出发，把“双拥”工作做到“四纳入”（即把“双拥”工作纳入重要议事日程、纳入干部政绩考核范围、纳入经济和社会发展总体规划、纳入精神文明建设重要内容）、“三挂钩”（即与领导干部职责挂钩、与部门责任挂钩、与单位评先创优挂钩）；把“双拥”宣传纳入全民教育计划，在县党校增设国防教育和“双拥”课程。先后投资5万元，建设永久性“双拥”标志牌130块，举行国防教育专题讲座24场次，邀请八路军老战士做报告50场次，组织各种形式的军民联欢、联谊46场次。在县新闻媒体开设“双拥”专题和专栏，累计编发双拥稿件86篇。2004年9月，开展“看军事片、看短讯中大奖”国防教育活动，成功举办“双拥”杯知识竞赛。同年，成立军人家属服务中心3个，成立县乡两级拥军优抚小组305个。人武部、消防中队、武警中队成立拥政爱民小组3个。县国税局、教师进修学校、师范、一中、菏泽卫校、百寿坊食品有限公司等15个单位与驻军结成共建单位，签订共建协议，完善共建制度，保证共建活动经常化，有12个军民共建点被评为文明单位。同年，为298名企业对越参战伤残军人办理低保手续；拨专款15万元，用于解决优抚对象的生活困难。2005年始，连续6年开展“固我长城”救助活动，对烈属、伤残军人子女大学生、特困军嫂、特困重点优抚对象进行救助。2008年，单县被省委、省政府、省军区命名为“山东省双拥模范县”。

第五节　救灾救济

救灾　1986年雨雪少且分布不均，全县农作物受旱面积4.67万公顷，成灾面积1333.3公顷。县民政局下拨救灾资金45万元，安排受灾群众的生产生活。1987年6月10日、8月31日，境内遭受暴风雨和冰雹袭击，大面积农作物受灾。县民政局下拨救灾资金48万元。1988年，大旱，全县受旱面积8万公顷，其中重旱面积1.69万公顷。县民政局下拨救灾资金50万元，解决灾民生活困难。1990年7月9日，全县普遭暴风雨袭击，有59个行政村、1956个自然村受灾。损毁房屋5739间，砸伤114人（重伤29人）、死亡3人，刮倒折断树木190万棵，果树落果3750吨，农作物受灾40620.3公顷。7月21日，境内西部和北部8个乡镇再次遭受龙卷风及暴雨袭击，共有47个行政村、51628人受灾，损毁房屋2650间，砸伤48人，其中重伤6人，死伤家畜462头，刮倒树木75.6万棵，农作物受灾2.2万公顷，成灾1.03万公顷，绝产2067公顷，损毁广播、通讯水泥杆3500余根，果树落果率30%以上，经济损失4759.73万元。灾情发生后，县委、县政府迅速启动防汛抢险预案，组织卫生、民政、通讯、电力等部门救治伤员，发放救灾物资、资金，恢复通讯和电力供应，所在乡镇、村安置受灾群众，组织灾民开展生产自救。当年，县民政局下拨救灾款56万元，发放面粉55吨，全县干部职工捐献衣被2.3万余件（床）。1996年8月4日，东北部7个乡镇遭受暴风雨、龙卷风袭击。农作物受灾面积5.27万公顷，减产粮食6万吨、棉花1700吨、油料1.03万吨，倒塌损毁民房736间，因灾死亡1人，伤54人，死亡大牲畜23头，直接经济损失1.3亿元。县民政局下拨救济救灾资金86万元，帮助受灾群众恢复生产，重建家园。1998年8月22日，张集、黄堆两个乡的部分村庄遭龙卷风袭击，损坏房屋700余间、高低压线路600余米、树木2万余株，200公顷玉米严重倒伏，33.33公顷果园遭受损害，50人受伤，其中重伤6人。直接经济损失1亿元左右。当年，县民政局下拨资金105万元，安排灾民生产生活。2001年，全县遭遇50年一遇特大干旱，全县8万公顷农作物受旱。县委、县政府召开抗旱双保会议，实行县领导及县直有关部门包乡镇、乡镇领导包村、村干部党员包户的层层承包责任制，发动群众利用一切水源和机具，抗旱保苗。组织27支打井队分赴张集、高老家、郭村、时楼、蔡堂、曹庄等乡镇，突击打井抗旱。2003年春旱。全县投入抗旱劳力50万人次，新打机井2070眼，修复旧井920眼，新增和改善灌溉面积5300公顷。入夏，降雨量大增，整个汛期共有41次降雨过程，全县平均降雨量734.48毫米。全县20个乡镇，502个行政村，105万人不同程度受灾，其中受灾较重的12个乡镇，156个行政村，84.5万人，受灾严重的23万人。全县倒塌房屋9197间，损毁树木2.25万棵，损毁桥、涵、闸153座，冲毁堤防3处、4.12公里。东鱼河沿岸的徐寨灌区地势低洼，受灾最重。县领导亲临一线指挥，视察灾情、慰问受灾群众，组织乡镇利用各种排水机械，昼夜排除积水，安排抢险救灾、群众安置、恢复生产、学生复课、社会稳定等工作。当年，县民政局下拨救灾资金120万元，面粉49吨。2004年7、8两个月全县平均降雨量603.5毫米，为常年同期月平均降雨量的1.86倍。8月27—28日，全县平均降雨量164.73毫米，徐寨、时楼两镇降雨量超过265毫米，造成2.8万公顷农田积水，2.2万公顷受灾。倒塌房屋525间，损坏桥、涵38座，损毁公路25.2公里，被水围困村庄76个，供电通讯线路中断6000米，粮食减产约8万吨，直接经济损失9600万元。当年，县民政局下拨救灾资金125万元。2005年雨量较大，汛期延长12天。汛期共有24次降雨过程，降雨天数达50天，全县平均降雨量774.4毫米，全县20个乡镇全部受灾。7月份一次大暴雨，强度大，范围广，黄白河沿河两岸许多农田和村庄被淹。县立即从县直各部门抽调人员成立救灾工作组，分赴受灾乡镇转移被困群众，安置灾民，帮助恢复生产和重建家园。县水利局工程技术人员，分赴各险工险段，进行技术指导和灾情调查，对水毁工程，提出抢修的应急方案和措施；电力、通讯部门抢修水毁通讯、电力线路；交通部门整修水毁道路。当年，县民政局下拨救灾资金126万元，面粉54吨。2009年前期连续3个多月无有效降雨，全县旱情严重。全县新打机井1864眼，维修机井356眼，投入抗旱劳力69万人次，抗旱资金200万元。当年，县民政局下拨救济救灾资金140万元，面粉90吨。2010年，县民政局下拨救济救灾资金143万元，面粉85吨。

1986—2010年，县民政部门累计下拨自然灾害救济款2412万元，面粉673吨，发放衣被11.15万件（床）。

1986—2010年单县人民政府拨付救灾款物统计表

表23-1-5

年份	救济救灾款（万元）	面粉（吨）	衣被（件或床）	年份	救济救灾款（万元）	面粉（吨）	衣被（件或床）
1986	45	—	—	1999	105	—	16884
1987	48	—	—	2000	93	86	—
1988	50	—	—	2001	98	—	—
1989	53	—	—	2002	95	—	—
1990	56	55	23340	2003	120	49	—
1991	63	—	—	2004	125	—	—
1992	98	65	—	2005	126	54	—
1993	86	63	—	2006	102	—	—
1994	85	—	—	2007	125	68	—
1995	92	—	—	2008	135	58	34680
1996	86	—	—	2009	140	90	—
1997	93	—	—	2010	143	85	—
1998	150	—	36644	—	—	—	—

社会救助　1986年后，继续救助农村治病难、生活难、住房难的困难户。同时，对60年代精减退职职工继续实行享受40%救济的待遇。1995年，在省民政厅支持下，单县实施黄河故道滩区扶贫安居工程，圆满完成故道滩区5个乡镇102户特困户的建房任务。1996—1997年，帮助黄河故道滩区7个乡镇319户1276名特困群众建起新砖瓦房1117间。1997年12月，实行城乡居民最低生活保障制度。经过调查，确定当年城镇居民的生活保障线为每月100元，农村居民最低生活保障线为每年500元（含250公斤粮食）。同年，全县领取生活保障金的城镇居民312户500人，农村居民2325户3002人。1998年，县政府把扶贫安居工程列为“十大民心工程”之一。同时，县民政局投资120余万元，帮助104户住房困难户建新房297间。1999年，部分企业经营不善，下岗待业人数增多，县委、县政府决定提高保障标准，增加保障人数。城镇居民的最低生活保障线由100元提高到130元，保障人数由500人增加到700人。2001年，县民政局多方筹集资金，购买1183只青山羊发放给1183户特困群众，并明确县、乡1183名副科级以上干部结对帮扶。规定第一批母山羊生下羊羔后，自动交出1只小母山羊由乡镇政府和帮扶干部再安排1户特困户饲养。年底，“千只羊工程”由1183户发展到2616户。2002年，山东省西部地区社会救助工作现场会在单县召开，对单县社会救助工作给予充分肯定。2003年，全县4685户11505名城镇困难居民享受最低生活保障。2004年，实行低保补助社区化管理和社会化发放，全县4671户8286人享受低保待遇，低保补差标准由每人每月28.5元，提高到42.5元。同年，为768户无建房能力的双缺户（即缺钱、缺粮）、五保户、优抚对象新建瓦房883间。2005年9月，县民政局成立单县爱心超市，1000余名群众凭证购物可享受低于市场30%的优惠。同年，成立单县慈善总会。之后，每年实施“特困生救助”工程，共募捐善款1131.88万元，救助特困大学生1857人、特困中小学生1206人，确保特困学生正常学习、生活。至2010年，救助城乡困难重大疾病患者1566人，救助金额491.7万元；收容救助流浪、乞讨、被遗弃和遭遇困难人员825人。2010年年底，全县有低保对象60337人。其中，城市低保对象6257人，低保补差标准每月135元；农村低保对象54080人，低保补差标准每月75元。

第六节　社会福利

福利企业　1986年，提倡和鼓励兴办福利企业，组织有劳动能力的残疾人参加劳动，自食其力，自谋生活。12月5日，县民政局有关负责人和部分乡镇民政助理员赴京参加全国福利企业产品展销会。1987年4月27日，县政府组织分管民政的副乡（镇）长和民政助理员到菏泽、东明、郓城参观学习。1987年年底，单县福利企业32家，涉及照相、理发，面粉、羊毛加工，腐竹、煤球生产及木业、商业等十几种行业。有厂房287间，占地4.5公顷，总投资204.49万元，共有职工461人，其中“四残”人员（即盲、聋、哑、肢体残疾的人）96人。1990年，整顿福利企业，有福利企业30家（新发展2家，取消4家），安置残疾人员273人，完成产值917万元，实现利润91.5万元，提取福利基金2.5万元。1992年3月，建立单县民政局福利工艺品厂；5月，建立单县莱河电磁线厂，该厂有固定资产92万元，流动资金538万元，职工54人，其中，技术人员5人，“四残”职工28人。1993年，单县莱河电磁线厂参加省“百强企业”排序活动。1996年后，由于经营体制的变化，一些福利企业相继破产、倒闭或改制。2010年，境内有山东莱河电磁线有限公司、单县民政局福利汽车修理厂、单县花园密封材料厂、单县莱河电源材料厂、单县金鑫铸造有限公司等5家福利企业，安置残疾职工 186 人。

五保供养 1985 年前，单县“五保”供养主要采取敬老院供养、分散供养、亲友赡养三种形式。全县共有“五保”户 3170 户、3354 人。1986 年，县民政局拨专款 11.51 万元在蔡堂、徐寨、终兴等 9 个乡镇建起敬老院，集中供养“五保”老人 57 人。1987 年，投资 180.4 万元，新建敬老院 19 处。全县敬老院发展到 28 处，新建、扩建房屋 174 间，占地面积 21 公顷，其中，生产基地 12.2 公顷，集中供养“五保”老人 320 人，是 1985 年供养人数的 4.2 倍，占全县“五保”总数的 9.4%。1992 年，全县五保户 2598 户、2661 人。在地方财政十分困难的情况下，37 个乡镇已建起敬老院 36 处，供养“五保”老人 927 人，占“五保”老人的 28%。1997 年，对芦墓、孙溜、王小庄、浮岗、蔡堂等 5 处敬老院改建或扩建。全县 37 处敬老院，共占地 61 公顷，建房 1279 间，集中供养“五保”老人 1012 人，集中供养率 33%。1999 年年底，集中供养“五保”老人 1065 人，集中供养率达 35%。同年，全县 37 处乡镇敬老院都兴办经济实体，全县以副补院纯收入 37.6 万元。2001 年，全县调整乡镇区划，敬老院合并至 20 处，集中供养“五保”老人 1206 人，集中供养率 43%。2010 年，单县实现“五保”供养费用县财政统筹，境内有 6 处敬老院达到省一级院标准，有 9 处敬老院达到省二级院标准，有 2 处敬老院达到省三级院标准。

有奖募捐 1989 年 3 月始，境内发行即开型社会福利有奖募捐奖券，年销售额几万元。1992 年，成立单县福利有奖募捐办公室。1994—1998 年，每年在十月（农历）物资交流大会上组织发行即开型大奖组社会福利奖券，销售即开型社会福利奖券 700 万元。2000 年 5 月 1 日，县民政局成立福利彩票发行中心，正式开通电脑福利彩票发行系统，在境内设立 10 个电脑福利彩票投注站。福利彩票发行中心对销售员实行统一培训和分散指导，制定各种规章制度，规范销售工作。2001 年，全年发行福利彩票 1068 万元，提取福利基金 133.5 万元，位居全市前列，被评为菏泽市福利彩票发行先进单位。2002 年，城镇投注站增至 30 个。2004 年，新增农村投注站 12 个，全年销售电脑福利彩票 540 余万元，销售网点即开奖 4000 元。至 2010 年年底，全县共有 35 处电脑福利彩票投注站，其中，城区 21 处，农村 14 处。2000—2010 年，单县共销售福利彩票 1.5 亿元，上级核拨单县福彩公益金 1100 余万元。

时楼镇徐集村幸福院

第七节 专项事务管理

地名管理 1980 年 2 月，县地名办开始对境内地名进行普查，至 1981 年 12 月，共普查验证地名 3000 余条，填写地名卡片近万张。1982 年，对普查搜集的资料进行复查、考证。次年对地名进行补查。1984 年，进行复查。1985 年，县地名办开始编纂《单县地名志》，1992 年 12 月成书。全书共计 60 万字，分上、中、下三册。1993 年 12 月，县地名委员会办公室由县政府办公室移交县民政局。1996年，校定单县行政区划图，完成徐寨、蔡堂2个镇的农村地名城市化管理试点，奠定全县地名规范化管理基础。1997年，对城区没有地名和命名不规范的居民区进行调查，完成平安巷居民点命名和巷牌、门牌安装工作。同时，完成国道、省道两侧500米以内村庄地名调查工作，并设立地名标志。同年，县民政局组织人员，会同各乡镇对单县地图进行增补、修改，并征求城建、交通、水利、公路、林业等部门意见，印刷新版单县地图。1999年，完成城区永泰巷、永乐巷、永康街、永安街4个居民点的命名工作，并设立地名标志。12月，杨楼乡撤销乡设镇，对镇驻地的街道规范化命名，安装地名标志。2000年，通过勘测和调查，绘制完成城区街道现状图，命名城区街道。同时，配合上级业务部门完成县内政区名称用字读音审定工作和全县合乡并镇前期准备工作，为领导决策提供科学依据。2001年，将浮岗水库更名为浮龙湖，将其西邻小水库命名为月亮湾。2003年，针对城区一些街、路、巷、区，无名、无序、无牌现象，县地名委员会办公室抽调专人调查，制定《单县城区地名规划》和《单县城区部分街、路命名、更名方案》。2004年，县民政局成立地名档案管理领导小组，设立地名档案室，添加档案橱柜，采用五防（即防火、防潮、防盗、防霉、防水）措施，建立档案。按照国家的街路命名规定，结合单县实际，制定城区街路命名方案，为7条主要街路制做64块标牌，至2005年3月，全部安装到位。2005年，县民政局联合公安部门，完成城区部分沿街两侧门牌和部分居民门牌安装任务。并按照省市要求，建立地名数据库，实行微机管理。同年，出版《单县政区图》。2008年5月，根据单县行政区划的变迁，印制新版《单县政区图》。

勘界　1996年，配合省地进行鲁皖边界勘界工作，确定鲁、苏、皖和鲁、豫、皖2个3省交汇点，完成鲁皖省界41公里的勘定任务。1997年，进行鲁豫边界勘定工作，确定单（县）、虞（城）、商（丘）和单（县）、曹（县）、商（丘）2个2省交汇点，完成鲁豫省界46.2公里勘定任务，完成单、曹两县的56.83公里勘界任务，并配合省民政厅在单县召开鲁豫边界第四次协商会议。1999年，全面贯通鲁、苏、豫省际边界线、单金区边界线，并完成单县成武线、鲁苏线单县段界桩埋设工作，确定单（县）、金乡（县）、丰（县）两省3县交汇点，同时完成鲁苏省界52.46公里勘界任务。同年，还完成单县、成武两县74.5公里勘界任务，单县、金乡两县45.67公里的勘界任务。单县成为山东省唯一贯通县际、省际边界的县。单县、成武两县边界线勘界获山东省勘界工作二等奖。2008年，完成原单城镇撤镇设置街道勘界工作，修改和完善单县政区图；与成武县、江苏省丰县、安徽省砀山县民政局联合开展平安边界创建工作。2010年，完成单县、成武县边界联合检查；对城区损毁的地名标志牌进行维修；完成莱河、郭村、高韦庄、浮岗、谢集、高老家、曹庄7个乡镇地名设标和高韦庄镇大徐庄村地名设标试点工作。

社团管理　1990年7月，单县开始进行社会团体登记工作。1992年，根据国务院发布的《社会团体登记管理条例》和对社团清理整顿的方针政策，县政府制定《单县清理社团实施方案》，从2月开始，对全县社团进行普查登记。经审查，对有办公地点、有合法经济来源、业务活动正常、为单县改革开放和两个文明建设做出贡献的社会团体进行依法登记。1997年，依照《社会团体登记管理条例》完成年检，为2个新成立的社团办理登记手续，取缔8个长期不开展工作、组织不健全的社团。1999年，继续对民间社团进行清理整顿，依法注销20个长期不开展工作、组织不健全的团体，为符合《社会团体登记管理条例》规定的17个社团颁发证书。2000年，县民政、公安、文化、教育、卫生、体育等部门，对全县气功类社会组织进行调查摸底，依法取缔4个非气功类社会组织。2002年，县委办公室、县政府办公室印发《关于开展民办非企业单位复查登记工作的通知》，单县民间组织管理工作正常化、规范化。2002—2010年，按照国务院《社会团体登记管理条例》和《民办非企业登记管理暂行条例》的要求，清理整顿、复查登记境内社会团体和民办非企业单位。至2010年年底，全县共登记民间组织53个，其中，社会团体25个，民办非企业单位28个。

1992—2010年单县社会团体登记情况一览表

表23-1-6

团体名称	登记时间	地点	业务主管部门
单县个体私营协会	1992.03.15	单县工商局院内	县工商局
单县消费者协会	1992.03.15	单县工商局院内	县工商局
郭村镇大韩庄农民用水者协会	2004.05.20	郭村镇大韩庄	郭村镇
单县舜师书画协会	2004.12.02	单城友谊村	县文化局
单县羊肉汤行业协会	2005.04.30	工商局院内	县工商局
单县慈善总会	2005.07.08	县政府院内三号楼	县民政局
单县农机协会	2005.06.26	健康路152号	县农机局
郭村镇青刀豆协会	2005.09.08	郭村镇镇政府	郭村镇镇政府
单县罗汉参产业协会	2006.03.22	单父路西段	单城镇政府
韦洼扬水站灌区农民用水者协会	2006.03.26	单县水务局	县水务局
火神庙杨水站灌区农民用水者协会	2006.03.26	单县水务局	县水务局
常老家杨水站灌区农民用水者协会	2006.03.26	单县水务局	县水务局
火神庙杨水站灌区农民用水者协会	2006.03.26	单县水务局	县水务局
常老家杨水站灌区农民用水者协会	2006.03.26	单县水务局	县水务局
莱河镇灌区农民用水者协会	2006.03.26	单县水务局	县水务局
时楼镇农民用水者协会	2006.04.29	时楼镇政府水管站	县水务局
单县爱心工程协会	2006.12.28	单城镇徐庄村	县广电局
高韦庄镇木业加工协会	2007.10.19	单县运通木业有限公司	高韦庄镇政府
杨楼镇蚕业协会	2007.12.24	杨楼镇杨黑楼村	杨楼镇政府
单县家禽养殖协会	2008.05.23	莱河镇恒茂孵化场	县畜牧局
单县人口计生公益事业促进会	2008.07.18	单县计生局	县计生局
单县民营企业互助发展促进会	2008.08.28	人民银行院内	县经贸局
单县自行车运动协会	2009.08.31	建设局北	县体委
单县消防协会	2009.11.04	北园路中段	县公安消防大队
单县石老家净水厂供水协会	2009.11.30	石老家净水厂	县水务局
单县预防职务犯罪协会	2009.12.07	单县检察院	县检察院
单县象棋协会	2010.08.16	单县体育中心	县体育中心

2003—2010年民办非企业单位登记情况一览表

表23-1-7

单位名称	成立时间	办公地点	业务主管部门
湖西幼儿艺术学校	2003.05.28	单县原保险公司院内	单县教育局
山东省五联中学	2003.06.16	郭村镇	单县教育局
单县古楼职业培训学校	2003.08.05	向阳路	单县劳动局
单县电厂老焊工培训中心	2003.09.18	白云路	单县劳动局
单县新东方学校	2003.09.06	文化路中段	单县教育局
单县中日友好慧光学校	2003.09.08	慧光路西端	单县教育局
单县育才小学	2003.09.30	单城镇政府南邻	单县教育局
单县龙翔中学	2004.03.09	东环路	单县教育局
单县睿智文化艺术培训学校	2004.04.09	向阳路	单县文化局
单县胜利技校	2004.04.30	向阳路	单县劳动局
单县天元中学	2004.06.01	文化路中段	单县教育局
单县鹏程汽车驾驶职业培训学校	2004.11.16	向阳路	单县劳动局
单县天奇幼儿园	2004.11.23	单丰路	单县教育局
单县希望学校	2004.11.26	湖西路南端	单县教育局
单县老年公寓	2004.12.02	胜利路	单县民政局
单县民康医院	2005.05.16	郭村镇郭村	单县卫生局
单县浮岗镇鲁豫宏远学校	2005.05.20	浮岗镇李新集	单县教育局
单县郭村镇常青学校	2005.05.31	郭村镇大李海	单县教育局
单县曙光学校	2005.06.06	曹庄乡曹庄村	单县教育局
单县浮龙学校	2005.06.09	浮岗镇	单县教育局
单县五星学校	2005.06.18	郭村镇	单县教育局
单县终兴镇龙腾学校	2005.6.21	终兴镇西	单县教育局
单县黄河中医药研究所	2006.03.06	黄岗镇花园村	单县卫生局
单县小新星英语培训中心	2006.04.16	南郊市场	单县教育局
单县鲁西南疼痛研究所	2007.01.09	文化路南段	单县科技局
单县老子文化研究中心	2007.10.17	浮岗镇	单县文化局
聂卫平围棋教室单县基地	2008.07.03	湖西路中段	单县体育中心
菏泽开山栝楼研究所	2010.05.14	黄岗镇	单县科技局

婚姻登记管理 1986年，境内婚姻登记由县民政局主管，各乡镇民政助理员办理结婚登记手续。按照《中华人民共和国婚姻法》规定，男满22周岁，女满20周岁，由男女双方申请，持单位介绍信均可登记结婚。同年，各乡镇婚姻登记室统一使用县民政局制作的“单县人民政府婚姻登记专用章”办理结婚登记手续。1987年，各乡镇建立婚姻登记档案，使用省民政厅统一印制的4种证件（结婚证、离婚证、夫妻关系证明书、解除夫妻关系证明书）。3月，培训全县婚姻登记人员，学习《中华人民共和国婚姻法》和新的婚姻登记办法。1990年年初，县执法检查领导小组把学习贯彻《中华人民共和国婚姻法》列为民政部门工作的主要内容。3月，县民政局对部分乡镇和行政村执行《中华人民共和国婚姻法》情况进行调查。同年，县民政局民政股开始办理结婚登记手续。1993年9月，对晚婚晚育实行“双卡”（男卡25周岁、女卡23周岁）管理，严把“四关”（行政村严把婚姻状况证明关，公安部门严把年龄关，民政部门严把晚婚关，计划生育部门严把婚育关），共同做好晚婚晚育工作。1996年，县民局筹建县婚姻登记处，1997年1月正式办公，实行婚姻登记全县集中办理。同时在高韦庄、蔡堂、张集3个乡镇设立巡回登记点，定期巡回办公，方便边远乡镇婚姻当事人。依法开展婚前检查，维护婚姻当事人切身利益。当年，全县共办理结婚登记5341对，结婚登记合格率和女性初婚晚婚率100%，婚前体检率95%以上。1998年，县民政局婚姻登记处增设郭村、黄岗、终兴、徐寨4个婚姻巡回登记点。1999年，开展婚前教育、照相等系列化服务。从申请登记、填表、体检、收费、发证实行流水作业，定岗、定人、定责任，层层把关，杜绝违法登记办证等现象发生。2009年，县民政局婚姻登记处被民政部授予“全国婚姻登记规范化单位”称号。2010年，单县结婚登记率、登记合格率和女性初婚晚婚率分别为100%、100%和99.7%。

1986—2010年婚姻登记情况统计表

表23-1-8　　单位：对

年份	结婚登记	离婚登记	补领婚姻证	年份	结婚登记	离婚登记	补领婚姻证
1986	6034	—	—	1999	8993	32	54
1987	6505	—	—	2000	8200	55	84
1988	5226	—	—	2001	6274	65	104
1989	5280	—	—	2002	8241	67	154
1990	4732	—	—	2003	7618	98	91
1991	7770	—	—	2004	7803	272	63
1992	5753	—	—	2005	9060	310	139
1993	5398	—	—	2006	8571	416	179
1994	5927	—	—	2007	10359	636	264
1995	6800	—	—	2008	10949	756	409
1996	7193	—	—	2009	11163	673	828
1997	5341	3	4	2010	13083	877	1168
1998	7209	6	20	合计	189482	4266	3561

殡葬管理　1984年10月17日，县政府印发《关于进一步推进殡葬改革的布告》，规定境内死亡人员除少数民族外，一律实行火化；对国家工作人员特别是党员干部不执行火化和殡葬规定的，视其情节轻重给予经济处罚和纪律处分；提倡厚养薄葬，丧事简办。由于传统观念影响，1985年，全县仅火化尸体128具，占死亡人数的2.3%。1986年，县委、县政府成立以县委副书记为组长的县殡葬改革领导小组，召开6次殡改专题会议，各乡镇成立以乡镇长为组长的领导小组，初步形成层层有人管、级级有人抓的局面。至年底，火化尸体430具。1992年4月7日，在县剧院召开全县殡改动员大会。会后，实行“四包三定”，即县六大班子领导及殡改领导小组成员包区、乡镇，乡镇干部包管区，管区干部包村，村干部包户；定指标、定奖惩、定责任，初步形成一级抓一级新局面。当年全县共火化尸体4829具，火化率96%；平坟头10481个，还耕土地42公顷；建立村级红白事理事会959个；建乡镇劳动人民骨灰堂16处。单县殡改工作获菏泽地区行署二等奖。1993年3月，按照地区行署要求，成立单县殡葬协会。1995年，完成火葬场火化车间改造。1996年，建设纪念堂、祭奠室9间，新铺水泥路面60米，更换高压线路150米，完善火葬场功能。同年，县民政局组成7个工作组，分片承包乡镇，检查、督促、指导殡改工作。利用广播、电视、宣传车、标语等多种宣传形式和工具，广泛宣传殡改的意义和有关政策。当年，各乡镇火化进度每月在县电视台公布1次，县民政局领导发表电视讲话7次，编印简报5期，县乡出动宣传车200余辆次，刷写标语1000余条。全年火化尸体5679具，火化率98%以上。1997年，县委、县政府将殡改列为“三创建”活动的重点内容，实行精神文明先进单位一票否决；县民政局成立8个工作组进行检查、督促、指导各乡镇殡改工作，各乡镇建立专门班子对土葬偷埋、丧事大操大办和生产经营旧葬用品摊点进行查处；全县有96%的行政村将殡改列入村规民约，健全完善丧事简办各项规章制度，丧事简办率95%以上。同年，有18个乡镇建起劳动人民纪念堂，10个乡镇建立殡仪服务站。1999年，组建单县殡改监察大队，投资40万元改扩建火葬场，扩大服务范围，提高管理服务质量。全年火化尸体6183具，火化率100%。同年，单县火葬场更名为单县殡仪馆，并被批准为国家三级殡仪馆。2001年，投资220余万元，建立单县永安公墓。2000—2010年，全市殡改工作检查中，单县连续11年被评为菏泽市殡改工作先进县。

第二章　信　访

第一节　信访制度

接访制度　1984年，建立“分级负责、归口管理”的信访工作制度和领导接访制度。以领导阅批的信访案件为重点，立案交办。1999年，实行县级领导公开接访制度。县委、县政府制定《关于县级领导干部公开接待群众来访的实施意见》，建立领导接访日和领导处理信访问题制度。1999—2004年，实行县级领导每月1日、15日公开接访制度。2004年，县委、县政府建立县集中处理信访突出问题和群体性事件联席会议制度。县委书记任联席会议总召集人，县委副书记、县政法委书记、县政府分管领导任召集人，28个相关部门任成员。联席会议下设办公室，办公室设在信访局，县委办公室副主任、信访局长任办公室主任。县信访联席会议办公室每季度召开一次成员例会，非常和敏感时期即时召开会议，听取信访工作汇报，集中研究解决信访突出问题。坚持领导干部接待群众来访，阅读群众来信，实行领导包案责任制制度；建立信访工作领导责任制，实行调研排查、来访督查和信访户回访制度，有效减少群众越级上访、集体上访和重复上访。同年，县委、县政府被省委、省政府评为全省信访工作先进单位。2005年后，县级领导公开接访制度改为每周二接访，地点在县信访局。根据信访工作形势需要，开展县委书记、县长大接访活动，设立待遇、涉法涉诉、农村、城建国土4个接访组，分别由县级分管领导任组长，48个部门主要负责人陪访，处理一大批热点、难点和焦点问题。此外，实行县直部门、乡镇（街道）领导干部周一、周四公开轮流接访制度，增加接访密度和频率，有效减少全县信访存量。2007—2010年，上访量大幅度下降，其中2008年到县上访量比上年同期下降20%。2010年，县委、县政府再次被省委、省政府评为全省信访工作先进单位。

基层信访网络建设 2002年起，全县逐步建立县、乡、村三级信访网络，县直有关部门设立信访科，配备专职信访干部；乡镇设立信访办公室，配有2～3名专职信访干部，有专门的人民来访接待室；各行政村都建立3～5人的信访民调小组。2004年，县直部门成立以单位主要负责人为组长的信访工作领导小组，各乡镇成立以党委书记或副书记任组长的信访工作领导小组。利用办培训班和以会代训的形式对全县信访干部进行培训。2006年，在全县深入开展重信重访专项治理活动。2007年，加大信访基层组织建设力度，充实调整基层信访工作干部，加强动态预测，超前工作，把问题解决在基层。2008年7—10月，开展迎奥运、保稳定“矛盾纠纷排查化解百日集中活动”。2010年，成立7个专项工作组，10个督导组，对梳理出的信访突出问题，集中时间，集中力量，开展信访积案大化解活动。

中共单县县委　单县人民政府
信访局受理来信来访程序

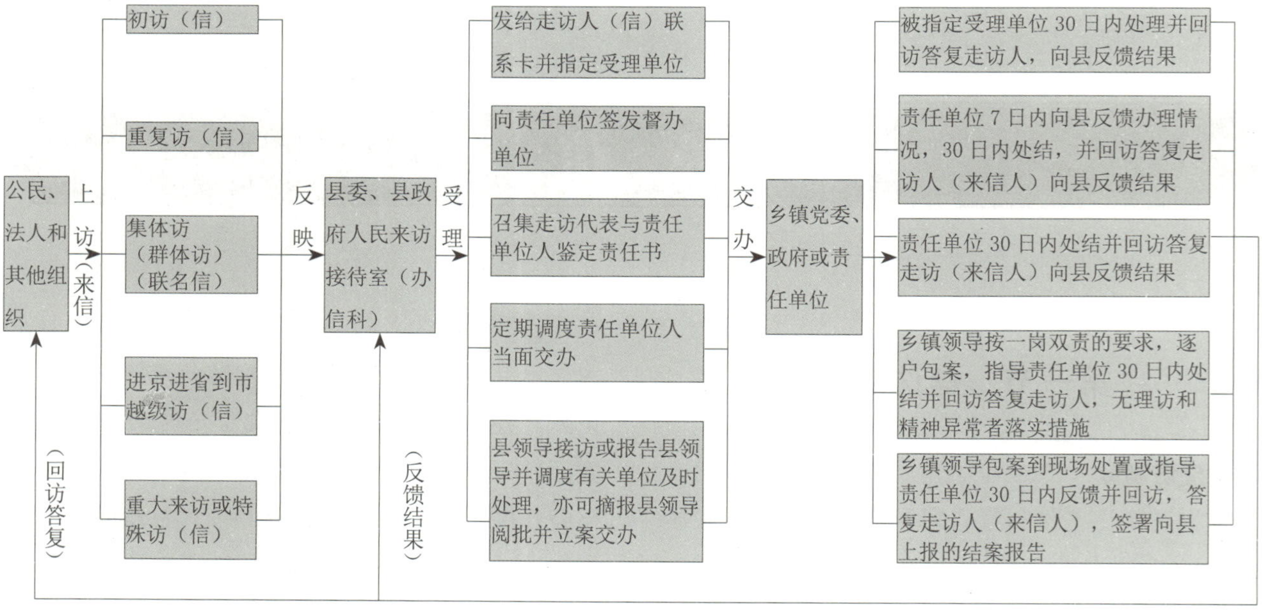

第二节　信访案件处理

1986年前后，涉及信访的案件，主要是历史遗留问题、农村提留问题和农民责任田及宅基地纠纷，群访和越级访案件很少。1986年7月，根据县领导人批阅交办，县信访办公室会同土地管理、城建管理等部门妥善处理单县城区内的86件宅基地矛盾纠纷。1986—1990年，接到来信案件524件，接待来访案件855件（其中群访案件79件，越级访案件71件），处结1179件，处结率85%。进入90年代，随着改革的不断深入，部分人的利益受到冲击，社会矛盾渐显突出，信访案件逐渐增多。1998年，企业改制，信访案件更为突出。信访案件主要内容为下岗再就业问题、工资待遇问题、养老保险金缴纳问题等。当年，接收来信来访案件605件，处结521件，处结率86%。2000年后，随着城市建设大开发，信访案件内容也随之变化，主要内容为拆迁补偿问题、农民工工资问题、项目用地清障补偿问题等。针对上述问题，切实发挥基层信访网络作用，有效遏制信访案件发生。2005年，接收来信来访案件1198件，处结1066件，处结率89%。2010年，接收到来信来访案件621件，处结602件，处结率97%。

1986—2010年单县人民来信来访情况统计表

表23-2-1

年份	来信（封）	来访		其中				处结（起）	处结率（%）
				集体访		越级访			
		起	人	起	人	起	人		
1986	79	126	539	11	463	9	26	175	85
1987	95	153	698	18	513	12	39	205	83
1988	103	179	756	14	569	18	36	245	87
1989	112	196	832	17	679	15	29	262	85
1990	135	201	978	19	796	17	32	292	87
1991	146	224	1078	21	726	19	36	318	86
1992	152	231	1279	23	913	21	38	303	88
1991	157	248	1169	29	865	26	41	368	91
1992	165	241	1236	26	903	23	39	365	90
1993	169	253	1356	28	893	28	49	375	89
1994	189	298	1635	36	896	35	63	402	83
1995	176	275	1398	31	723	37	58	396	88
1996	198	296	1456	29	896	31	49	424	86
1997	206	336	1521	32	753	33	56	471	87
1998	259	346	1726	35	813	41	68	521	86
1999	212	311	1523	37	923	39	63	445	85

续表 23-2-1

年份	来信（封）	来访		其中				处结（起）	处结率（%）
				集体访		越级访			
		起	人	起	人	起	人		
2000	235	323	1678	41	821	31	56	496	89
2001	298	303	1593	39	863	36	64	504	84
2002	315	328	1890	52	839	49	87	540	84
2003	268	596	3097	76	1983	53	96	734	85
2004	291	723	4970	82	2388	61	89	861	85
2005	282	916	8806	155	4969	94	293	1066	89
2006	279	826	6451	115	4180	88	201	994	90
2007	252	608	4192	87	1821	69	173	782	91
2008	278	556	3218	72	1496	61	149	783	94
2009	247	428	2679	69	1289	58	127	640	95
2010	215	406	2256	62	1421	55	119	602	97

第三节　信访法规宣传

1996 年 1 月，国务院《信访条例》颁布实施后，县委、县政府利用多种形式进行信访法规宣传活动，并规定每年的 3 月为信访法规宣传月。1996—2000 年，累计发放各类宣传材料 100 万份，发放录音磁带 350 盒，张贴标语 4 万幅，悬挂横幅 1000 余条。在信访法规宣传月中，县委、县人大、县政府、县政协、县纪委五大领导班子领导上街宣传，接受记者采访，接待群众来访 1000 余人，出动宣传车 32 辆次。2001—2004 年，信访法规宣传月累计出动宣传车 30 辆次，发放各种宣传材料 120 万份，发放录音磁带 260 盒，张贴标语 35000 幅，悬挂横幅 800 余条，现场接待群众来访 900 余人。2005 年 4 月 29 日，全县《信访条例》集中学习、宣传、培训工作会议召开。30 日，县五大班子领导，县信访局、县法制办公室、县普法办公室、县公安局、县检察院、县法院等 27 个部门负责人及 80 多名信访工作人员，走上街头，向群众宣传《信访条例》及有关政策，在城乡共设咨询台 120 个，过街条幅 112 条，发放宣传材料 60 多万份，接受群众咨询 2300 余人次，把 1200 多份《信访条例》发送到乡村、企业，《信访手册》《信访人须知》户均 1 份。《信访条例》《信访手册》《信访人须知》等学习宣传资料，副科级以上干部、专兼职信访工作人员人手一套。2005 年 5 月 1 日，新的国务院《信访条例》颁布实施。2006 年后，县委、县政府将每年的 5 月 1 日作为信访法规集中宣传日，广泛宣传信访法规，全县信访工作走上法制化、程序化、正规化轨道。

第二十四编

科学技术

省级科技孵化器

1986年后，单县科技事业发展力度加大。1990年，县委、县政府先后制定《单县技术市场管理办法》《单县“八五”科技发展规划纲要》和《单县“科技兴单”实施方案》，进一步规范科技管理，促进科技普及推广和应用，加快科学技术向生产力转化。同时加强科技工作领导，健全县乡村户科技推广网络。至1992年，全县所有乡镇均配齐科技网长，所有行政村配齐科技村主任并建立科技领导小组。1996年，县政府作出《关于依靠科技进步，振兴单县经济的决定》，成立“科教兴单”领导小组，开展“创建全国科技先进县”活动。1998年5月，单县被国家科技部授予“全国科技工作先进县”称号。至2010年，全县列入高新技术产业统计口径的企业达70家。其中，省级高新技术企业3家，市级高新技术企业23家。全年实现高新技术产业产值97.38亿元。全县从事科技推广、科技服务人员5000余人。同年，单县被国家科技部授予“全国科技进步先进县”称号，被命名为“国家火炬新能源特色产业基地”，并成为菏泽市唯一被省科技厅确定为“山东省知识产权试点县”的县区。1986—2010年，单县共鉴定科技成果629项。其中，省、市级245项，县级384项。防震、气象监测和服务工作较快发展。通过防震知识宣传、应急预案制订和应急演练，全社会防震意识不断增强。气象观测和天气预报逐步由短期预报增加到中、长期天气预报、气象灾情预告等项目，防雷减灾和人工影响天气等工作有了新突破。

第一章　科技管理

第一节　科技队伍

领导队伍　1990年始，按照省委、省政府的统一部署，单县开始配备科技副县长，中科院、省农科院等单位先后选派鞠志国、刘鲁民、石永怀、邹剑等到单县任科技副县长。1994年后，全县各乡镇设置科技副乡镇长，主要负责抓好本乡镇农村民办科技推广服务组织建设，负责本乡镇科技项目及专利的申报，组织开展各类技术培训和本乡镇人才的管理。县委组织部、县科委每年对科技副乡镇长的工作进行一次考核，实行目标管理。1996年，成立由县委副书记、县长为组长“科教兴单”工作领导小组，组建工业和农业科技顾问团等咨询组织，开展科技咨询。

科技组织　1991年，加大城乡科技组织建设的力度，至1992年，全县37个乡镇配齐科技网长和科技村主任，938个行政村成立村级科技领导小组，发展科技示范户、专业户15006户，科技示范村165个，科技示范乡镇3个，科技示范企业3家。各类专业技术研究会245个，民办科研机构10个。同年，县政府投入2000万元，新建实验室、化验室20处，增设计算机1000台，科技实施能力明显加强。1993年，发展民办科技组织和科技实业，鼓励和支持社会上的闲散科技人员、离退休科研人员发挥其专长，以多种方式专职或兼职兴办民间科研机构，从事新技术、新产品的研究与开发。1995年，全县民办科研机构12个。1996年，单县民营科技企业发12家。1997年，县直主要经济部门设立科技科室，县属企业和乡镇骨干企业设置技术开发科或科技科。县科委对民办科技组织进行系统管理，并规定创办民办科技组织及其认定，需向县科委提出书面申请，由县科委进行审核批准。1998年，全县共有各类民营科技企业11家，共有专业技术人员55人。其中，中级以上职称10人。1999年，农村科技推广、服务机构612个，从业人员2800人；县属企业38家，建立科技机构36个，占94.74%；乡镇企业12家，建立科技机构10个，占83.33%。2001年合乡并镇后，全县20个乡镇、502个行政村均建立农村科技推广、服务机构，从业人员发展到3500余人。至2010年，境内305家规模以上工业企业全部建立科技机构。全县从事科技推广、科技服务人员5000余人。

科技人员 1986年，全县有科技人员2000余人（不包括教师）。1987年，企事业单位技术人员职务评审后，全县有5572人获得技术职称。其中，高级技术职称153人，中级1557人，助理级3253人，技术员级609人。至1991年，各类专业技术人员7250人（不包括教师）。其中，农业科技人员908人，具有高级职称13人，中级245人，初级650人；工程技术人员2077人，高级工程师16人，工程师310人，助理工程师1751人。1997年，为激励科技人员投入经济建设，促进单县经济和社会发展，建立专家人才库，并设立由学科带头人参加的专家委员会；改革科技人员收入分配制度，为科技人员发挥作用创造良好的环境和条件；鼓励技术人员开展有偿服务和技术承包，增加科技人员收入。同年，全县有各类专业科技人员15417人，其中，高级职称236人，中级2694人；并涌现出一批有突出贡献的科技拔尖人才，其中，地区级拔尖人才8人，县级拔尖人才30人。1998年，采取调入和智力引进两种方式，积极引进各类人才和智力。当年，从县外引进紧缺人才8名，智力引进20余人次。1999年，全县有专业技术人员18598人，其中，高级职称331人，中级3309人，初级14958人；其中，农民技术员占2744人。单县每万人拥有专业技术人员164人，科技管理人员25人。同年，全县各类专业科技示范村200余个，科技示范户1.5万户。2010年，引进高科技创新人才20人。至年底，全县共有专业技术人员25319人。其中，正高级职称50人，副高级职称1574人，中级职称9202人，初级职称14493人。每万人拥有专业技术人员207人。

2010年单县专业技术人员分布情况统计表

表24-1-1　　单位：人

专业	合计	正高级	副高级	中级	初级
教师	13659	—	1076	6597	5986
图书资料	21	—	2	10	9
工程技术	4034	—	108	623	3303
经济	933	—	6	205	722
卫生技术	4277	44	315	1183	2735
农业技术	1191	3	46	291	851
会计	944	—	11	189	744
档案	50	—	2	12	36
文物博物	12	—	1	3	8
工艺美术	19	1	1	12	5

续表 24-1-1

专业	合计	正高级	副高级	中级	初级
文化	84	1	0	18	65
新闻广播	63	1	2	44	16
律师	10	—	3	5	2
体育	22	—	1	10	11
合计	25319	50	1574	9202	14493

第二节　经费管理

1986 年，科技经费按照《山东省科学技术计划管理试行办法》中的有关规定管理和使用。1988 年，按课题设专户核算，对已实施的科研项目，县科委进行跟踪管理，按其进度拨款。结余的经费留在承担单位继续用于科研、开发。对回收的经费和三项费用（指国家为支持科技事业发展而设立的新产品试制费、中间试验费和重大科研项目补助费）的增值部分，继续安排科研、开发项目。1991 年后，改革科技计划管理办法，提高科技经费有偿使用比例，工业项目 80% ～ 90% 的回收，农业项目 50% ～ 60% 的回收，提高有限资金的利用率。对重大科技项目实行向社会招标。1994 年起，根据省委、省政府《关于企业技术进步工作的决定》，建立工业企业技术资金。县属实行承包经营责任制的国营工业企业，在不调减承包基数，保证完成财政上交任务的前提下，从销售收入中提取 1% 作为技术开发基金，其中，承担国家和省重点开发项目的企业按销售收入的 2% 提取；被评为地区以上技术进步先进企业，经批准允许按销售收入的 2% 提取；纺织机构产品按销售收入的 2% 提取。县属集体工业企业，按上述比例提取技术开发基金。1995 年，县科委印发《单县工业企业技术开发基金管理和使用暂行办法》，技术开发基金以县科委、经委为主，会同县财政局、税务局、工商银行进行管理；企业提取的技术开发基金，所有权不变，有偿储蓄按月利率 2.4‰计算；县集中的技术开发基金，所有权不变，有偿使用按月利率 2.4‰计算，自存入县工商银行之日起计息，使用期 3 年，期满后，本息一并付还各企业。1995 年后，建立起多渠道、多层次科技资金投入体系，全社会的科技投入不断增加，科技事业费用的增长速度高于全县财政预算支出的增长速度。1996 年，开展“创建全国科技工作先进县”活动，安排科技三项经费 110 万元，占县财政总支出的 1.07%。5 月，县财政局从预算列支 50 万元设立单县科技发展基金。县科委、县财政局制定印发《单县科技发展基金管理办法》，规定科技发展基金实行有偿使用，有偿使用的资金收回的本金及利息再纳入发展基金循环积累使用。1997 年，全县财政预算总支出 15890 万元，科技三项经费 125 万元，占当年财政预算总支出的 0.79%；乡镇财政预算支出 3990.1 万元，科技三项费用 55.99 万元，占总支出的 1.4%。1998 年，县财政拨付科技三项经费 125 万元，科技发展基金 55 万元。2009 年，县财政列支三项经费 100 万元，安排支持科技项目 8 个。2010 年，县财政列支三项经费 120 万元，安排科技项目 11 个。

第三节　科技目标责任制考核

1994 年后，根据《山东省省、地、县科委工作考评办法》，县政府把县直各单位、各乡镇责任目标完成情况作为年终考核的一项重要内容进行考核。1996 年，开展“创建全国科技工作先进县”活动，以“创建”为中心，结合单县实际，定量定性提出一系列要求和指标，落实到乡镇、部门，纳入全县的目标责任制体系。1998 年 5 月，完成各项“创建”指标，顺利通过了国家验收，单县跨入全国科技工作先进县行列。在创建科技工作先进县的同时，开展创建全区科技工作先进乡镇活动，至 1998 年年底，全县有 6 个乡镇被中共菏泽地委、地区行署批准为全区科技工作先进乡镇。1998 年后，按照县委办公室《关于实行乡镇党政领导科技进步目标责任制的通知》，县委、县政府对全县乡镇党委书记、乡镇长及分管负责人进行科技目标责任制考核，其考核内容包括：党政“一把手”亲自抓科技，党委、政府每年至少分别召开三次专题研究科技工作会议，制定中长期科技发展规划和年度计划；科技三项经费列入年度预算，数量占乡镇财政总支出的 1.0%；乡镇科委组织机构、科技服务网络健全，科技进步指标纳入乡镇领导考核范围；农业先进实用技术覆盖面达 80% 以上，农作物优良品种覆盖面达 90% 以上；科技贡献率每年较上年增长 1 个百分点以上，农民人均纯收入在全地区平均水平以上。2007 年后，县委、县政府高度重视科技工作，实施“一把手”抓第一生产力、第一资源的“三个一”工程，将科技投入、创新绩效、新产品开发和高新技术产业产值所占比重等重要指标纳入乡镇（街道）、县直部门、企业年度考核目标体系，严格奖惩兑现。2009 年，单县顺利通过全国科技进步先进县国家考核，获得“2009 年度国家科技进步先进县”称号。2010 年，县政府制定《科学技术奖励办法》《关于鼓励支持重点企业发展的意见》等文件，设立 1000 万元科技奖励基金。规定“对认定为国家和省级企业技术中心、工程技术研究中心、重点实验室和建立院士工作站的企业及对新认定为国家级、省级高新技术企业分别给予 20 万元、10 万元奖励。对企业引进的技术带头人，一次性给予 5 万～10 万元奖励。对企业招聘的博士或高级工程师，每年每人给予 1 万元补贴。”

第四节　科技政策

1988 年，县政府办公室印发《单县科技进步奖试行办法》，奖励的范围：农业（包括林牧渔）的科学研究取得县级或县级以上的成果，技术水平应是经地区以上行业评审委员会正式命名，已推广应用的良种或栽培、饲养、管理技术；工业中的新产品、新工艺、新材料、新技术的科学技术成果应用于生产后，技术上达国内先进水平、居省内领先地位或地区先进水平。1990 年，县委、县政府先后制定《单县技术市场管理办法》《单县“八五”科技发展规划纲要》《单县“科技兴单”实施方案》等地方性法规和政策性文件，进一步规范全县科技管理，促进科技普及推广和应用，加快科学技术向生产力转化。1991 年，县政府印发《关于繁荣技术市场加强技术市场管理的通知》。同年，县科委设置“科教兴单”贡献奖，两年评选一次；进一步提高县科技进步奖和“星火”奖奖励经费的总体水平和各等级奖金金额，一、二、三等奖金额分别增至 1000 元、700 元、500 元。1996 年 3 月，县政府作出《关于依靠科技进步，振兴单县经济的决定》，提出在人口、资源、生态、环境、医药卫生等社会发展的重点领域，抓好一批综合性、关键性的重大科技项目；推动与科技进步相关的新兴第三产业的发展。4 月，县政府制定《创建全国科技工作先进县实施方案》。1998 年，县政府制定《关于引进人才的政策规定》，1999 年制定《单县招商引资及引进人才的优惠规定》，采取调入和智力服务两种方式，从县外引进各类专业技术人才。高新技术项目带头人或某个领域的技术权威，带新项目、新技术、新产品的各类人才，愿在单县长期工作的，在工资、落户、住房等方面，给予优厚待遇。2008 年，为创建国家知识产权试点县，县政府制定《单县国家知识产权试点城市实施方案》。2009—2010 年，县委、县政府相继印发《关于加快新能源产业发展的意见》《创建国家知识产权试点城市（县）的实施细则》和《关于鼓励支持重点企业发展的意见》等文件。

第二章　科技开发

第一节　科技兴农

1985 年，在全县农村启动发展科技专业户活动。1987 年，全县科技专业户发展到 7680 户。其中，从事食用菌生产的农户 2185 户，从事蔬菜生产的菜农 2580 户，栽培西瓜的瓜农 790 户，种果树的果农 350 户，搞庭院经济的农户 1002 户，其他 773 户。1987 年后，科学技术越来越广泛的应用于农业生产，主要是根据农业生产特点调整作物布局，粮食生产以小麦、玉米为主；经济作物以棉花、瓜菜、果品、花生为主。为使粮棉同步增长，对种植制度进行改革，逐步实现麦棉两熟制，在有水浇条件的地块进行麦棉套种。1988 年，在 11 个乡镇对小麦、玉米、棉花、西瓜等作物实行配方施肥，充分发挥节肥、增产的施肥效果。除科学施肥以外，在徐寨镇、单城镇、陈楼农科所设置 3 个小麦良种繁育基地，重点安排 4 个品种：鲁麦 1 号、83—1、鲁麦 11 号、215953。1992 年，小麦种植选换优良品种，扩大鲁麦 1 号当家品种和鲁麦 11 号搭配品种面积，稳定 215953 品种面积，晚茬麦扩大鲁麦 15 号品种面积。1991 年起，实施棉花、玉米、花生、小麦、果树、蔬菜等农作物中高产开发和畜牧、水产、食用菌生产技术开发等十大农业科技开发项目，累计开发面积 21127 公顷，粮食增产 1360 万公斤，棉花增产 60 万公斤，新增产值 1610 万元。1993 年，县科委与山东农业科技开发总公司联姻，成立山东农业科技开发总公司单县公司，为全民事业单位，企业化经营。1996 年，根据单县农村产业结构调整的需要，以粮、棉、林果、蔬菜、畜牧为重点，立足于提高土地利用率和复种指数，进行全方位开发。1997 年，以城郊为中心设立保护地，种植反季节蔬菜 6666.67 公顷。同年，全县发展冬暖式大棚 6100 个，拱棚 4.5 万个，全年蔬菜总产量 85 万吨。1998 年，在全县大蒜种植区域推广金乡改良大蒜、苍山白皮蒜、脱毒蒜，境内大蒜种植面积

玉米高产创建测产验收　　2009 年摄影

8000公顷。1999年，组织实施6666.67公顷中低产田开发、6666.67公顷玉米高产开发、果树优质丰产栽培技术开发、瓜菜生产技术开发、畜牧养殖技术开发。推广农作物、畜禽良种35个和间作套种、立体种植、配方施肥、规模化栽培等农业科技成果100项，大幅度提高土地产出率，复种指数300%，新品种覆盖率95%，农业先进技术覆盖面80%，农业科技进步对农村经济增长比重达到45%。2002年，县科技局出资10万元引进以色列西红柿优良品种和本地特色品种杂交，培育适合本地栽培、保鲜、耐储运的优良品种，培育越夏西红柿、秋延迟西红柿等本地优良品种10余个。2008年始，实施富民强县工程，采用农户+基地+专业合作社+龙头企业模式，对单县稀有特色品种——青山羊进行提纯、扩繁，对山药、芦笋特色种植业进行规模化种植。“单县青山羊快速扩繁工程”列入2009年“山东省富民强县工程”项目。至2010年，青山羊存栏量5万只，仔羊8万只，带动养殖户5000户，年带动农民增收3000万元。山药面积3333.33公顷，年带动农民增收2亿元，芦笋面积2000公顷，年带动农民增收1.2亿元。全县农业总产值54.8亿元，粮食总产94.8万吨。

第二节　科技兴工

1990年始，围绕重点骨干企业，以提高企业科技含量为重点，实施企业科技投入、自主创新和产学研合作。1991年，健全和完善企业科研机构，引导、促进企业根据市场需求开发新产品、研究新工艺，注重对引进技术的消化、吸收和创新，增强市场竞争能力。1992—1995年，县属企业通过引进技术、设备、资金、人才和先进管理方式，通过合资、合作、联营等方式进行“嫁接”改造，实现经济的跳跃式发展，使部分企业装备水平达到省内先进水平，全县过亿元产值的企业5家，产品国外销售率30%。全县国家二级企业2家，省级先进企业8家，部级先进企业1家，地区级先进企业14家；省地优质产品40个，部级优质产品7个；纯工业总产值2.3亿元。1996年，县政府印发《科技兴工实施方案》，县直企业成立科技开发机构31个，占企业总数的60%，配备专业技术人员161人。全县重点行业的骨干企业有50%以上建立厂办科研机构。同年，重点实施企业的技术改造与攻关，研制开发出一批高科技含量、高附加值、高出口创汇的产品。开展创建科技进步企业活动，县直10家骨干企业设立科技发展基金，全年开发新产品20种。1997年，获地区级科技进步奖4项，县级科技进步奖10项。1999年，围绕机械、化工、纺织等行业，实施科技攻关、星火计划，进行企业技术改造和新产品开发。2000年后，加快重大技术引进和创新，推广应用一大批高新技术和先进实用技术。2007年，全县10家骨干企业、科技型企业建立并完善企业研发中心，其中，列入菏泽市自主创新型企业试点2家。单县化工有限公司、单县四君子酒业有限公

尚舜化工研发中心

司、山东湖西轴承有限公司等研发中心升级为省级研发中心，较好地发挥创新平台作用。同年，山东四君子集团有限公司与华福罗汉参有限公司联合开发的香芋保健酒，获国家发明专利；山东省单县化工有限公司研制的“两步法橡胶促进剂GBS新工艺”，实现核心技术的新突破；山东湖西轴承有限公司自主研发的“分离式轴承离合器”技术填补国内空白；山东宇泰光电科技有限公司自主研发的“大功率LED高效节能灯”顺利通过山东省科技厅组织的成果鉴定；单县博达医疗用品有限公司与中科院、山东大学联合攻关研发的医用紫色软质线系列产品，申报国家发明、实用新型和外观设计三项专利。2008年后，注重促进企业研发具有自主知识产权的核心技术，努力提升企业的科技含量和综合竞争力。2010年，全年新建企业高新技术开发中心和高科技产品研发中心5家，新增市级创新型企业2家，创新型试点企业7家。同年，山东舜亦新能源有限公司一次性成功申报“一次大容量投料拉棒技术”“超薄硅片切割新工艺”等5项专利。山东舜亦新能源有限公司、山东宇泰光电科技有限公司、国能单县生物发电有限公司、山东天元集团生物发电有限公司等10家新能源重点企业，被省科技厅批准为“山东省新能源产业技术创新战略联盟”。以山东舜亦新能源有限公司和山东宇泰光电科技有限公司等骨干企业为基础的新能源基地化建设取得显著成效。菏泽市（单县）国家“新能源特色产业基地”经省科技厅批准，进入科技部审批程序。新能源、新材料、生物质能与节能环保等一批高新技术产业，在单县呈现出集群发展态势。

第三节　科技特派员工程

2003年，开始实施科技特派员工程，鼓励、扶持广大科技人员以各种形式参与农业技术开发。2005年，进一步完善农业科技服务、推广网络，鼓励农业科技人员与农业、农民结对子，创建利益共同体。科技特派员工程实施期间，共选派科技特派员220人，创建香芋合作社、南城特色农业示范园等利益共同体20个，培育山东百寿坊食品有限公司、菏泽华英禽业有限公司、山东立兴罐头食品有限公司、菏泽蓝天果蔬有限公司等农产品加工龙头企业10家，促进全县农业产业化发展。2010年年底，全县科技特派员256人，领办、创办、协办各类农业加工项目20多个，开发新产品23个，取得各类成果30项，获得各类科技奖励18项，发明专利10项，引进和转化新技术、新成果29项，取得直接经济效益5000万元。

第四节　发展高新技术产业

1990年始，重点培养骨干企业，督促企业按照《中华人民共和国科技进步法》要求合理提取研发资金，加大科技投入，帮助、促进企业建立研发中心、开展产学研合作，开发高新技术产业。单县高新技术产业主要集中在化工助剂、新能源、机械制造等方面，其中，新能源特色产业基地建设和骨干企业快速膨胀为单县高新技术产业发展做出突出贡献。单县医用制品厂产品技术水平高，产业规模大，1995年被省科委命名为高新技术企业，1996年经省科委复核，单县医用制品厂成为省级高新技术企业，所生产的医用羊肠线被确定为高新技术产品。1996年后，在政策、资金等方面给予该企业大力支持，使其成为菏泽地区经济发展的新增长点。1998年，县委、县政府把发展高新技术产业作为企业发展方向，抓企业新产品的研制、开发，培植一大批行业性龙头企业，形成纺织、建材、制革、化工、机械等支柱产业，开发可吸收性医用缝合线、R型电子变压器等一批主导产品，引进“对甲酰基苯甲酸的中间试验”等一批较好项目。县属企业和乡镇骨干企业大都建立了新产品开发机构，多数企业与大专院校、科研单位建立正式长期技术合作关系，全县承担省、地科研攻关项目11项，一项获得省“星火计划”一等奖。开发新产品70多种，有39种获地区级以上优质产品称号，产品优质率50%以上。同年，增加科技投入，促进高新技术产业规模化发展，进一步促进技术创新和提高。山东湖西轴承有限公司、单县康利达医用制品有限公司和山东省单县化工有限公司经考核认定为省级高新技术企业。1999年，被省科委认定高新技术企业1家，运用高新技术2项，开发新产品3个。2001年1月，单县康利达医用制品有限公司被省科委认定为省级高新技术产业。2002年，全县高新技术产业产值达到7亿元。2005年，围绕县经济开发区建设，以省、市级高新技术企业、创新型企业、省市级企业技术中心申报为抓手，规范企业创新行为，提高企业的创新能力。2006年后，围绕实施“科教兴单”发展战略，促进成果转化，承接产业转移，高新技术产业不断壮大。至2007年，全县培育省级高新技术企业3家，市级高新技术企业4家。高新技术产业产值23亿元，占规模以上工业总产值的24.82%，同比增长58%，各项指标居菏泽市前列。2008年，县委、县政府作出《关于实施技术创新工程，加快高新技术产业发展的决定》，促进单县高新技术产业实现超常规发展。2009年，全县列入高新技术产业统计口径企业45家。其中，省级高新技术企业3家，市级高新技术企业15家。全年完成高新技术产业产值63亿元，同比增长32%。2010年，列入高新技术产业统计口径企业70家。其中，省级高新技术企业3家，市级高新技术企业23家。全年实现高新技术产业产值90多亿元，同比增长42%。

第五节　科技计划项目实施

1990年始，加强国家、省、地科技计划项目的申报工作。1990—1995年，单县共承担省、地科技计划项目11项，县计划项目6项，取得科技成果8项，两项处于省内领先水平。1996年后，承担的省、地、县科技计划项目逐年增多。1997年，科学技术发展计划共安排17项课题，其中，科研14项，中试3项，包括接转项目4项。1998年，注重科技项目的筛选、论证、申报、立项和实施，筛选一批科技攻关项目。其中，黄河故道区域高效农业开发项目被国家立项，香芋高产稳产栽培技术研究列为省科技攻关项目。重点开展恒温圈养猪技术开发，冬春养鸡快速育肥技术开发，冬暖式日光温室大棚西红柿高产、高效技术开发，池藕双季高产种植技术开发，早熟、耐贮运葡萄引种驯化及优质高产配套技术研究等项目的实施。筛选申报高新技术、高科技含量、高附加值省、地级项目4项，即：越夏西红柿优质、高产、高效栽培技术研究，胚胎移植技术建立青山羊核心群中的应用研究，方便盒装式干燥单县羊肉汤技术研究和羊肠线综合利用研究。1999年，全县工业企业新上项目63项，技改投资1.53亿元。承担科技计划项目17项。其中，有2项处于省内领先水平。2007年，山东省单县化工有限公司承担的省攻关计划“两步法合成橡胶促进剂CBS新工艺”项目，山东湖西轴承有限公司承担的市级攻关计划“内圈旋转型离合器轴承单元的研制”项目，分别获省科技攻关项目三等奖和市科技攻关项目三等奖。2009年，单县化工有限公司“特种功能性橡胶助剂新产品生产技术”项目被列入“十一五”国家科技支撑计划，“不溶性硫黄”项目获2009年国家支撑计划和山东省科技成果转化重大专项；单县博达医疗用品有限公司“绿色胶原缝合线”项目获得2009年山东省中小型企业创新基金和国家中小型企业创新基金。同年，单县承担市以上各类科技项目16项。其中，省级以上10项，市级6项。2010年，科技项目实施有突破性进展。共申报星火计划、火炬计划、省科技型中小企业创新基金、省重大科技成果转化项目、攻关计划、新能源特色产业等项目40项。山东湖西轴承有限公司的“调心滚子轴承”项目获2010年山东省中小型企业创新基金，山东舜亦新能源的“太阳能电池组件装备与应用”项目获得2010年菏泽市创新工程项目，山东宇泰光电的“LED风电结合”项目获2010年菏泽市创新工程重大专项，四君子老酒、银桥碳化硅、朱氏药业、香芋产业化、艾琪儿食品、华英食品、郭村双孢菇、莱河电磁线等十几个项目先后获得市级科技计划支撑奖。

第六节　星火计划

1988年，开展“青年星火带头人”活动，实施具有较高水平的适合青年开发的星火项目（包括国家级、省级、地级、县级），同时把培养“青年星火带头人”活动与乡镇企业青工技术比武结合起来，与脱贫致富结合起来，与黄淮海平原农业开发结合起来。1990年星火计划，重点开发和利用以农副产品为原料的深加工、保鲜、贮运及综合利用技术；农用工业技术进步所需的配套技术；农业急需的技术装备开发以及各种名特优产品开发。星火计划项目的拨款，地区科委按项目拨给县科委，并签订资金使用合同，定期收回，滚动使用。1990—1992年，单县承担省“星火”项目1项，并获山东省一等“星火”奖。1993年，实施星火人才培训计划，培训高层次人才100人，提高型人才400人，普及型人才1000余人。1994—1997年，承担省“星火”项目1项，并获省“星火计划”一等奖；完成技改项目52项；开发新产品10种，优质产品率50%；晋升国家二级企业2家，部级先进企业1家，省级先进企业8家，地区级先进企业14家；部级优质产品7个，省、地优质产品40个。1998年，实施“星火计划”，全县承担省、地科研攻关项目11项，一项获得省“星火计划”一等奖。1999年，获地区科技成果“星火”奖14项。同年，山东百寿坊食品有限公司承担的“方便盒装固体羊肉汤”被列为省星火计划项目。

第七节　火炬计划

1990年，实施火炬计划贷款，主要限制在新材料、生物技术、电子与信息、机电一体化、新能源和高效节能等重点发展领域。国家级火炬计划项目1998年9月开始申报，省级火炬计划项目11月开始申报。从1999年起，申报国家级火炬计划项目取消指标限制。同年，单县康利达医用制品有限公司承担的“天然生物医用可吸收缝合线”被列为国家火炬计划项目。2010年，山东省单县化工有限公司“复合溶剂法制备高热稳定性不溶性硫黄”和山东湖西王集团有限公司“重型汽车离合器分离轴承”2个项目被列入国家火炬计划。

第三章　科技服务

第一节　科普宣传

1986年，县科协利用广播讲座、科教电影、科技报刊等形式广泛开展科普宣传活动。全年开展广播讲座71期，放映科教电影片85部、1447场；印发科普宣传品8000余份，征订《山东科技报》4800份。1989年5月2日，县科协、县委宣传部、县妇联、团县委四部门联合印发《关于在全县开展创建科普先进村的报告》，至年底，全县共创建科普先进村18个。9月4日，县委、县政府批转县科协《关于加快农业科技推广，实施“7133”科普工程的报告》，主题内容是：到1990年年底建成“7133”科普工程，即：推广普及新技术7项；专业技术研究会发展到100个；创建科普先进村100个；建立县、乡镇科普画廊100个；建立村科普宣传栏100个；发展科技示范户、专业户1万户；发行科技报刊1万份。完成科技培训任务3万人；建立科普服务部30个。同年，开始实施科普赶集这一全新形式的科普宣传活动，全年共进行科普赶集385次，发放技术资料1万余份，解答难题4000条，推广各类良种1万多公斤，深受群众欢迎。

科普画廊　　2009年摄影

1990年3月24日至4月24日，县委宣传部、县科协、县科委、县农委联合在全县范围内开展“科技兴农宣传月”活动，举办各种类型的培训班77期，专题报告20场，技术讲座226场，科普赶集67次，放映科教电影、录像734场次，印发科技资料18000份，其间，有439名科技人员和1179名科技致富能手参加这次活动，受教育群众50万人次。4月11日，菏泽电视台在新闻节目中进行专题报道。1997年9月6日，县委宣传部、县科委、县科协共同举办为期一周的全县科普宣传活动。1999年8月19—25日，县科协在全县开展“科普宣传周”活动。2002年6月29日，《中华人民共和国科学技术普及法》颁布实施，县科协动员各级科协组织，利用各种媒体，采取多种形式，广泛开展宣传活动。2003年5月，在防治“非典”工作中，县科协、县医院、卫生防疫站等20余个相关部门联合开展以“依靠科学，战胜‘非典’”为主题内容的第三届“科技活动周”宣传活动。2005年上半年，县科协、县财政局组织实施以送科普挂图、送科普图书、建设高标准科普橱窗为主要内容的“科普村村通工程”。免费发放科普挂图3期1500套11000余份，发放《新农村百事通》工程丛书1500本，建造1.5米×6米单个造价近千元的铝质科普橱窗220个，全部安装到行政村。至年底，全县502个行政村全部实现科普村村通。2006年年初，在全县农村开始建立村级科普活动站。年底，全县共建乡村科普活动站534个，有科普宣传员1044人。9月17日，县科协在县城单父路举办科普挂图展览，发放宣传材料，开展科技咨询服务等活动，深受群众欢迎。同年，县科协农业委员会共开展农业类科技咨询、技术指导、科普宣传、讲座20余场次，发放科技明白纸6万余份，辐射全县20个乡镇，受益群众4万多人；卫生委员会开展送医送药下乡、卫生防疫10次。教育部门开展科普活动进校园4次，巡回开展科普知识、安全知识、卫生知识、环保知识图片展9场次。该年，单县被中国农技协授予“全国科普示范基地”称号。2007年3月，单县电视台开办《科技人才》栏目，陆续报道工业、农业、卫生、教育等战线上的优秀创新型科技人才10人。推荐市级优秀科技工作者6人，推荐市级优秀学术成果65项。同年，开通“单县科协网站”，拓宽对外沟通渠道。10月27日至11月1日，在县实验中学举行“节约能源资源、保护生态环境、保障安全健康”大型展览。2009年4月，与县卫生局、县中医药协会联合举办手足口病科普宣传周活动，发放科普资料2万多份，提供咨询服务3000多人次。9月，联合县科技局、县卫生局等单位，开展科普日活动，展出图板80块，发放科普书籍600余册，提供咨询4万人次。10月，县科协成立科普报告团，开展“百名专家进基层、百项技术进农户”活动。2010年3—5月，开展以科普宣传、科技下乡、科技培训、科技推广为主要内容的科普活动，共发放各种资料7万多份，受益群众8.9万人次。5月，开展防灾减灾科普图板巡展活动，先后到社区、学校、乡村巡展12次，发放《日

防灾减灾科普进校园　　2010年摄影

常防火安全手册》《家庭防火安全手册》《医疗卫生安全手册》等科普资料2.92万份，聘请专家举办紧急避险、安全自救等科普讲座20余期，听众3万余人。10月，举办山东省“流动科技馆县县通”单县巡展活动，历时月余，参观人数达12万人。同年，经过中国科协农技中心、中国互

①科普大篷车送科技下乡
②流动科普馆巡展活动
③山东省“流动科技馆县县通”工程走进单县

联网协会网络科普联盟和同方知识网培训，县科协工作人员很快掌握农村网络书屋的建设和使用方法，在全县建设农村网络书屋15个。组织科技、文化、卫生“三下乡”活动，向群众发放良种和农村实用科普读物资料，展示科技新产品，为群众提供最新科技信息2456条，受到广大群众欢迎。至2010年，全县有各类示范基地28个，示范专业村80个，市、县两级科技带头人100余人，引进科技新成果48个。郭村镇芦笋示范基地、终兴镇山药示范基地、徐寨镇大蒜示范园等，成为集科普宣传、科技引进、示范推广为一体的综合性示范基地。

第二节　科技培训

1986年，全县各级科协组织对全县农村党员、干部和农民群众开展技术培训，累计培训人员30万人次，很多农民掌握1～2项实用技术，农民群众的科技文化素质明显增强，科技对农村经济发展的贡献率显著提高。1989年，对全县各乡镇农村实用人才进行技术培训，受益农民7万人次。1996年，培训农村科技人才2.3万人次；1997年，培训农村新型实用人才3.2万人次；1999年，培训返乡农民工1.8万人次；2002年，培训农村党员干部3万人次。2004年年底，县科协组建单县科技专家服务团，下设农业、林业、蔬菜、医疗、卫生等8个服务队，聘请有关方面专家学者45人。至2005年6月底，科技专家服务团培训各类农民技术人员1.5万人。2006年，县科协多次联合农业局、畜牧中心、林业中心等单位，带领专家深入基地，开展“种植、养殖、治病技术三下乡”活动25次，共举办科技培训活动120余场次，培训农民2万余人次。

2007年、2008年，县科协利用邀请省内外知名专家讲课、现场指导农业生产等方式，每年对乡村科协主任、科技特派员、农民示范户和基层干部分别进行科技培训，共举办技术培训268期，参训人数达到2.65万人次，发放技术资料8700余份，培训内容包括农业种植、养殖、沼气能源建设等科学技术。2010年3月，县畜牧兽医学会对全县规模养殖场场长及技术人员进行培训，共培训全县规模养殖人员1000余人次。

第三节 服务实体

1988年起，一些农业科技推广单位开始兴办服务型的经营实体，开展有偿服务。县政府支持鼓励党政机关、群众团体和企事业单位的科技、管理人员和技术工人到国营和集体企业、乡镇企业及农村从事各种技术服务活动，包括承包、租赁和领办企业、创办合资企业或技术入股、兴办开发研究、咨询服务、技术贸易等民办科技机构，承包科学技术公关及其他技术项目。1990年，依据省委、省政府《关于依靠科技进步振兴山东农业的决定》，全县37个乡镇全部建立农业综合服务站，建立农机服务站28个，畜牧兽医服务站27个，水利管理服务站37个。服务内容是农业生产必需的农资供应、农副产品加工和销售、农业技术推广、农机作业、培训技术人员等。1991年后，以县科委、县农委、县科协为主，建立为农业生产各环节服务的体系，搞好良种、植保、农机、排灌、疫病防治等服务；建立购销服务体系，搞好农用生产资料供应和农副产品加工销售；与乡镇经委配合建立信息服务体系，搞好农业和乡村企业信息搜集、整理、传递和反馈，指导农民发展生产。1994年始，实施科技管理、科技服务、科技开发、科技推广和科技培训五大体系建设。全县31个乡镇建立乡镇科委，配备专职科技助理员，行政村配有科技村副主任；各乡镇以农技站、种子站为主体，相继成立综合性科技服务实体；建立以县、乡镇农业科技推广开发机构为主，民办科研单位、农民技术协会、研究会为一体的农业技术推广开发体系。1996年年底，全县建立各级各类推广服务机构1273个，从业人员4510人。1997年，县、乡镇分别建立健全农机、农技、水利、畜牧、林果、信息、农资和农副产品加工等8个服务中心和科技推广服务站，各行政村也建立相应服务组织。2005年，全县共建立各类专业农技协20多个，为协会成员提供产前、产中、产后服务。郭村镇食用菌研究会，设有专门办公场所，明确专人负责，建立规章制度，发展会员1200多户，会员年增收入2000余元。2006年，山东省单县四君子酒业有限公司、山东省单县化工有限公司等6家骨干企业建起新产品开发中心和企业科协组织。2010年，农业方面立足于农业资源优势，不断加强种植业、养殖业新品种繁育，推动动植物资源保护，积极申请动植物新品种养殖方法、种植方法、加工技术专利，为发展现代化农业和拉长农业产业链服务。工业方面围绕太阳能转化、煤电化工、生物技术、机械制造、农副产品加工等优势重点产业，扩展产业链条，服务于单县经济。同年，县、乡、村服务网络进一步健全，新增特派员领办创办农业科技企业6家，实施农业科技项目5项，推广新技术、新成果10项。

第四节 科技市场

1986年，县内无科技市场。1987年，李保善在单县职工俱乐部招收20余名学员，举办裁剪缝纫技术培训班。自此，单县出现技术市场萌芽。1991年，省政府下发《山东省技术市场管理条例》，县科委本着“积极扶持，正确引导，管而不死，活而不乱”的原则，建立技术贸易市场管理办公室，开展技术贸易机构登记和发证工作。允许单位或个人不受部门及经济形式限制，参与技术商品贸易活动。支持和鼓励科研单位、学校以及有技术开发能力企事业单位，按照规定开办技术开发机构，兴办科研生产联合体。提倡全民、集体、个人兴办各类技术贸易机构。关于技术贸易费用问题，1992 年，省政府规定技术贸易的价款或报酬，由当事人根据技术成果的经济效益和社会效益、研究开发技术的成本、技术成果的工业化开发程度、当事人享有的权益及承担的责任，协商议定。至 1994 年，全县办理技术贸易许可证 12 个，并完成技术贸易许可证换证工作。1995 年，进一步放活、放宽市场主体，引导各类企业、农村科技合作组织进入技术市场，不断拓宽技术市场经营范围。同年，办理技术贸易许可证25个。1999年，全县技术贸易机构50个。2000 年后，清理全县技术贸易机构，严格审批，依法管理，技术交易合法率100%。至2010年年底，全县技术贸易机构 70 余个。

第五节　科技协作与交流

1995 年，县科委与山东农业大学、山东省农科院建立技术协作关系，在孙溜镇、王小庄乡、徐寨镇创办 3 个农业科技园，成为全县发展高产、高效、优质农业和综合运用科技发展经济的示范基地，以此带动全县科技型农业发展。2007 年，组织单县骨干重点企业参加科技博览会等国内重大科技活动，宣传单县高新技术产品、专利产品和特优产品，强化企业项目对接和人才对接能力。9 月，邀请市科技局领导和专家到尚舜工业园指导科技工作，为尚舜工业园以后的发展提出可行性意见和建议。有机化工与青岛科技大学，湖西轴承与洛阳轴承研究所，四君子酒业与四川发酵研究院建立长期科技合作关系，联合进行新产品、新工艺研发，提高自主创新能力。2009—2010 年，县科技局协助单县化工有限公司、山东四君子集团有限公司、山东湖西轴承有限公司、单县博达医疗用品有限公司等 10 家企业与中科院、山东大学等科研院所和高等院校建立科技合作关系，达成合作意向 8 项，实施科技合作项目 3 项，为企业科技难题的解决架设“科技金桥”。

第六节　科技信息

1996 年，全县有 5 篇科技论文在省、地有关报刊上发表。在单县电视台开辟《创建之窗》和《科技园地》栏目，宣传县委、县政府《关于依靠科技进步，振兴单县经济的决定》精神，宣传科技新成果以及新技术、新品种推广应用。1998 年，县科委创办《单县科技》刊物，面向全县发行，重点传播科技信息，宣传科技知识，推广科技成果，及时报道单县科技致富典型。单县科技信息网并入省、地科技信息网。同年，全县有 15 个乡镇加入省科技信息网，5 个乡镇 78 个行政村加入菏泽科技网络。1999 年，县科委编辑印发《单县科技》1400 本，推广新技术、新成果。2007 年，县科技局开展科技下乡活动，利用科技入户、举办培训班等形式，深入全县各乡镇，开展送技术、送资料、送信息为主的送科技下乡活动；县电视台开辟《科技之窗》栏目，制作播放果园管理、水产养殖、林木栽培、蔬菜种植、畜禽养殖等技术片 10 个。同年，县科技局受菏泽市科技局委托，到江苏省丰县、沛县进行科技调研活动，写出《江苏对苏北地区科技事业支持情况的调研报告》，受到上级科技部门重视。2010 年，开展集中科技宣传活动 6 次，发放科技宣传材料 2 万余份，各级新闻媒体刊发单县科技信息稿件 30 篇。

第七节　科技推广

1986—1997 年，推广优秀科技成果 60 余个，节创价值 400 余万元；提合理化建议 300 余条，技术革新 60 余项，节创价值 300 余万元。引进推广农业科技新成果、新技术 98 项，推广农作物良种、畜禽良种 35 个，新品种覆盖率 90%。农业先进技术普及率 45%，农业科技进步对农村经济增长的比重占45%。1996年，全县农业科技推广机构275个，各类农民技术协会、研究会151个，从业人员5000人。1998年春，在县、乡两级科协的指导下，孟寨乡孟寨村引进池藕种植。县科协制订先发展基地、然后辐射孟寨全乡、再由孟寨乡辐射全县的发展计划。近2万人口的孟寨乡，一年发展池藕333.33公顷，年总产量3000万公斤，实现收入4000多万元，人均增收近2000元。至2000年，依靠基地辐射带动，全县池藕面积8000公顷，占全县可用耕地的十分之一，年产藕7亿公斤。单县成为全国最大的池藕种植基地。同年，推广新技术15项，引进推广小麦、玉米、大豆、花生、蔬菜、林果等作物良种10个。

1999年，县科委、科协、农委、畜牧、农业、林业等有关部门，组织专家咨询团，在全县开展科技下乡活动，技术咨询10万余人次，解决技术难题150余项，发放科技明白纸15万余份，促进了农业科学技术普及。2006年，工业委员会组织开展企业技改活动10次，参与企业技改项目5个。该年，单县推广西红柿无公害栽培技术。2007年，推广大蒜高产栽培技术。2008年，推广罗汉参重茬高产栽培技术。2009年，推广山药品种改良技术。同年，引进和实施技术改造项目67个。2010年，先后引进“南美白对虾”“中华绒毛蟹”等动植物良种50个，推广农业先进技术成果132项。同年，推广农田滴灌技术和桑蚕养殖技术。

第四章　科技成果

第一节　成果申报

1986年，根据上级文件规定，对取得科技成果的单位和个人，由县科委进行登记，填写“山东省科学技术研究成果奖励申报表”“山东省科技成果奖励申报项目主要研究人员登记表”，并逐级申报。1990年，县科委制定《科技成果评审奖励办法（试行）》，规定评审标准、操作步骤、奖励、鼓励方法和等级等事项。1986—1990年，“自调心离合器分离轴承单元”等10项成果获省科技进步奖三等奖；23项科技成果获地区二等奖，64项科技成果获县级奖。1990—1995年，全县共报批科技成果8项，其中有两项处于省内领先水平。1998年，全县报批科技成果奖11项。其中，县中心医院王复新“直肠黏膜部分剥脱斜形吻合术一先天性巨结肠根治新术式的临床研究”，获菏泽地区科技进步一等奖；县土地管理局孟涛、刘树东“城区地籍研究”，获菏泽地区科技进步二等奖。2001年，单县申报科技成果36项，其中，32项获市科技进步奖（二等奖2项，三等奖7项，荣誉奖23项），获奖率89%。2007年，单县申报科技成果55项，其中，省级鉴定成果25项，市级鉴定成果30项。省级鉴定成果主要是：山东省单县化工有限公司开发研制的“橡胶促进剂CBS新工艺”和“M氨盐的氧气氧化法制备DM新工艺”，山东湖西轴承有限公司研制的“重型汽车离合器分离轴承单元的研制”，单县农业技术推广中心的“月苋草（野芝麻）高产栽培技术”，其工艺技术均达到国内国际领先水平。2009年，单县取得市以上科技成果54项，获市以上科技进步二等奖25项，其中，工农业获奖10项。山东省单县化工有限公司“不溶性硫黄”新工艺获省科技进步三等奖。

第二节　成果鉴定

1987年，县棉麻公司王树全研制的尘龙布袋组合式除尘装置获山东省科技成果三等奖。县一中初二学生苏雪亮制作的车模绕标，在“全国宝塔杯”汽车模型花样比赛中获一等奖第四名。1986—2010年，单县共鉴定科技成果629项。其中，省、市级245项，县级384项。

1986—2010年单县科技成果鉴定统计表

表24-4-1

时间	县级科技成果（项）	省、市级科技成果（项）	时间	县级科技成果（项）	省、市级科技成果（项）
1986—1990	64	35	2001—2005	87	52
1991—1995	76	48	2006—2010	73	60
1996—2000	84	50	—	—	—

1990—2010年单县部分获市级以上科技成果项目一览表

表24-4-2

项目名称	完成单位	获奖等级	获奖年份
自调心离合器分离轴承单元	单县轴承厂	省科技进步三等奖	1990
太阳礼花大理石系列美术漆技术开发	单县特殊油漆厂	省科技“星火”三等奖	1997
胸腔内注入尿激酶预防结核性胸膜炎所致胸膜肥厚和粘连包裹的研究	单县中心医院	省科技进步三等奖	2003
生物医用紫色可吸收缝合软质线高新技术产业化推广与应用	山东单县创鑫医用缝合线材料有限公司	省科技进步三奖	2004
香芋高产栽培技术开发研究	单县科技开发中心	省科技进步三等奖	2003
硬化池、隔离法立体开发植藕养鱼高产技术课题研究	单县水产服务中心	省科技进步三等奖	2005
香芋产业开发综合研究	单县科技开发中心	省科技进步三等奖	2007
香芋的高产高效栽培技术	单县科技开发中心	地区科技进步二等奖	1990
泡桐茸毒蛾发生发展规律及综合防治和黄淮平原农区林业经济林综合技术开发	单县林业局森保站	菏泽地区科技成果一等奖	1996
介入加手术治疗布加氏综合症	单县中心医院	菏泽地区科技成果一等奖	1997
直肠黏膜部分剥脱结直肠斜型吻合术—先天性巨结肠根治新术式的临床研究	单县中心医院	菏泽地区科技成果一等奖	1998
城区地籍研究	单县土管局（刘树东、孟涛）	菏泽地区科技成果二等奖	1998
当代妇产科急症、妇儿保健百科	单县中心医院	菏泽地区科技成果二等奖	1998
成人结核性脑膜炎患者不同时期脑脊液细胞学动态变化及HX—ISE电解质分析仪K+、Na+、Cl—、Ca标准液的研制及应用	单县中心医院	菏泽地区科技成果二等奖	1998

续表 24-4-2

项目名称	完成单位	获奖等级	获奖年份
股浅静脉瓣膜环包术治疗原发性深静脉瓣膜功能不全及皮内斑贴试验在慢性湿疹病因研究中的应用	单县中心医院（房巨波）	菏泽地区科技成果二等奖	1998
新编临床诊疗手册、新编临床内科治疗指南	单县中心医院	菏泽地区科技成果二等奖	1998
胸膜腔内注入尿激酶预防结核性渗出性胸膜炎所致胸膜肥厚和粘连包裹性积液的研究	单县中心医院	市科技进步一等奖	2002
系列心电图诊断早期急性心肌梗塞的研究新进展	单县中心医院	市科技进步二等奖	2002
阴道侧穹窿封闭联合中药治疗输卵管阻塞性不孕	单县计划生育服务站	市科技进步二等奖	2002
单县城镇土地动态管理	单县土地管理局	市科技进步三等奖	2002
中草药防治鸡传染性腺胃炎	单县畜牧服务中心	市科技进步三等奖	2002
计算机辅助教学系统研究	单县职业中专	市科技进步三等奖	2002
咪唑安定治疗小儿癫痫持续状态的研究	单县中心医院	市科技进步二等奖	2003
同种异体组织工程化软骨修复免全骨关节软骨缺损的实验研究	单县中心医院	市科技进步二等奖	2003
多媒体辅助教学及信息技术教育研究	单县职业中专	市科技进步三等奖	2003
野地黄防治水生寄生性病虫害研究	县水产中心技术站	市科技进步三等奖	2003
小骨窗开颅治疗高血压脑出血的临床研究	单县中心医院	市科技进步三等奖	2003
哺乳器诱导新生儿早吸吮对产妇泌乳素影响的临床研究	单县中心医院	市科技进步三等奖	2003
修复双侧唇裂的临床研究	单县中心医院	市科技进步三等奖	2003
皮下注射粒生素对白血病化疗后造血功能的临床研究	单县中心医院	市科技进步三等奖	2003
经氧罩创面用氧治疗感染创面的临床研究	单县中心医院	市科技进步三等奖	2003
显微技术切除颅内肿瘤及副肿瘤性疾病的临床研究	单县中心医院	市科技进步二等奖	2004
山东省单县林业发展规划设计方案及林木病虫害测报与防治	单县林业局	市科技进步三等奖	2004
鱼虫捕捞、保存和培养	县水产中心技术站	市科技进步三等奖	2004
泻肝化淤通络汤与活血膏制备工艺的临床应用研究	单县中医院	市科技进步三等奖	2004
耳穴按摩特殊护理的研究及使用效果	单县中心医院	市科技进步三等奖	2004
骶管阻滞治疗成人髋臼结构不良的临床 X 线分析	单县妇幼保健院	市科技进步三等奖	2004
门诊病人抗菌药物调查的研究	单县中心医院	市科技进步三等奖	2004
树突状细胞治疗与 CT 定位导引治疗脑出血的研究	单县中心医院	市科技进步三等奖	2004
阿昔洛韦与胸腺肽联合治疗慢性乙肝疗效观察及护理研究	单县中心医院	市科技进步三等奖	2004
新生儿唇裂修复临床研究	单县中心医院	市科技进步二等奖	2005

续表 24-4-2

项目名称	完成单位	获奖等级	获奖年份
合理用药外敷神阙穴治疗腹泻临床研究	单县中心医院	市科技进步三等奖	2005
医护实习指导的临床应用研究	单县中心医院	市科技进步三等奖	2005
应用小剂量阿司匹林提高不孕症妊娠率的研究	单县计划生育服务站	市科技进步三等奖	2005
联合三维治疗高位肛瘘临床研究	单县中医院	市科技进步三等奖	2005
重型汽车离合器分离轴承单元的研制	山东湖西轴承有限公司	市科技进步二等奖	2006
复合变应原局部脱敏治疗常年变应性鼻炎的临床研究	单县中心医院	市科技进步二等奖	2006
模拟电视发射机更新	单县广播电视中心	市科技进步三等奖	2006
自配 OLYMPUSAU 系列全自动生化分析仪清洗液与原装清洗液的比对研究	山东省单县化工有限公司	市科技进步三等奖	2006
饮用红葡萄酒前后对血脂、血液流变性的影响	山东四君子集团有限公司	市科技进步三等奖	2006
单县东沟河水环境现状及污染防治研究	单县环保局	市科技进步三等奖	2006
利用大蒜叶养鱼的研究	单县水产服务中心	市科技进步三等奖	2006
荷包缝合法耻骨上前列腺摘除术的研究	单县第三人民医院	市科技进步三等奖	2006
“四对一”产时服务及产程陪伴提高产科服务质量的研究	菏泽卫校	市科技进步三等奖	2006
二甲双胍微波治疗子宫黏膜下肌瘤 56 例临床研究	单县中心医院、计生药具管理站	市科技进步三等奖	2006
急性有机磷农药中毒中间综合征的疗效观察	单县中心医院	市科技进步三等奖	2006
重型颅脑损伤患者胃管置入的研究	单县中心医院	市科技进步三等奖	2006
强直性脊柱炎髋关节骨性强直一期置换的临床研究	单县中心医院	市科技进步三等奖	2006
橡胶促进剂 CBS 新工艺和 M 氨盐的氧气氧化法制备 DM 新工艺	山东省单县化工有限公司	市科技进步一等奖	2007
机床主轴用高精度推力球轴承的开发	山东湖西轴承有限公司	市科技进步二等奖	2007
超声波反应器在制生物柴油中的应用	单县恒兴生物化工有限公司	市科技进步二等奖	2007
秸秆气化设备的研制与开发	单县天元秸秆气化机械有限公司	市科技进步三等奖	2007
电动式多功能自动清扫车	单县环卫设备科技开发公司	市科技进步三等奖	2007
玉米新品种高产栽培技术研究	单县农业局	市科技进步三等奖	2007
苋草品种改良及高产高效配套栽培技术研究与开发	单县农业经济作物站	市科技进步三等奖	2007
水蛭、藕混养技术研究	单县水产技术站	市科技进步三等奖	2007
小切口微创髋关节置换术的临床研究	单县中心医院	市科技进步三等奖	2007

续表 24-4-2

项目名称	完成单位	获奖等级	获奖年份
单县经济开发区土地利用与统一产值标准	单县国土资源局服务中心	市科技进步三等奖	2007
急性心肌梗死及口服抗癌平丸放疗的临床研究	单县中心医院	市科技进步三等奖	2007
平板运动实验对健康中年男性冠心病的预测的临床研究	单县中心医院	市科技进步三等奖	2007
椎管内阻滞与两种非手术方法治疗子宫脱垂	单县妇幼保健院	市科技进步三等奖	2007
经阴鞘内子宫切除术的临床研究	单县中心医院	市科技进步三等奖	2007
髋关节外固定架的研制	单县中医院	市科技进步三等奖	2007
区片综合地价及农村土地利用现状更新调查研究	单县国土资源局经济开发区分局	市科技进步三等奖	2007
碳化硅磁性氧化铁粉	单县银桥碳化硅磁性氧化铁粉有限公司	市科技进步二等奖	2008
单县青山羊的品种资源保护研究	单县畜牧服务中心	市科技进步二等奖	2008
医学毕业生相关问题及对策研究	单县中心医院	市科技进步三等奖	2008
经鼻蝶与经颅入路显微切除垂体腺瘤“T”管放置与否的前瞻性对照研究	单县中心医院	市科技进步三等奖	2008
小腿外固定架的研制应用	单县中医院	市科技进步三等奖	2008
氧化亚氮联合米索前列醇在改良浆膜腔引流术的临床研究	单县中心医院	市科技进步三等奖	2008
持续呼吸道正压通气治疗新生儿呼吸衰竭血气指标的改变及临床疗效研究	单县妇幼保健院	市科技进步三等奖	2008
复合溶剂法制备高热稳定性不溶性硫黄新工艺	山东省单县化工有限公司	市科技进步一等奖	2009
生物胶原棕色医用软质缝合线	山东博达医疗用品有限公司	市科技进步一等奖	2009
52° 四君子精品老酒的研制及开发	山东四君子集团有限公司	市科技进步二等奖	2009
经皮经肝食管胃底静脉曲张 TH 胶定位栓塞联合部分性脾栓塞的临床应用	单县中心医院	市科技进步二等奖	2009
造纸废水深度治理及回用技术应用研究	单县环保监测站	市科技进步三等奖	2009
大功率 LED 高效节能灯的研究开发及应用	山东宇泰光电科技有限公司	市科技进步三等奖	2009
日光温室番茄多次换头周．栽培技术研究与开发	单县农业经济作物站	市科技进步三等奖	2009
人乳头状瘤病毒在宫颈病变中的表达意义	单县中心医院	市科技进步三等奖	2009
急性冠脉综合症患者介入治疗	单县东大医院	市科技进步三等奖	2010
橡胶促进剂废气治理和硫黄回收综合技术	山东省单县化工有限公司	市科技进步一等奖	2010

续表 24-4-2

项目名称	完成单位	获奖等级	获奖年份
大功率太阳能电池生产装备技术创新及应用	山东舜亦新能源有限公司	市科技进步一等奖	2010
痛可灸自热贴的开发及应用	山东朱氏堂医疗器械有限公司	市科技进步二等奖	2010
维库溴铵预处理对全麻诱导期芬太尼致咳嗽反映的作用	单县东大医院	市科技进步二等奖	2010
臭禽蛋及其制备方法的开发研究及应用	山东省单县仙人桥食品有限公司	市科技进步三等奖	2010
栝楼药食兼用新品种脱毒快繁技术开发与应用	菏泽开山栝楼研究所	市科技进步三等奖	2010
杨树新无性系 I-102 的引种培育及推广应用	单县林业局	市科技进步三等奖	2010
经食管床行食管胃胸顶吻合治疗中上段食管癌	单县中心医院	市科技进步三等奖	2010
局限性结核性脓胸介入治疗的临床观察	单县结核病防治所	市科技进步三等奖	2010
软骨膏配合透骨散治疗骨质增生 537 例临床应用	单县中医院	市科技进步三等奖	2010

第三节 成果转化与推广

1992 年后，实施十大农业技术成果推广，即：高产优质高效日光温室栽培技术，立体种植和间作套种技术，增肥地力及合理施肥技术，农业病虫害综合防治技术，作物良种繁育及提纯复壮技术，水产品增产养殖技术，果树优质丰产技术，“301”菌种的推广应用，牛、猪、羊快速育肥技术，应用微肥及激素技术，促进了单县农村经济的发展。1995 年，设置单城镇、陈蛮庄、李半庄 3 个科技示范乡镇，建立单城镇西郊村、曹叵集乡韦洼、陈蛮庄乡廉庄和吴庙台、郭村镇戴庄等 5 个科技示范村，每个示范村发展 3 ～ 5 户科技示范户。在城区成立文体用品厂、玻璃纤维厂、水泵厂 3 家科技示范企业。同年，示范推广新技术、新成果 20 项，增加效益 400 万元。1996 年，推广新技术、新成果 24 项，增加经济效益 9100 万元，科技成果转化率 80%。1999 年，围绕全县农业结构调整和产业化，推广日光温室保护地栽培技术、脱毒马铃薯、青山羊快速育肥技术、林果优质丰产栽培技术、农副产品加工等。全年推广农业科技成果 26 项，推广工业科技成果 10 项。2007 年，山东省单县化工有限公司应用“橡胶促进剂 CBS 新工艺”“M 氨盐的氧气氧化法制备 DM 新工艺”两个新生产工艺，降低废气排放量 95% 以上，废水降低 98% 以上，基本解决生产污染问题，并提高产品的回收率，每吨成本节约 3000 元，年效益多创收 6000 万元。20 世纪 90 年代濒临绝种的香芋，经过 5 年的艰苦攻关，积极推广转化“香芋高产高效栽培技术”，种植面积由之前的不足 2 亩，扩大到近 4000 亩（266 公顷），亩产量由不足 50 公斤，到 2010 年的 500 公斤，亩效益 5000 元，农民年增收 2000 余万元。“分体式节水硬化池藕高产高效栽培技术”“大功率电池组件生产装备创新与应用”等科技成果的转化，促进了工农业经济发展。山东省单县化工有限公司“不溶性硫黄”项目获 2009 年国家支撑计划和山东省科技成果转化重大专项奖。

第五章 其他科技活动

第一节 青少年科技活动

1986年3月15日，成立单县青少年科技辅导员协会。当年组织开展“四小”（小发明、小制作、小创造、小论文）科技活动，收集小制作150余件，小论文90余篇，选送菏泽地区参展小制作20件，小论文5篇，其中，有7件小制作获地区三等奖，6件参加全省展览。1992年，举办青少年科技创新大赛，收集作品32件，表彰23人。1987年，单县一中初二学生苏雪亮制作的车模绕标，在“全国宝塔杯”汽车模型花样比赛中获一等奖第四名。1996年，举办青少年科技创新大赛，参赛作品120件，共有70人获奖，并评选出优秀组织单位3个。2002年9月30日，在全县中小学开展“鼓励发明创造、申请专利”活动，受到学生与家长欢迎。2006年，菏泽市唯一受中国科协、山东省科协共同资助的单县科协青少年科学工作室落户单县实验中学。同年，单县一中、单县希望学校被省授予“山东省科普示范学校”称号。2007年，在全县城乡中小学校开展20次（场）“科普知识进校园”“科普我争先”“群英计划”“大手拉小手”等科技传播行动。2010年2月，组织全县中小学生参加第十九届中国儿童青少年威盛中国芯计算机表演赛，并取得较好成绩。同年，成立由县科协牵头，县文明办、县教育局、黄河故道湿地青少年科普试验基地等单位为成员的领导小组，全面组织协调“科技馆活动进校园”项目的贯彻落实，提高青少年学科学用科学的兴趣。山东省科学大讲堂——青少年科普报告百校行活动分别在实验小学和单县中日友好慧光学校举行。中科院潘厚任、魏梦华两位老科学家现场传授科普知识，为单县700多名师生奉献一席科普大餐。在全县中小学开展“科技十个一”（指导学生读一本科普小读物、讲一个科学家的故事、学一样科技小本领、玩一个科技小游戏、做一项科技小制作、做一项科技小实验、设计一个科技小活动、订一本科普杂志、编一张科技手抄报、写一篇科技小论文）科普系列实践活动，参与学生达3万余人。

中小学生参加菏泽市航模比赛　　2009年摄影

第二节 学术活动

1986—2004年，共举办学术交流活动65次，并择优上报到市科协论文50篇，其中，28篇获奖。2005年后，共举办各类学术交流活动30多场次，近20篇优秀学术成果获得省级以上奖励。有25名科技人才获市级以上奖励。同时，组织科技人员参加菏泽市优秀自然科学学术成果的评选活动。在市级评比中获一等奖5篇，获二等奖12篇，获三等奖20篇。2006年，组织开展学术交流活动5次，推荐市级以上优秀学术成果6项、学术论文10篇，义诊群众1万余人次；工业委员会召开学术研讨座谈会3次，组织科技工作者围绕企业发展建言献策16条，节省技改资金60万元。县科协、县委组织部、县人事局、县科技局、县农业局联合开展首届“优秀创新型科技人才”“农村实用型人才”评选活动。县委、县政府表彰近百名优秀科技工作者。同年，创建科协网站，通过网站加强科研单位与企业的联系，通过“金桥工程”渠道，加强企业研发资金和农业科普示范项目的申报、争取工作。2008年，在四君子集团等大型企业建立院士专家站。2010年3—4月，县科协、县中医药学会、县卫生局、县中医院联合举办单县第一、二、三期中医适宜技术研讨班。5月，县中医学会承办全省中西医骨科继续教育项目培训和学术交流活动，邀请省内外著名骨伤科专家举办专题学术讲座。

第六章　知识产权保护

第一节　知识产权管理

1988年，县科委明确一名领导干部分管专利工作，设专利成果股。1998年，单县成立专利工作领导小组。2001年后，全社会专利意识不断增强，人们申报专利的积极性提高，专利申请量逐年增长。2002年5月，设立单县知识产权管理办公室。2008年，全县22个乡镇（街道）全部设立知识产权工作站，由副乡（镇）长任站长，在25家规模以上企业设立知识产权工作部。同年，有机化工、四君子酒业、湖西轴承等3家骨干企业取得8项国内外领先、具有自主知识产权的科技成果。“香芋保健酒”“垃圾清扫车”“治疗鼻炎、鼻窦炎的中药组合物”等获国家发明专利。单县羊肉汤、香芋系列食品和医用缝合线三大特色资源通过专利得到较好保护。2009年5月，县政府印发《关于加强知识产权工作的意见》。2010年1月，单县知识产权管理办公室印发《关于做好全县知识产权工作实施专利资助的工作意见》，对确定予以申报的专利申请，给予资助。同年，单县被认定为“山东省知识产权试点县”。

第二节　专利申请

1990年，单县共申请专利3项。1991—1998年，全县专利申请20项，获得国家实用技术专利5项，发明专利4项，实施专利技术10项。1999年，单县获专利3项。2006年后，专利申报量逐年增加。2007年，专利授权量22件，增长10%，居全市第三位。2009年，专利授权80项，居全市第二位，获得市以上科技进步二等奖25项。2010年，全县专利申请量137项，其中，发明专利24项。1990—2010年，累计专利申请量1100项，涉及工业、农业机械、卫生、食品等诸多领域。获发明专利200余项，实用新型专利400项。工业企业专利拥有量60%以上，转化率90%以上。

2006—2010年单县专利申请统计表

表24-6-1

年份	2006	2007	2008	2009	2010
专利申请量（项）	38	91	121	136	137
同比增长（%）	18.75	139.47	32.97	12.40	0.74

第三节　专利行政执法

1998年，根据山东省专利管理局《关于建设我省“专利工作者”队伍的通知》，配备专利工作者，具体组织专利宣传、申请、保护、许可证贸易、技术引进中的专利管理及专利信息服务等业务。同年，宣传《中华人民共和国专利法》和《山东省专利保护条例》。2005年后，县科技局组织人员参加省专利法律法规知识培训和山东省行政执法考试，经过考试，全部人员基本掌握专利管理相关政策并取得执法资格。县科技、工商、公安、技监等部门组织定期不定期联合专利执法，查处和打击各种知识产权违法行为，及时处理各类知识产权侵权案件。2009年5月，县政府印发《关于加强知识产权工作的意见》。至2010年年底，单县无重大专利违法案件发生。

第七章　防震减灾 气象服务

第一节　防震减灾

监测预报　1984年，在时楼镇窦庄村建立地下水文监测台。1985年，在单城镇张知楼行政村建立测震台。2010年，在开发区（建泰钢构西临）建设数字测震台、强震台各1个，形成地震监测网络。

全县22个乡镇（街道）均建立宏观观测点，形成地震宏观观测网络；全县各行政村配备灾情速报员；建立震情速报网络。县地震局依法保护全县各观测点的测报仪器及井点设备。结合省、市地震局，加强对地震宏微观监测管理；参加菏泽市各县（区）地震会商和苏鲁豫皖四省会商。

震害防御　*地震知识宣传*　2005年始，采取多种形式宣传地震知识，增强全民防震减灾意识和自我保护能力，把每年公历的3月、5月、7月定为地震知识宣传月，全面贯彻落实《中华人民共和国防震减灾法》。2008年后，每年“5•12”防震减灾日、“7•28”唐山大地震纪念日，通过在城区主要街道、广场悬挂有关宣传地震知识的横幅标语，电子屏幕播放防震减灾知识，展板图片巡回展出，在宣传橱窗上张贴有关防震减灾和防震避震知识的图片及挂图，利用科技、文化、卫生“三下乡”活动等形式，积极开展地震科普知识宣传。在中小学设置防震减灾知识宣传网点，支持、引导、鼓励各中小学校开展一系列丰富多彩、形式多样的科普宣传活动。

单县实验中学、单县希望学校分别在2005年7月和2007年7月，被省地震局批准为全省地震科普教育基地。

抗震设防管理　2005年始，依据《中华人民共和国防震减灾法》等防震减灾法律、法规，针对部分建筑项目不依照法律、法规逃避抗震设防要求监督和管理的问题，对境内建筑工程项目集中开展防震减灾执法大检查，对易产生次生灾害的化工企业进行专项检查。

应急救援　**应急预案演练**　20世纪末，落实《中华人民共和国防震减灾法》《国家地震应急预案》《山东省地震应急预案》《菏泽市破坏性地震应急预案》，单县成立防震减灾领导小组，建立健全县防震减灾工作联席会议制度，制定《单县地震应急预案》，开展层层落实地震应急预案活动，做好地震应急预案向企业、学校、社区和向乡、村延伸的工作。2008年，重新修订《单县地震应急预案》。2009年5月，单县与菏泽市地震局联合，对全县相关部门、学校及一些容易发生次生灾害的化工企业集中进行地震应急预案大检查。着眼实战，抓好应急教育、应急培训、应急演练、应急管理、应急处置，重点演练应急快速反应、应急指挥决策、震情监测趋势判定、震灾预报评估、现场震情决策、震灾快速评估及通讯联络、后勤保障、督察指导、新闻宣传等各个环节的工作。组织县一中、县实验中学学生进行震时模拟演习，包括指挥部指挥、震时救生、医疗救护、学生疏散等内容，提高学生防震减灾意识、防震自救和互救能力。

应急救援队伍　2009年年底，单县防震减灾领导小组成员单位的专项地震应急预案全部修订完毕。同年，县地震部门组织开展全县地震基础数据收集工作，落实配备地震应急联络员，形成县、乡、村三级群防网络。2010年3月，调整县防震减灾领导指挥部和县防震减灾领导小组。组建地震应急救援队伍和地震志愿者队伍。至2010年年底，全县建立各类地震应急救援队10个，培训地震应急志愿者100余人。

第二节　气象服务

气象观测　**观测时次**　建站至1960年6月，气象观测采用地方平均太阳时，每天1、7、13、19时观测4次。1960年7月，改为东经120°标准时，每天2、8、14、20时观测4次。1962年1月，改为北京时间，每天8、14、20时观测3次。1964年1月至2010年期间，除1964年1月至1968年9月、1971年1月至1980年12月每日2、8、14、20时4次观测外，其余时间均为8、14、20时3次观测。

观测项目　始建时为云、能见度、天气现象、气压、温度、风、降水、日照、蒸发、雪深、雪压、冻土、地温（0、5、10、15、20厘米）。1960年1月1日，增加气压表观测。1964年1月1日，开始使用雨量计。1981年1月1日，执行新的地面气象观测规范。2004年，新建地面遥测气象站，实行地面气象观测人工与自动站观测双轨运行。

①县气象观测场　②气象观测仪器——百叶箱

气象预报 1958年天气预报以土（天象、物象、谚语）、洋（资料）结合，以经验为主发布晴、阴、雨预报。1977年，短期（24～48小时）天气预报是收听省台预报、转发地区台天气预报，依托地区台长期预报意见，再结合历史资料绘制、分析三线图做长期预报。1985年，增设气象传真机结合分析天气图做短期天气预报。1984年开展数理统计和MOS方法做中长期天气预报。1991年，建立气象警报服务网，以警报广播发布短期及灾害性天气。1995年后，通过地—县微机远程终端接收地区台发来的天气图等资料做预报。2001年，通过气象卫星接收站接收的卫星云图、天气图及有关资料综合分析，做短、中、长期天气预报。

农业气象 1990年，县气象局增加农业气象服务，主要提供墒情、温情、雨情和灾情等气象情报。每年春秋播期间印发适宜播种期（小麦、棉花等）的分析意见。每月发布墒情简报，年初对上年度气候状况及对工农业生产和人民生活的影响做出年度气候评价，并印发相关领导和部门。1991—1997年，完成全县气象警报网建设，城区部分企业及36个乡镇共布设气象警报接收机300余部，每天定时发布天气预报、警报和有关情报。1998年后，通过单县电视台《天气预报》栏目，发布气象信息。

气象信息网络建设 建站至1995年，天气预报接收（地区预报意见）和对外发布通过电话联系。1987年增设无线对讲机（高频电话），1995年建立地—县局域网，传输资料和信息。2000年9月25日，建立气象卫星接收站。2002年8月11日，省、市、县级气象情报收集上报查询系统正式运行。

气象服务 公众气象服务 1958年通过悬挂天气警示球发布气象信息。1977年后，短期天气预报通过县广播站发布，长期（旬、月）预报以书面形式寄送相关单位。1991年建立气象警报服务网，以警报广播发布短期及灾害天气预报。1996年，开通“121”“12121”气象信息自动答询系统电话服务。1998年4月，通过单县电视台开设的《天气预报》栏目，向社会发布天气信息。2004年创建“单县兴农网”，通过网站发布天气信息。

决策气象服务 定期或随时为政府领导提供决策气象服务（指导抗旱防涝、抢种、抢收等）。农时时期（如小麦收获期、作物生长期、播种期等）及重要天气（雷雨期，暴雨、大风、旱涝多发期）发生期及时提供天气预报和气象服务。

防灾减灾 防雷减灾 1996年5月起，在全县开展建筑工程、易燃易爆场所防雷电设施检测和避雷装置（针、带、网、器）安装工作。每年对汽车加油站等易燃易爆场所及建筑工程等防雷设施进行检测，确保防雷设施安全有效。

人工影响天气 2000年，购置气象火箭发射系统，开展人工影响天气工作。6月12日，首次在城区及谢集附近实施人工增雨作业，显见雨势渐增，收到明显效果。2001年购置人工增雨专用车1辆。2002年7月23日，在单县西南炮点实施人工增雨作业，共发射火箭4枚，显见雨势增强，全县大部分乡镇降中雨，气象站实测降雨量达31.5毫米，全县平均降水量10毫米以上，共增水100万吨，旱情有效缓解。至2010年，共进行增雨作业28次，增雨量达数千万吨，经济效益6000余万元。

人工影响天气设备

第二十五编

教 育

微机课堂　　2010 年摄影

航模小组活动　　2009 年摄影

1986年，全县共有幼儿园858所，在园幼儿28430人；小学691所，在校学生124865人；初中58所，在校学生32429人；高中9所，在校学生5645人。1986年后，贯彻实施《中华人民共和国义务教育法》，全县教育事业发展进一步加快。1988年，全县农村小学基本实现“一无两有”（无危房，有校舍、有课桌凳）。1990年，全县小学实现六配套（标准教室、木制课桌凳、砖围墙、铁大门、操场、厕所）的要求，并顺利通过了省验收。1990年后，对全县中学布局进行调整。1996年，开始鼓励支持兴办民营学校。1999年年底，单县“两基”（基本普及九年义务教育、基本扫除青壮年文盲）工作顺利通过省政府验收。进入21世纪，以“打造教育强县，积极推进教育现代化”为目标，推进素质教育，建设“六大校园”（平安校园、书香校园、绿色校园、信息校园、文明校园、和谐校园），搞好队伍建设，深化体制改革，规范办学行为，提升办学档次。2000年，全面推行以“教干选聘制、教工聘任制、岗位目标责任制、结构工资制”为主要内容的改革。至2007年，省、县投入校舍改建、新建和桌凳更新的资金达4790.5万元。2010年末，单县有大学1所，在校学生10043人；师范1所，在校学生3867人；职业中专1所，在校学生3300余人；普通中学53所，在校学生72938人；普通小学198所，在校学生105659人；幼儿园237所，在校学生17945人。全县所有中小学都开通了互联网，建立了电子备课室，微机数量达到5900余台，多媒体教室450个。1999—2010年，单县高考录取本科人数实现全市“十二连冠”。

第一章　教育教学改革

第一节　教育体制改革

1987年8月，全省中小学、中等专业学校首次教师职称评聘工作开始，县教育局成立单县中小学教师职称改革领导小组。同月，成立中小学教师职称评审委员会。1988年6月，单县中小学教师职务评审和职务聘任工作结束。1992年，根据中组部、国家教委有关文件要求，全县中小学校逐步实行校长负责制，一般不再实行任期制。1996年9月1日起，全县中小学、职业中专、职业高中校长实行持证上岗制度，对于1996年9月1日前未取得“校长合格证”的中小学校长调离岗位，改做其他工作。1997年9月1日起，教师进修学校、中师校长实行持证上岗制度。2000年8月，在全县中小学推行以“教育干部选聘制、教职工聘任制、岗位目标责任制、结构工资制”为主要内容的学校内部管理“四制”改革。2005年8月3日，全县推进教育体制改革规范教育管理工作会议在湖西礼堂召开。参加会议的有各乡镇乡镇长、教育助理员、中心校校长、各中学校长、县直有关单位负责人、县教育局全体人员。县委、县人大、县政府、县政协、县纪委主要领导出席会议。会议研究部署如何推进全县教育体制改革，加快中小学、职业学校布局调整，进一步优化教育资源配置，规范教育管理等工作。重点对中小学实行编制实名制进行具体部署，规范核编定员范围、标准、方法等，宣布教育改革的若干纪律规定，确保该项工作顺利进行。9月，县政府印发《关于深化农村教育改革试点工作方案》，从指导思想、改革主要内容、教师实名制工作的方法和步骤等具体部署，为开展农村教育改革提供重要依据。2006 年 3 月 10 日，县教育局制定《单县中小学校长工作实绩考核办法》，从教育教学管理、校园建设、教师队伍建设、财务工作等方面对校长进行量化考核。根据量化考核的分数，将校长分为优秀、称职、基本称职和不称职 4 个等次，对考核优秀的校长，给予表彰；对考核不称职的诫勉 1 年，连续 2 年考核不称职的免职。11 月 18 日，根据上级有关文件精神，县政府制定《全县农村义务教育经费保障机制改革实施方案》，就实施范围、经费分担、实施步骤、保障措施等作出具体规定。在保障措施方面，提出六项要求，即明确部门责任；建立健全科学、规范的农村中小学预算制度；加强农村中小学财务管理，确保资金使用效益；严格规范收费行为，坚决杜绝各种形式的乱收费；推进教育综合改革，大力提高教育教学质量；加强组织领导。2007 年 7 月 6 日，县委、县政府印发《关于实行全县中小学教职工全员聘用制的实施意见》，聘用工作自此开始，8 月 20 日结束。全员聘用工作坚持公平、公开、竞争、择优的原则，实行“聘用政策、操作程序、计分办法”三公开。聘用工作以核编定岗为基础，以量化计分考核为依据，学校和教职工实行双向选择，竞争上岗。全县共有 9129 名教师应聘上岗，230 名城区和城郊区教师到边远学校支教，13 名教师落聘后到缺编学校寻聘。

第二节　教学制度改革

1985 年 5 月始，全县小学教师积极参与教学改革，强化基本功练习。重点练习“四功”：即口功，要求语言规范、生动形象，正确使用普通话，准确、清楚、流利地表情朗读和概念讲解教学；笔功，要求练好四笔（铅笔、钢笔、粉笔、毛笔）字，板书端正，位置适中，笔法正确，标准规范；备功（备课功），要求备课时，根据教材内容和学生实际确定课型、重点、难点、关键；教功，要求教学内容处理恰当，教学过程安排合理，传授知识和培养能力和谐一致。1987 年 4 月，单县在菏泽地区电化教学工作会议上，作题为《发展电化教学，促教育质量提高》的典型发言，电化教学受到地区表彰。1991 年，单县一中外语教师李格森的教改实验受到省外语教学研究会肯定，实验报告《对活教材英语教学之探讨》获省外语教学研究会优秀论文二等奖，并在山东省外语教学研究会第五次年会上作典型发言。同年，相继被评为“地区教学能手”“省教学能手”“全国教育系统劳动模范”，并被国家教委、人事部授予“人民教师奖章”。1993 年 4 月，单县实验小学被评为山东省农村小学教学工作先进单位。1996 年，单县实验小学进行小学语文“注音识字·提前读写”（简称“注·提”）教改实验。实验教师论文《巧用电教媒体，优化教学过程》《加强低年级识字写字教学，提高识字写字质量》多次在国家“注·提”实验活动中获教改论文一等奖并被收录《“注·提”实验教学与研究》一书，多名学生在“注·提”作文竞赛中获奖。单县实验小学被评为全国“注·提”实验教学先进单位。同年，单县五中外语教学组被授予“山东省外语教学先进教研组”。2001 年 4 月，单县实验小学主办的“现代教育思想教学研讨会”在单县剧院举行，研讨会邀请全国著名特级教师于永正、张庆、高万同、高林生、牛宪礼、陈蕾等现场讲课并作学术报告，该校教师张娜娜、张吉锁、景新梅、张启连、胡凤、刘喜梅与专家名师同台执教观摩课，苏鲁豫皖接壤地区 14 个县市的骨干教师共计 1300 多人参加活动。2002 年 4 月，单县五中成功承办全国第六届俄语学术年会，全国各有关省市教学研究室俄语教研员以及各有关学校代表共计 100 多人参加活动。2004 年 4 月，单县实验中学、单城镇一完小、单县教育局电教站、单县第二实验中学获菏泽市“电化教育先进单位”称号。同年，单县被评为菏泽市高中教学先进单位。2007年，县教研室语文教研员杨公平被评为“全国中学语文十佳教改新星”。同年，单县职业中专“服装制作”专业被评为省级教学改革试点专业。2009年4月始，全县初、高中学校各学科分别组织毕业班教学研讨会，主要围绕“三课型”（新授课、复习课、讲评课）课堂教学展开讨论，任课教师明确目标，改进课堂教学，当年，高考本科录取人数及录取率居菏泽市第一。同年5月，单县中日友好慧光学校被评为山东省教学示范学校。2001—2010年，单县一中发挥团队优势，坚持教研教改集体化，不断创新课堂，摒弃课堂教师主宰一切，把主动权交给学生，实施教师与学生面对面讨论的启发式教学。在讨论中发现问题，理解问题，解决问题，进行开放式学习，培养学生的创新思维。

第二章　基础教育

第一节　学前教育

1986年，学前教育以学前一年教育为主，全县共有幼儿园、学前班858所，在园幼儿28430人，教职工965人，幼儿园占地面积105380平方米，建筑面积22418平方米，全县有13处幼儿园达到地区一类园所标准，87所园所达到县级一类园所标准。1987年年底，全县954个行政村大都办起长期或季节性幼儿园，4～6岁幼儿入园率96%。1989年，全县有幼儿园、学前班914所，在园幼儿13073人，全县学前幼儿一年儿童入园率达90%。1990年5月，托幼工作由县妇联移交教育部门管理，乡镇中心学校负责本辖区内托幼工作，幼教工作管理趋于规范化。1993年，全县有园所804个，在园儿童27200人，学前一年入园率达92%。至1994年年底，全县共创办幼儿家长培训学校270所。1994年后，学前教育以政府办学为主，鼓励社会力量创办幼儿园，逐步建立与市场经济相适应的幼儿园办学体制。1997年下半年起，乡镇幼儿教师工资不再统筹发放，由各园从办园收费中解决。2001年7月3日，县政府将县直机关幼儿园划归县教委管理，其人员、校产等全部移交县教委。2002年4月，单县托儿所幼儿园管理办公室、黄岗镇教委被市教委授予“菏泽市学前教育先进集体”称号。9月，县政府印发《单县儿童发展规划（2001—2010）》，确定单县十年儿童发展战略目标和实施措施。2005年4月，县教育局制发《幼儿园审批注册管理办法》，明确幼儿园的创办和管理规定。2006年3月，县教育局印发《关于清理整顿非法开办幼儿园的意见》。经过整顿，全县共有注册幼儿园286所，学前一年入园率95%。2008年6月8日，县教育局印发《关于2008年单县幼儿园年审的通知》，自此，每年对全县幼儿园进行年审。2010年10月，举办全县幼儿园园长培训班，247名幼儿园园长参加培训。同年，对全县幼儿园进行整合，取消学前一年教育，改为三年班以上的幼儿园。2010年年底，全县达标幼儿园237所，在园幼儿17945多人，学前一年入园率99%，学前三年入园率73%。

第二节 小学教育

1986年，全县共有小学691所，在校学生124865人，适龄儿童入学率95.2%，在校学生巩固率98.5%，小学生毕业率94.3%，小学教师4635人。1990年6月，单县师范附属小学改称为单县实验小学，直属县教育局管理。1996年，全县共有小学608所，在校学生149963人，适龄儿童入学率98%，在校学生巩固率98.5%，小学生毕业率85.2%，小学教职工5887人。1999年12月，县“两基教育”通过省级检查验收。2001年7月，县委、县政府制定《关于全县农村中小学校布局调整的意见》，总体目标是从2001年起，经过3至4年的努力，全县基本建立起布局合理、设施配套、管理科学、教育质量高、办学效益好的基础教育体系。经过合点并校，2010年末，全县共有小学198所（含民办学校），在校学生105659人，教职工4391人。

第三节 中学教育

1986年，境内有普通高中9所，在校生5645人；初中58所，在校生32429人。1990年9月，县实验中学建成招生。当年底，全县有普通高中6所，初级中学56所，在校学生36842人。1995年7月，根据菏泽地区《关于中小学布局调整和内部管理体制改革的报告》文件精神，将全县初中调整为48所。1999年，单县劳动技校和菏泽供销技校归属县教委，分别更名为单县第二实验中学和单县二中初中部。全县共有初级中学52所。2001年7月，县政府对全县中小学布局进一步调整。2003—2010年，单县一中的单州一中、单县二中的龙翔中学、单县五中的五联中学、单父中学、湖西高中相继建立，乡镇驻地高中（单县三、四、六中）相继裁撤。2007年，十里铺初级中学裁撤。2010年年底，全县共有高中8所，初中45所，在校学生72938人（含民办学校）。

1986—2010年单县基础教育情况统计表

表25-2-1

年份	类别	学校（所）	学生（人）	教职工（人）
1986	小学	691	124865	4615
	初中	58	32429	2612
	高中	9	5645	
1987	小学	638	124814	4759
	初中	52	31870	2667
	高中	10	4960	
1988	小学	661	128249	5364
	初中	48	31050	2982
	高中	10	5401	
1989	小学	659	117908	5352
	初中	56	32559	3101
	高中	6	5190	

续表 25-2-1

年份	类别	学校（所）	学生（人）	教职工（人）
1990	小学	671	133528	5462
	初中	56	31183	3244
	高中	6	5659	
1991	小学	659	133394	5092
	初中	77	42747	3259
	高中	6	6599	
1992	小学	672	129733	5890
	初中	53	31710	3481
	高中	9	5941	
1993	小学	629	141265	5790
	初中	56	35009	3575
	高中	5	6617	
1994	小学	617	139197	5727
	初中	52	37070	3738
	高中	5	6320	
1995	小学	617	139179	5727
	初中	48	37070	37070
	高中	5	6320	
1996	小学	608	149963	5887
	初中	70	47997	4084
	高中	6	9257	
1997	小学	588	150444	5943
	初中	58	13771	3882
	高中	7	10876	
1998	小学	558	146990	5833
	初中	53	54182	4289
	高中	8	11191	
1999	小学	457	134996	5579
	初中	53	56291	4419

续表 25-2-1

年份	类别	学校（所）	学生（人）	教职工（人）
1999	高中	8	11273	
2000	小学	441	124737	5383
	初中	54	60639	4369
	高中	8	13284	
2001	小学	251	90994	4743
	普通中学	60	100313	4022
2002	普通小学	172	91606	4698
	普通中学	54	90131	4504
2003	普通小学	177	91785	4614
	普通中学	56	75817	3972
2004	普通小学	222	89610	4714
	普通中学	54	64369	3965
2005	普通小学	196	92833	5478
	普通中学	56	80150	4557
2006	普通小学	197	98803	5511
	普通中学	57	77518	4740
2007	普通小学	191	103462	5712
	普通中学	53	78575	4689
2008（包括注册民办学校）	普通小学	189	103312	5656
	普通中学	52	75559	4707
2009（包括注册民办学校）	小学	188	105149	6000
	普通中学	54	49466	4393
2010（包括注册民办学校）	小学	198	105659	5955
	普通中学	53	72938	4391

说明：以上数字来源于《单县统计年鉴》

第三章　职教　特教　成教

第一节　职业教育

1986年，设立单县教育局职业教育教研室。同年，菏泽地区供销技工学校在单县落成开学，1998年供销技校停止招生，建校12年，为社会培养输送毕业生2760余人。1987年，境内有4所职业中等学校，15个班，在校生601人。开设农学、家电、幼师、烹饪、电工等8个专业。7月，单县职业中学幼师班代表菏泽地区参加全省职业学校幼师专业技能、技巧比赛，获全省总分第五名。8月，在烟台夏令营会演中，两个节目获省厅二等奖，两个节目获省厅三等奖。1988年，单县劳动技校建成招生，1998年停止招生，建校10年，为社会培养输送毕业生近4000人。同年11月，单县职业中学、单县第一农业技术中学、单县第二农业技术中学、单县第三农业技术中学分别更名为单县第一职业高中、单县第二职业高中、单县第三职业高中、单县第四职业高中。1989年10月，经省政府批准，单县第一职业高中升格为职业中专，并增设建筑和企业管理两个专业。1990年5月，单县职业教研室被评为山东省先进职业教研室，是菏泽地区唯一受省表彰单位。11月，单县第二职业高中将单县西郊菜农“西红柿大王”任忠宽等创造的西红柿栽培技术的全过程和技术要点，录制成电视教科片，在中央电视台多次播出。1994年，经过省教委两次评估，单县职业中专被省政府批准为省级重点职业中专。同年，职业中专第一届幼师专业毕业生侯继红（陶红）、黄莹、赵亚琼分别被沈阳军区、北京军区、济南军区文工团录用为歌舞演员。之后，侯继红成为军中颇有名气的青年歌唱家。1995年7月，县职业中专与县人武部联合开办“民兵预备役专业班”，首届招收110人，学制2年，开设普通高中文化课和军事课。在校期间，县人武部免费发放统一服装，学习期满，发正式职专文凭，愿意参军的县征兵办优先安排入伍。该专业班共办5届，向部队输送兵员415人。9月，单县职业中专被评为山东省教书育人先进单位。1996年1月，省《职教天地》杂志第一期，以“鲁西南职业技术教育窗口学校”为题，出专辑报道单县职业中专的办学经验。1998年11月，县政府作出《关于建立县职业技术教育中心的决定》，将县职业中专、劳动技校、职工学校、教师进修学校、地区供销技校等6所学校合并，在县职业中专基础上，建立单县职业技术教育中心，承担全县经济建设人才的培养和培训任务。职教中心教学规模为36个教学班，在校学生长班1800人左右，短训班在校学员2000人以上。2003年5月，山东省淄博市工业学校响应省政府“东西结合、对口帮扶、发展菏泽”的号召，在单县创设分校。当年，租借武馆招收第一批学生120余人。次年，在谢集乡三旦黄庄105国道东选址建设新校区，2005年迁入新址。学校开设化工、计算机、机电、商贸、旅游五大类20多个专业。2005年7月，对全县职业教育资源进一步优化整合，将第二、第三、第四职业高中和卫生职业中专并入单县职业中专。2006年10月，单县职业中专被教育部批准为国家级重点职业学校。2010年，县教育局被菏泽市教育局评为职业教育招生工作先进单位。至2010年年底，境内有职业学校4所，其中，职业中专2所，职业高中2处，教职工547人，在校学生5600余人。开设机电、计算机、财会、服装、音美、市场营销、农学、法律、医疗等10余个专业。毕业生安置就业率达到100%，对口高职升学率达到95%。

1986—2010年单县职业教育情况统计表

表25-3-1

年份	学校（处）	班级（个）	在校生（人）	教职工（人）
1986	1	8	340	31
1987	4	15	601	72
1988	4	18	1081	112
1989	4	18	1088	130
1990	4	16	1060	145
1991	4	16	1100	162
1992	4	16	1110	184
1993	4	14	1030	218
1994	4	16	1205	223
1995	6	18	1310	302
1996	6	18	1346	305
1997	6	22	1400	312
1998	6	22	1420	325
1999	6	24	1600	336
2000	6	28	1688	340
2001	6	32	2400	341
2002	6	32	2430	347
2003	7	50	3208	438
2004	7	50	3246	446
2005	7	56	4360	457
2006	4	58	5600	536
2007	4	58	5612	539
2008	4	58	5620	540
2009	4	60	5614	544
2010	4	60	5631	547

第二节　特殊教育

1990年10月，单县聋哑学校建成开班，有教师3人，当年招收一个班12名学生。2000年，学校基本解决学生食宿问题，农村适龄聋哑儿童相继入学，学校有5个教学班，学生45人，教职工10人，各功能用房基本健全。2006年，单县聋哑学校毕业生韦月香获得山东省残疾人联合会扶残助残最佳爱心奖。2010年年底，学校有6个教学班，聋哑学生45人，教职工22人。1990—2010年，单县聋哑学校共为济南残疾人高等学校输送学生50余人。

1990—2010年单县聋哑学校师生统计表

表25-3-2

年份	教师（人）	学生（人）	年份	教师（人）	学生（人）
1990	3	12	2001	11	51
1991	5	15	2002	11	43
1992	7	21	2003	10	46
1993	11	32	2004	15	53
1994	12	37	2005	15	41
1995	12	25	2006	12	48
1996	10	32	2007	12	56
1997	10	29	2008	12	42
1998	11	36	2009	20	43
1999	10	39	2010	22	45
2000	10	45	—	—	—

第三节　成人教育

农民教育　*农村扫盲*　根据1990年全国第四次人口普查，单县15～40周岁的青壮年总人数44.79万人，其中文盲半文盲11.8万人，非盲率为73.65%。1990年10月，单县成立由分管副县长为组长的农村扫盲领导小组，明确由县教育局成人教育办公室具体抓这项工作。至1995年年底，全县共扫除青壮年文盲11万余人，剩余文盲半文盲7000余人，全县青壮年人口54.8万人，非盲率98.6%，达到国务院规定的基本扫除文盲的标准。1996年5月，省政府组织18人的扫盲验收团，对单县的扫盲工作进行评估验收，单县被评为省、地区扫除文盲工作先进单位。9月，单县朱集镇被国家教委评为扫盲工作先进单位，县教育局成人教育办公室主任徐成光被评为全国扫盲工作先进工作者。至此，全县农村扫盲工作结束。

农民文化技术教育　1995年年底，扫盲工作完成后，单县的农村成人教育工作重点转移向农民技术培训。针对农村发展商品经济的新特点，开展农民教育时，采取多层次、多规格、多种形式办学，学习内容有农业方面的种植、养殖、植保、施肥等技术，农副产品加工、建筑、建材、商业服务等方面的技术。县教育局组织编写农民技术培训教材，提高办学的针对性和实效性。乡、镇农技学校采取长短两种学制，长班学制1年以上；行政村办农技校主要办各种短训班，学习普及型的实用农业科学技术。1996年年底，全县所有乡镇、行政村开办农民技术学校，办学面100%。经省、地区检查评定，符合省级示范乡（镇）农技校6处，地区级示范乡（镇）农技校18处。至1999年，全县乡（镇）、村农技校年举办各种类型的技术班2000余个，乡镇农技校年培训8万余人次，村办农技校培训15万余人次。2000年之后，这种培训方式逐渐被科技下乡、正规农技专业学校教育所替代，乡镇、行政村办农技校随之消失。

职工教育　1983—1990年，县职教办利用6年时间，采取青壮年职工文化补习考试成绩与其转正定级、工资晋级挂钩措施，完成1968—1980年高、初中毕业的7200余名青年职工的文化补习工作，使之全部达到初、高中毕业水平。1986年始，开展对全县职工岗前培训，至1993年年底，累计培训上岗不久的学徒工和未上岗的青年工人5000余人次。1993年12月县职教办改称单县职工教育培训中心后，只开展一些零星的企业思想政治教育、短期适应性的岗位培训。1998年，针对企业改制、解困和职工下岗等问题，对40岁以下的职工进行社会主义思想道德教育，有600余人参加学习。至2004年年底，累计培训职工2000余人次。2005年1月，县职工教育培训中心撤销。

函授教育　1986年年底，有318人取得高师函授专科毕业证。1987年，有516人取得中师函授毕业证书。同年，全县教育系统有本、专科函授生247人，中师函授生603人。1988年，参加高师本科函授的40人，专科函授的236人，中师函授的1550人。1990年，有147人取得本科函授毕业证，723人取得专科函授毕业证，1500人取得中师函授毕业证。至2001年，全县有2213人取得中师函授毕业证。至此，中师函授培训结束。至2010年，全县有748人取得本科函授毕业证，有1536人取得专科函授毕业证。

电大教育　1986年始，县教育局举办电视大专班4个，电视中专班1个，学员共159人。1988年，有28人参加高师音像班学习。1993年，有542人参加电视大专班学习。1996年，电视大专班移交县教师进修学校举办。当年，招生71人。2001年，县教师进修学校培训电大专科毕业生237人。2006年，有724人参加县教师进修学校电大开放教育班学习。至2010年，县教师进修学校培训电大本科毕业学员822人，专科毕业学员541人。

成人教育学校　**单县农业广播学校**　创办于1981年，至1996年，学校有13名专职教学人员，20名兼职教学人员，设大专班、中专班和初等农业技术教育班等。1999年，多次组织专家对农村基层干部以区为单位进行集中培训。同时，根据农民群众所需，传授通俗易懂的实用技术，如芦笋、大蒜、大棚菜的栽培管理等。2000年，招收村级计划生育工作专职人员中专班450人，大专班100人。开展农用技术培训活动，采用现场与声像相结合、讲授与示范相结合的方法，现场教学20次，为学员印发芦笋、夏花生、山药、甘薯、夏玉米、茴香、香芋等农作物种植栽培技术明白纸2万份。当年，单县农广播学校被农业部确定为"全国育才兴农示范学校"。2004—2010年，利用"阳光工程"培训项目和劳动技能免费培训政策，共培训各类农民2.5万人。

1986—2010年，该校先后开办农学、果树栽培与管理、畜牧兽医、农产品加工、水产养殖、农业经济管理、会计、乡镇企业、蔬菜种植等10多个专业，培养大专以上毕业学员600余人，中专毕业学员1600余人，一年制初等农业技术学员4000余人，举办实用技术培训班360期，培训人员7万人次。

单县农业机械化技术学校 创办于1975年，教学任务主要培训农用拖拉机驾驶员、农机供应人员、农机维修工、基层农机管理人员和各类农机手。培训形式主要采取校内集中培训和乡镇分散办班相结合，长班与短班相结合。1998年，该校被农业部定为县级"四有"（即有独立配套的培训基地，有素质高、数量足的师资队伍，有适合教学需要的比较现代化的教学设备，有较强的经济实力）农机校，被省树为鲁西南农机培训先进单位，吸引泰安、临沂等市地相关人员到单县农机校参观学习。校长侯新春1987年8月被评为全国县级农机校先进教师，1998年被评为山东省农业劳动模范。1986—2010年，单县农机校累计培训各类农机人员3.6万余人。

系统办学 1986年，境内有县总工会办的单县职工业余学校、县卫生局办的卫生职工学校。1987年，县职教办建立单县职工中等专业学校，县粮食局建立粮食职业中专学校。1988年，单县卫生职工学校开始招中专班。1993年，单县卫生职工学校改称为单县卫生职业中专学校。自此，单县的职工教育开始步入学历教育。之后，随着大专文化的日趋普及，至1998年，上述学校全部撤销。1986—1998年，全县职工学校累计培养各类人才3000余人。

第四章 社会力量办学

第一节 民办学校

1995年11月2日，郝洪德、黄绍杜、王启军创办的单县第一所民办学校——湖西高级中学批准成立。次年9月7日举行开学典礼，首次招收高中一年级学生212人。1996年8月，单县一中原校长张中和单县卫校原校长周奉科退休后创办希望学校。当年招收5个初中班400名学生，聘用教职工13人。1998年5月1日，县教委通过验收，对全县社会力量创办的14所合格学校向社会公布，准予招生。其中，初中2所，高中2所，技术培训学校10所。1999年9月1日，由日本友人投资兴办的慧光学校举行开学仪式。该学校是民办公助寄宿学校，有60个教学班，学生2000余人。2004年12月，创建民办单父高级中学。2008年4月，单县天元中学、单县新东方小学、单县育才小学、单县郭村镇五星学校、单县郭村镇常青学校、单县浮岗镇浮龙学校、单县浮岗镇鲁豫宏远学校、单县莱河镇树人双语学校、单县终兴镇龙腾学苑等9所民办学校批准设立，进行招生。2009年7月，县教育局批准设立单县博文学校、单县湖西华苑学校、单县东方学苑、单县新飞学校、单县芳草地学校、单县子扬学校、单县阳光双语学校等7所学校，均属民办、六年制小学。2010年年底，全县有民办学校29所，学生23443人，教职工1073人。其中，中学9所，学生8230人，教职工286人；小学20所，学生15213人，教职工787人。

第二节　依法管理

1995年9月19日，县政府印发《关于加强社会力量办学管理的意见》，界定社会力量办学的范围，明确社会力量办学审批、管理层次和权限。要求教育主管部门严格审查其办学条件，合格者发证，不合格者取缔。规定社会力量办学做招生广告，须持县教委签证；学校收费应符合国家有关规定，并向教育行政部门交纳学费的5%用于督评、监管等费用。1997年7月，国务院颁布《社会力量办学条例》后，县教委依法履行权力和义务。2007年1月18日，县教育局制发《关于清理整顿义务教育阶段民办学校的意见》。对全县民办学校进行清理整顿：严格义务教育阶段民办教育审批程序；对已有义务教育阶段民办学校进行清理，对在规定时间内达不到“四独立”（即独立的法人，独立的财务核算、人事管理，独立的校园、校舍，独立进行教育教学）要求的，取消其办学资格；依法加强对义务教育阶段民办学校的监督管理，对于未经审批登记注册，擅自创办民办学校的，严厉查处。2009年3月，县教育局成立民办学校管理办公室，统一管理民办学校。至2010年年底，全县未发生违反规定办学现象。

第五章　教师队伍

第一节　教师选用

公办教师　主要来源于师范类院校和非师范类院校毕业生。1986年，全县有公办教师4034人。1986—1999年，全县共接纳大中专毕业生3731人。2000年起，取消大中专毕业生分配制度，教师来源主要通过公开招考，择优录用。2000—2010年，全县共招聘教师933人。2010年年底，全县有公办教职工8426人。

民办教师　1984年11月，按照省、地有关指示精神，辞退不称职的民办教师289人。1987年2月，203名民办教师被选招为公办教师。1987年年底，全县有民办教师2763人，占全县教师总数的40%以上，其中，74.5%的民办教师在小学任教。之后，全县不再增补民办教师。1987—2003年，采取直接转正或进师范院校学习后转正的办法，2542名民办教师转为公办教师，200名超龄民师办理退养手续，辞退21名不合格民办教师。至2003年年底，全县民办教师不复存在。

聘用代课教师　有临时代课和长期代课，学校教师有短缺学科时聘用。20世纪90年代后，随着大量民办学校的成立，聘用教师人数逐年增多。至2010年年底，全县民办学校聘用代课教师1458人，多为退休教师和师范院校毕业生。

第二节　教师培训

学历培训　教师资格要求小学教师须有中专以上学历，初中教师须有专科以上学历，高中教师须有本科以上学历。1986 年起，针对教育人才断层、学历达标率低的现状，每年从教育系统招收学历不达标教师 80 人，在县教师进修学校接受全日制脱产学习，进行学历补偿教育，4 年共培训教师 320 人。1988 年，全县教师达标率小学 45.2%，初中 18%，高中 30%。之后，通过脱产学习、函授教育、高师音像、自学考试、远程教育、网络教育等学历培训和师范院校大中专毕业生分配，达标教师逐年增加。1995 年，学历达标率小学 84%、初中 66%、高中 51%。2010 年，全县教师达标率小学 99%、初中 96%、高中 95%。

业务培训　主要通过集中学习、教学观摩、继续教育、自学等方式进行。1986 年始，每年利用寒、暑假进行集中学习培训。1992—1996 年，利用暑假举办全县音乐、美术教师和幼师培训，参训 790 人次。1995—1998 年，分期分批对全县小学教师进行任教岗前培训、在岗职务培训、骨干教师培训、短缺学科师资培训，参训 2950 人次。1996—1998 年，全县小学教师进行基本功训练（三笔字、简笔画、普通话及综合能力），参训 6000 人次。1999 年，利用暑假举办薄弱学科教师培训，全县 470 名教师参加培训。2000 年后，对每年新招聘录用的教师均进行岗前培训。至 2010 年，共培训新录用教师 933 人。2006 年 8 月，县教育局利用暑假，进行贯彻新修订的《中华人民共和国义务教育法》、新课程理论和一般教学常规的培训，全县有 9000 名教师参加培训考试。2008—2010 年暑假，利用山东省教师教育网分别进行高中、初中和小学教师远程研修，参训人数分别为 948 人、950 人、3000 人。其间，县教师进修学校分别进行小学教师学科培训、现代教育技术培训、实验教师培训、班主任培训等。2010 年，中小学教师全员培训，开展集体备课活动。本次培训教师共 3.5 万余人次。

教育行政干部培训　1986 年，中学校长在菏泽教育学院培训，小学校长在县教师进修学校培训。1987 年 6 月，中小学教育干部 56 人，赴江苏省金湖县学习考察。1987—1989 年，举办培训班 2 期，培训 350 人，全县中小学校长轮训一遍。1993 年，县教师进修学校利用寒、暑假举办小学校长岗位培训班，培训 260 人。同年 7 月，31 名高中校长到省教育学院培训，74 名初中校长到菏泽教育学院培训，163 名小学校长到县教师进修学校培训。1997—1999 年，举办 3 期小学校长培训班，参训 215 人次。1999—2000 年，县教育局抓住东西部帮扶机遇，选派 48 名学校中层管理干部赴潍坊挂职学习。2003 年 1 月，选派 6 名骨干校长到华东师范大学进修学习。2003—2006 年，对小学校长进行岗位培训。2007 年，对小学校长素质进行提高培训。2008 年，推荐 16 名高中校长参加山东省普通高中校长素质教育专题培训，5 名高中校长参加岗位培训，6 名高中校长参加省教育学院举办的提高培训。2009 年 7 月，在单县一中举办中小学教育干部管理培训班，参训人员 300 余人。2010 年，培训中小学校长 315 人次。至年底，全县有 115 名教育行政干部取得山东师范大学研究生课程进修班结业证书，中小学校长全部持培训合格证上岗。

第三节　职称评审

1987 年，成立中小学教师职称评定改革领导小组和评审委员会，制定全县教师职称评定标准和相关细则，经菏泽地区职称改革领导小组批准，单县教育系统有 5 个单位为第一批开展专业技术职务聘任制单位。至 1988 年，全县共评定副高级职称教师 92 人，中级 1220 人，初级 2607 人。1993 年起，职称评定每年进行一次。2010 年年底，全县共有副高级职称教师 798 人，中级 3917 人，初级 3483 人。

1988—2010 年单县教师职称评审情况统计表

表 25-5-1

年份	高级（人）	中级（人）	初级（人）	年份	高级（人）	中级（人）	初级（人）
1988	92	1220	2607	2000	51	317	372
1989	—	—	—	2001	68	309	413
1990	—	—	—	2002	79	428	354
1991	—	—	—	2003	72	402	367
1992	—	—	485	2004	105	369	273
1993	33	418	1645	2005	51	523	338
1994	25	449	738	2006	88	221	35
1995	19	257	517	2007	84	258	41
1996	31	249	1127	2008	58	157	35
1997	34	287	613	2009	54	186	45
1998	43	272	625	2010	50	196	21
1999	35	304	646	—	—	—	—

说明：缺少 1989 年、1990 年、1991 年、1992 年的资料

第四节　教师待遇

政治待遇　1985 年 9 月 10 日，国务院确定全国第一个教师节后，教师地位和待遇得到提升。全县各级党委、政府在教师节期间举行庆祝表彰大会，走访慰问教师，并给困难教师发放慰问金，尊师重教蔚然成风。1996 年，开始实施教师资格过渡。2001 年开始，除 2002 年外，每年进行一次教师资格认定。1986—2010 年，省、市、县历届党代会、人代会、政协会教师代表（委员）总人数分别为216 人、231 人、279 人。1986—2010 年，全县涌现出全国优秀教师 28 人，山东省特级教师 18 人，山东省优秀教师 62 人；全国优秀教育工作者 2 人，山东省优秀教育工作者 12 人；教师中被评为市级劳模 13 人，省级劳模 9 人，国家级劳模 4 人；获山东省富民兴鲁劳动奖章者 1 人。

工资待遇　1985 年，开始对中小学和幼儿园教师实行教龄津贴制度。按照教龄长短分别计算，教龄津贴以每月 3 元、5 元、7 元、10 元分四个档次。1987 年，中小学和幼儿园教师基本工资标准增加 10%。1988 年后，随着教师职称的评定，职务工资的兑现，教师工资水平高于同等条件的公务员工资水平。1994 年 6 月起，按省政府有关部门文件精神，给特殊教育工作者提高特殊津贴标准，由原基本工资的 15% 提高到 20%，从事特教满 20 年的离退休教师，特教津贴纳入离退休费计发基数。2006 年，事业单位工资制度改革，教师月平均工资 1417 元。2010 年，教师月平均工资 2290.9 元，比全县机关事业单位工作人员月平均工资 2000 元高出 290.9 元。

第六章　教育管理

第一节　教育方针

1985 年，根据中共中央《关于教育体制改革的决定》精神，县委、县政府对单县教育管理体制进行改革，逐步形成以“谁办学谁主管”为主要特征的“三级办学、两级管理、两级统筹”的新体制。1993 年 2 月，中共中央、国务院颁发《中

国教育改革和发展纲要》，制定“教育必须为社会主义现代化建设服务，必须与生产劳动相结合，培养德、智、体全面发展的建设者和接班人”的教育方针，提出“普九”（普及九年义务教育）和向现代化教育迈进的战略目标。据此，单县提出贯彻“纲要”，实施“普九”，狠抓基础，着眼素质，提高质量的整体工作思路，实施“3211”工程，即落实“三抓”（抓教学、抓教研、抓实效），提高“两个素质”（干部管理素质、教师业务素质），一方面实施“普九”，一方面扫除青壮年文盲。2001—2010年，县教育局围绕“打造教育强县，积极推进教育现代化”目标，进一步巩固与提高“普九”成果，整合教育资源，推进素质教育，调整中小学布局，建设“六大校园”（即建设平安校园、书香校园、绿色校园、信息校园、文明校园、和谐校园），提高办学档次。

第二节　学　制

1986—2002年，单县中小学学制实行“五三三”制，即小学五年，初中、高中均为三年。2002年6月17日，县政府印发《关于实施全县小学学制“五改六”的意见》，文件决定：从2002年暑假起，全县用2年时间将小学学制由五年改为六年（简称“五改六”）。具体规定：当年暑假后新招小学一年级为六年制；在校的一、二、三年级，当年暑假开学后全部过渡为六年制的二、三、四年级；当前在校的各年级依据有关规定过渡分流到相应年级；对升入初一和小学六年级的学生实行“准升卡”制度；私立学校与国办学校同步进行。2004年6月，全县小学学制“五改六”全部完成，过渡为六年制，初中、高中学制仍为三年。

第三节　课程设置

1986年，全县中小学按照国家教委各科教学大纲的要求设置课程。1990年7月，国家教委针对普通高中教学计划提出调整意见：地理课改为在高一开设；保证学生每天有一小时的体育活动时间；重点高中把计算机课作为学生必选课。据此，单县高中教学按要求调整教学课程。1991年1月，国家教委下发《关于加强义务教育阶段中小学生写字教学的通知》，提出“写字是义务教育阶段的基本训练之一”，单县各小学严格要求，订足教材，开足写字教学课。6月，根据上级要求，全县各中小学开设健康教育课。1993年，山东省高中毕业会考要求，全县高中教学增加物理、化学、生物实验操作课程。2002年8月，根据教育部在小学阶段开设英语课的要求，县教育局印发《关于在全县小学开设英语课程的意见》，规定小学开设英语课程的起始年级为三年级，三、四年级以短课时为主，五、六年级长短课时结合。自此，全县各小学按要求均开设英语课程。

第四节　招生考试

中、小学招生　1986年5月，省教育厅公布高中招生考试科目和计分比例。政治100分、语文120分、数学120分、英语100分、物理70分、化学50分、历史30分、地理30分、生物40分。全省统一命题，统一考试。1987年，高中招生考试科目与上年相同，单县一中考生加试体育，按30分计入总分。1988年，普通高中均加试体育，成绩按30分计入总分。初中招生考试语文100分、数学100分、常识60分（自然30分、历史15分、地理15分）。1992年，高、初中招生试行保送制。高中保送生不超过招生总数的2%，初中不超过招生总数的4%。在评估中获良好等级的初中，可向县重点高中保送两名优秀学生（一中、二中各1名）。乡镇复评为优秀等级的小学，可向本乡镇初中保送一定数量的优秀生，数量由乡镇中心校确定。1995年，高中招生考试加试体育。加试项目为：男生100米跑、3公斤铅球、立定跳远；女生800米跑、1分钟仰卧起坐、立定跳远。满分为30分，并计入总分。1995年秋季开学起，按照九年义务教育规定，小学毕业升初中，不再进行升学考试。农村小学毕业生直接升入本乡镇初中，城区内小学毕业生，由县教委统一组织毕业考试，按照“就近入学，划片录取”的原则，保证98%以上的小学毕业生就近升入初中。1998年，开始试行“一考多取”“一评二挂”的办法。“一考多取”即通过一次考试，普通中专、普通高中、职业中专、职业高中分别录取；“一评二挂”即将重点中学（一、二、五中）计划内招生指标的一部分与县教育督导室对乡镇教育投入水平评价、初中办学水平评价挂钩，分配给各初中名额，在计划指标最低线下20分予以录取。当年，高中招生为4490人（含推荐生380人）。2006年3月，完成468人春季招生计划。2007年，普通高中11所，招收140个班，8400名学生；职业高中5所，招收学生1780人。2010年，全县12所高中学校（含4所职中）招生13062人，其中普通高中招生8700人。

1986年《中华人民共和国义务教育法》颁布实施后，初中招生一直沿用学生小学毕业后就近直接全部升入初中学习的方法；小学招生一直实行适龄儿童全部入学。2008年7月，根据上级要求，县教育局印发《单县义务教育阶段学校招生工作实施意见》，针对历年城区小学、初中择校热的状况，确定“划片招生、就近入学、严禁入学选拔考试”原则，该办法在城区一直沿用，至2010年未变。

高等学校招生　*考试科目*　1986年，继续实行文理分科考试，即文理科考生均考政治、语文、数学、外语四科，文科生要加试历史、地理；理科生要加试物理、化学，有关院校和专业加试生物。1987—1993年，仍分文理科。理工农医类，考试科目为政治、语文、数学、外语、物理、化学、生物；文史类考试科目为政治、语文、数学、外语、历史、地理。1994—2001年，实行“3+2”考试模式，并实行标准分。即理科类考试科目为语文、数学、外语、物理、化学；文史类考试科目为语文、数学、外语、历史、地理。生物和政治科目只作为会考科目，不做为高考科目。1998年，单县一中考生周玮本年度高考中以满分900分（标准分）成绩获山东省理工科总分第一名。2002—2006年实行“3+X”模式。即理工类考试科目为语文、数学、外语、理科综合（物理、化学、生物）；文史类考试科目为语文、数学、外语，文科综合（政治、历史、地理），外语增加听力并计入总分。2005年、2006年山东省在继续实行“3+X”考试方案同时，语文、数学、外语三科首次自行命题，其他科目由教育部命题，即“X”文科综合或理科综合仍使用全国卷。2007年起，高考实行“3+X+1”模式。即在原有“3+X”基础上增加“1”基本能力的测试。

考务管理　1981年起，菏泽地区（市）一直坚持各县（区）轮换监考教师监场制度。即高考考场2名监考老师至少有1名为外县（区）教师。2002年起，实行教师监场考前随机抽签制度，以减少对高考工作的人为干扰。2005年起，全部高考考场实行电子监控，考试全过程录像存盘备查，有效遏制考场替考舞弊行为。1995—2010年，单县所有考点连续16年被评为“优秀考点”，单县考区连续16年也被评为“优秀考区”。

高考时间　2003年前，全国高考时间为每年7月的7日、8日、9日三天；2003年始，改为每年6月的7日、8日、9日三天。

1986—2010年全国高等学校招生单县考试录取情况统计表

表 25-6-1　　　　单位：人

年份	参考人数	本科录取	专科录取	年份	参考人数	本科录取	专科录取
1986	1500	237	—	1999	5563	618	680
1987	790	152	104	2000	5811	759	1027
1988	—	344	—	2001	6217	1147	1196
1989	1843	121	138	2002	5964	1330	1778
1990	1911	171	149	2003	6517	1136	2365
1991	—	136	175	2004	8619	2017	3283
1992	1875	166	209	2005	10630	1708	2988
1993	2708	194	475	2006	11261	2191	3474
1994	—	289	408	2007	11877	2297	4664
1995	2701	349	328	2008	13632	2639	9346
1996	3416	349	360	2009	13120	3561	—
1997	4329	448	337	2010	11680	3903	—
1998	5256	443	416	—	—	—	—

2004—2010年单县高考理科、文科第一名统计表

表 25-6-2

年份	姓名	科别	录取学校	专业	家庭住址	毕业学校
2004	孙福国	理科	浙江大学	生物工程	龙王庙镇王寨	单县五中
	高云贺	文科	浙江大学	经济学类	高老家乡高庄	单县五中
2005	高福彦	理科	南京大学	物理学类	高老家乡刘官庄	单县五中
	孙硕颖	文科	南京大学	新闻传播学类	单县林业局家属楼	单县一中
2006	郭祥坤	理科	山东大学	自动化	曹庄乡谢寨	单县五中
	杨　娟	文科	中国人民大学	税　务	李田楼乡老龙窝	单县一中
2007	李　方	理科	南开大学	环境工程	终兴镇东孟集	单县一中
	呼均雷	文科	吉林大学	法　学	龙王庙镇陈草庙	单县五中
2008	尚文绣	理科	清华大学	水利水电工程	曹县青堌集镇	单县一中
	李　珍	文科	上海外国语大学	—	朱集镇王小庄	单县一中
2009	李继领	理科	上海财经大学	会计学	曹县安才楼火神台	单县一中
	李　冉	文科	南开大学	德　语	龙王庙镇李庄	单县一中
2010	程陶然	理科	清华大学	—	—	单县一中
	邢金帅	文科	南开大学	国际政治	—	单县一中

第五节　收费管理

1986—1992年，境内学校按照省定标准，小学每生每学期8元、初中15元、高中25元收取学费。1993年，贯彻落实国家教委《关于坚决纠正中小学乱收费的通知》及省、地关于制止中小学乱收费的规定，全县统一收费标准。1996年，贯彻落实地区教育局《关于在全区普通中小学建立收费公开卡制度的通知》，各学校从本年度秋季开学起，实行收费公开卡制度，学校每学期收费时，由班主任详细填写收费时间、项目、金额，加盖校长印章，由家长签字后缴费。12月，贯彻落实经国务院批准，国家教委、国家计委、国家财政部联合颁发义务教育学校、普通高级中学、中等职业学校收费的管理办法，对家庭经济困难的学生可减免学杂费，保证他们不因经济困难中断学业。1998年6月，地区行署批准调整菏泽地区中小学收费标准。小学杂费农村每生每学期30元、城镇40元；初中杂费农村每生每学期55元、城镇65元。高中杂费每生每学期农村100元、城镇110元；学费每生每学期农村60元、城镇70元，省、地级重点中学210元。职业高中学杂费每生每学期200元；职业中专学杂费每生每学期500元。住宿费一律每生每学期农村40元，城镇50元；借读费每生每学期小学180元、初中300元。代收费项目为：课本费、作业本费、班费（每生每学期小学2元、初、高中10元）、自行车看管费（每生每学期5元）。1999年9月，地区行署办公室批转地区物价局等三部门调整高中收费标准报告，从1999年新学期执行，一般高中统招生学杂费每生每学期农村180元，城市330元，重点和规范化高中，每生每学期500元，计划外学生按捐资助学形式进行收费，数额为：一般高中农村生均每学年700元，城市生均每学年1200元，重点和规范化高中生均每学年1800元，不再另交学杂费。对特困生学杂费减免比例由原学生总数15%提高为20%。2000年，调整规范中小学收费标准，该年度秋季开学起，全县中小学按照省政府办公厅有关文件要求，调整规范收费标准。义务教育阶段杂费：小学每生每学期城市由40元提高到55元，农村由30元提高到40元；初中每生每学期城市由65元提高到90元，农村由55元提高到70元。借读费：每生每学期小学由180元提高到300元，初中由300元提高到500元。收取借读费不再收取杂费。非义务教育阶段学杂费：普通高中当年起实行招生收费并轨，取消计划外招生，收费标准为每生每学期省级规范化学校由500元提高到800元，城市高中由330元提高到500元，农村高中由180元提高到300元。职高5C0元，职专800元。住宿费：不分学校类别每生每学期农村由40元提高为50元，城市由50元提高为70元。家庭困难学生减免学杂费比例：农村不少于学生总数的20%，城市不少于学生总数的15%。2001年，单县成为省政府办公厅发文公布的中小学收费“一费制”试行县区之一，农村小学每生每年120元，初中230元，实行“一费制”的学校不得以任何借口和名义再向学生收取其他任何费用，对于贫困学生，仍实行减免制度。2004年秋，发放由菏泽市物价局、教育局、财政局监制的菏泽市中小学生缴费明白卡。2007年秋，按上级政策规定，免除农村义务教育阶段学生的学杂费。2008年，免除义务教育阶段学生的课本费。同年起，全县义务教育阶段公办学校实行零收费。2009年2月，单县被授予“山东省规范教育收费示范县”称号。至2010年，公办学校继续实行零收费。

第六节　经费管理

县教育经费来源主要有各级政府财政拨款、社会团体和个人办学用于教育的经费、社会捐资集资的办学经费、学杂费、其他收入等。教育经费支出主要包括教职工工资福利、社会保障费、学生奖学金和公务费、业务费、设备购置费、修缮费等。

2001—2010年单县教育经费收入统计表

表 25-6-3 单位：千元

年份	财政拨款	团体、个人办学投资	社会捐资集资款	学杂费	其他收入	合计
2001	79571	3517	16392	34410	1257	135147
2002	70112	6305	17497	34415	604	128933
2003	72906	6157	3133	40328	3631	126155
2004	81651	16516	477	32575	2368	133587
2005	98917	31595	918	46836	1585	179851
2006	141810	52920	923	44912	3290	243855
2007	241411	1164	667	71025	4645	318912
2008	285445	408	1510	80221	1783	369367
2009	311732	2065	1536	113387	1250	429970
2010	398982	260	669	93524	4500	497935

2001—2010年单县教育经费支出统计表

表 25-6-4 单位：千元

年份	个人部分						公用部分						总计
	基本工资	补助工资	其他工资	职工福利	社会保障	奖助学金	公务费用	业务费用	设备购置	房屋建筑	修缮费	其他费用	
2001	39175	13430	3201	1578	18569	—	13336	7340	4032	10614	22063	1809	135147
2002	47325	11992	2503	1734	246	730	13280	9576	6046	20909	11211	3381	128933
2003	46084	13099	4298	2020	60	873	19007	11126	9167	4765	12255	3401	126155
2004	53341	14581	2713	788	126	824	21362	11056	11743	6365	8099	2589	133587
2005	62133	13739	8309	2110	210	1105	30812	15211	11577	9870	18340	6435	179851
2006	75782	22037	11721	2836	322	2405	35818	19815	14028	22100	21349	15642	243855
2007	171565	15396	175	—	2112	12231	68451	—	7159	35477	6346	—	318912
2008	145668	55975	2583	—	3711	26490	82482	—	23717	24901	3840	—	369367
2009	160870	71783	3978	—	6299	23554	92816	—	33094	33502	4074	—	429970
2010	171112	63545	8260	—	3197	21680	104080	—	32013	90858	3190	—	497935

第七章　学校建设

第一节　校舍建设

1986年，新建校舍10106平方米，院墙37916米，大门127个，79所学校实现“六配套（即宿舍、灶房、围墙、厕所、大门、操场配套）”。有教学楼7幢，建筑面积为25278平方米。之后，历经国家投资、群众集资、吸引外资等多种投资形式，境内学校建设规模逐渐扩大，标准不断提升，日益现代化。1990年，兴建单县实验中学。1999年9月，日本友人投资兴建慧光学校。2010年，投资5000余万元，新建开发区实验中学、开发区实验小学。2010年年底，全县学校有教学楼194幢，总建筑面积275425平方米；实验楼22幢，总建筑面积44814平方米；学生餐厅17个，总建筑面积12525平方米；学生宿舍楼39幢，总建筑面积105375平方米；体育馆1座，建筑面积5528平方米；塑胶跑道体育场6个，总面积50338平方米。

1986—2010年单县中小学校舍建设统计表

表25-7-1　　　　单位：平方米

年份	合计	定点小学	教学点	初级中学	高级中学	职业学校	特殊教育学校
1986	10106	3667	130	5776	0	533	0
1987	3485	2089	0	1111	0	285	0
1988	8239	1581	0	4887	1771	0	0
1989	2645	150	0	2218	0	277	0
1990	11463	739	0	7408	0	2016	1300
1991	6546	3778	140	2599	0	29	0
1992	11556	3248	0	1448	3720	3140	0
1993	8456	2240	281	1477	4030	428	0
1994	27425	4660	140	2205	18000	2420	0
1995	31143	7689	1085	7503	10742	4124	0
1996	56429	30291	1480	12956	9742	1960	0
1997	44109	13046	0	23666	1094	6303	0
1998	32096	6875	0	22286	944	1991	0
1999	45476	27873	180	14045	380	2998	0

续表 25-7-1

年份	合计	定点小学	教学点	初级中学	高级中学	职业学校	特殊教育学校
2000	7980	2393	0	2613	0	2974	0
2001	28675	15780	374	6789	4160	1572	0
2002	47027	17670	1176	13664	8739	5778	0
2003	78009	21961	1440	19162	34643	803	0
2004	68343	34553	345	9616	23769	60	0
2005	128979	53511	684	31440	42744	0	600
2006	54074	23122	620	11010	19322	0	0
2007	79039	25907	1805	11255	31965	8107	0
2008	45116	30942	2247	11154	528	245	0
2009	36544	24261	2542	9261	480	0	0
2010	460001	4904	0	436111	18986	0	0
合计	1332961	362930	14669	671660	235759	46043	1900

第二节　教学设备配置

1986年前，全县教学设备简陋，仅卫校、师范、县一中、二中、五中等学校有教学实验室10个，大部分中学没有教学实验室，教师使用简单的教学器材作物理、化学、生物示范教学。体育、音乐、美术教学器材，县直学校很少，农村学校基本没有。1986年1月9日，县教育局召开全县教学仪器工作会议，强调要加强实验教学，充分发挥直观教学作用，并对教学仪器购置和使用进行具体安排。当年，全县教学仪器投资11万元。1990年，全县购置教师教学使用电脑4台，各科教学实验室增加到20个。1997年，县一中建立单县第一个多媒体教室。1998年，全县教学仪器投资20万元，购置学生学习用电脑200台、教师使用电脑14台，新建教学实验室4个。1999年11月5日，全区电化教育工作现场会在单县召开，与会人员参观了单县一中、单县师范、单县实验小学电化教学现场，听取了单县电化教育经验介绍。2000年11月30日，县教委公布单县二中、徐寨中学为县级电化教育示范学校；单县五中等47处学校为县级电化教育试点学校。2001年4月，单县实验小学、单城镇一完小被省教委公布为省级电化教学示范学校。单县实验小学被省电教馆确定为“山东省多媒体网络教学实验研究基地”。县教育局被评定为山东省电化教育教学先进单位。2003年起，初、高中学生增设计算机等级考试，各中学电子计算机配备数量增加。2005年，单城镇四中（今北城三中）筹资60余万元，建起多媒体教室及教师电子备课室，实现“四机一幕”［电视机、录音机、录像机、VCD机、大屏幕（投影仪）］进课堂，被市教育局评为菏泽市电教示范单位。2009年，投资60万元，购置学生用电脑1100台，教师用电脑500台，新建多媒体教室60个，实验室10个。1986—2010年，累计购置学生用电脑4600台、教师用电脑1600台，共建多媒体教室450个、实验室126个。2010年，拥有体育馆1座、塑胶跑道体育场6个。

1986—2010年单县教育系统教学设备配备情况统计表

表25-7-2

年份	购置电脑		新建多媒体教室（个）	新建实验室（个）	教学仪器投资（万元）
	学生使用（台）	教师使用（台）			
1986	—	—	—	10	11
1987	—	—	—	2	4
1988	—	—	—	3	2
1989	—	—	—	2	2
1990	—	4	—	3	1
1991	—	3	—	3	5
1992	—	2	—	3	2
1993	—	1	—	1	1
1994	—	4	1	3	2
1995	—	1	—	6	7
1996	—	4	—	4	5
1997	—	7	1	2	8
1998	200	14	1	4	20
1999	60	20	1	0	10
2000	0	20	—	6	20
2001	40	20	—	4	20
2002	120	50	2	6	30
2003	380	10	11	9	50
2004	300	50	12	15	60
2005	400	90	17	6	20
2006	400	110	32	9	30
2007	300	80	48	1	10
2008	200	70	44	0	40
2009	1100	500	60	10	60
2010	1100	540	220	14	80
合计	4600	1600	450	126	500

第三节 教育信息网络建设

1998年，建立单县教育信息网，仅有单县一中的电脑联网。2002年12月12日，县教育局印发《关于全县教育信息中心网络建设的实施意见》，城区各学校相继筹建校园网。2003年年初，单县教育信息中心网络与省、市“教育信息主干网”宽带连接。同年，城区各学校相继建成校园网，并与县教育信息中心宽带连接。年底，城区学校完成“校校通”。2005年年底，全县60%以上的中小学完成“校校通”。2006年年底，全县所有学校实现“校校通”，联网电脑2110台。2010年，全县教育系统5900余台电脑全部并入单县教育信息网。

1998—2006年单县教育信息网接入学校统计表

表25-7-3　　单位：所

年份	信息网络接入学校	年份	信息网络接入学校
1998	1	2003	10
1999	1	2004	71
2000	1	2005	21
2001	2	2006	85
2002	10	合计	202

第八章 教学研究

第一节 教学活动

1986年4月初，单县教学研究室（简称教研室）组织全县初中学生进行全能和单科学习成绩竞赛。25日，竞赛结果揭晓，集体奖前三名：高老家乡中心校、高韦庄镇中学、时楼乡中心校；个人全能奖前三名：高老家乡中学樊廷勋、单城镇二中帅印、高韦庄镇中学范长岭与曹马镇中学吕玉宝（并列第三名）；单科奖第一名：大李海乡中学张海云（语文）、曹马镇中学吕玉宝（数学）、单城镇二中帅印（外语）、聂傅庄乡中学王远征（物理）。1988年3月，全县中小学教研员开展“五个一”（深入一所学校、抓好一个教研组、结合一门学科、选择一个专题听课、探索一条新的教学路子）活动。1990年11月，在菏泽地区高中各学科教学能手评选中，县一中数学教师王可正、语文教师赵兰翠、外语教师李格森和付春江、政治教师崔宗汉、地理教师王在荣、生物教师张玉民、体育教师陈德万、二中化学教师李晓益9人被评为菏泽地区高中教学能手。1994年11月，县教委采取人人参评，逐级评选，乡镇学校初评、县组织复评的方法，评选出初中县级教学能手30人，小学县级教学能手35人，并从中选出14名参加地区教学能手评选。1998年，开展优质课评选活动，共有123人参加，有83名教师的教课被评为县优质课。1999年6月，全县开展第四批普教县级教学能手评选活动，从241名参评教师中评出县级教学能手84人，其中，高中19人、初中30人、小学35人。2000年10月，单城镇一完小教师许英、高红梅被教育部评定为“国家级骨干教师”。2002年3月，县教委按照“公平、公正、公开”的原则，在全县中小学范围内首次开展青年骨干教师评选活动。从各单位初评的607位教师（中学476人，小学131人）中，评选出137人作为县级青年骨干教师（中学112人，小学25人），并选出更优秀者参加市级青年骨干教师评选，全县有34位教师被评为菏泽市第一批青年骨干教师。2002年9月，根据菏泽市教育局《关于在全市开展实验教学优质课评选活动的通知》，在全县开展实验教学优质课评选活动，经过严格筛选评比，推选出10位教师参加菏泽市实验教学优质课评选，有4位教师在市实验教学优质课评选中获奖。2004年5月29日，全县共有 158名教师被评为县级教学能手。同年，县教育局被市教育局通报表彰为全市高中教学先进单位，同时获全市“高考突出贡献奖”。2005年11月，单县实验中学、单县实验小学被省教育厅公布为全省第一批教学示范学校。12月，在全县农村中小学开展教学能手评选活动，全县中小学各评出60名县级教学能手。2006年，单县第二实验中学被评为全国中学生数学联赛先进学校、全国中学生生物学奥林匹克竞赛金牌学校。2007年2月，举行全县小学青年骨干教师评选活动，共评选出小学青年骨干教师50人，涉及语文、数学、英语、常识、艺体5个学科。5月28日，单城镇一完小被省教育厅公布为第二批教学示范学校。2008年9月，北城三中被市教育局评定为市级教学示范学校。10月，开展小学教师送课下乡活动，全县划分为10个讲课点，每个讲课点分语文、数学、英语三个会场，整个活动历时两周。11月，在全县开展第三批骨干教师评选活动。评出县级骨干教师147人，其中，高中28人，初中50人，小学66人，幼教3人。全县有120人被评为市级骨干教师。12月，淄博工业学校单县分校在山东省职业技能大赛中获团体总分第六名，该校教师孙鹏飞获职教组第一名。2009年5月，单县中日友好慧光学校被省教育厅评定为省级教学示范学校。2010年3月，全县开展中小学优质课评选活动。该学年评选出县级优质课获奖教师高中32人，初中130人，小学129人；该学年市级优质课获奖教师118人，其中，高中37人，初中43人，小学38人；该学年省级优质课获奖教师8人，其中，高中3人，初中3人，小学2人。9月，开展第四批中小学、幼儿园骨干教师评选活动。评选实行城区、农村两个序列分别计分，采取自下而上、逐级差额评选。共459人参加，评选县级骨干教师193人，其中，高中48人，初中76人，小学69人。有113人评选为市级骨干教师。同年，单县一中代表菏泽市接受省教育厅组织的课程实施水平评估，获得省专家组一致认可。单县初中教学工作被评为市级初中教学先进县区。年底，全县有省级教学能手29人，市级教学能手520人，县级教学能手1032人；国家级骨干教师5人，省级骨干教师22人，市、县级青年骨干教师534人。

第二节　教学研究

1992年4月，菏泽地区举办全区中小学“国土杯”作文竞赛，单县获得一等奖1篇、二等奖2篇、三等奖5篇。1999年6月，单县一中在课题组组长江怀起主持下，承担“计算机与各学科课程整合”科研课题任务。经过5年研究，于2004年结题。其间，江怀起、刘茂稳制作的“椭圆及其标准方程”“抛物线及其标准方程”两个子课题课件获菏泽市二等奖；单县一中被评为山东省计算机与各学科课程整合实验学校。2001年3月，单县实验小学被确定为山东省教育科学“十五”规划重大课题研究性学习理论与实践研究重点实验基地。2001年9月至2004年12月，单县实验小学承担山东省教育科学“十五”规划研究课题“多媒体网络教学促进教学改革的实验研究”，即“运用多媒体网络技术，在作文教学中提高小学中高年级学生习作能力”。经过3年多的实践，参与实验班的学生作文能力得到大幅度提高，先后有280余人次在各类刊物网站上发表文章。参与实验教师信息化教学的能力和理论水平得到提高，先后有20余篇论文发表于市级以上报刊。学校被省电教馆评为优秀实验学校，课题组获山东省“十五”教学科学研究课题二等奖。2001年9月，单县一中语文教学组承担“语文教学中的美育”省二级科研课题，2005年7月结题。在4年的语文教学中，该教学组教师成功地渗透美学教育，让学生在语文学习中发现美、感悟美、领略美、吸收美、创造美，取得较好教学效果。2002年11月3日，单城镇一完小国家级骨干教师徐英、高红梅赴江苏省南通市参加全国课题研究结题仪式。徐英的“开发情景课件，提高教学效率的探索”和高红梅的“小学数学探究式教学研究”两大专项课题研究经国家教育部验收，准予结题，并被评为教育部第三期科研成果一等奖。2003年6月，单县职业中专参与国家级课题“职业中专学校德育特色化研究与实践”的实验，是全国教育科学“十五”规划国家重点课题“整体构建学校德育体系深化研究与推广实验”的子课题。该课题经中央教育科学研究所科研管理处、“整体构建学校德育体系深化研究与推广实验”总课题组、中国伦理学会德育专业委员会联合专家组鉴定验收，于2006年12月结题。2004年9月，单县实验小学承担山东省“小学生语文口语交际能力评价”实验研究。在省专家指导下，参与实验活动教师采用观察法、实践法、调查法、经验法、总结法进行实验，编写出符合本校学生实际的口语交际评价论文20余篇。其中，刘喜梅的《评价提升助力器》、景新梅的《评价要关注学生心理》、杨绪松的《评价要过程还是要结果》、杨绪朋的《多元化评价的策略》、刘亚丽的《口语教材的多元化》等论文均获课题组论文一等奖。该课题被中央教材发展中心验收为优秀实验课题。同年10月，县教研室被评为山东省先进教研室。黄绍通、田知心被评为山东省优秀教研员。2005年5月，由单县实验小学教师孟凡升主持承担的山东省教育科学“十五”规划重点课题“21世纪中国小学社会科学理论与实践研究”子课题“《品德与生活》《品德与社会》科中的研究性学习研究”，通过省专家组评审，顺利结题，结题成果被编入《小学社会科教学实践与探索》一书，并被省教科所、省教育学会评为优秀科研成果一等奖。6月20—24日，由中国教育学会外语教学专业委员会俄语部主办的首届中学俄语教学研讨会在单县五中召开，来自全国各地的俄语教学教研专家和教师代表80余人进行为期3天的观摩研讨活动，山东、内蒙古、黑龙江、湖南、安徽等省区的15名教师参加公开课评比活动，评出特等奖6人，其中，单县五中教师牛平原、侯本军获奖。7月，教育系统黄绍通、丛文胜、王进龙、王关文、张中华等5人获评县第四批专业技术拔尖人才。同年，单县教研室承担的教育部课程研究所重点课题“以学为主作文教学改革实验”经山东省教研室验收结题，由杨公平代表县教研室在山东省“以学为主”教学研讨会上作典型发言。该课题成果被收入《新课程背景下的语文教学》一书。同年，单县实验小学被中央教科所评定为“全国优秀实验学校”，并予以授牌。2006年10月，单城镇一完小申报的“开发情景课件，优化小学语文教学”课题研究，经省教育厅审定，批准为“山东省教育科学‘十一五’规划重点课题”，其子课题“信息技术在小学语文课教学中运用策略、方法的研究”，于2007年年底结题。12月，单县一中政治教师郭建强承担的中国教育学会“十一五”科研规划课题“新课程下的适时施教理论探讨与创新研究”的子课题“新课程下‘适时施教’的高中思想政治课研究性学习的研究”进行立项，其论文《研究性学习环境创设》获课题阶段成果一等奖。同年，县教研室对全县中小学进行教学视导，及时传递课改信息，指导一线新课改教学。并组织各科教研员深入课堂进行听课、评课，举办新课程各科课型研讨会，确保新课程实施后的教学质量。同年，县教研室承担的山东省教学科研重点课题“农村学校如何在课堂上实行研究性学习”获省教研成果奖。2007 年 3 月，单县一中英语教师刘秀凌被指定负责中央教科所“十一五”规划课题“整体构建学校和谐德育体系”子课题——“教师学生双主体和谐研究”。次年 10 月，其论文《教师学生双主体和谐研究在英语课堂中的应用》获 2008 年度中期科研成果一等奖。同时，刘秀凌被评为中央教科所研究先进实验教师。同年，单县一中数学教研组所承担的山东省教育科学“十一五”规划重点课题“高中新课程教学模式研究”的子课题“学案导学模式在高中数学教学中的实验研究”，获山东省中小学教育科学研究优秀成果二等奖。同年，县教研室语文教研员田知心被评为全省小学语文教学研究先进工作者。2008 年，县教研室语文教研员杨公平、田知心被评为山东省优秀教研员。

2010 年 5 月，杨公平主持的省级重点教学研究课题“高中作文有效教学研究”结题，被评为山东省教学研究优秀成果二等奖。10 月，县教研室全体人员到学校任课一个月，与教师一起备课，一起研讨，指导基层教学教研工作。

2005 年，承办全国首届中学俄语观摩课大赛

第九章　学校选介

第一节　小　学

单县实验小学　位于县城文化路中段路东 111 号，是单县县属重点小学。该校创办于 1949 年，时称平原省湖西区联立单县师范学校附属小学。1950 年，改称为平原省省立单县师范学校附属小学。1953 年，改称为山东省单县师范学校附属小学。1970 年 6 月，单县师范学校撤销，改称为单县城关公社南关外联中，开始招收初中学生。1977 年 7 月，因单县师范学校已恢复，恢复单县师范学校附属小学名称。1985 年，该校初中学生全部转入单县职业中学，遂成为一所完全小学。1990 年，更名为单县实验小学。

1986 年，投资 10.5 万元，建二层办公楼 1 座，建筑面积 700 平方米。设办公室、会议室、仪器室、团队活动室等。有 23 个教学班，在校学生 1128 人，教职工 70 人。1994 年，总投资 350 万元，建筑面积 7300 平方米的教学、办公综合大楼破土动工，1997 年投入使用。学校开办 32 个教学班，学生 2500 余人。2003 年 8 月，经县长办公会研究决定，单县中日友好慧光学校移交单县实验小学承办。

2005 年，开办高标准实验幼儿园 1 所，形成学前教育与小学教育相衔接教学体系。2010 年，该校占地面积 3.06 公顷，总建筑面积 13750 平方米，有集教学、办公、实验、阅览于一体的现代化综合教育楼。有教学班 46 个，在校学生 4000 多人，在编教职工 124 人。其中，中学高级教师 10 人，小学高级教师 77 人；山东省特级教师 2 人，国家级、省级优秀教师 3 人；省级教学能手 11 人，市级以上教学能手 20 余人。

1986 年后，单县实验小学遵循“教师专业成长、学生健康成长”的办学理念，坚持“做好服务”的管理理念，实行分层管理，层层负责的“三级管理”体制，建立起科学、民主、高效的现代管理体系。1996 年，该校被评为全国“注音识字 · 提前读写”实验教学先进单位。2002 年 3 月，被确定为山东省教育科学“十五”规划重大课题研究性学习理论与实践研究重点实验基地。学校重视教育科研，搭建教师成长平台，激励教师向专家型、学者型教师发展。相继承担国家及省教育科学“十五”“十一五”“十二五”规划多项重点实验研究课题。该校以人为本，规范办学行为，重视学生综合素质的提升。2003 年 5 月，单县实验小学被确定为山东省小公民道德建设示范基地。在开足、上好规定课程基础上，创办舞蹈、戏曲、空竹、武术等 10 多个校本课程，拓宽学生成长渠道；开展师生大阅读活动，营造全新书香校园；开展阳光体育活动，强健学生健康体魄；邀请家长进课堂，增进家校联合，携手共同教育好学生；举行文明礼仪主题月活动，增强学生礼仪道德修养。2006 年 10 月，被评为“山东省绿色学校”。2009 年 3 月，被省教育厅批准为省级规范化学校。

单县南城第一小学 位于县城文馆街东侧，县重点小学。该校创建于 1948 年 11 月，时称湖西专署第四小学。1949 年，更名为单县第一完全小学。1970 年，开始招收初中生，1984 年停招，在校初中学生全部转入单县城关二中，学校遂成为一所完全小学。1985 年，改称为单城镇一完小。2008 年 6 月，更名为单县南城第一小学。

1986 年，学校占地面积 9000 多平方米，有教学楼 4 座，办公楼 1 座。48 个教学班，在校学生 3300 余人，教职工 112 人。1997 年，投资 60 万元，新建办公楼 1 座。2007 年，教学班 56 个，在校学生 3860 人，教职工 173 人。同年，因城区开发，学校占地面积缩小为 7568 平方米，有办公楼 1 座，教学楼 1 座，幼儿园教学楼 1 座。2010 年，学校增至 58 个教学班，19 个学前班，小学部在校学生 3200 余人，在园学前儿童 1000 余人。教职工 182 人，其中，大专以上学历 178 人；省级教学能手 8 人，市级教学能手 62 人；国家级优秀教师 4 人，省级优秀教师 6 人。

1986 年后，学校秉承“崇德尚文、笃行励志”的校训，实施文化立校、科研兴校、人才强校、特色亮校发展战略，精心打造文化校园、儒香校园、诚信校园和幸福校园。1989 年，被省教育厅授予“山东省优秀家长学校”。2006 年 12 月，被省教育厅授予“教学示范学校”。2008 年，被团省委、山东省少工委授予“山东省少先队工作规范化学校”。2009 年 11 月，被省妇联授予“山东省示范家长学校”，被省教育厅授予“山东省依法治校示范学校”。2010 年 12 月，被省教育厅、省妇联、省关工委、团省委联合授予“山东省‘三项活动’感恩教育、中华诗文诵读、才艺培养先进单位”。

第二节 中 学

单县第一中学 创建于 1951 年，原名为平原省立单县中学，位于单县城区文化路中段路西。1952 年秋，初中招收第一届学生，9 月 1 日正式开学。同时，将 9 月 3 日（即抗日战争胜利纪念日）定为校庆日。1953 年，随省建制的调整，更名为山东省单县第一中学。1956 年，开始高中招生，学校被定为菏泽地区重点完全中学。1984 年

9月，学校第一座教学楼建成启用。1986年，有教职工162人，下设教导处、总务处、团委等机构，教师以学科教研组为单位进行管理。同年，学校开办高中18个班，初中6个班，在校学生1500余人。1989年9月，学校开始实行以年级组为教学实体组织管理教学。11月，由正科级升格为副县级单位。1990年10月，中共单县一中支部升格为总支。1991年9月，设立办公室、教务处、政教处、总务处、团委、高一、高二、高三、初中部4个年级组等行政管理机构。2004年5月，经市教育局和县政府批准，在舜师路东段北侧征地23.4公顷，筹建单县一中分校区。2005年5月，设立单县一中教育科研处。2005年8月，新校区开始招收第一批1700名高中新生，定名为单县单州一中。2008年7月10日，中共单县一中总支升格为党委。2010年10月，县政府将单县单州一中并入单县一中。年底，有教职工570人，其中，高级职称教师94人，中级职称教师146人，具有硕士研究生学历的61人。全校有省级教学能手5人，市级教学能手56人，省市县科技拔尖人才23人。至此，单县一中有两个校区，总占地面积33.33公顷，有150个教学班，在校生近万人。有教学楼9座，学生公寓楼9座，以及实验楼、信息楼、大型体育馆、综合楼、标准草皮运动场；学校装备24个现代化实验室，17个仪器室，9个微机室，180个多媒体教室，4个体育器材室，7个音乐教室，6个美术教室，3个通用技术实验室，4个科技活动室；有图书阅览室各2处，总建筑面积近15万平方米；学校有学生用微机558台，图书30万册。2001—2010年，单县一中高考升学率获菏泽市“十连冠”，多次受到省、市嘉奖。

单县第一中学（老校区）

单县一中一角

1986—2010年单县第一中学考录大中专学生人数统计表

表 25-9-1　　　　　　　　　　　　　　　　　　　　　　单位：人

年份	本科	专科	中专	合计	年份	本科	专科	中专	合计
1986	52	40	27	119	1999	366	273	147	786
1987	114	62	18	194	2000	415	430	88	933
1988	110	78	28	216	2001	571	468		1039
1989	78	86	33	197	2002	768	632		1400
1990	110	91	21	222	2003	513	494		1007
1991	88	93	30	211	2004	1064	772		1836
1992	84	87	20	191	2005	1057	1255		2312
1993	115	222	24	361	2006	1243	1125		2368
1994	150	153	13	316	2007	1667	1027		2694
1995	208	172	34	414	2008	2104			2104
1996	226	153	62	441	2009	2572			2572
1997	271	164	105	540	2010	2694			2694
1998	290	174	100	564	总计	16930	8051	750	25713

说明：2001年后，考入中专的未作统计；2008年后，考入专科的未作统计

单县第二中学　**校史沿革**　1950年，平原省立单县师范初中部更名为平原省单县初级中学。1952年11月平原省撤销后，学校更名为山东省单县第二中学，隶属菏泽专署文教局。1968年冬，改名为单县城关中学。1985年4月，学校恢复山东省单县第二中学名称。2000年6月，原菏泽供销技校撤销后划归单县二中，成为该校初中校区。2003年4月，经市教育局批准，单县二中

①1992年的县二中　②一号教学楼一角　③1992年前的学校大门　④县二中校园

筹建单县龙翔中学，即二中新校区。至2010年，单县二中拥有3个校区，总占地面积26.67公顷，建筑面积7.6万平方米，98个教学班，在校学生6000余人。有教职工337人，其中，专任教师266人，职工71人。专任教师中研究生以上学历者11人，本科学历252人，专科学历3人，学历达标率100%。中学高级教师62人，中学一级教师124人。学校有国家级优秀教师2人，省级优秀教师1人，省级骨干教师4人，市骨干教师9人，市教学能手11人。

校区建设 1986年，学校有砖混结构教学楼2座，教室36个，教学实验室4个，总建筑面积18000平方米。1994年，兴建办公楼、实验楼各1座，简易学生宿舍楼2座，教学实验室由原来的4个增加到10个。1997年，学校扩建原有的2座教学楼，增加教室11口。2000年6月，菏泽供销技校校产划归单县二中，成为该校初中校区，学校增加教学楼1座，学生宿舍楼2栋，学生餐厅1座。2001年，在老校区新建教学楼1座，新建可容纳2000多名学生就餐餐厅1座，改扩建男女生宿舍楼各1座。同时，还在初中部校区新建教学楼1座。2003年4月，学校在单张路北、东外环东选址兴建龙翔中学，占地面积20公顷，成为单县二中东校区。学校在东校区陆续兴建集教学、实验、办公为一体的综合楼2座，学生宿舍楼2座，学生餐厅1座，教工宿舍40余间，总建筑面积2.4万平方米。至2010年，学校有办公楼1座、教学楼7座，学生宿舍楼6座，学生餐厅3座，实验楼1座，标准运动场1个；有实验室14个，仪器室5个，多媒体教室4个，设施齐全。

学生餐厅

学生公寓

教学教研 20世纪80年代，单县二中一直处于单县高中教育的中下游地位。1990年起，学校的教育教学成绩显著变化。1992年，二中的高考升学率首次以23.08%的比率超过县一中2.2个百分点，位居全县6所国办高中之首，位居全地区高中学校第二。2000年10月26日，经省招生办公室和济南空军招收飞行员中心批准，单县二中被命名为“菏泽地区空军飞行员早期培训基地”，12月22日举行揭牌仪式。2004年，单县二中高考成绩再创佳绩，以本科上线176人的成绩位居菏泽市同类学校（全市除一中之外的其他高中）之首。2006年，学校被评为市级规范化学校。2007年，单县二中高考超过本科军检线的考生156人。

2000年12月22日，单县二中“飞行学员早期培训基地”揭牌

1992年，课堂教学实施“一三五模式”，即围绕高考一个中心，专题复习课体现三个要素（考试说明、高考试题、应试训练），讲评课抓好五个环节（整体把握、局部归类、突出重点、讲清规律、矫正补救），在高中教学中发挥了重要作用，其经验在菏泽地区推广。1998年8月，单县二中语文组创新推行“快捷、实用、高效”作文教学法，并在全县高中语文教研会上介绍经验。2002年，该作文教学法被中华全国中学语文课堂教学研究中心在全国推广。1986—2010年，在全校教研活动中，各科教师在国内各级报刊上发表论文863篇。

学生培养　1992年，周军以全县最高分考入复旦大学生物系。1996年，宋献锋参加全国奥林匹克物理竞赛，获得全国二等奖，被保送北京大学物理系就读。2003年，田崇光以全县最高分考取复旦大学，刘洁考入清华大学艺术系。2007年，房晓阳高考成绩在全县名列前茅，考入国防科技大学。

1986—2010年，共培养高中毕业生21066人，其中，考入本科1504人，专科3200余人，中专8000余人；输送空军飞行学员50余人；全校有200多名学生在全国、省、市各科竞赛和青少年科技发明比赛中获奖；通过中学生物理奥林匹克竞赛，先后有12名学生被保送到北京大学、山东大学等名校学习。

单县第五中学　校史沿革　单县第五中学是菏泽市20所重点高中之一。始建于1958年，占地面积5.33公顷，起初只设初中部，共招8级学生。1968年，开始招收高中班，学校由单县第五中学更名为郭村中学。1985年2月，学校又更名为山东省单县第五中学。1997年，被菏泽地区行署授予“农村中学的一面旗帜”称号。2003年，在原有规模上征地4公顷，建立五联中学（单县五中分校），至此，单县五中分东、西两个校区，由石头天桥连成一体。2003年，被评为山东省民主管理先进单位。2006年，被评为菏泽市规范化学校，菏泽市课改实验定点学校。2007年，被评为全国中小学外语示范学校，教育部中俄联合本科生项目生源基地、山东省绿色学校。至2010年，全校有教职工394人，其中专任教师329人，学历达标率100%。有国家模范教师1人，省骨干教师3人，市骨干教师32人，县科技拔尖人才2人，高级教师57人。全校有101个教学班，在校生6300余人。

单县五中

教学设施　西校区：1996年，建成主教学楼3212平方米，1998年，建成宿舍楼4002平方米，2000年，建成多功能教学楼（图书室、阅览室、德育展室、画室）1350平方米，2002年，建成宿舍楼3024平方米，2005年，建成小教学楼1350平方米、办公楼1820平方米、科技实验楼4896平方米，2008年，建成建筑面积3500平方米、可容纳1300多名师生同时就餐的餐厅一座，篮球场6个，排球场4个。

东校区：2003年，建中教学楼2111平方米、东后宿舍楼1783平方米，2004年，建前教学楼2111平方米、东前宿舍楼1660平方米、西六层宿舍楼3112平方米，2006年，建西五层教学楼2138平方米、后六层宿舍楼4674平方米。至2010年，学校建有高标准400米田径场1处，标准化舞台1个，排球场2处，乒乓球台16张。学校有理科实验室15个，音乐美术教室8个，卫生保健室1个。所有教室装备多媒体教学设备，计算机教室4个，高配置微机388台，建有千兆校园网并与各教学班联结。有藏书室2个，学生阅览室2个，藏书9万余册。

小语种教学　1980年始，单县五中开设俄语课，俄语教学通过“三年俄语达纲试验”，探索出俄语教学新路子。1999年9月，单县五中外语教研组被评为山东省外语优秀教研组。2002年，学校承办“全国第六届中学俄语年会”和“全国首届俄语观摩课大赛”。2002年起，俄罗斯的巴拉扬教授、日本的佐藤惠美女士、美国的茱莉雅女士、奥地利的丹尼尔先生、日本的佐藤惠美女士先后到单县五中执教。2003年3月至2006年6月，学校外语教研组参与国家课程标准的研制工作，完成“十五”国家重点课题俄语子课题“俄语课程教材开发的研究与实验”的研究。2010年6月，学校外语教研组承担国家教师科研基金“十一五”规划重点课题“教师指导下的俄语快速学习的研究”和“中小学生学科学业评价标准的研究与开发”的研究工作。同年，学校被中国教育学会外语教学专业委员会评为全国中小学外语教研工作示范学校，被俄中文化交流基金会选为俄罗斯优秀留学生选拔基地，被东北师范大学、哈尔滨师范大学、西北民族大学、曲阜师范大学等高校定为俄语生源基地和毕业生实习基地。

2002年，全国俄语学术年会在单县召开

单县实验中学　**校史沿革**　1989年建校，1990年秋招生开班。位于县城文化路中段东侧，占地面积3.5公顷，总建筑面积8330平方米。1993年，设立初一、初二、初三3个年级组。2002年，改年级组为年级部。2010年，共有教师172人，其中，研究生学历7人，本科学历110人；中学高级教师47人；省优秀教师5人，市优秀教师11人；市教学能手15人，市电化教学能手6人。学校固定资产总值2062万元。

教学设施　1990年，建成可容纳24个教学班的教学楼2座，建筑面积3860平方米。1995年，建实验楼、办公楼和阶梯教室，建筑面积2972平方米。2005年8月，建成6层学生宿舍楼，建筑面积4700平方米。2006年，建微机楼，建筑面积

实验中学微机课堂　　2010 年摄影

实验中学图书室　　2010 年摄影

912 平方米。2010 年，学校有图书室 3 个，藏书 12 万余册，配套设置学生阅览室 2 个，教师阅览室 1 个；微机教室 4 个，微机 240 台；高标准物理实验室、化学实验室、生物实验室各 2 个，实验准备室各 1 个。所有教室均安装空调和多媒体教学设备。另外，还设有舞蹈室、绘画室、书法室、书画展览室等。

教学　1990 年秋季，招收 4 个初一班，学生 196 人。1991—2001 年，学校每年招收 8 个教学班，每届招生 500 人左右。2002—2008 年，每年招收 10 个教学班，学生约 600 人。2010 年，初一 14 个教学班，初二、初三各 12 个班，在校生 2050 人。建校 20 年，单县实验中学共培养学生 1.3 万余人，每年考入县重点高中的人数始终居全县第一。1992 年，单县实验中学获山东省教育先进集体。之后，又先后被评为山东省教学示范学校、山东省素质教育先进单位、菏泽市规范化学校、菏泽市十佳初中学校。2010 年 7 月，单县实验中学被司法部、国家关心下一代工作委员会授予“全国普法教育先进集体”称号。

单县实验中学代表队代表菏泽市参加全省国防知识竞赛　　2010 年摄影

第三节　职业院校

菏泽家政职业学院　*校史沿革*　位于单县经济开发区君子路南首。其前身是单县中心医院卫生学校，1958 年组建。1982 年，更名为山东省单县卫生学校。1984 年 11 月，升格为副县级事业单位，由县属改为地区直属。同时，中共单县卫生学校支部，升格为总支。1986 年，单县卫生学校设有办公室、政治处、教务处、总务处、团委。1993 年，撤销政治处，增设学生科、人事科、财务科、伙食管理科、工会，教务处、总务处分别更名为教务科、总务科。1995 年 12 月，学校更名为山东省菏泽地区卫生学校。1997 年 4 月，学校由副县级单位升格为正县级单位。12 月，学校党总支升格为党委。2000 年 12 月，菏泽撤地设市，学校更名为山东省菏泽卫生学校。2003 年，增设教育研究室、招生办公室、就业指导办公室、图书馆、保卫科。2004 年 4 月，学校通过国家级重点中等职业学校的复评验收，被授予“国家级重点学校”。2005 年，增设家政师培训中心、国际交流中心。2006 年，学校被评为全省职业教育先

2007年11月4日，全国政协委员陈邦柱（右二）视察菏泽家政职业学院

进单位、山东省职业教育教学示范单位、山东省职业教育科研示范学校。2007年3月，经省政府批准、教育部备案，在菏泽家政师培训中心基础上建立菏泽家政职业学院（系专科层次，并保留菏泽卫校建制），同时撤销菏泽家政师培训中心。该学院是全国第一所国办高等家政职业院校，由省教育厅和菏泽市共管。学院设党委办公室、组织部、宣传统战部、纪委、工会、团委、教务处、科研处、学生工作处、招生办公室、就业办公室、财务处、后勤管理处、安全保卫处、对外交流合作处15个内设机构；设家政管理系、护理系、社区康复系、医学康复系、成人教育部、基础教学部、中专部7个教学单位；设图书馆、家政研究中心、电教中心、实验中心、家政服务中心、附属医院6个教学辅助单位。9月，学院由北校区（文化路2号）全部迁至单县经济开发区。新校区占地52.5公顷，有综合教学楼4座，学生公寓楼5座，办公楼、实验楼、图书馆楼各1座，总建筑面积15.1万平方米，固定资产3亿元。学院设置图书馆、电子阅览室，藏书11.6万册，电子读物3万余种。2010年年底，学院有教职工304人。其中，教授10人，副教授76人，中级职称11人，初级职称107人；硕士研究生以上学历49人，大学本科学历146人；“双师素质”教师68人，占专任教师的40.72%。全院有省优秀教师3人，市优秀教师15人，市教学能手20人。学院生源涵盖19个省，在校生1万余人。

专业及学制设置　1986年，设护理、助产、医士、药剂，学制3年。1994年，增设社区医学，学制4年。1997年，护理专业学制改为4年。1999年，增设家政卫生服务、美容技术专业，学制3年。2001年，增设康复技术、卫生保健和计划生育专业，学制3年。2002年，护理、助产专业在招收中专生的同时，开始招收5年制“三·二”连读大专生。2003年，增设中西医结合、口腔工艺专业，学制3年。同年，护理专业被省教委评定为“改革示范专业”。2005年，增设全科医学，学制5年（“三·二连读”）。同年，增设卫生信息管理（计算机应用），学制3年。2007年，菏泽家政职业学院成立后，开设口腔医学技术、康复治疗技术、酒店管理、汽车运用技术、广告设计与制作、家政服务、

①菏泽家政职业学院阅览室　②菏泽家政职业学院图书室一角

老年服务与管理、护理、助产、社区康复等专业。2008年，增设医学检验技术、装潢艺术设计、空中乘务专业。同年，增设护理、助产、口腔工艺、药剂4个五年一贯制大专专业。2009年，增设药学、生物制药2个专业。2010年，增设家政管理专业。

教学教研 1987年，教师唐平撰写的《启发式教学在水电平衡中的应用》，获全国外科论文二等奖。1989年7月，学校教务处探索出授课教师教学效果由学生、同科教师和教务管理人员综合评定的"三位一体"教评模式，受到有关专家肯定。1992年，全校教师在全国各级杂志上发表论文23篇；80余人参加全国各地学术会议，共交流论文60余篇，其中，获优秀论文奖40余篇。1993年，单县卫校在山东省中专卫校教学评估活动中受到表彰。1996年12月，学校在菏泽地区教委组织的全区中专学校教师优质课评选活动中，有4位教师获一等奖，是全区中专学校获奖人数最多、奖项最高的学校。1997年9月，王翠兰编写的《妇产科简明图谱》获马来西亚吉隆坡世界中医骨伤科学交流暨世界当代杰出人物科研成果优秀奖。之后，又获香港第二届博士论坛大会暨世界当代杰出人物科研成果二等奖。2004年3月，学校申报的"卫生职业学校模块化基本教材研究与编写"，被省教委立为山东省职业教育与成人教育科研"十五"规划重点项目。同年，学校参与教育部"十五"规划《学生素质的构成研究》课题，获教育部全国教育科学"十五"规划课题组颁发的"设计方案成果奖"。2006年9月，教育处编写出版《天使家政》《护理礼仪》《形体训练》《化学》《数学》《物理》《诊断学》等校本教材。2007年6月，学校承担山东省职业教育与成人教育"十一五"规划课题3项，有6人获市级以上自然科学研究成果奖。同年，菏泽卫生学校被中央教育科学研究所评为"十五"期间科研教改先进实验学校。并被确定为"国家级教育科学科研课题实验研究基地"。同年，在各级各类报刊杂志上发表论文20余篇，主编教材7部。2008年9月，单长清主持的全国教育科学规划课题"职业院校学生学习素质的构成与培养研究"、时念新主持的全国教育科学规划课题"中职护理专业学生的学法研究"分别通过中央教科所鉴定，准予结题。2009年8月，时念新的《卫生职业学校模块化校本教材的研究与编写》和李保勤的论文《教学中知识传授予能力培养关系的研究》，获山东软科学优秀成果二等奖。2010年12月，李保勤主持的科研课题"高职院校青年教师胜任力培养的研究与实践"被省教育厅评为山东省职业教育优秀科研成果三等奖。同年，学院完成省级科研项目3项，获省级教学成果奖8项，主编教材20部。

毕业生就业 2000年前，毕业生由国家统一分配。2001年后，国家不再实行分配制度，改为毕业生与用人单位双向选择和自主择业的办法。2001—2004年，学校在北京、菏泽、深圳分别成立北京齐鲁天使家政服务中心、菏泽市天使护政服务有限公司和菏泽市天使护政服务有限公司深圳分公司，广泛收集用人单位信息，搞好就业推介，扩大就业。2005年，学校实施"一个龙头（北京齐鲁天使家政服务中心）、五大公司（广州、深圳、上海、沈阳、济南家政服务公司）、十四个基地（天津、南京、杭州、福州、西安、厦门、石家庄、昆明、太原、合肥、长春、郑州、武汉、长沙）"的就业计划。2005—2010年，毕业生就业率均在95%以上，就业去向主要分布在北京、上海、天津、济南、杭州、广州、深圳、厦门、珠海等城市。

1986—2010年菏泽家政学院（菏泽卫校）招生、毕业情况统计表

表25-9-2　　单位：人

年份	招生人数	毕业人数	在校人数	年份	招生人数	毕业人数	在校人数
1986	160	163	517	1999	520	571	1460
1987	160	162	515	2000	500	190	1770
1988	160	195	480	2001	1222	390	2602
1989	310	159	780	2002	1514	616	3500
1990	263	160	883	2003	1588	448	4640
1991	230	307	804	2004	1555	1538	4657
1992	260	312	753	2005	2543	1596	5604
1993	440	263	930	2006	1916	1007	6513
1994	460	230	1166	2007	1769	945	7337
1995	460	260	1366	2008	2692	1812	7134
1996	465	446	1385	2009	3958	1427	8867
1997	470	350	1505	2010	3535	1555	10043
1998	470	460	1511	合计	27620	15562	—

山东省单县师范学校　位于单县城区文化路中段路西，占地8.72公顷，总建筑面积41282平方米，固定资产4633万元。

该校创建于1949年5月，始称冀鲁豫第三行政区联立师范学校，校址设在单县城内城隍庙（今湖西宾馆），有教师20人，6月，招收学员80余名进行师资培训，3个月后分配到全地区各个学校。1949年8月，改称平原省湖西区联立单县师范学校，1950年7月，改称平原省立单县师范学校，1951年，学校南迁单城南关外（现校址），占地9公顷，8月改称平原省单县师范学校，1952年11月平原省撤销，次年2月遂改名为山东省单县师范学校。1954年下半年，确定为省重点师范，由地区代管。建校时设立中共党支部，先后由王运通、王诚斋、唐捷、赵敬康、万子玉、唐香亭、王吉人等任支部书记。1968年12月，撤销山东省单县师范学校，在其址设立单县“五七”红校。1973年3月，恢复单县师范。1978年11月，中共单县师范支部升格为总支。1981年，学校改招初中毕业生，学制由2年改为3年。1984年8月，其隶属关系由县属改为菏泽地区直属，为副县级事业单位。1986年1月，学校党总支下设4个支部；行政机构有办公室、教导处、总务处；有校办工厂1个。同年，建18个班教学楼1座，建筑面积2023平米，改建学生伙房653平米。1987年，隶属单县教育局。1990年，学校被地区收回，重新隶属菏泽地区教育委员会。1991年，新建餐厅1座，面积854平方米，完成教学楼的接层414平方米，扩展为24个班。1992年，投资400余万元建设集实验、艺术、图书、办公、教学功能于一体，连廊九曲、错落有致的综合楼1座，面积8100平方米。1995年，单县师范学校被评为山东省体育先进学校。1996年9月，学校内设机构有办公室、教务科、学生科、总务科、高中部；有校办工厂1个。1998年7月，单县师范学校被评为山东省语言文字先进单位。1999年1月，单县师范学校被评为山东省卫生工作先进单位。同年，开始招收五年制小教专科班。2000年2月，学校党总支改建为学校党委，下设5个支部。有在编教职工139人，其中，聘请教师40人，专职教师99人；高级讲师49人，讲师53人。99名专职教师全部具有本科以上学历，其中，硕士研究生6人，研究生进修毕业41人。2001年，单县师范学校被省教育厅授予"山东省电化教育示范学校"称号。2002年4月，单县师范学校被中央教科所德育研究中心命名为"国家重点课题实验学校"。12月，单县师范学校被省教科所命名为"山东省教育科学'十五'规划重大课题研究性学习理论与实践研究重点实验基地"。2003年，单县师范学校被省教育工会评为民主管理先进学校。2004年，单县师范学校职业中专招收幼师教育、商务英语、商务管理、计算机、电子电工专业6个教学班251人。同年，在市属中专学校综合考评中，单县师范学校被授予"优秀学校"称号。2007年，该学校被命名为省级重点中等职业学校。

单县师范计算机课堂　2006年摄影

2008年4月，市政府同意将单县师范学校并入菏泽学院。2010年12月，学校内设机构有党政办公室、人事科、教务科、教研科、学生科、总务科、招生就业办公室、保卫科、学生资助管理中心、工会、团委11个科室。学校共有教职工194人。其中，正式在编在职教职工134人，聘用教职工60人。在职在编教职工中，高级讲师59人，讲师34人，助讲5人，教员11人。学校有国家级优秀教师1人，省特级教师1人，省优秀教师3人，市级优秀教师和优秀教育工作者16人，省市教学能手、骨干教师35人；有20余名教师载入《全国教育名人辞典》。

1986—2010年，单县师范学校共为国家培养小学师资5950人。其中，毕业学生4998人，民办教师952人；大专毕业生1614人，中专毕业生4336人。

单县师范电子琴课堂　2006年摄影

单县师范舞蹈课堂　2008年摄影

1986—2010年单县师范学校中师、大专、民师毕业生统计表

表25-9-3　　单位：人

年份	中师毕业	大专毕业	民师毕业	年份	中师毕业	大专毕业	民师毕业
1986	173	—	—	1999	116	—	—
1987	175	—	—	2000	178	—	100
1988	299	—	—	2001	86	—	—
1989	240	—	—	2002	—	—	—
1990	283	—	—	2003	—	—	—
1991	244	—	—	2004	—	145	232
1992	281	—	—	2005	—	216	—
1993	230	—	120	2006	—	240	—
1994	209	—	56	2007	113	253	—
1995	159	—	99	2008	—	223	—
1996	160	—	98	2009	—	289	—
1997	159	—	99	2010	123	248	—
1998	156	—	148	合计	3384	1614	952

单县职业中专　原名单县职业中学，1985年4月创办，8月招生，校址在原单县化肥厂。

1990年6月，更名为单县职业中等专业学校，副科级事业单位，隶属县教育局。1991年，被省教育厅确立为“省级重点职业中专”，被誉为鲁西南职业教育的“窗口学校”。1998年11月，县政府作出《关于建立县职业技术教育中心的决定》，在职业中专的基础上，将县职业中专、劳动技校、卫生职工中专、职工中等专业学校四校合并，建立单县职业技术教育中心。2004年，被教育部评定为“国家级重点职业中专”。

单县职业中专　　2004年摄影

2005年7月，县政府决定优化整合全县职业教育资源，将县第二、第三、第四职业高中并入职业中专，扩大学校规模。同年，被省教育厅评为山东省中等职业教育教学示范学校。2006年，被评定为山东省依法治校示范学校、省首批“双证互通”试点学校。

至2010年，学校有教职工197人，

“双师型”教师42人，实习指导教师6人。教师本科以上学历占98%，具有高级职称的教师56人。省、市、县教学能手28人，省、市、县骨干教师28人；各科教师发表教育教学论文153篇。学校有主校区和黄寺分校两个校区。主校区占地7公顷，建有教学楼3座，办公楼1座，实验培训楼1座，宿舍楼3座，多功能餐厅1座。实验培训楼配有计算机房、数控实训室、机电实验室、钳工实验室、会计模拟室、服装制作室、画室、琴房、舞蹈练功房、电化教室和语音室等，图书馆藏书6万余册。学校开设机电、农村经济综合管理、服装、美术、音乐、数控技术、护理、电工电子技术应用、计算机应用技术、化工等10个专业。在校生3300余人。

键盘课

计算机课

①机电课实训　②电焊实训　③烹饪实训课
④服装课实训　⑤汽修实训

第二十六编 文化

楹联之乡

武术之乡

舞龙　　2005 年摄影

田素良剪纸

谢培哲书法

单县文化灿烂，内涵丰富，素有书画之乡、戏曲之乡、中国楹联之乡、中国武术之乡等称誉。

1986—2010年，单县文学创作硕果累累。共创作各类文学作品3万余篇，在各级各类报刊杂志发表作品3600余篇，出版各类文学作品书籍400余部，至2010年底，全县文学创作队伍发展到1000余人。戏剧、音乐、舞蹈、美术、书法、摄影成果丰硕。举办各类画展100余次，参展作品1万余幅，获奖作品1000余幅；共创作书法作品2890余幅，获奖52幅，其中，市级奖14幅，省级奖11幅，国家级奖27幅。群众性文化活动丰富多彩。全县共组织较大规模的文艺活动200余场，登台演出5万余人次。楹联创作人才济济。1991—2010年，单县楹联协会共举办全国楹联大赛20届，累计征集参赛作品50余万幅。2002年，单县被中国楹联学会命名为“中国楹联之乡”。文物管理日趋规范。境内有国家级文物保护单位2处，省级文物保护单位4处，市级文物保护单位9处，县级文物保护单位10处。广播电视事业蓬勃发展，境内广播电视普及，有线电视覆盖率100%，有线电视用户4万户。非物质文化遗产保护成效显著，获国家级名录项目2项，省级5项，市级6项，县级162项。党史编研、地方史志、档案管理工作成绩斐然。

1986年起，单县体育设施开始增多，先后建成田径场、门球场、塑胶灯光球场、顺河街健身路径、湖西公园健身广场等。1996年，单县被国家体育运动委员会命名为“中国武术之乡”。1998—2006年，单县体育服务中心连续8年被山东省体育局评为全省群众体育先进单位。2005年，单县体育服务中心获山东省体育局全民健身活动优秀组织奖。至2010年，全县有田径场8处、篮球场150处、体育健身路径65条，体育设施设备齐全。活动健身站点逐年增加，活动内容有球类、棋类、田径、武术、健身舞蹈类等100多种，群众性体育健身活动蓬勃开展。

1996年后，单县旅游业发展较快。2005年，单县制定“一心两区一带”旅游业发展战略规划，经过五年实施开发，至2010年，旅游业发展成为单县的一个新兴产业。

第一章　文化艺术

第一节　文学艺术

文学创作　诗歌、散文　1994年，张恩涛创作的诗歌《听辛弃疾谈词》，获全国诗词大赛特等奖。1998年，王丽创作的散文《老马的第一天》在《山东教育》发表，获省优秀散文二等奖。2000年，于世敏创作的《雪野红烛》、牛志敏创作的《仰望时间》、刘兰勇创作的《守望五月的麦田》等个人诗集，先后由中国文联出版社出版，均获市五个一精品工程奖。2002年，张春生与朱艾华合出的诗集《萤火虫与生命的光斑》，获菏泽市精品工程奖。王同光创作的散文集《情满桑梓》由当代中国出版社出版，获菏泽市精品工程奖。樊玉红创作的散文《童年》获全国散文诗大赛二等奖。秦闪云创作的诗文集《写诗的女孩》，由当代中国出版社出版。2003年，秦闪云在《河北作家报》《中国文化报》等报刊先后发表《美丽的丧失》《班里最丑的女生》《书写的快感》等散文，在《绿风》《黄河诗报》《诗潮》《诗神》《工人日报》等报刊杂志上发表诗歌50多首。2004年，李晓华创作的散文《父亲的马》，在《中华散文》第十期上发表。白坤锋在推出《真实的歌唱》《风中求索》《路也长长》3本散文集的基础上，致力于“大散文”的创作，其以建筑家梁思成保护老北京为切入点创作的散文《抚不去的心痛》在《北京文学》（2004年8期）刊出，并被2004年10期《散文选刊》选载。他发表在《牡丹》上的散文《无法突围的苏东坡》被《散文选刊》7期转载。2005年，秦闪云创作的散文《故乡的雪》，在《菏泽日报》发表，获全国散文大赛三等奖。2008年，李晓华创作的散文《月色小河》发表在《齐鲁晚报》“青未了”头条。

小说、民间文学 1989年，县文化局主持编撰的单县民间文学三套集成（《单县民间传说故事选》《单县民间歌谣选》《单县民间谚语选》），获省文化厅文学创作奖。1990年，县一中教师陈先绅、刘玉秀合著的长篇小说《情系桃李》，由山东文艺出版社出版，这是山东省第一部反映教师生活的长篇小说，被业内人士称为佳作。1996年，耿雪凌创作的小说《伤痕》，获全国农金杯优秀奖。2002年，苏赫然创作的长篇小说《遭遇爱情》，由中国文联出版社出版，获菏泽市精品工程奖。2002—2004年，张林在《山东文学》《芒种》《安徽文学》《清明》《当代小说》等名刊发表《李脆枣卖砖记》《泡沫》《诺言》《另类追求》《全票》《诗人与丑石》等十几篇小说。2003年7月，陈汝干创作的长篇小说《青青杨柳》，获菏泽市精品工程奖。2003年，秦闪云在《山东文学》10期发表的短篇小说《翠》，受到省作协副主席、著名作家毕四海的赞赏。2005年，孔凡楷创作的纪实文学《血鉴》出版。耿雪凌的短篇小说《寂寞花无主》，在东北名刊《短篇小说》上发表。2007年，李晓华创作的中篇小说《长点出息吧》，在南方名刊《红豆》第十二期发表。2008年，李晓华创作的小说《门缝里的阳光》《旱》分别在《山东文学》第六期、十二期发表。

文学团体 1990年，青年诗人孙广乾、于世敏、邵子华、牛志敏、秦闪云发起成立太阳雨诗社，聘请诗坛泰斗艾青、楚辞专家文怀沙为顾问，著名诗人李瑛、张志民等为编委。至1991年，太阳雨诗社在县内外发展会员200余人，举办大小活动50余次，参加活动的诗词创作爱好者1000余人次。自费出版诗刊诗报20余期，发表诗歌近千首。在首届全国民间重点诗社诗刊诗报负责人经验交流会上，太阳雨诗社被评为优秀社团。2000年7月，单县作家协会成立，选举孔凡楷为作协主席，张广新、陈福礼、于世敏、秦闪云（兼任秘书长）为副主席。

1986—2010年单县部分发表、出版及获奖文学作品一览表

表26-1-1

年份	作者	作品	出版或发表情况	获奖情况	体裁
1986	陈汝干	《幸福》	—	入选安徽文学优秀作品	小说
1987	陈向阳	《天门吴生》	省文联《新聊斋》	—	小说
1988	齐　奇	《向日葵》	中国文联出版社	—	诗集
1989	文化局	单县民间文学三套集成	—	省文化厅文学创作奖	民间文学
1990	陈先绅 刘玉秀	《情系桃李》	山东文艺出版社	—	长篇小说

续表 26-1-1

年份	作者	作品	出版或发表情况	获奖情况	体裁
1991	刘兰勇	《老屋之夜》《守望母亲》	《山东经济报》《诗潮》	—	诗歌
	单县老干部协会主编	《单县春秋》	山东教育出版社	—	历史文集
1992	刘兰勇	《城市农民》	《1992 年中国短诗选萃》	—	诗歌
	牛志敏	《洪水之上》	《诗潮》	—	诗歌
	文文豹	《七彩云》	山西教育出版社	—	文集
	朱瑞文	《仁和春梦》	三秦出版社	—	长篇小说
1994	张恩涛	《听辛弃疾谈词》	—	全国诗词大赛特等奖	诗歌
	牛志敏	《棉花》	《南方诗报》	—	诗歌
	袁玉骝	《中国姓名学》	《光明日报》出版社	—	研究专辑
1995	陈汝干	《说媳妇》	—	人民文学培训部二等奖	小说
	刘兰勇	《母亲》《五月的麦田》	《诗潮》	—	诗歌
	秦闪云	《巨手》	《绿风》	—	诗歌
1996	耿雪凌	《伤痕》	—	全国农金杯优秀奖	小说
	于世敏	《麻将家》	《诗刊》	—	诗歌
	秦闪云	《革命风景》	《黄河诗报》	—	诗歌
	王同光	《在掌声和荣誉的背后》	《仰俯无愧天地》	市文学创作优秀奖	报告文学
1997	于世敏	《沈园》《秦淮河》	《诗歌报》	—	诗歌
	蒋一农	《想想湘江》	《山东邮政报》	迎港归诗赛一等奖	诗歌
	耿雪凌	《明明的困惑》	《牡丹晚报》	全国蓝天杯二等奖	小说
1998	于世敏	《舞剑者》	《黄河诗报》	—	诗歌
	秦闪云	《深入乡土》	《诗潮》	—	诗歌
	秦闪云	《巨手》	《绿风》杂志	地区文学大赛一等奖	诗歌
	于世敏	《毛泽东》	《诗选刊》	地区文学大赛二等奖	诗歌
	朱秀丽	《黄昏》	—	地区文学大赛二等奖	诗歌
	王　丽	《老马的第一关》	《山东教育》	省优秀散文二等奖	散文
	赵　峰	《唐诗诗意》	—	地区文学大赛二等奖	散文
	张恩涛	《怀念小米加步枪》	—	地区文学大赛二等奖	诗歌
	于世敏	《董存瑞》	—	全国董存瑞杯二等奖	诗歌
1999	耿雪凌	《天狗》	《牡丹》	地区文学大赛二等奖	小说
	王　丽	《老人与一条大河》	《牡丹晚报》	“四君子杯”二等奖	诗歌

续表 26-1-1

年份	作者	作品	出版或发表情况	获奖情况	体裁
2000	秦闪云	《写诗女孩》	《南方文学》	—	散文
	于世敏	《雪野红烛》	中国文联出版社	市五个一精品工程奖	诗集
	牛志敏	《仰望时间》	中国文联出版社	市五个一精品工程奖	诗集
	刘兰勇	《守望五月的麦田》	中国文联出版社	市五个一精品工程奖	诗集
	王　丽	《母亲的个性》	《大众日报》	省教师下水作文二等奖	散文
	琴台诗词协会	《琴台诗词》	—	—	诗集
2001	秦闪云	《书写的快感》	《中国文化报》	—	散文
	耿雪凌	《爱情不说话》	中国文联出版社	市精品工程奖	小说集
	朱艾华 张春生	《萤火虫和生命的光斑》	当代中国出版社	市精品工程奖	诗合集
	吴培刚	《一往情深》	中国文联出版社	—	文集
2002	秦闪云	《写诗的女孩》	当代中国出版社	市精品工程奖	文集
	王　淼	《非常美境——搅动心灵的湖水》	山东友谊出版社	—	散文集
	樊玉红	《童年》	—	全国散文诗大赛二等奖	散文诗
	王同光	《情满桑梓》	当代中国出版社	市精品工程奖	散文集
	苏赫然	《遭遇爱情》	中国文联出版社	—	长篇小说
	张　琦	《家乡的小河》	当代中国出版社	—	诗集
2003	张　林	《泡沫》	《芒种》	—	小说
	陈汝干	《青青杨柳》	当代中国出版社	—	长篇小说
	张　林	《诺言》	《安徽文学》	—	小说
	段付华	《单县三千年灾情纪实》	—	获省档案优秀成果二等奖	纪实
	张　林	《李脆枣卖砖记》	《山东文学》	—	小说
	秦闪云	《美丽的丧失》	《河北作家报》	—	散文
	张　林	《诗人与丑石》	《山东作家报》	—	小说
	秦闪云	《翠》	《山东文学》	—	小说
	吴培刚	《绿野明珠》	当代中国出版社	—	散文集
	张　林	《全票》	《当代小说》	—	小说
	秦令朴	《玉楼村·乐吟神州五号》	《牡丹》文学	获此刊佳作奖	词
2004	白坤峰	《真实的歌唱》	中国作家出版社	地区文学大赛二等奖	散文集
	白坤峰	《风中求索》	当代中国出版社	—	散文集

续表 26-1-1

年份	作者	作品	出版或发表情况	获奖情况	体裁
2004	白坤峰	《路也长长》	当代中国出版社	—	散文集
	张　林	《另类追求》	《清明》	—	小说
	李晓华	《父亲的马》	《中国散文》	牡丹文学奖二等奖	散文
	张清正	《拾贝集》	作家出版社	—	诗集
	蒋一农	《蒋一农散文选》	群言出版社	市五个一精品工程奖	散文集
	秦令朴	《七律·论和平统一》	《中国诗词大观》	获此刊佳作奖	诗
	陈福礼	《突破菏泽》	《长白山诗词》	菏泽牡丹文学二等奖	诗歌
	赵　莉	《冬野茉莉》	国际炎黄文化出版社	—	长篇小说
	秦令朴	《沁园春·收复港澳抒怀》	《中国诗词大观》	获此刊佳作奖	词
2005	孔凡楷	《血鉴》	群言出版社	—	纪实文学
	秦绪林	《五月麦事》	《当代散文》	—	散文
	秦闪云	《故乡的雪》	《菏泽日报》	全国散文大赛三等奖	散文
	史绍贤	《琴韵歌风》	天马图书有限公司	—	诗集
	王广尊	《湖西英烈传》	黄河出版社	—	长篇小说
2006	陈汝干	《智斗岗村》	《中国民间楹联故享》	当代小说优秀作品奖	小说
	邵子华	《对话诗学》	云南大学出版社	—	理论
	王同光	《同光散文》	当代中国出版社	—	散文集
	王　淼	《非常迷狂—身体自作主张》	山东友谊出版社	—	散文集
	傅子栋	《一路走来》	青海人民出版社	—	文集
	赵　峰	《文人瘦骨》	青海人民出版社	—	文集
	柴明科	《心底的湖》	青海人民出版社	—	文集
	张世乾	《生命的落叶》	中国文联出版社	—	诗集
2007	徐克珊	《银苑轩草集》	天马图书有限公司	—	诗集
2008	秦绪林	《捉蝉猴》	《散文》	—	散文
	谢孔芹	《单县文化》	黄河出版社	—	文集
	陈福礼	《母校吟》	《牡丹》	菏泽市文学三等奖	诗歌
2009	谢孔芹	《单县古城文化》	文化艺术出版社	—	文集
	秦绪林	《我与史铁生的地坛》	《大众日报》	—	散文
	王同光	《又是菊花开放时》	《牡丹》	湖北大学优秀作品奖	散文
	王培民 陈汝干	《平凡人生》	黄河出版社	—	长篇小说

续表 26-1-1

年份	作者	作品	出版或发表情况	获奖情况	体裁
2009	李　静	《大刀会》	银河出版社	—	长篇小说
	赵　莉	《古城风流》	当代中国出版社	—	长篇小说
2010	谢孔芹 王广宏	《源远流长——浮龙湖》	光明出版社	—	文集
	秦令朴	《秦令朴文集》	中国出版集团现代出版社	—	文集

戏剧　*剧团*　1970年12月，单县招收学员85人，在单县“五七”红校开办一个京剧班。次年6月，在京剧班的基础上正式成立单县京剧团。1979年，恢复传统历史剧演出，将单县京剧团改建为单县豫剧团。该团占地面积0.3公顷，建筑面积1200多平方米，排练厅、多媒体厅、资料室、编导室、演员临时休息室、器乐厅等一应俱全。1984年，单县戏训班开班，1986年9月结业，学员大部分编入单县豫剧团。豫剧团主要演员有郭美玲（青衣）、梁超娥（小旦）、孙玉芹（小生）等。另外，境内还有山东梆子、两夹弦、大平调、四平调、越剧、四合音剧、京剧等10多个剧种。以豫剧和京剧比较流行。1998年2月，单县豫剧团演员刘翠芳在全国第六届“香玉杯”艺术大赛中获一等奖。2010年，由单县豫剧团5名主要演员参演的现代戏《山东汉子》获得山东省“五个一”精品工程奖和第八届山东省文化艺术节大奖及导演、编剧、音乐设计等8个单项一等奖；在郑州举办的全国豫剧大赛上获三等奖。1986—2010年，该团演出剧目有40余部，戏曲小品30余部。在省市及周边省份举办的戏曲比赛活动中，多次获得各类戏曲大赛一等奖或优秀奖。多次被省内外戏曲专家评为最具表演实力的优秀豫剧团。至2010年，县豫剧团有演员56人，其中国家一级演员1人，三级演员14人。主要演员有刘翠芳、谢寅玲、黄启刚、王秀荣、范宝玲、宋娟、朱霞、吴忠雨等。业余剧团有单县老年戏协、莱河镇四平调剧团、郭村镇两家弦剧团、单县俗雅柳琴剧团、张武楼庄户剧团等20个。

《山东汉子》剧照

戏剧创作　1990年，孔凡楷创作的剧本《燕山歌女》，获菏泽地区剧本一等奖。1991年，周喜明创作的话剧《共产党人》，获山东省委宣传部剧本二等奖。2008年，范文魁、陈文娟创作的河南坠子《唱一唱咱鲁西南的农村人儿》，获山东省首届农村文化艺术节曲艺小品类决赛银奖和山东省群众文化学会年度评比作品二等奖。2010年，范文魁、陈文娟创作的河南坠子《咱农民赶上好年头》，获山东省曲艺大赛决赛创作三等奖。

1989—2010 年单县部分戏剧作品一览表

表 26-1-2

年份	作者	作品	出版或发表情况	获奖情况	体裁
1989	周喜明	《幸亡者的儿子和幸存者》	《剧本》杂志	—	话剧
1990	孔凡楷	《燕山歌女》	—	菏泽地区剧本一等奖	剧本
1991	周喜明	《共产党人》	—	山东省委宣传部剧本二等奖	话剧
1993	孔凡楷	《曾家湾》	《菏泽优秀剧作选》	山东省文化厅创作奖	剧本
1996	孔凡楷 刘有礼	《女乡官》	省《戏剧丛刊》	菏泽地区剧本一等奖	剧本
1999	周喜明	《平民邓小平》	—	山西剧本征集二等奖	广播剧
	周喜明	《滚滚延河水》	—	首届贵州文艺创作二等奖	广播剧
2001	周喜明	《风雨将军楼》	—	贵州省“五个一”工程奖	广播剧
2002	周喜明	《三千里路云和月》	菏泽市广播电视台	—	广播剧
2003	孔凡楷	《孔凡楷剧作选》	当代中国出版社	—	戏剧集
2008	周喜明	《越王鉴》	—	河南文化厅征文优秀剧本奖	戏曲剧本
	范文魁、陈文娟合创齐林华唱	河南坠子《唱一唱咱鲁西南的农村人儿》	—	山东省首届农村文化艺术节曲艺小品类决赛银奖和省群文学会年度评比作品二等奖	曲艺
2010	范文魁、陈文娟合创齐林华唱	河南坠子《咱农民赶上好年头》	—	山东省曲艺大赛决赛创作三等奖，演唱三等奖	曲艺

京剧票友　早在 1920 年之前，单县就有郭效法、贾仲愚、黄包山、张文卿等 20 余人的京剧票友经常开展演唱活动。1929 年，国民党山东省主席韩复榘到单县。单县当局组织票友在文庙大院搭台演出全本《打渔杀家》供韩复榘观赏，获得成功。之后，社会各界人士筹资在城西南朱家大院附近修建京剧院 1 处，名为易俗社，又名进德会。抗战期间，单县有京剧票友 30 余人加入国共合作抗日宣传队。解放战争期间，冀鲁豫三省行署主任潘复生组织票友成立娱乐会，编演京剧节目到各县大队演出，直到全国解放。1950—1966 年，每逢重大节日，京剧票友都在县文化部门的组织领导下积极参与演出。1969 年，普及京剧样板戏，县革委以京剧票友为基础组织“京剧学习班”，深入到农村演出。1979 年，单县京剧团解散后，部分京剧演员加入票友队伍。

1986—1996 年，单县京剧票友在本地及外地参加演出上千场次。1997 年，单县京剧票友协会成立，李天池任会长。1999 年，县委、县政府在湖西礼堂举办京剧专场演出，庆祝建国 50 周年。2005 年 8 月，李天池、王振东、唐翠芝等 12 名京剧票友被收录《中国京剧票友大典》。京剧票友协会成立后，单县京剧票友多次应邀到青岛、蓬莱、烟台、菏泽、濮阳等地进行联谊演出活动，每年演出场次 100 余场。

音乐 1986年后，郝敬成先后创作歌曲100余首，其中，获市级创作奖17首，省创作奖1首；器乐曲10首，其中，获市级创作奖2首；舞蹈6部，其中，获地区创作奖4部；谱写戏曲音乐23部，其中，获地区创作奖6部。荣世生先后创作歌曲200余首、器乐曲20余首、舞蹈音乐5部、戏曲音乐5部，撰写音乐论文20余篇，出版音乐专著一部。单县师范教师宋昭林撰写的论文《浅谈中师音乐实习中的两个问题》获省优秀论文奖。1987年，周绪仁撰写的音乐论文《浅谈歌唱与卫生》在《北京音乐报》发表；郝敬成撰写的论文《单县唢呐及其世家》，在省音协主办的山东《音乐小杂志》第四期发表，记谱唢呐曲11首入选中国民族民间器乐集成山东分卷；荣世生撰写的论文《山东落子音乐》《枣梆音乐》分别入选《山东地方曲艺音乐》和《山东地方戏曲音乐》论文集。1988年、1989年荣世生撰写的论文《关于调、调性释义的质疑》《也谈五音不全》先后由省音协主办的《音乐小杂志》发表。1991年，周绪仁创作的歌曲《普通人之歌》，获菏泽地区群众文艺会演创作二等奖。1995年，郜保福唢呐演奏的曲目《娇句子》《凡乙调》，收入《中国民间乐器集成（山东卷）》。荣世生撰写的论文《也谈五音不全》获省文化厅省优秀论文奖、省艺术优秀成果三等奖，论文《浅谈中国画的审美观》在《中国书画函授报》发表。1996年，商月林的电子琴独奏获山东省中小学电子琴比赛三等奖。1997年，王亚创作的歌曲《工地迪斯科》《归来吧大船》《俺们扭起大秧歌》，在音乐刊物《在希望的田野上》发表。1998年，荣世生、张义丰曲，张存金词创作的歌曲《乡长之歌》，在《中国科技报》发表。1999年，荣世生撰写的音乐论文《论我国传统的三种七声音阶形式》，获山东省艺术科学一等奖。2000年，王亚撰写的音乐论文《关于歌唱教学与欣赏教学的认识》，获山东省第三届艺术教育优秀成果二等奖。2003年，段国毅撰写的音乐论文《发展群众文化加快小康步伐》，获山东省群众文化论文比赛优秀奖。2004年，陈文娟的声乐《好一个新山东》，段国毅的独唱《山东人》，同获菏泽市文化（艺术）馆、站专业人员业务技能比赛二等奖。2005年，荣世生曲，秦闪云词，歌曲《人民是那载舟的水》，获菏泽市创作一等奖，2006年获山东省廉政歌曲评比三等奖。2007年，荣蕙荞、荣世生撰写的音乐论文《声声字字总传情》，编入《中国音乐研究论文集》。2008年，荣世生、荣蕙荞撰写的音乐论文《山东落子音乐》《山东风俗小调》入选《山东省非物质文化遗产丛书·音乐卷》。荣世生撰写的音乐论文《鲁西南鼓吹乐研究与非物质文化遗产保护》在中国传统音乐学会第十五届学术会议上宣读，2009年获省文化艺术科学优秀成果二等奖，2010年获全国三等奖。2009年，王嫣然的独唱《一杯美酒》，获山东省第七届“古贝春杯”青年歌手大赛三等奖。同年，裴达获全国青少年珠江“凯散堡杯”钢琴大赛山东赛区优秀表演奖。2010年，荣世生撰写的音乐论文《民间鼓吹乐曲凡字调研究》，在中国传统音乐学会第十六届学术会议上宣读；撰写的《山东落子》《鲁西南鼓吹乐》《山东渔鼓》文本被市文化局、市非物质遗产保护中心评为非遗项目文本资料，并入选《菏泽市非物质文化遗产资料汇编》；音乐论文《加强非物质文化遗产保护，为弘扬中华文化做出贡献》入选《全国非物质文化遗产保护论文集》。

1986—2010年，境内较有成就的音乐创作和演出人才有郝敬成、荣世生、周绪仁、商月林、王亚、王嫣然、裴达等。

1986—2010年单县部分作者发表（演出）音乐作品一览表

表 26-1-3

年份	作品名称	作者或演出人员	类别	发表、获奖情况	主办单位
1986	《菊花魂》	郝敬成	舞蹈音乐	地区舞蹈调演创作奖	地区文化局
	《美丽的牡丹乡》	郝敬成	歌曲	地区创作奖	地区文化局
	《牡丹乡，我可爱的家乡》	荣世生词、曲	歌曲	山东人民广播电台播出	山东人民广播电台
	《门前清水河》	荣世生	歌曲	山东《农村大众》报	山东《大众》报社
	菏泽地区音乐舞蹈调演	周　娟	声乐	演唱三等奖	地区文化局
	《花乡童趣》	荣世生	舞蹈音乐配器	中央电视台、山东电视台播出	中央电视台
1989	《擦玻璃》	荣世生曲，孙广乾词	歌曲	省创作二等奖（作曲）	省文化厅
				地区创作一等奖	地区文化局
	《丰年美酒》	荣世生	歌曲	地区创作二等奖	地区文化局
	《纺织工之歌》	荣世生曲，於联明词	歌曲	《这片热情的土地》	中国广电出版社
	《我们是中华的小天使》	周娟作曲	歌曲	《1989年菏泽地区少区歌舞（录像）会演》和《1989年山东省少儿“唱好歌”录音比赛》中获创作二等奖。	地区文化局、教委、妇联、团委
	《汉语拼音歌》	周娟作曲	歌曲	创作一等奖	地区文化局、教委、妇联、团委
	二胡独奏《黄河故道换新颜》	商存礼	弦乐	地区群文艺术比赛	地区文化局
	二胡独奏《送红军》	商存礼	弦乐	地区职工会演二等奖	地区工会
1991	《祖国之恋》	荣世生	歌曲	地区创作奖	地区文化局
	小号独奏《歌唱你啊祖国》	荣世生	器乐曲	地区创作二等奖	地区文化局
	二胡独奏《盼红军》	荣世生	器乐曲	地区创作二等奖	地区文化局
	琵琶曲《春满鲁西南》	荣世生	器乐曲	地区创作二等奖	地区文化局
	《纺织姑娘》	荣世生	歌曲	地区创作二等奖	地区文化局
	《武术蓓蕾》	荣世生	武术配乐	第一届世界武术锦标赛开幕式演出	国家体委
	《牡丹乡我可爱的家乡》	荣世生词、曲	歌曲	《希望的田野》歌集	中国广播电视出版社
	《黄河故道家乡的河》	荣世生曲，孙广乾词	歌曲	《希望的田野》歌集	中国广播电视出版社

续表 26-1-3

年份	作品名称	作者或演出人员	类别	发表、获奖情况	主办单位
1991	《暑假里》	王　亚	歌曲	中小学校园歌曲创作二等奖	—
	《老师就是一首歌》	王　亚	歌曲	中小学音乐教育报	中国教育报编辑部
	《搬船的哥哥回来了》	王　亚	歌曲	《工人音乐报》	—
1992	二胡曲《黄河故道换新颜》	荣世生	器乐曲	省文化馆业务比赛创作二等奖	省文化厅
				地区创作奖	地区文化局
	小号二重奏《改革大潮滚滚来》	荣世生	器乐曲	省业务比赛演出优秀奖	省文化厅
	《友爱歌》	荣世生曲，周作民词	歌曲	山东《红十字报》	省红十字会
1993	《灾害无情人有情》	荣世生曲，周作民词	歌曲	山东《红十字报》	省红十字会
	首届苏鲁豫皖接壤地区卡拉 OK 演唱大赛	周　娟	声乐	一等奖	鲁苏豫皖四省八县卡拉 OK 演唱大赛组委会
1994	省武赛会歌《一路昂扬》	荣世生	歌曲	创作一等奖	省武术比赛组委会
	山东省首届民间武术馆校武术比赛开幕式节目表演	周　娟	声乐	授予“优秀歌手”称号	省武术比赛组委会
	唢呐演奏《娇句子》《凡乙调》	郜保福	管乐	记录收入《中国民间乐器集成（山东卷）》	—
	《人民银行之歌》	周娟演唱	声乐	地区企业文艺调演优秀表演奖	地区文化局
1996	歌曲《乡长之歌》	荣世生曲，张义丰、张存金词	歌曲	省群文创作三等奖	省文化厅
	《金融之歌》	荣世生曲，赵玉龙词	歌曲	《中国企业之歌》（二）	中国文联出版社
	《灿烂的明天》	荣世生	歌曲	《中国企业之歌》（二）	中国文联出版社
	电子琴独奏《旱天雷》	荣蕙荞	器乐	全省中小学生电子琴比赛二等奖	省教育厅、文化厅、团省委、省妇联
	电子琴独奏《牧民的一天》	商月林	器乐	全省中小学生电子琴比赛三等奖	省教育厅、文化厅、团省委、省妇联
	参加全区“三株杯”青年歌手大赛	周　娟	声乐	二等奖	地区文化局
1997	《工地迪斯科》《归来吧大船》《俺们扭起大秧歌》	王　亚	歌曲	《在希望的田野上》	中国广电出版社
	《献给你一束鲜花》	周　娟	声乐	地区“人口杯”计划生育文艺调演演出二等奖	地区文化局、计生委

续表 26-1-3

年份	作品名称	作者或演出人员	类别	发表、获奖情况	主办单位
1997	《曹州老窖杯》	周　娟	声乐	地区第二届青年歌手电视擂台赛特别奖	地区文化局、电视台
1998	男女声二重唱《黄河拐弯的地方》	荣世生曲，张义丰、张存金词	歌曲	地区词曲大赛创作二等奖	地区文化局、广播电视局
				省群星奖评比三等奖	省文化厅
	《为美好的生活把琼浆奉献》	荣世生曲，孙广乾词	歌曲	《中国企业之歌》（三）	中国文联出版社
	《我们是人民的白衣战士》	荣世生曲张永革词	歌曲	《中国企业之歌》（三）	中国文联出版社
	《地税工作者之歌》	荣世生曲，李行宏词	歌曲	《中国企业之歌》（三）	中国文联出版社
	《单县凌云商厦之歌》	荣世生	歌曲	《中国企业之歌》（三）	中国文联出版社
	《乡长之歌》	荣世生曲，张义丰词	歌曲	《中国科技报》	中国科学院
	《旗帜颂》	荣世生曲，孙广乾词	歌曲	地区创作奖	地区文化局
	《快乐的纺织工》	王　亚	舞蹈音乐	地区工会创作一等奖	地区工会
	《风雨一棵树》	荣世生曲，秦闪云词	歌曲	《群众艺术》	省艺术馆
	《西部向往》	荣世生曲，秦闪云词	歌曲	《民歌选粹》歌曲集	中国广电出版社
2000	《中国的老百姓》	段国毅	声乐	全市文艺调演优秀奖	市委宣传部、市文化局
	《万国邮情》	段国毅	声乐	全市文艺调演二等奖	市委宣传部、市文化局
	《中国大舞台》	陈文娟	声乐	全市文艺调演二等奖	市委宣传部、市文化局
	独唱《牡丹花儿开》	段国静	声乐	菏泽电视台《才艺大看台》栏目优秀奖	菏泽电视台
	单簧管独奏《春游》	荣世生	作曲	创作一等奖	市文化局
	单簧管独奏《春游》	张丽莉	器乐	演奏一等奖	市文化局
	《骏马奔驰保边疆》	段国毅	声乐	全市文艺调演二等奖	市委宣传部、市文化局
	歌曲《风雨一棵树》	荣世生曲，秦闪云词	歌曲	市精品工程奖	市委宣传部
2002	《神州大舞台》《快乐家庭》栏目	荣世生全家	才艺表演	中央电视台第三套节目播出	全国妇联、中央电视台
	《得民心者得天下》	段国毅	声乐	市第三届青年歌手电视大奖赛通俗组一等奖	市文化局、广播电视局
	二胡独奏《兰花花叙事曲》	谢圣超	弦乐	市首届民族乐器大奖赛中获指导教师奖。	市首届民族乐器大奖赛组委会
	唢呐演奏《春满湖西》	田国防	管乐	市首届民族器乐大赛二等奖	市文化局

续表 26-1-3

年份	作品名称	作者或演出人员	类别	发表、获奖情况	主办单位
2003	《选村官》	荣世生	歌曲	省人口文化奖	省文化厅、省计划生育委员会
	《得民心者得天下》	段国毅	声乐	2003 年菏泽国际牡丹花会开幕式观众喜爱节目	市委、市政府
	《霸王别姬》	段国毅	声乐	“联通杯”豫鲁苏皖青年歌手大奖赛通俗组金奖第一名	商丘电视台
	《发展群众文化，加快小康步伐》	段国毅	论文	山东省群众论文比赛优秀奖	省艺术馆、省群文学会
2004	《赤子的声音》	荣世生曲，刘斌词	歌曲	省创作奖	省文化厅
	《木鼓舞跳起来》	荣世生曲，刘继锋词	歌曲	三等奖	云南省文化厅
	《好一个新山东》	荣世生曲，吕永清词	歌曲	市创作奖	市文化局
	《好一个新山东》	陈文娟	声乐	全市文化（艺术）馆、站专业人员业务技能比赛二等奖	市文化局
	独唱《山东人》	段国毅	声乐	文化（艺术）馆、站专业人员业务技能比赛二等奖	市文化局
2005	《山东人》	荣世生曲，秦闪云词	歌曲	市精品工程奖	市委宣传部
	《人民是那载舟的水》	荣世生曲，秦闪云词	歌曲	市创作一等奖	市纪委
2006	《人民是那载舟的水》	荣世生曲，秦闪云词	歌曲	全省廉政歌曲评比三等奖	省纪委
2007	《我们是中华的小天使》	荣世生	作曲	全省少儿歌曲创作评选三等奖	省群众文化学会、省艺术馆
2008	歌曲《赤子的声音》	荣世生	作曲	“感动中国——2008 全国第二届新创歌曲大赛三等奖	中国大众音乐协会
	《村长之歌》	荣世生曲，张义丰、张存金词	歌曲	《群众艺术》2008 年第一期	省艺术馆
	《山东落子音乐》《山东风俗小调》	荣世生 荣蕙荞	音乐论文	《山东省非物质文化遗产丛书·音乐卷》	省委宣传部编辑，山东出版社
2009	独唱《美丽家园》	王嫣然	声乐	省第七届“古贝春杯”青年歌手大赛荣获三等奖	省第七届“古贝春杯”青年歌手大赛组委会
	钢琴独奏《莫扎特G大调钢琴奏鸣曲》	张北斗	器乐	市第二届青少年乐器大赛一等奖	市委宣传部、市文化局、市音乐家协会

续表 26-1-3

年份	作品名称	作者或演出人员	类别	发表、获奖情况	主办单位
2009	钢琴独奏：肖邦的《即兴幻想曲》	裴　达	器乐	全市第二届青少年乐器大赛二等奖	市委宣传部、市文化局、市音乐家协会
	二胡独奏《兰花花随想曲》	李　萌	器乐	全市第二届青少年乐器大赛一等奖	市委宣传部、市文化局、市音乐家协会
	全国青少年珠江“凯散堡杯”钢琴大赛	裴　达	器乐	山东赛区优秀表演奖	中国艺术教育促进会、广州珠江钢琴集团股份有限公司
2010	演唱《烛光里的妈妈》	刘仍路	声乐	市首届艺术节歌手大赛通俗唱法组一等奖	市委宣传部、市文联、市文化局
	民族歌曲演唱	王　静	声乐	市首届艺术节歌手大赛民族唱法组一等奖	市委宣传部、市文联、市文化局

舞蹈　1986年前，境内的舞蹈大多是群众性的集体舞，专业性的舞蹈节目较少。主要体现为表演唱，包括儿童、小学生的舞蹈。1986年后，职业中专的王会敏、张艳荣辅导幼师班，培养一支学生舞蹈队，编排、移植歌伴舞《春天的故事》《OK星期天》等舞蹈节目。1989年后，新华书店离休干部何梦元，在体育场组织群众排练的健美操、扇子舞、秧歌舞等中老年舞蹈，多次获得市级以上奖励。三台幼儿园青年教师王晓兰编排的少儿舞蹈《美丽的小绵鸡》，获省二等奖。1990年后，有蔡颖的《天竺少女》，王春艳的《小卜少》，文化馆徐永香的《水》《月光下的凤尾竹》等专业性舞蹈节目。1993年12月，在纪念毛泽东诞辰百年期间，菏泽地区卫生学校学生舞蹈队编演的《人间第一情》《东方红》集体舞，单县汽车站职工编演的歌伴舞《山丹丹花开红艳艳》《党啊，亲爱的妈妈》《洪湖水浪打浪》多次演出，受到欢迎。2009年，中老年广场舞在单县城区开始兴起。至2010年年底，城区广场舞活动点30余处。

舞蹈　　2009年摄影

美术　1986年，单县从事美术创作的有200余人，大都是学校美术教师和文化系统专业人员，兼职人员很少。境内比较知名的有崔星五、刘金振、冯奇等。之后，美术创作活动日趋活跃，涌现出一大批优秀人才和佳作。至20世纪90年代，从单县走出去的画家主要有曹明冉、陈培伦、曹桂生、许汝良、程明太、张岩、石峰、赵明程等。境内高永谦、吴玉善、马成连、刘庆珍、苏健等被省以上美术家协会吸收为会员。马成连的青山羊画造型准确，生动活泼；曹明冉的双勾牡丹独树一帜；吴玉善的油画造型准确；陈培伦、高永谦的山水画笔墨严谨，酣畅淋漓，富有诗意；苏健的花鸟画清新典雅，别具一格。1993年4月，县政府在菏泽曹州书画院举办“单县书画展”。2000年7月，成立单县美术家协会，选举马成连为单县第一届美术家协会主席，孙喜民、苏健（兼秘书长）、赵辉为副主席。县美术家协会成立后，每年举办二至三次书画展，定期开展学术交流。2010年4月，单县美术家协会召开第二届会员代表大会，选举苏健为单县第二届美术家协会主席，赵辉、郭伟、刘世健为副主席，郭伟兼秘书长。2010年，美术创作人员500余人。1986—2010年，全县举办各种类型的美术培训辅导班200余期，参训人员5000余人次；举办各类画展100余次，参展作品1万余幅，获奖作品1000余幅。

苏健画作

曹明冉画作

吴玉善油画

1986—2010 年单县部分美术作品一览表

表 26-1-4

作品名称	作者	类别	展览、发表	获奖情况
《西红柿大王》	马成连 吴玉善 刘金振	宣传画	1986 年山东省科普美展	三等奖
《红衣少女》	马成连	电影宣传画	1986 年入选山东省第二届电影宣传画	创作奖
《脊背》	唐　杰	油画	1986 年国画油画人物展	三等奖
《老师您好》	程明太	国画	1986 年第 11 期《教工》封底	—
《无林》	童根良	漫画	1987 年《中国民间学报》	—
《寒在三九》	马成连	国画	1990 年 12 月入选首届美协山东分会会员作品展览	二等奖
《青竹滴露》	段宇锐	国画	1990 年入选菏泽地区外贸职工书画展	二等奖
《泰山松瀑图》	唐　杰	国画	1990 年入选《菏泽书画》	—
《荷花》	唐　杰	国画	1991 年菏泽地区政协书画联谊社举办的赴天津书画展	三等奖
《黄昏》	宋聚祥	国画	1991 年参加山东省美术作品展	三等奖
《黄牛颂》	马成连	国画	1992 年 5 月入选纪念毛泽东《在延安文艺座谈会上的讲话》发表 50 周年山东省美展	二等奖
《紫藤》	宋聚祥	国画	1992 年参加菏泽美术作品展	一等奖
《黄昏颂》	赵　辉	油画	1995 年参加中央电视台主办“全国优秀教师作品展”	优秀奖
《天地神畅》	高永谦	国画	1997 年参加文化部主办的“97 迎接香港回归”书画作品大展	铜奖
《静物》	赵　辉	油画	1997 年入选中国艺术博览会展	金奖
《沉睡的文明》	赵　辉	油画	1998 年参加山东省第三届油画展	三等奖
《初生的太阳》	马成连	国画	1999 年 10 月入选庆祝建国 50 周年山东省美展	三等奖
《年年有余》	苏　健	国画	1999 年 9 月发表于《菏泽日报》	—
《田园一角》	苏　健	国画	1999 年 9 月发表于《大众日报》	—
《山高水长》	高永谦	国画	1999 年入选文化部主办的“99 迎澳门回归”中国画、摄影大展	铜奖
《高山仰止》	高永谦	国画	2000 年在中国文联、美协主办的“第二届中国美术金彩奖”中	提名奖
《揭秘》	沈永革	漫画	参加 2000 年山东省好新闻美术大赛	一等奖
《探亲》	沈永革	漫画	参加 2000 年山东省好新闻美术大赛	二等奖
《凌云》	苏　健	国画	2001 年入选菏泽市纪念中国共产党成立 80 周年书画展	二等奖
《崂山写生》	苏　健	国画	2001 年 1 月入选《山东省首届写生作品选》	—
《风雨秋池》	苏　健	国画	2001 年 9 月入选《中国当代著名国画家精品集》湖北美术出版社出版	—
《太行山》	高永谦	国画	2001 年入选省文化厅主办的“纪念建党 80 周年全省书法美术展”	特等奖

续表 26-1-4

作品名称	作者	类别	展览、发表	获奖情况
《花鸟》	郭　伟	工笔画	2001 年入选菏泽市纪念中国共产党成立八十周年书画大赛	二等奖
《南海亮剑》	段宇锐	国画	2001 年入选山东省“交警系统庆祝建党八十周年”书法绘画摄影展	三等奖
《林泉高致》	高永谦	国画	2001 年入选美协美展	三等奖
《花鸟》	刘世健	工笔画	2001 年发表于《人民日报》	—
《还看今朝》	高永谦	国画	2002 年入选“纪念毛泽东同志《在延安文艺座谈会上的讲话》发表 60 周年”全国美展	二等奖
《秋韵》	苏　健	国画	2002 年入选菏泽市美术书法展	二等奖
《繁英垂紫玉》	段宇锐	国画	2002 年入选“迎十六大促山东民营经济发展书画邀请赛”	优秀奖
《姜文》	沈永革	漫画	2002 年发表于《漫画月刊》第十期	—
《马三立》	沈永革	漫画	2002 年发表于《漫画月刊》第十期	—
《哲理漫画》	沈永革	漫画	2003 年发表于《解放军画报》第六期	—
《秋香》	刘世健	工笔画	2003 年入选山东省美协、省教委举办的“山东中小学教师作品展”	—
《泰山松》	苏　健	国画	2004 年入选《山东省第二届写生作品选》	—
《月朦胧》	苏　健	国画	2004 年入选《纪念邓小平 100 周年书画展》	优秀奖
《读雪》	苏　健	国画	2004 年 10 月入选《当代名家书画邀请展作品集》光明日报社出版	—
《秋山烟云》	赵　辉	国画	2004 年入选《当代名家书画邀请展作品集》	优秀奖
《梦》	沈永革	漫画	2004 年 8 月发表于《解放军报》	—
《竹林七贤》	孙喜民	国画	2005 年 5 月入选菏泽市花季正气书画摄影作品展	二等奖
《赏菊图》	孙喜民	国画	2005 年 9 月入选菏泽市地税杯书画作品展	优秀奖
《青山无尘》	赵　辉	国画	2005 年入选菏泽市书画摄影作品展	优秀奖
《月季经雨分外红》	段宇锐	国画	2005 年入选菏泽“花乡正气书画摄影作品展”	一等奖
《仙女》	孙喜民	国画	2006 年 4 月入选山东省美术协会培训班作品展	优秀奖
《导弹》	沈永革	漫画	2007 年 6 月发表于《奥秘》杂志	—
《清趣》	苏　健	国画	2008 年 8 月入选《菏泽市书画摄影作品展》	二等奖
《清风图》	郭　伟	工笔画	2008 年入选菏泽市文化廉政、美术、书法、摄影作品展	二等奖
《对比》	沈永革	漫画	2008 年发表于《山东工人报》《菏泽日报》	二等奖
《最后一班车》	沈永革	漫画	2008 年入选山东省交通漫画展	一等奖
《清香溢远》	段宇锐	国画	2008 年入选菏泽市文化系统廉政文化书法、美术、摄影作品展	优秀奖

续表 26-1-4

作品名称	作者	类别	展览、发表	获奖情况
《比》	沈永革	漫画	2009 年参加全国十一届美展	三等奖
《引蔓花开欲透云》	苏　健	国画	2010 年入选第五届中国花鸟画作品展	铜奖
《黄山烟云》	赵　辉	国画	2010 年入选最高人民法院举办的情景书画展	三等奖
《野趣》	郭　伟	工笔画	2010 年入选省文化厅举办的山东社会文化“星光奖”美术书法展	优秀奖
《鲤鱼》	郭　伟	工笔画	2010 年入选省文化厅举办的“山东省农村文化艺术节”作品展	优秀奖

书法　1985 年前，单县籍在外地的书法家有包备五、谢孔宾、王训端、张守富、刘继武、刘巍、张一凡、谢建民等，县内比较知名的有耿伦元、钞伯虎、张荫堂、单敬斋、肖魁轩、张中、单士臣、史绍贤、刘有礼、陶秀杰、孙广周、曹明炬、蔡玉华、史静然等。陈炳道的楷书，刘有礼、曹明炬的行草，耿伦元、陶秀杰的隶书，钞伯虎的魏碑，蔡玉华的篆书，其作品曾多次在报刊上发表和在市级以上展出，获业内名家褒赏。对刘有礼的作品，著名书法家谢孔宾、王近评价说：“笔力雄健，气势夺人，韵味十足”。陶秀杰的隶书作品先后十多次在全国参展，被日本、韩国及中国港澳地区爱好者收藏。1986 年 4 月，单县老年书画协会成立，有会员 52 人，熊立夫任会长。同月，举办单县首届老年书画展，选展作品 105 幅，省、地、县电视台均予以报道。之后，境内出现一批书法新秀，有谢培哲、蔡孝斌、张怀举、张金亮、孙喜民、李保善、苗贵良、王彦林、曹言礼、樊鸿亮、杨绪恩、吴成坤等。1990 年 5 月，谢培哲书法展在北京军事博物馆举办。1995 年 6 月，《单士臣书法选》出版。同年，耿伦元第二次书法展在北京中国美术馆举办。1999 年 4 月，钞伯虎获建国 50 周年书法精品奖。6 月，谢培哲书法作品获济南军区书画大奖赛特等奖。进入 21 世纪，在外地的单县籍书法家有柴天鳞、袁宗轩等。县内又涌现出一批书法新秀，有王志国、王玉强、王英稳、李学敏、陈培站、程文革、张士珍、许金友、张弼勰、孔浮沉、周建军、赵凤华等。2002 年 1 月，单县书法家协会成立，选举耿伦元为主席，有会员 49 人。2003 年，谢培哲书法作品“鱼水情”获全国首届“双拥”书画展一等奖，并被用于作品集封面。2004 年 2 月，谢培哲书法作品被国家作为礼品馈赠于朝鲜，被金正日纪念馆收藏。6 月，王志国书法作品入展全国第八届书法篆刻作品展。2005 年，王志国、蔡孝斌被吸收为中国书法家协会会员。2006 年 12 月，刘有礼被推选为中国老年书画研究会理事。2009 年，吴成坤创出“圣土陶印”品牌，在全国篆刻界有影响。至 2010 年，全县有书法创作人员 216 人。

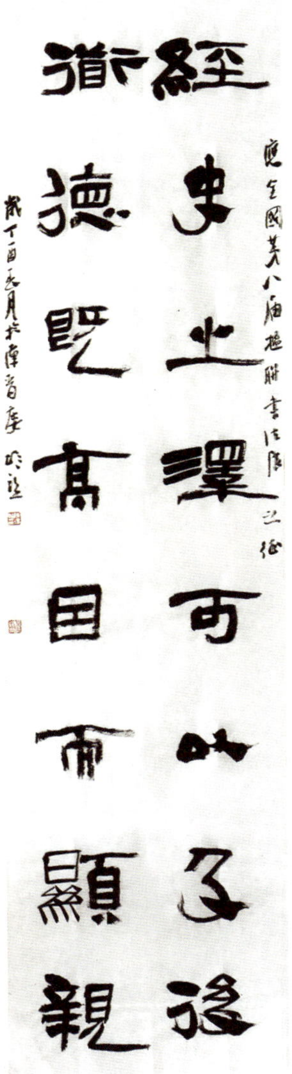

陈培站书法

1986—2010年，共创作书法作品2890余幅，获奖52幅，其中，市级奖14幅，省级奖11幅，国家级奖27幅。县书法家协会邀请外地名家举办讲座6次，举办书法艺术培训班15次，召开书法理论技艺研讨会27次，与县外书法艺术交流26次，在县内举办各种类型的书法展览54次，书法下乡、春节下基层18次，抗灾义捐12次，牌坊出联13次。至2010年，单县有市级以上书法家协会会员51人，其中，市级会员36人，省级会员10人，国家级会员5人。

1992—2010年单县部分书法、篆刻作品一览表

表26-1-5

年份	作者	作品	出版、发表、参展情况	获奖情况
1992	耿伦元	书法作品	全国体育首届书法展	—
1997	吴成坤	篆刻作品	石门杯全国书法篆刻展	三等奖
2000	王志国	书法作品	全国第八届中青年书法展	—
	蔡孝斌	书法作品	全国第八届中青年书法展	—
2001	陈炳道	书法作品	编入纪念建党80周年《红旗颂书画集》	—
	包隆业	书法作品	入选《全国老年书法作品集》	三等奖
	曹明炬	书法作品	入选《全国老年书法作品集》	三等奖
2002	蔡孝斌	书法作品	全国书法刻字艺术展	—
2003	蔡孝斌	书法作品	全国行草书法大展	—
2004	刘有礼	书法作品	入选《中国当代老年书法作品精选》	银奖
	王志国	书法作品	入选全国第八届书法篆刻作品展	—
2005	李学敏	书法作品	第二届中央电视台电视书法大赛	铜奖
	李学敏	书法作品	山东省第四届书法篆刻大展	二等奖
	陈培站	书法作品	第二届中央电视台电视书法大赛	银奖
	陈培站	书法作品	兰亭奖全国大学生书法展	二等奖
2007	陈培站	书法作品	全国楹联书法展	一等奖
2008	耿伦元	书法作品	全国首届册页书法展	—
	刘有礼	书法作品	山东老年书画展	金奖
	张士珍	书法作品	全国第二届中小学生艺术节教师组	优秀奖
	蔡孝斌	书法作品	全国迎奥运书法精品展	—
	蔡孝斌	书法作品	中国首届中青年书法助残展	—
2009	耿伦元	书法作品	全国第二届隶书展	—
	耿伦元	书法作品	全国千人千邮书法展	—
	耿伦元	书法作品	第十一届全运会书画展	一等奖
2010	王志国	书法作品	全国“千龙”千作书法展	一等奖
	曹言礼	书法作品	参加中日公务员书法交流展	优秀奖

摄影　1986年后，境内从事摄影的人员逐年增多，摄影技术显著提高。县内比较知名的有王运东、唐峰光、王艳春、刘海洋、於联明、田卫华、张传亮等。1989年，於联明《要重视摄影评论》一文在中国新闻摄影学会主办的《人民摄影报》发表。之后，於联明、张传亮、石兴玉、庞伯明等在国内、省内专业报刊、网站上相继发表一些作品。1993年后，於联明相继在《中国摄影报》等报刊杂志上发表《一个值得重视的文化现象——“摄影诗”》《关于影像时代商业摄影的若干思索》《影赛该不该接纳电脑制作作品》《构建数码影像作品的立体式评价体系》等摄影论文。2001年1月，於联明获“2001—2002山东省摄影奖励基金”，成为菏泽市首位获此项奖励的摄影人。10月，於联明被吸收为中国摄影家协会会员。11月，单县摄影家协会成立，有会员133人。2002年，先后举办“家乡颂”摄影作品展、“单县艺术摄影作品展”和首届“单棉杯”全县摄影比赛、首届“明佳杯”全县生活录像比赛。开展“老街道、老房子”摄影创作活动和“黄河故道”采风摄影创作活动。2003年2月，举办“迎春”摄影作品展；8月，中国摄影家协会网在《中国摄影论坛》栏目，推出“於联明摄影杂谈”个人频道，成为该网站推出的国内第10位理论家和评论家。此后，其论文连续五届入选全国摄影理论研讨会，成为省唯一的五连冠作者。开展“劳模风采”摄影创作活动与“黄河故道金秋行”摄影创作活动。2004年1月，开展“党员风采”“招商引资在单县”摄影创作活动。2月，举办“发展中的民营企业”摄影作品展。此后，相继组织“魅力单县”创作采风、浮龙湖创作采风等大型活动。12月，举办“单县十五人摄影作品联展”，中国摄影家协会网和《人民摄影报》《菏泽日报》予以报道。同年，县摄影家协会与县棉纺织厂在该厂联合举办的安全生产图片展，《中国安全生产管理报》予以报道。2005—2010年，先后在街道、广场、社区、机关单位、十月会会场举办大、中型摄影展览20余次。此外，还在《大众日报》《大公报》《齐鲁晚报》《中国摄影报》《人民摄影》《中国摄影在线》“中国摄影家协会网”等报刊、网站发表图片500余幅，论文30余篇。在中国摄影家协会网站、中国摄影在线网站、新疆图片在线网站举办摄影作品展览、摄影论文展示40余次。2010年，全县有中国摄影家协会会员1人：於联明；山东省摄影家协会会员8人：刘海洋、庞伯明、石兴玉、刘忠国、张凯明、刘朝晖、赵廷勋、刘亚鲁。

《辣椒丰收》　　郭峰　摄影

1986—2010年单县获奖摄影作品一览表

表 26-1-6

年份	作品名称	作者	奖励情况	主办单位
1990	《活力之源》	於联明	获第二届“华美杯”全国摄影大赛优秀奖并参加出国展览。	全国摄影大赛组委会
1993	《爱神变奏曲》	於联明	获首届“开拓杯”全国摄影大赛优秀奖。	全国摄影大赛组委会
1999	《晨韵》	刘海洋	菏泽地区建国五十周年摄影作品展二等奖	地委宣传部、地区文联
	《干警似亲人》	庞伯明	菏泽地区建国五十周年摄影作品展二等奖	地委宣传部、地区文联
	《一线生机》	刘朝晖	菏泽地区建国五十周年摄影作品展二等奖	地委宣传部、地区文联
	《小城盛开迎春花》	石兴玉	菏泽地区建国五十周年摄影作品展二等奖	地委宣传部、地区文联
	《黄河故道好牧场》	赵永青	菏泽地区建国五十周年摄影作品展三等奖	地委宣传部、地文联
	《故道情》	胡光宇	菏泽地区建国五十周年摄影作品展三等奖	地委宣传部、地区文联
	《奔小康》	刘忠国	菏泽地区建国五十周年摄影作品展三等奖	地委宣传部、地区文联
	《幽》	刘迎新	菏泽地区建国五十周年摄影作品展三等奖	地委宣传部、地区文联
	《黄河故道人的期盼》	张凯鸣	获得中国人口文化奖文学、摄影、美术类二等奖	国家计生委
2003	《目击救人》	石兴玉	获中国摄影家协会网ＢＣＬ摄影比赛第一名和菏泽市新闻奖一等奖	中国摄影家协会
2006	《喜悦》	刘海洋	山东省先进性教育影展优秀奖	省委组织部、省摄影家协会
2008	《小号手》	唐　杰	菏泽市摄影展览二等奖	市文联、市摄影家协会
	《辣椒丰收》	郭　峰	菏泽市摄影展览三等奖	市文联、市摄影家协会
2009	《石雕瑰宝》	赵廷勋	菏泽市民俗摄影优秀奖	市摄影家协会、市民俗摄影协会
2010	《渴望》	於联明	首届国际摄影与创意摄影大赛最佳摄影奖	美国职业摄影师协会

楹联　1990年，单县楹联学会成立，会长张健，有会员69人，其中，中国楹联学会会员16人，是山东省最早的县级楹联学会。1991年起，县楹联学会每年举办迎春楹联大赛。至2010年，相继举办“半月台杯”“龙泉剑杯”“湖西环保杯”“交通杯”“邮电杯”“公路杯”“广电杯”“牡丹杯”等20届全国性的楹联大赛，参赛者遍及全国及东南亚诸国，人数超过4万，累计征集参赛作品50余万副，其中，来自新加坡、马来西亚、美国等海外侨胞应征作品近2000副。其间，中国楹联学会会长助理，中华对联文化研究院副院长兼秘书长，中央电视台对联节目撰稿人刘太品，编著《佳联趣对贺新春》《中国楹联二十年作品精选》《中华当代行业对联精选》《中华当代喜庆对联精选》《中华春联实用手册》《对联入门》《古今实用挽联集成》和《中国对联作品集（2001—2010年卷）》等大型对联书籍。县楹联学会副会长张贵祥获省级以上楹联学会举办的楹联大赛一等奖11次，二等奖24次，三等奖40次，优秀奖86次，其中，在《纪检监察报》

《中国楹联报》“人民网”等报社举办的楹联大赛中获一等奖。王运才获省级以上楹联大赛一等奖2次，二等奖3次，三等奖5次，优秀奖9次。2002年10月，张健主编的《中国对联集成山东卷·单县分卷》，由中国戏剧出版社出版。该书共计30万字，收录古今名联2000余副，获菏泽市图书类精品工程奖。同年，单县被命名为中国“楹联之乡”。中国楹联学会副会长常江、常治国、谷向阳，秘书长宋韶仁，省楹联艺术家协会主席娄以忠到单县出席中国“楹联之乡”命名揭牌仪式。2005年1月6日，在单城镇鹿湾村刘有礼农家小院举办“全国金鸡征联赛”。1月20日，央视七套《生活567》栏目以《农家院里话楹联》为题播出，并向全国电视观众征析字生肖春联。央视网络、省、市报及《对联文化》、菏泽电视台、单县电视台等媒体连续报导。至3月1日，共收到作品7861副。评出一等奖1名、二等奖3名、三等奖5名。

曲艺　单县是曲艺之乡，流行种类较多，有河南坠子、山东大鼓、山东快书、山东琴书、山东评书、山东渔鼓、洋琴、快板书、相声、花鼓等。1986年，全县从事曲艺事业的有140余人。1994年，张广新的山东快书《南柯新梦》，获山东省计划生育征文二等奖，在全省幻灯调演中获创作三等奖。1998年，田超的山东快书《定亲》，在菏泽地区电业系统汇演中获优秀奖。1999年，徐永香、郭桂英的坠子《“148”名扬何家集》，在菏泽地区庆祝中华人民共和国成立50周年曲艺汇演中获创作三等奖。2007年，张元秀被认定为山东省非物质文化遗产——山东落子传承人。2010年，范文魁、陈文娟合创、齐林华演唱的河南坠子《咱农民赶上好年头》，获山东曲艺大赛决赛创作三等奖，演唱三等奖。至年末，从事曲艺事业的有200余人。

第二节　文化设施

单县新华书店　成立于1952年8月，1953年12月为县级店，有城内门市部1处，位于单县胜利街中段，营业面积110平方米。1986年，农村发行网点有城关、郭村、黄岗、终兴、龙王庙、蔡堂、徐寨、谢集、时楼、曹庄等10个农村发行门市部和李新庄、高韦庄、聂傅庄、陈蛮庄、李新集等5个代办站。1989年，县新华书店建设向阳路门市部，营业面积300平方米，分文化教育、文学、科技、少儿、音像五大类，图书品种9000余种，音像2850种。1995年，根据县政府统一规划，在县城湖西路新建综合楼1处，面积578平方米。2000年，在县城胜利街改、扩建营业楼1处，营业面积1439平方米。同年，撤销李新庄等5个代办站，增设孙溜、李新庄、浮岗、莱河等4个农村发行门市部。2001年，在城区向阳路新建办公楼1处，营业面积609平方米。2005年，乡镇中小学校合并，撤销时楼、曹庄、孙溜、李新庄等4个农村发行门市部和文化路门市部。12月，向阳路中心门市部由省新华书店集团统一连锁，实行POS机收款，图书品种由连锁前的9000种增加到14600余种，音像品

新华书店　2002年摄影

种增加至4860余种。2008年11月，城关发行部分为南城、北城两个发行部。至2010年12月，单县新华书店共设有南城、北城、时楼、莱河、郭村、黄岗、终兴、龙王庙、蔡堂、谢集、徐寨、浮岗等12个农村发行部，负责境内364所中小学校教师和学生用书的发行。

单县文化中心 2009年3月，县政府在城区向阳路东段路南、开山公园北部，投资800万元建立单县文化中心，建筑面积为5600平方米，内部设有文化馆、图书馆、博物馆和工人文化宫。文化馆与工人文化宫在东侧的南北楼；图书馆与博物馆在北侧的东西楼；中间有公用的展览厅、小礼堂，供展览和文艺排演用。2010年5月建成启用。

单县文化中心

单县图书馆 位于向阳路西段路南，1986年12月建成启用，建筑面积为1384平方米。内设采编室、资料室、辅导室、图书借阅室、成人阅览室、儿童阅览室、办公室等。借阅室面积150平方米，书架单层长度1200米，阅览室面积120平方米，设置阅览坐席150个，期刊架3个，订购各类报纸、期刊70余种。藏书4.8万册。共有干部职工14人。2010年，因老城区改造，图书馆搬迁至单县文化中心。馆舍面积1200平方米，馆藏文献10万余册。

单县文化馆 原为湖西专署文化馆，始建于1950年2月，位于单县城区刘隅首南、南关街北端西侧，房舍8间，设广播室、阅览室、简易亭式舞台，有6000平方米广场1处。1986年，有工作人员13人，内设办公室、文艺股、美术股。2004年，有职工33人，其中，大专以上文化程度4人，中专文化程度17人。有正研究馆员2人，副研究馆员2人，馆员11人。2007年，老城区开发建设，文化馆被拆迁，在东关黄胡同租用民房办公。2010年5月，迁入单县文化中心。

单县博物馆 2001年5月18日，单县博物馆建成开馆。该馆位于县城区白云路北段路西单县交警大队旧址，占地0.7公顷，建筑面积850平方米。其中，展厅面积400平方米，库房面积220平方米。2010年5月，单县博物馆迁入单县文化中心。新馆使用面积1500平方米，展厅面积600平方米，库房面积300平方米，空调、消防等安全防护器材齐全。

单县剧院 1987年，单县剧院落成启用。位于城区湖西路中段南护城堤北路东，占地8977平方米，建筑面积3860平方米。剧院设前厅、观众厅、演出厅。前厅深11米，宽36米，高16.7米；观众厅分楼上楼下两部分，设座椅1500个；演出厅包括前台，深15米，宽24米，高20米。此外，设有地下室、布景存放室、三层耳光室、后台化妆室等。

大众影院 1974年开工建设，1976年落成，使用面积2200平方米，可容纳观众1596人，配有空调设备。为菏泽地区一类影院。2002年，城区畅通扩建胜利大街时被拆除。

单县工人文化宫 其前身是单县职工俱乐

部，隶属单县总工会。1982年兴建，当年竣工启用。位于单县粮食局直属库对面路北，单城镇一完小南邻，占地面积2500平方米，建筑面积1760平方米。县职工俱乐部三楼设置单县职工业余学校，有4个教室，5个单间办公室；一楼、二楼设有图书借阅室、阅览室、棋艺室、台球室、乒乓球室等，12个单间办公室；楼北面设有1处灯光篮球场。1989年12月，更名为单县工人文化宫。2010年5月，因老城区改造，单县工人文化宫迁至单县文化中心。文化宫面积1100平方米，设图书借阅室、阅览室、棋艺室、台球室、乒乓球室等。

单县曲艺厅　该厅坐落在单县城区西关大桥东北角、湖西路西，1968年建成启用，建筑面积724平方米，砖木结构，大瓦起脊屋顶，南北走向，正门朝南，舞台宽6米，深4米，观众席是条木板凳。它除供本县曲艺队演出外，还接待过江苏、安徽、河南等地的曲艺团体演出。1996年年底，县城区畅通扩建湖西路时被拆除，单县曲艺队随之撤销，人员分流。

单县老子文化研究院　2007年10月，成立单县老子文化研究院，朱雪梅任院长。2008年8月，朱雪梅投资3000万元，开工兴建老子文化研究院，2010年年底竣工。老子文化研究院位于浮龙湖生态旅游经济开发区千年古寨——老君寨，北临浮龙湖水域，南依黄河故道湿地，东西沿线为千年古堤，是老子文化风景区的一个重要景点，也是浮龙湖的一条靓丽风景线。该院占地1.07公顷，建筑设施有研究院、书画院、老君殿、财神殿、娘娘殿、养生馆等，院内进行了硬化、绿化和亮化，风景秀丽，是集研究、培训、信仰、养生、商贸为一体的道家文化胜地。老子文化研究院启用后，单县老子研究会出版《老子在单县》书籍，创办《老子文化研究》杂志，组织老子文化研讨暨书画笔会。

第三节　文化活动

1985年5月，县委宣传部、县文化局、县总工会、团县委、县教育局联合举办单县首届歌咏比赛，共有13个单位的代表队参加，参赛人员700余人。1986年10月，举办国庆文艺会演。12月，县文化局、团县委、县总工会联合举办“首届青年歌手有奖赛”。1987年5月，县委宣传部、县文化局、县总二会、团县委、县教育局联合举办第二届歌咏比赛，共26个合唱队、1800余人参演。1988年5月，在单县剧院举办第三届歌咏比赛，34个合唱队、2300余人参赛。10月，文化局举办单县首届艺术节，共有23个单位参加，200余人登台献艺，演出节目50余个，艺术形式新颖多样，内容丰富多彩。10月，县委宣传部、县文化局联合举办“国际体育援助计划”募捐国庆文艺义演活动。1991年7月，举办庆祝建党七十周年歌咏比赛，有36个合唱队、1000余人参赛。1993年6月，在单县剧院组织四省八县获奖歌手演唱会。苏鲁豫皖边界的优秀歌手欢聚在单县，受到群众热烈欢迎。1994年10月，县文化局为山东省首届武术馆校武赛组织文艺专场、开幕式文艺演出和闭幕式演出共3场，歌手演唱《单县之恋》《难忘的故乡》《黄河故道家乡的河》和武赛会歌《一路昂扬》等歌颂单县的歌曲，受到省、地领导和观众好评。1995年元旦，县文化馆与陈蛮庄乡联合举办“迎新年文艺晚会”，中央人民广播电台播音员铁成、晓澄、张文星等贺词录音使全场精神振奋，电影演员、毛泽东扮演者王仁出场，把晚会推向高潮。8月，县委宣传部、县文化局举办“庆祝抗日战争胜利50周年文艺演出”。1996年，县文化馆会同县委组织部知工科组织文艺小分队分赴各乡镇义演，活跃农村文艺生活。2000年5月，县文化局、团县委共同举办“五四”青年节全县青年歌手大赛。2001年组织“建党80周年文艺会演”。

2002 年元宵节，县文化局、县土管局共同举办庆元宵全县唢呐演奏会。之后，每年元宵节，都组织唢呐队在街头演出。2003 年 9 月，县政法委主办，县文化馆承办“政法之光”大型文艺联欢会。2004 年 11 月，县委组织部、妇幼保健院举办“党旗颂”文艺演出。12 月，单县音乐家协会联合团县委、县文化局、县广电局举办“移动杯”歌手电视大奖赛。2005 年 8 月，单县为菏泽电视台《文艺大舞台》栏目组织编排节目 90 个，其中，有 4 个节目入选，在菏泽电视台播放。2007 年 1 月，县委宣传部、县文化局举办山东省首届农民艺术节单县选拔赛，推选 5 个节目参加会演。在全省会演中，张集镇田国防唢呐班获金奖，坠子《唱一唱鲁西南的农村人》和小戏曲《买梨记》获银奖，黄岗镇部保福唢呐队获铜奖。2008 年 11 月，县委宣传部、县文化局在湖西大市场举办“移动杯单县首届农民文化艺术节优秀节目展演”活动。21 个乡镇（街道）50 个节目参加汇报演出。评出器乐组、音乐舞蹈组、戏曲曲艺组一、二、三等奖共 20 人，优秀节目奖 30 人。2009 年，县委宣传部、县文联、山东乾通置业有限公司联合举办“东城美地杯·唱响和谐单县歌手大奖赛”活动，有 400 名歌手参赛，共评出少儿组和中青年组一、二、三等奖各一、二、三名，优秀歌手奖各 10 人，才艺表演奖 5 人。2010 年元宵节，在农信广场组织举办单县第 6 届“农信杯”唢呐演奏会，来自民间的 6 支鼓吹乐班社参加，有万余人观看演出。4 月，组织全县优秀节目参加“菏泽市第三届农村文化艺术节优秀节目汇演”。张集镇田家乐班表演的“鲁西南鼓吹乐暨绝活表演”、北城街道民间艺术团表演的“盘鼓”获一等奖，彭岩表演的“器乐联奏”获二等奖。单县文化馆获组织奖。

民间舞蹈路游展演　　2002 年摄影

2008 年元宵节民间文艺演出

1986—2010 年，全县共组织有一定规模的文艺活动 200 余场，登台演出 5 万余人次。1993—2010 年，县图书馆每年元宵节举办一次大型灯谜灯展活动；开展送科技下乡活动 100 余次，为农民传递科技致富信息 10 万余条。

第四节　文化市场

管理机构　1985 年前，文化市场管理职能归属县委宣传部，1986 年移交县文化局。此时，境内的录像放映厅、电子游戏机，私人经营的书店、租书摊点等越来越多，文化市场初具规模，县文化局设置文化市场管理股实施管理。1993年年初，县文化局成立文化市场稽查队，负责全县文化市场监督管理工作。同年，县政府制定印发《单县文化市场集中治理整顿方案》，开始专项治理境内文化市场。2007年，新闻出版（版权）市场管理职能由县委宣传部移交县文化局。县文化局成立新闻出版稽查队，负责新闻出版（版权）市场管理。2010年1月机构改革，单县文化局更名为单县文化体育局，将体育、广播、电视的行政管理职能划归县文化体育局。12月，撤销单县文化市场稽查队和新闻出版稽查队，成立单县文化市场综合执法局，负责全县文化、广电、新闻出版（版权）市场领域的执法工作。

网吧　1999年，县内有电脑室2家，可以打局域游戏和简单的浏览网页。2000年后，有30台以上电脑的网吧16家。2002年4月，国务院颁布《互联网上网服务营业场所管理条例》，明确文化部门为网吧的主要监管部门。2003年，县文化局印发《关于开展网吧等互联网上网服务营业场所集中整治的意见》，对全县网吧进行集中整治。2007年，省文化厅作出不再审批新网吧的决定。至此，全县有证照齐全的网吧74家。2008—2009年，有3家网吧因违规经营被依法取缔。2010年，全县有网吧71家。

游艺（戏）厅　1988年，境内开始出现32位游戏机。1991年，湖西商贸城开始批发游戏卡，继而有经营者利用32位游戏机盈利，并逐步形成游艺市场。1992年，游艺市场淘汰32位游戏机，开始使用街机机型。同年，开始管理游艺市场。2000年，对游艺市场普查登记，全县有台球256台，电子游戏机240台。2002年，游戏厅开始出现含有赌博功能的麻将机、转转乐等机型，县文化局、县公安局联合整治含有赌博性质的游戏厅。2004年，根据文化部文件规定，限制对游戏厅的审批。2005年，达到审批标准的游戏厅3家。2008年后，单县游戏厅内设游戏不再是单纯的街机游戏，出现模拟、数字游戏，游戏厅转换为游艺厅。

卡拉OK、歌舞厅　1989年5月在工人文化宫创办第一个歌舞厅，继而东关街、南店子也有私人创办歌舞厅。1996年春，在单县衙门前街出现第一家卡拉OK厅。1998年出现集卡拉OK和跳舞一体的KTV。至2010年，单县城区有练歌厅6家。

出版物管理　2008年，市场出现内容淫秽及非法出版的书刊。县文化稽查队检查单县新华书店、单县图书馆的书刊出售、借阅情况，又组织百余人检查境内乡镇的书刊市场，取缔无证经营户40家。至2010年，收缴非法出版物和明文查禁的出版物近万册。

2007年12月31日，全县网吧管理整治工作会议

音像管理　1986年，在县城区和各乡镇设立音像制品发行管理站，隶属县广播电视局。同年，经省广播电视厅批准，县广播电视局组建3个录像放映队，当年经审查放映录像片97部，321场次。1987年，县广播电视局制定印发《关于加强

录像放映管理的暂行规定》，新发展录像放映点9个，全县共开设录像放映点13个，配合县纪委对乡镇党政干部进行法制教育、党风党纪教育，放录像40场次。广电、公安、工商等部门联合对全县音像制品进行两次大检查，取缔违犯管理规定的录像放映点。1989年，县委、县政府组织有关部门开展“扫黄”专项斗争，净化图书音像市场。1990年，对全县的录像放映队重新换发放映许可证。1999年，音像站成立音像制品供片中心，为音像经营者和广大消费者提供正版音像制品。2000年后，随着家庭电视和电脑网络的普及，音像播放及音像制品市场开始萎靡。至2010年，县内已无专门销售音像制品的零售店，仅在大型超市出售一些车载CD。

第二章 文化传媒

第一节 广 播

制作、播出 1986年，每天广播7.5小时，自办文字节目30分钟，文艺节目2小时。同年，对栏目设置进行大幅度调整，调整后的栏目有《单县新闻》《为您服务》《致富之窗》《科技知识》《法制专题》。县委、县政府利用广播讲话30次，举办专题讲座19期，利用广播提供各种信息4000件。县广播站记者和业余通讯员共采写广播稿件6020篇，县广播站采用稿2000篇。单县获菏泽地区节目优秀稿件特等奖，获省电台先进集体记者一等奖。1987年，全县建立起通讯报道网，37个乡镇广播站都建立1～2人的通讯报道组，县广播站有记者13人，骨干通讯员137人。当年县广播站的来稿量4134篇，用稿量2926篇。1988年，县财政拨出专款为县广播站招聘8名农民记者，壮大县广播站的通讯报道队伍。1989年10月，李革被省广播电视厅授予优秀播音奖。1994年，设立《残疾人之声》专题广播栏目，让残疾人充分了解社会，让社会了解残疾人，为残疾人康复脱贫提供各方面的信息，使残疾人事业宣传工作走上制度化、经常化轨道。1996年4月，菏泽地区人民广播电台正式开播，县人民广播电台除转播中央台《新闻和报纸摘要》节目及省台《全省新闻联播》节目外，同时转播地区人民广播电台《全区新闻联播》节目。全年共播出2100小时。1997年，刘宪河获“山东省优秀机务员”称号。1998年，单县广播电台开设《单县新闻》《经济之窗》《文化生活》《科技园地》《365谈人口》《婚育、优生、家庭》《地方戏曲》《小康之路》《个体私营在单县》栏目。同年，程守波、刘桂玲获山东省广播电视厅“山东省优秀机务员”称号。2001年，单县广播电台播出《单县新闻》151组，共1248条。播出《综艺60′》342期，《音乐早点》358期，《温馨点播》86期，《与健康同行》50期，《广播剧场》8部广播剧，共352集。2005年，编辑制作播出新闻节目216期，编发稿件3240条。在新闻节目中开办《保持共产党员先进性教育》《建设文明单县》《优化经济发展环境，促进单县经济发展》《招商引资谋发展》《关注民生》《湖西抗日烽火》栏目。专题节目围绕“十月物资交流大会”宣传，制作《逛古会看变化》专题片；围绕精神文明建设工作，制作《牡丹搭台经贸唱戏》《挂职干部谈体会》专题节目。2010年，开办《单县新闻》《音乐风车》《梨园采风》《每日书场》《快乐直通车》5个栏目，全天播出18个小时，全年广播节目制作播出零事故。

广播设施 1985年，单县广播站装有调频发射机，发射无线信号，全县实现广播调频与专线并存的传输方式，形成以县广播站为发射中心，以乡镇为接收点，调频与专线两种传输方式并存的农村广播网。1986年，修复乡到村的线路230条，1150公里，新安装动圈喇叭460只，舌簧喇叭5200只。当年，全县喇叭通播率为87.6%，入户率为85.4%，有15个乡镇通播率入户率90%。下半年，省广播电视厅在单县兴建10千瓦中波广播转播台，1987年10月通过验收，1991年6月，单县中波转播台正式开播。该中波转播台主要用于转播省电台一套节目，正式开播后，单县及周边县收听山东省广播电台节目的声音效果明显好转。1988年，全县37处乡镇均建立广播放大站，通广播18.52万户，喇叭13.22万只，农村广播通播率92.5%，入户率90%。1991年11月，单县广播站改为单县广播电台。1992年，更新广播电台发射天线，购置安装44米高的铁塔，提高电台信号的发射效果。至1994年，农村广播形成以县广播电台为中心，以有线、无线同时传输、混合覆盖全县的农村广播网络。全县有乡镇广播站37个，广播扩大机87部，柴油发电机44台，调频接收机55部，广播线路3500公里，小喇叭2万只，大喇叭6000只。1996年，调频广播正式开播。2008年，新上广播电台设备1套（调频101.5兆赫），专门用于转播中央广播电台节目。2010年，先后投资240万元购置非线编设备、新型高档摄像机、照相机、监视器、发射机等一大批编采播设备，广电设备数字化技术含量大幅增加。同年，单县广电中心将101.5兆赫调频广播用于转播中央广播电台节目，97.8兆赫调频广播用于播出单县广播电台自办节目。

第二节 电 视

制作、播出 1985年，电视差转台主要用于完整地转播山东电视台晚上的综合节目，每天转播6.5小时。1986年，电视差转台增加中央台的午间新闻节目，全年共转播山东电视台和中央电视台的综合节目2450个小时，电化教学节目130个小时，播放法制教育和其他录像片36小时。1986年后，县电视差转台能够完整地转播山东电视台和菏泽电视台的节目，尤其重视对中央和地方台的新闻节目的转播。1988年，县电视差转台安全转播山东电视台和中央电视台的综合节目2160个小时，并播放单县新闻，先进单位、先进人物的电视报道，普法教育以及“企业质量管理科技讲座”等电教节目50个小时。1990年，电视转播台自办新闻节目3期，播出重要新闻25条，受到观众的好评和认可。1995年，使用6个频道完整地转播中央一、二、三、四套，教育一、二套卫星电视节目；6个频道完整地转播浙江、山东、四川、西藏、新疆、云南、贵州电视台卫星电视节目；4个频道转播菏泽地区电视二台、商丘台、单县无线台、本台自办电视节目。1996年，电视转播台全年共转播中央电视台和山东电视台的节目共7950小时，自办《单县新闻》104组，用稿2180条，其中，被山东电视台采用稿件18条，菏泽电视台采用稿件158条。同时，配合县委、县政府的中心工作，录制播放电视讲话58人次，录制、编播各类电视专题29组，在《单县新闻》栏目中，除继续办好已有的《社会话题》《计生园地》《剑盾之光》等专栏外，又开辟《高效农业之路》《精神文明礼赞》《科技园地》等专栏。1997年3月，县广播电视局、县气象局联合开辟《电视天气预报》专栏。1998年，电视台开设《单县新闻》《警界传真》《大地红绿蓝》《警钟长鸣》《学习十五届三中全会精神访谈》《党旗飘飘》《回首二十年》《小康之路》《企业改制》《文艺半点钟》《走出贫困》《领导论坛》《私营经济》《新闻调查》等。共制作播出《单县新闻》132组，制作播出专题136组；播出电视剧、电影戏剧1400集，自办文艺节目54期。1999年8月8日，电视剧《小城警察》开机典礼在单县举行。2001年，单县电视台播出《单县新闻》150期，共1872条，播出《政法时空》8期，《人口之窗》10期，《文艺半点钟》22期，《农村园地》3期，《星火科技》50期，《农村卫生》40期，《卫生天地》38期，《花卉大观》25期，《中国农民致富报道》25期，《希望的田野》40期，播出电视剧1400集。2003年12月，单县综艺频道正式开播。2004年后，无线电视每天6点50分开机，零点30分左右结束，全年播出约1.8万个小时。7频道是自办频道，播放单县新闻、专题及电视剧等，18频道转播中央一套节目，22频道转播省一套节目。2010年，围绕县委中心工作，开辟《科学发展看单县》《城市化建设》《大项目建设巡礼》等十几个栏目，开展多角度、全方位、深层次的战役性新闻宣传报道，突出宣传单县经济社会事业取得的巨大成就。

无线电视设施 1985年，县广播电视局购进北广产50W电视差转机1台和62米拉线铁塔1座和部分仪器，经县政府批准，在原单县化肥厂厂址建设电视差转台，春季开始施工，6月30日开播。因差转台功率太小，只能覆盖县城周围的9个乡镇，且接收信号差。1987年年初，全县共有电视机4214部，其中，彩色电视机1429部。1989年12月，电视转播台建成，覆盖半径25公里。新购置2部千瓦发射机，用于转播中央电视台7频道和18频道。集资购置摄像机、录像机和字幕机等电视设备，增强自办电视节目的能力。1998年，县财政投资19万元，购置摄像机3部，录像机5部，视频插入器1套，监视器2台；投资3.9万元更换米波、分米波发射管各1套；投资2万元购买节目带500集。2000年，筹资300万元，在仙人湖畔，建设广播电视发射塔，塔高198米，是鲁西南第一高塔，覆盖半径近60公里，覆盖面积11000平方公里，彻底解决了单县边缘乡镇电视信号差的问题，实现电视村村通。2004年，购置1000瓦电视转播发射机1部，意大利产全固态电视发射机1000瓦2部、3000瓦2部，意大利产全固态300瓦调频广播发射机1部，1000瓦中波转播发射机2部。2005年，购置索尼摄像机2部，车载电台1部，5千瓦电视发射机2部，增加电视信号的有效覆盖。2007年，全县建成从县城到乡村、无线和有线相结合，对内对外并重，科技含量较高的广播电视网络。开设7频道、18频道、22频道3个无线频道，分别转播中央电视台、山东电视台和直播单县电视台自办的新闻、电影、电视剧等节目。2006年11月，单县广播电视中心被山东省广播电视局授予“全省卫星电视广播地面接收设施专项整治先进集

电视塔

体”称号。2010年，单县有电视频道4个，其中，44频道转播中央电视台一套电视节目，7频道是自办频道，18频道转播中央电视台一套《新闻联播》等电视节目，22频道转播山东卫视《山东新闻联播》等电视节目。

有线电视网络传输　1992年12月，开始筹建单县有线电视台。次年5月，有线电视台开通试播，架设南至棉纺织厂，北至北堤里，东至劳动服务公司，西至回汉村，基本覆盖县城的干支线路，入户安装4000户。有线电视台开始转播中央电视台一、二、三、四套和山东、河南、云南、贵州、四川、西藏、菏泽等电视台的节目，全天24小时转播。1996年，县城内实现有线电视全覆盖，能够完整收看山东电视台节目和菏泽电视台第一套节目。乡镇开始充分利用邮电系统的光缆网站，建设单县农村有线电视网；县广播电视中心负责有线网的前端建设、自然村用户网络建设以及该网的运营和管理。至1998年，有线电视基本覆盖境内乡镇，农村用户安装超过5000户。1999年，投入87万元，完成菏泽地区至单县光缆干线建设。2000年，县城至各乡镇广播电视专用网（三级网）建设，投资800万元，完成立杆任务200公里。城区有线电视用户1.2万户，乡镇0.8万户。2001年，对各旅馆、商店、饭店用户的有线电视使用情况进行清理，并逐户登记注册，对擅自增设放大器、分支器，私自扩展用户的馆、店，分别给予处罚。2002年，投资100万元，升级改造城区有线电视光缆网络。该系统频率宽带750兆赫，设计传输59套PAC制式电视节目，具有双向传输和计算机接口平台，可开发多功能服务和交互式服务。同年，县乡广播电视传输专用网建设全面展开，境内有线电视信号乡镇全覆盖。2003年，在城区有线电视网络管理中推行加解扰管理系统，有线电视管理逐步走向规范化。2004年4月，菏泽市网络公司直接管理县网络公司的钱财和物料、设备。2005年1月，按照全省广播电视网络整合要求，经县政府批准，单县有线电视网络资产转让给山东广电网络菏泽分公司。山东广电网络菏泽分公司对单县支公司的人、财、物实行垂直管理。2007年，城区有线电视用户1.4万户，乡镇0.9万户，能够转播有线电视节目28套。至2010年年底，全县22个乡镇（街道），502个行政村均接入有线电视网络，实现村村通，覆盖率为100%。有线电视用户城区1.5万户，乡镇2.5万户，可传输有线电视模拟信号50多套。

第三节　新闻通讯

1986年，县广播站记者向上级新闻单位投稿150篇，被采用98篇。其中，中央一级电台采用稿件5篇，山东人民广播电台采用稿件45篇，被列为专题头条新闻3篇，重要新闻15篇，评论1篇，达到山东广播电台集体记者一等奖标准。1987年，县广播站向山东广播电台投稿193篇，被采用75篇；向大众日报社投稿185篇，被采用71篇。1996年，《大众日报》用稿8篇，《菏泽日报》用稿48篇，山东广播电台用稿26篇，菏泽广播电台用稿135篇。1998年，田卫华拍摄的《单县李新庄依法减轻农民负担》获山东省记者协会、山东省新闻协会三等奖。同年，上投地区级以上新闻稿件699篇，先后在中央台、省台进行报道。其中，《铺就幸福路》《剑胆琴心铸警魂》《单县牌坊》《农机服务到田头》《单县羊肉汤热了单县经济》在《人民日报》《大众日报》《时代潮》上予以刊登。1999年，田卫华拍摄的《老上访村的变迁》获全国基层电视台农业节目评奖特等奖；石瑜、程建华获山东电台模范通讯员；吴华风获全国首届农业电视节目评比最佳编导奖。同年，向上级新闻单位供稿取得较大进步，山东广播电台用稿163篇，获山东省集体记者二等奖；菏泽广播电台用稿400篇，获菏泽地区集体记者一等奖；菏泽电视台用新闻稿件238件，在菏泽地区各县市中排列第二位；采编制作的电视专题片在《社会经纬》节目采用8件，获菏泽地区电视宣传先进集体一等奖；山东电视台用稿19件，中央电视台用稿6件。同年，总编室获山东广播电台集体记者二等奖；新闻部获全国首届农业电视节目评比特等奖。2000年，新闻部获山东广播电台集体记者一等奖；石瑜、张继海获山东广播电台模范通讯员二等奖，朱海山获三等奖；李宪寅的《县级广播电视新闻宣传与产业化》获第三届山东省新闻学术年会新闻论文评选优秀作品奖。2001年，张继海获山东广播电台优秀通讯员一等奖；石瑜、朱海山获二等奖；刘牧、孙颖获三等奖。2002年，山东电视台用稿508件，居菏泽市九县区第二位，获省集体记者一等奖。同年，张继海获山东广播电台模范通讯员一等奖。2003年，24篇广播电视作品分别在全国、省、市评比活动中获奖，19篇业务论文在省、市级以上刊物发表，其中，电视片《老上访村的变迁》在全国首届农村电视节目评选中获特等奖、全省好新闻一等奖；电视专题片《湖西革命烈士陵园》在山东省爱国主义教育基地巡礼活动中获二等奖，同时被评为菏泽市精品工程奖。同年，单县广播电视中心获山东广播电台集体记者一等奖；单县广播电视中心新闻部、专题部获山东人民广播电台2003年度先进集体一等奖；吴华风获山东电视台模范通讯员一等奖；吴国光获三等奖；吴晨获山东省广播电视系统先进个人三等奖；孟林的《十八青年农民外出打工迎入世》获山东省青年新闻评选一等奖；田卫华被省人事厅、省广播电视局授予“全省广播电视系统先进个人”，记三等功一次。2005年，新闻稿件在中央电视台上稿4件，在山东电视台《新闻联播》《今日报道》栏目和齐鲁电视台播出56件，在菏泽电视台《菏泽新闻》栏目用稿量居全市第二名。2008年，在菏泽电视台《菏泽新闻》中播出稿件469条，其中，《市县工作组化解矛盾力度大、效果好》《单县多措并举促大项目发展》《开山公园带动周边经济发展》等20多条重点稿件均作为头条菏泽新闻播出；在山东电视台《新闻联播》《今日报道》和齐鲁电视台播出新闻稿件19条；《兴水利，解民忧，得民心》等30多件专题片在菏泽电视台《百姓天天看》《花城连线》等栏目播出，专题片供稿在菏泽市各县区位居第一名。2010年，单县广电中心新闻部在菏泽广播电台播发稿件403篇；在山东广播电台播放稿件87篇，获山东广播电台集体记者一等奖。在菏泽市电视台《菏泽新闻》节目中播发稿件210件。其中，《改造空心村建设新农村》《适当提高报酬待遇激发村官干事热情》等10多件稿件在全省《新闻联播》和《早新闻》等栏目中播发。

第四节　电　影

1983年，撤销单县电影管理站，组建单县电影发行放映公司。1987年，县电影发行放映公司有职工105人，电影放映单位103个，其中，县城5个，农村98个。全县有一级影剧院9处，二级影剧院11处，三级影剧院100余处。1992年，单县电影发行放映公司改为自收自支事业单位。公司有干部职工96人。主要承担全县城乡电影发行放映及农村公益电影放映工作。2007年下半年，根据国务院办公厅《关于实施农村公益电影放映计划的通知》精神，单县电影发行放映公司工作重点从城市放映转向农村放映，组建18支数字放映队，统一购置新型数字放映设备，加盟国家电影放映有限公司，集中培训、考核放映员，考核合格的放映队发放合格证书及经营许可证。至2010年，全县共放映电影近万场，观众300多万人次。2010年，单县电影公司被省电影放映公司评为山东省农村公益电影放映先进单位。

第五节　图书　音像

图书音像经营　2003—2005年，单县新华书店连续3年向驻城学校、乡镇学校捐赠图书6700册，文体用品30件。2005年12月，向阳路中心门市部由山东省新华书店集团统一连锁，实行POS机收款，图书品种也由连锁前的9000种增加到14600余种，音像品种增加至4860种。2010年，单县新华书店有图书15000余种，音像制品6000余种。同年，图书业务销售456.2万册，音像业务销售4.9万册，实现销售收入2619万元，利润59万元。

1988—2010年单县新华书店图书音像经营情况统计表

表26-2-1

年份	图书销量（万册）	音像销量（万册）	销售额（万元）	利润（万元）
1988	198.9	0.5	236.46	22.78
1989	209.2	0.6	342.84	25.39
1990	211.1	0.7	346.22	21.99
1991	244.5	0.8	425.66	28.41
1992	201.0	1.0	440.92	22.82
1993	174.8	0.9	475.53	12.39
1994	141.0	0.8	733.67	24.75
1995	175.4	0.6	1219.42	35.49
1996	185.4	1.7	2206.20	45.19
1997	252.3	0.5	2421.14	71.25
1998	209.2	2.8	2445.02	90.41
1999	300.9	0.7	2563.39	97.87
2000	131.7	0.4	2538.95	63.73
2001	140.4	0.9	2763.63	87.44
2002	267.2	1.0	2186.65	76.09
2003	199.4	0.7	2320.29	73.51
2004	433.2	1.5	2439.15	7.73
2005	411.9	0.6	2528	43
2006	443.1	0.5	2617	43.3
2007	376.4	1.0	2351	47.6
2008	463.1	9.5	2505	64.2
2009	472.0	1.4	2552	55.9
2010	456.2	4.9	2619	59.4

图书阅览 1987年，单县图书馆藏书5.3万册，读者4500人。同年，对农村开展集体借阅服务。1997年，图书购置经费增加到2万元；馆藏文献以社科类文学图书为主，同时兼顾各学科文献资料和地方文献的收藏，有馆藏图书8万余册。2007年，成立全国文化信息资源共享工程单县支中心，购置30台电脑、服务器等设备，设置120平方米的电子阅览室和多媒体教室，开展网络信息查询、信息检索、讲座培训等服务。2008年始，着手回溯库建设，在采、编、流等主要服务环节上实行计算机管理，逐步建立和完善图书馆的机读目录数据库。2008—2009年，县图书馆分别对全县部分乡镇的18个行政村的农家书屋进行业务辅导，分编图书28000余册，报刊近150余种，光盘近100余种。2010年，图书外借室实行全开架借阅，所有服务窗口实行全免费服务，方便读者。2005—2010年，年均读者到馆量达6.5万人次，利用书刊8万册次。

古籍整理 2008—2009年，对县文物管理所收藏的古籍资料进行详细的登记，按经、史、子、集分别登录，登记古籍726部、5024册。其中，经部425部2600册，史部132部1420册，子部47部369册，集部122部635册。同时，将每册古籍都配备书影。其间，筛选善本古籍19部（其中2级3部、3级16部）117册，申报国家珍贵古籍名录。其中，集部的《读杜心解六卷卷首二卷》《太史升庵遗集二十六卷》入选山东省珍贵古籍名录。对上述古籍，还拍摄存史资料照片500余张存档。

第六节 报 刊

《琴台诗刊》 1987年，县政协文史委组织创办琴台诗社，同时创办《琴台诗刊》季刊，1998年停刊。

《湖西经济信息报》 1988年12月创刊，由单县老干部协会、县经济研究中心、县政府经济技术协作办公室、县经济信息服务中心联办，两版8开，月刊，逢重要新闻和经济信息增刊。全县发行，县市之间交流。栏目有：《单县要闻》《时事经济简讯》《经济论坛》《思想园地》《教育科技》《技术市场》《企业之窗》《实用技术》《信息集萃》《企业名人专访》等。1997年年底停刊。

《太阳雨诗刊》 1990年发刊，由“太阳雨诗社”主办，系季刊。自费出版诗刊20期，发表诗歌近千首。在“首届全国民间重点诗社诗刊诗报负责人经验交流会”上，被评为优秀社团诗刊。

《菏泽摄影人》 1997年8月，单县棉纺织厂职工摄影协会创办《湖西摄影》报。2001年，此报改由单县摄影家协会主办，同时更名为《单县摄协信息》。2004年更名为《菏泽摄影人》。

《新湖西报》 《新湖西报》原名《单县声屏》。2002年12月，由单县广播电视局主办发刊。2009年更名为《新湖西报》，系单县唯一一份规范管理和公开发行的县级综合性周报。自创办之日起，开办的专栏有《阻击“非典”》《保持共产党员先进性教育》《新农村建设天地》《党委党组书记话经济》《曝光台》《关注城镇化》《琴台文萃》《湖西文化》《书画天地》《卫生与健康》《卫生·教育》《药安心》《电力之窗》《爱国护税》等。《新湖西报》已成为反映社情民情的舆论阵地，成为广大读者了解单县发展的重要窗口。

第三章　文物古迹

第一节　古　迹

古遗址　单县古遗址多属堌堆遗址，是原始社会末期的村落遗址。古人为避水患，筑土或择高地而居，并逐渐加高，形成堌堆。随着人口的繁衍，治水的成效，约在春秋、战国时期，人们移居平地，堌堆住址逐渐废弃。到了汉代，堌堆又被人们认作“风水宝地”而择作墓地。以后，随着佛教、道教的盛行，又多在堌堆上修建寺庙。这些堌堆遗址经过长期的雨水冲刷和人为的破坏，多数形成平地或大坑。

张堌堆遗址　位于园艺街道开山公园内，遗址南北长115米，东西宽118米，高5米，文化层深12.6米。1971年，修建单（县）丰（县）公路用土，堌堆西部挖掉1/2。从断壁上可以看出三个文化层：第一层黄沙土，厚约2米，暴露出宋代砖室墓；第二层为黄褐土，厚约2.5米，内含礓石，陶片很少，暴露出汉空心砖墓、石匣墓；第三层为灰沙土，陶片增多，采集到的陶片标本有夹砂红陶鬲口沿、夹细砂红绳纹鬲袋足、泥质灰陶豆足、泥质绳纹灰陶尊口沿等，经考证为商周遗址。1985年，被列为县级重点文物保护单位。2006年，被列为省级文物保护单位。今属开山公园的一个景点。

马堌堆遗址　位于徐寨镇马寨村西北300米处，遗址南北长64米，东西宽52米，略高于地面，西南部为一深1.5米、南北47米、东西21米的坑，今皆为耕地。堌堆原高七八米，上建有庙，抗日战争时期庙被日军扒掉。堌堆在1970年、1971年被周围村民起土扒掉，汉代石匣墓、空心砖墓遭到破坏，出土了大量陶器，部分文物被收到文化馆保存。1979年春，试掘一个2×5米的深沟，分三个文化层，第一层为扰乱层，内含原始社会晚期至宋元时期的陶片、瓷片及汉文帝半两钱、宋元丰通宝钱各一枚，二、三层为龙山文化层，包含物有石铲、蚌刀、骨锥、鹿角，陶片以灰陶为主，红黑陶次之；纹饰以方格纹、篮纹、绳纹为主，弦纹、磨光次之；器物有方格纹灰陶罐、绳纹红陶鬲、红陶鬶、篮纹灰陶瓮、灰陶碗、黑陶杯、豆（祭祀器皿）等。1985年，被列为县级文物保护单位。2009年，被市政府公布为市级文物保护单位。

李堌堆遗址　位于徐寨镇李堌堆村北60米处，遗址南北长220米，东西宽150米，呈椭圆形。堌堆原高4米多，据民国版本《单县志》记载，金兴定年间（1217—1222），在堌堆建兴化寺，清末庙废，堌堆高出地面部分，“文化大革命”中被夷平，今为耕地。采集标本有方格纹、篮纹灰陶罐片、绳纹红陶鬲口沿、足、圆柱状夹砂红陶鼎足、穿孔石刀、骨器、蚌器，还征集到汉陶罐、陶壶等。该遗址为新石器时代龙山时期至战国时期的遗址。1985年，被列为县级文物保护单位。2009年，被市政府公布为市级文物保护单位。

孙堌堆遗址　位于园艺街道赵阁村东200米处，堌堆原高3米，1958年挖土肥挖掉，今为耕地。遗址南北长105米，东西宽66米。采集标本有方格纹、蓝纹灰陶片、红陶鬲足、鬲口沿等。该遗址为新石器时代龙山时期至战国时期的遗址。

1985年，被列为县级重点文物保护单位。

吴堌堆遗址 位于南城街道吴堌堆村内。据民国本《单县志》记载："吴堌堆……南北长十余丈，高一、二丈"。1967年修单商公路用土被挖，南部挖成深3米的坑，东部略高于地面。今遗址南北长138米，东西宽84米，文化层深度不详。取土时，曾挖出汉石匣墓、空心砖墓及一些汉代陶器。采集标本有夹砂红陶片，夹砂灰陶片等。经考证，该遗址为商周时期文化遗址。1985年春，被列为县级重点文物保护单位。

簸箕堌堆遗址 位于北城街道大刘庄村内，民国本《单县志》记载："高丈余，大五、六丈，上有八腊庙，刘猛将军庙。"解放后庙废。"文化大革命"中修公路用土，堌堆被挖掉，中部挖成深3米的坑。遗址南北长105米、东西宽51米，村民取土时，发现汉空心砖墓、土坑墓，出土一些汉代陶罐、陶壶、陶鼎等。采集标本有夹砂粗绳纹陶鬲足、口沿、夹砂粗绳纹灰陶片、泥质细绳纹灰陶片等。经考证，该遗址为战国时期文化遗址。1985年，被列为县级重点文物保护单位。

李园遗址 位于李新庄镇高乡店行政村刘庄西北。遗址南北长135米，东西宽47米，相传上面原有李园村，金元时期黄河不断决溢泛滥，该村遂被堙废。遗址是1981年6月窑厂工人取土时发现的，出土一些汉代石匣墓、空心砖墓、砖砌墓，随葬品有罐、壶、鼎、盒、俑、豆等陶器，还有大量宋元瓷片，一件六鋬铁釜。一灰陶箕形砚，砚底刻印铭文"明昌二年二月十七日"，"柘箐石砚"。采集标本主要是商周陶片及一些宋元瓷片。陶片主要是泥质红陶、夹砂红陶、泥质灰陶。纹饰主要为粗绳纹。器形有鬲、瓮、罐、豆等。宋元瓷片主要为白釉、黑釉、褐色釉，有些白釉上绘黑花或刻花，器形有碗、盆、罐、坛、缸、枕、瓶等。1985年，被列为县级文物保护单位。

大陵山遗址 位于莱河镇张海村东100米处，南距105国道200米。大陵山历代被认为"少子臻墓"。民国本《单县志》载："大陵山……为周成王少子臻墓"。据考查，是一处商周时期的遗址。遗址原高六七米，面积约100平方米，"文化大革命"中被掘成大坑，后又填平为耕地。采集标本有红夹砂鬲足、口沿，灰夹砂鬲足、口沿。

初楼遗址 位于徐寨镇田庄西南500米。该遗址原高出地面1米，村民称为半庄堌、庙台子。1974年秋，村民取土挖成深2米的坑，后填平为耕地。遗址南北长80米，东西宽60米，文化层深度不详。采集标本主要为商周时期的陶片，主要为夹砂红陶、泥质灰陶，纹饰主要为粗绳纹，器形有鬲、甗、罐、尊、瓮、盆等。

后牛楼遗址 位于徐寨镇后牛楼村西南100米处，南距房楼100米，原高2米多，上建有庙，清末庙废，高出地面部分在1958年被村民挖掉。出土有空心砖墓、汉陶罐、陶壶等。遗址东西60米、南北75米，采集标本丰富。龙山时期陶片有：灰红方格纹罐口沿、灰方格纹罐凹底（有火烧痕迹）、灰篮纹罐口沿、灰细绳纹甗足、甗腰、灰鸡冠状器足、扁器足、红素面鬶足、灰篮纹瓮口沿、灰红直领罐口沿、灰红素面碗口沿。商周陶片有：灰红夹砂粗绳纹鬲口沿、鬲袋足、附加堆纹片等。1992年，被列为县级文物保护单位。

王庙遗址 位于李新庄镇大集行政村王庙东南60米处，挖幸福渠时在地面1米下发现。出土汉空心砖墓，采集标本有红夹砂陶粗绳纹鬲口沿、红粗绳纹陶瓮口沿，灰粗绳纹陶瓮口沿等，遗址年代为商周。2010年，被列为县级文物保护单位。

大朱庄遗址 位于徐寨镇大朱庄村，面积约2000平方米，散存有商周及汉代陶片。

刘草庙遗址 位于李新庄镇刘草庙西南角。地表下1米为文化层，村民取土时曾发现空心砖墓、石匣墓，殉葬物有陶壶、陶罐、陶俑等。采集标本为商周陶片。

潘庄遗址 位于终兴镇潘庄西北300米处。秦时潘庄称为吕庄，西汉时称吕姑村，亦称吕堌村。吕后死后，刘吕争权，诸吕被诛，吕氏族人怕受牵连，将村向东南迁移 1 里左右，以吕雉的外祖父姓命名，改称潘庄。文物普查曾采集到汉代陶片，为一汉代遗址。

高乡店遗址 位于李新庄镇高乡店行政村高乡店村西北角 60 米，为一处新石器时代至汉唐聚落遗址，南北长 300 米，东西宽 200 米，面积 6 万平方米。据史料记载，文化堆积距地表深约 0.30 米，采集的可辨陶器有龙山文化泥质灰陶方格纹罐，东周时期泥质灰陶绳纹罐、盆，汉代泥质灰陶绳纹井圈、板瓦等。唐武德四年（公元 621 年），单境内置高乡、凿城二县，不久并入单父县。该遗址于 1957 年文物调查时发现，2009 年全国第三次不可移动文物普查时进行复查。2010 年，高乡店遗址被县政府公布为县级文物保护单位。

古建筑 文馆街朱家楼院 位于南城街道三元广场内。建于清雍正年间（1723—1735）。当时，朱家大地主富居单县地主之首，祖上挂过双千顷牌。原院落占据整个西南城角，有房舍百余间，多数毁于日军占据单城期间，解放后为湖西地委驻地，1951 年，建湖西人民会议厅时拆掉一部分，仅剩两处楼院和一处平房客院，为县委办公室所用。两楼院门楼在 1977 年建县委办公楼时扒掉，楼及各院平房上的鸱吻和脊兽在 20 世纪 60 年代末被拆掉。

院内文物建筑均为砖木结构、合瓦屋面，东院主楼为面阔三间的二层硬山建筑，抬梁式木构架，带前廊，正脊和四条垂脊皆为砖雕牡丹和荷花砌筑的花脊。东西配楼结构相同，均为面阔三间的二层硬山建筑，抬梁式木构架，有前出厦，正脊、四条垂脊和出厦垂脊均为卷草纹砖雕和青砖砌成。西院主楼为面阔五间的二层硬山建筑，主楼有前廊，抬梁式木构架，主楼和耳楼各有单独的正脊、垂脊。正脊和八条垂脊皆为砖雕牡丹和荷花砌筑的花脊。西院东西配楼其构造和东楼院东西配楼相同。1992 年，被县政府公布为县级文物保护单位。2009 年，被市政府公布为市级文物保护单位。现为省文物保护单位。

孙家祠堂 位于浮岗镇中心区，始建于清道光十五年（1835）。原祠堂正殿坐北朝南，五级石阶，画栋雕梁，斗拱飞檐，今仅存祠堂西厢房。祠堂为三间砖木结构平房，开间 10.9 米，进深 6.6 米，起架高 7.6 米。孙家祠堂是孙氏族人祭祀先人的地方，神位较多，著名的有大清三进士孙东楚、孙淑熹、孙家涵。祠堂亦是族人商议家务之处。祠堂尚有藏书，主要是启蒙的《三字经》《百家姓》及四书五经，还陈列有孙氏家训、孙氏族史，此外还有农耕、渔牧、桑蚕、条编技艺书籍。孙家祠堂在光绪二十二年（1896）被清政府焚毁。民国 8 年（1919），孙氏族人修复西厢房，为今孙氏宗祠。

明清民居——朱家楼院

刘氏民居 坐落于浮岗镇李新集北村内，建于清咸丰年间（1851—1861）。现存堂楼三间，门楼及耳房三间，院落面积约 1800 平方米，建筑面积 126 平方米，楼前有出厦，砖木结构，古朴大方，至今保存完好。2010 年 4 月，被列为县级文物保护单位。

玄帝庙 位于浮岗镇安新庄

村内，始建于1619年。现存大殿三间，厢房两间。殿基用33个半石磙筑成，暗含玄帝三月初三日午时诞生之意。大殿雕梁画栋，古色古香，极其壮观。庙存古碑一座，虽年代久远，字迹仍依稀可辨。每年三月三庙会，香客云集，热闹非凡。2009年，被列为市级文物保护单位。

胜利南街朱氏民居 位于南城街道胜利南街，南北长12米，东西宽10米，建筑面积90平方米，为一清代民居。坐北朝南、砖木结构、木质门窗、面阔三间，梁架结构为抬梁式，木质楼板。西配楼面阔二间，梁架结构为抬梁式，后墙有一初建时期留有的外门，东配楼面阔二间也为青砖瓦房。省级文物保护单位。

时家庙村时氏祠堂 位于时楼镇时家庙行政村时家庙村东南。始建于清代，建筑面积90平方米，现存正房三间，东西长11.8米，南北宽7.5米，坐北朝南，为砖木结构，内部抬梁式结构。廊檐为木制矩形木雕形式。市级重点文物保护单位。

苏暗楼村苏氏祠堂 位于杨楼镇苏门楼行政村苏暗楼村。祠堂东西长10.5米，南北宽8.4米，为一清代古建筑。原家祠建有东西配房，五脊六兽，相当壮观，于20世纪六七十年代被破坏，今仅存三间大殿，坐北朝南，砖木结构，梁架结构为抬梁式。现为市级重点文物保护单位。

袁氏民居 位于高老家镇张奶庙行政村高庄村。东西长10.3米，南北宽6.0米，高7.8米，建筑面积61.8平方米，为一清代古建筑。坐北朝南，砖木结构，有五脊六兽、前檐辟廊、面阔三间，进深四椽、梁架结构为抬梁式。现为市级文物保护单位。

北街黄氏民居 位于黄岗镇北街行政村北街。东西长10.07米，南北宽5.65米，高9.5米，建筑面积57平方米，为清代建筑。面阔三间两层，内部抬梁式结构，砖木结构，上下两层，木质楼梯、楼板。一层为木质棱条窗户，二层为砖券窗户顶，室内方形大青砖铺地，前外墙有三块水泥牌残存毛主席语录。现为市级文物保护单位。

高老家村高氏祠堂 位于高老家镇高老家行政村高老家村。坐北朝南，砖木结构，始建于清道光年间（1821—1850），其主体由正殿和东西配殿组成，总建筑面积为215.45平方米。三殿东西向排列，每殿面阔三间，均为单檐硬山式。其中，正殿东西10.40米，南北7.75米，高7.84米，建筑面积80.6平方米。屋檐有三角形莲花纹滴水，正脊由17块浮雕莲花纹青砖组成，四条垂脊装饰有6块浮雕莲花纹青砖，檐柱与墙之间施挑尖梁，大殿两根后金柱，与后墙之间也施挑尖梁，梁下施梁坊，两柱之间置穿插枋一道。该祠堂原有东西配房，大殿院前有山门，山门靠右侧建有一牌坊，均于20世纪六七十年代被破坏。

牌坊 单县古城，因其历史上牌坊多而精闻名天下，据民国本《单县志》记载，从宋代至清末，单县建坊百余座。民国末年还存有34座，城内主要街道上，凌空飞架着一座座精美的牌坊，形成牌坊园子和牌坊街等街名地名，给古老的县城增加了几分肃穆庄严。单县的牌坊均为节孝坊，全石结构，四柱三间，斗拱重檐，构筑精巧，气势巍峨，平面为“一”字形，四柱和额枋上雕刻精美，或云龙缠绕，或鹤凤翱翔，或八仙庆寿，或二十四孝等。在牌坊之林中，百狮坊和百寿坊以其雄伟的气势、巧妙的结构、严谨的图案、精致的透雕和优美的传说享誉海内外，被人们称为天下一绝。

百狮坊 俗称张家牌坊。位于北城街道牌坊街。1778年为赠文林郎张蒲妻朱氏而建，全石结构，高14米，宽9米，四柱三间五楼式，正间单檐、次间重檐、歇山顶、斗拱交错，戗角起跷、通体雕刻。正间楼檐下六朵斗拱，次间上下檐下各三朵斗拱。全坊上下间架有致，搭配均衡匀称，雕刻的狮子、云龙、牡丹、吻兽、象尊等，均惟妙惟肖，栩栩如生，刚柔相济，神态协调。八根夹柱分八组雕刻百个石狮。大狮巨头卷毛突目，

百狮坊

隆鼻阔口利齿。巍然蹲踞，矫捷威猛，每个大狮身上攀匐着五个小狮，有的挠痒自娱，有的互相嬉戏，有的在巨狮的足下缩头伸腿，奋力支撑，有的伏在大狮的腿上，舔咂抚铃。狮座前左右三面浮雕圆形松狮图，幼狮三三两两，蹦跳翻滚，争戏绣球。每根立柱透雕四条蛟龙，在柔美飘逸的祥云间卷舒出没、盘旋回舞。正间上下额枋、次间额枋及正檐下“圣旨”匾四周镂空透雕二龙戏珠。雕龙悬目奋爪，摇头摆尾，如腾似飞。正间中额枋上分三层镂空透雕串枝牡丹，给人以五彩缤纷、香沁肺腑之感。牡丹间以变形的“卍”字形云纹，寓意“富贵万年”，楼檐下兽斗花拱，如意枋板承托。脊和檐角上雕配的吻兽、象尊、坌兽、鱼、海马、跑兽皆造型优美、生动传神。吻尾外卷张口吞脊，每个吻兽身上又浮雕两条游龙，生动活泼，象驮宝瓶，憨态可掬。正脊中间雕塑二龙朝天，相托一珠瓶类饰物，像塔刹一样高耸空中。其他部位也均浮雕、平雕有夔龙、牡丹、菊花、团鹤、团寿、卍字等吉祥图案。正间下枋板的孔鼻上还悬雕一石鸟笼，微风吹来，石鸟翩翩展翅，叮当作响。整座牌坊，结构精巧，宏伟壮观，雕刻精细，玲珑剔透，繁而不乱，主次分明。堪称全国罕见的典型清代石雕建筑。1977 年，列为省级文物保护单位。现为全国重点文物保护单位。

百寿坊　俗称朱家牌坊，位于百狮坊西南约百米处。1765 年为翰林院孔目赠儒林郎朱叔琪妾孔氏建。因前后枋心边沿浮雕百个不同篆体的“寿”字得名。雕刻内容除狮、龙、牡丹外还有鹤、凤、梅花等奇花异卉。其构筑精巧宏伟，雕刻精致生动可与百狮坊媲美。甭说那娇捷神俊的雄狮，绕柱回舞的蛟龙、满饰额枋的牡丹，单说那正间上下额枋祥云间翩翩飞舞的五只透雕仙鹤和次间上额枋浮雕的引颈鸣唱、相对翱翔的鸾凤、就能产生无穷的魅力。仙鹤是幸福、长寿、爱情的象征，和变形卍字形云纹连在一起，寓意“福寿万年”。狮座下左右面浮雕的圆形方形蟠螭、鹤图案，刀法简洁洗炼，造型古朴优美，狮后夹柱板上各浮

百寿坊

雕四幅花鸟画，有牡丹舞蝶，寓意富贵无媲；牡丹芙蓉，寓意荣华富贵；梅花喜鹊，寓意喜上眉梢；梅竹绶带，寓意齐眉祝寿。还有桃花春燕、山茶锦鸡、水仙海棠、秋葵玉兰等，构图新颖，雕刻精致，花卉争奇斗艳，虫羽生动逼真。1977年，被列为省级文物保护单位。现为全国重点文物保护单位。

魏牌坊 位于李田楼镇魏牌坊村内，1721年奉旨为该村儒童魏君佐妻杨氏建。青石结构、四柱三间、歇山顶、单檐。正、次间梁上部分“文化大革命”中拆除，坊宽6米，残高3.8米，土淤埋约1米。四方柱及正间额枋上镌有地方官员的颂联题铭，正间下额枋刻有“覃恩给银三十两”，石鼓夹柱，鼓面浮雕珍禽异兽，或凤或鹤，或鹿或铃，或麒麟送子，或鲤鱼跳龙门，造型优美，姿态生动。南面四鼓上各蹲踞石狮，足踏绣球，昂首相对，矫健神俊。正间南下额枋上雕三幅鹤凤图案，雕刻精细，典雅优美。统观整个牌坊，结构精巧，雕刻细致。2009年，被列为市级文物保护单位。

石刻 *琴台十咏刻石* 长188厘米，宽44厘米，厚13厘米。原存鸣琴书院，今藏单县文物管理所。琴台十咏原系鸣琴书院于振翀于乾隆六年（1741）撰并书，东明人崔瑞臣镌石。行草圆润秀丽，七律清新隽永，物象优美，诗字联璧。诗有：

《台规半月》 高台象月偃城边，中设幢幡礼二贤。琴入松风遗响在，星随云阵夜光悬，坛虚不受葳蕤草，浦静唯黏澹池天。筑土当年深有意，半规留待后人圆。

《虬柏拏云》 霜柯独伴石台孤，干立千年叶不枯。黛惹寒烟晴作雨，影吞明月夜衔珠。根盘节错经秦汉，地老天荒守宓巫。在昔后凋承大训，夭桃宁敢效规模。

《天台朝旭》 晨光一缕曳层台，旋听天鸡唱九垓。水面乍惊红浪沸，山凸遥射紫霞开。耕夫耒耜随阳动，士子书声待曙催。试上玉皇高阁望，曦轮推出海潮来。

《西堂夕照》 孤城返照扑台巅，云委波翻象万千。霞浸水明人倒影，烟含村远树连天。心操安山觇归鸟，耳习书声静晚禅。重席谈经应有愧，勉成得业奋联翩。

《涞水渔船》 雄县分流水自潺，迂回知历几重关。凝风网集桃花岸，细雨飘过荇叶湾。镇日相羊依浦溆，一声欸乃度青山。庙堂莫笑渔翁贱，古有蟠溪在此间。

《万井炊烟》 俯临烟火万家明，郁郁茵茵号凤城。珂里衣冠多气象，新丰村落有和声。凌霄鸳瓦穿云出，扑地茆檐贴水平，沐泽咏勤呼父母，醇风端起自充盈。

《仙桥夹镜》 石梁腾架控河渎，槛外疏篱获水纹。雨霁虹垂双涧合，月高镜影半奁分。寻芳境每携藤杖，爱柳阴来坐夕曛。地僻软红飞不到，莫惊鸥侣入层云。

《曲巷观荷》 凉飔台下起轻萍，入望凌波菡萏新。仙子羽裳擎翠盖，宓妃罗袜步轻尘，居心的皪明无滓，舒干孤亭品独真。千载濂溪得幽赏，瓣香宛在续何人。

《断碣仙吟》 跨鹤何年下大荒，傍台遗迹吕仙堂。草浸丹井泉清泚，苔蚀残碑字渺茫。太史乘轩搜轶事，野人驻马扪斜阳。须知圣道直于发，不比长生费审量。

《沙岸晨钟》 南埭撞钟出翠林，随风摇扬度高岑。噌吰直掣鲸鱼吼，鞺鞳宜谐宓子琴。发聩帘前澄道念，惊愚云外净尘心。秦筝赵瑟难倾听，静悟金声玉振音。

松年竹菊兰石画并题石刻 共四块条石，一块断裂，石高110厘米，宽35厘米，厚14厘米，座高19厘米，宽50厘米，厚32厘米。今藏于县文物管理所。石屏一面为画，一面刻诗，画为写意，字为行草。诗曰：

《竹》 右上题：杜老诗称顾虎头，渭川千亩拟王侯，画名岂与循名比，终属闲去野鹤俦。

背面诗：峡云烘日欲成霞，瀼水纹生浅见沙。

又向蛮乡作寒食，强持卮酒对梨花。身如飞燕年年客，心羡游僧处处家。赖有春同能领略，一生相伴遍天涯。

《竹菊》　上题：残墨涂鸦别有门，幸居无佛自称尊。湖州一派彭城继，鸿雁无心印爪痕。

背面诗：西楼遗迹尚豪雄，锦锈笙箫在半空。万里因循成久客，一年容易又春风。烛光低映珠帘丽，酒晕徐添玉颊红。□路迎凉更堪爱，摩河池上月方中。

《兰》　上题：苍岩怪石水潺潺，采药锄芝好驻颜。抱我幽香侣松竹，无怀岁月自宽颜。

背面诗：我是天公度外人，看山看水自由身。薜崖直上飞双屐，云洞前头岸幅中。万里欲呼牛渚月，一生不爱痪公尘，非无好客堪拈唤，独往飘然觉更真。

《兰石》　上题：滋兰树蕙寓高深，一部离骚谁赏音。画意诗情闲拟古，也同香草楚臣心。

背面诗：曲径泥新晚照明，小轩才更一床横。翩翩乳燕穿帘影，簌簌新簧解箨声。药物已除知病减，梦魂安稳觉心平。深居□□无来客，时有山翁自□名。

明殉节令尉张连二公入祠碑记石刻　长190厘米，宽54厘米，清雍正十年（1732）四月，单县知县顾谔颂扬明末对抗李自成起义军而死的单县知县张云龙、典史连士章而撰书的入祠碑记。后立于双忠祠。碑文为行书，字体遒劲俊逸，具有较高的书法艺术价值。今藏于单县博物馆。

藏经阁石碑　长90厘米，宽21厘米，横阴刻空心行书大字“藏经阁”，左竖刻楷书“创建藏经殿石碑”，右竖刻楷书“建安雷鲤”，“万历岁次甲戌钟吕吉日立”，“护印主持僧亲鹫”。四周阴刻草叶纹。该碑原悬嵌于单城大佛寺藏经阁壁间。今藏于单县博物馆。

单州重修庙学碑记　单州庙学重建于元代，毁期不详。单州重修庙学碑2008年出土，碑身长4.6米，宽1.5米，碑首透雕二龙戏珠图案，碑阳碑额阴刻篆书：大元单州重修庙学碑，上题阴刻楷书：大元重修单州庙学之碑，正文阴刻楷书22行，每行约48字，记载了文庙的重建过程，下跋阴文刻楷书：至正十七年（1357）夏五月乙卯立石。碑阴面碑额阳刻纂书：碑阴记。有一龟趺座，稍残。今藏单县博物馆。

刘峨墓志铭　刘峨（1723—1795）字先资，号宜轩，山东单县刘老家人，官至直隶总督、兵部尚书。刘峨为官，兴利除弊，事必亲躬，百姓拥护。刘峨墓志铭高78厘米，宽79厘米，厚12.5厘米，由纪昀撰文，董诰篆盖，铁保书。今藏单县博物馆。

单州重修琴台记碑　高58厘米，宽92厘米，厚21厘米，横排竖刻，楷书24行，每行18字，单州通事聊城人周驰撰文，曹南高玮书。元大德庚子（1300）三月十二日，忠勇校尉单州达鲁花赤兼管本州诸军奥鲁劝农事翫哲立石，单州陈用刻。该碑为考证单父琴台提供了珍贵的实物资料。今藏单县博物馆。

秦纮墓碑　秦纮（1426—1505）字世缨，明代单县黄堆集人，明景泰年间（1450—1456）进士，曾任南京监察御史、户部尚书兼右副都御史。弘治十七年（1504）加太子少保。谥襄毅。墓碑位于单县张集镇黄堆集村，明弘治十七年（1504）十二月五日立石。碑首为高浮雕二龙戏珠，残高120厘米，宽123厘米，厚60厘米。碑身残高290厘米，宽107厘米，厚42厘米。碑阳正文阴刻楷书7列、34行。碑文两旁阴线刻缠枝花卉图案。碑阴是明成化十七年（1481）十二月九日和弘治十五年四月七日的敕文，均为阴刻楷书，共计14列、49行。碑文两旁阴线刻缠枝花卉。碑座失，碑首和碑身残缺。

地方名胜　*琴台*　单县城东南，护城堤里，一泓碧水，拖兰泻翠，微波涟滟；一座高台，前枕大堤，后拖绿水，拔地而起，突兀耸峙。巍峨的“湖西革命烈士纪念塔”雄踞台上。这高台就是著名的古迹琴台，又称半月台、子贱台和单父台。

春秋时，孔子弟子宓子贱做单父宰期间，任贤用能，爱民如子，为政三年，单父大治。单父城有一高埠，政暇宓子贱经常登台抚琴。继任县宰巫马施，披星戴月，事必亲躬，也很有政绩，宓巫治单传为历史佳话。为了纪念宓巫，后人在宓子贱弹琴处筑起高台。唐玄宗时，大诗人李白的朋友、县尉陶沔整筑台址、并在上面盖起二贤祠，奉祀宓巫二贤。唐天宝年间（742—756），李白多次游历单县。唐以后，琴台和二贤祠多次修葺。1698年，知县金天定在此置“鸣琴书院”，并改建月台前堂三间，榜曰“琴台”；重建大门三间，榜曰：“鸣琴书院”。庭中碑石林立，匾额高悬，古书满橱，字画琳琅，汉柏参天黛，唐槐卧门前。后又添设东西考棚。

自宓巫以后，琴台成为文人骚客、士子名流登临咏怀的胜地。李白多次登临。744年，李白、杜甫、高适同游单父，共登琴台，吟咏唱和，留下灿烂诗篇。

李白的《登陶少府半月台》一诗写道：“陶公有逸兴，不与常人俱。筑台象半月，迥向高城隅。置酒望白云，商飙起寒梧。秋山入远海，桑柘罗平芜。水色渌且明，令人思镜湖。终当过江去，爱此暂踟蹰”。虽然已是深秋季节，但台上的桑柘、寒梧、白云、绿水和远处的秋山构成一幅美丽的画图，吸引着要到江南去游历的诗人，“爱此暂踟蹰”，李白多次游历单父，多次登临琴台，吟咏单父和琴台的诗作保存下来的还有7首。

高适长期居住单父，吟咏琴台的诗就有8首。《甲申岁登子贱台》其一云：“宓子昔为政，鸣琴登此台。琴和人亦贤，千载称其才，临眺忽凄怆，人琴安在哉。悠悠此天怀，空有颂声来”。

杜甫的《昔游》一诗则描绘了李、高、杜登琴台的详细情景。诗中写道：“昔者与高李，晚登单父台。寒芜际碣石，万里风云来。桑柘叶如雨，飞藿去徘徊。清霜大泽冻，禽兽有余哀”。他们触景生情，思绪翻飞，抒怀论政：玄宗好大喜功，边将为博得皇帝的欢心，在边疆穷兵黩武，驱使士兵打仗。“猛士思灭寇，将帅望三台。君王无所惜，驾驭英雄才。幽燕盛用武，供给亦劳哉！吴门转粟帛，凌海泛蓬莱”。由于北方连年战争，陆路难行，大批物资不得不绕道千里海运，给人民带来沉重的徭役和负担。皇帝及王公大臣不理朝政，骄奢淫逸：“肉食三十万，猎射起黄埃”。谈到这些，诗人们忧国忧民，潸然泪下。“赋诗独流涕，乱世思贤才”。更思念宓巫那样的良吏贤臣来治理国家。

继李、杜之后，登台怀古、会文赋诗的更多。唐宋以来，吟琴台的诗文浩如烟海，不可胜数，仅佳作就有几百篇。一部分刻在琴台山门西边石壁上。如元人陈奉仪的《登琴台》：“子贱静以治，巫马勤乃平。贤哉杨与马，异迹同忠贞……”无名氏的《琴台夜月》：“高高城上台，皎皎空中月，台空中正明，莹若冰壶洁，宰邑宓子贱，事简人和悦。瑶琴时复弹，阳春飘白雪。悠悠千载间，蟾光共清澈”。描绘古琴台雄健的风姿、优美的景色，歌颂宓巫二贤的政绩和高风亮节的情操。

抗战胜利后，湖西专署在琴台修建“湖西区抗战烈士纪念塔”，又相继在台东台南修建烈士陵园。旧时的单县八景，此处就有四景，“琴台夜月”“涞河归帆”“仙桥流水”和“吕氏仙井”。

“欲观青帝三春景，因上陶公半月台”。琴台及其周围，春来绿柳垂丝，翠鸟啁啾；入夏松涛桐伞，凉风习习，水波荡漾，银鳞兢跃；清秋，竹菊傲霜，黄叶簌簌；冬至，苍松斗雪，长堤莽莽。已成为人们游览休憩的风景区。

晒仙台　位于琴台东侧百余米大堤上。单县广为传说，明代，吕洞宾来到单县城堤一高埠上，但见绿草芊芊，野花遍地，遂在堤上头枕二瓶，仰卧闭目养神，忽一名叫陈勖的少年下学经过，见一人头枕二瓶，瓶口相对，高喊一声：“吕仙翁到此！"吕洞宾睁眼上下一打量陈勖，说道："好你个侍郎羔子！"说罢，遂腾云离去。后陈勖得中进士，由大仆寺卿升任户部侍郎。后来，人们把传说中的吕仙休息处称作晒仙台。据说，清末，吕仙的睡迹还依稀可辨。随之而来，在晒仙台附近，出现了与吕仙有关的名胜仙迹——仙人井、仙人桥、升仙桥等。

天台　位于晒仙台东护城堤东南角上，三面环水，突兀耸峙，绿草铺地，松柏围绕，1979 年在上面修建湖西革命烈士纪念堂。据民国《单县志》记载：天台……不知始于何时，上有天台庙。正殿为通明天宫，阶崇九级，堂广九筵（九领大竹席，喻室之宏大），一修于清康熙五十五年（1716），再修于乾隆四年（1739），三修于道光二十五年（1845）。前为升仙桥，再前有苗圃 30 余亩，再西为望月楼，听琴室。历代文人墨客多登台赋诗，如清王以均的《重阳后五日再游天台》："不尽登临兴，天台两度经。菊花余晚径，槐叶散中庭。涞水环堤碧，栖霞隔户青。我来非送酒，所恃在忘形"。

吕氏仙井　单县旧志记载有二，一在城南，一在城北（均指旧城）。传说金大定年间（1161—1189），吕洞宾到单父游历，化名汪甃，与惠冲为友。两井相距二里，吕仙使一井沉物，一井浮出，民间至今流传"南井掉筲北井里捞"。今南井不知其处，北井相传即为今南护城堤里桥北路西陆地突出处之井。井水甘甜清冽，且久旱不竭。亦传，吕洞宾游单父时，见单父城内，水井虽多，多为苦水，居民百姓要到很远的城外担水吃。因怜民事艰辛，特点化一井，使苦水变甜，故称"甜水井"。有诗云："清流汩汩寒，苦水变甘泉。一井铭功德，千秋颂吕仙。"

《山东通志》《大清一统志》载：吕仙井有二：一在城隅，一在城内。金大定年间，吕洞宾来游，水初苦涩，抛瓦砾其中，遂成甜泉。吕井寒泉为单县古代八景之一。

栖霞山　又名梁王台，即今单城西南角高埠。太阳夕西下，房舍屋宇已被薄暮笼罩时，栖霞山上仍余辉灿然，浮云俱其上，缤纷如锦。栖霞晚照，为单县古八景之一，据民国《单县志》载："汉文帝十一年（前 169），刘恒封其子刘武为梁王于睢阳。梁王好营宫室，建东苑延亘三百余里，单父在其内"。并在栖霞山营造宫室，为游猎、休息之处。每来游，便树石题词。李白居单时曾多次游历栖霞山，诗有《送族弟单父主簿凝摄宋城主簿至廓南月桥却回栖霞山留饮赠之》。诗中写道："……贤豪相追饯，却到栖霞山。群花散芳园，斗酒开离颜。乐酣相顾起，征马无由攀"。唐代大诗人灵一亦多次游历栖霞山。作为佛家弟子，领略大自然的风光选择角度又有与众不同的地方。他的《栖霞山夜坐》一诗写道："山头戒坛路，幽映云崖侧。四面清石床，一峰苔藓色。松风静复起，月影还开黑。何独乘夜来，殊非昼所得"。1991 年，被列为县级文物保护单位。

幵山　即张堌堆，为商周遗址。民国本《单县志》载："幵山城东南七里，三埠迮峙，其状若椅……地当河畔沙滩而土多礓石，且突兀雄壮，颇有山气"。上有巨柏两株和石羊、石马、石香炉等。"文化大革命"期间石雕被砸，巨柏被伐。

寒冬时节，大雪莽莽，站在幵山看雪，别有一番景致。自古，吟咏幵山的诗文颇多。古人《幵山积雪》一诗写道："幵山名亦奇，而况冬叠雪。高处不胜寒，崚嶒生玉屑。人在水晶宫，天空鸟飞绝。银海眩生花，玉楼起寒烈"。幵山积雪为单县古八景之一。

汉王河　亦称涞河，因刘邦在此驻军饮马而闻名。沿护城堤流向东北。当初大水渺渺，碧波千顷，渔歌互答。自金大定八年（1168）后，经流单南之汴水为黄河所夺，由于黄河泛滥，至元末淤废。明末清初经开挖疏浚，涞河就在今单城以南向东绕过。明代单县县令夏维藩《汉河归帆》一诗写道："汉祖曾经此，河流自得名。千年余王气，一脉抱山城。况复通南北，鳞鳞贾舶轻。归帆残雨外，沙溆夕阳明。树色连丰沛，年光老杜衡。令人徒延伫，驰景系幽情”。

玄井 又名悬井，位于老君寨北，乃老子隐居孟渚泽时率众所掘。水离地面不足三尺，古今依然，有通东海之说。泉水清纯甘洌，多饮可疗痼疾。唐玄宗泰山封禅时至此，曾帑币于井上建石亭一所，毁于明末。2010年5月浮龙湖开发之际，重建此井亭。

古树古碑 衙门西街路北一居民家中，一株古枸杞树，树根、树干大部在屋内，树干上部和树冠伸出屋外。树龄近400年，今树高3米多，粗0.4米，树冠直径2米，每年春秋两次开花，秋季结果，春夏绿荫如盖，开花满树灿然，秋来果实累累，个头殊大。树旁有一石碑，斑驳陆离，不知何年所立，上刻“圣旨”二字模糊可辨。沈阳等城市园林处曾出资万元欲购此木，户主答应将其院内一棵十几龄的幼树馈赠。到了移栽季节，幼树突然干枯，老人们都说：“老树恋家”。1988年，国外观光团一行20余人观看此树，啧啧称奇，纷纷捐资恳求户主保护好这罕见的古树古碑。

第二节　文　物

馆藏文物 1953年7月，湖西专署撤销，移交单县50余件文物。经过历次征集和收购转库，1990年，单县共有文物藏品742套1715件，文物资料476套623件。文物藏品中珍贵文物128套140件，其中，一级品1套1件，二级品4套4件，三级品123套135件。文物藏品共分11类：石器22套26件，玉器96套99件，陶器184套193件，瓷器125套133件，金属器131套153件，骨器7套8件，木器9套12件，古货币64套957件，古字画53套79件，革命文物22套24件，杂类28套31件，古籍729套4933件。2010年年底，全县共有文物2583套，7865件。县博物馆馆藏文物总数2556套7731件，其中，一级文物1件，二级文物4件，三级文物135件。其来源渠道主要有征集、收购、考古发掘、社会捐赠等。藏品分为石器、陶器、瓷器、铜器、书画、玉器、古籍善本、杂项等，珍贵文物主要有：

骨锥 新石器时代。长16.3厘米，宽0.6厘米，磨制，三棱形，圆柄，锐利。

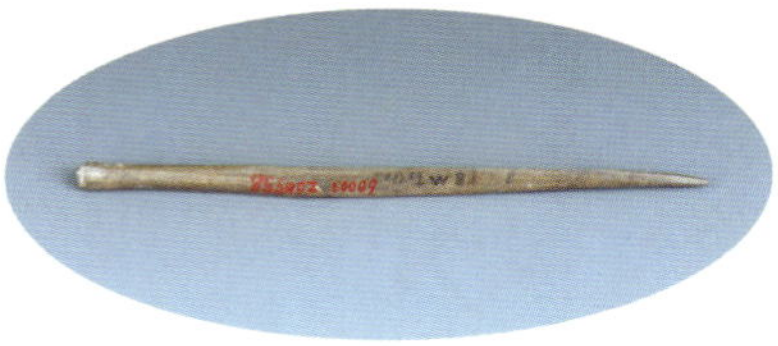
骨锥

陶鬲 殷商时期。通高13.5厘米，口径12.5厘米，腹径15.0厘米，夹砂红陶，侈口方唇，凹颈，浅裆，矮足，通体饰粗绳纹。

陶鬲

铜鼎 战国时期。通高30.5厘米，口径26.0厘米，腹径30.5厘米，深腹，弇口，兽蹄足，附长方耳，略外侈，腹部饰四周凸弦纹，盖饰三道凸弦纹，盖顶有一五柱环形握手，握手上及耳的两面饰细云雷纹，足膝部为兽面纹，兽鼻外凸。制法为分铸后焊合，耳、足中间实红土，胎薄体轻。

铜鼎

铜钫 战国时期。通高30.2厘米，通宽24.0厘米；扁方，平底，素面，

铜钫

双环耳。

铜盘　战国时期。通高13.5厘米，口径39.6厘米，底径14.7厘米，附双耳外折，四环足，方唇，素面。

铜盘

铜匜　战国时期。通长18.9厘米，通宽13.0厘米，通高6.8厘米，腹深6.0厘米，胎薄素面，两侧附双耳，底附三环足。

铜匜

空心砖　西汉时期。通长121.5厘米，通宽48.5厘米，通高13.0厘米，泥质灰陶，合模制成，一头一孔，另一头两孔，两侧素面，两面为柿蒂纹和馒头纹，其两沿为棱形回纹。

空心砖

彩绘女立俑　西汉时期。通高46.0厘米，头长8.0厘米，肩宽10.0厘米，泥质红陶，模制，粉地彩绘，长袍，高领，右衽，广袖，双手合拢于腹前。

彩绘女立俑

褐釉草叶纹瓷罐　元代。通高23厘米，口径16厘米，直口，丰肩，敛足，

褐釉草叶纹瓷罐

褐色砂胎，腹上部施白釉，画赭色草叶纹，浑厚凝重。

龙泉盘　明代。通高6.2厘米，口径33厘米，足径14.6厘米。青釉，折沿，菱花口，内壁和底部均有釉内图案，体态浑厚。

龙泉盘

仿宣德红瓷盘　清康熙。通高4.2厘米，口径21.5厘米，底径13.9厘米，撇口，直沿，弧壁，圈足。通体施红釉，口沿有白色“灯草边”，足底施白釉，釉下书“大明宣德年制”六字双行楷书暗款，款外有双线圆框。盘釉汁细腻，光润匀净。

仿宣德红瓷盘

竹雕人物　明代。通高15.5厘米，通宽13.0厘米。光顶，披发，喜笑颜开，长衫广袖，袒胸裸乳露腕，左手握灵芝，右手扶于左膝，腰挂葫芦，

竹雕人物

赤足坐石上，身旁有两狮相戏及一三足蟾，雕刻精致，逼真生动，艺术价值很高。

玉双狮 明代。通长17.9厘米，通宽5.6厘米，通高7.5厘米。白玉质。雕塑两个大狮子，一个小狮子，一个绣球，大狮前后相逐，小狮回首戏闹。刀法简洁洗炼，造型生动传神。

霁蓝釉瓷碗 清康熙年间。通高9.0厘米，口径21.6厘米，足径9.6厘米，霁蓝釉，开片，铁口。

霁蓝釉瓷碗

粉彩百鹿山水樽 清乾隆年间（1736—1795）。通高46.0厘米，口径20.0厘米，腹围122.0厘米，底径26.0厘米，敛口，直颈，颈附两鹿头耳，鼓腹，浅圈足。白釉，饰粉彩百鹿山水图，底有六字楷书款“大清乾隆年制”。

粉彩百鹿山水樽

雕花翡翠烟壶 清乾隆年间。通高5.0厘米，通宽4.0厘米，口径0.3厘米。扁爪形，通体浮雕须叶，散绿，底发红，巧雕一叶，质地莹润，做工细腻，造型优美。

雕花翡翠烟壶

角雕伏虎罗汉 清代。通高11.5厘米，底长5.8厘米，宽4.2厘米，圆雕一伏虎罗汉，蹲坐在蒲团上，右手扶虎，左手执酒壶，仰面对壶嘴，披卷发，满腮卷须，项挂念珠，长袍袒胸，雕刻精细，神态生动，角质褐黄透亮。

角雕伏虎罗汉

白釉瓷瓶 清道光年间。通高99.0厘米，通宽43.8厘米，口径26.3厘米。平沿，八棱口，直颈，半肩，扁体下收，腹下部为直筒状，敛足。通体施白釉，颈部八面各饰一菱形花纹，肩部至腹下部饰菱形花纹。

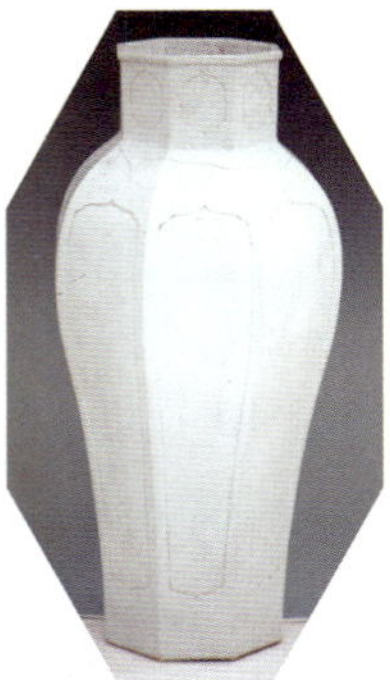

白釉瓷瓶

碧玉盖碗 清道光年间（1821—1850）。一对，通高5.3厘米，口径9.6厘米，底径3.4厘米，盖高2.5厘米。深绿带黑点，素面，做工规整。

碧玉盖碗

黄慎花卉册页 清乾隆十五年（1750）。14开，每页画心47.0厘米×27.5厘米，纸本，水墨写意，保存完好。属国家一级文物藏品。

一、二页为题字“偏其反而”，落款“瘿瓢”两篆字章，上为阴文“恭懋”，下为阳文“黄慎”。三页画芍药，右方题诗：樱桃初熟扇榆钱，又是扬州四月天。昨夜草堂红药破，独防风雨未成眠。四页画宜男花，左方题诗：朝朝画阁睡犹酣，又听春光三月三。偶过邻家闲斗草，背人先去摘宜男。五页画牡丹，右方题诗：牡丹那得到贫家，每见花时极言奢。不用胭脂闲点缀，北堂先进寿安花。六页画枇杷，右方题诗：东园载酒西园醉，南斗文章北斗年。七页画石榴，左下方题诗：山中秋老无人摘，自迸明珠打雀儿。八页画莲叶，右下方题诗：荷衣欲寄厚装棉，节近重阳又一年。怕上湖亭萧瑟甚，漫天风雨缺秋莲。九页画秋葵，中下方题诗：最爱葵花浅淡粧，秋来何事殿群芳。六宫银粉多相污，还忆当年尚额黄。十页画芙蓉，右下方题诗：湘帘晓起坐空堂，白昼闲抄肘后方。近水楼台秋意淡，芙蓉雨中十分凉。十一页画桃花，左方题诗：一年一度花上市，眼底扬州十二春。冷冷东风开燕剪，碧桃细柳雨中新。十二页画菊花，左方题诗：虽惭老圃秋容淡，且看黄花晚节香。阴文篆字方章“恭懋”。十三页画水仙，右上方题诗：谁怜瑶草自先春，得得东风立水滨。渺渺湘裙刚十幅，宓妃原是洛川神。十四页画梅花，左上方题诗：一笳一笠一瘿瓢，爱向峰头把鹤招。莫道归来无故物，梅花清福也难消。落款：乾隆庚午（1750）六月写于雪堂。

黄慎花卉册页

翁方纲行书中堂　清乾隆年间（1736—1795）。字心纵94.0厘米，横44.0厘米，纸本绫裱，临王羲之快雪时晴帖。落款“方纲”两篆字方章，上为阴文“翁方纲印”，下为阳文“潭溪”。

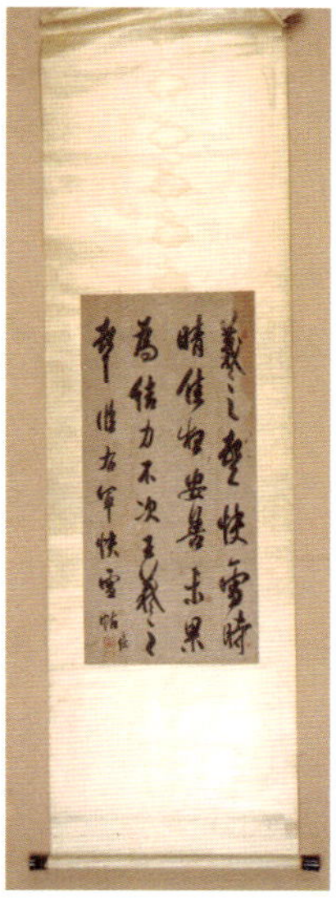

粉彩百鹿山水樽

松年行书中堂　清光绪十六年（1890）。字心纵134厘米，横66厘米，纸地，纸裱，绫边，行书唐诗一首：“昆明池水汉时功，武帝旌表在眼中。织女机丝虚夜月，石鲸鳞甲动秋风。波漂菰水沉云黑，露冷连房坠粉红。关塞极天惟鸟道，江湖荡地一渔翁。”落款“庚寅三月书于单父鸣琴书院小梦。”两篆字方章，上为阴文“松年印”，下为阴文“小梦印”。

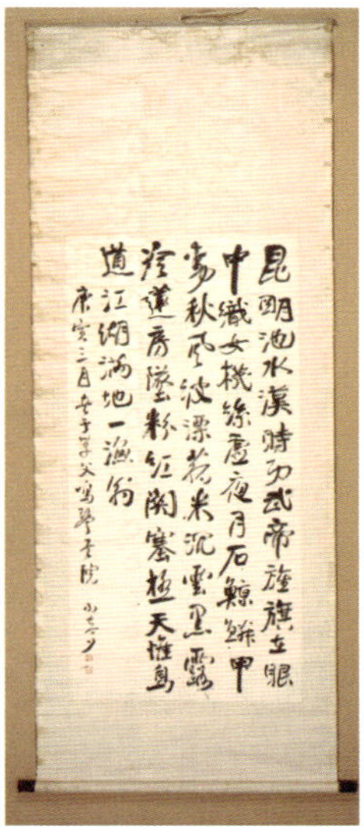

松年行书中堂

库存古籍有经部、史部、子部、集部共729套4933册。其中被编入全国古籍善本书总目的善本书5部56册。这五部书是：《二如亭群芳谱》20卷，首1卷，明王象晋撰，明末汲古阁刻，清重修本，存19册。《二如亭群芳谱》19卷，王象晋纂辑，明沙村草堂刻本，存2册。《宋史》，元脱脱等撰，明成化、嘉靖、万历刻本，清顺治，康熙递修本，现存83卷，共23册。《元经薛氏传》10卷，隋王通撰，宋阮逸注，明刻本，现存10卷，共4册。《纲鉴易知录》92卷，清吴乘权等辑，清乾隆大文堂刻本，现存17卷，共8册。

文物管理 *考古与发掘* 2003年6月，在张堌堆遗址南侧30米，单父路东扩工程施工中发现汉墓群，单县文物管理所联合市文物处发掘小组，及时进行考古与发掘。6月20日—10月20日，文物发掘小组共清理古墓葬61座，出土文物有铜器、钱币、铁器、玉器、陶器及部分器物残片共计400余件，全国第一次可移动文物普查登录完整文物60件，其中，陶器45件、铜器14件、玉器1件。文物中的汉瓦当、铜镜、铜带勾、彩绘俑和带有“单父”二字的陶片等，在菏泽市属首次发现。

文物展览 2000年建馆后，单县博物馆定期开馆展览。2008年始，免费开放，周一至周五不闭馆。当年，接待参观人员3000余人次；2009年，接待参观人员5000余人次；2010年，接待参观人员8000余人次。2000—2010年，单县博物馆共接待参观文物展览人员6万余人次。

文物保护 单县博物馆严格执行《中华人民共和国文物保护法》，按照“保护为主、抢救第一、合理利用、加强管理”的文物工作方针开展工作。2009年，县政府制定《单县文物保护管理办法》，印发《单县人民政府关于全面实施文物工作“五纳入”的通知》等文件。全县建立健全“县、乡、村、点”四级保护网络，实行文物保护专管员制度，县博物馆配备专职保护人员，负责对全县各重点文物的巡视和保护；各乡镇文化站长兼任文保员，负责对本乡镇文物的保护工作；各行政村建立群众性的文物保护组织，对各重点文物保护单位采取聘任专管员的办法加以保护。单县博物馆制订工作管理制度，24小时有专人值班，进入文物库房必须有馆长签批，3名工作人员在场。境内文物保护单位做到“四有”：有保护范围，有保护标志，有档案记录，有专门机构和指定专人管理。至2010年，单县博物馆未发生被盗、被抢、丢失、损毁等案件。

文物普查与文物保护单位 2008—2009年，境内开展第三次全国文物普查。共普查文物点228处，其中，新发现野外不可移动文物点201处（古遗址28处、古建筑45处、古墓葬86处、石窟寺及石刻21处、近现代重要史迹21处），复查24处。在整个文物普查过程中，先后发现玄帝庙、李北刘氏民居、曹马古井、李林石刻、胜利南街朱氏民居、湖西人民会议厅旧址等一批具有历史、艺术和科学价值的文物点。本着“边普查、边保护”的原则，及时将玄帝庙、李林石刻申报为菏泽市第一批市级文物保护单位，李北刘氏民居、袁氏民居等公布为县级文物保护单位。2009年，县政府印发《关于进一步加强文物保护的通知》，将全县22个乡镇（街道）区域内的各级文物保护单位、文物保护点及第三次全国文物普查登录的不可移动文物予以公布，对新发现较为重要的文物遗迹，及时划定保护范围和建设控制地带，并要求有关地方和部门严格按照规定进行保护。

单县部分文物（古迹）保护单位一览表

表26-3-1

序号	名称	地址	类别	年代	级别
1	百寿坊	北城街道胜利北街	古建筑	清·乾隆三十年（1765）	国家级
2	百狮坊	北城街道牌坊街	古建筑	清·乾隆四十三年（1778）	国家级
3	张堌堆遗址	园艺街道开山公园内	古遗址	新石器时代至汉	省级

续表 26-3-1

序号	名称	地址	类别	年代	级别
4	文馆街朱家楼院	南城街道三元广场内	古建筑	明末	省级
5	胜利南街朱氏民居	南城街道胜利南街	古建筑	清代	省级
6	湖西人民会议厅旧址	南城街道三元广场内	近现代建筑	1950 年	省级
7	马堌堆遗址	徐寨镇马寨行政村马寨西北角	古遗址	新石器时代至汉、宋	市级
8	李堌堆遗址	徐寨镇芦墓行政村李堌堆村北	古遗址	新石器时代至汉	市级
9	李林石刻	张集镇谢张庄行政村李林村西	石刻	明·万历	市级
10	玄帝庙	浮岗镇北村行政村安新庄村内	古建筑	明代	市级
11	时氏祠堂	时楼镇时家庙行政村时家庙东南	古建筑	清·康熙	市级
12	魏牌坊	李田楼镇魏牌坊村内	古建筑	清代	市级
13	高庄村袁氏民居	高老家镇张奶庙行政村高庄	古建筑	清代	市级
14	东街黄氏民居	黄岗镇东街行政村东街	古建筑	清代	市级
15	苏暗楼村苏氏祠堂	杨楼镇苏门楼行政村苏暗楼	古建筑	清代	市级
16	孙堌堆遗址	园艺街道赵阁行政村赵阁东北角	古遗址	新石器时代至汉	县级
17	后牛楼遗址	徐寨镇牛杨楼村后牛楼西南	古遗址	新石器时代至汉	县级
18	高乡店遗址	李新庄镇高乡店村高乡店西北角	古遗址	新石器时代至汉、唐	县级
19	吴堌堆遗址	南城街道权楼行政村吴堌堆村内	古遗址	商至汉	县级
20	王庙遗址	李新庄镇大集行政村王庙村东南	古遗址	商周、汉	县级
21	曹庄曹氏墓地	李新庄镇修庄行政村曹庄村南	古墓葬	清	县级
22	李园遗址	李新庄镇高乡店行政村刘庄西北	古遗址	周至汉、宋、元	县级
23	簸箕堌堆遗址	北城街道北郊行政村大刘庄村内	古遗址	东周、汉	县级
24	梁孝王台	南城街道老山堤堤顶护城河堤角	古遗址	汉代	县级
25	李北刘氏民居	浮岗镇李北行政村李北村内	古建筑	清代	县级
26	白果树	高老家镇董邵楼行政村董邵楼	其他	清代	县级

非遗工作　2006 年 4 月始，县成立非物质文化遗产保护工作领导小组和非物质文化遗产保护中心，组建普查工作队伍，深入到全县各乡镇（街道）、社区、行政村调查走访，普查出非物质文化遗产资源项目 844 个，其中重点资源项目 151 个，普查文字资料 126 万字，影像资料 380 分钟，登记实物 318 件。建立四级非物质文化遗产名录体系，多次召开项目申报专家论证会，筛选重点项目申报国家、省、市、县四级非物质文化遗产名录。获国家级名录项目 2 项（山东落子、鲁西南鼓吹乐），省级 5 项（山东落子、鲁西南鼓吹乐、山东渔鼓、单县羊肉汤制作技艺、传统舞蹈精灵皮），市级 6 项，县级 162 项；获省级非物质文化遗产代表性传承人 1 人（山东落子传承人张元秀），市级非物质文化遗产代表性传承人 6 人。2010 年 8 月，县文化体育局编写出版《菏泽市单县非物质文化遗产普查资料汇编》一套 6 册。

第四章　党史与方志

第一节　党史编研

1989年8月，《中国共产党山东省单县组织史资料（1929—1987）》出版发行。该资料为16开本，40万字，记述了1929年春至1987年10月单县党组织的发展概况，收录了这期间在单县境内建立的副科级以上党组织及同级政权、军事、统战、群团、企事业系统的组织机构沿革和领导人名录。同年12月，县委党史委编写《回忆尚格东同志》，铁道部原部长陈璞如为该书撰写序言，中共山东省委原书记梁步庭题写书名。

1990年7月，《中共单县党史大事记（1929—1949）》出版发行，为大32开本，13.2万字。记述了1929年至1949年10月1日中华人民共和国成立期间发生在单县的重大事件；人物的收录，早期收录到重要的党支部（组）的主要成员，后期收录本县党政主要领导和著名烈士、英模；书后附有简单人物注释。

1995—2006年，编印《中国共产党山东省菏泽市（地区）组织史资料·单县卷》三卷，记述了1987年至2006年间县委、县政府在改革开放中的重大举措，收录了这期间全县党政机关、地方武装、群众团体、事业单位副科级以上机构及副科级以上负责人；中型企业党政机构及其正副职，小型企业党政机构及其正职；其他新型企业党委及其成员；国家及省、市驻单县相应级别的机构及其负责人。

2000年5月，《中共单县党史大事记（1949—1999）》出版发行。为大32开本，34万字。记述了1949年10月至1999年12月期间，中共单县各级组织及其领导下的各种机构、组织所进行的重大活动及在单县发生的有较大影响的事件。

2004年9月，《中共湖西党史人物》出版发行。全书共收录曾在湖西区战斗、工作过的人员528人。

2006—2009年，根据中央和省委、市委的统一部署，开展全县抗战时期人口伤亡和财产损失大型课题调研工作。2009年，完成山东省委党史研究室“警示工程”的“单县抗战时期伤亡人员名录”和“单县抗战时期人口伤亡和财产损失大事记”的上报工作。

2010年，对全县革命遗址进行全面调查核实，共确认、上报重要党史遗址和其他遗址26处，征集、拍摄照片200幅，编辑说明文字3万字。

第二节　地方史志

县志编修　1982年10月，成立单县地方史志编纂委员会，下设办公室。当年，启动社会主义新方志《单县志》的编写工作。为全面征集资料，县史志办先后查阅县内外数千卷档案，翻阅几百册书报刊物，摘抄700多万字的资料；召开资料征集座谈会40余次，个别询问千余人次，征集资料300多万字，先后去北京、云南、贵州、武汉、广州、南京、济南、泰安、徐州、菏泽等地查档访谈；发征集函件数千封，共搜集县内外史志资料1500万字。其间，边搜集、边整理、边征求意见，先后编印《单县史志资料》31期30多万字，《单县古今》5本60多万字，《单县概况》10多万字。1986—1990年，完成第一轮《单县志》初稿编写任务，约200万字。1991—1993年，为评审稿编写阶段。1994年11月1—3日，省史志办、菏泽地区行署、菏泽地区史志办、菏泽地区所属8县（市）史志办及金乡、砀山、丰县史志办和单县党政领导干部、老干部代表等领导和专家学者100多人对《单县志》进行评审。评审会结束后，整理评审意见，对志稿进一步补充、修改、完善。1995年7月，县政府审查定稿并报呈菏泽地区地方史志编纂委员会审批，8月，菏泽地区地方史志编纂委员会批复单县人民政府准予出版。1996年3月，由山东人民出版社印刷出版。该志时间断限上起1840年，下至1987年，部分内容适当上溯下延，并按照详今略古的原则，突出地方特点和时代特点，实事求是地记述单县的历史和现状。全书设31篇，共120万字。

2006年10月，第二轮修志工作开始筹备，组建修志班子，初步确定志书断限为1986—2005年，并编制篇目。12月13日，召开续修《单县志》动员大会，县政府办公室印发关于续修《单县志（1986—2005）》实施方案的通知，县地方志办公室印发县志篇目及供稿分工的通知，把供稿任务分解到各承编单位，并聘请菏泽市史志办的领导和专家对全县供稿人员进行培训，单县续修县志工作正式启动。

部门行业志编修　1984年，县政府转发《单县史志办关于搞好部门专业志工作的意见》，先后召开5次大型全县史志工作会议，举办3次由县直各单位编志人员参加的史志编写培训班；县史志办全体人员分片包干，进行跟踪指导；1986年，组织百余人到东明县参观学习，并建立鼓劲奖励制度，促进部门专业志的编修工作。至1989年年底，单县有《粮食志》《财政志》《税务志》《工商志》《法院志》《医药志》《水利志》《供销志》《商业志》《公安志》《交通志》《邮电志》《人事志》《劳动志》《检察志》《科技志》《民政志》《多种经营志》《城建志》《土管志》《物资志》《教育志》《纱厂志》《麻纺厂志》《纺织机械厂志》《单县人民政府驻济宁办事处志》等50多部部门志相继完成，为县志编写奠定了坚实的材料基础。之后，又有《单县军事志》《单县人民法院志（1940—2008）》《单县教育六十年志（1949—2009）》等专业史志相继编成出版。

旧志整理　1999年6月，由单县籍台胞刘巍捐资赞助，民国十八年版《单县志》点校本出版发行。

《单县通史》编纂　2008年12月，《单县通史》由中央文献出版社出版发行。为大32开本，全书45.1万字。其时间断限上起远古，下至2007年，是单县第一部通类史书，编写县级通史，在全市是一种创举。为提高该书的编写质量，专门派人拜访北京师范大学和山东师范大学的历史学家；请教菏泽学院历史系教授；参阅《中国通史》《山东通史》《菏泽通史简编》《济宁古代史》和《邹平通史》；先后到北京、济南、菏泽、新乡、徐州及本县查阅有关古籍、书刊、档案千余卷（册）；多次深入城乡实地调查、访问、座谈、拍照、摘抄、笔录、复制，搜集300万字的资料和数百幅图片。

第三节　理论研究与开发利用

理论研究　1986—2005年，单县党史县志办公室先后撰写论文近百篇。其中，在省级以上刊物如《山东史志丛刊》《史志文萃》等发表和在学术会上宣读50多篇。先后给《山东各地概况》《山东年鉴》《山东风物大全》《山东企业快讯》《山东杰出人物传》《阅尽人间》《曹州名人大全》《菏泽日报》等报刊撰写文章500余篇，有400篇被发表采用。其间，单县党史县志办公室先后编撰的《鲁西南大刀会》《单县牌坊》《单县羊肉汤》《刘伯承、陈毅二将军单县之行》《尚格东》《单县党组织的奠基人高文甫》《段培元烈士传略》《当代菏泽人（单县卷）》等史料文章。日本学者佐佐木卫、英国学者狄德曼博士，对单县党史县志办编辑的材料给予很高的评价。2009年5月，县史志办配合市委党史研究室与菏泽电视台联合摄制大型电视专题片《八千里路云和月》。10月，编写《红色湖西》电视专题片脚本。

开发利用 单县志记载，单县羊肉汤色香味俱佳，无膻味，有健脾养肾之功效，且历史悠长，久负盛名。1986年，单县羊肉汤首次进入北京经营。1990年，根据单县史料记载，中国著名雕塑大师张得蒂教授精心雕塑单父（单卷）像。1992—1996年，湖西革命烈士陵园的扩建，参阅大量史志资料。1995年，根据单县史志资料，县政协组织编撰的《血沃湖西》出版。1999年7月18日，山东省单县琴台食品有限公司成立，10月26日，山东百寿坊食品有限公司新建的方便盒固体“单县羊肉汤”生产线投入批量生产，公司命名等均参阅史志资料。2007年，开山公园建设、展览馆布展、湖西公园建设，均参阅史志资料。红色湖西旅游景观建设、脚本撰写和60米浮雕、英雄阁等节点的规划、构想、布局工作，参阅大量党史资料。2008年，县党史县志办提供有关资料，塑造吕后像。2009年，参与发动湖西老革命的战友、后代投资，在湖西公园建筑高文甫纪念亭、在浮龙湖旅游区打造魏飞龙纪念亭等红色教育景点，并为原单县城关二中加挂文甫中学的牌子，均参阅史志资料。2010年，在湖西革命烈士陵园内建立英雄阁，参阅有关史志资料。至2010年，累计向学校、社区、农村赠阅《单县志》《中共单县党史大事记》《中共湖西党史人物》《单县通史》等史志书籍约2000余册。

第五章 档 案

第一节 档案设备与馆藏

档案库房及其设备 1985年，单县档案馆设在县委院内，有办公室3间，库房4间，简易库房1间，阅览室1间，内有灭火器4个，吸尘器、去湿机、空调机各1部，装订机1架。2010年11月，县档案馆搬入湖西大厦，办公室设在四楼，共3间。有库房4间，设在-1层，建筑面积102平方米。馆内配有档案密集架116组。资料室、阅览室在三楼，建筑面积90平方米，内有铁质橱47个。新购置除湿机4台，复印机1部，扫描仪1部，打印机1部，微机2台，防磁柜1个，灭火器5个。

馆藏 县档案馆馆藏档案198个全宗，1986—2010年的档案34160卷，案卷排架长656米，资料5981册。馆藏档案按历史时期分类，为革命历史档案和中华人民共和国建国后的档案两部分；按结构层次分类，为县直机关团体一级单位的档案和公司、厂、站、队等二级单位的档案；按专业分类，为文书档案和人口普查档案、公证档案等专业档案；按载体形态分，为纸张档案和照片、录音等声像档案。至2010年年底，单县档案馆馆藏档案主要包括：革命历史档案，包括中共单县县委、县政府，单虞县委、县政府1948—1949年所形成的档案；建国后的档案，包括各机关、团体、企事业单位1949—1980年形成的档案，其中，县委办公室档案接收到1991年；2001年2月接收的被撤销17个乡镇的档案2000余卷；2003年防传染性非典型性肺炎活动形成的档案76卷，2005年先进性教育活动形成的档案200卷。

社会档案 单县档案馆馆藏的社会档案主要是“西红柿大王”、第六届全国人大代表、省劳动模范、单城镇西郊村党支部书记任忠宽的档案。1985年，县档案科和单城镇党委帮助其建立个人档案，共组成19卷，其中，永久4卷，长期6卷，短期9卷，整理结束后，受任忠宽的委托，其全部档案由县档案馆代为保存。

第二节 基层档案

1986年，全县有基层档案室58个，配专（兼）职档案员66人，保存档案4980卷，库房面积约1500平方米。2001年单县合乡并镇，撤销17个乡镇档案室，将所撤销乡镇的4250卷档案，全部送交县档案馆。2002年4月，举办全县立卷改革培训班，90余人参加。2005年始，开展档案管理定级升级活动。同年，单县国土资源局档案室晋升为省特级档案室，这是单县第一家省特级档案室。2007年，县检察院、县法院档案室晋升为省特级档案室。2009年，菏泽家政学院档案室晋升为省特级档案室；县财政局、县供电公司档案室晋升为省一级档案室。2010年8月，举办全县档案人员持证上岗培训班，各乡镇和县直机关80余人参加培训。至2010年年底，全县有基层档案室96个，库房面积约4500平方米，专（兼）职档案人员126人，保存档案36830卷。全县有4个单位档案室晋升为省特级档案室，27个单位档案室晋升为省一级档案室，30个单位档案室晋升为省二级档案室。

第三节 档案利用

单县档案馆为单县的编史修志、解决历史遗留问题、接续工龄、解决纠纷、领导决策、日常工作等提供大量档案资料。1985年起，县档案馆自编和与有关单位合编《单县降雨量统计》《单县灾情史料》《单县党政领导成员名录》《中国共产党山东省单县组织史资料》等11种档案史料，约21万字。1987年年初，单城镇东郊行政村部分群众以单县园艺场占地为由，冲进园艺场，抢占部分果园、葡萄园。省地县联合调查组在处理这一事件时，查阅复制县档案馆馆藏的征地协议书、付款凭证等档案资料，以此为据，妥善处理这一事件。2003年12月，段付华主编的《单县三千年灾情纪实》一书出版，并获山东省档案优秀成果二等奖。2007年，单县档案馆被县委宣传部命名为爱国主义教育基地。

1986—2010年，县档案馆接待查档人员约4700多人次，提供档案资料万余册；为近百人接续工龄提供依据。

第六章 旅 游

第一节 旅游资源

历史文化资源 单县古称单父，舜帝之师单卷在此居住而得名。秦时置单父县，后唐同光二年（924）设置单州，明洪武二年（1368）改为单县。单县有13处龙山文化遗址和天台、琴台、晒仙台、百狮坊、百寿坊等地方名胜；有老子李聃曾在此隐居的老君寨；涌现出汉朝女政治家、开国皇后吕雉，清兵部尚书刘峨，大刀会首领刘士端等一大批历史名人；李白、杜甫、高适、陶沔四君子在单县留下光辉诗篇。单县是湖西革命老区，有许多革命遗址，利于开展红色教育。民俗文化如花灯、唢呐、高跷、龙狮等表演艺术，古色古香，神奇独特。是中国武术之乡、中国楹联之乡、中国长寿之乡。历史文化底蕴丰厚，极具挖掘开发价值。

自然环境资源 单县地处鲁西平原，是古黄河流经的地方，有绵延百里的黄河故道、万亩故道湿地、千亩樱桃园和浮龙湖。境内浮龙湖湖波荡漾，碧水蓝天，气候宜人，景色优美，自然景观具有旅游价值。

浮龙湖生态湿地　　2010 年摄影

第二节　旅游开发

旅游规划 2005 年 10 月，县政府委托中国科学院地理科学与资源研究所旅游研究与规划设计中心编制《单县旅游发展总体规划》（2006—2020）及《单县浮龙湖旅游区控制性详细规划》，由刘家明博士主持。2008 年 8 月通过专家评审。规划提出单县旅游业发展的总体目标和发展战略，确立近期、中期、远期三个发展阶段和“一心两区一带”（即县城旅游接待服务中心、浮龙湖休闲度假旅游区、吕后故里文化旅游区和黄河故道生态旅游带）的旅游发展战略格局。提出浮龙湖是单县的核心旅游资源，近期主要按照总体规划逐步完善基础设施和接待设施，吸引投资建设旅游项目，形成以“浮龙湖”为纽带的平原特色旅游区。具体规划了浮龙湖生态文化产业园、牌坊历史文化产业园、开山文化产业园、老子文化景观园、吕后故里观光园、东沟河景观带、莱河景观带、黄河故道景观带、红色文化教育基地“五园三带一基地”发展蓝图，涵盖 30 余个文化旅游产业项目。

旅游开发 *景点开发* 1984 年，湖西抗战烈士陵园重建纪念塔、西大门，新建南大门，全园进行整修，并更名为湖西革命烈士陵园；1992 年，对陵园进行改扩建；2008 年，又将陵园西扩东展，扩大到 28 公顷。2008 年始，致力于浮龙湖景区建设，至 2010 年，景区初具规模。2007 年 5 月，开山公园开工建设，2008 年 5 月竣工。景区占地 78 公顷，其中，水面 13 公顷。景区包括一区三园。一区指开山景区，三园分别为牡丹园、夏秀园和开山园。2008 年，投资 2000 万元，建成环堤公园。2009 年年初，湖西财富广场开工建设，2010 年 10 月竣工。湖西财富广场由北部入口广场、中部玉泽湖、南部景观生态园三个部分组成。同年，开展基础设施大配套，对浮龙湖旅游区的交通道

浮龙湖生态旅游区生态茶楼

单县老君庙

路、光缆通信、岛屿码头等基础设施进行建设完善。2010年，进行浮龙湖景点建设，相继修建湖西水上会务中心、浮龙广场、生态岛、生态茶楼、老君庙、南岸环堤生态景观长廊、浮龙湖周边配套用房、游船服务区、钓鱼岛园林别墅等一批景点。

旅游商品开发　至2010年，单县已开发出食品、手工艺品、服装、玩具4大类、59个品种。主要有百寿坊单县羊肉系列产品，罗汉参系列产品，蔡堂镇的水果系类产品，黄岗的馓子，芦墓的烤鸡，谢集镇丁万庄的狗肉，李新庄镇的伊莎贝尔矿泉水、香瓜、草莓，高韦庄镇的樱桃，高老家乡韦洼的银杏茶，工艺品系列有佛珠、木鼓、根雕制品、十字绣品、彩蛋、儿童玩具等，这些旅游商品具有鲜明的地方特色，深受旅客青睐。

第三节　旅游景点及线路

浮龙湖生态旅游区　位于单县浮龙湖生态旅游经济开发区内，距县城20公里。2005年，被评为省级水利风景区。2010年，被评为小康影视浮龙湖基地。浮龙湖生态旅游区湖面开阔、鸥飞鱼跃、芦苇荡漾、水产丰富，周围生态湿地更是广袤丰富，碧水、绿草、青树、蓝天相映成趣，有较高的观赏游憩价值。景区具备生态观光、休闲度假、运动健身、文化教育、会务培训、餐饮娱乐等多项旅游功能。经典景点有：浮龙广场、生态水乡、栈桥、生态岛、钓鱼岛园林别墅、茶楼、水上会务中心、老君庙等，景区内设有豪华游船、汽艇、水上自行车、水上三轮车、脚蹬船、电动游览观光车等特色交通工具，

浮龙湖一角

供游客乘坐游览。

湖西公园 位于单县老城区南部。由红色文化游览区——湖西革命烈士陵园、千年古堤历史文化游览区、仙人湖和老干部活动中心四部分组成。湖西革命烈士陵园内主要建筑物有：西大门、湖西革命烈士纪念塔、英雄阁、浩然亭、抗日战争纪念亭、俊亭长廊、烈士英名碑、李贞乾烈士墓、吴大名烈士墓、四座烈士公墓、纪念广场、奠基者群雕、南大门等20多处建筑物。陵园内安葬烈士2649人。湖西公园内千年古堤横亘，古涞河傍堤逶迤东去北流。大堤上自西往东分布有鸣琴广场、古琴台、二贤祠、晒仙台、吕仙井、天台等名胜古迹。仙人湖由仙人桥分为仙人东湖和仙人西湖。东湖约5公顷，西湖6公顷。青石砌岸。湖南岸长堤横亘，绿树青藤，水中银鳞竞跃，碧波涟滟。湖中游船如织，湖边多有垂钓者，是人们休闲游乐好去处。老干部活动中心内有老年大学、图书室、阅览室、书画室、乒乓球室、棋牌室、门球场、篮球场等。苏鲁豫皖四省门球邀请赛、书画展等经常在此举行。东部夕阳红公园是古堤的一段，栽花植松，铺绿展翠，风景秀丽。

节孝牌坊 单县古城，历史悠久，文化灿烂，名胜古迹尤以石牌坊为最。从宋元明年间至清，有记载的达百余座，单县因此荣享“牌坊县”称号。牌坊又名牌楼，是一种门洞式纪念性建筑物，旧时用以宣扬封建礼教、标榜妇德。清末民初，单县还存有“节孝坊”三十余座，均为石质。“文化大革命”后（1976年后），仅存百狮坊和百寿坊。

百狮坊因坊体夹柱上精雕百个石狮，故名。百狮坊原名节孝坊，乾隆四十三年（1778）为赠文林郎张蒲妻朱氏建，因此又称“张家牌坊”。坐落于县城北部牌坊街，高约14米，宽约9米，石构，通体雕刻，均为透雕和浮雕，正间单檐，次间重檐；四立柱巍然耸峙，歇山顶。正间前后坊心镌有“节孝坊”三个楷书大字。

百寿坊因其正间前后上坊心环雕百个变形篆体“寿”字，故名。百寿坊原名“敕褒节孝坊”，清乾隆三十年（1765）为翰林孔目朱淑琪妾孔氏建，又名朱家牌坊。百寿坊高约13米、宽8米，其建筑宏伟与雕刻精致可与百狮坊媲美。雕刻内容有：狮子、龙凤、仙鹤，还有牡丹、梅花、松石、竹兰、宝象花、唐蔓草，以及商周秦汉时

湖西公园

湖西财富广场

的金石图案，二方四方连续等。

开山公园　景区占地78公顷，其中水面13公顷。景区包括一区三园。一区指开山景区，三园为牡丹园、夏秀园和开山园。牡丹园位于舜师桥以南，占地7公顷，牡丹园以四季花卉为主，因牡丹是花中之王，菏泽又是牡丹之乡，所以在四季花卉中突显牡丹，称之为牡丹园。舜师桥以北为夏秀园，占地10公顷，主要以水上景观为主，建有木栈道、垂钓中心和音乐喷泉广场。开山园为景区的主要部分。主要有三大版块，第一版块是古代文明景点，有舜师文化广场、吕后文化广场、开山积雪、包公捉妖、四君子文化广场等。第二版块是现代文明景区，有展览馆和文化中心。单县展览馆占地面积5400平方米，展现了单县的昨天、今天和明天。文化中心是将老城区的文化馆、博物馆、图书馆、工人文化宫进行功能整合，四馆合一，使文化、旅游有机的结合在一起。第三版块是娱乐休闲场所，园内设有餐厅、茶室、水上娱乐设施、青少年乐园等。

开山公园　　2008年摄影

湖西财富广场　该广场由北部入口广场、中部玉泽湖、南部景观生态园3部分组成。北部入口广场占地面积3.9公顷，包括广场、景观桥、喷泉等，其中硬质铺装面积2.6公顷，绿化面积1公顷，水体面积0.3公顷。广场中段的玉泽湖南北长600米，东西宽50米，水面3公顷，玉泽湖中建有钟楼。包括湖面、石砌护坡、亲水步道、两岸绿地、景观亮化、人车道路、休闲广场等，绿化面积2.4公顷、硬质铺装面积3.1公顷。南部景观生态园水体面积7公顷，绿化面积10公顷，硬化面积1公顷，河岸置砌景观石，进行高档亮化、绿化、硬化，与东沟河融为一体。

“一日游”线路　生态休闲一日游　早县城内接团，乘车赴浮龙湖生态旅游区，游览浮龙广场、栈桥、生态岛，码头登船，坐船游览浮龙湖风光。之后，参观老子文化研究院，乘景区电瓶车游览浮龙湖南岸生态旅游路：老牛圈、玄井、双圣亭、情侣、观水悟道等人文景观及古堤风貌、湖畔风光，码头登船，游览水上会务中心，下船休闲，中午水上会务中心或返回县城中餐，品尝百年名吃单县羊肉汤，下午特产商店自由购物，送团。

红色教育一日游　早县城内接团，乘车赴湖西公园：瞻仰湖西革命烈士纪念塔，游二贤祠、琴台、晒仙台、天台，走红色大道，感受红色文化，参观纪念广场、李贞乾墓碑、吴大名墓碑、英名碑、浩然亭、烈士单墓、烈士公墓、英雄阁。中午品尝单县名吃羊肉汤。下午特产商店自由购物，送团。

古城新貌一日游 早县城接团，参观牌坊街、百狮坊、百寿坊、百年枸杞树；乘车赴单县经济开发区，游览开山公园、展览馆、东沟河绿色长廊、湖西人民广场、湖西财富广场、生态公园等，中午品尝单县名吃羊肉汤。下午特产商店自由购物，送团。

工业建设一日游 早单县接团，参观四君子酒工业园、百寿坊食品生产线、国能生物发电、舜亦新能源，中午品尝单县名吃羊肉汤。下午特产商店自由购物，送团。

“二日游”线路 **生态休闲、红色教育二日游** 第一天，中午县城接团，中餐后赴浮龙湖生态旅游区：游览浮龙广场、栈桥、生态岛、浮龙湖风光（船游）、老子文化研究院、浮龙湖南岸生态旅游路、水上会务中心，返县城晚餐，晚观看县城夜景，住单县。第二天，早餐后乘车赴湖西公园：瞻仰湖西革命烈士纪念塔，游二贤祠、琴台、晒仙台、天台，走红色大道，感受红色文化，参观纪念广场、李贞乾墓碑、吴大名墓碑、英名碑、浩然亭、烈士单墓、烈士公墓、英雄阁。中午品尝单县名吃羊肉汤。下午特产商店自由购物，送团。

生态休闲、古城新貌二日游 第一天，中午县城接团，中餐后赴浮龙湖生态旅游区：游览浮龙广场、栈桥、生态岛、浮龙湖风光（船游）、老子文化研究院、浮龙湖南岸生态旅游路、水上会务中心，返县城晚餐，晚观看县城夜景，住单县。第二天，早餐后乘车赴单县开发新区，游览开山公园、展览馆、东沟河绿色长廊、湖西人民广场、湖西财富广场、生态公园等，中午品尝单县名吃羊肉汤。下午特产商店自由购物，送团。

第四节 旅游服务

旅行社 2003年4月，单县旅行社成立，随后单县阳光假日旅行社成立。至2010年，境内有单县旅行社和单县阳光假日旅行社。主要是组团，经营国内旅游业务。随着人们生活水平的不断提高，接待业务日益增多。

宾馆 单县宾馆数量多，规模小、档次低。至2010年，境内尚无一家星级宾馆。境内规模较大的宾馆主要有湖西宾馆、浮龙湖水上会务中心、誉都宾馆、富丽华大酒店等，酒店经营管理水平及服务质量有待提高。

誉都宾馆

第七章　体　育

第一节　体育设施

田径场　1986年，有400米标准田径场1处，容纳2800人的看台灯光球场1个，600多平方米业余体校办公教学楼 1栋。1996年后，先后进行三次大规模整修，安装观台及座椅。2001年，在田径场安装健身器材，有双杠、单杠、天梯、综合训练器等。

塑胶球场　1999年，建起菏泽市唯一塑胶灯光球场，建筑面积630平方米。2007年，对灯光球场地面重新进行塑胶铺装。2010年，在经济开发区建立高标准塑胶篮球场1处，塑胶网球场1处，羽毛球场2处。

门球场　1987年，在县老干部局后院内建封闭式门球场1座，面积602平方米，内设2个标准门球训练场。1992年，在老干部局前院建设高标准老年门球场，面积1300平方米，内设4个门球训练场地，是老年人健身的重要活动场所。

体育综合训练馆　2005年，在菏泽市率先建成体育综合训练馆，建筑面积536平方米，内设乒乓球台、体操、健美操训练房、跆拳道训练场地等。2003年，单县一中建成高标准大型综合体育馆，内设乒乓球台、篮球场、排球场、武术场地、体操健身房等。

体育健身路径　2003年，在顺河街的西侧建成单县第一条体育健身路径。之后，在县城区各繁华街道、机关单位、居民小区内先后安装65条健身路径。

第二节　社会体育

全民运动会　1986年11月1—6日，在单县体育场召开单县第一届全民体育运动会。大会有裁判员、工作人员200余人，运动员1436人。比赛项目有田径、篮球、乒乓球、老年门球等。田径赛区：参加单位有7区1镇，驻城县直各系统及师范、卫校、一中、二中、职业中学等。分农民组、干部职工组、学生组三个组，有运动员770人。篮球赛区：分甲乙两组。甲组有单城镇、城郊区、郭村区、高韦庄区、黄岗区、蔡堂区、终兴区、徐寨区，有男女篮球运动员184人；乙组为县直各系统男女队，有运动员322人。乒乓球赛区：有100名运动员参加比赛。

学生体育　1986年，县政府发文确定体育成绩突出的初中毕业生可以面试录取上高中。1987年，全县有专职体育教师78人。其中，本科2人，专科9人，中专38人，高中29人。1995年，全县高考体育生上线人数在菏泽地区名列前茅。1996年，单县一中在菏泽地区中学生篮球比赛中获团体第一名。1997年，菏泽地区中学生运动会在单县举行，单县获团体总分第二名和体育道德风尚奖。1998年，县体委与县教委联合举办全县首届小学生田径运动会。1999年，县体委、县教委联合举办全县中学生田径运动会。2000年，县教委、县体委联合举办全县小学生田径运动会。2001年，单县运动员代表菏泽市参加山东省“希望杯”青少年田径比赛，获两块金牌、一块银牌，是菏泽市历年在省级田径比赛中取得的最好成绩。同年，菏泽市中学生田径运动会在单县召开，单县代表队获团体冠军和体育道德风尚奖。2003年，菏泽市百万青少年“全民健身”启动仪式在单县体育场举行。同年，单县一中男子排球队在菏泽市中学生排球比赛中获冠军。2004年，菏泽市中学生排球比赛在单县一中举行，单县一中男队获冠军，女队获亚军。2006年，在山东省第七届残疾人运动会上，单父中学学生庞善良获男子跳远亚军，三级跳远亚军，百米短跑季军。同年，单县一中组队参加菏泽市中学生男子篮球比赛，获冠军。2007年，县体育中心、县教育局联合举办单城镇小学生田径运动会和全县中学生田径运动会。

学校运动会

2010年，由县体育中心、县围棋协会主办，鲁能超市协办的“鲁能环亚杯”全县第二届少儿围棋赛在鲁能活动室举行，有200多名选手参加比赛。

职工体育 1986年起，县体委与各个机关单位、企业每年联合举办体育比赛，项目主要有篮球、排球、足球、乒乓球、长跑等。1996年，县体委与建行联合举办“建行杯”越野赛；与中国银行单县支行联合举办“工行杯”足球赛；与县中行联合举办“中行杯”篮球赛。1997年，迎香港回归“四君子杯”千米接力赛在体育场隆重举行。同年，单县男子篮球队获菏泽地区篮球赛冠军；单县信鸽协会获菏泽地区信鸽联赛冠军。县体委还举办驻城“消防安全杯”篮球赛、“人寿保险杯”全县长跑越野赛、“国税杯”够级比赛、“农行杯”象棋比赛、“城市信用社杯”围棋比赛、“城市信用社杯”足球比赛、“人寿保险杯”排球比赛等。同年，中国银行单县支行被国家体委授予“全国体育活动先进集体”称号。1998年1月，举办“中行杯”越野长跑比赛，全县21支代表队316人参加比赛。举办“白云杯”男子篮球赛，全县共有9支球队参加比赛，县粮食局代表队获冠军，中保财险公司队、教育队分获二、三名。举办第二届“中行杯”足球比赛，经过16天32场激烈角逐，县二中获冠军。2002年，县体育中心举办“公路杯”鲁苏豫皖四省周边市县篮球邀请赛，单县公路局、地税局分别获得冠、亚军；举办全县“地税杯”篮球赛，公路局获甲组冠军，环保局获乙组冠军。同年，单县公路局获菏泽市职工篮球赛冠军；单县地税局获全市地税系统篮球赛冠军；单县“腾辉实业”足球队获菏泽市足球赛冠军。2004年，县体育中心举办“联通杯”首届县六大家领导机关乒乓球比赛，为单县全民健身活动的广泛开展，起到带头和推动作用。单县国税局、地税局联合赞助举办“税务杯”全县男子篮球比赛、足球比赛。2005年，单县公路局获国家体育总局颁发的全国体育活动先进社区奖。同年，县政协举办第一届政协委员运动会；县体育中心举办第四届“地税杯”全县男子篮球比赛和“网通杯”元旦越野长跑比赛。2006年，举办第五届“地税杯”全县男子篮球比赛，有十二支代表队参加比赛，公路局获冠军。2007年，县国税局、县电业公司、网通公司等单位分别举办本系统职工运动会等。春节期间，县直机关单位干

篮球比赛　　2010年摄影

部职工进行乒乓球、象棋、围棋、够级和斗鸡系列比赛。2009年9月，为庆祝人民政协成立六十周年，举办迎政协六十华诞钓鱼比赛。同年，由

钓鱼比赛

菏泽市体委主办，单县体育中心、单县中心医院和三友渔具商店协办的菏泽市“单县中心医院杯”钓鱼大奖赛在开山公园举行，参赛者为牡丹区、巨野、曹县、郓城、定陶、鄄城、东明等县区的钓鱼高手。为历年来菏泽市参赛人数最多、技术规格最高的一次竞技性钓鱼大赛。同年，单县体育中心组织首届“迎全运、全民健身与和谐单县同行”自行车比赛，参赛选手200多人。

2010年5月，县委宣传部、县文明办、县体育中心联合主办，单县名城房地产有限公司协办的“名城杯”“庆‘五一’、讲文明、促和谐”乒乓球比赛在单县体育馆举行，34支代表队近200名运动员参赛。6月下旬，县体育中心举办全县首届“单县中医院杯”、庆“七一”科技工作者运动会。同年，由县体育中心主办，县老年骑游协会和飞扬自行车俱乐部协办的全县“百寿坊杯”第二届美利达自行车比赛在湖西广场举行，有200多名选手参加比赛。

自行车比赛

农民体育 1986年，农民体育活动在单县开始兴起，体育项目主要有篮球、田径、游泳、武术、腰鼓、踢毽子、拔河等。2001年，单城镇被国家体育总局授予全国“全民健身活动”先进单位。2002年，浮岗镇被国家体育总局、农业部授予全国亿万农民健身活动先进单位。2003年，莱河镇帅楼，谢集乡朱江楼，终兴镇北常集，单城镇郭黄庄、三官庙，浮岗镇李油坊，杨楼镇尤庄等村庄安装了健身器材。2004年，菏泽市“体育三下乡”（送全民健身项目、送体育健身器材、送体育健身知识下乡）活动启动仪式在单县浮岗镇举行，活动期间进行体质测试和健身活动咨询，并为浮岗镇赠送体育器材，安装全民健身路径。2009年，开展“体育三下乡”活动，为31个行政村配备体育器材。

老年人体育 1987年，县老年体育协会成立，先后由孟伯侠、孟晓华、陈永福担任主席。下辖老年骑游、气功、太极拳、保健操、排球、羽毛球、门球、乒乓球、书法、棋类等14个分会。1990年，单县老年门球队代表菏泽地区出席山东省门球比赛，获第三名。1992—1994年，县老年体协连续3年派员参加全国气功导引养生功表演比赛，均获最佳奖。1994年，全县老年体育协会会员9100多人。全县37个乡镇和24个县直单位建立老年体协分会。1996年，单县老年门球队获鲁苏豫皖四省老年门球邀请赛团体第一名。1997—1999年，每年举办“九九”老人节体育运动会。2000年，县体委、老干部局、老年体协成功举办“将军杯”鲁苏豫皖四省老年门球邀请赛，特邀胜利油田代表队参加。同年，单县信鸽协会在菏泽市信鸽联赛中获团体第一名。2001年后，每年的“九九”老人节均举办大型庆祝活动，活动内容越来越丰富。2004年，在单县举办第四届鲁苏豫皖“卫校杯”老年门球比赛，来自四省周边地区19支代表队参加比赛，单县四君子酒业队获亚军。2008—2010年，在菏泽市门球比赛中，单县老年门球队连续3年蝉联菏泽市冠军。

春节期间体育活动 1986年始，每年春节期间开展体育活动，丰富群众节日生活。如象棋、围棋、乒乓球、老年门球、斗鸡、够级等比赛活动。1998年，举办“水利杯”够级比赛、“电业杯”乒乓球比赛、“邮电杯”象棋比赛、“农发行杯”围棋北赛。1999年，举办“电业杯”够级比赛、“地税杯”乒乓球比赛、“国税杯”象棋比赛、“电信杯”围棋比赛、“医药杯”斗鸡比赛。2000年，举办县直部门干部职工参加的象棋、围棋、乒乓球、老年门球、斗鸡、够级等比赛活动。2001年，举办由县直干部职工参加的“公路杯”象棋比赛、“土管杯”乒乓球比赛、“电业杯”够级比赛、“电信杯”围棋比赛、“水利杯”斗鸡比赛。2002年，举办迎新春“水利杯”够级比赛、“电业杯”乒乓球比赛、“农行杯”象棋比赛、“电信杯”围棋比赛。2004年，举办“水务杯”够级比赛、“网通杯”围棋比赛、“地税杯”乒乓球比赛和“农行杯”象棋比赛。2007年，举办县直机关单位干部职工乒乓球、象棋、围棋、够级和斗鸡系列比赛。2010年，

老年太极拳

陆续举办“东大杯”单县少儿围棋大型募捐义赛、“体彩杯”足球赛、“春节杯”大型乒乓球比赛等活动。

第三节　竞技体育

境内竞技体育项目有田径、排球、篮球、乒乓球、武术、足球等。

1998年，民族武校代表地区组队参加山东省体委、民委联合举办的首届民族运动会，获女子陀螺团体第一名，男子蹴球团体第三名。单县青年足球队赴菏泽地区参加比赛，获亚军。1999年，单县乒乓球队获菏泽地区“恒立杯”乒乓球大奖赛男子团体亚军。2000年，由山东省单县四君子酒业有限公司赞助举办的菏泽地区围棋邀请赛，单县棋手力克群雄，获个人冠军和团体冠军。县烟草公司、县工商银行、百寿坊食品有限公司联合赞助足球队赴菏泽参加第七届“奇思路”杯菏泽地区足球比赛，获亚军。2001年，山东电视台“腕力王”在山东百寿坊食品有限公司举行第十站比赛，单县运动员获本站比赛超重量级冠军。同年，单县足球队在菏泽市“天同证券杯”四人足球比赛中获冠军。2003年，陶祥飞获全国少年男子55公斤级柔道冠军；帅飞获全国少年乒乓球男子双打冠军。2003年，单县运动员单长辉在全国体育运动学校田径比赛中，获男子3000米冠军，1500米亚军。单县足球队参加菏泽市足球比赛，第四次蝉联全市足球比赛冠军。2005年，举办“石化杯”苏鲁豫皖四省周边县市足球比赛，单县一队获冠军，二队获季军。2006年，单县运动员冯西在天津举行的全国古典式摔跤比赛中获96公斤～120公斤级冠军；单县运动员张恒在山东省第二十一届运动会上，获69公斤级举重冠军；在“砀山杯”苏鲁豫皖周边县市男子乒乓球邀请赛中，单县代表队获团体冠军，张翔获单打冠军；组队参加菏泽市第二届“南平花园杯”羽毛球比赛，获团体亚军，女子单打冠军，男子双打亚军；在山东省第七届残疾人运动会上，单父中学学生庞善良获男子跳远亚军，三级跳远亚军，百米短跑季军。2007年，单县组队参加菏泽市羽毛球比赛，获女子单打冠军，男子团体亚军。2009年3月，在山西太原举行的第十一届全国运动会资格选拔赛上，单县运动员冯西入围第十一届全运会摔跤参赛资格。4月7日，第十一届全运会“百县篮球赛”菏泽分赛区预选赛，单县代表队以全胜战绩获冠军，进入决赛。同年，17岁的单县乒乓球运动员帅飞被北京大学聘为乒乓球教练。2010年7月，单县组队参加山东省“万人象棋”菏泽分赛区预选赛。9月，参加第十一届全运会“万人象棋”菏泽分赛区预选赛，单县3名象棋队员均取得较好名次。

1986—2010年，单县在各项比赛中，获全国比赛金牌8块，省级比赛金牌32块。

乒乓球比赛　　2010年摄影

2001—2010 年部分年份单县运动员在省级以上体育比赛中获得成绩一览表

表 26-7-1

姓名	年份	比赛名称	获得荣誉
单长辉	2001	全国少年体校田径锦标赛	男子 1500 米第七名
张　恒	2002	山东省举重锦标赛	62 公斤级冠军
帅　飞	2003	全国第七届“创新杯”少年儿童乒乓球比赛	双打冠军
单长辉	2004	全国体育运动学校田径比赛	3000 米冠军、1500 米亚军
张　恒	2004	山东省体育传统项目学校举重比赛	69 公斤级冠军
冯　西	2006	全国青年古典式摔跤比赛	96 公斤～120 公斤级冠军
冯　西	2006	山东省第 21 届古典式摔跤比赛	120 公斤级以上级别亚军
张　恒	2006	山东省第二十一届运动会	69 公斤级举重冠军
张　翔	2006	“砀山杯”苏鲁豫皖四省男子乒乓球邀请赛	单打冠军
庞善良	2006	山东省第七届残疾人运动会	男子跳远冠军、三级跳亚军、100 米季军
单长辉	2006	山东省第二十一届运动会田径比赛	10000 米季军、5000 米第七名
冯　西	2007	全国古典式摔跤冠军赛	80 公斤以上级别季军
张　恒	2008	山东省健美锦标赛	75 公斤级以上青年组季军
张　恒	2009	山东省健美锦标赛	75 公斤级以上青年组冠军
单长辉	2010	陕西省第 32 届大学生田径运动会	1500 米冠军、5000 米冠军

1986—2010 年部分年份单县参加市以上体育比赛获得团体成绩一览表

表 26-7-2

项目名称	年份	地点	比赛名称	获得荣誉
田径	1986	菏泽	越野	菏泽地区越野赛第二名
老年门球	1996	江苏省丰县	苏鲁豫皖老年门球邀请赛	团体第一名
中学生篮球	1996	菏泽	菏泽市中学生篮球比赛	团体第一名
篮球	1997	菏泽	菏泽市篮球比赛	冠军
信鸽	1997	菏泽	菏泽市信鸽联赛	单项前六名
田径	1997	单县	菏泽市中学生田径运动会	团体第二名、体育道德风尚奖
陀螺	1998	济南	山东省首届民族运动会	女子陀螺团体第一名
蹴球	1998	济南	山东省首届民族运动会	男子蹴球团体第三名

续表 26-7-2

项目名称	年份	地点	比赛名称	获得荣誉
足球	1998	菏泽	菏泽市青年足球锦标赛	亚军
门球	2000	丰县	苏鲁豫皖四省门球邀请赛	冠军
乒乓球	2000	菏泽	菏泽市“恒力杯”乒乓球大奖赛	男子团体亚军
围棋	2000	单县	菏泽市围棋邀请赛	个人冠军、团体冠军
信鸽	2000	菏泽	菏泽市信鸽联赛	团体第一名
足球	2000	菏泽	第七届“奇思路”杯全市足球赛	亚军
田径	2001	济南	山东“希望杯”青少年运动会	2 块金牌、1 块银牌
田径	2001	单县	菏泽市中学生田径运动会	团体冠军、体育道德风尚奖
足球	2001	菏泽	菏泽市“天同证券杯”四人足球比赛	冠军
篮球	2002	单县	“公路杯”四省周边市县篮球邀请赛	冠军
排球	2002	菏泽	菏泽市中学生排球比赛	冠军
足球	2002	菏泽	菏泽市足球比赛	冠军
排球	2003	菏泽	菏泽市中学生排球赛	冠军
足球	2003	菏泽	菏泽市第十届足球比赛	冠军
门球	2004	单县	第四届四省“卫校杯”老年门球邀请赛	亚军
排球	2004	单县	菏泽市中学生排球比赛	男子冠军、女子亚军
足球	2004	菏泽	菏泽市足球比赛	冠军
足球	2005	单县	“石化杯”苏鲁豫皖四省周边市县足球比赛	一队获冠军、二队获季军
乒乓球	2006	安徽砀山	“砀山杯”苏鲁豫皖周边县市男子乒乓球邀请赛	团体冠军、单打冠军
篮球	2006	菏泽	菏泽市中学生篮球赛	冠军
羽毛球	2006	菏泽	菏泽市第三届羽毛球比赛	团体亚军、女单冠军、男双亚军
篮球	2009	菏泽	第十一届全运会“百县篮球赛”菏泽分赛区预选赛	冠军
篮球	2009	济南	山东省百县篮球总决赛	第七名

说明：缺少 1987—1995 年团体比赛成绩资料

第四节 武术

武术宗旨 以“推动武术全面发展，弘扬中华传统文化”为宗旨，以“普及武术运动，弘扬武术精神，共建和谐社会”为指针。

武术背景 单县地处鲁苏豫皖四省八县交界处，好武习武之风久负盛名。新中国成立后，武术活动蓬勃发展，参加武术活动人数逐年增多，遍布城乡，武术运动水平越来越高。1972年成立单县武术协会。之后，单县武术推广中心、太极拳协会、太极拳俱乐部、王力健身俱乐部、鲁西南搏击馆、星武搏击馆、职业泰拳搏击俱乐部、单州武术馆、精武搏击学校相继成立。1996年，山东省民族武校武术比赛在单县举行。同年，单县被国家体委命名为“中国武术之乡”。

特色拳种 梅花拳、查拳、二郎拳、洪拳。

代表人物 梅花拳：段才顺；查拳：马德明；洪拳：霍长粉、王虎臣。

武术竞技 1986年，单县运动员宗启银获全国武术运动会绳镖比赛第四名。1996年，单县鲁西南搏击馆代表菏泽地区参加山东省“希望杯”散手擂台赛，获团体第一名和体育道德风尚奖；单县民族武校在菏泽地区武术比赛中获17枚金牌，金牌总数第一，并获道德风尚奖。1997年，菏泽地区体委与单县体委、单县民族武校联合组队参加山东省武术比赛，获女子团体第四名，男子团体第五名，获单项奖牌16枚。2000年，组队参加全国武术之乡武术比赛，获两个一等奖。2003年，单县民族武馆代表菏泽市在山东省第六届少数民族运动会武术比赛中获金牌3枚，银牌6枚，铜牌10枚。同年，单县运动员陶祥飞参加中国首届少年儿童武术大赛，获男子55公斤级柔道冠军。2005年，组队参加第五届全国武术之乡武术比赛，获金牌1枚，银牌5枚，铜牌3枚。2006年，组队参加“山东省太极拳比赛”，获金牌3枚，银牌2枚，铜牌5枚；参加“武术之乡”武术比赛，获3枚金牌，5枚银牌，5枚铜牌。2007年5月，县体育中心组织举办“王力杯”苏鲁豫皖四省八县武术散打比赛，单县武术代表队获团体总分第一和金牌总数第一。9月，县体育中心承办“交警杯”菏泽市太极拳锦标赛，单县组队参赛，获11枚金牌，8枚银牌，8枚铜牌。同年，组队参加第六届全国武术之乡比赛，获4金3银，并获体育道德风尚奖。2008年，组队参加“武术之乡”武术比赛，获4枚金牌，2枚银牌，6枚铜牌。同年，单县太极拳代表队参加山东省首届武术比赛、菏泽市第四届太极拳锦标赛，共获5枚金牌，5枚银牌，4枚铜牌。2010年，高宇驰获全国传统武术比赛刀术冠军。6月，举办苏鲁豫皖四省八县的“农信杯”苏鲁豫皖武术散打比赛，单县武术代表队获男子9个级别金牌、女子2个级别金牌，团体总分第一和奖牌总数第一。1986—2010年，单县武术协会为省级武术专业队和大专院校输送武术后备人才20余人。

2007年7月18日，“王力杯”四省武术散打擂台赛

第五节　体育学校

单县民族武校　单县民族武校建于1989年，坐落在单城西北隅，系红墙碧瓦的仿古建筑，总建筑面积1万余平方米。该校教学设施齐全，环境优雅，内设小学部、初中部和高中部，共21个教学班，学生1500余人。该校始终坚持“文武并重”的办学方向，文化科统考位居全县前列，武术表演队先后参加济南第一届国际武术演武大会、北京第一届武术锦标赛、中国虞城首届木兰文化节开幕式武术表演，均获得国内外专家好评。1991年，单县民族武校被北京体育大学定为武术实习基地。1994年，被山东省体育运动技术学校定为武术培训中心；被齐鲁武院定为文武并重的示范学校。

单县青少年校外活动中心　单县青少年校外活动中心于1986年成立，为正科级事业单位，隶属县体委。该活动中心建筑面积1600平方米，内有综合活动室2个，自由活动室2个，微机室1个，图书室1个，小型会议室1个，大型活动室（展示厅）1个，办公室7个。在职人员35人，外聘专业教师5人，共计40人。其中，高级教练2人，一级教练15人，二级教练5人；一级裁判5人，二级裁判16人。开设的体育训练项目有田径、篮球、羽毛球、乒乓球、太极拳、散打、跆拳道、舞蹈、象棋、围棋等，每年培训青少年300余名。1990年，单县青少年校外体育活动中心兼职教师吴中强被省政府授予“山东省少年儿童先进工作者”。1986—2010年，参训人员在各级重大比赛中共获得奖牌78枚。其中，金牌23枚，银牌24枚，铜牌31枚。参训人员单长辉、陶祥飞、帅飞、冯西、高宇驰分别获得全国田径、柔道、青少年乒乓球、古典式摔跤、武术比赛的冠军。2010年，高宇驰、冯西又分别获得世界青少年武术锦标赛冠军和山东省二十二届运动会古典摔跤冠军。至2010年，单县青少年校外体育活动中心为菏泽市体委业余体校输送体育人才58人，为省体育运动队输送15人，为大中专院校培养输送体育学生600余人。

第六节　体育产业

1986年，单县的体育产业是创始阶段，从事经营的人员少，经营项目仅限体育器材、服装。1990年起，稍有起色，境内相继开办一些民办体育学校及各种类型的健身培训班。2001年起，开始发行体育彩票，彩票投注站逐年增多，销售额逐年增加，至2010年，体育彩票投注站增加到20个，年销售额572万元。境内有体育器材、体育服装专营商店20家，跆拳道、武术搏击、乒乓球、台球、轮滑、拉丁舞、健美操等俱乐部12处。健身房、棋牌室、中老年活动室60余处。

第二十七编

卫生 医药

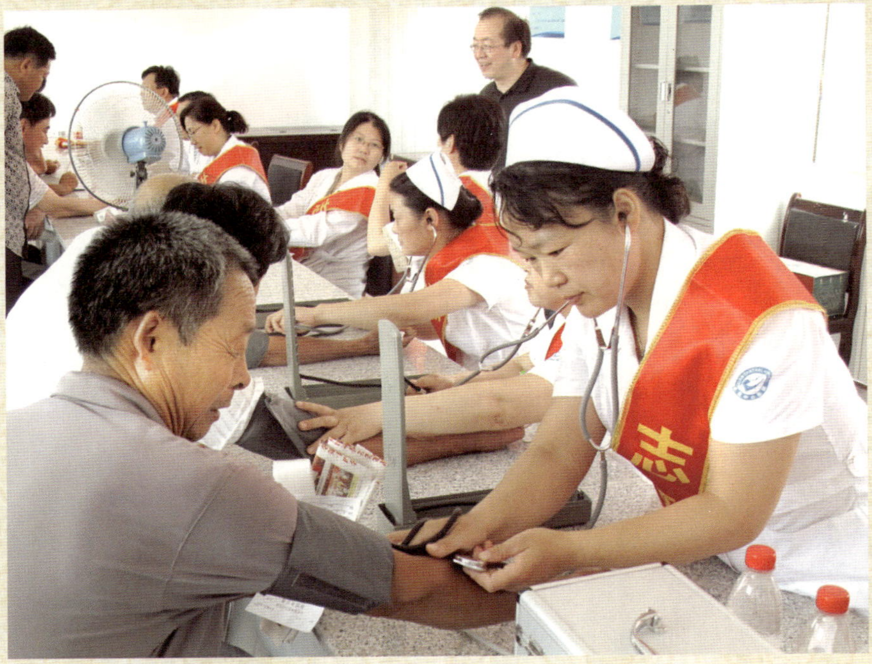

县中心医院志愿者下乡义诊

德国骨科专家到单县中心医院技术交流

县中心医院开展志愿者服务

1986年，全县有县直医院5所，保健所1所，防疫站1所，县分院5所，乡镇医院21所，卫生技术人员1753人，病床948张。农村卫生室694个，乡医989人。1986年后，全县防疫、医疗、乡村卫生、妇幼保健工作蓬勃开展，人民群众的健康水平逐年提升。1998年，单县被评为全省初级卫生保健达标县。2005年10月，被确定为全省新型农村合作医疗试点县。2008年，加强城乡医疗服务体系建设，建立按服务人口3000～5000人、服务半径不超过1.5公里的农村群众就医圈，实行乡村医疗站室“一体化管理”。2009年，启动实施6项重大公共卫生和9项基本公共卫生服务项目。2010年3月，在全市县区中率先实施国家基本药物制度，基本解决群众“看病难，看病贵”的问题。12月，单县顺利通过省级卫生县评审验收。年底，全县公办、民营卫生机构31所，其中医院、卫生院26所，妇幼保健院1所，结防所1所，疾控中心1所，卫生服务中心2所。共有卫生技术人员3532人，为1986年的2.01倍，其中执业医师1226人，注册护士2022人。各类卫生机构病床达到3285张，为1986年的3.47倍。全县参加新型农村合作医疗的农民103.83万人，参合率100%。初步形成分工合理、相互协作、公平竞争、规范运行的新型城镇医疗卫生服务体系，基本实现“大病不出县”的卫生医疗目标。

第一章　卫生体制改革

第一节　医疗体制改革

卫生管理体制改革　1986年后，在全县建立医疗服务价格公示和查询制度，实行住院费用一日清单制，建立健全医疗质量监督检查制度，提高医务人员的医疗服务意识和质量意识，不断提高医疗质量，减少医疗事故发生。2004年始，鼓励多主体投资、多形式办医，大力发展民营医疗机构，融医疗、预防、康复于一体的社区卫生服务机构。至2010年，初步形成分工合理、相互协作、公平竞争、规范运行的新型城镇医疗卫生服务体系，基本实现“大病不出县”的卫生医疗目标。

用人制度改革　2000年起，全面推行“病人选医生”“病人选医院”制度，推动医疗机构之间和医院内部各环节、各岗位公平竞争，促进医疗技术提高和服务态度改善。2005年起，在全县范围内推行以聘用制为主的用人制度和绩效工资制，按需设岗、公平竞争、择优聘用，改革卫生事业单位内部分配制度，激发内部活力。2006年始，每年派出几十名中青年骨干到北京301医院和省立医院进修；每年招录几十名研究生和本科生充实到县直医疗单位。同年起，县卫生局围绕县委、县政府提出打造周边医疗服务高地的战略目标，在县直医疗单位开展“树名医、建名科、创名院”活动，加强人才引进和培养。2007年3月，县中心医院引进医学博士叶永强。2010年9月，该院引进医学博士刘仍利。同时，县卫生系统还相继聘请中科院院士汪忠镐、山东大学教授寿楠海等多名全国著名医学专家、教授定期到单县指导医疗技术工作，带动学科发展。至2010年年底，全县卫生系统共引进聘用各医疗学科专家39人。

乡镇卫生院改革　2006年始，县卫生局按照“五个统一”（即统一标识牌、统一功能新区和工作制度、统一医疗文书、统一宣教内容、统一财务管理）、“四个公开”（即公开诊疗收费项目和收费标准，公开合作医疗报账程序和财务运行程序，公开全体工作人员、医疗科室基本情况，公开公共卫生服务项目、服务流程、服务目标和任务）、“三个创建”（即农村卫生工作创品牌、卫生院管理创特色、卫生院内涵质量创一流）的要求，成立医护医技专家组，定期检查指导医护医技质量；通过组织召开现场会、观摩评比等方式，全面规范乡镇卫生院的注射室、诊疗室、抢救室建设；成立会计核算中心，对乡镇卫生院财务实行“集中管理、分户核算”，实现收支两条线，规范乡镇卫生院的财务管理。同年起，县直医疗单位每年对所帮扶乡镇卫生院培养3～5名留得住、用得上的专业技术人才。

行政村卫生室改革 2008年起，全县推行乡村卫生组织一体化管理，确保作为三级医疗卫生网网底的村卫生室规范有序运行。4月，在谢集乡启动“一体化”管理试点工作，高标准建设朱江楼等8个村级卫生服务站，取得成功经验后，在全县进行推广，建村级卫生服务站257处，按照“三制”（聘任制、工资制、养老保险制）、“四统一”（统一行政、统一业务、统一财务、统一药品）的模式进行管理。全县形成以乡镇卫生院为中心，服务站为补充的按服务人口3000～5000人、服务半径不超过1.5公里（就诊群众步行15分钟内到达）农村群众就医圈，基本实现群众“小病不出村”目标。

第二节 医药制度改革

1998年，开始对药品、医疗器械采购实行一体化管理。2002年，调整部分医疗收费项目，适当提高能够体现知识劳务价值的技术劳务价格，降低大型医疗设备检查费。2003年，在全县医疗机构中推行药品、医疗器械集中招标采购制度。2010年3月25日，单县在菏泽市率先启动实施国家基本药物制度。在实施过程中，县卫生局基本做到“组织领导、宣传培训、资金投入、政策落实、措施配套、责任追究”六个到位。实施国家基本药物制度后，全县各乡镇卫生院和城市社区卫生服务机构的药品价格比实施前平均降低45.2%。乡镇卫生院和城市社区卫生服务机构日均门诊3046人次，与2009年同期相比增加18%；日均住院人数82人，与2009年同期相比降低30%；2010年医疗收入3067万元，与2009年相比降低2.4%；职工人均年工资16209元，与2009年基本持平。国家基本药物制度实施后，有效解决乱开药、开大方等现象，药品使用量比原来减少13.2%；乡镇卫生院门诊次均费用由54元降至35.45元，合作医疗报销后，群众自负由41.8元降至25元，人均少负担16.8元。乡镇卫生院住院次均费用由1226.59元降至957.39元，合作医疗报销后，群众自负由621.59元降至342.39元，人均少负担279.2元，全县农民年受益超过3000万元。

2010年3月19日，召开单县基本药物制度座谈会

第三节 农村合作医疗

农村合作医疗 1991年年初，县政府印发《关于在全县农村推行集体医疗保健制度的通知》，同时制定《单县农村合作医疗章程》，遵

循“平等、自愿、互助、共利”原则，并对组织领导、管理制度、筹资方式、实施办法等均作具体规定。在具体工作中，大部分乡镇实行“合医合药”模式，个别经济基础薄弱的乡镇实行“合药不合医”模式。年底，全县有23个乡镇先后实现集体医疗保健制度，占乡镇总数的62.16%；全县938个行政村，有670个村实行集体医疗，占行政村总数的70.43%，参加731891人，占全县总人口的66.82%，有564371人受益，占参保人数的77.1%，近千人重大疾病获得报销。1997年，是全县农村合作医疗发展最好的一年，从实施的乡镇个数到参与的村数、人数等各方面都在91%以上。之后，由于资金少、缺口大，全县发展不平衡，合作医疗时办时停，最后停办。

新型农村合作医疗　2005年10月，单县被省卫生厅确定为省级新型农村合作医疗试点县。2006年3月，根据省、市有关文件精神，县政府制定《单县新型农村合作医疗实施办法（试行）》，对组织领导、管理制度、筹资方式、报销制度等都作出具体规定。同时，成立单县新型农村合作医疗管理委员会和单县新型农村合作医疗监督委员会。县新型农村合作医疗管理委员会下设办公室，负责处理日常工作。新农合实行定点医疗机构竞争机制，既有公立医院，又有民营医院。县政府投资50多万元铺设专网、开发专用软件，统一装备计算机网络系统。参合农民住院费用的报销补偿比例和数额全部由计算机管理系统按报销补偿规定自动生成，不能人为地修改和变动，确保报销补偿的公正性。参合农民门诊、住院费用可当场报销。实行门诊、住院“一卡通”，使参合农民到医疗机构就诊时有充分选择的余地。在实行基金专户管理的基础上，在基金使用上实行公示制度，参合农民报销补偿情况公示到每个自然村；建立举报有奖制度，鼓励社会各界及广大群众对新农合违规行为进行举报；推行会审制度，县城医院对预计报销金额在4000元以上及意外伤害的住院参合农民，乡镇医院对预计报销金额在1200元以上及意外伤害的住院参合农民要进行会审，防止合作医疗基金的流失；规范住院分类管理制度，要求各定点医疗机构对参合农民住院到出院都要严格查验“两证”（合作医疗卡、身份证），县新型农村合作医疗管理办公室凭“两证”及《参合农民住院登记表》给予报销补偿。实行大病

全县新型农村合作医疗工作动员大会　　2006年3月摄影

参合农民排队缴纳新农合款　　2006年摄影

补偿制度，凡患有白血病、尿毒症、小儿先天性心脏病、乳腺癌、血友病、重症精神病等疾病列入重大疾病补偿范围。同年，全县参加新型农村合作医疗农民822890人，筹集资金822.89万元，参合率81.77%；全年共为参合农民报销医药费用1951.64万元，受益410716人次。2008年，全县参加新型农村合作医疗农民1025597人，筹集资金8615.01万元，参合率98.15%；全年为参合农民报销医药费用6301.50万元，受益1535045人次。2010年，全县参加新型农村合作医疗农民1038311人，筹集资金12459.73万元，参合率100%；全年为参合农民报销医药费用11035.03万元，受益8349741人次。2006—2010年，共为参合农民报销医药费用42988万元，受益1568万人次。

第四节　民办医院

随着医疗卫生体制改革的不断深入，在多主体投资、多形式办院政策的鼓励下，单县的民营医院得到发展。2004年6月18日，单县第一家民营医院——浮岗医院落成开诊。浮岗医院是浮岗镇政府的重点招商引资项目，位于浮岗镇政府东300米，占地面积1.6公顷，有医务人员28人，为一级甲等医院，科室设置齐全、专业特点突出，配有300毫安遥控X光机、彩色B超、心电监护仪、心电图机、血流变检测仪、半自动生化分析仪、尿液分析仪等医疗设备。12月，福仁医院在李田楼乡开业。该院占地面积1.2公顷，建筑面积3000平方米，全院有医务人员22人，其中，高级职称2人，开放病床12张，设有内科、外科、儿科、妇科、中医科、肿瘤科等临床科室。2005年3月，县纪委招商引资的民康医院在郭村镇建成开诊。该医院占地面积4000平方米，建筑面积2000平方米，有医务人员30人，其中，高级职称5人，开放病床30张，设有内科、外科、儿科、妇科、中医科、皮肤科等临床科室。5月1日，单县东大医院建成开业。该医院占地面积8.5公顷，总建筑面积5.78万平方米。主要建筑：门诊楼、内科病房楼、外科病房楼、办公教学楼、职工宿舍楼、食堂及附属设施。该医院技术力量雄厚，医疗设施齐全，是当时单县境内最大的民办医院。6月，单县正大医院建成开业。该院位于县城舜师路西端，占地1.2公顷，建筑面积6000平方米，有医务人员20余人，其中，高级职称7人，开设病床50张，设有肿瘤科、内科、外科、妇科、中医科、皮肤科等临床科室。至2010年，境内有东大医院、正大医院、和平医院、瑞康医院、民康医院、福仁医院、现代医院等9所民办医院，有行医资格的私立诊所37家。

第二章　医　疗

第一节　医疗队伍

卫生技术人员　1986年，全县共有卫生技术人员1753人。之后，逐年接收大中专院校毕业生充实卫生队伍，到2005年，全县卫生技术人员增加到2522人。其中，执业医师812人，执业助理医师240人，注册护士878人，药剂人员

152 人，检验人员 101 人。2010 年，全县共有卫生技术人员 3532 人（含民营医院）。其中，执业医师 1226 人，注册护士 2022 人，药师 177 人，检验技师 107 人。

医师执业管理　1998 年，《中华人民共和国执业医师法》颁布。当年，全县有 386 人依照规定条件过渡为执业医师，158 人过渡为执业助理医师。1999 年始，按照《中华人民共和国执业医师法》的规定，参加每年国家举行的执业医师考试，考核合格者取得医师资格证书并办理医师资格注册。至 2010 年，全县 1208 人经考试取得医师资格证书，591 人取得执业助理医师证书。凡未取得医师资格证书或虽取得资格证书未注册者，一律不准从事医疗职业。县医疗监管部门对非法行医者，一经发现予以取缔。

护理执业管理　1994 年，依照《中华人民共和国护士管理办法》规定，对全县在岗护理工作人员实行执业资格认定，凡符合管理办法规定条件人员直接过渡，办理护士执业资格证书，全年办理护理人员执业过渡手续 346 人，对不符合条件者调离护理岗位。1996 年始，每年新上岗护理人员参加国家举办的护士执业考试，对成绩合格者进行首次注册，发给护理执业资格证书，当年通过考试取得护理执业资格 42 人。其后，每逢双年进行一次护士再次注册考核，合格者予以注册，不合格者不予注册，取消护理执业资格。至 2010 年年底，全县共有 1738 人取得护士执业资格。

第二节　医疗技术

中医　1986 年，老中医杨振威创建中医骨科。启用手法复位，小夹板外固定，活血膏外敷治疗四肢闭合骨折，享誉周边县市。2000 年，县中医院副院长王守民利用糖芪合剂治疗溃疡；朱文岳、单长允利用糖脉平治疗周围性神经病变；渠慎连利用万应膏治疗皮肤癌；张祥培利用通脉灵治疗冠心病，均获得市级科研成果。2001 年，宋卫红用生精丸治疗男性少精子不育症临床研究获成功。2002 年，葛爱雪用多虑平乳膏治疗小儿湿疹医术，获市级科研成果。2004 年，张冬梅的《活血膏制备工艺与临床研究》和朱瑞刚的《七厘散治疗血栓外痔 108 例临床研究》，均获得市级科研成果。2005 年，包秀华、朱瑞刚的《微波治疗子宫肌瘤 56 例解析研究》，获菏泽市科技成果三等奖。2006 年，刘传民自制排石丸治疗尿石症临床研究获成功，被评为菏泽市科技成果三等奖。2010 年，陈新华治疗退行性骨关节病的中药组合物临床研究获成功，被评为菏泽市科技成果三等奖。1986—2010 年，单县中医药共获市级科技成果奖 25 项，国家发明专利 2 项，实用新型专利 12 项。

西医　县中心医院医疗设备先进，技术力量雄厚，不但能够实施较高难度的医疗项目，而且创新成果丰硕。1991—2010 年，县中心医院获科研成果奖 363 项，其中省级 5 项，地市级 180 项。获国家专利 23 项。

外科　1986 年，县中心医院外科开展心房及肺修补术。1987 年，开展胃癌根治切除术、胆总管十二指肠搭桥术。1988 年，开展动脉导管未闭结扎术。1989 年，开展体外循环下心内直视手术。1991 年，单县第一例乙状结肠肌瓣膀胱重建术成功，后获得省科技进步二等奖。1993 年，开展心脏换瓣术。1994 年，在全区率先开展经股动脉插管选择性全脑血管造影术和脊髓血管造影术；首例膀胱再造术获得成功。1995 年，开展脑干肿瘤摘除术。在全麻、低温循环下，实施心脏手术获得成功。1996 年，开展颅骨皮下保存原位再植术。1997 年，单县首例肾移植术成功，填补菏泽地区空白。2000 年，开展人工膝关节置换术。2002 年，开展经鼻孔入路垂体微腺瘤切除术，大脑中动脉瘤及前交叉动脉瘤切除术。2003 年 1 月，成立重症医学科。同年，神经外科在全市率先开展显微外科手术。

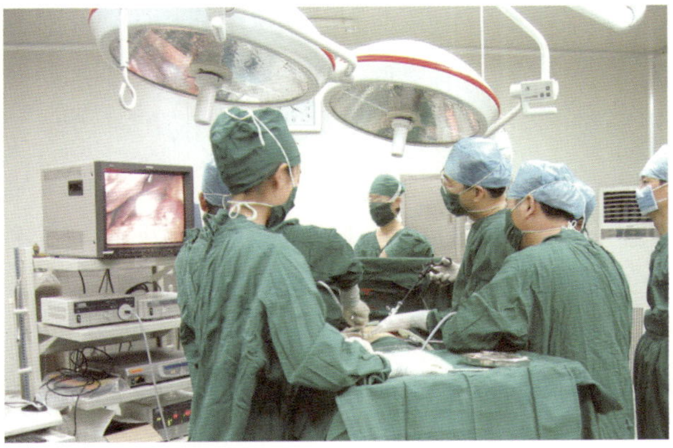

单县东大医院普外科开展腹腔镜下脾切除术
2005年摄影

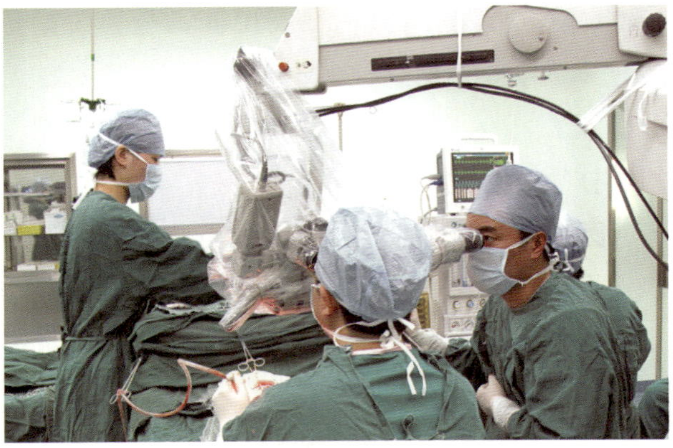

县中心医院神经外科行显微镜下缺血性脑血管病颅内外血管重建术

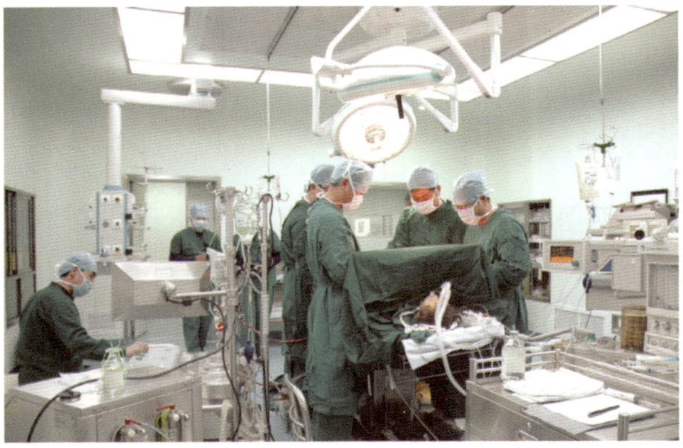

县中心医院体外循环下心脏直视手术

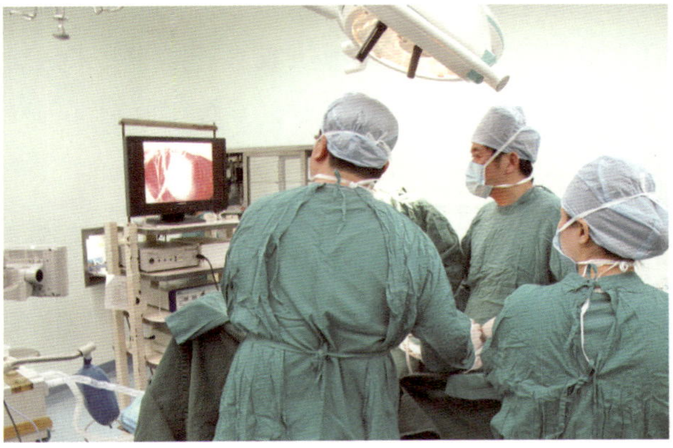

县中心医院胸外科微创手术

骨外科首例椎体成形术成功。开展心脏双瓣膜置换术，填补菏泽市空白。开展腹腔镜下胆囊摘除术、肾上腺肿瘤切除术。2004年，开展人工全膝关节置换术，鼻再造、耳再造术，断肢再植术。2005年，普外科腹腔镜胆道探查、复杂肝脏尾叶肿瘤切除、涉及第一、二、三肝门复杂肝叶的无血肝叶切除、肝动脉畸形的诊断和治疗四项技术填补菏泽市技术空白。2006年，开展腰椎前后路联合入路，治疗脊柱感染手术成功，为菏泽市首例。开展的臂丛神经损伤修复术成功，填补菏泽市技术空白。2007年，开展脊柱后突畸形矫治术，填补菏泽市空白。开展腹腔镜下肾盂成型术、肾切除术，经腹腔径路肾上腺切除术，肝脏二、三肝门手术，耳廓再造术。2008年，开展肺癌的支气管袖式切除术，腹腔镜下肾切除术、肾癌根治术，腹腔镜下胃癌、直肠癌根治术。开展人工颈椎间盘置换术，为菏泽市首例。2009年，开展的冠状动脉搭桥术及二尖瓣人工机械瓣膜置换术为鲁西南首例，达到省级先进水平。2010年，开展单孔腹腔镜精索静脉曲张结扎手术和腹腔镜前列腺癌根治、腹腔镜全膀胱切除术，在省内领先。

内科　1986年，县中心医院开展体外反博治疗和纤维结肠镜检查。1988年，运用安装心脏永久起搏器治疗心脏病。1990年，利用纤维支气管镜选择性支气管造影诊断肺部疾病。1992年，开展肺清洗术治疗肺脓肿。1993年，二尖瓣狭窄球囊扩张术成功。1996年，开始利用肾造影内镜治疗肾病。1997年，利用内镜下食管静脉结扎治疗食管静脉曲张获得成功。

1998年，首例脑脊液置换术成功。2000年，首例冠状动脉造影术成功。2002年，首次利用CT定位下脊柱穿刺腹腔后神经阻滞治疗晚期胰腺癌，首次利用内镜下胆管引流术治疗急性化脓性胆管炎和各种阻塞性黄疸。2003年，完成血管内栓塞治疗小脑血管畸形术。2004年，菏泽市首例胆道内支架置入术成功。2005年，开展血管内介入栓塞治疗颅内静脉瘤。2007年，首例心脏病介入封堵成功；开展全脑血管造影术、颅内动脉瘤血管全栓塞术。2008年，开展肝癌放射介入治疗。2009年，开展三维适形放射治疗+化疗治疗中晚期肿瘤。2010年，利用胸腔镜开展对恶性胸腔积液等疾病进行微创检查及治疗。

妇产科　1986年，开展外阴癌根治术、腹膜代阴道成形术。1992年，开展先天性无阴道成形术。2001年，开展司酮治疗子宫肌瘤、无痛人流术和中药淋浴治疗新生儿硬肿症。2002年，腹腔镜下手术开始应用于妇科临床。至2010年，先后开展了腹腔镜下子宫肌瘤剔除术、宫外孕行输卵管切除术、卵巢肿瘤剥除术、腹膜代阴道成形术、不孕症诊治术、宫外孕保守治疗术子宫内膜异位症诊治术等。另外，还开展了阴式系列手术，包括阴式非脱垂子宫全切术及次全切术等，均在菏泽市处于领先水平。

五官科　1986年，县中心医院五官科开展的鼓室成形术、气管异物取出术、白内障摘除术等首获成功。1987年，眼科开展无切口重睑术、泪小管吻合术；耳鼻喉科开展上颌骨大块截除根治上颌窦癌，全喉切除治疗喉癌；口腔科开展双侧唇裂合唇修补术。1989年，眼科开展白内障摘除加人工晶体植入术。1992年，耳鼻喉科开展鼻翼成形术治疗鼻翼畸形及鼻翼肿瘤。2000年，口腔科完成下颌骨缺损骨移植修复术；眼科首次利用超声乳化联合人工晶体植入术治疗白内障获得成功。2001年，眼科完成首例前房型人工晶体植入术。2002年，耳鼻喉科开展喉显微镜手术；口腔科完成纯钛下颌骨颞颌关节重建术。2004年，眼科首例羟基磷灰石义眼台植入术获得成功。2006年，眼科开展睫状体冷冻术治疗新生血管性青光眼及绝对期青光眼。2007年，口腔科开展开窗引流治疗颌骨巨大囊肿，半冠状切口治疗颌面复杂多发骨折。2008年，眼科首次运用眼底激光技术成功，达到省级先进水平，填补菏泽市空白。

儿科　1987年，县中心医院小儿科开展婴儿克汀病和新生儿染色体筛查。1991年，建立新生儿监护室。2000年，开展维生素B6辅助治疗顽固性癫痫，丙种球蛋白治疗病毒性心肌炎，大剂量维生素C治疗缺氧性脑病，肺表面活性物质治疗新生儿呼吸窘迫综合症。2010年，在菏泽市率先开展肺表面活性物质联合机械通气治疗新生儿呼吸窘迫综合症，提高了极低出生体重儿、早产儿的救治成功率。

新生儿ICU　　2008年摄影

中西医结合　1992年，县中医院骨科开展中西医结合治疗骨折的新技术，并在菏泽地区率先开展闭合手法复位，经皮髓内穿针内固定治疗四肢骨折；运用中西医理论，结合现代药理研究，研制创伤系统药物（即伤科Ⅰ号、伤科Ⅱ号、伤科Ⅲ号），获山东省医药监督局制剂许可证。1996年，渠慎连开展龙石膏治疗阳性疮疡的研究，取得地区级科研成果。

1999年，陈新华开展双向调节弹性外固定架治疗胫腓骨骨折技术，取得地区级科研成果。2000年，杨振威利用白芍木瓜汤治疗坐骨神经痛，谢忠存利用闭合穿针治疗锁骨骨折，均取得市级科研成果。2002年，朱之庆、丁继荣对克氏针取出器的临床研究，获市级科研成果。2005年，朱瑞刚利用沙垫加压紧线结治疗高位肛瘘医术，获菏泽市科技成果三等奖。2007年，刘传民的《髋关节外支架固定临床应用》，获菏泽市科技成果三等奖。2010年，侯素娟的《透骨散配全软骨膏治疗骨质增生537例解析研究》，获菏泽市科技成果三等奖。

第三节　医疗设备

1986年，全县有诊断X线机、B超、脑电图机、血气分析仪、十二指肠镜、裂隙灯、麻醉机等价值万元以上的医疗设备40余台（件）。1987年后，各医疗机构加大投入，购置诊疗设备，提高医疗水平。1990年，县中心医院购置高压医用氧舱，成立高压氧科。1992年后，县中心医院相继购置美国产X线计算机断层扫描仪（CT）、日本产核磁共振装置、美国产C臂、螺旋CT、加速器、X线机、美肤激光美容仪、彩色B超机、美国产DR、美国产彩超、美国产全数字血管造影机、全自动生化分析仪、手术显微镜等价值百万元以上的高端诊疗设备18台（件）。至2010年，县中心医院拥有价值万元以上医疗设备790台（件），总价值2亿元。县中医医院拥有CT、彩超、X光机等万元以上医疗设备30余台（件）。东大医院拥有C型臂、GE螺旋CT、日立磁共振、陀螺刀、Stors腹腔镜、全自动生化分析仪、GE彩超等先进的医疗设备。正大医院有西门子螺旋CT、C型臂、电子胃镜、四维彩色B超、经颅多普勒（TCD）、溶栓王子、全自动生化仪、手术微创腹腔镜、手术麻醉监护仪及肿瘤治疗的海扶刀、高频热疗机、经皮靶向导入仪等十几种大型国内外先进医疗设备。乡镇医院配备CT4台、500毫安遥控摇蓝X光机6台、彩超8台、牵引床8张，有监护仪、血流变、血球计数仪、尿分析仪、生化分化仪、心电图机、呼吸机、口腔综合治疗台等万元以上医疗设备300台（套）。

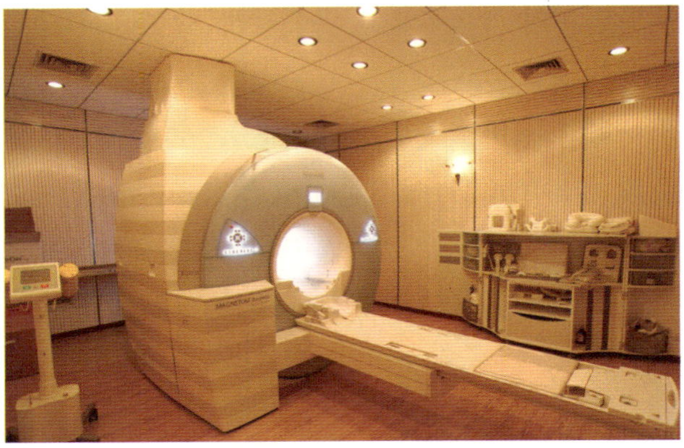

县中心医院西门子1.5T 18通道磁共振

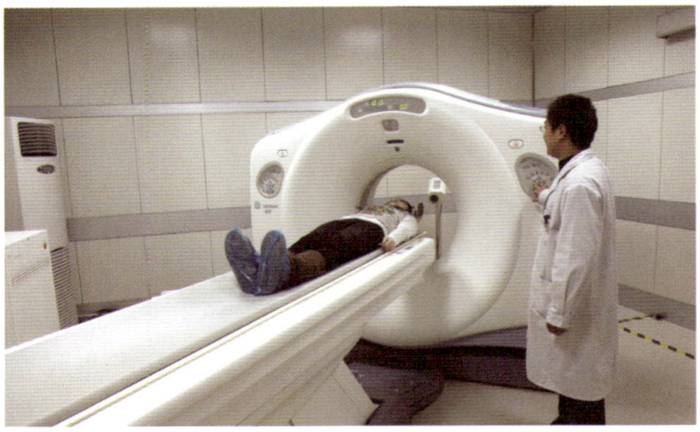

县中心医院美国GE128层64排螺旋CT

2010年摄影

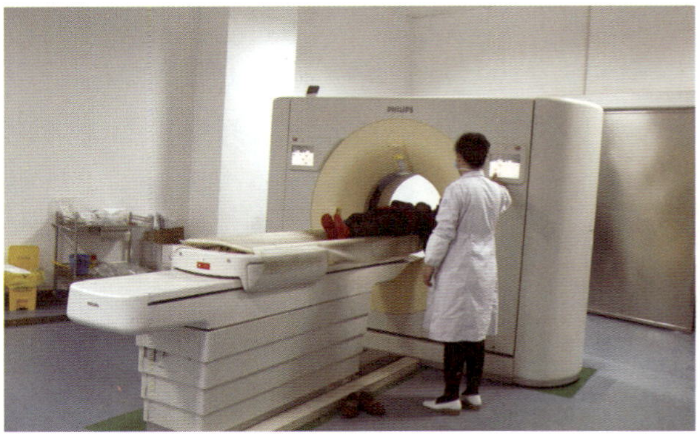

县中心医院飞利浦128排256层螺旋CT

第三章　疾病控制

第一节　计划免疫

疫苗管理　1986年，对计划免疫用卡介苗、脊灰疫苗、百白破三联制剂、麻疹疫苗、白破二联、乙脑疫苗和流脑疫苗实行省、地、县、乡、村逐级计划供应。县防疫站进行疫苗领发登记，对疫苗使用、管理情况实行年报制度。1987年6月，县卫生局制定《单县计划免疫冷链运转实施方案》，冷链设备正式运转。2000年，省卫生厅针对乡镇冷链运转设备破旧的情况，无偿拨付给冰箱30台，更新基层冷链设备。2006年12月，省疾控中心无偿拨付冷链运转车1台。2007年，安装恒温库1个，更有效保存生物制品。

预防接种　1986年始，全县以村为单位设立接种点，采取双月运转接种方式。1987年在全省计划免疫工作考核中，单县实现以县为单位"四苗"（脊灰糖丸、麻疹疫苗、卡介苗、百白破疫苗）接种率85%目标。1989年1月，单县实现以地区为单位"四苗"接种率85%目标。11月2日，菏泽地区计划免疫现场会在单县召开。1990年1月，在菏泽地区计划免疫检查中，单县卫生防疫站被评为菏泽地区第一名。1996年1月，实现以省为单位"四苗"接种率85%目标。2001年，县防疫部门以乡镇为接种点，采取集中式定点接种方式，每月一运转。2002年，通过省卫生厅组织的计划免疫重点县考核验收，郭村镇、黄岗镇预防接种门诊通过省级示范化接种门诊验收。2004年12月9日，省强化免疫督导检查团对单县朱集、芦墓和县城车站、农贸市场进行全面督导检查，调查90名适龄儿童，儿童建卡建证率100%，强化免疫接种率100%。2005年，"五苗"（"四苗"+乙肝疫苗）接种率99%以上，加强免疫接种率99%。2006年，"七苗"（"五苗"+流脑A群和乙脑疫苗）接种率96%以上。2007年，加强示范化预防门诊建设，"七苗"接种率97%以上。2008年，全县建省级示范化门诊7个，市级规范化门诊15个，预防保健部13个。2009年，"七苗"接种率99%以上。2010年，"八苗"（"七苗"+甲肝疫苗）接种率95%以上。

免疫水平和成功率监测　1986年，全县完成60人份的人体抗体水平抽样调查。1987年，完成40人份8个月～2岁儿童麻疹血凝抑制抗体监测。1988年，完成50人份百白破免疫成功调查。1990年10月，在单城镇、孙溜、郭村3个乡镇进行锡克氏试验。年底，完成部分疫苗相应传染病的人体抗体水平和免疫成功率监测工作。2005年，对60名孕期妇女进行风疹综合症调查。2006年，调查189人，乙肝表面抗原阳性10人，阳性率5.3%。2010年，免疫成功率检测180人，人群免疫水平检测1200人。

第二节　重点传染病防治

霍乱、副霍乱预防　1986年起，县卫生防疫站每年制定《防治霍乱病实施方案》，组织专业队伍加强对外环境疫源检索、疫源地的查源灭源、饮水消毒、食品卫生监督管理、医院腹泻病门诊疫情监测与报告工作。至1995年，无霍乱疫情报告。1996年报告1例。1997年，对高危人群注射霍乱疫苗848份，当年，未发现霍乱病人。1998年5月，境内发生霍乱疫情，报告霍乱病人和疑似病人106例，确诊10例，全部治愈，疫情得到有效控制。1999年，江苏省丰县、安徽省砀山县等邻县发生死亡率较高的0157出血性肠炎疫情。7月，省卫生厅副厅长王宝亭专程到单县检查霍乱病和0157出血性肠炎的防范工作。经过一系列防范措施，该年度报告霍乱病4例，霍乱发病率大幅下降，未发生0157出血性肠炎疫情。2000—2005年，无霍乱疫情发生。2005—2010年，全县登记报告腹泻病人6953例，未发现霍乱或疑似病人。2010年，对霍乱孤菌环境和食品进行监测，采集生活水、自来水、熟肉、凉菜、医院污水等237份，未发现阳性标本。

脊髓灰质炎预防 1986—1990年，境内发病19例。县委、县政府领导非常重视脊髓灰质炎防治工作，在每年12月份的强化服苗活动中，到学校、幼儿园为儿童喂服脊灰糖丸。1986—2005年，开展常规免疫108.64万人次，1988—2005年，强化免疫128.73万人次，脊髓灰质炎得到有效控制。1991—2005年，无脊灰疫情报告。1992年、1993年，日本专家多次到单县考察脊髓灰质炎的防治和服苗工作。根据全国、全省消灭脊髓灰质炎实施方案，单县建立脊髓灰质炎疫情监测系统，加强对格林巴氏综合征的跟踪检测。2006年，单县代表菏泽市参加省脊灰接种评审，省专家评审组对南郊市场、单县汽车站进行调查和对郭村、浮岗、高老家3个乡镇进行抽查，脊灰预防常规免疫接种率、强化免疫接种率、AFP监测指标率三个方面均达到100%（简称“三项”100%）。单县成为山东省9个“三项”100%县市之一。

白喉预防 1986—2010年，全县接种精制白喉疫苗和百白破三联苗900084人次，建立牢固的免疫屏障，25年无病例发生，基本上消灭白喉疾病。

百日咳预防 1986—2010年，接种百白破三联苗794045人次，百日咳的发病率逐年下降。2005年后，未发现病例。

流脑、乙脑预防 20世纪90年代初，“两脑”（即流行性脑炎、流行性乙型脑炎）疫苗接种覆盖率不高，发病率偏高。20世纪90年代中期到进入21世纪后，随着“两脑”预防知识宣传，群众免疫接种的意识逐步增强，每年的春、秋接种时节，家长带领孩子自发接种“两脑”疫苗。“两脑”疫苗成为计划免疫疫苗中接种率较高的生物制品之一。至2010年，全县流脑疫苗接种407855人次，乙脑疫苗接种211995人次。“两脑”发病率大幅下降，流脑发病率由1986年的1.07/10万下降到2010年的无流脑疫情报告；乙脑发病率由1987年的0.22/10万下降到2010年的无乙脑疫情报告。

麻疹预防 1993年，麻疹疫情监测纳入脊髓灰质炎监测系统管理，对麻疹实行零报告制度。1997年，卫生部下发《加速麻疹控制规划指南》，县防疫人员深入基层，实行县乡村层层目标管理，加强麻疹的防控工作。2003年，麻疹发病率由1986年的14.52/10万下降到0.02/10万。2004年12月，麻疹在菏泽市局部地区流行，单县莱河、单城、黄岗、高老家等乡镇麻疹病例较集中，且发病年龄段有所转移，多在8月龄前和15岁后，年龄最大的病例35岁。县卫生局及时强化和应急补充免疫接种12万人次，控制疫情蔓延。1986—2010年，麻疹疫苗基础接种和强化免疫1623747人次，有效降低发病率。2010年10月，单县代表菏泽市参加山东省麻疹疫苗查漏补种工作考核，取得麻疹强化接种率98.36%的成绩。当年，未发现麻疹疫情。

病毒性肝炎预防 单县是病毒性肝炎高发区，疫情多年居高不下。20世纪八九十年代，境内甲肝发病率较高。1991年，谢集乡王板桥村甲肝流行，发病20余人。1992年，李新庄乡朱双楼村甲肝流行，发病15人。1995年起，乙肝发病率逐年上升，至2004年乙肝占肝炎总发病的90%以上。县防疫部门根据《全国病毒性肝炎防治方案》，制定综合防治措施：推广一次性注射器和医疗用品的使用，切断医源性传播；积极开展甲、乙肝炎疫苗的接种，提高人群乙肝免疫预防覆盖率。2000年，国家将乙肝免疫预防接种纳入计划免疫管理，加大对新生儿乙肝免疫接种力度，降低了儿童乙肝病毒感染率。2009年，单县代表菏泽市参加山东省15岁以下儿童补种乙肝疫苗项目考核，得分100分，是全省获得100分的11个县（市）之一。1986—2010年，全县接种甲肝、乙肝疫苗402655人次。乙肝疫苗由20世纪80年代下派接种任务，到2010年已成为受群众欢迎的生物制品。至此，病毒性肝炎得到有效控制。

传染性非典型肺炎（简称“非典”）防控　2003年抗击“非典”期间，县委、县政府成立防控“非典”领导小组，制定《传染性非典型肺炎防控应急方案》《防控“非典”技术方案》《单县务工返乡等人员滞留场所消毒技术方案》等文件，开通95120“非典”咨询热线，成立消毒队、流调队、卫生监督队、宣传队、后勤保障组等9个应急组织。4—7月，全县上下干部群众齐上阵，抗击“非典”。卫生防疫一线人员走遍城区大街小巷和乡镇重点区域，为246个县直机关单位，61家工业企业，1794户家属院，96所学校、幼儿园，2处车站，184个饭店、宾馆，87处娱乐、美容等公共场所，27家超市、商场进行消毒，总消毒面积66.7万平方米。监测餐饮业431家，责令整改74家，责令停业54家；监督食品生产经营单位41家，责令整改7家，停业整顿1家；监督整顿学校、医院门口摊点群5处，摊点80余家，不合格的43家全部取缔；取缔不合格早夜市流动餐点6处，150家。监督监测理发、美容店258家，责令整改146家；监督宾馆、旅店42家，责令整改6家，停业整顿3家；监督监测超市、商场47家，指导消毒面积36.8万平方米。卫生宣传队走上街头、学校、乡镇、车站散发宣传单8万余份，宣传小册子1万余册，展示防“非典”宣传挂图400套1600张，设立宣传栏160个，接待咨询群众6万人次。流行病学调查队对医疗单位、学校、乡镇、堵截点上报的发热病人逐一调查排除，境内没有出现疫情。2004—2005年，单县建立防治传染病长效机制，全县52个疫情监测点每旬定时上报监测信息，密切注视疫情动态，随时应对突发疫情。

手足口病预防　2008年春，单县暴发手足口病疫情。县成立手足口病防控领导小组，下设流行病学调查组、消杀技术指导组、检测检验组、防控知识宣传组、疫情报告组和后勤保障组。共发放宣传手册4000余册，宣传单80万余张，宣传画1000余张，制作宣传牌280余个，举办手足口病知识讲座50余期。并组织业务人员成立5个手足口病督导组对全县22个乡镇（街道）进行督导检查。其间，出动流调督导和宣传车辆600余辆次，派出专职人员3000多人次，对所有患病儿童均进行流行病学调查，对密切接触者进行流行病学调查和医学隔离观察，同时对所有重症患儿进行标本采集，对重点村进行聚集性病例调查，购买优氯净和84消毒液对病例村进行消

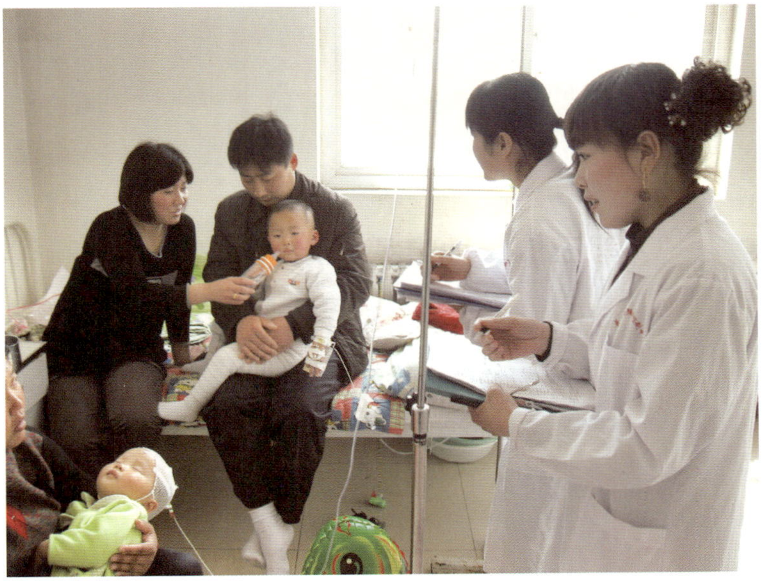

手足口病流行病学调查　　2009年摄影

毒，至2010年10月17日，全县报告手足口病例4341例，治愈出院4341例。

甲型H1N1流感预防 2009年，全球暴发甲型H1N1流感疫情。单县地处鲁苏豫皖四省八县交界处，人流量大，极易感染传播。针对这一情况，县迅速成立防控甲型H1N1流感领导小组及相关组织，制定应急预案，组织专家举办电视讲座8期，提高全民防控甲型H1N1流感能力。县疾控中心备齐各项防控物资和消杀药品，制定接种方案和计划，开展甲型H1N1流感疫苗接种工作。接种甲型H1N1流感疫苗1.7万余支，有效防控了甲型H1N1流感疫情。

艾滋病预防 2002年8月14日，单县发现第1例艾滋病人，于11月29日因肺部感染死亡。2005年6月，县疾病控制中心制定艾滋病防治工作方案和计划，成立单县中央补助艾滋病防治专项工作委员会，召开有关部门参加的艾滋病防治工作联席会议。开展艾滋病防治知识宣传进会议室、进社区、进家庭、进学校、进农村、进重点活动场所。卫生、公安部门联合，每半个月对看守所在押人员进行艾滋病防治知识宣传和HIV抗体检测1次。2008年，县疾控中心建立艾滋病筛查实验室，省疾控中心给筛查实验室配备酶标仪、洗板机、生化安全柜、离心机等仪器，免费为咨询群众做HIV抗体检测。2007年，县中心医院建立HIV初筛实验室。至2010年，境内发现艾滋病毒感染者44例，均在治疗中。

第三节 地方病防治

疟疾防治 1986年9月，省疟疾防治考核团对全县疟疾防治工作进行考核验收，达到了卫生部卫防字〔1984〕46号文件规定的消灭疟疾指标。自此，境内疟疾病绝迹。1987年，在鲁西南12县市疟疾联防工作中，单县被评为先进单位。1988年10月11日，由卫生部组织的以知名寄生虫病专家周祖杰教授为组长的考核组到单县验收，确认单县疟疾防治各项指标均达到卫生部规定的基本消灭疟疾标准。1989年5月，单县被省政府授予“全省基本消灭疟疾先进集体”称号。1986—2001年，县卫生防疫部门遵照鲁西南12县市疟疾联防协议，对疟防工作坚持年年布点，血检586083人，县中心镜检站抽检血片83098张，流动人口登记服药19312人，无疟疾疫情发生。2002年，报告2例新发病人为外地打工感染。2004年报告2例新发病人（原因不明）。2005年报告2例（原因不明1例，外出打工感染1例）。全县疟疾防治工作认真执行鲁南5市联防协议，按照省疟疾防治所工作计划方案，全面落实各项抗疟措施。每年3月对上年确诊疟疾病例进行休止期抗复发治疗，2005—2010年，对105例病人进行休止期治疗，并定期随访，无复发病例。2008年，疟疾镜检站由10处调整为11处，2010年，由11处调整为22处。每年5月1日前，境内各镜检站对仪器设备提前进行查缺补漏，做到人员、器械、房屋三落实，确保镜检工作正常开展。每年对全县的疟疾防治人员技术培训，2005—2010年，每年5—11月，对“三热”病人（临床诊断疟疾、疑似疟疾、不明发热病人）进行登记血检，登记发热病人25331人，血检25331人，检出疟原虫阳性病例116人，试治有效1人，并对117例病人全部进行流行病学调查并采用氯伯8日正规疗法进行治疗，经随访，无复发病例；调查登记流动人口4872人，对196名发热病人血检疟原虫，未发现阳性病例。

丝虫病防治 1980年，单县基本消灭丝虫病。1982年，病原学监测未发现阳性。1986年，对单县进行病原学监测抽查，共6个乡镇、39个行政村，采血检验24588人，未检出阳性病人。1996年，在单城镇、黄岗镇的各5个行政村进行蚊媒监测，捕捉蚊子3005只，经解剖未发现人体蚴丝虫感染。经省级考核，达到消灭丝虫病标准。2002年9月，省防疫部门对单县慢性丝虫病防治工作进行复查，共调查5个乡镇、

10个行政村、1万余人，未发现慢性丝虫病人。

肠道寄生虫病防治　1994年，落实《山东省1994年寄生虫病防治方案》，在全县开展全民驱虫服药（3～65周岁年龄段）工作，应服药人口占全县总人口的80%左右。县政府专门印发文件，召开县直、乡镇主要负责人和乡镇卫生院、防保站长会议，县长侯宪秀、副县长安文焕与各乡镇长签订责任书。县领导当场带头服药，会议实况和县领导讲话在县电视台、广播电台现场转播，形成轰动效应。县防疫站对县乡业务人员举办培训班42期，培训人员2516人。全县卫生防疫人员分片包干，责任到人，服药率99.2%。1994年服药64.3万人，城镇居民寄生虫感染率由50%下降到10%，乡镇下降到20%，达到阶段目标。1995年、1996年，全民驱虫服药200多万人次，使寄生虫感染率下降到0.5%。

黑热病防治　1986年报告1例。1987—2010年，无黑热病例报告。此病在单县基本消灭。

流行性出血热预防　1986年，防治措施以灭鼠为主。2000年后，采用接种疫苗和灭鼠相结合的防治措施，流行性出血热发病率逐年下降。由1986年发病89例，发病率9.57/10万下降到2004年发病3例，发病率0.2/10万。2005—2010年，无病例发生，流行性出血热基本得到控制。

狂犬病预防　1986—1990年，狂犬病防治工作主要是落实管、免、灭的综合防治措施。即：对家犬注射狂犬病疫苗；推行犬咬伤后的伤口处理和规范接种，降低狂犬病的发生；开展灭狗活动。1990—1999年，主要采用接种方式：狂犬疫苗＋血清（重咬伤病人）。2000年后，采用狂犬疫苗（液态、冻干）＋狂犬免疫球蛋白（重症病人伤口封闭）等方式。通过多年宣传，群众防护意识增强，在咬伤后及时科学处理，1992—2003年，无狂犬病例报告。2004—2010年，因宠物热，家庭饲养犬量上升，咬伤病人有所增加。2004年，狂犬病报告4例，2005年，狂犬病报告4例，均为男性。2006—2008年，狂犬病报告9例，死亡9例。2008年5月，市卫生局对单县20个乡镇卫生院和县疾控中心狂犬病暴露处置门诊考核验收，合格21处，全部发放“山东省狂犬病暴露处置门诊认证书”，并通过电视台向社会公布。2009年和2010年，无狂犬病病例报告。

第四节　卫生检验

1986年，县卫生防疫站设有检验科，内部分为微生物检验和理化检验两部分。1987年，县卫生防疫站利用世界银行贷款项目配备日本产气象色谱仪、紫外可见分光光度计和倒置显微镜等检验设备。1987—2010年，县卫生防疫站完成酒类、油类、酱油、糕点、冷饮等样品检验10万余份，有效数据100万个；查水质2万余份，有效数据10万余个；公共卫生场所采样6万余份，有效数据36万个；为学生查体查血12万余人，有效数据60万个；征兵体检16000余人，有效数据16万余个。20世纪80年代疟疾防治，镜检血片10万余张。1998年，用“SPA”快诊法筛选疑似霍乱病人3000多人。开展一次性医疗用品菌落检验1万多份，检测项目6万余个。1999年省计量认证验收，县卫生防疫站投资20多万元装修实验楼，购置原子吸收器等仪器，配备微机，更新办公设施。2004—2010年，每年通过省级计量认证，检验水平不断提升。

第五节　健康教育

农民健康教育　1986年，县卫生防疫站、各乡镇防保站、村卫生室共配备专兼职卫生宣传员600余人，全县形成三级卫生宣传网。在“4•25”计划免疫宣传日、脊髓灰质炎防治强化日、“12•1”艾滋病宣传日、世界戒烟日、卫生监督执法月、85%计划免疫达标、农村初级卫生保健等重点工作和活动中，利用黑板报、宣传栏、标语、宣传车、电视、录像、展示会等方式进行宣传。20世纪80年代后期，定期在单县广播站设立《健康教育》栏目。每月宣传《肝炎的防治》《怎样预防霍乱病》等方面的卫生知识，1986—2004年，共播放228篇宣传稿件。在全县各乡镇巡回放映科教片10余部，幻灯片23套，186场，观众60余万人次。1990年后，县卫生局农村初级卫生保健办公室和县卫生防疫站合作编印《健康教育》25万余册，宣传资料10万余份，发放到每个农户。绘制宣传牌60余块巡回宣传，从刷牙、洗手、饮水生活细节入手，提高农民卫生意识。同时，防疫人员深入到乡镇，利用集市宣传《中华人民共和国传染病防治法》等卫生法律法规30余次，受教育者40余万人次。2009年，以"健康素养基本知识和技能、优生优育及辖区重点健康问题"为内容，通过进村、入户活动，对广大农民进行健康教育和提供健康咨询服务。同年，制作健康教育宣传栏322个，印发健康教育宣传资料彩页16万份，开具防治病处方12万余份，举办健康教育知识讲座12期。2010年，印发健康教育资料41万余份，全县各级卫生部门共举办健康教育知识讲座1842次，受教育者44万余人次。

学校健康教育　1986年，全县各中、小学开设健康教育课，做到有课本、有教师。1991年，县卫生局和县教育局联合印发《关于在全县中小学开设健康教育课的通知》，编印《中小学健康教育》7万多册，要求每学期健康教育课不少于4学时。卫生防疫人员到学校讲解卫生防疫知识。1994年始，结合学校卫生工作，在学校开展驱虫药的服用和宣传工作。服药人数达到学生总数的80%以上。1998—2010年，重点开展预防乙肝、结核、霍乱病、龋齿、沙眼等宣传工作，提高中小学生卫生知晓率。

第四章　妇幼保健

第一节　妇女保健

业务培训　1986—1994年，开展新法接生、孕产妇死亡监测、母乳喂养、产后出血防治、孕产期保健、计划生育技术等培训，培训妇幼保健人员、女乡医、接生员5557人次。1996—1998年，举办妇科疾病诊断与治疗、计划生育"四术"操作常规、母乳喂养新技巧、母婴急救、叶酸预防神经管畸形、母婴保健等培训，累计培训634人次。1999—2004年，开展母婴安全气囊助产在分娩中的应用、新式剖宫产、产科急救、计划生育技术指导、产后出血、妊娠高血压诊治、羊水栓塞、胎儿宫内窘迫、高危妊娠管理、胎位及胎儿异常、性病防治、妊娠合并糖尿病防治等培训，参训人员748人次。

2005—2010年，相继开展羊水栓塞防治、出生缺陷诊断、产后出血预防和处理、妊娠高血压诊断与治疗、宫颈疾病及液基细胞学检查、国家公共卫生服务规范、孕产妇保健内容及方法等知识培训，培训人员600余人次。

妇女保健服务　1986年，全县各乡镇卫生院均设有妇幼保健门诊。1987年，全县建立围产期保护点164处。产前检查、产后访视率98%，怀孕3个月初检率75%，住院分娩率65%以上。1988年，基本消灭新生儿破伤风及因产科原因造成的泌尿生殖器官疾病。1990 年，单县被省定为“中国基层妇幼卫生计划生育项目县”，县妇幼保健院配备心电图机、分光分度计、新生儿抢救台、低压吸引器、多普勒胎心监护仪等设备，开展妇科病查治、宫颈病防治和新法接生等业务。1995 年 2 月，县政府印发《关于开展婚前健康检查工作的通知》。6 月，在单城镇和县直机关单位进行试点。1996 年 1 月，县妇幼保健院、县婚姻登记处联合在蔡堂、高韦庄、黄岗、终兴、朱集、杨楼等 6 个乡镇设立婚检站。1997 年，开展婚前教育、计划生育指导和提供婚育知识咨询等服务。全年婚前检查 4439 对，查出疾病患者 325 人，提出婚育医学意见，并进行跟踪指导。1998 年，开展妇女保健及母乳喂养知识宣传，在女职工中推行劳动保护制度。当年，县麻纺厂、县酒厂等企业建立女职工哺乳室、孕妇休息室。2000 年，县妇幼保健院在全市率先实行 24 小时免费接送产妇。2003 年，开展无痛分娩、无痛引流产、气囊助产等服务项目。2010 年，加强县、乡、村妇幼保健网络建设，帮助村级妇幼人员从家庭接生转向产前、产后妇幼保健服务。当年，全县住院分娩率 99.1%，产前检查率 94.74%，产后访视率 94.38%，孕产妇死亡率降至 31.5/10 万。

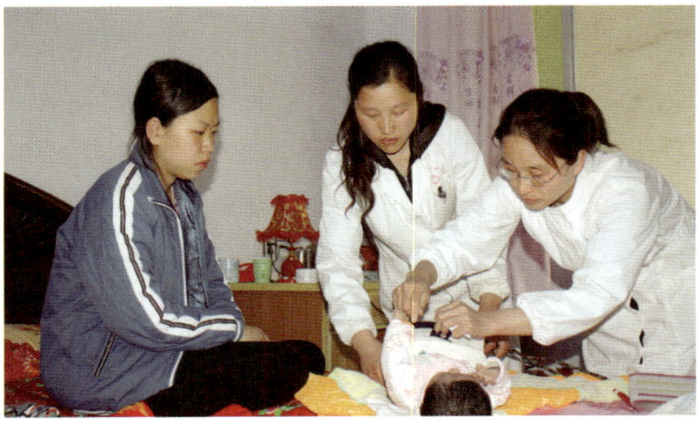

产后访视　　2010 年摄影

第二节 儿童保健

业务培训 1988—2000 年，相继开展计划免疫、小儿常见病及四病（佝偻病、腹泻、贫血、肺炎）防治、母乳喂养、小儿肺炎与腹泻防治、妇幼保健“三项”监测（即 5 岁以下儿童死亡监测、出生缺陷监测、孕产妇死亡监测）、母婴急救、新生儿窒息预防和复苏、新生儿疾病筛查、抗生素应用、合理添加辅食等知识培训，累计培训妇幼人员、儿保医生、各乡镇卫生院院长等 1200 余人次。安排乡镇儿保医生 29 人轮流临床进修半年。2001—2005 年，先后开展小儿腹泻病诊治、新生儿复苏、小儿体格生长测量方法及操作技巧、《中华人民共和国母婴保健法》、传染性非典型肺炎防治、新生儿听力筛查等培训。2006—2010 年，利用乡镇卫生院开妇幼工作例会、举办培训班等形式开展儿童心理行为疾病诊治、《儿童早期干预训练指导手册》《托幼机构管理条例》、新生儿窒息复苏新技术、0 ～ 3 岁儿童健康管理规范、新生儿疾病筛查技术规范、0 ～ 36 月儿童系统管理程序、要点及要求等培训。

儿童保健服务 1986 年“六一”儿童节，举办妇幼卫生知识、科学喂养、优生优育图片展览，开展科学育儿宣传活动。设立儿保咨询门诊，提供咨询服务。当年，全县 0 ～ 6 岁儿童健康查体率 40%。1989 年，在全县开展小儿常见病、多发病普查普治，普查学龄前儿童 50817 人。1991 年，县妇联印发《儿童少年事业发展“八五”规划纲要》，成立少年儿童管理委员会。在郭村、黄岗、高老家、单城、终兴等乡镇配备秤、布兜、软尺等器具，对儿童生长发育情况进行监测，在曹马、高老家 2 个乡镇进行 5 岁儿童生命监测。1994 年 4 月，县妇幼保健院开展创建爱婴医院活动，推行母婴同室，同时提供心理咨询、营养及保健指导等服务。1998 年，县政府印发《关于印发〈单县促进母乳喂养、创建爱婴医院行动计划〉的通知》。当年，全县有 22 个乡镇卫生院达到爱婴卫生院标准。1999 年后，儿童健康查体增添小儿手指末梢血，查尿锌、尿钙新项目，儿童查体率逐年提高。2000 年 1 月，对 6 个乡镇、104 个行政村调查结果显示，7 岁以下儿童保健管理率 88.73%，3 岁以下系统管理率 92.97%，母乳喂养率 95.4%。2003 年 5 月，县妇幼保健院、县托幼办联合印发《关于加强托幼机构非典型肺炎防治工作的紧急通知》，开展从业人员防“非典”知识培训，建立晨检及“日报告”和“零报告”制度，设立托幼发热儿童家长咨询电话。加大环境卫生管理力度，对 43 处幼儿园、托儿所进行环境卫生大排查，定期对教室、食堂、宿舍、游艺室消杀工作进行督导。下半年，县妇幼保健院相继开展婴儿沐浴抚触、儿童营养评价、新生儿听力筛查、DDST 智能测试、口腔保健和眼保健、眼美容等幼儿保健服务业务。2004 年，儿童健康查体查出的主要疾病为营养不良性贫血、消化不良、肠道寄生虫病、沙眼、扁桃体炎、龋齿等，患病率 13.4%，比 2000 年下降 13.3%。2005 年，对全县 23 个乡镇卫生院的 0～3 岁儿童系统化管理工作进行督导和检查，对城区 20 处幼儿园 1800 余名儿童进行健康查体。下半年，对城区幼儿园、早教中心的 282 名儿童进行免费口腔检查。2007 年，县妇幼保健院设立早期教育中心。2008 年，完成儿童系列化服务 6141 人次，智力测试 153 人次，五官保健 1500 人次，解答咨询电话 1600 余人次，为幼儿查体 1464 人次。2010 年，全县有 4 所县直医院、22 所乡镇卫生院达到爱婴医院、爱婴卫生院标准。

新生儿疾病筛查　1998 年，开展新生儿疾病筛查工作，筛查 382 人，重点筛查先天性甲状腺功能低下、苯丙酮尿症。至 2003 年年底，筛查 39051 人，检出甲状腺功能低下（PKU）25 人，发病率 0.64‰，苯丙酮尿症 4 人，发病率 1.02/10000，并全部治疗，有效减少残疾儿数量。

第五章　公共卫生

第一节　学校卫生

1986 年后，县卫生防疫站每年组织中小学生健康查体，建立健康档案，开展卫生宣传、学生疾病调查与防治工作。该年，全县中小学生健康查体 59531 人。1987 年，进行中学生疥疮发病情况调查，调查 3731 人，发现疥疮病患者 71 人，患病率 1.9%。对 6 处中小学脊柱侧弯调查，调查 2186 人，发现脊柱侧弯 50 人，患病率 2.29%。1988 年，会同县教育部门，建立健全学校卫生领导组织，完善学校卫生工作制度，培训校医和保健教师。全年出学校卫生黑板报 239 期，卫生墙报 3 期，举办卫生知识讲座 26 次。1988 年 7 月，对驻城 4 所学校 4000 名小学生进行驱虫治疗，年底为 7 万名学生驱虫服药。1989 年，为 17250 名学生驱虫治疗。1990 年 9 月 20 日爱牙日，分别深入到 10 所学校进行爱牙日宣传，发放宣传资料 8000 余份。1991 年，县卫生局、县教育局联合下发《关于在全县中小学开设健康教育课的通知》，编印《中小学健康教育》读本 7 万多册，要求学校每学期健康教育课不少于 4 学时。在城乡中小学校选点开展“五病”监测和服药驱虫工作。同年，县直查 3800 人，乡镇查 100642 人。1992 年驱虫服药 5.3 万人。1996 年，贯彻国务院《学校卫生工作条例》和省学校卫生工作会议精神，对小学生开展铅中毒普查，查尿样 1307 人份，铅中毒患者 138 人，均给予药物治疗降至正常水平。1997 年，开展近视眼、肠道蠕虫病、口腔病等学生常见病的普查、普治和学校卫生监督。至1998年，累计查体54.7万余人次。1999年全年为学生查体1.5万余人。学生视力低下率为17%，龋齿发病率24%，沙眼发病率18%，部分学生患先心病、肝炎等。2000年，实施《山东省2000年学校卫生工作规范》，全年学生健康查体2.3万人。2001年，对3万余名学生进行健康查体，查出先心病13例，营养不良210人，肥胖805人，视力低下6078人，沙眼675人，龋齿421人，结膜炎2211人，鼻炎2815人，扁桃体肿大1902人，色盲色弱58人。2002年，为全县4万余名中小学生进行健康查体。查出营养不良260人，龋齿430人，结膜炎2311人，鼻炎2915人，扁桃体肿大1910人，色盲、色弱60人。对全县46所学校食堂从业人员查体335人，查体率93%。2002年，全县31所学校食堂均持有卫生许可证。单县卫生防疫站被省卫生厅、省教育厅评为学校卫生工作先进单位。2003年，结合抗击"非典"工作，督促学校对教室、学生宿舍、食堂等进行消毒。同年，为全县65422名中小学生进行健康查体。为学校食堂从业人员查体400人，有传染病的人员一律调离岗位。2004年，对15所学校的教室采光、照明进行监测，对不合格的提出整改措施。对全县54所学校集体食堂进行整顿。2004年，为全县12万名小学生查体，对学校食堂从业人员查体332人，查体率96%，查出的4名乙肝病毒携带者全部调离岗位。之后，由于缺乏经费，学校卫生工作停顿。

第二节　爱国卫生

改水改厕　20世纪80年代初，在农村推广手压井，逐渐发展到每户一眼，随用随取，方便卫生。后由于地下水位下降，受地下水位影响较小的拉水井逐渐取代手压井。1987年始，实施人畜饮水工程，至2004年年底，累计完成人畜饮水工程124处，打吃水井183眼，建供水塔86座，安装压力罐6套、变频3套，埋设供水管道787公里，解决138个村庄、11.85万人、2.35万头大牲畜用水问题。全县农村自来水普及率为11.45%。2005年起，相继启动国债饮水项目、村村通自来水项目、农村饮水安全项目等。至2010年，共打机井24眼，建管理房18间，埋设干支管道3085.9公里，安装供水压力罐26套、变压器台2台，配提水设备20台，建净水厂1处，累计投资8746.74万元，解决782个村、25.84万人的饮水安全问题。

1996年后，在全县农村开展5次改厕工作。先后推广双池联圈水封式、双瓮漏斗式、粪尿分集式、三格化粪池式等多种改厕模式。2007年，县政府倡导全县干部职工，每人帮扶捐助一户农民改建一所无害化卫生厕所。2008年4月，菏泽市农村改厕现场会在单县召开，推广单县的经验和做法。至2010年年底，全县农村改建无害化卫生厕所9万余座，卫生厕所普及率98%以上。

创建卫生城市　1987年，全县有83个单位卫生达标，被评为文明卫生单位。农村有286个村庄卫生达标，被评为文明卫生村。2008年起，围绕创建省级卫生县城目标，深入开展爱国卫生运动，加强健康教育、环境保护和卫生基础设施建设，加大食品卫生、公共场所及饮用水卫生的监测、监督力度，使市容市貌得到明显提高。2010年12月，单县顺利通过省级卫生县城评审验收。

第三节　公共卫生服务均等化

公共卫生妇幼项目　2009年，开展农村住院分娩补助、农村妇女宫颈癌检查、农村妇女叶酸增补、孕产妇保健、儿童保健的妇幼工作。各乡镇房屋设备、检验设施、人员配置到位，各种规章制度健全，系统保健流程统一规范，各种登记记录齐全完整。同年，单县被确定为山东省宫颈癌检查项目4个试点县之一，也是菏泽市唯一试点县。县项目办公室聘请专家对各乡镇业务人员进行技术培训，并多次组织专业技术人员下乡督导，确保宫颈癌检查工作规范、有序、有效。2010年上半年，在北城街道、郭村镇、黄岗镇、蔡堂镇、终兴镇开展农村妇女宫颈癌免费检查工作，检查1.5万人，查出妇科炎症3235人、不典型鳞状病变188人、低度鳞状病变37人、高度鳞状病变12人、原位癌1人，对患有普通妇科炎症的及时对症治疗，对患有鳞状病变的督促患者到上级医院检查治疗。下半年，宫颈癌检查项目在各乡镇全面启动，完成5.7万人检查任务，查出妇科炎症10696人，TBS结果典型鳞状病变共857人，其中，宫颈低度病变176人，高度病变44人，AGC（有腺细胞增生，宫颈癌前期表现）29人，鳞癌1人。在妇女宫颈癌检查中，共做阴道镜检查18000多人，组织病理学检查700多人次，1万多名妇科炎症患者得到治疗。

公共卫生疾控项目 **建立健康档案** 2009年，启动实施6项重大公共卫生和9项基本公共卫生服务项目。同时，对辖区内居民建立健康档案。至2010年年底，全县共建居民纸质健康档案573015份，电子健康档案368416份。在纸质健康档案中，健康型、65岁以下居民档案417790份，65岁以上老年人档案92685份；高血压病人档案43569份，糖尿病人档案13592份，重性精神病人档案5379份。

慢性病防治 1999年，根据《山东省1999—2010年慢性非传染性疾病防治规划纲要》要求，启动慢性病防治工作。同年，县防疫站选派专业技术人员到县级以上医院学习，同时组织人员到滕州、梁山、曹县、郓城等地参观考察，学习慢性病防治工作经验。并投资3万元，购买心电图机、电脑、检验仪器等。新增糖尿病防治业务，诊治糖尿病人20余人，通过“六位一体”的科学疗法，减少患者的并发症。2007年，高血压患者就诊人数160余人，服药后好转率96%，并对所有患者全部登记上网，进行不定期跟踪随访。同年，在十月物资文化交流大会上散发传单2万余份，在单县电视台举办专题讲座10余次，普及高血压、糖尿病等慢性病防治知识，提高群众的慢性病防治意识。2010年，全县60岁以上老年糖尿病和高血压病人免费服用基本药物，县委、县政府列入单县“十大民心工程”。

第四节　卫生监督监测

1987年，成立单县食品卫生监督所。对食品经营者实行卫生许可制度。从业人员每年必须进行健康检查，合格者发给健康合格证，方能从事食品生产和经营。查出的传染病患者，调离或调换工作。对食品生产和经营单位验收合格者发给卫生许可证，禁止无照经营。2004年11月，国家将食品卫生监督管理工作纳入药品监督管理部门负责。2008年，全县乡镇建立食品药品监督管理站，实现全县食品药品安全监管全覆盖。

食品卫生监督监测 1986年，从业人员健康查体3170人，查出“五病”（即伤寒、结核病、化脓性皮肤病、病毒性肝炎、肠道传染病）患者110人，均调离原来工作岗位；发放食品卫生许可证1029个，发放率98.64%；检验各种食品样品75份，合格率52%，肉制品3份，合格率100%，酒类8份，合格率62.5%，冷饮制品47份，合格率46.8%；外出执行监督任务560多人次，出具监督通知书61份，处理食品违法事件115起，其中限期改进4家，停业整顿13家，罚款11家、4540元，没收销毁有害食品20种、16907公斤，价值3万余元。1988年7月中旬，通过对城镇饭店集中整顿，增加360个防蝇防尘设备，粉刷餐厅墙壁5800平方米，改造操作间36家。8月28日，地区卫生局在单县召开饭店整顿工作现场会议，推广单县经验。至1989年，累计巡回监督2100多人次，出据监督通知书164份，立案3起，处理食品违法事件120起，限期整改30家，停业整顿362家，罚款40家、11520元，没收销毁有害食品45种、28500公斤。同年起，相继开展对冷饮厂职工健康查体和乡镇食品从业人员查体和发证工作。1990年下半年，对县城饮食店、饭店进行整顿，拆除沿街棚271个，锅灶58个，烟筒18个，取缔不合格饭店3家，停业整顿23家，改进明堂暗灶18家。1990年，查处某局购进不合格、对人体有害的毛豆食用油一案。1991年，共巡回监督13376人次，立案2起，警告并限期改进37家，停业整顿14家，责令退回产品1次、260公斤，罚款78户、7200元，没收销毁产品34起、7种、1700公斤。食品采样检验402份，合格率82.5%；冷饮采样检验36件，合格率69.4%。1994年5月，会同县综合治理办公室、县工商局整顿饮食业户200家，责令50家饭店、4家冷饮厂停业限期整改，吊销1家饭店卫生许可证。至1997年，累计查处病毒死畜禽肉收购加工点23处，销毁病死畜禽肉22497公斤；没收销毁有害食品12816公斤，不合格汽水冷饮200公斤，变质过期饼干200公斤，其他食品100公斤；查处劣质饮料100余瓶，含吊白块馒头100余公斤；立案10起，警告并限期改进43家，停业整顿17家，罚款117家、1.78万元。1986—1997年，累计对食品从业人员健康查体3.3万余人次，查出“五病”患者289人。1991—1997年，累计采样检验食品及冷饮样品1018份，合格824份，合格率80.94%；抽样检验食品样品2639份，合格2085份，合格率79%；送样检验435份，合格399份，合格率91.72%。

1998年1月，以全国打假行动为契机，对境内制售假冒伪劣食品的地下窝点进行彻底清理，查处病死鸡鸭猪羊肉800余公斤，过期饮料4700公斤，儿童伪劣食品1500公斤。5月，组织卫生监督员对学校食堂、街头食品摊贩、大小饭店进行监督监测，监测集体食堂18个，大、中型饭店10个，6处食品摊点群，130多个食品摊点，取消无证经营食品摊贩6处，责令1处集体食堂限期整顿，2处饭店关门停业整顿。以学校食堂、集贸市场为重点开展卫生执法大检查。检查学校食堂13家，食品加工厂18家，饭店46家，摊点168个，查处销毁霉烂变质食品240多公斤，病死畜禽肉160多公斤。1999年起，对餐饮具消毒情况进行监测，餐饮具消毒监测合格率逐年提高。该年监测104家，监测餐具425件，合格172件，合格率40.5%。同年，捣毁制假饮料窝点2处，查处病死鸡、鸭、猪、羊肉5000余公斤，过期食品、饮料1300余公斤，儿童伪劣食品600余公斤。开展食品卫生信得过单位、信得过食品“双信”活动，全县有8家食品生产、经营及饮食服务单位通过地区“双信”单位考核验收。县卫生防疫站被评为全省食品卫生工作先进单位。2000年，餐饮具消毒监测98家，监测样品合格率提高到66%。同年8月，成立打假小分队，至2002年，共查处假冒伪劣、过期食品6180余公斤，假冒过期饮料6000余公斤，其他“三无”（无生产日期、无保质期、无生产地）食品700公斤；查处销毁病死、毒死猪肉、羊肉及其他死因不明的畜禽肉6.85万公斤，注水肉、着色肉620公斤；捣毁制假窝点2个，畜禽肉黑窝点22个，移送政法机关处理5人。

2003年“非典”防治期间，加大食品卫生监督力度，监督检查餐饮业431家，责令整改74家，停业54家，监督食品生产单位41家，责令整改7家，停业整顿1家；监督整顿学校、医院门口摊点群5处，摊点80余家，不合格43家，全部予以取缔。实施“食品放心工程”，查处销毁病死、毒死畜禽肉2000公斤，注水肉、着色肉400公斤，其他“三无”食品500公斤，过期食品450公斤。捣毁收购、加工、销售病死、毒死、死因不明畜禽肉黑窝点30余个。同年，餐饮具消毒监测合格率达到84%。发放食品卫生许可证860份。1986—2003年，累计发放食品卫生许可证5199个，食品卫生许可证复核凭证5204个，商贩证1232个，冷饮卫生许可证27个，冷饮商贩证544个，企业食品卫生许可证118个。

2004年，开展奶粉市场专项整治。全年出动监督检查人员4100余人次，检查经营奶粉业户110余家，查处劣质及过期奶粉1200余袋，查处经营劣质奶粉单位6家，停业整顿4家，抽检样品15种。印发33种劣质奶粉名单及购买奶粉应注意事项宣传单2万余份。对食品生产企业使用食品添加剂进行专项检查。检查生产厂家24家，抽检样品120份，合格105份，处罚2家，罚款8000元。对食用油、乳制品、熟肉制品、糕点等食品生产企业进行专项检查。检查食品生产厂家216家，取缔2家，处罚1家，罚款3000元。对全县17家纯净水生产经销企业进行卫生质量抽样检验，取缔无证生产企业3家，对8家生产设备及生产环境不符合卫生要求的单位限期整改。监督检查饭店、食品经营单位及生产厂家1500余家，查处假冒伪劣食品6000多公斤，捣毁制售假冒伪劣食品黑窝点8处。对食品卫生许可证专项治理。审查卫生许可证86家，清理收回不符合发放条件的食品卫生许可证8个。采集食品样品1221份，合格1119份，合格率91.65%。1998—2004年，累计采集冷饮及食品样品5168份，合格4626份，合格率89.51%；累计查体1.8万余人次，查出“五病”患者167人，均调离原工作岗位。2005年始，实施食品、药品放心工程。2010年6月，对50多所学校、幼儿园进行检查，确保校园、幼儿园饮食安全。

公共场所卫生监督监测 1986年起，每年对公共卫生场所从业人员进行健康查体并发放健康证，对查出的传染病患者，调离或调换工作。1986—1997年，累计查体8429人次，查出“五病”患者41人。同时对公共场所从业人员进行卫生知识培训，至1998年，累计培训4000余人次。1998—2001年，浴池、美容厅、旅店、宾馆从业人员健康查体1527人次，查出“五病”患者12人。2002—2006年，累计查体3361人次，查出“五病”患者57人。每年定期对商场、商店、浴池、宾馆、旅店、歌舞厅、美容美发店、车站等公共场所的微小气候、照明等项目监测，对卫生质量较差的单位提出警告，并限期整改。2009年，监督检查公共场所160户次，出动卫生执法人员160人次，执法车辆35辆次，出具监督意见书63份，警告11户。

饮用水监督监测 1987年，对黄岗等12个乡镇，定点21个，分别对枯水期、丰水期、平水期开展水质检测工作。每份样品检查17个项目，了解12处集中式给水和9处手压井给水的卫生状况，掌握单县浅层地下水和深层地下水的水质情况。1991年，对城内集中式供水和自备水源的单位进行定期监测，采水样18份。加强农村生活饮用水监测，选定水质监测点124个，采水样137份，基本掌握了全县水质状况。1992—1998年，对县自来水公司3口水井的水质进行监测；对单县酒厂等14个单位集中供水点及农村143个压水井进行采样分析；水质监测13个单位，采样36份；对自来水公司、酒厂等11个水井采集样品37份。含氟量均超标。2004年，对自来水公司7处深水井，5个自备水源的单位和45处城乡中小学集中式供水单位进行生活饮水水质监测，采集水样172份，合格率为59%。2005—2010年，累计监测饮用水655份，合格336份，合格率51.3%。

化妆品监督监测 1998年，查处无卫生许可证，包装说明不符合国家标准要求的假冒伪劣化妆品227个品种，6550余瓶（袋），对其进行电视曝光后予以销毁。1999年，对全县128家化妆品批发单位进行监测，采样512份，查获洗发水等不合格产品1024袋，护肤类产品640盒，香水768瓶，唇膏、眉笔1408支，其他产品640盒。2001年，对200余家化妆品批发摊点进行检查，抽检100多个品种，没收销毁2万余瓶（盒）无卫生许可证批号、无生产日期、无保质期假冒伪劣化妆品。2003年，配合抗击“非典”工作，对全县商场、商店、旅店、美容美发院等公共场所消毒和通风情况进行监督。2005年，根据国务院《化妆品管理条例》，监测化妆品37份，查处假冒伪劣化妆品340余件，全部予以销毁。2006年，监测化妆品136份，合格率100%。

劳动和职业卫生监督监测 1986年后，县卫生防疫站对存在职业危害的的企业开展作业环境监测，对从事放射、接尘、接毒、驾驶员、噪声作业等人员进行健康查体，在农村重点进行防治农药中毒的宣传教育。该年，利用有线广播宣传农药使用方法和中毒防治知识；举办县、乡、村农药中毒防治培训班，培训专业人员2108人。1988年，对全县所有工业企业进行调查，查明职业危害因素；对全县20家有粉尘危害企业的51个车间130个排尘点进行粉尘浓度监测，合格率60.77%；为国有企业职工4381人，集体企业2049人，乡镇企业839人，放射人员42人建立健康档案。至1992年，累计对36家企业、95个车间、250个粉尘作业点次进行监测，车间粉尘度合格率69.2%；对5家新建企业进行健康调查，并为工人建立健康档案。1993年，印发宣传预防农药中毒的传单5000余份。1995年11月，会同县劳动局、县总工会对县酒厂、麻纺厂、有机化工厂、电磁线厂等6个新建、扩建车间劳动卫生进行验收，合格率为83%。1999年，对全县13家医疗单位64名放射工作人员进行个人剂量监测，并建立个人健康档案。2000年，贯彻《山东省职业病防治条例》，督促企业进行职业危害治理。5月，对全县产尘、产毒企业进行摸底，建立尘、毒排放情况档案。粉尘及毒物浓度监测7个厂家、150多个点，合格率62%。2001年监测37个厂家，合格率90%。2002年6月30日，召开相关单位参加的宣传贯彻《中华人民共和国职业病防治法》工作会议，发放《中华人民共和国职业病防治法》单行本100本。会后，对全县有毒、有害作业的企事业单位进行粉尘及毒物浓度监测。10月，对全县50余台医用X光机进行防护监测。至2010年，对全县有毒有害作业的企事业单位进行粉尘及毒物浓度监测217点次，合格率均在60%以上。累计健康查体6万余人次。

第五节　红十字事业

社会救助　*社会捐助*　1988年9月，县红十字会响应中国红十字总会“88国际体育援助募捐计划”的号召，在全县范围内组织万米赛跑、义诊、义演和募捐活动。县六大家领导人带头捐款。全县有223个单位的26587人参加募捐，募集21348.62元。2001年2月，为内蒙古雪灾募捐善款5000余元。2004年12月，为印度洋海啸灾民募捐3.7万元，及时送达市红十字会转交受灾地区。2006年1月，组织发动支持新型农村合作医疗募捐活动，社会各界捐款22.5万元，发放到境内20个乡镇，1.7万农民受益。2007年年初，在超市、医院、宾馆设置红十字募捐箱8个，至6月底，筹集善款2330元，全部用于救助特困学生和病人。2008年四川省汶川县“5•12”特大地震发生后，县红十字会向全县发出倡议，呼吁全社会慷慨解囊支援地震灾区。组织人员走上街头流动募捐，发动单县戏曲协会开展赈灾义演，并到部分企业和超市组织募捐，共募集善款25.19万元；衬衣600件，价值5.88万元。同年，又先后3次为地震灾区募捐。全县共有400多个单位7.5万人次参加，捐款63.5万元，衣物1万余件，及时将款物送达上级红十字会转交灾区。2010年2月，组织企业、医疗单位为农村贫困群众参加“新农合”募捐，募捐资金29万元，全部用于孤寡老人、贫困户参加新农合。4月14日，青海玉树地震发生后，县红十字会募集救灾捐款1.67万元。同年，开展“爱心助学”募捐活动，募集善款3.16万元，9名高考成绩优秀的农村贫困学生受到资助；为白血病等特殊重症患者募集资金40多万元；为“3.17”火灾死者家属开展募捐活动，募集善款3万元。

接收、发放国际国内捐助　1986年，共接收国际红十字会、中国红十字会、山东省、香港地区、台湾地区红十字会救灾救助物资折合人民币100多万元，及时将大米、面粉、棉衣（被）、食用油、药品、布匹等转发灾区，由志愿工作者送达灾民或贫困者家中。2006年10月，中国红十字基金会捐赠给单县东大医院一台肿瘤治疗仪——

超声聚焦刀。2007年5月，省红十字会捐赠单县10万元药品，分别转赠郭村、黄岗、高韦庄、莱河、李新庄、蔡堂、朱集、高老家、曹庄、谢集10所乡镇卫生院，用于贫困家庭的医疗救助。1986—2010年，每年春节期间，都开展一次送温暖活动，对因灾病致贫的特困家庭送去人道主义关怀。无偿救助癌症患者60多人，对特别贫困的5位患者资助所有手术费用。

帮助台胞寻亲　1987年后，县红十字会协助中国红十字总会做好查人转信工作，共收信、转信51件（次），并把查转结果上报中国红十字会总会，帮助14位台胞找到大陆的亲人。

无偿献血　1986年，国家开始倡导无偿献血，县红十字会开展宣传教育工作。1996年，有100多位党政机关、企事业单位工作人员无偿献血。1998年后，县红十字会依照《中华人民共和国红十字会法》《中华人民共和国献血法》，广泛宣传无偿献血的意义和血液生理知识。当年有2000多人无偿献血。2000年，有4600人无偿献血。2008年，在全县城乡开展无偿献血工作，采集血样7000余份，经检验合格参与无偿献血者6000余人。2009年年初，菏泽市首家固定无偿献血室在单县建立。2010年1月25日，县红十字会为应对春节期间用血紧张的局面，主动邀请菏泽献血站到东大医院进行义务献血活动。经检查筛选后，52人献血2.08万毫升。

第六章　农村卫生

第一节　乡镇卫生院

1986年，全县乡镇医院门诊量59万人次和住院数量1.16万人次，到2010年为105.01万人次和2.93万人次；治愈率由1986年的86.2%，到2010年达到91.4%，业务收入由1986年的不足400万元，2010年增长到8782万元。

乡镇医院设置　1985年，全县设终兴、黄岗、时楼、郭村、蔡堂、徐寨、高韦庄等7所中心卫生院；曹庄、城关、李半庄、大李海、高老家、李新集、曹亘集、花园、罗庄、杨楼、马楼、陈蛮庄、张集、芦墓、十里铺、谢集、李新庄、孙溜、龙王庙、朱集等20所乡镇卫生院。1986年，城关医院改称单县第一人民医院，终兴医院改称为单县第二人民医院，黄岗医院改称为单县第三人民医院。增设丁楼、曹马2所乡镇卫生院。1991年，建各乡镇防保站，经费纳入县财政拨付。1999年7月9日，单县第一人民医院更名为单县人民医院。2002年，撤销花园、曹亘集、马楼、罗庄4所乡卫生院，人财物分别合并到黄岗、高老家、终兴、龙王庙卫生院。同年，陈蛮庄卫生院更名为李田楼乡卫生院。2004年，撤销大李海乡卫生院，人、财、物合并到郭村镇中心卫生院。同年，李新集乡卫生院更名为浮岗镇李新集卫生院。2005年，单县第二人民医院改称为终兴中心卫生院，单县第三人民医院改称为黄岗中心卫生院。2006年，撤销浮岗镇李新集卫生院，人、财、物合并到浮岗卫生院。2007年，撤销莱河镇丁楼卫生院，人、财、物合并到莱河镇卫生院；撤销曹马镇卫生院，人、财、物合并到时楼镇卫生院。2009年，撤销谢集乡十里铺卫生院，人、财、物合并到谢集卫生院。2010年，设人民医院，终兴、黄岗、郭村、蔡堂、徐寨、高韦庄镇等7所中心卫生院；莱河、谢集、孙溜（县精神病院）、李田楼、李新庄、张集、时楼、徐寨镇芦墓、龙王庙、朱集、杨楼镇、浮岗、曹庄、高老家等14所乡镇卫生院；单县南城卫生服务中心、单县北城卫生服务中心2个中心。

医疗队伍　1986年，全县乡镇医院有医务工作者962人，其中，医技人员670人，远远不能满足全县农村的医疗保健需求。由于受政治、经济、地缘等综合因素的影响，一些大中专生毕业生不愿到乡镇工作，农村医疗机构本身的一些技术人员也纷纷调离。针对这种情况，各乡镇医院都在吸引和挽留人才方面采取三项措施：通过工资待遇、住房、晋升晋级等优惠条件，吸引大中专毕业生和留住在岗专业技术人员；通过选派年富力强医生到上级医院进修，提高他们医疗水平；聘请上级专家到院坐诊、讲课，培养在职人员。2004年，乡镇卫生院离退休人员纳入国家社会保障系统。至2010年年底，全县乡镇卫生院有干部职工1340人。其中，专业技术人员1079人（中级以上技术职称296人），非医务人员261人。

基础设施　1986年后，各乡镇医院相继完成对门诊和住院环境的改造。2006年起，投资762万元，完成郭村镇、黄岗镇等5所卫生院的“360工程”和谢集、莱河等7所卫生院的“1127工程”建设，共改扩建医务用房面积13930平方米。抓住国家拉动内需项目建设的机遇，投资813万元，新建和改建医务用房面积12900平方米。至2010年，全县乡镇医院共新建门诊大楼20座，病房楼15座，改造和扩建病房260间，硬化路面1.2万平方米，新建花园4个，其中，郭村、黄岗、蔡堂等几个效益较好的医院开设“家庭”病房，内设空调、彩电等。

医疗设备　1986年，乡镇卫生院医疗设备简陋，临床诊断疾病以“老三件”（血压计、听诊器、体温计）为主，个别医院有心电图机、B超机或X光机。1987年后，各乡镇医院加大投入，购置医疗器械，提高诊疗水平。至2010年，全县乡镇医院有CT机4台、500毫安遥控摇蓝X光机6台、彩超8台、牵引床8张，有监护仪、血流变、血球计数仪、尿分析仪、生化分化仪、心电图机、呼吸机、口腔综合治疗台等万元以上医疗设备300台（套）。黄岗、郭村、终兴医院各购置急救车1辆。

第二节　村卫生室

1986年，全县共设村卫生室694个，有乡医989人。1991年后，对卫生室和乡医进行调整和充实。村卫生室在业务上接受乡镇卫生院的指导，担负着社区卫生、计划免疫和妇幼保健任务，在药品购进、价格、财务收支等方面享有自主权。1998年，通过村委会推荐、个人报名、组织考试，共录用乡村医生1281人。同时，根据区域卫生规划，将全县710个卫生室改为453个卫生所，并颁发医疗机构许可证。卫生所在行政和业

村卫生室规范化建设会议　　2007年摄影

务上由乡镇卫生院统一管理，实行“院办院管”的一体化管理模式。2005年，根据国务院《乡村医生从业管理条例》，对全县卫生所工作人员进行乡村医生执业考试，共录用1723人。同时，将全县453个卫生所调整为922个卫生室，行政和业务上仍属乡镇卫生院管理。2008年，按照服务半径不超过1.5公里的原则，打造群众15分钟就医圈，对全县村卫生室进行整合，全县卫生室由922个合并为283个。2010年，全县共有乡医2124人。

1986—2010年单县农村卫生基本情况统计表

表27-6-1

项目 年度	乡镇卫生院					村卫生室	
	病床数(张)	门诊量(人次)	住院量(人次)	治愈率(%)	总收入(万元)	卫生室(个)	乡医数(人)
1986	440	590025	11593	86.2	390	694	989
1987	440	586344	12455	87.0	430	703	1041
1988	440	581309	12967	86.9	520	704	1042
1989	440	585324	12347	87.4	530	709	1048
1990	450	584853	12015	88.2	520	710	1049
1991	450	576908	12069	87.3	670	711	1054
1992	460	594648	13124	87.4	760	713	1065
1993	460	595744	13199	88.5	900	713	1074
1994	490	587850	14636	88.7	990	714	1018
1995	510	615925	14428	87.1	1140	714	1032
1996	550	658276	15073	87.2	1460	716	1052
1997	560	645012	17051	87.9	1560	710	1063
1998	570	630939	18582	88.0	1800	453	1281
1999	640	666162	19166	88.4	2110	453	1370
2000	640	668934	19921	89.2	2330	453	1468
2001	640	729657	20185	90.5	2610	453	1579
2002	640	765591	21196	90.7	3030	453	1624
2003	640	708696	22064	90.9	3310	453	1687
2004	650	713470	23053	91.4	3440	453	1703
2005	650	686311	21247	—	4010	922	1723
2006	698	514145	19740	—	4861	922	1946
2007	811	598146	26519	—	5886	922	1946
2008	866	967691	28686	—	7383	283	1998
2009	1004	932006	36828	—	9225	283	2124
2010	904	1050118	29300	—	8782	283	2124

第七章　医　药

第一节　医药经营

西药经营　**药品购进**　1986年，随着市场经济的基本确立，药品购进计划的编制不再套用计划经济时期的方法，主要是根据市场需要编制年度、季度的购进计划。县医药公司的药品购进计划是依据公司制订的中药、中成药、西药、医疗器械四大类商品的库存定额和经营目录至下而上的，由各批发、零售门市、仓库逐步申报购进计划，由业务科汇总后，再由业务员、保管员、财务人员会审，确定购进计划后报经理审批。其原则是：畅销品种大量购进，紧缺品种积极购进，冷备品种限量购进，积压品种杜绝购进，从而使库存结构日趋合理。

1986年后，企业之间的市场竞争激烈，之前那种划区供应的经营模式和购销渠道已远远不能适应新形势的需要。药品购进面向全国的各大药厂和重点供应站订货，菏泽二级站只作为补充。县医药公司先后与省内各大药厂建立稳固的供货关系，如鲁抗、新华、齐鲁等药厂，同时与北京、上海、天津、广州、武汉、成都、西安等地的知名药厂建立供货关系。1988年，公司经理魏建华带领公司采购员、篮球队主动到厂攻关，从济宁鲁抗药厂到济南齐鲁药厂，再到淄博新华药厂，一边进行篮球比赛，一边签订供货合同，并以良好的资金信誉，打开各知名厂家大门，促使购进计划全面落实。年采购药品由1985年的385万元到1995年的年购进中、成、西、器（中药、中成药、西药、医疗器械）四大类医药、医疗器械8000万元左右，不仅满足单县市场需要，还调拨给周边的县、市医药公司。2003年6月，县医药公司改名为山东天奇药业有限公司。2004年始，随着国家逐步放开医药市场，境内先后成立誉天医药公司和鲁抗医药经营部等批发企业，医药市场竞争激烈。2010年，购进各类药品2180万元，总销售2564万元，药品的购进及销售大量减少，只有公司强盛时期的三分之一。

药品经销　1986年，单县医药公司设有中药零售部、西药零售部、第二零售部和黄岗零售部，城乡共设置4个零售点。之后，公司根据方便人民群众用药的需求，陆续在全县各大集镇设立零售药店。2000年后，国家逐步放开医药市场，个体药店大量涌入，公司加快增设网点的步子，至2002年年底，公司在全县共设立零售网点32个。其中，城区15个，乡镇17个。下设城关、终兴、蔡堂、黄岗、郭村、徐寨6个批发站，负责全县各医院、卫生室的药品供应。

1987年，根据单县的货源优势，县医药公司调集公司的业务骨干，组建外销科，把产品及时销往县外。通过1987年、1988年两年的尝试，外销科人员逐步增加，由开始的3人发展到最多时20多人，外销科也扩展为外销一科、外销二科。1996年，单县医药公司外销业务发展到鼎盛时期，年销售2700万元，销售区域东到江苏的徐州、新沂，南到河南的夏邑、永城，西北到濮阳市，东北到山东的烟台、滨州，北到河北的沧州。

中药材经营　**中药材品种**　1985年，县医药、卫生等部门联合组成专门机构，对境内中药材资源进行普查，查明单县境内共有中药材204种，分属89科，总蕴藏量有299.1吨。其中，植物药有67科、178种，蕴藏量235.4吨。动物药有22科24种，蕴藏量38.7吨。其他药2种，蕴藏量25吨。重点品种有半夏、地黄、山药、白芍、附子、党参、白术、玄胡、凤丹、二花、丹参、麦冬、浙贝母、伊贝母、川牛夕、当归、川心莲、全虫、红花、蝉蜕、槐米共21种。随着单县大面积种植大蒜、芦笋、食用山药等经济作物，地产中药材的种植逐年减少。至2010年，只有山药、丹参、二花、白芍、牡丹、白芷等少量种植；野生小品种药材只有蝉蜕、槐米、鸡内金等。

中药材收购 中药材的收购价格随市场行情波动，没有固定的价格；收购品种、收购数量也取决于市场需求。公司中药材收购由生产科的收购组负责。收购组先调查定位中药市场的紧俏品种，摸清市场价格，然后根据境内中药材存量编制收购计划，制定收购价格，组织收购。1987年，山药、蝉蜕、槐米出口任务大，市场价格高，生产科四处张贴广告，广泛宣传，在单县、丰县、砀山、成武、巨野等地组织多个收购站点进行收购。当年收购山药23吨，槐米16吨，蝉蜕10吨，经济效益较好。之后，随着人们生活节奏的加快，服用中药的患者减少，中药材销量下滑。平时中药收购主要是一些地产紧缺小品种，满足配方需要，余量品种通过亳州中药市场调出。

中药材加工炮制 国家规定，中药材需经饮片加工厂加工炮制后才能用于临床。1986年，县医药公司中药饮片加工厂有职工7人，实行计件工资制。2000年，重新修整加工厂房、泡药池、晒药池，新购进GY一型炒药机2台，更换多用途切药机3台，配备电筛子、粉碎机、磨刀机，实现饮片切割机械化。2002年，山东省药品监督管理局对中药加工炮制程序统一规范，使中药材加工炮制工作逐步走向正规化、科学化。中药饮片加工厂设专职技术员掌握药品质量，严格按中药饮片加工炮制规范操作。2006年起，所有中药饮片出厂，一律经质检科检验合格后发货，并严格规定“四不准”，即中药材不符合质量的品种不准入库；应该加工的品种不经过加工不准出售；加工的品种达不到质量要求不准交库；虫蛀、鼠咬、霉烂变质的药材不准加工。由于饮片加工厂注重质量管理，公司所售中药饮片受到各医疗单位和群众好评。公司改制后，无钱投入中药饮片加工厂改造，没有申报GMP质量认证，公司中药饮片加工厂于2008年1月关闭。

第二节　医药监管

执法监督检查 2000年3月，成立单县药品监督管理局，开始行政执法检查。同年，对城区200多家诊所，30多家夫妻保健店，10多家食品超市进行重点检查，查处2个诊所无证行医和无证经营药品，4家夫妻保健店不符合经营要求，3家食品超市非法经营药品，均依法给予处罚。2001年3月，对全县33家麻醉药品、精神病药品使用单位进行全面监督检查，对5家不按规定使用、销售麻醉药品的单位及责任人依法处罚。2002年，全年出动执法人员2277人次，检查药品生产、经营单位39家，乡镇以上医疗单位32家，农村卫生室377家，查处假劣药品52个批次，立案38起，结案35起，结案率为92.11%；受理举报案件12起，按时结案12起；接待信访5起，协调处理5起；申请法院强制执行5起，移交司法部门5人涉案标值7.27万元，没收假劣药品标值3万元，实施行政处罚46个，到位罚款38.5万元。2003年抗击“非典”期间，县药品监督管理局严防死守，确保用药安全，全年出动执法人员1680人次，检查药品生产、经营单位69家，乡镇以上医疗单位32家，农村卫生室489家，查处假劣药品56个批次，立案35起，结案33起，结案率为94.29%；受理举报案件9起，按时结案9起；接待信访3起，协调处理1起；

申请法院强制执行16起，执行金额11万元，假劣药品涉案标值4.05万元，实施行政处罚55人。2004年，全年出动执法人员3290人次，对辖区内3所县城医院、8家药品医疗器械批发企业、58家零售药店、23所乡镇卫生院、983个乡村卫生室进行全面检查，查出假药17起，劣药15起，罚款45.2万元。2005年上半年，出动执法人员1080人次，对境内5所县城医院、8家药品医疗器械批发企业、58家零售药店、23所乡镇卫生院、892个乡村诊所进行检查，查出假药119起，劣药26起，依法全部处理到位。2006年，县食品药品监督管理局严格推行经营企业GSP（药品经营质量管理规范）标准制度，对30多家不按GSP标准执行的药品、医疗器械经营企业进行依法处理。全年出动执法人员1563人次，检查涉药单位1012个，立案查处486件，全部处罚到位。2007年，对药品经营企业执行GSP情况进行拉网式检查，治理净化药品市场。同年，3个执法中队全年出动执法人员1679人次，查处假劣药品案件236起，依法罚没款80.4万元。2008年，县药监局按照上级有关要求，先后出动190多人次开展兴奋剂专项治理工作，对全县范围内的涉药单位进行排查，确保单县药品经营环节在奥运会期间不发生兴奋剂药源性事件。同年，共出动执法人员1997人次，检查涉药单位751个，查处6起有代表性的假劣药品案件。2010年，对已通过GSP认证企业进行跟踪检查，发现不符合GSP要求的，责令限期整改。同年，共出动执法人员1200人次，检查涉药单位240家，查处案件122起，没收假劣药品、医疗器械56批次。

药品质量检验　1986—1997年，县药检所对全县药品质量抽查检验，并按标准收取检验费。1998年，药品检验全检率67%，比1986年提高39个百分点。2001年12月1日起，按照修订后的《中华人民共和国药品管理法》，停收药品检验费。至2003年，共抽取检品1502个批次，药品平均合格率97.94%。2004年，快速检测药品873个批次，抽取检品150个批次，药品合格率97.5%。2005年，快速检测药品385个批次，抽取检品180个批次，药品合格率96.5%。2007年，对药品经营和使用单位55家，抽取药品检验303个批次，其中中药材91批，中成药70批，化学药和抗生素142批，药品合格率85%。2009年，全年检验出不合格药品137个品种。其中，“核黄素磷酸钠注射液”劣药案震惊菏泽市。2010年，全年检验出不合格药品137个品种，药品合格率96%。

医疗器械管理　2002年8月，按照国家药监局《医疗器械监督管理条例》和《一次性使用无菌器械监督管理办法》规定，县药监局要求全县各医疗单位、医疗器械经营单位加强医疗器械的管理，制定建立采购验收、使用、用后销毁等管理制度。同年，查出不符合规定的一次性医疗器械12起，全部依法处理。2003年，共查出假冒一次性注射器6个批次，假冒防护服2个批次，无注册证号医用口罩1600多个，无证经营中药材2户，并依法进行处理。2004年，对全县8个医疗器械批发企业和医疗单位检查，查处未经注册的假冒医疗器械6起，未按规定对一次性使用医疗器械采购、经营、销毁无记录的109家，缴获销毁一次性注射器3.2万余支，医疗器械违规罚款5万元。2005年，对境内6个医疗器械批发企业进行检查，查处未经注册的假冒医疗器械23起。2006年，对全县30多家不按GSP标准的医疗器械批发、使用单位依法处理。2010年，没收假劣医疗器械56个批次，规范单县医疗器械批发销售市场。

第八章　医院选介

第一节　单县中心医院

单县中心医院创建于1944年11月1日，院址在单县原王小庄乡杨庄村。始称冀鲁豫边区第三政民医院，有20余人。1949年，冀鲁豫边区撤销，建立平原省，第三政民医院与第七政民医院合并，组建平原省湖西专署人民医院。1953年，平原省及湖西专署相继撤销建制，医院划归山东省菏泽专署领导，改称山东省菏泽专区第二人民医院。1958年9月，根据山东省卫生厅决定，更名为单县中心医院。其隶属关系由菏泽专区卫生局管辖改为单县人民政府管辖，并将已撤销的原单县人民医院部分技术骨干并入单县中心医院。单县中心医院原为县（处）级，20世纪50年代末改为正科级单位。1989年，升格为副县（处）级单位。1994年，在山东省医院分级管理评审中，被省卫生厅定为“三级乙等医院”。

县中心医院　2008年摄影

至2010年，医院固定资产5亿元，有3个院区（中心院区、南院区、北院区），总占地面积15.3万平方米，建筑面积10万平方米。编制床位1000张，开放床位1500张。在职干部职工1473人。其中，专家教授220人，中级职称450人，博士、硕士研究生110人；市、县级专业技术拔尖人才16人，担任省、市级各专业委员会主任委员、副主任委员、常委、委员共96人。医院有美国GE公司最先进的3100型血管造影机、菏泽市首台飞利浦128排256层极速螺旋CT、西门子1.5T 18通道磁共振、医用电子直线加速器、柯达DR、CR、日立7600全自动生化分析仪、美国Stryker腹腔镜、超声气压弹道碎石机、高压氧仓、高端B超等万元以上国际一流的先进设备790台（件），总价值2亿元。医院设21个职能科室，34个临床、医技科室。年门诊量50万人次，出院病人4.8万人次，手术病人1.8万人次。2010年，医院业务收入4亿元以上。

至2010年，单县中心医院先后获得“山东省医德医风示范医院”“山东省百佳医院”“山东省文明单位”“山东省和谐山东建设重大宣传典型”“山东省行业作风建设先进集体”“山东省百姓信赖的十佳品牌医院”“山东省医疗优质服务示范集体”“山东省思想政治工作先进单位”“全国卫生系统先进集体”“全国百姓放心示范医院”等省级以上荣誉称号50余项。

县中心医院外科病房大楼　　2010年摄影

第二节　单县中医医院

单县中医医院属正科级事业单位，1983年年底开始筹备，1984年5月8日正式开诊。建院初期设在原城关镇卫生院东关门诊部，面积469平方米，简易病床15张，工作人员28人。设内科、外科、妇科、骨科、针灸科、西医科、放射科、化验室、心电图室等科室。同年，郭志尧创立中医疮疡外科。1985年，杨振威创立中医骨伤专科，逐步形成中西医结合，手术与外敷膏药共同发展的独具特色的市重点骨伤专科。之后，相继开设急症科、妇科、肝病专科、高血压专科、口腔科、特检科、检验科、麻醉科等临床医技科室。1987年，在县城向阳路东堤外征地2公顷，为新院址，建设平房40间作为病房。1990年，建成3100平方米的门诊大楼并投入使用。1996年，被评为国家二级甲等中医院。2000年6月，经市卫生局批准单县中医院加挂“单县骨科医院”牌子。2005年，全院有工作人员240人，其中，医疗技术人员207人。设病床70张。2008年，在中央、省财政资助下，医院自筹部分资金，新建6000平方米病房楼。2010年，医院投入50万元，增设康复科。至2010年，实有人员242人，其中，医疗技术人员202人，行政、工勤人员40人。病床200张。2007年后，单县中医院骨伤科先后被卫生部、国家中医药管理局、省卫生厅评为国家级、省级重点中医特色专科。

第三节　单县妇幼保健院

1950年，成立湖西专区妇幼保健所，隶属湖西专区卫生局，辖复程县、成武县、巨野县、嘉祥县、金乡县、鱼台县妇幼保健（站）所。位于单县城区西关大街怀仁堂药店南（胜利大街）公安局对过，有干部职工6人，房屋6间，木制产床1张。1953年，撤销平原省，湖西专署随之撤销，湖西专区妇幼保健所改为菏泽专区第二人民医院附属妇幼保健院。所址迁至西环城路（旧城）朱家大院北端（今湖西中路单县县委院内），有房屋13间，干部职工15人。1958年9月，菏泽专区第二人民医院更名为单县中心医院。妇幼保健院随之改为单县中心医院附属妇幼保健院。同年，院址迁往县城刘隅首（三台商场），房屋15间。1960年，改为单县妇幼保健所，隶属单县卫生局。1961年，迁至单县中心医院旧址（今妇幼保健院地址），有干部职工16人，房屋40余间，

县中医医院2006年建病房楼

1987 年建设的妇幼保健院

观察床 10 余张。1968 年 8 月，单县妇幼保健所被撤销。1969 年 10 月，恢复单县妇幼保健所，有房屋 60 余间（含家属院），干部职工 20 余人。1987 年，有干部职工 27 人，设办公室、社会保健股、收款室等科室，新建临街门诊楼 710 平方米。1989 年 5 月，由股级升格为副科级事业单位。1991 年 8 月，升格为正科级单位。1993 年 12 月，更名为单县妇幼保健院。2003 年，干部职工 104 人，卫生技术人员 90 人，其中，高级职称 6 人，中级职称 30 人。固定资产 650 万元，大型医疗仪器设备 40（台）件，价值 250 万元。2006 年，有干部职工 135 人，其中，卫生技术人员 124 人（高级职称 6 人，中级职称 40 人）。设床位 60 张。内设办公室、人事科、保健科、医务科、护理部、财务科、信息科、总务科 8 个行政职能科室，妇保、儿保、婚保、不孕不育、妇产科、儿科、内科、外科等 16 个保健临床科室。2010 年，总人数 158 人，其中卫生技术人员 148 人（高级职称 7 人，中级职称 53 人），床位 75 张。

第四节　单县南城人民医院

单县南城人民医院位于单县湖西路南段路东，占地面积 4200 平方米，建筑面积 3600 平方米，是一所以治疗慢性病、常见病为特色，内、外、妇、儿、口腔、五官各科室齐全的综合性医院。

医院前身是单县结核病防治所，1989 年 7 月设立，1990 年兼并单县职工医院，位于单县胜利街西段路南，有平房 10 间，设外科、内科、注射室和药房，医生和护理共 8 人。建院之初，该医院承担全县结核病的免费防治工作，是集结核病诊断、治疗和管理于一体的专业防治机构。1991 年，迁址于单县湖西路南段路东。1992 年，更名为单县慢性病医院，有医护人员 10 人。投资 50 万元，购置全自动生化分析仪、全自动血球计数仪、大型 X 光机、心电图仪、B 超仪等医疗设备。增加高血压、冠心病、脑卒中、呼吸系统等疾病的诊疗和护理业务，并与山东省军区总医院建立协作关系，军区总医院专家定期到该院坐诊和业务指导。1996 年 5 月，加挂单县公费医疗定点医院的牌子，承担全县各乡镇荣誉军人、离退休干部及在职干部职工的医保诊疗工作。1998 年 8 月，更名为单县南城人民医院。同时，结核病防治业务从该医院析出。2000 年，医院投资 100 万元，购买 CT1 台。2003 年 5 月，医院升格为副科级单位。2006 年 5 月，医院出资 100 万元，购买浮岗镇民营医院，选派医护人员 40 人，到浮岗镇卫生院工作。2008 年 7 月，建立单县南城社区卫生服务中心，按照《山东省城市社区公共卫生项目实施方案》要求，承担辖区内居民的健康教育、计划免疫、慢性病管理、重性精神病管理、传染病防治、妇幼及老年人保健等九大基本公共卫生服务工作。2010 年，医院有干部职工 135 人，其中，高级专业技术人员 3 人，中级专业技术人员 32 人。有办公用房 800 平方米，医疗用房 800 平方米，病房 2000 平方米，病床 100 张。年门诊量 13373 人次，年住院人数 718 人次，治愈率 58% 以上，年业务收入

226万元。

第五节　单县东大医院

位于单县经济开发区舜师东路1号，占地面积8.5公顷，由山东海威经贸有限责任公司投资兴建，是一所集医教研于一体的大型综合性股份制民办医院。2004年年初开工建设，次年4月竣工，总建筑面积5.78万平方米。建有门诊楼、内科病房楼、外科病房楼、办公教学楼、职工宿舍楼、食堂及附属设施等，2005年5月1日开业运营。该医院是单县城乡居民基本医疗保险定点医院，单县城镇职工基本医疗保险定点医院，菏泽市120急救站，温暖中国——贫困肿瘤患者救治行动定点医院。拥有C型臂、GE螺旋CT、日立磁共振、陀螺刀、Stors腹腔镜、全自动生化分析仪、GE彩超等先进的医疗设备。建院以来，先后开展了肝门胆管癌根治术、胰头十二指肠切除术、先心病封堵术、冠状动脉搭桥术、胸腔镜肺癌、食管癌根治术、超微创漏斗胸矫治术、胸腔镜手汗症矫治术、冠状动脉造影和支架植入术、射频消融术、断指再植术、人工关节置换术、关节镜手术，腹腔镜肝肿瘤、胰腺肿瘤及脾切除术、内镜下胰胆管造影、微创胆管取石及支架术等技术项目。形成以微创外科、无痛治疗、介入治疗为特色的临床诊疗体系。2010年，医院开放床位600张，从业人员520人，其中专业技术人员484人，行政后勤人员36人。有中、高级职称人员106人，市县级专业技术拔尖人才、市县级名医名护及有突出贡献的优秀中青年医学专家36人。临床科室有内科、外科、妇产科、儿科、传染科、神经科、眼科、口腔科、耳鼻喉科、肿瘤科、皮肤科、手术麻醉科、中医科、合作医疗管理科、急症科、针灸理疗科、中心ICU；医技科室有药剂科、放射科、检验科、心电检查科、超声诊断科、肿瘤放疗科、CT及磁共振室、病理科、输血科、供应室；行政后勤科室有董监事会办公室、党支部办公室、院长办公室、人事部、保卫科、医务部、护理部、医教部、财务科、后勤部、科教科、感染管理科、预防保健科。有2个市级重点专科，2个医疗质量示范科室及11个优质护理服务示范病房。年门诊量30万人次，年住院病人2.6万人次。医院先后有20多项科研课题在省市级立项获奖，在SCI、国家级医学杂志上发表各类学术论文300多篇。

医院先后获“中国优秀红十字会医疗机构”“全国诚信示范医院”“爱婴医院”“山东省优质医疗服务示范单位”“山东省惠民医疗先进单位”“山东省首批医患和谐示范医院”“山东省卫生先进单位”“山东省消费者满意单位”等称号。

单县东大医院门诊楼

第六节　单县正大医院

单县正大医院成立于2005年，位于单县舜师路西段路北，占地面积1.2公顷，建筑面积6000平方米，由菏泽家政职业学院教授王在峰创办，是一所以肿瘤治疗为特色的综合性民营医院，系菏泽市抗癌办会挂靠单位。2005年，该医院被中国消费者联盟评为医术高超、百姓放心、患者双满意（治疗、服务满意）医院。2006年，被中国消费者联盟评为文明创建示范单位。2010年，先后被菏泽市民营医院协会评为诚信医院、优质服务单位。

自建院始，该医院就致力于肿瘤治疗手段创新与实践，采取内培外聘的方式，组建专业技术队伍。在肿瘤综合治疗方面，先后开展肿瘤心理治疗、食物治疗、气功治疗、化学治疗、介入治疗、分子靶向治疗、细胞免疫治疗、内分泌治疗、中医药治疗、高频热疗、粒子植入治疗、经皮靶向透药治疗、海扶刀治疗等国内外先进的肿瘤综合康复治疗技术。

2007年，该院投资100多万元，建立康复中心。主要为成人、儿童肢体康复及儿童智力障碍进行康复训练，有专业康复师为患者提供规范、专业、个体化的康复技术服务。同年，该医院与济宁医学院附属医院医学康复科开展技术协作。2008年，该院被定为国家“0～6岁残疾儿童抢救性康复救助”定点医疗机构，承担着国家及山东省110名智力障碍儿童救助项目。

建院之初，投入资金50万元，住院病床50张、医务人员20余人。之后，正大医院门诊量、住院量逐年增加，规模逐渐扩大。至2010年，该院有医务人员200人，设肿瘤科、康复科、内科、外科、妇产科、儿科、五官科、中医科、皮肤科、放射科、特检科、检验科、药剂科等13个科室。固定资产5000万元，基础设施有门诊楼、医技综合楼、病房楼各1座，住院病床180张。有西门子螺旋CT、C型臂、电子胃镜、四维彩色B超、经颅多普勒（TCD）、溶栓王子、全自动生化仪、手术微创腹腔镜、手术麻醉监护仪及肿瘤治疗的海扶刀、高频热疗机、经皮靶向导入仪等十几种大型国内外先进医疗设备。单县正大医院逐渐形成融医疗、预防、保健、康复、健康教育为一体的肿瘤治疗特色医院。

单县正大医院

第二十八编

精神文明建设

2010 年，菏泽市烟草局和高韦庄镇大徐庄村结对帮扶文明共建

2010 年"名城杯"乒乓球比赛助力文明创建

1986年9月始，贯彻落实《中共中央关于社会主义精神文明建设指导方针的决议》，把精神文明建设纳入全县国民经济和社会发展规划。但由于受资产阶级自由化思潮的干扰，一些单位和部门，一度削弱了思想政治工作，出现“一手硬、一手软”现象，影响精神文明建设健康发展。1989年10月，召开全县规模较大、规格较高的宣传、思想工作会议，制定了《关于加强全县宣传、思想工作的意见》，认真总结前几年的经验和教训，解决“一手硬一手软”的错误倾向，全面加强思想政治工作和思想道德建设，使全县精神文明建设走上健康发展的轨道。2001年，单县被市委、市政府评为全市精神文明建设先进县。至2005年，全县建成省级文明单位11个，省级文明村庄2个，省级文明机关1个；市级文明单位25个，市级文明机关7个，市级文明村庄3个；县级文明单位104个。2006年后，以邓小平理论和“三个代表”重要思想为指导，深入贯彻落实科学发展观，开展“八荣八耻”、道德教育和道德模范评选，加大文明城市、文明村镇、文明行业的创建力度，全县精神文明建设取得显著成效，社会风气明显好转，公民素质普遍提高，传统美德发扬光大，文明新风不断涌现。单县先后被评为省级卫生城市、山东省投资环境十佳县、国家平安畅通模范县。2010年，全县有省级文明单位15个，省级文明机关6个，省级文明村镇及社区11个；市级文明单位30个，市级文明机关10个，市级文明村镇及社区12个。

第一章　精神文明创建

1983年，单县开始开展创建文明单位、文明村庄活动。以后，随着精神文明建设的不断发展和深入，创建活动也逐渐向深层次、高层次、广层次发展，由文明单位、文明村庄发展到创建文明街道、文明行业、文明系统、文明机关、五好家庭、十星级文明户、文明村镇、文明城市、精神文明建设先进县等。

第一节　创建文明城市

1986年后，在全县继续开展“文明礼貌月”“五讲四美三热爱”和“创建文明单位”等活动，打下了创建文明城市的基础。1991年6月，在城区开展“两讲三创”（讲文明、讲道德，创优美环境、创优良秩序、创优质服务）文明城市竞赛活动。1995年，在城区开展“争创文明城市、文明居委会、文明市民”活动。1997年，在全县广泛开展“三创建”（创建文明城市、文明村镇、文明行业）活动。在创建文明城市中，组织驻城5000多名干部职工、学生开展义务劳动，对城区主要街道和各单位驻地的环境卫生进行集中治理；对交通秩序、治安秩序进行整顿；所有服务部门和行业，开展优质服务，使城区脏、乱、差的现象得到很大改观。2000年，实施城市硬化、净化、亮化、绿化、美化工程，城市面貌焕然一新。开展“破婚丧陋习，树文明新风”活动。县委宣传部、县文明办联合其他有关单位，为34对新人在“五一”“十一”举办集体婚礼。2001年，在县城开展“做文明市民，创文明社区，建文明城市”活动，对广大市民进行文明知识培训；制定、印发《单县公民守则》《单县公民文明公约》，在公共场所、单位办公室、企业车间等场所进行张贴；以点带面，创建文明社区，单城镇南店子社区、县电信局家属院、新华书店家属院、公路局新村、南华苑小区建成环境优美、服务设施完善、管理制度健全的文明社区。该年，单县被评为精神文明建设先进县。2004年、2005年，县委、县政府加大创建文明城市的力度，在县城实施“3451”工程和“碧水蓝天”“十百千万”工程，拓宽、改造城区8条街道进行，完善配套设施，实现硬化、净化、亮化、绿化；彻底治理城区四条河流、十个坑塘、百条巷道；建设10个环境优美的休闲小区。同时在城区开展创建文明户、评选万家文明市民活动。2005年，在城区开展评选万家文明户活动。4月，在县城体育场举行5000多人参加的“文明单县从我做起主题活动暨建设文明单县”启动议式，并向群众散发宣传材料5000多份。同年，县委、县政府将单县传统的十月物资交流大会改为“十月文化物资交流大会”，增加丰富多彩的文化内容和现代文明气氛。2006年，建成县城污水处理厂，日处理污水4万吨。2007年，县委提出“务实、创新、争先、和谐”的单县精神，制定《关于进一步关注民生、构建和谐单县的实施意见》。该年，单县被评为山东省投资环境十佳县，获山东省适宜人居环境奖。

小区绿化

2008—2010年，县委、县政府进一步加大创建文明城市的力度，开展“做文明市民，建文明城市”集中教育活动，举办文明市民知识竞赛；制作、印发《单县文明手册》；发放《做文明市民、建文明城市倡议书》；投资建设新文化馆、图书馆、职工俱乐部于一体的文化中心和文化广场；建设

城区生态公园　2010年摄影

开山公园、湖西广场、财富广场；实施旧城改造；在交通主次干道设置红绿灯、交通隔离护栏、交通岗亭、公交车站牌等设施；制定《单县城区环境卫生精细化管理实施方案》。单县被评为省级卫生城市、全国平安畅通模范县。

第二节　创建文明单位

1986 年，全县共有县级文明单位 159 个，地区级 4 个（单县一棉厂、麻纺厂、检察院、朱集乡医院），省级 1 个（单县中心医院）。1989 年，改革文明单位、文明村庄评选办法，废除"终身制"，实行一年一评选、一年一命名的动态评选制度。该年，对过去已命名的 302 个文明单位和文明村庄，全部进行复查整顿，撤销 10 个不符合条件的单位和村庄的文明称号，保证创建活动的质量和健康发展。1990 年，取消 5 个不符合条件的单位。至此，全县有 5 个省级文明单位，13 个地区级文明单位和文明村庄，315 个县级文明单位和文明村庄。1993 年起，对省、地、县三级文明单位、文明村庄开始实行"计划生育"和"社会治安"一票否决制度。该年，全县共有县级文明单位和文明村庄 184 个，地区级文明单位 18 个，省级文明单位 6 个。1995 年 6 月，根据社会治安一票否决的规定，否决县酒厂、县中心医院 1994 年度省级文明单位的参评资格；取消县商业总公司等 4 个单位的 1994 年度地区级文明单位称号；否决县医药公司等 6 个单位县级文明单位参评资格。该年，全县各级文明单位共 200 个。2000 年起，开展"创建文明机关，做人民满意的公务员"活动。2005 年，全县共有省级文明单位 11 个，省级文明机关 1 个，文明村庄 2 个；市级文明单位 25 个，文明机关 7 个，文明村庄 3 个；县级文明单位、文明机关、文明村庄共 104 个。2009 年，开展文明单位管理年活动，制定《单县文明单位管理暂行办法》《单县文明单位管理细则》，对文明单位日常管理实行量化考核制度。2010 年，单县有省级文明单位 16 个，文明机关 6 个，文明村镇 7 个，文明社区 4 个；市级文明单位 39 个，文明机关 13 个，文明社区 2 个。

第三节　创建文明村镇

1986 年，全县共有文明村庄 75 个，其中，市级 2 个（谢集乡陈桥村、蔡堂镇辛羊庙村）。1988 年，全县评选文明村庄 27 个。1989 年，文明村庄改为一年一评选、一年一属名的动态管理制度。1993 年起，对省、地、县文明村庄开始实行"计划生育"和"社会治安"一票否决制度。1997 年，开展城乡移风移俗活动，在农村开展平坟、推碑、拆庙工作，全县平坟头 2.3 万多个，推碑 150 余座，拆庙 13 座。2000 年，重点开展"十星级文明户"的动态管理和乡村集镇建设。2002 年，乡村集镇建设引进城市管理和建设的经验，加快建设速度，黄岗、蔡堂、杨楼、终兴、张集、徐寨等一批农村集镇初具规模，较好地发挥了连接城市、辐射文明的作用。该年，谢集乡陈桥村、曹庄乡东秦庄村、浮岗镇三里井村被评为市级文明村。

2003 年，浮岗镇按照"两建一提高"（即：为村民建高标准整齐划一的住宅楼，为农民建致富经济园，从而提高村民的生活质量和文明程度）的文明新村建设思路，在李油坊村，组织村民建起高标准两层小楼3000余间，村里建起文化大院、图书阅览室、娱乐活动室、体育健身场所等。广泛开展以体育设施建设、体育健身指导、体育科普知识宣传为内容的"体育三下乡"活动。全市在浮岗镇召开体育三下乡启动仪式，县政府制定《关于加强农村体育工作的意见》，成立单县农民体育协会，举办首期农村体育指导员培训班，全县95%以上的乡镇建立建全全民健身体育组织。同年，开展科技、文化、卫生三下乡活动。

第四节　创建文明家庭

1985年起，开展"五好文明家庭"(即爱国守法，热心公益好；学习进取，爱岗敬业好；男女平等，尊老爱幼好；移风易俗，少生优育好；勤俭持家，保护环境好）创建活动。1986年“三八”节，单县妇联表彰“五好”文明家庭477户，1987年“三八”节，表彰“五好”文明家庭437户。1990—1994年，县妇联表彰“五好”家庭453户。其间，单县受地区表彰“五好”家庭37户。1993年，在全县农村开展文明家庭创建活动，制定农村文明户七项评选条件和评选办法。文明家庭评选条件：热爱中国共产党、热爱祖国、热爱社会主义、能遵纪守法，努力学习、工作、生产；认真学科学、用科学、勤劳致富，人均收入超过本村收入水平；尊老爱幼，家庭和睦，邻里团结，乐于助人；模范执行计划生育政策，1992年以后无超生和计划外生育；移风易俗，喜事新办，丧事简办；不赌博，不参加各种封建迷信活动；正确处理国家、集体、个人三者利益关系，积极交纳应该负责的各项提留，积极出义务工；庭院布局合理，室内外清洁卫生。该年，经村、乡、县层层评选，全县共评出文明家庭2.2万户。1995年，十里铺乡嘉祥楼村张世荣（女）一户，被评为全省“百佳”文明户。1997年起，在全县农村广泛开展创建“十星级文明户”活动。活动中，县委、各乡镇分别制定活动方案和实施细则，并印制明白纸，发放到每家每户。“十星级文明户”分十个方面的内容，每项内容用一颗星表示，即：爱党、爱国、爱社会主义、爱集体、爱人民（五爱星），科学生产、勤劳致富（致富星），晚婚晚育、计划生育（计生星），学习法律、遵纪守法（法纪星），重视文教、提高素质（文教星），家庭和睦、邻里团结（和睦星），破除迷信、移风易俗（新风星），扶危济贫、造福乡里（互助星），勤俭持家、艰苦创业（勤俭星），保护环境、讲究卫生（卫生星）。1998年，在全县范围内启动“美在家庭、富在庭院”活动。2000年，关爱独生子女身心健康，举办独生子女家庭运动会。2001年，县妇联、县体委联合举办“十万妇女健身活动”启动仪式和“十万妇女申奥运”大型文体展演，以社区为单位通过精心设计、组织妇女和家庭参与健身活动，推动妇女健身运动的全面健康发展。同年，县妇联被山东省妇联、省体委评为全省妇女健身活动先进组织单位。2003年，全县开展“五好文明家庭”“好媳妇”“好婆婆”评选活动。统一制定评选条件和办法，成立专门领导小组，通过层层申报和筛选，评出“五好文明家庭”10户，“好媳妇”“好婆婆”各10人。2005年“三八”节，县妇联、县委宣传部、县文明办联合在全县开展“五好文明家庭”“好婆婆”“好媳妇”评选活动，表彰“五好文明家庭”10户，“好婆婆”10人，“好媳妇”10人，《菏泽日报》《单县声屏报》、单县电视台、单县广播电台等多家新闻媒体报道该项活动。2007年，在全县实施“巾帼牵手，共建和谐”工程，每年“三八”节期间，县中心医院、县妇幼保健院、县地税局等22个县直妇委会分别到自己的结对村开展“好媳妇”“好婆婆”等评选表彰活动，受到百姓欢迎和赞赏。2009年，开展“和谐家庭”评选表彰活动，各乡镇共评选表彰村级、乡镇级“和谐家庭”900余户。同年，县妇联、县文明办表彰县级“和谐家庭”34户。2010年，开展“建设卫生家庭”活动，结合“家政服务”培训工程，在单县电视台举办“家庭卫生知识专题讲座”，帮助更多家庭掌握家庭保洁知识，改善家庭卫生环境。

2007年7月5日，好媳妇好婆婆表彰大会

第二章　思想道德建设

1986—2010年，先后以“五讲四美三热爱”“四有”新人、《公民道德实施纲要》、“八荣八耻”荣辱观等为主要内容，开展思想道德教育。

第一节　社会公德教育

1986年，在全县广泛开展向保卫祖国英勇战斗的前线将士等英模学习活动，组织英模先进事迹报告会14场，受教育者2万多人。在机关、工厂、学校举办“振兴中华”“强我素质”“兴我企业”等各种读书会、演讲会50多场，参加演讲者380多人。广泛开展战士在我心中、祖国在我心中、人民在我心中、向前线寄一封慰问信、赠一份纪念品、办一件好事、受一次教育的“三心四一”活动，使全县干部群众受到深刻的共产主义、社会主义的理想教育和爱国主义教育。1987—1990年，在全县开展学习贯彻中共十三大精神和坚持四项基本原则、反对资产阶级自由化的教育，开展国际、国内政治、经济形势教育，使广大干群深刻理解和认识社会主义初级阶段的理论和党的基本路线，增强对共产主义、社会主义的理想信念和坚持四项基本原则的自觉性。开展群众性大唱革命歌曲文化活动。1986—1989年，连续举办单城镇一至四届大型歌咏比赛。每次比赛，参加活动人员都在2000人左右，场面热烈，使人们从思想上感情上更加热爱党、热爱社会主义祖国、拥护党的基本路线。1990—1994年，每年3月在全县开展以学雷锋为中心内容的“学先进、讲奉献、树新风”活动和“讲文明、讲道德、创优良环境、优良秩序、优质服务”的“两讲三创”活动。活动中，全县各系统、各部门、各工厂、学校的广大干部职工、学生、市民积极行动，踊跃参加，掀起一次又一次活动高潮，使雷锋精神、雷锋的高贵思想品德深入人心。1991年，全县成立学雷锋小组3000多个。各式各样的“学雷锋便民义务服务队”活跃在医院、车站、街头，做好事1万余件次。

交警护送小学生过马路　　2007年摄影

1990—1996年，分别在农村和城市深入开展社会主义思想集中教育活动，深入进行邓小平建设有中国特色的社会主义理论教育，党的基本路线、方针、政策教育，爱国主义、集体主义的思想、道德教育，提高全县广大干群的政治素质和思想道德水平。其间，1991年通过开展社教，全县扶持、救济困难户3000余户，干部、党员参加义务劳动16.74万人次。安徽、江苏等地发生多年未见的水灾时，全县人民慷慨解囊，捐款近9万元，衣服1.8万多件。1995年，广泛开展学习孔繁森、王廷江、韩素云的“三学”活动，学习本区英雄模范人物张长路、吴来进、刘延停活动，促进干部思想作风的转变，全县上下形成加班加点干工作、脚踏实地为群众办实事的新局面。1996年，在学校围绕贯彻中共中央《爱国主义教育实施纲要》，重点开展国情教育和爱国主义、集体主义教育，组织近10万名学生参加“迎港归”读书活动和20万人参加的第三届、第四届“青少年学科学爱读书”活动及“青年志愿者义务服务”活动，广大青少年学生的思想道德品质得到提高。

1997—2000年，结合“三创建”活动，对广大农村干部群众，坚持不断地进行爱党、爱国、爱社会主义、爱集体、团结互助、遵纪守法等社会公德教育；对广大市民进行爱护城区环境、美化市容市貌、遵守公共秩序，为建设文明城市比做贡献教育；对广大机关干部，进行反腐倡廉、尽职尽责、全心全意为人服务教育；在企业对广大干部职工，进行爱岗敬业比做贡献，开展优质服务教育；在学校，开展“爱祖国、讲文明”读书活动和知识竞赛。1999年，围绕纪念五四运动80周年、庆祝建国50周年、迎澳门回归祖国等开展活动。北约轰炸中国驻南联盟大使馆事件发生后，迅速开展爱我中华、强我中华的爱国主义教育。

2001—2005年，以宣传、贯彻、落实《公民道德实施纲要》（简称《纲要》）为中心，在全县广泛开展各种活动。2002年，举办全县学《纲要》骨干培训班5期，培训宣讲骨干2000多人，各乡镇均举办《纲要》学习班。为促进《纲要》的落实，引导公民自觉为创建文明单县做贡献，县委、县政府提出“我是单县人，我为单县添光彩”“人人都是单县形象，人人都是投资环境，人人都应做文明单县人”“单县是我家，都来维护它”等口号，并在县城繁华地段，制作《单县公民守则》《单县公民文明公约》宣传牌，使大家自觉维护县城的交通秩序、市场秩序和社会秩序，自觉维护单县的市容市貌，自觉维护单县的形象。2003年，在全县120个县直部门和全县20个乡镇，开展“树形象、比贡献”比赛和“解放思想、干事创业”大讨论。2004年，召开全县公民道德建设动员大会，制定《中共单县县委关于在全县开展公民道德建设教育活动的意见》，提出用3～5年时间，基本实现公民道德素质明显增强、社会道德风尚明显好转、城乡文明程度明显提高、单县整体形象明显改善的奋斗目标。同时，进一步修订完善《单县文明公约》《单县公民守则》。2005年4月2日，举行5000多人参加的“文明单县从我做起主题活动暨建设文明单县”启动仪式，并向全县人民发出《文明单县从我做起》的倡议书。2006年，广泛开展“八荣八耻”荣辱观宣传教育，举行践行“八荣八耻”万人签名活动，举办“知荣辱、树新风”演讲比赛25场。

2006年6月20日，“八荣八耻”演讲比赛

2007年，开展道德模范评选活动，全省表彰“道德模范”50人，全市3人获表彰，其中，单县1人：莱河镇农民孟昭良；全省“道德模范提名奖”142人，全市6人获奖，其中，单县2人：山东四君子集团有限公司李新民，全国见义勇为先进分子孙敦友；全市表彰道德模范50人，其中，单县6人。2008年，开展“我推荐，我评议身边好人”活动，龙王庙镇农民朱瑞方等5人被评为“身边好人”先进典型。2009年，成功推荐7名省市级道德模范。龙王庙镇农民朱瑞方被评为全省第二届助人为乐道德模范；终兴镇朱双楼村退休教师朱启舜被评为全市第二届助人为乐模范；公安局巡警大队副大队长兼一中队队长马凌、中心医院麻醉科主任邹鲁闽被评为全市第二届敬业奉献模范；单县天成玻纤有限公司董事长夏鲁北获全市第二届诚实守信模范提名奖；郭村镇吴三庙村村民蒋艳春、李田楼乡李田楼初级中学教师曹素华获全市第二届孝老爱亲模范提名奖。同时，在《菏泽日报》、“中国单县网”等媒体对单县省市级道德模范先进事迹进行广泛宣传。组织全县各级文明单位、文明机关、文明村镇和文明社区在主要街道、车站、交通路口等公共场所显著位置悬挂横幅标语，以手机短信、LED显示屏、文明服务窗口为平台，向广大群众集中宣传《单县公民文明公约》《单县公民文明守则》，以潜移默化的方式，进一步提高社会文明程度。

2010年，全县开展“放飞梦想·导航人生”绿色手机文化主题教育活动，启动仪式在单县第一中学举行，并举行万人签名活动。共编发绿色手机短信2000余条，获全市绿色手机短信评选一等奖。在县城5所中学发放宣传彩页2.5万余份。

第二节　职业道德教育

1987年，发动各行各业制定或修订本部门的职业道德规范，同时在全县推广县中心医院、县工商局职业道德教育的先进经验。继续在商店、车站、医院等窗口行业，开展创优良环境、优良秩序、优质服务“创三优”活动，争当文明服务员。1988年，宣传部印发《职业道德规范要点》。1993年，组织各系统、各行业参加菏泽地委、行署举办的以“岗位学雷锋、行业树新风”为中心内容的“争星夺杯”竞赛活动。活动中，全县各系统涌现出8个明星个人、3个先进集体和16个先进个人，分别受到菏泽地委、行署和菏泽宣传部的表彰。1994年后，针对各系统、各行业的不同情况和特点，开展不同内容、不同重点的活动。在农村，开展“社教”和创建文明村镇、文明家庭活动。以《农民思想教育读本》和《农民技术教育读本》为教材，对广大农村干部和农民，重点进行党的路线、方针政策教育，科技兴农和调整产业结构、发展商品生产教育，正确处理国家、集体、个人三者利益教育，民主法制和道德风尚教育。在工厂企业，通过创建文明单位、文明系统等活动，重点开展主人翁责任意识和爱岗敬业、比做贡献教育。在执法执纪部门和窗口行业，通过开展创建文明单位、文明行业和职业道德培训，进行清除特权思想、秉公执法、不徇私情、尽职尽责为群众服务和讲究信誉、转变服务态度教育。在党政机关，通过加强政治理论学习，开展学习孔繁森、王廷江、韩素云等先进模范人物，开展解放思想、干事创业大讨论活动，开展保持共产党员先进性教育和做人民满意的公务员活动等，对广大党政干部进行廉政、勤政、全心全意为人民服务教育。

1999—2001年，县委、县政府连续3年对县直26个行业部门组织开展行风万人评活动。对参评单位，年初召开动员会，提出要求，年底按照群众票数50%的比例，发放评选票1万张，对各行业进行评比。2002年，又组织全县32个执纪执法、监督管理、综合服务部门，通过广播电视向全县人民进行公开服务承诺，并把承诺内容编印成册，发放到部分省、市、县人大代表、政协委员、乡镇企业和县直有关单位负责人手中，请社会各界予以监督。在2005年4月2日，在“文明单县从我做起”主题活动暨建设文明单县启动仪式上，学生代表、市民代表、窗口行业代表分别表态发言。城建、工商、税务、卫生、供电、通信等部门和单位，开展向市民承诺、建设文明单县的宣传咨询活动。

2006年，在民营企业和个体工商户中开展“文明诚信民营企业”“文明诚信个体工商户”创建评选活动。涌现出一大批爱岗敬业、诚信经营、文明服务、乐于奉献的文明诚信集体和文明诚信个体工商户。经过层层筛选，单县环亚家电被评为省级文明诚信民营企业，大光明眼镜行被评为省级文明诚信个体工商户；科信轴承、三信超市等7家私营企业被评为市级文明诚信民营企业，金龙宾馆、皇明专卖店等11家个体户被评为市级文明诚信个体工商户。

2007年，进一步贯彻落实《公民道德建设实施纲要》。2008年，组织开展构建和谐单县十个“十佳”评选活动。十个“十佳”是：“感动单县十佳人物”“十佳公务员”“十佳平安卫士”“十佳健康卫士”“十佳园丁”“十佳青少年”“十佳孝亲敬老楷模”“十佳巾帼创业带头人”“十佳和谐文明企业”“十佳文明服务窗口”。2009年，组织开展全县文明单位“迎国庆、迎全运、讲文明、树新风”知识大奖赛，县中心医院代表队获胜，并在全市知识大奖赛中取得优异成绩。2010年，开展“创文明单位、树行业新风”活动。组织银行、供电公司、工商局、税务等公共服务部门和窗口行业，建立健全志愿服务队伍，进一步提升服务质量和水平。组织文明交通志愿者围绕不闯红灯、文明礼让、拒绝酒后驾驶等主题开展文明交通公益活动。

第三节　家庭美德教育

1986—1993年，传统的尊老爱幼、家庭和睦、邻里团结、勤劳致富、勤俭持家等作为家庭美德教育的主要内容。1993年，在全县农村开展评选文明户活动，使家庭美德教育内容进一步丰富、全面。1997—2004年，在农村开展“十星级文明户”创建活动和评定工作，使家庭美德教育进一步得到加强和深化，同时也使其内容更加全面和完善。2004年，在全县城乡广泛开展“五好文明家庭”“好婆婆”“好媳妇”评选活动。通过层层评选，全县评选出“五好文明家庭”10户，“好婆婆”“好媳妇”各10人。2005—2007年，在城区开展“万家文明户”评选活动，共评出文明户1万家。2006—2007年，在农村开展“五进农家”（即富进农家促发展、学进农家长知识、乐进农家鼓斗志、美进农家创文明、和进农家保平安）教育活动，引导农民做有理想、有道德、有文化、有纪律的“四有”新型农民。2008年，文明办与妇联、地税局等有关部门在谢集乡朱江楼村举行城乡共建文明活动启动仪式，表彰20名“好婆婆”“好媳妇”，并为其颁发证书和奖品。赠送400本学习杂志和材料；赠送腰鼓60套，彩扇60把。2009年，在文明单县、和谐单县建设活动中，评选表彰34户和谐家庭，182支巾帼文明队。2010年，开展“爱国，爱家，爱单县”主题教育活动，大力宣传社会主义荣辱观，弘扬中华民族优良传统美德。表彰“单县十佳孝亲敬老楷模”“单县十佳模范老人”和“五好家庭”50户。

第三章　文明新风

第一节　见义勇为

1988年10月17日下午5时，单县二中高三六班学生牛月运路经学校北面的坑边时，发现有个小女孩正在水中挣扎，他毫不犹豫地脱衣扑向水中，游到小女孩身边，当他把小女孩拖上岸时，发现还有一个小脑袋在水里一起一伏，不顾个人安危，又转身奋力向孩子游去。在他连续将一个三岁的小女孩和一个一岁半的小男孩救上岸，交给泪流满面的孩子母亲时，已冻得浑身打颤。夜里，牛月运发起高烧，鼻子流血不止，他自己到县中医院输液。10月19日，胜利街的干部居民和落水儿童家长等几十人带着光荣匾、感谢信和鞭炮送到学校，大家才知道牛月运舍己救人的事迹。牛月运不顾个人安危，奋力抢救两名落水儿童，在社会上产生很大反响。县委、县政府予以通报表扬，教育局党组研究决定在全县各中学开展"向牛月运同学学习"的活动。1990年11月，牛月运被评为"山东省新长征突击手"。

1994年8月10日下午3时，孙溜乡周楼村村委会委员、民兵排长刘延停，听到附近机井内有人呼救，奋不顾身下到机井内抢救落井的村民父子2人，因打捞时间过长，井内严重缺氧，自己筋疲力尽，经抢救无效，不幸去世，年仅27岁。被县委追认为共产党员，授予"优秀农村基层干部"称号，全县开展向刘延停学习活动。

1996年6月16日下午6时，城关信用社老山堤顶储蓄所出纳员张运来，在他整理好一天的款项正等待收款车交款时，突然出现一歹徒，手持五四手枪，威逼他把钱交出来，他临危不惧，一面保护钱袋，一面按响警报器。犯罪分子凶狠地扣动扳机，子弹射中张运来的胸膛，鲜血染红胸前。犯罪分子夺门外逃，张运来不顾伤痛追出门外，用鲜血保卫了国家财产的安全。省、市、县有关单位给以重奖，并为其办理了人身保险。

2001年8月8日晚9点多，单城镇东关新村青年孙敦友赤手空拳，勇擒持刀杀人歹徒，身负重伤。获"全国见义勇为先进分子"称号，受到党和国家领导人的亲切接见。

2002年，莱河镇刘饭棚村农民孟昭良，脚登三轮车，行程1750公里，克服种种困难，把残疾妇女田云送回湖南老家，在全国引起很大反响，被称为"山东好汉"，菏泽市授于他"模范市民"，中央电视台邀请他做栏目嘉宾，其事迹后改编为戏剧《山东汉子》。

2003年，杨楼镇尤庄小学教师苏春梅发现公安机关正在通缉追捕的强奸杀人犯罪嫌疑人丰某某后，立即回家向任村治保主任的父亲苏启立报告，并主动请缨，赶着自家喂养的十几只羊，佯装放羊继续监视跟踪犯罪嫌疑人，协助其父和公安民警将犯罪嫌疑人抓获。县委、县政府授予她"见义勇为先进分子"称号，并奖励苏春梅父女现金5000元。

第二节　扶贫济困

乐善好施是单县人民的优良传统，在改革开放的新时代又得到大力彰扬。1991年，当安徽、江苏发生多年不遇的水灾时，全县人民慷慨解囊，捐款近9万元，衣服18000多件。1998年8月，湖北、湖南、江西、黑龙江等省发生多年不遇的洪涝灾害，全县人民捐款60多万元，衣服被褥近4万件。2003年，在抗击“非典”中，全县捐款25万元，其中，孙溜乡农民万玉生捐款1万元。山东省单县化工有限公司捐赠价值3万元的“84”消毒液。朱集镇王岗村村民王艳梅，在自己做生意富了之后，不忘家乡父老乡亲，自1995年，将200多名家乡青年安置到自己的饭店就业，使百余户农民也走上富裕之路。1999年，在村里修柏油路时，慷慨捐资6万元，铺路600米。2006年4月，山东四君子集团董事长李新民得知莱河镇的一批老党员参加合作医疗有困难时，他马上和县老龄办的领导专程赶到离城20多里的乡下，走访3个自然村，登门看望那里的老党员，并当即决定为200名老党员出资办理合作医疗。

2008年，“5•12”汶川特大地震发生后，县委、县政府积极响应省、市号召，迅速组织全县开展支援地震灾区抗震救灾捐赠活动，全县形成声势浩大的社会赈灾热潮。教育系统捐款90多万元，捐赠“特殊党费”3.9万元；山东省单县化工有限公司捐款50万元；山东四君子集团有限公司捐款42万多元；全县离退休老干部捐款3.6万余元；孙溜镇朱问泉、朱春雷父子捐款1万元；龙王庙镇农民、共产党员朱瑞方捐款3000元；县实验小学六（8）班的张瑾，捐出自己1000元的压岁钱。全县共募捐资金545.67万元，捐赠大蒜94.4吨；捐赠“特殊党费”108.68万元。6月5日，单县组织由城建、电力、卫生、公安、民政等部门和单位41人组成的援建施工队奔赴北川，建设过渡安置房。县公安局巡警大队副大队长兼一中队中队长，县援建工作队党员先锋队突击队队长马凌奉命带领10名巡警队员赴北川羌族自治县抗震救灾，组织队员分3个巡逻小组昼夜巡逻，走村串巷提醒群众防盗、防火以及防震自救，所负责的复兴村没有发生偷盗事件和火灾事故。援建活动板房中，带领队员人工清理滑坡石块，运送材料，提前完成69套活动板房安装任务。被山东省委、省政府授予“山东省抗震救灾模范”称号。

第三节　捐资助学

1986年以来，社会各界及个人通过捐款捐物、资助贫困学子、兴建希望小校、设立奖学基金等形式，热心支持教育事业。

1989年3月29日，单城镇回汉村召开捐资助学大会。会后，回汉村干部群众慷慨解囊，村支书陈万东、村委会主任陶学信带头各捐1000元，家住回汉村的县社综合公司副经理崔宜昌当场捐1万元，塑料专业户静培珠捐款5000元，塑料专业户陶学民、回汉化工厂刘学东、待业青年张雁各捐3000元。捐资的28人中，除1人捐款500元外，其余都在千元以上，共捐5.1万元。同年5月27日，在单城镇一完小操场举行单县个体工商户捐资助学仪式。各工商所、个体劳动者协会、个体工商户纷纷慷慨解囊。其中，西郊工商所劳协分会捐资6.1万元，城关工商所捐款1.2万元，个体户静培珠捐款5000元、李继山捐款3000元、陶学民捐款3000元、任忠宽捐款2000元。会上，捐资助学者共30余人，计捐款11.2万余元。

1994年，山东省邮电管理局捐资50万元在单县花园乡兴建鸿雁希望小学，加上乡政府筹集的20多万元和全乡干部群众捐资5万元，总投资70多万元。该校建筑面积3500多平方米，建有教学楼、师生宿舍及其他附属设施，开设24个教学班。1996年，共青团山东省委和宝洁集团公司向花园希望小学捐款15万元（董庄、白楼、朱庄群众集资20万元，县乡拨款10万元）兴建宝洁希望小学。小学设在花园乡董庄行政村，占地1.73公顷，建两层教学楼一座，建筑面积1190平方米。

1999年1月，省教委根据省委、省政府“东西结合，帮扶菏泽”指示精神，要求东部22个发达县区和大型企业，对尚未完成“普九”任务的菏泽、济宁两地市的11个县市进行教育对口支援，帮助完成“普九”任务。其中确定潍坊市教委、驻潍各高校和胜利油田对单县进行帮扶。至9月16日，全县收到总价值410万元的捐赠物品。胜利油田捐赠包括课桌椅、图书、音体器材等价值100多万元的物品；石油大学首批捐赠40多万元的微机、幻灯机、投影仪、风琴等物品；潍坊市教委及市直学校捐赠20万元的教学仪器；青州市捐赠价值50余万元12万册图书；潍坊医学院捐赠近8万元的教学仪器；昌邑捐赠32万余元的图书、仪器；寿光捐赠50余万元的图书也都已陆续运达单县。同年9月1日，由日本名古屋妙春园株式会社社长田中富治朗投资1020万元人民币兴建的慧光学校和慧光公园建成并开学开园。

2001年7月25日和8月1日，山东建筑工程学院分两批共向单县捐赠教学仪器设备854台（件），合计金额80.8万元。另捐赠桌椅300套。8月底，该院再次向单县捐赠语音教学仪器设备104台，价值22.7万元。

2002年，徐寨镇芳桂小学因阴雨连绵，校舍陈旧，导致校舍、围墙倒塌，镇、村无钱新建，近300名学生秋季开学无处上课。镇原教委主任、63岁的赵岳忠拿出自己积攒的工资，又动员在外地工作的儿女打紧开支，全家凑集15万元，给家乡小学新建小型教学楼一座，维修围墙、大门，学校秋季正常开课。

2005年，退伍老兵孙树响把多年省吃俭用积攒下的30万元作为“奖学基金”，捐赠给他的母校——终兴镇马楼小学，用于奖励品学兼优的学生和工作优秀的老师及资助部分贫困生。

2006年5月26日，青岛市城阳区云头崮社区书记胡群伦、青岛鹏飞集团公司董事长单保平、青岛海都集团公司董事长李忠祖，专程到单县捐赠助学资金28万元，用于救助贫困学生。

2007年8月始，县关工委、团县委、教育局联合举办“爱心助学”活动。活动得到县部分企事业单位的大力支持，至9月11日，共筹集资金13万余元，其中，山东省单县化工有限公司捐资10万元，山东四君子集团有限公司捐资1万元，县供电公司捐资1万元，县中心医院捐资6000元，山东湖西王集团有限公司捐资5000元。所筹资金分别用于本年度全县高考前10名、化工专业前10名的学生，以及30名贫困学生。共有50名学生受到资助。

2008年5月8日，胜利油田建设监理公司向单县五中25名优秀教师和100名品学兼优的贫困生捐赠资金20万元。

龙王庙镇农民、共产党员朱瑞方，自己省吃俭用、节衣缩食，坚持几十年如一日捐资助学、扶弱济贫。至2010年，先后捐出19.95万元资助213名贫困学生完成学业，79人考上大学，43人走上工作岗位。同时他还努力组织社会公益事业，牵头成立单县爱心工程协会，发展会员1329人，90个分会。被省、市、县评为“道德模范”。

第四节　拾金不昧

拾金不昧是县内人民的优良传统。1986年11月，蔡堂镇棉厂在收购该镇四座楼村村民、共产党员孟庆田的棉花时，验级过磅后，因验级不准，棉花被退回。过磅员忘记抽掉过磅单，仍按已收的棉花转到结算处，结算处结算后，应付款300多元，通知孟庆田前去领款。孟庆田到结算处，说明上述实际情况，拒绝领款。

1988年7月28日晚10时，单县钢木家具厂会计李丙芝，去单城镇西郊宋庄村联系业务，途中发现一个提包，内装1.9万多元现金。他考虑到失主着急会找来，便在原地等失主，半个多小时后，失主急急忙忙地找来。李丙芝问准情况后，将1.9万多元钱分文不少的交还给失主。

2008年1月17日，赵土楼村村民赵留雨的妻子李香云，在去北城街道三官庙村赶集的路上拾到一叠厚厚的钞票，寻找失主未果，便将钱带回家中，并向北城派出所报告此事。同时，赵留雨自费打印20份招领启事，张贴到交通要道和人口比较集中的地方。失主湖西轴承有限公司职工许之民看到启事后，赶到赵留雨家中，核实情况后赵留雨将9000元现金归还原主，许之民当即拿钱感谢，赵留雨婉言谢绝。

第五节 孝老爱幼

1986年后，通过在全县开展思想道德建设和文明创建活动，孝老爱幼传统美德发扬光大。

浮岗镇李新集村中年妇女范玉玲、刘德芹妯娌2人，是一对孝敬老人的好儿媳。1998年春节后，她们74岁的公公王永华老汉患肺气肿，住进单县中心医院，病情严重，生活不能自理，二人不嫌脏、不嫌累照顾得无微不至。在医院，给老人喂食可口饭菜，为老人购买海绵垫子铺到老人身下，每天为老人洗脚、擦身子。老人睡累了，她们就揽着老人半躺半坐着休息，老人口里有痰吐不出来，她们就用手住外掏。夜里老人睡着了，她们就轮流看守着。在二人的精心护理下，老人的病渐渐好转。看到二人这样孝敬公公，医院领导、医护人员、住院病友、陪人无不为之感动，纷纷打电话向县妇联、县广播站反映，要求大力表扬宣传她们的事迹。

曹素华是李田楼镇中学教师，丈夫在外地工作。2002年，公公患病，她立即送公公到医院住院治疗，不惜花掉家中所有的积蓄。2006年3月，她73岁的婆婆突然患脑溢血住进医院，9天昏迷不醒，其间，两次垂危，家中已准备后事，看着治疗无望，第10天只得回家。回家后，她一边给婆婆用药治疗，一边为婆婆做全身按摩。20天后，婆婆竟奇迹般地睁开双眼，30天后手脚能动，42天后已能下地站立，2个月后，竟能迈步了。人们无不惊奇和称赞地说："是儿媳的孝心，感动了上天，让婆婆起死回生。"2009年，曹素华被评为菏泽市第二届孝老爱亲模范。

2004年，龙王庙镇农民韦艳梅，儿子患尿毒症，需要换肾，她用自己的肾，给了儿子第二次生命，被山东电视台评为"情义山东"十大人物之一。

郭村镇吴三庙村蒋艳春小时因家境贫寒被父母送给郭村镇东村蒋明义收养。2003年，蒋明义身患中风，半身瘫痪，不会说话。蒋艳春一边照顾父亲，一边干活。到了谈婚论嫁的年龄，蒋艳春毅然决定带着养父出嫁。婚后，蒋艳春和丈夫一起伺候养父康复，为老人洗衣端饭、接屎接尿、擦洗身子、按摩四肢，每天数次，从无怨言。其事迹被菏泽电视台、山东电视台、中央电视台相继报道。

第二十九编

社会生活

南城街道黄小楼新村

单县民俗文化馆

1986年后，随着科学技术的高速发展和改革开放的不断深入，境内社会生活发生重大变化。至2010年，农民人均年纯收入由1986年的333元提高到5798元，城镇职二人均年工资收入由1986年的1353元提高到19802元，人民的物质生活水平逐年提高。全县人民的生产生活方式及各种习俗也向着科学、文明、健康的方向发展。随着党的民族宗教政策的进一步落实，全县呈现出经济发展、民族团结、社会和谐稳定的好局面。全县关注老年人生活、健康，敬老爱老蔚然成风，老有所养、老有所为、老有所医、老有所乐，2009年10月，单县被命名为“山东省长寿之乡”。

第一章　居民生活

第一节　农村居民生活

收入　1986年，境内农民人均纯收入333元，主要是粮食和棉、油、瓜、菜等生产性收入。之后，随着农村改革的深入，科学技术的普及，农业产业结构的调整，境内农民人均纯收入不断增加。1995年，农民人均纯收入1294元，其中，工副业收入占相当比例。随后，由于农业耕作技术的改进，机械化程度的提高，农村生产力得到解放，出现大批剩余劳动力，进城务工和经商办企业的农民越来越多，收入渠道增多。进入21世纪，农民人均收入迅速增长。2001年农民人均纯收入2190元，2005年3058元，2010年5798元。1986—2010年，全县农民人均纯收入年均增长12.64%。

消费　1986年，境内农村居民人均生活消费支出183元，主要用于衣、食、住、行等。之后，由于农民收入的不断增长，农民生活水平也随之提高。食品由粗粮转为细粮，衣着由棉布为主转为化纤为三，家纺自织粗布逐步消失。自行车、手表、缝纫机、收音机等进入农村家庭。20世纪90年代中后期，农民生活消费水平又登一个台阶，饮食由吃饱向吃好转变，食品结构发生变化，主食比重逐渐变小，副食比重逐渐加大，一些现代化的生活用品如电视机、电风扇等逐渐进入农村家庭。进入21世纪，农民生活消费水平又有新提高。2001年人均生活消费支出882元，2005年为1539元，2010年3144元。1986—2010年，全县农民人均生活消费支出，年均增长11.14%。同时，消费结构发生很大变化，不但有饮食消费、衣着消费、

农民喜售芦笋　　2007年摄影

居住消费、家庭设备用品消费、教育消费，而且还有交通、通讯消费、文化教育、娱乐消费和医疗保健消费等。至 2010 年，境内农民人均住房面积 28.8 平方米，农村彩电普及率 96%，电脑普及率 19.5%。

1986—2010 年单县农村居民年人均纯收入和消费统计表

表 29-1-1　　单位：元

年份	人均纯收入	人均生活消费支出	年份	人均纯收入	人均生活消费支出
1986	333	183	1999	1974	1458
1987	323	250	2000	2089	1573
1988	310	249	2001	2190	882
1989	323	279	2002	2318	934
1990	432	239	2003	2228	1070
1991	573	257	2004	2630	1264
1992	516	284	2005	3058	1539
1993	676	268	2006	3444	1693
1994	975	485	2007	3992	2002
1995	1294	473	2008	4556	2471
1996	1682	828	2009	5020	2572
1997	1843	1096	2010	5798	3144
1998	1894	1411	—	—	—

第二节　城镇居民生活

收入　城镇居民的收入来源以工资为主。1986 年，单县城镇职工人均工资收入 1194 元。1990 年，职工人均工资收入 1759 元。之后，随着经济的发展，职工工资收入不断提高。1995 年职工人均工资收入 3441 元，2000 年为 5104 元，2005 年 8869 元，2010 年 19802 元。1986—2010 年，城镇在岗职工年平均工资增长 12.41%。

消费　20 世纪 80 年代，城镇居民年均生活消费支出 1000 余元，由于粮、油、煤是计划供应，价格低廉，生活水平高于农村。鉴于经济发展，物资盈余，1993 年 12 月，取消城镇居民计划供应。进入 21 世纪，全县城镇居民食品消费结构趋向营养化、合理化；衣着消费向多样化、高档型发展；不少居民购买或自建楼房，其室内装修档次越来越高；一些高档消费品如彩电、空调、电脑等进入居民家庭，私家轿车日渐增多，固定电话、移动电话基本普及。同时，文化娱乐、观光旅游等消费支出也逐年增长。2010 年，城镇居民消费支出人均 13695 元。1986—2010 年，全县城镇居民人均消费支出年均增长 11.52%。

第二章　风俗习惯

第一节　生产习俗

农业　单县属传统农业县。境内农民自古以农为本，日出而作，日落而息。农田浇灌施肥，家庭养猪积肥、养牛耕田。家庭分工男耕种、女家务。自给自足的自然经济，使境内农民养成辛勤劳作，勤俭持家的良好习俗。20世纪50年代后，农业生产实行集体化，农业机械化程度逐年提高，化肥、农药、塑料薄膜等生产资料不断用于农业生产，改变了传统的农业生产习俗。人民公社时期，生产队统一安排农业生产，农业劳动由队长敲钟，劳动力统一出工。同时，男女同工同酬，农村妇女成为“半边天”。80年代初，农业生产实行家庭联产承包责任制，家庭种植有了自主权，个人劳作时间自己把握，农活时节，人们往往上午早出工、中午歇大晌、下午晚收工，错开烈日高温时段。进入90年代，农业的耕种、施肥、田间管理、病虫害防治等均运用现代化科技手段，粮食连年丰收。同期，实行农业种植结构调整，实现粮食种植为主向粮食种植和其他经济作物兼营的产业结构转变。许多农民利用塑料大棚种植反季节蔬菜、瓜果，部分农民种植花木，部分农民利用农闲发展工副业、养殖业，增加收入。此时的农业不再是割麦耩豆，割麦点棒子（玉米）的传统农业。进入21世纪，随着农业机械化程度的提高，相当一批传统农具，如抓钩、镰刀、木犁、耕耙、耩耧、碾磨、场磙、扬场锨等被现代化机械所代替，传统意义上的耕牛、耕驴演变成食用牲畜，农村出现大量剩余劳动力。至此，传统意义上的农民分化成三部分，一部分留守家乡从事土地耕作，一部分经商办企业，一部分到城市当农民工。同时，农村土地步入集约化经营、区域化种植阶段。境内城郊区的蔬菜，终兴镇、莱河镇的山药，徐寨镇、张集镇的大蒜，郭村镇、高老家乡的芦笋，时楼镇的大蒜、辣椒，李新庄镇的洋香瓜等均具有一定的规模，这些专业村、专业乡镇的生产，为统一耕种、统一供种、统一田管、统一销售、统一加工等集约化经营创造了条件。这个时期，农村还出现各种形式农户自愿组织的新型合作组织，在劳力、资金、科技、销售等方面互帮互助，共抗风险。

手工业　单县历史上传统的手工业有棉织、染坊、打铁、榨油、酿造、做豆腐、条编、篾编、纸扎、木工、泥瓦工、剃头等。人们俗称各行手工业者为“手艺人”。各行各业的手工业者，在各自的生产活动中，逐渐形成自己的习俗。木匠、泥瓦匠、石匠尊鲁班为祖师，银、铜、铁、锡各匠人都尊李聃为老祖，其他各业匠人均有祖师奉尊。木匠的工具很多，主要有锯、锛、凿、斧、墨斗及各种尺具等，外出干活备有工具箱，最忌人乱动此箱。铁匠特别珍惜自己的手艺，所制产品一般都打上自己的姓氏，作为印记。境内锡匠多制作酒壶、茶壶等，铜匠、银匠少见，石匠多打制建筑石料和錾磨、錾碾等。锔盆锔碗的锔匠和磨剪子、抢菜刀的磨匠，多是走村串户。至20世纪五六十年代，这些手工业者以其传统的精湛技艺活跃于境内城乡。70年代后，随着社会的发展，锔匠、染匠、錾磨匠、磨匠逐渐消失。铁匠、锡匠越来越少。一些手工业者的匠艺称呼有所改

条编

星秤　　2004 年摄影

传统工艺——旋烙馍轴子、张箩

变，如剃头匠演变为理发师，技艺高者称美发师。在城镇建筑行业，泥瓦匠习称建筑工人。80 年代中后期，政府鼓励、支持家庭手工业发展，境内从事条编业、木业、泥瓦业、磨豆腐、粉条业、榨油业、轧花业、五金制作业、缝纫业者大增。90 年代始，部分手工业逐步向机械化、电气化发展，如木工工具出现了电锯、电刨、电凿等，传统意义上的木匠工具逐步淘汰，手工业者逐步变得不用“手工”。科学技术的发展，使手工业科技含量增加，产品档次提高，生产经营方式由个体分散生产经营向规模化发展，由一户一品发展为一村一品、一乡一业。如浮岗镇李油坊村的木线条、谢集镇郝庙村的杠子等形成产业规模。进入 21 世纪，县委、县政府实施优惠政策，优化经济环境，发展民营经济，不少手工业者大显身手，办起企业，当上厂长、经理，成为企业家。

第二节　生活习俗

饮食　日常饮食　20 世纪 80 年代中期，农村居民饮食逐步由以粗粮为主转为以细粮为主，白面、大米开始成为大部分农家的主食，地瓜、玉米等成为辅助食品，一日三餐有汤有菜，解决了温饱问题。城镇居民吃粮仍属于计划供应，70% 的白面，30% 的粗粮，可以粗粮换细粮。1993 年冬，粮油实行价格、市场、经营三放开，商品粮油计划供应取消，城镇居民吃粮全部进入市场购买。90 年代中期以后，城乡居民饮食差异逐渐缩小，主食花色品种增多，有馒头、面条、烧饼、花卷、窝头、锅饼、油条、蒸包、水饺、米饭等；蔬菜品种大量增加，主要有白菜、茄子、黄瓜、西红柿、青椒、芹菜、蘑菇、蒜薹、土豆等。同时，能够经常吃到猪、羊、牛、鸡、鸭等各种肉类和鱼、虾、海带等水产品，以及禽蛋。人们的饮食开始由吃饱，到吃好，再到注重营养搭配。2005 年后，家庭订购鲜牛奶者渐多；家庭餐桌又增添了水果，如苹果、西瓜、橘子、香蕉、葡萄、哈密瓜、枣等。野菜、嫩榆钱、洋槐花、豆杂面等又成了人们享用的热门食品。同时，越来越多的群众用上自来水，城市居民开始饮用矿泉水、纯净水等。饮料品种不断增多，档次不断提高。酒类由原来的常年饮用白酒（饮酒场合）改为冬春以饮白酒为主，夏秋以饮啤酒为主。白酒由原来以高度、低档为主，改为以低度、中档为主。饮茶者在境内城乡越来越多，且茶叶档次不断提高，多以饮绿茶为主。

境内农村人们有端着饭菜到饭场吃饭的习俗，夏天多在树荫下，风凉处；冬天在朝阳背风，稍微暖和处。大家各吃各的，一边吃饭，一边闲聊，谈论较多的是生产、生活、生意，有时也谈外地及本地的新闻、稀奇事、时尚人物等。此俗至今尚存。

节日饮食　自古以来，境内居民逢年过节，有集中购买食物，改善生活的习俗。20世纪90年代后期，生活物品不断丰富，生活水平逐渐提高，集中购物过年、大吃大喝的习俗逐渐打破，多数家庭只在节前准备少量的年货，节后现吃现买。由于日常生活和过节生活的差异缩小，人们把过节以改善生活为主转变为以精神娱乐为主。2005年后，每逢节日家人团聚，一些家庭为了避免劳累和麻烦，便到酒店包桌，或到外地旅游过年。

待客饮食　单县人至善，自古好客出名。20世纪80年代，城乡居民家庭来了客人，多在家招待。饭菜酒水质量一般根据其家庭条件、客人的身份、数量、来意等情况而定。招待用酒农村一般是低档莱河酒或低档单县特曲酒等，城镇一般是中档单父特曲或外地中档酒等。菜肴讲究冷热、荤素搭配，鸡鱼肉蛋俱全，或四菜一汤，或六菜一汤，或更多。一般是六样菜待客，春节待客更为丰盛。90年代后，城乡居民家庭待客开始注重营养搭配，酒水档次也有所提高。极具有地方特色的单县羊肉汤、李家烧鸡、芦墓烤鸡、丁万庄狗肉、青堌集驴肉等成了待客的热门菜。城镇居民家庭待客开始到酒店就餐。单县开始有了川菜馆、湘菜馆、海鲜馆、甲鱼馆和小型西餐馆、面包房、蛋糕房等。进入21世纪，随着居民富裕程度的日益提高，城镇居民在饭店待客形成习惯。由于条件限制，农村家庭多数仍在家中待客。

服饰　服装　20世纪80年代初，衣料多以涤纶、弹力呢、的确良为主，棉布为辅，毛料始现；花色品种增多，不再是单调的灰、黑、蓝、白、绿。90年代前期，男女流行西装、领带、皮鞋、羊毛衫、茄克衫、牛仔裤、喇叭裤、T恤衫、毛呢大衣、风衣，羽绒服开始上市。中、青年女子以穿一脚蹬紧身裤为美，夏季穿红、白短袖上衣居多。90年代后期，服装样式增多，有西服、茄克衫、面包服、休闲服、鸭绒服、风衣，纯棉、丝织品倍受欢迎。鞋履除各种款式的皮鞋外，还有运动鞋、旅游鞋、休闲鞋等。进入21世纪，衣料品种繁多，样式新颖多样，色泽五花八门，高档衣料服装渐多，男士穿名牌套装盛行。穿个性服装在男女青年中多见。春秋时节，人们多着茄克、西服、休闲装；夏季，男子多穿T恤衫、短袖衫，女子多穿连衣裙、套裙、迷你裙或上着T恤衫，下穿短裤、七分裤、九分裤、纤腰裤等。冬季，人们外穿各式羽绒服、皮衣、西装，内着保暖内衣、羊毛衫，少数女子还穿比较昂贵的皮草。中青年男士冬季出行多不戴帽子，老年男士出行多戴帽子；女士出行多围上围巾。至2010年，境内服装大市场，各类各种服装专卖店遍布城乡，“老爷车”“罗蒙”“新郎”“劲霸”“七匹狼”“柒牌”“李宁”“波司登”等名牌服装引领了时尚穿着潮流。

发式　20世纪80年代初，中、青年男子发式多为平头、中分头、偏分头、背头；老年人多为背头、光头；女子多为扎辫、剪发，女学生多为齐耳短发，农村老年妇女少数盘鬏。80年代后期，因改革开放和受大城市新潮的影响，男女发式花样增多。男有青年头、平头、小平头、分发头，个别人还留起长发；女子有学生头、小分头、削发头、小散把、大散把、披肩发；同时，城镇妇女烫发兴起，发式有菊花式、波浪式等。进入21世纪，少数男青年又留起毛寸头，女青年时兴染发，留长发者多染为黄、红或黄、红、灰、白相间的杂色；部分留披肩发的女青年焗油拉直板，极个别男青年留长发且染发；老年男人多数短发；老年妇女多留剪发。

饰品　20世纪80年代初，境内主要饰品是手表，只是少数人拥有。女性普遍时兴带发卡，品种、样式、颜色各异。金银饰品被作为奢侈品，十分罕见。进入90年代，随着改革开放的深入和家庭经济条件的改善，城乡大多数中青年戴上手表，县城部分妇女戴上耳环、耳坠、项链、戒指、手链、手镯、胸花等，极个别男士戴有戒指，品质有白金、黄金、白银、玉、水晶石、珍珠、塑料、玻璃等。90年代中、后期，随着移动电话的普及，戴手表的人逐渐减少，中青年女士中戴金银首饰的人逐渐增多，个别男士（多为私企老板）戴金戒指或钻戒，以彰显其富有的身份。2005年后，境内又流行戴玉制饰品，把玉器雕刻的观音菩萨或如来佛等用红绳系着套在脖项，挂在胸前，其习俗为“男戴观音女戴佛”，以求观音、佛爷保佑。

住房　农村住房　20世纪80年代初，境内农村家庭住房多为土木建筑结构。屋墙先用砖垒砌1米高左右，作为墙基。然后，再用麦秸泥垛墙或土坯垒墙。房屋是东西3.3米（俗称三米三）、南北5米开间。房顶用木梁、木檩、扁椽、苇笆、泥、瓦封顶。一般家庭居住3间正房，1间厨房为配房，鸡架门楼，筑土墙围成院落（一进院）。自古以来，境内居民建房有开工“看日子”，上梁看时辰的习俗。开工吉日一般选在农历的逢六，即初六、十六、二十六，届时鸣放鞭炮，用以祛邪求顺利。上梁时间一般选在正午时分，当梁稳当安放完毕后，贴上上梁红帖，燃放鞭炮，庆贺上梁成功。上梁帖上多写为：“金梁光曜日，玉柱力擎天”“上梁逢黄道，立柱顶万斤”等吉利词语。上梁后，房主要拿出上梁烟、上梁酒，让木工、泥瓦工享用，中午管饭。80年代中期，开始兴建砖木结构的浑砖房。大多是3间正房、2间配房、门楼、红砖垒砌围墙的庭院。90年代后期，正房时兴明三暗五前出厦，院落布局有四合院、三合院等形式。此时，建房不仅讲究使用，而且讲究美观大方，主房一般安上大玻璃窗，室内布置讲究，尤其是新婚房，大门建得高大宽敞，安装铁门或木门，大门上方镶贴石匾，两边镶贴楹联。石匾横批多为“紫气东来”“千祥云集”“喜气盈门”等，楹联内容有：“福如东海长流水，寿比南山不老松”“忠厚传家远，诗书继世长”“家居财宝金银地，人在和谐幸福中”等吉祥用语。进入21世纪，不少村庄的部分农户建起两层半的楼房。1998年，开始小康村建设。2006年，开始新农村建设，部分农民喜迁新居，搬进社区住上楼房。

自20世纪80年代起，境内农村每户凡有男孩的，村里都分给一块宅基地，用于结婚建房。村庄逐渐向周围扩大，而村中心旧房多是老年人留守，形成中心破旧空旷闲置、四周整齐气派的景象。

城镇住房　20世纪80年代初，县城内有私有住房的，多为城里的老户，多数是平房瓦房，楼房很少，多数人家住的比较拥挤。干部职工住房多以单位计划分配为主，属于福利房。其住房多为平房瓦房，楼房较少，使用面积较小。未分上住房的家庭，借房租房居住。90年代后期，县城进行住房制度改革，房屋商品化，取消福利住房制度，将公房变卖给职工。之后，县城出现个人建私房（自建房），多数是明三暗五、平顶起脊的住房，少数是两层或三层的楼房。2004年后，单县实行老城区改造，开发房地产业，开始建设多层住宅小区。2007年后，住宅小区楼房逐渐向小高层发展。住宅小区的单元面积多在100平方米～130平方米之间，内部一般都有客厅、卧室、厨房、卫生间、书房等，且水、电、暖、气、有线电视、电话等配套齐全。小区空地绿化，居住环境优美宜人。至2010年，县城有南华苑、舜师名园、上海花园、正大花园、湖西花园、锦绣花园等 16 个商住和住宅小区。

湖西花园　　2009 年摄影

出行　20 世纪 80 年代，自行车基本普及。人们出行普遍用自行车代步，出远门时多乘公共汽车或火车。县机关单位已有吉普车、面包车，轿车较少；长途运输多用拖拉机或解放牌汽车；农村生产运输多用人力地排车。90 年代，自行车向轻巧型发展，且种类繁多，样式新颖，美观实用，仍为人们出行的主要代步工具。同时，摩托车数量迅速增加，骑摩托车的多为青壮年。在老年人中，时兴以人力小三轮车代步，既能锻炼身体，又能方便购物托运。机关单位、部分企业负责人使用轿车。农用三轮车、拖拉机等各类机动车在农村日渐增多，除满足农田耕作需要外，也是农民外出的交通工具。20 世纪末，境内城乡客运网络已经形成，车辆有客运汽车、面包车、机动三轮加敞篷。进入 21 世纪，实现全县村村通柏油路。同时，电动车发展极为迅速，逐步取代自行车，成为城乡居民的主要代步工具。此时，长途货物运输多用大型汽车，或用现代物流专车，或者到周边火车站联系货运列车。人们外出旅行多乘大巴客车、小汽车、火车或飞机。机关、企事业单位多使用轿车出行，各种小汽车逐步进入居民家庭。至 2010 年年底，全县有各种机动车 113256 辆，其中，摩托车 66447 辆，农用车　辆，小汽车 19521 辆，大型汽车 3190 辆。

通讯　1986 年前，书信是通讯的主要方式，紧急情况拍发电报，电话只有党政机关、企事业单位使用。随着电信科技的发展，电信业发展很快，程控电话得以普及。进入 20 世纪 90 年代，公用电话、家庭电话普遍使用。90 年代中期，BP 机、移动电话使用者相继增多，便利居民互通信息，电话拜年成为时尚，“楼上楼下，电灯电话”变为现实。进入 21 世纪，随着移动电话的普及和功能升级，BP 机被淘汰。同时，固定电话逐渐减少。2006 年后，境内网络通讯发展迅速，县城大部分家庭、农村富裕户用上电脑，上网聊天、发电子邮件成为更快捷更时髦的通讯方式。随之，传统的书信、电报、捎口信等通讯方式逐步成为历史。

固定电话机

手机（移动电话机）

器具 炊具 20世纪80年代，境内农村居民沿用传统的坯砌锅台，使用铁锅、风箱，烧柴草做饭。城镇居民多用煤炉、铝锅、铝壶，用蜂窝煤烧水做饭。进入90年代，城乡居民开始使用液化气灶和各种电炊具做饭。进入21世纪，高压锅、电饭煲、不粘锅、抽烟机、消毒柜、电冰箱、微波炉、电烤箱、电磁炉、各式橱柜进入百姓厨房。农村仍有少数家庭使用传统炊具做饭。

洗浴具 20世纪80年代，境内浴池较少，人们洗浴多在家中用水盆冲洗，很不方便。1995年之后，电热水器、太阳能热水器开始进入县城居民家庭，且趋于普及。进入21世纪，太阳能热水器开始向农村发展。与此同时，境内个体浴池、洗浴中心、桑拿房等相继增多，人们洗浴越来越方便。

家具 1980年前，境内居民家庭堂屋的传统家具有条几、八仙桌、罗圈椅、方凳、条凳、桌橱等。上述家具均为实木家具，材质以黑槐（国槐）、刺槐、榆木居多，外油枣红漆者居多，颇显古朴大方。居室的家具有抽屉桌、衣柜、立橱、木床、杌子等。之后，家具从种类、样式、颜色到材料、制作工艺，都有很大变化。材质多以松木、槐木、硬杂木为硬料，三合板、五合板、细木工板和密度板为板料，不再是纯实木家具，样式新颖，色调繁多。种类除传统的桌、椅、柜、橱外，逐步新增大衣柜、写字台、折叠椅、圆桌、沙发、茶几、角橱、床头柜等。20世纪80年代，城乡居民多睡木床或铁床、竹床，床上铺床垫，松软舒适。90年代，开始流行组合橱、组合沙发、电视柜、书柜等。城乡居民时兴席梦思、棕垫床等。床上用品日趋多样化，开始使用毛巾被、毛毯、床罩、电热毯、太空被、羽绒被等。进入21世纪，人们开始讲究使用实木家具、真皮沙发、大壁橱等。床上用品时兴四件套，纯棉的床单、被面等倍受欢迎。

家用电器 20世纪70年代中期，县城及郊区、各公社驻地的居民使用电灯照明，农村居民仍用油灯照明。1985年后，电视机、收录机、电冰箱、洗衣机、电风扇、黑白电视等开始进入城镇家庭，彩电很少。进入90年代，乡村居民照明普遍用上电灯。同时，城镇家用电器向高档次发展，特别是电视机比较明显，黑白电视机基本被淘汰，彩电逐步普及，并由开始的14吋、18吋、21吋彩电，更新为25吋、29吋、34吋彩电，有的还配有影碟机、组合音响等。进入21世纪，城镇实现全面亮化，农村街道多数安装了路灯。同期，电轿车、多功能冰箱、空调、全自动洗衣机、电脑、摄像机、放像机、数码照像机、电子琴等进入普通居民家庭。在农村，农民购买25吋、29吋彩电为首选，黑白电视机无人问津，部分农民用上了冰箱、洗衣机等。2008年，国家实行家电下乡优惠政策后，农村家用电器的更新换代步伐进一步加快，使用高档节能环保电器的农户越来越多。

娱乐 1986年前后，境内农村，大人（成年人）在晚饭后，或阴雨天闲暇之时，娱乐项目主要是聊天、听闲书、听广播、玩纸牌、推牌九、打麻将、下象棋，或听戏、看电影等。小孩（未成年人）娱乐多是做游戏，如捉迷藏、丢手绢、跳皮筋等。之后，随着社会发展，人们的娱乐活动逐渐增多，娱乐方式有较大变化。听收音机、看电影、看电视、看录像等成为主要娱乐方式，人们业余生活进一步丰富。进入90年代，在娱乐方面，人们由听、看的旁观型转变为参与型，跳舞、唱歌、做健美操、捣台球（打台球）、打乒乓球、打篮球、转呼啦圈、溜旱冰等在城镇盛行。少年儿童娱乐方式也由单纯的玩耍，转变为寓开发智力于玩乐之中。如弹电子琴，拼接组合各类积木等益智活动。城镇老年人退休后，经常3人一摊，5人一伙，聚在一块打扑克、下象棋、打门球，还有的练书法、学绘画、养花鸟等，开展各种健身娱乐活动。2000年后，在农村，随着电影下乡、戏曲下乡、图书下乡活动的开展和农家书屋、文化大院的增多，农村人的文化生活变得丰富多彩。在县城，随着城市建设品位的不断提升，公园、广场、体育健身路径的增多，跳交谊舞、健美操、扭秧歌、练剑、打太极拳等健身活动普遍流行，群众性的娱乐健身活动蓬勃开展。

第三节　节日习俗

传统节日　*春节*　农历正月初一为春节，俗称“过年”，是一年中最隆重的传统节日。农历腊月三十日（小月为腊月二十九日）半夜十二点，春节就到了，是一岁之首。每年自农历腊月二十三日以后就进入过年的节日气氛，开始扫尘、蒸馍、煮肉、杀鸡、宰羊、买爆竹、写春联、请门神、祭天地。春节五更起床，先放鞭炮，室内点蜡烛，门上挂灯笼，然后点香、摆供、烧纸、磕头、祭天地神灵和祖先牌位，供品一般是鸡、鱼、肉、蛋和水果、油炸食品。祭后，开始拜年，先拜祖先、尊长，接着长辈向晚辈（少年、儿童）发放“压岁钱”。新年的第一顿饭，要吃素馅饺子。下饺子时放鞭炮，以求吉利。水饺煮熟后，先敬天神，再敬灶君，按人口每人一碗，另外多盛一碗，望家中人丁兴旺。饭后，邻居相互串门拜年，祝贺新春佳节。拜年，只限于早晨、上午。从正月初二开始，人们带上烟酒、点心等礼品走亲串友。特别是新婚男子，第一次给岳父母拜年，礼物从丰，招待也很隆重。串亲访友一般要当日返回，寓意一年做事顺利。

20世纪80年代后，烧香纸、供神灵、摆桌供、磕头跪拜、敬神祭祖等旧俗基本破除，大都时兴看望、问候、团拜等形式，以加深友情，增进和谐。进入21世纪，徒步拜年大多变为电话、短信拜年。随着人们生活水平的不断提高，春节喜庆之气逐年变浓，烟花鞭炮燃放量逐年增多。

送火神　正月初七，旧时有人们送火神，姑娘们“扎七姐”习俗，20世纪80年代已绝迹。时下，每年正月初七，城内、乡镇仅是到晚间张灯结彩，踩高跷、跑竹马、玩旱船、放河灯、舞龙灯，显呈喜庆之色。

元宵节　正月十五日，亲人相聚，吃元宵，看彩灯，共同欢庆，又称“灯节”。入夜，城内居民涌上街头观看灯火。有河灯、龙灯、狮子舞，灯的形状、色彩各不同。有的灯上写着谜语，供人们猜“灯谜”。20世纪80年代后，开展游艺活动成为元宵节的重要内容，舞龙、高跷、秧歌、舞狮子等，在县城湖西路等主要街道表演，其喜

2008年元宵节文艺活动

庆之色远胜于正月初七。

二月二　农历二月初二，俗称“龙抬头日”。从这天起，出现雷鸣，故又称“龙节”。二月初一晚上或二月初二清早，农民用草木灰在庭院内外、场里（打谷场）围上圆圈，名曰“围囤”，在“囤”的中央挖一小坑，埋上五谷杂粮，“囤”边上用灰线勾成梯子，祈求五谷丰登。这一天，农村男女停止做活，在饮食上有吃大馍，吃“炒料豆”等习俗，反映了人民群众祈望风调雨顺、粮食丰收的心理。

清明节　每年公历4月5日前后交节，古称寒食节，各家门前插柳。清明前一天，户户备香纸、供品，上坟祭祖，给坟添土。新中国成立后，成为悼念革命先烈的节日。清明一早，机关、工厂、学校组织干部、职工、学生到革命烈士陵园扫墓、献花圈，缅怀先烈业绩，进行传统教育。2008年始，每逢清明节法定休假1天。

端午节　农历五月初五为端午节，又名“端阳节”。每逢五月初五，在门两旁插上艾枝，意为祛毒、避邪恶，人们还有吃粽子的习俗。2008年始，每逢端午节法定休假1天。

六月初一　亦谓之“小年”或“小半年”。中午，用新麦子面蒸馍馍，擀面条，并以此先敬神祭祖，以示报恩之意。20世纪80年代后，境内六月初一摆供、烧香拜神之习渐淡，沿袭者多为农村老年人和中年妇女。

乞巧节　农历七月初七为“乞巧节”，是姑娘们的节日。这天晚上，姑娘们相邀包水饺，水饺中只有一个放1枚绣花针，于“七夕”黑暗中煮食，谁若吃到带针的水饺，谁就是巧姑娘。另外，她们还置办梨、西瓜、红枣等瓜果食品，设桌于庭院，向天上的织女乞巧，唱道：“吃个西瓜，插朵菊花；吃个枣，插得好；吃个梨，插得齐；吃个桃，插得毛。”在乞巧时还有一首歌：“天皇皇，地皇皇，俺请七姐下天堂，不图您的针和线，光学您的七十二样好手段”。20世纪80年代后，境内姑娘们过此节者渐少。

中秋节　农历八月十五日为“中秋”。中秋节晚上，人们有赏月、祭月、拜月的习俗。家家户户在月亮升起的时候，露天设案，摆上月饼、瓜果祭月，然后全家人分食祭品，喝酒赏月，意在举家团圆。中秋节前，亲友还互赠月饼、果品、美酒等礼品。2008年始，每逢中秋节法定休假1天。

十月一　农历十月一日，俗称“鬼节”。人们这天到坟地祭祖，俗称“上坟”，烧纸钱、供酒菜、行跪拜礼、哭坟、悼念已逝亲人。至2010年，境内人们“十月一”上坟烧纸，悼念已逝亲人之俗仍延续，大都不再上供，哭坟。

腊八节　腊月初八，古称“腊日”。有吃腊八粥的习俗。新中国成立后，“腊八粥”渐为“枣米饭”代替。至2010年仍在延续。

祭灶　腊月二十三日，进行“祭灶”，其意是祭祀灶王爷上天，给灶君烧香、磕头、摆祭灶糖供奉，并祷告“上天言好事，下界保平安”。用秫秸扎马、扎猪、扎羊，用碗盛上谷草和麦麸，唱着马歌：“一把草，两把料，喂得小马咴咴叫。”祈祷后，把灶君的旧像揭下来，在香炉前焚烧，谓之“送灶”，即送灶君上天，直到除夕再把新灶君贴上，等候新年时归位，“二十三日去，初一五更回。”凡是临时外出的人，一般都要在腊月二十三回家祭灶。祭灶糖用麦芽糖叠成，以此祭灶君是用糖粘住他的嘴巴，免得上天后乱讲人间的坏话。祭灶糖是人们喜爱的食品。20世纪80年代后，祭灶那天，开展大扫除之风仍存，其他习俗渐淡。

除夕　腊月三十（小月二十九）晚上为除夕，是一年最后的一天晚上。这天白天又称年三十，家家户户，洒扫整饰，去尘污、净庭房、换门神、挂年画、贴对联、刷家具。男人上坟烧纸，妇女在家准备供品，包饺子，办酒菜。夜幕降临，正屋桌上点燃蜡烛，门上挂上灯笼，其意是到处呈现光明。晚上，全家人穿上新衣服，高高兴兴喝“辞岁酒”，吃“团圆饭”。2008年始，春节放假起始时间由农历正月初一调整为除夕。

穆斯林传统节日　开斋节　伊斯兰教历每年10月1日。开斋节是境内回民群众的主要节日。按照教规，健康的成年（男12岁，女9岁）穆斯林均享有封斋的权利义务。伊斯兰教历每年9月为斋月，封斋期限一个月。其间，斋戒者每天在太阳出来前一个半小时一直到当天的太阳落下后之间，不吃不喝，禁止房事，戒除一切邪念，一心向主。斋月最后一天结束后，次日即为开斋节。开斋节这天，穆斯林要交付一定数额的开斋税，举行开斋的拜功。穆斯林在晨礼后吃一点食物，继而沐浴，燃清真香，穿洁美的衣服，去清真寺念赞词，上午到清真寺参加会礼，互致节日祝福。开斋节会礼前，有条件的穆斯林家庭要向贫穷的穆斯林发放“开斋捐”和油香、馓子等食品。

每年的开斋节，县领导及县民族宗教事务局负责人带慰问品到清真寺，对回族群众进行慰问并表示祝贺。

法定节日　元旦　公历1月1日，俗称“阳历年”。境内农村基本上不过此节。党政机关、学校、企事业单位按国家规定休假1天。这一天，各单位门前挂宫灯，张贴“欢度新年”“庆祝元旦”等大字横幅，升国旗，插彩旗，举办各种文艺活动。2000年后，人们习惯于元旦前互寄贺年卡，发电子邮件或手机短信，进行新年祝福。该节法定休假1天。

国际劳动妇女节　公历3月8日，俗称“三八妇女节”。节前，全县妇女组织以各种形式举行庆祝活动，县妇联召开大会表彰全县各界妇女先进模范人物，颁发奖状奖品。该日，按国家规定女职工休假半天。

植树节　公历3月12日，每逢植树节，全县机关干部、企事业职工、学校师生、人武部官兵开展义务植树活动，带动全民植树造林，进而净化空气，绿化环境。

国际劳动节　公历5月1日，俗称五一劳动节。每逢5月1日，县各级工会组织全县劳动者开展各种活动庆祝节日。五一劳动节法定假期，2008年之前为3天，2008年始变为1天。五一期间，天气变暖，青年男女结婚的和外出旅游的较多。

五四青年节　公历5月4日为中国青年节，俗称“五四青年节”。这天，全县共青团组织举办各种活动，号召全县青年发扬“五四”运动光荣传统，为社会主义建设再立新功。该日，青年按国家规定休假半天。

国际儿童节　公历6月1日，俗称“六一儿童节”。该日，全县少年儿童团体和各小学、幼儿园组织庆祝活动。党政机关、群众团体多向小学、幼儿园赠送礼品，表示慰问。

中国共产党成立纪念日　公历7月1日，简称“七一建党节”。每年7月1日，全县各级党组织举行各种类型的庆祝活动，回顾党的历史，进行革命传统教育，举行新党员入党仪式，组织党员学习党的基本知识，表彰先进党组织和模范共产党员。

中国人民解放军建军节　公历8月1日，简称“八一建军节”。每逢8月1日，县委、县政府领导带领县人武部、民政局负责人看望慰问当地驻军及老革命、伤残军人，举办座谈会，组织军民联欢会，开展拥军优属活动，密切军政、军民关系。

教师节　公历9月10日为中国教师节。该日，县、乡教育机关，全县各学校都开大会，庆祝教师节。其间，表彰优秀教师，颁发奖状奖品；各级领导带慰问品看望慰问教师，开展尊师重教活动。

国庆节　公历10月1日，庆祝中华人民共和国成立之日，简称“国庆节”。每逢10月1日，全县党政机关、社会团体、工业企业、学校等单位升国旗，插彩旗，摆鲜花，挂宫灯，挂横幅标语，召开座谈会，组织文艺演出，进行热烈庆祝。国庆节法定假期3天、加上2个双休日，为7天长假。时值天气由热变凉，气候宜人，不少人选择此时举行婚礼或外出旅游。此时，农村正值秋忙，节日气氛不浓。

舶来节日　20世纪90年代中叶，随着对外开放的深入，与国外文化交流日益增多，西方国家的一些节日也随之传入境内，有的日渐成俗。

情人节 公历2月14日。境内过此节者多为年轻人。夫妻、恋人间互赠鲜花、慰问品，发贺卡、手机短信，相互祝贺，以示情思；以约会、请吃饭等形式相互倾诉心声，加深感情。

母亲节 公历5月第二个星期日。此节符合中华民族传统美德，弘扬孝道，被境内人们接受。该日，儿女多为母亲设宴送鲜花、礼品或以其他形式慰问，表示对母亲的尊敬和热爱，报答母亲的养育之恩。县城内过此节的人越来越多，农村则很少有人过。

父亲节 公历6月的第三个星期日。境内选此日给父亲过节、感谢父恩的人渐多。

圣诞节 公历12月25日。境内只有少数信奉天主教、基督教者在家中过此节，信徒间互送礼物，相互祝贺。

第四节　礼仪社交习俗

婚嫁 **婚介** 20世纪80年代，境内男婚女嫁，大都是由媒人掂量觉着合适，介绍男女相识，双方自行约会，相互了解，相处一段时间后，双方都感到合适，且征得各自家庭的同意，再由媒人联系双方择日定亲。在男婚女嫁事情上，即使是男女双方自由恋爱，到瓜熟蒂落时，通常也要委托熟人当介绍人，以求名正言顺。农村有专职的媒人，他们对周围村庄男女婚姻情况熟，整天走村串户，为未婚男女牵线搭桥，一旦说成媒，就要求男女双方家庭请宴席，俗称“吃鲤鱼”，并索要一定的现金和礼品，说是“纳媒礼”。县城的媒人多为亲戚朋友。90年代中期，境内出现了婚姻介绍所，专门从事婚姻中介工作。

定亲 境内农村，媒人介绍男女双方相识，名为“小见面”。如果双方无意见，媒人和男女双方协调选定日子相见定亲，名为“大见面”。定亲的地点一般选在县城或乡镇驻地的酒店，男女双方的亲朋好友参加。大见面时，男方除摆宴席招待来宾外，还要给女方见面礼，谓之“彩礼”。20世纪80年代，彩礼一般为500元～1000元，有的送1001元，寓意“千里挑一”。90年代为2000元～6000元，多送3300元，寓意“过的暄（xuan）”（日子过得红火）；进入21世纪，一般5000元～10000元，有的送6600元，寓意“过的顺”。有的送8800元，寓意“两头发”；有的送10001元，寓意“万里挑一”。送彩礼外，农村的还要给女方买衣料、化妆品等。城里的给女方买“三金”（金戒指、金项链、金耳环）。通过大见面，男女双方婚姻关系予以确定，男女双方都要改口，以结婚后的关系称呼对方的父母。

嫁娶 结婚前，男女双方要带有关证件，到婚姻登记管理部门办理登记手续，领取结婚证书，成为合法夫妻。之后，由双方协商选定嫁娶吉日。境内婚嫁吉日大多选在春节之前，城镇居民有的还选在“元旦”“五一”“十一”期间。嫁娶吉日，境内居民不看日子的多选在农历的初六、十六、二十六。看日子的由所看的日子而定。吉日选定后，男方要带礼品到女方家协商嫁娶有关事宜，谓之“商量事”。

置办嫁妆。20世纪80年代，农村嫁妆多有男方出资女方操办，有抽屉桌、椅、八仙桌、小饭桌、大衣橱、自行车、缝纫机、收录机等；城里的多是组合家具、摩托车、缝纫机、电视机等。90年代，农村嫁妆，除家具外，还时兴摩托车、电视机、录放机等；城里的除家具外，又时兴大彩电、洗衣机、电冰箱等。进入21世纪，农村也时兴大彩电、洗衣机、电冰箱等，有的还陪送电脑；城里的时兴陪送轿车。

娶亲车辆。20世纪80年代，境内居民多用自行车。90年代，农村多用机动三轮车、面包车，县城多用小轿车。进入21世纪，城乡居民大多都用轿车迎亲，农村多用两辆，城里多用6辆。迎娶轿车还要扎成花车，一路鸣鞭炮。迎娶车队离开娘家出南门，到婆家进东西门，寓意走出困难的门，进入有东西的富裕门。

结婚典礼仪式。婚礼一般在上午十二点以前举行，程序为鸣炮奏乐，宣布典礼开始，新郎新娘向长辈、主婚人、证婚人和来宾依次行鞠躬礼，主婚人、证婚人讲话，来宾致贺词，新郎新娘喜入洞房，众人闹房等。进入21世纪，县城出现婚庆公司，许多男方家庭将迎娶、婚典等事宜委托婚庆公司操办。该日，男家盛宴招待女方送亲宾客与贺喜亲友，城镇的多在酒店宴请。随着城乡人们生活水平的不断提高，婚宴的档次逐日攀升，竞相奢侈之风大涨。

新婚“回门”，即女方兄弟将新娘叫（接）回娘家。20世纪90年代前，“回门”时兴叫三天。之后，时兴叫一天。

随着社会的发展，境内的婚礼形式也在变化，城镇的青年时兴旅游结婚，或举行集体婚礼，喜事新办简办。妇女再婚不再受歧视，老年再婚越来越被子女接受，农村转亲换亲现象趋于绝迹。

婚事新办　　1998年10月摄影

丧葬　20世纪80年代，境内殡葬改革，实行火化，人们逐渐接受，日趋成俗。但人死后三天火化，仍沿袭守灵、吊孝、出殡、祭祀等传统习俗。死者即使火化后，骨灰也要装入棺材，进行土葬。境内不少村庄成立红白理事会，提倡丧事简办，对全村的婚丧大事统一料理，节省开支，省心省力。棺木送葬，2000年前，用丧舆16人抬；之后改用专用丧车拉。扎随葬纸活，有院子、罩子、轿子、伺俸人、元宝箱、聚宝盆、马（女性是喝水牛）等传统纸器，2000年后，时兴为逝者扎电视机、冰箱、洗衣机、小轿车、麻将桌等。葬后，境内有三天圆坟、五七祭奠、百天祭奠、周年祭奠、三周年大祭的习俗。之后，按清明节、七月十五、十月一、春节等惯例祭奠。

国家干部病故后，大都由单位发唁告，举行追悼仪式，亲属戴黑纱、白花，单位和生前同事、友人送花圈、挽帐，向死者致哀。遗体告别仪式后火化，再将骨灰盒安置到殡仪馆，整个丧事比较简单。

礼仪　称谓　境内人们之间的称谓可分为家族称谓、同族称谓、亲戚称谓和社会称谓。还有书面称谓、口头称谓、内外称谓之别。家族称谓和同族称谓，不论书面称谓，还是口头称谓，基本上是世袭传统，变化不大。亲戚间的称谓，境内农村大多数地方称岳父、岳母为“大爷、大娘或叔叔、婶婶”，随着男女平等观念的转变，随妻叫“爸爸、妈妈”的渐多。20世纪80年代前，社会各界成员之间互称“同志”极为普遍，显得平等而亲切。之后，除机关正式公务场合外，称“同志”的渐少，机关公务人员之间大都互称职务。没有职务的，根据年龄大小在其姓氏前冠以“老X”或“小X”相称。农村乡邻多以世交辈分作为称谓的依据。90年代后期，境内工商企业流行称“老板”“老总”“某工”；对酒店、宾馆、理发等行业的女性服务员称“小姐”；社会上对男性称“先生”，对女性称“女士”者逐渐增多。

礼节　境内人们见面，互相打招呼。如逢吃饭时间就问“吃了吧？”回话为“吃罢了”或“没吃来”；如在集市上相遇就会问“用钱吗？”回话为“不用了”。一般时间通常问“忙啥来”或

"忙吗？"回话为"没忙啥"或"不忙"。20世纪80年代，境内人们交往礼节流行见面握手寒暄，分别时握手道别，远离挥手再见致意。公共场合，表示谢意时多行鞠躬礼。祭祀先人、吊唁出殡等特殊场合，农村多行跪拜礼，一般行五拜礼或九拜礼；城里多为静默三鞠躬。若初次见面，要先介绍自己或呈递名片，然后握手致意。若熟人重逢，握手要亲切微重。

互致问候 亲戚朋友之间馈赠礼品或宴请，一般要适时回敬，"来而不往非礼也"。宴请客人时，先请客人入座，上茶让烟，吃饭时敬酒让菜。散席后让客人先行，并送至门外。家中来客要先敬烟上茶，然后再问来意，客人告别要送到大门以外。走亲串朋要先问长辈好，长辈一般要让来访者代问他家老人好，这叫"捎好"。90年代后期，县城有的互施抱拳礼，将拳抱在胸前，若是会面，说声"幸会"或者"久仰"；若是道谢，说声"在下有礼啦"或者"在下多谢啦"；若是告别，说声"在下告辞啦"等。进入21世纪，随着经济的快速增长，人们生活水平不断提高，社会文明意识不断增强，境内遵纪守法，注重礼节，敬老爱幼，互谅互让的社会风气日趋形成。

过生日 1986年前，境内居民多给家中的老人过生日，给小孩过生日的不多，中青年人一般不过生日。之后，随着经济的快速增长，人们生活水平的提高和计划生育政策的实施，境内居民给老人、孩子过生日的日渐增多。老年人过生日早饭须吃"长寿面"，上午儿孙们带着寿糕等食品为其祝寿。境内老人有过"六十六"和"七十三"的习俗。老人过"六十六"，多选在该年的正月初六。该日，子女要送块肉，重六斤六两，俗称"六十六，割块肉"；老人过"七十三"，多选在该年的正月初三。该日，子女要买一条大鲤鱼，俗称"七十三，买条鲤鱼蹿一蹿"。据说，因孔子七十三岁、孟子八十四岁去世的，人们把"七十三、八十四"作为人生的关口，俗语"七十三、八十四，阎王爷不叫自来去"。境内"庆八十""庆九十""庆百岁"，人们多选在当年的正月初八、初九、初十举行。尤其是九十、百岁大庆，人们办得十分排场隆重。亲友给老人祝寿一般要带寿糕、肉、鱼、蛋、烟、酒、鞭炮之类礼物。境内人们为小孩过生日，一般是给孩子买吃的、用的、玩的等物品，还有的买珍品金银首饰，如长命锁、金菩萨、金佛爷、金手镯等。进入21世纪，境内人们的祝寿形式出现多样化，城镇居民多在饭店摆宴席为老人祝寿，在电视台为老人点歌祝寿祝福，为老人照相录像作为留念，或带老人外出旅游享受生活。

送粥米 境内，婴儿降生后，婆家人要到娘家报喜，生男孩在盒内装本书，生女孩在盒内放上枝花，无需问话，娘家便知生的是男是女。20世纪90年代后，出现用电话报喜。男孩，出生后5天或9天，娘家送粥米；女孩，出生后6天或12天，娘家送粥米。该日，娘家人备车携带米面、鸡蛋、红糖、婴儿衣物等去"送粥米"。平时有来往的亲戚朋友、街坊邻居也都送礼祝贺。"送粥米"时，娘家人要给"看钱"。80年代"看钱"是几元或几十元，90年代后期几百元，甚至千元之上。中午，婆家设宴款待。走时，婆家馈送红鸡蛋，由娘家向所有送礼者分送。产妇在坐月子期间，传统上只吃鸡蛋、红糖、米粥，有诸多忌口。21世纪后，时兴科学饮食，讲究营养搭配，更加有助于产妇恢复身体，保障婴儿身心健康。满月时，娘家要"叫满月"，接母子回娘家住几天后，由婆家接回。

第五节 陋俗 禁忌

陋俗 1986年后，境内各级党委、政府大力开展精神文明建设，崇尚科学、以礼待人、诚信互爱、助人为乐成为社会风气的主流，但赌博、敬神、占卜、看风水、择吉日等陋俗始终未能禁止。

赌博 20世纪80年代后期，境内赌博之风有所抬头，其形式多种多样，主要有打麻将、推牌九、掷骰子、抹纸牌等，以金钱为赌注，赌资愈来愈大，活动场所比较隐蔽，嗜赌者多不务正业。境内赌风虽经多次打击，但始终未能彻底制止。并出现以营利为目的专门赌博场所。

敬神　20世纪80年代前，境内烧香拜神的多是老年人。90年代之后，求神拜佛之风有些抬头，出现建寺庙、塑神灵等现象。境内民间常敬的神有玉皇大帝、观音菩萨、西天如来佛、财神爷、官老爷等。信神的人大都是老年人和农村妇女。

算卦　也叫占卜，它是境内长期流行的一种迷信活动。人们遇有难解之事，往往求助算命先生算一卦，以求破解。算卦形式有六爻卦、抽签、相面、测八字等。算命先生遇有求卦者，善于观颜察色，语言诱导，揣摩心理，随机应变，多用双关语，其意模棱两可，妄说吉凶，指点迷津。20世纪80年代后期，算命先生在农村走村串户，在城镇路口和公园里摆摊，招揽求卦之人。求卦的人大都偷偷摸摸，不敢公开，算财运，算官运，男女青年多算婚姻前程。90年代中期，境内出现电子计算机算命。进入21世纪，电子计算机算命者逐渐消逝。

看风水　自古以来，境内民间修建房屋或选择墓地等，大都请风水先生看风水，选择风水宝地，以求将来人丁兴旺，大富大贵。由于改迁墓地比改建房屋花费大，境内农村素有“穷改门，富改林”的说法。新中国成立后，看风水之风逐渐消逝。20世纪80年代，随着经济的不断发展，人们期望子孙后代人丁旺、主富贵的心情更迫切，看风水随之泛起，不少的人迷信风水先生。

择吉日　境内城乡居民每逢婚嫁、建房、移居、开业、远行等，事前有选择黄道吉日之习，俗称“看日子”，以求平安顺利，逢凶化吉，遇难呈祥。“看日子”，有请人看日子和自己选日子两种。请人看日子，多为嫁娶婚姻大事，将男女双方生辰八字送上，测八字选日子；自己选日子，婚嫁多选在农历的初六、十六、二十六，开业多选在六、八、九，出行多选在三、六、九，远行回家多选在二、五、八。

禁忌　境内居民在日常生活和人生大事中，留传下来的忌讳甚多。它有迷信色彩，也有美好向往，维护家庭和睦、社会安定。

生活禁忌　衣服破（坏）了忌穿着补，穿着补意思为“就身连、人人烦”。七月里忌拆洗棉衣棉被，以免“夫妻拆散”。吃饭时忌敲饭碗，因为乞丐要饭的才敲碗，也忌把筷子竖直插在碗里，这样做不吉利。吃饭时忌剩“饭根儿”。

待客禁忌　陪客吃饭，斟酒忌浅，倒茶忌满，忌陪客时自己先把饭吃完。宴席不能上丸子待客，以免有“滚蛋”之意；还不能用狗肉待客，因为传统上“狗肉上不了席面”。待客上菜忌上单数，因“三个菜是供鬼菜，五个菜是供神菜，七个菜是七七（戚戚）喳喳。

婚嫁禁忌　婚嫁喜事忌白色，以红色为上；忌单日，多选双日；娶时，忌走重路。婚嫁时缝制婚用被褥者和担当娶女客、送女客者，多请“全合人”（指儿女双全、丈夫健在的女人），忌用孤寡人。男女婚配，忌属相相克。甲子年相传为寡妇年，忌结婚。新媳妇忌在娘家过春节，否则，妨了婆母和公爹。新媳妇结婚三年内的正月初七、十五不能在婆家过，由娘家人接走，避免在婆家见灯。俗语：“初七、十五不看灯，看灯死她老公公（丈夫的父亲）”。新媳妇结婚三年内的正月十六不能在娘家过，俗语：“正月十六不空床，空床会死婆母娘（丈夫的母亲）”。

建房禁忌　宅基忌前宽后窄，前宽后窄认为是“棺材宅”不吉利。在建房时，境内人们还有诸多忌讳，如：前家的正房不能比后家的正房高，高了就会挡风水，不吉利；配房不能比正房高，高了就会以小欺主；门不能对着屋山角，对屋山角叫“单山劈门”，谓不吉利；院门不能正对着窗，有句谚语曰：“门对窗，人遭殃；窗对门，必伤人”。宅院前不栽桑，后不栽柳，院内不栽“鬼拍手”（即杨树）。境内人们忌在林（坟）地、林地前、庙右、庙后建房等。

时令禁忌　春节期间，除夕夜忌说带有完、破、坏、死、病、鬼等不吉祥的词句，若非说不可，要换个吉祥的说法。包水饺时忌馅、面用光，除夕夜忌空锅，初一五更吃饺子时不要吃完，剩一两个，意为“年年有余”。正月初一忌泼水扫地，以防财水外流；初一五更早饭要吃素菜馅水饺，其意为“舒（素）静一年”；初一忌做活，其意为“轻松愉快一年”；初一至初五忌喝糊涂（稀饭），其意为喝糊涂会“糊涂一年”等。二月二为龙抬头之日，此日忌动土，忌打水，忌针线等，不然会伤龙体。农历每月初一、十五不走亲访友，不看病人。下午忌看病人。

人生禁忌　妇女产后未满月忌串门，忌打水，小产亦然。小孩起名忌与其长辈名同音，字同或音同视为犯上。年龄45岁忌直说，常说“四十半”，传说是因五代后晋石敬瑭45岁时做了儿皇帝，感到不雅。晚辈给长辈祝寿，一经开寿最忌中途停止，俗为“不做断头生日”。年到73岁、84岁要多说或少说1岁，因孔子73岁、孟子84岁去世的。人活到百岁以上，均称99岁，忌讳“百年之后”之说。

丧事禁忌　父母去世日，忌饮酒娱乐。死者入殓时，孝子忌啼哭，怕眼泪滴在遗体上。人死在外边，家中有老人健在，尸体不能运回家，只能在村外搭灵棚办理丧事。父母去世后，3个月内儿子忌理发；服孝期间，儿女忌穿大红大绿衣服；3年内忌贴春联，其间如有婚嫁喜事相冲，不再受限制。

第三章　民族 宗教

第一节　民　族

民族数量及分布　1986年，落实党的民族政策，更改少数民族族别（部分满族人员改成了汉族，之后，这部分人中又有人改回满族）。全县共有汉族、回族、满族、苗族、壮族、瑶族、水族、白族、藏族、蒙古族10个民族。另外，境内还有3个日本人入籍者和1个越南人入籍者。其中，汉族94万多人，回族1200人左右，满族200余人，其他少数民族每个族别的人口1至数人不等。1990年，全国第四次人口普查，单县共有民族19个，其中，汉族1056878人，占全县总人口的99.84%；少数民族18个，总人口1696人，占全县总人口的1.6‰。少数民族中人口最多的是回族，1317人，占少数民族总数的76.79%；其次是满族，171人，占少数民族总数的9.97%。与1986年相比，新增加了布依族、彝族、朝鲜族、土家族、侗族、黎族、傣族、哈尼族、塔吉克族等9个少数民族。2000年，全国第五次人口普查，单县共有民族18个，未识别的民族1人。少数民族人数较多的是回族、满族、蒙古族，其中，回族1395人，满族164人，蒙古族144人。其他少数民族人口总数161人。与1990年相比，新增维吾尔族、达斡尔族；减少了瑶族、哈尼族、傣族、黎族。2010年，全国第六次人口普查，单县有汉族、回族、蒙古族、藏族、维吾尔族、苗族、布依族、朝鲜族、满族、白族、土家族、哈萨克族、佤族、水族、土族、怒族16个民族，未识别民族2人。少数民族人口1648余人，占全县常住人口总数的1.55‰。境内少数民族中，回族人口最多，主要居住在单城西关香椿园和黄岗集南街；满族群众主要居住在龙王庙镇惠王庄，县城和其他乡镇也有零星的住户；其他少数民族群众主要是1978年改革开放后，单县外出打工、经商人员结婚迁入境内的媳妇及所生子女，散居于境内城乡各地。

少数民族经济　主要是单县城西关回民的个体经济。从事的项目有屠宰、餐饮、糕点、塑料、制镜等生产加工业，以及运输、旅社、商店等三产服务业。规模较大的工业企业有山东百寿坊食品有限公司、山东科信轴承有限公司等。回族群众的经济收入和生活水平高于全县的平均水平。单县的民族企业数量多，规模小，起点低，基础薄弱，特别是2008年全球性的金融风暴发生时，给境内民族经济发展带来很大困难和影响。对此，县民族宗教事务局在资金的筹措、产品的推介销售、原材料的购买等方面，给予帮助协调，排忧解难。同时，向省、市有关部门反映情况，争取资金、技术引进和新产品、新项目的开发，使其尽快走出困境。

少数民族社会事业　单县民族武校是单城镇回汉村群众自筹资金建设的一所民办公助学校。1989年筹建，1990年夏建成并开始招生。学校位于单城西北隅，占地5公顷，建筑面积1万余平方米。建有教学楼、实验楼、办公楼、演武厅、练功房、会议室、图书馆、教职工宿舍、学生宿舍、食堂、餐厅等。所有建筑一律古典样式，青砖黄瓦，科拱飞檐，古朴典雅。学校招生最多时28个教学班，在校学生1500余人。小学、初中、高中、中专诸学段兼备，文科、理科、武科齐全，学文习武并举。学校曾多次组队参加全国、山东省武术比赛并取得优异成绩。1994年，学校被国家民委、国家体委授予“全国少数民族体育先进单位”称号；同年，学校又被国家体委武术管理中心命名为“全国先进武术馆校”。

民族团结　1999年，因县城扩建，回族群众原有公用墓地被纳入城区规划，回族群众的殡葬墓地成为迫切需要解决的问题。县民族宗教事务办公室及土管、民政、城建、林业等单位反复协商，最终在不花国家一分钱，不改变国家林地用途，不影响造林绿化的原则下，在沙河林场林地空间征地1.43公顷作为全县回族群众公用墓地。

由于历史原因，单县清真寺财产权属遗留问题40多年始终没有解决，回族群众与菏泽交通集团汽车十三队的矛盾也越积越深，日趋尖锐。2002年，县民族宗教事务局通过深入群众了解情况，查找大量历史资料，向有关领导反映，为单县清真寺管委会争取补偿金30万元，解决了遗留问题。2003年，县民族宗教事务局被省民族事务委员会、省经济贸易委员会、省劳动和社会保障厅、省农业厅、省总工会五部门授予“山东省民族团结进步奔小康先进集体”称号。2005年10月，县民族宗教事务局被省政府授予“全省民族团结进步模范集体”称号。2008—2010年，县民族宗教事务局争取扶持资金10万元，帮助惠王庄村（满族村）建桥1座，硬化道路1000米，打机井4眼，并更换变压器和改造输电线路。并在村中打吃水井1眼，安装压力罐1台，铺设自来水管道200多米，村民用上自来水。2010年，帮助回汉村兴建改造引水工程，家家安装上自来水。

第二节　宗　教

宗教门类　单县纳入依法管理的宗教主要有伊斯兰教、天主教、基督教。佛教、道教境内虽有存在，但尚无正式规范的团体组织。

伊斯兰教　1830年，德州一带回民逃荒流落至单县落户，共8家20余人，有满、夏、马、英、武、王、道、从等姓，开始居单城附近刘庄，后迁居单城西关。1833年，教民募资在西关外鸡市口兴建清真寺，为单县回民教徒进行宗教活动的场所。同年，请聊城地区莘县知名阿訇吴凤山到清真寺主持教务，历时30余年。接着，泰安人白氏到单县主持教务，长达36载有余。1915年至新中国成立前夕，先后有阎氏、阎贵生、沙孝言、

白学仙等在单县主持教务。1918年，河南省虞城县大桥集回民张氏等7人流亡单县黄岗落户，无单独教堂，随西关教民进行宗教活动。“文化大革命”期间，伊斯兰教受到冲击，清真寺被拆毁，经书被焚，宗教活动由公开转入秘密。1978年后，贯彻落实党的民族宗教政策，伊斯兰教恢复公开活动。1979年年初，聘请曹县北沙集阿訇主持教务，选举乡老并建立健全宗教机构，宗教活动恢复正常。1984年7月，在西堤外，重建清真寺。寺内有掌教阿訇1人，乡老11人，教民1532人。至2010年，境内信仰伊斯兰教人员约3000人。

单县清真寺

天主教　传入单县的天主教会，是由德国人控制的圣言会。1882年，单县薛孔楼农民孙以敬在兖州信奉了天主教。该年冬，主教派孙以敬和传道士李保禄到单县发展教徒，建起5间天主教堂。次年秋，德籍神甫安治泰首次到单县薛孔楼一带进行宗教活动。从此，境内城乡便有了传教士的足迹，天主教进入单县。1887年，安治泰又到单县组织发展教徒，并在单城北门内建教堂7间，天主教堂由农村渗透到单县城区。天主教传入单县初期，信奉者甚少，发展缓慢。教会为吸引群众入教，开办一些与民有益的慈善事业，诸如兴建教会学校、医院、学坊，借以扩大影响，入教者渐多。1896年5月，单县大刀会摧毁单县、砀山、丰县三县天主教堂30余处，德国传教士安治泰等逃至兖州不敢出门。天主教在单县一度销声匿迹。1897年后，安治泰及其他神甫几次到单县恢复发展天主教，教会在单县又渐渐活动起来。全盛时，单县共设堂口22处，教徒3.8万人，分布在境内12个区和1个镇（城关），有神甫9人，修女2人。1937年抗日战争爆发后，单县天主教堂及重要堂口大多被日军占据，德国神甫、修女回国，天主教随即转入教民家活动。1945年抗日战争胜利后，单县各区天主教堂口全部撤销，教徒停止活动。1950年，贯彻党的民族宗教政策，宗教摆脱外国势力的控制，真正成为自传、自治、自养的独立自主的宗教。单县籍神甫许勋亭组织恢复教会活动，至1956年，全县有天主教堂5处，教徒115人。1966年，“文化大革命”开始，教堂多被拆毁，教徒停止活动。1978年后，恢复宗教信仰自由政策，对占作他用的天主教堂房屋、院落等落实房地产政策，对12名修女、姑娘在生活等方面妥善安排，天主教徒逐渐增多。至2010年，境内有天主教堂6处，天主教徒5000余人。

单县天主教堂

基督教　1908年，美籍牧师包志礼到单县讲经，传授教义，首先在单县东南石村集、蔡堂一带发展教徒数人，并依靠当地人出面买地3亩，盖房6间，作为传教基地。接着教徒又扩及到永镇集、许庙、黄岗集、孟店、彭庄、曹马集等村，相继设立3个堂口，有教徒200余人。之后，基督教利用各种方式在单县不断传经布教，发展教徒。至1957年，境内共有基督教徒1518人，神职人员45人，设堂口26处，分布在单县8个区和1个镇。“文化大革命”期间，基督教受冲击，教堂被关闭或作他用，教徒被迫停止活动。1978年后，落实党的宗教政策，单县的基督教又重新活动起来。1984—1986年，先后选送5名信徒到山东省基督教协会举办的义工培训班学习，2名信徒考入华东神学院就读。山东基督教协会王神荫又为单县教会安立了长老3人、执事2人。至2010年，境内有1处基督教培训中心，43处基督教堂，基督教信徒约3.3万人。其中，有神学毕业生17人，在神学院就读学生5人。单县教会安立牧师2人、长老5人。

单县基督教堂

宗教团体　1978年中共十一届三中全会后，落实党的民族宗教政策，恢复宗教活动。宗教团体有单县基督教三自爱国会、单县天主教爱国会和单县伊斯兰教协会。

基督教三自爱国会　1985年成立，由9人组成。设主任1人，副主任2人，委员6人。单县第一届基督教三自爱国会，主任：张再德，副主任：陈振兴、任育华；委员：李秀银、郭芝爱、吕贤彬、陈庆全、魏德安、刘忠玉。1995年换届，成立单县基督教第二届三自爱国会，由11人组成。设主任1人，副主任4人，委员5人。主任：田素良；副主任：张守光、王子林、陈振兴、贾估恩；委员：李秀银、陈庆全、魏德安、石兴胜、吕贤彬。2001年4月换届，成立单县基督教第三届三自爱国会，由9人组成，设主任1人，副主任2人，委员6人。主任：田素良；副主任：张守光、曹秀兰；委员：陈庆全、魏德安、李志领、姜新祥、刘玉芹、刘冬梅。2009年4月换届，成立单县基督教第四届三自爱国会，由9人组成，设主任1人，副主任2人，委员6人。主任：田素良；副主任：刘美芳、李瑞同；委员：姜新祥、刘玉芹、程元生、田英、贾防震、张凤龙。

天主教爱国会　单县第一届天主教爱国会，成立于1985年，由7人组成，设主任1人，委员6人。主任：冯福来；委员：王亚亭、耿万福、刘汉杰、张存华、鹿艳珍、张素艳。2000年9月换届，单县第二届天主教爱国会，由5人组成，设主任1人，副主任1人，委员3人。主任：冯福来；副主任：郭凤玲；委员：刘鹏翔、鹿艳珍、陈兴文。2002年，副主任郭凤玲主持工作。至2010年天主教爱国会领导人未变。

伊斯兰教协会　成立于1995年，设主任1人，副主任3人，委员2人。主任：闫万春；副主任：马成伦、王保成、马成玉；委员：张惠彬、马宏坤。之后，历经三次换届，其协会领导人员未变。

宗教管理　1979年，恢复宗教信仰自由政策，对占作他用的天主教堂房屋、院落等落实房地产政策，归还给天主教会。1984年7月，落实宗教房产政策，在西堤外重建清真寺。1985年，县委、县政府有关部门整顿境内基督教活动点，经撤、并、合，批准开放75处活动点。1987年，县成立由分管副书记、分管副县长任正副组长，县委统战部、县民族宗教事务办公室、县公安局、团县委、县妇联、县教育局等部门负责人为成员的县宗教工作领导小组。乡镇、行政村均成立相应的宗教管理组织，形成县、乡、村三级宗教管理网络，相继成立基督教、天主教、伊斯兰教三大宗教爱国团体，依法管理宗教活动。1997年，对天主教摸底调查，共批准活动场所6处，信徒有500人左右。2000年8月，《山东省宗教事务管理条例》颁布后，县宗教管理部门组织全县各宗教团体和宗教场所负责人学习贯彻条例精神，对境内宗教团体和宗教场所进行规范管理。同时，按照条例相关规定，对全县宗教场所进行登记。2001年，县民族宗教事务办公室被山东省宗教事务局评为全省宗教活动场所年检工作先进单位。2002年，对43处基督教活动点进行登记备案。2004年，单县基督教培训中心落成开业。同年，对清真寺进行维护，寺内有掌教阿訇1人，乡老5人。同年，县民族宗教事务局被省宗教事务局评为全省治理基督教私设聚会点工作先进单位。2005年，国务院《宗教事务条例》颁布实施后，对境内宗教场所进行清理整顿，重新换证登记，进一步健全管理组织，完善管理制度，全县宗教管理工作走上法制化轨道。同年，单县的“两证一卡”（即传教员证、宗教政策法规考试合格证，传教员胸卡）宗教管理经验在山东省宗教工作会议上作典型发言，在全省推广。同年12月，被省宗教事务局评为全省宗教行政执法工作先进单位。2007年12月，单县民族宗教事务局局长从敏在宗教管理工作中成绩突出，被国家宗教局授予“从事宗教工作二十年”证书和银质功绩勋章。2010年10月，单县浮龙湖老君庙被省宗教事务局批准为道教固定处所，全县有道教信徒600余人。同年，单县佛缘寺（黄岗镇烟庄）、宝峰禅寺（徐寨镇彭庄村）和普照寺（谢集镇齐寨村）正在筹建中。至此，境内有佛教信徒约3000余人。

清真寺

第四章　老龄事业

第一节　老龄状况

1986年后，随着社会的全面进步，人民的生活水平不断提高，人的平均寿命不断延长。1987年，单县有60岁及以上老年人9.5万人，占全县总人口的10.07%。1990年人口普查，境内有60岁及以上老年人10.4万人，占全县总人口的9.81%。2000年人口普查，境内有60岁及以上老年人12.29万人，占全县总人口的11.70%，单县进入老龄化社会。2010年人口普查，境内有60岁及以上老年人16.09万人，占全县总人口的15.14%，人口老龄化明显加剧。

第二节　法规政策宣传和实施

老年法规宣传　1988年10月19日（农历九月九日），县委、县政府召开全县大会并开展各种活动，庆祝山东省第一个老人节。1991年1月，《单县老龄工作》简报创刊，简报宣传老龄工作法规及单县老龄工作动态。1996年10月1日，《中华人民共和国老年人权益保障法》颁布实施，县老龄委组织1000余人的鼓号队、老年秧歌队，沿县城主要街道开展宣传活动。1998年《山东省老年人优待规定》和1999年12月《山东省老年人权益保障条例》相继颁发后，结合普法宣传教育，单县把老年法规和尊老敬老传统美德纳入村规民约，作为精神文明建设的重要内容。

老年法规实施　1990年后，根据国家、省、市（地区）老年法规的要求，县老龄办相继与县残联、县司法局、县卫生局、单县酒厂、人寿保险公司联合开展老年人康复助残、法律援助、免费查体服药、爱老助老献爱心活动。

免费给全县60周岁以上的老人办理老年人优待证。对百岁以上老人每人每月发放不低于100元的长寿补贴金。2010年，百岁以上老人的长寿补贴金提高到每人每月300元。全县老年人参加新型农村合作医疗保险的参合率和农村养老保险的参保率均为100%。全年发放老年人优待证6万本，国家计划生育政策的老年人全部领到计划生育补贴奖。

第三节　老年生活

老有所养　1987年，境内共建乡镇敬老院37处，实现一乡一院。1991年11月，县政府召开全县农村签订家庭赡养协议公证活动动员会议。年底，全县有3.4万多户签订赡养协议17万多份。1997年，建立民办老年公寓1处。2004年，建立单县老年福利服务中心，隶属县民政局。2005年7月，根据省市要求，在全县开展农村老年人与其子女签订家庭赡养协议书活动。全县共有9.9万多农村老年人签订家庭赡养协议书，签订率88%。之后，县老龄办每年组织新增老年人与其子女签订家庭赡养协议书。2008年，民办单县老年公寓经省民政厅、省老龄办检查验收，达到省级标准。省拨付单县老年公寓扶持资金20万元，用于老年公寓建设和老年人的生活。南城社区成立居家养老服务中心。县老龄办联合人寿保险公司办理老年人每人每年交保费10元、保额6000元的意外伤害保险。2009年，单县老年公寓成立居家养老服务中心。2010年，全县有6处敬老院被评为省级一级农村五保供养服务机构。

老有所为 1987年，县老年体育协会成立，下辖老年骑游、保健操、排球、羽毛球、门球、书法、棋类等14个分会。1989年9月，单县成立第一个老年协会——郭村东村老年协会。11月，县老年教育工作者协会成立。之后，全县各乡镇相继建立老年协会，县直各单位成立离退休人员活动组织。1990年8月，省老龄委副主任刘爱民到单县视察老龄工作，对单县的老有所养、老有所为等老龄工作给予肯定。1996年，单县老年门球在四省老年门球邀请赛上获团体第一名。1999年4月，老教师钞伯虎获中华人民共和国成立50周年书法精品奖。2005年9月，单县老年大学成立，开设诗词文学、音乐舞蹈、书法绘画、养生保健、体育健身、摄影等6个专业，有学员200余人，2010年400余人。2006年12月，单县老年书法协会主席刘有礼被推选为中国老年书画研究会理事。2008年8月，成立誉天老年医务人员义诊分会和单县卫生系统老年医务人员义诊分会。至2010年，出动离退休医师220人次，到基层义诊82场。

欢乐舞蹈

老有所医 2006年起，单县为60周岁以上老年人免费查体，对查出患有糖尿病、高血压、冠心病等疾病的老年人免费发放药物。2010年为近13万名老人免费查体，累计确诊高血压56800人、糖尿病14620人，免费发放药品40368人份，并为参加免费健康查体的老年人建立健康档案，做好后期跟踪访问工作，群众满意率90%以上。县老龄办常年邀请医学专家给老年人讲解医疗保健、长寿生活知识。

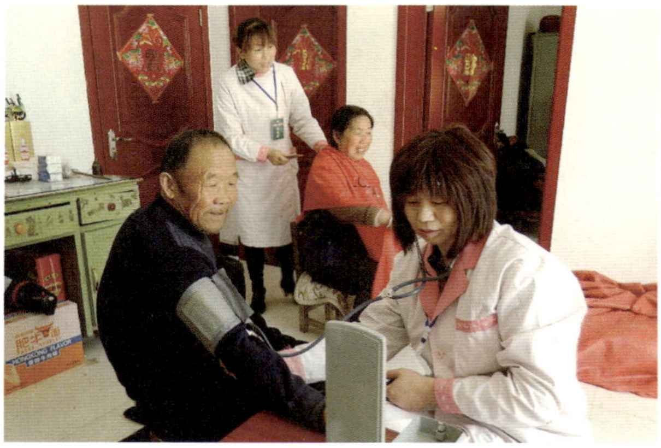

为空巢老人免费查体

第四节 敬老爱老

敬老爱老活动 1987年始，县委、县政府在每年老人节、春节期间，对全县的百岁老人、特困老人、老干部、老教师、老工人等组织慰问。县老龄办利用3月5日雷锋日、12月5日国际志愿者日、双休日等开展各种敬老活动。2010年，群众自发组成单县义工队，队员有800余人，义工经常到敬老院、老年公寓、老年服务中心、特困老年人家庭给老年人打扫卫生、洗衣服，冬季给特困老年人送棉衣、棉被、慰问品等。

敬老爱老典型 2007年、2008年、2010年，县老龄办通过层层选拔，评选出单县十大孝亲敬老楷模，表彰一批助老公益先进单位和先进老龄工作者。2008年12月，浮岗镇民政所长朱永标被国家老龄委授予“中华孝亲敬老之星”称号。2009年10月，中共莱河镇党委书记李磊被评为“山东省敬老模范”。同年，四君子集团董事长兼总经理李新民被山东省老龄委授予“感动齐鲁敬老楷模”称号。

部分年度单县十大孝亲敬老楷模一览表

表 29-4-1

年度	姓名	性别	所在单位	姓名	性别	所在单位
2007	胡爱华	女	黄岗镇	赵峥嵘	女	县委办
	李玉青	女	张集镇	吴中强	男	县体育中心
	王吉臣	男	李新庄镇	谢　丽	女	县检察院
	王爱玲	女	高韦庄镇	赵　娟	女	县民政局
	蒋艳春	女	郭村镇	贾月超	男	县工商局
2008	房殿英	女	李田楼乡	赵世忠	男	县财政局
	周希臣	男	徐寨镇	徐　艳	女	县工商局
	朱金琴	女	龙王庙镇	王宝英	女	南城街道
	谢凤芹	女	郭村镇	黄艳梅	女	李新庄镇
	李玉宽	男	县检察院	韩常娟	女	莱河镇
2010	朱瑞方	男	龙王庙镇	刘　蕾	男	县检察院
	黄汝田	男	园艺街道	康正云	女	李田楼镇
	张丽娟	女	老干部局	朱坤柱	男	朱集镇中学
	李梅秀	女	郭村镇	荣翠荣	女	曹庄乡
	苏秀玲	女	蔡堂镇	田　静	男	南城第一小学

第五节　百岁老人

百岁老人状况　1986 年前，单县百岁老人较少。之后，人们物质生活和医疗保健水平不断提高，精神文化生活日益丰富，境内居民的平均寿命逐年延长，百岁老人越来越多。1990 年人口普查，境内有百岁以上老人 6 人，全系女性。2000 年人口普查，境内有 100 岁以上老人 28 人，其中，男性 7 人，女性 21 人。2009 年 8 月底，境内有百岁及以上老年人 122 人，其中，男性 17 人，女性 105 人。2009 年 10 月，单县被山东省老龄工作委员会办公室、山东省发展和改革委员会、山东省统计局联合命名为“山东省长寿之乡”，自此单县成为首个命名的“山东省长寿之乡”。至 2010 年年底，境内共有百岁以上老人 144 人。其中，男性为 19 人，占全县百岁老人总

为百岁老人免费查体

数的13.2%；女性为125人，占全县百岁老人总数的86.8%。按乡镇（街道）分布为：李新庄镇13人，徐寨镇、曹庄乡各12人，终兴镇、谢集镇各11人，时楼镇10人，郭村镇、张集镇各9人，李田楼镇7人，北城街道、黄岗镇、高韦庄镇、龙王庙镇各6人，浮岗镇、莱河镇、高老家乡各5人，东城街道4人，蔡堂镇3人，杨楼镇、朱集镇各2人。境内长寿老人分布大致为南部少北部多，东渔河流域的谢集、李新庄、徐寨、时楼等乡镇较集中，均在农村。

"单县——山东省长寿之乡"授牌仪式
2009年10月20日摄影

2010年年底单县百岁以上老人一览表

表29-4-2

姓名	性别	出生年月	居住地	姓名	性别	出生年月	居住地
赵勋臣	男	1905.10	北城街道孙草庙村	卢许氏	女	1908.03	北城街道三官庙村
吴郭氏	女	1910.10	北城街道单溜村	卢陈氏	女	1909.09	北城街道三官庙村郭庄
单牛氏	女	1910.10	北城街道三官庙村单庄	陈周氏	女	1909.08	北城街道三官庙村大陈庄
刘来亭	男	1908.09	东城街道高家庄村	高李氏	女	1906.03	东城街道单集村
王樊氏	女	1905.05	东城街道单集村赵溜	刘赵氏	女	1905.05	东城街道张楼村
耿李氏	女	1901.12	谢集镇耿庄村	修建勋	男	1906.02	谢集镇郝庙村包河
邢登鑫	男	1908.06	谢集镇十里铺村邢庄	谢孙氏	女	1908.01	谢集镇赵双楼村吴小楼
陈永吉	男	1909.01	谢集镇陈桥村陈瓦屋	程效何	男	1909.05	谢集镇程庄村李庄
王刘氏	女	1910.02	谢集镇白寨村王梨园	朱刘氏	女	1910.03	谢集镇朱江楼村
胡金同	男	1905.02	谢集镇三里黄庄村	朱孟氏	女	1910.07	谢集镇十里铺村李坑
郭罗氏	女	1910.10	谢集镇东郭庄村	逯李氏	女	1905.05	莱河镇石海村
刘付氏	女	1907.11	莱河镇张海村	马永珍	男	1908.01	莱河镇江庄村宋阁
包张氏	女	1908.12	莱河镇江庄村宋阁	刘刘氏	女	1910.10	莱河镇陈李庄村刘庄
赵李氏	女	1907.02	郭村镇太平集村	马董氏	女	1908.03	郭村镇陈半楼村
孟唐氏	女	1907.12	郭村镇高杨庄村	李潘氏	女	1909.07	郭村镇李庄西村
白潘氏	女	1909.05	郭村镇苗楼村	万梁氏	女	1910.06	郭村镇商庄村
李魁振	男	1909.07	郭村镇童油坊村	马葛氏	女	1910.04	郭村镇朱楼村
侯赵氏	女	1908.09	高老家乡高豹庄	刘张氏	女	1910.02	高老家乡刘寨村
刘解氏	女	1910.09	高老家乡刘庄村	张许氏	女	1910.09	郭村镇张宅村
董马氏	女	1910.09	高老家乡董邵楼村	王魏氏	女	1910.09	高老家乡李桥村王花楼

续表 29-4-2

姓名	性别	出生年月	居住地	姓名	性别	出生年月	居住地
谢董氏	女	1905.02	曹庄乡小陈庄村	荣杜氏	女	1907.07	曹庄乡前秦庄村
朱赵氏	女	1905.12	曹庄乡东秦庄村	邱张氏	女	1909.03	曹庄乡李庄村贾庄
郭可知	女	1907.09	曹庄乡文化街	荣心汉	男	1909.05	曹庄乡后荣庄村
李刘氏	女	1909.07	曹庄乡李庄村	王荣氏	女	1910.02	曹庄乡辛滩集村王双楼
朱王氏	女	1909.10	曹庄乡朱庄村	李谢氏	女	1906.01	曹庄乡赵庄村
张兴和	男	1906.07	曹庄乡东秦庄	徐同生	男	1906.09	曹庄乡李庄村徐庄
管李氏	女	1907.01	浮岗镇石老家村	郭玉磊	男	1907.06	浮岗镇郭庄寨村
魏万荣	男	1908.03	浮岗镇朱庄村	石郑氏	女	1910.04	浮岗镇李油坊村
林孙氏	女	1910.08	浮岗镇林庄村	张汪氏	女	1900.07	高韦庄镇刘寨村
许石氏	女	1907.08	高韦庄镇大徐庄村	陈广连	女	1907.08	高韦庄镇刘寨村
徐安氏	女	1910.10	高韦庄镇杨庄村	杨刘氏	女	1908.08	高韦庄镇杨庄村
王瑞田	男	1910.01	高韦庄大徐庄村后唐庄	段玉连	女	1907.03	黄岗镇汤楼村
张刘氏	女	1908.02	黄岗镇朱堤口村	刘王氏	女	1908.10	黄岗镇段阁村
黄于氏	女	1908.11	黄岗镇大黄庄村	张董氏	女	1909.01	黄岗镇段店村葛庄
刘赵氏	女	1909.02	黄岗镇段阁村	杜李氏	女	1904.11	蔡堂镇张楼村
张尤氏	女	1908.01	蔡堂镇许庄村	李朱氏	女	1903.04	蔡堂镇草庙村
杨张氏	女	1909.09	杨楼镇朱寨村	刘杨氏	女	1910.07	杨楼镇王集村苏楼
张　氏	女	1906.04	朱集镇石村集	王立品	男	1910.12	朱集镇王岗村
闫张氏	女	1906.04	龙王庙镇唐廉庄村	牛袁氏	女	1906.03	龙王庙镇龙王庙东村
王马氏	女	1907.07	龙王庙镇王寨村	孙闫氏	女	1909.03	龙王庙镇张竹园村
朱孙氏	女	1909.04	龙王庙镇朱破楼村	张马氏	女	1910.03	龙王庙镇张溜村
杨程氏	女	1901.02	李田楼镇老龙窝村	王张氏	女	1903.03	李田楼镇陈蛮庄村
郭孙氏	女	1910.01	李田楼镇郭庄村	刘韩氏	女	1909.01	李田楼镇赵都寺村刘菜园
杨朱氏	女	1910.02	李田楼镇杨柏楼村	张张氏	女	1909.02	李田楼镇廉庄村侯庙
张杨氏	女	1910.12	李田楼镇老龙窝村	赵李氏	女	1903.06	终兴镇郭楼村
张朱氏	女	1903.05	终兴镇高楼村	葛刘氏	女	1906.03	终兴镇终兴村
武吕氏	女	1907.02	终兴镇苇子园村	刘姬氏	女	1908.10	终兴镇谢辛庄村
史吴氏	女	1909.04	终兴镇彭庄村	史闫氏	女	1909.04	终兴镇彭庙村
刘赵氏	女	1909.09	终兴镇西孟集村	张郭氏	女	1910.01	终兴镇董楼村
姜永真	女	1910.02	终兴镇郗楼村	马刘氏	女	1910.07	终兴镇满庄村
王渠氏	女	1905.02	张集镇姬集村	刘时氏	女	1904.02	张集镇平岗村

续表 29-4-2

姓名	性别	出生年月	居住地	姓名	性别	出生年月	居住地
邢张氏	女	1905.05	张集镇邢楼村	付时氏	女	1907.12	张集镇玉皇庙村
王沈氏	女	1908.02	张集镇刘庄村后王楼	田杨氏	女	1909.07	张集镇田老家村
张张氏	女	1909.08	张集镇毛庄村	时孙氏	女	1910.03	张集镇董寺村
朱宋氏	女	1910.05	张集镇朱庄村	周时氏	女	1905.03	时楼镇西平楼村
时陈氏	女	1905.04	时楼镇西平楼村	朱谭氏	女	1906.10	时楼镇朱庄村
时单氏	女	1906.11	时楼镇王门楼村	董周氏	女	1907.10	时楼镇关庄村
张明彬	男	1908.01	时楼镇樊庙村	张宋氏	女	1908.02	时楼镇丙灵宫村
周白氏	女	1908.07	时楼镇东平楼村许庄	黄献坡	男	1909.02	时楼镇黄庄村
时盛氏	女	1910.02	时楼镇前小楼村	袁刘氏	女	1902.01	徐寨镇袁湾村
梁赵氏	女	1903.08	徐寨镇李胡同村	李贾氏	女	1904.02	徐寨镇宗庄村
赵孙氏	女	1904.06	徐寨镇杜楼村赵庄	欧周氏	女	1904.10	徐寨镇欧洼村
初许氏	女	1904.10	徐寨镇关帝庙村	刘单氏	女	1904.12	徐寨镇杜楼村刘新庄
李李氏	女	1909.06	徐寨镇芦墓村	孟时氏	女	1910.04	徐寨镇孟集村
张齐氏	女	1910.04	徐寨镇杜楼村	吴李氏	女	1910.08	徐寨镇芳桂集村
王　氏	女	1910.06	徐寨镇李胡同村	孟　氏	女	1906.09	李新庄镇孟店村
吴曹氏	女	1907.02	李新庄镇朱双楼村	朱曹氏	女	1907.07	李新庄镇朱双楼村
刘张氏	女	1908.07	李新庄镇朱庄村	韩刘氏	女	1909.04	李新庄镇潘庄村韩庄
闫李氏	女	1909.05	李新庄镇闫庄村	刘朱氏	女	1910.02	李新庄镇黄店村
张李氏	女	1910.03	李新庄镇潘庄村	张徐氏	女	1910.03	李新庄镇王楼村
孟广华	女	1910.03	李新庄镇朱庄村	耿司氏	女	1910.03	李新庄镇刘瓦屋村
孟凡征	男	1910.07	李新庄镇孟店村	李滨兰	女	1910.11	李新庄镇史楼村

百岁老人调查　2009年8月底，单县总人口120万人，有百岁及以上老年人122人，百岁及以上老年人占总人口的10万分之10.16，平均人口预期寿命76.97岁，全县80岁及以上老年人占总人口2.54%。2009年9月7—11日，山东省长寿之乡评审委员会专业调查组在山东师范大学人口资源与环境学院院长、教授李玉江率领下，一行14人，分6个调查组，以百岁老人的出生年月、遗传基因、自身特征、生活习惯、饮食结构、家庭环境、经济保障、自然环境等8个方面为调查内容，对全县122名百岁老人进行逐人详细调查。经过5天走访调查，并依据调查资料对单县百岁老人长寿原因、机理进行反复讨论、分析研究，认为主要有以下特点。

遗传——长寿重要的生理基础　家族长寿是百岁老人长寿的重要生理基础，遗传基因为百岁老人长寿提供了先天优势，在单县百岁老人中表现的较为突出。单县实地调查到的122位百岁老

人中55位有家族长寿史，占45.1%。其中，家族长寿史大于100岁的有15位，占到12.3%；90～100岁之间的有40位，占32.8%。如曹庄乡荣庄的荣杜氏，年已102岁，精神状态依然很好，排行第二，其三个兄弟姊妹都长寿，接近100岁；曹庄乡谢庄的谢董氏（104岁）和郭村镇翟楼村的马董氏（101岁）是亲姐妹，两姐妹身体都还健康，精神状态良好。

身体、性格等个性特征——长寿的自身优势　有关研究资料表明，第一胎寿命最长，第二胎次之。单县百岁老人在其兄弟姐妹中排行首位的有57位，占46.7%，为第二胎的有30人，占24.6%，这是其长寿的先天优势。且单县百岁老人女性平均身高为161.4厘米，平均体重为53.7公斤；男性平均身高为173.1厘米，平均体重为65.8公斤，与山东省平均水平相比，体型稍微偏小，新陈代谢消耗能量少，且97.5%的百岁老人都是土生土长的农民，长期从事农业生产活动练就强壮结实的体魄，体质较好，更易长寿。

心宽、乐观、开朗、豁达、爱说爱笑的外向型性格特征是百岁老人的共性。心胸宽广，心中不留事，乐于助人，与街坊邻居相处的好，彼此之间交流多，遇事总能很快排解，长期保持心情畅快，无思想压力，以平和心态生活，且能够正确地面对死亡，无畏惧心理，性格坚强，能挑起生活重担，在艰苦的年代里从不肯妥协，为生活始终努力着。

2/3的百岁老人的生活满意度很高，他（她）们一生阅历丰富，经历过抗日战争和解放战争，亲身体会过没饭吃、啃树皮的年代，生活非常简朴，日常三餐吃的饱就很满足，对目前衣食无忧的生活感到非常满意，从内心深处对现实生活非常珍惜。

勤劳规律的生活习惯——长寿的重要途径　89.1%的老人日常作息规律，养成早睡早起的好习惯。通常情况下，老人的听力和视力状况随着年龄的增大而有所下降，看电视等文化娱乐活动参与较少，长期养成饭后休息习惯。且69.7%的老人有散步的习惯。

日本、联邦德国的有关调查表明：长寿老人中以体力劳动者居多。美国有关资料提示，重体力劳动者比轻体力劳动者寿命平均延长4.6年，单县的调查结果与此相吻合。93.3%的百岁老人未接受过教育，一直从事农业生产劳动，68.1%的老人干农活干到70岁以上，干到90岁以上的有25人，占到21%，时楼镇东平楼村102岁的时王氏和谢集乡108岁的耿李氏至今（调查时）仍能干简单的农活；勤劳好动在百岁老人的家务活上也表现的颇为明显，曹庄乡东秦庄何楼103岁的张兴合生活完全自理，可以自己洗衣服，且饭前必洗脸，身体健康、爱干净、勤劳好动是其长寿的重要因素。

合理多样的饮食结构——长寿的营养条件　89.9%的百岁老人三餐很有规律，少食多餐，且大都吃到八分饱，主食以小麦及其制品为主，大米、玉米为辅。大都喜欢新鲜的时令蔬菜，不偏食，白菜、萝卜、芹菜、豆角、茄子、山药、大蒜都吃，单县盛产山药和大蒜，为老人生活提供了无公害纯绿色的天然蔬菜。其中，山药有利于健脾益胃，帮助消化且益肺止咳，含有丰富的粘液蛋白、维生素及微量元素，大蒜则可以杀菌，预防疾病，还可以降血脂，促进血液循环，对人的身体有很大好处，长期食用山药和大蒜有利于延年益寿。

百岁老人较偏好蒸菜，野菜。口味清淡，适量食用肉食。禽蛋类也是维持其身体健康的重要保证，每天食用2～6个不等的鸡蛋是百岁老人菜谱上的必需品，鸡蛋茶是单县百岁老人的最爱。豆制品、奶制品也经常食用。甜食是老人维持身体机能的重要需求，91.7%的老人日常生活中食用甜食，其中，58.8%的老人偏爱甜食，如糖、蛋糕、桂花酥、芝麻糖、饼干等，甜食也是老人身体能量消耗的重要补充，是其长寿不可或缺的组成部分。

除了吃饭规律外，大多数百岁老人爱吃水果，香蕉、苹果最多，可以供给身体各种维生素和矿物质，从中摄取各种各样的营养素。老人喝水不多，大都喜欢喝稀饭，饭后饮用水少，以白开水为主。89.9% 的老人不吸烟，90.8% 的不喝酒，良好的饮食习惯造就了老人的健康长寿。

温馨和谐的家庭环境——长寿的家庭环境　单县孝文化源远流长，乾隆三十年（1765）为翰林院孔目朱叔琪妾孔氏建的“敕褒节孝坊”（又名“百寿坊”）和四十三年（1778）为文林郎张蒲妻朱氏建的节孝坊（又名“百狮坊”），是孝文化历史悠久的见证，至今，孝文化在单县仍然受人推崇，氛围浓厚。95.0% 的百岁老人的儿女非常孝顺，日常生活照顾的无微不至，从老人干净的被褥穿着到可口的饮食都彰显着其儿女的孝心。在被调查的 122 名百岁老人中，与侄子、侄媳妇一块生活的就有 3 位，生活质量和生活舒适度毫不逊色于亲生子女的照顾水平。仅有 1 位生活在老年公寓，公寓的服务人员对其照顾得非常好，老人对政府非常感激。

家庭养老是境内养老的主要模式，和睦孝顺的大家庭环境是百岁老人健康长寿的重要环境条件。单县 122 位百岁老人中，有 49 人四世同堂，62 人五世同堂，有 4 人六世同堂，且 37.8% 的老人四代（或四代以上）合住，已婚子女、孙子女、重孙子女共同生活在一个院落中，不仅能照顾老人的生活，而且和谐融洽的家庭关系也使老人从不感到孤独，儿孙承欢膝下，使老人的生活充满希望和幸福。喜欢人多热闹是百岁老人的共同特征。

95.1% 的百岁老人在家中受到尊敬，“家有一老，如有一宝”，老人在家中具有核心地位，儿女对其提出的要求都尽量满足，不惹老人生气，且对老人在生活中提出的意见和看法认真对待，妥善解决。

政府补助与子女经济供给——长寿的经济保证　子女是老人经济支持的主要提供者，政府每年给每位百岁老人发放 2400 元的补助，新型农村合作医疗为百岁老人的健康状况提供医疗救助，使得老人无需担忧日常生活来源，且饮食和生活条件大为改善，在一定程度上保障了老人长寿的物质基础。

清幽的自然环境——长寿的自然环境　单县地处山东省西南部，境内旷野坦荡，森林覆盖率 28.5% ，超出山东省平均水平 4 个百分点左右，境内常形容为“白天不见庄，晚上不见光”，放眼望去到处绿树葱葱，空气清新，且老人居住地非常安静，无噪音，清幽的环境使老人与世无争、心情顺畅，不易烦躁，以平和的心态面对生活。

调查人员按照水样采集的标准，在百岁老人集中分布的乡镇和村落，采集生活饮用水水样，在山东省分析测试中心对水样进行检验。结果表明，单县生活饮用水中含有铁、锌、硒、铜、锰、锂、锶、硅等多种对人体有益的微量元素。

第一，单县生活饮用水完全符合《生活饮用水水质卫生规范》。饮用水中锌、硒、铜、锰的含量达到国家地下水Ⅰ类水质的标准，铁的含量达到国家地下水Ⅱ类水质的标准，毒理性指标如铅、汞等含量低，其 PH 值在 7.4 ～ 7.6 之间，呈弱碱性。没有污染，完全符合人体营养生理需要的健康饮用水标准。第二，与其他长寿之乡生活饮用水中微量元素含量相比较，铁、锌、硒、铜、锰、硅的含量基本相当，这些元素对维持生物免疫功能有着重要作用。而锶的含量要远远高于其他长寿地区饮用水中该元素的含量；且单县生活饮用水中含有微量锂元素；偏硅酸的含量均比非长寿地区的饮用水中的含量高。经研究发现表明，锶元素是人体骨骼和牙齿的正常组成成分，与心血管的功能及构造有关，并且锶元素抵制肠对钠元素的吸收，并增加钠元素的排泄，以减少心血管、高血压等疾病，单县 122 位百岁老人中患有心血管和高血压的仅 7 人，与此有着一定的关系。硅在水中具有可溶性，是以偏硅酸的形式存在，硅元素参与一些重要的生命代谢过程，且能维持骨骼、软骨、结缔组织的正常生长，是体内构成某些葡萄糖中的氨基多糖和多糖羧酸的主要成分，对人体主动脉硬化具有软化作用，对心脏病、高血压、动脉硬化、神经功能紊乱、胃病等疾病均有一定的医疗保健作用，并具有防癌抗衰老的功能。在调查结果中发现，3/4 的百岁老人身体非常健康，无任何疾病，与其生活饮用水中微量元素的含量特点有非常密切的联系，尽管其含量非常低，但是在人体健康长寿的过程中发挥着不可替代的重要作用。

第五章　方　言

单县方言的语音、音变、语法、新老差异和内部差异等内容，前志已作详尽记述，本志只记述单县语言特点、前志未辑录的方言词汇。

第一节　语言特点

单县方言，属汉语北方话，为山东次方言的西鲁方言。与普通话之间语音、词汇差别较明显，语法差别较小。东部口音与江苏丰县相似，西南部与曹县接近。

常用单县方言字音与普通话字音差异一览表

表 29-5-1

普通话	单县话	例字	普通话	单县话	例字
shui	fei	水	ke	kei	客、刻
mai	mei	麦	zai	dai	在
zi	dei	子	te	tei	特
shu	fu	书、叔、梳	shu	fo	数
shui	fei	睡、税	shuai	fei	摔
shou	sou	瘦	shi	si	时、师、史
fei	fi	飞	ke	kuo	科
rong	yong	荣、容、融	zhen	zheng	贞、帧

续表 29-5-1

普通话	单县话	例字	普通话	单县话	例字
run	yun	润、闰	nen	lun	嫩
se	sei	色、涩、塞	yao	yue	药
ze	zei	择、泽	lue	luo	略、掠
shen	chen	深、伸	xue	suo	雪、削
bai	bei	白、百、掰	shuo	fo	说
bi	bei	笔	le	luo	乐
po	pei	迫、魄	hao	he	郝
mo	mei	脉、墨	pei	pi	裴
shuang	fang	双、霜	shao	fo	勺
yuan	yan	缘	su	xu	俗
shua	fa	刷、耍	shuan	fan	拴
bao	bo	雹	quan	cuan	全、泉
ce	cei	册、侧、厕	mou	mu	某、谋、牟
bo	bei	伯	fou	fo	否

第二节　方言词语

单县方言词语丰富，很多词语具有强烈的地方特色。此外，丰富的同义词，形象略带粗俗的俚语，委婉间接的讳饰语等使方言更显丰富多彩，生动活泼，表现力强。该志搜集前志未录的词语，以作记载。左边为方言，右边为释义。

气象时令类

天晃了——阴雨天转晴
白个——白天
黑家——夜里
今儿——今天
昨现——昨天
前现——前天
明——明天
过明——后天
大过明——大后天
将才——刚才
将将——刚刚
多会——刚才
成天价——整天
见天——每天
多限——啥时间
多占——什么时候
五更头上——拂晓
麦（mei）罢——收麦之后
年跟下——年底
过年——明年
热天——夏天
已冬里——冬天
一朦胧——睡了一段时间

贱年——歉年

称谓类

大伯哥——丈夫的哥哥

大姑子姐——丈夫的姐姐

小叔子——丈夫的弟弟

小姑子——丈夫的妹妹

外头——丈夫、男人

家嘞——妻子、媳妇

两拽——连襟、两乔

人品类

光棍汉子——单身汉

俩夹——扒手、小偷

拧筋头——非常固执的人

肉头——行动缓慢、不明白事理的人

够头干——自私的人

死八板——办事不灵活的人

祸事鸟——好搬弄是非的人

白板——非常没用的人

愣头青——鲁莽、莽撞的人

能豆子——好逞能的人

人体器官类

耳瓜子——巴掌

皮槌——拳头

腿旮旯——两大腿之间

耳道——耳朵

耳绒——耳屎

腮帮子——腮

脸膛子——脸面

心口窝——胸口

腚帮子——屁股

疾病类

不大得——生病

冻着了——感冒了

跑肚——拉肚子

干哕——恶心

痄腮——腮腺炎

羊角风——癫痫

方位场所类

当门间——中间

堂屋——北屋正房

茅子——厕所

事物类

玛牛——公牛

舐牛——母牛

电棒子——手电筒

一对双（fàng）生——双胞胎

洋灰——水泥

扁食——水饺

糊涂——稀饭

蒸馍——馒头

卷子——呈长方形的馍

锅盔——在锅底炕熟的饼

烙馍——在鏊子上炕熟的圆饼

壮馍——在平底锅上炕熟的圆形厚饼

团子——包馅的圆形的馍

角子——包馅的两头尖的馍

菜馍——菜馅圆形的馍

果子——糕点

好面——白面

杂面——用高粱、黄豆等合成的面

就吃的——下饭的菜

杂碎——猪、牛、羊等动物内脏

汗褂子——单上衣

布衫子——长衫

大夹袄——两层布做的长衫

大氅——大衣

坎夹子——坎肩

裤衩子——短裤

围脖——围巾

耳坠子——耳环

筲——木桶

胰子——肥皂

洋火——火柴

酸揽红子——山楂

巴拉棍子——木棍
戳子——印章
落生——花生
棒子——玉米
红芋——地瓜
锅柸（pěi）子——锅盖
啥幌子——什么东西

动作行为类

拉呱——说话；另义：讲故事
抬杠——辩论
撴——猛地用力拉
攮——刺扎
熊——训斥
短路——拦路抢劫
撩骨碌——摔跤
骂大会——用嘲骂语言骂着玩
栽嘴——打瞌睡
胡摧——说话没准
蹬倒——来回倒换
强亮——处处强占上风
倒头——人病死
诓人——骗人
糟践人——诬蔑人
瞎戳叽——挑拨离间
胡咧咧——乱说一通
叽咕——商议
掉向——迷失方向
刺挠——痒痒
作假——客气
儿唬——忽略
坐约——马上
不舒境——心境不好、不舒服
不咋地——没啥事、不要紧

第六章　谚语　歇后语

单县人民在长期的生产、生活和社会实践中，经过一系列的观察、体验，总结积累了一些谚语、歇后语。这些词语，具有一定的地域性、科学性、哲理性和实用性，丰富了境内群众的物质文化生活。本志只对前志未录的词语记载，前志已记录的不再重复。

第一节　谚　语

气象时令类

冷在三九，热在中伏。
清明断雪，谷雨断霜。
三月里清明榆不老，二月里清明老了榆。
燕来不过三月三，燕走不过九月九。
北风不过晌，过晌呜呜响。
涝刮东风不晴天，旱刮东风不下雨。
一场春风，一场秋雨。
一场春雨一场暖，一场秋雨一场寒。
西南雨发庄稼，西北雨砸西瓜。
响雷雨不凶，闷雷下满坑。
星星眨眼，大雨不远。
蛤蟆哇哇叫，大雨要来到。
蚂蚁出洞蛇过道，大雨要来到。
蠓虫碰脸，下雨不远。
蚂蚁成群，大雨来临。
燕子低飞蛇过道，大雨不久就来到。

东虹风，西虹雨，北虹出来下涝雨，南虹出来卖儿女（年景不好）。

月亮带风圈，一连刮三天。

大雾不过三，过三就晴天。

黑云带红边，定是雹子天。

日落火烧云，明天热死人。

烟筒不出烟，一定是阴天。

六月天孩儿面，说变就变。

一颗星星管半夜，两个星星到天明。（不会下雨）

早看东南，晚看西北。

早霞不出门，晚霞行千里。

早晨烧霞，晚上抠蔴。

瓦片云，晒死人。

云向东，一阵风；云向南，雨涟涟；云向北，一阵黑；云向西，披蓑衣。

南北胡同去赶集，东西胡同去踏泥。

日晕有雨，月晕有风。

南风不过晌，过晌呜呜响。

夜雨三场下，不知哪场大。

三月怕三七（初七、十七、二十七），四月怕初一，三七、初一都不怕，就怕四月十二下，十二湿了老鸹毛，麦子水里捞（按农历）。

七阴八不晴，九晴放光明。

云彩向北，一阵黑；云彩向南，雨涟涟；云彩向东，一阵风；云彩向西，披蓑衣。

有钱难买五月旱，六月里连阴吃饱饭。

夏至到，知了叫。

吃了夏至面，一天短一线。

麦子去了头，高粱没了牛。

穷哩别受富哩哄，荫柳（柽柳）开花才不冷。

交了七月节，夜凉白天热。

立秋十八天，寸草结籽。

七月十五定旱涝，八月十五定收成。

八月十五云遮月，正月十五雪打灯。

吃了冬至饭，一天长一线。

下雪不冷化雪寒。

一九二九不出手，三九四九冰上走，五九六九河边看柳，七九八九耕牛遍地走，九九杨花开，十九燕归来。

大雪年年有，不在三九在四九。

农业类

闰月年，早种田。

深耕一寸，等于上粪。

深耕叶茂，防旱防涝。

春下千粒种，秋打万斤粮。

书要读精，田要细管。

种地不用问，深耕细耙撒上粪。

庄稼活，不用学，人家咋着咱咋着。

种地选好种，一垅顶十垅。

种好一亩园，赛过十亩田。

编席打篓，能养五口。

养猪没巧，窝干食饱。

牛房牛房，冬暖夏凉。

牛好鼻上不断汗。

养马没巧，夜草吃饱。

羊靠人放，膘靠草长。

人哄地皮，地哄肚皮。

人哄地一时，地哄人一年。

种地不上粪，等于瞎胡混。

庄稼一枝花，全靠肥当家。

正月蓖麻二月茼，三月蓖麻不结种。

枣发芽，种棉花。

麦子扬花，扁豆俩夹。

杏儿黄，麦上场。

蚕老一时，麦熟一晌。

头伏萝卜二伏芥。

豆子开花水叶咯。

棉花立了秋，便把头来揪。

有钱买种，没钱买苗。

秋耕深一寸，顶上一遍粪。

人养地，地养人，土地不亏勤利人。

浇田不整地，等于白费力；施肥不浇水，庄稼撅着嘴；浇水不保墒，水分全跑光。

生活类

清官难断家务事。

巧妇难为无米之炊。

人往高处走，水往洼处流。

出门离户，穷家富路。

十年河东，十年河西。

姜还是老的辣。

吃饭穿衣看家当。

春捂秋冻，没灾没病。

有病早治，省钱省事。

病是三分治、七分养。

不养儿，不知报娘恩。

全家一条心，黄土变成金。

饭后百步走，活到九十九。

吃饭先喝汤，强似医生开药方。

冬吃萝卜夏吃姜，不用医生开药方。

四季不离蒜，不用去医院。

狂饮伤身，暴食伤胃。

饮食知节疾病少。

吃饭要吃家常饭，穿衣要穿粗布衣。

粗粮杂粮营养全，既保身体又省钱。

开水常喝，强似吃药。

药补不如食补。

久病成良医。

药费无贵贱，效果是灵丹。

吃药不忌嘴，跑断大夫的腿。

走病卧疮。

早饭要好，午饭要饱，晚饭要少。

病从口入，祸从口出。

恼一恼，十年老；笑一笑，十年少。

在家千日好，出门事事难。

吃不穷，喝不穷，算计不到就受穷。

三年不抽烟，省个大老犍。

养是健康源，动是健康泉。

处世类

心静自然凉。

强扭的瓜不甜。

初生牛犊不怕虎。

死猪不怕热水烫。

穷怕客，富怕贼。

当官不打送礼的，狗不咬屙屎的。

木不钻不透，话不说不明。

吃得苦中苦，方为人上人。

孩不嫌娘丑，狗不嫌家贫。

明枪易躲，暗箭难防。

人穷志短，马瘦毛长。

谋事在人，成事在天。

浇花浇根，交人交心。

树老半心空，人老百事通。

害人如害己，害不了人家害自己。

嘴上没毛，办事不牢。

人敬我一尺，我敬人一丈。

好人不怕多，坏人怕一个。

人在屋檐下，不能不低头。

恶人自有恶人磨，缠得恶人无奈何。

天有不测风云，人有旦夕祸福。

不听老人言，吃亏在眼前。

露水夫妻，不会长久。

不做亏心事，不怕鬼敲门。

要想人不知，除非己莫为。

打人不打脸，骂人不揭短。

明白人好说，糊涂人难缠。

佛前不磕头，腚后头去作揖。

真金不怕火炼，身正不怕影子斜。

人老别提当年，穷了别说有钱。

远亲不如近邻，近邻不如对门。

奶奶抱孙子，葫芦里头攒金子。

老娘疼外甥，秫秫地里逮溜虫。

穷在闹市无人问，富在深山有远亲。

好事不出门，孬事传千里。

近朱者赤，近墨者黑。

无理要知错认错，得理要让人三分。

人过留名，雁过留声。

花有谢时，宴有散时。

家有千口，主事一人。
逢人只讲三分话，不可全抛一片心。
防人之心不可无，害人之心不可有。
吃了人家的嘴短，拿了人家的手软。
金杯银杯，不如老百姓口碑。
兵熊熊一个，将熊熊一窝。
宁走十步远，不走一步险。
良药苦口利于病，忠言逆耳利于行。
十里不同俗，五里改规矩。
没有金钢钻，别揽瓷器活。
南北路，东西拐，人人都有偏心眼。

学艺经商类

师傅领进门，修行在个人。
人不学不灵，钟不敲不鸣。
少小不努力，老大徒伤悲。
土地贵在耕种，知识贵在运用。
不怕知识浅，就怕志气短。
学到知羞处，才知艺不高。
钢梁磨绣针，功到自来成。
世上无难事，只怕有心人。
不怕走得慢，就怕丢了襻。
临阵磨枪，不快也光。
种地不如手艺，手艺不如口艺。
活到老，学到老，八十岁上还学巧。
冰冻三尺非一日之寒，滴水石穿非一日之功。
艺高人胆大。
磨刀不误砍柴工。
人为财死，鸟为食亡。
生意好做，伙计难搁。
亲弟兄明算账。
卖大馍的挣钱。
和气生财。
买卖不成仁义在。
随行就市，水涨船高。
干啥指望啥，卖啥吆喝啥。
南京到北京，买的不如卖的精。
马无夜草不肥，人无外财不富。

第二节　歇后语

下雨天出太阳——假晴（情）。
嘴上抹石灰——白说。
飞机上聊天——空谈。
唱戏的胡子——假的。
墙上挂帘子——没门。
屎壳螂戴花——臭美。
屎壳螂搬家——滚蛋。
孔夫子搬家——净书（输）。
鼻子里插葱——装象（相）。
外甥打灯笼——照舅（旧）。
梁山的军师——吴（无）用。
上鞋不用锥子——针（真）管。
班门弄斧——谝能。
狗舔磨盘——打圈子转。
猪八戒犁地——舍着嘴拱。
李双双哭丈夫——没喜旺（希望）了。
老虎屁股——摸不得。
瞎子打灯笼——白费蜡（啦）。
兔子的尾巴——长不了。
秋后的蚂蚱——蹦跶不了几天了。
做梦娶媳妇——想好事。
洋鬼子看戏——傻眼了。
竹篮子打水——一场空。
大闺女上轿——头一回。
六个手指头扢痒痒——多一道子。
去年的皇历——看不得。
骑驴看书——走着瞧。
骑墙看书——加强学习。
秃子头上的虱子——明摆着。
凉水煺鸡——一毛不拔。
姥娘哭儿——没舅（救）了。
狗拿耗子——多管闲事。
八仙过海——各显其能。
七月的核桃——满仁（人）。

擀面杖吹火——一窍不通。
大闺女说媒——先人后己。
泥菩萨过河——自身难保。
夜猫子进宅——来者不善。
口袋里装牛梭——内里有弯。
阎王爷做文章——鬼话连篇。
肉包子打狗——有去无回。
快刀斩乱麻——一刀两断。
汉刘备摔孩子——收买人心。
老公公穿儿媳妇的鞋——前（钱）头窄。
狗皮贴到南墙上——不像画（话）。
茅坑里石头——又臭又硬。
电线杆当筷子——大材小用。
鸡蛋里挑骨头——没事找事。
屎壳螂打喷嚏——满嘴里喷粪。
老鼠钻到风箱里——两头受气。
十五只吊桶打水——七上八下。
洗脸盆里扎猛子——不知深浅。
黄鼠狼给鸡拜年——没安好心。
小葱拌豆腐——一青（清）二白。
门缝里瞧人——把人看扁。
老鼠拉木锨——大头在后边。
一粒麦子的煎饼——摊不着。
狗撵鸭子——呱呱叫。
和尚打伞——无法无天。
卖粥的不吆喝——闷缸里了
碓头砸磨盘——石打石（实打实）。
砂锅子捣蒜——一锤子买卖。
腊月天穿裙子——美丽冻（动）人。
疤瘌脸照镜子——自找难看
猪八戒照镜子——里外不是人。
老太太吃柿子——专拣软的捏。
卖布的不用尺子——存心不量（良）。
牛犊子掉到井里——有劲没处使。
叭狗子咬月亮——不知天高地厚。
黄鼠狼生老鼠——一窝不如一窝。
屎壳螂打嚏喷——咋张开你的臭嘴。
茶壶里煮饺子——有嘴吐不出来。
哑巴吃黄连——有苦说不出来。
哑巴吃饺子——心中有数。
大水冲了龙王庙——一家人不认一家人。
大年五更拾个兔子——有它过年，没它也过年。
要饭的牵着个猴——玩心不退。
蛤蟆蝌仔子撵轮船——不跟帮。
狗咬吕洞宾——不识好人心。
捂着耳朵晃铃铛——自己哄自己。
老鳖拴到鹰腿上——飞不了我，也蹦不了你。
秆草（谷子的茎）包老头子——丢大人了。
扳倒树摸老鸹——玩牢靠的。
酸榄红子包粽子——差个枣（早）。
瞎子放羊——攉（借字。栓的意思）（迷）那块地里啦。
狗黑子玩火纸——假识文（斯文）。
棉柿儿（mianbuji）敲锣——没音。
王八吃秤砣——铁了心。
猫哭耗子——假慈悲。
吃罢豆叶啃桑堆——老油子啦。
卖烧饼的扛着个拖车（借字。木制工具）——架子不小。
三伏天穿棉袄——不是时候。
敲锣卖糖——各干一行。
千里送鹅毛——礼轻情义重。
赖蛤蟆想吃天鹅肉——痴心妄想。
搧着扇子说话——风言风语（疯言疯语）。
叫花子送礼——穷要面子。
小小虫（麻雀）吃黄豆——强努。
鏊子底下骑驴——抬不起头来。
鹿湾的白菜——大茬。

第七章　歌谣 传说

第一节　歌　谣

精神文明类

文明礼貌歌

初次见面说“久仰”，好久不见说“久违”。
等候客人用“恭候”，客人来到称“光临”。
未及迎接说“失迎”，起身作别称“告辞”。
看望别人称“拜访”，请人别送用“留步”。
出门送客说“慢走”，与人道别说“再见”。
请人休息称“节劳”，对方不适说“欠安”。
陪伴朋友用“奉陪”，中途告辞用“告退”。
求人解答用“请教”，盼人指点用“赐教”。
欢迎购买用“惠顾”，请人受礼说“笑纳”。
请人帮忙说“劳驾”，求人方便说“借光”。
托人办事用“拜托”，麻烦别人说“打扰”。
向人祝贺说“恭喜”，赞人见解称“高见”。
对方来信称“惠书”，赠人书画题“惠存”。
尊称老师为“恩师”，称人学生为“高足”。
老人年龄说“高寿”，女士年龄称“芳龄”。
平辈年龄问“贵庚”，打听姓名用“贵姓”。
称人夫妇为“伉俪”，称人女儿为“千金”。

自护常识歌

独在家，人敲门，不要言语不要问。
家钥匙，别外借，防止偷配来行窃。
出门行，要结伴，身心安全要防范。
陌生人，不要理，警惕坏人伤害你。
口出言，要和气，对方才不发脾气。
恶作剧，能伤人，玩耍适度别大意。
精神病，醉酒者，莫要取笑赶紧躲。
遇暴力，善应变，确保自身得安全。
遇歹人，难逃脱，快击对方要害点。
人群中，遇拥挤，顺流走动护身体。
乘电梯，遇故障，不要撬门不要撞。
逢年节，遇婚庆，远离爆竹爱生命。
遇火险，“119”，报警拨打“110”。
病情急，“120”，出事地点要说明。
安全歌，要记清，亲戚朋友都高兴。
你安全，我安全，社会才能得安宁。

打工类

农民工

乡村在这头，城市在那头，
离乡出村口，梦想奔锦绣。
城市在这头，乡村在那头，
离城回村口，人生大步走。

打工歌谣

哥哥在外打工忙，苦心挣钱把家养。
头发长有数寸长，不知家人可安康？
夏天日头烫脊梁，有时几天不歇晌。
工地饭菜不咋样，吃碗拉面是奢望。
夜晚路灯明晃晃，边洗衣服边思量。
弟弟妹妹比哥强，学业有成前途广。
要想哥哥不窝囊，也想城里买套房。
接来妻儿和爹娘，共度幸福好时光。

养生类

老人谣

人到老，要服老，自然规律违不了。
人虽老，心莫老，老骥伏枥志气高。
莫叹老，莫惧老，精神不倒人不老。
莫恨老，莫怨老，放声高歌夕阳好。

老人乐

过去七十古来稀，如今只算小弟弟。
八十九十随处见，上百寿星不稀奇。
变化原因多来兮，社会进步数第一。
经济来源有保障，得了疾病能就医。
讲营养，学科技，重保健，练身体。
四邻团结心情好，家庭和睦少生气。
未来发展可持续，环保低碳没问题。
药品食品再无假，人均百岁也可期。

长寿歌

干净整洁衣为先，老式能穿，新式能穿。
科学饮食日三餐，粗茶香甜，淡饭香甜。
朴实大方居室雅，睡也安然，坐也安然。
体育运动贵坚持，慢跑喜欢，快走喜欢。
琴棋书画益寿年，今天练练，明天练练。
老朋新友聊聊天，古今新鲜，中外新鲜。
有害嗜好别沾边，钱财莫贪，烟酒莫贪。
知足常乐度晚年，天天新颜，年年新颜。

食疗歌

盐醋防毒消炎好，韭菜补肾暖膝腰。
萝卜化痰消肿气，芹菜能降血压高。
胡椒去寒又除湿，葱辣姜汤治感冒。
大蒜抑制肠炎病，绿豆解暑实为先。
香蕉通便解胃火，健胃补脾食红枣。
蕃茄补血美容颜，食蛋益智营养高。
花生能降胆固醇，瓜豆消肿又利尿。
鱼虾能把乳汁补，动物肝脏明目好。
生津安神数乌梅，润肺乌发良核桃。
蜂蜜润燥又益寿，葡萄生色令年少。

健康十训歌

少肉多菜，少盐多醋。
少糖多果，少食多嚼。
少衣多浴，少欲多施。
少忧多眠，少车多走。
少怒多笑，少坐多动。

莫生气

人生就是一场戏，因为有缘才相聚。
相扶到老不容易，是否更该去珍惜？
为了小事发脾气，回头想想又何必！
别人生气我不气，气出病来无人替。
我若气死谁如意，况且伤神又费力。
邻居亲朋莫要比，儿孙琐事由他去。
吃苦享乐在一起，神仙羡慕好伴侣。

歌颂单县类

黄河故道家乡的河

黄河故道家乡的河，
弯弯的河水流着什么？
轻轻的庄稼绿绿的树，
果园飞出欢乐的歌。
家乡的河古老的河，
故道人迎来了新的岁月。
绿色的林带绿色的琴弦，
乡音如水波连波。
黄河故道家乡的河，
弯弯的河水流着什么？
河滩上牧羊白云飘，
渔舟荡漾迎宾客。
家乡的河崭新的河，
故道人描绘着新的生活。
勤劳的人们美好的憧憬，
双手建设幸福河。

我的家乡鲁西南
走过多少山川，
见过多少平原，
最难忘还是我的鲁西南。
黄河的乳汁抚养，
一马平川沃野绕炊烟，
五谷披得大地秀，
酒香果甜牛羊夕阳欢。
啊，鲁西南，
我如痴如醉的鲁西南，
永远忘不掉的我的乡音，
永远走不出对你的眷恋。

走过多少山川，
见过多少平原，
最难忘还是我的鲁西南。
历史文明的哺育，
英雄辈出又把宏图展，
胆肝相照人豪爽，
忠厚朴实情义重如山。
啊，鲁西南，
我如痴如醉的鲁西南，
永远忘不掉的我的乡音，
永远走不出对你的眷恋。

单县之恋

忘不了闻名于世的两牌坊，
忘不了天下叫绝的羊肉汤，
忘不了湖西志士热血洒，
忘不了火热心肠的俺老乡。
啊，我爱单县这方土，
我爱单县五谷香，
我爱单县玫瑰红，
还有那遍地欢叫的青山羊。
舍不了相依为命的老黄河，
舍不了祖辈留下的三省庄，
舍不了穷则思变的那股劲，
舍不了古朴豪爽的俺老乡。
啊，我爱单县这方人，
我爱单县礼仪长，
我爱单县人情美，
还有那遍地流淌的新希望。

一路昂扬

（山东省首届民间武术馆校武术比赛会歌歌词）

托起九州的黄河，
挺起火热的胸膛，
用齐鲁大地的质朴，
用山东儿女的豪爽，
弘扬中华武术，
齐心协力富国兴邦。
我们今天相聚，
潇洒一路昂扬，
你武艺高强展雄风，
我刀枪剑戟创辉煌。
借着单县好天地，
共领风骚在赛场。

展望千里故道，
憧憬美好理想，
用湖西大地的情怀，
用单县父老的向往，
万众一心向前走，
武术之乡奋发图强。
我们今天相聚，
潇洒一路昂扬，
你武艺高强展雄风，
我刀枪剑戟创辉煌。
借着单县好天地，
共领风骚在赛场。

我的家乡李新庄
我的那家乡李新庄，

地肥水美五谷香，
东鱼河畔牛羊壮，
西北大洼米粮仓，
黄寺菜刀响千里，
郭庄粽子甜四方。
在这片富饶的土地上，
撒满欢笑，
撒满阳光。

我的那家乡李新庄，
历史悠久又辉煌，
高乡古城烽火燃，
历代英雄逞豪强，
革命战争求解放，
热血遍洒红高粱。
在这片古老的土地上，
多少悲壮，
多少荣光。

我的那家乡李新庄，
改革大潮翻热浪，
千亩葡萄汇绿海，
万家争建养鸡场。
乡镇企业大发展，
利信集团财源旺。
在这片沸腾的土地上，
勇敢开创，
更加辉煌。

浮龙湖啊真是美

浮龙湖啊真是美，
万顷碧波好景色，
芦苇荡里撒鱼网，
荷花盛开绽红蕾。
游艇劈开千层浪，
鸟儿追着歌声飞，
湖中绿岛迎远客，
春风扑面人心醉。
江北西湖风景好，
故道明珠放光辉。

浮龙湖啊真是美，
来自远古孟渚泽，
日月精华三千年，
人杰地灵水更美。
老子隐居泽边住，
李白狩猎马蹄催，
刘墉治水传佳话，
动人故事长相随。
今朝更把宏图展，
绘成美景铸丰碑。

儿歌类

听我说句话

老爸和老妈，听我说句话。
我是大班生，幸福乐开花。
国家在强大，世界在变化。
放下动漫画，我要努力啦。
不靠你，不靠他，也不靠爸妈。

老爸和老妈，听我说句话。
我是大班生，压力也蛮大。
我需经风雨，我就要长大。
看完阿凡达，我要奋斗啦！
天不怕，地不怕，努力为国家。

电脑宝宝来我家

电脑宝宝来我家，我们全家欢迎他。
爸爸上网学知识，妈妈上网学画画。
我在网上学儿歌，还把彩照网上发。
网上游戏我不贪，学习成绩顶呱呱。

学电脑

学电脑，用鼠标，电脑里头还有猫。

黑猫白猫把岗站，轻点鼠标到处转。

灯和星星

地上亮起，一盏盏街灯，
绚丽多姿，汇成多彩城。
夜空挂满，一颗颗星星，
闪闪烁烁，眨着眼睛。
呀，灯像星星，星星像灯，
是不是天上，也有一座美丽的城。

小喇叭

我是一个小喇叭，从小喜欢喇叭花。
一根藤儿牵着我，花儿一开香万家。
我是一个小喇叭，从小喜欢喇叭花。
一根线儿牵着我，喇叭一响乐万家。

野牵牛

野牵牛，爬高楼，高楼高，爬树梢。
树梢长，爬东墙，东墙滑，爬篱笆，
篱笆细，不敢爬，躺在地上吹喇叭。

西红柿

青竹杆，竹竿青，青青竹竿搭菜棚。
花花叶叶爬满架，架上挂满红灯笼。
西红柿，脸儿红，挂着露珠水灵灵。
又酸又甜营养高，人人见它都高兴。

小白兔

小白兔，白又白，两只耳朵竖起来。
爱吃箩卜爱吃菜，蹦蹦跳跳真可爱。

其他

廿四节气歌

春雨惊春清谷天，夏满芒夏暑相连。
秋处露秋寒霜降，冬雪雪冬小大寒。
上半年来六廿一，下半年来八廿三。
每月两个节气定，最多相差一两天。

教子歌

出自己的力，流自己的汗。
用自己智慧，吃自己挣的饭。
不靠地来不靠天，自己事情自己干。
靠天靠地靠父母，不算是好汉。

新事多

点灯不用油，耕地不用牛。
农业现代化，新事奇又稠。

情人对

石榴开花花对花，小姐爱我我爱他。
我爱小姐芙蓉面，小姐爱我诗如画。

小麻嘎

小麻嘎，尾巴长，娶了媳妇忘了娘。
烙白饼、卷沙糖，媳妇媳妇你先尝。
我到家后看咱娘，咱娘骂我黑心肠。
从小喂大嘴对嘴，如今啥脸见老娘。

第二节　传　说

浮龙湖　谁也说不清何朝何代单城西南落下一个大湖，幅阔数百里，碧波荡漾，冬日地冻三尺不见冰凌，夏日凉风习习不见蛙鸣。老人讲：淫雨数日不见水涨，百日大旱不见水落。水清可见底，无风三尺浪。水鸟嬉戏，柳丝垂岸。明眼人一看，便知这是一块宝地，属仙人所指。

相传盘古开天地，因疲惫拖斧而行划出了黄河。号称铜头铁尾豆腐腰的黄河，拐了九九八十一道湾，在七七四十九道湾的腋下有个小村庄，户不过三十，人丁愈百五十口。此村南靠黄河，北依土山，物华天宝，人杰地灵。此村虽无沃土，但年年五谷丰登，加上可耕可渔，也算富庶。村东有户人家，居家两口，祖传姓何，因排行数首，众人送号何老大。夫妻相敬如宾，可不惑之年不见子女，一日其妻梦见院中荷塘荷花中端坐一小女，至梦醒还惊喜若狂。十月便生下一千金，取名何仙。小女生来俊俏，聪明伶俐，善解人意，讨人喜爱。七岁时发一次高烧，数日不省人事。何老大夫妻非常害怕，天天到河神庙烧香，保佑小女平安，数日后小女康复。据小女讲，她到了天空见识很多仙人，学到了本领。从此小女越发诱人，琴棋书画无师自通，女红针织远近闻名。善良的三口日出而作，日落而息。早耕晚渔，生活可算殷实。转眼数年，小女初长成。由于庭院傍道，每日来往行人不断，借宿吃喝，老汉从不计较，邻里百姓都非常敬重这位老者。一日天色已晚，来了一位不速之客，年方二十，虽衣着破烂，但眉宇间透着一股灵气。来者不拒，大大咧咧，饮不避主，餐不视桌，日寝夜游，数日不见有辞之意。时下老者有些不悦，但不便启口。一日傍晚，狂风大作，来客不翼而飞。走后留下一纸，写道："七七四十九道湾，龙王在此建家园，待到二月二日时，废桑启渔造大船。"老汉见字，百思不得其解，女儿却看出其中奥妙，非让父亲买木料造船不可，老父不愿，父说不服女，女说不服父，一段时间相安无事。

自相公走后，人们发现空中一怪云，时红时黑，时而成大团，时而化为一条巨龙，那爪、那鳞、那头、那尾栩栩如生，巨龙之大数十里，吞云吐雾，万里无云，静卧不动，狂风大作，固守不散。数日便在百姓中产生恐惧。胆大的照常劳作，小胆的则烧香求个平安。待到二月二日何仙一反常态，不吃不喝，疯疯癫癫，窃窃私语："七七四十九道湾，龙王在此建家园，等到七月七日至，平地大川好行船。"并挨家劝说打造船只。何老大疼女心急，带头造起船来，这时村内大哗，骂声、责怪声不断。老汉一心造船，全不入耳。弃渔荒苗，眼看败落。这时老夫妻到处游说，"只要造够四十九条船，俺女儿的病就好了"。好心人可怜这一对老夫妻，也开始动手打造船只，一段时间，村内还算热闹。

七月一日，天空下着火，赤日炎炎，风不动，树不摇，真是热煞人。突然老汉家来了一位客人，老汉定睛一看，还是那位年轻的食客，不同的是他换了一身小生打扮，穿戴讲究，身背一口青锋宝剑，即使官宦之家不能及。来者一反常态，举止大方，礼仪得体，谈吐有序，酒足饭饱之后，来者问："天无淫雨河无大水，老汉为何打造船只"。老汉一指小女道，这是疯女所为。这时，小生看了一眼何女，只见这女子生的眉清目秀，如芙蓉出水，不妨多看了几眼，只见那姑娘顿时精神大振，红霞满腮，更显得水灵。谈笑间，老者看出来者不凡，便问："空中怪云是何物？"小生不加思索，脱口而出："龙王三太子，出海作恶"。老汉听罢，顿时吓出一身冷汗。再问："敢问相公尊姓大名，家住何方。"来者半醒半睡随手拿起两个酒杯，口口相对推至桌心道："云游四海处处家，不商不渔不种麻，专管世间不平事，一杯薄酒算报答。"说毕，伏案而睡，鼾声渐起。五日后，那怪云又呈龙状，吞云吐雾，村内人心惶惶。夜间小生突然不见去踪，只见空中乌云翻滚，狂风大作，雷电交加，顿时倾盆大雨，黄河大吼。村内人家哪个还敢入睡，平地开始积水，半夜时分，只见空中时而红、进而火，并有兵器相击之声。说时迟，那时快，黄河以排山倒海之势，席卷而来，一泻千里。村内大乱，有船者纷纷登船，无船者，借助木板，顺势而下。何仙大呼，唤众人登船，自己卦卷入水中。数月后水退，逃生者返回故里，只见冲积一岗，如浮水中，平坦如镜，且植物茂密，便取名浮岗，数日后浮水归并南边，形成大湖。老汉思女每日必唤仙儿，一日抬头忽见小生携小女从云中飘过，时下正值月圆。从此，每到月圆时，老汉就在湖边望女。因此，就有了月亮湾。再后来，大家才知道，这是吕洞宾携何仙姑所至，降了龙王三太子，救了百姓。人们为了报答救生之恩，每年七月七日都到湖边来祭奠，并能看到二仙云游。据说吕洞宾每年必到，后来才有单城晒仙台。相传大禹治水路过此地道：湖中索蛟，天下太平。再后来刘邦从湖边娶吕雉，始坐皇位，终兴大业。

后有胆大者，浮舟至湖中，仍能看到两只龙眼，深不及底，从此湖水永不见干。相传李白听了此故事，取湖名浮龙湖。

玄井　又名悬井，位于浮龙湖南岸老君庙之西北角处。是春秋末年，老子隐居孟渚泽时率众人所掘。水离地面不足三尺，牛可直接饮水，黎民百姓取水也不用绳索。从古到今，不论天旱、天涝，井水水位依然不变，故有此井通向东海之说。并且井水清纯甘冽，饮之神清气爽，久饮可治顽疾，延年益寿。

传说，春秋末年，为避战乱，老子骑青牛路经孟渚泽畔，当时正值酷夏，烈日炎炎，天下大旱，很多地方禾木半枯，唯此地花草繁茂，露珠晶莹。老子大奇，遂勘天察地，发现此处居太极之中，居阳中之阴，是整个浮龙湖水脉精华之聚所，难怪大旱之时草润花荣。于是老子召集当地居民挖土掘井，不久便有清泉汩汩喷涌而出。于是便成就了一口千年古井。

又传，老子在孟渚泽畔传经布道，听道者有时几百人，有时上千人。农闲时节，甚至几千人。人们在听道时都喝玄井里的水，但不论人多人少，玄井里的水从没干涸过。有一年天下大旱，老君十八寨的几千民众和牲畜都来食用玄井中的水，而且不少人用井水抗旱浇田，井水水位也不见下降。有一天夜晚，老子在孟渚泽畔传道，有人在暗中看到有头长龙角的人从玄井中出来，混在人群中听老子讲经。不等众人散去，便提前在混乱中下井跑走。后来传说是海龙王派其第九子来这里听老子布道。

唐时，玄宗皇帝去泰山封禅路经此地，曾用帑币在井上建青石亭一所，明末此亭毁于战火。2010年，开发浮龙湖生态旅游风景区，善士陈树荣、陈敬国、刘樱华、张林、朱雪梅等捐资重建玄井亭。

龙门口　在浮龙湖西南月亮湾附近的老黄河大堤上，有一处几十米宽的大缺口。远远望去，缺口两边的大堤宛若两条巨大的游龙相互对峙。巍巍长堤之上，树木遮天蔽日；无边沃野平阔，处处碧草如茵。景色优美，风光旖旎。相传这里就是当年嘉庆皇帝亲率大军堵黄之处，当地人称“龙门口”。

传说，嘉庆皇帝亲率大军来此堵黄，有这样一段感人的情节：当时，嘉庆皇帝在随从百官的簇拥下，登上黄河大堤决口之处，举目遥望，只见滔滔黄水如万马奔腾自西向东滚滚而来，那如山般的洪峰像一头头狂怒的雄狮接连不断地冲击着大坝，在大坝之下形成一个个巨大的旋涡。堤北那无数的村庄和万顷良田早已成了一片汪洋大海。在决口处，成千上万的百姓和军士都赤着膊，浑身泥水。他们扛着木料、门扇，抬着石块、草袋等一切可以用来堵塞的东西纷纷涌向大堤决口之处。他们抬着巨大的“门埽”，呐喊着往决口处投放。那些投下去的沙包、草袋和石块一下子就没影了。眼看决口越来越大，连这几千斤重的“门埽”也渐渐抵挡不住了，在这万分危急之时，只见嘉庆皇帝毅然脱下龙袍，大喝一声：“以此代朕”，将龙袍投入决口处激流之中，那随从百官见状，亦一起脱下官服，摘下官帽一齐向决口处投去，说也奇怪，那龙袍刚一入水，黄河水便一下子立了起来，齐齐向后退去。趁这个当口，众人赶紧下“门埽”，扎木桩、垒沙袋、填石块……，决口堵住了。大坝合龙了，堤岸上下响起一片欢呼“万岁”之声。

大坝合龙之后，孟渚泽一带百姓再无水患之忧。奇怪的是，在大坝合龙后的第二年，龙门口一带生长出许多不知名的奇花：花蕾形状酷似清朝官帽，蓝边红顶，还有花翎。大者如盘、小者如纽。满坡遍野，清香四溢。人们都说此花为嘉庆帝率军堵黄之时，随从百官掷官帽于水中所化，当地百姓称此花为“清官帽儿”。

龙门口东西长堤相接之处即是当年嘉庆皇帝指挥大军堵黄驻跸之处。松柏苍翠，林木幽深，夏日炎炎，人们暑热难耐，若登此堤顿觉冷意森森、遍体生寒。更奇的是周围半里左右绝无半只飞蝇蚊虫之类，只有缕缕清凉伴着一种不知名的花香随风可闻。当地人说这一切又与嘉庆爷来此有关。有诗赞曰：巍巍长堤笼祥云，奇花遍野芳草茵。昔年帝迹今何在，参天松柏蔽龙门。

仙人桥 吕洞宾、铁拐李等八人成仙后，玉帝也没派给他们什么差事，成天四处云游，倒也逍遥自在。

这一天行至单父上空。吕洞宾曾到过此地，就提议说："下面是单父县境，我曾多次到此，可是个好地方。早年孔子弟子宓子贱、巫马施在此做单父宰，政绩卓著，民风淳厚，夜不闭户，路不拾遗。且名胜甚多，风光秀丽，何不下去一游？"众仙赞同。遂按下云头，落在琴台之上，果然景色宜人。八仙席地而坐，向北望去，只见一条大河横贯东西。河上无桥，只有一只小船在摆渡行人，很多人挨挤不上，都抱怨说，这里早该修一座桥了。

众仙闲玩了一会儿。蓝采和坐不住了，站起来从张果老驴背的袋中抓出一把红枣，正要向河中投掷作耍。铁拐李和汉钟离都劝说："别投了，小心打着人。"蓝采和满不在乎地说："打着人又能怎样？谁也奈何不得咱们。"吕洞宾也帮腔说："我们神仙应该无拘无束，何必怕这怕那。"铁拐李说："我们神仙要有神仙的样子，岂可无故戏弄别人。"汉钟离也说："人中也有圣贤，虽然不会与我们斗法，但指责我们几句，也会有失体面的。"蓝采和还是不服气，摇摇头说："他说我，我也会说他，还怕对答不上。"何仙姑在一旁说："你们别争了。不如打个赌，以分胜负。"铁拐李说："这样吧！那条河上正缺少一座桥，就以建桥为赌注。采和、洞宾为一方，我和钟离为一方。采和如不失体面，这桥就由我俩来修；如失了体面；这桥就由你俩来修。如何？"众人都称妙。蓝采和也点头说："好，就这么办。"

说着，他飘然走下琴台，扬手一颗枣子，不偏不斜，正打中一个挑柴汉子的头上。汉子抬头一看，蓝采和正得意地看着他笑，不禁生气地说："你也太无道理，为何戏弄于俺？"蓝采和便不搭话，扬手又是两颗枣子打过去。汉子大怒，高声叫道："你这人真是欺人太甚！"蓝采和慢吞吞地说："与你作玩，也值得这样大呼小叫！"汉子气急了，放下柴挑子，就凑上来，要和他理论。蓝采和以为汉子要动手打人，就用手一挥，汉子便倒在地上。蓝采和取笑道："怎么这样不禁打，没动手就倒下去了。"

这时，旁边一位书生模样的人看不下去了，就说："这位兄弟，这就是你的不是了，你平白无故地先是捉弄人，继而又出手打人，还取笑于他，这也太不讲道理了。"蓝采和强词夺理地说："我与他作玩，并无恶意。他对我大喊大叫，我才说他。他凑上来要打我，我才打他。这怎么能说不讲道理呢？"秀才摇摇头说："此言差矣，那位大哥并未惹你，是你两次三番戏弄于他。人受侮辱岂能不怒。但他一没有骂你，二没有动手打你。你出言不逊，又将他推倒。这种欺人之举，岂是君子所为。看你相貌堂堂，衣冠楚楚，不像是市井无赖之徒。难道你不以此为耻吗？"同观的人也纷纷指责他不讲理。蓝采和理屈词穷，无言以对，只好向汉子赔礼，才算作罢。

蓝采和回到琴台，当众认输。吕洞宾也没啥说的了。二人愿意建桥补过，为单父人办件好事。这时天已渐黑，等到行人散尽，二人就作起法来。只见大青石从空而降，落入河中，自动组合成桥。一夜功夫，一座石桥全部落成。

天明以后，行人渐多。见河上一夜之间建成一座石桥，都说一定是神仙所为，为单父百姓造福。便都称这座桥为"仙人桥"。

老龙窝 很久以前，单县东南二十五里有个杨家庄，村里有个杨木匠，老夫妻只生一子，年已一十五岁。父子二人以农为业，兼营木工，练就的好手艺，无论雕梁画栋，农用家具，件件精通。那一年乡里修建龙王庙，父子二人施展才能，把庙里的装饰搞得华丽壮观，从此远近闻名。

东海龙宫自从哪吒闹海以后，残破失修。龙王敖广听说龙王庙造得好，就派兴雨龙变化人形，去请杨木匠携子前来修造龙宫。兴雨龙请到杨氏父子，让其闭目勿睁，只听一阵风声，已到龙宫。父子俩睁眼一看，只见水晶宫殿，玲瑰剔透，珊瑚珠宝，耀眼光亮，果然不同凡响。从此，父子二人就在龙宫住下来，为龙王整修宫殿。

这一年，杨家庄一带久旱无雨，禾苗枯萎，百姓们将庙里的龙王爷神像抬出，置于阳光之下，晒神求雨。东海龙王敖广得知后，随即派兴雨龙前往降雨，杨木匠之子知道了，非要随同前往不可。兴雨龙无奈，令其披上龙衣，带着他腾云驾雾而去。来到杨家庄上空，儿子见其母正忙于家务，便喊："娘！要下雨了，快把酱盆盖好。"他娘哪能听得到，儿子想回家去趟，那能料到才一脱离云雾，就掉在了村东空地上。雨过天晴，村人皆大欢喜，出庄一看，却见村东出现一个大水坑，一条头生角须，腹有鳞片，四爪长尾的怪物，正在坑内翻腾。众人都说是龙王下凡，围着水坑焚香烧纸，叩谢神灵。

兴雨龙回到东海龙宫查点兵将，才发现木匠之子没有回来，急忙又化成人形降到杨家庄。看到这般情景便对众人说："你们的香火太小不足以谢神，要多备干柴围坑烧化方可。"众人照办。兴雨龙乘浓烟四起，急携杨子升空。一阵雷声过后，蛟龙已无踪影，只留下盘龙大坑，一潭清水深不可测。人们遂称之为"老龙窝"。

第三十编
乡镇 街道

高韦庄镇杨树林

草莓采摘　　2010 年摄影

采茶　　2005 年摄影

浮岗镇乡道

1986 年，全县设 7 个区、8 个镇、29 个乡、949 个行政村，6587 个村民小组。农业人口 873484 人，劳动力 401793 人，其中，从事农林牧渔业劳动力 356962 人，占劳动力总数的 88.84%；工业劳动力 12192 人，占劳动力总数的 3.03%；建筑业劳动力 10972 人，占劳动力总数的 2.73%；交通运输、商业服务业等劳动力 21667 人，占劳动力总数的 5.39%。全县农村用电量 3197 万千瓦，农机总动力 22.88 万千瓦，农用化肥使用量 1.33 万吨（折纯量）。有效灌溉面积 3.97 万公顷，占耕地面积的 40.4%。农民人均纯收入 333 元。2000 年，全县设 14 个镇、23 个乡，515 个村委会；自来水受益村 156 个，通汽车村 473 个；户户通电，村村通电话。乡村户数 267565 户；乡村劳动力资源数 539587 人，其中，从事农林牧渔业劳动力 417586 人，工业劳动力 23855 人，建筑业劳动力 33922 人，交通运输、商业服务业等劳动力 64224 人。全县农村用电量 3523 万千瓦，农用塑料薄膜使用量 1630 吨，农业机械总动力 82.34 万千瓦，农用柴油使用量 8864 吨，农用化肥使用量（折纯）43726 吨。农民人均纯收入 2089 元。2010 年，全县设 4 个街道、16 个镇、2 个乡、502 个行政村、6 个社区，自来水受益村 465 个，村村通汽车、通电话。乡村户数 28.31 万户，乡村人口 1080394 人，乡村劳动力 583636 人；乡村从业人员 552221 人，其中从事农林牧渔业 269085 人，占从业人员总数的 48.73%；工业 68784 人，占从业人员总数的 12.46%；建筑业 68196 人，占从业总数的 12.35%；交通运输、商业服务业等从业人员 146156 人，占从业人员总数的 26.47%。全县农村用电量 3.73 亿千瓦，农用塑料薄膜使用量 2906.14 吨，农业机械总动力 220.5 万千瓦，农用柴油使用量 9465.53 吨，农用化肥使用量 5.91 万吨（折纯量），有效灌溉面积 6.45 万公顷。农民人均纯收入 5798 元。

第一章　街　道

第一节　北城街道

境域　北城街道位于县城北部，南邻南城街道，北与谢集镇接壤，东与园艺街道相接，西与莱河镇毗连。辖区面积 29.5 平方公里。莱河由南向北流经辖区。105 国道、351 省道、349 省道辖区交汇。

建置　1945 年秋，建立单县城关区，隶属湖西专区。1953 年 8 月，湖西专区撤销，城关区划归单县，改为城关镇。驻地单县城区。1958 年 9 月，改为卫星人民公社。1959 年 1 月，更名为城关人民公社。1979 年 1 月，将东北部 7 个生产大队、24 个自然村划归新建的十里铺人民公社。1984 年 2 月，改为城关镇，属县直辖镇。1985 年 4 月，更名为单城镇。7 月，单溜乡撤销，并入单城镇。1986 年，辖 5 个街道居委会（西关街、东关街、北关街、南关街、胜利街），43 个行政村，112 个自然村。1997 年 1 月，行政村由 43 个合并为 27 个。同年，增设回汉、南店子、南华、东关街 4 个街道居委会。2001 年 8 月，撤销街道，设立南店子、西关、南关、北关、老山顶、西郊 6 个社区。2007 年，单城镇辖 27 个行政村，6 个社区，总人口 13.89 万人。12 月，撤销单城镇，设置北城、南城、园艺 3 个街道。北城街道辖 2 个社区（北关、西关），11 个行政村，48 个自然村。2010

年，北城街道总户数17288户，总人口53793人，其中，男性27252人，女性26541人。人口密度1823人/平方公里，人口自然增长率5.6‰。乡村从业人员9309人，其中第一产业4621人，第二产业2833人，第三产业1855人。

2010年北城街道行政村、社区基本情况统计表

表30-1-1

行政村、社区	自然村	户数（户）	人口（人）	耕地（公顷）
东　堤	张花园　黄胡同	425	1850	39.00
北　郊	前刘庄 刘员外庄 朱堤口 大刘庄	569	1940	51.00
北　关	北关 张吴庄 吴庄 汤庄 中刘庄　牛楼	645	2920	110.00
西　关	西关	150	960	23.00
单　溜	郭任庄 单溜 郭大寨 何庄	600	2432	72.00
孙草庙	孙草庙 赵庄 冯庄	450	1952	73.00
四里埠	陈柳行 樊庄 四里埠 谢庄	792	2340	80.00
三官庙	三官庙 大陈庄 卢新庄 朱花园 西单庄 郭庄	857	2990	185.00
吴　溜	八里庄 小陈庄 姜庄 东吴溜 西吴溜	600	2010	157.00
赵土楼	李黄庄 赵土楼 赵庄	420	1590	63.00
广圣殿	广圣殿 孟庄 杨庄 北孙庄 西刘庄 马刘田庄 梁庄 史庄 杨楼 黄庄	450	1841	52.00

经济建设　**农业**　1986年，单城镇粮食种植面积3282公顷，总产1318.1万公斤；棉花种植面积491公顷，总产53.9万公斤；油料种植面积207公顷，总产60.6万公斤；蔬菜种植面积463公顷，总产3900万公斤。之后，积极推进种植业结构调整，建立蔬菜生产基地，推广种植双季无籽西红柿。1994年，蔬菜种植面积759公顷，总产8000万公斤，人均纯收入1000余元。1995年起，该镇把蔬菜生产作为增加农民收入、振兴农村经济的龙头产业。1999年，蔬菜种植向精细化、规模化发展，相继在城西建起农产品试种基地，引种七彩椒、济南长茄等一批新特品种；在城东建起节水灌溉示范区和葡萄种植基地；在城南建起双孢菇和洋香瓜试种基地。2000年，全镇蔬菜生产专业村21个，建日光温室2500个，拱棚3万余个，蔬菜播种面积2312公顷，占全镇农作物总播种面积的71.07%，蔬菜总产31.58万吨。菜农人均收入3200元。年末存栏大牲畜5850头、猪4967头、羊49489只、家禽20.49万只。实现农业总产值3.8亿元。其中，种植业19000万元，林果业3166万元，畜牧业15837万元。农民人均纯收入2405元。2001年后，根据各村特点和农业种植现状，适时调整产业结构，先后在城南魏溜、七里庄、李庄等行政村建设20座温室大棚，进行香菇、金针菇等菌类栽培；在城东东郊、黄楼等行政村建设67公顷葡萄园基地；在城北四里埠、广圣殿等行政村建设67公顷香芋、花卉、苗圃培育基地；在城西孙草庙、单溜、三官庙等行政村建设200座冬暖蔬菜温室大棚，形成南菌菇、东葡萄、北花卉、西蔬菜的特色区域经济。2001—2005年，先后引进美国红提葡萄、章丘大葱、以色列F-18西红柿、伊利沙白香瓜等新品种，并组织菜农代表多次去山东寿光参观学习先进种植模式，升级改造冬暖温

室大棚，建成高标准自动温室大棚20座，菜区蔬菜种植逐步形成规模化、精细化和无公害化。单溜村任思党种植、研制的西红柿品种个大、产量高、无籽、口感好，受到市场的青睐，并在全国推广。2007年12月，设立北城街道。街道党委、办事处采取政府补贴引导，村干部、党员带头的发展模式，充分利用丰富的林下资源，积极发展林下禽产品养殖。先后在沙河林场、四里埠村建设2处林下规模养殖场，鸡鸭存栏30万只。2010年，北城街道共有耕地905公顷，农作物播种面积2014.8公顷。其中粮食播种面积1075.8公顷，总产5561.48吨；油料播种面积20.33公顷，总产81.13吨；棉花播种面积59.53公顷，总产759.05吨；蔬菜（含菜用瓜）播种面积847.6公顷，总产量5.47万吨；其他农作物播种面积11.53公顷。农业总产值4.3亿元，人均纯收入8791元。

西红柿栽培技术指导

西红柿收购　　2005年摄影

工业　1986年，单城镇有镇办企业20家，涉及丝织、电线、水管、塑料、水泵、石棉、汽车配件、罐头、毛呢、棉织、棉针织、毛纺织、地毯、轻工机械、车修、矿灯、塑料、纸袋、纸箱、印刷等领域，从业人员2300人，年工业总产值1500万元，创利税40万元。1988—1990年，该镇村办、联户办、户办等多形式企业蓬勃兴起，西关塑料、董庄窗纱、权楼村的粉条畅销全国各地；单城镇水泵厂晋升为省级先进企业；亚星集团名扬鲁西南。20世纪90年代中期，镇办企业因设备落后，产品技术含量低，机制不活等原因，一度跌入低谷。1997年后，通过采取租赁、拍卖、兼并、资产重组等形式，使企业逐步走出困境。2000年，形成塑料加工、真空制镜、窗纱生产、箩底加工、糖果制造、建筑、食品、羊肠线等八大支柱产业。全镇有私营、联营等企业1349家，从业人员13464人，年末固定资产原值5.23亿元，年工业总产值8.06亿元，创利税6569万元。名优产品主要百寿坊固体羊肉汤，省部级优质产品有鲁波牌QS型湿式潜水电泵、流星牌牛肠、羊肠网球弦、福牌医用外科肠线、TND-3000同板式交流稳压器（壁挂式）系列产品等，填补国家四项空白，获中国轻工业优秀产品一等奖、省星火计划成果展览金奖、省科技兴鲁一等奖。1996—1998年，连续三年被评为菏泽地区发展乡镇企业明星乡镇。2001年始，单城镇依靠地理优势，把招商引资作为工作重心，采取外出招商、联宜招商、以商招商等招商模式，以优质服务、优惠政策留住外商。同时，建设工业园区，对入驻企业采取封闭式管理。2010年，北城街道引进单县六和饲料有限公司投资兴建禽产品分割加工厂。既方便养殖户禽产品销售，又节约企业采购成本。至年底，形成以窗纱、网袋、网格布、不干胶、坯布为主要产品的玻纤编织业；以塑料管、布为主要产品的塑料制品业；以箩底、铜件、汽车车桥为主要产品的机械铸造业等；以肉禽加工、面粉和粉条加工、木材加工为主的农副产品加工业。完成固定资产投入6.1亿元，实现工业总产值40亿元。

第三产业 1986年，全镇有集体和个体商户7617个，从业人员10190人，年营业额4680万元。1990年后，镇办商业、饮食业、服务业实行集体承包或个人承包，个体私营商业快速发展。1999年，在单溜、孙草庙、三官庙等菜区组织20支、700人的蔬菜销售队伍，并在广州、武汉、哈尔滨等20多个大中城市设立蔬菜销售办事处。至2000年，基本建成古城、新城、内环、外环、围棋式商业城，新开和拓宽商业街道6条，建立三大批发市场，五大贸易市场。2001年后，新拓宽的湖西路、西关街、胜利街街道两旁高楼林立、店铺相连。2003年，该镇在单溜、孙草庙建起2个占地100余亩的蔬菜批发市场，日交易蔬菜270吨，交易额30万元。2010年，北城街道共有商业店铺、饭店、旅馆、理发店等6000余家，从业人员达3.1万人，年营销额4.82亿元，创利税9869万元；共有营运户285户，总产值5006万元。

四里埠新村

新农村建设 2009年，北城街道采取招商引资的办法，对四里埠行政村的四里埠、陈柳行、谢庄、樊庄4个自然村进行旧村整合拆迁，建居民楼62栋、单元房1700余套。2010年，对赵土楼行政村的李黄庄、赵土楼、赵庄3个自然村进行旧村整合拆迁，建居民楼39栋、单元房800余套。2个小区交通便利，水电暖齐全，物业服务周到、安全，均建有文化活动中心、健身广场、幼儿园、超市等生活娱乐设施。经整合拆迁，2个行政村共整合出村庄占地100公顷。

社会事业 **教育** 1986年，全镇有初中4所，在校学生2752人，教职工190人；小学30所，在校学生9063人，教职工404人，初等教育普及率达到98.9%。同年，投资49万元，城区兴办27所幼儿教育班，农村办起23所幼儿园。2010年，北城街道“普九”（普及九年义务教育）工作通过省、市验收。年底，北城街道有小学30所，初中2所，教职工902人，在校学生近2万人，适龄儿童入学率、学生巩固率均达100%。

北城一中。2010年，将单城镇第一中学、单城镇第二中学合并为北城一中。学校占地1公顷，分两个校区，均有教学楼、综合实验楼、办公楼各1座，配有电脑室、实验室、图书室、仪器室、体育室等．所有教室都安装了多媒体教学设备，实现教学现代化。

单城镇第四中学。1986年建立，占地0.65公顷，有平房26间，6个教学班。1999年，建集教学、办公、实验于一体、建筑面积3480平方米的综合楼1座，学校规模扩大为18个班，教室内配备多媒体教学系统，实验室器材配备达到国家二类标准。2010年，该校被评为菏泽市初中教育教学先进学校。同年，改称北城第三中学。

卫生 辖区内单县人民医院，原为单县城关医院，始建于1957年。1986年，更名为单县第一人民医院，设内科、外科、妇产科、中医科、检验室、心电图室等临床和医技科室，有床位 25 张，干部职工 113 人，其中，医疗技术人员 109 人，日均门诊量 500 人次。1997 年，晋升为二级乙等医院。1999 年 7 月，更名为单县人民医院。2010 年，拥有病床 120 张，共有干部职工 179 人，其中，医务人员 135 人。设内科、外科、妇产科、儿科、眼科、耳鼻喉科、口腔科、传染科、中医科、疼痛科、针灸理疗科等临床科室，以及放射、特检、药剂等医技科室。拥有美国 Ge/CT、B 超、心电工作站、动态心电图仪、脑电地形图仪、大型 X 光机、心电监护仪、母婴监护仪、高频电刀、双目手术显微镜、裂隙灯、胃镜、麻醉机等医疗设备。能开展腹部、胸部等外科手术。小切口超声乳化治疗白内障，人工晶体置换术处国内领先地位。血稀疗法治疗心脑血管病，全市独此一家。全街道有 19 家社区和行政村卫生室，实现新型农村合作医疗参合率 100% 和社会养老保险参保率 90% 以上的工作目标。

第二节 南城街道

境域 南城街道位于县城南部，北邻北城街道，东与园艺街道接壤，东南部与东城街道连接，西与莱河镇毗连。辖区面积 35 平方公里。辖区河流有东沟河和莱河。主要道路有 105 国道、256 省道、351 省道等。

建置 2007 年 12 月，成立南城街道，辖 4 个社区（南关、老山顶、西郊、南店子），13 个行政村，57 个自然村。2010 年，南城街道总户数 23094 户，总人口 72418 人，其中，男性 36636 人，女性 35782 人。人口密度 2069 人/平方公里，人口自然增长率 5.6‰。乡村从业人员 14339 人，其中第一产业 3438 人，第二产业 6002 人，第三产业 4899 人。

2010 年南城街道行政村、社区基本情况统计表

表 30-1-2

行政村、社区	自然村	户数（户）	人口（人）	耕地（公顷）
东　郊	东郊、黄堂、徐庄、胡菜园、关东、南关新村	1362	3923	0
南旧关	南旧关	1442	4410	15.87
刘　海	刘海 安乐窝 黄林	1169	4057	15.44
七里庄	七里庄 卯庄 李庄 马庄	705	2538	140.92
魏　溜	魏溜 张庄 窦楼 石饭棚	540	2188	151.04
单　楼	单楼 李庄 曹碾 石大黄庄 青庵 巩庄	585	2135	150.01
郭黄庄	郭黄庄 黄小楼	886	3273	88.42
权　楼	权楼 吴堌堆 韩庄	721	2881	74.31
鹿　湾	东鹿湾 西鹿湾	521	2254	104.16
郭　庄	郭庄 尘庄 陈楼	341	1393	53.58
董　庄	董庄 小王桥 傅庄 椿树园	723	2782	37.16
马　溜	马溜 小刘庄 赵倒楼 孟菜园	601	2481	104.84
西　郊	王桥 狄庄 曹庄 孙庄 徐花园 王溜 赵花园	1367	5068	35.92
郊　南	老山堤顶 贾庄 宋庄	2885	9235	0

续表 30-1-2

行政村、社区	自然村	户数（户）	人口（人）	耕地（公顷）
南　关	南关街	2812	9144	0
南店子	南店子	4930	17320	0
回　汉	香椿园、南北拐、友谊村	1258	4523	0

经济建设　2008 年，实现地方财政收入 3880 万元，工商税收 3152 万元，完成固定资产投资 3.45 亿元。2009 年，实现工商税收 6454 万元，完成固定资产投资 2.95 亿元，新增规模以上企业 3 家。2010 年，实现工商税收 8897 万元，同比增长 37.85%；完成固定资产投资 4.39 亿元，同比增长 48.81%。

农业　2008 年，大力发展特色农业，改造沙河林场林下规模养殖场区 13 公顷；以东郊村为基础，新增油桃种植面积 20 多公顷；以单楼村花卉示范园为依托，新栽植花卉 13 公顷；完成近 20 公顷的丰产林示范基地建设。2010 年，有耕地 1286 公顷。农作物播种面积 2757.87 公顷。其中，粮食作物播种面积 2007.27 公顷，总产量 9345.35 吨；油料作物播种面积 43.13 公顷，总产量 182.14 吨；棉花播种面积 140.93 公顷，总产 195.31 吨；蔬菜（含菜用瓜）播种面积 555.93 公顷，总产 2.47 万吨。农业总产值 4.1 亿元，其中种植业 2.7 亿元，占农业总产值的 72.7%，林业产值 0.84 亿元，占 6.67%，畜牧业产值 0.56 亿元，占 20.6%。农民人均纯收入 8283 元。

工业　辖区传统工业企业有玻纤、塑料窗纱业、渔网加工业、粉条加工业、制镜业等门类。2007 年后，加大招商引资工作的力度，至 2010 年，先后有山东艾琪食品有限公司、晟天工业园、山东汇都粉业有限公司、单县万事达钢结构有限公司彩钢复合板、C 型钢、H 型钢 4 个过亿元项目落户县经济开发区。该年底，民营工业企业发展到 356 家，其中注册企业 126 家，规模以上工业企业达 16 家。

玻纤、塑料窗纱业。该产业有企业及个体工商户 400 余家，其中规模以上企业 9 家，主要生产玻纤窗纱、玻纤网格布、塑料网袋、塑料窗纱。拥有固定资产 1.2 亿元，生产设备 4000 余台（套），从业人员 4500 余人，生产产品占全国份额的 40% 左右。董庄行政村有织机 2600 台，拉丝机 65 台（套），涂塑上胶炉 12 座，变压器 78 台及多种配套设施，固定资产总值 8000 万元，从业人员 3500 人。2010 年实现销售收入 1.2 亿元，利税 1500 万元。

渔网加工业。主要集中在鹿湾村，有生产企业及个体工商户 160 家，主要生产海洋养殖、淡水养殖多型号规格的渔网。拥有固定资产 6000 万元，专用生产设备 1000 余台（套），从业人员 1500 余人，产品占全国份额的 20% 左右。2010 年，鹿湾村在河东、351 省道西设立渔网加工区，已形成规模。

粉条加工业。主要分布在权楼村，有生产企业及个体工商户 120 余家。主要生产加工地瓜淀

权楼粉条

粉净化粉条，从业人员 600 余人，拥有专用生产设备及冷藏库 300 余台（座），产品销往郑州、西安等大型批发市场。

制镜业。有菏泽伟统玻璃有限公司、胜利制镜厂、新民制镜厂、友谊制镜厂等，主要生产真空镀镜及玻璃工艺品，年产真空镀镜 12 万平方米，主要销往河北、山东、山西、安徽等地。

商业　2008 年，南城街道有个体工商户 5429 户，从业人员 21397 人。2010 年，该街道个体工商户发展到 5926 户，从业人员 24411 人。

新农村建设　2008 年，南旧关村投资 70 余万元，安装路灯 200 余盏，栽植绿化树木 7800 余棵，改厕 315 座（其中粪便分离式 75 座，水冲式 240 座），硬化道路 1.5 公里，粉刷墙壁 2 万余平方米，建设高标准的休闲广场，投资 30 余万元的社区文化大院正式启用。2009 年，在驻地建设中心文化站 1 处。2010 年年底，有农家书屋 13 所，配套图书 10 万册，农家大院 13 个，开设远程教育接收站点 13 个。

2009 年，兴建黄小楼新村。该村占地 9 公顷，总投资 3500 万元，建筑面积 4.2 万平方米，可安置住户 291 户。新村建设宽 12 米的主干道纵横 3 条，面积 3000 平方米的休闲广场 1 处。新村建成后，可整合土地 17.33 公顷。2010 年，建筑面积 10 万平方米的王桥新村开工建设。建成后，可回迁安置 600 余户。

南城街道黄小楼新村

社会事业　**教育**　2010 年，有初级中学 1 所（南城中学），有一完小、明德小学等小学 5 所，幼儿园 2 所，教职工 390 人，在校学生 7800 人。适龄儿童入学率 100%，九年义务教育普及率 100%。

卫生　2008 年，城镇居民医疗保险参保 1100 人，参保金额 13 万元；参加新型农村合作医疗 27421 人，农民参合率 97.9%。2010 年，有社区卫生服务站 17 个，乡村卫生室 18 个。新型农村合作医疗农民参合率 100%。

第三节　园艺街道

境域　位于单县东城新区，系县委、县政府驻地。东邻谢集镇、东城街道和李田楼镇，北与谢集镇相接，南与东城街道接壤，西与北城街道、南城街道毗连。辖区面积 36 平方公里，多系轻沙壤土质。东沟河流经辖区。

建置　2007 年 12 月，成立园艺街道。原单城镇的单庄、张知楼、黄楼3个行政村、13个自然村，谢集乡的南王庄、武圣庙2个行政村、20个自然村，原孙溜镇的樊楼、五里井2个行政村、11个自然村及国营园艺场划归园艺街道管辖。2010年，园艺街道辖7个行政村，44个自然村。总户数5742户，总人口18270人，其中，男性9210人，女性9060人。人口自然增长率为5.6‰。乡村从业人员8246人，其中，第一产业4990人，第二产业2525人，第三产业731人。

2010年园艺街道各行政村基本情况统计表

表30-1-3

行政村	自然村	户数（户）	人口（人）	耕地（公顷）
樊　楼	樊楼 王土城 吴溜	382	1450	126.67
五里井	张溜 徐楼 张黄庄 樊集 枣园 武庄 赵庄 张庄	763	2900	393.33
黄　楼	前黄楼 后黄楼 牛庄	392	1490	123.33
单　庄	单庄 孙窑 王楼	684	2600	133.33
南王庄	南王庄 杨楼 李楼 罗庄 马庄 陈大庄 静庄 郗楼 谢庄 何庄 赵阁 袁楼	868	3299	312.47
武圣庙	武圣庙 樊庄 南刘庄 张庄 郜黄庄 张油坊 张草庙 南程庄	573	2179	166.77
张知楼	郝楼 三里庄 刘五楼 段庄 侯庄 廖庄 张知楼	346	1317	62.00

经济建设　农业　2008年以来，随着农业产业结构的调整和科技投入的不断增加，农民收入持续增长。2010年，有耕地1235公顷。农作物播种面积2355.67公顷。其中，粮食作物播种面积1786.13公顷，总产9862.02吨；油料作物播种面积27.53公顷，总产121.01吨；棉花播种面积72公顷，总产92.88吨；蔬菜（含菜用瓜）播种面积461.33公顷，总产2.33万吨；瓜类（果用瓜）播种面积8.67公顷，总产496.86吨。果园面积17.33公顷，水果产量1662.33吨。农民人均纯收入7600元。

工业　2008年，引进国能惠森生物技术有限公司、阳光丝业、荣欣药业3家企业。2009年，引进鲁顺糠醛、亚威纸箱、可加可服饰、高棉棉业、盈峰制衣5家企业，其中过亿元项目3个。新增规模以上企业3家，固定资产投资2.9亿元。2010年，引进泰信纺织、鑫泽铜业、昌佳江南汽车工业城3家过亿元企业，完成固定资产投资5.02亿元。

第三产业　园艺街道辖区内商贸、运输、餐饮、服务等第三产业齐全。辖区有义乌商品城、鲁能开发区分店、真得利开发区分店、淮海商贸城等大型超市，有开山大酒店、三义春羊肉汤总店、毛家饭店等大型酒店，有鹏程驾校、湖西驾校、舜师驾校3所驾校。该街道党委、办事处充分发挥地理优势，大力培植第三产业，辖区个体工商户、三产从业人员连年增加。2008年，个体工商户1269户，从业人员3807人，第三产业总值1.08亿元。2010年，个体工商户1585户，从业人员4755人，第三产业总值1.59亿元。

新农村建设　2008年，新农村和城镇建设以“四清四改”（清垃圾、清污水、清淤泥、清林盘，改水、改厨、改灶、改厕）为突破口，实施改厕、改灶、改水和主要街道硬化、绿化、亮化、美化工程。2009年，张知楼村旧村拆迁房屋

402户。新建高标准住宅395套，新村道路硬化、绿化等配套工程全部完工，村民全部入住。旧村拆迁腾出土地65公顷，用于湖西财富广场建设。同年，制订并启动张溜村搬迁方案。至2010年，张溜新村住宅建设全部完成。张溜旧村腾出土地36公顷，全部用于永顺国际花园和清华园开发。同年，园艺街道被菏泽市政府授予“全市城镇化工作先进集体”称号。

2009年，园艺街道有中心文化站1处，农家书屋10所，农家文化大院7个，配套图书5万册，开设远程教育接收站10个。建有休闲公园1处，老年公寓1处，展览馆1处。

张溜村

村务公开栏

社会事业　*教育*　2009年7月，设立开发区实验中学。2010年，设立开发区实验小学，辖区内共有中学1所，小学4所，幼儿园5所，适龄儿童入园、入学率、九年义务教育普及率均为100%。

卫生　辖区内有东大医院1所民营医院，社区卫生服务站7处。2010年，新型农村合作医疗农民参合率99%。

第四节　东城街道

境域　位于县城东部，街道驻地孙溜村。北靠园艺街道和李田楼镇，东邻龙王庙镇，西连南城街道和莱河镇，南与黄岗镇接壤。辖区面积43.6平方公里，东部为壤土，其余均系轻沙壤土质。惠河、东沟河穿境而过。351、256、349省道穿过辖区。

建置　1959年1月，成立孙溜人民公社。1979年1月，将北部8个生产大队划归陈蛮庄人民公社。1984年2月，改为孙溜乡。1994年12月，改为孙溜镇。2007年12月，将樊楼、五里井2个行政村、11个自然村划归园艺街道。2010年5月，撤销孙溜镇，改设东城街道。辖14个行政村，88个自然村。年末总户数9941户，总人口35140人，其中，男性17865人，女性17275人。人口密度806人/平方公里，人口自然增长率9.5‰。乡村从业人员15523人，其中，第一产业7437人，第二产业5325人，第三产业2761人。

2010年东城街道各行政村基本情况统计表

表30-1-4

行政村	自然村	户数（户）	人口（人）	耕地（公顷）
孙　溜	孙溜　侯庄　东孟庄　苏王庄	644	2653	131.60
韩　庙	韩庙　程庄　田贾庄　后集　老孙庄　孙楼　桥西　许河　孟集	628	2253	223.10

续表 30-1-4

行政村	自然村	户数（户）	人口（人）	耕地（公顷）
宗　庙	宗庙 孙庄 张庄 西张楼 郝油坊	512	1690	191.40
张　庄	贾庄 大张庄 斗虎营 小章庄	604	2188	195.70
段　楼	段楼 魏庄 姚庄 桥庄 大黄庄 李新庄 前羊圈 后羊圈 南苏楼 苏庄	684	2328	334.30
周　楼	东周楼 西周楼 南刘庄 大刘庄 东刘庄 吴庄 徐庄	564	1903	214.10
贺　庄	贺庄 后贺庄 石草庙 王庄 常坊 楚庄 贺窑	560	1693	222.10
代　庙	代庙 东张溜	369	1605	80.90
单　集	单集 东张楼 东陈庄 许庄 新赵溜 万庄	328	1082	204.90
高庄户	高庄户 杨庄 刘林 苏楼 许集 赵溜 前秦庄 后秦庄 前霍庄 后霍庄	1090	3501	421.10
马　庙	马庙 王园 王溜 秦楼 孟庄	438	1816	295.40
高家庄	黄庄 韩庄 十二里井 刘庄 郭庄 陈庄 高庄 杨庙	876	3038	352.80
常兴寨	常兴寨 高店 周庄 河东赵庄 河东王庄 沈窑 刘楼	702	2143	169.20
张　楼	张楼 顺城集 段阁 马庄 西孙庄	577	1922	208.00

经济建设　农业　1986年，孙溜乡农村经济以传统农作物种植和家庭畜禽养殖为主，辅以零散小手工业。主要农作物有小麦、玉米、大豆、棉花、花生等。当年，全乡粮食作物播种面积3728.27公顷，总产909万公斤；棉花播种面积536.73公顷，总产46.8万公斤；花生播种面积495.27公顷，总产108.3万公斤。1989年，调整农业产业结构，注重发展林果业和畜牧业。至1994年，全乡苹果园面积发展到800公顷，总产3002吨；存栏大牲畜1.24万头，猪1.82万头，羊6.7万只。富士、乔纳金、新红星等苹果品种获山东省金奖。大棚油桃、红提葡萄、凯特杏等优良品种种植面积逐年扩大，成为山东省优质果品生产基地。1995年，林下养殖规模进一步扩大，林下养殖小区19个，畜禽存栏9.8万只（头）。2002年，利用世行贷款建设排灌水渠、生产桥等农田水利设施。2005年后，加大对特色农业和特种养殖业的扶持力度，使全镇逐步形成林果、山药、蔬菜、食用菌种植和林下养鸭、獭兔养殖、规模化商品猪养殖等特色产业。2010年，有耕地3244.33公顷。农作物播种面积5606.93公顷。其中粮食作物播种面积3753.93公顷，总产2.03万吨；油料作物播种面积549.13公顷，总产2438.15吨；棉花播种面积742.67公顷，总产1007.16吨；蔬菜（含菜用瓜）播种面积503.33公顷，总产2.83万吨；瓜类（果用瓜）播种面积57.87公顷，总产3256.74吨；果园面积406.06公顷，总产1.42万吨，其中，苹果园面积384.07公顷，总产量1.24万吨。食用菌加工、山药种植、獭兔养殖、林下养殖、苹果销售等专业合作社发展到17个，参加农户1128户。农村经济总收入2.35亿元，农民人均纯收入6258元。

1995年，孙溜镇被评为菏泽地区林果产业化示范乡镇。2006年，张黄庄养殖小区获菏泽市林下规模养殖示范单位一等奖。2007年、2008年，孙溜镇被评为全市林下规模养殖工作先进乡镇。

2010年，东城街道被评为全市林下规模养殖工作先进街道。

工业 1986年，有砂轮厂、灯泡厂、建材厂、农具厂4家乡办企业，工业总产值35万元。1994年，乡镇工业总产值1504万元，上交利税170万元。1998年以后，乡镇企业全部改制为个体民营企业。民营企业发展迅速，逐步形成家具制造、木材加工等规模产业集群。该镇时有工业企业223家，年工业总产值1127万元。2004年以后，随着招商引资的力度不断加大，一批工业项目相继落户该镇（街道）。至2010年，东城街道有苏建水泥、宏宇纺织、鲁纱纺织、鲁奥皮业、上德生物科技等规模以上工业企业16家。完成固定资产投资2.16亿元，工业总产值10亿元。同年，由该街道引进的金玻节能玻璃项目，落户县工业园区。该项目被纳入省政府重点建设项目，总投资5.28亿元。

商业 1986年，有个体工商户239户，从业人员113人，第三产业总值951万元。1990年，个体工商户419户。1994年，鲁能环亚店孙溜分店建立。1995年，个体工商户679户。1999年，个体工商户发展到859户。同年，镇驻地欣欣百货商城建立。2010年，东城街道个体工商户873户，从业人员3892人，第三产业总值1.86亿元。

村镇建设 1986年，乡驻地仅有东西向街道1条，街道狭窄。1993年以后，相继建设邮政、电信、工商、派出所、法庭等办公楼。1994年，实现村村通电、通电话。1995年，实现村村通柏油路。1999年9月，新建敬老院1所。2001年，对镇驻地街道进行拓宽改造，改造后的新大街东西长800米、宽40米，沿街建设商用房。2007年，聘请山东省城镇规划建筑设计院完成孙溜镇城镇总体规划，将发展方向定位为县城东南部综合服务功能完善的环境优美的商住区和生态城镇。2008年9月，按照规划，驻地和平路商业街建成，长1000米，宽80米，沿街建设二层商住房，配套建设路灯、绿化、供排水等公用工程。之后，朝阳路商业街建设开发、老大街片区综合开发建设等工程相继启动。至2010年年底，完成阳光稻香里、东晖花园、福泰家园等商住小区的建设，完善驻地的给排水工程。对驻地的和平路、东环路进行升级改造，全面实施亮化、绿化，城镇化水平不断提升。

1998年3月，段楼村通过地区小康村验收，成为菏泽地区首批挂牌命名的小康村。

宗庙村

社会事业 **教育** 1986年，全乡有初级中学1所，在校学生750人，教职工60人；小学28所，在校学生3711人，教职工165人。1995—2000年，共建教学楼3幢，大厦房45间，办学条件明显改善。其间，将小学合并为14所。2000年，有初级中学1所，在校学生1231人，教职工78人；小学6所，在校学生3829人，教职工187人。2000—2006年，新建大厦房60间，电脑、教学仪器、图书等逐年增加，各学校配套设施均达到省二类标准。2010年年底，孙溜镇中心校更名为东城街道教育管理办公室，辖初级中学1所，小学6所，幼儿园6所，在校学生3100余人，教职工210余人，适龄儿童入学率、九年义务教育普及率均为100%。

卫生 孙溜乡卫生院创办于1956年。1985年，更名为单县精神病医院，成为一所专业性医院。1986年，有床位52张，干部职工47人，其中，医疗技术人员42人。1997年，被评为一级甲等医院。2010年，有床位60张，干部职工79人，其中，医务人员62人。有200毫安X光机、半自动生化分析仪、血糖分析仪、心电图仪、B超、脑电地形图仪、脑电多普勒等医疗设备。在满足辖区内基本医疗服务的同时，担负着全县及周边县、市的精神疾病防治、精神残疾康复任务。

2006年始，推行新型农村合作医疗制度。2007年，设置农村社区卫生服务站9处，实行统一配送药品、统一价格、联网管理。2010年，新型农村合作医疗农民参合率98%。

第二章 镇

第一节 莱河镇

境域 位于县城以西，镇驻地距县城4公里。东邻南城街道和北城街道，北靠谢集镇，西连郭村镇，南与曹庄乡、黄岗镇接壤。辖区面积68.89平方公里，西北部为夹粘两合土，其余系沙壤土质。莱河、翻身河、芦埝沟流经辖区。105国道、单曹公路路经辖区。

建置 1959年1月，成立李半庄人民公社，驻地李半庄。1984年2月，将西北部的12个生产大队、36个自然村划归丁楼乡。同时，李半庄人民公社改为李半庄乡，辖31个行政村、75个自然村。12月，增设花园行政村。1985年6月，将东李庄、司庄2个行政村并入徐海行政村。1987年3月，增设东房溜行政村。至此，该乡辖30个行政村。1997年1月，行政村由30个合并为11个。1998年12月，撤乡设镇，更名为莱河镇。2001年2月，丁楼乡撤销，其9个行政村、45个自然村并入莱河镇。2010年，全镇有20个行政村，120个自然村。总户数13797户，总人口56361人，其中，男性28718人，女性27643人。人口密度818人/平方公里，人口自然增长率10.1‰。乡村从业人员21355人，其中，第一产业8541人，第二产业6459人，第三产业6355人。

2010年莱河镇各行政村基本情况统计表

表30-2-1

行政村	自然村	户数（户）	人口（人）	耕地（公顷）
袁　堂	西房溜 卯庄 袁堂 王楼 张海	895	3110	225.60
徐　海	大徐海 小徐海 司庄 韩庄 东李庄 西李庄	473	1904	168.80
江　庄	江庄 李半庄 鲁新庄 宋阁 石楼 前石庄 后石庄	759	2835	257.73
周　庄	冯庄 霍庄 西朱溜 东朱溜 石庄 小阁 石店 前小庄 周庄 牛堂 孙楼	774	3157	259.33
崔　口	崔口 霍江庄 前海 石海 黄庄	490	2014	170.60
包　庄	包庄 王庄 徐庄 袁庄 郭坑 王元 东房溜 花园	718	2462	180.20
陈李庄	陈李庄 张庄 单庄 刘庄 邓庙 董庄	521	2210	191.40

续表 30-2-1

行政村	自然村	户数（户）	人口（人）	耕地（公顷）
帅　楼	帅楼 朱楼 陈楼 小许河	719	2920	219.93
宋　楼	宋楼 白庄 房庙 霍井 于庄 宋河涯 西石楼 侯庄 宋新楼	462	1929	187.87
刘饭棚	姬庄 姜庄 西黄庄 刘饭棚 张林 郭翟庄 齐庄 孔楼	1005	3995	303.87
许　河	庞楼 大许河 蔡新庄 马庄 傅庄 徐楼	931	3819	367.86
黄　溜	黄溜 张靛池 张路口 权庄 东六尖垌 西六尖垌	518	2165	187.80
张　桥	张马庄 卜王庄 张三官庙 张桥 东井张桥 路东张桥	330	1286	136.87
贾　楼	贾楼 袁庄 武庄 朱新庄 张雨楼 李庄 河西刘庄	544	2126	197.07
秦　庙	大葛庄 秦奶庙 程庄 赵庄	429	1792	153.13
崔　庄	葛庄 刘庄 崔庄 牛庄 郭楼	445	1751	198.40
梁　庄	梁庄 陶庄 陶楼 阎楼 单庄 丁冯庄	534	2085	182.80
丁　楼	丁楼 许庄 黄庄	521	1961	169.93
半坡店	秦庄 张庄 半坡店 王桥	426	1709	153.33
文　庄	文庄 前李庄 沈庄 刘楼	556	2307	215.07

经济建设　农业　1986年后，在稳定家庭联产承包责任制的基础上，推行农业产业结构调整。当年，粮食播种面积3022.53公顷，总产8180吨；棉花播种面积548.6公顷，总产484吨；油料作物播种面积449.87公顷，总产1032吨。存栏大牲畜2040头、猪2331头、羊7.31万只、家禽4.26万只。1996年，新打机井160眼，全乡机井总数增加到760眼，有效灌溉面积1350公顷。1997年，农业综合开发项目整平土地1000公顷，打机井160眼，修生产路10公里，建桥20座、涵洞40余个。同年，莱河酒厂引进3只波尔山羊，用于改良本地山羊品种。1998年，莱河酒厂从外地购买200余头奶牛，兴建单县第一家奶牛场。之后，又建设乳产品加工厂。2000年，成立莱河镇桑蚕协会，大力发展桑蚕经济。2004年，县土管局对张桥村窑厂进行综合整治开发，改良土地25.33公顷。2006年后，共修建排灌沟渠17公里，动用土方9万立方米，打机井187眼，

挖山药

“吕后牌”山药

修建桥涵76座，铺修柏油路18公里，砂石路10公里。同时，大力发展林下养殖。2009年，全镇山药种植面积近700公顷，有山药种植专业村9个。2010年，全镇耕地面积4032.53公顷，农作物播种面积7049.73公顷。其中，粮食作物播种面积4025.87公顷，总产22969吨；油料作物播种面积532.93公顷，总产2153吨；棉花播种面积882.87公顷，总产1148吨；蔬菜（含菜用瓜）播种面积973.47公顷，总产51299吨；瓜类（果用瓜）播种面积630.73公顷，总产3.5万吨。果园面积105.33公顷，水果产量5620吨。植桑养蚕专业村发展到10余个，全镇桑园面积382.6公顷。发展陈李庄、宋楼、庞楼、半坡店林下养殖小区4个。规模养殖棚发展到130个。借助华英鸭富民工程，新建华英鸭小区12个，标准小区1个，建设高标准养殖棚58个。农业总产值2.74亿元，农民人均纯收入6333元。

奶牛场

山东莱河乳业有限公司乳制品加工车间

工业　1986年，有变压器厂、莱河酒厂、玻璃纤维厂、无线电厂、钢窗厂、建材厂6家乡办企业，工业总产值91万元。1994年，乡办企业工业总产值1983万元，利税105万元。1998年，新建镇扁丝袋厂。同年，乡镇企业全部改为民营企业。2002年，有天源化工厂、变压器厂、单县保艳食品有限公司、袁若领面粉厂、祥林木业、朱新庄砖瓦窑厂、鑫荣防水材料厂等7家工业企业，年销售额1243万元，实现利税230.3万元。2004年，筹集资金300多万元，以莱河镇千亩牧场为依托，建设莱河镇经济园区。园区占地2平方公里，新修2横3纵柏油路5条，供电、排水等基础设施配套齐全。至2010年，先后有山东莱河酒业有限公司、菏泽宝源生物工程有限公司、单县华信塑网有限公司、单县翔宇纺织有限公司、单县江莱工贸有限公司、单县福瑞斯有限公司、单县芳欣纺织有限公司、山东莱河乳业有限公司、单县万金玻纤有限公司等9家企业入驻。2010年，完成社会固定资产投入2亿元，工业总产值23亿元。2009年、2010年，先后引进菏泽华英禽业有限公司（投资2.6亿元）、菏泽丰怡管业有限公司（投资1.2亿元）入驻县经济开发区。

山东莱河酒业有限公司酿酒车间

莱河酒

商业贸易　1986年，辖区内有贾楼、崔口、丁楼、袁堂、帅楼5个集贸市场，个体工商户133户，从业人员437人，第三产业总值252万元。1995年后，相继成立孙楼、许河、秦庙、刘棚4个集贸市场。个体户经营规模不断扩大，由原来家庭式代销点扩展至中小型超市，经营物品由单纯的油盐酱醋扩展到日用百货、农用物资、五金等。2006年以后，莱河镇相继成立10余个专业山药合作社，每年外销山药2000吨。2010年，莱河镇有集贸市场9个，个体工商户851户，从业人员2617人，第三产业总值2.9亿元。

村镇建设　**小城镇建设**　1986年，乡驻地街道拥挤，铺面建筑简陋。1999年，对集镇建设实行统一规划，完成沿105国道商业街建设。2001年，制定并实施小城镇建设五年规划，先后修整、扩大莱河镇集贸市场。2006年后，按照中长期小城镇建设目标规划治理莱河北路，建设商品房134间，铺修人行道花砖700平方米，安装路灯120盏，栽植绿化树木500余棵，统一规范制作沿街门市广告牌231套，设立专职保洁员。2009年，计划生育综合服务站及派出所办公大楼落成并投入使用。

新农村建设　2007年，实施帅楼试点村建设，在村内主街道栽植绿化树180棵，安装新农村宣传标牌120块，安装路灯50盏；实施户户通自来水工程；新辟休闲广场1处，并安装体育健身器材。2009年，启动庞楼生态文明村建设，涉及6个自然村，聚集人口3819人。2010年，900余户搬迁户全部入住新居。同年，全镇有文化站1处，村级文化活动中心20处，农家书屋3处，健身活动场所10处。

社会事业　**教育**　1986年，有初级中学2所，在校学生997人，教职工50人；小学13所，在校学生3149人，教职工133人；幼儿园20所，入园儿童1100人，适龄儿童入学率90%。2002年中、小学合点并校后，莱河镇有初级中学2所，在校学生1287人，教职工66人；小学教学点7所，在校学生4260人，教职工220人；幼儿园20所，适龄儿童入学率100%。2009年，投资300万元完成全镇7所小学点的危房改造，新建教学楼7座，建校舍7000平方米；投资60万元，为中学添置教学仪器。

卫生　1986年，乡卫生院有床位10张，干部职工42人，其中，医疗技术人员38人。2006年，将16处村卫生室合并为10处中心卫生所，实行一体化管理。2008年，投资100万元，新建镇卫生院住院大楼；投资60万元，购置B超机、X光机等大型设备。2010年，有卫生院2所，床位25张，医务人员76人。村级卫生室10处。新型农村合作医疗农民参合率99%。

民政　2007年，建成高标准敬老院1处。至2010年，“五保”（保吃、保穿、保医、保住、保葬）老人集中供养率70%以上。

第二节　谢集镇

境域　位于单县城北，镇驻地谢集距县城7公里。东邻徐寨镇、李田楼镇，北靠李新庄镇、徐寨镇，西连成武县孙寺镇，南与莱河镇、北城街道、园艺街道接壤。辖区面积75平方公里，南部、东部多系轻沙壤土质，北部、西部系淤壤土质。嘉单河、东沟河、莱河、黄白河、卢埝沟流经辖区，水资源丰富。105国道、351省道及2条县道路经辖区，交通便利。系山东省生态文明乡镇。

建置　1959年1月，成立谢集人民公社，驻地谢集村。1979年1月，将东部的32个自然村划归新建的十里铺人民公社。1984年2月，谢集人民公社改为谢集乡。同时，划出5个生产大队、9个自然村归属新建的丁楼乡。1986年，该乡辖26个行政村，94个自然村。1997年1月，行政村合并为13个。2001年2月，十里铺乡撤销，该乡所辖行政村并入谢集乡。2010年6月，谢集乡撤乡设镇。全镇有25个行政村，174个自然村。总户数18593户，总人口65198人，其中，男性33079人，女性32119人。人口密度人869/平方公里，人口自然增长率7.7‰。乡村从业人员25555人，其中，第一产业12351人，第二产业6994人，第三产业6210人。

2010年谢集镇各行政村基本情况统计表

表30-2-2

行政村	自然村	户数（户）	人口（人）	耕地（公顷）
白　寨	白寨 徐庄 曹楼 东邢庄 王梨园 郭碾道 高庙 施庄 常庄	606	2424	236.60
王板桥	王板桥 张司庄 刘奶庙 吕仙堂 修林 西二郎庙 赵楼	691	2762	210.40
袁新庄	大朱庄 袁新庄 黄新庄 小高庄 路西王庄 临河集 郭庄 大高庄 郭堂 张楼	707	2829	228.60
赵双楼	江小庙 小刘庄 刘大庄 赵双楼 吴小楼 陈寨	413	1650	155.13
嘉祥楼	马井 大李庄 仇庄 张寨 李店 仇楼 大刘庄 嘉祥楼 张新庄	781	3122	418.07
谢花园	谢花园 大孔楼 炮祝庄 东孟庄 江庄 鲁庄 王庄 小谢花园	625	2500	194.60
三里庄	曹庄 马园 解路口 三里黄庄 三里庄	559	2136	136.07
程　庄	程庄 李庄 段庄 刘楼	364	1457	141.80
丁万庄	丁万庄 许庄 小孔楼 田洼 曹坊 梁庄	380	1519	127.07
李村寺	李村寺 朱庄 谢平楼 吴大楼 谢良庄	606	2424	156.00
陈　桥	阎庄 荣庄 周油坊 陈瓦屋 曹庄 陈桥 北马庄 高曹庄 孙庙 杜庄 古路沟	751	3005	241.67
万　楼	万楼 赵河 马庄 李庄 赵庄 包楼 苏庄	402	1609	122.67
彭　桥	梁洼 前王楼 彭桥 后王楼	494	1976	169.67
耿　庄	耿庄 后耿庄 小朱庄 赵牌坊 曹李坑 贾庄 前老家	625	2500	160.80
李　庄	李庄 刘庄 常老家 萧口 麻楼 侯庙	521	2081	168.93
十里铺	小刘庄 宋庄 路东王庄 东村 十里铺 田庄 邢庄	672	2687	322.73
谢　集	刘楼 魏湾 张集 刘张庄 努庄 谢集 史园	500	3100	166.67
朱江楼	朱江楼 孟庄 丁庄 前进村 朱新庄 陈油坊 吴庄	460	1838	182.20
郝　庙	万庄 陈庄 郝庙 朱染坊 卢埝 包河 前谢庄 司楼 河南许庄	695	2780	187.87
九龙口	小李庄 九龙口 张孟庄 吴庄 吴溜 卞庄	450	1799	179.33
六里井	王庄 赵楼 六里井 郭坑	274	1094	99.00
齐　寨	孟河涯 齐寨 东二郎庙 老赵庄 刘庄 谢店	699	2795	197.27
王　桥	王桥 郑桥 孟庙 刘村 刘坑 谢庄 张楼 谢楼 徐庄	488	1951	209.73
史　楼	张庄 谷庄 史楼 薛庄 齐窑 马孟庄 河南刘楼	441	1762	207.53
刘江楼	刘江楼 刘石庄 东郭庄 西郭庄 周楼 西王庄 东孙洼 西孙洼	550	2200	245.67

经济建设　农业　辖区农作物主要有小麦、玉米、大豆、棉花、花生、西红柿、黄瓜、莴苣、韭薹、白菜、山药等。1986 年，全乡有耕地 2516 公顷，粮食总产 9795 吨，棉花总产 364 吨。存栏大牲畜 2550 头、生猪 3596 头、羊 15950 只、家禽 11 万只，肉类总产 650 吨。农业机械总动力 5442 千瓦。农业总产值 3000 万元。1987 年，建扬水站 1 座，疏浚排灌沟渠 15 条、32 公里，新建、修复桥涵 17 座，改造涝洼地 360 公顷，搬运土方 656 万立方米。2005—2010 年，土地综合整治项目涉及袁新庄、李庄、齐寨、耿庄、朱江楼、刘江楼 6 个行政村、930 公顷土地。总投资 1400 万元，修路网 46 公里，挖沟渠 36 公里，修桥涵 153 座，架农电网 56 公里，新打机井 158 眼，建井房 87 座，搬运土方 30 万立方米，项目区基本实现林、田、路、渠、井、房六配套。2006 年，建成谢店奶牛养殖小区 1 处，奶牛存栏 180 头，年产值 860 万元。2010 年，全镇耕地面积 4957.67 公顷，农作物播种面积 10134.07 公顷。其中粮食作物播种面积 6403.6 公顷，总产 3.72 万吨；油料作物播种面积 341.93 公顷，总产 1425.19 吨；棉花播种面积 729.33 公顷，总产 983.7 吨；蔬菜（含菜用瓜）播种面积 2444.2 公顷（其中大蒜面积 1000 公顷），总产 11.93 万吨；瓜类（果用瓜）播种面积 210 公顷，总产 1.16 万吨。果园面积 34.33 公顷，水果产量 1530.15 吨。桑园面积 485.33 公顷。年出栏肉鸭 100 万只。形成东部大蒜、西部蔬菜、中部桑蚕、南部养殖的产业格局。农业总产值 25762 万元，农民人均纯收入 6218 元。

工业　1986 年，乡、村、户办工业企业 385 家，从业人员 1845 人，工业总产值 125 万元，利税 10 万元。门类有纱网、酿酒、木材加工、木器加工、铁门加工、食品加工和砖瓦生产等。1994 年，工业总产值 1357 万元。2000 年，有湖西木器厂、郝庙木器厂、聚鑫木器厂、古泉酒厂、刘楼窑厂、湖西玻璃纤维厂 6 家企业，工业总产值 950 万元，从业人员 527 人。2004—2010 年，通过招商引资，先后引进工业项目 20 个，其中，过亿元项目 5 个，过 3000 万元项目 15 个。涉及化工、木材加工、纺织、服装加工、房地产开发及农产品加工等 10 多个行业，累计完成固定资产投资 24 亿元。拥有服装加工机械 600 余台（套），3 万纱锭，年产值 2 亿元。木材加工以郝庙、万楼的杠子、镐把生产为龙头，辐射带动周边村庄形成四省八县最大的杠子、镐把生产加工基地，产品有五大系列、20 多个品种，年加工、生产各种杠子、镐把 5500 万把，销售收入 1.2 亿元。2010 年 10 月，总投资 3.5 亿元的单县永舜化工项目，在县经济开发区开工建设。同年，完成固定资产投资 6 亿元，民营经济总产值 3 亿元。

商业贸易　1986 年，辖区内仅有乡驻地谢集 1 个集贸市场，有个体工商户 528 户，从业人员 2125 人，第三产业总产值 1823.9 万元。2001 年十里铺乡并入后，增加十里铺、九龙口 2 个集贸市场。2006 年 8 月，谢集乡郝庙村建万家福超市，2007 年 5 月、2009 年 1 月，分别在乡驻地谢集建立家乐福超市和新来超市。2010 年，谢集镇个体户 1468 户，从业人员 6196 人，第三产业总值 2.5 亿元。

村镇建设　小城镇建设　1986 年，乡驻地住房多为土木结构的瓦房。1990 年后，建房多为砖木结构的瓦房。2000 年后，乡驻地沿街建房多为三层以上的楼房。2009 年，按照山东省城镇规划建筑设计院规划设计，在镇驻地新建富民路、振兴路、建设路、永舜商业街。同年，投资 900 万元，对镇区旧路进行彻底改造。投资 30 万元，修建自来水供应站 1 座，铺设地下排水管道 6000 米。2010 年，完成单莆花园小区建设。该小区总投资 1.2 亿元，建筑面积 10 万平方米，集商住、休闲、娱乐、幼教、商铺于一体。同年，总投资 985 万元，建大型沼气池 1 座，污水处理厂 1 处，固体垃圾中转站 1 座，购置环卫车辆、清扫工具 12 台件。镇驻地电力、邮政、通信、医疗、广电、学校等设施齐全。

新农村建设 2007年，实现柏油路、自来水、电话、有线电视、网络村村“五通”。2009年7月，启动赵双楼生态文明村建设，涉及赵双楼、刘大庄、陈寨、吴小楼、江小庙、小刘庄等6个自然村、413户、1650人，均向赵双楼聚集。至2010年年底，已竣工310户，新村办公楼、幼儿园、小学、卫生室、中心广场建成并投入使用。新村建成后，可复垦土地34公顷。2010年3月，启动李村寺生态文明村建设，涉及李村寺、朱庄、谢良庄3个自然村。规划占地面积22公顷，建二层连体别墅式楼房500套。以上3个自然村搬迁后，可节约土地21公顷。该年底，全镇有镇文化站1处，村级文化活动中心25处，农家书屋5处，健身活动场所20处。

社会事业 **教育** 1986年，全乡有中学1所，在校学生800人，教职工47人；小学18所，在校学生2903人，教职工130人；幼儿园31所，适龄儿童入园率90%。2001年，十里铺乡撤销，并入谢集乡，全乡有小学18所，中学2所，在校学生9120人，教职工458人。2007年，撤销十里铺初级中学。2009年，投资400万元，完成8所小学点的危房改造，新建教学楼8座，建校舍6000平方米，添置教学仪器1500台（套），全乡中小学D级危房改造全部完成。2010年，有初级中学1所，在校学生800人，教职工57人；小学点18所，在校学生3000人，教职工250人；幼儿园25所，儿童入园率80%。

卫生 1986年，乡卫生院有床位12张，干部职工38人，其中，医疗技术人员35人。2007年，投资300万元，新建乡卫生院住院大楼1座，添置B超机、X光机等大型设备6台。同年，谢集乡在全省率先创立农村社区卫生服务站，设立预防卫生保健部，其经验先在菏泽市推广，后在全省推广。2008年，25处村卫生室合并为17处中心卫生所，实行一体化管理。2009年，谢集乡被评为菏泽市卫生工作先进集体及菏泽市预防保健工作先进单位。2010年年底，谢集镇有卫生院2所，床位45张，有干部职工84人，其中，医务人员56人。有村级卫生室17处。同年，参加新型农村合作医疗农民98%以上。

民政 1992年，建敬老院1处。2010年，谢集镇“五保”老人集中供养率70%以上。

第三节 郭村镇

境域 位于单县西部，镇驻地郭村距县城15公里。西邻高老家乡、曹县苏集镇，东靠莱河镇，南接曹庄乡，北与成武县天宫庙镇、孙寺镇接壤。辖区面积100.7平方公里，南部主要系半淤半沙土壤，北部多系淤壤土地。黄白河、胜利河、八里河流经辖区，有引黄干渠50多公里，水资源丰富。105国道、单曹公路路经镇域；镇内有“八纵八横”柏油干道，总长度110余公里。系省政府命名的口心镇。

建置 1958年8月，成立先锋人民公社，1959年1月，改为田桥人民公社，1961年2月，改称郭村人民公社，公社驻地由田桥迁至郭村。1963年5月，将西部13个生产大队，划归高老家人民公社。1979年1月，从北部划出17个生产大队、64个自然村，成立大李海人民公社。1984年2月，郭村人民公社改为郭村镇。辖22个行政村、74个自然村。1997年1月，行政村由22个行政村合并为16个。2001年2月，大李海乡撤销，其14个行政村并入郭村镇。2010

郭村镇政府

年，全镇有30个行政村，139个自然村。总户数18044户，总人口72894人，其中，男性37274人，女性35620人。人口密度724人/平方公里，人口自然增长率7‰。乡村从业人员33395人，其中，第一产业13946人，第二产业9357人，第三产业10092人。

2010年郭村镇各行政村基本情况统计表

表30-2-3

行政村	自然村		户数（户）	人数（人）	耕地(公顷)
西　村	郭村集	武生殿 南朱庄	998	3018	138.94
郭村 东村		小黄庄	646	2113	170.25
张　宅	张宅		379	1238	78.53
魏　楼	魏楼 戴庄 张菜园 路南黄庄		606	2454	179.05
刘陈庄	刘陈庄 小孙庄 孙油坊 孙万楼 高新庄 河北刘庄 高袁楼 周楼 王庄 杨庄		695	2323	275.01
杨　庙	杨庙 侯寺 王刘楼 魏堂 苗楼 唐洼		969	3387	330.80
翟　楼	翟楼 郭庄 司乃庙 杨楼 陈堂 陈半截楼		676	2127	222.13
刘平楼	刘平楼 小韩庄 刘新楼 东刘庄 张窑		506	1861	171.81
朱油坊	朱油坊 徐楼 刘楼 刘集 孙庄 马庄 张寨 白楼 白庄		972	3374	295.36
吴三庙	吴三庙 唐楼 张庄 曹楼		461	1553	126.13
大韩庄	大韩庄 唐庄 蒋庄		428	1344	106.27
周　楼	周楼 刘牌坊		462	1654	176.63
小李海	小李海 唐庄 苗庄 小苗庄		809	2930	277.42
张雪楼	张雪楼 周新庄 柏冢集		581	2090	169.70
万　庄	东万庄 石庄 商庄 西万庄		721	2695	194.53
傅　庄	前傅庄 后傅庄 鹿楼 黄庄 朱庄 贾庄 傅王庄 周庄		848	2936	194.53
童油坊	童油坊 大谢庄 刘庄 张奶庙		627	2156	183.45
田　桥	田桥 郭陈庄 大袁庄 小袁庄 张靳楼		895	3264	271.58
大李海	大李海 黄楼 河西王庄 张香庄 杨庄		1054	3785	235.77
朱　楼	朱楼 马菜园 潘桥		556	2195	175.42
大马楼	大马楼 老乙楼 吴庄 前王庄 后王庄 袁窑		602	1670	128.97
顺河店	前顺河店 后顺河店 谢楼		382	1343	107.79
李　庄	李老家 李小楼 南李庄 仁堂		587	2180	165.85
刘　楼	前刘楼 后张楼 李庄 铁牛张庄 刘庄		710	2443	218.75
葛　庙	前张楼 前刘庄 后刘庄 孟赵庄 葛庙		874	3254	263.75

续表 30-2-3

行政村	自然村	户数（户）	人数（人）	耕地(公顷)
高杨庄	高杨庄 李付杨楼 陈庄 王冯庄 孟楼	614	2134	186.85
张保楼	张保楼 破楼角 张庄	847	2966	199.55
太平集	太平集 胡楼 张油坊 西苗庄 阎溜	681	2494	181.23
潘　庄	潘庄 姚庄 王庄 西王庄 耿寺 郭庄 贺集	727	2543	163.93
苗　楼	苗楼 杨庄 梁庄 徐庄 王楼 程庄	777	2655	209.10

经济建设　农业　1986年，全镇粮食作物播种面积3745.93公顷，总产1.21万吨；棉花播种面积787.73公顷，总产653吨。农业总产值856万元。1986—1995年，农田水利配套建设共整修生产道路17条，建生产桥19座，新打机井58眼，清淤河沟出土8万立方米，建桥涵闸14座，扩大水浇面积426.67公顷。1996年，粮食作物播种面积2974公顷，总产1.73万吨；棉花播种面积318公顷，总产342吨。农业总产值7846万元。2001年，粮食作物播种面积4820公顷，总产2.31万吨；棉花播种面积1014公顷，总产1238吨。农业总产值8953万元。2003年，农业综合开发面积850公顷，打机井20眼，整修道路15公里，建桥涵闸12座。2008年，完成翟楼、杨庙、刘陈庄、刘平楼等行政村农业综合开发项目754.67公顷。2010年，全镇共有耕地5854.53公顷，农作物播种面积12687.87公顷。其中，粮食作物播种面积9038.87公顷，总产5.05万吨；油料作物播种面积236.53公顷，总产1003.97吨；棉花播种面积676.53公顷，总产905.51吨；蔬菜（含菜用瓜）播种面积2674.07公顷，总产13.83万吨；瓜类（果用瓜）播种面积61.87公顷，总产3275.93吨。果园面积72.6公顷，水果产量2610.4吨。农业总产值1.59亿元，农民人均纯收入6865元。

工业　1986年，有窑厂、造纸厂、面粉加工厂3家镇办企业，工业总产值37万元。村办企业有从事棉花加工、卫生香生产、食用油加工等32家。1990年，新增8家楼板加工厂。1998年，新增3家木材加工厂。2004年，引进工业企业项目14个，其中，规模以上企业8家。2008年，引进深圳振鹏达食品有限公司和山东立兴罐头食品有限公司，属全县最大的农产品深加工项目，年产量3万多吨，产值3.5亿元，产品远销欧美及东南亚各国。至2010年，工业企业发展到28家，其中，规模以上企业13家，年产值过亿元有4家，形成农产品深加工、皮毛加工、木材加工三大特色产业。工业总产值12.2亿元，上缴税金3000多万元。

郭村工业园区建设

山东立兴罐头食品有限公司

特色产业 该镇皮毛产业久负盛名。常年从事皮毛加工的有1.5万多人，从事羊毛、兔毛经营生意有800多人，年加工销售各类毛皮15万吨，是全国最大短兔毛集散地。至2010年年底，有雪山、华澳、翔达、永生、兴旺、兔皇、恒恩8家羊毛、兔毛加工企业。

单县启峰毛纺织有限公司

芦笋。1987年，开始种植芦笋。1999年，芦笋种植面积发展到1466.67公顷，亩收入6000余元，仅此一项全镇年收入1亿多元。2010年，建立1万亩的芦笋生产基地。

商业贸易 1986年，有集贸市场1处。2001年大李海乡并入后，全镇集贸市场增加到7处，分别为小李海、葛庙、大李海、张保楼、郭村、张靳楼、刘楼。2004年后，沿单曹路公路两旁，从事建材、超市、餐饮服务等经营的工商户30余家，年商品交易额7900万元，商业服务收入100多万元。2006年，有个体工商户361户，从业人员970人，年营业额4200万元。至2010年，工商个体户500余家，从业人员2000余人，第三产业产值1.5亿元。

小城镇建设 1998年，制定小城镇建设中长期规划，提出小城镇建设“四条道路、两个片区、聚集一村”的建设目标。2006—2009年，先后完成凌云小区一期、郭村镇中学家属区、政通西街小区、五中家属院、杏林院小区、中学宿舍楼等，总建筑面积14.1万平方米。2010年，完成育贤苑、凌云小区、学子广场二期、学子公园（占地8公顷）建设，建筑面积分别为1.6万平方米、0.8万平方米、0.99万平方米和1.32万平方米。至2010

芦笋种植

学子佳苑

杏林小区

郭村卫生院　2007年摄影

年年底，累计完成小城镇建设18.81万平方米，万庄向城镇聚集建设4万平方米。2004—2010年，镇驻地先后修建政通路、张宅路、赵云路、中心街、北外环路、五中路、东村路等纵横街道总长11公里。

社会事业 **教育** 1986年，全镇有初级中学1所，在校学生1212人，教职工72人；小学16所，在校学生4039人，教职工154人。1987年，幼儿教育发展到33个班，29个村办起幼儿园。教育事业投资总额69万元，初等教育普及率达98.8%。1996年，完成8所义务教育小学点的硬件建设，适龄儿童入学率、巩固率、小学生按时毕业率均达100%。2008年4月，利用招商引资，创办郭村镇五星学校、郭村镇常青学校2所民办初级中学。2010年，有中学4所，在校学生3500人，教职工182人；小学14所，在校学生6700人，教职工267人。

卫生 1958年，建立郭村卫生院。1986年更名为单县第四人民医院，有床位25张，干部职工62人，其中，医疗技术人员59人。1992年，制定《2000年人人享有卫生保健实施规划》，并纳入镇政府工作目标。当年，对村级卫生室进行整顿，在全镇开展“争创甲级卫生室”活动。2000年，镇医院建办公楼，2008年建门诊楼、病房楼和职工家属楼。2010年，镇医院有床位100张，干部职工188人，其中，卫生技术人员161人，其他技术人员8人。医院先后被评为菏泽市先进卫生院和山东省“百佳医院”。

2006年4月，在全镇推行新型农村合作医疗制度。2010年，农民参合率98%。

民政 2008年，完成敬老院改建工程，2010年，有16名“五保”老人入住敬老院。

第四节　浮岗镇

境域 位于单县西南部，镇驻地浮岗距县城25公里。北与曹庄乡接壤，南与河南省虞城县为邻，东接黄岗镇，西连高韦庄镇与高老家乡。辖区面积134平方公里，土质南淤北沙。主要河流有黄河故道、东沟河、南引黄渠、六干河。辖区内浮龙湖水域面积22.5平方公里，水深3米～5米，常年蓄水量5000万立方米～8000万立方米，是山东省平原第二大人工湖。

建置 1984年2月，从曹庄乡划出27个生产大队、61个自然村，从黄岗镇划出4个生产大队、10自然村，组建浮岗乡。1986年11月，将南朱庄、西秦庄、东秦庄3个行政村、9个自然村划归曹庄乡。1997年，行政村由14个合并为12个。1996年12月，改设浮岗镇。2001年2月合乡并镇，李新集乡、聂傅庄乡撤销，共有19行政村并入浮岗镇。2010年，浮岗镇辖31个行政村、137个自然村。总户数16209户，总人口68583人，其中，男性35432

人，女性33151人。人口密度512人/平方公里，人口自然增长率12.8‰。乡村从业人员31484人，其中，第一产业8900人，第二产业8053人，第三产业14531人。系山东省生态文明乡镇。

2010年浮岗镇各行政村基本情况统计表

表30-2-4

行政村	自然村		户数（户）	人口（人）	耕地（公顷）
浮岗北村	浮岗	新四庄 安新庄 中街 姚园子 魏楼	480	1732	127.67
浮岗南村		白衣阁 赵兴村 屈菜园 樊庄 程庄 小孙庄 韦关庄 李庄	662	2706	90.20
韦新庄	韦新庄 堤头 芦集 张庄		564	1951	164.13
张 楼	张楼 姜庄 聂楼 潘楼 孙庄 徐楼		480	1613	183.73
三里井	三里井 王柿园 耿刘庄		392	1696	118.80
堤北王楼	王楼 二郎庙 李集 东张庄		380	1430	131.53
郭 庙	郭庙 管庄 华佗庙 邱楼 何庄 陈楼 马庄		552	2774	191.60
毛 庄	毛庄 石小集 后石楼 前石楼 兰堂 唐寨		480	2062	126.00
孟杨庄	孟杨庄 解刘庄 小徐庄 陶庄 石海		322	1414	140.87
王 堂	东王堂 西王堂 石楼 谢楼 石新庄 小寨		503	2042	180.33
郭庄寨	郭庄寨 崔庄		285	1168	95.33
李油坊	东李油坊 西李油坊 王府庄 王楼 石花墙林		392	1632	121.40
聂傅庄	聂傅庄 大郝庄 王柳行 陈王庄 帅庄 王新庄		807	2983	211.00
陈吴庄	陈吴庄 胡楼 马庄 娄庄 王郝庄 白庄		427	1649	59.00
冯 寨	冯寨 张庄 张刘庄 董安庄 汤庄 小刘庄		366	1321	116.80
韦 岗	韦岗 前刘井 后刘井 谢庄 新石庄 李庄		559	2060	161.27
苗土楼	苗土楼东 苗土楼西 北岗 北堤 谢庄		734	2625	190.00
王 楼	口门王楼 许郝庄		274	1079	136.27
双 庙	双庙 许庄 老油庄 老韦庄 韩庄		505	1863	190.33
朱焦庄	朱庄 焦庄 魏范庄 谢范庄 窑范庄		699	2750	165.47
张 集	张集 小刘庄		240	979	66.00
马 庄	马庄 司庄 韩庄 牛庄 杨庄		468	1672	115.53
大坝林庄	大坝 林庄 关庄 李庄		607	2530	146.67
王许庄	王许庄 黄庄 范庄		267	993	72.20
大范庄	大范庄 卷棚楼 后瞿庄 石庄 许庄 蔡庄		520	2067	160.47
石老家	东石老家 西石老家		429	1474	73.40

续表 30-2-4

<table>
<tr><th>行政村</th><th colspan="2">自然村</th><th>户数（户）</th><th>人口（人）</th><th>耕地（公顷）</th></tr>
<tr><td>小王庄</td><td colspan="2">小王庄 前瞿庄 小马庄</td><td>341</td><td>1228</td><td>71.60</td></tr>
<tr><td>大王庄</td><td colspan="2">大王庄 东石庄 许庵 小新庄</td><td>901</td><td>3248</td><td>225.80</td></tr>
<tr><td>石小洼</td><td colspan="2">石小洼 张程庄</td><td>368</td><td>1322</td><td>57.40</td></tr>
<tr><td>李　南</td><td rowspan="2">李新集</td><td>小坝子</td><td>692</td><td>2256</td><td>111.93</td></tr>
<tr><td>李　北</td><td>新河南</td><td>649</td><td>2280</td><td>146.93</td></tr>
</table>

经济建设　农业　1986年，全乡粮食播种面积1973.27公顷，总产618万公斤；棉花播种面积241.53公顷，总产29.3万公斤；花生播种面积590.4公顷，总产168.9万公斤。1987年，对辖区2000公顷土地进行综合开发，复耕土地1700公顷。1989年，在库区内开挖东西河1条，南北引水沟4条，水库周围建扬水站6处，全乡85%的土地成为稳产高产田。1990年，积极推进种植业结构调整，大力发展高效农业，先后发展苹果、樱桃、酥梨、油桃、梅杏、柿子、李子、冬枣等优质高效果园800公顷，年产稀有果品1800万公斤。同年，该乡建冬暖式种植大棚510个，主要种植樱桃、瓜菜，每年向市场供应水果、瓜菜150万公斤，每亩效益近万元。2000年，粮食亩产338.47公斤，总产6524吨；地膜覆盖西瓜面积540公顷，亩产3000公斤，总收入1200万元；完成黄河故道经济林带、太行堤林带和库堤综合林带三大绿化工程，栽植杨、柳、槐、桐等树木180万株。农业总产值1.4亿元，其中，种植业9500万元，林业1650万元，养殖业1700万元，其他1150万元。2003年，针对浮龙湖蓄水后土地锐减的状况，进一步优化产业结构，种植玫瑰200公顷，并新建百花茶厂等3家玫瑰深加工企业，成为鲁西南玫瑰生产大镇，仅此一项增收近1000万元。2005年，依托月亮湾、黄河故道、引黄渠等水利资源，成立光环水产养殖合作社，当年水产养殖达800公顷，蛋鹅、珍禽、肉鸭养殖户增至206户，农民人均增收306元。2008年，建成以大王庄、孙庄为中心的蔬菜大棚产业区2个，新建高标准蔬菜大棚360座。同年，山药种植发展到200多公顷，推广地膜覆盖早春花生266.67公倾，植桑120公顷。农民人均纯收入4867元。2010年，有耕地4900.73公顷，农作物播种面积8528.2公顷。其中，粮食作物播种面积5901公顷，总产3.34万吨；油料作物播种面积1233公顷，总产5184吨；棉花播种面积531.2公顷，总产688吨；蔬菜（含菜用瓜）播种面积710公顷，总产3.64万吨；瓜类（果用瓜）播种面积153公顷，总产8053.16吨。果园面积106.67公顷，水果产量3628吨。农民人均纯收入6173元。

工业　1988年，有窑厂、石棉厂2家乡办企业，工业总产值39万元。1990年始，该乡积极扶持个体私营企业，装饰木线生产逐渐成为该镇主导产业。至1998年，全镇有个体、联合体、镇办、村办各种类型木线加工企业2275家，从业人员11058人。产品包括木线、木园、雕刻装饰材料、人造板等6大系列、120个品种，远销全国各大中城市，仅此一项该镇人均收入超千元。2000—2010年，该镇先后在境外办建材加工厂321家，年创利税1.5亿元。2003—2010年，不断加大招商引资工作的力度，共引进企业10家。其中，在县经济开发区落户7家：即山东单县博达医疗用品有限公司、单县宇丰劳保用品有限公司、单县富豪门业有限公司、单县飞鹰网业有限公司、菏泽生物科技有限公司、单县金之玉网业有限公司、单县宝泰橡胶有限公司；在浮岗镇辖区落户3家：即单县天地华晨有限公司、单县申华毛纺有限公司、单县益民免烧砖厂。2010年，完成工业总产值12亿元，实现销售收入11.5亿元，利税1.8亿元。1993—1998年，连续6年被评为菏泽市先进乡镇企业明星镇。

商业贸易　1986年前，全乡有国营网点14处，集体60处，个体500余户，此外，农村各类小商贩400余家。1990年，辖区国营集体商业网点全部实行集体承包或私人承包。2000年年底，该镇个体工商户2901户，个体营运户500余户（含客运户129户），从业人员7400人。2001—2010年，镇政府制定实施一系列优惠政策，优化发展环境，先后建起林庄、大王庄、苗土楼、谢楼等8处农贸市场，拓宽商业街道16条，建成花生、桐木、蔬菜、建材、服装等各类专业市场14个。2001年，引进项目13个，利用外资500万元，对浮龙湖进行综合旅游开发，并对辖区名胜古迹进行修缮，举办浮龙湖一日游，发展旅游业。至2010年，注册的个体工商户增至3467户，从业人员9300余人。

村镇建设　**小城镇建设**　2009年，浮岗镇聘请山东省工程设计院对20平方公里的小城镇建设进行整体规划，先后完成占地7公顷的凤来仪文化广场建设，开通总长度10公里的4条环镇路。2010年，利用县对浮龙湖开发机遇，全面启动建设迎宾路商业街、西环路商业街、北环路商业街、望湖路社区、依泉美湖度假村、浮龙湖生态山庄、天福古玩城等一批商业街和生活小区，总建筑面积42万平方米，当年完成11.02万平方米，其中，迎宾路商业街42156平方米，望湖路社区18333平方米，西环路商业街5639平方米，环岛文化广场31471平方米，北环路商业街12642平方米。2010年3月，该镇斥资700余万元对迎宾大道进行改造，将迎宾路拓宽到20米，铺设高标准的排水管道，修建花岗石人行道，路两侧安装路灯，对沿路门面房进行仿古修建，对文化广场进行绿化、亮化、硬化，并在环岛中央安置凤凰雕塑。

新农村建设　1998年，实现“四通”（户户通电、通自来水，村村通程控电话、通柏油路）。2005年起，先后对林庄、浮岗北村、大坝、聂傅庄、大王庄、李新集、浮岗南村进行村庄改造。至2010年年底，共复耕土地80公顷，年增收1800万元。

社会事业　**教育**　1986年，有初级中学1所，在校学生516人，教职工35人；小学11所，在校学生2822人，教职工120人。同年，全乡学校房舍、设备均达到省级标准。1990年，投资600万元建起3所高标准中学和6栋教师公寓；投资20万元，购置闭路电视30台，实行电化教学。同年，成立农业技术培训中心，至2000年培养农村各类技术人才1850人。2001年，有小学25所，在校学生7683人；中学3所，在校学生2000人。学生入学率、巩固率及学校设施均达省级标准。2002年，小学由25所合并为14所。2010年，有中学3所，小学14所，148个教学班，在校学生4500人，教职工357人。

教学楼

卫生 2004年，李新集乡卫生院更名为浮岗镇李新集卫生院。2008年，进行医疗卫生体制改革，组建社区卫生所17个，社区卫生服务覆盖率100%。2010年，有卫生院1所，病床50张，卫生技术人员26人。社区卫生所17个。

浮岗镇卫生院门诊楼

2006年4月起，推行新型农村合作医疗制度，当年参合人员62488人，参合率98.44%。2008—2010年，参合率均在98%以上。2009年始，药品实行零差价制度，每年为60岁以上老人免费体检，产妇每胎补贴350元，孕妇免费5次产前检查，为0～6岁儿童免费查体，为全体居民建立健康状况档案，对重大疾病实行救助。

民政 1992年，兴建浮岗镇敬老院，占地面积1公顷，建筑面积1460平方米，1999年被评为省级敬老院，2010年，有37位鳏寡老人在此安度晚年。

第五节 高韦庄镇

境域 位于单县西南部，镇驻地高韦庄距离县城35公里。北邻高老家乡，东与浮岗镇衔接，南与河南省商丘市虞城县相连，西南与河南省商丘市梁园区相望，西与曹县青堌集镇接壤。辖区面积65平方公里，土质南沙北淤。南部黄河故道湿地，树木浓郁。辖区内有高高路（高韦庄至高老家）和37条村级公路，总长125公里。

建置 1958年8月，成立钢铁人民公社，1959年9月，改称双庙人民公社，1961年2月，改为高韦庄人民公社，驻地由苗土楼迁至高韦庄。1979年1月，从东部划出11个生产大队、36个自然村，成立李新集人民公社。1984年2月，高韦庄人民公社改为高韦庄镇。同时划出3个自然村归属李新集乡，划出15个自然村归属聂傅庄乡。1997年1月，行政村由33个合并为19个。2010年，全镇有19个行政村，111个自然村。总户数11451户，总人口44822人，其中，男性23074人，女性21748人。人口密度690人/平方公里，人口自然增长率14.4‰。乡村从业人员19646人，其中，第一产业7858人，第二产业8615人，第三产业3173人。

2010年高韦庄镇各行政村基本情况统计表

表30-2-5

行政村	自然村	户数（户）	人口（人）	耕地（公顷）
高韦庄	高韦庄 西杨庄 袁石庄	894	2760	207.67
高　庄	高庄 新王庄 邵庄 张庄 小王庄 王菜园 马庄 王庄 乔庄	640	2906	226.80
赵　集	赵集 后渠庄 曾邵庄 王岗 王杨庄 荣庄	680	2766	250.67
张贺庄	张贺庄 马庄 马刘庄	328	1435	106.40
高刘庄	高刘庄 韩庄 宋小庙	466	1585	144.80
安韩庄	高樊庄 刘庄 安韩庄 安新庄 郝庄	560	2277	216.73
老韦庄	赵庄 许庄 樊庄 前韦庄 后韦庄 北新刘庄 张新庄	524	1874	179.67
安　庄	前安庄 后安庄 胡新庄 北张庄	427	1661	170.13
刘　寨	刘寨 李庄 王庄 王桥	683	2561	236.47
仵袁庄	仵袁庄 曾凡庄 腰庄 郝庄 胡场	564	2066	185.67
李子园	李子园 王相庄 新刘庄 毛庄 赵新庄 高王庄 谢庄 郭庄 渠孟庄 刘高台 新魏庄	573	2076	216.00
郑　庄	郑庄 徐樊庄 郜庄 刘庄 耿庄 前耿庄	599	2131	273.47
二郎庙	二郎庙 王楼 孟庄 张刘庄 顺河集 尚庄 冯庄 小危油坊	952	3721	322.87
马　寨	马寨 黄庄 范庄 马老家 潘庄	561	2468	221.80
潘　庄	潘庄 东石庄 前宋庄 李庄 后宋庄 白腊园	484	1807	197.27
大徐庄	范集 种庄 后唐庄 大徐庄 苗庄	767	2824	203.33
前唐庄	苏庄 杨庄 曹庄 蔡范庄 聂庄 南张庄 姬蔡庄 田楼 前唐庄	522	2270	212.00
大刘庄	周庄 李庄 袁瓦房 大刘庄 仲庄	402	1608	132.27
仁　集	沈庄 王楼 邵庄 仁集 赵庄 仁庄 前渠庄 新邵庄	556	2327	202.07

经济建设　农业　1986—1992年，粮食单产逐步提升，小麦单产由3900公斤/公顷提升到3930公斤/公顷，玉米单产由3015公斤/公顷提升到4900公斤/公顷。1993年后，调整农业产业结构，改良土地。2010年，有耕地4212.33公顷，农作物播种面积7998.73公顷。其中，粮食作物播种面积6561.13公顷，粮食总产3.66万吨；油料播种面积280.4公顷，总产量1102.36吨；棉花播种面积345.67公顷，总产426.19吨；蔬菜（含菜用瓜）播种面积496.2公顷，总产2.71万吨；瓜类（果用瓜）播种面积315.33公顷，总产1.78万吨。果园面积126.4公顷，水果产量3797吨。形成北粮棉、南林杲、中蔬菜的结构模式。农业总产

石榴园

樱桃园

值3亿元，人均纯收入5945元。

工业　1986年，镇办企业有汽水厂、砖瓦窑厂、面粉厂、木器厂等，工业总产值67万元。之后，又陆续办起了保温材料厂、预制板厂、地毯厂、印刷厂、玫瑰油厂等。1989年，工业总产值164万元。1990年，建起第一家私营企业——单县运通木业有限公司。镇办工业总产值285万元。1995年后，根据市场需求，该镇又建起6家砖瓦窑厂。1998年，有个体工业的行政村18个。全镇工业总产值780万元，上交税金12万元。此后，又陆续兴办单县兴棉服务公司、水管厂、木器加工厂、粉条加工厂、万顺家具厂。至2002年，镇办企业发展到20家，拥有固定资产1691万元，工业总产值达到2035万元，利润75.6万元，从业人员984人。2004年后，该镇通过招商引资，引进一批工业项目。至2010年年底，该镇规模以上工业企业由2004年的1家发展到12家（山东聚鑫农副产品加工有限公司、山东世纪燎原针织有限公司、山东朱氏堂医疗器械有限公司、单县运通木业有限公司、单县万事兴饲料有限公司、单县中太木业有限公司、单县晟昊工艺制品有限公司、单县利丰源塑业有限公司、单县横益燃料技术开发有限公司、单县清华玻纤有限公司、单县三江木业、单县天赐源车业有限公司），拥有固定资产5亿元。同年，全镇固定资产投入3.3亿元，工业总产值3.8亿元。

特色产业　条柳编。该镇地处黄河滩涂、沙质多湿，野生杞柳、沙柳、蒲草、湖草丰富，为条编、草编提供了便利条件。其产品绿色环保，价格合理，深受国内外客户青睐。2010年，条柳编专业村6个，编织户600余户。

条编　2010年摄影

木鼓。1990年，开始木鼓生产。至2006年，畅销韩国、日本、美国、马来西亚、新加坡等国家，年销售量500万套，创汇500余万美元。2010年，木鼓加工的传统手艺走出国门传到韩国。

第三产业　1986年，有高韦庄1个集贸市场，个体工商户356户，从业人员703人，第三产业总值586万元。1987年后，相继成立刘寨、张刘庄、老韦庄3个集贸市场，建立5个百货超市，活跃了地方经济。2009年，建立高韦庄客运站，投入公交车26辆，每半小时往县城发一班车，日客运量1000余人次。2010年，个体工商户发展到1430户，从业人员2300人，第三产业总值5亿元。

村镇建设　2008年，在大徐庄进行新农村建设试点，建设新居700余户，学校、卫生室、文体大院、5000平方米休闲广场、超市等基础设施配套齐全，并实现绿化、亮化、美化。改造后的大徐庄新村节约土地57.33公顷。大徐庄新村成为菏泽市第一个新农村建设的典范。2010年5月，镇驻地金沃广场竣工。

2008年，高韦庄村、大徐庄村被评为市级卫生村，2009年大徐庄村被评为省级卫生村。

社会事业 **教育** 1986年，全镇共有初中2所，在校学生829人，教职工57人；小学25所，在校学生3986人，教职工165人，入学率仅40%。2010年年底，有初级中学1所，在校学生1900人，教职工60人；小学9所，在校学生3500人，教职工156人；幼儿园 15所，入园儿童700人。小学、初中入学率100%，初中毕业升学率96.9%。

卫生 1986年，镇卫生院有床位40张，干部职工52人，其中，医疗技术人员48人。有村级卫生室9个。2005年，新建门诊楼1座，建筑面积3000平方米；购置先进医疗设备12台（套）。2010年，有卫生院1所，村级卫生室36个，大型综合卫生服务中心2个，拥有病床60张，卫生技术人员61人，其中，执业医师及注册护士55人。社区卫生服务覆盖率100%，新型农村合作医疗覆盖率98.2%。

高韦庄中心卫生院

第六节 黄岗镇

境域 位于单县南部，镇驻地黄岗距县城17公里。北邻北城街道、莱河镇，南与河南虞城县相连，东与龙王庙镇、杨楼镇接壤，西邻曹庄乡、浮岗镇。辖区面积130平方公里，多为壤土和轻沙壤土质，毛庄一带淤地和沙地相间。黄河故道、二堤河、太行堤河、银河、东沟河流经辖区。省道256线（单虞公路）纵贯南北，浮杨（浮岗—杨楼）公路、高杨（高韦庄—杨楼）公路横穿东西。

建置 1958年8月，成立超美人民公社，1959年1月，改称黄岗人民公社，驻地黄岗集。1979年1月，从北部划出35个生产大队、84个自然村，成立花园人民公社。1984年2月，黄岗人民公社改为黄岗镇。同时，从南部划出11个生产大队、24个自然村，设立毛庄乡。1997年1月，黄岗镇39个行政村合并为16个。2000年2月，黄岗镇被省政府确定为全省中心镇。2001年2月，花园乡、毛庄乡撤销，共有23个行政村并入黄岗镇。2010年，该镇辖39个行政村、172个自然村。总户数20246户，总人口84823人，其中，男性43819人，女性41004人。人口密度652人/平方公里，人口自然增长率14.6‰。乡村从业人员47706人，其中，第一产业22446人，第二产业11313人，第三产业13947人。

2010年黄岗镇各行政村基本情况统计表

表30-2-6

行政村	自然村	户数（户）	人口（人）	耕地（公顷）
黄岗一街	黄岗集	525	2150	115.36
黄岗二街		540	2195	104.22
黄岗三街		459	1969	98.40
黄岗四街	黄后楼	450	1837	115.87
任　庄	任庄 黄平楼 张庄 张堤口	455	1670	154.33
赵　楼	赵楼 贾庙 硷场坡 邓庄	460	1475	129.14
刘老家	刘老家 姬庄 小刘楼 八岔口 吴庄	750	2590	177.40
前　阁	前阁 沙土黄庄 崔庄 崔楼 北胡楼 前黄庄 后黄庄	770	2768	198.00
齐　庄	齐庄 张庄 梁庄 北老鸦窝 北杨庄 彭庄	440	1990	144.60
张菜园	张菜园 侯楼 曹堂 董庄 小张庄 李油坊	630	2280	205.47
大黄庄	新黄庄 小周楼 姚庄 大黄庄 程庄 曹楼 前段楼	640	2590	297.54
张下庄	张下庄 胡楼 田庄 杨庄	590	2015	233.00
贾水口	贾水口 张楼 袁楼 韦楼 西张庄 刘瓦房 东安庄 胡庄 东义村 胡堤湾	635	2250	210.27
安　庄	安庄 高新庄 赵新庄 李庄 东柴堤口 西柴堤口 后刘庄	680	2330	165.00
常　溜	常溜 黄庄 黄后窑 周新庄	625	2075	166.40
大赵庄	大赵庄 赵堤湾	330	1125	54.00
尘　庄	尘庄 刘四楼 单院 焦庄 郭庄	580	1915	168.30
丁　庄	丁庄 刘大庄 葛楼 东黄庄 刘庄	585	1950	176.60
前花园	前花园 刘同庄 马楼 前孙店 后孙店 东孙店	740	2660	223.10
李　溜	李溜	470	1395	102.10
董　庄	侯楼 前王溜 董庄 孟油坊 白楼 小孟庄 官庄 孙庄 朱庄 西孟庄 小高庄 白庄	860	2725	323.10
鄢　庄	鄢庄 刘新庄 宋楼 黄庄	530	1830	238.20
潘　店	潘店 傅寨 万庄 前顺城集	520	1750	220.30
后花园	后花园 范堤口	700	2215	186.40
申　庄	东堤头 西堤头 北孙庄 申庄 朱小楼 土岗寺 谢庙	700	2445	188.80
张　庄	张庄 高庄 东孙庄 西孙庄	630	2390	166.00
耿许庄	耿许庄 朱海子 东刘庄 西刘庄 东刘寨	640	2200	203.40

续表 30-2-6

行政村	自然村	户数（户）	人口（人）	耕地（公顷）
赵　庙	赵庙 赵庄 西刘寨	500	1663	124.40
段　庄	段庄 于庄 邓楼 李庄 西曹庄 孟花园 葛庄	530	2265	184.90
汤　楼	汤楼 周庄 曹庄 单庄 柳园 李楼 曹楼 阎庄	620	2220	230.90
段　阁	段阁 东张庄 高楼 谢阁 段楼 李小集 憨海	510	2175	259.50
柴　庄	柴庄 张庄 刘草房 郑楼	670	2230	155.00
土　山	土山 义合村	365	960	104.00
南老鸦窝	南老鸦窝	370	1210	111.00
毛　庄	毛庄 刘庄 杜庄 小王庄	630	2040	170.00
渡口王庄	渡口王庄	320	1321	102.00
李　楼	李楼 小赵庄 东蒋堤口 前黄庄 后黄庄	400	1126	105.00
朱堤口	西蒋堤口 侯堤口 邓楼 朱堤口	530	2040	132.00
邓　窑	王溜 柳园 邓窑	830	2870	171.00

经济建设　农业　1986年，有耕地2688公顷，粮食总产8470吨，农业总产值5400万元；存栏大牲畜3314头、生猪1226头、羊1357只、家禽5.9万只，肉类总产860吨。农业机械总动力5195千瓦。1992年，大力发展棉花生产，每户棉农增收1000元左右。1997年始，先后完成太行堤河清淤和引黄工程，全镇农田实现旱能浇、涝能排。1998年，农业产业结构调整，扩大经济作物种植面积。2005年起，结合全县农业土地综合整治，在一街村、二街村、三街村、四街村、赵楼村、刘老家村、朱堤口村、邓尧村、前阁村9个行政村修桥涵158座，新打机井130眼，挖排水沟70多公里，完成土方80多万立方米，架农电网63公里，总投资862万元。2010年，有耕地6629.2公顷，农作物播种面积13782.8公顷。其中，粮食作物播种面积9586.27公顷，总产5.45万吨；油料作物播种面积1122.87公顷，总产4556.59吨；棉花播种面积1141.93公顷，总产1493.09吨；蔬菜（含菜用瓜）播种面积1117.93公顷，总产量5.57万吨；瓜类（果用瓜）播种面积812.6公顷，总产4.47万吨。果园面积82.67公顷，水果产量4702吨。家禽养殖31万只，牛羊存栏20万头（只）。农民人均收入8400元。

后花园村青山羊养殖基地

工业 1986年，有农具厂、砖瓦厂、石棉厂、建材厂、面粉厂、木器厂等镇办企业6家，工业总产值114万元。2001年2月合并乡镇后，在黄岗东街设置黄岗镇民营经济园区，规定凡在园区内投资建厂的，免费提供土地，并对园区实行扎口管理。当年，有金亿木业、金鑫铜业、誉盛化工、龙腾木业等4个投资过千万元的企业项目落地园区。被市委、市政府确定为全市20个民营经济重点发展乡镇之一，确定黄岗镇民营经济园区为全市10个重点园区之一。2005年后，不断加大招商引资力度，使一批工业项目落户县经济开发区或镇民营经济园区。2006年投资过亿元的重点项目万都木业落户镇民营经济园区，2007年投资64亿元的重点项目舜亦新能源落户县经济开发区。2008—2010年全县经济实绩综合考核，2年获第一名，1年获第三名。2010年，规模以上工业企业达到16家，累计完成固定资产投资8.5亿元，工业总产值16.1亿元。

商业贸易 1994年，建成鲁豫农贸大市场。2010年年底，该镇建有木制品、牲畜、蔬菜、花生、百货、粮食等七大专业市场，总占地面积40公顷，年交易额达8亿多元。全镇有个体工商户2345家，其中，规模以上流通企业6家，消费品零售总额2.16亿元。黄岗羊肉汤以红汤驰名周边地区，2010年销售收入2000多万元。

村镇建设 **小城镇建设** 1995年，铺修浮杨公路，拓宽镇驻地东西大街。1999年，拓宽建设黄金街、白银街、顺河街。2007年，向镇驻地聚集村庄5个，完成小城镇商住开发面积5万平方米，新增城镇人口5000人。2010年年底，建成的小城镇项目有黄金街商住一体改造工程、黄岗镇西城新区、西环路商业街、银河锦园、富民商业街。单虞路黄岗南北中心大街提升改造安装架设路灯12公里、360盏，与县城互连互通。投资安装高标准护栏2400米，更新黄岗南北大街2000多米沿街门市标牌350个，铺设水泥花砖2.8万平方米，栽植绿化树木300余棵，同时对单虞路沿线两侧房屋、围墙进行统一改建美化。

新农村建设 2005年，修建农村公路173公里，实现村村通柏油路。2006年，在全镇开展改厕改灶，至2008年改厕改灶8500多户。2010年，对东海子、李油坊、杨庄、彭庄、黄后楼等5个自然村进行整村搬迁，结合黄岗镇大市场建设，将其统一整合到镇驻地富民新村。占地7公顷，建设住房260套，建筑面积6.5万平方米，搬迁人口1300人，节约土地15公顷。建设前花园新村，搬迁人口2700人。至2010年，实现柏油路、自来水、有线电视、电话、网络“村村五通”。

社会事业 **教育** 1986年，辖内有高级中学1所，初级中学1所，小学17所，幼儿园18所，共计138个教学班，教职工261人，在校学生7149人，适龄儿童入学率90%。2002年中小学合点并校后，有高级中学1所，初级中学3所，小学教学点11处，幼儿园23所，适龄儿童入学率达到98%。2006年，撤销单县三中。2007年，撤销毛庄初级中学。2009年投资600万元，完成5所小学点的危房改造，新建教学楼9座，校舍8000平方米，添置教学仪器1680台（套），全镇中小学D级危房改造全部完成。2010年，有初级中学2所，在校学生2300人，教职工287人；小学11所，在校学生5200人，教职工270人，适龄儿童入学率100%；幼儿园25所，儿童入园率100%。

卫生 1986年，镇卫生院改为单县第三人民医院，有床位29张，干部职工72人，其中，医疗技术人员69人。1997年晋升为二级乙等医院。1999年，投资150多万元，建设门诊楼1座。2005年，投资200多万元，建设病房楼1座。人员增加到160多人，拥有彩超、CT、500毫安X光机等大型设备，并能开展腹部手术。2008年，改为黄岗中心卫生院。2010年，有床位60张，

黄岗中心卫生院

病房楼

从业人员 170 人，其中，医务人员 125 人。

2006 年起，推行新型农村合作医疗，当年参合率 95% 以上。2008 年，对村级卫生室实行一体化管理，将 46 处村卫生室合并为 18 处中心卫生所。2009 年、2010 年，农民参合率均为 100%。

民政 2001 年，投资 30 万元，将原毛庄乡政府房舍改建为镇敬老院。2010 年，镇敬老院“五保”老人集中供养率 70% 以上。

第七节 蔡堂镇

境域 位于单县东南部，镇驻地蔡堂距县城 22.5 公里。东邻朱集镇，北靠龙王庙镇、终兴镇，西连杨楼镇，南与安徽省砀山县接壤。辖区面积 85 平方公里，土质多为沙壤土。辖区南有黑水河，北有太行堤河、小高河，中有杨河、蒋河、刘楼沟。省道砀定路穿越全境，是单县东南部的交通运输中心和商品集散地。

建置 1958 年 8 月，成立东风人民公社，1959 年 1 月改称蔡堂人民公社，驻地蔡堂。1979 年年初，从蔡堂人民公社东部划出 22 个生产大队、82 个自然村，组建朱集人民公社。年底，终兴人民公社辛羊庙大队并入蔡堂人民公社。1984 年 2 月改为蔡堂镇。同时，从蔡堂镇南部划出 36 个自然村，设立孔集乡。1997 年，行政村由 34 个合并为 19 个。2001 年 2 月，孔集乡撤销，其 7 个行政村并入蔡堂镇。2010 年，全镇有 26 个行政村，107 个自然村。总户数 14630 户，总人口 56575 人，其中，男性 28878 人，女性 27697 人。人口密度 666 人 / 平方公里，人口自然增长率 8.8‰。乡村从业人员 25178 人，其中，第一产业 11418 人，第二产业 7485 人，第三产业 6275 人。

2010 年蔡堂镇各行政村基本情况统计表

表 30-2-7

行政村	自然村	户数（户）	人口（人）	耕地（公顷）
蔡 堂	蔡堂	657	1950	155.60
苏双楼	苏双楼 六合村 苏堂 赵井 孟集	630	2043	244.00
河 滩	李河滩 陈河滩 许堂 孟庄	629	1891	291.40
杨平楼	杨平楼 刘楼 贾庄 赵庄 齐楼	530	1779	220.53
郝 庄	郝庄 侯楼 石庄 马庄	565	1789	199.60
陈 溜	陈溜 单刘庄 柿子园 干李庄 路西张楼	561	2007	181.67

续表 30-2-7

行政村	自然村	户数（户）	人口（人）	耕地（公顷）
管　庄	管庄 杨瓦屋	595	2003	197.27
草　庙	草庙 李井 丁庄 吴李庄 井庄	556	1853	146.40
辛羊庙	辛羊庙 刘寺 黄庄	753	2383	282.47
杨　庄	大杨树 前大杨树 尤庄 杨庄 徐菜园 丁楼	526	1778	155.73
邵　庙	邵庙 郭常庄	292	1054	259.07
殷　庄	殷庄 小陈庄 徐楼 彭楼	429	1588	215.07
黄菜园	黄菜园 朱溜 赵楼 朱楼 霍庄 四座楼 蒋新庄	741	2504	318.93
黄　楼	黄楼	337	1022	132.93
安　溜	安溜	460	1509	180.60
李　寨	李寨 刘新庄 侯庄	464	1640	187.27
张　楼	张楼 翟庄 薛杨楼	506	1667	189.40
后刘庄	后刘庄 前刘庄 张庄 后乔庄 乔庄	595	1859	220.93
姜马庄	姜马庄 前马庄 小李庄 任庄 诸葛庄	462	1581	227.67
安　楼	安楼 马庄 侯新庄 李楼	253	775	92.20
岳　庄	岳庄 鹿湾 彭楼 王楼 曾庄 文庄 周堤湾	458	1641	187.33
孔　集	孔集 段庄 西王楼	653	2322	193.93
许王庄	许王庄 孟新寨 张暗楼 义合村 蒋庄 张新庄 卢新庄 赵庄	495	1800	220.93
梅　庄	梅庄 孟坝 齐庄 庞庄	342	1164	106.47
朱高台子	朱高台子	415	1614	168.87
朱老家	朱老家 米店 王园 小李庄 郭庄 朱新庄 大李庄 逊李庄 朱新楼	850	2603	320.33

经济建设　农业　该镇以农业为主。1986年后，通过不断调整产业结构，至2010年基本形成种植、林果、畜牧、水产四大主导产业。农业总产值3.02亿元，农民人均收入6310元。

管庄村中药材种植

种植业。主要生产小麦、玉米、大豆、棉花、花生、蔬菜等。1986年，有耕地3756.8公顷，粮田面积2652.8公顷，粮食总产13112吨。其中，小麦面积2136.2公顷，总产7783吨；玉米面积491.4公顷，总产1504吨。棉花面积 691.67 公顷，总产 621 吨。农业机械总动力 3814 千瓦。1993 年，推广麦棉套种种植法，解决粮棉争地矛盾。1994 年，棉铃虫害肆虐，棉花严重减产，棉田面积大量减少。1995 年、1996 年，大力恢复和发展棉花生产，同时推广抗虫棉，棉花生产居菏泽地区第一位，涌现出菏泽地区“棉花状元”陈文友，受到地区表彰和奖励。1997 年，大力发展蔬菜生产，推广日光温室大棚和种植反季节蔬菜，建日光温室大棚 220 个，各种露地菜和反季节蔬菜 540 多公顷，总产 19164 吨。2001 年，粮食播种面积 3163 公顷，总产 15547 吨。其中，小麦面积 2342 公顷，总产 11523 吨；玉米面积 433 公顷，总产 2338 吨。棉花面积 1047 公顷，总产 1178 吨。蔬菜面积 611 公顷，总产 21935 吨。农业机械总动力 49213 千瓦。2010 年，有耕地 5001 公顷，农作物播种面积 8102.67 公顷。其中，粮食作物搭种面积 6152.8 公顷，总产 3.48 万吨；油料作物播种面积 444 公顷，总产量 1702.1 吨；棉花播种面积 393.33 公顷，总产 5040.45 吨；蔬菜（含菜用瓜）播种面积 1095.2 公顷，总产 6.37 万吨；瓜类（果用瓜）播种面积 17.33 公顷，总产 1010 吨。农业机械总动力 95105 千瓦。

大棚茄子

大棚西红柿

大棚甘蓝

李寨村蔬菜大棚

林果业。1986 年，林果面积较少，果树主要为苹果，集中在张楼、姜马庄一带。1990 年，大力发展苹果生产。1991 年，建育苗基地 6 处，面积 266.67 公顷，品种有 69 杨、72 杨、109 杨、三倍体毛白杨、美荷杨、1015 杨等 11 个品种。1997 年，发展砀山梨。2002 年，发展桃、杏、李子、葡萄等干鲜杂果，打造“三省庄梨”品牌，以皇冠和黄金梨为主，嫁接梨树 716 公顷，有菏泽市林果第一镇之称。同年，该镇仅杨树育苗一项收入 7000 多万元，人均收入近 1400 元。2010 年，水果栽植面积 1225 公顷，其中，苹果 415 公顷，梨 782 公顷，总产 91327 吨。

梅庄村干鲜杂果

畜牧业。1986年，畜禽品种有牛、马、猪、鸡、羊等，主要为家庭散养。年末大牲畜总头数5382头，猪3591头，羊1.81万只，家禽6.12万只。1990年后，畜牧生产逐步走向专业化、规模化、集约化。当年形成专业村6个，大型养殖厂8个，饲养品种有鲁西黄牛、青山羊、三元杂交猪等优良品种，并建起薛杨楼青山羊专业市场1处。至1995年，存养牛、马驴大牲畜12948头，生猪23105头，羊88815只，鸡29.6万只，畜牧业纯收入2122万元，人均582元。有畜牧专业村11个，专业户978户。1999年，成立养猪协会、养鸡协会。2010年，山东六和集团有限公司在该镇4个标准化种鸭养殖场开工建设。同年，建成基础设施配套齐全的1000平方米的鸭棚37个，鸭苗存栏5.52万只。全镇人均畜牧业收入874元。

水产业。有可开发水资源213.33公顷，宜发展以养鱼为主的水产业。1986—2010年，鱼塘面积由每千人1亩发展至每百人1亩，有水产基地40多公顷。利用黑水河生态环境，采用“以生殖渔”的生产模式，饲养无污染鲶鱼、无鳞鱼、花鲢、鲫鱼、草鱼、青虾等鱼虾类。

农业产业化及农业基础设施建设。2000—2010年，农业产业化稳步发展。宁丰木业被评为省级农业产业化龙头企业。2010年，土地流转面积735.73公顷，涉及农户757户，流转金额达1400万元。2007—2010年，农业基础设施建设，完成黄河故道的土地综合治理项目和殷庄、管庄等5个行政村中低产田改造项目，整平土地1200多公顷，开挖沟渠22公里，新打机井200多眼，铺设田间渣石路18公里。2010年，开展冬季农田水利基础设施大会战，投入资金63万元，开挖沟渠15公里，完成土方20余万立方米，铺设涵管360米，建生产桥2座。

工业 1986年，镇办工业仅食品罐头厂1家，工业产值13万元（1980年不变价）。之后，个体私营经济较快发展，至1989年，个体私营企业发展到13家。1993年，新增镇办企业有宏祥木制品公司、宏丰畜产品公司、鸿运供销公司、单县第四建筑工程公司4家。当年实现工业总产值2230万元，其中，镇办180万元，村办140万元，联合体办600万元，个体企业1310万元，实现利润31万元，上缴税金9.5万元。1998年后，

养鹅业　　2010年摄影

宁丰木业

镇办企业全部改制为个体民营企业。2007 年起，先后引进菏泽市宁丰木业有限公司、山东宇泰光电科技有限公司、山东皓宇服装有限公司等 16 家规模以上工业企业落户县经济开发区，从业人员 2868 人。2010 年，完成固定资产投资 3.45 亿元，工业总产值 45 亿元。

商业贸易　1986 年，有个体工商户 178 户，从业人员 580 人，第三产业总值 500 余万元。1987 年后，个体工商户逐年增多。1992 年，在商贸集市南部设置客运站中心点。2004 年 9 月，鲁能超市蔡堂分店建成营业。2009 年，家得利超市蔡堂分店建成营业。至 2010 年，个体工商户 1200 户，从业人员 3000 余人，三产总值 1.5 亿元。

村镇建设　1986 年，镇驻地仅有东西街、沿砀定公路街和南北街 3 条街道，均为简易柏油路面，街道狭窄且年久失修。1996 年始，启动第一期小城镇规划建设。至 1997 年，修建政通街、阜兴街、芙蓉街和四通街。2005 年始，启动第二期小城镇规划建设。至 2010 年，先后修建政通南街、政通北街、东环路、北环路、府前东街和府东小区、九宜大市场，并将街道排水、绿化、路灯等设施全部配齐。2007 年，实现有线电视村村通。2009 年，投资 60 余万元建起 1000 平方米的镇计划生育综合服务楼。2010 年，修建人和花园、人和市场、府东小区。同年，投资 56 万元建成蔡堂镇文化中心，内有文化综合大楼、图书室、体育广场等。镇驻地街道 7 横 4 纵，街道两旁楼房林立，沿街布满商店，成为单县东南部商贸中心和商品集散地。

蔡堂镇府东小区

2010 年 9 月，管庄新农村建设完成，共拆迁 256 户，新建 210 户，复垦土地 26 公顷。

管庄新村

社会事业　**教育**　1986 年，有县初中 1 所（单县第十一中学），在校学生 438 人，教职工 41 人；有镇办初中 1 所（镇中），在校学生 768 人，教职工 46 人；有小学 21 所，在校学生 4513 人，教职工 157 人。2010 年，有镇办初中 1 所，职业中学 1 所，在校学生 2272 人，教职工 71 人；有小学 9 所，在校学生 5869 人，教职工 205 人。

卫生　1986 年，有县分院 1 所，床位 24 张，干部职工 47 人，其中，医疗技术人员 43 人。各行政村均有卫生室。之后，县分院改为蔡堂镇卫生院。2008 年，投资 350 万元新建 2700 平方米的镇卫生院住院大楼 1 座，并购置多台先进医疗设备。2010 年，镇卫生院床位增加到 80 张，干部职工 80 人，其中，医疗技术人员 53 人。

蔡堂中心卫生院

2006 年，推行新型农村合作医疗制度（简称新农合）。2010 年，农民参加新农合人数 48810 人，参合率 96.24%。

民政 1986年，建有敬老院1处。1999年进行改扩建，有住房45间。2010年，敬老院入住“五保”老人27人。

第八节 杨楼镇

境域 位于单县东南部，鲁、豫、皖三省结合部，镇驻地杨楼距县城21.5公里。北靠龙王庙镇，东邻蔡堂镇，西接黄岗镇，南与河南省虞城县张集镇、安徽省砀山县官庄坝镇接壤。辖区面积84平方公里，土质为淤地和轻壤土各半。黄河故道、二堤河流经该镇。辖区有砀定公路、龙杨（龙王庙—杨楼）公路、浮杨（浮岗—杨楼）公路、蔡杨（蔡堂—杨楼）公路、杨孟（杨楼—孟寨）公路5条，交通便利。

建置 1958年8月，成立英雄人民公社，1959年1月，改称杨楼人民公社，公社驻地杨楼。1979年1月，从杨楼公社西北部划出16个生产大队、68个自然村，设立罗庄人民公社。1984年2月，杨楼人民公社改为杨楼乡。同时，将南部15个自然村划归孟寨乡。1986年，杨楼乡辖35个行政村、70个自然村。总户数6042户，总人口28129人。1997年1月，行政村由25个合并为17个。1999年12月，杨楼乡撤乡设镇。2001年2月，孟寨乡撤销，其8个行政村并入杨楼镇。2010年，辖25个行政村，100个自然村。总户数13250户，总人口54783人，其中，男性28139人，女性26644人。人口密度652人/平方公里，人口自然增长率11.4‰。乡村从业人员46721人，其中，第一产业23680人，第二产业10775人，第三产业12266人。同年，杨楼镇被评为菏泽市生态文明乡镇。

镇政府

2010年杨楼镇各行政村基本情况统计表

表30-2-8

行政村	自然村		户数（户）	人口（人）	耕地（公顷）
杨楼西村	杨楼	肖庄 王园 孟庄 肖刘庄 杜庄	410	1732	146.20
杨楼东村		—	510	1858	168.53
姜　庄	姜李庄 小姜庄 大姜庄		430	1722	132.47
朱　庄	马庄 大朱庄		433	1689	158.33
郑　店	郑店		358	1502	132.73
王　集	吴庄 安乐村 苏楼 王集		536	2025	243.87
土疙瘩	小朱庄 东王庄 下黄庄 前王庄 土疙瘩		555	2196	206.67
赵　庵	三里庄 租地庄 贾庄 赵庵		395	1644	110.87
张平房	枣子营 张平房		314	1171	117.27

续表 30-2-8

行政村	自然村	户数（户）	人口（人）	耕地（公顷）
杨黑楼	姬楼 西岳寨 东岳寨 西杨庄 庞庄 杨黑楼	548	2190	214.80
尤　庄	西王楼 东王楼 苏刘庄 尤庄	478	1802	201.93
苏门楼	盛庄 魏庄 修杨庄 孟楼 王院 苏暗楼 常李庄 苏门楼	588	2416	229.67
蒋　楼	枣子营 刘楼 蒋庄 孙李庄 蒋楼	446	1778	187.07
梁　庄	任张庄 后梁庄 前梁庄 朱新庄 侯庄	306	1269	141.13
刘　寨	前刘寨 后刘寨 刘庄	452	1797	218.73
朱　寨	西刘楼 梁堂 朱菜园 朱坡楼 朱寨	440	1685	193.33
呼　庄	郑堤口 乌冢寺张庄 王满庄 呼庄	568	2263	169.93
孟新楼	孟花园 尤楼 孟新楼 孟黑楼	505	1876	227.60
孟　寨	官庄 孟寨 新庄	507	2084	243.87
朱破楼	卯湖 姜瓦屋 朱破楼	432	1602	145.73
崇福集	西韩刘庄 东韩刘庄 西石楼 包楼 七里庄 赵庄 崇福集	525	2115	206.33
伊　庄	张新庄 孟油坊 老张庄 杨庄 高杨庄 伊庄 孟庄	708	2475	178.53
黄尔庄	小朱庄 崔庄 石楼 齐楼 新庄 黄尔庄	707	2795	337.20
朱麻子	朱麻子	505	2043	187.27
许　楼	东杨庄 许楼	278	1175	119.73

经济建设　农业　1986年，全乡粮食种植面积3670.6公顷，总产935.8万公斤；棉花种植面积873.07公顷，总产84.6万公斤；花生种植面积137公顷，总产30.7万公斤。1989年，大力发展林果业和畜牧业，至1994年，林果种植面积1200公顷，年产优质果品7100吨，大牲畜1.2万头，羊4万只。1998年，林下养殖规模进一步扩大，林下养殖小区12个，家畜存栏8万只（头）。2002年，利用世行贷款建引排水渠20公里、生产桥6座。2005年后，根据市场需求，加大对农村特色经济作物种植、特种养殖的扶持、引导力度，形成林果、山药、蔬菜、食用菌种植和林下养殖等特色产业，基本做到一村一品、辐射周边。至2008年年底，有林下养殖、苹果销售等各类专业合作社6个。2009年，动用机械96台次，开挖沟渠20公里，新打机井150眼。2010年，有耕地4787.13公顷。农作物播种面积8998.07公顷，其中，粮食作物播种面积6374.47公顷，总产3.39万吨；油料播种面积522.53公顷，总产1963.46吨；棉花播种面积1248公顷，总产1739.17吨；蔬菜（含菜用瓜）播种面积738.4公顷，总产量3.9万吨；瓜类（果用瓜）播种面积114.67公顷，总产5982.16吨。果园面积644.6公顷，总产3.07万吨。其中，苹果园面积469公顷，总产3.07万吨，梨园面积83.64公顷，总产5392吨。农业总产值3.72亿元，农民人均纯收入7300元。同年，成立专门土地流转服务机构，当年流转土地266.67公顷。

工业 1986年，乡办工业企业有农具厂、窑厂、骨粉厂3家，工业总产值61万元。1994年，乡办工业总产值285万元。1998年，新增永宏建化厂、油脂化工厂乡办企业2家。全乡有个体工业的行政村14个，共有个体工业企业135家，工业总产值127万元，上缴税金31万元，从业人员483人。同年，乡办工业企业全部改制为个体民营企业。2002年，该镇民营工业总资产146万元，销售收入96万元，利润6.8万元。2007年，投资1.2亿元的山东千奥化工有限公司建成投产。2008年起，单县惠民粮油有限公司（投资3000万元）、单县运鲁化工有限公司（投资3000万元）、华英种鸭养殖二厂（投资6000万元）、单县园梦机械有限公司（投资2000万元）、单县开泰液化气公司（投资600万元）、单县天盛纺织有限公司（投资3200万元）等5家企业，先后落户该镇；华英饲料有限公司（投资1.2亿元）、单县鹿腾车业有限公司（投资1.1亿元）、单县明达玻纤有限公司（投资1.6亿元）、单县杰耐化工有限公司（投资3000万元）、单县雨鑫机动车检测有限公司（投资3000万元）等6家企业，先后落户县经济开发区。至2009年年底，上述11家企业全部投产，年创税1600万元。2010年，完成固定资产投资3.58亿元，工业总产值2.6亿元。

第三产业 1986年，辖区有杨楼、孟寨2个集贸市场，乡个体工商户16户，从业人员36人，第三产业总值3.5万元。1987年，商贸集市面积0.3平方公里，至2009年扩展到1.15平方公里。1992年，在商贸集市北部设置客运站中心点，2001年4月迁至杨楼镇中心大街西端。2005年7月，建立亿佳超市。2010年12月，福万家超市建成营业。同年，全镇个体工商户258家，从业人员563人，三产总值1.2亿元。

村镇建设 **小城镇建设** 2008年起，采取原址拆建的方式，先后完成杨楼商业步行街、府东街、幸福路、府前街、书香雅苑、蔬菜市场等重点项目建设，并对杨楼东西大街实施改造、亮化、美化。2010年，重新修铺杨楼南北大街。同年，完成小城镇规划建设面积14万平方米。

新农村建设 2007年，对尤庄行政村进行旧村改造。至2008年年底完成，拆迁526户，拆迁面积6.4万平方米；建设546户，建筑面积13万平方米，节约耕地34.3公顷。同年，启动苏门楼村新农村建设。该村辖11个自然村、1103户、3556人，原村庄占地105公顷，新村规划安置1100户，占地28公顷，节约腾出土地77公顷。新村建设采取自拆自建的方式。村内街道四纵一横，十二条胡同，均设有下水道、绿化带、太阳能路灯。户户实现了改厕、改灶、改水。村民委员会办公楼、文体活动广场、卫生室、幼儿园、超市等公共服务设施齐全。

社会事业 **教育** 1986年，有初级中学1所，在校学生948人，教职工53人；小学22所，在校学生4056人，教职工129人，适龄儿童入学率92%。2009年，投资300万元升级改造了尤庄小学、刘寨小学、中心小学；2010年，投资200万元新建孟寨小学教学楼。年底，有初级中学1所、小学12所，教职工426人，在校学生9658人，适龄儿童入学率99%。

卫生 1986年，乡卫生院有床位16张，干部职工47人，其中，医疗技术人员42人。2009年投资200万元，新建住院部大楼。2010年，镇卫生院有床位40张，干部职工65人，其中，卫生技术人员52人。

2006年，推行新型农村合作医疗。当年，农民参合率93%。2008年，由35个村级卫生室整合为12个，并实行镇、村一体化管理。2010年，农民参合率98%。

民政 2008年，投资50万元，增添镇敬老院服务设施。至2010年年底，敬老院入住孤寡老人70余人。

第九节　龙王庙镇

境域　位于单县东南部，镇驻地龙王庙距县城12.5公里。西北邻东城街道，北靠李田楼镇，东邻终兴镇，东南依蔡堂镇，南与杨楼镇接壤，西与黄岗镇相连。辖区面积88.8平方公里，北部多系沙壤土质，南部多系淤地和轻壤土质。太行堤河自西向东流经镇域。砀定公路穿越镇境。

建置　1958年9月，建立红光人民公社，次年1月，更名为龙王庙人民公社，公社驻地龙王庙村。1979年年初，北部14个生产大队划归陈蛮庄人民公社。1984年2月，龙王庙人民公社改称为龙王庙乡。同时，北部6个生产大队、31个自然村划归新建的李田楼乡。1986年，龙王庙乡辖25个行政村，总户数5041户，总人口23037人。1997年1月，行政村合并为12个。2001年2月，罗庄乡撤销，其12个行政村并入龙王庙乡。2002年5月，撤乡建镇，改称龙王庙镇。2010年，全镇有24个行政村，121个自然村。总户数14881户，总人口56207人，其中，男性28659人，女性27548人。人口密度633人/平方公里，人口自然增长率3.8‰。乡村从业人员36808人，其中，第一产业21373人，第二产业8859人，第三产业6576人。

2010年龙王庙镇各行政村基本情况统计表

表30-2-9

行政村	自然村	户数（户）	人口（人）	耕地（公顷）
龙王庙	龙王庙	871	2612	293.80
大苏楼	大苏楼 黄大楼 陈庄 苏辛庄 曹庄	686	2058	271.53
柴王楼	柴王楼　李堤口 杨庄	561	1684	167.87
邱　井	邱井 张庄 王庄 杏花村 谷瓦屋 宗楼 孙赵庄	651	1964	254.07
李　庄	李庄 大孟庄	677	2031	288.40
张　溜	张溜 鲍苏楼	440	1320	186.40
惠竹园	惠竹园 惠庙 申楼 万楼 苏庄	536	1608	203.27
王竹园	王竹园 孙黄庄 黄庄 路南苏庄 段庄 卢洼 后张楼 刘新庄 孙庄 侯瓦屋 郑庄	957	2870	395.73
闫　堂	闫堂 柴庄 蔡王庄 北刘土城	529	1587	232.80
刘土城	刘土城 黄土城 西王庄 三黄庄	511	1532	215.87
黄二楼	黄二楼 流水口 吴庄 赵楼 贾庄 赵庄 赵家寨 程新庄 韩庄 刘平楼	967	2902	412.93
唐廉庄	唐廉庄 前张楼 朱破楼 赵新庄 大孟庄 周辛庄	594	1782	264.07
高丁庄	丁庄 高庄 程窑 张庄 华堂	506	1518	186.67
田　庄	田庄 王三庄 程庄	449	1347	180.27

续表 30-2-9

行政村	自然村	户数（户）	人口（人）	耕地（公顷）
刘　楼	黄瓦屋 黄新庄 董庄 刘楼	945	2836	290.33
黄顺堤	黄顺堤 黄新寨	781	2343	260.93
戚　集	戚集 黄楼 戚庄 柴王楼 惠王庄 李集	693	2078	153.60
小孟庄	小孟庄 张竹园 向阳 北张新庄 刁张庄 李庄 憨庄	946	3893	318.47
毛　楼	东毛楼 西毛楼 干刘庄 贾黄庄 王垮庄 小刘庄	634	1901	238.87
陈草庙	陈草庙 杨瓦屋 小孙庄 贾庄	458	1375	199.07
朱杨楼	东朱杨楼 大孙庄 西朱杨楼 赵新庄	414	1243	161.47
王　寨	前王寨 后王寨 孟张庄 霍楼 学关庄 黄洼 南董庄 张新庄	350	1051	152.00
刘新庄	王楼 徐楼 肖庄 刘新庄 曹庄	600	1801	276.80
罗　庄	前罗庄 后罗庄 徐新庄 周楼 袁庄户 义新庄 王菜园	419	1256	156.40

经济建设　农业　1986年，全乡粮食作物播种面积4120.13公顷，总产10477吨；棉花播种面积606.2公顷，总产500吨；油料作物播种面积286.8公顷，总产676吨。农民人均纯收入365元。1989年，新打机井60余眼，农业机械总动力4044千瓦。1995—2001年，疏通太行堤河、蔡河，新打机井172眼，432眼机井全部实行电灌，农业机械总动力26562千瓦。2004年，农民人均纯收入2038元。2009年，以小孟庄、大苏楼为中心，向周边辐射14个行政村，发展养蚕专业户3000多户，桑园886.87公顷，平均每公顷收入10.5万元；以毛楼、东大孟庄为主发展山药467公顷，平均每公顷收入31.5万元；以刘土城为中心，发展冬枣66.67公顷，平均每公顷收入2.7万元；苗圃18公顷，平均每公顷收入6.3万元；麦田套种蔬菜800公顷，平均每公顷增收9000余元。2010年，有耕地5779.67公顷。农作物播种面积11457.53公顷。其中，粮食作物播种面积6302.27公顷，总产3.39万吨；油料作物播种面积669.87公顷，总产量2536.53吨；棉花播种面积2154公顷，总产3874.33吨；蔬菜（含菜用瓜）播种面积2080.07公顷，总产量11.94万吨；瓜类（果用瓜）播种面积251.33公顷，总产1.16万吨。果园面积248.53公顷，总产1.46万吨。其中，苹果园面积212.13公顷，总产1.14万吨。桑园面积1290.4公顷。有养殖场3个，饲养专业户203户，存栏大牲畜1万头，生猪4.8万头，羊20万只，家禽62万只。家庭散养畜禽存栏15万只。农业总产值5.4亿元，农民人均纯收入6032元。

桑蚕养殖

工业　1986年，有印刷厂、农具厂、砖瓦窑厂3家乡办企业，工业总产值47万元（1980年不变价）。1987年、1990年，先后建立面粉厂、湖西纺织机械厂。1998年，乡办企业全部改为民营企业。2003年，建立缫丝厂，带动全镇植桑养蚕业的发展。2005年，成立单县欣龙金属制品有限公司。2006年，由该镇引进的山东六和饲料有限公司在县经济开发区建成投产，年创利税150多万元。2007年，成立工业办公室，下设招商引资、协税、统计、考核4个科室。至2009年年底，相继从浙江、苏州、青岛、济宁等地引进电器制造、蚕茧烘干、面粉、果蔬加工、饲料生产、化工等12个工业项目，其中，过千万元项目10个。2010年，新增过亿元工业项目1个、过3000万元工业项目2个，投资1.8亿元的山东六和饲料有限公司二期工程在县经济开发区开工建设。完成固定资产投资3.8亿元，规模以上工业企业增加值3.8亿元，实现销售收入35.5亿元。

第三产业　1986年，有龙王庙、罗庄、戚集3个集贸市场，个体工商户共计300余户。1987年，本着小规摸、多层次、投资少、见效快的方针，大力兴办商贸、饮食、服务、运输等第三产业。当年，该乡个体工商户增加200余户，实现三产总值800万元，利润74万元。1994年，开展党员带头发展经济活动，全乡商、饮、运、服等各类工商个体户发展到900余户。2001年，商业、饮食、屠宰、运输等各业个体工商户1300余户，从业人员4000余人，产业总值5000万元。2010年，新建鲁能龙王庙镇分店和新一佳两个大型超市。龙王庙商贸市场面积由1986年的0.5平方公里发展到1.8平方公里。个体工商户1500余户，从业人员3000余人，产业总值1.5亿元。

1992年，在龙王庙商贸市场南部设立客运站。2010年日客运量800余人次。

村镇建设　**小城镇建设**　2007年，按照高点定位、高标准化建设的总体要求，以开发集贸市场为龙头，编制完成镇驻地建设整体规划。2008年，投资3600万元，完成宽50米、长1300米镇政府前南北商业大街建设。一期府前北部大街362间商业房、商业小区、主干道、人行道、背街巷道、路灯、下水道和绿化等所有配套设施建设全部完成，南部大街152间商业房及所有配套设施建设竣工。

新农村建设　2008年，新农村建设在朱破楼村试点。在该村两横一纵3条主干道的基础上，规划南北巷道9条，东西巷道5条，拆旧房36间，腾出土地2公顷；改厕253套，改灶226户，农户全部用上自来水；新建改建临街风景墙800余米，新装路灯26盏，栽植景观树1000余棵，新建文化大院1处，公共休闲绿化广场1处。2009年，按照镇《村镇规划建设实施方案》，启动赵家寨新村建设，并规划李庄、王竹园、黄顺堤、罗庄、戚集5个中心村。

社会事业　**教育**　1986年，有初级中学2所，在校学生864人，教职工52人；小学24所，在校学生3129人，教职工135人；村办幼儿园20所，23个幼儿班。1987年，投资38万元，对中小学校舍进行修缮改造。2002年合点并校，全镇小学合并为10所。2010年，有初级中学2所，12个教学班，在校学生946人，教职工61人；小学10所，101个教学班，在校学生3297人，教职工142人。

卫生　1986年，乡卫生院有床位9张，干部职工38人，其中，医疗技术人员34人。之后，医技科室相继开展心电图、B超检查，外科开展阑尾炎、疝气等腹部手术。1999年，有卫生院1所，医疗卫生网点27个，经省卫生部门验收达到农村初级卫生保健标准。2002年，镇卫生院筹资60余万元，建设1200平方米医用综合楼1座，购置200毫安X光机1台。化验室开展肝功等生化检查。2009年9月，对原医务用房进行升级改造，新建1400余平方米的门诊、办公综合楼1座，各办公区及门诊、病房安装取暖设备。购置300毫安X光机、多普勒彩超、全自动生化分析仪、全自动血液分析仪、电动洗胃机等医疗设备。增设口腔科、皮肤科、针灸理疗科。2010年，镇卫生院有床位20张，从业人员56人，其中，医务人员41人，年门诊量2万余人次，住院病人730余人次。

第十节　朱集镇

境域　位于单县东南部，苏、鲁、皖三省交界处，镇驻地朱集距县城35公里。北靠终兴镇，东邻江苏丰县，西连蔡堂镇，南与安徽砀山县接壤，辖区面积45平方公里，多系沙壤土质。太行堤河自西向东流经辖区北部。砀济（砀山—济宁）公路自南向北穿过辖区。

建置　1979年1月，从蔡堂人民公社东部划出40个生产大队、82个自然村，成立朱集人民公社。1984年2月改为朱集乡。1986年，辖34个行政村，总户数6647户，总人口30813人。1994年10月，撤乡设镇。1995年，行政村合并为20个。1997年1月，该镇行政村由20个合并为18个。2010年，全镇有18个行政村，82个自然村。总户数10315户，总人口38723人，其中，男性19858人，女性18865人。人口密度861人/平方公里，人口自然增长率6.8‰。乡村从业人员18449人，其中，第一产业10941人，第二产业2381人，第三产业5127人。

2010年朱集镇各行政村基本情况统计表

表30-2-10

行政村	自然村	户数（户）	人口（人）	耕地（公顷）
朱　集	朱集　楚洼　东裴庄　东王庄　贾庄　西王庄	641	2364	179.67
朱　庄	朱庄　张三座楼　李老家	467	1654	132.00
王　岗	王三座楼　前王岗　后王岗　李胡庄　程新庄　王庄　三官庙　朱新庄	689	2601	242.00
袁　庙	东袁庙　西袁庙　东张庄　小吴楼	431	1544	139.67
王小庄	王小庄　王大楼　河南陈庄	434	1453	137.00
张　寨	张寨　新张寨　张聂庄　许庄	555	2054	215.00
刘　楼	刘楼　李平庄　安庄	402	1637	136.00
韩　溜	韩溜　刘庄　张楼	557	2040	204.00
王　溜	东王溜　西王溜　孟新庄　张庄　梁庄　河南贾庄　孟庙　小孟庙	660	2772	266.33
吴　溜	吴溜　卢集　同庄　黄楼	661	2316	291.00
石村集	石村集　西朱新庄	483	1692	180.00
郝平房	郝平房　北赵庄　姜庄　马桥	471	1484	141.00
门　庙	门庙　寇庄　司庄　李楼　西门庙	635	2176	300.33
裴范庄	裴庄　范庄　南赵庄　南张庄　小张庄	655	2171	146.53

续表 30-2-10

行政村	自然村	户数（户）	人口（人）	耕地（公顷）
大张庄	郑楼 武河 郝庄 郭庄 大张庄 小刘楼 宋刘楼	740	2674	290.00
侯　楼	侯楼 西张庄 朱溜 李溜	1100	3956	326.27
姜双楼	姜双楼 姜新庄 惠庄	400	1455	182.00
花　园	大花园 小花园 郭楼 闫庄 陈庄 燕寺	528	2070	213.00

梨园　　2010 年摄影

经济建设　农业　1986 年，粮食种植面积 5289.2 公顷，总产 1449.6 万公斤；棉花种植面积 639 公顷，总产 62.3 万公斤；花生种植面积 86 公顷，总产 22.6 万公斤。1990 年，农业产业结构调整，在抓粮棉生产的同时，扩大瓜菜林果面积，大力发展畜牧养殖业。1991 年，在 460 眼机井的基础上新打机井 68 眼，修复旧井 77 眼，有效灌溉面积 2700 公顷。粮食总产 1400 万公斤，棉花总产 125 万公斤，农业总产值 1696 万元。1992 年，投资 24 万元，埋设节水管道 2.5 万米，节水灌溉面积 280 公顷；新打机井 81 眼，农田灌溉面积达 2800 公顷。1998 年，改良老梨园 540 公顷，发展以砀山酥梨为主的林果业，实施“万亩梨园”工程。2000 年，依据林果业优势，大力发展以青山羊、蛋鸡、肉鸡为主的畜牧业。同年，有 8 个村依靠林果、养殖和林产品加工实现脱贫目标，农民人均纯收入 1920 元。2001 年，把改良后的黄金梨产业作为主导产业，梨园面积扩大到 280 公顷，总产 7000 吨。2002 年，梨园面积达到 467 公顷，年产梨 5600 吨。2005 年，家禽养殖存栏 26 万只，位居全县前列。同年，农民人均纯收入由 2002 年的 2440 元增加到 3620 元。2008 年，新打机井 60 眼，修生产路 16.8 公里，建桥梁 12 座、涵洞 39 个。山羊存栏 30 万只，生猪出栏 3 万头，肉鸡、蛋鸡饲养保持在 45 万只的规模。农业总产值 3.6 亿元，农民人均纯收入 4881 元。2010 年，粮食种植面积 5421.27 公顷，总产 2988 万公斤；棉花种植面积 617.33 公顷，总产 81 万公斤；蔬菜（含菜用瓜）种植面积 509.6 公顷，总产 2534 万公斤；瓜类（果用瓜）种植面积 239.33 公顷，总产 1347.33 万公斤。水果产量 1308.61 万公斤，其中，砀山酥梨 1141.57 万公斤。农业总产值 2.6 亿元，农民人均纯收入 6174 元。

养鸡场

优质苗木种植

芍药种植

山药种植

公司、单县海安工艺有限公司、单县森海木业有限公司等。2008年后，在大力发展传统木材加工和面粉加工企业的同时，引进项目19个。2010年，完成固定资产投资2.7亿元，工业总产值10.5亿元。

第三产业 1986年，朱集镇本着小规模、多层次、投资少、见效快的方针，兴办加工业、服务业、商业、运输业、建筑业和劳务输出业。同年，朱集有营运户7户，营运车7辆。1987年，第三产业实现总产值114万元，利润7万元；联合体总产值97万元，利润8万元。个体企业发展176家，获利润13.5万元。1999年，开展“党员带头上项目、带领群众奔富路”的“双带”活动，在各行政村兴办56个种植、养殖示范点，通过典型的引导带动，发展私营企业112家，种、养、加、运、销等各类专业户800家。2001年，发挥地处苏鲁皖结合部的区位优势，调动个体、联合体诸方面的积极性，大力兴办餐饮、商业门市、屠宰、运输、建筑等产业，从业人员6000人，三产总值1.8亿元。2009年，着重对镇内几家重点服务业实施动态服务，各大商贸流通市场营销业务增量扩展，鲁能超市连锁店经营状况达到预期成效。2010年，朱集镇客车发展到27

工业 1986年，有砖瓦窑厂、山羊毛加工厂2家乡办企业，工业总产值 19万元。1994年，工业总产值263万元，其中，镇办工业25.7万元，总收入27.9万元，利税20.9万元。1998年，镇办企业进行改制，全部改为民营企业。有个体工业企业155家，工业总产值1095万元，上缴税金20万元，从业人员531人。2002年，有砖瓦窑厂9家，木材加工厂4家，其他个体私营工业企业14家，资产总计813万元，销售收入794.4万元，利润总额48.2万元。2003年始，实施“科技兴镇，工业强镇”战略，大力开展招商引资。至2007年，引进规模以上企业有单县胜利玻璃有限公司、单县鲁兴电讯器材有限辆，每半小时就有一辆公共客运汽车发出。至年底，个体工商户发展到1800余家，从业人员9000余人，流动人口5000人，常年外出务工人员1万人，第三产业总值2.6亿元。

村镇建设　小城镇建设　1999年，新开辟1处占地10公顷的农贸大市场。2001年，修整开拓3条商业街和1处农贸大市场。2009年，投资8000万元，开通平安大道，商住区建设面积7万平方米。

新农村建设　1999年，完成“四通一改”（公路、电、自来水、有线电视村村通，农电网改造）工程，修筑乡村公路18公里，架设通讯光缆36.5公里，新安装电话980门，有线电视收视率90%以上，18个行政村全部实施电网改造。2009年，楚洼新村开工建设，新建二层居民楼院96套，建筑面积1.5万平方米。2010年，李溜新村建设二层居民楼院137套，建筑面积2.1万平方米。两个新村交通便利，设有环卫人员，建有文化活动中心、健身广场、幼儿园、超市等生活娱乐设施，两个新村建成后节约土地26公顷。

社会事业　教育　1986年，全乡有初级中学4所，教职工46人，在校学生738人；有小学27所，教职工134人，在校学生4498人，初等教育普及率90%。1987年，投资49万元，办起10所村办幼儿园，11个幼教班。1996年，完成6所小学的硬件建设，改善办学环境，当年的适龄儿童入学率、巩固率、小学生按时毕业率均达100%。2000年，有初级中学1所，教职工84人，在校学生1632人；小学14所，教职工168人，在校学生3183人。2010年，有标准化初级中学1所，小学6所，幼儿园3所，教职工250余人，在校学生5000余人。中小学都配备了电脑、电视等现代化教学设备，教学水平和教育质量不断提升。

卫生　1986年，乡卫生院有床位10张，干部职工31人，其中，医疗技术人员27人。有村级卫生室34个。1992年，为部分卫生室建房3～5间。2003年，镇中心卫生院新建医疗办公楼、门诊楼、病房楼和职工家属楼。2010年，镇卫生院有床位40张，干部职工47人，其中，医务人员39人。有村级卫生室18个。新型农村合作医疗覆盖率95.8%。

朱集医院　2006年摄影

民政　2008年，朱集镇对镇敬老院实施改建工程，至2010年年底有11名“五保”老人住进敬老院。

第十一节　终兴镇

境域　位于单县东部，镇驻地终兴距县城18公里。东邻江苏省丰县赵庄镇，北靠时楼镇、张

终兴镇政府办公楼

集镇，西邻李田楼镇，南与朱集镇、蔡堂镇接壤。辖区面积130平方公里，多系轻壤土质。省道349线（单丰公路）横贯东西全境，县、乡级公路有长江路、黄河路、青年路、长征路、红旗路、东风路等8条。

建置 1958年8月，成立红旗人民公社，次年1月，改称终兴人民公社，驻地终兴集。1979年年初，东部26个生产大队，划归新建的马楼人民公社，辛羊庙大队划归蔡堂人民公社。1984年2月，终兴人民公社改为终兴镇。同时，南部的20个生产大队、54个自然村划归新建的王小庄乡。1986年，终兴镇辖25个行政村，总户数4331户，总人口19260人。1997年1月，26个行政村合并为10个。2001年2月，合乡并镇，马楼乡、王小庄乡撤销，整建制并入终兴镇。2010年，全镇有39个行政村，176个自然村。总户数22288户，总人口82435人，其中，男性41971人，女性40464人。人口密度634人/平方公里，人口自然增长率9.6‰。乡村从业人员36625人，其中，第一产业21816人，第二产业4278人，第三产业10531人。同年，终兴镇被省政府批准为省级中心镇。该镇南部吕姑村（今潘庄）是汉代开国皇后吕雉出生地；平城庵村曾是汉代平乐县治所。

吕后雕像

2010年终兴镇各行政村基本情况统计表

表30-2-11

行政村	自然村	户数（户）	人口（人）	耕地（公顷）
终　兴	后王庄 郭楼 终兴集 六合村	806	3518	303.53
朱　庄	程楼 朱庄 陈庙 前黄庄 许庄	726	2375	254.60
杨菜园	杨菜园 西阎庄 老鸹窝	408	1216	150.93
光明集	前光明集 后光明集 谢楼 时庄 王楼 阎庄	705	2680	295.60
平城庵	平城庵 东苇子园 西苇子园	458	1672	171.73
程　溜	东程溜 西程溜	605	1681	166.93
北常集	北常集	850	2740	299.13
时　寨	时寨 孔庄	520	2325	229.00
朱大庄	朱油坊 朱大庄 彭庄 王枣楼	310	1245	130.20
孙　楼	孙楼 科王楼 小王楼	292	1524	157.87
孔　店	孔店	300	1257	119.33
杨　营	东杨营 朱双楼 西杨营 光庄 铁庄 任庄 蒋庄	480	1742	219.47

续表 30-2-11

行政村	自然村	户数（户）	人口（人）	耕地（公顷）
小孟庄	许庄 小孟庄 大张庄 朱王庄 小王庄 李新庄	660	2403	300.33
柴　楼	柴楼 尘庄 刘庄 西蔡溜	350	1329	146.53
蔡　溜	东蔡溜 陈庄 北许庄 苏楼 李楼 大申庄	680	2534	302.00
杨　庄	杨庄 刘楼 东孟集 西孟集 孔楼 潘庄	746	3031	352.93
小阁子	小阁子 张小楼 齐新庄 霍院 朱庄 前草楼 李双楼 同义村 贾新庄 孟楼 齐楼	740	3036	395.07
楚　庄	楚庄 张林 齐店 侯楼 枣园	230	988	88.00
袁　庄	袁庄 时破楼 王楼 郝楼	510	1855	218.20
李　庄	李庄 彭庄 申庄 许集 丁庄 大草楼 小草楼	700	2433	277.60
白　楼	白楼 满庄 赵李庄	414	1663	218.53
五里庄	五里庄 五里新庄 徐关庙 徐前园 徐大庄	397	1352	160.60
王小庄	王小庄 黑楼 王平坊	550	2070	204.27
罗　庄	罗庄 永镇集 裴庄 柏树园 东杨庄 张庄 贾庄 西杨庄 东朱庄 小郭庄	901	2999	336.73
许　庄	许庄 唐庄 前双楼 朱郭庄 徐阁 苗庄	468	1987	239.67
刘　寨	刘寨 小权庄 大权庄 殷庄 卢楼 马庄 安庄 宋楼 南孔庄	730	2359	255.20
盖　溜	盖溜 姜寨 张窑 杨新庄	280	1321	172.80
郭曹庄	郭庄 曹庄 董楼	487	1948	243.33
郭　堂	郭堂 东王竹园 西王竹园 后王竹园	507	1765	162.73
高　楼	高楼寨 高楼集 贾庄 孟庄	687	2223	211.33
薛孔楼	薛孔楼 薛楼 李药铺 周楼 刘新庄	413	1887	165.07
井　庄	井庄 曹店 王条楼 霍庄 孙庄	438	1683	164.20
马　楼	马楼 孙小庙	485	2041	177.53
王双楼	王双楼 大王楼 西赵庄 杜店 阎楼	482	1768	202.47
朱　庙	朱庙 周菜园	451	1644	178.53
蔡　庄	蔡庄 瞿庄 董庄	360	1394	148.00
谢辛庄	谢辛庄 谢海 席庙 周押口 张柳园 刘庙	674	2399	216.21
吴　集	吴集 杨庄 吴楼 东孔庄	602	2693	220.00
温　庄	温庄 赵庄 张暗楼	393	1500	172.73

经济建设　农业　1986 年后，在稳定联产承包责任制的基础上，积极推进农业产业结构调整，不断加大农田水利基本建设力度，改善农业生产条件。1991 年，新打机井 60 眼，修复旧井

47眼，机井总数达到660眼，有效灌溉面积增加到2000公顷。粮食总产8610吨，棉花总产758吨。农业总产值1696万元，农民人均纯收入530元。1992年，投资40万元，打机井75眼，埋设节水管道2.5万米，节水灌溉面积275公顷。2000年，大力发展以桃为主的林果业，发展以青山羊、旱白番鸭为主的畜牧业和桑蚕生产。有8个村依靠林果、桑蚕和养殖实现脱贫目标，人均纯收入1900元。2001年，重点进行“三个万亩”（即万亩桃园、万亩桑园和万亩拱棚蔬菜基地）工程建设，实现农民增收、财政增收的“双增”目标。农民人均纯收入达到2500元。2005年，家禽养殖存栏37万只，位居全县之首，被市委、市政府评为全市畜牧养殖生产先进乡镇。2008年，实施小孟庄、蔡溜、柴楼、楚庄村农业综合开发项目，整平土地335公顷，打机井60眼，修生产路6.3公里、桥10座、涵洞40余个。发展优质小麦3333.33公顷（5万亩），林果面积535公顷，山羊存栏25万只，生猪存栏4.5万头，肉蛋鸡及旱白番鸭饲养45万只；发展林网间作基地335公顷。2010年，有耕地8754公顷。农作物播种面积16477.73公顷。其中，粮食作物播种面积13500.4公顷，总产7.33万吨；油料作物播种面积262.07公顷，总产量1040.5吨；棉花播种面积1231.87公顷，总产1651.23吨；蔬菜（含菜用瓜）播种面积1450.93公顷，总产量7.57万吨；瓜类（果用瓜）播种面积28公顷，总产量1245吨。果园面积388公顷，水果产量3.77万吨。其中，桃园面积368公顷，总产3.57万吨。大力发展特色农业、品牌农业、生态农业和无公害农业。当年，该镇高效农业桃和桑园亩均效益6000元以上，山药亩均效益高达2万元；畜禽养殖存栏量占全县的十分之一，家禽养殖存栏52万只。新增造林面积132公顷。农业总产值7.5亿元，人均纯收入6700元。

桃园

山药种植　　2010年摄影

工业　1986年，有砖瓦窑厂、农具厂2家镇办企业，工业总产值52万元（1980年不变价）。1995年，镇办工业总产值292万元，产品销售收入287万元，利税总额19万元。2002年，兴办光明集鲜桃储藏厂、富康养殖加工厂、单县银山棉业有限责任公司、兴联商行、玉祥农产品加工厂等企业。2008年，投资5000万元，续建圣源丝织企业；新引进投资3500万元，兴建全盛化工企业。工业总产值1.83亿元，工商税收1740万元。2010年，全年引进企业项目32个。其中，投资过3000万元项目有中潍电动车（总投资10.28亿元，占地面积33.33公顷）、单县锦恒泰制衣有限公司、香港慧美纺织有限公司、派力颗粒饲料加工厂等。同年，完成社会固定资产投入5.85亿元，工业生产总值17亿元。

第三产业　终兴集历来是单县东部的金融中心和商品集散地。1986年以来，镇党委、政府大力兴办加工业、服务业、商业、运输业、建筑业和劳务输出业。1987年，该镇实现第三产业总产值152万元，利润8.3万元；联合体总产值127万元，利润9.3万元。个体企业发展到241家，获利润19.2万元。1999年，新开辟1处占地14公顷的农贸大市场，新建商品楼房1500间，个体私营工商户增加1000户，从业人员增加到3100人。2001年，修整拓宽6条商业街，修建2处农贸大市场，个体工商户2000户，从业人员5000人，年营销额2亿元。2009年，马楼客运站至县城的客运车辆由不定时运行，改为每半小时发1班车。2010年，实施农贸市场整治改造工程，推动农贸市场“超市化”。对单县三盛园酱菜食品有限公司、兴鲁面粉、东兴家具等重点商业服务业实施跟踪服务，积极培育利税大户和新的经济增长点。形成以终兴、马楼、王小庄、朱庙、北常集5大集贸市场为依托，多种经营方式并存，商、运、服务业齐全的三产网络体系。个体工商户达6300家，从业人员1.8万人，第三产业总值4.45亿元。设有山药种植营销协会、桃栽培管理营销协会、蔬菜种植营销协会等农村合作经济组织。

特色产业　桃园　该镇栽培桃树历史悠久，但品种单一，品质差，种植面积小且分散，管理粗放。1998年，发挥地方优势，制定“建设万亩桃园，一年四季见桃”发展规划。1999年，在胶东、泰安引进反季节品种桃如中华寿桃、源乐白桃、早红珠、港白桃、曙光甜油桃。桃园面积322公顷，总产3894吨，每公顷效益4.5万元。2000年，发展新、优、特品种，如曙光甜油桃、中华寿桃等反季节品种桃和保护地栽培的大棚桃，桃园面积355公顷。当年鲜桃收获期间，该镇抽出30名干部，与各村70名销售能手组成10个销售小组，利用各种渠道广泛收集信息，联系外销客户。在销售高潮期，日成交量达75万公斤，成交额120万元。2001年，引进中华寿桃、沙红桃、重阳红和各品系油桃等20个反季节品种，桃园面积629公顷。同年，开发温室油桃生产和盆景桃花生产；相继推出大棚桃和大棚葡萄；建立占地7公顷的鲜桃批发市场；引进鲜桃储藏和桃汁、桃脯加工项目。2002年，新建50个温暖式油桃大棚，桃园面积674公顷。2003年，桃园面积1269公顷，总产26575吨。后由于鲜桃价格下降，桃园面积减少。2010年，桃园面积368公顷，总产35699吨。

山药　2001年，终兴镇确立“万亩山药”种植规划。2002年，以郭楼、孟集为中心试种山药，取得较好经济效益。2004年，终兴镇山药种植营销协会为终兴山药申请注册“吕后”牌商标和无公害标志。2005年，终兴镇成为鲁西南盛产山药大镇，山药面积2000公顷。2010年，山药面积2600公顷，每公顷效益30万元。

桑园　该镇是山东省重点蚕桑生产基地。2002年始，实施“万亩桑园”计划，把植桑养蚕确定为第三大支柱产业，以蔡溜、郗楼为中心，形成植养规模。2005年，小桑苗面积发展到667公顷。嫁接生产的小桑苗以品质优、市场信誉好，被省有关部门列为“无病桑苗基地”和“良种桑苗基地”，品种有农桑8号、农桑12号、农桑14号、尖头荷叶白、海宁桑和盛东1号等。桑园面积303公顷，年饲养蚕种3.5万张。2010年，桑园面积53.13公顷。

村镇建设　小城镇建设　1989年，在镇驻地主要街道上安装路灯30盏。1992年，终兴镇被省政府列为山东省重点城镇。同年，完成沿单丰公路商业街建设。1998年后，把加快小城镇建设作为工作重点，制定五年规划，先后修整拓宽桃园大街、复兴南街，街宽36米，总长5公里；开拓完善马楼集贸市场和王小庄集贸市场。2001年，镇党政办公大楼竣工。2008年，与济南客商合作开发，完成政通街南段及程王路商业街总长1.1公里的规划建设；沿单丰大街铺设花池300平方米，各街道栽植绿化树1200余棵，改造低压线路800米，安装路灯120盏，开挖铺设排水管道400余米。投资3000万元，兴建占地2公顷的义乌商住城，建筑面积3万平方米。2009年，镇计划生育综合服务站及派出所办公大楼落成并投入使用。同年，位于镇驻地西南700米处的中兴·福临花园动工兴建。该花园由山东鲁泰东昌房地产开发有限公司投资，建筑面积5万平方米。2010年建成200套，完成建筑面积3.2万平方米。同年，由山东汇都置业有限公司投资0.95亿元、占地7公顷的平安社区建成。2009年，动工兴建终兴集贸大市场。该市场总投资1.2亿元，占地8公顷，2010年建成启用。

新农村建设　1999年，在全县率先完成“四通一改”工程，修筑乡村公路12公里、终兴至时楼公路2.5公里、终兴至蔡堂公路6.5公里，架设通讯光缆36.5公里，新安装电话675门，有线电视收视率90%以上。2007年，北常集、孔店2个新农村建设试点开工建设，2008年竣工。2008年，完成村道硬化改造5.2公里。投资20万元，对王竹园村主街道进行绿化、美化、亮化，栽植绿化树150棵，安装新农村宣传标牌32块，安装路灯40盏；实施户户通自来水工程；新建510平方米的休闲广场1处，并安装体育健身器材。2010年，完成平城庵、苇子园、马楼3个空心村聚集改造，总建筑面积4.28万平方米。

社会事业　教育　1986年，有初中2所，小学9所，在校学生3359人，教职工132人。1996年，适龄儿童入学率、巩固率、小学生按时毕业率均为100%。2004年，新建民办学校——龙腾学苑。2008年，建设王小庄中学教学、办公综合楼。2010年，有初级中学2所，小学40所，幼儿园16所，重点小学和中学配备电脑、电视等现代化教学设备，教学条件得到改善。

卫生　1986年，终兴镇医院改为单县第二人民医院，有门诊楼1座，病房30间，设内科、外科、五官科、妇产科、儿科、中医科、化验室、放射室等，有床位45张，职工94人，其中，医疗技术人员88人，日均门诊量550人次。1999年，单县第二人民医院改称终兴镇中心卫生院。2001年，新建门诊楼、病房楼和职工家属楼，购置医疗设备，提高诊治水平，被市卫生局评为菏泽市先进卫生院。2010年，有床位90张，干部职工161人，其中，医务人员148人。

2006年，实行新型合作医疗和医疗救助制度。至2010年，办理医疗救助2800人。同年，新型农村合作医疗覆盖率95.8%。

民政　2006年，终兴镇对镇敬老院进行改建。至2010年年底，有21名“五保”老人入住敬老院。

第十二节　李田楼镇

境域　位于县城以东，镇驻地李田楼距县城10公里，系山东省生态文明乡镇。东邻终兴镇、时楼镇，北靠徐寨镇，西连园艺街道、东城街道和谢集镇，南与龙王庙镇接壤。辖区面积88.4平方公里，土壤系黏土和轻沙壤土质。东沟河、小苏河、惠河流经境域。349省道（单丰路）、单张公路穿越辖区。经地质勘测查明，辖区贮藏丰富煤炭资源，均属石炭—二叠系，主要分布在李田楼断裂以北的陈蛮庄一带，储量1.5亿吨，可开采储量1.2亿吨。煤质为低灰、低硫、特低磷、高热量的主焦煤，可作为煤化工、炼焦主原料及动力配煤。2009年4月，山东肥城矿业集团开始兴建陈蛮庄煤矿。

建置　1984年2月，社改乡时，龙王庙公社北部划出6个生产大队、32个自然村，陈蛮庄公社南部划出8个生产大队、36个自然村，成立李田楼乡。1986年，该乡辖14个行政村、68个自然村。总户数4416户，总人口19467人。1997年1月，行政村由17个合并为11个。2001年2月，陈蛮庄乡撤销，其12个行政村、79个自然村并入李田楼乡。2010年7月，撤乡设镇，李田楼乡改为李田楼镇。辖24个行政村，148个自然村。总户数13079户，总人口51578人，其中，男性26299人，女性25279人。人口密度583人/平方公里，人口自然增长率2.8‰。乡村从业人员22372人，其中，第一产业8660人，第二产业7012人，第三产业6700人。

2010年李田楼镇各行政村基本情况统计表

表30-2-12

行政村	自然村	户数（户）	人口（人）	耕地（公顷）
安　德	安德	325	1194	182.67
廉　庄	廉庄 胡寨 陈河口 陈庙 侯庙 彭庄	320	1244	193.20
陈线庄	陈线庄 潘庄 二郎庙 阮楼 和庄 吴新庄 张庄	346	1165	210.27
黄李庄	黄李庄 高马庄 吴楼 鹿湾 马路口 武当庙 西张庄	594	2263	452.60
贺　庄	前贺庄 后贺庄 周阁 后周阁 陈楼 刘菜园 黄庄 陈庄 刘大庄 孙庄	372	1569	278.53
吴老家	吴老家 孟景寺 吴集 前马楼 后马楼 西马楼 丁庄 张万庄	510	1770	408.33
田　庙	田庙 单庄 关黄庄 董堂 马庄 丁新庄	316	1350	141.53
谢　楼	谢楼 扈庄 张楼 蔡庄 杨柏楼	440	1758	258.67
陈蛮庄	陈蛮庄 安庄 马草庙 黄瓜园	420	1680	143.33
魏牌坊	魏牌坊 桑河 南丁庄 魏大庄 孙庄	802	2975	331.60
胡　庄	胡庄 王庄 李庄 北丁庄 北杨庄 魏庄 许庙 单楼 段草庙 杨楼 盛王庄 太平庄 郗楼	962	2947	303.27
杨　洼	杨洼 杨集 庄户 鹿湾	498	1902	255.87
前杨庄	前杨庄 刘庄 大杨庄 前石庄 后石庄 陈新庄 修庄	288	903	114.00
邵　庄	刘大楼 卢庄 石槽李庄 樊庙 小赵庄 邵庄 九楼 八里河	658	2471	297.47
吴庙台	刘靛池 西杨庄 吴庙台 崔庄 魏庄 刘庄	424	1699	194.33
杨大庄	杨大庄 马溜 张庄 杨新庄	467	1509	199.47
老龙窝	老龙窝 后老龙窝 杨瓦屋	370	1260	176.67
王刘楼	前马坊 后马坊 大王楼 刘庄	390	1550	202.00
齐　楼	齐楼	426	1617	182.47
丁　庙	丁庙 丁庄 张油坊 王常坑 亚常坑 牛常坑 西常坑	515	2230	268.67
李田楼	李田楼 朱庄 柴店 王楼	900	2810	276.00
马　庄	马庄 田庄 小李庄 纸坊庙 惠庄 李楼 杨庄 唐庄 吕庄 杨庄	790	2645	278.00

续表 30-2-12

行政村	自然村	户数（户）	人口（人）	耕地（公顷）
王河口	王河口 杨草庙 郭庄	360	1490	180.87
赵都寺	张王庄 后苗庄 前苗庄 赵堂 赵都寺 前张庄 后张庄 张碾道 崔庄 义新庄 前杜庄 东杜庄 西杜庄 刘菜园 朱黄庄	750	2568	356.53

经济建设 农业 1986年，有耕地2384公顷。粮田面积1748.53公顷，粮食总产7947吨。存栏大牲畜3488头、生猪1890头、羊9701只、家禽4.64万只。农业机械总动力4313千瓦。1987年，疏浚引排水河渠13条、22公里，新建、修复桥涵15座，搬运土方685万立方米，改造涝洼地233.33公顷。1999年，投资1500万元，实施农村电网改造。2003年，实施"村村通"工程，共修建乡村公路185公里。2005—2010年，实施土地综合整治项目，涉及齐楼、王刘楼、王河口、马庄、丁庙5个行政村、987.33公顷土地，投资1500万元，修路网50公里，挖沟渠40公里，修桥涵176座，架农电网65公里，新打机井168眼，建井房89座，搬运土方40万立方米，基本实现林、田、路、渠、井、房六配套。2007年，有黄李庄村、九楼村养殖小区2处，肉鸭存栏20万只，年出栏150万只，产值1200万元。2010年，有耕地5495公顷。农作物播种面积9442.47公顷。其中，粮食作物面积5450.87公顷，粮食总产量2.97万吨；油料播种面积567.27公顷，总产2305.94吨；棉花播种面积1755.4公顷，总产2343.46吨；蔬菜以西红柿、黄瓜、莴苣、韭薹、白菜、大蒜、山药等种植为主，播种面积1561.8公顷，总产量9.77万吨；瓜类（果用瓜）播种面积74.33公顷，总产4087.51吨。果园面积47.33公顷，水果产量2419吨。桑园面积339.67公顷。农业总产值3.25亿元，农民人均纯收入6364元。

工业 1986年，有印刷厂、窑厂2家乡办工业企业，工业总产值30万元。1995年，乡办工业总产值280万元，产品销售收入260万元，利税总额30万元。1998年，成立单县新宝纸塑包装制品有限公司。同年，乡办工业全部改为民营企业。2000年，有民营企业4家，工业总产值222万元，从业人员212人。2005年后，加大招商引资力度，至2010年，相继引进化工、木材加工、纺织、服装加工、房地产开发及农产品加工等10余个行业、21个项目，其中，过亿元项目5个，过3000万元项目16个。单县新华造纸项目，总投资1.5亿元，年销售收入6亿元，创利税3500万元。木材加工以贺庄、邵庄的杠子、镐把生产为龙头，辐射带动周边村队，形成单县的杠子、镐把生产加工基地，产品有5大系列，20多个品种，年加工、生产各种杠子、镐把1500万把，销售收入1.5亿元。服装、纺织拥有服装加工机械700余台（套），3.2万枚纱锭，年产值2.2亿元。

2010年李田楼镇辖区工业企业基本情况统计表

表 30-2-13

企业名称	地址	职工人数（人）	占地面积（公顷）	年产值（万元）	年利税（万元）	主要产品
单县德发玻纤有限公司	邵庄	60	0.8	500	90	隐形纱窗
单县万木木业有限公司	邵庄	34	1.53	400	70	水容器
单县荣氏调味品有限公司	邵庄	46	2	600	120	味精

续表 30-2-13

企业名称	地址	职工人数（人）	占地面积（公顷）	年产值（万元）	年利税（万元）	主要产品
单县腾飞水利工程有限公司	邵庄	71	1.87	360	68	水泥管
单县海洋油脂有限责任公司	邵庄	26	0.67	200	30	油脂
单县博兴制衣有限公司	胡庄	85	0.67	400	80	服装
单县宝丽蚕业有限公司	胡庄	21	0.6	150	26	蚕丝

第三产业　1986 年，有李田楼、陈蛮庄、杨集、安德 4 个集贸市场，个体工商户 235 户，从业人员 581 人，第三产业总值 650 万元。2009 年，增设吴老家集贸市场，新建客运点 2 处，投入客运车辆 16 辆，日客运量 1000 余人次。2010 年，个体工商户 1106 户，从业人员 2450 余人。第三产业总值 1.3 亿元。

村镇建设　**小城镇建设**　2009 年，由山东省城镇规划建筑设计院规划设计，以乡驻地为中心，规划面积 3.5 平方公里，主要街道三纵五横 8 条。当年，完成中心大街、运煤路、建设路、育英路、祥和路商业街及李田楼村主街道、巷道建设，共拓宽、硬化路面 35 公里；安装路灯 300 盏，绿化 4 万平方米。2010 年 10 月，总投资 1.2 亿元，占地 13.33 公顷，建筑面积 9 万平方米的李田楼中心商业广场建成启用。该广场是集商住、休闲、娱乐、幼教于一体的花园式小区。同年，投资 50 万元，修建自来水供应站 1 座，铺设供水管道 1.5 万米，镇驻地家家用上自来水。

新农村建设　2007 年，全乡实现柏油路、自来水、电话、有线电视、网络等“五通”。2009 年 6 月，启动陈蛮庄、吴庙台、田庙生态文明村建设，涉及 10 个自然村，1180 户，向李田楼乡中心社区聚集 1002 户、5600 人，复垦土地 80 公顷。当年，李田楼乡中心社区办公楼、幼儿园、小学、卫生室、中心广场建成使用。2010 年 9 月，启动祥和家园生态文明村建设，由太平庄、段草庙、张新庄等 6 个自然村整村搬迁组成。祥和家园社区占地 13.33 公顷，建五层连体楼房 33 栋、900 余套，聚集人口 5000 人，社区内建有办公楼、幼儿园、小学、卫生室、广场等。

社会事业　**教育**　1986 年，全乡有初级中学 1 所，在校学生 672 人，教职工 30 人；小学 7 所，在校学生 2206 人，教职工 291 人，适龄儿童入学率 90%；幼儿园 11 所。2007 年，撤销陈蛮庄初级中学。2010 年，有初级中学 1 所，教职工 65 人，在校学生 750 人；小学点 9 所，教职工 146 人，在校学生 1650 人，适龄儿童入学率 100%；幼儿园 11 所，学前儿童入园率 80% 以上。

卫生　2002 年，根据区划变动，将陈蛮庄卫生院改称李田楼卫生院，有床位 15 张，在职干部职工 19 人，其中，医务人员 18 人。2008 年，对村级卫生室实行一体化管理，将 31 个村卫生室合并为 24 个中心卫生所。2004 年 12 月，福仁医院在李田楼乡开业。该院占地 1.2 公顷，建筑面积 3000 平方米，设病床 12 张，有医务人员 22 人，设内科、外科、儿科、妇科、中医科、肿瘤科等临床科室。2009 年，乡医院投资 300 万元，新建住院大楼 1 座，添置 B 超机、X 光机等医疗设备 7 台。在全省率先创立农村社区卫生服务站试点。在农村社区卫生服务站设立预防卫生保健部的经验做法，在全市推广。2010 年，有卫生院 2 所，床位 40 张，医务人员 86 人，村级卫生室 24 处，年门诊量 32 万人次。农民参加新型农村合作医疗的比例在 98% 以上。同年，李田楼镇被评为菏泽市卫生工作先进集体和全市预防保健工作先进单位。

第十三节 张集镇

境域 位于单县东北部，镇驻地朱庄距县城25公里。东邻江苏丰县赵庄镇，北靠金乡县霄云镇，西连时楼镇，南与终兴镇接壤。辖区面积78.5平方公里，系夹粘层两合土质和轻壤土质。惠河、蔡河流经辖区。辖区煤炭资源丰富，矿藏量20.5亿吨。

建置 1958年8月，建立火箭人民公社，1959年1月，改称张集人民公社，驻地张集村。1965年，公社驻地由张集村迁往朱庄村。1979年1月，南部7个生产大队、13个自然村，划归新建的马楼人民公社。1984年2月，张集人民公社改为张集乡。同时，从北部划出16个生产大队、36个自然村，成立黄堆乡。1986年，张集乡辖31个行政村、65个自然村。总户数6171户，总人口28536人。1997年1月，行政村由29个合并为15个。2001年2月，黄堆乡撤销，其10个行政村并入张集乡。2001年10月，撤乡设镇。2010年，辖25个行政村、100个自然村。总户数14198户，总人口54492人，其中，男性27981人，女性26511人。人口密度694人/平方公里，人口自然增长率1.3‰。乡村从业人员28202人，其中，第一产业12305人，第二产业11615人，第三产业4282人。

2010年张集镇各行政村基本情况统计表

表30-2-14

行政村	自然村	户数（户）	人口（人）	耕地（公顷）
张 集	张集 朱庄 邢王庄 孙庄	543	2105	130.6
邢 楼	徐路口 邢楼	365	1498	171.8
玉皇庙	李海子 西宋庄 玉皇庙 蒋庄 解庄 张冯庄	499	1989	225.33
谢张庄	谢张庄 李林 单楼 谢油坊 大董寺 小董寺 小谢张庄	457	1781	210.4
刘 庄	徐楼 刘庄 前王楼 后王楼 周集 三王阁 荣庄 王老庄	618	2423	230.6
马 桥	马桥 朱小楼	272	1054	100.93
郑 阁	瞿庄 惠庄 蔡吴庄 郑阁 小吴庄 瞿楼 国王庄	659	2537	248.6
八大庄	八大庄 赵庙 周冯庄	461	1787	233.13
张 坊	陈庄 于楼 姚阁 前张坊 后张坊 段庄 任庄	702	2803	338
姬 集	东姬集 西姬集 三集 刘老庄 刘油坊 周庄	573	2269	192.73
夏 庄	大张庄 夏庄 王楼 王安楼 时双楼	592	2395	275.07
黄堆寺	黄堆寺 小张庄 徐楼	503	2019	206.13
张 楼	大张楼 小张楼 曹楼 白楼 北毛庄 大赵庄 韩王庄 王西楼	525	2041	266.47
秦 庙	秦庙 张小娄 赵辛庄 于楼 姜庄	588	2213	245
齐 楼	彭杨庄 大齐楼 小齐楼	671	2662	322.8
平岗集	平岗集	446	1639	202.33
李 楼	李楼 汪楼	344	1247	211.67

续表 30-2-14

行政村	自然村	户数（户）	人口（人）	耕地（公顷）
张庄寨	魏庄 张三官庙 张庄寨 毛庄	431	1797	206.6
衙　里	衙里 东宋庄	466	1555	165.8
皇亲府	东白楼 皇亲府	286	1156	112.67
花　园	田黑楼 田花园 刘新庄	325	1265	116.33
田老家	田老家 时刘庄	319	1321	141.67
胡　庄	韩庄 孙海 胡庄 黄庄	504	1981	222.4
曹　庄	曹庄 邵庄	310	1066	129.93
黄堆集	黄堆集 关庄	298	1206	120.8

经济建设　农业　2010年，农业总产值2.84亿元，农民人均纯收入7676元。

种植业。1986年，全乡粮食总产13438吨，棉花总产732吨，油料总产242吨。1993年，推广麦棉套种，解决粮棉争地矛盾。1994年，棉铃虫害肆虐，棉花严重减产，棉花面积大量减少。1995年、1996年，大力恢复和发展棉花生产，同时推广抗虫棉，棉花生产居菏泽地区前列，受到地区表彰和奖励。1997年，大力发展蔬菜生产，推广日光温室大棚和反季节蔬菜，建日光温室大棚220个，各种露地菜和反季节蔬菜530公顷，总产19164吨。2001年，黄堆乡并入后，粮食作物播种面积3954公顷，总产20719吨；棉花播种面积1927公顷，总产2906吨；蔬菜、瓜类播种面积2700公顷，总产52990吨。农业机械总动力50402千瓦。2010年，有耕地5590.27公顷。农作物播种面积10653.33公顷。其中，粮食作物播种面积5152.33公顷，总产2.93万吨；油料作物播种面积58公顷，总产166.33吨；棉花播种面积2838.33公顷，总产1647.36吨；蔬菜（含菜用瓜）播种面积2398公顷，总产11.79万吨；瓜类（果用瓜）播种面积206.67公顷，总1.16万吨。

棉花种植　　2010年摄影

林果业。1986年，全乡果树面积较小，主要为苹果，集中在皇亲府、田花园一带。1990年，开始发展苹果和苗圃生产。1991年，有杨树育苗基地6处、266.67公顷，品种有69杨、72杨、109杨、三倍体毛白杨、美荷杨、1015杨等11个品种。2002年，杨树育苗收入7000多万元，人均收入近1400元。2010年，果园面积69.33公顷，水果产量3423.41吨。

畜牧业。畜禽品种有牛、马、猪、鸡、羊等。1986年，主要为家庭散养。1990年，有养殖专业村6个，大型养殖场8个，饲养品种有鲁西黄牛、青山羊、三元杂交猪等优良品种。1995年，有畜牧专业村11个，专业户978户，存养大牲畜9139头，猪18633头，羊74990只，鸡29.6万只，纯收入2122万元，人均582元。1999年，成立养猪和养鸡协会。建设1000平方米鸭棚37个，鸭苗存栏5.52万只。同时，菏泽华英禽业有限公司4个标准化种鸭养殖场竣工。2010年，养殖专业村13个，规模养殖场4个，小型养殖场20个，专业户800余户。生猪存栏4万头，山羊存栏12万只，鸡鸭36万只。

水产业。该镇拥有可开发水资源214公顷，宜于发展以养鱼为主的水产业。1986—2010年，鱼塘面积由每千人1亩发展至每百人1亩，有生产基地40余公顷。主要利用辖区惠河的生态环境，采用“以生殖渔”的生产模式，饲养无污染鲶鱼、无鳞鱼、花鲢、鲫鱼、草鱼、青虾等。

农田水利基本建设。2007—2009年，投资63万元，开展冬季农田水利基础设施大会战，开挖沟渠22公里，整平土地1180多公顷，新打井机200多眼，铺设田间渣石路18公里。2010年，完成土方20余万立方米，铺设涵管360米，建生产桥2座。

工业 1986年，全乡有农机修配、砖瓦、预制、酿酒、木材加工、面粉加工、有机化工、果汁饮料等行业，有民营企业13家。乡办企业主要有面粉厂、水泥预制厂、砖厂、榨油厂等。1993年，新增宏祥纺织有限公司、单县亿联建材有限公司、鑫泉公司、单县第四建筑工程公司乡办企业4家，当年工业总产值2230万元，其中，乡办180万元，村办140万元，联合体办600万元，个体企业1010万元，企业利润31万元，上缴税金9.5万元。1998年后，乡办企业全部改制为民营企业。2007—2010年，招商引资实现新的突破，先后有单县金路通电磁线有限公司、单县宜佳食品有限公司、山东源润石油化工有限公司等16家规模以上工业企业落户县经济开发区，从业人员2868人。2010年5月，项目概算总投资约20亿元的张集井田由山东丰源煤电股份有限公司开工建设。同年，社会固定资产投入2.29亿元，工业总产值4.5亿元。

第三产业 1986年，有张集、黄堆和姬集3个集贸市场，个体工商户178户，从业人员300余人，第三产业总值57万元。1999年，增设皇亲府集市。2000年，新增平岗集市。2008年，建立张集客运站，投入运营公交车10辆。至2010年，建有乐家购物超市、家和家美超市、聚美惠超市3家大型超市，营业总面积近3000平方米。2010年，个体工商户发展到920户，从业人员1620人，第三产业总值达到2.1亿元。

村镇建设 **小城镇** 1986年，乡驻地仅有东西街、小南北街各一条，均为简易柏油路面，街道狭窄且年久失修。1988年，开始小城镇建设，至1997年建成府前街、幸福街2条。2007年，新建2平方公里的经济园区1处，水、电、路、通讯等基础设施配套齐全。2009年，投资60余万元、建筑面积1000平方米的镇计划生育综合服务楼建成启用。2010年，建设西环路、北环路、商裕街、文卫街和滨河街，沿街（路）排水、绿化、路灯等设施同时完成。镇驻地街道达到6纵2横，街道两旁商住楼房3200余间，个体工商户1600余户，成为单县东北部的商品集散地。同年，投资56万元办起张集镇文化中心，建有文化综合大楼和体育广场，图书馆藏书1万余册，体育广场配有各种体育器材。

新农村建设 2009年年初，在刘庄村启动新农村建设，2010年年底建成。共拆迁256户，新建210户，复垦土地26公顷。

社会事业 **教育** 1986年，辖区单县第四职业高中在校学生838人，有教职工81人；乡初级中学在校学生768人，有教职工46人；共有小学21所，在校学生4513人，教职员工157人。2002年，小学由34所合并为9所。2005年7月，单县第四职业高中并入单县职业中专。2010年，有初级中学2所，在校学生

2272人，教职工71人；有小学9所，在校学生5869人，教职工205人。

卫生　1986年，乡卫生院有床位12张，干部职工29人，其中，医疗技术人员25人；各行政村建有卫生室，配有村医37人。2008年，投资350万元，新建2700平方米住院大楼1座。2010年，镇卫生院开放病床55张。全院共有人员58人，其中，卫生技术人员37人，其他技术人员8人，管理人员5人，工勤技能人员8人。

2006年后，推行新型农村合作医疗制度。至2010年，该镇参合农民发展到48810人，参合率97%。

民政　1986年，全乡有敬老院1处。1999年进行改扩建，住房45间。至2010年，入住孤寡老人27人。

第十四节　时楼镇

境域　位于单县东北部，镇驻地时楼距县城17公里，系山东省生态文明乡镇。东邻张集镇，北靠金乡县司马镇，西连李田楼镇、徐寨镇，南与终兴镇接壤。辖区面积64.4平方公里，多系轻沙壤土质。东鱼河、惠河、小苏河、白马河流经辖区。单张（单县城—张集）公路、金砀（金乡—砀山）公路在辖区呈"十"字交汇，镇村公路纵横交错，四通八达。时楼镇以盛产辣椒远近闻名。时楼镇北部曹马集有当年曹操屯兵遗址。

建置　1958年8月，曹马乡改称红星人民公社，1959年1月，改为曹马人民公社，驻地曹马集。1963年5月，曹马人民公社改称时楼人民公社，公社驻地迁至时楼。1979年1月，时楼人民公社划出33个自然村，归属新建的陈蛮庄人民公社。1984年2月，时楼人民公社改为时楼乡。同时，从北部划出13个自然村，成立曹马集镇。1986年，时楼乡辖31个行政村，76个自然村。总户数5959户，总人口26611人。1997年，行政村由32个合并为16个。2001年2月，撤销时楼乡，改设时楼镇。撤销曹马集镇，整建制并入时楼镇。2010年，全镇有21个行政村，91个自然村。总户数11622户，总人口46767人，其中，男性24083人，女性22684人。人口密度726人/平方公里，人口自然增长率8.1‰。乡村从业人员19845人，其中，第一产业13829人，第二产业1564人，第三产业4454人。

2010年时楼镇各行政村基本情况统计表

表30-2-15

<table>
<tr><th>行政村</th><th colspan="2">自 然 村</th><th>户数（户）</th><th>人口（人）</th><th>耕地（公顷）</th></tr>
<tr><td>八小庄</td><td colspan="2">葛楼 葛集 葛庄 张庄 吕庄 窦庄 杨庄 刘庄</td><td>503</td><td>1763</td><td>185.87</td></tr>
<tr><td>曹马北村</td><td rowspan="2">曹马集</td><td>—</td><td>888</td><td>3112</td><td>297.53</td></tr>
<tr><td>曹马南村</td><td>小黄庄</td><td>773</td><td>2708</td><td>199.87</td></tr>
<tr><td>时门楼</td><td colspan="2">时门楼 刘庄 黄杨庄 谢阁</td><td>638</td><td>2234</td><td>233.93</td></tr>
<tr><td>刘　堂</td><td colspan="2">刘堂 李庄 王堂</td><td>501</td><td>1754</td><td>199.67</td></tr>
<tr><td>王　寨</td><td colspan="2">王寨 康寺 谢楼 檀庄</td><td>589</td><td>2067</td><td>239.87</td></tr>
<tr><td>东平楼</td><td colspan="2">东平楼 北张庄 华佗刘庄 陈坑 许庄</td><td>727</td><td>2546</td><td>232.53</td></tr>
<tr><td>张　堂</td><td colspan="2">张堂</td><td>283</td><td>992</td><td>109.07</td></tr>
</table>

续表 30-2-15

行政村	自 然 村	户数（户）	人口（人）	耕地（公顷）
时油坊	时油坊 傅海 东张草庙 西张草庙	459	1608	137.93
常李庄	常李庄 郭庄 前双楼	507	1778	163.09
徐 集	徐集 周庄 夏庄 丙灵宫 赵庄 张庙	531	1863	179
郑新庄	郑新庄	245	858	79.53
孙 庄	吴庄 孙庄 时胡同 柳集 柳园 乔庄 李庄 张暗楼 前王坑 后王坑 侯庙	1021	3575	342.6
陈洪庄	后黄庄 枣园 陈高庄 樊庙 前盛楼 中盛楼 陈洪庄 周楼	1044	3661	398.33
马 楼	大马楼 小马楼 郑庄 陈庄 张瓦屋 南杨庄 修楼 王庄	487	1707	172.53
枣庄集	枣庄集 盛庄	435	1523	194.53
朱 庄	朱庄 宋庄	372	1304	150.8
大孟庄	大孟庄 西郭庄	284	995	149.13
关黄庄	关黄庄 牛河 阚庄 刘庄 单庄 董庄	375	1313	155.2
时 楼	时楼 前小楼 香椿园 西平楼 后盛楼	659	2307	198.8
时家庙	时家庙 王门楼 烟堆 阎庄 时庄 碱场坡	927	3248	319.07

经济建设 农业 辖区地势平坦，土地肥沃，水源充足，适合各种农作物生长。1986年，粮食种植面积3795.27公顷，总产1155.2万公斤；存栏大牲畜5108头、羊8065只、生猪5191头、家禽7.05万只。农业总产值500万 元，农民人均收入312元。之后，按照“畜牧兴镇，猪羊先行”的发展战略，引导农民走“小群体、大规模”的路子，大力发展养殖专业村、养殖大户、规模养殖场。1993年，粮食作物播种3273公顷，总产1242.5万公斤；棉花播种面积533公顷，总产15.6万公斤；花生播种面积373公顷，总产705万公斤。农业总产值1623万元，农民人均纯收入620元。1995—2000年，投资35万余元，对时油坊等5个行政村中低产田进行改造，整平土地1000公顷，开挖沟渠22公里，新打机井150多眼，铺设渣石路20公里，铺设涵管200米，建生产桥5座，防汛抗旱能力得到提高。2001年，有7个村依靠种植山药、大蒜、圆葱和畜牧养殖实现脱贫目标。全镇农民人均纯收入2000元以上。2002年，圆葱种植2000公顷，辣椒、大蒜种植1000公顷，葡萄栽种533公顷，桑园栽种333.33公顷，粮经比例2∶8。2003年，组建关黄庄、时家庙、曹马集等蔬菜市场，并成立单县圆葱种植营销协会和小白菜种植营销协会，关黄庄、时家庙、大孟庄、时油坊、张堂等19个蔬菜生产专业村，蔬菜种植面积占耕地面积

辣椒种植　　2010年摄影

的80%以上。2010年，有耕地4535公顷。农作物播种面积7888.53公顷。其中，粮食作物播种面积4295.4公顷，总产2.49万吨；油料播种面积102公顷，总产量426.08吨；棉花播种面积1286公顷，总总产1147.93吨；蔬菜（含菜用瓜）播种面积1948.4公顷，总产量11.21万吨；瓜类（果用瓜）播种面积202.33公顷，总产量1.13万吨。果园面积151.33公顷，水果产量1.05万吨。其中，葡萄园面积91.8公顷，总产4604吨。有饲养大户62户，养殖专业村8个，存栏山羊8.4万只，生猪5万头，家禽20万只。农业总产值3亿元，农民人均纯收入6200元。

葡萄种植基地

大棚菜种植

工业　1986年，有乡办工业企业2家，工业总产值35万元（1980年不变价）。1998年后，民营企业发展加快。2001年，民营企业发展到100多家，形成以木材加工、果蔬产品加工、造纸、塑料、面粉等为主导产业的工业格局。2004—2006年，通过招商引资，相继引进机械铸造、文体用品、电动车生产、油脂加工、棉花纺织、鞋业加工等项目在县经济开发区落户。2007年8月，总投资1.1亿元的单县祥源纺织有限公司在县经济开发区建成投产，年销售收入6000万元，利税2000万元。10月，投资1亿元的菏泽盛源制衣有限公司在县经济开发区南环路北动工建设，2009年3月，竣工投产，年产童装800万套，销售收入1亿元，利税1000万元。2008年2月，总投资6000万元的单县绿安化工有限公司在县经济开发区滨河路西动工建设，2009年2月竣工。投产后，年产无公害农药1000吨，实现销售收入8000万元，利税1000万元。2010年1月，总投资1亿元，建筑面积2万平方米的菏泽正基化工有限公司在县经济开发区开工建设。投产后，可年产医药中间体430吨。同年，全镇固定资产投资3.9亿元，工业总产值15亿元。

第三产业　1986年，辖区有时楼、曹马集2个集贸市场，个体工商户65家，从业人员115人，第三产业总值58万元。2003年、2004年，先后建立时楼、曹马客运站，共投入客车14辆。2006年，增设枣庄集贸市场。商业超市从无到有，至2010年有方强超市、鲁能超市、曹马双喜超市3个大型超市。个体工商户1257户，从业人员3101人，第三产业总产值8182万元。

村镇建设　**小城镇建设**　2003年，拓宽硬化镇驻地中心街和商业街路面。2005年后，相继开辟曹马隅首大街、东大街和南大街，沿街建设商住楼房。2007年，兴建兴元大市场。

新农村建设　1986年，农村住房多为土坯瓦房。1999年起，新农村建设有序展开。至2010年，张堂新村康庄路（东西宽30米、南北长1100米）两侧建商住楼房150套，建筑面积2.2万平方米。复垦土地6.67公顷。

社会事业　**教育**　1986年，全乡有初级中学3所，在校学生1169人，教职工80人；小学26所，在校学生3668人，教职工149人；幼儿园25所，入园幼儿2000余人，教职工251人。2002年，小学由28所合并为9所。2010年，有初级中学1所，在校学生1000余人，教职工72人；小学9所，在校学生3100余人，教职工147人；幼儿园11所，32个班，入园儿童1400余人，教职工78人。

卫生 1986年，乡卫生院有床位20张，干部职工41人，其中，医疗技术人员37人。2005年，投资100余万元，对镇卫生院进行改扩建。2010年，镇卫生院有床位40张，干部职工54人，其中，医务人员38人。有村卫生室32处，乡村医生60余人。全镇参加农村新型合作医疗农民4.2万余人，参合率96%。

第十五节 徐寨镇

境域 位于单县北部，镇驻地徐寨距县城20公里。东邻时楼镇，北靠金乡县司马镇、鸡黍镇，西北连李新庄镇、成武县白浮图镇，南与李田楼镇、谢集镇接壤。辖区面积82.7平方公里，土壤显淤性，地质肥沃，农牧业比较发达。东鱼河、胜利河、东沟河流经辖区，农田灌溉便利。国道105线穿越南北，5条县、乡级柏油公路贯穿辖区。

建置 1958年8月，成立前进人民公社，1959年1月，改称徐寨人民公社，公社驻地徐寨。1979年1月，东部8个生产大队、28个自然村划归新建的芦墓人民公社；西南部6个生产大队、17个自然村划归新建的十里铺人民公社；南部17个生产大队、58个自然村划归新建的陈蛮庄人民公社。1984年2月，徐寨人民公社改为徐寨镇。1986年，辖31个行政村、104个自然村。总人口33066人。1997年1月，行政村由30个合并为20个。2001年2月合乡并镇，芦墓乡撤销，整建制并入徐寨镇。2010年，辖31个行政村、160个自然村。总户数17132户，总人口67035人，其中，男性34179人，女性32856人。人口密度811人/平方公里，人口自然增长率11‰。乡村从业人员27824人，其中，第一产业18519人，第二产业5252人，第三产业4053人。

2010年徐寨镇各行政村基本情况统计表

表30-2-16

行政村	自然村	户数（户）	人口（人）	耕地（公顷）
张河口	河西陈庄 张河口 南李庄 徐楼 小曹庄	402	1409	100.40
大魏庄	大魏庄 小魏庄 魏楼 田庄 马赵楼	523	1871	164.13
董　庄	赵楼 董庄 北科寺 北孟庄 北许庄 王油坊 王海 小刘庄	605	2168	192.67
杜　楼	刘庄 刘新庄 杜楼 东黄庄 许庄 赵庄	589	1971	201.13
孟　集	孟集 柴庙	465	1579	217.67
芦　墓	芦墓 李堌堆	489	1635	176.33
安　庄	安庄 谢庄 赵庄	467	1578	214.27
刘　楼	孙庄 刘楼 丁庄 穆李庄 王平房 吕庄 前刘楼	512	1885	241.40
李胡同	后枣园 前枣园 张庄 庞庄 李胡同 徐庄	487	1748	221.73
芳桂集	芳桂集 北张庄 河北黄庄	756	2504	215.00

续表 30-2-16

行政村	自然村	户数（户）	人口（人）	耕地（公顷）
岳刘庄	河南王庄 岳刘庄 后李庄 时集 前李庄	463	1671	147.07
万　庄	万庄 阮庄 李新庄 梅庄 欧庄 童庄 王岳楼 前卢楼 后卢楼	579	1886	203.73
田　楼	田楼 刘庄 廉店 徐园 何庄 张楼 红庙 乔楼 时庄	875	2837	288.40
齐　庄	齐庄 商楼 小商楼 郭村庙	500	1750	169.07
丁　楼	丁楼	312	1052	71.33
刘　寨	刘寨 官庄 欧洼 吴庄 小童庄 刘珂楼 徐庄 孙庄	896	2826	184.60
刘　堂	刘堂 袁湾 张庄	532	1806	233.93
坝头寺	坝头寺 曹庄 南陈庄 南吴庄 前张庄 王庄 后张庄 卢庄	412	1717	215.80
火神庙	马楼 火神庙 南张庄 黄庄 丁庄 欧庄	591	1974	171.20
彭　庄	彭庄 韩楼 永固庄 姜庄 蔡庄	323	1399	148.40
马　寨	马寨 马庄 陈庄 仇庄	535	1812	186.87
鹿　庄	鹿庄 单庄 邢庄 崔庄 刘楼	407	1521	200.80
韩　庄	韩庄 魏庄 单楼 袁马庄	483	1756	160.80
孙庄寨	孙庄寨 鲍庄 王门楼 南王庄	315	1441	200.67
毛　庄	毛庄 刘本庄 孟新庄 葛庄	596	2025	207.87
王　庄	王庄 袁楼 杨庙 侯庙 陈庄 南赵庄	376	1618	167.13
宗　庄	周坡 大朱庄 宗庄 河北王庄 邹庄 童庙 北时庄 小朱庄 李庄 大童庄	978	2966	293.73
关帝庙	关帝庙 许集 初楼 古庄 奶奶庙 中刘庄	764	2468	208.53
徐　寨	徐寨	328	1075	95.07
牛杨楼	杨楼 后牛楼 前牛楼 房楼 孟庄 时庄 翟庄	643	2014	161.33
马　阁	马阁 周庄 邵庄 孔楼	378	1281	214.93

经济建设　农业　1986 年，全镇粮食作物播种面积 5107.47 公顷，总产 2091.3 万公斤；棉花播种面积 897.13 公顷，总产 76.2 万公斤；油料作物播种面积 473.27 公顷，总产 125.9 万公斤。1991 年，新打机井 60 眼，修复旧井 47 眼，有效灌溉面积增加到 2535 公顷。粮食总产 2357.6 万公斤，棉花总产达到 121.5 万公斤。农业总产值 2208 万元，农民人均纯收入 580 元。1994 年起，大力发展大蒜、圆葱种植。2002 年，投资 100 万

徐寨苹果　　2009 年摄影

元，修建完善农业基础设施，增强防汛抗旱能力。2005年，家禽存栏28万只，被评为全市畜牧养殖生产先进乡镇。农民人均纯收入由2002年的2690元增加到3900元。2006年，投资1600万元，实施牛杨楼、齐庄、魏庄、许集行政村农业综合开发项目，整平土地666.67公顷，打井120眼，修建生产路7.9公里、桥10座、涵洞32个。种植大蒜、圆葱4000公顷，每公顷经济效益4.5万元。2008年，在稳定大蒜和圆葱生产的基础上，大力发展特色农业、品牌农业、生态农业和无公害农业。2010年，有耕地6772.87公顷。农作物播种面积14503.27公顷。其中，粮食作物播种面积5291.93公顷，总产3.09万吨；棉花播种面积3957.33公顷，总产4261.9吨；蔬菜（含菜用瓜）播种面积4053.33公顷，总产量15.83万吨；瓜类（果用瓜）播种面积1200.67公顷，总产量6.93万吨。果园面积110公顷，水果产量6050吨。农业总产值3.23亿元，农民人均纯收入6310元。

大蒜种植

刨蒜

工业　1986年，有砖瓦厂、面粉厂、纺纱厂、钳厂、粉末冶金厂、农具厂、砂轮厂、井管厂等8家镇办企业，工业总产值89万元。1987年，新上纺织厂、包装厂。工业总产值165万元，同比增长85.4%。1994年，工业总产值2400万元，其中，镇办企业总产值360万元，利税180万元。1996年，有板材厂、预制件厂、砖瓦窑厂、油漆厂4家镇办企业。1998年企业改制，镇办企业全部改为民营企业。全镇个体企业130家，工业总产值2167万元，上缴税金8万元，从业人员1050人。2000年，有民营企业6家，工业总产值2050万元。2004年后，大力实施招商引资，至2010年共引进工业项目26个，其中，投资过3000万元的项目有单县东升木业有限公司、菏泽蓝天果蔬有限公司、单县中承纸业有限公司、单县中固水泥包装有限公司等。2010年，社会固定资产投资4.32亿元，工业总产值13.8亿元。

第三产业　1987年，第三产业实现总产值182万元，利润10.6万元；联合体总产值149万元，利润11.7万元。个体工商户271家，获利润22.3万元。1999年，开展“党员带头上项目、带领群众奔富路”的“双带”活动，私营个体工商户发展到1020家。2001年，采取一系列优惠政策，大力兴办商贸、饮食、屠宰、运输、建筑、服务等第三产业，当年个体工商户1500余家，从业人员超过3000人，年营销额4000万元。2008年，在镇驻地徐寨先后新建开发文化广场、昌鑫农贸市场、府前街、永泰街，共建商住房800余套，建筑面积10余万平方米，总投资1亿多元。2009年，修整开拓3条商业街。至2010年，以徐寨、芦墓、芳桂集、郭村庙4个集镇市场为依托，形成多种经营方式、多种流通渠道的集贸体系。个体工商户达3300家，从业人员近万人，第三产业总值2.3亿元。

1999年，在105国道旁建设占地面积7公顷的大蒜交易市场1处，年交易额1.5亿元左右。2010年，有冷库20座，大蒜交易市场1个，年成交大蒜近5万吨。

村镇建设　1999年，徐寨镇在全县率先完成“四通一改”工程，修筑镇村公路30公里，治理河道18公里，架设通讯光缆34.5公里，新装电话780门，全镇农村全部实施电网改造。2002年，在镇驻地主要街道安装路灯36盏。2008年，建成建筑面积2000平方米的镇党政办公大楼。各街道栽植绿化树木800余棵，改造低压线路800米，安装路灯70盏，铺设排水管道700余米。村级道路硬化改造7.2公里。完成牛杨楼村庄建设整体规划，对村内主街道实施绿化、美化、亮化，栽植绿化树木150棵，安装新农村宣传标牌20块，路灯30盏。自来水入户率100%。2009年，计划生育综合服务站及文化中心大楼落成并投入使用。2010年，完成徐寨商业街改造，完善芦墓集贸市场。在幸福小区建住宅楼180套、建筑面积5万平方米，完成昌鑫集贸大市场建筑面积5万平方米、府前商业街4万平方米。

徐寨镇中心社区

社会事业　**教育**　1986年，全镇有徐寨镇、仁德庵两所中学，共20个教学班，在校学生1310人，教职工73人；有小学27所，在校学生6168人，教职工183人。1987年，投资40万元，修缮建设中小学基础设施。有20个行政村办起幼儿园，初等教育普及率98.9%。1996年，完成9所义务教育小学点的硬件建设，适龄儿童入学率、巩固率、小学生按时毕业率均100%。2002年，有初中学校1所，小学16所，幼儿园18所。2010年，中学和重点小学都配备电脑、电视等现代化教学设备，教学水平得到提高。1986—2010年，徐寨镇中学升学率在全县农村初中学校中一直处于领先地位。

徐寨镇中学

卫生　1986年，镇医院（县分院）有床位25张，干部职工49人，其中，医疗技术人员46人。2003年，镇中心卫生院建医疗办公楼，更新医疗设备。2010年，有床位50张，干部职工65人，其中，医务人员46人。

芦墓卫生院

2006年，推行农村新型合作医疗和医疗救助制度。至2010年，农民参合率97.1%。医疗救助1700人。

民政 2005年，徐寨镇对敬老院进行改建。2010年，入住“五保”老人19人。

第十六节 李新庄镇

境域 位于单县西北边陲，镇驻地李新庄距县城11公里。东邻徐寨镇，北靠成武县白浮图镇，西连成武县苟村集镇，南与谢集镇接壤。辖区面积68.4平方公里，多系淤壤土质，土地肥沃，被誉为“西北粮仓”。胜利河、翻身河、乐成河流经镇境。单（县）巨（野）公路贯穿南北。村村通柏油路。辖区矿泉水资源丰富，分布在黄寺、李坑、孟楼、修庄等村。黄寺矿泉水井静水位深8.48米，当降深达10.1米时，单井涌水量为1375.49立方米/日，允许开采688立方米/日，碘、锶、矿化度三项指标达到国家饮用天然矿泉水标准，系优质矿泉水。

建置 1958年4月，成立黄寺乡，9月，改为幸福人民公社，驻地黄寺村。1959年1月，改称黄寺人民公社。1979年1月，黄寺人民公社改称李新庄人民公社，社驻地由黄寺迁至李新庄。1984年2月，改称李新庄乡，所属50个生产大队整合为41个行政村。1985年撤销孙大寨行政村。1986年，辖40个行政村、133个自然村。总人口32400人。1994年12月撤乡设镇，改设李新庄镇。1997年1月，全镇行政村由43个合并为20个。2010年，辖20个行政村、130个自然村。总户数11815户，总人口41820人，其中，男性21331人，女性20489人。人口密度611人/平方公里，人口自然增长率6.9‰。乡村从业人员14005人，其中，第一产业9516人，第二产业2819人，第三产业1670人。辖区的高乡店村曾是唐代高乡县治所。

李新庄镇政府办公楼

2010年李新庄镇各行政村基本情况统计表

表30-2-17

行政村	自然村	户数（户）	人口（人）	耕地（公顷）
姬　庄	姬庄 刘辛庄 段庄 段菜园 前李庄 后李庄 梁庄 史楼	566	2565	233.20
赵新庄	赵新庄 石张庄 北赵庙 后颜楼 颜楼 刘楼	396	1682	208.53
朱双楼	朱双楼 纪新庄 吴郭庄	326	1411	176.07
刘草庙	刘草庙 孟庄 富陈庄 单桥 许堌集 曹庄 北常庄 北孟楼	674	2858	363.73
杨　庄	王府庄 刘庄 石楼 赵杨庄 河西王楼 刘杨庄	599	2684	278.93
牛　庄	牛庄 后牛庄 逯庄 黄店	410	1723	208.87
孟　店	孟店 胡庄	351	1413	158.20
李　坑	李坑 石桥 舒郭庄	333	1509	221.53

续表 30-2-17

行政村	自然村	户数（户）	人口（人）	耕地（公顷）
黄 寺	黄寺 李堰 河北王庄 陶庄 孙庄	391	1809	113.73
孟 楼	刘瓦屋 谢庄 赵庙 蒋庄 南孟楼 李井	397	2095	188.67
修 庄	修庄 彭庄 王楼 李新庄 马郭庄 刘杏园 南曹庄	505	2377	225.07
黄 坛	黄坛 郭海 贾庄 郝庄 前王庄 后王庄 朱庙 小孟庄 小张庄 前谢洼 后谢洼	595	2595	298.73
潘 庄	大潘庄 陶庙 范楼 韩庄 徐庄 郭楼 马庙	601	2509	267.33
大 集	大集 杨庄 北陶庄 段庄 单楼 王庙 和尚庙 西北王庄	443	1963	242.80
高乡店	高乡店 朱庄 北刘庄	411	1935	203.67
张 楼	张楼 舒庄 陈庄 焦楼 王庄 臧庄 鲍庙 谢官庄	497	2202	267.93
崔 堂	崔堂 崔刘庄 朱楼 何庄 东李楼 东张庄 西张庄	468	2182	173.40
李 楼	中李楼 西李楼 常庄 乔海 李庄 房杨庄 包任庄 田路口 田刘庄 小马庄	422	1950	214.73
秦 庄	秦庄 闫庄 刘裂楼 刘平楼 李菜园 白庄 刘老家 西孙庄 孙楼	474	2201	222.53
刘 洼	刘洼 刘新庄 水牛陈庄 刘干庄 水牛陈楼 小谢庄 太平庄 孙大寨 陈楼	431	1830	224.33

经济建设 农业 种植业。1986年，全乡粮食作物播种面积5738.27公顷，总产1828.4万公斤；棉花播种面积887.2公顷，总产82.2万公斤；花生播种面积207.73公顷，总产47.4万公斤。1995年后，积极推进种植业结构调整，大力发展“两高一优”农业。当年，在李坑村开始种植洋香瓜，逐渐向周围发展，后成为该镇的特色产业。1997年，在东北部4个村发展早春大棚蔬菜。2002年，黄坛村开始试种植早春大棚黄瓜，后发展到330余公顷。2010年，全镇共有耕地4597公顷。农作物播种面积8909.8公顷。粮食播种面积5727.93公顷，总产3.35万吨；油料播种面积8.8公顷，总产量37.62吨；棉花播种面积666.27公顷，总总产8056.2吨；蔬菜（含菜用瓜）播种面积2093.73公顷，总产量11.98万吨；瓜类（果用瓜）播种面积413.07公顷，总产量2.26万吨。果园面积105.73公顷，总产6977.55吨。

蔬菜种植基地

大棚洋香瓜

黄坛村大棚黄瓜

养殖业。1994—2002年，有存栏量5万只以上的鸡场2个，10万只以上的专业村1个，2万只以上专业村20个，1000只以上的养鸡专业户230户，每年养鸡均在100万只以上，纯收入4000万元以上。2003年后，受“非典”“禽流感”疫情影响，养殖规模迅速缩小，每年的存栏量40万只左右。2010年，出栏羊1.6万只、猪1万头、牛670头、鸡43万只。存栏羊1.2万只、猪8000头、牛560头。

2010年，农业总产值2.7亿元，人均纯收入6400元。

工业 1986年，有胜利窑厂、北窑厂、农具厂、面粉厂、建材厂、标件厂乡办企业6家，工业总产值123万元（1980年不变价）。1990年，新增化工厂、袜子厂、焊条厂、铜件厂4家乡办企业，工业总产值223万元。1996年，有镇办企业7家。2000年，有胜利窑砖瓦厂、北窑砖瓦厂、大集砖瓦厂、刘洼砖瓦厂、面粉厂、预制件厂等6家镇办企业，工业总产值1145万元，从业人员378人。2004年，招商引资项目单县永兴纱网有限公司落户县经济开发区。项目总投资2600万元，注册资金300万元，占地1.73公顷，总建筑面积7500平方米，拥有无梭织机240台，主要生产网格布、渔网、窗纱等。2010年，销售收入5000万元，上缴税金80万元，从业人员120人。2005年，在辖区建设顺鑫面粉厂。2007年，在县经济开发区招商建成九鼎铸造业。同年，总投资8000万元的单县乾元镍材料有限公司，落户该镇的张楼村。公司主要从事镍铁合金生产，有员工120人，机器设备14台（套），年生产镍铁合金材料6000吨，年销售产值1.2亿元，年上缴税金100万元。同年，又引进单县腾达铸造有限公司。该公司拥有磨砂机、混砂机2套，车床50余台，年生产铜制水龙头400万个，产值5000万元。产品主要销往韩国等国家和台湾地区，在国内外市场上供不应求。2008年，在县经济开发区招商引进山东伊莎贝尔矿泉水有限公司。2010年，在县经济开发区招商引进山东湖西电力发展有限公司。同年，引进单县承启皮鞋有限公司，该公司有2个生产线，年产皮鞋100万双，年销售额1亿元，上缴税金180万元，安置就业500余人。2010年，完成固定资产投入2.8亿元，工业总产值14亿元。形成食品、木材、铸造、建材、皮鞋加工等工业门类。

商业贸易 2010年，该镇有李新庄、黄寺及张楼三大集贸市场，主要经营日用百货、服装布匹、食品蔬菜等。其中，李新庄集占地8公顷，日上市人数1500～4000人，日成交额30万余元。全镇个体工商户1320户，从业人员6658人，第三产业总值5920万元。

村镇建设 **小城镇建设** 2002年，李新庄镇对李新庄中心街进行改造。2009年，建成和平路、幸福街。2010年建成政通东街、政通西街、共富路、顺河街。

新农村建设 该镇的谢洼和修庄是省政府批准的土地挂钩复垦试点项目，是李新庄镇新农村建设示范村。2010年3月，谢洼村开始拆建。7月，修庄行政村开始拆建。年底，谢洼村271家农户拆迁156户，建设排房安置156户，复垦土地8公顷；修庄行政村204家农户完成拆迁193户，共建二层楼房 280 余套，拆迁户全部妥善安置，复垦土地 14 公顷。

社会事业　**教育**　1986 年，全乡有初中 2 所，在校学生 999 人，教职工 56 人；小学 23 所，在校学生 4287 人，教职工 164 人。1993 年 12 月，李新庄中心校改名为乡教委。1995 年，该乡基本实现九年制义务教育，小学直接升入初中学习。1998 年，23 所小学合并成 5 所定点小学。2005 年 1 月，李新庄镇教委更名为李新庄镇中心学校。2005—2010 年，先后为中心小学、陶庙小学、李楼小学新建 4 幢教学楼，为孟店小学、东北小学新建 40 间标准教室。2010 年，为中心小学建教学楼 1 座，添置教学用电脑 37 台。同年，新建 1 处标准化中心幼儿园。至年底，全镇有孟店小学、东北小学、陶庙小学、李楼小学、修庄小学 5 所完全小学，单县华苑学校 1 所私立小学，在校学生 2000 余人；有高标准中心幼儿园 1 所，民办幼儿园 13 所，入园幼儿 1300 人。小学有教职工 142 人，其中，中学高级教师 2 人，小学高级教师 70 人；市、县级骨干教师 16 人，市、县级教学能手 12 人。

李新庄镇中学始建于 1983 年。2002 年，建设教学楼 2 栋共 80 间，实验室 15 间，学生宿舍 40 间，高标准学生食堂 12 间。配备图书 5000 余册，微机 60 台，实验室、仪器设备齐全。2008 年，投资 90 万元，建设高标准塑胶田径场 1 处。2010 年，有 18 个教学班，在校生 900 人；教职工 65 人，其中，，中学高级教师 9 人，中学一级教师 25 人，市、县级优秀教师、教学能手 18 人。

卫生　1986 年，乡卫生院占地 1.07 公顷，业务用房 410 平方米，有床位 20 张，干部职工 45 人，其中，医疗技术人员 37 人。1998 年 7 月，镇卫生院由黄寺村迁至李新庄，占地 0.87 公顷。2003—2010 年，先后建设门诊楼、门诊药房、病房楼、办公楼等设施，总建筑面积 3378 平方米。至 2010 年年底，有床位 30 张，医疗设备 20 台（件）。设内、外、妇、儿、针灸理疗、五官、预防保健、基本公共卫生等科室，有干部职工 53 人，其中，医务人员 32 人。

李新庄镇中心卫生院

2006 年，推行新型农村合作医疗，当年农民参合率 85%。2009 年，全镇 47 个卫生室整合为 9 个社区卫生服务中心。2010 年，农民参合率 98%，基本解决农民看病难问题。

民政　李新庄镇敬老院始建于 1987 年，占地 1.13 公顷，有住房 40 多间。院内有会议室、娱乐室、宿舍、厨房、餐厅等，房间内有空调、彩电、沙发等。1990 年，被山东省民政厅、老龄委命名为“文明敬老院”。2010 年，该敬老院有管理服务人员 6 人，集体供养“五保”老人 43 人。

李新庄镇敬老院

第三章 乡

第一节 高老家乡

境域 位于单县西部，乡驻地高老家距县城20公里。东邻郭村镇、曹庄乡、浮岗镇，南与浮岗镇、高韦庄镇相连，西、北分别与曹县青堌集镇、苏集镇接壤。辖区面积97.3平方公里，南部系沙壤土质，北部系加黏性两合土质。主要河流有黄白河、翻身河、南引黄干线等。公路有国道105线、省道254线、县道高（老家）高（韦庄）路等。

建置 1963年5月，从郭村人民公社西部和高韦庄人民公社北部划出部分村队，成立高老家人民公社。1979年1月，南部28个生产大队、54个自然村划出成立曹叵集人民公社。1984年2月，高老家人民公社改为高老家乡。1986年，高老家乡辖28个行政村，57个自然村，29434人。1997年1月，行政村合并为17个。2001年2月，曹叵集乡撤销，其12个行政村、54个自然村并入高老家乡。2010年，全乡有29个行政村，113个自然村。总户数16449户，总人口66866人，其中，男性34428人，女性32438人。人口密度687人/平方公里，人口自然增长率12‰。乡村从业人员35969人，其中，第一产业15231人，第二产业5409人，第三产业15329人。

2010年高老家乡各行政村基本情况统计表

表30-3-1

行政村	自然村	户数（户）	人口（人）	耕地（公顷）
高老家	高老家	619	2025	133
孙老家	孙老家 孙庄 晁庄 孙西店 张孙庄 解庄	655	2071	180
高豹庄	高豹庄 溪庄 王楼 琉璃庙	647	2203	176
南王楼	南王楼 吴窑	445	1342	90
董吴庄	董吴庄 孙河 玉皇庙 孙土楼 小高庄 刘菜园	812	2740	219
黄 岗	黄岗集 张三黑楼	613	2108	176
刘 庄	刘庄 西高庄 郑庄 孟庄	826	2672	229
安司刘庄	安司刘庄 袁老家 张岔楼	804	2816	265
尚 楼	尚楼 贾楼 郑黄楼 小谢庄 樊瓦房 尚集	605	2047	177
董邵楼	董邵楼 董新庄	394	1311	102
张武楼	前张楼 后张楼 金王楼 朱庄	733	2541	213
董老家	董老家 董王庄	555	1862	152

续表 30-3-1

行政村	自然村	户数（户）	人口（人）	耕地（公顷）
董花园	董花园 高桥 刘官庄 董楼	623	2464	197
高　楼	高楼 吴庄 孙堂	697	2541	205
刘　寨	刘寨	394	1352	95
张老家	张老家 冯阁 小赵楼 韩庄	668	2274	200
张奶庙	张奶庙 高庄 小张楼	475	1761	124
张大庄	张大庄 魏新庄 王海 前石楼 后石楼 周庄	518	2118	181
樊新庄	樊新庄 马堂 杨庄 申楼 李庄 门庄	486	1977	172
韦　洼	韦洼 施庄	489	2172	119
刘庄集	刘庄集 王堂 樊楼 于庄 刘新庄	566	2306	240
夏韦楼	夏韦楼 邵楼 南高庄 新于庄 小赵楼	769	2993	231.33
刘暗楼	刘暗楼 司楼	298	1232	153
李油坊	李油坊 张柿园 刘井 陆庄	499	1924	244
许　楼	许楼 孙暗楼 魏庄 许寨 解楼 小孙庄 孙庄	638	2533	188
高　集	高集 高庄 高吴庄 焦高庄 王三官庄 王花楼	667	2231	172
王庄寨	王庄寨 张庄 韩楼 西王庄 于楼 高傅庄 小王庄 薛庄	541	2092	145
李　桥	李桥 王花楼 郝堂 傅庄	577	2145	196
曹叵集	曹叵集	917	4607	320

经济建设　农业　1986年始，在稳定联产承包责任制的基础上，大力发展农村商品经济。当年粮食作物播种面积3346.2公顷，总产1037.9万公斤；棉花播种面积789.8公顷，总产65.3万公斤；花生播种面积351公顷，总产65.6万公斤。1990年，粮食作物播种面积3527.13公顷，总产1129.6万公斤；棉花播种面积914.33公顷，总产68.6万公斤；花生播种面积174.4公顷，总产39.6万公斤。1994—2001年，农田水利基本建设共开挖排灌沟渠51公里，打机井1000余眼，1998年一年新打机井300余眼，解决1333公顷耕地灌溉问题，实现旱能浇、涝能排。1998年始，大力发展特色农业、品牌农业、生态农业和无公害农业，实施芦笋、花生、蔬菜等规模种植。当年种植芦笋133公顷，花生260多公顷，蔬菜30多公顷。2001年，注重“南花生、北芦笋”两大板块种植和养殖业生产。

芦笋管理　　2004年摄影

有5个村依靠芦笋实现脱贫目标。全乡农民人均纯收入2432元。至2004年，芦笋种植面积发展到2000公顷，花生种植面积1333.33公顷，养鸡专业户发展到60余家，人均纯收入3287元。2005年起，先后对高豹庄、孙老家、曹叵集等行政村实施农业综合开发。至2007年，项目区整平土地141公顷，打井108眼，修生产路3公里，建涵洞56个。2008—2010年，先后成立芦笋种植营销协会、养鸡协会、食用菌种植营销协会等合作组织。

蛋鸡养殖　　2004年摄影

2010年，全乡有耕地5161公顷，农作物播种面积10856.4公顷。其中，粮食作物播种面积5647.8公顷，总产3.28万吨；油料作物播种面积1322公顷，总产量5998.2吨；棉花播种面积955公顷，总产1074.5吨；蔬菜（含菜用瓜）播种面积2895.6公顷，总产量14.27万吨；瓜类（果用瓜）播种面积36公顷，总产1994.24吨。果园面积36公顷，水果产量6973.27吨。家禽存栏60万只。农业总产值3.7亿元，农民人均纯收入6200元。

辣椒丰收　　2007年摄影

工业　1986年，有永恒建材厂、保温材料厂、砖瓦厂3家乡办企业，年产值170万元（1980年不变价）。1987年，对原有企业进行革新和挖潜，加强管理，使建材厂、保温材料厂等企业当年盈利5万元。同时，两处窑厂实行经营承包，均取得较好效益。1998年，乡办企业发展到5家，即石棉制品厂、华夏木制品厂、保温材料厂、砖瓦厂和永恒建材厂。有个体工业（8人以下）4家，工业总产值124万元，从业人员98人。2004年，全县第一家民营企业单县银建纺织有限公司落户该乡。2005年，单县高港食用菌有限公司在曹叵集村落地建成。2006—2010年，加大招商引资力度，先后有亿恒食品、华康纸业、银丰面粉、长青电源、鑫春车业、裕源纺织等项目在县经济开发区建成投产。2010年，完成固定资产投资4.8亿元。新增单县裕源纺织有限公司、单县美佳家具有限公司2家规模以上企业。当年规模以上工业企业实现销售收入9.2亿元，利税9500万元，完成增加值 2.4亿元。

商业贸易　1986—2010年，高老家乡商贸物流业有较大发展，形成高老家、曹叵集两大商贸物流中心，个体工商户由1993年的32家发展到

2010年的830家，大型超市40余家。2010年，商业贸易额8500万元。

村镇建设　小城镇建设　1986年，高老家乡政府驻地街道狭窄，且全是土路。1990年，铺修105国道至乡政府柏油路面。1998—2001年，先后拓宽高老家北大街、鱼市街，并铺修柏油路面、安装路灯。2009—2010年，先后完成政通街、府西街、政通广场、商贸街等街道建设，完成建筑面积5.8万平方米，硬化路面3万平方米，安装路灯160余盏，修下水道6000余米。

新农村建设　2004年，完成高老家、孙老家、曹叵集、黄岗集等村建设规划。2009年，启动孙老家试点村建设。投资150万元，对村内主街道实施绿化、美化、亮化，安装新农村宣传标牌26块、路灯32盏，实施户户通自来水工程。2010年年底，自来水入户率100%。

社会事业　教育　1986年，全乡有初级中学2所，在校学生1069人，教职工76人；小学26所，在校学生4034人，教职工142人，初等教育普及率89.9%。1998年后，先后投资149万元，为2所中学各建教学楼1栋。2009—2010年，投资150万元新建尚楼、许楼、张老家、韦洼、韦楼小学教学楼各1座；投资200多万元，新建高标准中心幼儿园1所。1998—2010年，小学入学率由90.5%上升到100%；中学入学率由90.2%上升到100%。

卫生　1986年，乡卫生院有床位15张，干部职工37人，其中，医疗技术人员30人。2010年，医院建筑面积达6800平方米，设床位30张。有干部职工57人，其中，医务人员40人。有卫生服务点38处。新农合参合率95.8%。

交通、通讯　1996年，该乡第一条县级公路高老家至高韦庄段柏油路（高高路）开工建设，1997年通车；1998年，投资275万元铺修11公里的食安路（食品站至安司刘庄）；1999—2001年，投资780万元，铺修高豹庄—孙老家—北王楼—高老家路，全长20余公里；2002—2003年，投资800余万元，铺修孙老家—李桥路、张老家—韦洼路，全长20余公里。2003—2005年，投资1600万元，铺修许楼、高集、李桥、王庄寨等4个村村间道路和村内道路约38公里。2006—2008年，投资1200万元铺修张老家—黄岗集、董老家—董邵楼及村内道路约32公里。2008—2010年，投资1000万元，铺修董花园—张老家、樊辛庄—曹叵集及傅庄—张庄—高傅庄—小王庄等8个自然村的道路约30公里。至2010年，共投资5655万元，铺修柏油公路151公里，实现村村通柏油路。

1986年，辖区电话较少。至2010年，固定电话用户8000余户，宽带用户5000余户，手机用户2.3万余户。

第二节　曹庄乡

境域　位于单县西南部，乡驻地曹庄距县城15公里。东邻黄岗镇，北靠莱河镇，西连郭村镇、高老家乡，南邃浮岗镇。辖区面积45.5平方公里，多系轻沙壤土质，有少量淤地。东沟河、翻身河流经辖区。县道姬（庄）浮（岗）公路纵穿南北。

建置　1958年8月，成立跃进人民公社，1959年1月，改称曹庄人民公社，驻地曹庄。1979年年初，从该社划出部分自然村归属黄岗人民公社。1984年2月，曹庄人民公社改为曹庄乡。同时，将27个生产大队划归新成立的浮岗乡。1986年9月，浮岗乡3个行政村、9个自然村并入曹庄乡。至此，该乡辖33个行政村，71个自然村。总户数5780户，总人口26649人。1997年1月，行政村由22个合并为11个。2010年，全乡有11个行政村，71个自然村。总户数7959户，总人口34887人，其中，男性19311人，女性16576人。人口密度767人/平方公里，人口自然增长率1.5‰。乡村从业人员13665人，其中，第一产业7269人，第二产业2055人，第三产业4341人。

2010年曹庄乡各行政村基本情况统计表

表30-3-2

行政村	自然村	户数（户）	人口（人）	耕地（公顷）
曹　庄	曹庄 冯庄 帅寨 朱草庙 鲁菜园 孙庄 万庙 顾堂 郑楼	914	3654	295.73
张武庄	张武庄 时庄 时庙 赵集 刘庄	491	1963	202.53
辛滩集	辛滩集 王平楼 王坊楼 北王庄 吴堤口	315	1296	131.20
王　寨	王寨 孙楼 王庄	563	2251	189.67
谢　庄	大谢庄 小谢庄 西张集 东张集 魏刘庄 后谢楼 小陈庄	572	2285	182.33
谢　寨	谢寨 前谢楼 董寨 西李庄	732	2928	237.33
李　庄	郭院 李庄 张庄 郭堤口 东门外 贾庄 徐庄 黄海子 东许楼 西许楼 小李庄 耿庄 崔刘庄 张福庄	1261	5042	439.80
霍　庄	霍庄 东郭庄 西郭庄 沙土王庄 肖溜 何庄	710	2841	188.93
秦　庄	东秦庄 西秦庄 朱庄 东石楼 魏庄 何楼 孙土楼 朱奶庙 朱楼	624	2495	218.67
荣　庄	前荣庄 后荣庄 牛楼 梁庄 刘店	456	1823	167.13
赵　庄	东赵庄 赵庄 晏庄 红庙	409	1633	139.40

经济建设　农业　1986年，全乡粮食种植面积2888.8公顷，总产678.4万公斤；棉花种植面积421公顷，总产29.7万公斤；花生种植面积826.27公顷，总产179.2万公斤。1992年，新打机井50眼，修复旧井79眼，机井总数570眼，有效灌溉面积1867公顷。粮食总产941万公斤。农业总产值2140万元，农民人均纯收入630元。1993年，新打机井68眼，有效灌溉面积2000公顷。2000年，大力发展以花生和胡萝卜为主的种植业，以青山羊、桑蚕为主的养殖业。2001年，有6个村依靠桑蚕养殖实现脱贫目标，人均纯收入1840元。2002年，农业基础设施建设累计投入90万元，新打机井236眼，修建桥涵21座，清淤和开挖排灌沟渠57公里。2008年，荣庄、赵庄等行政村农业综合开发整平土地306.67公顷，新打机井80眼，修建生产路4.5公里、桥12座、涵洞38个。全乡胡萝卜种植面积800公顷，羊存栏12万只，生猪存栏2.5万头、鸡30万只。2010年，全乡有耕地2335.07公顷，农作物播种面积5162.67公顷。其中，粮食作物播种面积2445.8公顷，总产1.42万吨；油料作物播种面积1097.67公顷，总产4356.05吨；棉花播种面积458.93公顷，总产561.7吨；蔬菜（含菜用瓜）播种面积1092.27公顷，总产5.28万吨；瓜类（果用瓜）播种面积68公顷，总产3264吨。果园面积16.87公顷，水果产量1252.9吨。有胡萝卜种植专业村3个，面积800公顷，为全县最大。桑园面积发展到202公顷。同年，发展华英鸭林下养殖，建立以李庄、谢寨为中心林下养殖基地，发展林下养殖58户，建设养殖示范小区5个、养殖大棚35个，面积3万平方米，饲养华英鸭30万只。农业总产值3.5亿元，人均

纯收入 6634 元。

工业　1986 年，该乡有西窑厂、北窑厂、农机修配厂、面粉厂、石棉厂、井管厂、农副产品加工厂等 7 家乡办企业，工业总产值 81 万元。1998 年，有北窑厂、湖西淀粉厂、双扶化工厂 3 家乡办企业。个体工业迅猛发展，当年全乡有个体工业企业（8 人以下）的行政村 11 个、261 家，从业人员 852 人，工业总产值 2542.5 万元，上缴税金 9.3 万元。2003 年，桂鲁玉米、伟业磨具等工业企业建成投产。至 2010 年，规模以上工业企业增加到 18 家，固定资产总额 6 亿元。其中，落户县经济开发区 6 家，乡工业园区 12 家。同年，全乡完成固定资产投入 2.34 亿元，工业总产值 8.5 亿元。

商业贸易　1986 年，全乡有个体工商户 300 余户。之后，乡党委、政府在贷款、经营、税收等各个环节上给予优惠，积极扶持个体工商户发展。至 1997 年，个体工商户 500 余户。1999 年，修建完善谢寨、李庄集贸市场。2002 年，在乡驻地开发修整 2 条商业街和 1 处农贸大市场。同年，个体工商户 650 余户。2003 年，个体工商户 700 余户，从业人员 2000 多人，年营销额 5600 万元。2008 年，投资 5400 万元，兴建政通路步行街。2009 年，启动实施农贸市场整治改造工程，推动农贸市场“超市化”。2010 年，以曹庄、谢寨、李庄市场集镇为依托，形成多种经营方式、多种流通渠道的商贸服务业网络体系。年底，个体工商户 958 户，从业人员 3000 余人，第三产业总值 1.1 亿元。

村镇建设　2008 年，开通政通路、南环路、东环路，乡驻地道路达到三纵三横。2009 年，文化路、中心街两侧商住房建设全部完工，总建筑面积 5.9 万平方米；乡文化站、计划生育服务站、派出所综合办公楼建成并投入使用。2010 年，完成政通西路住宅小区建设，建住房 150 套，建筑面积 2 万平方米。植绿化树 760 棵，安装新农村宣传标牌 19 块、路灯 100 盏，建 340 平方米的休闲广场 1 处，并安装体育健身器材。同年，完成翰阳社区建设，位于曹庄文化路中段，占地 7 公顷，总建筑面积 3 万平方米，配套齐全，环境优美，宜商宜居。

社会事业　**教育**　1986 年，全乡有初级中学 2 所，在校学生 782 人，教职工 46 人；小学 24 所，在校学生 2582 人，教职工 119 人。初等教育普及率 95.6%。同年，投资 37 万元，开办幼儿教育学前班 22 个，村办幼儿园 12 所。1996 年，完成 5 所小学点的硬件建设，适龄儿童入学率、巩固率、小学生按时毕业率均 100%。2002 年，小学由 24 所合并为 12 所。2006 年，通过政府引资、民间融资，新建民办曙光学校。2010 年，有初级中学 2 所，小学 12 所，幼儿园 11 所，重点小学和中学配备电脑、电视等现代化教学设备，优化办学条件。

卫生　1986 年，乡卫生院有床位 20 张，干部职工 29 人，其中，医疗技术人员 25 人。2005 年，新建医疗办公楼 1 栋。2010 年，有床位 30 张，干部职工 47 人，其中，医务人员 34 人。

2006 年起，推行新型农村合作医疗和大病救助制度。当年全乡参合农民 31600 人，办理大病救助 1560 人。2010 年，新型农村合作医疗农民参合率 99%。

第四章　被合并乡镇

第一节　丁楼乡

1984年2月成立，乡政府驻丁楼村。位于单县城西，乡驻地距县城7公里。辖区面积25平方公里。翻身河、芦埝沟河流经辖区。单曹公路自东向西穿境而过。2000年，辖9个行政村，45个自然村。总户数4909户，总人口18703人，其中，农业人口人18357人。耕地面积1575公顷。农作物播种面积2869公顷，粮食作物面积1353公顷，粮食总产量6978吨，油料产量2602吨，棉花总产96吨，蔬菜产量21869吨，水果产量166吨，农业机械总动力1.29万千瓦，农民人均以纯收入2138元。主要农作物有小麦、玉米、棉花、花生等。有初级中学1所，小学6所，在校学生3445人。

2001年2月，撤销丁楼乡，整建制并入莱河镇。

第二节　十里铺乡

1979年1月，成立十里铺人民公社，1984年2月，改为十里铺乡。位于单县城北，乡政府驻十里铺村，距县城5公里。辖区面积42.24平方公里。2000年，辖22个行政村，101个自然村。总户数8448户，总人口34075人，其中农业人口33137人。有耕地3116公顷。农作物播种面积6048公顷，粮食作物面积2801公顷，粮食总产量13658吨，油料产量7125吨，棉花总产199吨，蔬菜产量35340吨，水果产量322吨，农业机械总动力1.72万千瓦，农民人均纯收入2358元。有乡镇企业3家，从业人员120人，总产值422万元。

2001年2月，撤销十里铺乡，整建制并入谢集乡。

第三节　大李海乡

1979年1月，成立大李海人民公社，1984年2月，改为大李海乡。位于单县西部，乡政府驻大李海村，距县城15公里。辖区面积47.59平方公里。2000年，辖14个行政村，64个自然村。总户数7736户，总人口33412人。有耕地2678公顷。农作物播种面积4424公顷，粮食作物面积2861公顷，粮食总产量15065吨，油料产量2871吨，棉花总产399吨，蔬菜产量13973吨，水果产量200吨，农业机械总动力2.99万千瓦。玉米育种、大葱育种、黄瓜育种形成规模，有张香庄、李庄、顺河店、张雪楼、葛庙5个育种专业村。饲养蛋鸡12万只、生猪8000头、羊12000只。有乡镇企业8家，从业人员96人，总产值1163万元。有初级中学1所，小学17所。

2001年2月，撤销大李海乡，整建制并入郭村镇。

第四节　李新集乡

1979年1月，成立李新集人民公社，1984年2月，改为李新集乡。位于单县西南部，乡政府驻地李新集村，距县城30公里。辖区面积49.6平方公里。主要粮食作物有小麦、玉米、大豆等，经济作物有棉花、花生、油菜、瓜菜等。1990年后，调整种植业结构，大力发展高效农业，先后发展苹果、樱桃、酥梨、油桃、梅杏、柿子等果园近万亩，年产果品600万公斤。新建冬暖式大棚620座，主要种植樱桃、瓜菜等。农民人均纯收入由原来的不足300元提高到1380元。1996年，实现村村通柏油路。1997年，完成二期电网工程改造。2000年，辖12个行政村，39个自然村。全乡总户数6247户，总人口24907人，其中，农业人口24375人。耕地面积1444公顷。农作物播种面积2748公顷，粮食作物面积1280公顷，粮食总产量6647吨，油料产量1842吨，棉花总产756吨，蔬菜产量1800吨，水果产量6856吨，农业机械总动力1.59万千瓦，农民人均纯收入1780元。有初级中学2所，小学9所，在校学生3931人。

20世纪90年代，牛马庄村、李东村分别成为皮碗加工和豆制品加工专业村。2000年，有乡镇企业4家，从业人员268人，总产值2820万元。

2001年2月，撤销李新集乡，整建制并入浮岗镇。

第五节　聂傅庄乡

1984年2月成立，乡政府驻聂傅庄村。位于单县西南部，乡驻地距县城32公里。辖区面积21.6平方公里。2000年，辖7个行政村（聂傅庄、王楼、陈吴庄、韦岗、冯寨、双庙、苗土楼）、35个自然村。总户数3925户，总人口15256人，其中，农业人口15009人。有耕地1070公顷。农作物播种面积1838公顷，粮食作物面积1318公顷，粮食总产量7862吨，油料产量737吨，棉花总产110吨，蔬菜产量3666吨，水果产量150吨，农业机械总动力1.18万千瓦。农民人均纯收入元。有乡镇企业3家，从业人员240人，总产值262万元。有小学8所，在校学生1590人。

2001年2月，撤销聂傅庄乡，整建制并入浮岗镇。

第六节　毛庄乡

1984年2月成立，乡政府驻毛庄村。位于单县南部，乡驻地距县城20公里。辖区面积26.86平方公里。2000年，辖8个行政村，24个自然村。总户数3857户，总人口15245人，其中，农业人口15029人。有耕地1070公顷。农作物播种面积1880公顷，粮食作物面积965公顷，粮食总产量5114吨，油料产量2758吨，棉花总产56吨，蔬菜产量457吨，水果产量190吨，农业机械总动力0.85万千瓦。农民人均纯收入2215元。有乡镇企业3家，从业人员273人，总产值428万元。有初级中学1所，有小学，在校学生2305人。

2001年2月，撤销毛庄乡，整建制并入黄岗镇。

第七节　花园乡

1979年1月，成立花园人民公社，1984年2月改为花园乡。位于单县南部，乡驻地距县城14公里。辖区面积52.88平方公里。2000年，辖15个行政村，84个自然村。总户数7605户，总人口31237人，其中，农业人口30265人。有耕地2990公顷。农作物播种面积5075公顷，粮食作物面积2225公顷，粮食总产量12454吨，油料产量8097吨，棉花总产577吨，蔬菜产量15130吨，水果产量2880吨，农业机械总动力1.87万千瓦。农民人均收入2760元。有乡镇企业3家，从业人员255人，总产值312万元。有初级中学1所，小学10所，在校学生4970人。乡卫生院有床位6张，干部职工14人，其中，医务人员12人。

2001年2月，撤销花园乡，整建制并入黄岗镇。

第八节　孔集乡

1984年2月成立，乡政府驻孔集村。位于单县东南部，乡驻地孔集距县城30公里。辖区面积28.64平方公里。2000年，辖7个行政村，36个自然村。总户数3640户，总人口13585人，其中，农业人口13249人。有耕地1248公顷，农作物播种面积1380公顷，粮食作物面积1029公顷，粮食总产量4501吨，油料产量878吨，棉花总产84吨，蔬菜产量1755吨，水果产量10330吨，农业机械总动力1.42万千瓦。农民人均纯收入2077元。有乡镇企业4家，从业人员225人，总产值339万元。有初中1所，小学3所，在校学生2065人。

2001年2月，撤销孔集乡，整建制并入蔡堂镇。

第九节　孟寨乡

1984年2月成立，乡政府驻地孟寨村。位于单县东南部，乡驻地距县城25公里。辖区面积31.72平方公里。2000年，辖8个行政村，30个自然村。总户数3761户，总人口16205人，其中，农业人口15970人。有耕地1489公顷。农作物播种面积2021公顷，粮食作物面积807公顷，粮食总产量3676吨，油料产量2775吨，棉花总产28吨，蔬菜、瓜类产量20250吨，水果产量788吨，农业机械总动力1.42万千瓦。有乡镇企业4家，从业人员225人，总产值339万元。有初级中学1所，小学3所，在校学生2605人。

2001年2月，撤销孟寨乡，整建制并入杨楼镇。

第十节　罗庄乡

1979年1月，成立罗庄人民公社，1984年2月，改为罗庄乡。乡政府驻地罗庄村，位于单县城东南20公里。2000年，辖12个行政村，61个自然村。总户数6164，总人口25190人，其中，农业人口24686人。有耕地2084公顷。农作物播种面积5708公顷，粮食作物面积1653公顷，粮食总产量7617吨，油料产量6682吨，棉花总产833吨，蔬菜产量60380吨，水果产量1500吨，农业机械总动力1.8万千瓦。有乡镇企业3家，从业人员126人，总产值1069万元。有初级中学1所，小学11所，在校学生3843人。乡卫生院有床位20张，医务人员9人。

2001年2月，撤销罗庄乡，整建制并入龙王庙乡。

第十一节　王小庄乡

1984年2月成立。乡政府驻地王小庄村，位于县城东南27公里。辖区面积42.58平方公里。2000年，辖11个行政村，64个自然村。总户数5383户，总人口21506人，其中，农业人口21001人。有耕地2723公顷。农作物播种面积3760公顷，粮食作物面积2469公顷，粮食总产量14090吨，油料产量2029吨，棉花总产686吨，蔬菜产量1095吨，水果产量5378吨，农业机械总动力1.51万千瓦。农民人均纯收入2415元。有乡镇企业2家，从业人员110人，总产值107万元。有初级中学1所，小学16所，在校学生3596人。

2001年2月，撤销王小庄乡，整建制并入终兴镇。

第十二节　马楼乡

1979年1月，成立马楼人民公社，1984年2月，改为马楼乡。位于单县东部，乡驻地马楼距县城26公里。辖区面积53平方公里。2000年，辖18个行政村，70个自然村。总户数8976户，总人口32227人，其中，农业人口31366人。有耕地3603公顷。农作物播种面积5512公顷，粮食作物面积3244公顷，粮食总产量18108吨，油料产量2079吨，棉花总产1843吨，蔬菜产量9690吨，水果产量3960吨，农业机械总动力2.6万千瓦。农民人均纯收入2930元。有乡镇企业3家，从业人员165人，总产值369万元。2000年，有初级中学2所，小学14所，在校学生4422人。乡卫生院有床位12张，医务人员9人。

2001年2月，撤销马楼乡，整建制并入终兴镇。

第十三节　陈蛮庄乡

1979年1月，成立陈蛮庄人民公社，1984年2月改为陈蛮庄乡。位于单县城东，乡驻地陈蛮庄距县城13公里。辖区面积50.46平方公里。2000年，辖12个行政村，116个自然村。总户数6227户，总人口24967人，其中，农业人口24260人。有耕地3116公顷。农作物播种面积5585公顷，粮食作物面积2104公顷，粮食总产量10517吨，油料产量8803吨，棉花总产88吨，蔬菜产量44490吨，水果产量9400吨，农业机械总动力2.02万千瓦。农民人均纯收入2456元。有初级中学1所，小学16所，在校学生3902人。乡卫生院有床位10张，医务人员20人。

2001年2月，撤销陈蛮庄乡，整建制并入李田楼乡。

第十四节　黄堆乡

1984年2月，成立黄堆乡。位于单县东北部，乡驻地黄堆距单县城30公里。辖区面积31.3平方公里。2000年，辖10个行政村，36个自然村。总户数4927户，总人口18191人，其中，农业人口17804人。有耕地2027公顷。农作物播种面积3752公顷，粮食作物面积1316公顷，粮食总产量6985吨，油料产量126吨，棉花总产975吨，蔬菜产量44440吨，水果产量780吨，农业机械总动力1.91万千瓦。有乡镇企业2家，从业人员26人，总产值191万元。有初级中学1所，小学11所，在校学生3114人。

2001年2月，撤销黄堆乡，整建制并入张集镇。

第十五节　曹马镇

1984年2月，成立曹马镇。位于单县东北部，镇驻地曹马集距县城20公里。辖区面积16.71平方公里。2000年，辖5个行政村，13个自然村。总户数2925户，总人口11891人，其中，农业人口11641人。有耕地1189公顷。农作物播种面积2087公顷，粮食作物面积1019公顷，粮食总产量5529吨，油料产量813吨，棉花总产153吨，蔬菜产量12600吨，水果产量1000吨，农业机械总动力1.35万千瓦。农民人均纯收入2400元。有乡镇企业1家，从业人员50人，总产值360万元。有初级中学1所，小学7所。镇卫生院有干部职工11人，其中，医护人员9人。

2001年2月，撤销曹马镇，整建制并入时楼镇。

第十六节　芦墓乡

1979年1月，成立芦墓人民公社，1984年2月，改为芦墓乡。位于单县东北部，乡政府驻芦墓村，距县城20公里。辖区面积38.7公里。2000年，辖11个行政村，56个自然村。总户数5480户，总人口21784人，其中，农业人口21258人。有耕地2664公顷。农作物播种面积4983公顷，粮食作物面积1884公顷，粮食总产量10801吨，油料产量1814吨，棉花总产1220吨，蔬菜产量36180吨，水果产量239吨，农业机械总动力2.26万千瓦。农民人均纯收入1997元。有初中1所，小学14所，在校学生3536人。乡卫生院有床位42张，医护人员20人，为类风湿病专科医院，治疗效果较好，吸引商丘、曹县、金乡县等地患者前来就医。

2001年2月，芦墓乡撤销，整建制并入徐寨镇。

第十七节　曹叵集乡

1979年1月，成立曹叵集人民公社，1984年2月，改为曹叵集乡。位于单县西南部，乡驻地曹叵集距县城27公里。辖区面积47.33公里。2000年，辖12个行政村，55个自然村。总户数7315户，总人口27029人，其中，农业人口26471人。有耕地2202公顷。农作物播种面积4404公顷，粮食作物面积1030公顷，粮食总产量4907吨，油料产量7429吨，棉花总产136吨，蔬菜产量15780吨，水果产量2705吨，农业机械总动力1.54万千瓦。农民人均纯收入2032元。有乡镇企业2家，从业人员38人，总产值490万元。有初级中学1所，小学14所，在校学生4292人。

2001年2月，撤销曹叵集乡，整建制并入高老家乡。

第三十一编

组织机构

单县行政办公区

1987年，全县党政群机构、事业单位、行政性专业公司106个。乡镇党政编制1148人，实有1181人，超编33人；县直行政编制835人，实有1094人，超编259人。1993年12月机构改革，县直党政群机关由107个减少到42个，乡镇行行政机构由370个减少到222个。1999年，分流县乡机关事业单位超编人员4524人。其中，县直分流2420人，乡镇分流2104人。2001年，合乡并镇，全县乡镇由37个合并为20个。2002年7月，重新核定编制，县委工作部门调整至9个，编制149人，县政府工作部门调整至26个，编制精简至377人。同年，市核定单县党政机构35个，人大、政协、法院、检察院等机构8个。核定县直行政编制581人，政法系统编制539人。单城镇、终兴镇、黄岗镇、郭村镇编制各45人，其他16处乡镇核定行政编制各40人。2004年，市核定全县普通中小学编制总数10155人。2010年1月机构改革后，全县党政群机关55个，乡镇（街道）22个。县政府工作部门由26个精简至24个，县直党政群机关行政编制665个；公检法司政法专项编制740个；乡镇（街道）核定行政编制893个，财政拨款事业编制870个。

2010年，有县级机构6个，中共单县县委工作部门和直属单位11个，县政府工作部门和直属单位58个，政法机关2个，群众团体9个，县直事业单位14个，省、市属驻单单位25个，乡镇（街道）机关22个。

第一章　县级领导机构

第一节　中国共产党单县委员会

1986—2010年，中国共产党单县委员会历经六、七、八、九、十、十一、十二届，刘广新、温新月、周书运、侯宪秀、宋绍先、朱培吉、王永江先后任县委书记。

1986年，县委下设办公室、纪律检查委员会、组织部、组织员办公室、宣传部、统一战线工作部、政法委员会、农村工作部、企业政治工作办公室、县直机关党委、县委党校、党史资料征集研究委员会办公室、信访办公室、档案局、老干部科等。1988年1月，撤销企业政治工作办公室。1989年5月，撤销县委农村工作部，设立农业委员会，为县政府工作部门。同月，设立县委政策研究室、保密局、对台工作办公室。县委老干部科改为老干部局，由副科级单位升格为正科级单位。7月，精神文明建设委员会办公室升格为正科级单位。1991年8月，设立打击经济犯罪办公室、社会治安综合治理委员会办公室。1993年6—12月，县乡机构改革，按照撤、并、转、改的办法，县委序列由24个部门精简为县委办公室、组织部、宣传部、统一战线工作部、政法委、党史县志办公室、信访局、档案馆、机关党委、党校、老干部工作办公室共11个职能部门。1996年9月，设立机要局，重设政研室、新闻出版管理办公室、档案局、老干部局。撤销老干部工作办公室。1999年10月，设立山东省单县行政干部学校，为副县级事业单位。2002年5月，设立县委保密委员会办公室（挂县政府保密局牌子）、县委督查办公室、县委组织部党员电教中心，撤销县新闻出版管理办公室。7月，机构改革，县委设工作机构 7 个，即县纪律检查委员会（与县监察局合署）、县委办公室、县委组织部、宣传部、统一战线工作部（县委台湾工作办公室与其合署）、政法委员会（县综合治理办公室与其合署）、县直机关工作委员会。撤销县农业委员会。2005 年 3 月，设立维护稳定工作领导小组办公室，为正科级行政单位，隶属县委办公室。8 月，设立党员干部现代远程教育中心，事业单位，隶属县委组织部。2005 年 9 月，设立单县老年大学，为正科级事业单位，与老干部活动中心合署办公，隶属县委老干部局。2006 年 2 月，设立单县经济开发区党工委，为正科级行政机构，系县委派出机构。2007 年 5 月，设立县经济实绩考核工作办公室，为正科级行政单位，隶属县委组织部。2009 年 4 月，县委台湾工作办公室（挂县政府台湾事务办公室牌子）与县委办公室合署。2010 年 4 月，县委机要局加挂县密码管理局牌子。

中共单县县委第六至十二届书记、副书记、常委任期一览表

表 31-1-1

届 次	职 务	姓 名	任职时间	籍贯	备 注
第六届（1984.05—1987.03）	县委书记	刘广新	1984.05—1987.03	梁山县	
	县委副书记	夏树生	1984.05—1985.11	荣成市	
		王冠举	1984.05—1987.03	鄄城县	
		王笃信	1984.05—1986.03	东平县	
		卜令元	1985.05—1987.03	巨野县	
		李松柏	1985.08—1987.03	菏泽市牡丹区	
		张秀长	1985.12—1987.03	龙王庙镇	
		郝衍超	1986.09—1987.03	不详	
	常委	袁宜玲	1984.05—1987.03	北城街道	女
		黄启祥	1984.05—1987.03	龙王庙镇	
		张保夫	1984.05—1984.10	黄岗镇	
		孔凡松	1984.05—1985.12	乳山市	
		丁继民	1984.05—1986.12	黄岗镇	
		王培民	1984.05—1986.12	东城街道	
		陶继田	1984.10—1987.03	李新庄镇	
		李新魁	1985.08—1987.03	浮岗镇	
		吴吉美	1986.05—1987.03	终兴镇	
		瞿印庭	1986.12—1987.03	浮岗镇	
		尹正仁	1987.01—1987.03	东明县	
第七届（1987.03—1990.02）	县委书记	刘广新	1987.03—1988.09	梁山县	
		温新月	1988.09—1990.02	东明县	

续表 31-1-1

届次	职务	姓名	任职时间	籍贯	备注
第七届（1987.03—1990.02）	县委副书记	李松柏	1987.03—1989.03	菏泽市牡丹区	
		王冠举	1987.03—1989.08	鄄城县	
		张秀长	1987.03—1989.08	龙王庙镇	
		周书运	1989.03—1990.02	菏泽市开发区	
		刘玉平	1989.08—1990.02	时楼镇	女
		尹正仁	1989.08—1990.02	东明县	
	常委	黄启祥	1987.03—1989.08	龙王庙镇	
		李新魁	1987.03—1990.02	浮岗镇	
		吴吉美	1987.03—1990.02	终兴镇	
		瞿印庭	1987.03—1990.02	浮岗镇	
		尹正仁	1987.03—1989.08	东明县	
		袁宜玲	1987.03—1990.02	北城街道	女
		崔玉金	1989.08—1990.02	龙王庙镇	
		马春生	1989.08—1990.02	定陶县	
		张存金	1989.10—1990.02	郓城县	
第八届（1990.02—1995.03）	县委书记	温新月	1990.02—1993.01	东明县	
		周书运	1993.01—1995.01	菏泽市开发区	
		侯宪秀	1995.01—1995.03	郓城县	
	县委副书记	周书运	1990.02—1993.01	菏泽市开发区	
		尹正仁	1990.02—1993.12	东明县	
		刘玉平	1990.02—1993.12	时楼镇	女
		龚彦海	1990.04—1993.01	龙王庙镇	正县级
		侯宪秀	1993.01—1995.01	郓城县	
		张存金	1993.01—1995.03	郓城县	
		田文之	1993.12—1995.01	成武县	
		马建国	1994.03—1995.03	不详	省挂职
		乔廷龙	1994.03—1995.03	东明县	地区挂职
		李学军	1995.01—1995.03	定陶县	
		宋占良	1995.01—1995.03	鄄城县	
		李　民	1995.01—1995.03	金乡县	正县级
	巡视员	王恩盛	1993.01—1995.03	长清县	副县级

续表 31-1-1

届次	职务	姓名	任职时间	籍贯	备注
第八届（1990.02—1995.03）	常委	李新魁	1990.02—1995.03	浮岗镇	
		吴吉美	1990.02—1995.03	终兴镇	
		瞿印庭	1990.02—1995.03	浮岗镇	
		王恩盛	1990.02—1993.01	长清县	
		陶吉彬	1990.02—1993.01	莱河镇	
		马春生	1990.02—1993.08	定陶县	
		李贵钦	1991.04—1992.04	曹县	地区挂职
		陶继田	1993.01—1995.03	李新庄镇	
		王泽启	1993.01—1995.03	莘县	
		朱瑞东	1993.08—1995.03	黄岗镇	
		李　超	1995.01—1995.03	东明县	
第九届（1995.03—1998.03）	县委书记	侯宪秀	1995.03—1997.12	郓城县	
		宋绍先	1997.12—1998.03	鄄城县	
	县委副书记	张存金	1995.03—1997.06	郓城县	
		宋绍先	1997.06—1997.12	鄄城县	
		李学军	1995.03—1998.03	定陶县	
		宋占良	1995.03—1998.03	鄄城县	
		李　民	1995.03—1996.02	金乡县	正县级
		段文喜	1997.01—1998.03	曹县	
		李可杰	1995.11—1998.03	不详	挂职
		马建国	1995.03—1995.11	不详	省挂职
		乔廷龙	1995.03—1995.11	东明县	地区挂职
		李振乙	1997.10—1998.03	不详	挂职
	巡视员	王恩盛	1995.03—1998.03	长清县	副县级
	常委	吴吉美	1995.03—1996.06	终兴镇	
		瞿印庭	1995.03—1997.12	浮岗镇	
		张存金	1990.02—1993.01	郓城县	
		陶继田	1995.03—1997.12	李新庄镇	
		王泽启	1995.03—1997.01	莘县	
		朱瑞东	1995.03—1997.12	黄岗镇	
		吴兆端	1995.03—1997.12	北城街道	

续表 31-1-1

届 次	职 务	姓 名	任职时间	籍贯	备 注
第九届（1995.03—1998.03）	常委	谢忠富	1996.06—1998.03	谢集镇	
		石常恩	1996.06—1998.03	李新庄镇	
		袁洪升	1997.01—1998.03	曹县	
		张忠江	1997.12—1998.03	曹县	
		谷瑞灵	1997.12—1998.03	定陶县	
		牛翠阁	1997.12—1998.03	东明县	女
第十届（1998.03—2003.02）	县委书记	宋绍先	1998.03—2003.02	鄄城县	
	县委副书记	李学军	1998.03—2001.03	定陶县	
		王永华	2001.03—2002.12	曹县	
		赵传山	2002.12—2003.02	菏泽市开发区	
		宋占良	1998.03—2000.05	鄄城县	
		段文喜	1998.03—2001.03	曹县	
		张忠江	2001.03—2003.02	曹县	
		赵汝坤	2002.12—2003.02	巨野县	
		成　伟	2001.03—2003.02	菏泽市牡丹区	
		吴义刚	2000.05—2002.12	菏泽市牡丹区	
		徐淑珍	2001.03—2002.12	郓城县	
		宋吉华	1999.12—2003.02	不详	挂职
		杨和平	2000.09—2003.02	不详	挂职
		卜祥联	2000.06—2003.02	不详	挂职
	常委	李　超	1998.03—2000.06	东明县	
		袁洪升	1998.03—2003.02	曹县	
		谷瑞灵	1998.03—2003.02	定陶县	
		牛翠阁	1998.03—2001.03	东明县	女
		张金亮	1998.03—2001.03	高老家乡	
		谢培哲	1998.03—2000.02	谢集镇	
		葛金文	2000.02—2001.06	金乡县	
		徐淑珍	2000.06—2001.03	郓城县	
		王永华	2001.03—2002.12	曹县	
		成　伟	2001.03—2003.02	菏泽市牡丹区	
		秦建国	2001.03—2002.12	成武县	

续表 31-1-1

届次	职务	姓名	任职时间	籍贯	备注
第十届（1998.03—2003.02）	常委	刘照进	2001.03—2003.02	定陶县	
		刘启同	2001.03—2003.02	定陶县	
		潘月林	2001.06—2003.02	菏泽市开发区	
第十一届（2003.02—2007.01）	县委书记	宋绍先	2003.02—2004.01	鄄城县	
		朱培吉	2004.01—2007.01	青岛市城阳区	
	县委副书记	赵传山	2003.02—2004.06	菏泽市开发区	
		王永江	2004.06—2007.01	曹县	
		张忠江	2003.02—2004.06	曹县	
		赵汝坤	2003.02—2005.04	巨野县	
		成　伟	2003.02—2006.04	菏泽市牡丹区	
		孙为富	2004.02—2006.03	龙口市	挂职
		邵　伟	2004.02—2006.03	不详	挂职
		谷瑞灵	2004.12—2007.01	定陶县	
		刘启同	2005.04—2007.01	定陶县	
		王智永	2006.03—2007.01	海阳市	挂职
		赵　刚	2006.03—2007.01	不详	挂职
		于成璞	2006.03—2007.01	即墨市	挂职
	常委	袁洪升	2003.02—2004.06	曹县	
		谷瑞灵	2003.02—2004.12	定陶县	
		刘启同	2003.02—2005.02	定陶县	
		刘照进	2003.02—2007.01	定陶县	
		潘月林	2003.02—2004.02	菏泽市开发区	
		梁惠民	2003.02—2006.01	高韦庄镇	女
		孟繁文	2004.12—2007.01	徐寨镇	
		王本兵	2004.02—2006.11	青岛市城阳区	挂职
		罗衍宽	2004.02—2007.01	巨野县	
		张福龙	2004.06—2007.01	朱集镇	
		李　军	2005.04—2007.01	成武县	
		王桂荣	2006.01—2007.01	郓城县	女
		黄福常	2006.04—2007.01	龙王庙镇	
		李少华	2006.12—2007.01	鄄城县	女

续表 31-1-1

届次	职务	姓名	任职时间	籍贯	备注
第十二届（2007.01—　）	县委书记	王永江	2007.01—	曹县	市委常委
	县委副书记	王忠想	2007.01—2010.12	成武县	
		谷瑞灵	2007.01—2009.01	定陶县	
		张福龙	2009.01—2010.12	朱集镇	
		谷永强	2009.05—	曹县	挂职
		穆　杰	2010.12—	菏泽市牡丹区	
	常委	孟繁文	2007.01—2007.11	徐寨镇	
		张福龙	2007.01—2009.01	朱集镇	
		罗衍宽	2007.01—2009.01	巨野县	
		李　军	2007.01—	成武县	
		黄福常	2007.01—	龙王庙镇	
		王瑞宇	2010.01—	定陶县	
		王占华	2010.01—	高老家乡	
		刘照进	2007.01—2010.01	定陶县	
		王桂荣	2007.01—	郓城县	女
		李少华	2007.01—2010.01	鄄城县	女
		陈允全	2007.11—	巨野县	
		崔德行	2008.08—2010.12	济宁市	挂职
		穆　杰	2009.01—2010.12	菏泽市牡丹区	
		何爱国	2009.01—2010.08	曹县	
		李魁军	2010.08—	曹县	
		李文全	2007.04—2008.04	青岛市	挂职
		赵　刚	2007.01—2007.11	海阳市	
		叶建第	2007.12—2008.12	浙江省玉环县	挂职
		于成璞	2007.01—2007.04	即墨市	挂职

第二节 单县人民代表大会常务委员会

县人民代表大会常务委员会是县人民代表大会的常设机关，对县人民代表大会负责并报告工作。在单县范围内保证宪法、法律的遵守和执行，讨论决定全县政治、经济、文化等重大事项，监督县政府、县法院、县检察院的工作，依法任命地方国家机关工作人员。常委会由主任、副主任、委员组成。

1986—2010年，县人民代表大会常务委员会历经第九、十、十一、十二、十三、十四、十五届，王笃信、温新月（兼）、龚彦海、宋占良、段文喜、张忠江先后任人大常委会主任。

单县第九至十五届人大常委会主任、副主任任期一览表

表 31-1-2

届 次	职 务	姓 名	任职时间	籍 贯	备 注
第九届（1984.05—1987.04）	主 任	王笃信	1984.05—1987.04	东平县	兼
	副主任	袁学义	1984.05—1987.04	朱集镇	
		郭育普	1984.05—1987.04	巨野县	
		张汉卿	1984.05—1987.04	高老家乡	
		朱道川	1984.05—1987.04	郓城县	
		白敬芝	1984.05—1987.04	北城街道	女
		李宝贵	1986.03—1987.04	朱集镇	
第十届（1987.04—1990.03）	主任	王笃信	1987.04—1990.03	东平县	
	副主任	袁学义	1987.04—1990.03	朱集镇	
		郭育普	1987.04—1990.03	巨野县	
		张汉卿	1987.04—1990.03	高老家乡	
		朱道川	1987.04—1990.03	郓城县	
		李宝贵	1987.04—1990.03	朱集镇	
		周岐峻	1987.04—1990.03	金乡县	
		刘景修	1987.04—1990.03	江苏省丰县	
第十一届（1990.03—1993.03）	主任	温新月	1990.03—1993.01	东明县	兼
	副主任	袁学义	1990.03—1992.03	朱集镇	
		郭育普	1990.03—1993.03	巨野县	
		张汉卿	1990.03—1993.03	高老家乡	
		李宝贵	1990.03—1992.07	朱集镇	
		周岐峻	1990.03—1993.03	金乡县	
		刘景修	1990.03—1993.03	江苏省丰县	
		黄启祥	1991.10—1993.03	龙王庙镇	

续表 31-1-2

届次	职务	姓名	任职时间	籍贯	备注
第十二届（1993.03—1998.03）	主　任	龚彦海	1993.03—1998.03	龙王庙镇	
	副主任	张汉卿	1993.03—1998.03	高老家乡	
		刘景修	1993.03—1998.03	江苏省丰县	
		黄启祥	1993.03—1998.03	龙王庙镇	
		韦昌俭	1993.03—1998.03	高老家乡	
		李保山	1993.03—1998.03	高唐县	
		陶吉彬	1993.03—1998.03	莱河镇	
		张保夫	1993.05—1995.05	黄岗镇	
		李新魁	1995.03—1998.03	浮岗镇	
		张存启	1997.03—1998.03	莱河镇	
	调研员	邓桂立	1993.03—1998.03	江苏省丰县	
第十三届（1998.03—2003.01）	主　任	宋占良	1998.03—2000.05	鄄城县	
		段文喜	2001.04—2003.01	东明县	
	副主任	黄启祥	1998.03—2003.01	龙王庙镇	
		韦昌俭	1998.03—2003.01	高老家乡	
		李新魁	1998.03—2003.01	浮岗镇	
		张存启	1998.03—2003.01	莱河镇	
		瞿印庭	1998.03—2003.01	浮岗镇	正县级
		任兰才	1998.03—2003.01	黄岗镇	
		郭祥海	1998.03—2003.01	郭村镇	
		田云川	1999.03—2003.01	朱集镇	
		孙守兰	2001.04—2003.01	南城街道	女
		樊廷海	2001.04—2003.01	浮岗镇	
	调研员	邓桂立	1998.03—2003.01	江苏省丰县	
第十四届（2003.01—2007.12）	主任	段文喜	2003.01—2005.01	东明县	
		张忠江	2005.01—2007.12	曹县	
	副主任	郭祥海	2003.01—2007.12	郭村镇	
		孙守兰	2003.01—2007.12	南城街道	女
		樊廷海	2003.01—2007.12	浮岗镇	
		刘守坤	2003.01—2007.12	郭村镇	
		孟繁文	2003.01—2004.07	徐寨镇	
		吴吉美	2004.02—2007.12	终兴镇	
		张金亮	2005.01—2007.12	高老家乡	

续表 31-1-2

届 次	职 务	姓 名	任职时间	籍 贯	备 注
第十五届（2007.12— ）	主任	张忠江	2007.12—	曹县	
	副主任	郭祥海	2007.12—	郭村镇	
		孙守兰	2007.12—	南城街道	女
		张金亮	2007.12—	高老家乡	
		黄正光	2007.12—	时楼镇	
		孟庆魁	2010.02—	南城街道	

第三节　单县人民政府

县政府由县长、副县长及行政部门主要负责人组成，县长、副县长由县人民代表大会选举产生，行政部门主要负责人由县人大常委会任命。县政府实行县长负责制，县长主持县政府全面工作。副县长、县政府办公室主任协助县长工作。1986 年—2010 年，县政府历经第九、十、十一、十二、十三、十四、十五届，夏树生、王冠举、周书运、侯宪秀、张存金、宋绍先、李学军、王永华、赵传山、王永江、王忠想、穆杰先后任县长。1993 年前，每届任期 3 年；之后，每届任期 5 年。

单县人民政府第九至十五届县长、副县长任期一览表

表 31-1-3

届 次	职 务	姓 名	任职时间	籍 贯	备 注
第九届（1984.05—1987.04）	县长	夏树生	1984.05—1985.11	荣成市	
		王冠举	1985.11—1986.04	鄄城县	代
			1986.04—1987.04		
	副县长	张保夫	1984.05—1984.10	黄岗镇	
		黄启祥	1984.10—1987.04	龙王庙镇	
		周岐峻	1984.05—1987.04	金乡县	
		张启鸿	1984.05—1987.04	张集镇	
		刘玉平	1984.05—1987.04	时楼镇	女
		崔玉金	1984.10—1987.04	龙王庙镇	
		王培民	1986.12—1987.04	东城街道	
		陶继田	1987.02—1987.04	李新庄镇	
第十届（1987.04—1990.03）	县长	王冠举	1987.04—1989.08	鄄城县	
		周书运	1989.12—1990.03	菏泽市开发区	代
	副县长	任兰才	1987.04—1990.03	黄岗镇	
		刘玉平	1987.04—1990.03	时楼镇	女
		钟典国	1987.04—1988.11	不详	地挂职

续表 31-1-3

届 次	职 务	姓 名	任职时间	籍 贯	备 注
第十届（1987.04—1990.03）	副县长	陶继田	1987.04—1990.03	李新庄镇	
		崔玉金	1987.04—1990.03	龙王庙镇	
		黄启祥	1987.04—1989.09	龙王庙镇	
		华振亭	1987.10—1990.03	曹县	
第十一届（1990.03—1993.03）	县长	周书运	1990.03—1993.01	菏泽市开发区	
	副县长	崔玉金	1990.03—1993.01	龙王庙镇	
		陶继田	1990.03—1993.03	李新庄镇	
		任兰才	1990.03—1993.03	黄岗镇	
		华振亭	1990.03—1993.03	曹县	
		潘建荣	1990.06—1993.01	定陶县	
		陈志启	1991.04—1993.01	不详	地挂职
		鞠志国	1990.06—1992.08	不详	省挂职
		刘鲁民	1990.06—1992.08	不详	省挂职
		袁学法	1991.07—1993.03	不详	省挂职
		刘文祥	1992.07—1993.03	不详	中央挂职
		张义丰	1992.07—1993.03	不详	中央挂职
第十二届（1993.03—1998.03）	县长	侯宪秀	1993.03—1995.01	郓城县	
		张存金	1995.01—1995.03	郓城县	代
			1995.03—1997.06		
		宋绍先	1997.06—1997.12	鄄城县	
		李学军	1997.12—1998.03	定陶县	代
	副县长	陶继田	1993.03—1998.03	李新庄镇	
		任兰才	1993.03—1998.03	黄岗镇	
		华振亭	1993.03—1997.01	曹县	
		田云川	1993.03—1997.12	朱集镇	
		刘元军	1993.03—1993.12	江苏省丰县	
		安文焕	1993.12—1997.05	定陶县	
		夏冬青	1995.06—1998.03	徐寨镇	女
		张进忠	1997.02—1998.03	鄄城县	
		马年桥	1997.05—1998.03	定陶县	
		李　超	1997.12—1998.03	东明县	
		何茂远	1997.12—1998.03	定陶县	

续表 31-1-3

届 次	职 务	姓 名	任职时间	籍 贯	备 注
第十二届 （1993.03—1998.03）	副县长	徐淑珍	1997.12—1998.03	郓城县	
		刘文祥	1993.03—1995.01	不详	中央挂职
		张义丰	1993.03—1997.05	不详	中央挂职
		贾洪民	1994.03—1995.11	不详	省挂职
		展兴平	1994.03—1995.11	不详	省挂职
		韩世吉	1994.03—1995.11	不详	省挂职
		吴至海	1994.04—1995.11	不详	地挂职
		崔万斌	1994.04—1995.11	不详	地挂职
		刘培胜	1995.11—1998.03	不详	挂职
		王煜圭	1995.11—1998.03	不详	挂职
		石永怀	1995.11—1998.03	不详	挂职
		袁学法	1993.03—1993.08	不详	挂职
第十三届 （1998.03—2003.01）	县长	李学军	1998.03—2001.03	定陶县	
		王永华	2001.03—2001.04 2001.04—2002.12	曹县	代
		赵传山	2002.12—2003.01	菏泽市开发区	代
	副县长	李　超	1998.03—2000.06	东明县	
		夏冬青	1998.03—2003.01	徐寨镇	女
		徐淑珍	1998.03—2001.03	郓城县	
		秦建国	1999.03—2002.12	成武县	
		石常恩	1999.03—2003.01	李新庄镇	
		何茂远	1998.03—2003.01	定陶县	
		李秋军	1998.08—2001.03	曹县	
		韩雪慧	1999.03—2003.01	定陶县	
		张金亮	2001.03—2003.01	高老家乡	
		黄福平	2001.03—2002.01	时楼镇	
		赵汝坤	2002.12—2003.01	巨野县	
		宋茂民	2002.12—	东明县	
		宋吉华	1999.01—?	不详	挂职
		刘培胜	1998.03—?	不详	挂职
		王煜圭	1998.03—?	不详	挂职
		石永怀	1998.03—?	不详	挂职
		杨和平	2000.09—?	不详	挂职

续表 31-1-3

届 次	职 务	姓 名	任职时间	籍 贯	备 注
第十四届（2003.01—2007.12）	县长	赵传山	2003.01—2004.06	菏泽市开发区	
		王永江	2004.06—2005.01	曹县	代
			2005.01—2007.01		
		王忠想	2007.01—2007.12	成武县	
	副县长	赵汝坤	2003.01—2005.04	巨野县	
		成　伟	2005.04—2006.03	菏泽市牡丹区	
		刘启同	2006.01—2007.01	定陶县	
		孙为富	2004.02—2006.03	烟台市	挂职
		王本兵	2004.02—2006.03	青岛市	挂职
		夏冬青	2003.01—2005.04	徐寨镇	女
		韩雪慧	2003.01—2004.06	定陶县	
		张金亮	2003.01—2004.12	高老家乡	
		宋茂民	2003.01—2007.12	东明县	
		王效彤	2003.01—2007.12	莱河镇	
		孟繁文	2004.06—2004.12	徐寨镇	
		陈允全	2004.06—2007.11	巨野县	
		王瑞宇	2004.12—2007.12	定陶县	
		李少华	2005.04—2007.01	鄄城县	女
		邹　剑	2005.05—2006.12	不详	挂职
		赵　刚	2006.03—2007.06	不详	挂职
		于成璞	2006.03—2007.06	不详	挂职
		李文全	2007.04—2007.12	不详	挂职
第十五届（2007.12—　）	县长	王忠想	2007.12—2010.12	成武县	
		穆　杰	2010.12—	菏泽市牡丹区	代
	副县长	张福龙	2007.12—2009.03	朱集镇	
		穆　杰	2009.03—2010.12	菏泽市牡丹区	
		王桂荣	2007.12—2010.03	郓城县	女
		宋茂民	2007.12—	东明县	
		王效彤	2007.12—2010.03	莱河镇	
		王瑞宇	2007.12—	定陶县	
		杨　彬	2007.12—	鄄城县	
		李文全	2007.12—2008.04	不详	挂职
		崔德行	2008.01—2010.12	济宁市	
		叶建第	2008.01—2009.01	不详	挂职

第四节　中国人民政治协商会议单县委员会

中国人民政治协商会议单县委员会（以下简称单县政协）设主席、副主席、秘书长、常务委员会委员。县政协主席、副主席、秘书长、常务委员由全体委员会议举手表决产生。第六届县政协常委会由主席1人，副主席6人，委员25人组成；第七届常委会由主席1人，副主席6人，委员38人组成；第八届常委会由主席1人，副主席6人，委员38人组成；第九届常委会由主席1人，副主席5人，委员38人组成；第十届常委会由主席1人，副主席6人，委员37人组成；第十一届常委会由主席1人，副主席8人，委员41人组成；第十二届常委会由主席1人，副主席6人，委员45人组成。

单县第六至十二届政协主席、副主席任期一览表

表31-1-4

届 次	职 务	姓 名	任职时间	籍 贯	备 注
第六届（1984.05—1987.04）	主席	刘承恩	1984.05—1986.04	河南省内黄县	
		李松柏	1986.04—1987.04	菏泽市牡丹区	兼
	副主席	陈永福	1984.05—1987.04	龙王庙镇	
		李登水	1984.05—1987.04	长清县	
		单衍进	1984.05—1987.04	莱河镇	
		林与连	1984.05—1987.04	福建省厦门市	女
		王子云	1984.05—1987.04	莘县	
		刘景修	1984.05—1987.04	江苏省丰县	
第七届（1987.04—1990.03）	主席	李松柏	1987.04—1989.03	菏泽市牡丹区	兼
		周书运	1989.03—1990.03	菏泽市开发区	兼
	副主席	陈永福	1987.04—1990.03	龙王庙镇	
		李登水	1987.04—1990.03	长清县	
		单衍进	1987.04—1990.03	莱河镇	
		林与连	1987.04—1990.03	福建省厦门市	女
		王子云	1987.04—1990.03	莘县	
		孔凡楷	1987.04—1990.03	江苏省沛县	
第八届（1990.03—1993.03）	主席	周书运	1990.03—1991.06	菏泽市开发区	兼
		张立亭	1991.06—1993.03	郭村镇	
	副主席	单衍进	1990.03—1993.03	莱河镇	
		袁宜玲	1990.03—1993.03	北城街道	女
		王子云	1990.03—1993.03	莘县	
		孔凡楷	1990.03—1993.03	江苏省沛县	

续表 31-1-4

届 次	职 务	姓 名	任职时间	籍 贯	备 注
第八届（1990.03—1993.03）	副主席	林与连	1990.03—1992.12	福建省厦门市	女
		王培民	1990.05—1993.03	东城街道	
第九届（1993.03—1998.03）	主席	张立亭	1993.03—1997.12	郭村镇	
		陶继田	1997.12—1998.03	李新庄镇	
	副主席	袁宜玲	1993.03—1998.03	北城街道	女
		王培民	1993.03—1998.03	东城街道	
		王子云	1993.03—1998.03	莘县	
		孔凡楷	1993.03—1998.03	江苏省沛县	
		刘新兰	1993.03—1998.03	黄岗镇	女
		徐学法	1996.05—1998.03	蔡堂镇	
		黄汝杰	1997.12—1998.03	张集镇	
		檀兴民	1997.12—1998.03	时楼镇	
		孙秀云	1997.12—1998.03	黄岗镇	女
第十届（1998.03—2003.01）	主席	陶继田	1998.03—2003.01	李新庄镇	
	副主席	袁宜玲	1998.03—2003.01	北城街道	女
		刘新兰	1998.03—2003.01	黄岗镇	女
		徐学法	1998.03—1999.03	蔡堂镇	
		黄汝杰	1998.03—2003.01	张集镇	
		檀兴民	1998.03—2000.01	时楼镇	
		孙秀云	1998.03—2003.01	黄岗镇	女
		桑世允	1999.03—2003.01	李田楼镇	
		孙怀荣	1999.12—2003.01	曹县	
第十一届（2003.01—2007.12）	主席	孙培超	2003.01—2007.12	浮岗镇	
	副主席	袁宜玲	2003.01—2006.01	北城街道	女
		刘新兰	2003.01—2007.12	黄岗镇	女
		黄汝杰	2003.01—2007.12	张集镇	
		孙秀云	2003.01—2007.12	黄岗镇	女
		孙怀荣	2003.01—2007.12	曹县	
		梁法民	2003.12—2007.12	黄岗镇	
		吴基因	2003.01—2007.12	终兴镇	
		王占华	2006.01—2007.12	高老家乡	

续表 31-1-4

届 次	职 务	姓 名	任职时间	籍 贯	备 注
第十二届（2007.12— ）	主席	孙培超	2007.02—	浮岗镇	
	副主席	孙怀荣	2007.12—	曹县	
		吴基因	2007.12—	终兴镇	
		王占华	2007.12—	高老家乡	
		刘守进	2007.12—	郭村镇	
		曹凤琳	2007.12—	杨楼镇	女
		张 伟	2007.12—	终兴镇	
		司昌民	2010.01—	杨楼镇	

单县第六届至十二届政协委员会秘书长更迭表

表 31-1-5

姓 名	籍 贯	任职时间	届 次
胡伯彦	北城街道	1984.07—1997.12	第六、七、八、九届
闫明礼	龙王庙镇	1997.12—2001.01	第十届
王京华	终兴镇	2001.01—2006.07	第十届、十一届
司建民	高老家乡	2006.09—2008.06	第十一届、十二届
徐文华	莱河镇	2008.09—	第十二届

第五节 中国共产党单县纪律检查委员会

中共单县每次代表大会选举产生的中共单县纪律检查委员会都要召开第一次会议，选举县纪委常委和书记、副书记。1987 年 3 月 28 日，中共单县第七届纪律检查委员会第一次全体会议选举县纪委常委 7 人，丁继民任书记，刘全忠、胡云高任副书记，樊洪山、秦西春、马志英（女）任常委。1990 年 2 月 22 日，中共单县第八届纪律检查委员会第一次全体会议选举县纪委常委 7 人，马春生任书记，刘全忠、吴本礼、秦西春任副书记，马志英（女）、孙喜民、杨华任常委。1995 年 3 月 25 日，中共单县第九届纪律检查委员会第一次全体会议选举县纪委常委 9 人，瞿印庭任书记，吴本礼、秦西春、卢尚俭、石松任副书记，刘常、孙喜民、杨华、孟庆民任常委。1998 年 3 月 25 日，中共单县第十届纪律检查委员会第一次全体会议选举县纪委常委 9 人，张忠江任书记，秦西春、石松、李卫华、李福远任副书记，刘常、孙喜民、杨华、万继元任常委。2003 年 2 月 13 日，中共单县第十一届纪律检查委员会第一次全体会议选举县纪委常委 9 人，成伟任书记，石松、杨华、高慧（女）任副书记，徐志平、孙瑞清、黄克文、瞿波、李安营任常委。2007 年 1 月 29 日，中共单县第十二届纪律检查委员会第一次全体会议选举县纪委常委 7 人，刘照进任书记，杨华、高慧（女）任副书记，瞿波、李安营、杨公训、韩枫任常委。

1987—2010年中共单县纪律检查委员会历任书记、副书记任期一览表

表 31-1-6

姓 名	职 务	籍 贯	任职时间	备 注
张秀长	书记	龙王庙镇	1984.02—1986.03	
丁继民		黄岗镇	1987.03—1989.08	
马春生		定陶县	1989.08—1993.08	
瞿印庭		浮岗镇	1993.08—1997.12	
张忠江		曹县	1997.12—2001.03	
成　伟		菏泽市牡丹区	2001.03—2005.04	
谷瑞灵		定陶县	2005.04—2007.01	
刘照进		定陶县	2007.01—2010.01	
王桂荣		郓城县	2010.01—	女
刘全忠	副书记	龙王庙镇	1981.12—1996.01（1986.03—1987.02 主持纪委工作）	
吴本礼		徐寨镇	1984.05—1996.01	
胡云高		安徽省砀山县	1986.10—1990.07	
秦西春		李新庄镇	1990.02—2000.09	
石　松		莱河镇	1993.04—2007.01	
卢尚俭		徐寨镇	1993.07—1997.08	
李卫华		李新庄镇	1997.06—2000.07	
李福远		梁山县	1997.08—2002.07	
杨　华		金乡县	2002.08—2009.06	
高　慧		安徽省庐江县	2002.08—	女

第六节　单县人民武装部

1986年6月，中国人民解放军山东省单县人民武装部，由军队建制改归地方建制，称山东省单县人民武装部，为副县级单位，接受县委、县政府和上级军事机关的双重领导。内设办公室、军事科、政工科，辖民兵武器装备仓库和县直机关、园艺场及7个区、37个乡镇、2个企业武装部。县人武部保留党的委员会，党委第一书记由县委书记兼任。县人武部1名主官参加县委常务委员会。1996年4月，单县人民武装部收归军队建制，改称中国人民解放军山东省单县人民武装部，为正团级单位，编配部长、政委、副部长各1人。工作机构设军事科、政工科、后勤科3个科。县人武部设置党委第一书记，由县委书记兼任。县武装部政委参加县委常委会议，部长参加县政府常务会议。各乡镇党委书记兼任民兵营教导

员。2003年12月，撤销副部长编制。2004年12月，恢复副部长编制，军事科长由副部长兼任。2010年，县人武部设军事、政工、后勤3个科。辖22个乡镇（街道）武装部，1个县直机关武装部，有专职武装干部47人。

1986—2010年单县人民武装部主要领导任期一览表

表31-1-7

姓名	职务	籍贯	任职时间
李福进	部长	平度市	1980.10—1986.05
吴吉美	部长	终兴镇	1986.05—1997.12
王汉毅	部长	五莲县	1998.01—2001.03
刘铁军	部长	潍坊市	2001.03—2003.01
郑　欣	部长	郓城县	2003.01—2006.01
王　伟	部长	烟台市	2006.01—2008.02
蒋忠清	部长	安徽省砀山县	2008.02—
谢忠富	政委	谢集镇	1986.05—1999.03
谢培哲	政委	谢集镇	1999.03—2000.01
葛金汶	政委	金乡县	2000.01—2001.03
潘月林	政委	菏泽市开发区	2001.03—2004.01
罗衍宽	政委	巨野县	2004.01—2008.03
何爱国	政委	曹县	2008.03—2009.09
李魁军	政委	曹县	2009.09—
吴吉美	副部长	终兴镇	1985.12—1986.05
谢培哲	副部长	谢集镇	1988.11—1998.03
张士勇	副部长	黄岗镇	1998.04—2003.01
郐西栋	副部长	曹县	2002.03—2003.01
单士玉	副部长	谢集镇	2003.01—2004.01
刘海进	副部长	鄄城县	2005.01—2007.12
迟有勇	副部长	安徽省颍上县	2007.01—2010.03
崔东风	副部长	李新庄镇	2009.01—

第二章　县直部门、单位

第一节　中共单县委员会工作部门

中共单县县委办公室　是中共单县县委的综合办事机构。1989年5月，设立县委政策研究室、单县国家保密局。1993年12月，档案局改建为档案馆，原行政管理职能归属县委办公室，机构归口县委办公室。党史资料征集研究委员会办公室改为事业单位，归口县委办公室。撤销政策研究室、保密局，人员职能归并县委办公室。1996年9月，设立机要局，重设政策研究办公室。2005年3月，设立维护稳定工作领导小组办公室。5月，设立保密委员会办公室、县委督察办公室。2009年10月，县委台湾工作办公室由与县委统战部合署改为与县委办公室合署。2010年，县委办公室辖督察办公室、政策研究室、机要局、保密委员会办公室、维护稳定工作领导小组办公室、台湾工作办公室。

1986—2010年单县县委办公室主任更迭表

表31-2-1

姓名	籍贯	任职时间
王培民	东城街道	1981.04—1986.12
瞿印庭	浮岗镇	1986.12—1993.08
朱瑞东	黄岗镇	1993.08—1998.01
张金亮	高老家乡	1998.04—2001.03
刘启同	定陶县	2001.03—2004.07
张福龙	朱集镇	2004.07—2007.01
黄福常	龙王庙镇	2007.01—

中共单县县委组织部　1986年，县委组织部代管组织员办公室（行政，正科级）和老干部科（行政，副科级）。1993年12月，撤销老干部局，设立老干部工作办公室，仍归口组织部。撤销组织员办公室，其人员、职能归并组织部。1996年9月，老干部工作办公室又改为老干部局（行政，正科级），直属县委。同年，恢复组织员办公室，仍由组织部代管。2002年5月，设立组织部党员电教中心，为副科级行政单位。2005年8月，设立单县党员干部现代远程教育中心，为正科级行政单位，隶属组织部。2007年5月，设立单县经济实绩考核办公室，为正科级行政单位，隶属组织部。

1986—2010 年单县县委组织部部长更迭表

表 31-2-2

姓 名	籍 贯	任职时间
丁继民	黄岗镇	1984.02—1986.12
尹正仁	东明县	1986.12—1989.11
张存金	郓城县	1989.11—1993.01
王泽启	莘 县	1993.01—1997.01
袁洪升	曹 县	1997.01—2004.06
刘启同	定陶县	2004.06—2005.04
李 军	成武县	2005.04—

单县老干部局 1989 年 5 月，县委老干部科改为县委老干部局，升格为正科级行政单位。1993 年 12 月，撤销县委老干部局，设立县委老干部工作办公室，仍归口组织部。1996 年 9 月，县委老干部工作办公室又改为县委老干部局（行政，正科级），直属县委。2005 年 9 月，设立老年大学，为正科级行政单位，加挂县委老干部党校的牌子，与县委老干部活动中心合署办公，隶属县委老干部局管理。2010 年，县委老干部局辖老年大学、老干部党校和老干部活动中心。

1986—2010 年单县老干部局（老干部科、老干部工作办公室）主要负责人更迭表

表 31-2-3

姓 名	职 务	籍 贯	任职时间	备 注
初世玲	老干部科科长	徐寨镇	1985.08—1988.09	
田明强	老干部科副科长	高老家乡	1988.09—1989.05	主持工作
	老干部局副局长		1989.05—1993.04	主持工作
邵德启	老干部局局长	徐寨镇	1993.04—1993.12	
	老干部办公室主任		1993.12—1995.07	
于洪民	老干部办公室主任	北城街道	1995.07—1996.09	
于洪民	老干部局局长	北城街道	1996.09—2004.04	
付道俭	老干部局局长	成武县	2004.04—2008.01	兼
冯超良	老干部局局长	黄岗镇	2008.03—	兼

中共单县县委宣传部 1986 年，县委宣传部下设办公室、理论教育科、新闻报道科、宣传科、“五讲四美三热爱”办公室 5 个科室。1987 年 9 月，“五讲四美三热爱”办公室改为精神文明协调委员会办公室。1988 年 1 月，县委企业政治办公室撤销。1989 年 5 月，县委宣传部设立企业思想政治工作科，承担原县委企业思想政治工作办公室的各项职能。1989 年 7 月，精神文明协调委员会办公室由股级升格为正科级单位，仍隶属县委宣传部管理，1990 年 1 月，改名为精神文明建设委

员会办公室，1993 年 12 月县机构改革时撤销，其人员、职能归并县委宣传部。1996 年 9 月，恢复精神文明建设委员会办公室，为正科级行政单位，隶属县委宣传部。同月，设立县新闻出版管理办公室，为副科级行政单位。2000 年 9 月，成立县文化艺术界联合会和县社会科学界联合会，均为正科级群团组织，隶属宣传部。2002 年 5 月，县新闻出版管理办公室撤销。设立县对外宣传办公室，为副科级行政单位，挂县政府新闻办公室牌子。2009 年 8 月，设立县网络文化办公室，为副科级事业单位。至 2010 年年底，县委宣传部内设办公室、宣传科、新闻报道科、理论教育科、企业思想政治工作科、对外宣传办公室、网络文化办公室 7 个科室。辖县精神文明建设委员会办公室、县社会科学界联合会、县文化艺术界联合会 3 个正科级单位。

1986—2010 年中共单县县委宣传部部长更迭表

表 31-2-4

姓 名	籍 贯	任职时间	备 注
李新魁	浮岗镇	1985.07—1995.01	
李　超	东明县	1995.01—1998.01	
牛翠阁	东明县	1998.01—2001.03	女
刘照进	定陶县	2001.03—2007.01	
李少华	鄄城县	2007.01—2010.02	女
王占华	高老家乡	2010.02—	

单县精神文明建设委员会办公室　1986 年，县委宣传部内设“五讲四美三热爱”委员会办公室，为行政股级单位。1987 年 9 月 3 日，改为县精神文明建设协调委员会办公室。1989 年 7 月，县精神文明建设协调委员会办公室由股级升格为正科级单位，隶属县委宣传部管理。1990 年 1 月 4 日，县精神文明建设协调委员会办公室更名为县精神文明建设委员会办公室。1993 年 12 月，县委、县政府机构改革，县精神文明建设委员会办公室撤销，人员、职能划归宣传部。1996 年 9 月，县精神文明建设委员会办公室重新设立，为正科级行政单位，与县委宣传部合署办公，至 2010 年未变。

1989—2010 年单县精神文明建设委员会办公室主要领导人更迭表

表 31-2-5

姓 名	职 务	籍 贯	任职时间	备 注
孙曾教	主任	蔡堂镇	1989.12—1993.12	兼
关兆科		时楼镇	1997.12—1998.04	
石广玺		李新庄镇	2000.09—2008.03	
鲁增敬		曹庄乡	2008.03—	

县委、县政府信访局 1984年7月，由县委办公室信访科和县政府办公室信访科合并成立中共单县县委、单县人民政府信访办公室。1993年12月，更名为中共单县县委、单县人民政府信访局，列党委序列，隶属县委办公室。1994年4月，县信访局设立办公室、接访科、查办科3个科室。至2010年年底未变。

1986—2010年单县信访局（信访办公室）主要负责人更迭表

表31-2-6

姓名	职务	籍贯	任职时间	备注
郑金保	信访办主任	龙王庙镇	1985.07—1989.11	
李俊启		黄岗镇	1989.11—1992.02	
孙守兰	信访局局长	南城街道	1992.02—1997.12	女
程建华		谢集镇	1998.03—1999.07	
葛建新		高老家乡	2000.09—2004.04	
许金友		黄岗镇	2005.04—2009.04	
陈世星		时楼镇	2009.04—	

中共单县县委统战部 1986年，县委统一战线工作部（简称县委统战部）内设秘书科、统战科。1989年5月，设立对台工作办公室，为正科级行政单位，隶属县委统战部。1990年，增设党派宗教科。1993年12月，对台工作办公室撤销，人员职能归并县委统战部。2002年，设立台湾工作办公室，为正科级行政单位，与县委统战部合署办公，挂县政府台湾事务办公室牌子。2009年10月，台湾工作办公室与县委办公室合署办公。2010年，县委统战部内设办公室、经济统战科和党派宗教科。

1986—2010年单县统战部部长更迭表

表31-2-7

姓名	籍贯	任职时间	备注
单衍进	莱河镇	1981.01—1987.05	
王培民	东城街道	1987.05—1993.12	
黄汝杰	张集镇	1993.12—2004.04	
梁惠民	高韦庄镇	2004.08—2006.01	女
刘守进	郭村镇	2006.02—	

单县县委政法委员会 1983年3月，成立单县县委政法委员会（简称县委政法委），为正科级行政单位。1984年5月，乡镇党委增设政法委员，行政村两委增设治保委员和民事纠纷调解委员会。1989年4月，设立城区综合治理领导小组办公室，为正科级行政单位。1991年8月，城区综合治理领导小组办公室改为社会治安综合治理委员会办公室。1993年12月，

社会治安综合治理委员会办公室与县委政法委合署办公。同月，单县打击严重经济犯罪领导小组办公室撤销，人员职能归并县委政法委，改称打击经济犯罪办公室。1997 年，县委政法委编制 9 人，设有人秘科、政务科和综治协调科。1998 年 12 月，设立执法督查科。2004 年 3 月，乡镇设立社会治安综合治理委员会，下设办公室。办公室主任由党委副书记兼任，并配备 1 名副科级专职副主任。2010 年，县委政法委设办公室、调研科和政治处。

1986—2010 年单县县委政法委员会书记更迭表

表 31-2-8

姓 名	籍 贯	任职时间	备 注
李登水	长清县	1984.05—1986.06	
张秀长	龙王庙镇	1986.06—1989.04	兼
王恩盛	济南市	1989.04—1993.03	
孙培超	浮岗镇	1993.03—1998.01	
谷瑞灵	定陶县	1998.01—2005.03	
孟繁文	徐寨镇	2005.03—2007.11	
陈允全	巨野县	2007.11—	

单县县直机关工作委员会　1972 年 9 月，恢复机关党委。下设办公室、县直机关纪律检查委员会、县直机关武装部、县直机关团委。2002 年 10 月，机关党委改称中共单县县委县直机关工作委员会，县直机关纪律检查委员会改称县直机关纪律检查工作委员会，县直机关团委改称县直机关团工委。

1986—2010 年中共单县县直机关工委书记更迭表

表 31-2-9

姓 名	籍 贯	任职时间	备 注
王忠礼	东城街道	1985.07—1986.09	
张格臣	郭村镇	1986.09—1990.07	
王翠平	齐河县	1990.07—1992.09	女
初明升	徐寨镇	1993.02—1998.05	
孙卓金	徐寨镇	1998.05—2006.06	
韩瑞焕	南城街道	2006.07—	

中共单县县委党校　1986 年，县委党校下设办公室、教研室、教务室、总务室。1991 年 1 月，设立函授站。1992 年，县委党校由正科级事业单位升格为副县级单位。1996 年 11 月，撤销党总支，建立党委。2010 年，县委党校共有教职工 40 人。

1986—2010年单县县委党校主要负责人更迭表

表 31-2-10

姓 名	职 务	籍 贯	任职时间	备 注
李富勤	党总支书记	郭村镇	1985.07—1992.02	
马世贤	党总支书记	终兴镇	1992.02—1996.11	
马世贤	党委书记	终兴镇	1996.11—1999.08	
张怀举	党委书记	南城街道	1999.08—2002.05	
姜成跃	党委书记	龙王庙镇	2002.05—2007.11	
付道俭	党委书记	成武县	2007.11—	
李富勤	校长	郭村镇	1985.07—1993.12	
张存金	校长	郓城县	1994.06—1996.10	兼
宋占良	校长	鄄城县	1996.10—2000.06	兼
段文喜	校长	曹县	2000.09—2001.03	兼
张忠江	校长	曹县	2001.03—2002.12	兼
宋绍先	校长	鄄城县	2002.12—2004.01	兼
朱培吉	校长	青岛市城阳区	2004.01—2007.01	兼
王永江	校长	曹县	2007.01—	兼

中共单县县委农村工作部 1981年4月恢复设立，为正科级行政单位。1989年5月撤销。

1986—1989年中共单县县委农村工作部部长更迭表

表 31-2-11

姓 名	籍 贯	任职时间
史汉山	李新庄镇	1984.03—1989.05

中共单县县委企业政治工作办公室 1984年3月设立，为副科级行政单位。1985年8月，升格为正科级行政单位。1988年1月撤销。

1986—1988年中共单县县委企业政治工作办公室主任更迭表

表 31-2-12

姓 名	籍 贯	任职时间
王喜坤	成武县	1985.08—1986
马　涛	李田楼镇	1987.08—1987.11

单县档案局（馆）　1959年10月，单县档案资料馆正式成立。1963年4月，建立单县档案科，科、馆合署办公。1980年6月，设立县档案局，恢复县档案馆，局、馆合署办公。1984年3月，档案局降半格为单县档案科，归口县委办公室领导。1985年9月5日，恢复档案局，仍为局、馆合署办公。1993年12月，档案局撤销，行政职能归县委办公室，档案馆列入县委序列，隶属县委办公室，为正科级事业单位。1996年9月6日，又恢复档案局，为正科级事业单位，与档案馆一个机构、两块牌子，隶属县委办公室，正式编制6人。至2010年，机构设置未变。

1988—2010年单县档案局（馆）主要负责人更迭表

表31-2-13

<table>
<tr><th>姓 名</th><th>职 务</th><th>籍 贯</th><th>任职时间</th></tr>
<tr><td rowspan="2">张文魁</td><td>局（馆）长</td><td rowspan="2">东城街道</td><td>1984.03—1993.12</td></tr>
<tr><td>馆长</td><td>1993.12—1994.05</td></tr>
<tr><td rowspan="2">邵长军</td><td>馆长</td><td rowspan="2">时楼镇</td><td>1994.05—1996.09</td></tr>
<tr><td rowspan="2">局（馆）长</td><td>1996.09—2002.05</td></tr>
<tr><td>段付华</td><td>黄岗镇</td><td>2002.05—</td></tr>
</table>

单县县委党史资料征集研究委员会　1982年6月，设立中共单县县委党史资料征集研究委员会（简称县党史委），下设办公室（简称党史办），为其办事机构。1985年春，撤销党史办，县党史委变成实体机构，为正科级行政单位。1993年12月，改为正科级事业单位，隶属县委办公室。1994年5月，县党史委与县地方史志编纂委员会办公室合并组建县史志办公室。

1986—1994年中共单县县委党史委主任更迭表

表31-2-14

姓 名	籍 贯	任职时间	备 注
王笃信	东平县	1984.04—1986.06	兼
李成岱	金乡县	1986.06—1987.08	
马志立	曹庄乡	1987.08—1989.11	
袁玉骝	高老家乡	1990.07—1994.05	

单县机构编制委员会办公室　1987年7月，县人事局增设编制委员会办公室。1991年，由股级升格为副科级。1993年6月，编制委员会办公室更名为县机构编制委员会办公室，升格为正科级单位，与县人事局合署办公。2002年，县机构编制委员会办公室内设单县事业单位登记管理局，为正科级行政单位。2010年1月，县政府机构改革，县机构编制委员会办公室单独设立，变更为县委工作部门，规格不变。

1990—2010年单县机构编制委员会办公室主任更迭表

表31-2-15

姓名	籍贯	任职时间	备注
黄绍民	黄岗镇	1990.06—1993.04	女，副科级
		1993.04—1993.12	正科级
王锁军	时楼镇	1993.12—2001.04	兼
许爱峰	龙王庙镇	2002.07—2005.06	
籍鲁明	河南省孟县	2005.06—2008.01	
曹丰月	曹县	2008.01—2010.02	
王　敏	高老家乡	2010.02—	

第二节　单县人大常委会工作机构

单县人大常委会内设科、室均为正科级单位。1987年前，常委会下设办公室、调查研究科、代表联络科。1987年7月，代表联络科改称代表组织科，撤销调查研究科，增设法制科、财经科、文教科。1987年11月增设信访科，由“一室四科”变为“一室五科”。1988年增设农业科，变为“一室六科”。2007年6月，增设研究室。同时，除办公室外，将代表组织科、法制科、财经科、教科文卫科、农业科、信访科，分别改称为人事代表工作室、内务司法工作委员会、财政经济工作委员会、教育科学文化卫生人口工作委员会、农业农村工作委员会、信访室。至此，县人大内设机构由“一室六科”变为“四委四室”，至2010年年底未变。

1986—2010年单县人大常委会工作部门主要负责人任期一览表

表31-2-16

机构名称	姓名	职务	籍贯	任职时间	备注
办公室	杨厚君	主任	蔡堂镇	1984.04—1993.12	
	徐长普	主任	河南省台前县	1993.12—2009.07	
	林伟光	主任	栖霞市	2009.07—	
人事代表工作室（原代表组织科）	徐思林	科长	江苏省丰县	1982.04—1987.07	
	贾佑存	科长	郭村镇	1989.05—1998.05	
	周建云	科长	江苏省丰县	2002.05—2007.06	
		主任		2007.06—	
内务司法工作委员会（原法制科）	田桂英	科长	张集镇	1990.12—1992.07	女
	林伟光	科长	栖霞市	1997.12—2007.06	
		主任		2007.06—2009.07	
		主任		2009.07—	兼

续表 31-2-16

机构名称	姓 名	职 务	籍 贯	任职时间	备 注
财政经济工作委员会（原财经科）	徐思林	科长	江苏省丰县	1987.07—1990.12	
	包亚杰	科长	蔡堂镇	1990.12—2002.05	
	李建民	科长	朱集镇	2002.05—2006.02	
	孟　皓	主任	安徽省砀山县	2008.09—2010.08	
	董　楠	主任	南城街道	2010.08—	女
科教文卫人口工作委员会（原文教科）	庞乐天	科长	莱河镇	1987.07—1990.06	
	黄启元	科长	终兴镇	1990.10—1996.01	
	赵规文	科长	徐寨镇	1996.01—2002.05	
	谢启创	科长	谢集镇	2002.05—2007.06	
		主任		2007.06—2008.02	
	王　超	主任	郭村镇	2010.05—	
农业与农村工作委员会（原农业科）	刘维敬	科长	江西省瑞金市	1989.05—2002.05	
	吴吉利	科长	终兴镇	2002.05—2007.06	
		主任		2007.06—2008.07	
信访室（原信访科）	孙运堂	科长	南城街道	1991.08—1992.02	
	徐长普	科长	河南省台前县	1992.05—1993.12	
信访室（原信访科）	袁　冰	科长	黄岗镇	1997.12—2002.05	
	石宝亮	科长	巨野县	2002.05—2007.06	
		主任		2007.06—	
研究室	秦庆涛	主任	曹庄乡	2010.05—	

说明：2007 年 6 月至 2010 年 4 月，研究室主任缺职

第三节　单县人民政府工作部门

单县人民政府办公室　1988 年，县政府办公室的内设秘书科、机要科、政务科、法制科、调研科、文书科、农情科和行管科 8 个科。1990 年 6 月，设立县政府法制局、县政府调研室，均为正科级行政单位。1991 年 6 月，设立县政府接待处，为正科级事业单位，由县政府办公室代管。1993 年 12 月，县政府调研室撤销。同月，县政府接待处、法制局撤销，职能归并县政府办公室。2000 年 3 月，设立县政府机关事务服务中心，为股级差额事业单位，隶属县政府办公室。2002 年 5 月，设立县政府法制办公室（正科级行政单位）、东西结合办公室（正科级事业单位）、县委、县政府接待处（正科级事业单位）、县政府综合调研室（正科级行政单位）、县政府督查办公室（正科级行政单位）。2005 年 1 月，设立县市场建设管理办公室，为正科级事业单位。2010 年，县政府办公室设有 8 个职能股室和 1 个中心，即综合股、文秘股、信息股、行政股、接待股、电子政务股、保卫股、政府值班室、县长公开电话受

理中心；3个正科级行政科室，即县政府综合调研室、县政府督查办公室、县政府法制办公室；3个正科级事业单位，即县东西结合办公室、县行政审批服务中心管理办公室、县城市资产经营中心；1个副科级自筹自支事业单位，即单县人民政府驻济宁办事处；1个股级财政补贴事业单位，即机关事务服务中心。

1986—2010年单县人民政府办公室党组书记、主任更迭表

表31-2-17

姓 名	籍 贯	任职时间
任兰才	黄岗镇	1985.08—1987.03
刘庆武	北城街道	1987.03—1996.01
张金亮	高老家乡	1996.01—1998.04
孙运堂	南城街道	1998.04—2001.08
关兆科	时楼镇	2001.08—2005.04
石 松	莱河镇	2005.04—2005.06
刘义成	巨野县	2005.06—2007.11
司昌民	杨楼镇	2007.11—2010.02
李 磊	枣庄市	2010.02—

单县城市资产经营中心 2005年2月，成立单县城市开发经营委员会，由县政府分管城市建设的副县长任主任，县政府办公室、县监察局、县发改委、县国土局、县建设局、县房管局、县财政局、县工商局、县国税局、县地税局等单位领导为成员。同时成立单县城市资产经营中心，为正科级全额事业单位，挂靠县政府办公室，编制8人，设主任1人，副主任1人。内设办公室、策划营销部、开发建设部。2007年，县政府成立城市开发经营领导小组。小组下设办公室，办公室设在城市资产经营中心。

2005—2010年单县城市资产经营中心主任任职情况表

表31-2-18

姓 名	职 务	任职时间	籍 贯
张圣海	主任	2005.03—	时楼镇

单县发展和改革局 1987年，县计划委员会内设秘书科、农业科、工业科、物资科，为正科级行政单位，共有干部职工11人。1989年，设立县矿产资源监督管理办公室（副科级），由计划委员会代管。1990年1月，县农业区划委员会办公室（事业单位）由副科级升为正科级，归口计划委员会。1991年6月，设立县重点项目办公室，为正科级事业单位，由县计划委员会代管。1993年12月，重点项目办公室、农业区划委员会办公室撤销，职能归并县计划委员会。1997年，农业区划委员会办公室职能移交县农业局。2002年5月，县计划委员会更名为县发展计划局；矿产资源监督管理办公室划归县国土资源局；县重点项目办公室恢复设立，为正科级行政单位，隶

属县发展计划局。2005 年 6 月，县经济研究与体制改革办公室和县经济协作办公室归并到县发展计划局，均为副科级单位。9 月，设立服务业发展办公室（副科级单位）。2006 年 12 月，县发展计划局更名为县发展和改革局（简称县发改局）。2010 年，县发改局内设办公室、工业固定资产投资股、经济贸易股、农业文卫股、基础产业股共 5 个股室，在职职工 32 人。辖重点项目办公室（正科级单位）、经济体制改革办公室（副科级单位）、服务业办公室（副科级单位）和经济协作办公室（副科级单位）。

1986—2010 年单县发改局（计划委员会、发展计划局）主要负责人更迭表

表 31-2-19

姓 名	职 务	籍 贯	任职时间
李宝贵	党组书记、主任	朱集镇	1983. 03—1986. 06
孙文英		徐寨镇	1986. 06—1992. 02
桑世允		李田楼镇	1992. 02—2002. 05
孟祥聚	党组书记、局长	龙王庙镇	2002. 05—2008. 04
景新明		南城街道	2008. 04—

单县经济和信息化局　1983 年 4 月，县工交办公室撤销，成立县经济委员会（简称县经委），为正科级行政单位。负责全县工业企业的调度和监控，对县属工业企业进行监督管理。1996 年，县经委设立生产调度办公室，为副科级行政单位。2002 年 5 月，县经委改称县经济贸易局（简称县经贸局）。2005 年 1 月，撤销县工业协会、县轻工业协会，其编制、职能归并到县经贸局。2010 年 1 月，县经贸局改称县经济和信息化局（简称经信局）。内设办公室、政工股、运行办公室、节能办公室、财税金融办公室、技术改造股、企业管理股、一轻股、二轻股和计划生育股等 10 个股室，有干部职工 57 人。

1986—2010 年单县经信局（经委、经贸局）主要负责人更迭表

表 31-2-20

姓 名	职 务	籍 贯	任职时间	备 注
崔玉金	经委党组书记、主任	龙王庙镇	1985. 07—1986. 07	兼
陶兴民	经委党组书记、主任	黄岗镇	1986. 07—1987. 01	
任兰才		黄岗镇	1987. 01—1987. 04	
孙继善		成武县	1987. 05—1997. 08	
刘光亮		黄岗镇	1997. 08—2000. 09	
魏荣超		南城街道	2000. 10—2002. 05	
	经信局党组书记、局长		2002. 05—2004. 09	
景新明		南城街道	2004. 09—2008. 04	
王京华		终兴镇	2008. 04—2010. 01	
			2010. 01—	

单县财贸委员会 1993年12月，成立县财贸委员会，为正科级行政单位。2002年5月撤销，职能并入县经贸局。

1993—2002年单县财贸委员会党组书记、主任更迭表

表31-2-21

姓 名	籍 贯	任职时间
王英太	江苏省丰县	1993.12—1996.01
吴福全	朱集镇	1996.01—2002.05

单县轻工业协会 1984年4月，县二轻工业局分为二轻工业公司和多种经营乡镇企业局。1986年8月，县二轻工业公司由副科级改为正科级企业行政管理机构。1987年，县二轻公司下辖15家集体企业。1989年11月，恢复为县二轻工业局。1993年12月，县二轻工业局转体为县二轻工业集团总公司，原行政管理职能归属县经委。2002年5月，县二轻工业集团总公司更名县轻工业协会。2005年1月，撤销县轻工业协会，其编制、职能归并到县经贸局。

1986—2004年单县轻工业协会（二轻工业公司、二轻工业局、二轻工业集团总公司）主要负责人更迭表

表31-2-22

姓 名	职 务	籍 贯	任职时间
王 岩	二轻工业公司经理	园艺街道	1984.05—1986.06
时圣旺	二轻工业公司经理	李田楼镇	1986.06—1989.07
	二轻工业公司党组书记		1987.11—1989.07
	二轻局党组书记、局长		1989.07—1993.12
	二轻工业集团总公司党组书记、总经理		1993.12—1997.08
王志轩	二轻工业集团总公司党组书记、总经理	黄岗镇	1997.08—2002.05
	轻工业协会党组书记、会长		2002.05—2004.12

单县工业协会 1984年4月，全县行政机构改革，县工业局改为县一轻工业公司。1986年8月，县一轻工业公司由副局级改为局级企业行政管理机构。1987年，县一轻工业公司下辖12家企业，其中，国营10家，集体2家。1989年11月，县一轻工业公司恢复为县工业局。1993年12月，县工业局转体为县工业集团总公司，原行政管理职能归属县经委。2002年5月，县工业集团总公司更名为县工业协会。2005年1月，撤销县工业协会，其编制、职能归并到县经贸局。

1986—2004年单县工业协会（工业公司、工业局、工业集团总公司）主要负责人更迭表

表 31-2-23

<table>
<tr><th>姓 名</th><th>职 务</th><th>籍 贯</th><th>任职时间</th></tr>
<tr><td>李福远</td><td>工业公司经理</td><td>梁山县</td><td>1985.10—1986.08</td></tr>
<tr><td rowspan="2">孙华昌</td><td>工业公司党组书记、经理</td><td rowspan="2">莱河镇</td><td>1986.08—1989.07</td></tr>
<tr><td rowspan="3">工业局党组书记、局长</td><td>1989.07—1989.11</td></tr>
<tr><td>张金贵</td><td>高老家乡</td><td>1989.11—1992.05</td></tr>
<tr><td>黄忠祥</td><td>时楼镇</td><td>1992.05—1993.12</td></tr>
<tr><td>李福远</td><td rowspan="2">工业集团总公司党组书记、总经理</td><td>梁山县</td><td>1993.12—1997.08</td></tr>
<tr><td>时圣旺</td><td>李田楼镇</td><td>1997.08—2002.05</td></tr>
<tr><td>江成朗</td><td>工业协会党组书记、会长</td><td>南城街道</td><td>2002.07—2004.12</td></tr>
</table>

单县教育局　1986年年初，县教育局内设的行政机构有：秘书股、政工股、普教股、财务股、审计股、保卫股、政教股、计生股、老干部股、信访股；内设的事业机构有：县教育局教学研究室、成人教育办公室、职业教育教研室、函授站、招生办公室、自学考试办公室、校办工业公司。3月11日，县教育局教学研究室改为单县教学研究室，仍为股级事业单位。1990年，县教育局设立监察室，配副科级兼职主任1人，专职监察干部1人。1991年1月，单县校办工业公司改称为单县勤工俭学办公室。1993年3月，设立单县大中专毕业生就业指导中心，挂靠在县教育局政工股。12月，县教育局更名为单县教育委员会。2002年5月，又更改为县教育局。2007年5月，县教育局增设中小学财务结算中心，为股级事业单位。2008年9月，设立县学生资助中心，为股级全额事业单位，隶属县教育局。2010年，县教育局内设行政机构有秘书股、政工股、普教股、财务股、审计股、保卫股、政教股、教育监察室、勤俭办学办公室等9个股室；事业单位有教研室、成人教育办公室、职业教育教研室、函授站、招生办公室、自学考试办公室、大中专毕业生就业指导中心、中小学财务结算中心、学生资助中心等9个单位。

1986—2010年单县教育局（教育委员会）主要负责人更迭表

表 31-2-24

<table>
<tr><th>姓 名</th><th>职 务</th><th>籍 贯</th><th>任职时间</th></tr>
<tr><td rowspan="2">任　君</td><td>党组书记、局长</td><td rowspan="2">张集镇</td><td>1984.03—1993.12</td></tr>
<tr><td rowspan="2">党组书记、主任</td><td>1993.12—1999.04</td></tr>
<tr><td rowspan="2">王凯荣</td><td rowspan="2">郭村镇</td><td>1999.04—2002.05</td></tr>
<tr><td rowspan="3">党组书记、局长</td><td>2002.05—2004.12</td></tr>
<tr><td>关兆科</td><td>时楼镇</td><td>2004.12—2009.07</td></tr>
<tr><td>刘仰成</td><td>郭村镇</td><td>2009.07—</td></tr>
</table>

单县教育督导室 1990年12月，设立县教育局督导办公室，为股级单位。1992年12月更名为县教育督导办公室，升格为正科级事业单位，1993年12月撤销。1999年7月，设立县政府教育督导室，挂靠到县教委，为正科级行政单位。2002年5月改设为正科级事业单位，至2010年未变。

1999—2010年单县人民政府教育督导室主任更迭表

表31-2-25

姓 名	籍 贯	任职时间
孟庆铎	徐寨镇	2002.05—2004.12
马学勤	张集镇	2005.06—2009.07
王在荣	高韦庄镇	2010.05—

单县科学技术局 县科学技术局前身是县科学技术委员会（简称县科委）。1986年，县科委设有秘书股、计划股和地震股，有干部职工10人。1987年，设立县科学技术开发中心，为正股级事业单位，隶属县科委。同年，增设县职称改革办公室。1994年春，职称评审工作职能移交县人事局，职称改革办公室随之撤销。1999年，县科委设有办公室、计划股、综合股、技术市场股；直属单位有县科技开发中心和县地震办公室。有工作人员19人，其中，大专以上学历11人。2002年5月，县科委更名为县科学技术局（简称县科技局）。成立县知识产权管理办公室，为正科级事业单位，隶属县科技局。同年，县科技局设办公室、发展计划股、农村与社会发展股和科技成果股4个职能股室，编制10人。2007年9月，县知识产权管理办公室内设办公室、法律股和综合股3个职能股室。至2010年，县科技局机构设置未变。

1986—2010年单县科技局（科委）主要负责人更迭表

表31-2-26

姓 名	职 务	籍 贯	任职时间
王迪勤	党组书记、主任	徐寨镇	1984.03—1993.12
刘保玉	党组书记	龙王庙镇	1993.12—1995.07
楚绍彬	党组书记、主任	终兴镇	1996.01—2002.06
吴福全	党组书记、局长	朱集镇	2002.07—2006.06
王京华	党组书记、局长	终兴镇	2006.07—2008.04
许 涛	党组书记、局长	蔡堂镇	2008.04—

单县地震局 1984年4月至2005年9月，地震办公室属县科委内设机构（股级）。2005年9月7日，设立单县地震局，为正科级全额事业单位，隶属县科技局。2010年10月，改为县政府直属管理事业单位。

单县地震局局长任职情况表

表 31-2-27

姓　名	职　务	籍　贯	任职时间
孟忠民	局长	李新庄镇	2009.08—

单县监察局　1987年11月设立，下设办公室、信访科、举报站、行政监察科、经济监察科、审理科、调研教育科，为县政府正科级行政职能部门。1992年3月，成立县纠正行业不正之风领导小组，办公室设在县监察局。1993年7月，与县纪委合署办公。

1987—2010年单县监察局局长更迭表

表 31-2-28

姓　名	籍　贯	任职时间
卢尚俭	徐寨镇	1987.11—1997.08
秦西春	李新庄镇	1997.08—2000.09
石　松	莱河镇	2000.09—

单县民政局　1986年，县民政局内设秘书股、优抚股、社会股、会计股、复退军人安置办公室4个股室。全县37个乡（镇）配备民政助理员，村配备民政委员或民政调解员。1994年4月，县民政局内设人秘股、民政股、社会股、退伍军人和军队退休干部安置领导小组办公室。2001年4月，湖西革命烈士陵园管理处由股级单位升格为正科级事业单位，隶属县民政局。2002年5月，设立单县民间组织管理办公室，为副科级事业单位，隶属县民政局。2004年9月，湖西革命烈士陵园管理处由正科级升格为副县级事业单位。2006年5月，设立单县“双拥”工作领导小组办公室，为正科级事业单位，隶属县民政局。2010年，县民政局内设办公室（财务股合并到办公室）、优抚股、退伍军人和军队离退休干部安置办公室、救灾股、社会救助股、基层政权和社区建设股、区划地名股、社会福利和慈善事业促进股、社会事务股等9个职能股室。下辖湖西革命烈士陵园、“双拥”工作办公室、民间组织管理办公室、优抚医院、军队离退休干部休养所、婚姻登记处、殡仪馆、殡葬改革监察大队、公墓管理处、老年福利服务中心等10个事业单位。

1986—2010年单县民政局党组书记、局长更迭表

表 31-2-29

姓　名	籍　贯	任职时间
张格臣	郭村镇	1984.03—1986.90
王忠礼	东城街道	1986.09—1997.12
王留建	黄岗镇	1997.12—2009.03
时圣才	徐寨镇	2009.03—

单县公安局 1986年，县公安局内设秘书股、政策法律研究室、治安股、预审股、政保股、内保股、行管股等7个股室，下辖看守所、拘留所和39个派出所，有正式干警96人。1988年7月，撤销县车辆管理站，设立交通管理股，对外称单县公安局交通警察队。1991年6月，增设户政股、信访股。1995年7月，刑事警察大队由股级升格为副科级单位，下设秘书科、技术科和6个刑警中队。9月，设立巡警大队，为副科级单位，内设办公室和3个巡逻中队。1996年5月，增设审计科。8月，设立“110”指挥中心，为副科级单位，下设秘书科、调度科、行管科、通信科、计算机管理监察科；撤销公安局办公室。1997年9月，设立出入境管理科、北关派出所、东关派出所。12月，设立警务督察大队。同年，将预审科归并到刑警大队，成立预审中队。1999年1月，政保股、内保股分别更名为国内安全保卫大队和经济犯罪侦查大队，其余股更名为科。2001年12月20日，设立中共单县公安局党委和纪委。2002年，因合乡并镇，撤销芦墓、陈蛮庄、十里铺、大李海、曹巨集、李新集、花园、罗庄、马楼、曹马、黄堆、王小庄、孟寨、毛庄、孔集、聂傅庄、丁楼17个派出所。2003年10月，政工科更名为政治处。2005年9月，南店子派出所更名为南关派出所，园艺派出所更名为经济开发区派出所。2006年3月，增设警卫科；县治安大队、国保大队、经侦大队、技术大队（技术科）升格为副科级单位。2010年，县公安局设有控告申诉科、户政科、行政管理科、出入境管理科、法制科、网络安全管理监察科、警卫科、指挥中心、巡逻警察大队、刑事警察大队、治安管理大队、经济犯罪侦查大队、县公安局国内安全保卫大队、行动技术大队、看守所、拘留所16个科队所，下辖25个派出所。

1986—2010年单县公安局主要领导更迭表

表31-2-30

姓 名	职 务	籍 贯	任职时间
陈 杰	党委书记、局长	南城街道	1983.08—1992.05
侯常福		李田楼镇	1992.05—1996.10
邵 军		枣庄市	1996.10—2001.06
祝兰华		曹县	2001.06—2001.12
			2001.12—2004.07
赵 琦		成武县	2004.07—2009.03
李 光		郓城县	2009.03—
侯常福	政委	李田楼镇	1984.12—1992.05
陶继元		李新庄镇	1992.05—2002.05
张兴华		终兴镇	2002.07—2004.09
张景玉		东明县	2004.09—

单县司法局 1986年，县司法局内设机构有人秘股、法制宣传股和基层调解管理股；下设法律顾问处和公证处。有干部职工80人，其中，司法局机关25人，法律顾问处9人，公证处8人，乡镇司法助理员38人。1989年下半年，各乡（镇）相继成立法律事务所，由乡（镇）司法办公室管

理。国营企业单位、各行政村相继成立调解委员会。1990 年 1 月，撤销人秘股，设立秘书股、政工股。6 月，基层调解管理股改称基层工作股。9 月，各乡（镇）建立司法所，负责乡（镇）司法行政工作。1993 年 4 月，建立单县经济律师事务所，属事业性质。1998 年 12 月 7 日，成立“148”协调指挥中心和单县法律援助中心，正股级单位，隶属县司法局。1999 年 12 月 8 日，成立单县合同法律服务所，为股级事业单位。2002 年 8 月，设立普法办公室，正科级行政单位，隶属县司法局。2004 年，撤销政工股，设立政治处，正股级。2010 年 6 月，成立律师管理股，正股级。年底，县司法局内设办公室、政治处、政策法规股、法制宣传股、律师管理股、基层工作股和单县“148”协调指挥中心，机关在编人数 44 人；辖正科级单位县普法办公室，副科级单位县法律援助中心，正股级单位县公证处、县合同法律服务所、山东荣清律师事务所。

1986—2010 年单县司法局党组书记、局长更迭表

表 31-2-31

姓 名	籍 贯	任职时间
仇绍勤	谢集镇	1984. 03—1993. 04
田明强	高老家乡	1993. 04—2002. 05
时念科	终兴镇	2002. 05—2005. 04
李玉本	李新庄镇	2005. 04—2008. 01
郑合强	谢集镇	2008. 01—

单县财政局　1983 年 5 月，县财政税务局分设为县财政局（正科级行政单位）和县税务局。1986 年，县财政局内设人秘股、预算股、行财股、农财股、企财股、预算外资金管理股 6 个股，有干部职工 29 人。全县各乡镇设财政助理员，办理乡镇财政业务。1987 年 11 月，设立财政监察股。1988 年，成立单县税收财务物价大检查办公室，为副科级事业单位。1989 年 5 月，成立山东省菏泽会计师事务所单县分所、单县财政局会计事务股、单县控制社会集团购买力领导小组办公室、单县投资开发公司，均为股级单位。1991 年 8 月，设立单县国有资产管理局，为副科级行政单位；设立山东省财政国债服务部单县代办处，为股级事业单位。1992 年 5 月，将预算外资金管理股更名为综合计划管理股。1992 年 7 月，设立单县经济开发投资公司，为正科级事业单位。同时，撤销县投资开发公司。1993 年 7 月，取消乡镇财政助理员制度，成立乡镇财政所，为股级事业单位，负责乡镇财政业务。1997 年 9 月，成立社会保障股。1999 年 3 月，设立基本建设股。11 月，设立单县住房资金管理中心，为股级事业单位。2000 年，设立预算外资金管理办公室，为股级事业单位；设立单县会计管理中心，为副科级全额事业单位。2000 年 9 月，设立建设工程预、结算中心，为股级事业单位；11 月，设立单县财政监督检查办公室，为副科级行政单位。2001 年 2 月，合乡并镇，全县设 20 个乡镇财政所。2002 年 5 月，县预算外资金管理办公室升格为副科级行政单位。2003 年 6 月，农业税管理办公室更名为单县农业税务局。2004 年 6 月，成立单县国有资产运营中心（正科级事业单位）、县政府集中招标采购服务中心（正科级事业单位）、单县会计集中核算中心（副科级事业单位）。2010 年 6 月，县农业税务局更名为单县基层财政管理局，县财政监督检查办公室更名为单县财政评审和监督检查办公室，人秘股更名

为办公室。至年底，县财政局有干部职工142人，内设7个行政股室，即办公室、预算股、行财股、农财股、企财股、社会保障股、预算外资金管理办公室（副科）。辖3个正科级事业单位，即经济开发投资公司、国有资产运营中心、县政府集中招标采购服务中心；5个副科级事业单位，即会计管理中心、国有资产管理局、基层财政管理局、财政评审和监督检查办公室、会计集中核算中心。下设22个乡镇（街道）财政所。

1986—2010年单县财政局党组书记、局长更迭表

表31-2-32

姓 名	籍 贯	任职时间
郭成海	南城街道	1984.03—1997.08
孟庆魁	南城街道	1997.08—2010.02
赵世忠	黄岗镇	2010.02—

单县人事局 1984年3月，县人事局设秘书股、干部股、奖惩股和工资股。1987年7月，增设老干部股、编制委员会办公室和人才交流服务中心。1991年，设立单县岗位责任制办公室，为正科级行政单位，隶属县人事局。1993年5月，单县人才市场成立。12月，人才交流中心升格为副科级事业单位。撤销岗位责任制办公室、奖惩股。1994年，机关事业单位社会保险工作由县劳动局移交给县人事局老干部股；职称评审工作由县科委移交县人事局，县人事局设立科技干部股。1996年9月，设立单县机关岗位责任制考评办公室、单县机关事业单位社会保险事业处，隶属县人事局，均为副科级单位。1997年4月，科技干部股更名为职称专家管理办公室。5月，设立单县毕业生就业办公室（挂毕业生就业市场牌子），隶属县人事局。1999年5月，机关事业单位社会保险管理职能移交给县劳动和社会保障局，县机关事业单位社会保险事业处随之撤销。10月，设立机关工会，为副科级单位。2002年，人事局内设办公室、干部股（挂县转业军官安置办公室牌子）、公务员管理办公室、毕业生办公室4个股室，岗位责任制考评办公室、人事争议仲裁委员会办公室2个正科级单位，专业技术人员管理办公室、工资福利与离退休工作办公室、引进国外智力办公室等3个副科级行政单位。人才交流服务中心（挂县人才市场牌子）、考试中心为人事局所属2个副科级事业单位。2004年，成立单县人事争议仲裁委员会，下设办公室，为正科级行政单位，隶属县人事局。2005年6月，撤销机关工会。2010年1月，县政府机构改革，县人事局撤销。

1986—2010年单县人事局主要负责人更迭表

表31-2-33

姓 名	职 务	籍 贯	任职时间	备 注
刘德森	党组书记、局长	泰安市	1984.03—1987.03	
梁法民	党组书记、局长	黄岗镇	1987.03—1993.04	
王锁军	党组书记、局长	时楼镇	1993.04—2001.04	兼
许爱峰	党组书记、局长	龙王庙镇	2001.08—2005.07	
籍鲁明	党组书记、局长	河南省孟县	2005.07—2008.01	兼
曹丰月	党组书记、局长	曹县	2008.01—2010.01	兼

单县劳动和社会保障局　1981年5月，单县革命委员会劳动局更名为单县劳动局。同年，成立单县劳动服务公司，为副科级事业单位，隶属县劳动局。1987年10月，成立单县劳动保险事业处，为股级单位，隶属县劳动局。1988年，成立由劳动、工会、经委组成的劳动争议仲裁委员会，下设办公室，为股级单位。1996年12月，成立劳动保障监察处，为副科级行政单位，编制3人，隶属县劳动局。1997年，劳动保险事业处升格为副科级事业单位，内设办公室、稽征股、财务股、档案股、退休人员审批股5个股室。1999年5月，在县劳动局基础上组建单县劳动和社会保障局。同月，将县人事局所属机关事业单位社会保险事业处和县民政局所属农村社会养老保险事业处划归县劳动和社会保障局管理。9月，将县卫生局所属的县卫生医疗保险事业处划归县劳动和社会保障局管理。2001年6月，县卫生医疗保险事业处更名为单县医疗保险事业处。2002年7月，县劳动服务公司更名为单县劳动就业服务中心，升格为正科级事业单位。内设办公室、就业培训股、就业安置股、劳服企业管理股、失业保险基金管理股、财务股6个股室。2004年2月，县劳动保险事业处成立工伤保险股，开始实行工伤保险制度。后设立单县工伤保险处，为股级单位，直属县劳动和社会保障局。7月，成立劳动保障监察大队，为正股级参照公务员管理的事业单位。2010年1月，县政府机构改革，县劳动和社会保障局撤销。

1986—2010年单县劳动和社会保障局主要负责人更迭表

表31-2-34

<table>
<tr><th>姓　名</th><th>职　务</th><th>籍　贯</th><th>任职时间</th></tr>
<tr><td>李保山</td><td rowspan="4">党组书记、局长</td><td>高唐县</td><td>1984.03—1987.09</td></tr>
<tr><td>史汉山</td><td>李新庄镇</td><td>1987.11—1994.03</td></tr>
<tr><td>姜成跃</td><td>龙王庙镇</td><td>1994.03—2002.05</td></tr>
<tr><td rowspan="2">田明强</td><td rowspan="2">高老家乡</td><td>2002.05—2007.11</td></tr>
<tr><td>局长</td><td>2007.11—2010.01</td></tr>
<tr><td>张庆刚</td><td>党组书记</td><td>黄岗镇</td><td>2007.11—2010.01</td></tr>
</table>

单县人力资源和社会保障局　2010年1月，县人事局和县劳动和社会保障局同时撤销，并建为单县人力资源和社会保障局。内设股级机构8个，即办公室、干部股、公务员管理办公室、毕业生就业办公室、企业工资股、企业调配股、培训股、劳动争议仲裁办公室；副科级6个，即专业技术人员管理办公室、工资福利与离退休工作办公室、引进国外智力办公室、劳动监察处、人才交流服务中心、人事考试中心；正科级2个，即岗位责任制考评办公室、人事争议仲裁委员会办公室。下辖1个正科级事业单位，即劳动就业服务中心；4个副科级事业单位，即劳动保险事业处、医疗保险事业处、机关事业单位社会保险事业处、农村社会保险事业处；2个股级事业单位，即失业社会保险处、工伤社会保险处。5月，撤销纪检组。年底，县人力资源和社会保障局共有在职干部职工103人。

2010年单县人力资源和社会保障局主要负责人任职情况表

表31-2-35

姓名	职务	籍贯	任职时间	备注
曹丰月	党组副书记、局长	曹县	2010.01—	兼
张庆刚	党组书记	黄岗镇	2010.01—	

单县交通运输局 1986年，县交通局设人秘股、办公室、财务室、运输管理所、交通监理站和16处运输管理站。1987年，交通监理站划归公安系统。1988年，撤销9处运输管理站，其余运输管理站改为交通管理所；财务室更名为财务股。1989年，成立业务股。1990年，成立维修管理所，业务股更名为公路工程股。1993年，成立营运室和交通行政执法纠察队。1994年，成立出租车、摩托车管理站，工程股更名为公路管理所。1995年，成立客运管理站。1996年，交通检查站更名为交通稽查站。2002年，成立安全股，交通行政执法纠察队更名为督察队，营运室更名为直属交通管理所。2004年，成立快速处理中心和朱集、张集交通管理所。当年底，出租车、摩托车管理站更名为城乡客运管理办公室。2007年，成立海事所。2008年年底，客运管理站分设为驻站办公室和客运管理站。同年，成立超限检测站。2010年1月，县交通局更名为单县交通运输局。同年，成立路政大队。年底，县乡公路管理处分设为质检站、项目科、路管处、养护科。至此，县交通运输局共设28个股室，共有工作人员756人。

1986—2010年单县交通运输局（交通局）主要负责人更迭表

表31-2-36

姓名	职务	籍贯	任职时间
高世秀	局长	高老家乡	1983—1986.06
崔玉龙	局长	时楼镇	1986.06—1987.05
张林厚	党委书记、局长	高韦庄镇	1987.05—1992.02
黄洪振	党委书记、局长	龙王庙镇	1992.02—2000.09
朱继仁	党委书记、局长	曹庄乡	2000.09—2007.05
周在宇	党委书记、局长	郭村镇	2007.05—2010.02
李茂升	党委书记、局长	杨楼镇	2010.02—

单县水务局 1979年11月，撤销县水利建设指挥部，成立单县水利局，为正科级行政单位。各公社建立水利管理站。1996年9月，设立阎潭送水干线单县工程管理段（事业编制，正科级）、单县水政监察大队（事业编制，副科级），隶属县水利局。2002年3月，县水利局改称单县水务局；7月，设立单县浮岗水库管理处（事业编制，副科级），隶属县水务局；8月，设立单县防汛抗旱指挥部办公室（事业编制，正科级），隶属县水务局。2010年6月，成立单县移民管理办公室；7月，撤销浮岗水库管理处，成立浮龙湖生态旅游经济开发区管理委员会，隶属县政府。该年底，县水务局内设秘书股、政工股、计划财务股、机关服务中心、工程建设办公室、农田灌溉办公

室、农村引水安全办公室、工程管理办公室、水资源管理办公室、水土保持办公室、水库移民办公室、徐寨灌区管理办公室、机械化施工办公室、物资供应站。辖阎潭送水干线单县工程管理段、防汛抗旱办公室2个正科级单位和水政监察大队1个副科级单位。共有干部职工440人。

1986—2010年单县水务局（水利局）主要负责人更迭表

表31-1-37

姓名	职务	籍贯	任职时间
张求弟	党组书记、局长	终兴镇	1984.03—1992.02
孟庆友	党组书记、局长	黄岗镇	1992.02—1997.02
李彦斌	党组书记	园艺街道	1997.08—2001.03
马中锋	局长	北城街道	1997.08—2004.10
马中锋	党组书记	北城街道	2001.03—2004.10
何茂洪	党组书记、局长	曹庄乡	2004.10—2006.01
孙向侠	党组书记、局长	青岛市	2006.12—

单县农业局　1984年9月，县农牧渔业局改为县农业局，为正科级行政单位。1993年12月，县农业局改建为县农业服务中心（正科级事业单位），原行政管理职能归属农业委员会。1992年10月起，落实山东省编委、省农业厅等部门下发的《关于〈乡镇农业技术推广机构人员编制标准〉的实施意见》。至1996年，全县37处乡镇先后设立农技站、农经站、林业站、畜牧兽医站、农机站和水利站。1996年9月，县农业服务中心改建为县农业局（行政，正科级）。1997年，全县有农技推广人员247人，其中，局直135人（高、中级农艺师48人）；乡镇农技站112人，其中，技术干部52人（农艺师35人，助理农艺师10人，技术员7人）。1998年县乡基层事业单位改革后，原农技站等农业技术推广机构撤并，改称为乡（镇）农业综合服务中心。1989年7月，成立单县农业技术推广中心。1991年4月，成立单县棉花良种保种厂。2000年，县种子站改为单县种子公司。2002年5月，成立单县蔬菜生产办公室；撤销县蔬菜管理局，人员合并到县农业局；县棉花生产办公室、多种经营办公室归并到县农业局。8月，成立单县农业执法大队。2005年1月，县农村工作领导小组办公室撤销，职能归并县农业局。2007年6月，成立县种子管理站，为股级事业单位。同时成立新种子公司，原种子公司脱离县农业局，人、财、物整体移交县国资办。2008年7月，县种子公司改制为国有企业，其资产全部划转到县国资局管理，在编事业人员整建制划转到县农业局。2009年，县农业局内设7个行政科室，辖9个正、副科级事业单位，9个事业站和3个农场，共有干部职工942人。2010年，县农业局内设办公室、政工股、计划财务股、政策法规股、生产指导股、市场信息股、农业产业化办公室、新农村管理办公室；下辖依法行政职能为主的单位6个：农业执法大队、植保站、种子站、农环站、经管站、农民负担监督管理办公室；农业技术推广与服务为主的单位11个：农业技术推广中心、棉花生产办公室、农业广播电视学校、蔬菜办、果树站、农技站、土肥站、经作站、能源办、农业综合开发办公室、扶贫办公室；良种繁育及经营为主的单位5个：棉花良种保种厂、种子公司、张寨农场、黄堆农场、陈楼农科所。

1986—2010年单县农业局（农业服务中心）主要负责人更迭表

表 31-2-38

<table>
<tr><th>姓 名</th><th>职 务</th><th>籍 贯</th><th>任职时间</th></tr>
<tr><td>王庆德</td><td rowspan="2">党组书记、局长</td><td>蔡堂镇</td><td>1984.03—1992.02</td></tr>
<tr><td>徐学法</td><td>蔡堂镇</td><td>1992.02—1993.12</td></tr>
<tr><td rowspan="2">朱瑞显</td><td>党组书记</td><td rowspan="2">黄岗镇</td><td>1993.12—2000.09</td></tr>
<tr><td rowspan="2">主任（局长）</td><td>1995.01—2000.09</td></tr>
<tr><td>高金华</td><td>福建省蒲田县</td><td>2000.09—2001.08</td></tr>
<tr><td>任继忠</td><td rowspan="2">党组书记、局长</td><td>终兴镇</td><td>2001.08—2010.01</td></tr>
<tr><td>徐法宽</td><td>郭村镇</td><td>2010.01—</td></tr>
</table>

单县农村工作领导小组办公室 1989年4月，设立县政府农业委员会（简称县农委），为正科级行政单位。1990年6月，县农委人秘股、农情股、经营管理股、政策生产股改称为人秘科、政策调研科、生产建设科、科教科。10月，为协调、管理、监督乡镇农口各站的工作，建立乡镇农委。1994年1月，下派干部办公室并入县农委。2002年5月，县农委改称单县农村工作领导小组办公室，2005年1月撤销，职能归并县农业局。

1990—2004年单县农村工作领导小组办公室主要负责人更迭表

表 31-2-39

<table>
<tr><th>姓 名</th><th>职 务</th><th>籍 贯</th><th>任职时间</th><th>备 注</th></tr>
<tr><td>田云川</td><td>党组书记、主任</td><td>朱集镇</td><td>1990.06—1993.04</td><td></td></tr>
<tr><td rowspan="2">朱瑞显</td><td>党组书记</td><td rowspan="2">黄岗镇</td><td>1993.04—1993.12</td><td>兼</td></tr>
<tr><td>主任</td><td>1993.04—1995.07</td><td></td></tr>
<tr><td rowspan="2">徐学法</td><td>党组书记</td><td rowspan="2">蔡堂镇</td><td>1993.12—1999.03</td><td></td></tr>
<tr><td>主任</td><td>1995.07—1999.03</td><td></td></tr>
<tr><td>樊延海</td><td>党组书记、主任</td><td>高韦庄镇</td><td>1999.04—2001.03</td><td></td></tr>
<tr><td rowspan="2">何茂洪</td><td>主任</td><td rowspan="2">曹庄乡</td><td>2001.03—2003.07</td><td></td></tr>
<tr><td>党组书记、主任</td><td>2003.07—2004.10</td><td></td></tr>
</table>

单县丝绸公司 1989年7月，成立单县丝绸公司，为股级企业单位，隶属对外经济贸易委员会，人员编制15人。下设办公室、财务科、生产科、供销科、保卫科5个科室。1993年9月，定为正科级，1994年5月定为事业单位。2000年，公司人员增加到26人。同时，在工业园区新建收购站1处。2003年9月，在谢集乡马园、终兴镇光明集建设2个蚕茧收购站。

1989—2002 年单县丝绸公司主要负责人更迭表

表 31-2-40

姓 名	职 务	籍 贯	任职时间	备 注
马志立	经理	浮岗镇	1989.07—1993.09	正科级，兼
祝桂法	经理	黄岗镇	1993.09—2002.05	
艾广金	支部书记	梁山县	2002.05—	
吴建民	经理	终兴镇	2002.05—	

单县棉花生产办公室　1989 年 7 月，由副科级升格为正科级。1993 年 12 月，改为事业单位。2002 年 5 月改为副科级，归并到县农业局。

1986—2002 年单县棉花生产办公室主要负责人更迭表

表 31-2-41

姓 名	职 务	籍 贯	任职时间	备 注
侯保福	主任	龙王庙镇	1984.03—1989.05	
胡洪河	党组书记	龙王庙镇	1989.05—1990.06	
	主任		1989.05—1989.11	兼
曹衍德	党组书记	曹庄乡	1990.06—1992.02	
	主任		1989.11—1992.02	兼
陈庆报	党组书记、主任	终兴镇	1992.02—2002.05	

单县蔬菜管理局　1997 年 4 月，成立单县蔬菜管理局，乡镇建立蔬菜站，专业村设一名专职蔬菜村长，具体负责蔬菜生产工作。1997 年 9 月，成立蔬菜技术服务中心。1998 年，成立西红柿研究所，隶属于县蔬菜管理局，事业单位，企业化管理。2002 年 5 月，县蔬菜管理局撤销，人员合并到县农业局。

单县蔬菜管理局党组书记、局长任职情况表

表 31-2-42

姓 名	籍 贯	任职时间
朱坤乾	龙王庙镇	1997.04—1999.10

说明：1999 年 10 月至 2002 年 5 月，县蔬菜管理局局长缺职

单县农业机械服务中心　1984 年 3 月，县农业机械管理局（简称县农机局）改为单县农业机械服务公司，内设人事秘书、机务管理、财务 3 个股室和农机技术推广站、农机化学校、农机安全监理站 3 个事业站校，辖县拖拉机站、农机公司 2 个企业单位及各乡镇农机站。1986 年 4 月，县拖拉机站撤销，人财物并入县供销社。1988 年 4 月，增设内部审计股，农机化学校更名为农机

化技术学校。1988 年 8 月起，在原乡镇拖拉机站的基础上，逐步建立各乡镇农机管理服务站。1989 年 5 月，县农业机械服务公司改为县农机局，为正科级行政单位，列入政府序列。1990 年 12 月，人事秘书股分设为政工股和秘书股。1991 年 5 月，农机化技术学校纳入成人教育管理渠道，定为中等学校建制。6 月，设立单县农业机械开发站。8 月，增设保卫股。1992 年 4 月，增设计划生育管理股。1992 年 7 月至 1996 年 4 月，先后组建单县农用车辆供应公司、农机综合公司、农机推广公司 3 个企业单位。1993 年 12 月，县农机局改为单县农业机械服务中心，为正科级事业单位。乡镇农机管理服务站分别移交所属乡镇政府管理。1995 年 4 月，撤销机务管理股，设立基层业务管理站和农机修配管理站。1998 年 6 月，农机公司停业。1999 年 8 月，农机推广公司倒闭。2000 年 6 月，农机综合公司宣布破产。2008 年，农机公司因建设舜师步行街被拆迁。

1986—2010 年单县农业机械服务中心（农机局、农机公司）主要负责人更迭表

表 31-2-43

姓名	职务	籍贯	任职时间
赵守信	农机服务公司党组书记、经理	朱集镇	1984.10—1989.05
	农机局党组书记、局长		1989.05—1992.02
李存义		浮岗镇	1992.02—1993.12
	农机服务中心党组书记、主任		1993.12—1997.08
孟庆民	农机服务中心党组书记、主任	李新庄镇	1997.08—2000.09
徐秀章		曹庄乡	2000.09—2010.01
王卫东		园艺街道	2010.01—

单县水产服务中心 1987 年，成立单县水产公司，为副科级事业单位，1989 年 7 月升格为正科级单位。1990 年 2 月，撤销县水产公司，成立单县水产局。1993 年 12 月，县水产局改建为县水产服务中心，为正科级事业性服务实体，原行政管理职能归属县农业委员会。2010 年，县水产服务中心设技术站、生产站、渔政站、办公室和会计股，有干部职工 110 人。

1987—2010 年单县水产服务中心（水产公司、水产局）主要负责人更迭表

表 31-2-44

姓名	职务	籍贯	任职时间
林祥年	水产公司经理	栖霞市	1987.11—1989.12
孟庆友	水产公司党组书记、经理	黄岗镇	1989.12—1990.02
	水产局党组书记、局长		1990.02—1992.02
胡敦会		黄岗镇	1992.02—1993.12
	水产服务中心党组书记、主任		1993.12—2002.05
黄汝昌		莱河镇	2002.05—2007.02
池福良		时楼镇	2007.04—2009.07
蒋振华		江苏省丰县	2009.07—

单县文化体育局　1986年，县文化局内设人秘股、社会文化股、文化管理股、群众文化股等。下辖文化馆、图书馆、电影管理站、新华书店、豫剧团、曲艺队、人民剧院等7个事业单位，37个乡镇文化站。1993年12月，县文化局与县体委合并，建立单县文化体育委员会。1997年8月，撤销县文化体育委员会，重设县文化局。2000年9月，单县文学艺术界联合会成立。下辖6个专业协会，即单县作家协会、单县音乐舞蹈家协会、单县美术家协会、单县书法家协会、单县摄影家协会、单县楹联学会。张林、张安先后担任县文联主席。2010年1月机构改革，县文化局改为单县文化体育局，内设办公室、社会文化股、文化市场管理股、新闻出版市场管理办公室、体育股、广播电视管理股等；辖文化馆、图书馆、博物馆、文化市场稽查队、豫剧团、电影发行放映公司6个股级事业单位，20个乡镇综合文化站。

1986—2010年单县文化体育局（文化局）党组书记、局长更迭表

表31-2-45

姓　名	籍　贯	任职时间
黄启文	龙王庙镇	1984.10—1991.08
贺文彬	浮岗镇	1991.08—1997.08
董宪林	北城街道	1997.08—2004.04
谢孔芹	浮岗镇	2004.04—

单县卫生局　1986年，县卫生局内设办公室、人事股、业务股、财务股、公费医疗办公室。辖县中心医院、县中医院、县卫生防疫站、县妇幼保健所、县卫生进修学校、县药检所、县红十字会办公室和29所乡镇医院。1991年，增设老干部股、计划生育股、内审股、保卫股。同年，筹建单县结核病防治所；县红十字会办公室升格为正科级事业单位；公费医疗办公室升格为副科级事业单位。1993年5月，县卫生进修学校更名为单县卫生职业中专学校，县妇幼保健所更名为单县妇幼保健院。1995年，恢复设立单县爱国卫生运动委员会办公室（简称县爱委会），办公地点设在县政府。1996年，红十字会办公室迁至县政府办公，县爱委会办公室迁回县卫生局办公。1997年，扩建、维修办公楼。1998年11月，将县卫生职业中专学校人、财、物移交县教育局。同年，设立单县卫生监察大队，为股级事业单位，隶属县卫生局。1999年5月，将公费医疗办公室职能、人财物移交县劳动和社会保障局。2002年1月，将药检所职能、人、财、物交县药品监督管理局。2005年8月，成立单县疾病控制中心、单县卫生局卫生监督所，原单县卫生防疫站、卫生监察大队职能及人、财、物分别移交两单位。2006年2月，设立单县新型农村合作医疗办公室，为副科级全额事业单位，隶属县卫生局。至2010年年底，县卫生局设办公室、政工股、规财股、医政股、监控股、基层妇幼保健股。辖爱国卫生运动委员会办公室、新型农村合作医疗办公室、地方病防治办公室、药品器械采购管理办公室等4个正、副科级内设机构。下辖县中心医院、县中医院、县卫生局卫生监督所、县疾病控制中心、县妇幼保健院、南城人民医院、结核病防治所等7个县直卫生医疗单位，21所乡镇卫生院。全县卫生系统共有工作人员3635人，其中，医疗人员1010人，护理1080人，药剂220人，医技405人，防疫282人，管理人员179人，工勤人员459人。

1986—2010年单县卫生局主要负责人更迭表

表 31-2-46

姓 名	职 务	籍 贯	任职时间	备 注
周炳彦	党组书记、局长	时楼镇	1979.02—1987.08	
许德常		南城街道	1987.08—1993.06	
刘宝玉	局长	龙王庙镇	1993.06—1994.06	
姜桂英	党组书记	朱集镇	1993.06—1994.06	女
李富德	党组书记、局长	郭村镇	1994.06—2000.09	
刘守坤		郭村镇	2000.09—2004.04	
付道春		郭村镇	2004.04—	

单县卫生防疫站 1956年10月成立，为股级事业单位。位于现湖西路路东（单县妇幼保健院南邻），占地面积840平方米，办公用房420平方米。1986年1月，迁址向阳路中段路北。单位占地面积3663平方米，办公用房面积2275平方米。内设办公室、会计室、检验科、宣传科、防疫科、卫生科、消杀科、地病科和食品科，有工作人员54人，其中，专业技术人员45人。1989年5月，升格为副科级单位。1991年8月，升格为正科级单位。2004年，增设疫苗供应科、食品科、学校劳动卫生科、职业病防治科、环境卫生科和疫情室。县防疫站共有工作人员120人，其中，卫生技术人员100人，管理和工勤人员20人。2005年7月，公共卫生体制改革，县卫生防疫站与县卫生局卫生监察大队撤销，成立单县疾病预防控制中心和单县卫生局卫生监督所，均为正科级事业单位。

1989—2005年单县卫生防疫站主要负责人更迭表

表 31-2-47

姓 名	职 务	籍 贯	任职时间	备 注
闫学义	支部书记兼站长	蔡堂镇	1989.05—1994.05	
	站长		1994.05—1997.12	
张德显	支部书记	郭村镇	1994.05—2000.09	
陈桂臻	副站长	浮岗镇	1997.12—2000.09	主持工作
丁书状	支部书记	徐寨镇	2002.07—2005.06	
陈桂臻	站长	浮岗镇	2000.09—2004.12	
王艳春	副站长	梁山县	2005.01—2005.06	主持工作

单县卫生局卫生监督所 2003年10月设立。事业，正科级。2005年7月，内设办公室、公共卫生监督股、医疗卫生监督股，辖7个执法中队，共有干部职工81人，其中，管理人员25人，专业技术人员56人。2010年6月，将餐饮服务许可和餐饮服务环节食品安全监督及保健食品、化

妆品卫生监督管理职责及相关人员划归县食品药品监督管理局。卫生监督所承担学校卫生、职业卫生、生活饮用水、公共场所、放射卫生、健康相关的产品、传染病、消毒、医疗机构、个体诊所、采供血机构等卫生监督执法任务。至年底，卫生监督所下辖7个执法中队，共有干部职工66人，其中，管理人员26人，专业技术人员40人（其中，高级职称2人，中级职称20人，初级职称18人）。内设机构未变。

2005—2010年单县卫生局卫生监督所支部书记、所长更迭表

表31-2-48

姓名	籍贯	任职时间	备注
付道春	郭村镇	2005.06—2007.04	兼
袁　坤	莱河镇	2007.04—	

单县疾病预防控制中心　事业，正科级。2005年7月成立，内设预防医学门诊部、检验科、疫苗供应科、传染病防治科、计划免疫科、学校卫生科、公共卫生科、办公室，共有干部职工84人，其中，专业技术人员63人。2010年，内设办公室、公共卫生股、传染病防治股、计划免疫股、学校卫生股、预防医学门诊部、生物制品管理股、检验股、质检股和慢性病防治股，共有干部职工100人，其中，专业技术人员88人，管理人员3人，后勤人员9人。

2005—2010年单县疾病预防控制中心支部书记、主任更迭表

表31-2-49

姓名	籍贯	任职时间	备注
付道春	郭村镇	2005.06—2006.07	兼
刘孝敏	郭村镇	2006.07—	

单县食品药品监督管理局　1986年，药品监管工作由县卫生局负责。1997年8月，成立单县医药管理局，属于自筹自支、正科级事业单位，行使医药生产、经营的行业管理职责。2000年3月，原卫生行政主管部门承担的药政、药品检验职能划归县医药管理局，药品监督管理的法律法规的执法主体由县卫生行政部门变更为县医药管理局。2000年7月，县医药管理局更名为单县药品监督管理局，变更为国家正科级行政机关，上划省垂直管理。2004年11月，国家将食品的监督管理职能划归给药品监管部门，县药品监督管理局更名为单县食品药品监督管理局。12月，成立单县食品安全协调委员会，其办公室设在县食品药品监督管理局，行使食品安全综合协调和组织查处食品安全重大事故的职责。2006年6月，县食品药品监督管理局办公大楼落成启用。2009年12月，由省垂直管理下划为地方管理，成为县政府工作部门。2010年6月，将食品安全综合协调和组织查处食品安全重大事故的职责划给县卫生局，并将县卫生局承担的餐饮服务许可和餐饮服务环节食品安全监督及保健食品、化妆品卫生监督管理职责划归县食品药品监督管理局。

1997—2010年单县食品药品监督管理局党组书记、局长更迭表

表 31-2-50

姓名	籍贯	任职时间
侯福宪	高韦庄镇	1997.08—2008.12
张　明	徐寨镇	2008.12—

单县煤炭管理局　2008年1月设立，正科级　　事业单位。

单县煤炭管理局局长任职情况表

表 31-2-51

姓名	籍贯	任职时间
何茂学	曹庄乡	2008.03—

单县人口和计划生育局　1984年3月，县计划生育局改称单县计划生育委员会。1986年，县计划生育宣传技术指导站改称单县计划生育服务站。1988年，各乡镇、各企事业单位设立计划生育办公室，配备计生办主任或计生专职干部。全县招聘计划生育专职干部和工作人员350余人。1989年5月，设立单县县直计划生育办公室，为副科级事业单位。1990年1月，县计划生育服务站由股级升格为副科级单位。1991年8月，设立单县计划生育协会，为正科级事业单位。1992年11月，设立单县人口管理监察大队，为正科级事业单位，隶属县计划生育委员会。1993年12月，县直计划生育办公室和县计划生育协会撤销。1994年2月，县人口管理监察大队撤销，5月恢复；7月，计划生育协会恢复。1995年，乡镇计划生育技术指导站改为计划生育服务站，全县所有乡镇和行政村全部建立计划生育服务站、室。1996年，设立单县流动人口计划生育办公室；9月，县直计划生育办公室恢复成立。2002年5月，县计划生育委员会改称为单县计划生育局；县计划生育服务站升格为正科级单位。2006年12月，县计划生育局更名为单县人口和计划生育局。内设秘书股、政工股、财务股、宣教股、科技股、规统股、内部审计股、征收办、信息中心、利益导向办公室、计生股、优生检测办公室和安保股。下辖县计划生育服务站、县直计划生育办公室、县人口管理监察大队、县流动人口计划生育管理办公室、县人口学校、县计划生育协会。至2010年，机构设置未变。

1986—2010年单县计生局（计生委）主要负责人更迭表

表 31-2-52

姓名	职务	籍贯	任职时间	备注
时念凤	党组书记、主任	时楼镇	1981.01—1990.12	女
孙玉澜	党组书记	终兴镇	1990.12—1994.07	
	主任		1990.12—1992.09	
郑合生	主任	高韦庄镇	1992.09—1994.07	

续表 31-2-52

姓 名	职 务	籍 贯	任职时间	备 注
于洪民	党组书记	北城街道	1994.07—1995.07	
张考周	主任	龙王庙镇	1994.07—1995.07	
王作启	党组书记	李新庄镇	1995.07—2000.09	
刘宝玉	党组书记	龙王庙镇	2000.09—2005.04	
	主任		1995.07—2002.05	
	局长		2002.05—2005.04	
李雪瑞	党组书记、局长	谢集镇	2005.04—	

单县审计局　1984年3月，成立单县审计局，为正科级行政单位。1989年，成立审计事务所，在审计局的领导下接受办理审计业务。1999年，审计事务所与财政脱钩改制，其管理权归属省注册会计师协会，成为一个社会中介组织。1999年，设立单城镇、终兴、黄岗、郭村、蔡堂、徐寨、高韦庄等7个审计所，属股级全额事业单位，负责对全县乡镇政府、部门的财政财务收支，乡镇政府、部门负责人和村干部的经济责任进行审计监督。2002年，设立经济责任审计办公室，为副科级全额事业单位，隶属于县审计局。负责对全县党政机关、乡镇党委政府、县直企事业单位主要负责人的经济责任进行审计监督。2005年，设立投资审计办公室，依法对政府投资和以政府投资为主的建设项目的预算执行情况和决算进行审计监督。2010年，单城镇审计所更名为城郊审计所。至年底，审计局有干部职工56人，下设办公室、法制股、财政审计股、行政事业股、农业与资源环保审计股、社会保障与经贸审计股6个职能股室和经济责任审计办公室、投资审计办公室2个副科级事业单位及城郊、终兴、黄岗、郭村、蔡堂、徐寨、高韦庄7个审计所。

1986—2010年单县审计局主要负责人更迭表

表 31-2-53

姓 名	职 务	籍 贯	任职时间	备 注
施运荷	局长	高老家乡	1985.08—1989.05	
张德启	局长	徐寨镇	1989.05—1992.09	
	党组书记		1990.06—1993.12	
王翠平	局长	齐河县	1992.09—1998.01	女
	党组书记		1993.12—1998.01	
关兆科	局长、党组书记	时楼镇	1998.04—2001.08	
高金华	党组书记	福建省莆田市	2001.08—2009.08	
	局长		2001.08—2010.03	
袁丽霞	党组书记	徐寨镇	2009.08—	女
	局长		2010.03—	

单县统计局　1981年5月恢复设立，为正科级行政单位。1987年，县统计局设立财贸统计股、工交统计股、秘书股、农村经济抽样调查队，共16人。2005年9月，成立单县经济社会调查队，为副科级全额事业单位。2006年，全县20个乡镇成立统计站。2010年，县统计局内设办公室、法规股、综合财贸统计股、工交统计股、社会科技统计股、能源统计股，全县有统计机构23个，其中，乡镇（街道）统计站22个，有专兼职人员90人，其中，大专以上学历74人，中专16人。

1986—2010年单县统计局主要负责人更迭表

表31-2-54

姓名	职务	籍贯	任职时间
修龙勋	局长	徐寨镇	1984.03—1997.04
	党组书记		1990.06—1997.04
黄玉楼	党组书记、局长	黄岗镇	1997.04—2004.04
李志卫		徐寨镇	2004.04—

单县住房和城乡建设局　1984年3月，县城建局改称为单县城乡建设委员会（简称县城建委），为正科级行政单位，隶属县政府。1992年12月，成立环境卫生管理处，为副科级事业单位，由县城乡建设委员会管理。1993年12月，县城建委更名为单县城乡建设环境保护委员会。1996年9月，县城乡建设环境保护委员会撤销，分设为单县城乡建设委员会和单县环境保护局。2002年5月，县城建委更名为单县建设局，2004年9月，更名为单县建设管理局。2007年6月，在县建设管理局原城建股的基础上成立单县城市建设规划办公室，为副科级事业单位，挂靠县建设管理局，内设综合股、规划股和管理股3个股。2010年1月，县建设管理局更名为单县住房和城乡建设局，内设办公室、城建股、乡建股、施工股、财务股、计生股、招标股、劳保股、安监站、节能办、散装办、定额站和供热办，有干部职工65人。辖人防办、拆迁办、交易中心、设计院、质监站、监理中心、自来水公司、建筑公司、城建工程公司、建材公司等10个单位。

1986—2010年单县住房和城乡建设局主要负责人更迭表

表31-2-55

姓名	职务	籍贯	任职时间
胡云高	城乡建设委员会党组书记、主任	安徽省砀山县	1984.03—1986.09
朱瑞东	城乡建设委员会党组书记	黄岗镇	1986.09—1993.08
	城乡建设委员会主任		1986.09—1993.04
郭　庆	城乡建设委员会主任	李新庄镇	1993.04—1993.12
	城乡建设环境保护委员会党组书记、主任		1993.12—1996.09
	城乡建设委员会党组书记、主任		1996.09—2002.09
	建设局党组书记		2002.09—2004.10
	建设局局长		2002.09—2004.12

续表 31-2-55

姓名	职务	籍贯	任职时间
葛建新	建设管理局党组书记	高老家乡	2004.10—2008.01
	建设管理局局长		2004.12—2008.01
田　民	建设管理局党组书记、局长	黄岗镇	2008.01—2010.01
	住房和城乡建设局党组书记、局长		2010.01—

单县城市管理行政执法局　2005 年 9 月，成立单县城市管理行政执法局，为正科级行政单位，隶属县政府，集中行使城市规划管理、市容环境卫生管理、城市绿化管理、市政管理方面的行政处罚权；行使环境保护管理、工商行政管理、公安交通管理等方面部分行政处罚权。内设办公室、政工股、投诉受理中心、执法监督股、财务股、计生股、法规宣教股、内保股和南城一中队、南城二中队、北城中队、园艺中队、东城中队、市容中队、督察中队、警察中队。至 2010 年，机构设置未变。

2005—2010 年单县城市管理行政执法局党组书记、局长任期情况表

表 31-2-56

姓名	籍贯	任职时间
时　针	徐寨镇	2005.08—

单县房地产管理服务中心　1992 年底，成立单县住房制度改革办公室，隶属县城乡建设委员会。1998 年 4 月，撤销县住房制度改革办公室，成立单县城市房地产管理局，为正科级行政单位，隶属县政府。2002 年 5 月，县房地产管理局改称为单县房地产管理服务中心，为正科级事业单位。2003 年 5 月，加挂县房地产管理局的牌子。2010 年，县房地产管理服务中心内设办公室、财务股、房地产开发管理股、产权产籍股、房地产测绘队、房屋安全鉴定管理办公室、住房保障股等。

1998—2010 年单县房地产管理服务中心（房地管产管理局）主要负责人更迭表

表 31-2-57

姓名	职务	籍贯	任职时间
张　杰	房地产管理局党组书记、局长	时楼镇	1998.04—2002.05
	房地产管理服务中心党组书记、主任		2002.05—2002.07
张考周		龙王庙镇	2002.07—2008.12
石广玺		李新庄镇	2008.12—

单县国土资源局　1986 年 10 月，撤销县农业局土地管理股，设立县政府土地管理办公室，为正科级行政单位，内设 3 个股室，人员编制 8 人。1987 年 3 月，内设人秘股、业务股，下设土地规划勘察站，增加事业编制 9 人。1988 年 3 月，撤销县土地管理办公室，设立单县土地管理局，列入政府序列。1990 年 1 月，设立单县土地监察执法大队，为股级事业单位，2002 年升格为副科级

单位。1994年4月，成立土地投资开发公司和土地市场交易所。1995年3月，矿产资源监督管理办公室升格为副科级单位，对外挂地质矿产局的牌子。1996年2月，设立档案室。8月，设立单县土地估价事务所和单县土地交易所。1999年6月，设立开发整理办公室。2000年4月，设立单县土地储备中心。2001年5月，设立审批服务大厅。2002年6月，县土地管理局改称单县国土资源局。2003年4月，县国土资源局与县地质矿产局合并，仍称县国土资源局。2010年，县国土资源局内设机构有办公室、财务股、纪检监察室、用地股、地籍股、信访股、执法监察大队、土地整理中心、地租办、档案室、测绘管理股、矿产管理办、征地办、土地储备中心、服务中心、服务大厅、开发区分局和土地综合整治办等18个，辖东城、南城、北城等22个派驻乡镇、街道国土资源管理所。全局共有干部职工307人。

1986—2010年单县国土资源局（土地管理办公室、土地管理局）主要负责人更迭表

表31-2-58

姓名	职务	籍贯	任职时间
阎福昌	主任	终兴镇	1986.10—1988.03
	党组书记、局长		1988.03—1992.02
周存英	党组书记	李新庄镇	1992.02—1993.02
杨士真	局长	时楼镇	1992.02—1993.12
	党组书记		1993.02—1993.12
张　林	党组书记、局长	江苏省丰县	1993.12—2000.09
李俊华		谢集镇	2000.09—2009.09
许金友		黄岗镇	2009.09—

单县环境保护局　1979年12月，设立单县环境保护办公室，为正科级单位。1982年，成立单县环境保护监测站，为副科级事业单位，内设环境保护大气监测股、环境保护质量控制股和环境保护综合管理股。1984年4月，县环境保护办公室并入县城乡建设委员会，1985年1月重设，降格为副科级单位，1989年7月，升格为正科级单位。1990年3月，县环境保护办公室改称单县环境保护局（简称县环保局），内设人秘股、宣传股、环境管理股，下设县排污收费监理站。1992年12月，增设计财股；成立单县环境保护监察大队，隶属县环保局。1993年12月，县环保局与县城乡建设委员会合并为单县城乡建设环境保护委员会，内设环境保护办公室。1996年9月，环境保护办公室从城乡建设环境保护委员会析出，改为单县环境保护局。2002年，县环保局内设办公室、规划统计股、监督管理股、污染控制股、法规宣传股。2007年11月，增设污染物总量控制办公室、单县辐射和危险废物管理站。2010年6月，排污收费监理站更名为环境保护监理站（加挂环境保护监控中心牌子）。至年底，县环保局内设办公室、环境规划股、政策法规股、环境影响评价股、污染防治股、污染物排放总量控制办公室、自然生态保护股、环境安全应急管理股，机关编制17人。下辖环境保护监测站、辐射和危险废物管理站、环境保护监察大队和环境保护监理站。

1986—2010 年单县环保局（环境保护办公室）主要负责人更迭表

表 31-2-59

姓 名	职 务	籍 贯	任职时间
刘洪运	主任	蔡堂镇	1983. 06—1989. 12
	党组书记		1987. 11—1989. 12
郑金保	党组书记、主任	龙王庙镇	1989. 12—1990. 03
	党组书记、局长		1990. 03—1993. 12
	党组书记、主任		1993. 12—1996. 09
	党组书记、局长		1996. 09—1999. 04
刘世春	党组书记、局长	李田楼乡	1999. 04—2002. 05
张建华	党组书记	终兴镇	2002. 05—2010. 05
	局长		2002. 05—
杨　彬	党组书记	鄄城县	2010. 05—

单县民族宗教事务局　1984 年，设立单县外事侨务办公室，对外同时挂县外事办公室、县侨务办公室、县民族事务办公室、县宗教事务办公室 4 块牌子。1997 年 8 月，单县民族宗教事务办公室正式单设，编制 6 人，为正科级行政单位，列政府序列。1998 年 5 月，设立党组。2002 年 12 月，县民族宗教事务办公室更名为单县民族宗教事务局。至 2010 年，机构设置未变。

单县民族宗教事务局主要负责人任职情况表

表 31-2-60

姓 名	职 务	籍 贯	任职时间	备 注
从　敏	主任	南城街道	1997. 08—2002. 12	回族
	党组书记		1998. 05—2002. 12	
	党组书记、局长		2002. 12—	

单县商务局　1975 年 10 月，成立单县对外贸易局；1984 年 3 月，改称对外贸易综合公司；1989 年 7 月，又改称单县对外贸易局，属县政府办事机构，原企业性质不变。1992 年 12 月，县对外贸易局、对外经济委员会合并，成立单县对外经济贸易委员会。1994 年 12 月，设立单县对外贸易集团总公司，为正科级企业单位，行政管理职能归属县对外经济贸易委员会。2002 年 5 月，县对外经济贸易委员会更名为单县对外贸易经济合作局；2010 年 1 月，更名为单县商务局。

1986—2010年单县商务局（外贸公司、外贸局、外经贸委、对外贸易经济合作局）主要负责人更迭表

表 31-2-61

姓名	职务	籍贯	任职时间
孙金宽	外贸综合公司经理	东城街道	1985.01—1989.07
	对外贸易局党组书记、局长		1989.07—1990.10
周元魁	对外贸易局党组书记、局长	东城街道	1990.10—1992.12
马　涛	对外经济贸易委员会党组书记	李田楼镇	1992.12—1993.12
周元魁	对外经济贸易委员会主任	东城街道	1992.12—1993.12
李瑞龙	对外经济贸易委员会党组书记	东城街道	1993.12—1997.12
	对外经济贸易委员会主任		1995.07—1997.12
张考周	对外经济贸易委员会党组书记	龙王庙镇	1997.12—2002.05
	对外经济贸易委员会主任		1998.04—2002.05
	对外贸易经济合作局党组书记、主任		2002.05—2002.07
刘　常	对外贸易经济合作局党组书记、主任	谢集镇	2002.07—2005.12
李德友	对外贸易经济合作局党组书记、局长	终兴镇	2006.02—2008.06
张　波	对外贸易经济合作局党组书记	终兴镇	2008.06—2010.01
	对外贸易经济合作局局长		2008.06—2010.01
张　波	商务局党组书记	终兴镇	2010.01—2010.04
	商务局局长		2010.01—2010.05
王拥军	商务局党组书记	朱集镇	2010.04—
	商务局局长		2010.05—

单县对外贸易集团总公司主要负责人更迭表

表 31-2-62

姓名	职务	籍贯	任职时间
周元魁	党组书记	东城街道	1995.08—1996.01
	总经理		1994.12—1996.01
窦桂明	党组书记、总经理	北城街道	1996.01—1998.05
李先留		李田楼镇	1998.05—2004.04

单县对外经济委员会　1989年5月，设立单县对外经济委员会（简称县外经委），为正科级行政单位，政府工作机构序列，编制10人。1990年，县外经委设立政工股、外资企业管理股、综合股，有干部12人。1992年12月，县对外贸易局、对外经济委员会合并，成立单县对外经济贸易委员会。

1989—1992 年单县对外经济委员会主要负责人任期情况表

表 31-2-63

姓　名	职　务	籍　贯	任职时间
马　涛	主任	李田楼镇	1989.05—1992.12
	党组书记		1990.06—1992.12

单县粮食局　1986 年，县粮食局设秘书股、政工股、会计股、计统股、审计股、老干部股、保卫股、工会、粮油购销储运公司、工业食品公司、饲料公司，直属企业有面粉厂、植物油厂、食品加工厂、饲料加工厂、直属粮库、砀山粮食转运站、议价公司、物资供应公司。辖基层企业粮所 27 处，粮站 8 处。1987 年 10 月设立单县粮食职工学校，为股级事业单位，定编 10 人。1989 年 6 月，设立单县粮食局生活服务站。1992 年 10 月，粮食职工学校停办，学校工作人员分流。1993 年 12 月，县粮食局转制为单县粮油集团总公司，仍保留粮食储备管理职能，其余行政管理职能归属县财贸委员会。各粮所同时改为粮油集团分公司。1996 年 9 月，县粮油集团总公司又改为县粮食局。1997 年 4 月，增设结算中心和经营科。1998 年 12 月，结算中心和经营科撤销。1999 年 9 月，县粮食局列入政府序列行政机关，局机关由原来的 83 人定编为 23 人。撤销粮油购销储运公司、工业食品公司、饲料公司，成立单县粮食收储有限公司和单县粮油工贸有限公司；注销原粮所法人资格，分别成立粮油收储站和粮油经营中心。原机关编外人员分流到新成立的两个公司。1998 年，从粮局分流的人员中抽调人员筹建单县国家粮食储备库，由县粮食局代管。2000 年 10 月，单县国家粮食储备库更名为中央储备粮单县直属库，归山东分公司直接管理。2005 年 1 月，县粮食局改为具有行政职能的正科级事业单位。

1986—2010 年单县粮食局（粮油集团总公司）主要负责人更迭表

表 31-2-64

姓　名	职　务	任职时间	籍　贯
李汝乾	党组书记、局长	1984.04—1990.07	李田楼镇
胡云高		1990.07—1992.09	安徽省砀山县
黄福堂		1992.09—1993.12	黄岗镇
	党组书记、总经理	1993.12—1996.09	
	党组书记、局长	1996.09—2000.09	
王作启		2000.09—2004.12	李新庄镇
李胜芹		2005.04—	张集镇

单县安全生产监督管理局　1989 年 5 月，成立单县安全生产委员会，设立办公室，为正科级事业单位。1993 年 12 月，县安全生产委员会办公室撤销，人员职能归并县劳动局。2001 年 6 月，县安全生产委员会办公室恢复成立，隶属县经济委员会。2004 年 6 月，设立单县安全生产监督管理局（简称县安监局），直属县政府管理，局长兼县安全生产委员会办公室主任，内设办公室、

安监一科、安监二科。下设安全生产监察管理大队，为副科级事业单位，定编5人，主要负责监督检查工矿商贸企业和非煤矿山企业的安全生产条件及执行安全生产法律法规标准和制度情况；行使安全监察职权，对安全生产违法行为实施处罚。2005年1月，县安监局改为正科级行政单位，编制5人，列入县政府工作组成部门。2010年，县安监局调整内设机构，设办公室（安全生产应急救援指挥中心与其合署办公）、规划科技股、综合监督管理股、工矿商贸安全监督管理股、危险化学品安全监督管理股、职业安全健康监督管理股6个股室。

1989—2010年单县安监局（安全生产委员会办公室）主要负责人更迭表

表31-2-65

姓名	职务	籍贯	任职时间	备注
郭本让	安委会党组书记	郓城县	1989.05—1990.06	
	安委会主任	郓城县	1989.05—1989.12	
刘洪运	安委会党组书记	蔡堂镇	1990.06—1992.07	
	安委会主任	蔡堂镇	1989.12—1992.07	
夏冬青	安委会党组书记、主任	徐寨镇	1992.07—1993.12	女
刘勤河	安委会主任	终兴镇	2001.07—2002.05	
于晓峰		东城街道	2002.07—2004.06	
于晓峰	安监局局长（兼安委会主任）	东城街道	2004.06—2010.01	
赵福泉		郭村镇	2010.01—	

单县红十字会办公室 1982年，恢复县红十字会。1984年8月，县红十字会设立办公室，办公室设在县卫生局，为副科级事业单位。1991年6月，县红十字会办公室升格为正科级事业单位。2002年，县红十字会列为县政府直属事业单位。2009年4月，设立党组。至2010年，机构设置未变。

1986—2010年单县红十字会办公室主任更迭表

表31-2-66

姓名	籍贯	任职时间
时克灼	时楼镇	1982.06—1993.12
李玉乾	梁山县	1993.12—1999.07
张德显	郭村镇	1999.07—2005.12
周在田	郭村镇	2006.03—2008.06
丁校林	东城街道	2009.04—

单县外事侨务办公室 1980年，县政府办公室兼管侨务，设一名专职侨务员。1984年设立单县外事侨务办公室，对外同时挂单县外事办公室、单县侨务办公室、单县民族事务办公室、单县宗教事务办公室4块牌子。同时承担侨联工作。为副科级行政单位，归属县政府办公室领导。1989

年 11 月，升格为正科级行政单位。1996 年 9 月，加挂单县旅游局牌子。1997 年 8 月，民族宗教事务办公室单设。2002 年，县外事侨务办公室为县政府直属事业单位，加挂县旅游服务中心牌子。至 2010 年，机构设置未变。

1990—2010 年单县外事侨务办公室主任更迭表

表 31-2-67

姓 名	籍 贯	任职时间
施运荷	高老家乡	1990.06—1997.08
王彦林	黄岗镇	1997.08—2008.09
陈守峰	东城街道	2009.04—

单县旅游服务中心　1996 年 9 月，成立单县旅游局，牌子加挂到县外事侨务办公室。1997 年 5 月，启用旅游局印章。2002 年 5 月，县旅游局更名为单县旅游服务中心，为正科级事业单位。2010 年，县旅游服务中心内设办公室、行业管理股、规划发展股，有工作人员 7 人。

1997—2010 年单县旅游服务中心（旅游局）主要负责人更迭表

表 31-2-68

姓 名	职 务	籍 贯	任职时间	备 注
祝星联	局长	朱集镇	1997.06—2002.05	兼
	主任		2002.05—2008.02	兼
张俊东	主任	北城街道	2008.02—2009.07	回族
刘守民		郭村镇	2009.07—	

单县老龄工作委员会办公室　1987 年 12 月，设立单县老龄问题委员会办公室，隶属县政府。1989 年 5 月，县老龄问题委员会办公室正式定为正科级事业单位。2001 年 10 月，县老龄问题委员会更名为单县老龄工作委员会。同时，县老龄问题委员会办公室更名为单县老龄工作委员会办公室。至 2010 年未变。

1987—2010 年单县老龄工作委员会办公室党组书记、主任更迭表

表 31-2-69

姓 名	籍 贯	任职时间
朱来科	谢集镇	1987.12—1989.04
李进文	浮岗镇	1989.04—1996.01
王方新	张集镇	1996.01—2005.06
刘守民	郭村镇	2005.06—2009.07
刘全景	徐寨镇	2009.07—

单县地方史志编纂委员会办公室 1982年7月，设立单县地方史志编纂委员会办公室（简称县志办），为副科级行政单位。1989年11月，升格为正科级行政单位。1993年12月机构改革时，由县政府办公室代管。1994年5月，县志办与县党史委合建为县史志办公室，为正科级事业单位，内设秘书股、编辑股，编制7人，隶属县政府管理。1998年5月设立党组。2002年7月，根据单编发〔2002〕6号文，单县地方史志编纂委员会办公室为县政府直属事业单位，正科级，挂单县县委党史资料征集研究委员会办公室牌子。至2010年，机构设置未变。

1986—2010年单县地方史志编纂委员会办公室主要领导更迭表

表31-2-70

姓 名	职 务	籍 贯	任职时间	备 注
史绍贤	主任	江苏省丰县	1982.07—1987.08	兼
惠正法	主任	朱集镇	1994.05—2008.12	
丁 华	主任	龙王庙镇	2009.03—	

单县体育服务中心 1986年，县体育运动委员会（简称县体委）内设办公室、群体股、业体股和场地股，有干部职工20人。1993年12月，县体委与县文化局合并，成立单县文化体育委员会。1997年8月，县体委从县文化体育委员会分出。2002年5月，县体委更名为单县体育服务中心。2005年，县体育服务中心增设体育彩票管理办公室、保卫股。至2010年年底，县体育服务中心内设办公室、群体股、业体股、场地股、体育彩票管理办公室、保卫股6个股室。有干部职工52人。全县三级以上体育指导员1200人。

1986—2010年单县体育服务中心（体育运动委员会）党组书记、主任更迭表

表31-2-71

姓 名	籍 贯	任职时间
王洪河	成武县	1984.10—1990.01
耿伦元	金乡县	1990.06—1993.12
贺文彬	浮岗镇	1993.12—1997.08
吴忠强	终兴镇	1997.08—2008.12
蔡方飚	蔡堂镇	2009.03—

说明：1993年12月至1997年8月，是县体委与文化局合并为单县文化体育委员会时期

单县物价局 1984年，县物价管理局改称为单县物价局，为正科级行政单位。1986年，县物价局内设办公室和物价检查所，有干部职工12人。1990年12月，设立政工股、业务股和收费管理股，编制24人。1993年12月，县物价局撤销，人员职能归并县工商行政管理局。1997年8月，县物价局从县工商行政管理局分离设立，为正科级行政单位。内设收费管理股、政工股、价格事务股、农产品成本调查室、物价检查所。有干部职工64人。1998年8月，设立单县收费管理办公室，为副科级单位，与县物价局合署办公。10月，增设综合股和业务股。2001年6月，撤销价格事务股，

成立单县价格认证中心，为股级全额事业单位。2002 年 5 月，县物价局改称为单县物价管理办公室。2010 年 1 月，县物价管理办公室又改为单县物价局。内设收费管理办公室（副科级）、政工股、业务股、收费管理股、综合股、价格认证中心、农产品成本调查室、物价检查所。有干部职工 72 人。

1986—2010 年单县物价局（物价管理办公室）主要负责人更迭表

表 31-2-72

姓名	职务	籍贯	任职时间
卢尚俭	物价局局长	徐寨镇	1984.03—1987.08
杨绪文	物价局党组书记	张集镇	1990.06—1993.12
	物价局局长		1987.08—1993.12
朱继仁	物价局党组书记、局长	曹庄乡	1997.08—2000.09
张　林	物价局党组书记、局长	江苏省丰县	2000.09—2002.05
	物价管理办公室党组书记、主任		2002.05—2002.07
孙玉忠	物价管理办公室党组书记、主任	终兴镇	2002.07—2010.01
	物价局党组书记、局长		2010.01—

单县林业局　1986 年，县林业局内设政工股、秘书股和会计股。辖城关、徐寨、郭村、高韦庄、黄岗、蔡堂、终兴 7 处乡镇基层林业工作站。同年，增设林政站。1989 年 7 月，增设林业公安股，1991 年更名为单县公安局林业公安科，业务上受林业局和县公安局双重领导。同年 6 月，全县所有乡镇均建立林业工作站。1993 年 12 月，县林业局改建为单县林业服务中心，行政职能归并县农业委员会，对外继续使用县林业局印章，为正科级事业性服务实体。1996 年 9 月，县林业服务中心改称单县林业局，为正科级行政单位。1999 年 8 月，经省政府批准，在 105 国道（单城镇吴庄村西）设立山东省第 32 号木材检查站。同年，乡镇林业工作站人、财、物全部归属乡镇。2002 年 5 月，县林业局再次改为县林业服务中心。2009 年 10 月，县公安局林业公安科改设为单县森林公安局，加挂县公安局森林警察大队的牌子，为副科级行政单位，定编 7 人，隶属于县林业局。2010 年 1 月，县林业服务中心又改称为单县林业局。内设秘书段、政工股、计生股、财务股和森林公安局。下辖国有单县大沙河林场、国有单县黄河故道林场、国有单县高韦庄苗圃、林业技术推广站、林政站、木材检查站、森保站、木材管理站 8 个单位。

1986—2010 年单县林业局（林业服务中心）主要负责人更迭表

表 31-2-73

姓名	职务	籍贯	任职时间
赵一强	林业局党组书记、局长	河南省台前县	1982.06—1986.06
孟宪法		蔡堂镇	1986.06—1987.05
崔玉龙		徐寨镇	1987.05—1992.02
郭庆朴		徐寨镇	1992.02—1993.12
	林业服务中心党组书记、主任		1993.12—1996.09
	林业局党组书记、局长		1996.09—2000.09

续表 31-2-73

<table>
<tr><th>姓 名</th><th>职 务</th><th>籍 贯</th><th>任职时间</th></tr>
<tr><td rowspan="2">史玉民</td><td>林业局党组书记、局长</td><td rowspan="2">蔡堂镇</td><td>2000.09—2002.05</td></tr>
<tr><td rowspan="2">林业服务中心党组书记、主任</td><td>2002.05—2004.04</td></tr>
<tr><td>王道佩</td><td>南城街道</td><td>2004.04—2010.01</td></tr>
<tr><td>杨霁虹</td><td>林业局党组书记、局长</td><td>杨楼镇</td><td>2010.01—</td></tr>
</table>

单县畜牧服务中心 1984 年 4 月，县畜牧局撤销，改为单县畜牧兽医站，隶属于县农牧渔业局。1991 年 6 月重设县畜牧局，为正科级行政单位。1993 年 12 月，县畜牧局改建为单县畜牧服务中心，为正科级事业性服务实体，原行政职能归属县农业委员会。1996 年 9 月，县畜牧服务中心又改为县畜牧局；2002 年 5 月，再次改为县畜牧服务中心，为正科级事业单位，隶属县政府。2010 年，县畜牧服务中心内设办公室、财务股、法制股、生产科技股 4 个股室。辖动物卫生监督所、兽药饲料监察所、畜牧良种管理所 3 个执法单位；动物疫病预防控制中心、兽医院 2 个技术服务单位；药械批发中心、兽药饲料展销批发中心、疫苗经营中心 3 个经营单位。共有干部职工 316 人。

1993—2010 年单县畜牧服务中心（畜牧局）主要负责人更迭表

表 31-2-74

<table>
<tr><th>姓 名</th><th>职 务</th><th>籍 贯</th><th>任职时间</th></tr>
<tr><td rowspan="3">樊廷海</td><td>畜牧局党组书记、局长</td><td rowspan="3">高韦庄镇</td><td>1993.02—1993.12</td></tr>
<tr><td>畜牧服务中心主任、党组书记</td><td>1993.12—1996.09</td></tr>
<tr><td rowspan="2">畜牧局局长、党组书记</td><td>1996.09—1999.04</td></tr>
<tr><td rowspan="2">徐法宽</td><td rowspan="2">郭村镇</td><td>1999.04—2002.05</td></tr>
<tr><td rowspan="2">畜牧服务中心主任、党组书记</td><td>2002.05—2010.01</td></tr>
<tr><td>曹兆金</td><td>巨野县</td><td>2010.01—</td></tr>
</table>

单县民营经济发展管理办公室 1984年3月，成立单县多种经营乡镇企业局，为正科级行政单位。1986 年 8 月，多种经营办公室分出后改称乡镇企业局，内设人秘股、财计股、生产技术股，下辖供销公司、建筑安装服务公司，担负着对全县乡镇企业的指导、管理、监督和服务的职能。1999 年，设立单县个体私营经济管理局，为正科级单位，设在县乡镇企业局，主要任务是对全县个体及民营经济“规划、协调、管理、服务”。自此，县乡镇企业局和县个体私营经济管理局两块牌子、一套班子。2000 年 11 月，成立单县个体民营经济发展信用担保中心。2002 年 5 月，县乡镇企业局（单县个体私营经济管理局）改称单县民营经济发展管理办公室，挂单县中小企业管理局牌子，内设办公室、规划发展科、科技管理科、供销公司，编制 15 人。2010 年 8 月，设立单县中小企业咨询服务中心。

1986—2010年单县民营经济发展管理办公室（乡镇企业局、个体私营经济管理局）主要负责人更迭表

表31-2-75

姓名	职务	籍贯	任职时间	备注
刘广君	多种经营乡镇企业局局长	曹庄乡	1984.04—1986.06	
时念亮	乡镇企业局局长	终兴镇	1986.08—1989.05	
	乡镇企业局党组书记		1986.08—1990.06	
王申秀	乡镇企业局局长	北城街道	1989.05—1996.01	
	乡镇企业局党组书记		1990.06—1996.01	
马玉宝	乡镇企业局党组书记、局长	北城街道	1996.01—2002.05	
袁　冰	民营经济发展管理办公室党组书记、主任	黄岗镇	2002.05—2004.08	
吴基因	民营经济发展管理办公室主任	终兴镇	2004.08—2009.09	兼
刘全景	民营经济发展管理办公室党组书记	徐寨镇	2004.09—2009.07	
陈　峰	民营经济发展管理办公室党组书记	南城街道	2009.07—	
	民营经济发展管理办公室主任		2010.03—	

单县广播电视服务中心　1984年5月，县广播事业局更名为单县广播电视局，内设人秘股、广播站、电视差转台、广播电视服务公司，下辖37处乡镇广播站。1986年，设立单县广播电视技术服务站和单县音像制品管理发行站，隶属于县广播电视局。1990年6月，成立单县中波转播台，为正科级事业单位，隶属于县广播电视局。1990年7月，设立计划生育管理股，人秘股改为政工股。1991年11月，经山东省广播电视厅批准，县广播站改称为单县人民广播电台，为副科级事业单位。同年，广播电视系统共有工作人员241人。1992年6月，成立单县有线电视管理办公室，为股级事业单位，隶属于县广播电视局。1993年12月机构改革，撤销县广播电视局，成立单县广播电视服务中心。1996年5月，设立保卫科，为股级事业单位。9月，恢复单县广播电视局名称，实行广播电台、电视转播台、有线电视台“局台合一”体制，保留广播电台、电视台、有线电视台称呼。1998年后，实行“局台合一”的管理体制，并代管中波转播台。1999年5月，撤销县人民广播电台、电视转播台、广播电视技术站、器材站、会计股、保卫股，设立计划财务部、总编室、新闻部、社教专题部、制作部、工程部、技术部、广告部、播出部、农村有线电视传输管理中心、广播电视稽察大队，均为股级事业单位，加上原有的中波台、音像制品管理站、广播电视服务公司，县广播电视局辖事业单位14个。12月，全县事业单位改革，将乡镇广播电视站人财物划归乡镇管理，县广播电视局负责业务指导。2000年5月，位于湖西革命烈士陵园西侧，投资340万元、建筑面积2000平方米的广播电视综合楼建成使用。2002年5月，县广播电视局改称为单县广播电视中心。2003年7月，成立山东广电网络公司菏泽分公司单县支公司。2004年12月，增设文艺部，为股级事业单位。2005年4月，经县政府批准，单县有线电视网络资产转让给菏泽电视台，山东广电网络菏泽分公司对单县分公司实行垂直统一管理。

2010年，县广播电视中心内设办公室、计生股、信息部、安全稽查工作部、总编室、湖西报社、广播电台、新闻部、电视制作部、电视专题部、广告部、湖西大舞台和播出部。

1986—2010年单县广播电视中心（局）主要负责人更迭表

表31-2-76

姓名	职务	籍贯	任职时间	备注
张德启	党组书记、局长	徐寨镇	1985.05—1986.06	
李富德		郭村镇	1986.06—1993.12	
夏冬青	党组书记、主任	徐寨镇	1993.12—1995.07	女
刘兴宽		北城街道	1996.01—1996.09	
	党组书记、局长		1996.09—2002.05	
	党组书记、主任		2002.05—2005.06	
谢怀志		北城街道	2005.06—2010.03	
张士珍		李田楼镇	2010.03—	

单县商业协会　1986年，县商业局内设人事股、秘书股、业务计统股、财计股、集体企业管理股、仓储保卫股和信息股。8月，撤销信息股，增设内部审计股、老干部股和计统信息股；业务计统股改为业务股。1987年4月，撤销集体企业管理股。1991年11月，设立企管股，财会基建股改设为会统股。1993年12月，县商业局转体为县商业集团总公司，原行政管理职能归属县财贸委员会。2002年7月，县商业集团总公司改称单县商业协会。2004年，县商业协会内设办公室、政工股、会统股、企业管理股、老干部股、保卫股、计划生育股。所属单位16个，其中，全民所有制企业10个，股份制企业5个，集体所有制企业1个，全系统有干部职工4210人。2005年1月，县物资协会、县商业协会合并组建为单县商贸协会。

1986—2010年单县商业协会（商业局、商业集团总公司）主要负责人更迭表

表31-2-77

姓名	职务	籍贯	任职时间
冯殿广	商业局党组书记、局长	巨野县	1984.03—1986.06
张德启	商业局党组书记	徐寨镇	1986.10—1990.06
	商业局局长		1986.10—1989.05
李保山	商业局党组书记	高唐县	1990.06—1993.04
	商业局局长		1989.05—1993.04
陶吉明	商业局党组书记、局长	莱河镇	1993.04—1993.12
陶吉明	商业集团总公司党组书记、总经理	莱河镇	1993.12—1998.05
窦桂明	商业集团总公司党组书记、总经理	北城街道	1998.05—2002.05
	商业协会党组书记、会长		2002.05—2004.04

单县物资协会 1986年，县物资管理公司内设业务股、财务股、政工股、秘书股、保卫股和计生股，辖金属材料公司、机电设备公司、木材公司、燃料公司、建化公司和物资服务公司。1989年7月，县物资管理公司改为单县物资管理局，为正科级行政单位。1993年12月，县物资局转体为单县物资集团总公司，原行政管理职能归属县财贸委员会。2002年5月，县物资集团总公司改为单县物资协会。2005年1月，县物资协会与县商业协会合并组建为单县商贸协会。

1986—2005年单县物资协会（物资公司、物资局、物资集团总公司）主要负责人更迭表

表31-2-78

姓名	职务	籍贯	任职时间
张益修	物资管理公司党组书记、经理	浮岗镇	1985.07—1989.07
	物资管理局党组书记、局长		1989.07—1990.06
江成朗	物资管理局党组书记、局长	南城街道	1990.06—1993.12
	物资集团总公司党组书记、总经理		1993.12—2002.07
段丙文	物资协会党组书记、会长	东城街道	2002.07—2005.01

单县商贸协会 2005年1月，县物资协会与县商业协会合并组建为单县商贸协会，下设办公室、政工股、会统股、老干部股、企业管理股、维护稳定工作办公室6个股室。至2010年年底，机构设置未变。

2005—2010年单县商贸协会主要负责人更迭表

表31-2-79

姓名	职务	籍贯	任职时间
韩瑞海	商贸协会党组书记、会长	南城街道	2005.06—2008.06
刘　军	商贸协会党组书记	龙王庙镇	2009.04—
	会长		2009.05—

单县供销合作社联合社 1986年，县供销合作社联合社（简称县供销社）设理事会、监事会。实行理事会负责制，内设秘书科、政工科、老干部科、教育科、业务科、农副产品收购科、基层工作科、基建财会科、计划统计科、物价信息科、储运保卫科共11个科。监事会设纪检科。县供销社下辖6个公司和20处基层供销社。1988年1月，纪检科改称为监察科，增设审计科。6月，增设工业科技科。1990年4月，秘书科改为办公室，增设物价科、基层教育科、计划生育科、企业管理办公室。7月，增设罗庄供销社、十里铺供销社。同年，增设生产收购科，负责棉花的生产、收购工作。1992年，增设信访办、李田楼供销社。1993年4月，企业管理办公室、审计科合并为企审科。5月，教育科、老干部科、计划生育科合并到政工科。12月，加挂供销集团总公司的牌子，原所有制性质和资产管理渠道不变，原行政管理职能归属县财贸委员会。1994年8月，信访办、监察科合并为纪检监察科。1995年2月，增设调研科、养殖科。1996年1月，恢复企业管理办公室、审计科。1997年4月，恢复计划生育科。1998年5月，增设社员股金站。1999年7月，

县供销社机关进行机构改革，内设科室合并为7个，即：办公室、政工科、业务科、工业科技科、财会科、企审科、监察保卫科。2007年9月，县编办核定县供销社为正科级全额事业单位。2010年，县供销社有干部职工35人，内设机构设置未变。下辖27处基层供销社、27个县属公司。

1986—2010年单县供销合作社联合社主要负责人更迭表

表31-2-80

姓名	职务	籍贯	任职时间
谢朴军	党组书记、理事会主任	李新庄镇	1984.03—1989.11
胡洪河		龙王庙镇	1989.11—1997.08
孙玉忠		终兴镇	1997.08—2002.07
崔文学		浮岗镇	2002.07—2004.12
刘建刚		李新庄镇	2005.04—
李世华	监事会主任	李新庄镇	1985.07—1989.05
周炳彦		时楼镇	1989.05—1992.02
时维生		时楼镇	1992.02—1997.07
崔文学		浮岗镇	1997.08—2002.07
丁继轩		莱河镇	2002.08—2005.06
谷振桥		终兴镇	2007.04—2010.03
于晓峰		东城街道	2010.03—

单县园艺场 始建于1956年，位于东沟河两侧，占地面积643.33公顷。1986年11月，园艺场升格为正科级事业单位，有干部职工583人。场内划分为5个果业队，设有果工商联合公司、果酒厂、奶牛场、良种兔场等经营机构。1997年，将果业队改为分场，果业组改为果业队，实行自主经营，独立核算。2000年，在职干部职工457人，社会承包人员240人。2003年，县政府以园艺场土地为依托，建立单县经济开发区。

1986—2010年单县园艺场场长更迭表

表31-2-81

姓名	籍贯	任职时间	备注
赵志良	终兴镇	1985.01—1986.11	
马志立	曹庄乡	1986.11—1987.08	兼
李醒义	郭村镇	1987.08—1989.06	
马秀春	曹县	1989.06—1993.07	女
庞新灵	曹庄乡	1993.07—1997.08	
李醒义	郭村镇	1997.08—2005.06	兼
朱宇魁	郭村镇	2006.02—	

单县农业综合开发办公室　1989年5月，设立单县黄淮海平原农业开发办公室，为正科级事业单位。1993年12月，加挂扶贫办公室的牌子，归口县农业委员会。1998年10月，县黄淮海平原农业开发办公室改为单县农业综合开发办公室，与县扶贫办公室为一个单位，两块牌子。内设人秘股、农业综合开发股、扶贫开发股和世界银行加强灌溉农业贷款项目办公室4个股室。2002年，隶属于县农业局，2010年1月，隶属于县财政局。

1986—2010年单县农业综合开发办（黄淮海平原开发办）负责人更迭表

表31-2-82

姓　名	职　务	籍　贯	任职时间
张洪祥	黄淮海平原开发办主任	郭村镇	1989.04—1989.12
时念亮		终兴镇	1989.12—1998.10
	农业综合开发办主任		1998.10—2002.05
马凤新		高韦庄镇	2002.07—2008.09
任继忠		终兴镇	2008.09—2010.03
张　涛		终兴镇	2010.05—

开山公园管理办公室　2008年4月设立，正科级事业单位，直属县政府管理。

开山公园管理办公室主任任职情况表

表31-2-83

姓　名	职　务	籍　贯	任职时间
黄　元	主任	时楼镇	2008.04—

单县物业管理办公室　2010年8月设立，正科级事业单位，县政府直属单位。

单县物业管理办公室主任任职情况表

表31-2-84

姓　名	职　务	籍　贯	任职时间
杨绪清	主任	时楼镇	2010.08—

第四节　政协单县委员会工作机构

县政协工作机构　1981年5月，恢复中国人民政治协商会议单县委员会，下设办公室。1984年5月，增设文史科、民族宗教科。1985年，民族宗教科改称联络科。1989年5月，撤销联络科、文史科，设置5个专门委员会，即：学习提案委员会、经济科技委员会、祖国统一联谊委员会、文教卫生委员会、文史资料委员会，均为正科级行政机构。2003年10月，文史资料委员会更名为文史资料宣传委员会，经济科技委员会更名为经济资源环境委员会，祖国统一联谊委员会更名为台港澳侨民族宗教委员会，文教卫生委员会更名为科教文卫体法委员会。至2010年，仍设“一室五委”，即办公室、文史资料委员会、学习提案委员会、经济资源环境委员会、台港澳侨民族宗教委员会、科教文卫体法委员会，均为正科级行政单位。

1986—2010年单县政协工作部门负责人任职情况统计表

表31-2-85

机构名称	姓 名	职 务	籍 贯	任职时间	备 注
办公室	吕学进	主任	时楼镇	1984.05—1989.05	
	刘凤祥		杨楼镇	1989.05—1992.07	
	闫明礼		龙王庙镇	1994.05—1997.08	
	司建民		高老家乡	1997.08—2008.06	
	徐文华		莱河镇	2008.09—	
文史资料科	张林厚	科长	高韦庄镇	1986.11—1987.05	
	孟宪法		蔡堂镇	1987.05—1989.05	
文史资料宣传委员会（文史资料委员会）	单士臣	主任	北城街道	1989.05—1997.04	
	徐文华		莱河镇	1998.05—1999.10	
	唐　杰		安徽省砀山县	2002.05—2010.07	
	张西震		徐寨镇	2010.07—	
学习提案委员会	孔庆立	主任	谢集镇	1989.05—1992.02	
	段丙伦		东城街道	1992.07—1999.04	
	徐文华		莱河镇	1999.10—2008.09	
		主任		2008.09—	兼
经济资源环境委员会（经济科技委员会）	吕学进	主任	时楼镇	1989.05—1997.08	
	王京华		终兴镇	1998.05—2001.03	
	郭洪光		河南省范县	2002.05—	
台港澳侨民族宗教委员会（祖国统一联谊委员会）	孟宪法		蔡堂镇	1989.05—1992.07	
	袁继法		东明县	1997.12—1999.04	
	时圣存		终兴镇	2002.05—	女
科教文卫体法委员会（文教卫生委员会）	高启兰	主任	高老家乡	1989.05—1993.12	女
	黄翔月		北城街道	1997.12—2006.06	女
	刘德超		谢集镇	2010.07—	

乡镇政协　1986年，县政协在重点乡镇设立政协联络员。1989年5月，撤销在部分乡镇所设的政协联络员，统一在全县37处乡镇设立政协工作办公室，规格为正科级行政机构。2002年1月，根据1990年全国政协办公厅《关于不在乡镇一级设立政协委员会的通知》精神，全县各乡镇政协工作办公室撤销。

第五节　中共单县纪律检查委员会工作机构

1984年2月，中共单县县委纪律检查委员会改设为中共单县纪律检查委员会，升格为副县级单位，下设办公室、信访科、纪律检查科、审理科、经济检查科（后改为教育科）。1989年2月，县纪委中层机构改科为室，设办公室、教育室、信访室、纪律检查室、案件审理室5个室。室主任配备副科级或副科级以上干部。同年，各乡镇建立纪律检查委员会，设专职书记1人，委员5～7人。1993年7月，县纪委与县监察局合署办公，共设办公室、纪检监察一室、纪检监察二室、案件审理室、信访室、宣传教育室、执法监察室、监察综合室、党风廉政建设室9个室。县纪委与县监察局合署办公后，纠正行业不正之风办公室设在纪委廉政室。2002年5月，正式设立单县纠正部门和行业不正之风办公室，为正科级单位。2003年10月，设立单县行政效能投诉中心，为正科级单位，与县纠正部门和行业不正之风办公室合署办公。2006年2月，县行政效能投拆中心分设独立办公。2010年5月，落实中央纪委和省纪委关于加强县级纪检监察机关建设的精神，县纪委监察局设立8个派驻纪检组（监察室），将全县58个县直部门纳入集中统一管理，配备行政编制48人，均为正科级单位。8月，设立县纪委干部室和案件管理督查室，新增行政编制3人，均为副科级内设机构。

第六节　武装部工作机构

1985年，县人民武装部设作训动员科、政工科、供管科3个科和民兵装备仓库。1986年6月，单县人民武装部改归地方建制。工作机构设办公室、军事科、政工科。1991年6月，增设后勤科。1995年，增设以劳养武办公室。1996年4月，单县人民武装部重新收归军队建制。工作机构设军事科、政工科、后勤科。民兵训练基地主任和民兵装备仓库主任由军事科干部兼任。至2010年，内设机构未变。

第七节　法院检察院工作机构

单县人民检察院　1986年，县检察院设检察长1人，副检察长3人。内设办公室、政工科、刑事一科、刑事二科、经济检察科、监所检察科、法纪科、控申科等8个科室。有干警65人。1988年9月，设立城郊区、郭村、县社、税务、工商、粮食局、农业银行、物资局、棉纺厂、麻纺厂等10个检察室。1989年9月，增设举报中心。撤销城郊区、郭村检察室。1993年9月，设立驻单城镇检察室。1994年5月，设立民事行政检察科。根据高检院指示精神，县检察院驻各单位检察室相继撤销。1997年10月，经济检察科改称为反贪污贿赂局，为正科级单位。1999年10月，法纪检察科改称为渎职犯罪侦察局，为正科级单位。2003年10月，政工科改为政治处，为正股级机构。2005年6月，渎职犯罪侦察局更名为反渎职侵权局。2010年，县检察院设检察长1人，副检察长4人。内设办公室、政治处、侦查监督科、公诉科、预防职务犯罪办公室、监所检察科、控申科、民行科、技术科、监察科、法律政策研究室、法警队、驻单城镇检察室等13个正股级科（室、处、队）；反贪污贿赂局、反渎职侵权局2个正科级单位。

1986—2010年单县人民检察院党组书记、检察长更迭表

表31-2-86

姓名	籍贯	任职时间
韦昌俭	高老家乡	1981.05—1990.03
任兰亭	黄岗镇	1990.03—1993.03
梁法民	黄岗镇	1993.03—1996.10
曹忠印	菏泽市牡丹区	1996.10—2002.12
张捍民	定陶县	2002.12—2007.11
许澎涛	曹县	2007.11—

单县人民法院　1986年，县法院设院长1人，副院长3人。内设机构有办公室、人事科、刑事审判庭、民事审判庭、经济审判庭、司法执行庭。下辖单城镇、黄岗镇、终兴镇、郭村镇、蔡堂镇、高韦庄镇、徐寨镇等7个法庭。有干警92人。1987年5月，县法院执行庭正式独立办公，人员增加到5人。其中，庭长1人，执行员1人，法警3人。1988年5月，设立行政审判庭，为正股级机构。1988年11月，设立刑事审判二庭，主要配合较为集中的历史刑事案件申诉复查工作。1989年5月，正式设立告诉申诉审判庭。1990年10月，设专职纪检书记，后改为纪检组长。1995年，设立案庭，1998年，正式成为法院内设机构。2000年4月，设立执行局，为正科级行政单位。2001年6月，告诉申诉审判庭更名为审判监督庭。2003年10月，设立政治处，为正股级。2010年1月，县法院在开发区新建办公大楼启用。年底，县法院设院长1人，副院长3人。内设机构7个，即办公室、政治处、立案庭、刑事审判庭、民事审判庭、经济审判庭、行政审判庭。辖县法院执行局1个正科级单位；南店子、黄岗、终兴、郭村、蔡堂、高韦庄、谢集、杨楼、时楼、徐寨、东城等11个基层法庭。

1986—2010年单县人民法院党组书记、院长更迭表

表31-2-87

姓名	籍贯	任职时间
任兰亭	黄岗镇	1984.05—1989.10
胡慈亮	成武县	1989.10—1996.10
张明珠	东明县	1996.10—2002.12
李忠海	牡丹区	2002.12—2007.11
陈文法	成武县	2007.11—

第八节　群团部门

单县总工会　1984年，县总工会设有办公室、组织部、宣教部和生产部，编制9人。辖职工俱乐部、职工业余学校2个股级事业单位。1990年10月，县职工俱乐部更名为县工人文化宫。1998年5月设立党组。2004年6月，县总工会机关工作人员工资纳入县财政预算。至2010年，机构设置未变。

1986—2010单县总工会主要负责人更迭表

表31-2-88

姓名	职务	籍贯	任职时间	备注
刘志学	主席	江苏省丰县	1984.04—1986.04	
陶吉彬	主席	莱河镇	1986.04—1993.12	兼
胡云高	主席	安徽省砀山县	1993.12—1996.01	
齐继坤	党组书记、主席	莱河镇	1996.01—2000.09	
黄世翠	党组书记、主席	终兴镇	2000.09—2004.12	
高鹏程	党组书记、主席	日照市	2005.04—	

中国共产主义青年团单县委员会　1986年，团县委内设机构有办公室、组织部、宣教部和少年工作部，下辖51个团委、113个团总支、1832个团支部，50026名团员。1997年8月设立党组，至2010年年底，先后由团县委书记高慧、李磊、张守文担任党组书记。2005年9月，设立单县关心下一代工作委员会办公室，为副科级单位，属团县委内设机构。2010年始，团县委开展新建非公有制企业、新建民办非企业单位团组织建设。当年，全县有41家"两新"企业建立了团组织。2010年年底，团县委内设办公室、组织部、宣教部、青工青农部、青少年权益部、少年工作委员会、希望工程办公室和关心下一代工作委员会办公室。有工作人员9人。下辖56个团委、165个团总支、2065团支部，76623名团员。

1986—2010年中国共产主义青年团单县委员会书记更迭表

表31-2-89

姓名	籍贯	任职时间	备注
司建民	高老家乡	1984.03—1988.07	
石　松	莱河镇	1988.07—1992.05	
姜守民	朱集镇	1992.05—1997.08	
高　慧	安徽省庐江县	1997.08—2004.08	女
李　磊	枣庄市	2005.04—2007.05	
张守文	高老家乡	2007.07—	

单县关心下一代工作委员会 2005年9月，成立单县关心下一代工作委员会，下设3团4组1办，即革命传统报告团、法制教育关爱团、关爱艺术团，组织建立指导组、科普教育指导组、关爱救助指导组、宣传调研指导组，办公室。县直各科局、各企事业单位、各乡镇（街道）都相继成立了关心下一代工作委员会，一般由3～5人组成。

2005—2010年单县关工委负责人更迭表

表31-2-90

姓名	职务	籍贯	任职时间	备注
刘启同	主任	定陶县	2005.09—2007.12	兼
王忠想	主任	成武县	2007.09—	兼
任兰才	副主任	黄岗镇	2005.09—	常务
桑世允	副主任	李田楼镇	2005.09—	
李　磊	副主任	枣庄市	2005.09—2006.12	
张守文	副主任	高老家乡	2006.12—	兼
贺文彬	副主任	浮岗镇	2008.12—	兼秘书长

单县妇女联合会 1986年，县妇联内设办公室、组织部、宣传部、儿童工作部、妇女儿童维权部等5个部室。1989年，成立妇女儿童活动中心，为股级事业单位。1995年，成立单县妇女儿童工作委员会办公室，为股级事业单位。1998年5月，县妇联设立党组，杨雪芳、刘瑞芳先后任党组书记。2005年8月，县妇女儿童工作委员会办公室升格为正科级单位，隶属于县妇联。2007年后，通过公开招考选拔1名副科级领导干部和2名公务员，充实到县妇联工作。2010年，县妇联内设机构仍为“四部一室”，有工作人员7人。辖县妇女儿童工作委员会办公室。

1991年5月，召开单县妇女联合会第七次代表大会，参会代表363人，选出第七届委员会委员43人。1996年12月，召开单县妇女联合会第八次代表大会，参会代表217人，选出第八届委员会委员54人。

1986—2010年单县妇女联合会主任更迭表

表31-2-91

姓名	籍贯	任职时间	备注
袁宜玲	北城街道	1984.01—1990.10	女
刘桂荣	北城街道	1990.10—1996.11	女
杨雪芳	浮岗镇	1996.11—2007.02	女
刘瑞芳	东城街道	2007.04—	女

单县科学技术协会 1986年，县科学技术协会（简称县科协）内设办公室、科普部、学会部、咨询部4个部室。全县37个乡镇均设有科协组织，有专职干部37人。1987年，乡镇科委与科

协合署办公。全县乡镇科协有专职干部52人，专业研究会64个，会员5900人。1997年8月，设立党组。2006年年底，成立单县老年科协组织。2007年，新建企业科协组织5个，吸纳科技人员27人。至2010年，县科协内设机构未变。下辖县直科技协会23个，企业科技协会20个，乡镇（街道）科技协会22个。

1986—2010年单县科学技术协会主任更迭表

表31-2-92

姓名	籍贯	任职时间
齐运华	张集镇	1984.04—1988.10
司建民	高老家乡	1989.05—1997.08
徐林光	龙王庙镇	1997.08—2005.12
许　涛	蔡堂镇	2006.02—2008.12
谢启创	谢集镇	2008.12—

单县工商业联合会　1989年1月，恢复撤销20年的县工商业联合会（总商会），为正科级群团组织，有工作人员8人，工商会会员5000人。黄岗、终兴、郭村、蔡堂、徐寨、高韦庄等大型集镇设有6个分会，县城设有家具、家电、机械电子、农药化肥、种子、运输等行业委员会18个。1994年3月，单县湖西典当服务行划归县工商业联合会管理。1998年6月，经县委、县政府协调，将单县湖西典当服务行转让给单县知名商人李继山经营。1997年8月设立党组。1998年2月，黄岗、单城、高老家、浮岗集、蔡堂、大李海、高韦庄、徐寨、罗庄、终兴等10处乡镇，相继召开商会成立大会暨第一届会员代表大会，产生第一届商会领导班子。2010年，在完善与规范单县商贸服饰协会、单县生物制品研究发展协会、单县木业协会、单县窗纱协会的基础上，新成立单县北城街道商会，筹建单县浙商投资研究协会。至年底，县工商联在编工作人员11人，全县有工商业联合会会员1368人。1989—2010年，先后召开县工商业联合会第三、四、五、六次会员代表大会。

1989—2010年单县工商业联合会主任更迭表

表31-2-93

姓名	籍贯	任职时间	备注
王培民	东城街道	1989.05—1990.01	兼
郭本让	郓城县	1990.01—1991.11	兼
孙运洲	南城街道	1992.06—1997.08	
胡传才	南城街道	1997.08—2002.02	
景新明	南城街道	2002.07—2004.09	
李　伟	郭村镇	2004.09—2010.11	兼
吴基因	终兴镇	2010.11—	兼

单县残疾人联合会　1990年1月，设立单县残疾人联合会（简称县残联），为正科级事业单位，由县民政局代管，内设群工部、康复部、基金部，定编10人。8月，县残联与民政局分开，为正科级群众团体。9月，召开单县第一届残疾人代表大会，选举产生单县残疾人联合会第一届执行理事会。1991年，组建乡镇残疾人联合会，设理事长、副理事长各1人，配备专职干部1人；理事长由分管民政工作的副乡（镇）长兼任，副理事长由民政助理员兼任，专职干部从乡镇内部调剂。1994年1月，根据中共中央组织部和人事部决定，中国残疾人联合会机关属于参照国家公务员制度管理的单位，其工资制度、工资标准按国家机关工作人员工资制度和标准执行，县残联以此而行。8月，县残联召开第二届残疾人代表大会，出席代表160人，选举产生单县残疾人联合会第二届执行理事会。1994年9月，设立单县残疾人劳动服务办公室，为股级事业单位。1996年5月，残疾人劳动服务办公室改名为单县残疾人劳动服务所，仍为股级事业单位。1998年2月，设立单县残疾人服务社，为股级差额补贴事业单位，定编8人，同时各乡镇建立残疾人服务分社。1999年10月，成立单县残疾人评残委员会。2000年6月，成立单县残疾人用品用具供应服务站。2007年9月，县残联机关内设办公室、组织联络维权部、康复部和教育就业部4个部室，编制9人。下辖县残疾人服务社。至2010年年底未变。

1990—2010年单县残疾人联合会党组书记、理事长更迭表

表31-2-94

姓 名	籍 贯	任职时间
程远超	曹县	1990.01—1992.07
张福正	张集镇	1993.12—2004.12
董清科	终兴镇	2005.04—

单县文学艺术界联合会　2000年9月设立，　　正科级事业单位。

单县文学艺术界联合会主席任职情况表

表31-2-95

姓 名	籍 贯	任职时间
张　林	江苏省丰县	2002.07—

单县社会科学界联合会　2000年9月设立，　　正科级事业单位。

单县社会科学界联合会主席任职情况表

表31-2-96

姓 名	籍 贯	任职时间
谢孔亮	浮岗镇	2002.05—

第三章　县直事业单位

第一节　单县第一中学

事业，副县级。创建于1951年，原名为平原省立单县中学。1953年，更名为山东省单县第一中学。1986年，县一中下设教导处、总务处、团委等机构。有教职工162人。1989年11月，县一中由正科级升格为副县级。1990年10月，校党支部改建为党总支。1991年8月，学校行政机构调整，撤销教导处，设立办公室、教务处、政教处、总务处一室三处和团委、高一、高二、高三、初中部4个年级组等行政管理机构。2005年5月，设立教育科研处。2007年10月9日，正式设立单州一中（民办普通高级中学）。2008年7月10日，中共单县一中总支升格为党委。2010年10月，县政府将单县单州一中归并为县一中。年底，县一中教职工人数570人。

1986—2010年单县第一中学主要负责人更迭表

表31-3-1

<table>
<tr><th>姓　名</th><th>职　务</th><th>籍　贯</th><th>任职时间</th></tr>
<tr><td rowspan="2">张秀斌</td><td>党支书记</td><td rowspan="2">河南省夏邑县</td><td>1984.07—1990.10</td></tr>
<tr><td rowspan="4">党总支书记</td><td>1990.10—1993.12</td></tr>
<tr><td>任　君</td><td>张集镇</td><td>1993.12—2000.09</td></tr>
<tr><td>王凯荣</td><td>郭村镇</td><td>2002.02—2007.04</td></tr>
<tr><td rowspan="2">关兆科</td><td rowspan="2">时楼镇</td><td>2007.04—2008.07</td></tr>
<tr><td>党委书记</td><td>2008.07—</td></tr>
<tr><td>张　中</td><td rowspan="5">校长</td><td>江苏省沛县</td><td>1984.05—1992.02</td></tr>
<tr><td>王献骥</td><td>黄岗镇</td><td>1992.02—1998.04</td></tr>
<tr><td>景瑞魁</td><td>南城街道</td><td>1998.04—2000.09</td></tr>
<tr><td>王可正</td><td>浮岗镇</td><td>2000.09—2004.03</td></tr>
<tr><td>刘仰成</td><td>郭村镇</td><td>2004.09—</td></tr>
</table>

第二节　单县第二中学

事业，正科级。1950年，平原省立单县师范初中部更名为平原省单县初级中学。1952年11月，更名为山东省单县第二中学。1968年冬，改名为单县城关中学。1985年4月，学校名称又恢复为山东省单县第二中学。2007年10月9日，正式设立单县龙翔中学（民办普通高级中学）。至2010年，县二中拥有3个校区，占地26.67公顷（400亩），总建筑面积7.6万平方米，有98个教学班，在校学生6000余人。有教职工337人，其中，专任教师266人，职工71人。

1986—2010年单县第二中学主要负责人更迭表

表31-3-2

姓名	职务	籍贯	任职时间
黄洪杰		龙王庙镇	1984.07—1989.12
宿星辰	党总支书记	济南市	1990.06—1992.09
吕　克		江苏省沛县	1992.09—2000.08
张广荣		郭村镇	2000.08—2004.12
任秀山	党总支书记	张集镇	2005.06—2010.06
韩西银		郭村镇	2010.06—
黄洪杰		龙王庙镇	1984.07—1987.08
宿星辰		济南市	1987.09—2000.08
张广荣	校长	郭村镇	2000.08—2002.05
高振民		蔡堂镇	2002.05—2010.07
赵　瑞		黄岗镇	2010.07—

第三节　单县中心医院

创建于1944年11月，始称冀鲁豫边区第三政民医院。1949年，冀鲁豫边区撤销，建立平原省，第三政民医院与第七政民医院合并，组建平原省湖西专署人民医院。1953年，平原省及湖西专署相继撤销建制，医院划归山东省菏泽专署领导，改称山东省菏泽专区第二人民医院。1958年9月，更名为单县中心医院，改为县政府管辖。县中心医院原为县（处）级，20世纪50年代末改为正科级单位。1989年，升格为副县（处）级单位。1994年，被省卫生厅定为“三级乙等医院”。2010年，医院设3个院区（中心院区、南院区、北院区），总占地面积15.3万平方米，建筑面积10万平方米。有21个职能科室，34个临床、医技科室。在职职工1473人，其中，专家教授220人，中级职称450人，博士、硕士研究生110人。市、县级专业技术拔尖人才16人，担任省、市级各专业委员会主任委员、副主任委员、常委、委员共96人。编制床位1000张，开放床位1500张。

1986—2010年单县中心医院主要负责人更迭表

表 31-3-3

姓 名	职 务	籍 贯	任职时间	备 注
许德常	总支书记	南城街道	1984.10—1987.05	
翟熙昌	总支书记	淄博市	1987.05—1989.05	兼
周　仁	总支书记	曹县	1989.05—1991.03	
翟熙昌	党委书记	淄博市	1991.03—1997.12	兼
李德民	党委书记	浮岗镇	1997.12—2000.08	
秦西春		李新庄镇	2000.08—2005.07	
许爱峰		龙王庙镇	2005.07—	
翟熙昌	院长	淄博市	1984.05—1997.12	
曹培华		谢集镇	1997.12—2005.07	
赵利华		南城街道	2005.07—	

第四节　单县中医医院

正科级事业单位。1984年5月8日正式开诊。医院设在原城关镇卫生院东关门诊部，设简易病床15张，有工作人员28人。设内科、外科、妇科、骨科、针灸科、西医科、放射科、化验室、心电图室等科室。之后，相继开设中医疮疡外科、中医骨伤专科、急症科、妇科、肝病专科、高血压专科、口腔科、特检科、检验科、麻醉科等临床医技科室。1987年，医院迁至东堤外、向阳路路北，占地面积2公顷，先后建病房40间、3100平方米门诊楼1座。1996年，被评为国家二级甲等中医院。2000年6月，医院加挂单县骨科医院牌子。2005年，共有干部职工226人，其中，医疗技术人员174人，其他技术人员9人，管理人员13人，工勤人员30人。设病床62张。2007年后，医院骨伤科先后被国家卫生部、国家中医药管理局、山东省卫生厅评为国家级、省级重点中医特色专科。2008年，新建6000平方米病房楼。2010年，增设康复科。医院共有工作人员239人，其中，卫生技术人员191人，其他技术人员2人，行政、工勤人员46人。设病床110张。

1986—2010年单县中医医院党支部书记、院长更迭表

表 31-3-4

姓 名	籍 贯	任职时间
胡铁民	济宁市	1985.05—1994.05
盛延成	时楼镇	1994.05—2000.08
李冰化	郭村镇	2000.09—2004.12
王守民	终兴镇	2005.01—

第五节　单县妇幼保健院

1950年成立，先后称湖西专区妇幼保健所、菏泽专区第二人民医院附属妇幼保健院、单县中心医院附属妇幼保健院、单县妇幼保健所。1968年8月，县妇幼保健所撤销，1969年10月恢复。1987年，县妇幼保健所设办公室、社会保健股、收款室等科室。有干部职工28人，其中，西医师1人，西医士5人，助产士9人，其他初级卫生技术人员11人，管理人员2人。设床位20张。1989年5月，由股级升格为副科级事业单位。1991年8月，升格为正科级单位。1993年12月，更名为单县妇幼保健院。2006年，内设办公室、人事科、保健科、医务科、护理部、财务科、信息科、总务科8个行政职能科室（部），妇保、儿保、婚保、不孕不育、妇产科、儿科、内科、外科等16个保健临床科室。工作人员增加到133人，其中，卫生技术人员114人，其他技术人员5人，管理人员4人，工勤人员10人。设床位65张。2010年，县妇幼保健院总人数158人，其中，卫生技术人员136人（高级职称7人，中级职称53人），其他技术人员7人，管理人员4人，工勤技能人员11人。设床位90张。

1989—2010年单县妇幼保健院（所）主要负责人更迭表

表31-3-5

姓名	职务	籍贯	任职时间	备注
宋凤梅	党支部书记、所长	北城街道	1989.05—1993.12	女
宋凤梅	党支部书记、院长	北城街道	1993.12—1997.12	女
孟兰华	党支部书记、院长	北城街道	1997.12—2010.02	女
黄鲁玉	党支部书记、院长	郭村镇	2010.04—	

第四章　驻县单位

第一节　行政（事业）机构

菏泽家政职业学院　其前身为单县中心医院卫生学校，1958年组建。1982年，更名为山东省单县卫生学校。1984年11月，升格为副县级事业单位，由县属改为地区直属。同时，中共单县卫生学校支部，升格为总支。1986年，单县卫生学校设有办公室、政治处、教务处、总务处、团委。1993年，撤销政治处，增设学生科、人事科、财务科、伙食管理科、工会，教务处、总务处分别更名为教务科、总务科。1995年12月，学校更名为山东省菏泽地区卫生学校。1997年4月，学校由副县级单位升格为正县级单位。12月，学校党总支升格为党委。2000年12月，更名为山东省菏泽市卫生学校。2003年，增设教育研究室、招生办公室、就业指导办公室、图书馆、保卫科。2005年，增设家政师培训中心、国际交流中心。2007年3月，经山东省人民政府批准、教育部备案，在菏泽家政师培训中心基础上建立菏泽家政职业学院（系专科层次，并保留菏泽卫校建制），同时撤销菏泽家政师培训中心。学院设党委办公室、组织部、宣传统战部、纪委、工会、团委、教务处、科研处、学生工作处、招生办公室、就业办公室、财务处、后勤管理处、安全保卫处、对外交流合作处15个内设机构；设家政管理系、护理系、社区康复系、医学康复系、成人教育部、基础教学部、中专部7个教学单位，设图书馆、家政研究中心、电教中心、实验中心、家政服务中心、附属医院6个教学辅助单位。2007年9月，学院由北校区（文化路2号）全部迁至单县经济开发区。新校区占地52.5公顷，拥有综合教学楼4座，学生公寓楼5座，办公楼、实验楼、图书馆楼各1座，总建筑面积15.1万平方米，固定资产3亿元。学院设置图书馆、电子阅览室，藏书11.6万册，电子读物3万余种。2010年年底，学院有教职工304人。

1986—2010年菏泽家政职业学院（单县卫校、菏泽卫校）主要负责人更迭表

表31-4-1

单位	姓名	职务	籍贯	任职时间
单县卫校	董青蕊	总支书记	江苏省丰县	1984.11—1987.06
	张保夫		黄岗镇	1987.06—1993.05
	张珠银		莱河镇	1993.06—1995.12
	周奉科	校长	金乡县	1984.05—1993.06
	刘广幸	校长	黄岗镇	1993.06—1995.12
菏泽卫校	张珠银	党委书记	莱河镇	1995.12—
	刘广幸	校长	黄岗镇	1995.12—1997.12
	张怀举		南城街道	2002.05—2006.09
	张珠银		莱河镇	2006.10—
菏泽家政职业学院	张珠银	党委书记	莱河镇	2008.09—
	赵汝坤	院长	巨野县	2008.09—

山东省单县师范学校　创建于1949年5月，1968年12月撤销，1973年3月恢复。1984年8月，由县属改为菏泽地区直属，为副县级事业单位。1986年1月，学校内设办公室、教导处、总务处。1987年改属县教育局。1990年，重新隶属菏泽地区教育委员会。1996年9月，学校内设机构有办公室、教务科、学生科、总务科、高中部。2000年2月，学校党总支改建为学校党委。学校在编教职工139人。2007年，被命名为省级重点中等职业学校。2008年4月，市政府同意将单县师范学校并入菏泽学院。2010年12月，学校内设机构有党政办公室、人事科、教务科、教研科、学生科、总务科、招生就业办公室、保卫科、学生资助管理中心、工会和团委。学校共有教职工194人。其中，正式在编在职教职工134人，聘用教职工60人。在职在编专任教师109人，其中，高级讲师59人，讲师34人，助讲5人，教员11人。学校有国家级优秀教师1人，山东省特级教师1人，山东省优秀教师3人，市级优秀教师和优秀教育工作者16人，省市教学能手、骨干教师35人；有20余名教师载入《全国教育名人辞典》。

1986—2010年单县师范学校主要负责人更迭表

表31-4-2

姓名	职务	籍贯	任职时间
闫明进	书记	龙王庙镇	1984.08—1996.09
孙曾教		朱集镇	1996.09—1999.03
徐学法		蔡堂镇	1999.03—2004.01
马中锋		北城街道	2004.09—2007.05
朱继仁		曹庄乡	2007.05—
张清正	校长	曹县	1986.01—1999.03
孙曾教		朱集镇	1999.03—2001.10
田忠太		终兴镇	2002.02—

单县工商行政管理局 1986年，县工商行政管理局（简称县工商局）内设人秘股、财务股、合同管理股、企业登记注册股、个体经济管理所、市场管理股、经济检查股、考核办公室和经济合同仲裁委员会。辖城关、南郊、西郊、李半庄、曹庄、郭村、大李海、高老家、曹叵集、高韦庄、李新集、黄岗、花园、罗庄、杨楼、孙溜、龙王庙、蔡堂、 朱集、终兴、马楼、时楼、张集、陈蛮庄、芦墓、徐寨、十里铺、谢集、黄寺等29个工商所，全系统共有干部职工278人。1988年，撤销人秘股，设立秘书股、政工股；个体经济管理所更名为个体经济管理股；增设商标广告股。1989年，撤销考核办公室，经济检查股改为单县工商行政管理局经济检查所；设立个体劳动者协会和经济合同仲裁委员会，下设37处乡镇个体劳动者基层分会；设立单县消费者协会办公室，在全县设立37处消费者协会基层分会。1990年，增设计划生育股、法制股、保卫股、监察室。全县工商系统共有工作人员352人。1991年，增设市场管理检查大队。1992年，增设老干部股，同时设立湖西市场、单城镇东郊、王小庄、孔集、孟寨、浮岗、李田楼、黄堆等8个工商行政管理所（简称工商所）。1993年，增设内部审计股；另设县工商局车辆管理所、县工商局聂傅庄工商所。1993年12月，县物价局撤销，其人员职能归并县工商局。1999年，全省工商行政管理体制改革，实行垂直管理，单县工商局改为菏泽市工商行政管理局直属机构，其市场服务机构交当地政府。2002年，县工商局职能配置、内设机构和人员编制进行调整：指导广告发展的职能交给县经贸委，取消市场培育建设、市场布局规划的职能，内设机构为7个科室、2个直属局，分别为办公室、财务科、人事政工科、法制科、市场合同管理科、商标广告管理科、消费者权益保护科、单县工商行政管理局公平交易局、单县工商行政管理局企业注册局。机动车辆交易和运输市场管理所为局直属单位。原37个乡镇工商所合并为22个，为县局派出机构。其中，副科级工商所12个：城关、南郊、西郊、孙溜、终兴、黄岗、郭村、徐寨、浮岗、谢集、高老家、朱集；股级工商所10个：蔡堂、时楼、莱河、高韦庄、龙王庙、李新庄、曹庄、李田楼、杨楼、张集。局行政编制总额247人。

2010年，县工商局内设15个行政和业务科室，辖单县公平交易局、单县企业注册局2个副科级直属局，22个乡镇（街道）工商所，下挂消费者权益保护协会、个体私营企业协会2个协会和1个信息中心。总编制人数行政276人，事业75人，共351人。

1986—2010 年单县工商行政管理局主要负责人更迭表

表 31-4-3

姓 名	职 务	籍 贯	任职时间
桑世允	局长、党组书记	李田楼镇	1984.10—1992.02
赵守信		朱集镇	1992.02—1993.12
高启灿	局长	高老家乡	1993.12—2001.06
杨绪文	党组书记	张集镇	1993.12—1996.01
朱继仁		曹庄乡	1996.01—1997.08
高启灿		高老家乡	1997.08—2001.06
李春樵	局长、党组书记	成武县	2001.06—2007.08
张国生		菏泽市牡丹区	2007.08—

单县税务局　1986 年，县税务局机关内设秘书股、政工股、会计股、集体企业股、税政股、征管股、监察股、老干部股、档案股等 9 个股。下设 1 个直属税务所，37 个乡镇税务所。1989 年 3 月，成立稽查大队。1994 年 7 月，实行分税制，县税务局撤销，分设为单县国家税务局和单县地方税务局。

1986—1994 年单县税务局党组书记、局长任职情况表

表 31-4-4

姓 名	籍 贯	任职时间
李守君	龙王庙镇	1985.07—1994.07

单县国家税务局　1994 年 7 月，县税务局撤销，分设为单县国家税务局（简称县国税局）和单县地方税务局。县国税局内设 7 个股室，即办公室、人事股、计划会计股、财务装备股、税政管理股、征收管理股、监察审计股。下设 37 个乡镇国家税务所。直属税务所改为直属征收分局，稽查大队改为稽查分局。1996 年 8 月机构改革，局机关内设办公室、人事股、政工股、监察室、税政管理股、征收管理股、计划财务股等 7 个行政股室；2 个事业单位：发票管理所、信息中心；2 个直属机构：直属征收分局、稽查分局。撤销各乡镇国税所，改革合并为 9 个乡镇国税分局，即十里铺、郭村、高韦庄、黄岗、杨楼、蔡堂、终兴、时楼、徐寨国税征收分局。1998 年 6 月，股改为科。内设 7 个行政科室，即办公室、税收政策管理科、征收管理科、计划财务科、政工科、人事科、监察室；2 个直属机构，即直属征收分局、稽查分局；1 个事业单位，即信息中心。同时，发票管理所撤销。2001 年 6 月，机构人事改革，恢复设立发票管理所，人事科、政工科合并成立人事教育科，计划财务科改为计划征收局，财务管理业务归并办公室。2003 年 6 月，计划征收局改为计划征收科。2005 年 8 月，规范机构设置，机关增设税源管理科和办税服务厅；稽查分局由副科级单位降为股级单位。2008 年 10 月，根据《菏泽市国家税务局关于单县国家税务局规范稽查机构设置明确职责分工的批复》，稽查分局又由股级单位升格为副科级单位。至 2010 年年底，

局内设机构为6个行政科室，即办公室、人事教育科、监察室、税政法规科、征收管理科、计划征收科；2个事业单位，即信息中心、发票管理所；1个直属机构，即稽查分局；10个分局，即城区、莱河、郭村、高韦庄、黄岗、杨楼、蔡堂、终兴、时楼、徐寨国税征收分局。

1994—2010年单县国家税务局党组书记、局长更迭表

表31-4-5

姓 名	籍 贯	任职时间
李守君	龙王庙镇	1994.07—2001.06
苑广民	巨野县	2001.06—2010.04
高 勇	曹县	2010.04—

单县地方税务局 1994年7月，设立单县地方税务局（简称县地税局），为正科级行政单位。内设办公室、政工股、会计股、税政股、征管股、企财股、票证管理股、基层股8个行政股室；下设县地税局直属征收分局、县地税局稽查分局2个直属单位和38个乡镇税务所。1998年10月，县地税局实行省局垂直管理。直属征收分局、稽查分局升格为副科级单位。按照经济区域划分，38个地税所合并为城关、城郊、黄岗、郭村、高韦庄、杨楼、蔡堂、终兴、时楼、徐寨等10个副科级征收分局。局机关设立办公室、政工股、会计股、税政股、征管股、票证管理股、监察室等7个股室。2001年，局机关机构改革，设立办公室、人事政工科、计划财务科、信息管理科、监察室、税收管理科、政策法规科等7个科室。2004年10月，成立单县地税纳税服务中心，为股级事业单位。2009年10月，撤销杨楼征收分局，县地税局征收分局改设为城关、莱河、郭村、高韦庄、黄岗、蔡堂、终兴、时楼、徐寨等9个中心税务所。至2010年年底未变。

1994—2010年单县地方税务局党组书记、局长更迭表

表31-4-6

姓 名	籍 贯	任职时间
戚保胜	龙王庙镇	1994.07—2001.04
尹国民	东明县	2001.04—2008.02
桑卫东	李田楼镇	2008.02—

单县质量技术监督管理局 1986年，县标准计量管理所为副科级行政单位，1989年7月升格为正科级单位。1990年1月，成立质量监督检验所和计量鉴定测试所。3月，县标准计量管理所改称为县技术监督局。1993年12月，县技术监督局改建为县标准技术监督中心，原行政管理职能归属县经济委员会。1996年9月，县标准技术监督中心又改为县技术监督局，列入政府序列。1998年7月，单县技术监督局划归山东省质量技术监督局直属管理，实行标准化、计量、质量三位一体的管理体制，负责全县质量技术监督管理和有关行政执法工作。2000年1月，全省质量技术监督管理体制改革，县技术监督局改为县质量技术监督局，并加挂稽查队牌子，为菏泽市质量技术监督局的直属机构。同时，将原县劳动部门承担的锅炉、压力容器、电梯、防爆电器等特种

设备的安全监察监督管理、检测职能及其机构编制和人员，划归县质量技术监督局。2010年，县质量技术监督局内设办公室、业务科、特检科3个科室，下辖产品质量监督检验所、计量鉴定测试所、纤维质量监督检验所3个单位，全局共有干部职工136人。

1986—2010年单县质量技术监督局（标准计量管理所、技术监督局）主要负责人更迭表

表31-4-7

<table>
<tr><th>姓 名</th><th>职 务</th><th>籍 贯</th><th>任职时间</th></tr>
<tr><td>郑义福</td><td>标准计量管理所所长（副科级）</td><td>曹县青堌集镇</td><td>1984.03—1989.05</td></tr>
<tr><td rowspan="2">赵云增</td><td>标准计量管理所所长</td><td rowspan="2">龙王庙镇</td><td>1989.05—1990.03</td></tr>
<tr><td rowspan="2">技术监督局党组书记、局长</td><td>1990.03—1992.07</td></tr>
<tr><td rowspan="4">张庆法</td><td rowspan="4">南城街道</td><td>1992.07—1993.12</td></tr>
<tr><td>技术监督中心党组书记、主任</td><td>1993.12—1996.09</td></tr>
<tr><td>技术监督局党组书记、局长</td><td>1996.09—2000.01</td></tr>
<tr><td rowspan="4">质量技术监督局党组书记、局长</td><td>2000.01—2001.11</td></tr>
<tr><td>谢协魁</td><td>曹庄乡</td><td>2001.11—2004.11</td></tr>
<tr><td>李三喜</td><td>成武县</td><td>2004.11—2009.11</td></tr>
<tr><td>李　松</td><td>曹县</td><td>2009.11—</td></tr>
</table>

单县公路管理局　1985年，县公路站设政工股、财务股、养护股、机务股、材料股、行管股、工程股、征收股等8个股。后增设保卫股、路政管理股。1992年10月，县公路站更名为单县公路管理局，为正科级事业单位。同年，增设档案室，行管股更名为办公室。1997年，局机关股室全部改为科室，路政科更名为路政大队，其规格、性质、职能、经费列支渠道及隶属关系不变。1998年7月10日，成立单县湖西路桥有限公司，并获得“二级施工资质”。2001年8月，单县湖西路桥有限公司通过ISO 9000质量体系认证。2005年1月，设立105国道单县收费站，为副科级事业单位，隶属县公路管理局。2010年，县公路管理局内设办公室、物业科、计生办、财务科、审计科、政工科、养护中心、路政大队和计划科，共有干部职工215人。辖105国道单县收费站、单县湖西路桥有限公司。

1992—2010年单县公路管理局主要负责人更迭表

表31-4-8

<table>
<tr><th>姓 名</th><th>职 务</th><th>籍 贯</th><th>任职时间</th></tr>
<tr><td>田忠学</td><td>党支部书记</td><td>张集镇</td><td>1987.04—1996.02</td></tr>
<tr><td>孔凡胜</td><td rowspan="2">局长</td><td>江苏省南京市</td><td>1992.10—1994.12</td></tr>
<tr><td>宋文超</td><td>徐寨镇</td><td>1994.12—1996.02</td></tr>
</table>

续表 31-4-8

姓 名	职 务	籍 贯	任职时间
高梁栋	党总支书记	朱集镇	1996.02—2005.01
	局长		1996.02—2004.01
董思学	党总支书记	朱集镇	2005.01—
	局长		2004.01—

单县气象局 1957年1月1日，成立山东省单县气候站，位于张集区黄堆集乡农场，北纬34° 53'，东经116° 22'。有工作人员3人。1958年8月，改为县气候服务站，迁址县城西北广圣殿附近，地理坐标为北纬34° 48'，东经116° 04'。1964年7月，改称县气象服务站。1971年7月，改称县革命委员会气象站。1973年12月，改称县气象站。1979年11月，县气象站改设为县气象局，为正科级事业单位。内设观测组、农业气象组和预报组。1986年，县气象局有工程师3人，助理工程师8人。1991年，设有办公室、基础业务科和气象服务科。1997年，增设人工增雨防雹办公室。2001年，增设防雷中心。2010年，共有人员16人，其中，工程师5人，助理工程师10人，技术员1人。机构设置未变。

1957年1月，隶属县农业局。1958年8月，隶属县政府。1964年7月，属地方和军事部门双重领导，以军事部门为主。1971年7月，由县革委会、农业局代管。1973年12月后，隶属气象系统和地方双重管理，以气象系统管理为主，至2010年未变。

1986—2010年单县气象局主要负责人更迭表

表 31-4-9

姓 名	职 务	籍 贯	任职时间	备 注
韩兴武	支部书记、局长	郭村镇	1986.07—1991.11	
韩金菊	支部书记	北城街道	1991.11—1995.01	女
张建佳	支部书记	北城街道	1995.01—	
	局长		1992.03—	

单县交警大队 1986年，全县交通管理工作由县交通局交通监理站负责。1987年4月，交通监理站划归县公安局管理，组建单县交通警察队，为股级行政单位。1991年6月，县交警队更名为菏泽地区公安处交通警察支队单县大队（简称县交警大队）。1993年9月，县交警大队由股级升格为正科级。下设办公室、政工股、事故处理股、检考股、牌证股、交通宣传管理股及一、二、三中队。1997年3月，大队加挂菏泽地区公安局公路巡逻民警支队单县大队牌子。2001年3月，菏泽撤区设市，县交警大队更名为菏泽市公安局交通警察支队单县大队，行政、人事、业务均隶属于菏泽市公安局交通警察支队。2004年，增设四中队、五中队。同年，县交警大队内设各股改为科，设有人事监察科、办公室、财务装备科、交通宣传管理科、事故处理科、违法处理室、检考科、牌证科及5个中队。2010年，县交警大队共有民警29人，职工11人，菏泽市公安局保安公司派遣12人，县公安局借调民警职工18人。

1990—2010 年单县交警大队主要负责人更迭表

表 31-4-10

<table>
<tr><th>姓 名</th><th>职 务</th><th>籍 贯</th><th>任职时间</th></tr>
<tr><td>张　琨</td><td rowspan="2">大队长</td><td>菏泽市开发区</td><td>2004.01—2009.01</td></tr>
<tr><td>杨国建</td><td>烟台市</td><td>2009.01—</td></tr>
<tr><td>石永臣</td><td rowspan="2">政委</td><td>莱河镇</td><td>1990.12—2001.05</td></tr>
<tr><td>李永钦</td><td>曹县</td><td>2003.12—2006.02</td></tr>
</table>

第二节　金融机构

中国人民银行单县支行　1986 年 5 月，中国人民银行分设为人民银行和工商银行。中国人民银行单县支行有 13 名干部职工，内设人事秘书科、金融管理科、业务计划调研科和会计发行科，正式行使中央银行职能。1989 年 3 月，增设保卫科。1990 年，人秘科分设为办公室、人事科，金融业务科分设为金管稽核科、计划调研科。1990 年 4 月，设立党组。1993 年 12 月，金管稽核科分设为金管科、稽核科。1995 年 6 月，根据省市行要求，规范内设科室名称。规范后的内设科室为办公室、人事教育科、金管稽核科、计划调统科、货币金银科、会计国库科、保卫科、金融纪检组和监察室。1996 年 9 月，撤销金管稽核科，设立稽核科、金融管理科；增设金融工会。1997 年 7 月，增设农村合作金融管理科。1999 年 9 月，撤销稽核科。2000 年 4 月，内设机构调整为综合科、金融机构监管科、货币信贷与统计科、会计国库科、货币金银科、保卫科、纪检监察室。2003 年 2 月，会计国库科更名为国库会计科。2004 年 1 月，分设出单县银监办事处（正科级）。2005 年，内设机构有办公室、政工科、货币信贷与统计科、国库会计科、发行保卫科。2006 年 9 月，内设机构调整为办公室、综合业务部、调查信息部、纪检内审室。2010 年 10 月，增设政工科。

1986—2010 年中国人民银行单县支行主要负责人更迭表

表 31-4-11

<table>
<tr><th>姓 名</th><th>职 务</th><th>籍 贯</th><th>任职时间</th></tr>
<tr><td>崔群善</td><td rowspan="2">党支部书记、行长</td><td>李新庄镇</td><td>1986.05—1990.03</td></tr>
<tr><td rowspan="2">马方生</td><td rowspan="2">曹县</td><td>1990.03—1990.04</td></tr>
<tr><td rowspan="8">党组书记、行长</td><td>1990.04—1992.05</td></tr>
<tr><td>徐德义</td><td>巨野县</td><td>1992.05—1994.02</td></tr>
<tr><td>张以良</td><td>张集镇</td><td>1994.02—2000.07</td></tr>
<tr><td>吴吉铭</td><td>终兴镇</td><td>2000.07—2003.11</td></tr>
<tr><td>邵春生</td><td>菏泽市牡丹区</td><td>2003.11—2006.03</td></tr>
<tr><td>李先建</td><td>巨野县</td><td>2006.03—2008.05</td></tr>
<tr><td>丁首江</td><td>曹县</td><td>2008.05—</td></tr>
</table>

中国工商银行股份有限公司单县支行 1984年1月，成立中国工商银行单县支行，初与人行一个机构，对外挂两个牌子。1986年6月，同人行分开独立办公。内设办公室、人事科、计划科、信贷科、储蓄科、会计科、出纳科和工会，下设17个储蓄所，共有干部职工146人。后增设总稽核室、总会计室和总监察室，2000年全部裁撤。同年，人员内部退养42人。2001年，申请自谋职业人员45人，县工商银行在职员工61人。2005年10月，经国务院批准，中国工商银行股份有限公司成立，单县工商银行更名为中国工商银行股份有限公司单县支行。同时，党组改设为党总支。2006年2月，县工商行内设机构改革，设办公室、市场营销部、个人金融部和风险管理部，下属网点由17个减至5个。至2010年，县工商行机构、网点设置未变，在职员工65人。

1986—2010年中国工商银行股份有限公司单县支行主要负责人更迭表

表31-4-12

姓 名	职 务	籍 贯	任职时间
程节玉	党组书记、行长	金乡县	1986.05—1987.03
刘仲玉		北城街道	1987.03—1992.12
刘欣坤		济南市	1992.12—2000.05
黄腾坤	党组书记、行长	北城街道	2000.05—2003.12
毛影秋		成武县	2003.12—2005.05
孙建军		东城街道	2005.05—2005.10
	党总支书记、行长		2005.10—2008.07
田建军		巨野县	2008.07—

中国农业银行股份有限公司单县支行 位于县城湖西路1号。1986年，中国农业银行单县支行内设人秘股、计划股、信贷股、会计股、审计股、监察股、保卫股、不良贷款清收股和工会，下辖27个乡镇办事处、营业所（信用社）。1994年4月，单县农村信用合作社联合社从县农行分出。1996年10月，中国农业发展银行单县支行从县农行分出。1999年1月党组改为党委。2000年始，逐步撤并乡镇营业机构。2001年，改革用人制度，对在职人员实行“竞聘上岗、双向选择”合同制管理，有60人实行内部退养。2009年1月，中国农业银行单县支行改制为中国农业银行股份有限公司单县支行，内设综合管理部、财会运营部、公司业务部、个人金融部和资产处置组，辖营业部、城关分理处、文化路分理处、东城分理处、南郊分理处和郭村办事处、黄岗办事处、蔡堂办事处8个营业网点。至2010年，机构设置未变。

1986—2010年中国农业银行股份有限公司单县支行主要负责人更迭表

表31-4-13

姓 名	职 务	籍 贯	任职时间
冯建民	党组书记、行长	江苏省沛县	1982.05—1996.01
李信征		菏泽市牡丹区	1996.01—1999.01

续表 31-4-13

姓名	职务	籍贯	任职时间
马保国	党委书记、行长	曹县	1999.12—2004.12
王瑞璞		东明县	2005.01—2009.04
吕宗椿		郓城县	2009.04—

中国建设银行股份有限公司单县支行　位于县城湖西路2号。1976年6月，成立中国人民建设银行单县办事处。1981年8月，改为中国人民建设银行单县支行。1987年，内设人秘科、拨款科、会计科，编制18人。1988年，在湖西路南端路西设立专柜储蓄所。1989年，实行垂直管理。1995年，实现由政策性银行向商业性银行过渡。1996年3月，更名为中国建设银行单县支行。2001年机构改革，内设综合部、客户服务部、营业室，下辖西城、一所、宋庄、东环、湖西路、西郊、南关街、鸡市口8个储蓄所。2004年9月，更名为中国建设银行股份有限公司单县支行。2005年，将8个储蓄所全部撤销，内设综合部、客户服务部和营业室，下辖湖西路分理处1个网点。2010年，内设综合部、客户服务部、个人业务中心、营业室，下辖湖西路分理处、开发区分理处2个网点，有员工62人。

1986—2010年中国建设银行单县支行主要负责人更迭表

表 31-4-14

姓名	职务	籍贯	任职时间	备注
赵念礼	行长	张集镇	1984.03—1993.12	
贾标胜		南城街道	1993.12—1995.12	
宋国建		郓城县	1996.01—1998.07	
单世义		北城街道	1999.01—2001.04	
韩保生	副行长	曹县	2001.04—2003.06	主持工作
高照轩	行长	曹县	2003.06—2007.01	
陈福山		郓城县	2007.01—2010.10	
孟祥涛	副行长	郓城县	2010.10—	主持工作

中国农业发展银行单县支行　位于县城健康路中段。1996年10月，中国农业发展银行单县支行从中国农业银行单县支行分出，成为独立的金融机构。内设办公室、会计财务部、客户部。主要负责单县政策性粮油收购、调销贷款业务，为县政府粮食风险基金开立账户，代理拨付开户单位存款，办理结算业务，监督企业用好、用活政策性贷款资金。2010年年底，有员工19人。机构设置未变。

1996—2010年中国农业发展银行单县支行党总支书记、行长更迭表

表 31-4-15

姓 名	籍 贯	任职时间
张新义	曹县	1996.10—1999.02
程索群	高韦庄镇	1999.02—1999.08
蒋　华	朱集镇	1999.08—2001.09
张洪军	巨野县	2001.09—2007.01
韩方胜	江苏省沛县	2007.01—

单县农村信用合作联社　1984年10月，县农村信用合作社联合社在县农业银行内部成立，与农行一套班子、两块牌子，县农行行长兼联社主任。县联社内设信用合作股、业务股和人事股。1994年6月，联社与农行分门办公，办公地址设在县煤建公司北院办公楼。内设业务科、会计出纳科、监察审计科、人事秘书科4个科。辖信用社27个，储蓄所55个，信用站586个。有干部职工475人。1995年6月，县农村信用合作社联合社召开第一届社员代表大会，选举产生单县农村信用合作社联合社第一届理事会和监事会。1996年5月，增设营业部。10月，联社与农行脱离行政隶属关系，改属中国人民银行单县支行。1998年3月，增设资金组织科。2001年，撤销联社资金组织科，设立专项资产科。1998年9月，基层信用社由27处精简为22处。2000年，县农村信用合作社联合社迁到向阳路石马北办公大楼办公。2002年，联社对基层信用社进行机构调整，设法人社6处，分社31处。2005年12月，单县农村信用合作联社成立，选举产生新一届理事会和监事会，实行统一法人。同年，撤科设部，并增设科技部、市场拓展部和公司业务部。2006年，通过撤、升、并三种方式对原有营业机构、网点进行调整。调整后，县联社辖营业机构55个，其中，1处联社营业部，29处农村信用合作社，19处信用合作分社，6个储蓄所。2007年后，相继增设合规部、信贷检查中心、西关分社、南城分社、开山分社、南关分社。2008年10月，经中共山东省农村信用社联社党委批准，县农村信用合作联社撤销党组，成立党委。2010年12月，县联社内设人事综合部、资产管理部、风险管理部、市场拓展部、财务会计部、科技部、审计部、监察保卫部、合规部、公司部、贷款检查中心等10部1中心，下辖营业部1处，基层信用社29处，信用社分社15处，农村信用服务站251处，在编在岗职工411人。

1994—2010年单县农村信用合作联社主要负责人更迭表

表 31-4-16

姓 名	职 务	籍 贯	任职时间
崔洪景	党支部书记、主任	李新庄镇	1994.06—1995.06
	党支部书记、理事长		1995.06—1996.04
	党委书记、理事长		1996.04—1997.07
李克强	党委书记、理事长	曹县	1997.07—1999.09

续表 31-4-16

姓名	职务	籍贯	任职时间
朱联宁	党委书记、理事长	巨野县	1999.09—2002.04
韩东华		巨野县	2002.04—2007.06
崔玉光		北城街道	2007.07—2008.10
闫茂举		巨野县	2008.10—
薛卫东	监事长	北城街道	1995.06—1999.09
邵卫军		成武县	2005.10—2009.12
闫保民		郭村镇	2009.12—

说明：1999年10月至2005年9月，监事长缺职

中国邮政储蓄银行单县支行　位于县城文化北路53号，其前身是单县邮政局代理金融业务分局。2008年4月23日，成立中国邮政储蓄银行有限责任公司山东省菏泽市单县支行，为正科级国有企业。2010年，设综合管理部、个人业务部、公司业务部和信贷业务部，下设单县支行营业部（鸿雁所）、单县郭村支行2个营业网点，有员工81人。

2008—2010年中国邮政储蓄银行单县支行总支书记、行长任职情况表

表 31-4-17

姓名	籍贯	任职时间
祝晓东	巨野县	2008.04—

中国人民保险公司单县支公司　1984年4月，成立中国人民保险公司单县支公司，为正科级金融单位。内设财产险科、车船险科、人身险科、计划财务科和人事秘书科5个科。1987年，公司有在编干部职工22人，不脱产代办员85人。1996年3月31日，脱离单县人民银行领导，直属菏泽地区保险公司。中国人民保险公司改组为中国人民保险（集团）公司，下属中保财险、中保寿险、再保险公司，原中国人民保险公司单县支公司改为中保财险单县支公司，原公司人险科改为中保寿险单县营业部。

1986—1996年中国人民保险公司单县支公司党组书记、经理更迭表

表 31-4-18

姓名	籍贯	任职时间
梁修华	江苏省丰县	1984.04—1990.10
魏明芝	李田楼镇	1990.10—1996.03

中国人民财产保险股份有限公司单县支公司　1998年，中保财险公司继承中国人民保险公司品牌，中保财险单县支公司恢复更名为中国人民保险公司单县支公司。2003年7月，中国人民保险公司重组改制为中国人保控股公司，成立中国人民财产保险段份有限公司（简称人保财险）等几

家股份公司，并在海外成功上市，成为中国第一家改制上市的保险企业。同年，原中国人民保险公司单县支公司又更名为中国人民财产保险股份有限公司单县支公司。2007年，根据菏泽市分公司业务对口要求，公司在郭村镇、黄岗镇、蔡堂镇设立营销服务部。公司内设机构有经理室、办公室、财务部、营业部、业务部5个职能管理部门，至2010年年底未变。

中国人民财产保险股份有限公司单县支公司党组书记、经理更迭表

表31-4-19

姓 名	籍 贯	任职时间
魏明芝	李田楼镇	1996.03—1998.12
李　松	山西省高平市	1998.12—2002.04
孟庆铭	徐寨镇	2002.04—2005.12
李金铭	时楼镇	2006.01—

中国人寿保险股份有限公司单县支公司 1996年3月，中国人民保险公司单县支公司人险科改为中保人寿保险公司单县营业部，为正科级国有金融企业，内设办公室、业务科、计划财务科，有干部职工7人。办公地点设在原保险公司。1998年3月，营业部搬迁到纪元路中段（现为白云路）路西单县建设银行西城办事处。1999年1月，增设营销部、客户服务部、综合管理部。5月，改为中国人寿保险股份有限公司单县营业部。10月，位于湖西路路东、健康路路北（原县机械厂区），投资335.8万元、占地面积2619平方米、建筑面积1902.7平方米的营业大楼建成启用。11月，机构调整，设立办公室、计财科、团体业务科、个人代理科、营业室。2001年2月，撤销计财科，增设客户服务部。2002年4月，增设中介部，负责银行、邮电等部门的代理业务的管理工作。2003年4月，更名为中国人寿保险股份有限公司单县支公司。2006年年底，内设办公室、团体险部、个人险部、中介部、客户部、收展部6个部室和城区一区、二区及8个农村营销部，员工人数425人。2007年12月19日，公司将收展部、城区一区、二区、8个农村营销部划归个险部管理。2008年5月，公司对城乡区、部进行资源重组，成立农村部和城区管理部，隶属于个人险部管理。农村部下辖杨楼、蔡堂、终兴、郭村、黄岗、时楼、高老家、徐寨8个农村营销服务部。城区部下辖泰山、龙头、诚信、腾飞、新飞、收展6个区。10月，内设机构调整为办公室、客户服务部、个险业务部、团险业务部、银行保险业务部5个职能管理部门，至2010年未变。

中国人寿保险股份有限公司单县支公司党支部书记、经理更迭表

表31-4-20

姓 名	籍 贯	任职时间
李　军	高唐县	1996.03—2002.02
潘丛建	菏泽市牡丹区	2002.02—2003.01
石魁元	曹县	2003.01—2003.12
秦洪波	菏泽市牡丹区	2003.12—2006.12

续表 31-4-20

姓　名	籍　贯	任职时间
孟庆森	徐寨镇	2006.12—2008.01
郭盼景	菏泽市牡丹区	2008.01—2010.05
王　涛	曹县	2010.05—

第三节　其他机构

单县邮政局　1986 年，县邮电局设邮政股、电信股、计财股和办公室，下设邮电支局、所 23 处，其中，城内 1 处，农村乡（镇）局、所 22 处。1998 年 9 月，邮政、电信分营，成立单县邮政局，有 28 处邮政营业网点，其中，乡镇邮政营业网点 21 处（2 处网点无投递线路），城市邮政营业网点 7 处。2006 年 9 月，邮政局实行企业化运营，设有办公室、计财部、市场部、业检部和 6 个专业局（公司），即金融局、发投局、商函局、速递局、物流局和集邮公司。2008 年 3 月，中国邮政储蓄银行有限责任公司山东省菏泽市单县支行挂牌成立，成为独立机构。2009 年 4 月，山东省邮政速递物流有限公司菏泽市分公司单县营业部成立，速递物流开始专业化运营，成为独立机构。2010 年年底，县邮政局设综合办公室、市场部、代理金融业务局、发行投递局、函件广告局、分销业务局、集邮公司、押运中队等部门。邮政网点共有支局（所）24 处，其中，农村网点 21 处，城区网点 3 处。共有干部职工 237 人。

1986—2010 年单县邮政局（邮电局）主要负责人更迭表

表 31-4-21

<table>
<tr><th>姓　名</th><th>职　务</th><th>籍　贯</th><th>任职时间</th></tr>
<tr><td>吴长轩</td><td rowspan="2">党组书记、局长</td><td>郭村镇</td><td>1986.02—1993.11</td></tr>
<tr><td>陈耕雪</td><td>谢集镇</td><td>1993.11—1995.03</td></tr>
<tr><td rowspan="2">王宁新</td><td>党组书记</td><td rowspan="2">江苏省宜兴市</td><td>1995.03—1996.11</td></tr>
<tr><td>局长</td><td>1995.03—1998.09</td></tr>
<tr><td>熊文连</td><td rowspan="2">党组书记</td><td>菏泽市牡丹区</td><td>1996.11—1998.03</td></tr>
<tr><td>李建华</td><td>曹县</td><td>1998.03—1998.09</td></tr>
<tr><td>陈耕雪</td><td>党总支书记、局长</td><td>谢集镇</td><td>1998.09—1999.06</td></tr>
<tr><td>乔为启</td><td rowspan="5">党支部书记、局长</td><td>定陶县</td><td>1999.06—2001.07</td></tr>
<tr><td>孙立国</td><td>阳谷县</td><td>2001.07—2004.09</td></tr>
<tr><td>徐玉亮</td><td>曹县</td><td>2004.09—2005.06</td></tr>
<tr><td>王庆华</td><td>郓城县</td><td>2005.06—2008.03</td></tr>
<tr><td>盛尊涛</td><td>菏泽市牡丹区</td><td>2008.03—</td></tr>
</table>

单县联通公司 1998年9月8日，邮电分营，成立单县电信局。1999年7月8日，电信重组，移动业务从电信局剥离，成立山东移动通信有限责任公司单县分公司。2000年11月，县电信局更名为单县通信公司。2002年9月，县通信公司更名为中国网通（集团）有限公司单县分公司（简称单县网通公司）。2009年11月，单县网通公司合并单县联通公司的GSM业务，改称中国联合网络通信有限公司单县分公司（简称单县联通公司）。

1998—2010年中国联合网络通信有限公司单县分公司主要负责人更迭表

表31-4-22

姓 名	职 务	籍 贯	任职时间
王宁新	电信局党总支书记、局长	江苏省宜兴市	1998.09—1999.08
张玉艳		成武县	1999.08—2000.11
	通信公司党总支书记、经理		2000.11—2001.09
侯士霞		郓城县	2001.09—2002.09
	网通公司党总支书记、经理		2002.09—2002.11
尹鸿冰		鄄城县	2002.11—2009.11
	联通公司支部书记、总经理		2009.11—2010.12
察应坤		鄄城县	2010.12—

单县移动通信公司 1999年7月，电信重组，移动业务从电信局剥离，成立中国移动通信集团山东有限公司单县分公司，为正科级国有企业。2010年，移动公司设财务部、综合部、市场部和网络部4个部。

1999—2010年中国移动通信集团山东有限公司单县分公司主要负责人更迭表

表31-4-23

姓 名	职 务	籍 贯	任离职时间
孔 硕	经理	浮岗镇	1999.07—2004.08
吴启斌		莱河镇	2004.08—2009.12
刘玉宝	支部书记、经理	曹 县	2009.12—

单县电信公司 国有企业。2004年6月注册成立，隶属中国电信菏泽支公司管理。2009年11月，电信公司收购原单县联通公司的CDMA业务。

2004—2010年中国电信有限公司单县分公司总经理更迭表

表31-4-24

姓名	籍贯	任职时间	备注
王春生	南城街道	2004.07—2010.11	
陈雪峰	菏泽市开发区	2010.11—	女

单县供电公司　1986年，县供电公司设秘书股、政工股、生产股、保卫股、调度室、用电股、供应股、汽车班、城区供电所、贸易公司、输变电工区、工程队、修造厂。下辖胡菜园110千伏变电站1座，曹庄、终兴、杨楼、徐寨35千伏变电站4座，李半庄、杨楼等供电站14个。有干部职工440人。12月，县供电公司更名为单县供电局。1987年3月，调度室更名为调度所。10月，增设内部审计股。1988年9月，撤销供应股，成立县供电局供销服务公司。1989年3月，撤销贸易公司。8月，撤销供销服务公司，恢复供应股。1992年12月，在原电器安装队基础上组建电力工程公司。1993年10月，成立经济民警分队。12月，供电局转体为单县供电集团总公司，原行政管理职能归属县经济委员会。12月，供电集团总公司晋升为中II型企业。1996年，成立企管科，同时将供电站更名为供电所。1997年，成立安全与质量检查科、用电监察大队。1998年，农电体制改革，招聘电工830名，由县供电集团总公司统一管理。1999年3月，供电集团总公司由山东电力集团公司代管。8月，供电集团总公司更名为单县供电局。12月，由单县供电局、菏泽电业局、青岛电缆厂三方合资的山东青菏电缆有限公司揭牌投产。2000年3月，供电局党组改建为党委。内设机构重设为办公室、生产技术部、人事政工部、财务部、企业规划部、乡村电管部。二级机构有调度所、客户服务中心、检修公司，下辖17个供电所。直属单位为实业公司。2002年12月，县供电局晋升为国家中I型企业。2003年3月，县供电局更名为单县供电公司，增设安全与质量监察部。2008年11月，增设思想政治工作部、教培中心，人事政工部变更为人事部。2009年6月，增设信息中心，隶属发展策划部。2010年，县供电公司设办公室、监察审计部、思想政治工作部、人事部、财务部、发展策划部、安全监察部、生技部、乡镇电管部、营销部、保卫部、教育培训中心；二级机构有调度所、检修工区；下辖菜园、平原等110千伏变电站6座，东城、蔡堂等35千伏变电站15座，以及城区一所、北辰、张集等20个供电所。直属单位为湖西电力发展有限公司。共有干部职工1028人，统管农电工693人。

1986—2010年单县供电公司（供电局）主要负责人更迭表

表31-4-25

姓名	职务	籍贯	任职时间
杨大斌	供电公司党组书记、经理	泗水县	1984.03—1986.12
	供电局党组书记、局长		1986.12—1993.12
王绪刚	供电集团总公司总经理	张集镇	1993.12—1996.01
杨大斌	供电集团总公司党组书记	泗水县	1993.12—1996.01

续表 31-4-25

姓 名	职 务	籍 贯	任职时间
王丕超	供电集团总公司总经理	终兴镇	1996.01—1999.08
	供电局局长		1999.08—2001.08
孙继文	供电局党组书记	高老家乡	1996.01—2000.03
	供电局党委书记		2000.03—2009.05
王连桂	供电局局长	曹县	2001.08—2003.03
	供电公司经理		2003.03—2009.05
王德运	供电公司经理	曹县	2009.05—
王 宏	供电公司党委书记	郓城县	2009.05—

单县新华书店 1986年，县新华书店隶属县文化局，有干部职工50人。县城内有新华书店门市部1处，单位办图书门市部3处，下设37个乡镇门市部。全县城乡有个体图书门市部40余处，书摊60余个。1989年，县新华书店职工人事管理权收归菏泽市新华书店统一管理。1995年，县新华书店的领导干部任免权限，隶属菏泽地区新华书店。其中，企业法人的任免权限，隶属于山东省新华书店。2005年6月，县新华书店被批准为中型二类企业。2010年年底，设经理室、办公室、财务科、业务科、农村发行科、仓储科等6个科室。

1986—2010年单县新华书店经理更迭表

表 31-4-26

姓 名	籍 贯	任职时间
黄汝魁	黄岗镇	1984.05—1990.06
李秀华	郭村镇	1990.06—1992.05
邵长军	时楼镇	1992.05—1994.05
吴金德	南城街道	1994.05—1995.12
贾树铭	谢集镇	1995.12—2005.06
丁建平	潍坊市	2005.06—

单县烟草公司 1984年3月，成立单县烟草专卖局和菏泽地区烟草分公司单县烟草支公司（一套机构、两个牌子），在职职工28人。5月，隶属省烟草局（公司）管理。1986年6月，更名为中国烟草总公司山东省公司菏泽分公司单县支公司。8月，更名为山东省烟草公司菏泽分公司单县支公司。1995年5月，更名为颐中烟草（菏泽）有限公司单县分公司。1998年8月，更名为山东烟草购销（集团）有限公司菏泽分公司单县支公司。2000年9月，更名为山东菏泽烟草有限公司单县分公司。2002年11月，撤销12个基层批发部，成立访销中心、配送中心、专卖管理中心、人秘科（考核办公室）、财务科，下设3个访管站、1个稽查机动中队、1个特种卷烟经营批发门市部。

2005年7月，菏泽市烟草系统实行统一经营、统一核算、统一管理。山东菏泽烟草公司单县分公司更名为山东菏泽烟草有限公司单县营销部，内设综合办公室、专卖监督管理科（专卖管理稽查大队）、卷烟销售科。2008年7月，县烟草专卖局（营销部）增设法制科、内管派驻组、财务科，设4个专卖管理所和5个专卖稽查中队。至2010年机构设置未变。

1986—2010年单县烟草专卖局（营销部）主要负责人更迭表

表31-4-27

姓 名	职 务	籍 贯	任职时间
任忠信	经理	徐寨镇	1984.03—1998.09
	局长		1984.03—2000.12
	党组书记		1992.05—2000.12
张传伟	经理	南城街道	1998.09—2000.12
李永亮	支部书记、局长、经理	东明县	2000.12—2002.07
田双贤		菏泽市牡丹区	2002.07—2004.08
李善聚		郓城县	2004.08—2008.05
康传良		菏泽市牡丹区	2008.05—

单县盐业公司　1986年，境内有山东省菏泽果品采购供应站单县盐业批发部，隶属县供销社。1996年，更名为菏泽盐业果品公司单县盐业分公司，负责盐产品的批发供应业务，零售环节仍依托基层供销社组织销售。2000年，县盐业公司根据基层供销社普遍解体的实际，在单县的南部（黄岗）、东部（终兴）和北部（徐寨）建立3个监销站，负责向代批点、零售点供应盐产品。2002年3月，更名为菏泽盐业公司单县分公司，同时加挂单县盐务局的牌子。县盐务局（单县盐业分公司）内设办公室、业务科、财会科和稽查大队，另在终兴、徐寨镇设立盐业监销站2处。全局共有工作人员148人。2010年6月，菏泽盐业公司对县级分公司进行整合，将菏泽盐业公司单县分公司、成武分公司合并为菏泽盐业公司三分公司，办公地点设在单县分公司，形成供应人口170万，年销售总量[illegible]万吨的区域性销售中心。同时，保留单县盐务局、成武县盐务局的牌子。

2002—2010年单县盐务局（盐业公司）党支部书记、局长更迭表

表31-4-28

姓 名	籍 贯	任职时间
赵臣河	蔡堂镇	2002.03—2005.04
黄玉周	菏泽市牡丹区	2005.04—2006.08
赵臣河	蔡堂镇	2006.08—2008.06
时圣轩	时楼镇	2008.06—

单县石油公司 1985年1月，山东省石油公司成建制从山东省商业厅划出，山东省菏泽石油采购供应站改为山东省石油公司菏泽分公司，成为独立的经济实体，单县石油分站改称山东省石油公司单县支公司，由县商业局代管。1986年10月，县石油支公司从县商业局析出，隶属菏泽地区石油分公司。1989年5月，由股级升格为正科级国有企业。1992年年底，县石油支公司拥有加油站2座，固定资产346万元，从业人员138人。1993年3月，山东省石油公司组建集团公司，菏泽石油分公司更名为山东省石油集团菏泽总公司，单县石油支公司更名为山东省石油集团单县公司。1994年7月，全县成品油流通体制改革，成立县成品油流通体制改革领导小组和成品油市场整顿办公室。2000年4月，中国石化进行重组改制，按照统一要求，菏泽石油总公司将优良资产剥离组建中国石油化工股份有限公司山东菏泽石油分公司（股份公司）和中国石化集团山东石油总公司菏泽石油分公司（存续公司）并行。单县石油公司改为中国石化菏泽石油分公司第七经营管理处。股份公司集中了大部分经营资产和人员，负责经营管理工作；存续公司保留少数人员，负责固定资产管理、关联交易、清欠、离退休人员管理等工作，此后各项工作逐渐向股份公司移交，至2005年存续公司已无专门机构，无专职人员。2005年年底，菏泽公司本部下设四个部室、两个中心和7个经营片区，中国石化菏泽石油分公司第七经营管理处更改为单县片区。2010年8月，单县片区恢复县公司职能。

1986—2010年山东菏泽石油分公司单县公司主要负责人更迭表

表31-4-29

姓名	职务	籍贯	任职时间
苏永勤	支部书记、经理	南城街道	1984.06—1989.04
王保举		杨楼镇	1989.04—1990.06
李凤先	支部书记	杨楼镇	1990.06—1997.02
	经理		1990.06—1995.06
贾民强	支部书记	南城街道	1997.02—1999.08
	经理		1995.06—1999.08
马长贵	支部书记、经理	高韦庄镇	1999.09—2007.12
黄绍昌		南城街道	2008.01—2010.12

山东天奇药业有限公司 1986年，县医药公司为三级医药批发公司，有干部职工122人。1998年6月，山东省体改委同意由山东单县医药公司等单位共同筹建山东天奇药业股份有限公司。10月，县医药公司兼并县畜牧局所属的单县凤翔食品有限责任公司。1999年6月，根据胜利石油管理局与单县关于对口支援的有关合作精神，山东胜利药业与单县医药公司合资成立单州胜利医药有限公司。2003年6月，县医药公司改名为山东天奇药业有限公司。2004年12月8日，天奇药业有限公司和天奇大药房有限责任公司经过山东省药品监督管理局审查，均符合GSP（即药品经营质量管理规范）要求，获得认证证书。2010年3月30日，天奇药业有限公司、天奇大药房有限责任公司经过山东药品监督管理局复查评审，符合药品经营质量管理规范要求，获得认证证书。

1986—2010年山东天奇药业有限公司（单县医药公司）主要负责人更迭表

表31-4-30

姓 名	职 务	籍 贯	任职时间
王佑真	党支部书记	黄岗镇	1986.04—1989.11
黄显明		曹县	1989.11—1995.12
侯福宪		高韦庄镇	1995.02—2000.03
董照亭		北城街道	2000.03—2003.06
刘 沛		终兴镇	2003.06—
魏建华	经理	北城街道	1985.12—2000.02
张世忠		龙王庙镇	2000.03—2003.05
董照亭		北城街道	2003.06—2005.04
卜庆民		江苏省丰县	2005.05—

第五章 乡镇 街道 开发区

第一节 乡镇 街道

1979年初，全县由17个人民公社调整为27个人民公社。1984年2月，将全县27个人民公社改建为7区、8镇、30个乡，即：单城镇。城郊区：辖单溜、李半庄、孙溜、陈蛮庄、十里铺、谢集、丁楼共7个乡。终兴区：辖终兴镇、李田楼乡、时楼乡、黄堆乡、张集乡、马楼乡、王小庄乡共1个镇6个乡。蔡堂区：辖蔡堂镇、龙王庙乡、朱集乡、杨楼乡、孔集乡共1个镇4个乡。黄岗区：辖黄岗镇、罗庄乡、花园乡、毛庄乡、浮岗乡、孟寨乡共1个镇5个乡。高韦庄区：辖高韦庄镇、李新集乡、聂傅庄乡、曹叵集乡共1个镇3个乡。郭村区：辖郭村镇、曹庄乡、高老家乡、大李海乡共1个镇3个乡。徐寨区：辖徐寨镇、曹马镇、芦墓乡、李新庄乡共2个镇2个乡。1985年，撤销单溜乡，并入城关镇。1993年7月，撤销7个区建制。1994年10月，撤销孙溜乡，改设孙溜镇；撤销朱集乡，改设朱集镇。1997年4月，撤销浮岗乡，改设浮岗镇；撤销李新庄乡，改设李新庄镇。1998年12月，撤销李半庄乡，设立莱河镇。1999年12月，撤销杨楼乡，改设杨楼镇。

2001年2月，撤销17个乡镇，并入14个乡镇，全县乡镇由原来的37个合并为20个，同时，时楼乡改为时楼镇。撤并的乡镇分别是：撤销丁楼乡，并入莱河镇；撤销十里铺乡，并入谢集乡；撤销马楼乡、王小庄乡，并入终兴镇；撤销花园乡、毛庄乡，并入黄岗镇；撤销大李海乡，并入郭村镇；撤销曹叵集乡，并入高老家乡；撤销李新集乡、聂傅庄乡，并入浮岗镇；撤销孔集乡，并入蔡堂镇；撤销孟寨乡，并入杨楼镇；撤销罗庄乡，并入龙王庙乡；撤销芦墓乡，并入徐寨镇；撤销黄堆乡，并入张集乡；撤销曹马镇，并入时楼镇；撤销陈蛮庄乡，并入李田楼乡。

2001年10月，撤销张集乡，设立张集镇。2002年5月，撤销龙王庙乡，设立龙王庙镇。2007年12月，撤销单城镇，以原单城镇的行政区域和谢集乡、孙溜镇的部分行政区域设立北城街道、南城街道和园艺街道。2010年5月，撤销孙溜镇，设立东城街道；撤销李田楼乡，设立李田楼镇；撤销谢集乡，设立谢集镇。至年底，全县设16个建制镇、2个乡和4个街道，即：谢集镇、郭村镇、莱河镇、高韦庄镇、浮岗镇、黄岗镇、杨楼镇、蔡堂镇、龙王庙镇、朱集镇、终兴镇、张集镇、时楼镇、李田楼镇、徐寨镇、李新庄镇、高老家乡、曹庄乡、北城街道、南城街道、园艺街道和东城街道。

1993年12月，乡镇行政机构改革，行政机构由370个减少到222个。2002年，市核定单城、终兴、黄岗、郭村4个镇行政编制各45人，其他16个乡镇各40人。2010年，全县乡镇（街道）分为三类8档。一类乡镇（街道）设置5个党政工作机构，6个股级财政拨款事业单位（不含教育、卫生事业机构）；二、三类乡镇（街道）设4个党政工作机构，5个股级财政拨款事业单位。全县乡镇（街道）党政工作机构90个，编制983人；事业机构112个，编制870人。

北城街道党委、办事处（单城镇）主要负责人更迭表

表31-5-1

姓名	职务	籍贯	任职时间
王占华	北城街道党委书记	高老家乡	2008.01—2010.02
程振宇		谢集镇	2010.02—
程振宇	北城街道办事处主任	谢集镇	2008.01—2010.03
张关锋		郭村镇	2010.07—
陶继田	单城镇党委书记	李新庄镇	1985.07—1987.02
陶兴民		黄岗镇	1987.02—1990.12
王　浩		南城街道	1991.04—1993.02
张逢斌		时楼镇	1993.02—1996.01
吴兆端		北城街道	1996.01—1998.05
姜守民		朱集镇	1998.05—2001.03
张福龙		朱集镇	2001.03—2004.07
王占华		高老家乡	2004.08—2007.12
时维生	单城镇镇长	时楼镇	1985.07—1986.08
王　浩		南城街道	1986.11—1991.04
张逢斌		时楼镇	1991.04—1993.02
张金亮		高老家乡	1993.02—1996.01
姜守民		朱集镇	1996.01—1998.09
张福龙		朱集镇	1998.09—2001.03

续表 31-5-1

姓 名	职 务	籍 贯	任职时间
王占华	单城镇镇长	高老家乡	2001.03—2004.09
魏荣超		南城街道	2004.09—2006.02
孙　涛		成武县	2006.02—2007.12

说明：2008 年 1 月，撤销单城镇，设立北城街道

南城街道党委、办事处主要负责人更迭表

表 31-5-2

姓 名	职 务	籍 贯	任职时间
孙　涛	南城街道党委书记	成武县	2008.01—2009.03
石永睿		浮岗镇	2009.03—
王兰星	南城街道办事处主任	终兴镇	2008.01—

园艺街道党委、办事处主要负责人更迭表

表 31-5-3

姓 名	职 务	籍贯	任职时间
杨霁虹	园艺街道党委书记	杨楼镇	2008.01—2009.09
付道正		莱河镇	2009.09—
谢孔兵	园艺街道办事处主任	郭村镇	2008.01—

东城街道党委、办事处（孙溜镇）主要负责人更迭表

表 31-5-4

姓 名	职 务	籍 贯	任职时间
刘　军	东城街道党委书记	郭村镇	2010.05—
卜天胜	东城街道办事处主任	江苏省丰县	2010.05—
葛金德	孙溜乡党委书记	曹县	1985.09—1990.02
石常恩		李新庄镇	1990.02—1999.01
李玉本		李新庄镇	1999.01—1994.12
李玉本	孙溜镇党委书记	李新庄镇	1994.12—2005.04
时圣才		徐寨镇	2005.06—2009.03
刘　军		郭村镇	2009.03—2010.05
王洪斌	孙溜乡乡长	终兴镇	1984.02—1986.08
石常恩		李新庄镇	1986.08—1989.03
惠明虎		徐寨镇	1989.03—1990.05

续表 31-5-4

姓 名	职 务	籍 贯	任职时间
崔洪德	孙溜乡乡长	园艺街道	1990.05—1993.03
陈进虎		郭村镇	1993.03—1994.06
付运贤		南城街道	1994.06—1994.12
付运贤	孙溜镇镇长	南城街道	1994.12—1996.01
李玉本		李新庄镇	1996.01—1999.04
张 波		张集镇	1999.04—2000.09
董清科		终兴镇	2001.02—2004.01
时圣才		徐寨镇	2004.01—2005.06
耿明坤		郭村镇	2005.06—2008.07
卜天胜		江苏省丰县	2008.07—2010.05

说明：2010年5月，撤销孙溜镇，设立东城街道

莱河镇（李半庄乡）党委、政府主要负责人更迭表

表 31-5-5

姓 名	职 务	籍 贯	任职时间
周存英	李半庄乡党委书记	李新庄镇	1984.10—1986.06
庞乐天		莱河镇	1986.06—1987.02
朱继仁		曹庄乡	1987.02—1988.03
李宽德		郭村镇	1988.03—1989.12
李先留		李田楼镇	1989.12—1992.09
曹长存		时楼镇	1992.09—1993.02
何茂洪		曹庄乡	1993.02—1998.12
何茂洪	莱河镇党委书记	曹庄乡	1998.12—2001.02
孙 涛		成武县	2001.02—2006.02
周在宇		郭村镇	2006.02—2007.05
李 磊		枣庄市	2007.05—2010.02
刘宗果		黄岗镇	2010.02—
石常恩	李半庄乡乡长	李新庄镇	1985.01—1986.08
朱继仁		曹庄乡	1986.08—1987.02
孙传宾		郭村镇	1987.02—1989.03
李先留		李田楼镇	1989.03—1989.12
曹长存		时楼镇	1989.12—1992.06

续表 31-5-5

姓 名	职 务	籍 贯	任职时间
何茂红	李半庄乡乡长	曹庄乡	1992.06—1993.03
李广柱		郭村镇	1993.03—1994.05
蒋运存		郭村镇	1994.05—1995.04
张红旗		浮岗镇	1996.01—1997.07
常　华		谢集镇	1997.07—1998.12
常　华	莱河镇镇长	谢集镇	1998.12—2004.01
黄银亮		浮岗镇	2004.01—2006.12
刘宗果		黄岗镇	2006.12—2010.02
孟　皓		安徽省砀山县	2010.05—
史乃善	丁楼乡党委书记	鄄城县	1984.10—1988.03
朱继仁		曹庄乡	1988.03—1996.01
刘守进		郭村镇	1996.01—1998.04
孙　涛		成武县	1998.04—2001.02
刘清先	丁楼乡乡长	谢集镇	1984.02—1986.06
赵广会		北城街道	1986.08—1991.03
高金华		福建省莆田市	1991.03—1993.09
刘守进		郭村镇	1993.09—1996.01
孙　涛		成武县	1996.01—1998.04
李胜芹		张集镇	1998.04—2001.02

说明：1998 年 12 月，撤销李半庄乡，设立莱河镇。2001 年 2 月，撤销丁楼乡，并入莱河镇

谢集镇（乡）党委、政府主要负责人更迭表

表 31-5-6

姓 名	职 务	籍 贯	任职时间	备 注
邓阳明	谢集乡党委书记	曹庄乡	1984.02—1986.06	
赵杰英		终兴镇	1986.06—1989.09	
吴兆端		北城街道	1989.09—1993.04	
曹长存		时楼镇	1993.04—1996.01	
孙怀荣		曹县	1996.01—1997.04	
梁惠民		高韦庄镇	1997.04—2004.01	女
黄福常		龙王庙镇	2004.01—2006.02	
秦林春		李新庄镇	2006.02—2010.05	

续表 31-5-6

姓 名	职 务	籍 贯	任职时间	备 注
秦林春	谢集镇党委书记	李新庄镇	2010.05—	
赵杰英	谢集乡乡长	终兴镇	1985.09—1986.08	
吴兆端		北城街道	1986.08—1989.09	
李广柱		郭村镇	1989.09—1993.03	
张柱德		郭村镇	1993.03—1996.01	
梁惠民		高韦庄镇	1996.01—1997.04	女
冯宪玉		北城街道	1997.04—1998.04	
陈世星		时楼镇	1998.04—2004.01	
秦林春		李新庄镇	2004.01—2006.02	
郑和华		高韦庄镇	2006.02—2009.12	
吴志圣		南城街道	2010.01—2010.05	
吴志圣	谢集镇镇长	南城街道	2010.05—	
李庭义	十里铺乡党委书记	郭村镇	1985.09—1990.02	
葛建新		高老家乡	1990.02—1994.05	
赵金举		东城街道	1994.05—1998.09	
许广亭		高韦庄镇	1998.09—2001.02	
李庭义	十里铺乡乡长	郭村镇	1984.02—1986.02	
葛建新		高老家乡	1986.03—1990.02	
杨依田		曹庄乡	1990.02—1991.03	
郭祥珍		李新庄镇	1991.03—1993.02	
赵规文		徐寨镇	1993.02—1996.01	
李存兴		浮岗镇	1996.01—1997.04	
李百丽		江苏省丰县	1997.04—1998.09	
高传勇		东城街道	1998.09—2001.02	

说明：2001 年 2 月，撤销十里铺乡，并入谢集乡。2010 年 6 月，撤销谢集乡，设立谢集镇

郭村镇党委、政府主要负责人更迭表

表 31-5-7

姓 名	职 务	籍 贯	任职时间	备 注
黄显明	郭村镇党委书记	曹县	1984.02—1986.08	
李宽德		郭村镇	1986.08—1988.03	
刘世魁		黄岗镇	1988.03—1993.03	

续表 31-5-7

姓　名	职　务	籍　贯	任职时间	备　注
孙运堂	郭村镇党委书记	南城街道	1993.03—1998.04	
张新雷		龙王庙镇	1998.04—2005.03	
邓合勇		莱河镇	2005.04—2010.01	
黄银亮		浮岗镇	2010.01—	
李宽德	郭村镇镇长	郭村镇	1984.02—1986.10	
孙培伦		黄岗镇	1986.10—1989.10	
刘元军		江苏省丰县	1989.04—1989.11	
董太昌		高老家镇	1989.11—1992.03	
张柱德		郭村镇	1992.03—1993.02	
谢孔宾		郭村镇	1993.02—1998.04	
刘孝敏		郭村镇	1998.04—2001.02	
邓合勇		莱河镇	2001.02—2005.06	
盛冬梅		时楼镇	2005.06—2008.01	女
于建宏		黄岗镇	2008.01—2010.01	
张　剑		终兴镇	2010.01—	
袁玉骝	大李海乡党委书记	高老家乡	1985.01—1987.02	
白代芹		郭村镇	1987.02—1989.11	
刘元军		江苏省丰县	1989.11—1993.03	
郭勇军		南城街道	1993.03—1996.01	
张　杰		时楼镇	1996.01—1998.04	
李德友		终兴镇	1998.04—2001.02	
孙西久	大李海乡乡长	高老家乡	1985.04—1986.08	
刘有礼		南城街道	1986.08—1989.04	
杨依田		曹庄乡	1989.04—1989.12	
孙发群		李新庄镇	1989.12—1991.03	
郭勇军		南城街道	1991.03—1993.03	
刘建华		黄岗镇	1993.03—1996.01	
白伟贤		莱河镇	1996.01—1997.04	
邓合勇		莱河镇	1997.04—2001.02	

说明：2001 年 2 月，撤销大李海乡，并入郭村镇

浮岗镇（乡）党委、政府主要负责人更迭表

表 31-5-8

姓 名	职 务	籍 贯	任职时间
孙继文	浮岗乡党委书记	浮岗镇	1984.02—1987.02
王留建		黄岗镇	1987.02—1992.02
吴天力		郭村镇	1992.02—1996.12
吴天力	浮岗镇党委书记	郭村镇	1996.12—1997.07
高照迷		高老家乡	1997.07—2001.02
周在宇		郭村镇	2001.02—2006.02
程振宇		谢集镇	2006.02—2008.01
王广宏		黄岗镇	2008.01—
孙培伦	浮岗乡乡长	浮岗镇	1984.02—1987.02
庞新灵		曹庄乡	1987.02—1988.03
杨志芹		杨楼镇	1988.03—1991.03
吴天力		郭村镇	1991.03—1992.02
张其中		曹庄乡	1992.02—1993.03
周福广		时楼镇	1993.03—1996.01
高照继		高老家乡	1996.01—1996.12
高照继	浮岗镇镇长	高老家乡	1996.12—1997.07
李 伟		郭村镇	1997.07—2001.02
王安民		时楼镇	2001.02—2004.01
王广宏		黄岗镇	2004.01—2008.01
刘 军		郭村镇	2008.01—2009.04
董留柱		谢集镇	2009.04—
韩学孟	李新集乡党委书记	浮岗镇	1985.09—1990.02
樊延海		高韦庄镇	1990.02—1993.03
许广亭		高韦庄镇	1993.03—1998.09
刘永贵		高韦庄镇	1998.09—2001.02
樊延海	李新集乡乡长	高韦庄镇	1985.09—1990.02
许广亭		高韦庄镇	1990.02—1993.03
张其中		曹庄乡	1993.03—1998.09
王安民		时楼镇	1998.09—2001.02

续表 31-5-8

姓 名	职 务	籍 贯	任职时间
刘德信	聂傅庄乡党委书记	黄岗镇	1984.10—1987.02
田德方		郭村镇	1987.02—1989.04
马凤新		高韦庄镇	1989.04—1992.02
丁继轩		莱河镇	1992.02—1993.02
付道春		郭村镇	1993.02—1998.09
张怀亮		浮岗镇	1998.09—2001.02
庞新灵	聂傅庄乡乡长	曹庄乡	1985.01—1987.02
马凤新		高韦庄镇	1987.02—1989.04
邵广钦		高韦庄镇	1989.04—1990.08
丁继轩		莱河镇	1991.03—1992.02
李德琦		浮岗镇	1992.02—1993.02
李雪瑞		谢集镇	1993.02—1996.01
张怀亮		浮岗镇	1996.01—1998.09
鹿时鹏		郭村镇	1998.09—2001.02

说明：1996 年 12 月，撤销浮岗乡，设立浮岗镇。2001 年 2 月，撤销李新集乡、聂傅庄乡，并入浮岗镇

高韦庄镇党委、政府主要负责人更迭表

表 31-5-9

姓 名	职 务	籍 贯	任职时间	备 注
黄福堂	高韦庄镇党委书记	黄岗镇	1984.02—1992.02	
张忠绝		浮岗镇	1992.02—1993.03	
崔洪德		园艺街道	1993.03—1998.09	
付道春		郭村镇	1998.09—2004.01	
袁丽霞		徐寨镇	2004.01—2009.08	女
万剑青		郭村镇	2009.08—	
张乃振	高韦庄镇镇长	菏泽市牡丹区	1984.02—1990.03	
张忠绝		浮岗镇	1990.03—1992.02	
张宪坤		高老家乡	1992.02—1996.01	
郭道田		北城街道	1996.01—1998.09	
王西岭		浮岗镇	1998.09—2004.01	
杨公训		李新庄镇	2004.01—2005.06	

续表 31-5-9

姓 名	职 务	籍 贯	任职时间	备 注
邵珠德	高韦庄镇镇长	高老家乡	2005.06—2007.09	
万剑青		郭村镇	2007.09—2009.08	
朱文莉		江苏省沛县	2009.08—	女

黄岗镇党委、政府主要负责人更迭表

表 31-5-10

姓 名	职 务	籍 贯	任职时间
卢尚凯	黄岗镇党委书记	北城街道	1985.01—1992.02
王留建		黄岗镇	1992.02—1997.04
孟繁文		徐寨镇	1997.04—2004.07
侯亮平		终兴镇	2004.07—2008.07
耿明坤		郭村镇	2008.07—
卢尚凯	黄岗镇镇长	北城街道	1985.01—1986.06
王德海		东城街道	1986.06—1992.02
孟凡文		徐寨镇	1992.02—1997.04
周在宇		郭村镇	1997.04—1998.04
袁守德		莱河镇	1998.04—2001.02
黄福常		龙王庙镇	2001.02—2004.01
侯亮平		终兴镇	2004.01—2004.09
庞晓东		莱河镇	2004.09—2007.12
焦相连		浮岗镇	2007.12—2009.04
张　波		终兴镇	2009.04—
朱瑞显	毛庄乡党委书记	黄岗镇	1984.02—1986.06
胡敦会		黄岗镇	1986.06—1989.04
孙培伦		浮岗镇	1989.04—1995.01
汤成稳		杨楼镇	1995.01—1998.04
周在宇		郭村镇	1998.04—2001.02
胡敦会	毛庄乡乡长	黄岗镇	1984.02—1986.06
王洪彬		徐寨镇	1986.06—1987.11
惠明虎		徐寨镇	1987.11—1989.04
孙传彬		黄岗镇	1989.04—1991.05

续表 31-5-10

姓 名	职 务	籍 贯	任职时间
黄汝福	毛庄乡乡长	东城街道	1991.05—1993.02
李连民		张集镇	1993.02—1994.05
王金雪		杨楼镇	1994.05—2001.02
魏明芝	花园乡党委书记	李田楼镇	1984.02—1987.02
刘德信		浮岗镇	1987.02—1989.04
孙继文		黄岗镇	1989.04—1992.02
朱　峰		朱集镇	1992.02—1996.01
王卫东		园艺街道	1996.01—2001.02
程贵清	花园乡乡长	龙王庙镇	1985.01—1991.03
王卫东		园艺街道	1991.03—1996.01
李志卫		徐寨镇	1996.01—1998.09
黄福常		龙王庙镇	1998.09—2001.02

说明：2001 年 2 月，撤销花园乡、毛庄乡，并入黄岗镇

蔡堂镇党委、政府主要负责人更迭表

表 31-5-11

姓 名	职 务	籍 贯	任职时间
陶兴民	蔡堂镇党委书记	黄岗镇	1984.02—1986.06
刘维敬		蔡堂镇	1986.06—1988.03
刘守波		谢集镇	1988.03—1990.01
郑合生		高韦庄镇	1990.01—1992.09
张学文		蔡堂镇	1992.09—1993.10
朱坤乾		龙王庙镇	1993.10—1997.04
许爱峰		龙王庙镇	1997.04—2001.02
司昌民		杨楼镇	2001.02—2007.11
付道正		郭村镇	2007.11—2009.07
朱瑞洪		终兴镇	2009.08—
秦令福	蔡堂镇镇长	徐寨镇	1985.01—1987.03
韦安亭		李田楼镇	1987.03—1988.03
郑合生		高韦庄镇	1988.03—1989.12
张学文		蔡堂镇	1989.12—1992.09

续表 31-5-11

姓名	职务	籍贯	任职时间
吴继亮	蔡堂镇镇长	朱集镇	1992.09—1993.02
许爱峰		龙王庙镇	1993.02—1997.04
侯亮平		终兴镇	1997.04—2004.01
程振宇		谢集镇	2004.01—2006.02
付道正		郭村镇	2006.02—2007.11
朱瑞洪		终兴镇	2007.11—2009.07
张　涛		南城街道	2009.08—
张新法	孔集乡党委书记	蔡堂镇	1984.02—1990.02
庞新灵		曹庄乡	1990.02—1993.03
张新雷		龙王庙镇	1993.03—1998.04
申国柱		龙王庙镇	1998.04—2001.04
刘　静	孔集乡乡长	李田楼镇	1985.03—1987.03
赵以华		朱集镇	1987.03—1989.04
朱乾坤		龙王庙镇	1989.04—1990.02
赵金举		东城街道	1990.02—1991.03
毛守民		龙王庙镇	1991.03—1993.03
许培先		朱集镇	1993.03—1996.01
申国柱		龙王庙镇	1996.01—1998.04
葛明华		莱河镇	1998.04—2001.02

说明：2001 年 2 月，撤销孔集乡，并入蔡堂镇

杨楼镇（乡）党委、政府主要负责人更迭表

表 31-5-12

姓名	职务	籍贯	任职时间
马世贤	杨楼乡党委书记	终兴镇	1985.09—1992.02
李卫华		李新庄镇	1992.02—1997.04
刘建平		黄岗镇	1997.04—1997.07
张红旗		浮岗镇	1997.07—1999.12
张红旗	杨楼镇党委书记	浮岗镇	1999.12—2001.03
刘守进		郭村镇	2001.03—2006.02

续表 31-5-12

姓 名	职 务	籍 贯	任职时间
常　华	杨楼镇党委书记	谢集镇	2006.02—2008.06
苏成玉		浮岗镇	2008.06—
段丙伦	杨楼乡乡长	龙王庙镇	1985.01—1990.11
吴振启		龙王庙镇	1990.11—1992.02
李新华		蔡堂镇	1992.02—1993.02
刘建平		黄岗镇	1993.02—1997.04
马新良		河南省虞城县	1997.04—1999.12
马新良	杨楼镇镇长	河南省虞城县	1999.12—2001.02
寇广修		朱集镇	2001.02—2004.01
常　华		谢集镇	2004.01—2006.02
崔亚军		龙王庙镇	2006.02—2009.04
王志成		郭村镇	2009.04—
刘守波	孟寨乡党委书记	谢集镇	1985.01—1986.04
徐学法		蔡堂镇	1986.04—1989.04
姬香荣		高韦庄镇	1989.04—1993.02
张福龙		朱集镇	1993.02—1998.09
任继忠		蔡堂镇	1998.09—2000.09
司昌民		杨楼镇	2000.09—2001.02
杨志芹	孟寨乡乡长	杨楼镇	1985.01—1986.04
丁继轩		莱河镇	1986.04—1989.04
姬香荣		高韦庄镇	1989.04—1989.12
汤成稳		杨楼镇	1989.12—1991.03
戚保平		杨楼镇	1991.03—1993.02
刘永贵		高韦庄镇	1993.02—1996.01
司昌民		杨楼镇	1996.01—2000.09
寇广修		朱集镇	2000.09—2001.02

说明：1999 年 12 月，撤销杨楼乡，设立杨楼镇。2001 年 2 月，撤销孟寨乡，并入杨楼镇

龙王庙镇（乡）党委、政府主要负责人更迭表

表 31-5-13

姓名	职务	籍贯	任职时间	备注
刘凤祥	龙王庙乡党委书记	杨楼镇	1984.02—1986.08	
朱瑞显		黄岗镇	1986.08—1990.02	
时维法		徐寨镇	1990.02—1993.03	
赵金举		东城街道	1993.03—1994.05	
陈进虎		郭村镇	1994.05—1997.04	
孙怀荣		曹县	1997.04—1998.09	
王　锋		终兴镇	1998.09—2001.02	
王　敏		高老家乡	2001.02—2002.05	
王　敏	龙王庙镇党委书记	高老家乡	2002.05—2008.01	
盛冬梅		时楼镇	2008.01—	女
蔡启新	龙王庙乡乡长	蔡堂镇	1985.01—1986.08	
冯庆泉		黄岗镇	1986.08—1990.02	
吴金德		南城街道	1990.02—1991.03	
赵金举		东城街道	1991.03—1993.03	
张德显		郭村镇	1993.03—1994.05	
王　锋		终兴镇	1994.05—1998.09	
时圣才		徐寨镇	1998.09—2002.05	
时圣才	龙王庙镇镇长	徐寨镇	2002.05—2004.01	
王西岭		高韦庄镇	2004.01—2006.12	
陈毅国		时楼镇	2006.12—2008.06	
陈　杰		曹县	2008.06—	
周元魁	罗庄乡党委书记	东城街道	1985.11—1988.03	
江成朗		南城街道	1988.03—1989.04	
刘世春		李田楼镇	1989.04—1998.09	
王　敏		高老家乡	1998.09—2001.02	
杨志芹	罗庄乡乡长	杨楼镇	1986.04—1988.03	
刘世春		李田楼镇	1988.03—1989.04	
祝贵法		黄岗镇	1989.04—1993.03	
王金雪		杨楼镇	1993.03—1994.05	

续表 31-5-13

姓 名	职 务	籍 贯	任职时间	备 注
曹 烨	罗庄乡乡长	张集镇	1994.05—1997.04	
王 敏		高老家乡	1997.04—1998.09	
柳 涛		江苏省丰县	1998.09—2001.02	

说明：2001 年 2 月，撤销罗庄乡，并入龙王庙乡。2002 年 5 月，撤销龙王庙乡，设立龙王庙镇

朱集镇（乡）党委、政府主要负责人更迭表

表 31-5-14

姓 名	职 务	籍 贯	任职时间
刘维敬	朱集乡党委书记	江西省瑞金市	1984.02—1986.06
黄启元		终兴镇	1986.06—1990.10
朱坤乾		龙王庙镇	1990.10—1993.03
李新华		蔡堂镇	1993.03—1994.10
李新华	朱集镇党委书记	蔡堂镇	1994.10—1997.04
黄福平		时楼镇	1997.04—2001.03
李志卫		徐寨镇	2001.03—2004.01
陈世星		时楼镇	2004.01—2008.01
杨绪清		时楼镇	2008.01—2010.07
崔亚军		龙王庙镇	2010.07—
黄启元	朱集乡乡长	终兴镇	1984.02—1986.06
蔡启新		蔡堂镇	1986.08—1989.11
朱坤乾		龙王庙镇	1989.11—1990.10
徐允强		终兴镇	1990.10—1993.02
闫安民		终兴镇	1993.02—1994.10
闫安民	朱集镇镇长	终兴镇	1994.10—1997.04
刘仰华		时楼镇	1997.04—2004.01
黄 元		时楼镇	2004.01—2007.09
邢连立		张集镇	2007.09—

说明：1994 年 10 月，撤销朱集乡，设立朱集镇

终兴镇党委、政府主要负责人更迭表

表 31-5-15

姓名	职务	籍贯	任职时间
李彦斌	终兴镇党委书记	园艺街道	1984.10—1986.06
刘凤祥		杨楼镇	1986.06—1987.02
魏明芝		李田楼镇	1987.02—1990.02
刘玉华		杨楼镇	1990.02—1992.02
张玉田		终兴镇	1992.02—1996.01
谢怀志		北城街道	1996.01—1998.04
黄正光	终兴镇党委书记	时楼镇	1998.04—2008.06
陈毅国		时楼镇	2008.06—
苏克勤	终兴镇镇长	园艺街道	1985.01—1986.02
刘玉华		杨楼镇	1986.08—1990.03
张玉田		终兴镇	1990.03—1992.02
刘仍彬		张集镇	1992.02—1996.01
李德友		终兴镇	1996.01—1997.04
苏克功		东城街道	1996.01—1998.09
于晓峰		东城街道	1998.09—2001.02
王绪田		张集镇	2001.02—2004.01
包立磊		莱河镇	2004.01—2006.02
杨绪清		时楼镇	2006.02—2008.01
张志立		朱集镇	2008.01—
时念亮	王小庄乡党委书记	终兴镇	1984.02—1986.01
苏克勤		园艺街道	1986.02—1990.02
初明生		徐寨镇	1990.02—1993.02
孙怀荣		曹县	1993.02—1996.01
张庆刚		终兴镇	1996.01—2001.02
葛建新	王小庄乡乡长	高老家乡	1985.04—1986.04
吴建民		终兴镇	1986.04—1990.06
邵长军		时楼镇	1990.06—1992.09
孙怀荣		曹县	1992.09—1993.02
张庆刚		终兴镇	1993.02—1996.01

续表 31-5-15

姓 名	职 务	籍 贯	任职时间
权恩才	王小庄乡乡长	终兴镇	1996.01—1998.09
裴福科		终兴镇	1998.09—2001.02
韦德成	马楼乡党委书记	李田楼镇	1984.02—1986.06
王绪刚		张集镇	1986.06—1990.02
赵文理		蔡堂镇	1990.02—1991.03
王体振		蔡堂镇	1991.03—1992.02
张广业		终兴镇	1992.02—1996.01
黄福平		时楼镇	1996.01—1997.03
王道佩		南城街道	1997.03—2001.02
王绪刚	马楼乡乡长	张集镇	1985.01—1986.08
赵文理		蔡堂镇	1986.08—1990.03
谢怀忠		张集镇	1990.03—1991.03
张广业		终兴镇	1991.03—1992.02
黄福平		时楼镇	1992.02—1996.01
王道佩		南城街道	1996.01—1997.04
王绪田		张集镇	1997.04—2001.02

说明：2001 年 2 月，撤销王小庄乡、马楼乡，并入终兴镇

李田楼镇（乡）党委、政府主要负责人更迭表

表 31-5-16

姓 名	职 务	籍 贯	任职时间	备 注
胡金鹏	李田楼乡党委书记	龙王庙镇	1984.11—1989.11	
刘殿发		徐寨镇	1986.06—1990.02	
盛守连		时楼镇	1990.02—1993.02	
黄玉楼		黄岗镇	1993.02—1997.04	
李雪瑞		谢集镇	1997.04—2005.04	
瞿孝坤		浮岗镇	2005.04—2010.07	
瞿孝坤	李田楼镇党委书记	浮岗镇	2010.07—	
时培彬	李田楼乡乡长	时楼镇	1984.02—1987.02	
时念斗		时楼镇	1987.02—1990.02	
刘全位		莱河镇	1990.02—1992.03	
黄玉楼		黄岗镇	1992.03—1993.03	

续表 31-5-16

姓名	职务	籍贯	任职时间	备注
刘全景	李田楼乡乡长	徐寨镇	1993.03—1997.04	
李德友		终兴镇	1997.04—1998.04	
郑合强		谢集镇	1998.04—2001.02	
袁丽霞		徐寨镇	2001.02—2004.01	女
瞿孝坤		浮岗镇	2004.01—2005.04	
田明良		高老家乡	2005.04—2009.03	
崔亚军		龙王庙镇	2009.03—2010.07	
韩　枫	李田楼镇镇长	黄岗镇	2010.07—	
黄洪振	陈蛮庄乡党委书记	龙王庙镇	1984.02—1992.03	
刘清先		谢集镇	1992.03—1997.12	
刘守进		郭村镇	1998.04—2001.02	
朱家铭	陈蛮庄乡乡长	谢集镇	1985.01—1988.03	
孙少光		终兴镇	1988.03—1990.03	
孙怀荣		曹县	1990.03—1992.03	
张庆忍		黄岗镇	1992.03—1996.01	
李雪瑞		谢集镇	1996.01—1997.04	
袁丽霞		徐寨镇	1997.04—2001.02	女

说明：2001 年 2 月，撤销陈蛮庄乡，并入李田楼乡。2010 年 7 月，撤销李田楼乡，设立李田楼镇

张集镇党委、政府主要负责人更迭表

表 31-5-17

姓名	职务	籍贯	任职时间
王福祥	张集乡党委书记	高韦庄镇	1985.01—1989.04
刘有礼		南城街道	1989.04—1992.02
杨明启		李田楼镇	1992.02—1996.01
张广业		终兴镇	1996.01—1998.09
时念科		终兴镇	1998.09—2000.09
赵福泉		郭村镇	2000.09—2001.02
王道佩		南城街道	2001.02—2001.10
王道佩	张集镇党委书记	南城街道	2001.10—2004.01
郑合强		谢集镇	2004.01—2008.01
庞晓东		莱河镇	2008.06—

续表 31-5-17

姓 名	职 务	籍 贯	任职时间
杨德海	张集乡乡长	张集镇	1984.02—1986.08
盛守连		时楼镇	1986.08—1989.04
和再印		金乡县	1989.04—1992.02
陈增勤		时楼镇	1992.02—1998.04
赵福泉		郭村镇	1998.04—2001.02
瞿效坤		浮岗镇	2001.02—2001.10
瞿效坤	张集镇镇长	浮岗镇	2001.10—2004.01
王师标		蔡堂镇	2004.01—2008.06
李玉峰		莱河镇	2008.06—
张逢斌	黄堆乡党委书记	时楼镇	1984.02—1989.12
李昭稳		时楼镇	1989.12—1992.02
时丕彬		时楼镇	1992.02—1993.09
高金华		福建省莆田市	1993.09—1996.01
时念科		终兴镇	1996.01—1989.09
任秀山		终兴镇	1989.09—2001.02
时维法	黄堆乡乡长	徐寨镇	1984.02—1986.08
李昭稳		时楼镇	1986.08—1989.12
时丕彬		时楼镇	1989.12—1992.02
丁书田		徐寨镇	1992.02—1993.09
时念科		终兴镇	1993.09—1996.01
任秀山		终兴镇	1996.01—1998.09
陈毅国		时楼镇	1998.09—2001.02

说明：2001 年 2 月，撤销黄堆乡，并入张集乡。10 月，撤销张集乡，设立张集镇

时楼镇（乡）党委、政府主要负责人更迭表

表 31-5-18

姓 名	职 务	籍 贯	任职时间	备 注
王存友	时楼乡党委书记	张集镇	1984.02—1986.06	
张兴平		张集镇	1986.06—1991.03	
朱瑞峰		终兴镇	1991.03—1993.09	
魏荣超		南城街道	1993.09—1998.09	
权恩才		终兴镇	1998.09—2001.02	

续表 31-5-18

姓 名	职 务	籍 贯	任职时间	备 注
谢孔芹	时楼镇党委书记	浮岗镇	2001.02—2004.01	
李胜芹		张集镇	2004.01—2005.04	
石永睿		浮岗镇	2005.04—2009.03	
田明良		高老家乡	2009.03—	
张兴平	时楼乡乡长	张集镇	1984.02—1986.06	
朱瑞峰		终兴镇	1986.06—1991.03	
葛茂盛		莱河镇	1991.03—1993.02	
王方新		张集镇	1993.02—1996.01	
刘永贵		张集镇	1996.01—1998.09	
程振宇		谢集镇	1998.09—2001.02	
程振宇	时楼镇镇长	谢集镇	2001.02—2004.01	
廉现广		李田楼镇	2004.01—2005.04	
苏成玉		浮岗镇	2005.04—2008.08	
杨德杰		张集镇	2008.08—	
周存英	曹马镇党委书记	李新庄镇	1984.02—1984.10	
初明生		徐寨镇	1984.10—1990.03	
张　杰		时楼镇	1990.03—1995.01	
刘守坤	曹马镇党委书记	郭村镇	1995.01—1996.01	兼
刘仍彬	曹马镇党委书记	张集镇	1996.01—1998.09	
谢孔芹		浮岗镇	1998.09—2001.02	
韦安亭	曹马镇镇长	李田楼镇	1984.02—1987.02	
时丕彬		时楼镇	1987.02—1988.03	
张　杰		时楼镇	1988.03—1991.03	
宋进珠		张集镇	1990.03—1990.03	
孙法群		李新庄镇	1991.03—1992.02	
葛毅祥		徐寨镇	1992.02—1993.09	
丁书田		徐寨镇	1993.09—1996.01	
李百丽		江苏省丰县	1996.01—1997.04	
陈毅国		时楼镇	1997.04—1998.09	
盛超伟		时楼镇	1998.09—2001.02	

说明：2001 年 2 月，撤销时楼乡、曹马镇，设立时楼镇

徐寨镇党委、政府主要负责人更迭表

表 31-5-19

姓名	职务	籍贯	任职时间
翟再明	徐寨镇党委书记	成武县	1984.02—1986.06
李玉坤		李新庄镇	1986.06—1992.02
郭庆安		终兴镇	1992.02—1996.01
高金华		福建省莆田市	1996.01—2000.09
王占华		高老家乡	2000.09—2001.02
田　民		黄岗镇	2001.02—2008.01
包立磊		莱河镇	2008.01—
赵广会	徐寨镇镇长	北城街道	1984.02—1986.08
时维法		徐寨镇	1986.08—1989.04
万继彬		徐寨镇	1989.04—1993.02
周在田		郭村镇	1993.02—1996.01
付道龙		高韦庄镇	1996.01—1998.09
王占华		高老家乡	1998.09—2000.09
杨绪清		时楼镇	2000.09—2006.02
包立磊		莱河镇	2006.02—2008.01
廉现广		龙王庙镇	2008.01—2010.01
黄显峰		黄岗镇	2010.01—
郭庆朴	芦墓乡党委书记	李田楼镇	1984.02—1986.06
孟庆民		李新庄镇	1986.06—1990.02
王作启		李新庄镇	1990.02—1995.07
宋进珠		张集镇	1995.07—2001.02
吴本升	芦墓乡乡长	徐寨镇	1985.01—1986.02
孟庆民		李新庄镇	1986.02—1986.06
王作启		李新庄镇	1986.06—1990.03
郭祥珍		李新庄镇	1990.03—1991.03
宋进珠		张集镇	1991.03—1996.01
黄正光		时楼镇	1996.01—1998.04
郭庆彬		李田楼镇	1998.04—2001.02

说明：2001 年 2 月，撤销芦墓乡，并入徐寨镇

李新庄镇（乡）党委、政府主要负责人更迭表

表 31-5-20

姓名	职务	籍贯	任职时间
王申秀	李新庄乡党委书记	北城街道	1984.02—1986.07
陈庆报		终兴镇	1986.07—1990.03
刘守波		谢集镇	1990.03—1993.02
吴兆端		北城街道	1993.02—1994.12
吴兆端	李新庄镇党委书记	北城街道	1994.12—1995.04
史玉民		蔡堂镇	1995.04—2000.07
任继忠		终兴镇	2000.07—2001.02
王卫东		园艺街道	2001.02—2006.07
黄银亮		浮岗镇	2006.07—2010.01
王玉成		曹县	2010.01—
李玉坤	李新庄乡乡长	郭村镇	1985.10—1986.08
王留建		黄岗镇	1986.08—1986.10
李先留		李田楼镇	1986.10—1989.04
丁继轩		莱河镇	1989.04—1991.03
吴金德		南城街道	1991.03—1993.02
史玉民		蔡堂镇	1993.02—1994.12
史玉民	李新庄镇镇长	蔡堂镇	1994.12—1996.02
张存合		莱河镇	1996.02—1998.04
赵金锁		蔡堂镇	1998.04—2001.02
李胜芹		张集镇	2001.02—2004.01
刘仰华		时楼镇	2004.01—2005.06
谢孔兵		郭村镇	2005.06—2008.01
时圣法		徐寨镇	2008.01—

说明：1994 年 12 月，撤销李新庄乡，设立李新庄镇

高老家乡党委、政府主要负责人更迭表

表 31-5-21

姓 名	职 务	籍 贯	任职时间
贾佑存	高老家乡党委书记	郭村镇	1985.09—1987.02
孙继文	高老家乡党委书记	浮岗镇	1987.02—1989.04
胡敦会	高老家乡党委书记	黄岗镇	1989.04—1990.01
齐继坤	高老家乡党委书记	莱河镇	1990.01—1993.03
丁继轩	高老家乡党委书记	莱河镇	1993.03—1996.01
周福广	高老家乡党委书记	时楼镇	1996.01—2001.02
张存合	高老家乡党委书记	莱河镇	2001.02—2006.12
王玉成	高老家乡党委书记	曹县	2006.12—2009.12
廉现广	高老家乡党委书记	龙王庙镇	2009.12—
李秀华	高老家乡乡长	郭村镇	1985.01—1989.04
齐继坤	高老家乡乡长	莱河镇	1989.04—1990.02
陈勋清	高老家乡乡长	曹庄乡	1990.02—1993.03
任继忠	高老家乡乡长	终兴镇	1996.01—1998.09
黄银亮	高老家乡乡长	浮岗镇	1998.09—2004.01
寇广修	高老家乡乡长	朱集镇	2004.01—2008.09
刘继君	高老家乡乡长	李新庄镇	2008.09—
庞乐天	曹叵集乡党委书记	莱河镇	1985.03—1986.06
袁继兰	曹叵集乡党委书记	高老家乡	1986.06—1989.04
田德方	曹叵集乡党委书记	郭村镇	1989.04—1992.02
张兴元	曹叵集乡党委书记	郭村镇	1992.02—1998.04
张存合	曹叵集乡党委书记	莱河镇	1998.04—2001.02
袁继嵐	曹叵集乡乡长	高老家乡	1984.02—1986.08
张性真	曹叵集乡乡长	曹庄乡	1986.08—1989.12
张兴元	曹叵集乡乡长	郭村镇	1989.12—1992.02
许钦启	曹叵集乡乡长	高韦庄镇	1992.02—1996.01
刘建华	曹叵集乡乡长	黄岗镇	1996.01—1999.04
葛瑞彬	曹叵集乡乡长	巨野县	1999.04—2001.02

说明：2001 年 2 月，撤销曹叵集乡，并入高老家乡

曹庄乡党委、政府主要负责人更迭表

表 31-5-22

姓 名	职 务	籍 贯	任职时间
鹿孟珍	曹庄乡党委书记	浮岗镇	1984.02—1989.10
郭祥存		郭村镇	1989.11—1992.02
马凤新		高韦庄镇	1992.02—1998.09
李志卫		徐寨镇	1998.09—2001.03
赵福泉		郭村镇	2001.03—2007.12
蔡述金		梁山县	2007.12—
刘世奎	曹庄乡乡长	黄岗镇	1985.01—1988.03
郭祥存		郭村镇	1988.03—1989.12
谢孔宾		郭村镇	1989.12—1993.03
李存兴		浮岗镇	1993.03—1996.01
任志华		北城街道	1996.01—1998.09
彭元建		张集镇	1998.09—2001.02
郑合强		谢集镇	2001.02—2004.01
董清科		终兴镇	2004.01—2005.06
蔡述金		梁山县	2005.04—2007.12
张洪福		朱集镇	2007.12—

附：

区 1984年2月，县乡机构改革，设城郊、郭村、高韦庄、黄岗、蔡堂、终兴、徐寨7个区。城郊区辖李半庄乡、孙溜乡、谢集乡、十里铺乡、陈蛮庄乡、丁楼乡、单溜乡（1985年撤销）7个乡；郭村区辖郭村镇、大李海乡、高老家乡、曹庄乡4个乡镇；高韦庄区辖高韦庄镇、李新集乡、曹巨集乡、聂傅庄乡4个乡镇；黄岗区辖黄岗镇、浮岗乡、花园乡、毛庄乡、罗庄乡、孟寨乡6个乡镇；蔡堂区辖蔡堂镇、杨楼镇、龙王庙乡、朱集乡、孔集乡5个乡镇；终兴区辖终兴镇、李田楼乡、王小庄乡、张集乡、马楼乡、黄堆乡6个乡镇；徐寨区辖徐寨镇、时楼乡、曹马镇、芦墓乡、李新庄乡5个乡镇。区委、区公所分别属于县委、县政府的派出机构，为正区级（正科级）行政单位。1993年7月撤销。

1984—1993年单县各区主要负责人更迭表

表 31-5-23

区名	主要负责人更迭情况				备注
	姓名	职务	籍贯	任职时间	
城郊区	孙文英	书记	徐寨镇	1984.02—1986.06	
	周存英		李新庄镇	1986.06—1992.02	
	田德方		郭村镇	1992.02—1993.07	
	赵云增	区长	龙王庙镇	1984.02—1989.05	
	袁继岚		高老家乡	1989.05—1992.02	
	李宽德		郭村镇	1992.02—1993.02	
	田德方		郭村镇	1993.02—1993.07	兼
郭村区	谢协平	书记	高老家乡	1985.07—1986.10	
	周元海		东城街道	1986.10—1992.02	
	刘世魁		黄岗镇	1992.02—1993.02	
	郭祥存		郭村镇	1993.02—1993.07	
	周元海	区长	东城街道	1985.07—1986.10	
	黄显明		曹县	1986.10—1989.11	
	白代芹		郭村镇	1989.11—1993.02	
	郭祥存		郭村镇	1993.02—1993.07	兼
高韦庄区	李存义	书记	浮岗镇	1984.10—1989.04	
	杨令存		郭村镇	1989.04—1993.02	
	张忠绝		浮岗镇	1993.02—1993.07	
	孙华德	区长	浮岗镇	1984.10—1986.10	
	李存义		浮岗镇	1986.10—1989.04	兼
	杨令存		郭村镇	1989.04—1992.02	
	郜茂全		郭村镇	1992.02—1993.02	
	张忠绝		浮岗镇	1993.02—1993.07	兼
黄岗区	李富德	书记	郭村镇	1984.10—1986.06	
	张洪祥		郭村镇	1986.06—1989.04	
	刘德信		浮岗镇	1989.04—1992.02	
	庞新灵		曹庄乡	1993.02—1993.07	
	张洪祥	区长	郭村镇	1984.02—1989.04	

续表 31-5-23

区名	主要负责人更迭情况				备注
	姓名	职务	籍贯	任职时间	
黄岗区	刘德信	区长	浮岗镇	1989.04—1989.06	兼
	孙培伦		黄岗镇	1989.06—1993.02	
	庞新灵		曹庄乡	1993.02—1993.07	兼
蔡堂区	闫福昌	书记	朱集镇	1984.05—1986.06	
	王保举		杨楼镇	1986.06—1989.04	
	徐学法		蔡堂镇	1989.04—1992.02	
	张学文		蔡堂镇	1992.02—1993.07	
	王保举	区长	杨楼镇	1984.10—1989.04	兼
	张新法		蔡堂镇	1989.12—1992.02	
	黄汝秀		龙王庙镇	1992.02—1993.02	
	张学文		蔡堂镇	1993.02—1993.07	兼
终兴区	孟宪法	书记	蔡堂镇	1985.05—1986.06	
	张明亮		南城街道	1986.06—1992.02	
	赵文理		蔡堂镇	1992.02—1993.07	
	张明亮	区长	南城街道	1985.07—1986.06	
	韦德成		李田楼镇	1986.06—1989.09	
	初明生		徐寨镇	1989.12—1991.03	
	李彦斌		东城街道	1991.03—1993.02	
	赵文理		蔡堂镇	1993.02—1993.07	兼
徐寨区	崔玉龙	书记	徐寨镇	1984.02—1986.06	
	郭本让		郓城县	1986.06—1989.04	
	郭庆朴		李田楼镇	1989.04—1992.02	
	王恩平	区长	时楼镇	1984.02—1986.02	
	郭庆朴		李田楼镇	1986.06—1992.02	
	孟庆民		李新庄镇	1992.02—1993.02	
	（缺职）			1993.02—1993.07	

第二节　经济开发区

单县经济开发区　2004 年 3 月，县委、县政府成立单县经济开发区筹委会，负责开发区规划建设工作。2006 年 2 月，成立中共单县经济开发区工作委员会和单县经济开发区管理委员会，为正科级行政单位，属县委、县政府派出机构。内设党政办公室、经济发展局、招商局、规划建设局、社会服务部等 5 个副科级行政单位。至 2010 年，县公安局、县国土资源局、县国税局、县地税局相继在开发区设置派出机构，县农业银行、县农村信用联社、县邮政储蓄银行、县建设银行也相继在开发区设置金融业务办理处（所）。

2004—2010 年中共单县经济开发区工作委员会书记更迭表

表 31-5-24

姓 名	籍 贯	任职时间	备注
谷瑞灵	定陶县	2004.03—2005.01	兼
陈允全	巨野县	2005.01—	兼

2004—2010 年单县经济开发区管理委员会主任更迭表

表 31-5-25

姓 名	籍 贯	任职时间
石永睿	浮岗镇	2004.03—2005.04
王京华	终兴镇	2005.04—2006.06
黄福常	龙王庙镇	2006.06—2007.12
黄正光	时楼镇	2008.06—2010.01
周在宇	郭村镇	2010.01—

单县浮龙湖生态旅游经济开发区　2002 年 6 月，设立单县浮岗水库管理处，为副科级全额事业单位，隶属县水务局。2008 年 8 月，成立单县浮龙湖生态旅游经济开发区筹备委员会。2010 年 6 月，撤销浮岗水库管理处，成立中共单县浮龙湖生态旅游经济开发区工作委员会和单县浮龙湖生态旅游经济开发区管理委员会，为正科级全额事业单位，属县委、县政府的派出机构。内设党政、招商、规划基建、环境管理、旅游管理 5 个办公室。

单县浮龙湖生态旅游经济开发区主要负责人任职情况统计表

表 31-5-26

姓 名	职 务	籍 贯	任职时间	备 注
司昌民	区党工委书记	杨楼镇	2010.07—	兼
孙向侠	区管委会主任	青岛市	2010.07—	

人物

舜师单卷

本志人物分人物传略、人物简介和人物表三部分。人物传略主要收录前志遗漏人物及 1986 年以后去世的正县级以上领导干部及专家学者、英模人物等。人物简介主要收录单县藉在外地工作的省部级（军级）以上领导干部、知名专家学者及行业突出贡献者，1986 年以后单县正县级领导、全国劳动模范、全国人大代表、山东省道德模范等。人物表主要收录县外单县籍地（师）级以上领导干部、正高级专业技术人才；1986 年以来单县正高级专业技术人员，省、市级劳动模范，国家和省“五一”劳动奖章获得者，全国、全省优秀教师，全国、全省优秀教育工作者，山东省特级教师等。

人物传略

古代人物

李南泉　又名李守道，明代单县东北（今张集镇小李庄）人。生于明嘉靖三十年（1553 年），寝终于明万历三十五年（1607 年），享年 54 岁。

李家尚礼法、崇信义、品德高尚、友好亲善、世代以善相承，闻名乡里，在单县城东北口碑甚佳。李氏自山西移民至单县后，经过两代人的艰苦创业，至李南泉已经是“楼台森列，阡陌相通”的富庶之家。

李南泉参加殿试考取进士，始任彭嵩都台，后不愿为官，隐居乡里。他为人恭敬诚恳，乐善好施，不以富贵骄人，有大家君子风范，乡邻十分尊崇。每逢年成歉收时，向李南泉借贷的老百姓接踵而至。他十分慷慨，倾其所有满足乡邻祈求，并且不求偿还。城东北一带向其借贷的不下几百家。他重义气，亲近贤者，尊重朋友，举贤荐能，得到他恩泽的有几百人。他虽隐居不仕，但名声很大。李南泉死后，哀荣备至，官员和乡邻前往吊唁的络绎不绝。殡葬时，附近十里八村空巷为其送别。后明神宗诏旨赐立御碑一座。其墓在单县东北 30 里李林村西，墓与碑至今犹存，碑为菏泽市文物保护单位。碑正面有赐进士第巡按山西监察御史彭瑞五题“大明明故处士南泉李公之墓”字样。碑文由进士何尔键撰文、进士杨东明篆额、进士周永春书丹。此碑由北京燕山运往单县东北李林。据传，该碑为活字碑，掉石不掉字，年岁日久，碑上的石片脱落，上面的字还会再长出来。

李氏系积善之家，遗泽后世，人才辈出。李南泉有四子，均学业优异，才智非凡。长子李正春，自幼练武，武功超众，18 岁中武举，后被任命为镇边将军，迁居北京天坛附近，时称李府。李正春治军有方、军纪严明。每临战事，他都身先士卒、一马当先。先后赴山东临清、江西、福建等出征 20 余次，战绩卓著。万历四十二年（1612 年）出征福建，战场阵终。从军 27 年，忠心保国，战功赫赫。

李正春不仅是一位战将，更是一位孝子。他虽身居显贵，远在千里，但时刻不忘父母养育之恩。每当其生日的时候，首先想到母亲。他说：“我的生日就是母亲的痛苦之时。”每年在他过生日时，总要给母亲置办礼品，以表祝福和问候。他平时公务繁忙，不能侍奉父母，为此常感到内疚。有一年他生日前夕，郑重嘱咐府中家人：“多买些上等布料和点心，我要回家看望母亲。”因路途遥远，思母心切，他从北京快马加鞭日夜兼程回老家单县，两天行程1500多里。在他生日那天赶到家中，正是早饭时辰。母子相见，格外亲切。李正春净手后盛饭，端到母亲跟前，双膝下跪，双手端饭请母亲用餐。饭后随从秉报，李正春所骑战马累死了。从此，探母累死战马的故事在单县和朝廷内外传为佳话。明神宗得知后对其大加赞扬，并为其在全国挑选好马，人称天赐宝马。

李南泉去世时，李正春正出征在外，不能回乡为老人送终，他就让妻子和十几岁的儿子回乡奔丧。敬宗祭祖成为李氏家族的传统。

现当代人物

魏振亚（1902—1938） 绰号魏飞龙。单县浮岗镇魏家寨（今魏范庄）人。著名抗日英雄，抗战烈士。

他幼读私塾，年少时苦练武功，17岁高中毕业，离家远走山西，投笔从戎，加入阎锡山的晋绥军。抗战爆发以前，在新编二师金宪章部下任排长。

1937年11月，日本侵略军占领山西太原后，新二师没有听从阎锡山向南撤退的命令，驻扎在山西五台。因不满国民党军队的腐败无能，出于民族大义，魏振亚串联新二师下级军官和士兵四百多人起义，在大同县河头、麻峪口一带，成立“抗日义勇军独立纵队”，他任纵队司令，开展抗日游击战。魏振亚所部抗日威名传遍大同城乡，乡亲们称魏振亚的抗日义勇军是“飞龙神兵”，称魏振亚为“魏飞龙”。

1938年2月21日，魏振亚伺机发起偏关战役，打死打伤日本侵略军40余人，缴获众多物资，使中共偏关县委机关免遭覆灭的危险。6月，魏振亚主动接受八路军三五九旅改编，将所部改编为“八路军晋察冀边区抗日游击第一独立大队”，魏振亚任副司令员。自此，在中国共产党领导下，魏振亚率部驰骋于恒山山脉、桑干河两岸，屡建战功，打得日本侵略军、汉奸闻风丧胆。

1938年9月，魏振亚部队在六棱山下大王村休整，被叛徒出卖，遭日本侵略军重兵包围，他指挥战士凭借有利地形，打退敌人一次次进攻，山坡上到处是敌人的尸体。部队且战且走，后因魏振亚部队腹背受敌，情况危急，他提枪冲出掩体，挺身站立在落龙山上，愤怒地向敌人射出一梭子弹，几个敌人应声倒下。突然，一颗子弹击中魏振亚的腹部，警卫员要背他撤出阵地。他大声说道：“我不行了，你们赶快突围，我来掩护！”警卫员含着眼泪，猫着腰向前走了几步，又回过头来看看首长，只见魏振亚麻利地把驳壳枪拆卸开来，向四周抛去，紧接着又从衣兜里掏出几张法币撕碎，最后从容地从左手上脱下金戒指，吞到肚里，这样壮烈地牺牲了。牺牲时，年仅36岁。

2001年3月，经过几十年苦苦寻觅，魏振亚的老部下原大同医专党委书记刘苏明，在单县史志办帮助下，终于找到老首长家乡——单县浮岗镇魏范庄。已是耄耋老人的刘先生遂捐资万元，在浮龙湖中修建魏飞龙纪念亭。2003年10月26日（阴历十月初二），英雄的遗骨从山西大同县大王村运回单县，魂归故里。

郭志尧（1924—1993） 单县曹庄乡郭庄人。中共党员，中医外科主任医师，中华全国中医学会会员。

出身中医世家，其父郭宪庭是苏鲁豫皖边界一带享有盛誉的名医。1943年，初中毕业后立志习医，继承父业。1954年，在单县浮岗乡卫生院参加工作。1958年，参加山东省第一届中医理论班学习，次年又参加山东省中医师资培训班学习，为其一生的医学生涯奠定了基础。从医40余年，积累了丰富的临床经验和渊博的的理论知识。通晓中医各科，尤精中医外科，对中医疮疡疾患有较深造诣，对脉管炎、系统性红斑狼疮、骨髓炎、臁疮、乳腺炎、淋巴结核等疑难痼疾有独到见解和独特疗法。研制的外用药“龙石膏”，被山东省中医药管理局列为科技计划；科研方“313软膏”对多种炎块肿疼有较好的疗效，自创方“透募保元汤”“麻没汤”“琥安汤”等治疗外科多种疑难病症疗效显著。先后在各级医药杂志及学术交流会上发表论文10多篇。他医德高尚，对患者有求必应，经常帮助困难患者支付药费。不吃请、不受贿、不摆架子。曾多次被评为模范共产党员，省、地区、县卫生系统先进工作者。1986年，他受省卫生厅委托，编写讲义5万余字，举办“山东省首届中医疮疡学习班”，为国家培养中医人才。同年，被评为山东省劳动模范。被卫生部授予“全国卫生文明先进工作者”称号。1990年，郭志尧被卫生部、人事部、国家中医药管理局任命为全国500名老中医医药专家之一。1993年逝世。

李松柏（1944—1994） 菏泽市牡丹区人，大学文化，中共党员。

1964年7月，毕业于山东师范学院化学系。1964年11月至1965年8月，在齐河县搞“四清”。1965年8月始，先后在菏泽县人民委员会、革命委员会办公室工作。1978年，任菏泽县革命委员会办公室副主任。1980年，任《菏泽县报》副总编。1981年，任菏泽县黄集公社党委书记。1983—1985年，任菏泽县委常委、副县长，其间，1983年9月至1985年7月在中央党校（第一期）研修班学习。1985年7月至1988年11月，任单县县委副书记。1986年4月，兼任单县第六届政协主席。1987年4月，兼任单县第七届政协主席。1988年11月，任山东省总工会菏泽地区办事处主任、党组书记。1993年4月，任菏泽地区工会办事处巡视员。1994年9月逝世。

宋天喜（1922—1994） 河南省林县人，高小文化，中共党员，全国劳动模范。

1945年，在河南新乡参加工作。1950年5月，从河南新乡百货公司调到单县百货公司任仓库保管员，从事仓储工作30多年间，他勤勤恳恳，兢兢业业，始终以对工作极端负责的精神做好本职工作。在商品管理中，严把“出、入、存”三关，对库存商品做到“三勤”“四洁”“五防”。他保管的商品差错率始终控制在3‰以下，仓库商品责任损耗率为零。他文化程度虽然不高，但注重业务学习，对商品的产地、性能和使用方法了如指掌，对不同性能的商品实行分类保管、先进先出的原则。平时他注重勤俭办事，对商品的包装物回收很细，一个绳头、一个纸片、一个钉头都要回收放好再利用。他还利用业余时间，利用包装物钉制商品货架，实现仓库商品存放楼垛化，为国家节约大量资金。被群众称为“拉革命车不松套，大干社会主义的老黄牛”。1956年，宋天喜获“全国百货食品系统先进工作者”称号，并出席在京表彰会，受到毛主席的接见。1958年12月，省委经贸工作部根据宋天喜工作成绩和经验，编写《红旗保管员宋天喜》一书，使他成为山东财贸系统一面旗帜。1959年，他被评为全国劳动模范，出席全国“群英会”。同年，参加“建国十年大庆”观礼。一生中，他先后五次进省参加“劳模会”“党代会”，三次赴京参加“先进工作者代表会”“群英会”“国庆观礼”。1980年10月退休，1994年逝世。

祝清源（1921—1995） 成武县桃花寺乡袁海村人，中共党员。1942年，参加革命工作，1943年2月，加入中国共产党。抗日战争和解放战争时期，历任成武县党化区财务助理、湖西干校学员、成武县伯乐区区长、一区区委书记。

新中国建立后，任中共成武县委组织部副部长、副书记，1954年5月，任成武县委书记。1956年5月，召开中共成武县第一次代表大会，选举产生中共成武县第一届委员会，祝清源任书记。1956年9月，赴山东省干校学习。1959年2月，学习结业后，历任中共汶上县委书记、中共菏泽县委书记处书记、书记。1962年1月，他参加了中共中央在北京召开的七千人大会，听取毛泽东、刘少奇、周恩来等中央领导人的重要讲话。1963年9月，召开中共菏泽县第二次代表大会，选举产生了中共菏泽县第二届委员会，祝清源任书记。10月，在政协菏泽县第三届一次会议上当选为主席。1965年6月，祝清源调任中共郓城县委书记。1970年，任菏泽地区农林局局长，后任菏泽地区革命委员会生产指挥部农林水办公室主任。1973年12月，任中共单县县委书记。1975年8月，任菏泽地区农办主任。1978年9月，调任中共菏泽地委统战部副部长。1983年12月离休（享受地厅级待遇）。1995年9月逝世。

张子敬（1913—1997） 又名张建子，单县朱集镇张寨人，中共党员。

1932年，以优异成绩考入单县中学师范班。在校期间，秘密接触中共党员进步教师高文甫。1934年9月，加入中国共产党，任中共单县第一个党支部——单县中学党支部组织委员。毕业后，他遵照中共党组织的指示，回到家乡，在张花园小学教书，以教书行医为掩护，积极开展党的地下活动，培养抗日积极分子，建立党的组织。1936年春，成立了单县农村中共第一个支部——张寨党支部。遂以张寨为中心开展党的活动，迅速发展50多名党员，成立了十几个党支部。通过党的组织联络抗日积极分子，宣传党的主张，建立广泛的抗日民族统一战线。从此，张寨成为湖西抗日斗争的基地。1937年11月，中共鲁西南工委建立后移驻张寨；12月，中共单县县委在张寨成立，他任县委委员，1938年10月，任县委书记。党的许多重要会议都在其家中召开，来往党政军干部在他家食宿，他的妻子等家人成了接待员、“后勤部长”和保卫员、联络员。他既是县委的领导人，忙于全县工作，又要筹粮、筹款，做好领导机关的后勤供应和保卫工作。他的家就是湖西革命斗争的指挥部，被誉为“小延安”。至今许多领导人回忆起在湖西战斗的日子里，都赞叹说“张子敬的全家为革命做出了巨大贡献”。

1939年9月，他在湖西“肃托”中被捕，11月，被罗荣桓等解救，12月，任中共鱼台县委书记。当时鱼台属敌伪控制下的地区，白色恐怖十分严重。他冒着生命危险，深入群众，发展党团组织，组建人民武装，很快打开局面，扩大了湖西抗日根据地。1940年6月，任中共山东第五区党委组织部组织科科长，后任湖西专署民政科科长。1946年，任湖西专署建设科科长。不久入中共晋冀鲁豫中央局党校学习，结业后任晋冀鲁豫边区政府合作厅技术组组长。1948年，任华北人民政府合作厅技术组组长，后任农业试验场副场长。1949年4月，任天津市津沽区农垦管理局副局长。新中国成立后，任中央农业部渤海区农垦管理局副局长、党总支副书记兼拖拉机站站长。1952年12月始，先后任农业部农业机械局副局长、局长。1979年2月始，先后任农业部畜牧总局局长、顾问。1988年7月，任农业部政策研究会特约研究员。1997年逝世。

包备五（1915—1998） 单县莱河镇包庄人。著名书法家，曲阜师范大学教授，中国书法家协会会员。

1929年，入单城萃英小学学习。1932年，考入单县县立中学。毕业后，先后在单县察院街小学、河南省商丘大同街小学、安徽省太和县国立二十一中、单县县立中学任国画教师。新中国成立后，曾在湖西联立师范、山东师范专科学校任语文教师。1955年，调入曲阜师范学院。1956年，任曲阜师范学院中文系讲师。1980年，晋升为副教授。1987年，晋升为教授。

包备五幼年酷爱书法，兼攻绘画。从七岁开始写字，常以地代纸、以木棒代笔练习书法，临摹乡村墓碑上的刻字。他用手指在地上一遍又一遍地摹写，逐渐形成自己独特的书法艺术风格。擅汉隶、魏碑、金文、小篆和行草，书法作品深得国内外书法界赞誉，很多书法作品被国家收藏。他对书法史及书法理论的研究有一定造诣，先后在省级以上报刊杂志发表有关从秦到清著名书法家碑刻的论文及摹本173种；编著《中国书法简史》《中国书法史略》《历代书法论文选读》《山东碑刻》等书法理论书籍，其中，《中国书法简史》《中国书法史略》被选为中国书画函授大学的教材。1998年2月，在曲阜师范大学逝世。

魏钦公（1921—2001） 笔名力平，单县曹庄乡魏刘庄人，中共党员。1930年起，先后在魏刘庄小学、单县县立高小、单县中学学习。在单县中学期间，受到进步思想的影响，曾组织成立“东关社”和“吼声文艺社”，宣传抗日，对抗国民党蓝衣社对抗日救亡运动发动的破坏活动。1936年8月，加入中国共产党，并任单县中学党支部书记。1937年，任中共单县特别支部组织委员。曾先后在县城内参加或组织旅外学友会、抗日总动员会、战地服务团，联合第五战区第二游击司令部政工处、山东省第三巡回宣传队的进步青年一起进行抗日救亡活动，并下乡组织抗日武装。1938年春，任中共单县城关区委书记，后任中共单县中心县委《战斗报》总编辑。1939年4月，任中共苏鲁豫区委《团结日报》总编辑，在同年9月的湖西“肃托”事件中遭错捕错杀，九死一生，是被冤杀的300多人中唯一杀而未死的幸存者。罗荣桓、郭洪涛到湖西处理“肃托”事件，为他平反昭雪。1940年，任《湖西日报》主编。其间，积极利用报纸媒体宣传抗日、发动群众、鼓舞士气。1941年5月，任中共单县县委宣传部部长。1942年8月，参加地委工作队，在单县王小庄、郗楼等村开展减租减息增资试点活动，取得良好效果。1942年10月，任中共单县县委书记。1945年8月，任中共华山县县委书记。曾领导并参加反碉堡斗争、对日伪反攻作战和反对国民党反动派进攻的斗争。1947年1月，任中共华（山）砀（山）县委书记兼华砀支队政治委员。1947年5月，随刘邓大军南下大别山，任中共光山县委书记、光罗支队政治委员，参加了解放河南的战斗。

新中国成立后，曾在中共河南省委党校先后任教育科科长、教导主任、副校长兼党委书记、中级党校副校长兼党委第二书记、中共许昌地委书记处书记、中共河南省委“四清”工作团南阳总团副团长。“文化大革命”中曾被下放。1972年起，曾先后任河南人民出版社负责人，郑州大学党的核心组副组长，中共河南省委党校副校长、校长兼党委书记。1987年，被聘为教授。1988年，任政协河南省委员会副主席。其间，曾兼任河南省社会科学联合会副主任、顾问，中共河南省委党史征编委员会副主任、顾问，中共河南省委党史征编委员会主任，河南省哲学学会会长。长期从事党校哲学、党的建设等学科的教学和理论研究工作，撰写《社会主义社会的阶级和阶级斗争》《毛泽东哲学思想的几个问题》等讲稿。编辑出版《马克思主义哲学读本》《马克思主义领导科学纲要》《哲学与社会实践》等书。著有《反对个人主义》《论党的三大作风》等论文，后收入河南人民出版社出版的《魏钦公文集》。坚持中共党史的调查研究，写出多篇调查报告。1993年离休。2001年，在河南郑州逝世。

谢龙飞（1921—2002）

单县终兴镇朱庄行政村许庄人，1949年加入中国共产党，全国劳动模范，曾七次被选为省党代会代表。

抗日战争时期，他任许庄村民兵连长，带领村里的年轻人积极配合八路军抗击日本侵略者。曾组织人员多次到百里之外的陇海线上破坏日本侵略军交通线。坚持为八路军站岗放哨、组织村民抬担架护理伤病员、护送情报，当时被人们称作“八路迷”。

解放战争后期及新中国成立后，相继任许庄村村长，村支部书记。他带领广大群众积极搞好农业生产，支援前线。组织成立互助组，相互帮扶农业生产，积极动员、发动和组织村民不分白天黑夜，肩挑人抬，终于搬走“盐土堆”，改良村里的10.67公顷（160亩）盐碱地，在上面全部种上棉花，当年取得大丰收。1948年起，他经过艰苦努力，终于摸索出一套棉花种植高产技术，其经验在平原省广泛推广，被当时的省、地、县领导夸为“种田能手”。1950年，先后被评为单县、平原省和全国劳动模范，并作为全国首批农业劳动模范的代表到北京参加国庆观礼，受到毛泽东、周恩来、刘少奇、朱德等党和国家领导人的亲切接见和宴请。1954年至1965年，曾7次赴济南参加省党代会。1971年，从村领导岗位上退休。2002年3月逝世。

蓝翎（1931—2005）

原名杨建中，单县杨集人，大学文化，中共党员，著名红学家，著有评论集《红楼梦评论集》（与李希凡合作），杂文集《了了录》，回忆录《龙卷风》。曾任《人民日报》文艺编辑部编辑、河南省文联编辑、郑州大学副教授、《人民日报》文艺部主任和报社纪律检查委员会副书记、中国作协理事、中国红楼梦学会秘书长。

1931年，出生于单县杨集的一个农民家庭。1948年，在中共山东分局领导的一所训练班式的干部学校学习，后来学校并入山东大学，转入山东大学中文系学习。1953年毕业，分配到北京师范大学工农速成中学任教。同年，他和山东大学的同学李希凡两人合写《关于〈红楼梦简论〉及其他》和《评〈红楼梦研究〉》两篇文章，对红学家俞平伯的《红楼梦简论》提出不同意见，文章几经周折，后来在他们母校老师的支持下，在校刊《文史哲》上发表。后被毛泽东看到，极为重视，1954年10月16日，写了一封《关于红楼梦研究的信》，发给中共中央政治局的成员和其他同志，尖锐地把这件事上升为意识形态领域里的阶级斗争。信中说：“这是三十多年以来向所谓红楼梦研究权威作家的错误观点的第一次认真的开火，作者是两个青年团员。”由于毛泽东的重视，《红楼梦》问题的讨论顿时成了一件轰动文坛的大事。《人民日报》总编辑邓拓，经过多方设法，把蓝翎调到人民日报社，分配到文艺部当编辑。1955年，参加中国作家协会。1957年，在反右斗争中，蓝翎被错划为“右派”，受到不公正的待遇。1958年冬，蓝翎下放到唐山柏各庄农场劳动改造。1961年4月，被召回人民日报社工作。之后，又调离报社。1978年，彻底平反。1980年5月，平反两年后，蓝翎重新回到人民日报社，先后任文艺部编辑、评论组组长、党支部书记、副主任、主任及报社第二届纪委副书记。1984年，在第四次全国文艺代表大会上，当选为中国作家协会理事。1986年，被评为高级编辑。1991年8月，离职休养。1992年10月，被批准享受国务院政府特殊津贴。1996年，被选为中国作家协会第五届全国委员会委员。2005年逝世。

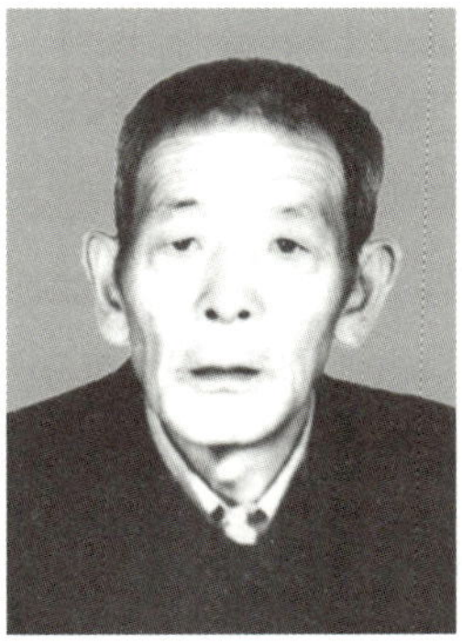

梁彦贵（1921—2006） 曹县桃源集镇梁集人，中共党员。1929年，入桃源集完小学习。1935年7月，考进山东省第六中学（即菏泽一中）。1938年9月，赴聊城范筑先总部政治干部学校学习。1939年3月，八路军冀鲁豫支队挺进鲁西南，建立随营军政干部学校，遂入校学习。8月，到菏泽耿寨中心救国会工作。1940年8月，任曹县三区民政干事，后任曹县抗日县政府军用代办所会计，曹县抗日县政府文书。1941年5月，建立鲁西南专署（冀鲁豫五专署）后，先后任专署文书，曹县交通局长，专署文印股长、印刷所主任。1945年9月，加入中国共产党。解放战争时期，历任鲁西南专署总务股长，工商分局行政科长、财政科行政股长，分区兵站运输科长。1948年，在河北整党期间，任整党支部书记（临时职务）。1949年3月，调任专署干训班队长、指导员。1950年8月，任南旺县政府民政科长、副县长。1952年5月，任菏泽花纱布分公司经理。1955年9月，入中共中央第四中级党校学习，后调任地委文教部秘书兼干部科科长，宣传部秘书科科长。1957年至1958年整党期间，任地委整风办公室副主任、主任。1960年2月起，任中共菏泽地委宣传部副部长，地委党校党委书记、副校长。后曾任曲阜四清工作团文教大队党委书记、大队长和菏泽四清工作团办公室主任。1970年12月，任菏泽地区粮食局局长。1975年7月至1979年8月，任中共单县县委书记。1979年8月，任地委宣传部常务副部长。1983年12月离职休养，享受地专级待遇。2006年2月2日逝世。

龚彦海（1937—2008） 单县龙王庙镇曹庄人，1962年4月，参加工作，中共党员。1953年7月至1956年，在河南虞城一中高中部学习。其间，1955年7月加入中国共产党。1956年7月，考入商丘第二师范。1959年7月，入陕西咸阳西藏民族学院藏语系学习。1962年4月，任西藏江孜地委办公室政研室干事。1964年7月，任西藏亚东县委组宣部干事。1969年11月，任亚东县革委会政工组副组长。1973年6月，任亚东县革委会办事组组长。1976年6月，任亚东县委办公室主任。1977年8月，任亚东县革委会副主任。1978年8月，任亚东县委副书记。1984年5月，任亚东县委书记。1990年4月，任中共单县县委正县级副书记。1993年1月，任单县人大常委会党组书记、主任。同年，被选为山东省人民代表大会代表。1998年3月退休。2008年2月逝世。

常瑞广（1970—2008） 单县浮岗镇聂傅庄人，大学文化，中共党员，公安英烈。

1990年3月，参军入伍，1991年3月，加入中国共产党，曾先后被部队授予三等功一次，优秀士兵一次，嘉奖一次。2004年9月，转业到彭州市公安局白水河派出所工作。据统计，2006年至2007年，常瑞广在彭州市九峰村共出警500余次，解决纠纷400余件，接受群众和游客求助300余起，银厂沟景区内实现刑事案件零发案。

2008年3月，被中共彭州市委、彭州市人民政府授予2007年度彭州市社会治安综合治理工作先进个人。2008年5月12日，汶川大地震中，在组织群众疏散、撤离到安全地带时，遇山体滑坡，光荣牺牲。2008年8月27日，被四川省公安厅授予公安英烈荣誉称号，并追记一等功。

王振扬（1916—2010） 曾用名李振扬、王恒德、张呈义、于子凡。单县高老家乡孙庄人，中共党员。

1928年，入私塾读书。1930年，入高小学习。1932年，考入曹县县立乡村师范。1933年秋，入山东省立滋阳（兖州）第四乡村师范学习。其间，参加中共外围组织“读书会”“书画会”的活动。1934年12月，指挥发动兖州乡师开展抵制日货的爱国运动。1935年，赴济南投身革命活动。1936年6月，加入中国共产党。“西安事变”后被组织派回原籍开展农村党的工作。1938年3月，任中共曹县县委组织部长。曾到济宁南部敌占区以教书为掩护，开展抗日活动，发展党组织，建立八路军挺进大队，并在葛岗举办抗日训练班，训练抗日武装。1939年，任中共砀山县县委书记。1940年2月，入中共中央山东分局干部学校学习。10月，分配到徐州西北地区工作。11月起，任中共沛铜县委书记、徐州北中心县委组织部长。1942年夏，任中共湖西地委敌工科科长。秋，任中共鱼（台）北工委书记。12月，任中共鱼台县委书记。1943年3月，任中共金（乡）济（宁）鱼（台）工委书记。1945年10月，任中共济宁县委书记。1947年秋，任晋冀鲁豫军区（后中原野战军）第十一纵队第三十二旅政治部副主任。1949年2月，任第二野战军第十七军第五十师政治部主任。曾率部参加淮海和渡江战役，后进军大西南，为新中国的建立做出贡献。

新中国成立后，曾任贵州省军区铜仁军分区政治部主任、遵义军分区政治委员，南京高等军事学院空军系政治处主任，空军第九师政治委员，广州军区空军政治部副主任，农业部政治部主任，中央农林政治部副主任。1978年，任中共黑龙江省委常委、国营黑龙江农场总局局长兼党委书记。1982年离休。2010年2月14日，在北京逝世。

闫庆（1974—1993） 回族，单县南城街道人，中共党员，革命烈士，1974年4月6日生，1991年12月参军入伍，分配到81681部队，负责后勤油料保管工作。

1993年12月6日，闫庆在中俄边境执行巡逻任务时，遭遇走私歹徒，为了捍卫民族尊严，他与武装歹徒展开殊死搏斗，在战斗中献出了自己年仅19岁的生命。为了缅怀烈士，闫庆烈士的骨灰被安放在单县湖西烈士陵园，以供瞻仰。

许广波（1974—1996） 单县浮岗镇北堤村人，1974年5月22日出生，1989年就读于单县第九中学，1993年10月入伍，入伍后，许广波不怕苦、不怕累，脏活、累活抢着干，刻苦训练，热心帮助战友，多次获得“训练标兵”“优秀战士”等称号。

1996年9月13日，许广波随部队在洛南石门镇进行拉练。中午时分，队友们都午休了，许广波在帮助一名新兵洗衣服时，发现附近发生火灾。他立刻赶到现场，冒着生命危险冲入火场，救出1名老人。当他应老人的请求，再度返回火场抢救老人已去世老伴的遗物时，不幸陷身火海，壮烈牺牲。

人物简介

单县籍境外人物

韦统泰 1918年5月生，单县高韦庄镇人。中共党员，中国人民解放军少将。

1932年，入山东省立第六（菏泽）中学学习。1936年，考入山东省立第一中学。其间，受“一二·九”学生运动影响，参加了抗日救亡活动。七七事变后，和一些旅外同学在曹县组织了鲁西南学生抗日救亡联合会并任组织委员，进行抗日宣传活动。后辗转到湖北郧阳。1938年年初，发起组织“读书研究会”，继续宣传抗日。同年8月，到达延安，入延安抗日军政大学总校第五期学习，任班长。1939年2月，加入中国共产党。同年秋，毕业分配到晋察冀军区第一军分区，先后任二十五团侦察参谋，分区二科参谋、科长。1944年12月，任二十五团参谋长。其间，参加百团大战、晋察冀军区的历次反“扫荡”、反封锁和扩大解放区的战斗。1945年9月奉命调至东北，先后任冀察热辽军区特务一团和热东军分区独立团副团长。参加保卫锦州、承德等大小几十次战斗。1947年7月，调任热东军分区独立第三团团长。8月，任东北野战军第八纵队第二十四师七十二团团长。期间，参加梨树沟门、杨杖子、九关台门、新立屯等战斗，对北宁、锦承两条铁路进行4次大破袭。1948年9月，率团参加攻克锦州、辽西会战和营口追击战。11月，任第四十五军第一三五师四〇五团团长，率部入关参加平津战役，协同兄弟部队攻克天津，全歼守敌，受到东北野战军总部的表扬。1949年9月，参加衡宝战役，全歼号称“钢军”的白崇禧第七军军部及4个直属营。战后，该团受到军首长的传令嘉奖，记战功一次。随即参加广西战役，后到桂东南平息匪乱。其战绩曾被苏联著名作家西蒙诺夫、新华社著名记者穆青等通过媒体广泛宣传。

1950年，任第一三五师参谋长，1951年，任副师长。1952年12月，参加抗美援朝，任中国人民志愿军第五十四军一三五师师长。1954年7月，调任该军一三〇师师长。1955年9月，授予大校军衔。1956年，任第五十四军副军长。1957年，荣获二级独立自由勋章和二级解放勋章。1958年8月，回国驻防四川。1959年3月，率军入藏平息叛乱。1960年8月，入解放军高等军事学院学习，1962年，毕业后参加指挥中印边境自卫反击战，在瓦弄歼印军一个旅，受到中央军委嘉奖。1964年，晋升少将军衔，升任第五十四军军长兼重庆警备区司令员。1968年年底，奉命调防云南。1969年5月，升任昆明军区副司令员。1970年4月，调任国防科工委副主任兼任第七机械工业部军事管制委员会主任、党的核心组组长。其间，工作突出，受到周恩来总理的表扬。1972年5月，参加罗布泊核试验。1982年12月离休。1988年8月，获独立功勋荣誉奖章。

贾遵庚　1918年5月生，曾用名仝左，单县南城街道人。1935年于单县县立初级中学毕业，考入山东省立菏泽中学高中部。1939年，随校后撤四川绵阳，成立国立六中。1939年4月毕业后考入重庆国立中央大学机械工程系。1943年毕业后分配到资源委员会昆明中央机器厂第四分厂，参加水轮机设计及机械零配件设计工作。1946年9月入中国石油公司上海高桥东厂，任工程师。后调入中国石油公司高桥储油所。1949年，上海解放后任中国石油公司东区公司高桥储油所业务股长、工务科长、工程师。1953年，调任中国石油公司上海工程队工程师。1956年10月，任商业部设计安装公司工程师。1964年以后，历任商业部设计院工程师、主任工程师、副总工程师。1988年退休。曾兼任商业部设计院技术委员会委员，专业技术职务评审委员会委员、副主任委员，商业部工程技术职务评审委员会委员。1993年，被商业部评定为领取国务院政府特殊津贴的专家。

苗春亭　1919年5月生，单县北城街道孙窑村人。中共党员。

青年时期，先后在单县县立中学和省立菏泽师范学校读书。其间，初步接受了马克思列宁主义。1937年1月，加入中国共产党。抗日战争爆发后，从菏泽师范返回单县，筹划成立党组织。1937年9月，任中共单县特别支部宣传委员，负责联络各地返单的学生，进行抗日救亡宣传活动；12月，中共单县县委成立后任县委委员，负责青年、妇女工作及办训练班等。1938年，任中共苏鲁豫特委青年部干事。1939年年初，任中共单县县委宣传部长兼管群众工作。其间，积极宣传发动群众，组织群众参加抗日自卫团，发展党的组织，建立抗日民主政权，创建抗日根据地。1939年9月在湖西“肃托”中遭逮捕，后被罗荣桓等解救。1940年4月，调中共苏鲁豫区党委机关报湖西日报社任编辑。同年冬，任中共湖西地委湖西日报社编委、编辑，后任社长。1946年4月，任中共巨南县委书记，领导开展土地改革，组织群众参军支前，巩固巨南革命根据地。1947年9月，任中共湖西地委宣传部部长。1948年3月，任中共冀鲁豫区党委机关报冀鲁豫日报社副社长兼总编辑。1949年3月，随大军渡江南下。5月，参加接管赣东北区上饶地区，任中共上饶地委宣传部部长兼赣东北军政学校铅山分校校长，为西进接管贵州培养干部。

新中国成立后，任中共遵义地委宣传部部长，主持创办《遵义新闻》报和创建遵义干部学校。后任中共遵义地委副书记、书记，领导遵义地区土地改革运动。1952年5月，调任贵州省总工会筹委会主任，后当选为贵州省总工会第一届主席。1953年，当选为全国总工会执行委员。1955年7月，任中共贵州省委秘书长。1956年6月，当选为中共贵州省委书记处书记。1973年，任中共贵州省委党校校长。1977年，任中共贵州省委副书记。在长期担任贵州省委书记处书记和省委副书记期间，兼任政协贵州省第二、三、四届委员会主席，1983年4月始，不再担任贵州省委副书记，连续担任政协贵州省第五、六届委员会主席。系中共第八次全国代表大会代表，第七届全国政协委员，中国工会第十三次代表大会特邀代表。1993年1月离休。

赵学慧　1919年12月生，单县北城街道小隅首人。华中农业大学教授，博士生导师。

1932年，考入单县县立中学。1936年，考入济南高级农业职业学校。抗战期间，随流亡学校辗转河南、湖北、四川。1939年，考入四川大学理学院生物系。1943年毕业后，到四川酒精厂任技术员。1945年，入武汉大学农学院任教。1949年任讲师，讲授微生物学及酿造学。1952年，武汉大学农学院与湖北农学院合并为华中农学院，任该院讲师。1980年，晋升为教授。1985年，任华中农业大学食品微生物学研究室主任。1986年，经国家教委批准为博士生导师，1991年，享受国务院政府特殊津贴。系政协湖北省第五、六届委员会委员、常委，无党派小组组长；湖北省文教委员会委员。

曾从事曲霉的分类研究，研究论文在《黄海》杂志上发表。1943年，进行用糖蜜发酵生产丙酮丁醇的研究，取得成功。1947年，进行泡菜的微生物学及发酵过程的研究，论文发表在美国《食品研究》上，是中国首篇关于泡菜发酵理论的论文。1955年，受教育部委托编写第一部《农业微生物学》教学大纲。1961年，编写教材《普通微生物学》。1980年，开展纤维素酶及其应用的研究，成果应用于酱油酿造，获得国家教学技术委员会科技成果二等奖。曾主持农业部“七五”重点研究项目“黄麻脱胶问题及果胶酶在食品中的应用”，“八五”重点项目“蛋白酶的生产与应用问题”。曾参与《中国大百科全书》的编写，并任《中国农业百科全书》编委、微生物组副组长。1999年退休。

白化岭　1928年3月生，单县张集镇曹庄村人。中共党员。

1940年，任本村儿童团团长。1942年，任村学生救国会主任。1944年，在湖西专区运输队（后改鲁西银行第六印刷所）工作。1945年5月，加入中国共产党。曾任鲁西银行第六印刷所、鲁西三所、冀南银行一科党支部组织委员，参与了解放区冀南地区流通券的印刷工作。1949年10月，调任天津五四三厂二车间团支部书记。1950年，任共青团天津市委青年工作部干事。同年，参加中央团校第三期学习。1951年5月，任共青团天津市轻工业委员会组织委员。1952年8月，任共青团天津市建筑委员会书记。1956年，任天津市建筑设计处副处长、党支部书记。1959年，任天津市建筑安装公司党委书记。1961年，任天津市第三建筑公司党委书记兼经理。1970年，任天津市第一建筑公司革命委员会副主任。1973年年初，任重建天津体育馆工程总指挥和天津市天然气管道工程副总指挥。1974年起，先后任天津市建设委员会基建调度处副处长、处长。1980年，任天津市建设委员会副主任，兼任市建设开发公司经理、党委书记。1983年，任天津市建设委员会主任、党组书记。1985年，任中共天津市委常委、市委城建工委书记，市建委主任。1988年5月，任天津市人大常委会副主任、党组副书记。1993年6月离休。

谢孔宾　字卓伦，号明心斋主。1930年5月生，单县浮岗镇谢楼人。菏泽学院美术系教授，系书法家、书法教育家。中国书法家协会会员，山东省高校书画家协会理事，菏泽市书画家协会副主席。

其母刘艺仙为著名民间剪纸艺人，所剪作品栩栩如生，美妙无穷。受母亲熏陶，自幼热爱书画艺术。因家庭贫困，常常辍学，在割草打柴之暇，于沙渚河滩或沟坡土崖，用芦根柴棒作笔，习字画画，冬夏寒暑，坚持不懈。1946年，进入中学学习。1949年7月，参加工作，从事小学教育。1956年，考入曲阜师范学院学习。1958年毕业后，在肥城一中任教，后调单县第一中学工作。1980年，调菏泽师范专科学校（菏泽学院前身），任美术系教授，主授书法。六十多年，致力于书法理论研究和创作工作，形成独特书法风格：含刚健于婀娜，寓清丽于苍浑，既有深厚的传统功底，又不拘泥于古人，个性鲜明。直草隶篆皆能，尤长行草，气势磅礴，笔阵浑融，有强烈的时代精神。作品不仅深为国人喜爱，且已走向世界，流传到日本、美国、新加坡、德国、加拿大、菲律宾等许多国家及台湾地区。1992年和1993年，菲律宾商报两次以整版通栏介绍其作品。其专著《书法教程》为全国大专院校书法教材，专著《中国书法原理》《怎样写章草》在国内书法界引起热读。书法作品多次在全国性书法大赛中获奖并入选作品集，全国多处碑林有其作品刊石。2002年，在教育部主办的华夏师表书画大展中获金奖。其传略、作品收入《当代书画辞典》《中国当代书画家大辞典》《中国当代艺术界名人录》等10余部辞书。1993年离休。

贾世骏　1930年1月生于南京市，单县南城街道南门里王观堂街人。著名男高音歌唱家，国家一级演员，被誉为“金嗓子歌王”，获中央军委颁发的“胜利功勋荣誉章”。系北京军区政治部艺术顾问委员会委员，中国音乐家协会会员。享受国务院政府特殊津贴。

贾世骏少年时代先后在单县、济南等地求学。1949年8月，于北平新华中学肄业后，参加中国人民解放军，任陆军第六十六军文工团乐队队员。1950年，参加抗美援朝。1954年，调入华北军区歌舞团（后为北京军区战友歌舞团）。先后任独唱演员、独唱组组长、合唱队队长、歌舞团声乐艺术指导。1956年，加入中国共产党。曾任歌舞团党支部委员、副书记，歌舞团党委委员。曾参与国家和军队艺术团，随周恩来、陈毅、罗瑞卿等国家领导人访问过10余个国家，演唱赢得国际友人的广泛赞誉。1986年10月离休后，仍为发展中国的声乐艺术奔忙于祖国各地，把颂歌奉献给养育他的祖国、军队和人民，被多所学校聘为顾问，从事声乐教育，培养了大批青年演员。

贾世骏坚持长期钻研中外结合的唱法，创出一条既有继承又有发展、独具个性美的声乐路子。他音色甜美，音质圆润纯净，吐字清晰，声情并茂，表现力丰富生动。在大型音乐舞蹈史诗《东方红》中成功演唱毛泽东诗七律《长征》，在大型声乐套曲《长征组歌》中演唱《过雪山草地》。他演唱的《颂歌献给毛主席》《战士歌唱东方红》《读毛主席的书》《大海航行靠舵手》《打靶归来》《牧歌》《康定情歌》《我骑着马儿过草原》《美丽的梭罗河》以及苏联歌曲《故乡》等，深受国内外广大群众的热爱和专家的赞许，并广为传唱。在部队他被誉为战士歌唱家，他被莫斯科人誉为“中国的列米舍夫”（俄罗斯著名抒情男高音），被印尼人民誉为金嗓子。他还是一位作曲家，发表并演唱他的创作歌曲《我爱伟大的祖国》《长江啊长江》《祖国啊　母亲》《飞吧　我的歌声》《香港回归唱新歌》，以及许多少儿歌曲。

田歌　1931年生，单县南城街道人。国家一级作曲家，中国音乐家协会理事，享誉中外的著名作曲家。

1948年，参加中国人民解放军。1950年，加入中国共产党。曾任中国人民解放军第一野战军第2纵队第4旅宣传队乐队队员、第2军第4师宣传队宣传员（驻阿克苏）。后调入新疆军区文工团任创作员、乐队队长、创作组副组长、新疆军区文工团副团长兼创作室主任、兰州军区创作室创作员。当选中国音乐家协会第三届、第四届理事。他在天山脚下生活、战斗40余年，90年代初，离休后定居南京。40余年，他创作1000多首脍炙人口、传唱海内外的歌曲。1952年，他因创作歌曲《草原之夜》一举成名。他的音乐作品优美抒情，民族特色浓厚，跳动着时代的脉搏，闪耀着岁月的风貌，为几代人提供丰富的精神乳汁。其中，著名歌曲有《草原之夜》《边疆处处赛江南》《情满伊犁河》《兵团组歌——国土在我心中》《毛主席的话儿记在我们心坎里》《我为祖国守大桥》《大漠小夜曲》《喀什噶尔女郎》等，出版《田歌创作歌曲集》《啊 亲爱的伊犁河》《田歌独唱歌曲集》等专著。摄制有音乐艺术影片《可克达拉的歌声》。曾在北京、上海、广州、南京和乌鲁木齐等地举办“田歌音乐作品”演唱会和专题音乐会，深受各界欢迎。代表作《草原之夜》被称作迷人的“中国小夜曲”，联合国教科文组织将《草原之夜》选定为音乐教材。歌曲《情满伊犁河》和《我们来自南泥湾》两部作品获全国精神文明建设“五个一工程奖”。

李玲 曾用名李素媛，女，1931年9月生，单县蔡堂镇张楼人。中共党员。

1940年，入张寨抗日自强小学学习。1945年2月，考入湖西抗日中学三分校。其间，曾参加战地服务团到战争前沿阵地和农村做抗日宣传工作，并到阳谷县参加土地改革工作。1947年11月，加入中国共产党。1948年1月毕业后，分配至砀山县吴溜区工作。1949年3月，随大军渡江南下。5月，任赣东北区景德镇市青年联合会委员。10月，任第二野战军湘潭留守处妇女队长。新中国成立后，任贵州省毕节县青年联合会副主任。1950年10月，赴中共贵州省委党校学习（其间，任清镇县土改工作队组长）。1951年8月党校结业留校，先后任学员班副主任、主任。1954年8月，赴中央政法干部学校学习。1956年毕业后，先后任贵州省高级人民法院审判员、副庭长、庭长、办公室副主任。“文化大革命”中受到冲击，曾入贵州省“五七”干校劳动。1970年，调贵州省公安机关军事管制委员会审判组工作。1973年4月，任贵州省高级人民法院副院长、党组成员。1979年3月，赴中共中央党校学习。1980年1月，任贵州省司法厅副厅长、党组成员。1983年4月，任贵州省人民检察院检察长。1994年1月，任贵州省人民代表大会常务委员会副主任、党组成员。系中共贵州省第五、六届委员会委员，全国妇女代表大会代表，贵州省第六、七届人民代表大会代表。1998年离休。

韦统班 1933年7月生，单县高韦庄镇人。研究员级高级工程师，享受国务院政府特殊津贴。

1953年，菏泽第一中学高中毕业后考入华东航空学院（西北工业大学前身）。1958年，毕业分配到国家航空工业部第六研究院（总字九三〇部队）工作，曾任专业组组长。1965年，转业至航空工业部所属国营一一三厂工作，因具有学术和专业技术特长，被评为研究员级高级工程师，并担任技术科长。其科研成果1984年、1987年两次获航空工业部科技进步二等奖。1985年获国家科技进步三等奖，1988年，获陕西省引进技术消化二等奖。1988年被批准享受国务院政府特殊津贴。1992年，被航空工业部授予“有突出贡献的专家”及“劳动模范”称号。1996年退休。

丁世良 1937年12月生，单县莱河镇丁楼村人。山东大学教授、博士生导师，享受国务院政府特殊津贴。中国农工民主党山东大学支部副主委，《分子科学报》编委，理论化学与计算国家重点实验室学术委员会委员，吉林大学兼职教授，山东省专业技术拔尖人才，山东大学化学与化工学院学位委员会委员。1956年，考入山东大学物理系理论物理专业。1960年，毕业留校参加工作，在理论物理教研室任助教。1978年，晋升为讲师。1982年1月，赴美国德克萨斯大学化学系理论化学研究所R•E•Wyatt教授研究小组做博士后工作，1984年回国后，在山东大学理论化学研究室工作。1988年，晋升为副教授、硕士研究生导师。1990年，赴美国德克萨斯大学和贝勒大学做访问学者，进行学术交流。1992年，晋升为教授、博士研究生导师。1993年至1994年，应以色列国际著名化学家R•D•Levine教授邀请赴耶路撒冷希伯莱大学分子动力学研究中心做访问教授，与Levine教授合作用李群和李代数方法研究分子动力学。1995年至1998年，在山东师范大学物理系做兼职教授，协助申请“原子与分子物理”博士研究生学位授予权及培养硕士研究生。从事理论化学方面的科学研究多有建树，曾获国家教委科技进步二等奖3次、三等奖1次，省优秀技术成果奖1次；在国内外重要学术刊物上发表论文100余篇，其中，15篇获省级以上优秀学术论文奖。

梁法启 1938年10月生，单县黄岗镇前花园村人。解放军总医院主任医师、教授。系中央保健委员会特聘会诊专家、中华血管外科学术委员、《中华血管外科学杂志》编委，享受国务院政府特殊津贴。

1960年，考入山东医学院医疗系。1965年，大学毕业后入伍，分配到济南军区总医院外科工作。1972年，加入中国共产党。1973年，调解放军总医院工作，先后从事肝胆和血管外科的医疗、保健、教学工作。参加工作后，多次随医疗队去农村、海岛、山区为部队和群众服务。1994年11月至1995年5月，赴日本进行学术交流，赢得外国同行的赞誉。结合临床搞科研，发表具有国内重要影响的医学论文40余篇，主编《血管外科手术学》，参加编写《外科急腹病》《胃肠疾病手册》等医学书籍。在国内率先开展并规范了一些血管外科手术术式，如门脉高压症的各种断流与分流手术，深低温／停循环／体外循环下布加氏综合症根治术以及腔－房架桥、脾肺固定术，胸／腹主动脉瘤的切除与重建手术，颈动脉体瘤切除手术，周围动脉硬化闭塞的旁路手术，大隐静脉高位结扎、分段切除术，股浅静脉瓣环包术及淋巴外科手术等，分别在欧洲、美洲、欧洲等多次国际会议上进行大会发言并获得纽约国际血管外科大会优秀论文奖。曾创用和设计Swan—Gan2导管取栓术治疗急性动脉缺血、股浅静脉瓣窦壁环包术治疗原发性下肢深静脉瓣膜关闭不全、双裤腰式带瓣膜肱静脉段移植治疗下肢静脉血栓再通后遗症、人工血管多支重建设后治疗胸腹主动脉瘤、肾静脉—生殖吻合肿瘤切除后肾保留等医疗手术方法，获得良好的效果。先后获得嘉奖14次，立三等功1次，获全军医疗成果二等奖1项、三等奖12项、科技进步奖1项，获中国人民解放军保健领导小组嘉奖3次，中央保健委员会嘉奖3次。

卢尚岭　1939 年 5 月生，单县谢集镇卢楼人。山东中医药大学教授、主任医师，博士生导师，国家继承名老中医药人员经验导师。系全国中医药内科学会委员，山东中医药学会常务理事兼副秘书长，山东中医药心脑病学会主任委员，山东华夏文体促进会医学委员会主任委员。

1960 年，单县第一中学毕业后考入山东中医学院。1966 年毕业后，分配到山东中医大学工作。一直在内科从事医疗、教学、研究工作，曾以中医疗法治疗各种心脏病、中风病、老年性痴呆、病毒性心肌炎，取得显著疗效。潜心研究中医对心脑病的防治，参与研究制订《中风病诊断和疗效评定标准》，获国家重大科技进步奖。参加了国家科学委员会“七五”“八五”防治中风病攻关课题的研究，其成果获国家中医药管理局科技进步二等奖。参加国家级新药“清开灵”的研制，获国家中医药管理局科技进步二等奖。研制出的经验方“益心汤”由烟台中药厂制成口服液，1992 年卫生部批准其为国家级新药，其疗效受到广大医患者的高度评价。从医四十余年，他发表论文 30 余篇，编著《中风病的防治与康复》《现代中医内科学》《中医内科临症备要》《中医内科学》等专著 10 余部，得到国内专家认可。

陈明生　1940 年 9 月生，单县人。西安煤炭研究院研究室主任、总工程师、研究员，博士生兼职导师，享受国务院政府特殊津贴。

1955 年，单县一中初中毕业。1958 年，菏泽一中高中毕业。同年，考取北京矿业学院。毕业后，又获中国地质大学大地电磁专业硕士学位。1982 年，调到西安煤炭研究院工作至退休。参加工作后，一直从事电磁勘探与研究工作，历任研究室主任、总工程师、研究员。还曾被中国地质大学、西安交通大学等院校聘为博士生兼职导师、技术顾问等。

主要业绩与贡献：主持完成大中型勘探工程 40 余项，科研项目 11 项。首先在国内实现广义逆矩阵对电磁资料的反演解释并推广；首先在国内完成有源电磁场二维有限元模拟，较早地实现有源电磁场的三维计算；将高分辨地电阻率探测和瞬变场法结合，在孤立地质体探测方面取得了突破性进展；首先实现小装置瞬变电磁场法探测较大深度，并用其在巷道中超前探测 150 米以远的金属矿体，取得开创性的成果；率先开展瞬变资料的联合时一频分析与解释，取得显著效果。获国家科技进步三等奖 1 项，部级科技进步二等奖 2 项、三等奖 2 项。出版专著 2 部，发表论文 40 余篇。

孙启祥　1941 年 1 月生，单县蔡堂镇辛羊庙人。中国人民解放军少将。

自幼先后在辛羊庙小学、单县第二中学、菏泽第一中学就读。1960 年，被保送到北京外国语学院学习，同年加入中国共产党。1965 年 1 月，提前毕业分配到国防部外事局工作。1967 年，到顺义县进行“三支两军”。1969 年，到坦桑尼亚培训该国军队。1973 年 3 月，赴英国留学。回国后，1983 年起，先后任国防部外事局美洲大洋洲处副处长、处长。其间，多次随军队领导人、军事代表团访美，曾直接组织接待美国几任国防部长等军队要员的访华。1992 年，调任亚洲处处长。1994 年，任副局长（副军职），晋升为少将军衔。1997 年 7 月 1 日和 1999 年 12 月 31 日，具体负责香港、澳门回归祖国庆典时的仪仗队升旗仪式。1998年，参加中国知名人士代表团访美，与美政府及各界知名人士进行广泛的交流，并曾率领外事代表团访问、考察朝鲜、赞比亚、津巴布韦、坦桑尼亚等国。

从事军事外交工作40余年，曾帮助未独立的亚、非、拉殖民地国家训练武装斗争人员；帮助新独立的亚、非、拉国家建立军队，提供军训、军援。在英国留学期间，积极协助中国驻英使馆文化处开展工作。回国后，曾为国家和军队领导人邓小平、耿飚、徐向前、张爱萍、杨得志等当过翻译；曾先后被借调到外交部参加对部分外国领导人访华的接待工作，曾多次借调到“中国贸促会”参加在阿联酋等国的贸易展览。

陈培合　1941年10月生，单县北城街道大陈庄人。高级工程师、中国中央对外广播电台台长，国家广播电影电视部机要技术处处长。享受国务院政府特殊津贴。

1957年，单县第二中学初中毕业。1960年，单县第一中学高中毕业。同年，考入南京邮电大学，主攻无线电技术。1965年大学毕业后，分配到广播电视部工作，在国家对外广播电台先后任技术员、工程师、高级工程师、电台台长等职。1990年，调任国家广播电影电视部机要技术处处长。1991年，被批准享受国务院政府特殊津贴。

主要负责为党和国家的会议和重要活动提供扩声录音工作。1992年，负责为党的第十四次全国代表大会和代表团分组讨论会扩声录音及中央人民广播电台的现场转播技术工作，出色地完成了任务，受到中共中央总书记江泽民的好评。1995年9月4日至15日，在北京召开联合国第四次世界妇女大会期间，被抽调到中国世妇会组委会财委通讯工程部任副部长，主抓大会及NGO会场的扩声、即席发言及6种语言同声传译技术工作，由于工作出色，单位和本人均受到中国世妇会组委会的表彰和嘉奖。1997年7月1日香港回归祖国时，圆满完成中央人民广播电台现场转播技术保障工作，受到国务院新闻办公室的嘉奖。在1999年新中国成立五十周年首都庆祝活动中，负责大阅兵、群众游行及庆祝晚会的扩声和中央人民广播电台现场转播技术工作，完成任务出色，受到大阅兵指挥部、游行指挥部和北京市委、市政府的表彰，被北京市国庆活动筹委会授予一等功。2006年退休。

丁书文　1941年12月生，单县莱河镇丁楼村人。山东省著名心血管病专家，主任医师、教授、博士生导师，享受国务院政府特殊津贴。系国家药品监督管理药品评审专家，中国中西医结合研究会活血化瘀委员会委员，山东省中医药学会活血化瘀专业委员会主任委员，山东省中药品种保护委员会委员，山东省慢性非传染病防治专家委员会委员。

1964年，菏泽医学专科学校毕业，分配到山东中医药大学任教。1978年，考入山东中医药大学内科硕士研究生，1981年毕业，获医学硕士学位。

长期从事心血管内科临床教学、科研工作，积累丰富的临床经验，具有较高的学术理论造诣。诊治疾病突出中医特色，发挥中医优势，坚持用中西医结合方法治疗心血管疾病，对动脉硬化、高血压、冠心病、心律失常、心肌炎、心肌病、心力衰竭等疾病有自己独到的见解和丰富的治疗经验，较早地主张将清热降火通络药物用于高血压、冠心病、心律失常、高脂血症的治疗康复保健，开拓了老药新用的治疗方法，取得较好疗效。之后，又将抗疟疾中药引入抗心律失常的治疗，开发研制了新药，并在国家中医药管理局立项对其机理进一步研究。从医40余年，衷中参西，辛苦耕耘、锲而不舍地学习新知识、不断总结经验，取得丰富成果。曾获国家中医药管理局科技进步奖一项，省科委及省教委科技进步奖3项，发表论文20余篇。主编《中医临床实践与进展》《现代新药与检查》等著作，参编《临证经验荟萃》《新编中医临征备要》《英汉实用中医药大全·内科分册》《中药新药临床研究指导原则》《中药临床药理学》等著作和全国高等中医药院校规划教材《中医内科学》等。研制的新药有“正心泰胶囊”“参龙宁心胶囊”“心速宁胶囊”“正心泰片”“益心解毒颗粒”等。指导培养研究生以身示教，要求做人与做学问并重，医德与医术并重，先后培养博士后1人、博士生15人、硕士生26人，其中，台湾学生1人、韩国留学生1人。

郭继德　1942年1月生，单县园艺街道武圣庙人。山东大学外国语学院教授、博士生导师。

1958年，单县二中初中毕业，保送单县一中读高中（文科班）。1960年，考入山东大学外文系读书。1965年，毕业留校从事教研工作。曾任山东大学外国语学院院长、学术委员会主任及校学术委员会委员、人文学部委员、《山东大学学报（文科版）》编委、《美国文学研究》主编、山东大学美国现代文学研究所所长、山东大学加拿大研究中心主任、山东大学“211工程”英语重点学科带头人、一级学科外国语言文学博士后流动站第一学术带头人。已招收培养硕士生130余人，博士生22人、博士后9人等。1996年起，享受国务院政府特殊津贴，国家留学基金委评审专家、教育部人文社科优秀成果奖和山东省优秀社科成果奖评审专家，是教育部和国家社科项目通讯评审专家等。兼任全国美国文学研究会副会长、全国美国戏剧研究会会长、中国加拿大研究会会长、中美比较文化研究会副会长、中国外国文学研究会英语文学分会副会长、中国外国文学教学研究会常务理事、中国英语教学研究会常务理事、山东省外国文学学会会长、山东省高教学会外语专业委员会会长、山东省大学外语教学研究会会长、《山东外语教学》顾问、《译林》杂志编委、上海外语教育出版社编委、《牛津英国文学百科全书》编委、《外国现代作家研究丛书》编委、《外教社西方文论丛书》编委等职。系国际加拿大研究会理事，美国现代语言学会、美国尤金·奥尼尔研究会、美国戏剧教育研究会、世界大学英语教授研究会等国外学术组织成员。还系东北师范大学“东师学者”教学名师、中央戏剧学院、中国海洋大学、江苏师范大学、济南大学、聊城大学、青岛大学、曲阜师范大学等高校兼职教授，曾多次到美国、加拿大、澳大利亚、印度等国著名高校访学、考查或做学术研究。

主要研究英、美、加文学和西方戏剧，已发表学术论文100余篇，出版学术专著、编著、译著、工具书等30余种。包括《当代美国文学词典》《加拿大文学简史》《美国戏剧史》《美国戏剧选读》《奥尼尔文集》《阿瑟·密勒论戏剧》《加拿大英语戏剧史》《20世纪美国文学：梦想与现实》《当代美国戏剧发展趋势》等。其科研成果曾获山东省社科优秀成果二、三等奖，山东省教委人文社科优秀成果一等奖，教育部首届（1995年）高校人文社科优秀成果二等奖等。

权朝鲁　1942年6月生，单县南城街道权楼人。教授、博士研究生导师，著名心理学家。

先后在单县火神庙小学、单县第二中学、菏泽第一中学就读。1962年9

月，考入北京师范大学教育系心理学专业学习。1968年10月毕业后，在解放军旅大警备区农场劳动锻炼。1970年5月，分配到齐齐哈尔钢厂工作。1980年6月，调山东师范大学，历任讲师、副教授、教授、博士生导师、心理学实验室主任。系中国心理学学会会员，山东省著名心理学家、心理咨询专家。

主要为本科生和研究生讲授“心理与教育统计”“实验心理学”等课程。编著和参编《心理与教育统计》《代际间的彩虹》《学校实用心理学》等书；在中国心理学界的核心期刊《心理学报》《心理发展与教育》等刊物上发表学术论文多篇，国际心理学界的最高刊物《国际心理学杂志》刊登了英文论文摘要。2001年5月，在团中央召开的高校团委书记和心理咨询员会议上作《关于大学生学习动机的激发》的报告，引起较大反响。曾获山东省专业报刊好作品一等奖、校优秀教学奖、国家文化部科研成果奖。1996年8月，应邀出席第26届国际心理学大会并在专题会上作英语演讲。1996年11月，应邀到英国利物浦大学曼彻斯特学院访问并作学术报告，英国两家报纸对其访问活动进行详细报道。先后在全国高校心理咨询员培训班、全国中学心理咨询员培训班授课，为培养中国的心理咨询和心理健康教育骨干做出积极贡献。1998年，建立山东省第一家心理咨询网站，并对全国各地学生及海外留学生进行心理咨询提供服务，中央电视台《东方时空》等多家媒体予以报道。

刘恩铭 1942年10月生，单县人。作家，享受国务院政府特殊津贴。1964年考入辽宁大学中文系。1966年初抽调到中共辽宁省委写作组。1968年借调到沈阳市毛主席著作出版办公室，后转入中共沈阳市委宣传部工作。1970年后借调到《辽宁日报》、新华社工作。1978年调入沈阳市文学艺术联合会作家协会，后任沈阳市作家协会副主席。系沈阳市第十、十一、十二届人民代表大会代表。

幼年即创作诗歌，编成《探路集》《门外集》。在大学学习期间，先后创作发表歌剧《柜台内外》、传记文学《少年王杰》。在沈阳市委宣传部工作期间，先后在《人民日报》《光明日报》等报刊发表数篇报告文学、文学评论。1970年发表第一篇短篇小说《接班》，引起强烈反响。在文联期间，历时3年创作出长篇历史小说《努尔哈赤》，1982年在《沈阳日报》连载，后在沈阳人民广播电台连播，并由春风文艺出版社、明天出版社、台湾国际文库出版公司先后出版发行，引起文艺界、史学界关注。后由中国电视剧制作中心改编成17集电视连续剧《努尔哈赤》，发行到日本、新加坡、美国、意大利等11个国家和地区，参加法国嘎纳电影节影视展播。小说及影视《努尔哈赤》先后获沈阳市政府振兴奖、全国联播小说“钧瓷杯”奖、辽宁省委及政府优秀文艺成果奖、全国第七届电视剧“飞天”一等奖及编剧奖、国家少数民族“骏马”奖，被列入《中外影视名作辞典》《中国电视艺术发展史》。随后又创作发表长篇历史小说《皇太极》《张学良将军》《青天刘墉》《兵临沈阳》《利玛窦》等作品，其中一些作品被改编成电视连续剧。挂职铁道部沈阳桥梁厂副厂长期间，创作出版了长篇报告文学和报告文学集《一代风流》《虹桥铁梁》《创业足迹》《神鹰远翔》。20多年来共发表长篇小说7部，电视剧30部集，散文、诗歌、评论近500万字。辽宁省社会科学院文学所在《东北文学通览（史）》中设专章肯定其在东北文学中的影响和地位。1994年被评为有突出贡献的知识分子。

彭训厚 1943年6月生，单县终兴镇孔店村人。中国人民解放军军事科学院原军事历史研究部研究员，中国第二次世界大战史研究会原秘书长，著名军史专家，北大客座教授，中央电视台《军事天地》顾问。中国人民解放军少将。

1962年7月，考取北京大学。毕业后，分配到总参谋部工作。1981年3月，调解放军军事科学院外国军事研究部工作。1986年7月起，先后在军事历史研究部、战争理论与战略研究部任研究员、研究生导师、学科带头人。

主持参加中央军委、总参和军事科学院赋予的一系列重大课题研究，主笔撰写若干重要专题研究报告。1987年，在院学术年会上发表《2000年前苏联不会对我构成军事威胁》，并写成专题报告，中央军委主席邓小平亲自圈阅。编著出版《第二次世界大战史》等近20部论著，《第二次世界大战史》被评为军事科学院科研成果论著类一等奖。翻译《第二次世界大战内幕》等5部外国专业论著。《现代条件下以劣势装备战胜优势装备之敌的光辉典范——纪念中国人民志愿军入朝作战50周年》等多篇论文，分别发表于国内外有影响的刊物上。曾指导拍摄7集系列片《历史的沉思》，被评为北京电视台纪念反法西斯战争胜利50周年影视作品一等奖、中国电视奖1995年度社会政治类二等奖。系列稿件《历史不能忘记》获1995年中央人民广播电台军事好新闻专题一等奖。

曾多次参加国内外学术交流活动，1989年8月，赴柏林参加国际第二次世界大战史学术研讨会。1994年，赴云南参加中缅印战场国际学术研讨会。1995年，作为中国军事历史学家代表团主要成员赴莫斯科、圣彼得堡参加第二次世界大战学术交流活动。1997年9月，受国家教委派遣赴俄罗斯联邦国立莫斯科大学历史系进行为期一年的高级学者访问。曾应邀出席俄罗斯联邦科学院远东问题研究所召集的学术研讨会，并作学术报告。

曾多次应邀客座北京电视台、中央电视台军事节目和人民日报网络版“强国论坛”。

王尚宇 1943年10月生，单县人。本科学历，中共党员。

1963年，单县一中高中毕业，考入北京政法学院（现中国政法大学）法律系。1968年，到解放军8181部队农场劳动锻炼。1970年，到虞城县张大楼村劳动锻炼。1971年至1981年，先后任虞城县军管组、县公安局办事员、办公室副主任、副局长。1981年，任虞城县委常委、副县长。1983年，任商丘地区地委委员、政法委书记。1990年，任商丘地委委员、纪委书记。1994年，任河南省人民检察院党组副书记、副检察长。2003年至2009年，任河南省人民检察院党组书记、检察长，河南省检察官协会会长、国家二级大检察官。系第十届全国人大代表；第十、第十一届河南省人大代表；中共河南省纪律检查委员会第五届、六届、七届委员；最高人民检察院咨询委员。

陈启民 1944年2月生，单县朱集镇西陈庄人。中共党员，教授、博士生导师。系中国遗传学会微生物遗传专业委员会委员，国家自然科学基金委员会评审专家，天津市科学技术委员会、云南省科学技术委员会自然科学基金评审专家。

曾就读于单县第四中学、单县第一中学。1964年，考入南开大学生物系植物学专业学习。1969年毕业后，留校任教。任教期间，先后入南京大学生物系进修生物化学、入意大利罗马大学进修分子生物学。1984年，在全国率先创办分子生物学专业。同时，为本科生、硕士生、博士生主讲微生物遗传学、基因操作原理、细菌的分子遗传学等课程，培养了一批生物学科技人才。1993年，到美国迈阿密医学院合作研究免疫缺陷病毒(艾滋病毒)的分子生物学，研制的“抗AIDS药物筛选新模型”获天津市科技发明二等奖，并申请了发明专利。1997年，以牛免疫缺陷病毒（BIV）为HIV研究模型，深入系统地研究慢病毒及其有关病毒的相互关系，其成果“牛免疫缺陷病毒检疫系统的建立、流行病学调查和病毒分离”获国家教育委员会科技进步甲类二等奖。1998年，他承担了国家自然科学基金委、国家科委、第三世界科学院、美国NIH等多项科研项目。10月，随国家教育部代表团赴日本参加中日据点大学学术交流和考察，因其贡献突出，获美国“PHI BETA DELTA”奖。同年，被南开大学评为优秀教师。任教40余年，他撰写《中泡沫病毒（BSV）3026毒株的分离》《a-淀粉酶成熟蛋白N-端氨基酸序列变化对蛋白分泌的影响》等专业论文100余篇，分别在国内外核心刊物上发表。成功进行了芽胞杆菌淀粉酶基因克隆、表达、调控及蛋白氮分泌机制的研究。科研成果“石油发酵柠檬酸”获全国科学大会奖。曾参与翻译《分子微生物学》《潜力巨大的基因工程》《图解基因工程》，参与编写《Neclear structure and function》一书。主编天津市高等教育“九五”重点教材《分子生物学》。

李彦梦 1945年生，单县园艺街道后黄楼村人。大专学历，中共党员，高级工程师。

1981年9月，武汉水电学院发电及电力系统专业毕业。历任山东电力建设第一工程处团委副书记、宣传科科长、党委副书记、第二工程公司副经理、经理、党委书记，山东黄台发电厂厂长、党委书记，山东电力工业局局长等职务。1994年起，历任电力工业部建设协调司副司长、国家计委重点建设司副司长、投资司副司长、基础产业发展司司长、国家电力体制改革工作小组办公室主任等职务。2002年12月至2004年12月，担任国家电网公司副总经理、党组成员。2008年9月，任中国中煤能源集团有限公司外部董事、中国中煤能源股份有限公司独立非执行董事。

黄献中 1945年12月生，单县黄岗镇土山人。中共党员，中国人民解放军上将。

1964年，考入中国人民解放军军事工程学院（哈军工）导弹工程系六四级（哈军工64561班学员）学习。1995年至1996年7月，任中国人民解放军陆军第十六集团军步兵第四十七师政治委员、师党委书记。1996年7月至1998年6月，任中国人民解放军陆军第64集团军副政治委员。1998年6月至2000年8月14日，任中国人民解放军辽宁省军区副政治委员。2000年8月14日至2003年1月，任中国人民解放军国防科学技术大学政治部主任、党委常委。2003年1月至2005年12月12日，任中国人民解放军国防科学技术大学政治委员、党委书记。其间，2004年7月晋升为中将军衔。2005年12月12日，任中国人民解放军沈阳军区政治委员、军区党委书记。2008年7月，晋升为上将军衔。中共十六大当选为中央纪律检查委员会委员，中共第十七届中央委员。十一届全国人大代表。

黄义昌 1946年2月生，单县莱河镇黄庄人。大学学历，中共党员，中国人民解放军少将。

1964年12月，从单县参军入伍，至1976年6月，在江西上饶通信兵第7通信团基层工作，历任战士、文书、电台台长、营部书记、连队副政治指导员、政治指导员等职。其间，所带领的连队出色完成各项战备、训练任务，连续多年被评为先进连队。1976年6月，被选调到北京通信兵部政治部干部部任干事。1979年9月，被推荐选调到总参谋部办公厅秘书局，先后担任总参党委秘书、秘书局副局长、局长（正师职）等职。其间，多次受到嘉奖、多次被评为总参优秀共产党员、立三等功一次。1999年6月，被任命为中国人民解放军炮兵学院副政治委员（副军职）。2001年5月，调往北京任国家国防动员委员会综合办公室专职副主任，同时兼任国家国防教育办公室副主任。任职期间，多次参与全国人大、国务院、中央军委法治部门国防动员立法调研；两次率领中国国防动员代表团出访欧洲、北美等多个国家，学习借鉴不同社会制度国家国防动员的经验和做法。在《解放军报》《中国国防报》《国防杂志》上发表多篇国防动员理论文章；组织编纂了《中国古代战争动员》《守望和平》以及普及国防动员、国防教育知识丛书等书籍。2004年年底退休后，被聘请为中国国防科普协会、中国人生科学学会、中国国防资讯网站等多家媒体及社团组织的顾问，经常参与一些社会公益活动。

李锦坤 1946年8月生，单县人。大学学历，中共党员，教授、博士生导师。天津社会科学院院长、党组书记，天津市十三届人大常委会委员。享受国务院政府特殊津贴。

1969年，天津大学毕业留校工作，从事马克思主义理论和中国近现代史教学与研究工作。历任天津大学党委副书记，天津日报社社长，中共天津市委宣传部部长、市委副秘书长，天津社会科学院院长、党组书记等职。中共第十五次全国代表大会代表。兼任天津市中国特色社会主义理论研究会会长等职。主要著作有：《中国革命史》《大学生思想修养》《大学生思想政治工作系统工程》《社会主义与当代中国》《九十年代邓小平理论研究》《经验与启示》《毛泽东战略思想研究》《战略思维》《中日关系中的周恩来与池田大作》等。著作和论文曾获全国高等教育科研优秀专著成果奖、全国高等教育科研优秀论文奖、天津市社会科学优秀成果奖、天津市优秀调研成果奖等多项奖励。曾获全国普通高校优秀思想政治工作者称号和天津市高校优秀思想政治工作者称号，以及新华社颁发的“半月谈思想政治工作创新奖”。

徐贵法 1948年生，单县蔡堂镇人。大学学历，系山东大学教授、博士生导师，营养与食品卫生所所长，卫生分析测试中心主任。兼任山东营养学会理事长、中国营养学会常务理事、省科技保健协会副会长、省食品药品监督管理局食品安全首席专家等职。还兼任《营养学报》《食品药品》等报刊特邀编委。

1967年，单县一中高中毕业。1974年，山东医学院毕业留校任教，先后任讲师、副教授。1990年，在美国佐治州医学院作访问教授；1993年，在山东医科大学任教，晋升为教授。2002年，在美国辛辛那提大学作访问教授。2003年起，先后在山东大学任教授、博士生导师。在山东医科大学和山东大学工作期间，先后任营养与食品卫生研究所所长、公共卫生学院副院长等职。

培养博士研究生（包括外国留学生）50多人。主持和承担国家级重大科研项目10项。在医学和营养学领域做出重要贡献，曾获中国营养学会科技进步奖、山东省科技进步奖，被授予“山东省先进科技工作者”称号。出版著作6部，在国内外杂志上发表论文100余篇，参加国际学术交流10余次。

刘成卜 1948年9月生，单县黄岗镇蒋堤口人。山东大学化学院教授，博士研究生导师，国家级拔尖人才。

1966年，入菏泽第一中学高中部学习，1968年毕业。1974年，入山东师范学院学习，1976年毕业后分配至山东大学。1986年，考取山东大学化学系物理化学专业研究生，先后获硕士、博士学位。后入吉林大学理论化学研究所做博士后，致力于量子化学方面的理论研究。后回山东大学，任山东大学化学院副教授、硕士研究生导师。1992年3月至5月在美国Kentucky大学从事电荷转移反应理论研究。1993年，晋升为教授，1995年，任博士研究生导师。1996年8月至12月，在日本京都基础化学研究所与福井谦一教授（诺贝尔化学奖获得者）等合作，从事生物分子理论研究。2000年8月至12月，在日本筑波大学与菊池修教授合作，从事溶液理论研究。曾承担国家级系列科研项目，其科研成果“具有准自旋—辛群对称性的N电子波函数的建造和分类”“二阶约化密度矩阵性质研究及约化密度矩阵端点研究”作为系列科研工作的主要部分分别于1986年和1990年获得国家教委科技进步二等奖。“量子化基础理论研究”“量子化学和分子反应动力学的理论及应用”分别于1986年、1991年获国家教委科技进步二等奖。“广义双自由基氮烯、硼烯结构和反应性能的量子化学研究”于1996年获中国人民解放军科技进步二等奖。先后主持和参与4项国家自然科学基金重大、重点及一般性科研项目。1991年，被国家教委和国务院学位委员会授予“做出突出贡献的中国博士学位获得者”称号。

李育才 1948年12月生，单县徐寨镇徐楼村人。研究生学历，中共党员。

1966年3月，加入中国共产党，中共中央党校研究生学历。1967年，单县一中高中毕业后，曾任单县徐寨公社徐楼生产大队大队长。1973年8月，菏泽地区农业专科学校毕业后参加工作，先后任单县计划委员会办事员，单县人事局副局长，单县李半庄公社党委副书记、管理委员会主任、党委书记，中共单县县委常委。1984年1月，任中共成武县委副书记、县长、县政府党组书记。1985年12月，任中共成武县委书记。1988年1月，任山东省林业厅副厅长、党组成员，1990年4月，任山东省林业厅厅长、党组书记。1993年6月，调任林业部综合计划司司长。1993年12月，任林业部党组成员、综合计划司司长。1995年4月，任林业部副部长、党组成员。1998年3月，任国家林业局党组副书记、副局长（副部长级）。

在成武县任职期间，在全县大规模、高标准、高质量地植树造林。经过3年艰苦奋斗，全县基本实现大地园林化、农田林网化，一跃成为林业先进县，被林业部命名为“全国平原绿化先进县”。在林业部（局）任职期间，深化林业计划改革，按照总量控制、分类指导、分级管理、宏观管住、微观放开的原则，进一步下放林业计划管理权限和林业建设项目审批权限，简化审批程序，改进项目管理工作，充分发挥计划的宏观调控作用，不断增强宏观调控能力，加强林业投资管理，调整优化投资结构。围绕林业建设的总体目标，先后组织编制《中国21世纪议程林业行动计划》《“九五”计划和到2010年林业发展规划的基本思路》《全国生态建设规划（林业部分）》《全国山区林业综合开发要点》，以及黄河、淮河、太湖、珠江流域等大型防护林工程建设规划。坚持以造林绿化为中心，强化林木种苗管理、森林病虫害管理，加强场圃建设、绿色通道建设，以及为促使《中华人民共和国种子法》颁布做了大量工作。同时，在建立森林生态效益补偿制度，林业对外开放、涉外工作等方面也做了工作。关心家乡各项建设，提出《关于菏泽林业生产的建议》，对推进菏泽市的林业生产有着重要指导意义；促成中国林产品交易会在菏泽举办，带动菏泽经济快速发展。

蔡忠军　1949年11月生，单县终兴镇五里庄人。中共党员，中国人民解放军少将。

1968年2月入伍，第三军医大学医疗系毕业，曾担任第三军医大学附属三院及三〇九医院院长兼器官移植中心主任，主任医师、教授，2002年，被授予少将军衔，首批享受国务院政府特殊津贴者。系卫生部专家，中国医师协会副会长。

从医40多年，他结合医疗实践开展学术研究，获国家发明三等奖1项，四川省科技发明一等奖1项，军队科技进步二等奖6项、三等奖4项，北京市科研成果奖5项。发表医学论文近百篇，编撰专著8部，在16家学术团体和医药杂志社兼任重要职务，一些研究课题和学术理论在卫生界起到引导和示范作用。

20世纪80年代初，他提出军队医院“以军为主，服务军民，增强军队医院发展后劲”的新思路，其论文《高校后勤保障经验介绍》《高校科技开发之我见》等在重庆大学和西南五省高校学术会议上发表。90年代，他顺应形势，提出一系列新的思维和观点，其中，《我国医疗费用快速增长的原因分析及对策》《科主任与科室管理》《心理管理艺术》《现代医院管理》《医院院长必须处理好的几个关系》等论文。他将这些新观念运用于医院管理，对309医院在政策允许的情况下进行改革，使医院5年迈了五大步，医院各项指标提前达到全国先进水平。中国加入WTO后，面对国际医疗市场严峻挑战，撰写《加入WTO后对我国医疗市场的影响及对策》《我国医院集团的运作现状和发展战略规划》等，对政府医疗职能部门和医院管理者决策提供有益的帮助。他先后被授予“北京优秀医院院长”“全国优秀医院院长”称号。

2003年3月至8月，所在医院收治“非典”病人202人，全院官兵和院内住户4000余人无一感染，创造了收治“非典”病人的大型医院“零”感染的奇迹。他组织专家总结经验，先后出版《透视SARS击溃“非典”》《“非典”防治院内感染控制》《传染性非典型肺炎防治手册》等3本书，发行全国。先后在全国卫生厅局长会议上和全军防治“非典”工作会议上介绍经验，受到国务院副总理吴仪和中央军委副主席曹刚川的表扬。三〇九医院派出专家和医务人员到小汤山医院、天津武警医学院附属医院等4省市28家医院技术指导，对控制“非典”发挥了重要作用。三〇九医院党委和医院被评为全国、全军先进医院党委和先进医院，医院有300多名医护人员受到表彰。2003年12月，他被评为首届中国经济“十大新闻”人物。2004年5月，他获得华夏医魂“十大卓越”贡献奖。他主编的《决战》一书，被评为国家图书特别奖。

李德义 1952年5月生，单县蔡堂镇辛羊庙人。中共党员，正高级研究员，军事思想学科博士生导师，中国军事科学院战略研究部副部长（副军职），2003年6月，晋升为中国人民解放军少将。

1969年12月，从单县应征入伍，1971年1月，加入中国共产党，1975年，毕业于四川大学哲学系，1996年，毕业于石家庄陆军参谋学院军事理论专业。参军后历任战士，连队文书，师政治部秘书、干事，成都军区政治部宣传部干事、理论教员，司令部办公室秘书、副处长，政治部干部部处长，军事科学院计划组织部正团职、副师职研究员，院办公室副主任，军事图书资料馆馆长（正师职），院办公室主任，战略研究部副部长（副军职）。系中国军事科学学会常务理事、战略分会副会长兼秘书长、军事历史分会会长，中国孙子兵法研究会副会长兼秘书长，中国马克思恩格斯研究会常务理事，中国中共文献研究会毛泽东生平研究分会副会长。

在成都军区工作期间，多次被评为“五好战士”、学雷锋积极分子、优秀共产党员。在军事科学院工作期间，先后承担多项中央、军委、总部和军事科学院赋予的重大课题研究，获全军政治工作理论研究成果一等奖1项，军事科学科研成果二等奖2项、三等奖多项。参加完成上报军委的研究报告10余项，其中，担任课题组长率课题组于2005年12月完成的《新形势下党领导军队能力问题调研报告》以专送件直送胡锦涛总书记办公室，受到中央军委首长批示表扬。在《解放军报》《光明日报》《中国军事科学》《军事学术》《军事历史》等刊物发表军事论文数十篇。出版的主要著作有《当代军事理论与实践的思考》《马克思主义军事理论的当代价值》《中国古代联盟战略》《中国历代军事思想》《中国近代战争史》等。参加了《毛泽东大战略》《邓小平大战略》《马克思主义战争观和当代战争》《战争战略论》等著作的撰稿。参加《建国以来毛泽东军事文稿》的编辑工作，担任课题组长。

赵伯英 1952年8月生，单县徐寨镇人。中共党员，法学博士、教授，中共中央党校文史研究部主任、国际政治学博士生导师。中共中央组织部专家，国家有突出贡献的专家，享受国务院政府特殊津贴。

1967年，单县一中初中毕业。1976年，入泰安师专学习英语，后入吉林大学，再入中央党校读国际政治学。参加工作后，致力于语言学、国际政治学、文化学的教学与研究。曾应邀赴美国、英国、法国、俄罗斯等国出席学术会议，并率团访问美国、西班牙、意大利、日本等国进行学术交流。

主要论文有《欧洲统一的历史渊源》《欧洲一体化与超国家治理》《中国“入世”和国家主权》《中美关系正常化的进程及卡特政府内的矛盾》《欧洲债务危机与欧元的命运》等多篇。主要著作有《外语教学与研究新探》《当代国际政治中国对外关系》等多部，主要译著有《美国梦》《毛泽东的中国及其发展》等。

韦森 原名李维森，1953年10月生，单县人。经济学博士，教授、博士生导师，复旦大学经济学院副院长。

1982年，获山东大学经济学学士学位后，在山东社会科学院《东岳论丛》

编辑部做编辑工作，并被评为助理研究员。1987年，受联合国资助，到澳大利亚国立大学国家发展研究中心留学。1989年，获澳大利亚国立大学硕士学位。1995年，在澳大利亚悉尼大学获经济学博士学位。2000—2001年，英国剑桥大学经济与政治学院访问教授。参加工作后，曾在《中国社会科学》《经济研究》《开放时代》《中国社会科学季刊》、香港《二十一世纪》、纽约《知识份子》等国内外著名学术刊物上发表论文100余篇。并经常在《21世纪经济报道》和《经济学消息报》等国内有影响的报刊上撰写专栏文章和学术随笔。主要研究领域为制度经济学和比较制度分析，对哲学、伦理学、法学、政治学、人类学、语言学、社会学以及宗教神学等学科也有着广泛的研究兴趣，在国内外著名学术刊物上发表论文数十篇。曾获教育部、国家体改委、上海社会科学联合会、山东社会科学联合会社会科学优秀著作、论文一等奖两项，二等奖一项，三等奖一项，优秀论文奖一项。学术专著有《社会制序的经济分析导论》《经济学与伦理学：探寻市场经济的伦理维度与道德基础》。

孟昭斌　1953年12月生，单县谢集镇马孟庄人。大学学历，中共党员，中国人民解放军少将。

1970年12月入伍，先后在南京军区某部历任战士，车长，排长，参谋，连长，团司令部作训股股长，旅副参谋长，集团军司令部装甲兵处副处长、处长，水陆坦克旅旅长，陆军第三十一集团军装备部部长，陆军第三十一集团军副军长。2004年，晋升少将军衔。2009年1月，任福建省军区副司令员。2009年5月，任安徽省军区司令员。2010年4月，调任南京军区装备部部长。

李茂林　曾用名李茂龄，1954年10月生，单县杨楼镇尤庄村人。中共党员，中国人民解放军少将。

1972年12月入伍，1974年3月，加入中国共产党。先后在湖北、河南、四川、重庆、陕西等地，长期从事部队党的组织干部工作。历任团组织股干事、干部股干事；师党委秘书，组织科副科长、科长。1991年11月调入第二炮兵政治部工作，历任组织部干事、干部部副部长、纪律检查部部长等职。先后被军委工程兵、第二炮兵和总政治部评为先进工作者、优秀共产党员、优秀党务工作者和党风廉政建设先进个人。曾参加执行联合96-1对台军事演习、98抗洪抢险等重大军事任务，因工作成绩突出，先后4次受到中央军委总政治部、第二炮兵司令部通令嘉奖，3次记三等功。2005年7月，任第二炮兵指挥学院副政治委员。2006年7月，被授予少将军衔。2010年5月，任第二炮兵装备部副政委。

刘光磊　1954年11月生，单县人。研究生学历，经济师，副总警监，中共党员。

1970年11月参加工作，1973年11月，加入中国共产党。1970年11月至1976年4月，先后任解放军35212部队战士、班长、营部代理书记。1976年4月至1984年9月，先后任贵州省毕节地区汽车运输公司工人、组织科干事、政治处办公室副主任。1984年9月至1986年8月，在贵州省毕节地委党校党政干部大专培训班学习。1986年8月至1988年10月，先后任贵州省毕节地委办公室干事、副主任科员、秘书科副科长，地委深化农村改革试点工作队队长。1988 年 10 月至 1990 年 3 月，任贵州省毕节地区林果药茶开发公司党支部书记、副经理（副县级）。1990 年 3 月至 1994 年 11 月，任贵州省威宁县委副书记、书记。1994 年 11 月至 1995 年 11 月，任贵州省毕节地区农经委主任、党组书记、扶贫办主任。1995 年 11 月至 1997 年 1 月，任贵州省黔西南州委常委、组织部部长（1995 年 8 月至 1997 年 12 月参加中央党校函授学院本科班党政管理专业学习）。1997 年 1 月至 1998 年 7 月，任贵州省黔西南州委副书记、组织部部长。1998 年 7 月至 1998 年 10 月任贵州省黔东南州委副书记（正地级）。1998 年 10 月至 2004 年 12 月，任贵州省黔东南州委书记（2003 年 3 月至 2004 年 1 月参加中央党校一年制中青班学习）。2004 年 12 月至2005年6月，任贵州省委常委，黔东南州委书记。2005 年 6 月至 2006 年 11 月，任贵州省委常委、省公安厅党委书记、厅长。2005 年 12 月，晋升为副总警监。（2003 年 9 至 2006 年 7 月参加中央党校函授学院省部级干部研究生班政治学专业学习）。2006 年 11 月至 2009 年 3 月，任重庆市委常委、政法委书记，市公安局党委书记、局长。2009 年 3 月，任重庆市委常委、政法委书记。系党的十六大代表，十一届全国人大代表。

牛跃光 1957 年 10 月生，单县北城街道人。中共党员，中国人民解放军武警少将。

1974 年 12 月入伍，1977 年 7 月，加入中国共产党。历任副中队长、中队长、副大队长、战训警务科科长，菏泽地区消防支队副支队长、支队长，山东省消防总队副总队长兼济南市公安局副局长，公安部消防局战训处处长。2005 年 6 月，任武警江苏省消防总队总队长，江苏省公安厅消防局局长。2008 年 5 月，任江苏省公安消防部队赴四川抗震救灾突击队总指挥，江苏省第十届人大代表。2010 年 1 月，任广东省公安消防总队党委书记、政治委员（副军职）。

曹明通 1958 年 10 月生，单县谢集镇三里庄行政村曹庄人。中共党员，山东科技大学教授、博士研究生导师。山东科技大学统战部部长兼学校机关党委书记，山东省政协委员，中国发明家联谊会会员，中国高校金属切削学会会员。

1975 年 7 月，单县一中高中毕业后回乡务农，先后担任三里庄大队团支部书记、党支部书记。1978 年 10 月，考入山东工业大学机电学院机械制造工艺及设备专业学习，任团支部书记、联班党小组组长。1982 年 7 月毕业并获工学学士学位，分配到山东矿业学院工作，先后任济南校区科技开发公司副经理、校产处副处长、教务科研党总支副书记。1998 年挂职任中共山东省委高校工委副处长。1999 年在职攻读山东科技大学机械制造及自动化专业硕士研究生课程。2000 年起，先后任山东科技大学（济南）公共课部主任、党总支书记，机械设计与制造专业教授、硕士研究生导师、博士研究生导师。

在山东科技大学任职期间，长期从事机械制造专业的金属切削加工方面的教学、科研工作。主要研究方向为机械设计及理论。先后讲授 10 多门专业基础课和专业课，并指导学生毕业实习和毕业设计；参与并完成省部级科研项目 3 项，其中，项目《金刚石修磨轮的研制及剃齿刀修形刃磨新工艺的研究》获山东省科技进步三等奖；《用于恶劣环境电机制修新工艺》项目通过国家技术成果鉴定，达到国际先进水平；《齿轮剃齿刀齿形修磨的方法》获国家发明专利。

参与并完成横向科研项目《大型水箱脉冲试验台的研制》等4项、主持在研横向科研项目《纳米金刚石涂层齿轮滚刀的研制》等2项。先后在《机械工程学报》《机械制造》《机械设计与制造》《现代制造工程》《制造业信息化》《机械工程师》等国家核心期刊及其他全国性杂志上发表科技论文26篇。其中，论文《齿轮剃齿刀随机修形法》获核心期刊《现代制造工程》“开拓者”优秀论文奖，论文《新型机夹可转位高效密齿精铣刀》被《中国实用科技成果大辞典》收录。

陈清华 1958年11月生，单县北城街道大陈庄人。美国康奈尔大学访问学者、中国石油大学教授，博士生导师。

1975年，单县一中高中毕业，1977年，考入中国石油大学，1982年，毕业后留校任教，1985年7月，加入中国共产党，其学士、硕士、博士学位均在中国石油大学获得，博士后完成于西北大学。先后任中国石油大学地质勘探系副主任、图书馆馆长。

1982年始，长期从事教学、科研与研究生培养工作。先后为本科生、硕士生、博士生讲授“地球科学概论”“构造地质学”“油区构造分析”“含油气盆地分析”“高等构造地质学”等课程。这些教学讲义均编作教材，并获得国家级、省部级精品教材等多项奖励；先后承担国家级、省部级等科技攻关项目40余项；1995年、1996年、1997年，连续三年率队赴青藏高原进行石油地质勘探，该项工作并获石油工业部“优秀工程”奖，此项工作《中国石油报》《中国石化报》都予以报导；至2010年，在《科学通报》等刊物发表论文60余篇，其中，论文《西藏措勤盆地上二叠统的发现及其意义》在《中国科学报》上转载；指导学生参加第五届“挑战杯”全国大学生课外活动科技作品竞赛获一等奖，《中国青年报》《中国教育报》分别给予报导，获中国科协、共青团中央、中国科学院颁发的“优秀指导教师奖”。所创立的“成因砂体描述”的学术观点，引领世界石油工业油气开发地质研究进入一个新时期，达到世界先进水平。

郭召杰 1963年1月生，单县徐寨镇人。九三学社北京市委人口资源环境委员会委员，教育部含油气盆地构造研究中心副主任，北京大学石油与天然气研究中心副主任，《石油学报》编委。北京大学地球与空间科学学院教授，博士生导师。

1980年单县一中高中毕业，考取南京大学地质学系。1984年、1987年、1990年先后获南京大学学士、硕士学位和博士学位，1990—1993年北京大学地质学系博士后。1993年留校工作，主讲自然资源与社会发展、大地构造学、石油地质学等课程。主要研究方向为造山带与盆地构造、石油地质。主持国家“973”项目和国家重点科技攻关项目课题4项，自然科学基金项目4 项，省部级项目4项。与他人合作研究的国家重点科技攻关项目课题——塔里木盆地构造特征，1996年、1998年先后获中国石油天然气总公司科学技术进步二等奖、国家科技进步三等奖。先后发表论文百篇，其中SCI检索论文40余篇。

毛峰 1963年2月生，单县龙王庙镇人。清华大学教授，博士生导师，清华大学空间信息技术国家文物局重点科研基地主任、企合委石油石化中心主任、3S中心副主任。

1981年单县一中高中毕业，考取同济大学，1985—1989年，先后获学士和硕士学位。1996年获武汉大学博士学位，1986—1998年在中国科学院读博士后。主要从事GIS、RS、GPS、城乡规划、建筑测绘、海洋、文化遗产保护及全球变化研究等方面的教学科研工作。主持完成了国家“十五”攻关课题《数字塔里木油田示范》、国家“863”课题“面向网络海量空间信息的大型GIS”、国家“863”重大课题“数字海底技术渤海示范区建设”“十一五”国家科技支撑计划课题“空间信息技术在文化遗产保护中的应用”、国家自然科学基金项目“基于RS/GIS的城乡空间规划辅助支持系统”“国务院南水北调中线干线建筑环境规划”项目、“大庆石油管理局GIS平台研究”和“大庆城市总体设计”等30多个应用研究项目。正在主持实施“十二五”国家科技支撑计划“GIS技术及VR技术在中华文明探源工程中的应用研究”项目。主编出版《空间信息技术与文化遗产保护》丛书（6本），主编或参编出版9本专著，发表学术论文100余篇。

白逢彦　1963年11月生，单县郭村镇人。生物学博士，中科院微生物研究所研究员、博士生导师，国家杰出青年科学基金获得者。系中科院研究生院教授，中国菌物学会常务理事、副秘书长，中国微生物学会真菌专业委员会副主任委员，《菌物学报》《中国真菌学杂志》副主编。

1980年，单县一中高中毕业，考取中山大学生物系，先后于1987年、1996年获中科院研究生院硕士学位和博士学位。主要从事酵母菌生物多样性、分子进化和群体遗传学研究。先后三次赴日本（客座教授身份）进行酵母菌分子系统学、生态学和人体病源酵母菌群体遗传学方面的研究。已主持完成国家科技攻关项目和国家自然科学基金项目多项；参加完成国家“863”计划项目和中国科学院知识创新工程重要方向项目等。在国内外核心期刊上发表论文60余篇，参与国际酵母菌分类学研究领域专著和工具书《The Yeasts，a Taxonomic Study》的编著。

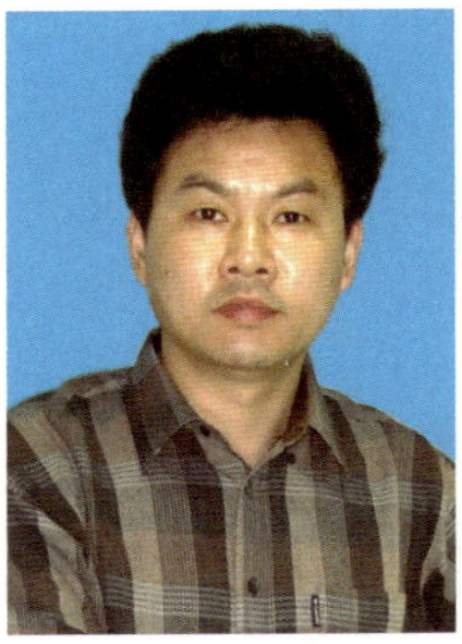

朱瑞良　1963年11月生，单县蔡堂镇朱赵楼村人，中共党员，山东农业大学教授、博士生导师，山东省现代农业产业技术体系岗位专家，兼任世界禽病学会会员、国家自然科学基金二审专家，中国畜牧兽医学会禽病学分会理事，中国微生物学会理事，国家兽用药品工程技术研究中心学术委员会委员，山东省微生物学会副理事长，山东省实验动物学会副理事长，山东动物生物制品和动物药品专业委员会理事长，山东省中青年学术骨干及学科带头人，山东省青年科技奖获得者。

1985年山东农业大学毕业后留校任教，主要从事动物传染病的诊断、预防教学和研究及科技推广工作。1992年7月晋升为讲师，1994年10月破格晋升为副教授，1995年任硕士生导师；1999年破格晋升为教授，2003年任博士生导师。已培养博士后、博士、硕士共计159人。承担国家、省、厅局级课题57项，主持国家自然基金项目5项、国家十三五重大科技项目课题等。获国家科技进步二等奖1项，教育部科技进步三等奖1项，省科技进步一等奖1项、二等奖3项、三等奖2项等，发表SCI论文32篇，国内论文259篇，获国家发明专利8项，制定地方标准5项，主编或参编著作32部，其中12部为全国统编教材。

孙保亮　1963年10月生，单县北城街道人。1980年单县一中高中毕业，1985年昌潍医学院本科毕业，分配到单县卫校工作。1994年调至泰山医学院；先后于青岛大学医学院、华中科技大学同济医学院毕业获得医学硕士及医学博士学位；2009—2010年，在美国加州大学旧金山分校（UCSF）旧金山总医院做客座教授。泰山医学院附属医院神经内科教授、主任医师，神经病学研究生点负责人，山东省高校脑微循环重点强化实验室主任，泰山医学院脑科研究所所长，泰山医学院国际合作处处长、国际教育学院院长。系享受国务院特殊津贴专家、山东省有突出贡献的中青年专家、山东省卫生系统高层次人才；任中国中西医结合学会神经科专业委员会常委、中国微循环学会常务理事、山东省中西医结合神经内科专业委员会副主任委员、山东省神经内科医师协会副主任委员等。2008年被聘担任国家自然科学基金委员会二审专家。

从事脑血管病临床和研究工作，曾主持4项国家自然科学基金及10余项省市科技计划。作为第一作者和/或通讯作者在国内外重要刊物发表论文100余篇，其中19篇发表在国际SCI源期刊。获山东省自然科学二等奖1项、山东省科技进步三等奖3项，山东省自然科学三等奖1项，山东省高校优秀科研成果一等奖3项，获市级奖励多项。2000—2008年四次获得国际性学术奖励。多次应邀在国际会议做主持人并作学术报告。

马德华　1964年1月生，单县徐寨镇坝头寺人。天津黄瓜研究所党委书记兼所长、研究员，享受国务院政府特殊津贴。系农业部科技委员会委员，中国园艺学会常务理事、《中国蔬菜》编委。

1980年，从单县第一中学考入山东农业大学园艺系。1984年，考入西北农业大学攻读硕士学位。1987年，考入中国农业大学遗传育种专业，获博士学位。先后在《中国农业科学》《园艺学报》《华北农学报》等学术期刊及国际会议上发表学术论文30余篇。先后主持多项国家及天津市重点科研项目，其中，包括国家“八五”科技攻关“黄瓜新品种选育技术研究”专题、国家“九五”科技攻关“黄瓜育种材料方法研究”专题，天津市重点攻关课题“越夏黄瓜新品种选育”“黄瓜新品种选育”“长周期温室黄瓜新品种选育”等。先后获国家科委、国家计委及财政部联合颁发的国家“八五”重大科技成果奖1项、国家科委国家科技成果奖1项、国家科技进步二等奖2项，天津市科技进步一等奖3项、科技进步二等奖2项。培育的黄瓜新品种津春3号、津优1号、津绿3号等，获国家及省市级科技成果。津春3号等被国家科委列为“国家重点科技成果推广计划”；1994年至2000年间，津春4号累计推广500万亩，成为中国露地黄瓜主栽品种；津春3号其耐低温、抗病、丰产及优质等达国内领先、国际先进水平；津绿4号是中国第一个耐热黄瓜专用品种，填补了中国该领域的空白；最新育成的津优3号等表现出好的市场前景。成果产业化方面成绩斐然，创建全国独有的良种繁育基地，组建遍布全国的销售网络，成为全国农业科研战线上的一面旗帜。他多次被天津市委、市政府授予“优秀共产党员”“科技兴农先进个人”“优秀经营标兵”等称号，被列入天津市首批“天津市自然科学技术领域跨世纪学术技术带头人”。

刘太品 1964年10月生，单县北城街道人。1998年春任中国楹联学会任驻会秘书、会长助理。后担任中国楹联学会副会长、学术委员会主任、教育委员会主任、宣传出版委员会主任兼秘书长，中国楹联学会对联文化研究院副院长兼秘书长，中国楹联学会会刊《对联文化研究》主编。系中央电视台多届春晚春联及对联节目撰稿人。出任全国性征联评委二百余次，在中华书局出版《对联入门》《古今行业楹联》《中华春联实用手册》《中华楹联故事》等著作。主编年度《中国对联作品集》等，执笔编写《联律通则导读》《清联三百副》等，主持编纂《中国对联集成》（全国卷）。

李格森 1965年2月生，单县曹庄乡何楼人，全国优秀教师，研究员。

1983年菏泽师范专科学校英语系毕业，1983年9月至1995年7月，先后在单县三中、单县一中从事英语教学工作，后调入教育部课程教材研究所工作。

在教学改革的研究与实践中，创新外语教学模式——“活教材激励性模拟英语教学”，其教改实验报告获省优秀论文二等奖，该报告于1991年被省外语教学研究会推荐到中国教学学会外语教学研究会第六届学术年会进行大会交流。1992年，被评为全国教育系统劳动模范、获人民教师奖章。1993年当选第八届全国人大代表。他创立的格森英语速成大成国际教育体系培养了大批英语人才。

王英龙 1965年7月生，单县终兴镇人。中共党员，工学博士，研究员，博士生导师，享受国务院政府特殊津贴。山东省首批有突出贡献的中青年专家，山东省信息化特聘专家，山东省经济和信息化专家委员会副主任。现任山东省科学院副院长，兼任山东省计算机网络重点实验室主任，主要研究计算机网络安全、无线传感网技术、云计算技术等。先后承担完成国家、省部级项目20余项，发表高水平科技论文30余篇；组织编写国家标准3部，主编学术专著一部。主持完成的科研项目曾获得山东省科技进步一等和二等奖五项。正在主持国家科技部863课题、支撑计划课题及省级项目多项。

杜启振 1969年8月生，单县李田楼镇人。中国石油大学学科建设处副处长，中国石油大学地球资源与信息学院教授、博士生导师。

1987年单县一中高中毕业，同年考取中国石油大学，1991年毕业留校任教。1997年获石油大学硕士学位，2003年获清华大学博士学位。2000年破格晋升副教授，2005年晋升教授，同年胜利油田博士后科研工作站出站，2006年任博士生导师。2008年2月任第六届东营市政协委员。2009年任中国石油大学学科建设处副处长。

主要从事地震波传播理论、多分量地震勘探等方面的研究工作。独立主持国家科学基金2项、国家“863”计划2项、国家汽油重大专项1项和山东科技攻关计划等多项研究课题，实现了地球等效介质理论和裂缝性油气藏多波勘探技术的原始创新，由此入选2007年度教育部“新世纪优秀人才”。2009年被吸收为中国地球物理学会会员。2010年被评为山东省有突出贡献的中青年专家，获中国地球物理学会傅承义青年科技奖。山东省杰出青年科学基金获得者，石油大学首批拔尖人才；《地理物理学报》《地震学报》等10余种核心刊物特约审稿人；“863”专家库、国家自然科学基金委专家库、教育部高级专家库、山东省高级专家库成员。

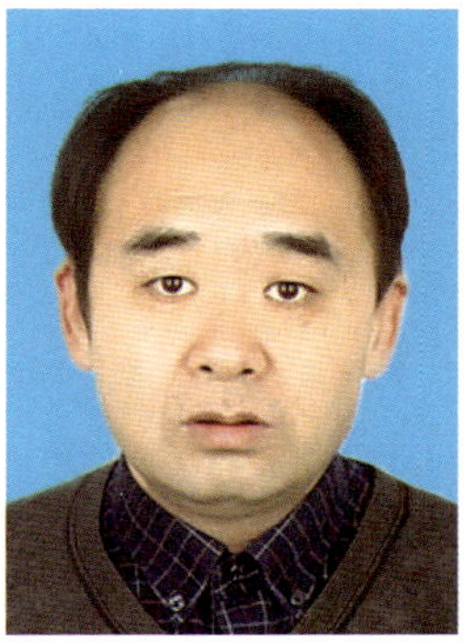

黄启玉 1969年9月生，单县龙王庙镇黄大楼村人。博士学位，研究员，博士生导师。

1982—1988年，在单县一中初中部、高中部学习。1988年，考取中国石油大学（华东）油罐气储运专业学习，1992年毕业留校任教。1994年，在中国石油大学（北京）攻读硕士学位。1997年攻读博士学位。2000年毕业，在中国石油大学先后任讲师、副教授。2006—2007年，在美国TuIsOI大学作访问学者。2009年，任中国石油大学研究员。

长期从事油气储运长距离管输工艺研究，主要研究方向为原油流变性、原油蜡沉积、油库安全等。完成科技部、中国石油天然气集团公司和中国石油化工集团公司多项科研项目。1999年，获中国石油天然气集团公司科技进步一等奖；2001年，获中国石油天然气集团公司科技进步二等奖；2004年，获中国石油天然气股份有限公司技术创新二等奖；2010年9月，获中国石油天然气集团公司科技进步一等奖。在国内外杂志上发表论文40余篇，被SCI、EI等国际著名检索机构收录论文10篇。

县内人物

王笃信 1931年7月生，东平县人。中共党员。

1949年5月，在东平县参加革命工作。1950年，任东平县农税科科员。1952年3月，到山东省财政学校脱产学习，11月，调到东平县财政科工作。1954年4月，调东平县监察委员会工作，9月，调泰安专员公署监察处工作。1956年，任监察处助理监察员。1958年1月，调东平县监察组工作。1954年4月，任中共东平县纪律检查委员会秘书。1960年6月，调菏泽地委纪律检查委员会工作。1966年5月，任菏泽地委纪律检查委员会检查员。1967年11月，在菏泽地区“五七”干校劳动锻炼。1970年，任菏泽地委办公室秘书组组长兼行政组组长。1973年2月，任梁山县委常委、革委会生产指挥部副指挥。1978年8月，任梁山县委副书记，后兼任梁山县人大常委会主任、党组书记。1983年5月，任单县县委副书记。1984年5月，兼任单县第九届人大常委会主任、党组书记。1986年3月，任单县人大常委会主任、党组书记；1987年4月，任单县第十届人大常委会主任、党组书记。1990年3月，调任梁山县委巡视员。1991年12月离休。

周玉启 1932年10月生，单县终兴镇王小庄村人。中共党员，全国劳动模范。

1945年，加入中国新民主主义青年团。1954年，任本村互助组组长。1955年，任高级农业社社长。

1957年，任王小庄村民兵连连长。同年，加入中国共产党。后任王小庄大队党支部书记。其间，出色地完成妇幼保健工作，光荣地出席省、地、县文艺妇幼代表会，在会议上进行典型发言，受到省委书记舒同、济南军区司令员杨得志等领导同志的接见，获省政府颁发的荣誉证书和锦旗，被授予“山东省劳动模范”称号。1958年，出席国务院召开的第二届全国群英会，受到刘少奇、周恩来、朱德等国家领导人的亲切接见，被授予“全国劳动模范”称号，其所在生产大队被评为全国先进单位。会议期间，周总理为代表们设午宴并颁发纪念章和《毛泽东选集》及部分物质奖。任王小庄民兵连长时，曾率领民工连数十次参加大型水利工程建设，多次受到上级指挥部的表扬和奖励。1960年11月，带领民工营支援安徽省水利建设，在肥西县和合肥市等水利工程中艰苦奋战，受到安徽省政府的嘉奖。1970年后，任大队民兵连连长、治保主任、调解主任。1986年退休。

刘广新　1936年7月生，梁山县小路口镇王峰楼人。中专学历，中共党员。

1953年5月，加入中国共产党。1956年9月，菏泽农业学校毕业分配到菏泽专署农业科任技术员。1957年到巨野帮助工作，后留在该县。1961年，任中共巨野县委组织部秘书。1971年11月，任中共巨野县委委员。1972年1月，任巨野县革命委员会办公室副主任。1973年5月，任中共巨野县委常委。1975年3月，任中共巨野县委常委、办公室主任。1978年4月，任中共巨野县委副书记。1981年1月，兼任巨野县人民代表大会常务委员会主任、党组书记。1982年9月，任中共巨野县委代理书记。1983年4月，任中共巨野县委书记兼巨野县人民武装部第一政治委员、党委第一书记。1984年2月，任中共单县第五届委员会书记。1984年5月，任中共单县第六届委员会书记。1987年3月，任中共单县第七届委员会书记。1988年9月，任山东省人民代表大会常务委员会菏泽地区联络处副主任。1989年3月，任山东省人民代表大会常务委员会菏泽地区工作委员会副主任、党组成员。1995年12月，任山东省人民代表大会常务委员会菏泽地区工作委员会副主任、党组副书记。1997年3月退休。

李福进　1937年1月生，山东省平度市兰底镇西辛庄人。1955年3月入伍，1956年8月加入中国共产党。1958年转入武警海阳县凤城边防哨所任干事。1958年6月任海阳县邵家哨所政治指导员。1968年7月任菏泽军分区政治部宣传科干事。1969年1月调任单县人武部政工科干事，1973年3月任单县人武部作训科科长，1978年6月任单县人武部副部长，1980年10月任单县人武部部长，1986年5月退休。曾三次荣立三等功。

王冠举　1938年4月生，鄄城县什集镇朱店村人。中共党员。

1959年，考入济南师范专科学校学习。1961年，加入中国共产党。8月毕业后，分配到东平县二中任教。1965年10月，入中共山东省委党校学习。1967年11月起，先后在东平县湖区公社、大闸管区、湖区、彭集公社、中共东平县委党校和大羊公社工作。1981 年 11 月，任鄄城县什集公社党委副书记、公社管理委员会主任。1983 年 3 月，任鄄城县人民政府副县长。1984 年 1 月，任中共单县县委副书记。1985 年 11 月，任中共单县县委副书记，单县人民政府县长、政府党组书记。1989 年 8 月，任菏泽地区商业局局长、党组书记。1996 年 12 月，任菏泽地区贸易局调研员。1999 年 6 月退休。

张立亭 1938 年 7 月生，单县郭村镇小李海人。中共党员。

1955 年，加入中国共产党。同年，任单县丁楼区葛庙乡团总支书记。1957 年，任单县葛庙乡政府文书。1958 年起，先后任单县大李海乡党委文书、郭村公社党委秘书。1960 年，任中共单县县委办公室机要秘书。1963 年，任单县徐寨公社党委秘书。1965 年起，先后任单县曹庄公社党委副书记、革命委员会常委、党的核心小组成员。1970 年，任单县稻改办公室主任。1971 年，任中共单县县委常委、黄寺公社党委书记。1974 年，任中共单县县委常委、单县革命委员会政治部副主任。1975 年，任中共单县县委常委、宣传部部长。1978 年，任中共单县县委副书记、单县革命委员会副主任。1981 年，任中共单县县委副书记，单县人民政府县长、党组书记。1984 年 2 月，任菏泽地区棉花生产办公室主任。8 月，任菏泽地区水利局党组书记、局长。1991 年 8 月，调任政协单县委员会主席、党组书记。1992 年 3 月，选任单县第八届政协主席、党组书记。1993 年 3 月，选任单县第九届政协主席、党组书记。1997 年 12 月，调任单县人民政府正县级调研员。1999 年 7 月退休。

任忠宽 1940 年 6 月生，单县南城街道西郊行政村赵花园人。中共党员，山东省劳动模范，第六届全国人民代表大会代表，山东省第七、八届人民代表大会代表。

1959 年入伍，1965 年复员。1966 年，任西郊大队团支部书记，1974 年，任生产大队长。1982 年 10 月 4 日，中共中央总书记胡耀邦在视察单县时对其培育的双季无籽西红柿大加赞扬，并称赞其为“西红柿大王”，《人民日报》《大众日报》《光明日报》《山东科技报》等相继专题报道他的事迹和双季无籽西红柿种植技术。1983 年，当选为全国第六届人民代表大会代表，1985 年任西郊村党支部书记。

任西郊大队团支部书记后，利用西郊村西红柿种植的资源优势，为提高亩产量，参阅大量农业知识书籍，经过两年数百次的试验，成功培育出“无籽西红柿”，使产量成倍增长；后经过研究，摸索出西红柿配药点花技术，使秋季西红柿种植获得成功，反季节推向市场，提高了经济效益。把成熟的技术无私地传授给广大菜农，使当地西红柿产量迅速增加，规模迅速扩大，村民收入大幅度提高，西郊行政村成为物资文明和精神文明同步发展的小康村。

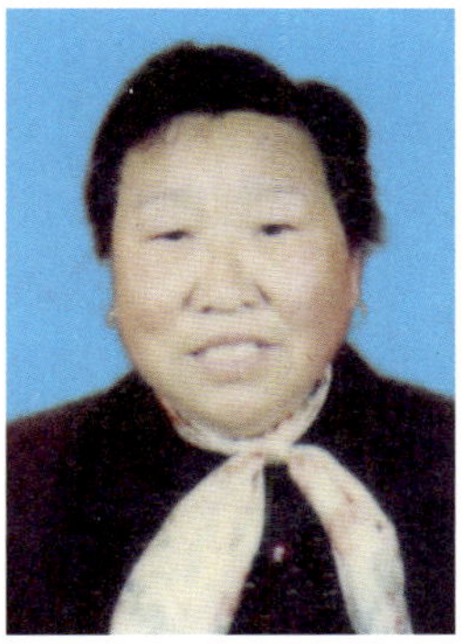

张元秀 女，1940 年生，河南省虞城县人。山东落子传承人。

1956 年被单县民间艺人段永连收为弟子，随师傅到单县学唱坠子书，并加入单县曲艺队。1977 年改唱落子。其代表曲目有《呼延庆打擂》《包公案》《千里驹》《白蛇表情》《小姑贤》《王庆卖拳》《酒色财气》等。1980年，加入山东省曲艺家协会，并赴济南录制《中国民间曲艺集成山东卷》。1990年，加入中国曲艺家协会。2000年后，创作《桂花相亲》《银花损夫》《敬老院就是我的家》等反映新农村新生活的作品。2007年，被认定为山东省非物质文化遗产——山东落子传承人。

温新月 1941年10月生，东明县菜园集乡菜园集人。中共党员。

1958年，加入中国共产党并参加工作。1961年起，历任东明县玉皇庙公社党委秘书、玉皇庙区党委宣传委员、中共东明县委办公室干事。1965年起，历任东明县马头公社党委副书记、马头公社革命委员会主任。1972年，任东明县长兴集公社党委书记。1973年7月，任中共东明县委常委、长兴集公社党委书记。1975年7月，任中共东明县委副书记，东明县革命委员会副主任、党组副书记。1981年1月，任中共东明县委副书记、东明县人民政府县长。1983年起，先后在中共山东省委党校、菏泽师范专科学校学习。1985年10月，任菏泽地区乡镇企业局局长、党组书记。1988年9月，任中共单县第七届委员会书记兼单县人民武装部党委书记。1990年2月，任中共单县第八届委员会书记，单县人民代表大会常务会员会主任、党组书记，单县人民武装部党委书记。1992年12月，任中共菏泽地委委员、菏泽地区纪律检查委员会书记，2000年11月离职，次年退休。系山东省第五届人民代表大会代表，中共山东省第六、七次党代会代表，中共山东省纪律检查委员会第六、七届委员。

周书运 1944年6月生，菏泽市开发区岳程街道人。大专学历，中共党员。

1964年8月参加工作。1965年10月，加入中国共产党。1964年8月起，先后任曹县大集农业中学教师，菏泽社教工作队队员，中共曹县县委办公室秘书，曹县广播站编辑，曹县革命委员会政治部组织组干事、宣传（文化）组副组长，曹县文教局副局长（主持工作），曹县城关公社党委书记。1981年5月，任曹县人民政府副县长。1984年11月，任中共曹县县委常委、农村工作部部长。1985年9月，任中共曹县县委副书记。1989年3月，任中共单县县委副书记，兼任政协单县委员会主席、党组书记。1990年3月，任中共单县县委副书记，单县人民政府县长、党组书记。1992年2月，被菏泽地委、行署评为1991年度全区先进工作者。7月，被山东省政府、省军区授予“山东省国防教育先进工作者”称号。1993年1月，任中共单县县委书记兼任单县人民武装部党委书记。1994年3月，因单县计划生育工作成绩显著，被菏泽地委、行署记功一次。1995年1月，任菏泽地区农业委员会主任、党组书记。1997年12月，任山东省人民代表大会常务委员会菏泽地区工作委员会副主任、党组成员。2001年1月至2003年1月任菏泽市人民代表大会常务委员会副主任、党组成员。2003年1月离职，2004年退休。

徐承秋 1944年8月生，定陶县半堤乡大徐村人。大学学历，中共党员。山东尚舜化工有限公司董事长兼总经理，高级工程师。系中国橡胶协会主席团主席，菏泽市出口协会副会长，菏泽市上市促进会名誉会长。全国劳动模范。为菏泽市第十七届人大代表，山东省第九次党代会第代表，山东省十一届人大代表。

1966年山东化工学院毕业，先后在国家第七机械工业部成都七一九厂、单县第二中学、单县有机化工厂工作。1990年，获山东省科技成果二等奖。1998年，企业改制为股份制有限公司，任公司董事长兼总经理。2009年，获菏泽市重大科技贡献奖。被中国石油和化学工业协会授予“优秀民营企业家”，被中国橡胶工业协会授予“中国橡胶工业科学发展带头人”，被授予“山东省化工科技先进工作者”“山东省化工劳模”“山东省石化系统优秀领导干部”，被山东省总工会授予“富民兴鲁劳动奖章”。2010年，被评为全国劳模。

陶继田 1944年11月生，单县李新庄镇人。大专文化，中共党员。

1965年11月，加入中国共产党。1967年7月，参加工作。曾任中学教师，中共单县县委宣传部干事、理教组组长、副部长，单县文化局局长。1984年10月起，先后任中共单县县委常委、宣传部长，单县县委常委、城关镇党委书记。1987年2月，任单县人民政府副县长。1993年1月，任单县县委常委、常务副县长。1997年12月，任单县第十届政协主席、党组书记。2003年1月离职，次年退休。

孙宝来 1946年3月生，单县谢集镇陈桥村人。中共党员，全国劳动模范。系中共单县第七、八届委员会委员。

1964年起，历任陈桥生产大队团支部书记、民兵连长，陈桥村民委员会主任、党支部书记，谢集乡副乡长。

改革开放后，大力兴办工副业，调整种植业结构，改善生产条件。在全村发展冬暖式大棚百余个，蔬菜种植面积2000余亩，开发窑坑养鱼植藕百余亩，获得可观的经济收入；发动群众集资，先后兴办窗纱厂、砖瓦厂、木器厂等十几个村办企业，使农村剩余劳动力得到有效转移；重点抓企业管理和技术力量培训，相继培养400余名专业技术人员，使各企业都拥有自己的技术骨干，提高了产品质量。同时，大力兴办公共福利事业，先后在陈桥村兴建高标准的学校、幼儿园、卫生室、图书馆、游戏室、乒乓球室、篮球场，并修建中心大街，建立农贸市场，完成电网改造，带动陈桥村集体经济的快速发展。该村深入开展道德、法律、科技、文化“四进家”活动、“十星级文明户”活动、“三扫一改一平”（扫除文盲、科盲、法盲，改掉婚丧大操大办陋习，平掉耕地内坟头）活动，在全村形成良好的社会风气。村党支部先后被评为省、地、县先进党支部，村被评为全省奔小康先进单位、山东省文明村庄。1987年，被省政府授予“乡镇企业先进单位”称号。1988年，被山东省政府授予“全省妇幼儿童工作先进单位”称号，被共青团山东省委评为省级“青年之家先进单位”，被菏泽地区行署评为“计划生育先进单位”。孙宝来先后被评为省农业劳动模范、省模范共产党员、省先进工作者，并荣记一等功。1989年，被评为全国劳动模范，赴京参加国庆观礼，受到党和国家领导人的接见。

段文喜 1949年1月生，曹县桃源集镇常岗庙村人。中专学历，中共党员。

1956年起先后在本村小学、大李寨完全小学、曹县第十一中学读书。1965年，考入菏泽供销学校学习。1968年，毕业分配到东明县向阳供销社工作。之后，调入东明县供销社工作，先后任县供销社统计员、会统科科长、秘书。1976年1月，加入中国共产党。同年，调任东明县供销社副主任、党组成员。1979年2月，任东明县向阳公社党委副书记。1981年11月，任东明县小井公社党委副书记、管理委员会主任。1984年1月，任东明县商业局局长、党组书记。1985年1月，任东明县劳动局局长、党组书记。1993年1月，任中共东明县委常委、组织部部长。1997年1月，任中共单县县委副书记。2001年3月，任单县第十三届人大常委会主任、党组书记，2003年1月，任单县第十四届人大常委会主任、党组书记。2005年1月，任政协东明县委员会党组副书记（正县级）。2007年1月离职，2009年退休。

谢忠富 1949年10月生，单县谢集镇谢楼村人。1968年高中毕业，在当地东方红学校任教半年后应征入伍，先后任鄄城县中队班长，鄄城县人民武装部干事、政工科副科长、科长，1985年11月任鄄城县人民武装部副政治委员，1986年5月任中共单县县委常委，单县人民武装部政治委员、党委书记。上校军衔。1999年退居二线。

张怀举 1950年7月生，单县南城街道鹿湾村人。大学学历，中共党员。1970年11月参军入伍，先后任陆军55师高炮营战士、班长、排长。1972年9月加入中国共产党。1978年4月转业，10月，任孙溜公社组织干事。1979年10月起，先后任单县县委组织部干事、组织科科长、组织员办公室副主任、主任。1990年4月起，先后任单县县委组织部正科级副部长、副县级干部。其间，1994年9月至1996年12月，在省委党校业余本科班经济管理专业学习。1999年8月，任单县县委党校党委书记。2002年5月，任菏泽卫生学校校长、党委副书记。2006年9月离职。

侯宪秀 1950年11月生，郓城县人。研究生学历，中共党员。

1970年12月，在梁山轴承厂工作，任团委书记。1974年10月，入山东工业大学机械制造与工艺专业学习。1977年7月，任梁山轴承厂技术员。1979年11月，加入中国共产党。1979年12月起，先后任梁山轴承厂党委秘书、厂检查科党支部书记。1983年2月任梁山轴承厂厂长、党委委员。1985年6月，任菏泽棉纺织厂党委书记。1986年10月，任菏泽棉纺织厂党委书记、厂长，1990年2月，任菏泽棉纺织厂厂长、党委副书记。1993年1月，任单县县委副书记、副县长、代县长。3月，任单县县委副书记、县长。1995年1月，任中共单县第八届委员会书记。1995年3月，任中共单县第九届委员会书记。1997年12月，任菏泽地区行署秘书长、行署办公室党组书记。1998年4月，任菏泽地区行署专员助理、秘书长、行署办公室党组书记。2000年1月，任滨州地委委员。2月，任滨州地委委员、秘书长。11月，任滨州市委常委、秘书长。2003年4月，任滨州市委副书记。2007年3月，任滨州市人大常委会副主任、党组副书记。

李学军　1951年9月生，定陶县人。大专文化，中共党员。

1969年8月起，先后任定陶县保宁公社朱庄学校教师，保宁公社教育组干事，定陶县广播站编辑，保宁公社秘书。1976年6月起，先后任定陶县计划委员会干事、县经济委员会办公室办事员。1976年9月，加入中国共产党。1982年5月，任定陶县人民政府办事员。1983年1月，任定陶县毛巾厂副厂长。1984年12月起，先后任菏泽地区经济委员会办公室副科级秘书、副主任、主任。1989年6月，任菏泽地区行署办公室综合科正科级秘书。1990年1月，任菏泽地区行署综合调研室副主任。1993年12月，任菏泽地区行署办公室党组成员、综合调研室副主任（其间，1994年3月至12月挂职中共巨野县委副书记；1993年9月至1996年7月在山东行政学院行管专业学习）。1995年1月，任中共单县县委副书记。1998年1月，任中共单县县委副书记，单县人民政府县长、党组书记。2001年3月，任菏泽市发展计划委员会（后为发展和改革委员会）党组书记、主任。2005年1月，任政协菏泽市委员会党组成员、副主席兼菏泽市发展和改革委员会党组书记、主任。2006年1月，任政协菏泽市委员会党组成员、副主席。

吴吉美　1952年2月生，单县终兴镇吴集村人。1968年3月参军入伍，先后任陆军某团战士、班长、排长，1969年11月加入中国共产党。1970年8月，任陆军某师司令部参谋。1974年1月至1977年11月，任陆军某团连长。1977年12月任沈阳军区陆军学院战术教员。1980年1月任济南军区陆军学院战术教员。1982年3月至1983年12月，任单县人武部作训科参谋、副科长。1984年1月任定陶县人武部作训科科长。1985年11月任单县人武部副部长。1986年5月至1997年12月任单县人武部部长。1997年12月转业。1998年9月，任曹县人民政府副县长。2003年12月，任单县人大常委会副主任，2007年12离职。

宋占良　1952年4月生，鄄城县红船镇前宋庄人。大学学历，中共党员。

1971年12月，在本大队任民办教师。1974年8月，入山东农业大学学习。1976年12月，在校加入中国共产党。1977年8月毕业后，在菏泽地区革命委员会科技办公室任秘书。1984年1月，任中共菏泽地委组织部干部科科长。1988年1月，任菏泽地区土地管理局副局长（其间，1991年4月至1993年1月挂职任郓城县人民政府副县长）。1995年1月，任中共单县县委副书记兼县委党校校长。1997年12月，任中共单县县委副书记、单县第十二届人大常委会主任、县委党校校长。1998年3月，任中共单县县委副书记、单县第十三届人大常委会主任、县委党校校长。2000年6月，任菏泽地区行署副秘书长。2000年12月，任菏泽市人民政府副秘书长。2001年6月，任市政府办公室副秘书长、党组副书记，2003年5月，任菏泽市人民政府副秘书长、党组副书记、兼任菏泽市人民政府督查办公室主任。2008年2月离职。

宋绍先 1952年4月生，鄄城县李进士堂人。大学学历，中共党员。

1976年8月，菏泽地区供销学校毕业后，留校参加工作。1981年8月，加入中国共产党。1976年8月至1988年12月，先后任菏泽地区供销学校教师，菏泽地区供销合作社办公室副主任。1988年12月起，先后任中共菏泽地委组织部组织科副科长、科长，1993年6月，任中共菏泽地委组织部副部长。1997年5月，任中共单县县委副书记，单县人民政府县长、政府党组书记。12月，任中共单县第九届委员会书记兼单县人民武装部党委第一书记。1998年3月，任中共单县第十届委员会书记。2003年2月，任中共单县第十一届委员会书记。2004年1月，任中共菏泽市委党校委员会副书记。

刘广幸 1952年8月生，单县黄岗镇人。大专学历，中共党员。1971年5月加入中国共产党。1974年8月，从菏泽地区中心医院卫校医士专业毕业后，在单县中心医院参加工作，任外科医生。1979年8月起，先后任单县卫生局人事股干事、副股长。1984年4月，任单县卫校副校长（其间，1985年9月至1987年9月，在菏泽地委党校大专培训班政治专业学习）。1993年5月，任单县卫校校长、党总支副书记。1997年12月，任菏泽地区人民医院院长、党委副书记。2001年1月，任菏泽市立医院院长、党委副书记。2004年10月起，先后任菏泽市工业学校校长、党委副书记、党委书记、调研员。

朱瑞方 1953年10月生，单县龙王庙镇朱杨楼村人。退伍军人，中共党员。捐资助学先进分子，菏泽市劳动模范，山东省道德模范，山东省慈善之星，齐鲁先锋共产党员。

1971年，加入中国共产党。他在入党志愿书中写道：“我入党以后要节约用钱，捐资助学，让那些贫困学生完成学业，掌握保卫祖国和建设祖国的本领。”40年，他一直信守自己的诺言，坚持捐资助学，把自己微薄的种地养殖收入、妻子打工收入，包括儿女孝敬的钱以及各级政府的慰问金等几乎全部捐出，先后捐出19.95万元资助213名贫困学生完成学业。2008年，在社会各界的支持下，牵头成立单县爱心工程协会，在全国建立爱心分会469个，发展会员5144人，资助贫困学生9895人，资助困难群众991人，面对面捐款319.65万元。2010年，他捐出37220元救助贫困学生。

省委书记姜异康，省委常委、省委组织部部长高晓兵，省委常委、省委宣传部部长孙守刚等领导先后做出亘要批示，要求在全省深入宣传朱瑞方同志先进事迹，号召向朱瑞方同志学习。省委宣传部将朱瑞方作为坚守入党承诺、践行宗旨信念、推进和谐社会建设的重要典型在全省集中宣传。

孙培超 1953年11月生，单县浮岗镇孙庄人。大学学历，中共党员。

1971年12月，任孙庄大队民办教师。1973年7月入单县师范学习。1976年5月，任中共单县县委组织部干事。6月，加入中国共产党。1981年3月起，先后任中共单县县委组织部干部组副科级副组长、科级组长、副部长。1985年7月，入中国经济函授学院进行函授学习。1989年12月，任中共单县县委政法委副书记、打击严重经济犯罪领导小组办公室主任。1993年3月，任中共单县县委政法委书记。1998年1月起，先后任中共成武县委常委、政法委书记，县委副书记。2003年1月，任单县第十一届政协主席、党组书记。2007年12月，任单县第十二届政协主席。

谢培哲 1954年12月生，单县谢集镇谢庄村人。1972年12月应征入伍，1976年2月加入中国共产党。1974年在南京军区工程兵文工团工作。1977年任解放军南京政治学院院务部助理员。1984年任菏泽军分区政治部组织科干事，制作的反映民兵预备役工作的幻灯，3次获省军区举办的幻灯比赛一等奖，并获济南军区军事教学片幻灯比赛一等奖，1985年被菏泽军分区党委记三等功一次。后调入单县人民武装部先后任科长、办公室主任、副部长。1998年1月任菏泽军分区干休所所长。1999年3月任单县人民武装部政治委员、中共单县县委常委。其间，《敢管、会管、善管》一文发表在《中国国防报》上，后编入《中华魂》一书。

系中国书法家协会会员、山东省书法家协会理事，对书画艺术有较高造诣。先后获济南军区书画大奖赛特等奖、全国首届“双拥”书画展一等奖。其书法作品被中南海、人民大会堂、中央电视台等收藏。先后发表作品、论文200余篇（幅）。

张忠江 1955年1月生，曹县苏集镇万庄村人。大专学历，中共党员。

1975年8月，参加工作。1976年2月，加入中国共产党。1977年8月，任曹县苏集公社党委常委。1979年12月起，先后任曹县苏集公社团委书记、管理委员会副主任、党委副书记。1983年9月，入山东农业大学干部专修科学习。1985年9月，任曹县大集乡党委书记。1988年12月，任曹县闫店楼镇党委书记。1991年2月，入中共菏泽地委党校中青年干部培训班学习。1992年1月，任中共曹县县委五里墩奔小康工作队队长。1993年1月，任曹县曹城镇党委书记。1994年12月，任中共曹县县委常委、曹县曹城镇党委书记。1997年5月，任中共曹县县委常委、宣传部部长。1997年12月，任中共单县县委常委、纪律检查委员会书记。1998年，被评为菏泽市劳动模范，记三等功一次。2001年3月，任中共单县县委副书记、县委党校校长。2004年12月，任单县第十四届人大常委会主任。2007年12月，任单县第十五届人大常委会主任。

张存金 1955年2月生，郓城县黄堆集乡黄南村人。大学学历，中共党员。

1974年2月，在郓城县广播站、郓城县委报道组任临时工。1975年9月，在山东大学中文系汉语言文学专业学习。1978年4月，加入中国共产党。1978年7月毕业后，留校任山东大学中文系教师兼学生党支部书记。1980年8月起，先后任中共郓城县委组织部干事、科长、副部长。1986年7月，任中共郓城县委组织部副部长、正科级组织员（其间，1988年11月至

1989年10月任郓城县委驻汉石桥乡工作队队长兼乡党委副书记）。1989年10月，任中共单县县委常委、组织部部长。1993年1月，任中共单县县委副书记（其间，1994年3月至1994年4月在中共山东省委党校第一期县委书记培训班学习）。1994年6月，任中共单县县委副书记、县委党校校长。1995年1月，任中共单县县委副书记，单县人民政府县长、党组书记（其间，1997年5月在香港理工大学高级经济管理培训班学习半个月）。1997年6月，任中共菏泽地委组织部副部长（正县级）。2001年1月，任中共菏泽市委组织部副部长（正县级）。2003年2月，任菏泽市人民政府副市长、党组成员。2008年8月，任菏泽学院党委书记。

盖美 1956年3月生，单县李田楼镇人。中共党员。特型演员，蒋介石扮演者。

1970—1985年间，曾在单县京剧和豫剧团当演员。2001年，在东南电视台“开心明星脸”总决赛中，获得全国第三名。他以自己的光头形象和优秀的演技把蒋介石演得惟妙惟肖，深受广大影迷首肯。先后在《强渡嘉陵江》《董必武》《张伯岑》《张治中》《同舟共济》《陈赓大将》《任弼时》《英雄无名》等20多部电视剧中饰演蒋介石。在中央电视台古装电视剧《大龙脉》中饰演老耿头。

孟庆仕 1956年11月生，单县黄岗镇人。大专学历，中共党员。1979年12月，单县师范毕业，任曹庄公社郭庄寨联中教师。1981年2月，任单县卫生学校教师。1985年1月加入中国共产党。1992年4月起，先后任单县卫生学校团委副书记、书记（其间，1994年9月至1997年7月，参加菏泽师专政治专业函授学习）。1999年7月，任菏泽卫生学校学生科科长。2005年6月，任菏泽卫生学校纪委书记、党委委员。2009年8月，任菏泽家政职业学院纪委书记、党委委员。

李新民 1956年12月生，单县南城街道人。大学文化，中共党员。山东四君子集团党委书记、董事长兼总经理。系山东省第十一届人民代表大会代表，“山东省富民兴鲁劳动奖章”获得者。

1973年参加工作，先后在单县国营沙河林场、单县化肥厂工作。1984年，调入单县酒厂，先后任厂贸易公司经理、保卫科科长、副厂长、厂党委副书记。1998年，任单县四君子酒业有限公司副董事长兼总经理。2000年6月，任单县四君子酒业有限公司党委书记、董事长兼总经理。同年，被授予“山东省富民兴鲁劳动奖章”。 2003年，入选为菏泽市地方名人，并获“山东省建设者奖章”。2004年3月，任山东四君子集团党委书记、董事长兼总经理。同年，山东四君子集团进入“中国酒行业500强”，他被授予“中国优秀企业家”称号。2005年，被评为“山东省十大孝星”和“感动菏泽十大新闻人物”。2006年，被评为省优秀共产党员。

时念新 1957年4月生，单县终兴镇人。大学学历，中共党员。1974年6月，任单县马楼公社周押口小学民办教师。1976年5月加入中国共产党。1976年10月，入菏泽卫校医士专业学习。1978年12月，任张集公社医院医生。1979年2月，任单县卫生学校教师。1993年6月起，先后任单县卫生学校教务科副科长、菏泽卫生学校教务科科长（其间，1992年7月至1995年6月，参加曲阜师范大学生物专业函授学习）。2005年6月，任菏泽卫生学校副校长、党委委员。2009年9月，任菏泽家政职业学院副院长、党委委员。

刘铁军 1957年7月生，祖籍山东省潍坊市寒亭区。大学文化，上校军衔。

1976年12月入伍，1978年12月加入中国共产党，历任某陆军直属高炮团战士、班长、排长、区队长、参谋、连长、副营长等职。1985年9月入宣化炮兵指挥学院高炮指挥系学习。1987年7月至1989年10月，任某师高炮团作训股长。1989年11月至1998年9月，在驻某地陆军预备役炮兵司令部工作，先后任军务科参谋、作训科副科长、军务科长等职。1998年5月至2001年3月，任山东省无棣县人民武装部部长。2001年3月，任单县人民武装部部长。2003年1月转业，任济宁市欢城监狱副监狱长。

张珠银 1957年9月生，单县曹庄乡张庄人。大专学历，中共党员。1993年，任菏泽卫生学校党委书记。2008年9月，任菏泽家政职业技术学院党委书记。

任职期间，坚持求真务实，推行“政治建校，人才强校”战略，实施“提高党员素质，改善职工结构，稳定学科骨干，培养青年后俊”的方针，引导教师树立“以德从教，科研兴教，创新施教，质量为教”的教育观念，放手引进，大胆送出，逐步更新教工队伍知识结构和学历档次，培养造就了一支高素质、高水平的教职工队伍。面对中专学校招生和毕业生问题上的供需矛盾，适时调整办学思路，以护理专业为龙头，打造家政专业品牌，成为全国家政专业的重点培训基地和山东省护理专业改革试点单位。2002年起，加强学校硬件设施建设，先后兴建南校，改建北校，增设“高等口腔工艺技术”“高等药剂”“计算机信息管理”等新专业。2004年4月，菏泽卫生学校通过教育部复评验收，成为菏泽市唯一一所国家级重点普通中等专业卫生学校。同年，紧紧抓住部队卫生改革的机遇，经报上级军事机关批准成立“菏泽卫生预备役学校”，对学生实行准军事化管理。当年，成功申报了国家级科研项目——教育部“十一五”规划《学生素质的构成与培养研究》，并获“设计方案成果奖”。该校先后获“市级卫生先进单位”“省级青年文明号”“先进性教育先进单位”“优秀基层党组织”“全国家政服务培训先进单位”等称号。2007年3月，由山东省人民政府批准、教育部备案，在菏泽家政师培训中心基础上建立菏泽家政职业技术学院。

赵传山 1957年12月生，菏泽市开发区佃户屯人。大学学历，中共党员。

1976年参加工作。1980年6月，任菏泽县（牡丹区）何楼乡团委书记。1984年，调入中共菏泽地委调研室，先后任副科级秘书、正科级研究员、副县级研究员。1994年4月，挂职定陶县人民政府副县长。1995年1月，任中共定陶县委常委、组织部部长。1997年12月，任中共定陶县委副书记。2000年12月，任中共定陶县委副书记，定陶县人民政府县长、党组书记。2002年12月，任中共单县县委副书记，单县人民政府县长、党组书记。2004年6月，任菏泽市财政局局长、党组书记。

潘月林 1958年7月生，菏泽开发区辛集村人。1976年12月应征入伍，先后任高炮某师班长、连队文化教员，曾被济南军区政治部评为优秀文化教员，记三等功一次，曾出席济南军区炮兵学雷锋先进模范人物代表会。1980年3月加入中国共产党。1981年2月，入济南军区炮兵教导大队学习，毕业后任机枪连排长，受嘉奖一次。1983年9月入中国人民解放军西安政治学校指导员队学习，被评为三好学员。毕业后任代理连指导员。1985年12月起先后任菏泽市人武部政工科干事、菏泽军分区政治部干事、菏泽军分区教导大队副政治教导员、党支部书记、菏泽军分区政治部保卫科科长。其间，曾入中国人民解放军南京政治学院校外大专班学习，并参加中央党校领导干部函授本科班学习。2001年3月任中共单县县委常委、单县人武部政委、党委书记。2004年1月转业，8月，任菏泽市市政管理局副局长。

孟昭良 1958年3月生，单县莱河镇刘饭棚村人。山东省道德模范，入围中央电视台2002年度“感动中国新闻人物”候选人。

2001年12月，他在单县县城发现被火车碾断双腿遭人遗弃的湖南省张家界永定区汨水溪村妇女田云，遂将其接到自己家中。此后数月，这个未曾娶妻的中年汉子不顾别人的嘲笑、误解和生活的拮据，用美好的心灵去温暖这位惨遭不幸的孱弱女子，使她重新鼓起生活的勇气。2002年5月，善良的老孟决计送思念亲人的田云回家。因没有钱，他带田云上路时准备好蚊帐、雨布，带好锅碗瓢盆和米面油盐，踏着三轮车，一路乞讨，风餐露宿，走了40天，跨越山东、河南、湖北、湖南四省，行程3500里，磨破了5双鞋，更换了四副车带、5套内胎和2个轴承，终于将田云从山东送返湖南老家。

其事迹先后被中央电视台、湖南常德电视台、湖南电视台、张家界电视台、上海卫视、山东卫视、江苏卫视、浙江卫视和《菏泽日报》等多家新闻媒体报道，被人们称为“山东好汉”。中共菏泽市委、市政府授予他“模范市民”荣誉称号，并号召全市人民向他学习。2002年9月，中央电视台著名主持人倪萍特邀孟昭良到《聊天》栏目做嘉宾。中央电视台《东方时空》感动中国新闻人物评选词说：“老孟的行为代表着中国最普通老百姓的思想和本性，值得人尊敬。”是当之无愧的“平民英雄”。

菏泽市戏剧院根据其事迹创作演出的山东梆子大型现代戏《山东汉子》，自2003年8月搬上舞台后，已在山东、北京、河南、浙江等地城市和农村巡回演出420多场，观众百万余人次。2003年，该剧获山东省“五个一”精品工程奖和中国人口文化奖金奖；2004年9月，该剧获第七届中国艺术节文华新剧目奖和文化剧作奖等4个单项奖，成为中国第七届艺术节获奖最多的剧目。2005年，该剧入选国家舞台艺术精品工程30台初选剧目。

王汉毅 1959年9月生，山东省五莲县人。中共党员，大学学历，上校军衔。1978年3月应征入伍，任南隍城岛某部特务连战士、副班长。1979年11月任54928部队通信仓库保管员。1982年5月入济南军区陆军学校通信训练大队学习。1983年5月，先后任54928部队通信修理所技术员（技术13级）、通信营通信连排长、通信处副连职参谋。1985年2月入济南陆军学校指挥自动化队学习。1986年2月任55051部队正连职通信参谋。1986年9月入中国人民解放军通信指挥学院三队学习。1988年7月至1993年10月，先后任55051部队通信参谋，通信营营长、营党委副书记、纪检书记。1993年10月任山东省军区司令部书记、通信处参谋。1998年1月任单县人民武装部部长、部党委副书记兼纪检书记、菏泽军分区党委委员、单县人民政府党组成员、单县第十四届人民代表大会代表。2001年3月至2002年2月任陵县人民武装部部长、部党委副书记兼纪检书记、德州军分区党委委员。2002年2月至2005年2月，任山东省军区教导大队副大队长、山东省人民武装学校副校长。2005年2月，任山东省军区军事志办公室主任。

郑欣　1961年12月生，郓城县黄安镇季垓村人。1979年11月应征入伍。1980年8月考入西安通信技术学校大专班学习。毕业后分配到菏泽军分区先后任司令部排职、连职、营职参谋。1986年7月加入中国共产党。1994年入曲阜师范大学函授院汉语言文学专业学习。2000年2月任曹县人民武装部副部长。2002年1月任菏泽军分区司令部军务动员科科长。2003年1月任单县人民武装部部长、党委副书记、纪律检查委员会书记。其间，多次受到嘉奖，记三等功2次。曾被菏泽军分区、省军区党委评为优秀共产党员，被济南军分区评为军事设施保护先进个人，被省军区评为后勤管理成建制达标先进个人。曾兼做菏泽军分区新闻报道工作，连续5年被菏泽电视台评为优秀通信员。其作品《军人妻子标兵张继云》《抗洪英雄杨继文》获菏泽电视台好新闻一等奖；《动员地方通信力量保障战区部队战役机动》一文，被《改革与发展文汇丛书》《走向新世界》等收录。2003年被省政府评为防“非典”工作先进个人。2006年1月转业，8月，任菏泽市委市直机关工委副书记。

孟繁文　1962年5月生，单县徐寨镇人。大学学历，中共党员。1982年7月，菏泽师专中文系中文专业毕业后参加工作，任单县徐寨公社团委干事。1984年8月，任单县单溜乡团委书记。1984年9月，加入中国共产党。1985年7月，任单县单城镇团委书记。1989年8月，任单县人民政府办公室办事员、股级秘书。1992年2月起，先后任单县黄岗镇党委副书记、镇长、党委书记（其间，1994年9月至1996年12月，在省委党校业余本科班经济管理专业学习）。2003年1月，任单县人大常委会副主任、黄岗镇党委书记。2004年6月，任单县人民政府副县长。2004年12月起，先后任单县县委常委、政法委书记（其间，2006年3月至2007年3月，挂职任烟台龙口市市委常委）。2007年11月，任菏泽卫生学校党委副书记。2009年8月，任菏泽家政职业学院党委副书记。

罗衍宽　1962年6月生，巨野县龙堌镇人。1978年11月应征入伍，1983年5月任步兵机炮连排长，9月加入中国共产党。1984年9月任步兵团政治处干事。1986年9月入山东教育学院学习。1994年1月任步兵营政治教导员。1996年3月入南京指挥学院学习。1997年1月任步兵团政治处主任。1998年1月任步兵团副政治委员。荣立三等功一次，受嘉奖11次，多次被军、师、团评为优秀共产党员、优秀干部。收集和撰写100余万字军队政治工作、民兵预备役工作资料，有50多篇文章在省级以上报刊发表。1999年1月任莱芜市钢城区人民武装部副部长。2000年3月任莱芜军分区政治部宣保科科长。2004年1月任中共单县县委常委，单县人民武装部政治委员、党委书记，上校军衔。2008年3月转业，12月，任菏泽市广播电视局副局长。

王永华 1963年2月生，曹县倪集乡刘六庄人。大学学历，中共党员。

1984年7月，莱阳农学院毕业，获农学学士学位。同时，分配到菏泽地区农业局工作。1989年11月，任菏泽地区农业局办公室副主任。1992年11月，任办公室主任。1996年6月，任菏泽农业学校党委副书记、副校长。1998年8月，任菏泽农业学校党委副书记、校长。2001年3月，任中共单县县委副书记，单县人民政府县长、党组书记。2003年1月，任菏泽市人民政府副秘书长。2003年11月，任菏泽市审计局党组书记、局长。2009年5月，任中共菏泽市纪委副书记、市监察局长。

朱培吉 1963年4月生，青岛市城阳区人。硕士研究生学历，中共党员。

1983年7月，参加工作。1985年7月，加入中国共产党。1983年7月，入解放军空军雷达学院学习，1984年7月毕业。历任空军雷达兵第七团排长、副连长、连长、团司令部军务股股长。1991年7月起，历任山东省烟台市计划委员会科员、重点项目办公室副主任、国土科科长、投资科科长。1997年12月，任烟台市计划委员会副主任。2001年11月，任中共山东省龙口市委副书记，龙口市人民政府市长、党组书记。2004年1月，任中共单县县委书记兼单县人民武装部党委第一书记。在单县任职期间，大力开展招商引资，开启单县经济开发区建设，打造发展平台，绘制了单县发展蓝图。2006年12月，任菏泽市人民政府党组成员。2007年1月，任菏泽市人民政府副市长、党组成员。

王伟 1964年5月生，烟台市芝罘区锦华街人。1981年10月应征入伍，1985年8月加入中国共产党。1986年7月起先后任航空兵师修理厂技师、仪表分队队长、炮兵旅通信连修理所技术员，炮兵旅司令部正连职管理员、军务科副营职参谋、管理科科长，炮兵师司令部管理科科长，曾记三等功一次，受嘉奖10余次，多次被评为优秀共产党员、优秀机关干部。1993年9月入南京政治学院函授学习。2002年9月入曲阜师范大学经济学院研究生班函授学习。2006年1月任单县人民武装部部长、党委副书记、纪律检查委员会书记。2008年2月转业。

王忠想 1964年12月生，成武县人。大学学历，中共党员。1989年1月，加入中国共产党。1985年9月至1989年7月，在山东工业大学水利土建系水利水电工程建筑专业学习，工学学士。1989年7

月至1990年4月，任成武县南鲁集乡水管站技术员。1990年4月至1993年2月，任成武县南鲁集乡武装部助理员。1993年2月至1996年1月，任成武县南鲁集镇党委副书记。1996年1月至1999年3月，任成武县郜鼎乡党委副书记、乡长。1999年3月至2001年3月，任成武县张楼乡党委书记。2001年3月至2006年12月，任菏泽市牡丹区委常委、组织部部长。2006年12月，任中共单县县委书记、副县长、代县长。2007年1月，任单县县委副书记、县长。2010年12月，任中共曹县县委书记、县委党校校长。

何爱国　1965年1月生，曹县人。大专文化，上校军衔。1981年10月入伍，为某7师通信营通信2连战士。1983年9月至1985年7月在济南陆军学校（电子工程专业）学习。1985年7月，任某师通信营2连电台台长，9月，加入中国共产党。1985年11月起，先后任某集团军通信团3连排长，报训队报务教员（副连职）、政治指导员。1992年9月至1993年7月，入武汉通信指挥学院（通信政工专业）中级进修班学习。1994年1月至2000年12月，先后任济南军区直工部通信士官训练大队副营职军务参谋，学员四队副队长、队长，学员二队队长，基础教研室助理讲师（技术9级），直工部副团职参谋。2003年6月任巨野县人武部副部长，2005年1月任兼任军事科科长。2008年1月，任单县县委常委、县人武部政治委员。2009年9月，调任菏泽军分区干休所政委。

蒋忠清　1965年2月生，安徽省砀山县人。本科学历，上校军衔。1983年10月入伍，先后在某集团军炮兵团指挥连、炮兵旅通信连服役，1986年8月，加入中国共产党。1986年9月，入信阳陆军学院（军事指挥专业）学习。1989年7月至1994年1月，先后任陆军某团机炮连排长、警侦连排长、司令部军务股副连职参谋。1994年1月起先后任陆军某师军务科副连职参谋、正连职参谋。1998年9月，参加济南陆军学院（军事指挥专业）函授学习，毕业后获本科文凭。1998年10月至2003年2月先后任陆军某旅军务科正连职参谋、副营职参谋；某旅炮兵团防空营营长、炮兵团副参谋长。2003年2月，任东平县人武部军事科长。2005年3月任东平县人武部副部长兼军事科科长。2008年1月，任单县人武部部长。1993年至2001年，曾先后荣立三等功3次。

李魁军　1965年9月生，曹县韩集镇人。大专学历，中共党员。1984年11月参军入伍。在济南军区某高炮团任战士、班长。1986年9月入河南信阳陆军学院学习。1989年7月起，先后任坦克某团排长、特务连副连长、高炮连指导员、工兵连指导员、装甲步兵连指导员。1998年2月，任司令部政治协理员。1999年8月，任坦克二营副教导员。1999年8月，任定陶县人武部政工科干事。2000年2月任政工科科长。2005

年 1 月，任成武县人武部副部长兼军事科科长。2009 年 9 月，任单县人武部政委。

1996 年、1997 年连续两年荣立三等功，在定陶县政工科期间，本人受菏泽军分区嘉奖两次，所在科被评为先进科。2002 年，被菏泽市评为拥政爱民先进个人。

刘翠芳 女，1966 年 10 月生，单县李田楼镇人。国家一级演员，单县豫剧团团长。山东省戏曲家协会会员，菏泽市戏剧家协会副主席，单县政协委员。曾任山东省第八届、第九届政协委员，山东省第十届青年联合会委员，菏泽市第十八届人大代表、菏泽市第十三届政协委员。

代表剧目有《穆桂英挂帅》《花木兰》《大祭桩》《麻疯女》《老羊山》《女乡官》《风流才子》《抬花轿》《三更生死缘》《燕山歌女》《打胡林》《大祭桩》《花木兰》《山东汉子》《傲雪红梅》等。1993 年，被河南省著名豫剧艺术家虎美玲收为入室弟子。1997 年 4 月，获全国第六届“香玉杯”戏曲大赛艺术奖。2001 年，获山东省青年戏剧汇演一等奖。2005 年起，先后在国家和省、市组织的戏曲汇演比赛中获全国“五个一”精品工程奖、全国“国花杯”一等奖、“香玉杯”最佳艺术表演奖、中国地方戏剧名家展演金奖和山东省“中青年演员大奖赛”一等奖等多项大奖。

穆杰 1969 年 11 月生，菏泽市牡丹区人。研究生学历，中共党员。

1987 年 9 月至 1990 年 7 月，在菏泽师范学校学习。1990 年 8 月至 1993 年 3 月，任菏泽市（县级）贾坊乡办公室办事员、团委书记。1993 年 3 月至 1997 年 2 月，任菏泽市（县级）贾坊乡副乡长（其间，1993 年 6 月加入中国共产党；1993 年 9 月至 1996 年 7 月，在山东行政学院业余本科班行政管理专业学习）。1997 年 2 月至 1998 年 12 月，任菏泽市（县级）金堤镇党委副书记。1998 年 12 月至 2001 年 2 月，任菏泽市（县级）佃户屯乡党委书记、人大主席。2001 年 2 月至 2003 年 7 月，任菏泽市牡丹区佃户屯街道党委书记（开发区管理）。2003 年 7 月至 2003 年 8 月，任菏泽开发区管委会办公室主任、党工委委员，佃户屯街道党委书记。2003 年 8 月至 2005 年 6 月，任中共菏泽开发区党工委委员、办公室主任。2005 年 6 月至 2009 年 1 月，任菏泽开发区党工委委员、副主任。2009 年 1 月至 2010 年 12 月，任中共单县县委常委，县政府副县长、党组副书记。（2006 年 9 月至 2009 年 7 月在中央党校研究生院在职干部研究生班经济法学专业学习）。2010 年 12 月，任中共单县县委副书记，单县人民政府代县长、党组书记。

夏树生 生年不详，荣城市人。1984 年 2 月，任中共单县县委副书记，单县人民政府县长、党组书记。1985 年 11 月离职。

人物表

单县籍境外部分地厅（师）级领导干部及正高级专业技术人员人物表

地市级以上领导干部表

表 1

姓名	性别	出生年月	籍贯	工作单位	职务（职称）	职级	备注
耿德祥	男	1937.12	谢集镇耿庄村	山东省医学科学院	党委书记、研究员	正厅级	已退休
时克文	男	1938.10	时楼镇	国家海洋局	劳动教育司司长	正厅级	已退休
魏　明	男	1940.12	曹庄乡魏刘庄	中共山东省委机关公委	副书记	副厅级	已退休
从德普	男	1940.08	北城街道西关社区	山东省政协菏泽地区工作委员会	副主任	副厅级	2001 年退休
杨绪贤	男	1942.01	李田楼镇朱庄	山东建筑工程学院	副院长	副厅级	研究员
曹道泉	男	1943.01	曹庄乡曹庄村	山东省政府办公厅	副秘书长	副厅级	已退休
杨　涛	男	1943.12	终兴镇杨菜园	中央国企监事会	第 39 办事处副主任	副厅级	—
时艳梅	女	1945.04	时楼镇时老家	陕西纤维检验局	党总支书记兼副局长	副厅级	高级工程师
王永云	男	1945.09	单县西关街	陕西西安邮政局	党委书记	副厅级	高级经济师
王培文	男	1945.11	浮岗镇口门王楼东村	山东省大众报业集团	总经理、高级编辑	正厅级	已退休
时　红	女	1947.02	时楼镇时家庙	驻拉脱维亚大使馆	大使秘书、高级专员	正厅级	—
刘逢光	男	1947.02	徐寨镇刘堂	山东人口和计生协会	副会长	副厅级	—
黄天俊	男	1947.07	单城镇	山东省委统战部	常务副部长	正厅级	—
张建华	男	1947.10	朱集镇大张庄	政协菏泽市委员会	副主席	副厅级	—
张守富	男	1949.03	郭村镇老乙楼	山东省人民政府上海办事处	主任	正厅级	2010 年退休
张秀长	男	1950.02	龙王庙镇朱破楼	菏泽市人大常委会	副主任	副厅级	—
张继勋	男	1950.03	单县	新疆国有资产管委会	党委副书记	副省级	—

续表 1

姓 名	性别	出生年月	籍 贯	工作单位	职务（职称）	职 级	备 注
赵家祥	男	1950.07	高老家乡王海村	天津市驻西安办事处	主任	副厅级	已退休
霍保银	男	1951.11	杨楼镇	菏泽学院	党委副书记	副厅级	高级审计师
张 莹	女	1951.12	张集镇赵庙村	政协菏泽市委员会	副主席	副厅级	—
鲁学恩	男	1952.02	莱河镇刘楼村	山东省海河水管局	局长	副厅级	高级工程师
何茂远	男	1952.06	单县	菏泽市政协	副主席	副厅级	曾任副市长
罗黔生	男	1952.09	单县	贵州省黔西南州	州委常委、政法委书记	副厅级	—
陈洪奎	男	1953.06	单县	呼和浩特铁路局	党委副书记	副厅级	—
吴 霞	女	1953.07	单县	贵州省遵义市	市人大常委会副主任	副厅级	—
王建华	男	1953.10	黄岗镇	北京市工商管理局	副局长	副厅级	—
孙玉龙	男	1953.11	朱集镇	重庆公安局大渡口分局	局政委	副厅级	—
闫志常	男	1954.12	终兴镇朱庙村	山东省监狱管理局里能分局	局长、二级警监	副厅级	—
牛志春	男	1955.02	时楼镇	山东省莱芜市政协	主席	正厅级	—
孟凡俊	男	1955.07	杨楼镇卯湖村	国家发改委培训中心	副局级秘书长	副厅级	曾任副师大校
杜永光	男	1955.08	单县	山东省枣庄市	市人大常委会副主任	副厅级	—
郭庆良	男	1955.10	李新庄镇	司法部办公厅	主任	正厅级	—
刘德平	男	1957.10	单县	国家质检总局	通关业务司司长	正厅级	—
孙亚强	男	1958.07	北城街道广圣殿村	山东省地震局	副局长	副厅级	地震专业研究员
殷鲁谦	男	1958.08	高老家乡刘庄	济南市政协	主席	副部级	—
张建新	男	1959.09	南城街道	菏泽市政协	副主席	副厅级	—
秦绍郡	男	1960.01	曹庄乡秦庄	山东省人大常委会办公厅	副秘书长	副厅级	—
时晓军	男	1962.06	单县	贵州政协铜仁地区工委	副主任	副厅级	—
于文明	男	1963.06	单县	国家中医药管理局	副局长	副厅级	—
姜永军	男	1963.06	单县	中铁二十局集团总公司	总经理	正厅级	高级工程师
王 浩	男	1963.10	单县	中共淄博市委	市委书记	正厅级	—
王效彤	男	1970.03	莱河镇	甘肃省陇南市	副市长	副厅级	—
黄秀玲	女	1970.09	单县	菏泽市人民政府	副市长	副厅级	—

师以上领导干部表

表 2

姓 名	性别	出生年月	籍 贯	工作单位	职务（职称）	职 级	备 注
朱昆岭	男	1936.01	蔡堂镇朱高台子村	第二炮兵司令部	副参谋长	正师级	已退休
陈传珠	男	1939.12	北城街道三官庙村大陈庄	石家庄装甲兵学院	战役战术系主任、教授	副军级	陆军大校
谢圣良	男	1939.01	张集镇谢张庄	海军驻武汉军事代表局	局长	正师级	海军大校
戴进明	男	1942.01	曹庄乡	郑州高炮学院外训系	翻译室主任	正师级	享受军级待遇
韦亚南	男	不详	高韦庄镇	中国人民解放军总装备部		正师级	大校军衔
马凌俊	男	1952.03	终兴镇高刘集	上海警备区政治部	副主任、党委副书记	正师级	大校军衔
范夫贵	男	1955.07	终兴镇刘庄	云南省怒江军分区	副司令员	副师级	已退休
申全河	男	1955.08	终兴镇彭庄	云南武警总队政治部	副主任	副师级	武警大校
赵复民	男	1955.09	单县	第二炮兵后勤部	电视新闻中心主任	正师级	大校军衔
徐效珠	男	1957.05	单县	山东莱芜军分区	市委常委、军分区政委	正师级	—
孟庆龄	男	1957.08	张集镇衙里村	云南军区预备役步兵师	政委兼军区政治部主任	正师级	大校军衔
朱言林	男	1963.02	浮岗镇朱庄	某军事学院	党委常委、院务部部长	正师级	大校军衔
王体敏	男	1966.06	李田楼镇前王竹园	空军哈尔滨飞行学院	副院长	正师级	大校军衔

专业技术人员表

表 3

姓 名	性别	出生年月	籍 贯	工作单位	职务（职称）	职 级	备 注
万继龙	男	1938.11	单县	淄博市冶金工业公司	党委书记兼经理	正高级	高级工程师
赵广龙	男	1940.12	蔡堂镇郝庄	空军导弹部队	高级工程师	正高级	师职待遇
张西同	男	1941.02	终兴镇小草楼	上海交通大学	硕士生导师	正教授	—
朱安琪	女	1941.02	单县	北京人民广播电台	高级编辑	正高级	—
张鸿安	男	1941.09	郭村镇张宅村	国家地矿部山东实验室	高级工程师	正高级	—
高建中	男	1942.11	北城街道张花园	中国财险山东分公司	高级经济师	正高级	财险处处长
王品超	男	1943.10	龙王庙镇王竹园	曲阜师范大学	硕士生导师	正高级	—
石连运	男	1946.01	黄岗镇	山东大学管理学院	研究生导师	正高级	学院工会主席

续表 3

姓名	性别	出生年月	籍贯	工作单位	职务（职称）	职级	备注
梁瑞林	男	1946.01	杨楼镇	西安电子科技大学	技术物理学院副院长	正教授	—
权恩奉	男	1947.12	南城街道权楼村	中共山东省委党校党史教研室	主任、教授	正高级	—
曹明绪	男	1948.11	谢集镇曹楼	《祝你幸福》杂志社	主任记者	正高级	总编辑室主任
王秀英	女	1954.10	终兴镇郭楼	北海舰队	高级会计师	技6级	大校军衔
曹桂生	男	1962.12	单县	陕西师范大学美术学院	副院长、教授	正高级	硕士生导师
王佑春	男	1964.02	单县	中国药品生物制品鉴定所	细胞室主任、研究员	正高级	—
赵建平	男	1964.08	龙王庙镇	曲阜师范大学	教授、硕士生导师	正高级	—
陈光临	男	1964.09	单县	国家淮河水委会工程局	局长、高级工程师	正高级	—
刘东清	男	1965.03	朱集镇刘庄	中国石油化工集团总公司	海洋钻井副总工程师	正高级	首席专家
张　岩	男	1965.10	单县	陕西师范大学美术学院	教授、硕士生导师	正高级	—
杨丽娟	女	1966.05	单县	山东省立医院	护理部主任、主任护师	正高级	—
马庆雷	男	1966.07	单县	山东公路高级技工学院	党委副书记、院长	正高级	研究员
翟　文	男	1966.12	单县	山东非金属材料研究所	硕士生导师、研究员	正高级	高级工程师
孙钦峰	男	1967.02	浮岗镇浮岗南村	山东大学	教授、硕士生导师	正高级	—
黄东黎	女	1967.11	单县	中国社科院国际法研中心	国际经济法研究室主任	正高级	教授、法学博士 研究员
李庆民	男	1968.12	单县	山东大学电气工程学院	副院长、教授	正高级	研究生导师
蔡建军	男	1969.04	终兴镇蔡溜	山东高速青岛有限公司	工程技术应用研究员	正高级	—
王东立	男	1971.09	徐寨镇	中国航天员中心总体室	副主任设计师	正高级	获国家航天特奖
吴瑾瑾	女	1972.03	北城街道吴溜	山东财经大学	教授、硕士生导师	正高级	—
周　军	男	1974.10	单县	南开大学生命科学院	系主任、教授	正高级	研究生导师
刘克东	男	1968.12	单县	哈尔滨工业大学外语学院	英语系主任、教授	正高级	硕士生导师

省、市级劳动模范表

省级劳动模范表

表 4

姓 名	性别	出生年月	单 位	身份	荣誉称号	授予单位	授予时间	备注
单衍玉	男	1941.09	单县供销合作社联合社	干部	全国供销系统劳模	国家供销总社	1997	—
郭志尧	男	1924.11	单县中医院	干部	省劳模	省政府	1986	已故
张世玉	男	1937.06	单县一中	干部	省劳模	省政府	1986	已故
任忠宽	男	1940.09	南城街道西郊村	农民	省劳模	省政府	1986	—
侯新春	男	1938.01	单县农机局	干部	省劳模	省政府	1986	已故
曹培华	男	1951.09	单县中心医院	干部	省劳模	省政府	1989	—
吕宗荣	男	1933.08	徐寨镇刘寨村	农民	省劳模	省政府	1990	—
张胜利	男	1956.05	张集镇农机站	职工	省劳模	省政府	1990	—
刘道平	男	1952.11	单县联通公司	职工	省劳模	省政府	1992	—
高　超	男	1955.11	单县中心医院	干部	省劳模	省政府	1992	—
张存启	男	1945.01	单县人大常委会	干部	省劳模	省政府	1995	—
韦昌勤	男	1935.11	高老家镇韦洼村	农民	省劳模	省政府	1995	已故
庞全岭	男	1955.03	莱河酒业有限公司	干部	省劳模	省政府	1998	—
黄汝航	男	1968.02	单县宇航纺织有限公司	干部	省劳模	省政府	2003	—
房巨波	男	1964.08	单县东大医院	干部	省劳模	省政府	2003	—
刘　颖	女	1968.09	山东省单县四君子酒业有限公司	干部	省劳模	省政府	2008	—
房殿英	女	1953.12	李田楼镇贺庄村	农民	省劳模	省政府	2008	—
周洪贵	男	1955.11	东城街道韩庙村	农民	省劳模	省政府	2008	—
马　凌	男	1970.04	单县公安局	干部	省抗震救灾模范	省政府	2008	—

市（地区）级劳动模范表

表 5

姓 名	性别	出生年月	单 位	身份	荣誉称号	授予单位	授予时间	备注
张银星	男	1960.06	单县棉纺织厂	职工	市劳模	市政府	1990	—
刘雨田	男	1934.05	单县农机局	干部	市劳模	市政府	1990	—

续表 5

姓 名	性别	出生年月	单 位	身份	荣誉称号	授予单位	授予时间	备注
艾铭渝	女	1942.09	单县工人文化宫	干部	市劳模	市政府	1990	—
温本兴	男	1951.09	单县供销合作社	干部	市劳模	市政府	1990	—
刘　莉	女	1965.05	单县农业银行	职工	市劳模	市政府	1990	—
程家培	男	1944.08	单县酒厂	干部	市劳模	市政府	1990	已故
王绪刚	男	1941.07	单县供电公司	干部	市劳模	市政府	1990	—
朱瑞银	男	不详	单城镇水泵厂	职工	市劳模	市政府	1990	—
刘金灵	男	1932.06	杨楼镇农技站	干部	市劳模	市政府	1990	—
范少革	女	1968.02	单县棉纺织厂	职工	市劳模	市政府	1994	—
李学武	男	1957.10	单县人民法院	干部	市劳模	市政府	1994	—
翟熙昌	男	1936.11	单县中心医院	干部	市劳模	市政府	1994	—
李峰志	男	1952.03	单县棉纺织厂	干部	市劳模	市政府	1996	—
王同光	男	1937.09	单县职业中学	干部	市劳模	市政府	1996	—
石长恩	男	1956.03	单县人民政府	干部	市劳模	市政府	1996	—
李文栋	男	1965.02	浮岗镇三里井村	农民	市劳模	市政府	1996	—
陈万东	男	1937.07	单城镇回汉村	农民	市劳模	市政府	1996	—
张忠江	男	1955.01	中共单县纪律检查委会	干部	市劳模	市政府	1998	—
马兴华	男	1963.04	单县麻纺织厂	职工	市劳模	市政府	1998	—
刘光亮	男	1955.10	四君子酒业有限公司	干部	市劳模	市政府	1998	—
张全亮	男	1959.06	单县公安局	干部	市劳模	市政府	1998	—
王更轩	男	1959.01	单县东大医院	干部	市劳模	市政府	1998	—
刘宝玉	男	1953.06	单县计生局	干部	市劳模	市政府	1998	—
时维忠	男	1953.10	单城镇人民政府	干部	市劳模	市政府	1998	—
薛本义	男	1952.10	龙王庙镇政府	干部	市劳模	市政府	1998	—
张志玲	女	1962.01	单县计划生育服务站	干部	市劳模	市政府	1998	—
杨春来	男	1969.02	张集镇政府	职工	市劳模	市政府	1998	—
王秀芹	女	1949.08	单县计生局	干部	市劳模	市政府	1998	—
关兆科	男	1958.03	单县人民政府办公室	干部	市劳模	市政府	2002	—
杨福纪	男	1952.09	单县中心医院	干部	市劳模	市政府	2002	—
龙　翔	男	1971.07	单县公安局	干部	市劳模	市政府	2002	—

续表 5

姓 名	性别	出生年月	单 位	身份	荣誉称号	授予单位	授予时间	备注
张秀季	男	1953.06	芦墓卫生院	干部	市劳模	市政府	2005	—
张海云	女	1969.12	单县第一中学	职工	市劳模	市政府	2006	—
杨 磊	男	1973.01	单县国家税务局	干部	市劳模	市政府	2008	—
朱启军	男	1970.08	山东湖西王集团	干部	市劳模	市政府	2008	—
孟庆林	男	1962.03	单县公安局	干部	市劳模	市政府	2008	—
张弼勰	男	1964.08	中共单县县委组织部	干部	市劳模	市政府	2008	—
牛平原	男	1974.09	单县第五中学	职工	市劳模	市政府	2008	—
黄克君	男	1958.01	黄岗镇东街	农民	市劳模	市政府	2008	—
刘 蜜	男	1975.06	单县环境卫生管理办公室	干部	市劳模	市政府	2008	—

国家、省级劳动奖章获得者人物表

表 6

姓名	性别	出生年月	单位	身份	荣誉称号	授予单位	授予时间
张建林	男	1958.05	单县工贸合资文体医用制品厂	职工	全国五一劳动奖章	全国总工会	1986
蔡 驰	男	1945.05	单县酒厂	干部	富民兴鲁劳动奖章	省总工会	1988
徐法宽	男	1962.10	单县畜牧局	干部	富民兴鲁劳动奖章	省总工会	1991
张彦梅	女	1969.04	单县麻纺织厂	职工	富民兴鲁劳动奖章	省总工会	1991
董丙献	男	1954.12	单县麻纺织厂	职工	富民兴鲁劳动奖章	省总工会	1994
刘桂英	女	1964.07	单县棉纺织厂	职工	富民兴鲁劳动奖章	省总工会	1996
谢圣如	男	1968.06	山东天元集团	职工	富民兴鲁劳动奖章	省总工会	1999
武西亭	男	1960.08	单县湖西宾馆	职工	富民兴鲁劳动奖章	省总工会	2000
郭可义	男	1955.11	四君子酒业有限公司	干部	富民兴鲁劳动奖章	省总工会	2001
池金良	男	1957.11	四君子酒业有限公司	干部	富民兴鲁劳动奖章	省总工会	2002
王德运	男	1966.12	单县供电公司	干部	富民兴鲁劳动奖章	省总工会	2004
许爱峰	男	1955.12	单县中心医院	干部	富民兴鲁劳动奖章	省总工会	2007
孙广乾	男	1956.11	山东四君子集团	干部	富民兴鲁劳动奖章	省总工会	2009
刘仰成	男	1965.10	单县教育局	干部	富民兴鲁劳动奖章	省总工会	2009
李新军	男	1965.11	单县第一中学	干部	富民兴鲁劳动奖章	省总工会	2010

国家、省级先进人物表

全国优秀（模范）教师人物表

表 7

姓 名	性别	单 位	授予单位	授予时间	备 注
张世玉	男	单县第一中学	国家教委	1986	已故
张忠阳	男	单城镇一完小	国家教委	1989	已故
马兆兰	男	单县第二中学	人事部、国家教委	1989	—
孙世立	男	单县师范学校	人事部、国家教委	1989	—
王献骧	男	单县第一中学	人事部、国家教委	1989	—
吕 克	男	单县第二中学	人事部、国家教委	1989	—
张德敏	男	单县第一中学	人事部、国家教委	1989	—
齐华林	男	单县第四中学	人事部、国家教委	1989	—
谢寅君	男	单县第五中学	人事部、国家教委	1989	—
张瑞云	女	单县实验中学	人事部、国家教委	1989	—
董学田	男	单县蔡堂职业中学	人事部、国家教委	1989	已故
刘世月	男	单县黄岗中心学校	人事部、国家教委	1989	已故
闫 岩	男	单县教学研究室	人事部、国家教委	1989	—
张广荣	男	单县第五中学	人事部、国家教委	1991	—
宿星辰	男	单县第二中学	人事部、国家教委	1991	—
杨庆斌	男	单县教学研究室	人事部、国家教委	1993	—
廉春雷	男	单城镇一中	人事部、国家教委	1993	—
檀兴民	男	单县第一中学	人事部、国家教委	1993	—
王念蔼	男	单县师范学校	人事部、国家教委	1995	—
韦 珏	女	单县实验小学	人事部、国家教委	1995	—
吴春华	男	单城镇一中	人事部、国家教委	1995	—
刘广恩	男	单县高韦庄中心学校	人事部、国家教委	1995	—
祝宗义	男	单县第一中学	人事部、教育部	2001	全国模范教师
万继允	男	单县师范学校	人事部、教育部	2004	—
丛文胜	男	单县第一中学	人事部、教育部	2004	—
刘茂新	男	单县第五中学	人事部、教育部	2007	全国模范教师
朱启礼	男	单县第二中学	人事部、教育部	2007	—

山东省优秀教师人物表

表 8

姓 名	性别	单 位	授予单位	授予时间	备注
檀兴民	男	单县第一中学	省人事厅、教育厅	1986	—
陈德万	男	单县第一中学	省人事厅、教育厅	1989	—
卢启汉	男	单县第六中学	省人事厅、教育厅	1989	—
石正升	男	李新庄中学	省人事厅、教育厅	1989	
王福元	男	单县第一中学	省人事厅、教育厅	1989	—
苗振方	男	单县大李海中学	省人事厅、教育厅	1989	—
胡丕岭	男	单县李田楼中心校	省人事厅、教育厅	1989	—
赵秀侠	女	单城镇二中	省人事厅、教育厅	1989	—
谢学义	男	单县实验小学	省人事厅、教育厅	1989	—
刘宽玉	男	单县黄岗中心学校	省人事厅、教育厅	1989	—
张新民	女	单县张集中心学校	省人事厅、教育厅	1989	—
宋昭林	男	单县师范学校	省人事厅、教育厅	1991	—
王效民	男	单县莱河中心学校	省人事厅、教育厅	1991	—
周玉峰	男	单县职业中专	省人事厅、教育厅	1991	—
吴春华	男	单城镇一中	省人事厅、教育厅	1991	—
廉艳菊	女	单县谢集中心学校	省人事厅、教育厅	1991	—
赵运喜	男	单县时楼中心学校	省人事厅、教育厅	1991	已故
鲁贵田	男	单县曹庄乡中心校	省人事厅、教育厅	1991	—
赵忠岳	男	单县徐寨镇中心校	省人事厅、教育厅	1991	—
赵维新	男	单县第二中学	省人事厅、教育厅	1993	—
郝学贵	男	单县朱集中学	省人事厅、教育厅	1993	—
秦　峰	男	单县张集乡中学	省人事厅、教育厅	1993	—
苏志刚	男	单县谢集中心学校	省人事厅、教育厅	1993	—
陈新芳	男	单县莱河中心学校	省人事厅、教育厅	1993	—
张　峰	男	单县莱河中心学校	省人事厅、教育厅	1993	—
赵宪昤	男	单城镇七里庄小学	省人事厅、教育厅	1993	—
司月梅	女	单县第一中学	省人事厅、教育厅	1995	—
刘仰伸	男	单县第五中学	省人事厅、教育厅	1995	—
陈玉民	男	单县实验中学	省人事厅、教育厅	1995	—

续表 8

姓 名	性别	单 位	授予单位	授予时间	备注
武 华	男	单县马楼中学	省人事厅、教育厅	1995	—
刘延海	男	单城镇中心学校	省人事厅、教育厅	1995	—
单长清	男	菏泽卫生学校	省人事厅、教育厅	1995	—
王鲤庭	男	菏泽卫生学校	省人事厅、教育厅	1996	—
许 英	女	单城镇一完小	省人事厅、教育厅	1997	—
万成柱	男	单县郭村中学	省人事厅、教育厅	1997	—
奚砚周	男	单县终兴中心学校	省人事厅、教育厅	1997	—
任兰蕙	女	单县实验中学	省人事厅、教育厅	1997	—
谢建华	男	单县第五中学	省人事厅、教育厅	1997	—
时 伟	男	单县第二中学	省人事厅、教育厅	1999	—
景新梅	女	单县实验小学	省人事厅、教育厅	1999	—
刘世科	男	单县第五中学	省人事厅、教育厅	1999	—
李玉真	女	单城镇一完小	省人事厅、教育厅	1999	—
孙运法	男	单县师范学校	省人事厅、教育厅	2001	—
陈合作	男	蔡堂中心学校	省人事厅、教育厅	2001	—
李衍珂	男	单县第二中学	省人事厅、教育厅	2001	—
魏复重	男	单县第五中学	省人事厅、教育厅	2001	—
李秀莲	女	单县实验小学	省人事厅、教育厅	2001	—
张 良	男	单县终兴中心学校	省人事厅、教育厅	2001	—
秦秀立	男	单县实验中学	省人事厅、教育厅	2001	—
杨恭田	男	单县实验小学	省人事厅、教育厅	2004	—
李新增	男	单县浮岗中心学校	省人事厅、教育厅	2004	—
王付华	男	单县实验中学	省人事厅、教育厅	2004	—
朱启礼	男	单县第二中学	省人事厅、教育厅	2004	—
张洪荣	女	单城镇一完小	省人事厅、教育厅	2004	—
白全立	男	单县第二实验中学	省人事厅、教育厅	2004	—
徐建国	男	单县第一中学	省人事厅、教育厅	2007	—
王广安	男	单县第一中学	省人事厅、教育厅	2007	—
逯中原	男	单县第二实验中学	省人事厅、教育厅	2007	—
刘朋志	女	单县南城教办	省人事厅、教育厅	2007	—
帅智春	男	单县莱河镇丁楼中学	省人事厅、教育厅	2007	—

续表 8

姓 名	性别	单 位	授予单位	授予时间	备注
蔡迎春	男	单县职业中专	省人事厅、教育厅	2007	—
陈文献	男	单县第一中学	省人事厅、教育厅	2009	—
郝敬华	女	单县蔡堂中心校	省人事厅、教育厅	2009	—

国家、省级优秀教育工作者人物表

表 9

姓名	性别	单位	荣誉称号	授予时间	备注
任　君	男	单县教育局	全国优秀教育工作者	1989	—
王可正	男	单县第一中学	全国优秀教育工作者	2000	—
孟庆福	男	单县教学研究室	山东省优秀教育工作者	1989	—
杨凤磊	男	单县终兴中心学校	山东省优秀教育工作者	1989	—
董永祥	男	单县实验中学	山东省优秀教育工作者	1991	—
刘世月	男	单县黄岗中心校	山东省优秀教育工作者	1993	已故
周秀启	男	单县实验中学	山东省优秀教育工作者	1995	—
谢协用	男	单县郭村中心校	山东省优秀教育工作者	1995	—
安佩华	男	单城镇一完小	山东省优秀教育工作者	1999	—
武长振	男	单县第三中学	山东省优秀教育工作者	1999	—
王寒生	男	单县实验中学	山东省优秀教育工作者	2004	—
刘仰成	男	单县第一中学	山东省优秀教育工作者	2007	—
杨公平	男	单县教学研究室	山东省优秀教育工作者	2007	—
王关文	男	单县第五中学	山东省优秀教育工作者	2009	—

山东省特级教师人物表

表 10

姓 名	性别	单 位	授予单位	授予时间	备注
王献骥	男	单县第一中学	山东省教育厅	1990	—
张清正	男	单县师范学校	山东省教育厅	1994	—
韦　珏	女	单县实验小学	山东省教育厅	1994	—
景瑞魁	男	单县第一中学	山东省教育厅	1994	—
张瑞云	女	单县实验中学	山东省教育厅	1998	—
朱宝兰	女	单城镇一完小	山东省教育厅	1998	—
吴春华	男	单城镇一中	山东省教育厅	2002	—

续表 10

姓 名	性别	单 位	授予单位	授予时间	备注
高红梅	女	单城镇一完小	山东省教育厅	2002	已调出
杨公平	男	单县教学研究室	山东省教育厅	2006	—
祝宗义	男	单县第一中学	山东省教育厅	2006	—
杨恭田	男	单县实验小学	山东省教育厅	2006	—
徐建国	男	单县第一中学	山东省教育厅	2010	—
姜翠云	女	蔡堂职业中学	山东省教育厅	2010	—
刘喜梅	女	单县实验小学	山东省教育厅	2010	—
刘朋志	女	单县南城南郊小学	山东省教育厅	2010	—

正高级（教授）专业技术职务人员表

（按晋职时间排列）

表 11

姓名	性别	出生年月	第一学历	参加工作时间	评聘时间	工作单位	备注
苏光亮	男	1925.01	大学	1952.09	1987.11	单县中心医院	已退休
林与连	女	1927.12	大学	1953.12	1987.11	单县中心医院	已退休
翟熙昌	男	1936.11	大学	1961.10	1993.07	单县中心医院	已退休
杨华峰	男	1933.10	大学	1951.01	1993.07	单县中心医院	已退休
周　仁	男	1932.12	中专	1952.07	1994.01	单县中心医院	病故
屠恒赉	男	1936.01	中专	1959.07	1994.01	单县中心医院	病故
李德民	男	1939.07	大学	1957.08	1994.01	单县中心医院	已退休
石济跃	女	1939.07	大学	1963.08	1994.01	单县中心医院	已退休
王淑娥	女	1935.02	大学	1960.09	1994.01	单县中心医院	已退休
许志荣	女	1937.06	中专	1955.07	1994.01	单县中心医院	已退休
田质华	男	1933.07	中专	1957.07	1994.01	单县中心医院	已退休
于桂恩	女	1942.01	大学	1968.07	1998.11	单县中心医院	已退休
张德峨	男	1941.06	大学	2003.06	1999.12	单县中心医院	已退休
戴云龙	男	1948.06	大学	1965.06	1999.12	单县中心医院	已退休
高启祥	男	1946.03	大学	1970.07	1999.12	单县中心医院	已退休
张永革	男	1941.09	大学	1966.07	1999.12	单县中心医院	已退休
张祥培	男	1945.11	大专	1970.07	1999.12	单县中医医院	已退休
周云岭	男	1950.07	大专	1973.07	2000.10	单县中心医院	已退休

续表 11

姓名	性别	出生年月	第一学历	参加工作时间	评聘时间	工作单位	备注
崔守荣	女	1949.12	大专	1973.08	2000.11	单县中心医院	已退休
温玉华	女	1950.10	大学	1975.07	2000.11	单县中心医院	—
李志全	男	1947.10	中专	1968.07	2000.11	单县计生站	已退休
刘翠芳	女	1964.07		1985.07	2001.10	单县豫剧团	—
曹培华	男	1951.09	大学	1971.01	2001.11	单县中心医院	—
王艳英	女	1951.10	大学	1973.02	2001.11	单县中心医院	—
张绪春	男	1954.12	大学	1972.12	2001.11	单县中心医院	—
朱洪连	女	1948.11	大学	1970.01	2001.11	单县中心医院	已退休
赵家真	男	1944.01	大学	1968.10	2001.11	单县中心医院	已退休
李素真	女	1951.09	大学	1976.08	2001.12	单县农业技术站	—
荣世生	男	1955.09	大学	1973.01	2002.08	单县文化馆	—
许新俗	男	1952.06	大专	1975.12	2002.11	单县中心医院	—
曹雷声	女	1957.03	大学	1976.09	2003.11	单县中心医院	—
房巨波	男	1963.01	大专	1981.12	2003.11	单县中心医院	—
邵蕊兰	女	1949.12	大学	1964.02	2003.11	单县中心医院	已退休
孙秀英	女	1950.10	大专	1973.08	2003.11	单县中心医院	—
李冰化	男	1947.07	大专	1971.10	2003.11	单县中医院	已退休
段培旭	男	1954.07	大学	1969.02	2003.12	单县水产中心	—
房巨才	男	1957.09	大学	1982.01	2003.12	单县农业植保站	—
谢孔缓	男	1958.10	大学	1983.07	2004.11	单县中心医院	—
陈桂臻	男	1952.02	大专	1971.12	2004.11	单县疾控中心	—
张秀英	女	1956.08	大学	1976.07	2006.12	单县中心医院	—
王大鹏	男	1957.02	大专	1974.04	2007.11	菏泽家政学院	—
吴华凤	男	1959.02	大学	1976.01	2007.12	单县电视台	—
赵利华	男	1958.07	大专	1976.07	2008.01	单县中心医院	—
张怀岭	男	1960.10	大专	1983.07	2009.01	单县中心医院	
蔡彦敏	男	1963.09	大学	1985.08	2009.01	单县中心医院	—
闫晓勇	男	1964.07	大学	1988.07	2009.01	单县东大医院	—
刘海涛	男	1966.04	研究生	1988.06	2009.01	东大医院	—
孙守金	男	1967.02	大学	2003.04	2009.01	单县中心医院	—

续表 11

姓名	性别	出生年月	第一学历	参加工作时间	评聘时间	工作单位	备注
黄启坤	男	1963.06	大专	1982.07	2010.06	单县中心医院	—
卢尚亭	男	1963.09	大学	1988.08	2010.06	单县中心医院	—
王法勤	男	1966.12	大学	1989.07	2010.06	单县中心医院	—
田素臣	男	1967.02	大学	1990.09	2010.06	单县中心医院	—
孙红梅	女	1967.11	大学	1989.07	2010.12	菏泽家政学院	—
王美芹	女	1967.02	大学	1990.07	2010.12	菏泽家政学院	—
李保勤	男	1963.03	大学	1984.07	2010.12	菏泽家政学院	—
王黎英	女	1961.06	大学	1983.08	2010.12	菏泽家政学院	—
刘晓林	女	1963.09	大专	1983.07	2010.12	菏泽家政学院	—
时念新	男	1957.04	大专	1974.06	2010.12	菏泽家政学院	—
葛洪岩	男	1964.06	大专	1988.07	2010.12	菏泽家政学院	—
曹凤雷	男	1968.04	大专	1990.07	2010.12	菏泽家政学院	—

附 录

本志附录主要辑录前志简述、古城邑、重要文献辑存、诗文选萃4部分。其中，重要文献辑存主要包括1986—2010年，中共单县县委、单县人民政府制发的6个重要文件。内容涉及农民负担、乡镇企业、企业改制、招商引资、新型农村合作医疗、关注民生等多个方面。诗文选萃包括诗词、楹联、赋、散文、碑文5种文字题材。

前志简述

新编《单县志》是单县第一部社会主义新方志，由惠正法、朱瑞宽、李仪轩、蔡敬超等主编。该志上限起自唐尧虞舜时期，下限至1987年，部分篇章下延至1994年。全志共31篇，前设置序、凡例、概述、大事记，后殿附录、编后记。篇目依次顺序是：行政区域、自然地理、人口、农业、林业、多种经营、水利、工业、交通邮电、城建环保、商业、粮油、物价计量工商管理、计统审计 物资管理、财税 金融、党派群团、政权 政协、司法、民政信访外事侨务、劳动人事、军事、教育、文化、文物、科技、卫生、体育、宗教、民俗、方言、人物。篇下设章、节、目，全志共157章、315节，120万字。1996年3月，由山东人民出版社出版，印刷5000册，16开精装本，卷首插彩页46页，并置有单县行政区地图和各历史时期单县地理位置图。

一

单县位于山东省西南隅，苏鲁豫皖四省结合部，介于东经115°48′～116°24′和北纬34°34′～34°56′之间，总面积1661.52平方公里。地属北温带黄河冲积平原，四季分明，光照充足，年均气温13.9℃，无霜期213天，降雨量737.1毫米；境内旷野坦荡，地阜物华，河流纵横，浅水层静储量25.5亿立方米，生物资源1089个品种，木材积蓄量135万立方米，煤炭蕴藏量约45亿吨，石油天然气资源容量约6亿立方米。1994年，辖8个镇29个乡，954个行政村，2481个自然村，耕地面积98175公顷，总人口111.52万人，人口密度671人/平方公里。

二

单县古称单父，为帝舜师单卷所居。春秋时为鲁国单父邑，孔子弟子宓子贱、巫马施相继为单父宰，一个“鸣琴而治”，一个“披星戴月”，传为历史佳话。秦置单父县，刘邦曾率部驻军单父，饮马涞水。汉代三次为县侯国，一次为县王国。唐末置辉州，宋置单州，王禹偁、苏采为知州，高琼、李纲、陈尧咨、韩世忠等宋朝名将先后任单州防御使、团练使。明初改称单县。抗日战争时期，国民党在单西建立第十一区行政督察专员公署；共产党在单东建立湖西专署。新中国成立前夕，湖西专署等机关迁驻单城。

单县历史悠久，文物胜迹遍布城乡，境内已经查明的古文化遗址十几处，成为几千年历史沧桑的见证；唐代“竹溪六逸”之一的陶沔任单父尉，邀李白、杜甫、高适联袂游历单县，留下不朽诗篇；明代大书法家雷鲤书写的匾额、石碑，清代画家松年画的石竹，都是罕见的珍品；单城内张家牌坊、李家匾、王家大旗杆，被称为单县“三绝”；据民国版本《单县志》载：全县牌坊有百余座，特别是“百狮坊”“百寿坊”，石刻艺术巧夺天工，炉火纯青，被列为省级重点文物保护单位，吸引着国内外众多游人前往观赏。

单县钟灵毓秀，人物辈出。汉朝有跟随刘邦东征西伐、辅国安邦的吕后；晋代有威严明断、不徇私情、深得四方称誉的郄诜；明代有不畏权贵、犯颜直谏的户部尚书秦纮、户部侍郎陈勖；清代有兴利除害、威震边陲的兵部尚书刘峨，有冒死进京书呈饥民诗画为民请命的著名画家赵树屏；近代有反帝、反封建成为“义和团”运动先声的鲁西南大刀会首领刘士端，有北洋政府国务总理周自齐，有单县地方中共党组织创始人张子敬等。众多风流人物，名传百代，光照千秋。

单县人民素有敦孝悌、重廉耻、尚气节、崇淳朴的品格；有好刚强、重义气，肝胆相照的气度；有保家爱国反封建、反侵略的光荣传统。西汉永始三年，山阳郡（单父属之）的铁官徒苏令等率数万民众起义，举义旗、杀酷吏、劫牢狱、为民立命；唐乾符二年，黄巢起义，单父人民响应之；明嘉靖二十六年（1598），白莲教首领谢汉在单县发动起义；清初，刘佐臣组织“八卦教”收徒众百万，遍及晋、冀、鲁、豫、陕、甘、宁等省，举起反清旗帜；清末，鲁西南大刀会聚众10万，反侵略、反封建，声震朝野；1934年，中共党员高文甫到单建立单县第一个中共党支部，燃星星之火，成燎原之势；1937年，中共鲁西南工委驻单东南张寨，筹建了中共单县县委，开创以张寨为中心的湖西区抗日根据地，举行震动苏鲁豫皖的张寨起义。张寨村被誉为革命的摇篮和“小延安”。

抗日战争时期，单县一直是湖西区党、政、军机关活动的中心，新四军通往陕北苏区的交通要道。八年抗战，湖西抗日军民与日本侵略军浴血奋战，粉碎了日伪军的“铁壁合围”“梳篦清剿”，砥柱于反帝中流，救民于水火之中，为夺取抗日战争的胜利，做出不可磨灭的贡献。

解放战争中，单县英雄儿女配合主力部队与国民党反动军队展开艰苦卓绝的斗争，组织开展了“游击战”“麻雀战”“地道战”；跟随刘邓大军“破袭陇海”“跃进大别山”，转战鲁西南；在著名的“羊山战役”“鲁西南战役”“淮海战役”中，单县人民组成声势浩大的支前队伍，创造可歌可泣的光辉业绩，谱写单县近代史上激动人心的辉煌篇章。

三

新中国成立后，单县人民在中国共产党的领导下，积极投身于社会主义革命和建设，取得了巨大成就。先后建成粮食、棉花、林果、蔬菜、玫瑰、蘑菇、山羊、黄牛八大生产基地。1994年，工农业总产值达24.99亿元，为1949年的53.74倍，为1987年的4.83倍；农民人均收入970元；城乡居民人均存款528元。单县城乡都发生了深刻的变化。

单县是农业县，粮食作物以小麦、玉米为主，经济作物以棉花、花生、豆类为主，兼种瓜果蔬菜。建国前，粮食产量低而不稳，亩产不过百斤，劳动人民男耕女织、终年劳苦不得温饱，糠菜度日。建国后，县委、县政府率领群众兴修水利、打井抗旱、科学种田，特别是中国共产党第十一届三中全会后，农业发展迅速，单县被国家和省列为粮、棉生产基地。1991年，全县粮食总产7.8亿斤，创历史最高纪录；棉花总产58.73万担。1981—1994年，向国家交售粮食20多亿斤，皮棉500多万担，由过去吃粮靠统销的大户，变成国家商品粮、棉基地。1994年，全县农业机械总动力达42.68万千瓦，有效灌溉面积58.13千公顷，农业总产值11.75亿元，比上年增长11.4%，农民人均收入比上年增加294元。

单县1987年基本达到全国平原绿化县标准。

县园艺场万亩果园，为全省第一大果园。全县林木覆盖率18.2%，基本形成农田林网化、粮桐间作化、河道林带化。1994年，林业产值达4112万元，比上年增长22.5%。

畜牧业生产发展迅速。全县已建立品种改良点42个，扶植发展规模饲养大户39个，专业户1428户，鲁西南黄牛、青山羊生产基地逐年扩大，逐步实现畜牧业生产良性循环。1994年，肉类总产量59884吨，比上年增长34.9%；大牲畜年末存养量17.80万头，生猪33.93万头，羊130.64万只；畜牧业总产值达4.49亿元。

工业体系日趋完善。1994年，全县有工业企业320家，形成纺织、化工、食品、建材、机械、皮革等20多个门类的工业体系。工业总产值13.24亿元。“湖西”牌麻袋、涂塑窗纱、陈曲酒、棉纱、纯棉平布、精炼棉籽油、潜水电泵、糕点、医用缝合线等49种产品分别获部优、省优、地优或国际金奖；有12种产品出口欧美、东南亚等十几个国家和地区，年创外汇400万美元。

单县素有中原锁钥、四省通衢之称。古往今来，是商贾云集、货物集散之地。现集市贸易市场遍布城乡，商业网点星罗棋布，县城内建有五大商品市场和十大专业市场。具有独特风味的地方名吃“单县羊肉汤”名闻遐迩。1994年，社会商品零售额3.05亿元，集市贸易成交额1.37亿元。初步形成国营、集体、个体商业互为补充，综合市场、专业市场，批发、零售市场并举，生产和流通融为一体的商品市场体系。

交通运输、邮电等事业日新月异。建国后，经45年的建设，以单城为中心，柏油公路辐射苏、鲁、豫、皖四省八县和全县37个乡镇，日客运量1600多人次，年货运量70多万吨；境内高压输电线路996公里，有11万伏、3.5万伏变电站10座；建成鲁西南县级较大功率的电视转播台，架设成覆盖城区的有线干、支线路，入户安装有线电视6200户；通讯设备空前改善，有微波线路120条，程控电话6000门，无线寻呼机553部，移动电话可在全国漫游，邮电年完成业务总量643万元。

教育事业有较大发展。1984年以后，全县集资3000多万元改善办学条件。1991年，全县有小学671处，普通中学62处，在校学生17万多人。1994年，儿童入学率98%，在校生18.26万人，教职员工9465人，当年考入大中专院校学生1165人。

卫生、体育事业发展突飞猛进。1994年，全县有医疗机构46处，1329张床位，卫生技术人员2414人，另有乡村卫生室近千处。县、乡、村三级医疗卫生网络初步建成。初级卫生保健工作达到省定标准，单县中心医院多次在全省医院评比中夺魁，被誉为鲁西南医疗卫生战线上的一颗明星。体育事业蓬勃发展，群众性的体育活动越来越广泛，培养输出一批体育专业技术人才，单县民族武校亦文亦武，全面发展，闻名省内外，承办山东省首届民间武术馆校武术比赛，并取得较好的成绩。

古城邑

平乐县

平乐县为西汉所置之县，废于东汉，约存二百三十余年，据《汉书．地理志》载："兖州刺史部，山阳郡，县二十三，内有平乐"。又据《汉书·王子侯第三》载："元帝建昭元年（前38），封梁敬王子刘迁为平乐节侯。遂为侯国，国除为县"。《山东志·沿革表》、《中国古今地名大辞典》均载有"平乐、侯国"等，据《后汉书·光武帝纪》载：建武六年（30）六月辛卯，诏曰："令百姓遭难，户口耗少，而县官吏职所置尚繁，其令……省减官员。于是条奏并省四百余县"。由此可证，以天下损耗并省郡县乃裁撤平乐县，后不复置。其地划归防东县所辖。

据《太平寰宇记》载，平乐故城在单父县东四十里。宋、元、明石碑均说在单州城东四十里。今考，平乐县城在今单县终兴北 1.5 公里平城庵村，为当时平乐县治所。

防东县

防东县因位于西防邑之东而得名。据《中国古今地名大辞典》载："古有西防城，在县西，其西南即单县境，本春秋时宋防邑地，后谓之西防城。后汉置防东县，在西防之东，故名。"《山东通志·沿革表》载：防东故城在金乡县南。按：今单县北偏东 18 公里防城寺村（今属成武县城东白浮图乡）是其遗址。"今查古防东县境内涉及单县北境大部地区。

据《后汉书·郡国志》载："兖州刺史部，山阳郡，十城，内有防东。"《续山东考古录》单县条下载："（曹）魏，防东未详省否？"又据《山东省通志·疆域沿革》卷十八引《补三国魏域志》载：山阳郡，魏领县七，无防东。因此，防东县可能废于三国后期。约计存有二百三十余年。为何而废及所辖域无从可考。但《中国古今地名大辞典》有防东县废于晋之说。其防东县究竟何时所废，有待进一步考证。

高乡县

相传，东汉时有一皇姑避难于此，为寻访乱离亲旧，在通衢高敞处开设一客栈。后此地遭黄泛，大部村舍已毁，唯客栈幸存，故有高乡店之称，后置高乡县。

据《山东省志》单县条下记载："高乡县故城在县西北二十五里，本后汉侯览封邑。唐武德四年属戴州。"不久并入单父县。《续山东考古录》单县条下载："高乡县故城在县西北二十五里，今高乡店。"因此，高乡店在唐以前就已有城廓。从在此出土的文物看（汉葬品陶俑、罐，宋代石棺、兽纹瓷盘等，现存与单县博物馆），高乡店乃是一座故城。传说在三国时代此处为高乡郡，但无文字记载。高乡县存在多少年，以及废高乡县并入单父县的原因，有待进一步考证。

高乡县治所高乡店位于单县城北 15 公里，村落沿乐成河南岸，呈东西带状。现属李新庄镇，系高乡店行政村村民委员会驻地，耕地 100 公顷，居民 600 多人，皆汉族。

重要文献辑存

中共单县县委　单县人民政府 关于实行农民负担大包干的意见

单发〔1986〕17号

（摘要）

一、实行大包干的基本做法

根据我县农民实际收入水平，本着既能基本解决必要的支出，又能把农民负担压缩到最低限度的精神，从一九八六年起，对农民负担实行大包干，一定两年不变。中间不准任意追加和另行摊派，否则，农民有权拒绝和上告，并追究有关领导责任。

1、大包干的原则

实行农民负担大包干，应坚持取之于民，用之于民，取之适度，用之得当的原则，合理确定农民负担大包干的项目和数额，做到统筹兼顾，量力而行，既要办好农村各项事业，又要保护和调动农民的积极性。

2、大包干的范围

农民负担大包干的范围，主要有农业税、农村教育费附加、行政管理费、农田水利费、优抚费、民兵训练费、广播事业费和交通事业费共八项。

3、大包干的限额

关于农民负担大包干各项提留限额，地委、地区行署指出“以县（市）为单位统算，控制在人均纯收入的6%～7%，人均负担20元以内，这两项限额均不得突破。”具体到乡（镇）、村可以上下浮动，但幅度不要太大。结合我县实际情况，确定实行分等定量的办法完成。具体规定为：以八五年人均收入为基数，收入320元以上的乡（镇），人均不得超过19.80元；250元～320元的乡（镇），不得超过17元；250元以下的乡（镇），14元。

4、提留的方法

各乡（镇）党委、政府应根据各项费用的实际需要，按照“定限额”的原则，参照各行政村人均纯收入，编制农民负担大包干方案，提交乡（镇）人民代表大会讨论通过，报县政府审核批准后执行。各行政村要根据本村农民负担大包干的数额，除农业税按地亩负担外，其他按人地各半计算，落实到村民小组（指原生产队），并召开村民大会或农民代表大会，公布各组包干数额，再落实到户。乡（镇）把应上交的统管部分划拨给县财政局，财政局再根据分配数额拨给各有关部门。

5、经费的管理使用

农民负担大包干的各项经费，要根据其性质和用途，实行分级管理，专款专用。①农业税按规定上交国库。②职业技术中学补贴，由教育局统一管理使用；民办教师、幼儿教师工资和中小学公用经费，由各乡（镇）管理使用。③民兵训练费由县武装部管理使用。④农田水利费除水费交县统一管理使用外，其余由乡（镇）管理使用。⑤优抚、交通、广播、村组干部报酬等，统一由乡镇管理使用。⑥村组办公费和五保户照顾费，由行政村或村民小组管理使用。对各项包干款项，一定要管好用好。县、乡（镇）、村都要设专人管理，建立账目，实行收支三联单制度，由分管这项工作的负责人审批，并定期公布账目，让群众监督。任何单位和个人都不准挪用和乱支，更不准吃、喝、贪、占。违者追究责任，并视情节轻重，给予纪律处分，直至追究法律责任。

二、应注意做好的几项工作

1、关于村组干部的设置和有关人员的补贴标准问题

行政村享受定额补贴的干部应尽量压缩，原则上可按总人口的0.5%掌握。500人以下的行政村限定2～3人，500～1000人的限定3～5人，1000～1500人的限定5～6人，1500人以上的最多不超过7人。除村支部书记外，其他村干部凡能兼职的都要纵横兼职，但不得享受重复补贴。没有享受固定补贴的干部，出村工作或开会可给误工补贴。固定补贴标准一般掌握在每人每月25元～35元，误工补贴的日补贴标准应相当于本单位劳力的平均值。村民小组原则上不设专职组长，应有行政村干部兼任，全部兼任后仍有空职的或集体财产多、集体办企业摊子大的村民小组可设组长一人，并享受定额补贴，一般掌握在每人每月10元左右。

党、团员参加组织活动及培训，一律不予补贴。上级部门召集党员、团员、群众出县、出乡开会或参加其他活动，误工补贴由召集部门解决。民兵训练的误工补贴由县武装部按规定发给。

2、关于义务工、基建工问题

凡户口在农村、有劳动能力，年满18—55岁的男性公民和年满18～45岁的女性公民，除按规定减免者外，都要负担一定数量的义务工和基建工。义务工全年不得超过5个工日，基建工不得超过10个工日。这两项用工年初列入计划，年终按实际用工计算，统一工值，由应出工者负担。少出工者交钱，多出工者得报酬。

3、关于对贫困村、特殊贫困户的照顾问题

对人均纯收入150元以下的村，可按有关政策适当减免农税，其他负担包干数额也要适当减免，减免的幅度由乡（镇）确定。对因天灾人祸和痴、呆、病、傻等原因造成的特殊贫困户，经群众讨论对其负担可给予适当减免。由于对贫困村和特殊贫困户的减免而造成的缺额，分别由乡（镇）和村在编制包干方案时统一安排解决。

4、关于五保户的供给和因工伤亡人员的抚恤问题

对五保户的供给形式可以多种多样，标准一般应略高于本单位农民的平均生活水平，由所在村民小组负责照顾。对因公伤亡的，由组织施工单位给予一次性抚恤。

5、关于兴办各种福利事业和组织文体活动问题

农村兴办各种集体福利事业，要量力而行，暂时无力兴办的应当缓办，切不可盲目大办。农村医疗，畜禽防疫，各类经济技术服务，应实行优质低偿服务，收费标准应经有关部门批准。文体活动经费可与群众共同商量解决。报刊杂志，要坚持群众自愿订阅的原则，积极发动订阅，不准强行摊派。

6、关于乡镇企业交纳农村教育费附加的问题

根据鲁政发（1985）120号文件规定，对乡（镇）、村两级企业（含工商企业、联合体、个体户）征收教育费附加。征收的数额要根据本乡（镇）经济状况和群众的承受能力，按照教育事业费包干缺额和教育事业发展需要的经费来确定。征收的比率可占按上年利润总额的3%计征，在税前列支。有条件的地方，征收率可以适当提高，但最高不得超过5%。不足部分，再由农民负担。

三、切实加强领导，认真搞好农民负担大包干工作（略）

一九八六年四月十日

中共单县县委　单县人民政府
关于大力发展乡镇企业的意见

单发〔1990〕19号

（摘要）

一、要充分认识发展乡镇企业的战略意义（略）

二、我县发展乡镇企业的指导思想和基本思路

总的指导思想是：全面贯彻中央五中全会和省、地指示精神，认真执行“调整、整顿、改造、提高”的方针，立足我县实际，坚持效益原则，深化改革，强化管理，推动科技进步，提高企业素质，促进我县乡镇企业持续、稳定、协调发展。今后三年，全县乡镇企业总产值每年递增25%，其中，乡镇工业每年递增20%，乡村工业每年递增15%。在当前国家紧缩银根，部分生产资料实行专营，能源、资金、原材料紧张的情况下，我县乡镇企业的发展，必须从实际出发，走出一条新路。要着重从三个方面引导其持续、健康的发展。一要在扩大经营领域上作文章。要破除那种认为只有搞规模大的加工业才是办企业的狭隘认识，树立从当地实际出发，在政策许可的范围内，能搞什么就搞什么的新观念。要拓宽视野，围绕粮棉油、林果、畜牧业生产和充足的劳力资源、传统工业优势，在种、养、工、商、运、建、服全面发展上做文章，宜种则种，宜养则养，宜商则商。逐步做到由种养业向其他行业扩展，由乡村生产领域向流通领域延伸，由收益小的项目向收益大的项目发展，由乡村向城镇转移。二是在劳动密集型企业上搞突破。我县是个贫困县，人才、资金、能源缺乏，劳动者文化素质低，但自然资源和劳动力资源丰富，适宜于发展劳动力密集型企业。发展劳动力密集型企业投资少、见效快，能够避开资金、能源、原材料短缺的困难，并能使我们丰富的劳动力资源和农副产品得到充分开发利用。我县现已发展开办的地毯加工、钩花刺绣、条编柳编、毛发加工等，要加以扶持，继续发展，形成规模。三是在搞好服务型企业上下功夫。所谓服务型企业，是指为乡镇企业、农业、畜牧业、林果业等服务的企业，这种企业具有企业职能和服务职能两种职能。县、乡、村都要大力发展这类企业。县要组织有关职能部门围绕粮棉油加工、林果业生产、畜牧业生产、瓜菜种植等方面建立系列化服务公司，乡镇要以“六站”（经管站、兽医站、林业站、水利站、农技站、农机站）和“两社”（供销社、信用社）为主体，建立乡镇服务型企业。行政村要根据自己的实际情况建立村级服务型企业。

三、要切实抓好对现有乡镇企业的整顿

现有乡镇企业是广大干部群众已经创造出来的业绩，也是继续前进的阵地和基础。但由于种种原因，部分企业没有办好，有的处于倒闭半倒闭状态。我县乡镇企业要有一个大的发展，必须把整顿好现有的企业作为一项重要措施来抓。整顿乡镇企业，要从自己的实际情况出发，企业存在什么问题，就解决什么问题。总的来说，要解决好三个方面的问题：一是整顿好领导班子。要选配事业心强、头脑清醒、有气魄、有能力、办事果断、眼光长远的同志担任企业负责人。对没有事业心、甚至只图自己发财，不懂经营、不会管理，没有商品经济意识的领导者，要通过整顿，调整下来。二是进一步完善承包经营责任制。要坚决改变“大包干”的承包方式，完善承包指标。承包指标一般应包括：生产经营指标，即产值（或收入）、产量、质量、成本、利润等；企业提留指标，即固定资产折旧、发展基金、大修基金、福利基金、教育基金等；上交指标，即税后利润的上交数和管理费等；企业生产发展主要保证措施指标，如智力投资、新产品开发、设备维修与更新改造、安全生产、污染治理等。三是加强企业内部管理。主要是加强企业内部建设，强化企业内部的各项管理，挖掘企业内部潜力。要逐步建立健全资金管理、质量管理、基础管理、物资管理等各项管理制度，建立健全审计制度、堵塞经营管理中的各种漏洞。

四、要重点抓好乡村集体企业

在发展乡镇企业中，要坚持做到个体、联合体、村办、乡镇办企业一起抓，但重点要抓好乡镇办、村办集体企业。乡镇、村办企业，是农村经济的重要组成部分，离开乡镇、村办企业，集体经济就发展壮大不起来。乡镇、村办企业，又是现在企业的主体部分，是起骨干带头作用的。乡镇、村办企业发展起来以后，可以从资金、技术、推销产品等方面，给户办、联户办企业以帮助和支持，促进和带动“四个轮子”协调运转。乡镇、村办企业发展了，既可以缓解乡镇财政的困难局面，使广大乡镇干部从经济困扰中解放出来，又可以减轻农民负担，减轻乡村干部在提留工作上的压力。在发展乡镇办、村办企业中，要发挥各自的优势，宜乡镇则乡镇，宜村则村，适合哪种形式就搞哪种形式。发展村办企业要村干部带头，把企业办成功，再吸引群众参股入股。乡镇办企业要努力发展一些重点项目，发挥龙头作用。

五、各部门要充分发挥职能作用，为发展乡镇企业搞好服务

全县乡镇企业的发展，离不开各职能部门的服务。各部门都要把为发展乡镇企业的服务看作自己的神圣职责，尽到应尽的责任。物资部门要搞好物资供应，县切块给乡镇企业的计划内物资，如钢材、生铁、木材、柴油、煤炭等，要保质保量按时供应，不得挪用和串换，由乡镇企业局下达分配计划并落实到企业。银信部门要尽可能地多为乡镇企业提供资金。监督部门要把管理监督和服务结合起来，首先要搞好服务。鉴于我县乡镇企业基础薄弱的现状，各监督部门按照有关规定应该从乡镇企业提取的各种费用，要尽量少提取或不提取，并要满腔热情地为企业出谋划策，排忧解难。各行各业各部门，都要为发展乡镇企业搞好服务，做出贡献。

六、要切实加强对乡镇企业工作的领导

县和各区、乡镇、村都要把发展乡镇企业列入重要议事日程。要成立由党委或政府主要负责同志参加的发展乡镇企业专门领导班子，定期研究乡镇企业工作，及时解决存在的问题，并要建立起经常的汇报、检查和经验交流制度。今后，要把发展乡镇企业的成效作为考核各级领导班子和领导干部工作实绩的重要内容。

……

要建立严格的考核、奖惩制度。县对各乡镇要在摸清乡镇企业现有情况的基础上，定出今后几年每年的发展目标，年终进行考核。对完成任务的表扬奖励，完不成任务的要追究责任。县决定从90年起，对于乡镇企业升级、产品创优等给予奖励，同县属工业同等对待。乡镇政府对乡镇企业只提取税前利润总额的10%，用于补助社会性开支。乡镇办工业年产值超过500万元，利润超过50万元的乡镇，分管工业的乡镇副书记（副乡、镇长）、经委主任均从下年度起浮动一级工资。对乡镇办工业产值、利润每年考核一次，达到上述指标的继续执行，达不到的取消浮动工资。工业企业产值连续三年超过300万元，上缴利税30万元以上，在企业中工作三年以上的厂长（经理）和取得中级以上职称的技术人员，浮动一级工资，三年达到上述指标的将浮动工资改为固定工资。

到乡镇企业工作的科技人员和大中专毕业生的工资和福利待遇，按照县人民政府（1988）32号文，即《单县放活科技人员实行人才合理流动的若干规定》执行。对做出显著成绩的分管工业的乡镇领导干部、经委干部和乡镇企业管理干部，给予特别的奖励。

一九九〇年四月六日

中共单县县委　单县人民政府
批转县企业改革领导小组办公室
《关于企业改制的实施意见》的通知

单发〔1997〕21号

（略）

单县企业改革领导小组办公室
关于企业改革的实施意见

（一九九七年五月五日）

（摘要）

一、改制的基本原则和目标要求

（一）基本原则

1、坚持产权清晰、权责分明、政企分开、管理科学的原则。

2、坚持国有、集体资产保值增值的原则。

3、坚持优势膨胀，以强并弱，强强联合的原则。

4、坚持因企制宜，一厂一策的原则。

5、坚持盘活存量和优化投入相结合的原则。

（二）目标要求

从现在起，各部门和企业要充分认识企业改制的必要性和紧迫感，按照本意见的要求，尽快研究制定本部门、本企业的具体实施和操作方案。总的要求是先试点，后推广，已推行股份合作制为主，多种改制形式并存，实行一厂一策。试点企业6月30日前完成改制任务，其他企业年底前全部完成改制任务。在企业改制过程中，要注重抓好新机制的完善、运行和配套改革，使企业走上规范化、法制化、市场化的运行轨道，逐步建立起适应市场经济要求的现代企业制度。

二、改制的主要形式

（一）股份合作制

股份合作制是兼有合作制和股份制两种经济形态特点，实行劳动合作和资本合作相结合的一种新型集体经济组织形式。根据实际情况，对效益好的支柱企业，坚持国家控股，将部分产权有偿转让给企业内部职工持股；对效益好、发展前景可观，但急需资金扩大生产能力的企业，实行国家持股与新扩股相结合，现有净资产全部有国家保留股本，另向职工募集部分股金；企业也可以将净资产全部折成股份，全部出售给职工；还可采取向社会募集股份等多种形式。原国有企业、集体企业改组为股份制企业，应征得企业出资者和职工（代表）大会同意，经主管部门同意后报县企业改革领导小组批准，向工商行政管理部门申请登记注册，具体组建办法参见《县企业改革领导小组办公室关于搞好股份合作制企业的实施方案》。

（二）租赁

对微利、亏损或停产、半停产的小型企业要推行以租赁为主要形式的国（公）有民营，企业可以整体，也可以部分实行国（公）有民营。出租承租双方按《全民所有制小型工业企业租赁经营暂行条例》（集体企业可参照执行）依法签署租赁合同，承租者交纳风险抵押金后，取得租赁资产的经营权。承租者可以是原企业职工，也可以是其他自然人、社会法人，经批准也可由外商承租。

（三）兼并

以骨干企业和名优产品为龙头，以资产联结为纽带，以盘活存量资产为宗旨，形成规模经济，推进跨行业、跨地区、跨所有制的企业兼并。县内企业间的兼并，要强化政府推动，部门间紧密协作，顾大局，看长远。同为国有企业之间实施兼并，可将资产划转，债务较大的企业先租赁经营，等债务清偿后再实施兼并；对市场前景看好，投入大，技术要求高，靠自身力量难以加快发展的企业或长期亏损、近期无力搞好的企业，经批准可将产权整体交给大企业经营管理；对部分长期亏损、债务沉重的企业，可以采取合并、分立等方式盘活存量资产；老企业可以用现有资产做为投资建立新的企业，经工商部门核准后，独立经营，自负盈亏，具有法人资格；也可以将现有资产折成股份，采取吸收其他法人投资等形式，组建有限责任公司，根据经济发展的需要和市场经济的要求，在兼并联合的基础上发展为企业集团。

（四）联营和联合

就是挂靠大企业，实行经营规模化、集团化，冲出县域圈子，冲破所有制束缚，寻找兼并重组、挂靠联合的对象，像平阴那样，走引、送、联、配的路子。“引”就是发挥感情、政策、政权的作用，千方百计吸引县外、国外的大企业来县内投资办厂，借助外力发展自己；“送”就是打破各种界限，把管不了、管不好的企业送给大集团；“联”就是资产经营联合办厂，对有一定优势的企业通过联合，加快发展；“配”就是接受兼并，甘当配角。

（五）组建企业集团

组成集团，实现规模经营，是外地高效、快速发展的成功经验，也是我县企业改制的重要组成部分。我们要下决心通过兼并、联合、联营、资产划转、增资扩股、合股兴办等多种形式，组建一批企业集团。组建企业集团的基本思路是：以名牌产品为龙头，以资产为纽带，以优势互补为原则，以争取国家支持为条件，通过资产重组，优化配置，组建企业集团，并逐步规范为股份有限公司，从而形成我县经济稳步、高速发展的着陆点。

（六）抵贷返租

就是对停产、亏损、资不抵债的中小企业依照法律程序，以企业实有资产抵偿所欠银行的贷款，并由银行取得对该企业资产的所有权和使用权，银行再返租给企业生产经营，收取租赁费的一种盘活企业、盘活资金存量的方法。采取这种改制方式，其基本指导思想是通过抵贷返租使企业产权明晰，促进企业经营机制转换、优化资产配置，一方面企业原有的信贷资产不再计息；另一方面，银行对企业注入新的流动资金启动企业，不仅保障了职工的就业和生活，而且能为县财政做出贡献。

（七）委托经营

在不改变或暂不改变企业产权归属的前提下，将管理不善经营困难的企业，委托给实力较强，经营管理水平较高的企业经营管理。

（八）出售

对小微亏企业，小门店，按照公开、公平、公正的原则，将评估后的企业净资产出售或拍卖给本企业职工或其他自然人、社会法人，经批准也可由外商购买。

（九）一厂多制

为了搞活企业，促进发展，一个企业可以分车间、分部门实行股份合作制、租赁、联营、委托经营、出售等多种改制形式并存的方式。

（十）破产

对亏损严重、资不抵债，产品又无市场，扭亏无望的企业，要在认真做好各方面工作的基础上，依法实施破产。

三、组织领导

企业改革是一项系统工程，涉及面广，政策性强，各部门必须从全局出发，协调一致，相互配合，形成合力，积极推动企业改革向纵深发展。

……

县里成立了由县长张存金任组长，县委副书记李学军、副县长任兰才、张进忠任副组长，县直有关单位主要负责人参加的县企业改革领导小组，设立了专门办公室，具体负责全县的企业改制工作。确定在县酒厂、轴承厂、文体用品厂、玻璃纤维厂、玉米淀粉厂、商业大楼、外贸银龙公司、凤祥集团等八个单位先行试点，由县委、县政府主要领导同志带队，从县直有关部门抽调部分领导干部和工作人员组成试点工作组，分赴8个试点企业，帮助企业搞好试点工作。各部门要在县企业改革领导小组的领导下，密切配合，通力协作，及时研究处理企业改革中遇到的问题，对试点中的具体业务工作，实行部门分工负责制。股份合作制的审批由县企业改革领导小组负责；国有资产评估、界定及股权设置，由财政、国有资产管理局负责；股份合作制企业的变更登记由工商行政管理局负责。

中共单县县委　单县人民政府
关于加快个体私营经济发展的若干规定（试行）

单发〔1999〕22号

（摘要）

根据上级有关法规和政策，结合我县实际，特作以下规定：

第一条　放开经营范围。除国家明令禁止不准生产、经营的项目外，放开一切生产经营领域。对国家专营专控的商品，经有关部门批准可允许个体、私营业户临时经营。

第二条　放宽从业人员。干部、职工、农民都可以从事个体私营经济活动。任何人都可以以资金、设备、厂房及无形资产为资本，从事独资、合资、合作、股份等各类生产经营活动。

第三条　放开登记注册条件。凡有经营能力的人员，只要持本人身份证申请开办个体工商户、私营企业，工商部门要及时办理营业执照。在办理登记时，除国务院规定的审批和许可外，其他一律不作为登记的前置条件。除《中华人民共和国公司法》规定的注册资金数额并验资外，其他注册登记不受资金额和验资的限制。个人拥有的技术专利、商标等无形资产，经资产评估后，可抵交注册资本。

第四条　个体私营户的名称字号，报县工商局批准，可冠以县名。申请冠地区、省名称的，由县工商局核转，并帮助办理。

第五条　申请开办个体私营企业，可以先核发营业执照，半年内补发各种许可证；对年销售收入达到增值税一般纳税人规模的私营企业，只要会计核算健全，能准确提供税务资料，可认定为增值税一般纳税人，使用增值税专用发票；对暂时达不到一般纳税人应税销售额，但其会计核算健全，能够准确提供纳税资料的，税务部门可实行代管代开等方式，为个体私营企业使用增值税专用发票提供服务。

第六条 个体私营业户控股、兼并、购买国有、集体企业的，享受改制企业一切优惠政策。工商等有关部门要及时办理转制手续。

第七条 党政机关、事业单位在编人员经本人申请、单位同意、组织人事部门备案，离岗从事个体私营生产经营活动的，按县委（1999）21号文件执行。自愿放弃公职从事个体私营活动的，退职费一次算清，两年支付。

第八条 大中专毕业生、复退军人直接从事个体私营活动按规定参加社会养老保险的，可计算工龄，档案由人才交流服务机构或劳动服务机构管理，三年内保留安置资格。再到其他经济组织或国家机关、事业单位工作，社会养老保险手续予以接转，工龄和投保时间连续计算。

第九条 企业下岗职工从事个体经营活动，凭劳动部门开具的证明和本人身份证，办理营业执照，一年内免征一切行政性收费，缴纳的所得税由财政部门凭税务机关定税证明定额返还。

第十条 农民进城经商办企业和外地人员来单县从事个体私营经济两年以上，可为本人及其配偶、未成年子女办理山东省地方城镇居民户口。在城镇从事个体私营企业的从业人员，凡有固定经营场所的，教育部门应及时帮助解决子女的入托、入学问题，并不受户籍的限制，执行统一收费标准。

第十一条 农民从事规模种植、养殖业和企业生产，当年固定资产投资10万元以上或纳税1万元以上，免其全家当年提留、义务工。对农村从事加工经营的个体户，工商部门办照只收工本费。凡专业户占总户数的30%以上，专业村占行政村总数的30%以上，经县个体私营经济发展局认定为专业村、专业乡镇，享受私营开发区的有关优惠政策。

第十二条 新办科技型、外向型、资源深加工型的个体私营企业，固定资产投资100万元以上的，免征耕地占用税、固定资产投资方向调节税。

第十三条 鼓励个体私营企业重科技、创名牌、上规模。年缴纳税金超过200万元或创出省级以上名牌产品的私营企业，三年内返还上缴所得税的20%。

第十四条 新开业从事经营性、服务性的个体私营业户，1年内免征行政事业性费用。

第十五条 个人投资新建专业市场。凡投资在10万元以上的，免征综合开发费、基础设施配套费、消防设施设备费，二年内免征工商管理费。对于省际交界处的专业市场实行特殊保护政策，促其发展壮大。

第十六条 个体私营户安置复退军人，下岗职工占用工人数50%以上的，享受劳服企业待遇；安置残疾人占用工人数的30%以上，享受福利企业待遇。

第十七条 个体私营企业的管理、技术人员，只要达到相应等级，人事、劳动部门优先为其评定专业技术职称。突出贡献者，可评为专业技术拔尖人才，享受政府特殊津贴。

第十八条 个体私营户参加养老、失业、医疗、工伤等社会保险，享受相应保险待遇，保险费用可税前列支。

第十九条 每个乡镇都要建立一处具有相当规模和档次的个体私营经济园（区）。进入园区的个体私营户免缴投资方向调节税、城市基础设施配套费、消防设施设备费、公路附加费、土地管理费、耕地占用税及对政府土地出让收入等。

第二十条 每年县财政部门从个体私营企业地方税收入中拿出部分设立发展基金，专户储存，用于个体私营经济重点项目的贷款贴息及奖励基金。

第二十一条 供电部门在农网改造时，要优先考虑个体大户、专业村和专业市场、专业园区的改造。

第二十二条　金融部门要设立专项贷款，扶持个体私营经济发展。各商业银行、信用社，每年新增贷款的40%用于个体工商户、私营企业的生产经营。

第二十三条　县成立个体私营经济服务中心，设立收费大厅，具体负责个体私营业户的证照办理、税费缴纳等方面的服务工作。新开办的个体私营经济服务中心，实行一条龙服务，一次性办理完各种证照，一次性统一征收各项收费。实行税费“三定一公开”和明白卡制度（具体办法见个体私营经济服务中心工作规程）。县设立信息服务中心，积极为个体私营企业提供生产、经营、科技开发等项目信息，引导个体私营经济快速发展。

第二十四条　已发放明白卡的个体私营企业，不经县个体私营经济领导小组办公室批准，任何单位和个人不得进入个体私营企业检查、收费、罚款、集资摊派。对注册资金100万元以上的私营企业和私营经济园区、专业市场实行重点保护制度，县委、县政府统一颁发保护牌。在县个体私营经济服务中心设立投诉电话，电话号码：4658081，县乡主要街道设举报箱。个体业户反映的问题，五日内要查出结果，给予答复。对以执法为名，向个体私营业户吃、拿、卡、要，或徇私舞弊的，一经查实，责令直接责任人立即停职离岗，重者给予纪律处分，调离执法部门。对单位主要负责人黄牌警告，电视曝光连续三次的，单位主要负责人降至或免职，对个体业户打击报复构成犯罪的司法部门追究其刑事责任，从重从快处理。

第二十五条　各乡镇及有关部门要加强引导，对形成一定规模的行业和专业村，有计划、有步骤地建立一批专业协会和专业生产合作社。

第二十六条　个体私营经济发展局、工商、税务、科委、工商联、工会、妇联等部门要根据自己的职责，搞好对个体业户的教育和培训，增强其法制观念和科技意识。并为个体私营业户提供市场、信息等方面的服务。

第二十七条　实施个体私营经济“一把手工程”。乡镇党委书记、乡镇长和县直副科级以上单位主要负责人是“一把手”工程中的主要责任人，1/3的行政村每年扶持或新上一个投资10万元以上的个体私营企业。县直副科级以上的单位，都要新上或扶持一个固定资产50万元以上的个体私营业户。

副县级以上干部每人联系一个私营企业，乡镇副科级以上干部每人联系1～2个个体工商户或私营企业。

第二十八条　各职能部门实行公开承诺制度。每半年由部分人大代表、政协委员、个体私营业户代表对各执纪执法部门服务情况进行一次民主评议。半年初评，年终总评。经考评和民主评议，评议前三名的单位，给予主要负责人记三等功一次，授予支持个体私营经济发展模范单位称号，发奖金5000元；评议最后一名的单位，对单位主要负责人通报批评，电视曝光，写出书面检查。属条条管理的部门，以县委、县政府名义给其上一级主管部门提出奖惩建议。同时对金融部门也要进行评议，奖惩参照上述规定执行。

第二十九条　强化宣传。每年的四月份为个体私营经济宣传月，在广播电台、电视台开办个体私营经济专题，在全县上下形成发展个体私营经济光荣的良好舆论氛围。

第三十条　根据县发展个体私营经济考核办法，县每年年终进行一次综合考评。（具体内容见考核奖惩办法）

第三十一条　本规定由县个体私营经济领导小组及个体私营经济发展局负责解释。

第三十二条　本规定自发布之日起施行，此前制订的有关文件与本规定不一致的，以本规定为准。

一九九九年五月五日

中共单县县委　单县人民政府
关于广泛开展招商引资的若干规定（试行）

单发〔2000〕1号

（二〇〇〇年一月二十二日）

为进一步加大招商引资力度，促进单县经济快速发展，特制定本规定。

一、明确责任，广泛招商引资

1、县直各部门、各乡镇及每个干部职工都要切实转变观念，打破常规，走出县门，诚招县外客商，吸纳县外资金、人才、技术和项目，形成人人参与，家家行动的热潮。

2、招商引资不限形式，不限规模，注重实效。主要采取各自为战，小股出击，层层突破，进行重点招商。单位和个人经批准，可以政府名义进行招商引资，必要时，可由政府负责同志出面招商引资。可以采取赴省进京，争取扶持；挂职锻炼，驻地招商；亲友牵线，能人招商；统一组织，外出招商等形式。也可以通过在发达地区或中心城市利用广播、电视、报纸等新闻媒体或召开项目信息发布会、招商会、老乡联谊会等形式招商引资。

3、县六大部门要带头搞好招商引资。每个领导成员都要帮扶一个县直部门，联系一个乡镇，扶持一个项目。

4、县直部门都要搞好招商引资。部门主要领导的精力要放在招商引资和上项目上。机关工作人员由部门统筹安排工作，在保证机关正常运转的前提下，其他人员都要从事经济活动。原则上每年至少引进一个100万元以上的项目或创办一个投资50万元以上的经济实体。公、检、法、税务、工商、纪委、监察等部门在为招商引资提供宽松环境和良好服务的同时，集中扶持一个项目或企业。

5、乡镇主要领导实行分工负责制，党委书记、乡镇长一人在家主持工作，一人在外招商。每个乡镇每年至少引进2个投资在100万元以上的项目或引进资金300万元以上。

6、鼓励民间组织或个人利用各种关系，采取多种形式招商引资。鼓励我县企业和个人大胆走出县门，到外地投资办厂，拓展经营，谋求更大发展。

7、鼓励机关干部职工创办经济实体。在职人员创办实体的，在注册登记后，可以请长假或与单位签订离岗合同。第一年，政治经济待遇不变，第二至第三年按本人现执行工资标准总额的80%计发工资；从第四年起，凡能向单位缴纳相当于本人工资费用的，可享受在岗人员同等待遇。对年纳税额在10万元以上的，在坚持干部选拔任用标准的同时，优先提拔重用。县乡机关分流下岗人员创办实体的，对其创办的经济实体三年内免收各种规费；投资50万元以上的，当年缴纳的地方税实行全征全返。

8、县建立一处经济园区，成立园区管委会。各乡镇也要制订规划，采取相对集中的办法，搞好园区建设，给予优惠政策，实行扎口管理，吸引外来投资者安家落户。县选定5～10个乡镇作为改革开放试点乡镇，享受更加优惠的政策，鼓励其发展。

9、经济主管部门、涉农部门、各乡镇年内必须寻求和挂靠一个大专院校、科研单位或大企业，建立长期紧密合作关系，开展各类经济活动和往来。每个单位每年争取引进1～2项科技成果和实用技术。

二、放宽政策，激发积极性

10、县直各单位、各乡镇无论引进什么项目，经论证，只要对发展单县经济有促进作用，县委、县政府在立项、资金等方面都给予积极扶持。外来投资者、企业及引进项目、资金的部门或个人，除享受《关于治理经济发展环境的若干规定》的各项优惠政策外，同时享受下列政策。

（1）重点保护政策。对投资在100万元以上的外来投资企业，实行重点保护，发挂保护牌，进行封闭管理，未经县治理经济发展环境办公室批准，任何部门和单位一律不得入内检查收费。

（2）收费优惠政策。对外来投资企业的收费，实行收缴分离制度，由县招商引资工作办公室（以下简称招商办）设立收费窗口，年度中间一次性收取，统一划转财政，不允许坐收坐支。所有收费项目必须经县治理经济发展环境办公室批准，否则，企业有权拒缴。

（3）引进人才优惠政策。对引进的硕士学位以上人员，根据本人要求，经协商可在工资、住房、安家补助费等方面给予最大优惠。对推动我县科技进步、促进经济和社会发展做出突出贡献的科技工作者，由政府给予重奖。对引进的各类专业技术人才，其本人、配偶及未婚子女由有关部门办理随调随迁手续。

（4）引资奖励政策。奖励范围：凡为我县工业、农业、基础设施建设和社会事业发展引进的资金（包括向上级部门争取的无偿资金、财政周转金、国托贷款、金融部门贷款、拆借、引进的县外资金等）。奖励标准：凡引进无偿资金的（政策性资金、单位办公补助经费等除外），自资金到位之日起，按引资总额的10%奖励引资者；引进无息资金的按银行相应期限利率，将利息和资金总额的1.5%奖励引资者；引进低于银行利率资金的，将利息差额和资金总额的1.5%奖励引资者；引进等于银行计划贷款利率资金的，按资金总额的1.5%奖励引资者。以上奖励适用全体干部职工。凡引进资金纳入县财政管理的，奖励由县财政列支；属乡镇管理使用的，奖励由乡镇财政列支；用于企业发展的，由企业出资奖励。

（5）引进项目奖励政策。凡部门引进的外来投资项目，自项目建成投产之日起，采取先征后返的办法，实现税金分成。五年内地税和国税返还地方部分的10%奖励部门。部门创办的经济实体或与外来投资者合作经营的企业，所获利润归部门使用。

三、优化环境，搞好服务

11、本着简化办事程序、提高工作效率的原则，对外来投资项目实行“一门受理，联合审批，一口收费，限时办结”的工作方式。外来投资项目，由招商办先行受理，协调有关部门办理相关手续，办结后一并交投资者。有关部门不得以任何理由拖延办理。

12、对外来投资者要热情服务。宣传、新闻、供电、供水、通讯等公用事业单位，在接到投资者的服务要求后，当天给予答复，坚持低标准收费，优先安排施工和服务；对外来投资者子女入托、上学给予优惠和照顾，教育部门就地、就近安排投资者子女入托、入学。公安部门对外来投资者和引进人才的落户要根据招商办的落户通知，及时予以办理，免征城市增容费。

13、公、检、法、税务、工商、纪检、监察等部门要加强对外来投资者的保护。司法机关严格依法惩处各种危及外来投资者生产经营和人身、财产安全的犯罪行为；不经县治理经济发展环境办公室允许，不得对投资者经营场所进行执法管理，不得擅自采取停业、查封等措施。

纪检检察机关对投资者和企业的举报、控告、申诉，应及时受理，迅速查办，坚决制止各种针对外来投资企业和投资者的违纪违法行为。

14、所有执纪执法部门都要规范对外来投资企业的检查行为。不得干扰企业正常生产经营活动及投资者的生活秩序，不得擅自到企业检查、罚款、收费，不得擅自查封企业财产和账务。违者坚决清除执纪执法队伍，并追究部门主要负责人的责任。

15、对引进的项目，由于部门原因造成外来投资者撤资、撤走的，直接责任人调离原机关干部岗位，主管领导降职使用；对刁难、冷落投资者的部门通报批评，部门主要负责人必须向投资者道歉，并视情节对当事人做严肃处理。

四、加强领导，严格奖惩

16、县成立招商引资工作领导小组，由县委副书记、县长李学军同志任组长，县委常委、县纪委书记张忠江、县委常委、县委政法委书记谷瑞灵、县人大副主任张存启、副县长秦建国、县政协副主席桑世允等同志任副组长，有关部门为成员，定期不定期对招商引资工作检查调度。领导小组下设办公室，办公室设在县计划委员会，县计委副主任孟祥聚同志任办公室主任。办公室具体负责定期分析并上报情况，研究薄弱环节，制定对策措施，协调有关部门做好引进项目的论证、审批、推介和相关手续办理工作。

17、对招商引资工作实行报告制度。凡单位引进的项目、资金或自办的经济实体，要及时上报招商办，登记注册，实行月总结、季评比，年表彰。

18、坚持把招商引资作为综合评价经济发展、奖惩领导班子和领导干部的重要依据。对完成年度招商引资任务的县直单位的前10名和乡镇的前5名通报表彰并给予物质奖励。对引进外资额度较大或引进项目在我县经济发展起重要作用的干部，优先提拔重用。对完不成年度招商引资任务的单位，第一年对单位主要负责人黄牌警告，连续两年完不成任务的就地免职。

19、每年组织外来投资者对执纪执法部门进行一次综合评议，根据评议结果，排列名次。对前三名的予以通报表彰；对投资者不满意的通报批评；列为不满意后三名的部门主要负责人写出检查、公开曝光；连续两年列为不满意后三名中最后一名的，对部门主要负责人予以免职，属垂直管理单位的，建议上级主管部门将其免职。

20、本规定自发布之日起施行。

单县人民政府
关于印发《单县新型农村合作医疗实施办法（试行）》的通知

单政发〔2006〕1号

（略）

单县新型农村合作医疗实施办法（试行）

第一章　总　则

第一条　为提高农民健康水平，缓解农民因病致贫、因病返贫，促进我县农村经济发展和社会稳定，根据上级有关文件精神，结合我县实际，制定本实施办法。

第二条　本办法所称新型农村合作医疗制度

是由政府组织、引导、支持，农民自愿参加，个人、集体和政府多方筹资，以大病统筹为主的农民医疗互助共济制度。

第三条 新型农村合作医疗制度应遵循以下原则：

（一）坚持政府组织、农民自愿、分级管理、民主监督的原则；

（二）坚持政策稳定、可持续发展的原则；

（三）坚持以收定支、保障适度的原则；

（四）坚持以大病统筹为主、兼顾门诊补偿的原则。

第四条 凡在本县居住具有农业户口的居民（含外出打工、经商农民）均可以户为单位，在户口所在地参加新型农村合作医疗。

第五条 新型农村合作医疗实行县办、县乡（镇）共管体制，以县为单位管理大病统筹，以乡（镇）为单位管理门诊医疗和健康体检。

第六条 参加新型农村合作医疗的农民（以下简称参合农民），享有按规定要求的服务和医药费补偿以及对新型农村合作医疗进行监督的权利，有按期缴纳新型农村合作医疗资金和遵守新型农村合作医疗各项规章制度的义务。

第七条 新型农村合作医疗纳入我县经济和社会发展总体规划，对县属有关部门及乡（镇）政府实现目标管理。

第二章 组织机构

第八条 新型农村合作医疗在各级政府的领导下实施，县、乡（镇）成立新型农村合作医疗管理委员会（以下简称合管委）。

（一）县合管委负责统一领导组织全县新型农村合作医疗的实施工作，其主要职责：

1、认真贯彻落实中央、省、市新型农村合作医疗方针政策，制定全县新型农村合作医疗规章制度；

2、负责组织全县新型农村合作医疗的宣传发动工作；

3、确定年度收费和补偿标准办法及有关重要事项；

4、负责全县新型农村合作医疗的组织实施和检查考核。

（二）乡（镇）合管委负责本辖区内新型农村合作医疗的组织领导，其主要职责：

1、负责辖区内新型农村合作医疗方案的制订与实施；

2、做好辖区内新型农村合作医疗的宣传发动工作；

3、负责辖区内新型农村合作医疗资金的收缴；

4、做好辖区内新型农村合作医疗的管理、检查等工作。

第九条 县、乡（镇）成立新型农村合作医疗管理办公室（以下简称合管办），为管理委员会的办事机构。县合管办设在县卫生局，乡（镇）合管办设在乡（镇）卫生院。其职责是：

（一）制定符合实际的新型农村合作医疗总体规划、年度实施计划及相应配套措施；

（二）负责新型农村合作医疗基金的管理使用；

（三）发展医药费用的审核与补偿，并定期公布资金的使用情况；

（四）负责对新型农村合作医疗机构的审查和监督管理；

（五）定期向同级合管委和上级报告工作情况，准确及时地报送有关统计资料；

（六）做好同级政府及上级业务主管部门交办的群团工作。

第三章 基金筹集

第十条 新型农村合作医疗基金每人每年共40元，主要由各级政府资助资金、参合农民个人交纳资金、集体扶持资金和社会捐助资金构成。

（一）农民以户为单位自愿参加新型农村合作医疗，每人每年缴费10元。

（二）积极争取国家、省、市财政资助，及时落实我县财政资助，实现四级财政每年对每位参合农民补助30元。

（三）鼓励乡村等集体经济组织对参合农民给予资金扶持，出资部分用来提高新型农村合作医疗的保障水平，不得视为农民自缴款，不递减政府资助标准。

随着全县经济发展和农民生活水平的提高，适时提高政府资助和农民筹资标准。

第十一条 农民缴纳资金部分，以户为单位，按照户不漏人的原则筹集，由乡（镇）政府组织，乡村干部代收，统一交乡（镇）财政所，乡（镇）财政所为参合农民开具专用收据，并将资金上交县新型农村合作医疗基金专户。

第十二条 各乡（镇）以行政村为单位对参合农户登记造册，并以村小组为单位张榜公布。核对无误后，由乡（镇）合管办将参合农民名单输入微机，发放单县新型农村合作医疗证。

第十三条 鼓励事业单位、社会团体和个人捐赠新型农村合作医疗基金。捐赠的资金由县合管办接收，进入新型农村合作医疗基金。

第十四条 农村五保户、特困户和特困优抚家庭参加新型农村合作医疗，个人缴纳部分由县财政、民政部门审核后从医疗救助基金、优抚经费中解决。

第十五条 新型农村合作医疗制度执行的年度为每年公历1月1日起12月31日止（2006年度从2006年4月1日起），每年11月底以前向参合农民收缴下一年度的新型农村合作医疗基金。

第四章 基金的使用

第十六条 新型农村合作医疗基金支出分为门诊支出、住院和其他支出。

（一）门诊支出，指按规定支付给参合农民用以补偿其门诊医药费用的支出。

（二）住院支出，指按规定支付给参合农民用以补偿其住院医药费用的支出。

（三）其他支出，指规定项目的体检支出、借款利息支出和其他不可预见的非正常损失等。

节余的新型农村合作医疗基金一律转入下年度新型农村合作医疗基金专户使用。

第十七条 门诊补偿标准：

按每人每年10元标准以户为单位设立家庭账户，家庭账户上的资金用于户内人员门诊费用的报销，报销比例为50%。每户年报销门诊医疗费数额不得超过家庭账户总额，年末有节余可转下年使用，但不得抵缴下年度个人应交费用。筹资年度内未使用过新型农村合作医疗基金的参合户，下年内对户内40周岁以上人员免费体检一次。

第十八条 住院补偿范围和标准：

（一）补偿范围：参合农民住院期间的药费、床位费、手术费、材料费、处置费、输液费、输血费、输氧费、常规影像检查以及常规检验费用均可按规定补偿。

（二）补偿标准：

1、住院医疗费用补偿设起付线和封顶线。定点乡（镇）卫生院和定点专科医院起付线为100元；县级定点综合医院起付线为500元；县级以上医疗机构起付线为1000元。封顶线为15000元（每人每年最高补偿不超过15000元）。参合农民每次住院在起付线以下的费用由个人负担，起付线以上的费用分段按比例报销。其报销比例为：

定点乡（镇）卫生院和乡（镇）专科医院：起付线以上部分，补偿40%。

县级定点综合医院和县定点专科医院：起付线以上至5000元（含）部分，补偿25%；5000至10000元（含）部分，补偿30%；10000元以上部分，补偿40%。

县级以上医院：起付线以上至10000元（含）部分，补偿15%；10000元至20000元（含）部分，补偿20%；20000元以上部分，补偿25%。

2、外出打工、暂住、探亲等参合农民不在本县住院的，报销比例为县级定点综合医院报销比例的50%。

3、参合农民中符合生育政策的孕妇，在县内定点医疗保健机构分娩，每人补助60元；非正常分娩的与住院同等对待。

4、特殊手术治疗费，如伽马刀、中子刀、细胞刀；特殊材料费，如脏器移植的组织器官、心脏起搏器、冠状动脉血管支架、人工晶体、人工瓣膜、骨科固定物、人工关节；确需诊疗需要的CT、核磁共振大型检查费用等费用的50%列入新型农村合作医疗报销范围。

5、患有晚期癌症、高血压III期、中风后遗症、冠心病、重症糖尿病、慢性肾功能衰竭、肾移植抗排、重症肝炎、白血病、再障等慢性病的患者，由乡（镇）合管办核实后，发放优惠卡，其门诊用药实行补偿制度。患者持优惠卡，在本乡（镇）卫生院就诊取药（规定的用药目录范围内），可报销30%的药费，每人每年最高报销限额为1000元。

第十九条　新型农村合作医疗补偿程序：

（一）门诊医疗费用补偿程序。参合农民持单县新型农村合作医疗证、本人身份证或户口簿在本乡（镇）所有定点卫生室或本乡（镇）卫生院就诊，接诊医生查验证件，确定人、证相符后进行诊治，使用专用处方、专用处置治疗单、专用单据，填写医药费补偿凭单和病人新型农村合作医疗证，然后根据补偿标准现场给予补偿。村卫生室或乡（镇）卫生院先行垫付补偿的费用，并于每月5日前到乡（镇）合管办，凭处方、处置医疗单、收费单据、医药费补偿凭单进行申报，经审核后，报县合管办，由县合管办审查核准后，将所需款项拨付给乡（镇）合管办，由乡（镇）合管办向村卫生室、乡（镇）卫生院兑付。

（二）住院医疗费用补偿程序。参合农民持《单县新型农村合作医疗证》、本人身份证或户口薄，可到全县所有定点乡（镇）卫生院住院治疗。到县级定点医疗机构住院治疗的，须经乡（镇）卫生院转诊。医疗终结后，凭医疗机构病历文书和医疗费结账单在乡（镇）合管办或县级定点医疗机构合管科（县级定点医疗机构设新型农村合作医疗管理科，简称合管科）即时报销医疗费用。乡（镇）合管办或县级定点医疗机构合管科每月5日前将上月全部资料（住院病历和住院费用清单）整理汇总后上报县合管办，县合管办审核后将报销的医疗费用核拨到乡（镇）合管办和县级定点医疗机构合管科。

（三）需到县级以上医疗机构住院治疗的，须经县合管办批准。所发生的医疗费用由患者先垫付，出院后凭住院医疗机构的诊断证明书、住院病历复印件、医疗费用清单、药品、和诊疗项目清单、医疗费用发票和单县新型农村合作医疗证、身份证或户口簿，在出院一个月内到县合管办按规定办理报销手续。

（四）参合农民外出打工、暂住、探亲期间，因抢救情况确需异地住院的，应在住院之日起3日内报告户籍所地的乡（镇）合管办，由乡（镇）合管办核实备案，并及时向县合管办报告，其住院费用由患者凭住院医疗机构的诊断证明书、住院病历复印件、药品和诊疗项目清单、医疗费用清单、医疗费用发票和《单县新型农村合作医疗证》、身份证或户口薄，在出院3个月内到县合管办办理报销手续。

第二十条　下列费用不得在新型农村合作医疗基金中报销：

（一）不属新型农村合作医疗《基本用药目录》《诊疗服务项目目录》范围的医疗费用；

（二）住院期间的伙食费、陪护费、保温箱费、中药煎药费、医疗垃圾处理费、特需服务费（特护费、监护病房费）；

（三）手术费超过山东省各级医疗卫生机构收费标准以上的部分，手术材料费超过手术费25%以上的部分；

（四）违法犯罪致伤、斗殴致伤、自杀、自残、服毒、工伤、受雇用致伤、酗酒、整容、美容、矫形、交通肇事、计划生育、职业病、假肢、义齿、眼镜、助听器、保健、按摩、减肥、增胖、割腋臭、增高等发生的医疗费用；

（五）经医生确定应出院而拒不出院发生的费用；

（六）重大疫情及自然灾害引起的伤病所发生的医疗费用；

（七）未经县合管办批准，在非指定医疗机构就诊和不按规定程序转诊发生的费用；

（八）经鉴定属医疗事故或已经产生医疗事故争议尚未经过鉴定的；

（九）自点药品和医学检查的费用，与疾病无关的检查、治疗费用和不符合处方用药的药品费用（排除性的诊断检查费用除外）；

（十）孕产期保健、儿童保健、儿童新筛、听筛、计划免疫接种等保健发生的费用；

（十一）违反其他规定发生的医疗费用。

第二十一条 参合农民的一切住院费用由接诊医疗机构填写清单，并有患者本人或其家属签字。凡未经患者本人或其家属签字的医疗费用，不予补偿，患者也有权拒付。

第二十二条 参合农民因户口迁移离开本县或死亡的，其所在村民委员会和村卫生室应在15日内报告所在的乡（镇）合管办，乡（镇）合管办在接到报告之日起7日内到县合管办办理注销等手续。

第二十三条 在年度内医疗补偿基金出现大量沉淀或出现大量透支时，县合管办报请县合管委批准后，可对报销范围及标准作适当调整。

第五章 基金管理

第二十四条 新型农村合作医疗基金实行“全县统筹，集中核算”，由县合管委统一管理，县合管办具体负责基金的业务管理和会计核算工作。

第二十五条 县财政设立新型农村合作医疗基金专户，实行收支两条线管理，做到专款专用、收支平衡、节余转用、利息滚存，不得挤占、挪用和截留基金。

第二十六条 县合管办要建立健全新型农村合作医疗基金的财务、会计、统计、审计制度，严格执行基金的支付、查询、转移程序。县财政部门要及时足额拨付新型农村合作医疗基金。

第六章 服务与监督

第二十七条 新型农村合作医疗定点医疗机构由县合管办在取得《医疗机构执业许可证》的医疗机构中考核确定，实行动态管理，并及时向社会公布。县合管办应当与定点医疗机构签订包括服务项目、服务质量、费用结算、审核与控制等内容的协议，明确双方的权利和义务。

第二十八条 定点医疗机构应坚持预防为主的方针，对参合农民进行健康教育和指导。乡（镇）合管办和卫生院应对辖区内参合农民建立家庭健康档案。对需要特殊检查的人员进行医学指导，提供服务。

第二十九条 定点医疗机构要加强人员、房屋、设备、技术的建设与管理，增强服务功能，提高服务质量，坚持因病施治、合理检查、合理治疗、合理转诊，为参合农民提供优质的医疗服务。

第三十条 定点医疗机构对参合农民进行诊疗时，必须坚持先验证、登记，后处置的原则（急诊、急症除外），严格遵守《基本用药目录》《诊疗服务项目目录》的规定，不得乱开药、滥用大型检查项目、放宽入院标准，不得将超范围费用纳入新型农村合作医疗住院费用结算。

第三十一条 定点医疗机构对参合农民收取住院押金时，要在扣除参合农民应报销的数额后，按患者的自费部分收取。

第三十二条　严格实行乡（镇）、县、县以上医疗机构逐级转诊及双向转诊制度。

（一）对需要转上级医疗机构治疗的病人，下机医疗机构要及时转诊，不得截留；对病情稳定需进行康复治疗的，上级医疗机构应转下级医疗机构继续进行治疗。

（二）向上转诊标准：

1、不具备诊疗条件的专科患者、手术病人；

2、疑难杂症病人；

3、急诊、重危病人；

4、经积极治疗无效的病人；

5、病情日趋加重而本地不具备诊疗条件的病人。

（三）由乡（镇）卫生院转往县定点医疗机构的，须由乡（镇）合管办办理审批手续；由县级定点医疗机构转往县级以上医疗机构者，须由县合管办办理审批手续。急症病人未办理转诊手续的，须在5天内持住院证明，经乡（镇）合管办审核认可后，补办转诊手续。否则，不予以报销医疗费用。

第三十三条　定点医疗机构应采取适当形式将参合农民享有的基本权利和义务、基金补助范围和方式、新型农村合作医疗基本用药目录和基本医疗服务价格进行公示，乡（镇）卫生院、村卫生室每月应张榜进行公示辖区内农民医疗费用补助情况。

第三十四条　县、乡（镇）合管办要对定点医疗机构和参合农民的医疗费用加强检查与审核，有权查询与参合农民有关的病历、医嘱、收费清单和处方，定点医疗机构有义务提供所需的诊疗资料及账目清单，不得为参合农民提供虚假发票和病历资料。

第三十五条　县成立新型农村合作医疗监督委员会，委员会由纪检、监察、审计、物价等部门负责人及人大代表、政协委员、参合农民代表组成，其中，参合农民代表比例不低于20%。监督委员会对新型农村合作医疗基金的使用和管理、卫生服务情况进行监督检查。

第七章　考核与奖惩

第三十六条　新型农村合作医疗经办机构应当加强财务管理，接受卫生行政部门和财政部门的监督管理。审计部门应定期对新型农村合作医疗基金收支情况进行审计。凡有下列行为之一的，由卫生行政部门责令其改正，县监察部门要对其负责人和直接责任人给予行政处分，构成犯罪的，依法移送司法机关处理：

（一）擅自提高或降低报销范围、报销标准的；

（二）侵占、挪用、贪污新型农村合作医疗基金的；

（三）管理不善，造成新型农村合作医疗基金严重亏空的；

（四）其他违反新型农村合作医疗管理规定的。

第三十七条　定点医疗机构及其工作人员有下列行为之一者，视其情节轻重，对其进行通报批评，并责令限期改正，追回经济损失；拒不整改或整改无效的，取消定点资格，对其相关人员给予行政处分；属医务人员个人行为的，取消其新型农村合作医疗处方权，由县卫生行政部门按《中华人民共和国执业医师法》及相关卫生法律进行查处：

（一）对新型农村合作医疗工作配合不力，管理措施不到位，违规行为时常发生，影响新型农村合作医疗工作正常进行的；

（二）不严格执行新型农村合作医疗基本诊疗目录，药品目录和服务设施标准，分解收费、乱收费，不严格执行国家物价政策的；

（三）不严格执行诊疗规范，不坚持首院、首科、首诊负责制，推诿病人，随意转诊，随意放宽入院标准，故意延长病人住院时间，滥用大型检查设备、重复检查的；

（四）医务人员不验证、不登记而诊治，或为冒名就医者提供方便的；

（五）违反新型农村合作医疗用药规定，开人情方、大处方，不按规定限量用药，开过时或超日期处方的；

（六）利用工作之便，搭车开药，或与患者联手造假，将基本用药串换成自费药品、保健用品以及日常生活用品的；

（七）自费药品、特殊检查和特殊治疗、超基本范围诊疗服务项目未征得患者本人或家属的同意签名而发生医疗费用的；

（八）其他违反新型农村合作医疗管理规定的。

第三十八条 参合农民有下列行为之一的，除向其追回已补偿的医疗费用外，视其情节轻重，给予批评、暂停新型农村合作医疗待遇等处分；构成犯罪的，依法进行处理：

（一）将本人的单县新型农村合作医疗证转借给他人就诊的；

（二）开虚假医药费收据、处方，冒领新型农村合作医疗补偿资金的；

（三）私自涂改医药费收据、病历、处方、检验报告或自行开方取药、违规检查、授意医护人员作假的；

（四）利用新型农村合作医疗在定点医疗机构开出药品进行非法倒卖的；

（五）其他违反新型农村合作医疗管理规定的。

第三十九条 将新型农村合作医疗工作，纳入对各乡（镇）年度综合目标考核，具体考核由县合管办负责组织实施。对在新型农村合作医疗工作中做出突出贡献的单位和个人予以表彰。

第八章　附　则

第四十条 县合管委可以根据本办法制定相关配套管理措施。

第四十一条 本办法自发布之日起施行。

二〇〇六年三月七日

中共单县县委　单县人民政府
关于进一步关注和改善民生构建和谐单县的实施意见

单发〔2007〕30号

（摘要）

根据中央和省市关于解决民生问题的指示精神，结合我县实际，现提出如下意见。

一、大力发展农村经济，全面促进农民增收

1、下大力调整优化农业产业结构。坚持以增加农民收入为目标，大力调整优化农业产业结构。2007年重点培植芦笋、大蒜、山药、蚕桑四大特色板块经济，总面积达到57万亩；大力发展林业生产，新增造林面积4万亩；发展壮大畜牧业，大力推广林下养殖，全县新发展规模饲养场30个，林下畜禽养殖达到100万头（只）。

2、积极发展现代农业。围绕已批准认证的28万亩无公害农产品生产基地，着力提高农产品质量和市场占有率；积极搞好芦笋、山药、羊肉等农副产品品牌申报、推介工作。2011年，全县无公害农产品基地达到85家，无公害农产品品牌达到25个。

3、培育壮大农副产品加工龙头企业。坚持以工业反哺农业，重点抓好立兴食品、百寿坊等原有农副产品加工龙头企业的规模扩张；加快广源果蔬、宁丰木业、万都木业等在建农产品加工龙头企业建设步伐，尽快形成增收带动能力；加大招商引资力度，培育新的农业龙头，以工业化带动农业产业化，最大限度地实现农产品就地加工、就地增值。2011年，农产品就地加工率要达到60%，省市级农副产品加工龙头企业分别达到3家和30家。

4、鼓励发展村级经济。加强政策扶持，强化资金协调，鼓励村级结合自身实际，采取干部带头、“能人”带动、多户联办等方式，大上各类农副产品加工项目，发展村级经济，带动农民增收。深入开展“全民创业”活动，积极发展“十小”项目，多渠道增加农民收入。

5、加快农村劳动力转移。实施农村劳动力转移培训“阳光工程”，加强职业技能培训，促进农村劳动力向非农产业和城镇转移，2007年培训农村劳动力1.2万人，新增转移3万人以上。2011年，全县农民从事二三产业总人数达到40万人以上。

二、改善农村生产生活条件，健全各类基础设施

6、加强基础设施和公用设施建设。围绕改善农业生产条件，2007年完成黄白河配套工程建设和高韦庄小流域治理任务，完成蔡河治理工程立项；强化井泉建设，新增和改善灌溉面积5万亩。全面完成村镇规划体系和13处乡镇驻地建设总体规划，加快60个中心村建设，2007年40个村实现村内硬化、绿化、亮化。加快实施村村通柏油路工程，2007年，全县新铺柏油路183公里，“十一五”期间，全县主要县乡道路完成升级改造任务。加快实施村村通自来水工程，2007年完成村村通自来水工程6处，解决173个自然村安全饮水问题，到2011年，全县累计完成村村通自来水工程385处。加快村村通有线电视工程建设，改善农村文化生活。2007年铺设光电缆3400公里，解决361个行政村、3万户农民的收看有线电视问题，尽快使农民群众看到频道更多、质量更好的电视节目。加强农村能源建设，2007年新建沼气池1000座，改建农村卫生厕所4万座。

7、逐步建立农村现代流通网络。组织实施“万村千乡市场工程”，2007年规划建设标准化农家店20个，2011年达到500个。规范改造农村集贸市场，升级改造徐寨农贸市场、孙溜果品市场、黄岗木材市场、杨楼畜产品市场等原有市场，积极建设新的农产品专业批发市场。鼓励发展农村经纪人队伍和农副产品购销组织，促进农民向三产转移。

8、认真清理拖欠农民工工资。坚持工作重心由清理拖欠向防范拖欠、工作手段由行政协调向依法监管、工作方法由集中清理向日常管理转变，加大市场监管力度，规范劳务合同，建立联动处置机制，坚决杜绝拖欠回潮和前清后欠。逐步健全落实工程担保、工程保险等机制，落实最低工日单价标准，以刚性措施遏制新的拖欠。

9、严格落实惠农政策。全面落实各项支农惠农政策，进一步扩大良种补贴、农机具购置补贴和农村沼气建设补贴的数量和范围。建立健全财政支农资金增长机制，努力做到财政支农投入的增量高于上年，固定资产投资用于农村的增量高于上年，土地出让收益用于农村建设的增量高于上年。规范村级“一事一议”筹资筹劳，严格落实涉农负担案件责任追究制等管理制度，坚决防止农民负担反弹。

三、实施积极的就业政策，广开就业门路

10、努力增加就业岗位。大力发展工业经济，全力膨胀骨干企业，以工业化水平的提高带动就业岗位的增加。鼓励群众自主创业，引导城乡群众积极发展个体民营经济和服务业，在发展中广开就业门路。“十一五”末，全县城镇就业人数达到10万人，其中帮助下岗失业人员再就业6000人，全县城镇登记失业率控制在4%以内，进一步缓解就业难问题。

11、进一步落实再就业扶持政策。坚持用3～5年的时间，解决体制转轨遗留的下岗失业人员再就业问题，难以再就业的逐步纳入社会保障范围。全面落实税费减免、小额担保贷款、社保补助、就业援助、免费职业介绍和培训补贴等扶持下岗失业人员再就业政策。扩大再就业政策扶持范围，健全就业援助制度，开展创建“充分就业社区”活动，着力帮助“零就业家庭”和就业困难人员就业。加大资金扶持力度，多渠道筹集再就业资金。

12、*健全职业技能培训制度*。大力开展城乡多层次、多形式的劳动力职业技能培训和创业培训，以培养制造业、现代服务业紧缺的高技能人才为重点，实施技能型人才培训工程；以增强下岗失业人员职业转换、自主创业能力为重点，实施再就业培训工程，确保到“十一五”末，90%的下岗失业人员得到培训。

13、*积极推进城乡统筹就业*。开展城乡一体化劳动力市场试点，启动建设单县劳动力市场。统筹管理城乡劳动力资源和就业工作，统筹做好下岗失业人员、城镇新成长劳动者、高校毕业生、复员转业军人以及进城务工人员、被征地农民的就业再就业工作，高度重视夫妻双方下岗人员的再就业问题，确保一人上岗。继续实施“西输东接”工程，开展“南下北上”活动，积极开拓新的劳动力市场。加强街道（乡镇）、社区劳动保障服务平台和驻外劳务工作机构建设，规范职业中介机构，完善职业介绍补贴政策。加强农民工生产安全保障制度建设，切实维护农民工合法权益。

四、完善社会保障制度，建立健全社会保障体系

14、*扩大社保覆盖面*。完善城乡社会保障制度，逐步解决非公有制经济组织的从业人员、个体工商户、被征地农民、灵活就业人员和农民工的社会保障问题，不断提高社会保障覆盖范围。确保2007年企业基本养老保险新增参保人数3600人，城镇基本医疗保险新增参保人数6400人，将农村年收入低于800元的特困群众全部纳入低保范围。

15、*加大基金征缴力度*。进一步扩大养老保险覆盖面，逐步做实个人账户，探索基金保值增值的有效方式，确保2007年企业、机关事业单位基本养老保险基金征缴分别达到3500万元、7000万元。完善医疗保险制度，努力建立多层次医疗保障体系，2007年城镇基本医疗保险基金征缴达到1300万元。继续健全完善工伤、失业等其他保险制度。

16、*提高保障水平*。多渠道筹集社会保障基金，为社会保障提供更好的资金支持。2007年城市低保全部执行160元的标准，人均月补差达到60元以上；进一步完善农村低保制度，农村特困群众年人均补差达到300元，农村五保户集中供养率达到70%以上。

17、*加大救助力度*。健全完善城镇居民最低生活保障制度以及医疗、教育、住房、司法等专项援助制度，规范农村特困户救助工作。2007年城市大病救助标准人均突破3000元，农村救助标准人均突破2000元。加快实施减灾救助工程。继续组织实施好万只兔减灾救助工程，探索开展“周行一善”新救助项目。加强农村养老服务设施建设，2007年完成徐寨、孙溜、黄岗、浮岗、谢集5个乡镇敬老院扩建和莱河镇、曹庄乡敬老院的新建工作。

五、促进教育公平发展，不断提高教育质量和水平

18、*继续加强基础教育*。大力发展农村教育，保障家庭经济困难学生正常入学并顺利完成学业，努力促进教育公平。2007年小学适龄儿童入学率保持在99%以上，小学毕业生升入初中的比例保持在98%以上，初中毕业生升入高中的比例达到85%。2011年高中教育基本普及，适龄儿童入学率和初中入学率分别达到99.5%和98.5%以上，保持高考在全市的领先地位。落实农村义务教育经费保障政策，确保全部免除农村义务教育阶段学生学杂费，对农村贫困家庭学生提供免费教科书并补助寄宿生生活费。逐步提高农村义务教育保障水平，确保教育经费投入持续增长，农

村中小学教师工资按时足额发放。要优化公共教育资源配置。对城镇教师到农村支教、高校优秀毕业生到农村任教实行优惠政策。加大中小学校危房改造力度，2007 年改造面积达到 2.6 万平方米。

19、*加快发展职业教育*。重点抓好职业中专、淄博工业学校等职业学校的规模扩张，不断提高职业教育水平。2007 年职业教育在校生达到 13000 人，全县中等职业教育与普通高中教育招生比例达到 3.5:6.5，2011 年达到 5:5。

20、*规范办学行为*。严格教育管理，加大治理教育乱收费力度，切实减轻群众教育负担。提倡和鼓励社会力量捐资助学和社会资本投入教育，引导民办教育健康发展。进一步落实教育收费与治理乱收费工作责任制。

六、加强公共医疗卫生服务，逐步解决群众看病难、看病贵问题

21、*做好新型农村合作医疗工作*。建立稳定的筹资机制，进一步制订合理的补偿标准，完善结报网络，确保新型农村合作医疗参合率达到 95% 以上。

22、*加强公共卫生服务体系建设*。不断加大农村卫生事业投入，完善县、乡、村三级医疗网络，加快乡镇卫生院和村卫生室的改造建设。2007 年完成三级医疗网络建设投资 1.83 亿元，创建 6 处规范化乡镇卫生院和 130 所农村满意村卫生室。“十一五”期间，全县三级医疗卫生网络建设投资达到 2.6 亿元。发展社区卫生服务，2011 年社区卫生服务实现全面覆盖。大力开展城镇医师支援农村卫生事业活动，每年选派 40 名县级医院优秀医务工作者到乡镇卫生院工作，带动提高乡镇卫生院医务水平。

23、*实施多形式惠农医疗*。落实特困群众医疗费用减免政策，城市低保对象到指定医院就医减免 10% ～ 25% 的诊疗费用。积极开展爱心医疗救助和扶贫医疗救助活动，加大行业监管力度，切实降低患者医药费用负担。

24、*加强传染病防控工作*。严格防控霍乱、结核病、乙肝等严重威胁群众健康和生命安全的疫病，确保不暴发流行。开展卫生下村、健康进社区行动，提高群众防病治疗和自我保健能力。

七、积极发展文体事业，丰富群众精神文化生活

25、*加强文化基础设施建设*。2007 年建成乡镇文化中心 4 个、村文化大院 100 个；基本完成开山公园项目建设；广播和电视人口综合覆盖率分别达到 99% 和 98%，实现村村通有线电视的目标。“十一五”期间，全面完成乡镇文化中心、村文化大院、文化信息资源共享、开山公园建设四项重点工程。

26、*开展丰富多彩的群众文化活动*。积极组织文化、科技、卫生“三下乡”活动和理论、科技、法律、文化“四学”活动，每年开展形式多样的群众性文体活动 50 场以上，让人民群众就近方便地参加各种群众文化活动。充分发挥戏曲之乡、楹联之乡、武术之乡的优势，开展丰富多彩的社区、村镇、校园、企业等文化娱乐活动，广泛开展全民健身活动，不断满足群众多样化的文化需求。

27、*加强精神文明建设*。深入开展“八荣八耻”社会荣辱观教育和《公民道德实施纲要》宣传教育，加强未成年人思想道德建设。深入开展“万家文明户”评选、创建“精神文明一条街”“五进农家”等精神文明创建活动，不断提升公民文明意识。

八、加强“平安单县”建设，维护社会安定和谐

28、*强化社会治安综合治理*。保持严打整治的高压态势，严厉打击暴力犯罪、“两抢一盗”犯罪和带有黑社会性质的有组织犯罪，着力整治突出治安问题和治安复杂地段。大力加强社会治安防范，构建专群结合、人防物防技防结合、全时段全地域覆盖的社会治安防控体系和网络。在城乡治安复杂地段、社区、城市小巷道强化巡逻，实行群防群控，在农村落实联护联防，在机关、学校、企事业单位健全内部保卫制度，不断增强人民群众的安全感。

29、做好新形势下的信访工作。要进一步畅通信访渠道，认真抓好群众来信“绿色邮政”和“阳光办信”工程，完善信访热线电话，坚持实行县乡领导公开接访制度。加强基层基础工作，强化基层化解信访问题的能力。加大矛盾纠纷排查调处力度，广泛开展矛盾纠纷排查调处活动，充分运用人民调解、行政调解和司法调解等多种手段，认真解决群众关心的热点、难点问题。进一步落实“一岗双责”和信访工作领导责任制，强化督查督办和责任追究，全面促进信访工作各项措施的落实。2007年确保来信来访数量下降6%，群体性上访事件下降12%，案件结案率达到100%，结服率达到90%。

30、切实搞好安全生产。全面落实“安全第一、预防为主、综合治理”的方针，做到思想认识上警钟长鸣，制度保障上严密有效，监督检查上严格细致，事故处理上严肃认真。深入开展消防、道路交通、建筑施工、烟花爆竹、危险化学品等专项整治活动，加强对食品、药品、交通和社会服务业等方面的监管，坚决防止重特大事故的发生，提升安全生产水平。

九、加大城市建设力度，改善群众居住生活条件

31、加强城市基础设施建设。坚持高标准规划、高水平建设、高效能管理的原则，不断提升城市宜居水平。2007年城市建成区控制性详细规划覆盖率达到100%，完成城市涝洼区改造任务，完成城市排水防汛、城市给水、桥梁道路建设、城市绿化亮化、污水处理厂建设、“碧水蓝天·十百千万”工程等6项工程建设，建立城市环境综合治理的长效机制。“十一五”期间，不断提高城区控制性详规和城区道路系统、绿地系统等专业规划覆盖率，进一步完善“六纵、六横、一环”的城市道路网络，加快房地产开发和城市基础设施建设步伐，基本建设成“天蓝、地绿、水清、人和”的现代化城市。

32、加快经济适用房建设。2007年建设商品房30万平方米，完成3万平方米的经济适实用房和廉租房建设，进一步解决中低收入家庭的住房困难。争取到2011年经济适用房和廉租房建筑面积达到11万平方米。

十、搞好污染治理和环境保护，切实改善生态环境

33、加强治污设施建设和重点污染源治理。2007年建设污水管网10公里，确保全县70%以上的污水进入污水处理厂，筹建日处理1000吨的中水回用厂一处。全面加强水土、大气污染防治，对25家重点企业严格监管，加大对化工、造纸企业的治污力度，对经济效益差、排污严重的企业坚决整顿、关停一批。

34、严格环保措施。通过严格项目审批，加快技术改造步伐，加大大气、水污染治理力度。2007年新建项目审批率、环境影响评价率、“三同时”执行率达到95%以上，两条主要河流出境断面水质基本达到三类标准，城区空气质量基本达到二级标准。“十一五”期间，新建项目审批率、环境影响评价率、“三同时”执行率达到98%，两条主要河流出境断面水质稳定达到三类标准，城区空气质量完全达到二级标准。

十一、努力维护群众利益，切实保障群众合法权益

35、做好征地补偿安置工作。进一步规范征地程序，严格实行征地公示和听证制度。严格落实国家征地补偿政策，按照公开、公平、公正的原则，依法开展征地补偿工作，严肃查处以各种名义拖欠农民征地补偿款问题，坚决杜绝任何单位和个人挪用征地补偿款。切实做好被征地农民生活保障工作，妥善解决其长远生计和基本生活问题。

36、依法做好城镇拆迁工作。房屋拆迁严格履行各项法定程序，严格按照国务院拆迁条例和省人大新修订的拆迁条例组织实施。拆迁项目要经过科学评估，切实做到项目合法、程序合法、主体合法、补偿标准合法和补偿资金到位。严禁以非法手段强制拆迁。

37、坚决纠正损害企业和群众利益行为。认真清理各类行政事业性收费、垄断行业经营服务性收费项目。积极推行善意执法、人性化执法，对法律法规规定收费项目按下限收取。逐步建立健全行政行为投诉受理和快速反应机制。

38、切实维护司法公正。认真落实司法为民要求，解决好执法不严、判决不公、执行不力和对当事人冷横硬烦等问题。坚持平等保护原则，促进各类市场主体公平有序竞争。整顿规范市场经济秩序，严厉打击贪污贿赂等职务犯罪，坚决打击制售假冒伪劣商品、侵犯知识产权等犯罪。加大经济关系调节力度，规范引导市场主体守法经营。

十二、加强组织领导，确保各项措施落到实处

39、实行一把手负责制。各单位主要负责人是解决民生问题第一责任人，要认真抓好涉及本单位的民生工作。分管责任人要靠上抓，拿出更多时间和精力，深入调查研究，创新工作方法，加强具体指导，解决关键问题。要强化群众观念，把群众愿望和要求作为想问题、作决策、办事情的基本依据，把解决民生问题放在各项工作的首位，始终做到亲民、爱民、为民、惠民。

40、落实工作责任。进一步明确目标任务，层层分解、落实责任，加强督查，加强统筹协调；各有关责任部门要密切配合，积极主动开展工作，及时研究解决关系民生、涉及群众切身利益的新情况、新问题，千方百计加以解决。

41、强化工作措施。坚持纠建并举、综合治理，切实纠正与民争利和损害群众利益的不正之风。坚持和完善民主评议政风行风的制度，落实行风领导责任制。坚持克服部门和小团体利益，认真调查处理办事不公、以权谋私、行政不作为和乱作为的问题。进一步加强党风廉政建设，加大查办案件工作力度，重点查处土地征用中侵犯农民利益、城市拆迁中侵犯居民利益、企业重组改制和破产中侵犯职工利益、企业生产中违法排污、拖欠农民工工资、加重农民负担等方面的突出问题，切实维护群众合法权益。

二○○七年五月二十一日

诗文选萃

诗 词

单 卷

赵统斌

混沌初开分地天，山岚渺渺水如烟。
白云一朵出林岫，夜雨三番湿梦关。
月下唐尧恭户外，风中虞舜立堂前。
德学散尽不图仕，大道由心无际边。

咏宓子贱

蔡敬超

堂上鸣琴布雅音，任贤辅政悦民心。
渔樵不忍欺良宰，千古高风说到今。

巫马施

张存金

前任清静尔任忙，民间甘苦亲口尝。

良政术静亦赖勤，春兰秋菊各自芳。

母亲的脊梁

凌子雪

（一）

母亲不识字
不识字的母亲一刻也不敢
忘记
三从四德
三纲五常
母亲在圣人的目光下
走过了世纪的风雨
母亲的脊梁
如一张弓
母亲不识字
不识字的母亲心底也渴望
有一天
与夫君举案齐眉
母亲低眉顺眼
低眉顺眼的母亲在黑夜里
捶打者三寸金莲
撕扯着长长的裹脚布
母亲
母亲曾是几个世纪的
童养媳

（二）

妇道是母亲背负的行囊
日子很累
母亲穿过世纪的沧桑
终于走出圣人的视野
走过来的母亲努力挺起脊梁
母亲抬起头
母亲多想放声地笑一声
多年的媳妇熬成婆呵
母亲的笑容僵在脸上
儿媳的高跟鞋从眼前
趾高气昂地踩过
孙子的奶瓶、尿布塞满了
母亲的生活空间
母亲在远去的声音里找不出
母亲的尊严
母亲张大惊恐的眼睛
如一只胆怯的兔子
母亲的脊梁弯了又弯
母亲不甘心　不甘心呵

（三）

一切生命
都源于母体
一切恩惠
都应回归于母亲
母亲
我脊梁弯弯的母亲呵！
你迷蒙的眼神
让我心碎
你母亲的尊严
迷失在哪里了呵
有谁能比你
更有资格
挺起脊梁呢
我苍苍白发的
母亲

楹联

题单县

湖南平江 方良

山通岱岳春，寻当年李杜遗踪，几绺彩云留客步

地接湖陵水，翻昔日圣贤治谱，二分明月听琴音

题单县

蔡效斌

六县四省一单父，

八景三台两名坊。

题单县

高　峰

改革春风吹绿湖西碧波一片，

开放生机注满单父经络万通。

单父美景

张　中

疏环城绿水，铺市内长街，修省界通衢，畅迩遐讯路，单父迎来八方客

赏小巷古坊，瞻陵园高塔，听琴台雅韵，品今古琼浆，湖西留得域中仙。

赋

单县赋

张清正　张金亮

西周封国，秦皇设县。古连齐鲁楚宋，今牵苏鲁豫皖。烟波浩淼微山湖东腾紫气；重峦叠嶂太行山西笼云烟。北枕九曲黄河，育发华夏文明；南濒茫茫江淮，天赋广袤平原。方圆千里，人口百万。物华人杰，名扬禹甸。

舜师单卷，开历史先河；贤禹治水，写伏龙诗篇。宓子贱鸣琴而治，巫马施披星戴月。先贤圣绩，万古留丹。汉吕雉佐高祖，治天下，奠基文景之治；晋郗诜勤政事，身清廉，树范文武百官。李杜高陶，孟渚游猎，琴台怀古，吟咏唱和；建安雷鲤，烹鹅置酒，挥毫泼墨，佳话流传。王禹偁兴利除弊，周自齐清华执鞭。爰及近代，国事维艰，湖西儿女，血荐轩辕。英雄俊杰，不可胜数，风流人物，灿若星汉。

风雨沧桑，星移斗转。三山推倒，地覆天翻。三十年发展，奠定振兴基础；三十年改革，高扬崛起风帆。干部挣脱桎梏，群众冲破羁绊。励精图治创伟业，小康路上齐登攀。优化农业结构，率先工业发展，振兴第三产业，迎来百业灿烂。尚舜化工，敲响境外上市第一锣；天元造纸，造纸、发电、循环、低碳一肩担。泰信家纺、宏宇纺织，兄弟比翼闯世界；舜亦光伏、宇泰光电，能源高地居尖端。君子酒业，誉满神州；生物发电，全国示范。中小企业，遍布城乡；煤化产业，新生亮点。南桑北蒜，东药西笋，凸显特色经济；龙头基地，种养加销，富裕十万家园。黄牛早下岗，铁龙驰田间。五谷丰登囤满仓盈。千年农税今朝尽免。义乌品牌，对接单父；万隆批发，物流海内；满城商埠，竞相繁荣；四海商贾，接踵比肩。

科教兴县，育才为先。园丁辛勤耕耘；学子刻苦攻关。一中五中，中学标兵；省立师范，桃李满园；家政学院，独树一帜；职业中专，国家重点。高考成绩连夺冠，市内榜首十二年。中心医院，肝胆外科扬齐鲁；东大医院，万例微创喜报传；新农合惠及万家，长寿乡全省称冠。百狮坊、百寿坊，堪称世界瑰宝；罗汉参、羊肉汤、载入饮食宝典。浮龙湖，碧水万顷，生态旅游迷醉客；老君寨，青牛卧波，道家文化谱新篇。孟昭良脚踏三轮送湘女，感动中国；朱之文十年磨杵终成针，梦圆歌坛。齐鲁骄子牛作涛，舍己救人英魂在，震撼神州；布衣平民朱瑞方，耐贫助学三十载，义薄云天。楹联之乡、书画之乡、戏曲之乡，异彩纷呈；物质文明、政治文明、精神文明，鲜花烂漫。

大手笔绘制宏伟蓝图，新思路引领城市发展。新区开发，高点定位；旧城改造，浴火涅槃。幢幢高楼，冲霄拔地；片片小区，百花争艳。开山公园、湖西公园、生态公园，似明珠镶嵌故城新区；

城河、莱河、东沟河，如玉带把小城装扮。暮色降临华灯放，火树银花不夜天。新城佳境，精品迭出。湖西广场齐鲁地标，文化中心博大精深，展览馆巍峨恢宏，艺术馆深邃精湛。古邑嬗变，旧韵新篇。梁王台上看夕阳，再现栖霞晚照；莱水岸边放远眸，隐约点点归帆。山陕会馆，风光依旧，小桥流水，诗意江南。千年古堤，联苑竞秀；一里三台，天上人间。湖西会堂再现老区英雄史，朱家大院展示新旧两重天。英雄阁内，金戈铁马，先烈豪气贯日月；二贤祠里，群贤聚首，谈古论今话巨变……

美矣，湖西！盛哉，单县！

浮龙湖记游

李孜珠

清秋佳日，泛舟浮龙湖。望碧波淼淼，雾霭茫茫；恰凉风习习，秋雨沥沥。闻笑语喧喧，听渔歌悠悠，眺烟树苍苍，穿荷叶田田。波惊鹭鸶，青空起一抹飞白；风拂菖苇，镜湖乱数道轻烟。水天齐色，玉鉴琼田铺画卷；云湖共影，淡彩疏墨赋秋声。凭栏伫立，俗虑迎风消散；临窗独坐，诗思随波飘远。清茶一盏，堪抵十年尘梦；偷闲半日，可谓三生之幸。恍惚人间天上，不知今夕何夕。何时约二三知己，携酒乘月醒复醉，舍楫逐波任西东，管他手机几时关，不觉东方之既白。其一为之，亦难矣乎！

四君子赋

赵海涛

谦谦君子，经纶之才，慎独其身，中正博爱。栖之陋室，鸣之天籁，仰思前贤，梦回琴台。清风酿明月，把盏饮沧海，杯中自有宓子贱，奏我心弦坐高台。声声牵子美，丝丝连太白。高适明宇内，陶沔了世外。面带彩虹兮，胸藏宇宙。放歌惊潮兮，十方澎湃。一曲证天道，万物入虚怀。相和天下四君子，化作美酒又千载，风骨印苍苔。

枸杞树王赋

孙运法

城内多嘉树，枸杞越半千。驻足古树下，敬意生油然。铁干举虬枝，巨冠撑绿伞。春叶多茂密，秋实何红艳。树身韧又坚，积雪压难断。粗细才如碗，年轮慢中添。慢中有真趣，节欲寿可延。雨露足止渴，泥土足饱餐。此外更何求，淡泊天地宽。岂怕地瘠薄，本性耐贫寒。扎根深土中，生机自盎然。树弯难作栋，花小不足观；悠悠岁月长，材与不材间。风来摇摇头，雨过抖抖衫。历尽沧桑后，无畏自陶然。于人何所求，一心多奉献。年年呈瑞果，增寿又养颜。密叶作凉棚，树下摆棋盘。遮阳又挡雨，邻里相聚欢。树下皆过客，主人换几番？对此长青树，但恨人生短。老树富美德，堪为人典范。五百尚结果，七十敢息肩！奇树有灵性，生死恋故园。老城增秀色，古树焕新颜。春风勤照看，葱茏千万年。

罗汉参赋

孙运法

罗汉参者，国家稀有作物，单县名贵特产。气候优越，偏爱此乡；水土沃肥，独钟本县。凝日月之精华，汲深壤之甘泉，得单州之地利，结金玉之丹丸。春种秋收，隐士出山。心脏其形，土黄其颜。状如罗汉，肚腹圆圆。外表朴素，内心精炼。肉质细嫩，皎若白莲。芋头羡慕其香，山药妒嫉其甜。比菱角鲜美，胜板栗甘面。供国宴而贵宾笑，做家筵而亲友欢。唇齿留香，绵绵不散。爽口悦心，极致体验。

绿色食品，源自天然。自有抗病基因，不惧害虫为患。富硒王子，营养全面，药食两用，抗癌保健。养颜滋补，益寿延年。文明病之克星，现代人之灵丹。怀罗汉之佛心，保苍生之康安。

长寿之乡，受益匪浅。食品新秀，造福人寰。

登飞龙亭记

周在宇 许广刚

飞龙亭矗立于风景秀丽的浮龙湖中，为纪念单县籍抗日名将魏振亚而建。

浮岗热血青年魏振亚17岁投笔从戎， 抗战初期，任八路军某部副司令员，率部袭击日军，骁勇善战，神出鬼没，宛如游龙，令日寇闻风丧胆，人称魏飞龙。1938年秋，在与日军作战时，不幸殉难于山西大同阳高县落龙山。其部下原大同医专党委书记刘苏明，多年寻访英雄故里，2001年，终于在单县县志办的帮助下得偿夙愿，遂捐资万元修建魏飞龙纪念亭。

烟波浩渺的浮龙湖风光旖旎。春来碧波荡漾雁回归，夏日凉风习习荷飘香，秋至金光盈湖鱼蟹肥，冬日地冻三尺水无冰。淫雨数月不见水涨，百日大旱不见水落。天光云影徘徊其中，有海纳百川之胸襟。

登斯亭也，西望注潭之水奔腾咆哮天上来，东看泻潭激流浩浩荡荡东入海，南瞻故道大堤蜿蜒万里龙飞舞，北赏万亩玫瑰嫩绿娇红花绽放。饱览美丽之湖景，顿觉心旷神怡，豪情满怀。

登斯亭也，缅怀先烈。这里是英雄的故乡，这里是创业的热土。一代代勤劳勇敢的单县人，沿着先辈开辟的道路，努力建设美丽家园和幸福生活。看到故乡日新月异的变化，魏将军之英灵一定会含笑九泉。吾辈要继承和发扬先烈奋勇拼搏的战斗精神，把单县建设得更加美好！

散文

母 亲

段心强

鲁西南的黄河故道北岸，有个鸟巢似的村庄——段庄，这就是生我养我的地方。正是这片贫穷的黄土地，凝聚了人们生命力的坚韧，缔造出人们活下去的勇气，系住了我的整个生命。

每当我想起家乡，首先浮现在脑海里的是我母亲。当然，“母亲”对每个人都是一首最美好的诗，一支最动人的歌。许多文人已写出不少感人至深的篇章，可是，正如世界上没有两个相同的苹果相同的树叶一样，各位母亲也绝不会谁抄袭谁，单个记录下来都能独立成篇。

我的母亲很平凡，平凡得连个名字都没有。因她排行第三，长辈都叫她“张三姐”；平辈按年龄分，有的叫“嫂子”，有的叫“妹妹”；晚辈的称呼更多，比如“婶子”“大娘”“奶奶”“老奶奶”……至于户口册上的名字是村干部临时起的，母亲并不知道，那干部本人也早已忘却。因户口册在乡政府放着，我从没有去看过，自然也不知道。就是这样一位母亲，本能地哺育着我。她成年累月干活，吃不嘴里，穿不身上，却从不短我的营养。偶尔有个鸡蛋，她总舍不得吃，剥去皮塞进我的嘴里；在地里看瓜，常偷偷地带一个熟透的甜瓜给我；花生下来，我嚼不动，她就用擀面杖擀碎抹到我的嘴里。母亲是自私的，她心中只有我这个儿子；她又是忘我的，为儿子从不考虑自己。

我父亲不是一个好丈夫，他游手好闲，家里地里活都推给母亲一人干。他脾气还很坏，在外边受了欺负，回到家里拿妻子出气，而且很野蛮，动不动就拿皮鞭子抽，拿拌草棍抡，母亲身上常被抽出一道道血痕，头上常被打得呼呼冒血，但她从不求饶，也不叫喊，一句话也不说，怕吓着我，她总是紧紧地把我搂在怀里，我像雏鸡藏在母鸡羽翼下似的，吓得浑身抖，恨死了父亲，推着母亲快离开，可母亲动都不动。后来读了鲁迅先生关于这方面的文章，才知道那是母亲的轻蔑。

父亲娶了婶母并生下我的几个弟弟后，我和母亲的处境更加艰辛。他常常找事闹乱子，以显示他的“绝对权威”。有一次，他种的南瓜被谁拔去一棵，怀疑是我，便像老鹰抓小鸡似地拿我审问。我确实没干，平时又对他有意见，便没好气地顶了他一句。这可惹下大祸，他气得脸色铁青，找了一条棍子便打。我才几岁，哪能经得起这么一棍子，母亲看到后，眼里射出一道仇恨的光，这光就像温柔的母猫见凶恶的孩子动她未睁开眼的小猫那么厉害，就像带着小鸡的母鸡看到天上的老鹰要叼小鸡那么勇敢，就像一只被抓住的麻雀用它的小嘴衔住装着她儿女的笼子不放一样固执。她噔噔几步跑过来，伸手把我揽在怀里，棍子正好落在她的头上、身上，她不躲避，像是要以自己的死保护我这微弱的生命，直到奶奶赶来打跑了父亲，才保住了我们这俩可怜的生命。家乡一解放，母亲就找到政府，提出独立门户，分家另过。从此，我们母子开始了新的生活。

生活的辩证法往往是这样：你在这方面剥压了他（她），却在另一方面造就了他（她）。我家没有男人支撑门户，母亲只有自己硬着头皮支撑。种地需要有牲口，她没钱便到姥姥家借，买了一头小母牛精心喂养，一两年后长成大牛，不但能耕地，还每年下一头小牛，成为一棵“摇钱树”。犁耙地自古都是男人的事，可母亲怕惹是生非，从不求人，学着扶犁耙地。开始人们看不惯，时间长了不少人伸出大拇指。与此同时，母亲还学会扬场放磙，而且做得不比男人差。从此，在方圆十几里，我母亲成了“全能冠军”。母亲一个人干两个人的活，自然是累死累活。晚上，我常常看到她撂下饭碗已筋疲力尽，躺在床上像一摊泥，叫都叫不醒。她活得太累啦，也太苦啦，三十多岁，额上就已有不少皱纹，但不是岁月的沉积，而是辛苦的刀子记下的痕迹。

坚强的人往往又是脆弱的，我有时就看到母亲脆弱的一面。她见不得受苦的人，有的妇女因受气哭哭泣泣，她就跟着抹眼泪，有的到家门口讨饭，她总是把人家叫到屋里给吃给喝，为之叹息。她从没有在我面前说过瓤话，好像没有什么能难倒她。可是一回到娘家，她就到已故的姥姥、姥爷坟前痛哭一场，好像突然把心里的闸门打开，让长时间积攒起来的泪水用哭声放干。开始，我非常害怕，扯着她的衣襟嚎哭，直哭得母亲怕我哭伤了身体才止住了哭声，可她的泪还是一个劲地流，因此，我从小怕过节，一到年节，特别是八月十五，母亲一定要去给姥姥、姥爷上坟烧纸，我就要看她痛哭一场，心里的压力很大。随着年龄的增长，我慢慢懂得，母亲回娘家哭坟，固然有缅怀老人的一面，但更多的是发泄自己的痛苦、委屈，哀怨……这对减轻她心灵上的重担是有好处的。于是每到过节，我就催她回去。

听舅舅说，我母亲年轻时很聪明，要不是女的，就送到城旦求学去了。这是她一生的遗憾，因此把希望寄托在下一代身上。她也没逃脱旧的束缚，仍然重男轻女，哥哥和我成了她的骄子，不料哥哥命短，高中没毕业就离开人世。这对母亲是很大的打击，就像收获前遭到一场毁灭性的灾害，她把丰收的希望化成一堆死灰。有人劝她不要让我再上学了，可她坚决地摇摇头说：“学还得上，我就是再难也供孩子上学！”她省吃俭用，从牙缝里挤出几个钱，给我买一身新衣服，亲自送我到学校。我还争气，常考第一，只是不肯逆来顺受，时而和嫉妒我或好称霸的孩子打架，母亲为此很生气，每打一架总把我关在屋里好一阵数落。我有时不服，她一跺脚走了：“好，我这一辈子全为了你长大成一个有出息的人，你不听话我也不活啦，我这就跳井去！”我爱我的母亲，娘儿俩相依为命，怎舍得她离我而去？我伤心地哭着撵她，死死地抱住她的腿哀求：“我听话，我听话……”这时母亲也哭了，黄豆大的泪珠滴在我的头上、脖子里、衣服上，浸透了我的心，像一个个“中子”，冲击着我灵魂的“原子核”，释放出巨大的能量。我心里总像装满浓缩的液化气，冲劲很足。上课精力集中，把老师讲的知识深记在心上。课下写作业，原来三个小时完不成的现在用不到一小时。剩下的大量时间用来演算“五百难题”，看文艺、科技等方面的书籍。我觉得自己像一只小鸟，眼看着长出一根根羽毛。记得高小毕业考数学，卷是印的，老师怕不清楚，先慢慢念一遍，让同学们校对后再做，谁也没想到，老师刚念完，我就去交卷。老师问："你为啥不做？"我回答："做完啦。"老师怀疑地看我的卷子，最后惊喜地划了"100 分"。

母亲不认识字，讲不出多少名词，却能打一些比喻开导我，让我最大限度地挖掘出自己的潜力。比如，她常对我说："咱这里的地为啥不长庄稼？就是因为土不好，又碱又沙，盛不住水和肥。人也是一样，一旦装不进文化，就说明你心里冒碱冒沙。"所以，我从小注意防止心田沙化碱化，一直像旱苗吸水似的吸取着知识。有一次，我和邻居家的孩子偷了一个西瓜，母亲扳着脸教训我："偷、骗、讹都是树上已烂的叶子，它们对树只有害处，没有好处。"我听后再也不干坏事了。为了让我放下架子向别人学习，她还常常对我说："大骡子大马值钱，人大不值钱。"在母亲的教诲下，我靠自己的才分和刻苦，获得从小学到高中一路"绿灯"，许多人说我像块"有才的云彩"。

上学不同于栽仙人掌，不施肥也开花，上学是要花钱的，而且要越花越多。母亲知道身上担子的分量，但她不怕。坚定的信念给她顽强的意志，顽强的意志又给她巨大的力量。她对我保证："只要你能考上，我叫你把中国的学上完，就是砸锅卖铁也要供你！"她知道学校里有助学金，但一律不让我要，她要用自己的劳动供我上学。心中有目标，脚下就有路。读小学时，她和姐姐纺花织布，卖了钱作学费。上初中以后，要离家住校，花钱多啦，仅卖布的钱已不能维持。母亲坚信"天无绝人之路"，又给自己加一副担子，拔草、扫树叶，每年喂两只大绵羊。就这样，中小学八年，我没要一分钱的助学金，我的"北京大学入学通知书"上，浸透了母亲的血和汗，闪烁着母亲的理想和祝愿。

原因多多，母亲没有随我到北京去住。每想到这件事，我都感到内疚。她给我了自己的"整个"，我给她的只是一年一度的看望。这几年，我见母亲越发的老了，回去后总是不忍心离开，真正懂得了"父母在不远游"的道理。这时，母亲便催我走："去吧，到外头常写信，不叫娘挂着就行啦。"我很感谢母亲的知情达理。我现在的精神，大半是她给我培养起来的。可她从不想什么"养儿防老，积谷防饥"，我的好母亲！

我一直坚信自己完整地抄袭了母亲的善良和道德，可一件事使我不敢再说这个话。1984 年，父亲病故的消息传到北京，我的心情固然是很沉重，并立即给异母兄弟汇款办丧事，但一直没掉一滴眼泪。按说，父亲的凶暴，母亲领略得最为深切，我最多是个"株连者"；论血缘关系，我们是骨肉，她还是"外人"，可泪水作证，她已原谅了父亲，我与父亲在感情上却没有沟通。

我长大啦，母亲老啦，一根根白发爬上鬓角，一条条皱纹镶在额上，牙齿一颗颗脱落了。过了"古稀"之年，她老得更快。头发越来越白越稀疏，皱纹越来越深越多，两腮一年年向里凹陷，并开始有了拄棍，好像她只有一种精神不老——一直关心着我，以后又增加上孙子。从母亲身上，我看到了中华民族不断勃发的原始生命力，感到了这个民族深沉的道德积淀和崇高的风尚渊源，这大概就是一个民族崛起的脊梁和长兴不衰的根。

前年秋天，我回家看她，她还能到场里择花生，娘俩还商量第二年什么时候再团圆，不料去年初春，她突然永远离我而去了，留下的只是半年前的诀别。记得那次我只在家住了三天，北京就来电话催我回去。母亲那不多的银发紧紧地系住我的心，那几十年的母爱，挽留着我的脚步，我多么想再呆几天呵。母亲还是像往常一样，催我走，送我到村头，我回头看，发现她流泪啦，她那与黄土地一个颜色的脸上，纵横交错的皱纹像是曾灌溉着禾苗的沟渠，干瘦的面容像是被庄稼吸干养分的土地，稀疏的灰白头发像是风霜冰雪后失去生命力的细草……

黄叶飘落的时候，把营养留给了树根；老树枯死的时候，把希望和信心留给了种子。近年来，母亲和故乡常常在我脑海里融为一体。

母亲——故乡的黄土地，

故乡的黄土地——母亲！

1999 年 5 月 26 日　北京

（作者，单县人，人民日报驻辽宁记者站站长，高级记者）

父亲的马

李晓华

父亲爱马，更爱养马。

刚记事，就常听父亲讲马：三国关公的赤兔，隋唐秦琼的黄骠，还有什么乌龙驹、闪电赤……都是日行千里，夜行八百的宝马良驹。还听到有个白胡子老头叫伯乐，有了他，世间才有了千里马，我就搞不明白，千里马又不是他的，为什么先有他，才有千里马。

新奇的想象和疑问在幼小的心里，折腾出了许多的激动和难耐。在某一天，我溜到生产队的牲口屋，结果，只看到几头卧在地上晒太阳的牛，和两匹干巴巴的瘦驴。失望之余，偷抓了一把喂牲口的料豆子，还没等塞到嘴里，就被喂牲口的“三弓腰”打了一鞭。我这才知道孩子们为什么恨他，嘴馋点，就该挨鞭子吗？

第一次见到马，是跟母亲去买盐。在供销社的大院子里，鬃毛飘飘洒洒，色泽锃亮，脖子上一串小铃，随着身体的腾跃，发出极悦耳的“叮咚”声。

“好威风的马！”一位穿得体面，倒背着手的男人夸赞了一声。

“马”果然是马！果然是我想象中的样子。我心里狂喜，疯了般追了过去，脚下磕磕绊绊，眼睛却一直盯着，直到马车跑远了，才不情愿地走了回去。母亲找不到我，早已焦急地掉了泪。回到家，父亲听说我见到了马，兴奋得两眼发亮，不停地说，咱家也会有的，咱家会有马的。

父亲的第一匹马，是土地承包后第二年买的，这也是俺村的第一匹马，是匹纯种的蒙古马，真可谓高头大马。枣红的毛色，浑身发亮，抬头嘶鸣时，像冲锋陷阵的战士，惹得全村老少都来看。

当时，村里的农户大都买了牛或驴。也有人劝父亲买头牛，好侍候，夜里不用起来喂。也有人私下说父亲瞎逞能，出风头，要是喂不好，那才叫难看。父亲说：“马，活快，两亩地一晌就犁完。那劲头，人都跟着带劲。马不躺卧，就连睡觉也是站着。”父亲对养马充满了信心。

马不吃夜草不肥。真养起马来，也不是件易事，白天干了一天活，够累的，夜里还得起来侍弄它。父亲就把床搬到了马房里，方便了夜里添加料。父亲睡觉不脱衣服，随时准备照看马。父亲精心饲养着，马也越来越肥壮、精神了。它是我们家最值钱的东西，当然，也是父亲的好帮手。

每年的春秋耕种季节，健壮的父亲，都会套上他的枣红大马，手扶铧犁，挥舞着长鞭，“啪、啪”，清脆的鞭响久久地回荡在肥沃的田野上，那才叫过瘾。马儿听到了鞭响，像听到了号角的战士，疾步如飞，翻卷出了滚滚的土浪。惹得邻居勒住手中的耕牛，羡慕地看着这一幅田园景象。

我则赤脚跟在后面，踏着刚耕过的松软土地，叫着，跳着，享受着湿漉、芬芳的泥土带给脚趾的快感。父亲分享着我的快乐，回过头来，匆匆看我一眼，眼里闪着兴奋。

田园飘香的收获季节，忙碌的父亲套上马车，把如山的庄稼拉到场里，平摊晒透，让马儿拉着石磙，打着圈地滚轧。那盈满粮食香甜的打麦场里，骏马腾跃，吆喝阵阵，给收获的季节增添了许多火热。喘歇片刻，父亲任满脸的汗水浸灌着抑制不住的微笑，用母亲递过来的毛巾，擦抚着被汗水浸透的马儿，抓一把新鲜的粮食送到马的嘴边。马儿则打着响鼻，咀嚼着，把头偎到父亲怀里，蹭来蹭去，毛茸茸的脸把父亲搔乐了。

冬天到了，父亲会在阳光温暖的日子，把马

儿牵出户外，剪剪马鬃，切切马蹄，梳理梳理细毛，把马儿浑身收拾得精精神神，才搬个小凳子坐在旁边，上上下下打量着心爱的马儿。渐渐地，父亲会忘记一切尘事，眼角眯起了深深的皱纹。

父亲病了，医生说，不能再半夜起来喂马了。我跟哥哥强把他搬出了马房。但父亲听不到马儿的吃草声，怎么也睡不着，几次要起来，都被母亲硬嚷了回去。

马儿看不到父亲，任哥哥多加了一倍的炒料，也不吃一口，用蹄子敲打着地面，轻吟着，眼角里有些湿润。我知道，它是在牵挂着父亲。

第二天，堂哥要借马耕地，马儿摆着头不戴缰辔，堂哥急得一脸汗，硬抱住头才给它戴上。刚牵出屋子，马儿就跳起来把堂哥掀翻在地，挣脱缰绳，直奔父亲养病的堂屋，把暖烘烘的鼻子伸到了父亲脸上，亲来亲去，泪水顺着长脸往下滚。父亲披上衣服，搂住它的头，抚摸着说，我没事，过两天就好，你安心去干活吧。它才不情愿地随堂哥下了地。

熬到下晌，还没卸完套具，它就自个飞奔了回来，看到父亲起了床，坐在院子里，很高兴地嘶鸣了一声。

父亲养马出了名。说句实话，摸不清马的习性，是养不好的。父亲在买马前就已多方打听，碰到鞭手，递支烟，说会儿话，无意中就把养马经取了回来。在养马中琢磨，在琢磨中喂养，渐渐地，父亲的马养得越来越好，远近闻名。

庄上有几家，看到马干活快，也养起了马，却摸不透马的习性，胡乱地喂，结果马常生毛病，有一家还把马养死了。这对一个刚有起色的农户，是多么大的损失和打击呀！一头牲畜是全家人的所有资产哪！父亲落了泪，动员乡亲们多少都出点钱，救济救济死马户。谁家没个灾难啥的，都伸伸手，帮点忙，也就渡过去了。后来，父亲把庄上的养马户招到一块，把自己积聚多年的养马经验传授给大家。农闲时，还组织大伙搞什么马赛，品评品评谁的马养得最好。村里再也没有死过马。

父亲一天也没有离开过他的马。逢年过节，走亲访友，不管路途多远，夜里都得赶回来。有了心事，父亲就躲到马屋里对马诉说，有了快乐，父亲就把马牵到户外，和马一起分享。父亲赶车，已不用吆喝，人和畜达到了一种天地般的默契。

一晃二十年过去了，我和哥哥都参加了工作，把家安在了县城里。农闲期间，我和哥哥把父亲接来，父亲总说离不开，我们知道，他是离不开马儿。近几年，耕地播种都换了拖拉机，收割庄稼用收割机，马还有啥用？我和哥哥就劝父亲卖掉它，到城旦享享福，闲不住就喂条小巴狗吧，当然，也可养养鸟、喂喂鱼。父亲说什么也不同意。劝得多了，父亲就说，虽说现在马派不上大用了，但我看着心旦就踏实，比干啥都享福。

我和哥哥没有办法，只好由他。但父亲毕竟年纪大了，我们总放心不下，可又工作太忙，不能常去看望父亲。偶尔回去，常见到：夕阳下，年迈的父亲硬挺着腰背，精神却矍铄，牵着威风凛凛的马儿，在河滩上放开缰绳，任马儿昂首嘶鸣，奔腾跳跃，闪电驰骋。

夕阳下，父亲的形象和他的马儿叠印在了一起。（作者：单县供电公司干部）

碑　文

湖西革命烈士陵园扩建改建记

湖西革命烈士陵园，始建于一九四五年，一九四六年被蒋军所毁，一九五二年重建，一九七八年、一九八五年两度重修与扩建，颇具规模。建西门于堤口，流光溢彩；修南门傍古道，典雅肃穆。烈士塔，琴台凌空。纪念堂，天台高筑。晒仙台，苍松叠翠。莱河岸，杨柳依依。亭榭墓群，傲然屹立。

追思国殇，民族多难，神州陆沉。湖西健儿，披肝沥胆，矫似游龙，坚若磐石，砥柱于革命中流；驱除阴霾，杀敌夺关，救人民于水火之中。王文彬率民起义，李贞乾抗敌献身，吴大名战场殉难，多少英烈，生能舍己，死不还家。铮铮铁骨，凛凛正气，令人尊敬，催人向上。然而，岁月流逝，风雨动乱，陵园沧桑。旧园残墓，怎栖忠骨？

一九九二年，县委、县政府决定扩建陵园。老干部率先，各层响应，干部群众，捐资如潮。工厂企业，献出巨资。个体商户，踊跃解囊。港台海外，寄来游子们的赤诚；塞北江南，献上老同志的厚意。由于领导重视，政群协力，迅速集捐款219万元，加上其他资金，总投入近300万元。扩征地十多亩，搬迁五十余家，除旧布新，改建扩建工程十三项。

一九九五年六月，全部工程峻工。长堤横亘，绿水东流，拱桥飞架，长廊垂荫。亭榭、墓群、天台门、英名碑，拔地而起，檐牙飞翠，栏槛流丹。瞻高墓，登新亭，赏琴台月夜，听仙桥流水声，碧湛一泓，风和波静，觅小亭倩影。辟坦道幽径，看细草、秀石、繁花，若仙源迷踪，秀哉！墓地焕然一新，陵园奇美伟观。顷怀先烈，畅览胜景，寓情于游目骋怀之际，受教于物我交融之中。

山河再造赤胆在，世纪更迭志不移。想创业之维艰，知开拓之任重。居安思危，应闻鸡起舞，竟先烈遗训，创辉煌业绩，慰英灵于九天之上。

革命先烈，永垂不朽！

中共单县县委
单县人民政府
一九九五年六月立（张中撰文）

修桥功德碑碑文

单县乃千年古县，人祖伏羲、善者单卷曾居于此，人烟繁密辐辏，衢阡四通八达，世谓中原锁钥，四省通衢、善德之源。世纪之初，政通人和，百业兴旺。然乡村路桥诸多窄危，虽有重修之意，则困于财力，积久成憾。

甲午孟春，县委、县政府听民声、顺民意、解民忧，决定彻底整修窄危桥。尚舜化工、时代广场、四君子集团、湖西王集团、宁丰木业、环亚商城、单州大饭店、大名城房产、津宜润德面业振臂高呼，联合倡议：架起连心桥、回报众乡亲。中联混凝土、凤凰城房产、信泰房产、东方国际房产、华康纸业、东大医院等企业积极响应，全县上下大小单位鼎力相助，仁人志士竞相捐资。更有客乡游子，心系故土，慷慨解囊，捐集资金一千七百七十万元；省市领导，倾情湖西老区，关注单县人民，相继拨款三千万元。共投资六千多万元，修桥七十二座。

路桥通，民心通，发展快，事业兴。行于径，途坦心畅；思及惠，惠及子孙；论其功，功在千秋。饮水思源，倡导者、奉资者、修建者，其懿行善举，令人景仰。故勒石以纪之。铭其功，彰其德，弘其志，扬其名，以期百世流芳，亦冀昭示后人，光大善德。

赞曰：开山苍苍，汉河茫茫，桥起善（单）兴，山高水长。

中共单县县委
单县人民政府
二〇一四年十二月立（王同光 惠正法撰文）

传统生产、生活用具

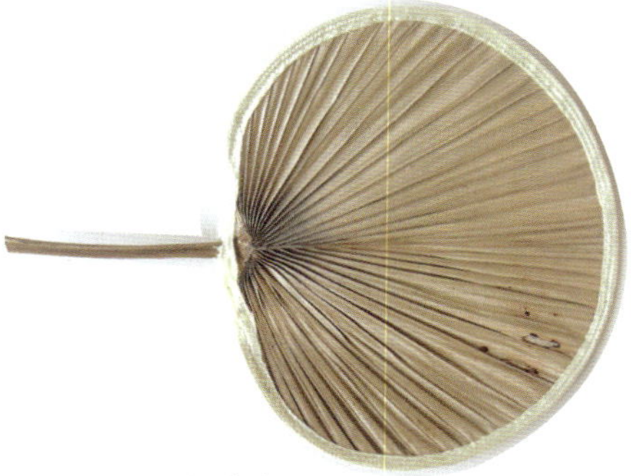

芭蕉扇

箅子

斗

馍囤

独轮车

地排车

铲

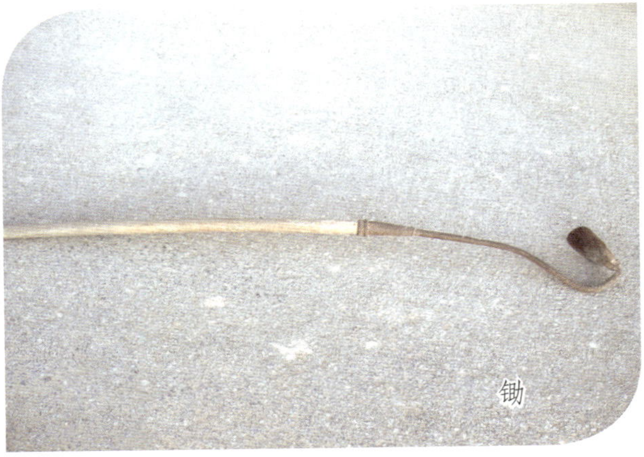

锄

锅铲子

斧头

端子

缸

锅肶子

纺车

纺线络子

织布机

镰刀

镢头

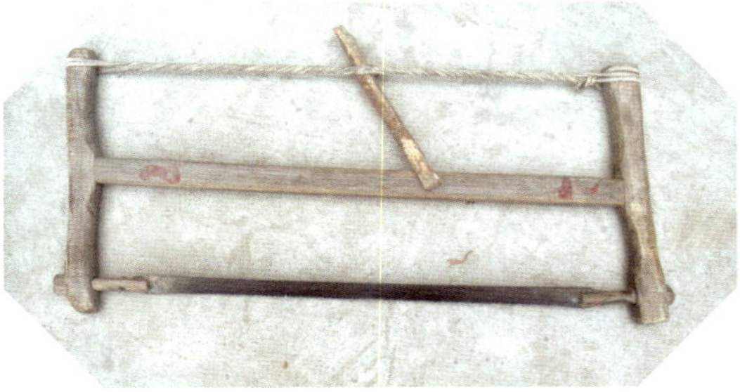

锯

柯杈

酒壶

耙

粪头子

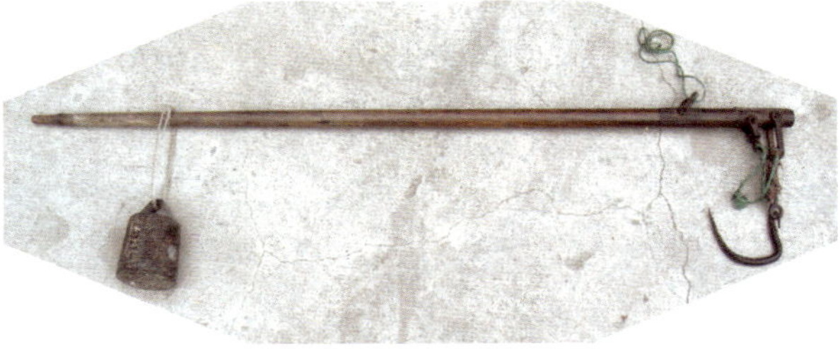

木杆秤

刨子

筐

馍筐

木笼

簸箕

囤

园子

提篮

石缸

提灯（煤油灯）

耪耜

石槽

石碓

石磙

升

铁锨

竹耙

撒耙

木耧

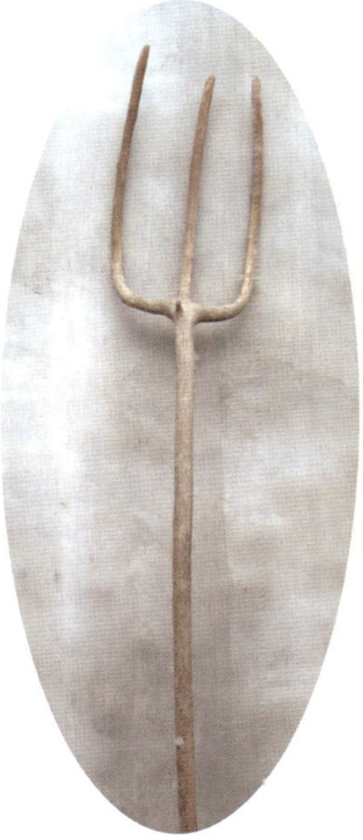
木叉

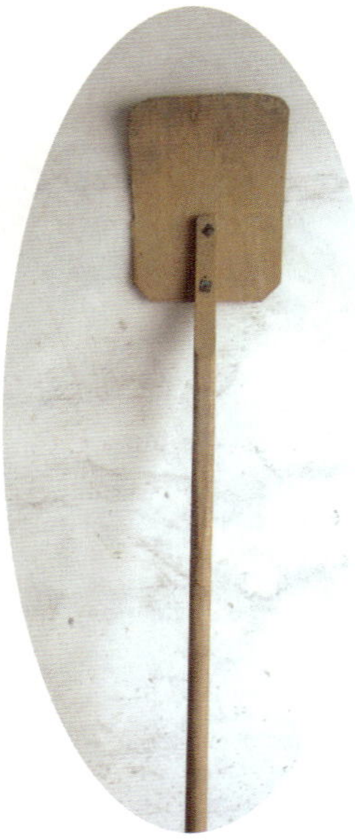
木锨

凿子

抓钩

砖模子

索 引

索 引

本索引共设要目索引、表格索引、人物索引三部分。要目索引、人物索引以词目的首字汉语拼音字母顺序排列（阿拉伯数字在汉语拼音字母前）。同音字按声调，首字母相同者按第二音序排列，以此类推。表格索引以表格在本志中的页码顺序排列。人物索引只编制入人物传、人物简介的人物。相同词目的编制按词目在本志中的页码顺序集中排列。

要目索引

C

D

E

F

G

H

J

K

L

M

N

O

P

Q

R

S

T

W

X

Y

Z

表格索引

人物索引

A

B

C

D

G

H

J

L

M

N

P

Q

R

S

T

W

X

Y

Z

编后记

《单县志（1986—2010）》是1996年版《单县志》的续志。编纂工作始于2006年12月，历时10年。编纂过程大致经历五个阶段。

筹备启动 2006年10月，第二轮修志工作开始筹备，组建修志班子，初步确定志书断限为1986—2005年，并编制篇目。12月13日，召开续修《单县志》动员大会，县政府办公室印发关于续修《单县志（1986—2005）》实施方案的通知，县地方志办公室印发县志篇目及供稿分工的通知，把供稿任务分解到各承编单位，并聘请菏泽市史志办的领导和专家培训全县供稿人员，单县续修县志工作正式启动。

资料征集 《单县志》续修工作动员会议之后，收到部分单位的续志材料。2011年初，参照省内外优秀志书，感到资料单薄，信息量不够，于是将下限顺延至2010年。2011年9月，单县人民政府办公室印发《关于进一步做好报送单县第二轮续志材料工作的通知》，对供稿工作再动员、再部署、再落实，各单位随之成立二轮修志工作领导小组，明确撰稿责任人，县史志办采取电话征稿、会议调度、上门指导、样稿引路等多种形式督促指导，同时，对一些任务重、力量薄弱、资料搜集整理有困难的单位，县史志办为其推荐熟悉史志业务、文字功底厚的退休老干部帮助编写。县史志办工作人员多次到县委办公室、县政府办公室、县人社局、县编办、县统计局、县档案局等单位查阅搜集资料，并采取社会调查、走访老同志、召开座谈会、函调、报刊杂志查阅、实地察看等多种形式，开展资料搜集工作，力求达到县志资料的全面性、系统性、实用性、真实性。2012年6月底，基本完成资料征集任务，全县供稿单位166个，供稿人员220人，征集资料1500余万字，图片1200余幅。

初稿编写 进入初稿编写后，陆续聘请4名政治过硬、责任心强、文字功底厚、社会阅历广、熟悉地情、热心修志事业的同志充实到修志队伍，组建初稿编写班子。根据县志编目和编辑人员熟悉领域进行分工，按照志书质量的规定要求，提出统一要求，严格实行责任制，规定时间，确保质量，坚持由主任负总则把总关。编写人员边学边干，对所征集的资料反复修改，直到满意为止。经过编写人员的艰苦工作，至2015年12月初，形成200余万字的初稿。

志稿总纂 初稿完成后，立即组织人员进行总纂。总纂中，除对编目多次修改完善外，主编统揽全局，各编辑全力配合，规范体例，规范标准，完善结构，提炼内容，统一文风，锤炼语言。其间，学习借鉴外地优秀志书，如：《高青县志》《宁阳县志》《章丘市志》《曹县志》《巨野县志》等，博采众长。学习《中国地方志》《山东史志》等专业刊物，及时了解和掌握领导、专家对编纂工作的新要求、新观点及应注意的新问题。在编纂过程中遇到把握不准的问题，多次向省市专家请教。2015年10月底，完成《单县志（1986—2010）》评审稿。评审稿先后报送省、市、各县区史志办及省修志专家组，广泛征求意见。

评审完善 2015年12月23—24日，组织召开《单县志（1986—2010）》志稿评审会，省政府办公厅党组成员、省史志办主任刘爱军，省史志办副主任翟世林，省史志办市县基层志编纂指导处处长李刚、副处长李天程，省专家组成员朱佩峰、王笃银、邵鸿志、郭能勇、王光辉，菏泽市副市长任仲义，市史志办主任李少华，市史志办副主任郑玉民、王涛等领导和专家及本市10县区史志办主任参加会议。县委副书记、县长穆杰，副县长苏春英到会讲话。会上，领导和专家对《单县志（1986—2010）》评审稿给予较高评价，认为志稿观点正确、体例严谨、内容全面，语言朴实，可读性强。同时，对志稿提出许多中肯的意见和建议。会后，根据这些意见和建议，编写人员逐条梳理、分类、整理，并进行细致修改。经过近一年的修改完善，于2016年11月，《单县志（1986—2010）》基本定稿并报市史志办终审，同时送出版社。

印刷出版 根据市史志办终审意见，结合出版社审稿意见，对志稿完善提高。并聘请修志专家通稿审定，2017年8月，最终定稿。市史志办印发《关于对〈单县志（1986—2010）〉送审稿审查验收的批复》，同意志稿报单县人民政府批准印刷。10月，县政府印发《关于同意出版〈单县志（1986—2010）〉的批复》，批准《单县志（1986—2010）》出版。

《单县志（1986—2010）》的编修工作，得益于上级业务部门的指导帮助，得益于县委、县政府的关心支持及所有供稿单位的密切协作，得益于社会各界的关注参与，得益于全体修志人员自始至终高昂的工作热情和精益求精的工作态度，以及持之以恒、不惧清苦地辛勤工作。在《单县志（1986—2010）》付梓出版之际，谨向所有关心、支持县志编修工作的领导、专家、同仁和社会各界人士表示衷心的感谢。

志书编纂工作是一项庞大的系统工程，涉及面广、工作量大、专业性强。修志人员虽已尽到最大努力，但因资料搜集渠道不一，信息来源不畅，还有许多该记未记人和事，特别是人物部分，由于资料征集困难，还存在收录不全、资料不尽完整准确等问题。由于编者水平有限，志书中疏失错漏、不尽人意之处，敬请各位读者批评指正。

编　者

2017年11月

《单县志（1986—2010）》供稿人员

（以姓氏笔画为序）

供稿人员名单

丁长玉　丁继彪　万 欣（女）　马广忠　马学勤　马炳臣　王 立　王 振　王 琪（女）
王 鹏　王玉臣（女）　王立省　王圣礼　王兆国　王庆军　王守林　王志国　王体峰
王体蕊　王忠钦　王凯军　王建华　王春梅（女）　王振东　王桂芬（女）　王海民
王继峰　毛黎明　尹 钊　孔 石　孔 园　艾广金　石兴玉　石兴领　付大庆　白 明
冯 忠　冯俊彦　母新峰　母新富　成亚奇　朱亚民　朱启义　朱启军　朱坤强　朱国华
朱宝录　朱海军　朱雪梅（女）　刘 沛　刘 振　刘 峰　刘 萍（女）　刘 超
刘 辉　刘 锋　刘 鹏　刘太品　刘世学　刘有礼　刘茂新　刘建立　刘显光　刘海明
刘常平　刘翠芳（女）　齐 林　齐 敏（女）　衣 伟　闫 林　闫 勇　闫 振
闫 峰　闫文成　闫东星　闫德文　米永真　安克频　许长岭　孙 乐　孙 晖　孙广勇
孙立学　孙立勇　孙孝轩　孙金旺　孙春阳　苏 健　苏 寒　李 进　李 兵　李 昂
李 宪　李 哲　李 倩（女）　李 娟（女）　李 锋　李洪谦　李献忠　杨依丰
杨依彪　杨建中　杨绪恩　时圣灵　时晨光　时维才　吴伯乐　吴建民　吴建国　吴继刚
邱建军　何 新　何伟宏　宋洪国　初雪云（女）　张 伟　张 全　张 建　张仁娟（女）
张文美（女）　张正启　张世忠　张东立　张东民　张永强　张西强　张西震　张庆军
张军伟　张志国　张志强　张秀超　张凯明　张金珏　张金洋　张晓波　张爱法　张家伦
张景华　陈 龙　陈世鹏　陈光义　陈雨冰　陈晓旺　陈培丽（女）　邵伟民　邵琳霜（女）
周玉峰　周亮臣　周爱家　庞伯明　郑 东　郑效辉　单士如　单伟健　单秀芳（女）
孟 倩（女）　孟凡升　孟庆贺　孟祥光　孟繁珂　赵 旭　赵 波　赵 勇　赵 峰
赵凤香（女）　赵延慧　赵庆贺　郝 涛　荣世生　段培旭　姜永文　姜永明　姜信权
祝令庆　贺天亮　秦闪云　秦庆涛　袁 新　莫 虎　党 林　钱立东　徐成光　高启振
郭 平　郭光进　郭庆刚　郭言东　郭法宝　郭承斋　郭新科　唐英男　黄 慧　黄圣华
黄延芹　黄克明　黄克鹏　黄绍青　黄绍昌　曹 峰　曹广法　曹晓国　崔示国　彭 建
葛永清　董建华　惠海荣　鲁春燕（女）　谢孔雪　楚德林　蔡 军　蔡可东　蔡嘉林
翟学党　翟海强　憨卫东　戴美宏　魏东河　魏志轩　魏迎春（女）

图片拍摄者或提供者名单

马 建　王 钊　王新芹（女）　王磊荣　尹莹莹（女）　石兴玉　冯建立　司亚玲（女）
吕艳丽（女）　刘华民　刘忠国　刘朝晖　苏 群（女）　李 兵　李 猛　李春光
李星翰　李晓华　张文美（女）　张守库　张运华　陈明剑　於联明　赵 峰　赵世涛
赵廷勋　赵远聚　秦闪云　袁宗梅（女）　徐 秋（女）　郭世涛　鲁增敬　窦建平
窦桂明